Grube/Wahrendorf
SGB XII

# SGB XII

## Sozialhilfe mit Asylbewerberleistungsgesetz

Kommentar

Herausgegeben von

### Dr. Christian Grube
Rechtsanwalt
Vors. Richter am Verwaltungsgericht Hamburg a. D.

und

### Prof. Dr. Volker Wahrendorf
Vors. Richter am Landessozialgericht Essen a. D.

Bearbeitet von

Dr. Karin Bieback, Richterin am Landessozialgericht Hamburg;
Dr. Jörg Deckers, Richter am Landessozialgericht Essen; Dr. Thomas Flint,
Richter am Bundessozialgericht; Dr. Kathrin Giere, Richterin am
Landessozialgericht Hamburg; Dr. Christian Grube, Rechtsanwalt,
Vors. Richter am Verwaltungsgericht Hamburg a.D.; Klaus Streichsbier,
Präsident des Verwaltungsgerichts Oldenburg a. D.; Prof. Dr. Volker Wahrendorf,
Vors. Richter am Landessozialgericht Essen a. D.

6. Auflage 2018

C.H.BECK

**Zitiervorschlag:**
*Verfasser,* in: Grube/Wahrendorf, SGB XII, § … Rn. …

**www.beck.de**

ISBN 978 3 406 68265 0

Druck und Bindung: Beltz Bad Langensalza GmbH
Am Fliegerhorst 8, 99947 Bad Langensalza

Satz: Meta Systems Publishing & Printservices GmbH, Wustermark
Umschlag: Druckerei C.H. Beck Nördlingen

Gedruckt auf säurefreiem, alterungsbeständigem Papier
(hergestellt aus chlorfrei gebleichtem Zellstoff)

# Vorwort

Die Herausgeber haben das Sozialhilferecht beruflich und wissenschaftlich über fast vier Jahrzehnte begleitet. In dieser Zeit hat das Sozialhilferecht vielfältige Änderungen erfahren, die politisch gewollt waren, aber nicht immer auf überzeugenden sachlichen Gründen beruhten. Die nachhaltigste Änderung, weil sie mit einem wirklichen Paradigmenwechsel verbunden war, ist der Übergang vom BSHG zum SGB XII und zum SGB II gewesen. Damit hatte das Sozialhilferecht die alleinige Letztverantwortung für die Sicherung des Existenzminimums verloren. Mit dem SGB II existieren nun zwei gleichwertige Sicherungssysteme für die Grundsicherung. Referenzgesetz bleibt das SGB XII für die Ermittlung der Regelbedarfe und Regelsätze.

Mit dem SGB II und dem SGB XII ist die richterliche Verantwortung auf die Sozialgerichtsbarkeit übergegangen. Auch wenn man anfangs den Eindruck haben konnte, dass vor allem die höchstrichterliche Rechtsprechung sich bewusst von der bis dahin bewährten verwaltungsgerichtlichen Rechtsprechung abgrenzen wollte, sind dessen Spuren und die des BSHG in der jetzigen Entscheidungspraxis doch nicht ganz verwischt.

Da der Gesetzgeber nicht aufhören wird, die hier und da auch notwendige Nachsteuerung vorzunehmen, werden auf die Kommentatoren weiterhin Herausforderungen zukommen. Das wird in besonderer Weise für das Gesetz zur Stärkung der Teilhabe und Selbstbestimmung von Menschen mit Behinderungen gelten, das, soweit es bereits in Kraft getreten ist, in dieser Auflage berücksichtigt worden ist. Ansonsten gibt diese Auflage den Stand von Februar 2018 wieder.

Den neuen Herausforderungen werden sich jüngere Kollegen stellen. Wir beenden mit der 6. Auflage unsere Herausgeberschaft. Herr Richter am BSG Dr. Flint wird die Verantwortung als Herausgeber übernehmen. Er wird größtenteils mit dem jetzigen Team der Mitautoren zusammenarbeiten können.

Wir bedanken uns bei allen Autoren, die dazu beigetragen haben, dass der Kommentar erfolgreich geworden ist.

Wir haben in Herrn Dr. Johannes Wasmuth und Frau Elena Boettcher vom C.H. Beck Verlag immer verständnisvolle Ansprechpartner gehabt. Auch ihnen schulden wir Dank.

Garmisch-Partenkirchen, Mülheim im März 2018               Christian Grube
                                                          Volker Wahrendorf

# Bearbeiterverzeichnis

## I. Nach Paragrafen

# Bearbeiterverzeichnis

## II. in alphabetischer Ordnung

# Inhaltsverzeichnis

## A. Sozialgesetzbuch (SGB) Zwölftes Buch (XII) – Sozialhilfe

### Erstes Kapitel. Allgemeine Vorschriften

### Zweites Kapitel. Leistungen der Sozialhilfe
### Erster Abschnitt. Grundsätze der Leistungen

### Zweiter Abschnitt. Anspruch auf Leistungen

# Inhaltsverzeichnis

# Inhaltsverzeichnis

# Inhaltsverzeichnis

## Siebtes Kapitel. Hilfe zur Pflege

## Achtes Kapitel. Hilfe zur Überwindung besonderer sozialer Schwierigkeiten

## Neuntes Kapitel. Hilfe in anderen Lebenslagen

## Zehntes Kapitel. Einrichtungen

# Inhaltsverzeichnis

# Inhaltsverzeichnis

# Inhaltsverzeichnis

**Dritter Abschnitt Verordnungsermächtigung**

**Sechzehntes Kapitel. Übergangs- und Schlussbestimmungen**

**Siebzehntes Kapitel. Regelungen zur Teilhabe am Arbeitsleben für die
Zeit vom 1. Januar 2018 bis zum 31. Dezember 2019**

**Achtzehntes Kapitel. Regelungen für die Gesamtplanung für die Zeit
vom 1. Januar 2018 bis zum 31. Dezember 2019**

**B. Asylbewerberleistungsgesetz (AsylbLG)**

# Inhaltsverzeichnis

# Abkürzungsverzeichnis

# Abkürzungsverzeichnis

# Abkürzungsverzeichnis

# Abkürzungsverzeichnis

# Zitierung der Landessozialgerichte

# Literaturverzeichnis

*Bender/Eicher*, Sozialrecht – eine Terra incognita: 50 Jahre saarländische Sozialgerichtsbarkeit, 2009

*Berlit/Conradis/Sartorius* (Hrsg.), Existenzsicherungsrecht, 2. Aufl. 2013

*Bieritz-Harder/Conradis/Thie,* Sozialgesetzbuch XII, 9. Aufl. 2012

*Coseriu/Eicher*, SGB XII, Sozialhilfe mit AsylblG, juris Praxis-Kommentar

*Eicher/Luik,* SGB II, 4. Aufl. 2017

*Fahlbusch* (Hrsg.), 50 Jahre Sozialhilfe, 2012

*Fichtner/Wenzel,* Kommentar zur Grundsicherung, 4. Aufl. 2009

*Hauck/Noftz,* SGB II, Kommentar

*Hauck/Noftz,* SGB XII, Kommentar

*Hohm,* Gemeinschaftskommentar zum AsylbLG

*Jahn,* Sozialgesetzbuch für die Praxis, SGB II/SGB XII

*Krodel,* Das sozialgerichtliche Eilverfahren, 3. Aufl. 2011

*Linhart/Adolph,* Sozialgesetzbuch II, Sozialgesetzbuch XII, Asylbewerberleistungsgesetz, Kommentar

*Luthe/Dittmar,* Fürsorgerecht, 2. Aufl. 2007

*Luthe/Palsherm,* Fürsorgerecht: Grundsicherung und Sozialhilfe, 3. Aufl. 2013

*Mergler/Zink,* Handbuch der Grundsicherung und Sozialhilfe, Kommentar

*Mrozynski,* Grundsicherung und Sozialhilfe

*Münder,* Sozialgesetzbuch II, Grundsicherung für Arbeitssuchende, 4. Aufl. 2011

*Schlegel/Voelzke,* juris Praxis-Kommentar, SGB II

*Siebenhaar/Wahrendorf* (Hrsg.), Sozialrecht im Spannungsfeld von Politik und Praxis, 2010

# A. Sozialgesetzbuch (SGB) Zwölftes Buch (XII) – Sozialhilfe

in der Fassung vom 27. Dezember 2003
(BGBl. I S. 3022)[1]
**FNA Nr. 860–12**

Zuletzt geänd. durch Artikel 25 Gesetz zur Änderung des Bundesversorgungsgesetzes und anderer Vorschriften v. 17.8.2017 (BGBl. I S. 3214)

## Einleitung

**Schrifttum:** (zum älteren Schrifttum s. Vorauflage)

*Baer,* Sozialstaat und Europa, in Deutscher Sozialgerichtstag (Hrsg.), 2014, 15; *Bieback,* Kommunale Sozialpolitik und ihre Koordination mit der Bundesagentur für Arbeit, RsDE 61 (2006), 24; *ders.,* Probleme des SGB II – Rechtliche Probleme des Konflikts zwischen Existenzsicherung und Integration in den ersten Arbeitsmarkt, NZS 2005, 337; *ders.,* Rechtliche Grundstrukturen der „Aktivierung" arbeitsloser Sozialhilfeempfänger, ZfSH/SGB 2009, 259; *Brosius-Gersdorf,* Hartz IV und die Grundsicherung für hilfebedürftige erwerbsfähige Arbeitsuchende, VSSR 2005, 335; *Conradis,* Die neue Sozialhilfe: Kuriositäten bei der Gesetzgebung zum SGB II und SGB XII, info also 2004, 51; *Ebsen,* Der Arbeitslose als Sozialbürger und Klient, in Festschrift 50 Jahre Bundessozialgericht, 725; *Eichenhofer,* Menschenwürde durch den Sozialstaat – für alle Menschen?, SGb 2012, 565; *Enders,* Die Menschenwürde in der Verfassungsordnung, 1997; *Heinig,* Menschenwürde und Sozialstaatsprinzip als normative Grundlagen des Existenzminimums – eine theorieinteressierte Entwicklungsgeschichte, in: Fahlbusch (Hrsg.), 50 Jahre Sozialhilfe, 13; *Kirchhoff,* Die Entwicklung des Sozialverfassungsrechts, NZS 2015, 1; *Krohn,* Keine Sozialhilfe für die Vergangenheit?, 2014; *Mrozynski,* Die Grundsicherung für Arbeitsuchende im Kontext des Fürsorgesystems, SGb 2009, 450 und 512; *Münder,* Das SGB II – Die Grundsicherung für Arbeitsuchende, NJW 2004, 3209; *ders.,* Wünsche der Wissenschaft an die sozialgerichtliche Rechtsprechung zur Sozialhilfe, SGb 2006, 186; *O'Sullivan,* Verfassungsrechtliche Fragen des Leistungsrechts der Grundsicherung für Arbeitsuchende, SGb 2005, 369; *Rothkegel,* Die Strukturprinzipien des Sozialhilferechts, 2000; *ders.,* Ist die Rechtsprechung des Bundesverwaltungsgerichts zur Sozialhilfe durch Hartz IV überholt?, SGb 2006, 74; *Schoch,* Die Bedarfsgemeinschaft, die Einsatzgemeinschaft und die Haushaltsgemeinschaft nach dem SGB II und dem SGB XII, ZfF 2004, 169; *Spellbrink.,* Viel Verwirrung um Hartz IV, JZ 2007, 28; *ders.,* Die Bedarfsgemeinschaft gemäß § 7 SGB II eine Fehlkonstruktion?, NZS 2007, 121; *ders.,* Ist Hartz IV bedarfsdeckend? Verfassungsrechtliche Probleme der Regelleistung gemäß § 20 SGB II, ArchsozArb 2008, 4; *ders.,* in: Sartorius (Hrsg.), „Wer wenig im Leben hat, braucht viel im Recht", Erlacher Lesebuch 2009, 15; *Spindler,* Das neue SGB II – Keine Grundsicherung für Arbeitsuchende, SozSich 2003, 338; *Waibel,* Die Anspruchsgrundlage im SGB II, NZS 2005, 512; *Wallerath,* Paradigmenwechsel in der sozialen Sicherung?, in: Festschrift Peter Krause, 187; *Welti,* Auswirkungen des SGB II auf die Ausbildung und Praxis der sozialen Arbeit, NDV 2005, 426; *Wündrich,* Vorläufiger Rechtsschutz im sozialgerichtlichen Verfahren im Bereich des SGB II, SGb 2009, 206 und 267.

Speziell zum Gesetz zur Ermittlung zur Ermittlung von Regelbedarfen und zur Änderung des Zweiten und Zwölften Buches Sozialgesetzbuch sowie zur Entscheidung des BVerfG vom

---

[1] Verkündet als Art. 1 des Gesetzes zur Einordnung des Sozialhilferechts in das Sozialgesetzbuch v. 27.12.2003 (BGBl. I S. 3022).

9.2.2010: *Fahlbusch*, Regelsatz und Regelsatzbemessung – Das Urteil des Bundesverfassungsgerichts vom 9. Februar 2010, NDV 2010, 101; *Groth/Luik/Siebel-Huffmann*, Das neue Grundsicherungsgesetz; *Rixen*, Entspricht die neue Hartz-IV-Regelleistung den Vorgaben des Bundesverfassungsgerichts?, Sozialrecht aktuell 2011, 121; *ders.*, Verfassungsrecht ersetzt Sozialpolitik?, Sozialrecht aktuell 2010, 81; *ders.*, Zu den Regelbedarfs-Gutachten von Irene Becker und Johannes Münder, Benchmark für Sozialpolitik und verfassungsrechtliche Kritik, Soziale Sicherheit 2011, 315; *Rothkegel*, Ein Danaergeschenk für den Gesetzgeber, ZfSH/SGB 2010, 135; *ders.*, Hartz-IV-Regelsätze und gesellschaftliche Teilhabe, ZfSH/SGB 2011, 69; *Spellbrink*, Zur Zukunft der pauschalierten Leistungsgewährung im SGB II nach der Entscheidung des BVerfG vom 9. Februar 2010, Sozialrecht aktuell 2010, 88; *Wahrendorf*, BVerfG 9.2.2010: Gibt es ein Grundrecht auf Sicherung des Existenzminimums? Sozialrecht aktuell 2010, 90; *ders.*, Die Fortgeltung der „Strukturprinzipien" im SGB XII und ihre Durchbrechung durch das SGB II, in: Fahlbusch (Hrsg.) 50 Jahre Sozialhilfe, 117.

## Übersicht

# I. Das neue Recht der Sicherung des Existenzminimums

**1**  Die beiden Bücher des Sozialgesetzbuches, das SGB II und das SGB XII, sind Teile der unter dem Stichwort **„Agenda 2010"** von der Bundesregierung betriebenen Umgestaltung der sozialen Sicherungssysteme (s. Presse- und Informationsamt der Bundesregierung, agenda 2010, Deutschland bewegt sich). Vorbereitet worden waren die Gesetzesvorhaben durch den im August 2002 vorgelegten Bericht der **Hartz-Kommission** (Kommission „Moderne Dienstleistungen am Arbeitsmarkt"; s. dazu *Sienknecht*, Kasseler Handbuch des Arbeitsförderungsrechts, § 34 Rn. 5). Wesentliches Ziel des SGB II war es, für die Probleme am Arbeitsmarkt (hohe Arbeitslosigkeit) neue Lösungen bereitzustellen. Das **SGB II** ist als Art. 1 des **Vierten Gesetzes für moderne Dienstleistungen am Arbeitsmarkt** (v. 24.12.2003, BGBl. I S. 2954) erlassen worden und nennt sich im Untertitel „Grundsicherung für Arbeitsuchende". Diesem Gesetz sind das Erste, Zweite und Dritte Gesetz für moderne Dienstleistungen am Arbeitsmarkt vorausgegangen (v. 23.12.2002, BGBl. I S. 4607, 4621 und v. 23.12.2003, BGBl. I S. 2848), durch die vor allem das SGB III durchgreifende Veränderungen erfahren hat.

Das **Gesetz zur Einordnung des Sozialhilferechts in das Sozialgesetzbuch**   2
(v. 27.12.2003, BGBl. I S. 3022), dessen Art. 1 das SGB XII enthält, ist im Gesetzgebungsverfahren stets als Folgegesetz zum SGB II betrachtet worden, da die Vorschriften zur Sicherung des Lebensunterhalts im SGB II eine Anpassung der Regelungen
über die Hilfe zum Lebensunterhalt nach dem neuen Sozialhilferecht erforderlich
machten. An sich hätte es umgekehrt sein müssen, weil das Sozialhilferecht das
„**Referenzsystem**" für die Sicherung des Lebensunterhalts nach dem SGB II sein
soll (BR-Drs. 559/03, S. 172). Neben den Änderungen bei der Hilfe zum Lebensunterhalt wurde das BSHG auch in seinen anderen Teilen gesetzestechnisch weitgehend umgestaltet, auch wenn der Kerngehalt erhalten blieb.

Mit dem SGB II und dem SGB XII hat das Recht der Sicherung des Existenzmi-   2a
nimums seine **bedeutendste Veränderung** seit der Schaffung des Sozialhilferechts
erfahren.

Obwohl das SGB II bereits im Dezember 2003 erlassen worden war, stand es im   3
ersten Halbjahr 2004 weiterhin in der politischen Diskussion, weil vor allem die
Frage der Verwaltungszuständigkeit (§ 6a SGB II a. F.) noch einer Regelung durch
Bundesgesetz bedurfte. Dies ist mit dem **Gesetz zur optionalen Trägerschaft
der Kommunen nach dem Zweiten Buch Sozialgesetzbuch (Kommunales
Optionsgesetz)** vom 30.7.2004 (BGBl. I S. 2014) geschehen. Das BVerfG hat
durch Urteil vom 20.12.2007 entschieden, dass die Regelung über die Arbeitsgemeinschaften in § 44b SGB II und die dort vorgesehene Verwaltungsträgerschaft mit
dem Grundgesetz nicht vereinbar sind (BVerfG – 2 BvR 2433/04, NZS 2008, 198).
Der Gesetzgeber war aufgefordert, bis zum 31.12.2010 eine neue Regelung zu
schaffen (s. dazu näher: *Wahrendorf/Karmanski*, NZS 2008, 281). Durch Einfügung
des Art. 91e GG in das Grundgesetz wurde die Regelung des § 44b SGB II saniert.

## II. Gesetzesmaterialien

Für das Verständnis und für die Auslegung der beiden neuartigen Leistungssysteme   4
des SGB XII und des SGB II ist ein Rückgriff auf die Gesetzgebungsmaterialien
nützlich.

### 1. SGB XII

– Gesetzentwurf der Bundesregierung BR-Drs. 559/03 = BT-Drs. 15/1636   5
– Beschlussempfehlung des Ausschusses für Gesundheit und Soziale Sicherung
   (13. Ausschuss) BT-Drs. 15/1734
– Bericht des 13. Ausschusses BT-Drs. 15/1761
– Beschlussempfehlung des Vermittlungsausschusses BT-Drs. 15/2260.

### 2. SGB II

– Gesetzentwurf der Bundesregierung BR-Drs. 558/03 = BT-Drs. 15/1638   6
– Beschlussempfehlung des Ausschusses für Wirtschaft und Arbeit (9. Ausschuss)
   BT-Drs. 15/1728
– Bericht des 9. Ausschusses BT-Drs. 15/1749
– Beschlussempfehlung des Vermittlungsausschusses BT-Drs. 15/2259.

Das SGB XII und das SGB II sind im Laufe der letzten Jahre mehrfach geändert   7
und ergänzt worden. Diese hohe Zahl an Änderungen (mehr als 30 im SGB XII,
mehr als 60 im SGB II) zeigt, dass offenbar kontinuierlich erheblicher „Reparaturbe-
darf" besteht und sich die beiden Gesetze ohnehin weiterhin in der politischen
Diskussion befinden Die folgende Übersicht enthält nur die Gesetzesgeschichte des
SGB XII, wobei das Ausmaß der jeweiligen Änderungen von unterschiedlichem

Gewicht ist. Im Übrigen wird bei den jeweiligen Kommentierungen auf die Gesetzesänderungen hingewiesen.

**8    SGB XII**

| Änderndes Gesetz | Datum | Fundstelle |
|---|---|---|
| Gesetz zur Steuerung und Begrenzung der Zuwanderung und zur Regelung des Aufenthalts und der Integration von Unionsbürgern und Ausländern | 30.7.2004 | BGBl. I S. 1950 |
| Gesetz zur Organisationsreform in der gesetzlichen Rentenversicherung | 9.12.2004 | BGBl. I S. 3242 |
| Gesetz zur Änderung des Gesetzes zur Einordnung des Sozialhilferechts in das Sozialgesetzbuch | 9.12.2004 | BGBl. I S. 3305 |
| Gesetz zur Vereinfachung der Verwaltungsverfahren im Sozialrecht | 21.3.2005 | BGBl. I S. 818 |
| Gesetz zur Neuorganisation der Bundesfinanzverwaltung und zur Schaffung eines Refinanzierungsregisters | 22.9.2005 | BGBl. I S. 2809 |
| Gesetz zur Änderung des Zweiten Buches Sozialgesetzbuch und anderer Gesetze | 24.3.2006 | BGBl. I S. 558 |
| Gesetz zur Fortentwicklung der Grundsicherung für Arbeitsuchende | 20.7.2006 | BGBl. I S. 1706 |
| Neunte Zuständigkeitsanpassungsverordnung | 31.10.2006 | BGBl. I S. 2407 |
| Gesetz zur Änderung des Zwölften Buches Sozialgesetzbuch und anderer Gesetze | 2.12.2006 | BGBl. I S. 2670 |
| Gesetz zur Stärkung des Wettbewerbs in der gesetzlichen Krankenversicherung | 26.3.2007 | BGBl. I S. 378 |
| Gesetz zur Anpassung der Regelaltersgrenze an die demografische Entwicklung und zur Stärkung der Finanzierungsgrundlagen der gesetzlichen Rentenversicherung | 20.4.2007 | BGBl. I S. 554 |
| Gesetz zum Schutz vor den Gefahren des Passivrauchens | 20.7.2007 | BGBl. I S. 1595 |
| Zweiundzwanzigstes Gesetz zur Änderung des Bundesausbildungsförderungsgesetzes | 23.12.2007 | BGBl. I S. 3254 |
| Gesetz zur strukturellen Weiterentwicklung der Pflegeversicherung | 28.5.2008 | BGBl. I S. 874 |
| Gesetz zur Neuregelung des Wohngeldrechts und zur Änderung des Sozialgesetzbuches | 24.9.2008 | BGBl. I S. 1856 |
| Zweites Gesetz zur Änderung des Vierten Buches Sozialgesetzbuch und anderer Gesetze | 21.12.2008 | BGBl. I S. 2933 |
| Gesetz zur Förderung von Familien und haushaltsnahen Dienstleistungen | 22.12.2008 | BGBl. I S. 2955 |

| Änderndes Gesetz | Datum | Fundstelle |
|---|---|---|
| Gesetz zur Änderung des Vierten Buches Sozialgesetzbuch, zur Errichtung einer Versorgungsausgleichskasse und anderer Gesetze | 15.7.2009 | BGBl. I S. 1939 |
| Gesetz zur verbesserten steuerlichen Berücksichtigung von Vorsorgeaufwendungen | 16.7.2009 | BGBl. I S. 1959 |
| Gesetz zur Neuregelung der zivilrechtlichen Vorschriften des Heimgesetzes nach der Föderalismusreform | 29.7.2009 | BGBl. I S. 2319 |
| Gesetz zur Regelung des Assistenzpflegebedarfs im Krankenhaus | 30.7.2009 | BGBl. I S. 2495 |
| Gesetz zur Weiterentwicklung der Organisation der Grundsicherung für Arbeitsuchende | 3.8.2010 | BGBl. I S. 1112 |
| Haushaltsbegleitgesetz | 9.12.2010 | BGBl. I S. 1885 |
| Gesetz zur Ermittlung von Regelbedarfen und zur Änderung des Zweiten und Zwölften Buches Sozialgesetzbuch | 24.3.2011 | BGBl. I S. 453 |
| Gesetz zur Änderung des Bundesversorgungsgesetzes und anderer Gesetze | 20.6.2011 | BGBl. I S. 1114 |
| Gesetz zur Stärkung der Finanzkraft der Kommunen | 6.12.2011 | BGBl. I S. 2563 |
| Gesetz zur Verbesserung der Eingliederungschancen am Arbeitsmarkt | 20.12.2011 | BGBl. I S. 2854 |
| Viertes Gesetz zur Änderung des Vierten Buches Sozialgesetzbuch und anderer Gesetze | 22.12.2011 | BGBl. I S. 3057 2012, 670 |
| Gesetz zur Neuordnung der Organisation der landwirtschaftlichen Sozialversicherung | 12.4.2012 | BGBl. I S. 579 |
| Regelbedarfs-Fortschreibungsverordnung | 18.10.2012 | BGBl. I S. 2173 |
| Gesetz zur Regelung des Assistenzpflegebedarfs in stationären Vorsorge- und Rehabilitationseinrichtungen | 20.12.2012 | BGBl. I S. 2789 |
| Gesetz zur Änderung des Zwölften Buches Sozialgesetzbuch | 20.12.2012 | BGBl. I S. 2783 |
| Ehrenamtsstärkungsgesetz | 21.3.2013 | BGBl. I S. 556 |
| Gesetz zur Änderung des Zweiten Buches Sozialgesetzbuch und anderer Gesetze | 7.5.2013 | BGBl. I S. 1167 |
| Gesetz zur Verwaltungsvereinfachung in der Kinder- und Jugendhilfe | 29.8.2013 | BGBl. I S. 3464 |
| Zweites Gesetz zur Änderung des Zweiten Buches Sozialgesetzbuch | 1.10.2013 | BGBl. I S. 3733 |
| GKV-Finanzstruktur- und Qualitäts-Weiterentwicklungsgesetz | 21.7.2014 | BGBl. I S. 1133 |
| Gesetz zur Änderung des Zwölften Buches Sozialgesetzbuch und weiterer Vorschriften | 21.12.2015 | BGBl. I S. 2557 |

| Änderndes Gesetz | Datum | Fundstelle |
|---|---|---|
| Neuntes Gesetz zur Änderung des Zweiten Buches Sozialgesetzbuch – Rechtsvereinfachung – sowie zur vorübergehenden Aussetzung der Insolvenzantragspflicht | 26.7.2016 | BGBl. I S. 1824 |
| Integrationsgesetz | 31.7.2016 | BGBl. I S. 1939 |
| Sechstes Gesetz zur Änderung des Vierten Buches Sozialgesetzbuch und anderer Gesetze | 11.11.2016 | BGBl. I S. 2500 |
| Gesetz zur Regelung von Ansprüchen ausländischer Personen in der Grundsicherung für Arbeitsuchende nach dem Zweiten Buch Sozialgesetzbuch und in der Sozialhilfe nach dem Zwölften Buch Sozialgesetzbuch | 22.12.2016 | BGBl. I S. 3155 |
| Gesetz zur Ermittlung von Regelbedarfen sowie zur Änderung des Zweiten und Zwölften Buches Sozialgesetzbuch | 22.12.2016 | BGBl. I S. 3159 |
| Drittes Gesetz zur Stärkung der pflegerischen Versorgung und zur Änderung weiterer Vorschriften (Drittes Pflegestärkungsgesetz – PSG III) | 23.12.2016 | BGBl. I S. 3191 |
| Gesetz zur Stärkung der Teilhabe und Selbstbestimmung von Menschen mit Behinderungen (Bundesteilhabegesetz – BTHG) | 23.12.2016 | BGBl. I S. 3234 |
| Gesetz zur Änderung des Bundesversorgungsgesetzes und anderer Vorschriften | 17.7.2017 | BGBl. I S. 2541 |

**9** Das Gesetz zur Ermittlung von Regelbedarfen v. 24.3.2011 stellte eine Zäsur in der Entwicklung des Fürsorgerechts dar. Mit dem Änderungsgesetz hat der Gesetzgeber versucht, das Urteil des Bundesverfassungsgerichts vom 9.2.2010 (BvL 1/09 u.a., NZS 2010, 270) umzusetzen, weil das Gericht die bisherige Ermittlung der Leistungen zur Sicherung des Existenzminimums als verfassungswidrig angesehen hat. Man hat erstmals in der Geschichte des Fürsorgerechts versucht, das Existenzminimum einigermaßen nachvollziehbar zu ermitteln.

**10** Das Gesetzgebungsverfahren hat sich als schwierig erwiesen, da viele Regelungen politisch umstritten waren und auch noch weiterhin sind. Das BVerfG hat sich in der Folgezeit in weiteren Entscheidungen mit den verfassungsrechtlichen Anforderungen für das Existenzsicherungsrecht, die sich aus Art. 1 Abs. 1 GG in Verbindung mit dem Sozialstaatsprinzip des Art. 20 Abs. 1 GG ergeben, befasst (18.7.2012 – 1 BvL 10/10, 1 BvL 2/11 zum AsylbLG; 23.7.2014 – 1 BvL 10/12 u. a. – zum SGB II). In der zuletzt genannten Entscheidung sind dem Gesetzgeber deutliche Hinweise gegeben worden, wie bei einer anstehenden Neuermittlung des Regelbedarfs vorzugehen ist. Ein Kammerbeschluss des BVerfG (12.5.2005 – 1 BvR 569/05) hat deutlich gemacht, welche grundlegende Bedeutung dem einstweiligen Rechtsschutz im Existenzsicherungsrecht zukommt, da „der Lebensbedarf eines Menschen nur in dem Augenblick befriedigt werden kann, in dem er entsteht". Dieser Beschluss hatte erhebliche Auswirkungen für die sozialgerichtliche Praxis in Eilsachen. Hinsichtlich der Verfassungsmäßigkeit einiger Vorschriften des SGB II bestehen in der Rechtsprechung weiterhin erhebliche Bedenken, die in Vorlagebeschlüssen zum BVerfG geführt haben (SG Mainz 18.4.2016 – S 3 AS 149/16; SG

Gotha 2.8.2016 – S 15 AS 5157/14; s. dazu *Nielsson*, NZS 2017, 194; SG Speyer 29.12.2017 – S 16 AS 1466/17 ER, BeckRS 2017, 139799).

Die Gesetzgebungsmaterialien zum Regelbedarfsermittlungsgesetz 2011 sind fol- **11** gende:

1. BT-Drs. 17/3404   Gesetzentwurf der Regierungsfraktionen
2. BT-Drs. 17/3958   Gesetzentwurf der Bundesregierung (mit Stellungnahme des Bundesrates)
3. BT-Drs. 17/3982   Gegenäußerung der Bundesregierung zu Stellungnahme des Bundesrates
4. BT-Drs. 17/4095   Bericht des Ausschusses für Arbeit und Soziales
5. BT-Drs. 17/4032   Beschlussempfehlung des Ausschusses
6. BR-Drs. 789/10   Annahme durch Bundestag am 3.12.2010 mit Änderungen
7. BT-Drs. 17/4719   Beschlussempfehlung des Vermittlungsausschusses
8. BT-Drs. 17/4830   Beschlussempfehlung des Vermittlungsausschusses (2. Versuch).

Das Regelbedarfsermittlungsgesetz vom 24.3.2011 ist inzwischen aufgehoben und **12** durch ein neues Regelbedarfsermittlungsgesetz vom 22.12.2016 ersetzt worden. Das war vor allem wegen der Entscheidung des BVerfG v. 23.7.2014 notwendig geworden. Ferner sollte auf Urteile des BSG v. 23.7.2014 (B 8 SO 12/13 R, u. a.) reagiert werden.

Die Gesetzesmaterialien sind BT-Drs. 18/9984, 18/10349, 18/10519.               **12a**

Die Änderungen des SGB XII betrafen in den früheren Jahren vor allem das Dritte **12b** und Vierte Kapitel. Neben der Neuregelung der Regelbedarfe und Regelsätze und der Einfügung eines neuen Abschnitts für Leistungen für Bildung und Teilhabe (§§ 34, 34a) wurde vor allem die Nummerierung der Paragraphen verändert. Eine Angleichung der Vorschriften des SGB II und des SGB XII bei gleichgelagerten Vorschriften erfolgte nicht. Die Rechtsprechung bemüht sich, die Auslegung von Vorschriften beider Gesetze zu „harmonisieren" (vgl. dazu BSG 23.3.2010 – B 8 SO 24/08; BSG 23.3.2010 – B 8 SO 17/09; BSG 19.5.2009 – B 8 SO 7/08; s. auch *Coseriu,* in: Bender/Eicher, Sozialrecht – eine Terra incognita, 2009, S. 225, 255 f.).

Die zahlreichen Änderungen des SGB XII, die im zweiten Halbjahr 2016 erlassen **12c** worden sind, sind kaum noch überschaubar. Bezogen auf das Regelbedarfsermittlungsgesetz und das Bundesteilhabegesetz liegt dies auch daran, dass die Änderungsgesetze mehrere Stufen des Inkrafttretens der Änderungen vorsehen. Die materiell-rechtlichen Änderungen durch die Änderungsgesetze aus dem Jahr 2016 sind erheblich. Durch das Pflegestärkungsgesetz III ist das gesamte Siebte Kapitel (Hilfe zur Pflege) umgestaltet und an die Begrifflichkeiten des SGB XI angepasst worden. Das Bundesteilhabegesetz wird in den folgenden Jahren (bis 2023) die stärksten Veränderungen im SGB XII herbeiführen. Das gesamte Sechste Kapitel betreffend die Eingliederungshilfe wird zum Jahr 2020 aus dem SGB XII entfernt. Zwar bleibt die Eingliederungshilfe die wichtigste Materie des Fürsorgerechts, der Gesetzgeber hat aber gemeint, durch die Verortung im SGB IX, das durch das Bundesteilhabegesetz neu geschaffen wird, werde die Eingliederungshilfe zu einem „modernen Teilhaberecht weiterentwickelt" (BT-Drs. 18/9522, S. 2). Das wäre ebenso gut im SGB XII zu realisieren gewesen. Das Recht der Eingliederungshilfe nach Teil 2 des SGB IX wird (unsystematisch) zu einem Leistungsgesetz innerhalb des SGB IX erklärt (§ 7 Abs. 1 Satz 3 SGB IX-neu). Die durch das Bundesteilhabegesetz bedingten Änderungen im SGB XII treten stufenweise in Kraft. Zum 1.1.2017 sind unter anderem Vorschriften über den Einsatz von Einkommen und Vermögen in der Eingliederungshilfe und der Hilfe zur Pflege geändert worden (Art. 11 BTHG). Durch Art. 12 BTHG ist ab dem 1.1.2018 für die Zeit bis zum Inkrafttreten der neuen Eingliederungshilfe am 1.1.2020 eine Art „Zwischenrecht" geschaffen worden, das bereits Vorschriften enthält (§§ 141 ff. SGB XII-neu), die später in der Eingliederungshilfe gemäß Teil 2 des SGB IX (§§ 117 ff. SGB IX-neu) wiederzufinden sind.

**12d**  Die neue Eingliederungshilfe tritt erst zum 1.1.2020 in Kraft (Art. 26 Abs. 4 Nr. 1 BTHG); gleichzeitig treten gemäß Art. 13 Nr. 1 Buchst. d und e BTHG die Vorschriften des SGB XII über die Eingliederungshilfe außer Kraft. Das Vertragsrecht der neuen Eingliederungshilfe ist allerdings bereits zum 1.1.2018 in Kraft getreten, damit die Vertragsparteien ausreichend Zeit haben, die notwendigen neuen Verträge vorzubereiten. In der Übergangszeit bis 2020 gelten zwei Normenkomplexe für das Vertragsrecht gleichzeitig, nämlich die §§ 123 ff. SGB IX-neu und die §§ 75 ff. SGB XII. Für diese Zeit können die Vertragsparteien aber auch auf eine Übergangsregelung zurückgreifen, die in § 139 SGB XII (Art. 12 BTHG) verortet ist.

**12e**  Die Regelungen über das Vertragsrecht für die neue Eingliederungshilfe gilt dann ab 2020 mit kleinen Abweichungen auch für die verbleibende Sozialhilfe nach dem SGB XII (Art. 13 Nr. 25 BTHG).

### III. Motive und Ziele der Gesetzgebung

#### 1. SGB II

**13**  Das mit dem SGB II verfolgte Ziel bestand darin, die beiden steuerfinanzierten Fürsorgesysteme „Arbeitslosenhilfe" nach den bisherigen Vorschriften des SGB III und „Hilfe zum Lebensunterhalt" nach dem (früheren) BSHG zu einem neuen, **einheitlichen Leistungssystem** zusammenzufassen. Da die Arbeitslosenhilfe eine steuerfinanzierte Leistung war, stellte sie in systematischer Hinsicht im Arbeitsförderungsrecht nach dem SGB III einen Fremdkörper dar. Zudem waren Empfänger von Arbeitslosenhilfe in vielen Fällen auf ergänzende Hilfe zum Lebensunterhalt angewiesen, sodass ihr Existenzminimum von zwei verschiedenen Hilfsystemen gesichert wurde. Zudem mussten **zwei Behörden,** die Bundesanstalt für Arbeit und der Träger der Sozialhilfe, tätig werden. Auf der anderen Seite waren diejenigen Hilfebedürftigen, die keinen Anspruch auf Arbeitslosenhilfe besaßen, von den aktivierenden Leistungen der Arbeitsmarktpolitik ausgeschlossen. Diese strukturellen Nachteile sollen durch das neue einheitliche Leistungssystem beseitigt werden. Sowohl die aktivierenden Leistungen als auch die finanziellen Leistungen sollen für alle Langzeitarbeitslosen einheitlich gestaltet sein.

**14**  In Wahrheit handelt es sich nicht um eine Verschmelzung zweier Leistungssysteme, sondern um eine **völlige Abschaffung** der bisherigen **Arbeitslosenhilfe,** jedenfalls soweit es die passiven Leistungen zur Sicherung des Lebensunterhalts betrifft (vgl. dazu *Spellbrink,* Kasseler Handbuch des Arbeitsförderungsrechts, § 13). Das BSG hat die Abschaffung der Arbeitslosenhilfe sowie die dadurch in vielen Fällen eintretende Leistungsabsenkung inzwischen in zahlreichen Entscheidungen als verfassungsgemäß angesehen (s. etwa Urteil 23.11.2006 – B 11b AS 1/06). Alle erwerbsfähigen Hilfebedürftigen (§ 7 SGB II) und die mit ihnen in einer **Bedarfsgemeinschaft** zusammenlebenden Personen sollen im Interesse einer effizienten Eingliederung in Arbeit sowohl im Hinblick auf die aktivierenden Leistungen der Eingliederung in Arbeit als auch im Hinblick auf die Sicherung ihres Existenzminimums einem **einheitlichen Leistungssystem** unterworfen werden. Für die ehemaligen Bezieher von Arbeitslosenhilfe bedeutet dies, dass sie in finanzieller Hinsicht mit Empfängern von Hilfe zum Lebensunterhalt weitgehend gleichgestellt werden. Für die zuvor nur unter das BSHG fallenden Personenkreise, die keinen Anspruch auf Arbeitslosenhilfe besaßen, bringt das neue Recht insofern eine **Verbesserung** als sie in den Genuss von Maßnahmen der Eingliederung in Arbeit unter entsprechender Anwendung von Vorschriften des SGB III gelangen können (vgl. § 16 ff. SGB II). Außerdem sind sie gesetzlich in der Renten-, Kranken- und Pflegeversicherung versichert.

Das SGB II betont den Grundsatz des **„Förderns und Forderns"** (s. Kapitel 1), **15** d. h. die Maßnahmen zur Eingliederung in Arbeit sollen effektiver und zielgenauer erfolgen und auf der anderen Seite soll der Leistungsberechtigte stärker auf seine Mitwirkungs- und Selbsthilfeverpflichtung verwiesen werden. Insgesamt soll das neue Recht die **kommunale Finanzsituation** verbessern, indem die finanzielle Verantwortung für das Risiko „Arbeitslosigkeit" zu einem Teil auf den Bund verlagert wird, soweit es um die bisherigen erwerbsfähigen Empfänger von Hilfe zum Lebensunterhalt geht (s. § 46 SGB II).

## 2. SGB XII

Das im SGB XII enthaltene neue Sozialhilferecht ist vor allem in seiner **Systema-** **16** **tik umgestaltet** worden. Bei der Hilfe zum Lebensunterhalt besteht die wichtigste Veränderung in einer weitgehenden **Pauschalierung** der Leistungen. Dies gilt auch für die Leistungen zur Sicherung des Lebensunterhalts nach dem SGB II. Insofern kann man von einem Paradigmenwechsel im Fürsorgerecht sprechen (vgl. *Wallerath,* Paradigmenwechsel in der sozialen Sicherung, FS für Peter Krause, S. 187 ff.). Die ehemaligen Hilfen in besonderen Lebenslagen und die Hilfe zum Lebensunterhalt werden unter ein einheitliches Regelungssystem gestellt. Dabei sind die materiellen Bestimmungen der ehemaligen Hilfen in besonderen Lebenslagen weitgehend erhalten geblieben. Das erst im Jahre 2002 in Kraft getretene **Gesetz über eine bedarfs-** **orientierte Grundsicherung im Alter und bei Erwerbsminderung** (v. 26.6.2001, BGBl. I S. 1335), durch das eine Personengruppe aus dem Recht der Hilfe zum Lebensunterhalt nach dem BSHG herausgenommen worden war, ist wieder in das einheitliche **Sozialhilferecht integriert** worden.

Die Regelungen betreffend die Leistungen zur Sicherung des Lebensunterhalts **17** (im SGB II) bzw. der Hilfe zum Lebensunterhalt (im SGB XII) sind zum großen Teil abweichend voneinander formuliert, wobei im Grunde nicht zu erkennen ist, dass es für die Abweichungen sachliche Gründe gibt, da es schließlich gleichermaßen um die Sicherung des Existenzminimums geht. Unterschiede in den gesetzlichen Regelungen wären nur insoweit sachlich gerechtfertigt, als es die Unterschiedlichkeit in den jeweiligen Personengruppen erforderte (vgl. als Beispiel für das krasse Ärgernis BSG 27.1.2009 – B 14 AS 6/08 R zur Unterschiedlichkeit von § 9 Abs. 5 SGB II und § 36 SGB XII). Die Schaffung eines allgemeinen Teils der Fürsorge wäre wünschenswert (so auch *Busse/Pyzik,* NDV 2009, 94; vgl. auch die tabellarische Übersicht bei *Kunkel,* ZfF 2007, 193). Das „Rechtsvereinfachungsgesetz" hat diesen Befund noch verschlimmert. Durch das Bundesteilhabegesetz ist das Sozialhilferecht entscheidend aufgebrochen worden. Die neue Eingliederungshilfe stellt nun (ab 2020) ein weiteres selbständiges Leistungssystem dar.

## IV. Das neue System der Leistungen zur Existenzsicherung

Die Sicherung des notwendigen Lebensunterhalts eines Menschen erfolgte seit **18** 1961 letztlich durch die **Hilfe zum Lebensunterhalt** nach dem BSHG. Diese Hilfe trat ergänzend ein, wenn die vorrangigen Leistungssysteme bedarfsdeckende Leistungen nicht bereithielten. Durch das **Asylbewerberleistungsgesetz** wurde für Ausländer mit fehlendem oder ungesichertem Aufenthaltsstatus ein Sonderrecht geschaffen und die Anwendbarkeit des BSHG ausgeschlossen (§ 120 Abs. 2 BSHG). Das **Grundsicherungsgesetz im Alter** und bei Erwerbsminderung brachte ein neues Existenzsicherungssystem für Menschen, bei denen davon auszugehen ist, dass sie voraussichtlich auf Dauer auf Hilfe für ihren Lebensunterhalt angewiesen sein werden, sofern sich nicht ihre Einkommens- und Vermögenslage ändern sollte. Dieses Leistungssystem ging der Hilfe zum Lebensunterhalt nach dem BSHG vor; subsidiär kam allerdings der Bezug von Hilfe zum Lebensunterhalt in Betracht.

**19**     Dieses überschaubare **Spektrum an Leistungssystemen** ist durch die neuen Leistungsgesetze, das SGB II und das SGB XII, sehr viel komplizierter geworden. Auf den ersten Blick mag es allerdings scheinen, als ob den neuen Regelungen eine klare, konsequente Systematik zugrunde liegt: Für **erwerbsfähige Hilfebedürftige** und ihre **nicht erwerbsfähigen Angehörigen** gilt das SGB II mit den Leistungen „Arbeitslosengeld II" und „Sozialgeld". Für **nicht erwerbsfähige Hilfebedürftige** kommen die Regelungen nach § 41 **SGB XII** aus dem ehemaligen Grundsicherungsgesetz zur Anwendung. Und für eine von beiden Systemen nicht erfasste Gruppe gilt weiterhin die **Hilfe zum Lebensunterhalt,** nunmehr nach dem SGB XII. Der Lebensunterhalt von Kindern wird unter gewissen Umständen neben dem Kindergeld durch einen neuen **Kinderzuschlag** nach § 6a BKGG gesichert, sofern nämlich eine Hilfebedürftigkeit der Familie allein wegen des Kindes oder der Kinder besteht. Das AsylbLG ist mehrfach geändert worden (zuletzt durch Art. 4 Gesetz v. 17.7.2017, BGBl. I S. 2541). Damit kommen vier bzw. mit dem Asylbewerberleistungsgesetz fünf Existenzsicherungssysteme ins Blickfeld. Wenn man die Kriegsopferfürsorge noch hinzuzählt, existieren **sechs Leistungssysteme für die Existenzsicherung.** Schließlich ist noch auf die Sicherung des Lebensunterhalts nach dem Recht der **Kinder- und Jugendhilfe** zu verweisen (§§ 13 Abs. 3, 19 Abs. 3, 39 SGB VIII; s. dazu bei § 27a Abs. 4 S. 3 SGB XII). Es liegt auf der Hand, dass es bei derart vielen Leistungssystemen zur Sicherung des Existenzminimums zu Abgrenzungs-, Koordinierungs- und Schnittstellenproblemen kommen muss. Die ab 2020 geltende neue Eingliederungshilfe, die als eigenständiges Leistungssystem anzusehen ist, erweitert die Existenzsicherungssysteme noch mehr.

**20**     Die Zuordnung der betreffenden Personen zu den verschiedenen Leistungssystemen erschließt sich nicht ohne Weiteres, da die Schnittstelle zwischen „erwerbsfähig" im Sinne des SGB II und „nicht erwerbsfähig" **nicht trennscharf** ist. Aus diesem Grund besitzt die **Hilfe zum Lebensunterhalt** nach dem SGB XII noch eine, wenn auch **geringe Bedeutung** für einen kleinen Personenkreis. Dieser fällt weder unter das SGB II, weil er nicht die dortigen Voraussetzungen für einen „erwerbsfähigen Hilfebedürftigen" nach § 7 SGB II erfüllt, noch unter die Grundsicherung bei dauerhafter Erwerbsminderung nach § 41 SGB XII, da es an den dortigen Voraussetzungen fehlt. Zu den besonderen Problemen, die sich für EU-Bürger ergeben, die vom Leistungsbezug nach dem SGB II ausgeschlossen sind (s. BSG 3.12.2015 – B 4 AS 43/15 R; BSG 16.12.2015 – B 14 AS 33/14 R). Durch das Gesetz v. 22.12.2016 (BGBl. I S. 3155) hat der Gesetzgeber versucht, diese Rechtsprechung des BSG zu korrigieren und weitere Personengruppen von Leistungsansprüchen auszuschließen.

**21**     Wenn mehrere Personen in einer Bedarfs-/Einsatzgemeinschaft zusammenleben und sie unter verschiedene Leistungssysteme fallen, ergeben sich zahlreiche Probleme bei der Berechnung der ihnen zustehenden Leistungen. Dies folgt bereits daraus, dass der Einsatz von Einkommen und Vermögen im SGB II und SGB XII unterschiedlich geregelt ist (vgl. zur gemischten Bedarfsgemeinschaft, BSG 16.10.2007 – B 8/9b SO 2/06 R; BSG 18.3.2008 – B 8/9b SO 11/06 R; *Berendes,* NZS 2008, 634).

**22, 23**     Das **Arbeitslosengeld I** ist das vorgelagerte, gehobene Sozialversicherungssystem, in dessen Anwendungsbereich nur derjenige fällt, der die besonderen Voraussetzungen nach dem SGB III erfüllt. Sind die Leistungen für die Existenzsicherung (des Arbeitslosen und seiner Familie) nicht ausreichend, greift **subsidiär** und **ergänzend** das Leistungssystem des **SGB II.** Die Leistungen nach dem **SGB II** und der **Grundsicherung im Alter** und bei Erwerbsminderung schließen sich gegenseitig aus, da eine Person, die erwerbsfähig ist, nicht die Voraussetzungen der Grundsicherung im Alter und bei Erwerbsminderung erfüllen kann und (spiegelbildlich) eine Person, die dauerhaft erwerbsgemindert ist, nicht erwerbsfähig ist. Beide Leistungssysteme können sich daher **nicht überschneiden oder ergänzen** (s. § 5 Abs. 2 SGB II).

Die Hilfe zum Lebensunterhalt nach dem SGB XII, die noch für einen kleinen **24** Personenkreis Bedeutung hat, der nicht unter die beiden zuvor genannten Leistungssysteme fällt, hat ihre **Funktion** als **subsidiäres Auffangnetz verloren.** Nach der neuen Systematik der Existenzsicherungssysteme, wonach nach Personengruppen und persönlichen Merkmalen differenziert wird, stehen die Leistungssysteme SGB II, Grundsicherung im Alter und bei Erwerbsminderung und Hilfe zum Lebensunterhalt nach dem SGB XII **isoliert nebeneinander;** eine irgendwie geartete Ergänzung einer Leistung durch Leistungen aus dem anderen System findet nicht statt. Für das Verhältnis von Hilfe zum Lebensunterhalt nach dem SGB XII und Sicherung des Lebensunterhalts nach dem SGB II kann man daher von einem „**Entweder-oder-Verhältnis**" sprechen (§ 5 Abs. 2 SGB II, § 21 SGB XII; s. aber für die Geltung des SGB XII für erwerbsfähige EU-Bürger, BSG 3.12.2015 – B 4 AS 59/13 R; BSG 16.12.2015 – B 14 AS 15/14 R). Diese Systematik lässt sich nur deshalb rechtfertigen, weil die finanziellen Leistungen in allen drei Leistungssystemen in Bezug auf die **Existenzsicherung** im Wesentlichen **gleich** sind. Die Unterschiede liegen also nicht in der Höhe und dem Umfang der Leistungen, sondern vor allem in der Ausgestaltung des **Nachrangs** der Leistungen gegenüber eigenen Kräften und Mitteln des Leistungsberechtigten.

Inzwischen hatte sich allerdings gezeigt, dass im System der Leistungen zur **25** Sicherung des Lebensunterhalts (SGB II) Leistungslücken auftraten, die als nicht hinnehmbar erschienen, da sie Bedarfe betrafen, die zum verfassungsrechtlich geschützten Bereich des Existenzminimums gehören. Das betraf etwa die **Kosten des Umgangsrechts** mit den woanders lebenden Kindern des erwerbsfähigen Hilfebedürftigen sowie die „kleine" Haushaltshilfe, die in § 27 Abs. 3 SGB XII (zuvor § 11 Abs. 3 BSHG) geregelt ist (s. dazu *Knickrehm,* Sozialrecht aktuell 2006, 159; *dies.,* NZS 2007, 128). Auch eine **Erhöhung des Regelsatzes,** die nach § 27a Abs. 4 S. 1 SGB XII möglich ist, fehlt bezüglich der Leistung für den Regelbedarf nach § 20 SGB II. In einer Vielzahl von Entscheidungen haben sich die Sozialgerichte mit diesem Problem befassen müssen und zum Teil versucht, mit **verfassungskonformer Auslegung** die Leistungslücken zu schließen. Das BSG (7.11.2006 – B 7b AS 14/06 R, Umgangsrecht) hat zur Lösung der Problematik auf **§ 73 SGB XII** zurückgegriffen, wodurch dieser (unbestimmte) Leistungstatbestand letztlich zu einer **allgemeinen Auffangnorm** für Leistungsempfänger des SGB II mutiert war, auch wenn das BSG dies in Abrede stellt (Rn. 22 des Urteils). Inzwischen ist auf Veranlassung des BVerfG (9.2.2010 – 1 BvL 1/09 u.a.) mit § 21 Abs. 6 SGB II eine Öffnungsklausel geschaffen worden, mit deren Hilfe Bedarfslagen berücksichtig werden können, die von dem System der pauschalen Leistungen nicht erfasst sind.

Der **Kinderzuschlag** nach § 6a BKGG kommt nur zur Anwendung, wenn das **26** betreffende Kind zur Bedarfsgemeinschaft nach § 7 Abs. 3 SGB II zählt und das 18. Lebensjahr noch nicht vollendet hat; Kinder, die unter die Hilfe zum Lebensunterhalt nach dem SGB XII fallen, besitzen keinen Anspruch auf den Kinderzuschlag. Der Kinderzuschlag wird nur geleistet, wenn dadurch Hilfebedürftigkeit nach § 9 SGB II vermieden wird. Kinderzuschlag und Leistungen nach dem SGB II schließen sich daher gegenseitig aus (vgl. zum Kinderzuschlag *Seiler,* NZS 2008, 505; *Schnell,* SGb 2009, 649; BT-Drs. 17/968). Die Berechnung des Kinderzuschlags stellt die zuständigen Behörden und die Gerichte vor nicht unerhebliche Schwierigkeiten (vgl. z. B. BSG 9.3.2016 – B 14 KGG 1/15 R).

Die Leistungen nach dem **Asylbewerberleistungsgesetz** gelten nur für die in **27** diesem Gesetz aufgeführten Ausländer mit besonderem Status. **Ergänzende Leistungen** nach dem SGB II (§ 7 Abs. 1 S. 2, 2. Hs. SGB II) oder der Hilfe zum Lebensunterhalt nach dem SGB XII **scheiden aus** (§ 23 Abs. 2 SGB XII). Das Bundesverfassungsgericht (BVerfG 18.7.2012 – 1 BvL 10/10) hat die damaligen Leistungen als nicht verfassungsgemäß angesehen. Daraufhin wurde das AsylbLG mehrfach geändert.

28 Die Leistungen der **Kriegsopferfürsorge** gehen den Leistungen nach dem SGB II und dem SGB XII vor (§ 5 Abs. 1 S. 1 SGB II, § 2 Abs. 1 SGB XII).

29 Für das Verhältnis zu Leistungen der **Jugendhilfe** ist auf § 10 Abs. 3 und 4 SGB VIII zu verweisen (vgl. BSG 24.3.2009 – B 8 SO 29/07 R; BVerwG 22.10.2009 – 5 C 19/08). Leistungen zum Unterhalt eines Kindes oder Jugendlichen nach § 39 Abs. 2 SGB VIII gehen den entsprechenden Leistungen nach dem SGB XII und dem SGB II vor (für Leistungen nach § 3 Abs. 2 und §§ 14 bis 16 SGB II s. § 10 Abs. 3 S. 2 SGB VIII).

30 Das neue Recht der Existenzsicherung hat seit seinem Inkrafttreten im Januar 2005 zu einer beispiellosen **Welle von Streitverfahren** – zumeist im einstweiligen Rechtschutzverfahren – bei den Sozialgerichten geführt (s. etwa BT-Drs. 18/12193). In vielen ihrer Entscheidungen bemühen sich die Gerichte mit „großzügiger" oder „verfassungskonformer" Auslegung der Vorschriften zu einem angemessenen Ergebnis zu kommen. Auch ernsthafte **Appelle an den Gesetzgeber,** gewisse normative Missstände zu beseitigen (so BSG 7.11.2006 – B 7b AS 8/06 R) sind festzustellen, wobei bis zu entsprechenden Gesetzesänderungen manche Vorschriften „bis an ihre Grenzen auszuloten" seien (BSG 7.11.2006 – B 7b AS 8/06 R). Bemerkenswert ist auch eine Urteilsbegründung des BSG, wonach § 9 Abs. 2 S. 3 SGB II „entgegen dem Wortlaut der Vorschrift" auszulegen sei, weil dies Art. 3 Abs. 1 GG gebiete (BSG 15.4.2008 – B 14/7b AS 58/06 R).

31 Im **wissenschaftlichen Schrifttum** wurde das neue Fürsorgerecht in zahllosen Beiträgen **kritisch** beleuchtet (s. z. B. *Münder,* SGb 2006, 186; *ders., LPK–SGB II,* 3. Aufl. § 23 Rn. 4 ff.; *Voelzke,* in: Hauck/Noftz, SGB II, E 010 Rn. 179b ff.; *O'Sullivan,* SGb 2005, 369; *Däubler,* NZS 2005, 225; s. auch Antwort der Bundesregierung auf die Große Anfrage, BT-Drs. 16/4210). Manche Kritik an dem neuen Recht reichte vom Spott über den Dilettantismus des Gesetzgebers (*Conradis,* info also 2004, 51: „Kuriositäten"; *Kunkel,* ZfF 2005, 33: „Pisa²"; *Zuck,* NJW 2005, 649) bis hin zu Schmähungen (*Kunkel,* ZfF 2005, 33, 34: „Prostata-Gesetzgebung"). Auch nach dem Urteil des BVerfG (9.2.2010 – 1 Bvl 1/09) und den daraufhin erfolgten Änderungen bei der Bemessung des Regebedarfs ist die Kritik nicht verstummt (z. B. *Münder,* Verfassungsrechtliche Bewertung des Gesetzes zur Ermittlung von Regelbedarfen, Gutachten für die Hans-Böckler-Stiftung, Soziale Sicherheit Extra 2011, 63, 93). Der Beschluss des BVerfG (23.7.2014 – 11 BvL 10/12) hat weitere Schwachstellen bei den gesetzlichen Regelungen zur Sicherung des Existenzminimums aufgezeigt (s. dazu auch Lebenslagen in Deutschland – Fünfter Armuts- und Reichtumsbericht, BT-Drs. 18/11980, S. XXII).

## V. Grundstrukturen der neuen Leistungssysteme

### 1. Leistungen nach dem SGB II

32 Das SGB II enthält **zwei Leistungsarten:** die aktivierenden Leistungen zur Eingliederung in Arbeit (§ 14 bis § 16hSGB II) und die (passiven) Leistungen zur Sicherung des Lebensunterhalts (§ 19 bis § 29 SGB II; vgl. § 1 Abs. 3 SGB II).

33 **a) Leistungen zur Eingliederung in Arbeit.** Diese Leistungen – vor allem die nach §§ 16 ff. SGB II – entsprechen weitgehend denen, die nach früherer Rechtslage (nur) den Beziehern von Arbeitslosenhilfe erbracht werden konnten. Durch das neue Recht sollen auch diejenigen erwerbsfähigen Hilfebedürftigen diese Eingliederungsleistungen erhalten können, die bisher davon ausgeschlossen waren. Die Leistungen zur Eingliederung in Arbeit sollen den Grundsatz des Förderns nach § 14

SGB II zur Geltung bringen. In struktureller Hinsicht ist es zu begrüßen, dass Leistungen zur Eingliederung in Arbeit für alle Langzeitarbeitslosen nach einheitlichen Kriterien erbracht werden.

**b) Leistungen zur Sicherung des Lebensunterhalts.** Diese Leistungen setzen **34** sich aus **mehreren Teilleistungen** zusammen. Nach der Systematik des Gesetzes sollen dies das Arbeitslosengeld II, das Sozialgeld und Leistungen für Bildung und Teilhabe sein. Das Arbeitslosengeld II umfasst nach der Neuregelung des § 19 Abs. 1 SGB II nun auch die Kosten für Unterkunft und Heizung.

Das **Sozialgeld** nach § 23 SGB II ist die Leistung, die der Sicherung des Lebens- **35** unterhalts von nicht erwerbsfähigen Angehörigen dient, die mit erwerbsfähigen Hilfebedürftigen in Bedarfsgemeinschaft leben. Durch diese Regelung soll vermieden werden, dass Angehörige des erwerbsfähigen Hilfebedürftigen die Sicherung ihres Lebensunterhalts bei einem anderen Leistungsträger beantragen müssten.

Das Sozialgeld lehnt sich in **Art und Höhe der Leistungen** an diejenigen des **36** erwerbsfähigen Hilfebedürftigen an. Sozialgeld kann der Angehörige nicht beanspruchen, wenn er berechtigt ist, Leistungen der **Grundsicherung im Alter und bei Erwerbsminderung** nach § 41 SGB XII zu beziehen. Insoweit besteht also System-Nachrang des SGB II (s. auch § 5 Abs. 2 S. 2 SGB II).

Der **Kinderzuschlag** nach Art. 46 Viertes Gesetz für moderne Dienstleistungen **37** am Arbeitsmarkt (= § 6a BKGG) kann sowohl das Arbeitslosengeld II als auch das Sozialgeld ausschließen, indem nämlich durch seinen Bezug Hilfebedürftigkeit nach § 9 SGB II vermieden wird.

Der Abschnitt über Leistungen für Bildung und Teilhabe stand im Gesetzgebungs- **38** verfahren betreffend das Regelbedarfsermittlungsgesetz 2011 – neben der Neubemessung der Regelbedarfe – im Mittelpunkt der Diskussion (s. dazu § 34 SGB XII).

## 2. SGB XII

Das im SGB XII enthaltene neue Recht der Sozialhilfe ist vor allem in seiner **39** **gesetzestechnischen Systematik** grundlegend verändert worden. Der materielle Gehalt des Sozialhilferechts ist dabei allerdings weitgehend erhalten geblieben. Neben der Systematik ist auch die Terminologie des Gesetzes geändert worden, weil der **Sprachgebrauch** aus dem früheren Fürsorgerecht nicht mehr zeitgemäß erschien. So heißt es etwa nicht mehr, dass Hilfe gewährt wird, sondern Leistungen werden erbracht bzw. Sozialhilfe wird geleistet. Die Person, die Hilfe begehrt, ist der „Leistungsberechtigte" oder die „nachfragende Person" (§ 39 Abs. 1 SGB XII). Den „Hilfeempfänger" gibt es nicht mehr. Durch das Gesetz vom 21.12.2015 (BGBl. I S. 2557) sind weitere terminologische Veränderung am Text erfolgt. Es werden nicht mehr „Leistungen erbracht", sondern „Bedarfe anerkannt." Ob damit bezweckt werden sollte, dass einzelne Leistungen nicht mehr als abtrennbare Streitgegenstände zu behandeln sind, ist zweifelhaft (s. dazu *Siefert,* jurisPR–SozR 4/2016, Anm. 1).

Die früheren **Hilfen in besonderen Lebenslagen** werden nicht mehr so **40** bezeichnet, sondern schlicht in einer Reihe mit allen Leistungsarten der Sozialhilfe gestellt (§ 8 SGB XII). In der Sache hat sich dadurch nichts geändert: Diese Hilfen nach dem Fünften bis Neunten Kapitel des SGB XII stellen weiterhin einen gesonderten Block dar (vgl. § 19 Abs. 3 SGB XII). Diese Leistungen sind für Personen, die unter das SGB II fallen, nicht verschlossen.

Die Hilfe zum Lebensunterhalt nach dem SGB XII (§§ 27 ff.) entspricht in ihrer **41** Grundstruktur der früheren Hilfe nach dem BSHG, allerdings mit der gewichtigen Veränderung, dass eine weitgehende **Einbeziehung einmaliger Leistungen in den Regelsatz** stattgefunden hat (§ 27a Abs. 1 und § 31 Abs. 1 SGB XII). Die Regelbedarfe und die Regelsätze sind im SGB II und im SGB XII gleich hoch. Anders als nach dem SGB II können die Regelsätze aus Gründen der Besonderheit des Einzelfalles in der Höhe abweichend festgesetzt werden (§ 27a Abs. 4 XII). Ferner können regional abweichende Regelsätze festgelegt werden (§ 29 Abs. 3 SGB XII). Im Übrigen enthält § 37 SGB XII eine **Öffnungsklausel für weitere Leistungen** (s. auch § 21 Abs. 6 SGB II).

**41a**    Das Regelbedarfsermittlungsgesetz 2016 legt in seinem § 6 die neuen Regelbedarfsstufen fest. In der Regelbedarfsstufe 1 sind 416 Euro vorgesehen. Für die weiteren Regelbedarfsstufen gelten verringerte Beträge.

**42**    Die **Grundsicherung im Alter,** die zuvor außerhalb des BSHG geregelt war, ist in die Sozialhilfe integriert worden (4. Kapitel).

## VI. Kinderzuschlag

**43**    Der Kinderzuschlag (**nicht:** Kinder**geld**zuschlag) ist durch Art. 46 des Vierten Gesetzes für moderne Dienstleistungen am Arbeitsmarkt eingeführt worden, indem eine entsprechende Vorschrift in das BKGG (§ 6a; s. auch § 6b) aufgenommen wurde (vgl. *Kievel,* ZfF 2005, 97; *Wild,* ZfSH/SGB 2005, 136; *Seiler,* NZS 2008, 505; *Schnell,* SGb 2009, 649). Es handelt sich bei dieser Leistung um eine **bedürftigkeitsabhängige Transferleistung,** die einen **Fremdkörper** im Kindergeldrecht darstellt und die ihren Platz im SGB II hätte haben sollen. Nunmehr wird eine weitere Behörde – die Familienkasse (§ 7 BKGG) – mit der Sicherung des Existenzminimums befasst, wobei die Familienkasse eine Berechnung der Hilfebedürftigkeit der Familie mittelbar durchführen muss.

**44**    Motiv für diese neue Sozialleistung war es, **Kinderarmut** zu vermeiden und Kinder bzw. ihre Familie nicht in das Fürsorgesystem fallen zu lassen. Im Ergebnis handelt es sich letztlich indes lediglich um eine **schlichte Umetikettierung,** die nichts bewirkt. Ähnlich wie bei der früheren Grundsicherung im Alter, die aus dem BSHG ausgegliedert war, um dem Problem der verschämten Altersarmut zu begegnen, wird sich der Kinderzuschlag als **verfehlte Lösung** erweisen.

**45**    Der Kinderzuschlag von bis zu 170 Euro (je Kind) soll zusammen mit dem Kindergeld von 192 Euro (für das erste Kind, 198 Euro ab dem 3. Kind und 223 Euro ab dem 4. Kind) und dem anteiligen Wohngeld die **Sicherung des Lebensunterhalts** eines Kindes gewährleisten. Dieser Betrag wird allerdings **nicht pauschaliert** ohne Rücksicht auf die konkrete Bedarfslage des Kindes und seiner Eltern erbracht, sondern hängt von dem Einkommen aller Personen der Bedarfsgemeinschaft ab. Der Kinderzuschlag wird von vornherein nur erbracht, wenn die Eltern für sich betrachtet über ausreichendes Einkommen im Sinne des SGB II verfügen. Ist dies nicht der Fall, bezieht das Kind (weiterhin) Sozialgeld oder mit Vollendung des 15. Lebensjahres Arbeitslosengeld II. Übersteigt das Einkommen und Vermögen der Eltern ihren eigenen Bedarf, wird der **Kinderzuschlag** je 10 Euro übersteigendes Einkommen um 5 Euro **gekürzt;** er entfällt ganz, wenn das übersteigende Einkommen (und Vermögen) den Höchstbetrag des Kinderzuschlags erreicht. Die Regelung in § 6a Abs. 4 BKGG ist **höchst kompliziert;** sie wurde durch Art. 14a des Kommunalen Optionsgesetzes noch durch eine Regelung zur Berechnung der auf das Kind und die Eltern entfallenden Kosten der **Unterkunft und Heizung** erweitert.

**46**    Damit sich der Kinderzuschlag im Ergebnis nicht nachteilig für die Bedarfsgemeinschaft auswirkt, ist Abs. 5 in § 6a BKGG durch Gesetz vom 20.7.2006 eingefügt worden, wonach der Berechtigte erklären kann, den Zuschlag nicht geltend machen zu wollen. Die Bundesregierung hat einen Bericht über die Auswirkungen des § 6a BKGG vorgelegt (BT-Drs. 16/4670). Zu den Regelungen im Einzelnen vgl. *Valgolio,* in: Hauck/Noftz, SGB II, § 6a BKGG; aus der Rechtsprechung z. B. BSG 7.7.2012 – B 14 KG 2/09 R; BSG 9.3.2016 – B 14 KG 1/15 R).

## VII. Strukturprinzipien des SGB II und des SGB XII

Unter Strukturprinzipien des BSHG verstand man besondere Charakteristika die- **47** ses Rechtsgebiets, die sich aus konkreten Vorschriften, aber auch aus dem Zusammenhang und dem Sinn und Zweck der einzelnen Regelungen des BSHG ergeben können (vgl. dazu im Einzelnen *Rothkegel,* Strukturprinzipien, passim; *Grube,* Sozialrecht aktuell 2010, 11). Diese Strukturprinzipien prägten das Sozialhilferecht des BSHG und hatten vor allem selbst **normative Kraft,** sodass sie als abweichende Regelungen im Sinne von § 37 Satz 1 SGB I galten (BVerwG 13.11.2003 – 5 C 26/02). Diese Auffassung ist von Vertretern der Sozialgerichtsbarkeit und auch in der Rechtsprechung des BSG zum Teil scharf kritisiert worden (vgl. nur *Spellbrink,* in: Eicher/Spellbrink, SGB II, 2. Aufl., vor § 1 Rn. 4 ff. „normative Hybris"; BSG 17.6.2008 – B 8 AY 5/07 R). Die Kritik ist insofern berechtigt, als sie darauf hinweist, dass sich normative Verbindlichkeit nicht aus angeblichen Strukturprinzipien herleiten lässt, sondern – umgekehrt – dass sich aus gesetzlichen Bestimmungen im Wege der **Auslegung** gegebenenfalls bestimmte „Eigenheiten", „Wesensmerkmale" oder „Strukturen" eines Leistungssystems ergeben können (das BSG 16.10.2007 – B 8/9b SO 8/06 R, spricht in diesem Zusammenhang z. B. von einer „abweichenden gesetzlichen Struktur", die das SGB XII und die Grundsicherung im Alter aufwiesen gegenüber der früheren Rechtslage, die das BVerwG vorgefunden habe). Im Übrigen ist der Begriff der „Strukturprinzipien" in der Rechtsprechung des BSG durchaus geläufig, vor allem auch in anderen Rechtsgebieten als dem Existenzsicherungsrecht (vgl. z. B. BSG 23.7.2015 – B 2 U 9/14 R, gesetzliche Unfallversicherung; BSG 2.7.2013 – B 1 KR 18/12 R, gesetzliche Krankenversicherung; BSG 28.9.2011 – B 12 R 9/10 R, gesetzliche Pflegeversicherung). Im Schrifttum werden die Strukturprinzipien des Existenzsicherungsrechts (völlig unbefangen) ausführlich dargestellt (vgl. z. B. *Voelzke,* in: Hauck/Noftz, SGB II, E 010 Rn. 8 ff.; *Luthe,* in: Hauck/Noftz, SGB XII, E 010 Rn. 47 ff.; *Berlit,* in: Berlit/Conradis/Sartorius (Hrsg.), Existenzsicherungsrecht, 2. Aufl., S. 83 ff.; *Wahrendorf,* in: FS 50 Jahre Sozialhilfe, S. 117 ff.; *Krohn,* Keine Sozialhilfe für die Vergangenheit?, S. 15 ff.). Der 8. Senat des BSG stellt den einzelnen Strukturprinzipen regelmäßig den Begriff „so genannt" voran, um sich von den Prinzipien wohl etwas zu distanzieren (28.10.2008 – B 8 SO 33/07 R; BSG 29.9.2009 – B 8 SO 16/08 R; 16.12.2010 – B 8 SO 7/09 R).

Wenn der Ansatz beherzigt wird, aus dem normativen Befund heraus Struktur- **48** prinzipien zu analysieren, überrascht es nicht, dass sich in den beiden **neuen Leistungssysteme** des SGB II und des SGB XII, die das BSHG abgelöst haben, im Grundsatz **dieselben Strukturprinzipien** feststellen lassen, wie im früheren BSHG. Denn auch die neuen Leistungsgesetze enthalten steuerfinanzierte, dem Bedarfsdeckungsprinzip folgende Leistungen zur Sicherung des Lebensunterhalts. Folglich legt die **sozialgerichtliche Rechtsprechung** ihren Entscheidungen auch weitgehend die bisherigen Strukturprinzipien des (früheren) Sozialhilferechts zugrunde (vgl. etwa BSG 7.11.206 – B 14/7b AS 14/06 R – Umgangsrecht). Dort heißt es: „Die Leistungen zur Sicherung des Existenzminimums müssen (…) im Ergebnis die Ausübung des Umgangsrechts bei Bedürftigkeit ermöglichen". Weder sei am 1. Januar 2005 eine zeitliche Zäsur insoweit eingetreten, noch sei „eine strukturelle Unterscheidung zwischen SGB II und SGB XII gerechtfertigt". Die Grundsicherungsleistungen werden als „bedarfsabhängige Fürsorgeleistungen" bezeichnet (so BSG 27.1.2009 – B 14/7b AS 14/07 R). Die „Rechtsnatur der Sozialhilfe" sei eine „Nothilfe" (BSG 26.8.2008 – B 8 SO 26/07 R). Auch das AsylbLG wird zum Existenzsicherungsgesetz gezählt (BSG 25.6.2015 – B 14 AS 17/14 R, „gemeinsamer verfassungsrechtlicher Kern"; s. auch BSG 28.5.2015 – B 7 AY 4/12 R; aA zum SGB II BSG 4.4.2017 – B 4 AS 6/16 R, NJW 2018, 105).

**49**    Im Einzelnen hat sich das **Gewicht der Strukturprinzipien** allerdings in den neuen Gesetzen etwas geändert (vgl. zu etwaigen neuen „Wertentscheidungen" im SGB II *Spellbrink, JZ* 2007, 28). Das beruht auf der weiterreichenden Pauschalierung der Bedarfe. Einen **Paradigmenwechsel** mag man insoweit feststellen.

**50**    An erster Stelle ist als Strukturprinzip zu nennen, dass dieser Teil des Sozialrechts zu den sogenannten sozialen **Hilfs- und Förderungssystemen** gehört (vgl. dazu *Igl/Welti*, Sozialrecht, 8. Aufl., S. 6 f.). Mit dieser Einordnung sind bestimmte typische Merkmale verbunden. Den Hilfssystemen ist eigen, dass sich die entsprechenden Sozialleistungen grundsätzlich an einem **individuell** zu ermittelnden **Bedarf** des Leistungsberechtigten orientieren, wobei der Bedarf normativ eingegrenzt werden kann, aber auch weitgehend durch rein **tatsächliche Umstände** des Einzelfalles bestimmt wird. Dies bedeutet allerdings nicht eine Art Normativität des Faktischen, denn der jeweilige Bedarf muss (selbstverständlich) letztlich insofern normativ abgesichert sein, als er zum verfassungsrechtlich gesicherten Existenzminimum zählen muss (s. insoweit die Bedenken von *Luthe*, juris, Die Monatszeitschrift 2016, 249). Wegen der Anknüpfung an einen konkreten Bedarf kommt den Fürsorgeleistungen in vielen Fällen die Funktion eines **Auffangsicherungssystems** zu. Diese Funktion besteht auch bei dem Leistungssystem des SGB II, da die finanziellen Leistungen zur Sicherung des Lebensunterhalts in ergänzender Form beansprucht werden können, wenn das Erwerbseinkommen oder das Arbeitslosengeld nicht ausreichen, um den Bedarf (der Familie) zu decken. Die **Grundsicherung im Alter** und bei Erwerbsminderung tritt subsidiär (ergänzend) ein, wenn etwa die Rente nicht bedarfsdeckend ist. Die Hilfe zum Lebensunterhalt nach dem SGB XII erfüllt eine Auffangfunktion für alle in dieses Leistungssystem fallenden Menschen. Der Umstand, dass die Fürsorgeleistungen steuerfinanziert sind, kann sich bei Ansprüchen leistungsbegrenzend auswirken (BVerwG 13.9.1985 – 5 C 113/83), auch wenn ein sozialhilferechtlicher Bedarf grundsätzlich ohne Rücksicht auf entstehende Kosten zu decken ist (vgl. z. B. BVerwG 22.10.192 – 5 C 11/89).

**51**    Das neue Recht der Existenzsicherung gehört zu den Sozialleistungssystemen, die vom **Finalprinzip** geprägt sind (vgl. BVerwG 31.8.1995 – 5 C 9/94). Das heißt, die Leistungen sind auf ein bestimmtes Ziel ausgerichtet, nämlich eine **gegenwärtige konkrete Notlage** eines Menschen abzuwenden. Ist dieses Ziel nicht (mehr) erreichbar, etwa infolge **Zeitablaufs,** kann eine Leistung nicht (mehr) beansprucht werden (vgl. dazu BSG 16.5.2007 – B 7b AS 40/06 R; BSG 11.12.2007 – B 8/9b SO 12/06 R; BSG 29.9.2009 – B 8 SO 16/08 R; HessLSG 29.4.2016 – L 4 SO 90/14, BeckRS 2016, 125087). Aus dem Finalprinzip ist etwa gefolgert worden, dass Ansprüche grundsätzlich nicht vererbbar sind (BVerwG 29.9.1994 – 5 C 41/92; BSG 23.7.2014 – B 8 SO 14/13 R).

**52**    Das Sozialhilferecht ist ferner vom Bedarfsdeckungsprinzip, dem Individualisierungsprinzip, dem Gegenwärtigkeitsprinzip, dem Tatsächlichkeitsprinzip, dem Gesamtfallgrundsatz, dem Kenntnisgrundsatz und dem Nachranggrundsatz geprägt. Diese Prinzipien stellen (teils ungeschriebene) Teilaspekte des Sozialhilferechts dar, die sich inhaltlich überschneiden und ergänzen und letztlich als Summe die Struktur des Sozialhilferechts darstellen. Sie folgen alle letztlich aus dem **Wesen der Sozialhilfe** als Hilfe in einer konkreten gegenwärtigen Notlage für einen bestimmten individuell benennbaren Menschen. Dahinter steht die eigentliche Aufgabe der Sozialhilfe, die **Menschenwürde** zu sichern (§ 1 S. 1 SGB XII). Dabei geht das Gesetz in Übereinstimmung mit dem Menschenbild des Grundgesetzes von einem selbstbestimmten Menschen aus, dem geholfen werden soll, dieses Ziel zu erreichen, der aber auch aufgerufen ist, daran nach Kräften mitzuwirken (§ 1 S. 2 SGB XII). Das **Menschenwürdeprinzip** kann als das Leitbild und das zentrale Strukturprinzip der Sozialhilfe bezeichnet werden (vgl. *Kirchhof*, NZS 2015, 1).

**53**    Im **SGB II** sind diese Strukturprinzipien zum Teil nicht mehr (z. B. Kenntnisgrundsatz), im Übrigen aber letztlich weiterhin wiederzufinden. Das ist auch zwingend, denn die Strukturprinzipien des Fürsorgerechts müssen grundsätzlich auch im Bereich der Grundsicherung für Arbeitsuchende gelten, soweit es hier gleichfalls um die **Sicherung des Existenzminimums** geht.

## 1. Menschenwürdeprinzip

Dieses Strukturprinzip durchzieht das gesamte Sozialhilferecht bereits insofern als **54** immer der **einzelne Mensch** im Vordergrund der rechtlichen Regelungen steht (§ 1 SGB XII). Es ist Auslegungskriterium und Richtschnur für die Ermessensausübung der Verwaltung (*Bieritz-Harder,* Menschenwürdig leben, 2001; *Borchert,* SGb 2015, 655; *Enders,* Die Menschenwürde in der Verfassungsordnung, 1997; *Heinig,* in: 50 Jahre Sozialhilfe – Festschrift, S. 13 ff.; *Kloepfer,* Leben und Würde des Menschen, Festschrift 50 Jahre Bundesverfassungsgericht, 2. Bd. S. 77, 90 ff.; *Könemann,* Der verfassungsunmittelbare Anspruch auf das Existenzminimum, Diss. Berlin 2005; *Luthe/Dittmar,* SGb 2004, 272; *Martinez Soria,* JZ 2005, 644; *Neumann,* NVwZ 1995, 426; *Riehle,* ZfSH/SGB 2006, 643; *Rüber* (Hrsg.), Vom Wohlfahrtsstaat zur Sicherung des Existenzminimums, 2006; *von der Pfordten,* Menschenwürde 2016; *Wallerath,* JZ 2008, 157). Durch das Urteil des BVerfG vom 9.2.2010 (1 BvL 1/09 u.a.) ist geklärt, dass aus Art. 1 Abs. 1 GG in Verbindung mit dem Sozialstaatsprinzip des Art. 20 Abs. 1 GG ein Grundrecht auf Gewährleistung eines menschenwürdigen Existenzminimums besteht (s. auch BVerfG 18.7.2012 – 1 BvL 10/10, 1 BvL 2/11; BVerfG 23.7.2014 – 1 BvL 10/12 u.a.; kritisch zu dem Ansatz des BVerfG z. B. *Rixen,* Sozialrecht aktuell 2010, 81; *Dann,* Der Staat 49, 630). Über die Ewigkeitsgarantie des Art. 79 Abs. 3 GG ist zumindest im Kernbereich der Anspruch auf Gewährleistung eines menschenwürdigen Existenzminimums nachhaltig gesichert (s. dazu *Kirchhof,* NZS 2015, 1, 4: „verfassungsrechtlicher Granit" dieser Sicherung). **Die Rechtsprechung** hat bereits seit Inkrafttreten des GG ein – wenn auch nur einfachrechtlich abgesichertes – Recht auf Sicherung eines Existenzminimums angenommen (s. die Nachweise bei *Grube,* NDV 1999, 150 ff.; aus der Rechtsprechung s. etwa BVerwG 5.6.1997 – 5 C 4/96; BSG 22.4.2008 – B 1 KR 10/07 R; BSG 28.5.2015 – B 7 AY 4/12 R; BSG 23.7.2104 – B 8 SO 14/13 R).

Aus der verfassungsrechtlichen Gewährleistungspflicht ergibt sich zugleich, dass **55** den sozialhilferechtlichen Leistungsverpflichtungen subjektive öffentliche Rechte des Einzelnen gegenüberstehen müssen. (für die Schweiz s. Schweizerisches Bundesgericht 29.9.1995 – 2 P 418/1994: „Recht auf Existenzsicherung als ungeschriebenes Verfassungsrecht"). Die **Selbsthilfeverpflichtung** des Leistungsberechtigten ist zugleich Ausdruck seiner Menschenwürde. In diesem Lichte ist daher auch seine Obliegenheit, seinen Lebensunterhalt durch Erwerbsarbeit zu decken, zu beurteilen und als Hinweis darauf zu verstehen, sein Leben in Würde zu führen.

Das SGB II enthielt das Menschenwürdeprinzip anfangs in § 1 Abs. 1 SGB II **56** nicht. Ein Grund dafür war nicht ersichtlich. Jetzt enthält die Vorschrift ausdrücklich als Aufgabe und Ziel der Grundsicherung für Arbeitsuchende, es dem Leistungsberechtigten zu ermöglichen, ein Leben zu führen, das der Würde des Menschen entspricht. Dennoch wurde bereits vor der Änderung der Vorschrift in der Rechtsprechung zum SGB II der Grundsatz der Menschenwürde aus Art. 1 Abs. 1 GG – wie selbstverständlich – als **normatives Kriterium** herangezogen (s. nur BSG 23.11.2006 – B 11b AS 1/06 R; ebenso BVerfG – 1 BvR 569/05). Die einfachgesetzlichen Regelungen in § 1 Abs. 1 SGB II und in § 1 S. 1 SGB XII nehmen also nur auf, was sich unmittelbar aus dem GG bereits ergibt.

## 2. Die einzelnen Strukturprinzipien

Als Strukturprinzipien sind nach allgemeiner Auffassung folgende Strukturprinzi- **57** pien, die auch als Wesensmerkmale oder als Charakteristika des Fürsorgerechts bezeichnet werden können, identifiziert worden: der Nachranggrundsatz, das Bedarfsdeckungsprinzip, das Gegenwärtigkeitsprinzip, das Faktizitätsprinzip, das Individualisierungsprinzip, der Kenntnisgrundsatz und das Gesamtfallprinzip. Alle diese Grundsätze und Prinzipien, die allerdings gesetzlich näher ausgeformt werden können, lassen sich letztlich aus dem Zweck des Fürsorgerechts, nämlich die Menschenwürde zu gewährleisten, normativ herleiten. Sie dienen dann als Auslegungs- und Anwendungshilfe für das einfache Recht. Wenn es mithin darum geht, den Lebensbedarf eines Menschen zu sichern, damit er menschenwürdig leben kann, folgt daraus das Gegenwärtigkeitsprinzip, denn der insoweit benötigte „elementare Lebensbedarf eines Menschen kann grundsätzlich nur in dem Augenblick befriedigt werden, in dem er entsteht" (so in schlichter Klarheit BVerfG 12.5.2005 – 1 BvR 569/05). Der Bedarfsdeckungsgrundsatz besagt, dass das, was zum menschenwürdigen Leben benötigt wird, auch tatsächlich zur Verfügung gestellt werden muss. Daraus folgt etwa, dass eine gekappte Leistungshöhe („Teilkasko" wie in der Pflegeversicherung) diesem Prinzip widersprechen würde. Die Bezugnahme auf den einzelnen Menschen – jeder Einzelne hat seine individuelle Menschenwürde – führt zu dem Individualisierungsprinzip, d. h. die Leistungen müssen sich grundsätzlich nach dem individuellen Bedarf ausrichten. Dies ist in § 9 Abs. 1 einfachgesetzlich geregelt; im SGB II gilt das Individualisierungsprinzip aber gleichermaßen. Da es grundsätzlich auf eine gegenwärtige Notlage des betreffenden Menschen ankommt, wird seine tatsächliche Lage und nicht eine abstrakte oder normative Lage zugrunde gelegt. Das führt zu dem Faktizitätsprinzip. Der Kenntnisgrundsatz ist einfachgesetzlich in § 18 Abs. 1 geregelt, wobei die Regelung ihren Hintergrund darin hat, dass eine Notlage möglichst unbürokratisch und effektiv beseitigt wird. Soweit das Antragsprinzip gilt, sind die Wirkungen eines Antrags von der Rechtsprechung weit ausgedehnt worden (Türöffnerfunktion; BSG 20.4.2016 – B 8 SO 5/15 R; BSG 20.4.2014 – B 4 A 29/13 R), weil auch insoweit der Leistungsberechtigte seine Ansprüche möglichst vollständig erfüllt bekommen soll. In diesem Zusammenhang ist auch das Meistbegünstigungsprinzip bzw. der Gesamtfallgrundsatz (BSG 16.10.2010 – B 8 SO 7/09 R) zu nennen, wonach Anträge ohnehin im Sinne einer vollständigen Ausschöpfung der materiell-rechtlichen und der verfahrensrechtlichen Positionen auszulegen sind (vgl. dazu auch § 2 Abs. 2 SGB I; BSG 10.11.2011 – B 8 SO 18/10 R; *Bürck,* in: Festschrift 50 Jahre Bundessozialgericht, 2004, S. 139).

**58**    Wie die dargelegten Strukturprinzipien bei der Rechtsanwendung konkret „wirken", kann an einigen Beispielen gezeigt werden. Das aus dem Zweck der existenzsichernden Leistungen folgende Gegenwärtigkeitsprinzip („der Lebensbedarf eines Menschen kann grundsätzlich nur in dem Zeitpunkt gedeckt werden, in dem er entsteht" (s. Rn. 57) führt dazu, dass sich eine Notlage durch Zeitablauf erledigen kann (s. Rn. 51). Dieser Umstand hat zu dem Schlagwort „Keine Hilfe für die Vergangenheit" geführt. Die zahlreichen Irritationen, die damit zusammenhängen, sind unnötig, wenn man auf den Zweck der Leistungen und damit auf die Möglichkeit einer Zweckverfehlung abstellt. Das Faktizitätsprinzip wird etwa wirksam, wenn es um die Berücksichtigung von Einkommen und Vermögen geht. Die einschlägigen Vorschriften sagen nichts (oder wenig: Alg II-VO) über die Art und Weise der Berücksichtigung dieser Selbsthilfemöglichkeiten aus. Die Rechtsprechung hat insoweit darauf abgestellt, dass Einkommen und Vermögen „präsente", „bereite" Mittel sein müssen und damit das Gegenwärtigkeits- und das Faktizitätsprinzip aktiviert (BSG 19.8.2015 – B 14 AS 43/14 R). Aus dem Faktizitätsprinzip folgt ferner, dass es einen fiktiven Vermögensverbrauch nicht gibt; ist Vermögen weiterhin faktisch vorhanden gewesen, stand es zur Bedarfsdeckung tatsächlich zur Verfügung (BSG 20.9.2012 – B 8 SO 20/11 R; LSG NRW 29.6.2017 – L 7 AS 395/16). Der Nachrangrundsatz, der als ein normativer Ausschlusstatbestand erscheint, entfaltet seine Wirkung aber erst, wenn tatsächlich entsprechende Selbsthilfemöglichkeiten vorhanden sind (BSG 22.3.2012 – B 8 SO 30/10 R). Hinsichtlich der Bedarfe für

Unterkunft und Heizung, hinsichtlich deren zwar bereits nach dem Gesetz auf die tatsächlichen Aufwendungen abgestellt wird, hat die Rechtsprechung – obwohl im SGB II das Individualisierungsprinzip nicht ausdrücklich normiert ist – stets zusätzlich entscheidend auf die individuelle Lage des Leistungsberechtigten abgestellt (konkrete Angemessenheitsprüfung; z. B. BSG 17.2.2016 – B 4 AS 2715 R).

Die dargestellten Strukturprinzipien, die letztlich nur Konsequenz dessen sind, **59** dass es sich bei den Existenzsicherungsleistungen um Leistungen in gegenwärtiger Not handelt, beanspruchen nur grundsätzliche Bedeutung und sind daher durch die Regelungen des SGB II und des SGB XII näher ausgestaltet worden. Das Individualisierungsprinzip hat insoweit durch die Regelungen über pauschale Bedarfsfestsetzungen erhebliche Einschränkungen erfahren, die auch das Bedarfsdeckungsprinzip (im Sinne eines individuellen Bedarfs) berühren und sich letztlich gegenüber dem Gebot der verfassungsrechtlichen Gewährleistung des notwendigen Lebensunterhalts bewähren müssen. Dies war in der Vergangenheit nicht gegeben. Durch das BVerfG (9.2.2010 – 1 BvL 1/09 u.a.) musste erst die Schaffung des § 21 Abs. 6 SGB II angestoßen werden. Das Individualisierungsprinzip ist ferner durch die Regelung des § 9 Abs. 2 S. 3 SGB II und durch die horizontale Einkommensverteilung, wonach jede Person der Bedarfsgemeinschaft als hilfebedürftig „gelten" kann, in Frage gestellt. Die Faktizität wird der Einkommensberücksichtigung durch normative Regelungen zum Teil überlagert. Der Nachranggrundsatz ist durch zahlreiche Vorschriften insofern weiter ausgestaltet worden, als der Einsatz von Einkommen und Vermögen nicht strikt verlangt wird (Schongrenzen und Schonvermögen). Das Gegenwärtigkeitsprinzip hat eine systemfremde Aufweichung erfahren, weil Leistungen zu einem Teil auch für zukünftige Bedarfe erbracht werden, wobei nicht sicher ist, ob die Leistungen überhaupt in der Zukunft benötigt werden. Anders liegt es, wenn in § 31 Abs. 2 S. 2 und in § 87 Abs. 3 auf zukünftiges Einkommen verwiesen wird (s. auch § 24 Abs. 4 SGB II).

## VIII. Kostenerstattung für die selbstbeschaffte Sozialhilfeleistung

Das Gegenwärtigkeitsprinzip, das die existenzsichernden Leistungen bestimmt **60** und einen Wegfall des Bedarfs infolge des Zeitablaufs herbeiführen kann (s. dazu BSG 11.12.2007 – B 8/9b SO 12/06 R; BSG 29.9.2009 – B 8 SO 16/008 R; BSG 27.9.2011 – 4 AS 202/10 R; BSG 17.10.2010 – B 14 AS 58/09 R; *Coseriu*, jurisPK-SGB XII, § 18 Rn. 39; *ders.*, jurisPK-SGB XII, § 27 Rn. 54), steht in einem Spannungsverhältnis dazu, dass auf die Leistungen ein Anspruch besteht (auch wenn es nur um Ermessensleistungen geht). Dieses Problem kann der Leistungsberechtigte dadurch lösen, dass er sich unter bestimmten Voraussetzungen die Leistung selbst beschaffen kann und sodann die dafür aufgewendeten Kosten erstattet verlangt (BSG 11.12.2007 – B 8/9b SO 12/06 R mit Hinweisen auf die frühere Rechtsprechung des BVerwG; BSG 19.8.2010 – B 14 AS 10/09 R; BSG 27.9.2011 – B 4 AS 202/ 10 R; BSG 23.5.2013 – B 4 AS 79/12 R; BSG 6.8.2014 – B 4 AS 37/13 R; *Grube*, Sozialrecht aktuell 2010, 11; zur Selbstbeschaffung im Jugendhilferecht s. BVerwG 12.9.2013 – 5 C 35/12). Auf diese Weise verhindert der Leistungsberechtigte, dass der Zeitablauf – bis zur (positiven) Entscheidung über sein Begehren – zum Wegfall des Bedarfs und damit zur Erledigung des entsprechenden Leistungsanspruchs führt. Allerding muss der Leistungsberechtigte finanziell zur Selbstbeschaffung in der Lage sein. Dazu benötigt er in der Regel ein Darlehen eines Dritten, sofern er nicht frei verfügbares Einkommen oder Vermögen hat. Ist beides nicht der Fall, muss der Leistungsberechtigte eine einstweilige Anordnung beantragen (§ 86b Abs. 2 SGG). Daher hat die einstweilige Anordnung eine erhebliche Bedeutung im Rahmen des Existenzsicherungsrecht erhalten (BVerfG 12.5.2005 – 1 BvR 569/05).

**61**     Die Selbstbeschaffung, die als allgemeiner Rechtsgedanke im Sozialrecht angesehen wird (BSG 23.5.2013 – B 4 AS 79/12 R) hat in § 34b und in § 30 SGB II eine eigenständige Regelung erhalten, die nicht nur überflüssig ist, sondern auch mit dem in diesem Zusammenhang benutzten Begriff der „Selbsthilfe" die übliche Terminologie in unnötiger Weise verändert. Besonders gesetzlich geregelt ist die Selbstbeschaffung in § 13 Abs. 3 SGB V, in § 18 SGB IX und in § 36a Abs. 3 SGB VIII (zur Selbstbeschaffung in der Jugendhilfe s. *Grube*, JAmt 2002, 490; allgemein *Ulrich*, in: Deinert/Welti (Hrsg.), Stichwortkommentar Behindertenrecht, Stichwort „Selbstbeschaffung", S. 782).

**62**     Mit dem Umstand des Wegfalls des Bedarfs durch Zeitablauf hat das Schlagwort „Keine Hilfe für die Vergangenheit" zu tun. Insoweit ist zunächst darauf hinzuweisen, dass ein Wegfall des Bedarfs bei pauschalierten Leistungen, die typisierend von einer Bedarfsdeckung ausgehen, kein Kriterium ist, so dass es auf den Nachweis der Bedarfsdeckung in der Vergangenheit nicht ankommt (BSG 29.9.2009 – B 8 SO 16/08 R; LSG NRW 5.12.2011 – S 20 SO 540/11 B). Davon sind die Leistungen für den Regelbedarf, einige pauschalierte Mehrbedarfe und der Schulbedarf nach § 28 Abs. 3 SGB II, § 34 Abs. 3 SGB XII erfasst. Bei allen anderen Bedarfen liegt eine klare Zweckbestimmung der Leistung vor, so dass es zu der erwähnten Zweckverfehlung kommen kann, wenn nachträglich auf einen nicht gedeckten Bedarf eine Leistung erfolgen würde. Der Inhalt des jeweiligen Bedarfs und der dafür vorgesehenen Leistung sind also daraufhin zu ermitteln, welcher Zweck hinter ihnen steht. Sodann kann beurteilt werden, ob der Zweck durch eine nachträgliche Leistung noch erfüllt werden kann. Dass die nicht pauschalierten Leistungen dazu bestimmt sind, einen konkreten Bedarf zu decken und damit eine klare Zweckbestimmung enthalten, liegt auf der Hand. Für eine nicht durchgeführte Klassenfahrt kann keine Leistung beansprucht werden, für eine nicht mehr bewohnte Wohnung sind keine Aufwendungen zu übernehmen und für eine Erstausstattung der Wohnung entfällt der Leistungsanspruch, wenn inzwischen die Ausstattung nicht mehr benötigt wird (das Urteil des BSG, 20.2.2014 – B 4 AS 65/12 R, zum Mehrbedarf für Ernährung weicht daher vor allen anerkannten Grundsätzen ab; s. dazu die Anm. von *Grube*, SGb 2015, 111; a. A. ausdrücklich auch *Coseriu*, jurisPK-SGB XII, § 27 Rn. 54; kritisch auch *Stotz*, jurisPR-SozR 20/2014, Anm. 2; ferner z. B. BayLSG 22.9.2015 – L 8 SO 149/12). Dabei ist es unerheblich, wenn die unterlassene Bedarfsdeckung auf einer rechtswidrigen Ablehnung der Leistung beruht. Denn die existenzsichernden Leistungen sind keine Entschädigungsleistungen zum Ausgleich erlittenen Unrechts.

**63**     Die Selbstbeschaffung einer Leistung ist insofern anspruchserhaltend, als nun ein Sekundäranspruch auf Erstattung der Kosten der Selbstbeschaffung geltend gemacht werden kann. Da der Leistungsberechtigte aber nicht ohne weiteres in die Entscheidungsbefugnis des Leistungsträgers eingreifen und ihr vorgreifen kann, ist für die (erlaubte) Selbstbeschaffung ein Systemversagen des Leistungsträgers Voraussetzung (BSG 23.8.2013 – B 8 SO 17/12 R; st. Rspr. im Recht der gesetzlichen Krankenversicherung, BSG 8.9.2015 – B 1 KR 14/14 R). Von einem solchen Versagen kann naturgemäß nur gesprochen werden, wenn der Leistungsträger zuvor mit dem Begehren befasst worden ist und nicht rechtzeitig darüber entschieden hat. Diese beiden Voraussetzungen können im Einzelfall Probleme aufwerfen. Wenn man die Kenntnis im Sinne von § 18 Abs. 1 weit versteht oder von einer umfassenden Reichweite eines Antrags ausgeht, wäre die erste Voraussetzung, die Befassung mit dem Begehren, erfüllt. Dies ist indes bedenklich, denn dadurch wird letztlich in die Steuerungsverantwortung des Leistungsträgers eingegriffen. Die zweite Voraussetzung, das zumutbare Zuwarten auf die Entscheidung des Leistungsträgers, hängt von der Dringlichkeit der Bedarfsdeckung im Einzelfall ab (anschaulich insoweit BVerwG 30.4.1992 – 5 C 12/87; BVerwG 30.4.1992 – 5 C 26/88; vgl. auch die Fristproblematik in § 18 SGB IX und in § 13 Abs. 3a SGB V). Die Auffassung des

BSG (2.2.2012 – B 8 SO 9/10 R; BSG 12.12.2013 – B 8 SO 18/12 R), dass sich
ein primärer Geldleistungsanspruch nicht in einen Kostenerstattungsanspruch wegen
einer Selbstbeschaffung umwandeln kann, ist fraglich, jedenfalls dann, wenn für
Ermessen nach § 17 Abs. 2 noch Raum ist. Ein primärer Geldleistungsanspruch ist
dafür gedacht, einen bestimmten Bedarf zu decken; ist der Bedarf aber bereits durch
Selbstbeschaffung gedeckt, geht es um etwas anderes, nämlich um die Übernahme
der betreffenden Aufwendungen des Leistungsberechtigten.

## IX. Die Anwendung von § 44 SGB X

Die Sicherung des Anspruchs durch Selbstbeschaffung mit anschließendem Kos-  **64**
tenerstattungsanspruch ist zugleich mit den Rechtsbehelfen (Widerspruch, Klage)
gegen einen ablehnenden Bescheid verbunden. Wird der zugrundeliegende ablehnende Bescheid allerdings bestandskräftig, gerät § 44 Abs. 1 SGB X in den Blick.
Das BVerwG (13.11.2003 – 5 C 26/02) hat die Anwendbarkeit von § 44 Abs. 1
SGB X im Sozialhilferecht verneint, da dem der Grundsatz „Keine Hilfe für die
Vergangenheit" entgegenstehe. Diese Auffassung war unter der Geltung des BSHG
herrschende Meinung. Die Rechtsauffassung des BVerwG war indes insofern inkon-
sequent, als auch nach Auffassung des BVerwG Ausnahmen für eine nachträgliche
Leistungsgewährung in ständiger Rechtsprechung angenommen wurden (vgl. nur
BVerwG 30.4.1992 – 5 C 12/87; BVerwG 31.8.1995 – 5 C 9/94). Voraussetzung
dafür war, dass der geltend gemachte Bedarf vom Hilfebedürftigen in der Vergangenheit gedeckt worden war. War die Bedarfsdeckung der Vergangenheit indes unterblieben – mit Ausnahme bei pauschalierten Leistungen, für die eine Bedarfsdeckung
nicht nachgewiesen zu werden brauchte –, schied ein Anspruch auf nachträgliche
Leistungsgewährung aus (BVerwG 31.8.1995 – 5 C 9/94). Daher stand es dem
Grundsatz „Keine Hilfe für die Vergangenheit" in Wahrheit nicht entgegen, über
§ 44 Abs. 1 SGB X in diesen Fällen, in denen der Bedarf in der Vergangenheit
gedeckt worden war, nachträglich Leistungen zuzusprechen. Der einzige, aber nicht
durchgreifende Unterschied bestand nur darin, dass in dem einen Fall Rechtsbehelfe
ergriffen waren und in dem anderen Fall nicht. Da § 44 SGB X darauf aber nicht
abstellt, wäre die Anwendbarkeit von § 44 Abs. 1 SGB X auch damals richtig gewesen (so auch *Wahrendorf,* Festschrift Schnapp, S. 577).

Das BSG bejaht die Anwendbarkeit von § 44 Abs. 1 SGB X im Existenzsiche-  **65**
rungsrecht beider Leistungssysteme und auch im AsylbLG (29.9.2009 – B 8 SO 16/
08 R; BSG 9.6.2011 – B 8 AY 1/10 R; BSG 17.12.2015 – B 8 SO 24/14 R; BSG
19.3.2008 – B 11b AS 23/06 R; BSG 7.5.2009 – B 14 AS 3/09 R; BSG 1.6.2010 –
B 4 AS 78/09 R; s. auch *Geiger,* info also 2014, 147; *Felix,* NZS 2016, 401; zur
Anwendbarkeit von § 44 SGB X bei Rechtsnachfolge gem. § 19 Abs. 6 BSG
23.7.2015 – B 8 SO 15/14 R, BeckRS 2015, 72501). Allerdings wendet der 8. Senat
des BSG die Vorschrift anders an als die für die Grundsicherung für Arbeitsuchende
zuständigen Senate. Diese Senate erkennen keine Besonderheiten des SGB II, die für
die nachträgliche Leistungsgewährung nach § 44 Abs. 4 SGB X eine Rolle spielen
könnten, obwohl Absatz 4 darauf verweist, dass die rückbezogenen Leistungen „nach
den Vorschriften der besonderen Teile" des Sozialgesetzbuchs erbracht werden. Dem
Hilfebedürftigen sollen vielmehr ohne weitere Einschränkungen „diejenigen Leistungen zukommen, die ihm nach materiellem Recht zugestanden hätten" (BSG
1.6.2010 – B 4 AS 78/09 R). In diesem Zusammenhang wird vom „Restitutionsge-
danken" der Vorschrift gesprochen (anders BSG 17.6.2010 – B 14 AS 58/09 R:
kein Raum für finanzielle Restitution bei Bedarfswegfall). Das bedeutet, dass die
nachträgliche Leistung auch beansprucht werden kann, wenn in der Vergangenheit
der zweckbestimmte Bedarf nicht gedeckt worden ist (kritisch dazu *Petersen,* ZFSH/
SGB 2011, 19). Dies stellt eine grundlegende Abkehr von den Grundsätzen dar, die

für den Kostenerstattungsanspruch für die selbstbeschaffte Leistung gelten. Der 8. Senat (17.12.2015 – B 8 SO 24/14 R) will hingegen Besonderheiten des Leistungsrechts des SGB XII beachten, wobei er aber ebenfalls – nun in gegenteilige Richtung – die Grundsätze der Kostenerstattung für die selbstbeschaffte Leistung verlässt. Zwar soll auch hier die Bedarfsdeckung in der Vergangenheit (bei nicht pauschalierten Leistungen) stattgefunden haben, um noch nachträglich Leistungen beanspruchen zu können, weil nur dann der Zweck der Leistung noch erfüllt werden könne. Zusätzlich wird aber verlangt, dass im Zeitpunkt der Entscheidung über den Überprüfungsantrag nach § 44 SGB X noch Bedürftigkeit besteht und diese auch nicht zwischenzeitlich einmal entfallen war (a. A. BSG 4.4.2017 – B 4 AS 6/16 R). Warum der Leistungsberechtigte über § 44 SGB X schlechter stehen sollte als bei dem Kostenerstattungsanspruch für die selbstbeschaffte Sozialleistung ist nicht recht ersichtlich. Dies ließe sich nur wegen des Ausnahmecharakters des § 44 SGB X begründen. Der Gesetzgeber hat inzwischen den Zeitraum von vier Jahren nach § 44 Abs. 4 SGB X für eine rückbezogene Leistung auf ein Jahr verkürzt (§ 116a, § 40 Abs. 1 S. 2 SGB II, durch Gesetz v. 24.3.2011, BGBl. I S. 453), weil die betroffenen Leistungen „im besonderen Maße die Deckung gegenwärtiger Bedarfe bewirken sollen" (so genannter Aktualitätsgrundsatz) und dafür vier Jahre zu lang seien (BT-Drs. 17/3404, S. 114 und 129). Dies sei nicht „sach- und interessengerecht". Ob dadurch die Auffassung des 8. Senats in Frage gestellt wird, könnte zweifelhaft gewesen sein (vgl. *Coseriu*, jurisPK-SGB XII, § 18 Rn. 48). Der Senat hat an seiner Rechtsauffassung aber festgehalten (17.12.2015 – B 8 SO 24/14 R).

## Erstes Kapitel. Allgemeine Vorschriften

### § 1 Aufgabe der Sozialhilfe

[1]**Aufgabe der Sozialhilfe ist es, den Leistungsberechtigten die Führung eines Lebens zu ermöglichen, das der Würde des Menschen entspricht.** [2]**Die Leistung soll sie so weit wie möglich befähigen, unabhängig von ihr zu leben; darauf haben auch die Leistungsberechtigten nach ihren Kräften hinzuarbeiten.** [3]**Zur Erreichung dieser Ziele haben die Leistungsberechtigten und die Träger der Sozialhilfe im Rahmen ihrer Rechte und Pflichten zusammenzuwirken.**

**Schrifttum:** *Berlit*, Zusammenlegung von Arbeitslosen- und Sozialhilfe, info also 2003, 195; *Bieback*, Die Reform der Arbeitsförderung (SGB II und SGB III) – eine Zwischenbilanz, SGb 2005, 481; *Bieresborn*, Arbeitslosengeld II vor dem BSG: Vereinbarkeit von Regelleistung und Grundgesetz, Sozialrecht aktuell 2007, 88; *Bieritz-Harder*, menschwürdig leben, 2001; *Coseriu*, Das „neue" Sozialhilferecht, Sozialrecht – eine terra incognita, 2009, 225; *Deutscher Verein*, Stellungnahme zum Entwurf eines Gesetzes zur Einordnung des Sozialhilferechts in das Sozialgesetzbuch, NDV 2003, 490; *Dingeldey*, Aktivierender Wohlfahrtsstaat und sozialpolitische Steuerung, Parlament 2006, Beilage 8–9, 3–9; *Dreier*, Menschenwürde in der Rechtsprechung des BVerwG, Festschrift Bundesverwaltungsgericht, 2003; *Eichenhofer*, Menschenwürde durch den Sozialstaat für alle Menschen? SGb 2012, 565; *Fahlbusch* (Hrsg.), 50 Jahre Sozialhilfe – Eine Festschrift –, 2012; *Grube*, 50 Jahre Anspruch auf Sozialhilfe, NDV 1999, 150; *Häberle*, Grundrechte im Leistungsstaat, VVDStRL 30, S. 43; *Isensee/Kirchof*, Handbuch des Staatsrechts, Bd. I, 2. Aufl. 1995; *Luthe*, Sanktionen, Mindestbedarf und Sozialpflichtigkeit der Hilfebedürftigen, SGb 2006, 637; *von Mangoldt/Klein/Stark*, Bonner Grundgesetz, 4. Aufl., 1999; *Martens*, Grundrechte im Leistungsstaat, VVDStRL 30, S. 7; *Martinez Soria*, Das Recht auf Sicherung des Existenzminimums, JZ 2005, 644; *Mrozynski*, Grundsicherung für Arbeitsuchende, im Alter, bei voller Erwerbsminderung und die Sozialhilfereform, ZfSH/SGB 2004, 198; *Neumann*, Menschenwürde und Existenzminimum, NVwZ 1995, 426; *O'Sullivan,* Verfassungsrechtliche Fragen des Leistungsrechts der Grundsicherung für Arbeitssuchende SGb 2005, 369; *Pitschas,* Verrechtlichung von Sozialleistungen im wohlfahrtsdistanzierten Sozialstaat, Leistungsrealisierung und Leistungsstörung im Sozialrecht, 1996; *Rixen,* Grundrecht auf Existenzminimum, SGb 2010, 227; *Reis/Siebenhaar,* Befähigen statt aktivieren – Aktueller Reformbedarf bei Zielsetzung und Aufgabenstellung im SGB II, WISO, 2015; *Rothkegel,* Ein Danaergeschenk für den Gesetzgeber, zum Urteil des BVerfG vom 9.2.2010 – 1 BvL 1, 3, 4/09, ZfSH/SGB 2010, 135; *ders.,* Hartz-IV Regelsätze und gesellschaftliche Teilhabe – die geplanten Änderungen im Lichte des Urteils des Bundesverfassungsgerichts, ZfSH/SGB 2011, 69; *ders.,* Die Strukturprinzipien des Sozialhilferechts, 2000; *ders.,* Sozialhilfe im Umbruch, ZfSH/SGB 2004, 396; *ders.,* Ist die Rechtsprechung des Bundesverwaltungsgerichts zur Sozialhilfe durch Hartz IV überholt?, SGb 2006, 74; *Rüfner,* Verfassungs- und europarechtliche Grenzen bei der Umgestaltung des Sozialstaates im Bereich des Sozialhilferechts, VSSR 1997, 59; *Schmidt-Aßmann,* Das allgemeine Verwaltungsrecht als Ordnungsidee, 1998; *Schnapp,* BVerwGE 1, 159: Magna Charta des Anspruchs auf Existenzminimum?, NZS 2010, 136; *Schulz,* Neues zum Grundrecht auf Gewährung des menschenwürdigen Existenzminimums, SGb 2010, 201; *Seiler,* Das Grundrecht auf ein menschenwürdiges Existenzminimum, JZ 2010, 500; *Spellbrink,* Ist Hartz IV bedarfsdeckend? Verfassungsrechtliche Probleme der Regelleistung gemäß § 20 SGB II, ArchsozArb 2008, Nr. 1, 4; *Spellbrink,* Viel Verwirrung um Hartz IV, JZ 2007, 28; *Spellbrink,* Zur Bedeutung der Menschenwürde für das Recht der Sozialleistungen, DVBl 2011, 661; *Schulte/Trenk-Hinterberger,* Sozialhilfe, 2. Aufl. 1986; *Stern,* Das Staatsrecht der Bundesrepublik Deutschland, Bd. 1, 2. Aufl. 1984; *Voßkuhle,* Der Sozialstaat in der Rechtsprechung des Bundesverfassungsgerichts, SGb 2011, 181; *Wahrendorf,* Bemessung von Regelsatz und Regelleistung zur Sicherung des Existenzminimums, 1. Deutscher Sozialgerichtstag, 2008, S. 103; *ders.,* BVerfG 9.2.2010: Gibt es ein Grundrecht auf Sicherung des Existenzminimums?, Sozialrecht aktuell 2010, 90; im Übrigen s. Schrifttumsverzeichnis zur Einleitung und § 28.

## Übersicht

## I. Bedeutung der Norm

　Die Vorschrift stellt für die nachfolgenden Regelungen die Einleitungs- und **1** Grundsatznorm dar (s. dazu auch *Mergler/Zink/Dauber,* SGB XII, § 1 Rn. 2; *Luthe* Hauck/Noftz; § 1 Rn. 2; *Mrozynski,* III.4 Rn. 3; *Spellbrink,* jurisPK-SGB XII, § 1 Rn. 7). Sie verweist auf das Würdeprinzip (S. 1), den Grundsatz des **Forderns** (S. 2) und das Prinzip der **Kooperation** (S. 3). Eine neue Bedeutung hat das Würdeprinzip durch die Entscheidungen des BVerfG vom 9.2.2010 (BVerfG 9.2.2010 – 1 BvL 1/09 und 4/09, BVerfGE 125, 175 = NJW 2010, 505) und vom 18.7.2012 (BVerfG 18.7.2012 – 1 BvL 10/10, NVwZ 2012, 1024 = ZfSH/SGB 2012, 450) erhalten. In der Entscheidung vom 9.2.2010 stellt es fest, dass der Staat im Rahmen seines Auftrages zum Schutz der Menschenwürde und in Ausfüllung seines sozialstaatlichen Gestaltungsauftrages verpflichtet ist, dafür Sorge zu tragen, dass dem Hilfenachfragenden bei entsprechender Bedürftigkeit die materiellen Voraussetzungen für ein menschenwürdiges Dasein zur Verfügung gestellt werden. Da es sich nach den Vorstellungen des BVerfG um ein Grundrecht handelt, ist unmittelbar auf Art. 1 i. V. m. Art. 20 GG zurückzugreifen. In der zweiten Entscheidung folgt das BVerfG der bisherigen Doktrin vom verfassungsrechtlich fundierten Recht auf Gewährung eines Existenzminimums und erhebt dieses Recht zum Menschenrecht. Beiden Entscheidungen ist die Strategie der Prozeduralisierung (*Heinig*, in: Fahlbusch, 50 Jahre Sozialhilfe, S. 34) gemeinsam, indem auf den nur schwer zu fixierenden Mindeststandard des Existenzminimums reagiert wird. Der zum Schutz der Menschenwürde aufgerufene Staat ist zur rechtlichen Gestaltung befugt und verpflichtet (*Eichenhofer*, SGB 2012, 565). Folgerungen dieser dogmatischen Akzentverschiebung zur Prozeduralisierung sind im SGB XII die Neuregelungen der §§ 27a ff. Der Gesetzgeber hat durch die Entscheidung des BVerfG den Auftrag erhalten, die existenznotwendigen Aufwendungen folgerichtig in einem **transparenten und sachgerechten Verfahren** nach dem tatsächlichen Bedarf, also realitätsgerecht, zu bemessen.

2    Als Leitgedanken (s. dazu BSG 26.8.2008 – B 8/9 b SO 16/07 R, FamRZ 2009, 44) strahlen die in dieser Norm genannten Tatbestandsmerkmale auf die Lösung konkreter Rechtsfragen der einzelnen, im SGB XII nachfolgend geregelten Leistungsbereiche aus. Hierin liegt ihre dogmatische Funktion. Insofern kann von der Regelung als Basisnorm gesprochen werden (*Coseriu*, S. 230). Die jeweiligen Anspruchsgrundlagen ergeben sich erst aus den nachfolgenden Vorschriften. In Zweifelsfragen ist bei der systematischen Auslegung auf die Leitgedanken der § 1 und 2 SGB XII zurückzugreifen. Die einzelne, vom Leistungsberechtigten beanspruchte Leistung muss sich in die prinzipiellen Vorgaben des § 1 SGB XII einbinden lassen.

## II. Inhalt der Norm

### 1. Aufgabe und Ziel der Sozialhilfe

3    Die Vorschrift führt den Begriff des **Leistungsberechtigten** ein. Statt „Empfänger von Hilfe" wird er nun als „Leistungsberechtigter" bezeichnet. Sprachlich wird auf diese Weise das SGB XII den anderen Sozialbüchern angeglichen. Auch das SGB II verwendet nunmehr ebenfalls den Begriff des Leistungsberechtigten (§ 2 SGB II) und nicht mehr den vom SGB XII abweichenden Begriff des Hilfebedürftigen.

4    Ihrem Inhalt nach umschreibt die Norm generell Aufgaben und Ziele der Sozialhilfe. Sie greift in Satz 1 auf, dass Sozialhilfe ein soziales Recht ist (s. auch *Luthe,* Hauck/Noftz, § 1 Rn. 4). Satz 2 enthält ein **Optimierungsgebot** (vgl. auch *Müller/ Grune,* jurisPK-SGB XII, § 1 Rn. 9), verbunden mit der Forderung an den Leistungsberechtigten zur **Mitwirkung,** wobei hervorzuheben ist, dass § 1 selbst keine Sanktionsregelungen vorsieht. Auch in der angenommenen Verantwortung für sich selbst verwirklicht sich die Würde des Menschen. Im Würdeprinzip korrelieren im Dreiklang: Abwehr gegenüber dem Staat, Leistungsverpflichtung des Wohlfahrtsstaates und die Verantwortung für die eigene Person. In der Begründung eines subjektiven Rechts auf Sozialhilfe wird anderseits eine Ausnahme von dem das Wirtschafts- und Arbeitsleben grundsätzlich prägenden Grundsatz der Eigenverantwortung, für seinen Lebensunterhalt selbst zu sorgen, gemacht (*Eichenhofer*, Existenzsicherungs-

recht, Teil I Kapitel 1 Rn. 12). Neu aufgenommen ist die **Kooperation** zwischen den Leistungsberechtigten und den Trägern der Sozialhilfe, die es in dieser Form bisher nicht gab (Satz 3).

**a) Frühere Rechtslage.** Die Vorschrift des § 1 BSHG stellte für die nachfolgen- 5 den Regelungen des BSHG die **Einleitungs-** und **Grundsatznorm** dar. Sie benannte in der Einleitungsvorschrift in Abs. 1 als Leistungen des BSHG die Hilfe zum Lebensunterhalt und die Hilfe in besonderen Lebenslagen.

Nach früherem Recht war die Sozialhilfe **zweigeteilt.** Es wurde zwischen der 6 **Hilfe zum Lebensunterhalt** und der **Hilfe in besonderen Lebenslagen** unterschieden. Das Fürsorgerecht, das bis zum Inkrafttreten des BSHG am 1.7.1962 galt (zur Entwicklung des Sozialhilferechts s. *Becker,* in: Fahlbusch, 50 Jahre, S. 46 f.), sah in §§ 3, 6, 10 der **Reichsgrundsätze** für die Hilfe in besonderen Lebenslagen nur Rahmenvorschriften vor. Einzelne Hilfen waren in verschiedenen Sondergesetzen, wie z. B. im KörperbehindertenG oder im TuberkuloseG, geregelt. Eine derartige Zersplitterung wurde wegen ihrer Unübersichtlichkeit als unbefriedigend angesehen. Im Mittelpunkt des fürsorgerischen Denkens stand vor dem Inkrafttreten des BSHG die Sicherstellung des Lebensunterhalts in Form der laufenden Unterstützung, was vor allem nach dem Krieg und in den Fünfzigerjahren noch seine Berechtigung hatte (s. auch *W. Schellhorn,* Schellhorn/Hohm/Scheider, SGB XII, Einführung Rn. 6). Mit dem Inkrafttreten des BSHG wollte der Gesetzgeber Abhilfe schaffen. Das für den Hilfe suchenden Menschen unüberschaubare Recht wurde in einem Gesetz, dem BSHG, zusammengefasst und vereinheitlicht. Mit dem BSHG hatte der Gesetzgeber die Trennung von **Hilfe zum Lebensunterhalt** und **Hilfe in besonderen Lebenslagen** vorgenommen und eine neue Systematik des sozialhilferechtlichen Leistungsverständnisses eingeführt. Die sozialhilferechtlichen Leistungen waren entweder der Hilfe zum Lebensunterhalt oder der Hilfe in besonderen Lebenslagen zugeordnet.

**b) Neuregelung.** Obwohl es in der Begründung zum SGB XII unspektakulär 7 heißt, dass die Regelung des § 1 im Wesentlichen inhaltsgleich den bisherigen § 1 Abs. 2 BSHG überträgt (BT-Drs. 15/1514, S. 55), werden jedoch inhaltlich erhebliche Veränderungen im Vergleich zum bisherigen Verständnis des Sozialhilferechts vollzogen.

Die **Zweiteilung** der Leistungsarten ist aufgegeben worden. Jeder Leistung wird 8 im SGB XII ein Kapitel zugeordnet. Die Leistungsarten sind in den Kapiteln drei bis neun umschrieben. Schon weil das GSiG in das SGB XII inkorporiert worden ist, ließ sich die alte Unterscheidung von Hilfe zum Lebensunterhalt und Hilfe in besonderen Lebenslagen nicht mehr durchhalten.

Des Weiteren verfolgt der Gesetzgeber mit der Aufgabe der Zweiteilung das Ziel 9 einer systematischen Vereinfachung (BT-Drs. 15/1514, S: 53). Die grundlegenden Leistungsvoraussetzungen gelten nun einheitlich für alle Hilfearten und sind ihnen in einem eigenen Kapitel vorangestellt.

Die bisherige **Arbeitslosenhilfe und Sozialhilfe** hatten Gemeinsamkeiten. In 10 beiden Fällen handelt es sich um bedürftigkeitsabhängige Leistungen. Nicht nur diese Systemkongruenz, sondern auch die politische Einsicht, dass die **duale Bewältigung** des Risikos von Arbeitslosigkeit (*Boecken,* SGb 2002, 357) besser mit einer **Zusammenführung** beider Hilfen gelingen kann, hat zur Konzipierung der neuartigen Grundsicherung geführt (zur Zweckrichtung der Neuregelung vgl. auch *Reis/ Siebenhaar,* S. 8 f.). Ausschlaggebend war hierbei auch die Vorarbeit durch die Kommission für moderne Dienstleistungen am Arbeitsmarkt (Hartz-Kommission; vgl. auch Begr. des Regierungsentwurfs S. 84, Stand 25.7.2003). Mit dem Ersten und Zweiten Gesetz für Moderne Dienstleistungen am Arbeitsmarkt wurden Teile der Empfehlungen bereits zum 1.1.2003 umgesetzt.

**11**    Mit der **Zusammenlegung** von Sozialhilfe und Arbeitslosenhilfe, die das Recht der Existenzsicherung nicht einfacher gemacht hat, hat die Bundesregierung folgende **politische Ziele** verbunden: eine schnelle und passgenaue Vermittlung der Betroffenen in Arbeit, eine ausreichende materielle Sicherung bei Arbeitslosigkeit in Abhängigkeit vom Bedarf, Vermeidung einseitiger Lastenverschiebung zwischen den Gebietskörperschaften, effiziente und bürgerfreundliche Verwaltung und eine breite Zustimmungsfähigkeit (vgl. Begründung des Regierungsentwurfs, S. 90, Stand 25.7.2003). Hinter der Reform steht eine spezifische Orientierung in der Wirtschafts- und Arbeitsmarktpolitik. Sozialleistungsverkürzungen sollen die Rahmenbedingungen für Wachstum und Beschäftigung verbessern. Mit dem „Umbau" des Sozialstaates wird versucht, die Massenarbeitslosigkeit abzubauen. Zugleich gilt der Sozialstaat infolge seiner Konstruktionsprinzipien und Finanzierungsregelungen sowie des gewährten Leistungsniveaus als eigenständige Ursache für die Entstehung und Verfestigung der Massenarbeitslosigkeit. Das Theorem einer sozialstaatsindizierten Arbeitslosigkeit wird zum zentralen Grund auch der Zusammenlegung von Sozialhilfe und Arbeitslosenhilfe. Eine derartig ökonomisierte Betrachtungsweise birgt Gefahren für das Sozialstaatsprinzip, dem ökonomische Zwänge nicht bestimmend unterzuordnen sind.

## 2. SGB II

**12**    Eine dem § 1 SGB XII inhaltlich vergleichbare Vorschrift existiert im SGB II nicht, weil die Zielsetzung dieses Gesetzes eine andere ist. Als Folge der Entscheidung des BVerfG vom 9.2.2010 (BVerfG 9.2.2010 – 1 BvL 1/09 und 4/09, BVerfGE 125, 175 = NJW 2010, 505) ist allerdings, dass § 1 SGB II mit Wirkung ab 1.4.2011 neu gefasst worden ist. Mit dem Bezug zur Sicherung eines menschenwürdigen Daseins wird nun auch im SGB II die Menschenwürde einfach gesetzlich rezipiert und ausdrücklich zu einem richtungsweisenden Kernsatz gemacht (s. auch *Meyerhoff,* jurisPK-SGB II, § 1 Rn. 2). Die vornehmliche Aufgabe der Grundsicherung für Arbeitsuchende besteht darin, die Eingliederungschancen der Leistungsempfänger in ungeförderte Beschäftigungen durch Beratung und Betreuung und Einbeziehung in die Maßnahmen der aktiven Arbeitsmarktpolitik zu verbessern. Die Grundsicherung für Arbeitsuchende ist im Gegensatz zum SGB III und zur Arbeitslosenhilfe nicht nur Bestandteil der Arbeitsmarktpolitik, sondern auch wie das SGB XII ein zentrales Element des staatlichen Fürsorgesystems (*Reis/Siebenhaar,* S. 10). Gemeinsam ist beiden Gesetzen, dass der Grundsatz des Forderns und Förderns (Einzelheiten s. Rn. 31; *Berlit,* info also 2003, 196) betont wird (s. BT-Drs. 15/1514, S. 55) und die Finanzierung durch Transferleistungen erfolgt. Vor allem im SGB II erhalten die aktivierenden Leistungen eindeutig den Vorrang vor den Transferleistungen (vgl. *Berlit,* info also 2003, 195). Ob allerdings dieser elaborierte Imperativ des Forderns und Förderns die Randständigen, Herausgefallenen oder Abgestiegenen erreichen wird, ist fraglich, weil sich diese Gruppe wohl schwerlich durch derartige Grundwerteformeln beeinflussen lässt. Wohl kaum finden sie sich in dem Arbeits- und Bildungspaternalismus des Forderns und Förderns wieder. Skepsis ist auch angebracht, ob sich die sozialpolitischen Zielsetzungen wie Armutsbekämpfung oder Verwaltungsvereinfachung, denen SGB II im Verbund mit SGB XII dienen soll, verwirklichen lassen (vgl. im Einzelnen *Rothkegel,* ZfSH/SGB 2004, 400 f.; s. auch den 2. und 3. Armutsbericht [Kurzfassung]).

**13**    Mit der Grundsicherung ist ein **neues Leistungssystem** entstanden. Insofern war es konsequent, die Leistungen in einem eigenen Buch, dem SGB II, zu regeln. Das Neue an dem Leistungssystem des SGB II ist, dass **Transferleistungen und Eingliederungsleistungen** zur Verfügung stehen. In ihnen wird das **Grundsicherungsprinzip** umgesetzt. Die Eingliederungsleistungen tragen den Besonderheiten der Personen Rechnung, die in das neue Leistungsrecht einbezogen sind. Es handelt sich hierbei vornehmlich um Langzeitarbeitslose, für die das SGB II über die Leistungen des SGB III hinausgeht. Die Leistungen zum Lebensunterhalt lehnen sich anders als die bisherige Arbeitslosenhilfe nicht mehr an die Höhe des Arbeitsentgeltes, sondern an die Bedarfsdeckung an. Das Sanktionssystem ist anders als in den bisherigen Leistungsgesetzen ausgestaltet.

Dem § 1 SGB II als Eingangsnorm liegt stärker als in § 1 SGB XII der Gedanke **14** des **aktivierenden Sozialstaats** zugrunde. Prinzipieller Ausgangsgedanke hierbei ist, dass der Sozialleistungsempfänger aktiv unterstützt werden muss (zum Reformbedarf *Reis/Siebenhaar,* S. 80 f.). Hierin findet sich zwar auch der dem SGB XII immanente Gedanke wieder, dass der Hilfenachfragende vom passiven Empfänger staatlicher Leistungen zum aktiven Subjekt wird. Der Gedanke des Forderns und Förderns im vom SGB II verwendeten Sinn impliziert auch die Absicht, Rechte und Pflichten jenseits von der Vorstellung einer „sozialen Hängematte" in eine neue Balance zu bringen (vgl. zum Ganzen *Stölting,* Eicher/Luik, SGB II, § 1 Rn. 1).

Die Stärkung der **Eigenverantwortung** drückt sich auch in einem neuen Ver- **15** hältnis zum Leistungsträger aus. Im SGB II geht es noch mehr um die Verantwortung für den Sozialstaat und weniger um die Verantwortung des Sozialstaates (*Trube,* ZfSH/SGB 2003, 334). Der aktivierende Sozialstaat stellt vordringlich auf das operative Konzept der Forderns und Förderns ab, um die nötige Balance zwischen Leistungsanspruch und finanziellen Ressourcen (wieder) herzustellen.

## III. Würde des Menschen (S. 1)

### 1. Begriff

**a) Allgemeines.** Für das Sozialhilferecht wird durch die Erwähnung der Würde **16** des Menschen einfachgesetzlich Art. 1 Abs. 1 S. 2 GG konkretisiert (*Rothkegel,* Strukturprinzipien, S. 19). Im Sozialhilferecht ist die Würde des Menschen nicht isoliert, sondern immer im Zusammenhang mit dem Sozialstaatsprinzip des Art. 20 Abs. 1 GG zu sehen (so bereits BVerwG 15.6.1954 – I C 58/53, BVerwGE 1, 159, 161; vgl. auch BVerfG 18.6.1975 – 1 BvL 4/74, BVerfGE 40, 121, 133; BVerfG 10.11.1998 – 2 BvL 42/93, BVerfGE 99, 246; BVerfG 9.2.2010 – 1 BvL 1/09 ua, NJW 2010, 505; BVerfG 18.7.2012 – 1 BvL 10/10, NVwZ 2012, 1024; dazu auch *Neumann,* NVwZ 1995, 427; *Bieritz-Harder,* Existenzsicherungsrecht, Teil II Kapitel 8 Rn. 6 f.). Weniger das SGB XII als das SGB II ist im Hinblick auf die Würde politisch einer gewissen Schwarmtendenz ausgesetzt. Es kommt bei einer nüchternen Betrachtungsweise auf die Einsicht von Funktionsvoraussetzungen dieser Grundrechte an. Sowohl aus dem Grundrecht der Menschenwürde als auch aus dem Sozialstaatsprinzip lassen sich mangels der nötigen Tatbestandsverdichtung keine konkreten Leistungsansprüche ableiten. Diesen Verfassungsnormen wird nach h. M. vornehmlich ein Direktivcharakter zugeordnet (vgl. *Stern,* Staatsrecht, S. 887; *Schwerdtfeger,* FS für Wannagat, S. 546 f.; *Reis/Siebenhaar,* S. 20; s. auch *Schmidt-Aßmann,* Ordnungsidee, S. 60 f.), weil sie nicht in Form von Abwehrrechten a priori auf die Begrenzung der Staatsgewalt gerichtet sind. Vornehmlich das Sozialstaatsprinzip wird als dynamisches, vage formuliertes Staatsziel verstanden, das auf die Gestaltung des sozialen Lebens ausgerichtet ist. Art. 1 Abs. 1 S. 1 GG und Art. 20 Abs. 1 GG müssen nunmehr nach den Entscheidungen des BVerfG vom 9.2.2010 (NJW 2010, 505) und 18.7.2012 (NVwZ 2012, 1024) jedenfalls für das Recht der Grundsicherung als unmittelbar wirkende Anspruchsgrundlage verstanden werden. Dieser unmittelbare verfassungsrechtliche Leistungsanspruch gewährleistet das gesamte Existenzminimum durch eine einheitliche grundrechtliche Garantie, die sowohl die physische Existenz des Menschen, also Nahrung, Kleidung, Hausrat, Unterkunft, Heizung, Hygiene und Gesundheit, als auch die Sicherung der Möglichkeit zur

Pflege zwischenmenschlicher Beziehungen und zu einem Mindestmaß an Teilhabe
am gesellschaftlichen, kulturellen und politischen Leben umfasst.

17    Das verfassungsrechtliche Problem der **leistungsrechtlichen Deutung** von
Grundrechten in Verbindung mit dem Sozialstaatsprinzip stellt sich für die Sozialhilfe
in der hier angesprochenen Allgemeinheit nicht. Denn mit dem SGB XII steht
ein durchnormiertes Leistungsgesetz zur Verfügung, sodass ein Rückgriff auf die
allgemeinen Vorschriften des Verfassungsrechts nur im Hinblick auf eine verfassungskonforme Auslegung der Normen des SGB XII notwendig wird. Es ist zu erinnern,
dass das Sozialstaatsgebot rechtstheoretisch keine konditional programmierte Regel
ist, sondern ein Prinzip darstellt, das mit anderen Verfassungsregeln abzuwägen ist
(*Voßkuhle*, SGb 2011, 182).

18    Schon in § 1 Abs. 1 S. 1 SGB I wird die Aufgabe des Sozialhilferechts dahingehend
beschrieben, dass soziale Leistungsrechte ein menschenwürdiges Dasein sichern sollen. Die allgemeinen Vorschriften des SGB I haben zu den spezielleren des SGB XII
eine **Brückenfunktion** (s. auch *Luthe*, Hauck/Noftz, § 1 Rn. 4). Das SGB I stellt
deklaratorisch eine Verbindung zwischen den abstrakten Normen des Verfassungsrechts und den besonderen, sozialrechtlichen Leistungsgesetzen dar.

19    Die **Bedeutung des in § 1 erwähnten Würdeprinzips** wird dadurch hervorgehoben, dass es schon in der Einweisungsnorm des § 9 SGB I erwähnt und für das
SGB XII wiederholt wird. Nach dieser im SGB I verorteten Vorschrift wird demjenigen das Recht auf persönliche und wirtschaftliche Hilfe zugestanden, die seinem
besonderen Bedarf entspricht, ihn zur Selbsthilfe befähigt, die Teilnahme am Leben
in der Gemeinschaft ermöglicht und die Führung eines menschwürdigen Lebens
sichert. Die Vorschriften des SGB I und die des SGB XII betonen gemeinsam die
Aufgabe der Sozialhilfe als einer an der Menschwürde ausgerichteten nachrangigen
**Not- und Letzthilfe.** Während vor dem 1.1.2005 die nach dem BSHG gewährte
Hilfe zum Lebensunterhalt ausschließlich die Funktion der Letzthilfe hatte, ist das
nach dem Inkrafttreten des SGB II nicht mehr der Fall. Für die Regelleistung sind
beide Gesetze, SGB XII und SGB II, nebeneinander **Letzthilfe** für denjenigen, der
entweder zu den Leistungsberechtigten des einen oder des anderen Gesetzes gehört
(anders wohl *Eicher*, jurisPK-SGB XII, § 21 Rn. 34).

20    **b) Würde.** Für die Rechtspraxis ist bei einem so oszillierenden Begriff wie dem
der (Menschen-)Würde wichtig, eine Antwort darauf zu finden, welchen normativen Gehalt er im Einzelnen hat. Mit dem BVerfG (BVerfG 21.4.1993 – 2 BvR 930/
92, NJW 1993, 3315) ist folgender Ansatz zu suchen: Was den Grundsatz der
Unantastbarkeit der Menschenwürde angeht, hängt alles von der Festlegung ab,
unter welchen Umständen sie verletzt sein kann. Dies lässt sich nicht generell sagen,
sondern immer nur in Ansehung des konkreten Falles. In seiner Entscheidung vom
9.2.2010 hat das BVerfG für das Leistungsrecht des SGB II und damit auch für
das SGB XII klar umschrieben: Das Grundrecht aus Art. 1 GG soll das gesamte
Existenzminimum durch eine einheitliche Garantie abdecken, die sowohl die physische Existenz des Menschen, also Nahrung, Kleidung, Hausrat, Unterkunft, Heizung, Hygiene und Gesundheit, als auch die Sicherung der Möglichkeit zur Pflege
zwischenmenschlicher Beziehungen und zu einem Mindestmaß der Teilhabe am
gesellschaftlichen, kulturellen und politischen Leben umfasst. Das Letztere leitet das
BVerfG daraus ab, dass der Mensch als Person notwendig in sozialen Bezügen existiert. Damit wird eine Richtung vorgegeben, durch die bei der Auslegung einzelner
Leistungsansprüche des SGB XII eine Wechselwirkung zur Würde besteht. Der
Gewährleistungsinhalt sichert eine menschengerechte Lebensgrundlage jeweils in
der Lebenssituation, in der sich der Anspruch auf Sozialhilfe stellen kann. Erklärtes
Ziel der Sozialhilfe ist, den Leistungsberechtigten die Führung eines Lebens zu
ermöglichen, das der Würde des Menschen entspricht. Auf diese Weise wird die
bestehende Antinomie zwischen Würde, sein Leben selbstbestimmt zu gestalten und

nicht von Zuwendungen abhängig zu sein, und Sicherung des Existenzminimums durch Gewährung staatlicher Leistungen aufgelöst. Dem Staat obliegt der Schutz des Individuums, wo dessen Existenz nicht mehr durch eigene Anstrengungen sichergestellt werden kann (vgl. BVerfG 21.6.1977 – 1 BvL 14/74, BVerfGE 45, 187, 228; BVerfG 6.8.1978 – 1 BvR 102/76, BVerfGE 48, 346, 361; BVerfG 29.5.1990 – 1 BvL 20/84, BVerfGE 82, 60, 85; anders noch BVerfG 19.12.1951 – 1 BvR 220/511, BVerfGE 97, 104; BSG 23.11.2006 – B 11 b AS 1/06 R; s. jetzt BVerfG 9.2.2010 – 1 BvL 1/09 ua, NJW 2010, 505; vgl. zum Ganzen auch *v. Mangoldt/Stark,* GG, Art. 1 Rn. 36; *Bieresborn,* Sozialrecht aktuell, 2007, 88, 94 f.; *Wahrendorf,* 1. Deutscher Sozialgerichtstag, S. 103 f.). Die Gesetz gewordene Formulierung, in der Aufgabe der Sozialhilfe und Würde des Menschen verknüpft werden und die auf eine Entscheidung des BVerwG (BVerwGE 1, 159, 161) zur Auslegung der bis zum Inkrafttreten des BSHG anzuwendenden Reichsgrundsätze zurückgeht, markiert den **Interventionspunkt** der Sozialhilfe (BVerwG 11.11.1970 – V C 32.70, BVerwGE 36, 256). Es bleibt jedoch bei der Aporie, diesen Interventionspunkt verfassungsrechtlich aus der Menschenwürde und dem Sozialstaatsprinzip festzulegen.

Die Festlegung des Interventionspunktes, der, auch nach der Wertvorstellung des **21** Art. 1 GG und unter Beachtung des Sozialstaatsprinzips ein Eingreifen des Staates unabdingbar werden lässt, ist zeitabhängig (**relativer Armutsbegriff,** vgl. dazu *Rothkegel,* Prinzipien, S. 21; *Jacobs,* NDV 1993, 423; *Neumann,* NVwZ 1995, 428, *Cremer,* Armut in Deutschland, S. 13 f.). Das Urteil darüber ist historischen Wandlungen unterzogen. Bezugspunkt sind deshalb die **herrschenden Lebensverhältnisse** (BVerwG 11.11.1970 – V C 32.70, BVerwGE 36, 256, 258; BVerwG 18.12.1997 – 5 C 46/96, BVerwGE 106, 99, 104; *Luthe,* Hauck/Noftz, SGB XII, § 1 Rn. 17). Hierin steckt ein Stück Egalisierung, die sich auch in der Hinnahme des Statistikmodells bei der Ermittlung der Regelleistung ausdrückt (s. *Heinig,* in: Fahlbusch, 50 Jahre, S. 27 f.). Zum menschwürdigen Leben gehört gemessen an diesen Parametern mehr als das physiologische Notwendige (BVerwG 22.4.1970 – V C 98.69, BVerwGE 35, 178, 180; BVerwG 3.11.1988 – 5 C 69/85, BVerwGE 80, 349, 353; BVerwG 13.12.1990 – 5 C 17/88, BVerwGE 87, 212, 214). Deshalb wird in § 27a Abs. 1 SGB XII neben dem in Satz 1 aufgezählten Grundbedürfnissen wie Ernährung, Unterkunft etc. erwähnt, dass zu den persönlichen Bedürfnissen des täglichen Lebens in einem vertretbaren Umfang auch die Beziehung zur Umwelt und die Teilnahme am kulturellen Leben gehören. Die Sozialhilfe soll gewährleisten, dass der Hilfeempfänger am **soziokulturellen Existenzminimum** teilhat. Bloße Annehmlichkeiten erfordern nach dem Würdeprinzip keine Bereitstellung staatlicher Hilfeleistungen. Zum soziokulturellen Existenzminimum hat die verwaltungsgerichtliche Rechtsprechung, wie *Luthe* (Hauck/Noftz, SGB XII, § 1 Rn. 14) zutreffend feststellt, einen kasuistischen Strauß hinterlassen.

Über den Begriff des soziokulturellen Existenzminimums erfährt der Bedarf, der **22** durch die Regelleistung zu decken ist, eine Quantifizierung und hebt ihn über das **physiologisch Notwendige** heraus (*Wahrendorf,* 1. Deutscher Sozialgerichtstag, S. 107). Was dazu gehört, ist nicht sozialpolitisch vorgegeben, sondern kann normativ, wie in § 27a Abs. 1 SGB XII geschehen, vorgeben werden. In Marktpreis und Marktgüter lässt das Würdekriterium nicht umrechnen (*Neumann,* NVwZ 1995, 429; *Wahrendorf,* 1. Deutscher Sozialgerichtstag, S. 107).

Das Würdeprinzip eignet sich nicht dazu, Leistungen mit großer Selbstverständ- **23** lichkeit abzulehnen, aber auch nicht, um sozialpolitisch erwünschte Leistungen einzufordern. Systematisch hilft in diesem Zusammenhang keinesfalls der unscharfe, weil in erster Linie sozialpolitisch besetzte Begriff der Armutsfestigkeit (a. A. *Berlit,* info also 2003, 200) weiter. Die produktive Funktion des § 1 S. 1 SGB XII besteht zumindest darin, die Sensibilisierung gegenüber gesellschaftlicher Deklassierung und Ausgrenzung im Bereich der Sozialhilfe zu stärken (*Schulte/Trenk-Hinterberger,* Sozialhilfe, S. 106). Nicht nur rechtlich, sondern auch in der sonstigen Diskussion scheitert der Versuch, Armut messbar zu machen (vgl. auch BSG 27.1.2009 – 14/11b AS 9/07 R). Die Definition von Armut wird zumeist mit einem sozialpolitischen Gerechtigkeitskonzept verbunden oder es werden Teilaspekte von Armut herausgestellt, wie der z. B. die familienpolitisch inspirierte Formel vom Armutsfaktor Kind, um die Aufmerksamkeit auf bestimmte soziale Erscheinungsformen zu lenken.

24     Durch das SGB II ist die Vielzahl der Personen, denen Hilfe zum Lebensunterhalt zu gewähren ist, erheblich gesunken. Vor allem für den Personenkreis, der Leistungen im Alter und bei Erwerbsminderung erhält, hat die verfassungsgemäße Festsetzung der Regelsätze noch eine besondere Bedeutung. Hier und über die Vorschrift des § 8 SGB II wird eine wichtige Weichenstellung in der Leistungsverantwortung des Sozialstaates gesetzt.

25     Die Ermöglichung einer menschenwürdigen Lebensführung muss auch in Bezug zu den besonderen Hilfen gesetzt werden. Hierbei spielt die Würde vor allem dann eine wertende Rolle, wenn Kosten und Maßnahmeerfolg zueinander in Beziehung gesetzt werden (vgl. dazu auch *Luthe,* Hauck/Noftz, § 1 Rn. 18). In einer allgemeinen Vorschrift wie der des § 9 Abs. 2 S. 3 SGB XII greift das Gesetz selbst den Kostenaspekt auf. Der Träger der Sozialhilfe soll in der Regel Wünschen nicht entsprechen, deren Erfüllung mit unverhältnismäßigen Mehrkosten verbunden wäre. In der durch die Menschenwürde geleiteten wertenden Betrachtungsweise sind die Relationen zwischen einem angemessenen Leistungsstandard und dem Finanzaspekt auszubalancieren. Die Wirksamkeit der Hilfe steht bei der Eingliederungshilfe eher im Vordergrund als die finanziellen Ressourcen zu schonen (*Luthe,* Hauck/Noftz, SGB XII, § 1 Rn. 19). Bei der Eingliederungshilfe für ein autistisches Kind hat das BVerwG (BVerwG 22.10.1992 – 5 C 11/89, BVerwGE 91, 114, dazu auch *Luthe,* Hauck/Noftz, § 1 Rn. 19) diese Relation so umschrieben: Bei der Eingliederungshilfe für ein autistisches Kind müssen der sozialhilferechtlich anzuerkennende Bedarf, der mit den tatsächlichen Kosten der Behandlung nicht gleichzusetzen ist, sowie Art und Maß der Bedarfsdeckung in einem an § 1 Abs. 2 BSHG (jetzt § 1 SGB XII) orientierten angemessenen Verhältnis zu dem erreichbaren Erfolg der Eingliederungshilfemaßnahme stehen. Zuzahlungen bei nicht gedeckten Leistungen durch die gesetzliche Krankenversicherung sind nicht allein wegen § 1 zu übernehmen (LSG RhPf 13.3.2009 – L 1 SO 2/07, bestätigt durch BSG 6.10.2009 – B 8 SO 24/09 B).

## 2. Laufende Hilfe zum Lebensunterhalt

26     Für die laufende Hilfe zum Lebensunterhalt ist die Interventionsschwelle der Sozialhilfe durch die Regelbedarfe festgelegt (*Rothkegel,* Prinzipien, S. 22 f.; s. auch § 28). Grundlage der Regelbedarfsfestlegung sind die tatsächlichen, statistisch ermittelten Verbrauchsausgaben von Haushalten unterer Einkommensgruppen (§ 28 Abs. 2 SGB XII). In der Regelsatzfestlegung als normativer Entscheidung aktualisiert sich die Eingriffsschwelle der Sozialhilfe, die, weil sie von konnexen wirtschaftlichen, sozialpolitischen und gesellschaftlichen Zusammenhängen abhängig ist, bis zu einem gewissen Grad dezisionistisch sein darf (vgl. *Rothkegel,* Prinzipien, S. 23; kritisch dagegen *Sartorius,* info also 2004, 55 f.; Einzelheiten dazu s. unter § 28).

27     Zur Würde des Menschen gehört, dass der Hilfeempfänger über den Einsatz der ihm gewährten Regelsätze disponieren kann, ohne dass ihm der Vorwurf zweckwidriger Verwendung (§ 26 Abs. 1 Nr. 2 SGB XII) gemacht werden kann (§ 27a Abs. 3 SGB XII). So hat das BVerwG (11.2.1993 – 5 C 24/91) zu Recht darauf hingewiesen, dass ein Hilfeempfänger einen Teil seiner frei verfügbaren Sozialhilfeleistungen zur Finanzierung eines Autos einsetzen darf, weil ein derartiges Verhalten Ausdruck einer freien, selbstbestimmten Lebensführung ist (zum Vermögenseinsatz bei einem vorhandenen PKW s. auch § 90). Ein Umschichten etwa für den Lebensunterhalt

bestimmter Leistungen zu anderen Zweck hat nicht zur Folge, dass eine nun im Lebensunterhalt entstandene Lücke zusätzlich durch weitere Leistungen geschlossen werden kann. Zur zweckwidrigen Verwendung mit der Folge von Stromschulden LSG Bln-Bbg 16.4.2007 – L 23 B 186/06 SO ER.

### 3. Einmalige Beihilfen

Im BSHG ist der Bedarf bei den einmaligen Beihilfen, die neben den Leistungen **28** der Regelsätze gewährt werden konnten im Hinblick auf das Würdeprinzip argumentativ unstimmig geblieben (s. dazu auch *Neumann*, NVwZ 1995, 428). Die Rechtsprechung dazu hatte sich enumerativ verzettelt, was im Einzelfall unter der Beachtung der Menschenwürde als einmalige Beihilfe geboten war. Aus der Diskussion, ob die Menschenwürde die Teilnahme an einer Klassenfahrt erfordert, hat der Gesetzgeber die Konsequenz gezogen, dass Leistungen für mehrtägige Klassenfahrten in den Katalog der einmaligen Bedarfe aufgenommen worden sind (§ 31 Abs. 1 Nr. 3 a. F. = 34 Abs. 2 Nr. 2 SGB XII). Für die sonstigen, nach dem bisherigen Recht als einmalige Beihilfe vertypten Bedarfe hat das SGB XII keine Klarheit geschaffen. Da die Bedarfsdeckung einmaliger Beihilfen normativ als durch die Regelleistung bis auf die in § 31 SGB XII vorgesehenen einmaligen Bedarfe in § 27a SGB XII als erfüllt gilt, bleibt nur die Möglichkeit, einmalige Bedarfe nach § 37 SGB XII als Darlehen zu gewähren. Sie stellt eine Öffnungsklausel für im Einzelfall entstandene Bedarfe dar. Diese Vorschrift macht eine Darlehensgewährung von zwei Voraussetzungen abhängig, ersten, dass im Einzelfall ein von den Regelsätzen umfasster Bedarf aufgetreten ist, und zweitens, dass dieser Bedarf unabweisbar ist. Dieser unbestimmte Rechtsbegriff wird angesichts knapper Kassen und einer auf Sparsamkeit bedachten Sozialverwaltung erneut genügend Anlass geben, dass die Diskussion um die Notwendigkeit einmaliger Beihilfen nicht verstummen wird. Im systematischen Gefüge einer Gesamtpauschalierung, die Regelleistungen und einmalige Bedarfe umfasst, ist für die rechtliche Deduktion von erheblicher Bedeutung, dass die Gesamtpauschale auskömmlich ist (Bedarfsdeckungsgrundsatz). Ist sie es nicht, bleibt nur die prüfenswerte Möglichkeit der Gewährung zusätzlicher Leistungen nach § 37 SGB XII. Das in der Vorschrift eröffnete Ermessen ist unter Berücksichtigung des § 1 als Ermessensreduzierung auf Null zu verstehen.

## IV. Befähigung zur Selbsthilfe (S. 2 Hs. 1)

Das in dieser Vorschrift genannte Ziel der Sozialhilfe, zur Selbsthilfe zu befähigen, **29** greift ein altes Anliegen des Fürsorgerechts auf. Sozialhilfe ist keine Zwangsbetreuung. Insofern ist das **Würdeprinzip** auch als **Abwehrrecht** zu verstehen.

In der **Hilfe zur Selbsthilfe** kommt die Abkehr vom Armenrecht als polizeistaat- **30** lichem Ordnungsrecht zum Ausdruck. Die Subjektstellung des Einzelnen wird durch § 1 S. 2 SGB XII hervorgehoben. Aus der Subjektstellung folgt, dass die Sozialhilfe keine dauerhafte Grundversorgung des Einzelnen sein soll. Versorgungsstaatliches Denken, vor allem in Form einer ausschließlich materiellen Versorgung, ist dem SGB XII fremd. Der Primat der Selbstverantwortung steht vor der Verantwortung des Gemeinwesens für die Sicherung der menschlichen Existenz (*Zacher*, in: Isensee/ Kirchhof, Handbuch Bd. I, § 25 Rn. 28). Allerdings erfährt die Selbsthilfe im SGB II eine stärkere Betonung (vgl. *Meyerhoff*, jurisPK-SGB II, § 1 Rn. 34). § 1 Abs. 2 S. 1 SGB II fordert als übergreifende Zielsetzung die Stärkung der Eigenverantwortung der erwerbsfähigen Leistungsberechtigten und auch der mit ihm in einer Bedarfsgemeinschaft lebenden Personen. Das **Selbsthilfeziel** des SGB XII ist differenzierter als im SGB II zu sehen. Bei einem leistungseingeschränkten Personenkreis kann die Verwirklichung des Selbsthilfeziels, unabhängig von der Sozialhilfe zu leben, nie ganz möglich werden (vgl. dazu auch *Luthe,* Hauck/Noftz, SGB XII, § 1 Rn. 23). Gleichwohl sind unterstützende Maßnahmen des Leistungsträgers nicht ausgeschlossen **(Optimierungsgebot).** Als Beispiel kann hier die Eingliederungshilfe genannt werden. Wo eine mögliche Selbsthilfe vergeblich eingefordert wird, zeigt sich deren andere Seite in Form der **Leistungseinschränkung,** wie sie sich beispielsweise nach § 26 Abs. 1 SGB XII ergeben kann (vgl. zum Ganzen auch *Luthe,* Hauck/Noftz, SGB XII, § 1 Rn. 24). Zum betreuten Wohnen, LSG NRW 28.5.2015 – L 9 SO 231/12. Zu den Beiträgen für eine private Zusatzversicherung, LSG NRW 24.11.2014 – L 9 SO 329/12.

## V. Grundsatz des Forderns (S. 2 Hs. 2)

**31**    Drückt § 1 S. 2 Hs. 1 SGB XII das Ziel sozialhilferechtlicher Leistungen aus, den Hilfeempfänger zur Selbsthilfe zu befähigen, **fordert** der Hs. 2 der Vorschrift vom Hilfeempfänger dessen Einsatz ein, um von der Sozialhilfe unabhängig leben zu können. Der Leistungsberechtigte hat nach dem Grundsatz des Forderns und Förderns eine größere Verantwortung zu übernehmen oder Nachteile in Kauf zu nehmen (*Coseriu,* terra incognita, S. 228). Selbsthilfe und Einsatz eigener Kräfte sind Teilaspekte des **Nachranggrundsatzes,** dem mit § 2 SGB XII eine eigene Vorschrift gewidmet ist. Die Pflicht zur aktiven Wahrnehmung der Eigenverantwortung ist Teil des sozialhilferechtlichen Würdegrundsatzes, durch den dem Einzelnen eine Subjektstellung im sozialhilferechtlichen Leistungsverhältnis zugewiesen wird (bedenklich *Berlit,* info also 2003, 200, der im Fordern einen Ausdruck sozialer Kontrolle sieht). Es besteht ein **Rangverhältnis** zwischen der Hilfeverpflichtung des Staates und der Obliegenheit des Hilfebedürftigen, sich durch eigene Anstrengungen aus seiner Notlage zu befreien (*Rothkegel,* Strukturprinzipien, S. 96). Den Hilfebedürftigen trifft insofern eine **Obliegenheit.**

**32**    Die erforderlichen Anstrengungen sind von unterschiedlicher Intensität. Sie sind bei der Hilfe zum Lebensunterhalt, die allerdings wegen der Grundsicherung des SGB II nicht mehr die Bedeutung hat, nachhaltiger als bei der Eingliederungshilfe für behinderte Menschen. Die Art der Hilfegewährung bestimmt die spezifischen Anforderungen an eine Mitwirkung: Sie ist eine **materielle Pflicht,** die von verfahrensrechtlichen Obliegenheiten abzugrenzen ist, wie sie sich beispielsweise aus §§ 60 ff. SGB I oder § 21 Abs. 2 SGB X ergeben (ebenso *Armborst,* LPK-SGB XII, § 1 Rn. 13). Die nach diesen Vorschriften gebotene Mitwirkung ist nicht zwingende Voraussetzung der Leistungsgewährung (vgl. *Rothkegel,* Strukturprinzipien, S. 49).

**33**    Nach § 66 SGB I kann die Behörde die Leistung bis zur Nachholung der Mitwirkung versagen, sie muss es aber nicht (zur prozessualen Seite s. BSG 1.7.2009 – B 4 AS 78/08 R). Die materielle Mitwirkungspflicht des § 1 S. 2 Hs. 2 SGB XII ist hingegen nach Ablehnung der Leistung nicht mehr nachholbar. Zur Selbstverantwortung gehört auch, dass der Leistung Nachsuchende vorrangige Leistungen in Anspruch nimmt (vgl. § 2 SGB XII). Kommt der Leistungsberechtigte dieser Pflicht nicht nach, hat der Hilfeträger im Umfang der vorrangigen Leistungen die Sozialhilfe abzulehnen. Selbstverantwortende Mitwirkung beinhaltet auch, dass der Hilfebedürftige die Sozialhilfe so rechtzeitig beantragt oder den Hilfeträger so rechtzeitig davon Kenntnis (§ 18 Abs. 1 SGB XII) setzt, dass dieser handeln kann, andernfalls bleibt die Hilfe ungedeckt.

**34**    Mit der im SGB XII gewählten Formulierung, dass auch der Leistungsberechtigte nach Kräften darauf hinzuarbeiten hat, dass er unabhängig von der Sozialhilfe leben kann, wird ein **neuer Akzent** gesetzt. Im Sinn des Grundsatzes von **Fördern und Fordern** will der Gesetzgeber stärker als bisher die eigenständige Verpflichtung des Leistungsberechtigten betonen, seine gesamten Kräfte wiedereinzusetzen, um wieder unabhängig von der Sozialhilfe leben zu können (BT-Drs. 15/1514, 55).

Von der Vorschrift ausgeblendet ist die **gruppenbezogene, private Selbsthilfe.** 35
Damit ist nicht die Hilfe durch Organisationen der freien Wohlfahrtsträger oder der
konfessionellen Institutionen gemeint. Zu ihr gehört die Selbsthilfe als Form der
kollektiven und individuellen Hilfen innerhalb der Gesellschaft bei sozialen Notlagen. Es handelt sich um eine Form „gelebter Bürgerverantwortung" (*Pitschas,* Leistungsrealisierung, S. 38), die rechtlich nicht institutionalisiert ist.

## VI. Zusammenwirken (S. 3)

Um die in den Sätzen 1 und 2 formulierten Ziele der Sozialhilfe zu erreichen, 36
ist in Satz 3 eine Pflicht zum Zusammenwirken von Leistungsberechtigten und den
Trägern der Sozialhilfe formuliert **(Grundsatz der Kooperation).** Dem Gesetzgeber schwebt die Bildung einer Art **Verantwortungsgemeinschaft** vor (BT-
Drs. 15/1514, 55), weil er davon ausgeht, dass ansonsten die Ziele der Sozialhilfe,
ein menschenwürdiges Leben zu führen und befähigt zu werden, ohne Sozialhilfe
zu leben, häufig nicht erreicht werden. Mit der Aufnahme in die Leitsatznorm des
§ 1 SGB XII soll die Forderung nach Kooperation besonders betont werden. Auch
das Sozialhilferecht präsentiert sich damit als eine Ordnung solidarischer Kooperation. Die in § 1 S. 3 SGB XII gemeinte Kooperation bezieht sich auf das individuelle
Sozialleistungsverhältnis. Es lenkt den Blick darauf, dass nicht nur hoheitliche Ent-
scheidungsformen vorherrschen, sondern offenbart die Chance zu individueller Mit-
gestaltung. Die Fähigkeit zur Selbsthilfe wird nicht durch feste administrative
Regeln, sondern durch Unterrichtung und der Suche nach gemeinsamen Optionen
bestimmt (vgl. dazu *Schmidt-Aßmann,* Ordnungsidee, S. 120). Die Verwirklichung
derartiger Vorstellung kann nur gelingen, wenn der Leistungsberechtigte die Bereitschaft zur Aktivierung mitbringt und die Sozialverwaltung diesen Auftrag, der einen
wirklichen Wandel von der Ordnungsverwaltung zur Leistungsverwaltung sein
könnte, annimmt. Die Beratungs- und Informationspflichten, die in allgemeiner
Form in §§ 14 f. SGB I und speziell für das Sozialhilferecht in § 11 SGB XII geregelt
sind, bleiben durch § 1 S. 3 SGB XII unberührt.

## § 2 Nachrang der Norm

(1) **Sozialhilfe erhält nicht, wer sich vor allem durch Einsatz seiner
Arbeitskraft, seines Einkommens und seines Vermögens selbst helfen kann
oder wer die erforderliche Leistung von anderen, insbesondere von Angehörigen oder von Trägern anderer Sozialleistungen, erhält.**

(2) [1]**Verpflichtungen anderer, insbesondere Unterhaltspflichtiger oder der
Träger anderer Sozialleistungen, bleiben unberührt.** [2]**Auf Rechtsvorschriften beruhende Leistungen anderer dürfen nicht deshalb versagt werden,
weil nach dem Recht der Sozialhilfe entsprechende Leistungen vorgesehen
sind.**

**Schrifttum:** *Brähler-Boyan/Mann,* Zur Überleitung des Rückforderungsanspruchs des verarmten Schenkers auf den Sozialhilfeträger, NJW 1995, 1866; *Coseriu,* Das „neue" Sozialhilferecht, Sozialrecht – eine terra incognita, 2009, S. 225; *Deutscher Verein,* Die Selbsthilfe des
Unterhaltsberechtigten, NDV 1995, 8; *Kreutz,* Die verfassungsrechtlichen Grenzen des Sozialstaates, ZfSH/SGB 1998, 535; *Rothkegel,* Der sozialhilferechtliche Kenntnisgrundsatz und der
Grundsatz „Keine Sozialhilfe für die Vergangenheit", ZfSH/SGB 2000, 3; *H. Schellhorn,* Das
Verhältnis von Sozialhilferecht und Unterhaltsrecht am Beispiel der Heranziehung Unterhaltsverpflichteter zu den Sozialhilfeaufwendungen, 1994; *Spindler,* Vorrang für den Nachrang statt Hilfe
zum Lebensunterhalt, info also 2001, 63; s. im Übrigen das Schrifttumsverzeichnis zu § 1.

# I. Bedeutung der Norm

## 1. Nachranggrundsatz

**1**    Wie § 1 SGB XII handelt sich auch hier um eine **Leitsatznorm** (s. auch *Hohm,* Schellhorn/Hohm/Scheider, SGB XII, § 2 Rn. 1) oder **Basisnorm,** s. § 1 Rn. 1. Überhöht werden kann die Vorschrift nicht, weil sie keinen verfassungsrechtlichen Grundsatz konkretisiert, sie ist nichts anderes als eine Rechtsanwendungsregel (*Armborst,* LPK-SGB XII, § 2 Rn. 3; *Luthe,* Hauck/Noftz, § 2 Rn. 5). Gleichwohl wird der Nachranggrundsatz trotz der aufgekommenen Kritik durch die Rechtsprechung des BSG (s. z. B. BSG 17.6.2008 – B 8 AY 5707 R) weiterhin als (Struktur-)Prinzip charakterisiert (*Conradis,* Existenzsicherungsrecht, Teil II, Kapitel 11 Rn. 1; s. zu Problematik der Prinzipien *Wahrendorf,* in: Fahlbusch, 50 Jahre Sozialhilfe, S. 117 und Einl. Rn. 48 f. und 81 f.).

**2**    Die Vorschrift regelt den das Sozialhilferecht bestimmenden **Nachranggrundsatz** oder **Subsidiaritätsgrundsatz** (zur ideengeschichtlichen Entwicklung dieses Grundsatzes vgl. *Fuchs,* ZFSH/SGB 1993, 393). Sozialhilfe ist subsidiäre Hilfe, weil sie dem Verständnis nach neben dem SGB II das letzte Netz sozioökonomischer Sicherung darstellt. Wer sich selbst helfen kann oder Hilfe von anderen erhält, hat keinen Anspruch auf Sozialhilfe. Der Nachranggrundsatz beinhaltet damit die **selbstverantwortete Verpflichtung,** seine eigenen Kräfte anzuspannen, und dient deshalb auch dem Schutz der eigenen Persönlichkeit (*Armborst,* LPK-SGB XII, § 2 Rn. 2; *Luthe,* Hauck/Noftz, § 2 Rn. 5), aber ist zugleich die Rechtfertigung, dass nur derjenige steuerfinanzierte Leistungen erhält, der sich vergeblich um die Eigensicherung bemüht hat (vgl. dazu *Kaiser,* in: Linhart/Adolph, § 2 Rn. 5).

**3**    Der Nachranggrundsatz wird als eines der **Strukturprinzipien** des Sozialhilferechts angesehen (*Luthe,* Hauck/Noftz, § 2 Rn. 13; *Rothkegel,* Sozialhilferecht, S. 108; grundsätzlich kritisch gegenüber den Strukturprinzipien *Coseriu,* terra incognita, S. 253). Richtig verstanden bedeutet die Verwendung des Wortes Prinzip nichts anderes als die Beschreibung eines hohen Abstraktionsgrades, die dieser Norm innewohnt. Sie können keine Rechtssatzqualität in Anspruch nehmen (so auch *Berlit*, Existenzsicherungsrecht, Teil II, Kapitel 7 Rn. 12; *Wahrendorf*, in Fahlbusch, 50 Jahre Sozialhilfe, S. 123).

Die Subsidiarität ist ein **negatives Tatbestandmerkmal** des sozialhilferechtli- 4 chen Anspruchs. Der Nachranggrundsatz bezeichnet im engeren Sinn nur einen rechtlichen Nachrang in der Weise, dass ein Sozialhilfeanspruch bei anderen vorrangigen Hilfeansprüchen zurücktritt. Im uneigentlichen Sinn ist dieses Prinzip betroffen, wenn Leistungen anderweitig erbracht werden, auf die kein Anspruch besteht (*Rothkegel,* Strukturprinzipien, S. 93). Hingegen wird das BSG nicht müde zu betonen (z. B. BSG 22.3.2012 – B 8 SO 30/10 R), dass § 2 Abs. 1 SGB XII, wenn andere Leistungen, die beispielsweise tatsächlich nicht erbracht werden, **keine eigenständige Ausschlussnorm ist.** Ihm kommt regelmäßig nur im Zusammenhang mit ergänzenden bzw. konkretisierenden sonstigen Vorschriften des SGB XII Bedeutung zu; ein Leistungsausschluss ohne Rückgriff auf andere Normen des SGB XII ist mithin allenfalls in extremen Ausnahmefällen denkbar, etwa wenn sich der Bedürftige generell eigenen Bemühungen verschließt und Ansprüche ohne Weiteres realisierbar sind (*Coseriu*, Sozialrecht, S. 230). In der praktischen Auswirkung ergeben sich zwischen der hier vertretenen Auffassung und der des BSG keine gravierenden Unterschiede. So erfüllt § 2 Abs. 1 SGB XII beispielsweise seine Funktion als negatives Tatbestandsmerkmal, wenn eine sozialhilferechtliche Bedarfsdeckung erfolgt ist, weil der Dritte nicht nur für den Leistungsträger eingesprungen ist. Ansonsten wird der Nachranggrundsatz durch Normen wie den Einkommens- und Vermögenseinsatz konkretisiert.

**a) Institutionelle Subsidiarität.** Von der **materiellen Subsidiarität** ist die 5 institutionelle Subsidiarität zu unterscheiden. Sie bezeichnet das Verhältnis der staatlichen Sozialleistungsträger zu den freien Wohlfahrtsverbänden (*Luthe,* Hauck/ Noftz, SGB XII, § 2 Rn. 4; *Conradis*, Existenzsicherungsrecht, Teil II, Kapitel 11 Rn. 1). Sie bedeutet die Letztzuständigkeit der Sozialhilfe (*Rothkegel,* Strukturprinzipien, S. 106). Privat vermittelte Leistungen durch Wohlfahrtsverbände (z. B. Tafeln, Suppenküchen, s. dazu *Rixen,* SGb 2008, 501 f.) schmälern zwar die staatliche Verantwortung, entlassen den Sozialhilfeträger jedoch nicht aus der Aufgabenwahrnehmung. Ihn trifft die Gewährleistungsverantwortung immer dann, wenn die Defizite nichtstaatlicher Hilfe durch seine Wahrnehmungszuständigkeit ausgeglichen werden muss (vgl. *Rothkegel,* Strukturprinzipien, S. 107; *Schmidt-Aßmann,* Ordnungsidee, S. 123; BVerfG, NJW 2010, 505).

**b) Materielle Subsidiarität.** Der materielle Nachranggrundsatz prägt das Sozi- 6 alhilferecht in unterschiedlicher Weise. Dem Nachranggrundsatz dient, wie beispielhaft bereits in § 2 Abs. 1 SGB XII aufgeführt ist, der Einsatz von Einkommen und Vermögen (§§ 82 f. und §§ 90 f. SGB XII). Davon werden Ausnahmen in Form des Schonvermögens (§ 90 Abs. 2 SGB XII) im Umfang des dort aufgeführten Katalogs gemacht. Bei Hilfen des Fünften bis Neunten Kapitels wird der Einkommenseinsatz aus sozialen Gründen durch besondere Einkommensgrenzen (§§ 85 f. SGB XII), die dem Leistungsberechtigten und den in § 19 Abs. 3 SGB XII genannten Einsatzpflichtigen zugutekommen, eingeschränkt. Im Gegensatz zu diesen den Nachrang der Sozialhilfe verändernden Vorschriften wird der Grundsatz der Subsidiarität bei der Hilfe zum Lebensunterhalt (vgl. § 82 SGB XII) streng eingehalten. Der Nachrang der Sozialhilfe wirkt sich außerdem bei vorrangigen Leistungen anderer öffentlichrechtlicher Leistungsträger, beim Bezug von Unterhalt und dem Einsatz eigener Arbeitskraft aus.

## 2. Wiederherstellung des Nachranges der Sozialhilfe

7      Die Sozialgesetze bedienen sich unterschiedlicher Formen, um den Nachrang-grundsatz wiederherzustellen. Ansprüche gegen einen nach bürgerlichem Recht Unterhaltspflichtigen gehen im Wege der cessio legis auf den Hilfeträger über (§ 94 Abs. 1 S. 1 SGB XII), wobei der Übergang stark eingeschränkt ist (s. auch *Luthe,* Hauck/Noftz, § 2 Rn. 9). Bei sonstigen Ansprüchen erlässt der Hilfeträger nach § 93 SGB XII eine Überleitungsanzeige. In Ausnahmefällen, bei einem sozialwidrigen Verhalten, gibt § 104 SGB XII dem Leistungsträger einen quasi-deliktischen Erstat-tungsanspruch.

8      In Fällen eines zumutbaren Einkommens- und Vermögenseinsatzes haben die Leistungsträger statt der erbrachten Leistungen Aufwendungsersatz zu fordern (§ 19 Abs. 5 S. 1 SGB XII). Ist zu Unrecht Sozialhilfe gezahlt worden, kann der Hilfeträger nach §§ 45 ff. und § 50 SGB X vorgehen.

9      Der nachrangig verpflichtete Leistungsträger darf gegenüber einem vorrangig ver-pflichteten Leistungsträger Ersatzansprüche geltend machen (§ 104 SGB X). Ersatz-ansprüche des Hilfeträgers gegen den Hilfeempfänger selbst oder seine Erben sehen die Vorschriften der §§ 102 f. SGB XII vor.

# II. Inhalt der Norm

## 1. Allgemeines

10      Die Vorschrift beinhaltet in Abs. 1 den Vorrang der Selbsthilfemöglichkeiten vor dem Einsetzen der Leistungen nach dem SGB XII. In Abs. 2 wird Bezug genommen auf die Hilfe Dritter. Hierbei werden Unterhaltsverpflichtungen und Verpflichtun-gen anderer Sozialleistungsträger besonders hervorgehoben.

## 2. Vergleich mit BSHG und SGB II

11      **a) BSHG.** Die Vorschrift überträgt inhaltsgleich den bisherigen § 2 BSHG, ergänzt um typische, nicht abschließend aufgezählte Formen der Selbsthilfemöglich-keiten. Hervorgehoben werden der Einsatz der Arbeitskraft (§ 11 Abs. 3 S. 3 SGB XII), des Einkommens (§§ 82 f. SGB XII), des Vermögens (§§ 90 f. SGB XII) und die Leistungen anderer. Dass der **Nachrang** der Sozialhilfe abweichend vom bisherigen Recht den Einsatz der **Arbeitskraft** hervorhebt, zeigen die Akzentver-schiebungen, die das SGB XII im Vergleich mit dem BSHG erfahren hat. Dieser Paradigmenwechsel befremdet, weil die Sicherstellung des Lebensunterhalts durch Einsatz der Arbeitskraft und Wiedereingliederung in den Arbeitsmarkt vornehmlich dem SGB II zugeordnet ist.

12      **b) SGB II.** § 5 SGB II bestimmt das Verhältnis zu anderen Leistungsgesetzen. Die Vorschrift ist zum SGB XII **Abgrenzungs- und Kollisionsnorm.** Auch im SGB II gilt der Nachranggrundsatz. Der Anspruch auf Sicherung des Lebensunterhaltes nach dem SGB II schließt in der Regel entsprechende Leistungen nach dem SGB XII aus. Davon nicht betroffen sind Leistungen nach § 8 Nr. 3–7 SGB XII, die neben der Regelleistung des SGB II gewährt werden. Hierbei handelt es sich nicht um aufstockende Leistungen, sondern um solche, die qualitativ andere Leistungsbe-reiche als die des laufenden Lebensunterhalts abdecken. Vorrang vor dem Sozialgeld des SGB II haben Leistungen der Grundsicherung im Alter und bei Erwerbsminde-rung (§ 5 Abs. 2 S. 2 SGB II). Das ist systemübergreifend angelegt. Denn Leistungen nach dem 4. Kapitel des SGB XII erhalten Personen, die wegen ihres Alters keine Leistungen nach dem SGB II beziehen können und solche, die dauerhaft voll erwerbsgemindert sind. Kollisionsrechtlich ordnet § 5 Abs. 2 S. 2 SGB II an, dass

Bezieher von Leistungen nach dem 4. Kapitel SGB XII als Mitglieder einer Bedarfs-
gemeinschaft aufstockend Sozialgeld erhalten können. Im Unterschied zum
SGB XII sieht § 5 Abs. 3 S. 1 SGB II vor, dass im SGB II der Leistungsträger unter
bestimmten Voraussetzungen Leistungen bei einem anderen Leistungsträger für den
Leistungsberechtigten beantragen kann. Auf diese Weise wird der Nachrang der
Grundsicherungsleistung besser gewahrt (s. auch BT-Drs. 15/1516, 51).

## III. Selbsthilfe (Abs. 1)

### 1. Obliegenheit zur Selbsthilfe

Wer sich selbst helfen kann, erhält keine Sozialhilfe. Ihn trifft eine Obliegenheit. **13**
Selbsthilfe steht mit der in § 1 S. 2 SGB XII eingeforderten Mithilfe in einem konsis-
tenten Zusammenhang. Sie realisiert sich im Einsatz von Einkommen und Vermögen
(§ 19 SGB XII) und durch den Einsatz der Arbeitskraft des Leistungsberechtigten.
Im Gegensatz zur Vorschrift des § 2 Abs. 1 BSHG, in der die aufgeführten Selbsthilfemöglichkeiten nicht erwähnt waren, werden sie in § 2 Abs. 1 SGB XII ausdrücklich und beispielhaft genannt. Der in § 1 SGB XII noch allgemein formulierte
Grundsatz des Forderns gewinnt auf diese Weise für den Leistungsberechtigten
erkennbare Konturen. Zum Einsatz von Vermögen, BSG 24.3.2015 – B 8 SO 12/
14 R; zur Annahme eines staatlichen Schulangebots SG Karlsruhe 28.11.2014 – S
1 SO 515/14; s. auch LSG NRW 11.6.2014 – L 20 418/11 (Besuch einer Schule
in Niedersachsen statt in NRW).

Wenig systemgerecht für eine Leitsatznorm wie die des § 2 Abs. 1 SGB XII ist **14**
die Erwähnung der Selbsthilfe durch Einsatz der Arbeitskraft (s. auch Rn. 11). Im
Hinblick darauf, dass die erwerbstätigen Sozialhilfeempfänger in das neue Leistungsgesetz, das SGB II, einbezogen sind und deshalb keine Hilfe zum Lebensunterhalt
beziehen, sind die Vorschriften der Hilfe zur Arbeit (§§ 18 f. BSHG) im SGB XII
nicht beibehalten worden. An deren Stelle ist die Unterstützung und Aktivierung
(§ 11 SGB XII) getreten. Sie sind nicht mehr vornehmlich darauf gerichtet, den
Leistungsberechtigten in den Arbeitsmarkt zu integrieren. Gleichwohl hat der
Gesetzgeber sich mit der Vorschrift des § 39 a. F. = § 39a SGB XII Sanktionen
vorbehalten, die als Konkretisierung des Selbsthilfegrundsatzes mit den entsprechenden Rechtsfolgen anzusehen sind (vgl. dazu *Luthe*, Hauck/Noftz, SGB XII, § 2
Rn. 21). Es bleibt für nicht arbeitsfähige Leistungsberechtigte die Möglichkeit, dass
sie in einem geringen Umfang noch einer Tätigkeit nachgehen und Einkommen
erzielen. Angesichts des hierfür infrage kommenden eingeschränkten Personenkreises bekommt die Herausstellung der Selbsthilfe durch Arbeit einen nicht gerechtfertigten Stellenwert. Die damit verbundene Leitfunktion wird durch die nachfolgenden Vorschriften nicht eingelöst.

Die Streitfrage, ob § 25 BSHG (jetzt § 39a SGB XII) lex specialis zu § 2 Abs. 1 **15**
BSHG ist, (OVG Hamburg, FEVS 49, 44; a. A. *Spindler,* info also 2001, 66; *Luthe*,
Hauck/Noftz, SGB XII, § 2 Rn. 22), hat sich offenbar durch die Neufassung der
Vorschriften nicht erledigt. Hervorgerufen wurde sie durch den an § 2 BSHG = § 2
SGB XII entwickelten Ansatz, schon bloße Möglichkeiten zur Arbeitsaufnahme
nicht wahrzunehmen, stelle einen Verstoß gegen den Selbsthilfegrundsatz dar mit der
Folge der Leistungsversagung nach § 2 BSHG = § 2 SGB XII. Sieht man hingegen
in § 39a SGB XII berechtigterweise eine Regelung zur aktivierenden Selbsthilfe
mit speziellem Charakter, bleibt es bei den dort angeführten Rechtsfolgen. Die
einschneidenden Rechtsfolgen des § 2 Abs. 1 SGB XII sind nur möglich, wenn der
Leistungsberechtigte ohne weiteres eine Beschäftigung aufnehmen könnte (so auch
*Luthe,* Hauck/Noftz, § 2 Rn. 22; *Kaiser,* Linhart/Adolph, SGB XII, § 2 Rn. 21).

## 2. Grenzen der Obliegenheit

**16** Die Selbsthilfe findet ihre Grenzen in der **Zumutbarkeit** (vgl. BVerwG 23.11.1995 – 5 C 13/94, BVerwGE 100, 50; *Kaiser,* Linhart/Adolph, § 2 Rn. 22), wie sie nicht nur nach § 11 Abs. 4 SGB XII bestehen (*Mrozynski,* III. 4. Rn. 12). Hierbei ist immer der Einzelfall in den Blick zu nehmen. Ein Heimwechsel ist wegen zu hoher Kosten bei der Unterbringung nur möglich, wenn wichtige persönliche Gründe wie der Gesundheitszustand, die Integration durch einen langen Aufenthalt oder das fortgeschrittene Alter, dem nicht entgegenstehen. Im Rahmen der Eingliederungshilfe muss der Leistungsberechtigte statt eines Schulbesuches nicht mit einer betrieblichen Ausbildung bei Unzumutbarkeit beginnen. Der Hilfebedürftige muss sich grundsätzlich auf die Inanspruchnahme der berufsfördernden Leistungen zur Rehabilitation durch die Arbeitsverwaltung verweisen lassen, wenn sie die Ausbildung zu demselben Beruf ermöglichen. Ausnahmen kommen dann in Betracht, wenn eine betriebliche Ausbildung dem behinderten Menschen mit Blick auf seine Behinderung nicht zumutbar ist, sei es, dass er wegen seiner Behinderung gerade auf eine schulische Ausbildung angewiesen ist oder aber die konkret in Betracht kommenden, von der Arbeitsverwaltung förderbaren betrieblichen oder überbetrieblichen Ausbildungsstätten nicht unter zumutbaren Bedingungen zugänglich sind oder keine behinderungsgerechten Ausbildungsbedingungen aufweisen. Es ist eine Frage der Zumutbarkeit, ob ein Demenzkranker in einer Wohngruppe ambulant oder stationär untergebracht werden kann (SG Darmstadt 30.3.2009 – S 17 SO 18/09 ER).

**17** Der **Zumutbarkeitsaspekt** hat seinen gesetzlichen Niederschlag in den Schongrenzen der Vermögensanrechnung (§ 90 SGB XII) oder in den Einkommensgrenzen der §§ 85 ff. SGB XII gefunden (vgl. auch *Mrozynski,* III. 4. Rn. 12).

## 3. Mitwirkung nach § 60 SGB I

**18** Die in den §§ 60 bis 62 SGB I geregelten Pflichten zur Mitwirkung des Leistungsberechtigten im Verwaltungsverfahren unterscheiden sich von der in § 2 Abs. 1 SGB XII normierten Pflicht des Leistungsberechtigten zur Selbsthilfe dadurch, dass im SGB I eine Verfahrenspflicht zur Mithilfe bei der Sachaufklärung geregelt ist, während es sich in § 2 Abs. 1 SGB XII um eine materielle Obliegenheit handelt. Werden Leistungen gemäß § 66 SGB I versagt, können Leistungen im Rahmen des § 67 SGB I aufgenommen werden. Eine Verletzung der materiellen Pflicht der Mitwirkung nach § 2 SGB XII führt unweigerlich zur Verweigerung von Leistungen.

## 4. Bereite Mittel

**19** Sich selbst helfen kann ein Leistungsberechtigter nur dann, wenn ihm bereite Mittel zu Verfügung stehen (Faktizitätsgrundsatz, vgl. BVerwG 5.5.1983 – 5 C 112/81, BVerwGE 67, 163, 166; zum bereiten Einkommen in Form von Weitergabe des Kindergeldes BSG 11.12.2007 – B 8/9b SO 23/06 R; s. dazu auch *Coseriu,* terra incognita, S. 240). Das an den Kindergeldberechtigten gezahlte Kindergeld für ein volljähriges, außerhalb des Haushalts lebendes Kind ist im Rahmen der Sozialhilfe bei der Hilfe zum Lebensunterhalt nicht leistungsmindernd zu berücksichtigen, wenn es zeitnah an das Kind weitergeleitet wird und ohne die Weiterleitung die Voraussetzungen für eine Abzweigung des Kindergeldes durch Verwaltungsakt zugunsten des Kindes vorliegen würden. Wenn ein Hilfe Nachfragender über bereite Mittel in Form von anrechenbarem Einkommen und Vermögen verfügt, besteht weder **Bedarf** noch **Bedürftigkeit.** Zwischen beiden ist zu unterscheiden. Wird der Bedarf ohne jeden Vorbehalt etwa in Form von Sach- oder Dienstleistungen anders als vom Leistungsträger gedeckt, besteht ebenfalls kein Bedarf.

Zum Einsatz der bereiten Mittel gibt es drei Entscheidungen des BSG, die das **20** „neue" Verständnis dieser Vorschrift auch im Verhältnis zur bisherigen Rechtsprechung des BVerwG darstellen sollen (vgl. dazu auch *Coseriu*, jurisPK-SGB XII, § 2 Rn. 11). Es handelt sich um die Urteile des BVerwG vom 2.2.2010 – B 8 SO 21/ 08 R, vom 26.8.2008 – B 8/9b SO 16/07 R und vom 29.9.2009 – B 8 SO 16/08 R. In der ersten Entscheidung verfügte der Hilfesuchende nicht über bereite Mittel, weil der Dritte nur für den säumigen Sozialhilfeträger eingesprungen und folglich der Bedarf durch diesen Dritten nicht gedeckt worden war. In der zweiten Entscheidung kam es entscheidungserheblich darauf an, dass der Kindergeldberechtigte das Kindergeld tatsächlich nicht an den Hilfesuchenden weitergab und damit Einkommen nicht als Einkommen zur Verfügung stand. Zwar führt das BSG auch noch aus, dass die Berücksichtigung des Kindergeldes sich nicht aus dem sog. Selbsthilfegrundsatz des § 2 Abs. 1 SGB XII mit der Begründung herleiten lasse, das volljährige, außerhalb des Elternhaushalts lebende Kind könne und müsse einen Antrag nach § 74 Abs. 1 S. 1 EStG auf Abzweigung des Kindergeldes an sich stellen. Denn die Regelung des § 2 SGB XII stelle keinen eigenständigen Ausschlusstatbestand dar, sondern sei nur ein Gebot der Sozialhilfe. Entscheidender ist aber die weitere Feststellung des BSG, dass auch das volljährige, außerhalb des Elternhaushalts lebende Kind grundsätzlich nicht verpflichtet ist, einen Abzweigungsantrag nach § 74 Abs. 1 EStG zu stellen. In der dritten Entscheidung ging es um den besonderen Fall der Übernahme von Beerdigungskosten, bei denen der Sozialhilfeträger normstrukturell nicht auf Ausgleichansprüche gegen Dritte verweisen durfte. In allen drei Fällen ist es eindeutig, dass keine bereiten Mittel vorhanden waren und deshalb der Anspruch des Hilfesuchenden nicht von vornherein abzulehnen war.

Aus dem Grundsatz der Selbsthilfe abgeleitet wird allerdings auch die Verpflich- **21** tung des Leistungsberechtigten, dass er unnötige Ausgaben vermeidet und die ihm zum Lebensunterhalt vorhandenen Mittel nicht unnötig vermindert (ebenso *Armborst*, LPK-SGB XII, § 2 Rn. 9). Die Sanktionsnorm ist in diesem Fall freilich § 103 SGB XII.

Besteht nur ein schwer durchsetzbarer Rechtsanspruch gegen Dritte, kann der **22** Hilfenachfragende nicht auf bereite Mittel verwiesen werden (s. *Mrozynski, III. 4.* Rn. 9; *Armborst*, § 2 Rn. 8; *Hohm*, Schellhorn/Hohm/Scheider, SGB XII, § 2 Rn. 8; *Schelter/Schiefer*, Oestreicher, SGB XII, § 2 Rn. 25; *Conradis*, Existenzsicherungsrecht, Teil II Kapitel 11 Rn. 28; s. dazu eingehender Rn. 27 f.; s. auch *Coseriu*, terra incognita, S. 240). Es ist allerdings auch nicht Aufgabe des Sozialhilfeträgers, einen Bedürftigen vor der ggfs. unangenehmen Inanspruchnahme leistungspflichtiger Familienangehöriger zu bewahren (zur Bestattungshilfe: LSG NRW 29.10.2008 – L 12 SO 3/08). Auch Ansprüche aus Unterhaltsverpflichtungen, seien sie selbst tituliert, führen nicht ohne weiteres dazu, den Bedarf selbst zu decken, wenn sie nicht zeitnah zu realisieren sind (für das SGB II: LSG NRW 11.1.2006 – L 1 B 36/ 05 AS ER; s. jetzt allerdings § 11 Abs. 2 Nr. 7 a. F. = § 11b Abs. 2 Nr. 7 SGB II). Hierfür bietet die Vorschrift des § 94 Abs. 3 Nr. 1 SGB XII, die einen Anspruchsübergang von vornherein ausschließen lässt, wenn ein Unterhaltsverpflichteter hilfebedürftig nach dem SGB XII würde, ein gutes Argument. Umgekehrt ist jeder gehalten, sich nicht hilfebedürftig zu machen. Zur Bereitstellung der Unterkunft LSG BW 13.3.2008 – L 7 AS 5473/07.

Grundsätzlich sind auch keine **fiktiven Einnahmen** auf den Bedarf anzurechnen **23** (vgl. BSG 21.6.2011 – B 4 AS 21/10 R; BSG 24.3.2015 – B SO 12/14 R, Verwertbarkeit eines Erbbaurechts; LSG Bln-Bbg 9.1.2013 – L 23 SO n296/12 B ER). Dadurch unterscheidet sich das SGB XII wesentlich vom Unterhaltsrecht. Ist jedoch offenkundig, dass jemand tatsächlich Einnahmen erzielen könnte, etwa durch die Aufnahme eines Nebenverdienstes und steht ihm dieser Weg ohne Schwierigkeiten offen, ist er auf den Selbsthilfegrundsatz zu verweisen, weniger auf das Vorhandensein bereiter Mittel (so aber *W. Schellhorn,* Schellhorn/Schellhorn/Hohm, § 2 Rn. 9; *Luthe,* Hauck/Noftz, § 2 Rn. 13).

**24**   Zur im SGB XII weniger praktischen Frage als im SGB II, ob ein Kind sich dadurch selbst helfen kann, dass es in die Wohnung seiner Eltern zurückkehrt: VG Aachen, ZfSH/SGB 2005, 225.

**25**   Ferner muss eine **Zeitidentität** zwischen Hilfebedarf und den zur Verfügung stehenden Mitteln gegeben sein. Bei der Einordnung von Einkommen und Vermögen spielt der Bezug zur Bedarfszeit eine ausschlaggebende Rolle (vgl. BVerwGE 108, 296, 298; *Rothkegel,* Strukturprinzipien, S. 97; *Luthe,* Hauck/Noftz, SGB XII, § 2 Rn. 18; s. auch § 82 Rn. 17 ff.). Für die Bestimmung von Einkommen und Vermögen sind aus dem Faktizitätsprinzip die Konsequenzen gezogen worden, dass Zuflüsse im Bedarfszeitraum grundsätzlich als Einkommen zu behandeln sind (weitere Einzelheiten bei § 82).

**26**   In den Fällen einer **Pfändung** oder einer **Abtretung** können die vorhandenen, einsetzbaren Mittel gemindert sein. In beiden Fällen fehlt es an bereiten Mitteln (ebenso *W. Schellhorn,* Schellhorn/Schellhorn/Hohm, § 2 Rn. 15; BSG 10.5.2011 – B 4 KG 1/10 R), was einen Hilfeanspruch auslöst. Der Anspruch kann allenfalls für die Zukunft unter den Voraussetzungen des § 26 SGB XII gekürzt werden. Der Selbsthilfegrundsatz verlangt, dass der Hilfe Nachfragende sein Einkommen und Vermögen zuerst zur Bestreitung seines notwendigen Bedarfs einsetzt, auch wenn er sich dadurch außerstande sieht, anderweitige Verpflichtungen zu erfüllen (*Armborst/ Brühl,* LPK-SGB XII, § 2 Rn. 9; s. auch § 82 Rn. 31; VG Gelsenkirchen, ZfSH/ SGB 2004, 97). Er muss alles Zumutbare unternehmen, um den Abfluss bereiter Mittel zu stoppen. Dazu gehört, dass er sich gegen eine Pfändung gerichtlich wehrt und Pfändungsschutz beantragt oder eine freiwillige Vermögensverfügung wieder rückgängig macht (zur Kündigung eines Bestattungsvorsorgevertrages: BSG 19.11.2009 – B 8 SO 23/08 R) oder sich gegen eine Forderung gerichtlich zur Wehr setzt. Bis zur erfolgreichen Abwehr sind die betreffenden Leistungen zu gewähren.

**27**   In der Praxis wird häufig vorschnell darauf verwiesen, dass es nicht Aufgabe der Sozialhilfe ist, den Leistungsberechtigten trotz seiner Schulden zum Nachteil der öffentlichen Hand zu entlasten. Nicht immer genau unterschieden wird in diesen Fällen zwischen nicht vorhandenen (bereiten) Mitteln, was unter Umständen eine Leistung auslösen kann, weil nach dem Grund der Bedarfslage nicht gefragt wird, und der rechtlichen Möglichkeit des § 26 SGB XII, Leistungen bis auf das Unerlässliche einzuschränken. Mindert der Leistungsberechtigte sein Einkommen und Vermögen in der Absicht, eine Sozialhilfebedürftigkeit herbeizuführen (Nr. 1) oder verhält er sich trotz Belehrung laufend unwirtschaftlich, steht dem Leistungsträger das Recht zu, Leistungen auf das Unerlässliche einzuschränken.

**28**   Mit der aus § 26 SGB XII folgenden Wertung ist die Rechtsprechung nur schwer vereinbar, die, aus praktischen Gründen plausibel, aber rechtlich kaum fundiert, die Defizite der Mittel übersehen will, wenn jemand freiwillige Vermögensverfügungen vornimmt, um Schulden zu begleichen (BVerwG 13.1.1983 – 5 C 114/81; ebenso *Armborst/Brühl,* LPK-SGB XII, § 2 Rn. 9). Es wird nicht als Aufgabe der Sozialhilfe angesehen, letztlich für Schulden aufzukommen. Das gilt umso mehr, wenn es um Schulden gegenüber der Justizkasse geht (LSG Bln-Bbg 31.7.2006 – L 19 B 303/ 06 AS ER). In diesen Fällen ist es kaum einzusehen, dass diese Art von Schulden, die aus einer Strafe entstanden sind, sozialisiert wird.

**29**   Soweit **tatsächliche und rechtliche Hindernisse** einer Verwertung von Einkommen und Vermögen entgegenstehen, weil z. B. eine Versicherungsforderung zur Sicherheit abgetreten (BVerwG 19.12.1997 – 5 C 7/96, BVerwGE 106, 105, 108) oder Einkommen gepfändet worden ist (BVerwG 15.12.1977 – V C 35.77, BVerwGE 55, 148, 151; BVerwG 4.9.1981 – 5 C 12/80, BVerwGE 62, 261; LSG Hmb, FEVS 57, 442), stehen keine bereiten Mittel zur Verfügung. Es muss allerdings danach gefragt werden, ob der Hilfe Nachfragende alles Zumutbare getan hat, um die tatsächlichen und rechtlichen Hindernisse ggfs. mit gerichtlicher Hilfe zu beseitigen. Unter Umständen muss ihm dazu eine Übergangszeit eingeräumt werden. Letztlich bleibt dem Leistungsträger nur die Möglichkeit zu leisten und einen Erstattungsanspruch nach § 103 SGB XII geltend zu machen.

## 5. Durchsetzbare Ansprüche

Der Hilfe zum Lebensunterhalt bedarf ein Leistungsberechtigter nicht, dem mit **30** **realisierbaren Ansprüchen oder Rechten** bereite Mittel zur Bedarfsdeckung zur Verfügung stehen (so schon BVerwG 2.6.1965 – V C 63.64; BVerwG 9.6.19971 – V C 56.70; vgl. auch *Coseriu*, jurisPK-SGB XII, § 2 Rn. 37; *Luthe*, Hauck/Noftz, SGB XII, § 2 Rn. 33). Als **bereite Mittel** sind solche Ansprüche berücksichtigungsfähig, deren gerichtliche Durchsetzung eine rechtzeitige, zeitnahe Bedarfsdeckung ermöglicht. Davon kann man in der Regel ausgehen, wenn Ansprüche im Wege der einstweiligen Verfügung im Zivilrechtsweg oder der einstweiligen Anordnung gegen einen vorrangig verpflichteten Hoheitsträger alsbald durchgesetzt werden können.

Namentlich bei möglichen **Unterhaltsansprüchen** hat die Verpflichtung zur **31** Selbsthilfe die Konsequenz, dass im Einzelfall zu prüfen ist, ob zivilrechtliche Ansprüche **vorläufig im Wege der einstweiligen Verfügung zeitnah** zum aufgetretenen Bedarf realisiert werden können. Erst wenn diese Prüfung negativ abgeschlossen ist, muss der Hilfeträger mit der Folge der Überleitung (§ 94 SGB XII) leisten, sodass der eigentlich Verpflichtete letztlich nicht entlastet wird. Das SGB XII nimmt gerade bei Unterhaltsansprüchen schon selbst Einschränkungen vor (vgl. dazu auch *Luthe/Palsherm*, Fürsorgerecht, Rn. 38). Ansprüche, die nicht auf den Träger der Sozialhilfe überleitbar sind (§ 94 Abs. 1 S. 3 SGB XII, Enkel, Großeltern) müssen nicht vorrangig geltend gemacht werden. Eine Frau, die schwanger ist, oder eine Person, die ihr leibliches Kind bis zur Vollendung des 6. Lebensjahres betreut (§ 94 Abs. 1 S. 4 SGB XII), wird nicht auf vorrangige Unterhaltsansprüche verwiesen werden können. Eine weitere Einschränkung kann sich daraus ergeben, dass es dem Leistungsberechtigten nicht zumutbar sein kann, gerichtlich gegen einen Unterhaltspflichtigen vorzugehen. Hier kann das hohe Alter der nachfragenden Person oder die Gefährdung familiärer Beziehungen eine Rolle spielen (vgl. auch *Luthe,* Hauck/Noftz, § 2 Rn. 37). Ein Leistungsberechtigter kann auch nicht immer auf einen gegenüber der Sozialhilfe vorrangigen Unterhaltsanspruch gegenüber seinen Eltern verwiesen werden. Denn § 92 Abs. 2 S. 1 Nr. 2 und S. 2 SGB XII muten z.B. Eltern behinderter schulpflichtiger Kinder – unabhängig von ihren Einkommens- und Vermögensverhältnissen – bei Leistungen zu einer angemessenen Schulbildung mit notwendiger Heimunterbringung lediglich zu, die Mittel für die Kosten des Lebensunterhalts in Höhe der für den häuslichen Lebensunterhalt ersparten Aufwendungen aufzubringen (LSG Bln-Bbg 9.1.2013 – L 23 SO 296/12 B ER). Ob allerdings die Zuwendung von Eltern (mögliche Bezahlung für einen Lifter für ihr behindertes Kind) schon wegen der hohen Anschaffungskosten bei der Entscheidung über die Hilfe keine Rolle spielen darf (so aber BSG 20.9.2012 – B 8 SO 15/ 11 R), ist fraglich.

Bei **Vermögensverschiebungen** zum Nachteil der Sozialhilfe stellt sich in der **32** Praxis besonders häufig die Frage, ob Rückforderungsansprüche zu realisieren sind. Im Fall einer Schenkung wird sich der Beschenkte häufig mit der mangelnden Unentgeltlichkeit der Schenkung verteidigen. Der Hilfeträger kann nur durch eine Überleitung des Rückforderungsanspruchs (§ 528 BGB) den Nachrang der Sozialhilfe wiederherstellen (zum Rückforderungsanspruch des Schenkers LSG Bln-Bbg 10.10.2007 – L 23 B 146/07 SO ER; s. auch BVerwG 25.6.1992 – 5 C 37/88, NJW 1992, 3312; BGH 25.4.2001 – X ZR 229/99, NJW 2001, 2084). Lässt sich der Rückforderungsanspruch unproblematisch durch den Hilfesuchenden selbst realisieren, kann die Sozialhilfe ausgeschlossen sein (OVG Hamburg 5.4.1995 – Bs IV 21/95). In der Regel jedenfalls ist ein nicht mehr vorhandenes Vermögen nicht als ein bereites Mittel i. S. d. § 2 verstehen.

33    **Künftige Einnahmen** sind keine bereiten Mittel. Einkünfte, die erst in Tagen oder Wochen verfügbar sind, wie Arbeitslohn, der erst am Ende eines Monats ausgezahlt wird, schließen den Hilfeanspruch nicht aus. Selbst eine Überbrückung durch einen Dispositionskredit wird dem Hilfebedürftigen nicht angesonnen, weil er nicht zu den zum Normalfall zählenden Selbsthilfemöglichkeiten gehört (vgl. *Spindler,* info also 2001, 65). Ausnahmen werden gemacht, wenn der Hilfe Nachfragende einen Kredit zur Überbrückung aufnehmen kann und die Rückzahlung ihm ohne Gefährdung seines Lebensunterhalts möglich ist (*Armborst,* LPK-SGB XII, § 2 Rn. 11; Näheres unter Rn. 34).

## 6. Zumutbarkeit

34    Die Frage der Selbsthilfe ist immer auch eine **Wertungsfrage,** insbesondere der Zumutbarkeit (*Rothkegel,* Strukturprinzipien, S. 98). Ihre Beurteilung hängt im Einzelfall davon ab, inwieweit der Leistungsberechtigte zur Mitwirkung verpflichtet ist. Eine **Darlehensaufnahme** auf dem Kreditmarkt ist einem Hilfenachfragenden deshalb nur zumutbar, wenn er einen Kredit zu marktüblichen Bedingungen aufnehmen und ihn alsbald zurückzahlen kann (*Luthe,* Hauck/Noftz, § 2 Rn. 26; *Armborst,* LPK-SGB XII, § 2 Rn. 11; *Rothkegel,* Strukturprinzipien, S. 98). In der Regel scheidet eine Kreditaufnahme aus, weil der Bedarf nicht wirklich gedeckt wird (s. die näheren Einzelheiten unter Rn. 13). Die Hilfesituation wird lediglich verschleiert oder verschoben (s. auch Rn. 16).

## IV. Hilfe anderer (Abs. 1)

35    Wird dem Leistungsberechtigten **tatsächlich Hilfe** durch andere zuteil, besteht kein Anspruch auf Leistungen. Beispielhaft für die Hilfe anderer nennt die Vorschrift die Hilfe von Angehörigen und die von Trägern anderer Sozialleistungen. Auf den Grund der Hilfeleistungen anderer kommt es nicht an. Sie können auf sittlichen, gesetzlichen oder vertraglichen Verpflichtungen beruhen oder freiwillig gewährt werden (s. dazu § 84).

36    Zu Lasten des Leistungsberechtigten ist zu entscheiden, wenn nicht festgestellt werden kann, dass er sich rechtzeitig um die eigentlich vorrangige Hilfe bemüht hat und es sich nicht um einen unabweisbaren, unaufschiebbaren Bedarf handelt (**Erkundungspflicht,** vgl. BVerwG 29.9.1971 – V C 2.71; s. auch BSG 29.9.2009 – B 8 SO 23/08 R).

37    Bedarfsdeckend ist die Hilfe Dritter, wenn sie endgültig als **verlorener Zuschuss** oder als **Schenkung** geleistet wird (BVerwG 23.6.1994 – 5 C 26/92). Eine **Drittleistung** kann dem Leistungsberechtigten vom Sozialamt nicht entgegengehalten werden, wenn der Dritte für den eigentlichen Träger der Sozialhilfe nur einspringt (BVerwG 23.6.1994 – 5 C 26/92; vgl. auch *Luthe,* Hauck/Noftz, SGB XII, § 2 Rn. 28; *Hohm,* Schellhorn/Hohm/Scheider, SGB XII, § 2 Rn. 19), weil dieser die Hilfe pflichtwidrig nicht rechtzeitig erbracht oder sie abgelehnt hat. In diesem Fall dienen nachträglich erbrachte Sozialleistungen ausnahmsweise zur Schuldentilgung (HessLSG 16.6.2011 – L 9 AS 658/10 B ER).

38    Zu den vorrangigen Leistungen anderer Träger gehören auch solche nach dem SGB VIII. Gemäß § 10 Abs. 2 S. 1 SGB VIII gehen Leistungen der Jugendhilfe denjenigen des SGB XII vor. Leistungsansprüche seelisch behinderter Kinder (§ 35a SGB VIII) werden deshalb allein nach dem SGB VIII erfüllt. Leistungen anderer sind ferner solche nach dem SGB II und III, dem WoGG und dem BEEG. Leistun-

gen nach dem SGB XI sind vorrangig, soweit nicht durch die sozialhilferechtlichen Regelungen ein ungedeckter Bedarf zu erfüllen ist. Zu den Fragen des Nachranggrundsatzes in der Eingliederungshilfe vgl. § 92 Rn. 1; s. auch BSG 24.3.2009 – B 8 SO 29/07 R.

Nach dem StrVollzG wird **Strafgefangenen,** auf die gemäß § 7 Abs. 4 S. 2 **39** SGB II das SGB XII Anwendung findet, ausreichende Ernährung und ärztliche Versorgung gewährt. Ein Strafgefangener hat deshalb grundsätzlich keinen Anspruch auf Gewährung eines zusätzlichen **Taschengeldes,** das wohl aus § 27a Abs. 4 SGB XII abgeleitet werden müsste (*Hohm,* Schellhorn/Hohm/Scheider, SGB XII, § 2 Rn. 46; verneinend für eine Weihnachtsbeihilfe und Sportkleidung BayVGH 9.6.1999 – 12 ZC 98.3512 unter Hinweis auf den Nachranggrundsatz). Bei Untersuchungsgefangenen, auf die das StVollzG nicht anwendbar ist, steht der Nachranggrundsatz dem Sozialhilfeanspruch nicht ohne weiteres entgegen. Hat der Untersuchungsgefangene keine Möglichkeit zu arbeiten oder kann er durch eigenen Arbeitseinsatz seinen Bedarf nicht decken, ist zumindest zu erwägen, ob dem Betreffenden nicht ein Anspruch auf Gewährung eines angemessenen Taschengeldes zusteht (BVerwG, FEVS 44, 225; vgl. auch *Luthe,* Hauck/Noftz, § 2 Rn. 56). Das von einem Strafgefangenen erarbeitete **Überbrückungsgeld** ist vorrangig einzusetzen (*Luthe,* Hauck/Noftz, SGB XII, § 2 Rn. 56).

Bei den Kosten für **Integrationshelfer** (s. auch § 78 SGB IX), die erforderlich **40** sind, um ein behindertes Kind in einem integrativen Kindergarten oder in einer Regelschule zusätzlich zu betreuen, stellt sich das Problem des Nachranges ebenfalls. Im Fall der Betreuung im Kindergarten kann die Übernahme zusätzlicher Kosten nicht mit dem Hinweis verweigert werden, die institutionelle Förderung von Kindergärten berühre den Nachranggrundsatz und schließe die Sozialhilfe aus. Durch eine institutionelle Förderung der Einrichtung als solche wird das Nachrangprinzip nicht betroffen, weil es bei der Übernahme von Kosten um einen Individualanspruch geht. Bei einem Schulbesuch ist die Übernahme von Kosten für einen Integrationshelfer bejaht worden (LSG NRW 13.3.2006 – L 20 B 30/05 SO ER; LSG Bln-Bbg 11.11.2005 – L 23 B 1035/05 SO ER; SächsLSG 24.3.2006 – L 3 B 81/06 SO ER), es sei denn, ein Kind kann auf den Besuch einer erreichbaren Schule für Behinderte verwiesen werden, auf der der Schulträger eine Anzahl von Integrationshelfern bereithält (VGH Kassel, FEVS 51, 315). Zur Dauer einer Beförderung LSG NRW, Beschl. v. 31.3.2010 – L 12 B 19/09 SO ER; s. auch *Banatscke,* BayVBl 2014, 42. In der Stadt Düsseldorf wurde der Einsatz von Integrationshelfern zum Einsatz an Schulen öffentlich ausgeschrieben. Das SG Düsseldorf (29.4.2016 – S 42 SO 73/16 ER) hat den Antrag auf Unterlassung der Ausschreibung nicht als unzulässig angesehen. Bei der Entscheidung würdigt das SG die Vorschriften der §§ 75 ff. nicht ausreichend, die das Beschaffungsinteresse als Ausfluss der Selbstverwaltungsgarantie zulässigerweise einschränken.

Der Nachrang spielt bei der Beschulung behinderter Kinder oder Jugendlicher **41** ebenfalls eine entscheidende Rolle. Nach Auffassung des LSG Bln-Bbg (SAR 2013, 41) steht der Nachrang bei der Übernahme der Kosten für den **Schulbesuch** eines behinderten Schülers in einem Internat nicht entgegen, wenn für den betroffenen Hilfeempfänger eine Möglichkeit zur rechtzeitigen Durchsetzung anderer Hilfeleistungen nicht gegeben ist (hier: Berechnung eines gesetzlichen Kostenbeitrags der Eltern zu den Unterbringungskosten durch den Schulträger). Sofern Schulgeld erhoben wird, differenziert das BSG (15.11.2012 – B 8 SO 10/11 R) danach, ob der Kernbereich des pädagogischen Angebots betroffen ist (s. auch § 54 SGB XII).

## V. Verpflichtungen anderer (Abs. 2)

Die Vorschrift sieht vor, dass Dritte in ihren Verpflichtungen gegenüber dem **42** Leistungsberechtigten nicht frei werden. Das ist auch eine Folge des Subsidiaritätsgrundsatzes. Dieser wäre gestört, wenn Dritte aufgrund von Transferleistungen von ihren Verpflichtungen frei würden.

**43**    Als Beispiel nennt das Gesetz Unterhaltsvorschriften, was sich eigentlich von selbst versteht. Leistet der Leistungsträger, obwohl Unterhaltsansprüche bestehen, geht der Anspruch auf den Sozialhilfeträger nach § 94 SGB XII über.

**44**    Absatz 2 S. 2 wiederholt den Grundsatz des Satzes 1 auch für Träger anderer Sozialleistungsträger. Die Vorschrift betrifft nicht nur Pflichtleistungen, die ausdrücklich genannt sind, sondern nach Zweck und Sinn auch Ermessensleistungen anderer Leistungsträger.

## VI. Ausnahmen vom Selbsthilfegrundsatz

**45**    Obwohl Ausnahmen vom Selbsthilfegrundsatz im Gesetz nicht ausdrücklich genannt werden, ergeben sie sich aus dem systematischen Zusammenhang mit anderen Vorschriften des SGB XII. Nicht als Einkommen zu berücksichtigen ist das Einkommen, das aufgrund öffentlich-rechtlicher Vorschriften zu einem ausdrücklichen Zweck gewährt wird, der im Einzelfall aber nicht denselben Zwecken der Sozialhilfe dienen darf (§ 83 SGB XII). Nur im Rahmen gesetzlicher Vorschriften suspendiert eine Zweckbindung den Selbsthilfegrundsatz. So sind Geldleistungen an den Nutzer oder Halter eines Personenkraftwagens Einkommen, das für die Hilfe zum Lebensunterhalt eingesetzt werden muss. Gleiches gilt für Darlehen, die einem Hilfeempfänger von dritter Seite für bestimmte Zwecke zur Verfügung gestellt werden (vgl. auch HambOVG 14.9.1993 – Bf IV 24/91; vgl. auch *Coseriu*, jurisPK-SGB XII, § 2 Rn. 56).

**46**    Ausgenommen hingegen sind Zuwendungen, deren Berücksichtigung als Einkommen eine Härte bedeuten würde (§ 84 Abs. 2 SGB XII). Beim Schmerzensgeld ist gemäß § 83 Abs. 2 SGB XII sichergestellt, dass es nicht als Einkommen zu berücksichtigen ist. Bei bestimmten Leistungen, z. B. Hilfe zur Überwindung von besonderen sozialen Schwierigkeiten (§ 68 Abs. 2 SGB XII) oder der Altenhilfe (§ 71 Abs. 4 SGB XII), wird das Nachrangprinzip durchbrochen, weil diese Leistungen ohne Rücksicht auf das Einkommen und Vermögen gewährt werden. Keine wirkliche Ausnahme vom Nachranggrundsatz ist das Eingreifen eines Nothelfers (§ 25 SGB XII). Nachrang meint den Fall, dass der Sozialhilfeanspruch hinter einem vorrangigen Hilfeanspruch zurücktritt. Diesem eng verstandenen Sinn unterfällt das Eingreifen des Nothelfers nicht (vgl. dazu auch *Rothkegel,* Strukturprinzipien, S. 93). Er erbringt eine Leistung, ohne dazu verpflichtet zu sein, und beseitigt die Bedarfssituation. Nur aufgrund der gesetzlichen Wertung von der Geschäftsführung ohne Auftrag, das Risiko der Aufwendungen nicht beim Nothelfer belässt, soll der Nothelfer gemäß § 25 SGB XII gegenüber dem Hilfeträger berechtigt sein. Auch der Vorschrift des § 36 SGB XII liegt nicht die Idee des Nachrangrundsatzes zugrunde. Es wird lediglich vermutet, dass der Bedarf gedeckt ist (zu § 16 BSHG *Rothkegel,* Strukturprinzipien, S. 93).

### § 3 Träger der Sozialhilfe

(1) **Die Sozialhilfe wird von örtlichen und überörtlichen Trägern geleistet.**

(2) [1]**Örtliche Träger der Sozialhilfe sind die kreisfreien Städte und die Kreise, soweit nicht nach Landesrecht etwas anderes bestimmt wird.** [2]**Bei der Bestimmung durch Landesrecht ist zu gewährleisten, dass die zukünftigen örtlichen Träger mit der Übertragung dieser Aufgaben einverstanden sind, nach ihrer Leistungsfähigkeit zur Erfüllung der Aufgaben nach diesem**

**Buch geeignet sind und dass die Erfüllung dieser Aufgaben in dem gesamten Kreisgebiet sichergestellt ist.**

(3) **Die Länder bestimmen die überörtlichen Träger der Sozialhilfe.**

**Schrifttum:** *Henneke,* Zusammenführung von Aufgaben- und Finanzverantwortung bei der Sozialhilfe, Der Landkreis 1997, 436; *Korioth,* Beteiligung des Bundes an den Sozialhilfekosten, DVBl. 1993, 356; *Marschner,* Gesetzlich geregelte Verbesserung der Zusammenarbeit zwischen dem örtlichen Sozialhilfeträger und Arbeitsämtern, NVwZ 2000, 170; *Merten/Pitschas,* Selbstverwaltung im Reformprozess, 1999; *Rothkegel,* Die Strukturprinzipien des Sozialhilferechts, 2000; *Sachs,* Grundgesetz, 3. Aufl. 2003; *Schoch/Wieland,* Die Verfassungswidrigkeit des § 96 Abs. 1 Satz 1 BSHG, JZ 1995, 982; *dies.,* Kommunale Aufgabenträgerschaft nach dem Grundsicherungsgesetz, 2003; *Schmidt-Jortzig/Wolffgang,* Strukturen einer Einbeziehung kreisangehöriger Gemeinden in den Vollzug von Kreiszuständigkeiten, VerwArch 1984, 107; *Schoepffer,* Die Einführung des Quotalen Systems in der Sozialhilfe in Niedersachsen, NdsVBl. 2001, 87; *Selmer,* Empfehlen sich Maßnahmen, um in der Finanzverfassung Aufgaben- und Aufgabenverantwortung von Bund, Ländern und Gemeinden stärker zusammenzuführen?, NJW 1996, 2062; *Wimmer,* Sozialhilfe auf Kosten kreisangehöriger Gemeinden?, NWVBl. 2001, 8; *Zink,* Die Delegation von Aufgaben der Sozialhilfe auf Gemeinden und Landkreise, BayVBl. 1963, 268, 305.

# I. Bedeutung der Vorschrift

## 1. Vereinfachung

In der Vorschrift werden die bisher auf verschiedene Stellen des Sozialhilferechts **1** verteilten Regelungen zusammengefasst. Die Regelung des Absatz 1 überträgt dabei inhaltsgleich den bisherigen § 9 BSHG, Abs. 2 den bisherigen § 96 Abs. 1 S. 1 BSHG und Abs. 3 den bisherigen § 96 Abs. 2 S. 1 BSHG. Die Zweiteilung in örtlichen und überörtlichen Träger wurde beibehalten. Ihre Bedeutung wird zusätzlich dadurch unterstrichen, dass sie schon zu Beginn des allgemeinen Teils des SGB XII in das Gesetz aufgenommen worden ist. Die Vorschrift wurde seit dem Inkrafttreten des SGB XII nicht geändert.

## 2. Organisatorische Umsetzung des Sozialstaatsprinzips

In § 3 Abs. 1 SGB XII verwirklicht sich organisatorisch das Sozialstaatsprinzip. **2** Wegen der Diffusität der Bestimmung des Sozialen lässt sich aus diesem Prinzip zwar grundsätzlich keine konkrete Forderung im Hinblick auf die Organisation der Sozial(hilfe)verwaltung ableiten. Eine dirigierende Bedeutung des Sozialstaatsprinzips im Aufgabenzuschnitt der Sozialverwaltung ist aber nicht zu leugnen. Entspricht es einer sozialstaatlichen Fürsorgepflicht, hilfsbedürftige Personen angemessen zu betreuen (BVerfGE 40, 121, 130; BVerfGE 44, 353, 375), folgt daraus, dass die Verwaltungsorganisation zweckmäßig einzurichten ist. Im Sozialhilferecht wird dieses Ziel durch die bewährte Einteilung in örtliche und überörtliche Träger erreicht.

## 3. Gewähr der kommunalen Selbstverwaltung

Mit der Übertragung von Aufgaben auf den örtlichen Träger der Sozialhilfe trägt **3** das SGB XII auch der Garantie der kommunalen Selbstverwaltung (Art. 28 Abs. 2 GG) Rechnung. Diese Garantie umfasst das prinzipielle Verfassungsgebot, Verwaltungspflichten an Gemeinden in den Bereichen zu übertragen, für die sie wegen ihrer Nähe zur Aufgabenerfüllung besonders geeignet sind.

## II. Inhalt der Norm

4    In Abs. 1 der Vorschrift wird der Grundsatz aufgestellt, dass die Sozialhilfe von örtlichen und überörtlichen Trägern ausgeführt wird. In Abs. 2 werden die kreisfreien Städte und Landkreis zu örtlichen Trägern der Sozialhilfe bestimmt. Dieser Absatz enthält auch die Ermächtigung an die Länder zu delegieren und die Aufforderung, dass die zukünftigen örtlichen Träger mit der Übertragung einverstanden sind, dass sie leistungsfähig sind und die Erfüllung im gesamten Kreisgebiet sichergestellt wird. In Abs. 3 ist die Ermächtigung zur Bestimmung des überörtlichen Trägers durch die Länder vorgesehen.

5    Dem Gesetzgeber war schon im BSHG die **Zweiteilung** der Trägerschaft bei der Gewährung der Hilfe so wichtig, dass er diese Regelung in § 9 BSHG als allgemeine Bestimmung in den Abschnitt 1 aufgenommen hatte. Sie wurde ergänzt durch §§ 96, 97 und § 99 BSHG. § 96 Abs. 1 BSHG konkretisierte den Begriff des örtlichen Trägers der Sozialhilfe und nahm die kreisfreien Städte und Landkreise in Bezug (s. auch § 28 Abs. 2 SGB I). § 96 Abs. 2 S. 1 BSHG überließ es den Ländern, den überörtlichen Träger zu bestimmen. § 97 BSHG legte die örtliche Zuständigkeit fest. § 99 BSHG bezog sich auf die sachliche Zuständigkeit des örtlichen Trägers, wobei der Vorbehalt des § 100 BSHG zu beachten war.

6    In § 18a BSHG, der durch das Gesetz zur Verbesserung der Zusammenarbeit von Arbeitsämtern und Trägern der Sozialhilfe vom 20.11.2000 (BGBl. I S. 1590) geschaffen worden war, war vorgesehen, dass der örtliche Hilfeträger abweichend von § 88 Abs. 1 Nr. 3 SGB X zum Zweck der Zusammenarbeit Aufgaben von Arbeitsämtern wahrnehmen lassen konnte. Es konnte auch eine schwerpunktmäßige Betreuung, Beratung oder Auszahlung der Hilfe zum Lebensunterhalt durch das Arbeitsamt oder durch eine von Hilfeträger und Arbeitsamt gebildete und beauftragte Stelle stattfinden. Mangels einer ausdrücklichen gesetzlichen Regelung in § 18a Abs. 2 BSHG war das Verhältnis zu § 9 BSHG schwierig zu bestimmen. Da die erwerbsfähigen Leistungsberechtigten aus dem Sozialhilferecht herausgenommen worden sind, bedurfte es neuer Regelungen im SGB II. Zuständig sind die Agentur für Arbeit (§ 6 Satz 1 Nr. 1 SGB II) bzw. kommunale Träger (§ 6 Satz 1 Nr. 2 SGB II) oder kommunale Träger anstelle der Agentur für Arbeit als Träger der Aufgaben nach dem SGB II (§ 6a SGB II). Hierzu hat das BVerfG entschieden, dass die in § 44a SGB II a. F. vorgesehene Mischverwaltung in der Organisation der ARGE verfassungswidrig ist (BVerfG 20.12.2007 – 2 BvR 2433/04, NVwZ 2008, 183).

## III. Träger der Sozialhilfe (Abs. 1)

### 1. Öffentlich-rechtliche Trägerschaft

7    Sozialhilfe ist eine **hoheitliche Aufgabe,** für die die Träger der Sozialhilfe die Verantwortung haben (*Schoch*, LPK-SGB XII § 3 Rn. 2). Damit ist zugleich gesagt, dass Sozialhilfe als öffentliche Leistungsform nicht von anderen Stellen oder Vereinigungen gewährt werden darf (zur Beteiligung Dritter s. auch § 5). Eine **Deregulierung** in der Form, dass staatliche Aufgaben ausgegliedert und durch Private wahrgenommen werden, verstieße gegen § 3 Abs. 1 SGB XII. Zudem kommt eine Privatisierung von Aufgaben, die den Kernbereich staatlicher Daseinsvorsorge betreffen, aus Gründen des Sozialstaatsprinzips nicht in Betracht (vgl. auch *Rothkegel*, Strukturprinzipien, S. 107).

8    Keine Ausnahme vom Prinzip der staatlichen Trägerschaft stellen §§ 4 und 5 Abs. 5 SGB XII dar. Auch wenn nach § 5 Abs. 5 SGB XII die Möglichkeit besteht, die Durchführung sozialhilferechtlicher Aufgaben auf die Verbände der freien Wohlfahrtspflege zu übertragen, bleibt die Verantwortung bei den staatlichen Trägern, wie

§ 5 Abs. 5 S. 2 SGB XII verdeutlicht (vgl. auch *W. Schellhorn,* Schellhorn/Hohm/ Scheider, SGB XII, § 3 Rn. 14).

## 2. Leisten

Die Gewährung der Hilfe bedeutet nicht, dass der Hilfeträger sie selbst leisten **9** muss. Lässt der Hilfeträger Leistungen durch einen Dritten erbringen und trägt er die Kosten, ist er als Hoheitsträger selbst seiner Leistungsverpflichtung nachgekommen. Es besteht dann ein **sozialhilferechtliches Dreiecksverhältnis** (s. dazu auch ausführlich *Jaritz/Eicher,* jurisPK-SGB XII, § 75 Rn. 24 f.; *Eicher,* SGb 2013, 127; s. § 54 Rn. 4), beispielsweise bei der Hilfe bei Krankheit nach § 48 S. 1 SGB XII. Die Leistung des Hilfeträgers gegenüber dem Leistungsberechtigten wird durch einen Dritten, den Arzt oder das Krankenhaus, erbracht. Gewähren bedeutet also, dass der Hilfeträger verpflichtet ist, die Hilfe sicherzustellen. Die hierfür erforderlichen Aufwendungen stellen die Sozialhilfe dar. Über die Art und Weise der zu erbringenden Sozialhilfe bestimmt § 10 SGB XII Näheres. Das BSG (28.10.2008 – B 8 SO 22/07 R, NJOZ 2009, 2324) akzentuiert das sozialrechtliche Dreiecksverhältnis gegenüber dem Berechtigten als **Sachleistungsverschaffungsverhältnis,** aus dem es vor allem ohne weiteres nachvollziehbare prozessuale Folgen wie etwa die notwendige Beiladung des Leistungserbringers ableiten will.

## IV. Örtliche Träger (Abs. 2 S. 1)

§ 3 Abs. 2 SGB XII konkretisiert den Begriff des **örtlichen Trägers der Sozial-** **10** **hilfe** und nimmt die **kreisfreien Städte** und **Kreise** in Bezug. Den Ländern steht jedoch die Möglichkeit zu, Abweichendes zu regeln. Obwohl im Wortlaut der Vorschrift vom örtlichen Träger der Sozialhilfe gesprochen wird, regelt sie keinesfalls die **örtliche** (vgl. dazu § 98 SGB XII) oder die **sachliche Zuständigkeit** (vgl. dazu § 97 SGB XII).

§ 3 Abs. 2 S. 1 SGB XII ist die einfachgesetzliche Umsetzung der verfassungs- **11** rechtlichen Vorgaben des Art. 84 Abs. 1 GG auf dem Sachgebiet des Sozialhilferechts. Führen die Länder die Bundesgesetze als eigene Angelegenheiten aus, regeln sie die Einrichtung der Behörden und das Verwaltungsverfahren, soweit nicht Bundesgesetze mit Zustimmung des Bundesrates etwas Anderes bestimmen. Der Bund ist bei Einschaltung der Gemeinden in den Vollzug von Bundesgesetzen auf punktuelle Annexregelungen beschränkt und er ist nur dann legitimiert, wenn diese für den wirksamen Vollzug der materiellen Bestimmungen eines Gesetzes notwendig sind (*Sachs/Dittmann,* Grundgesetz, Art. 84 Rn. 13). Das SGB XII ist als Zustimmungsgesetz ergangen, sodass der Bund den örtlichen Sozialhilfeträger bestimmen konnte (vgl. auch StGH BW 10.5.1999 – 2/97; SächsVerfG 23.11.2000 – Vf 53-II-97; *Fichtner/Bräutigam,* BSHG, § 96 Rn. 2; kritisch *Schoch/Wieland,* Grundsicherung, S. 110). Damit sind allerdings auch schon die kompetenzrechtlichen Grenzen des Bundes erreicht. Keinesfalls ermächtigt Art. 84 Abs. 1 GG den Bund, sachliche Zuständigkeiten der Sozialverwaltung einer Gemeinde als Selbstverwaltungsaufgabe zuzuweisen (BVerfGE 22, 210 f.; *Merten/Pitschas,* Selbstverwaltung, S. 39 f.). Dazu sind nur die Länder befugt, die bis auf Brandenburg und Nordrhein-Westfalen die Sozialhilfe als Selbstverwaltungsangelegenheit ausgestaltet haben. Wahrscheinlich werden wie gegenüber der Vorgängervorschrift des § 96 Abs. 1 S. 1 Hs. 1 BSHG weiterhin verfassungsrechtliche Zweifel angemeldet (so z. B. *Selmer,* NJW 1996, 2067; *Schoch/Wieland,* Grundsicherung, S. 110; wie hier: *Korioth,* DVBl. 1993, 356; offengelassen: OVG Frankfurt/Oder, FEVS 48, 253). Diese verfassungsrechtliche Diskussion hängt eng mit den steigenden Sozialhilfelasten der Gemeinden und den Überlegungen zum bundesstaatlichen Lastenverteilungssystem zusammen. Die Sozialhilfe hat sich von einer subsidiären, punktuellen Hilfegewährung zu einer Standard-sicherung gewandelt (*Selmer,* NJW 1996, 2067), ohne dass die komplexe Frage der Lastenverteilung zwischen Bund und Ländern unter Reformgesichtspunkten überdacht worden ist. Die erhebliche finanzielle Belastung der Gemeinden wird als verfassungsrechtliches Argument ins Feld geführt, um die bundesrechtliche Aufga-benübertragung auf die Gemeinde als verfassungswidrig anzusehen. Sie werde zum Sprengsatz in den Haushalten der Kommunen (*Schoch/Wienand,* Grundsicherung, S. 104). Diesem Argument begegnet die Rechtsprechung mit dem Hinweis, dass die Durchgriffskompetenz des Bundes auf die kommunale Ebene nach Art. 84 Abs. 1 Alt. 2 GG allein an rechtlichen Kriterien zu messen ist (StGH BW 10.5.1999 – GR 2/97). Durch den „soweit" Satz wird den Ländern die Entscheidung darüber eröff-net, ob die Zuständigkeit der Sozialhilfe auf die Städte und Gemeinden verlagert werden kann, sodass nicht mehr ausschließlich Zuständigkeiten durch ein Bundesge-setz übertragen werden. Zudem nimmt der Bundesgesetzgeber mit der Regelung des § 3 Abs. 2 S. 2 SGB XII Rücksichten auf landesspezifische Besonderheiten bei der Zuordnung der Verwaltungskompetenzen. Bei der Übertragung von sozialhilfe-rechtlichen Aufgaben auf kreisangehörige Gemeinden nach Landesrecht ist zu gewährleisten, dass die zukünftigen örtlichen Träger mit der Übertragung der Aufga-ben einverstanden, nach ihrer Leistungsfähigkeit zur Erfüllung nach dem SGB XII geeignet sind und dass die Erfüllung der Aufgaben des SGB XII in dem gesamten Kreisgebiet gesichert ist. Ungeachtet des Bemühens, durch einfachgesetzliche Rege-lungen den kompetenzrechtlichen Vorgaben des Art. 84 GG Rechnung zu tragen, liegen die letztlich befriedigenden Lösungen nicht im gegenwärtigen Verfassungs-recht, sondern in einer Neugestaltung des (Sozial-)Verfassungsrechts.

**12**    Keine kreisangehörige Gemeinde soll gegen ihren Willen dazu gezwungen wer-den, in eigener Kostenträgerschaft Sozialhilfeaufgaben zu übernehmen. Beim **Finanzausgleich** zwischen Staat und Sozialhilfe gewährender Gemeinde wird dem Gesetzgeber allerdings in Bezug auf die Schlüsselzuweisungen ein weiter Gestal-tungsspielraum eingeräumt. Im Rahmen dieser Gestaltungsfreiheit obliegt es dem Gesetzgeber, den jeweiligen Finanzbedarf von Land, Gemeinde und Gemeindever-bänden zu bewerten und zu gewichten, die Verteilungsschlüssel festzulegen und den Finanzausgleich den wechselnden Verhältnissen anzupassen. Die Gemeinden haben keinen Anspruch auf Zuweisung bestimmter Mittel. Die **Grenze des gesetzgebe-rischen Gestaltungsspielraums** ergibt sich durch die Wesensgehaltsgarantie des Selbstverwaltungsrechts, durch den Grundsatz der Verhältnismäßigkeit und durch das Willkürverbot (s. auch VerfGH NRW 10.12.2002 – VerfGH 10/01).

**13**    Mit der Bestimmung der **kreisfreien Städte und Landkreise zu örtlichen Trägern der Sozialhilfe** (§ 3 Abs. 2 S. 1 SGB XII) ist die Erfüllung der Aufgaben des SGB XII auf der untersten Verwaltungsebene organisatorisch angesiedelt wor-den (zur Heranziehung einer Kreisangehörigen Gemeinde s. LSG Nds-Brem 13.7.2005 – L 8 SO 27/05 ER). Auf diese Weise soll eine bürgernahe Erfüllung der Verwaltungsaufgaben sichergestellt werden. Gemeint ist die **Gesamtkörperschaft**, nicht die innerorganisatorische Einheit, die mit der Wahrnehmung der Aufgaben des SGB XII betraut ist. In der Regel erfüllen die Sozialämter der Gebietskörper-schaften (Städte/Landkreise) die Aufgaben der Sozialhilfeverwaltung, Teilaufgaben können auch von anderen Ämtern (Gesundheitsamt) wahrgenommen werden. In seiner **Organisationshoheit** beschränkt § 3 Abs. 2 S. 1 SGB XII den Träger der Sozialhilfe nicht (*W. Schellhorn,* Schellhorn/Schellhorn/Hohm, § 3 Rn. 12). Kenntnis i. S. v. § 18 Abs. 1 SGB XII hat deshalb der Sozialhilfeträger, wenn eine Stelle der Gebietskörperschaft von dem Hilfefall erfahren hat (ebenso: *Schoch,* LPK-SGB XII, § 3 Rn. 9). Weitere Folgerungen aus der Organisationseinheit einer Kör-perschaft ergeben sich, wenn beispielsweise das Jugendamt von einer Hilfe erfährt, weil sich dann der Leistungsträger diese Kenntnis vom Hilfefall zurechnen lassen muss. Gleiches gilt für kommunale Krankenhäuser, die deshalb keine eigenen Ansprüche als Nothelfer (§ 25 SGB XII) erwerben können.

## V. Überörtlicher Träger (Abs. 3)

Die Bestimmung des überörtlichen Trägers obliegt den Ländern. Die Länder **14** Baden-Württemberg, Hessen, Sachsen, Bayern und Nordrhein-Westfalen betrauen höhere Kommunalverbände (Landeswohlfahrtverband, Bezirk, Landschaftsverband) mit dieser Aufgabe, die übrigen Länder haben sich selbst zu überörtlichen Trägern bestellt.

## § 4 Zusammenarbeit

(1) ¹Die Träger der Sozialhilfe arbeiten mit anderen Stellen, deren gesetzliche Aufgaben dem gleichen Ziel dienen oder die an Leistungen beteiligt sind oder beteiligt werden sollen, zusammen, insbesondere mit den Trägern von Leistungen nach dem Zweiten, dem Achten, dem Neunten und dem Elften Buch, sowie mit anderen Trägern von Sozialleistungen, mit den gemeinsamen Servicestellen der Rehabilitationsträger und mit Verbänden. ²Darüber hinaus sollen die Träger der Sozialhilfe gemeinsam mit den Beteiligten der Pflegestützpunkte nach § 7c des Elften Buches alle für die wohnortnahe Versorgung und Betreuung in Betracht kommenden Hilfe- und Unterstützungsangebote koordinieren. ³Die Rahmenverträge nach § 7a Absatz 7 des Elften Buches sind zu berücksichtigen und die Empfehlungen nach § 8a des Elften Buches sollen berücksichtigt werden.

(2) Ist die Beratung und Sicherung der gleichmäßigen, gemeinsamen oder ergänzenden Erbringung von Leistungen geboten, sollen zu diesem Zweck Arbeitsgemeinschaften gebildet werden.

(3) Soweit eine Erhebung, Verarbeitung und Nutzung personenbezogener Daten erfolgt, ist das Nähere in einer Vereinbarung zu regeln.

*Änderungen der Vorschrift: Abs. 1 neu gef. mWv 1.7.2008 durch G v. 28.5.2008 (BGBl. I S. 874); Abs. 1 Satz 2 geänd., Satz 3 angef. mWv 1.7.2017 durch G v. 23.12.2016 (BGBl. I S. 3191).*

**Schrifttum:** *Deutscher Verein*, Empfehlungen zur örtlichen Teilhabeplanung für ein inklusives Gemeinwesen, NDV 2012, 286; *Lampke*, Kooperation unter Bedingung von Konkurrenz in der kommunalisierten Eingliederungshilfe, NDV 2012, 339; *Luthe*, Vier Modellebenen der integrierten Versorgung- am Beispiel psychiatrischer Netzwerke, NDV 2011, 268.

## I. Bedeutung der Norm

Der bundesdeutsche Sozialsektor ist in hohem Maß fragmentiert (*Luthe*, Hauck/ **1** Noftz, SGB XII, § 4 Rn. 1). Die Norm verfolgt deshalb das **Ziel,** den vielfältigen Trägern im staatlichen und nichtstaatlichen Bereich eine **Plattform** der **Zusammenarbeit** untereinander zu bieten. Gemeint ist die **Sozialplanung** im Zusammenwirken mit anderen Leistungsträgern und Leistungserbringern (vgl. auch *Lampke*, NDV 2012, 339). Die Leistungsträger gesetzlicher Aufgaben erhalten die Möglichkeit, unabhängig von gesetzlichen Zuständigkeiten miteinander zusammenzuarbeiten. Auch im Wettbewerb untereinander muss die Pflicht zur Zusammenarbeit beachtet werden (*Schiefer*, Oestreicher, SGB XII, § 4 Rn. 14). **Adressaten** der Vorschrift sind die **Träger der Sozialhilfe,** an sie allein richtet sich der – **von**

**dritter Seite nicht einklagbare – Auftrag** des Gesetzgebers zur Bildung von Arbeitsgemeinschaften (ebenso *Siefert*, jurisPK-SGB XII, § 4 Rn. 19; *W. Schellhorn*, Schellhorn/Schellhorn/Hohm, § 4 Rn. 4). Die Vorschrift beinhaltet eine **objektive Verpflichtung,** die schon das in § 86 SGB X enthaltene Gebot der Zusammenarbeit unterstreicht (*Siefert*, jurisPK-SGB XII, § 4 Rn. 19). Teilweise wird der Zweck der Vorschrift auch auf der Ebene des Einzelfalles gesehen (so etwa *Lampke*, NDV 2012, 339), allerdings mit der Einschränkung versehen, dass sich die Zusammenarbeit erst im Verfahren des Einzelfalles auswirkt (*Piepenstock*, jurisPK-SGB XII, § 4 Rn. 19; *Münder*, LPK-SGB XII, § 4 Rn. 4). Zu schwach ist das Argument, dass Absatz 3 mit seinem datenschutzrechtlichen Inhalt auch einen einzelfallbezogenen Bezug herstellt (*Münder*, LPK-SGB XII, § 4 Rn. 4).

## II. Inhalt der Norm

2     Die Regelung verpflichtet den Sozialhilfeträger allgemein zu einer Zusammenarbeit mit anderen Stellen, wenn dies zur Aufgabenerfüllung geboten ist. Damit nimmt die Vorschrift § 95 BSHG auf, der die Rechtsgrundlage für die Bildung von Arbeitsgemeinschaften durch die Träger der Sozialhilfe bildete, erweitert jedoch den Anwendungsbereich. In der Vergangenheit gab es sowohl Arbeitsgemeinschaften, in denen die hoheitlichen Träger unter sich waren, als auch solche, in denen auch die Freien Träger vertreten waren (s. hierzu auch *Münder*, LPK-SGB XII, § 4 Rn. 6). Mit der jetzigen Regelung können diese Tätigkeiten fortgesetzt werden. Nicht mehr in der Vorschrift enthalten ist, dass zu den Maßnahmen der Arbeitsgemeinschaft die Aufdeckung von Leistungsmissbrauch gehört (§ 95 S. 2 BSHG). Durch die Zusammenarbeit der Träger der Sozialhilfe mit anderen Stellen und Leistungserbringern musste mit Abs. 3 eine datenschutzrechtliche Vorschrift aufgenommen werden.

3     Mit der **Vorschrift des § 44b SGB II** hat § 4 SGB XII nichts gemein. Das SGB II sah bis zum 31.12.2009 in der Fassung des § 44b SGB II zwar noch die Bildung von Arbeitsgemeinschaften vor. Diese sind aber ein Konstrukt der in § 6 SGB II vorgesehenen zweigeteilten Trägerschaft. § 6 SGB II sieht, sofern die Kommunen von dem Optionsmodell keinen Gebrauch machen, als Träger die Bundesagentur für Arbeit und die kommunalen Träger vor. Annäherungsweise ist allenfalls die Vorschrift des § 18 SGB II mit § 4 SGB XII vergleichbar. Dort ist der Bundesagentur für Arbeit aufgegeben, bei der Erbringung der Leistungen mit den kommunalen Trägern zusammenzuarbeiten.

## III. Zusammenarbeit (Abs. 1)

4     Die Vorschrift verpflichtet die Träger der Sozialhilfe zur Zusammenarbeit mit anderen Sozialleistungsträgern, deren gesetzliche Aufgaben dem **gleichen Ziel** dienen oder die an Leistungen beteiligt sind oder beteiligt werden sollen. Mit der Forderung nach Zusammenarbeit lenkt das SGB XII schon zu Anfang den Blick weg vom Verwaltungsakt, dem als starre Handlungsform eine gewisse Inflexibilität nachgesagt werden kann, hin zu einer **kooperativen Handlungsform,** mit deren Hilfe komplexe Hilfelagen besser bewältigt werden können. Besonders hebt die Vorschrift die Zusammenarbeit mit den Trägern von Leistungen des Zweiten Buches, des Achten und Neunten Buches, sowie mit anderen Trägern von Sozialleistungen, mit den gemeinsamen Servicestellen der Rehabilitationsträger und mit Verbänden hervor. Damit knüpft das SGB XII auch an die Leitnorm des § 86 SGB X an, die für das gesamte Sozialrecht die Zusammenarbeit der Leistungsträger vorsieht. Neben den öffentlichen Leistungsträgern sind in die Regelung auch privat-gemeinnützige und privat-gewerbliche Leistungserbringer einbezogen, was sich aus der Formulierung des Gesetzes ergibt (*Münder*, LPK-SGB XII, § 4 Rn. 3).

Wie die Zusammenarbeit aussehen soll, ist im SGB XII nicht näher geregelt. 5
Häufig konzentriert sich die Kooperation auf den Sozialraum, ein Begriff, der im
Gesetz keine Entsprechung findet. Der *Deutsche Verein* (NDV 2012, 286) schlägt
eine örtliche Teilhabeplanung vor, die inklusive Sozialräume vor Ort schaffen soll.
Dabei geht eine solche Teilhabeplanung über den normativen Bereich des SGB XII
hinaus und implementiert eine weitreichende kommunale Entwicklungsplanung.
Am Beispiel der Eingliederungshilfe hat *Lampke* (NDV 2012, 340) dies aufgezeigt.
Auf der Grundlage der gesetzlichen Regelungen hat sich gerade in der Eingliederungshilfe eine spezifische Form der Zusammenarbeit zwischen Leistungsträgern
und Leistungserbringern entwickelt, die durch ein „Kontraktmanagement" (*Lampke*,
NDV 2012, 340) gekennzeichnet ist, was dazu führt, dass der Leistungserbringer
einer gestiegenen Rechenschaftspflicht hinsichtlich Kosten und Qualität gegenüber
dem Leistungsträger ausgesetzt ist. Zusammenarbeit bedeutet nicht, dass ein
Anspruch auf weitere Förderung besteht (HessLSG 20.3.2013 – L 6 SO 79/09).

Die Sätze 2 und 3 sind mWv 1.1.2017 an die durch das Dritte Stärkungsände- 6
rungsgesetz geänderten Vorschriften angepasst worden.

## IV. Begriff und Organisationsformen der Arbeits-
## gemeinschaften (Abs. 2)

### 1. Begriff

Arbeitsgemeinschaften sind keine Behörden i. S. v. § 1 Abs. 2 SGB X. Sie sind 7
auch, da eine entsprechende Statuierungsvorschrift fehlt, keine Körperschaften des
öffentlichen Rechts. Arbeitsgemeinschaften sind vielmehr freiwillige Zusammen-
schlüsse von hoheitlichen und freien Trägern der Sozialhilfe (vgl. auch *Schiefer,
Oestreicher*, SGB XII, § 4 Rn. 26). Sie können als nichtrechtsfähige Vereinigungen
des öffentlichen Rechts, aber auch als BGB-Gesellschaft, als nichtrechtsfähiger Verein oder als juristische Person des Privatrechts (rechtsfähiger Verein oder GmbH)
organisiert sein. Arbeitsgemeinschaften können auf Dauer oder als befristete, vorha-
benbezogene Arbeitsgruppe eingerichtet werden. Auch ist es möglich, Arbeitsgemeinschaften als feste Einrichtungen sowohl auf örtlicher als auch überörtlicher
Ebene – scil. auf Bezirks-, Kreis-, Landes- und Bundesebene – zu bilden. Der weite
Gesetzeswortlaut lässt vielfältige Gestaltungsmöglichkeiten zu. Sofern sich Arbeitsgemeinschaften als längerfristige oder feste Einrichtungen konstituieren, sollten sie
in einer Geschäftsordnung die Zusammensetzung, den Zweck und das Verfahren
regeln.

Die Arbeitsgemeinschaften sind zu unterscheiden von den **Sozialhilfeausschüs-** 8
**sen** bzw. **Sozialhilfekommissionen,** deren Bildung in einigen Bundesländern vor-
gesehen ist. Diese Ausschüsse bzw. Kommissionen nehmen ebenso wie die in einigen
Ländern bei den Ministerien angesiedelten Landesbeiräte für Sozialhilfe konkrete
Aufgaben bei der Durchführung des SGB XII im örtlichen und überörtlichen
Bereich wahr.

### 2. Zusammensetzung der Arbeitsgemeinschaften

Die Vorschrift enthält keine Vorgaben, wie sich die Arbeitsgemeinschaften zusam- 9
menzusetzen haben. Es wird lediglich vorgegeben, dass sie der Beratung und Sicherung der gleichmäßigen, gemeinsamen oder ergänzenden Erbringung von Leistungen dienen sollen. Zuständig für die Einrichtung einer Arbeitsgemeinschaft ist der
Sozialhilfeträger, in dessen Bereich bzw. auf dessen Ebene die Arbeitsgemeinschaft
gebildet werden soll.

## 3. Aufgaben

10    Arbeitsgemeinschaften haben die Aufgabe, die gleichmäßige oder gemeinsame Durchführung von Maßnahmen zu beraten oder zu sichern. Von dieser weiten Aufgabenbeschreibung umfasst sind insbesondere der Erfahrungsaustausch, die Erörterung aktueller Problemkreise, die Initiierung und Durchführung gemeinsamer Konzepte, Strategien und Programme sowie die Entwicklung einheitlicher Maßstäbe und Vorgehensweisen bei der Hilfegewährung in Bezug auf bestimmte Hilfeempfänger. Ein wichtiges Betätigungsfeld für Arbeitsgemeinschaften ist ferner die Öffentlichkeitsarbeit. So kann über Ziele, Aufgaben und Kosten der Sozialhilfe informiert und aufgeklärt werden.

11    Den Arbeitsgemeinschaften stehen **keine Mitwirkungs-, Anhörungs- oder Kontrollrechte** bei der Wahrnehmung der Aufgaben der Sozialhilfeträger zu. Auch werden ihnen durch § 4 Abs. 2 SGB XII keine Entscheidungsbefugnisse eingeräumt. Die Arbeitsgemeinschaften werden vielmehr allein **beratend und empfehlend** tätig; sie können deshalb auch **keine** – etwa den Sozialhilfeträger – **bindenden Beschlüsse** fassen.

## 4. Bisherige Arbeitsgemeinschaften

12    Eine Arbeitsgemeinschaft, der ausschließlich freie Träger angehören, ist die Bundesarbeitsgemeinschaft der freien Wohlfahrtspflege (BAGFW). In der BAGFW, die dem Informationsaustausch, der Interessenvertretung und einer gemeinsamen Öffentlichkeitsarbeit dient, sind die bundesweit tätigen Spitzenverbände der Wohlfahrtspflege – Arbeiterwohlfahrt (www.awo.org), Deutscher Caritasverband (www.caritas.de), Paritätischer Wohlfahrtsverband (www.paritaet.org), Deutsches Rotes Kreuz (www.rotkreuz.de), Diakonisches Werk der EKD (www.diakonie.de), Zentralwohlfahrtsstelle der Juden in Deutschland – vertreten. Die BAGFW hat ihren Sitz in Berlin (Oranienburger Straße 13–14, 10178 Berlin, www.freiewohlfahrtspflege.de).

13    Im Deutschen Verein für öffentliche und private Fürsorge haben sich öffentliche und freie Träger zusammengeschlossen. Mitglieder des Deutschen Vereins (www.deutscher-verein.de) sind neben Bundesbehörden, Länderverwaltungen und überörtlichen Trägern der Sozial- und Jugendhilfe u. a. der Deutsche Städtetag (www.staedtetag.de), der Deutsche Landkreistag (www.landkreistag.de), der Deutsche Städte- und Gemeindebund (www.dstgb.de) sowie die Spitzenverbände der freien Wohlfahrtspflege. Außerdem gehören dem Verein Einzelpersonen an. Die Hauptaufgaben des Deutschen Vereins sind u. a. die Anregung und Beeinflussung der Sozialpolitik, die Erarbeitung von Empfehlungen für die Praxis der öffentlichen und freien sozialen Arbeit, die gutachterliche Tätigkeit auf dem Gebiet des Sozialrechts, die Fort- und Weiterbildung von Führungskräften und Mitarbeitern des sozialen Bereichs sowie die Herausgabe von Schriften und sonstigen Veröffentlichungen zu Fragen der sozialen Arbeit.

14    Demgegenüber waren in der Bundesarbeitsgemeinschaft der bisherigen überörtlichen Träger der Sozialhilfe – BAGüS – (Warendorfer Straße 26–28, 48145 Münster/ Westfalen, Tel.: 02 51/5 91–65 30) nur hoheitliche Träger, nämlich die 24 überörtlichen Träger der Sozialhilfe vertreten. Zweck der BAGüS sind Zusammenarbeit und Austausch in organisatorischen, fachlichen und fiskalischen Fragen zur weitestgehend einheitlichen Rechtsanwendung, wirksameren Gestaltung der Hilfen für Menschen in besonderen Lebenslagen, zu effektivem Verwaltungshandeln sowie zur Weiterentwicklung lebensnaher und praxisgerechter rechtlicher Regelungen.

15    Den auf Landes- und Kommunalebene gebildeten Arbeitsgemeinschaften gehören zumeist sowohl hoheitliche als auch freie Träger an. Eine instruktive Zusammenstellung findet sich im Internet z. B. unter www.infothek.paritaet.org/pid/Uemo-Liste.nsf/wwwalphabetisch? OpenView.

## V. Datenerhebung (Abs. 3)

Zu den datenschutzrechtlichen Erfordernissen stellt Abs. 3 nur eine **gesetzliche** 16 **Ermächtigung** zum **Abschluss einer Vereinbarung** zur Verfügung. Sie gilt für die Fälle, in denen im Rahmen der Zusammenarbeit eine Erhebung, Verarbeitung und Nutzung personenbezogener Daten erfolgt. Nach der gesetzlichen Definition des § 67 Abs. 1 SGB X handelt es sich bei **Sozialdaten** um Einzelangaben über persönliche oder sachliche Verhältnisse einer bestimmten oder bestimmbaren natürlichen Person, die von einer der in § 35 SGB I genannten Stelle im Hinblick auf die Aufgaben des Sozialgesetzbuches erhoben, verarbeitet oder genutzt werden. Die Vorschrift bezieht sich nur auf Daten, die in einem funktionalen Zusammenhang mit der gesetzlichen Aufgabenerfüllung stehen. Der **Inhalt der zu schließenden Vereinbarung** muss den Vorschriften des Zweiten Kapitels des SGB X, das den Schutz der Sozialdaten regelt, genügen (s. auch *W. Schellhorn,* Schellhorn/Schellhorn/Hohm, § 4 Rn. 11; *Münder,* LPK-SGB XII, § 4 Rn. 8).

## § 5 Verhältnis zur freien Wohlfahrtspflege

(1) **Die Stellung der Kirchen und Religionsgesellschaften des öffentlichen Rechts sowie der Verbände der freien Wohlfahrtspflege als Träger eigener sozialer Aufgaben und ihre Tätigkeit zur Erfüllung dieser Aufgaben werden durch dieses Buch nicht berührt.**

(2) [1]**Die Träger der Sozialhilfe sollen bei der Durchführung dieses Buches mit den Kirchen und Religionsgesellschaften des öffentlichen Rechts sowie den Verbänden der freien Wohlfahrtspflege zusammenarbeiten.** [2]**Sie achten dabei deren Selbständigkeit in Zielsetzung und Durchführung ihrer Aufgaben.**

(3) [1]**Die Zusammenarbeit soll darauf gerichtet sein, dass sich die Sozialhilfe und die Tätigkeit der freien Wohlfahrtspflege zum Wohle der Leistungsberechtigten wirksam ergänzen.** [2]**Die Träger der Sozialhilfe sollen die Verbände der freien Wohlfahrtspflege in ihrer Tätigkeit auf dem Gebiet der Sozialhilfe angemessen unterstützen.**

(4) [1]**Wird die Leistung im Einzelfall durch die freie Wohlfahrtspflege erbracht, sollen die Träger der Sozialhilfe von der Durchführung eigener Maßnahmen absehen.** [2]**Dies gilt nicht für die Erbringung von Geldleistungen.**

(5) [1]**Die Träger der Sozialhilfe können allgemein an der Durchführung ihrer Aufgaben nach diesem Buch die Verbände der freien Wohlfahrtspflege beteiligen oder ihnen die Durchführung solcher Aufgaben übertragen, wenn die Verbände mit der Beteiligung oder Übertragung einverstanden sind.** [2]**Die Träger der Sozialhilfe bleiben den Leistungsberechtigten gegenüber verantwortlich.**

(6) **§ 4 Abs. 3 findet entsprechende Anwendung.**

**Schrifttum:** *Benicke,* EG-Wirtschaftsrecht und die Einrichtungen der freien Wohlfahrtspflege, ZfSH/SGB 1998, 22; *Brünner,* Ausschreibung von Leistungen der Schuldnerberatung nach SGB XII?, NDV 2008, 285; *Dörrie,* Partnerschaft zwischen öffentlichen und freien Trägern der sozialen Arbeit im Zeichen der Krise der öffentlichen Finanzen, NDV 1983, 21; *Eichenhofer,* Sozialrecht der Europäischen Union, 2. Aufl. 2003; *Erichsen* (Hrsg.), Allgemeines Verwaltungsrecht, 13. Aufl. 2006; *Flierl,* Freie und öffentliche Wohlfahrtspflege-Aufbau, Finanzierung, Geschichte, Verbände, 1982; *Giesen,* Die Vorgaben des EG-Vertrages für das Internationale Sozialrecht, 1999; *Griep/Renn,* Das Recht der Freien Wohlfahrtspflege, 2011; *Kingreen,* Vergaberechtliche Anforderungen an die sozialrechtliche Leistungserbringung, SGb 2004, 659; *Neumann*, Freiheitsgefährdung im kooperativen Sozialstaat, 1992; *Neumann/Nielandt/Philipp*, Erbringung von Sozialleistungen nach Vergaberecht?, 2004; *Nielandt*, Die Beteiligung Freier Träger bei der Vergabe von Sozialleistungen, RsDE Heft 57, 44; *Radermaker*, Über einige Aspekte der staatlichen Finanzleistung für die sozialen Dienste der Kirchen, VSSR 1994, 219; *Rothkegel*, Strukturprinzipien des Sozialhilferechts, 2000.

### Übersicht

# I. Bedeutung der Norm

**1**  Die Vorschrift regelt in **programmatischer Form** und keineswegs umfassend das Verhältnis zwischen den Sozialhilfeträgern, den Kirchen, Religionsgemeinschaften und den Verbänden der freien Wohlfahrtspflege. Sie ist als **Grundlagennorm** zu verstehen (*Griep/Renn*, S. 36). Mit der Verwendung der Tatbestandsmerkmale „Religionsgesellschaften des öffentlichen Rechts" wird auf Art. 140 GG, Art. 137 Abs. 3 WRV Bezug genommen (vgl. auch *Bieritz-Harder*, Existenzsicherungsrecht, Kapitel 44 Rn. 2). Den Trägern der Freien Wohlfahrtspflege kommt ebenfalls eine besondere Bedeutung zu, weil ihnen ein Grundrecht der freien karitativen Tätigkeit zusteht (s. BVerfGE 22, 203 f.; s. dazu auch *Griep/Renn*, S. 37).

# II. Inhalt der Norm

**2**  Inhaltlich entspricht § 5 SGB XII dem § 10 BSHG. Neben unbedeutenden sprachlichen Änderungen ist anders als in § 10 BSHG dem § 5 SGB XII ein Abs. 6 hinzugefügt worden, in dem § 4 Abs. 3 SGB XII für entsprechend anwendbar erklärt wird. Soweit eine Erhebung, Verarbeitung und Nutzung personenbezogener Daten erfolgt, ist das Nähere zwischen den staatlichen Stellen und den freien Trägern durch eine Vereinbarung zu regeln.

**3**  Das **Beziehungsverhältnis zum Leistungsberechtigten** ist in der Vorschrift nicht gemeint. Leistungsberechtigter, Leistungsträger und Dritte stehen in einem Dreiecksverhältnis (zum Dreiecksverhältnis als Verschaffungsanspruch: BSG 28.10.2008 – B 8 SO 22/07 R; kritisch *Plagemann*, SGb 2010, 161; s. § 3 Rn. 9; *Bieritz-Harder*, Existenzsicherungsrecht, Kapitel 44 Rn. 82; anders *Eicher*, SGb 2013, 127), zu dessen Ausfüllung die Vorschrift des § 5 SGB XII konkret nichts beiträgt. Aus § 5 SGB XII folgt in der systematischen Zusammenschau mit § 3 SGB XII, dass nur der Träger der Sozialhilfe dem Leistungsberechtigten gegenüber verpflichtet ist. Wenn auch staatliche Leistungsträger, wie § 5 SGB II belegt, kein staatliches Aufgabenmonopol haben, trifft den Staat jedoch eine **Gesamtverantwortung oder Gewährleistungsverantwortung** (*Trute*, DVBl 1996, 953; zustimmend *Bieritz-Harder*, Existenzsicherungsrecht, Kapitel 44 Rn. 15), die die Behörden und die in § 5

Abs. 1 SGB XII Genannten in die Lage versetzen, dass das „Erforderliche" (BVerfG 18.7.1967 – 2 BvF 3/62) geschieht (*Bieritz-Harder*, Existenzsicherungsrecht, Kapitel 44 Rn. 15).

Das SGB XII öffnet sich wie schon das BSHG gleichwohl gegenüber den Kir-  **4** chen und den Verbänden der freien Wohlfahrtspflege, weil deren Tätigkeit als Teil der **gesellschaftlichen Selbstregulierung** zur Verwirklichung sozialer Gerechtigkeit beiträgt (s. dazu näher *Griep/Renn*, S. 46). Die in § 5 SGB XII gewählte Form der **Subsidiarität staatlicher Verantwortung,** die hinter die im Sozialwesen tätigen nichtstaatlichen Institutionen zurücktritt, war verfassungsrechtlich heftig umstritten. Die aufgetretenen Probleme sind durch das BVerfG (18.7.1967 – 2 BvF 3/62) abschließend geklärt. Das Sozialstaatsprinzip verpflichtet den Staat nach Auffassung des BVerfG, für eine gerechte Sozialordnung zu sorgen. Es besagt jedoch nicht, dass für die Verwirklichung dieses Zieles nur behördliche Maßnahmen vorgesehen werden dürfen, also ein **soziales Aufgabenmonopol** besteht (dazu auch *Bieritz-Harder,* Existenzsicherungsrecht, Kapitel 44 Rn. 11; *Münder,* LPK-SGB XII, § 5 Rn. 17). Aus der zitierten Rechtsprechung des BVerfG folgt zweierlei: **Institutionelle Subsidiarität** der Sozialhilfe bedeutet deren Letztzuständigkeit (*Rothkegel,* Strukturprinzipien, S. 106). Soweit nichtstaatliche Träger leisten, darf sich der Staat hinter deren Hilfe zurückziehen. Aus dem tatsächlichen Vorrang nichtstaatlicher Hilfe kann aber keine **Funktionssperre** des hoheitlichen Trägers abgeleitet werden.

## III. Verhältnis zu nichtstaatlichen Trägern (Abs. 1)

§ 5 Abs. 1 SGB XII bestimmt, dass die Tätigkeit der nichtstaatlichen Wohlfahrts-  **5** pflege von den Bestimmungen des SGB XII unbeeinflusst bleibt. Daraus folgt, dass ein Träger der Freien Wohlfahrtspflege keinen Anspruch darauf hat, dass der Bedarf eines Leistungsberechtigten gerade in seiner Einrichtung gedeckt wird (s. auch *Schiefer,* Oestreicher, SGB XII, § 5 Rn. 7).

Als **nichtstaatliche Träger der freien Wohlfahrtspflege** werden die Kirchen  **6** und Religionsgemeinschaften des öffentlichen Rechts und die Verbände der freien Wohlfahrtspflege genannt. Zu diesen Verbänden gehören beispielhaft aufgezählt: die Arbeiterwohlfahrt, der Deutsche Caritas Verband, der Deutsche Paritätische Wohlfahrtsverband, das Deutsche Rote Kreuz, das Diakonische Werk, der Verband Deutscher Wohltätigkeitsstiftungen e.V., der Sozialverband VdK und die Zentralwohlfahrtsstelle der Juden (s. auch *Griep/Renn*, S. 53 ff.). Als Organisationsform ist vorwiegend der eingetragene Verein gewählt worden. Die kirchlichen Wohlfahrtsverbände können sich als Untergliederung der verfassten Kirchen auf die Korporative Religionsfreiheit berufen (s. *Griep/Renn,* S. 94). Im SGB XII wird der verwendete Begriff der **Wohlfahrtspflege** nicht definiert, sondern vorausgesetzt. Eine Definition kann sich an § 66 AO anlehnen, wonach Wohlfahrtspflege als planmäßige, zum Wohl der Allgemeinheit und nicht zum Erwerb ausgeübte Sorge für notleidende und gefährdete Mitmenschen charakterisiert werden kann (*Griep/Renn*, S. 43). **Frei** ist eine Wohlfahrtspflege, weil sie keinem Träger einer staatlichen Gebietskörperschaft zugeordnet wird.

Dem Begriff **Verbände** liegt im Kern eine korporative Vorstellung zugrunde  **7** (vgl. zum Streitstand auch *Münder,* LPK-SGB XII, § 5 Rn. 7 f.; *Bieritz-Harder,* Existenzsicherungsrecht, Kapitel 44 Rn. 7). Ein derartig enges Verständnis wird der sozialen Wirklichkeit nicht gerecht. Aus der Differenzierung des § 75 SGB XII zwischen Träger der Einrichtung und Verband lässt sich ableiten, dass Verband keineswegs in einem engen Sinn zu verstehen ist (*Bieritz-Harder,* Existenzsicherungsrecht, Kapitel 44 Rn. 7). Insofern hat der Gesetzgeber versäumt, mit der Reform des Sozialhilferechts Anpassungen vorzunehmen. Es ist eine am Sinn und Zweck orientierte weite Auslegung erforderlich. Der Sozialbereich hat durch die Selbsthilfebewegung und durch die privat-gewerblichen Träger (vgl. *Münder,* LPK-SGB XII, § 5 Rn. 8) tatsächliche Veränderungen erfahren, denen ein korporatives Verständnis der Vorschrift nicht mehr Rechnung tragen kann. Um die innovativen und experimentellen Formen nichtstaatlicher Träger in die sozialhilferechtliche Systematik einzubinden, muss der Begriff des Verbandes in einem weiten Sinn verstanden werden. Er bezieht sich deshalb nicht nur auf Organisationsformen, die in einem engen Sinn als korporativ zu bezeichnen sind (vgl. dazu auch SG Schwerin, RsDE 65, 92 f.). In diese Richtung deutet schon die Vorschrift des § 17 Abs. 3 S. 1 SGB I, die den Begriff des Verbandes vermeidet. Nach dieser Regelung wirken die staatlichen Leistungsträger in der Zusammenarbeit mit **gemeinnützigen und freien Einrichtungen** und Organisationen darauf hin, dass sich deren Tätigkeiten zum Wohl des Leistungsempfängers wirksam ergänzen.

8     Durch die Vorschrift sind die Kirchen, die Religionsgesellschaften des öffentlichen Rechts und die Verbände der freien Wohlfahrtspflege gegenüber **privat-gewerblichen Trägern** privilegiert. Dies stößt vor dem Hintergrund des europäischen Wettbewerbsrechts zunehmend auf Bedenken (*Münder,* LPK-SGB XII, § 5 Rn. 10 f.; vgl. auch *Giesen,* EG-Vertrag, S. 93 f.; *Schiefer,* Oestreicher, SGB XII, § 5 Rn. 31; *Luthe,* Hauck/Noftz, § 5 Rn. 35 f.; s. auch *DV,* PPP-Öffentlich-private Partnerschaften, 2007). Unbestritten ist, dass die Wohlfahrtsverbände unternehmerisch wie Private handeln müssen (*Griep/Renn,* S. 49).

9     Grundsätzlich sind die Mitgliedstaaten in der Bestimmung des Verhältnisses von öffentlicher und privater Vorsorge frei. Solange die Sozialpolitik in der Primärzuständigkeit der Mitgliedsstaaten verbleibt, steht den einzelnen Mitgliedstaaten das Recht zu, über die Eignung, Erforderlichkeit und Angemessenheit einer sozialpolitischen Gestaltung autonom zu bestimmen (*Eichenhofer,* Sozialrecht, Rn. 340). Da Sozialhilfe prinzipiell öffentlichen Trägern anvertraut ist, entscheidet der nationale Gesetzgeber auch darüber, ob er neben den öffentlichen und gemeinnützigen auch privatwirtschaftliche Leistungsträger zulässt.

10    Eine Angebotssteuerung in Form der Vergabe unter dem Regime des GWB stößt allerdings nach nationalem Recht auf Bedenken, weil der „Zuschlag" mit Gebietsschutz in seiner Bindungswirkung den Anspruch anderer Leistungsanbieter auf eine ermessensfehlerfreie Entscheidung über den Abschluss einer Vereinbarung nach § 75 SGB XII verletzt (zur Vorgängervorschrift des § 75 SGB XII OVG NRW 27.9.2004 – 12 B 1309/04; Vergabekammer, RsDE 57, 89; *Brünner,* NDV 2008, 287). Die Problematik lässt sich an der Ausschreibung von Leistungen für eine Schuldnerberatung veranschaulichen, die vom OLG Hamburg als De-facto-Vergabe eines öffentlichen Auftrages unter Missachtung des im GWB geregelten Vergaberechts angesehen wird (OLG HH 7.12.2007 – 1 Verg 4/07 mit Anm. *Brünner,* NDV 2008, 285). In der Entscheidung des VG Münster, RsDE 57, 75, wurde die Betreuung für ambulantes Wohnen vom Leistungsträger ausgeschrieben.

11    Beim Zugriff durch den Sozialhilfeträger auf Leistungen geht es nicht um Angebot und Nachfrage, die sich auf einem freien Markt regulieren, sondern um die Erfüllung öffentlich-rechtlicher Leistungen in der Beziehung Hilfeberechtigter und Träger, in die als Dritter ein Leistungsanbieter durch § 75 SGB XII einbezogen werden kann, wenn der Hilfeträger die Leistung nicht selbst erbringt oder erbringen kann. Das bestehende deutsche System lässt sich unter Berücksichtigung der leistungsrechtlichen Besonderheiten unseres SGB XII mit europäischem Recht vereinbaren (*Giesen,* EG-Vertrag, S. 95), ist aber im Hinblick darauf, dass religiöse Vereinigungen, die am Wirtschaftsverkehr teilnehmen, dem EU-Wirtschaftsrecht unterliegen, nicht unproblematisch (*Eichenhofer,* Sozialrecht, Rn. 343). Die Schlussakte des Amsterdamer Vertrages, in dem die Gemeinschaft den freiwilligen Diensten einen wichtigen Beitrag zur Entwicklung der sozialen Solidarität zubilligt (vgl. dazu *Giesen,* EG-

Vertrag, S. 95), rechtfertigt den nationalen Weg der Privilegierung der Träger der
freien Wohlfahrtspflege.

## IV. Zusammenarbeit

### 1. Gebot der Zusammenarbeit (Abs. 2)

Abs. 2 betrifft die Zusammenarbeit der öffentlichen und freien Träger im Allge- **12**
meinen. Deshalb ist sie auch nur in Grundzügen strukturiert. Die Zusammenarbeit
bezogen auf den einzelnen Hilfeempfänger ist von der Vorschrift nicht erfasst. Die
staatlichen Träger haben die Tätigkeit der privaten Träger zu respektieren **(Gebot
des gegenseitigen Respekts).** Mit dem Gebot zur Zusammenarbeit wird die Freie
Wohlfahrtspflege gegenüber privat-gewerberechtlich tätigen Leistungserbringern
privilegiert (*Griep/Renn*, S. 147). Kritisch angemerkt zu dem im Ansatz kooperativen Verhältnis wird, dass es eine deutliche Auflösung erfahren hat, zum Beleg wird
§ 75 SGB XII mit seinem marktrechtlichen Einfluss angeführt (*Münder*, LPK-
SGB XII, § 5 Rn. 19).

### 2. Inhalt der Zusammenarbeit (Abs. 3)

Nach Satz 1 soll die Zusammenarbeit darauf gerichtet sein, dass sich die Sozialhilfe **13**
und die Tätigkeit der freien Wohlfahrtspflege zum Wohle des Hilfeberechtigten
wirksam ergänzen. Mit dieser Formulierung greift das Gesetz das Leitbild einer
**sozialen Leistungsgemeinschaft** auf. Die Zusammenarbeit ist nicht Selbstzweck,
sondern dient dem Hilfeberechtigten (vgl. auch *Giese/Trenk-Hinterberger*, SGB I, § 17
Rn. 6).

Nach Satz 2 sollen die Träger der Sozialhilfe die Verbände der freien Wohlfahrts- **14**
pflege in ihrer Tätigkeit auf dem Gebiet der Sozialhilfe angemessen **unterstützen.**
Diese weit gefasste gesetzliche Formulierung von einer Zusammenarbeit erfasst
finanzielle, sächliche und personelle Unterstützung (*Münder*, LPK-SGB XII, § 5
Rn. 30). Dazu kann die Bereitstellung von Räumen und von Materialien, die Zulassung von Mitarbeitern freier Verbände zu Fortbildungsveranstaltungen ebenso wie
die Beratung bei der Planung von Maßnahmen gehören. Erfasst sind aber auch
Leistungen, auf die Leistungsberechtigte keinen Anspruch haben, die aber von Freien
Wohlfahrtsträgern angeboten werden, wie z. B. Straßensozialarbeit oder Erholungs-
fürsorge alter Menschen (zum Ganzen *Bieritz-Harder*, Existenzsicherungsrecht, Kapitel 44 Rn. 43). Abzugrenzen ist der Begriff der Unterstützung von der **Kostenübernahme** nach § 75 Abs. 3 SGB XII. Sie beinhaltet einen Aufwendungsersatz für die
in einer Einrichtung geleistete Hilfe. Nicht gemeint ist z. B. die Objektförderung
durch den Sozialhilfeträger.

Nach bisher h. M. ließ sich aus der Vorschrift des § 10 Abs. 3 S. 2 BSHG **kein** **15**
**Rechtsanspruch** der freien Träger auf Gewährung bestimmter Leistungen ableiten
(vgl. *Münder*, LPK-BSHG, § 10 Rn. 47; *Fichtner*, BSHG, § 10 Rn. 10). Das gilt auch
für § 5 Abs. 3 SGB XII (vgl. *Daubner*, Mergler/Zink, § 5 Rn. 31). Der Sozialhilfeträger muss nicht, sondern soll die Verbände der freien Wohlfahrtspflege angemessen
unterstützen. Bei seiner **Ermessensentscheidung** hat der Träger entsprechend dem
Gesetzeszweck zu handeln. Bei der Unterstützung verschiedener Träger hat er die
Arbeitsinhalte oder den Arbeitseinsatz zu ermitteln, um bei seiner Entscheidung
dem Gleichheitsgrundsatz Rechnung tragen zu können. Eigenleistung der freien
Verbände und Leistungsfähigkeit können ebenfalls entscheidungsrelevante Aspekte
sein. Sofern die großen Wohlfahrtsverbände mit kleineren Trägern konkurrieren,
darf berücksichtigt werden, dass die großen Verbände über umfangreiche Spenden-
möglichkeiten verfügen. Sachliche Differenzierungsgründe könne die Zielsetzung
der Maßnahme oder ihr zeitlicher Umfang sein. Der Verband kann im Einzelfall vor

dem Sozialgericht nur einen Anspruch auf fehlerfreie Ermessensausübung geltend machen. Nicht unberücksichtigt bleiben kann auch, dass eine faire, chancengleiche Behandlung unter Einhaltung des vorgeschriebenen Verfahrens (**Bewerbungsverfahrensanspruch,** dazu *Münder,* LPK-SGB XII, § 5 Rn. 41) garantiert sein muss. Hierbei steht dem öffentlichen Träger eine Einschätzungsprärogative zu, die von den Sozialgerichten darauf hin überprüft werden kann, ob der zugrunde gelegte Sachverhalt ausreichend ermittelt worden ist.

16  Zwar räumt die Vorschrift des § 5 Abs. 3 S. 2 SGB XII dem Hilfeträger **kein unmittelbares Aufsichtsrecht** über die Verbände ein, durch die Gewährung von Zuwendungen hat er jedoch Einfluss auf die freien Träger. Er hat die Möglichkeit, Auskunft oder Rechenschaft über die Verwendung der Mittel zu verlangen oder durch Nebenbestimmungen, die mit der Gewährung der Zuwendung verbunden werden, die Tätigkeit der freien Träger mittelbar zu lenken. Wie diese Zuwendungen zu erfolgen haben, bestimmt die Vorschrift nicht. Sie können als Zuschuss oder als Darlehen bewilligt werden.

## V. Subsidiarität (Abs. 4)

17  In § 5 Abs. 4 SGB XII findet der Grundsatz der **institutionellen Subsidiarität** seinen Ausdruck. Darunter fällt der Nachrang staatlicher Hilfe gegenüber der Hilfe nichtstaatlicher Organisationen (vgl. BVerfG 18.7.1967 – 2 BvF 3/62). Sozialstaatliche Intervention soll nur dann Platz greifen, wenn die gesellschaftliche Selbstregulierung versagt. Der Grundsatz der Subsidiarität öffentlicher Hilfe im Verhältnis zur freien Wohlfahrtspflege wird für die Fälle hervorgehoben, in denen der Träger der Sozialhilfe der Verpflichtung zur Hilfe selbst nachkommen müsste, wenn nicht die freien Träger die Hilfe erbringen würden. Es soll verhütet werden, dass deren Tätigkeit durch staatliche Träger eingeschränkt wird. Eine Ausnahme wird für den Fall der Gewährung von Geldleistungen gemacht. Gewährt der freie Träger Geldleistungen, muss sich der Hilfeempfänger diese u. U. als Einkommen nach § 82 SGB XII anrechnen lassen.

## VI. Beteiligung und Übertragung von Aufgaben (Abs. 5)

18  Eine Übertragung oder Beteiligung privater Träger kommt nur dann in Betracht, wenn die Voraussetzungen des Abs. 4 nicht vorliegen. Der nichtstaatliche Träger wird zum **Leistungsmittler.** Kooperatives Handeln bestimmt das Leistungsverhältnis. Muss sich der öffentliche Hilfeträger eigener Maßnahmen enthalten, kann er keine Aufgaben auf die Verbände der freien Wohlfahrtspflege übertragen. Beteiligung ist die teilweise Erfüllung von Aufgaben des Hilfeträgers. Hierzu gehört die Übernahme von Verpflegung, Einkleidung oder von Freizeitbetreuung. Übertragung ist in einem weiteren Sinn zu verstehen. Es handelt sich um die vollständige Erledigung der Aufgabe durch die freien Verbände. Übertragung und Beteiligung setzen ein Einverständnis voraus.

19  Beteiligung und Übertragung betreffen nur das **Innenverhältnis** zwischen dem Verband und dem Hilfeträger. § 5 Abs. 5 S. 2 SGB XII bestimmt eindeutig, dass im Außenverhältnis zum Hilfesuchenden der Hilfeträger verantwortlich bleibt. Das Innenverhältnis zwischen Träger und Verband kann unterschiedlich gestaltet sein. Es kann eine schlichte tatsächliche Beziehung sein, wenn der Verband den Hilfeträger unterstützt. Die Übertragung kann in der Form eines öffentlich-rechtlichen **Vertrages** stattfinden (vgl. *Münder,* LPK-SGB XII, § 5 Rn. 54 f.; *Dauber,* Mergler/Zink, § 5 Rn. 53). Hierdurch wird eine verwaltungsrechtliche Sonderverbindung geschaffen, auf die im Fall des öffentlich-rechtlichen Vertrages die §§ 53 ff.

SGB X und im Fall des Fehlens von vertraglichen Absprachen die Vorschriften über das Auftragsverhältnis des BGB analog herangezogen werden müssen (*Fichtner,* Fichtner/Wentzel, § 5 Rn. 13; für ein Verhältnis sui generis *Münder,* LPK-SGB XII, § 5 Rn. 55). Keinesfalls ermöglicht § 5 Abs. 5 SGB XII, den freien Verband als Beliehenen zu sehen. Beleihung bedeutet, dass dieser in die Lage versetzt wird, Hoheitsgewalt gegenüber dem Hilfeberechtigten auszuüben (vgl. *Erichsen,* Allg. VerwR, § 12 Rn. 18).

Einer **Beleihung** steht § 5 Abs. 5 S. 2 SGB XII entgegen. Danach bleibt die **20** Verantwortung gegenüber dem Hilfesuchenden beim Hilfeträger. Gegen ihn richten sich der Widerspruch und das gerichtliche Klageverfahren. Diesem Argument verschließt sich auch die Auffassung nicht, die aus diesem Absatz die Möglichkeit einer Beleihung ablesen will (so z. B. *Neumann,* in: Rothkegel, Sozialhilferecht, Teil III, Kapitel 22 Rn. 27).

## VII. Datenaustausch (Abs. 6)

Die Vorschrift sieht vor, dass die Regelung des § 4 Abs. 3 SGB XII zu übertragen **21** ist. Die Beteiligung der Träger der Freien Wohlfahrtswege an der Erfüllung der Aufgaben der Sozialhilfe erfordert zur sachgerechten Arbeit den Informationsaustausch von sensiblen Daten. Aus diesem Grund bedarf es einer gesetzlichen Grundlage, in welchem Rahmen dieser Austausch erfolgen darf. Der Empfänger darf die übermittelten Daten nur zu dem Zweck verarbeiten oder nutzen, zu dem sie ihm befugt übermittelt worden sind (§ 78 SGB X). Die Verlängerung des Grundsatzes der Zweckbindung von Daten ist die Folge des Rechtes auf informationelle Selbstbestimmung (BVerfGE 65, 1, 46).

## VIII. Prozessuale Fragen

Träger von Einrichtungen und Diensten haben einen Anspruch auf ermessens- **22** fehlerfreie Entscheidung des zuständigen Sozialhilfeträgers. Diesen Anspruch können sie mit einer Verpflichtungsklage in Form der Bescheidung durchsetzen. Sie können sich außerdem mit der **Konkurrentenklage** wehren. Das gilt zum einen über die Vergabe von Begünstigung an einen Konkurrenten, zum anderen aber auch bei einer einseitigen Bevorzugung einer anderen Einrichtung, was darauf hinausläuft, mit einer Unterlassungsklage (Anfechtungsklage: *Bieritz-Harder,* Existenzsicherungsrecht, Kapitel 44 Rn. 71) einen beabsichtigten Abschluss eines Vertrages nach § 75 SGB XII des Leistungsträgers mit dem Konkurrenten zu verhindern.

## § 6 Fachkräfte

(1) **Bei der Durchführung der Aufgaben dieses Buches werden Personen beschäftigt, die sich hierfür nach ihrer Persönlichkeit eignen und in der Regel entweder eine ihren Aufgaben entsprechende Ausbildung erhalten haben oder über vergleichbare Erfahrungen verfügen.**

(2) **¹Die Träger der Sozialhilfe gewährleisten für die Erfüllung ihrer Aufgaben eine angemessene fachliche Fortbildung ihrer Fachkräfte. ²Diese umfasst auch die Durchführung von Dienstleistungen, insbesondere von Beratung und Unterstützung.**

*Vergleichbare Vorschriften: § 102 BSHG; § 72 SGB VIII.*

**Schrifttum:** *Krahmer/Rohstock,* Der Auftrag zur berufsbegleitenden Fortbildung der Mitar-
beiter der Sozialverwaltung nach § 102 BSHG, ZFSH/SGB 1991, 169; *Paul,* Professionelles
Arbeiten im Sozialamt – § 102 BSHG, ZfF 2001, 73; *Quambusch,* § 102 BSHG – die vergessene
Norm, ZFSH/SGB 1989, 402; *Schoch,* Änderung der §§ 94 bis 152 BSHG (einschließlich der
Maßgaben des Einigungsvertrages) durch das Gesetz zur Reform des Sozialhilferechts, NDV
1997, 65; *Urban,* Kollegiale Beratung in der Sozialhilfe, NDV 2005, 173.

# I. Bedeutung der Norm

1    Es ist Aufgabe der Sozialhilfe, dem Leistungsberechtigten die Führung eines
Lebens zu ermöglichen, das der Würde des Menschen entspricht; die Leistung
soll ihn soweit wie möglich befähigen, unabhängig von ihr zu leben (§ 1). Die
Hilfebedürftigkeit kann individuell sehr unterschiedliche Formen annehmen,
infolgedessen sind auch die Leistungen zu ihrer Überwindung stark **einzelfallori-
entiert.** Dem kann nur dann ausreichend Rechnung getragen werden, wenn die
Mitarbeiterinnen und Mitarbeiter der Sozialhilfeträger persönlich und fachlich
entsprechend qualifiziert sind. Diesem Zweck dient die Regelung in § 6, die im
Wesentlichen inhaltsgleich den bisherigen § 102 BSHG überträgt (vgl. BT-
Drs. 15/1514, S. 55).

2    Trotz der Umformulierung der bisherigen Soll-Vorschrift des § 102 BSHG („sollen Personen beschäftigt werden") in die scheinbar zwingende Regelung des § 6
(„werden Personen beschäftigt") handelt es sich weiterhin um einen schlichten **Programmsatz** (a. A. *Luthe,* Hauck/Noftz, SGB XII, § 6 Rn. 4, wonach die Vorschrift
des § 6 eine „objektive Rechtsverpflichtung der Sozialhilfeträger zur Beschäftigung
fachkundiger Personen" begründen soll). Als solcher kann er weder für die Fachkräfte selbst noch für die Leistungsberechtigten unmittelbare Rechte oder Ansprüche
begründen. Eine Nichtbefolgung der nach § 6 für wünschenswert erachteten qualifikatorischen Standards löst keine rechtlichen Konsequenzen, auch keine Schadener-
satzansprüche aus. Als schlichter Programmsatz ist § 6 schließlich schwerlich in der
Lage, als „Zielvorgabe auf ermessensrelevante Personalentscheidungen" der Sozialhilfeträger einzuwirken (zumindest missverständlich *Luthe,* Hauck/Noftz, § 6
Rn. 4). Die Auswahlentscheidung des Sozialhilfeträgers hat sich vielmehr allein an
den Eignungs-, Befähigungs- und Leistungsgesichtspunkten des Art. 33 Abs. 2 GG
zu orientieren.

3    **Adressaten** des in § 6 aufgenommenen Programmsatzes sind die Träger der Sozialhilfe. Beteiligen die Sozialhilfeträger Verbände der freien Wohlfahrtspflege an der
Durchführung von Aufgaben nach dem SGB XII (§ 5 Abs. 5), sind auch diese angesprochen.

3a    § 6 gilt seit dem 1.1.2013 nicht mehr für die Leistungen der Grundsicherung im
Alter und bei Erwerbsminderung, s. § 46b Abs. 2.

# II. Inhalt der Norm

## 1. Fachkräfte (Abs. 1)

4    Die von den Trägern der Sozialhilfe zu beschäftigenden Personen haben dem
folgenden **Anforderungsprofil** zu genügen: Zum einen müssen sie sich nach
ihrer Persönlichkeit zur Durchführung des SGB XII eignen (persönliche Eignung), zum anderen sollen sie in der Regel entweder eine ihren Aufgaben entsprechende Ausbildung erhalten haben oder über vergleichbare Erfahrungen verfügen (fachliche Eignung). Der Fachkräftebegriff des § 6 Abs. 1 ist mit der
Einbeziehung von Mitarbeitern, die statt einer entsprechenden Ausbildung über
vergleichbare Erfahrungen verfügen, weiter als derjenige des § 72 SGB VIII, der

allein Mitarbeiter mit einer der jeweiligen Aufgabe entsprechenden Ausbildung als Fachkräfte definiert (vgl. hierzu auch *Weißenberger,* jurisPK-SGB VIII, § 72 Rn. 17, 21 ff.).

Während die persönliche Eignung immer notwendig ist, wird die fachliche Eig- **5** nung lediglich „**in der Regel**" gefordert. In Ausnahmefällen kann es daher gerechtfertigt und angezeigt sein, Personen mit der Durchführung der Aufgaben dieses Buches zu betrauen, die über keine besondere Ausbildung und/oder Erfahrung verfügen. Eine solche Ausnahmesituation dürfte insbesondere gegeben sein, wenn vorübergehend (etwa bei krankheitsbedingten personellen Engpässen) kein entsprechend ausgebildetes oder erfahrenes Personal zur Verfügung steht.

Schließlich gelten die Anforderungen des § 6 nur für die Personen, die auch als **6** Fachkräfte beschäftigt sind, dh insbesondere einen eigenen Verantwortungskreis haben, innerhalb dessen sie Aufgaben selbstständig wahrnehmen. Die in jedem Behördenbetrieb erforderlichen **Hilfskräfte** werden von § 6 hingegen nicht erfasst.

**a) Persönliche Eignung.** Die Durchführung des SGB XII soll nach dem Willen **7** des Gesetzgebers nur Personen überantwortet werden, die hierfür nach ihrer Persönlichkeit geeignet, also **charakterlich befähigt** sind. Obgleich sich kein verbindlicher Katalog von Eigenschaften aufstellen lässt, anhand dessen die persönliche Eignung eines Mitarbeiters überprüft werden kann, dürfte doch eine Verständigung auf Charaktereigenschaften möglich sein, die für die persönliche Eignung wesentlich sind. Dazu gehören persönliches Engagement, ein gewisses Maß an Lebenserfahrung und menschlicher Reife, geistige Beweglichkeit, soziale Intelligenz und Einfühlungsvermögen, Toleranz, Glaubwürdigkeit und Verantwortungsbewusstsein. Freilich darf nicht übersehen werden, dass sich diese Charaktereigenschaften leichter aufzählen als in der Praxis erfüllen und feststellen lassen.

**b) Fachliche Eignung.** Fachkräfte iSv § 6 zeichnen sich neben ihrer persönli- **8** chen Befähigung auch durch ihre fachliche Eignung aus, die sie entweder aufgrund einer ihren Aufgaben entsprechenden Ausbildung oder durch besondere Erfahrungen erworben haben. Dass der Gesetzgeber darauf verzichtet hat, konkrete Ausbildungszweige und Ausbildungseinrichtungen zu benennen, erklärt sich vor dem Hintergrund der Vielfalt an Aufgaben in der Sozialhilfe, die sich zudem nicht auf die eigentlichen Hilfeleistungen beschränken, sondern auch reine Verwaltungstätigkeiten umfassen. Neben Sozialarbeitern, Sozialwirten, Sozialpädagogen, Erziehern, Psychologen, Psychiatern, Jugendpsychiatern, Psychotherapeuten, Diplompädagogen und Sonderschulpädagogen sind deshalb etwa auch Beamte und Angestellte des allgemeinen Verwaltungsdienstes Fachkräfte iSv § 6. Da das Gesetz keine spezielle, sondern **eine der jeweiligen Aufgabe entsprechende Ausbildung** verlangt, können Fachkräfte im Sinne dieser Vorschrift aber auch Juristen, Diplomvolks- oder -betriebswirte, Ärzte und Soziologen sein.

Neben die Personen mit einer ihren Aufgaben entsprechenden Ausbildung stellt **9** § 6 Abs. 1 alternativ Personen mit **vergleichbaren Erfahrungen,** wobei diese entweder eine andere oder auch gar keine Ausbildung durchlaufen haben müssen. Auch wenn der Vorschrift des § 6 Abs. 1 ihrem Wortlaut nach durch die Verwendung des Wortes „oder" von einer Gleichwertigkeit der Alternativen ausgeht, ist im Hinblick auf die immer komplexer werdenden Aufgaben der Sozialhilfe doch in der Regel der Abschluss einer den Aufgaben entsprechenden Ausbildung zu fordern. Gleichwohl können auch Personen – mit oder ohne Ausbildung – in Betracht kommen, die entsprechende Erfahrungen durch ihre berufliche Praxis erworben haben. Dabei können die vom Gesetz verlangten vergleichbaren Erfahrungen sehr vielfältig sein und beschränken sich keineswegs – wie noch unter Geltung des § 102 BSHG – auf besondere Erfahrungen im Sozialwesen. Daher ist es zulässig und kann es im Einzelfall Sinn machen, Personen in die Durchführung der Aufgaben des SGB XII einzubeziehen, die über eine besondere „alternative Kompetenz" verfügen, wie etwa Behinderte, ehemalige Obdachlose, Drogenabhängige oder Straßenkinder.

## 2. Fortbildung (Abs. 2)

10  Die Vorschrift des § 6 Abs. 2 verpflichtet die Träger der Sozialhilfe, eine angemessene fachliche Fortbildung ihrer Fachkräfte zu gewährleisten, allerdings ohne den Mitarbeitern ein einklagbares subjektives öffentliches Recht auf Fortbildung einzuräumen. Diese Verpflichtung der Sozialhilfeträger zur Fortbildung ist die logische Konsequenz des in Abs. 1 festgeschriebenen qualifikatorischen Standards der Mitarbeiter der Sozialverwaltung; denn ohne Fortbildung des Personals lässt sich die **Qualifikation** der Mitarbeiter nicht **erhalten,** geschweige denn **verbessern.**

11  Die Fortbildung muss einen Bezug zu den von den Mitarbeitern wahrgenommenen Aufgaben aufweisen und darauf angelegt sein, insbesondere neue rechtliche Grundlagen, Änderungen in der Rechtsprechung oder neue Erkenntnisse und Entwicklungen in fachlicher Hinsicht zu vermitteln. Ausdrücklich genannt wird in § 6 Abs. 2 die Fortbildung in Hinblick auf die Durchführung von **Dienstleistungen,** insbesondere von Beratung und Unterstützung (§ 11). Diesbezüglich besteht ein besonderer Fortbildungsbedarf, da diese Aufgaben sowohl umfassende Kenntnisse als auch besondere Fähigkeiten im Umgang mit den Hilfebedürftigen verlangen. Obgleich in § 6 Abs. 2 – im Unterschied zu § 72 Abs. 3 SGB VIII – die **Praxisberatung** nicht ausdrücklich erwähnt wird, ist auch diese Teil des an den Träger der Sozialhilfe gerichteten Fortbildungsauftrags. Praxisberatung, die häufig verkürzt als Supervision bezeichnet wird, meint Beratung und Unterstützung der Mitarbeiter auf der Ebene der praktischen Arbeitsumsetzung, wie Hebung der Beratungskompetenz, Verbesserung der Arbeitsorganisation und Arbeitsmethodik sowie Stärkung der Mitarbeiter in Konfliktsituationen. Auch der Erfahrungsaustausch untereinander zählt dazu.

12  In welcher **Form** der Träger der Sozialhilfe Fortbildungsmaßnahmen durchführt, wird durch das Gesetz nicht geregelt. Er kann deshalb eigene Fortbildungsveranstaltungen anbieten, Angebote anderer (Sozialhilfe-)Träger aufgreifen oder auswärtigen Sachverstand einkaufen.

## § 7 Aufgabe der Länder

[1]**Die obersten Landessozialbehörden unterstützen die Träger der Sozialhilfe bei der Durchführung ihrer Aufgaben nach diesem Buch.** [2]**Dabei sollen sie insbesondere den Erfahrungsaustausch zwischen den Trägern der Sozialhilfe sowie die Entwicklung und Durchführung von Instrumenten der Dienstleistungen, der zielgerichteten Erbringung und Überprüfung von Leistungen und der Qualitätssicherung fördern.**

1  Eine dem § 7 SGB XII vergleichbare Vorschrift hat es im BSHG nicht gegeben. Es entspricht jedoch einer weit verbreiteten Verwaltungspraxis, dass die obersten Landessozialbehörden die Träger der Sozialhilfe unterstützen. Mit der neuen Regelung, die die Bedeutung dieser Unterstützung herausstellt und die Zusammenarbeit mit den Trägern der Sozialhilfe stärken soll (BT-Drs. 15/1514, S. 55), will der Gesetzgeber diese Praxis gesetzlich verankern. Auf diese Weise wird die vertikale Kommunikation der verschiedenen Verwaltungsebenen gestärkt.

2  Seit dem 1.1.2013 findet § 7 keine Anwendung mehr auf die Leistungen der Grundsicherung im Alter und bei Erwerbsminderung, s. § 46b Abs. 2.

# Zweites Kapitel. Leistungen der Sozialhilfe

## Erster Abschnitt. Grundsätze der Leistungen

### § 8 Leistungen

Die Sozialhilfe umfasst:
1. Hilfe zum Lebensunterhalt (§§ 27 bis 40),
2. Grundsicherung im Alter und bei Erwerbsminderung (§§ 41 bis 46b),
3. Hilfen zur Gesundheit (§§ 47 bis 52),
4. Eingliederungshilfe für behinderte Menschen (§§ 53 bis 60a),
5. Hilfe zur Pflege (§§ 61 bis 66a),
6. Hilfe zur Überwindung besonderer sozialer Schwierigkeiten (§§ 67 bis 69),
7. Hilfe in anderen Lebenslagen (§§ 70 bis 74)
sowie die jeweils gebotene Beratung und Unterstützung.

*Änderungen der Vorschrift: Nr. 2 geänd. mWv 1.1.2011 durch G v. 24.3.2011 (BGBl. I S. 453) und mWv 1.1.2016 durch G vom 21.12.2015 (BGBl. I S. 2557); Nr. 4 und Nr. 5 geänd. durch G v. 17.7.2017 (BGBl. S. 2541).*

**Schrifttum:** *Burucker,* Zehn Jahre Hilfe in besonderen Lebenslage, ZfF 1972, 145; *Schulte/Trenk-Hinterberger,* Sozialhilfe, 2. Aufl. 1986; *Ulbrich/Keusch,* Lohnkostenzuschüsse nach § 27 Abs. 2 BSHG, ZfF 1987, 21.

## I. Vergleich mit dem BSHG

Für das jetzige Verständnis ist ein Blick auf die Entwicklung der Vorschrift zu **1** werfen. Das Fürsorgerecht, das bis zum Inkrafttreten des BSHG am 1.7.1962 galt, sah in §§ 3, 6, 10 der Reichsgrundsätze für die Hilfe in besonderen Lebenslagen nur Rahmenvorschriften vor. Einzelne Hilfen waren in verschiedenen Sondergesetzen, wie z. B. im KörperbehindertenG oder im TuberkuloseG, geregelt. Eine derartige Zersplitterung wurde wegen ihrer Unübersichtlichkeit als unbefriedigend angesehen. Mit dem Inkrafttreten des BSHG wollte der Gesetzgeber Abhilfe schaffen. Das für den Hilfe suchenden Menschen unüberschaubare Recht sollte in einem Gesetz, dem BSHG, zusammengefasst und vereinheitlicht werden (*Burucker,* ZfF 1972, 145; *Oestreicher/Kunz,* BSHG § 27 Rn. 1; *Schulte/Trenk-Hinterberger,* Sozialhilfe, S. 251). Mit dem BSHG hatte der Gesetzgeber die Trennung von **Hilfe zum Lebensunterhalt** und **Hilfe in besonderen Lebenslagen** vorgenommen und eine neue Systematik des sozialhilferechtlichen Leistungsverständnisses eingeführt (vgl. auch *Luthe/Palsherm,* Fürsorgerecht, Rn. 20 f.; *Mrozynski,* IV. 1 Rn. 1). Die sozialhilferechtlichen Leistungen waren entweder der Hilfe zum Lebensunterhalt oder der Hilfe in besonderen Lebenslagen zugeordnet. Die Hilfe in besonderen Lebenslagen war in Abschnitt 3 des BSHG zusammengefasst. Diesem Abschnitt war in § 27 Abs. 1 BSHG ein **Hilfekatalog** vorangestellt. Dass die darin aufgeführten Hilfearten nicht abschließend waren, zeigte schon § 27 Abs. 2 BSHG, der eine **Öffnungsklausel** enthielt. **Andere besondere Lebenslagen** lagen nur vor, wenn sich die Hilfesituation thematisch keinem Fall der in Abs. 1 aufgeführten Hilfen in besonderen Lebenslagen zuordnen ließ. Weil mit der Vorschrift unbekannten Notlagen begegnet werden sollte, konnte § 27 Abs. 2 S. 1 BSHG keinesfalls so verstanden werden, dass schon bei Nichtvorliegen der Tatbestandsvoraussetzungen der im BSHG namentlich

aufgeführten Hilfen in besonderen Lebenslagen die Hilfeleistung nach § 27 Abs. 2
S. 1 BSHG zu erbringen war.

## II. Inhalt der Vorschrift

**2**    Die Regelung trägt der **neuen Systematik,** die eine Unterscheidung in Hilfe
zum Lebensunterhalt und Hilfe in besonderen Lebenslagen nicht mehr kennt, Rechnung. Sie nennt **enumerativ** die einzelnen Hilfearten, die in den nachfolgenden
Abschnitten geregelt sind. Daneben hebt sie hervor, dass Beratung und Unterstützung den jeweiligen Hilfen als Annex zugeordnet sind. Beratung spielt im SGB XII
eine besondere Rolle. Beratungsfehler können in den dogmatischen Grenzen des
von den Sozialgerichten anerkannten Herstellungsanspruchs ausgeglichen werden,
was bisher nach der verwaltungsgerichtlichen Rechtsprechung nicht möglich war.

**3**    Weil das Grundsicherungsgesetz (GSiG) in das Sozialhilferecht aufgenommen
worden ist, wird es als Nr. 2 im Hilfekatalog genannt. Die Hilfe in anderen Lebenslagen, die bisher in § 27 BSHG erwähnt war, hat ein eigenes Kapitel erhalten, in dem
neben der Hilfe zur Weiterführung des Haushalts (§ 70 SGB XII), der Altenhilfe
(§ 71 SGB XII), der Blindenhilfe (§ 72 SGB XII) und den Bestattungskosten (§ 72
SGB XII) die Leistungen in sonstigen Lebenslagen (§ 73 SGB XII) gesondert aufgeführt worden sind.

**4**    Die Vorschrift nennt auch die **Beratung und Unterstützung** des Hilfeberechtigten. Es bleibt unklar, ob der Gesetzgeber mit dem Hinweis auf Beratung und
Unterstützung deren Wichtigkeit im sozialhilferechtlichen Verhältnis betonen
wollte. Bereits in § 13 SGB I und in § 11 SGB XII gibt es dazu ausreichende Regelungen (*Holzhey,* jurisPK-SGB XII, § 8 Rn. 15). Eine Verknüpfung zu § 11 SGB XII
wird nicht hergestellt.

**§ 9** Sozialhilfe nach der Besonderheit des Einzelfalles

(1) **Die Leistungen richten sich nach der Besonderheit des Einzelfalles,
insbesondere nach der Art des Bedarfs, den örtlichen Verhältnissen, den
eigenen Kräften und Mitteln der Person oder des Haushalts bei der Hilfe
zum Lebensunterhalt.**

(2) [1]**Wünschen der Leistungsberechtigten, die sich auf die Gestaltung der
Leistung richten, soll entsprochen werden, soweit sie angemessen sind.**
[2]**Wünschen der Leistungsberechtigten, den Bedarf stationär oder teilstationär zu decken, soll nur entsprochen werden, wenn dies nach der Besonderheit des Einzelfalles erforderlich ist, weil anders der Bedarf nicht oder nicht
ausreichend gedeckt werden kann und wenn mit der Einrichtung Vereinbarungen nach den Vorschriften des Zehnten Kapitels dieses Buches bestehen.**
[3]**Der Träger der Sozialhilfe soll in der Regel Wünschen nicht entsprechen,
deren Erfüllung mit unverhältnismäßigen Mehrkosten verbunden wäre.**

(3) **Auf Wunsch der Leistungsberechtigten sollen sie in einer Einrichtung
untergebracht werden, in der sie durch Geistliche ihres Bekenntnisses
betreut werden können.**

**Schrifttum:** *Deutscher Verein,* Reform der Sozialhilfe-Stellungnahme der Geschäftsstelle des
Deutschen Vereins, NDV 2002, 73; *Giese,* Zur Geltung und Anwendung des § 3 Abs. 2 S. 3
BSHG bei dem Wunsch nach häuslicher Pflege statt Heimpflege, RsDE 4, 39; *ders.,* SGB I,
2. Aufl. 2000; *ders.,* Wahlrecht, Angebotssteuerung und Budgetierung bei der Sozialhilfe in
Einrichtungen, RsDE 1994, 23; *Igl/Giese,* Über den Begriff „unvertretbarer Mehrkosten" i. S. d.
§ 3 Abs. 2 BSHG, 1982, 65; *Glahs/Rafii,* Das Verhältnis des neuen Kartellvergaberechts zur
Leistungserbringung nach den Sozialgesetzbüchern II, VIII und XII, Sozialrecht aktuell

2016,169; *Klinger,* Pauschalierung der Hilfe zum Lebensunterhalt nach dem BSHG, NDV 1998, 5; *Mergler,* Kann die kommunale Fürsorge derzeit noch die in §§ 1 Abs. 2 und 3 Abs. 1 BSHG gestellten Pflichtaufgaben erfüllen ZfF 1997, 199; *Münder,* Das Gesetz über eine bedarfsorientierte Grundsicherung im Alter und bei Erwerbsminderung, NJW 2002, 3661; *Pöld-Krämer / Fahlbusch,* Das Recht der Leistungserbringung in der Sozialhilfe im Licht der §§ 93 ff. BSHG, RsDE 2000, 4; *Popp,* Pauschalierung der Hilfe zum Lebensunterhalt nach § 101a BSHG am Beispiel des Landkreises Schweinfurt, NDV 2001, 145; *Rothkegel,* Der rechtliche Rahmen für die Pauschalierung von Sozialhilfeleistungen, ZfSH/SGB 2002, 585; *Schoch,* Die Bedarfsgemeinschaft, die Einsatzgemeinschaft und die Haushaltsgemeinschaft nach dem SGB II und SGB XII, ZfF 2004, 169; *Schulte / Trenk-Hinterberger,* Sozialhilfe, 2. Aufl. 1986; *Welti,* Die individuelle Konkretisierung von Teilhabewünschen und das Wunsch- und Wahlrecht behinderter Menschen, SGb 2003, 379; *ders.,* Wunsch- und Wahlrecht bei Leistungen zur Teilhabe – neue und alte Rechtsfragen, DVfR Forum D 19/2015 und 20/2015. S. im Übrigen die Schrifttumshinweise zu §§ 1 und 2.

## Übersicht

# I. Bedeutung der Norm

## 1. Individualisierungsgebot

**a) Grundsatz.** Die Vorschrift enthält als Leistungsmaßstab den Grundsatz der **1** Individualisierung der Sozialhilfe. Damit ist neben dem in § 2 SGB XII geregelten Nachranggrundsatz eine weitere, das Wesen der Sozialhilfehilfe in Zweifelsfragen der einzelnen Leistungskomplexe bestimmende prinzipielle Norm genannt (vgl. auch *Schiefer,* Oestreicher, § 9 Rn. 8). Die Regelung des § 9 SGB XII steht in Abhängigkeit zu § 2 SGB XII *(Hohm,* Schellhorn/Hohm/Scheider, § 9 Rn. 4; anders *Spellbrink,* jurisPK-SGB XII, 1. Aufl., § 9 Rn. 5). Nur wenn der Leistungsvoraussetzungen dem Grunde nach erfüllt sind, kann die Leistungsart und ihr Maß Berücksichtigung finden. Als Leistungsanspruch ist die Vorschrift nicht ausgestaltet (vgl. auch *Müller/Grün,* jurisPK-SGB XII, § 9 Rn. 12).

2    Der in § 9 SGB XII formulierte Grundsatz gilt für alle **Leistungsbereiche.**

3    Es kennzeichnet im System der sozialen Leistungsrechte den **Eigencharakter der Sozialhilfe** (vgl. *Giese,* ZfF 1981, 321) und stellt die Abkehr von einer noch in der Weimarer Zeit vorherrschenden Auffassung einer „kollektivistischen Grundversorgung" dar (s. dazu *Krüger,* ZfF 1967, 98). Andere Sozialleistungssysteme knüpfen strukturell nicht an die konkrete Notlage, sondern an frühere Beitragsleistungen, wie die Rentenversicherung, oder an die Versorgung nach einem erlittenen Schaden an. Die Bedeutung des Individualisierungsgebotes für das Verständnis von Sozialhilfe wird dadurch unterstrichen, dass auch § 9 SGB I als Einweisungsvorschrift und § 33 SGB I darauf verweisen. § 9 SGB I besagt, dass derjenige, der nicht in der Lage ist, aus eigenen Kräften seinen Hilfebedarf zu bestreiten, ein Recht auf persönliche und wirtschaftliche Hilfe hat, die seinem besonderen Bedarf entspricht, ihn zur Selbsthilfe befähigt, die Teilnahme am Leben in der Gemeinschaft ermöglicht und die Führung eines menschenwürdigen Lebens sichert. § 33 S. 1 SGB I hebt hervor, dass die Ausgestaltung der Rechte die persönlichen Verhältnisse des Berechtigten zu berücksichtigen hat, soweit Rechtsvorschriften nicht entgegenstehen. Eine vergleichbare Vorschrift findet sich im SGB II nicht.

4    **b) Bedarfsdeckungsverpflichtung.** Der **Individualisierungsgrundsatz** konkretisiert die sozialhilferechtliche Verpflichtung zur Bedarfsdeckung, indem er dessen Zielrichtung auf die Besonderheiten des Einzelnen lenkt. Beide Grundgedanken sind aufeinander bezogen. Der Bedarfsdeckungsgrundsatz wird ausdrücklich, wenn auch in generalisierender Form, in § 27a Abs. 2 SGB XII erwähnt. Demzufolge sollen die Regelsätze so bemessen sein, dass der in § 27a Abs. 1 SGB XII **normativ beschriebene Bedarf** gedeckt werden kann. Die Pflicht des Sozialhilfeträgers, nach Maßgabe dieses Grundsatzes zu helfen, wird erst durch eine Individualisierung umgesetzt (*Rothkegel,* Strukturprinzipien, S. 41). In dem Individualisierungsgrundsatz kommt eine objektive Leitvorstellung des SGB XII (ähnlich *Tammen,* Existenzsicherungsrecht, Kapitel 12 Rn. 4: Zentralvorschrift) zum Ausdruck, die gewährleisten soll, dass auf die unterschiedliche Problemlagen der Hilfeberechtigten **nicht mit starren Regeln** reagiert wird. Aus diesem Grund öffnet sich die durch § 27a Abs. 1 S. SGB XII festgelegte Pauschalierung in Absatz 4. Denn danach können die Bedarfe im Einzelfall abweichend festgesetzt werden. Zur Absenkung des institutionell angebotenen Mittagessens in einer Werkstatt für behinderte Menschen: BSG 11.12.2007 – B 8/9b SO 21/06 R mit Anm. *Bernzen,* SGb 2008, 673; *Dillmann/Dannat,* ZfF 2009, 245. Es gilt, die individuelle Notlage wahrzunehmen und zu ermitteln. Insofern ist der Ansatz des BSG, dass schon bei einem institutionell angebotenen Mittagessen Absenkungen von einer Regelleistung gemacht werden können, problematisch. Es ist immer den Besonderheiten des Einzelfalles Rechnung zu tragen. Das Gebot der Individualisierung will ein Doppeltes erreichen, es soll weder zu einer Unterdeckung des Bedarfs noch zu einer Überdeckung kommen. Und doch wird eine Massenverwaltung wie die Sozialhilfe ohne Pauschalierungen nicht auskommen (vgl. BVerfG 9.2.2010 – 1 BvL 1/09).

5    Die **offenen und unbestimmten Regelungen** des Sozialhilferechts, die vor allem tatbestandsmäßig in Formulierungen wie „angemessen", „Härte" oder in Ermessensentscheidungen zum Ausdruck kommen, erfordern die Beachtung des Individualisierungsgebotes, um zu sachgerechten Entscheidungen zu kommen. So können z.B. Bestattungskosten nicht grundsätzlich pauschaliert werden, sondern es ist auf den Einzelfall abzustellen. Zum Teil nehmen einzelne Leistungsvorschriften

wie z. B. § 53 Abs. 1 SGB XII noch einmal auf den Einzelfall Bezug und unterstreichen auf diese Weise die Bedeutung der Individualisierung in der Sozialhilfe. Die offenen Tatbestandsvoraussetzungen haben den Nachteil, dass oftmals erst die höchstrichterliche Rechtsprechung die Standards vorgibt, und den Vorteil, dass sie ein flexibles, auf den Einzelfall abgestelltes Verwaltungshandeln ermöglichen.

**c) Ausschluss subjektiver Bewertung.** Individualisierung kann als **objektive** **6** **Leitvorstellung** nicht von der subjektiven Bewertung des einzelnen Hilfeberechtigten bestimmt werden. Die Individualität der Sozialhilfeleistung im Sinn eines ausschließlich auf die eigene Person formulierten Leistungsanspruchs ist im SGB XII nicht verankert (*Roscher,* LPK-SGBXII, § 9 Rn. 6). Sie würde den strukturellen Gegebenheiten der Sozialhilfe, auch in der Bewältigung als Massenverwaltung, nicht gerecht. Die Individualität im sozialhilferechtlichen Leistungsverhältnis ist allenfalls im Rahmen der Beratung gewahrt (§ 14 SGB I). Denn Beratung i. S. dieser Vorschrift bedeutet eine stets auf die einzelne Person bezogene Vermittlung von Informationen und Handlungsanleitungen.

**d) Auswirkungen des Individualisierungsgrundsatzes.** Die Verpflichtung **7** des Sozialhilfeträgers, den Grundsatz der Individualisierung zu beachten, wirkt sich im SGB XII in vielfältiger Weise aus. Das fängt schon mit dem Kenntnisgrundsatz des § 18 Abs. 1 SGB XII an. Bei Kenntnis des konkreten Falles setzt Sozialhilfe ein. Der Individualisierungsgrundsatz bestimmt ferner die Bedarfsermittlung. Für die Anspruchszuordnung bedeutet dies, dass jeder Hilfebedürftige, auch wenn er in einer Haushaltsgemeinschaft mit anderen Familienangehörigen lebt (§ 19 Abs. 1 SGB XII), einen eigenen Sozialhilfeanspruch hat (s. BVerwG 21.1.1993 – 5 C 3/91; zum SGB II: BSG 7.11.2006 – B 7 b AS 8/06 R, NZS 2007, 328). Zum Folgeantrag bei Leistungen der §§ 41 f. SGB XII: BSGE 104, 207 mit zustimmender Anm. *Bieback,* jurisPR-SozR 8/2010, Anm. 2; BSG 20.4.2016 – B 8 SO 5/15 R mit Anm. *Grube* SGb 2017,155; § 74: BSG 28.8.2011 – B 8 SO 20/10 R: Die Erforderlichkeit der Kosten für eine Bestattung können im Hinblick auf den Individualisierungsgrundsatz nicht allein anhand pauschalierend begrenzter Vergütungssätze festgelegt werden.

Die Regelsätze werden abgestuft nach einzelnen Leistungsempfängern (Regelbe- **8** darfsstufen) festgesetzt (vgl. § 3 RSV a. F., jetzt § 27a Abs. 2 SGB XII sowie die Anlage zu § 28). Der Bedarf muss vollständig befriedigt werden. Die Bildung von Regelbedarfsstufen verstößt deshalb nicht gegen den Individualisierungsgrundsatz (BVerfG 23.7.2014 – 1 BvL 10/12 ua).

Ein Zusammenhang besteht auch zwischen dem Individualisierungsgrundsatz und **9** dem Ausschluss der Übertragbarkeit- bzw. Pfändbarkeit von Sozialhilfeleistungen (§§ 53 ff. SGB I). Diese Regelungen lassen sich nur mit der **höchstpersönlichen Natur des Sozialhilfeanspruchs** als Folge des Individualisierungsprinzips erklären (*Rothkegel,* Strukturprinzipien, S. 43).

## 2. Pauschalierung

Während das Individualisierungsgebot den Blick auf den Einzelfall lenkt, bedeutet **10** Pauschalierung demgegenüber, dass der Einzelfall relativiert wird (vgl. auch Rn. 14). Die Leistungsbemessung beruht dabei auf einer abstrakt-generellen Schätzung eines typischen, dem Grunde und der Höhe nach sozialhilferechtlich anzuerkennenden Bedarfs (*Rothkegel,* ZfSH/SGB, 2002, 585; *Schiefer,* Oestreicher, § 9 Rn. 11). Verwaltungstechnisch haben Pauschalierungen den Vorteil, dass die Bewilligungen von Leistungen in einer Massenverwaltung wie der Sozialhilfe einfacher und schneller zu bewältigen sind (vgl. BVerfG 20.9.2001 – 1 BvR 1791/94; BVerfG 9.2.2010 – 1 BvL 1/09, NJW 2010, 505; vgl. auch *O'Sullivan,* SGb 2005, 370). Hinzunehmen ist dabei ein der Verwaltung zukommender Spielraum (kritisch dagegen *Roscher,*

LPK-SGB XII, § 9 Rn. 5; zur Prüfungsdichte bei den durch Gesetz festgesetzten Regelleistungen: *Bieresborn*, Sozialrecht aktuell, 2007, 95). Näheres s. § 28.

11    **a) Erfordernis des Gesetzesvorbehaltes.** Das Individualisierungsgebot hat **keinen Verfassungsrang** und kann **durch den Gesetzgeber eingeschränkt** werden Allerdings bedarf es dazu eines Gesetzesvorbehaltes. Diese Anforderung folgt aus § 31 SGB I, der die vom SGB erfassten Leistungen unter einen Totalvorbehalt stellt (*Rothkegel*, ZfSH/SGB 2002, 586). Unter den Vorbehalt des Gesetzes lassen sich ohne weiteres anlassbezogene Bedarfe einordnen, die nur durch Gewährung von Pauschalen befriedigt werden können. Nach dem BSHG wurden einmalige Beihilfen für Feiern wie das Weihnachtsfest, die Konfirmation oder eine Hochzeit in pauschalierter Form gewährt (vgl. *Rothkegel*, ZfSH/SGB 2002, 587). Nach dem SGB XII sind derartige einmalige Bedarfe überwiegend Teil der Regelsätze geworden (Näheres s. unter § 27a). Bei einmaligen, enumerativ aufgezählten Bedarfen (Erstausstattung für die Wohnung einschließlich Haushaltsgeräten und Erstausstattung für Bekleidung) gibt § 31 Abs. 3 S. 1 SGB XII die Möglichkeit, diese Leistungen zusätzlich zu gewähren und zu pauschalieren.

12    Pauschalierungen finden ihre **Grenze im Verfassungsrecht.** Sie müssen deshalb darauf Rücksicht nehmen, dass die Sozialhilfe sich auf der Verpflichtung des Staates gründet, die Menschenwürde zu schützen (Art. 1 GG), und dass er dem Sozialstaatsprinzip (Art. 20 GG) verpflichtet ist (Näheres s. unter § 1 und § 28). Die Mindestvoraussetzungen für ein sozialhilfebestimmtes, menschenwürdiges Leben sind, dass die Pauschalierung nicht ausschließlich fiktiv festgesetzt werden darf. Dann würde sie im Kern die von der Verfassung geschützten Grundsätze von Individualität und Bedarfsdeckung verletzen (vgl. *Rothkegel*, ZfSH/SGB 2002, 588). Zur verfahrensmäßigen, schlüssigen Ableitung der Regelbedarfe: BVerfG 9.2.2010 – 1 BvL 1/09, NJW 2010, 505; Einzelheiten s. § 28. Gegen eine Typisierung in der Behindertenhilfe: BSG 2.2.2012 – B 8 SO 9/10 R. In dieser Entscheidung wird bei einem Einbau eines schwenkbaren Autositzes auf die rechtliche Verknüpfung von § 9 Abs. 3 EinglVO (Einzelfall) und einer individuellen, personenzentrierten Betrachtungsweise hingewiesen. Damit erteilt das BSG der Auffassung der Berufungsinstanz eine Absage, die die Grenze des Wunschrechts bei einer Grundversorgung gezogen hatte. Gleichwohl wirft diese Entscheidung Fragen auf, weil der vertretbare Umfang der durch die Eingliederungshilfe zu fördernden Maßnahmen offen geblieben ist. Bei der Möglichkeit, einen Behindertenfahrdienst in Anspruch zu nehmen, kann es nicht bei einem pauschalen Hinweis, dass ein solcher existiere, bleiben. Es muss vom Hilfeträger unter Berücksichtigung der individuellen Bedürfnisse des behinderten Menschen geprüft werden, ob eine ausreichende Bedarfsdeckung möglich ist (vgl. LSG BW 26.9.2012 – L 2 SO 1378/11). Nach der Transformation der **UN-Behindertenkonvention** (BGBl. 2008 II S. 1419) in nationales Recht wird diese bei der Konkretisierung individueller Wünsche Beachtung finden müssen. Zur Beachtung des Einzelfalles beim Einbau eines Rollstuhlverladesystems BSG 23.8.2013 – B 8 SO 24/11 R.

13    Auch mit Blick auf **Art. 3 Abs. 1 GG** ist eine Pauschalierung zulässig und damit verbundene Härten sind hinzunehmen, sofern diese Härten nur unter Schwierigkeiten vermeidbar wären, lediglich eine kleine Anzahl von Personen betreffen und der Verstoß gegen den Gleichheitssatz nicht besonders intensiv ist (BVerfG 20.9.2001 – 1 BvR 1791/94). Dem Betroffenen räumen Generalisierungen größere Entscheidungsfreiheiten beim Einsatz der Hilfe ein und bestärken ihn in seiner Autonomie. Sie können die Aufgabe der Sozialhilfe, dem Empfänger der Hilfe die Führung eines Lebens zu ermöglichen, das der Würde des Menschen entspricht (§ 1 Abs. 1 S. 1 SGB XII), unterstützen.

14    **b) Hilfe zum Lebensunterhalt.** Der Individualisierungsgrundsatz, der zur Pauschalierung in einem Spannungsverhältnis steht, schließt die Gewährung pauschaler

Leistungen nicht grundsätzlich aus. Im sozialhilferechtlichen Leistungsbemessungssystem wird die Individualisierung nicht streng durchgehalten. Schon die Regelsätze verdeutlichen diesen Befund. Sie sind pauschale Bemessungen, die auf eine Individualisierung insofern Rücksicht nehmen, als sie nach Bedarfsstufen gestaffelt sind (zur Verfassungsmäßigkeit der Regelsätze für Kinder: vgl. BVerfG 9.2.2010 – 1 BvL 1/09) und mit § 28 Abs. 1 S. 2 SGB XII eine Öffnungsklausel für die Berücksichtigung des Einzelfalles vorhanden ist, um eventuell auftretende Härten aufzufangen (vgl. auch BVerfG 20.9.2001 – 1 BvR 1791/94; BVerfG 28.4.1999 – 1 BvL 22/95). Zum Zusammenleben von Leistungsempfängern nach dem SGB II und dem SGB XII: BSG 19.5.2009 – B 8 SO 8/10 R. Soweit das SGB XII ausdrücklich eine Pauschalierung zulässt (vgl. § 31 Abs. 3 SGB XII und § 30 SGB XII – Mehrbedarfszuschläge) ist hiergegen rechtlich nichts einzuwenden. Eine durch die Rechtsprechung des BVerwG in die Praxis der Sozialhilfegewährung eingegangene Pauschalierung ist die Aufteilung der Kosten der Unterkunft nach Kopfteilen (BVerwG 21.1.1988 – 5 C 68/85), die auch von den Sozialgerichten akzeptiert worden ist (vgl. nur LSG NRW 14.7.2006 – L 1 B 27/06 AS ER; LSG NRW 19.3.2015 – L 9 SO 309/14; BSG 3.3.2009 – B 4 AS 37/08 R; BSG 14.4.2011 – B 8 SO 18/09 R). Ausnahmen müssen möglich sein, wenn keine Haushaltsgemeinschaft besteht.

**c) Einzelfragen.** Bedenklich werden die Leistungspauschalen dann, wenn der 15 Hilfeträger nicht ausdrücklich durch **gesetzliche Vorschriften** dazu ermächtigt ist. Die verwaltungsgerichtliche Rechtsprechung hatte bisher gleichwohl Weihnachts-, Heizkosten- und Bekleidungspauschalen akzeptiert, wenn ihre Festlegung auf ausreichenden Erfahrungswerten beruhte und die Bedarfsbestimmung mit großer Sorgfalt durchgeführt wurde (BVerwGE 35, 178 [Feuerungsbeihilfe]; BVerwG, Buchholz, 436.7 § 27a BVG Nr. 14; BVerwG, FEVS 53, 199; OVG Lüneburg, FEVS 53, 209 [Weihnachtsbeihilfe]; BVerwG, Buchholz, 436.0 § 12 Nr. 42 [Bekleidungsbeihilfe]; s. auch OVG Hamburg, FEVS 48, 494; VG Sigmaringen, info also 1996, 202).

Für das SGB XII stellt sich die Rechtmäßigkeit der festgesetzten **Pauschalen** bei 16 der Pauschalierung von Heizkosten (§ 35 Abs. 4 Satz 2) oder bei den einmaligen Bedarfen (§ 31 Abs. 3). Ob eine Leistung als Pauschale rechtmäßig gewährt werden kann, hängt davon ab, ob sie geeignet ist, den notwendigen Bedarf, dem sie dient, jedenfalls für einen erheblichen Teil der Hilfeempfänger, zu befriedigen. Die Festlegung der Pauschalen etwa in Arbeitsanweisungen muss ggfs. in einem Prozess nachvollziehbar sein. Hier gilt nichts anderes als bei der Festsetzung der Regelbedarfsstufen (s. §§ 28 und 28a). In Zweifeln muss das Sozialgericht sich selbst ein Bild machen.

Ein Regelbedarf, der, wie die aufgezeigten Fälle zeigen, **typisiert** werden kann, 17 ist mit dem Individualisierungsgebot vereinbar. Hierbei spielt die Akzeptanz der Pauschalen durch Hilfeempfänger ebenso eine Rolle wie das ermittelte statistische Verbrauchsverhalten von Referenzgruppen, die wie die Hilfeempfänger zu vergleichbaren unteren Einkommensgruppen gehören. Regionale Gegebenheiten, etwa die Möglichkeit, günstige Einkaufsbedingungen einer Großstadt zu nutzen, können die Festlegung einer Pauschale beeinflussen. Bei Bedarfsgruppen wie Bekleidung darf auch berücksichtigt werden, dass auf gebrauchte Kleidung (s. dazu auch § 10 SGB XII) und Sonderangebote zurückzugreifen ist, sodass eine lineare Erhöhung dieser Pauschalen nicht zwingend geboten ist (vgl. auch BVerwG, Buchholz, 436.0 § 12 Nr. 42).

## II. Inhalt der Norm

Im bisherigen BSHG war der **Grundsatz der Individualisierung** in § 3 enthal- 18 ten. Er ließ sich in zahlreichen Vorschriften wie §§ 6, 7, 22 Abs. 1 S. 2 und in § 27 Abs. 2 BSHG nachweisen und ist nach wie vor für das Verständnis von Sozialhilfe bestimmend. Als neue, die Leistungen bei der Gewährung von Hilfe zum Lebensunterhalt mitprägende Faktoren sind die eigenen Kräfte und Mittel der Person und der Haushalt in die Vorschrift aufgenommen worden. § 3 Abs. 1 S. 2 BSHG, durch den geregelt war, dass der Hilfeträger bei einer Unterbringung in einer Einrichtung weiterhin für die Leistungsqualität verantwortlich war, hat nun inhaltlich seinen Platz in § 74 Abs. 2 S. 2 SGB XII gefunden. In § 3 Abs. 1 Satz 2 Nr. 3 SGB II ist die individuelle Lebenssituation des erwerbsfähigen Hilfebedürftigen ebenfalls ein für die Leistungsgewährung relevanter Grundsatz. Diese Übereinstimmung ist auch verständlich, da die Grundsicherung, das zum Leben Notwendige bereitzustellen, Parallelen aufweist. Stärker ausgeprägt bleibt das Wunschrecht allerdings im SGB XII.

## III. Art, Form und Maß (Abs. 1 S. 1)

### 1. Drei Prüfungsebenen

19    Art, Form und Maß der Sozialhilfe richten sich nach der Besonderheit des Einzelfalles, vor allem nach der Person des Hilfeempfängers, der Art seines Bedarfs, den örtlichen Verhältnissen. Aus dem Inhalt der Regelung lässt sich keine eigene Anspruchsgrundlage ableiten. Der Vorschrift kommt lediglich eine entscheidungssteuernde Funktion zu, wenn über die Fortgeltung einer längerfristigen Sozialhilfegewährung zu entscheiden ist mit der Folge, dass eine längerfristig bewilligte Sozialhilfeleistung nicht zur Unzeit eingestellt werden darf. Bei der Hilfe zum Lebensunterhalt spielen die eigenen Kräfte und Mittel und der Haushalt eine die Leistungsentscheidung bestimmende Rolle. Die im Gesetz genannten Parameter wirken auf die Entscheidung, die sich in drei Schritten vollzieht, ein (s. zum früheren Recht auch: *Giese*, ZFSH 1981, 321; *Schulte/Trenk-Hinterberger*, Sozialhilfe, S. 114).

20    Es bedarf zunächst **einer Individualisierung bei der Feststellung einer Notlage.** Ob durch das Eingreifen des Hilfeträgers geholfen werden muss, setzt voraus, dass der Hilfeträger die Bedarfslage ermittelt. Auf der zweiten Entscheidungsebene muss die zu gewährende Hilfe ihrem **Zweck** nach auf den einzelnen Leistungsberechtigten ausgerichtet werden. Auf der dritten Ebene ist darauf zu achten, dass dem Betreffenden ein **subjektives Leistungsrecht** zugeordnet wird. Dieses Leistungsrecht ist in einem umfassenden Sinn, nämlich als **Gesamtfallgrundsatz,** zu verstehen. Der Hilfeträger darf sich nicht damit begnügen, nur über das Vorliegen einer einzelnen Hilfeart zu entscheiden, auch wenn der Hilfeempfänger sein Begehren nur auf eine Hilfeart abgestellt hat (so schon BVerwG 10.11.1965 – V C 104.64).

### 2. Besonderheit des Einzelfalles

21    Dieser Begriff ist als **Auslegungsregel** zu verstehen und fasst die nachfolgenden Parameter des Individualisierungsgrundsatzes als Obergriff zusammen. Gemeint sind die Umstände, die bei der Hilfegewährung für eine konkrete Person von Bedeutung sind.

22    **a) Art.** Es geht um die Hilfe im gesamten SGB XII. Als Hilfeart können die Hilfe zum Lebensunterhalt oder einzelne Formen der sonstigen in § 8 SGB XII genannten Hilfen in Betracht kommen. Zur Beschäftigung einer besonderen Pflegekraft: LSG NRW 28.11.2011 – L 20 SO 82/07.

23    **b) Form.** Die Hilfeleistung kann grundsätzlich als Dienstleistung, Geld- oder Sachleistungen erfolgen (§ 10 SGB XII). Wie bestimmend der Individualisierungsgrundsatz sich auswirken kann, hat die Rechtsprechung des BVerwG zur Gewährung von Gutscheinen an Nichtsesshafte deutlich gemacht (BVerwG 16.1.1986 – 5 C 72/84). Gewährt ein Hilfeträger Obdachlosen grundsätzlich nur Wertgutscheine, um damit spezifische Problemgruppen von seinem Stadtgebiet fernzuhalten, verfehlt

seine Einstellung den Zweck der Hilfe, die einzelfallbezogen sein muss. Nur ausnahmsweise kann die Gewährung von Wertgutscheinen zulässig sein. Sie muss als wirkliche Hilfe gemeint sein, um beispielsweise den Hilfeempfänger daran zu hindern, die Sozialhilfe wesensfremd, z. B. für Alkohol, auszugeben.

In der Rechtsprechung ist weitgehend anerkannt, dass der Bedarf an Kleidung **24** und Mobiliar in Kleiderkammern und Gebrauchtwarenlagern gedeckt werden kann (vgl. etwa LSG NRW 12.6.2009 – L 20 B 45/09 AS ER; LSG Bln-Bbg 3.1.2007 – L 5 B 801/06 AS ER; LSG Nds-Brem 28.8.2013 – L 12 AS 298/10; s. dazu auch *Tammen*, Existenzsicherungsrecht, Kapitel 14 Rn. 41 f.). Ausgenommen sind Leibwäsche und Schuhe. Der Leistungsträger hat über die Art der Leistung eine Ermessensentscheidung zu treffen.

**c) Maß.** Das Maß der Hilfe wird durch den sozialhilferechtlichen Bedarf be- **25** stimmt. Es muss so ausgerichtet sein, dass ein Anreiz des Hilfeempfängers zur Selbsthilfe (§ 1 S. 2 SGB XII) gefördert wird oder zumindest bestehen bleibt. Allerdings muss es je nach Leistungsart Abstufungen geben. So sind der Selbsthilfe beispielsweise bei der Eingliederungshilfe per se andere Grenzen gesetzt als bei der Hilfe zum Lebensunterhalt. Sofern Geldleistungen zur Deckung des Bedarfs in Betracht zu ziehen sind, handelt es sich um nicht rückzahlbare Zuwendungen (Ausnahmen: §§ 37 f., 103 SGB XII). In den Fällen, in denen das ausdrücklich vorgesehen ist (§§ 37 f., 91 SGB XII), besteht unproblematisch die Möglichkeit einer Darlehensgewährung.

**d) Bedarf. aa) Bedarfsbezogenheit.** Art, Form und Maß der Sozialhilfe sind **26** bedarfsbezogen. Der Bedarf ist der Inbegriff dessen, was zur Deckung sozialhilferechtlich anzuerkennender Bedürfnisse oder zur Überwindung oder Milderung von Notlagen erforderlich ist (Bedarfsdeckungsprinzip). In der Regel wird der Bedarf ein finanzieller sein. Er kann aber auch in einer persönlichen Hilfe bestehen (Einzelheiten s. unter § 10 SGB XII). Wird eine Geldleistung gewährt, dient sie der Finanzierung eines sachlichen Bedarfs oder des Bedarfs einer persönlichen Hilfe durch Dritte (*Rothkegel*, Strukturprinzipien, S. 17; vgl. auch *Grieger*, NWVBl. 1995, 202; anders wohl BSG 28.10.2008 – B 8 O 22/07 R). Die Gewährung von Unterkunftskosten soll der Erhaltung der Wohnung dienen. Bei Haushaltsgegenständen muss die Bedarfsdeckung nicht zwingend in der Verschaffung von Eigentum bestehen. Der Bedarf kann auch dadurch gedeckt werden, dass ein Gebrauchsgegenstand zur Verfügung gestellt wird (vgl. BVerwG 1.10.1998 – 5 C 15/97). In diesem Fall, in dem über die Anschaffung einer Waschmaschine entschieden worden ist, hat das BVerwG zu recht deutlich gemacht, dass der Bedarf in der Gebrauchsfunktion besteht, nicht in der Verschaffung des Eigentums.

**bb) Kein ungedeckter Rest.** Das Bedarfsdeckungsprinzip lässt es nicht zu, dass **27** ein ungedeckter Rest bleibt (*Rothkegel*, Strukturprinzipien, S. 37). Eine nur teilweise Übernahme von Kosten, die zur Deckung des Bedarfs erforderlich sind, lässt sich mit dem Bedarfsdeckungsgrundsatz nicht in Einklang bringen (zustimmend *Tammen*, Existenzsicherungsrecht, Kapitel 14 Rn. 21). Bedarfsdeckungsgrundsatz und Nachrangprinzip überlagern sich insofern, als vom Leistungsberechtigten der Einsatz eigenen Einkommens und Vermögens verlangt werden kann. Dieses systembedingte Zusammenwirken zweier Prinzipien bedeutet der Sache nach nicht, dass Sozialhilfeleistungen trotz eines verbleibenden Bedarfs nur teilweise „bezuschusst" werden, sondern dass der Leistungsberechtigte seinen Beitrag zur Bedarfsdeckung leistet und auf diese Weise dem Nachranggrundsatz Rechnung trägt.

**cc) Begriff der Bedürftigkeit.** Bedarf und Bedürftigkeit sind zu unterscheiden **28** (vgl. auch *Rothkegel*, Strukturprinzipien, S. 15). Bedürftig ist derjenige, der aus eigenen Kräften seinen Lebensunterhalt nicht bestreiten kann oder sich in besonderen Lebenslagen nicht selbst helfen kann.

29    **e) Örtliche Verhältnisse.** Wie sich die örtlichen Verhältnisse auf die Gewährung der Hilfe auswirken können, lässt sich anhand der Kosten der Unterkunft verdeutlichen. Deren Ermittlung macht angesichts eines vom BSG verkomplizierten Verfahrens große Schwierigkeiten. Bei der Beurteilung, ob Unterkunftskosten angemessen sind, kommt es ganz wesentlich auf die örtlichen Verhältnisse an (BSG 22.9.2009 – B 4 AS 18/10 R; BSG 10.9.2013 – B 4 AS 89/12 R; BSG 16.6.2015 – B 4 AS 44/14 R). Sie sind insoweit maßgebend, als auf vergleichbare Wohnungen im unteren Preissegment am Wohnort des Leistungsberechtigten abzustellen ist. Es ist ein tatsächliches, sozialhilferechtlich angemessenes Mietpreisniveau zu ermitteln. Auf diese Mietpreise muss sich der Leistungsberechtigte nur dann nicht verweisen lassen, wenn er im Bedarfszeitraum nachweisbar keine entsprechend „preiswerte" Wohnung anmieten kann (weitere Einzelheiten unter § 35). Der örtliche Bezug hat auch die Anwendung der Kombinationstheorie bei der Ermittlung, ob ein Hausgrundstück geschont werden kann (§ 90 Abs. 2 Nr. 8 SGB XII), wesentlich bestimmt. Sozialhilfe ist am Ort des Bedarfs zu gewähren. Der Leistungsberechtigte darf nicht deshalb abgewiesen werden, weil er an einem anderen Ort preiswerter leben könnte. Eine derartige Forderung zum Umzug ließe sich auch nicht mit dem Selbsthilfegrundsatz rechtfertigen. Auch eine Verlegung des Wohnsitzes der Eltern eines autistischen Kindes an den Behandlungsort des Therapeuten lässt sich in der Regel nicht fordern (BVerwG 22.10.1992 – 5 C 11/89).

30    **f) Eigene Kräfte und Mittel.** Um die im konkreten Fall zur Behebung der Notlage erforderlichen Hilfsmaßnahmen ergreifen zu können, ist der Hilfeträger auch auf die Mitwirkung des Leistungsberechtigten angewiesen. Es entsprach schon dem unter dem BSHG maßgeblichen Verständnis, dass zur Verwirklichung des Individualisierungsgrundsatzes den Hilfebedürftigen Mitwirkungsobliegenheiten trafen (vgl. *Rothkegel*, Strukturprinzipien, S. 46). Dem Gesetzgeber ist das Prinzip des Forderns ein besonderes Anliegen. Es hat als Leitprinzip in § 1 S. 2 SGB XII Ausdruck gefunden und konkretisiert sich in § 9 Abs. 1 SGB XII. Eigene Mittel können auch das einzusetzende Einkommen oder das nicht geschützte Vermögen sein.

31    **g) Haushalt.** Da Sozialhilfe überwiegend in Einstandsgemeinschaften geleistet wird (s. dazu auch *Schoch,* Existenzsicherungsrecht, Kapitel 18 Rn. 4 ff.), ist es konsequent, dass bei der Hilfe zum Lebensunterhalt auch auf den Haushalt der Leistungsberechtigte Bedacht zu nehmen ist. Keinesfalls ist damit rechtstypisch die Haushaltsgemeinschaft in das SGB XII aufgenommen worden. Allgemein wird der Verweis auf den Haushalt als wenig sachgerecht angesehen, weil etwas für die Sozialhilfe Typisches unnötig wiederholt wird (s. auch *W. Schellhorn,* Schellhorn/Schellhorn/Hohm, § 9 Rn. 11; *Roscher,* LPK-SGB XII, § 9 Rn. 12; zur gemischten Bedarfsgemeinschaft: BSG 19.5.2009 – B 8 SO 8/08 R; kritisch dazu *Dillmann/Dannat,* ZfF 2009, 243; s. auch HessLSG 28.7.2011 – L 7 SO 51/10 B ER; BSG 15.4.2008 – B 14/7b AS 58/06 R). Mit der Erwähnung des Haushalts in der Einweisungsvorschrift wird die Wirklichkeit nicht abgebildet. In der Praxis haben sich Mischformen von Haushaltsgemeinschaften gebildet, die nicht nur zwischen Leistungsberechtigten des SGB II/SGB XII bestehen, sondern auch mit Berechtigten nach dem AsylbLG. Es fehlen dazu klare, positive gesetzliche Ansagen.

# IV. Wunschrecht (Abs. 2 S. 1)

32    Einen **speziellen Anwendungsfall** des Individualisierungsprinzips stellt das in Abs. 2 S. 1 geregelte Wunschrecht des Leistungsberechtigten dar (*Schulte/Trenk-Hinterberger,* Sozialhilfe, S. 118; *Roscher,* LPK-SGB XII, § 9 Rn. 20). Die gesetzliche Regelung ist unglücklich, weil sie etwas suggeriert, was so nicht wortgetreu als Leistungsanspruch umzusetzen ist (s. auch *Müller-Grune,* jurisPK-SGB XII, § 9

Rn. 23). Dass das Wunschrecht im Sozialhilferecht gleichwohl respektiert wird, folgt aus dem Anspruch nach einem menschenwürdigen Leben, was auch die Selbstverwirklichung beinhaltet (s. auch *Roscher,* LPK-SGB XII, § 9 Rn. 20).

Das Wunschrecht betrifft die **Gestaltung** der Hilfe (vgl. *Luthe/Palsherm,* Rn. 204; **33** *Roscher,* LPK-SGB XII, § 9 Rn. 26; *Hohm,* Schellhorn/Schellhorn/Hohm, § 9 Rn. 15). Es kann deshalb erst bedeutsam werden, wenn ein Anspruch auf eine Sozialleistung dem Grunde nach besteht und **mehrere Handlungsalternativen** in Betracht zu ziehen sind (vgl. auch *Luthe,* Hauck/Noftz, SGB XII, § 9 Rn. 17; BVerwG 22.10.1992 – 5 C 11/89). Der Sozialhilfeträger hat z. B. einen Kostenvergleich zwischen der gewünschten Leistung und anderen geeigneten und zumutbaren Hilfeangeboten vorzunehmen (vgl. BVerwG 17.11.1994 – 5 C 11/93). Zeigt der Kostenvergleich, dass die wunschbedingten Mehrkosten unverhältnismäßig wären, greift die Sollvorschrift des § 9 Abs. 2 S. 1 SGB XII nicht ein. Führen Wünsche des Hilfeempfängers dagegen nicht zu unverhältnismäßigen Mehrkosten, dann ergibt sich aus dem Zusammenhang der Sätze 1 und 3 in § 9 Abs. 2 SGB XII, dass in diesem Fall die Sollverpflichtung nach § 9 Abs. 2 S. 1 SGB XII gilt. Nicht mit unverhältnismäßigen Mehrkosten verbundenen, angemessenen Wünschen des Hilfeempfängers soll entsprochen werden. Die **Beweislast** für Alternativen liegt beim Hilfeträger (*Luthe/Palsherm,* Fürsorgerecht, Rn. 207). Dem Wunsch, die Kosten für den Besuch einer Waldorfschule zu übernehmen, ist schon deshalb nicht Rechnung zu tragen, weil derartige Kosten nicht Teil des notwendigen Lebensunterhalts sind (BVerwG 13.8.1992 – 5 C 70/88, NVwZ 1993, 691). Anders ist jedoch zu entscheiden, wenn ein für den Schulbesuch erforderlicher Förderungsbedarf in gleicher Weise in einer Privatschule wie in einer öffentlichen Schule erforderlich wird (SG Potsdam 8.8.2005 – S 20 SO 69/05 ER; weitere Nachweise auch bei HessLSG 22.11.2010 – L 9 SO 7/09; LSG NRW 17.5.2010 – L 20 B 168/08 SO ER). Dem Wunsch, in einer bestimmten Schulform (z. B. Montessori) unterrichtet zu werden, hat das BSG (BSG 22.3.2012 – B 8 SO 30/10 R) Grenzen gesetzt. Eingliederungshilfeleistungen der Sozialhilfeträger sind im Rahmen des sozialhilferechtlich zu bestimmenden Kernbereichs der pädagogischen Aufgaben der Schule nicht zu erbringen. Unterstützende, persönlichkeitsfördernde Maßnahmen außerhalb der Schule wie die Montessori-Therapie gehören nicht zu diesem Kernbereich. Belässt die Schulverwaltungsbehörde den Eltern ein Wahlrecht, hat der Sozialhilfeträger den Wunsch der Eltern auf eine inkludierende Beschulung zu respektieren (LSG BW 7.11.2012 – L 7 SO 4186/12 ER/B). Nicht auf die Entscheidung des Ob der Hilfe, sondern nur auf das Wie ist § 9 Abs. 2 S. 1 SGB XII anwendbar (zum alten Recht s. BVerwG 22.10.1992 – 5 C 11/89). Besteht tatsächlich keine Wahlmöglichkeit, weil z. B. eine andere Therapiemöglichkeit überhaupt nicht zur Verfügung steht, so betrifft die Entscheidung über die Hilfegewährung das Ob, nicht das Wie.

Dem Hilfeberechtigten wird durch das Wunschrecht ein Spielraum eröffnet. Die- **34** ser wird durch die **Angemessenheit** des Hilfewunsches begrenzt. Weil das Wunschrecht erst dann einer Prüfung zu unterziehen ist, wenn ein Anspruch dem Grunde nach besteht, ist ein Wunsch, der so ausgefallen ist, dass er den Kreis der materiellen Sozialhilferechts sprengt, schon auf der ersten Prüfungsebene auszuschließen. Jeder Wunsch, der einer Hilfeart zuwiderläuft, ist schon an sich abzulehnen und bedarf keiner Prüfung, ob er angemessen ist (vgl. *Giese,* ZFSH 1982, 69). Zu beachten ist allerdings, dass bereits einzelne Leistungen tatbestandlich den Begriff angemessen enthalten können. So hängt die Zugehörigkeit der Bedürfnisse des täglichen Lebens von dem Merkmal des vertretbaren Umfangs ab (§ 27 Abs. 1 S. 2 SGB XII). Dies stellt eine andere Umschreibung der Angemessenheit dar, die Hilfe ist auf eine angemessene Schulbildung begrenzt (§ 54 Abs. 1 Nr. 1 SGB XII; zum Besuch einer Waldorfschule s. Rn. 33, HessLSG 22.11.2010 – L 9 SO 7/09; zur Folgenabwägung LSG Bln-Bbg 13.4.2011 – L 23 SO 20/11 B ER). Die Substanz des in § 9 Abs. 2 S. 1 SGB XII verwendeten Begriffs der Angemessenheit ist auf der Gestaltungsebene zu suchen. Der Hilfeträger soll sich bewusstmachen, ob der vom Hilfeempfänger geäußerte Wunsch nicht doch realisiert werden kann. Zu den Pflichten des Leistungsträgers gehört auch, dass mit dem Leistungsberechtigten dessen Vorstellungen abzuklären sind. Der Leistungsträger kann nicht darauf verweisen, dass der Hilfeberechtigte keine Wünsche geäußert hat (vgl. dazu auch *Roscher,* LPK-SGB XII, § 9 Rn. 27). Dass in die Prüfung der Angemessenheit auch Aspekte der Verwaltungspraktikabilität einfließen sollen (so BVerwG 18.12.1980 – 5 C 23/78), stößt auf Skepsis, weil, wie *Igl/Giese* (ZFSH 1982, 69) zutreffend bemerkt haben, Nachlässigkeiten oder Schwerfälligkeit der Verwaltung nicht zulasten des Hilfeberechtigten gehen dürfen. Entscheidungsparameter sind hingegen Begleitumstände, die mit einem Hilfewunsch verbunden werden, etwa die Durchführung einer Kurmaßnahme in einem Erholungsort, der nur mit einem aufwändigen Transport zu erreichen ist. Wünschen des Hilfeberechtigten ist auch dann nicht Rechnung zu tragen, wenn abzuschätzen ist, dass **erhebliche Folgekosten** entstehen werden. Diese Situation stellt sich häufig bei überteuerten Kosten der Unterkunft. Der Hilfeberechtigte versucht die vom Sozialamt nicht übernommenen Kosten durch Einsparungen auszugleichen, ist jedoch abzusehen, dass er die Wohnung auf Dauer nicht halten können wird. Die Folge werden Mietschulden und Umzugskosten sein. In einem solchen Fall ist der Wunsch, die überteuerte Wohnung zu behalten, nicht gerechtfertigt (vgl. BVerwG 26.3.1999 – 5 B 65/98.). Weitere Einzelheiten s. § 35 SGB XII.

35    Weitgehend ungeklärt ist, wie sich das Wunsch- und Wahlrecht auf die Vergabe sozialhilferechtlicher Leistungen an Dienstleister auswirkt. Wegweisend könnte sein, dass das Wunsch- und Wahlrecht des Hilfeempfängers als objektiver Rechtssatz einer Vorverlagerung der Auswahl von Dienstleistern nach den Regeln des Vergaberechts (§§ 97 ff. GWB) entgegensteht (zum SGB VIII: OVG Münster, ZfJ 2005, 484). Bei einer derartigen Vorgehensweise würde im Voraus und losgelöst vom konkreten Hilfefall eine Entscheidung getroffen, die sich mit dem Wunsch- und Wahlrecht des Hilfebedürftigen nur schwer vereinbaren ließe. Neuer Diskussionsstoff ist durch zwei entgegengesetzte Entscheidungen entstanden. Einen Anspruch auf Unterlassung einer Öffentlichen Ausschreibung zum Einsatz von Integrationshelfern an Schulen hat das SG Düsseldorf (29.4.2016 – S 42 SO 73/16 ER) unter Betonung des kommunalen Selbstverwaltungsrecht unter Würdigung des § 9 bejaht, wohingegen das VG Darmstadt (29.2.2016 – 5 L 652/15.DA) zum gegenteiligen Ergebnis gekommen ist (vertiefend zum Ganzen *Glahs/Rafii,* Sozialrecht aktuell 2016, 169 f.).

## V. Wunschrecht bei der stationären oder teilstationären Unterbringung (Abs. 2 S. 2)

36    Grundsätzlich haben ambulante Hilfen Vorrang (§ 13 Abs. 1 S. 1 SGB XII). Wünscht der Leistungsberechtigte jedoch eine **stationäre oder teilstationäre Unterbringung,** kommen § 9 Abs. 2 S. 2 und 3 SGB XII zum Zuge. Da § 13 Abs. 1 S. 1 SGB XII den Hilfeträger auf den Vorrang ambulanter Hilfe festlegt, wird das Wunschrecht bei einer stationären Unterbringung auf den Einzelfall eingeschränkt. Das Gesetz legt dem Hilfeträger darauf fest, dass andere Hilfen nicht möglich sind oder nicht ausreichen. Dadurch ist der Anwendungsbereich des Abs. 2 S. 2 zusätzlich eingeschränkt. Da diese Aspekte schon in die Bedarfsprüfung einfließen, weist die Vorschrift den Hilfeträger noch einmal ausdrücklich darauf hin, die genannten Gesichtspunkte zu prüfen (*Roscher,* LPK-SGB XII, § 9 Rn. 33). Weiterhin ist erforderlich, dass der Hilfeträger mit der Einrichtung eine Vereinbarung nach dem 10. Kapitel des SGB XII getroffen hat. § 9 Abs. 2 S. 2 SGB XII ist inhaltlich auf diese Weise auf §§ 76 f. SGB XII bezogen. Es wird eine weitere Einschränkung des Wunschrechtes des Hilfeempfängers vorgenommen (zum früheren Recht: *Giese,* RsDE 1994, 23). Auch die jetzige Rechtslage geht auf das Zweite Gesetz zur

Umsetzung des Spar-, Konsolidierungs- und Wachstumsprogramms vom 21.12.1993 (BGBl. I S. 2374) zurück. Mit der Beschränkung des Wunsch- und Wahlrechtes auf Vertragseinrichtungen hatte der Gesetzgeber das Schlupfloch für nicht gebundene Einrichtungsträger geschlossen. Es blieb lediglich die Soll-Verpflichtung, die Aufwendungen für die Hilfe auch in anderen vertraglich nicht zugelassenen Einrichtungen zu übernehmen, wenn dies nach der Besonderheit des Einzelfalles geboten ist (s. § 75 Abs. 4 S. 1 SGB XII; s. auch *Tammen*, Existenzsicherungsrecht, Kapitel 14 Rn. 72). Damit wurde und wird nicht mehr auf das Wunsch- und Wahlrecht des Hilfeempfängers rekurriert, sondern eine Generalklausel zur Notunterbringung geschaffen (vgl. *Giese*, RsDE 1994, 25).

Kindern im Vorschulalter ist nicht zumutbar, sich in eine stationäre Einrichtung **37** zu begeben, wenn Eltern eine teilstationäre Betreuung wünschen und das Kind im Elternhaus wohnen bleiben kann (*Hohm*, Schellhorn/Schellhorn/Hohm, § 9 Rn. 20). Unangemessen sind Wünsche, die hohe zusätzliche Fahrtkosten einschließen (OVG Berlin-Brandenburg, FEVS 55, 38).

## VI. Mehrkostenvorbehalt (Abs. 2 S. 3)

Satz 3 der Vorschrift bezieht sich auf die Fälle, in denen mehrere Maßnahmen **38** dem Bedarf angemessen sind oder sich der Hilfenachfragende für eine Einrichtung mit den höheren Pflegesätzen entscheidet. Die Kostenfrage entscheidet darüber, ob der Wunsch des Hilfesuchenden angemessen ist (sog. Mehrkostenvorbehalt). Durch seine besondere Erwähnung kommt ihm neben der Zweckmäßigkeitsprüfung eine besondere Bedeutung zu (vgl. auch *Roscher*, LPK-SGB XII, § 9 Rn. 30: Trennung von Angemessenheit und Kosten).

Mit dem Tatbestandsmerkmal **„unverhältnismäßig"** wird sozusagen auf einer **39** dritten Prüfungsebene betont, dass bei der Entscheidung des Hilfeträgers Kosten eine Rolle spielen. Diese Einschränkung ergibt sich daraus, dass es um die Verteilung steuerfinanzierter Leistungen geht, die in ihrer Endlichkeit nicht beliebig verteilt werden können (zustimmend LSG Bln-Bbg 13.4.2011 – L 23 SO 20/11 B ER; LSG Bln-Bbg 28.9.2016 – L 15 SO 141/12). Dem Begriff der Verhältnismäßigkeit ist immanent, dass ein Kostenvergleich in vergleichbaren Hilfefällen oder zwischen der vom Hilfeträger ins Auge gefassten stationären und der gewünschten Unterbringung anzustellen ist, ohne dass es auf das einsetzbare Einkommen und Vermögen ankommt (so zutreffend *Hohm*, Schellhorn/Schellhorn/Hohm, § 9 Rn. 22). In der Praxis werden Mehrkosten von 20 % akzeptiert (vgl. *Mrozynski*, Grundsicherung und Sozialhilfe, III 4 Rn. 30; SG Hildesheim 19.5.2010 – S 34 SO 212/07: 23 %– 29 %; SG Karlsruhe 28.11.2014 – S 1 SO 750/4: 20 %; s. auch *Müller-Grune*, jurisPK-SGB XII, § 9 Rn. 35.1). Die Frage, **ob** und **welche Mehrkosten** entstehen, ist aufgrund eines Vergleichs festzustellen (BVerwG 22.1.1987 – 5 C 10/85: Besuch eines anthroposophischen statt eines öffentlichen, unentgeltlichen Sonderschulkindergartens). Die Kosten, die unter Berücksichtigung des Wunsches erforderlich werden, sind mit denen, die der Hilfeträger in jedem Fall aufzuwenden hat, zu vergleichen (LSG Bln-Bbg 1.3.2006 – L 23 B 1083/05 SO ER). Sind die Kosten der gewünschten Unterbringung höher, braucht der Hilfeempfänger dem Wunsch nicht zu entsprechen. Da es sich um eine Ermessensentscheidung handelt, kann er den Wunsch des Hilfeberechtigten respektieren. Handelt es sich um gleichartige Einrichtungen, wobei die eine Einrichtung von einem Sozialhilfeträger unterhalten wird, die andere von einem Träger der Freien Wohlfahrtspflege (s. dazu schon BVerwG 15.6.1970 – V C 26.69), hat das BVerwG entschieden, dass hinsichtlich solcher Einrichtungen die Regiekosten beider Einrichtungen angesetzt werden müssen oder außer Acht bleiben. Ansonsten können in den Kostenvergleich nur die Kosten einfließen, die der Träger selbst aufzubringen hätte. Bei Maßnahmen, die jedermann kostenlos zur Verfügung stehen, kann deshalb kein Kostenvergleich angestellt werden, weil es sich verbietet, fiktive Kosten einer öffentlichen Einrichtung mit den tatsächlichen Kosten einer privaten Einrichtung zu vergleichen. Sind beide Einrichtungen gleichwertig, ist der Betreffende auf die öffentliche Einrichtung zu verweisen (vgl. auch *W. Schellhorn,* Schellhorn/Schellhorn/Hohm, § 9 Rn. 24). Das Interesse des Leistungsträgers allerdings, eigene Einrichtungen zu belegen, kann dabei nicht ausschlaggebend sein.

**39a**     Bedenkenswert ist der Gedanke von *Groth* (BeckOK SozR/SGB XII § 9 Rn. 7), dass bei der Bewertung überdurchschnittlicher Kosten zu bedenken ist, dass der Heimträger wirksam eine Pflegesatzvereinbarung abgeschlossen hat, und damit fraglich wird, ob sie als unangemessen zu bewerten ist.

## VII. Wunschrecht und Bekenntnisfreiheit (Abs. 3)

**40**     Dieser Absatz der Vorschrift greift einen speziellen Aspekt des Wunschrechtes auf, der durch Art. 4 GG vorgeprägt ist. Aber auch hier ist zu prüfen, ob durch den Wunsch des Hilfeberechtigten unverhältnismäßige Mehrkosten entstehen. Denn § 9 Abs. 3 SGB XII ist als Unterfall des § 9 Abs. 2 SGB XII zu verstehen.

### § 10 Leistungsformen

(1) **Die Leistungen werden erbracht in Form von**
1. **Dienstleistungen,**
2. **Geldleistungen und**
3. **Sachleistungen.**

(2) **Zur Dienstleistung gehören insbesondere die Beratung in Fragen der Sozialhilfe und die Beratung und Unterstützung in sonstigen sozialen Angelegenheiten.**

(3) **Geldleistungen haben Vorrang vor Gutscheinen oder Sachleistungen, soweit dieses Buch nicht etwas anderes bestimmt oder mit Gutscheinen oder Sachleistungen das Ziel der Sozialhilfe erheblich besser oder wirtschaftlicher erreicht werden kann oder die Leistungsberechtigten es wünschen.**

*Änderungen der Vorschrift: Überschr., Abs. 1 und 3 neu gef. mWv 1.1.2011 durch G v. 24.3.2011 (BGBl. I S. 453).*

*Vergleichbare Vorschriften: § 4 Abs. 1 SGB II; §§ 3 Abs. 1, 3 Abs. 1 AsylbLG.*

Schrifttum: *Grube,* 50 Jahre Anspruch auf Sozialhilfe, NDV 1999, 150, 184; *Hammel,* Am Ende bleibt der Lebensmittelgutschein, ZfF 2015,25; *Hesse-Schiller,* Wohnraumbeschaffung als persönliche Hilfe, ZfF 1991, 157; *Hoffmann,* Beratung als zentrales Element der Sozialhilfe im aktivierenden Sozialstaat, NDV 2002, 86; *Kleine-Cosack,* Vom Rechtsberatungsmonopol zum freien Wettbewerb, NJW 2000, 1593; *Klocke,* Der Schuldbeitritt im sozialrechtlichen Leistungsdreieck am Beispiel der Hilfe zur Pflege, ZfSH/SGB 2016, 178; *Krahmer,* Schuldnerberatung nach dem SGB XII – Sozialhilfe in Auffangfunktion, ZfF 2006, 155; *Kreutz,* Die Besonderheiten der personenbezogenen Dienstleistungen nach den §§ 4 Abs. 1 Nr. 1 SGB II, 10 Abs. 1, 2 SGB XII, ZfSH/SGB 2009, 323; *Naake,* Rechtsberatung im Feld der sozialen Arbeit, NDV 2008, 450; *von Maydell,* Das Informationsrecht der Bürger im allgemeinen Teil des Sozialgesetzbuches, ZFSH/SGB 1986, 361–365; *Rasehorn,* Zur Pönalisierung der informellen Rechtsberatung durch das Rechtsberatungsgesetz, DRiZ 2000, 442; *Schmitz,* Die Anwendbarkeit des sozialrechtlichen Herstellungsanspruchs im Sozialhilferecht, ZfSH/SGB 2006, 393; *Schoch,* Sozialrechtsberatung und Rechtsdurchsetzung, ZfSH/SGB 2006, 206; *ders.,* Das sozialrechtliche Dreiecksverhältnis in der Sozialhilfe, br 2008, 71; *Spindler,* Rechtliche Rahmenbedingun gen der Beratung in der Sozialhilfe, NDV 2002, 357, 386; *ders.*, Zum Verhältnis der Ansprüche auf Schuldnerberatung und andere soziale Dienstleistungen nach SGB II, XII und SGB VIII, info also 2008, 12; *Wallerath,* Herstellungsanspruch in der Sozialhilfe?, NDV 1998, 65.

### Übersicht

## I. Bedeutung der Norm

Die Vorschrift nennt in Abs. 1 die **Formen,** die dem Träger der Sozialhilfe für **1** die Leistungserbringung nach dem SGB XII zur Verfügung stehen. Die Aufzählung unter den Nr. 1 bis 3 ist durch Art. 3 des Gesetzes zur Ermittlung von Regelbedarfen und Änderung des Zweiten und Zwölften Buches (BGBl. 2011, S. 453 ff.) eingefügt worden. Im Gesetzgebungsverfahren war zunächst beabsichtigt, unter einer Nr. 3 „Gutscheine" und unter einer Nr. 4 „Sachleistungen" aufzuführen (BT-Drs. 17/3404, 119) und so Gutscheine im Hinblick auf deren Bedeutung bei der Gewährung von Leistungen für Bildung und Teilhabe in §§ 34, 34a als eigenständige Form der Leistungsgewährung zu führen. Dies hat sich – wie ein gleichgerichteter Änderungsvorschlag zu § 4 Abs. 1 SGB II (BT-Drs. 17/3404, 91) – im Verfahren des Vermittlungsausschusses (BT-Drs. 17/4719 und BT-Drs. 17/4803, 4) nicht durchgesetzt. Bei dieser Lage spricht viel dafür, dass Abs. 1 weiterhin lediglich eine Aufzählung enthält und mit der Nummerierung keine Wertung verbunden ist. In Abs. 2 ist bestimmt, dass zur Dienstleistung „insbesondere" die Beratung in Fragen der Sozialhilfe und die Beratung und Unterstützung in sonstigen sozialen Angelegenheiten gehören. Ein Rechtsanspruch auf Beratung in sozialrechtlichen Angelegenheiten steht demjenigen, der möglicherweise Inhaber von Rechtspositionen, die sich aus Regelungen des SGB ergeben, ist, aus **§ 14 S. 1 SGB I** zu. Dagegen enthalten § 11 Abs. 1, Abs. 2, sowie Abs. 3 S. 1 bis 3 eine Verpflichtung des Trägers der Sozialhilfe, Unterstützungs- und Beratungsmaßnahmen für Leistungsberechtigte im Hinblick auf die in § 1 genannte Aufgabe durchzuführen, ohne dass damit ein Anspruch auf bestimmte Leistungen begründet würde (BSG 13.7.2010 – B 8 SO 14/09 R, Rn. 26). In Absatz 3 wird **der Vorrang der Geldleistung vor Gutscheinen oder Sachleistungen** festgeschrieben. Dies entspricht im Wesentlichen der früheren Praxis bei der Anwendung des Bundessozialhilfegesetzes (vgl. nur BT-Drs. 15/1514, 56). Durch die Neuregelung ist die bislang in Abs. 3 enthaltene Feststellung, dass Gutscheine und andere unbare Formen der Verrechnung zu den Sachleistungen gehören, entfallen, obgleich dadurch die unter der Geltung des BSHG lange umstrittene Frage, ob Wertgutscheine Geldleistungen, Sachleistungen oder sonstige Leistungen seien (vgl. dazu BVerwG 4.3.1993 – 5 C 27/92, Rn. 9; OVG Lüneburg, NDV 1984, 270) oder eine Mischform (VGH Mannheim 23.6.1998 – 7 S 2308/97, FEVS 49, 168) darstellten, entschieden werden sollte. Damit bleibt nach dem Wortlaut offen, ob Gutscheine unter die Sachleistungen iSd § 11 SGB I fallen. Abweichend von den hier getroffenen Regelungen ordnet § 24 Abs. 3 an, dass bei Leistungen der Sozialhilfe für Deutsche im Ausland sich Art und Maß der Leistungserbringung nach den besonderen Verhältnissen im Aufenthaltsland richten. Dagegen findet auf die sog. Analogleistungen nach § 2 Abs. 1 AsylbLG die Vorrangregelung des Abs. 3 Anwendung (LSG NRW 29.8.2008 – L 20 B 51/08 AY, FEVS 60, 382).

## II. Inhalt der Norm – Formen der Hilfe

### 1. Dienstleistung

2     Die Dienstleistung erfasst, wie sich aus § 11 S. 2 SGB I ergibt, die persönliche Hilfe. Dazu ergänzend bestimmt Abs. 2, dass zu ihr insbesondere die Beratung in Fragen der Sozialhilfe und die Beratung und Unterstützung in sonstigen sozialen Angelegenheiten gehört. Im Gesetz findet sich weiter eine Vielzahl von Regelungen, die persönliche Hilfe, Beratung und Unterstützung betreffen. Zu nennen sind dabei insbesondere §§ 49, 51 (ärztliche Beratung), §§ 58, 141 Abs. 1 (Aufstellung eines Gesamtplans), § 59 (Beratung durch das Gesundheitsamt), §§ 63 Abs. 1, 64 f. Abs. 2 (Hinwirken und Beratung in Zusammenhang mit der Hilfe zur Pflege), § 68 (Beratung im Rahmen der Hilfe zur Überwindung besonderer sozialer Schwierigkeiten), sowie § 71 Abs. 2 (Beratung und Unterstützung im Rahmen der Altenhilfe). Die persönliche Hilfe umfasst neben Beratung, Betreuung und Unterstützung alle sonstigen Hilfestellungen, die nicht Geld- oder Sachleistungen, aber dennoch dem Ziel der Sozialhilfe zu dienen geeignet sind (*Spindler*, NDV 2002, 357, 358). Dazu kann ein Hinwirken auf die Bestellung eines Vormundes oder Betreuers (BVerwG 31.8.1966 – V C 223.65, BVerwGE 25, 36, 38 = FEVS 15, 161), die Hilfe zur Beschaffung und Erhaltung einer Wohnung (NdsOVG 20.3.1990 – 4 M 9/90 – Rn. 2, NVwZ-RR 1990, 569) und die Abgabe einer Mietübernahmeerklärung (LSG NRW 8.7.2008 – L 20 B 49/08 SO ER, Rn. 38; OVG Hmb 16.1.1990 – Bs IV 256/89, Rn. 7) gehören. Wird berücksichtigt, dass Beratung, Unterstützung und Hinweispflichten besonders wichtig dafür sind, dass Leistungsberechtigte „aktiviert" werden können und möglich Wege finden, zu einem eigenverantwortlichen Leben außerhalb der Sozialhilfe zu gelangen (BT-Drs. 15/1514, 52), erschließt sich das besondere Gewicht dieser Leistungen. Soweit daher ein Anspruch auf Sozialhilfe besteht, ergibt sich auch ein **Rechtsanspruch auf Dienstleistungen,** über deren Form und Maß der Träger der Sozialhilfe gemäß § 17 Abs. 2 S. 1 nach pflichtgemäßem Ermessen, das sich an der in § 1 S. 1 und 2 definierten Aufgabe der Sozialhilfe auszurichten hat, entscheidet. In der Praxis der Gewährung von Leistungen werden die Träger der Sozialhilfe der Verpflichtung zur Beratung, Betreuung und Unterstützung schon allein wegen des damit häufig verbundenen Zeitaufwandes nicht immer gerecht (*Mergler,* ZfF 1997, 199; *Schulte,* S. 142). Dabei steht es dem Träger frei, auch Dritte, z. B. einen Verband der freien Wohlfahrtspflege, einzuschalten (vgl. § 68 Rn. 41; aA *Holzhey,* in jurisPK-SGB XII, § 10 Rn. 13.1). Es ist zu hoffen, dass die Träger der Sozialhilfe bei Anwendung des SGB XII insbesondere die Bedeutung einer eingehenden Beratung (vgl. dazu im Einzelnen Rn. 6) mehr in Rechnung stellen; sie ist unverzichtbar, damit festgestellt werden kann, ob und welche Leistungen zu erbringen sind (vgl. auch *Hoffmann,* NDV 2002, 86).

## 2. Geldleistungen

**Geldleistungen** sind die an den Leistungsberechtigten in bar ausgezahlten, auf **3** dessen Konto bei einem Geldinstitut überwiesenen oder auf andere Weise an seinen Wohnort übermittelten Geldbeträge (vgl. § 47 SGB I). Dabei kommt es für die Einstufung als Geldleistung nicht darauf an, ob der Geldbetrag als Zuschuss oder als Darlehen (§§ 22 Abs. 1 S. 2, 36 Abs. 1 S. 3, 37, 37a, 38, 91) gewährt wird. Nach § 47 SGB I sollen Geldleistungen kostenfrei auf ein Konto des Empfängers oder, wenn der Empfänger es verlangt, kostenfrei an seinen Wohnsitz übermittelt werden. Diese Vorschrift ist auch bei Leistungen der Sozialhilfe anzuwenden (SchlHOVG 15.2.1994 – 5 L 146/93, Rn. 20; VGH BW 7.1.2005 – 7 S 2525/04, Rn. 4; offen: HessLSG 9.8.2006 – L 7 SO 23/06 ER, L 7 B 62/06 SO, Rn. 12; aA OVG RhPf 19.1.1989 – 12 A 138/88). Selbst wenn angenommen wird, § 17 Abs. 2 S. 1 verdränge § 47 SGB I, ist diese Regelung bei der Ausübung des in § 17 Abs. 2 S. 1 eingeräumten Ermessens zu berücksichtigen. Allerdings hat der Leistungsberechtigte keinen Anspruch darauf, dass die Leistung an ihn per Scheck oder postbar ausgekehrt wird, wenn es ihm zuzumuten ist, eine Auszahlung z. B. im Rathaus des Wohnortes entgegenzunehmen (LSG NRW 12.10.2009 – L 12 B 51/09 SO ER, Rn. 35; vgl. ebenso: LSG BW 16.4.2013 – L 11 R190/12, Rn. 33). Soweit Sozialhilfeleistungen überwiesen werden, ist das **Sozialgeheimnis** (§ 35 SGB I) zu beachten. Unzulässig ist es deshalb, auf Überweisungsträgern generell ohne Zustimmung des Hilfeempfängers die Zahlung mit „Sozialleistung" zu kennzeichnen (BVerwG 23.6.1994 – 5 C 16/92, Rn. 12 ff.).

## 3. Sachleistungen

**Sachleistungen sind** Leistungen der Sozialhilfe, die den **Bedarf des Leis-** **4** **tungsberechtigten unmittelbar befriedigen,** z. B. die Überlassung von Brennstoff, Hausratsgegenständen, Elektrogeräten und Kleidung durch den Träger der Sozialhilfe. Die Sachleistung erfolgt **nicht begriffsnotwendig durch Übertragung von Eigentum;** vielmehr ist bereits die Einräumung des Besitzes z. B. an einem Fernseher (SchlHLSG 9.12.2009 – L 9 SO 5/09, Rn. 23), einer Waschmaschine oder anderen Geräten zur Deckung des sozialhilferechtlichen Bedarfs geeignet und ausreichend (BVerwG 9.3.1992 – 5 B 12/92, Rn. 5). Dabei kommen, soweit eine Diskriminierung von Leistungsberechtigten nicht zu befürchten ist, auch gebrauchte Gegenstände in Betracht. Ob dies ermöglicht, einen Leistungsberechtigten ohne Einschränkungen auf **gebrauchte Bekleidung** oder auf das Angebot einer **Kleiderkammer** (des Trägers oder einer karitativen Organisation) zu verweisen, erscheint zweifelhaft, wird aber überwiegend bejaht (SchlHLSG 28.5.2008 – L 9 B 11/08 SO, Rn. 8; NdsOVG 15.3.2005 – 12 LC 165/04, Rn. 32). Zu den Sachleistungen zählt auch die **Überlassung einer Wohnung,** wobei angenommen wird, der Träger der Sozialhilfe sei zumindest grundsätzlich nicht verpflichtet, dem Leistungsberechtigten selbst eine Unterkunft zur Verfügung zu stellen (so OVG Saarl 8.4.1987 – 1 W 114/87; VG Hannover 28.1.1992 – 3 A 204/90; HessVGH 31.8.1983 – 9 TG 4/83; offen: NdsOVG 31.5.1991 – 4 O 2038/91). Auch die **Leistungen, die in stationären und teilstationären Einrichtungen** iSv § 13 erbracht werden, werden vielfach (*Roscher,* LPK-SGB XII, § 10 Rn. 25) als Sachleistungen mit Dienstleistungselementen qualifiziert, wobei entscheidend sei, wie sich die Leistung aus Sicht des Leistungsberechtigten darstelle. Dieser Ansatz erscheint dann zutreffend, wenn der Träger der Sozialhilfe selbst Betreiber der Anstalt oder des Heimes ist, weil dann dessen Leistungen den Bedarf des Leistungsberechtigten an Betreuung, Ernährung und Pflege unmittelbar decken. Ist ein Dritter Betreiber einer Anstalt oder eines Heimes, werden häufig vom Träger der Sozialhilfe die Heimkosten durch Zahlung an den Dritten beglichen. Dabei handelt es

sich an sich um die Gewährung einer Geldleistung der Hilfe in besonderen Lebenslagen, die zur Vereinfachung nicht an den Leistungsberechtigten, sondern direkt
an den Heimbetreiber gezahlt wird. Allerdings ist der Sozialstaat zur Fürsorge für
Hilfsbedürftige verpflichtet und hat die notwendigen Einrichtungen zu schaffen
(BVerfG, B.v.18.6.1975 – 1 BvL 4/74, Rn. 44). Gemäß § 17 Abs. 1 Nr. 2 SGB I
hat der Träger der Sozialhilfe weiter sicherzustellen, dass die erforderlichen Einrichtungen rechtzeitig und ausreichend zur Verfügung stehen. Schließlich soll er nach
§ 75 Abs. 2, Abs. 3 mit den Einrichtungen Vereinbarungen über Inhalt, Umfang
und Qualität der Leistungen abschließen. Soweit er Träger der Eingliederungshilfe
ist, folgt dies aus §§ 36 Abs. 1 ff. SGB IX. Die damit dem Träger zukommende
Stellung legt auch bei der Gewährung von Hilfen in Einrichtungen, die Dritte
betreiben, die Annahme nahe, dass die Leistungen des Trägers als Sachleistung
erbracht werden (ebenso: *Roscher*, LPK-SGB XII, § 10 Rn. 25). Zu diesem Ergebnis
führt auch die Rechtsprechung des BSG (BSG 28.10.2008 – B 8 SO 22/07 R,
Rn. 17 ff.), die annimmt, dass im Bereich der stationären und teilstationären Leistungen der Sozialhilfe die Aufgaben des Sozialhilfeträgers weit über das reine
Reagieren auf individuelle Bedürftigkeit durch Gewährung von Geldleistungen
hinausgeht; aus den Regelungen der §§ 75 ff. folge eine Gewährleistungspflicht, mit
Trägern von Einrichtungen ohne den Anlass einer aktuellen Hilfe die erforderlichen
Vereinbarungen zu treffen. In den dabei entstehenden Dreiecksbeziehungen zwischen dem Sozialhilfeträger, dem Leistungserbringer und dem Sozialhilfeempfänger
stelle der Sozialhilfeträger durch Verträge eine Sachleistung durch Dritte sicher.
Damit liegt eine **Sachleistung in Form der Sachleistungsverschaffung** vor
(ebenso LSG RhPf 18.2.2011 – L 1 SO 33/09, Rn. 34). Dies widerspricht auch
dem Vorrang der Geldleistung nicht, weil so sichergestellt werden kann, dass die
Sozialhilfeleistung zweckentsprechend der Einrichtung zukommt. **Bestandteil
dieser Sachleistungsverschaffung ist die „Übernahme" der Unterbringungskosten, die als „Schuldübernahme durch Verwaltungsakt mit Drittwirkung" in Form eines Schuldbeitritts ausgestaltet ist; dies hat einen
unmittelbaren Zahlungsanspruch der Einrichtung gegen den Träger der
Sozialhilfe zur Folge** (BSG 28.10.2008 – B 8 SO 22/07 R, Rn. 17 ff.), der
zivilrechtlicher Natur ist. Bei einer Aufhebung des Bewilligungsbescheides und
des darin erklärten Schuldbeitritts nach §§ 44 SGB X ff. kann dies auch zu einem
Anspruch des Trägers der Sozial- oder Eingliederungshilfe aus § 812 Abs. 1 BGB
gegen die Einrichtung führen (BGH 31.3.2016 – III ZR 267/15, Rn. 24 ff.). Bei
Verträgen, die Leistungen der Eingliederungshilfe zum Gegenstand haben, begründet ab 2018 § 123 Abs. 6 SGB IX einen öffentlich-rechtlichen Anspruch des Leistungserbringers auf Vergütung der gegenüber dem Leistungsberechtigten erbrachten Leistungen gegen den Träger der Eingliederungshilfe.

## 4. Vorrang der Geldleistung vor Gutscheinen und Sachleistungen (Abs. 3)

5　Im S. 1 des Absatzes 3 hat der Gesetzgeber nach der Begründung des Gesetzentwurfes (BT-Drs. 15/1514, 56) eine „Klarstellung" getroffen, „die im Wesentlichen
der Praxis" entspreche. Danach hat die **Geldleistung Vorrang vor der Sachleistung, wobei die Änderung der Vorschrift durch das Gesetz zur Ermittlung
von Regelbedarfen und zur Änderung des Zweiten und Zwölften Buches
SGB nunmehr einen Vorrang der Geldleistung vor „Gutscheinen und Sachleistungen" begründet.** Dies weicht von § 8 Abs. 1 BSHG ab, bei dem ein Rangverhältnis der Leistungsformen nicht bestand (BVerwG 16.1.1986 – 5 C 72/84,
Rn. 11). Allerdings war hinsichtlich der Hilfe zum Lebensunterhalt anerkannt, dass
deren Leistungen, um dem Hilfeempfänger zu ermöglichen, seinen Bedarf selbstbestimmt zu decken, grundsätzlich in Geld zu erbringen waren und ein genereller

Verweis bestimmter Personengruppen auf Sachleistungen unzulässig war (SächsOVG 8.12.1994 – 2 S 355/94; BayVGH 11.4.1994 – 12 CE 94.707, Rn. 40). Durch die Regelung des Abs. 3 S. 1 ist der Vorrang der Geldleistung nunmehr bei allen Leistungen des SGB XII zu beachten (vgl. nur LSG BW 8.7.2008 – L 2 SO 1990/08 ER-B, Rn. 16 zur Eingliederungshilfe). Allerdings ist dem Träger der Sozialhilfe nach **§ 17 Abs. 2 S. 1** Ermessen bei der Entscheidung über Art und Maß der Leistungserbringung eingeräumt. Der dadurch bestehende Ermessensspielraum wird durch den Vorrang der Geldleistung eingeschränkt. Diese Einschränkung greift aber nur, soweit der Vorrang besteht. Er besteht nach Abs. 3 S. 1 2. Hs. nicht, soweit im Gesetz ausdrücklich etwas anderes bestimmt ist oder der Leistungsberechtigte die Sachleistung wünscht; der Vorrang entfällt weiter, wenn mit Gutscheinen oder Sachleistungen das Ziel der Sozialhilfe erheblich besser oder wirtschaftlicher erreichen kann.

Gewinnt der Träger der Sozialhilfe daher aufgrund einer Prüfung im Einzelfall **6** unter Beachtung der in § 1 S. 1 und 2 genannten Aufgabe der Sozialhilfe, der nach § 9 Abs. 1, Abs. 2 zu berücksichtigenden Besonderheiten des Einzelfalles und der Wünsche des Leistungsberechtigten (BSG 25.8.2011 – B 8 SO 2320/12 10 R, Rn. 18) die Überzeugung, dass Gutscheine oder Sachleistungen erheblich besser geeignet ist, den Leistungsberechtigten zu befähigen, unabhängig von Sozialhilfe zu leben, kann er diese statt Geldleistungen gewähren. Dies ist bei der Gewährung vollstationärer Hilfe in der Regel der Fall (vgl. Rn. 4). Gleiches gilt, wenn der Träger auf Grund von Vergleichsberechnungen ermittelt hat, dass die Sachleistung geringere Aufwendungen zur Folge hat und im Einzelfall auch in Anbetracht des grundsätzlichen Vorrangs der Geldleistung geeignet ist, das Ziel der Sozialhilfe zu erreichen (vgl. dazu BVerwG 14.3.1991 – 5 C 70/86, Rn. 7 ff.). Zu beachten ist in diesem Fall jedoch die Verpflichtung aus § 17 Abs. 2 S. 2. Danach hat der Träger die Ermessensentscheidung im Hinblick auf die sie tragenden Gründe und Ziele laufend zu überprüfen und im Einzelfall ggfs. abzuändern.

Nachdem die „Klarstellung" in Abs. 3, dass auch **Gutscheine** und andere **7** **„unbare Formen der Verrechnung"** zu den Sachleistungen gehören, entfallen ist (vgl. oben Rn. 1), erscheint begrifflich wieder offen, ob Gutscheine als Sachleistungen einzustufen sind. Unter der Geltung des BSHG war lebhaft umstritten, ob Wertgutscheine, mit denen in (bestimmten) Läden bis zu dem Wert des auf dem Schein genannten Betrages eingekauft werden kann, als Geldleistungen (so NdsOVG 22.8.1983 – 4 B 122/83), Sachleistungen oder sonstige Leistungen, die jedenfalls keine Geldleistungen sind (BVerwG 4.3.1993 – 5 C 27/91, Rn. 10; vgl. auch *Hammel*, ZfF 2015, 25), einzustufen waren und ob sie als „Mischform" oder als andere Leistungsform (BayLSG 26.11.2014 – L 11 AS 654/14, Rn. 18; VGH BW 23.6.1998 – 7 S 2308/97, Rn. 13) ebenfalls in § 8 Abs. 1 BSHG eine Rechtsgrundlage fanden. Im Hinblick auf die Intention der Gesetzesänderung, die Bedeutung von Gutscheinen nach § 34a hervorzuheben (BT-Drs. 1747/3404, 19), dürfte die praktische Relevanz dieser Frage gering sein, zumal es beim Vorrang der Geldleistung sowohl gegenüber Gutscheinen als auch gegenüber Sachleistungen bleibt.

## III. Beratung

### 1. Regelung des § 14 SGB I

Zur Dienstleistung gehört nach § 10 Abs. 2 neben der Beratung in Fragen der **8** Sozialhilfe auch die Beratung und Unterstützung in sonstigen sozialen Angelegenheiten. Damit wird zunächst auf § 14 SGB I verwiesen, wonach „jeder Anspruch auf Beratung über seine Rechte und Pflichten" nach dem Sozialgesetzbuch hat. Der damit eingeräumte Anspruch steht allen natürlichen Personen und juristischen Personen des Privatrechts oder des öffentlichen Rechts, die nach dem SGB Rechte wahrnehmen oder Pflichten erfüllen können, zu (*Hauck-Haines,* SGB I, § 14 Rn. 11). Er richtet sich auf eine individuelle richtige und umfassende Unterrichtung des Ratsuchenden über Rechte und Pflichten, die sich konkret auf ein bestimmtes Sozialrechtsverhältnis bezieht, das bereits besteht oder zumindest begründet werden soll (*v. Maydell,* ZFSH/SGB 1986, 361). Die Beratungsverpflichtung trifft den Leistungsträger, der für die Leistungserbringung zuständig ist oder zuständig wäre. Sie wird begrenzt dadurch, dass der jeweilige Träger nur hinsichtlich seines Bereiches, nicht aber über Ansprüche auf Leistung gegen andere Leistungsträger zu beraten hat. Der Anspruch auf Beratung entsteht, wenn ein Bürger oder eine Bürgerin an den Träger mit der Bitte um Auskunft und/oder Beratung herantritt (BSG 31.10.2007 – B 14/11 b AS 63/06 R, Rn. 1). Anerkannt ist weiter, dass dann, wenn bereits ein „konkreter Anlass" vorliegt (BSG 9.12.1997 – 8 RKn 1/97, Rn. 14) oder ein Sozialrechtsverhältnis aufgrund eines bestehenden Leistungsverhältnisses oder aufgrund eines anderen Verfahrens besteht, sich aus der in der Beratungsverpflichtung eingeschlossenen Betreuungspflicht des Trägers eine Verpflichtung auf Beratung von Amts wegen („spontan") ergeben kann (BSG 24.7.1985 – 10 RKg 18/84, Rn. 20; BGH 17.6.1999 – III ZR 248/98, Rn. 14). Das ist der Fall, „wenn anlässlich einer konkreten Sachbearbeitung in einem Sozialrechtsverhältnis dem jeweiligen Mitarbeiter eine naheliegende Gestaltungsmöglichkeit ersichtlich ist, die ein verständiger Leistungsberechtigter wahrnehmen würde, wenn sie ihm bekannt wäre" (BSG18.1.2011 – B 4 AS 29/10 R, Rn. 14). Die Beratung muss verständlich, richtig und so umfassend sein, dass der zentralen Bedeutung, die der ausreichenden Information und Beratung des Bürgers für das Funktionieren des sozialen Leistungssystems zukommt (BSG 28.2.1984 – 12 RK 31/83, Rn. 45), Rechnung getragen wird. Dabei hat insbesondere die „Spontanberatungspflicht" nicht das Ziel, den Bürger so zu beraten, dass erinnerhalb des sozialen Leistungssystems das jeweils wirtschaftlich Optimale erreicht. Die Hinweis- und Beratungspflichten sollen lediglich dazu dienen, den Bürger zu den nach dem gesetzgeberischen „Programm" vorgesehenen Sozialleistungen zu führen (LSG Bln-Bbg 27.12.2016 – L 1 KR 315/15, Rn. 37).

## 2. Beratung nach Abs. 2

**9**    Bereits vor Änderung des § 8 Abs. 2 S. 1 BSHG durch das Einführungsgesetz zum SGB I (Art. II § 14 Nr. 2 SGB I – BGBl. I 1975 S. 3015) war anerkannt, dass der Träger der Sozialhilfe zur Auskunft und Raterteilung über sozialhilferechtliche und sozialrechtliche Ansprüche wie zur Beratung in sonstigen Lebensfragen, die der Ratsuchende nicht aus eigener Kraft beheben kann, verpflichtet war (*Gottschick/ Giese,* § 8 Rn. 8). Nunmehr wird zwischen der Rechtsberatung „in Fragen der Sozialhilfe" und der Beratung in „sonstigen sozialen Angelegenheiten" unterschieden.

**10**    **a) Beratung in Fragen der Sozialhilfe.** Das ist die gezielte, umfassende und richtige Information des Bürgers über seine Rechte, Vorteile und Pflichten nach dem SGB XII (BGH 6.2.1997 – II ZR 241/95, Rn. 9; *Spindler,* NDV 2002, 357, 358). Sie umfasst neben der erschöpfenden Klärung der aus dem Beratungsgespräch oder einer schriftlichen Eingabe oder Anfrage ersichtlichen sozialhilferechtlichen Lage des Leistungsberechtigten bzw. Hilfesuchenden auch die Auskunft über bestehende Ermessensrichtlinien des Trägers der Sozialhilfe (BVerwG 16.9.1980 – I C 52.75, Rn. 20). Sie bezieht sich weiter darauf, dem Leistungsberechtigten oder der Sozialhilfe beanspruchenden Person aufzuzeigen, wie er sich selbst helfen kann bzw. auf welche Weise sich der Aufwand der Sozialhilfe für die benötigte Hilfeleistung senken lässt (BVerwG 6.8.1992 – 5 B 97/91, Rn. 2). Auch hat der Sozialhilfeträger im Rahmen der vorbeugenden Gesundheitshilfe über die Notwendigkeit des ärztlichen Urteils aufzuklären und auf die Erstellung eines solchen Urteils ggfs. nach § 65

Abs. 1 Nr. 3 SGB I von Amts wegen hinzuwirken (BVerwG 6.8.1992 – 5 B 97/91, Rn. 2). Im Übrigen gelten für den Anspruch auf Beratung die unter 1. dargelegten Grundsätze. In der Rechtsprechung ist anerkannt, dass sich aus der Beratungspflicht eine **Betreuungspflicht** des Trägers der Sozialhilfe ergibt, die auf den jeweiligen Sozialhilfefall bezogen ist (BSG 13.7.2010 – B 8 SO 14/09 R, Rn. 17). Sie ist bei der Frage, ob und welche Ansprüche übergeleitet werden sollen, im Rahmen des nach § 93 SGB XII eingeräumten Ermessens zu berücksichtigen (BVerwG, U.v.26.11.1969 – V C 93.69 – Rn. 13), was dazu führen kann, bei der Geltendmachung von Ersatzansprüchen des Trägers der Sozialhilfe eine bestimmte Reihenfolge einzuhalten (BVerwG 26.11.1969 – V C 54.69, Rn. 10 ff.). Aus der Betreuungsverpflichtung kann sich weiter ein Recht des Leistungsberechtigten ergeben, ihn bei der Anfertigung von Anträgen, beim Schriftverkehr und bei der Suche nach einem Bevollmächtigten zu unterstützen (*Schoch*, ZfSH/SGB 2006, 206, 208) und ihm Auskunft über die Zusammensetzung der ihm gewährten Hilfe in dem Fall zu erteilen, in dem sein Anspruch gegen einen Dritten auf den Träger der Sozialhilfe übergegangen ist (BayVGH 29.5.1964 – 163 III 63). Dagegen besteht unter Berücksichtigung des Grundsatzes der Subsidiarität der Sozialhilfe kein Anspruch des Leistungsberechtigten auf Zahlung einer Vergütung für die Tätigkeit eines Pflegers bei der Durchsetzung sozialrechtlicher Ansprüche, die geeignet waren, einer bestehenden Notlage abzuhelfen (BVerwG 14.12.1964 – V C 123.63, Rn. 16).

**b) Beratung in sonstigen sozialen Angelegenheiten.** Neben der Rechtsbera- **11** tung in Fragen der Sozialhilfe hat der Leistungsberechtigte auch einen Anspruch auf Beratung und Unterstützung in sozialen Angelegenheiten. Durch diese Formulierung in § 10 Abs. 2 wird die Beratung in allgemeinen Lebensfragen und sonstigen außerhalb des Sozialhilferechts auftretenden sozialrechtlichen Problemlagen abgedeckt.

**aa) Arbeitsteilung mit anderen Stellen.** Die Beratungsverpflichtung besteht **12** nur, soweit nicht nach § 14 S. 2 SGB I andere Stellen oder Personen die Beratung wahrzunehmen haben. Das sind diejenigen Leistungsträger, die in den §§ 18–29 SGB I genannt sind, insbesondere die Träger der Eingliederungshilfe, die Agenturen für Arbeit, die Krankenkassen, die Unfallversicherungsträger, die Träger der Rentenversicherung (§ 126 SGB VI) sowie für diese handelnde Personen (z. B. § 39 SGB IV), die Versorgungsämter, die Jugendämter, die Ämter für Ausbildungsförderung und Wohngeld bzw. die Träger dieser Ämter.). Diese sind jeweils im Rahmen ihres Leistungsspektrums durch § 14 SGB I zur Beratung verpflichtet. Damit besteht eine **„Arbeitsteilung"** zwischen dem Träger der Sozialhilfe und anderen, für andere Sozialleistungen als die der Sozialhilfe zuständigen Stellen. Sind andere Stellen zur Beratung berufen, ist es nicht Aufgabe des Trägers der Sozialhilfe, ebenfalls rechtlich zu beraten (BayVGH 19.7.1995 – 12 B 93.1573). Allerdings ist die Beratung in Fragen der Sozialhilfe schon wegen des sich aus § 2 ergebenden Grundsatzes des Nachrangs zwangsläufig mit einer „Voreinschätzung" anderer Leistungen, für die andere Träger und Stellen zuständig sind, verbunden. Nur so wird auch der Verpflichtung, einen Leistungsberechtigten oder eine Sozialhilfe beanspruchende Person auf Möglichkeiten der Selbsthilfe hinzuweisen, genügt. Es wird daher vielfach erforderlich sein, sich ein Bild von der Gesamtlage des Ratsuchenden und seiner Familie zu machen, damit überhaupt das Bestehen von Anhaltspunkten für andere – nicht zur Sozialhilfe gehörende – sozialrechtliche Ansprüche eingeschätzt werden kann. Erst wenn dies geschehen ist, kann der Ratsuchende an den anderen „zuständigen" Leistungsträger verwiesen werden. Diesem und noch dem Träger der Sozialhilfe obliegt dann die Beratungsverpflichtung hinsichtlich der Fragen, die sich im Rahmen seiner Leistungsverpflichtungen stellen. Hinsichtlich dieser Fragen besteht auch keine „ergänzende" Beratungsverpflichtung des Trägers der Sozialhilfe, was auch dann gilt, wenn der „zuständige" andere Sozialleistungsträger seine Beratungsverpflichtung unzureichend erfüllt. In einem solchen Fall wird der Träger der Sozialhilfe seiner Verpflichtung aus §§ 10, 11 schon dadurch gerecht, dass er den Ratsuchenden auf mögliche Rechtsmittel gegen den jeweils anderen Sozialleistungsträger hinweist (aA OVG Bln 14.12.1978 – VI S 63.78, Rn. 36).

13    **bb) Bedeutung des § 15 SGB I.** Nach dieser Vorschrift sind neben den Trägern der gesetzlichen Krankenversicherung auch die nach Landesrecht zuständigen Stellen – das sind in aller Regel Gemeinden, Städte und Landkreise – verpflichtet, über alle sozialen Angelegenheiten nach dem Sozialgesetzbuch Auskünfte zu erteilen. Dies beinhaltet die Verpflichtung, auf gezielte Fragen, soweit die Auskunftsstelle dazu imstande ist, Antworten zu erteilen und zumindest den voraussichtlich zuständigen Leistungsträger zu nennen. Dabei ergibt sich aus § 15 Abs. 3 SGB I eine Verpflichtung der Auskunftsstellen, untereinander mit anderen Leistungsträgern mit dem Ziel zusammenzuarbeiten, eine möglichst umfassende Auskunftserteilung durch eine Stelle zu sichern und damit tatsächlich das vom Bürger verfolgte Anliegen einer Klärung zuzuführen.

14    **c) Unterstützung in sonstigen sozialrechtlichen Angelegenheiten.** Einzelne Unterstützungsmaßnahmen können weiter reichen als eine Beratung; so können darunter z. B. die Herstellung von Kontakten zu anderen Behörden, Selbsthilfegruppen oder Wohlfahrtseinrichtungen oder Hilfen zur Ausfüllung von Formularen oder zur Fertigung von Schreiben fallen. Dies ist in § 11 Abs. 3 näher umschrieben (vgl. § 11 Rn. 3).

## 3. Verhältnis zum Rechtsdienstleistungsgesetz

15    Nach § 8 Abs. 1 des Gesetzes über außergerichtliche Rechtsdienstleistungen (BT-Drs. 16/3655), das das Rechtsberatungsgesetz aufgehoben hat, sind Rechtsdienstleistungen, insbesondere eine sozialrechtliche Beratung, durch Behörden oder Personen des öffentlichen Rechts, der Träger der freien Wohlfahrtspflege iSd § 5 SGB XII, der anerkannten Träger der Jugendhilfe iSd § 75 SGB VIII, der anerkannten Verbände zur Förderung der Belange behinderter Menschen iSd § 13 des Behindertengleichstellungsgesetzes sowie der Verbraucherverbände und Verbraucherzentralen erlaubt. Weiter sind erlaubt Rechtsdienstleistungen, die nach Landesrecht als geeignet anerkannte Personen oder Stellen iSd § 305 Abs. 1 Nr. 1 der Insolvenzordnung im Rahmen ihres Aufgabenbereichs erbringen. Zu diesen Stellen gehören die Einrichtungen, die Schuldnerberatung durchführen und deren Träger öffentlich-rechtliche Körperschaften, Kirchen oder Verbände der freien Wohlfahrtspflege sind (dazu ausführlich: *Naake,* NDV 2008, 450, 454). Soweit Verbraucherverbände und -zentralen sowie die freien Wohlfahrtsverbände beraten, müssen sie nach §§ 8 Abs. 2, 7 Abs. 2 über eine hinreichende personelle, sachliche und finanzielle Ausstattung verfügen. Weiter muss die Person, die die Rechtsdienstleistung erbringt, eine besondere Qualifikation aufweisen.

16    Rechtsdienstleistung ist nach § 2 des Gesetzes jede Tätigkeit in konkreten fremden Angelegenheiten, sobald sie eine rechtliche Prüfung des Einzelfalles erfordert. Durch das Rechtsdienstleistungsgesetz hat der Gesetzgeber Klarheit in der Frage geschaffen, welche Tätigkeit im Rahmen der Beratung in sozialen Fragen zulässig ist und die Materie den Anforderungen des Grundgesetzes, wie es vom BVerfG (16.2.2006 – 2 BvR 951/04 – Rn. 23 ff.) und der Literatur (*Rasehorn,* DRiZ 2000, 442; *Kleine-Cosack,* NJW 2000, 1593) gefordert worden ist, angepasst. Das Gesetz regelt allerdings nur außergerichtliche Rechtsdienstleistungen, zu denen z. B. die Vertretung im Widerspruchsverfahren gehört. Für die Frage, wer im gerichtlichen Verfahren eine Person vertreten kann, sind die Regelungen der jeweiligen Prozessordnungen, nämlich §§ 72, 73 SGG oder § 67 VwGO zu beachten.

## 4. Haftung für unrichtige Beratung und falsche Auskünfte

Wird der Träger der Sozialhilfe oder eine von ihm nach § 99 Abs. 1 herangezo- **17** gene Gemeinde der Aufgabe, gezielt, umfassend und richtig zu beraten und zutreffende Auskünfte zu erteilen, nicht gerecht, so kann eine schuldhafte Verletzung einer Amtspflicht nach § 839 BGB vorliegen, für die nach Art. 34 Grundgesetz der Träger der Körperschaft, bei der der Mitarbeiter, der die fehlerhafte Beratung durchgeführt oder die unrichtige Auskunft erteilt hat, tätig ist, einzustehen hat. Nach der Rechtsprechung (BGH 3.5.2001 – III ZR 191/00, Rn. 21) müssen Auskünfte, die ein Mitarbeiter erteilt, dem Stand seiner Erkenntnismöglichkeit entsprechend sachgerecht, d. h. vollständig, richtig und unmissverständlich sein, sodass der Empfänger der Auskunft oder der Ratsuchende entsprechend disponieren kann. Dabei muss sich der beratende Mitarbeiter des Trägers der Sozialhilfe bemühen, dessen konkretes Anliegen zu ermitteln und prüfen, ob über die konkrete Fragestellung hinaus Anlass besteht, auf Gestaltungsmöglichkeiten und Vor- und Nachteile hinzuweisen, die sich mit dem Anliegen des Ratsuchenden verbinden (BSG 18.12011 – B 4 AS 29/10 R, Rn. 14; OLG München 1.6.2006 – 1 U 2388/02, Rn. 83 ff.). Diese **Amtspflicht besteht nur gegenüber demjenigen,** dessen Belange nach dem Zweck und der rechtlichen Bestimmung des Amtsgeschäfts geschützt und gefördert werden sollen (BGH 9.10.1997 – III ZR 4/97, Rn. 9), damit gegenüber dem Leistungsberechtigten bzw. konkret Ratsuchenden, nicht aber gegenüber dritten Personen wie z. B. dem Ehegatten (OLG Düsseldorf 18.12.1997 – 18 W 40/97) oder anderen Personen, die einen Leistungsberechtigten versorgen oder unterstützen (OLG Köln 20.1.1994 – 7 U 127/93, Rn. 12).

Die Haftung nach § 839 BGB setzt **Verschulden** voraus. Dabei kommt es nach **18** dem sog. **„objektivierten Sorgfaltsmaßstab"** auf die Kenntnisse und Fähigkeiten an, die für die Führung eines übernommenen Amtes erforderlich sind (BGH 20.2.1992 – III ZR 188/90, Rn. 31). Damit ist von den Anforderungen eines für eine Tätigkeit im Sozialamt ausgebildeten Angestellten und Beamten auszugehen und zu berücksichtigen, dass der Träger der Sozialhilfe nach § 6 bei der Durchführung des Gesetzes Personen beschäftigen soll, die entsprechend ausgebildet sind oder besondere Erfahrungen im Sozialwesen besitzen und er für eine angemessene fachliche Fortbildung seiner Fachkräfte zu sorgen hat.

Die nach §§ 10 Abs. 2, 14 SGB I bestehenden Hinweis- und Beratungspflichten **19** (vgl. oben Rn. 8) werden ausgelöst, wenn ein Ratsuchender an den Träger der Sozialhilfe mit der Bitte um Auskunft und/oder Beratung herantritt oder sich im Rahmen der dem Träger der Sozialhilfe auferlegten Betreuungspflichten es sich bei Vorliegen eines konkreten Anlasses „spontan" aufdrängt, auf klar zutage liegende Gestaltungsmöglichkeiten hinzuweisen, die offensichtlich zweckmäßig erscheinen und die von jedem verständigen Leistungsberechtigten mutmaßlich genutzt werden (BSG 18.1.2011 – B 4 AS 29/10 R, Rn. 14). Dabei wird auch die „Arbeitsteilung" aus § 14 S. 2 SGB I berücksichtigt. So besteht ein Anspruch auf Beratung über Änderungen im Bereich der Anrechnung von freiwilligen Beitragszahlungen auf Pflichtbeiträge zur Rentenversicherung nur gegenüber dem Rentenversicherungsträger, nicht aber gegen den Sozialhilfeträger, während für einen Anspruch einer Pflegeperson auf eine mögliche Übernahme von Beiträgen für die Altersversorgung nach § 65 Abs. 1 auch ein Anspruch auf ergänzende Beratung durch den Sozialhilfeträger im Falle der Änderungen des Rentenrechts bestehen kann (OLG Schleswig 20.11.1997 – 11 U 111/95, Rn. 7 ff.). Liegt eine fehlerhafte Beratung oder Auskunft vor, so ist es grundsätzlich Sache desjenigen, der diese geltend macht, die Unrichtigkeit oder Unvollständigkeit der Auskunft oder Beratung **darzulegen** und zu **beweisen** (BGH 30.6.1977 – III ZR 51/75, Rn. 32). Eine Beweislastumkehr kommt auch dann nicht in Betracht, wenn die fragliche Auskunft unter § 14 SGB I fällt (OLG Schleswig 20.11.1997 – 11 U 111/95, Rn. 7 ff.). Der Schadensersatzanspruch nach § 839 BGB setzt weiter einen **adäquaten Ursachenzusammenhang** zwischen Pflichtverletzung und Schaden voraus, der fehlen kann, wenn der Geschädigte oder ein Dritter in völlig ungewöhnlicher Weise in den schadensträchtigen Geschehensablauf eingreift und eine weitere Ursache setzt, die den Schaden erst endgültig herbeiführt (BGH 9.10.1997 – III ZR 4/97, Rn. 15). Der Schadensersatzanspruch richtet sich auf **Geldersatz,** nicht auf Naturalrestitution. Er soll die Vermögenslage herstellen, die bei pflichtgemäßem Verhalten des Auskunft erteilenden Beamten bestünde (BGH 18.2.1999 – III ZR 272/96, Rn. 24).

20     Eine Verpflichtung zum Ersatz eines aus einer unrichtigen schuldhaften Beratung entstehenden Schadens besteht nur dann, wenn der Rat- oder Hilfesuchende nicht auf andere Weise Ersatz zu erlangen vermag (§ 839 Abs. 1 S. 2 BGB). Schließlich tritt nach **§ 839 Abs. 3 BGB** die Ersatzpflicht nicht ein, wenn der Verletzte es vorsätzlich oder fahrlässig unterlassen hat, den **Schaden durch Gebrauch eines Rechtsmittels abzuwenden.** Der Begriff „Rechtsmittel" umfasst alle Rechtsbehelfe, die sich unmittelbar gegen die schädigende Amtshandlung oder Unterlassung selbst richten und nach gesetzlicher Ordnung ihre Beseitigung oder Berichtigung bezwecken und ermöglichen (BGH 3.6.1993 – III ZR 104/92, Rn. 15 ff.). Dazu gehört auch ein Antrag auf vorläufigen Rechtsschutz (SächsOVG 12.4.2016 – 2 A 376/14, Rn. 10). Für die Beurteilung der Frage, ob die Einlegung des Rechtsmittels schuldhaft unterlassen wurde, ist auf die Verhältnisse des Verkehrskreises, dem der Verletzte angehört, abzustellen (BGH 15.11.1990 – III ZR 302/89, Rn. 22); dabei darf der Bürger grundsätzlich auf Belehrungen und Erklärungen eines Beamten vertrauen (BGH 9.10.1997 – III ZR 4/97, Rn. 25).

## 5. Herstellungsanspruch

21     Ob die Geltendmachung eines sozialrechtlichen Herstellungsanspruchs ein Ersatzanspruch iSv § 839 Abs. 3 BGB ist, hat die Rechtsprechung bislang offen gelassen. Der vom Bundessozialgericht (BSG 21.3.1990 – 7 RAr 36/88, Rn. 44) entwickelte **verschuldensunabhängige Herstellungsanspruch** knüpft an die Verletzung behördlicher Auskunfts-, Beratungs- und Betreuungspflichten im Sozialrechtsverhältnis an, wobei sich der daraus ergebene Anspruch auf die Vornahme einer Rechtshandlung zur Herstellung desjenigen Zustandes richtet, der bestehen würde, wenn der Sozialleistungsträger die ihm aus dem Sozialleistungsverhältnis erwachsenen Nebenpflichten ordnungsgemäß wahrgenommen hätte (BSG 16.3.2016 – B 9 V 6/15 R, Rn. 29; BSG 18.1.2011 – B 4 AS 29/10, Rn. 14; BSG 21.3.1990 – 7 RAr 36/88, Rn. 44). Dieser auf **Naturalrestitution** gerichtete Anspruch setzt voraus, dass der Sozialleistungsträger rechtlich zur Gewährung der Leistung durch eine zulässige Amtshandlung (noch) in der Lage ist (BSG 31.10.2007 – B 14/11 b AS 63/06, Rn. 13). Anerkannt ist weiter, dass für die Anwendung des Herstellungsanspruches nur dann Raum ist, wenn es an gesetzlichen Regelungen fehlt (BSG 28.1.1999 – B 14 EG 6/98 B, Rn. 4). Für das **Wohngeldrecht** hat das Bundesverwaltungsgericht (BVerwG 18.4.1997 – 8 C 38/95, Rn. 15) das Bestehen einer Regelungslücke, die Raum für die Annahme eines Herstellungsanspruchs lasse, verneint, weil das materielle Recht bestimme, unter welchen Voraussetzungen die Behörde einen Leistungsantrag auch dann, wenn der Antragsteller auf Grund unrichtiger Beratung die gesetzliche Antragsfrist versäumt habe, ausnahmsweise noch berücksichtigen dürfe. Für das Recht des BSHG hatte das Bundesverwaltungsgericht in mehreren unveröffentlichten Entscheidungen (zitiert bei *Wallerath,* NDV 1998, 65) die Übernahme des sozialrechtlichen Herstellungsanspruchs **abgelehnt.** Dem ist die verwaltungsgerichtliche Rechtsprechung (OVG Saarl 22.9.2000 – 3 R 42/99, Rn. 113; OVG RhPf

21.2.1985 – 12 A 94/84; weitere Nachweise bei *Wallerath*, NDV 1998, 65) mit
der Begründung gefolgt, Sozialhilfe diene regelmäßig dazu, eine gegenwärtige
Notlage zu beheben; die Übertragung des Herstellungsanspruchs auf das Sozialhilferecht sei mit diesem Grundprinzip nicht zu vereinbaren. An dieser Auffassung
dürfte im Hinblick darauf, dass Grundsicherung nach § 44 Abs. 1 S. 1 für zwölf
Monate bewilligt wird und diese Leistung nach § 41 Abs. 1 antragsabhängig ist,
von den nunmehr zuständigen Sozialgerichten nicht festgehalten werden (vgl. nur
LSG BW 15.12.2016 – L 7 SO 3998/15, Rn. 28; ebenso: *Hohm*, in Schellhorn/
Schellhorn/Hohm § 10 Rn. 27). Viel spricht für die Annahme, **dass zumindest
im Bereich der Grundsicherung nach §§ 41 ff. der Herstellungsanspruch
in Betracht kommt** (*Mrozynski*, ZfSH/SGB 2007, 465; *Heinz*, ZfF 2009, 12,
19; *Schmitz*, ZfSH/SGB 2006, 393), zumal die Rechtsprechung im Bereich diesen
im Bereich des SGB II ohne Weiteres anwendet (vgl. nur: BSG 18.1.2011 – B 4
AS 99/10 R, Rn. 24). Insoweit besteht eine Parallele zur Frage, ob die **Regelung
des § 44 SGB X** zur rückwirkenden Korrektur bestandskräftiger, aber rechtswidriger Leistungsablehnungen im Recht der Sozialhilfe eingreift. Dies hat das BSG
auch für die Zeit vor der Einfügung des **§ 116a in das SGB XII** für das Recht
auf Sozialhilfe und das Grundsicherungsgesetz zwar generell bejaht (BSG
19.9.2009 – B 8 SO 16/08 R, Rn. 24; vgl. auch Einl. Rn. 155), aber dies dahin
eingeschränkt, dass Besonderheiten des Sozialhilferechts der Gewährung von Leistungen insbesondere dann, wenn ein Bedarf weggefallen ist, entgegenstehen können (zuletzt: BSG 17.12.2015 – B 8 SO 24/14 R, Rn. 16). Ansonsten besteht im
Sozialhilferecht (und dem Recht der Jugendhilfe – vgl. HessVGH 28.1.1992 – 9
UE 3198/89, Rn. 28; VG Meiningen 30.7.2015 – 166/14) nur die Möglichkeit,
zum Ausgleich der Folgen einer fehlerhaften Beratung oder falschen Auskunft
Schadensersatzansprüche aus Amtspflichtverletzung geltend zu machen. Anerkannt
ist allerdings, dass § 44 SGB X dann Anwendung finden kann, wenn es nicht den
Bereich des Leistungsrechts betrifft, sondern es um belastende Bescheide, wie etwa
einen Kostenbeitragsbescheid nach §§ 91 ff. SGB VIII geht (vgl. nur: VG Lüneburg
29.9.2016 – 4 A 96/15, Rn. 21). Daneben sind jedoch von der Rechtsprechung
im Wege der Auslegung bestehender sozialrechtlicher und verfahrensrechtlicher
Vorschriften Lösungsmöglichkeiten entwickelt worden, um Folgen fehlerhafter
Beratung und fehlerhaften Verwaltungshandelns auszugleichen (Übersicht bei
*Grube*, NDV 1999, 184). So ist die Geltendmachung eines sozialhilferechtlichen
Bedarfs nicht wegen einer „Säumigkeit" ausgeschlossen, wenn der Leistungsbe-
rechtigte nur deshalb zunächst untätig geblieben ist, weil ihm durch den vom
Sachverhalt informierten Sozialhilfeträger eine falsche Rechtsauskunft erteilt wor-
den ist (OVG NRW 12.6.2003 – 12 E 144/01, Rn. 14); es kommt **Wiedereinset-
zung** in den vorigen Stand bei der Versäumung von Rechtsmittelfristen in
Betracht, wenn die Säumnis auf einer unrichtigen Rechtsbehelfsbelehrung beruht
(BSG 24.4.1991 – 9a RV 10/91, Rn. 12 ff.; BVerwG 11.5.1994 – 11 B 66/94,
Rn. 14). In sozialgerichtlichen Streitigkeiten ist weiter zu berücksichtigen, dass
dann, wenn eine Rechtsbehelfsbelehrung unterblieben oder unrichtig erteilt worden ist, nach § 66 Abs. 2 SGG die Einlegung eines Rechtsbehelfs nur innerhalb
eines Jahres zulässig ist. Auch bei materiell rechtlichen Ausschlussfristen kommt
bei einer Säumnis, die auf einer Verletzung behördlicher Auskunfts-, Beratungs-,
oder Betreuungspflichten beruht, Wiedereinsetzung dann in Betracht, wenn die
übrigen in § 27 SGB X genannten Anforderungen erfüllt sind (BVerwG
18.4.1997 – 8 C 38/95, Rn. 12 ff.). Weiter darf sich eine Behörde nicht auf die
Versäumung einer von ihr gesetzten Frist berufen, wenn sie durch eine unklare
Formulierung verursacht hat, dass die Frist nicht eingehalten worden ist, zumal
ihr durch § 26 Abs. 7 SGB X die **Möglichkeit der Verlängerung der Frist**
eingeräumt ist (BVerwG 22.10.1993 – 6 C 10/92, Rn. 25).

**§ 11** Beratung und Unterstützung, Aktivierung

(1) Zur Erfüllung der Aufgaben dieses Buches werden die Leistungsberechtigten beraten und, soweit erforderlich, unterstützt.

(2) [1]Die Beratung betrifft die persönliche Situation, den Bedarf sowie die eigenen Kräfte und Mittel sowie die mögliche Stärkung der Selbsthilfe zur aktiven Teilnahme am Leben in der Gemeinschaft und zur Überwindung der Notlage. [2]Die aktive Teilnahme am Leben in der Gemeinschaft umfasst auch ein gesellschaftliches Engagement. [3]Zur Überwindung der Notlage gehört auch, die Leistungsberechtigten für den Erhalt von Sozialleistungen zu befähigen. [4]Die Beratung umfasst auch eine gebotene Budgetberatung.

(3) [1]Die Unterstützung umfasst Hinweise und, soweit erforderlich, die Vorbereitung von Kontakten und die Begleitung zu sozialen Diensten sowie zu Möglichkeiten der aktiven Teilnahme am Leben in der Gemeinschaft unter Einschluss des gesellschaftlichen Engagements. [2]Soweit Leistungsberechtigte zumutbar einer Tätigkeit nachgehen können, umfasst die Unterstützung auch das Angebot einer Tätigkeit sowie die Vorbereitung und Begleitung der Leistungsberechtigten. [3]Auf die Wahrnehmung von Unterstützungsangeboten ist hinzuwirken. [4]Können Leistungsberechtigte durch Aufnahme einer zumutbaren Tätigkeit Einkommen erzielen, sind sie hierzu sowie zur Teilnahme an einer erforderlichen Vorbereitung verpflichtet. [5]Leistungsberechtigte nach dem Dritten und Vierten Kapitel erhalten die gebotene Beratung für den Umgang mit dem durch den Regelsatz zur Verfügung gestellten monatlichen Pauschalbetrag (§ 27a Absatz 3 Satz 2).

(4) [1]Den Leistungsberechtigten darf eine Tätigkeit nicht zugemutet werden, wenn
1. sie wegen Erwerbsminderung, Krankheit, Behinderung oder Pflegebedürftigkeit hierzu nicht in der Lage sind oder
2. sie ein der Regelaltersgrenze der gesetzlichen Rentenversicherung (§ 35 des Sechsten Buches) entsprechendes Lebensalter erreicht oder überschritten haben oder
3. der Tätigkeit ein sonstiger wichtiger Grund entgegensteht.
[2]Ihnen darf eine Tätigkeit insbesondere nicht zugemutet werden, soweit dadurch die geordnete Erziehung eines Kindes gefährdet würde. [3]Die geordnete Erziehung eines Kindes, das das dritte Lebensjahr vollendet hat, ist in der Regel nicht gefährdet, soweit unter Berücksichtigung der besonderen Verhältnisse in der Familie der Leistungsberechtigten die Betreuung des Kindes in einer Tageseinrichtung oder in Tagespflege im Sinne der Vorschriften des Achten Buches sichergestellt ist; die Träger der Sozialhilfe sollen darauf hinwirken, dass Alleinerziehenden vorrangig ein Platz zur Tagesbetreuung des Kindes angeboten wird. [4]Auch sonst sind die Pflichten zu berücksichtigen, die den Leistungsberechtigten durch die Führung eines Haushalts oder die Pflege eines Angehörigen entstehen.

(5) [1]Auf die Beratung und Unterstützung von Verbänden der freien Wohlfahrtspflege, von Angehörigen der rechtsberatenden Berufe und von sonstigen Stellen ist zunächst hinzuweisen. [2]Ist die weitere Beratung durch eine Schuldnerberatungsstelle oder andere Fachberatungsstellen geboten, ist auf ihre Inanspruchnahme hinzuwirken. [3]Angemessene Kosten einer Beratung nach Satz 2 sollen übernommen werden, wenn eine Lebenslage, die Leistungen der Hilfe zum Lebensunterhalt erforderlich macht oder erwarten

lässt, sonst nicht überwunden werden kann; in anderen Fällen können Kosten übernommen werden. [4]**Die Kostenübernahme kann auch in Form einer pauschalierten Abgeltung der Leistung der Schuldnerberatungsstelle oder anderer Fachberatungsstellen erfolgen.**

*Änderung der Vorschrift: Abs. 3 Satz 5 eingef. durch G v. 24.3.2011 (BGBl. I S. 453).*

*Vergleichbare Vorschrift: § 14 SGB II.*

## I. Bedeutung der Norm

Die Vorschrift enthält in den **Abs. 1 bis 3** eine **umfassende Verpflichtung** 1 des Trägers der Sozialhilfe, **den Leistungsberechtigten zu beraten, zu unterstützen und zu aktivieren.** Dies gilt nicht nur für die Hilfe zum Lebensunterhalt, sondern für alle Leistungen des Gesetzes. Im Unterschied zu § 10 Abs. 2 geht es nicht (auch) um eine rechtliche Beratung, sondern um Maßnahmen „zur Erfüllung der Aufgaben" des SGB XII, die dem Leistungsberechtigten gemäß § 1 S. 1 die Führung eines menschenwürdigen Lebens ermöglichen sollen, nach § 1 S. 2 aber auch darauf zielen, ihn so weit wie möglich zu befähigen, unabhängig von Sozialhilfe zu leben. So soll nach Abs. 2. S. 1 der Leistungsberechtigten zu einer aktiven Teilnahme am Leben in der Gemeinschaft und zur Überwindung der Notlage motiviert werden. Diese „Aktivierung" umfasst nach Abs. 3 S. 2 auch das Angebot einer zumutbaren Tätigkeit sowie die begleitende Unterstützung. Vielfach wird die Beratung und Unterstützung zu einer Leistungsabsprache nach § 12 führen. **Abs. 4** enthält die für die in Abs. 3 genannten Tätigkeiten geltende **Zumutbarkeitsregelung, Abs. 5** begründet weitere **Pflichten** des Trägers der Sozialhilfe: Er muss auf das Beratungs- und Unterstützungsangebot von Wohlfahrtsverbänden, auf die Inanspruchnahme einer Schuldnerberatungsstelle oder einer Fachberatung hinweisen und die dabei anfallenden angemessenen Kosten, wenn die Notlage sonst nicht überwunden werden kann, übernehmen. Neu ist, dass die Beratung nach Abs. 2 S. 4 auch die „gebotene" **Budgetberatung** umfasst. Dies ist nicht nur im Hinblick auf ein „Persönliches Budget" nach § 57 bzw. § 29 SGB IX von Bedeutung, sondern betrifft auch die Hilfe zum Lebensunterhalt, da der Leistungsberechtigte mit dem ihm gewährten Regelsatz eine Vielzahl von einmaligen Bedarfslagen, die in § 31 nicht genannt sind, abzudecken hat. Mit dem durch das Gesetzes zur Ermittlung von Regelbedarfen und zur Änderung des Zweiten und Zwölften Buches Sozialgesetzbuch in Absatz 3 eingefügten Satz 4 soll klargestellt werden, dass sich die Beratungsverpflichtung des Trägers auch auf den wirtschaftlichen Umgang des Leistungsberechtigten mit dem ihn durch den Regelsatz zur Verfügung gestellten monatlichen Pauschbetrag bezieht (BT-Drs. 17/3404, 119).

Insgesamt geht die Norm damit von einem Träger aus, der einerseits im Hinblick 2 auf eine „Auswegberatung" (vgl. dazu *Kuntz/Reitz-Bogdoll,* NDV 2003, 375) in vielfältiger Weise auf den Leistungsempfänger einwirkt, andererseits, wenn eine Überwindung der Notlage nicht möglich erscheint, dem Leistungsberechtigten umfängliche Hilfen zu einer Teilnahme am Leben in der Gemeinschaft (vgl. Arbeitshilfe des Deutschen Vereins zur Wahrnehmung der Aufgaben nach §§ 11, 12 SGB XII, NDV 2011, 197; zur Eingliederungshilfe: Empfehlungen des Deutschen Vereins zur Bedarfsermittlung und Hilfeplanung, NDV 2009, 253) gewährt sowie diesem bei der Ausgabenplanung beratend zur Seite steht. In Anbetracht der schwierigen Finanzsituation der Träger bedarf es besonderer Anstrengungen, um diesen Anforderungen gerecht zu werden.

## II. Inhalt der Norm

### 1. Umfassende Beratung

3     Durch die Abs. 1 und 2 sowie Abs. 3 S. 1 bis 3 ist dem Träger der Sozialhilfe die Verpflichtung auferlegt, die Leistungsberechtigten umfassend zu beraten und zu unterstützen. Die Beratung setzt, wie sich aus **Abs. 2 S. 1** ergibt, eine **Bestandsaufnahme der persönlichen Situation des Leistungsberechtigten und eine Abschätzung der Selbsthilfemöglichkeiten** voraus und führt dazu, Möglichkeiten der Teilnahme am Leben in der Gemeinschaft aufzuzeigen. Dies ist auch die Grundlage für eine Leistungsabsprache nach § 12. In **Abs. 2 S. 2** wird dabei hervorgehoben, dass eine aktive Teilnahme am Leben in der Gemeinschaft auch ein gesellschaftliches Engagement umfasst, sodass beides zu fördern und anzuregen ist. Dazu gehört in besonderer Weise die Ausübung einer ehrenamtlichen Tätigkeit (BSG 23.8.2013 – B 8 SO 24/11 R, Rn. 17), wobei es keine Rolle spielt, ob durch Teilhabeleistungen die ehrenamtliche Tätigkeit mittelbar gefördert wird (BayLSG 12.1.2016 – L 8 SO 159/13, Rn. 48). Zur Überwindung der Notlage gehört nach **Abs. 2 S. 3** weiter, die Leistungsberechtigten für **den Erhalt von Sozialleistungen zu befähigen.** Diese Formulierung ist in der Begründung des Gesetzentwurfes nicht näher erläutert. Nach dem Gesamtzusammenhang dürfte damit die Aufgabe des Trägers gemeint sein, auf den Leistungsberechtigten so einzuwirken, dass er weitere Leistungen des SGB XII, aber auch andere Sozialleistungen als die der Sozialhilfe erhalten kann und hierzu die nötigen Mitwirkungshandlungen (z. B. das Stellen von Anträgen) vornimmt oder Interesse an der Teilnahme an Maßnahmen bekundet. Daneben obliegt es dem Träger, die Selbsthilfe des Leistungsberechtigten zu stärken, ihn zu aktivieren sowie dazu zu motivieren, andere Sozialleistungen in Anspruch zu nehmen oder die Voraussetzungen für diese zu schaffen.

4     Nach **Abs. 2 S. 4** umfasst die Beratung auch „eine gebotene **Budgetberatung".** Diese wird häufig erforderlich sein, da die Leistungsberechtigten mit dem zur Deckung des notwendigen Lebensunterhalts gewährten Regelsatz eine Vielzahl von einmaligen Bedarfslagen abdecken müssen. Einmalige Beihilfen z. B. für Bekleidung, für Reparaturen an Haushaltsgeräten oder für Renovierungen von Wohnungen sind im Gesetz nicht mehr oder nur in besonderen Fällen vorgesehen. Wie sich aus § 31 Abs. 1 ergibt, werden „gesondert" lediglich Leistungen für Erstausstattungen für die Wohnung einschließlich Haushaltsgeräten, für Erstausstattungen für Bekleidung einschließlich bei Schwangerschaft und Geburt sowie für Anschaffung und Reparaturen von orthopädischen Schuhen, Reparaturen von therapeutischen Geräten und Ausrüstungen sowie für die Miete von therapeutischen Geräten erbracht. Bei dieser Lage werden viele Leistungsberechtigte Probleme haben, aus den Regelsätzen die Aufwendungen z. B. für Bekleidung, Kauf oder Reparaturen von Haushaltsgeräten und andere einmalig anfallende Ausgaben des notwendigen Lebensunterhalts zu bestreiten. Abs. 3 Satz 5 enthält insoweit eine gesonderte Beratungsverpflichtung. Eine **Budgetberatung** wird weiter notwendig sein **für Leistungsberechtigte der Eingliederungshilfe,** die auf Antrag gemäß § 29 SGB IX Eingliederungshilfe auch durch die Leistungsform eines **Persönlichen Budgets** erhalten können.

### 2. Unterstützung (Abs. 3)

5     In **Abs. 3 S. 1 und 2** ist der Inhalt der Unterstützung der Leistungsberechtigten näher umrissen. Der Träger der Sozialhilfe muss Hinweise erteilen und – soweit erforderlich – den Leistungsberechtigten bei Kontakten zu Sozialen Diensten unterstützen und ihn dorthin begleiten. Weiter hat der Träger dafür zu sorgen, dass dem

Hilfeempfänger Möglichkeiten zur aktiven Teilnahme am Leben in der Gemeinschaft unter Einschluss des gesellschaftlichen Engagements eröffnet werden. Die Unterstützungsmaßnahmen haben sich dabei nach der Besonderheit des Einzelfalls (§ 9 Abs. 1) zu richten. Von Bedeutung ist, dass die Unterstützung wesentlich weiter reicht als die Beratung; so kann es z. B. bei der Hilfe zur Beschaffung einer Unterkunft nach §§ 67, 68 (BSG 15.11.2012 – B 8 SO 22/10 R) erforderlich sein, dass für den Leistungsempfänger Anrufe getätigt oder Schreiben gefertigt werden und dadurch Kontakte hergestellt sowie Unterstützungsangebote wahrgenommen werden. Dies wird weiter dadurch verdeutlicht, dass der Träger der Sozialhilfe, falls dies erforderlich ist, dafür zu sorgen hat, dass der Leistungsberechtigte zu sozialen Diensten „gebracht" und dort (zumindest anfangs) begleitet wird. Nach Abs. 3 S. 5 ist der Leistungsberechtigte schließlich über den Umgang mit dem durch den Regelsatz zur Verfügung stehenden Pauschbetrag zu beraten.

### 3. Angebot einer Tätigkeit

Die vom Träger zu leistende Unterstützung umfasst nach Abs. 3 S. 2 auch das **6** **Angebot einer Tätigkeit sowie die Vorbereitung und Begleitung des Leistungsberechtigten,** wenn dieser zumutbar einer Tätigkeit nachgehen kann. Daraus folgt kein Anspruch des Leistungsberechtigten auf Zuweisung eines bestimmten Arbeitsauftrags, weil sich diese Vorschrift i. S. einer Aufgabenzuweisung an den Sozialhilfeträger richtet (BayLSG 29.10.2010 – L 8 SO 196/09, Rn. 27). Ob ein Angebot einer Tätigkeit gemacht werden kann, ist im Einzelfall sorgfältig zu prüfen; es muss berücksichtigt werden, dass erwerbsfähige Personen im Alter zwischen 15 und 65 Jahren nach § 7 SGB II leistungsberechtigt sind und daher Leistungsberechtigte nach dem SGB XII entweder schulpflichtig, weil sie noch nicht das fünfzehnte Lebensjahr vollendet haben, oder erwerbsunfähig sind. Da nach § 8 Abs. 1 SGB II derjenige erwerbsfähig ist, der nicht wegen Krankheit oder Behinderung auf absehbare Zeit außerstande ist, mindestens drei Stunden täglich erwerbstätig zu sein, kommen für die in § 11 genannten **Tätigkeiten nur diejenigen** in Betracht, deren Dauer **weniger als drei Stunden täglich** beträgt.

### 4. Verpflichtung zur Aufnahme einer entgeltlichen Tätigkeit

Soweit Leistungsberechtigte durch Aufnahme einer Tätigkeit **Einkommen** erzie- **7** len können, sind sie **nach Abs. 3 S. 4 zur Aufnahme einer zumutbaren Tätigkeit sowie zur Teilnahme an einer erforderlichen Vorbereitung** für diese verpflichtet. Damit wird eine materiell-rechtliche Pflicht des Leistungsberechtigten begründet. Er ist verpflichtet, eine ihm angebotene oder vom Träger der Sozialhilfe nachgewiesene zumutbare und konkret zur Verfügung stehende entgeltliche Tätigkeit aufzunehmen, wobei es sich in der Regel nur um sog. Mini-Jobs, d. h. um eine geringfügige Beschäftigung nach §§ 8, 8a SGB IV, sowie um Aushilfs- und Gelegenheitsarbeiten handeln dürfte (vgl. Arbeitshilfe des deutschen Vereins zu Zuverdienstmöglichkeiten im Bereich des SGB XII, NDV 2009, 308). Diese Tätigkeit soll – auch – die sozialen und arbeitsorientierten Fähigkeiten erhalten oder ausbauen; sie muss nach dem Wortlaut der Regelung aber dazu führen, dass Einkommen iSd § 82 erzielt wird. Das ist nicht der Fall, wenn mit dem „Entgelt" lediglich ein mit der Tätigkeit verbundener Aufwand abgedeckt wird. Weiter besteht die Pflicht, an einer zu einer derartigen Beschäftigung erforderlichen Vorbereitung teilzunehmen. Diese Verpflichtung **ist keine Mitwirkungspflicht i. S. v. §§ 60 bis 64 SGB I.** Diese Vorschriften begründen nämlich lediglich Pflichten des Leistungsberechtigten zur Mitwirkung an der Aufklärung des entscheidungserheblichen Sachverhalts und betreffen daher rein verfahrensrechtliche Pflichten (LSG NRW 10.9.2007 – L 20 B 85/07 SO ER, Rn. 26; BVerwG 17.5.1995 – 5 C 20/93,

Rn. 22 zu §§ 18 ff. BSHG). Die Ablehnung einer nach Abs. 3 Satz 2 und 3 angebotenen Tätigkeit oder einer Vorbereitung dazu führt nach § 39 zu einer Verminderung des für den Leistungsberechtigten maßgebenden Regelsatzes in einer ersten Stufe um bis zu 25 v. H., bei wiederholter Ablehnung zu weiteren Kürzungen um jeweils 25 v. H. Zu beachten ist dabei jedoch, dass eine Aufforderung des Trägers der Sozialhilfe, eine auf Einkommenserzielung gerichtete Tätigkeit aufzunehmen, als belastender Verwaltungsakt einzustufen ist (vgl. dazu BVerwG 26.1.2000 – 6 P 2/ 99, Rn. 36; BVerwG 13.10.1983 – 5 C 66/82, Rn. 11). Damit kommt einem Widerspruch gegen die Aufforderung aufschiebende Wirkung nach § 86a SGG zu.

## 5. Zumutbarkeit (Abs. 4)

8    a) **Struktur der Regelung.** In Abs. 4 S. 1 Nr. 1 bis 3 werden zunächst die Fälle genannt, in denen eine Tätigkeit nicht zugemutet werden kann.

9    Nach der Regelung in Nr. 3 ist eine Tätigkeit unzumutbar, wenn ihr ein wichtiger Grund entgegensteht. Beispiele für einen wichtigen Grund sind in Abs. 4 S. 2 mit der Gefährdung der geordneten Erziehung eines Kindes und in Abs. 4 S. 4 mit einer Kollision der Tätigkeit mit Pflichten zur Führung eines Haushalts und zur Pflege von Angehörigen genannt. In Zusammenhang mit der Zumutbarkeitsregelung gibt Abs. 4 S. 3 letzter Hs. den Trägern der Sozialhilfe auf, darauf hinzuwirken, dass **Alleinerziehenden vorrangig ein Platz zur Tagesbetreuung angeboten wird.** Dieser Verpflichtung werden die Träger, insbesondere dann, wenn es sich um Landkreise handelt, leider häufig nur unzureichend gerecht, weil kommunale oder kirchliche Kindergärten (auch) andere Vorrangregelungen praktizieren; ein Rechtsanspruch einer oder eines Leistungsberechtigten auf ein „Hinwirken" besteht nicht, da es sich nach der Formulierung der Vorschrift nur um eine objektiv-rechtliche Verpflichtung des Trägers der Sozialhilfe handelt. Kindern, die das erste Lebensjahr vollendet haben, steht aus § 24 Abs. 2 SGB VIII ein Anspruch auf frühkindliche Förderung in einer Tageseinrichtung oder in Kindertagespflege, Kindern, die das dritte Lebensjahr vollendet haben, ein Anspruch auf Förderung in einer Tageseinrichtung zu; nach § 24 Abs. 1 SGB VIII ist ein Kind, das das erste Lebensjahr noch nicht vollendet hat, dann in einer Tageseinrichtung oder in Kindertagespflege zu fördern, wenn diese Leistung zur Entwicklung der Persönlichkeit geboten ist oder die Erziehungsberechtigten einer Erwerbstätigkeit nachgehen, diese aufnehmen, arbeitsuchend sind oder sich in einer beruflichen Bildungsmaßnahme, in Schul- oder Hochschulausbildung befinden oder Leistungen zur Eingliederung in Arbeit iSd SGB II erhalten.

10    b) **Mangelnde Leistungsfähigkeit.** Eine Tätigkeit darf nach **Abs. 4 S. 1 Nr. 1** nicht zugemutet werden, wenn der Leistungsberechtigte hierzu wegen Erwerbsminderung, Krankheit, Behinderung oder Pflegebedürftigkeit nicht in der Lage ist. Ob der Leistungsberechtigte eine bestimmte Beschäftigung ausführen kann, ist nach § 20 SGB X von dem zuständigen Träger der Sozialhilfe zu ermitteln. Dabei ist die bei ihm gegebene Lage durch Auswertung z. B. von Versicherungsunterlagen, Berichten des Gesundheitsamtes, ärztlichen Attesten und Berichten von sozialen Diensten sorgfältig abzuklären. Den Leistungsberechtigten treffen die **Mitwirkungspflichten** aus §§ 60 ff. SGB I; er hat auf Verlangen sowohl alle Tatsachen anzugeben, die für die Beurteilung dieser Fragen erheblich sein können, als auch der Erteilung von Auskünften durch Dritte, z. B. durch den behandelnden Arzt, zuzustimmen. Zu beachten ist allerdings, dass nach § 60 Abs. 1 Nr. 1 SGB I nur die „erforderlichen" Auskünfte zu erteilen sind (HessVGH 7.2.1995 – 9 TG 3113/94, Rn. 4). Schließlich ist der Hilfebedürftige nach § 62 SGB I verpflichtet, sich auf Verlangen ärztlichen oder psychologischen Untersuchungsmaßnahmen zu unterziehen, soweit die vorliegenden ärztlichen Atteste unvollständig, ungenau oder möglicherweise nicht zutreffend erscheinen. **Kommt ein Leistungsberechtigter seinen Pflichten nach**

§§ 60 ff. SGB I nicht nach, und sind die Grenzen der Mitwirkung nach § 65 SGB I nicht verletzt, so kann der Träger der Sozialhilfe nach § 66 Abs. 1 SGB I vorgehen und die Leistungen ohne weitere Ermittlungen ganz oder teilweise versagen oder entziehen.

c) Alter. Eine Tätigkeit ist nach Abs. 4 S. 1 Nr. 2 nicht zumutbar, wenn der **11** Leistungsberechtigte ein der **Regelaltersgrenze** der gesetzlichen Rentenversicherung entsprechendes Lebensalter erreicht oder überschritten hat. Die Regelaltersgrenze des § 35 SGB VI ist erreicht, **wenn das 67. Lebensjahr vollendet ist.**

d) **Wichtiger Grund.** Eine Tätigkeit kann nach **Abs. 4 S. 1 Nr. 3** nicht zuge- **12** mutet werden, wenn ihr ein wichtiger Grund entgegensteht. Bei der Auslegung dieses Begriffs ist unter Würdigung der jeweils gegebenen Sachlage neben dem Regelungszusammenhang, in dem § 11 steht, seine Zielsetzung und das Gewicht der ausdrücklich in Abs. 4 S. 1 Nr. 1 bis 3 genannten Ausnahmen von der Zumutbarkeit einer geringfügigen entgeltlichen Tätigkeit zu berücksichtigen.

aa) **Gefährdung der geordneten Erziehung.** Nach **Abs. 4 Satz 2** darf eine **13** Tätigkeit insbesondere nicht zugemutet werden, soweit dadurch die **geordnete Erziehung eines Kindes** gefährdet würde. Dieses gesetzliche Beispiel bedeutet in Anbetracht der Formulierung („soweit") nicht, dass eine Tätigkeit schlechthin ausgeschlossen ist, wenn ein oder mehrere Kinder zu erziehen sind. Vielmehr ist nach den Umständen des Einzelfalls zu beurteilen, ob und in welchem Umfang eine Arbeit zugemutet werden kann. Dabei spielen u. a. Alter und Entwicklungsstand des oder der Kinder, die Anzahl der zu versorgenden Kinder sowie der Umstand, ob das Kind oder die Kinder während der Arbeitsabwesenheit des Erziehungsberechtigten sich in ausreichender Obhut befinden, eine Rolle (vgl. zur ähnlichen Formulierung des § 18 Abs. 3 S. 2 BSHG: VGH BW 11.10.1999 – 7 S 1755/99, Rn. 4 ff.). Daher besteht ein wichtiger Grund, der einer Tätigkeit entgegensteht, nicht schon dann, wenn der Wunsch eines Erziehungsberechtigten besteht, sich auf die Erziehung eines Kindes oder zweier Kinder konzentrieren zu wollen. Dies wird durch **Abs. 4 S. 3** präzisiert. Danach ist die geordnete Erziehung eines Kindes, das das dritte Lebensjahr vollendet hat, in der Regel nicht gefährdet, soweit unter Berücksichtigung der besonderen Verhältnisse der Familie die **Betreuung** des Kindes in einer **Tageseinrichtung** oder in **Tagespflege** im Sinne der Vorschriften des Achten Buches Sozialgesetzbuch (SGB VIII) sichergestellt ist. Daraus folgt zunächst, dass einer oder einem Leistungsberechtigten, die bzw. der ein **unter drei Jahre altes Kind** zu betreuen hat, auch dann eine Tätigkeit nicht zuzumuten ist, wenn dieses Kind in eine Kinderkrippe, einen Hort oder eine andere Einrichtung im Sinne des § 22 Abs. 1 SGB VIII aufgenommen werden oder für die Betreuung des Kindes eine Tagespflegeperson im Sinne des § 23 Abs. 1 SGB VIII vermittelt werden könnte. Leben beide (nicht erwerbsfähigen) Elternteile mit einem Kind von unter drei Jahren zusammen, so kann nach dem Ende der Stillzeit grundsätzlich einem der beiden Elternteile, seien es Vater und Mutter, die Aufnahme einer Tätigkeit zugemutet werden. Allerdings wird der Träger der Sozialhilfe dann, wenn er der Mutter eines Kleinkindes eine Tätigkeit vermittelt oder für sie eine Beschäftigungsmöglichkeit besteht, die im Einzelfall bestehende familiäre Lage besonders genau zu prüfen haben.

Bei **Alleinerziehenden,** die ein Kleinkind zu betreuen haben, wird dagegen **14** eine Pflicht zu Aufnahme einer Tätigkeit nicht bestehen (zu § 18 Abs. 3 BSHG: OVG Hmb 2.2.1990 – Bf IV 66/89, Rn. 32), obgleich seit dem 1.8.2013 aus § 24 Abs. 2 SGB VIII ein Rechtsanspruch auf Förderung in einer Tageseinrichtung oder in Tagespflege auch Kindern zusteht, die das erste Lebensjahr vollendet haben. Hat das **Kind,** das ein Leistungsberechtigter zu erziehen hat, **das dritte Lebensjahr vollendet,** ist nach Abs. 4 S. 3 seine geordnete Erziehung in der Regel nicht gefährdet, wenn und soweit seine Betreuung in einer Tageseinrichtung, insbesondere einem Kindergarten nach § 22 SGB VIII oder durch Vermittlung einer Tagespflegeperson nach § 23 SGB VIII sichergestellt ist. Da nach § 24 Abs. 1 SGB VIII ein Kind vom vollendeten dritten Lebensjahr bis zum Schuleintritt einen Anspruch auf den Besuch eines Kindergartens hat, ist – wenn die Durchsetzung dieses Rechtsanspruchs nicht auf tatsächliche Schwierigkeiten stoßen sollte – der oder dem Erziehungsberechtigten grundsätzlich die Aufnahme einer Tätigkeit zuzumuten. Das gilt aber nur, **soweit** die Betreuung in einer Tageseinrichtung oder in Tagespflege sichergestellt ist. Die in Betracht kommende Tätigkeit muss es ermöglichen, z. B. Kinder zum Kindergarten zu bringen und abzuholen, wenn dies durch dem Kind vertraute Dritte oder nahe Verwandte nicht geschehen kann. Dabei kann hinsichtlich der **Kindertagesstätten** in der Regel davon ausgegangen werden, dass eine Betreuung des Vorschulkindes über fünf zusammenhängende Stunden gesichert ist. Da dies bei **Grundschulen** durchaus nicht immer der Fall ist, muss in jedem Einzelfall geprüft werden, ob und inwieweit insbesondere alleinerziehenden Elternteilen die Aufnahme einer Tätigkeit zumutbar ist.

**15**     **bb) Haushaltsführung/Pflege von Angehörigen.** Sind mehrere Kinder und/oder andere Familienangehörige wie z. B. Eltern oder Ehepartner betreuungs- oder pflegebedürftig, hat der Träger der Sozialhilfe bei der Prüfung der Zumutbarkeit einer Tätigkeit die Pflichten zu berücksichtigen, die dem Leistungsberechtigten die Führung eines Haushalts oder die Pflege eines Angehörigen auferlegt. Dabei sind insbesondere die Zahl der Mitglieder des Haushalts, deren Alter und deren Betreuungsbedürftigkeit von erheblicher Bedeutung. Der Sozialhilfeträger muss darauf bedacht sein, die Besonderheiten eines jeweiligen Haushalts und der dazugehörenden Personen sorgfältig zu erfassen und **§ 9 Abs. 1 und § 16** zu beachten, wonach die Sozialhilfe die Kräfte den Familie zur Selbsthilfe anregen und den Zusammenhalt der Familie festigen soll. Nicht von Bedeutung ist, ob der pflegebedürftige Angehörige im Haushalt des Leistungsberechtigten lebt oder nicht. Dagegen ist die Regelung des **§ 64** zu beachten; nach dieser Vorschrift soll der Träger der Sozialhilfe darauf hinwirken, dass bei pflegebedürftigen Personen die Pflege einschließlich der hauswirtschaftlichen Versorgung durch Personen, die dem Pflegebedürftigen nahestehen oder im Wege der Nachbarschaftshilfe übernommen wird. Vor diesem Hintergrund verbietet es sich, den Begriff **„Angehörige"** eng auszulegen. Der Begriff „Pflege eines Angehörigen" setzt weiter nicht voraus, dass bei diesem Angehörigen bereits eine Pflegebedürftigkeit im Sinne des § 61 Abs. 1 vorliegt (ebenso *Hohm*, Schellhorn/Schellhorn/Hohm, § 11 Rn. 36; *Müller-Grune*, jurisPK-SGB XII, § 11 Rn. 35). Somit ist in jedem Einzelfall zu prüfen, ob das Erfordernis, einen Familienangehörigen oder eine nahe stehende Person zu pflegen, mit einer Teilzeittätigkeit in Übereinstimmung zu bringen ist (vgl. auch zu § 18 Abs. 3 BSHG: BayVGH 24.9.1998 – 12 B 96.400, Rn. 50 ff.).

## 6. Regelung des Abs. 5

**16**     **a) Hinweis auf Verbände der freien Wohlfahrtspflege, rechtsberatende Berufe und sonstige Stellen.** Bei der Beratung und Unterstützung ist nach § 11 Abs. 5 S. 2 der Leistungsberechtigte oder andere Ratsuchende, soweit die Beratung und Unterstützung auch von **Verbänden der freien Wohlfahrtspflege** wahrgenommen wird, zunächst auf diese hinzuweisen. Diese Regelung steht in Übereinstimmung mit dem Gebot des § 5 Abs. 4, wonach dann, wenn die Hilfe im Einzelfall durch die freie Wohlfahrtspflege gewährleistet wird, die Träger der Sozialhilfe – soweit es nicht um die Gewährung von Geldleistungen geht – von der Durchführung eigener Maßnahmen absehen sollen. Beide Vorschriften gewährleisten die im Bereich der öffentlichen Fürsorge übliche und bewährte Zusammenarbeit zwischen den Trägern der Sozialhilfe und den freien Wohlfahrtsverbänden mit dem Ziel, durch koordinierten Einsatz öffentlicher und privater Mittel einen möglichst großen Erfolg zu erzielen (BVerfG 18.7.1967 – 3 BvF 3/62 u.a., Rn. 80 ff.). Der Träger der Sozialhilfe hat daher den Rat und Unterstützung Suchenden auf ein bestehendes Angebot von Verbänden der freien Wohlfahrtsverbände hinzuweisen. Dabei steht es dem Leistungsberechtigten frei, ob er sich an diesem Hinweis orientiert oder ob er sich lieber an den Träger der Sozialhilfe selbst wenden will. Dieser ist durch die Hinweispflicht nicht gehindert, selbst in sonstigen sozialen Angelegenheiten beratende Tätigkeit zu entfalten. Der Träger der Sozialhilfe ist auch verpflichtet, den Ratsuchenden, der sich dafür entschieden hat, nicht von Verbänden der freien Wohlfahrtsverbände beraten zu werden, selbst in sonstigen sozialen Angelegenheiten zu beraten (BVerfG 18.7.1967 – 3 BvF 3/62 u.a., Rn. 80 ff.). Darauf hinzuweisen ist schließlich, dass die außergerichtliche Rechtsberatung bzw. Besorgung fremder Rechtsangelegenheiten, die von Trägern der freien Wohlfahrtspflege oder von sonstigen Beratungsstellen durchgeführt wird, nunmehr durch das Rechtsdienstleistungsgesetz ausdrücklich ermöglicht wird (ausführlich dazu: *Naake*, NDV 2008, 450; s. auch § 10 Rn. 14). Weiter sieht Abs. 5 S. 1 vor, Leistungsberechtigte und andere Ratsuchende zunächst auch auf die Hilfe- und Unterstützungsmöglichkeit durch **Angehörige der rechtsberatenden Berufe,** insbesondere Rechtsanwälte, sowie auf andere Stellen zu verweisen.

**b) Fach- und Schuldnerberatung/Kostenübernahme.** Satz 2 hat Fälle im **17** Blick, bei denen eine **qualifizierte Beratung** geboten ist, weil die Problemlage schwerwiegender ist und eine längere und intensivere Beratung erfordert. Dabei geht es vor allem um **Schuldnerberatung,** aber auch um Beratung bei Suchtproblemen, die Familienberatung, Schwangerschaftsberatung oder Berufsberatung. Erkennt der Träger der Sozialhilfe eine derartige Problemlage, muss er auf die Inanspruchnahme solcher qualifizierter Beratung hinwirken. **Satz 3** sieht sodann eine in der Regel („soll") bestehende **Verpflichtung des Trägers der Sozialhilfe vor, die angemessenen Kosten einer derartigen Beratung zu übernehmen.** Allerdings setzt diese Verpflichtung eine Lebenslage, die Leistungen der Hilfe zum Lebensunterhalt erforderlich macht oder erwarten lässt, voraus, die sonst – ohne die Beratung durch die in S. 2 genannte Stelle – nicht überwunden werden kann (BSG 13.7.2010 – B 8 SO 14/09 R, Rn. 17). Ist eine derartige Lebenslage noch nicht eingetreten und droht sie lediglich, ist dem Träger Ermessen bei der Entscheidung über die Übernahme der Beratungskosten eingeräumt. Ein Anspruch auf Übernahme der Kosten der Schuldnerberatung folgt nicht direkt aus §§ 10 Abs. 2, 11 Abs. 5, weil Schuldnerberatung Bestandteil der einzelnen Hilfearten des SGB XII ist. Einer um Sozialhilfe nachfragenden Person, die die Anspruchsvoraussetzungen nach Kapitel 4 bis 9 SGB XII nicht erfüllt, oder nicht bedürftig ist, steht daher kein Anspruch auf Kostenübernahme zu. Einem Erwerbsfähigen sind vor Eintritt seiner Hilfebedürftigkeit keine Leistungen der Schuldnerberatung nach dem SGB II zu erbringen, weil das SGB II eine „präventive Schuldnerberatung" nicht vorsieht. Leistungen für diese Person aus Abs. 5 S. 3 2. Hs. scheiden aus, weil sich die Wendung „in anderen Fällen" auf die im SGB XII außerhalb des dritten und vierten Kapitels vorgesehenen Hilfen z. B. nach §§ 67 ff., 73 bezieht (BSG 13.7.2010 – B 8 SO 14/09 R, Rn. 24).

**c) Pauschalierte Abgeltung der Beratungsleistung.** Satz 4 regelt, dass die **18** Kostenübernahme durch pauschalierte Abgeltung der Leistung der Fachberatungsstellen erfolgen kann. Dabei steht der Schuldnerberatungsstelle kein Rechtsanspruch auf Abschluss einer Vereinbarung über diese Pauschalierte Abgeltung, aber ein Anspruch auf pflichtgemäße Ermessensausübung bei der Entscheidung darüber, ob eine derartige Vereinbarung getroffen werden soll, zu (*Krahmer*, NDV 2006, 157). Diese Form der Finanzierung, die einer **institutionellen Förderung** gleichkommt, ist angezeigt, weil die Fachberatungsstellen **niederschwellige Angebote** vorhalten

müssen, damit sie von den Klienten angenommen werden. Eine vorherige Beantragung von Fachberatung durch den Hilfesuchenden bei dem Sozialhilfeträger mit
einer anschließenden Einzelbewilligung und Abrechnung mit der Beratungsstelle
würde den Anforderungen der Praxis zuwiderlaufen. Die Vorschriften der §§ 75 ff.
bleiben unberührt.

### § 12 Leistungsabsprache

[1]Vor oder spätestens bis zu vier Wochen nach Beginn fortlaufender Leistungen sollen in einer schriftlichen Leistungsabsprache die Situation der
leistungsberechtigten Personen sowie gegebenenfalls Wege zur Überwindung der Notlage und zu gebotenen Möglichkeiten der aktiven Teilnahme
in der Gemeinschaft gemeinsam festgelegt und die Leistungsabsprache
unterzeichnet werden. [2]Soweit es auf Grund bestimmbarer Bedarfe erforderlich ist, ist ein Förderplan zu erstellen und in die Leistungsabsprache
einzubeziehen. [3]Sind Leistungen im Hinblick auf die sie tragenden Ziele
zu überprüfen, kann dies in der Leistungsabsprache näher festgelegt werden. [4]Die Leistungsabsprache soll regelmäßig gemeinsam überprüft und
fortgeschrieben werden. [5]Abweichende Regelungen in diesem Buch gehen
vor.

*Vergleichbare Vorschriften: § 11 Abs. 3 und 5 SGB XII; § 15 SGB II, § 37 Abs. 2
SGB III; § 10 Abs. 1 Satz 1, § 20 SGB IX; § 36 SGB VIII.*

**Schrifttum:** *Baur,* Leistungsabsprache nach SGB XII, Sozialrecht aktuell 2006, 51; *Deutscher
Verein für Öffentliche und Private Fürsorge,* Arbeitshilfe des Deutschen Vereins zur Wahrnehmung
der Aufgaben nach §§ 11, 12 SGB XII, NDV 2010, 197; *Dieckbreder/Schulz,* Beratung und
Casemanagement, in: Fahlbusch (Hrsg.), 50 Jahre Sozialhilfe – Eine Festschrift, S. 216; *Frings,*
Zum Rechtscharakter von Eingliederungsvereinbarungen nach SGB II und Leistungsabsprachen
nach SGB XII; Sozialrecht aktuell 2006, 33; *Krahmer,* Schuldnerberatung nach HARTZ IV –
zum Verhältnis von § 11 Abs. 5 SGB XII und § 16 Abs. 2 SGB II, ArchsozArb 2005, 24, *Kretsch-
mer,* „Sozialhilfe" durch Vertrag, DÖV 2006, 893; *Lachwitz,* Neue Orientierungshilfen und
Empfehlungen der Bundesarbeitsgemeinschaft der überörtlichen Träger der Sozialhilfe (BAGüS)
zum Begriff „Wesentliche Behinderung" und zum Gesamtplan nach § 58 SGB XII, RdLH
2008, 18; *Schuler-Harms (Hrsg.),* Konsensuale Handlungsformen im Sozialleistungsrecht, 2012;
*Spellbrink,* Eingliederungsvereinbarung nach SGB II und Leistungsabsprache nach dem SGB XII
aus Sicht der Sozialgerichtsbarkeit, Sozialrecht aktuell 2006, 52; *Welti,* Planung individueller
Teilhabeleistungen durch Rehabilitationsträger, RsDE 60, 50.

## I. Bedeutung der Norm

1    Die Vorschrift ist Ausdruck eines **kooperativen Verständnisses** bei der Umsetzung der Ziele des SGB XII. Da die Überwindung einer sozialhilferechtlichen Notlage zumeist ein prozesshaftes Geschehen ist, bei dem sich die Leistungen des Trägers
der Sozialhilfe und die Mitwirkung der leistungsberechtigten Personen gegenseitig
bedingen, ist eine Verständigung über diesen Prozess nicht nur wünschenswert,
sondern in vielen Fällen unerlässlich (s. auch § 11). Die Leistungsabsprache konkretisiert die nach **§ 1 Satz 3** bestehende Verpflichtung des Leistungsberechtigten und
des Trägers der Sozialhilfe, zur Erreichung der in § 1 Satz 1 und 2 formulierten
Ziele **zusammenzuwirken.** Die allgemeine Beratungspflicht nach § 14 SGB I und
die Beratung sowie Unterstützung nach § 10 Abs. 2 erhalten durch die Leistungsabsprache eine größere Verbindlichkeit. Die Ansicht von *Spellbrink* (in: jurisPK-
SGB XII, 1. Aufl., § 12 Rn. 14), die Leistungsabsprache sei ein rechtliches nullum,
ist nur solange zutreffend, wie von ihr kein Gebrauch gemacht wird. Wenn sie

genutzt wird, kann sie positiv wirken. Allerdings hat die Leistungsabsprache in der Praxis keine große Bedeutung.

In die nach dieser Vorschrift festzulegenden Absprachen können auch die **Wün- 2 sche** der Leistungsberechtigten (s. § 9 Abs. 2 und 3) einfließen; sie erhalten dadurch eine stärkere Verbindlichkeit.

Die Leistungsabsprache stellt eine besondere Form der Ermittlung des maßgebli- 3 chen Sachverhalts dar (s. auch § 20 SGB X). Sie ist ein verwaltungsverfahrensrechtliches Instrument (*Welti*, RsDE 60, 50, 61).

Das Sozialrecht kennt vergleichbare **Absprachen** seit langen in Form des Hilfe- 4 plans nach § 36 SGB VIII. Auch im **Rehabilitationsrecht** gibt es Vorschriften, wonach Leistungen mit dem Berechtigten gemeinsam geplant und abgestimmt werden (s. auch § 7 FrühförderungsVO v. 24.6.2003, BGBl. I S. 998). Der **Gesamtplan** nach § 58 stellt für die Eingliederungshilfe ein zusätzliches Instrument der Absprache über Leistungen dar. In § 68 Abs. 1 Satz 2 ist ebenfalls die Erstellung eines Gesamtplans vorgesehen. Im Rahmen der Grundsicherung im Alter war nach § 44 Abs. 2 (a. F.) das Erstellen einer Leistungsabsprache in das Ermessen des Leistungsträgers gestellt (zur geringen Bedeutung der Leistungsabsprache im Sozialhilferecht s. *Baur*, Sozialrecht aktuell 2006, 51). Die Eingliederungsvereinbarung nach § 15 SGB II ist das zentrale Instrument im Rahmen der Eingliederung erwerbsfähiger Hilfebedürftiger in Arbeit. Die rechtliche und praktische Bedeutung der Eingliederungsvereinbarung nach § 15 SGB II ist nicht mit der Leistungsabsprache nach § 12 vergleichbar.

## II. Inhalt der Norm

Die Vorschrift gilt für alle Leistungen der Sozialhilfe, die **fortlaufend erbracht 5** werden. Auch wenn Sozialhilfeleistungen in der Regel nicht Dauerleistungen sind, können sie dennoch für einen längeren Zeitraum notwendig sein und damit fortlaufend erbracht werden. Ab welcher Dauer von einem fortlaufenden Bezug von Leistungen auszugehen ist, lässt die Vorschrift offen. Auch bei kurzer Dauer (s. § 38) des Leistungsbezugs kann sich eine Leistungsabsprache als nützlich erweisen. Es kommt im Einzelfall darauf an, ob zur nachhaltigen Überwindung der Notlage eine Leistungsabsprache beitragen kann. Der Zeitpunkt, zu der die Leistungsabsprache erstellt werden soll, ist nur insoweit festgelegt, als dies spätestens vier Wochen nach Beginn der fortlaufenden Leistung geschehen soll. Sinnvoller ist es indes, sie vor dem Leistungsbeginn zu treffen.

Die Vorschrift enthält eine **objektiv-rechtliche Verpflichtung** des Trägers der 6 Sozialhilfe, eine Leistungsabsprache herzustellen. Diese Verpflichtung ist eine Soll-Verpflichtung, sodass im Regelfall eine Leistungsabsprache zu erstellen ist. Der Leistungsberechtigte besitzt kein subjektives öffentliches Recht, eine Leistungsabsprache zu verlangen. Begehrt er eine bestimmte Hilfeleistung, muss er sein Begehren unabhängig vom Vorliegen einer Leistungsabsprache mit den vorgesehenen Rechtsbehelfen geltend machen.

Die Leistungsabsprache soll schriftlich festgehalten und von den Beteiligten unter- 7 zeichnet werden. Dadurch erhält die Leistungsabsprache ein gewisses Maß an Verbindlichkeit. Dennoch stellt sie keinen öffentlich-rechtlichen Vertrag dar. Sie fixiert in verfahrensrechtlicher Hinsicht das weitere Vorgehen im Hilfeprozess. In inhaltlicher Hinsicht wird zumindest die **Situation** der leistungsberechtigten Person **beschrieben (Satz 1).** Insoweit geht es darum, die Besonderheiten des Einzelfalles im Sinne von § 9 Abs. 1 festzustellen. Daneben kann eine Leistungsabsprache auch Wege benennen, die der **Überwindung der Notlage** und der aktiven Teilnahme in der Gemeinschaft dienen. Dies ist etwa für Personen nach § 67 und nach § 71 besonders wichtig. Durch eine Leistungsabsprache kann das Ermessen des Leistungsträgers bei der Leistungsbewilligung gebunden werden. Ohne besondere Gründe kann daher von einer Leistungsabsprache nicht abgewichen werden.

**8**     Bei komplexen Bedarfslagen, die nur nach und nach überwunden werden können, ist ein besonderer **Förderplan** in die Leistungsabsprache aufzunehmen **(Satz 2)**. Hinsichtlich des Förderplans, der ebenfalls kein Verwaltungsakt ist, sieht die Vorschrift eine bindende Verpflichtung des Trägers der Sozialhilfe vor. Allerdings ist nicht näher geregelt, was „bestimmbare Bedarfe" sind. Da eine Leistungsabsprache zukunftsgerichtet und daher prognostisch ist, ergibt sich die Notwendigkeit, sie laufend zu überprüfen **(Satz 3)**. In welchen Zeitabständen und an Hand welcher Maßstäbe das geschehen soll, kann in der Leistungsabsprache im Vorhinein festgelegt werden. Das Gesetz enthält insoweit keine zeitlichen Vorgaben. Die Überprüfung, ob die Ziele der Leistung erreicht sind, erfolgt ebenfalls gemeinsam zwischen den Beteiligten **(Satz 4)**. Aus Anlass einer solchen Überprüfung ist die Leistungsabsprache gegebenenfalls fortzuschreiben.

**9**     **Abweichende Regelungen (Satz 5)** enthielt etwa § 58. Auch der Gesamtplan nach § 68 Abs. 1 Satz 2 stellte eine abweichende Regelung dar. Diese Regelungen gehen dem § 12 vor.

### III. Sanktionen

**10**     Die Leistungsabsprache ist **kein öffentlich-rechtlicher Vertrag.** Mit ihr werden nur der Klarheit halber Ziele und Wege zur Überwindung der Notlage benannt, damit der Prozess der Überwindung der Notlage rational verfolgt und überprüft werden kann. Kommt die leistungsberechtigte Person den in der Leistungsabsprache festgelegten „Verpflichtungen" nicht nach, liegt daher keine Vertragsverletzung vor. Die leistungsberechtigte Person hat indes möglicherweise eine **Mitwirkungshandlung** nicht erfüllt bzw. sich **schuldhaft** im Sinne von § 103 verhalten. Auch **unwirtschaftliches Verhalten** im Sinne von § 26 Abs. 1 Nr. 2 kann gegeben sein. Schließlich kann in der Ablehnung einer Absprache oder der Aufnahme einer Tätigkeit ein Fall von **§ 39a** liegen. Einschränkungen der Leistungen sind dann die Folge der Nichteinhaltung einer Leistungsabsprache. Eine Leistungsabsprache darf aber nur Mitwirkungshandlungen für den Leistungsberechtigten festlegen, die nach dem Gesetz von ihm auch zu verlangen sind; durch eine Leistungsabsprache kann diese Schranke nicht überwunden werden. Neue Mitwirkungspflichten lassen sich auf diesem Wege nicht begründen. Die **Mitwirkungspflichten** ergeben sich allgemein aus § 1 Satz 2 und 3, aus § 11 Abs. 3 und aus §§ 60 ff. SGB I (s. auch § 21 Abs. 2 SGB X).

### § 13 Leistungen für Einrichtungen, Vorrang anderer Leistungen

(1) **¹Die Leistungen können entsprechend den Erfordernissen des Einzelfalles für die Deckung des Bedarfs außerhalb von Einrichtungen (ambulante Leistungen), für teilstationäre oder stationäre Einrichtungen (teilstationäre oder stationäre Leistungen) erbracht werden. ²Vorrang haben ambulante Leistungen vor teilstationären und stationären Leistungen sowie teilstationäre vor stationären Leistungen. ³Der Vorrang der ambulanten Leistung gilt nicht, wenn eine Leistung für eine geeignete stationäre Einrichtung zumutbar und eine ambulante Leistung mit unverhältnismäßigen Mehrkosten verbunden ist. ⁴Bei der Entscheidung ist zunächst die Zumutbarkeit zu prüfen. ⁵Dabei sind die persönlichen, familiären und örtlichen Umstände angemessen zu berücksichtigen. ⁶Bei Unzumutbarkeit ist ein Kostenvergleich nicht vorzunehmen.**

**(2) Einrichtungen im Sinne des Absatzes 1 sind alle Einrichtungen, die der Pflege, der Behandlung oder sonstigen nach diesem Buch zu deckenden Bedarfe oder der Erziehung dienen.**

*Änderungen der Vorschrift: Abs. 1 Satz 2 aufgeh., bish. Sätze 3 bis 7 werden Sätze 2 bis 6 durch G v. 2.12.2006 (BGBl. I S. 2670), Abs. 1 Satz 1 geänd. mWv 1.1.2020 durch G vom 23.12.2016 (BGBl. I S. 3234).*

*[§ 13 in der Fassung ab 1.1.2020:]*

*(1) [1]Die Leistungen nach dem Fünften bis Neunten Kapitel können entsprechend den Erfordernissen des Einzelfalles für die Deckung des Bedarfs außerhalb von Einrichtungen (ambulante Leistungen), für teilstationäre oder stationäre Einrichtungen (teilstationäre oder stationäre Leistungen) erbracht werden. [2]Vorrang haben ambulante Leistungen vor teilstationären und stationären Leistungen sowie teilstationäre vor stationären Leistungen. [3]Der Vorrang der ambulanten Leistung gilt nicht, wenn eine Leistung für eine geeignete stationäre Einrichtung zumutbar und eine ambulante Leistung mit unverhältnismäßigen Mehrkosten verbunden ist. [4]Bei der Entscheidung ist zunächst die Zumutbarkeit zu prüfen. [5]Dabei sind die persönlichen, familiären und örtlichen Umstände angemessen zu berücksichtigen. [6]Bei Unzumutbarkeit ist ein Kostenvergleich nicht vorzunehmen.*

*(2) Einrichtungen im Sinne des Absatzes 1 sind alle Einrichtungen, die der Pflege, der Behandlung oder sonstigen nach diesem Buch zu deckenden Bedarfe oder der Erziehung dienen.*

**Schrifttum:** *Hacke,* Unterfallen ambulante Pflegeleistungen dem Begriff der „Leistungen für Einrichtungen" im Sinne des § 19 Abs. 6 SGB XII?, ZFSH/SGB 2012, 377 ff.; *Hammel,* Zuständigkeitsprobleme beim ambulant betreuten Wohnen – Auslegung und Anwendung des § 98 Abs. 5 SGB XII, ZfSH/SGB 2008, 67; *Mrozynski,* Stationäre Unterbringung – Leistungsrechtliche Konsequenzen und Anrechnung von Einkommen, ZfSH/SGB 2009, 328; *Münder/ Geiger,* Stationäre Einrichtungen im Sinn des § 7 Abs. 4 SGB II, SGb 2007, 1; *Münning,* Mehrkostenvorbehalt ade? Subjektiv-öffentliche Rechte aus der UN-BRK?, NDV 2013, 148; *Pöld-Krämer/Fahlbusch,* Das Recht der Leistungserbringung in der Sozialhilfe im Licht der §§ 93 ff. BSHG, RsDE 2000, 4; *Schulte/Trenk-Hinterberger,* Sozialhilfe, 2. Aufl. 1986; s. auch Schrifttum zu § 9 und § 98.

## Übersicht

# I. Bedeutung der Norm

## 1. Allgemeines

1     In der Vorschrift wurden die bisher auf verschiedene Stellen des BSHG verteilten Vorschriften (s. §§ 3 Abs. 2, 3a, 97 Abs. 4 BSHG) zum Verhältnis der ambulanten, teilstationären und stationären Leistungen zusammengefasst und präzisiert (BT-Drs. 15/1514, S. 56). Mit der jetzigen Fassung verfolgt der Gesetzgeber ferner den Zweck, **in der Praxis aufgetretene Auslegungsschwierigkeiten** zu beheben. Die erklärte Absicht des Gesetzgebers war es, voll auf den Einrichtungsbegriff des Abs. 2 und die dazu gefestigte Rechtsprechung zurückzugreifen (vgl. BT-Drs. 16/2711; dazu kritisch wegen der Auswirkungen auf § 7 SGB II *Deutscher Verein,* NDV 2006, 540). Die ab 1.1.2020 gültige Neufassung ist eine Klarstellung, dass das Fünfte bis Neunte Buch erfasst sind.

2     **Rechtspolitisch** ist gerade für die Verwirklichung der selbstbestimmten Teilhabe behinderter Menschen bedeutsam, im Gegensatz zur gegenwärtigen Situation, in der behinderte Menschen vor allem in stationären Einrichtungen betreut werden (s. Statistisches Bundesamt, Eingliederungshilfe für behinderte Menschen, Mai 2006, 2), den ambulanten Bereich zu stärken (s. auch *Waldhorst-Kahnau,* jurisPK-SGB XII, § 13 Rn. 14). In der Praxis kann der Grundsatz ambulant vor stationär oftmals nicht umgesetzt werden, weil im für behinderte Menschen bedeutsamen Wohnbereich nicht ausreichend Angebote vorhanden sind. Verfassungsrechtliche Bedenken gegen die Vorschrift bestehen nicht (LSG LSA 3.3.2011 – L 8 SO 24/09 B ER).

## 2. Systematischer Kontext

3     **a) Schnittstelle zum SGB II.** Die Vorschrift hat Bedeutung für § 7 Abs. 4 S. 3 Nr. 2 SGB II, weil sie als Schnittstelle zu den Leistungsberechtigten des SGB II zu beachten ist. Denn Leistungen nach dem SGB II erhält nicht, wer in einer stationären Einrichtung untergebracht ist und unter den üblichen Bedingungen des allgemeinen Arbeitsmarktes 15 Stunden wöchentlich erwerbstätig ist.

4     Im SGB II ist der Begriff (stationäre) Einrichtung nicht näher definiert, sodass die Rspr. schon überwiegend (vgl. z. B. LSG BW 21.3.2006 – L 7 AS 1128/06 ER-B, Justizvollzugsanstalt, s. jetzt aber § 7 Abs. 4 S. 2 SGB II; s. auch LSG NRW 31.8.2005 – L 19 B 48/05 AS ER, Untersuchungshaft) die Definition des SGB XII übernommen hatte (vgl. zum Ganzen *Münder/Geiger,* SGb 2007, 3 f.; *Mrozynski,* ZfSH/SGB 2009, 328, und zum Meinungsstand im SGB II *Leopold,* jurisPK-SGB XII, § 7 Rn. 231 f.).

5     Dringender als zuvor bedarf es einer Festlegung, was im SGB II unter einer stationären Einrichtung zu verstehen ist. Denn mit dem Wegfall der vom Leistungsträger nach der früheren Rechtslage zu treffenden Prognoseentscheidung, ob die Unterbringung länger als 6 Monate dauern sollte, kann die Definition der Einrichtung nicht mit der Hilfserwägung umgangen werden, der Aufenthalt werde nicht länger als 6 Monate dauern. Mit einer stationären Unterbringung von länger als 6 Monaten sind seit der geänderten Rechtlage vom 1.7.2006 des SGB II die Leistungsträger des SGB XII zwingend zuständig, sodass sich die Frage nach einer Unterbringung in einer stationären Einrichtung von Anfang an stellt. Weil die Zuweisung in eine Einrichtung auch gleichzeitig über den Zugang von Leistungen nach dem SGB II oder SGB XII entscheidet, ist die Begriffsbestimmung des Einrichtungsbegriffs von großer Wichtigkeit (vgl. auch *Spindler,* Recht und Psychiatrie, 2009, 30; *Mrozynski,* ZfSH/SGB 2009, 328 f.). Nach der bisherigen Auffassung des BSG (BSG 6.9.2007 – B 14/7b AS 16/07 R mit Anm. *Hannes,* SGb 2008, 666 und 151; s. auch *Berlit,* juris-SozR 17/2008 Anm. 1) enthält die Vorschrift des § 7 Abs. 4 SGB II

die Fiktion, an sich erwerbsfähige Hilfebedürftige als erwerbsfähig anzusehen und vom Leistungsbezug des SGB II auszuschließen. Bisher wurde der Begriff der Einrichtung nicht durch einen Rückgriff auf § 13 SGB XII bestimmt. Anders nun die Rspr. des BSG (BSG 5.6.2014 – B 4 AS 32/13 R; BSG 2.12.2014 – B 14 AS/13 R), die der Auffassung ist, dass Wortlaut des§ 7 Abs. 4 SGB II und Sinn sowie Zweck eine Anbindung an § 13 SGB XII erfordert. Die Prüfung soll in einem **Dreierschritt** vorgenommen werden. In einem ersten Schritt soll geprüft werden, ob es sich um eine Leistungserbringung in einer Einrichtung handelt. Hierbei soll vom sozialhilferechtlichen Begriffsverständnis des § 13 Abs. 2 SGB XII ausgegangen werden, wonach Einrichtungen alle Einrichtungen sind, die der Pflege, der Behandlung oder sonstigen nach dem SGB XII zu deckenden Bedarfe oder der Erziehung dienen. Es handelt sich um eine auf Dauer angelegte Kombination von sächlichen und personellen Mitteln, die zu einem besonderen Zweck und unter der Verantwortung eines Trägers zusammengefasst wird und die für einen größeren wechselnden Personenkreis bestimmt ist, wobei die Bindung an ein Gebäude gegeben sein müsse. In einem zweiten Schritt soll es darauf ankommen, ob Leistungen stationär erbracht werden. Auch hierfür soll zur näheren Bestimmung auf § 13 Abs. 1 SGB XII Bezug genommen werden. Von einer „stationären Leistungserbringung" soll auszugehen sein, wenn der Leistungsempfänger nach formeller Aufnahme in der Institution lebt und daher die Unterbringung Teil der Leistungserbringung ist. Eine Unterbringung in einer stationären Einrichtung ist ausgeschlossen, wenn keine formelle Aufnahme des Leistungsempfängers in die Institution erfolgt, sodass die Unterbringung grundsätzlich nicht Teil der Leistungserbringung ist *(Waldhorst-Kahnau,* jurisPK SGB XII, § 13 Rn. 25; *Luthe,* Hauck/Noftz, SGB XII, K § 13 Rn. 10). Als dritte Voraussetzung soll es auf eine konkrete Unterbringung in der stationären Einrichtung ankommen. Es komme daher nicht allein darauf an, dass die Einrichtung (auch) stationäre Leistungen erbringe; ferner genüge nicht bereits ein geringes Maß an Unterbringung im Sinne einer formellen Aufnahme. Von einer Unterbringung kann nur ausgegangen werden, wenn der Träger der Einrichtung nach Maßgabe seines Konzeptes die Gesamtverantwortung für die tägliche Lebensführung und die Integration des Hilfebedürftigen übernehme. Insofern kann man davon sprechen, dass die Rspr. nun richtigerweise einen **funktionellen Einrichtungsbegriff** zugrunde legt (BSG 5.6.2014 – B 4 AS 32/13 R; BSG 2.12.2014 – B 14 AS 35/13 R; s. auch *Waldhorst-Kahnau,* jurisPK-SGB XII, § 13 Rn. 10). Für die Praxis bedeutet der eigenständige, vom BSG entwickelte Einrichtungsbegriff einen erhöhten Prüf- und Feststellungsaufwand. Es kann nicht mehr allein darauf abgestellt werden, ob die Einrichtung sozialhilferechtlich als stationäre Einrichtung anerkannt ist *(Berlit,* jurisPR-SozR 17/2008 Anm. 1).

In den Konfliktfällen, dass sich der SGB-II-Leistungsträger und der Sozialhilfe- **6** leistungsträger darüber nicht verständigen können, ob eine ausreichende Erwerbsfähigkeit vorliegt, stellt § 44a SGB II eine Regelung zur Verfügung. Anders jedoch enthält § 44a SGB II keine Kollisionsregelung für die Fälle, in denen sich die Träger der verschiedenen Leistungsbereiche über den Charakter einer Einrichtung nicht verständigen können (eine Analogie verneinend LSG NRW 20.2.2008 – L 7 B 274/07 AS; vgl. dazu auch *Spindler,* Recht und Psychiatrie, 2009, 30). Beispiele: Um stationäre Einrichtungen idS handelt es sich in der Regel bei Altenpflegeheimen, psychiatrischen Anstalten, Blindenheimen. Einrichtungen, bei denen der Leistungsberechtigte noch ein gewisses Maß an Selbständigkeit hat, z. B. Altenwohnheime, Frauenhäuser, oder regelmäßig an seinen Wohnort zurückkehren kann, z. B. bei Werkstätten für behinderte Menschen oder einer Einrichtung für schwer erziehbare Jugendliche, erfüllen diese Voraussetzungen in der Regel nicht, sodass in diesen Fällen kein Leistungsausschluss nach Abs. 4 S. 1 1. Alt. besteht.

7     **b) Kontext zu anderen Normen.** Die Vorschrift hat Bedeutung für § 19 Abs. 6 SGB XII. Danach geht der Anspruch des Berechtigten auf Leistungen für Einrichtungen, soweit die Leistung an den Berechtigten erbracht worden wäre, nach dessen Tod auf denjenigen über, der die Leistung erbracht hat (s. BSG 13.7.2010 – B 8 SO 13/09 R). § 27b SGB XII befasst sich mit dem notwendigen Lebensunterhalt in Einrichtungen. § 75 Abs. 1 SGB XII stellt klar, dass § 75 SGB XII für stationäre und teilstationäre Einrichtungen gilt (vgl. dazu auch BayLSG 15.11.2007 – L 11 SO 46/06). Sonderregelungen ergeben sich gemäß § 98 Abs. 2 SGB XII bei der Festlegung der örtlichen Zuständigkeit im Fall, dass stationäre Leistungen erbracht werden. Bei der Gewährung der häuslichen Pflege (§ 63 SGB XII) ist der Mehrkostenvorbehalt zu beachten.

8     § 19 SGB IX wird bei der Auslegung auch des § 13 SGB XII mit heranzuziehen sein. § 19 Abs. 2 SGB IX hat eine andere Zielsetzung als § 13 SGB XII. Im Kontext der gesamten Norm beinhaltet § 19 Abs. 2 SGB IX Einzelheiten einer Infrastrukturverantwortung der Rehabilitationsträger (vgl. dazu auch *Luthe,* Hauck/Noftz, § 13 Rn. 8).

9     **c) Besitzstandswahrung.** Mit der Vorschrift des § 130 SGB XII findet sich eine Regelung zur Besitzstandswahrung.

# II. Inhalt der Norm

10     Die §§ 13–16 SGB XII gehören zum Leistungsrecht und sind als allgemeine Vorschriften vor die Klammer der einzelnen Leistungsarten gezogen. Die Vorschrift besagt zunächst in ihrem Satz 1, dass die Leistungen ambulant oder in teilstationären bzw. stationären Leistungen erbracht werden können. Satz 2 der Vorschrift, in dem die Einrichtung definiert war als eine solche, in der Leistungsberechtigte leben und die erforderlichen Hilfen erhalten, ist mWv 7.12.2006 durch Art. 1 Nr. 2 des Gesetzes vom 2.12.2006 (BGBl. I S. 2670) gestrichen worden. Die erklärte Absicht des Gesetzgebers war es, voll auf den Einrichtungsbegriff des Abs. 2 und die dazu gefestigte Rechtsprechung zurückzugreifen (vgl. BT-Drs. 16/2711; dazu kritisch wegen der Auswirkungen auf § 7 SGB II *Deutscher Verein,* NDV 2006, 540). Abs. 2 enthält eine Legaldefinition von Einrichtungen iSv Abs. 1, die dem bisherigen § 97 Abs. 4 BSHG entnommen worden ist. Zuzustimmen ist *Krahmer* (LPK-SGB XII, § 13 Rn. 1), der darauf hingewiesen hat, dass die sprachliche Fassung der nichtamtlichen Überschrift missglückt ist, weil es nicht um Leistungen für, sondern in einer Einrichtung geht.

# III. Leistungen für Einrichtungen (S. 1)

11     Die Vorschrift sieht vor, dass Leistungen entsprechend den **Erfordernissen** des **Einzelfalles** (Individualisierungsprinzip) für die Deckung außerhalb von Einrichtungen, also in ambulanter Form, oder für teilstationäre oder stationäre Einrichtungen erbracht werden können. Sie regelt einen Sonderfall des § 9 Abs. 1 SGB XII.

12     Es handelt sich um eine **Ermessensentscheidung,** für die der Gesetzgeber in den nachfolgenden Sätzen dieses Absatzes Entscheidungsvorgaben macht und sie damit bindet (*Lippert,* Mergler/Zink, § 13 Rn. 6; *Luthe,* Hauck/Noftz, § 13 Rn. 5). Die Prüfung hat in folgenden Stufen zu erfolgen (zum Ganzen LSG LSA 3.3.2011 – L 8 SO 24/09 B ER). Bei der Entscheidung ist zunächst die Zumutbarkeit zu prüfen (Satz 4). Dabei sind die persönlichen, familiären und örtlichen Umstände angemessen zu berücksichtigen (Satz 5). Bei Unzumutbarkeit ist ein Kostenvergleich nicht vorzunehmen (Satz 6).

In dieser Vorschrift vereinigen sich das Wunschrecht des § 3 Abs. 2 BSHG und **13** der in § 3a BSHG geregelte Vorrang der offenen Hilfe, ohne die Komplexität dieser Vorschriften zu übernehmen. In der verschlankten Form des § 13 Abs. 1 S. 1 SGB XII ist die Formulierung des Wunschrechtes weggefallen. Damit ist klargestellt, dass es nicht darauf ankommt, dass der Leistungsberechtigte einen entsprechenden Wunsch gegenüber dem Hilfeträger äußert. Das Wunschrecht des § 9 Abs. 2 SGB XII entfällt (s. auch *Mrozynski*, III. 4 Rn. 52), wenn die gewünschte ambulante Betreuung unverhältnismäßig teuer ist (§ 13 Abs. 1 S. 3 SGB XII). Wünschen nach einer teilstationären oder stationären Unterbringung kann nur entsprochen werden, wenn ansonsten der Bedarf nicht anders gedeckt werden kann.

Die **Flexibilisierung** des **Leistungsangebotes,** die der Gesetzgeber mit der **14** Neuregelung verfolgt (BT-Drs. 15/1514, 56), wird durch die jetzige Regelung verbessert. Ein Anspruch auf Bereitstellung von Einrichtungen durch den Hilfeträger lässt sich aus der Vorschrift allerdings nicht entnehmen (so auch *Luthe*, Hauck/Noftz, § 13 Rn. 7; *Lippert*, Mergler/Zink, § 13 Rn. 8; *Krahmer*, LPK-SGB XII, § 13 Rn. 7).

Die von **teilstationären und stationären Einrichtungen** und Diensten **15** erbrachten Leistungen stehen unter dem Vorbehalt des § 75 Abs. 3 und 4 SGB XII. Wird eine Leistung von einer entsprechenden Einrichtung erbracht, ist der Hilfeträger zur Übernahme der Vergütung für die Leistung nur verpflichtet, wenn Vereinbarungen über die Leistung, die Vergütung und die Wirtschaftlichkeitsprüfung bestehen (§ 75 Abs. 3 SGB XII). Andernfalls folgt eine Leistungsvergütung dem § 75 Abs. 4 SGB XII, wonach es auf den Einzelfall und die in der Vorschrift weiter genannten Kriterien ankommt.

## IV. Vorranggrundsatz (S. 2)

Der Vorranggrundsatz setzt gedanklich voraus, dass die fragliche Hilfeleistung **16** ihrer Funktion nach überhaupt an dem Ort erbracht werden kann, für den sie beantragt worden ist (s. *Höfer/Krahmer*, LPK-SGB XII, § 13 Rn. 4). Grundsätzlich haben ambulante Hilfen Vorrang (so schon § 3a BSHG), teilstationäre Leistungen wiederum haben Vorrang vor stationären Leistungen (vgl. *Münder/Geiger*, SGb 2007, 2). Dieses **Vorrangprinzip** oder **Prinzip der gesetzlichen Stufenfolge,** das grundsätzlich gelten soll, wird durch die nachfolgenden Sätze durchbrochen. Die Stufenfolge des Wie der Leistungen ist ein unverzichtbares Regulativ zur nötigen Verwirklichung von (Grund-)Rechten des Leistungsberechtigten. Die Vorschrift entspricht der sozialpolitischen Entwicklung, die von der stationären zur ambulanten Hilfe gekennzeichnet ist. Dem Vorrang ambulanter Hilfen liegt auch der finanzpolitische Gedanke zugrunde, dass sie kostengünstiger erbracht werden. Im Fall der Hilfe zur Pflege heißt das beispielsweise, dass zur Sicherstellung der Pflege eine besondere Pflegekraft herangezogen werden kann (§ 65 Abs. 1 S. 2 SGB XII).

Keinen Anhaltspunkt gibt die Vorschrift für einen aus ihr abzuleitenden, verpflich- **17** tenden Anspruch (**Gewährleistungsanspruch),** zusätzliche ambulante Hilfen bereit zu stellen (s. bereits Rn. 14). Keinesfalls wäre es gerechtfertigt, die Leistungen ganz abzulehnen, wenn keine Plätze in ambulanten oder stationären Einrichtungen vorhanden sind. Dann müsste man einer eventuell teureren Hilfe gerecht werden, um dem Bedarfsanspruch des Leistungsberechtigten Rechnung zu tragen. Ein direkter Anspruch aus der **UN-Behindertenkonvention** ist bisher nicht abgeleitet worden (SächsLSG 12.2.2014 – L 8 SO 132/13 B ER). Ein solcher lässt sich weder der Konvention entnehmen, noch ist § 13 angepasst worden. Zum BTHG und der UN-Behindertenkonvention s. BT Drs. 18/10523.

## V. Einschränkungen (S. 3)

**18**    Wie bereits in § 3a S. 2 BSHG vorgesehen war, wird auch nach dem SGB XII der Vorrang ambulanter Hilfe durchbrochen. Die Vorschrift ist **ambulanzabwehrend,** obwohl die Regelung in ihrer Absicht eine andere sein soll. Voraussetzung ist, dass eine Leistung für eine stationäre Unterbringung zumutbar und die ambulante Leistung mit unverhältnismäßigen Mehrkosten verbunden ist. Bei dieser Abwägung kann nicht ins Gewicht fallen, dass kleine Verbesserungen für eine ambulante Versorgung sprechen (LSG Nds-Brem 28.1.2010 – L 8 SO 233/07). Die Vorschrift selbst hat zurückzutreten, wenn in den Leistungsregelungen Sonderregelungen vorgesehen sind. Bei der Hilfe zur Pflege ist z. B. auf den abschließenden Leistungskatalog der §§ 61 ff. SGB XII Rücksicht zu nehmen (s. auch LSG LSA, ZfSH/SGB 2011, 414; a. A. *Höfer/Krahmer,* LPK-SGB XII, § 13 Rn. 6). Diese Vorschriften legen auch fest, unter welchen Voraussetzungen Pflegeleistungen in vollstationären Einrichtungen zu erbringen sind. Nach § 61 Abs. 2 Sätze 1 und 2 SGB XII i. V. mit § 43 Abs. 1 SGB XI kommt die Pflege in vollstationären Einrichtungen (nur) in Betracht, wenn eine häusliche oder teilstationäre Pflege nicht möglich ist oder wegen der Besonderheiten des einzelnen Falles nicht in Betracht kommt (vgl. dazu LSG Bln-Bbg 8.10.2009 – L 15 SO 267/08).

**19**    Die Sätze 4 und 5 geben dabei ein Entscheidungsprogramm vor. Nach Satz 4 ist zunächst die **Zumutbarkeit** zu prüfen. Dabei sind nach Satz 5 die persönlichen, familiären und örtlichen Verhältnisse zu beachten. Sprachlich missglückt ist die jetzige Vorschrift wie ihre Vorgängerregelung § 3a BSHG. Die Geeignetheit der stationären Unterbringung mit der Zumutbarkeit zu verbinden, hätte sich erübrigt, weil die Unterbringung in einer ungeeigneten Einrichtung an sich schon ausscheidet. Kostenerwägungen spielen hier noch keine Rolle (*Luthe,* Hauck/Noftz, § 13 Rn. 11). Der Begriff der Zumutbarkeit beinhaltet, dass eine Einrichtung tatsächlich vorhanden sein muss, die den Hilfebedarf des Leistungsberechtigten überhaupt gerecht werden kann. Dass für eine Einrichtung freie Kapazitäten bestehen, hat der Leistungsträger zu beweisen (*Luthe,* Hauck/Noftz, § 13 Rn. 13).

**20**    **Persönliche Umstände** sind z. B. solche, dass ein junger Mensch nicht in einem Altenpflegeheim untergebracht wird (VGH München, RsDE, 20, 74; VGH Kassel, ZFSH/SGB 1992, 82). Als persönlicher Umstand ist auch der Verlust einer sozialen Gemeinschaft zu nennen. Zum Verbleib eines Demenzkranken in einer Wohngemeinschaft, HessLSG 19.5.2009 – L 9 SO 65/09 B ER.

**21**    Bei **familiären Umständen** geht es darum, dass es dem Leistungsberechtigten auf den familiären Kontakt, der nicht verloren gehen darf, ankommt. Ein typisches Anwendungsbeispiel ist die Pflege durch Nachbarn und Verwandte (§ 63 SGB XII).

**22**    **Örtliche berücksichtigungsfähige Umstände** können sein, dass die vor einer Einrichtungsaufnahme vorhandenen sozialen Kontakte verloren gehen und der Leistungsberechtigte vereinsamt, weil zwischen seinem bisherigen Wohnort und dem Ort der Unterbringung eine größere räumliche Entfernung besteht, was es Freunden und der Familie nur unter schwierigen Umständen ermöglicht, einen Besuch abzustatten (so auch *Lippert,* Mergler/Zink, § 13 Rn. 30).

**23**    Alle Umstände müssen in eine **Gesamtbetrachtung** einbezogen werden. Zum Fall eines überwiegend in einer Einrichtung verbrachten Aufenthalts: LSG NRW 7.4.2008 – L 20 SO 53/06.

**24**    Mit dem Tatbestandsmerkmal **„unverhältnismäßig"** wird hervorgehoben, dass bei der Entscheidung des Hilfeträgers Kosten eine Rolle spielen. Es ist aufgrund eines Vergleichs festzustellen, ob und welche Mehrkosten entstehen. Diese Prüfung des Kostenvergleichs setzt nicht ein, wenn die stationäre Hilfe unter Abwägung aller Umstände bereits unzumutbar ist (vgl. auch *Luthe/Palsherm,* Rn. 212). Die Kosten, die unter Berücksichtigung des Wunsches nach ambulanter Hilfe erforderlich werden, sind mit denen einer stationären Leistung, die der Hilfeträger aufzuwenden hat, zu vergleichen (vgl. BVerwG FEVS 31, 221; BVerwGE 97, 103, 108). Die gegenteilige Auffassung (so z. B. *Höfer/Krahmer,* LPK-SGB XII, § 13 Rn. 10), die auf einen Vergleich der Durchschnittskosten abstellt, stützt sich vor allem auf das Argument eines objektiven Kostenvergleichs. Dagegen ist einzuwenden, dass auch die konkreten, die Einrichtung betreffenden Kosten ermittelt werden können und vom Sinn und Zweck der Vorschrift her ein fiktiver Kostenvergleich nicht beabsichtigt ist (so auch *Lippert,* Mergler/Zink, § 13 Rn. 34). Ein weiteres Korrektiv, das sich auf die Kostenermittlung auswirkt, ist, dass nur eine geeignete Einrichtung dem Leistungsberechtigten angeboten werden kann, sodass Kostenmanipulationen (Billigangebote) weitgehend auszuschließen sind.

Oftmals wird sich der Hilfeträger zur Erfüllung einer Leistung einer stationären **25** Einrichtung bedienen. In diesem Fall umfasst der Hilfeanspruch im Rahmen des **sog. sozialhilferechtlichen Dreiecksverhältnisses** auch die Übernahme des Entgelts, das dem Hilfebedürftigen durch die Inanspruchnahme eines Dritten in Rechnung gestellt wird (vgl. BVerwG 26.10.2004 – 5 B 50/04; BSG 28.10.2008 – B 8 SO 22/07 R; LSG BW 9.12.2005 – L 7 SO 4890/05 ER-B).

Ungeklärt ist bisher, ob bei einem Kostenvergleich der eigene Kostenbeitrag in **26** Abzug zu bringen ist (s. dazu besonders *Höfer/Krahmer,* LPK-SGB XII, § 13 Rn. 10). Dabei hat die von *Höfer/Krahmer* anhand der Hilfe zur Pflege entwickelte Argumentation, dass der Wohlhabende nicht gegenüber dem Pflegebedürftigen mit keinem oder geringem Einkommen benachteiligt werden dürfe, Überzeugungskraft (a. A. *Lippert,* Mergler/Zink, § 13 Rn. 35).

Aus dem Zusatz **unverhältnismäßig** folgt, dass eine ambulante Versorgung nicht **27** schon dann abzulehnen ist, wenn sie mehr als eine stationäre kostet. Es müssen **gravierende Kostenunterschiede** bestehen (*Luthe,* Hauck/Noftz, § 13 Rn. 21). Wie immer bei unbestimmten Rechtsbegriffen lässt sich der Grenzbereich, in dem quantitativ von unverhältnismäßigen Mehrkosten gesprochen werden kann, nicht exakt festlegen. Nach der von *Luthe,* Hauck/Noftz, § 13 Rn. 21, zusammen getragenen Übersicht dürfen ambulante Kosten nicht das Zweieinhalbfache, 75 % oder 60 % einer stationären Unterbringung überschreiten. Obwohl die Sozialhilfepraxis nach festen Entscheidungsgrößen verlangt, lassen sich solche nicht mit Gewissheit angeben. Die Vorschrift erfordert eine wertende Betrachtungsweise, in der absolute Zahlen nicht angezeigt sind (so SG Oldenburg 15.6.2007 – S 2 SO 22/07 ER im Anschluss an BVerwGE 97, 103; kritisch dies gegenüber *Luthe,* Hauck/Noftz, § 13 Rn. 21).

## VI. Legaldefinition der Einrichtung (Abs. 2)

Der neuen Systematik des SGB XII entsprechend ist die Definition der Einrich- **28** tung in den Abschnitt über die Grundsätze des Leistungsrechts aufgenommen worden. Einrichtungen sind u. a. bestimmend für die örtliche Zuständigkeit (§ 98 Abs. 2 SGB XII), die Festlegung der Einkommensgrenzen (§ 88 Abs. 2 SGB XII) und das Kostenerstattungsrecht (§ 106 Abs. 2 SGB XII). In diesem Zusammenhang und seltener im Leistungsrecht spielt die Zuordnung als stationäre Einrichtung die eigentliche Rolle (s. auch *Münder/Geiger,* SGb 2007, 2). Ein Zirkelschluss wäre es, aus der Definition der Vorschrift herauszulesen, dass alles zur stationären Unterbringung gehört, was nicht ambulant geleistet wird (SG Neubrandenburg 27.4.2006 – S 6 SO 35/05). Die bisherige sprachlich differenzierte Fassung, die zwischen Anstalt, Heim und gleichartiger Einrichtung unterschied, ist zugunsten des **einheitlichen Begriffs der Einrichtung** weggefallen, der allerdings im Vergleich zum BSHG offener ist (*Luthe/Dittmar,* Rn. 215). Die Kriterien einer Einrichtung erfüllen die **Organisationsformen,** die der **Pflege, Behandlung** oder sonstigen vom SGB XII vorgesehenen Maßnahmen (**Einrichtungsbetreuungsbedürftigkeit,** LSG NRW 7.4.2008 – L 20 SO 53/06) dienen. Erforderlich ist im Gegensatz zur ambulanten Leitungserbringung ein **Teil-** oder **Vollaufenthalt** des Leistungsberechtigten (ebenso *W. Schellhorn,* Schellhorn/Schellhorn/Hohm, § 13 Rn. 11; *Luthe,* Hauck/ Noftz, § 13 Rn. 22; *Fichtner/Wenzel,* § 13 Rn. 12) und die **geeignete sozialhilferechtliche Betreuung,** zusammengefasst in einer **besonderen Organisationsform** von personellen und tatsächlichen Mitteln. Stundenweise Abwesenheit beeinträchtigt die Annahme eines Vollaufenthalts nicht, wenn sie sich in einen rehabilitativen oder pädagogischen Gesamtplan einfügt (BSG 13.2.2014 – B 8 SO 11/12 R; *Fichtner/Wenzel,* § 13 Rn. 12). Hinzu kommen eine **Mindestgröße,** die auf einen größeren wechselnden Personenkreis zugeschnitten ist (BVerwG, NDV 1994, 430), und eine gewisse Dauer. In Anlehnung an diese Kriterien zählen zu den Einrichtungen: Altenpflegeheime, Kurheime, Heimstätten, Internatsschulen, Krankenhäuser (vgl. *Spindler,* Recht und Psychiatrie, 2009, 30) und Wohnheime für geistig behinderte Menschen. Findet eine Betreuung in Außenstellen (dezentrale Unterkunft betreuter Personen) statt, muss diese Außenstelle mit der Stammeinrichtung, sofern sie Einrichtungscharakter hat, rechtlich und organisatorisch so verbunden sein, dass die Verwirklichung des Gesamtbetreuungskonzeptes durch das Fachpersonal der Stammeinrichtung sichergestellt wird (BVerwG 24.2.1994 – 5 C 24/ 92, BVerwGE 95, 149). Sie muss als Teil des Einrichtungsganzen angesehen werden können (**funktionale Gesamtkonzeption,** vgl. dazu auch VGH Mannheim, FEVS 49, 250). Nicht zu den Einrichtungen gehören Strafanstalten, weil keine Hilfe iSd SGB XII geleistet wird (LSG BW 21.3.2006 – L 7 AS 1128/06 ER-B; für den Fall einer einstweiligen Unterbringung: LSG NRW 7.5.2012 – L 20 SO 55/12). Gleiches gilt für Asylbewerberheime oder Heime für die Unterbringung von Spätaussiedlern, jüdischen Flüchtlingen, für Kindertagesstätten oder Frauenhäuser (BayVGH, FEVS 45, 214; a. A. *Luthe/Dittmar,* Fürsorgerecht, Rn. 215, die ungeprüft unterstellen, das in Frauenhäusern eine Gesamtverantwortung für die tägliche Lebensführung besteht, differenzierter *Hauck/Noftz,* § 13 Rn. 66). Neuartige Betreuungsformen, wie Wohngemeinschaften, Wohngruppen, in denen die Selbstverantwortung prägend ist (sog. betreutes Wohnen, vgl. dazu OVG Münster, NWVBl. 1999, 307), oder Hospize, sofern die psychosoziale Betreuung und nicht die pflegerische bestimmend ist, lassen sich nicht in den überkommenen Begriff der Einrichtung einbinden. Ungeachtet dessen ist die Versorgung in Hospizen in § 52 Abs. 4 SGB XII sichergestellt.

29    Tatsächliche Schwierigkeiten bereitet oftmals die Unterscheidung zwischen teilstationärer und ambulanter Betreuung. Reine Wohnformen, in denen die Hilfe durch organisatorisch abgeschottete soziale Dienste erbracht wird (*Luthe,* Hauck/ Noftz, § 13 Rn. 63) sind keine Einrichtungen i. S. des § 13 Abs. 2 SGB XII. Das BSG (23.7.2015 – B 8 SO 7/14 R) hat deshalb zutreffend Zweifel geäußert, ob etwa betreutes Wohnen in einer teilstationären Form überhaupt stattfinden kann. Es hat die Intensität der Betreuung als Abgrenzungskriterium verworfen (s. auch *Gerlach,* SGb 2016, 445).

## § 14 Vorrang von Prävention und Rehabilitation

(1) **Leistungen zur Prävention oder Rehabilitation sind zum Erreichen der nach dem Neunten Buch mit diesen Leistungen verbundenen Ziele vorrangig zu erbringen.**

(2) **Die Träger der Sozialhilfe unterrichten die zuständigen Rehabilitationsträger und die Integrationsämter, wenn Leistungen zur Prävention oder Rehabilitation geboten erscheinen.**

Die Vorschrift wird mWv 1.1.2020 aufgeh. durch das G v. 23.12.2016 (BGBl. I S. 3234).

**Schrifttum:** S. § 53 SGB XII.

## I. Bedeutung der Norm

Der Gesetzgeber verfolgt mit der Vorschrift gesundheitspolitische Ziele (BT-Drs. 15/1514, 57). Der Vorrang von Rehabilitation und Prävention soll im Gesetz festgeschrieben werden. Auf diese Weise soll erreicht werden, dass durch die Leistungen der Prävention und Rehabilitation der Eintritt der Pflegebedürftigkeit und Behinderung hinausgeschoben, gemindert oder vielleicht sogar vermieden wird. Durch die Bezugnahme auf das SGB IX wird auf die Vorrangregelung der Prävention (§ 3 SGB IX) und den Vorrang von Leistungen der Teilhabe (§ 8 SGB IX) verwiesen (vgl. *Voelzke,* Hauck/Noftz, § 14 Rn. 3). Die Vorschrift wendet sich an den Leistungsträger und eröffnet keinen eigenen Rechtsanspruch des Leistungsberechtigten über die Leistungen des SGB XII hinaus (*Schmeller,* Mergler/Zink, § 14 Rn. 3; *Roscher,* LPK-SGB XII, § 14 Rn. 2). **1**

## II. Inhalt der Norm

Die Vorschrift ist im Wesentlichen inhaltsgleich mit der des § 9 Abs. 5 BSHG. Sie hat nunmehr Aufnahme in den „allgemeinen Teil" des SGB XII gefunden. **2**

## III. Vorrang von Prävention oder Rehabilitation

Schon durch § 2 SGB XII ist festgelegt, dass sozialhilferechtliche Leistungen anderen Leistungen nachgehen. Grundsätzlich ist der Sozialhilfeträger Rehabilitationsträger in Fällen der medizinischen Rehabilitation, für die Leistungen zur Teilhabe am Arbeitsplatz und die Leistungen zur Teilhabe am Leben in der Gemeinschaft nach § 6 Abs. 1 Nr. 7 SGB IX. Durch die im Gesetz vorgenommenen Einschränkungen ist er nur ein eingeschränkter Rehabilitationsträger. Soweit jedoch Leistungen thematisch durch die anderen in der Vorschrift genannten Rehabilitationsträger erbracht werden, gilt das Nachrangprinzip. Sprachlich ungenau hieß es bisher in der Vorgängervorschrift des § 38 Abs. 5 BSHG, dass die Sozialhilfeleistungen zurückzustehen haben, wenn gegen die genannten Rehabilitationsträger ein **Anspruch** auf die gleichen Leistungen besteht. Im Verständnis des Nachrangprinzips kommt es jedoch nicht auf den Anspruch als solchen an. Der Nachranggrundsatz greift nur dann ein, wenn tatsächlich Leistungen anderer vorrangiger Träger erbracht werden oder unmittelbar bevorstehen (so auch *Deutscher Verein,* NDV 2002, 114). Diesen Bedenken ist jetzt Rechnung getragen worden, indem es heißt, dass die Leistungen zur Prävention und Rehabilitation vorrangig zu erbringen sind. **3**

## IV. Unterrichtung (Abs. 2)

Dieser Abschnitt regelt die Informationsverpflichtung der zuständigen Träger der Sozialhilfe. Sie sollen die anderen Leistungsträger rechtzeitig informieren, damit die zur Verfügung stehenden Leistungen der Prävention und Rehabilitation uneingeschränkt und unverzüglich erbracht werden können. Im Gesetz ist damit die Pflicht zum Informationsaustausch als Grundbedingung moderner Verwaltungsorganisation festgeschrieben. Derartige Kommunikationsprozesse sind kennzeichnend für eine bürgerorientierte und effiziente Verwaltung. **4**

**§ 15 Vorbeugende und nachgehende Leistungen**

(1) ¹Die Sozialhilfe soll vorbeugend geleistet werden, wenn dadurch eine drohende Notlage ganz oder teilweise abgewendet werden kann. ²§ 47 ist vorrangig anzuwenden.

(2) ¹Die Sozialhilfe soll auch nach Beseitigung einer Notlage geleistet werden, wenn dies geboten ist, um die Wirksamkeit der zuvor erbrachten Leistung zu sichern. ²§ 54 ist vorrangig anzuwenden.

*Vergleichbare Vorschrift: § 6 BSHG.*

### Übersicht

## I. Bedeutung der Norm

**1**     Die Vorschrift des § 15 formuliert eine **Durchbrechung des** das Sozialhilferecht bestimmenden **Prinzips der Behebung gegenwärtiger Notlagen.** In der Regel wird Sozialhilfe nur als Hilfe zur Überwindung einer aktuell vorliegenden Notlage gewährt. § 15 dehnt die Sozialhilfeleistung aus auf Fälle, in denen eine Notlage noch nicht bzw. nicht mehr vorliegt. Die Vorschrift trägt damit dem grundlegenden Ziel der Sozialhilfe Rechnung, dem Leistungsberechtigten die Führung eines menschenwürdigen Lebens zu ermöglichen und ihn soweit wie möglich zu befähigen, unabhängig von Sozialhilfe zu leben (§ 1). Dieses Ziel erfordert, dass einerseits die Leistungen so früh wie möglich einsetzen und dass andererseits der Erfolg der Leistungen auch auf möglichst lange Zeit gesichert bleibt. Von den Regelungen über die vorbeugenden und nachgehenden Leistungen profitieren Leistungsberechtigte und Sozialhilfeträger gleichermaßen. Die vorbeugenden Leistungen lassen einen sozialhilferechtlichen Bedarf erst gar nicht entstehen, die nachgehenden Leistungen beugen einer Wiederholung des Bedarfsfalles vor.

**2**     Die Stellung der Vorschrift im zweiten Kapitel unter dem ersten Abschnitt „Grundsätze der Leistungen" macht deutlich, dass sie **keine eigenständige Anspruchsgrundlage** darstellt und damit auch nicht zu „Leistungen eigener Art" berechtigen kann (BSG 12.12.2013 – B 8 SO 24/12 R). Ihr Regelungsgehalt kann vielmehr nur Bedeutung im Zusammenhang mit den im Gesetz konkret benannten Leistungen haben. Als vorbeugende und nachgehende Leistung können daher nur solche Hilfen gewährt werden, die sich einer der in § 8 benannten Leistungsarten zuzuordnen sein.

**3**     Aus dem Umstand, dass § 15 keine neuen Leistungsarten einführt, darf freilich nicht gefolgert werden, die Vorschrift beinhalte lediglich eine für den Sozialhilfeträger unverbindliche Handlungsempfehlung. Vielmehr ermächtigt und verpflichtet sie den Träger der Sozialhilfe in jedem Einzelfall zur Prüfung, ob der Zweck der Sozialhilfe nicht dadurch besser erreicht werden kann, dass die einzelnen Leistungen bereits vor Eintritt der Notlage oder auch noch nach ihrer Beseitigung erbracht werden. Aus dieser Verpflichtung des Sozialhilfeträgers folgt zugleich, dass die Vorschrift den

**Rechtsgrund** dafür bildet, dass einzelne Leistungen erbracht werden, obgleich eine gegenwärtige Notlage noch nicht bzw. nicht mehr gegeben ist.

Die **Reichweite** der Vorschrift folgt aus ihrem Rechtscharakter. Da § 15 keine **4** Leistungen eigener Art begründet, vielmehr die Tatbestände der Leistungsarten in zeitlicher Hinsicht erweitert, können über diese Vorschrift auch nicht Bedarfe gedeckt werden, die sozialhilferechtlich nicht anerkannt sind (auch nicht als „Nachholbedarf", vgl. BVerwG 18.10.1990 – 5 C 51/86). Vor diesem Hintergrund können Beiträge etwa zu einer Hausrat-, Haftpflicht- oder Rechtsschutzversicherung schon deshalb nicht aus Sozialhilfemitteln übernommen werden, weil diese Versicherungen nicht zum notwendigen Lebensunterhalt iSv § 27a Abs. 1 gehören. Insofern kommt es nicht darauf an, dass die von diesen Versicherungen abgedeckten Risiken keine drohende Notlage iSv § 15 Abs. 1 begründen (auf diesen Gesichtspunkt stellen indes ausschließlich ab: OVG Bln 26.5.1983 – 6 B 32.82, FEVS 33, 328, 330 VG Düsseldorf 26.7.1989 – 19 K 5008/88, NJW 1990, 531). Deshalb kann auch die **Übernahme von Schulden** nur da begehrt werden, wo sich hierfür eine Ermächtigungsgrundlage im Gesetz findet, dh insbesondere in den von § 36 geregelten Fällen.

Die Vorschrift über die vorbeugenden und nachgehenden Leistungen vermag **5** schließlich nicht einen **Anspruchsausschluss** zu überwinden. Da nach § 22 Abs. 1 S. 1 Auszubildende, deren Ausbildung im Rahmen des BAföG oder der §§ 51, 57 und 58 SGB III dem Grunde nach förderungsfähig ist, keinen Anspruch auf Hilfe zum Lebensunterhalt haben, kann etwa ein Student Hilfe zum Lebensunterhalt auch nicht als vorbeugende Leistung unter Hinweis darauf beanspruchen, dass er anderenfalls in absehbarer Zeit das Studium abbrechen und Sozialhilfe beziehen wird (aA *Luthe*, Hauck/Noftz, SGB XII, § 15 Rn. 7 für die Endphase der Ausbildung).

Soweit es darum geht, Hilfebedürftigkeit durch Erwerbstätigkeit zu verhindern **6** oder zu beseitigen, ist zu beachten, dass für Leistungen an **erwerbsfähige Hilfebedürftige** vorrangig das SGB II gilt; das SGB XII findet nur in den Grenzen des § 21 Anwendung (→ § 21). So hat das BSG einen Anspruch auf Erwerbsfähigen auf vorbeugende Schuldnerberatung nach § 11 Abs. 5 S. 3 vor Eintritt von Hilfebedürftigkeit verneint (BSG 13.7.2010 – B 8 SO 14/09, BSGE 106, 268). Auch das SGB II kennt präventive und nachsorgende Elemente: So gehört zu den Zielen der Grundsicherung für Arbeitsuchende die Vermeidung von Hilfebedürftigkeit durch Erwerbstätigkeit (§ 1 Abs. 2 S. 4 Nr. 1 SGB II); erwerbsfähige Hilfebedürftige sollen nicht nur bei der Aufnahme, sondern auch bei der Beibehaltung einer Erwerbstätigkeit unterstützt werden (§ 1 Abs. 2 S. 2 SGB II). Insbesondere **Leistungen zur Eingliederung in Arbeit** nach dem SGB II können – wenn die gesetzlichen Voraussetzungen für die Leistung vorliegen (vgl. BSG 13.7.2010 – B 8 SO 14/09, ZfSH/SGB 2010, 734) – auch zur Vermeidung von Hilfebedürftigkeit erbracht werden und sollen die Dauerhaftigkeit der Eingliederung berücksichtigen (§ 3 Abs. 1 S. 1 und S. 2 Nr. 4 SGB II).

## II. Inhalt der Norm

### 1. Vorbeugende Leistungen (Abs. 1)

**a) Anwendungsbereich.** Die vorbeugenden Leistungen berücksichtigen, dass **7** **Prävention** häufig für den Leistungsberechtigten annehmbarer und für den Träger der Sozialhilfe kostengünstiger ist als Reaktion in einer akuten Bedarfslage. Durch frühzeitige Hilfe soll verhindert werden, dass eine Notlage erst eintritt. Vorbeugende Leistungen iSv § 15 Abs. 1 können deshalb grundsätzlich in Bezug auf alle im Gesetz benannten Leistungsarten (§ 8) erbracht werden. Eine Ausnahme gilt lediglich für den Bereich der vorbeugenden Gesundheitshilfe, diesbezüglich ist nach § 15 Abs. 1 S. 2 vorrangig die Vorschrift des § 47 anzuwenden.

**8**   Der Gedanke der Prävention hat neben der Vorschrift über die vorbeugende Gesundheitshilfe nach § 47 in weiteren Bestimmungen eine **besondere Konkretisierung** erfahren. So regelt etwa § 36 die Übernahme von Schulden, um einem Verlust der Unterkunft oder dem Eintritt einer vergleichbaren Notlage vorzubeugen. Von Behinderung bedrohten Menschen ist nach Maßgabe des § 53 Abs. 2, 3 Eingliederungshilfe zu leisten. Personen, bei denen besondere Lebensverhältnisse mit sozialen Schwierigkeiten verbunden sind, können gemäß § 68 Abs. 1 Hilfen zur Verhütung einer Verschlimmerung dieser Schwierigkeiten erhalten. Nach § 71 Abs. 3 sollen Leistungen der Altenhilfe auch erbracht werden, wenn sie der Vorbereitung auf das Alter dienen.

**9**   Obgleich diesen Regelungen gemein ist, dass in ihnen Aspekte der Vorbeugung bereits Berücksichtigung gefunden haben, unterliegen auch sie dem in § 15 Abs. 1 niedergelegten allgemeinen **Grundsatz der möglichst effektiven Hilfe.** Der Sozialhilfeträger ist deshalb auch hinsichtlich dieser Hilfen berufen zu prüfen, ob der Zweck dieser Art von Hilfen dadurch besser erreicht werden kann, dass die danach in Betracht kommenden Leistungen zu einem früheren Zeitpunkt gewährt werden (BVerwG 2.3.1992 – 5 B 139/91). So ist die Übernahme von Mietrückständen nach § 36 Abs. 1 zur Sicherung der Unterkunft regelmäßig erst gerechtfertigt, wenn der Vermieter Räumungsklage erhoben hat. Vor dem Hintergrund des § 15 Abs. 1 kann es geboten sein, Mietschulden bereits vor Erhebung der Klage, u.U. sogar vor Ausspruch einer (fristlosen) Kündigung zu übernehmen. Auch die Übernahme von Mietkosten eines Strafgefangenen während der Haft im Rahmen der §§ 67, 68 ist eine Form der vorbeugenden Hilfe, da die Bedarfslage (soziale Schwierigkeiten bei Entlassung aus der Haft) erst zukünftig besteht (hierzu BSG 12.12.2013 – B 8 SO 24/12 R). Unter besonderen Umständen kann die Übernahme von Mietkosten während einer Strafhaft auch dann nach § 68 Abs. 1 erfolgen, wenn die Entlassung noch nicht in zeitliche Nähe gerückt ist (OVG Bln 13.12.1979 – VI S 77.79, FEVS 28, 407; → auch § 68 Rn. 22). Vorbeugende Leistungen für einen Aufenthalt in einem Jugenddorf zu Ausbildungszwecken können in Betracht kommen, obgleich der Betroffene noch nicht zum Personenkreis des § 67 zählt (BVerwG 2.3.1992 – 5 B 139/91, Buchholz 436.0, § 72 Nr. 2; → auch § 68 Rn. 2).

**10**   Daneben können aber auch **Leistungen nach anderen Bestimmungen,** die nicht wie die oben genannten schon von ihrer Art bzw. Ausgestaltung präventiven Charakter haben, vorbeugend geleistet werden. So sind zB einmalige Leistungen für die Beschaffung von Heizmaterial (Öl, Holzpellets) schon vor Eintritt der Kälteperiode zu gewähren.

**11**   Die Verpflichtung des Trägers der Sozialhilfe zu vorbeugenden Leistungen erstreckt sich schließlich auf die **Regelung des Hilfefalles insgesamt** und ist infolgedessen auch bei den Vorschriften über den Einsatz des Einkommens und Vermögens sowie über die Heranziehung von Unterhaltspflichtigen zu beachten. Vorbeugende Leistung kann deshalb auch bedeuten, dass der Träger der Sozialhilfe Einkommens- oder Vermögensteile aus der Anrechnung herausnimmt, um einer längerfristigen Sozialhilfebedürftigkeit zu begegnen oder die Selbsthilfekräfte zu stärken. Auch kann es in Einzelfällen aus Gründen der Prävention geboten sein, von einer teilweisen Inanspruchnahme eines Unterhaltspflichtigen nach § 94 abzusehen.

**12**   **b) Voraussetzungen.** Auf der Tatbestandsseite erfordert die vorbeugende Leistung eine dem Leistungsberechtigten **drohende Notlage.** Dieser unbestimmte Rechtsbegriff, der als solcher der uneingeschränkten gerichtlichen Kontrolle unterliegt (aA *Fichtner,* Fichtner/Wenzel, SGB XII, § 15 Rn. 3, der davon ausgeht, dass die Beurteilung, wann eine drohende Notlage besteht, dem Sozialhilfeträger nach pflichtgemäßem Ermessen obliege), ist angesichts der Zielrichtung des Gesetzes weit auszulegen (so auch *Krahmer,* ZfF 1999, 134).

Eine **Notlage** beschreibt nach dem Wortsinn einen Zustand der Bedrängnis. **13** Da die vorbeugende Leistung den das Sozialhilferecht bestimmenden Begriff des „gegenwärtigen Bedarfs" in zeitlicher Hinsicht ausdehnt, muss es sich um eine sozialhilferechtlich relevante Notlage handeln.

Eine Notlage **droht,** wenn sich der Leistungsberechtigte in einer Situation befin- **14** det, die bei ungehindertem Fortgang aller Voraussicht nach in eine konkrete sozialhilferechtliche Hilfebedürftigkeit einmündet. Erforderlich ist eine gewisse zeitliche Nähe zum Eintritt der Sozialhilfebedürftigkeit. Da die vorbeugende Leistung letztlich kompensieren soll, dass der Leistungsberechtigte sich nicht selbst helfen kann, droht ihm die Notlage zu einem Zeitpunkt, in dem ein vorausschauender, verantwortungsbewusst handelnder Mensch Abhilfemaßnahmen einleiten würde. Sind beispielsweise Mietrückstände aufgelaufen, wird ein bedachter und überlegter Mieter jedenfalls nach Zugang der fristlosen Kündigung alles unternehmen, um den Erhalt der Wohnung zu sichern.

**Keine drohende Notlage** iS dieser Vorschrift begründen allerdings abstrakte **15** Gefahren und Risiken (ebenso BayVGH 31.1.1991 – 12 B 89.1555, FEVS 42, 48, 52; OVG Bln 26.5.1983 – 6 B 32.82, FEVS 33, 328, 330). Auch Notlagen, die die Allgemeinheit betreffen, wie zB Naturkatastrophen oder Seuchen, fallen tatbestandlich nicht unter die vorbeugenden Leistungen. Abhilfe kann insoweit nur das allgemeine und besondere Polizeirecht schaffen.

**c) Rechtsfolge.** Die Vorschrift eröffnet auf der Rechtsfolgenseite dem Träger **16** der Sozialhilfe **Ermessen,** das allerdings in der Weise **gebunden** ist, dass Sozialhilfe im Falle einer drohenden Notlage vorbeugend geleistet werden soll. Diese Ausgestaltung der vorbeugenden Leistung als Soll-Vorschrift stärkt die Position des Leistungsberechtigten erheblich. Ein Abweichen von dieser Regel ist nämlich nur bei Vorliegen besonderer, atypischer Umstände, für die der Sozialhilfeträger darlegungs- und im Streitfalle auch beweispflichtig ist, zulässig. Solche Umstände können gegeben sein, wenn der Leistungsberechtigte Verhaltensweisen gezeigt hat, die darauf schließen lassen, dass er nicht gewillt ist, aus eigenen Kräften seinen Lebensunterhalt zu bestreiten.

Diese Bindung des Sozialhilfeträgers betrifft indes nur das **Entschließungser- 17 messen,** dh die Entscheidungsfreiheit des Sozialhilfeträgers, im Falle einer drohenden Notlage überhaupt vorbeugend tätig zu werden. In welcher Weise der Träger der Sozialhilfe auf die drohende Notlage reagiert, obliegt seinem weiten, pflichtgemäßen **Auswahlermessen.** Im Grundsatz stehen dem Träger der Sozialhilfe insoweit alle Formen der Leistungserbringung (§ 10 Abs. 1) offen, mithin Dienstleistungen, Geldleistungen, Sachleistungen sowie Kombinationen von Dienstleistungen und materieller Hilfe. Geldleistungen können auch als Darlehen erbracht werden. Im Hinblick auf das grundlegende Anliegen der Sozialhilfe, den Leistungsberechtigten zu einem eigenverantwortlichen Leben zu befähigen, dürften allerdings in erster Linie Leistungsformen in Betracht kommen, die die Selbsthilfekräfte unterstützen. Dies sind vor allem die Dienstleistungen der Beratung und Unterstützung (§§ 10 Abs. 2, 11).

Droht dem Leistungsberechtigten lediglich eine vorübergehende finanzielle Krise, **18** wird in der Regel die Gewährung eines **Darlehens** zur Abwendung der Notlage ausreichend sein. Bei einer fristlosen Kündigung der Wohnung sind dem Leistungsberechtigten **Selbsthilfemöglichkeiten aufzuzeigen,** wie mit dem Vermieter der Abschluss einer Ratenzahlungsvereinbarung erreicht werden kann, um eine ansonsten drohende Räumungsklage abzuwenden. Unter Umständen kann in einem solchen Fall auch der Verweis an eine Schuldnerberatungsstelle geboten sein.

Der Sozialhilfeträger muss sich im Rahmen seines Auswahlermessens von der **19** Erwägung leiten lassen, dem Leistungsberechtigten möglichst nachhaltig zu helfen. Stehen verschiedene Möglichkeiten zur Wahl, so hat er sich für die **effektivere**

**Alternative** zu entscheiden (BVerwG 15.5.1968 – V C 136.67 und 31.1.1968 – V C 22.67, BVerwGE 30, 6, 8; 29, 99, 105). Das ist regelmäßig die Leistungsform, die die dem Einzelnen drohende Notlage nicht nur teilweise, sondern ganz abwendet. Allerdings steht der Grundsatz der möglichst wirksamen Leistungen unter dem Vorbehalt der finanziellen Zumutbarkeit, dh er wird begrenzt durch die für den Träger der Sozialhilfe mit vertretbarem Kostenaufwand realisierbaren Leistungen.

20    Angesichts des Ziels der Sozialhilfe, die Leistungsberechtigten so weit wie möglich zu befähigen, unabhängig von ihr zu leben (§ 1 S. 2), muss der Sozialhilfeträger außerdem darauf achten, dass er möglichst die Leistungsart wählt, die nicht nur die Folgen, sondern auch die **Ursachen der Notlage** im Blick hat. Hat der Leistungsberechtigte etwa Mietrückstände auflaufen lassen, würde eine Übernahme der Mietschulden zwar die Folgen der Notlage – den drohenden Verlust der Unterkunft – abwenden. Die Ursachen der Notlage, nämlich unausgeprägte Selbsthilfekräfte und Defizite im Ausgabeverhalten des Leistungsberechtigten, lassen sich dagegen nur durch intensive und umfassende Beratungs- und Unterstützungsmaßnahmen angehen.

## 2. Nachgehende Leistungen (Abs. 2)

21    Die nachgehenden Leistungen dienen der **Sicherung der Wirksamkeit** der zuvor erbrachten Leistungen. Sie sollen verhindern helfen, dass eine Person, die sich von der Sozialhilfe gelöst hat, in absehbarer Zeit wiederum sozialhilfebedürftig wird. Die nachgehenden Leistungen erfüllen damit regelmäßig zugleich auch Aufgaben der vorbeugenden Leistungen.

22    Der **Anwendungsbereich** der nachgehenden Leistungen eröffnet sich erst dann, wenn die eigentliche sozialhilferechtliche Bedürftigkeit behoben, die Notlage also beseitigt ist. Da § 15 Abs. 2 S. 1 auf die „zuvor erbrachte Leistung" abstellt, kommen nachgehende Leistungen bei allen Leistungsarten (§ 8) in Betracht. Nachgehende Leistungen können darin bestehen, dass die bisher gewährten Leistungen weiter erbracht werden; aber auch darin, dass im Anschluss eine andere Art der Hilfe gewährt wird. In Bezug auf die nachgehende Eingliederungshilfe für behinderte Menschen ist die Vorschrift des § 54 zu beachten, die als lex specialis der Regelung des § 15 Abs. 2 S. 1 vorgeht. Bedeutsam ist dieses Rangverhältnis im Hinblick darauf, dass vor allem auf die in der Praxis relevante Hilfe zur Sicherung der Teilhabe am Arbeitsleben (§ 54 Abs. 1 Nr. 5) ein Rechtsanspruch besteht, während § 15 Abs. 2 S. 1 lediglich als Soll-Vorschrift ausgestaltet ist.

23    In **tatbestandlicher Hinsicht** ist die Feststellung erforderlich, dass die nachgehende Leistung „geboten ist, um die Wirksamkeit der zuvor erbrachten Leistung zu sichern." Wann diese Voraussetzung als gegeben anzusehen ist, dürfte in der Praxis erhebliche Probleme bereiten. Diese Schwierigkeiten rühren her aus der Erkenntnis, dass es in den meisten Fällen sinnvoll erscheint, den ehemaligen Leistungsberechtigten auch dann noch eine Zeit zu begleiten, wenn er sich bereits von der Sozialhilfe gelöst zu haben glaubt. Aus diesem Erfahrungswissen lässt sich wiederum die Einsicht ableiten, dass jedenfalls die allgemeine Sorge, der ehemalige Leistungsberechtigte könnte erneut sozialhilfebedürftig werden, nicht ausreicht. Erforderlich ist vielmehr ein konkretes Gefährdungspotential, aufgrund dessen eine gesteigerte Wahrscheinlichkeit für eine erneute Sozialhilfebedürftigkeit besteht.

24    Ein **konkretes Gefährdungspotential** ist zB anzunehmen, wenn ein Leistungsberechtigter nach Durchführung einer stationären Drogenentwöhnung an seinen vormaligen Wohnort zurückkehrt, ohne hier eine Wohnung zu haben. Bei einer Unterbringung in einem Wohnheim oder Hotel besteht die Gefahr, dass er erneut Kontakt zur Drogenszene bekommt und rückfällig wird. Ihm ist deshalb noch während der Therapiemaßnahme Hilfe bei der Beschaffung einer Wohnung zu gewähren. Da es schwerpunktmäßig darum geht, den Therapieerfolg nicht zu gefährden,

handelt es sich insoweit um einen Fall der nachgehenden, nicht der vorbeugenden Leistung (so aber VG Frankfurt/M. 19.5.1988 – VII/3-G 904/88, info also 1990, 82). Ein konkretes Gefährdungspotential ist in der Regel auch gegeben, wenn der Leistungsberechtigte sich zwar von der Sozialhilfe gelöst, aber keine feste (Aushilfs- oder Gelegenheitsjob) oder dauerhafte (Zeitarbeitsvertrag) Anstellung gefunden hat. Nachgehende Leistungen kommen ferner in Betracht, wenn ansonsten eine langfristig bewilligte Hilfe zur Unzeit eingestellt werden müsste. Wird zB ein Schüler aufgrund einer seelischen Behinderung in einem Landeserziehungsheim schulisch betreut, so kann bei Wegfall der Behinderung die Eingliederungshilfe nach §15 Abs. 2 bis zum Ende des laufenden Schuljahrs weitergewährt werden, da eine Einstellung der Eingliederungshilfe und ein damit verbundener Wechsel auf eine andere Schule während des Schuljahres die Wirksamkeit der zuvor erbrachten Leistungen gefährden würde (BVerwG 28.9.1995 – 5 C 21/93, FEVS 46, 360). Ein weiterer Anwendungsfall der nachgehenden Leistungen ist die Begleitung eines ehemaligen Obdachlosen, der seit einiger Zeit eine eigene Wohnung bewohnt (OVG Lüneburg 29.4.1987 – 4 B 162/86, FEVS 38, 445). Der Anspruch auf Übernahme der Kosten einer Haushaltshilfe nach Rückkehr des haushaltsführenden, noch bettlägerigen Elternteils folgt dagegen unmittelbar aus §70, eines Rückgriffs auf §15 Abs. 2 bedarf es nicht.

Wenn auch auf die nachgehenden Leistungen nach §15 Abs. 2 S. 1 kein Rechtsanspruch besteht, ist das **Entschließungsermessen** des Trägers der Sozialhilfe doch in der Weise gebunden, dass er bei einem konkreten Gefährdungspotential den (ehemaligen) Hilfefall weiterhin unter Kontrolle halten soll. In welcher Weise der Sozialhilfeträger dieser Verpflichtung nachkommt, obliegt dann jedoch seinem **weiten Auswahlermessen,** das einerseits von der gesetzgeberischen Zielsetzung, den Erfolg der erbrachten Leistungen möglichst lange zu sichern, andererseits von dem grundlegenden Anliegen der Sozialhilfe, die Selbsthilfekräfte des Einzelnen zu stärken, begrenzt wird. Vor diesem Hintergrund kommen als geeignete Maßnahmen vor allem Beratungs- und Unterstützungsmaßnahmen (§11) in Betracht. Ein weiteres Mittel der nachgehenden Leistungen stellt die Umwandlung von als Darlehen gewährter Sozialhilfeleistungen dar. Ein Teilerlass oder eine großzügige Stundung kann einem ehemaligen Leistungsberechtigten ebenfalls helfen, sich dauerhaft von der Sozialhilfe zu lösen. Auch hinsichtlich der nachgehenden Leistungen hat der Träger der Sozialhilfe im Rahmen der Ermessensausübung freilich zu bedenken, dass die Gefahr einer erneuten Sozialhilfebedürftigkeit möglichst nachhaltig und unmittelbar beseitigt wird (→ Rn. 19 f.).

**25**

## §16 Familiengerechte Leistungen

[1]Bei Leistungen der Sozialhilfe sollen die besonderen Verhältnisse in der Familie der Leistungsberechtigten berücksichtigt werden. [2]Die Sozialhilfe soll die Kräfte der Familie zur Selbsthilfe anregen und den Zusammenhalt der Familie festigen.

*Vergleichbare Vorschriften:* §7 BSHG; §§1 Abs. 2 S. 4 Nr. 4, 3 Abs. 1 S. 2 Nr. 2 SGB II.

Schrifttum: *Luckey,* Eheähnliche und sonstige Wohn- und Wirtschaftsgemeinschaften im Recht der Sozial- und Arbeitslosenhilfen, 1991; *Perl,* Familiengerechte Hilfe im Bundessozialhilfegesetz, ZfF 1970, 356; *Rüfner,* Grundsätze einer verfassungsmäßigen und familiengerechten Ausgestaltung der Sozialhilfe – Familienregelsätze und Lohnabstand, NDV 1993, 363; *Stephan,* Beratende Hilfen für die Familie, ZfF 1984, 192.

# I. Bedeutung der Norm

**1**   Nach Art. 6 Abs. 1 GG stehen Ehe und Familie unter dem besonderen Schutz der staatlichen Ordnung. Entsprechend dieser grundgesetzlichen Verpflichtung wird für den Sozialhilfeträger in § 16 das allgemeine Gebot der **familiengerechten Leistungen** aufgestellt. § 16 greift zugleich die Regelung des § 1 Abs. 1 S. 2 SGB I auf, wonach das Sozialgesetzbuch dazu beitragen soll, die Familie zu schützen und zu fördern.

**2**   Die Vorschrift enthält einerseits in Satz 1 eine **Konkretisierung** des in § 9 Abs. 1 festgeschriebenen **Individualisierungsgebots,** indem sie dem Sozialhilfeträger aufgibt, die besonderen Verhältnisse in der Familie des Leistungsberechtigten zu berücksichtigen. Andererseits wiederholt und betont sie in Satz 2, wonach die Sozialhilfe die Kräfte der Familie zur Selbsthilfe anregen und den Zusammenhalt der Familie festigen soll, den in § 2 Abs. 1 niedergelegten allgemeinen **Selbsthilfegrundsatz** und damit den **Nachrang der Sozialhilfe.** Beide Grundaussagen stehen nur scheinbar in einem Widerspruch. Sie machen vielmehr deutlich, dass sich das Grundziel der Sozialhilfe, den Leistungsberechtigten zu befähigen, unabhängig von den Leistungen des Sozialhilfeträgers zu leben (§ 1 S. 2), nur erreichen lässt, wenn während des Leistungsbezuges auf die besonderen familiären Verhältnisse des Leistungsberechtigten eingegangen und dieser zugleich zur Selbsthilfe angehalten wird.

**3**   Das Gebot familiengerechter Leistungen hat in unterschiedlichen besonderen Vorschriften des SGB XII eine **gesetzliche Ausprägung** erfahren: Nach
– § 19 Abs. 4 sind bei der Hilfe zum Lebensunterhalt das Einkommen und Vermögen der Eltern oder des Elternteils nicht zu berücksichtigen, wenn eine Leistungsberechtigte schwanger ist oder ihr leibliches Kind bis zur Vollendung des 6. Lebensjahres betreut;
– § 26 Abs. 1 S. 2 ist bei einer Kürzung von Sozialhilfeleistungen so weit wie möglich zu verhüten, dass die unterhaltsberechtigten Angehörigen oder andere mit ihnen in Haushaltsgemeinschaft lebende Leistungsberechtigte durch die Einschränkung der Leistung mitbetroffen werden;
– § 30 Abs. 2 ist für werdende Mütter nach der zwölften Schwangerschaftswoche ein Mehrbedarf von 17 von Hundert des maßgebenden Regelsatzes anzuerkennen;
– § 30 Abs. 3 erhalten Alleinerziehende einen Mehrbedarf;
– § 49 werden zur Familienplanung die ärztliche Beratung, die erforderliche Untersuchung und die Verordnung der empfängnisregelnden Mittel geleistet und die Kosten für ärztlich verordnete empfängnisverhütende Mittel übernommen;
– § 50 werden bei Schwangerschaft und Mutterschaft ärztliche Behandlung und Betreuung sowie Hebammenhilfe, Versorgung mit Arznei-, Verband- und Heilmitteln, Pflege in einer stationären Einrichtung und häusliche Pflegeleistungen nach §§ 64c und 64f sowie die angemessenen Aufwendungen der Pflegeperson geleistet;
– § 68 Abs. 2 S. 2 ist bei Dienstleistungen im Rahmen der Hilfe zur Überwindung besonderer sozialer Schwierigkeiten Einkommen und Vermögen der in § 19

Abs. 3 genannten Angehörigen nicht zu berücksichtigen und von der Inanspruchnahme nach bürgerlichem Recht Unterhaltspflichtiger abzusehen, soweit dies den
Erfolg der Hilfe gefährden würde;
- § 85 Abs. 1 Nr. 3 ist bei der Bestimmung der Einkommensgrenze für die Hilfe
nach dem Fünften bis Neunten Kapitel ein Familienzuschlag vorzunehmen;
- § 90 Abs. 3 S. 1 darf die Sozialhilfe nicht vom Einsatz oder von der Verwertung
eines Vermögens abhängig gemacht werden, soweit dies für den, der das Vermögen einzusetzen hat, und für seine unterhaltsberechtigten Angehörigen eine Härte
bedeuten würde;
- § 92 Abs. 2 und § 92a kann von den Angehörigen nur eingeschränkt verlangt
werden, dass sie die Mittel für bestimmte Leistungen für Menschen mit Behinderung bzw. für Leistungen in Einrichtungen aufbringen.

Weitere gesetzliche Ausgestaltungen des Gebots familiengerechter Leistungen finden **4**
sich beispielsweise in §§ 39 S. 3, 85 Abs. 2, 90 Abs. 2 Nr. 6 sowie 102 Abs. 1 S. 2
und Abs. 3 Nr. 2.

Die Vorschrift formuliert mit dem Gebot familiengerechter Leistungen einen das **5**
gesamte SGB XII umspannenden **„Programmsatz"** (BSG 24.3.2009 – B 8 SO
29/07 R, BSGE 103, 39; BayVGH 19.4.1993 – 12 CE 92.3569), der bereits als
solcher keine unmittelbaren Rechte und Ansprüche der Leistungsberechtigten
begründen kann. Allerdings muss der Sozialhilfeträger das Prinzip familiengerechter
Leistungen – sofern es nicht bereits ausdrücklich in besonderen Vorschriften des
SGB XII (für Beispielsfälle → Rn. 3) Niederschlag gefunden hat – bei der Erbringung der Leistungen berücksichtigen.

Bedeutung kommt dem Gebot familiengerechter Leistungen zum einen bei der **6**
Auslegung der **unbestimmten Rechtsbegriffe** zu, die in den Leistungsbestim-
mungen der verschiedenen Leistungsarten, aber auch in den Vorschriften über den
Einsatz des Einkommens und Vermögens sowie über die Heranziehung von Unter-
haltspflichtigen Eingang gefunden haben. Zum anderen ist es zu berücksichtigen im
Rahmen der verschiedenen **Ermessensvorschriften,** die der Träger der Sozialhilfe
bei der Regelung und Ausgestaltung des Hilfefalles zu beachten hat. Für Beispiele
→ Rn. 18 ff.

Die **Reichweite** des Gebots familiengerechter Leistungen ergibt sich aus dem **7**
Rechtscharakter der Vorschrift. Da diese Norm keine eigenständige Rechtsgrundlage für die Gewährung von Leistungen begründet, sondern lediglich die Einbrin-
gung einer die Familie schützenden und fördernden Komponente in die Auslegung
und Anwendung der einzelnen Leistungsbestimmungen ermöglicht, kann sie auch
keine Leistungen vermitteln, die im SGB XII nicht vorgesehen sind. Das Gebot der
Familiengerechtigkeit gilt nicht nur für die Erbringung von Leistungen, sondern ist
auch im Rahmen der Vorschriften über den Einsatz von Einkommen und Vermögen
oder die Heranziehung Unterhaltspflichtiger zu beachten.

Die Vorschrift bietet jedoch keine rechtliche Handhabe, bestimmten **familien-** **8**
**und gesellschaftspolitische Zielsetzungen** zur Durchsetzung zu verhelfen: Leben
und wirtschaften zwei Mütter mit ihren Kindern zusammen, so verstößt es grundsätzlich nicht gegen den Grundsatz familiengerechter Leistungen, dass der Sozialhilfeträger keinen Mehrbedarf wegen Alleinerziehung zuerkennt (OVG Berlin
24.11.1983 – 6 B 24.83, FEVS 34, 104; aA *Greif-Bartovics,* NDV 1985, 298; kritisch
auch *Armborst* LPK-SGB XII, § 16 Rn. 9). Der Zuschlag nach § 30 Abs. 3 ist nicht
zu gewähren, wenn der Leistungsberechtigte durch eine dritte Person so nachhaltig
bei der Pflege und Erziehung des Kindes unterstützt wird, wie es sonst der andere
Elternteil zu tun pflegt; ob diese dritte Person im rechtlichen Sinne zur Erziehung
berechtigt oder verpflichtet ist, ist nicht relevant. Es ist ferner nicht Aufgabe der
Sozialhilfe, allein erziehenden Frauen den „Neuaufbau von Zweierbeziehungen"
durch eine zurückhaltende Anwendung des § 20 zu ermöglichen (aA *Armborst* LPK-
SGB XII, § 16 Rn. 7, der für eine nicht zu restriktive Anwendung des § 20 eintritt).

## II. Inhalt der Norm

### 1. Familienbegriff

9    Der Begriff „Familie" wird in der Rechtsordnung nicht einheitlich verwandt. Art. 6 Abs. 1 GG hat in erster Linie die Lebensgemeinschaft zwischen Eltern und Kindern im Blick (BVerfG 18.4.1989 – 2 BvR 1169/84 und 5.2.1981 – 2 BvR 646/80), wobei es allerdings weder darauf ankommt, ob die Eltern miteinander verheiratet sind, noch ob sie gleichen oder verschiedenen Geschlechts sind (vgl. BVerfG 29.10.2002 – 1 BvL 16/95 u.a.; BVerfG 19.2.2013 – 1 BvL 1/11, 1 BvR 3247/09). Der Familienbegriff des bürgerlichen Rechts ist einerseits enger, indem er stets eine Ehe verlangt, andererseits aber weiter, indem er die Gesamtheit der durch Ehe und Verwandtschaft verbundenen Personen einbezieht (vgl. dazu *Brudermüller,* Palandt, BGB, Einl. vor § 1297 Rn. 4).

10    Der Vorschrift des § 16 liegt im Hinblick auf ihre fürsorgerische Zielsetzung im Grundsatz ein **weiter Familienbegriff** zugrunde (ebenso LSG Bln-Bbg 1.3.2006 – L 23 B 1083/05 SO ER, FEVS 58, 60). Bei der Auslegung unbestimmter Rechtsbegriffe und der Berücksichtigung der besonderen familiären Verhältnisse im Rahmen von Ermessensentscheidungen können deshalb grundsätzlich neben den Mitgliedern der Kleinfamilie weitere Familienangehörige (vgl. insoweit auch § 11 Abs. 1 Nr. 1 StGB) wie insbesondere Verwandte, Verschwägerte, Verlobte, Pflegeeltern und Pflegekinder sowie Adoptiveltern und Adoptivkinder entscheidungsrelevant sein. Auch eingetragene Lebenspartnerschaften sind als Familie im Sinne von § 16 anzusehen. Geschwister allein können ebenfalls dem Familienbegriff des § 16 unterfallen. Das Gebot familiengerechter Leistungen ist schließlich nicht nur in Bezug auf Familienmitglieder im Haushalt des Leistungsberechtigten zu beachten, sondern kann auch Bedeutung erlangen, wenn Verwandte nicht in Haushaltsgemeinschaft leben, sich aber untereinander verbunden fühlen (→ Rn. 20 und 24).

11    Allerdings wird der weite Familienbegriff des § 16 im SGB XII selbst nicht einheitlich verwandt. Die gesetzlichen Ausgestaltungen des Gebots familiengerechter Leistungen nehmen vielmehr **unterschiedliche familienbezogene Begriffe,** wie vor allem „Eltern" und „Ehegatten" (vgl. zB § 19 Abs. 3 und 4), „Verwandte" und „Verschwägerte" (vgl. § 24 Abs. 5), „Angehörige" (vgl. etwa §§ 26 Abs. 1 S. 2, 90 Abs. 2 Nr. 8) sowie „Unterhaltspflichtiger" (vgl. § 94) in Bezug, die zumeist dem bürgerlichen Recht (§ 1589 BGB: Verwandtschaft, § 1590 BGB: Schwägerschaft), aber auch dem Strafrecht (§ 11 Abs. 1 Nr. 1 StGB: Angehörige) entstammen. Diese personenbezogenen Modifizierungen des Gebots familiengerechter Leistungen sind bei der Anwendung der einzelnen Leistungsbestimmungen und Vorschriften über den Einsatz von Einkommen und Vermögen zu beachten.

12    Nicht zum Familienbegriff des SGB XII zählen dagegen **eheähnliche Partnerschaften** oder auch reine Haus- oder Wohngemeinschaften.

### 2. Besondere Familienverhältnisse (S. 1)

13    Der Träger der Sozialhilfe soll bei Leistungen der Sozialhilfe die besonderen Verhältnisse in der Familie der Leistungsberechtigten berücksichtigen (Satz 1). Diese Verpflichtung des Sozialhilfeträgers bezieht sich nicht nur auf die eigentliche Leistungserbringung, sondern auf die Regelung und Gestaltung des **Hilfefalles insgesamt.**

14    Als **besondere Verhältnisse** iS dieser Vorschrift kommen insbesondere in Betracht:
   – Getrenntleben der Eltern, Scheidung der Eltern, Tod eines oder beider Elternteile,
   – Erkrankung oder/und Behinderung eines oder beider Elternteile, Alkohol- oder/und Drogenabhängigkeit eines Elternteils, Untersuchungs- oder Strafhaft eines Elternteils,

- Verlust des Arbeitsplatzes, Langzeitarbeitslosigkeit, Jugendarbeitslosigkeit,
- kinderreiche Familie,
- Erkrankung oder/und Behinderung eines oder mehrerer Kinder, Verhaltensauffälligkeiten eines oder mehrerer Kinder, Jugendkriminalität, massive schulische Probleme,
- Zusammenleben von mehreren Generationen im Haushalt,
- beengte Wohnverhältnisse, belastetes Wohnumfeld, drohende Obdachlosigkeit,
- häusliche Pflege eines nahen Angehörigen,
- Schwangerschaftsprobleme.

## 3. Anregung zur Selbsthilfe und Förderung des Zusammenhalts (S. 2)

Das Ziel der Sozialhilfe, den Leistungsberechtigten soweit wie möglich zu befähi- **15** gen, unabhängig von ihr zu leben (§ 1 S. 2), lässt sich nur erreichen, wenn der Leistungsberechtigte bereit ist, im Rahmen seiner Möglichkeiten daran **mitzuwirken.** Vor diesem Hintergrund ist in § 16 S. 2 bestimmt, dass der Träger der Sozialhilfe die Kräfte der Familie zur Selbsthilfe anregen und den Zusammenhalt der Familie festigen soll.

Auf welche Weise der Träger der Sozialhilfe die **Kräfte der Familie zur Selbst-** **16** **hilfe** anregen kann, lässt sich verlässlich nur im Einzelfall beurteilen. Denkbar sind neben Hilfen zur Pflege von kranken oder behinderten Angehörigen in der Familie etwa Hilfen für Alleinerziehende hinsichtlich der Betreuung des Kindes in einer Tageseinrichtung oder Tagespflege (§ 11 Abs. 4 S. 3 u. 4) sowie sonstige Beratungs- und Unterstützungsleistungen. Allerdings werden bezüglich der Beratung und Unterstützung auch rasch die faktischen Leistungsgrenzen des Sozialhilfeträgers deutlich, da angesichts der Fülle der zu bearbeitenden Hilfefälle dem einzelnen Sachbearbeiter kaum noch Zeit für intensive Beratungsgespräche bleiben wird.

Auch der **Zusammenhalt der Familie** kann auf ganz unterschiedliche Weise **17** gefördert werden. Der Sozialhilfeträger ist deshalb nicht nur gehalten, alles zu unterlassen, was zu einer familiären Ausgrenzung des Leistungsberechtigten führen kann, sondern auch aufgerufen, alles zu tun, um den Zusammenhalt der Familie zu fördern und dadurch die Selbsthilfekräfte der Familie zu steigern.

## 4. Anwendungsbeispiele

Das Gebot familiengerechter Leistung kann sich in **vielfältiger Weise** nieder- **18** schlagen, wobei sich die Teilgebote der Berücksichtigung der besonderen familiären Verhältnisse sowie der Anregung zur Selbsthilfe und der Förderung des familiären Zusammenhalts zT überschneiden:

Der **Verweis auf eine Selbsthilfemöglichkeit** nach § 2 Abs. 1 in Form der **19** Geltendmachung von Ausgleichsansprüchen nach § 426 Abs. 1 BGB gegenüber dem Miterben kann dem Gebot familiengerechter Leistungen widersprechen und deshalb eine Unzumutbarkeit i. S. v. § 74 begründen, wenn dadurch der Zusammenhalt der Familie gravierend in Mitleidenschaft gezogen würde (vgl. OVG Münster 30.10.1997 – 8 A 3515/95, FEVS 48, 446).

Bei der Frage, ob **Wünsche der Leistungsberechtigten** bei der Auswahl einer **20** stationären Einrichtung „angemessen" im Sinne von § 9 Abs. 2 sind, ist auch die Erreichbarkeit der Einrichtung für Angehörige zu berücksichtigen (LSG Bln-Bbg 1.3.2006 – L 23 B 1083/05 SO ER, FEVS 58, 60). Ähnliches gilt für den Wunsch eines Hilfeempfängers, Eingliederungshilfe ambulant statt stationär zu erhalten – hier ist der Leistungsträger durch § 16 gehalten, bei der Ausübung des ihm eingeräumten Ermessens die Entscheidung der Familie darüber, ob und in welchem Umfang

Angehörige an der Deckung der Eingliederungs- und Pflegebedarfe mitwirken, zu berücksichtigen (vgl. SG Freiburg 14.5.2013 – S 9 SO 5021/11).

21    Um den Familienfrieden nicht zu gefährden und den Zusammenhalt in der Familie keiner zu starken Belastungsprobe auszusetzen, können die in § 16 niedergelegten Grundsätze dazu zwingen, **Unterhaltsleistungen,** die einer Mutter von ihrem Ehemann und Stiefvater ihres Kindes gewährt werden, nur insoweit auf den Anspruch ihres Kindes anzurechnen (§ 27 Abs. 2 S. 3), als sie das Eineinhalbfache des für die Mutter in Betracht kommenden Regelsatzes übersteigen (OVG NRW 11.5.1967 – VIII A 977/65, FEVS 15, 231, 234). Insofern gelten für Stiefkinder nach dem SGB XII andere Grundsätze als nach dem SGB II: Nach § 9 Abs. 2 S. 2 SGB II ist bei Kindern, die mit einem Elternteil zusammen leben, nicht nur das Einkommen und Vermögen des Elternteils, sondern auch Einkommen und Vermögen dessen Partners zu berücksichtigen (zur Diskussion um die Verfassungsmäßigkeit dieser Regelung vgl. VG Bremen 27.2.2008 – S 3 K 3321/06 mwN. Das BSG hat die Regelung für verfassungsgemäß erklärt, BSG 13.11.2008 – B 14 AS 2/08 R, BSGE 102, 76; das BVerfG hat die hiergegen gerichtete Verfassungsbeschwerde mangels Zulässigkeit nicht zur Entscheidung angenommen, 29.5.2013 – 1 BvR 1083/09 (ZfSH/SGB 2013, 579).

22    Die Berücksichtigung einer familienfreundlichen Komponente bei der Auslegung des unbestimmten Rechtsbegriffs der Härte iSv § 22 Abs. 1 S. 2 kann dazu führen, den in § 22 Abs. 1 S. 1 normierten Anspruchsausschluss bei einer **schwangeren Studentin** zu überwinden, wenn diese aus Gründen der Schwangerschaft krankgeschrieben ist und deshalb ihren Lebensunterhalt nicht mehr durch Erwerbstätigkeit sicherstellen kann.

23    Ist einem **Ausländer** aus gewichtigen familiären Gründen (zB intensive, an seine Person gebundene Pflege eines nahen Angehörigen) eine Rückkehr in das Bundesland, in dem ihm die Aufenthaltsbefugnis erteilt worden ist, nicht zumutbar, so kann die nach den Umständen unabweisbar gebotene Hilfe iSv § 23 Abs. 5 ausnahmsweise die volle Regelsatzhilfe umfassen (zur Bedeutung von § 16 bei der Anwendung des § 23 Abs. 5 auch SG Freiburg 25.7.2011 – S 9 SO 5262/08, SAR 2012, 2).

24    Bei der Frage, ob ein Leistungsberechtigter die **Übernahme von Reisekosten** für Besuche bei Familienangehörigen verlangen kann, ist einerseits zu berücksichtigen, dass intakte Familien den Kontakt untereinander suchen und pflegen. Andererseits darf nicht übersehen werden, dass bei Nichtleistungsberechtigten die finanziellen Rahmenbedingungen dem einzelnen Familienmitglied Grenzen hinsichtlich der Teilnahme an Familienzusammenkünften setzen (§ 28 Abs. 2). Vor diesem Hintergrund sind selbst Aufwendungen im Zusammenhang mit herausragenden religiösen oder familiären Festen (Taufe, Erstkommunion, Eheschließung oÄ) und sonstigen bedeutungsschweren Anlässen (schwere Krankheit, Tod der Eltern oÄ) grundsätzlich aus dem Regelsatz zu bestreiten. Seiner familiären Verbundenheit muss der Leistungsberechtigte – wie viele Nichtleistungsberechtigte auch – auf andere Weise, etwa brieflich oder telefonisch, Ausdruck verleihen. In engen Grenzen (z. B. Fahrtkosten zur Beerdigung eines Elternteils) können aber ergänzende Darlehen nach § 37 Abs. 1 gewährt werden.

25    Tritt ein Elternteil eine **Haftstrafe** an und übersteigen nunmehr die Kosten der lediglich von dem anderen Elternteil und den Kindern bewohnten Unterkunft das Maß des sozialhilferechtlich Angemessenen (§ 35 Abs. 2), kann eine Übernahme der unangemessenen **Unterkunftskosten** mit Blick auf den in § 16 umschriebenen Grundsatz für die Dauer der Verbüßung der Freiheitsstrafe in Betracht kommen. Nimmt der nicht inhaftierte Elternteil gemeinsam mit dem inhaftierten Elternteil an einem Eheseminar teil, kann das Gebot familiengerechter Leistungen die Übernahme der Kosten für eine **anderweitige Unterbringung** des gemeinsamen Kindes während dieser Zeit rechtfertigen (VG Düsseldorf 17.11.1986 – 19 L 1998/86, info also 1988, 184).

Unter Berücksichtigung der besonderen familiären Verhältnisse kann es geboten 26
sein, der Familie des Leistungsberechtigten, die bislang in einem **Wohnwagen**
untergebracht ist, anstatt einer Wohnung einen zweiten Wohnwagen zuzubilligen
(VGH Kassel 3.9.1991 – 9 TG 3588/90, info also 1992, 30, 31).

Lebt ein Leistungsberechtigter in einer **Haushaltsgemeinschaft** mit nicht unter- 27
haltsverpflichteten Familienangehörigen, so ist im Rahmen der Prüfung des § 39
dem Gebot der familiengerechten Leistungen Rechnung zu tragen, und zwar sowohl
hinsichtlich der Frage, wann ein Beitrag zum Lebensunterhalt erwartet werden kann,
als auch hinsichtlich der Frage, welche Anforderungen an die Widerlegung einer
etwaigen Unterhaltsvermutung zu stellen sind (OVG NRW 19.12.2002 – 16 A 30/
01, FEVS 55, 58). Insbesondere bei der Aufnahme Minderjähriger darf die Vermutung eines geleisteten Unterhaltsbeitrages nicht die Bereitschaft der aufnehmenden
Verwandten zur Hilfeleistung untergraben bzw. zur Auflösung der Haushaltsgemeinschaft führen.

Die auch familienpolitische Zweckbestimmung des **Pflegegeldes** – nämlich dem 28
Pflegebedürftigen zu ermöglichen, mithilfe von Zuwendungen die Pflegebereitschaft von nahe stehenden Personen anzuregen und zu erhalten – würde vereitelt,
wenn die dem Pflegebedürftigen nahe stehende Pflegeperson, die auf Leistungen
der Sozialhilfe angewiesen ist, das bestimmungsgemäß erhaltene Pflegegeld als Einkommen im Sinne des § 82 Abs. 1 einzusetzen hätte (BVerwG 4.6.1992 – 5 C 82/
88, FEVS 43, 109). Die Leistung einer Beihilfe (§ 65 Abs. 1 S. 1) zur **Anschaffung
eines Kraftfahrzeugs,** wodurch der Mutter die Pflege ihres pflegebedürftigen Soh-
nes erleichtert werden soll, kann nur beansprucht werden, wenn das pflegebedürftige
Kind aufgrund einer weit über das normale Maß hinausgehenden Mutter-Kind-
Beziehung nur durch seine Mutter gepflegt werden kann und auch bei einer nur
zeitweisen Betreuung durch eine Berufspflegekraft in seiner gesundheitlichen, geistigen oder seelischen Entwicklung Schaden nehmen würde (BVerfG 23.6.1982 – 1
BvR 1343/81, BVerfGE 61, 18, 25 f.).

Die besonderen familiären Verhältnisse und der Zusammenhalt der Familie sind 29
auch bei der Entscheidung über Hilfen zur **Weiterführung des Haushalts** (§ 70) zu
berücksichtigen. Von Bedeutung sind insoweit insbesondere die Größe des Haushalts
sowie die Anzahl und das Alter der minderjährigen Kinder. Ist es den Kindern nicht
oder nur bedingt zumutbar, bei der Führung des Haushalts mitzuhelfen, kommt
eine Hilfe nach § 70 vor allem in Betracht, wenn der alleinerziehende Elternteil die
Familie ernähren muss (NdsOVG 28.3.1979 – IV A 172/77, FEVS 29, 113, 115).
Darüber hinaus sind Hilfen zur Weiterführung des Haushalts zu erwägen, wenn
pflegebedürftige Kinder im Haushalt von den Eltern intensiv betreut werden. Im
Zweifel hat der Sozialhilfeträger jedenfalls, sofern nicht die Kinder zu ihrem eigenen
Wohle aus dem Haushalt der Familie herausgenommen werden müssen, darauf hinzuwirken, dass Haushalte mit minderjährigen Kindern fortgeführt werden (BVerwG
5.6.1968 – V C 116.67, FEVS 16, 92).

Um die Förderung des Zusammenhalts der Familie geht es ferner bei der Frage, 30
ob und inwieweit ein Anspruch nach §§ 93, 94 auf den Sozialhilfeträger übergeht.
Hat etwa der Unterhaltspflichtige einen pflegebedürftigen Familienangehörigen vor
dem Eintreten der Sozialhilfe weit über das Maß der ihn treffenden Verpflichtung
hinaus gepflegt und den Sozialhilfeträger dadurch erheblich entlastet, kann der
**Übergang eines Anspruchs** nach §§ 93, 94 den Grundsatz der familiengerechten
Leistungen verletzen (BVerwG 27.5.1993 – 5 C 7/91, FEVS 44, 229). Entsprechendes gilt, wenn infolge des Anspruchsübergangs eine nachhaltige Störung des Famili-
enfriedens zu befürchten oder der weitere Verbleib des Hilfebedürftigen im Familienverband gefährdet wäre (BVerwG 27.5.1993 – 5 C 7/91, FEVS 44, 229; BGH
23.7.2003 – XII ZR 339/00, FamRZ 2003, 1468); der Übergang eines nur geringfügigen Anspruchs kann dann eine Härte iSv § 94 Abs. 3 Nr. 2 begründen (OLG
RhPf 9.6.1994 – 11 UF 700/93, FamRZ 1995, 171, 172).

**31**    Bei der Frage, ob wegen einer besonderen Härte von der Heranziehung zum **Kostenersatz wegen schuldhaften Verhaltens** nach § 103 abgesehen werden kann, ist zu berücksichtigen, ob durch die Geltendmachung des Kostenersatzes dies Selbsthilfekräfte oder der Zusammenhalt der Familie gefährdet wird. Diese Gefahr kann bestehen, wenn durch den Kostenersatz Familienmitglieder mitbetroffen sind (VG Karlsruhe 3.4.1997 – 5 K 2411/95, info also 1999, 200).

**32**    Aus § 16 kann schließlich die Pflicht des Sozialhilfeträgers folgen, vor der Heimaufnahme eines Heimpflegebedürftigen dessen **Angehörige** von diesem Vorhaben **zu unterrichten** (HessVGH 10.12.1970 – V OE 63/69, FEVS 19, 165, 170); Voraussetzung einer solchen Verpflichtung des Trägers der Sozialhilfe ist freilich, dass die Heimunterbringung durch Selbsthilfe der Angehörigen des Heimpflegedürftigen vermieden werden kann.

## Zweiter Abschnitt. Anspruch auf Leistungen

### § 17 Anspruch

(1) ¹**Auf Sozialhilfe besteht ein Anspruch, soweit bestimmt wird, dass die Leistung zu erbringen ist.** ²**Der Anspruch kann nicht übertragen, verpfändet oder gepfändet werden.**

(2) ¹**Über Art und Maß der Leistungserbringung ist nach pflichtmäßigem Ermessen zu entscheiden, soweit das Ermessen nicht ausgeschlossen wird.** ²**Werden Leistungen auf Grund von Ermessensentscheidungen erbracht, sind die Entscheidungen im Hinblick auf die sie tragenden Gründe und Ziele zu überprüfen und im Einzelfall gegebenenfalls abzuändern.**

*Vergleichbare Vorschriften: §§ 2 Abs. 1 Satz 2, 31, 38 SGB I.*

**Schrifttum:** *Grube,* 50 Jahre Anspruch auf Sozialhilfe, NDV 1999, 150 und 184; *Meyer, Dirk,* Das sozialhilferechtliche Verhältnis im Wandel – Von einer korporatistischen hin zu einer wettbewerblichen Prägung, RsDE 68, 17; *Busse/Pyzik,* Das Regelbedarfsdarlehen zur Sicherung des Lebensunterhalts, NDV 2009, 94 u. 136; *Fahlbusch,* Der Anspruch auf Sozialhilfe, in *ders.*(Hrsg.), 50 Jahre Sozialhilfe – Eine Festschrift, S. 131; *Krohn,* Keine Sozialhilfe für die Vergangenheit?, 2103; *Fichte/Plagemann* Hrsg., Sozialverfahrensrecht, 2. Aufl. 2016; *Mrozynski,* Die Zukunft des Kenntnisgrundsatzes in der Sozialhilfe, ZfSH/SGB 2007, 463; *Münder,* Wünsche der Wissenschaft an die sozialgerichtliche Rechtsprechung zur Sozialhilfe, SGb 2006, 186; *Rothkegel,* Die Strukturprinzipien des Sozialhilferechts, 2000; *ders.,* Zur Anwendbarkeit von § 44 SGB X im Sozialhilferecht, ZfSH/SGB 2002, 8; *ders.,* Der rechtliche Rahmen für die Pauschalierung von Sozialhilfeleistungen – insbesondere zur Experimentierklausel des § 101a BSHG, ZfSH/SGB 2002, 585, 657; *Schnapp,* Der Anspruch auf Sozialhilfe im System der subjektiven öffentlichen Rechte im Sozialrecht, SGb 2010, 61; *ders.,* BVerwGE 1, 159 – Magna Charta des Anspruchs auf das Existenzminimum?, NZS 2010, 136; *Schütte-Leifels,* Die Grundsätze der Sozialhilfe nach der Reform, Diss. Universität Münster, 2007; *Stotz,* Vererblichkeit von Ansprüchen auf Sozialleistungen – Ausnahmen bei Ansprüchen nach dem SGB II und SGB XII, SGb 2014, 127; *Waibel,* Die Anspruchsgrundlage im SGB II, NZS 2005, 512).

**Übersicht**

# I. Bedeutung der Norm

Die Vorschrift **entspricht** weitgehend dem früheren **§ 4 BSHG.** Sie ist in der **1** Fassung des Regierungsentwurfs erlassen worden (s. Einl. Rn. 2).

**Abs. 1 S. 1** der Vorschrift ist gegenüber § 4 Abs. 1 S. 1 BSHG sprachlich gering- **2** fügig geändert. Statt „Hilfe zu gewähren" heißt es nunmehr „Leistung zu erbringen". In sachlicher Hinsicht bedeutet dies keine Änderung; es ist lediglich die Terminologie an die des SGB I angepasst worden. **Abs. 1 S. 2** übernimmt unverändert § 4 Abs. 1 S. 2 BSHG. **Abs. 2** ist gegenüber § 4 Abs. 2 BSHG im ersten Satz geändert, und ein 2. Satz ist angefügt worden. Abs. 2 **S. 1** spricht von **„Art und Maß der Leistungserbringung",** während in § 4 Abs. 2 BSHG „Form und Maß der Sozialhilfe" einer Ermessensentscheidung unterliegen konnten. Der Austausch des Wortes „Form" durch „Art" soll nach der Gesetzesbegründung lediglich der Anpassung an den Sprachgebrauch nach dem SGB I dienen. Wenn insoweit an § 11 SGB I gedacht ist, wonach „Leistungsarten" die dort genannten Dienst-, Sach- und Geldleistungen sind, ist mit dem neuen Sprachgebrauch keine inhaltliche Veränderung verbunden. Mit „Art der Leistungserbringung" darf deshalb nicht die Art einer Leistung nach § 8 gemeint sein. Hinsichtlich der Bestimmung der im Einzelfall zutreffenden Leistung aus dem Katalog des § 8 besitzt der Träger der Sozialhilfe kein Ermessen (so auch *Neumann,* in Hauck/Noftz, SGB XII, K 17 Rn. 8).

**Abs. 2 S. 2** ist eine neuartige Regelung. Sie enthält klarstellend Hinweise für **3** rechtmäßiges Verwaltungshandeln, wobei sich die rechtlichen Maßstäbe bereits aus § 48 SGB X bzw. aus § 39 SGB I ergeben. Sofern der Träger der Sozialhilfe einen **Dauerverwaltungsakt** erlassen hat, ist er bereits nach § 48 SGB X verpflichtet, ihn unter Kontrolle zu halten und daraufhin zu überprüfen, ob sich die maßgeblichen Umstände verändert haben (s. dazu BSG 3.3.2009 – B 4 AS 47/08 R, NZS 2010, 158). Gegebenenfalls ist der Dauerverwaltungsakt zu ändern. Hat die in der Vorschrift gemeinte Ermessensentscheidung nicht zu einem Dauerverwaltungsakt geführt, da der Sozialhilfe solche Entscheidungen grundsätzlich fremd sind, ist bei einer erneuten Ermessensentscheidung für einen nächsten Leistungszeitraum ohnehin das Ermessen entsprechend der dann gegebenen Sachlage auszuüben. Auch dies ist eine Selbstverständlichkeit, die in der Vorschrift damit nur noch einmal verstärkend hervorgehoben wird.

**4**    Im SGB II fehlt eine entsprechende Vorschrift. Dies zeigt, dass § 17 Abs. 1 S. 1 an sich eine überflüssige Vorschrift ist. Der Anspruch auf eine Sozialleistung ergibt sich ohnehin aus den einzelnen Tatbestandsvoraussetzungen des jeweiligen Leistungsgesetzes (vgl. *Waibel*, NZS 2005, 512). Im SGB II ist dies das Kapitel 2 – Anspruchsvoraussetzungen – (§§ 7 bis 12 SGB II). Liegen die Anspruchsvoraussetzungen vor, ist ein entsprechender Anspruch gegeben (s. § 38 SGB I). Allerdings ist die Gesetzessprache insoweit sehr ungenau und uneinheitlich. In § 19 Abs. 1 und 2 heißt es: „ist zu leisten", in § 19 Abs. 3 hingegen: „Hilfen werden geleistet".

## II. Inhalt der Norm

### 1. Deklaratorische Umschreibung des Anspruchs

**5**    Die Vorschrift enthält einige allgemeine Aussagen über den Anspruch auf Sozialhilfe. Abs. 1 S. 1 hat nur deklaratorische Bedeutung und ist vor dem Hintergrund des früheren Fürsorgerechts zu verstehen, das einen ausdrücklich normierten Rechtsanspruch nicht kannte (vgl. zur Geschichte des Anspruchs *Grube*, NDV 1999, 150; *Schnapp*, NZS 2010, 136). Durch diese Bestimmung wird der Anspruch auf Sozialhilfe nicht erst begründet. Die konkreten Ansprüche ergeben sich bereits aus den einzelnen Anspruchsgrundlagen des Gesetzes. Das SGB XII folgt dabei der Systematik des SGB I.

**6**    Aus den **sozialen Rechten des Sozialgesetzbuchs,** zu denen nach § 9 SGB I auch die Sozialhilfe gehört, können nach § 2 Abs. 1 S. 2 SGB I Ansprüche nur insoweit geltend gemacht oder hergeleitet werden, als deren Voraussetzungen und Inhalt durch die Vorschriften der besonderen Teile dieses Gesetzbuches, also durch das SGB XII selbst, im Einzelnen bestimmt sind. Daher begründen auch die **Einweisungsvorschriften des SGB I** (hier: § 28 SGB I) keine Ansprüche. Nach § 31 SGB I gilt ein allgemeiner **Gesetzesvorbehalt** für die Begründung von Rechten in den Sozialleistungsbereichen. Danach ist es allerdings zulässig, dass Rechte auch dadurch begründet werden, dass ein Gesetz dies „zulässt" (BVerwG 29.9.1994 – 5 C 41/92, FEVS 45, 269 = NVwZ-RR 1995, 676). Diese Bestimmung ist für **Öffnungsklauseln und Ermessensvorschriften** von Bedeutung. In § 38 SGB I ist schließlich geregelt, dass auf Sozialleistungen, die in den besonderen Teilen des Sozialgesetzbuchs im Einzelnen bestimmt sind, ein Anspruch besteht, soweit nicht nach den besonderen Teilen die Leistungsträger ermächtigt sind, bei der Entscheidung über die Leistung nach ihrem Ermessen zu handeln.

**7**    Abs. 1 S. 1 der Vorschrift enthält somit letztlich nur eine Umschreibung des Begriffs „Anspruch", der nämlich dann gegeben ist, wenn das Gesetz bestimmt, dass die jeweilige Hilfe zu erbringen ist. Damit besteht ein subjektiv-öffentliches Recht auf Sozialhilfe bzw. ein Recht auf ermessensfehlerfreie Entscheidung über eine begehrte Hilfe, sofern es sich um Ermessensleistungen geht (s. bereits BVerwGE 1, 159).

**8**    Anders als nach § 4 BSHG werden in § 17 Abs. 2 S. 2 auch die Ermessensleistungen erwähnt. Dabei wird dem Träger der Leistung aufgegeben, die Gründe für die Ermessensentscheidung und die mit ihr verfolgten Ziele im Hinblick auf Veränderungen in den tatsächlichen Verhältnissen unter Kontrolle zu halten. Für die Ermessensleistungen ist vor allem § 39 SGB I zu beachten, der wesentliche Vorgaben für eine ermessensgerechte Entscheidung enthält. Nach § 39 Abs. 1 S. 2 SGB I besteht ein subjektiv-rechtlicher Anspruch auf pflichtgemäße Ausübung des Ermessens. Dieser wichtige Anspruch gilt auch im SGB XII.

## 2. Primär- und Sekundäranspruch

Die Vorschrift meint nur den ursprünglichen, primären Anspruch auf Sozialhilfe. **9** Sie regelt nicht, was zu gelten hat, wenn dieser Anspruch nicht, nicht rechtzeitig oder nicht ordnungsgemäß erfüllt wird. Insoweit kommt als Sekundäranspruch ein Anspruch auf **Kostenerstattung für die selbstbeschaffte Sozialhilfeleistung** in Betracht (vgl. dazu *Rothkegel,* Strukturprinzipien, S. 76 ff.; *Grube,* NDV 1999, 184 ff.; *ders.,* Sozialrecht aktuell 2010, 11; BSG 23.5.2013 – B 4 AS 79/12 R, FEVS 59, 481; BSG 19.8.2010 – B 14 AS 3609 R, FEVS 60, 517). Dieser Anspruch ist **richterrechtlich anerkannt** und hat für Teilbereiche des Sozialrechts eine ausdrückliche Regelung erhalten (§ 13 Abs. 3 SGB V, § 18 Abs. 6 SGB IX und § 36a Abs. 3 SGB VIII). Das BSG (19.8.2010 – B 14 AS 36/09 R, FEVS 53, 529, 533) sieht die Regelung des § 13 Abs. 3 SGB V als „Ausdruck eines allgemeinen Rechtsgedankens" an, der daher grundsätzlich in allen Sozialleistungsbereichen gilt (vgl. auch LSG BW 20.5.2016 – L 8 AL 1234/15 hinsichtlich SGB III). Der Sekundäranspruch auf Sozialhilfe ist zwar von dem primären Anspruch abhängig, darf aber nicht mit ihm vermengt werden, da er in mancher Hinsicht anderen Regeln unterliegt (vgl. Einl. Rn. 60).

## 3. Anspruchsgegner

In der Vorschrift ist nicht geregelt, wer Anspruchsgegner ist. Dies ergibt sich aus **10** den Vorschriften der §§ 97 ff. über die örtliche und sachliche Zuständigkeit der Träger der Sozialhilfe (zur Beteiligtenfähigkeit im gerichtlichen Verfahren vgl. LSG NRW, info also 2008, 129). Der zuständige Träger ist im gerichtlichen Verfahren passiv-legitimiert (vgl. z. B. BSG 26.8.2008 – B 8/9b SO 18/07 R, NVwZ-RR 2009, 287). Die Leistungsverpflichtungen richten sich nur gegen die Träger der Sozialhilfe, nicht gegen die freie Wohlfahrtspflege, auch wenn sie „bei der Durchführung dieses Gesetzes" (so § 5 Abs. 5) beteiligt ist. Dies ist in § 5 Abs. 5 S. 2 klargestellt (deutlicher insoweit § 3 Abs. 2 S. 2 SGB VIII).

# III. Anspruch auf Sozialhilfe (Abs. 1 S. 1)

## 1. Abs. 1 S. 1

Ein Anspruch auf Sozialhilfe besteht immer dann, wenn und soweit das Gesetz **11** bestimmt, dass Hilfe zu erbringen bzw. zu leisten ist. Dabei ist die Terminologie im Gesetz unterschiedlich. Es kann heißen: „Ist Hilfe … zu leisten" (§ 23 Abs. 1 S. 1), Personen … „erhalten Leistungen" (§ 53 Abs. 1 S. 1) „Kosten … werden übernommen" (§ 74), Personen … „sind Leistungen zu erbringen" (§ 67 S. 1). Dies sind die sog. **„Ist-Hilfen".** In diesen Fällen besteht ein Anspruch auf Hilfe, wenn die Tatbestandsvoraussetzungen – mögen sie auch unbestimmt sein – gegeben sind. Durch das Gesetz zur Änderung des Zwölften Buches Sozialgesetzbuch und weiterer Vorschriften v. 21.12.2015, BGBl. I S. 2557, hat es der Gesetzgeber unternommen, die Terminologie bei einigen Vorschriften zu vereinheitlichen. So heißt es etwa in § 27a Abs. 3 nunmehr, dass nicht Regelsätze zu „gewähren" sind, sondern dass Regelsätze „als Bedarf anzuerkennen" sind. Nach § 35 Abs. 1 werden für die Unterkunft keine „Leistungen erbracht", sondern „Bedarfe anerkannt". Gewonnen ist durch solche Änderungen nicht viel.

Daneben kennt das Gesetz **„Soll-Hilfen",** wenn sich nämlich die Formulierung **12** findet, dass eine Hilfe bei Vorliegen bestimmter Tatbestandsvoraussetzungen gewährt werden soll (z. B. § 36 Abs. 1 S. 2, § 37 Abs. 1). Dadurch drückt das Gesetz aus, dass für den Regelfall eine Hilfe zu erbringen ist und nur in Ausnahmefällen die

Hilfeleistung im Ermessen des Sozialhilfeträgers liegt (BVerwG 19.3.2015 – 2 C 37/13, NVwZ 1993, 588; BSG 27.5.2014 – B 8 SO 1/13 R, BSGE 59, 111, 116).

13    Schließlich ist die Hilfeleistung bei einigen Hilfen von vornherein in das Ermessen des Sozialhilfeträgers gestellt (§§ 27 Abs. 3, § 36 Abs. 1 S. 1, § 38 Abs. 1). Das sind die Fälle, in den das Gesetz die Formulierung „kann" verwendet (**„Kann-Hilfen"**).

14    Daneben formuliert das Gesetz auch **objektiv-rechtliche Verpflichtungen** des Sozialhilfeträgers, die subjektive Rechte des Einzelnen somit von vornherein nicht begründen (z. B. § 12).

15    **Nicht geregelt** ist in Abs. 1 S. 1, wann der **Anspruch entsteht** und wann er gegebenenfalls **erlischt**. Für das Entstehen des Anspruchs sind § 40 SGB I und § 18 die einschlägigen Regelungen. Der Anspruch erlischt durch Erfüllung und durch bloßen Zeitablauf, wenn nämlich die Gegenwärtigkeit der Notlage vorüber ist, ohne dass der Bedarf gedeckt worden ist (s. dazu näher Einl. Rn. 51; BSG 11.12.2007 – B 8/9b SO 12/06 R, FEVS 59, 481; *Coseriu* jurisPK-SGB XII, § 18 Rn. 20). Die **Verzinsung** des Anspruchs ergibt sich aus § 44 Abs. 1 SGB I (BSG 31.1.2008 – B 13 R 17/07 R, SozR 4-1200 § 44 Nr. 3; BSG 2.2.2010 – B 8 SO 22/08 R: keine Prozesszinsen bei Erstattungen). Die **materielle Beweislast** für das Vorliegen der Anspruchsvoraussetzungen liegt bei dem Hilfesuchenden (BSG 20.9.2012 – B 8 SO 15/11 R, NZS 2009, 681). Die materielle Beweislast kann aber auch bei dem Leistungsträger liegen, wenn er sich auf einen von der gesetzlichen Typik abweichenden Fall beruft (BSG 23.7.2014 – B 8 SO 14/13 R; BSG 27.1.2009 – B 14 AS 6/08 R). Unter besonderen Umständen ist der Anspruch auf Sozialhilfe vererbbar (BVerwGE 96, 18; BSG 23.7.2014 – B 8 SO 14/13 R; BayLSG 22.11.2016 – L 8 SO 205/15; *Stotz*, SGb 2014, 127 R; s. auch § 19 Abs. 6).

## 2. Abs. 1 S. 2

16    **a) Schutzzweck.** Neben der tautologischen Regelung in Abs. 1 S. 1 enthält die Vorschrift in S. 2 Regelungen, die den **primären Anspruch** auf Sozialhilfe besonders sichern, da die Sozialhilfeleistungen dazu dienen, ein menschenwürdiges Leben zu ermöglichen (BSG 21.9.2017 – B 8 SO 3/16 R, BeckRS 2017, 136405). Daher besteht ein gesetzliches Verbot (§§ 134, 400 BGB), den Anspruch zu **übertragen,** zu **verpfänden oder zu pfänden.** Die Vorschriften der §§ 53 bis 55 SGB I dienen zum Teil demselben Zweck, lassen aber – anders als im Sozialhilferecht – eine Übertragung, Verpfändung und Pfändung in einem gewissen Umfang zu (vgl. dazu *Günther*, ZfSH/SGB 1998, 272; *Brühl*, ZFSH/SGB 1988, 72).

17    Die erwähnten gesetzlichen Verbote gelten auch für die „Soll- und Kann-Hilfen", obwohl sie in der Vorschrift nicht ausdrücklich genannt sind. Eine Übertragung, Verpfändung und Pfändung würde aber auch in diesen Fällen dem Zweck der Hilfegewährung zuwiderlaufen.

18    Der Anspruchsinhaber kann einen Anspruch auf Sozialhilfe nicht wirksam übertragen. Grund dafür ist, dass bezogen auf eine andere Person als den eigentlichen Hilfeempfänger eine Sozialhilfeleistung ihren Zweck nicht erfüllen kann. Eine Abtretung nach § 398 BGB ist daher nach §§ 134, 400 BGB nichtig. Aus demselben Grund ist eine Verpfändung des Anspruchs unzulässig. Ferner besteht ein umfassender Pfändungsschutz. Der Anspruch ist nach § 51 Abs. 2 SGB I auch gegenüber einer Aufrechnung mit Gegenansprüchen des Sozialhilfeträgers geschützt (s. aber § 26 Abs. 2). Dies gilt auch für eine Verrechnung nach § 52 SGB I. Schließlich ist auf § 55 SGB I hinzuweisen, wonach die Sozialhilfeleistungen, die bei einem Geldinstitut eingegangen sind, für 14 Tage einen besonderen Pfändungsschutz genießen.

19    Für Dienst- und Sachleistungen ergibt sich ein Verbot der Übertragung, Verpfändung und Pfändung bereits aus § 53 Abs. 1 SGB I und aus § 54 Abs. 1 SGB I. Dahin-

ter steht der Gedanke, dass diese Leistungen personenbezogen sind und ihren Zweck nur erfüllen können, wenn sie dem eigentlichen Leistungsberechtigten zukommen. Die Tilgung eines Sozialhilfedarlehens (z. B. § 37 Abs. 4) ist nicht als Aufrechnung **20** zu betrachten. Zur Aufrechnung s. § 26 (vgl. auch LSG BW 27.10.2008 – L 13 AS 4562/08 ER-B; *Wehrhahn,* SGb 2007, 468).

**b) Satz 2 und Sekundäranspruch.** Soweit die Zweckbestimmung der Sozial- **21** hilfe, eine gegenwärtige Notlage abzuwenden, bei Leistungsansprüchen nicht mehr in Rede steht, ist eine Übertragung, Verpfändung und Pfändung von Ansprüchen auf Sozialhilfe zulässig. Dies ist für den Sekundäranspruch auf Kostenerstattung der Fall. Der Sekundäranspruch hat einen **anderen Inhalt** als die Notlagenhilfe (vgl. dazu näher Einl. Rn. 60; *Rothkegel,* Strukturprinzipien, S. 44). Er soll den Leistungsberechtigten von Aufwendungen entlasten, die er eingehen musste, weil die Hilfe ausgeblieben ist (für den Anspruch nach § 74 hat das BSG 29.9.2009 – B 8 SO 23/08 R, FEVS 61, 337, eine Abtretung offenbar als zulässig angesehen). Der Leistungsberechtigte kann daher einen sekundären Anspruch auf Sozialhilfe, den er etwa erst im Rechtsbehelfsverfahren durchsetzt und der für eine in der Vergangenheit liegende Notlage gedacht war, übertragen oder verpfänden (ebenso *Coseriu,* in: jurisPK-SGB XII, § 17 Rn. 25: teleologische Reduktion der Vorschrift: Allerdings gilt dies entgegen *Coseriu* auch dann, wenn der Primäranspruch auf Geld gerichtet war; s. dazu Einl. Rn. 63; ferner BSG 23.5.2013 – B 4 AS 79/12 R; BSG 19.8.2010 – B 14 AS 36/09 R; BSG 21.9.2017 – B 8 SO 3/16 R, BeckRS 2017, 136405; vgl. ferner *Armborst* LPK-SGB XII § 17 Rn. 7; a. A. LSG Nds-Brem 17.12.2015 – L 8 SO 194/11). Dieser Rechtsgedanke liegt auch der Regelung des § 53 Abs. 2 Nr. 1 SGB I zugrunde, wonach etwa wegen eines Anspruchs auf Rückzahlung eines Darlehens, das im Vorgriff auf fällig gewordene Sozialleistungen zu einer angemessenen Lebensführung gegeben worden ist, eine Übertragung oder Verpfändung in Betracht kommt (auch BSG 18.7.2006 – B 1 KR 24/05 R, BSGE 97, 6). Dies entspricht exakt der Lage, in der sich ein Leistungsberechtigter befindet, der seinen Anspruch auf Sozialhilfe erst erstreiten muss. Ferner können nach § 54 Abs. 2 SGB I Geldleistungen gepfändet werden, wenn nach der Zweckbestimmung der Geldleistung die Pfändung der Billigkeit entspricht. Die **Zweckbestimmung** einer nachträglich erbrachten sozialhilferechtlichen Sekundärleistung kann danach eine Pfändung zulassen. Die Möglichkeit der Übertragung oder Verpfändung eines sekundären Anspruchs auf Sozialhilfe, nämlich des Kostenerstattungsanspruchs, dient im Übrigen dem Leistungsberechtigten, da er auf diese Weise in die Lage versetzt wird, Sicherheiten für ein Darlehen von dritter Seite zu erhalten, mit dessen Hilfe er die Notlage überbrücken kann, bis er seinen Anspruch durchgesetzt hat. Auch eine Abtretung des Anspruchs an den Nothelfer (§ 25) dürfte zulässig sein (a. A. LSG BW 22.11.2007 – L 7 SO 5195/06; LSG NRW 13.9.2007 – L 9 SO 8/06).

Der Anspruch auf Sozialhilfe ist als **Sekundäranspruch** auch **vererbbar** **22** (Rn. 15).

## IV. Art und Maß der Hilfe (Abs. 2 S. 1)

Die Vorschrift unterscheidet bei den Leistungen der Sozialhilfe gleichsam zwei **23** Schichten: den Anspruch als solchen sowie Art und Maß der Hilfe. Über das Letztere kann der Sozialhilfeträger nach pflichtgemäßem Ermessen entscheiden, sofern ein Ermessen nicht gesetzlich ausgeschlossen ist.

### 1. Umfang des Ermessensbereichs

Abs. 2 bestimmt, dass über Art und Maß der Sozialhilfe nach **pflichtgemäßem** **24** **Ermessen** zu entscheiden ist, sofern das Gesetz das Ermessen insoweit nicht ausschließt. Diese Bestimmung hat vor allem Bedeutung für die Leistungen, auf die ein Anspruch besteht. Bei den Ermessensleistungen ist der Sozialhilfeträger ohnehin befugt, über alle Modalitäten der Hilfe nach pflichtgemäßem Ermessen zu entscheiden. Die **Auswahl eines Hilfetypus** – etwa Eingliederungshilfe oder Hilfe zur Überwindung besonderer sozialer Schwierigkeiten – liegt nicht im Ermessen des Leistungsträgers; das ist vielmehr eine Frage der rechtmäßigen Bedarfsfeststellung. Das SGB II kennt eigenartigerweise keine entsprechende Bestimmung über eine Ermessensentscheidung hinsichtlich Art und Maß der Leistung, obwohl – etwa bei den Leistungen nach § 24 Abs. 3 SGB II – Raum für eine Ermessensentscheidung vorhanden sein könnte.

25    Arten der Sozialhilfe sind nach § 10 Abs. 1 Dienst-, Geld- und Sachleistungen. Zur Dienstleistung gehört auch die persönliche Hilfe (§ 10 Abs. 2, § 11 SGB I).

26    Mit **„Maß" der Hilfe** meint das Gesetz dem Umfang der Leistung, also etwa in Bezug auf die persönliche Hilfe die Anzahl der Beratungsstunden, bei der Geldleistung den konkreten Betrag und bei der Sachleistung etwa Qualität und Menge der Gegenstände. Die Frage, ob eine Geldleistung als **Darlehen** erbracht werden kann, lässt sich als Frage des Maßes der Hilfe verstehen (VGH Mannheim, 24.7.1996 – 6 S 2522/95, FEVS 47, 216, 218). Zumeist geht es insoweit indes bereits darum, ob der Anspruch auf Hilfe als solcher auf eine Beihilfe gerichtet ist. Die Gewährung einer Hilfe als Darlehen ist auch bei einmaligen Leistungen der Hilfe zum Lebensunterhalt möglich und nicht von vornherein ausgeschlossen (VGH Mannheim 24.7.1996 – 6 S 2522/95, FEVS 47, 216, 218). Nach § 37 ist dies sogar der Regelfall.

27    Neben Art und Maß der Hilfe können auch **weitere Modalitäten** der Hilfegewährung vom Ermessen des Sozialhilfeträgers abhängen. Dazu gehören etwa die Fragen, ob die Hilfe in bar ausgezahlt oder auf ein Konto überwiesen wird (vgl. § 47 SGB I), ob sie unmittelbar an einen Dritten ausgezahlt bzw. überwiesen wird, ob sie monatlich oder in anderen Abständen gewährt wird (zur unzulässigen Direktüberweisung von Bestandteilen des Regelsatzes an einen Dritten s. LSG Bln-Bbg 16.4.2007 – L 23 B 186/06 SO ER, FEVS 58, 510; s. auch § 35 Abs. 1 Satz 3).

28    Die **Ermessensausübung** hinsichtlich der Gestaltung der Hilfe kann sich gleichzeitig auf Art, Maß und sonstige Modalitäten der Leistung auswirken. Die Bewilligung eines gebrauchten Gegenstandes als Sachleistung in Form eines Gutscheins, der nur bei einer bestimmten Stelle eingelöst werden kann, bedeutet gegenüber der Bewilligung einer Geldleistung für die Anschaffung eines fabrikneuen Gegenstandes z. B., dass die Art sowie in zweifacher Hinsicht das Maß der Hilfe und schließlich noch die Modalität der Hilfegewährung berührt sind (vgl. zu § 24 Abs. 3 S. 5 SGB II SächsLSG 17.4.2008 – L 3 AS 107/07; LSG NRW 24.3.2010 – L 12 B 120/09 SO ER; LSG NRW 12.10.2009 – L 12 B 51/09 R, FEVS 61, 259).

## 2. Ausschluss des Ermessens

29    Sowohl hinsichtlich der Art als auch des Maßes der Hilfe sowie der erwähnten Modalitäten der Hilfegewährung kann ein Ermessen des Sozialhilfeträgers ausgeschlossen oder zumindest eingeschränkt sein (BVerwG 16.1.1986 – 5 C 72/84, BVerwGE 72, 354).

30    **a) Einschränkung des Ermessens gegenüber Sekundäranspruch.** Das Ermessen ist vor allem dann ausgeschlossen, wenn es um den Sekundäranspruch auf Kostenerstattung bzw. Aufwendungsersatz für die selbstbeschaffte Hilfe geht. Denn in diesen Fällen musste der Hilfesuchende auch die Entscheidung über Art und Maß der von ihm beschafften Hilfe gewissermaßen selbst vornehmen (BVerwG 20.7.2000 – 5 C 43/99, NVwZ 2001, 326; BSG 23.5.2013 – B 4 AS 79/12 R; BSG 19.8.2010 – B 14 AS 36/09 R; *Rothkegel,* Strukturprinzipien, S. 17; a. A. früher BVerwGE 48, 228, 235). Daher kommt es nur noch darauf an, ob die Aufwendungen das Maß des Notwendigen nicht überschreiten. Macht der Hilfesuchende

den Anspruch auf Aufwendungsersatz wegen der von ihm selbst vorgenommenen Bedarfsdeckung geltend, kann der Sozialhilfeträger diesem Anspruch auch nicht mehr entgegenhalten, die Hilfe wäre in einer anderen Art gewährt worden. Dies ist darin begründet, dass der Hilfesuchende „gezwungen" war, die Bedarfsdeckung auf Grund eigener Entscheidung zu gestalten, da der Sozialhilfeträger eine positive Entscheidung über das Hilfegesuch nicht rechtzeitig getroffen hat. Da die Rechtsprechung bisher nicht ausreichend zwischen dem primären Hilfeanspruch und dem sekundären Aufwendungsersatzanspruch unterscheidet, bleibt auch die Frage des Ermessens bei der Gestaltung der Hilfe unpräzise beantwortet.

**b) Bedarfsdeckungsprinzip.** Der Ausschluss des Ermessens kann auf ausdrück- **31** lichen gesetzlichen Bestimmungen beruhen, aber vor allem darauf, dass aus dem Bedarfsdeckungsprinzip eine bestimmte Art und ein bestimmtes Maß an Hilfe bereits zwingend folgen. In § 9 Abs. 1 ist dies ausdrücklich geregelt. Auch das **Wunschrecht** nach § 9 Abs. 2, das sich auf die Gestaltung der Hilfe bezieht, schränkt das Ermessen hinsichtlich Art und Maß der Hilfe ein. Welches der sozialhilferechtlich anzuerkennende Bedarf ist, ist eine **Rechtsfrage** und keine Ermessensfrage. **Der festgestellte Bedarf muss gedeckt werden; ein Ermessen besteht insoweit nicht.**

Wenn auf der **Ebene der Bedarfsermittlung** eine detaillierte Feststellung über **32** den individuellen Bedarf getroffen wird, ist für ein Ermessen hinsichtlich der Art und/oder des Maßes der Hilfe mithin in aller Regel kein Raum mehr (ebenso *Coseriu,* in: jurisPK-SGB XII, § 17 Rn. 40; insgesamt dazu *Fahlbusch,* 50 Jahre Sozialhilfe – Eine Festschrift, S. 131). Problematisch ist indes, wie die Abgrenzung der Ebenen „Bedarfsfeststellung" und „Festlegung des Maßes der Hilfe" vorzunehmen ist (unklar insoweit SchlHLSG 10.6.2008 – L 9 B 358/08 SO ER, FEVS 60, 134). Die oft vertretene Ansicht, der Hilfeanspruch sei nur ein Anspruch dem Grunde nach, während die weitere Festlegung des Maßes der Hilfe in das Ermessen des Sozialhilfeträgers falle, findet im Gesetz keine Stütze. Es gibt allerdings keine eindeutigen Maßstäbe dafür, wie die beiden erwähnten Ebenen voneinander abzugrenzen sind und welcher Ebene ein tatsächlicher Umstand zuzurechnen ist. Wird z. B. nur ein Bedarf an Bekleidung als solcher festgestellt, würde die Frage, welche einzelnen Bekleidungsstücke in welcher Qualität anzuschaffen sind, dem Maß der Hilfe zuzuordnen sein. Wird hingegen der Bedarf an einem Wintermantel festgestellt, ist insoweit ein Ermessen nicht mehr gegeben. Allerdings bliebe auch dann noch die Frage offen, welche Qualität der Wintermantel haben soll. Hinsichtlich einer Therapie im Rahmen der Eingliederungshilfe kann als Bedarf ein bestimmter Umfang an Therapiestunden festgestellt werden, weil anders der Erfolg der Maßnahme nicht erreichbar wäre; es kann aber auch vertretbar sein, nur den Therapiebedarf als solchen als den sozialhilferechtlich relevanten Bedarf anzusehen und die Frage der Anzahl der Therapiestunden dem Ermessen des Sozialhilfeträgers zu überantworten.

Eine **klare Abgrenzung der beiden erwähnten Ebenen** voneinander ist **33** kaum möglich. In der Rechtsprechung des BVerwG wurde etwa der Umfang der Hilfe für ein Familienfest (BVerwG 18.2.1993 – 5 C 40/91, NVwZ 1994, 172) und für den Inhalt einer Schultüte (BVerwG 21.1.1993 – 5 C 34/92, NJW 1993, 2192) als Rechtsfrage angesehen worden. Ebenso wurden die Qualität und damit der Preis eines Schulranzens (OVG Lüneburg 6.1.2000 – 4 M 25/00) und der einer Waschmaschine (BVerwG 1.10.1998 – 5 C 19/97, NJW 1999, 664) als Bedarfsfrage behandelt.

Die Unterscheidung zwischen der Ebene der Bedarfsfeststellung (Rechtsfrage) **34** und der Ebene der Festlegung des Maßes der Hilfe (Ermessensfrage) ist folgendermaßen vorzunehmen: Macht der Hilfesuchende die Frage des Umfangs der Hilfe zur Bedarfsfrage, ist zu prüfen, ob tatsächlich ein Bedarf in dem entsprechenden Umfang anzuerkennen ist. Wird etwa für die Durchführung einer Klassenfahrt eine Hilfe in Höhe der tatsächlichen Kosten begehrt, ist zu prüfen, ob dieser Bedarf besteht (s. dazu LSG Bln-Bbg 26.4.2007 – L 5 B 473/07 AS ER). Das wird davon abhängen, ob die Fahrt nicht auch mit einem billigeren Transportmittel zu bewältigen ist.

35    Ein Ermessen kann daher nur dann eröffnet sein, wenn eine Bedarfsdeckung auf **verschiedene Weise** möglich ist, aber jede Alternative dem Bedarfsdeckungsgrundsatz entspricht. Damit engt sich der Ermessensspielraum hinsichtlich des Maßes der Hilfe im Ergebnis stark ein. Zudem verlangt eine pflichtgemäße Ermessensausübung, den Bedarfsdeckungsgrundsatz als Richtschnur zu beachten. Schließlich ist auf § 2 Abs. 2 SGB I zu verweisen, wonach bei der Ausübung des Ermessens sicherzustellen ist, dass die sozialen Rechte möglichst weitgehend verwirklicht werden. Ferner ist das Wunschrecht nach § 9 Abs. 2 zu respektieren.

36    **c) Festlegung des Maßes der Hilfe.** Ein Ermessen bei der Bestimmung des Maßes der Hilfe ist ferner dadurch ausgeschlossen bzw. eingeschränkt, dass vor allem bei Geldleistungen ein bestimmtes Maß bereits vorgegeben ist. Dies gilt etwa für die Leistungen für den Regelbedarf und für einige Mehrbedarfszuschläge. Ferner ist das Maß – wenn auch durch unbestimmte Rechtsbegriffe – festgelegt, soweit das Gesetz von „erforderlichen" oder „angemessenen" Kosten spricht, die zu übernehmen sind (z. B. § 33, § 35 Abs. 1 und 2).

37    **d) Festlegung der Art der Hilfe.** In Bezug auf ein Ermessen für die Wahl der Art der Hilfe kann es ebenfalls zu Spannungen mit dem Bedarfsdeckungsprinzip kommen. Dies gilt allerdings in erster Linie für die Alternative **„Geld- oder Sachleistung".** Insoweit ist stets zu prüfen, ob nicht kraft Gesetzes eine Geldleistung vorgeschrieben ist.

38    Hinsichtlich der Leistungsart **„persönliche Hilfe"** bestehen im Hinblick auf ein Ermessen in aller Regel keine Probleme. Die persönliche Hilfe, zu der vor allem die Beratungshilfe zählt, ist in einigen Vorschriften als eigener Leistungstatbestand ausgestaltet (z. B. §§ 11, 68). Auch alle sozialen Dienstleistungen etwa im Rahmen der Eingliederungshilfe (§ 53), der Hilfe zur Pflege (§ 61) oder der Hilfe zur Weiterführung des Haushalts (§ 70) gehören zu der Hilfeart „persönliche Hilfe". Schließlich soll das gesamte Handeln des Sozialhilfeträgers im Grundsatz stets von einer Beratung und persönlicher Unterstützung des Hilfesuchenden begleitet sein. Es ist daher kaum vorstellbar, dass eine persönliche Hilfe an die Stelle einer Geld- oder Sachleistung tritt; ein Auswahlermessen hinsichtlich der Art der Hilfe dürfte daher in aller Regel insoweit nicht in Frage kommen.

39    In Bezug auf die Alternative **„Geld- oder Sachleistung"** kann eine Ermessensentscheidung des Sozialhilfeträgers indes in Betracht kommen, soweit das Ermessen nicht ausgeschlossen oder eingeschränkt ist. Dies ist der Fall, wenn es um pauschalierte Geldleistungen geht, die kraft Gesetzes auch nur als Geldleistung erbracht werden können (Blindengeld nach § 72, Pflegegeld nach § 64).

40    **e) Regelbedarfsleistungen.** Die Leistungen sind kraft Gesetzes Geldleistungen. Mit ihnen sollen die Leistungsberechtigten selbstverantwortlich und nach eigenem Ermessen ihren Lebensbedarf decken. Auch die Mehrbedarfe nach § 30 werden als Geldleistung erbracht. Das ergibt sich daraus, dass diese Leistungen als Zuschlag zu dem Regelbedarf konzipiert sind. Auch der Mehrbedarf für eine kostenaufwändige Ernährung stellt eine Geldleistung dar.

41    Eine Abweichung von dem Grundsatz der Geldleistung kann nur ermessensgerecht sein, wenn im Einzelfall besondere Umstände vorliegen, die eine **Sachleistung** erfordern, damit der Zweck der Hilfe erreicht und gesichert werden kann. Die Sachleistung (Gutschein) muss unmittelbar der Bedarfsdeckung dienen; sie darf nicht dazu eingesetzt werden, um den Hilfeempfänger in anderer Beziehung zu einem bestimmten Verhalten zu veranlassen, etwa eine Sucht aufzugeben (BVerwG

16.10.1986 – 5 C 72/84, BVerwGE 72, 354) oder seinen Mitwirkungsobliegenheiten bei der Aufklärung des Sachverhalts nachzukommen. Es muss vielmehr auf Grund konkreter Umstände im Einzelfall zu befürchten sein, dass der Hilfeempfänger gewährtes Geld zweckwidrig verwenden würde, sodass der Bedarf ungedeckt bliebe und eine erneute Leistung notwendig sein könnte. Auch das wiederholte Verlieren von Geld kann ein Umstand sein, der eine Sachleistung statt einer Geldleistung rechtfertigen kann (VG Münster 28.11.2000 – 5 L 1460/00, info also 2001, 112). Das Darlehen nach § 37 Abs. 1 besteht allerdings in einer Geldleistung (s. auch § 488 Abs. 1 BGB). Ob danach auch ein Sachdarlehen (s. § 607 BGB) möglich wäre, erscheint zweifelhaft zu sein.

Die Befürchtung **zweckwidriger Verwendung** von Geldleistungen kann auch **42** dazu führen, die Modalitäten der Gewährung der Geldleistung zu ändern. So kann es ermessensgerecht sein, die Regelsatzleistung statt monatlich in kürzeren Zeitabständen auszuzahlen. Eine Vorschrift wie § 41 SGB II existiert im SGB XII für die Hilfe zum Lebensunterhalt nicht. Die Leistungen nach § 42 Nr. 1, 2 und 4 werden dagegen monatlich im Voraus erbracht (§ 44 Abs. 3 und 4). Ferner kann es gerechtfertigt sein, Geld direkt an den Gläubiger – etwa den Vermieter des Hilfeempfängers – zu überweisen. Insoweit geht § 17 Abs. 2 der Regelung des § 47 SGB I vor, wonach Geldleistungen auf ein Konto des Leistungsberechtigten zu überweisen sind (s. auch LSG Bln-Bbg 16.4.2007 – L 23 B 186/06 SO ER, FEVS 58, 510).

Das Verweisen auf eine weniger kostenverursachende **Sachleistung** kann auch als **43** Hinweis auf eine **Selbsthilfemöglichkeit** (§ 2 Abs. 1) des Hilfesuchenden gedeutet werden. Daher kann es **Ausländern** unter diesem Aspekt zumutbar sein, sich in eine Gemeinschaftsunterkunft zu begeben (OVG Weimar13.2.1997 – 2 EO 514/96, NVwZ 1997 Beil. Nr. 7, 54). Auf diesem umstrittenen Gedanken der Selbsthilfemöglichkeit beruht auch die Regelung des § 23 Abs. 3 und 3a bezüglich der Leistungseinschränkungen für Ausländer, die eine Rückkehroption in ihr Heimatland besitzen (s. dazu ausführlich *Berlit,* NDV 2017, 67).

**f) Einmalige Leistungen.** Bei den einmaligen Leistungen der **Hilfe zum** **44** **Lebensunterhalt** ist die gesetzliche Festlegung auf Geldleistungen nicht so deutlich (s. dazu ausführlich OVG Lüneburg 11.7.2001 – 4 L 1030/00, NDV-RD 2002, 106). Soweit die Leistungen pauschaliert sind, ist damit allerdings eine grundsätzliche Festlegung auf eine Geldleistung erfolgt. Im Übrigen hängt es von den Umständen des Einzelfalles ab, ob eine Geld- oder Sachleistung ermessensgerecht ist. Bei früherem unwirtschaftlichem Umgang mit Geld kommt bei einer erneuten Hilfeleistung die Gewährung eines Gutscheins in Betracht (OVG Hamburg 27.8.1990 – Bs IV 280/90, NVwZ-RR 1991, 95). Stattdessen kann es auch zulässig sein, von dem Hilfeempfänger den späteren Nachweis der zweckgemäßen Verwendung des Geldes zu verlangen und dies als Auflage der Hilfegewährung beizufügen (VG Sigmaringen 5.6.2001 – 9 K 786/00, info also 2002, 122 mit abl. Anm. *Armborst,* info also 2002, 123).

Bei den einmaligen Leistungen der Hilfe zum Lebensunterhalt kommt es vor **45** allem darauf an, ob es sozial üblich ist, etwa **gebrauchte Gegenstände** zur Bedarfsdeckung zu erwerben. Dann ist es grundsätzlich ermessensgerecht, die Leistung in Form einer Sachleistung zu gewähren (Beispiele: gebrauchte Matratze, BVerwG 14.3.1991 – 5 C 70/86, NJW 1991, 2305; gebrauchte Möbel, BVerwG 18.11.1991 – 5 B 43/90). Bei der Bewilligung eines gebrauchten Gegenstandes wird zugleich das Maß der Hilfe reduziert, da neue Gegenstände einen höheren Wert besitzen. Die Gewährung einer Sachleistung bedeutet ferner nicht, dass der Gegenstand – etwa ein medizinisches Hilfsmittel – zu Eigentum übertragen werden müsste (BVerwG 9.3.1992 – 5 B 12/92). Bei den ergänzenden Leistungen nach § 37 Abs. 1 ist allerdings regelmäßig nur ein Darlehen vorgesehen.

## V. Pauschalierung

**46**    Wo das Maß der Hilfe nicht bereits gesetzlich festgelegt ist, kann das Ermessen auch in der Weise ausgeübt werden, dass die betreffende Hilfe pauschaliert wird. Dies war gängige Praxis bezüglich der Weihnachts- (BVerwG 12.4.1984 – 5 C 95/80, BVerwGE 69, 146), der Feuerungs- (BVerwG 22.4.1970 – V C 98.69, BVerwGE 35, 178) und der Bekleidungsbeihilfe. Ferner war durch § 101a BSHG die Möglichkeit, Leistungen zu pauschalieren, ausgedehnt worden (s. zur Problematik einer Pauschalierung *Rothkegel*, ZfSH/SGB 2002, 585 u. 657). Pauschalierungen sind sowohl zur Ausfüllung unbestimmter Rechtsbegriffe als auch zur Bestimmung des Maßes der Leistung grundsätzlich zulässig (BVerwG 22.12.1998 – 5 C 25/97, NJW 1993, 1024). Eine Pauschalierung steht allerdings in einem ständigen **Spannungsverhältnis zum Individualisierungs- und Bedarfsdeckungsgrundsatz** (*Rothkegel*, Strukturprinzipien, S. 49 ff.; *Rothkegel*, ZfSH/SGB 2002, 585, 587 ff.). Durch die weitgehende Einbeziehung der Bedarfe, für die nach vorheriger Rechtslage einmalige Leistungen in Betracht kamen, in den Regelbedarf (§ 27a Abs. 2), ist das erwähnte Spannungsverhältnis ernsthaft auf den Prüfstand gestellt (s. dazu Einl. Rn. 57; zum Verbot der Heizkostenpauschalierung s. BSG 16.5.2007 – B 7b AS 40/06 R, FEVS 58, 481; BSG 13.11.2008 – B 14 AS 36/07 R, NDV-RD 2009, 67 – Klassenreise). Besteht der gesetzliche Leistungsanspruch in Form einer pauschalen Leistung – wie es etwa die Leistungen für den Regelbedarf sind – kann die Leistung nicht in anderer Höhe festgesetzt werden, sofern dies nicht – wie in § 27a Abs. 4 S. 1 – ausdrücklich zugelassen ist (anders im SGB II-Leistungsbereich, s. BSG 18.6.2008 – B 14 AS 22/07 R, FEVS 60, 252, BSG 16.12.2008 – B 4 AS 9/08 R, SGb 2009, 93). Pauschale Leistungsbemessungen sind in §§ 35 Abs. 3, 31 Abs. 3 vorgesehen. Zudem stellen die Leistungen für den Regelbedarf und einige Mehrbedarfszuschläge pauschal festgelegte Leistungen dar.

## VI. Ermessen und unbestimmter Rechtsbegriff

**47**    Das in Abs. 2 S. 2 geregelte Ermessen eröffnet dem Sozialhilfeträger eine Bandbreite von im Grundsatz gleichermaßen rechtmäßiger Rechtsfolgeentscheidungen, unter denen nach einem pflichtgemäß vorgenommenen Abwägungsvorgang ausgewählt werden kann (vgl. allgemein zur Dogmatik von Ermessen und unbestimmter Rechtsbegriff *Stelkens/Bonk/Sachs*; VwVfG, 8. Aufl. 2014, § 40 Rn. 38, 147 ff.; *Mrozynski*, SGB I, 5. Aufl. 2014 § 39 Rn. 2). Solche Ermessensentscheidungen sind gerichtlich nur auf Ermessensfehler hin überprüfbar. Demgegenüber beziehen sich die unbestimmten Rechtsbegriffe auf den gesetzlichen Tatbestand, also auf die Voraussetzungen für das Auslösen der Rechtsfolge. Die Auslegung unbestimmter Rechtsbegriffe obliegt im Streitfall den Gerichten; ein Ermessen ist dem Sozialhilfeträger insoweit nicht eingeräumt. Etwas Anderes kann nur in Betracht kommen, wenn es sich um einen unbestimmten Rechtsbegriff mit einem sogenannten **Beurteilungsspielraum** handelt (*Mrozynski*, SGB I, 5. Aufl. 2014, § 39 Rn 13 f.; *Bamberger*, VerwA 2002, 217).

**48**    Dementsprechend sind grundsätzlich alle unbestimmten Rechtsbegriffe des SGB XII („angemessen", „Härte", „gerechtfertigte" Leistung, „zuzumutende" Kosten etc.) gerichtlich in vollem Umfang überprüfbar (BSG 6.9.2007 – B 14/7b AS 28/06 R; BSG 24.3.2015 – B 8 SO 5/14 R; BSG 17.12.2014 – B 8 SO 15/13 R).

## VII. Ermessensausübung

**49**    Die Entscheidung über Art und Maß der Hilfe ist – wenn das Ermessen eröffnet ist – „pflichtgemäß" zu treffen. Das bedeutet, dass das Ermessen entsprechend dem

Zweck der Ermächtigung auszuüben ist und die Grenzen des Ermessens einzuhalten sind (**§ 39 Abs. 1 SGB I**). Daraus folgt im Einzelnen, dass der Sozialhilfeträger bei seiner Entscheidung alle geschriebenen und ungeschriebenen Grundsätze beachten muss, die sich aus dem SGB XII, dem SGB I und ggfs. aus dem Verfassungsrecht, insbesondere aus dem Gleichheitssatz (Art. 3 Abs. 1 GG) ergeben (BSG 6.12.2007 – B 14/7b AS 50/06 R, FEVS 59, 554; BVerwG 16.1.1986 – 5 C 72/84, BVerwGE 72, 354, 357; s. auch § 2 Abs. 2 SGB I). Nach § 35 Abs. 1 S. 3 SGB X muss ein schriftlicher Verwaltungsakt die Gesichtspunkte erkennen lassen, von denen die Behörde bei der Ausübung ihres Ermessens ausgegangen ist. Diese Verpflichtung wird in vielen Fällen nicht beachtet; sie bleibt allerdings auch folgenlos, da eine Begründung des Verwaltungsaktes sogar bis zum Abschluss der Letzten gerichtlichen Tatsacheninstanz nachgeholt werden kann (§ 41 Abs. 2 SGB X).

## VIII. Verwaltungsvorschriften

Im Anwendungsbereich des Sozialhilferechts existieren zahlreiche Verwaltungs- **50** vorschriften unterschiedlichster Art (vgl. allgemein zu Verwaltungsvorschriften *Leisner,* JZ 2002, 219). Sie dienen dazu, die Auslegung unbestimmter Rechtsbegriffe für die Verwaltungspraxis zu vereinheitlichen, und ferner dazu, das Ermessen des Sozialhilfeträgers zu steuern. Soweit sie sich auf die Auslegung von unbestimmten oder sogar bestimmten Rechtsbegriffen beziehen, sind sie **für die Gerichte nicht bindend,** da dies dem Vorrang des Gesetzes widerspräche (Art. 20 Abs. 3 GG). Ermessenslenkende Verwaltungsvorschriften können indes die Verwaltungspraxis vereinheitlichen und damit über den Gleichheitssatz des Art. 3 Abs. 1 GG Außenwirkung entfalten (vgl. z. B. BSG 6.12.2007 – B 14/7b AS 50/06 R, FEVS 59, 554; LSG Bln-Bbg 11.4.2008 – L 19 B 27/08 AS).

Durch Verwaltungsvorschriften können allerdings bestimmte Tatbestandsmerk- **51** male typisiert oder pauschaliert werden, um eine **einheitliche Verwaltungspraxis** zu gewährleisten. Auch wenn derartige Verwaltungsvorschriften vollen Umfangs überprüfbare Rechtsbegriffe konkretisieren, werden diese von den Verwaltungsvorschriften vorgenommenen Festlegungen von der Rechtsprechung unter der Voraussetzung im Regelfall als verbindlich akzeptiert, dass sich die betreffende Verwaltungsvorschrift auf ausreichende Erfahrungswerte stützen kann und die Festlegung auf vertretbaren Wertungen beruht (BVerwG 1.10.1998 – 5 C 32/97, NJW 1993, 1024; BSG 16.5.2015 – B 4 AS 44/14 R, FEVS 60, 289 zu Kosten der Unterkunft; BSG 14.2.2013 – B 14 AS 48/12 R zum Mehrbedarf für kostenaufwändige Ernährung).

## IX. Absatz 2 Satz 2

Erlassene Ermessensentscheidungen sind von dem Sozialhilfeträger zu überprüfen **52** und gegebenenfalls abzuändern. Diese Verpflichtung kann nur in Bezug auf erlassene Dauerverwaltungsakte bedeutsam werden. Denn bei dem Erlass eines neuen Verwaltungsakts ist ohnehin eine aktuelle Ermessensentscheidung zu treffen. Die Regelung in Satz 2 enthält mithin eine Ermächtigung, einen Ermessensverwaltungsakt auch unabhängig von den Vorschriften der § 44ff. SGB X für die Zukunft zu ändern. Das betrifft etwa § 47 Abs. 2 SGB X. Die praktische Relevanz der Vorschrift ist allerdings zweifelhaft. Die „tragenden Gründe und Ziele", die die Vorschrift nennt, dürften nach § 48 Abs. 1 SGB X auch zugleich zu den „tatsächlichen Verhältnissen" zählen, bei deren wesentlicher Änderung eine Aufhebung des Verwaltungsaktes erfolgen kann.

## § 18 Einsetzen der Sozialhilfe

(1) Die Sozialhilfe, mit Ausnahme der Leistungen der Grundsicherung im Alter und bei Erwerbsminderung, setzt ein, sobald dem Träger der Sozialhilfe oder den von ihm beauftragten Stellen bekannt wird, dass die Voraussetzungen für die Leistung vorliegen.

(2) [1]Wird einem nicht zuständigen Träger der Sozialhilfe oder einer nicht zuständigen Gemeinde im Einzelfall bekannt, dass Sozialhilfe beansprucht wird, so sind die darüber bekannten Umstände dem zuständigen Träger der Sozialhilfe oder der von ihm beauftragten Stelle unverzüglich mitzuteilen und vorhandene Unterlagen zu übersenden. [2]Ergeben sich daraus die Voraussetzungen für die Leistung, setzt die Sozialhilfe zu dem nach Satz 1 maßgebenden Zeitpunkt ein.

*Vergleichbare Vorschriften: § 5 BSHG, § 16 SGB I.*

**Schrifttum:** *Berger,* Der Antrag als verfahrens- und materiell-rechtliches Institut, DVBl. 2009, 401, *Dillmann,* Sozialhilfe und Verfahren – Ein nicht immer harmonisches Paar, DVP 2011, 90; *Gerlach,* „Gelebt ist gelebt" Abschied auf Raten von einem Strukturprinzip der Sozialhilfe?, ZfF 2008, 193; *Giese,* Einsetzen der Sozialhilfe, Verbot der Schuldenübernahme und rückwirkende Leistungsgewährung, ZfF 1976, 2; *Grube,* Die Durchsetzung des Anspruchs auf Sozialhilfe im gerichtlichen Verfahren, NVwZ 2002, 1458; *ders.,* Keine Hilfe für die Vergangenheit, Sozialrecht aktuell 2010, 11; *ders.,* Anm. zu BSG 20.4.2016 – B 8 SO 5/15 R, SGb 2017, 157; *Hochheim,* Das Ende des Gegenwärtigkeitsprinzips in der Sozialhilfe? NZS 2009, 24; *Hederich,* Erbringung von vorläufigen Leistungen in der Sozialhilfe, NDV 1990, 364; *Krohn,* Keine Sozialhilfe für die Vergangenheit?, 2014; *Mrozynski,* Die Zukunft des Kenntnisgrundsatzes in der Sozialhilfe, ZfSH/SGB 2007, 463; *Paul,* Hilfe für die Vergangenheit – § 5 BSHG und das Bedarfsdeckungsprinzip, ZFSH/SGB 1996, 124; *ders.,* Der Bedarfsdeckungsgrundsatz – Der Kenntnisgrundsatz und wann setzt die Sozialhilfe tatsächlich ein? – Keine Sozialhilfe für die Vergangenheit – Keine Schuldentilgung aus Sozialhilfemitteln, ZfF 2002, 217; *Rothkegel,* Die Strukturprinzipien des Sozialhilferechts, S. 46 ff., 55 ff.; *Sartorius,* Der Antrag im Sozialrecht, ASR 2014, 247; *Schoch,* Der Sozialleistungsantrag am Beispiel der Grundsicherung im Alter und bei Erwerbsminderung, Behindertenrecht 2006, 65; *Schulz,* Einsetzen der Sozialhilfe im Falle der Antragstellung bei einem nicht oder nicht mehr zuständigen Träger der Sozialhilfe, ZfF 1981, 153.

### Übersicht

## I. Bedeutung der Norm

Die Vorschrift entspricht dem früheren **§ 5 BSHG**. Es ist lediglich insoweit eine **1** terminologische Änderung vorgenommen worden, als es statt „Gewährung" der Hilfe nunmehr **„Leistung"** heißt. Abs. 2 S. 2 ist gegenüber § 5 Abs. 2 S. 2 BSHG umformuliert worden, ohne dass sich in der Sache etwas geändert hätte. Die Erwähnung der Leistungen der **Grundsicherung** im Alter und bei Erwerbsminderung in Abs. 1, die von der Vorschrift ausgenommen sind, beruht darauf, dass die Grundsicherungsleistungen in das Sozialhilferecht integriert worden sind (s. Viertes Kapitel), für diese Leistungen indes das Antragsprinzip gilt (§ 44 Abs. 1; s. dazu auch BSG 29.9.2009 – B 8 SO 13/08 R, FEVS 61, 364). Durch das Änderungsgesetz vom 21.12.2015 (s. Einl. Rn. 8) sind nach § 44 Abs. 1 S. 2 Leistungen für einige Bedarfe nach § 42 gesondert zu beantragen.

Anders als im Sozialhilferecht, in dem der **Kenntnisgrundsatz** gilt und die **2** Leistungen daher von Amts wegen zu erbringen sind, ist nach § 37 SGB II ein **Antrag** des erwerbsfähigen Hilfebedürftigen notwendig, der nach § 38 SGB II regelmäßig für die gesamte Bedarfsgemeinschaft gestellt wird.

Die Vorschrift ist eine der zentralen Bestimmungen des SGB XII und gibt einen **3** Hinweis darauf, was Zweck der Sozialhilfe ist. Abs. 1 der Vorschrift enthält den sog. **Kenntnisgrundsatz** der Sozialhilfe. Danach ist für das Entstehen eines Anspruchs (§ 40 SGB I) auf Sozialhilfe ein Antrag nicht erforderlich. Sozialhilfe setzt **von Amts wegen** ein, sobald bekannt wird, dass die Voraussetzungen für ihre Gewährung vorliegen (BSG 26.8.2008 – B 8/9b SO 18/07 R, FEVS 60, 385). Mit der hier gemeinten Kenntniserlangung entsteht ein **Sozialleistungsverhältnis** zwischen dem potentiell Leistungsberechtigten und dem Sozialhilfeträger (s. auch § 18 SGB X und dazu LSG NRW 18.9.2008 – L 9 B 38/08). Den Leistungsberechtigten treffen die ihm zumutbaren **Mitwirkungspflichten** bei der Aufklärung des Sachverhalts, der Sozialhilfeträger hat Aufklärungs- und Hinweispflichten (vgl. §§ 13, 14 SGB I). Bei der Ermittlung des Sachverhalts sind der **Gesamtfallgrundsatz** und das **Meistbegünstigungsprinzip** zu beachten. Dies ist auch der Kern des Untersuchungsgrundsatzes des § 20 SGB X (anschauliches Beispiel SächsLSG 6.6.2013 – L 8 SO 4/10, ZfSH/SGB 2013, 435). Der Unterschied zum Prinzip der Antragsabhängigkeit von Sozialleistungen darf indes nicht überbewertet werden. Zum einen wird die notwendige Kenntnis i. S. d. Vorschrift regelmäßig durch einen Antrag des Hilfesuchenden vermittelt (BVerwG 9.2.1984 – 5 C 22/83, BVerwGE 69, 5, 8), zum anderen darf Sozialhilfe nicht gegen den Willen des Hilfebedürftigen erbracht werden, sodass von seiner Seite eine zumindest konkludente Willensäußerung notwendig ist, Hilfe erhalten zu wollen. Die Antragsunabhängigkeit der Sozialhilfe soll dazu dienen, dass sie ihre Funktion erfüllen kann, die Menschenwürde zu sichern. Der Zugang zum Sozialhilfesystem soll niedrigschwellig möglich sein. Auf der anderen Seite kann sich der Kenntnisgrundsatz gegenüber dem Antragsprinzip aber auch als nachteilig erweisen. Antragsabhängige Sozialleistungen werden regelmäßig rückwirkend ab Antragstellung (oder sogar weiterreichend rückwirkend) gewährt (s. auch § 44 Abs. 2), während die Sozialhilfe frühestens mit der Kenntnis von den Voraussetzungen für ihre Gewährung einsetzt und dieser Zeitpunkt streitig sein kann Die in § 18 geregelte Kenntnis hat keine Auswirkungen auf die Sperrfrist des § 88 SGG (LSG NRW 2.2.2007 – L 20 B 127/06 SO).

Die eigentliche Bedeutung des Kenntnisgrundsatzes erschließt sich erst, wenn **4** man die ihn rankenden Probleme beleuchtet. Sofern der Kenntnisgrundsatz mit dem überholten Strukturprinzip „keine Hilfe für die Vergangenheit" (s. dazu *Grube,* Sozialrecht aktuell 2010, 11) in Verbindung gebracht wird, ist dies nur begrenzt zutreffend. Die Kenntniserlangung markiert wie bei einem Antrag den Zeitpunkt, von dem an Leistungen beansprucht werden können. In Bezug auf antragsabhängige

Leistungen ist niemand auf den Gedanken gekommen, den Umstand, dass für einen vor der Antragstellung liegenden Zeitraum Leistungen nicht beansprucht werden können, mit einem besonderen Strukturprinzip zu belasten. Die entscheidenden Probleme mit dem Kenntnisgrundsatz liegen zunächst – übrigens wie bei einem Antrag – darin, dass zu klären ist, unter welchen Voraussetzungen die notwendige Kenntnis **als gegeben anzusehen** ist, und worauf sie sich **gegenständlich bezieht.** Insofern ist der Kenntnisgrundsatz in der Vorschrift unzulänglich formuliert (s. dazu Rn. 20). Das weitere Problem liegt darin begründet, dass trotz Kenntniserlangung durch den Sozialhilfeträger eine Entscheidung über die zu gewährende Hilfe erst nach Ablauf einer gewissen Zeit möglich ist und insofern die Frage aufkommt, wie mit der inzwischen verstrichenen Zeit im Hinblick auf einen Anspruch auf Leistungen umzugehen ist. An dieser Stelle kann das allgemeine und mit dem Kenntnisgrundsatz nicht im Zusammenhang stehende Problem auftreten, ob ein in der Vergangenheit bestehender Anspruch untergehen kann, wenn er im Zeitpunkt der Entscheidung über ihn seinen Zweck nicht mehr erfüllen kann. Der Satz „keine Hilfe für die Vergangenheit" betrifft den Fall, dass ein „an sich" gegebener Anspruch wegen nunmehr eingetretener Zweckverfehlung untergegangen ist. Der Kenntnisgrundsatz sollte daher mit einem solchen Umstand nicht in einem Atemzug erwähnt werden. Es handelt sich bei der Kenntniserlangung um eine vom Gesetz gezogenen zeitliche Grenze des Sozialhilfeanspruchs, die es ausschließt, einen vor dem Zeitpunkt des Bekanntwerdens entstandenen und nun nicht mehr gegebenen Bedarf sozialhilferechtlich zu berücksichtigen (vgl. BVerwG 30.4.1992 – 5 C 12/87, FEVS 43, 59, 62). Wann eine Notlage „bekannt" geworden ist, ist damit von entscheidender Bedeutung. Ferner ist der Zeitpunkt der Kenntniserlangung die **Schnittstelle** zwischen der in **§ 25** geregelten Hilfegewährung durch einen Nothelfer und der Hilfegewährung durch den Träger der Sozialhilfe (BVerwG 3.12.1992 – 5 C 32/ 89, BVerwGE 91, 245; OVG Münster 16.5.2000 – 22 A 2172/98, FEVS 52, 120; LSG BW 22.11.2007 – L 7 SO 5195/06; LSG NRW 13.9.2007 – L 9 SO 8/06).

5    Die Vorschrift regelt – wie alle Vorschriften im SGB XII – nur den Fall, in dem der Träger der Sozialhilfe **rechtmäßig vorgegangen** ist. Insofern enthält die Vorschrift eine selbstverständliche Aussage, dass eine Hilfe nämlich nur einsetzen kann, wenn die Voraussetzungen für ihre Gewährung bekannt sind. Andernfalls wäre der Träger der Sozialhilfe verpflichtet, ins Ungewisse hinein Hilfe zu leisten (*Rothkegel,* Strukturprinzipien, S. 47, s. aber zur „vorläufigen Leistung" Rn. 25 ff.). Die Vorschrift regelt hingegen nicht, welche Rechtsfolgen eintreten, wenn der Träger der Sozialhilfe die notwendige Kenntnis von den Voraussetzungen der Hilfegewährung infolge eigenen **Fehlverhaltens** bei der Behandlung des Sozialhilfefalles nicht hatte. Rechtsprechung und Schrifttum unterscheiden nicht ausreichend zwischen dem in § 18 Abs. 1 geregelten „Normalfall" und dem von dem Träger der Sozialhilfe (möglicherweise) rechtswidrig behandelten Sozialhilfefall. Soweit es in einem Rechtsbehelfsverfahren um eine nachträgliche Realisierung des Anspruchs auf Sozialhilfe für eine in der Vergangenheit liegende Notlage geht, wandelt sich der Inhalt des Kenntnisgrundsatzes. Denn nun geht es um eine Betrachtung „ex post".

6    Durch den Begriff „Kenntnis", der ein **subjektives Element** enthält, gelangt eine gewisse Unberechenbarkeit in die Regelung. Denn der Prozess der Kenntniserlangung kann sowohl von den subjektiven Fähigkeiten bzw. Unzulänglichkeiten des jeweiligen Sachbearbeiters als auch von einer unterschiedlich ausgeprägten Bereitschaft bzw. Fähigkeit des Hilfesuchenden abhängen, an der Aufklärung des Sachverhalts mitzuwirken. Vieldeutig ist ferner die Formulierung, dass die Hilfe „einsetzt".

7    Die Vorschrift spricht nicht davon, dass ein Anspruch i. S. v. § 18 Abs. 1 im Zeitpunkt der Kenntniserlangung entsteht. Entgegen dem ersten Anschein einer relativ klar formulierten Vorschrift macht die konkrete Anwendung der Bestimmung

in der Praxis daher nicht unerhebliche Schwierigkeiten (vgl. nur *Paul*, ZfF 2002, 217; *Mrozynski*, ZfSH/SGB 2007, 463).

Die Regelung des Abs. 2 ist durch eine Entscheidung des BVerwG (BVerwG **8** 18.5.1995 – 5 C 1/93, BVerwGE 98, 248) angestoßen worden und lehnt sich an § 16 Abs. 2 SGB I an.

Der § 28 SGB X, der eine Antragstellung mit Rückwirkung unter bestimmten **9** Umständen ermöglicht, ist in der Sozialhilfe nicht anwendbar (s. aber LSG BW 26.6.2008 – L 12 AS 407/08 im Rahmen des SGB II unter Hinweis auf § 40 Abs. 5 SGB II; ebenso BSG 19.10.2010 – B 14 AS 16/09 R, NZS 2011, 786). Mittels des sozialrechtlichen Herstellungsanspruchs ist die hier notwendige Kenntnis nicht nachträglich zu fingieren (vgl. zur fehlenden Arbeitslosmeldung BSG 11.3.2004 – B 13 RJ 16/03 R; je A. *Müller-Grune* jurisPK-SGB XII, § 11 Rn. 50; offen gelassen von *Coseriu* jurisPK-SGB XII § 18 Rn. 31; anders bei verfahrensrechtlichen Anträgen im SGB II und SGB III, vgl. BSG 16.12.2008 – B 4 AS 77/08 B; BSG 21.6.2001 – B 7 AL 54/00 R, BSGE 88, 180).

Der Kenntnisgrundsatz des § 18 wird nach § 6b AsylbLG dort für entsprechend **9a** anwendbar erklärt. Wird ein Träger der Sozialhilfe nach § 75 Abs. 2 SGG zu einem Verfahren beigeladen, das gegen den im Außenverhältnis nach § 14 Abs. 2 S. 1 SGB IX allein zuständigen Rehabilitationsträger geführt wird, kommt es auf die Kenntnis des Beigeladenen vom Hilfebedarf nicht an (BSG 14.5.2014 – B 11 AL 6/13 R). Für einige Leistungen der Sozialhilfe ist ein Antrag erforderlich. Das betrifft § 37 Abs. 1 und § 34a Abs. 1 S. 1. Die Antragsabhängigkeit dieser Leistungen beruht darauf, dass es sich um Bedarfe handelt, die nicht regelmäßig anfallen. Allerdings gilt bei anderen Bedarfen (Mehrbedarfen nach § 30 und Leistungen für Bedarfe nach § 31) wiederum der Kenntnisgrundsatz, obwohl auch diese Bedarfe nicht bei allen Leitungsberechtigten anfallen. Sofern an die Kenntnisverschaffung keine strengen Anforderungen gestellt werden und sich die Kenntnis ohne weiteres auf alle Leistungen der Hilfe bezieht, dürfte der Kenntnisgrundsatz dadurch „verwässert" werden. Hinzukommt, dass die erwähnten Bedarfe abtrennbare Streitgegenstände darstellen können; dies spräche dafür, insoweit eine gesonderte Kenntnisverschaffung für notwendig zu halten (s. dazu Rn. 22).

Der in § 63 Abs. 3 genannte Antrag, Leistungen als trägerübergreifendes Persönli- **9b** ches Budget zu erhalten, stellt keine Ausnahme vom Kenntnisgrundsatz dar. Es geht hierbei vielmehr um das Wunsch- und Wahlrecht hinsichtlich der „Gestaltung der Leistung" (§ 9 Abs. 2).

Im der zukünftigen Eingliederungshilfe nach dem SGB IX (auf Grund des Bun- **9c** desteilhabegesetzes ab Januar 2020) sind die Leistungen nach § 108 Abs. 1 SGB IX von einem Antrag abhängig.

## II. Kenntnisgrundsatz und Zweck der Sozialhilfe

Der **Kenntnisgrundsatz** wird zu Unrecht immer noch als ein zentrales Element **10** des sozialhilferechtlichen **Strukturprinzips** „Keine Hilfe für die Vergangenheit" angesehen, auch wenn er nicht mit diesem Strukturprinzip identisch ist (*Rothkegel*, Strukturprinzipien, S. 67).

Das Proklamieren von Strukturprinzipien, die zudem normativer Kraft besitzen **10a** sollen, hat nachvollziehbare **Kritik aus der Sozialgerichtsbarkeit** hervorgerufen. Zutreffend ist dabei, dass gesetzliche Bestimmungen durch angebliche Strukturprinzipien nicht überspielt werden können. Sofern sich aber aus den einschlägigen gesetzlichen Vorschriften, ihrem systematischen Zusammenhang und etwa auch aus ihrem geschichtlichen Werdegang ergibt, dass der Sozialhilfe **bestimmte Zweckvorstellungen** zugrunde liegen, kann daraus im Einzelfall die Notwendigkeit einer zweckgerichteten Interpretation der Vorschriften folgen. Besinnt man sich auf den

Zweck der Sozialhilfeleistungen – wie er sich aus den gesetzlichen Bestimmungen entnehmen lässt –, nämlich in einer gegenwärtigen konkreten Notlage Hilfe zu gewähren, lassen sich viele Probleme auf dem Boden herkömmlicher Interpretationsmethoden lösen. Auf die Redeweise von „Strukturprinzipien" kann dann verzichtet werden (s. dazu ausführlich Einl. Rn. 147).

11     Daher bedeutet der Kenntnisgrundsatz zunächst nicht mehr, als auch in § 37 Abs. 2 Satz 1 SGB II geregelt ist. „Für" vergangene Zeiträume werden Leistungen nicht erbracht. Antrag und Kenntnisverschaffung bewirken einen **Schnitt zwischen Vergangenheit und Gegenwart** und lösen ein Verwaltungsverfahren aus. Da dieses Verfahren naturgemäß eine gewisse Zeit beanspruchen kann, stellt sich die Frage, ob aus der zeitlichen Sicht der Entscheidung der Behörde (oder sogar des Gerichts der Tatsacheninstanz) wiederum von einem inzwischen vergangenen Zeitraum und damit möglicherweise von einem „erledigten" Sachverhalt auszugehen ist. Diese Frage lässt sich – wie stets im Leistungsrecht – danach beantworten, ob der **Zweck der begehrten Leistung** jetzt noch erfüllt werden kann. Damit entscheidet der jeweilige Zweck der Hilfeleistung darüber, ob eine „erledigte" Notlage oder eine aktuelle Notlage in Rede steht. Insoweit sind verschiedene Differenzierungen zwischen den einzelnen Hilfen zu machen. Der Umstand, dass in der Vergangenheit ein Antrag gestellt oder die Kenntnis von der Notlage verschafft worden ist, hilft in diesem Zusammenhang nicht weiter. In Bezug auf den Begriff „Vergangenheit" sind somit zwei „Vergangenheiten" zu unterscheiden: Der Zeitpunkt vor der Kenntnisverschaffung und der Zeitraum zwischen Kenntnisverschaffung und der Entscheidung über das Leistungsbegehren.

12     Ein weiteres Problem besteht darin, dass stets geklärt werden muss, wie konkret, auf einzelne Hilfen bezogen, Antrag bzw. Kenntnisverschaffung sein müssen, damit sie die Zäsur zwischen Vergangenheit und Gegenwart setzen. Auch diese Frage lässt sich nicht allgemein beantworten, sondern hängt von den Umständen des Einzelfalles ab. In diesem Zusammenhang erlangt der allgemeine Zweck der Sozialhilfe, die Menschenwürde zu sichern, Bedeutung, woraus folgt, dass keine zu hohen Hürden für den Zugang zum Sozialhilfesystem errichtet sein sollen.

13     Bezogen auf die Frage, ob im Entscheidungszeitpunkt der Zweck der Hilfeleistung noch erreicht werden kann, ist zwischen dem primären Anspruch auf die Sozialleistung und einem sekundären Anspruch auf Kostenerstattung wegen der selbstbeschafften Leistung zu unterscheiden. Für den sekundären Anspruch gelten von vornherein andere Zweckerwägungen. Dies gilt auch in Fällen des **§ 44 SGB X,** bei denen es naturgemäß um in der Vergangenheit liegende Sachverhalte geht (zur Anwendbarkeit des § 44 SGB X s. Einl. Rn. 64 und BSG 29.9.2009 – B 8 SO 16/08 R; BSG 17.12.2015 – B 8 SO 24/14 R).

# III. Inhalt der Norm

## 1. Einsetzen der Hilfe

14     Die Vorschrift gilt für alle Leistungen nach dem SGB XII mit Ausnahme der Hilfe nach § 74 (s. dort Rn. 4) und der oben (Rn. 9a) angeführten weiteren Ausnahmen. Der Kenntnisgrundsatz hat ferner Bedeutung für den Erstattungsanspruch nach § 105 SGB X (s. 105 Abs. 3 SGB X und dazu OVG Münster 6.9.1999 – 22 A 387/97, ZfSH/SGB 2000, 162; BVerwG 15.6.2000 – 5 C 39/99; BVerwG 2.6.2005 – 5 C 30/04, NVwZ 2005, 1196; LSG NRW 30.10.2008 – L 7 AS 34/08; s. auch § 111 S. 2 SGB X). Wird in einem Verfahren gegenüber dem Träger nach dem SGB II der Sozialhilfeträger nach § 75 Abs. 2 SGG beigeladen, setzt eine Verurteilung des Beigeladenen nicht voraus, dass er Kenntnis von seiner Leistungsverpflichtung hatte.

Aus der Formulierung „setzt ein" wird deutlich, dass die Ansprüche auf Sozial- **15** hilfe, aber auch die Ansprüche auf Ermessensleistungen von Amts wegen erfüllt werden. Auslösendes Moment für die Leistungen ist lediglich die **Kenntnis** vom Vorliegen der Leistungsvoraussetzungen. Die entsprechende Kenntnis muss nach Abs. 1 der Träger der Sozialhilfe oder die von ihm beauftragte Stelle besitzen. Damit wird an § 3 und an die §§ 97 ff. angeknüpft. Träger der Sozialhilfe ist insoweit **die jeweilige Körperschaft,** nicht hingegen lediglich das Sozialamt der Körperschaft (LSG NRW 12.1.2011 – L 20 SO 569/10 B; SG Frankfurt 27.9.2013 – S 30 SO 138/11). Allerdings muss der örtlich und sachlich zuständige Träger der Sozialhilfe die Kenntnis erlangt haben (BVerwG 9.2.1984 – 5 C 22/83, BVerwGE 69, 5, 7). Abs. 2 der Vorschrift dehnt die leistungsauslösende Kenntnis auf weitere Behörden aus. Welche Stellen als beauftragte Stellen im Sinne der Vorschrift anzusehen sind, regelt das jeweilige Landesrecht in seinen Ausführungsgesetzen. Nach § 5 Abs. 5 können auch Verbände der freien Wohlfahrtspflege mit der Durchführung der Aufgaben nach dem SGB XII betraut werden. Ein bei dem SGB-II-Träger gestellter Antrag muss sich der Sozialhilfeträger als Kenntnis nach § 18 zurechnen lassen (BSG 3.12.2015 – B 4 AS 44/15 R).

Aus der Formulierung „setzt ein" ist abzuleiten, dass die Kenntniserlangung nur **16** für den Leistungsbeginn bzw. den Leistungszeitpunkt eine Voraussetzung ist. Die Vorschrift regelt **nicht,** dass das **Entstehen eines Anspruchs** auf Sozialhilfe (§ 40 SGB I) von der Kenntnis der Notlage zwingend abhängt (so aber BVerwG 8.7.1982 – 5 C 96/81, BVerwGE 66, 90, 93; wohl auch Mrozynski, ZfSH/SGB 2007, 463). In § 19 Abs. 1 bis 3 ist die Kenntnis nicht als materielle Anspruchsvoraussetzung erwähnt. Daher kann ein Anspruch auf Sozialhilfe auch dann entstehen, wenn der Träger der Sozialhilfe etwa infolge fehlerhafter Einschätzung der Sach- und Rechtslage zu dem Ergebnis gelangt, die Voraussetzungen für die Gewährung der Hilfe lägen nicht vor (zur Durchsetzung des Anspruchs in diesen Fällen s. Rn. 33 ff.). Umgekehrt kann auch eine etwa voreilig getroffene Annahme des Trägers der Sozialhilfe, die Voraussetzungen für die Gewährung der Sozialhilfe seien gegeben, einen Anspruch auf Hilfe nicht begründen; die gewährte Hilfe wäre vielmehr rechtswidrig.

Die Vorschrift spricht daher in einem umfassenden Sinne vom „Einsetzen der **17** Sozialhilfe". Damit ist **jede Form der Hilfe** nach § 10 gemeint. Die Kenntnis kann sich zunächst nur auf die Notwendigkeit einer Beratung bzw. auf das Ergreifen notwendiger Aufklärungsmaßnahmen beziehen, auf Grund deren dann nachfolgend sich die Kenntnis von der Notwendigkeit finanzieller Leistungen ergeben kann. Ferner bedeutet „Einsetzen" auch, dass zunächst „vorläufige" Leistungen ausreichend erscheinen, sodass es nicht stets schon um das Einsetzen im Sinne der Erfüllung des eigentlichen Leistungsanspruchs gehen muss (s. Rn. 25).

## 2. Kenntniserlangung

Der Zeitpunkt der Kenntniserlangung ist der frühestmögliche Zeitpunkt für das **18** Einsetzen der Hilfe (BSG 2.2.2012 – B 8 SO 5/10 R, NJW 2012, 2540). Notlagen aus einer Zeit vor diesem Zeitpunkt sind sozialhilferechtlich unbeachtlich. Dabei ist es gleichgültig, wie die frühere Notlage überwunden worden ist. Ist sie allein durch den Zeitablauf überwunden, wäre für eine nachträgliche Hilfe ohnehin kein Raum; ist sie mit eigenen Mitteln des Hilfesuchenden oder mittels eines Darlehens abgewendet worden, scheidet ein Anspruch auf Hilfe ebenfalls aus. Deshalb gilt der Grundsatz, dass Schulden des Hilfesuchenden einen sozialhilferechtlichen Bedarf nicht darstellen. Der Hilfesuchende muss also von einer selbst organisierten Bedarfsdeckung Abstand nehmen und zunächst den Träger der Sozialhilfe von der Notlage in Kenntnis setzen, will er einen etwaigen Anspruch auf Hilfe nicht verlieren. Etwas

Anderes gilt lediglich in Eilfällen nach § 25. Allerdings steht in diesen Fällen nur dem Nothelfer ein Anspruch auf Aufwendungserstattung zu.

**19** Der Zeitpunkt der Kenntniserlangung ist damit von entscheidender Bedeutung für das Einsetzen der Hilfe. Ebenso entscheidend ist, welche Anforderungen an die hier gemeinte Kenntnisverschaffung zu stellen sind. Die Regelung nach § 18 Abs. 1 bedeutet indes **nicht,** dass ein einmal entstandener Anspruch damit **festgeschrieben** wäre; er kann vielmehr auch nach dem Zeitpunkt der Kenntniserlangung durch Zeitablauf oder durch selbst organisierte Bedarfsdeckung des Hilfesuchenden wieder untergehen (BVerwG 30.4.1992 – 5 C 12/87; BVerwG 30.4.1992 – 5 C 26/88; VGH Mannheim 13.9.1995 – 6 S 1611/93, FEVS 46, 378). Dies folgt aus dem Zweck der Sozialhilfe als Hilfe in gegenwärtiger Not. Danach ist grundsätzlich zu verlangen, dass im Zeitpunkt der Entscheidung des Trägers der Sozialhilfe eine solche gegenwärtige Notlage noch vorliegt. In dem Zeitraum nach der (ersten) Kenntniserlangung und vor der Entscheidung des Trägers der Sozialhilfe über das Hilfebegehren ist eine eigene Bedarfsdeckung des Hilfesuchenden nur dann nicht anspruchsvernichtend, wenn es dem Hilfesuchenden wegen der Dringlichkeit der Bedarfsdeckung nicht zuzumuten war, die Entscheidung abzuwarten (s. dazu näher Einl. Rn. 60, 63).

### 3. Begriff „Kenntnis"

**20** „Kenntnis" bedeutet in der Rechtssprache „positive Kenntnis" und ist von bloßem „Kennen-Müssen" abzugrenzen (z. B. §§ 407, 819 BGB, § 45 Abs. 2 S. 3 Nr. 3 SGB X). In § 48 Abs. 1 S. 2 Nr. 4 SGB X wird das insoweit entsprechende Begriffspaar „wissen" und „nicht wissen" infolge schwerer Sorgfaltspflichtverletzung verwandt. Auch für § 18 Abs. 1 kann daher nur gelten, dass die Vorschrift „positive Kenntnis" meint. Das bedeutet, dass der Träger der Sozialhilfe (oder die von ihm beauftragte Stelle) „weiß", dass die Voraussetzungen für die Gewährung der Sozialhilfe vorliegen. Dieses Wissen kann im Sinne eines individuellen, subjektiven Wissens einer bestimmten (zuständigen) Person verstanden werden; es kann indes auch „verobjektiviert" und damit letztlich fingiert werden, wenn bestimmte Umstände gegeben und bekannt waren (vgl. auch die Probleme mit dem Begriff „Kenntnis" in § 45 Abs. 4 S. 2 SGB X bzw. § 48 Abs. 4 VwVfG und dazu BVerwG 19.12.1984 GrSen – 1/84 und 2/84, BVerwGE 70, 356; OVG Münster 15.7.1987 – 12 A 954/86, NVwZ 1988, 71; *Kopp,* DVBl. 1990, 663; *Henning,* Wissenszurechnung im Verwaltungsrecht, 2003). In § 18 Abs. 1 ist allerdings kein Anhaltspunkt dafür vorhanden, dass ein objektiver (normativer) Maßstab an das Vorliegen der Kenntnis anzulegen wäre (vgl. LSG RhPf 25.11.2010 – L 1 SO 8/10, ZfSH/SGB 2011, 225). Dies würde auch dem Tatsächlichkeitsprinzip der Sozialhilfe widersprechen. Daher ist es notwendig, dass eine bestimmte Person, die für die zuständige Körperschaft zu handeln befugt ist, die positive Kenntnis von dem Hilfefall erlangt hat.

**21** Da der Kenntnisgrundsatz Ausfluss des Tatsächlichkeitsprinzips der Sozialhilfe ist, lässt sich eine Kenntnis **nicht normativ fingieren** (s. allerdings zu Abs. 2 Rn. 51). Daher führt eine rückwirkende Entscheidung der Pflegekasse nach § 62a über das Ausmaß der Pflegebedürftigkeit nicht zu einer entsprechenden rückwirkenden Kenntnis des Trägers der Sozialhilfe (BSG 2.2.2012 – B 8 SO 5/10 R, NJW 2012, 2540; OVG Münster 5.12.2000 – 22 A 5487/99, FEVS 52, 320; OVG Lüneburg 25.10.2001 – 12 LB 2908/01, BeckRS 2001, 23266; BVerwG 12.12.2002 – 5 C 62/01, BVerwGE 117, 272; kritisch dagegen *Rothkegel,* ZfSH/SGB 2002, 585, 590). Auch die mit Rückwirkung versehene Erteilung eines entsprechenden Schwerbehindertenausweises soll nicht zu einer auf diesen Zeitpunkt bezogenen Kenntnis des Trägers der Sozialhilfe führen (LSG NRW 27.4.2015 – L 20 SO 426/12; zur Fiktion der Kenntnis über den Herstellungsanspruch LSG Hmb 13.4.2017 – L 4 AY 4/16, BeckRS 2017, 109970).

## 4. Gegenstand der positiven Kenntnis

Die Kenntnis muss sich auf die „Voraussetzungen für die Leistung" beziehen; erst **22** dann setzt die Hilfe ein. Zu den Voraussetzungen für die Leistung zählen zunächst das Vorliegen eines gegenständlichen Bedarfs („benötigt die Person die Leistung") und vor allem das Vorliegen der notwendigen finanziellen Bedürftigkeit („kann die Person sich selbst helfen?"). Beide Voraussetzungen müssten also positiv für das Einsetzen der Hilfe bekannt sein, wenn man die Vorschrift wörtlich verstehen müsste. Die Vorschrift spricht jedenfalls nicht von „wesentlichen" Voraussetzungen oder von Voraussetzungen „dem Grunde nach" (vgl. § 42 Abs. 1 SGB I), auf die sich die Kenntnis zu beziehen hätte. Dieser notwendige Bezug der Kenntnis auf eine konkrete Leistung wird vom BSG (20.4.2016 – B 8 SO 5/15 R) nicht ausreichend thematisiert (s. dazu *Grube*, SGb 2017, 157). In der Rechtsprechung finden sich zu diesem Problem „blumige" Formulierungen, wenn es etwa heißt, dass der Sozialhilfeträger (nur) einen „Kern an Tatsachen, der die Notlage in ihren wesentlichen Grundlagen beschreibt" kennen müsse (so SächsLSG 6.3.2013 – L 8 SO 4/0, ZfSH/ SGB 2013, 435). Das LSG RhPf (25.11.2010 – L 1 SO 8/10, FEVS 62, 509) meint, es genüge, „dass dem Sozialhilfeträger die konkrete Möglichkeit eines sozialhilferechtlichen Bedarfs bzw. hinreichende Anhaltspunkte für die Hilfegewährung bekannt sind". Von einem „Kern von Tatsachen" oder der bloßen „konkreten Möglichkeit" eines Bedarfs ist in der Vorschrift aber nicht die Rede. Auch das BSG (10.11.2011 – B 8 SO 18/10 R, SGb 2012, 616 mit Anm. *Grube*, SGb 2012, 619 und BSG 2.2.2012 – B 8 SO 5/10 R, NJW 2012, 2540) vertritt vor dem Hintergrund dessen, dass ein niedrigschwelliger Zugang zum Sozialhilferecht gesichert sein soll, die Auffassung, dass sich die Kenntnis „allein auf den Bedarf und die Hilfebedürftigkeit" zu beziehen brauche, wobei damit gemeint ist, dass es auf weitere Einzelheiten wie z. B. die Höhe der Leistung, nicht ankommt. Damit verliert der Kenntnisgrundsatz klare Konturen. Die Auffassung, die Kenntnis brauche sich nur auf den „Bedarfsfall als solchen" zu beziehen (so *Coseriu*, in: jurisPK-SGB XII, § 18 Rn. 18 ff.), d. h. es brauche nur bekannt zu sein, dass die betreffende Person Hilfe zum Lebensunterhalt (in unbekanntem Umfang) oder Hilfe zur Pflege (ohne Kenntnis des Ausmaßes der Pflegebedürftigkeit) benötige, führt zu Problemen mit der Steuerungsverantwortung des Trägers der Sozialhilfe. Der Umstand, dass sich eine Person im Bezug von Sozialhilfeleistungen befindet, gibt noch keinen Aufschluss darüber, welche Leistungen in diesem Zusammenhang benötigt werden. Ob ein Bezieher von Regelsatzleistungen irgendwann einmal einen Mehrbedarf wegen kostenaufwändiger Ernährung (§ 30 Abs. 5) benötigt oder Leistungen für einen einmaligen Bedarf nach § 31 geltend macht, kann völlig ungewiss sein (vgl. auch LSG NRW 10.6.2009 – L 12 SO 49/08, FEVS 61, 267). Ob sich der Zustand eines pflegebedürftigen Menschen verschlechtert, mag in manchen Fällen vorhersehbar sein, in anderen Fällen kann etwa in Folge eines Schlaganfalls eine völlig neue Pflegesituation entstehen. Eine Unterscheidung zwischen vorhersehbaren Änderungen in der Bedarfslage und unvorhersehbaren, wobei nur für letztere Änderungen eine Kenntnis notwendig wäre, erweist sich als nicht durchführbar (vgl. dazu BSG 2.2.2012 – B 8 SO 5/10 R, NJW 2012, 2540; *Meßling* jurisPK-SGB XII, § 62 Rn. 27 ff., 30). Zudem ist zu berücksichtigen, dass zahlreiche Bedarfe, die innerhalb eines zunächst nur vage wahrgenommenen Bedarfsfalles zusätzlich auftreten können, abtrennbare Streitgegenstände sind und folglich auch eigenständig zu beurteilen sind. Unstreitig ist, dass eine Sozialhilfeleistung erst gewährt werden kann (einsetzt), wenn dem Träger der Sozialhilfe alle Voraussetzungen für die Hilfegewährung bekannt sind. Dies macht vor dem Hintergrund des Individualisierungsgrundsatzes u. U. weitreichende Aufklärungsmaßnahmen notwendig. Eine Auslegung der Vorschrift dahingehend, dass von einem Bekanntwerden „nicht erst dann gesprochen werden kann, wenn alle Voraussetzungen tatsächlicher Art dem Leistungsträger entscheidungsreif bekannt sind" (so BVerwG 21.4.1997 – 5 PKH 2/7, Buchholz, 436.0 § 5 BSHG Nr. 15; BVerwG 8.7.1982 – 5 C 96/81, BVerwGE 66, 90), würde von dem Träger der Sozialhilfe letztlich verlangen, dass er bewusst das Risiko einzugehen hat, rechtswidrige Hilfe zu leisten (s. aber Rn. 25 ff.).

23    Wie damit umzugehen ist, dass die (vage) Kenntniserlangung bereits in der Vergangenheit eingetreten ist, und nach Aufklärung des gesamten Sachverhalts und aller Leistungsvoraussetzungen nun eine Entscheidung ansteht, richtet sich dann danach, ob trotz angenommener Kenntnis nun eine Leistung ihren Zweck noch erfüllen kann (s. dazu Rn. 29).

24    Im Ergebnis erweist sich die vom BSG angenommene „positive Kenntnis aller Tatsachen, die den Leistungsträger in die Lage versetzen, die Leistung zu erbringen" (so BSG 2.2.2012 – B 8 SO 5/10 R, NJW 2012, 2540) als eine Art „natürliche" Kenntnis von einem angeblichen Sozialhilfefall (vgl. auch OVG NRW 20.6.2001 – 12 A 3386/98). Ein Beispiel für die großen Schwierigkeiten ist auch LSG NRW 11.5.2017 – L 9 SO 63/16, NZS 2017, 756; dazu *Böttiger,* jurisPR-SozR 1/2018 Anm. 6.

## 5. Vorläufiges Eintreten mit Hilfe

25    Der an den Träger der Sozialhilfe herangetragene Notfall kann sich aus der Betrachtung ex ante indes auch als so dringlich darstellen, dass eine abschließende Aufklärung und damit eine (vollständige) Kenntniserlangung von den Voraussetzungen für die Hilfegewährung nicht abgewartet werden kann. Gleichzeitig ist indes nicht ausgeschlossen, dass die Voraussetzungen für eine Hilfe nicht gegeben sind, weil etwa eigenes Einkommen oder Vermögen des Hilfesuchenden vorhanden sind. Ferner kann die Notlage zwar feststehen, aber die Zuständigkeit des Trägers der Sozialhilfe streitig bzw. noch ungeklärt sein. Schließlich kann der Prozess der Individualisierung und Berechnung der Hilfe noch weitere Zeit erfordern. In derartigen Situationen steht der Träger der Sozialhilfe in dem Spannungsverhältnis, einerseits Hilfe leisten zu sollen, andererseits indes möglicher Weise rechtswidrig Hilfe zu leisten.

26    Wie der Träger der Sozialhilfe auf **angeblich dringliche Bedarfslagen** zu reagieren hat, bei denen die Voraussetzungen für eine Hilfegewährung weiter aufgeklärt werden müssen, ist im Gesetz nicht ausdrücklich geregelt. Macht der Hilfesuchende etwa einen aus in der Natur der Sache liegenden unaufschiebbaren Bedarf geltend, ist dem Träger der Sozialhilfe die Notlage in einem gewissen Sinne bekannt ist, auch wenn sie noch nicht verifiziert, aber auch nicht falsifiziert ist. Damit sind die Voraussetzungen für ein Einsetzen von Hilfe im Grundsatz gegeben. Allerdings liegt in diesen Fällen eine **Notlage besonderer Art** vor. Die Hilfegewährung kann daher (zunächst) keine endgültige sein. Die rechtliche Folgerung, dass Hilfe aber auch in einer Notlage zu gewähren ist, die „auf den ersten Blick" dringlich nach Abhilfe ruft, selbst wenn sie sich nach späterer Aufklärung als nicht gegeben erweist, ist unter dem Aspekt der Funktion der Sozialhilfe, die Menschenwürde zu sichern, allerdings zwingend (BVerwG 23.6.1994 – 5 C 26/92; BVerfG 12.5.2005 – 1 BvR 569/05.).

27    Das Sozialhilferecht und das SGB I und X sehen für derartige ungeklärte Notlagen unterschiedlich strukturierte Vorschriften vor, nach denen „vorläufig" Hilfe zu gewähren ist: Nach **§ 19 Abs. 5** kann in begründeten Fällen erweiterte **(unechte) Hilfe** rechtmäßig geleistet werden. Danach fehlt es noch an der Kenntnis von sämtlichen Leistungsvoraussetzungen; der Träger der Sozialhilfe ist indes verpflichtet (und berechtigt), vorläufig Hilfe zu leisten. Dasselbe gilt im Falle des **§ 43 SGB I**. Nach **§ 42 Abs. 1 S. 2 SGB I** hat der Träger der Sozialhilfe unter den dort genannten Voraussetzungen auf Antrag des Hilfesuchenden Vorschüsse auf die Hilfe zu leisten. In allen genannten Fällen handelt es sich bei Vorliegen der notwendigen Vorausset-

zungen um rechtmäßige Hilfegewährung (vgl. auch § 14 Abs. 2 SGB IX, § 2 Abs. 3 und 4 SGB X; OVG Lüneburg 23.7.2003 – 12 ME 297/03, FEVS 55, 384; OVG Hamburg 2.4.2004 – 4 Bs 78/04, ZfSH/SGB 2004, 484).

Neben den erwähnten Vorschriften kommt **in Fällen ungeklärter Sachlage** 28 allgemein die Bewilligung einer Hilfe durch vorläufigen Verwaltungsakt in Betracht (vgl. dazu eingehend BSG, 28.6.1990 4 RA 57/89, NVwZ 1991, 303; BVerwG 14.4.1983 – 3 C 8/82, BVerwGE 67, 99; *Axer,* DÖV 2003, 271; für das SGB II s. BSG 29.4.2015 – B 14 AS 31/14 R). Eine derartige Leistungsbewilligung steht unter dem Vorbehalt endgültiger Entscheidung über das Leistungsbegehren und trifft damit nur eine Regelung bis zu diesem Zeitpunkt. Von dieser Möglichkeit wird in der Verwaltungspraxis zu wenig Gebrauch gemacht. Sie stellt indes ein flexibles Instrument dar, um das erwähnte Spannungsverhältnis sachgerecht zu lösen. Dem Träger der Sozialhilfe steht dabei ein weites Ermessen hinsichtlich Art und Maß der Hilfe (§ 17 Abs. 2 S. 1) zu. So sind etwa Sachleistungen – anders als im „Normalfall" – zulässig. Auch kann die Hilfe **tageweise** gewährt werden.

## 6. Rückwirkendes Einsetzen der Leistung

Nicht ausdrücklich geregelt ist in der Vorschrift, ob die Hilfegewährung bei 29, 30 Vorliegen der notwendigen Kenntnis von den Voraussetzungen der Hilfegewährung (nach länger dauernder Aufklärung des Sachverhalts) bezogen auf den Zeitpunkt des ersten Herantragens des Hilfefalles an den Träger der Sozialhilfe rückwirkend zu gewähren ist, oder ob Leistungen nur für die Gegenwart und Zukunft zu erbringen sind. Die Formulierung „setzt ein" lässt beide Auslegungen zu. Da nach § 18 Abs. 2 S. 2 ein rückwirkendes Einsetzen der Hilfegewährung möglich ist, spricht viel dafür, dass auch nach § 18 Abs. 1 eine rückwirkende Hilfegewährung bezogen auf den Zeitpunkt des ersten Bekanntwerdens der Notlage beansprucht werden kann (vgl. auch BVerwG 18.5.1995 – 5 C 1/93, BVerwGE 98, 248, 252; OVG Lüneburg 16.7.2001 – 12 PA 2413/01, FEVS 53, 445, 446; VGH München 9.11.2005 – 12 B 03.464, ZfSH/SGB 2006, 284). Der aus § 18 Abs. 1 immer noch hergeleitete Grundsatz „Keine Hilfe für die Vergangenheit" steht dem nicht uneingeschränkt entgegen. Denn eine Betrachtung ex post ergibt in diesen Fällen gerade, dass die Kenntnis von der Notlage vorlag, auch wenn sie anfangs noch nicht verifiziert war (vgl. z. B. SG Gelsenkirchen, 18.10.2012 – S 8 SO 75/12, Sozialrecht aktuell 2013, 85: wird noch eine Hilfeplankonferenz für notwendig erachtet, bedeutet dies nicht, dass erst ab diesem Zeitpunkt die Leistung einsetzen dürfte). Auf diese Weise wird sichergestellt, dass die Zeit, die bis zum Abschluss der Ermittlungen zur Sach- und Rechtslage verstreicht, nicht zwangsläufig zulasten des Hilfesuchenden geht. Kenntnis und weitere Sachverhaltsaufklärung sind zwei zu unterscheidende Gesichtspunkte (vgl. auch BSG 26.08.2008 – B 8/9b SO 18/07 R, NVwZ-RR 2009, 287). Unabhängig davon, dass ein rückwirkendes Einsetzen der Hilfe auf den Zeitpunkt, zu dem die Notwendigkeit der Hilfe dargetan oder sonst wie erkennbar war grundsätzlich möglich ist, auch wenn der Sachverhalt noch nicht vollständig ausermittelt war, ist allerdings zu beachten, dass eine rückwirkende Hilfegewährung nur in Betracht kommt, wenn die dafür notwendigen weiteren Voraussetzungen, die sich aus dem Zweck der Sozialhilfe ergeben, ebenfalls vorliegen, d. h. der Bedarf muss von dem Hilfesuchenden zu einem Zeitpunkt gedeckt worden sein, zu dem ihm ein Zuwarten auf die Entscheidung des Trägers der Sozialhilfe nicht mehr zuzumuten war (so ausdrücklich *Coseriu,* jurisPK-SGB XII § 18 Rn. 20 und 40; s. dazu Einl. Rn. 60). Die Auffassung, dass es für die hier notwendige Kenntnis nur auf die Kenntnis des Sozialhilfefalles als solchen ankomme, gerät in Konflikt mit den Grundsätzen für eine zulässige und den Anspruch nicht vernichtende Selbstbeschaffung der Leistung. Denn danach kann der Leistungsberechtigte in dem Zeitraum zwischen Kenntnisverschaffung und Entscheidung über sein Begehren nur dann zur

Selbstbeschaffung schreiten, wenn dem Sozialhilfeträger ein Systemversagen vorzuwerfen ist (vgl. dazu *Grube,* SGb 2012, 619; VGH München 9.11.2005 – 12 B 03.464, ZfSH/SGB 2006, 284). Andernfalls würde in die Entscheidungskompetenz des Sozialhilfeträgers – etwa nach § 17 Abs. 2 S. 1 – eingegriffen werden. Beantragt der aus langer Strafhaft entlassene Mensch Hilfe zum Lebensunterhalt, mag man annehmen, dass er auch eine Erstausstattung nach § 31 Abs. 1 Nr. 1 benötigt; zwangsläufig ist dies indes nicht. Beschafft sich der betreffende Mensch die notwendigen Möbel, ohne zuvor den Sozialhilfeträger auch über diesen Bedarf zu informieren, wäre durch diese Selbstbeschaffung dem Sozialhilfeträger etwa die Möglichkeit genommen, für die Anschaffung der Möbel einen Gutschein zu bewilligen. Bei pauschalierten Leistungen stellt sich das erwähnte Problem nicht in dieser Schärfe.

## 7. Wegfall der Kenntnis

**31**     Die einmal erlangte Kenntnis von dem Hilfefall dauert nicht unbegrenzt an; sie kann auch wieder entfallen (BVerwG 15.6.2000 – 5 C 39/99, FEVS 51, 445, 448). Dies gilt etwa dann, wenn der Träger der Sozialhilfe eine begehrte Hilfe ablehnt und sich der Hilfesuchende dagegen nicht mit Rechtsbehelfen zur Wehr setzt. Daher ist bezogen auf die Folgemonate auch nicht von (konkludent) erlassenen weiteren Ablehnungsbescheiden auszugehen (*Rothkegel,* Strukturprinzipien, S. 56 und 62). Ähnlich ist es zu beurteilen, wenn der Hilfesuchende nach einer ersten Vorsprache bei dem Träger der Sozialhilfe nicht erneut wieder erscheint, um ergänzende Angaben zu machen, die indes nach objektiver Beurteilung notwendig wären. Dann ist die zunächst erlangte, allerdings noch nicht ausreichende Kenntnis von dem angeblichen Hilfefall nicht geeignet, später, etwa nach Monaten, durch die nachgeholten Angaben des Hilfesuchenden untermauert zu werden (sehr großzügig allerdings SächsLSG 6.3.2013 – L 8 SO 4/10, ZfSH/SGB 2013, 435; vgl. zur Verwirkung eines Antrags nach § 37 SGB II, SächsLSG 15.5.2008 – L 2 AS 123/07). Es handelt sich dann vielmehr um ein neues Herantragen eines Hilfefalles (OVG Hamburg 14.9.1990 – Bf IV 88/89, NVwZ-RR 1991, 302). Die vom Sozialhilfeträger erlangte Kenntnis kann auch dadurch unwirksam werden, dass die betreffende Person oder ein Bevollmächtigter ausdrücklich erklärt, dass keine Hilfe benötigt werde (LSG BW 11.7.2012 – L 2 SO 4215/10, SAR 2012, 122).

## 8. Gesamtfallgrundsatz

**32**     Aus dem Kenntnisgrundsatz wird ferner der Gesamtfallgrundsatz der Sozialhilfe abgeleitet (*Rothkegel,* Strukturprinzipien, S. 57). Das ist folgerichtig, denn der Träger der Sozialhilfe braucht lediglich im tatsächlichen Sinne eine Notlage bekannt gemacht zu werden, ohne dass konkrete Anträge auf bestimmte Leistungen zu stellen wäre. Der Träger der Sozialhilfe hat den Notfall als tatsächliches Geschehen aufzugreifen und daraus die rechtlichen Konsequenzen in sozialhilferechtlicher Hinsicht zu ziehen, d. h. alle in Betracht kommenden Hilfearten zu erwägen (BVerwG 10.11.1965 – V C 104.64; BSG 24.3.2015 – B 8 SO 5/14 R; BSG 15.11.2012 – B 8 SO 6/11 R, BSGE 22, 319, 320 f.; 29, 99, 103 f.). Dies ist letztlich nur Ausdruck des Untersuchungsgrundsatzes des § 20 SGB X.

## IV. Kenntnis und Sekundäranspruch

## 1. Rechtswidriges Verhalten des Trägers der Sozialhilfe

**33**     Die Vorschrift regelt nur, dass die Hilfe einzusetzen hat, sobald der Träger der Sozialhilfe die notwendige Kenntnis erlangt hat. Leistet er in diesem Fall auch rückwirkend bezogen auf den Zeitpunkt der ersten tatsächlichen Kenntnis von dem

Sozialhilfefall, ergeben sich keine Probleme. Die Vorschrift regelt indes nicht, was zu gelten hat, wenn die Hilfe nicht oder nicht rechtzeitig einsetzt, weil der Träger der Sozialhilfe zu Unrecht davon ausgegangen ist, dass die Voraussetzungen für die Hilfegewährung nicht vorliegen. Die fehlende Kenntnis kann darauf beruhen, dass der Sachverhalt unzureichend aufgeklärt worden ist, dass Angaben des Hilfesuchenden nicht zur Kenntnis genommen worden sind, oder dass die rechtlichen Voraussetzungen für eine Hilfegewährung verkannt wurden. Im SGB XII fehlen Vorschriften über Pflichtverletzungen des Trägers der Sozialhilfe und es fehlen Bestimmungen zu Leistungsstörungen im Sozialrechtsverhältnis.

Hat der Träger der Sozialhilfe **Hilfe abgelehnt,** weil er zu Unrecht keine Kennt- **34** nis von den Voraussetzungen für ihre Gewährung hatte, kann der Hilfesuchende unter bestimmten Voraussetzungen **Kostenerstattung** für die von ihm **selbst beschaffte Sozialhilfe** beanspruchen, sofern er nicht weiterhin noch den primären Anspruch auf Hilfe zur Abwendung einer gegenwärtigen Notlage geltend machen kann. In Bezug auf den sekundären Kostenerstattungsanspruch ist zu klären, ob im Zeitpunkt der Selbstbeschaffung durch den Hilfesuchenden ein (primärer) Anspruch auf Sozialhilfe bestanden hätte. Soweit es in diesem Zusammenhang wegen der Frage des Zeitpunkts für das Einsetzen der Hilfe auf die Kenntnis nach § 18 Abs. 1 ankommt, kann es daher **auf eine positive Kenntnis** des Trägers der Sozialhilfe naturgemäß **nicht ankommen.** Er hätte sie in diesen Fällen nämlich regelmäßig nicht, sofern man nicht annehmen will, dass er bewusst eine Hilfe trotz Kenntnis von den Voraussetzungen ihrer Gewährung abgelehnt hat oder untätig geblieben ist. Entscheidend ist bei dieser Fragestellung vielmehr, ob der Träger der Sozialhilfe im maßgeblichen Zeitpunkt der Selbstbeschaffung **Kenntnis** von den Voraussetzungen der Hilfegewährung hätte haben müssen (vgl. VGH Mannheim 13.9.1995 – 6 S 1611/93, FEVS 46, 378, 380 ff.).

Die Vorschrift des § 18 Abs. 1, die nur den Fall des rechtmäßigen Verwaltungshan- **35** delns betrifft, erhält im Falle rechtswidrigen Verhaltens des Trägers der Sozialhilfe einen anderen Inhalt. Positive Kenntnis von den Voraussetzungen für eine Hilfegewährung ist nicht notwendig, um nachträglich die Feststellung treffen zu können, dass Hilfe bereits zu einem früheren Zeitpunkt hätte einsetzen müssen. Deshalb ist es in diesen Fällen auch keine Voraussetzung für das **Entstehen des Primäranspruchs,** dass der Träger der Sozialhilfe Kenntnis von den Voraussetzungen der Hilfegewährung hatte, s. Rn. 34.

Die **Unterscheidung zwischen dem Primär- und dem Sekundäranspruch 36** (s. dazu Einl. Rn. 63) schlägt sich also auch bei dem Verständnis des § 18 Abs. 1 nieder. Daher muss stets unterschieden werden, in welchem Zusammenhang die Kenntnisfrage gestellt ist. Soweit sich die Rechtsprechung mit der Kenntnisproblematik befasst, hat sie es in den meisten Fällen naturgemäß mit einem Kostenerstattungsanspruch des Hilfesuchenden zu tun, mithin mit der Frage, ob und wann der Träger der Sozialhilfe **Kenntnis** von der Notlage hätte haben müssen. Dies ist in diesem Zusammenhang die entscheidende Fragestellung im Rahmen des § 18 Abs. 1.

## 2. Nachträgliche Feststellung der Kenntnis

Diese Frage ist im Nachhinein oft nur noch relativ spekulativ zu beantworten, **37** da eine Klärung der Sach- und Rechtslage infolge der Ablehnung der Hilfe abgebrochen worden ist bzw. bei Untätigkeit des Trägers der Sozialhilfe nicht erst stattgefunden hat. Eine fehlerhafte Rechtsansicht des Trägers der Sozialhilfe kann dazu geführt haben, dass die an sich notwendigen Aufklärungsmaßnahmen nicht ergriffen worden sind. Was der Hilfesuchende u. U. zu welchem Zeitpunkt noch vorgetragen hätte, ist rückwirkend nur noch unvollkommen rekonstruierbar. Daher muss es für den Hilfesuchenden möglich sein, bestimmte Tatsachen, die eine Tatbestandsvoraussetzung für den (primären) Anspruch auf Hilfe sind, auch noch nachträglich vorzutragen und zu beweisen (z. B. Beibringung einer ärztlichen Bestätigung, BVerwG 19.5.1994 – 5 C 21/99, FEVS 45, 146; s. auch BVerwG 17.11.1994 – 5 C 14/92, Buchholz, 436.0 § 69 BSHG Nr. 25 – Wechsel der Pflegekraft).

**38**  Das möglicherweise vorliegende **Systemversagen** des Trägers der Sozialhilfe kann sich gerade darauf beziehen, die positive Kenntnis nicht gehabt zu haben, obwohl nach objektiver Betrachtung die positive Kenntnis hätte vorliegen können. Hat der Träger der Sozialhilfe etwa bei Kenntnis aller tatsächlichen Umstände eine Rechtsfrage fehlerhaft entschieden, hatte er keine positive Kenntnis von den Voraussetzungen für die Hilfegewährung. Er hätte diese Kenntnis indes haben müssen, sodass die Leistung hätte einsetzen müssen und der Kostenerstattungsanspruch die in der Vergangenheit liegende Notlage erfassen kann. Ist der Träger der Sozialhilfe untätig geblieben und wird daraufhin Untätigkeitsklage erhoben, kann sich zeigen, dass dem Träger der Sozialhilfe nicht einmal bewusst war, dass ein Notfall vorlag (so etwa im Fall BVerwG 31.8.1995 – 5 C 11/94, BVerwGE 99, 158). Es hätte ihm indes bewusst sein müssen. Hat der Träger der Sozialhilfe schließlich tatsächliche Angaben des Hilfesuchenden nicht zur Kenntnis genommen oder weitere Angaben von ihm als unerheblich zurückgewiesen, ist für den Kostenerstattungsanspruch im Rechtsbehelfsverfahren wiederum nur zu ermitteln, ob der Träger der Sozialhilfe bei rechtmäßiger Vorgehensweise die **positive Kenntnis hätte erhalten können.**

**39**  Vor diesem Hintergrund ist es zu verstehen und auch zutreffend, wenn in der Rechtsprechung eine positive Kenntnis des Trägers der Sozialhilfe von den Voraussetzungen für die Hilfegewährung nicht verlangt wird, sondern letztlich ein **Kennen-Müssen,** wobei die Umstände des Einzelfalles und das Verhaltens des Hilfesuchenden einerseits und des Trägers der Sozialhilfe andererseits bei der Sachverhaltsaufklärung insoweit ausschlaggebend sind. Dieser Ansatz ermöglicht eine dem **Einzelfall** gerecht werdende **flexible Entscheidung** darüber, wann die Kenntnis hätte vorliegen und die Hilfe hätte einsetzen müssen, sodass nunmehr bezogen auf diesen Zeitpunkt ein Anspruch auf Kostenerstattung für die selbstbeschaffte Sozialhilfeleistung frühestens gegeben sein kann.

**40**  Im Zusammenhang mit einem Kostenerstattungsanspruch des Hilfesuchenden stellt sich Frage der Kenntniserlangung allerdings nur, wenn im Klageverfahren (bzw. im Widerspruchsverfahren) geklärt ist, dass alle materiell-rechtlichen Voraussetzungen für einen Anspruch auf Hilfe im Übrigen gegeben waren. Nur dann besteht eine Notwendigkeit, darüber zu entscheiden, zu welchem Zeitpunkt die Hilfe in der Vergangenheit hätte einsetzen müssen.

**41**  Danach gelten für das Kennen-Müssen bei einer **Betrachtung ex post** folgende Maßstäbe: Ein bloßes Herantragen eines angeblichen Hilfefalles an den Träger der Sozialhilfe reicht für seine notwendige Kenntniserlangung regelmäßig noch nicht aus. Er braucht auch nicht zu erahnen, dass sich hinter bestimmten Situationen ein Hilfefall verbergen könnte (BVerwG 21.4.1997 – 5 PKH 2/97, Buchholz, 436.0 § 5 Nr. 15 mwN; VGH Mannheim 13.9.1995 – 6 S 1611/93, FEVS 46, 378, 380; OVG Münster 20.6.2001 – 12 A 3386/98, FEVS 53, 84; LSG Bln-Bbg 12.10.2010 – L 23 SO 257/07), sofern er nicht weitere Hinweise erhalten hat. Ein schlüssiges Herantragen eines Begehrens reicht in der Regel aus (LSG RhPf 25.11.2010 – L 1 SO 8/10, ZfSH/SGB 2011, 225). Das Herantragen eines angeblichen Hilfefalles musste den Träger der Sozialhilfe allerdings in aller Regel wenigstens veranlassen, zu Aufklärungs- und Beratungsmaßnahmen zu greifen, wenn eine ausreichende Kenntnis von dem Hilfefall noch nicht gegeben war (OVG Berlin 30.101975 – VI B 10.74, FEVS 24, 60, 64; vgl. auch OVG Münster 12.6.2003 – 12 E 144/01, FEVS 55, 232, 233 f.: falsche Auskunft berührt Kenntniserlangung nicht). Die Rechtsprechung der Sozialgerichtsbarkeit in Bezug auf das Verständnis des Begriffs „Kenntnis" als solchen unterscheidet sich nicht von der der Verwaltungsgerichtsbarkeit. Ein wesentlicher Unterschied, der erhebliche praktische Auswirkungen hat, besteht allerdings darin, dass in der Sozialgerichtsbarkeit nicht verlangt wird, dass sich die Kenntnisverschaffung auf einen **konkreten Bedarfsgegenstand** beziehen muss. Wer etwa den Bedarf an Hilfe zum Lebensunterhalt nach dem Dritten Kapitel zur Kenntnis bringt, macht damit gegebenenfalls auch einen Mehrbedarf für kostenaufwändige Ernährung geltend. Dasselbe gilt etwa für die Kenntnis des Sozialhilfeträgers hinsichtlich der Hilfe zur Pflege. Damit soll die Kenntnis für alle etwa in Betracht kommenden Pflegeleistungen gegeben sein, obwohl es völlig ungewiss sein kann, was der Leistungsberechtigte im Einzelnen benötigt. Die Begründung für diese sehr „großzügige" Rechtsauffassung, wonach der Kenntnisgrundsatz nicht enger sein darf, als das Antragsprinzip im SGB II, führt zu der Frage, ob denn das sehr umfassende Verständnis vom gegenständlichen Umfang eines Antrags zutreffend ist. Dies wird man ebenso in Frage stellen können (vgl. dazu *Grube,* SGb 2017, 157 und Einl. Rn. 60).

### 3. Mitwirkungspflichten des Hilfesuchenden

Trotz des Amtsermittlungsgrundsatzes hat der Hilfesuchende bei der Aufklärung **42** des Sachverhalts mitzuwirken. In dieser Phase des Prozesses der Kenntniserlangung können sowohl von Seiten des Hilfesuchenden als auch von Seiten des Trägers der Sozialhilfe „Fehler" gemacht werden: Der Hilfesuchende kann etwa notwendige Mitwirkungshandlungen unterlassen haben bzw. der Träger der Sozialhilfe hat es abgelehnt, auf ergänzende Informationen des Hilfesuchenden einzugehen. Das Fehlverhalten des Hilfesuchenden wirkt sich zu seinen Lasten aus. Die Ablehnung des Trägers der Sozialhilfe, eine Notlage bzw. ergänzende Informationen zur Kenntnis zu nehmen, kann nicht dazu führen, dass er sich später – etwa im gerichtlichen Verfahren – auf seine Nichtkenntnis berufen darf. Insoweit ist der allgemeine Rechtsgedanke von Treu und Glauben (§ 162 BGB) nutzbar zu machen, und dem Träger der Sozialhilfe wäre dieser Einwand abzuschneiden (*Rothkegel,* Strukturprinzipien, S. 60).

Das hier erforderliche Kennen-Müssen ist somit erst dann gegeben, wenn die **43** Informationen eine **gewisse Qualität** erreicht hatten. Der gegenständliche Hilfebedarf und die finanzielle Hilfebedürftigkeit müssen in ihren **wesentlichen Punkten** als gegeben anzusehen gewesen sein. Das Vorliegen von Selbsthilfemöglichkeiten musste verneint werden können. **Bis ins Letzte hinein** brauchte der Hilfefall noch **nicht ausermittelt** gewesen zu sein (vgl. OVG Münster 20.6.2001 – 12 A 3386/98, FEVS 53, 84 mwN).

Letztlich wird es von einer Würdigung der Umstände des Einzelfalles abhängen, **44** ob und wann der Zeitpunkt des Kennen-Müssens gegeben war. Da es bei der zurückblickenden Würdigung des Hilfefalles um die Realisierung des Kostenerstattungsanspruchs für die selbstbeschaffte Sozialhilfeleistung geht und nach § 2 Abs. 2 SGB I die sozialen Rechte „möglichst weitgehend verwirklicht werden" sollen, kann man etwa von folgenden Leitlinien ausgehen:

Hat der Hilfesuchende alles, was **in seiner Sphäre** liegt, für die Aufklärung des **45** Sachverhalts getan, kann die Zeit, die der Träger der Sozialhilfe benötigt, um den Sachverhalt zu verifizieren nicht zu seinen Lasten gehen. Setzt der Träger der Sozialhilfe mit der Hilfe in diesem Fall erst ab dem Zeitpunkt ein, zu dem er vollständige Kenntnis aller Voraussetzungen für ihre Gewährung hatte, ist dies rechtswidrig (*Paul,* ZfF 2002, 217, 222; vgl. auch *Rothkegel,* Strukturprinzipien, S. 61; s. aber Rn. 31; *Coseriu,* jurisPK-SGB XII, § 18 Rn. 31). Macht z. B. der Leistungsberechtigte, der bereits laufende Hilfe zum Lebensunterhalt bezieht, unter Vorlage eines ärztlichen Attestes einen Mehrbedarf wegen kostenaufwändiger Ernährung geltend und holt der Träger der Sozialhilfe daraufhin noch eine sachverständige Stellungnahme des Gesundheitsamtes ein, das den Bedarf bestätigt, ist der Zeitpunkt der Vorlage des Attestes in aller Regel der maßgebliche Zeitpunkt für das Einsetzen der Hilfe.

Geht es um die **Klärung von Rechtsfragen,** die der Träger der Sozialhilfe für **46** klärungsbedürftig hält, bedeutet es eine nicht vertretbare Verkürzung des Hilfeanspruchs, wenn die maßgebliche Kenntniserlangung erst mit Klärung der Rechtsfrage vorläge. Es kann insoweit nicht auf die individuell gegebenen Rechtskenntnisse des Sachbearbeiters beim Träger der Sozialhilfe ankommen (OVG Münster 20.6.2001 – 12 A 3386/98, FEVS 53, 84, 85). In diesem Zusammenhang ist das Kennen-Müssen regelmäßig anzunehmen. Waren die **Angaben des Hilfesuchenden** indes **unvollständig,** sodass nach objektiven Maßstäben eine weitere Aufklärung notwendig erschien, liegt ein Kennen-Müssen erst vor, wenn eine relativ große Sicherheit in Bezug auf den Sachverhalt erreicht war.

**47**    Waren die Angaben des Hilfesuchenden zwar vollständig, gab es indes **begründeten Anlass zu Zweifel** an deren Richtigkeit, geht die Zeit der Aufklärungsmaßnahmen zulasten des Hilfesuchenden.

**48**    Es zeigt sich, dass bei der zurückblickenden Würdigung des Einzelfalles die **Grenzen fließend** sind, wenn es um die Bestimmung des Zeitpunktes geht, zu dem der Träger der Sozialhilfe die in diesem Zusammenhang notwendige Kenntnis hätte haben müssen. In aller Regel wird man ein Kennen-Müssen rückblickend ab dem Zeitpunkt bejahen, zu dem der Hilfesuchende die Notlage in ihren **wesentlichen Grundzügen** dargelegt hatte, auch wenn es zunächst nur eine behauptete Notlage war. Die Zeit, die für die Verifizierung seines Vorbringens benötigt wird, schiebt den Zeitpunkt der Kenntniserlangung nicht hinaus. Andernfalls erlangte man letztlich erst im gerichtlichen Verfahren – etwa aufgrund einer Beweisaufnahme – die notwendige Kenntnis. Eine derartige Auffassung würde dem **Grundsatz der Effektivität der Anspruchsgewährung** widersprechen. Bei allen Ausführungen ab Rn. 33 ist zu beachten, dass eine Leistung für vergangene Bedarfslagen nur in Betracht kommt, wenn der Zweck der Leistung noch erfüllt werden kann.

## V. Unzuständige Stellen (Abs. 2)

**49**    Die Regelung hat ihr Vorbild in § 5 Abs. 2 BSHG, die durch das Gesetz zur Reform des Sozialhilferechts eingefügt worden ist, wobei der Gesetzgeber damit einem Urteil des BVerwG (BVerwG 18.5.1995 – 5 C 1/93, BVerwGE 98, 248) Rechnung tragen wollte. Die Bestimmung ist **§ 16 Abs. 2 SGB I nachgebildet,** entspricht ihr aber nicht in allen Punkten.

**50**    **Adressat von Satz 1** dieses Absatzes sind ein nicht zuständiger Träger der Sozialhilfe oder eine nicht zuständige Gemeinde. Geregelt wird, was zu geschehen hat, wenn diesen Stellen im Einzelfall bekannt wird, dass Sozialhilfe beansprucht wird. Dann haben sie die ihnen bekannten Umstände dem zuständigen Träger oder der von ihm beauftragten Stelle unverzüglich mitzuteilen und die vorhandenen Unterlagen zu übersenden.

**51**    Die Vorschrift ist in mehrfacher Hinsicht nicht gelungen. Es ist kein Sinn darin zu erkennen, warum an eine „**Beanspruchung**" von Sozialhilfe, statt an die Kenntnis von einem Hilfefall, wie nach Abs. 1, angeknüpft wird. Es muss vielmehr ausreichen, dass ein unzuständiger Träger der Sozialhilfe oder eine nicht zuständige Gemeinde Kenntnis darüber enthält, dass in einem Einzelfall Sozialhilfe in Betracht kommt. Die unzuständige Stelle braucht dann zwar nicht, wie nach Abs. 1, weitere Ermittlungen anzustellen, hat aber ihre Erkenntnisse unverzüglich weiterzuleiten, damit sodann bei der zuständigen Stelle die Kenntnis i. S. d. des Abs. 1 begründet wird und die notwendigen Aufklärungsmaßnahmen getroffen werden können. Da die Vorschrift von der Mitteilung der „bekannten Umstände" und nicht von einen „Antrag" spricht, ist davon auszugehen, dass **ein Antrag** bei der unzuständigen Stelle **nicht gestellt worden sein muss.** Für die unzuständige Stelle mag es im Einzelfall schwer erkennbar sein, wer zuständige Stelle ist. Daher kann die Weiterleitung erneut an eine unzuständige Stelle gelangen. Für sie gilt sodann dieselbe Weiterleitungspflicht.

Ergibt sich später bei Prüfung des Falles durch die zuständige Stelle, dass die **52** Voraussetzungen nach Abs. 1 vorliegen, ist für das Einsetzen der Leistung die Kenntnis der nicht zuständigen Stelle maßgebend. Die Vorschrift verlegt damit nicht die Kenntnis zurück, sondern das Einsetzen der Leistung (vgl. auch BVerwG 18.5.1995 – 5 C 1/93, BVerwGE 98, 248, 254). Dies ist konsequent, da die Kenntnis ein tatsächlicher Umstand ist, der allenfalls im Wege einer Fiktion zurückverlegt werden könnte.

Neben Abs. 2 ist **§ 16 Abs. 2** S. 1 **SGB I anwendbar**, soweit die Vorschrift **53** nicht mit Abs. 2 kollidiert. Insoweit geht nach § 37 SGB I die sozialhilferechtliche Bestimmung vor. Adressaten der Pflicht zur Weiterleitung von Anträgen sind unzuständige Leistungsträger, unzuständige Gemeinden und Auslandsvertretungen. Unzuständige Leistungsträger (§ 12 SGB I), d. h. etwa gesetzliche Krankenkassen, und Auslandsvertretungen haben danach bei ihnen gestellte Anträge auf Sozialhilfe weiterzuleiten. Der Umstand, dass in Abs. 2 S. 1 nur unzuständige Träger der Sozialhilfe und unzuständige Gemeinden genannt sind, schränkt die Weiterleitungsverpflichtung nach § 16 Abs. 2 SGB I nicht ein. Der engere Adressatenkreis nach Abs. 2 S. 1 beruht auf der Verbindung mit der Regelung über die Zurückverlegung des Zeitpunktes des Einsetzens der Hilfe. Insofern mag es gerechtfertigt sein, nur auf die Kenntnis unzuständiger Träger der Sozialhilfe sowie unzuständiger Gemeinden abzustellen und die Kenntnis sonstiger Sozialleistungsträger nicht ausreichen zu lassen (s. aber VG Braunschweig 15.1.2002 – 4 A 318/00, NDV-RD 2002, 29; anders OVG Lüneburg 18.9.2006 – 4 LA 574/04, NDV-RD 2006, 127).

Die Regelung in **S. 2 von § 16 Abs. 2 SGB I**, die vom BVerwG (BVerwG **54** 18.5.1995 – 5 C 1/93, BVerwGE 98, 248 = NVwZ-RR 1996, 93) auch für das Sozialhilferecht für anwendbar gehalten worden ist, stimmt mit § 18 Abs. 2 nicht überein. Vermutlich hat der Gesetzgeber dies nicht erkannt. Nunmehr ist geklärt, dass § 16 Abs. 2 S. 2 SGB I auch im Sozialhilferecht gilt (BSG 26.8.2008 – B 8/9b SO 18/07 R, FEVS 60, 385 mit Anm. *Löcher*, SGb 2009, 623; LSG NRW 30.10.2008 – L 7 AS 34/08), wenn ein Antrag bei dem unzuständigen Träger der Grundsicherung nach dem SGB II gestellt worden ist, da der Leistungsberechtigte nicht an den Zuständigkeitsabgrenzungen innerhalb der gegliederten Sozialverwaltung scheitern soll.

Besteht Streit über die Frage der Zuständigkeit zwischen mehreren Träger der **55** Sozialhilfe oder zwischen einem Träger der Sozialhilfe und anderen Sozialleistungsträgern, braucht der Hilfesuchende sich nicht auf die Weiterleitung seines Begehrens an den vermeintlich zuständigen Träger verwiesen zu lassen, sondern kann nach **§ 43 SGB I** den von ihm zuerst angegangenen Träger auffordern, vorläufige Leistungen zu erbringen (für das Rehabilitationsrecht vgl. § 14 SGB IX a. F. und dazu BSG 26.6.2007 – B 1 KR 34/06 R, NZS 2008, 436; BSG 28.11.2007 – B 11a AL 29/06 R, BeckRS 2009, 51050; *Ulrich*, SGb 2008, 452; s. ferner § 2 Abs. 3 und 4 SGB X).

## § 19 Leistungsberechtigte

(1) **Hilfe zum Lebensunterhalt nach dem Dritten Kapitel ist Personen zu leisten, die ihren notwendigen Lebensunterhalt nicht oder nicht ausreichend aus eigenen Kräften und Mitteln, insbesondere aus ihrem Einkommen und Vermögen, bestreiten können.**

(2) **¹Grundsicherung im Alter und bei Erwerbsminderung nach dem Vierten Kapitel dieses Buches ist Personen zu leisten, die die Altersgrenze nach § 41 Absatz 2 erreicht haben oder das 18. Lebensjahr vollendet haben und dauerhaft voll erwerbsgemindert sind, sofern sie ihren notwendigen Lebensunterhalt nicht oder nicht ausreichend aus eigenen Kräften und Mitteln, insbesondere aus ihrem Einkommen und Vermögen, bestreiten kön-**

nen. [2]Die Leistungen der Grundsicherung im Alter und bei Erwerbsminderung gehen der Hilfe zum Lebensunterhalt nach dem Dritten Kapitel vor.

(3) Hilfen zur Gesundheit, Eingliederungshilfe für behinderte Menschen, Hilfe zur Pflege, Hilfe zur Überwindung besonderer sozialer Schwierigkeiten und Hilfen in anderen Lebenslagen werden nach dem Fünften bis Neunten Kapitel dieses Buches geleistet, soweit den Leistungsberechtigten, ihren nicht getrennt lebenden Ehegatten oder Lebenspartnern und, wenn sie minderjährig und unverheiratet sind, auch ihren Eltern oder einem Elternteil die Aufbringung der Mittel aus dem Einkommen und Vermögen nach den Vorschriften des Elften Kapitels dieses Buches nicht zuzumuten ist.

(4) Lebt eine Person bei ihren Eltern oder einem Elternteil und ist sie schwanger oder betreut ihr leibliches Kind bis zur Vollendung des sechsten Lebensjahres, werden Einkommen und Vermögen der Eltern oder des Elternteils nicht berücksichtigt.

(5) [1]Ist den in den Absätzen 1 bis 3 genannten Personen die Aufbringung der Mittel aus dem Einkommen und Vermögen im Sinne der Absätze 1 und 2 möglich oder im Sinne des Absatzes 3 zuzumuten und sind Leistungen erbracht worden, haben sie dem Träger der Sozialhilfe die Aufwendungen in diesem Umfang zu ersetzen. [2]Mehrere Verpflichtete haften als Gesamtschuldner.

(6) Der Anspruch der Berechtigten auf Leistungen für Einrichtungen oder auf Pflegegeld steht, soweit die Leistung den Berechtigten erbracht worden wäre, nach ihrem Tode demjenigen zu, der die Leistung erbracht oder die Pflege geleistet hat.

*Änderungen der Vorschrift: Abs. 2 S. 1 geänd. mWv 1.1.2008 durch G v. 20.4.2007 (BGBl. I S. 554), Abs. 1 und 2 neu gef. mWv 1.4.2011 durch G v. 24.3.2011 (BGBl. I S. 453).*

*Vergleichbare Vorschriften: § 11, § 28 Abs. 1 BSHG; § 9 SGB II.*

**Schrifttum:** *Alber-Noack,* Bedarfsgemeinschaft – Quo Vadis? Was tun mit der Bedarfsgemeinschaft?, ZFSH/SGB 1996, 113; *Brech,* Die gemischte Bedarfsgemeinschaft und die horizontale Berechnung der Hilfe zum Lebensunterhalt für Stiefkinder, ZfF 2003, 241; *Cordes,* Ungeklärte Einkommens- und Vermögensverhältnisse bei der Gewährung von Sozialhilfe, ZfF 2001, 1; *Deutscher Verein,* Empfehlungen für den Einsatz von Einkommen und Vermögen in der Sozialhilfe, NDV 2016, 49; *Eicher,* Der Zahlungsanspruch des Leistungserbringers im Sozialhilferecht, SGb 2013, 127; *Frings,* (Minderjährige) Schwangere und deren Kinder im elterlichen Haushalt – Sozialhilfe ja oder nein?, ZfSH/SGB 2002, 723; *ders.,* § 19 Abs. 6 SGB XII – gut gemeint, aber praktisch wertlos, Sozialrecht aktuell 2016, 129; *Grosse/Gunkel,* Mischfallkonstellation SGB II und SGB XII, DVP 2009, 266; *Hammel,* Keine Leistungsberechtigung nach § 19 Abs. 6 SGB XII für ambulante Pflegedienste?, SGb 2013, 20; *Kolakowski/Schwabe,* Einzelanspruch auf HLU – die „richtige" Berechnungsmethode, ZfF 1995, 241; *Kulle,* Die Einsatzgemeinschaft im Rahmen des SGB II und SGB XII, DVP 2014, 311 und 355; *Lückhoff,* Kein Erlöschen bestehender Ansprüche des Leistungserbringers durch den Tod des Leistungsempfängers, RdLH 2015, 27; *Riehle,* Die minderjährige Schwangere – ein Fall für § 16 BSHG?, ZfSH/SGB 2000, 456; *Roßbruch,* Zum Anspruch auf Vergütung von Pflegeleistungen – Pflegedienst, PflR 2014, 64; *Schoch,* Die sozialhilferechtliche Einkommensberücksichtigung in Haushaltsgemeinschaften, info also 1997, 107; *ders.,* Einzelanspruch und Bedarfsgemeinschaft, NDV 2002, 8; *ders.,* Die Bedarfsgemeinschaft, die Einsatzgemeinschaft und die Haushaltsgemeinschaft nach dem SGB II und SGB XII, ZfF 2004, 169; *ders.,* Selbstbehalt in der Einsatzgemeinschaft, info also 2003, 147; *Schulte,* Verteilungsprobleme in der nur teilweise sozialhilfeberechtigten Bedarfs (Einstands-)gemeinschaft, ZFSH/SGB 1990, 471; *Schwabe,* Die Berechnung des Einzelanspruchs bei der Hilfe zum Lebensunterhalt außerhalb von Anstalten, Heimen und gleichartigen Einrichtungen, ZfF 1993, 201; *ders.*, Praktische Hinweise zur Berechnung des Einzelanspruchs bei der Hilfe zum Lebensunterhalt außerhalb von Anstalten, Heimen und gleichartigen Einrichtungen, ZfF 1994, 217; *Spellbrink*, Die horizontale Methode der Ermittlung der Hilfebedürftigkeit gem. § 9 Abs. 2 Satz 3 SGB II und ihre Konsequenzen, Sozialrecht aktuell 2008, 10; *ders.*, Die Bedarfsgemeinschaft gemäß § 7 SGB II eine Fehlkonstruktion?, NZS 2007, 121; *Zeitler*, Die neu eingeführte „Sonderrechtsnachfolge" des § 28 Abs. 2 BSHG, NDV 1997, 4.

### Übersicht

## I. Bedeutung der Norm

Die Vorschrift ist durch das Änderungsgesetz vom 24.3.2011 (Einl. Rn. 8) in den **1** Absätzen 1 und 2 neu gestaltet worden. Vom bisherigen Absatz 1 ist nur der erste Satz (leicht umformuliert) verblieben. Die weiteren Sätze von Absatz 1 sind nach § 27 Abs. 2 gewandert. Ebenso ist aus Absatz 2 der bisherige Vorschrift die Regelung über die Einsatzgemeinschaft gestrichen worden und nun in § 43 Abs. 1 aufgenommen. Der Gesetzgeber wollte durch die systematische Neugestaltung darauf abstellen, dass sich § 19 im Zweiten Kapitel befindet und die konkrete Bestimmung zur Leistungsberechtigung erst im Dritten und Vierten Kapitel erfolgen soll. Die jetzige Fassung der Absätze 1 und 2 enthält folglich nur eine allgemeine Umschreibung der Leistungsberechtigten für die in § 8 aufgezählten Leistungen.

**Abs. 1** der Vorschrift ist zusammen mit den Regelungen im Dritten Kapitel **2** die **Grundnorm der Hilfe zum Lebensunterhalt.** Diese Regelungen enthalten insgesamt die Anspruchsgrundlagen i. S. v. § 17 für die Hilfe zum Lebensunterhalt. Die parallele Vorschrift für die Leistungen nach dem Fünften bis Neunten Kapitel (ehemals **Hilfe in besonderen Lebenslagen**) ist **Abs. 3. Abs. 2,** definiert die Leistungsberechtigten für die **Grundsicherung** im Alter und bei Erwerbsminderung. In § 41 werden Teile dieser Regelung noch einmal wiederholt. Die **Abs. 4 und 5** enthalten entgegen der Überschrift von § 19 nicht eine Umschreibung der Leistungsberechtigten, sondern sind Regelungen, die den **Nachrang der Sozialhilfe** für besondere Fälle konkretisieren. **Abs. 6** normiert einen eigenständigen Anspruch der Leistungserbringer bzw. der Pflegepersonen.

Der neu gefasste Absatz 1 verweist lediglich auf die Hilfe zum Lebensunterhalt **3** nach dem Dritten Kapitel und formuliert noch einmal den Nachranggrundsatz des § 2 Abs. 1. Der Wortlaut des Absatzes 1 wird nahezu identisch in § 27 Abs. 1 wiederholt. Gewonnen ist durch die Umformulierung nicht viel. Auch die Ersetzung des Wortes „beschaffen" durch „bestreiten" bringt keinen Erkenntnisgewinn.

**Abs. 2** der Vorschrift ist die Folge der Rückführung der zuvor aus dem BSHG **4** ausgegliederten Grundsicherung in die Sozialhilfe. Die Vorschrift enthält Elemente aus dem bisherigen §§ 1 und 2 Abs. 1 GSiG (vgl. BSG 29.9.2009 – B 8 SO 13/08

R, SGb 2009, 715). Die Regelung in **Abs.** 2 betreffend die Grundsicherung macht deutlich, dass diese Leistung zur Sozialhilfe gehört (s. auch § 8 Nr. 2). Das früher verfolgte Anliegen bei Schaffung des Grundsicherungsgesetzes, den betreffenden Personenkreis nicht in die Sozialhilfe fallen zu lassen, ist damit wieder aufgegeben. Dennoch sind die früheren Besonderheiten der Grundsicherung gegenüber der Hilfe zum Lebensunterhalt geblieben.

5　　**Abs. 3** der Vorschrift übernimmt die Regelungen von § 28 Abs. 1 BSHG unter Anpassung an die neue Systematik des SGB XII. Die Regelung des **Abs. 3** ist für die Hilfen nach dem Fünften bis Neunten Kapitel (den früheren Hilfen in besonderen Lebenslagen) die **Grundsatznorm.** Sie legt fest, welchem Personenkreis zur Herstellung des Nachrangs der Sozialhilfe zugemutet wird, sein Einkommen und Vermögen einzusetzen. In welcher Höhe im Einzelnen der Einsatz zu erfolgen hat, wird näher in §§ 85 ff. und in §§ 90, 91 bestimmt. Im Vergleich mit der Vorschrift des § 19 Abs. 1, die sich ebenfalls über den Einkommens- und Vermögenseinsatz verhält, werden die grundlegenden Unterschiede zwischen der Hilfe zum Lebensunterhalt und der Hilfe nach den genannten Kapiteln deutlich. Danach werden diesen Hilfen geleistet, soweit die Aufbringung der Mittel aus dem Einkommen und Vermögen **nicht zuzumuten** ist. Bei der Hilfe zum Lebensunterhalt wird demgegenüber der Einsatz von Einkommen grundsätzlich uneingeschränkt verlangt.

6　　**Abs. 4** entspricht S. 3 von § 11 Abs. 1 BSHG **und** enthält eine Vorschrift zum Schutz des ungeborenen Lebens.

7　　**Abs. 5** übernimmt unter inhaltlicher Veränderung Teile der Regelungen aus § 11 Abs. 2 BSHG und aus § 29 BSHG. Die Vorschrift gilt auch für Leistungsberechtigte der Grundsicherungsleistungen nach § 41. Abs. 5 enthält die sog. erweiterte Sozialhilfe.

8　　**Abs. 6** übernimmt im Wesentlichen die Regelung aus § 28 Abs. 2 BSHG. Die Regelung von § 11 Abs. 3 BSHG ist nun in § 27 Abs. 3 zu finden. Die Regelung in Abs. 6 dient der Effektuierung der Sozialhilfe, indem die Bereitschaft Dritter, für den Sozialhilfeträger „vorzuleisten", gestärkt wird.

9　　In etwas abweichender Systematik von der des SGB XII sind in Kapitel 2 des SGB II „Anspruchsvoraussetzungen" für Leistungen nach diesem Buch geregelt. Der Kreis der Leistungsberechtigten ergibt sich dabei erst aus drei Paragraphen, nämlich den §§ 7 bis 9 SGB II. Hervorzuheben ist, dass in den Vorschriften von „Bedarfsgemeinschaft" die Rede ist. Dennoch gilt auch hier, dass jeder Hilfebedürftige einen individuellen Anspruch besitzt (vgl. dazu *Spellbrink*, NZS 2007, 121).

9a　　Was den Einsatz von Vermögen angeht, ist die Verordnung zu § 90 Abs. 2 Nr. 9 geändert worden (ÄnderungsVO v. 22.3.2017, BGBl. I S. 519). Danach sind die Schonbeträge erheblich erhöht worden (s. bei § 90). Durch Art. 11 Bundesteilhabegesetz (v. 23.12.2016, BGBl. I S. 3234) sind zum Jahr 2017 für den Fall nach § 90 Abs. 3 S. 2 zusätzliche Beträge von 25000 Euro bei der Eingliederungshilfe und der Hilfe zur Pflege vorgesehen (§§ 60a und 66a).

## II. Inhalt der Norm

### 1. Anspruch auf Hilfe, Nachranggrundsatz (Abs. 1)

10　　Abs. 1 umschreibt in allgemeiner Form die Voraussetzungen für den Anspruch auf Hilfe zum Lebensunterhalt. Was zum notwendigen Lebensunterhalt im Einzelnen gehört, ist in §§ 27a ff. geregelt. Der konkrete Inhalt des Anspruchs auf Hilfe zum Lebensunterhalt ergibt sich somit letztlich erst aus den weiteren Vorschriften des Dritten Kapitels.

11　　Der Nachrang der Hilfe zum Lebensunterhalt bezieht sich in der Vorschrift auf eigene Kräfte und Mittel der Personen, vor allem auf ihr **eigenes Einkommen und**

**Vermögen.** Was dazu zählt, ergibt sich aus §§ 82 ff. einerseits und § 90 andererseits. Nach § 27 Abs. 2 gehören zu den eigenen Mitteln aber auch Einkommen und Vermögen der dort genannten anderen Personen. Insofern ist § 19 Abs. 1 missverständlich. Diese **Selbsthilfemöglichkeiten** schließen den Anspruch nur aus, wenn sie **präsent** sind, also tatsächlich vorliegen und daher mit ihrer Hilfe die gegenwärtige Notlage auch tatsächlich abgewendet werden kann (vgl. näher BSG 11.12.2007 – B 8/9b SO 23/06 R, FEVS 59, 529; *Rothkegel,* Strukturprinzipien, S. 97). Die weite und unbestimmte Formulierung „eigene Kräfte und Mittel" ist ein Hinweis auf die allgemeine Mitwirkungspflicht des Hilfeempfängers nach § 1 S. 2 und 3, sich frei von Sozialhilfe zu machen. Darüber hinaus wird auch die Selbsthilfeverpflichtung nach § 11 Abs. 3 S. 4, den Lebensunterhalt durch **Einsatz der Arbeitskraft** zu beschaffen, angesprochen. Schließlich kann der Formulierung entnommen werden, dass der Hilfesuchende sich auch darum bemühen muss, eigene Mittel, etwa **Unterhaltsansprüche,** zu realisieren, damit sie zu eigenem Einkommen werden.

Die in der Vorschrift gemeinten präsenten Selbsthilfemöglichkeiten stehen einem **12** Anspruch auf Hilfe – anders als bei den Leistungen des Fünften bis Neunten Kapitels – im Grundsatz uneingeschränkt entgegen. Allerdings ist nicht sämtliches Einkommen einsatzpflichtig (s. § 82 Abs. 3 und §§ 83, 84), und auch das Vermögen genießt einen gewissen Schutz (§ 90 Abs. 2 und 3). Es wird also zur Ermittlung des Umfangs der Hilfe eine **Gegenüberstellung** von **Bedarf** an Hilfe zum Lebensunterhalt **mit den verfügbaren Selbsthilfemöglichkeiten,** vor allem dem einsatzpflichtigen Einkommen und Vermögen, gemacht und ein Saldo ermittelt. Daraus ergibt sich die Höhe des Anspruchs. Dies bedeutet, dass Hilfe zum Lebensunterhalt in Höhe des gesamten Bedarfs, aber auch in jeder geringeren Höhe als ergänzende Hilfe in Betracht kommt. Der Anspruch besteht auch dann, wenn sich nur ein Minimalbetrag errechnet; eine Geringfügigkeitsgrenze wie in anderen Sozialleistungsbereichen gilt im Recht der Hilfe zum Lebensunterhalt nicht (s. aber § 88 Abs. 1 Nr. 2). Die eigenen Kräfte und Mittel stellen ein negatives Tatbestandsmerkmal für den Anspruch dar. Die Vorschrift des § 2 Abs. 1 stellt allerdings keine isolierte Ausschlussnorm dar; erst der tatsächliche Erhalt anderer Mittel schließt den Anspruch aus (BSG 18.11.2014 – B 8 SO 9/13 R)

## 2. Grundsicherung (Abs. 2)

Diese Leistungen gehören nach § 8 Nr. 2 und der Systematik des Gesetzes zur **13** Sozialhilfe. In Abs. 2 ist der Kreis der Leistungsberechtigten allgemein umschrieben, während sich die Anspruchsvoraussetzungen im Einzelnen erst aus dem Vierten Kapitel ergeben. Die Leistungen der Grundsicherung sind gegenüber der Hilfe zum Lebensunterhalt vorrangig. Da der Umfang der Grundsicherungsleistungen denen der Hilfe zum Lebensunterhalt entspricht (§ 42), kommt ergänzende Hilfe zum Lebensunterhalt nicht in Betracht. Die beiden Leistungsarten sind daher scharf voneinander abgegrenzt (wegen der Abgrenzung zum Sozialgeld nach § 28 SGB II, s. § 5 Abs. 2 S. 3 SGB II). Allerdings kann ein Anspruch auf Hilfe zum Lebensunterhalt bestehen, wenn etwa nach § 41 Abs. 4 Grundsicherungsleistungen nicht erbracht werden. Absatz 2 sowie § 41 sind durch das Gesetz vom 20.4.2007 mit Wirkung zum 1.1.2008 geändert worden. Die Vorschriften der §§ 41 ff. haben durch das Änderungsgesetz vom 21.12.2015 (Einl. Rn. 8) einige sprachliche und inhaltliche Änderungen erhalten.

## 3. Hilfen nach Abs. 3

Die Vorschrift knüpft wie Abs. 1 an die Einsatzgemeinschaft der dort genannten **14** Personen an. Dass aufgrund der vorhandenen Bindungen der Einkommens- und Vermögenseinsatz im Rahmen des Zumutbaren verlangt wird, ist verfassungsrechtlich hinnehmbar (BVerwG 26.1.1966 – V C 88.64, BVerwGE 23, 149).

15    Neben dem Leistungsberechtigten zählt zur Einsatzgemeinschaft sein nicht getrennt lebender Ehegatte oder Lebenspartner. Getrenntleben liegt vor, wenn die Lebens- und Wirtschaftsgemeinschaft nach den tatsächlichen Verhältnissen nicht nur vorübergehend aufgehoben ist. Da es auf die tatsächlichen Verhältnisse ankommt, ist nicht entscheidend, ob nach den bürgerlich-rechtlichen Vorschriften ein Recht zum Getrenntleben besteht. Die räumliche Trennung von Ehepartner stellt ebenfalls kein ausschließliches Indiz für ein Getrenntleben dar. Hinzukommen muss die nicht nur vorübergehende Beendigung der Lebens- und Wirtschaftsgemeinschaft (vgl. BVerwG 26.1.1995 – 5 C 8/93, BVerwGE 97, 344; BSG 16.4.2013 – B 14 AS 71/12 R, FEVS 52, 1). Die Eltern eines Hilfeempfängers gehören zur Einsatzgemeinschaft, wenn der Betreffende minderjährig und unverheiratet ist. Eltern sind die leiblichen Eltern, Adoptiveltern bzw. Elternteile, nicht hingegen Pflegeeltern oder Stiefeltern. Umstritten ist, ob es für die Zurechnung zur Einsatzgemeinschaft darauf ankommt, dass der Minderjährige, der Hilfe beansprucht, zumindest zum Haushalt eines Elternteiles gehört. Die Beantwortung diese Frage ist eng mit dem Einkommenseinsatz des § 85 verknüpft. § 85 Abs. 2 S. 2 bestimmt ausdrücklich, dass es nur auf das Einkommen des Elternteils ankommt, bei dem der minderjährige Hilfesuchende lebt. Wegen des offenbaren systematischen Zusammenhangs zwischen § 19 Abs. 3 und § 85 BSHG muss gleich verfahren werden (ebenso *Coseriu*, jurisPK-SGB XII, § 19 Rn. 29; anders jedoch BVerwG 8.7.1982 – 5 C 39/81, BVerwGE 66, 82).

## 4. Schutz des ungeborenen Lebens (Abs. 4)

16    Abs. 4 ist eine flankierende Vorschrift zum Schutz des ungeborenen Lebens und hebt den Nachrang der Hilfe in Bezug auf sämtliche Sozialhilfeleistungen in erheblichem Umfang auf. Sinn der Vorschrift ist es zu vermeiden, dass ein notwendig werdender Sozialhilfebezug ein Motiv für eine Abtreibung sein könnte. Die Schwangere soll sicher sein, dass sie Sozialhilfeleistungen erhält, ohne dass ihre Eltern in Anspruch genommen werden. Die Vorschrift gilt – wie sich aus ihrer systematischen Stellung ergibt – unmittelbar nur für minderjährige unverheiratete Kinder. Für volljährige oder verheiratete Kinder, die im Haushalt ihrer Eltern leben, gilt jetzt ausdrücklich derselbe Schutz nach § 39 S. 3 Nr. 1. (Zur früheren Rechtslage vgl. *Riehle*, ZfSH/SGB 2000, 456; *Frings*, ZfSH/SGB 2002, 723; s. auch § 94 Abs. 1 S. 4). Im SGB II gilt nach § 9 Abs. 3 SGB II derselbe Schutzgedanke (s. dazu etwa BSG 17.7.2014 – B 14 AS 54/13 R).

17    Der Schutz der Vorschrift greift bereits **ab Beginn der Schwangerschaft.** Sie schützt also auch in den Fällen, in denen die Schwangerschaft nicht ursächlich für die Hilfebedürftigkeit ist. Wird etwa eine siebzehnjährige Schülerin, die im Haushalt ihrer Eltern lebt, schwanger, kann sie Hilfe zum Lebensunterhalt beanspruchen, obwohl ihre Eltern sie ohnehin bis zum Abschluss der Schule unterhalten müssten. Ob die Freistellung der Eltern immer gerechtfertigt ist, kann dahinstehen, denn die Vorschrift ist insoweit eindeutig.

18    Der Schutz der Vorschrift geht ferner **über die Zeit der Schwangerschaft hinaus** bis zur Vollendung des sechsten Lebensjahres des Kindes, sofern es bis dahin von der Mutter **oder dem Vater** betreut wird. Diese Ausweitung des Schutzes hat u. U. nichts mit dem Schutz des ungeborenen Lebens zu tun. Dies gilt z. B., wenn Hilfebedürftigkeit überhaupt erst etwa im vierten Lebensjahr des Kindes aufgetreten ist.

## 5. Erweiterte Hilfe (Abs. 5)

19    Die Vorschrift ermöglicht es dem Sozialhilfeträger, **erweiterte Hilfe** (unechte Sozialhilfe) zu leisten (s. *Cordes,* ZfF 2001, 1). Die Vorschrift muss so gelesen werden,

dass dies nur in Betracht kommt, wenn eigene Mittel der betreffenden Einsatzgemeinschaft vermutlich in ausreichender Höhe nicht vorhanden sind, aber insoweit
noch keine endgültige Klarheit geschaffen werden konnte. Für diese Art der Hilfe
muss (offenbar) nicht mehr – wie nach früherer Rechtslage (§ 29 BSHG) – ein
begründeter Fall vorliegen. Es wäre danach ausreichend, dass trotz bestehender
Selbsthilfemöglichkeiten der betreffenden Personen Leistungen erbracht werden.
Dies bedeutete, dass der Sozialhilfeträger ohne besonderen Grund vom Netto-Prin-
zip auf das Brutto-Prinzip übergehen kann. Ein derartiges Verständnis der Vorschrift
ist indes nicht angezeigt (so mit eingehender Begründung SG Hamburg 25.6.2007 –
S 56 SO 440/06; SG Karlsruhe 29.1.2009 – S 4 SO 5201/07; SchlHLSG 14.2.2017 –
L 9 SO 7/17 B ER, BeckRS 2017, 102233). Andererseits ist es aus Sicht der
Leistungserbringer wünschenswert, dass der Sozialhilfeträger bei ungeklärter Ein-
kommens- und Vermögenslage alsbald Leistungen nach § 19 Abs. 5 bewilligt (*Frings,*
Sozialrecht aktuell 2016, 129). Die Vorschrift regelt nicht, unter welchen Voraussetzungen der Sozialhilfeträger unechte Sozialhilfe bewilligen kann bzw. muss. Es liegt
also in seinem Ermessen. Das Ermessen kann aber nach Lage der Dinge auf Null
reduziert sein (LSG Nds-Brem 12.2.2015 – L 8 SO 264/14 B ER).

Zur Erleichterung der Abrechnung mit Leistungserbringern kann die Vorschrift **20**
daher nicht benutzt werden (vgl. VGH Mannheim 22.4.2002 – 7 S 531/02, DÖV
2002, 670). Das liefe unter Umständen auf eine aufgedrängte Hilfe hinaus. Die
erweiterte Hilfe kommt vielmehr nur in Betracht, wenn andernfalls eine rechtzeitige
Bedarfsdeckung scheitern würde. Der häufigste Fall für die unechte Sozialhilfe dürfte
vorliegen, wenn das Einkommen und Vermögen erst noch ermittelt werden muss,
aber etwa Heimkosten bereits anfallen, die der Leistungsberechtigte zunächst nicht
selbst tragen kann. Kein Fall von § 19 Abs. 5 liegt vor, wenn der Sozialhilfeträger
nach § 104 SGB X zunächst mit Leistungen eingetreten ist. Auch wenn die Leistungserbringung darauf beruht, dass der Leistungsberechtigte keine präsenten Selbsthilfemöglichkeiten hatte, liegt kein Fall von § 19 Abs. 5 vor. Hat sich etwa der
Ehepartner geweigert, sein Vermögen für den Heimaufenthalt des anderen Ehepartners einzusetzen, kommt nicht Aufwendungsersatz nach § 19 Abs. 5 in Betracht,
sondern ein Kostenersatzanspruch nach § 103 (so zutreffend LSG BW 27.6.2016 –
L 2 SO 1273/16).

Nach erfolgter Ermittlung des zu berücksichtigenden Einkommens und Vermö- **21**
gens hat der Sozialhilfeträger einen entsprechenden **Aufwendungsersatzanspruch,** der durch Leistungsbescheid geltend zu machen ist. Er richtet sich gegen
die Personen der Einsatzgemeinschaft, die mit ihrem Einkommen und Vermögen
einzutreten gehabt hätten. Da sich der Aufwendungsersatz auf bereits geleistete
Hilfen bezieht, kann sich die finanzielle Lage der Verpflichteten inzwischen bereits
verändert haben. Für den Aufwendungsersatzanspruch ist die aktuelle finanzielle
Lage der Verpflichteten maßgeblich. Lagen die Voraussetzungen für eine Hilfe nach
Abs. 5 im Übrigen nicht vor, weil aus anderen Gründen kein Anspruch auf Leistungen gegeben war, war die Leistung also **rechtswidrig,** kann die zu viel gezahlte
Leistung nicht als Aufwendungsersatz zurückverlangt werden. Es kommt dann nur
eine Rückforderung nach §§ 45, 50 SGB X in Betracht. Falls die Bewilligung der
unechten Sozialhilfe bereits bestandskräftig geworden ist, ergibt sich er Auswen-
dungsanspruch zwangsläufig; auf einen „begründeten Fall" oder auf die Rechtmäßigkeit der Leistungen kommt es dann nicht (mehr) an (LSG NRW 13.1.2014 – L
20 SO 222/12).

## 6. Anspruch der Einrichtung bzw. der Pflegeperson (Abs. 6)

**a) Sinn der Regelung.** Nach der früheren Rechtsprechung des BVerwG **22**
(BVerwG 10.5.1979 – 5 C 79.77, NJW 1980, 1119) waren Ansprüche auf Sozialhilfe
grundsätzlich höchstpersönlich und unvererblich, die Anwendbarkeit der §§ 56 und

57 SGB I sollten gemäß § 37 SGB I ausgeschlossen sein. Diese Rechtsprechung ist später gelockert worden (BVerwG 5.5.1994 – 5 C 43/91, BVerwGE 96, 18; ebenso jetzt BSG 23.7.2014 – 4 B 8 SO 14/13 R, BeckRS 2014, 7452). Der Vertrauensschutz eines vorleistenden Dritten ist gestärkt worden. Sozialhilfeansprüche sind nach §§ 58, 59 SGB I vererblich, wenn der Hilfebedürftige zu Lebzeiten seinen Bedarf mit Hilfe eines auf die spätere Bewilligung der Sozialhilfe vorleistenden Dritten gedeckt hat, weil der Träger der Sozialhilfe nicht rechtzeitig geholfen hat oder die Hilfegewährung abgelehnt hat. Für den helfenden Dritten blieb die rechtliche Situation unbefriedigend, da er gleichwohl nach dem bisherigen Vorschriften keine eigenen Anspruchsmöglichkeiten gegenüber dem Sozialhilfeträger hatte. Dieser für den Dritten unbefriedigenden Situation hat der Gesetzgeber mit der Einfügung der Vorschrift begegnen wollen. Dadurch, dass Dritten ein eigener Anspruch eingeräumt wird, wird schnelle Hilfe durch Dritte gefördert und vermieden, dass Einrichtungen und Pflegepersonen trotz berechtigten Vertrauens auf Leistungen der Sozialhilfe leer ausgehen (BSG 1.9.2008 – B 8 SO 12/08, SozR 4-1500 § 183 Nr. 8). Eine ähnliche Berücksichtigung der Hilfe Dritter findet sich in § 25. In der Praxis ist sowohl der Anspruch nach § 25, als auch der Anspruch nach § 19 Abs. 6 für den einspringenden Dritten oft kaum durchzusetzen, da er nicht in der Lage ist, zu beweisen, dass die betreffende Person einen Anspruch auf Sozialhilfe gehabt hätte (vgl. dazu *Frings,* Sozialrecht aktuell 2016, 129).

23 Mit der Aufnahme des Anspruchs in das Gesetz wird dieser zur Sozialleistung, die durch Verwaltungsakt nach den Verfahrensvorschriften des SGB I und X festgesetzt wird. Der Anspruchsberechtigte ist nach § 183 SGG kostenprivilegiert (BSG 1.9.2008 – B 8 SO 12/08). Für den Erben hat diese Regelung zur Folge, dass er mangels eigener Betroffenheit keine Klage gegen den Hilfeträger richten kann (LSG NRW 3.11.2015 – L 20 SO 388/15 B-ER).

24 Der hier geregelte Anspruch beruht auf einem besonderen Fall der Sonderrechtsnachfolge im Sinne einer cessio legis (BSG 20.9.2012 – B 8 SO 20/11 R, NVwZ-RR 2013, 266 mwN), wobei dahinter der Gedanke einer Geschäftsführung ohne Auftrag steht (vgl. *Coseriu,* in jurisPK-SGB XII, § 19 Rn. 56). Da der übergegangene Anspruch des Berechtigten unter den zuvor genannten Voraussetzungen an sich vererbbar wäre, kollidiert der Anspruch nach dieser Vorschrift mit dem des Erben. Diese Kollision löst die Vorschrift dahingehend auf, dass der Erbe seinen Anspruch offenbar verliert (LSG NRW 3.11.2015 – L 20 SO 388/15 B ER). Dies ist gerechtfertigt, weil der Erbe ohnehin mit einer Nachlassverbindlichkeit aus der von dem Dritten geleisteten Hilfe belastet wäre. Die Vorschrift nimmt dem Anspruchsinhaber daher das Risiko der Durchsetzung des zumeist zivilrechtlich bestehenden Anspruchs gegenüber dem Erben. Ferner schließt die Vorschrift insofern eine möglicherweise bestehende Lücke, als sie nicht voraussetzt, dass der Berechtigte gegenüber der Einrichtung bzw. der Pflegeperson bereits Aufwendungen erbracht hat; dies wäre indes Voraussetzung für den Übergang des Anspruchs des Berechtigten auf den Erben. Nach dem Wortlaut der Vorschrift würde sie auch gelten, wenn die Einrichtung ihr Entgelt bereits zu Lebzeiten des Berechtigten erhalten hat, weil ihm etwa mithilfe des Darlehens eines einspringenden Dritten die Zahlung möglich war. Insoweit ist die Vorschrift offenkundig fehlerhaft und muss korrigierend ausgelegt werden. Nur wenn die Einrichtung zugleich der einspringende Dritte ist, kann der Anspruch entstehen. Ansonsten behält der einspringende Dritte, der die Einrichtung bezahlt hat, den nach § 58 S. 1 SGB I übergegangenen Anspruch (VG Aachen 6.1.2006 – 6 K 115/04).

25 Bezüglich des Pflegegeldes besitzt die Vorschrift darüber hinaus eine weitere eigenständige Bedeutung, da das Pflegegeld nicht für eine bestimmte konkrete Bedarfsdeckung gedacht ist und daher Aufwendungen des Berechtigten unter Umständen nicht feststellbar wären. Nach der bisherigen Rechtsprechung wäre dann der Anspruch des an sich Berechtigten mit seinem Tod untergegangen. Nach Abs. 6

hat indes die Pflegeperson nunmehr den eigenständigen Anspruch auf die Leistungen, die dem Berechtigten hätten erbracht werden müssen. Allerdings gehört dazu nicht der Anspruch des Berechtigten auf Übernahme angemessener Alterssicherungsbeiträge (BSG 2.2.2012 – B 8 SO 15/10 R, BSGE 110, 93).

Im gerichtlichen Verfahren ist das Aktiv-Rubrum umzustellen, wenn der Leistungsberechtigte während des Verfahrens stirbt. Die Vorschrift ist geeignet, die Regelung des § 25 zu ergänzen, wenn kein Eilfall mehr vorliegt. **26**

**b) Tatbestandvoraussetzungen.** Der Berechtigte muss sich vor seinem Tod in **27** einer **Einrichtung** befunden haben. Da der Gesetzgeber den Begriff der Einrichtung ohne jeden Zusatz verwendet, sind alle Einrichtungen i. S. v. § 13 und § 75 Abs. 1 S. 1 erfasst (*Zeitler*, NDV 1997, 4). Für ambulante Dienste gilt die Vorschrift nicht (BSG 13.7.2010 – B 8 SO 13/09 R; LSG NRW 18.5.201 – 5 L 20 SO 500/ 13; LSG Bln-Bbg 22.1.2015 – L 15 SO 111/12, BeckRS 2015, 66556; LSG Hmb 9.3.2011 – L 5 SO 65/10 WA). Leistungen für Einrichtungen sind die in §§ 75 ff. geregelten Leistungen. Der Anspruch auf Pflegegeld folgt aus § 64.

Der Sozialhilfeträger muss **Kenntnis** vom Hilfefall gehabt haben (§ 18; LSG NRW **28** 28.8.2014 – L 9 SO 28/14). Ansonsten hätte bereits kein Anspruch des verstorbenen Berechtigten bestanden. Der **Umfang des Anspruchs** bestimmt sich danach, ob der Berechtigte oder die Personen der Einstandsgemeinschaft nicht zu einem Eigenanteil heranzuziehen gewesen wären. Der Sozialhilfeträger muss lediglich den Nettobetrag leisten (*Zeitler*, NDV 1997, 5). Denn er ist nur insoweit zur Leistung verpflichtet, soweit die Leistung dem Berechtigten gewährt worden wäre. Daher kann sich der Leistungserbringer auch nicht auf einen fiktiven Verbrauch von nicht eingesetztem Vermögen des Berechtigten berufen (BSG 20.9.2012 – B 8 SO 20/11 R, NVwZ-RR 2013, 266). Eine Leistung wäre dem Berechtigten auch nur zu erbringen gewesen, wenn der Berechtigte damals gegenüber der Einrichtung oder der Pflegeperson seinerseits zivilrechtlich zu einer Zahlung verpflichtet gewesen wäre (vgl. dazu und zu der Frage, ob der Berechtigte die Einrede der Verjährung hätte erheben können, LSG Nds-Brem 20.8.2015 – L 8 SO 75/11).

Anspruchsberechtigter ist derjenige, der die Hilfe erbracht oder die Pflege geleistet **29** hat. Bei einer Hilfe in einer Einrichtung ist dies der Träger derselben. Beim Pflegegeld können es die Personen sein, die Pflege geleistet haben. Das könne auch mehrere Personen sein, die sich die Pflege geteilt haben. Sie können nur den Leistungsanteil verlangen, der ihrem Pflegeanteil entspricht. Der Anspruch gegenüber einem Erben des Verstorbenen soll nach Ansicht des OLG Düsseldorf dem Anspruch nach § 19 Abs. 6 vorgehen (26.10.2010 – I-24 U 97/10; dagegen zu Recht OLG Köln 3.2.2014 – I-21 W 1/14, FamRZ 2011, 1009; *Coseriu*, jurisPK-SGB XII, § 19 Rn. 63).

Nach der Rechtsprechung des BSG können Einrichtungen einen eigenen **30** Anspruch auf Leistungen erwerben, wenn der Sozialhilfeträger dem Hilfeempfänger die „Übernahme" der Unterbringungskosten bewilligt hat (BSG 28.10.2008 – B 8 SO 22/07 R, FEVS 60, 481; *Eicher*, SGb 2013, 127). Vor der Kostenübernahme bleibt es indes bei dem Anspruch nach § 19 Abs. 6. Ist die Bewilligung der Kostenübernahme aber bereits erfolgt, die Kosten jedoch noch nicht gezahlt, kann die Einrichtung statt des Anspruchs nach § 19 Abs. 6 den ihr aus der Bewilligung gegenüber dem Hilfeempfänger erwachsenen unmittelbaren Anspruch gegenüber dem Sozialhilfeträger geltend machen (BSG 18.11.2014 – B 8 SO 23/13 R). Der Einrichtungsträger kann einen Überprüfungsantrag nach § 44 SGB X nur unter bestimmten Voraussetzungen geltend machen (s. dazu BSG 23.7.2014 – B 8 SO 15/14 R). Ist der ergangene Bescheid vor dem Tod des Leistungsberechtigten bzw. nach dessen Tod mangels Rechtsmittel eines Rechtsnachfolgers bestandskräftig geworden, geht nach § 19 Abs. 6 die Befugnis nach § 44 SGB X nicht auf den Einrichtungsträger über (kritisch dazu *Mrozynski,* SGb 2016, 357; zustimmend *Waldhorst-Kahnau,* jurisPR-SozR 26/2016, Anm. 4).

31    **c) Ausschluss des Anspruchs.** Wenig abgestimmt ist die Vorschrift mit dem Kostenersatz nach § 102 und § 103. Kann von Erben Kostenersatz gefordert werden, stellt sich die Frage, ob der Sozialhilfeträger den Anspruchsinhaber auf den Nachlass bzw. den Erben verweisen kann. Das Gesetz selbst trifft für diesen Kollisionsfall keine ausdrückliche Regelung. Der Vorrang des Anspruchs nach § 19 Abs. 6 gegenüber einem zivilrechtlichen Anspruch gegen den Erben muss allerdings auch in diesem Fall gelten. Der Sozialhilfeträger kann dem Anspruch nach § 19 Abs. 6 also nicht entgegenhalten, dass die Erben Kostenersatz zu leisten hätten (so auch. *Coseriu,* jurisPK-SGB XII, § 19 Rn. 62). Auch bei der Erbringung von Pflegegeldleistungen bleibt vorrangig der Anspruch gegen den Träger der Sozialhilfe bestehen.

### § 20 Eheähnliche Gemeinschaft

[1]Personen, die in eheähnlicher oder lebenspartnerschaftsähnlicher Gemeinschaft leben, dürfen hinsichtlich der Voraussetzungen sowie des Umfangs der Sozialhilfe nicht besser gestellt werden als Ehegatten. [2]§ 39 gilt entsprechend.

*Änderungen der Vorschrift:* S. 1 geänd. durch G v. 20.7.2006 (BGBl. I S. 1706), S. 2 geänd. mWv 1.1.2011 durch G v. 24.3.2011 (BGBl. I S. 453).

*Vergleichbare Vorschriften:* § 122 BSHG; § 7 Abs. 3 Nr. 3c SGB II, § 7 Abs. 3a SGB II.

**Schrifttum:** *Brosius-Gersdorf,* Bedarfsgemeinschaften im Sozialrecht, NZS 2007, 410; *dies.,* Solidargemeinschaften jenseits der Ehe und der eingetragenen Lebenspartnerschaft, NZFam 2016, 145; *Busche,* Unterhaltsansprüche nach Beendigung nichtehelicher Lebensgemeinschaften, JZ 1998, 387; *Debus,* Die eheähnliche Gemeinschaft, SGb 2006, 82; *Glatzer,* Nichteheliche Lebensgemeinschaften, Aus Politik und Zeitgeschichte, B 53/98; *Greiser/Ottenströer,* Die eheähnliche Gemeinschaft im SGB II, ZfSH/SGB 2013 181; *Grziwotz,* Rechtsprechung zur nichtehelichen Lebensgemeinschaft, FamRZ 2014, 257; *ders.* Gleichstellung der Lebenspartner nach dem Gesetz zur Überarbeitung des LPartG, DNotz 2005, 13; *ders.,* Rechtsprechungsübersicht zur eingetragenen Lebenspartnerschaft, FamRZ 2012, 261 und FamRZ 2015 2014; *Hausmann/ Hohloch,* Das Recht der nichtehelichen Lebensgemeinschaft, 1999; *Kingreen,* Die verfassungsrechtliche Stellung der nichtehelichen Lebensgemeinschaft, 1995; *Kirchhoff,* Partner in der Grundsicherung im Alter und bei Erwerbsminderung (§§ 41 ff. SGB XII), SGb 2014, 57*Luckey,* Eheähnliche Gemeinschaft, Arbeitslosengeld und Arbeitslosenhilfe, FuR 1991, 33; *ders.,* Ehe, eheähnliche Gemeinschaft und Arbeitslosenhilfe, FuR 1993, 22; *Beaucamp/Mädler,* Sozialrechtliche Einkommensanrechnung bei eheähnlichen Gemeinschaften, ZfSH/SGB 2006, 323; *von Maydell,* Die nichteheliche Lebensgemeinschaft im geltenden Sozialrecht, Referat zum 57. Deutscher Juristentag; *Münder,* Die eheähnliche Gemeinschaft in der Sozialhilfe, ZFSH/ SGB 1986, 193; *Nolting,* Aufgepasst – Fehlender Trauschein schützt nicht vor Sozialhilferegress, Seniorenrecht aktuell 2015, 134; *Paul,* Die eheähnliche Gemeinschaft im Sozialhilferecht, ZfF 1998, 73; *Puhr/Breest,* Die Entwicklung des Begriffs der „eheähnlichen Gemeinschaft" in der Rechtsprechung zum Sozialhilfe, ZFSH/SGB 1997, 463; *Rehmsmeier/Steinbock,* Die eheähnliche Gemeinschaft im Sozialrecht, ZfSH/SGB 1999, 204; *Riehle,* Partnerschaftsähnliche Lebensgemeinschaft, ZfSH/SGB 2006, 272; *Schwabe,* Sozialhilfe und nichteheliche Lebensgemeinschaften, ZfS 1988, 33; *ders.,* Zur Berücksichtigung vorn Zahlungsverpflichtungen des für sich allein nicht hilfebedürftigen Partners einer eheähnlichen Gemeinschaft im Sinne von § 122 BSHG, ZfF 1990, 272; *Stephan,* Die Ansprüche zusammenlebender Personen nach SGB II und SGB XII, Diss. Hannover 2008; *Tegethoff,* Die Feststellung einer eheähnlichen Gemeinschaft im Sozialrecht, ZfSH/SGB 2001, 643;; *Weinreich,* Die Amtsermittlungspflicht und die Arbeit des Außendienstes im Rahmen des § 7 Abs. 3 Nr. 3c SGB II, Sozialrecht aktuell 2014, 177; *Wenner,* Verfassungsrechtlich problematische Regelungen für eheähnliche Gemeinschaften und Stiefeltern, SozSich 2006, 146; *Wettlaufer,* Höchstrichterlicher Stolperstein zur Verantwortungs- und Einstandsgemeinschaft, SGb 2016, 496; *Winkel,* Missbräuchlicher Missbrauchs-Vorwurf gegen Unverheiratete – Längst nicht alle Partnerschaften sind eheähnlich, SozSich 2005, 363; *Winkler,* Die eheähnliche Gemeinschaft oder die Kuhle im Doppelbett, info also 2005, 251; *Zöller,* Die eheähnliche Gemeinschaft im Sozialhilferecht, ZFSH/SGB 1996, 302; *Zwißler,* Vorhandene gesetzliche Regelungen für nichteheliche Lebenspartner, Familie – Partnerschaft – Recht, 2001, 15.

### Übersicht

# I. Bedeutung der Norm

**Satz 1** der Vorschrift entspricht – bis auf die Einfügung der lebenspartnerschafts- **1** ähnlichen Gemeinschaft – dem früheren § 122 S. 1 BSHG. Der zweite Satz, der die Haushaltsgemeinschaften betrifft soll offenbar dem zweiten Satz von § 122 BSHG entsprechen; da aber die Regelung des § 36 nicht mit der des früheren § 16 BSHG übereinstimmt, hat die Vorschrift letztlich einen anderen Inhalt, als der frühere § 16 BSHG.

Im **SGB II** sind die entsprechenden Regelungen **gesetzestechnisch anders** gestal- **2** tet. Nach § 7 Abs. 3 Nr. 3 Buchst. c) SGB II gehört zur Bedarfsgemeinschaft die Person, die mit dem erwerbsfähigen Hilfebedürftigen in „partnerschaftlicher" Gemeinschaft lebt. Die Vorschrift spricht nicht mehr von eheähnlicher Gemeinschaft, sondern erfasst mit der erwähnten Vorschrift auch lebenspartnerschaftsähnliche Gemeinschaften. Voraussetzung für die Annahme einer partnerschaftlichen Gemeinschaft ist der Wille, Verantwortung füreinander zu tragen und füreinander einzustehen. Für diese Voraussetzung wird in § 7 Abs. 3a eine besondere Vermutungsregel aufgestellt.

Die Vorschrift definiert – anders als § 7 Abs. 3 Nr. 3c und Abs. 3a SGB II – **3** den Begriff der eheähnlichen Gemeinschaft nicht, sondern setzt ihn als **soziales Phänomen** voraus (vgl. BVerfGE 17.11.1992 – 1 BvL 8/87; BGH 13.1.1993 – VIII ARZ 6/92; BSG 17.10.2002 – B 7 AL 96/00 R). Die in diesem Zusammenhang verwendeten Begriffe sind nicht einheitlich. So wird auch von nichtehelichen Lebensgemeinschaften, von freien Lebenspartnerschaften oder von Lebenspartnerschaften ohne Trauschein gesprochen (vgl. aus soziologischer Sicht etwa *Wingen,* FamRZ 1981, 331; *Glatzer,* Aus Politik und Zeitgeschichte, B 53/98).

Die **gleichgeschlechtliche Lebenspartnerschaft** hat in dem Gesetz über die **4** Eingetragene Lebenspartnerschaft (LPartG v. 16.2.2001, BGBl. I S. 226) eine Regelung erfahren (s. dazu *Schwab* [Hrsg.], Die eingetragene Lebenspartnerschaft, 2002; *Moritz,* ZfSH/SGB 2001, 451; *Schwonberg,* ZfF 2002, 49; *Jakob,* FamRZ 2002, 501; *Braun,* JuS 2003, 21; *Wellenhofer,* Das neue Recht der eingetragenen Lebenspartnerschaften, NJW 2005, 705). Das BVerfG hat entschieden, dass dieses Gesetz nicht gegen Art. 6 Abs. 1 GG verstößt (BVerfG 17.7.2002 – 1 BvF 1/01, NJW 2002, 2543; s. dazu *Roellecke,* NJW 2003, 2539). Eingetragene Lebenspartnerschaften werden im Sozialhilferecht als rechtlich relevant betrachtet (s. § 27 Abs. 2 S. 1; § 43 Abs. 1 S. 2; vgl. *Schwomberg,* ZfF 2002, 49), da sie in die Einsatzgemeinschaft einbezogen sind.

Aus (vermeintlichen) Gründen der Gleichbehandlung sind jetzt auch lebenspartnerschaftsähnliche Gemeinschaften – also nicht eingetragene Lebenspartnerschaften –
in die Regelung mit einbezogen worden. Daher gelten im Grundsatz für eine gleichgeschlechtliche lebenspartnerschaftsähnliche Gemeinschaft dieselben Kriterien wie
für die eheähnliche Gemeinschaft, auch wenn es sich bei gleichgeschlechtlichen
Gemeinschaften um andere soziale Phänomene handelt. Die (neue) Ehe nach § 1353
Abs. 1 Satz 1 BGB zwischen Personen gleichen Geschlechts fällt nicht unter § 20,
sondern ist eine Ehe.

5    Die Vorschrift formuliert ihren **Sinn** ausdrücklich, nämlich eine **Besserstellung**
von Personen, die in partnerschaftlicher Gemeinschaft leben, gegenüber Ehegatten
im Sozialhilferecht zu **verhindern.** Eine derartige Regelung ist wegen des Schutzes
der Ehe als Rechtsinstitut nach Art. 6 Abs. 1 GG geboten. Eine **Schlechterstellung**
partnerschaftlicher Lebensgemeinschaften gegenüber Ehegatten ist rechtlich nicht
ausgeschlossen (zur unterschiedlichen rechtlichen Behandlung von Ehen und nichtehelichen Lebensgemeinschaften nach § 10 Abs. 3 SGB V s. BVerfG 12.2.2003 – 1
BvR 624/01, FamRZ 2003, 356).

6    **Rechtsfolge** des Verbots der Besserstellung von partnerschaftlichen Gemeinschaften ist, dass die Personen im Sozialhilferecht **wie Ehegatten** zu behandeln sind.
Immer dort, wo im SGB XII von Ehegatten oder Lebenspartner die Rede ist, muss
gleichsam der Begriff „partnerschaftsähnliche Gemeinschaft" hineingelesen werden.

7    In **anderen Sozialrechtsbereichen** existieren vergleichbare Regelungen (s.
§§ 153 Abs. 3, 149 SGB III, § 1 Abs. 2 S. 2 BEEG, § 5 Abs. 1 Nr. 2 WoGG; für das
Steuerrecht s. etwa BFH 30.1.1996 – IX R 100/93; BFH 27.10.1989 – I-II R 205/
82, NJW 1990, 734).

8    Der **Begriff** der eheähnlichen Gemeinschaft ist durch das **BVerfG** mit an sich
**festen Konturen** versehen worden (BVerfG 17.11.1992 – 1 BvL 8/87, BVerfGE
87, 234, 264 ff.; s. zu der Entscheidung, *Seewald,* JZ 1993, 148; *Ruland,* NJW 1993,
2855). Die Anwendung der rechtlichen Maßstäbe auf den Einzelfall bereitet aber
dennoch große Schwierigkeiten. Der Gesetzgeber meinte offenbar, durch die Regelung in § 7 Abs. 3a SGB II derartige Anwendungsschwierigkeiten beheben zu können. Das ist indes nicht der Fall. Weiterhin ist eine Abwägung im Einzelfall anzustellen, wobei die in § 7 Abs. 3a SGB II genannten Kriterien schon immer
entscheidende Indizien für das Vorliegen einer eheähnlichen Gemeinschaft waren
(BSG 12.10.2016 – B 4 AS 60/5 R). Zudem ist die Vermutung des § 7 Abs. 3a
SGB II widerlegbar (LSG NRW 17.9.2015 – L 7 AS 1288/15 B ER; zur „teilweisen"
Umkehr der Beweislast s. SchlHLSG 22.1.2015 – L 6 AS 214/14 B ER).

## II. Inhalt der Norm

### 1. Begriff „eheähnliche Gemeinschaft"

9    Das **BVerfG** (BVerfG 17.11.1992 – 1 BvL 8/87, BVerfGE 87, 234, 264) hat den
Begriff rechtsverbindlich **folgendermaßen umschrieben:** „Gemeint ist also eine
Lebensgemeinschaft zwischen einem Mann und einer Frau, die auf Dauer angelegt
ist, daneben keine weitere Lebensgemeinschaft gleicher Art zulässt und sich durch
innere Bindungen auszeichnet, die ein gegenseitiges Einstehen der Partner füreinander
begründen, also über die Beziehung in einer reinen Haushalts- und Wirtschaftsgemeinschaft hinausgehen." Weiter heißt es, dass der Begriff demgemäß im Sinne einer
„Verantwortungs- und Einstehensgemeinschaft" ausgelegt werden müsse. Das BVerfG
hält eine Gleichstellung von eheähnlichen Gemeinschaften und Ehen bei der Feststellung ihrer finanziellen Bedürftigkeit nur dann für gerechtfertigt, wenn „die Bindungen
der Partner so eng sind, dass von ihnen ein gegenseitiges Einstehen in den Not- und
Wechselfällen des Lebens erwartet werden kann. Nur wenn sich die Partner so sehr

füreinander verantwortlich fühlen, dass sie zunächst den gemeinsamen Lebensunterhalt sicherstellen, bevor sie ihr persönliches Einkommen zur Befriedigung eigener Bedürfnisse verwenden, ist ihre Lage mit derjenigen nicht dauernd getrenntlebender Ehegatten im Hinblick auf die verschärfte Bedürftigkeitsprüfung vergleichbar."

Das **Verständnis** von der eheähnlichen Gemeinschaft als **Verantwortungs- und 10 Einstehensgemeinschaft** ist **enger** als es die verwaltungsgerichtliche Rechtsprechung vor der Entscheidung des BVerfG angenommen hat. Danach war eine eheähnliche Gemeinschaft bereits dann anzunehmen, wenn zwischen einem Mann und einer Frau eine Wohn- und Wirtschaftsgemeinschaft besteht (BVerwG 20.11.1984 – 5 C 17/84, BVerwGE 70, 278, 280 f.; BVerwG 17.5.1995 – 5 C 16/93, BVerwGE 98, 195, 197 f.). Auf innere Bindungen oder Verpflichtungen zur Unterhaltsgewährung oder zur gemeinsamen Lebensführung kam es danach nicht an. Das BVerwG (BVerwG 17.5.1995 – 5 C 16/93, NJW 1995, 2802) hat seine frühere Rechtsprechung daher ausdrücklich aufgegeben. Die Entwicklung des Begriffsverständnisses von einer Wohn- und Wirtschaftsgemeinschaft zu einer Gemeinschaft, die von **inneren Bindungen** wie bei einer Ehe getragen ist, wurde in der sozialhilferechtlichen Praxis nicht immer ausreichend nachvollzogen (zum Urt. des BVerwG vgl. *Schellhorn*, FuR 1995, 311; *Zöller*, ZFSH/SGB 1996, 302).

Inzwischen liegt eine umfangreiche **Rechtsprechung der Sozialgerichte** zur 11 eheähnlichen Gemeinschaft bzw. zur Partnerschaft vor (vgl. etwa BSG 12.10.2016 – B 4 AS 60/15 R; BSG 23.8.2012 – B 4 AS 34/12; LSG Hmb 11.4.2005 – L 5 B 58/05 ER AS, FEVS 56, 410; LSG Nds-Brem 3.8.2006 – L 9 AS 349/06 ER, info also 2006, 266; LSG BW 21.9.2006 – L 7 SO 5441/05, FESV 58, 234; BayLSG 14.6.2005 – L 11 B 226/05 AS ER, ZfSH/SGB 2005, 609; HessLSG 29.6.2005 – L 7 AS 1/05 ER, FEVS 57, 42; LSG LSA 22.4.2005 – L 2 B 9/05 AS ER, FEVS 57, 282; LSG MV 6.3.2007 – L 9 SO 3/07; LSG NRW 16.2.2009 – L 19 AS 70/08; LSG Bln-Bbg 2.4.2009 – L 23 SO 37/09 B ER, FEVS 61, 263; LSG Nds-Brem 9.5.2012 – L 13 AS 105/11, FEVS 64, 217; BSG, NJW 2013, 957). Die Entscheidungen zeigen, dass es maßgeblich auf die jeweiligen Besonderheiten des Einzelfalles ankommt. In manchen Fällen stellen sich auch dieselben Fragen, die hinsichtlich des (angeblichen) Getrenntlebens von Eheleuten zu klären sind.

## 2. Feststellung des Vorliegens einer eheähnlichen Gemeinschaft

Das BVerfG (BVerfG 17.11.1992 – 1 BvL 8/87, BVerwGE 87, 234, 265) hat sich 12 auch zu den Voraussetzungen für die Feststellung des Vorliegens einer eheähnlichen Gemeinschaft geäußert. Um ihre **Merkmale** festzustellen, sind **Indizien** heranzuziehen, wie z. B. die lange Dauer des Zusammenlebens, die Versorgung von Kindern und Angehörigen im gemeinsamen Haushalt und die Befugnis, über Einkommen und Vermögensgegenstände des anderen Partners zu verfügen (s. den Indizienkatalog bei *Voelzke*, in jurisPK-SGB XII, § 20 Rn. 38). Wegen des Fehlens rechtlicher Bindungen kann ein Partner sein Unterstützungsverhalten jederzeit ändern und sein Einkommen ausschließlich für sich verwenden. Dann liegt eine eheähnliche Gemeinschaft nicht (mehr) vor. Allerdings wird dies in der Regel mit der Auflösung der Wohngemeinschaft verbunden sein.

Das **gewichtigste Indiz**, die lange **Dauer des Zusammenlebens,** hilft indes 13 nicht weiter, wenn der Beginn des Zusammenlebens mit dem Beginn des streitigen Sozialhilfebezugs zusammenfällt. Dann ist auf die Dauer und Intensität der Bekanntschaft zwischen den Partnern vor der Begründung der Wohngemeinschaft, der Anlass für das Zusammenziehen, die konkrete Lebenssituation der Partner während der streitgegenständlichen Zeit und auf die – nach außen erkennbare – Intensität der gelebten Gemeinschaft abzustellen (BVerwG 17.5.1995 – 5 C 16/93, BVerwGE 98, 195, 200). Sofern es im Rechtsbehelfsverfahren um einen in der Vergangenheit liegenden Zeitraum geht, können auch die Umstände als Hinweistatsachen gewürdigt werden, die sich erst jetzt abzeichnen, soweit sie Rückschlüsse auf die frühere Lebenssituation der Partner erlauben. Eine immer noch fortbestehende Lebensgemeinschaft kann daher ein Indiz dafür sein, dass diese Gemeinschaft auch bereits früher die notwendige Intensität besaß.

**14**    Entscheidend ist indes stets das **Gesamtbild** aller feststellbaren Indizien, die einer **Gesamtwürdigung** unterzogen werden müssen (BVerwG 17.5.1995 – 5 C 16/93, BVerwGE 98, 195, 201; BVerwG. 24.6.1999 – 5 B 114/98; OVG Frankfurt/Oder 5.9.2002 – 4 B 115/02, FEVS 54, 106; OVG Bautzen 22.10.2002 – 4 BS 347/02, FEVS 64, 328; LSG Bln-Bbg 15.12.2006 – L 10 AS 1404/05; LSG BW 21.9.2006 – L 7 SO 5441/05, FEVS 58, 234; LSG MV 6.3.2007 – L 9 SO 3/07; BayLSG 28.4.2011 – L 7 AS 572/10; BSG 12.10.2016 – B 4 AS 60/15 R, NJOZ 2017, 511). Das Bestehen **geschlechtlicher Beziehungen** ist zwar ein wichtiges Indiz für die Annahme einer eheähnlichen Gemeinschaft (BVerwG 17.5.1995 – 5 C 16/93, BVerwGE 98, 195, 201), ist indes keine notwendige Voraussetzung dafür. Daher sind in diese Richtung auch keine Ermittlungen anzustellen; Nachforschungen in der **Intimsphäre** der Partner sind unzulässig (BVerfG 17.11.1992 – 1 BvL 8/87; BVerwG 17.5.1995 – 5 C 16/93, BVerwGE 98, 195, 201).

**15**    Die (zulässigen) Indizien sind **von Amts wegen** zu ermitteln (§ 20 SGB X). Dabei hat die leistungsberechtigte Person **mitzuwirken** (§§ 60 ff. SGB I). Sie muss sich zu den erkennbaren Indizien erklären, also etwa die Gründe für ein Zusammenziehen erläutern. Allerdings kann von ihr nicht erwartet werden, Einkommensnachweise über Dritte beizubringen (VGH München 1.7.1998 – 12 CE 98.1061, BayVBl. 1998, 662, 663; LSG Bln-Bbg 14.6.2007 – L 28 B 769/07 AS ER). Auch darf der Leistungsträger nicht ohne Weiteres beim Arbeitgeber des (vermuteten) Partners des Hilfebedürftigen um Angaben über dessen Einkommen nachsuchen (SG Berlin 21.8.2009 – S 58 AL 5207/08). Fehlt es an der Mitwirkung, kann die Hilfegewährung nach § 66 SGB I unter den dort genannten Voraussetzungen abgelehnt werden (OVG Frankfurt/Oder 31.5.2002 – 4 B 64/02, FEVS 54, 40, 42). Eine § 60 Abs. 4 SGB II entsprechende Vorschrift, wonach der Partner Auskunft über sein Einkommen erteilen muss, ist im SGB XII nicht vorgesehen (s. aber § 117; zu § 60 Abs. 4 SGB II vgl. BSG 25.6.2015 – B 14 AS 30/14 R). Ein **Hausbesuch** bei der nachfragenden Person ist grundsätzlich ein geeignetes Mittel für die Aufklärung des maßgeblichen Sachverhalts (VG Berlin 26.11.1997 – 6 A 545.02, info also 1998, 2002, dazu kritisch *Brühl,* info also 1998, 203). Allerdings ist dabei darauf zu achten, die **Intimsphäre** der betroffenen Personen nicht zu verletzen.

**16**    Die **materielle Beweislast** für das Vorliegen einer eheähnlichen Gemeinschaft liegt bei dem Träger der Sozialhilfe (BVerwG v. 24.6.1999 c5 B 114/98; OVG Bautzen 22.10.2002 – 4 BS 347/02, FEVS 54, 328; OVG Schleswig 2.1.2002 – 2 M 104/01, SchHA 2002, 100; BayLSG 21.3.2007 – L 11 B 998/06 AS ER; BayLSG 28.4.2011 – L 7 AS 572/10; LSG BW 21.9.2006 – L 7 SO 5441/05, FEVS 58, 234). Ob die Regelung in § 7 Abs. 3a SGB II daran etwas geändert hat, ist zweifelhaft (vgl. aber LSG BW 22.3.2007 – L 7 AS 640/07 ER-B; LSG MV 22.2.2007 – L 8 B 11/07; LSG NRW 16.2.2009 – L 19 AS 70/08; LSG Hmb 3.12.2008 – L 5 B 1140/08 ER AS; SchlHLSG 22.1.2015 – L 6 AS 214/14 B ER, NZS 2009, 590). Die Vermutungsregelung des § 39 findet keine Anwendung (LSG BW 21.9.2006 – L 7 SO 5441/ 05, FEVS 58, 234). Die materielle Beweislast für die Bedürftigkeit hat indes der Hilfesuchende zu tragen (BVerwG 19.5.1965 – V C 81.64, FEVS 13, 1; BVerwG 17.5.1995 – 5 C 16/93, BVerwGE 98, 195, 202). Dies sind zwei verschiedene Gesichtspunkte, die nicht miteinander vermengt werden dürfen. Stellt sich erst später heraus, dass eine eheähnliche Gemeinschaft vorlag oder im Laufe des Bewilligungszeitraums begründet wurde, hat der Leistungsträger die Voraussetzungen für die Aufhebung der Bewilligung (BSG 25.6.2015 – B 14 AS 30/14 R). Die Vorschrift des § 1567 Abs. 1 BGB über den Begriff des Getrenntlebens von Ehegatten ist auf eheähnliche Verhältnisse nicht anzuwenden (BSG 12.10.2016 – B 4 AS 60/15).

## 3. Würdigung der getroffenen Feststellungen

In der behördlichen und gerichtlichen Praxis bereitet die Feststellung und Würdi-  **17**
gung der Tatsachen **erhebliche Schwierigkeiten** (vgl. dazu VGH Mannheim
14.4.1997 – 7 S 1816/95, FEVS 48, 29; OVG Schleswig 2.1.2002 – 2 M 104/01,
FEVS 54, 166; LSG Bln-Bbg 15.12.2006 – L 10 AS 1404/05). Dies beruht darauf,
dass letztlich eine **innere Tatsache,** nämlich das Füreinander-Einstehen, festgestellt
werden muss. Zudem kann eine Verantwortungsgemeinschaft im Grundsatz auch
jederzeit allein aufgrund einer Erklärung der betroffenen Person beendet werden
(BVerfG 17.11.1992 – 1 BvL 8/87, BVerfGE 87, 234, 265; s. dazu LSG Bln-Bbg
7.6.2007 – L 28 B 743/07 AS ER). Schließlich liegt es auf der Hand, dass die
angesprochenen Feststellungsprobleme nur auftreten, wenn die betroffenen Personen
das Vorliegen einer eheähnlichen Gemeinschaft bestreiten. Es stellt sich daher die
Frage, ob dem Träger der Sozialhilfe damit nicht eine **Nachweispflicht** aufgebürdet
ist, die er schlechterdings nicht erfüllen kann (so VGH Mannheim 14.4.1997 – 7 S
1816/95, FEVS 48, 29). Dieser Bewertung ist indes nicht zuzustimmen. Vor allem
zwingt der Umstand, dass das Vorliegen einer eheähnlichen Gemeinschaft schwer
festzustellen ist, nicht dazu, die bei dem Träger der Sozialhilfe liegende **Darlegungs-
und Beweislast zu lockern** (ebenso OVG Schleswig 21.1.2002 – 2 M 104/01,
FEVS 54, 166). Es ist vielmehr eine Gesamtwürdigung aller bekannten Umstände
vorzunehmen und auf dieser Grundlage zu entscheiden, ob die Hinweistatsachen
für die Annahme einer eheähnlichen Gemeinschaft ausreichen (vgl. dazu die von
*Schwabe,* ZfS 1988, 33, 44 f., formulierten 26 Fragen, die an die Partner zu stellen
wären).

Bei dieser Würdigung kommt den Erklärungen der Partner, sie lebten nicht in  **18**
eheähnlicher Gemeinschaft, regelmäßig wenig Gewicht zu (VGH Kassel 27.3.1992 –
9 TG 1112/89, NJW 1992, 3253; VGH Mannheim 28.4.1993 – 6 S 916/92,
VBlBW 1993, 437; LSG Bln-Bbg 20.7.2017 – L 23 SO 236/16, BeckRS 2017,
122057). Eine solche Erklärung muss vor dem Hintergrund der sonstigen (objektiven) Umstände gewürdigt werden und kann sich als bloße Behauptung herausstellen.
Dies ist vor allem der Fall, wenn eine solche Erklärung erst im Laufe des Verfahrens
abgegeben wird. Erklärt ein Partner indes glaubhaft, er unterstütze den bedürftigen
Partner nicht bzw. nur vorschussweise anstelle des nicht leistungsbereiten Sozialhilfeträgers, besteht eine eheähnliche Gemeinschaft nicht (BVerwG 17.5.1995 – 5 C
16/93, BVerwGE 98, 195, 201 f.).

Ein starkes Gewicht hat der **Umstand des Zusammenlebens** in einer Woh-  **19**
nung, insbesondere dann, wenn es nicht klar abgrenzbare und ausreichend große
Lebensbereiche für jede Person gibt. Wer sich in solcher Weise in seiner Privatsphäre
beschränkt, wird regelmäßig ein intensives persönliches Verhältnis miteinander
haben. Dies gilt vor allem dann, wenn das Zusammenleben schon längere Zeit
dauert. Das Leben in getrennten Wohnungen ist allerdings ein Hinweis darauf, dass
eine eheähnliche Gemeinschaft nicht vorliegt, obwohl auch dies nicht zwingend ist
(OVG Schleswig 29.6.2000 – 1 M 60/00, FEVS 52, 223; VG Düsseldorf 25.4.2001 –
13 L 694/01).

Das Zusammenleben der Partner mit **gemeinsamen Kindern** ist eine weitere  **20**
Hinweistatsache, die die Annahme einer eheähnlichen Gemeinschaft geradezu aufdrängt. Auch die Art und Weise der **Freizeitgestaltung** (gemeinsamer Urlaub,
gemeinsame Verwandtenbesuche) sind deutliche Hinweistatsachen für eine eheähnliche Gemeinschaft.

Anderen Umständen kommt hingegen weniger Gewicht zu. So ist es nicht ent-  **21**
scheidend, ob beide Partner (noch) **unverheiratet** sind. Auch neben einer bestehenden Ehe ist eine eheähnliche Gemeinschaft vorstellbar (VGH Mannheim
16.11.1995 – 6 S 3171/94, VBlBW 1996, 150, 151). Die Art und Weise der **Verfü-
gungsbefugnis** über Einkommen und Vermögensgegenstände des anderen Partners

kann nicht ohne Weiteres in eine bestimmte Richtung gedeutet werden. Auch unter Ehepartnern sind insoweit sehr unterschiedliche Verfahrensweisen feststellbar. Vor allem bei zwei älteren Personen, von denen die eine etwa zudem pflegebedürftig ist, kann es gerechtfertigt sein, ihr Zusammenleben als bloß „freundschaftliche" Beziehung zu würdigen (s. dazu LSG Bln-Bbg 15.12.2006 – L 10 AS 1404/05).

## 4. Rechtsfolgen

22     Bei Vorliegen einer eheähnlichen bzw. lebenspartnerschaftsähnlichen Gemeinschaft werden die Partner sozialhilferechtlich wie nicht getrennt lebende Eheleute behandelt. Daran knüpfen § 27 Abs. 2 S. 1 für die Hilfe zum Lebensunterhalt, § 43 Abs. 1 S. 2 für die Grundsicherung im Alter und § 19 Abs. 3 für die (ehemalige) Hilfe in besonderen Lebenslagen an (s. auch § 85 Abs. 1 Nr. 3). Die Vorschrift des § 103 ist auf die Partner einer eheähnlichen Gemeinschaft – anders als nach vorheriger Rechtslage – anzuwenden. Ebenso kann von dem Partner nach § 117 Abs. 1 Auskunft verlangt werden (LSG NRW 9.6.2008 – L 20 SO 36/07; LSG NRW 7.3.2013 – L 9 SO 13/13 B ER). Dem vermögenden Partner ist kein unterhaltsrechtlicher Selbstbehalt anzuerkennen (VGH München 16.1.2002 – 12 CE 01.2310, FEVS 53, 550, 553). Unterhaltsrechtliche Verpflichtungen gegenüber Kindern aus einer früheren Beziehung sind hingegen bei der Einkommensberechnung zu berücksichtigen. Ob auch Schuldverpflichtungen zu berücksichtigen sind, erscheint zweifelhaft (so aber VGH Kassel 5.3.1993 – 9 TG 153/93, info also 1993, 210). Auch für die Krankenversicherung des hilfebedürftigen Partners hat der vermögende Partner aufzukommen, sodass bei entsprechenden finanziellen Mitteln kein Anspruch nach § 32 oder auf Hilfen zur Gesundheit (§§ 47 ff.) besteht. Aus dem Besserstellungsverbot der eheähnlichen Gemeinschaft gegenüber der Ehe folgt nicht, dass die eheähnliche Gemeinschaft nicht schlechter gestellt werden dürfte. Daher kann aus dem Fehlen einer Regelung über eine Familienversicherung für eheähnliche Gemeinschaften im Rahmen der gesetzlichen Krankenversicherung nichts für etwaige sozialhilferechtliche Ansprüche für den Krankheitsfall hergeleitet werden (OVG Hamburg 22.3.1990 – Bs IV 92/90, FEVS 41, 21; VGH Mannheim 12.4.1995 – 5 M 25/95, FEVS 46, 213).

23     Die Anwendungsschwierigkeiten der Vorschrift dürften sich noch verschärfen, wenn es um lebenspartnerschaftsähnliche Gemeinschaften geht. Im Grundsatz sind insoweit dieselben Maßstäbe anzuwenden. Allerdings liegen in tatsächlicher Hinsicht nicht unbedingt vergleichbare Umstände vor.

## 5. Geltung von § 39

24     Die Regelung in § 20 S. 2, wonach **§ 39 entsprechend** gilt, ist überflüssig. Die Vorschrift erklärt sich nur aus der früheren Rechtslage nach dem BSHG. Danach verwies § 122 S. 2 BSHG auf § 16 BSHG. Nach § 16 S. 2 BSHG galt die Regelung nur für Verwandte und Verschwägerte, wobei durch die Vorschrift bewirkt wurde, dass die Verwandten des einen Partners mit dem anderen Partner als verschwägert galten (vgl. § 1590 BGB). Die Kinder des einen Partners aus einer früheren Beziehung waren also mit dem jetzigen Partner aus der eheähnlichen Gemeinschaft an sich nicht als verwandt zu betrachten, sodass in ihrem Verhältnis zueinander § 16 nicht zur Anwendung gekommen wäre, wenn dies nicht durch § 122 S. 2 BSHG angeordnet wäre. (vgl. dazu etwa OVG Münster 26.9.2002 – 16 A 4104/00). Nach § 39 ist es hingegen gleichgültig, ob ein Verwandtschafts- oder Verschwägerungsverhältnis zwischen einem Teil der eheähnlichen Gemeinschaft und etwa den Kindern des anderen Teils gegeben ist. Jegliche Haushaltsgemeinschaft mehrerer Personen wird von der Vorschrift des § 39 erfasst. Kinder des einen Partners der eheähnlichen Gemeinschaft bilden mit dem anderen Partner somit eine Gemeinschaft nach § 39,

sofern die dortigen Voraussetzungen vorliegen Die Vermutungsregel des § 39 hat neben § 20 keine Bedeutung für die Feststellung einer eheähnlichen Gemeinschaft (LSG BW 21.9.2006 – L 7 SO 5441/05, FEVS 58, 234; zu § 36 s. dort). Der § 39 mag als bloßer Merkposten dafür dienen, diese Vorschrift in Betracht zu ziehen, wenn die Voraussetzungen für die Annahme einer eheähnlichen Gemeinschaft nicht festgestellt werden können. Nach § 43 Abs. 6 ist § 39 S. 1 nicht anzuwenden. Das bedeutet, dass im Rahmen der Grundsicherung im Alter und bei Erwerbsminderung als Einsatzgemeinschaft nur eheliche oder partnerschaftliche Verhältnisse berücksichtigt werden dürfen.

## § 21 Sonderregelung für Leistungsberechtigte nach dem Zweiten Buch

**¹Personen, die nach dem Zweiten Buch als Erwerbsfähige oder als Angehörige dem Grunde nach leistungsberechtigt sind, erhalten keine Leistungen für den Lebensunterhalt. ²Abweichend von Satz 1 können Personen, die nicht hilfebedürftig nach § 9 des Zweiten Buches sind, Leistungen nach § 36 erhalten. ³Bestehen über die Zuständigkeit zwischen den beteiligten Leistungsträgern unterschiedliche Auffassungen, so ist der zuständige Träger der Sozialhilfe für die Leistungsberechtigung nach dem Dritten oder Vierten Kapitel an die Feststellung einer vollen Erwerbsminderung im Sinne des § 43 Absatz 2 Satz 2 des Sechsten Buches und nach Abschluss des Widerspruchsverfahrens an die Entscheidung der Agentur für Arbeit zur Erwerbsfähigkeit nach § 44a Absatz 1 des Zweiten Buches gebunden.**

*Änderungen der Vorschrift: S. 1 geänd. durch G v. 24.3.2006 (BGBl. I S. 558), S. 2 eingef., bish. S. 2 wird S. 3 durch G v. 20.7.2006 (BGBl. I S. 1706), S. 3 neu gef. mWv 1.1.2011 durch G v. 3.8.2010 (BGBl. I S. 1112), S. 2 geänd. mWv 1.1.2011 durch G v. 24.3.2011 (BGBl. I S. 453).*

*Vergleichbare Vorschrift: § 5 Abs. 2 SGB II.*

Schrifttum: *Berlit*, Die Regelung von Ansprüchen ausländischer Personen in der Grundsicherung für Arbeitsuchende und in der Sozialhilfe, NDV 2017, 67; *Blüggel*, Die Prüfung der Erwerbsfähigkeit im SGB II und SGB XII und die Kooperation zwischen den Sozialleistungsträgern, SGb 2011, 9; *Haberstumpf-Münchow/Kruse*, Zur Bedürftigkeitsprüfung in sog. Mischhaushalten, info also 2012, 108; *Stölting*, Die Rechtsprechung des BSG zur Harmonisierung von SGB II und SGB XII, SGb 2010, 631; *Udsching*, Wer erhält Grundsicherung und wer Sozialhilfe?, SuP 2012, 322.

## I. Bedeutung der Norm

In § 21 geht es um die Systemabgrenzung zweier jeweils nachrangiger Existenzsi-  **1** cherungssysteme voneinander. Zwischen den Leistungen zur Sicherung des Lebensunterhalts nach dem SGB II und der Hilfe zum Lebensunterhalt nach dem SGB XII besteht kein Vorrang-Nachrang-Verhältnis, sondern ein Ausschließlichkeitsverhältnis. Die beiden Leistungssysteme sollen im Grundsatz strikt voneinander getrennt jeweils zur Anwendung gelangen. Für die Hilfen nach dem Fünften bis Neunten Kapitel gilt der Leistungsausschluss für Leistungsberechtigte nach dem SGB II nicht. Allerdings entstehen kaum zu lösende Probleme, soweit bei Leistungen in Einrichtungen der notwendige Lebensunterhalt nach § 27b auch Gegenstand der Leistung ist (s. dazu ausführlich *Eicher* in: jurisPK-SGB XII, § 21 Rn. 55 ff.). Das Verhältnis der Grundsicherung im Alter nach § 41 zum SGB II wird von § 5 Abs. 2 S. 2 SGB II und § 19 Abs. 1 S. 2 SGB II in dem Sinne geregelt, dass die Leistungen nach dem Vierten Kapitel vorrangig sein sollen. Die Abgrenzung der beiden Leistungssysteme ist insgesamt nicht gelungen; vor allem entstehen erhebliche Probleme bei gemischten Bedarfsgemeinschaften bzw. Mischhaushalten.

2    In **§ 5 Abs. 2 SGB II** findet sich eine entsprechende Abgrenzungsbestimmung für die beiden Existenzsicherungsleistungen nach dem SGB XII (Leistungen nach dem Dritten und Vierten Kapitel), auch wenn die Formulierung nicht völlig parallel gestaltet ist (s. auch §§ 24 Abs. 1 S. 3, 31b Abs. 2 SGB II). Die Abgrenzung der Leistungssysteme SGB II und SGB XII voneinander muss aus der Sicht beider Abgrenzungsvorschriften – § 5 Abs. 2 SGB II und § 21 SGB XII – ermittelt werden (für § 5 Abs. 2 SGB II s. *S. Knickrehm/Hahn,* in: Eicher/Luik, SGB II, 4. Aufl., § 5 Rn. 17 ff.).

3    Da mit dem SGB II und dem SGB XII zwei **prinzipiell gleichrangige** Existenzsicherungssysteme für den Lebensunterhalt geschaffen worden sind, ist eine Abgrenzung der beiden Leistungssysteme notwendig. Überschneidungen und ein subsidiäres Eingreifen der Sozialhilfe soll es insoweit nicht geben. Wer als Erwerbsfähiger oder dessen Angehöriger **dem Grunde nach** leistungsberechtigt nach dem SGB II ist, besitzt keinen Anspruch auf Hilfe zum Lebensunterhalt.

4    Die Vorschrift ist schon mehrmals geändert worden: Zunächst war die ausnahmsweise bestehende Leistungsberechtigung nach § 34 (a. F.) für erwerbsfähige Personen durch Gesetz vom 24.3.2006 gestrichen worden, da in § 22 Abs. 5 SGB II eine Schuldenübernahme geregelt wurde. Sodann ist der jetzige Satz 2 eingefügt worden (Art. 8 Gesetz vom 20.7.2006), weil die Streichung der Regelung nicht mit § 22 Abs. 5 SGB II harmonisiert war. Durch das Gesetz zur Weiterentwicklung der Grundsicherung für Arbeitsuchende wurde Satz 3 neu gefasst, da § 45 SGB II a. F. aufgehoben wurde.

# II. Inhalt der Norm

5    Erwerbsfähige Personen und ihre Angehörigen erhalten ihren Lebensunterhalt nach den Regeln des SGB II (s. dazu §§ 19 bis 32 SGB II). Dieses Leistungssystem ist nicht nur vorrangig gegenüber der Sozialhilfe, sondern **schließt** auch ein **subsidiäres Eingreifen** des SGB XII in Bezug auf Hilfe zum Lebensunterhalt **aus.** Dabei kommt es nur darauf an, dass die Personen **dem Grunde nach leistungsberechtigt** nach dem SGB II sind. Sie brauchen nicht tatsächlich Leistungen zu erhalten. Diese Regelung ist notwendig, da nach dem SGB II Leistungen versagt oder gekürzt werden können und solche Leistungseinschränkungen nicht über das SGB XII wieder faktisch aufgehoben werden, was geschehen würde, wenn das SGB XII subsidiär zur Anwendung käme (vgl. die klarstellende Regelung in § 31b Abs. 2 SGB II). Ein nicht gestellter Antrag auf Leistungen zur Sicherung des Lebensunterhalts nach dem SGB II führt nicht dazu, dass der Leistungsausschluss des § 21 nicht greift (*Eicher,* jurisPK-SGB XII, § 21 Rn. 31 ff.; LSG Hmb 22.3.2005 – L 3 B 46/05 ER SO, NordÖR 2005, 440). Das SGB II kennt verschiedene Leistungsausschlüsse, die dazu führen, dass keine Leistungsberechtigung dem Grunde nach im SGB II besteht. Das betrifft etwa Ausländer nach § 7 Abs. 1 S. 2 SGB II, aber auch Personen, die nach § 7 Abs. 4 SGB II in einer stationären Einrichtung untergebracht sind (ausführlich dazu BSG 3.12.2015 – B 4 AS 44/15 R) Für diesen Personenkreis können Leistungen zum Lebensunterhalt nach dem SGB XII in Betracht kommen (für Auszubildende s. § 7 Abs. 5 SGB II und § 27 SGB II). Das Verhältnis beider Leistungssysteme zueinander hat sich bei der Frage zugespitzt, ob Ausländer aus Mitgliedstaaten der Europäischen Union, die von Leistungen nach dem SGB II ausgeschlossen sind, stattdessen Leistungen nach § 23 Abs. 1 beanspruchen können. Das BSG (3.12.2015 – B 4 AS 44/15 R; BSG 20.1.2016 – B 14 AS 35/15 R und weitere) hat dies unter bestimmten Voraussetzungen bejaht. Diese Rechtsprechung hat zu einer beispiellosen Auseinandersetzung in der Rechtsprechung geführt, da zahlreiche

Instanzgerichte sich ihr nicht angeschlossen haben (vgl. nur SG Dortmund 24.10.2016 – S 32 AS 4290/15 WA; ferner der Vorlagebeschluss des SG Mainz 18.4.2016 – S 3 AS 149/16). Der Gesetzgeber hat durch Gesetz v. 22.12.2016 (BGBl. I S. 3155) sowohl § 7 SGB II, als auch § 23 SGB XII geändert, um die Leistungsansprüche dieses Personenkreises zu beschränken (s. dazu *Berlit,* NDV 2017, 67 mit zahlreichen weiteren Nachw.).

Im Übrigen sind die beiden Leistungssysteme in Bezug auf die jeweiligen Leistun-  6
gen für den Lebensunterhalt **im Grundsatz gleich ausgestaltet,** sodass ergänzende Hilfe zum Lebensunterhalt ohnehin nicht relevant würde (s. aber § 27a Abs. 4, wonach eine höhere Regelsatzleistung in Betracht kommt). Die Hilfen nach dem Fünften bis Neunten Kapitel sind von § 21 nicht betroffen. Daher ist die Sozialhilfe insoweit weiterhin ein Auffangsystem.

Eine Übernahme von Miet- und Stromschulden, die nach § 22 Abs. 8 SGB II  7
voraussetzt, dass Leistungen für die Unterkunft und Heizung erbracht werden, ist nach § 36 auch für Personen möglich, die an sich unter das SGB II fallen, aber nicht finanziell hilfebedürftig sind und daher keine Leistungen für die Unterkunft erhalten. Insofern stellt die Hilfe zum Lebensunterhalt ein subsidiäres Leistungssystem dar.

Da beide Leistungssysteme **scharf voneinander abzugrenzen** sind, ist es not-  8
wendig, den Kreis der jeweils Leistungsberechtigten ebenfalls exakt abzugrenzen. Das geschieht durch den Begriff der Erwerbsfähigkeit nach § 7 Abs. 1 Nr. 2 SGB II (s. die Kommentierung zu § 8, *Blüggel,* in: Eicher/Luik, SGB II, 4. Aufl., § 8 Rn. 1 ff.) bzw. der vollen Erwerbsminderung im Sinne von § 43 Abs. 2 S. 2 SGB VI. Dabei ist der Träger der Sozialhilfe an die entsprechenden Feststellungen der Agentur für Arbeit nach § 44a Abs. 1 SGB II gebunden. Die Vorschrift über die Gemeinsame Einigungsstelle nach § 45 SGB II ist aufgehoben worden (s. dazu näher *Blüggel,* SGb 2011, 9).

Ferner sollen die „Angehörigen" des Erwerbsfähigen unter das Leistungssystem  9
des SGB II fallen. Der Begriff des „Angehörigen" ist unklar; gemeint sind die in § 7 Abs. 3 SGB II genannten Personen.

Die Abgrenzung der beiden Leistungssysteme zur Sicherung des Lebensunterhalts  10
bleibt in vielen Fällen problematisch, da § 9 Abs. 2 S. 2 SGB II auch Personen in die Bedarfsgemeinschaft einbezieht, obwohl sie – für sich betrachtet – Leistungen zur Sicherung des Lebensunterhalts nicht benötigen würden. Das BSG (FEVS 58, 248) hält daher eine Leistungsberechtigung nach dem SGB II auch für Personen als gegeben, die dem Grunde nach leistungsberechtigt nach § 41 wären, da § 23 SGB II – anders als § 21 – einen tatsächlich bestehenden Anspruch auf Leistungen nach § 41 voraussetze (s. auch BSG 16.10.2007 – B 8/9b SO 2/06 R, BSGE 99, 131). Durch das Bildungs- und Teilhabepaket (§ 28 SGB II und § 34 SGB XII) sind weitere Abgrenzungsprobleme hinzugekommen (s. § 19 Abs. 2 SGB II). Bei gemischten Bedarfsgemeinschaften bleibt zwar jede Person in ihrem jeweiligen Leistungssystem, aber bei der Ermittlung des zu berücksichtigenden Einkommens und Vermögens sind „Übergriffe" in ein anderes Leistungssystem notwendig (vgl. dazu BSG 18.3.2008 – B 8/9b SO 11/06 R, FEVS 60, 103 und BSG 9.6.2011 – B 8 SO 20/09 R, FEVS 63, 433).

## § 22 Sonderregelungen für Auszubildende

(1) [1]**Auszubildende, deren Ausbildung im Rahmen des Bundesausbildungsförderungsgesetzes oder der §§ 51, 57 und 58 des Dritten Buches dem Grunde nach förderungsfähig ist, haben keinen Anspruch auf Leistungen nach dem Dritten und Vierten Kapitel.** [2]**In besonderen Härtefällen können Leistungen nach dem Dritten oder Vierten Kapitel als Beihilfe oder Darlehen gewährt werden.**

(2) **Absatz 1 findet keine Anwendung auf Auszubildende,**
1. **die auf Grund von § 2 Abs. 1a des Bundesausbildungsförderungsgesetzes keinen Anspruch auf Ausbildungsförderung oder auf Grund von § 60 des Dritten Buches keinen Anspruch auf Berufsausbildungsbeihilfe haben,**
2. **deren Bedarf sich nach § 12 Abs. 1 Nr. 1 des Bundesausbildungsförderungsgesetzes oder nach § 62 Absatz 1 des Dritten Buches bemisst oder**
3. **die eine Abendhauptschule, eine Abendrealschule oder ein Abendgymnasium besuchen, sofern sie aufgrund von § 10 Abs. 3 des Bundesausbildungsförderungsgesetzes keinen Anspruch auf Ausbildungsförderung haben.**

*Änderungen der Vorschrift: Abs. 1 S. 1 geänd., S. 2 neu gef. mWv 7.12.2006 durch G v. 2.12.2006 (BGBl. I S. 2670), Abs. 2 Nrn. 1 und 2 geänd., Nr. 3 angef. mWv 1.1.2008 durch G v. 23.12.2007 (BGBl. I S. 3254) Abs. 1 und Abs. 1 Nr. 1 und 2 geänd. mWv 1.4.2012 durch G v. 20.12.2011 (BGBl. I S. 2854).*

*Vergleichbare Vorschriften: § 26 BSHG; § 7 Abs. 5 und 6, § 27 SGB II.*

**Schrifttum:** *Deutscher Verein,* Arbeitshilfe des Deutschen Vereins zur Existenzsicherung von Auszubildenden im SGB II, DV 02/17; *Felix,* Ausschluss der Hilfe zum Lebensunterhalt für Studenten durch das BVerwG, NVwZ 1995, 245; *Fleischmann,* § 26 BSHG und die Reform des Sozialhilferechts, NDV 1996, 398; *Klerks,* Die Abgrenzung von Ausbildung und Weiterbildung, ASR 2013, 209; *Knorr,* Zur Auslegung des neu gefassten § 26 Bundessozialhilfegesetz, DÖV 1983, 16; *ders.,* Zur Bedeutung des Begriffs „ausbildungsgeprägter" Bedarf im Sinne des § 26 BSHG, ZfF 1986, 169; *Marschner,* Der Ausschluss von Sozialhilfeleistungen für Auszubildende, NVwZ 1995, 870; *Ramsauer/Stallbaum,* BAföG, 5. Aufl. 2014; *Riehle,* Die Alleinerziehende und die Härteklausel, ZfSH/SGB 2003, 3; *Spellbrink,* Studenten und Hartz IV, SozSich 2008, 30; *Treichel,* Der Leistungsausschluss nach § 7 Abs. 5 SGB II bei Bezug von Ausbildungsgeld als Irrtum des Gesetzgebers?, NZS 2013, 805.

## Übersicht

## I. Bedeutung der Norm

Die Vorschrift übernimmt im Wesentlichen den Inhalt des früheren § 26 BSHG. **1**
Sie hat allerdings im Ergebnis für den Personenkreis, der nach dem SGB XII leistungsberechtigt ist, **kaum noch Bedeutung**, da Auszubildende regelmäßig erwerbsfähig im Sinne von § 8 Abs. 1 SGB II sein dürften und damit unter das Leistungssystem des SGB II fallen Im SGB II findet sich in **§ 7 Abs. 5 und 6 SGB II** eine entsprechende Vorschrift. Sie ist notwendig, da Auszubildende in der Regel erwerbsfähig sind, aber von den Leistungen zur Sicherung des Lebensunterhalts ausgeschlossen sein sollen, weil sie für die Eingliederung in Arbeit nicht zur Verfügung stehen. Auch Sozialgeld nach §§ 19 Abs. 1 S. 2, 23 SGB II können sie grundsätzlich nicht beanspruchen. Anders als nach § 22 Abs. 1 S. 2 ist auch in Härtefällen nur die Bewilligung eines Darlehens möglich (§ 27 Abs. 3 SGB II); eine Beihilfe ist ausgeschlossen. Die einschlägigen Bestimmungen des SGB II betreffend Auszubildende sind durch das Rechtsvereinfachungsgesetz (v. 26.7.2016, BGBl. I S. 1824) entscheidend verändert worden. Um die Aufnahme von Ausbildungen zu erleichtern, wird die bestehende Schnittstelle zwischen der Ausbildungsförderung nach dem Bundesausbildungsförderungsgesetz beziehungsweise dem Dritten Buch Sozialgesetzbuch (SGB III) und der Grundsicherung für Arbeitsuchende entschärft (BT-Drs. 18/8041, S. 22). Diese Änderungen verlassen den Grundsatz, dass keine zweite Ebene neben den speziellen Förderungsgesetzen vorhanden sein soll und schaffen letztlich eine besondere Förderungsstruktur. Das ist vor dem Hintergrund dessen, dass es dem SGB II um Eingliederung in Arbeit geht, verständlich und konsequent. Mit § 22 ist die Rechtslage für Auszubildende, die unter das SGB II fallen, nicht mehr vergleichbar. In § 27 Abs. 2 SGB II sind einige Leistungen vorgesehen, die auch im Rahmen des § 22 als nicht ausbildungsbedingte Bedarfe zu berücksichtigen sind. Warum § 22 nicht eine entsprechende Klarstellung enthält ist nicht ersichtlich (*Voelzke,* jurisPK-SGB XII, § 22 Rn. 52 hält dies für ein „gesetzgeberisches Versehen"). Die praktische Bedeutung des § 22 ist gering, da Auszubildenden in aller Regel erwerbsfähige Personen sind und daher unter das SGB II fallen.

Durch das Gesetz vom 2.12.2006 ist in Absatz 1 klarstellend eingefügt worden, **1a** dass der Leistungsausschluss auch für Leistungen nach dem Viertel Kapitel (§ 41) gilt. Durch das Gesetz vom 23.12.2007 wurde Absatz 2 Nr. 3 eingefügt. Durch Gesetz vom 20.12.2011 wurden die aus dem SGB III zitierten Paragrafen der dortigen neuen Benennung angepasst.

Der **Sinn des Anspruchsausschlusses** besteht darin, kein weiteres Ausbildungs- **2** förderungssystem fürsorgerechtlicher Art zu schaffen. Die Ausbildungsförderung soll grundsätzlich abschließend über die speziellen Förderungssysteme des BAföG und des SGB III gewährleistet werden (BSG 6.9.2007 – B 14/7b AS 36/06 R, FEVS 59, 289; BSG 6.9.2007 – B 14/7b AS 28/06 R, NJW 2008, 2285; BSG 30.9.2008 – B 4 AS 28/07 R, ZfSH/SGB 2009, 31; BSG 1.7.2009 – B 4 AS 67/08 R, SGb 2009, 536). Der Anspruchsausschluss begegnet auch **keinen verfassungsrechtlichen Bedenken** (BSG 6.9.2007 – B 14/7b AS 28/06 R, SozR 4-4200 § 7 Nr. 8; BSG 2.4.2014 – B 4 AS 26/13 R; BVerfG 3.9.2014 – 1 BvR 1768/11). Vom Anspruchsausschluss sind nur die Leistungen nach den Dritten und Vierten Kapitel erfasst. Leistungen nach dem Fünften bis Neunten Kapitel bleiben daher unberührt. Dies ist insbesondere für die Eingliederungshilfe relevant, wonach ausbildungsbezogene Hilfen beansprucht werden können (vgl. etwa SG Leipzig, Urt. v. 19.9.2012 – S 17 AS 1142/12; SG München 25.10.2011 – S 45 SO 566/10, SAR 2012, 31). Ferner betrifft der Anspruchsausschluss nur den **ausbildungsbedingten Bedarf** für den Lebensunterhalt; nicht ausbildungsbedingte Bedarfe, wie Mehrbedarfe nach § 30 Abs. 2, 3 und 5 sowie nach § 31 Abs. 1, sind von Leistungen für den Lebensunterhalt nicht ausgenommen (s. Rn. 8).

## II. Inhalt der Norm

### 1. Anspruchsausschluss

3    Auf den notwendigen Lebensunterhalt, der **während einer Ausbildung** benötigt wird, die nach dem Bundesausbildungsförderungsgesetz oder nach den Vorschriften über die Förderung der Berufsausbildung gemäß §§ 51, 57, 58 SGB III dem Grunde nach förderungsfähig ist, besteht nach Abs. 1 S. 1 der Vorschrift **kein Anspruch**. Es kommt **nicht** darauf an, ob die Ausbildung **kausal** für die Notwendigkeit ist, Hilfe zum Lebensunterhalt zu benötigen (BVerwG 14.10.1993 – 5 C 16/91, BVerwGE 94, 224, 227). Daher ist es grundsätzlich unerheblich, wenn ohne das Betreiben der Ausbildung ebenfalls Hilfe zum Lebensunterhalt benötigt werden würde, sodass etwa Kranke, Behinderte, Schwangere oder Alleinerziehende mit kleinen Kindern, denen es ohnehin nicht möglich wäre, durch Aufnahme eine Arbeit ihren Lebensunterhalt zu verdienen, auch unter den Anspruchsausschluss fallen (BVerwG 14.10.1993 – 5 C 16/91, BVerwGE 94, 224, 227).

4    Durch diese Regelung kommt zum Ausdruck, dass die Sozialhilfe für derartige Ausbildungen **grundsätzlich nicht mehr „zuständig"** ist; sie soll keine (versteckte) Ausbildungsförderung auf einer „zweiten Ebene" sein (BSG 6.9.2007 – B 14/7b AS 36/06 R, BSGE 99, 67; BSG 19.8.2010 – B 14 AS 24/09 R, FEVS 62, 385; BSG 27.9.2011 – B 4 AS 145/10 R, NVwZ-RR 2012, 278). Daher bedeutet die dem Grund nach gegebene Förderungsfähigkeit auch nur, dass der **Typus Ausbildung** („schulische Ausbildung", „Hochschulstudium", „Berufsausbildung" etc.) förderungsfähig sein muss, gleichgültig, ob der einzelne Auszubildende auch tatsächlich in den Genuss von Ausbildungsförderung nach dem speziellen Förderungsrecht gelangt (BSG 6.9.2007 – B 14/7b AS 28/06 R, NJW 2008, 2285; BSG 27.9.2011 – B 4 AS 145/10 R; LSG BW 17.1.2017 – L 7 AY 18/17 B ER, NVwZ-RR 2012, 278). Die Vorschrift ist **nicht** Ausdruck des **Nachranggrundsatzes,** sondern regelt darüberhinausgehend, dass der betreffende Bedarf kein sozialhilferechtlich beachtlicher Bedarf ist.

5    Da im (früheren) BSHG – anders als im bis zum Jahre 1981 geltenden Unterabschnitt 3 (§ 31 bis § 35 BSHG a. F.) – und jetzt im SGB XII auch sonst keine Vorschrift existiert, die Hilfe zum Lebensunterhalt während einer Ausbildung gewährt, nahm das BVerwG (BVerwG 4.3.1993 – 5 C 13/89, BVerwGE 92, 163) darüber hinaus an, dass auch für **sonstige Ausbildungen,** die nicht unter die speziellen Ausbildungsförderungsgesetze fallen, die also von § 22 nicht erfasst werden, Hilfe zum Lebensunterhalt grundsätzlich nicht beansprucht werden kann, da es nicht mehr eigentlich Aufgabe der Sozialhilfe sei, Ausbildungsförderung zu leisten (s. auch BSG 28.10.2009 – B 14 AS 44/08 R, SGb 2009, 714).

6    Eine Ausnahme bildet allerdings die **allgemeine schulische Ausbildung.** Dafür kann regelmäßig Hilfe zum Lebensunterhalt nach den allgemeinen Vorschriften beansprucht werden. Fraglich könnte es indes sein, ob in jedem Fall Hilfe zum Lebensunterhalt bis zum Abitur oder nur etwa bis zum Realschulabschluss zu gewähren ist (vgl. dazu OVG Hamburg 21.12.1994 – Bs IV 240/94, ZfJ 1995, 514).

## 2. Umfang des Anspruchsausschlusses

Ausgeschlossen sind sämtliche Leistungen, die zur Hilfe zum Lebensunterhalt **7**
zählen, also sämtliche Leistungstatbestände des Dritten und Vierten Kapitels (vgl.
OVG Hamburg 9.7.1993 – Bf IV 20/92, FEVS 45, 7; s. aber zum nicht ausbildungsbedingten Bedarf Rn 8.). Die Hilfen nach dem **Fünften bis Neunten Kapitel**
bleiben demgegenüber unberührt. Für behinderte Menschen und für den unter
§ 67 fallenden Personenkreis kann eine Ausbildung einen besonderen Stellenwert
haben (s. § 54 Abs. 1 Nr. 2 u. 3, § 68 Abs. 1; SG Leipzig, Urt. v. 19.9.2012 – S 17
AS 1142/12). Sie kann gleichsam ein sozialtherapeutisches Mittel sein. Der für die
Ausbildung benötigte Lebensunterhalt ließe sich dann als nicht ausbildungsgeprägt
deuten, wenn nämlich der Eingliederungszweck bzw. der Zweck, die sozialen
Schwierigkeiten zu überwinden, im Vordergrund steht. Auf jeden Fall ist in derartigen Fällen sorgfältig zu prüfen, ob nicht eine besondere Härte vorliegt, wenn diesem
Personenkreis keine Ausbildung ermöglicht würde (LSG NRW 24.5.2012 – L 9 SO
427/10; s. auch *Knorr*, DÖV 1983, 16, 21).

## 3. Ausbildungsgeprägter Bedarf

Eine wesentliche Einschränkung für den Anspruchsausschluss besteht nach der **8**
Rechtsprechung des BVerwG (BVerwG 3.12.1992 – 5 C 15/90, NVwZ 1993, 777)
darin, dass der sog. nicht ausbildungsgeprägte Bedarf **vom Anspruchsausschluss
nicht erfasst** wird (ebenso BSG 6.9.2007 – B 14/7b AS 36/06 R, BSGE 99,
67). Das ist ein Bedarf, der auf Umständen beruht, die von der förderungsfähigen
Ausbildung unabhängig sind (BVerwG 17.1.1985 – 5 C 29/84, BVerwGE 71, 12,
14). Auch wenn die danach benötigten Leistungen ihrer Zuordnung nach zur Hilfe
zum Lebensunterhalt zählen, darf es sich dennoch nicht um einen Bedarf handeln,
der seiner Art nach den allgemeinen Lebensunterhalt betrifft, wie er auch vom
ausbildungsförderungsrechtlichen Bedarf umfasst wird (BVerwGE 91, 254). Darin
liegt eine gewisse **Modifizierung der früheren Rechtsprechung** (BVerwGE 71,
12, 15 f.), wonach auf die Entstehungsursachen für den Bedarf und ferner darauf
abgestellt wurde, ob in der Person des Auszubildenden Umstände vorliegen, die
einen besonderen Bedarf begründen, und zwar solche Umstände, die herkömmli-
cherweise mit der Ausbildung nichts zu tun haben (BVerwG 17.1.1985 – 5 C
29/84, BVerwGE 71, 12, 16). Als Beispiel eines solchen Umstands wird in der
Entscheidung ein Bedarf an Kleidung genannt, der durch einen Wohnungsbrand
verursacht worden ist. Nach der Entscheidung (BVerwG 3.12.1992 – 5 C 15/
90, BVerwGE 91, 254) kommen als nicht ausbildungsbedingte Bedarfe für den
Lebensunterhalt indes nur noch die Bedarfe nach § 30 in Betracht. Sie sind bei der
Festsetzung der Förderungssätze nach dem BAföG und dem SGB III naturgemäß
auch nicht berücksichtigt worden.

Darüber hinaus müssen auch weitere, gesetzlich nicht ausdrücklich geregelte **9**
**Mehrbedarfe** berücksichtigungsfähig sein. Dies gilt etwa für Fälle, die § 27a Abs. 4
und § 37 meinen. Auch hinsichtlich der Kosten der Unterkunft sind Mehrbedarfe
denkbar, so z. B. höhere Mietkosten eines behinderten Menschen (SG Leipzig
19.9.2012 – S 17 AS 1142/12). Auch die Kosten des Umgangsrechts eines Elternteils
mit seinem Kind (s. dazu BVerwG 22.8.1995 – 5 C 15/94, FEVS 46, 89; BSG
7.11.2006 – B 7b AS 14/06 R, FEVS 58, 289) können als nicht ausbildungsgeprägt
angesehen werden.

Durch die Formulierung vom „ausbildungsgeprägten" – manchmal heißt es auch **10**
„ausbildungsbedingten" (BVerwG 17.1.1985 – 5 C 29/84, BVerwGE 71, 12, 15) –
Bedarf gelangt – entgegen der eigenen Rechtsprechung des BVerwG – ein **kausales
Element** in die Vorschrift, weil nämlich auf die Ursächlichkeit bzw. Nichtursäch-
lichkeit der Ausbildung oder anderer Umstände für die betreffenden Bedarfe abge-

stellt wird. Das BVerwG hat die Kategorie des nicht ausbildungsgeprägten Bedarfs zu § 31 BSHG a. F. entwickelt, der noch keine Härteklausel enthielt. Heute sollte man den nicht ausbildungsgeprägten Bedarf **als besonderen Härtefall i. S. v. Abs. 1 S. 2 deuten,** da eine Härte bzw. besondere Härte regelmäßig dann gegeben ist, wenn die Vorschrift einen Sachverhalt erfasst, der an sich von ihrem Regelungsprogramm nicht erfasst werden sollte. Dies ist bei nicht ausbildungsgeprägten Bedarfen der Fall, da § 22 lediglich verhindern will, dass die Sozialhilfe eine Ausbildungsförderung auf zweiter Stufe wird. Die Behandlung eines nicht ausbildungsgeprägten Bedarfs als Fall einer besonderen Härte ist nicht nur **systematisch korrekt,** sondern vermeidet vor allem Probleme bei der Feststellung, ob für einen nicht ausbildungsgeprägten Bedarf eine entsprechende finanzielle Hilfebedürftigkeit vorliegt. Würde man insoweit eine „normale" sozialhilferechtliche Berechnung vornehmen, müsste die finanzielle Hilfebedürftigkeit auf der Grundlage des üblichen Bedarfs (Regelsatz und Kosten der Unterkunft) beurteilt werden. Dies führte vor allem bei den dann anzuerkennenden Kosten der Unterkunft zu unberechtigten Vorteilen für den Auszubildenden (s. Rn. 49). Ferner ermöglicht der Weg über die Härteklausel flexible Lösungen für Fälle, in denen es um einen Bedarf geht, der „durch besondere Umstände bedingt ist, die von der Ausbildung unabhängig sind" (BVerwG 3.12.1992 – 5 C 15/90, BVerwGE 91, 254), der aber den allgemeinen Lebensunterhalt betrifft (s. Rn. 45). Der nicht ausbildungsgeprägte Bedarf (i. S. d. Rechtsprechung) mag auch als typisierte Form einer besonderen Härte gedeutet werden.

### 4. Ausbildungstypen und -gänge

11 Der Inhalt der Vorschrift erschließt sich erst, wenn auch das **Ausbildungsförderungsrecht** nach dem BAföG und dem SGB III in den Blick genommen wird. Das gilt sowohl für die Feststellung, welche Ausbildungen **dem Grunde nach förderungsfähig** sind, als auch für die Entscheidung, ob ein **besonderer Härtefall** vorliegt. **Abs. 2** ordnet zudem an, dass der generelle Anspruchsausschluss für bestimmte Fälle nicht eingreifen soll, in denen das vorrangige Förderungsrecht keine Leistungsansprüche vorsieht oder die Leistungen von geringer Höhe sind. Damit gelten dann wieder die allgemeinen Bestimmungen der Hilfe zum Lebensunterhalt. Entscheidend ist allein, ob die jeweilige Ausbildung abstrakt, also ihrer Art, nach förderungsfähig ist. Ob die betreffende Person Ausbildungsförderung erhält, oder aus in ihrer Person liegenden Gründen einen Anspruch auf Ausbildungsförderung nicht besitzt, ist unerheblich (BSG, SGb 2013, 279).

12 a) **Förderungsfähigkeit nach dem BAföG.** In § 2 BAföG sind die Ausbildungsstätten aufgezählt, an denen eine förderungsfähige Ausbildung betrieben werden kann. Die Zuordnung einer konkreten Ausbildung zu einer der Nummern des § 2 Abs. 1 und 2 BAföG kann im Einzelfall problematisch sein. Insoweit ist auf die Kommentare zum BAföG zu verweisen (*Rothe/Blanke,* BAföG; *Ramsauer/Stallbaum,* BAföG; s. auch *Ramsauer,* BAföG, Bildungsförderung, 31. Aufl. Textausgabe mit allen einschlägigen Rechtsvorschriften und einer Einführung).

13 Zur Problematik einer lediglich **„pro forma"** bestehenden **Immatrikulation** vgl. OVG Lüneburg 10.11.1997 – 12 L 878/97, FEVS 48, 468. Auch das Studium einer 63-Jährigen stellt keine dem Grunde nach förderungsfähige Ausbildung dar (OVG Weimar 30.1.2001 – 3 EO 862/00, DÖV 2001, 1009). Der beurlaubte Student fällt ebenfalls nicht unter den Anspruchsausschluss (BVerwG 25.8.1999 – 5 B 153/99, FEVS 51, 151; einschränkend BSG 22.3.2012 – B 4 AS 102/11 R).

14 b) **Allgemeinbildende Schulen (Abs. 2 Nr. 1).** Hervorzuheben ist die Regelung in § 2 Abs. 1 Nr. 1 BAföG bezüglich der Förderung des Besuchs weiterführender allgemeinbildender Schulen. Die Ausbildung an diesen Ausbildungsstätten ist nur nach Maßgabe von Abs. 1a von § 2 BAföG dem Grunde nach förderungsfähig

(OVG Lüneburg 12.5.1998 – 4 M 2072/98, FEVS 49, 24; ebenso § 60 SGB III). Voraussetzung für die Förderungsfähigkeit ist, dass der Auszubildende **nicht bei seinen Eltern wohnt**, wobei zu diesem Umstand alternativ **drei Gründe** hinzukommen müssen: Eine entsprechende zumutbare Ausbildungsstätte ist von der Wohnung der Eltern nicht erreichbar oder der Auszubildende führt einen eigenen Haushalt, weil er verheiratet war oder ist bzw. weil er mit einem Kind zusammenlebt. Liegen diese Voraussetzungen nicht vor, ist die Ausbildung an einer weiterführenden allgemeinbildenden Schule **nicht förderungsfähig.** Von der einschränkenden Regelung des § 2 Abs. 1a BAföG sind also die Auszubildenden betroffen, die bei ihren Eltern wohnen und ferner diejenigen, die zwar nicht bei ihren Eltern wohnen, bei denen aber keine der drei genannten weiteren Voraussetzungen dafür, dass sie nicht bei ihren Eltern wohnen, gegeben sind. An diese Fälle knüpft die Regelung in **Abs. 2 Nr. 1** an. Danach greift der Anspruchsausschluss wegen der Hilfe zum Lebensunterhalt an sich nicht. Zweifelhaft ist aber, ob die Ausbildung **dem Grunde nach** nicht förderungsfähig ist, wenn die Ausbildungsförderungsleistungen deshalb nicht beansprucht werden können, weil die persönlichen Voraussetzungen des § 2 Abs. 1a BAföG fehlen, der Auszubildenden zwar nicht bei seinen Eltern wohnt, aber dort zumutbarer Weise wohnen könnte (s. dazu OVG Lüneburg 28.4.2009 – 4 LB 317/08, DÖV 2009, 727). Dasselbe gilt, wenn die weiteren Voraussetzungen des § 2 Abs. 1a Nr. 2 und 3 BAföG fehlen. Würde man in diesen Fällen eine Förderungsfähigkeit dem Grunde nach verneinen, griffe der Anspruchsausschluss für die Hilfe zum Lebensunterhalt nicht. Das bedeutete, dass der Auszubildende die Wohnung der Eltern (ohne hinreichenden Grund) verlassen könnte, um sodann Hilfe zum Lebensunterhalt für die Ausbildung zu beziehen, da er von Leistungen der Ausbildungsförderung ausgeschlossen ist. Ein solches Ergebnis kann nicht beabsichtigt sein. Die Anspruchsbeschränkung des § 2 Abs. 1a BAföG betreffen insoweit nicht die abstrakte Förderungsfähigkeit, sondern betreffen individuelle Beschränkungen (vgl. HessLSG 6.4.2009 – L 9 AS 61/09; vgl. auch LSG Bln-Bbg 26.1.2006 – L 5 B 1351/05 AS ER, FEVS 57, 423; BayLSG 9.3.2009 – L 7 AS 61/09 B ER). Abs. 2 Nr. 1 ist also dahingehend zu verstehen, dass nur dann eine nicht dem Grunde nach förderungsfähige Ausbildung vorliegt, wenn der Schüler bei seinen Eltern wohnt. Scheitert die Ausbildungsförderung hingegen daran, dass er die Voraussetzungen des § 2 Abs. 1a BAföG nicht erfüllt, besteht auch kein Anspruch auf Hilfe zum Lebensunterhalt. Allerdings kann es dem Auszubildenden aus **schwerwiegenden sozialen Gründen unzumutbar** sein, auf die Wohnung der Eltern verwiesen zu werden (s. dazu OVG Lüneburg 28.4.2009 – 4 LB 317/08, DÖV 2009, 727). Nach § 2 Abs. 1a S. 2 BAföG sollte die Frage, wann dies unzumutbar ist, durch Rechtsverordnung geregelt werden; die Verordnung ist indes bisher nicht erlassen worden. Wird dies im Einzelfall angenommen, ist die Ausbildung wiederum dem Grunde nach förderungsfähig. Für § 64 SGB II gelten dieselben Erwägungen.

Falls Ausbildungsförderung auf Grund von § 2 Abs. 1a BAföG nicht beansprucht **15** werden kann, kommen vorrangig vor der Hilfe zum Lebensunterhalt Leistungen nach **landesrechtlichen Schülerförderungsbestimmungen** in Betracht.

**c) Geringe Förderungsleistungen (Abs. 2 Nr. 2).** Die Förderungsleistungen **16** für Schüler von Berufsfachschulen und Fachschulklassen (§ 2 Abs. 1 Nr. 2 BAföG), die bei ihren Eltern wohnen, sind ersichtlich nicht ausreichend für den Lebensunterhalt. Obwohl der Besuch dieser Ausbildungsstätten dem Grunde nach förderungsfähig ist, fällt er nach Abs. 2 Nr. 2 nicht unter den Anspruchsausschluss nach Abs. 1 S. 1. Voraussetzung für diese Ausnahmeregelung ist, dass der Auszubildende tatsächlich Leistungen nach dem BAföG oder dem SGB III bezieht (HessLSG 6.4.2009 – L 9 AS 61/09; BSG v. 21.12.2009 – B 14 AS 61/08 R). In § 62 SGB III ist die parallele Vorschrift enthalten.

**17**    **d) Schüler von Abendschulen (Abs. 2 Nr. 3).** Diese Bestimmung ist durch das 22. BAföG-ÄndG (v. 23.12.2007, BGBl. I S. 3254) eingefügt worden. Da Abendschüler die Altersgrenze von 30 Jahren typischerweise erreichen und deshalb von Ausbildungsförderung ausgeschlossen sein können, hielt es der Gesetzgeber für angezeigt, ihre allgemeinschulische Qualifikation durch Fürsorgeleistungen zu ermöglichen (BT-Dr. 16/7214 S. 18).

**18**    **e) Weitere Ausbildungsstätten.** In § 2 Abs. 2, 3, und 4 BAföG sind weitere Ausbildungsstätten genannt, für die Ausbildungsförderungsleistungen in Betracht kommen. In § 3 BAföG wird der Fernunterricht unter bestimmten Voraussetzungen als förderungsfähig angesehen. Allerdings wird Ausbildungsförderung nach § 15 Abs. 2 S. 2 BAföG insoweit nur für höchstens zwölf Monate geleistet. Daher ist der Fernunterricht nicht für die gesamte Zeit i. S. v. § 22 dem Grunde nach förderungsfähig. Zur Förderungsfähigkeit des Studienkollegs s. OVG Greifswald 29.1.1998 – 1 M 171/97, FEVS 48, 522.

**19**    **f) Förderungsfähigkeit nach dem SGB III.** Im SGB III sind die förderungsfähigen Ausbildungen im Sinne von § 22 in den §§ 51, 57 und 58 SGB III umschrieben. Dabei handelt es sich um berufsfördernde Maßnahmen, Berufsausbildungen in anerkannten Ausbildungsberufen und um Ausbildungen im Ausland. Weiterbildungen nach § 81 ff. SGB III gehören nicht zu den förderungsfähigen Ausbildungen.

**20**    Für die Abgrenzung von Ausbildung und Weiterbildung s. BSG 30.9.2008 – B 4 AS 28/07 R, ZfSH/SGB 2009, 31.

**21**    Nach § 60 SGB III sind die persönlichen Voraussetzungen für eine Förderung weitgehend **entsprechend § 2 Abs. 1a S. 1 BAföG** geregelt. **Nicht gefördert** werden danach die Auszubildenden, die bei ihren Eltern wohnen und ferner diejenigen, die zwar nicht bei ihren Eltern wohnen, aber die Ausbildungsstätte von der Wohnung der Eltern in angemessener Zeit erreichen könnten, wobei dieser Umstand der Förderungsfähigkeit nach § 57 SGB III allerdings nicht entgegensteht, wenn der Auszubildende (alternativ) das 18. Lebensjahr vollendet hat, verheiratet ist oder war, mit einem Kind zusammenlebt oder aus schwerwiegenden sozialen Gründen nicht auf die Wohnung der Eltern verwiesen werden kann. Erfüllen die Auszubildenden nicht die persönlichen Voraussetzungen des § 60 SGB III, bleibt ihre Ausbildung dennoch dem Grunde nach förderungsfähig.

**22**    Wird eine dem Grunde nach förderungsfähige Ausbildung betrieben, bei der der Bedarf sich nach § 62 SGB III (berufsvorbereitende Maßnahme vom Haushalt der Eltern aus) greift nach § 22 Abs. 2 der Anspruchsausschluss nicht. Ergänzende Hilfe zum Lebensunterhalt kommt wiederum nach den allgemeinen Bestimmungen in Betracht (s. Rn. 25).

**23**    Die berufliche Weiterbildung nach §§ 81 ff. SGB III gehört nicht zu den von § 22 erfassten Ausbildungen. Ob Hilfe zum Lebensunterhalt in Betracht kommt, hängt wiederum von den allgemeinen sozialhilferechtlichen Bestimmungen ab. Insbesondere wird entscheidend sein, ob die Weiterbildung ein sonstiger wichtiger Grund i. S. v. § 11 Abs. 4 Nr. 3 ist, der der Aufnahme einer Erwerbstätigkeit entgegensteht.

### 5. Fehlen persönlicher Voraussetzungen

**24**    Erhält der Auszubildende keine Förderung, weil er bestimmte Voraussetzungen – z. B.: Alter (§ 10 BAföG), Zweitausbildung (§ 7 BAföG), Staatsangehörigkeit (§ 8 BAföG), Förderungsdauer (§ 15 BAföG) – nicht erfüllt, **berührt dies die dem Grunde nach bestehende Förderungsfähigkeit,** auf die die Vorschrift abstellt, **nicht** (BVerwG 13.5.1993 – 5 B 82/92, FEVS 44, 138; s. zu § 8 BAföG, OVG Lüneburg 6.5.1996 – 4 M 1543/96, NDV-RD 1997, 18; OVG Hamburg 12.4.1990 – Bs IV 634/89, FamRZ 1996, 190). Dasselbe gilt für das Fehlen persönlicher Voraussetzungen für eine Förderung der Berufsausbildung. Fällt der Auszubildende nicht unter den förderungsfähigen Personenkreis nach § 59 SGB III (etwa bestimmte Ausländergruppen), ist die Berufsausbildung dennoch dem Grunde nach förderungsfähig, sodass der Anspruchsausschluss greift. Auch die besonderen Voraussetzungen für eine Förderung von berufsvorbereitenden Bildungsmaßnahmen (§ 51 SGB III) nach § 52 SGB III (individuelle Fähigkeiten des Auszubildenden) berühren die dem Grunde nach bestehende Förderungsfähigkeit nicht.

## 6. Dem Grunde nach nicht förderungsfähige Ausbildungen

Für alle Ausbildungen, die nicht von Abs. 1 S. 1 erfasst werden, gilt der **25** Anspruchsausschluss nicht. Der Kreis solcher Ausbildungen ist groß (vgl. z. B. LSG Hmb 6.7.2011 – L 5 AS 191/11 B ER; SchlHLSG 14.6.2011 – L 3 AS 61/11 B ER; LSG Bln-Bbg 26.6.2013 – L 34 AS 2690/12). Insoweit kommen neben den bereits oben erwähnten Ausbildungen alle denkbaren **nicht staatlich anerkannten Ausbildungen** in Betracht, bis hin etwa zur Ausbildung als Artist oder Tier-Heilpraktiker. Der Umstand, dass solche Ausbildungen nicht vom Anspruchsausschluss erfasst sind, bedeutet indes keineswegs, dass für derartige Ausbildungen Hilfe zum Lebensunterhalt ohne Weiteres beansprucht werden könnte. Denn Ausbildungsförderung durch Gewährung von Hilfe zum Lebensunterhalt ist nicht mehr Aufgabe der Sozialhilfe (BVerwG 4.3.1993 – 5 C 13/89, BVerwGE 92, 163). Daher besteht auch in diesen Fällen ein Anspruch auf Hilfe zum Lebensunterhalt nur, wenn allgemeine sozialhilferechtliche Voraussetzungen erfüllt sind. Insoweit kommt es vor allem darauf an, ob der Auszubildende nicht gehalten ist, sich durch Einsatz seiner Arbeitskraft selbst zu helfen (§ 2 Abs. 1, § 11 Abs. 3 S. 4). Dies würde auch in diesen Fällen, die an sich nicht unter den Anspruchsausschluss fallen, letztlich bedeuten, dass die Ausbildung nicht absolviert werden kann. Ob dem Einsatz der Arbeitskraft zur Erlangung von Einkommen ein wichtiger Grund i. S. v. § 11 Abs. 4 entgegensteht, hängt von den Umständen des Einzelfalles ab (s. dazu LSG LSA 3.4.2008 – L 2 AS 71/06, FEVS 60, 234). Hinsichtlich der Ausbildung von **Schülern allgemeinbildender Schulen** wird regelmäßig anzunehmen sein, dass ihnen die Aufnahme einer Erwerbstätigkeit (noch) nicht zuzumuten ist. Allerdings ist zu verlangen, dass eine gewisse Aussicht auf den erfolgreichen Abschluss der schulischen Ausbildung besteht. Dies gilt auch für die anderen nicht vom Anspruchsausschluss erfassten Ausbildungen, also für die nicht staatlich anerkannten Berufsausbildungen. Insoweit ist ferner entscheidend, ob eine derartige Ausbildung geeignet ist, den Auszubildenden nachhaltig zu befähigen, von seiner Arbeitskraft zu leben. Lässt sich dies nicht mit einiger Wahrscheinlichkeit prognostizieren, kann auch für eine vom Anspruchsausschluss nicht erfasste Ausbildung Hilfe zum Lebensunterhalt nicht beansprucht werden. Besitzt der Auszubildende bereits eine Ausbildung und ist ihm eine Arbeit in dem erlernten Beruf zumutbar, besteht ein Anspruch auf Hilfe zum Lebensunterhalt für eine weitere Ausbildung nicht. Einen beruflichen Aufstieg zu fördern, ist nicht Aufgabe der Sozialhilfe.

## III. Härteklausel

### 1. Allgemeines

Der **Anspruchsausschluss,** der regelmäßig keine besondere Härte darstellt, **26** bedeutet im Ergebnis, dass der Auszubildende entweder versucht, mit Tätigkeiten neben seiner Ausbildung seinen Lebensunterhalt zu verdienen, oder aber mit Hilfe Dritter oder privater Darlehen die Ausbildung betreiben muss. Bestehen derartige zumutbare Möglichkeiten, wäre ein Anspruch auf Hilfe zum Lebensunterhalt auch nach § 2 Abs. 1 ausgeschlossen. Darüber hinaus bedeutet der Anspruchsausschluss, dass eine **Ausbildung notfalls abgebrochen oder aufgeschoben werden muss,**

wenn dem Auszubildenden die für die Ausbildung notwendigen finanziellen Mittel
fehlen.

27    Der weitgehende Anspruchsausschluss wird unter **sozialpolitischen Gesichtspunkten** kritisiert (*Felix,* NVwZ 1995, 245; *Berlit,* info also 2002, 82; *Fleischmann,*
NDV 1996, 398; s. auch *Rothkegel,* Strukturprinzipien, S. 94). Verfassungsrechtlich
ist die Entscheidung des Gesetzgebers indes nicht zu beanstanden (BVerwG
18.7.1994 – 5 B 25/94, FEVS 45, 49; OVG Münster 28.2.1995 – 8 B 540/95,
NWVBl. 1995, 264; BSG 6.9.2007 – B 14/7b AS 28/06 R, SozR 4-4200 § 7
Nr. 8). Durch § 27 SGB II ist ein Teil der Problematik des Anspruchsausschlusses
abgefedert worden. Die Rechtsprechung der Sozialgerichte interpretiert die korres-
pondierenden Vorschrift des § 27 Abs. 3 S. 2SGB II und den Begriff der „besonderen
Härte" tendenziell günstiger für die erwerbsfähigen Auszubildenden (s. Rn. 47).
Die beruht auf der Erwerbszentriertheit des SGB II.

28    Durch die Vorschrift ist nur der Anspruch auf Hilfe nach dem Dritten und Vierten
Kapitel ausgeschlossen. Die **Hilfe nach dem Fünften bis Neunten Kapitel** bleibt
unberührt. Im Rahmen der Eingliederungshilfe werden ebenfalls Ausbildungen
unterstützt. Dies betrifft indes nicht den Lebensunterhalt (BVerwG 19.10.1995 – 5
C 28/95, FEVS 46, 366); dieser ist grundsätzlich über die Ausbildungsförderung zu
sichern, es sei denn, es liegen besondere behinderungsbedingte Umstände vor (s.
SG Leipzig 19.9.2012 – S 17 AS 1142/12; zum Leistungsausschluss bei einer Ausbildung nach § 51 SGB III s. BSG 17.2.2015 – B 14 AS 25/14 R).

29    Im **Asylbewerberleistungsgesetz** ist eine entsprechende Vorschrift nicht enthalten (s. dazu OVG Münster 15.6.2001 – 12 B 795/00, FEVS 53, 95). Asylbewerber
sind dennoch vom Leistungsausschluss erfasst (LSG Bln-Bbg 15.11.2005 – L 23 B
1008/05 AY ER). Ebenso wenig sind Personen, die nach dem **Aufstiegsfortbil-
dungsförderungsgesetz** (AFBG) vom 8.10.2012 (BGBl. I S. 2126) gefördert werden können, von Leistungen der Hilfe zum Lebensunterhalt ausgeschlossen (vgl.
SächsLSG 31.3.2011 – L 3 AS 140/09, BeckRS 2011, 72513).

30    Enthält eine gesetzliche Vorschrift eine Härteklausel, eröffnet sie die Möglichkeit,
**Besonderheiten des Einzelfalles,** die von dem generellen Regelungsprogramm
der Vorschrift nicht mitgedacht, also atypisch sind, angemessen zu berücksichtigen
(vgl. etwa BVerwG 14.5.1969 – V C 167.67, BVerwGE 32, 89, 90). Die regelmäßig
eintretende Rechtsfolge träfe den Adressaten aus dem Grunde hart, weil die Vorschrift den betreffenden Sachverhalt eigentlich nicht erfassen wollte. Die in der
Vorschrift enthaltene Härteklausel deutet bereits an, dass diese Möglichkeit, nämlich,
dass der Anwendungsbereich zu weit sein kann, gesehen worden ist. Daher ist
zunächst stets durch **Auslegung** zu ermitteln, **welche Sachverhalte die Vorschrift
regelhaft erfassen will und welche außerhalb ihres Regelungsprogramm stehen.**

31    Die hier vorliegende Härteklausel ist darüber hinaus durch das Wort **„besondere"** noch **verstärkt** worden. Das bedeutet, dass die Abweichung von dem Regelfall besonders deutlich sein muss. Die Folgen, die mit dem Anspruchsausschluss
verbunden wären, müssen „besonders" hart sein.

## 2. Definition der besonderen Härte

32    Der rechtliche Obersatz, der in diesem Zusammenhang in der Rechtsprechung
(BVerwG 14.10.1993 – 5 C 16/91, BVerwGE 94, 224, 228) stets benutzt wird,
lautet folgendermaßen: Eine besondere Härte besteht nur dann, „wenn die Folgen
des Anspruchsausschlusses über das Maß hinausgehen, das regelmäßig mit der Versagung von Hilfe zum Lebensunterhalt für eine Ausbildung verbunden und vom
Gesetzgeber in Kauf genommen worden ist" (ebenso BSG 6.9.2007 – B 14/7b AS
36/06 R, BSGE 99, 67; BSG 30.9.2008 – B 4 AS 28/07 R; BSG 2.4.2014 – B 4
AS 26/13 R; LSG BW 17.1.2017 – L 7 AY 18/17 B ER). Folge des Anspruchsaus-

schlusses kann letztlich der Abbruch der Ausbildung sein, der als hart empfunden werden mag, der aber vom Gesetzgeber gewollt war und daher hinzunehmen ist. „Ein ‚besonderer' Härtefall i. S. v. § 22 Abs. 1 S. 2 BSHG liegt erst dann vor, wenn im Einzelfall Umstände hinzutreten, die einen Ausschluss von der Ausbildungsförderung durch Hilfe zum Lebensunterhalt (§§ 11, 12 BSHG) auch mit Rücksicht auf den Gesetzeszweck, die Sozialhilfe von finanziellen Lasten einer Ausbildungsförderung freizuhalten, als übermäßig hart, d. h. als unzumutbar oder in hohem Maße unbillig, erscheinen lassen."

Der Begriff der „besonderen Härte" ist ein **unbestimmter Rechtsbegriff,** 33 dessen Inhalt im Streitfall vollen Umfangs der verwaltungsgerichtlichen Auslegungskompetenz unterliegt. Dasselbe gilt für die Feststellung, ob die Folgen des Anspruchsausschlusses „unzumutbar" oder „in hohem Maße unbillig erscheinen" (BSG 6.9.2007 – B 14/7b AS 36/06 R, BSGE 99, 67).

### 3. Anwendungsbereich der Härteklausel

Die Reichweite der Härteklausel ist aus der Gegenüberstellung zum Regeltatbe- 34 stand, nämlich dem Anspruchsausschluss, zu bestimmen. Dies meint, dass zunächst ermittelt werden muss, ob sich der Anspruchsausschluss im Einzelfall als regelhaft oder **atypisch** darstellt. Das kann nur mit Blick auf die Regelungen des Ausbildungsförderungsrechts, vor dessen Hintergrund der Anspruchsausschluss normiert worden ist, beurteilt werden (OVG Greifswald 29.1.1998 – 1 M 171/97, FEVS 48, 522, 524). Eine besondere Härte, die sich aus diesen Regelungen ergeben kann, kann darin bestehen, dass der Auszubildende danach keine Leistungen, keine ausreichenden Leistungen (nach dem Maßstab der Hilfe zum Lebensunterhalt) oder nicht rechtzeitig die Leistungen erhält. Wird der Hilfesuchende durch die Regelungen des Ausbildungsförderungsrechts in typischer Weise von einer dieser drei Arten von Härte betroffen, scheidet die Annahme eines „besonderen Härtefalles" regelmäßig aus. Nur wenn die durch das Ausbildungsförderungsrecht bedingten Härten Folgen von Besonderheiten des Einzelfalles sind, die im Ausbildungsförderungsrecht nicht bedacht waren, aber nach einer Berücksichtigung drängen, kann eine besondere Härte i. S. v. Satz 2 vorliegen.

**a) Nicht rechtzeitige Leistungen.** Der Fall der nicht „rechtzeitigen" Gewäh- 35 rung der Ausbildungsförderungsleistungen stellt regelmäßig keine besondere Härte dar. Das Ausbildungsförderungsrecht enthält entsprechende Vorschriften, die sicherstellen, dass der Auszubildende bei Beginn seiner Ausbildung die benötigten Leistungen erhält (Vorausleistungen nach § 36 BAföG, s. ferner § 51 Abs. 2 BAföG). Im Übrigen ist der Auszubildende gehalten, den Antrag auf Ausbildungsförderung so rechtzeitig zu stellen, dass es nicht zu Verzögerungen im Leistungsbeginn kommt (OVG Hamburg 19.11.1991 – Bs IV 307/91, FEVS 42, 451). Hat er dies unterlassen, können die ihn nachteilig treffenden Folgen keine besondere Härte darstelle. Etwas Anderes könnte nur gelten, wenn er aus bestimmten Gründen, die nicht in seiner Macht standen, den Antrag nicht rechtzeitig stellen konnte. In diesem Fall kommt eine Vorleistung des Sozialhilfeträgers in Betracht, der dann einen Erstattungsanspruch nach § 104 SGB X gegenüber dem Leistungsträger der Ausbildungsförderung besitzt (OVG Lüneburg 3.9.2002 – 10 L 1790/00, FEVS 54, 394).

**b) Nicht ausreichende Leistungen.** Der Fall der vor dem Maßstab der Hilfe 36 zum Lebensunterhalt nicht ausreichenden Leistungen, stellt im Regelfall ebenfalls keine besondere Härte dar. Mit den Bedarfssätzen der Ausbildungsförderung muss jeder Auszubildende auskommen, auch wenn die Sätze regelmäßig unterhalb des Betrages der Hilfe zum Lebensunterhalt liegen. Damit wird den Auszubildenden nicht ein Leben abverlangt, das dem Leitprinzip des § 1 widerspricht. Denn der Gesetzgeber konnte davon ausgehen, dass es sich bei Auszubildenden im Regelfall um junge, anpassungsfähige und belastbare Menschen ohne einengende persönliche Verpflichtungen handelt, denen zugemutet werden kann, sich vorübergehend in ihrer Lebensführung einzuschränken. Dies gilt vor allem für die Unterkunftskosten (OVG Hamburg 7.11.1996 – Bs IV 337/96, FamRZ 1997, 1370). Ferner kann von ihnen regelmäßig erwartet werden, sich durch Gelegenheits-, Ferien- oder Wochenendarbeiten etwas hinzuzuverdienen. Für Lehrlinge, denen wegen besonderer persönlicher Schwierigkeiten und Belastungen ein Hinzuverdienen nicht möglich ist, kann es eine besondere Härte darstellen, wenn sie mit der Berufsausbildungsbeihilfe ihren notwendigen Lebensunterhalt nicht decken können (OVG Hamburg 9.9.1997 – Bs IV 36/97, FEVS 48, 327).

37   Wenn man von diesem **Leitbild des Gesetzgebers** ausgeht, das damit den Regelfall umschreibt, für den die Höhe der Förderungsleistungen ausreichend ist, können sich daraus die im Ausbildungsförderungsrecht nicht mitgedachten Fallgestaltungen, die daher als atypisch erscheinen müssen, ergeben. Vor diesem Hintergrund ist die Lebenssituation von **Kranken, behinderten Menschen, Schwangeren und Alleinerziehenden** grundsätzlich als atypisch anzusehen (vgl. OVG Lüneburg 26.6.2002 – 4 LB 35/02, NVwZ-RR 2002, 863). In § 30 ist dem durch die dort vorgesehenen Mehrbedarfszuschläge Rechnung getragen. Ob sich aus der Atypik und aus dem Anspruchsausschluss bezüglich aufstockender Hilfe zum Lebensunterhalt eine besondere Härte ergibt, muss darüber hinaus durch eine **Würdigung der Schwere der Folgen** im Einzelfall ermittelt werden.

38   Die Aufstockungsleistungen wegen des atypischen Mehrbedarfs kommen auch in Betracht, wenn der Auszubildende einen Anspruch auf Ausbildungsförderungsleistungen nicht hat (s. Rn. 45); er kann dann wenigstens die Leistungen wegen des atypischen Mehrbedarfs beanspruchen.

39   Die prinzipielle Zuordnung des zuvor erwähnten Personenkreises, der vom Leitbild des jungen, belastbaren Menschen ohne einengende persönliche Verpflichtungen abweicht, zu der Kategorie des besonderen Härtefalles, ermöglicht im Einzelfall eine flexible Reaktion auf insoweit etwa bestehende höhere Bedarfe. Die h. A. ordnet die von § 30 Abs. 1 bis Abs. 5 erfassten Bedarfe dem nicht ausbildungsgeprägten Bedarf zu, mit der Folge, dass insoweit der Anspruchsausschluss von vornherein nicht greift. Diese Ansicht ist indes abzulehnen, da sie zu nicht gerechtfertigten Besserstellungen führt (s. Rn. 49).

40   **c) Kein Anspruch auf Leistungen.** In den Fällen, in denen der Auszubildende keine Förderungsleistungen erhält, muss zunächst ermittelt werden, woran die Förderung scheitert. Beruht dies darauf, dass der Auszubildende unter eine (negative) Regelung fällt, die seinen Lebenssachverhalt typischerweise erfasst – z. B. die Nichterfüllung persönlicher Voraussetzungen (etwa nach § 8 BAföG) für eine Förderung –, wird eine besondere Härte in aller Regel nicht angenommen werden können (so auch BSG 6.9.2007 – B 14/7b AS 36/06 R, BSGE 99, 67). Das Ausbildungsförderungsrecht, insbesondere das des BAföG, sieht darüber hinaus bereits für besonders gelagerte Lebens- und Ausbildungssituationen Ausnahme- und Härtebestimmungen selbst vor (§ 7 Abs. 3, § 10 Abs. 3 S. 2, § 15 Abs. 3 BAföG). Dies gilt z. B. für die Studienabschlussförderung nach § 15 Abs. 3a BAföG (OVG Hamburg 18.11.1991 – Bs IV 305/91, ZFSH/SGB 1992, 481). Daher stellt der Umstand, dass kurz vor Abschluss des Studiums, das zu lange gedauert hat, keine Ausbildungsförderung geleistet wird, keinen besonderen Härtefall dar (OVG Hamburg 24.5.1989 – Bs IV 133/89, FEVS 39, 187, FamRZ 1989, 1356; s. aber LSG Bln-Bbg 29.5.2012 – L 25 AS 359/12 B ER). Greifen Härte- und Ausnahmebestimmungen des BAföG nicht, besteht wenig Anlass, eine sozialhilferechtliche besondere Härte anzunehmen. Das BAföG kann allerdings nicht alle besonderen Lebenssituationen erfassen. Ergeben sich insoweit Lücken, kann dies Raum für die Annahme einer besonderen Härte eröffnen (so ausdrücklich BVerwG 12.6.1986 – 5 C 48/84, BVerwGE 74, 260, 266;

BVerwG 8.8.1988, Buchholz, 436.36 § 68 BAföG Nr. 6; zu § 8 BAföG s. OVG Greifswald 29.1.1998 – 1 M 171/97, FEVS 48, 522). Die Härteregelung in § 60 BAföG stellt eine für den Ausbildungssektor abschließende Regelung der Kompensation politischen Unrechts dar; die Härteklausel greift daher nicht (BVerwG 31.3.1999 – 5 B 89/98).

Der Auszubildende muss ferner **alle Rechtsmittel ausgeschöpft** haben, um an **41** eine Förderung zu gelangen. Hat er dies unterlassen, kann eine besondere Härte nicht angenommen werden (vgl. z. B. BVerfG 26.11.1999 – 1 BvR 653/99, NVwZ 2000, 312).

Ergibt die Auslegung der einschlägigen Vorschriften des Ausbildungsförderungs- **42** rechts und Würdigung der Besonderheiten des Sachverhalts, dass die Versagung von Förderungsleistungen danach auf atypischen, wenn auch vom Gesetz erfassten Gründen beruht, kann ein besonderer Härtefall vorliegen. Dies erfordert über die festgestellte Atypik hinaus allerdings noch, dass **aus sozialhilferechtlicher Sicht eine Ausbildung auch „notwendig"** erscheint. Daher muss es sich in aller Regel um eine **erste Ausbildung** handeln. Zudem wird zu verlangen sein, dass die Ausbildung auch eine **gewisse Aussicht auf Erfolg** bietet und geeignet ist, den Lebensunterhalt des Hilfesuchenden zukünftig zu sichern (LSG NRW 27.8.2007 – L 9 B 146/07 AS ER, FEVS 59, 142).

## 4. Härte wegen der Folgen des Anspruchsausschlusses

Neben den aus dem Ausbildungsförderungsrecht hergeleiteten besonderen Härten **43** kann sich ein besonderer Härtefall vor allem auch daraus ergeben, dass der sozialhilferechtliche Anspruchsausschluss als solcher **atypische Folgen** hat. Die typische Folge des Anspruchsausschlusses ist es, dass der Auszubildende seine Ausbildung letztlich aufgeben muss. Darin kann also keine besondere Härte liegen. Die Folgen des Abbruchs der Ausbildung können indes unterschiedlich schwerwiegend für die Auszubildenden sein. In der Regel wird der Auszubildende nunmehr einer anderen Beschäftigung nachgehen müssen, und zwar einer solchen, mit der er seinen Lebensunterhalt selbst sichern kann. Es gibt allerdings Fälle, in denen auch trotz **Abbruchs der Ausbildung** Hilfe zum Lebensunterhalt benötigt wird. Das ist der Fall, wenn der Auszubildende krank, behindert, schwanger oder alleinerziehend ist. Das BVerwG (31.3.1999 – 5 B 89/98, BeckRS 1999, 30433539) hat es bisher stets abgelehnt, für derartige Fälle Ausnahmen vom Anspruchsausschluss zuzulassen. Dabei hat das BVerwG (5.8.1989 – 5 B 43/89, Buchholz, 436.0 § 26 BSHG Nr. 6) in erster Linie darauf abgestellt, dass der geltend gemachte Bedarf ausbildungsgeprägt sei und keinen „Sonderbedarf" darstelle. Damit hat sich das BVerwG den Weg zu einer Härtefallprüfung verschlossen. Nach der hier vertretenen Ansicht sollte der Begriff „ausbildungsgeprägter Bedarf" aufgegeben und stattdessen eine Lösung über die Härteklausel gefunden werden.

Ob Krankheit, Behinderung, Schwangerschaft, Alleinerziehung allerdings die **44** Annahme eines besonderen Härtefalles eröffnen können, bleibt dennoch fraglich (für Annahme einer besonderen Härte im Falle einer Alleinerziehenden, OVG Lüneburg 29.9.1995 – 4 M 5332/95; OVG Lüneburg 26.6.2002 – 4 LB 35/02, NDV-RD 2003, 30; OVG Saarlouis 28.8.2001 – 3 W 9/01, FEVS 53, 326). Der Umstand, dass der Auszubildende in diesen Fällen trotz des Abbruchs der Ausbildung auf Hilfe zum Lebensunterhalt angewiesen sein wird, begründet diese Annahme noch nicht. Abgesehen von dem Fall der **Behinderung** stellen alle anderen Lebenssituationen vorübergehende Notlagen dar (zur Annahme einer besonderen Härte im Falle eines Behinderten, s. VGH Mannheim 30.6.1995 – 7 S 2981/94, FEVS 46, 372; ferner OVG Hamburg 8.9.1993 – Bs IV 35/93; OVG Hamburg 23.10.1995 – Bs IV 108/95; OVG Lüneburg 24.5.2000 – 4 M 3502/99, FEVS 52, 262).

## 5. Härte wegen atypischer Ursachen des Bedarfs

**45**    Schließlich kann sich eine besondere Härte auch daraus ergeben, dass der Bedarf für den allgemeinen Lebensunterhalt, der vom ausbildungsförderungsrechtlichen Bedarf umfasst ist, auf einer atypischen Ursache beruht. Das Leitbild des Gesetzgebers für den Anspruchsausschluss bestand darin, dass es nicht mehr Aufgabe der Sozialhilfe sein soll, Ausbildungen zu ermöglichen, weil dies Sache des speziellen Ausbildungsförderungsrechtes ist; greift es zu Gunsten des Auszubildenden nicht, soll es dabei sein Bewenden haben. Nicht erfasst von diesem Leitbild und damit atypisch sind Fallgestaltungen, in denen die unmittelbare Ursache für den Bedarf an Leistungen zum Lebensunterhalt unabhängig von der Aufnahme der Ausbildung ist. Dies ist z. B. der Fall, wenn der Auszubildende seine (zuvor vorhandenen) finanziellen Mittel durch einen Notfall (Wohnungsbrand, Raub, Unfall, Tod des Unterhaltsleistenden etc.) verloren hat. Er benötigt dann zwar Hilfe zum Lebensunterhalt, weil er eine Ausbildung betreibt; dennoch ist es vor dem Hintergrund des Anspruchsausschlusses ein atypischer Fall, der zu einer besonderen Härte führen kann, wenn der Auszubildende seine begonnene Ausbildung abbrechen müsste.

## 6. Würdigung des Einzelfalles

**46**    Die Annahme eines besonderen Härtefalles kann stets nur auf einer Würdigung der Umstände des Einzelfalles beruhen. Dabei sollte vor allem als rechtliches Kriterium im Vordergrund stehen, ob der Bedarf atypisch ist, weil seine Ursachen oder die Folgen eines Abbruchs der Ausbildung atypisch sind. Ferner sollte das allgemeine Ziel der Sozialhilfe nach § 1 S. 2 (Befähigung zur Selbsthilfe) die Einzelfallwürdigung bestimmen, wobei dieser Gesichtspunkt sowohl für die Annahme eines besonderen Härtefalles als auch dagegen sprechen kann, wenn nämlich die betreffende Ausbildung nicht „notwendig" erscheint (OVG Hamburg 24.5.1989 – Bs IV 133/89, FEVS 39, 187). Außerdem muss der Auszubildende alle nur denkbaren Selbsthilfemöglichkeiten zur Abwendung der Härte ergriffen haben. Dazu gehört etwa, sich um eine preisgünstige Unterkunft zu bemühen, die Möglichkeiten einer Darlehensaufnahme bei Verwandten auszuschöpfen oder sich um einen Nebenverdienst zu kümmern (OVG Hamburg 16.7.1999 – Bf IV 13/96, FEVS 51, 274).

## 7. Rechtsprechung der Sozialgerichte

**47**    In der sozialgerichtlichen Rechtsprechung zu § 7 Abs. 5 wird im Hinblick auf das Ziel des SGB II, nämlich die Eingliederung in Arbeit (§ 14 SGB II), stärker auf den Gesichtspunkt abgestellt, dass eine Ausbildung in aller Regel insoweit günstige Voraussetzungen schafft. Die „Erwerbszentriertheit" (BSG 1.7.2009 – B 4 AS 67/08 R, SGb 2009, 536; BSG 30.9.2008 – B 4 AS 28/07 R; BSG 19.10.2016 – B 14 AS 40/15 R, ZfSH/SGB 2009, 31) des SGB II erfordere eine Auslegung der Härteregelung, die der Zielsetzung einer möglichst dauerhaften Eingliederung des erwerbsfähigen Hilfebedürftigen durch Ausübung einer Erwerbstätigkeit Rechnung trage. Es könne nämlich nicht Sinn des Gebots sein, die Arbeitskraft zur Selbstbeschaffung des Lebensunterhalts einzusetzen, gleichzeitig bedürftige junge Menschen daran zu hindern, allgemeine Bildungsziele anzustreben und damit die Voraussetzungen für eine gleichberechtigte Integration zu schaffen (so auch LSG Hmb 2.2.2006 – 5 B 396/05 ER AS; LSG Nds-Brem 14.4.2005 – L 8 AS 36/05 ER, FEVS 56, 511; HessLSG 11.8.2005 – 9 AS 14/05 ER, NDV-RD 2005, 102; OVG Bremen 20.8.2007 – S 1 B 68/07, FEVS 59, 63; SächsLSG. 22.3.2011 – L 7 AS 217/09 B ER; LSG NRW 20.3.2012 – L 19 AS 363/12 B ER). Daher wird in den genannten Entscheidungen eine besondere Härte angenommen (gegen eine Anwendung des § 73 SGB XII in diesen Fällen zu Recht, LSG NRW 27.8.2007 – L 9 B 146/07 AS ER, FEVS 59, 142). Da der Gesichtspunkt der „Erwerbszentriertheit" im SGB XII nicht vorhanden ist, ist die erwähnte Rechtsprechung auf § 22 nicht unbesehen übertragbar (so auch LSG NRW 4.8.2014 – L 9 SO 279/14 B ER; a. A. *Voelzke,* jurisPK-SGB XII § 22 Rn. 62).

## IV. Hilfeleistung im besonderen Härtefall

### 1. Ermessen und unbestimmter Rechtsbegriff

Als Rechtsfolge der Annahme einer besonderen Härte sieht das Gesetz eine **48** Ermessensentscheidung über die Gewährung von Hilfe zum Lebensunterhalt vor. Ein unbestimmter Rechtsbegriff und eine Ermessensermächtigung sind folglich miteinander verknüpft (BVerwG 17.7.1998 – 5 C 14/97, BVerwGE 107, 164). Der Begriff der „besonderen Härte" prägt daher den Zweck der Ermessensermächtigung. In aller Regel wird daher bei der Annahme einer besonderen Härte kein Ermessensspielraum über das Ob der Hilfe mehr bestehen (OVG Lüneburg 6.5.1996 – 4 M 1543/96, NDV-RD 1997, 18, 19; so auch ausdrücklich BSG 6.9.2007 – B 14/7b AS 36/06 R, BSGE 99, 67). Hinsichtlich der Form der Hilfe eröffnet die Vorschrift bereits selbst zwei Alternativen. Eine Hilfe als Darlehen wird in den meisten Fällen ermessensgerecht sein (BVerwG 12.4.1989 – 5 B 176/88, FEVS 38, 397; OVG Lüneburg 10.11.1997 – 12 L 878/97, FEVS 48, 468; VGH Kassel 19.1.1993 – 9 UE 2018/90, FEVS 44, 372), da der Hilfeempfänger durch die Ermöglichung einer Ausbildung in die Lage versetzt wird, später eine anspruchsvollere Berufstätigkeit auszuüben, die es ihm ermöglichen dürfte, die finanzielle Belastung wieder abzutragen. Erscheint es indes geboten, dem Hilfeempfänger nicht zu viele Belastungen auf seinen Ausbildungsweg mitzugeben, ist eine Beihilfe erforderlich.

### 2. Art und Maß der Hilfe

Hinsichtlich der Höhe des Darlehens oder der Beihilfe ist der Sozialhilfeträger **49** nicht an eine Berechnung nach den allgemeinen sozialhilferechtlichen Grundsätzen gebunden. Die Hilfe kann auch der Höhe nach geringer ausfallen als es eine normale Hilfe nach dem Dritten oder Vierten Kapitel wäre. Dabei kann es sich anbieten, sich an die Förderungssätze der speziellen Ausbildungsförderungsgesetze anzulehnen (ebenso *Voelzke,* in: jurisPK-SGB XII, § 22 Rn. 11 und 69), sofern dadurch die Wirksamkeit der Hilfe nicht wieder infrage gestellt wird. Auch hinsichtlich einmaliger Leistungen zum Lebensunterhalt gelten nicht zwangsläufig die allgemeinen Regeln. Auch besonderer Ausbildungsbedarf ist neben dem Lebensunterhalt nicht notwendigerweise zu übernehmen. Erhält der Auszubildende Ausbildungsförderung sind 20 v. H. dieser Leistung als zweckbestimmte Leistung (§ 83) bei der sozialhilferechtlichen Berechnung nicht als Einkommen anzusetzen (BSG 17.3.2009 – B 14 AS 63/07 R, NDV-RD 2009, 116).

## V. Anspruchsausschluss und Einsatzgemeinschaft

Gehört eine Person, die nach Abs. 1 S. 1 keinen Anspruch auf Hilfe zum Lebens- **50** unterhalt besitzt, zu einer Einsatzgemeinschaft nach § 27 Abs. 2 oder nach § 7 Abs. 3 SGB II, können sich bei der Berechnung der Hilfe für die anderen Personen der Einsatzgemeinschaft Probleme ergeben. Je mehr Einkommen der Person, die unter § 22 fällt, zugeordnet wird und je weniger von dem Bedarf der gesamten Familie (etwa für die Miete) auf diese Person entfällt, desto höher ist der Hilfeanspruch der übrigen Familienmitglieder (BVerwG 21.6.2001 – 5 C 7/00, NVwZ 2002, 96). Lebt ein Auszubildender mit anderen Personen in einer Bedarfsgemeinschaft im

Sinne von § 7 Abs. 3 SGB II, wird allerdings zumeist das SGB II zur Anwendung kommen. Das gilt auch, wenn etwa das Kind des Auszubildenden hilfebedürftig ist, aber selbst nicht Hauptleistungsberechtigter nach dem SGB II ist. Dennoch besteht ein Anspruch auf Sozialgeld nach § 23 SGB II, da der Auszubildende – wenn auch selbst von Leistungen ausgeschlossen – als Hauptleistungsberechtigter gilt (SG Oldenburg 18.1.2005 – S 46 AS 24/05 ER, info also 2005, 123).

## § 23 Sozialhilfe für Ausländerinnen und Ausländer

(1) [1]Ausländern, die sich im Inland tatsächlich aufhalten, ist Hilfe zum Lebensunterhalt, Hilfe bei Krankheit, Hilfe bei Schwangerschaft und Mutterschaft sowie Hilfe zur Pflege nach diesem Buch zu leisten. [2]Die Vorschriften des Vierten Kapitels bleiben unberührt. [3]Im Übrigen kann Sozialhilfe geleistet werden, soweit dies im Einzelfall gerechtfertigt ist. [4]Die Einschränkungen nach Satz 1 gelten nicht für Ausländer, die im Besitz einer Niederlassungserlaubnis oder eines befristeten Aufenthaltstitels sind und sich voraussichtlich dauerhaft im Bundesgebiet aufhalten. [5]Rechtsvorschriften, nach denen außer den in Satz 1 genannten Leistungen auch sonstige Sozialhilfe zu leisten ist oder geleistet werden soll, bleiben unberührt.

(2) Leistungsberechtigte nach § 1 des Asylbewerberleistungsgesetzes erhalten keine Leistungen der Sozialhilfe.

(3) [1]Ausländer und ihre Familienangehörigen erhalten keine Leistungen nach Absatz 1 oder nach dem Vierten Kapitel, wenn
1. sie weder in der Bundesrepublik Deutschland Arbeitnehmer oder Selbständige noch auf Grund des § 2 Absatz 3 des Freizügigkeitsgesetzes/ EU freizügigkeitsberechtigt sind, für die ersten drei Monate ihres Aufenthalts,
2. sie kein Aufenthaltsrecht haben oder sich ihr Aufenthaltsrecht allein aus dem Zweck der Arbeitsuche ergibt,
3. sie ihr Aufenthaltsrecht allein oder neben einem Aufenthaltsrecht nach Nummer 2 aus Artikel 10 der Verordnung (EU) Nr. 492/2011 des Europäischen Parlaments und des Rates vom 5. April 2011 über die Freizügigkeit der Arbeitnehmer innerhalb der Union (ABl. L 141 vom 27.5.2011, S. 1), die durch die Verordnung (EU) 2016/589 (ABl. L 107 vom 22.4.2016, S. 1) geändert worden ist, ableiten oder
4. sie eingereist sind, um Sozialhilfe zu erlangen.
[2]Satz 1 Nummer 1 und 4 gilt nicht für Ausländerinnen und Ausländer, die sich mit einem Aufenthaltstitel nach Kapitel 2 Abschnitt 5 des Aufenthaltsgesetzes in der Bundesrepublik Deutschland aufhalten. [3]Hilfebedürftigen Ausländern, die Satz 1 unterfallen, werden bis zur Ausreise, längstens jedoch für einen Zeitraum von einem Monat, einmalig innerhalb von zwei Jahren nur eingeschränkte Hilfen gewährt, um den Zeitraum bis zur Ausreise zu überbrücken (Überbrückungsleistungen); die Zweijahresfrist beginnt mit dem Erhalt der Überbrückungsleistungen nach Satz 3. [4]Hierüber und über die Möglichkeit der Leistungen nach Absatz 3a sind die Leistungsberechtigten zu unterrichten. [5]Die Überbrückungsleistungen umfassen:
1. Leistungen zur Deckung der Bedarfe für Ernährung sowie Körper- und Gesundheitspflege,
2. Leistungen zur Deckung der Bedarfe für Unterkunft und Heizung in angemessener Höhe, einschließlich der Bedarfe nach § 35 Absatz 4 und § 30 Absatz 7,

3. die zur Behandlung akuter Erkrankungen und Schmerzzustände erforderliche ärztliche und zahnärztliche Behandlung einschließlich der Versorgung mit Arznei- und Verbandmitteln sowie sonstiger zur Genesung, zur Besserung oder zur Linderung von Krankheiten oder Krankheitsfolgen erforderlichen Leistungen und

4. Leistungen nach § 50 Nummer 1 bis 3.

[6]Soweit dies im Einzelfall besondere Umstände erfordern, werden Leistungsberechtigten nach Satz 3 zur Überwindung einer besonderen Härte andere Leistungen im Sinne von Absatz 1 gewährt; ebenso sind Leistungen über einen Zeitraum von einem Monat hinaus zu erbringen, soweit dies im Einzelfall auf Grund besonderer Umstände zur Überwindung einer besonderen Härte und zur Deckung einer zeitlich befristeten Bedarfslage geboten ist. [7]Abweichend von Satz 1 Nummer 2 und 3 erhalten Ausländer und ihre Familienangehörigen Leistungen nach Absatz 1 Satz 1 und 2, wenn sie sich seit mindestens fünf Jahren ohne wesentliche Unterbrechung im Bundesgebiet aufhalten; dies gilt nicht, wenn der Verlust des Rechts nach § 2 Absatz 1 des Freizügigkeitsgesetzes/EU festgestellt wurde. [8]Die Frist nach Satz 7 beginnt mit der Anmeldung bei der zuständigen Meldebehörde. [9]Zeiten des nicht rechtmäßigen Aufenthalts, in denen eine Ausreisepflicht besteht, werden auf Zeiten des tatsächlichen Aufenthalts nicht angerechnet. [10]Ausländerrechtliche Bestimmungen bleiben unberührt.

(3a) [1]Neben den Überbrückungsleistungen werden auf Antrag auch die angemessenen Kosten der Rückreise übernommen. [2]Satz 1 gilt entsprechend, soweit die Personen allein durch die angemessenen Kosten der Rückreise die in Absatz 3 Satz 5 Nummer 1 und 2 genannten Bedarfe nicht aus eigenen Mitteln oder mit Hilfe Dritter decken können. [3]Die Leistung ist als Darlehen zu erbringen.

(4) Ausländer, denen Sozialhilfe geleistet wird, sind auf für sie zutreffende Rückführungs- und Weiterwanderungsprogramme hinzuweisen; in geeigneten Fällen ist auf eine Inanspruchnahme solcher Programme hinzuwirken.

(5) [1]Hält sich ein Ausländer entgegen einer räumlichen Beschränkung im Bundesgebiet auf oder wählt er seinen Wohnsitz entgegen einer Wohnsitzauflage oder einer Wohnsitzregelung nach § 12a des Aufenthaltsgesetzes im Bundesgebiet, darf der für den Aufenthaltsort örtlich zuständige Träger nur die nach den Umständen des Einzelfalls gebotene Leistung erbringen. [2]Unabweisbar geboten ist regelmäßig nur eine Reisebeihilfe zur Deckung des Bedarfs für die Reise zu dem Wohnort, an dem ein Ausländer seinen Wohnsitz zu nehmen hat. [3]In den Fällen des § 12a Absatz 1 und 4 des Aufenthaltsgesetzes ist regelmäßig eine Reisebeihilfe zu dem Ort im Bundesgebiet zu gewähren, an dem der Ausländer die Wohnsitznahme begehrt und an dem seine Wohnsitznahme zulässig ist. [4]Der örtlich zuständige Träger am Aufenthaltsort informiert den bislang örtlich zuständigen Träger darüber, ob Leistungen nach Satz 1 bewilligt worden sind. [5]Die Sätze 1 und 2 gelten auch für Ausländer, die eine räumlich nicht beschränkte Aufenthaltserlaubnis nach den §§ 23a, 24 Absatz 1 oder § 25 Absatz 4 oder 5 des Aufenthaltsgesetzes besitzen, wenn sie sich außerhalb des Landes aufhalten, in dem der Aufenthaltstitel erstmals erteilt worden ist. [6]Satz 5 findet keine Anwendung, wenn der Wechsel in ein anderes Land zur Wahrnehmung der Rechte zum Schutz der Ehe und Familie nach Artikel 6 des Grundgesetzes oder aus vergleichbar wichtigen Gründen gerechtfertigt ist.

*Änderungen der Vorschrift: Abs. 1 S. 4, Abs. 5 S. 2 neu gef. mWv 1.1.2005 durch G v. 30.7.2004 (BGBl. I S. 1950), Abs. 3 S. 1 geänd. mWv 7.12.2006 durch G v.*

*2.12.2006 (BGBl. I S. 2670), Abs. 5 neu gef. mWv 6.8.2016 durch IntegrationsG v. 31.7.2016 (BGBl. I S. 1939), Abs. 3 geänd., Abs. 3a eingef. durch G v. 22.12.2016 (BGBl. I S. 3155).*

**Vergleichbare Vorschrift:** *§ 7 Abs. 1 SGB II.*

**Schrifttum:** *Ascher,* Zum Ausschluss Arbeitsuchender Unionsbürger von deutschen Sozialleistungen, BayVBl 2016, 541; *Berlit,* Die Regelung von Ansprüchen ausländischer Personen in der Grundsicherung und in der Sozialhilfe, NDV 2017, 67; *Bernsdorff,* Sozialhilfe für nichterwerbstätige Unionsbürger – Kassel locuta, causa finita? NVwZ 2016, 633; *Deibel,* Sozialhilfe für Ausländer, NWVBl. 1996, 48; *Deutscher Verein,* Diskussionspapier des Deutschen Vereins zur Zuwanderung von Unionsbürgern/innen aus Osteuropa, NDV 2013, 439; *Fasselt,* Europarecht und Sozialhilfe, ZfSH/SGB 2004, 655; *Fuchs,* Deutsche Grundsicherung und europäisches Koordinationsrecht, NZS 2007, 1; *Greiser/Susnjar,* Der Anspruch auf Teilhabe am Sozialleistungen im Europäischen Wirtschaftsraum und in der Schweiz, ZESAR 2015, 60; *Hailbronner,* Unionsbürgerschaft und Zugang zu den Sozialsystemen, JZ 2005, 1138; *ders.,* Ansprüche nicht erwerbstätiger Unionsbürger auf gleichen Zugang zu den sozialen Leistungen, ZfSH/SGB 2009, 195; *Haverkate/Huster,* Europäisches Sozialrecht, 1999; *Kepert,* Staatliche Sozialleistungen für Salafisten und andere Extremisten, ZAR 2013, 19; *Kingreen,* Staatsangehörigkeit als Differenzierungskriterium im Sozialleistungsrecht, SGb 2013, 1 32; *Klerks,* Anspruch von Asylbewerbern auf Krankenbehandlung, info also 2014, 36; *Kunkel/Frey,* Können Unionsbürger von Leistungen nach dem SGB II und XII ausgeschlossen werden?, ZfSH 2008, 387; *Muckel/Ogorek,* Sozialrecht, 4. Aufl., 2011; *Schreiber,* Die Bedeutung des Gleichbehandlungsanspruchs aus Art. 12 i. V. m. Art. 18 EGV für Grundsicherungsleistungen (SGB II und SGB XII), ZESAR 2006, 423; *Panidou,* Zuwanderung in die Grundsicherung – vom SGB II zum SGB XII, ZFSH/SGB 20117, 23; *Sieveking,* Zur Bedeutung des Arbeitslosengeldes II für Ausländer, ZAR 2004, 283; *Strick,* Ansprüche alter und neuer Unionsbürger auf Sozialhilfe und Arbeitslosengeld II, NJW 2005, 182; *Tiedemann,* Europäische Koordinierung des Systeme der sozialen Sicherheit in der aktuellen Judikatur, ZfSH/SGB 2013, 563; *Tießler-Marenda,* Sozialhilferechtliche Ansprüche von Ausländer/innen, sozialrecht aktuell 2012, 11, 41; *Westpfahl/Stoppa,* Die EU-Osterweiterung und das Ausländerrecht, InfAuslR 2004, 133.

**Übersicht**

# I. Bedeutung der Norm

## 1. Allgemeines

Die Vorschrift enthält Sonderregelungen für Ausländer, die sich in der Bundesre- **1**
publik Deutschland aufhalten. Sie ist zum einen **Kollisionsnorm** im internationalen
Sozialrecht. Als solche regelt sie die Anwendbarkeit des deutschen Rechts auf einen
bestimmten Sachverhalt. Kollisionsrechtlicher Anknüpfungspunkt ist der **tatsächliche Aufenthalt** und die **Nationalität.** Zum anderen ist die Regelung Ausdruck
des **Territorialitätsprinzips** des § 30 SGB I (zustimmend *Schlette,* Hauck/Noftz,
SGB XII, § 23 Rn. 1).

Die Bundesrepublik Deutschland kommt mit § 23 SGB XII ihrer **sozialstaatli-** **2**
**chen Verpflichtung** gegenüber Ausländern, die sich in ihrem Hoheitsbereich aufhalten, nach. Für die Sicherung des Existenzminimums von Ausländern hat das
BVerfG in seinem Urteil vom 18.7.2012 – 1 BvL 10/10 ua, NJW 2012, 1711,
ausgeführt: Art. 1 Abs. 1 GG in Verbindung mit dem Sozialstaatsprinzip des Art. 20
Abs. 1 GG garantiert ein Grundrecht auf Gewährleistung eines menschenwürdigen
Existenzminimums und begründet diesen Anspruch als Menschenrecht. Er umfasst
sowohl die physische Existenz des Menschen als auch die Sicherung der Möglichkeit
zur Pflege zwischenmenschlicher Beziehungen und ein Mindestmaß an Teilhabe am
gesellschaftlichen, kulturellen und politischen Leben. Das Grundrecht steht deutschen und ausländischen Staatsangehörigen, die sich in der Bundesrepublik Deutschland aufhalten, gleichermaßen zu. Diese Entscheidung ist die Blaupause, um die
Verfassungsgemäßheit der Vorschrift zu prüfen. Grundsätzlich ist die Vorschrift nicht
verfassungswidrig, weil § 23 die Leistungen für Ausländer einschränkt und ggf. ausschließen kann. Es bleibt jeweils der Ermessensentscheidung des Einzelfalles überlassen, ob und in welcher Form Sozialhilfe zu leisten ist (vgl. auch LSG Nds-Brem
7.3.2016 – L 15 AS 185/15 B ER).

Bis zur **Neuregelung** der Vorschrift durch Gesetz vom 22.12.2016 konnte man **3**
weitgehend unbestritten die Auffassung vertreten, dass § 23 noch verfassungskonform ist. Ob diese Auffassung nach den Änderungen, wie sie vor allem durch den
eingefügten Abs. 3 mit seinen erheblichen Leistungseinschränkungen vorgenommen
worden ist, weiterhin Bestand hat, wird infrage gestellt (so die verhaltene Kritik von
*Berlit,* NDV 2017, 72), zumindest bleibt ein **verfassungsrechtliches Restrisiko**
(*Dollinger,* Anhörung Ausschuss für Arbeit und Soziales, 18 (11) 851). Die Bundes-
gierung sah sich zu Änderungen des § 23 und des § 7 SGB II veranlasst, weil die
durch die Entscheidung des BSG vom 3.12.2015 – 4 AS 44/15 R ausgelöste Mehr-
belastung des Sozialhilfehaushalts der Kommunen deren Proteste hervorgerufen und
eine unterschiedliche sozialgerichtliche Rechtsprechung ausgelöst hatte. Die Bedeutung des Zuzugs von Unionsbürgern ist unabhängig von der Flüchtlingszuwande-
rung weiterhin groß (vgl. nur *Thym,* NZS 2016, 441). Das BSG hatte für Unionsbürger ohne materielles Aufenthaltsrecht Leistungen nach dem SGB II ausgeschlossen,
aus verfassungsrechtlichen Gründen aber einen Ermessensanspruch auf Leistungen
nach dem SGB XII eingeräumt. Mit der Neufassung wird zumindest eine gewisse

Rechtssicherheit wiederhergestellt, aber es werden auch zugleich die „Grenzen sozialstaatlicher Solidarität ausgelotet" (*Berlit*, NDV 2017, 67). Vorausgegangen waren die Urteile des EuGH in Sachen Dano, C-333/13 (s. dazu auch *Coseriu*, jurisPK-SGB XII, § 23 Rn. 4.1) und Alimanovic, C-67/14, in denen ein Leistungsausschluss bei Nichterwerbstätigkeit und bei Arbeitssuche für europarechtlich als rechtmäßig angesehen worden ist. Ein Mitgliedsstaat müsse die Möglichkeit haben, nicht erwerbstätigen Unionsbürgern, die von ihrer Freizügigkeit allein mit dem Ziel Gebrauch machten, in den Genuss der Sozialhilfe eines Mitgliedsstaates zu kommen, obwohl sie nicht über ausreichende Existenzmittel für die Beanspruchung eines Aufenthaltsrechts verfügten, Sozialleistungen zu versagen.

4     Die Neuregelung ist am 29. 12.2016 in Kraft getreten. Das Gesetz enthält keine **Übergangsregelung**. Es ist auch auf die Unionsbürger anzuwenden, die sich bereits längere Zeit in der Bundesrepublik aufhalten und bei denen der zusammenhängende Fünfjahreszeitraum des Abs. 3 noch nicht erreicht worden ist (vgl. *Berlit*, NDV 2017, 71).

5     Im **Unionsrecht** ist die Sozialhilfe ausgespart (*Eichenhofer*, Existenzsicherungsrecht, Kapitel 2 Rn. 9). Die unionsrechtlichen Regeln betreffen die soziale Sicherheit (Art. 48 AUEV). Sozialhilfe ist davon ausgenommen (Art. 3 Abs. 5 VO (EG) 883/2004). Vor allem die konkret-bedarfsbezogene Gewährung von Sozialhilfe spricht dafür, dass es sich nicht um Leistungen der sozialen Sicherheit handelt (*Eichenhofer*, Existenzsicherungsrecht, Kapitel 2 Rn. 12).

6     Als **Sachnorm** enthält die Vorschrift zum anderen unterschiedliche Sonderregelungen für Ausländer, die in einem komplexen Regel-Ausnahmesystem zusammengefasst worden sind. Als **Zweck** lässt sich herausarbeiten, dass sie als normatives Steuerungsinstrument mit mehreren Zielrichtungen begriffen wird. Ausländern soll in Deutschland ein **Mindestmaß** an sozialhilferechtlichen Leistungen zur Verfügung gestellt werden. Damit wird die Vorschrift grundsätzlich der Entscheidung des BVerfG vom 18.7.2012 gerecht, dass Art. 1 Abs. 1 GG in Verbindung mit dem Sozialstaatsprinzip des Art. 20 Abs. 1 GG ein Grundrecht auf Gewährleistung eines menschenwürdigen Existenzminimums garantiert. Beim Ausschluss von Leistungen stellt sich allerdings im Einzelfall die Frage, inwieweit das Menschenrecht auf Existenzsicherung eingeschränkt werden kann. Außerdem werden über den beschriebenen unmittelbaren Zweck der Hilfegewährung hinaus **ausländerrechtliche, asylrechtlich und haushaltsrechtliche Zielsetzungen** verfolgt (vgl. auch *Decker,* Oestreicher, SGB II/XII, § 23 SGB XII Rn. 8; *Coseriu*, jurisPK-SGB XII, § 23 Rn. 16), was verfassungsrechtlich hinzunehmen ist, weil die Verteilung von sozialhilferechtlichen Ressourcen dem Gesetzgeber obliegt und eine Bevorzugung von Inländern verfassungsrechtlich tolerabel sein muss. Ausländern soll kein Anreiz gegeben werden, in die Bundesrepublik einzureisen, um hier Sozialhilfe in Anspruch zu nehmen (s. auch *Coseriu*, jurisPK-SGB XII, § 23 Rn. 15). Die intendierten migrationspolitischen Erwägungen, Leistungen an Unionsbürger, die im europarechtlichen Vergleich zumeist höher als in den Herkunftsländern sind, einzuschränken, werden damit gerechtfertigt, dass Unionsbürger in ihre Heimatländer zurückkehren können (*Dollinger*, Ausschuss 18 (11) 851). Weil es verfassungswidrig wäre, selbst bei einem kurzen Aufenthalt die Leistungsstandards unter das physische und soziokulturelle Existenzminimum absinken zu lassen, ist in Abs. 3 als ein neues Leistungsspektrum die **Überbrückungshilfe** eingeführt worden.

7     Das Argument der Rückkehrmöglichkeit von Unionsbürgern verdeckt das eigentliche Problem. Unionsbürger sind Ausländer, aber bei ihnen wird der Aufenthalt nicht durch das Aufenthaltsrecht gesteuert. Nachdem selbst die von den Ausländerbehörden auszustellende Freizügigkeitsbescheinigung weggefallen ist, kann das Sozialrecht nicht länger auf das Aufenthaltsrecht aufsatteln (*Thym*, NZS 2016, 442). Für diese Personen entkoppelt sich das Sozialrecht vom Aufenthaltsrecht und bildet damit einen eigenen sozialhilferechtlichen Sonderbereich, in dem der Staat den

Aufenthalt nicht mehr wie bei Flüchtlingen oder anderen Ausländern bürokratisch verwaltet, in dem aber durch die Unionsbürgerfreiheit eine weitgehende „Privatisierung" Einzug gehalten hat (*Thym*, NZS 2016, 441). Damit gewinnt die Möglichkeit einer Rückkehr ins Heimatland eine eigene, in der Leistungsgewährung zu beachtende Dimension.

Im Kern jedenfalls gehört die Vorschrift weiterhin zum **materiellen Sozialhilfe-** **8** **recht.**

**Verfassungsrechtliche Bedenken** hiergegen bestehen grundsätzlich nicht (vgl. **9** LSG Bln-Bbg 2.2.2018 – L 26 AS 24/18 B ER, BeckRS 2018, 851), auch nicht, wenn ein Ausländer gehalten ist, einen bestimmten, ihm zugewiesenen Wohnsitz zu nehmen (LSG BW 22.12.2017 – L 7 SO 4253/17 ER-B, BeckRS 2017, 138021), um im Bezug von Sozialhilfeleistungen zu bleiben (vgl. BVerfG 17.9.1997 – 1 BvR 1401/97, FamRZ 1997, 1469). Grundrechte aus Art. 2 Abs. 1 GG werden nicht verletzt. Auch die Versagung von Sozialhilfe an einen ausländischen Diplomaten verletzt keine Grundrechte (*Coseriu*, jurisPK-SGB XII, § 23 Rn. 45), weil es mit dem Wesen des diplomatischen Status nicht vereinbar ist.

Das Grundrecht des Art. 2 Abs. 1 GG wird durch die verfassungsmäßige Ordnung **10** begrenzt, wozu auch § 23 SGB XII gehört. Im Hinblick auf das öffentliche Interesse an einer angemessenen Verteilung der Sozialhilfekosten unter den Berechtigten sind die für Ausländer mit der Vorschrift verbundenen Nachteile verhältnismäßig und hinzunehmen (s. auch *Schlette,* Hauck/Noftz, § 23 Rn. 1). Anders wäre allenfalls zu entscheiden, wenn auch das zur Aufrechterhaltung eines menschenwürdigen Daseins Unerlässliche an Ausländer nicht mehr gewährt würde (Linhart/*Adolph*, SGB XII, § 23 Rn. 2). Ob eine Ausländereigenschaft allein als Differenzierungskriterium für die Zuwendung von Sozialhilfe als solche und der Höhe nach ausreicht, stellt sich zunehmend als heikel dar, weil die Rechtsprechung des BVerfG Tendenzen erkennen lässt, dass die Ungleichbehandlung von Ausländern und Deutschen nicht mehr grundlos Bestand haben kann (BVerfG 12.7.2012 – 1 BvL 10/10 ua, NJW 2012, 1711), auch wenn eine Ungleichbehandlung als ein generelles zulässiges Differenzierungskriterium nicht ausgeschlossen wird (*Kingreen*, SGb 2013, 137) und haushaltsrechtliche Zielsetzungen, wie sie § 23 SGB XII zugrunde liegen, nicht beiseitegelassen werden können. Zu differenzieren ist zwischen Ausländern und Deutschen bei der Bestimmung des Leistungszeitraums und der Höhe (kritisch dazu *Kingreen*, SGb 2013, 139). Allerdings hat der Gesetzgeber nach der Entscheidung des BVerfG zum AsylbLG bei der Festlegung des menschenwürdigen Existenzminimums die Besonderheiten bestimmter Personengruppen zu berücksichtigen, was sich beim Zustandekommen der Leistungen in einem transparenten Verfahren niederschlagen muss, das die signifikanten Abweichungen verdeutlicht. Zu den speziellen Problemen des Abs. 3 s. Rn. 48 ff.

Die Vorschrift hat das **komplexe Leistungssystem der Vorgängervorschrift 11** übernommen (s. auch *Schlette,* Hauck/Noftz, § 23 Rn. 1; *Decker,* Oestreicher, SGB II/XII § 23 SGB XII Rn. 1). Denn zur Vorschrift des § 120 BSHG haben sich inhaltlich keine großen Veränderungen ergeben.

Mit den Änderungen des AufenthG war eine Änderung des § 23 erforderlich. **12** Abs. 5 ist neu durch das IntegrationsG in die Vorschrift eingefügt worden. Die Vorschrift enthält eine Klarstellung, indem sie die Wohnsitzauflage einbezieht. Es wird auf den eigentlich zuständigen Leistungsträger bei der Bewilligung von Leistungen abgestellt. Außerdem werden eine Reisebeihilfe und eine Informationsverpflichtung eingeführt.

Mit der Neuregelung des Abs. 3 und dem Einfügen des Abs. 3a ist die Vorschrift **13** gerade im Hinblick auf die Regelungen zur Überbrückungshilfe und ihren Ausnahmen noch einmal komplexer geworden.

**Aufenthaltsrechtlich** behält der Bezug von Sozialhilfe seine Bedeutung, weil **14** die Sicherung des eigenen Lebensunterhalts Bedeutung für einen legalen Aufenthaltsstatus hat (§ 5 und § 2 AufenthG; s. *Berlit* NDV 2017, 69).

## 2. Ausgenommene Personengruppen

**15**   **a) AsylbLG (Abs. 2).** Aus der Gruppe der anspruchsberechtigten Ausländer sind jene **Personen** gemäß § 23 Abs. 2 SGB XII herauszunehmen, die in **§ 1 Abs. 1 AsylbLG** genannt sind (§ 23 Abs. 2). Sozialhilfe für Ausländer besteht insgesamt gesehen unter einem **Integrationsvorbehalt** (*Schuler*, InfAuslR 2004, 20). Ist ihr Aufenthaltsstatus nicht hinreichend gesichert, wird ihnen die Solidarität der inländischen Gesellschaft nur begrenzt zuteil (zum Vorlagebeschluss zur Verfassungsgemäßheit des § 3 AsylbLG, LSG NRW 26.7.2010 – L 20 AY 13/09 und nachfolgend BVerfG 18.7.2012 – 1 BvL 10/10).

**16**   Asylbewerberleistungsberechtigte, die nach § 2 AsylbLG Analogleistungen beziehen, sind keine Leistungsberechtigte nach dem SGB XII (*Coseriu*, jurisPK-SGB XII, § 23 Rn. 51). Dies ergibt sich aus einem Rückschluss aus § 9 AsylbLG. Auf Analogberechtigte ist § 23 SGB XII nicht anzuwenden.

**17**   Bei **anerkannten Asylberechtigten** ist ein Anspruch selbst dann nicht ausgeschlossen, weil ein Dritter vor der Einreise eine Verpflichtung zur Übernahme der Kosten abgegeben hat. Das Asylrecht als ein durch das GG verbürgtes Recht steht der Aufforderung des Leistungsträgers entgegen, sich zunächst an den Dritten zu wenden, bevor Leistungen des § 23 in Betracht zu ziehen sind. Ob der Leistungsträger gleichwohl den Dritten in Regress nehmen kann, ist eine andere Frage, die den Leistungsanspruch des Berechtigten nicht hindert.

**18**   **b) Personen nach § 7 Abs. 1 S. 2 SGB II.** Durch das Gesetz zur Umsetzung aufenthalts- und asylrechtlicher Richtlinien der Europäischen Union vom 19.8.2006 (BGBl. I S. 1970) wurde die Vorschrift des § 7 Abs. 1 und 2 SGB II neu gefasst und durch das Gesetz zur Regelung von Ansprüchen ausländischer Personen in der Grundsicherung für Arbeitssuchende nach dem Zweiten Buch Sozialgesetzbuch und in der Sozialhilfe nach dem Zwölften Buch Sozialgesetzbuch vom 22.12.2016 (BGBl. I S: 3155) erneut geändert. Nach Abs. 1 S. 2 Nr. 1 ist ein zeitlich begrenzter, dreimonatiger Leistungsausschluss für bestimmte Leistungsgruppen von Menschen vorgesehen. Die von diesen Tatbestandsmerkmalen erfassten Ausländer haben schon deshalb keinen Anspruch auf Grundsicherung nach dem SGB II, weil sie in Deutschland keinen gewöhnlichen Aufenthalt haben (*Classen*, Existenzsicherungsrecht, Kapitel 34 Rn. 44). Ausgenommen von den Leistungen des Zweiten Buches sind Ausländer, die weder in der Bundesrepublik Deutschland Arbeitnehmer oder Selbständige noch aufgrund des § 2 Abs. 3 des FreizügigG/EU freizügigkeitsberechtigt sind, und ihre Familienangehörigen in den ersten drei Monaten ihres Aufenthalts, ferner Ausländer, deren Aufenthaltsrecht sich allein aus dem Zweck der Arbeitssuche ergibt oder die ihr Aufenthaltsrecht allein oder neben einem Aufenthaltsrecht nach Buchstabe b aus Artikel 10 der Verordnung (EU) Nr. 492/2011 des Europäischen Parlaments und des Rates vom 5.4.2011, die durch Verordnung (EU) 2016/589 geändert worden ist, ableiten. Die Neufassung schließt an das BSG Urt. v. 3.12.2015 – B 4 AS 44/15 R (s. auch BSG 30.8.2017 – B 14 AS 31/16 R, NZS 2018, 64) an und stellt darüber hinaus die Konkordanz zu § 23 Abs. 3 her. Von den Einschränkungen ausgenommen sind Ausländer, die seit mindestens fünf Jahren ihren gewöhnlichen Aufenthalt im Bundesgebiet haben, soweit nicht nach § 6 Abs. 1, § 2 Abs. 7 oder § 5 Abs. 4 FreizügigG/EU der Verlust des Rechts nach § 6 Abs. 1 FreizügigG/EU festgestellt und damit die Pflicht zur Ausreise besteht.

## II. Inhalt der Norm

### 1. Anspruchsinhaber

**19**   **a) Adressat.** Die Vorschrift wendet sich an **Ausländer** (§ 23 Abs. 1 S. 1 SGB XII). Nach der **Legaldefinition** des § 2 Abs. 1 Zuwanderungsgesetz ist Ausländer jeder, der nicht Deutscher i. S. v. Art. 116 Abs. 1 GG ist. Es handelt sich um Personen, die nicht die deutsche Staatsangehörigkeit besitzen oder keine Flüchtlinge oder Vertriebene deutscher Volkszugehörigkeit sind oder als dessen Ehegatte oder Abkömmling in dem Gebiet des Deutschen Reiches nach dem Stand vom 31.12.1937 Aufnahme gefunden haben. **Spätaussiedler** i. S. v. § 4 Abs. 2, 3 BVFG sind Deutsche. Nichtdeutsche Ehegatten erwerben die Rechtsstellung eines Vertriebenen, wenn die Ehe im Zeitpunkt des Verlassens des Aussiedlungsgebietes mindestens drei Jahre bestanden hat. Ausländer sind auch Personen aus einem Unionsland. Personen mit **doppelter Staatsangehörigkeit** sind Deutsche (*Decker,* Oestreicher, § 23 Rn. 20). Durch die nachfolgend aufgeführten Sonderregelungen, namentlich mit der Forderung, einfaches Bundesgesetz, wie es die Vorschrift des § 23 SGB XII darstellt, mit den völkerrechtlichen Verpflichtungen Deutschlands in Einklang zu bringen, ergibt sich ein sozialhilferechtlich eingeschränkter, funktional auf die sozialhilferechtlichen Leistungen bezogener Ausländerbegriff (dazu kritisch *Hohm,* Schellhorn/Hohm/Scheider, SGB XII, § 23 Rn. 8). Ausländer sind auch **Staatenlose** (*Coseriu,* jurisPK-SGB XII, § 23 Rn. 19). Dies folgt aus der Definition, wer als Ausländer zu betrachten ist.

**b) Sonderregeln.** Sie gelten für die in § 23 Abs. 2 SGB XII, § 1 Abs. 1 AsylbLG **20** aufgeführten Anspruchsteller und die durch die Sonderregelung des **§ 23 Abs. 1 S. 3** SGB XII erfassten Ausländer.

**aa) EU-Bürger.** Ein bevorzugter aufenthaltsrechtlicher Status wird Staatsangehö- **21** rigen der **EU-Mitgliedstaaten** durch ihre Unionsbürgerschaft (Art. 20 AEUV) zuteil, obwohl sie Ausländer sind (s. dazu § 1 FreizügigG/EU, BGBl. I 2004 S. 1986 in der geänderten Fassung des Gesetzes vom 22.12.2015, BGBl. I S: 2557). Zwar hat die EU für die Sozialhilfe keine umfassende Regelungskompetenz (*Fasselt,* ZfSH/SGB 2004, 658), aber EU-Recht wirkt in verschiedenster Weise auf das nationale Recht ein. Das FreizügigG/EU regelt nach dessen § 1 die Einreise und den Aufenthalt von Staatsangehörigen anderer Mitgliedstaaten der Europäischen Union (Unionsbürger) und ihrer Familienangehöriger. § 1 Abs. 2 Nr. 1 AufenthG bestimmt in Abgrenzung hierzu, dass das AufenthG keine Anwendung findet auf Ausländer, deren Rechtsstellung vom FreizügigG/EU geregelt ist.

Das Gemeinschaftsrecht unterscheidet beim Zugang zu den nationalen Sozialleis- **22** tungen zwischen **erwerbstätigen und nicht erwerbstätigen Unionsbürgern.** Gemäß Art. 7 VO/EWG Nr. 1612/68, der Richtlinie 2004/38/EG (abgedruckt in ZFSH/SGB 2004, 719), Art. 21 AEUV haben Arbeitnehmer, Selbständige und Personen sowie ihre Familienangehörigen aus EU-Ländern ein Aufenthaltsrecht bis zu drei Monaten. Hinzuweisen ist auf eine Regelungsasymmetrie zwischen der Unionsfreizügigkeit und der Unterscheidung des deutschen Sozialrechts zwischen erwerbsfähigen und sonstigen Personen (*Thym,* NZS 2016, 442), was zur Folge hat, dass der Arbeitssuchende i. S. der europarechtlichen Vorschriften nicht mit dem Erwerbsfähigen nach dem SGB II gleichzusetzen ist. § 2 Abs. 1a FreizügigG/EU setzt voraus, dass der arbeitssuchende Unionsbürger mit begründeter Aussicht auf Erfolg Arbeit sucht, was nach dem SGB II für dessen Anwendung keine Voraussetzung ist. Erst nach 6 Monaten hat sie als erfolglos zu gelten. Für die ersten 6 Monate besteht somit eine „Freizügigkeitsvermutung" (*Greiner/Koch*, NZS 2017, 202), nach welcher sich ein EU Ausländer in Deutschland rechtmäßig aufhält.

Als Arbeitnehmer gilt, wer eine tatsächliche und echte Tätigkeit ausübt, wobei **23** solche außer Betracht bleibt, die einen so geringen Umfang hat, dass sie völlig unwesentlich und untergeordnet ist (vgl. dazu *Dienelt*, Bermann/Dienelt, AuslR, § 2 FreizügigG/EU Rn. 45; *Fasselt,* Fichtner/Wenzel, BGB XII, § 23 Rn. 6; *Hailbronner,* ZFSH/SGB 2009, 200; LSG NRW 11.7.2007 – L 20 B 184/07 AS ER; EuGH 4.6.2009 – C-22/08 und C-23/08 – Vatsouras/Koupatantze).

24    Eine wirklich **eigenständige Bedeutung** gewinnt das **Gemeinschaftsrecht** bei Sozialhilfeleistungen nur insoweit, als das EFA Gleichstellungsdefizite zwischen EU-Ausländern und Inländern aufweist (*Haverkate/Huster,* Europäisches Sozialrecht, Rn. 378). Ausländer, auf die das EFA anzuwenden ist, sind schon danach Deutschen gleichgestellt.

25    Einen bedeutsamen Schritt in Richtung sozialer Vergünstigung über den Anwendungsbereich der Freizügigkeitsverordnung hinaus hat der EuGH in seinem Urteil Grzelczyk (EuGH, EuZW 2002, 56; s. dazu auch *Muckel,* Sozialrecht, § 20 Rn. 39; *Linhart/Adolph,* NDV 2004, 284; einschränkend jetzt allerdings EuGH 4.6.2009 – C-22/08 u.a.) getan. Auch der **nicht erwerbstätige,** sich **rechtmäßig** im Inland **aufhaltende Unionsbürger** hat das Recht auf **soziale Teilhabe.** Zugestanden wird ihm dieser verfestigte Anspruch aufgrund des Verbotes der Diskriminierung von Unionsbürgern (Art. 12 EG/Art. 18 AEUV) und der Unionsbürgerschaft nach Art. 20 AEUV (s. auch *Herbst,* Mergler/Zink, SGB XII, § 23 Rn. 32). Für die Sozialbehörde ergibt sich in der Praxis manche Schwierigkeit dadurch, dass das fortentwickelte Einreise- und Aufenthaltsrecht von EU-Bürgern sich nicht mehr an konstitutiven Maßnahmen der Ausländerbehörde orientieren kann. Des Weiteren ergeben sich Unklarheiten darüber, was es bedeutet, wenn der EuGH in seinen Entscheidungen auf die Rechtmäßigkeit des Aufenthalts abstellt und in der Sache Sala (Urt. v. 12.5.1998 – I-7091) die Rechtmäßigkeit des Aufenthalts schon aus dem Nichtgreifen von aufenthaltsbeendenden Maßnahmen ableitet (s. dazu auch *Hailbronner,* ZFSH/SGB 2009, 197). Insofern gilt die Fiktionswirkung des § 81 AufenthG, die nur durch eine aufenthaltsbeendende Maßnahme beendet werden kann. Die Lösung für die einzuschränkenden Leistungen könnte deshalb nur über eine durch das Aufenthaltsrecht nicht gesicherte Bleibeperspektive gefunden werden (*Greiser,* jurisPK-SGB XII, Anhang § 23 Rn. 123). Dass die fehlende Bleibeperspektive die Leistungen beeinflussen kann, ist verfassungsrechtlich vertretbar, weil der Bedarf an existenznotwendigen Leistungen von dem anderer Bedürftiger signifikant abweicht (vgl. BVerfG 18.7.2012 – 1 BvL 10/10; s. auch *Greiser,* jurisPK-SGB XII, Anhang zu § 23 Rn. 121).

26    Für **Arbeitsuchende,** namentlich aus den osteuropäischen, neuen Beitrittsländern (vgl. dazu Vertrag vom 16.4.2003, BGBl. II S. 1408), waren einige praktische, nicht überzeugend gelöste Probleme entstanden, die in Zukunft keine Rolle mehr spielen werden, weil die Übergangsregelungen ausgelaufen sind. Das gilt namentlich für Bulgaren und Rumänen, deren Sonderstatus als EU-Bürger am 31.12.2013 geendet hat (s. dazu auch *DV,* NDV 2013, 441 f. und die Rechtsprechungsnachweise bei *Tiedemann,* ZFSH/SGB 2013, 573).

27    **Touristen aus den EU-Staaten,** die während ihres Aufenthaltes z. B. krank werden, erhalten nach § 23 SGB XII Krankenhilfe, weil sie nicht eingereist sind, um Sozialhilfe in Deutschland in Anspruch zu nehmen (*Faselt,* ZFSH/SGB 2004, 672).

28    Keine Regelung trifft die Vorschrift zum **Leistungsexport.** Art. 10a VO (EWG) Nr. 1408/71 schließt den Export von beitragsunabhängigen Leistungen aus (vgl. dazu auch *Fuchs,* NZS 2007, 1). Durch die Neufassung des Art. 4 Abs. 2a VO (EWG) Nr. 1408/71 durch die VO (EG) Nr. 647/2005 und dem Anhang II a, in dem Leistungen der Grundsicherung im Alter und bei Erwerbsminderung aufgenommen worden sind, gilt, dass Leistungen nicht zu exportieren sind (*Fuchs,* NZS 2007, 6).

29    **bb) Flüchtlingskonvention.** Zu den Sonderregelungen gehört auch § 23 Genfer Flüchtlingskonvention (FK). In Deutschland ist eine formelle Flüchtlingsanerkennung zur Anwendungsvoraussetzung der FK erklärt, was nach dem sog. Souveränitätsargument rechtlich möglich ist (vgl. *Sauer,* InfAuslR 1993, 136). Die Sonderregelung des § 23 FK greift zugunsten von Flüchtlingen erst ein, wenn deren

Flüchtlingseigenschaft gemäß § 60 Abs. 1 AufenthG, § 31 Abs. 3 AsylVfG förmlich festgestellt worden ist.

Auf **Flüchtlinge** i. S. d. FK ist das Europäische Fürsorgeabkommen (EFA) anzu- **30** wenden, auch wenn der Hilfeberechtigte nicht aus einem Land kommt, das zu den Vertragsschließenden gehört. Die Anwendung folgt aus Art. 2 des Zusatzprotokolls zu dem Europäischen Fürsorgeabkommen (BVerwG 18.5.2000 – 5 C 28/99; BayVGH 1.7.1997 – 12 CE 96.2856; offengelassen von *Deiseroth,* DVBl. 1998, 123). Flüchtlinge i. S. d. FK halten sich gem. § 70 AsylVfG erlaubt in der Bundesrepublik Deutschland auf. Damit ist eine wesentliche Voraussetzung für die Gleichbehandlung mit Inländern erfüllt.

**cc) Asylberechtigte.** Eine weitere Ausnahme ist im Hinblick auf Art. 16a GG **31** i. V. m. § 1 AsylVfG für **anerkannte Asylberechtigte** zu machen.

**dd) Kontingentflüchtlinge.** Weitere Personengruppen, die dem § 23 Abs. 1 S. 4 **32** SGB XII zuzuordnen sind, sind Kontingentflüchtlinge (§ 1 des Gesetzes über Maßnahmen für im Rahmen humanitärer Hilfsaktionen aufgenommener Flüchtlinge, BGBl. 1980 S. 1057) und **heimatlose Ausländer** (Gesetz über die Rechtstellung heimatloser Ausländer im Bundesgebiet, BGBl. 1951 I S. 269). Zum Sonderfall jüdischer Emigranten aus der ehemaligen Sowjetunion OVG Greifswald, FEVS 56, 310.

**ee) Nato–Truppenstatut.** Auf Angehörige und Zivilbedienstete der Stationie- **33** rungsstreitkräfte (**Art. 13 Abs. 1 Nato–Truppenstatut,** BGBl. II S. 1183) sind im Bundesgebiet geltende Bestimmungen über soziale Sicherheit und Fürsorge nicht anzuwenden. Gewährt der Entsendestaat keine Sozialleistungen kann aus Art. 13 wohl kein Verbot auf Gewährung von Sozialleistungen i. S. v. § 23 abgeleitet werden (vgl. *Birk* in: LPK-BSHG, § 120 Rn. 38; *Coseriu,* jurisPK-SGB XII, § 23 Rn. 44).

**ff) Schweiz und Österreich.** Deutschen nicht mehr gleichgestellt sind Schwei- **34** zer Staatsangehörige, seit die Vereinbarung zwischen der Bundesrepublik Deutschland und der Schweizer Eidgenossenschaft über die Fürsorge für Hilfsbedürftige gekündigt worden ist. Eine Gleichstellung gilt für Österreicher aufgrund eines bilateralen Abkommens (vgl. zum Ganzen auch *Fasselt,* Fichtner/Wenzel, SGB XII, § 23 Rn. 12). Hinzuweisen ist, dass das deutsch-österreichische Fürsorgeabkommen voraussetzt, dass die Hilfsbedürftigkeit erst nach der Aufenthaltsnahme in Deutschland eingetreten ist (*Coseriu,* jurisPK-SGB XII, § 23 Rn. 42).

**gg) Europäisches Fürsorgeabkommen (EFA).** Unterzeichnerstaaten sind **35** Belgien, Deutschland, Dänemark, Frankreich, Griechenland, Irland, Italien, Luxemburg, Malta, Niederlande, Norwegen, Portugal, Schweden, Spanien, Türkei und das Vereinigte Königreich. Österreich und Finnland sind dem EFA nicht beigetreten, ebenso Rumänien und Bulgarien. Durch das Zustimmungsgesetz vom 15.5.1956 (BGBl. II S. 563) ist das EFA transformiert worden und innerstaatliches Recht geworden (vgl. dazu auch BVerwG 14.3.1985 – 5 C 145/83). Wesentlicher Kern des EFA ist die sog. **Inländergleichbehandlung.** Das EFA ist nur auf die Personen anzuwenden, die sich in Deutschland **erlaubt** aufhalten, nicht auf Ausländer, die eingereist sind, um Sozialhilfe zu erlangen (§ 23 Abs. 3 S. 1 SGB XII; wie hier: *Coseriu,* jurisPK-SGB XII, § 23 Rn. 33; a. A. LSG Nds-Brem 23.5.2014 – L 8 SO 129/14 B; 8.1.2015 – L 8 SO 314/14 B ER). Das LSG Nds-Brem bleibt bei seiner Auffassung, dass das EFA auch auf die Ausländer anzuwenden ist, die bereits als bedürftige Personen eingereist sind, um Sozialhilfe zu erlangen. Es ist nicht Sinn des EFA, den bedürftig einreisenden Ausländer mit einem Inländer gleich zu behandeln (s. dazu *Greiser,* jurisPK-SGB XII Anhang zu § 23 Rn. 102). Erlaubt hält sich ein Ausländer auch auf, wenn die Fiktion des § 81 Abs. 3 AufenthG gilt (SG Braunschweig, 3.11.2014 – S 32 SO 124/14 ER). Bei Unionsbürgern, auf die das EFA anzuwenden ist, hat das LSG Bln-Bbg (14.3.2017 – L 15 SO 321/16 B ER) in einem Eilverfahren den Schluss gezogen, dass ein Aufenthalt erlaubt sei, solange keine wirksame Ausweisungsverfügung ergangen ist. Zu beachten sind aber die Vorbehalte, die Deutschland im Anhang II gemacht hat (BGBl. II 1991 S. 686) und die sich im Sozialhilferecht auf die Hilfen zur Überwindung besonderer sozialer Schwierigkeiten (§ 67 SGB XII = § 72 BSHG) und zum Aufbau einer selbständigen Existenz (§ 30 BSHG) beziehen. § 23 SGB XII geht als das jüngere Gesetz nicht dem transformierten, aber älteren EFA vor (*Fasselt,* Fichtner/Wenzel, SGB XII, § 23 Rn. 38).

36    Das **Problem des Vorbehalts** wirft für das Verhältnis SGB II und SGB XII neue Fragen auf, nachdem die Bundesregierung am 19.12.2011 einen Vorbehalt hinterlegt hat, wonach das SGB II nicht mehr unter das EFA fallen soll. Die Erklärung dieses Vorbehalts ist vom BSG (3.12.2015 – B 4 AS 43/15 R) als formell rechtmäßig erklärt angesehen worden. Auslöser für das Handeln der BReg war eine Entscheidung des BSG (19.10.2010 – B 14 AS 23/10 R; s. dazu *Kingreen,* SGb 2013, 133; s. jetzt BSG 3.12.2015 – B 4 AS 59/13 R), die einem französischen Staatsbürger Leistungen nach dem SGB II zugesprochen hatte. Hierbei hatte das BSG Leistungen des SGB II als Fürsorgeleistungen im Sinn des EFA angesehen (s. zum Ganzen auch *Coseriu,* jurisPK-SGB XII, § 23 Rn. 32 f.). Der nun erklärte Vorbehalt geht zulasten der Sozialhilfe. Wenn § 7 Abs. 1 S. 2 Nr. 2 SGB II i. V. m. dem Vorbehalt Leistungen für Personen, die zur Arbeitsuche eingereist sind, nach dem SGB II abstrakt ausschließen, greift die Kollisionsnorm des § 23 SGB XII nicht und es sind grundsätzlich Sozialhilfeleistungen zu erbringen (so auch *Greiser,* jurisPK-SGB XII, Anhang § 23 Rn. 97; str. s. z. B. LSG NRW 4.7.2012 – L 19 AS 763/12 B ER; LSG Bln-Bbg 9.5.2012 – L 19 AS 794/12 B ER; LSG Bln-Bbg 29.1.2015 – L 29 AS 3339/14 B ER; zu den weiteren Konsequenzen für Einreisende aus Osteuropa *Eichenhofer,* SGb 2011, 463).

37    Das EFA beinhaltet **keine Privilegierung** für die unter das Abkommen fallenden Personen, die eingereist sind, um Sozialhilfe zu erlangen (*Coseriu,* jurisPK-SGB XII, § 23 Rn. 34). Sinn und Zweck des EFA sprechen für einen Leistungsausschluss, weil ansonsten eine Wanderung von einem Leistungssystem zum anderen möglich ist (so *Greiser,* jurisPK-SGB XII, Vorb. Rn. 60; vgl. auch LSG Nds-Brem 23.5.2014 – L SO 129/14 B ER, s. dazu auch *Coseriu,* jurisPK-SGB XII, § 33.1f). Zur Einreise zum Zweck der Arbeitsuche: s. *Coseriu,* jurisPK-SGB XII, § 23 Rn. 33 f.

## 2. Leistungsumfang

38    **a) Hilfeanspruch.** Auf die in § 23 Abs. 1 S. 1 SGB XII aufgeführten Leistungen besteht ein Hilfeanspruch (Grundversorgung). Im Übrigen können Leistungen nach dem Ermessen der Behörde (Ermessensleistungen) gewährt werden (§ 23 Abs. 1 S. 3 SGB XII).

39    Zur Grundversorgung gehört die Hilfe zum Lebensunterhalt (§§ 27 ff. SGB XII), Hilfe bei Krankheit (§ 48 SGB XII), Hilfe für werdende Mütter und Wöchnerinnen (§ 50 SGB XII) und Hilfe zur Pflege (§ 61 SGB XII).

40    Ein Anspruch für Ausländer auf Eingliederungshilfe für behinderte Menschen, Hilfe zur Überwindung besonderer sozialer Schwierigkeiten, vorbeugende Gesundheitshilfe, Hilfe zur Familienplanung sowie bei Sterilisation besteht nicht (vgl. auch *Coseriu,* jurisPK-SGB XII, § 23 Rn. 24).

41    Die Formulierung „nach diesem Buch" ist als **Rechtsgrundverweisung** (*Decker,* Oestreicher SGB XII, § 23 Rn. 34) und nicht als Rechtsfolgenverweis zu verstehen, weil die Vorschrift darauf abzielt, Ausländer mit Inländern sozialhilferechtlich gleichzustellen, so dass die allgemeinen Grundsätze und die **Tatbestandsvoraussetzungen der jeweiligen Hilfenorm** vorliegen müssen. Dazu gehören der Grundsatz des Nachranges der Sozialhilfe (vgl. ThürOVG 13.2.1997 – 2 EO 514/96, ZFSH/SGB 1997, 291) und der Individualisierungsgrundsatz (vgl. auch *Decker,* Oestreicher,

§ 23 Rn. 35). Mit Blick auf den Nachranggrundsatz kann von einem Ausländer nicht verlangt werden, in sein Heimatland zurückzukehren, weil ansonsten die Vorschrift leerlaufen würde (LSG BW 29.1.2007 – L 7 SO 5672/06 ER-B; BVerwG 18.5.2000 – 5 C 29/98, Buchholz, 436.0 § 120 BSHG Nr. 10; *Coseriu*, jurisPK-SGB XII, § 23 Rn. 72). Zur Problematik der Rückreise ins Heimatland bei EU-Ausländern, s. jetzt Abs. 3. Ein Ausländer muss versuchen, seine Hilfebedürftigkeit zu beenden. Die Erklärung eines Dritten gegenüber dem Ausländeramt, die Kosten für den Lebensunterhalt eines Ausländers zu tragen (§ 68 AufenthG), begründet regelmäßig keinen Anspruch des leistungsberechtigten Ausländers (zu § 84 AuslG: BayVGH 23.2.1994 – 12 CE 94.101). Eine solche Verpflichtung kann zur Bedingung eines Aufenthaltstitels (§ 5 Abs. 1 Nr. 1 AufenthG) gemacht werden. Im Gegensatz hierzu ist eine solche Erklärung rechtswidrig, wenn sie für die Erteilung einer Duldung verlangt wird, auf die ein Anspruch besteht (*Bauer*, Bergmann/Dienelt, Ausländerrecht, § 68 Rn. 3). Zur Verpflichtungserklärung bei der Aufenthaltsgewährung durch die obersten Landesbehörden, s. § 23 Abs. 1 S. 3 AufenthG.

Der leistungsberechtigte Ausländer muss sich **im Inland tatsächlich aufhalten.** 42 Dieses Merkmal entspricht einem Grundsatz des Sozialhilferechts, wie er bereits in der Vorschrift des § 98 SGB XII zum Ausdruck kommt. Es kommt allein auf die physische Anwesenheit an (*Schlette*, Hauck/Noftz, § 23 Rn. 7). Unerheblich ist aus diesem Grund, ob sich der Ausländer erlaubt oder unerlaubt in Deutschland aufhält. Auch ein kurzer Aufenthalt als Tourist kann einen Hilfefall auslösen. Einem Ausländer ist Hilfe zum Lebensunterhalt nach dem SGB XII nur dann gemäß § 23 Abs. 1 SGB XII zu leisten, wenn er sich im Inland tatsächlich aufhält. Lediglich eine kurzfristige Abwesenheit während des Bewilligungszeitraums von regelmäßig einem Monat lässt die Zuständigkeit des Sozialhilfeträgers unberührt (LSG NRW 18.22016 – L 9 SO 175/15 – mit Anm. *Wahrendorf*, jurisPR-SozR 16/2016 Anm. 2).

**b) Grundsicherung (S. 2).** Die Leistungen des Vierten Kapitels bleiben unbe- 43 rührt. Damit haben Ausländer auch Anspruch auf Leistungen zur Grundsicherung im Alter und bei Erwerbsminderung. Damit ist jedoch kein weiter Anwendungsspielraum eröffnet, weil die Leistung von einem gewöhnlichen Aufenthalt in Deutschland abhängig ist.

**c) Kannleistungen (S. 3).** Bei der Entscheidung im Übrigen hat der Leistungs- 44 träger eine Ermessensentscheidung zu treffen (§ 23 Abs. 1 S. 3 SGB XII). Es geht um das Entschließungs- und das Auswahlermessen. Der Sozialhilfeträger ist gemäß § 35 Abs. 1 S. 2 SGB X gehalten, seine Ermessensentscheidung zu verlautbaren. Dabei ist eine Gewichtung zwischen der Notlage des Ausländers und den schwerwiegenden Folgen der Versagung der Leistung vorzunehmen (*Fasselt*, Fichtner/Wenzel, SGB XI, § 23 Rn. 23). Je stärker die Bindungen des Ausländers an die Bundesrepublik Deutschland sind, umso eher ist er bei der Hilfegewährung einem Deutschen gleichzustellen. Wichtige, zu beachtende Gesichtspunkte sind ein langjähriger, durch eigene Arbeit finanzierter Aufenthalt, Geburt in Deutschland, Ehe mit einem deutschen Staatsangehörigen (so wohl auch *Fasselt,* Fichtner/Wenzel, SGB XII, § 23 Rn. 23; *Schlette,* Hauck/Noftz, SGB XII, § 23 Rn. 37). Nicht zuzustimmen ist der Auffassung (*Schlette,* Hauck/Noftz, SGB XII, § 23 Rn. 37), die behördliche Ermessensentscheidung beinhaltet auch eine Abweichung von den Einkommensanrechnungen der § 85 f. SGB XII oder einer Vermögensanrechnung. Wie bereits ausgeführt, handelt es sich bei der Vorschrift des § 23 Abs. 1 SGB XII um eine Rechtsgrundverweisung, der zufolge nicht ohne Weiteres die Einkommensanrechnungsnormen durch eine Ermessensentscheidung überspielt werden dürfen.

**d) Daueraufenthalt (S. 4).** Satz 4 nimmt bestimmte Ausländer von den Ein- 45 schränkungen des Satzes 1 aus. Sie müssen über eine Niederlassungserlaubnis (§ 9

AufenthG) oder einen befristeten Aufenthaltstitel (§ 7 AufenthG) verfügen und sich voraussichtlich dauerhaft im Bundesgebiet aufhalten. Bei der Niederlassungserlaubnis kommt es nicht auf einen voraussichtlichen Daueraufenthalt an, weil sie bereits zu einem unbefristeten Aufenthalt berechtigt, anders jedoch bei einer Aufenthaltserlaubnis, die befristet ist oder zu einem bestimmten Zweck erfolgt. Nach der Gesetzesbegründung ist bei einem voraussichtlichen Daueraufenthalt vor allem an die Eheschließung von Ausländern mit Deutschen gedacht worden (vgl. BT-Drs. 15/1761). Bei der Erteilung einer Aufenthaltserlaubnis zum Studium (§ 16 Abs. 1 AufenthG) bereitet die Entscheidung über einen Daueraufenthalt Schwierigkeiten. Im Hinblick darauf, dass sich nach einem erfolgreichen Abschluss des Studiums die Aufenthaltserlaubnis um 18 Monate verlängern kann (§ 16 Abs. 4 AufenthG), kann man auch in diesen Fällen von einem Daueraufenthalt ausgehen (aA *Coseriu,* jurisPK-SGB XII, § 23 Rn. 28).

46    Bei der zweiten Alternative des Satzes 4 wird von der Sozialhilfebehörde eine Prognose erwartet (so auch *Herbst,* Mergler/Zink, SGB XII, § 23 Rn. 23), was letztlich eine sorgfältige Sachverhaltsermittlung erfordert.

## III. Verlust des Rechtsanspruchs

47    Nach der jetzigen Fassung sind im Gegensatz zum früheren Recht auch Berechtigte nach dem Vierten Kapitel vom Leistungsausschluss betroffen. Bisher fehlte eine solche Regelung. Die Leistungsausschlüsse sind an die des § 7 SGB II angepasst worden (BR-Drs. 587/16, S. 10). Durch die neue Formulierung ist klargestellt, dass auch EU-Ausländer, deren Leistungen nach § 7 SGB II ausgeschlossen sind, auch nicht im Ermessenswege Sozialhilfeleistungen erhalten können.

## 1. Abs. 3 S. 1 Nr. 1

48    Ausländer und ihre Familienangehörigen haben für die ersten drei Monate ihres Aufenthalts keinen Anspruch auf Leistungen nach Abs. 1 oder nach dem Vierten Kapitel, wenn sie weder in der Bundesrepublik Deutschland Arbeitnehmer oder Selbständige noch aufgrund des § 2 Abs. 3 FreizügigG/EU freizügigkeitsberechtigt sind.

49    In der Begründung zur Neufassung (BT-Drs. 18/20211) heißt es dazu, dass § 23 Abs. 3 an die Leistungsausschlüsse des § 7 Abs. 1 S. 2 SGB II angepasst werden. Der Leistungsausschluss für die ersten drei Monate wird mit dem Hinweis auf Art. 6 Abs. 1 der Richtlinie 2004/38 und § 2 Abs. 3 FreizügigG/EU begründet, wonach für Unionsbürger eine voraussetzungsfreies Bleiberecht besteht.

50    Es wird schwierig sein, die Dreimonatsfrist zu ermitteln, nachdem ein aufenthaltsrechtlicher Nachweis über die Einreise nicht mehr zu erbringen ist. Hier können sich die Sozialhilfebehörde allenfalls über die Meldebehörde bzw. durch Reisepapiere wie Fahrkarten oder Nachweise über Unterkünfte vorlegen lassen. Auch kann die Sozialbehörde die ersatzlos weggefallene Freizügigkeitsbescheinigung zur Prüfung der Drei-Monatsfrist nicht heranziehen (vgl. dazu LSG Bln-Bbg 14.3.2017 – L 15 SO 321/16 B).

51    Die Vorschrift wendet sich an Personen mit Arbeitnehmereigenschaft und Selbständige. Die Vorschrift konkretisiert die Arbeitnehmereigenschaft nicht näher. Es bietet sich an, auf die Rspr. des EuGH (23.3.1982 C-53/81, dazu auch *Harich*, Anhörung 18(11)851, S. 23) zur Arbeitnehmereigenschaft zurückzugreifen. Auch wenn die Tätigkeit als Arbeitnehmer nicht ausreichen muss, um davon den gesamten Lebensunterhalt bestreiten zu können, darf die Tätigkeit nicht einen solchen Umfang haben, dass sie als Lohn oder Gehaltsverhältnis von völlig untergeordneter Bedeutung ist (s. dazu EuGH 4.6.2009 – C 22/08 und C 23/08).

## 2. Abs. 3 Nr. 2

Es handelt sich einen Ausschluss, der sich an Personen wendet, die über kein **52** Aufenthaltsrecht verfügen oder sich im Bundesgebiet zur Arbeitsuche aufhalten. Der Gesetzgeber koppelt an das fehlende Aufenthaltsrecht die Versagung der Sozialhilfeleistungen. Der sachliche Grund ist darin zu sehen, dass das Sozialstaatsprinzip keineswegs erfordert, illegal sich aufhaltende Personen mit Sozialhilfeleistungen zu versorgen. Für diese Personen kann es keinen Anspruch auf Sozialhilfeleistungen geben, auf die Deutsche einen Anspruch haben können.

Der zweite Teil der Vorschrift ist eine Folge davon, dass die Rspr. den Ausschluss **53** von arbeitsuchenden Ausländern durch die subsidiäre Anwendung des SGB XII abgemildert hatte (vgl. z. B. LSG NRW 4.9.2006 – L 20 B 73/06 SO ER und 3.11.2006 – L 20 B 248/06, s. dazu auch *Kunkel/Frey*, ZfSH/SGB, 2008, 387; s. auch EuGH Alimanovic C 67/14). Der Gesetzgeber hat die von der Rspr. aufgedeckte Systemlücke durch das SGB XII-Änderungsgesetz vom 2.12.2006 (BGBl. I S. 2670) geschlossen, in dem er nun für das SGB XII Leistungen grundsätzlich ausschließt, wenn die Einreise zur Arbeitsuche erfolgt. § 7 Abs. 1 S. 2 SGB II hatte bereits eine entsprechende Einschränkung. Die Einschränkung zielt zwar in erster Linie auf Unionsbürger ab, auf die die Regelung des Art. 24 Abs. 2 i. V. m. Art. 14 Abs. 4b der Richtlinie 2004/38 EG anzuwenden ist (s. EuGH, Urt. v. 4.6.2009, Vatsouras, C-22/08). Die in das SGB XII aufgenommene Regelung gilt gleichermaßen für Nicht-EU-Bürger (*Schlette*, Hauck/Noftz, SGB XII, § 23 Rn. 54a).

Der Begriff der Arbeitssuche ist weder im SGB XII noch im FreizügigG/EU **54** definiert. Er meint die Suche nach einer abhängigen Beschäftigung (*Schlette*, Hauck/Noftz, SGB XII, § 23 Rn. 54c; *Coseriu*, jurisPK-SGB XII, § 23 Rn. 66). Vgl. auch § 15 SGB III.

## 3. Abs. 3 Nr. 3

Die Vorschrift schließt Sozialhilfeleistungen für Personen aus, die ihr Aufenthalts- **55** rechtallein oder neben einem Aufenthaltsrecht nach Nummer 2 aus Art. 10 der Verordnung (EU) aus, wobei davon wohl nur eine geringe Zahl von Personen betroffen sein wird.

## 4. Abs. 3 Nr. 4

Der Hilfeanspruch entfällt, wenn der Leistungsberechtigte lediglich zur Erlangung **56** von Sozialhilfe in die Bundesrepublik eingereist ist. Der Einreiseentschluss ist für jedes Familienmitglied zu ermitteln.

Minderjährige müssen sich die Beweggründe ihrer Eltern zurechnen lassen **57** (BVerwG 30.10.1979 – 5 C 31/78; *Decker*, Oestreicher, SGB II/XII, § 23 SGB XII Rn. 65; *Coseriu*, jurisPK-SGB XII, § 23 Rn. 57). Das gilt allerdings nur für solche Ausländer unter 16 Jahren (*Schlette*, Hauck/Noftz, SGB XII, § 23 Rn. 47). Hingegen wird in der Literatur als entscheidend angesehen, ob Kinder im Hinblick auf eine Aufenthaltsaufnahme über einen natürlichen Willen verfügen (so *Coseriu*, jurisPK-SGB XII, § 23 Rn. 57). Unscharf bleibt die von *Coseriu*, jurisPK-SGB XII, § 23 Rn. 57, vorgenommene Unterscheidung. Bei einem Kleinkind, das zu einem Einreiseentschluss nicht fähig ist, soll es doch auf den Willen der Eltern ankommen. In der praktischen Handhabung spielen diese unterschiedlichen Kriterien keine so wesentliche Rolle, weil in der Regel die Aufenthaltsnahme in Deutschland von einem gemeinsamen Willen getragen wird.

Sind Kinder in der Bundesrepublik Deutschland geboren, stellt sich die Frage des **58** Ausschlusses nicht (OVG NRW 27.11.1997 – 8 A 7050/95, FEVS 48, 541).

Die Ausschlussregelung bezieht sich nur auf den Anspruch von Leistungen, nicht **59** auf den in § 23 Abs. 1 S. 3 SGB XII geregelten Anspruch auf eine fehlerfreie Ermessensentscheidung, selbst wenn sich diese zu einem Anspruch verdichtet hat (vgl. auch *Adolph,* Linhart/Adolph, SGB XII, § 23 Rn. 76).

60    Aus dem Wortlaut der Vorschrift hat die Rechtsprechung schon sehr frühzeitig gefolgert, dass die Inanspruchnahme von Sozialhilfe ein **prägendes Motiv** gewesen sein muss (BVerwG 4.6.1992 – 5 C 22/87) Das ist jetzt ganz h. M. (vgl. *Hohm,* Schellhorn/Hohm/Scheider, SGB XII, § 23 Rn. 25; *Coseriu,* jurisPK-SGB XII, § 23 Rn. 54; *Schlette,* Hauck/Noftz, SGB XII, § 23 Rn. 46). Zwischen dem Einreiseentschluss und der Inanspruchnahme von Sozialhilfe muss ein **finaler Zusammenhang** (prägende Bedeutung) bestehen (vgl. LSG Bln-Bbg 10.9.2009 – L 23 SO 117/06; LSG BW 22.6.2016 – L 2 SO 2045/16 ER-B). Eine billigende Inkaufnahme oder ein fahrlässiges Verhalten (LSG NRW 22.4.2015 – L 9 SO 496/14 B ER) reicht nicht aus. Der Einzelfall ist zu beachten (*Decker,* Oestreicher, SGB II/XII, § 23 SGB XII Rn. 68).

61    Nicht nur, weil dem **Hilfeträger** für den Ausschlussgrund die **Beweislast** aufgebürdet wird, sondern auch, weil der Amtsermittlungsgrundsatz eine Sachaufklärung durch den Hilfeträger erfordert, hat dieser, möglicherweise unter Zuhilfenahme von Dolmetschern, den Ausländer nach seiner Einreisemotivation zu befragen (vgl. auch *Schlette,* Hauck/Noftz, SGB XII, § 23 Rn. 49). Sie ergibt sich in erster Linie aus den eigenen Erklärungen. Widersprüchliche oder unklare Darstellungen gehen zu seinen Lasten (*Deibel,* NWVBl. 1996, 50). Ergänzend können die Akten der Ausländerbehörde beigezogen werden. Der Ausländer hat, weil es um subjektive, seinen Entschluss bestimmende Tatsachen geht, diese widerspruchsfrei darzulegen (Sphärengrundsatz). Ergeben sich hierbei Defizite in der Sachaufklärung, kann die Beweislast nicht beim Hilfeträger bleiben, weil es diesem unmöglich ist, die in das Wissen des Leistungsberechtigten gestellten Tatsachen zu beweisen **(Umkehr der Beweislast).**

62    Ein verlässliches Indiz für den finalen Zusammenhang zwischen Einreise und Hilfegewährung ist ein Hilfeantrag, der bereits wegen fehlender Mittel kurz nach der Einreise gestellt wird. Weitere Indizien sind eine Visaerteilung ohne die Genehmigung zur selbstständigen oder unselbstständigen Arbeitsaufnahme. Die bloße Hoffnung, in Deutschland möglicherweise eine Arbeit zu finden, ist ein Hinweis für die prägende Einreiseabsicht, in den Genuss von Sozialhilfe zu gelangen. Wer sich schon einmal in Deutschland aufgehalten hat, mit den hiesigen Verhältnissen vertraut ist und mittellos wieder einreist, auf den wird der Ausschlusstatbestand zutreffen (*Decker,* Oestreicher, SGB II/XII, § 23 SGB XII Rn. 64).

63    Gegen die Annahme einer entsprechenden Einreiseabsicht kann sprechen, dass Verwandte oder Freunde tatsächlich über solche finanziellen Mittel verfügen, die es dem Ausländer über einen längeren Zeitraum ermöglichen, unabhängig von der Sozialhilfe zu leben (LSG Bln-Bbg v. 10.9.2009 – L 23 SOI 117/06: Annahme, dass die Tochter für den Lebensunterhalt sorgen wird). Ausländer, die einreisen, um die eheliche Lebensgemeinschaft mit dem hier lebenden Ehepartner aufzunehmen (*Schlette,* Hauck/Noftz, SGB XII, § 23 Rn. 47), sind von der Hilfegewährung nicht ausgeschlossen.

64    Ein wichtiges Indiz für ein prägendes Motiv kann sein, dass ein Ausländer sich bereits in der Bundesrepublik aufgehalten hat, ausgereist und wieder eingereist ist und nach wenigen Tagen Sozialhilfeleistungen beansprucht. Andererseits kann der Wunsch zur Fortführung der ehelichen Lebensgemeinschaft für die Einreise prägend gewesen sein, so dass die Einreise zur Erlangung von Sozialhilfeleistungen dahinter zurückstehen kann (s. auch *Coseriu,* jurisPK-SGB XII, § 23 Rn. 55.1).

## 5. Eingeschränkte Leistungen

65    **a) Ausnahme von den Einschränkungen (Satz 2).** Von den in Abs. 3 S. 1 formulierten Einschränkungen macht S. 2 für die Ziffern 1 und 4 wiederum eine

Ausnahme. Kapitel 2 Abschnitt 5 des AufenthG betrifft verschiedene Möglichkeiten eines rechtmäßigen Aufenthalts. Diese Ausnahme folgt einer inneren Systematik des AufenthG. Nach § 22 AufenthG kann einem Ausländer eine Aufenthaltserlaubnis aus völkerrechtlichen oder dringenden humanitären Gründen erteilt werden. Völkerrechtliche Gründe können sich aus Interessen anderer Staaten oder internationaler Organisationen ergeben, denen die Bundesrepublik mit Rücksicht auf verbindliche Regelungen oder andere Bestimmungen des Völkerrechts entgegenzukommen bereit ist (*Dienelt/Bergmann*, Ausländerrecht, § 22 Rn. 7).

Dringende humanitäre Gründe sind solche von Ausnahmesituation, denen sich **66** Deutschland aus ethischen Gründen nicht verschließen kann.

Nach § 23 AufenthG haben die obersten Landesbehörden die Möglichkeit, aus **67** völkerrechtlichen oder humanitären Gründen oder zur Wahrung der politischen Interessen der Bundesrepublik Ausländern aus bestimmten Staaten oder bestimmten Ausländergruppen eine Aufenthaltserlaubnis zu erteilen.

Ferner besteht die Möglichkeit, in Härtefällen einen Aufenthalt (§ 23a AufenthG) **68** oder zum vorübergehenden Schutz zu gewähren (§ 24 AufenthG).

Weitere Gründe sind der Aufenthalt aus humanitären Gründen (§ 25 AufenthG) **69** oder bei Jugendlichen (§ 25a AufenthG) oder bei nachhaltiger Integration (§ 25b AufenthG).

**b) Überbrückungsleistungen (Abs. 3 S. 3).** Mit Satz 3 hat der Gesetzgeber in **70** die Nomenklatur des SGB XII mit den Überbrückungsleistungen einen neuen Begriff eingeführt. Diese Leistungen betreffen alle ausländischen Personen, deren Grundsicherungsansprüche ausgeschlossen und die hilfsbedürftig sind. Die Vorschrift orientiert sich an § 1a Abs. 2 AsylbLG (BR-Drs. 587/16, S. 10).

Die Hilfe ist **zeitlich** und **inhaltlich** beschränkt. Der Anspruch auf Überbrü- **71** ckungsleistungen besteht nicht länger als einen Monat und er ist in einem Zweijahreszeitraum nur **einmal** geltend zu machen. Mit dieser Frist will der Gesetzgeber Fehlanreize ausschließen und sicherstellen, dass nach einer kurzen Ausreise eine Wiedereinreise wiederum Leistungen beansprucht werden. In der Zweijahresfrist sieht der Gesetzgeber den Vorteil, dass auf wiederkehrende Lebensumstände reagiert werden kann (BR-Drs. 587/16, S. 10). Um zu verhindern, dass Überbrückungsleistungen mehrfach ausgezahlt werden, schafft § 118 die Möglichkeit eines **Datenaustauschs.**

**Inhaltlich** beschränken sich die Leistungen auf das dringend für den Ausreisemo- **72** nat notwendige Existenzminimum. Der Gesetzgeber geht davon aus, dass sich in dem vor der Vorschrift eingeräumten Monat eine Ausreisemöglichkeit findet. Darin konkretisiert sich die Mitwirkungsobliegenheit (§ 2) des Leistungsberechtigten.

Der Leistungsinhalt lehnt sich an der Vorschrift des § 1a Abs. 2 AsylbLG an. Dort **73** wie hier stellt sich die Frage nach der **Verfassungsmäßigkeit** der Vorschrift unter Einbeziehung der Rspr des BVerfG vom 18.7.2012 (1 BvL 10/10 und 2/11). Vgl. auch § 1a AsylbLG. Grundsätzlich schließt das Grundrecht auf ein menschenwürdiges Leben Leistungseinschränkungen nicht aus, wenn sie sich wie hier noch oberhalb des äußersten Leistungsminimums bewegen.

Die Überbrückungsleistungen umfassen nach Satz 4 Nr. 1–5 Leistungen zur **74** Deckung des Bedarfs für Ernährung sowie Körper- und Gesundheitspflege, Leistungen zur Deckung des Bedarfs für Unterkunft und Heizung in angemessener Höhe einschließlich der Bedarfe nach § 35 Abs. 4 und § 30 Abs. 7, die zur Behandlung akuter Erkrankungen und Schmerzzuständen erforderliche ärztliche und zahnärztliche Behandlung einschließlich der Versorgung mit Arznei- und Verbandmitteln sowie sonstiger zur Genesung, zur Besserung oder zur Linderung von Krankheiten oder Krankheitsfolgen erforderlichen Leistungen sowie Leistungen nach § 50 Nr. 1 bis 3.

**75**    **Formal** sind die Leistungsberechtigten über die Einschränkung der Leistungen und die Gewährung von angemessenen Kosten der Rückreise (Abs. 3a) zu **unterrichten.** Auch in diesem Punkt schließt die Vorschrift an § 1a AsylbLG an. Die Gesetzgeber hat keine Anhörung, sondern nur eine Unterrichtung vorgeschrieben, was ein rechtliches Minus gegenüber der Anhörung ist. Mit der Unterrichtung erfüllt die Vorschrift eine Warnfunktion, fehlt sie, macht das die Leistungen nicht rechtswidrig und die Leistungsgewährung nicht anfechtbar. Die verfahrensrechtlichen Vorschriften des SGB X sind auf eine Anhörung, nicht auf eine Unterrichtung abgestellt.

**76**    **c) Härteregelung und Leistungsverlängerung.** Satz 6 fasst zwei Tatbestände zusammen, eine Härteregelung und eine Verlängerung der Überbrückungsleistungen. Mit dieser Öffnungsklausel bleibt die Regelung verfassungskonform, weil dem Leistungsträger die Möglichkeit eröffnet wird, der Besonderheit des Einzelfalles (§ 9) Rechnung zu tragen. Durch die Härtefallregelung soll sichergestellt werden, dass innerhalb der Leistungsfrist von einem Monat auch über das gewährte Niveau der vorgesehenen Überbrückungsleistungen hinausgehende Bedarfe gedeckt werden kann (BR-Drs. 587/16, S. 11). Gedacht wird zB. an zusätzliche Kleidung. Es muss sich um einen Härtefall handeln, bei der Einzelfall gewürdigt werden kann und bei dem die Überwindung einer zeitlich befristeten Bedarfslage, die im Blick gehalten werden muss, geboten ist. Hierbei spielen Zumutbarkeitsgesichtspunkte eine Rolle. Ein möglicher Härtefall können technische Schwierigkeiten bei der Ausreise oder Verzögerungen durch Krankheit sein, die durch ein amtsärztliches Attest festgestellt werden sollte (BR-Drs. 587/16, S. 11).

**77**    **d) Ausnahme bei dauerhaftem Aufenthalt.** Eine Ausnahme wird bei einem fünfjährigen Daueraufenthalt gemacht. Ausländer müssen sich ohne wesentliche Unterbrechungen im Bundesgebiet aufgehalten haben, was Abwesenheit aufgrund von Ferien oder Familienbesuchen zulässt.

**78**    Hiervon wird wiederum die Ausnahme gemacht, wenn der Ausländer sein Recht aus § 2 Abs. 1 des FreizügigG/EU verloren hat. Unionsrechtlich freizügigkeitsberechtigt sind:

1. Unionsbürger, die sich als Arbeitnehmer oder zur Berufsausbildung aufhalten wollen,
2. Unionsbürger, die sich zur Arbeitsuche aufhalten, für bis zu sechs Monate und darüber hinaus nur, solange sie nachweisen können, dass sie weiterhin Arbeit suchen und begründete Aussicht haben, eingestellt zu werden,
3. Unionsbürger, wenn sie zur Ausübung einer selbständigen Erwerbstätigkeit berechtigt sind (niedergelassene selbständige Erwerbstätige),
4. Unionsbürger, die, ohne sich niederzulassen, als selbständige Erwerbstätige Dienstleistungen im Sinne des Artikels 57 des Vertrages über die Arbeitsweise der Europäischen Union erbringen wollen (Erbringer von Dienstleistungen), wenn sie zur Erbringung der Dienstleistung berechtigt sind,
5. Unionsbürger als Empfänger von Dienstleistungen,
6. nicht erwerbstätige Unionsbürger unter den Voraussetzungen des § 4,
7. Familienangehörige unter den Voraussetzungen der §§ 3 und 4,
8. Unionsbürger und ihre Familienangehörigen, die ein Daueraufenthaltsrecht erworben haben. Es muss durch einen Bescheid festgestellt werden, dass der Unionsbürger seines Freizügigkeitsrechts verlustig gegangen ist.

**79**    Die Satz 8 schreibt genau vor, wie die Frist eines fünfjährigen Aufenthalts zu berechnen ist. Sie beginnt mit der Anmeldung bei der zuständigen Ausländerbehörde. Die Zeiten eines nicht rechtmäßigen Aufenthaltes (Satz 9), in denen sich Ausländer nicht rechtmäßig in Deutschland aufgehalten haben, werden nicht eingerechnet.

## IV. Rückreisekosten (Abs. 3a)

Abs. 3a ist durch G vom 22.12.2016 eingefügt worden. Der Absatz ergänzt die **80** Regelungen zu den Überbrückungsleistungen. Es handelt sich um zusätzliche, nicht um zu den Überbrückungsleistungen akzessorische Ansprüche.

Es handelt sich um eine der wenigen Leistungen nach dem SGB XII, die **antrags-** **81** **abhängig** sind.

Verfügt der Ausländer über ausreichende Mittel, um seine Rückreise zu finanzie- **82** ren, bleiben dann aber keine Mittel, um die Überbrückungsleistungen selbst oder mit Hilfe Dritter zu finanzieren, ist Abs. 3a S. 1 entsprechend heranzuziehen.

Die Rückreisekosten sind als **Darlehen** zu erbringen. In der Sache ist dieses **83** Darlehen ein verkappter Zuschuss, es sei denn der Unionsbürger kehrt irgendwann nach Deutschland zurück, und kann das Darlehen zurückzahlen. Ansonsten ist der bürokratische Gang zu kompliziert, um die Rückforderung eines im Ausland Befindlichen durchzusetzen.

## V. Rückführungs- und Weiterwanderungsprogramme (Abs. 4)

Aus der Bestimmung, dass der Sozialhilfeträger auf Rückführungs- und Weiter- **84** wanderungsprogramme hinweist, kann nicht der Schluss gezogen werden, dass deren Nichtausnutzen zur Einstellung der Hilfe führt. Diese Vorschrift soll als Hilfenorm verstanden werden, die auf die „Reintegration and Emigration Programme for Asylseekers in Germany" (REAG) und das „Government Assisted Repatriation Programme" (GARP) hinlenken soll.

## VI. Verstoß gegen räumliche Beschränkungen (Abs. 5)

Dieser Absatz ist durch G vom 31.7.2016 eingefügt worden. Die Hilfe ist bis **85** auf das unabweisbar Gebotene zu beschränken, wenn gegen ausländerrechtliche räumliche Beschränkungen verstoßen wird (S. 1). Mithilfe dieser Vorschrift soll eine ausländerpolitisch nicht erwünschte Binnenwanderung verhindert werden (s. auch *Groth*, BeckOK, § 23 Rn. 23). Die Sozialhilfelasten sollen gleichmäßig verteilt werden. Aus verfassungsrechtlicher Sicht ist gegen die Vorschrift nichts einzuwenden. Sie schränkt die Freizügigkeit eines Ausländers, die durch Art. 2 Abs. 1 GG geschützt ist, nicht ein, sondern den Anspruch auf Fürsorge.

Deswegen kann die Vorschrift auch nicht im Verhältnis zu § 98 SGB XII als **86** Sondernorm verstanden werden. Selbst wenn man in den mittelbaren Auswirkungen der Vorschrift faktisch eine verfassungsrechtlich relevante Einschränkung des Freizügigkeitsrechtes sehen will (so der missverständliche Ansatz des BVerfG 17.9.1997 – 1 BvR 1401/97, FamRZ 1997, 1469), ist Art. 2 Abs. 1 GG nicht in seinem Wesenskern verletzt. Das öffentliche Interesse an einer angemessenen Verteilung der Sozialhilfekosten unter den Bundesländern und die Vermeidung von missbräuchlicher Inanspruchnahme von Sozialhilfe rechtfertigt verfassungsrechtlich eine mittelbare Einschränkung des Rechts auf freie Wahl des Aufenthaltsortes (vgl. dazu *Deiseroth*, ZAR 2000, 7).

Die Vorschrift ist an das AufenthG angepasst worden, indem zum Tatbestand auch **87** die Wohnsitzauflage und die aufenthaltsrechtlich mögliche, aber politisch umstrittene Wohnsitzregelung des § 12a AufenthG aufgenommen worden ist (Regelung bis zum 6.8.2019).

Für den **Anwendungsbereich** der Vorschrift gilt auch nach Inkrafttreten des **88** SGB XII die zum inhaltsgleichen § 120 BSHG ergangene Entscheidung des BVerwG vom 18.5.2000 – 5 C 29/98 (FEVS 51, 433). Danach ist die Vorschrift in ihrem

Anwendungsbereich erheblich eingeschränkt, weil sie für Personen i. S. d. **Genfer Flüchtlingskonvention** nicht gelten kann. Art. 1 EFA, der gem. Art. 2 des Zusatzprotokolls zu diesem Abkommen auf Flüchtlinge, die sich auf Grund der Genfer Flüchtlingskonvention erlaubt in Deutschland aufhalten, anzuwenden ist, geht als Sonderrecht vor. § 23 Abs. 5 SGB XII verdrängt auch nicht als späteres Recht Art. 1 EFA, weil ein derartiges Verständnis nicht im Einklang mit den von der Bundesrepublik eingegangenen völkerrechtlichen Verpflichtungen stehen würde.

89     Ausländerrechtlich kann eine Aufenthaltsgenehmigung (§ 12a AufenthG) **räumlich beschränkt** werden. § 12a AufenthG ist eingefügt durch G v. 31.7.2016 (BGBl. I S. 1939, zur verfassungsrechtlichen Problematik s. VG Gelsenkirchen 10.2.2017 – 8 L 2836/16). Es handelt sich um einen Dauerverwaltungsakt (VG Freiburg 30.6.2011 – 4 K 1073/10). § 12a AufenthG berechtigt nicht, einen Ausländer zu veranlassen, in einem bestimmten Bereich seine Wohnung zu nehmen (sog. abdrängende Wohnsitzaufnahme, s. dazu OVG HH, InfAuslR 2012, 431). Da die Vorschrift auf ausländerrechtliche Regelungen verweist, die durch Verwaltungsakt konkretisiert werden, hat die Sozialbehörde hierüber kein eigenes Prüfungsrecht. Von der bestandskräftigen Entscheidung der Ausländerbehörde geht eine Tatbestandswirkung aus, durch die der Hilfeträger gebunden ist.

90     **Örtlich zuständig** ist der **Aufenthaltsort.** Rechtsfolge ist, die nach den Umständen des Einzelfalles gebotenen Leistung (S. 1). In S. 2 wird diese Rechtsfolge als Reisebeihilfe ausgewiesen, woraus sich eine Parallelität zu § 11 AsylbLG ergibt. Nach S. 3 ist in den Fällen des § 12a Abs. 1 und 4 AufenthG regelmäßig eine **Reisebeihilfe** zu dem Ort im Bundesgebiet zu gewähren, an dem der Ausländer seinen Wohnsitz begehrt und an dem die Wohnsitznahme zulässig ist.

91     Die Vorschrift der Wohnsitznahme betrifft Ausländer, die als Asylberechtigte, als Flüchtlinge i. S. d. § 3 Abs. 1 AsylG sowie als subsidiär Schutzberechtigter i. S. v. § 4 AsylG anerkannt sind. Nach § 12a Abs. 4 AufenthG kann ein Ausländer, der der Verpflichtung des Abs. 1 unterliegt, zur Vermeidung von sozialer und gesellschaftlicher Ausgrenzung auch verpflichtet werden, seinen Wohnsitz nicht an einem bestimmten Ort zu nehmen, insbesondere wenn zu erwarten ist, dass der Ausländer Deutsch dort nicht als wesentliche Verkehrssprache nutzen wird.

92     An die Stelle einer Reisebeihilfe treten bei Reiseunfähigkeit die vollen Sozialhilfeleistungen (BR-Drs. 266/16).

93     Neu aufgenommen ist in S. 4 eine **Informationspflicht** des örtlich zuständigen Trägers des Leistungsortes an den Leistungsträger des bisherigen Ortes. Es handelt sich nicht um eine Anhörung nach § 24 SGB X. Der Gesetzgeber verspricht sich bei einem Wechsel des Aufenthaltsortes und der entsprechenden Information, dass der bisherige Leitungsträger darauf leistungsrechtlich entsprechend reagieren kann (BR-Drs. 266/16).

94     § 23 Abs. 5 S. 2 a. F. ist gestrichen worden, weil der Anwendungsbereich des S. 1 bereits ausreicht. Eine Rückausnahme von Satz 5 macht Satz 6. Satz 5 erklärt die Sätze 1 und 2 für Ausländer anwendbar, die eine räumlich beschränkte Aufenthaltserlaubnis nach den §§ 23a, 24 Abs. 1 oder § 25a Abs. 4 oder 5 AufenthG besitzen. § 23a AufenthG betrifft die Aufenthaltsgewährung in Härtefällen. Verzieht ein Ausländer berechtigter Weise in den Zuständigkeitsbereich eines anderen Sozialhilfeträgers, ergibt sich nach § 23a Abs. 3 AufenthG eine Pflicht zur Kostenerstattung. § 24 Abs. 1 AufenthG erfasst Ausländer, denen ein vorübergehender Schutz gewährt wird. Die Verteilung erfolgt in analoger Anwendung des § 45 AsylG (*Dienelt/Bergmann*, AuslR, § 24 Rn. 14). Die Sätze 1 und 2 sind auf Ausländer anzuwenden, wenn sie sich außerhalb des Landes aufhalten, in dem der Aufenthaltstitel erstmals erteilt worden ist. Das Land, das den Titel verlängert hat, ist nicht leistungspflichtig (zum früheren Recht: OVG HH 16.9.1998 – 4 bf 294/98; OVG Bln 27.8.1997 – 6 S 129.97, FEVS 48, 40; a. A. VGH Kassel 17.12.1998 – 1 TG 3529/98, FEVS 51, 222 unter Berufung auf BVerfG FamRZ, 1997, 1469, das über diese Fallkonstellation nicht

entschieden hat). Nur die hier bevorzugte Auffassung entspricht dem Normzweck, lang dauernde Soziallasten gleichmäßig zu verteilen. Auch der Wortlaut, der allgemein auf den Aufenthaltstitel und nicht auf eine Aufenthaltsdauer abhebt, legt nahe, dass es nicht auf deren Verlängerung durch ein anderes Bundesland ankommen kann. **Ausnahmen** waren nach bisherigem Recht anerkannt, wenn Grundrechte wie z. B. Art. 6 GG eine andere verfassungskonforme Auslegung geboten haben (NdsOVG 16.6.2000 – 4 M 1928/00, FEVS 52, 82). Satz 6 formuliert in verfassungskonformer Weise Ausnahmen zum Schutz der Ehe und Familie und aus vergleichbar wichtigen Gründen, womit nur solche von einer gewissen Verfassungsrelevanz gemeint sein können.

Eine weitere Ausnahme muss zugelassen werden, wenn ein Ausländer längere **95** Zeit sozialhilfeunabhängig in einem anderen Bundesland gelebt hat und hilfebedürftig wird. Hier ist die Ausnahme geboten, weil sie offenkundig dem Zweck der Regelung, ausländerrechtlich nicht erwünschte Binnenwanderungen zu verhindern, nicht entgegensteht.

Aus verfassungsrechtlichen Gründen- Schutz von Ehe und Familie nach Art. 6 **96** GG findet Satz 5 der Vorschrift keine Anwendung. Die Ausnahme gilt auch für vergleichbar gewichtige Gründe.

## VII. Prozessuale Fragen

Aus verfahrensökonomischen Gründen war eine Vorabentscheidung über den **97** Ausschluss von Sozialhilfeleistungen nach verwaltungsgerichtlicher Rspr. möglich (BVerwG, NVwZ-RR 1999, 34; *Decker,* Oestreicher, SGB II/XII, § 23 SGB XII Rn. 70). Ob man eine Grundentscheidung ohne ausdrückliche Gesetzesgrundlage zulassen kann, ist fraglich. Ein gerichtliches Verfahren auf diesem Felde bleibt wie in Fällen des SGB III und des SGB II in der Regel ein Höhenstreit (BSG 25.3.2005 – B 11/11 a AL 81/04 R). Zwar kann ein Kläger die zu entscheidende Rechtsfrage auch bei einem Höhenstreit einschränken (BSG 20.10.2005 – B 7 a AL 50/05 R), weil aber selbst bei Vorliegen der Anspruchseinschränkung eine Ermessensentscheidung zu treffen ist, dürfte eine Vorabentscheidung problematisch sein.

## § 24 Sozialhilfe für Deutsche im Ausland

(1) **¹Deutsche, die ihren gewöhnlichen Aufenthalt im Ausland haben, erhalten keine Leistungen. ²Hiervon kann im Einzelfall nur abgewichen werden, soweit dies wegen einer außergewöhnlichen Notlage unabweisbar ist und zugleich nachgewiesen wird, dass eine Rückkehr in das Inland aus folgenden Gründen nicht möglich ist:**
1. **Pflege und Erziehung eines Kindes, das aus rechtlichen Gründen im Ausland bleiben muss,**
2. **längerfristige stationäre Betreuung in einer Einrichtung oder Schwere der Pflegebedürftigkeit oder**
3. **hoheitliche Gewalt.**

(2) **Leistungen werden nicht erbracht, soweit sie von dem hierzu verpflichteten Aufenthaltsland oder von anderen erbracht werden oder zu erwarten sind.**

(3) **Art und Maß der Leistungserbringung sowie der Einsatz des Einkommens und des Vermögens richten sich nach den besonderen Verhältnissen im Aufenthaltsland.**

(4) **¹Die Leistungen sind abweichend von § 18 zu beantragen. ²Für die Leistungen zuständig ist der überörtliche Träger der Sozialhilfe, in dessen**

Bereich die antragstellende Person geboren ist. [3]Liegt der Geburtsort im
Ausland oder ist er nicht zu ermitteln, wird der örtlich zuständige Träger
von einer Schiedsstelle bestimmt. [4]§ 108 Abs. 1 Satz 2 gilt entsprechend.

(5) [1]Leben Ehegatten oder Lebenspartner, Verwandte und Verschwägerte
bei Einsetzen der Sozialhilfe zusammen, richtet sich die örtliche Zuständigkeit nach der ältesten Person von ihnen, die im Inland geboren ist. [2]Ist
keine dieser Personen im Inland geboren, ist ein gemeinsamer örtlich
zuständiger Träger nach Absatz 4 zu bestimmen. [3]Die Zuständigkeit bleibt
bestehen, solange eine der Personen nach Satz 1 der Sozialhilfe bedarf.

(6) Die Träger der Sozialhilfe arbeiten mit den deutschen Dienststellen
im Ausland zusammen.

*Vergleichbare Vorschrift: § 119 BSHG.*

**Schrifttum:** *Baur,* Sozialhilfe für Deutsche im Ausland (§ 24 SGB XII), NVwZ 2004, 1322;
*Brühl,* Florida-Rolf, Viagra-Kalle und Yacht-Hans, info also 2004, 3; *Bundesarbeitsgemeinschaft
der überörtlichen Träger der Sozialhilfe,* Leitfaden für Leistungen im Ausland nach dem
Sozialgesetzbuch Zwölftes Buch (SGB XII) – Sozialhilfe – Stand: 20.6.2005, http://
www.lwl.org/spur-download/bag/LeitfadenText.pdf; *Dillmann,* „Heimat-Los" – Vom eher
zufälligen Glück des Erhalts von Sozialhilfe für Deutsche im Ausland, ZfF 2011, 265; *Hammel,*
Sozialhilfe für Deutsche im Ausland (§ 24 SGB XII) – Zur Interpretation einer umstrittenen
Norm, ZfSH/SGB 2008, 396; *ders.,* Sozialhilfe für Deutsche im Ausland (§ 119 BSHG) – Eine
überflüssige oder eine in seiner Tragweite nicht überschaubare Leistung?, ZfSH/SGB 2003, 598
und 666; *Thüsing,* „Florida-Rolf" – Von der Macht der Medien und dem Sinn der Sozialhilfe,
NJW 2003, 3246.

**Übersicht**

# I. Bedeutung der Norm

1    § 24 bekräftigt zunächst das **Territorialitätsprinzip,** indem er den Grundsatz
aufstellt, dass Leistungen nur erhält, wer seinen gewöhnlichen Aufenthalt in
Deutschland hat. Insoweit wiederholt die Norm die Regelung in § 30 Abs. 1 SGB I,
wonach die Vorschriften des Sozialgesetzbuchs für alle Personen gelten, die ihren
Wohnsitz oder gewöhnlichen Aufenthalt in seinem Geltungsbereich haben. Zugleich
lässt § 24 aber auch **Ausnahmen** von diesem Prinzip zu und wirkt damit über

den eigentlichen Geltungsbereich des Sozialgesetzbuchs hinaus: Unter bestimmten Voraussetzungen können Deutsche mit gewöhnlichem Aufenthalt im Ausland dennoch Leistungen der Sozialhilfe erhalten. § 24 trifft für die Erbringung von Sozialhilfeleistungen an diesen Personenkreis eine eigenständige und abschließende Regelung. Die Vorschrift stellt insoweit auch eine Ergänzung des § 5 Konsulargesetz – KonsularG – dar, der die befristete Nothilfe für deutsche Staatsangehörige im Ausland regelt (dazu ausführlich → Rn. 33).

Die Sozialhilfe für Deutsche im Ausland war zunächst in § 119 BSHG geregelt. **2** Die Vorschrift erklärte sich vor dem Hintergrund der Auswirkungen des 2. Weltkrieges, nach dessen Ende sich viele Deutsche, die das Land zum Teil wegen politischer oder rassischer Verfolgung unter Zurücklassung ihres Vermögens hatten verlassen müssen, im Ausland befanden. Sie ging zurück auf die sog. Bonner Vereinbarung v. 2.9.1952 (GMBl. S. 305), aufgrund derer die ehemaligen Landesfürsorgeverbände Fürsorgeleistungen an hilfsbedürftige Deutsche im Ausland gewährten. 1993 erfuhr die Vorschrift erstmals eine grundlegende Änderung, die zugleich eine erhebliche **Verschärfung** der Voraussetzungen bedeutete: Die Sozialhilfe für Deutsche im Ausland wurde von einer Sollleistung zu einer Ermessensleistung, deren Anwendungsbereich zudem auf besondere Notfälle beschränkte.

Zwischenzeitlich gab es immer wieder **Bestrebungen, die Vorschrift** des § 119 **3** BSHG entweder ersatzlos **zu streichen oder** hinsichtlich ihres Anwendungsbereiches drastisch **einzuschränken.** Diese basierten nicht nur auf den Veränderungen der historischen Bedingungen, die Grundlage für den Erlass der Vorschrift gewesen waren. Auch vor dem Hintergrund, dass im Jahre 2002 weniger als 1000 Personen Sozialhilfeleistungen im Ausland bezogen hatten, erschien die Regelung des § 119 BSHG als nicht mehr adäquat (BR-Drs. 658/03, S. 2). Hinzu kam, dass die Träger der Sozialhilfe kaum Möglichkeiten hatten, die missbräuchliche Inanspruchnahme der Leistungen zu verhindern – so war es beispielsweise nur schwer möglich zu überprüfen, ob im Ausland auf den Sozialhilfebedarf anrechenbare Einkünfte erzielt wurden – und die Personen zu befähigen, wieder unabhängig von Sozialhilfe zu leben.

Die jetzige Fassung des § 24 erweist sich letztlich als **Reaktion auf einen 4 Beschluss des OVG Lüneburg** vom 11.8.2003 (4 ME 310/03, NJW 2003, 3289) zur Übernahme der Unterkunftskosten eines in Florida lebenden hilfebedürftigen Deutschen (zur Vorgeschichte dieses Beschlusses vgl. *Dillmann*, ZfF 2011, 265). Dieser Beschluss löste ein großes Medienecho und eine breite Diskussion in der Öffentlichkeit aus, mit der die Berechtigung einer Sozialhilfegewährung an Deutsche im Ausland generell infrage gestellt wurde. Während der ursprüngliche Gesetzentwurf der Fraktionen SPD und Bündnis 90/Die Grünen die bisherigen beiden Regelungen des BSHG – § 119 und § 147b BSHG – im Wesentlichen inhaltsgleich in einer Vorschrift zusammenfasste, geht die jetzige Fassung des § 24 zurück auf eine Beschlussempfehlung des Ausschusses für Gesundheit und Soziale Sicherheit (vgl. BT-Drs. 15/1734, S. 21 und BT-Drs. 15/1761, S. 6). Sie schreibt nunmehr den Grundsatz fest, dass Deutsche, die ihren gewöhnlichen Aufenthalt im Ausland haben, keine Leistungen der Sozialhilfe erhalten. Eine ausnahmsweise Gewährung von Leistungen kommt nur noch dann in Betracht, wenn der Hilfebedürftige an der Rückkehr nach Deutschland objektiv gehindert ist, wobei abschließend geregelt ist, in welchen drei Fällen ein solches objektives Hindernis vorliegt. Zugleich werden bezüglich der Hinderungsgründe die Amtsermittlungspflicht des Sozialhilfeträgers eingeschränkt und eine Nachweispflicht des Hilfebedürftigen begründet. Leistungen werden nur noch auf Antrag gewährt. Familienangehörige können nur noch dann Leistungen erhalten, wenn sie in ihrer eigenen Person die Voraussetzungen des § 24 erfüllen.

§ 24 ist anders als die meisten übrigen Vorschriften des SGB XII bereits zum **5** 1.1.2004 in Kraft getreten (Art. 70 Abs. 1 S. 2 des Gesetzes zur Einordnung des

Sozialhilferechts in das Sozialgesetzbuch vom 27.12.2003, BGBl. I S. 3071). §§ 132 und 133 enthalten **Übergangsregelungen.** Nach § 132 Abs. 1 sind Deutsche, die am 31.12.2003 Leistungen nach § 147b BSHG bezogen haben, nicht von der Neuregelung betroffen, sondern erhalten weiter Leistungen nach § 147b BSHG. Diesem Personenkreis unterfallen Deutsche, deren gewöhnlicher Aufenthaltsort im Ausland liegt und die am 1.7.1992 Leistungen nach § 119 BSHG bezogen und das 60. Lebensjahr vollendet haben. Auch Deutsche, die in den Jahren 2002 und 2003 ohne Unterbrechung Leistungen nach § 119 BSHG bezogen haben und in dem Aufenthaltsstaat über eine dauerhafte Aufenthaltsgenehmigung verfügen, erhalten gemäß § 132 Abs. 2 bei fortdauernder Bedürftigkeit weiterhin Leistungen nach Maßgabe von § 119 BSHG. Ehemals Verfolgte des NS-Regimes werden von der Neuregelung ebenfalls nicht berührt (§ 132 Abs. 3). Deutsche, die innerhalb des in Artikel 116 Abs. 1 GG genannten Gebiets geboren sind und dort ihren gewöhnlichen Aufenthalt haben, können Leistungen der Sozialhilfe erhalten, auch wenn sie die Voraussetzungen des § 24 Abs. 1 nicht erfüllen (→ § 133).

6　　Leistungen nach § 24 kommen auch für **erwerbsfähige Hilfebedürftige** in Betracht. Das SGB II kennt keine dem § 24 entsprechende Regelung, leistungsberechtigt sind nach § 7 Abs. 1 S. 1 Nr. 4 SGB II nur Personen, die ihren gewöhnlichen Aufenthalt in der Bundesrepublik Deutschland haben. Erwerbsfähige Hilfebedürftige mit gewöhnlichem Aufenthalt im Ausland sind folglich nicht dem Grunde nach leistungsberechtigt nach dem SGB II und daher von Leistungen nach dem SGB XII nicht gem. § 21 ausgeschlossen. Allerdings scheiden Leistungen nach § 24 wegen des Nachrangs der Sozialhilfe dann aus, wenn Leistungen nach dem SGB II aus gemeinschaftsrechtlichen Gründen „exportfähig" sind und deshalb trotz Fehlens eines gewöhnlichen Aufenthalts im Bundesgebiet gewährt werden (das war zB dann der Fall, wenn die Voraussetzungen für die Gewährung eines Zuschlags nach § 24 SGB II in der bis 31.12.2010 geltenden Fassung erfüllt waren, vgl. Art. 10a Abs. 1 S. 2 i. V. m. Anhang II a E der VO (EWG) 1408/71 in der durch die VO (EG) 629/2006 v. 5.4.2006 geänderten Fassung; hierzu auch BSG 18.1.2011 – B 4 AS 14/10 R, SGb 2011, 160; LSG NRW 30.3.2007 – L 19 B 102/06 AS).

## II. Inhalt der Norm

### 1. Voraussetzungen der Hilfe an Deutsche im Ausland (Abs. 1)

7　　In Abweichung von der bisherigen Regelung des § 119 Abs. 1 BSHG wird nunmehr in § 24 Abs. 1 S. 1 der **Grundsatz** aufgestellt, dass Deutsche, die ihren gewöhnlichen Aufenthalt im Ausland haben, **keine Leistungen** der Sozialhilfe erhalten. Mit dieser Normierung will der Gesetzgeber erreichen, dass Sozialhilfe grundsätzlich nur noch in Deutschland gezahlt wird. Deutsche, die sich im Ausland aufhalten, können folglich Leistungen der Sozialhilfe grundsätzlich nur erhalten, wenn sie nach Deutschland zurückkehren.

8　　§ 24 Abs. 1 S. 2 eröffnet dem Träger der Sozialhilfe die Möglichkeit, von dem in § 24 Abs. 1 S. 1 beschriebenen Grundsatz **im Einzelfall abzuweichen,** soweit dies wegen einer außergewöhnlichen Notlage unabweisbar ist und dem Deutschen aus einem der drei exakt umschriebenen Gründe eine Rückkehr nach Deutschland nicht möglich ist. Der **Katalog** des § 24 Abs. 1 S. 2 ist **abschließend** (→ Rn. 25). Im Einzelnen müssen die folgenden tatbestandlichen Voraussetzungen erfüllt sein:

9　　**a) Personenkreis. Leistungsberechtigt** sind allein **Deutsche.** Deutscher im Sinne des Art. 116 Abs. 1 S. 1 GG ist vorbehaltlich anderweitiger gesetzlicher Regelung, wer die deutsche Staatsangehörigkeit besitzt oder als Flüchtling oder Vertriebener deutscher Volkszugehörigkeit oder als dessen Ehegatte oder Abkömmling in dem Gebiet des Deutschen Reiches nach dem Stande v. 31.12.1937 Aufnahme gefunden hat (enger *Schlette,* Hauck/Noftz, SGB XII, § 24 Rn. 16, wonach der Begriff des Deutschen in § 24 nur den deutschen Staatsangehörigen umfassen soll). Zum leistungsberechtigten Personenkreis zählen auch Deutsche, die zugleich die Staatsangehörigkeit eines anderen Staates haben (sog. Doppelstaatler), unabhängig davon, ob es sich um die Staatsangehörigkeit des Staates ihres gewöhnlichen Aufenthalts oder aber die eines dritten Staates handelt. Zu der Frage, ob in den Anwendungsbereich auch Deutsche fallen, die im Ausland geboren und niemals in Deutschland gelebt haben, oder ob mangels Möglichkeit einer „Rückkehr" nach Deutschland die Ausnahmeregelung des § 24 Abs. 1 S. 2 nie greifen kann, vgl. SG Köln 22.2.2012 – S 21 SO 335/11, SAR 2012, 50.

Der **Nachweis** der deutschen Staatsangehörigkeit erfolgt in der Regel durch **10** Vorlage eines gültigen Reisepasses oder Personalausweises (vgl. BayLSG 28.1.2014 – L 8 SO 146/12; LSG NRW 6.2.2006 – L 20 B 50/05 SO ER). Lediglich in Zweifelsfällen ist die deutsche Staatsangehörigkeit durch einen Staatsangehörigkeitsausweis oder eine Bescheinigung über die Rechtsstellung als Deutscher nachzuweisen.

Anders als noch § 119 Abs. 1 BSHG enthält § 24 keine Rechtsgrundlage für **11** Leistungen an **Familienangehörige** eines Leistungsberechtigten. Deutsche Angehörige können Leistungen daher nur dann erhalten, wenn sie in ihrer eigenen Person die Voraussetzungen des § 24 erfüllen; hingegen kommen Leistungen an nichtdeutsche Familienangehörige eines Leistungsberechtigten keinesfalls in Betracht.

**b) Gewöhnlicher Aufenthalt im Ausland.** Der leistungsberechtigte Deutsche **12** muss seinen gewöhnlichen Aufenthalt im Ausland haben. Damit wird **der Kreis möglicher Leistungsberechtigter** gegenüber der allgemeinen Regelung des § 30 Abs. 1 SGB I, wonach die Vorschriften des Sozialgesetzbuchs für alle Personen gelten, die ihren Wohnsitz oder gewöhnlichen Aufenthalt in Deutschland haben, auf Deutsche im Ausland **erweitert.** Diese Erweiterung ist unproblematisch zulässig, § 37 SGB I.

Eine Definition des unbestimmten Rechtsbegriffs des **gewöhnlichen Aufent- 13 halts** enthält § 30 Abs. 3 S. 2 SGB I; danach hat jemand seinen gewöhnlichen Aufenthalt dort, wo er sich unter Umständen aufhält, die erkennen lassen, dass er an diesem Ort oder in diesem Gebiet nicht nur vorübergehend verweilt. Diese Definition ist jedoch angesichts der unterschiedlichen Regelungszwecke (→ Rn. 12) im Rahmen von § 24 nicht direkt anzuwenden; vielmehr ist der Begriff des gewöhnlichen Aufenthalts iSv § 24 Abs. 1 S. 1 unter Berücksichtigung der besonderen Zielsetzung dieser Vorschrift auszulegen (vgl. BVerwG 31.8.1995 – 5 C 11/94, BVerwGE 99, 158, 164). Insbesondere lässt sich die Auslegung des § 30 Abs. 3 S. 2 SGB I, wonach ein gewöhnlicher Aufenthalt im Sinne dieser Vorschrift bei einem entsprechendem deutlich zutage tretenden Willen, an einem Ort möglicherweise dauerhaft zu verweilen, schon ab dem ersten Aufenthaltstag begründet werden kann, nicht auf § 24 Abs. 1 übertragen. Die Vorschrift des § 24 Abs. 1 erweitert das staatliche Angebot an Sozialhilfeleistungen auf in wirtschaftliche Not geratene deutsche Staatsangehörige im Ausland und nimmt damit Rücksicht auf die erreichte Einbindung des Leistungsberechtigten in sein dortiges Umfeld. Vor dem Hintergrund dieser gesetzgeberischen Intention ist unter einem „gewöhnlichen Aufenthalt" iSv § 24 Abs. 1 S. 1 ein Aufenthalt an einem Ort im Ausland zu verstehen, an dem der Deutsche nicht nur vorübergehend den Mittelpunkt seiner Lebensbeziehungen hat. Dies setzt eine gewisse **Verfestigung der Lebensverhältnisse** an dem betreffenden Ort insbesondere in familiärer, sozialer und beruflicher Hinsicht voraus. Hierzu kann es in aller Regel nur kommen, wenn der Aufenthalt auf Dauer angelegt ist und **eine gewisse Dauer auch erlangt hat,** ein dauerhafter Aufenthalt also keinen objektiven Hindernissen begegnet (BVerwG 31.8.1995 – 5 C 11/94, BVerwGE 99, 158, 162).

**14**    Ob der im Ausland befindliche und auf Sozialhilfe angewiesene Deutsche dort seinen gewöhnlichen Aufenthalt iSv § 24 Abs. 1 S. 1 begründet hat, lässt sich in der Praxis vor allem anhand von äußeren Anhaltspunkten, sog. **Hinweistatsachen,** ableiten, wobei das gewichtigste Indiz die **Dauer des Auslandsaufenthalts** ist. Ist der im Ausland befindliche Deutsche Inhaber einer unbefristeten oder über mehrere Jahre gültigen ausländerrechtlichen Aufenthaltserlaubnis, dürfte ebenfalls von einer Verfestigung der Lebensverhältnisse im Ausland auszugehen sein.

**15**    Daneben sind aber auch der **Zweck des Aufenthalts** sowie berufliche und sonstige Pläne des Deutschen in den Blick zu nehmen. Insbesondere der **Wille zur Rückkehr** nach Deutschland kann der Annahme eines gewöhnlichen Aufenthalts im Ausland entgegenstehen. Hält sich etwa ein deutscher Staatsangehöriger lediglich zu Ausbildungs- oder Studienzwecken und somit nur vorübergehend im Ausland auf, ist ein gewöhnlicher Aufenthalt im Ausland zu verneinen (vgl. SG Hamburg 12.10.2007 – S 56 SO 350/06, ZfSH/SGB 2008, 42 für ein dreimonatiges Auslandspraktikum, wenn die Rückkehr nach Deutschland und die Fortsetzung des Studiums dort von vornherein geplant ist. § 24 steht deshalb der Erbringung von Leistungen der Hilfe zur Pflege während eines solchen Auslandspraktikums nicht entgegen.). Entsprechendes gilt für Urlaubs- oder Besuchsaufenthalte. Auch wenn diese mehrere Monate dauern, ist von einem gewöhnlichen Aufenthalt nicht auszugehen, solange ein fester Wille zur Rückkehr besteht. Aus den gleichen Erwägungen hat ein behindertes Kind, das sich zwar für längere Zeit, aber nur zur Durchführung einer Therapie und mit einer befristeten Aufenthaltserlaubnis im Ausland aufhält, dort keinen gewöhnlichen Aufenthalt (OVG NRW 6.2.1996 – 8 A 2866/93, ZfS 1996, 372). Anders kann es sich freilich verhalten, wenn sich der Betroffene mit Rücksicht auf seine gesundheitlichen Beschwerden für einen Aufenthalt im Ausland und das dortige warme Klima entschieden hat, seit mehreren Jahren dort lebt und auch seine berufliche Zukunft im Ausland sieht (VG Hamburg 8.6.1999 – 5 VG 1348/99).

**15a**    Nach dem LSG NRW (5.9.2016 – L 20 SO 194/14, Revision anhängig beim BSG – B 8 SO 29/16 R) soll auch ein jährlicher Aufenthalt in Thailand für mehrere Monate (bis zu 6 Monate) nicht zwingend zu einem gewöhnlichen Aufenthalt im Ausland führen. Die Annahme eines trotzdem fortbestehenden gewöhnlichen Aufenthalts in Deutschland hat zur Folge, dass der Anspruch auf Leistungen der Grundsicherung im Alter und bei Erwerbsminderung (§ 41 Abs. 1), bestehen bleibt. Dies lässt sich allerdings wohl kaum mit dem gesetzgeberischen Willen (→ Rn. 4) vereinbaren (vgl. dazu auch *Coseriu,* jurisPK-SGB XII, § 24 Rn. 21.1).

**16**    Nach der verwaltungsgerichtlichen Rechtsprechung zu § 119 BSHG ist ein gewöhnlicher Aufenthalt nicht anzunehmen, wenn es sich um einen Aufenthalt an wechselnden Orten im Ausland von jeweils nur kurzer Dauer, wie zB bei Nichtsesshaften, handelt (BVerwG 31.8.1995 – 5 C 11/94, BVerwGE 99, 158). Das BVerwG hat in diesen Fällen § 119 BSHG analog angewandt (anders noch die Vorinstanz OVG Hmb 3.4.1992 – Bf IV 5/90). Dem Anliegen, auch Nichtsesshaften bei Unmöglichkeit der Rückkehr nach Deutschland und unter den übrigen Voraussetzungen des § 24 Sozialhilfe zukommen zu lassen, wird jedoch eine Auslegung des Begriffs des „gewöhnlichen Aufenthaltes" dahin gehend, dass dieser nicht an einen bestimmten Ort, sondern allgemein an das Ausland geknüpft wird, besser gerecht (*Coseriu,* jurisPK-SGB XII, § 24 Rn. 20).

**17**    **c) Außergewöhnliche Notlage.** Der gerichtlich uneingeschränkt überprüfbare unbestimmte Rechtsbegriff der „außergewöhnlichen Notlage" wird im Gesetz nicht definiert. Nach dem Wortsinn meint eine Notlage einen **Zustand der Bedrängnis,** mithin eine Situation, in der eine Person dringend Hilfe benötigt. Betrifft die Notlage zudem in erheblicher Weise **existenzielle Rechtsgüter,** ist auch das Merkmal

der „außergewöhnlichen" Notlage erfüllt (vgl. LSG Hmb 28.1.2015 – L 4 SO 16/
14; BayLSG 8.9.2009 – L 18 SO 119/09 B ER, FEVS 61, 407). Die Notlage muss
nicht in einem plötzlichen und unerwarteten Ereignis bestehen, sondern kann sich
auch aus den allgemeinen Lebensumständen ergeben. Der vorstehend beschriebene
Begriffsinhalt der „außergewöhnlichen Notlage" ist dem Begriff des „besonderen
Notfalls" isV § 119 Abs. 1 BSHG in der Auslegung des Bundesverwaltungsgerichts
ähnlich (vgl. insoweit auch LSG BW 21.12.2005 – L 7 SO 4166/05 ER-B, FEVS 57,
403, 404). Nach der Rechtsprechung des BVerwG war ein besonderer Notfall isV
§ 119 Abs. 1 BSHG, der Sozialhilfeleistungen an Deutsche im Ausland rechtfertigt,
dadurch gekennzeichnet, dass eine nicht unerhebliche Beeinträchtigung existenzieller Rechtsgüter droht und dieser Gefahr nur durch Hilfegewährung im Ausland
begegnet werden kann, weil dem Deutschen eine Rückkehr nach Deutschland nicht
zumutbar ist (vgl. BVerwG 5.6.1997 – 5 C 4/96, BVerwGE 105, 44; BVerwG
5.6.1997 – 5 C 17/96, FEVS 48, 98; ähnlich auch BayVGH 16.12.1996 – 12 CE
95.2728, FEVS 47, 388, 391 und OVG NRW 13.4.1995 – 8 B 2426/94,
DVBl. 1995, 1194, 1195). Beide Begriffe unterscheiden sich indes zum einen insofern, als die „außergewöhnliche Notlage" nicht (auch) die Feststellung erfordert,
dass dem Deutschen die Rückkehr nach Deutschland nicht zumutbar ist. Allerdings
ist nunmehr die Unmöglichkeit der Rückkehr ein weiteres, selbstständiges Tatbestandsmerkmal, was insofern eine Verschärfung der Anspruchsvoraussetzungen
bedeutet. (→ Rn. 21 ff.) Zum anderen ist eine die außergewöhnliche Notlage kenn-
zeichnende Beeinträchtigung existenzieller Rechtsgüter nur anzunehmen, wenn
**überragende Grundrechte** – wie insbesondere das Recht auf Leben und körperliche Unversehrtheit (Art. 2 Abs. 2 GG) und/oder die Grundvoraussetzungen einer
menschenwürdigen Existenz (Art. 1 Abs. 1 GG) – betroffen sind (SächsLSG
29.11.2010 – L 7 SO 80/10 B ER, ZfSH/SGB 2011, 230; LSG Bln-Bbg 10.9.2008 –
L 15 B 172/08 SO, SAR 2008, 140; LSG BW 21.12.2005 – L 7 SO 4166/05 ER-
B, FEVS 57, 403).

Eine **außergewöhnliche Notlage** im vorstehend bezeichneten Sinne ist bei- **18**
spielsweise **anzunehmen,** wenn der Betroffene gesundheits-, behinderungs- oder
altersbedingt außerstande ist, im Ausland für seinen Lebensunterhalt aufzukommen
(vgl. BVerwG 5.6.1997 – 5 C 3/97, ZFSH/SGB 1997, 736, 738). Auch die ernste
Gefahr des sozialen Abstiegs und des Abgleitens in das Milieu der Nichtsesshaftigkeit
im Ausland kann die Annahme einer außergewöhnlichen Notlage rechtfertigen (vgl.
BayVGH 16.12.1996 – 12 CE 95.2728, FEVS 47, 388, 391).

Hingegen dürfte das Recht auf eine angemessen Schulbildung nicht zu den exis- **19**
tenziellen Rechtsgütern zählen, sodass diesbezügliche Gefahren **keine** isV § 24
Abs. 1 S. 2 **außergewöhnliche Notlage** begründen können (so aber BVerwG
5.6.1997 – 5 C 4/96, BVerwG 105, 44, 47 ff.). Keine außergewöhnliche Notlage
ist ferner gegeben, wenn ein deutscher Staatsangehöriger Sozialhilfeleistungen
begehrt, um die seit vielen Jahren bestehende eheähnliche Gemeinschaft mit einer
ausländischen Staatsangehörigen im Ausland fortzuführen (vgl. BVerwG 5.6.1997 –
5 C 17/96, FEVS 48, 98, 100 f.); dies gilt selbst dann, wenn die räumliche Trennung
zum Ende der Beziehung führen wird.

**d) Unabweisbarkeit der Hilfeleistung.** Die Sozialhilfeleistung muss **wegen 20
der Notlage unabweisbar** sein. Unabweisbar meint, dass die außergewöhnliche
Notlage nicht anders als durch die Hilfeleistung im Ausland behoben werden kann
(LSG BW 21.12.2005 – L 7 SO 4166/05 ER-B, FEVS 57, 403, 404; LSG Bln-Bbg
10.9.2008 – L 15 B 172/08 SO, SAR 2008, 140), was regelmäßig die Feststellung
erfordert, dass dem deutschen Staatsangehörigen eine Rückkehr nach Deutschland
nicht möglich oder nicht zumutbar ist. Da der deutsche Staatsangehörige allerdings
ohnehin nachweisen muss, dass ihm eine Rückkehr ins Inland nicht möglich ist

($\rightarrow$ Rn. 21), kommt dem Merkmal „unabweisbar" **keine eigenständige Bedeutung** zu (aA *Hohm,* Schellhorn/Hohm/Scheider, SGB XII, § 24 Rn. 13).

21 **e) Unmöglichkeit der Rückkehr.** Gemäß § 24 Abs. 1 S. 2 muss der deutsche Staatsangehörige **nachweisen** (bloße Glaubhaftmachung etwa durch eine eidesstattliche Versicherung genügt nicht), dass ihm eine Rückkehr nach Deutschland nicht möglich ist. Diese Nachweispflicht stellt eine spezialgesetzliche Ausnahme vom ansonsten im Sozialhilferecht geltenden Amtsermittlungsgrundsatz (§ 20 SGB X) dar (vgl. SächsLSG 29.11.2010 – L 7 SO 80/10 B ER, ZfSH/SGB 2011, 230; LSG NRW 6.2.2006 – L 20 B 50/05 SO ER). Durch die Verwendung des Wortes (nicht) „möglich" hat der Gesetzgeber zum Ausdruck gebracht, dass eine **objektive Hinderung** an der Rückkehr aus dem Ausland vorliegen muss (vgl. BT-Drs. 15/1761, S. 6). Hierin liegt eine Verschärfung der Anspruchsvoraussetzungen gegenüber der Vorgängerregelung des § 119 BSHG. Für einen Anspruch nach § 119 BSHG verlangte das BVerwG (als Bestandteil des Begriffs des besonderen Notfalls) lediglich die Unzumutbarkeit der Rückkehr; diese reicht jetzt nicht mehr aus. Zugleich hat der Gesetzgeber einen **Katalog** von objektiven **Hinderungsgründen** aufgestellt, die dem deutschen Staatsangehörigen eine Rückkehr nach Deutschland unmöglich machen, nämlich:
– Pflege und Erziehung eines Kindes, das aus rechtlichen Gründen im Ausland bleiben muss (Ziffer 1),
– längerfristige stationäre Betreuung in einer Einrichtung oder Schwere der Pflegebedürftigkeit (Ziffer 2) bzw.
– hoheitliche Gewalt (Ziffer 3).

22 Die **Ziffer 1** betrifft Fallgestaltungen, in denen ein deutsches Elternteil wegen eines **zu erziehenden Kindes,** das aus rechtlichen Gründen im Ausland bleiben muss, nicht zurückkehren kann (vgl. BT-Drs. 15/1761, S. 6). Hierbei handelt es sich nicht um ein objektives Hindernis im eigentlichen Sinne, denn für den Elternteil ist in diesen Fällen die Rückkehr nach Deutschland nicht unmöglich, sondern lediglich wegen der damit einhergehenden Trennung von dem Kind nicht zumutbar. Kind im Sinne dieser Ziffer sind Kinder und Jugendliche bis zu ihrer Volljährigkeit, dh bis zum Ende des elterlichen Sorgerechts nach § 1626 BGB. Von Ziffer 1 erfasst wird nur die Pflege und Erziehung eines eigenen Kindes des Hilfesuchenden, denn anderenfalls hätte dieser es in der Hand, durch Übernahme der Pflege und Erziehung eines fremden Kindes ein Rückkehrhindernis zu schaffen (vgl. VG Halle 16.6.2004 – 4 B 103/04). Das rechtliche Rückkehrhindernis für das Kind muss ausschlaggebend für den Verbleib im Ausland sein. Dementsprechend muss bei dem deutschen Elternteil zumindest ein ernsthafter Wille bestehen, mit dem Kind zur Beseitigung der Hilfebedürftigkeit nach Deutschland zurückzukehren. Fehlt dieser Rückkehrwille bereits aus anderen Gründen, so ist ein Anspruch nach § 24 ausgeschlossen, ohne dass es noch auf das Bestehen möglicher rechtlicher Hindernisse ankommt (vgl. LSG Hmb 28.1.2015 – L 4 SO 16/14; LSG BW 27.6.2011 – L 2 SO 2138/11 ER-B). Ein rechtlicher Grund, aus dem das Kind im Ausland bleiben muss, kann zB das Aufenthaltsbestimmungsrecht des zweiten, ausländischen Elternteils sein (enger wohl SG Augsburg 7.7.2011 – S 15 SO 164/10, SAR 2011, 112, nach dem es nicht ausreicht, dass der mitsorgeberechtigte ausländische Elternteil, der mit dem Deutschen und dem gemeinsamen Kind zusammenlebt, nicht bereit ist, den Wohnsitz nach Deutschland zu verlegen). Ein deutsches Kind, das bei einem nichtdeutschen Elternteil im Ausland lebt, wird dem Wortlaut nach nicht von der Regelung des § 24 erfasst. Hier ist aber eine analoge Anwendung zu erwägen, weil eine „Rückkehr" des Elternteils nach Deutschland nicht in Betracht kommt und die Rückkehr allein des Kindes dem Sorgerecht des Elternteils widerspricht (vgl. *Baur,* Mergler/Zink, SGB XII, § 24 Rn. 22; offen gelassen von LSG Hmb 28.1.2015 – L 4 SO 16/14).

Der **Ziffer 2** unterfallen deutsche Staatsangehörige, die entweder **schwer pflege-** **23** **bedürftig** sind oder **längerfristig stationär betreut** – dh behandelt oder gepflegt – werden. Kurzfristige stationäre Behandlungen stellen dagegen keinen objektiven Hinderungsgrund iSd Ziffer 2 dar; insoweit kommen aber Leistungen nach § 5 Abs. 1 KonsularG in Betracht. Der Begriff der Längerfristigkeit ist zukunftsbezogen auszulegen und meint, dass mit einer alsbaldigen Entlassung aus der stationären Betreuung nicht zu rechnen ist. Die Schwere der Pflegebedürftigkeit steht einer Rückkehr nach Deutschland dann entgegen, wenn die Rückkehr – zB wegen Transportunfähigkeit – nicht ohne Gefahr für Leib und Leben des Betroffenen möglich ist. Ob dies der Fall ist, ist anhand der jeweiligen Umstände des Einzelfalls zu prüfen, ein pauschaler Rückgriff auf die Stufen der Pflegebedürftigkeit nach § 15 SGB XI ist nicht möglich (vgl. SächsLSG 29.11.2010 – L 7 SO 80/10 B ER, ZfSH/SGB 2011, 230; BayLSG 8.9.2009 – L 18 SO 119/09 B ER, FEVS 61, 407).

Die **Ziffer 3** schließlich erfasst insbesondere deutsche Staatsangehörige, die im **24** Ausland – verschuldet oder unverschuldet – **inhaftiert** sind und denen Lebensmittel und/oder Medikamente zur Verfügung gestellt werden müssen. Wird dem deutschen Staatsangehörigen aus anderen Gründen vom Aufenthaltsland die Ausreise verweigert, kann ebenfalls ein Fall von hoheitlicher Gewalt im Sinne der Ziffer 3 gegeben sein. Nicht von Ziffer 3 erfasst werden dagegen Fälle *höherer* Gewalt, wie beispielsweise Bürgerkriegswirren und Naturkatastrophen, die eine Rückkehr faktisch unmöglich machen. Ebenfalls nicht erfasst ist die Gefahr, in Deutschland inhaftiert zu werden, denn die Vorschrift bezieht sich allein auf hoheitliche Gewalt, die vom Aufenthaltsstaat ausgeht (LSG BW 9.6.2016 – L 7 SO 4619/15).

Der in § 24 Abs. 1 S. 2 aufgestellte Katalog ist **abschließend** (st. Rsp., vgl. nur **25** SächsLSG 29.11.2010 – L 7 SO 80/10 B ER, ZfSH/SGB 2011, 230; LSG BW 25.2.2010 – L 7 SO 5106/07, ZfSH/SGB 2010, 353; HessLSG 4.4.2006 – L 7 SO 12/06 ER, FEVS 58, 145; LSG Bbg 30.6.2005 – L 23 B 109/05 SO ER, FEVS 57, 177). Das folgt bereits aus dem eindeutigen Wortlaut der Vorschrift, ergibt sich darüber hinaus aber auch deutlich aus den Materialien. Die Sozialhilfegewährung an Deutsche im Ausland soll nach dem Willen des Gesetzgebers auf die „drei in § 24 Abs. 1 genannten Ausnahmefälle beschränkt" werden (vgl. BT-Drs. 15/1761, S. 6). Sonstige Hinderungsgründe, die einer Rückkehr nach Deutschland aus Sicht des Hilfesuchenden entgegenstehen, können folglich keine Sozialhilfeleistungen an Deutsche im Ausland auslösen. Rechtlich unbeachtlich als Rückkehrhindernis ist demnach insbesondere eine physische oder psychische Erkrankung unterhalb der Schwelle der Ziffer 2 (vgl. HessLSG 4.4.2006 – L 7 SO 12/06 ER, FEVS 58, 145), zB wenn der um Leistungen nachsuchende deutsche Staatsangehörige zwar pflegebedürftig ist, ein Rücktransport nach Deutschland aber ohne Gefahr für seine Gesundheit und ohne unzumutbaren Aufwand möglich ist. Auch das hohe Lebensalter des deutschen Staatsangehörigen begründet für sich genommen kein (objektives) Rückkehrhindernis. Ist der um Leistungen nachsuchende Deutsche im Ausland seit Jahren integriert oder sozial fest verwurzelt, führt dies ebenfalls nicht zur objektiven Unmöglichkeit einer Rückkehr (vgl. LSG BW 18.3.2015 – L 2 SO 56/15; LSG Bbg 30.6.2005 – L 23 B 109/05 SO ER, FEVS 57, 177). Auch die Ehe mit einem ausländischen Partner begründet keinen Anspruch auf Sozialhilfe im Ausland (vgl. LSG BW 18.3.2015 – L 2 SO 56/15; SG Augsburg 7.7.2011 – S 15 SO 164/10, SAR 2011, 112; VG Hamburg 25.8.2004 – 13 E 4047/04, ZfSH/SGB 2005, 465); dies selbst dann, wenn der Ehepartner aus rechtlichen Gründen – etwa wegen eines Ausreiseverbots – in seinem Heimatland bleiben muss (vgl. dazu *Coseriu* jurisPK-SGB XII, § 24 Rn. 32). Auch fehlende oder unzulängliche Deutschkenntnisse stellen kein beachtliches Rückkehrhindernis dar. Ebenfalls kein Hinderungsgrund begründet der Umstand, dass bei einer Rückkehr nach Deutschland höhere Leistungen zu gewähren sind als bei einem Verbleib im Ausland (VG Hamburg 25.8.2004 – 13 E 4047/04, ZfSH/SGB 2005, 465).

26    Die **Kosten der Rückkehr** des Hilfesuchenden sind nicht vom Sozialhilfeträger, sondern gegebenenfalls vom Bund zu tragen, wobei die Rückführung selbst von der konsularischen Auslandsvertretung nach Maßgabe des § 5 Abs. 4 KonsularG veranlasst wird (vgl. HessLSG 3.3.2006 – L 7 SO 38/05 ER, ZfSH/SGB 2006, 425; LSG BW 21.12.2005 – L 7 SO 4166/05 ER-B, FEVS 57, 403, 405).

27    **f) Rechtsfolge.** Ob der Träger der Sozialhilfe bei Vorliegen der tatbestandlichen Voraussetzungen des § 24 Abs. 1 Leistungen erbringt, liegt nach dem Wortlaut des Gesetzes in seinem **Ermessen.** Obgleich § 24 Abs. 1 S. 2 nicht als Soll-Vorschrift, sondern als Kann-Bestimmung ausgestaltet ist, dürften sich in der praktischen Anwendung kaum Fallgestaltungen ergeben, die eine Entscheidung des Sozialhilfeträgers, Leistungen der Sozialhilfe ganz zu versagen, als ermessensfehlerfrei erscheinen lassen. Wenn die strengen Leistungsvoraussetzungen erfüllt sind, also die Beeinträchtigung eines existenziellen Rechtsguts droht und eine Rückkehr nach Deutschland nicht möglich ist, dürfte sich ein Anspruch auf eine ermessensfehlerfreie Entscheidung **in aller Regel zu einem Anspruch** auf Erbringung von Leistungen im Ausland **verdichten.** Dieser Anspruch besteht allerdings sowohl in tatsächlicher als auch in zeitlicher Hinsicht nur in dem Umfang, wie dies wegen der außergewöhnlichen Notlage des Leistungsberechtigten unabweisbar ist. Auch hat der Sozialhilfeträger weiterhin Ermessen bezüglich der Entscheidung über Art und Maß der Leistungserbringung (→ Rn. 34, 40).

## 2. Ausschluss der Hilfe (Abs. 2) und allgemeiner Nachranggrundsatz

28    Nach § 24 Abs. 2 werden Leistungen an Deutsche im Ausland nicht erbracht, soweit sie von dem hierzu verpflichteten Aufenthaltsland oder von anderen erbracht werden oder zu erwarten sind. Der in dieser Bestimmung niedergelegte Vorbehalt stellt eine **spezielle Ausformung** des im Sozialhilferecht geltenden **Nachranggrundsatzes** (§ 2 Abs. 1) dar. Während jedoch § 2 Abs. 1 voraussetzt, dass der Leistungsberechtigte die erforderlichen Leistungen von anderen tatsächlich erhält oder doch insoweit wenigstens über „bereite Mittel" verfügt (vgl. BVerwG 5.5.1983 – 5 C 112/81, FEVS 33, 5; LSG NRW 28.7.2008 – L 20 B 51/08 SO ER, FEVS 60, 230), erweitert § 24 Abs. 2 den Nachrang in der Weise, als es hiernach bereits ausreichend ist, wenn Leistungen von dritter Seite „zu erwarten" sind. Neben Leistungen des Aufenthaltslandes schließen auch Leistungen „anderer" einen Anspruch nach § 24 aus. Dazu gehören insbesondere Leistungen von Wohlfahrtsverbänden oder privaten Dritten, aber auch Leistungen anderer deutscher Sozialleistungsträger (z. B. Altersrente). Zum Verhältnis zu Leistungen nach dem SGB II → Rn. 6.

29    „Zu erwarten" sind Leistungen insbesondere der Sozialhilfeträger des Aufenthaltslandes, wenn sie **überwiegend wahrscheinlich** sind. Erforderlich ist eine gerichtlich überprüfbare Prognoseentscheidung des Trägers der Sozialhilfe, die eine sorgfältige Aufbereitung des Sachverhalts voraussetzt.

30    Ein gegenüber den Institutionen des Aufenthaltslandes durchsetzbarer Anspruch kann sich aus **innerstaatlichen Regelungen** dieses Landes, aber auch aus **zwischenstaatlichen Abkommen** ergeben. Von Bedeutung sind insofern insbesondere das Europäische Fürsorgeabkommen (EFA) v. 11.12.1953 mit Änderungen (BGBl. 1956 II, S. 564; 1958 II, S. 18; 1983 II, S. 337), dem neben der Bundesrepublik Deutschland auch Belgien, Dänemark, Estland, Frankreich, Griechenland, Großbritannien und Nordirland, Irland, Island, Italien, Luxemburg, Malta, die Niederlande, Norwegen, Portugal, Schweden, Spanien und die Türkei beigetreten sind, und das Abkommen zwischen der Bundesrepublik Deutschland und der Republik Österreich über Fürsorge und Jugendwohlfahrtspflege v. 17.1.1966 (BGBl. 1969 II S. 1). Das EFA begründet für die Staatsangehörigen der Vertragsstaaten, die sich

erlaubt auf dem Gebiet eines anderen Vertragsstaats aufhalten, den gleichen Zugang zur Sozialhilfe, wie sie den Staatsangehörigen des Aufenthaltsstaats zusteht. Das deutsch-österreichische Fürsorgeabkommen stellt deutsche Staatsangehörigen, die sich in Österreich tatsächlich aufhalten, in Hinblick auf Fürsorgeleistungen den österreichischen Staatsangehörigen gleich. Die Vereinbarung zwischen der Bundesrepublik Deutschland und der Schweizer Eidgenossenschaft über die Fürsorge für Hilfsbedürftige v. 14.7.1952 (BGBl. 1953 II S. 31, 129; 1954 II S. 779) ist von Deutschland zum 31.3.2006 gekündigt worden.

Die **rechtliche Verpflichtung** des Aufenthaltslands zur Leistungserbringung **31** **genügt** jedoch **nicht**. Weigert sich das Aufenthaltsland rechts- oder vertragswidrig, Fürsorgeleistungen zu erbringen, so greift der Anspruchsausschluss des §24 Abs. 2 nicht ein (vgl. OVG Hmb 20.5.1994 – Bs IV 62/94, FEVS 45, 319, 323; aA *Decker*, Oestreicher, SGB II/SGB XII, §24 SGB XII Rn. 37, wonach für den Fall, dass im Aufenthaltsland ein rechtsstaatlichen Ansprüchen genügendes Rechtsschutzsystem existiert, vom Hilfesuchenden verlangt werden kann, zunächst gerichtliche Schritte zu ergreifen), denn in diesem Fall werden Leistungen vom Aufenthaltsland weder tatsächlich erbracht noch ist dies mit überwiegender Wahrscheinlichkeit zu erwarten. Auch greift der Ausschlusstatbestand nicht ein, wenn das Aufenthaltsland lediglich Leistungen gewährt, die auf eine Rückschaffung der um Leistungen nachsuchenden Person nach Art. 6 und 7 des Europäischen Fürsorgeabkommens abzielen. Kann sich ein im Ausland lebender Deutscher auf einen Ausnahmetatbestand iSv §24 Abs. 1 S. 2 berufen, muss er sich nicht auf die Rückkehr in das Bundesgebiet verweisen lassen. Wurden hingegen im Ausland Sozialhilfeleistungen nicht beantragt, obwohl ein Anspruch hierauf besteht, so ist der Ausschlusstatbestand des §24 Abs. 2 einschlägig (LSG NRW 9.3.2011 – L 12 SO 634/10 B ER).

Zweifel hinsichtlich der Leistungserbringung durch das Aufenthaltsland gehen zu **32** Lasten des um Leistungen nachsuchenden deutschen Staatsangehörigen (aA VG Kassel 23.8.1996 – 5 G 2604/96 (3), NVwZ-RR 1997, 176, 177). Die Vorschrift des §24 Abs. 2 stellt eine spezielle Regelung des Nachranggrundsatzes dar und ist ebenso wie die allgemeine Bestimmung des §2 Abs. 1 als **negatives Tatbestandsmerkmal** ausgestaltet. Demzufolge hat der um Leistungen nachsuchende deutsche Staatsangehörige darzulegen und nötigenfalls zu beweisen, dass er Leistungen durch das Aufenthaltsland nicht erhält bzw. nicht erwarten kann.

**Erhält der Deutsche von dem Aufenthaltsland Leistungen** wie ein dortiger **32a** Staatsbürger und wird ihm dadurch ein Auskommen gewährleistet, so besteht auch dann kein Anspruch auf Leistungen durch die deutschen Sozialhilfeträger, wenn die Leistungen im Aufenthaltsland niedriger sind als die nach deutschem Recht zu gewährenden Leistungen. Dagegen kann nicht eingewandt werden, dass die ausländischen Leistungen nach dem Maßstab der deutschen Regelbedarfe zu niedrig seien (vgl. hierzu BayLSG 28.1.2014 – L 8 SO 146/12).

Neben den in §24 Abs. 2 normierten speziellen Nachrangregelungen unterliegt **33** auch die Leistungserbringung nach §24 dem allgemeinen Nachranggrundsatz des §2 Abs. 1. Als nach §2 Abs. 1 vorrangige Leistungen sind vor allem Hilfen nach Maßgabe von **§5 KonsularG** anzusehen, die von den deutschen Auslandsvertretungen gewährt werden (vgl. LSG BW 25.2.2010 – L 7 SO 5106/07, ZfSH/SGB 2010, 353; HessLSG 3.3.2006 – L 7 SO 38/05 ER, ZfSH/SGB 2006, 425). Das KonsularG ist freilich seiner Konzeption nach nur für die Beseitigung akuter Notlagen ausgelegt (vgl. LSG BW 25.2.2010 – L 7 SO 5106/07, ZfSH/SGB 2010, 353; LSG Bbg 30.6.2005 – L 23 B 109/05 SO ER, FEVS 57, 177, 179; OVG NRW 28.1.1992 – 8 B 7/92, FEVS 42, 292). Das zeigt insbesondere die Vorschrift des §5 Abs. 6 KonsularG, wonach Hilfe gestützt auf die Regelungen des KonsularG lediglich für einen Zeitraum von zwei Monaten geleistet wird. Nur für diesen begrenzten Zeitraum von zwei Monaten verdrängt §5 KonsularG eine Leistungserbringung nach §24. Dieser Zeitraum ist erforderlich, um dem überörtlichen Träger der Sozialhilfe eine Prüfung des Falles und eine Entscheidung über den Antrag (24 Abs. 4 S. 1) zu ermöglichen. Dauert die Notlage länger als zwei Monate, so verliert nicht nur die Notlage den Charakter einer akuten Notsituation, vielmehr soll nunmehr die Hilfeleistung durch den zuständigen überörtlichen Träger der Sozialhilfe erbracht werden und sich hinsichtlich Art und Umfang nach § 24 richten (vgl. LSG Bbg 30.6.2005 – L 23 B 109/05 SO ER, FEVS 57, 177, 179), wobei gem. § 5 Abs. 6 KonsularG Leistungen nach dem SGB XII zu gewähren sind (vgl. *Baur*, NVwZ 2004, 1322, 1323). Ist die Auslandsvertretung in Vorleistung getreten, hat der überörtliche Träger der Sozialhilfe, der rückwirkend zuständig geworden ist, die Auslagen der Auslandsvertretung zu ersetzen (vgl. näher LSG Bbg 30.6.2005 – L 23 B 109/05 SO ER, FEVS 57, 177, 179). Zu ersetzen sind in diesem Zusammenhang auch die Auslagen der in Vorleistung getretenen Auslandsvertretung, für die im Normengefüge des SGB XII eine Rechtsgrundlage nicht vorhanden ist; auf diese Fallkonstellation bezieht sich § 5 Abs. 6 KonsularG, nach dessen Wortlaut vom Eintritt der Hilfsbedürftigkeit an Hilfe nach dem SGB XII „oder in entsprechender Anwendung dieses Gesetzes zu gewähren" ist (vgl. LSG Bbg 30.6.2005 – L 23 B 109/05 SO ER, FEVS 57, 177, 179).

### 3. Umfang der Hilfe (Abs. 3)

34     § 24 Abs. 3 bestimmt, dass sich Art und Maß der Leistungserbringung sowie der Einsatz des Einkommens und des Vermögens nach den besonderen Verhältnissen im Aufenthaltsland richten. Dies entspricht der bisherigen Regelung in § 119 Abs. 4 BSHG (vgl. BT-Drs. 15/1761, S. 6). § 24 Abs. 3 konkretisiert § 17 Abs. 2 S. 1, wonach über Art und Maß der Leistungserbringung nach pflichtgemäßem Ermessen zu entscheiden ist. Durch § 24 Abs. 3 wird klargestellt, dass bei Erbringung von Leistungen an Deutsche im Ausland nicht deutsche Maßstäbe anzulegen sind. Vielmehr hat im Grundsatz eine **Beschränkung** auf das allgemeine **Lebensniveau im Aufenthaltsland** zu erfolgen, das insbesondere durch die dortigen Lebenshaltungskosten und durch die sozialen Rahmenbedingungen und die Lebensumstände des Aufenthaltslandes geprägt wird. Eine Orientierung an den besonderen Verhältnissen im Aufenthaltsland hat zur Folge, dass das deutsche Lebens- und Unterstützungsniveau in Ländern mit geringem Lebensstandard (teilweise) unterschritten wird (vgl. BayLSG 28.1.2014 – L 8 SO 146/12 zu den Verhältnissen in Litauen; LSG Bln-Bbg 10.9.2008 – L 15 B 172/08 SO ER, SAR 2008, 140 zu den Lebenshaltungskosten in Brasilien; BayVGH 22.3.2005 – 12 CE 05.165 – betreffend den medizinischen Standard in Brasilien), in Ländern mit gesteigertem Lebensstandard aber auch überschritten werden darf. Die Ungleichbehandlung Deutscher im Ausland gegenüber denjenigen im Inland ist durch die Besonderheiten der Sozialhilfe gerechtfertigt, die keinen Leistungsexport vorsieht; der allgemeine Gleichheitssatz (Art. 3 Abs. 1 GG) ist dadurch nicht verletzt (BayLSG 28.1.2014 – L 8 SO 146/12).

35     Allerdings steht auch die Vorschrift des § 24 Abs. 3 unter dem Vorbehalt des § 1 S. 1, dem Leistungsberechtigten die **Führung eines menschenwürdigen Lebens** zu ermöglichen. Die für ein menschenwürdiges Leben erforderlichen Grundvoraussetzungen sind auch dann zu gewährleisten, wenn der Lebensstandard mittelloser Personen im Aufenthaltsland diese nicht erreicht. Von Bedeutung können insoweit insbesondere Fälle von inhaftierten Deutschen in Ländern der Dritten Welt sein.

36     Als **Leistungen** nach § 24 kommen prinzipiell alle in § 8 aufgeführten Leistungsarten in Betracht. Ausgenommen sind Leistungen der Grundsicherung im Alter und bei Erwerbsminderung, da diese nach § 41 Abs. 1 einen gewöhnlichen Aufenthalt im Inland voraussetzen. **Mehrbedarfszuschläge** für beispielsweise kostenaufwändige Ernährung oder Alleinerziehende entsprechend § 30 sind möglich; ihre Höhe richtet sich nach den Verhältnissen des Aufenthaltslandes und wird in der Regel nach dem sog. Vorortsystem (→ Rn. 48) festgesetzt. Bezüglich der **Krankenhilfe** gelten die

§§ 47 ff. sinngemäß; an die Stelle der ortskrankenkassenüblichen Vergütung (§ 52 Abs. 3) tritt die Vergütung unter Berücksichtigung der besonderen Verhältnisse des Aufenthaltslandes. Die besonderen Verhältnisse im Aufenthaltsland bestimmen auch Art und Höhe der **Hilfe bei Schwangerschaft und Mutterschaft** (§ 50) sowie der **Hilfe zur Pflege** (§ 61).

Ob eine Person mit gewöhnlichem Aufenthalt im Inland vom Sozialhilfeträger **37** die Übernahme der von ihr zu tragenden **Kosten für die Bestattung** eines im Ausland verstorbenen Dritten – insbesondere der Kosten der Überführung aus dem Ausland – verlangen kann, richtet sich allein nach § 74; ob der Verstorbene Leistungen nach § 24 bezogen hat, ist unerheblich. Ob § 24 auf Fallkonstellationen anzuwenden ist, in denen sich die Notwendigkeit einer Bestattung im Inland ergibt, der zur Tragung der Bestattungskosten Verpflichtete aber seinen gewöhnlichen Aufenthalt im Ausland hat, ist zweifelhaft (vgl. LSG NRW 29.6.2007 – L 10 B 10/07 SO, SAR 2007, 110 – Gewährung von Prozesskostenhilfe; für eine Anwendbarkeit des § 24 LSG BW 16.10.2013 – L 2 SO 3798/12 und BayLSG 19.11.2009 – L 8 SO 86/09, FEVS 61, 541, die in einem solchen Fall dementsprechend einen Anspruch auf Übernahme der Bestattungskosten verneinen). § 24 liegt der Gedanke zugrunde, dass bei Eintritt von Bedürftigkeit im Ausland grundsätzlich die Rückkehr nach Deutschland erwartet wird. Bei einem einmaligen, durch leistungsrechtliche Besonderheiten bestimmten Bedarf wie dem der Bestattungskosten kann eine Rückkehr nach Deutschland sinnvollerweise wohl kaum erwartet werden.

Die Bestimmung des **Maßes** der **Leistungserbringung** für Deutsche im Ausland **38** erfolgt entsprechend § 9. Auch eine Leistungserbringung als Darlehen ist prinzipiell möglich.

Bei der Ermittlung des **Einkommens** und des **Vermögens** gelten die Vorschrif- **39** ten der §§ 82 ff., 90 ebenfalls entsprechend; der Einsatz des Einkommens und Vermögens richtet sich auch insoweit nach den besonderen Verhältnissen des Aufenthaltslandes. Hält sich ein **Unterhaltspflichtiger** im Bundesgebiet auf, beurteilt sich seine Heranziehung nach § 94. Lebt er dagegen außerhalb des Geltungsbereiches des SGB XII, so sind die tatsächlichen und rechtlichen Möglichkeiten seiner Inanspruchnahme mithilfe der zuständigen deutschen Auslandsvertretung zu klären.

Die Bestimmung der Höhe und der Art der Leistungen ist **gerichtlich** nur **40** **eingeschränkt überprüfbar** (ebenso *Schlette,* Hauck/Noftz, SGB XII, § 24 Rn. 35; vgl. zu § 119 BSHG auch OVG Hmb 2.11.1994 – Bs IV 163/94; aA NdsOVG 13.10.1988 – 4 B 270/88, FEVS 38, 236: volle gerichtliche Überprüfung). Dies folgt zum einen daraus, dass der Gesetzgeber in § 24 keinen Rechtsanspruch auf Erbringung von Leistungen der Sozialhilfe an Deutsche im Ausland begründet hat und hinsichtlich Art und Maß der Hilfe ein Ermessen des Leistungsträgers besteht (→ Rn. 27). Zum anderen ist auch kaum anzunehmen, dass der Gesetzgeber für jeden Einzelfall, in dem an Deutsche Sozialhilfe entgegen dem grundsätzlich geltenden Territorialprinzip über die Ausnahmevorschrift des § 24 Abs. 1 S. 2 geleistet wird, die Höhe der zu erbringenden Leistung voller gerichtlicher Überprüfung unterwerfen wollte. Vielmehr ist davon auszugehen, dass der Gesetzgeber dem für die Leistungserbringung zuständigen überörtlichen Träger der Sozialhilfe eine Art Einschätzungsprärogative eingeräumt hat.

## 4. Antragserfordernis und Zuständigkeit (Abs. 4 u. 5)

In Abweichung von § 18, wonach der Kenntnisgrundsatz gilt und die Leistungen **41** daher von Amts wegen zu erbringen sind, schreibt § 24 Abs. 4 S. 1 fest, dass Leistungen für Deutsche im Ausland **nur auf Antrag** erbracht werden. Hierin liegt eine Änderung gegenüber der vorherigen Regelung in § 119 BSHG, die einen Antrag nicht vorsah. Ein Antragsformular ist dem „Leitfaden für Leistungen an Deutsche im Ausland nach dem SGB XII" als Anlage 5 beigefügt (http://www.lwl.org/spur-download/bag/LeitfadenText.pdf). Der Antrag ist grundsätzlich bei dem zuständigen Sozialhilfeträger zu stellen; allerdings findet § 16 SGB I Anwendung, wonach Anträge auch von allen anderen Leistungsträgern und bei Personen, die sich im Ausland aufhalten, insbesondere auch von den amtlichen Vertretungen der Bundesrepublik Deutschland im Ausland entgegengenommen werden und von diesen unverzüglich an den zuständigen Leistungsträger weiterzuleiten sind.

42    Für die Erbringung der Leistungen an die nach § 24 Abs. 1 S. 2 leistungsberechtigten deutschen Staatsangehörigen **sachlich zuständig** ist der **überörtliche Träger der Sozialhilfe** (§ 24 Abs. 4 S. 2 Hs. 1). Wer überörtlicher Träger der Sozialhilfe ist, bestimmt sich nach dem Landesrecht (§ 97 Abs. 2 S. 1). Eine Übersicht über die zuständigen überörtlichen Träger der Sozialhilfe findet sich auf den Internetseiten der Bundesarbeitsgemeinschaft der überörtlichen Träger der Sozialhilfe (http://www.lwl.org/LWL/Soziales/BAGues/mitglieder/zustaendigkeiten).

43    Die **örtliche Zuständigkeit** des (überörtlichen) Trägers der Sozialhilfe richtet sich gemäß § 24 Abs. 4 S. 2 Hs. 2 grundsätzlich nach dem Geburtsort der antragstellenden Person. Liegt der Geburtsort der antragstellenden Person allerdings im Ausland oder ist er nicht zu ermitteln, wird der örtlich zuständige Träger von einer Schiedsstelle bestimmt (§ 24 Abs. 4 S. 3). Schiedsstelle ist gemäß § 108 Abs. 2 S. 1 das Bundesverwaltungsamt.

44    Eine **Sonderregelung** für Ehegatten, Lebenspartner, Verwandte (§ 1589 BGB) und Verschwägerte (§ 1590 BGB), die bei Einsetzen der Sozialhilfe zusammenleben, trifft § 24 Abs. 5. Danach bemisst sich die örtliche Zuständigkeit im Prinzip nach dem Geburtsort der ältesten Person von ihnen, die im Inland geboren ist (§ 24 Abs. 5 S. 1). Ist keine der in § 24 Abs. 4 S. 1 genannten Personen in der Bundesrepublik Deutschland geboren, so ist ein gemeinsamer örtlich zuständiger Träger durch das Bundesverwaltungsamt zu bestimmen (§ 24 Abs. 4 S. 2). Die so begründete Zuständigkeit bleibt bestehen, bis keine der in § 24 Abs. 4 S. 1 genannten Personen mehr der Sozialhilfe bedarf (§ 24 Abs. 5 S. 3).

## 5. Zusammenarbeit mit den deutschen Auslandsvertretungen (Abs. 6)

45    Die in § 24 Abs. 6 festgeschriebene Verpflichtung zur Zusammenarbeit der (überörtlichen) Träger der Sozialhilfe mit den deutschen Dienststellen im Ausland geht **über die** in §§ 3 ff. SGB X normierte **Amtshilfe hinaus.** Der Gesetzgeber trägt damit dem Umstand Rechnung, dass der Hilfefall – d. h. die außergewöhnliche Notlage des deutschen Staatsangehörigen – ohne die Mitwirkung der deutschen Auslandsvertretungen, die sich regelmäßig vor Ort befinden und über die erforderlichen spezifischen Landeskenntnisse verfügen, nicht effektiv und adäquat geregelt werden kann. **Deutsche Dienststellen im Ausland** sind nicht nur die Botschaften und Konsulate, sondern auch Wirtschafts- und Handelsmissionen.

46    Die Mitwirkung der deutschen Auslandsvertretungen zeigt sich in der Praxis insbesondere bei der **Aufklärung und Feststellung des sozialhilferechtlichen Sachverhalts.** So sind es in der Regel die Auslandsvertretungen, die die familiären und wirtschaftlichen Verhältnisse des um Leistungen nachsuchenden deutschen Staatsangehörigen ermitteln. Da die Auslandsvertretungen in besonderem Maße mit den spezifischen Landesverhältnissen vertraut sind, kommt ihren Stellungnahmen zu den Fragen, ob Leistungen durch das Aufenthaltsland erbracht werden bzw. zu erwarten sind (§ 24 Abs. 2), besonderes Gewicht zu. Gleiches gilt für Stellungnahmen zu den notwendigen Lebensbedürfnissen eines Deutschen im Aufenthaltsland. Die deutschen Auslandsvertretungen wirken aber auch bei der **Abwicklung und Kontrolle** des Hilfefalles mit. So werden die Leistungen über die Auslandsvertretungen an die Leistungsberechtigten in Landeswährung ausbezahlt. Die Auslandsvertretungen beobachten auch, ob die Voraussetzungen für die Leistungserbringung fort-

bestehen, und teilen veränderte Umstände dem überörtlichen Träger der Sozialhilfe mit.

Die **Entscheidung** über die Erbringung von Leistungen der Sozialhilfe obliegt 47 allerdings allein dem überörtlichen Träger der Sozialhilfe. Den deutschen Auslandsvertretungen stehen Entscheidungsbefugnisse nur nach Maßgabe von § 5 KonsularG zu.

Ausdruck der intensiven Zusammenarbeit zwischen den überörtlichen Trägern 48 der Sozialhilfe und den deutschen Dienststellen im Ausland ist das sog. **Vorortsystem.** Das Vorortsystem, das bereits im Jahre 1966 eingeführt wurde und auch unter der Geltung des SGB XII fortbesteht, geht zurück auf eine Vereinbarung der Bundesarbeitsgemeinschaft der überörtlichen Träger der Sozialhilfe. Danach ist in Fragen von allgemeiner und grundsätzlicher Bedeutung, die über den Einzelfall hinaus oder für eine Mehrzahl von Einzelfällen relevant sind oder werden könnten, bezüglich eines bestimmten Aufenthaltslandes jeweils ein überörtlicher Träger allein zuständig (vgl. Nr. 7.7.1. des „Leitfaden für Leistungen an Deutsche im Ausland nach dem SGB XII", eine Übersicht der Zuständigkeit nach dem Vorortsystem enthält Anlage 2 des Leitfadens). Zu den Fragen von allgemeiner und grundsätzlicher Bedeutung zählen insbesondere die Festlegung und Änderung von Regelsätzen, Heizkostenbeihilfen und Heimpflegekosten, soweit für ihre Festsetzung ein praktisches Bedürfnis besteht (vgl. Nr. 7.7.2 des Leitfadens). Letzteres wird für die Festlegung von Regelsätzen angenommen, wenn in einem bestimmten Aufenthaltsland mehr als zehn Sozialhilfefälle zu betreuen sind, für die mehr als zwei überörtliche Träger der Sozialhilfe zuständig sind (vgl. Nr. 5.4.1.2 des Leitfadens).

## III. Zustellung im Ausland

Eine Zustellung von behördlichen oder gerichtlichen Entscheidungen an die sich 49 im Ausland aufhaltende Person kann entweder nach Maßgabe zwischenstaatlicher Regelungen oder gemäß § 9 VwZG bzw. § 183 ZPO erfolgen. Für die Praxis bedeutsam ist das Europäische Übereinkommen über die Zustellung von Schriftstücken in Verwaltungssachen im Ausland v. 24.11.1977 – EuZustÜ – (BGBl. 1981 II, S. 535; BGBl. I, S. 665). Im Übrigen findet für die Zustellung von Verwaltungsakten gemäß § 65 Abs. 1 SGB X bzw. – für Widerspruchsbescheide – § 85 Abs. 3 S. 2 SGG die Vorschrift des § 9 VwZG Anwendung. Die Zustellung gerichtlicher Entscheidungen erfolgt gemäß § 63 Abs. 2 SGG nach Maßgabe der Vorschriften der Zivilprozessordnung.

## § 25 Erstattung von Aufwendungen Anderer

**¹Hat jemand in einem Eilfall einem Anderen Leistungen erbracht, die bei rechtzeitigem Einsetzen von Sozialhilfe nicht zu erbringen gewesen wären, sind ihm die Aufwendungen in gebotenem Umfang zu erstatten, wenn er sie nicht auf Grund rechtlicher oder sittlicher Pflicht selbst zu tragen hat. ²Dies gilt nur, wenn die Erstattung innerhalb angemessener Frist beim zuständigen Träger der Sozialhilfe beantragt wird.**

*Vergleichbare Vorschrift: § 121 BSHG.*

**Schrifttum:** *Bernzen/Grube,* Das Krankenhaus als Nothelfer nach § 25 SGB XII, SGb 2010, 420; *Böhme,* Wer bezahlt die Krankenbehandlungskosten eines mittellosen Notfallpatienten?, PKR 2005, 78; *Hammel,* Zur Übernahme von Bestattungskosten gemäß § 15 BSHG bei einer Antragstellung nach vollzogener Beerdigung, ZfSH/SGB 1998, 643; *Heinz,* Der Erstattungsanspruch des Krankenhausträgers nach Erbringung medizinischer Behandlung in Eilfällen – zu den Anforderungen an aussichtsreiche Anträge auf Kostenerstattung, ZfSH/SGB 2011, 314;

*Krieger,* Erstattungsanspruch des Krankenhauses oder des frei praktizierenden Arztes gegenüber dem Sozialhilfeträger, ZfF 1982, 270; *Leber,* Der sozialhilferechtliche Notfall, Das Krankenhaus 2010, 343; *Schöndorf,* Der Anspruch des Nothelfers auf Erstattung seiner Aufwendungen nach §§ 120, 121 Bundessozialhilfegesetz, BayVBl. 1984, 492; *Schwarz,* Erstattung von Behandlungskosten nach der Eilfallregelung des § 25 SGB XII, Das Krankenhaus 2009, 1022; *Zeitler,* Zum Verhältnis des Eilfalls iSd § 97 Abs. 2 Satz 3 Alternative 2 BSHG zum Eilfall nach § 121 Satz 1 BSHG bei einer stationären Krankenhausbehandlung, NDV 1994, 49.

**Übersicht**

# I. Bedeutung der Norm

**1**    Die Regelung in § 25 soll vermeiden, dass jemand, der in einer akuten Notlage tätig wird und Hilfe gewährt, die an sich vom Sozialhilfeträger zu erbringen wäre, von diesem aber mangels Kenntnis der Situation nicht geleistet werden kann, seine Aufwendungen endgültig selbst tragen muss. Indem die Vorschrift dem sog. Nothelfer einen Anspruch auf Erstattung seiner Aufwendungen einräumt, trägt sie zur **Erhaltung und Stärkung der Hilfsbereitschaft in Notfällen** bei.

**2**    Die Vorschrift des § 25 regelt eine spezielle sozialhilferechtliche und damit öffentlich-rechtliche Form der **Geschäftsführung ohne Auftrag** (BSG 11.6.2008 – B 8 SO 45/07 B). Die Spezialregelung schließt einen Rückgriff auf die allgemeinen Grundsätze der GoA aus (BSG 23.8.2013 – B 8 SO 19/12 R, FEVS 51, 231; aA *Quaas,* SGb 2008, 261, 266: Verlängert ein Krankenhaus den Aufenthalt eines Patienten, der keiner medizinischen Krankenhausbehandlung mehr bedarf, über den Entlassungstermin hinaus, weil der Patient nicht in der Lage ist, seinen Bedarf an Unterkunft und Verpflegung selbst zu decken, so scheide zwar mangels Eilfalls ein Anspruch nach § 25 aus, doch verbleibe dem Krankenhaus als denkbare Grundlage eines Anspruchs gegen den Sozialhilfeträger auf Erstattung seiner Aufwendungen das Institut der GoA).

**3**    In systematischer Hinsicht enthält § 25 eine **Ausnahmeregelung** von dem in § 18 geregelten **Kenntnisgrundsatz**, da mit der Aufwendungserstattung im Ergebnis Leistungen für einen Zeitraum gewährt werden, in dem der Sozialhilfeträger noch keine Kenntnis von der Notlage hatte. Ferner bricht die Vorschrift mit dem das Sozialhilferecht bestimmenden **Bedarfsdeckungsprinzip,** da sie die Gewährung von (Erstattungs-)Leistungen ermöglicht, obgleich der sozialhilferechtliche Bedarf bereits befriedigt worden ist.

**4**    Die Rechtsprechung ging lange davon aus, dass § 25 analog anzuwenden sei, wenn Leistungsberechtigten nach dem **AsylbLG** Nothilfe geleistet wird (LSG Hmb 21.6.2012 – L 4 AY 4/11; LSG NRW 12.12.2011 – L 20 AY 4/11; LSG Bln-Bbg

20.3.2007 – L 23 B 27/06 AY PKH, ZAR 2007, 93). Mit Urteil vom 30.10.2013 –
B 7 AY 2/12 R – hat das BSG allerdings befunden, dass § 25 im Rahmen des
AsylbLG keine (analoge) Anwendung finde (zur Kritik an diesem Urteil vgl. *Frerichs,*
jurisPK-SGB XII, § 4 AsylbLG Rn. 33 ff.). Eine planwidrige Regelungslücke liege
nicht vor. Zwischen SGB XII und AsylbLG bestünden strukturelle Unterschiede,
anders als im SGB XII gelte im AsylbLG nicht der Kenntnisgrundsatz. Setze der
Anspruch auf Leistungen aber die Kenntnis des Leistungsträgers vom Bedarfsfall
nicht voraus, so könne auch keine Bedarfslücke bis zur Kenntniserlangung entstehen.
Allein diese Bedarfslücke solle § 25 aber decken. Der Gesetzgeber hat auf dieses
Urteil reagiert und durch das Gesetz zur Änderung des Asylbewerberleistungsgesetzes und des Sozialgerichtsgesetzes vom 10.12.2014 (BGBl. I S. 2187) mit Wirkung
vom 1.3.2015 sowohl den Kenntnisgrundsatz als auch den Nothelferanspruch im
AsylbLG selbst geregelt (→ §§ 6a, 6b AsylbLG).

Das **SGB II** enthält keine dem § 25 vergleichbare Vorschrift. Hauptanwendungs- **5**
fall der Nothilfe ist die Krankenhausbehandlung. Beziehe von Arbeitslosengeld II
sind indes in der Regel krankenversicherungspflichtig (§ 5 Abs. 1 Nr. 2a SGB V),
sodass die Kosten hierfür von der Krankenkasse getragen werden. Regelmäßig
besteht daher kein Bedürfnis für eine spezielle Vorschrift über die Nothilfe. Anders
ist die Situation, wenn eine Person, die die Voraussetzungen für einen Anspruch
auf Leistungen nach dem SGB II erfüllt, den gemäß § 37 SGB II vorgeschriebenen
**Antrag (noch) nicht gestellt** hat. In diesen Fällen ist § 25 anwendbar (vgl. BSG
19.5.2009 – B 8 SO 4/08 R, BSGE 103, 178; SG Hamburg 29.8.2008 – S 56 SO
396/07; SG Aachen 11.11.2008 – S 20 SO 73/07, SAR 2009, 4 und 7.3.2007 –
S 19 SO 49/06; im letzteren Urteil geht das Gericht von einer Anwendbarkeit
jedenfalls für die Fälle aus, in denen die in der Notlage befindliche Person rechtlich
nicht in der Lage war, einen solchen Antrag zu stellen, wie im zu entscheidenden
Fall ein 12-jähriges Kind; das LSG NRW 14.11.2007 – L 12 SO 14/07 wendet
§ 25 analog an; ausführlich hierzu *Bernzen/Grube,* SGb 2010, 420). Dem steht die
Regelung des § 21 S. 1, nach der Leistungen für den Lebensunterhalt nach dem
SGB XII bereits dann ausgeschlossen sind, wenn eine Person dem Grunde nach
leistungsberechtigt nach dem SGB II ist, nicht entgegen (vgl. SG Hamburg,
29.8.2008 – S 56 SO 396/07). Denn § 21 S. 1 schließt nur einen Anspruch auf
„Leistungen für den Lebensunterhalt", dh Leistungen nach dem Dritten Kapitel,
aus. Die bei einer Krankenhausbehandlung durch einen Nothelfer einschlägige Hilfe
bei Krankheit (§ 48) ist im Fünften Kapitel geregelt und damit nicht vom Anspruchsausschluss erfasst (BSG 19.5.2009 – B 8 SO 4/08, BSGE 103, 178 R).

## II. Inhalt der Norm

### 1. Anspruchsberechtigte

Als „jemand" iSv § 25 gilt jede Person, die einem Anderen Leistungen erbracht **6**
hat. Anspruchsberechtigt sind deshalb nicht nur **natürliche Personen,** sondern
auch **juristische Personen** des Privatrechts und des öffentlichen Rechts, wie beispielsweise ein privates oder karitatives Krankenhaus. Haben allerdings die Verbände
der freien Wohlfahrtspflege mit dem Sozialhilfeträger Vereinbarungen (§ 5 Abs. 5)
getroffen, die auch das Verfahren und die Höhe des Erstattungsanspruchs regeln,
gehen diese Regelungen § 25 vor.

Nothelfer ist ferner nur derjenige, der **aktiv Hilfe leistet.** Einen Anspruch nach **7**
§ 25 kann daher nur der Arzt geltend machen, der ein Medikament an einen bedürftigen Patienten verabreicht, nicht aber das Pharmaunternehmen, das dieses Medikament an den Arzt geliefert hat (SG Marburg 11.2.2010 – S 9 SO 23/08, SAR 2010,
66). **Keine Nothelfer** iSv § 25 sind **andere Sozialleistungsträger** (§ 12 SGB I).

Hat etwa ein örtlich oder sachlich unzuständiger Sozialhilfeträger oder ein anderer Sozialleistungsträger Leistungen erbracht, so beurteilen sich die Erstattungsansprüche der Leistungsträger untereinander allein nach Maßgabe der §§ 102 bis 114 SGB X. Auch eine andere Dienststelle des Trägers der Sozialhilfe ist kein Dritter im Sinne dieser Vorschrift.

**8**  Ebenfalls **nicht anspruchsberechtigt** ist die **hilfebedürftige Person** selbst; dies auch dann nicht, wenn sich der Nothelfer nach Ende der Hilfebedürftigkeit allein an diese Person wendet. Die in § 25 geregelten Ausnahmen von dem Bedarfsdeckungsprinzip und dem Grundsatz „keine Sozialhilfe für die Vergangenheit" wirken nach dem Sinn und Zweck dieser Regelung – nämlich Erhaltung und Stärkung der Hilfsbereitschaft Dritter im Interesse in Not geratener Menschen – allein zu Gunsten des Nothelfers (BVerwG 3.12.1992 – 5 C 32/89). Sie sollen der hilfebedürftigen Person keinen Anspruch auf Übernahme etwaiger aus der Nothilfe resultierender Schulden im Wege des Sozialhilferechts ermöglichen. Ein Anspruch der hilfebedürftigen Person entsteht jedoch, wenn der Sozialhilfeträger Kenntnis von der Notlage erhält (→ Rn. 22 f.).

## 2. Eilfall

**9**  Der Nothelfer muss einem anderen in einem Eilfall Leistungen erbracht haben. Ein Eilfall iSv § 25 ist gegeben, wenn in einer **plötzlich auftretenden Notlage** sofort gehandelt werden muss und nach Lage der Dinge eine **rechtzeitige Leistung des Sozialhilfeträgers** objektiv **nicht zu erlangen** ist (BSG 23.8.2013 – B 8 SO 19/12 R; BVerwG 31.5.2001 – 5 C 20/00, BVerwGE 114, 298; LSG NRW 28.1.2013 – L 20 SO 554/11; LSG Hmb 21.6.2012 – L 4 AY 4/11; LSG LSA 21.12.2010 – L 8 SO 40/09, FEVS 62, 559).

**10**  Ob ein Eilfall vorliegt, ist aus der Perspektive des Nothelfers zu beurteilen. Dabei sind jedoch subjektive Vorstellungen des Nothelfers außer Acht zu lassen; ausschlaggebend ist, ob der dem Nothelfer bekannte Sachverhalt bei **objektiver Beurteilung** so gelagert ist, dass der Nothelfer berechtigterweise davon ausgehen konnte, sofort Hilfe leisten zu müssen (OVG NRW 27.3.1990 – 8 A 327/88, NVwZ 1990, 1097; VGH München, NVwZ 1994, 600, 601; OVG RhPf 4.3.1983 – 8 A 67/81, NVwZ 1983, 754). Abzustellen ist grundsätzlich auf den **Zeitpunkt der Notlage** als den Zeitpunkt der hypothetischen Leistungserbringung durch den Sozialhilfeträger (VGH BW 27.9.1995 – 6 S 2522/94).

**11**  Ein Eilfall ist insbesondere anzunehmen bei **medizinischen Notfällen**, wie zB akuten Erkrankungen, die ein sofortiges ärztliches Eingreifen und die Aufnahme in ein Krankenhaus dringend erfordern, so etwa bei einem akuten Herzinfarkt (LSG Bln-Bbg 29.11.2007 – L 23 SO 119/06, FEVS 59, 475), bei Verdacht auf eine akute Blinddarmentzündung (LSG NRW 14.11.2007 – L 12 SO 14/07) oder wenn bei einer Frau eine Eileiterschwangerschaft diagnostiziert wird (NdsOVG 19.1.1999 – 4 L 5250/98, FEVS 51, 94, 95). Ein Eilfall liegt auch vor, wenn eine Person in betrunkenem Zustand hilflos aufgefunden wird (BVerwG 3.12.1992 – 5 C 32/89, BVerwGE 91, 245, 246) oder mit einer Heroinintoxikation in ein Krankenhaus eingeliefert wird (SG Aachen 24.1.2006 – S 20 SO 107/05, EuG 2007, 138). Auch eine unmittelbar bevorstehende Geburt (SG Hildesheim 23.10.2012 – S 42 AY 127/08) oder die Einweisung und Verlegung eines neugeborenen Kindes in eine Spezialklinik mit einem Notarztwagen oder Rettungshubschrauber kann einen Eilfall begründen (OVG NRW 22.12.1993 – 24 A 3705/91). Entsprechendes gilt hinsichtlich der ärztlichen Versorgung von Verletzten bei Unfällen und Unglücken. Die Bedeutung des § 25 in medizinischen Notfällen dürfte jedoch mit der durch das GKV-WSG v. 26.3.2007 (BGBl. I, S. 378, Art. 1 Nr. 2) erfolgten Ausdehnung der Pflichtversicherung in der gesetzlichen Krankenversicherung gem. § 5 Abs. 1 Nr. 13 SGB V sowie der zum 1.1.2009 (durch Gesetz v. 23.11.2007, BGBl. I, S. 2631,

Art. 11 Abs. 1) eingeführten Pflicht nahezu aller nicht gesetzlich versicherten Bürger zum Abschluss einer privaten Krankenversicherung gem. § 193 Abs. 3 VVG erheblich an Bedeutung verloren haben, da bei Bestehen einer Krankenversicherung diese vorrangig leistungsverpflichtet ist (→ Rn. 18). Empfänger laufender Leistungen nach dem Dritten, Vierten, Sechsten und Siebten Kapitel des SGB XII und Empfänger laufender Leistungen nach § 2 des AsylbLG sind zwar nach § 5 Abs. 8a S. 2 SGB V nicht versicherungspflichtig in der gesetzlichen Krankenversicherung, nach § 264 Abs. 2 SGB V wird jedoch auch ihre Krankenbehandlung von der Krankenkasse übernommen.

Ein Eilfall isv § 25 S. 1 kann aber auch gegeben sein bei einem plötzlichen und **12** akuten Hilfebedarf, der **außerhalb der Öffnungszeiten des zuständigen Sozialamtes** – etwa am Wochenende oder an einem Feiertag – auftritt, so wenn einem Leistungsberechtigten am Wochenende die Handtasche gestohlen wird, in der sich nicht nur der Wohnungsschlüssel, sondern auch die Geldbörse mit der Regelsatzleistung des laufenden Monats befand. Eine solche Situation kann die Notwendigkeit der Auswechselung des Türzylinders oder der Anschaffung von Lebensmitteln für das Wochenende begründen.

**Kein Eilfall** ist dagegen gegeben in Bezug auf Operationen oder andere ärztliche **13** Behandlungen, deren sofortige Durchführung aus medizinischer Sicht nicht indiziert ist (vgl. LSG LSA 21.12.2010 – L 8 SO 40/09, FEVS 62, 559; SG Düsseldorf 15.12.2009 – S 42 (24) SO 27/06, SAR 2010, 26). Auch die Notwendigkeit einer Bestattung innerhalb von wenigen Tagen begründet keinen Eilfall i. S. dieser Vorschrift (BayVGH 21.6.1993 – 12 B 91.2999, NVwZ 1994, 600, 601).

Die Notwendigkeit sofortiger Hilfeleistung allein genügt jedoch nicht zur **14** Annahme eines Eilfalls. So ist trotz Vorliegens einer Notlage ein **Eilfall** isv § 25 S. 1 **ausgeschlossen,** wenn es dem Nothelfer oder dem in der Notlage Befindlichen möglich ist, den Sozialhilfeträger von der Notlage zu unterrichten, sodass dieser selbst rechtzeitig helfen oder jedenfalls eine Hilfemöglichkeit prüfen kann (LSG NRW 27.2.2012 – L 20 SO 48/11; LSG LSA 21.12.2010 – L 8 SO 40/09, FEVS 62, 559; LSG Nds-Brem 26.11.2009 – L 8 SO 172/07). Das folgt zum einen aus dem Wortlaut der Vorschrift, die eine Erstattung nur für solche Leistungen vorsieht, die bei rechtzeitigem Einsetzen von Sozialhilfe nicht zu erbringen gewesen wären. Es ergibt sich zum anderen aber auch aus dem Charakter der Sozialhilfe als Hilfe in einer Notlage, die grundsätzlich nur zeitabschnittsweise für die nächstliegende Zeit gewährt wird, um dem Sozialhilfeträger zu ermöglichen, den Hilfefall und die Notlage unter Kontrolle zu halten und gegebenenfalls täglich neu zu regeln.

Vor diesem Hintergrund ist bei der Notaufnahme eines Patienten ein Eilfall nicht **15** automatisch für die gesamte Dauer der stationären Krankenhausbehandlung gegeben. Vielmehr sind die Voraussetzungen eines Eilfalles nur dann und nur solange erfüllt, wie und wie es der hilfebedürftigen Person bzw. dem Krankenhausträger **nicht möglich oder nicht zumutbar** ist, **den zuständigen Sozialhilfeträger über den Hilfefall zu unterrichten** bzw. der Nothelfer ohne Verletzung eigener Obliegenheiten davon ausgehen durfte, den Sozialhilfeträger nicht einschalten zu müssen (BSG 12.12.2013 – B 8 SO 13/12 R; LSG Hmb 24.6.2016 – L 4 SO 12/15; LSG NRW 18.8.2016 L 9 SO 328/14 und 28.1.2013 – L 20 SO 554/11). Ein Eilfall ist daher dann anzunehmen, wenn ein dringend behandlungsbedürftiger Patient außerhalb der Dienstzeiten des Sozialhilfeträgers (also zB abends/nachts, am Wochenende oder an Feiertagen) ins Krankenhaus eingeliefert wird. Ist für das Krankenhaus erkennbar, dass der Patient keinen Krankenversicherungsschutz hat (insbesondere wenn er keine Versichertenkarte vorlegt) und mittellos ist, so obliegt es ihm, den Sozialhilfeträger umgehend über den Nothilfefall zu informieren (vgl. BSG 18.11.2014 – B 8 SO 9/13 R). Der Eilfall endet dann in jedem Fall in dem Zeitpunkt, zu dem der Sozialhilfeträger wieder dienstbereit ist und von dem Hilfefall in Kenntnis gesetzt werden kann, unabhängig davon, ob das Krankenhaus seiner

**Obliegenheit** nachgekommen ist oder nicht (vgl. BSG 18.11.2014 – B 8 SO 9/13 R). Da mit der Kenntniserlangung des Sozialhilfeträgers der Eilfall ebenfalls endet (→ Rn. 21 ff.), dürfte bei einer längeren Krankenhausbehandlung ein Nothelferanspruch in den meisten Fällen nur für den ersten Tag bzw. die ersten Tage – nämlich solange der Sozialhilfeträger nicht dienstbereit ist – in Betracht kommen (hierzu auch → Rn. 22a und 22b).

16    Hingegen ist ein Eilfall nicht bereits deshalb zu verneinen, weil aus der Sicht des Nothelfers keine Unsicherheit darüber besteht, dass die Kosten der erforderlichen Leistungserbringung (vom Empfänger oder einem Dritten) getragen werden, ohne auf Sozialhilfemittel angewiesen zu sein (so aber OVG NRW 16.5.2000 – 22 A 662/98, ZfSH/SGB 2001, 419). Die **Kostenunsicherheit** ist **nicht notwendiges Merkmal eines Eilfalls.** Der Wortlaut des § 25 gibt keinen Anhaltspunkt dafür, dass ein Anspruch des Nothelfers auf Erstattung seiner Aufwendungen von seinen richtigen oder falschen Vorstellungen über die finanzielle Leistungsfähigkeit des Hilfeempfängers bzw. der für ihn handelnden Personen abhinge (BVerwG 31.5.2001 – 5 C 20/00, BVerwGE 114, 298). Allerdings ist ein Eilfall ausgeschlossen, wenn eine rechtzeitige Benachrichtigung des Sozialhilfeträgers nicht aus Gründen der Eilbedürftigkeit der Leistung unterbleibt, sondern weil der Nothelfer infolge einer Fehleinschätzung der wirtschaftlichen Lage der in Not geratenen Person davon ausgeht, diese sei nicht auf Sozialhilfe angewiesen (LSG Hmb 21.6.2012 – L 4 AY 4/11; LSG LSA 21.12.2010 – L 8 SO 40/09, FEVS 62, 559; LSG Nds-Brem 26.11.2009 – L 8 SO 172/07). Denn die Überprüfung der für die Kostensicherheit wesentlichen Umstände gehört, soweit nach den Umständen möglich, selbst bei der Aufnahme von Notfallpatienten zu den Obliegenheiten eines ordnungsgemäßen Krankenhausbetriebes; insoweit wird das Irrtums- und Fehleinschätzungsrisiko dem Nothelfer nicht abgenommen (BSG 12.12.2013 – B 8 SO 13/12 R; BVerwG 31.5.2001 – 5 C 20/00, BVerwGE 114, 298, 301). Dementsprechend hat das BSG in seinem Urteil vom 23.8.2013 (B 8 SO 19/12 R) befunden, dass es der Annahme eines Eilfalles nicht entgegenstehe, wenn und solange dem Krankenhaus bei der Einschätzung darüber, dass die Krankenkasse für die Kosten der Behandlung aufkommen würde, nichts vorzuwerfen war. Allerdings habe ein Krankenhaus auch gewisse Prüfungspflichten, so z. B. wenn der Notfallpatient bei der Aufnahme oder später keine Krankenversicherungskarte vorlege. Ergreift der Nothelfer bei Anlass zu Zweifeln nicht die erforderlichen Klärungsmaßnahmen, so kann er sich ab diesem Zeitpunkt auf einen Eilfall nicht mehr berufen.

### 3. Leistungspflicht des Sozialhilfeträgers

17    Der Erstattungsanspruch setzt des Weiteren voraus, dass der sachlich und örtlich zuständige Träger der Sozialhilfe bei rechtzeitiger Kenntnis Leistungen nach dem SGB XII erbracht haben würde. Es müssen also bei der in der Notlage befindlichen Person alle Voraussetzungen für eine Leistungserbringung vorgelegen haben; der Hilfeempfänger muss dem Grunde nach einen Anspruch auf die gewährte Leistung gehabt haben, der allein mangels Kenntnis des Sozialhilfeträgers iSv § 18 nicht entstanden ist. Das Gesetz postuliert damit eine **hypothetische Akzessorietät** des Erstattungsanspruchs, d. h. der Erstattungsanspruch des Nothelfers ist dem Grunde und grundsätzlich – zu Ausnahmen → Rn. 36 und 38 – auch der Höhe nach mit dem hypothetischen Sozialhilfeanspruch der in Not geratenen Person verknüpft. Abzustellen ist auf den Zeitpunkt der Notlage und des Tätigwerdens des Nothelfers: in diesem müssen alle Voraussetzungen für eine Leistungserbringung vorgelegen haben.

18    Zu prüfen sind in diesem Zusammenhang insbesondere auch der **Grundsatz des Nachrangs** der Sozialhilfe (§ 2 Abs. 1), eventuelle **Ausschlusstatbestände** (z. B. § 22 Abs. 1 S. 1 oder § 23 Abs. 3) sowie die **Einkommens- und Vermögenssitua-**

**tion** der in Not befindlichen Person. Bei medizinischen Notfällen ist vorrangig die Krankenversicherung in Anspruch zu nehmen, sofern eine solche besteht (BSG 23.8.2013 – B 8 SO 19/12 R). Erkrankt ein Kind während eines gemeinsamen Urlaubs im Ausland und übernehmen die Eltern die Kosten der ärztlichen Behandlung, so haben sie gegen den für ihr Kind in der Bundesrepublik Deutschland zuständigen Träger der Sozialhilfe keinen Erstattungsanspruch, wenn das Kind auf Grund eines zwischenstaatlichen Abkommens einen Anspruch auf Hilfe gegen die ausländischen Behörden hatte (OVG NRW 13.9.1991 – 8 E 1043/91, FEVS 42, 327, 328). Wird ein nicht krankenversicherter Strafgefangener aus medizinischen Gründen in ein Krankenhaus außerhalb des Strafvollzugs eingeliefert, so hat die Krankenfürsorge nach dem Strafvollzugsgesetz Vorrang vor Leistungen nach dem SGB XII (HessVGH 26.7.1991 – 9 UE 2792/87, FEVS 42, 141).

Nach dem BSG (23.8.2013 – B 8 SO 19/12 R) scheidet ein Anspruch des **18a** Nothelfers auch dann aus, wenn der Hilfebedürftige sich trotz Kenntnis der ihn dann treffenden Kostenlast ernstlich weigert, Hilfe in Anspruch zu nehmen und damit von seinem Recht Gebrauch macht, Leistungen der Sozialhilfe nicht in Anspruch zu nehmen.

Als Leistungen, die bei rechtzeitigem Einsetzen von Sozialhilfe zu erbringen **19** gewesen wären, kommen **alle in § 8 aufgeführten Leistungen** der Sozialhilfe in Betracht; auch ergänzende Darlehen (§ 37) sowie Darlehen bei vorübergehenden Notlagen (§ 38) gehören grundsätzlich dazu. Hätte die in Not befindliche Person vom Träger der Sozialhilfe Leistungen lediglich als Darlehen (§§ 37, 38, 91 S. 1) beanspruchen können, so kommt ein Erstattungsanspruch des Nothelfers allerdings nur in Betracht, wenn dieser der in Not befindlichen Person die Leistung darlehensweise zugewandt hat. Die Erstattung der Darlehensaufwendungen durch den Sozialhilfeträger gegenüber dem Nothelfer erfolgt dann Zug um Zug gegen Abtretung des Rückzahlungsanspruchs gegen die in Not geratene Person. Hat der Nothelfer Leistungen erbracht, hinsichtlich derer das Gesetz Ermessen einräumt, so hat der Sozialhilfeträger zu prüfen, ob nach pflichtgemäßem Ermessen bei rechtzeitiger Kenntnis Leistungen zu erbringen gewesen wären.

Ist der Nothelfer irrtümlich davon ausgegangen, einen gegen ihn selbst gerichte- **20** ten Anspruch zu erfüllen, steht dieser Umstand einem Erstattungsanspruch nicht entgegen. Anders als bei der zivilrechtlichen Geschäftsführung ohne Auftrag ist ein **Fremdgeschäftsführungswille** im Rahmen des § 25 **nicht erforderlich** (BSG, 23.8.2013 – B 8 SO 19/12 R), die Vorschrift des § 687 Abs. 1 BGB findet auf die in § 25 geregelte sozialhilferechtliche Geschäftsführung ohne Auftrag auch keine entsprechende Anwendung.

## 4. Keine Kenntnis des Sozialhilfeträgers vom Notfall

Ist der Notfall dem zuständigen und vorrangig zur Leistung verpflichteten Träger **21** der Sozialhilfe bereits bekannt, scheidet ein Erstattungsanspruch des Nothelfers aus (BSG 12.12.2013 – B 8 SO 13/12 R und 23.8.2013 – B 8 SO 19/12 R). Auch wenn die fehlende Kenntnis des Trägers der Sozialhilfe von der Notlage anders als noch in § 121 BSHG („einem anderen Hilfe gewährt, die der Träger der Sozialhilfe bei rechtzeitiger Kenntnis nach diesem Gesetz gewährt haben würde") nicht mehr ausdrücklich genannt wird, ist sie doch weiterhin Tatbestandsmerkmal des § 25 S. 1. Nach der Gesetzesbegründung überträgt § 25 inhaltsgleich den bisherigen § 121 BSHG (BT-Drs. 15/1514, S. 58), eine sachliche Änderung ist mit der geringfügigen sprachlichen Abweichung folglich nicht verbunden (LSG NRW 28.1.2013 – L 20 SO 554/11; LSG LSA 21.12.2010 – L 8 SO 40/09, FEVS 62, 559; LSG BW 22.11.2007 – L 7 SO 5195/06; LSG NRW 13.9.2007 – L 9 SO 8/06, KHR 2008, 46).

**22**     Die Vorschrift des § 25 geht im Zusammenspiel mit § 18 davon aus, dass für einen einheitlichen Zeitabschnitt **eine Mehrheit von Ansprüchen nicht besteht.** Für die Zeit vor Bekanntwerden des Hilfefalles nach § 18 kann lediglich ein Aufwendungserstattungsanspruch des Nothelfers, nicht aber ein Sozialhilfeanspruch der in Not geratenen Person entstehen. Erhält der Sozialhilfeträger von der Notlage Kenntnis, entsteht nach § 18 ein Sozialhilfeanspruch der in Not geratenen Person gegen den zuständigen Träger der Sozialhilfe; ein Aufwendungserstattungsanspruch des Nothelfers kann dagegen nicht mehr begründet werden (BSG 13.2.2014 – B 8 SO 58/13 und 12.12.2013 – B 8 SO 13/12 R; LSG NRW 12.12.2011 – L 20 AY 4/11; LSG BW 22.11.2007 – L 7 SO 5195/06, KHR 2008, 46). Der Nothelfer kann daher grundsätzlich nur die Kosten für solche Aufwendungen erstattet verlangen, die er vor Kenntnis des Sozialhilfeträgers von der Notlage erbracht hat. Zur anteiligen Berechnung der zu erstattenden Aufwendungen bei Abrechnung einer Krankenhausbehandlung anhand von **Fallpauschalen** → Rn. 36a.

**22a**    Für die Zeit nach Kenntniserlangung erhält der Nothelfer die Kosten auch dann nicht erstattet, wenn der Hilfebedürftige die Leistung vom zuständigen Sozialhilfeträger nicht beansprucht oder die Leistung sogar ablehnt. Gerade im Bereich der medizinischen Versorgung führt das zu **sozialpolitisch zweifelhaften Ergebnissen** (ebenso *Wahrendorf*, jurisPR-SozR 23/2014, Anm. 3). Die Hilfebedürftigen, die ohne Krankenversicherungsschutz im Krankenhaus versorgt werden, dürften oft – z.B. aufgrund ihres illegalen Aufenthaltes oder ihrer Obdachlosigkeit – kein eigenes Interesse an einer Antragstellung beim Sozialhilfeträger haben. In Zusammenschau damit, dass eine Abtretung des Anspruchs des Hilfebedürftigen gegen den Sozialhilfeträger an den Nothelfer jedenfalls solange ausgeschlossen sein dürfte, wie der Anspruch nicht festgestellt ist (vgl. dazu *Wahrendorf*, jurisPR-SozR 23/2014, Anm. 3; BSG 30.10.2013 – B 7 AY 2/12 R für das AsylbLG) und dass nach der neueren Rechtsprechung auch bei einer Abrechnung nach Fallpauschalen nur eine anteilige Kostenerstattung in Betracht kommt (→ Rn. 36a), haben Ärzte und Krankenhausträger hier erhebliche Kostenrisiken zu tragen. Eine über den Zeitpunkt der Kenntniserlangung hinausgehende Schutzbedürftigkeit des Nothelfers hat der Gesetzgeber dennoch bislang nicht gesehen. Im Zuge des Gesetzgebungsverfahrens zum Gesetz zur Reform des Sozialhilferechts vom 23.7.1996 (BGBl. I S. 1088) ist der Vorschlag des Gesundheitsausschusses, der Vorgängerregelung des § 121 BSHG den Satz „Mit Zustimmung des Leistungsberechtigten sind die Aufwendungen auch für den Zeitraum bis zur Entscheidung über die Gewährung von Sozialhilfe zu erstatten; die Zustimmung wird vermutet, wenn der Leistungsberechtigte die Leistung vor der Entscheidung nicht selbst bei dem zuständigen Träger der Sozialhilfe in Anspruch nimmt" anzufügen (BT-Drs. 13/3904, S. 22 und 48), nicht umgesetzt worden.

**22b**    Der Umstand, dass für die Zeit nach Kenntniserlangung durch den Sozialhilfeträger oftmals die sog. **Quasiversicherung** nach § 264 Abs. 2–7 SGB V eintritt (dazu BSG 18.11.2014 – B 8 SO 9/13 R, Rn. 32), verschafft nur bei Vorliegen weiterer Voraussetzungen Abhilfe. Die „Quasiversicherung" setzt den „Empfang" von Leistungen nach dem SGB XII sowie die Wahl einer bzw. die Zuweisung an eine Krankenkasse voraus. Ihre Durchführung dürfte daher gerade bei obdachlosen oder sich illegal in Deutschland aufhaltenden Personen, die nach Entlassung aus der Krankenhausbehandlung wieder „verschwinden", Schwierigkeiten bereiten. Zusätzlich ist zu berücksichtigen, dass nach dem BSG (23.8.2013 – B 8 SO 19/12 R, Rn. 27) ein Anspruch des Nothelfers auch dann ausscheidet, wenn der Hilfebedürftige von seinem Recht, Leistungen der Sozialhilfe nicht in Anspruch zu nehmen, Gebrauch macht; Sozialhilfe dürfe nicht aufgezwungen werden. Im Falle der ernstlichen, in Kenntnis der ihn dann treffenden Kostenlast ausgesprochenen Weigerung des Patienten, Sozialhilfe in Anspruch zu nehmen, werde der Sozialhilfeträger daher nicht leistungspflichtig.

Vor diesem Hintergrund ist es zumindest missverständlich, wenn das BSG in **22c** seinem Urteil vom 18.11.2014 (B 8 SO 9/13 R, Rn. 31) ausführt, ein Krankenhaus, dass sich seinen Obliegenheiten entsprechend verhalte und den Sozialhilfeträger so schnell wie möglich vom Eilfall unterrichte, erlange einen umfassenden Kostenerstattungsanspruch für die gesamte Behandlung, da der Sozialhilfeträger bei tatsächlich bestehender Hilfebedürftigkeit des Patienten auch die Kosten der Behandlung für die Zeit ab Kenntniserlangung trage. Tatsächlich ist die Aussage des BSG wohl so zu lesen, dass eine umfassende Kostenerstattung erfolgen *kann*, wenn weitere Voraussetzungen vorliegen, insbesondere der Patient Sozialhilfe auch in Anspruch nehmen will.

Auch wenn der zuständige Träger der Sozialhilfe von Anfang an Kenntnis von **23** der Notlage gehabt, einen sozialhilferechtlichen Anspruch der in Not befindlichen Person aber dennoch – rechtsirrig – verneint oder eine Entscheidung in angemessener Frist nicht herbeigeführt hat und der Nothelfer allein aus diesem Grunde mit Leistungen eingetreten ist, entsteht kein Erstattungsanspruch des Nothelfers gegenüber dem Sozialhilfeträger (SG Hildesheim 23.10.2012 – S 42 AY 127/08; HessVGH 15.12.1992 – 9 UE 1694/87, FEVS 44, 247, 250). Bei **Ablehnung eines Anspruchs** ist es grundsätzlich Sache der in Not geratenen Person, den Anspruch gegen den Sozialhilfeträger – z. B. durch Erwirkung einer einstweiligen Anordnung durch das Sozialgericht – durchzusetzen. Leistet in dieser Situation ein Nothelfer die erforderliche Hilfe, so führt dies nicht zum Untergang des Anspruchs des Hilfebedürftigen gegen den Sozialhilfeträger. Dem Nothelfer bleibt mangels eines Erstattungsanspruchs nach § 25 nur die Möglichkeit, auf den Hilfebedürftigen hinsichtlich der Durchsetzung seines Sozialhilfeanspruchs einzuwirken. Zur Möglichkeit des Nothelfers, sich den Anspruch gegen den Sozialhilfeträger vom Hilfebedürftigen abtreten zu lassen → § 17.

Kenntnis iSv § 25 meint grundsätzlich die **positive Kenntnis** des **zuständigen** **24** **Sozialamtes** vom Notfall. Da mit der Regelung des § 25 keine Mehrfahr von Ansprüchen für einen einheitlichen Zeitraum ermöglicht werden soll (→ Rn. 22), muss der Begriff der Kenntnis vom Notfall in § 25 mit dem des Bekanntwerdens der Voraussetzungen für die Leistung in § 18 harmonisieren. Kenntnis des Sozialhilfeträgers ist deshalb auch gegeben, wenn lediglich einer von ihm beauftragten Stelle der Notfall bekannt wird (wie hier OVG NRW 16.5.2000 – 22 A 2172/98, FEVS 52, 120; a.A. insoweit *Neumann*, Hauck/Noftz, SGB XII, § 25 Rn. 23; VGH BW 23.4.1997 – S 3302/95, FEVS 48, 123, 127). Ferner ist § 16 SGB I anwendbar, sodass auch die Antragstellung beim unzuständigen Leistungsträger, zB beim Jobcenter, dazu führt, dass der Sozialhilfeträger die erforderliche Kenntnis erlangt (BSG 13.2.2014 – B 8 SO 58/13 B; LSG BW 20.10.2016 – L 7 SO 2156/13).

## 5. Keine rechtliche oder sittliche Pflicht zur Leistungserbringung

Ein Erstattungsanspruch ist auch bei Vorliegen eines Eilfalles ausgeschlossen, wenn **25** der Nothelfer die Aufwendungen auf Grund rechtlicher oder sittlicher Pflicht selbst zu tragen hat. Mit diesem negativen Tatbestandsmerkmal wird auch in Bezug auf den Erstattungsanspruch des Nothelfers die Geltung des Grundsatzes des **Nachrangs der Sozialhilfe** (§ 2 Abs. 1) unterstrichen.

Eine rechtliche Verpflichtung des Nothelfers kann sich insbesondere aus den **26** bürgerlich-rechtlichen **Unterhaltsvorschriften** (§§ 1601 ff. BGB) ergeben. Denkbar sind darüber hinaus auch **vertragliche Verpflichtungen,** wie etwa die Verpflichtung zur Pflege der hilfebedürftigen Person als Gegenleistung für ein Grundstück. Keine rechtliche Pflicht, die Aufwendungen selbst zu tragen, folgt hingegen aus den Krankenhausgesetzen der Länder, wonach die Krankenhäuser verpflichtet sind, einen Patienten aufzunehmen und ihm unabhängig von seiner finanziellen Leistungsfähigkeit die Versorgung angedeihen zu lassen, deren er nach Art und

Schwere seiner Erkrankung bedarf; aus diesen landesrechtlichen Vorschriften lässt sich nämlich nicht (auch) die Verpflichtung der Krankenhäuser ableiten, in Eilfällen unentgeltlich tätig zu werden (BVerwG 30.10.1979 – 5 C 31/78, BVerwGE 59, 73, 78; LSG NRW 12.12.2011 – L 20 AY 4/11).

27 Eine sittliche Pflicht des Nothelfers, die Aufwendungen selbst zu tragen, ist in der Regel anzunehmen, wenn zwischen ihm und der in Not geratenen Person ein **besonderes Näheverhältnis** besteht, was auf Verwandte und Verschwägerte sowie Partner einer eheähnlichen Gemeinschaft (§ 20) zutreffen dürfte.

28 Aufwendungen sind allerdings nur **insoweit** nicht zu erstatten, wie die rechtliche oder sittliche Pflicht reicht. Dieser Einschränkung kommt Bedeutung vor allem im Hinblick auf den Umfang einer sittlichen Verpflichtung zu, der durch die wirtschaftlichen Verhältnisse des Nothelfers sowie die Höhe der Aufwendungen bestimmt wird.

## 6. Beweislast

29 Der Nothelfer trägt die materielle Beweislast dafür, dass ein Eilfall vorgelegen hat und dass der Träger der Sozialhilfe bei rechtzeitiger Kenntnis Leistungen erbracht hätte, also auch für die Bedürftigkeit der in Not geratenen Person (BVerwG 28.3.1974 – V C 27.73, BVerwGE 45, 131, 133; LSG LSA 21.12.2010 – L 8 SO 40/09, FEVS 62, 559; LSG NRW 14.11.2007 – L 12 SO 14/07, FEVS 48, 272;). Eine etwaige **Nichtaufklärbarkeit** des Sachverhalts geht **zu Lasten** des **Nothelfers** (LSG Bln-Bbg 29.11.2007 – L 23 SO 119/06, FEVS 59, 475; LSG NRW 14.11.2007 – L 12 SO 14/07; OVG NRW 16.5.2000 – 22 A 3534/98, FEVS 52, 142). Dies soll nach der verwaltungsgerichtlichen Rechtsprechung selbst dann gelten, wenn der Sozialhilfeträger im Verwaltungsverfahren die den Erstattungsanspruch begründenden Umstände entgegen seiner Verpflichtung zur Ermittlung des Sachverhalts von Amts wegen und zur Berücksichtigung auch der für die Beteiligten günstigen Umstände gem. § 20 Abs. 1 und 2 SGB X nur unvollkommen aufgeklärt hat; allerdings kann das Gericht im Rahmen seiner Beweiswürdigung eine ungenügende Sachverhaltsermittlung im Verwaltungsverfahren berücksichtigen (BVerwG 30.12.1996 – 5 B 202/95).

## 7. Antragstellung und Frist (S. 2)

30 Erstattung wird nur **auf Antrag** gewährt. Anders als § 121 S. 2 BSHG, der lediglich davon sprach, dass der „Antrag innerhalb angemessener Frist" gestellt sein müsse, bestimmt § 25 S. 2, dass die Erstattung „innerhalb angemessener Frist beim zuständigen Träger der Sozialhilfe" zu beantragen ist. Diese Neuformulierung bedeutet jedoch lediglich eine Klarstellung; eine inhaltliche Änderung ist mit ihr nicht verbunden.

31 Der Erstattungsantrag ist an den **sachlich** und **örtlich zuständigen Träger** der Sozialhilfe zu richten, der bei rechtzeitiger Kenntnis vom Notfall Leistungen erbracht hätte (BVerwG 14.6.2001 – 5 C 21/00). Für stationäre Leistungen – wie die Krankenhausbehandlung – ist nach § 98 Abs. 2 S. 1 eigentlich der Sozialhilfeträger des gewöhnlichen Aufenthaltsortes des Leistungsberechtigten zuständig. Liegt ein Eilfall vor, so bestimmt § 98 Abs. 2 S. 3, dass der Sozialhilfeträger des tatsächlichen Aufenthaltsortes unverzüglich über die Leistung zu entscheiden und sie vorläufig zu erbringen hat. Der Zweck des § 98 Abs. 2 S. 3 besteht darin, in einem Eilfall schnelle und effektive Hilfe durch einen ortsnahen und durch den tatsächlichen Aufenthalt einfach feststellbaren Sozialhilfeträger sicherzustellen (BSG 18.11.2004 – B 8 SO 9/13 Rn. 11; BVerwG 14.6.2001 – 5 C 21/00). Diese Vorleistungszuständigkeit des Sozialhilfeträgers des tatsächlichen Aufenthaltsortes ist auch bei der hypothetischen Zuständigkeitsbestimmung im Rahmen von § 25 zu berücksichtigen

(BVerwG 14.6.2001 – 5 C 21/00; LSG BW 22.11.2007 – L 7 SO 5195/06, KHR 2008, 46; vgl. auch OVG Hmb 26.9.2000 – 4 Bf 49/99, FEVS 52, 258). Hierdurch wird gewährleistet, dass sich der Nothelfer einer klaren und einfach handhabbaren Zuständigkeitsordnung gegenübersieht und ihm eine alsbaldige Information des Sozialhilfeträgers nicht durch aufwändige Ermittlungen des zuständigen Trägers erschwert wird. Wird der Leistungsberechtigte, um ihm in einem Eilfall zu helfen, vor einem (möglichen) Einsetzen von Sozialhilfe über die Zuständigkeitsgrenzen mehrerer örtlich zuständiger Sozialhilfeträger hinweg transportiert, aktualisiert sich die Eilzuständigkeit jeweils neu.

Wird der Erstattungsantrag bei einem **unzuständigen Sozialhilfeträger** einge- **32** reicht, ist dieser zur unverzüglichen Weiterleitung des Antrags an den zuständigen Leistungsträger verpflichtet (§ 16 Abs. 2 S. 1 SGB I). Gemäß § 16 Abs. 2 S. 2 SGB I wird auch durch Anmeldung des Erstattungsanspruchs beim unzuständigen Sozialhilfeträger die Antragsfrist des § 25 S. 2 gewahrt (OVG NRW 16.5.2000 – 22 A 1560/97, ZfSH/SGB 2001, 340, 341).

In dem Antrag müssen zwar nicht alle den Erstattungsanspruch begründenden **33** Tatsachen (wie insbesondere auch Einkommens- und Vermögensverhältnisse der in Not geratenen Person, Ansprüche gegenüber Unterhaltspflichtigen und vorrangig verpflichteten Sozialleistungsträgern) angegeben werden (in diesem Sinne allerdings BayVGH 18.2.1982 – 672 XII 78, FEVS 32, 151, 159); für den Sozialhilfeträger muss aber jedenfalls klar erkennbar sein, dass ein Erstattungsanspruch nach § 25 geltend gemacht wird und für welche Person Leistungen erbracht worden sind.

Der Antrag auf Erstattung muss innerhalb **angemessener Frist** gestellt werden **34** (§ 25 S. 2), wobei das Gesetz selbst allerdings nicht näher Aufschluss darüber gibt, was als angemessen zu gelten hat. Die Antragstellung ist insoweit nicht zu verwechseln mit der Obliegenheit des Nothelfers, den Sozialhilfeträger sobald wie möglich und zumutbar von dem Hilfefall zu unterrichten (dazu → Rn. 15), für die Antragsfrist gelten daher andere Anforderungen. Eine umgehende oder unverzügliche (§ 121 BGB) Antragstellung ist jedenfalls nicht erforderlich. Aber auch eine Orientierung an der Sechs-Monats-Frist des § 28 SGB X ist nicht angezeigt. Vielmehr kommt es auf die besonderen Umstände des Einzelfalles an, die durch die Interessen des Nothelfers und der in Not geratenen Person, aber auch durch die Belange des Sozialhilfeträgers bestimmt werden (LSG Nds-Brem 26.11.2009 – L 8 SO 172/07; LSG NRW 25.2.2008 – L 20 SO 63/07, FEVS 60, 157). So ist auf der Seite des Nothelfers zu berücksichtigen, dass dieser möglicherweise zunächst versucht, seinen Anspruch gegenüber der in Not geratenen Person, deren gesetzlichen Vertretern oder einem eventuell vorrangig leistungspflichtigen Träger von Sozialleistungen – etwa einer Krankenkasse – durchzusetzen. Demgegenüber geht das Interesse des Sozialhilfeträgers dahin, möglichst bald von dem Hilfefall unterrichtet zu werden, um gegebenenfalls seinerseits noch Vorkehrungen treffen zu können (LSG Nds-Brem 26.11.2009 – L 8 SO 172/07; LSG NRW 25.2.2008 – L 20 SO 63/07, FEVS 60, 157).

Von Bedeutung ist insbesondere der **Fristbeginn**. Hat der Nothelfer zunächst **35** keine Anhaltspunkte für eine Sozialhilfebedürftigkeit der in Not geratenen Person und bemüht er sich deshalb, seine Ansprüche gegenüber dieser oder einem vorrangig Verpflichteten durchzusetzen, so beginnt die Frist erst ab Kenntnis des Nothelfers von der wahrscheinlichen Sozialhilfebedürftigkeit zu laufen (LSG Nds-Brem 26.11.2009 – L 8 SO 172/07; SG Aachen 20.11.2007 – S 20 SO 67/06; ähnlich OVG NRW 16.5.2000 – 22 A 662/98, ZfSH/SGB 2001, 419). Bei Unsicherheit des Nothelfers über die Sozialhilfebedürftigkeit kann der Antrag auf Kostenübernahme deshalb zunächst auch rein vorsorglich gestellt werden (LSG NRW 25.2.2008 – L 20 SO 63/07, FEVS 60, 157). Die angemessene Frist ist in diesen Fällen jedoch nur dann gewahrt, wenn der Nothelfer nach erfolglos gebliebenem Versuch, die Kosten von der in Not geratenen Person oder einem Dritten zu erhalten, dies dem Sozialhilfeträger zügig anzeigt und ggf. seinen vorsorglich angemeldeten Anspruch für unbedingt erklärt. Ein unbedingter Antrag innerhalb von einem Monat nach Kenntnis dürfte in der Regel angemessen sein. Maßgeblich sind letztlich jedoch die Umstände des Einzelfalles; die Auslegung des unbestimmten Rechtsbegriffs „angemessen" kann deshalb im konkreten Fall durchaus auch eine längere, aber auch kürzere Frist zur Folge haben. Die angemessene Frist ist jedenfalls nicht gewahrt, wenn der Nothelfer die Leistung erst 1½ Jahre nach Kenntnis der Sozialhilfebedürftigkeit unbedingt einfordert (LSG NRW 25.2.2008 – L 20 SO 63/07, FEVS 60, 157) oder mit der Geltendmachung des Anspruchs grundlos mehrere Monate wartet (OVG NRW 15.11.1999 – 16 A 2569/97). Das BSG hält eine Frist von einem Monat, beginnend mit dem Ende des Eilfalls, für angemessen (23.8.2013 – B 8 SO 19/12 R; ebenso LSG BW 20.10.2016 – L 7 SO 2156/13 und LSG NRW 18.8.2016 – L 9 SO 328/14).

## 8. Umfang des Erstattungsanspruchs

**36**    In § 25 ist ausdrücklich bestimmt, dass dem Nothelfer seine Aufwendungen nur **„in gebotenem Umfange"** zu erstatten sind. Mit dieser Formulierung hat der Gesetzgeber klargestellt, dass bei Vorliegen der Voraussetzungen eines Erstattungsanspruchs der Sozialhilfeträger dem Nothelfer nicht zwangsläufig sämtliche Aufwendungen zu ersetzen hat. Vielmehr hat der Träger der Sozialhilfe zu prüfen, welche Aufwendungen der Nothelfer in der gegebenen Eilfall-Situation für erforderlich halten durfte. Halten sich die Aufwendungen im Rahmen dessen, was der Sozialhilfeträger bei rechtzeitiger Kenntnis vom Notfall nach Maßgabe der Vorschriften des SGB XII geleistet hätte, sind sie dem Nothelfer in vollem Umfange zu erstatten (vgl. BSG 23.8.2013 – B 8 SO 19/12 R). Aufwendungen, die dieses Maß übersteigen, sind dagegen nur auszugleichen, wenn sie durch einen sachlichen Grund gerechtfertigt sind. Wurde beispielsweise die in Not geratene Person nicht mit dem Notarztwagen, sondern mit dem Rettungshubschrauber ins Krankenhaus eingeliefert, muss der Sozialhilfeträger die Mehrkosten nur erstatten, wenn der Transport mit dem Rettungshubschrauber aus ex-ante-Sicht medizinisch indiziert war. Entsprechendes gilt, wenn die in Not geratene Person in eine teure Spezialklinik eingeliefert wurde, obgleich sie auch in einem kostengünstigeren Krankenhaus hätte medizinisch versorgt werden können. Bestand im Zeitpunkt der Notlage Anlass, die in Not geratene Person in eine Spezialklinik einzuweisen, muss der Träger der Sozialhilfe die Mehrkosten übernehmen. Die gebotenen Aufwendungen sind jedoch in jedem Fall zu übernehmen, auch wenn die Aufwendungen insgesamt das Maß des Notwendigen übersteigen; ein „Alles oder Nichts"-Prinzip gilt nicht.

**36a**    Ist eine Krankenhausbehandlung, die anhand einer **Fallpauschale** abgerechnet wird, nur teilweise als Eilfall anzuerkennen, so steht dem Nothelfer nur eine anteilige Vergütung für die Anzahl von Tagen zu, an denen ein Eilfall vorlag (BSG 18.11.2014 – B 8 SO 9/13 R, Rn. 31 und 23.8.2013 – B 8 SO 19/12 R; anders noch LSG NRW 28.1.2013 – L 20 SO 554/11). Nach LSG NRW (22.6.2017 – L 9 SO 137/15) soll dabei der Tag, an dem der Sozialhilfeträger Kenntnis erlangt hat bzw. an dem der Nothelfer ihm Kenntnis hätte verschaffen können (und an dem deshalb der Eilfall endete → Rn. 15, 22), in Gänze nicht vom Nothelferanspruch erfasst sein. Zu den zu berücksichtigenden Kosten gehören auch Zuschläge, die nach den jeweiligen Vergütungsregelungen abgerechnet werden können (BSG 18.11.2014 – B 8 SO 9/13 R, Rn. 33 f.).

**37**    Die Frage, in welchem Umfang die Aufwendungen des Nothelfers geboten waren, ist eine Rechtsfrage und deshalb **gerichtlich voll überprüfbar;** dem Sozialhilfeträger steht insoweit kein Ermessen zu.

**38**    Die Erstattung erfolgt **in der Höhe, in der dem Nothelfer Kosten entstanden sind.** Ob der Sozialhilfeträger bei eigenem Tätigwerden die Leistung kostengünstiger erbracht hätte, ist unerheblich. Keine Aufwendung und daher nicht erstattungsfähig ist grundsätzlich die eigene Arbeitskraft des Nothelfers. Eine Ausnahme gilt, wenn dieser die Hilfeleistung im Rahmen seiner beruflichen oder gewerblichen Tätigkeit erbringt.

## 9. Anspruchskonkurrenzen

Da § 25 eine Spezialregelung für die Rechtsbeziehungen zwischen Nothelfern **39** und Trägern der Sozialhilfe enthält, ist ein **Rückgriff auf allgemeine Ausgleichsbestimmungen,** insbesondere die Regeln der öffentlich-rechtlichen Geschäftsführung ohne Auftrag aber auch Ansprüche wegen enteignungsgleichen Eingriffs oder Aufopferung, **ausgeschlossen** (OVG NRW 16.5.2000 – 22 A 2172/98, FEVS 52, 120; BGH 10.2.2005 – III ZR 330/04, NJW 2005, 1363).

Sobald der Träg er der Sozialhilfe **Kenntnis vom Notfall** erhält, kommt ein **40** Erstattungsanspruch des Nothelfers nach § 25 nicht mehr in Betracht, ab diesem Zeitpunkt kann allein die in Not geratene Person Ansprüche gegen den Sozialhilfeträger geltend machen (→ Rn. 22). Ein Dritter, der einem Hilfebedürftigen die erforderliche Hilfe im Vorleistungswege angedeihen lässt, weil der Sozialhilfeträger nicht rechtzeitig geholfen oder aber die Hilfeleistung abgelehnt hat, hat keinen eigenen Anspruch gegenüber dem säumigen Sozialhilfeträger. Befand sich allerdings der Hilfebedürftige in einer Einrichtung, so steht gemäß § 19 Abs. 6 nach dem Tod des Hilfebedürftigen der Anspruch demjenigen zu, der die Leistung erbracht hat, bei einer Hilfe in einer Einrichtung also dem Träger derselben.

## III. Verfahrensrecht und Prozessuale Besonderheiten

Hat der Nothelfer dem Sozialhilfeträger Kenntnis von dem Eilfall verschafft, so **40a** treffen den Nothelfer keine weiteren **Ermittlungspflichten,** etwa bezüglich der Frage, ob wegen des von ihm gedeckten Hilfebedarfs Ansprüche nach dem SGB XII tatsächlich bestehen (vgl. BSG 18.11.2014 – B 8 SO 9/13 R, Rn. 17). Vielmehr obliegt die weitere Sachverhaltsaufklärung dem Sozialhilfeträger. Allerdings trägt der Nothelfer die **materielle Beweislast** dafür, dass der von ihm geltend gemachte Anspruch besteht (→ Rn. 29). Zur Sachverhaltsaufklärung darf der Sozialhilfeträger die Gesundheitsdaten des Patienten erheben, auch wenn dieser nicht erreichbar ist und sein Einverständnis nicht erteilen kann (vgl. BSG 18.11.2014 – B 8 SO 9/13 R, Rn. 18). Rechtsgrundlage hierfür ist § 67a Abs. 1 S. 1 und Abs. 2 S. 2 Nr. 2 SGB X; das Krankenhaus ist nach § 52 Abs. 3 S. 3 SGB XII iVm § 301 Abs. 1 SGB V verpflichtet, dem Sozialhilfeträger die zur Überprüfung der Richtigkeit der Krankenhausabrechnung erforderlichen Angaben zu übermitteln.

Der Aufwendungsersatz des Nothelfers ist als **Sozialleistung im Sinne von § 44 40b Abs. 1 SGB X** anzusehen (SG Dortmund 29.5.2015 – S 41 SO 203/14; *Waldhorst-Kahnau,* jurisPK-SGB XII, § 25 Rn. 69 f.; offen gelassen – aber mit einer Tendenz in Richtung Anwendbarkeit des § 44 Abs. 1 SGB X – von BSG 12.12.2013 – B 8 SO 13/12 R). Dies ist angesichts dessen, dass das BSG den Nothelfer im Rahmen des § 183 SGG als Leistungsempfänger einstuft (→ Rn. 41), nur konsequent. Die Anwendbarkeit des § 44 Abs. 1 SGB X hat zur Folge, dass einerseits ein Überprüfungsantrag nur im Rahmen der Frist des § 116a SGB XII iVm § 44 Abs. 4 S. 1 SGB X Erfolg haben kann, andererseits der Nothelfer bei Vorliegen der Voraussetzungen aber auch einen Anspruch auf Rücknahme einer vorherigen Ablehnungsentscheidung hat (und diese nicht im Ermessen des Sozialhilfeträgers steht).

Nach der überwiegenden – und zutreffenden – Ansicht in der Rechtsprechung **41** ist der Nothelfer **zu dem in § 183 S. 1 SGG genannten Personenkreis** der Leistungsempfänger zu zählen (BSG 11.6.2008 – B 8 SO 45/07 B; LSG NRW 28.1.2013 – L 20 SO 554/11; LSG Hmb 21.6.2012 – L 4 AY 4/11; aA LSG

NRW 18.5.2011 – L 12 SO 60/09; SG Aachen 17.6.2011, SAR 2012, 9). Der Nothelferanspruch ist eine Sozialhilfeleistung im weiteren Sinne, da er sich als Fortwirkung des ursprünglichen Sozialhilfeanspruchs der in Not geratenen Person darstellt. Der Zweck des § 183 SGG, schutzbedürftige Leistungsempfänger hinsichtlich der Kosten eines Gerichtsverfahrens zu privilegieren, spricht daher dafür, auch den Nothelfer zu dem Personenkreis der Leistungsempfänger im Sinne des § 183 S. 1 SGG zu zählen. Daraus folgt, dass das Verfahren vor dem Sozialgericht für den Nothelfer kostenfrei ist; die Kostenentscheidung im gerichtlichen Verfahren richtet sich nach § 193 SGG, nicht nach dem GKG.

42     Der Erstattungsanspruch ist **nicht zu verzinsen.** § 44 SGB I, der einen Sozialleistungsanspruch als Hauptleistung voraussetzt, findet auf einen Nothelferanspruch keine Anwendung, da es sich bei diesem nicht um eine Geldleistung im Sinne des § 11 Satz 1 SGB I handelt. Außerdem soll § 44 SGB I nur der Tatsache Rechnung tragen, dass soziale Geldleistungen in der Regel die Lebensgrundlage des Hilfebedürftigen bilden und bei verspäteter Zahlung oftmals Kreditaufnahmen, die Auflösung von Ersparnissen oder die Einschränkung der Lebensführung notwendig werden. Solche Nachteile entstehen beim Nothelfer typischerweise nicht (vgl. BSG 23.8.2013 – B 8 SO 19/12 R).

## § 26 Einschränkung, Aufrechnung

(1) [1]**Die Leistung soll bis auf das zum Lebensunterhalt Unerlässliche eingeschränkt werden**
1. **bei Leistungsberechtigten, die nach Vollendung des 18. Lebensjahres ihr Einkommen oder Vermögen vermindert haben in der Absicht, die Voraussetzungen für die Gewährung oder Erhöhung der Leistung herbeizuführen,**
2. **bei Leistungsberechtigten, die trotz Belehrung ihr unwirtschaftliches Verhalten fortsetzen.**
[2]**So weit wie möglich ist zu verhüten, dass die unterhaltsberechtigten Angehörigen oder andere mit ihnen in Haushaltsgemeinschaft lebende Leistungsberechtigte durch die Einschränkung der Leistung mitbetroffen werden.**

(2) [1]**Die Leistung kann bis auf das jeweils Unerlässliche mit Ansprüchen des Trägers der Sozialhilfe gegen eine leistungsberechtigte Person aufgerechnet werden, wenn es sich um Ansprüche auf Erstattung zu Unrecht erbrachter Leistungen der Sozialhilfe handelt, die die leistungsberechtigte Person oder ihr Vertreter durch vorsätzlich oder grob fahrlässig unrichtige oder unvollständige Angaben oder durch pflichtwidriges Unterlassen veranlasst hat, oder wenn es sich um Ansprüche auf Kostenersatz nach den §§ 103 und 104 handelt. [2]Die Aufrechnungsmöglichkeit wegen eines Anspruchs ist auf drei Jahre beschränkt; ein neuer Anspruch des Trägers der Sozialhilfe auf Erstattung oder auf Kostenersatz kann erneut aufgerechnet werden.**

(3) **Eine Aufrechnung nach Absatz 2 kann auch erfolgen, wenn Leistungen für einen Bedarf übernommen werden, der durch vorangegangene Leistungen der Sozialhilfe an die leistungsberechtigte Person bereits gedeckt worden war.**

(4) **Eine Aufrechnung erfolgt nicht, soweit dadurch der Gesundheit dienende Leistungen gefährdet werden.**

*Vergleichbare Vorschriften: §§ 43, 31 Abs. 2, 31a SGB II.*

**Schrifttum:** *Berlit,* Das neue Sanktionensystem, ZfSH/SGB 2005, 707, 2006, 11; *Correll,* Die Aufrechnungserklärung im Sozialhilferecht – gestaltende Willenserklärung der Behörde oder Verwaltungsakt?, ZfSH/SGB 1998, 268; *Detterbeck,* Grundfragen der Aufrechnung im

Verwaltungsprozess, DÖV 1996, 889; *Krahmer,* Die Aufrechnung nach § 25a BSHG – zur neuen „Einbehaltung" von Sozialhilfe, insbesondere bei Mietschuldenübernahme nach § 15a BSHG, ZfF 1993, 229; *Linhardt,* Probleme beim Vollzug des neuen § 92a Abs. 4 BSHG, NDV 1996, 354; *Schoch,* Rückforderungen und Aufrechnungen in der Grundsicherung für Arbeitssuchende (SGB II), der Sozialhilfe (SGB XII) und nach dem Sozialverwaltungsverfahren (SGB X), ZfF 2008, 241; *Spranger,* Die Veranlassung von Leistungen gemäß § 25a Abs. 1 Satz 1 BSHG, ZfSH/ SGB 1999, 200; *vom Rath,* Aufrechnung und Verrechnung; Verwaltungsakt oder öffentlich-rechtliche Willenserklärung?, DÖV 2010, 180); *Weth,* Soforttilgung eines Mietkautionsdarlehens durch Aufrechnung, info also 2011, 276.

# I. Bedeutung der Norm

## 1. Einschränkung

Die Voraussetzungen des Abs. 1 knüpfen an ein vom Gesetzgeber nicht gebilligtes **1** Verhalten des Leistungsberechtigten an, das sich in der gezielten Verminderung von Einkommen und Vermögen und im unwirtschaftlichen Verhalten ausdrückt. Die Norm ist daher eine **Ausnahme** von dem ansonsten im Sozialhilferecht geltenden **Grundsatz,** dass die **Gründe,** die zu der jeweils **zu beseitigenden Notlage geführt** haben, **für die Leistung ohne Bedeutung** (BVerwG 1.7.1970 – V C 40/ 70, Rn. 11) **sind.** Die Regelung des Abs. 1 S. 1 stimmt mit § 25 Abs. 2 Nr. 1 und 2 BSHG überein. Abs. 1 S. 2 entspricht im Wesentlichen § 25 Abs. 3 BSHG. Insgesamt eröffnet Abs. 1 durch die Anspruchseinschränkung dem Träger der Sozialhilfe die Möglichkeit, auf den Leistungsberechtigten nachdrücklich mit dem Ziel einer Änderung seines Verhaltens einzuwirken. In Anbetracht dieser Zielrichtung ist die Regelung – auch wenn die Einschränkung sich für den Betroffenen als empfindliche Sanktion darstellt (BayVGH 26.11.1993 – 12 CE 93.3058, Rn. 22) – zumindest auch Hilfenorm (vgl. zu § 25 BSHG: VG Minden 29.7.2002 – 6 K 2617/01, Rn. 43). Damit ist eine **Einschränkung** aufgrund des Abs. 1 Nr. 2 **ausgeschlossen,** wenn die **Handlungsweise** des Leistungsberechtigten auf einer Erkrankung, einer **seelischen Fehlhaltung** oder einer **seelischen Störung beruht** und die Einschränkung von vornherein nicht geeignet ist, diese Handlungsweise zu beeinflussen oder zu korrigieren. Abs. 1 hat nur Bedeutung im Verhältnis zwischen der oder dem **Leistungsberechtigten** und dem **Träger der Sozialhilfe.** Eine **Einschränkung der Leistung kommt nur bei dem Leistungsberechtigten,** der das in Abs. 1 genannte Verhalten erfüllt, nicht aber bei Angehörigen oder diesen durch § 20 gleichgestellten Lebenspartnern in Betracht. Unabhängig davon kann ein schuldhaftes Verhalten desjenigen, der selbst nicht leistungsberechtigt ist, einen Kostenersatzanspruch des Trägers der Sozialhilfe nach § 103 Abs. 1 begründen, wenn es zur Gewährung von Sozialhilfe an unterhaltsberechtigte Angehörige führt. Zu beachten ist weiter die Regelung des § 41 Abs. 4, wonach derjenige keinen Anspruch auf Grundsicherung im Alter und bei Erwerbsminderung hat, der in den letzten zehn Jahren die Bedürftigkeit vorsätzlich oder grob fahrlässig herbeigeführt hat. Diese Vorschrift findet nur auf die Leistungen des vierten Kapitels Anwendung und stellt damit eine Abs. 1 verdrängende Sondervorschrift dar. Greift § 41 Abs. 4 ein, besteht kein Anspruch auf Grundsicherung, aber ein Anspruch auf Leistungen zum Lebensunterhalt, hinsichtlich derer eine Einschränkung nach Abs. 1 in Betracht kommen kann (*Holzhey,* jurisPK-SGB XII, § 26 Rn. 5).

## 2. Aufrechnung (Abs. 2 bis 4)

Nach **§ 51 Abs. 2 SGB I** kann der Leistungsträger mit Ansprüchen auf Erstattung **2** zu Unrecht erbrachter Sozialleistungen gegen Ansprüche auf laufende Geldleistungen bis zu deren Hälfte aufrechnen, soweit der Leistungsberechtigte dadurch nicht hilfebedürftig im Sinn der Regelungen des Zwölften Buches über die Hilfe zum Lebensunterhalt wird. Nach dem Wortlaut dieser Vorschrift ist es **nicht zulässig, Leistungen „einfach" ohne Aufrechnungserklärung oder Entscheidung über die Aufrechnung** – etwa durch den Vermerk „Einbehalt" – **zu kürzen** oder niedriger als nach §§ 27 ff. bestimmt festzusetzen (BSG 7.2.2012 – B 13 R 85/09 R, Rn. 43; BVerwG 6.11.1995 – 5 B 154/95, Rn. 4); dies gilt auch, wenn der Leistungsberechtigte in der Vergangenheit durch unrichtige oder unvollständige Angaben verursacht hat, dass ihm zu Unrecht Sozialhilfeleistungen erbracht worden sind. Diese Regelung wurde von vielen Trägern der Sozialhilfe deshalb als unbefriedigend empfunden, weil Überzahlungen, die auf Grund falscher oder unvollständiger Angaben erfolgt waren, und die sich daraus ergebenden Erstattungsansprüche nach §§ 45, 50 SGB X (jedenfalls zunächst) ohne Auswirkungen blieben, wenn der Betreffende weiterhin sozialhilfebedürftig und nicht bereit war, gemäß § 46 Abs. 1 SGB I schriftlich einem „Einbehalt" zur Rückführung des Erstattungsbetrages zuzustimmen. Vor diesem Hintergrund sind durch Art. 7 Nr. 12 des Gesetzes zur Umsetzung des föderalen Konsolidierungsprogramms (FKPG v. 23.6.1993 – BGBl. I S. 944) § 25a sowie § 29a in das Bundessozialhilfegesetz eingefügt worden. Erstmals bestand damit die Möglichkeit, eine Rückforderung oder eine Schadensersatzforderung mit zu erbringenden Leistungen der Sozialhilfe aufzurechnen, wenn die zu Grunde liegende Überzahlung aufgrund von vorsätzlich oder grob fahrlässig unrichtigen oder unvollständigen Angaben desjenigen erfolgt war, der eine Leistung der Sozialhilfe erhält (Entwurf des FKPG, Drs. 12/ 4401, 82). § 26 Abs. 2 nimmt diese Regelung auf und weitet sie aus. Die Leistung, die nach dem 3. bis 9. Kapitel des SGB XII zu gewähren ist, kann bis auf das Unerlässliche mit Ansprüchen des Trägers der Sozialhilfe aufgerechnet werden, wenn es sich um Ansprüche auf Erstattung zu Unrecht erbrachter Leistungen nach §§ 45, 50 SGB X oder um Ansprüche nach §§ 103, 104 handelt. Die Aufrechnungsmöglichkeit kann auch gegenüber einem (selbst leistungsberechtigten) Vertreter bestehen, wenn dieser durch vorsätzlich oder grob fahrlässig unrichtige oder unvollständige Angaben oder durch pflichtwidriges Unterlassen veranlasst hat, dass Leistungen an einen Berechtigten zu Unrecht erbracht wurden. Sie hat nur Bedeutung für Ansprüche des Trägers der Sozialhilfe. **Die Aufrechnung mit Ansprüchen auf Erstattung oder auf Schadensersatz anderer Sozialleistungsträger** wie z. B. des Trägers der Jugendhilfe sowie eine **Verrechnungsmöglichkeit nach § 52 SGB I** ist **nicht möglich,** da nach dem Wortlaut des Abs. 1 S. 1, der auf einen Anspruch „des Trägers der Sozialhilfe" abstellt, **der aufrechnende Sozialhilfeträger und der die Sozialhilfe gewährende Träger identisch sein müssen** (ebenso *Holzhey,* jurisPK-SGB XII, § 26 Rn. 29).

## II. Einschränkung bis auf das zum Lebensunterhalt „Unerlässliche" (Abs. 1)

### 1. Gegenstand der Einschränkung

3    Die Einschränkung der Hilfe betrifft, soweit es um Leistungen der Hilfe zum Lebensunterhalt geht, nicht nur den maßgebenden **Regelsatz** des Leistungsberechtigten, sondern auch andere Leistungen der Hilfe zum Lebensunterhalt. Liegen die Voraussetzungen einer Einschränkung vor, kommt auch eine **Versagung oder Kürzung einmaliger Beihilfen oder von Mehrbedarfszuschlägen** in Betracht, soweit dies von der Zielrichtung der Beihilfe oder des Zuschlags nicht ausgeschlossen ist *(Hohm,* Schellhorn/Hohm/Scheider, SGB XII § 26 Rn. 15; ähnlich: *Schlette,* Hauck/Noftz, SGB XII, § 26 Rn. 27). Der Träger der Sozialhilfe kann auch die Leistungsart den besonderen Umständen des Einzelfalles anpassen. So besteht die Möglichkeit, **Sachleistungen statt Geldleistungen** zu gewähren.

## 2. Das „Unerlässliche"

Was zum Lebensunterhalt unerlässlich ist, ist nach den Besonderheiten des Einzel- **4** falles zu bestimmen. Hinsichtlich der Regelsatzleistungen ist zu berücksichtigen, dass eine Kürzung nur bezüglich des Teils des Regelsatzes in Betracht kommen kann, der für persönliche Bedürfnisse des täglichen Lebens gewährt wird. Dazu gehören insbesondere Aufwendungen, die zur Aufrechterhaltung der Beziehungen mit der Umwelt, zur Befriedigung des Bedürfnisses nach Information, zur Teilnahme am kulturellen Leben und zur Befriedigung persönlicher Neigungen und Bedürfnisse dienen. Da die Höhe der Regelsätze nach § 28 Abs. 3 ebenso wie bisher auf der Basis einer Einkommens- und Verbrauchsstichprobe („Statistikmodell") festgelegt wird, erweist sich eine Bestimmung der prozentualen Anteile des Teils der Regelsätze, die auf die persönlichen Bedürfnisse des täglichen Lebens entfallen und daher Teil selbstbestimmter persönlicher Lebensführung sind (BVerwGE 105, 281, 286), als rechtlich schwierig (so auch *Schlette,* Hauck/Noftz, SGB XII, § 26 Rn. 27). Der **Anteil des zum Lebensunterhalt Unerlässlichen** wird z. T. **mit 80 %** (LSG BW 29.1.2007 – L 7 SO 5672/06 ER-B, Rn. 5; *Conradis,* LPK-SGB XII, § 26 Rn. 9; *Hohm,* in Schellhorn/Hohm/Scheider SGB XII § 26 Rn. 15), **von einem anderen Teil mit 70 %** (BayVGH 26.11.1993 – 12 CE 93.3058, Rn. 21) des jeweiligen Regelsatzes angenommen worden. Im Hinblick auf die Regelung des **§ 39a Abs. 1 S. 1 spricht viel dafür, das Unerlässliche mit 75 % des jeweiligen Regelsatzes zu bestimmen (ebenso: SG Berlin 26.10.2016 – S 145 SO 1411/16 ER, Rn. 26).** Dem steht nicht entgegen, dass nach § 43 Abs. 2 SGB II eine Aufrechnung bis zu 30 Prozent des Regelsatzes möglich ist. Eine „Harmonisierung" (so *Holzhey,* juris-PK SGB XII, § 26 Rn. 23) kommt nicht in Betracht, weil diese Regelung nur im SGB II gilt und deshalb nicht zulasten des Leistungsberechtigten im Geltungsbereich des SGB XII angewandt werden kann.

## 3. Voraussetzungen der Einschränkung

In den Nr. 1 und 2 sind die Tatbestände, die zur Einschränkung ermächtigen, **5** genannt. Bescheide, die eine Reduzierung der Leistung anordnen, sind trotz des Hilfecharakters der Norm **auch belastender Natur** (VG Minden 29.7.2002 – 2617/01, Rn. 44,„Mischverwaltungsakte"), Daher ist eine erweiternde oder analoge Auslegung nicht zulässig, weil es darauf gestützten Bescheiden an einer gesetzlichen Ermächtigungsgrundlage (vgl. *Holzhey,* juris-PK SGB XII § 26 Rn. 18) fehlt.

**a) Verminderung von Einkommen oder Vermögen (Nr. 1).** Leistungsein- **6** schränkungen sollen vorgenommen werden bei einem Leistungsberechtigten, der, nachdem er **volljährig** geworden ist, sein Einkommen oder Vermögen in der Absicht vermindert hat, die Voraussetzungen für die Gewährung oder Erhöhung der Hilfe herbeizuführen. Damit ist vorausgesetzt, dass der Leistungsberechtigte nach Vollendung des 18. Lebensjahres **durch aktives Tun sein Einkommen oder Vermögen vermindert hat.** Handlungen anderer Personen, die diese Auswirkungen auf das Einkommen oder Vermögen des Leistungsberechtigten hatten, reichen auch dann, wenn sie in Bedarfsgemeinschaft mit ihm leben, hierfür nicht aus. Nach Sinn und Zweck erfasst die Regelung auch nicht das Verhalten von Personen, die im Zeitpunkt der Verminderungshandlung geschäftsunfähig waren oder denen wegen einer Erkrankung oder Behinderung die Einsichtsfähigkeit für ihr Verhalten fehlte und daher an sich betreuungsbedürftig i.S. des § 1896 BGB waren (*Holzhey,* juris-PK SGB XII § 26 Rn. 12).

Die Handlung, die zur Einkommens- oder Vermögensminderung führt, muss in **7** objektiver Hinsicht als ein **leichtfertiges oder unlauteres Verhalten** qualifiziert werden können (LSG Bln-Bbg 10.10.2007 – L 23 B 146/07 SO ER Rn. 20; zu § 25 Abs. 2 Nr. 1 BSHG: VGH BW 5.5.1998 – 7 S 2309/97 Rn. 20; a. A. *Schlette,* Hauck/

Noftz, SGB XII, § 26 Rn. 13). Leichtfertigkeit liegt immer dann vor, wenn die – bewusste oder unbewusste – Missachtung wesentlicher rechtlicher Pflichten Ausdruck einer groben Nachlässigkeit ist. Weiter ist erforderlich, dass der Leistungsberechtigte in der **Absicht** gehandelt hat, die **Voraussetzungen für die Gewährung oder Erhöhung der Hilfe herbeizuführen.** Durch diese Formulierung wird direkter Vorsatz gefordert (LSG Bln-Bbg 10.10.2007 – L 23 B 146/07 SO ER, Rn. 23; vgl. auch BSG 18.3.2008 – B 8/9b SO 9/06 R, Rn. 23); nur derjenige, der sein Einkommen oder Vermögen verringert und den Erfolg seines Handelns – nämlich die Schaffung der Voraussetzungen für die Gewährung von Sozialhilfe – bewusst erstrebt und bezweckt (OVG Hmb 14.9.1990 – Bf IV 26/89; *Conradis,* LPK-SGB XII, § 26 Rn. 6) oder sich davon maßgeblich leiten lässt, erfüllt diese Voraussetzung. Diese Absicht kann bestehen, wenn der Leistungsberechtigte eine Lebensversicherung abgeschlossen hat und in Zusammenhang mit dem Antrag auf Leistungen einen Verwertungsausschluss vereinbart, um das vorhandene Kapital nicht einsetzen zu müssen (BSG 25.8.2011 – B 8 SO 19/10 R, Rn. 19). Eine solche Absicht besteht nicht, wenn ein späterer Leistungsberechtigter ein bestehendes Vermögen „des Ausgebens wegen und um sich auf diese Weise Freuden bzw. ein besseres Leben zu erkaufen" (so OVG Hmb 14.9.1990 – Bf IV 26/89) ausgibt und dies sein alleiniges Ziel war; sie liegt auch dann nicht vor, wenn aus nachvollziehbaren Gründen, die unabhängig von der Frage sind, ob Sozialhilfe zu leisten sein wird, z. B. auf eine Erbschaft verzichtet oder das aus der Erbschaft erlangte umgehend verschenkt wird (so: LSG Bln-Bbg 10.10.2007 – L 23 B 146/07 SO ER, Rn. 20). Bei derartigen Fallgestaltungen kommt allerdings ein Anspruch des Trägers der Sozialhilfe aus §§ 103, 104 in Betracht.

8  **b) Fortsetzung eines unwirtschaftlichen Verhaltens (Nr. 2).** Diese Regelung knüpft nicht an ein Verschulden, sondern nur an das objektive Verhalten desjenigen an, der schon Leistungsberechtigter ist und der sich weiterhin (objektiv) unwirtschaftlich verhält, obgleich er durch die Belehrung weiß, dass er sich anders verhalten soll (OVG Hmb 14.9.1990 – Bf IV 26/89). **Unwirtschaftlich** ist ein Verhalten, das einer vernünftigen Wirtschaftsweise in Bezug auf den Lebensunterhalt in besonderem Maße widerspricht, so vor allem ein verschwenderischer, sinnloser oder fortgesetzter vorzeitiger Verbrauch der zur Verfügung stehenden Mittel (LSG Hmb 9.6.2005 – L 5 B 71/05, Rn. 6). Zu berücksichtigen ist jedoch, dass der Leistungsberechtigte durchaus frei darüber entscheiden kann, wie er insbesondere mit den Regelsatzleistungen wirtschaftet, soweit er nicht durch sein Verhalten neue Bedarfslagen schafft, für die der Träger der Sozialhilfe wiederum einzutreten hat (NdsOVG 13.9.1999 – 12 L 2523/99, Rn. 10). Damit ist auch das **Halten eines Kraftfahrzeuges** dann kein unwirtschaftliches Verhalten, wenn es aus Leistungen des SGB XII, die für die persönlichen Bedürfnisse des täglichen Lebens gedacht sind, oder aus nicht anrechenbarem Einkommen, wie z. B. dem Erziehungsgeld, finanziert werden kann. Nicht entscheidend ist, ob die Betriebskosten des Kraftfahrzeuges unter dem Betrag liegen, der im Regelsatz für die Benutzung von Verkehrsmitteln vorgesehen ist (BVerwG 29.12.2000 – 5 B 217/99, Rn. 10). Ist daher der Leistungsberechtigte Eigentümer eines Kraftfahrzeuges von geringem Wert, das mittelbar über § 90 Abs. 2 Nr. 9 geschont ist (BVerwG 19.12.1997 – 5 C 7/96, Rn. 44), sind Zweifel an der Bedürftigkeit jedenfalls dann nicht gegeben, wenn der Leistungsberechtigte für die Kosten der Haltung eines Pkws frei verfügbare Mittel einsetzen kann (NdsOVG 13.9.1999 – 12 L 2523/99, Rn. 10; *Conradis,* LPK-SGB XII, § 26 Rn. 7; enger: *Holzhey,* juris-PK-SGB XII, § 26 Rn. 20). Ob das **Eingehen von Schulden** ein unwirtschaftliches Verhalten darstellt, hängt von den Umständen des Einzelfalles ab (VGH BW 20.6.1979 – VI 3798/78); entscheidend ist auch hier, ob sich wegen dieser Verhaltensweise des Leistungsberechtigten zusätzliche Belastungen für den Träger der Sozialhilfe ergeben. Die Einschränkung der Leistung wegen unwirtschaftlichen Verhaltens kommt nur in Betracht, wenn der Leistungsberechtig-

ter „**trotz Belehrung**" sein Verhalten fortsetzt. Stellt der Träger der Sozialhilfe ein unwirtschaftliches Verhalten fest, hat er den Leistungsberechtigten zunächst darüber zu belehren, dass und wie er sein unwirtschaftliches Verhalten zu ändern hat.

Im Zeitpunkt der Belehrung sind noch die vollen (ungekürzten) Leistungen zu **9** gewähren. Erst wenn der Leistungsberechtigte, obgleich er belehrt worden ist, sein unwirtschaftliches Verhalten nicht aufgibt, ist in der Regel die Hilfe auf das Unerlässliche einzuschränken (ebenso: *Schlette,* Hauck/Noftz SGB XII, K § 26 Rn. 22). Für die **Belehrung** ist **keine Form vorgeschrieben.** Sie kann schriftlich oder mündlich erfolgen. Die Belehrung muss das beanstandete Verhalten eindeutig bezeichnen und aufzeigen, welche Verhaltensänderung erwartet wird. Sie ist auch dann, wenn mit ihr der Hinweis verbunden wird, dass bei ihrer Nichtbeachtung die Einschränkung der Hilfe erfolgt, kein Verwaltungsakt, weil damit lediglich ein künftiges Verhalten des Trägers der Sozialhilfe in Aussicht gestellt wird. Fehlt die Belehrung oder ist sie nicht hinreichend konkret erfolgt, ist eine auf § 26 Abs. 1 Nr. 2 gestützte Einschränkung rechtswidrig.

### 4. Entscheidung über die Einschränkung und ihre Dauer

Liegen die Voraussetzungen des Abs. 1 vor, ist die Einschränkung der Leistung **10** als Regelfall („soll") vorgesehen. Der Träger der Sozialhilfe hat allerdings **unter Berücksichtigung der Besonderheiten des Einzelfalls** – § 9 Abs. 1 – und unter Berücksichtigung des Hilfecharakters der Vorschrift zu prüfen, ob nicht **Anhaltspunkte für die Annahme eines Ausnahmefalls vorliegen** (VGH BW 5.5.1998 – 7 S 2309/97, Rn. 21). Sind sie gegeben, besteht die Möglichkeit, andere, mildere Maßnahmen, wie z. B. eine wöchentliche statt monatliche Auszahlung der Leistung oder die (teilweise) Gewährung von Sachleistungen, zu ergreifen oder von Maßnahmen abzusehen. Liegt ein **Regelfall** vor, stellt sich die Frage, wie lange die Einschränkung zulässig ist. Der Träger der Sozialhilfe hat bei seiner **Ermessensentscheidung über die Zeitdauer der Kürzung** das Ziel der Regelung zu berücksichtigen, daher den Leistungsfall jederzeit unter Kontrolle zu halten sowie § 16 und die „Schutzklausel" des Abs. 1 S. 2 (vgl. Rn. 11) zu beachten, wonach unterhaltsberechtigte Angehörige und andere in Haushaltsgemeinschaft lebende Leistungsberechtigte möglichst von der Maßnahme nicht betroffen sein sollen. Die Einschränkung der Leistung wird in aller Regel bereits deshalb zeitlich zu befristen sein, damit die Dauer der Maßnahme für den Leistungsberechtigten klar ist und sie auch im Blickfeld des Trägers bleibt (ähnlich: BSG 18.3.2008 – B8/9b SO 9/06 R, Rn. 6). Zeigt sich insbesondere im Fall des Nr. 2 keine Änderung des Verhaltens, wird zu überprüfen sein, ob der Leistungsberechtigte aus Krankheitsgründen oder aufgrund einer seelischen Fehlhaltung von der getroffenen Maßnahme unbeeindruckt geblieben ist oder ob er immer noch, z. B. aufgrund eines Rechtsirrtums, hofft, der Träger der Sozialhilfe müsse sich mit seiner Handlungsweise abfinden (vgl. NdsOVG 9.8.1995 – 4 M 7098/94, Rn. 14 ff.). Entsprechend dem Ergebnis dieser Prüfung und ist unter Berücksichtigung der familiären Belange dann zu entscheiden, ob die Kürzung fortgesetzt, andere Maßnahmen in Betracht kommen oder – und sei es nur vorübergehend – die Leistung wieder ohne Kürzung gewährt wird.

### 5. Die „Schutzklausel" des Abs. 1 S. 2

Die Regelung soll die „**Familiengerechtigkeit**" der Leistung, die durch § 16 **11** vorgeschrieben ist, sichern. Das ist erforderlich, weil der Anspruch auf Sozialhilfe ein individueller Anspruch ist, der jedem Familienmitglied, soweit es bedürftig ist, unabhängig vom Anspruch eines anderen Familienmitgliedes zusteht (BVerwG 30.4.1992 – 5 C 29/88, Rn. 12); liegen hinsichtlich eines Familienmitglieds die Voraussetzungen des Abs. 1 vor und kommt es zu einer Einschränkung der diesem Mitglied der Familie

an sich zu gewährenden Leistung, bleiben zwar die Ansprüche der mit dem Leistungsberechtigten in Haushaltsgemeinschaft lebenden unterhaltsberechtigten Angehörigen
und der mit ihm in Haushaltsgemeinschaft lebenden Personen unberührt, tatsächlich
werden diese jedoch von der Einschränkung oder Kürzung erheblich betroffen, weil
sich Auswirkungen auf die gesamte Haushaltsgemeinschaft nicht verhindern lassen
(*Schoch*, ZfF 1998, 76, 77). **S. 2 soll** daher **soweit wie möglich eine** vom Gesetz nicht
vorgesehene **Haftung der Familienangehörigen** oder der mit dem Leistungsberechtigten zusammenlebenden Personen für dessen unlauteres oder unwirtschaftliches
Verhalten **verhindern** (BVerwG 31.1.1968 – V C 109.66, Rn. 11). Bei der Entscheidung über die Einschränkung ist insbesondere zu sichern, dass der Bedarf heranwachsender Kinder ausreichend befriedigt wird (VGH BW 11.10.1999 – 7 S 1755/99,
Rn. 11). Dies kann dazu führen, dass eine Abweichung von dem in Abs. 1 S. 1 1. Hs.
genannten Regelfall anzunehmen ist und damit dem Träger der Sozialhilfe ein Ermessen hinsichtlich der Frage, ob überhaupt und in welchem Umfang – bis zur Grenze des
Unerlässlichen – die Leistung eingeschränkt werden soll, zusteht.

## III. Aufrechnung nach Abs. 2

### 1. Rechtscharakter

12     Nach Abs. 2 S. 1 kann die Leistung mit Ansprüchen des Trägers der Sozialhilfe
aufgerechnet werden. Zu klären ist zunächst, welchen Rechtscharakter diese Aufrechnung hat. Das **Bundesverwaltungsgericht** geht davon aus, dass eine Aufrechnungserklärung, da sie der Erfüllung der eigenen Verbindlichkeit dient und damit
zugleich die Befriedigung der eigenen Forderung bewirkt, ohne Rücksicht darauf,
ob sie seitens des Bürgers oder seitens der Behörde erfolgt und ob mit oder gegen
privatrechtliche oder öffentlich-rechtliche Forderungen aufgerechnet wird, nicht aus
einer hoheitlichen Position abgegeben wird; sie ergebe ähnlich wie eine Willenserklärung, mit der ein öffentlich-rechtlicher Vertrag (Aufrechnungsvertrag) geschlossen werde, auf einer gleichgeordneten rechtlichen Ebene (BVerwG 27.10.1982 – 5
C 6/82, Rn. 22 ff.). Das **Bundessozialgericht** hat anfänglich angenommen, eine
Behörde rechne durch Verwaltungsakt mit einer ihr zustehenden öffentlich-rechtlichen Gegenforderung gegen einen Sozialleistungsanspruch auf (genaue Übersicht
in BSG 5.2.2009 – B 13 R 31/08 R, Rn. 22 ff.). Wenn die Behörde über die
Auszahlung einer Sozialleistung durch Verwaltungsakt entscheiden dürfe, umfasse
diese Entscheidungsbefugnis auch das Recht, auf gleichem Wege das Erlöschen des
Anspruchs auf diese Sozialleistung durch Aufrechnung mit einer Gegenforderung
zu bewirken. Hiervon ist allerdings insbesondere der 4. Senat des BSG abgerückt.
Er hat angenommen, die wirksame Aufrechnungserklärung allein führe zum Erlöschen von Ansprüchen, ohne dass dadurch das im gewährenden Verwaltungsakt
festgesetzte Recht – der Anspruch auf die Leistung – verändert oder in sonstiger
Weise geregelt wird (BSG 24.7.2003 – B 4 RA 60/02 R, Rn. 17; LSG NRW
19.9.2007 – L 19 B 72/07 AS ER, Rn. 20). Der 13. Senat des BSG war dagegen
der Auffassung, eine Verrechnung sei durch Verwaltungsakt zu erklären. Nunmehr
hat der Große Senat des BSG (31.8.2011 – GS 2/10 – Rn. 20) entschieden und
ausgeführt, dass eine einseitige Verrechnung den Charakter eines Verwaltungsaktes
hat. Sie habe unmittelbare Wirkung auf den Auszahlungsanspruch des Berechtigten,
indem sie diesen, soweit die Verrechnungserklärung reicht, erlöschen lässt. Diese
Lage ist auch bei § 26 Abs. 2 gegeben. Durch diese Regelung wird der Sozialhilfeträger ermächtigt, eine in sein Ermessen („kann") gestellte Entscheidung zu treffen,
die nicht nur die in Abs. 4 der Vorschrift gesetzten Grenzen, sondern im Hinblick
auf § 16 auch die Belange anderer Familienangehöriger zu berücksichtigen hat. Die
Aufrechnung kann weiter einen Eingriff in bereits geregelte Leistungen der laufen-

den Hilfe zum Lebensunterhalt bewirken, wenn die Leistungen monatlich gewährt werden und der Anspruch bereits für diesen Zeitraum geregelt ist. **Damit hat die Aufrechnung nach § 26 Abs. 2 den Charakter eines Verwaltungsakts i. S. v. § 31 SGB X** (LSG Bln-Bbg 27.7.2009 – L 33 R 204/09 B ER, Rn. 3; OVG NRW 23.7.1997 – 8 B 623/97, Rn. 3; NdsOVG 27.6.1994 – 4 M 2959/94, Rn. 4; *Conradis,* LPK-SGB XII, § 26 Rn. 24; *Hohm,* in Schellhorn/Hohm/Schneider, SGB XII, § 26 Rn. 31; a. A. *Correll,* ZfSH/SGB 1998, 268). Damit besteht eine Lage, die seit 2011 auch im Bereich des SGB II durch die Neufassung des § 43 SGB II gegeben ist. § 43 Abs. 4 SGB II sieht nämlich vor, dass die Aufrechnung durch Verwaltungsakt zu erklären ist. Das hat zur Folge, dass ein Widerspruch gegen Bescheid über die Aufrechnung aufschiebende Wirkung nach § 86a Abs. 1 SGG hat. Auch ist vor einer Aufrechnung eine Anhörung nach § 24 Abs. 1 SGB X erforderlich, soweit nicht die Ausnahmeregelungen des § 24 Abs. 2 SGB X eingreifen.

## 2. Voraussetzungen

**a) Gegenseitigkeit und Gleichartigkeit der Ansprüche.** Voraussetzung einer 13 Aufrechnung ist zunächst die **Gegenseitigkeit der Ansprüche.** Gegen den Anspruch des Leistungsberechtigten auf Hilfe zum Lebensunterhalt kann der Sozialhilfeträger nur aufrechnen, wenn ihm gegen den Leistungsberechtigten ein Anspruch auf Erstattung zu Unrecht erbrachter Leistungen der Sozialhilfe zusteht. Damit müssen die Leistungen, deren Erstattung begehrt wird, ebenfalls Sozialhilfeleistungen (gewesen) sein. Der Anspruch des Trägers, mit dem dieser aufrechnet, muss sich gegen den jeweiligen Leistungsberechtigten richten. Auch hier ist der **Grundsatz der Individualität der Ansprüche auf Sozialhilfe** zu berücksichtigen. Empfänger der Leistung ist derjenige, der sachlich-rechtlich Inhaber der Forderung gegen den Sozialhilfeträger ist, also derjenige, dem die Leistung selbst zugedacht ist (BVerwG 30.4.1992 – 5 C 29/88, Rn. 10). Daher muss sich die Erstattungs- oder Schadensersatzforderung, mit der aufgerechnet werden soll, gegen die Person richten, die selbst den Anspruch auf Leistungen hat. Weder kann gegen Ansprüche anderer Personen aufgerechnet werden, noch ist es zulässig, gegenüber dem Leistungsberechtigten mit Ansprüchen, die sich gegen seine Familienangehörigen oder in eheähnlicher Gemeinschaft nach § 20 lebende Personen richten, aufzurechnen. Von diesem Grundsatz besteht allerdings eine **Ausnahme:** Aus der Formulierung in S. 1, wonach „gegen eine leistungsberechtigte Person aufgerechnet" werden kann und der Erwähnung des „Vertreters", der zu Unrecht erbrachte Leistungen veranlasst hat, lässt sich schließen, dass **auch eine Aufrechnung gegenüber dem Vertreter** dann **möglich** sein soll, wenn dieser **selbst Leistungsberechtigter** und/oder **nach § 103 Abs. 1 S. 1 und 2 oder § 104 zum Kostenersatz verpflichtet** ist. Bei dieser Lage hat der Gesetzgeber es für „geboten" erachtet, die Aufrechnung auch gegenüber demjenigen zuzulassen, der die rechtswidrige Bewilligung durch unrichtige Angaben veranlasst hat, jedoch selbst Leistungsberechtigter ist (BT-Drs. 15/1514, S. 58). „Vertreter" im Sinne dieser Regelung kann zunächst der **gesetzliche Vertreter** eines Kindes gemäß § 1629 BGB, aber auch eine vom Leistungsberechtigten **bevollmächtigte Person** sein. Unabhängig davon kann sich eine Vertreterstellung auch aus § 1357 BGB ergeben. Daneben müssen die sich gegenüberstehenden Ansprüche **gleichartig** sein. An einer Gleichartigkeit fehlt es, wenn nur ein Anspruch des Leistungsberechtigten auf Sachleistungen oder persönliche Hilfe besteht, da ein Erstattungsanspruch nach § 50 Abs. 1 S. 2 SGB X auf eine Gelderstattung richtet und auch Schadensersatzansprüche auf Grund zu Unrecht erbrachter Leistungen der Sozialhilfe sich nur auf Geldersatz, nicht auf Naturalherstellung richten.

**b) Aufrechenbare Ansprüche.** Die Ansprüche, mit denen der Träger der Sozi- 14 alhilfe aufrechnen kann, werden in Abs. 2 S. 1 mit der Formulierung „Ansprüche auf Erstattung auf Grund zu Unrecht erbrachter Leistungen der Sozialhilfe, die die leistungsberechtigte Person oder ihr Vertreter durch vorsätzliche oder grob fahrlässige unrichtige oder unvollständige Angaben oder durch pflichtwidriges Unterlassen veranlasst hat" sowie mit „Ansprüchen auf Kostenersatz nach den §§ 103 und 104" umschrieben.

15  **aa) Anspruch auf Erstattung.** Als Ansprüche auf Erstattung zu Unrecht erbrachter Leistungen der Sozialhilfe kommen nur **Rückforderungsansprüche nach den §§ 45, 48, 50 SGB X** in Betracht. Nach der Rechtsprechung (vgl. nur BVerwG 10.9.1992 – 5 C 71/88, Rn. 12) enthalten die Vorschriften der §§ 44 ff. SGB X ein geschlossenes System der Rücknahme und des Widerrufs von Verwaltungsakten und der Erstattung zu Unrecht erbrachter Leistungen. Neben den in diesen Vorschriften und den im SGB XII geregelten Ansprüchen sind auf anderen Rechtsgrundlagen hergeleitete Ansprüche des Sozialhilfeträgers gegen den Leitungsempfänger nicht gegeben. Ein Erstattungsanspruch kann sich unter Berücksichtigung dieser Rechtsprechung nur aus § 50 Abs. 1 SGB X und einer gleichzeitigen oder vorherigen Rücknahme eines rechtswidrigen begünstigenden Verwaltungsaktes nach § 45 SGB X oder eines Verwaltungsakts mit Dauerwirkung nach § 48 SGB X ergeben (ebenso BT-Drs. 12/4401, 82; *Conradis,* LPK-SGB XII § 26 Rn. 25). Der Träger der Sozialhilfe kann mit den genannten Erstattungsansprüchen aufrechnen, wenn der Leistungsberechtigte oder sein Vertreter die rechtswidrige Leistung durch **vorsätzlich oder grob fahrlässig unrichtige oder unvollständige Angaben oder durch pflichtwidriges** Unterlassen veranlasst hat, sein Handeln also ursächlich für die bewilligte rechtswidrige Leistung gewesen ist. Dabei ist der Kausalzusammenhang beim Zusammenwirken mehrerer Ursachen nach der Lehre der wesentlichen Bedingung (BSG 28.6.1991 – 11 RAr81/90, Rn. 20) zu bestimmen. Vorsätzlich handelt derjenige, der bewusst und gewollt falsche Angaben macht; dabei steht dem unbedingten Vorsatz der bedingte (dolus eventualis) gleich, bei dem der Handelnde billigend in Kauf nimmt, fehlerhaft zu handeln. Grobe Fahrlässigkeit liegt nach § 45 Abs. 2 S. 3 Nr. 3 SGB X dann vor, wenn der Handelnde die erforderliche Sorgfalt in besonders schwerem Maße verletzt. Abs. 2 S. 1 ist damit teilweise den Regelungen über die Rücknahme eines rechtswidrig begünstigenden Verwaltungsakts des § 45 Abs. 2 S. 3 Nr. 2 und Nr. 3 i. V. m. § 50 SGB X nachgebildet. Während bei § 25a Abs. 1 BSHG noch ein **positives Tun** Voraussetzung der Aufrechnung war (NdsOVG 27.6.1994 – 4 M2959/94, Rn. 7 ff.), reicht nunmehr das **pflichtwidrige Unterlassen einer Änderungsmitteilung aus** (BT-Drs. 15/1514, 58).

16  **bb) Ansprüche aus §§ 103, 104.** Als weitere Ansprüche des Trägers der Sozialhilfe, mit dem aufgerechnet werden kann, nennt das Gesetz den Kostenersatzanspruch bei schuldhaften Verhalten der leistungsberechtigten Person oder dessen Vertreters sowie den Kostenersatzanspruch für zu Unrecht erhaltene Leistungen, der sich gegen denjenigen richtet, der die Leistung durch vorsätzliches oder grob fahrlässiges Verhalten herbeigeführt hat. **§ 103 übernimmt** im Wesentlichen den **bisherigen § 92a BSHG,** erstreckt die **Ersatzverpflichtung** aber auf **alle volljährigen Personen,** die **vorsätzlich oder grob fahrlässig** für sich oder andere die Voraussetzungen **für Sozialhilfeleistungen herbeigeführt** haben; **nach § 103 Abs. 1 S. 2 ist zum Kostenersatz auch verpflichtet,** wer als **Leistungsberechtigter oder Vertreter** die Rechtswidrigkeit des Leistungsverwaltungsaktes kannte oder infolge grober Fahrlässigkeit nicht kannte. **§ 104 verpflichtet** denjenigen zum **Kostenersatz,** der zu Unrecht erbrachte Leistungen durch vorsätzliches oder grob fahrlässiges Verhalten herbeigeführt hat.

17  **c) Vollziehbarkeit des Erstattungs- oder Kostenersatzbescheides.** Ein Erstattungsanspruch erfordert nach § 50 Abs. 3 S. 1 SGB X die Festsetzung der zu erstattenden Leistungen durch schriftlichen Verwaltungsakt, wobei nach § 50 Abs. 3

S. 2 SGB X diese Festsetzung, sofern die Leistung aufgrund eines Verwaltungsakts erbracht worden ist, mit der Aufhebung des Verwaltungsakts verbunden werden soll. Auch die Pflicht zum Kostenersatz nach §§ 103, 104 bedarf einer Konkretisierung und Festsetzung durch einen Heranziehungsbescheid. Da auch die Aufrechnung durch Verwaltungsakt erfolgt, kann mit dem so konkretisierten Schadensersatz- bzw. Erstattungsanspruch des Trägers der Sozialhilfe **erst dann aufgerechnet** werden, wenn der **Rücknahme- und Festsetzungsbescheid** nach §§ 45 ff., 50 Abs. 3 SGB X oder der **Kostenersatzanspruch** nach **§§ 103, 104 unanfechtbar oder sofort vollziehbar sind** (*Conradis*, LPK-SGB XII, § 26 Rn. 13; *Schlette*, Hauck/ Noftz, SGB XII, K § 26 Rn. 57; vgl. auch: SG Düsseldorf 20.10.2006 – S 28 AS 235/06 ER, Rn. 15). Dies folgt zum einen daraus, dass mit einer einredebehafteten Forderung (vgl. § 390 BGB) nicht aufgerechnet werden kann, zum anderen aus dem Grundsatz der aufschiebenden Wirkung aus § 86a Abs. 1 SGG; dieser würde verletzt, wollte man die Aufrechnung mit einem mit Widerspruch oder Klage angegriffenen und nicht für sofort vollziehbar erklärten Erstattungs- oder Kostenersatzbescheid zulassen (*Detterbeck*, DÖV 1996, 889, 893).

### 3. Entscheidung über Höhe und Dauer der Aufrechnung

Die Aufrechnung kann bis auf das jeweils Unerlässliche erfolgen. Mit dieser **18** Formulierung räumt Abs. 1 S. 1 dem Träger der Sozialhilfe **Ermessen** ein (OVG NRW 3.4.1997 – 24 B 2202/96, Rn. 11; *Conradis*, LPK-SGB XII, § 26 Rn. 24;). Dieser hat daher unter Berücksichtigung der Besonderheit des Einzelfalls nach § 9 Abs. 1 und des Grundsatzes der familiengerechten Leistung aus § 16 über die Höhe und Dauer der Aufrechnung zu entscheiden. Im Rahmen dieser Entscheidung ist weiter Abs. 4 zu berücksichtigen, der dem Träger aufgibt, die Aufrechnung zu unterlassen, soweit dadurch der Gesundheit dienende Leistungen gefährdet werden. Die Aufrechnungsmöglichkeit besteht „bis auf das **jeweils Unerlässliche**". Damit übernimmt die Regelung die Formulierung des Abs. 1. Was **zum Lebensunterhalt unerlässlich** ist, wird von einem Teil der Rechtsprechung und Literatur mit 80 %, von einem anderen Teil mit 70 % (vgl. oben Rn. 4) des jeweiligen Regelsatzes angenommen; dabei liegt es im Hinblick auf die Regelung des § 39 Abs. 1 S. 2 nahe, das Unerlässliche mit 75 % des jeweiligen Regelsatzes zu bestimmen (vgl. auch HessVGH 5.7.1988 – 9 UE 2983/84; vgl. oben Rn. 4). Hinsichtlich der Leistungen nach dem 4. bis 9. Kapitel ist das **„jeweils Unerlässliche"** im Einzelfall unter Berücksichtigung der beim Leistungsberechtigten gegebenen Lage, den familiären Auswirkungen und unter Beachtung der Zielrichtung der erbrachten Leistung zu bestimmen. Hier wird in jedem Einzelfall eine besonders sorgfältige Prüfung des Trägers der Sozialhilfe sowohl hinsichtlich des Umfangs der Aufrechnung als auch hinsichtlich der im Rahmen des Ermessens abzuwägenden Interessen erforderlich sein. Die so bestehende Aufrechnungsmöglichkeit ist nach **Abs. 2 S. 2 Hs. 1** wegen eines Anspruchs **auf die Dauer von drei Jahren** beschränkt, wobei dieser Zeitraum in dem Monat beginnt, in dem die Aufrechnung erklärt und durchgeführt worden ist. Nach Ablauf dieser Frist besteht wegen des Anspruchs, mit dem aufgerechnet worden ist, die Möglichkeit einer weiteren Aufrechnung nicht. Nach **Abs. 2 S. 2 Hs. 2** kann allerdings der Träger der Sozialhilfe einen anderen, neuen Anspruch erneut mit einer Dauer von bis zu drei Jahren aufrechnen. Ob der Träger jeweils für die Dauer von drei Jahren aufrechnet, steht in seinem pflichtgemäßen Ermessen. Gerade bei länger andauernden Aufrechnungen wird zu prüfen sein, ob die so ermittelte Sozialhilfeleistung noch der Besonderheit des Einzelfalls gerecht wird und die Familiengerechtigkeit der Leistung gewahrt ist Oftmals besteht nämlich die Gefahr, dass Leistungsberechtigte aufgrund der geringen ihnen zur Verfügung stehenden Mittel dazu neigen, diese – um andere

Bedarfslagen abzudecken – zweckwidrig zu verwenden, was wiederum neue Aufrechnungen nach sich ziehen kann.

## IV. Aufrechnungsmöglichkeit nach Abs. 3

**19**     Abs. 3 erlaubt eine Aufrechnung, wenn Leistungen für einen Bedarf übernommen werden, der durch vorangegangene Leistungen des Trägers der Sozialhilfe an die leistungsberechtigte Person bereits gedeckt waren. Damit besteht eine Aufrechnungsmöglichkeit insbesondere dann, wenn die leistungsberechtigte Person Leistungen der Sozialhilfe, die für die Kosten der Unterkunft und/oder Heizung erbracht wurden, zweckwidrig verwandt und dadurch Miet- oder Energiekostenrückstände verursacht hat, die durch Leistungen nach § 36 vom Träger der Sozialhilfe (erneut) übernommen werden müssen. Nach dem Wortlaut des Abs. 3 sind nicht nur die Fälle erfasst, in denen die Leistung nach § 36 Abs. 1 S. 3 im Wege eines **Darlehens** erbracht wurde und dem Träger der Sozialhilfe ein Darlehensrückforderungsanspruch zusteht; **auch** wenn die Leistung nach § 36 Abs. 1 S. 3 als **nicht rückzahlbare Leistung** erbracht wurde, kann mit dieser Leistung **aufgerechnet werden**, weil damit ausgeglichen werden soll, dass der Träger der Sozialhilfe für die gleiche Bedarfslage bereits in der Vergangenheit geleistet hat (ebenso *Dauber*, Mergler/Zink, SGB XII § 26 Rn. 32; anders: *Conradis*, LPK-SGB XII, § 26 Rn. 16; *Schlette*, Hauck/Noftz, SGB XII, K § 26 Rn. 53). Fraglich erscheint, ob die **Aufrechnungsmöglichkeit nach Abs. 3** auch in den Fällen greifen soll, in denen **nach § 37 ergänzende Darlehen** erbracht werden, wenn ein von den Regelsätzen umfasster und nach den Umständen unabweisbar gebotener Bedarf auf keine andere Weise gedeckt werden kann (vgl. dazu: HessLSG 16.1.2008 – L 9 SO 121/07 ER, Rn. 12). Dies war vom Gesetzgeber nicht beabsichtigt, da mit dem Abs. 3 „im Wesentlichen inhaltsgleich" § 25a Abs. 2 BSHG „übertragen" werden sollte (BT-Drs. 15/1514, 58). § 25a Abs. 2 BSHG ermöglichte die Aufrechnung aber nur, wenn nach § 15a BSHG Schulden für Verpflichtungen übernommen worden waren, die durch vorangegangene Leistungen der Sozialhilfe bereits gedeckt worden waren. Bei dieser Lage spricht Überwiegendes dafür, dass § 37 eine Sonderregelung für die Hilfe zum Lebensunterhalt darstellt, die in ihrem Abs. 2 eine besondere Regelung der „Einbehaltung" des nach Abs. 1 gewährten Darlehens enthält, sodass die Aufrechnungsmöglichkeit des § 26 Abs. 3 sich nicht auf Leistungen nach § 37 erstreckt (vgl. auch § 37 Rn. 17; ebenso: *Hohm*, Schellhorn/Hohm/Scheider SGB XII § 26 Rn. 28; *Conradis*, LPK-SGB XII, § 26 Rn. 16).

## V. Einschränkung der Aufrechnung in Abs. 4

**20**     Zwingend **ausgeschlossen** ist eine Aufrechnung, **soweit** dadurch **der Gesundheit dienende Leistungen gefährdet** werden. Eine Gefährdung dieser Leistungen ist anzunehmen, wenn mit hinreichender Wahrscheinlichkeit der Erfolg dieser Leistungen beeinträchtigt oder infrage gestellt wird. Ob und in welchem Umfang das der Fall ist, lässt sich freilich angesichts der Verschiedenartigkeit der Hilfearten, die der Erhaltung, Besserung oder Wiederherstellung der Gesundheit dienen, nur unter Berücksichtigung der besonderen Umstände des konkreten Falles beurteilen. Als der Gesundheit dienende Maßnahmen kommen insbesondere die Hilfen zu Gesundheit (§§ 47–51), Leistungen der Eingliederungshilfe für Behinderte (§§ 53 ff.), der Hilfe zur Pflege (§§ 61 ff.) und der Hilfe in anderen Lebenslagen (insbesondere § 70) in Betracht. Zwar gilt das Aufrechnungsverbot nur, soweit der Gesundheit dienende Leistungen beeinträchtigt sein können, sodass im Einzelfall eine maßvolle Aufrechnung, die diese Leistungen nicht berührt, möglich bleibt; eine Aufrechnung kann aber gerade bei Maßnahmen der Gesundheitsfürsorge auch ganz ausscheiden.

# Drittes Kapitel. Hilfe zum Lebensunterhalt

## Erster Abschnitt. Leistungsberechtigte, notwendiger Lebensunterhalt, Regelbedarfe und Regelsätze

### § 27 Leistungsberechtigte

(1) Hilfe zum Lebensunterhalt ist Personen zu leisten, die ihren notwendigen Lebensunterhalt nicht oder nicht ausreichend aus eigenen Kräften und Mitteln bestreiten können.

(2) [1]Eigene Mittel sind insbesondere das eigene Einkommen und Vermögen. [2]Bei nicht getrennt lebenden Ehegatten oder Lebenspartnern sind das Einkommen und Vermögen beider Ehegatten oder Lebenspartner gemeinsam zu berücksichtigen. [3]Gehören minderjährige unverheiratete Kinder dem Haushalt ihrer Eltern oder eines Elternteils an und können sie den notwendigen Lebensunterhalt aus ihrem Einkommen und Vermögen nicht bestreiten, sind vorbehaltlich des § 39 Satz 3 Nummer 1 auch das Einkommen und das Vermögen der Eltern oder des Elternteils gemeinsam zu berücksichtigen.

(3) [1]Hilfe zum Lebensunterhalt kann auch Personen geleistet werden, die ihren notwendigen Lebensunterhalt aus eigenen Mitteln und Kräften bestreiten können, jedoch einzelne erforderliche Tätigkeiten nicht verrichten können. [2]Von den Leistungsberechtigten kann ein angemessener Kostenbeitrag verlangt werden.

*Änderung der Vorschrift:* § 27 neu gef. mWv 1.1.2011 durch G v. 24.3.2011 (BGBl. I S. 453).

*Vergleichbare Vorschrift:* § 9 Abs. 1 SGB II.

**Schrifttum:** *Busse/Pyzik,* Das Regelbedarfsdarlehen zur Sicherung des Lebensunterhalts, NDV 2009, 94 u. 136; *Grube,* Das geschlossene Regelsatzsystem und seine neuen „(Schlupf-) Löcher", NDV 1998, 298; *Mrozynski,* Bedarfsdeckung durch laufende und einmalige Leistungen der Sozialhilfe, ZfS 1987, 289; *Neumann,* Menschenwürde und Existenzminimum, NVwZ 1995, 426; *Rothkegel,* Der rechtliche Rahmen für die Pauschalierung von Sozialhilfeleistungen – insbesondere zur Experimentierklausel des § 101a BSHG, ZfSH/SGB 2002, 585 u. 657; *Schoch,* Einmalige und laufende Leistungen bei der Hilfe zum Lebensunterhalt, ZFSH/SGB 1986, 486; *Wahrendorf,* Die gemischte „Bedarfsgemeinschaft" im Sozialhilferecht, Sozialrecht aktuell 2012, 50; *Wallerath,* Zur Dogmatik eines Rechts auf Sicherung des Existenzminimums, JZ 2008, 157. S. ferner die Angaben bei § 19.

### Übersicht

## I. Bedeutung der Norm

**1**    Die Vorschrift ist durch das Änderungsgesetz 2011 (G v. 24.3.2011, BGBl. I S. 453) in den Absätzen 1 und 2 völlig umgestaltet worden (s. bei § 19). Die bisherige Umschreibung des notwendigen Lebensunterhalts ist jetzt nach § 27a Abs. 1 gewandert. Der bisherige Absatz 2 ist in § 27a Abs. 1 aufgegangen. Lediglich der bisherige Absatz 3 ist − etwas umformuliert − in der Vorschrift erhalten geblieben.

## II. Inhalt der Norm

### 1. Nachrang der Hilfe zum Lebensunterhalt (Abs. 1)

**2**    Absatz 1 enthält jetzt nur noch eine Wiederholung des Inhalts von § 19 Abs. 1. Hilfreich sind derartige Umetikettierungen der Paragrafen nicht, wobei zudem zu bemerken ist, dass das Änderungsgesetz 2011 (G v. 24.3.2011, BGBl. I S. 453) keine Ermächtigung zur Neubekanntmachung des SGB XII enthält (anders Art. 13 für das SGB II). Es wird in Absatz 1 also nur noch einmal der Nachrang der Hilfe zum Lebensunterhalt umschrieben (s. auch § 2 Abs. 1)

### 2. Abs. 2

**3**    Absatz 2 enthält den früheren Inhalt von § 19 Abs. 1.

**4**    **a) Eigenes Einkommen und Vermögen (Satz 1).** Der Nachrang der Hilfe zum Lebensunterhalt bezieht sich in der Vorschrift auf eigene Kräfte und Mittel der Personen, vor allem auf ihr **eigenes Einkommen und Vermögen.** Was dazu zählt, ergibt sich aus §§ 82 ff. einerseits und § 90 andererseits. Diese **Selbsthilfemöglichkeiten** schließen den Anspruch nur aus, wenn sie **präsent** sind, also tatsächlich vorliegen und daher mit ihrer Hilfe die gegenwärtige Notlage auch tatsächlich abgewendet werden kann (vgl. näher *Rothkegel,* Strukturprinzipien, S. 97; BSG 19.8.2015 − B 14 AS 43/14 R). Die weite und unbestimmte Formulierung „eigene Kräfte und Mittel" ist ein Hinweis auf die allgemeine Mitwirkungspflicht des Hilfeempfängers nach § 1 S. 2 und 3, sich frei von Sozialhilfe zu machen. Darüber hinaus wird auch die Selbsthilfeverpflichtung nach § 11 Abs. 3 S. 4, den Lebensunterhalt durch **Einsatz der Arbeitskraft** zu beschaffen, angesprochen. Schließlich kann der Formulierung entnommen werden, dass der Hilfesuchende sich auch darum bemühen muss, eigene Mittel, etwa **Unterhaltsansprüche,** zu realisieren, damit sie zu eigenem Einkommen werden.

**5**    Die in der Vorschrift gemeinten präsenten Selbsthilfemöglichkeiten stehen einem Anspruch auf Hilfe − anders als bei den Leistungen des Fünften bis Neunten Kapitels − im Grundsatz uneingeschränkt entgegen. Allerdings ist nicht sämtliches Einkommen einsatzpflichtig (s. § 82 Abs. 3 und §§ 83, 84), und auch das Vermögen genießt einen gewissen Schutz (§ 90 Abs. 2 und 3). Es wird also zur Ermittlung des Umfangs der Hilfe eine **Gegenüberstellung** von **Bedarf** an Hilfe zum Lebensunterhalt **mit den verfügbaren Selbsthilfemöglichkeiten,** vor allem dem einsatzpflichtigen Einkommen und Vermögen, gemacht und ein Saldo ermittelt. Daraus ergibt sich die Höhe des Anspruchs. Dies bedeutet, dass Hilfe zum Lebensunterhalt in Höhe des gesamten Bedarfs, aber auch in jeder geringeren Höhe als ergänzende Hilfe in Betracht kommt. Der Anspruch besteht auch dann, wenn sich nur ein Minimalbetrag errechnet; eine Geringfügigkeitsgrenze wie in anderen Sozialleistungsbereichen gilt im Recht der Hilfe zum Lebensunterhalt nicht (s. aber § 88 Abs. 1 Nr. 2). Die eigenen Kräfte und Mittel stellen ein negatives Tatbestandsmerkmal für den Anspruch dar. Insoweit trägt die Sozialhilfe beantragende Person die materielle Beweislast (s. § 17 Rn. 15). Der Nachranggrundsatz des § 2 Abs. 1 stellt allerdings keine isolierte Ausschlussnorm für den Leistungsanspruch dar; es kommt vielmehr darauf an, dass entsprechende andere Mittel auch tatsächlich zur Verfügung stehen (BSG 29.9.2009 – B 8 SO 23/08 R).

**b) Einsatzgemeinschaft (Satz 2).** Abs. 2 S. 2 dehnt den Nachrang des Hilfean- 6 spruchs auf Einkommen und Vermögen anderer Personen aus. Das bedeutet, dass deren Einkommen und Vermögen unmittelbar und unbeschadet zivilrechtlicher Bestimmungen des Unterhaltsrechts wie Einkommen und Vermögen des Hilfesuchenden selbst angesehen wird. Die gemeinsame Berücksichtigung von Einkommen und Vermögen macht denjenigen, dessen Einkommen und Vermögen berücksichtigt worden ist, nicht zu einem Hilfeempfänger (BVerwG 30.4.1992 – 5 C 29/88, NJW 1993, 215).

Problematisch ist, wie die gesetzlich angeordnete gemeinsame Berücksichtigung 7 von Einkommen und Vermögen zu behandeln ist, wenn das **Einkommen** und Vermögen an die nachfragende Person (§ 39 Abs. 1) **nicht tatsächlich weitergeleitet** wird und ihr daher nicht zur Bedarfsdeckung zur Verfügung steht. Dies kann etwa in Betracht kommen, wenn der allein verdienende Ehemann sein Erwerbseinkommen weitgehend oder ausschließlich für sich verwendet. Auch in solchen Fällen setzt sich das **Tatsächlichkeitsprinzip** (BVerwG 26.11.1998 – 5 C 37/97, BVerwGE 108, 36) der Sozialhilfe gegenüber normativen Gesichtspunkten durch. Der Ehefrau bzw. den Kindern ist mithin trotz des Einkommens des Ehemannes/ Vaters Hilfe zu gewähren. Auf die in § 103 Abs. 1 und in § 26 Abs. 1 S. 2 enthaltenen Rechtsgedanken kann in diesem Zusammenhang verwiesen werden. Eine Anwendung des § 19 Abs. 5 (s. dazu *Cordes,* ZfF 2001, 1, 5) führte in solchen Fällen, in denen eine vom Gesetz erwartete Weiterleitung von Einkommen durch den Verdienenden ausbleibt, zu einem ähnlichen Ergebnis, da das nicht unterstützungsbereite Familienmitglied später Aufwendungsersatz leisten muss (vgl. auch *Coseriu,* jurisPK-SGB-XII § 27 Rn. 26 f.).

Die Person der Einsatzgemeinschaft, die Einkommen erzielt, muss ihr Einkom- 8 men, das den eigenen Bedarf übersteigt, den anderen Personen (rechnerisch und tatsächlich) zur Verfügung stellen. Ein erhöhter Selbstbehalt oder eine Pauschale zur Deckung einmaliger Bedarfe ist nicht zu berücksichtigen. Allerdings sind die Absetzbeträge nach § 82 Abs. 2 und 3 zu berücksichtigen. Berechnungsprobleme entstehen, wenn Personen zu der Einsatzgemeinschaft zählen, die selbst nicht anspruchsberechtigt für Leistungen zum Lebensunterhalt sind (zu den „gemischten" Bedarfsgemeinschaften s. BSG 18.3.2008 – B 8/9b 11/06 R und Rn. 21).

Von der Einsatzgemeinschaft ist die Haushaltsgemeinschaft nach § 39 zu unter- 9 scheiden, bei der es nicht ohne weiteres zu einer Anrechnung fremden Einkommens und Vermögens kommt.

**aa) Ehegatten.** Die Zuordnung fremden Einkommens und Vermögens gilt im 10 Verhältnis zwischen nicht getrenntlebenden Ehegatten und Partnern nach dem Lebenspartnerschaftsgesetz (s. dazu etwa *Bruns/Kemper,* Lebenspartnerschaftsrecht, Handkommentar). Partner einer eheähnlichen Gemeinschaft oder lebenspartnerschaftsähnlicher Gemeinschaft nach § 20 werden wie Ehegatten behandelt. Die Regelung in § 7 Abs. 3 Nr. 3 SGB II ist demgegenüber weiter.

Der Begriff des **Nichtgetrenntlebens** ist **ein eigenständiger sozialhilferecht- 11 licher Begriff** (BVerwG 26.1.1995 – 5 C 8/93, NVwZ 1995, 1106; BSG 18.2.2010 – B 4 AS 49/09 R), der nach Sinn und Zweck der Vorschriften, die das gegenseitige wirtschaftliche Einstehen füreinander regeln und nach ihrem Zusammenhang mit § 2 Abs. 1, zu bestimmen ist. Auf das Verständnis des familienrechtlichen Begriffs des Getrenntlebens nach § 1567 Abs. 1 BGB kommt es dabei nicht entscheidend an. Allein der Umstand, dass die Ehegatten räumlich voneinander getrennt leben – ein Ehegatte lebt etwa in einem Alten- oder Pflegeheim –, reicht für die Annahme des Getrenntlebens noch nicht aus (vgl. LSG Bln-Bbg 2.4.2009 –

L 23 SO 37/09 B ER; HessLSG 29.7.2008 – L 7 SO 133/07 ER; SG Karlsruhe
14.8.2105 – S 1 SO 1225/15). Es kommt vielmehr auf die Gesamtumstände an, die
ihre Beziehung zueinander prägen. Wenn danach zumindest ein Ehepartner deutlich
zu erkennen gegeben hat, die Lebensgemeinschaft zu dem anderen Ehepartner auf
Dauer aufzugeben, ist ein Getrenntleben anzunehmen. Gelegentliche Kontakte miteinander schließen dabei die Annahme des Getrenntlebens nicht aus.

12      Daher führt eine **längere Ortsabwesenheit** eines Ehepartners (Krankenhaus-
oder Kuraufenthalt, berufsbedingte Abwesenheit) nicht zum Getrenntleben (LSG
Bln-Bbg 6.8.2007 L 5 B 873/07 AS ER). Das Aufsuchen eines Frauenhauses
ist hingegen ein deutliches Anzeichen dafür, dass die Ehefrau die Lebens- und
Wirtschaftsgemeinschaft mit ihrem Ehemann – zumindest derzeit – aufgeben will.
Zum Zusammenleben in verschiedenen Asylbewerberheimen s. OVG Münster
11.12.1997 – 8 A 5182/95.

13      **bb) Eltern/minderjährige Kinder.** Der zweite Fall einer Zuordnung fremden
Einkommens und Vermögens betrifft das Verhältnis zwischen Eltern bzw. einem
Elternteil und minderjährigen unverheirateten Kindern, die im selben Haushalt
leben (zur Möglichkeit der Zugehörigkeit von Kindern zu zwei Haushalten s. BSG
7.11.2006 – B 7b AS 14/06 R, NDV-RD 2007, 29; zum sogenannten Wechselmo-
dell s. BSG 11.2.2015 – B 4 AS 26/14 R; BGH 5.11.2014 – XII ZB 599/13,
FamRZ 2007, 707). Für das Verhältnis zum Stiefelternteil gilt § 39. Leben volljährige
Kinder oder minderjährige verheiratete Kinder im Haushalt der Eltern oder eines
Elternteiles gilt ebenfalls § 39.

14      Ähnlich wie bei Ehegatten das Zusammenleben durch eine **vorübergehende
Ortsabwesenheit** nicht aufgelöst wird, endet die Haushaltszugehörigkeit eines
minderjährigen unverheirateten Kindes nicht, wenn es sich nur vorübergehend
außerhalb des Elternhaushalts aufhält. Dies gilt etwa für einen Internats- oder Kuraufenthalt. Entscheidend ist, ob das Kind nach seinen persönlichen und wirtschaftlichen Verhältnissen seinen Lebensmittelpunkt weiterhin im Haushalt seiner Eltern
hat (BVerwG 23.6.1994 – 5C 26/92, NVwZ 1995, 276).

15      Das Einkommen und Vermögen des **minderjährigen unverheirateten Kindes**
ist umgekehrt bei dem Hilfeanspruch der Eltern nicht zu berücksichtigen. Ein Kind,
das etwa über großzügige Unterhaltszahlungen von seinem nicht bei ihm lebenden
Vater verfügt, kann die Mittel frei für sich verwenden. Allenfalls nach § 39 oder über
§ 94 könnte das Kind seinem mit ihm zusammenlebenden Elternteil verpflichtet
sein.

16      Eine Einsatzgemeinschaft zwischen Stiefelternteil und Stiefkind kann nicht
dadurch hergestellt werden, dass der eine leibliche Elternteil, der mit dem Kind
ebenfalls zusammenlebt, gleichsam als **Kettenglied** beide verbindet, indem nämlich
die Einsatzgemeinschaft zwischen den Eheleuten einerseits und die Einsatzgemeinschaft zwischen dem Elternteil und seinem leiblichen Kind andererseits miteinander
verbunden werden (BVerwG 26.11.1998 – 5 C 37/997, NVwZ 1995, 1106; OVG
Hamburg 24.1.1996 – Bs IV 13/96). Nach § 9 Abs. 2 S. 2 SGB II sind hingegen
das Einkommen und Vermögen des Partners zu berücksichtigen (BSG 23.5.2013 –
B 4 AS 67/11 R, NDV-RD 2009, 62).

17      Was von dem Einkommen abzusetzen oder vom Vermögenseinsatz freizuhalten
ist, richtet sich nach den allgemeinen sozialhilferechtlichen Bestimmungen (§ 82
Abs. 2 und 3 § 90 Abs. 2 und 3). **Der Absetzungsbetrag** nach § 82 Abs. 3 steht
jedem Leistungsberechtigten zu (BSG 9.6.2011 – B 8 SO 20/09 R). Das Kindergeld
wird ausdrücklich dem jeweiligen Kind zugerechnet (§ 82 Abs. 1 S. 3).

18      Die **Weiterleitung von Einkommen** an außerhalb der Einsatzgemeinschaft
lebende Personen kann unter gewissen Umständen gerechtfertigt sein, so z. B. wenn
damit rechtskräftig festgestellten **Unterhaltsverpflichtungen** nachgekommen wird

(BVerwG 15.12.1977 – V C 35.77, BVerwGE 55, 148, 153; vgl. auch § 11b Abs. 1 Nr. 7 SGB II).

Einkommen/Vermögen und der davon zu deckende Bedarf eines minderjährigen **19** unverheirateten Kindes sind hingegen individuell zu bestimmen, da das Kind im Verhältnis zu seinem mit ihm zusammenlebenden Eltern/Elternteil nicht einsatzpflichtig ist.

**cc) Zuordnungsprobleme.** Wenn eine Berücksichtigung von Einkommen und **20** Vermögen einer anderen Person angeordnet ist, ergeben sich zahlreiche Zuordnungs- und Berechnungsprobleme. Wegen der Individualität des Anspruchs auf Hilfe muss bezüglich jeder Person, die (jeweils) mit einer oder mehreren Personen der Familiengemeinschaft eine Einsatzgemeinschaft bildet, zunächst ermittelt werden, ob und in welchem Umfang der Person Einkommen oder Vermögen zusteht. In einem zweiten Schritt ist sodann zu bestimmen, welcher individuelle Bedarf der betreffenden Person von diesem Einkommen und Vermögen zu decken ist. Für die in Betracht kommende Verteilung überschießenden Einkommens und Vermögens auf mehrere Mitglieder der Einsatzgemeinschaft werden verschiedene Verteilungsmethoden diskutiert (vgl. dazu *Schulte*, ZFSH/SGB 1990, 471; *Schwabe*, ZfF 1994, 217; BSG 9.6.2011 – B 8 SO 20/09 R). Im Sozialhilferecht gilt die vertikale Verteilung des Überschusses, das heißt, zuerst ist der Bedarf dessen zu decken, der über Einkommen und Vermögen verfügt. Der Überschuss kann sodann auf die übrigen Mitglieder der Einsatzgemeinschaft prozentual nach ihrem jeweiligen Bedarf angerechnet werden.

**dd) Gemischte Bedarfsgemeinschaften.** Die Leistungssysteme der Leistungen **21** zur Sicherung des Lebensunterhalts nach den §§ 19 bis 28 SGB II und der Hilfe zum Lebensunterhalt nach dem Sozialhilferecht sind unzulänglich aufeinander abgestimmt. Die gesetzlichen Regelungen in §§ 5 Abs. 2 S. 1, 19 Abs. 1 S. 2 SGB II und in § 21 SGB XII gehen davon aus, dass beide Regelungsbereiche völlig getrennt zu betrachten sind. In der Lebenswirklichkeit können aber Personen in einer Einsatz- oder Bedarfsgemeinschaft zusammenleben, wobei jeder von ihnen in ein anderes Leistungssystem fällt. Dann ergeben sich zahlreiche Probleme hinsichtlich der Bestimmung der jeweiligen Höhe der Ansprüche und des Einsatzes von Einkommen und Vermögen der jeweils anderen Person. Ein solches Aufeinandertreffen beider Leistungssysteme kommt vor allem in Betracht, wenn eine Person nach § 41, die andere Person nach § 7 SGB II leistungsberechtigt ist (vgl. dazu BSG 9.6.2011 – B 8 SO 20/09 R; BSG 18.3.2008 – B 8/9b SO 11/06 R). Zum Begriff der „überlappenden" Bedarfsgemeinschaft s. LSG BW 25.3.2011 – L 12 AS 910/10.

## 3. Hauswirtschaftliche Versorgung (Abs. 3)

Die Vorschrift **erweitert** den gegenständlichen Bedarf an Hilfe zum Lebensun- **22** terhalt, indem **erforderliche Tätigkeiten,** die zum notwendigen Lebensunterhalt gehören, die aber vom Hilfesuchenden nicht verrichtet werden können, einen Bedarf auslösen (BVerwG 15.12.1995 – 5 C 8/94). Die Reinigung der Wohnung und Wäsche ist etwa eine solche Tätigkeit, die notwendig ist, um ein menschenwürdiges Leben führen zu können. Diese Tätigkeiten werden in aller Regel von dem Hilfesuchenden selbst ausgeführt. Er benötigt dazu – abgesehen von den finanziellen Mitteln für die Reinigungsmittel – keine weitere Hilfe. Daher sind diese Tätigkeiten als solche regelmäßig auch nicht Anknüpfungspunkt für einen sozialhilferechtlichen Bedarf. Dies ist indes anders, wenn der Hilfesuchende aus bestimmten Gründen – zumeist wegen **körperlicher Schwierigkeiten** – nicht in der Lage ist, die betreffenden Tätigkeiten auszuführen. Dann benötigt er finanzielle Mittel, um die Tätigkeiten mithilfe anderer Personen verrichten zu lassen. Die Vorschrift ist nur anwendbar, wenn die nachfragende Person an sich über ausreichendes Einkommen und Vermögen für ihren (im Übrigen) notwendigen Lebensunterhalt verfügt. Bezieher von laufender Hilfe zum Lebensunterhalt, denen die Verrichtung von solchen Tätigkeiten nicht möglich ist, fallen nicht unter die Vorschrift. Bei ihnen ist vielmehr nach **§ 27a Abs. 4 S. 1** eine Erhöhung der Regelsatzleistungen vorzunehmen (kritisch dazu BSG 11.12.2007 – B 8/9b SO 12/06 R). Es sollte vielmehr Hilfe zur Pflege nach § 61 Abs. 5 Nr. 4 (a. F.) in Betracht kommen. Da die Hilfe zur Pflege durch das Dritte Pflegestärkungsgesetz völlig neu geregelt worden ist, stellt sich die Frage nach Hilfen für die hauswirtschaftliche Versorgung neu (s. dazu Rn. 25).

23    Fällt der betreffende Bedarf nur zeitweilig an, kommen entsprechende einmalige Leistungen in Betracht. Die ansonsten abschließende Regelung über einmalige Leistungen nach § 31 steht dem nicht entgegen, da es sich bei § 27 Abs. 3 um einen **besonderen Leistungsanspruch** handelt.

24    Wer über ausreichendes Einkommen und Vermögen für seinen notwendigen Lebensunterhalt verfügt, besitzt unter den Voraussetzungen der Vorschrift einen Anspruch auf **ermessensfehlerfreie Entscheidung** über die Gewährung einer entsprechenden Hilfe für die Verrichtung der betreffenden Tätigkeiten. Die Hilfe kann auch in Form einer Sachleistung erbracht werden. Wegen der **Höhe der Hilfe** steht dem Sozialhilfeträger ebenfalls ein (weites) Ermessen zu. Allerdings muss die Verrichtung der notleidenden Tätigkeiten durch die Hilfe gesichert sein. Von dem Leistungsberechtigten kann aus seinem überschießenden Einkommen/Vermögen ein **Kostenbeitrag** verlangt werden. Der unbestimmte Rechtsbegriff „angemessen" ist dabei als Ermessensleitlinie für den Sozialhilfeträger zu beachten.

25    Die für den Lebensunterhalt erforderlichen Tätigkeiten waren nach Einführung der Pflegeversicherung auch Gegenstand der **Hilfe zur Pflege**, da sie die hauswirtschaftliche Versorgung mit umfasste (§ 61 Abs. 5 Nr. 4; s. dazu BSG 11.12.2007 – B 8/9b SO 12/06 R; BSG 26.8.2008 – B 8/9b SO 18/07 R). Dadurch hatte sich die Bedeutung von § 27 Abs. 3 verringert. Zur Abgrenzung zur Hilfe nach § 70 s. dort Rn. 4. Durch das Zweite Pflegestärkungsgesetz (v. 21.12.2015, BGBl. I S. 2424) ist die bisherige Systematik, wonach es auf Verrichtungen im Ablauf des täglichen Lebens ankam, aufgegeben worden. Der neue Pflegebedürftigkeitsbegriff stellt auf Beeinträchtigungen der Selbständigkeit oder Fähigkeiten ab. In § 14 Abs. 3 SGB XI wird der Umstand, dass die Haushaltsführung nicht mehr ohne Hilfe bewältigt werden kann, bei den Kriterien für die Beeinträchtigung in den verschiedenen Lebensbereichen berücksichtigt. In § 61a fehlt eine entsprechende Regelung. Wenn von der Pflegekasse aber ein Pflegegrad festgestellt worden ist, ist auch die Haushaltsführung erfasst und gilt über § 62a auch für die Hilfe zur Pflege. Da aber allein ein Bedarf an Hilfe für die Haushaltsführung nicht zu einem Anspruch auf Hilfe zur Pflege führt, erlangt § 27 Abs. 3 wieder eine selbständige Bedeutung. Durch das Dritte Pflegestärkungsgesetz v. 23.12.2016 (BGBl. I S. 3191) ist § 70 geändert worden (s. dort).

26    Durch Art. 13 Nr. 8 Bundesteilhabegesetz wird § 27 Abs. 3 zum 1.1.2020 geändert. Dies beruht unter anderem darauf, dass im Rahmen der sozialen Teilhabe nach dem Kapitel 13 des (neuen) SGB IX in § 78 SGB IX Assistenzleistungen für die Erledigung der Haushaltsführung vorgesehen sind.

### § 27a Notwendiger Lebensunterhalt, Regelbedarfe und Regelsätze

(1) [1]**Der für die Gewährleistung des Existenzminimums notwendige Lebensunterhalt umfasst insbesondere Ernährung, Kleidung, Körperpflege, Hausrat, Haushaltsenergie ohne auf Heizung und Erzeugung von Warmwasser entfallenden Anteile, persönliche Bedürfnisse des täglichen Lebens sowie Unterkunft und Heizung. [2]Zu den persönlichen Bedürfnissen des täglichen Lebens gehört in vertretbarem Umfang eine Teilhabe am**

sozialen und kulturellen Leben in der Gemeinschaft; dies gilt in besonderem Maß für Kinder und Jugendliche. [3]Für Schülerinnen und Schüler umfasst der notwendige Lebensunterhalt auch die erforderlichen Hilfen für den Schulbesuch.

(2) [1]Der gesamte notwendige Lebensunterhalt nach Absatz 1 mit Ausnahme der Bedarfe nach dem Zweiten bis Vierten Abschnitt ergibt den monatlichen Regelbedarf. [2]Dieser ist in Regelbedarfsstufen unterteilt, die bei Kindern und Jugendlichen altersbedingte Unterschiede und bei erwachsenen Personen deren Anzahl im Haushalt sowie die Führung eines Haushalts berücksichtigen.

(3) [1]Zur Deckung der Regelbedarfe, die sich nach den Regelbedarfsstufen der Anlage zu § 28 ergeben, sind monatliche Regelsätze als Bedarf anzuerkennen. [2]Der Regelsatz stellt einen monatlichen Pauschalbetrag zur Bestreitung des Regelbedarfs dar, über dessen Verwendung die Leistungsberechtigten eigenverantwortlich entscheiden; dabei haben sie das Eintreten unregelmäßig anfallender Bedarfe zu berücksichtigen. [3]Besteht die Leistungsberechtigung für weniger als einen Monat, ist der Regelsatz anteilig als Bedarf anzuerkennen. [4]Zur Deckung der Regelbedarfe von Personen, die in einer sonstigen Unterkunft oder vorübergehend nicht in einer Unterkunft untergebracht sind, sind als Bedarfe monatliche Regelsätze anzuerkennen, die sich in entsprechender Anwendung der Regelbedarfsstufen nach der Anlage zu § 28 ergeben.

(4) [1]Im Einzelfall wird der Regelsatz abweichend von der maßgebenden Regelsatzstufe festgesetzt (abweichende Regelsatzfestsetzung), wenn ein durch die Regelbedarfe abgedeckter Bedarf nicht nur einmalig, sondern für eine Dauer von voraussichtlich mehr als einem Monat
1. nachweisbar vollständig oder teilweise anderweitig gedeckt ist oder
2. unausweichlich in mehr als geringem Umfang oberhalb durchschnittlicher Bedarfe liegt, wie sie sich nach den bei der Ermittlung der Regelbedarfe zugrundeliegenden durchschnittlichen Verbrauchsausgaben ergeben, und die dadurch bedingten Mehraufwendungen begründbar nicht anderweitig ausgeglichen werden können.
[2]Bei einer abweichenden Regelsatzfestsetzung nach Satz 1 Nummer 1 sind für die monatlich ersparten Verbrauchsausgaben die sich nach § 5 Absatz 1 oder nach § 6 Absatz 1 des Regelbedarfs-Ermittlungsgesetzes für die jeweilige Abteilung ergebenden Beträge zugrunde zu legen. [3]Beschränkt sich die anderweitige Bedarfsdeckung auf einzelne in die regelbedarfsrelevanten Verbrauchsausgaben je Abteilung eingegangenen Verbrauchspositionen, sind die regelbedarfsrelevanten Beträge zugrunde zu legen, auf denen die in § 5 Absatz 1 oder nach § 6 Absatz 1 des Regelbedarfs-Ermittlungsgesetzes genannten Beträge für die einzelnen Abteilungen beruhen.

(5) Sind minderjährige Leistungsberechtigte in einer anderen Familie, insbesondere in einer Pflegefamilie, oder bei anderen Personen als bei ihren Eltern oder einem Elternteil untergebracht, so wird in der Regel der individuelle Bedarf abweichend von den Regelsätzen in Höhe der tatsächlichen Kosten der Unterbringung festgesetzt, sofern die Kosten einen angemessenen Umfang nicht übersteigen.

*Änderungen der Vorschrift: § 27a eingef. mWv 1.1.2011 durch G v. 24.3.2011 (BGBl. I S. 453), Abs. 3 Satz 1, Abs. 4 Satz 2 geänd. mWv 1.1.2016 durch G v. 21.12.2015 (BGBl. I S. 2557), Abs. 3 Sätze 3 und 4 angef., Abs. 4 neu gef., Abs. 5 angef. mWv 1.1.2017 durch G v. 22.12.2016 (BGBl. I S. 3159).*

*[§ 27a in der Fassung ab 1.1.2020]*

(1) ¹Der für die Gewährleistung des Existenzminimums notwendige Lebensunterhalt umfasst insbesondere Ernährung, Kleidung, Körperpflege, Hausrat, Haushaltsenergie ohne die auf Heizung und Erzeugung von Warmwasser entfallenden Anteile, persönliche Bedürfnisse des täglichen Lebens sowie Unterkunft und Heizung. ²Zu den persönlichen Bedürfnissen des täglichen Lebens gehört in vertretbarem Umfang eine Teilhabe am sozialen und kulturellen Leben in der Gemeinschaft; dies gilt in besonderem Maß für Kinder und Jugendliche. ³Für Schülerinnen und Schüler umfasst der notwendige Lebensunterhalt auch die erforderlichen Hilfen für den Schulbesuch.

(2) ¹Der gesamte notwendige Lebensunterhalt nach Absatz 1 mit Ausnahme der Bedarfe nach dem Zweiten bis Vierten Abschnitt ergibt den monatlichen Regelbedarf. ²Dieser ist in Regelbedarfsstufen unterteilt, die bei Kindern und Jugendlichen altersbedingte Unterschiede und bei erwachsenen Personen deren Anzahl im Haushalt sowie die Führung eines Haushalts berücksichtigen.

(3) ¹Für Leistungsberechtigte nach diesem Kapitel sind zur Deckung der Regelbedarfe, die sich nach den Regelbedarfsstufen der Anlage zu § 28 ergeben, monatliche Regelsätze als Bedarf anzuerkennen; dies gilt nicht für Leistungsberechtigte, deren notwendiger Lebensunterhalt sich nach § 27b bestimmt. ²Der Regelsatz stellt einen monatlichen Pauschalbetrag zur Bestreitung des Regelbedarfs dar, über dessen Verwendung die Leistungsberechtigten eigenverantwortlich entscheiden; dabei haben sie das Eintreten unregelmäßig anfallender Bedarfe zu berücksichtigen. ³Besteht die Leistungsberechtigung für weniger als einen Monat, ist der Regelsatz anteilig als Bedarf anzuerkennen. ⁴Zur Deckung der Regelbedarfe von Personen, die in einer sonstigen Unterkunft oder vorübergehend nicht in einer Unterkunft untergebracht sind, sind als Bedarfe monatliche Regelsätze anzuerkennen, die sich in entsprechender Anwendung der Regelbedarfsstufen nach der Anlage zu § 28 ergeben.

(4) ¹Im Einzelfall wird der Regelsatz abweichend von der maßgebenden Regelbedarfsstufe festgesetzt (abweichende Regelsatzfestsetzung), wenn ein durch die Regelbedarfe abgedeckter Bedarf nicht nur einmalig, sondern für eine Dauer von voraussichtlich mehr als einem Monat

1. nachweisbar vollständig oder teilweise anderweitig gedeckt ist oder
2. unausweichlich in mehr als geringem Umfang oberhalb durchschnittlicher Bedarfe liegt, wie sie sich nach den bei der Ermittlung der Regelbedarfe zugrundeliegenden durchschnittlichen Verbrauchsausgaben ergeben, und die dadurch bedingten Mehraufwendungen begründbar nicht anderweitig ausgeglichen werden können.

²Bei einer abweichenden Regelsatzfestsetzung nach Satz 1 Nummer 1 sind für die monatlich ersparten Verbrauchsausgaben die sich nach § 5 Absatz 1 oder nach § 6 Absatz 1 des Regelbedarfs-Ermittlungsgesetzes für die jeweilige Abteilung ergebenden Beträge zugrunde zu legen. ³Beschränkt sich die anderweitige Bedarfsdeckung auf einzelne in die regelbedarfsrelevanten Verbrauchsausgaben je Abteilung eingegangenen Verbrauchspositionen, sind die regelbedarfsrelevanten Beträge zugrunde zu legen, auf denen die in § 5 Absatz 1 und § 6 Absatz 1 des Regelbedarfs-Ermittlungsgesetzes genannten Beträge für die einzelnen Abteilungen beruhen. ⁴Für Leistungsberechtigte, die nicht in einer Wohnung leben und deren Regelbedarf sich aus der Regelbedarfsstufe 2 der Anlage zu § 28 ergibt, ist Satz 1 Nummer 1 nicht anwendbar für Bedarfe, die durch einen Vertrag über die Überlassung von Wohnraum nach § 42a Absatz 5 Satz 4 Nummer 3 gedeckt werden.

(5) Sind minderjährige Leistungsberechtigte in einer anderen Familie, insbesondere in einer Pflegefamilie, oder bei anderen Personen als bei ihren Eltern oder einem

*Elternteil untergebracht, so wird in der Regel der individuelle Bedarf abweichend von den Regelsätzen in Höhe der tatsächlichen Kosten der Unterbringung festgesetzt, sofern die Kosten einen angemessenen Umfang nicht übersteigen.*

**Schrifttum:** *Busse/Pyzik,* Das Regelbedarfsdarlehen zur Sicherung des Lebensunterhalts, NDV 2009, 94 u. 136; *Dillmann,* 3. Dt. Sozialgerichtstag, S. 101; *Kötter,* Nach der Reform ist vor der Reform? – Die Neuregelung der Regelbedarfe im SGB II und SGB XII, info also 2011, 99; *Mrozynski,* Bedarfsdeckung durch laufende und einmalige Leistungen der Sozialhilfe, ZfS 1987, 289; *Neumann,* Menschenwürde und Existenzminimum, NVwZ 1995, 426; *Schwabe,* Einzelbeträge aus den Regelbedarfsstufen ab 1.1.2016 – Teil 1 – Leistungsfälle nach dem SGB II, dem SGB XII sowie nach § 2 AsylbLG, ZfZ 2016,1; *Wallerath,* Zur Dogmatik eines Rechts auf Sicherung des Existenzminimums, JZ 2008, 157. Ansonsten s. das Schrifttum zu § 28.

## Übersicht

# I. Bedeutung der Norm

## 1. Allgemeines

Die Vorschrift ist mit Wirkung zum 1.1.2011 aufgrund des Gesetzes zur Ermitt- **1** lung von Regelbedarfen und zur Änderung des Zweiten und Zwölften Buches Sozialgesetzbuch vom 24.3.2011 (BGBl. I S. 453) als Folge der Entscheidung des BVerfG vom 9.2.2010 – 1 BvL 1/09 u. a in Kraft getreten. Mit dem Gesetz vom 21.12.2015 sind zwei unbedeutende sprachliche Änderungen vorgenommen worden. Mit demselben Gesetz sind mit Wirkung vom 1.1.2016 die Regelungen der § 134 und § 139 aufgehoben, da sie keine Bedeutung mehr haben. Eine weitere

Änderung hat die Vorschrift durch Gesetz vom 22.12.2016 erhalten. In Abs. 4 sind die Sätze 3 bis 5 aufgehoben worden. Ferner wurde ein Absatz 5 angefügt.

2     Die erste Neufassung war von der Absicht des Gesetzgebers getragen, den vom BVerfG formulierten Vorgaben zur **Sicherung des Existenzminimums** als **Grundrecht** Rechnung zu tragen. Die vorherige Fassung beruht im Wesentlichen auf dem Referentenentwurf, der im Gesetzgebungsverfahren äußerst kontrovers 5 Monate lang diskutiert wurde (vgl. dazu *Hannes*, Gagel, § 20 Rn. 9). Dabei liegt die Bedeutung der Vorschrift nicht nur darin, dass die Festlegung der Regelsätze nach der Entscheidung des BVerfG statt im Wege der Verordnung durch Gesetz erfolgen muss (anders wohl *Gutzler*, jurisPK-SGB XII, § 27a Rn. 3). Dass die Regelsätze als Anlage in einem Bundesgesetz festgesetzt werden, ist in § 28 Abs. 1 geregelt.

3     Bemerkenswert ist, dass der eigentliche Impuls zur Neuregelung der Regelsätze trotz einer gesellschaftlichen Diskussion über die Ausgestaltung des Systems vor allem der SGB II Leistungen nicht von der Regierung bzw. der Regierungskoalition, sondern von der vom BVerfG ausgesprochenen Verpflichtung zur Neugestaltung ausgegangen ist (s. *Kötter*, info also 2011, 99). Die Sicherung des Existenzminimums bleibt, unabhängig von den mit der Festlegung verbundenen verfassungsrechtlichen Fragen, eine der **wesentlichen Verteilungs- und Gerechtigkeitsfragen** unserer gesellschaftlichen Ordnung. Im Sozialhilferecht geht es wie im SGB II um die Festlegung des Leistungsniveaus einer zu bekämpfenden Armut (vgl. *Becker*, Existenzsicherungsrecht, Kapitel 5 Rn. 2). Sie ist letztlich eine von der Rechtsprechung weitgehend akzeptierte, politische Entscheidung (vgl. etwa BSG 28.3.2013 – B 4 AS 12/12 R; LSG NRW 27.10.2016 – L 9 SO 447/16 B), die tragfähig begründbar sein muss.

## 2. Vergleich zum früheren Recht

4     Die eigentliche Vorgängervorschrift war § 12 BSHG, in dem die wesentlichen Merkmale der notwendigen Lebensunterhalts bestimmt waren. Ergänzend hierzu sah § 22 Abs. 1 S. 1 BSHG vor, dass die laufenden Leistungen zum Lebensunterhalt außerhalb von Anstalten, Heimen und gleichartigen Einrichtungen durch Regelsätze gewährt werden. Dieser Zusatz ist in der jetzigen Fassung der Vorschrift weggefallen. Der notwendige Lebensunterhalt in Einrichtungen ergibt sich aus § 27b SGB XII. Mit dem Inkrafttreten des SGB XII definierte § 28 Abs. 1 S. 1 wie § 22 BSHG, dass der gesamte Bedarf des notwendigen Lebensunterhalts außerhalb von Einrichtungen mit Ausnahme bestimmter Leistungen für die Schule und die Kosten der Unterkunft und bestimmter, im Einzeln genannter Sonderbedarfe nach Regelsätzen erbracht wird. Es ist aber im Verhältnis zum BSHG ein Bedeutungswandel (*Gutzler*, jurisPK-SGB XII, § 27a Rn. 5) eingetreten, weil das SGB XII auch für die sog. einmaligen Leistungen Pauschalierungen vorsieht.

## 3. Parallelvorschrift im SGB II

5     Durch Gesetz vom 22.12.2016 (BGBl. I S. 3159) ist die Parallelvorschrift des § 20 SGB II dem SGB XII in Absatz 1a angepasst worden. Der Regelbedarf des SGB II wird in Höhe der jeweiligen Regelbedarfsstufe entsprechend § 28 SGB XII in Verbindung mit dem Regelbedarfs-Ermittlungsgesetz und den §§ 28a und 40 SGB XII in Verbindung mit der für das jeweilige Jahr geltenden Regelbedarfsstufen-Fortschreibungsverordnung anerkannt. Soweit im SGB II auf einen Regelbedarf oder eine Regelbedarfsstufe verwiesen wird, ist auf den Betrag der für den jeweiligen Zeitraum geltenden Neuermittlung § 28 SGB XII in Verbindung mit dem Regelbedarfs-Ermittlungsgesetz abzustellen. Durch die Anpassungsvorschrift bleibt das SGB XII **Referenzgesetz** auch für den Regelbedarf des SGB II. Damit wird nicht mehr wie bisher der Regelbedarf im SGB II festgesetzt. Nicht einheitlich

ist die Terminologie in beiden Gesetzen. Das SGB XII unterscheidet den Regelbedarf und den Regelsatz, demgegenüber kennt das SGB II nur den Regelbedarf, der als monatlicher Pauschalbetrag berücksichtigt wird (*Mrozynski*, III. 6, Rn. 4; *Gutzler*, jurisPK-SGB XII, § 27a Rn. 6).

## II. Inhalt der Vorschrift

Nach der Gesetzesbegründung (BR-Drs. 661/10, 196) werden in § 27a SGB XII 6 Inhalte zur Abgrenzung des notwendigen Lebensunterhalts, dem Grundsatz der Gewährung von Regelsätzen sowie die abweichende Regelsatzfestsetzung aus den bisherigen §§ 27 und 28 übernommen und entsprechend den Vorgaben des BVerfG neu geordnet. Während die Vorschrift des § 27a SGB XII wie § 20 Abs. 1 SGB II normativ die Bedarfe festlegt, die zum grundrechtlich geschützten und zum soziokulturellen Existenzminimum gehören, setzen die nachfolgenden Vorschriften des § 28 SGB XII i. V. m. REBG den Bedarf in Regelsätzen und damit in Geldwerten um (vgl. auch *Roscher*, LPK-SGB XII, § 27a Rn. 20; *Gutzler*, jurisPK-SGB XII, § 27a Rn. 17). Systematisch füllt die Vorschrift die Einleitungsvorschrift des § 1 SGB XII aus. Prozessual wird aus der Vorschrift der Schluss gezogen, dass Teilaspekte selbständig einklagbar sind (*Gutzler*, jurisPK-SGB XII, § 27a Rn. 17 f.).

In **Absatz 1** wird abstrakt anhand einzelner Parameter der Inhalt des Bedarfs 7 umschrieben (Grundbedürfnisse der menschlichen Existenz: *Scheider*, Schellhorn/ Hohm/Scheider, SGB XII, § 27a Rn. 10). Zu den persönlichen Bedürfnissen des täglichen Lebens zählt auch in vertretbarem Umfang eine Teilhabe am sozialen und kulturellen Leben in der Gemeinschaft, was in besonderem Maß für Kinder und Jugendliche gilt. Anders als im bisherigen Recht und in § 20 SGB II soll der notwendige Lebensunterhalt für Schüler auch die erforderlichen Hilfen für den Schulbesuch umfassen.

In **Absatz 2** wird der neue Begriff des Regelbedarfs eingeführt. Es wird klarge- 8 stellt, dass der gesamte notwendige Lebensunterhalt nach Abs. 1 mit Ausnahme der Bedarfe nach dem Zweiten bis Vierten Abschnitt umfasst. Der Regelbedarf wird nach Bedarfsstufen unterteilt.

**Absatz 3** sieht vor, dass zur Deckung des Regelbedarfs monatliche Regelsätze 9 zu gewähren sind. Damit ist in das SGB XII in der Regel das **Monatsprinzip** eingeführt (s. auch *Falterbaum*, Hauck/Noftz, § 27a Rn. 52).

**Absatz 4** enthält wie nach bisherigem Recht eine Öffnungsklausel, die anders 10 als im SGB XII sowohl Reduzierungen als auch Erhöhungen zulässt.

Als Folgeänderung der Neufassung des Absatzes 4 ist ein neuer **Absatz 5** einge- 11 fügt worden. Die bislang in Absatz 4 S. 3 geregelte Bedarfsdeckung bei einer Unterbringung von Kindern in einer anderen Familie oder in einer Pflegefamilie ist nun in dem angefügten Absatz 5 geregelt worden.

## III. Gewährleistung des Existenzminimums (Abs. 1)

### 1. Leistungsspektrum

Die **Interventionsschwelle** für die Gewährleistung des Existenzminimums 12 umschreibt das Gesetz in sechs Gruppen, wobei diese nur beispielhaft sind, wie die Verwendung des Wortes insbesondere deutlich macht (*Gutzler*, jurisPK-SGB XII, § 27a Rn. 21). Hier konkretisieren sich die Vorgaben des § 1 SGB XII, wonach Aufgabe der Sozialhilfe ist, den Leistungsberechtigten die Führung eines Lebens zu ermöglichen, das der Würde des Menschen entspricht. Die Vorschrift ist nicht als Anspruch definiert (vgl. auch *Gutzler*, jurisPK-SGB XII, § 27a Rn. 31).

**13**  Der Anspruch wird über die **Regelsätze** gewährleistet, die durch ihre Pauschalie-rung dem Leistungsberechtigten ermöglichen, die Mittel **nach eigener Bestim-mung** zu verwenden. Mit der höheren Pauschalierung geht die Einschränkung der Einzelleistungen einher (vgl. auch *Siebel-Huffmann*, Existenzsicherungsrecht, Kapi-tel 9, Rn. 33; s. auch *Falterbaum*, Hauck/Noftz, § 27a Rn. 43). Darin liegt die Chance eines eigenverantwortlichen Ausgabeverhaltens, aber auch die Gefahr zu unwirtschaftlichen Ausgaben. Zur gesamtgesellschaftlichen Bedeutung der Regel-sätze als Referenzsystem s. *Falterbaum*, Hauck/Noftz, § 27a Rn. 44.

**14**  Zur Interventionsschwelle hat das BVerfG (BVerfG 23.7.2014 – 1 BvL 10/12 mit Anm. *Blüggel*, jurisPR–SozR 22/2014, Anm. 1) noch einmal ausgeführt, dass zur Gewährleistung eines menschenwürdigen Existenzminimums (Art. 1 Abs. 1 iVm Art. 20 Abs. 1 GG die Anforderungen des Grundgesetzes, tatsächlich für eine men-schwürdigen Existenz Sorge zu tragen, im Ergebnis nicht verfehlt werden dürfen und die die Höhe existenzsichernder Leistungen insgesamt tragfähig begründbar sein müssen. Dabei ist der Gesetzgeber von Verfassung wegen nicht gehindert, aus der grundsätzlich zulässigen statistischen Berechnung der Höhe existenzsichernder Leistungen nachträglich in Orientierung am Warenkorbmodell einzelnen Positionen herauszunehmen. Der existenzsichernde Regelbedarf muss jedoch entweder insge-samt so bemessen sein, dass Unterdeckungen intern ausgeglichen oder durch Anspa-ren gedeckt werden können, oder durch zusätzliche Leistungsansprüche zu sichern ist.

**15**  Der Begriff des **notwendigen Lebensunterhalts** ist ein unbestimmter Rechtsbe-griff, der dem Gesetzgeber, von der Rechtsprechung (BVerfG 9.2.2010 – 1 BvL 1/ 09 u. a.) akzeptiert, einen weiten Gestaltungsspielraum einräumt, der auch durch das bei der Festsetzung der Bedarfstufen verwendete **Statistikmodell** bestimmt wird. Der Gesetzgeber ist von Verfassung wegen nicht gehindert, aus der grundsätz-lich zulässigen statistischen Berechnung der Höhe existenzsichernder Leistungen nachträglich in Orientierung am Warenkorbmodell einzelne Positionen herauszu-nehmen. Der existenzsichernde Regelbedarf muss jedoch entweder insgesamt so bemessen sein, dass Unterdeckungen intern ausgeglichen oder durch Ansparen gedeckt werden können, oder durch zusätzliche Leistungsansprüche zu sichern ist. Als **unbestimmter Rechtsbegriff** ermöglicht er eine ständige Anpassung an die wirtschaftliche und gesellschaftliche Entwicklung (s. auch *Scheider*, Schellhorn/ Hohm/Scheider, SGB XII, § 27a Rn. 11).

**16**  Die in Satz 1 aufgezählten Bedarfstatbestände sind, was auch für die Beurteilung der Verfassungsgemäßheit der Regelsätze von Bedeutung ist, einmal im Zusammen-hang mit der in Absatz 4 geregelten Öffnungsklausel und den besonders aufgeführten Kosten der Gesundheit und der Alterssicherung zu sehen (ebenso *Gutzler*, jurisPK-SGB XII, § 27a Rn. 37). Bedarfsdeckung mit ihren unterschiedlichen tatsächlichen Facetten muss auch im Gesamtzusammenhang mit anderen Regelungen des SGB XII gesehen und bewertet werden.

**17**  Die **Pauschalierung** des **Regelbedarfs** hat den wesentlichen Vorteil der Verwal-tungsvereinfachung, was für die Bewältigung von Massenverfahren vorteilhaft ist, sie bewirkt allerdings zwangsläufig eine Deckelung der Leistungspflicht (*Gutzler*, jurisPK-SGB XII, § 27a Rn. 32). Sie geht bis auf im Gesetz geregelte Sonderbedarfe von einer tatsächlichen Bedarfsdeckung aus.

## 2. Ernährung

**18**  Die Vorschrift nennt grundlegende Bedarfstatbestände, die typischerweise durch die Regelsätze gedeckt werden. Dazu gehören Nahrungsmittel und Getränke. Ob damit nur eine vollwertige Ernährung, was immer auch unter diesem Begriff zu verstehen ist, gemeint sein kann (so aber *Gutzler*, jurisPK-SGB XII, § 27a Rn. 39; *Hannes*, Gagel, § 20 Rn. 18; *Roscher*, LPK-SGB XII, § 27a Rn. 5), ist nicht zwingend, da Ernährungsgewohnheiten auch die Höhe des Ernährungsbedarfs nach dem Statistikmodell mitbestimmen. Keineswegs ist im Streitfall ein ernährungsphysiologisches Gutachten einzuholen, weil die Höhe des Ernährungsbedarfs durch das RBEG bestimmt wird. Es kommt danach im Wesentlichen darauf, was die Ermittlungen für die nach dem Statistikmodell maßgebliche Referenzgruppe ergeben. Insoweit ist Überlegungen, es müsse durch Sachverständigengutachten ermittelt werden (kritisch dazu *Roscher*, LPK-SGB XII, § 27a Rn. 5), eine Absage zu erteilen (wie hier *Gutzler*, jurisPK-SGB XII, § 27a Rn. 41).

Über die sozialhilferechtliche Definition von Nahrung kann **nicht** auf Ernäh- **19** rungsgewohnheiten Sozialhilfe beziehender Schichten **eingewirkt** werden. Die Leistung für Nahrung muss auf jeden Fall, die Ausgaben umfassen, die eine Grundversorgung im physiologischen Sinn gewährleisten. Kranke, genesende, hinderte Menschen oder von einer Krankheit oder von einer Behinderung bedrohte Menschen erhalten einen Mehrbedarf für eine kostenaufwändige Ernährung (§ 30 Abs. 5 SGB XII). Das RBEG sieht in der Abteilung 01 (Nahrungsmittel, alkoholfreie Getränke) bei Erwachsenen für Ernährung einen Anteil von 100 % vor. Dass alkoholische Getränke nicht zu den Nahrungsmitteln zählen sollen, ist eine normative Entscheidung, die auch im Hinblick auf gesellschaftliche Realitäten nicht zwingend dazu führt, dass sie zu den Nahrungsmitteln als Existenzminimum gehören müssen (a. A. *Sartorius*, Existenzsicherungsrecht, Kapitel 24 Rn. 107 f.).

Abweichungen nach unten sind möglich, etwa wenn im Rahmen der Behin- **20** tenhilfe in einer WfbM ein kostenloses Mittagessen eingenommen wird (BSG 11.12.2007 – B 8/9b SO 21/06; vgl. auch *Gutzler*, jurisPK-SGB XII, § 27a Rn. 44).

Stehen größere Familienfeste an, sind die dafür erforderlichen Kosten durch **21** Ansparungen sicher zu stellen.

## 3. Kleidung

Durch die Pauschalierung von einmaligen Leistungen sind die Probleme des **22** BSHG weggefallen. Nach dem BSHG wurde Kleidung als einmalige Beihilfe gewährt, die von Tragezeiten abhängig gemacht wurde. Nach geltendem Recht sind die Anschaffung für Kleidung in die Bedarfe und der Regelsatzfestsetzung einbezogen **(Pauschalierungssystem)**. Der Kauf von gebrauchter Kleidung ist bei einem heute vorhandenen Angebot hinnehmbar (s. schon BVerwG 14.8.1998 – 5 B 106/98; *Gutzler*, jurisPK-SGB XII, § 27a Rn. 45). Der Regelsatz muss ein mehrmaliges Wechseln der Kleidung möglich machen. Regenbekleidung für Kinder ist vom Bedarf umfasst (HessLSG 31.5.2007 – L 9 AS 126/07 ER). **Einmalige Leistungen** sind jetzt nur noch in der Sondervorschrift des § 31 Abs. 1 Nr. 2 SGB XII ausgewiesen und in Ausnahmefällen nach Abs. 4 möglich. Damit sind Beihilfen für Hochzeitsbekleidung oder Trauerbekleidung bis auf Ausnahmefälle ausgeschlossen. Es entspricht zudem heutigen gesellschaftlichen Gepflogenheiten, dass man mit einer ordentlichen, sauberen Kleidung bei besonderen Gelegenheiten angemessen angezogen ist (s. auch *Falterbaum*, Hauck/Noftz, SGB XII, § 27a Rn. 49).

Die Verbrauchsausgaben für die Bekleidung von Kindern sind wurden bei Famili- **23** enhaushalten zu 100 % den Kindern zugerechnet (BR-Drs.541/16, S. 34).

Bei den Kosten für Chemische Reinigung wird darauf verwiesen, dass sie nicht **24** existenzsichern seien und diese Annahme durch das BVerfG gebilligt worden sei (BR-Drs. 541/16, S. 34).

## 4. Körperpflege

Hierzu gehören auch Reinigungsartikel, Mittel für die Haarpflege und zur Rasur **25** und Zahnpflege. Dazu zählen auch Dienstleistungen wie etwa Friseur (s. auch *Gutzler*, jurisPK-SGB XII, § 27a Rn. 48).

### 5. Hausrat

**26**    Es handelt sich um Einrichtungsgegenstände, die für eine geordnete Haushaltsführung zwingend erforderlich sind (*Gutzler*, jurisPK-SGB XII, § 27a Rn. 50). Dazu gehören eine einfache Ausstattung mit Möbeln, Küchengeräten (Herd, elektrische Geräte), Küchengeschirr (s. auch *Scheider*, Schellhorn/Hohm/Scheider, § 27a Rn. 27). Anders als im BSHG ist zwischen den einmaligen Leistungen und Regelbedarf nicht mehr zu unterscheiden. Es ist deshalb nicht möglich, auf die bisherige verwaltungsgerichtliche Rechtsprechung zurückzugreifen. Erstausstattungen werden nach § 31 Abs. 1 Nr. 1 SGB XII gewährt. Nach der Vorschrift muss für die Anschaffungen von Großgeräten angespart werden. Erstanschaffungen sind von einem Erhaltungs- und Ergänzungsbedarf abzugrenzen, der aus der Regelleistung zu bestreiten ist (zum erneuten Bedarf an Erstausstattung, BSG 27.9.2011 – B 4 AS 202/10 R; zur Anschaffung eines Jugendbettes, BSG 23.5.2013 – B 4 AS 79/12 R). Zur Erstausstattung einer Wohnung gem. § 31 Abs. 1 Nr. 1 SGB XII gehören nach einer sehr engen Auffassung des BSG (BSG 9.6.2011 – B 8 SO 3/10 R) nur solche Gegenstände, die der Befriedigung grundlegender Bedürfnisse wie Essen, Schlafen und Aufenthalt dienen, nicht aber bestimmten Freizeitbeschäftigungen oder Unterhaltungs- und Informationsbedürfnissen, wie z. B. ein Fernsehgerät (kritisch dazu *Roscher*, LPK-SGB XII, § 27a Rn. 9). Nach dieser Rspr. müsste die Anschaffung eines Fernsehgerätes durch die Inanspruchnahme eines Darlehens finanziert werden. Angesichts des Umstandes, dass ca. 95 % der Bevölkerung über ein Fernsehgerät verfügt, kann es kaum fraglich sein, dass es heute nach den herrschenden Lebensgewohnheiten zum Hausrat gehört. Die Frage nach der Anschaffung eines Fernsehgerätes stellt sich auch weniger bei der Frage des Regelbedarfs, sondern konkreter im Zusammenhang mit den Vorschriften einer Erstanschaffung (§ 31; s. auch *Sommer*, jurisPK-SozR 5/2015, Anm. 1).

### 6. Haushaltsenergie

**27**    Der Begriff der Haushaltsenergie ist neu in die Aufzählung aufgenommen worden. Es wird vermutet, dass es lediglich zu einer Anpassung zum SGB II kommen sollte (so z. B. *Gutzler*, jurisPK-SGB XII, § 27a Rn. 53).

**28**    Zur Abgrenzung der Warmwasserzubereitung, s. §§ 30 Abs. 7 und 35 Abs. 4 SGB XII.

### 7. Persönliche Bedürfnisse des täglichen Lebens

**29**    Dieser **unbestimmte Rechtsbegriff,** der als wenig greifbar angesehen wird (*Gutzler*, jurisPK-SGB XII, § 27a Rn. 60), eröffnet nicht die Beliebigkeit, als Auffangnorm verwendet zu werden. Hierzu ist noch einmal darauf hinzuweisen, dass es sich bei § 27a SGB XII **nicht um eine Anspruchsnorm** handelt. Zu den persönlichen Bedürfnissen des täglichen Lebens gehören die Unterrichtung durch Medien und Internetzugang, nicht mehr die Beschaffung von Tabakwaren. Dazu zählt beispielsweise auch der Kauf von Büchern und Gastgeschenken. Dieser spezielle Bedarf findet sich in den Abteilungen Verkehr, Nachrichtenübermittlung sowie andere Waren und Dienstleistungen (*Gutzler*, jurisPK-SGB XII, § 27a Rn. 62).

**30**    Auch wenn der Gesetzgeber in § 36 S. 3 SGB II die örtliche Zuständigkeit des Leistungsträgers für Minderjährige geregelt hat, die Leistungen für die Zeit der Ausübung des Umgangsrechts nur in einem kurzen Zeitraum beansprucht, existiert für die Kosten des **Umgangsrechts** (Fahrtkosten) immer noch keine, den Sozialhilfeträger entlastende Vorschrift. Nach wie vor wird nach der durch das BSG (BSG 7.11.2006 – B 7b AS 14/06 R; s. dazu auch *Gutzler*, jurisPK-SGB XII, § 27a Rn. 63; *Scheider*, Schellhorn/Hohm/Scheider, SGB XII, § 27a Rn. 35) eingeleiteten

Rechtsprechung in der Sache auf § 73 SGB XII verwiesen; s. auch BSG 4.6.2014 – B 14 AS 30/13 R; BSG 18.11.2014 – B 4 AS 4/14 R.

Besonders hervorgehoben wird, dass zu den persönlichen Bedürfnissen auch eine **31** **Teilhabe** am **sozialen** und **kulturellen Leben** in der Gemeinschaft zählt. Zum Grundrecht auf Gewährleistung eines menschenwürdigen Existenzminimums gehört neben dem physisch Notwendigen auch die Möglichkeit zur Pflege zwischenmenschlicher Beziehungen und zu einem Mindestmaß die Teilhabe am gesellschaftlichen Leben (BVerfG 9.2.2010 – 1 BvL 1/09 u. a.; s. auch *Münder*. Soziale Sicherheit, 2011, 87). Bei der finanziellen Ausfüllung des soziokulturellen Minimums billigt das BVerfG dem Gesetzgeber im Vergleich zum physischen Existenzminimum einen größeren Spielraum zu.

Der Begriff der Teilhabe am sozialen und kulturellen Leben wird für **Kinder 32** und **Jugendliche** durch die Formulierung „**in besonderem Maß**" betont. Die eigentliche Konkretisierung für Schüler erfolgt über die Vorschriften der §§ 34, 34a SGB XII. Sie umfassen Schulausflüge, Klassenfahrten und Schulbedarfe (§ 34 Abs. 2 SGB XII). Dazu zählen auch die Übernahme bestimmter Fahrkosten zur Schule (§ 34 Abs. 4 SGB XII), die Ermöglichung zur Teilnahme an der gemeinschaftlichen Mittagsverpflegung (§ 34 Abs. 6 SGB XII) und die in § 34 Abs. 7 SGB XII aufgeführten Leistungen.

## IV. Regelbedarf und Regelbedarfsstufen (Abs. 2)

Absatz 2 S. 1 definiert den Regelbedarf. Er umfasst den in Absatz umschriebenen **33** notwendigen Lebensunterhalt. Der Begriff ist eine neue Formulierung, die weder Vorbilder im BSHG noch im SGB XII alte Fassung hat. Nach der Gesetzesbegründung kennzeichnet der Begriff des Regelbedarfs die Bedarfsermittlung für die Höhe der pauschalierten monatlichen Leistung und dient der Abgrenzung gegenüber den übrigen zum notwendigen Lebensunterhalt zählenden Bedarfen (BR-Drs. 661/10, S. 196). Zum Regelbedarf korrespondieren die 6 Regelbedarfsstufen. Wegen der Einzelheiten s. § 28 SGB XII.

Satz 2 der Vorschrift gibt die Einteilung in Regelbedarfsstufen vor. Diese werden **34** in Regelbedarfsstufen unterteilt, die bei Kindern und Jugendlichen altersbedingte Unterschiede und bei erwachsenen Personen deren Anzahl im Haushalt sowie die Führung eines Haushalts berücksichtigen. Die Berechnung der regelbedarfsstufen ist in der Vorschrift nicht geregelt. Hierzu muss auf des RBEG verwiesen werden.

## V. Deckung der Regelbedarfe (Abs. 3)

In diesem Absatz sind ganz inhomogene Regelungen zusammengefasst. Gültig **35** bleibt Satz 1 bis zum 31.12.2019. Danach gilt eine Ausnahme für Personen, die in einer Einrichtung untergebracht sind.

In **Satz 1** wird noch einmal klarstellend (ebenso *Gutzler*, jurisPK-SGB XII, § 27a **36** Rn. 85) festgelegt, dass die Regelbedarfe, die sich durch die Regelbedarfsstufen ergeben, durch monatliche Regelsätze zu gewähren sind. Mehr als eine klarstellende Funktion kommt dieser Vorschrift nicht zu. Festgeschrieben wird das **Monatsprinzip,** was dogmatisch belegt, dass die Gewährung von Regelbedarfen durch einen **Verwaltungsakt** mit **Dauerwirkung** erfolgt.

**Absatz 3 S. 2** weist auf die **Eigenverantwortlichkeit** des Leistungsberechtigten **37** bei der Verwendung der Regelleistung hin. Weil Sozialhilfe keine Zwangsbetreuung ist, versteht es sich von selbst, dass der Leistungsberechtigte eigenverantwortlich über den Einsatz der Mittel verfügen kann. Die Stärkung der Selbstverantwortung des Leistungsberechtigten kann nur in dem durch den pauschal vorgegebenen Regelsatzfreiraum möglich sein.

**38**     Hervorgehoben wird auch die Verantwortung der Leistungsberechtigten, das Eintreten unregelmäßig anfallender Bedarfe zu berücksichtigen (**Ansparverpflich-
tung**). Rechtlich ist diese Zuweisung eindeutig, praktisch kann sie auf Schwierigkeiten stoßen, wenn Leistungsberechtigte nicht zu einem wirtschaftlichen sinnvollen
Ausgabeverhalten fähig sind und bei flankierenden finanziellen Mitteln für die Beratung durch Sozialarbeiter oder Schuldnerberater gespart wird. In der Regel bleiben
dem Leistungsberechtigten Kompensationsmöglichkeiten, wobei der Umfang und
damit ein möglicher erhöhter Bedarf auch nach der Rechtsprechung des BVerfG
unklar bleibt (*Falterbaum*, Hauck/Noftz, § 27a Rn. 48).

**39**     **Satz 3** erhält in der Neufassung einen Berechnungsmodus, falls die Leistungsberechtigung für weniger als einen Monat besteht. Der Bedarf ist dann anteilig anzuerkennen. Damit soll ausgeschlossen sein, dass eine abweichende Regelsatzfeststellung
nicht erforderlich ist. Als vom Monatsprinzip abweichende Festlegung mag sie Sinn
machen.

**40**     Mit dem angefügtem **Satz 4** will der Gesetzgeber klarstellen (BR-Drs. 541/16,
S. 87), dass für Personen, die in einer **sonstigen Unterkunft** nach § 42a Absatz 5
leben sowie für Personen, die **vorübergehend weder in Wohnungen noch in
anderen Unterkünften** leben, die Regelbedarfsstufen nach der Anlage zu § 28
entsprechend anzuwenden sind. Diese Regelung betrifft damit sowohl Personen,
die in einer Notunterkunft untergebracht sind, als auch Obdachlose, die zeitweise in
keiner Unterkunft nach § 42a leben. Insofern muss auf die dortige Kommentierung
verwiesen werden.

# VI. Ausnahmeregelung (Abs. 4)

## 1. Zweck der Vorschrift

**41**     Mit der Änderungsfassung verspricht sich der Gesetzgeber eine **bessere Präzisie-
rung** für die Festlegung von Sonderbedarfen (BR-Drs. 541/16, S. 87). Auch nach
der jetzigen Fassung eröffnet die Anwendung kein Ermessen (zur alten Fassung
schon *Gutzler*, jurisPK-SGB XII, § 27a Rn. 86). In der Sache geht es weniger um
eine Bedarfsfestsetzung, sondern eher um eine Leistungsbemessung (so schon zum
bisherigen Recht *Falterbaum*, Hauck/Noftz, SGB XIII; § 27a Rn. 61), was jetzt
durch die Sätze 2 und 3 besser zum Ausdruck kommt.

**42**     Regelsätze und der in der Vorschrift angesprochene Individualisierungsgrundsatz
stehen in einem Spannungsverhältnis. Die Typisierung und Pauschalierung ist erforderlich, um eine soziale Massenverwaltung zu bewältigen. Der Individualisierungsgrundsatz hingegen stellt auf die Besonderheiten des Einzelfalles ab. Mit der **Öffnungsklausel** des Abs. 4 S. 1 (s. auch zur a. F. *Mrozynski*, III. 6 Rn. 6a) haben die
Leistungsträger ein rechtliches Instrument an die Hand bekommen, um auf besondere Bedarfssituationen reagieren zu können, die als strukturelle Mängel der festgesetzten Regelbedarfe auftreten. Das ist jedoch nicht schon dann der Fall, wenn der
EVS eine bestimmte Bedarfssituation nicht erfasst hat (vgl. *Mrozynski*, III. 6 Rn. 6b).
Die Vorschrift spielt in der Abgrenzung zur Auffangvorschrift des § 73 eine wesentliche Rolle. Bevor diese subsidiäre Regelung in Erwägung gezogen werden kann, ist
zu prüfen, ob ein möglicher „Sonderbedarf" bereits nach Abs. 4 S. 1 zu bewilligen
ist. S. auch § 73.

**43**     Die fehlende Öffnungsklausel in den bis zum 31.12.2010 gültigen Fassung der
Vorschrift hat in der Entscheidung des BVerfG vom 9.2.2010 (BVerfG 9.2.2010 –
1 BvL 1/09 u. a.) bei der Beurteilung der Verfassungswidrigkeit der in diesem Gesetz
geregelten Leistungsansprüche eine mitausschlaggebende Rolle gespielt. Das BVerfG
hat eine Öffnungsklausel für die in Sonderfällen nicht erfassten Bedarfe oder solche,
die einen atypischen Umfang haben, als unverzichtbar für das menschenwürdige

Existenzminimum angesehen. Damit ist aus verfassungsrechtlichen Gründen sichergestellt, dass zwar der Lebensunterhalt im Wesentlichen durch die Regelsätze gedeckt wird, im Einzelfall darüberhinausgehende Bedarfe unter Beachtung des Individualisierungsgrundsatzes gedeckt werden (*Falterbaum*, Hauck/Noftz, SGB XII, § 27a Rn. 59). Einer Absage ist jedoch die Auffassung zu erteilen, die dem Individualisierungsgrundsatz eine vorrangige Bedeutung einräumt (so *Falterbaum*, Hauck/Noftz, SGB XII, § 27a Rn. 60). Dem verfassungsrechtlichen Anspruch auf das soziokulturelle Existenzminimum wird zuvörderst durch die Regelsätze Rechnung getragen und nur im Ausnahmefall ist auf die Öffnungsmöglichkeit des § 27a zurückzukommen. Die Leistungen durch den Regelsatz sind kein Grundrechtseingriff und gefährden, wenn sie sachgerecht ermittelt worden sind, nicht die existenzielle Grundsicherung. Nur im Ausnahmefall kann der Individualisierungsgrundsatz herangezogen werden. Weil auch das SGB XII eine Reihe von Anspruchsgrundlagen zur Bewilligung von Mehrbedarfen (§ 30) und einmaliger Beihilfen (§ 31) enthält, kann es in der Regel mit Hilfe des § 27a Abs. 4 nicht zu einer Aufstockung der Regelleistung kommen. Insofern unterscheiden sich die Mehrbedarfe von der Atypik der über § 27a Abs. 4 zu bewilligenden Leistungen nur dadurch, dass gesetzlich geregelt sind (vgl. auch *Mrozynski*, III.6 Rn. 1a).

Die Anwendungsschwierigkeit der Öffnungsklausel des § 27a besteht darin, dass **44** durch die Einführung eines Statistikmodells einzelne Positionen nur schwer aus der Bedarfsberechnung herausgelöst werden können (s. auch *Gutzler*, jurisPK-SGB XII, § 27a Rn. 86) und damit erhebliche Unsicherheiten bei der Anwendung auftreten. Mit den Sätzen 2 und 3 des Absatzes versucht der Gesetzgeber Anhaltspunkte zur Entscheidungsfindung zugeben, indem bei einer abweichenden Regelsatzfestlegung nach Satz 1 für die monatlich ersparten Verbrauchsausgaben die sich nach § 5 Abs. 1 oder nach § 6 Abs. 1 RBEG für die jeweilige Abteilung ergebenden Beträge zugrunde zu legen sind. Beschränkt sich die anderweitige Bedarfsdeckung (Satz 3) auf einzelne in die regelbedarfsrelevanten Verbrauchsausgaben je Abteilung eingegangenen Verbrauchspositionen, sind die regelsatzrelevanten Beträge zugrunde zu legen, auf denen die in § 5 Abs. 1 und § 6 RBEG genannten Beträge für die einzelnen Abteilungen beruhen. Im Übrigen ist bei jeder Prüfung auf die Regelsatzrelevanz zu achten (*Mrozynski*, III.6 Rn. 6b)

Aus Gründen einer **verbesserten Zitierbarkeit** sind die Anwendungsfälle in **45** zwei Nummern aufgeteilt. In Satz 1 Nr. 1 ist die abweichende Regelsatzfestsetzung bei teilweiser oder vollständiger anderweitiger Bedarfsdeckung geregelt. Nach Satz 1 Nr. 2 ergibt sich die Festsetzung eines gegenüber der maßgebenden Regelbedarfsstufe höheren Regelsatzes.

## 2. Abweichende Regelsatzfestsetzung

 **a) Kein einmaliger, kurzfristiger Bedarf.** Ganz grundsätzlich sind nach der **46** Neufassung ein zusätzlicher Bedarf dann ausgeschlossen werden, wenn es sich um einmalige oder um absehbar kurzfristige Bedarfe handelt (anders noch für die Vorgängerregelung, *Gutzler*, jurisPK-SGB XII, § 27a Rn. 86). Beide Merkmale sind für die Abgrenzung von entscheidender Bedeutung. Eine abweichende Festsetzung ist möglich, wenn der Bedarf nicht nur einmalig, sondern für die Dauer von voraussichtlich mehr als einem Monat auftritt. Die Behörde trifft nach dem Tatbestandsmerkmal „voraussichtlich" eine Prognose, die von den Sozialgerichten voll überprüfbar ist. Für Personen, die regelmäßig die Essenstafeln aufsuchen, bedeutet die Neufassung eine Absenkung des Regelsatzes.

 **b) Bedarfsdeckung (Nr. 1).** Die Regelsätze konnten nach der bisherigen Geset- **47** zesfassung abweichend festgesetzt werden, wenn der Bedarf nicht ganz oder teilweise anderweitig gedeckt war (Nr. 1). Auch jetzt gilt der **Nachranggrundsatz**. Abweichende Festsetzungen sind möglich, wenn ein durch die Regelbedarfe abgedeckter

Bedarf nicht nur einmalig, sondern für die Dauer von voraussichtlich mehr als einem Monat **nachweisbar vollständig** oder **teilweise anderweitig** gedeckt ist. Zu den bisherigen Tatbestandsmerkmalen ist die Prüfung der Nachweisbarkeit getreten. Soweit ein Leistungsberechtigter gem. §§ 82 ff. Einkommen und Vermögen einzusetzen haben, kann es nicht zur Anwendung des § 27a Abs. 4 kommen (vgl. *Gutzler*, jurisPK-SGB XII, § 27a Rn. 91). Wesentlich ist immer, dass es nicht zu sozialrechtlichen Doppelleistungen kommt.

48    Es muss sich um einen (zusätzlichen) Bedarf handeln, der erstens nicht von den Regelbedarfen abgedeckt ist, zweitens nicht nur einmalig, sondern auf Dauer voraussichtlich mehr als ein Monat besteht. In dem Merkmal voraussichtlich kommt zum Ausdruck, dass der Leistungsträger eine wertende, in die Zukunft gerichtete Prognoseentscheidung zu treffen hat, die gerichtlich voll überprüfbar ist. Besteht der Bedarf für mehr als einen Monat, setzt die Leistungsverpflichtung für den Zeitraum ein, für den die Bedarfslage besteht (BR-Drs. 541/16, S. 87). Sie beginnt mit dem Eintreten des Bedarfs.

49    Für einmalige, kurzfristige Bedarfslagen steht dann lediglich ein Darlehen nach § 37 zur Verfügung (s. dazu BR-Drs. 541/16, S. 21).

50    Verbrauchsausgaben der für Zahnersatz Materialkosten einschließlich Eigenanteil werden nicht über Zusatzleistungen erbracht, weil diese Leistungen über die Krankenversicherung oder die Hilfen zur Gesundheit abgedeckt sind (BR-Drs. 541/16, S. 38). Zu den Mehrkosten für Implantate s. LSG BW 27.5.2014 – L 2 SO 1625/13.

51    Nimmt ein Leistungsberechtigter die Sachleistungen Dritter etwa einer **Tafel** (s. dazu auch § 2) regelmäßig in Anspruch, muss nach der Neufassung davon ausgegangen werden, dass der Bedarf durch die Zuwendungen der Tafel zumindest teilweise gedeckt ist (zur bisherigen Rechtslage vgl. *Mrozynski*, III. 6 Rn. 6d). Denn die Sätze 2 und 3 nehmen Bezug auf § 5 bzw. § 6 RBEG und damit auf die Abteilung 1 (Nahrungsmittel etc.). Danach müsste der Sachwert vom Regelsatz abgezogen werden, weil nach den Vorstellungen des Gesetzgebers eine teilweise Bedarfsdeckung eingetreten ist und die zur Verfügung gestellten Sachwerte regelsatzrelevant sind (s. auch *Mrozynski*, III. 6 Rn. 6d). Ein Nachhalten durch die Sozialbehörde führt mit Sicherheit zu einem erheblichen Verwaltungsaufwand, so dass die Anrechnung der bei der Tafel erhaltenen Sachleistungen auf die Regelleistung praktisch nicht zu realisieren ist. Als Möglichkeit einer Nichtanrechnung nach bisherigem Recht ist vorschlagen worden, die durch die Tafel zugewendeten Verbrauchsgüter nach den Wertungen des § 84 Abs. 1 SGB XII anrechnungsfrei zu lassen (*Mrozynski*, III. 6. Rn. 7). Als weiteres Argument könnte man erwägen, dass es hierbei im eigentlichen Sinn nicht zu sozialhilferechtlichen Doppelleistungen kommt (a. A. Mrozynski, III. 6 Rn. 13a).

52    Damit ist aber noch nicht überzeugend ausgeschlossen, dass eine Bedarfsdeckung durch Privatzuwendung Dritter immer als Bedarfsdeckung ausgeschlossen ist. Schon die Begründung des Gesetzentwurfs zum SGB XII (vom 5.9.2003, BT-Drs. 15/1514, S. 59) enthält den Hinweis, dass nach § 28 Abs. 1 S. 2 SGB XII =§ 27a Abs. 4 n. F. ebenso wie nach § 22 BSHG die Regelsätze abweichend bemessen werden können. Ein Bedarf soll zB anderweitig gedeckt sein, wenn der Leistungsberechtigte einzelne Leistung von dritter Seite erhält, zB unentgeltliches Essen. Kostenlose Verpflegung ist nach der verwaltungsgerichtlichen Rspr. nicht als Einkommen iSd § 76 Abs. 1 BSHG, sondern als abweichender Bedarf nach § 22 Abs. 1 S. 2 BSHG behandelt worden, der dort zur Kürzung des sozialhilferechtlichen Regelsatzes berechtigte (BVerwG 30.12.1996 – 5 B 47/96; zur unentgeltlichen Kfz-Nutzung; BVerwG 16.1.1986 – 5 C 72/84; zum Ganzen BSG 16.8.2008 – B 14 AS 22/07 R: freie Verpflegung im Krankenhaus). Bei Überschneidungen mit den durch die Regelleistung pauschal sichergestellten Bedarfen ist der Regelsatz zu kürzen. Der Ansatz des BSG hat nur für das physische Existenzminimum eine gewisse Berechtigung (*Gutzler*, jurisPK-SGB XII, § 27a Rn. 98), wenn Überschneidungen feststellbar sind. Zu

Mietverträgen mit **Betreuungspauschale,** BSG 14.4.2011 – B 8 SO 19/09 R, NVwZ-RR 2011, 822; LSG BW 4.12.2014 – L 7 SO 2474/14.

Es reicht nicht aus, dass eine vollständige oder teilweise anderweitige Bedarfsde- **53** ckung behauptet wird. Sie muss auch **nachweisbar** sein. Das bedeutet, dass eine abweichende Festsetzung des Regelbedarfs zunächst einmal an den Verbrauchspositionen der EVS zu messen ist. Nur sie können der Maßstab für eine anderweitige Festsetzung sein. Das Merkmal der Nachweisbarkeit verdeutlicht, dass hypothetische Annahmen nicht ausreichen, um Regelsätze abzusenken (vgl. auch *Scheider*, Schellhorn/Hohm/Scheider, SGB XII, § 27a Rn. 49). Es bedeutet auch, dass in der Norm kein Ansatz für die Überprüfung der Regelsätze zu sehen ist. So können Leistungen nicht um bestimmte Tagessätze bei einem durchreisenden Wohnungslosen gekürzt werden (*Scheider*, Schellhorn/Hohm/Scheider, SGB XII, § 27a Rn. 49).

Die Abzüge für die Einnahme von Mitttagessen von Schülern (allgemein zur **54** Mittagessenproblematik: *Mrozynski*, III.6 Rn. 8) ist nunmehr ausdrücklich in § 9 RBEG geregelt.

### 3. Abweichung vom Regelsatz (Nr. 2)

Die frühere 2. Alternative hat in Nr. 2 eine andere Fassung erhalten. Zusätzliche **55** Leistungen müssen gewährt werden, wenn der Bedarf **unausweislich** (früher unabweisbar) **und in mehr als geringem Umfang oberhalb durchschnittlicher Bedarfe** liegt (statt bisher erheblich). Auch die jetzige enge Formulierung weist darauf hin, dass die Vorschrift kein Einfallstor für jegliche wünschenswerte, aber im SGB XII nicht geregelte Bedarfe sein kann (vgl. auch *Gutzler*, jurisPK-SGB XII, § 27a Rn. 66). Eine **Ausnahmeregelung** (so auch zum früheren Recht: LSG Nds-Brem 1.11.2011 – L 8 SO 308/11 B ER).

Aus dem Tatbestandsmerkmal „erheblich" ist im Hinblick auf die Regelsatzent- **56** scheidung des BVerfG (BVerfG 9.2.2010 – 1 BvL 1/09 u. a.) gefolgert worden, dass die zusätzliche Einschränkung durch dieses Merkmal jegliche Bedeutung verloren hat (so *Roscher*, LPK-SGB XII, § 27a Rn. 26). Dies wird aus dem Leitsatz des BVerfG gefolgert, in dem von einem über dem Festbetrag „hinausgehenden unabweisbaren, laufenden, nicht nur einmaligen besonderen Bedarf" gesprochen wird. Diese Auffassung verkürzt die Aussage des BVerfG, das gerade in diesem Zusammenhang unter derselben Rn. 208 den Begriff erheblich verwendet, was vor allem dazu dient, nur längerfristige und dauerhafte, nicht einmalig auftretende Sonderbedarfe zu erfassen.

In der Praxis bereitete der unbestimmte Rechtsbegriff der **Erheblichkeit** Schwie- **57** rigkeiten. In der Literatur wurde in Anlehnung an die den im BSHG verwendeten Begriff der geringfügigen Mittel ein Betrag von 15 EUR als Mindestgrenze angesehen (*Mrozynski*, III. 6 Rn. 6d; gegen derartige starre Grenzen: *Gutzler*, jurisPK-SGB XII, § 27a Rn. 101). Derartige Beträge konnten nur Faustformeln sein, von denen in den Fällen, in denen ein länger dauernder Bedarf oder eine erhebliche Belastung geltend gemacht wird, in einer wertenden Betrachtungsweise abgewichen werden musste. Das LSG NRW (LSG NRW 7.5.2012 – L 20 55/12; anderer, zutreffender Auffassung SG Schleswig 10.4.2013 – S 12 SO 176/11, Untersuchungshäftling) hat den Versuch unternommen, nach § 28 Abs. 1 S. 2 SGB XII (= § 27a Abs. 4 S. 1 SGB XII) im Rahmen einer vorläufigen Unterbringung nach § 126a StPO aus der Vorschrift einen Barbetrag abzuleiten und diesen auf 15 % des Regelsatzes eines Haushaltsvorstandes geschätzt. Im nachfolgenden Revisionsverfahren haben die Beteiligten sich verglichen, weil mangels nachvollziehbarer Datengrundlagen diese Schätzung zu unsicher war, die Gewährung eines Barbetrages wurde jedoch für erforderlich gehalten (zur Entwicklung im Revisionsverfahren, s. *Gutzler*, jurisPK-SGB XII, § 27a Rn. 86.2). Erheblich ist nach der Definition des BSG ein atypischer Bedarf dann, wenn er von einem durchschnittlichen Bedarf in nicht nur unbedeutendem wirtschaftlichen Umfang abweicht (vgl. BSG 1.12.2007 – B 8/9b

SO 21/06 R). Jede Prüfung ist kritisch daraufhin zu beleuchten, ob das Existenznotwendige ohne die Aufstockung der Regelleistung gefährdet wäre.

58    Mit dem Begriff „unabweisbar" ist wieder ein unbestimmter Rechtsbegriff eingeführt worden, dem ebenfalls die vom Rechtsanwender die praktische Genauigkeit fehlt. Ob die Besonderheit im Einzelfall eine abweichende, zu Lasten des Leistungsberechtigten gehende zulässt, hängt letztlich davon ab, ob eine Gesamtbetrachtung – Kompensationsüberlegungen einschließend- zu dem Ergebnis nötigt, dass die die Unabweisbarkeit ausmachenden Umstände wesentlichen Einfluss haben (BVerwG 16.1.1986 – 5 C 72/84; LSG Nds-Brem 1.11.2011 – L 8 SO 308/11 B ER).

59    Die Mehraufwendungen dürfen **begründbar** nicht anderweitig ausgeglichen werden. Mit diesem im Verhältnis zur bisherigen Vorschrift zusätzlichem Kriterium wird der Ausnahmecharakter der Mehrleistung deutlicher als bisher betont.

60    Aus verfassungskonformen Gründen hat das BSG (BSG 19.5.2009 – B 8 SO 8/08 R) es abgelehnt, bei einem Übergang von SGB II Leistungen zu solchen des SGB XII den Regelsatz für den Fall zu reduzieren, dass zwei Erwachsene zusammenleben und einer nach dem SGB II leistungsberechtigt ist. Es gebe keinen sachlichen Grund für eine Reduzierung.

61    Abgelehnt worden ist die Bewilligung von Fahrkosten in Höhe von 13,50 € zu einer ärztlichen Behandlung (HessLSG 26.6.2008 – L 7 SO 43/08 B ER). Für orthopädische Schuhe gab es nach der bisherigen Rechtslage keine zusätzlichen Leistungen. Diese Leistungen sind jetzt in § 31 Abs. 1 Nr. 3 SGB XII als einmalige Leistungen vorgesehen.

62    Beim **Umgangsrecht** des besuchsberechtigten Elternteils zum Wohnort des Kindes und dem dabei entstehenden Fahrtkosten werden diesen durch eine Erhöhung der Regelleistung BSG 4.6.2014 – B 14 AS 30/13 R; s. auch *Scheider*, Schellhorn/Hohm/Scheider, SGB XII, § 27a Rn. 70;) Zur Begründung wird auf die Entscheidung des BVerfG vom 9.2.2010 (1 BvL 1/09 ua) verwiesen. Umgekehrt gilt Gleiches, wenn Kinder ein Elternteil nicht nur sporadisch zu Besuchszwecken aufsuchen. Diese Kosten dürfen insgesamt nicht außer Verhältnis stehen. Denn es muss ein Ausgleich zwischen dem durch Art. 6 GG gewährleistetem Umgangsrecht und einer zumutbaren Bedarfsdeckung, die in kostengünstigen Aufwendungen zum Ausdruck kommt (BSG 18.11.2014 – B A AS 4/14 R; *Gutzler*, jurisPK-SGB XII, § 27a Rn. 101.2).

63    Aus Abs. 4 S. 1 Nr. 2 ergibt sich die Festsetzung eines Mehrbedarfs abweichend vom Regelsatz, hingegen nicht dessen Absenkung (BR–Drs. 541/16, S. 87).

64    Die Substantiierungslast und **Beweislast** für den überdurchschnittlichen Bedarf liegt bei Leistungsberechtigten, weil normativ bestimmt ist, dass die Regelleistung den Bedarf zu decken vermag (ebenso *Gutzler*, jurisPK-SGB XII, § 27a Rn. 108; zustimmend *Scheider*, Schellhorn/Hohm/Scheider, SGB XII, § 27a Rn. 66), umgekehrt liegt die Beweislast beim Leistungsträger, wenn er der Regelsatz abgesenkt werden soll.

## VII. Bedarf und Unterbringung (Abs. 5)

65    Der Absatz entspricht dem bisherigen § 28 Abs. 5 SGB XII bzw. dem § 27a Abs. 4 S. 3. Vorschriften zur Bedarfsdeckung bei Unterbringung in einer anderen Familie oder in einer Pflegefamilie sind jetzt in dem hinzugefügten Abs. 5 geregelt. Dieser Absatz betrifft im Wesentlichen **Kinder,** die nicht bei ihren Eltern oder einem Elternteil leben. Sind sie auf Hilfe zum Lebensunterhalt angewiesen, wird ihr laufender Bedarf in der Regel nicht durch Regelsatzleistungen nach § 28 Abs. 1 SGB XII gedeckt. Vielmehr soll auf die tatsächlichen Kosten der Unterbringung abgestellt werden, sofern sie angemessen sind. In der Praxis werden diese Kosten dennoch in **pauschaler Form** gewährt, und zwar in Anlehnung an die Leistungssätze nach § 39

SGB VIII (Vollzeitpflege im Rahmen der Hilfe zur Erziehung), wobei der Anteil für die Kosten der Erziehung herausgerechnet wird (s. dazu NDV 2002, 421).

Eine andere Frage ist es, ob der Anwendungsbereich der Vorschrift deshalb schon **66** erheblich eingeschränkt ist, weil die Unterbringung von Kindern außerhalb ihres Elternhauses in aller Regel über die Hilfe zur Erziehung nach § 33 SGB VIII erfolgt (s. dazu *Zeitler*, NDV, 1997, 249, 250; ZfF 1999, 131, 133; NDV 1998, 104, 108).

## VIII. Prozessuale Fragen

Eine Klage auf Bemessung des Regelbedarfs ist ein eigenständiger Streitgegenstand **67** (*Gutzler*, jurisPK-SGB XII, § 27a Rn. 120). Klagen auf zukünftige Leistungen sind nicht zulässig (BSG 24.3.2015 – B 8 SO 22/13 R).

## IX. Änderung zum 1.1.2020

Mit Gesetz vom 22.12.2016 hat der Gesetzgeber in der Vorschrift Änderungen **68** vorgenommen, die erst zum 1.1.2020 in Kraft treten.

Abs. 3 S. 1 wird neu gefasst: *Für Leistungsberechtigte nach diesem Kapitel sind zur* **69** *Deckung der Regelbedarfe, die sich nach den Regelbedarfsstufen der Anlage zu § 28 ergeben, monatliche Regelsätze als Bedarf anzuerkennen; dies gilt nicht für Leistungsberechtigte, deren notwendiger Lebensunterhalt sich nach § 27b bestimmt.*

Dem Absatz 4 wird folgender Satz angefügt: *Für Leistungsberechtigte, die nicht in* **70** *einer Wohnung leben und deren Regelbedarf sich aus der Regelbedarfsstufe 2 der Anlage zu § 28 ergibt, ist Satz 1 Nr. 1 nicht anwendbar für Bedarfe, die durch einen Vertrag über die Überlassung einer Wohnung nach § 42a Absatz 5 Satz 4 Nummer 3 gedeckt werden.*

## § 27b Notwendiger Lebensunterhalt in Einrichtungen

(1) ¹Der notwendige Lebensunterhalt in Einrichtungen umfasst den darin erbrachten sowie in stationären Einrichtungen zusätzlich den weiteren notwendigen Lebensunterhalt. ²Der notwendige Lebensunterhalt in stationären Einrichtungen entspricht dem Umfang der Leistungen der Grundsicherung nach § 42 Nummer 1, 2 und 4.

(2) ¹Der weitere notwendige Lebensunterhalt umfasst insbesondere Kleidung und einen angemessenen Barbetrag zur persönlichen Verfügung; § 31 Absatz 2 Satz 2 ist nicht anzuwenden. ²Leistungsberechtigte, die das 18. Lebensjahr vollendet haben, erhalten einen Barbetrag in Höhe von mindestens 27 vom Hundert der Regelbedarfsstufe 1 nach der Anlage zu § 28. ³Für Leistungsberechtigte, die das 18. Lebensjahr noch nicht vollendet haben, setzen die zuständigen Landesbehörden oder die von ihnen bestimmten Stellen für die in ihrem Bereich bestehenden Einrichtungen die Höhe des Barbetrages fest. ⁴Der Barbetrag wird gemindert, soweit dessen bestimmungsgemäße Verwendung durch oder für die Leistungsberechtigten nicht möglich ist.

*Änderung der Vorschrift:* § 27b eingef. mWv 1.1.2011 durch G v. 24.3.2011 (BGBl. I S. 453).

*Vergleichbare Vorschriften:* §§ 21 Abs. 3, 27 Abs. 3 BSHG.

**Schrifttum:** *Baur/Mertins,* Sozialhilfe nach dem SGB XII in stationären Einrichtungen, NDV 2006, 179; *Behrend,* Hilfe zum Lebensunterhalt in Einrichtungen, Sozialrecht aktuell 2012, 117; *Bress-Brandmaier/Gühlsdorf,* Einwendungen gegen den unterhaltsrechtlichen Bedarf bei der

Gewährung von Sozialhilfe in stationären Pflegeeinrichtungen, ZfF 2008, 158; *Fahlbusch,* § 35 SGB XII – Notwendiger und weiterer Lebensunterhalt in Einrichtungen und ein Barbetrag, RsDE 63, 51; *Kaune,* Der neue Kostenbeitrag von nicht getrennt lebenden Ehegatten in Pflegeeinrichtungen nach dem SGB XII, ZfF 2007, 241; *Meier,* Wer verwaltet den Barbetrag?, BtPrax 2011, 68; *Mrozynski,* Stationäre Unterbringung – Leistungsrechtliche Konsequenzen und Anrechnung von Einkommen, ZfSH/SGB 2009, 328; *Münder/Geiger,* Stationäre Einrichtungen im Sinne des § 7 Abs. 4 SGB II, SGb 2007, 1; *Niemann,* Sozialhilfe im Heim nach dem SGB XII – insbesondere für verheiratete Bewohner, NDV 2006, 35; *Niemann/Renn,* Der Barbetrag nach § 21 Abs. 3 BSHG, RsDE 10 (1990), 29; *Rausch/Stennert,* Gewährung des Mehrbedarfs in Einrichtungen, NDV 2013, 236; *Ruschmeier,* Pflegewohngeld und Sozialhilfe nach dem SGB XII in stationären Einrichtungen, DVP 2006, 107; *ders.,* Kostenbeitragsberechnung bei Einsatzgemeinschaften in der stationären Hilfe nach dem SGB XII – Divergenzen in der Umsetzung des § 92a SGB XII, ZfF 2008, 265; *Schoch,* Handbuch Barbetrag in der Sozialhilfe, 2. Aufl. 1999; *Schoch,* Barbetrag zur persönlichen Verfügung in stationären Einrichtungen, ZfF 2007, 97; *ders.,* Das sozialrechtliche Dreiecksverhältnis in der Sozialhilfe, Behindertenrecht 2008, 71; *Spranger,* Grundrechtliche Dimensionen des Barbetrags nach § 21 III BSHG, BtPrax 1999, 19; *Stein,* Gehört der Barbetrag in den Nachlass oder muss er zurückgezahlt werden? Seniorenrecht aktuell 2013, 42; *Wolthusen,* Der angemessene Barbetrag in stationären Einrichtungen der Sozialhilfe nach § 27b Abs. 2 SGB XII für Leistungsberechtigte bis zur Vollendung des 18. Lebensjahres, ZfF 2012, 121.

# I. Bedeutung der Norm

**1** Die Vorschrift von Abs. 1 hat **kein Vorbild im BSHG.** Der notwendige Lebensunterhalt in Einrichtungen wurde nach **§ 27 Abs. 3 BSHG** im Gegenteil der Hilfe in besonderen Lebenslagen zugeordnet. Abs. 2 entspricht weitgehend **§ 21 Abs. 3 BSHG.** Für das **SGB II** scheidet eine entsprechende Regelung aus, da es in diesem Leistungssystem keine Hilfe in Einrichtungen gibt (s. aber § 7 Abs. 4 SGB II und BSG 6.9.2007 – B 14/7b AS 16/07 R, FEVS 59, 305).

**2** Abs. 1 enthält eine wesentliche Änderung gegenüber der bisherigen Rechtslage nach **§ 27 Abs. 3 BSHG.** Die in Einrichtungen zu leistende Hilfe zum Lebensunterhalt zählt danach nicht mehr zur Hilfe in besonderen Lebenslagen bzw. heute zu den Leistungen nach § 19 Abs. 3, sondern gehört nunmehr zu den Leistungen nach dem Dritten Kapitel **„Hilfe zum Lebensunterhalt"** bzw. zum Viertel Kapitel (s. aber BSG 9.12.2008 – B 8/9b SO 10/07 R, FEVS 60, 517 – Mittagessen in Werkstatt für behinderte Menschen als Teil der Eingliederungshilfe, dazu Anm. *Schulz,* RdLH 2009, 66; ferner LSG Nds-Brem 24.9.2009 – L 8 SO 154/07, FEVS 61, 321 – Mittagessen in Tagesbildungsstätte; s. zum Lebensunterhalt in einer Einrichtung nach § 67 LSG BW 8.7.2015 – L 2 SO 4793/13). Die neue Zuordnung hat insofern erhebliche Auswirkungen, als nicht die Einkommensgrenzen nach § 85 eingreifen. Auch die Schutzvorschrift beim Einsatz des Vermögens nach § 90 Abs. 3 S. 2 kommt nicht zur Anwendung. Es gilt vielmehr insoweit § 19 Abs. 1 bzw. § 43. Durch das Änderungsgesetz vom 2.12.2006 ist nunmehr indes § 92a eingefügt worden, wonach von nicht getrenntlebenden Ehegatten und Lebenspartner der Einsatz eigener Mittel nur begrenzt verlangt wird. Hintergrund der Regelung ist, Hilfe in Einrichtungen möglichst nicht zu privilegieren, da der Grundsatz **„ambulant vor stationär"** unterstützt werden soll (vgl. § 13 Abs. 1 S. 3). Aus diesem Grund ist auch der zusätzliche **Barbetrag** des früheren § 21 Abs. 3 S. 4 BSHG entfallen (s. aber die Besitzstandregelung in § 133a und dazu BSG 11.12.2007 – B 8/9b SO 22/06 R, FEVS 59, 488 und BSG 26.8.2008 – B 8/9b SO 10/06 R, BSGE 60, 442).

**3** Zuvor war der Inhalt der Vorschrift in § 35 Abs. 1 und 2 geregelt. Die Vorschrift des § 27b wird allgemein als **sehr missglückt** angesehen (vgl. nur *Fahlbusch,* RsDE 63, 51, 57, 60; *Armborst,* LPK-SGB XII, § 27b Rn. 5).

Durch das Gesetz zur Ermittlung von Regelbedarfen und zur Änderung des 4
Zweiten und Zwölften Buches (Art. 3 Nr. 8) ist der frühere § 35 aufgehoben wor-
den. Die bisherigen Absätze 3 und 4 von § 35 sind nun in § 37 enthalten.
  Durch Art. 13 Nr. 9 Bundesteilhabegesetz wird § 27b zum 1.1.2020 geändert. **4a**
Dabei werden die zu gewährenden Leistungen konkreter umschrieben.

## II. Inhalt der Norm

### 1. Notwendiger Lebensunterhalt

Der Begriff der „Einrichtung" ist in § 13 definiert. Er umfasst stationäre und 5
teilstationäre Einrichtungen (s. auch § 75 Abs. 1 S. 1 und BSG 11.12.2007 – B 8/
9b SO 22/06 R; BSG 23.8.2013 – B 8 SO 14/12 R; BSG 5.6.2014 – B 4 AS 32/
13 R, FEVS 59, 488). Eine Justizvollzugsanstalt ist keine Einrichtung im Sinne der
Vorschrift (BayLSG 22.9.2008 – L 8 B 590/08 SO ER, FEVS 60, 479; zum Taschengeld für Häftlinge, s. *Groth*, info also 2006, 243; Taschengeld bei Unterbringung
nach § 126a StPO, LSG NRW 7.5.2012 – L 20 SO 55/12, ASR 2012, 194; das
Urteil hat sich in der Revisionsinstanz erledigt; s. Terminbericht v. 28.2.2013; zum
notwendigen Lebensunterhalt während eines Krankenhausaufenthalts s. BSG
2.12.2014 – B 14 AS 66/13 R). Alles was zu den Bedarfsgegenständen des notwendigen Lebensunterhalts zählt (§ 27a) und in Einrichtungen erbracht wird, ist von der
Vorschrift erfasst. Ferner wird – in Bezug auf die stationären Einrichtungen – der
„weitere notwendige Lebensunterhalt" genannt.
  Hinsichtlich des notwendigen Lebensunterhalts in **teilstationären** Einrichtungen 6
knüpft die Vorschrift lediglich daran an, was in der Einrichtung insoweit tatsächlich erbracht wird. Da dies ersichtlich nicht den gesamten notwendigen Lebensunterhalt
erfasst, kommt daneben noch Hilfe zum Lebensunterhalt außerhalb von Einrichtungen nach den allgemeinen Bestimmungen in Betracht (§§ 27a, 28).
  Große Schwierigkeiten bereitet die Ermittlung des notwendigen Lebensunterhalts 7
in **stationären** Einrichtungen. Insoweit nennt die Vorschrift in Absatz 1 S. 2 einen
allgemeinen Maßstab und daneben noch „weiteren notwendigen Lebensunterhalt",
wobei dieser in Absatz 2 umschrieben wird. Zunächst soll der notwendige Lebensunterhalt in stationären Einrichtungen dem Umfang der Leistungen nach § 42 Nr. 1,
2 und 4 entsprechen. Dabei ist § 42 Nr. 4 zum 1.7.2017 geändert worden (Art. 3a
Regelbedarfsermittlungsgesetz). In der Vorschrift wird auf den zur selben Zeit in
Kraft getretenen § 42a verwiesen. Diese Regelung hat in der Praxis zu unübersehba-
ren Schwierigkeiten geführt, da die Anknüpfung an die Leistungen nach § 42 nicht
mit dem Leistungserbringungsrecht nach §§ 75 ff. kompatibel ist. Die nach § 76
Abs. 2 vorgesehene Grundpauschale deckt einerseits nicht den gesamten notwendigen Lebensunterhalt ab, andererseits umfassen die Leistungen nach § 42 Nr. 1, 2
und 4 Bedarfsgegenstände, die in stationären Einrichtungen zumeist nicht relevant
sind. Der Versuch des Gesetzgebers, den in stationären Einrichtungen zu gewährenden notwendigen Lebensunterhalt ebenso wie außerhalb von Einrichtungen weitgehend zu pauschalieren, muss als gescheitert angesehen werden. Da der Bedarfsdeckungsgrundsatz der Sozialhilfe nicht aufgegeben werden darf, wird die Bezugnahme
auf die pauschalierten Leistungen nach § 42 auch nur als **„Rechengröße"** (so der
Deutsche Verein, Gutachten G 24/04; ebenso *Behrend,* in: jurisPK-SGB XII, § 27b
Rn 12, 23; BSG 23.8.2013 – B 8 SO 17/12 R; BSG 27.5.2017 – B 8 SO 23/15
R, BeckRS 2017, 119371; zur Berechnung der Eigenleistung s. BayLSG 24.9.2014 –
L 8 SO 26/14) verstanden, und nicht als Leistungsnorm für den individuellen
Anspruch des Leistungsberechtigten. Der Hinweis auf die Leistungen nach § 42 hat
lediglich den Sinn, die Höhe des Anteils des notwendigen Lebensunterhalts an den
in der Einrichtung erbrachten Leistungen zu bestimmen, um einen eventuellen

Kostenbeitrag des Hilfeempfängers zu ermitteln. In der Anlage zu § 28 ist bestimmt, dass die Regelbedarfsstufe 3 für eine erwachsene Person gilt, deren Lebensunterhalt sich nach § 27b bestimmt. Die Leistungsvereinbarungen mit den Leistungserbringern müssen jedenfalls bedarfsdeckend sein, sofern man nicht das Problem über die „weiteren" Leistungen nach Abs. 2 lösen kann. Zum Ausschluss eines Anspruchs auf Wohngeld für Personen in Heimunterbringung vgl. VGH Mannheim 23.6.2009 – 12 S 2854/07; VGH Hessen 9.3.2015 – 10 A 1084/14, NVwZ-RR 2009, 768). Die bisherigen Mietkosten, die bei einem plötzlichen Umzug in ein Heim noch anfallen können, sind noch nach § 42 Nr. 4 (bzw. nach § 35) zu übernehmen (LSG BW 22.12.2010 – L 2 SO 2078/10, Sozialrecht aktuell 2011, 115; zu den Umzugskosten in ein Heim s. BSG 15.11.2012 – B 8 SO 25/11 R, NDV-RD 2013, 59). Zu den Abgrenzungsproblemen zwischen der Grundsicherung nach dem SGB II und der Hilfe zum Lebensunterhalt bei einer Unterbringung nach den §§ 67, 68 SGB XII s. LSG BW 18.4.2012 – L 2 SO 5276/10; BayLSG 24.9.2014 – L 8 SO 26/14, Sozialrecht aktuell 2012, 260.

## 2. Weiterer notwendiger Lebensunterhalt (Abs. 2)

8   **a) Bekleidung.** Ausdrücklich werden als weiterer notwendiger Lebensunterhalt (nicht abschließend) die Bekleidung und der angemessene Barbetrag genannt. Die Regelung von § 31 Abs. 2 S. 2 ist dabei nicht anzuwenden, wobei ohnehin nicht erkennbar ist, welche Bedeutung den Leistungen nach § 31 in Einrichtungen zukommen könnte (zum Anspruch auf eine Abwesenheitspauschale s. BSG 28.10.2008 – B 8 SO 33/07 R, FEVS 60, 437).

9   Der Bedarf an **Bekleidung** ist vollen Umfangs zu berücksichtigen. Insoweit fällt auf, dass der (übliche) Bedarf an Bekleidung bereits von § 42 Nr. 1 erfasst ist. Da die Vorschrift nicht abschließend ist, können auch **andere Bedarfsgegenstände** des § 27a Abs. 1 erfasst werden, etwa Wäsche und Hausratsgegenstände, die nicht zu der Leistung der Einrichtung gehören, sowie Körperpflegemittel, soweit sie nicht aus dem Barbetrag zu decken sind (vgl. bezüglich des Bedarfsgegenstandes „Wäsche" BVerwG 8.7.2004 – 5 C 42/03, BVerwGE 121, 251). Eine Regelung für den „weiteren notwendigen Lebensunterhalt" war notwendig, da die Regelsätze, die nur außerhalb von Einrichtungen erbracht werden, den „weiteren notwendigen Lebensunterhalt" bereits abdecken und damit solche Bedarfsgegenstände nicht kennen: Der Barbetrag ist kein Auffangbecken für alle weiteren Bedarfe / BSG 23.8.2013 – B 8 SO 17/12 R (zur Übernahme zusätzlicher Kosten für Ernährung und Hygieneartikel s. BSG 23.8.2013 – B 8 SO 17/12 R; zu den Kosten des Umzugs in ein Heim s. BSG 15.11.2012 – B 8 SO 25/11 R). Zur Weihnachtsbeihilfe s. § 133b (BSG 11.12.2007 – B 8/9b SO 22/06 R, FEVS 59, 488). Die Vorschrift ist jetzt allerdings entfallen.

10  **b) Barbetrag.** Da laufenden Leistungen zum Lebensunterhalt nur außerhalb von Einrichtungen erbracht werden, ist für die Hilfe zum Lebensunterhalt während des Aufenthalts in Einrichtungen eine besondere Vorschrift notwendig. Während des Aufenthalts in einer Einrichtung wird der größte Teil des laufenden Lebensunterhalts durch die Einrichtung gedeckt, die ihre Kosten allerdings ganz oder teilweise von der betreuten Person oder über Pflegesätze von Sozialleistungsträgern übernommen erhält. Dennoch benötigt die betreute Person für die Befriedigung einiger laufender Bedürfnisse, die nicht von der Einrichtung gedeckt werden, einen gewissen Barbetrag. Dem dient die Vorschrift des Abs. 2 S. 2 (s. dazu BSG 11.12.2007 – B 8/9b SO 22/06 R; BSG 26.8.2008 – B 8/9b SO 10/06 R; BSG. 23.8.2013 – B 8 SO 17/12 R; BSG 13.2.2014 – B 8 SO 15/12 R; BSG 17.12.2014 – B 8 SO 18/13 R: zu der Bestandsschutzregelung des § 133a). Die gesetzliche Regelung sieht einen Mindestbetrag vor. Das heißt, dass im Einzelfall geprüft werden muss, ob der Betrag tatsächlich ausreicht. Wird der Barbetrag angespart, ist der Betrag als Vermögen zu behandeln, das grundsätzlich einsetzbar ist (OVG Lüneburg 28.4.2004 – 4 LA 595/

02, FEVS 56, 380). Der laufende Barbetrag ist für eine Prozessführung indes nicht einzusetzen (LSG Bln-Bbg 17.10.2006 – L 15 B 202/06 SO PKH). Bezieher von Blindenhilfe können nach § 72 Abs. 4 einen Barbetrag nicht beanspruchen (s. dazu OVG B-BR 29.9.2009 – 6 N 36.08). Mit dem Barbetrag wird auch ein Kommunikationsbedarf abgegolten (LSG RhPf 25.11.2010 – L 1 SO 23/10).

Für den Begriff der Einrichtung gilt § 13. Daher sind Untersuchungshaft- und **11** Strafvollstreckungsanstalten keine Einrichtungen i. S. d. Vorschrift (BVerwG 12.10.1993 – 5 C 38/92, FEVS 44, 225; s. aber LSG NRW 7.5.2012 – L 20 SO 55/12 zum Taschengeld bei Unterbringung nach § 126a StPO). Wenn der Untersuchungsgefangene zur Befriedigung persönlicher Bedürfnisse von der Justizverwaltung keine Leistungen erhält, greift subsidiär die Leistungspflicht der Sozialhilfe ein (vgl. SG Köln 19.5.2016 – S 39 SO 229/15). Der Barbetrag beträgt mindestens 27 vom Hundert der Regelbedarfsstufe 1 (d. h. ab Januar 2015 107,73 EUR, ab Januar 2016 109,08 EUR und ab Januar 2017 110,45 EUR). Er ist monatlich als Geldleistung dem Leistungsberechtigten zur Verfügung zu stellen (vgl. zur Verwaltung des Barbetrags als Hilfe zur Pflege OVG Bautzen 13.12.2005 – 4 B 886/04, RdLH 2006, 76; BGH 2.12 2010 – III ZR 19/10, NDV-RD 2011, 211 mit Anm. von *Stein*, FamFR 2011, 71). Da der Satz des Barbetrages ein Mindestsatz ist, kann es möglich sein, ihn bei entsprechendem Bedarf höher anzusetzen.

Durch das Gesetz vom 2.12.2004 (BGBl. I S. 3305) ist für Leistungsberechtigte, **12** die bisher den Zusatzbarbetrag nach § 21 Abs. 3 S. 4 BSHG bezogen haben, in § 133a eine Besitzstandsklausel geschaffen worden. Diese Regelung ist zeitlich nicht befristet. Bei einer längeren Unterbrechung des Leistungsbezugs dürfte der Zusatzbarbetrag allerdings entfallen (SächsLSG 15.6.2009 – L 7 SO 15/08, SAR 2009, 114). Die Stichtagsregelung in § 133a ist verfassungsrechtlich nicht zu beanstanden (BSG 26.8.2008 – B 8/9b SO 10/06 R; BSG 13.2.2014 – B 8 SO 15/12 R).

Für Personen, die das 18. Lebensjahr noch nicht vollendet haben, hat das Gesetz **13** keinen festen Satz für den Barbetrag bestimmt. Dies sollen die zuständigen Landesbehörden regeln. Zumeist wird insoweit auf die Beträge für ein Taschengeld im Jugendhilferecht (§ 39 Abs. 5 SGB VIII) zurückgegriffen (vgl. dazu die Empfehlungen des Deutschen Vereins, NDV 2005, 491). Diese Regelung ist in Anbetracht des Urteils des BVerfG (9.2.2010 – 1 BvL 1/09 u.a., NZS 2010, 270) verfassungsrechtlich bedenklich (s. auch *Wolthusen*, ZfF 2012, 121).

Die Vorschrift spricht von **„bestimmungsgemäßer Verwendung"** des Barbe- **14** trags, ohne indes zu umschreiben, wofür er zu verwenden ist. In erster Linie ist an die Befriedigung der **persönlichen Bedürfnisse** i. S. v. § 27a Abs. 1 gedacht. Daneben kommen indes noch andere Bedarfe in Betracht, die durch den Barbetrag zu decken sind. Dies folgt bereits daraus, dass der Barbetrag regelmäßig mindestens 27 v. H. des Eckregelsatzes beträgt und damit höher ist als der Anteil im Regelsatz, der für die Befriedigung persönlicher Bedürfnisse gedacht ist. Deshalb sind mit dem Barbetrag etwa auch Bedarfe aus den Bedarfsgruppen **„Körperpflege"**, **„Reinigung"** oder **„Instandsetzung von Kleidung"** zu decken. Als pauschale Leistung wirft der Barbetrag letztlich wiederum die Frage auf, welche Bedarfe mit ihm abgegolten sind und für welche demnach noch einmalige Leistungen für den weiteren notwendigen Lebensunterhalt in Betracht kommen. Diese Unsicherheit bringt jede pauschalierte Sozialhilfeleistung mit sich (zur Weihnachtsbeihilfe s. § 133b a. F.).

Die bestimmungsgemäße Verwendung des Barbetrags muss „durch" oder „für" **15** den Hilfeempfänger möglich sein. Das heißt, dass er selbst oder eine Person, die ihn betreut, das Geld für die Deckung der für den Barbetrag bestimmten Bedarfe zweckentsprechend einsetzen kann. Dies wird nur **ausnahmsweise zu verneinen** sein, etwa bei Personen, die auf Grund ihres Gesundheits- oder Geisteszustands entsprechende Bedarfe nicht (mehr) besitzen. Besteht noch die Möglichkeit einer begrenzten zweckentsprechenden Verwendung des Barbetrags, ist der Barbetrag entsprechend gekürzt zu gewähren. In geeigneten Fällen kommt auch eine Sachleistung anstelle des Barbetrags in Betracht. Wird der Barbetrag tatsächlich nicht bestimmungsgemäß verwendet, wäre dies aber möglich, darf der Barbetrag nicht gekürzt werden (BSG 26.8.2008 – B 8/9b SO 10/06 R, FEVS 60, 442).

## III. Verfahrensrecht und Rechtsschutz

**16**    Der Anspruch auf den Barbetrag kann isoliert geltend gemacht werden, da es sich um einen abtrennbaren Streitgegenstand handelt (BSG 26.8.2008 – B 8/9b SO 10/06 R, FEVS 60, 442). Der „zusätzliche Barbetrag" ist allerdings mit dem Barbetrag verbunden. Eine Einrichtung kann unter Umständen nach § 19 Abs. 6 einen eigenständigen Anspruch gegenüber dem Sozialhilfeträger auf Erstattung der erbrachten Leistungen besitzen.

### § 28 Ermittlung der Regelbedarfe

(1) **Liegen die Ergebnisse einer bundesweiten neuen Einkommens- und Verbrauchsstichprobe vor, wird die Höhe der Regelbedarfe in einem Bundesgesetz neu ermittelt.**

(2) [1]**Bei der Ermittlung der bundesdurchschnittlichen Regelbedarfsstufen nach § 27a Absatz 2 sind Stand und Entwicklung von Nettoeinkommen, Verbraucherverhalten und Lebenshaltungskosten zu berücksichtigen.** [2]**Grundlage hierfür sind die durch die Einkommens- und Verbrauchsstichprobe nachgewiesenen tatsächlichen Verbrauchsausgaben unterer Einkommensgruppen.**

(3) [1]**Für die Ermittlung der Regelbedarfsstufen beauftragt das Bundesministerium für Arbeit und Soziales das Statistische Bundesamt mit Sonderauswertungen, die auf der Grundlage einer neuen Einkommens- und Verbrauchsstichprobe vorzunehmen sind.** [2]**Sonderauswertungen zu den Verbrauchsausgaben von Haushalten unterer Einkommensgruppen sind zumindest für Haushalte (Referenzhaushalte) vorzunehmen, in denen nur eine erwachsene Person lebt (Einpersonenhaushalte), sowie für Haushalte, in denen Paare mit einem Kind leben (Familienhaushalte).** [3]**Dabei ist festzulegen, welche Haushalte, die Leistungen nach diesem Buch und dem Zweiten Buch beziehen, nicht als Referenzhaushalte zu berücksichtigen sind.** [4]**Für die Bestimmung des Anteils der Referenzhaushalte an den jeweiligen Haushalten der Sonderauswertungen ist ein für statistische Zwecke hinreichend großer Stichprobenumfang zu gewährleisten.**

(4) [1]**Die in Sonderauswertungen nach Absatz 3 ausgewiesenen Verbrauchsausgaben der Referenzhaushalte sind für die Ermittlung der Regelbedarfsstufen als regelbedarfsrelevant zu berücksichtigen, soweit sie zur Sicherung des Existenzminimums notwendig sind und eine einfache Lebensweise ermöglichen, wie sie einkommensschwache Haushalte aufweisen, die ihren Lebensunterhalt nicht ausschließlich aus Leistungen nach diesem oder dem Zweiten Buch bestreiten.** [2]**Nicht als regelbedarfsrelevant zu berücksichtigen sind Verbrauchsausgaben der Referenzhaushalte, wenn sie bei Leistungsberechtigten nach diesem Buch oder dem Zweiten Buch**
1. **durch bundes- oder landesgesetzliche Leistungsansprüche, die der Finanzierung einzelner Verbrauchspositionen der Sonderauswertungen dienen, abgedeckt sind und diese Leistungsansprüche kein anrechenbares Einkommen nach § 82 oder § 11 des Zweiten Buches darstellen oder**
2. **nicht anfallen, weil bundesweit in einheitlicher Höhe Vergünstigungen gelten.**

(5) [1]Die Summen der sich nach Absatz 4 ergebenden regelbedarfsrelevanten Verbrauchsausgaben der Referenzhaushalte sind Grundlage für die Prüfung der Regelbedarfsstufen, insbesondere für die Altersabgrenzungen bei Kindern und Jugendlichen. [2]Die nach Satz 1 für die Ermittlung der Regelbedarfsstufen zugrunde zu legenden Summen der regelbedarfsrelevanten Verbrauchsausgaben aus den Sonderauswertungen sind jeweils mit der sich nach § 28a Absatz 2 ergebenden Veränderungsrate entsprechend fortzuschreiben. [3]Die sich durch die Fortschreibung nach Satz 2 ergebenden Summenbeträge sind jeweils bis unter 0,50 Euro abzurunden sowie von 0,50 Euro an aufzurunden und ergeben die Regelbedarfsstufen (Anlage).

*Änderungen der Vorschrift: § 28 neu gef. mWv 1.1.2011 durch G v. 24.3.2011 (BGBl. I S. 453), Abs. 4 Sätze 3–5 aufgeh., Abs. 5 angef. mWv 1.1.2017 durch G v. 22.12.2016 (BGBl. I S. 3159).*

**Anlage (zu § 28)**

**Regelbedarfsstufen nach § 28 in Euro**

*zuletzt geänd. durch VO v. 8.11.2017 (BGBl. I S. 3767)*

| gültig ab | Regel-bedarfs-stufe 1 | Regel-bedarfs-stufe 2 | Regel-bedarfs-stufe 3 | Regel-bedarfs-stufe 4 | Regel-bedarfs-stufe 5 | Regel-bedarfs-stufe 6 |
|---|---|---|---|---|---|---|
| 1. Januar 2011 | 364 | 328 | 291 | 287 | 251 | 215 |
| 1. Januar 2012 | 374 | 337 | 299 | 287 | 251 | 219 |
| 1. Januar 2013 | 382 | 345 | 306 | 289 | 255 | 224 |
| 1. Januar 2014 | 391 | 353 | 313 | 296 | 261 | 229 |
| 1. Januar 2015 | 399 | 360 | 320 | 302 | 267 | 234 |
| 1. Januar 2016 | 404 | 364 | 324 | 306 | 270 | 237 |
| 1. Januar 2017 | 409 | 368 | 327 | 311 | 291 | 237 |
| 1. Januar 2018 | 416 | 374 | 332 | 316 | 296 | 240 |

**Regelbedarfsstufe 1:**

Für jede erwachsene Person, die in einer Wohnung nach § 42a Absatz 2 Satz 2 lebt und für die nicht Regelbedarfsstufe 2 gilt.

**Regelbedarfsstufe 2:**

Für jede erwachsene Person, wenn sie in einer Wohnung nach § 42a Absatz 2 Satz 2 mit einem Ehegatten oder Lebenspartner oder in eheähnlicher oder lebenspartnerschaftsähnlicher Gemeinschaft mit einem Partner zusammenlebt.

**Regelbedarfsstufe 3:**

Für eine erwachsene Person, deren notwendiger Lebensunterhalt sich nach § 27b bestimmt.

**Regelbedarfsstufe 4:**

Für eine Jugendliche oder einen Jugendlichen vom Beginn des 15. bis zur Vollendung des 18. Lebensjahres.

**Regelbedarfsstufe 5:**

Für ein Kind vom Beginn des siebten bis zur Vollendung des 14. Lebensjahres.

**Regelbedarfsstufe 6:**

Für ein Kind bis zur Vollendung des sechsten Lebensjahres.

*[Neufassung des Anhangs zum 1.1.2020]*

*Regelbedarfsstufe 1:*

*Für jede erwachsene Person, die in einer Wohnung nach § 42 Absatz 2 Satz 2 lebt und für die nicht die Regelbedarfsstufe 2 gilt.*

*Regelbedarfsstufe 2:*

*Für jede erwachsene Person, wenn sie*
*1. in einer Wohnung nach § 42a Absatz 2 Satz 2 mit einem Ehegatten oder Lebenspartner oder in eheähnlicher oder lebenspartnerschaftsähnlicher Gemeinschaft mit einem Partner zusammenlebt oder*
*2. nicht in einer Wohnung lebt, weil ihr allein oder mit einer weiteren Person ein persönlicher Wohnraum und mit weiteren Personen zusätzliche Räumlichkeiten nach § 42 Absatz 2 Satz 3 zur gemeinschaftlichen Nutzung überlassen sind.*

*Regelbedarfsstufe 3:*

*Für eine erwachsene Person, deren notwendiger Lebensunterhalt sich nach § 27b bestimmt.*

*Regelbedarfsstufe 4:*

*Für eine Jugendliche oder einen Jugendlichen vom Beginn des 15. Bis zur Vollendung des 18. Lebensjahres.*

*Regelbedarfsstufe 5:*

*Für ein Kind vom Beginn des siebten bis zur Vollendung des 14. Lebensjahres.*

*Regelbedarfsstufe 6:*

*Für ein Kind bis zur Vollendung des sechsten Lebensjahres.*

**Schrifttum:** *Becker,* Bedarfsgerechtigkeit und sozio-kulturelles Existenzminimum, 2006; *I. Becker,* Bedarfsbemessung bei Hartz IV, Friedrich-Ebert-Stiftung, 2010; *Bieresborn,* Arbeitslosengeld II vor dem BSG: Vereinbarkeit von Regelleistung und Grundgesetz, Sozialrecht aktuell 2007, 88; *Bieritz-Harder,* Menschenwürdig leben, 2001; *Burghardt,* Perspektiven einer Grundsicherung von Kindern, RsDE 2009 (Heft 68), 36; *Busse,* Der Rückzug der Legislative aus der Diskussion über das Existenzminimum, RsdE Heft 55, 5; *Cremer,* Armut in Deutschland, 2016; *von Danwitz,* Die Gestaltungsfreiheit des Verordnungsgebers, 1989; *DV,* Vorschläge zur Weiterentwicklung des Sozialhilferechts, 1991; *DV,* Neues Bedarfsmessungssystem für die Regelsätze in der Sozialhilfe, 1989; *Däubler,* Das Verbot der Ausgrenzung einzelner Bevölkerungsgruppen – Existenzminimum und Arbeitslosengeld II, NZS 2005, 225; *Greiser/Stölting,* Regelsatzverordnung reloaded? – Normenklarheit und Normenwahrheit bei der Festlegung der Regelbedarfsstufen im SGB XII, DVBl 2012, 1353; *Groth,* Entspricht die neue Regelleistung den Anforderungen des Bundesverfassungsgerichts?, NZS 2011, 571; *Groth/Luik/Siebel-Huffmann,* Das neue Grundsicherungsrecht, 2011; *Groth/Siebel-Huffmann,* Das neue SGB II, NJW 2011, 1105; *Grube,* Das geschlossene Regelsatzsystem und seine neuen („„Schlupf"-)-Löcher, NDV 1998, 298; *Hanz,* Wahrung des Lohnabstandsgebotes, NDV 1998, 253; *Höfling,* Die Unantastbarkeit der Menschenwürde-Annäherungen an einen schwierigen Verfassungsrechtssatz, JuS 1995, 857; *Höft-Demski*, Grundsicherung für Arbeitssuchende- Verfassungswidrigkeit der Höhe der Regelleistung bzw. des Sozialgeldes für minderjährige Kinder, NDV-RD 2009, 48; *Hörmann*, Rechtsprobleme des Grundrechts auf Gewährleistung eines menschenwürdigen Existenzminimums, 2013; *P. Klein*, Regelsatzentwicklung und Wandel der Lebensformen, NDV 1994, 88; *Könemann*, Der verfassungsunmittelbare Anspruch auf das Existenzminimum, 2005; *Kunkel*, Existenzsicherung in SGB II und SGB XII, ZfSH/SGB 2004, 198; *Lenze*, Hartz IV Regelsätze und gesellschaftliche Teilhabe, Friedrich-Ebert-Stiftung, 2010; *Martinez Soria*, Das Recht auf Sicherung des Existenzminimums, JZ 2005, 644; *Mogwitz*, Halten die neuen Regelsätze den verfassungsrechtlichen Anforderungen des Bundesverfassungsurteils vom 9.2.2010 stand?, ZfSH/SGB 2011, 323; *Neumann, V.*, Menschenwürde und Existenzminimum, NVwZ 1995, 426; *ders.*, Das medizinische Existenzminimum zwischen Sozialhilfe und Krankenversicherung, RsDE 2009 (Heft 68), 1; *Mrozynski*, Grundsicherung für Arbeitssuchende, im Alter, bei voller Erwerbsminderung und Sozialhilfereform, ZfSH/SGB 2004, 198; *Rixen*, Verfassungsgericht ersetzt Sozialpolitik?, sozialrecht aktuell, 2010, 81; *ders.*, Sind die neuen „Hartz-IV" Regelleistungen verfassungsgemäß?, Soziale Sicherheit, 2013, 73; *Rothkegel*, Strukturprinzipien des Sozialhilferechts, 2000; *ders.*, Bedarfsdeckung durch Sozialhilfe – ein Auslaufmodell, ZfSH/SGB 2003, 643; *ders.*, Sozialhilferecht im Umbruch, ZfSH/SGB 2004, 396; *ders.*, Ein Danaergeschenk für den Gesetzgeber, ZfSH/SGB 2010, 135; *ders.*, Hartz-IV-Regelsätze und gesellschaftliche Teilhabe- die geplanten Änderungen im Lichte des Urteils des Bundesverfassungsgerichts, ZfSH/SGB 2011, 69; *Rüfner*, Grundsätze einer verfassungsmäßigen und familiengerechten Ausgestaltung der Sozialhilfe-, Familienregelsätze und Lohnabstandsgebot, NDV 1993, 363; *ders.*, Verfassungs- und europarechtliche Grenzen bei der Umgestaltung des Sozialstaats im Bereich der Sozialhilfe, VSSR 1997, 59; *Schellhorn*, Neues Bedarfsmessungssystem für die Regelsätze der Sozialhilfe: Ableitung der Regelsätze für sonstige Haushaltsangehörige, NDV 1989, 157; *Schwabe*, Die Zusammensetzung des Regelsatzes im SGB XII bzw. der Regelleistung im SGB II in Höhe von 359 € ab dem 1.7.2009, ZfF 2009, 145; *Schulte*, Neues Bedarfsmessungssystem und aktuelle Regelsätze in der Sozialhilfe, NVwZ 1990, 1146; *Spellbrink*, Ist Hartz IV bedarfsdeckend? Verfassungsrechtliche Probleme der Regelleistung gemäß § 20 SGB II, Archiv für Wissenschaft und Praxis der sozialen Arbeit, 2008, 4; *ders.*, Verfassungsrechtliche Probleme im SGB II, 2011; *Spindler*, Allein der notwendige Anteil für Energiekosten im Regelsatz für 2006 war um ca. 150 Euro zu niedrig, info also 2007, 61; *Steffen*, Die Bonner BSHG-Reform, SozSich 1995, 250; *Tiburcy*, Wie setzen die Bundesländer die Regelsätze ab Juli 1985 fest?, NDV 1986, 47; *Tschoepe*, Neues Bedarfsbemessungssystem für die Regelsätze der Sozialhilfe nach § 22 BSHG, NDV 1987, 433; *Wahrendorf*, Bemessung von Regelsatz und Regelleistung zur Sicherung des Existenzminimums, 1. Dt. Sozialgerichtstag, 2008, 103; *ders.*, BVerfG 9.2.2010: Gibt es ein Grundrecht auf Sicherung des Existenzminimums?, sozialrecht aktuell 2010, 90; *Wallerath*, Zur Dogmatik eines Rechts auf Sicherung des Existenzminimums, JZ 2008, 157; *Weber*, Zur Dogmatik eines Rechts auf Sicherung des Existenzminimums, JZ 2008, 157; *Wenzel*, Zur Festsetzung der Regelsätze nach der Reform des Sozialhilferechts, NDV 1996, 301; *Wienand*, Anmerkung, NDV 1994, 157; *ders.*, Regelsatzfeststellung nach dem Statistikmodell auf dem gerichtlichen Prüfstand, NDV 1997, 196; *Wunder*, Die Zuzahlungspflicht nach §§ 61, 62 SGB V für Leistungsempfänger nach dem SGB II, SGb 2009, 79, *Vogt*, Das neue Grundrecht – was bringt es tatsächlich?, sozialrecht aktuell 2010, 93; *Voßkuhle*, Der Sozialstaat in der Rechtsprechung des Bundesverfassungsgerichts, SGb 2011, 181. S. auch die Literaturnachweise unter § 27a.

## Übersicht

# I. Bedeutung der Norm

## 1. BVerfG vom 9.2.2010

**1**　　**a) Inhalt der Entscheidung.** Der durch das Gesetz zur Ermittlung von Regelbedarfen und zur Änderung des Zweiten und Zwölften Buches Sozialgesetzbuch vom 24.3.2011 in das SGB XII geänderte § 28 SGB XII ist dem Vollzug des gesetzlichen Auftrags, den das BVerfG in seiner Entscheidung vom 9.2.2010 – 1 BvL 1/09 ua an die Legislative gegeben hat, geschuldet. Ob es sich bei dem Urteil des BVerfG wirklich um eine bahnbrechende Entscheidung handelt (so euphorisch *Spellbrink*, Verfassungsrechtliche Probleme, S. 9), bleibt fraglich, weil sich die Entscheidung innerhalb der von den Untergerichten entwickelten dogmatischen Strukturen bewegt.

**2**　　In der Entscheidung vom 9.2.2010 hat das BVerfG nicht festgestellt, dass das Arbeitslosengeld II und das Sozialgeld für Kinder unter 15 Jahren **nicht evident verfassungswidrig** ist (s. auch *Rothkegel*, ZfSH/SGB 2011, 69). Damit hat das BVerfG zum Grundverständnis von Transferleistungen des SGB II und des SGB XII etwas Wesentliches ausgesagt, was auch für die Bewertung der gesetzlichen Änderungen nicht bedeutungslos ist, aber in den der Neuregelung gegenüber kritischen Stimmen zu wenig beachtet wird. Die Aussage der nicht evidenten Verfassungswidrigkeit des bisher ermittelten Existenzminimums anhand der Regelsätze nach der Regelsatzverordnung öffnet dem Gesetzgeber für jegliche Neuregelung von ihm zu nutzende Gestaltungsspielräume, weil sich seine Festsetzungen oberhalb des evident Erforderlichen bewegen.

**3**　　Gleichzeitig hat sich das BVerfG deutlich für ein (nicht ganz) **neues Grundrecht** auf Gewährleistung eines menschenwürdigen Existenzminimums aus Art. 1 Abs. 1 GG in Verbindung mit dem Sozialstaatsprinzip des Art. 20 Abs. 1 GG entschieden (zustimmend *Lenze*, Hartz IV, S. 4; *Münder*, Soziale Sicherheit Extra, S. 65; kritisch *Rixen*, sozialrecht aktuell, 2010, 81 f.; *Wahrendorf*, sozialrecht aktuell, 2010, 91;

→ § 1). Dieses Grundrecht sichert jedem Hilfebedürftigen diejenigen materiellen Voraussetzungen zu, die für seine physische Existenz und für ein Mindestmaß an Teilhabe am gesellschaftlichen, kulturellen und politischen Leben unerlässlich sind. Dabei verwendet das BVerfG nicht den Begriff des ansonsten üblichen soziokulturellen Existenzminimums. Ob damit eine Neujustierung gemeint ist, bleibt unklar (*Rixen*, sozialrecht aktuell 2010, 83; vgl. auch *Rothkegel*, ZfSH/SGB 2010, 136).

Mit dem Bezug zu Art. 1 Abs. 1 GG wird die diesem Grundrecht besonders **4** innewohnende Grundrechtsposition betont und in der Verknüpfung mit dem Sozialstaatsgrundsatz wird unterstrichen, dass es sich bei diesem nicht nur um einen **rechtspolitischen Programmsatz,** sondern um **objektiv verbindliches Verfassungsrecht** handelt (dazu *Voßkuhle*, SGb 2011, 182). Das Sozialstaatsgebot des Art. 20 Abs. 1 GG erteilt nach den Vorstellungen des BVerfG dem Gesetzgeber den Auftrag, jedem ein menschenwürdiges **Existenzminimum** zu sichern, und hält den Gesetzgeber an, die soziale Wirklichkeit zeit- und realitätsgerecht im Hinblick auf die Gewährleistung des menschenwürdigen Existenzminimums zu erfassen, wobei dem Gesetzgeber ein Gestaltungsspielraum bei den unausweislichen Wertungen zukommt, die mit der Höhe des Existenzminimums verbunden sind.

Die Zuerkennung eines **gesetzgeberischen Gestaltungsspielraums** zugleich **5** verbunden mit einer **reduzierten gerichtlichen Kontrolldichte** (*Rothkegel*, ZfSH/ SGB 2010, 137) äußert sich auch in dem ersten Schritt einer Evidenzkontrolle und in einem zweiten Prüfungsschritt in einer Verfahrens- und nicht in einer Inhaltskontrolle. Das bedeutet die angemessene Nachvollziehbarkeit des Umfangs der gesetzlichen Leistungen auf der Grundlage **verlässlicher Zahlen** und ein **schlüssiges Berechnungsverfahren.** An den Gesetzgeber richtet das BVerfG das **Transparentgebot,** was besagt, dass dieser die eingesetzten Methoden und Berechnungsschritte nachvollziehbar offenlegt (vgl. dazu allgemein auch *Voßkuhle*, SGb 2011, 185).

Im existenziellen Kernbereich des menschlichen Existenzminimums besteht der **6** **prozedurale Kerngehalt des Grundrechts** (*Voßkuhle*, SGb 2011, 185) in der Überprüfung, ob verfahrensmäßige Vorgaben durch den Gesetzgeber eingehalten worden sind.

Die Entscheidung des BVerfG vom 9.2.2010 erfordert ein wesentlich anderes **7** Verständnis als das bisherige im Normengefüge der Regelleistungsfestsetzungen. Nach dem BSHG und dem bisherigen Recht des SGB XII wurden die Regelsätze vor allem nach der Regelsatzverordnung (RVS) festgelegt. Aus der Wesentlichkeit, das Existenzminimum zu sichern, ergibt sich die Forderung nach einer gesetzlichen Regelung. Insofern dürfte die Entscheidung für das Sozialrecht insgesamt von einiger Tragweite sein (*Rothkegel*, ZfSH/SGB 2010, 135).

Mit der Entscheidung des BVerfG vom 18.7.2012 – 1 BvL 10/10 ua (NVwZ **8** 2012, 1024 = SozR 4-3520 § 3 Nr. 2) zur evidenten Verfassungswidrigkeit des § 3 AsylbLG hat es ein weiteres Mal dem Grundrecht auf Existenzsicherung Konturen gegeben. Es wiederholt, dass Art. 1 Abs. 1 GG in Verbindung mit dem Sozialstaatsprinzip des Art. 20 Abs. 1 GG ein Grundrecht auf Gewährleistung eines menschenwürdigen Existenzminimums garantiert und knüpft damit an die bisherige Rechtsprechung an. Das Grundrecht steht deutschen und ausländischen Staatsangehörigen, die sich in der Bundesrepublik Deutschland aufhalten, gleichermaßen zu. Damit rundet das BVerfG den konsensualen, durch das Grundrecht der Menschenwürde bestimmten und vom Leistungsstaat einzuhaltenden Mindeststandard ab.

Wegen des prozeduralen Kerngehalts des Grundrechts auf Gewährung eines **9** menschlichen Existenzminimums kann nicht der Schluss gezogen werden, dass durch den Einsatz einer allein richtigen Berechnungsmethode die Höhe des existenznotwendigen Lebensunterhalts punktgenau ermittelt werden kann (BSG 12.7.2012 – B 14 AS 153/11 R).

Die Prüfung der Verfassungsgemäßheit der Regelsätze hat mit der Entscheidung **10** des BVerfG vom 23.7.2014 – 1 BvL 10/12 ua vorläufig einen Abschluss gefunden.

Das BVerfG hat entschieden, dass diese Neukonzeption der Regelbedarfe nach Maßgabe der Gründe mit dem Grundgesetz vereinbar ist. Das Grundrecht auf Gewährleistung eines menschenwürdigen Existenzminimums (Art. 1 Abs. 1 iVm Art. 20 Abs. 1 GG) werde derzeit noch nicht verletzt. Insgesamt sei die vom Gesetzgeber festgelegte Höhe der existenzsichernden Leistungen tragfähig begründbar. Soweit die tatsächliche Deckung existenzieller Bedarfe in Einzelpunkte zweifelhaft sei, habe der Gesetzgeber eine tragfähige Bemessung der Regelbedarfe bei ihrer anstehenden Neuermittlung auf der Grundlage der Einkommens- und Verbrauchsstichprobe 2013 sicherzustellen (zum Ganzen: *Blüggel*, jurisPR-SozR 22/2014 Anm.1). Das BVerfG (BVerfG 23.7.2014 – 1 BvL 10/12, 1 BvL 12/12, 1 BvL 12/12) hat die Neuregelung der Referenzgruppen zutreffend zurückhaltend überprüft und für noch verfassungsgemäß angesehen. Die Wahl der Referenzgruppe bei den Einpersonenhaushalten sei sachlich vertretbar. Die erfassten obersten Einkommen hätten ausweislich der Stellungnahme des Paritätischen Gesamtverbandes sogar höher gelegen als bei der EVS 2003. Die Einbeziehung der sog. **Aufstocker** in die Regelsatzberechnung ist aus verfassungsrechtlicher Sicht nicht zu beanstanden. Gleiches gilt für den Ausschluss der sog. **verdeckten Armen.**

11   **b) Kritik.** Mit dem Gedanken der **eingeschränkten richterlichen Kontrolle,** die auf dem Gesetzgeber zugebilligten Einschätzungsprärogative beruht, steht das BVerfG durchaus in der Tradition der bisherigen Rechtsprechung der Bundesgerichte (vgl. z. B. BVerwG 18.12.1996 – 5 C 47/95; BSG 27.1.2009 – B 14 AS 5/08 R mwN; s. auch *Wahrendorf*, 1. Dt. Sozialgerichtstag, S. 109). Nicht auszuschließen ist, dass mit der reduzierten Kontrolldichte „leichtfertig" (*Rothkegel*, ZfSH/SGB 2010, 143) umgegangen wird, weil die damit im Zusammenhang stehenden Begriffe der Vertretbarkeit und Offensichtlichkeit eine derartige Gefahr begründen können.

12   Mit der Zubilligung einer wertenden Einschätzung und der vom BVerfG nicht näher umschriebenen inhaltlichen Bestimmung des Existenzminimums bleiben die Maßstäbe für die Bestimmung eines menschenwürdigen Existenzminimums unklar (*Rothkegel*, ZfSH/SGB 2010, 145). Zwar liegt in dieser Unbestimmtheit eine gewisse Flexibilität für den Parlamentsgesetzgeber, weil damit die bestehenden Lebensbedingungen und die gesellschaftlichen Anschauungen über das für das zum menschlichen Dasein Erforderliche in die Festlegung der Regelsätze einfließen können. Missverstanden werden kann dieser Aspekt, weil dem Gesetzgeber unter Hinweis auf die gesellschaftlichen Anschauungen jenseits der Evidenzprüfung ein weiter Gestaltungsspielraum zugebilligt werden könnte (*Rothkegel*, ZfSH/SGB 2010, 145). Dass diese Sorge nicht unbegründet ist, zeigen Äußerungen zu § 20 SGB II a. F., zu dem die Auffassung vertreten wurde, dass die Festlegung durch den Gesetzgeber eine erhöhte Legitimation zukomme und die gerichtliche Kontrolldichte schwächer ausgeprägt sei (*Lenze*, Hartz IV, S. 9). Damit wird auch ein Stück des von Art. 1 Abs. 1 GG umfassten Schutzniveaus zurückgenommen (*Rixen*, sozialrecht aktuell 2010, 83), zumal mit dem Begriff des schlüssigen Konzepts ein weiterer schillernder Begriff eingeführt wird.

## 2. Die gesetzgeberische Umsetzung

13   Schon das BVerfG war in seiner ersten Entscheidung den sozialpolitischen Erwartungen vieler nicht gerecht geworden, die von dieser eine deutliche Anhebung der Regelleistungen erwartet hatten und im Vorfeld der gerichtlichen Entscheidung diese „hoch" gerechnet hatten (zum Problem des Existenzminimums und relativer Einkommensgrenze aus sozialwissenschaftlicher Sicht *Becker*, Existenzsicherungsrecht, Kapitel 5 Rn. 18 f.). Auch die Umsetzung der Entscheidung durch den Gesetzgeber enttäuschte diese Erwartungen noch einmal. Mit dem Gesetz zur Ermittlung von Regelbedarfen und zur Änderung des Zweiten und Zwölften

Buches Sozialgesetzbuch vom 24.3.2010 hat sich der Gesetzgeber der Aufgabe unterzogen, den an ihn durch das BVerfG gerichteten **Auftrag zu erfüllen** (BR-
Drs. 661/10, 74 f.; zum Gesetzgebungsverfahren s. auch *Siebel-Huffmann*, in: Groth
ua, Rn. 177 f.). Dieser ist der Auffassung, dass die Änderungen des SGB II und
des SGB XII zusammen mit den Änderungen des BKGG gewährleisten, dass auch
zukünftig grundsätzlich mit der vorrangigen Leistung des Kinderzuschlags zusammen mit dem Kindergeld und dem anteiligen Wohngeld der gesamte Bedarf der
Kinder gedeckt ist. Nach zutreffender Auffassung des BSG (BSG 12.7.2012 – B 14
AS 153/11 R) hat der Gesetzgeber den ihm zugewiesenen Auftrag erfüllt. Dieser
Auffassung hat sich nun auch der 4. Senat des BSG angeschlossen (BSG 28.3.2013 –
B 4 AS 12/12 R; s. auch BVerfG 23.7.2014 – 1 BvL 10/12 ua).

In der **Begründung** zum **Gesetzentwurf** geht die Bundesregierung davon aus, **14**
dass die verfassungskonforme Ermittlung der Regelbedarfe im Zweiten und Zwölften Buch erfolgt ist (BR-Drs. 661/10, 76 f.). Die ermittelten Regelbedarfe würden
die aus dem Sozialstaatsgebot des Art. 20 Abs. 1 GG herrührende Verpflichtung
erfüllen, die soziale Wirklichkeit zeit- und realitätsgerecht im Hinblick auf die
Gewährleistung des menschenwürdigen Existenzminimums abzubilden. Zur Ermittlung des Anspruchsumfangs werde das Verfahren für die Ermittlung der existenznotwendigen Aufwendungen auf der Grundlage verlässlicher Zahlen transparent, sach-
und realitätsgerecht sowie nachvollziehbar und schlüssig ausgestaltet. Zum Zustandekommen des Gesetzes s. die Einzelheiten bei *Siebel-Huffmann*, in: Groth ua,
Rn. 177 f.

Mit dem Gesetz zur Ermittlung von Regelbedarfen sowie zur Änderung des **15**
Zweiten und Zwölften Buches Sozialgesetzbuch vom 22.12.2016 (BGBl. I S. 3159)
kommt der Gesetzgeber seiner Aufgabe nach (§ 28 Abs. 1), bei Vorliegen einer
neuen Einkommens- und Verbraucherstichprobe die Regelsätze zu ermitteln (BR-
Drs. 541/16, 1).

## 3. Interventionsschwelle

§ 28 ist mit §§ 27a, 28b und 29 SGB XII eine der **prinzipalen Normen** des **16**
SGB XII (s. zu § 28 a. F. auch *Dauber*, Mergler/Zink, § 28 Rn. 2) und auch des
SGB II. Mit der Festsetzung der laufenden Leistungen für die Hilfe zum Lebensunterhalt in Form der Regelbedarfen wird das Sozialstaatsprinzip der Art. 20 GG auf
der Ebene des einfachen Rechts umgesetzt. § 28 konkretisiert ferner die in § 1 SGB I
und § 1 Satz 1 SGB XII festgelegten **Zielvorstellungen** des Sozialhilferechts. In
den genannten Normen ist festgelegt, dass es Aufgabe der Sozialhilfe ist, dem Empfänger der Hilfe die Führung eines Lebens zu ermöglichen, das der Würde des
Menschen entspricht. Damit geht auch das SGB XII auf die Entscheidung des
BVerwG (BVerwGE 1, 159, 161) zurück, die das Verständnis vom Zweck der Regelsätze maßgeblich beeinflusst hat. Das BVerwG berief sich in dieser Entscheidung
aus dem Jahr 1954 mehr aus einem sozialpolitischen Impetus heraus und weniger
aufgrund dogmatischer Deduktion auf die Menschenwürde, die es verbiete, den
Hilfebedürftigen lediglich als Gegenstand staatlichen Handelns zu betrachten, soweit
es um die Sicherung seines Daseins gehe. Damit war das Recht auf **Mindestsicherung** formuliert (vgl. *Neumann*, NVwZ 1995, 427). Das BVerfG nahm den Grundsatz von der Pflicht des Staates zur Sicherung der Mindestvoraussetzungen eines
menschenwürdigen Daseins auf (BVerfG 18.6.1975 – 1 BvL 4/74; vgl. dazu auch
*Neumann*, NVwZ 1995, 427; *Rothkegel*, Strukturprinzipien, S. 20; → § 1 Rn. 5)
und hat in seiner Entscheidung vom 9.2.2010 (BVerfG 9.2.2010 – 1 BvL 1/09
ua) das **Grundrecht auf Existenzsicherung** fortentwickelt (→ Rn. 1 f.; s. auch
*Fahlbusch*, NDV 2010, 101; *Wenner*, Soziale Sicherheit, 2010, 69). Auswirkungen
auf das Verständnis des Regelsatzsystems haben auch der Prozesskostenhilfebeschluss
(BVerfG 26.4.1988 – 1 BvL 84/86) und der Kindergeldbeschluss (BVerfG

29.5.1990 – 1 BvL 20/84 ua; vgl. dazu auch *Wenzel,* Fichtner/Wenzel, § 28 Rn. 1). Die Entscheidung zur Prozesskostenhilfe erklärte die Sicherung des Existenzminimums zur Aufgabe des Sozialhilferechts. Im Kindergeldbeschluss verpflichtete das BVerfG den Staat, dem mittellosen Bürger das Existenzminimum erforderlichenfalls durch Sozialhilfeleistungen zu sichern.

17     Zusammenfassend lässt sich feststellen, dass die Regelbedarfe Indikatoren für die sozialhilferechtliche **Interventionsschwelle** sind (*Rothkegel,* Strukturprinzipien, S. 22; → § 1 Rn. 7; *Dauber,* Mergler/Zink, § 28 Rn. 2), von der an ein staatliches Eingreifen zur Mindestsicherung eines menschenwürdigen Daseins von Verfassung wegen erforderlich ist. Als zentrale Parameter greifen die aus den Bedarfen abgeleiteten Regelsätze über das SGB XII hinaus und wirken sich auf das steuerliche Existenzminimum einer Familie (vgl. BVerfG 10.11.1998 – 2 BvL 42/93, NJW 1999, 246), auf das Zivilrecht bei der Bemessung des Selbstbehalts (vgl. dazu BVerfG 28.8.2001 – 1 BvR 1509/97, NJW-RR 2002, 73) oder im Zivilprozessrecht bei der Festlegung der Pfändungsfreigrenzen (§ 850c ZPO) aus. Hier erhält das Recht auf Existenzsicherung über den Leistungsanspruch hinausgehend die Bedeutung einer Schutzpflicht (vgl. *Martinez Soria,* JZ 2005, 652).

## 4. Typisierende Bedarfslagen

18     Typisiert **ermittelte Regelbedarfe** und **Individualisierungsgrundsatz** stehen in einem **Spannungsverhältnis** zueinander. Regelsätze sind an sich **typisierend,** eine differenzierende Einzelgerechtigkeit kann ein Transfersystem, wie es das SGB II und das SGB XII sind, nicht leisten (*Cremer,* S. 70). Dieses Spannungsverhältnis zwischen Individualisierung und Typisierung wird besonders deutlich bei Leistungsempfängern des SGB II und des SGB XII bezüglich der Zuzahlungspflicht nach §§ 61, 62 SGB V, die vom BSG (BSG 22.4.2008 – B 1 KR 10/07 R; s. auch schon LSG Nds-Brem 18.8.2005 – L 8 AS 205/05 ER; LSG BW 15.12.2006 – L 12 AS 4271/06; kritisch *Wunder,* SGb 2009, 79) gutgeheißen worden ist. Der aus § 9 Abs. 1 SGB XII folgende Individualisierungsgrundsatz dagegen stellt auf die Besonderheiten des Einzelfalles ab. Diese **Antinomie** ist hinzunehmen, um die **typisierend auftretenden Bedarfslagen** einer **sozialen Massenverwaltung** praktisch bewältigen zu können (BVerfG 9.2.2010 – 1 BvL 1/09 ua). Die Pauschalen der Regelsätze müssen diesen Bedarf hinreichend abbilden, dabei kann das individuelle Bedürfnis über den in Pauschalen ausgedrückten Bedarf hinausgehen (vgl. *Mrozynski,* V.2 Rn. 2; zur Kritik an den früheren Regelungen *Berlit,* info also 2003, 200; ähnlich *Rothkegel,* ZfSH/SGB 2004, 404).

19     Der **Individualisierungsgrundsatz** gerät allerdings auch bei der Anwendung des Regelbedarfssystems nicht ganz aus dem Blick. Den Besonderheiten des Einzelfalles ist durch eine **abweichende Bemessung** der Regelsätze, wie sie nach § 28 Abs. 1 Satz 2 SGB XII a. F. = § 27a Abs. 4 S. 1 SGB XII n. F. vorgesehen ist, ausreichend Rechnung zu tragen (s. die kritischen Bemerkungen von *Gutzler,* jurisPK, § 27a Rn. 86.1). Insoweit bestand bisher in diesem Punkte ein grundsätzlicher, die Schwäche des SGB II ausmachender Unterschied zu den Regelungen des SGB II, was das BVerfG in seiner Entscheidung vom 9.2.2010 zu der Forderung veranlasst hat, dass der Gesetzgeber für einen über die Typisierung hinausgehenden Bedarf einen zusätzlichen Leistungsanspruch einräumen muss. Die wesentliche Funktion des Regelsatzsystems besteht nicht in der Fiktion einer im Einzelfall gewährleisteten Bedarfsdeckung (s. dazu *Rothkegel,* ZfSH/SGB 2003, 644), sondern in einer **Bedarfsvermutung,** die nach bisherigem Recht demjenigen die Darlegungs- und Beweislast auflegte, der einen individuellen, über die Typisierung des Regelsatzsystems hinausgehenden Bedarf geltend macht (s. dazu schon *Giese,* ZFSH/SGB 1987, 512).

## 5. Vergleich mit dem BSHG

Die Vorschrift entspricht vergleichsweise dem § 22 BSHG. Eine Konkordanz lässt **20**
sich nicht richtig feststellen, weil sich das Grundverständnis bei der Ermittlung der
Bedarfe völlig geändert hat. Inhaltlich hat es sich der neuen Konzeption des SGB XII
angepasst. Das bisherige Recht ging von einer systematischen Unterteilung von
laufenden Leistungen und einmaligen Beihilfen aus. Die laufenden Leistungen wurden nach Regelsätzen gewährt, die einmaligen Leistungen für Bekleidung, Wäsche,
Schuhe, Hausrat oder besondere Anlässe waren jeweils einzeln zu bewilligen. Ohne
die abschließende Evaluierung abzuwarten, die mit der Einführung auf Grund des
§ 101a BSHG eingeführten Pauschalierungssystems verbunden war, hat der Gesetzgeber bereits mit der ersten Fassung des SGB XII **die Systematik der Bedarfe
neu** geordnet (s. dazu auch *Mrozynski*, ZfSH/SGB 2004, 199; *Rothkegel*, ZfSH/
SGB 2004, 404). Die Zwischenergebnisse aus den Modellvorhaben hatten ihm
schon ausgereicht, um das Regelsatzsystem hinsichtlich der einmaligen Leistungen
umzustellen (s. BT-Drs. 15/1514, 59). Im Gegensatz zu den durch die im SGB XII
vorgenommenen Festlegungen und der damit verbindlichen Faktizität steht, dass
§ 101a BSHG weiterhin bis zum 1.7.2005 gültig bleiben sollte. Mit der konzeptio-
nellen Änderung der Leistungssystematik versprach sich der Gesetzgeber zugleich
eine Minderung des mit der Bewilligung von einmaligen Leistungen verbundenen
Verwaltungsaufwands und unausgesprochen einen Einspareffekt zulasten der Leistungsberechtigten. Die besondere Betonung pauschalierender Hilfen ökonomisiert
den Sektor der Hilfe zum Lebensunterhalt. Der Leistungsberechtigte ist gehalten,
die ihm zur Verfügung gestellte Sozialhilfe ökonomisch möglichst nutzbringend
einzusetzen. Er hat für einmalige Bedarfe Rücklagen zu bilden **(Ansparprinzip)**.
Der Anspruch des Gesetzgebers, damit ein möglichst selbstständiges und selbstbestimmtes Leben des Leistungsberechtigen zu unterstützen (BT-Drs. 15/1514, 14),
lässt sich nur erfüllen, wenn die Regelbedarfe, die an die Stelle des Begriffs Regelsatz
getreten sind, in ihrer jetzigen Form tatsächlich die Mindestvoraussetzungen eines
menschenwürdigen Lebens auskömmlich gewährleisten (zweifelnd: *Rothkegel*,
ZfSH/SGB 2010, 70 f.; wie hier *Siebel-Huffmann*, Existenzsicherung, Kapitel 9
Rn. 36).

## 6. Vergleich mit dem SGB II

Schon durch den Verweis in § 20 Abs. 1a SGB II bleibt das SGB XII das **Refe- 21
renzsystem** für die Ermittlung der Bedarfe. Somit hat sich im Verhältnis zu § 28
SGB XII a. F. und § 20 SGB II a. F. nicht geändert. Sprachlich hat sich eine Anpassung vollzogen, weil beide Vorschriften den Begriff des Regelbedarfs verwenden,
während die Vorgängerregelungen noch die Begriffe Regelleistung und Regelsatz
verwendeten.

Die Festlegung der Regelleistung im SGB II der vorherigen Fassung wurde im **22**
Allgemeinen als besser demokratisch legitimiert angesehen, weil sie anders als in
§ 28 Abs. 2 SGB XII a. F. für den Regelsatz in Form eines Gesetzes und nicht
in Form einer Verordnung erfolgte. Dieser Unterschied ist in Verwirklichung der
Vorgaben des BVerfG für das SGB XII aufgegeben worden. Für beide Gesetze werden die Regelbedarfe durch ein **Parlamentsgesetz** festgesetzt. Einen wesentlichen
Unterschied zwischen beiden Gesetzen gibt es noch. Nach § 29 Abs. 3 SGB XII
können die Länder die Träger der Sozialhilfe ermächtigen, auf der Grundlage des
§ 29 Abs. 2 SGB XII festgesetzten Mindestregelsätzen regionale Regelsätze festzusetzen.

Der Regelbedarf beider Gesetze dient der Sicherung des Lebensunterhalts. **23**
Bedarfe mit spezifischen Zwecksetzungen wie Mehrbedarfe oder die Kosten der
Unterkunft werden zusätzlich gewährt. Mit dem Regelbedarf sollen nach beiden

Gesetzen auch die unregelmäßig anfallenden Ausgaben bestritten werden (*Siebel-Huffman*, in: Groth ua, Rn. 196).

**24** Durch ihre Typisierung haben beide Gesetze die **Vermutung der Bedarfsdeckung** des jeweiligen Regelbedarfs für sich, sodass das SGB XII auf dieser Leistungsebene nicht ergänzend herangezogen werden kann. Wie in § 27a Abs. 4 SGB XII besteht nun auch im SGB II die Möglichkeit, einen nach den Umständen des Einzelfalls unabweisbaren Bedarf darlehensweise zu decken (§ 24 Abs. 1 S. 1 SGB II). Ob man hier schon von einer Rückkehr zum Individualisierungsgrundsatz sprechen sollte (so aber *Lenze*, Hartz IV, S. 15), erscheint eher fraglich. Entsprechend den Vorgaben des BVerfG verlangt die Menschenwürde, dass das Existenzminimum sichergestellt werden muss. Damit wird die das SGB II an sich bestimmende Typisierung und Pauschalierung, die einen Verzicht auf Individualisierung darstellen, nur in einem engen Rahmen aufgehoben (s. auch *Mrozinsky*, II. 8 Rn. 2).

**25** Das LSG BW (LSG BW 10.6.2011 – L 12 AS 1077/11; zum PKH Verfahren s. auch BayLSG 27.5.2011 – L 7 AS 342/11 B PKH) hatte in einem ersten Urteil zur Verfassungsgemäßheit des § 20 SGB II Stellung genommen und die Auffassung vertreten, dass die aufgrund des Urteils vom 9.2.2010 notwendige Neuregelung der existenzsichernden Leistungen der Grundsicherung für Arbeitssuchende nicht zu beanstanden ist (s. auch SG Marburg 10.1.2012 – S 9 SO 90/11).

**26** Die tragenden Gründe der Entscheidung sind, dass der Gesetzgeber das Ziel, ein menschenwürdiges Existenzminimum zu gewährleisten, zutreffend definiert habe. Anderen von der verfassungsgerichtlichen Garantie des Existenzminimums umfassten Bedarfslagen trage das SGB II durch weitere Ansprüche und Leistungen (Absicherung vor Risiken der Krankheit, angemessene, Kosten der Unterkunft, neben dem Regelbedarf die Berücksichtigung individueller Bedarfe nach § 24 SGB II) Rechnung. Der Gesetzgeber habe sich bei der Ermittlung der Regelbedarfe auf ein gesetzlich geregeltes Verfahren gestützt, das geeignet sei, die zur Sicherung eines menschenwürdigen Existenzminimums notwendigen Leistungen realitätsgerecht zu bemessen. Bei der Bestimmung der Höhe des Regelbedarfs habe er valide Zahlen zugrunde gelegt.

**27** Trotz der Vorlage des SG Berlin an das BVerfG hat das BSG in seinem Urteil vom 12.7.2012 (BSG 12.7.2010 – B 14 AS 153/11 R) die Entscheidung des LSG BW im Ergebnis bestätigt. Die dagegen eingelegte Verfassungsbeschwerde ist vom BVerfG „in aller Stille" (*Rixen*, Soziale Sicherheit 2013, 73) nicht zur Entscheidung angenommen worden (BVerfG 20.11.2012 – 1 BvR 2203/12). Das BSG hat festgestellt, dass der Gesetzgeber den ihm zugewiesenen Auftrag, das Grundrecht auf ein menschenwürdiges Existenzminimum zu gewährleisten, erfüllt hat. Die Festsetzung der Regelsätze bleibt ein kompliziertes Problem, das mehr sozialpolitisch und weniger durch das BVerfG gelöst werden muss (*Rixen*, Soziale Sicherheit 2013, 75) und bei dem „Faktenhuberei" (*Ebsen,* zitiert nach *Rixen,* Soziale Sicherheit 2013, 76 Fn. 42) auch zu keinem rationalen Ergebnis führen wird.

**28** Die hier wiedergegebene Rspr. hat in der Entscheidung des BVerfG vom 23.7.2014 (BVerfG 23.7.2014 – 1 BvL 10/12 ua) ihre Bestätigung gefunden. Das BVerfG hat klargestellt, dass sich die aus der Verfassung ergebenden Anforderungen an die methodisch sachgerechte Bestimmung grundrechtlich garantierter Leistungen sich nicht auf das Verfahren der Gesetzgebung beziehen, sondern auf dessen Ergebnisse. Das Grundrecht auf Gewährleistung eines menschenwürdigen Existenzminimums aus Art. 1 Abs. 1 iVm Art. 20 Abs. 1 GG bringt für den Gesetzgeber keine spezifischen Pflichten im Verfahren mit sich; entscheidend ist, ob sich die Höhe existenzsichernder Leistungen durch realitätsgerechte, schlüssige Berechnungen sachlich differenziert begründen lässt. Damit weist das BVerfG darauf hin, dass es nicht auf eine „gute" Gesetzgebung als Verfassungspflicht (*Merten*, DÖV 2015, 349 ff.) als Entscheidungsmaßstab ankommen kann.

Der Gesetzgeber hat nach Auffassung des BVerfG die Leistungshöhe auch nicht **29** dadurch evident unterschritten, dass er die Fortschreibung an dem regelmäßig berechneten Verbraucherpreisindex (vgl. Statistisches Bundesamt, Preise, Verbraucherpreisindizes für Deutschland, Jahresbericht 2013) orientiert und für den Haushaltsstrom keinen Sonderindex genutzt hat, der die ungewöhnlich hohen Preissteigerungen im entscheidungserheblichen Zeitraum hätte besser abbilden können. Aus der immer vorhandenen Möglichkeit, den Preisanstieg existenzsichernder Leistungen genauer abzubilden, folgt nicht, dass die nach dem Verbraucherindex angepasste Gesamtsumme der Leistungen für den Regelbedarf evident unzureichend ist.

Das BVerfG hat noch einmal bestätigt, dass der Gesetzgeber auf die statistischen **30** Erhebungen der EVS zurückgreifen kann, ohne eigene Ermittlungen anstellen zu müssen. Dabei darf er von dem Verbrauch auf den Bedarf schließen. Der Gesetzgeber ist von Verfassung wegen nicht gehalten, sich bei der Bestimmung der Höhe der Regelleistungen wie zuvor bei der EVS 2003 an den unteren 20 % der nach ihrem Nettoeinkommen geschichteten Einpersonenhaushalte zu orientieren. Die Entscheidung, nun in Bezug auf die EVS 2008 nach § 4 Nr. 1 RBEG die Gruppe nur der unteren 15 % der Haushalte als Bezugsgröße zu setzen, verletzt die Verfassung nicht. Das Bundesverfassungsgericht will nicht prüfen, ob die Wahl einer anderen Referenzgruppe angemessener gewesen wäre. Entscheidend ist, dass die Wahl der Referenzgruppe sachlich vertretbar ist.

Das BVerfG hat nicht beanstandet, dass der Gesetzgeber den Regelbedarf bei **31** Einpersonenhaushalten und damit die Regelbedarfsstufe 1 als Ausgangswert für die Festlegung der Höhe der Leistungen für den Regelbedarf auch derjenigen Erwachsenen nutzt, die mit anderen ebenfalls leistungsberechtigten Erwachsenen in einem gemeinsamen Haushalt führen, also die Regelbedarfsstufe 2 für zwei erwachsene leistungsberechtigte Personen als Ehegattin und -gatte, Lebenspartnerinnen oder -partner oder in eheähnlicher oder lebenspartnerschaftsähnlicher Gemeinschaft.

Keinen Verfassungsverstoß sieht das BVerfG darin, dass der Gesetzgeber die sog. **32** Aufstocker oder Hinzuverdienenden in die Bedarfsermittlung einbezogen hat. Der Bundesrat bei der Neuregelung daran erinnert, bei der Ermittlung von Regelbedarfen der Haushalte die sogenannten Aufstocker und verdeckten Armen von den zu berücksichtigenden Haushalten auszuschließen. Nur auf Weise könnten Zirkelschlüsse zum Nachteil der betroffenen Menschen vermieden werden (BR-Drs. 541/16 [Beschluss], S. 25). Zur Kritik am fehlenden Ausschluss s. auch BR-Drs. 541/16 (Beschluss), S. 26. Allerdings hat die Bundesregierung zur verdeckten Armut einen Forschungsauftrag initiiert, der zu keinen validen Ergebnissen gekommen ist (BR-Drs. 541/16, 29).

## II. Inhalt der Norm

### 1. Regelungsinhalt

In Absatz 1 bestimmt die Norm, dass bei Vorliegen der Ergebnisse der bundeswei- **33** ten neuen Einkommens- und Verbrauchsstichprobe die Höhe der Regelbedarfe in einem Bundesgesetz neu geregelt wird. Mit der Festlegung in einem Bundesgesetz kommt das Gesetz einer Forderung des BVerfG nach. In Abs. 2 will der Gesetzgeber die bisherige Regelung des § 28 Abs. 2 und 3 präzisieren (BR-Drs. 661/10, 197), indem er Vorgaben für die Ermittlung der bundesdurchschnittlichen Regelbedarfsstufen nach § 27a Abs. 2 SGB XII macht. In Abs. 3 werden die „technischen Details" geregelt, nach denen das Statistische Bundesamt seinen Auftrag zu erfüllen hat. Das Bundesamt hat Sonderauswertungen zu den Verbrauchsausgaben von Haushalten unterer Einkommensgruppen vorzunehmen, in denen nur eine erwachsene Person lebt sowie für Haushalte, in denen Paare mit einem Kind leben. Den näheren Umfang der Sonderauswertung bestimmt Abs. 4.

## 2. Systematischer Zusammenhang

**34**   Während § 27a SGB XII die **Grundlagen** für die Gewährleistung des Existenzminimums und der gesellschaftlichen Teilhabe definiert, macht § 28 SGB XII die **Vorgaben für die Ermittlung** der Regelbedarfe. Damit wird anders als in den bisherigen Fassungen des SGB II und SGB XII durch Parlamentsgesetz die Ermittlung der Regelbedarfe gesteuert.

**35**   Die Vorschrift ist im **systematischen Zusammenhang** mit den §§ 27, 27a und § 27b SGB XII zu sehen (vgl. auch *Falterbaum*, Hauck/Noftz, SGB XII, § 28 Rn. 8). Prospektiv wird die **Fortschreibung** der Regelbedarfsstufen in § 28a SGB XII behandelt. Zu beachten waren die **Übergangsregelungen** des § 137 SGB XII aF aus Anlass des Gesetzes zur Ermittlung von Regelbedarfen und zur Änderung des SGB II und SGB XII. § 138 SGB XII aF betraf die Fortschreibung der Regelbedarfsstufen zum 1.1.2012. Mit dem Ablauf dieses Datums hat sich die Übergangsregelung erledigt.

**36**   Die **Einkommens- und Verbrauchsstichprobe (EVS)** liefert die Grundlage für die Bemessung des Regelbedarfs. Die näheren gesetzlichen Vorgaben macht das Gesetz zur Ermittlung der Regelbedarfe nach § 28 SGB XII (Regelbedarfsermittlungsgesetz – RBEG), BGBl. 2011 I S. 453. Während § 28 und § 28a SGB XII die Grundlage für die Ermittlung der Regelbedarfe bilden, erfolgt die konkrete Bemessung durch das RBEG (*Mogwitz*, ZfSH/SGB 2011, 324). Es bestimmt die Referenzhaushalte (§ 1) und deren Abgrenzung (§ 2) sowie die auszuschließenden Haushalte (§ 3). In § 4 werden die unteren Einkommensschichten eingegrenzt und es werden regelbedarfsrelevante Verbrauchsausgaben von Einpersonenhaushalten (§ 5) und Familienhaushalten (§ 6) in jeweils zwölf Abteilungen definiert. In § 7 ist die Fortschreibung der regelsatzrelevanten Verbrauchsausgaben vorgesehen. § 8 als weitere zentrale Norm bestimmt die Regelbedarfsstufen, wobei für Kinder und Jugendliche drei Stufen vorgesehen sind. Systematisch nicht überzeugend ist in das RBEG mit § 9 eine Regelung zum Eigenanteil für die gemeinschaftliche Mittagsverpflegung nach § 34 SGB XII aufgenommen worden. § 10 bestimmt die Weiterentwicklung der Regelbedarfs-Ermittlung. Mit dem gesamten neuen Regelwerk ist die Feststellung der Regelbedarfe anspruchsvoller und objektiver geworden als nach bisher überkommenem Recht (*Mrozynski*, II. 8 Rn. 6b), was bei der Bewertung der Verfassungsgemäßheit zu berücksichtigen ist.

## III. Parlamentsvorbehalt (Abs. 1)

**37**   Obwohl die Vorschrift des § 31 SGB I positivrechtlich auch für Sozialleistungen einen Gesetzesvorbehalt vorsieht, wurden die Regelsätze bisher im Verordnungsweg festgelegt. Abs. 1 trägt nun dem Grundsatz des Parlamentsvorbehalts Rechnung und genügt formell damit den Anforderungen des BVerfG (s. dazu auch LSG NRW 27.10.2016 – L 9 SO 447/16). Eine Ermächtigung in Form einer gesetzlichen Grundlage ist somit erforderlich, soweit staatliche Maßnahmen die Verwirklichung von Grundrechten wesentlich **(Wesentlichkeitstheorie)** betreffen. Weil die Sicherung des Existenzminimums vom BVerfG als Grundrecht verstanden wird, folgt als Konsequenz daraus das Verlangen, nach einer gesetzlichen Grundlage.

**38**   Die Vorschrift sieht eine Verpflichtung des Gesetzgebers vor, die Regelbedarfshöhe neu zu ermitteln, wenn Ergebnisse einer neuen EVS vorliegen. Anders als bei § 28a ist kein fester Zeitpunkt bestimmt. Damit nimmt die Vorschrift Rücksicht, dass ein Gesetzgebungsverfahren eine gewisse Zeit in Anspruch nimmt (vgl. auch *Gutzler*, jurisPK-SGB XII, § 28 Rn. 26). Der Gesetzgeber muss zeitnah die Ergebnisse einer neuen EVS in die Regelsatzbemessung einfließen lassen (BayLSG 24.8.2016 – L 16 AS 222/16 B PKH). Wenn eine Neuermittlung nicht erfolgt ist,

wird eine Fortschreibung nach § 28a für möglich gehalten (LSG NRW 27.10.2016 –
L 9 SO 447/16). Damit wird der Forderung des BVerfG nach einer fortwährenden
Überprüfung des das Existenzminimum deckenden Leistungsanspruchs Rechnung
getragen.

## IV. Ermittlung der bundesdurchschnittlichen Regelbedarfs-stufen (Abs. 2)

### 1. Das Statistikmodell

Der Absatz knüpft an § 27a Abs. 2 SGB XII an und baut auf ihm auf. Dort ist **39**
der monatliche Regelbedarf definiert, der sich aus dem in Absatz 1 aufgeführten
gesamten notwendigen Lebensunterhalt mit Ausnahme der Leistungen des Zweiten
und Vierten Abschnitts zusammensetzt. Der Regelbedarf wird in Regelbedarfsstufen
unterteilt. Nach Absatz 2 sind für die nach § 27a Abs. 2 zu bildenden Regelbedarfsstufen nach Stand, Entwicklung von Nettoeinkommen, Verbraucherverhalten und
Lebenshaltungskosten zu berücksichtigen. Bisher sah § 28 Abs. 3 SGB XII a. F. vor,
dass die Regelsätze so bemessen werden, dass der in Abs. 1 definierte Bedarf gedeckt
ist. Dabei sollte die Regelsatzbemessung Stand und Entwicklung von Nettoeinkommen, Verbraucherverhalten und Lebenshaltungskosten berücksichtigen. Grundlage
sollten die tatsächlichen, statistisch ermittelten Verbrauchsausgaben von Haushalten
in den unteren Einkommensgruppen sein. Zu diesen bisherigen Regelungen meint
der Gesetzgeber, er habe mit der jetzigen Fassung die bisherige Regelung präzisiert
(BR-Drs. 661/10, 197).

Um das Existenzminimum abzubilden, werden als Grundlage die Einkommens- **40**
und Verbraucherstichprobe (EVS) herangezogen. Damit präferiert die Neufassung
wie bisher das **Statistik- und nicht das Warenkorbmodell.** Der Warenkorb bildete bis zur Umstellung auf das Statistikmodell im Jahr 1996 die Grundlage für
die Bemessung der Regelsätze (*Siebel-Huffmann*, Das neue Grundsicherungsgesetz,
Rn. 203; *Wahrendorf*, Sozialgerichtstag, S. 104; *Sartorius*, Existenzsicherung, § 24
Rn. 27 ff.; s. auch LSG BW 10.6.2011 – L 12 AS 1077/11).

Im Grundsatz akzeptiert das BVerfG beide Modelle (zuletzt BVerfG 23.7.2014 – **41**
1 BvL 10/12 ua), sieht aber in dem Statistikmodell den Vorteil, dass es nicht nur das
über die Sicherung des **physischen Überlebens** hinausgehende Existenzminimum
anhand einzelner ausgewählter Bedarfspositionen festsetzt, sondern die neben dem
physischen Existenzminimum zusätzlich erforderlichen Aufwendungen zur Gewährleistung eines Minimums an **gesellschaftlicher Teilhabe** am tatsächlichen Ausgabeverhalten misst (BVerfG 9.2.2010 – 1 BvL 1/09 ua, Rn. 166, dazu *Rothkegel*, ZfSH/
SGB 2010, 139, der zutreffend von einem Danaergeschenk des BVerfG spricht; vgl.
auch *Becker*, Soziale Sicherheit Extra, S. 12). Dabei ist sicher die Schwäche des
Warenkorbmodells, dass Experten über die notwendigen Güterarten die jeweils
erforderlichen Mengen und die relevanten Preise entscheiden (*Becker*, Bedarfsbemessung, S. 7). Hingegen bildet ein empirisch-statistischer Ansatz das Ausgabeverhalten
unterer Einkommensgruppen brauchbarer ab, weil das, „was in einer Gesellschaft
mindestens üblich ist und somit soziale Ausgrenzung vermeiden sollte, aus dem
beobachtbaren Ausgabeverhalten unterer Einkommensgruppen abgeleitet" (*Becker*,
Soziale Sicherheit Extra, S. 8) werden kann (s. auch BSG 12.7.2012 – B 14 AS 153/
11 R, Rn. 32).

Der **politische Streit,** den der Referentenwurf zur Neubemessung sofort ent- **42**
facht hatte, ist auf einen in der Entscheidung des BVerfG angelegten Widerspruch
zurückzuführen. Das BVerfG präferiert kein reines Statistikmodell, sondern gesteht
dem Gesetzgeber einen **Gestaltungsspielraum** zu, in dem er Ausgaben als notwendig oder nicht notwendig erachtet (vgl. dazu auch *Becker*, Soziale Sicherheit Extra,

S. 12). Damit sind die Bestimmung der Höhe der fürsorgerechtlichen Leistungen zur Sicherung des Lebensunterhalts und ihre Begründung eng mit sozialpolitischen Anschauungen und Wertungen verbunden (DV, Stellungnahme zum Koalitionsentwurf, S. 2). Der Abgrenzung des Referenzeinkommensbereichs kommt entscheidende Bedeutung zu. Je restriktiver er gefasst wird, umso mehr hat er ausgrenzende Wirkung (*Becker*, Soziale Sicherheit Extra, S. 12).

**43**    Als **Hypothese,** wovon auch das BVerfG unausgesprochen ausgeht, liegt dem Statistikmodell die Annahme zugrunde, dass die Erfassung eines bestimmten **typisierten Verbrauchsverhaltens,** das für eine **ausreichende Lebensführung** Erforderliche abbildet (vgl. dazu auch *Siebel/Huffmann*, in: Groth ua, Rn. 205). Zwar wird ein derartiger Ansatz bezweifelt, weil das Ausgabeverhalten unterer Einkommensgruppen durch eine sog. **Budgetrestriktion** (dazu *Becker*, Bedarfsbemessung, S. 8; *dies.*, Soziale Sicherheit Extra, S. 9; ebenso *Sartorius*, Existenzsicherung, § 24 Rn. 73 f.), bestimmt wird und damit empirische Erhebungen den Bedarf nicht angemessen wiedergeben. *Becker*, Soziale Sicherheit Extra, S. 12, hat auf diesen Einwand zu Recht darauf hingewiesen, dass das Konzept des soziokulturellen Existenzminimums relativ ist und auf die aktuellen Lebensverhältnisse in der Gesellschaft und damit auch auf die begrenzten materiellen Ressourcen rekurriert. Bemerkenswert in diesem Zusammenhang sind deshalb die Ausführungen des BVerfG, dass eine Statistik- und Verbrauchsmethode gerechtfertigt ist unter der Voraussetzung, dass auch das Ausgabeverhalten unterer Einkommensgruppen der Bevölkerung zu erkennen gibt, welche Aufwendungen für das menschenwürdige Existenzminimum erforderlich sind. Damit weist auch das BVerfG auf die **Relativität** des **soziokulturellen Existenzminimums** hin.

**44**    Gegenüber dem Einwand der Budgetrestriktion lässt sich festzuhalten, dass es für das nun einmal akzeptierte Statistikmodell auf den Verbrauch unterer Einkommensgruppen ankommt und nicht darauf, wie diese den Verbrauch finanzieren (*Mrozynski*, II. 8 Rn. 8). Damit relativiert sich auch der Hinweis, dass die regelsatzrelevanten Ausgaben wegen einer möglichen Überschuldung niedriger liegen (so aber *Sartorius*, Existenzsicherung, § 24 Rn. 77). Mit der Wahl des akzeptierten Statistikmodells hat sich der Gesetzgeber für eine einheitliche Datengrundlage entschieden, um mit der Erfassung des Ausgabeverhaltens sowohl diejenigen Positionen zu ermitteln, die zum menschenwürdigen Existenzminimum gehören, als auch zeitgerechtes und valides Zahlenmaterial als Berechnungsgrundlage heranzuziehen (BSG 12.7.2012 – B 14 AS 153/11 R Rn. 33; s. dazu auch *Gutzler*, jurisPK-SGB XII, § 28 Rn. 30.1).

**45**    Im theoretischen Ansatz impliziert das Statistikmodell in seiner **typisierenden oder pauschalierenden Abbildung,** dass es seiner Funktion nur gerecht werden kann, wenn sich unter- und überdurchschnittliche Bedarfe auf der individuellen Ebene ausgleichen, sodass im Gruppendurchschnitt über alle Güterpositionen insgesamt eine Bedarfsdeckung erreicht werden kann (*Becker*, Bedarfsbemessung, S. 10). Dieser Ausgleich funktioniert nur solange, wie sich das Verbrauchsverhalten auf jene Ausgabengruppen bezieht, die durch normative Entscheidungen in die regelbedarfsrelevanten Bedarfe aufgenommen worden sind (zu den verfassungsrechtlichen Bedenken: *Münder*, Soziale Sicherheit Extra, S. 78). Hierin liegt eine Gefahr, die auch in der Entscheidung des BVerfG begründet ist, weil dem Gesetzgeber ein Gestaltungsspielraum eingeräumt wird. Andererseits wird die typisierende Bedarfsermittlung dem sozialpolitischen Ziel gerecht, dem Empfänger von Sozialhilfeleistungen eine selbstbestimmte Leistungsverwendung zuzubilligen (vgl. auch *Gutzler*, jurisPK-SGB XII, § 28 Rn. 25), wodurch die aufgezeigten Schwächen des Statistikmodells hinzunehmen sind.

## 2. Einkommens- und Verbrauchsstichprobe

**46**    Auch von Kritikern (z. B. *Münder*, Soziale Sicherheit Extra, S. 67) der Neuregelung akzeptierte Grundlage für die Ermittlung der bundesdurchschnittlichen Regelbedarfsstufen ist die EVS 2008. Diese wird alle 5 Jahre erhoben, zuletzt 2008. Damit verknüpfen sich EVS und Statistikmodell (BR-Drs. 661/10, 88). Gegenstand der EVS ist die Erhebung der Lebensverhältnisse privater Haushalte. Sie erfasst die Einkommens-, Vermögens- und Schuldensituation sowie das Konsumverhalten der Haushalte in Deutschland (BR-Drs. 661/10, 87). Anders als die EVS 2003 setzt die EVS 2008 beim Existenzminimum an und nicht wie die EVS 2003 am überwiegenden Lebensunterhalt (*Siebel-Huffman*, in: Groth ua, Rn. 226). Haushalte waren ausgeschlossen, die während des dreimonatigen Erhebungszeitraums überwiegend von der Hilfe zum Lebensunterhalt lebten.

Der Gesetzgeber hat den Vorteil der EVS darin gesehen, dass den Zahlen eine **47** jeweils dreimonatige fortlaufende Aufzeichnung der Einnahmen und Ausgaben der befragten Haushalte zugrunde liegt und auf diese Weise eine verlässliche Datenquelle zur Verfügung steht (weitere Einzelheiten s. bei *Siebel-Huffmann*, in: Groth ua, Rn. 212).

Eingewandt wird, dass diejenigen Personen, bei denen die Transferleistungen **48** nicht dominierten, bei der Datenerhebung ausgeschlossen werden, weil ihr Ausgabeverhalten vom Grundsicherungsniveau geprägt ist (*Becker*, Bedarfsbemessung, S. 21; *Münder*, Spellbrink, Verfassungsrechtliche Probleme, S. 20). Die Vorgehensweise des Gesetzgebers wird allerdings nicht als verfassungswidrig, sondern nur als verfassungsrechtlich bedenklich bewertet (so *Münder*, in: Spellbrink, Verfassungsrechtliche Probleme, S. 20; *ders.,* jetzt schärfer, Soziale Sicherheit Extra, S. 72).

Eindeutig hat das BVerfG zu den angesprochenen Fragen in seiner Entscheidung **49** vom 23.7.2014 (BVerfG 23.7.2014 – 1 BvL 10/12 ua) angesprochen und die Vorgehensweise bei der Festsetzung der Regelleistung gebilligt. Den Verzicht der **Ausklammerung von in „versteckter Armut"** lebenden Personen (gegen diesen Begriff: *Münder*, Spellbrink, Verfassungsrechtliche Probleme, S. 20) hat es nicht beanstandet (wie hier *Mogwitz*, ZfSH/SGB 2011, 325; s. auch *Gutzler*, jurisPK-SGB XII, § 28 Rn. 35.1). Im bisherigen Gesetzgebungsverfahren ist die Problematik überprüft worden (BSG 12.7.2012 – B 14 AS 153/11 R). Aber selbst von Kritikern an der bisherigen Nichtberücksichtigung der versteckten Armut wird eingeräumt, dass ein mit ihren vielfältigen Facetten erfassendes Vorhaben „an Grenzen des Datensatzes" stößt (*Becker*, Soziale Sicherheit extra 2011, 22; s. auch BSG 28.3.2013 – B 4 AS 12/12 R). Eine Aufforderung zur Berichterstattung, wie sie noch § 10 Abs. 2 Nr. 1 RBEG vorgesehen hatte, ist nun weggefallen.

Das BSG hat auch festgestellt, dass die Einbeziehung der sog. atypischen Haushalte **50** (BAföG-Empfänger, Auszubildende) nicht zu signifikanten Verschiebungen der Referenzgruppe auf der Einkommensskala führt.

## V. Durchführung der EVS (Abs. 3)

### 1. Allgemeines

Satz 1 dieses Absatzes legt den Auftrag an das Statistische Bundesamt fest. Ferner **51** wird bestimmt, dass **Sonderauswertungen** vorzunehmen sind (S. 2). Dabei ist zu bestimmen, welche Haushalte, die Leistungen nach dem SGB XII und dem SGB II beziehen, nicht als Referenzhaushalte zu berücksichtigen sind (S. 3), und dass ein hinreichend großer Stichprobenumfang gewährleistet ist (S. 4). Während dieser Absatz den Rahmen für die Ermittlung der Bedarfsstufen absteckt, füllt das RBEG den vorgegebenen Rahmen aus.

### 2. Bestimmung der Referenzhaushalte

§ 2 RBEG sieht zur Ermittlung der Regelbedarfe zwei Haushaltstypen vor, den **52** **Einpersonenhaushalt** (Nr. 1) und den **Familienhaushalt** (Nr. 2). Damit weist das

RBEG die Verbrauchsausgaben nicht personenbezogen, sondern haushaltsbezogen aus. Zustimmung hat die Entscheidung gefunden, Paare mit einem Kind auszuwählen (*Deutscher Verein*, Stellungnahme, S. 3; *Groth*, NZS 2011, 573; BSG 28.3.2013 – B 4 AS 12/12 R). Haushalte von Alleinerziehenden sind ungeeignet, weil das über dem Regelbedarf liegende Bedarfsniveau sowohl im SGB II als auch im SGB XII durch die Zuerkennung eines Mehrbedarfs (§ 21 Abs. 3 SGB II, § 30 Abs. 3 SGB XII) ausgeglichen wird (anders *Münder*, Soziale Sicherheit Extra, S. 74, 80, der Begriff von dem „erziehenden" Erwachsenen prägt). Bei Haushalten nach Satz 1 Nr. 2 wird nach Altersgruppen der Kinder differenziert (Satz 2).

53    Die Differenzierung bei Familienhaushalten nach verschiedenen Altersgruppen der Kinder beruht auf einer Sonderauswertung und lässt sich mit dem Bedarf in den verschiedenen Altersgruppen erklären (BR-Drs. 541/16, 28).

54    Im Ansatz richtig ist, dass das RBEG keinen Referenzhaushalt zur Ableitung des Bedarfs **sonstiger volljähriger Haushaltsangehöriger** vorsieht (s. auch BVerfG 23.7.2014 – 1 BvL 10/12 ua). Gemeinsames Wirtschaften führt zu Synergieeffekten (zweifelnd in anderem Zusammenhang BSG 9.6.2011 – B 8 SO 11/10 R; bejahend *Dillmann/Dannat*, ZfF 2009, 243; BSG 28.3.2013 – B 4 AS 12/12 R).

55    Bei der Abgrenzung der Referenzgruppen (§ 4 RBEG) können zur Ermittlung nur Haushalte mit niedrigem Einkommen vertreten sein. Eine solche Vorgehensweise ist sachlich angemessen. Die Referenzgruppe der Einpersonenhaushalte wird aus 15 Prozent der -um die SGB XII und SGB II Empfänger bereinigten und nach ihrem Nettoeinkommen aufsteigend geschichteten -Einpersonenhaushalten mit den niedrigsten Einkommen gebildet (BR-Drs. 541/16, 29). Diese Festlegung ist vom BVerfG gebilligt worden (s. dazu *Falterbaum*, Hauck/Noftz, SGB XII, § 28 Rn. 28). Nach dem von der Bundesregierung veranlassten statistischen Erhebungen wird bei den Einpersonenhaushalten mit 8 Prozent ein erheblich größerer Teil der SGB II und SGB XII- Haushalte ausgeschlossen als bei den übrigen Haushalten. Von den ausgeschlossenen Haushalten liegt der weit überwiegende Teil unterhalb der Referenzgruppenobergrenze, so dass die ausgeschlossenen Haushalte mit den Referenzhaushalten 20,6 der Einpersonenhaushalte abdeckt (BR-Drs. 541/16, 30). Die Erklärung zwischen der Differenz von vorab allen ausgeschlossenen Haushalten und den vorabausgeschlossenen Haushalten unterhalb des Grenzeinkommens der Referenzhaushalte von 952,33 EUR findet sich in den außergewöhnlichen hohen Wohnkosten oder Mehrbedarfen eines Teils der SGB-II- und SGB-XII-Bezieher (BR-Drs. 541/16, 29; zum bisherigen Recht, s. *Siebel-Huffmann*, in: Groth ua, Rn. 241; s. auch LSG BW 10.6.2011 – L 12 AS 1077/11 und im Anschluss BSG 12.7.2012 – B 14 AS 153/11 R).

56    Der Absatz 4 des § 4 RBEG ist lediglich eine Klarstellung.

57    In § 8 Abs. 1 **S. 1** RBEG werden nach der Anlage zu § 28 sechs **Regelbedarfsstufen** zum 1.1.2017 festgesetzt. Es werden in der Neufassung die Regelbedarfsstufen für Erwachsenen neu abgegrenzt. Die jetzt geltende Fassung soll die Entscheidung des BSG (23.7.2014 – B 8 SO 14/13 R) „korrigieren", wonach sich Im Sozialhilferecht der Bedarf einer erwachsenen leistungsberechtigten Person bei Leistungen für den Lebensunterhalt im Grundsatz nach der Regelbedarfsstufe 1 auch dann richte, wenn sie mit einer anderen Person in einer Haushaltsgemeinschaft lebt, ohne deren Partner zu sein; die Regelbedarfsstufe 3 komme demgegenüber bei Zusammenleben mit anderen in einem Haushalt nur zur Anwendung, wenn keinerlei eigenständige oder eine nur ganz unwesentliche Beteiligung an der Haushaltsführung vorliege. Bei der Neuabgrenzung kommt es nicht mehr darauf an, ob in einer Wohnung ein oder mehrere Haushalte bestehen.

58    Für die Regelbedarfsstufen 1 und 2 wird in Satz 2 der Begriff der **Wohnung** definiert. Wohnung ist die Zusammenfassung mehrerer Räume, die von anderen Wohnräumen baulich getrennt sind und in ihrer Gesamtheit alle für die Führung

eines Haushalts notwendigen Einrichtungen, Ausstattungen und Räumlichkeiten umfassen. Diese Definition wird noch einmal in § 42a Abs. 2 S. 2 aufgenommen.

Bei der Ermittlung der Regelbedarfe für Erwachsene geht der Gesetzgeber davon **59** aus, dass sie auf einer Sonderauswertung für Alleinstehende beruht. Es fehlten gesicherte Erkenntnisse über einen möglichen Minderbedarf beim Zusammenleben mit Anderen.

## VI. Verbrauchsausgaben (Abs. 4)

### 1. Nichtberücksichtigung von Transferleistungen

Um Zirkelschlüsse zu vermeiden, bestimmt Absatz 4 S. 1, dass Personengruppen, **60** die ihren Lebensunterhalt nicht ausschließlich durch **Transferleistungen nach dem SGB XII oder SGB II** bestreiten. Damit wird eine klare Vorgabe des BVerfG (BVerfG 9.2.2010 – 1 BvL 1/09 ua Rn. 169) gesetzlich umgesetzt. In dem Urteil des BVerfG wird verlangt, dass die der EVS zugrunde gelegte Referenz „statistisch zuverlässig über der Sozialhilfeschwelle" (Rn. 169) liegt.

In der Literatur wird argumentiert, dass Bezieher von **Leistungen nach dem** **61** **AsylbLG,** sofern sie über einen eigenen Haushalt verfügen und unterhalb der Sozialhilfeschwelle liegen, ebenfalls hätten herausgerechnet werden müssen (*Münder*, in: Spellbrink, Verfassungsrechtliche Probleme, S. 20). Angesichts der zu vernachlässigenden Zahl dieser Gruppe hat das BVerfG keine Bedenken erhoben, dass dieser Personenkreis nicht herauszurechnen ist, was auch von den Kritikern der jetzigen gesetzlichen Regelung eingeräumt wird. Ob sich diese Argumentation angesichts einer prognostizierten Flüchtlingszahl von ca. 1 Million (2015) halten lässt, muss die Zukunft zeigen. Richtig wird wohl immer noch sein, dass die Gruppe von Flüchtlingen mit einem eigenen Haushalt als Gruppe zu gering ist, um signifikant die Ermittlungen des sozialhilferechtlichen Existenzminimums zu beeinflussen.

Die Abgrenzung der Referenzhaushalte wird durch § 3 RBEG genauer in Form **62** eines Bundesgesetzes ausgestaltet. Nach Absatz 1 werden die Haushalte ausgenommen, die Leistungen nach dem Dritten Buch des SGB XII (Nr. 1), dem Vierten Buch des SGB XII (Nr. 2) und Arbeitslosengeld II oder Sozialgeld nach dem SGB II erhalten.

Damit hat der Gesetzgeber einen verfassungsrechtlich vertretbaren Weg zur Ver- **63** meidung von Zirkelschlüssen gewählt. Dabei darf die Formulierung des BVerfG, es sei dafür zu sorgen, dass die Referenzgruppe „zuverlässig über der Sozialhilfeschwelle" (BVerfG 9.2.2010 – 1 BvL 1/09 ua Rn. 169) liegen müsse, nicht überbewertet werden (so aber *Münder*, in: Spellbrink, Verfassungsrechtliche Probleme, S. 21). Denn entscheidend kommt es selbst nach den Vorstellungen des BVerfG auf das Verbrauchsverhalten an, das die Festlegung der Referenzgruppen bestimmt.

Die Entscheidung des BVerfG vom 23.7.2014 (BVerfG 23.7.2014 – 1 BvL 10/ **64** 12 ua) enthält die Feststellung, dass im Zeitpunkt der Entscheidung die Regelsätze vertretbar festgesetzt worden sind. Darin steckt auch die Erwartung des Gerichts, dass der Gesetzgeber die Bedarfssituation einer ständigen Prüfung zu unterziehen hat. Habe der Gesetzgeber Kenntnis von Unterdeckungen existenzieller Bedarfe, müsse er darauf reagieren, um sicherzustellen, dass der aktuelle Bedarf gedeckt sei.

An den Rechtsanwender und die Sozialgerichte wendet sich die Entscheidung **65** des BVerfG insofern (s. dazu *Blüggel*, jurisPR-SozR 22/2014, Anm. 2), als sie Regelungen wie § 24 SGB II über gesondert neben dem Regelbedarf zu erbringende einmalige, als Zuschuss gewährte Leistungen verfassungskonform auszulegen haben, wenn es aufgrund der vorliegend zugrunde gelegten Berechnung des Regelbedarfs an einer Deckung der existenzsichernden Bedarfe fehlt. Damit stößt das BVerfG die Gewährung einmaliger, durch die Neuregelung des Sozialhilferechts als überholt angesehene Gewährung einmaliger Beihilfen an.

## 2. Regelbedarfsrelevanz

**66** Mit dem Begriff der **Bedarfsrelevanz** setzt das Gesetz das Zugeständnis des BVerfG (9.2.2010 – 1 BvL 1/09 ua Rn. 170) um, Bereinigungen der Verbrauchsausgaben vorzunehmen **(gesetzgeberischer Gestaltungsspielraum)**. Die Entscheidung, welche Ausgaben zum Existenzminimum zählen, ist aufgrund empirischer Grundlagen zu treffen. Kürzungen müssen, sachgerecht, vertretbar und empirisch fundiert sein. Zutreffend bezeichnet *Rothkegel* (ZfSH/SGB 2011, 74) diese Vorgehensweise als Sündenfall gegen den Geist des Statistikmodells mit der Folge eines verfassungsrechtlich nicht zulässigen **Methoden-Mixes** (s. dazu schon *Becker*, Bedarfsbemessung, S. 10 f.; s. auch *Mogwitz*, ZfSH/SGB 2011, 328). Über den dem Gesetzgeber zugebilligten Gestaltungsspielraum verzahnt sich das Statistikmodell mit dem Warenkorbmodell und stört eigentlich die Funktionsweise des empirisch-statistischen Modells (*Becker*, Soziale Sicherheit Extra).

**67** Es liegt jedoch in der Entscheidung des BVerfG und seiner Billigung eines nicht „reinen", sondern **eingeschränkten Statistikmodells,** dass es zu dem dargestellten **Methoden-Mix** gekommen ist (s. dazu auch *Mogwitz*, ZfSH/SGB 2011, 328). Denn dem Normgeber wird lediglich vom BVerfG untersagt, von den Strukturprinzipien des von ihm gewählten Statistikmodells abzuweichen. Weil das BVerfG sich scheut, die Interventionsschwelle des Existenzminimums genau zu bestimmen, und die bisher geltende Regelbedarfsregelung nicht als evident verfassungswidrig ansieht, wird zugebilligt, dass sich die Höhe einer Kürzung aus der Einkommens- und Verbrauchsstichprobe oder aus anderen, zuverlässigen Erhebung ergeben muss (Rn. 171). Dass der Gesetzgeber dem vorgegebenen Methoden-Mix bei der Neuregelung und damit einer im System angelegten Widersprüchlichkeit gefolgt ist, macht diese nicht per se verfassungswidrig.

**68** Aus den vorstehenden Überlegungen ergibt sich, dass § 5 und § 6 RBEG trotz des angewendeten Methoden-Mixes im Grundsatz nicht verfassungswidrig sind.

**69** § 5 RBEG legt die regelsatzrelevanten Ausgaben des **Einpersonenhaushalts** fest, § 6 die der Familienhaushalte fest. Dass aus den Festlegungen für Erwachsenen die Regelsätze von Kindern nicht mehr abgeleitet werden, ist eine Konsequenz des Urteils des BVerfG (BR-Drs. 661/10, 197). Nach den Vorstellungen des Gesetzgebers ist durch die in Auftrag gegebene Sonderauswertung gewährleistet, dass die Verbrauchsausgaben erfasst sind, „sofern sie zur Sicherung des Existenzminimums erforderlich sind und eine einfache Lebensweise ermöglichen, wie sie für einkommensschwache Haushalte, die ihren Lebensunterhalt ausschließlich aus Leistungen nach dem SGB XII und dem SGB II bestreiten, üblich ist" (BR-Drs. 661/10, 198).

**70** An der Bestimmung des Gesetzgebers, dass **alkoholische Getränke und Tabakwaren** (Abteilung 02) nicht zu den regelsatzrelevanten Ausgaben gehören, hat sich Kritik entzündet (näher dazu *Rothkegel*, ZfSH/SGB 2011, 75; *Münder*, Soziale Sicherheit Extra, S. 76, der insbesondere bei Jugendlichen zwischen 14 und 18 Jahren einen zu hohen Abzug wegen nichtregelbedarfsrelevanter Ausgaben für Alkohol- und Tabakkonsum kritisiert). Die geäußerten Bedenken sind zum Teil auch auf die Nichtberücksichtigung von nicht motorgetriebenen Gartengeräten (Abteilung 05), Schnittblumen, Zimmerpflanzen, Haustieren, Garten, Camping (s. dazu hingegen Rn. 56), Pauschalreisen, Glücksspiele (Abteilung 09) und Schmuck (Abteilung 12) erweitert worden (so *Münder* Soziale Sicherheit Extra, S. 76; ähnlich *Rothkegel*, ZfSH/SGB 2011, 76; weitere Nachweise bei *Siebel-Huffmann*, in: Groth ua, Rn. 251). Bei den Auswertungen der EVS 2003 waren diese Ausgaben noch in vollem Umfang, in der EVS 2008 in Höhe der Hälfte der tatsächlichen Ausgaben berücksichtigt worden.

**71** Ob allerdings der Konsumverzicht von Alkohol und Tabak nahelegt, dass damit eine soziale, verfassungsrechtlich nicht akzeptable Ausgrenzung einhergeht, bleibt fraglich und ist vom BSG (BSG 12.7.2012 – B 14 AS 153/11 R) eindeutig verneint worden. Dass man diesen Fragen mit den Methoden der Demoskopie und Soziologie zwingend nachgehen muss (so aber *Rothkegel*, ZfSH/SGB 2011, 76), lässt sich auch anhand der vom BVerfG entwickelten Grundsätze nicht nachvollziehen. Es wird nicht erkennbar, dass die normative Wertung des Gesetzgebers aus Rechtsgründen zu beanstanden ist (BSG 12.7.2012 – B 14 AS 153/11 R).

Einzuräumen ist, dass die Berücksichtigung derartiger Ausgaben dem Leistungsbe- **72** rechtigten einen größeren finanziellen Spielraum geben (*Deutscher Verein*, Stellungnahme, S. 7; *Münder*, Soziale Sicherheit Extra, S. 28). Dass daraus zwingend eine verfassungsrechtlich nicht zu billigende Einschränkung an einer sozialen Teilhabe folgt, erscheint nicht evident. Es obliegt dem Gesetzgeber zu entscheiden, welche Ausgaben erforderlich sind (*Mogwitz*, ZfSH/SGB 2011, 329). Da alkoholische Getränke durch die Ausgaben nicht alkoholischer Getränke substituiert werden und gesundheitlich Gründe für die Nichtberücksichtigung von Alkohol und Tabak zumindest nicht ganz abwegig sind, ist aus verfassungsrechtlicher Sicht gegen derartige Einschränkungen nichts einzuwenden. (LSG BW 10.6.2011 – L 12 AS 1077/11). Festzuhalten ist, dass die aufgezählten Einschränkungen der regelsatzrelevanten Positionen dem Spielraum im Ausgabeverhalten enge Grenzen setzen (*Mrozynski*, II. 8 Rn. 26).

Ein gewisser finanzieller Ausgleich findet dadurch statt, dass **zehn Positionen** **73** **neu berücksichtigt** worden sind: Wartungs- und Reparaturkosten, Anschaffung von Computern, Sport und Campingartikeln, Gebühren für Praxisgebühr sowie Gebühren (s. dazu die Kritik an der bisherigen Festsetzung bei *Däubler*, NZS 2005, 225; s. dazu auch *Mrozynski*, II. 8 Rn. 21).

Von der Rechtsprechung akzeptiert worden ist, dass der Gesetzgeber in Abtei- **74** lung 7 **(Verkehr)** die Ausgaben für die Nutzung und Reparatur von Kraftfahrzeugen und Motorrädern sowie für Urlaubsreiseverkehr nicht als regelsatzrelevant anerkannt hat (BSG 12.7.2012 – B 14 AS 153/11 R; LSG BW 10.6.2011 – L 12 AS 1077/11; a. A. *Münder*, Soziale Sicherheit Extra, S. 76; *Becker*, Soziale Sicherheit, S. 11). Für die Ermittlung des Mobilitätsbedarfs sind die Haushalte ausgewertet worden, die keine Ausgaben für Kraftstoffe hatten, und diejenigen, die über ein Kfz verfügen (s. *Siebel-Huffmann*, in: Groth ua, Rn. 245 f.; s. auch BR-Drs. 541/16, 39). Unklar bleibt die Berechnung von *Münder*, Soziale Sicherheit Extra, S. 76, der bei der Abteilung Verkehr zu höheren Durchschnittsbeträgen kommt, indem er „irgendwie" die Personengruppe der Kfz-Benutzer berücksichtigt wissen will. Gründe dafür, warum bei der Abschaffung eines Fahrzeugs die Kosten für den öffentlichen Nahverkehr ansteigen, werden nicht genannt.

### 3. Regelbedarfsstufen nach § 8 Abs. 1 Nr. 1–3 RBEG

Grundsätzlich ist zu bemerken, dass im Gegensatz zu der bisherigen Festlegung **75** der Regelbedarfsstufen zueinander nicht mehr allein die alleinige oder gemeinsame Haushaltsführung entscheidend ist (BR-Drs. 541/16, 80). Nach der ermittelten Datenbasis ist die Einteilung danach vorgenommen worden, o die Leistungsberechtigten in Privathaushalten oder außerhalb von Wohnungen leben. Die **Regelbedarfsstufe 1** gilt für eine erwachsene leistungsberechtigte Person, die als alleinstehende oder alleinerziehende Person einen eigenen Haushalt führt (zur Verfassungsgemäßheit BSG 12.7.2012 – B 14 AS 153/11 R). Darunter fallen auch Personen, die in diesem Haushalt leben und der Regelbedarfsstufe 3 zuzuordnen sind. Der Unterschied zur Bedarfsstufe 3 bei diesen Personen besteht darin, dass sie weder einen eigenen Haushalt führen noch als Ehegatte oder Lebenspartner oder in eheähnlicher oder partnerschaftsähnlicher Gemeinschaft einen gemeinsamen Haushalt führen.

In der **Regelbedarfsstufe 2** kürzt sich der Regelbedarf der Stufe 1 auf jeweils **76** 90 %. Es wird hierbei berücksichtigt, dass beim gemeinsamen Wirtschaften von zwei erwachsenen Leistungsberechtigten, die als Ehegatten, Lebenspartner, in eheähnlicher oder lebenspartnerschaftlichen Gemeinschaft einen gemeinsamen Haushalt führen, Synergieeffekte entstehen (vgl. § 20 Abs. 3 SGB II, BSG 7.11.2006 – B 7b AS 18/06 R; BSG 28.3.2013 – B 4 AS 12/12 R; § 3 Abs. 3 RSV; BR-Drs.541/16, 81).

77    In der **Regelbedarfsstufe 3** ging es bisher um eine leistungsberechtigte erwachsene Person, die weder einen eigenen Haushalt führt, noch als Ehegatte, Lebenspartner oder in eheähnlicher oder partnerschaftsähnlichen Gemeinschaft einen gemeinsamen Haushalt führen. Bestimmend war die **eigene Haushaltsführung.** Das BSG (BSG 19.5.2009 – B 8 SO 8/08 R) hatte den Begriff des Haushaltsangehörigen aus Gründen des Gleichheitssatzes einschränkend interpretiert, um die Unterschiede zwischen den SGB XII- und SGB II-Beziehern auszugleichen (dagegen schon LSG Nds-Brem 24.10.2011 – L 8 SO 275/11 B ER).

78    Die Regelbedarfsstufe 3 ist **neu definiert** worden. Sie betrifft eine erwachsene Person, deren notwendiger Lebensunterhalt durch die Unterbringung in einer stationären Einrichtung bestimmt wird. Lebt ein erwachsenes, behindertes Kind im Haushalt seiner Eltern sollte es nach Auffassung des 8. Senats des BSG (23.7.2014 – B 8 SO 31/12 R), der Regelstufe 1 zu geordnet werden. Der Senat begründete seine Auffassung mit dem Hinweis auf Art. 3 Abs. 3 GG. Ausgeschlossen ist die Zuordnung dann, wenn das Kind keine eigenständige oder unwesentliche Beteiligung im Haushalt leistet. Hierzu soll den Leistungsträger die Beweislast treffen, obwohl es sich um die Sphäre des behinderten Menschen handelt (s. dazu die Kritik des BMAS – Rundschreiben 2014/7). Mit der jetzigen Neufassung der regelbedarfsstufe 3 hat der Gesetzgeber bewusst eine Abkehr von der Rspr. des BSG vorgenommen (BR-Drs.541/16, 83). Die Kürzung auf 80 % wird daraus abgeleitet, dass in einer Einrichtung weite Teile des Lebensunterhalts durch die Einrichtung erbracht werden.

## 4. Regelbedarf für Kinder und Jugendliche (§ 8 Abs. 1 Nr. 4–6 RBEG)

79    Die sachgerechte, nachvollziehbare Ableitung der **Regelbedarfe für Kinder,** die nach früherem Recht als „kleine Erwachsene" behandelt wurden und deren Regelbedarfe durch Abschläge des Eckregelsatzes festgesetzt wurden, ist ein zentrales Anliegen der Entscheidung des BVerfG gewesen. Denn das BVerfG hat es als methodisch nicht vertretbar angesehen, eine derartige Ableitung aus den Erwachsenenregelsätzen abzuleiten. Ihr Bedarf zur Sicherstellung des Existenzminimums hat sich an den kindlichen Entwicklungsphasen auszurichten und an dem, was für die Persönlichkeitsentwicklung eines Kindes erforderlich ist. Ein zusätzlicher Bedarf sei vor allem bei schulpflichtigen Kindern zu erwarten, weswegen der Verzicht aus die dritte Altersstufe nach bisherigem Recht als nicht nach vollziehbar angesehen worden ist. Die Verfassungswidrigkeit der bisherigen Regelungen werde auch nicht durch die spätere Einführung des § 24a SGB II a. F. aufgefangen

80    In § 8 RBEG sind für Kinder drei Regelbedarfsstufen vorgesehen, für die Altersgruppe der Kinder vom Beginn des 15. Lebensjahres bis zur Vollendung des 18. Lebensjahres (Abs. 1 Nr. 4), vom Beginn des 7. Lebensjahres bis zur Vollendung des 14. Lebensjahres (Abs. 1 Nr. 5) und für Kinder bis zur Vollendung des 6. Lebensjahres (Abs. 1 Nr. 6). Zur Verfassungsgemäßheit der Regelstufe für Kinder unter 6 Jahren, BSG 28.3.2013 – B 4 AS 12/12 R.

81    Gegen die bisherige Einteilung ist angeführt worden, dass der Bedarf eines Kindes immer noch nicht tatsächlich ermittelt worden sei. Kinder, die im Armutsrisiko leben würden, seien nicht der richtige Vergleichsmaßstab (zum Ganzen, *Rothkegel,* ZfSH/SGB 2011, 78 f.; s. jetzt aber BVerfG 23.7.2014 – 1 BvL 10/12 ua).

Entgegengehalten wurde, dass nach fachwissenschaftlichen Erkenntnissen eine **82** Stufung nach Entwicklungsstufen des Kindes und die Festlegung der Regelsätze generell erfolgen müsse und die vorgenommene Einteilung gerechtfertigt sei (*Siebel-Huffman*, in: Groth ua, Rn. 255). Es wurde auch eingeräumt, dass es im empirisch-methodischen Bereich dazu keine Übereinstimmung gibt (vgl. *Münder*, Soziale Sicherheit Extra, S. 85) und es wurde auf die Schwierigkeit bei der Ermittlung der Bedarfe von Kindern verwiesen, die darin liege, dass diese keinen eigenen Haushalt führen würden (*Siebel-Huffman*, in: Groth ua, Rn. 259). Ebenfalls wurde angeführt, dass bei der Ermittlung der Ausgaben für Kinder besondere Verteilungsschlüssel benutzt worden sind (zu den Einzelheiten s. *Siebel-Huffman*, in: Groth ua Rn. 260 f.). Damit war der Gesetzgeber bereits in der Vergangenheit der Forderung nach einer eigenständigen Ableitung der Regelbedarfe von Kindern nachgekommen.

## 5. Eigenanteil für die gemeinsame Mittagsverpflegung und Schülerbeförderungskoste (§ 9 RBEG)

Systematisch wenig überzeugend ist als § 9 RBEG aufgenommen worden, dass **83** für eine gemeinsame Mittagsverpflegung für Schüler in schulischer Verantwortung nach § 34 Abs. 6 SGB XII zur Ermittlung der Mehraufwendungen je Schultag für die ersparten häuslichen Verbrauchsausgaben für ein Mittagessen ein Betrag von einem Euro zu berücksichtigen ist. Damit wird gesetzlich ein Eigenanteil definiert. Für Kinder, die eine Kindertageseinrichtung besuchen, soll die Regelung entsprechend gelten. Die Vorschrift ist die Konsequenz daraus, dass nach § 34 Abs. 6 SGB XII diese Mehraufwendungen geleistet werden und damit ein Teil des Bedarfs für Kinder bereits abgedeckt ist. Eine Abstufung nach den Regelbedarfsstufen für Kinder und Jugendliche ist dabei nicht vorgesehen. Davon berührt ist nicht die Mittagsverpflegung der Eingliederungshilfe, soweit sie deren integraler Bestandteil ist (vgl. BSG 18.6.2008 – B 14 AS 22/07 R).

# VII. Gerichtliche Überprüfung

Durch die Festlegung der Regelbedarfsstufen in einem Parlamentsgesetz sind diese **84** entweder durch Richtervorlage (Art. 100 GG) oder durch ein abstraktes Normenkontrollverfahren verfassungsrechtlich zu überprüfen. Die leistungsberechtigte Person hat lediglich die Möglichkeit, gegen ein (letztinstanzlich) sozialgerichtliches Urteil Verfassungsbeschwerde einzulegen.

### Gesetz zur Ermittlung der Regelbedarfe nach § 28 des Zwölften Buches Sozialgesetzbuch (Regelbedarfs-Ermittlungsgesetz – REBG)
eingefügt durch G v. 22.12.2016 (BGBl. I S. 3159)

#### § 1 Grundsatz

(1) Zur Ermittlung pauschalierter Bedarfe für bedarfsabhängige und existenzsichernde bundesgesetzliche Leistungen werden entsprechend § 28 Absatz 1 bis 3 des Zwölften Buches Sozialgesetzbuch Sonderauswertungen der Einkommens- und Verbrauchsstichprobe 2013 zur Ermittlung der durchschnittlichen Verbrauchsausgaben einkommensschwacher Haushalte nach den §§ 2 bis 4 vorgenommen.

(2) Auf der Grundlage der Sonderauswertungen nach Absatz 1 werden nach § 28 Absatz 4 und 5 des Zwölften Buches Sozialgesetzbuch für das Zwölfte und das Zweite Buch Sozialgesetzbuch die Regelbedarfsstufen nach den §§ 5 bis 8 ermittelt.

**1** Die Vorschrift greift die in § 28 geregelten Vorgaben auf. Eine wirkliche eigenständige Bedeutung hat sie nicht. Sie gilt seit dem 1.1.2017. Der Gesetzgeber ist mit § 28 und den §§ 28a und § 28b der Forderung des BVerfG (9.2.2010 − 1 BvL 1/09) nachgekommen, die Bestimmung der Regelsätze nicht nur im Verordnungswege festzulegen. Die Festlegung der Regelsätze durch Verordnung und nicht durch Gesetz ist damit seit langem Geschichte.

**2** Es handelt sich um eine Grundsatznorm (so schon für § 1 REBG, *Gutzler*, jurisPK-SGB XII, § 1 REBG Rn. 6), in der noch einmal wiederholt wird, dass es um die Ermittlung der pauschalierten Bedarfe für bedarfsabhängige und existenzsichernde Leistungen geht. Programtisch wird auf die Ermittlung der durchschnittlichen Verbrauchsausgaben einkommensschwacher Haushalte, die auf der Verbrauchstichprobe 2013 erfolgt und die in den §§ 2 bis 4 vorgenommen wird.

**3** Auf der Grundlage der Sonderauswertungen sollen die Regelbedarfsstufen für Einpersonenhaushalte (§ 5), Familienhaushalte (§ 6), die Fortschreibung der regelbedarfsrelevanten Verbrauchsausgaben (§ 7) sowie der Regelbedarfsstufen (§ 8) ermittelt werden.

#### § 2 Zugrundeliegende Haushaltstypen

Der Ermittlung der Regelbedarfsstufen nach der Anlage zu § 28 des Zwölften Buches Sozialgesetzbuch liegen die Verbrauchsausgaben folgender Haushaltstypen zugrunde:
1. Haushalte, in denen eine erwachsene Person allein lebt (Einpersonenhaushalte), und
2. Haushalte, in denen ein Paar mit einem minderjährigen Kind lebt (Familienhaushalte).

Die Haushalte nach Satz 1 Nummer 2 werden nach Altersgruppen der Kinder differenziert. Die Altersgruppen umfassen die Zeit bis zur Vollendung des sechsten Lebensjahres, vom Beginn des siebten bis zur Vollendung des 14. Lebensjahres sowie vom Beginn des 15. bis zur Vollendung des 18. Lebensjahres.

**1** Während in § 28 Abs. 3 noch von Referenzhaushalten die Rede ist (s. dazu die Kritik von *Gutzler*, jurisPK-SGB XII, § 2 REBG Rn. 8), ist die Vorschrift jetzt zutreffender mit Haushaltstypen überschrieben.

**2** Die Bestimmung setzt die Vorgabe des § 28 um (BR–Drs. 541/16, 28). Sonderauswertungen sind für Einpersonenhaushalte und Familienhaushalte vorzunehmen. In Familienhaushalten leben zwei Erwachsenen und Kinder unter 18 Jahren. Bei den Kindern wird nach verschiedenen Altersstufen differenziert. Hierzu wird auf § 8 verwiesen.

#### § 3 Auszuschließende Haushalte

(1) Von den Haushalten nach § 2 sind vor Abgrenzung der Referenzhaushalte diejenigen Haushalte auszuschließen, in denen Leistungsberechtigte leben, die im Erhebungszeitraum eine der folgenden Leistungen bezogen haben:
1. Hilfe zum Lebensunterhalt nach dem Dritten Kapitel des Zwölften Buches Sozialgesetzbuch,
2. Grundsicherung im Alter und bei Erwerbsminderung nach dem Vierten Kapitel des Zwölften Buches Sozialgesetzbuch
3. Arbeitslosengeld II oder Sozialgeld nach dem Zweiten Buch Sozialgesetzbuch.

(2) Nicht auszuschließen sind Haushalte, in denen Leistungsberechtigte leben, die im Erhebungszeitraum zusätzlich zu den Leistungen nach Absatz 1 Nummer 1 bis 3 Erwerbseinkommen bezogen haben.

Schon nach der bisher geltenden Rechtslage mussten bestimmte Haushalte für **1** die Ermittlung der Referenzgruppen ausgeschlossen werden (BR-Drs. 541/16, 28). Dieser Ausschluss hat seinen Grund darin, dass Zirkelschlüsse zu vermeiden sind. Diese würden entstehen, wenn die Leistungen für bedürftige Haushalte von den Verbrauchsausgaben dieser Haushalte selbst abgeleitet würden.

Nach Abs. 1 werden zur Bedarfsermittlung alle Haushalte der in diesem Absatz **2** aufgeführten Gruppen ausgeschlossen. Dazu gehören aber auch alle Personen oder Haushalte, die durch eigenes Einkommen bis zur Höhe des nach dem SGB XII oder SGB II zugebilligten Einkommens aufstocken.

Nach Abs. 2 nicht ausgeschlossen sind Haushalte, mit SGB II oder SGB XII -Leis- **3** tungsbezug, die zusammen mit eigenen Einkommen ein höheres Gesamteinkommen erzielen, als es dem nach dem SGB II und SGB XII gewährtem Bedarf entspricht. Die Berücksichtigung des Referenzeinkommens ist von entscheidender Bedeutung. Je enger sie erfolgt, umso mehr werden Personen von einer Teilhabe ausgeschlossen (*Becker*, Friedrich-Ebert-Stiftung, Oktober 2010, S. 8). Erfasst werden sollen jene Personen, die bestehende Absetzbeträge ihres Einkommens (§ 11b SGB II oder § 82 SGB XII) beanspruchen können. Sie werden nicht aus der Grundgesamtheit der Haushalte ausgeschlossen, wenn sie Einkommen aus Erwerbstätigkeit erzielen. Zum methodischen Vorgehen beruft sich der Gesetzgeber (BR-DRs. 4541/16, 28 f.) auf dessen Billigung durch das BVerfG (23.7.2014 – 1 BvR 10/12 ua Rn. 104). Man kann diese Vorgehensweise kritisieren, sie hält sich jedoch in dem vom BVerfG gebilligten Rahmen.

Ausgeschlossen sind faktisch die sog. verdeckten Armen (s. dazu auch *Gutzler*, **4** jurisPK-SGB XII, § 3 REBG Rn. 15). Es sind die Personen, die nach ihrer Einkommens – und Vermögenssituation ein Anrecht auf Leistungen nach dem SGB II oder vornehmlich nach dem SGB XII haben, diese Leistungen aber nicht in Anspruch nehmen. Nach Auffassung des Gesetzgebers können diese Fälle nicht statistisch nicht erfasst werden, sondern nur in Form von Modellrechnungen mit hoher Fehleranfälligkeit simuliert werden. Hierzu beruft sich der Gesetzgeber auf ein vom Bundesministerium für Arbeit und Soziales in Auftrag gegebenes Forschungsprojekt (BR-Drs. 541/16, 29). damit bleibt er bei aller möglichen rechtspolitischen Kritik im Rahmen seiner von der Rspr. akzeptierten Einschätzungsprärogative (schon zuvor kritisch *Becker*, Friedrich-Ebert-Stiftung, Oktober 20110, S. 20).

### § 4 Abgrenzung der Referenzgruppen

(1) [1]Die nach dem Ausschluss von Haushalten nach § 3 verbleibenden Haushalte werden je Haushaltstyp nach § 2 Satz 1 Nummer 1 und 2 nach ihrem Nettoeinkommen aufsteigend geschichtet. [2]Als Referenzhaushalte werden berücksichtigt:
1. von den Einpersonenhaushalten die unteren 15 Prozent der Haushalte und
2. von den Familienhaushalten jeweils die unteren 20 Prozent der Haushalte.

(2) Die Referenzhaushalte eines Haushaltstyps bilden jeweils eine Referenzgruppe.

Ziel der Vorschrift ist es, die Referenzhaushalte so auszuwählen, dass sie sich **1** zur Ermittlung des Existenzminimums eignen. Es müssen Haushalte mit niedrigem Einkommen vertreten sein. Die gewählte Vorgehensweise in § 4 entspricht der, die bereits im REGB 2011 angewendet worden ist.

Der Gesetzgeber beruft sich bei der Bildung der Einpersonenhaushalte, die aus **2** denjenigen 15 Prozent der – um die SGB II und SG XII bereinigten und nach ihrem Nettoeinkommen aufsteigend geschichteten -Einpersonenhaushalte mit den niedrigsten Einkommen gebildet werden, auf eine vom BVerfG (23.7.2014 – 1 BvL 10/12 ua) gebilligte Vorgehensweise (BR-Drs. 541/16, 30).

3 Bei der Bildung der Familienhaushalte wird kritisch gesehen, dass Haushalte, die ihren Lebensunterhalt vorübergehend aus Sozialhilfeleistungen bestritten haben, nicht angemessen erfasst werden (*Becker*, Friedrich-Ebert-Stiftung, Oktober 2010, S. 20), was letztlich dem Statistikmodell mit hinzunehmenden Ungenauigkeiten geschuldet ist.

4 Nach Auffassung des Gesetzgebers wird bei den Einpersonenhaushalten mit 8 Prozent ein erheblicher größerer Teil der SGB II- und SGB XII-Haushalte ausgeschlossen als bei den übrigen Haushalten. Bei den übrigen Haushalten werden nur zwischen rund 1 und 3 Prozent der SGB-II- und SGB-XII- Haushalte ausgeschlossen.

5 Berechnung des Anteils der bei Regelbedarfsermittlung berücksichtigen Haushalte auf Basis der EVS 2013, hochgerechnete Zahl der Haushalte in 1 000:

| | | Einpersonen-haushalte | Haushalt von Paaren mit Kind nach Kindesalter in 1000 | | |
|---|---|---|---|---|---|
| | | | bis unter 6 Jahre | 6 bis unter 14 Jahre | 14 bis unter 18 Jahre |
| A | Haushalte insgesamt | 16024 | 1257 | 669 | 452 |
| B | Ausgeschlossene Haushalte[1] | 1282 | 37 | 16 | 4 |
| C=A + B | Basis der Referenzhaushalte | 14742 | 1220 | 653 | 448 |
| E | Ausgeschlossene Haushalte unterhalb der Referenzgruppenobergrenze | 1100 | 37 | 16 | 4 |
| F=D + E[2] | Gesamtzahl der Haushalte unterhalb der Referenzgruppenobergrenze | 3306 | 280 | 147 | 94 |
| G=F/A | Anteil der Haushalte unter der Referenzgruppen-obergrenze | 20,6 % | 22,3 % | 22,0 % | 20,8 % |
| Nachricht-lich: Grenz-einkommen in Euro[3] | | 952,33 | 2533,00 | 2663,33 | 2800,67 |

[1] Haushalte mit Regelleistungen nach SGB II und SGB XII, wenn sie nicht zusätzliches Erwerbseinkommen erzielten.

[2] Abweichungen der Summe gegenüber den einzelnen Zeilen zu D und E ist rundungsbedingt.

[3] Das Grenzeinkommen ist das höchste Einkommen in der jeweiligen Referenzgruppe.

Quelle: Berechnungen des Statistischen Bundesamtes im Rahmen der Sonderauswertungen des EVS 2013

6 Zu den Einpersonenhaushalten wird erklärt, dass sich die Differenz zwischen allen vorab ausgeschlossenen Haushalten (B) und den vorab ausgeschlossenen Haushalten unterhalb des Grenzeinkommens der Referenzhaushalte (E) durch außergewöhnlich hohe Wohnkosten oder Mehrbedarfe eines Teils der SGB-II- und SGB-XII-Bezieher ergibt, so dass deren Gesamtausgaben (=Gesamtbedarf) oberhalb des Grenzeinkom-

mens von 952,33 EUR im Monat liegt. Bei Mehrpersonenhaushalten wie Paaren mit einem Kind tritt dieser Effekt nicht auf, weil die genannten bedarfserhöhenden Komponenten bezogen auf den Gesamtbedarf eine geringere Bedeutung haben als bei Einpersonenhaushalten.

Die in Absatz 2 vorgenommene Definition der Referenzgruppen dient der Klar- **7** stellung. Ein Vergleich der Entwicklung der regelbedarfsrelevanten Konsumausgaben mit der Entwicklung der in der EVS erfassten Konsumausgaben der Gesamtbevölkerung zeigt, dass die Entwicklung der Ausgaben der Referenzgruppen nicht hinter der allgemeinen Entwicklung zurückgeblieben ist.

Ferner wird in den Materialen festgehalten, dass der regelbedarfsrelevante Konsum **8** von 2008 auf 2013 bei den Alleinlebenden um 9,1 % und bei Paaren mit Kind zwischen 7,7 % und 17,2 % gestiegen war. Dagegen sollen die in der EVS vom Statischen Bundesamt ermittelten durchschnittlichen privaten Konsumausgaben aller privaten Haushalte von 2008 auf 2013 – ohne die nach dem Regelbedarf gewährten Ausgaben für Unterkunft und Heizung – mit 6,5 % deutlich geringer.

### § 5 Regelbedarfsrelevante Verbrauchsausgaben der Einpersonenhaushalte

(1) Von den Verbrauchsausgaben der Referenzgruppe der Einpersonenhaushalte nach § 4 Absatz 1 Satz 2 Nummer 1 werden für die Ermittlung des Regelbedarfs folgende Verbrauchsausgaben der einzelnen Abteilungen aus der Sonderauswertung für Einpersonenhaushalte der Einkommens- und Verbrauchsstichprobe 2013 für den Regelbedarf berücksichtigt (regelbedarfsrelevant):

| | |
|---|---|
| Abteilung 1 und 2 (Nahrungsmittel, Getränke, Tabakwaren) | 137,66 Euro |
| Abteilung 3 (Bekleidung und Schuhe) | 34,60 Euro |
| Abteilung 4 (Wohnen, Energie und Wohnungsinstandhaltung) | 35,01 Euro |
| Abteilung 5 (Innenausstattung, Haushaltsgeräte und -gegenstände, laufende Haushaltsführung) | 24,34 Euro |
| Abteilung 6 (Gesundheitspflege) | 15,00 Euro |
| Abteilung 7 (Verkehr) | 32,90 Euro |
| Abteilung 8 (Nachrichtenübermittlung) | 35,31 Euro |
| Abteilung 9 (Freizeit, Unterhaltung, Kultur) | 37,88 Euro |
| Abteilung 10 (Bildungswesen) | 1,01 Euro |
| Abteilung 11 (Beherbergungs- und Gaststättendienstleistungen) | 9,82 Euro |
| Abteilung 12 (Andere Waren und Dienstleistungen) | 31,31 Euro |

(2) Die Summe der regelbedarfsrelevanten Verbrauchsausgaben der Einpersonenhaushalte nach Absatz 1 beträgt 394,84 Euro.

Die Auswahl und Berechnung der regelrelevanten Positionen orientiert sich an **1** dem RBEG 2011

Wie beim REGB 2011 sind Tabakwaren und alkoholische Getränke substituiert **2** worden. Statt der Ausgaben für Alkohol wird die mit dem alkoholischen Getränk verbundene Flüssigkeitsmenge als regelsatzrelevant eingestuft (BR-Drs. 541/16, 32). Berücksichtigt sind gemessen am Preis für Mineralwasser/nichtalkoholische Getränke 3,63 EUR.

Für die Abteilung 03 (Bekleidung und Schuhe für Erwachsene) sind in der Summe **3** 34,60 EUR ermittelt worden. Hierzu heißt es im Einzelnen (BR-Drs. 541/16, 34): Die Verbrauchsausgaben der Position „Chemische Reinigung von Kleidung, Waschen, Bügeln und Färben" werden weiterhin nicht als regelbedarfsrelevant berücksichtigt. Saubere Wäsche und Bekleidung zählen zwar zum Existenzminimum und werden durch das häusliche Wäschewaschen und – erforderlichenfalls – Bügeln gewährleistet. Hierfür werden jedoch Ausgaben für die Anschaffung einer Wasch- und Bügelmaschine (Tabelle zu Abteilung 05, regelbedarfsrelevante Position 24) sowie die Ausgaben für Waschmittel (Verbrauchsgüter für die Haushaltsführung, Tabelle zu Abteilung 05, regelbedarfsrelevante Position 33) in vollem Umfang berücksichtigt. Ferner werden die Verbrauchsausgaben für den Kauf von Bekleidung einschließlich Reparaturen und Änderungen in vollem Umfang berücksichtigt. Die Kosten für eine chemische Reinigung dienen hingegen nicht der Existenzsicherung (zur Begründung siehe BT-Drs. 17/3404, 54 f.). Das BVerfG hat dieses Vorgehen in seinem Beschluss vom 23.7.2014 gebilligt (BVerfG 23.7.2014 – 1 BvL 10/12, 1 BvL 12/12, 1 BvR 1691/13).

4   Für Wohnen, Energie und Wohninstandhaltung mit Sonderauswertung Strom (Haushalte, die nicht mit Strom heizen) sind 35,01 EUR eingesetzt worden.

5   Eine Sonderauswertung wurde für die Haushalte der Referenzgruppe durchgeführt, die mit Strom heizen.

6   Der Betrag der regelsatzrelevanten Ausgaben in Abteilung 05 für Erwachsene (Innenausstattung, Haushaltsgeräte und -gegenstände, laufende Haushaltsführung) ist auf 24,34 EUR ermittelt worden. Als nicht regelsatzrelevant sind die Verbrauchspositionen Kinderbetreuung durch Privatpersonen, motorgetriebene Gartengeräte oder Ausrüstungsgegenstände angesehen worden. Als nicht mindestsichernd sind Ausgaben für die Unterhaltung eines Gartens angesehen worden. Als regelsatzrelevant sind Verbrauchspositionen Elektrische Werkzeuge und Nicht elektrische Werkzeuge anerkannt, so dass Reparaturen berücksichtigt wurden.

7   Die Position Anfertigen sowie fremde Reparaturen von Heimtextilien ist nicht als existenzsichernd eingestuft worden. Soweit es um Gardinen und Vorhänge gehen könnte, werden diese bei einem Umzug oder einem Schadensereignis als Beihilfe anerkannt.

8   Für die Gesundheitspflege werden 15,00 EUR anerkannt, weil Verbrauchsausgaben wir Praxisgebühr entfallen sind und Verbrauchsausgaben für Zahnersatz Materialkosten in vollem Umfang von der Krankenversicherung bzw. durch die Hilfen zur Gesundheit abgedeckt werden (BR-Drs. 541/16, 38).

9   Für die Abteilung 07 (Ausgaben für Verkehr) sind 32,90 EUR vorgesehen. Für diese Ermittlung des regelsatzrelevanten Verbrauchs ist durch das Statistische Bundesamt eine Sonderauswertung für die Referenzhaushalte ohne Ausgaben für Kraftstoffe und Schmiermittel durchgeführt worden. Damit ist die Nutzung eines PKWs oder eines Motorrades ausgeschlossen. Gleiches gilt für Urlaubsreisen. Für das SGB II wird darauf verwiesen, dass die Personen, die für ihre Erwerbstätigkeit einen PKW benötigen, steuerrechtliche Werbungskosten geltend machen können. Im SGB XII sind Leistungen für einen PKW nicht vorgesehen. Das BVerfG hat die Entscheidung des Gesetzgebers, ein Kraftfahrzeug grundsätzlich nicht als existenzsichernd anzusehen, als vertretbar gebilligt (BVerfG 23.7.2014 – 1 BvL 10/12 ua). Allerdings sei Mobilität nicht nur soziokulturell bedeutsam, um Teilhabe zu ermöglichen, sondern zum Beispiel in Lebenssituationen außerhalb der Kernortschaften mit entsprechender Infrastruktur auch mitunter erforderlich, um die Bedarfe des täglichen Lebens zu sichern. Künftig müsse der Gesetzgeber auch mit Blick auf die Lebenshaltungskosten sicherstellen, dass der existenzsichernde Mobilitätsbedarf tatsächlich gedeckt werden könne.

10   Bei den Berechnungen zum Bedarf an öffentlichen Verkehrsleistungen greift der Gesetzgeber die vom BVerfG im Beschluss vom 23.7.2013 (1 BvL 10712 ua) aufgestellten Anforderungen auf und modifiziert die Berechnungen. Die gewählte Berechnungsweise entspricht den Berechnungen von *Münder*, Soziale Sicherheit, September 2011, S. 75 f.

11   Für die Nachrichtenübermittlung (Abteilung 08) sind 35,31 EUR festgelegt worden. Die Ausgaben für den Kauf von Kommunikationsgeräten sowie die Ausgaben

für Post – und Paketdienstleistungen sind vollständig als regelbedarfsrelevant anerkannt worden (BR-Drs 541/16, 41). Die Ausgaben je Haushalt sind für eine Flatrate
für Festnetz und Internet berücksichtigt.

Die Verbrauchsausgaben für die Abteilung 09 (Freizeit, Unterhaltung, Kultur) **12**
sind mit 37,88 EUR angesetzt worden. Die Vorgehensweise entspricht der RBEG
2011 (BR-Drs. 541/16, 43). Herausgenommen sind Ausgaben für Camping, Garten
und Pauschalreisen sowie Ausgaben für Schnittblumen, Haustiere und Glücksspiele.
Als nicht relevant sind Ausgaben für Kabelfernseher, Pay-TV und die Miete/Leihge-
bühr für Videogeräte und Videofilme angenommen worden.

Regelsatzrelevante Ausgaben in Abteilung 10 für Erwachsene (Bildung) betragen **13**
1,01 EUR.

Die Summe der regelsatzrelevanten Ausgaben für Beherbergungs- und Gaststät- **14**
tendienstleistungen (Abteilung 11) weist einen Betrag von 9,82 EUR aus.

In der Abteilung 12 ist für Waren und Dienstleistungen ein Betrag von 31,31 **15**
EUR eingesetzt worden. Güter und Dienstleistungen für Körperpflege sind in vollem Umfang anerkannt worden, ebenso der Posten Uhren und deren Reparatur.

### § 6 Regelbedarfsrelevante Verbrauchsausgaben der Familienhaushalte

(1) Von den Verbrauchsausgaben der Referenzgruppen der Familienhaushalte
nach § 4 Absatz 1 Satz 2 Nummer 2 werden bei Kindern und Jugendlichen folgende
Verbrauchsausgaben der einzelnen Abteilungen aus den Sonderauswertungen für
Familienhaushalte der Einkommens- und Verbrauchsstichprobe 2013 als regelbedarfsrelevant berücksichtigt:

1. Kinder bis zur Vollendung des sechsten Lebensjahres:

| | |
|---|---|
| Abteilung 1 und 2 (Nahrungsmittel, Getränke, Tabakwaren) | 79,95 Euro |
| Abteilung 3 (Bekleidung und Schuhe) | 36,25 Euro |
| Abteilung 4 (Wohnen, Energie und Wohnungsinstandhaltung) | 8,48 Euro |
| Abteilung 5 (Innenausstattung, Haushaltsgeräte und -gegenstände, laufende Haushaltsführung) | 12,73 Euro |
| Abteilung 6 (Gesundheitspflege) | 7,21 Euro |
| Abteilung 7 (Verkehr) | 25,79 Euro |
| Abteilung 8 (Nachrichtenübermittlung) | 12,64 Euro |
| Abteilung 9 (Freizeit, Unterhaltung, Kultur) | 32,89 Euro |
| Abteilung 10 (Bildungswesen) | 0,68 Euro |
| Abteilung 11 (Beherbergungs- und Gaststättendienstleistungen) | 2,16 Euro |
| Abteilung 12 (Andere Waren und Dienstleistungen) | 9,30 Euro |

2. Kinder vom Beginn des siebten bis zur Vollendung des 14. Lebensjahres:

| | |
|---|---|
| Abteilung 1 und 2 (Nahrungsmittel, Getränke, Tabakwaren) | 113,77 Euro |
| Abteilung 3 (Bekleidung und Schuhe) | 41,83 Euro |
| Abteilung 4 (Wohnen, Energie und Wohnungsinstandhaltung) | 15,18 Euro |
| Abteilung 5 (Innenausstattung, Haushaltsgeräte und -gegenstände, laufende Haushaltsführung) | 9,24 Euro |
| Abteilung 6 (Gesundheitspflege) | 7,07 Euro |
| Abteilung 7 (Verkehr) | 26,49 Euro |
| Abteilung 8 (Nachrichtenübermittlung) | 13,60 Euro |
| Abteilung 9 (Freizeit, Unterhaltung, Kultur) | 40,16 Euro |

| | |
|---|---|
| Abteilung 10 (Bildungswesen) | 0,50 Euro |
| Abteilung 11 (Beherbergungs- und Gaststättendienstleistungen) | 4,77 Euro |
| Abteilung 12 (Andere Waren und Dienstleistungen) | 9,03 Euro |

3. Jugendliche vom Beginn des 15. bis zur Vollendung des 18. Lebensjahres:

| | |
|---|---|
| Abteilung 1 und 2 (Nahrungsmittel, Getränke, Tabakwaren) | 141,58 Euro |
| Abteilung 3 (Bekleidung und Schuhe) | 37,80 Euro |
| Abteilung 4 (Wohnen, Energie und Wohnungsinstandhaltung) | 23,05 Euro |
| Abteilung 5 (Innenausstattung, Haushaltsgeräte und -gegenstände, laufende Haushaltsführung) | 12,73 Euro |
| Abteilung 6 (Gesundheitspflege) | 7,52 Euro |
| Abteilung 7 (Verkehr) | 13,28 Euro |
| Abteilung 8 (Nachrichtenübermittlung) | 14,77 Euro |
| Abteilung 9 (Freizeit, Unterhaltung, Kultur) | 31,87 Euro |
| Abteilung 10 (Bildungswesen) | 0,22 Euro |
| Abteilung 11 (Beherbergungs- und Gaststättendienstleistungen) | 6,38 Euro |
| Abteilung 12 (Andere Waren und Dienstleistungen) | 11,61 Euro |

(2) Die Summe der regelbedarfsrelevanten Verbrauchsausgaben, die im Familienhaushalt Kindern und Jugendlichen zugerechnet werden, beträgt

1. nach Absatz 1 Nummer 1 für Kinder bis zur Vollendung des sechsten Lebensjahres 228,08 Euro,
2. nach Absatz 1 Nummer 2 für Kinder vom Beginn des siebten bis zur Vollendung des 14. Lebensjahres 281,64 Euro und
3. nach Absatz 1 Nummer 3 für Jugendliche vom Beginn des 15. bis zur Vollendung des 18. Lebensjahres 300,81 Euro.

**1**  Der Gesetzgeber hat sich von folgenden Überlegungen leiten (BR-Drs. 541/16, 47 f.):

**2**  In der EVS werden die Ausgaben für den privaten Verbrauch nur für den Haushalt insgesamt erfasst. Daher sind ausschließlich beim Einpersonenhaushalt alle Verbrauchsausgaben eindeutig der im Haushalt lebenden Person zuzuordnen. Bei Mehrpersonenhaushalten sind dagegen nur wenige Verbrauchsausgaben direkt den einzelnen im Haushalt lebenden Personen zuzuordnen. Für die Ermittlung von Regelbedarfen für Kinder und Jugendliche auf der Grundlage von Sonderauswertungen der EVS müssen deshalb die Verbrauchsaus-gaben der Familienhaushalte herangezogen werden, da die Ausgaben für Kinder nicht einzeln statistisch erhoben werden können, sondern in den Haushaltsausgaben von Familien mit Kindern enthalten sind. Dies bedeutet aber auch, dass bei Haushalten mit Kindern der überwiegende Teil der Verbrauchsausgaben nicht direkt und unmittelbar auf Erwachsene und Kinder aufgeteilt werden kann. Eine Aufteilung der Verbrauchsausgaben auf das Kind und die Erwachsenen durch die in Es würde einen erheblichen Zusatzaufwand für die Befragten erfordern, wenn sie für jeden (Groß-) Einkauf eine solche individuelle Aufteilung vornehmen müssten.

**3**  Die Aufteilung wäre stets subjektiv, da konkrete und objektive Vorgaben von Seiten des Statistischen Bundesamtes nicht gemacht werden könnten. Die Aufteilung würde deshalb nach individuellen Einschätzungen erfolgen, was die Vergleichbarkeit der Ergebnisse in Frage stellen würde. Angesichts der Anforderungen und des Aufwands einer Aufteilung auf Familienmitglieder müsste damit gerechnet werden, dass die befragten Haushalte überfordert würden. Würde eine solche Überforderung auch subjektiv empfunden, könnte dies zu einer abnehmenden Bereitschaft der

Teilnehmer führen, bis zum Ende des Erhebungszeitraums eine möglichst exakte Aufteilung vorzunehmen. Erhöhte Anforderungen an das Führen der Haushaltsbücher können zu einer sinkenden Bereitschaft zur freiwilligen Teilnahme an der EVS führen. Dies gilt es im Interesse der Aufrechterhaltung der Qualität der Ergebnisse einer EVS zu vermeiden. Im Ergebnis ist deshalb nur eine normative Festlegung für die Verteilung der Haushaltsausgaben auf Erwachsene und Kinder im Haushalt möglich. Um die regelbedarfsrelevanten Verbrauchsausgaben für ein Kind zu ermitteln, ist eine sachgerechte Aufteilung der Verbrauchsausgaben zwischen Erwachsenen und Kindern nur bei Familien mit einem Kind möglich. Die Zuordnung der Verbrauchsausgaben der Familienhaushalte auf die im Haushalt lebenden Personen – zwei erwachsene Personen und ein Kind – erfolgt – wie im RBEG 2011 auf der Grundlage der Studie „Kosten eines Kindes", die im Auftrag des Bundesministeriums für Familie Senioren, Frauen und Jugend (BMFSFJ) erstellt wurde (vgl. BT-Drs. 17/3404, 64 ff.).

Regelsatzrelevante Ausgaben für Kinder                                                        4

| Abteilung | Unter 6 Jahren | 5 bis 14 Jahre | 14 bis 18 Jahre |
|-----------|----------------|----------------|-----------------|
| 01 | 79,95 | 113,77 | 141,58 |
| 02 | | | |
| 03 | 36,25 | 41,83 | 37,80 |
| 04 | 8,48 | 15,18 | 23,05 |
| 05 | 12,73 | 9,24 | 12,73 |
| 06 | 7,21 | 7,07 | 7,52 |
| 07 | 25,79 | 26,49 | 13,28 |
| 08 | 12,64 | 13,60 | 14,77 |
| 09 | 32,89 | 40,16 | 31,87 |
| 10 | 0,68 | 0,50 | 0,22 |
| 11 | 2,16 | 4,77 | 6,38 |
| 12 | 9,30 | 9,03 | 11,61 |

## § 7 Fortschreibung der regelbedarfsrelevanten Verbrauchsausgaben

(1) Die Summen der für das Jahr 2013 ermittelten regelbedarfsrelevanten Verbrauchsausgaben nach § 5 Absatz 2 und § 6 Absatz 2 werden entsprechend der Fortschreibung der Regelbedarfsstufen nach § 28a des Zwölften Buches Sozialgesetzbuch fortgeschrieben.

(2) [1]Abweichend von § 28a des Zwölften Buches Sozialgesetzbuch bestimmt sich die Veränderungsrate des Mischindex für die Fortschreibung zum 1. Januar 2017 aus der Entwicklung der regelbedarfsrelevanten Preise und der Nettolöhne und -gehälter je Arbeitnehmer nach den Volkswirtschaftlichen Gesamtrechnungen vom Zeitraum Januar bis Dezember 2013 bis zum Zeitraum Juli 2015 bis Juni 2016. [2]Die entsprechende Veränderungsrate beträgt 3,46 Prozent.

(3) Aufgrund der Fortschreibung nach Absatz 2 und in Anwendung der Rundungsregelung nach § 28 Absatz 5 Satz 2 des Zwölften Buches Sozialgesetzbuch beläuft sich die Summe der regelbedarfsrelevanten Verbrauchsausgaben für Erwachsene nach § 5 Absatz 2 auf 409 Euro.

(4) Aufgrund der Fortschreibung nach Absatz 2 und in Anwendung der Rundungsregelung nach § 28 Absatz 5 Satz 2 des Zwölften Buches Sozialgesetzbuch beläuft sich

die Summe der regelbedarfsrelevanten Verbrauchsausgaben für Kinder und Jugendliche

1. bis zur Vollendung des sechsten Lebensjahres nach § 6 Absatz 2 Nummer 1 auf 236 Euro
2. vom Beginn des siebten bis zur Vollendung des 14. Lebensjahres nach § 6 Absatz 2 Nummer 2 auf 291 Euro und
3. vom Beginn des 15. bis zur Vollendung des 18. Lebensjahres nach § 6 Absatz 2 Nummer 3 auf 311 Euro.

**1**   Mit dem Mischindex soll gewährleistet werden, dass ein Ausgleich sowohl von Preisentwicklung als auch von einer Wohlstandsentwicklung stattfindet.

### § 8 Regelbedarfsstufen

(1) [1]Die Regelbedarfsstufen nach der Anlage zu § 28 des Zwölften Buches Sozialgesetzbuch belaufen sich zum 1. Januar 2017

1. in der Regelbedarfsstufe 1 auf 409 Euro für jede erwachsene Person, die in einer Wohnung lebt und für die nicht Nummer 2 gilt,
2. in der Regelbedarfsstufe 2 auf 368 Euro für jede erwachsene Person, wenn sie in einer Wohnung mit einem Ehegatten oder Lebenspartner oder in eheähnlicher oder lebenspartnerschaftsähnlicher Gemeinschaft mit einem Partner zusammenlebt,
3. in der Regelbedarfsstufe 3 auf 327 Euro für eine erwachsene Person, deren notwendiger Lebensunterhalt sich nach § 27b des Zwölften Buches Sozialgesetzbuch bestimmt (Unterbringung in einer stationären Einrichtung),
4. in der Regelbedarfsstufe 4 auf 311 Euro für eine Jugendliche oder einen Jugendlichen vom Beginn des 15. bis zur Vollendung des 18. Lebensjahres,
5. in der Regelbedarfsstufe 5 auf 291 Euro für ein Kind vom Beginn des siebten bis zur Vollendung des 14. Lebensjahres und
6. in der Regelbedarfsstufe 6 auf 236 Euro für ein Kind bis zur Vollendung des sechsten Lebensjahres.

[2]Wohnung nach Satz 1 Nummer 1 und 2 ist die Zusammenfassung mehrerer Räume, die von anderen Wohnungen oder Wohnräumen baulich getrennt sind und die in ihrer Gesamtheit alle für die Führung eines Haushalts notwendigen Einrichtungen, Ausstattungen und Räumlichkeiten umfassen.

(2) Für die Regelbedarfsstufe 6 tritt zum 1. Januar 2017 in der Anlage zu § 28 des Zwölften Buches Sozialgesetzbuch an die Stelle des Betrages nach Absatz 1 Satz 1 Nummer 6 der Betrag von 237 Euro. Satz 1 ist anzuwenden, bis der Betrag für die Regelbedarfsstufe 6 nach Absatz 1 Satz 1 Nummer 6 aufgrund der Fortschreibungen nach § 134 des Zwölften Buches Sozialgesetzbuch einen höheren Betrag ergibt.

**1**   Die Definition der Regelbedarfsstufen hat sich zum bisherigen Recht geändert. In der Neufassung der Regelbedarfsstufen 1 bis 3 ist für die Abgrenzung nicht mehr die gemeinsame Haushaltsführung, sondern ob der Leistungsberechtigte in einem Privathaushalt und damit in einer Wohnung oder außerhalb einer Wohnung lebt (BR-Drs. 541/16, 80).

**2**   Abweichend von der bisherigen Rspr. (BSG 23.7.2014 – B 8 SO 14/13 R) soll es, wenn mehrere Erwachsene in einer Wohnung zusammenleben und kein Fall der Nr. 2 vorliegt, auf die tatsächliche und nachweisbare finanzielle Beteiligung an der Haushaltsführung ankommen. Hierdurch sollen Einsparungen, die aus dem Zusammenleben und Zusammenwirtschaften von mehreren Personen entstehen, berücksichtigt werden. Damit kommt es nicht mehr auf die Verrichtung haushaltsbezogener Tätigkeiten an.

Die Neuabgrenzung der regelbedarfsstufen für Erwachsene basiert auf der einfa-　3 chen Unterscheidung, ob Erwachsenen allein oder in einer Mehrpersonenkonstellation in einer Wohung leben und im Fall einer Mehrpersonenkonstellation, ob sie als Partner zusammenleben. Damit kommt es für die Zuordnung der Regelbedarfsstufen nicht mehr darauf an, ob in einer Wohnung ein oder mehrere Haushalte bestehen können und welche Auswirkungen dies für die maßgebliche Regelbedarfsstufe hat zum Ganzen BR-Drs. 514/16, S 81).

Die Regelbedarfsstufe 1 betrifft alle Erwachsene, die allein, mit Kindern oder mit　4 anderen Erwachsenen in einer Wohnung leben.

Bei der Regelbedarfsstufe 2 beruft sich der Gesetzgeber auf die vom BVerfG　5 (9.2.2010 – 1 BvL 1/09 ua) gebilligte Relation. Außerdem ist hierzu ein wissenschaftliches Gutachten angefertigt worden.

Abs. 2 sieht eine Bestandsschutzregelung vor, die an § 137 gekoppelt ist.　6

### § 9 Eigenanteile

(1) [1]Erhalten Schülerinnen und Schüler in schulischer Verantwortung eine gemeinschaftliche Mittagsverpflegung, so ist zur Ermittlung der als Bedarf zu berücksichtigenden Aufwendungen je Mittagessen ein Eigenanteil für ersparte Verbrauchsausgaben für Ernährung in Höhe von 1 Euro zu berücksichtigen. [2]Für Kinder, die eine Kindertageseinrichtung besuchen oder für die Kindertagespflege geleistet wird, gilt Satz 1 entsprechend.

(2) Schülerinnen und Schülern, die Schülerbeförderungskosten zu tragen haben, weil sie für den Besuch der nächstgelegenen Schule des gewählten Bildungsgangs auf Schülerbeförderung angewiesen sind, ist in der Regel ein Betrag von 5 Euro monatlich als Eigenleistung zumutbar.

In Abs. 1 wird die Anrechnung des in der Schule eingenommenen Mittagessens　1 durch einen Festbetrag vereinfacht. Im Rahmen der der Vorschriften zur Ermittlung der entsprechenden Bedarfe für Bildung und Teilhabe ist der Wert je Mittagessen in Abzug zu bringen. Die Höhe dieses Wertes beruht auf einer Sonderauswertung. Für den Besuch von Kindertagesstätten gilt der Wert entsprechend.

Die Aufnahme des Abzugspostens für eine Schülerbeförderung ist die Folge, dass　2 § 34 Abs. 4 S. 2 geändert worden ist, und ein Verweis auf § 9 Abs. 2 erfolgt ist.

### § 28a Fortschreibung der Regelbedarfsstufen

(1) [1]**In Jahren, in denen keine Neuermittlung nach § 28 erfolgt, werden die Regelbedarfsstufen jeweils zum 1. Januar mit der sich nach Absatz 2 ergebenden Veränderungsrate fortgeschrieben.** [2]**§ 28 Absatz 4 Satz 5 gilt entsprechend.**

(2) [1]**Die Fortschreibung der Regelbedarfsstufen erfolgt aufgrund der bundesdurchschnittlichen Entwicklung der Preise für regelbedarfsrelevante Güter und Dienstleistungen sowie der bundesdurchschnittlichen Entwicklung der Nettolöhne und -gehälter je beschäftigten Arbeitnehmer nach der Volkswirtschaftlichen Gesamtrechnung (Mischindex).** [2]**Maßgeblich ist jeweils die Veränderungsrate, die sich aus der Veränderung in dem Zwölfmonatszeitraum, der mit dem 1. Juli des Vorvorjahres beginnt und mit dem 30. Juni des Vorjahres endet, gegenüber dem davorliegenden Zwölfmonatszeitraum ergibt.** [3]**Für die Ermittlung der jährlichen Verän-**

derungsrate des Mischindexes wird die sich aus der Entwicklung der Preise aller regelbedarfsrelevanten Güter und Dienstleistungen ergebende Veränderungsrate mit einem Anteil von 70 vom Hundert und die sich aus der Entwicklung der Nettolöhne und -gehälter je beschäftigten Arbeitnehmer ergebende Veränderungsrate mit einem Anteil von 30 vom Hundert berücksichtigt.

(3) Das Bundesministerium für Arbeit und Soziales beauftragt das Statistische Bundesamt mit der Ermittlung der jährlichen Veränderungsrate für den Zeitraum nach Absatz 2 Satz 2 für
1. die Preise aller regelbedarfsrelevanten Güter und Dienstleistungen und
2. die durchschnittliche Nettolohn- und -gehaltssumme je durchschnittlich beschäftigten Arbeitnehmer.

*Änderung der Vorschrift: § 28a eingef. mWv 1.1.2011 durch G v. 24.3.2011 (BGBl. I S. 453).*

# I. Bedeutung der Vorschrift

**1**     Der Gesetzgeber musste die Entscheidung des BVerfG (BVerfG 9.2.2010 – 1 BvL 1/09, NJW 2010, 505) zum Anlass nehmen, § 28a SGB XII neu zu fassen, wobei Teilregelungen zur Bildung und Teilhabe sich in der neu gefassten Vorschrift des § 34 SGB XII wiederfinden. In § 4 RSV war die Fortschreibung der Regelsätze an den aktuellen Rentenwert in der gesetzlichen Rentenversicherung gekoppelt. Schon dieser Ansatz war infrage gestellt worden, weil er in unverantwortlicher Weise vom Statistikmodell abweicht (*Scheider*, Schellhorn/Schellhorn/Hohm, § 4 RSV Rn. 1). Das BVerfG hat die bisherige Fortschreibung der Regelsätze als mit dem Grundgesetz nicht vereinbar erklärt. Vor allem hat das BVerfG bemängelt, dass die Preisentwicklung nicht ausreichend berücksichtigt werden konnte. Es bedurfte deshalb einer Vorschrift, die den Jahreszeitraum von 5 Jahren, in denen die EVS erhoben wird, überbrückt. Die Bedeutung der Vorschrift liegt auch darin, dass durch § 20 Abs. 5 SGB II auf das SGB XII Bezug genommen wird. Umgesetzt wird der Vomhundertsatz durch Rechtsverordnung (§ 40 S. 1 Nr. 1 SGB XII). Zur Fortschreibung der Regelbedarfsstufen zum 1.1.2012, s. § 138 SGG sowie § 134 SGB XII zur Übergangsregelung für die Fortschreibung der Regelbedarfsstufen 4 bis 6. Zutreffend wird darauf hingewiesen (*Falterbaum*, Hauck/Noftz, § 28a Rn. 15), dass es die Absicht des Gesetzgebers (BT-Drs. 17/3404, 122) ist, langfristig anders als in § 28a SGB XII vorgesehen, die Fortschreibung der Regelbedarfsstufen auf der Grundlage der durch das Statistische Bundesamt durchgeführten laufenden Wirtschaftsrechnung zu ersetzen.

# II. Inhalt der Vorschrift

**2**     Abs. 1 der Regelung sieht nun vor, dass in den Jahren, in denen keine Neuermittlung der EVS nach § 28 SGB XII erfolgt, die Regelbedarfsstufen jeweils zum 1. Januar nach einem in Abs. 2 vorgegebenen Weg ermittelt werden. Mit der Festlegung auf den 1. Januar eines Jahres unterscheidet sich § 28a Abs. 1 von § 28 Abs. 1. Abs. 2 sieht hierfür einen sog. Mischindex vor, der aufgrund der bundesdurchschnittlichen Entwicklung der Preise für regelsatzrelevante Güter und Dienstleistungen sowie der durchschnittlichen Entwicklung der Nettolöhne und Gehälter je beschäftigten Arbeitnehmer nach der volkswirtschaftlichen Gesamtrechnung bestimmt wird. Nach Satz 3 beauftragt das BMAS das Statistische Bundesamt mit der Ermittlung der jährlichen Veränderungsrate.

## III. Fortschreibung der Regelbedarfsstufe (Abs. 1)

Absatz 1 S. 1 enthält den Grundsatz, dass für Jahre, in denen keine Neuermittlung **3** der Regelbedarfe nach § 28 SGB XII vorzunehmen ist, die Regelbedarfsstufen fortzuschreiben sind (BR-Drs. 661/10, 199). Die Fortschreibung erfolgt im Gegensatz zum bisherigen Recht nicht zum 1. 7. eines jeden Jahres, sondern zum 1. 1. Es wird auf diese Weise vermieden, dass in den Jahren, in denen eine Neuermittlung der Regelbedarfsstufen erfolgt, zwei Erhöhungen stattfinden.

Absatz 1 S. 2 enthält durch den Verweis auf § 28 Abs. 4 S. 5 SGB XII eine Run- **4** dungsregel. *Gutzler* (jurisPK-SGB XII, § 28a Rn. 13) hat zu Recht darauf hingewiesen, dass die Veränderungsrate nicht wie in der Gesetzesbegründung angegeben auf zwei Nachkommastellen, sondern auf volle Euro-Beträge aufgerundet wird.

## IV. Mischindex (Abs. 2)

Abs. 2 enthält Bestimmungen zur Veränderungsrate. Die Fortschreibung erfolgt **5** in der Form eines Mischindexes Darin geht die Preisentwicklung mit einem Anteil von 70 % und die Brutto- und Gehaltsentwicklung mit 30 % ein. Diese Differenzierung wird in der Begründung des Gesetzes damit gerechtfertigt, dass es sich bei den Leistungen nach dem SGB XII und SGB II um Leistungen der physischen Existenzsicherung handelt, deren realer Wert zu sichern ist (BR-Drs. 661/10, 200). Das BVerfG hat deutlich gemacht, dass es verfassungsrechtlich vertretbar ist, wenn eine Hochrechnung anhand der regelsatzrelevanten Verbrauche erfolgt (Rn. 186; s. auch *Münder*, in: Spellbrink, Verfassungsrechtliche Probleme, S. 45).

In Rn. 187 hat das BVerfG die Gewichtung und die Verwendung von Daten **6** der laufenden Wirtschaftsrechnung gutgeheißen, was auch in der Literatur als haltbar angesehen wird (*Münder*, Spellbrink, Verfassungsrechtliche Probleme, S. 46). Für die Veränderung der Nettolöhne und Nettogehälter je Beschäftigten werden die gesamte Lohn- und Gehaltsentwicklung herangezogen. Der maßgebliche Zeitraum ist jeweils das zweite Halbjahr des Vorjahres und das erste Halbjahr des laufenden Jahres. Gleichwohl werden Bedenken geäußert, weil die Veränderungsrate für Kinder nicht gesondert berechnet wird (vgl. dazu *Gutzler*, jurisPK-SGB XIII, § 28a Rn. 22). Im Hinblick darauf, dass bei Vorliegen des EVS genauer justiert werden kann, ist die Regelung aus verfassungsrechtlicher Sicht nicht zu beanstanden.

## V. Auftrag an das Statistische Bundesamt (Abs. 3)

Nach diesem Absatz hat das BMAS das Statistische Bundesamt mit der Erstel- **7** lung des Preisindexes für die bedarfsrelevanten Güter und Dienstleistungen zu beauftragen. Ergänzend hierzu ist § 10 RBEG im Vermittlungsausschuss in die gesetzlichen Regelungen aufgenommen (*Siebel-Huffmann*, in: Groth ua, Rn. 273). Von dieser Vorschrift sind Erkenntnisse für die Überprüfung und Weiterentwicklung der Verteilungsschlüssel zu erwarten. Die Fortentwicklung bezieht sich sowohl auf die die Abgrenzung der Altersstufen als auch die Verteilung der innerfamiliären Ausgaben (*Siebel-Huffmann*, in: Groth ua, Rn. 273). Hierbei wird der Gesetzgeber auch das Problem der Aufstocker in den Blick zu nehmen haben oder dem Problem der versteckten Armut Rechnung zu tragen (*Mogwitz*, ZfSH/SGB 2011, 325).

Gemäß § 10 Regelbedarfs-Ermittlungsgesetz (RBEG) war das Bundesministerium **8** für Arbeit und Soziales (BMAS) verpflichtet, bis zum 1.7.2013 einen Bericht vorzulegen, der Vorschläge zu einer Weiterentwicklung der Methodik der Regelbedarfsermittlung enthält. Hierfür hat das BMAS Wissenschaftlerinnen und Wissenschaftler beauftragt, in Zusammenarbeit mit dem Statistischen Bundesamt die derzeitige Methodik der Regelbedarfsermittlung zu überprüfen und alternative Vorgehensweisen zu untersuchen. Hierzu hat der Bundesregierung am 26.6.2013 ein entsprechender Bericht vorgelegen.

9    Das Ergebnis des Forschungsberichtes ist, dass die geltende Methodik zur Ermittlung des Regelbedarfs angemessen und sachgerecht ist.

10    Zur „**versteckten Armut**" stellt der Bericht fest, dass dieser Personenkreis, obwohl er einen Anspruch auf Leistung haben könnte, statistisch nicht erfassbar ist. Diese Personen müssen auch nach den Vorgaben des BVerfG dann nicht aus der Referenzgruppe für die Berechnung des Regelbedarfs herausgerechnet werden, weil für diese Rechnung keine empirisch sichere Grundlage vorhanden ist. Das BVerfG hatte in seinem Urteil vom 9.2.2010 es für die Vergangenheit als vertretbar angesehen, dass der Gesetzgeber darauf verzichtet hat, den Anteil versteckt armer Haushalte auf empirisch unsicherer Grundlage zu schätzen und auf diese Weise das monatliche Nettoeinkommen, das den Grenzwert für die Bestimmung der Referenzgruppe bildet, höher festzusetzen (zu den Bedenken s. *Becker*, Soziale Sicherheit extra 2011, 20). Dem vom BVerfG angemahnten Ermittlungsauftrag ist die Bundesregierung nunmehr fristgemäß nachgekommen. Im Bericht heißt es: Die im Rahmen der Modellrechnungen ermittelten Personen mit potentiellem Leistungsanspruch, aber ohne Leistungsbezug zeichnen sich nicht durch besonders niedrige Einkommens- und Konsumwerte im Vergleich zur Referenzgruppe nach geltendem Recht aus. Angesichts der großen Unsicherheit der Simulationsrechnung lassen diese Erkenntnisse somit nicht auf nennenswerte Verwerfungen durch den Verzicht auf den Ausschluss dieser Personengruppen schließen.

11    Zum Problem der **Aufstocker** kommt der Forschungsbericht zu dem Ergebnis, dass durch diese Personengruppe die Bemessung der Regelbedarfe sachwidrig verzerrt wird. Nach den gefundenen Ergebnissen gebe es derzeit keine Hinweise, Korrekturen am durchgeführten Verfahren zur Abgrenzung der Referenzgruppen in Bezug auf die dabei zu berücksichtigenden Personengruppen vorzunehmen.

12    Zur **Regelbedarfsstufe 3** sagt der Bericht, dass keine eigenständige statistische Ermittlung zugrunde liegt, sondern die Erkenntnis, dass sich für eine dritte und weitere erwachsene Personen in einem Haushalt sachlich keine höheren Bedarfe begründen lassen als für die zweite erwachsene Person im Haushalt.

13    Für die Bemessung der Regelbedarfe für **Kinder** sieht der Bericht keine Defizite in der Ermittlung. Die ermittelten Bedarfe für Kinder sollen plausibel sein. Die Höhe des zusätzlichen Bedarfs ist für die 14- bis 17-jährigen Jugendlichen – inklusive der gesondert gewährten Bildungs- und Teilhabeleistungen – nicht niedriger als der für den Bedarf eines zusätzlichen Erwachsenen gewährte Betrag. Die Staffelung der Regelbedarfsstufen 4 bis 6 basiert nach Auffassung der Gutachter auf den empirischen Daten der EVS und wird durch die Erkenntnisse der Forscher nicht infrage gestellt.

14    Abweichend von § 28a ist die Fortschreibung der Regelbedarfsstufe 6 in § 134 in der ab 1.1.2017 gültigen Fassung zu beachten.

## § 29 Festsetzung und Fortschreibung der Regelsätze

(1) [1]**Werden die Regelbedarfsstufen nach § 28 neu ermittelt, gelten diese als neu festgesetzte Regelsätze (Neufestsetzung), solange die Länder keine abweichende Neufestsetzung vornehmen.** [2]**Satz 1 gilt entsprechend, wenn die Regelbedarfe nach § 28a fortgeschrieben werden.**

(2) [1]**Nehmen die Länder eine abweichende Neufestsetzung vor, haben sie die Höhe der monatlichen Regelsätze entsprechend der Abstufung der**

Regelbedarfe nach der Anlage zu § 28 durch Rechtsverordnung neu festzusetzen. [2]Sie können die Ermächtigung für die Neufestsetzung nach Satz 1 auf die zuständigen Landesministerien übertragen. [3]Für die abweichende Neufestsetzung sind anstelle der bundesdurchschnittlichen Regelbedarfsstufen, die sich nach § 28 aus der bundesweiten Auswertung der Einkommens- und Verbrauchsstichprobe ergeben, entsprechend aus regionalen Auswertungen der Einkommens- und Verbrauchsstichprobe ermittelte Regelbedarfsstufen zugrunde zu legen. [4]Die Länder können bei der Neufestsetzung der Regelsätze auch auf ihr Land bezogene besondere Umstände, die die Deckung des Regelbedarfs betreffen, berücksichtigen. [5]Regelsätze, die nach Absatz 1 oder nach den Sätzen 1 bis 4 festgesetzt worden sind, können von den Ländern als Mindestregelsätze festgesetzt werden. [6]§ 28 Absatz 4 Satz 4 und 5 gilt für die Festsetzung der Regelsätze nach den Sätzen 1 bis 4 entsprechend.

(3) [1]Die Länder können die Träger der Sozialhilfe ermächtigen, auf der Grundlage von nach Absatz 2 Satz 5 bestimmten Mindestregelsätzen regionale Regelsätze festzusetzen; bei der Festsetzung können die Träger der Sozialhilfe regionale Besonderheiten sowie statistisch nachweisbare Abweichungen in den Verbrauchsausgaben berücksichtigen. [2]§ 28 Absatz 4 Satz 4 und 5 gilt für die Festsetzung der Regelsätze nach Satz 1 entsprechend.

(4) Werden die Regelsätze nach den Absätzen 2 und 3 abweichend von den Regelbedarfsstufen nach § 28 festgesetzt, sind diese in den Jahren, in denen keine Neuermittlung der Regelbedarfe nach § 28 erfolgt, jeweils zum 1. Januar durch Rechtsverordnung der Länder mit der Veränderungsrate der Regelbedarfe fortzuschreiben, die sich nach der Rechtsverordnung nach § 40 ergibt.

(5) Die nach den Absätzen 2 und 3 festgesetzten und nach Absatz 4 fortgeschriebenen Regelsätze gelten als Regelbedarfsstufen nach der Anlage zu § 28.

*Änderung der Vorschrift: § 29 neu gef. mWv 1.1.2011 durch G v. 24.3.2011 (BGBl. I S. 453).*

# I. Bedeutung der Norm

Die Bedeutung der Vorschrift liegt darin, dass verstreute Regelungen, die sich in **1** § 28 Abs. 2 SGB XII a. F. und § 2 RSV in einem Parlamentsgesetz zusammengefasst worden sind. Die Anwendung des Abs. 1 ist beschränkt auf die Zeit der Neuermittlung von Regelbedarfsstufen. Unschön ist das Begriffsdurcheinander von Regelbedarfsstufen und Regelsätzen, die trotz mehrerer Änderungen des SGB XII hier nicht beseitigt worden ist.

# II. Inhalt der Norm

Abs. 1 regelt das Verhältnis zwischen der Festsetzung der neu ermittelten Regelbe- **2** darfsstufen und möglichen Festsetzungen durch die Länder. Abs. 2 legt die Neufestsetzung der Regelsätze durch die Länder fest. Nach Abs. 3 können die Länder Mindestregelsätze festsetzen, auf deren Grundlage die Träger der Sozialhilfe ermächtigt werden, regionale Regelsätze festzusetzen. Abs. 4 regelt, wie in den Jahren zu verfahren ist, in denen keine Neuermittlung der Regelbedarfe erfolgt. Nach Abs. 5 gelten die von den Ländern abweichend neu festgesetzten und fortgeschriebenen Regelsätze als Regelbedarfsstufen der Anlage zu § 28.

## III. Neufestsetzung (Abs. 1)

**3**    In diesem Absatz wird das Verhältnis der neu festgesetzten Regelsätze bzw. die Fortschreibung der Regelbedarfe nach § 28a festgelegt. Die Länder sind ermächtigt eine abweichende Neufestsetzung vorzunehmen.

## IV. Festlegung durch die Länder (Abs. 2)

**4**    Satz 1 bestimmt, dass die Länder bei ihrer Neufestsetzung an die Regelbedarfsstufe der Anlage zu § 28 gebunden sind. Diese Bindung verfolgt den Zweck der Einheitlichkeit. Den Ländern wird die Möglichkeit der Rechtsverordnung eingeräumt. Wie nach bisherigem Recht kann die Festsetzung der Regelsätze auf die zuständigen Landesministerien übertragen werden (Satz 2). Als Folge der landesbezogenen Regelsätze haben die Länder anstelle der bundesdurchschnittlichen Regelbedarfsstufen regionale Auswertungen vorzunehmen und den ermittelten Regelbedarfsstufen zugrunde zu legen (Satz 3). Hierbei können landesspezifische Umstände berücksichtigt werden (Satz 4). Die Länder sind berechtigte die nach den Sätzen 1–4 entwickelten Regelsätze als Mindestregelsätze festzusetzen.

## V. Regionalisierung der Regelsätze (Abs. 3)

**5**    Wie schon nach § 28 a. F. sieht § 29 Abs. 3 vor, dass die Länder die Träger der Sozialhilfe ermächtigen können, auf der Grundlage der nach Abs. 2 S. 5 bestimmten Mindestregelsätzen regionale Regelsätze festzusetzen. Hierbei sind die Träger der Sozialhilfe an die Vorgaben gebunden, die auch für die Länder bei der Neufestsetzung gelten.

## VI. Zwischenfestsetzung (Abs. 4)

**6**    Absatz 4 muss eine Regelung für die Fälle vorhalten, in denen keine Neuermittlung der Regelbedarfe erfolgt, die Länder aber von der Möglichkeit einer abweichenden Neufestsetzung der Regelsätze Gebrauch gemacht haben.

## VII. Geltung als Regelbedarfsstufe (Abs. 5)

**7**    Dieser Absatz sieht vor, dass die nach den Absätzen 2 und 3 festgesetzten und nach Absatz 4 fortgeschriebenen Regelsätze als Regelbedarfsstufen nach der Anlage zu § 28 gelten.

## Zweiter Abschnitt. Zusätzliche Bedarfe

**§ 30** Mehrbedarf

(1) **Für Personen, die**
1. **die Altersgrenze nach § 41 Abs. 2 erreicht haben oder**
2. **die Altersgrenze nach § 41 Abs. 2 noch nicht erreicht haben und voll erwerbsgemindert nach dem Sechsten Buch sind,**
**und durch einen Bescheid der nach § 69 Abs. 4 des Neunten Buches zuständigen Behörde oder einen Ausweis nach § 69 Abs. 5 des Neunten Buches**

die Feststellung des Merkzeichens G nachweisen, wird ein Mehrbedarf von 17 vom Hundert der maßgebenden Regelbedarfsstufe anerkannt, soweit nicht im Einzelfall ein abweichender Bedarf besteht.

(2) Für werdende Mütter nach der 12. Schwangerschaftswoche wird ein Mehrbedarf von 17 vom Hundert der maßgebenden Regelbedarfsstufe anerkannt, soweit nicht im Einzelfall ein abweichender Bedarf besteht.

(3) Für Personen, die mit einem oder mehreren minderjährigen Kindern zusammenleben und allein für deren Pflege und Erziehung sorgen, ist, soweit kein abweichender Bedarf besteht, ein Mehrbedarf anzuerkennen

1. in Höhe von 36 vom Hundert der Regelbedarfsstufe 1 nach der Anlage zu § 28 für ein Kind unter sieben Jahren oder für zwei oder drei Kinder unter sechzehn Jahren, oder
2. in Höhe von 12 vom Hundert der Regelbedarfsstufe 1 nach der Anlage zu § 28 für jedes Kind, wenn die Voraussetzungen nach Nummer 1 nicht vorliegen, höchstens jedoch in Höhe von 60 vom Hundert des Eckregelsatzes.

(4) ¹Für behinderte Menschen, die das 15. Lebensjahr vollendet haben und denen Eingliederungshilfe nach § 54 Abs. 1 Satz 1 Nr. 1 bis 3 geleistet wird, wird ein Mehrbedarf von 35 vom Hundert der maßgebenden Regelbedarfsstufe anerkannt, soweit nicht im Einzelfall ein abweichender Bedarf besteht. ²Satz 1 kann auch nach Beendigung der in § 54 Abs. 1 Satz 1 Nr. 1 bis 3 genannten Leistungen während einer angemessenen Übergangszeit, insbesondere einer Einarbeitungszeit, angewendet werden. ³Absatz 1 Nr. 2 ist daneben nicht anzuwenden.

(5) Für Kranke, Genesende, behinderte Menschen oder von einer Krankheit oder von einer Behinderung bedrohte Menschen, die einer kostenaufwändigen Ernährung bedürfen, wird ein Mehrbedarf in angemessener Höhe anerkannt.

(6) Die Summe des nach den Absätzen 1 bis 5 insgesamt anzuerkennenden Mehrbedarfs darf die Höhe der maßgebenden Regelbedarfsstufe nicht übersteigen.

(7) ¹Für Leistungsberechtigte wird ein Mehrbedarf anerkannt, soweit Warmwasser durch in der Unterkunft installierte Vorrichtungen erzeugt wird (dezentrale Warmwassererzeugung) und denen deshalb keine Leistungen für Warmwasser nach § 35 Absatz 4 erbracht werden. ²Der Mehrbedarf beträgt für jede im Haushalt lebende leistungsberechtigte Person entsprechend ihrer Regelbedarfsstufe nach der Anlage zu § 28 jeweils
1. 2,3 vom Hundert der Regelbedarfsstufen 1 bis 3,
2. 1,4 vom Hundert der Regelbedarfsstufe 4,
3. 1,2 vom Hundert der Regelbedarfsstufe 5 oder
4. 0,8 vom Hundert der Regelbedarfsstufe 6,
soweit nicht im Einzelfall ein abweichender Bedarf besteht oder ein Teil des angemessenen Warmwasserbedarfs durch Leistungen nach § 35 Absatz 4 gedeckt wird.

*Änderungen der Vorschrift: Abs. 1 geänd. mWv 7.12.2006 durch G v. 2.12.2006 (BGBl. I S. 2670), Abs. 1 Nr. 1 neu gef., Nr. 2 geänd. mWv 1.1.2008 durch G v. 20.4.2007 (BGBl. I S. 554), Abs. 1, Abs. 2, Abs. 3 Nrn. 1 und 2, Abs. 4 S. 1 geänd., Abs. 6 neu gef., Abs. 7 angef. mWv 1.1.2011 durch G v. 24.3.2011 (BGBl. I S. 453).*

*Vergleichbare Vorschriften: § 21, § 23 Nr. 2, 3 und 4 SGB II.*

**Schrifttum:** *Axmann,* Keine nachträgliche Erbringung des Mehrbedarfes nach § 30 Abs. 1 SGB XII bei rückwirkender Zuerkennung des Merkzeichens G, RdH 2014, 201; *Brehm/ Schifferdecker,* Der neue Warmwasserbedarf im SGB II, SGb 2011, 505; *Dau,* Mehrbedarf von Kindern mit Merkzeichen G, jurisPR-SozR 10/2009, Anm. 1; *ders.,* Mehrbedarf bei Erwerbsminderung und Merkzeichen G, jurisPR-SozR 1/2009, Anm. 5; *Deutscher Verein für öffentliche und private Fürsorge,* Gutachtliche Äußerung: Mehrbedarf nach §§ 23, 24 BSHG und Einkommensgrenzen nach §§ 79, 81 BSHG, 1991; *ders.,* Empfehlungen des Deutschen Vereins zur Gewährung von Krankenkostzulagen in der Sozialhilfe, NDV 2015, 1; *Gagel,* Rückwirkende Entscheidungen über Schwerbehinderung, Schwerbehindertenausweis sowie Merkzeichen und ihre Folgen, Behindertenrecht 2009, 189; *Heinz,* Die Mehrbedarfszuschläge der Hilfe zum Lebensunterhalt nach dem SGB XII und der sozialrechtliche Herstellungsanspruch als Instrument der Korrektur fehlgeschlagener Betreuung Hilfebedürftiger, ZfF 2009, 12; *ders.,* Parallele Gewährung von Grundrente für Berechtigte nach dem Sozialen Entschädigungsrecht und Mehrbedarfszuschlag gemäß § 30 Abs. 1 und 4 SGB XII für Menschen mit behinderungsbedingten Mehrbedarf?, ZfF 2012, 169; *Kuhn-Zuber,* in *Deinert/Welti,* Stichwortkommentar Behindertenrecht, Stichwort: Mehrbedarfe; *Lemke,* Neugestaltung der Voraussetzungen für die Zuerkennung des Merkzeichens aG, NZS 2017, 655; *Nebe,* Mehrbedarf bei erheblicher Gehbehinderung (Merkzeichen G) – effektiver Rechtsschutz bei rückwirkender Feststellung, SGb 2011, 193; *Nolte,* Das Missverständnis vom einheitlichen Klagegegenstand bei Leistungen für Mehrbedarf nach § 21 SGB II, NZS 2013, 10; *Schlegel,* Erhöhter Mehrbedarf für Alleinerziehende, info also 1989, 43.

## Übersicht

## I. Bedeutung der Norm

**1**     Die Vorschrift entspricht in allen Absätzen weitgehend dem früheren **§ 23 BSHG.** Die jetzt geänderten Mehrbedarfsbeträge beruhen auf der Neuregelung der Regelbedarfsstufen. Allerdings ist fraglich, ob die Ermittlung der Mehrbedarfe den Anforderungen entspricht, die das BVerfG (9.2.2010 – 1 BvL 1/09, NZS 2010, 270 für die Ermittlung von Bedarfen gefordert hat.

In **§ 21 SGB II** und § 23 ist eine entsprechende Vorschrift enthalten, die allerdings 2 etwas von § 30 SGB XII **abweicht** (s. auch § 23 Nr. 3 SGB II und LSG Bln-Bbg 13.6.2007 – L 28 B 643/07 AS PKH). Die Zuschläge sind auf einen **festen Betrag** fixiert und können nicht – wie bei § 30 Abs. 2 und 3 SGB XII – im Einzelfall in anderer Höhe festgesetzt werden.

Die Vorschrift enthält unterschiedliche Anknüpfungspunkte für Mehrbedarfszu- 3 schläge. Vereinfacht gesagt, betrifft sie alte Menschen, werdende Mütter, Alleinerziehende, behinderte und kranke Menschen. Hinzugekommen ist der Mehrbedarf für die dezentrale Warmwasserbereitung. Bei dem betroffenen Personenkreis wird generell davon ausgegangen, dass der Regelsatz nicht ausreichend ist, um ihren notwendigen Lebensunterhalt zu decken. Es handelt sich um besondere **typisierte Bedarfslagen,** für die ein Zuschlag zu den Regelsatzleistungen gewährt wird. Aus der Anknüpfung an den jeweiligen Regelsatz (Regelbedarf) ergibt sich, dass die Vorschrift nur zur Anwendung gelangt, wenn laufende Leistungen außerhalb von Einrichtungen (§ 13) zu gewähren sind (vgl. § 27b). Für Empfänger von Hilfe zum Lebensunterhalt in Einrichtungen ist im Rahmen der Einrichtungshilfe dafür zu sorgen, dass entsprechende Mehrbedarfe durch ausreichende Leistungen individuell gedeckt werden.

Eine **ähnliche Bestimmung** enthält § 27a Abs. 4, wonach allgemein die Mög- 4 lichkeit eröffnet ist, wegen Besonderheiten des Einzelfalles die laufenden Leistungen für den Lebensunterhalt abweichend von den Regelsätzen zu bemessen, wobei ein Abschlag oder auch ein Zuschlag in Betracht kommen kann.

Auf die in der Vorschrift geregelten Zuschläge zu den Regelsatzleistungen besteht 5 bei Vorliegen der Voraussetzungen **ein Anspruch;** lediglich der Zuschlag nach § 30 Abs. 4 S. 2 ist als Ermessensleistung ausgestaltet.

Hinsichtlich des Mehrbedarfs nach Abs. 1 sind die Änderungen im SGB IX zu 5a beachten, die durch das Bundesteilhabegesetz (v. 23.12.2016, BGBl. I S. 3234) erlassen worden sind und die für die Erlangung des Merkzeichens G von Bedeutung sind (§§ 152,153 SGB IX).

## II. Inhalt der Norm

### 1. Mehrbedarf für schwerbehinderte Menschen

**a) Schwerbehinderteneigenschaft.** Abs. 1 der Vorschrift betrifft den Zuschlag 6 für schwerbehinderte Menschen, wobei die betreffenden Menschen zusätzlich entweder das 65. Lebensjahr vollendet haben oder andernfalls voll erwerbsgemindert sein müssen (zu dem Zweck dieses Mehrbedarfs, s. SG Lüneburg 7.8.2008 – S 24 AS 332/08, Behindertenrecht 2009, 124; BSG 29.9.2009 – B 8 SO 5/08 R; BSG 10.11.2011 – B 8 SO 12/10 R; BSG 24.2.2016 – B 8 SO 13/14 R).

Die **Feststellung** über die Eigenschaft als **schwerbehinderter Mensch** ist nach 7 § 152 Abs. 1 SGB IX durch die **Versorgungsämter** zu treffen. Sie stellen auch den Ausweis nach § 152 Abs. 5 SGB IX aus. Der dafür notwendige Grad der Behinderung (GdB) muss an sich wenigstens 50 betragen (§ 2 Abs. 2 SGB IX). Da als weiteres gesundheitliches Merkmal indes die Feststellung der „erheblichen Beeinträchtigung in der Bewegungsfähigkeit im Straßenverkehr" (§ 229 Abs. 1 SGB IX) hinzukommen muss, die erst bei einem GdB von 80 getroffen werden kann (§ 229 Abs. 1 S. 2 SGB IX), ist letztlich eine Behinderung mit einem Grad von wenigstens 80 erforderlich. Nach § 229 Abs. 1 S. 1 SGB IX ist in seiner Bewegungsfähigkeit im Straßenverkehr erheblich beeinträchtigt, wer infolge einer Einschränkung des Gehvermögens (auch durch innere Leiden oder infolge von Anfällen oder von Störungen der Orientierungsfähigkeit) nicht ohne erhebliche Schwierigkeiten oder nicht ohne Gefahren für sich oder andere Wegstrecken im Ortsverkehr zurückzulegen vermag, die üblicherweise noch zu Fuß zurückgelegt werden. Bei Vorliegen dieser Voraussetzungen wird das **Merkzeichen „G"** (s. dazu § 3 SchwbAwV i. d. F. d. Bek. v. 25.7.1991, BGBl. I S. 1739 zuletzt geänd. durch Art. 19 Abs. 20 BTHG) vergeben (LSG BW 24.3.2017 – L 8 SB 3879/16, BeckRS 2017, 105469; dazu *Hansen*, jurisPR-SozR 12/2017 Anm. 5). Dieses Merkzeichen muss im Schwerbehindertenausweis enthalten sein, damit die Voraussetzungen des § 30 Abs. 1 gegeben sind. Es ist nach der Änderung der Vorschrift durch das Gesetz vom 7.12.2006 (s.o.) allerdings ausreichend, dass insoweit ein (bloßer) Feststellungsbescheid vorliegt. Das Merkzeichen „aG" (§ 3 Abs. 1 Nr. 1 SchwbAwV), das für außergewöhnliche Gehbehinderung steht, erfüllt die Voraussetzungen ebenfalls, da es sich um eine Steigerung der Beeinträchtigung in der Gehfähigkeit handelt (zu § 146 Abs. 3 SGB IX idF v. Art. 2 Nr. 13 BTHG s. LSG Bln-Bbg 6.4.2017 – L 13 SB 13/17 B ER, BeckRS 2017, 108570).

8    Der Streit über die Feststellung einer Behinderung und ihren Grad sowie über weitere gesundheitliche Merkmale ist nach § 51 Abs. 1 Nr. 7 SGG vor den **Sozialgerichten** auszutragen (BSG 11.8.2015 – B 9 SB 1/14 R; dort auch zu den Anforderungen für das Merkzeichen G; zum Merkzeichen aG; BSG 16.3.2016 – B 9 SB 1/15 R). Werden die hier notwendige Schwerbehinderteneigenschaft und das Merkzeichen rückwirkend festgestellt, entsteht das Problem, ob der Zuschlag nach § 30 Abs. 1 ebenfalls **rückwirkend zu beanspruchen** ist. Insofern kommt es zunächst darauf an, ob die notwendige Kenntnis nach § 18 gegeben war bzw. ein Antrag nach § 44 Abs. 1 vorlag. Obwohl die einzelnen Leistungen des Dritten und Vierten Kapitels nicht bloß Berechnungselemente einer Gesamtleistung, sondern abtrennbare Einzelleistungen sind (BSG 26.8.2008 – B 8/9b SO 10/06 R; BSG 10.11.2011 – B 8 SO 12/10 R), sodass an sich die Kenntnis bzw. der Antrag in Bezug auf diese Einzelleistungen zu verlangen wären, versteht die herrschende Ansicht eine Kenntnisverschaffung und einen Antrag weit in der Weise, dass es nur darauf ankommt, ob eine Hilfebedürftigkeit im Grundsatz dargelegt worden ist (BSG 10.11.2011 – B 8 SO 12/10 R; zur Kritik s. → § 18 Rn. 21 f.). Sofern der Hilfesuchende den Bedarf wegen des Zuschlags rechtzeitig bekanntgemacht hat (§ 18), wird eine rückwirkende Leistungsgewährung zu bejahen sein (a. A. BSG 10.11.2011 – B 8 SO 12/10 R; LSG NRW 27.4.2015 – L 20 SO 426/12). Denn mit der Bekanntmachung eines Bedarfs setzt die Hilfe ein, auch wenn die Voraussetzungen des Hilfeanspruchs noch nicht in allen Einzelheiten festgestellt sind, sich aber nachträglich ergibt, dass sie von Zeitpunkt des Bekanntwerdens bereits vorgelegen haben. (Mit der Änderung der Vorschrift durch das Gesetz v. 2.12.2006 (BGBl. I S. 2670), wonach es seitdem auch ausreicht, dass nur ein Feststellungsbescheid vorliegt, könnte sich die Rechtslage zur Frage der rückwirkenden Bewilligung des Zuschlags ohnehin zugunsten der Hilfeberechtigten geändert haben (dies andeutend *Simon*, in jurisPK-SGB XII, § 30 Rn. 47; a. A. aber LSG BW 18.9.2013 L 2 SO 404/13). Verlangt man weiterhin wenigstens das tatsächliche Vorliegen eines Feststellungsbescheids als frühesten Zeitpunkt für das Entstehen des Anspruchs, wird dennoch zu prüfen sein, ob nicht stattdessen eine abweichende Bedarfsfestsetzung nach § 27b Abs. 4 S. 1 in Betracht kommt (so BSG 10.11.2011 – B 8 SO 12/10 R, SozR 4-3500 § 30 Nr. 4). Eine rückwirkende Bewilligung ist jedenfalls möglich, weil bei pauschalierten Leistungen eine Zweckverfehlung der Leistung in Folge Zeitanlaufs nicht eintritt. Daher ist auch eine Korrektur ablehnender Bescheide nach § 44 SGB X möglich (BSG 24.2.2016 – B 8 SO 13/14 R). Im einstweiligen Anordnungsverfahren ist die Zuerkennung eines höheren Grades der Behinderung und eines Merkzeichens regelmäßig nicht zu erlangen (s. dazu *Westermann*, jurisPR-SozR 20/2016, Anm. 5).

Im Rahmen seiner Beratungsverpflichtung nach § 11 bzw. nach § 14 SGB I hat **9**
der Träger der Sozialhilfe auf die Beantragung eines Schwerbehindertenausweises
hinzuwirken, wenn erkennbar ist, dass die Voraussetzungen dafür gegeben sein könnten. Nach der Änderung von Abs. 1 ist ein Ausweis allerdings nicht mehr notwendig;
der entsprechende Feststellungsbescheid ist ausreichend. Auf dessen Beantragung ist
ebenfalls hinzuweisen.

**b) Voll erwerbsgemindert.** Die unter 65 Jahre alten Personen, die den Schwer- **10**
behindertenausweis bzw. den Feststellungsbescheid mit den entsprechenden Angaben besitzen, müssen darüber hinaus „voll erwerbsgemindert" i. S. d. gesetzlichen
Rentenversicherung sein. Damit knüpft das Gesetz an § 43 Abs. 2 S. 2 SGB VI
an. Danach sind Versicherte voll erwerbsgemindert, „die wegen Krankheit oder
Behinderung auf nicht absehbare Zeit außerstande sind, unter den üblichen Bedingungen des allgemeinen Arbeitsmarktes mindestens drei Stunden täglich erwerbstätig
zu sein". Bei erwerbsfähigen schwerbehinderten Menschen ist ein entsprechender
Mehrbedarf nicht vorgesehen. Das ist verfassungsrechtlich unbedenklich (BSG
21.12.2009 – B 14 AS 42/08 R, FEVS 62, 15; BSG 18.2.2010 – B 4 AS 29/09 R,
BSGE 105, 279).

Die Feststellung über die volle Erwerbsminderung wird regelmäßig im **Renten-** **11**
**antragsverfahren** getroffen. Dies gilt indes dann nicht, wenn die Person die sonstigen Voraussetzungen für eine Rente wegen Erwerbsminderung (Pflichtbeiträge und
Wartezeit) nicht erfüllt. In solchen Fällen muss der Träger der Sozialhilfe die Voraussetzungen voller Erwerbsminderung selbst feststellen.

Ergeben die Feststellungen im Rentenverfahren oder im sozialhilferechtlichen **12**
Verfahren – letztlich im sozialgerichtlichen Verfahren –, dass die Voraussetzungen
der vollen Erwerbsminderung ab einem bestimmten Datum in der Vergangenheit
vorgelegen haben, ist der Zuschlag nach § 30 **rückwirkend zu bewilligen,** sofern
der Hilfesuchende den Bedarf an einem Zuschlag rechtzeitig i. S. v. § 18 bekannt
gemacht hat (s. Rn. 8).

**c) Besitzstandsklausel.** Die frühere Vorschrift des § 23 Abs. 1 BSHG war mehr- **13**
fach geändert worden, zuletzt durch das Gesetz zur Reform des Sozialhilferechts.
Diese Änderung hat die Voraussetzungen für den Mehrbedarf verschärft, indem die
Schwerbehinderteneigenschaft und das Merkzeichen „G" notwendig wurden. In
S. 2 der damaligen Vorschrift war deshalb eine Besitzstandsklausel enthalten für
Personen, für die am 31.7.1996, dem Tag vor dem Inkrafttreten des Reformgesetzes,
nach der damals geltenden Fassung des Gesetzes ein Mehrbedarf anerkannt war.
Diese Besitzstandsklausel ist jetzt entfallen. Das ist verfassungsrechtlich unbedenklich
(BSG 16.12.2010 – B 8 SO 9/09 R, SGb 2011, 93).

**d) Rechtsfolgen.** Liegen die Voraussetzungen von Abs. 1 vor, ist die Rechts- **14**
folge, dass bei der Gewährung der laufenden Hilfe zum Lebensunterhalt für die
betreffende Person ein Mehrbedarf von 17 v. H. anerkannt wird. Ob eine Person den
Regelsatz eines Haushaltsvorstandes oder eines Haushaltsangehörigen beanspruchen
kann, oder ob ein Mischregelsatz zu bilden ist, ist ggfs. zu klären. Abweichungen
von der Höhe des Zuschlags sind im Einzelfall denkbar.

**e) Bedarfsgruppen und -posten.** Ebenso wie bezüglich der Regelsatzleistun- **15**
gen muss auch hinsichtlich des Mehrbedarfszuschlags an sich feststehen, welcher
Bedarf in gegenständlicher Hinsicht durch den Zuschlag abgedeckt wird. Wird
dieser Umfang nicht wenigstens in typisierter Form benannt, verwischen die
Abgrenzungslinien zu den einmaligen Leistungen der Hilfe zum Lebensunterhalt
(*Grube*, NDV 1998, 298), aber auch zu der individuellen Erhöhung des Regelsatzes
nach § 27a Abs. 4 (s. dazu BSG 29.9.2009 – B 8 SO 5/08 R, FEVS 61, 370).
Allerdings spielt eine Abgrenzung zu einmaligen Leistungen keine besondere Rolle

mehr, da nur noch ein eng umrissener Kreis einmaliger Leistungen vorgesehen ist (§ 31).

16     Der Mehrbedarf nach Abs. 1 bezieht sich auf Bedarfsgegenstände, die auch von den neu gestalteten Regelsätzen abgedeckt werden sollen. Einige der darin enthaltenen Leistungsanteile werden generell als nicht ausreichend für die hier gegebene Personengruppe angesehen und daher erhöht. Dies betrifft vor allem die Bedarfsgruppe der **persönlichen Bedürfnisse** des täglichen Lebens. Insoweit fallen etwa höhere Telefonkosten, Porto und Fahrtkosten an. Aber auch in den Bedarfsgruppen „Ernährung", „Haushaltsenergie" und „Reinigung" wird von einem höheren Aufwand bei diesem Personenkreis ausgegangen. Die Abgrenzung zu einer Erhöhung des Regelsatzes nach § 27aAbs. 4 bleibt dennoch unscharf. Das BSG (s. Rn. 15) hat nunmehr unter Heranziehung der historischen Entwicklung der Norm herausgearbeitet, dass der Mehrbedarf nach Absatz 1 ein Mehrbedarf für Gehbehinderte über 65 Jahre ist und daher vor allem die Bedarfe abdeckt, die mit der Gehbehinderung in Zusammenhang stehen, wie z. B. orthopädisch bearbeitete Schuhe, sodass einmalige Leistungen insoweit nicht noch daneben beansprucht werden können (s. jetzt aber § 31 Abs. 1 Nr. 3).

17     Der Zuschlag kann sich auch auf Bedarfe beziehen, für die auch Hilfe nach dem Fünften bis Neunten Kapitel in Betracht kommen kann. **Berührungspunkte** zu Leistungen der **Eingliederungshilfe,** der **Hilfe zur Pflege** oder zur **Altenhilfe** sind vorhanden. Die Kosten für das Halten eines Haustieres können durchaus im Rahmen der Eingliederungshilfe (§ 54) zu berücksichtigen sein; sie könnten aber auch bereits durch den Mehrbedarfszuschlag abgegolten sein. Das pauschale Pflegegeld dient ebenso dazu, sich die Hilfsbereitschaft nahestehender Personen zu erhalten, wie auch der Mehrbedarfszuschlag dafür gedacht ist, sich durch „kleine Aufmerksamkeiten" bei anderen Personen zu bedanken, die im täglichen Leben gelegentlich helfen (eine Anrechnung des Pflegegeldes findet nicht statt; LSG NRW 29.7.2009 – L 12 SO 33/08). Die erhöhten Aufwendungen für Besuchsfahrten können Gegenstand der Altenhilfe nach § 71 Abs. 2 Nr. 5 sein; sie können aber auch – wenigstens zum Teil – bereits durch den Mehrbedarfszuschlag erfasst sein.

18     Der **Deutsche Verein** (*DV,* S. 14 f.) hat 13 Positionen aufgezählt, bezüglich deren der Personenkreis der älteren Menschen – die Schwerbehinderteneigenschaft war damals noch nicht notwendig – typischerweise einen erhöhten Bedarf besitzen. Insoweit werden genannt: Höhere Kosten beim Einkauf infolge geringerer Mobilität, höhere Aufwendungen für die Kontaktpflege, höhere Kosten für Fahrten im Nahverkehr infolge verstärkter Unsicherheit im Straßenverkehr und infolge von Gehbehinderung, gelegentliche Hilfeleistungen im Haushalt (ohne Aufwendungen für eine Haushaltshilfe), kürzere Reisen zu Angehörigen und Verwandten, höhere Aufwendungen für Wäsche und Reinigung infolge Krankheit, Kosten für den Besuch und die Pflege von Gräbern naher Angehöriger, Kosten für besondere Stärkungsmittel, Fußpflegekosten, erhöhte Aufwendungen für Unterhaltung und kulturelle Veranstaltungen sowie Fernsehgebühren, erhöhter Aufwand für Verzehr außer Haus, erhöhter Stromverbrauch, Tierhaltungskosten.

19     Der Deutsche Verein hat damals betont, dass die Frage der Abgrenzung zwischen laufenden und einmaligen Leistungen damit nicht angesprochen sei. Es werde lediglich ein erhöhter **Bedarf** älterer Menschen **typisiert umschrieben.** Damit blieb früher die Frage ungeklärt, was als der **Mehrbedarfszuschlag** bereits abdeckt und wofür eventuell **einmalige Leistungen** beansprucht werden können. Heute können weitere Leistungen für Mehrbedarfe allenfalls noch über § 37 beansprucht werden. Sofern es sich um laufenden höheren Bedarf handelt, bleibt ferner die Frage offen, ob nicht auch eine **Erhöhung des Regelsatzes nach § 27a Abs. 4** erfolgen muss. Regelmäßig notwendig werdende Reisen zu nahen Angehörigen, die Reini-

gung von Wäsche und Kleidung infolge Krankheit, Grabpflege und -besuche, Fußpflegekosten, Tierhaltungskosten könnten Anlass für eine Erhöhung des Regelsatzes
über § 27a Abs. 4 geben. Auch die Kosten einer notwendigen regelrechten Haushaltshilfe gehören nicht zum üblichen Mehrbedarf. Auch insoweit kommt eine
zusätzliche Erhöhung des Regelsatzes in Betracht.

Die 13 Bedarfsposten, die der Deutsche Verein vor Inkrafttreten der jetzigen **20**
Fassung des Absatzes 1 aufgelistet hat, betreffen die erhöhte **Bedarfslage „alter
Menschen"** sowie erwerbsunfähiger Menschen. Da die Regelung nach ihrer Verschärfung um das Merkmal der Schwerbehinderteneigenschaft durch das Gesetz zur
Reform des Sozialhilferechts für alte und erwerbsunfähige Menschen, die **nicht
schwerbehindert** oder im Besitz des Merkzeichens G sind, nicht mehr allgemein
für ältere Menschen gilt, muss deren „Mehrbedarf" durch eine Erhöhung des Regelsatzes nach **§ 27a Abs. 4** abgedeckt werden. Es kann nicht angenommen werden,
dass dieser „Mehrbedarf" (im untechnischen Sinne) durch die verschärfte Fassung
der Vorschrift tatsächlich nicht mehr existiert.

Die Regelung in Abs. 1, wonach der Zuschlag nur dann 17 v. H. ausmacht, soweit **21**
nicht im Einzelfall ein abweichender (auch geringerer) Bedarf besteht, bleibt unberührt. Die Erhöhungen nach dieser Vorschrift und nach § 27a Abs. 4 stehen nebeneinander, auch wenn sich das Ergebnis gleichen mag. Inhaber des Merkzeichens H
haben allein aus diesem Grund keinen Anspruch auf den Mehrbedarf (LSG Hmb
1.1.2016 – L 4 SO 65/15).

## 2. Mehrbedarf für Schwangere

Die maßgebliche Schwangerschaftswoche, der Beginn der 13. Woche, wird durch **22**
die Bestätigung eines Arztes oder einer Hebamme nachzuweisen sein. Der Mehrbedarf wird bis zum Zeitpunkt der Entbindung gewährt. Es ist zulässig, den Zuschlag
gegen Ende der Schwangerschaft nur noch wochenweise auszuzahlen, damit es nicht
zu Überzahlungen kommt. Gegebenenfalls sind frühere Bewilligungen nach §§ 45,
48 SGB X unter den dort geltenden Voraussetzungen aufzuheben.

Der Mehrbedarf beträgt 17 v. H. der maßgebenden Regelbedarfsstufe der **23**
Schwangeren. Im Einzelfall ist der Betrag herauf- oder herabzusetzen. Der Umstand,
dass sich der Mehrbedarf nach der jeweiligen Regelbedarfsstufe bemisst, verletzt
nicht den allgemeinen Gleichheitssatz nach Art. 3 Abs. 1 GG (BSG 1.12.2016 – B
14 AS 21/15 R).

Auch bei diesem Mehrbedarf ist zu klären, was er in **gegenständlicher Hinsicht** **24**
abdeckt (s. Rn. 15). Dies soll erhöhter Bedarf bei der Ernährung, der Körperpflege
und der Reinigung von Wäsche sein. Damit wird Regelbedarf entsprechend höher
berücksichtigt. Aber auch Aufmerksamkeiten für kleine Hilfeleistungen, für Literatur
über Schwangerschaft und Erziehungsfragen, für Fahrgeld und kleine Änderungen
an der Kleidung sollen aus dem Mehrbedarfszuschlag beglichen werden. Ob aus
Anlass einer Schwangerschaft noch weitere Leistungen, etwa eine Regelsatzerhö-
hung nach § 27a Abs. 4 in Betracht kommt, hängt von den Besonderheiten des
Einzelfalles ab (zur Anrechnung der Mittel aus der Bundesstiftung „Mutter und
Kind" – Schutz des ungeborenen Lebens", s. Hammel, Sozialrecht aktuell 2015,
137). Die Leistungen nach § 31 Abs. 1 Nr. 2 bleiben unberührt. Nach der Entbindung kann ein Mehrbedarf bei Alleinerziehung in Betracht kommen. Der Umstand,
dass die Mutter das Kind stillt, führt zu keinem Mehrbedarf (HessLSG 21.8.2013 –
L 6 AS 337/12).

Die Schwangere besitzt nach **§ 1615l BGB** einen besonderen **Unterhaltsan- 25
spruch** gegenüber dem Vater des Kindes. Dieser Anspruch geht nach § 2 Abs. 2
dem Anspruch auf Berücksichtigung des notwendigen Lebensunterhalts grundsätzlich vor.

## 3. Mehrbedarf für Alleinerziehende

**26**   **a) Sinn der Regelung.** Der Deutsche Verein hat in seiner gutachterlichen Äußerung (s. Schrifttum) sieben Gesichtspunkte und Positionen benannt, hinsichtlich deren bei Alleinerziehenden ein erhöhter Bedarf an Hilfe zum Lebensunterhalt generell auftreten kann:

**27**   Aus Zeitmangel kann der Einkauf von Waren des täglichen Bedarfs nicht so gut organisiert werden. Auch werden oft teurere Fertiggerichte verwendet. Es besteht oftmals der Bedarf an Kinderbetreuung, um notwendige Gänge zu erledigen (Babysitter). Auch fallen sonstige kleine Hilfeleistungen im Haushalt an, für die eine kleine Aufmerksamkeit gewährt werden soll. Die Kontaktpflege erfordert höhere Kosten, da mehr Telefongespräche geführt und Briefe versendet werden. Die Aufwendungen an Verkehrsleistungen sind höher, da Alleinerziehende möglichst schnell nach Hause kommen müssen bzw. die mitgenommenen Kinder zusätzliche Verkehrskosten verursachen. Der Bedarf an Haushaltsenergie ist größer, da vermehrt elektrische Geräte benutzt werden. Kinder Alleinerziehender benötigen mehr Spiel- und Beschäftigungsmaterial. Wegen fehlenden Gedankenaustausches mit einem Partner besteht ein höherer Aufwand an Informationsmaterial über Fragen der Kindererziehung, der Gesunderhaltung und der Berufsausbildung (vgl. zu dem Zweck des Mehrbedarfs auch BSG 3.3.2009 – B 4 AS 50/07 R; BSG 11.2.2015 – B 4 AS 26/14 R, NDV-RD 2009, 98; BSG 12.11.2015 – B 14 AS 23/14 R). Im AsylbLG ist kein entsprechender Mehrbedarf vorgesehen (LSG NRW 18.12.2014 – L 20 AY 76/14 B ER; SG Landshut 21.10.2015 – S 11 AY 41/15).

**28**   Im **Einzelfall** kann wegen dieser Mehrbedarfe ein **höherer oder niedrigerer Zuschlag** als für den Regelfall vorgesehen anerkannt werden. Das ist eine Frage des Einzelfalles. Ferner ist auch in Bezug auf diesen Mehrbedarf eine Abgrenzung zu der Möglichkeit abweichender Festsetzung des **Regelsatzes nach § 27a Abs. 4** notwendig. Dies wird nur in Betracht kommen, wenn es sich um einen Bedarf handelt, der in der obigen Aufzählung nicht erwähnt ist.

**29**   **b) Begriff „Alleinerziehender".** Alleinerziehend ist eine Person, die ohne Hilfe Dritter für die Pflege und Erziehung eines oder mehrerer Kinder zu sorgen hat. Mit den Begriffen „Pflege und Erziehung" knüpft die Vorschrift an Art. 6 Abs. 2 GG an, wonach diese Aufgabe das natürliche Recht der Eltern und die ihnen zuvörderst obliegende Pflicht ist. Die Vorschrift des Abs. 3 bezieht sich indes nicht nur auf Eltern, sondern auch auf jede andere Person, die diese Aufgabe wahrnimmt (BSG 27.1.2009 – B 14/7b AS 8/07 R, FEVS 61, 13). Das Jugendhilferecht nennt in § 7 Abs. 1 Nr. 6 SGB VIII diesen Personenkreis „Erziehungsberechtigte". Alleinerziehend i. S. d. Vorschrift kann daher z. B. auch ein Stiefelternteil oder ein Pflegeelternteil sein. Alleinerziehung im Sinne der Vorschrift ist nicht erst zu bejahen, wenn eine Person das Kind nach den tatsächlichen Gegebenheiten ausschließlich erzieht und pflegt. Vielmehr ist der Mehrbedarf bereits dann in voller Höhe zu berücksichtigen, wenn der leistungsberechtigte Elternteil während der Betreuungszeit von dem anderen Elternteil, Partner oder einer anderen Person nicht in einem Umfang unterstützt wird, der es rechtfertigt, von einer nachhaltigen Entlastung auszugehen (BSG 11.2.2015 – B 4 AS 26/14 R mit zahlreichen weiteren Nachweisen; BSG 12.11.2015 – B 14 AS 23/14 R). Damit wird auf den Zweck des Mehrbedarfs abgestellt, besondere Belastungen der leistungsberechtigten Person aufzufangen. Kümmern sich verschiedenen Personen – jeweils zeitlich allein – um ein Kind, kann der Mehrbedarf auch aufgeteilt werden (BSG 11.2.2015 – B 4 AS 26/14 R).

**30**   Der Alleinerziehende muss die Pflege und Erziehung ohne Hilfe Dritter leisten. Wenn der Alleinerziehende mit dem Kind oder den Kindern allein in einem Haushalt lebt, entstehen insoweit keine besonderen Probleme. Der gelegentliche

Besuch eines Freundes oder einer Freundin sowie die Inanspruchnahme eines Babysitters verändern nichts am Status des Alleinerziehenden, auch wenn die erwähnten Personen stundenweise die Beaufsichtigung der Kinder übernehmen (zum Mehrbedarf einer pflegebedürftigen, allein erziehenden Mutter s. VGH München 30.4.2003 – 12 B 98.1814, FEVS 55, 67; zum sogenannten Wechselmodell, der wechselseitigen Betreuung durch beide Elternteile, s. BGH 5.11.2014 – XII ZB 599/13, FamRZ 2007, 707). Das BSG (3.3.2009 – B 4 AS 50/07 R, NDV-RD 2009, 98, mwN) hat nunmehr entschieden, dass wegen besonderer Lebensumstände ein hälftiger Mehrbedarf zu berücksichtigen ist, wenn getrennt wohnende Eltern sich bei der Pflege und Erziehung ihres gemeinsamen Kindes in größeren, mindestens eine Woche umfassenden Intervallen abwechseln und sich die anfallenden Kosten in etwa hälftig teilen. Ist ein Elternteil weniger als mit der Hälfte der Zeit an der Betreuung des Kindes beteiligt, steht dem anderen Elternteil der Mehrbedarf in voller Höhe zu. Wechseln sich die Eltern in kürzeren Zeitabständen – etwa 2 Tage der eine Elternteil, 3 Tage der andere Teil bei der Betreuung ihres Kindes ab, sind sie nicht mehr als alleinerziehend anzusehen (vgl. auch BSG 2.7.2009 – B 14 AS 54/08 R, SGb 2009, 600; für weitere Leistungen bei Ausübung des Umgangsrechts s. BSG 18.11.2014 – B 4 AS 4/14 R; BSG 4.6.2014 – B 14 AS 30/13 R; BSG 12.6.2013 – B 14 AS 50/12 R, FuR 2014, 116; dazu auch *Dern/Fuchsloch*, SGb 2017, 61).

Wenn der Alleinerziehende mit anderen Personen zusammenlebt, stellt sich stets **31** die Frage, ob er noch alleinerziehend ist (s. dazu LSG Nds-Brem 27.7.2007 – L 13 AS 50/07 ER, FEVS 59, 8). Die Aufnahme in ein **Frauenhaus** oder in eine Mutter-Kind-Einrichtung nach § 19 SGB VIII ist insoweit unbeachtlich. Der **§ 19 SGB VIII** spricht sogar davon, dass die Mütter oder Väter, für die derartige Förderungsangebote der Jugendhilfe gedacht sind, „allein für ein Kind unter sechs Jahren zu sorgen haben".

Der Besuch einer **Tageseinrichtung** für Kinder (§ 22 SGB VIII) oder die Betreu-  **32** ung des Kindes durch eine Kindertagespflegeperson (§ 23 SGB VIII) ändern ebenfalls nichts am Status als Alleinerziehender. Möglicherweise kann es gerechtfertigt sein, den Mehrbedarf geringer anzusetzen.

**Lebt** die betreffende Person indes mit einer oder mehreren anderen Personen **33** **zusammen in einem Haushalt,** kann der Status als Alleinerziehender entfallen. Dies gilt insbesondere dann, wenn der andere Elternteil im Haushalt lebt. Die berufliche Abwesenheit eines Elternteils, auch wenn sie länger dauert, führt nicht dazu, den anderen als alleinerziehend anzusehen. Ebenso wenig ist es entscheidend, ob sich der eine (anwesende) Elternteil tatsächlich um die Pflege und Erziehung des Kindes oder der Kinder kümmert. Die Inhaftierung eines Elternteils, vor allem wenn sie länger dauert, bedeutet demgegenüber, dass der andere Alleinerziehender ist. Auch wenn zwei Frauen zusammenleben und wirtschaften und dabei jeweils ihr Kind betreuen, können die Voraussetzungen für den Mehrbedarf entfallen sein (OVG Berlin 24.11.1983 – 6 B 24.83, FEVS 34, 104).

Bei einem Zusammenleben gleichgeschlechtlicher Personen oder von Personen, **34** die eine eheähnliche Gemeinschaft i. S. v. § 20 bilden, kommt es im Einzelfall darauf an, ob die andere Person bei der Pflege und Erziehung tatsächlich behilflich ist. Ist dies nicht der Fall, bleibt der Status als Alleinerziehender bestehen. Nur wenn die andere Person so nachhaltig bei der Pflege und Erziehung des Kindes hilft, wie es sonst der andere Elternteil zu tun pflegt, entfällt die Eigenschaft als Alleinerziehender (BSG 23.8.2012 – B 4 AS 167/11 R, FEVS 64, 389; OVG Lüneburg 9.10.2003 – 12 ME 425/03). Daher führt auch der Umstand, dass im Haushalt noch ein Kind lebt, das älter als 16 Jahre alt ist, in aller Regel noch nicht zu einer derartigen Entlastung des Alleinerziehenden, dass der Anspruch auf den Mehrbedarfszuschlag entfiele (OVG Münster 20.6.2000 – 22 A 1305/98, FEVS 52, 138). Zu restriktiv ist es, das Merkmal „alleinerziehend" bereits entfallen zu lassen, wenn sich der Kindesvater lediglich an den Wochenenden um das Kind kümmert (so aber LSG Bln-Bbg 15.9.2010 – L 20 AS 902/10 B PKH, FamRZ 2011, 683).

**35**     c) **Zusammenleben mit Kindern.** Die Vorschrift verlangt nur noch, dass die Person mit wenigstens einem Kind allein zusammenlebt. Erst bei der Höhe des Zuschlags wird nach der Zahl und dem Alter der Kinder differenziert. Ob das minderjährige Kind seinerseits bereits Mutter eines Kindes ist, ist für den Mehrbedarfszuschlag für die Großmutter unerheblich (so SG Dresden 8.9.2015 – 40 AS 1713/13).

**36**     d) **Rechtsfolge.** Die Rechtsfolge, also die Berücksichtigung eines Mehrbedarfs, ist verwirrend formuliert. Aus § 21 Abs. 3 SGB II, der parallelen Vorschrift, geht deutlicher hervor, was geregelt werden sollte. Wenn man zuerst die Nr. 1 von Absatz 3 in den Blick nimmt, ergibt sich, dass ein Anspruch auf einen Mehrbedarf von 36 v. H. der maßgebenden Regelbedarfsstufe besteht, wenn sich ein Kind unter sieben Jahren im Haushalt befindet. Leben mindestens zwei Kinder im Haushalt, kommt es auf das Alter (unter sieben Jahre) nicht an. Allerdings müssen die Kinder unter 16 Jahre alt sein. Die Altersgrenze von unter sieben Jahre bzw. die geforderte höhere Anzahl von zu betreuenden Kindern weist auf die besondere Belastung durch die Pflege und Erziehung hin. Nach Nr. 2 der Vorschrift, die erst zur Anwendung kommt, wenn die Voraussetzungen nach Nr. 1 nicht bereits gegeben sind, wird für jedes Kind ein Zuschlag von 12 v. H. der Regelbedarfsstufe geleistet. In § 21 Abs. 3 SGB II wird der Sinn dieser Regelung so beschrieben, dass Nr. 2 gleichsam als Kontrollberechnung anzusehen ist, ob nämlich die Berechnung nach Nr. 2 einen höheren Prozentsatz ergibt. Dies betrifft etwa den Fall, wenn nur ein Kind im Alter von über sieben Jahren im Haushalt lebt. Dann greift nicht Nr. 1, aber Nr. 2 der Vorschrift. Ferner hat die Vorschrift Bedeutung, wenn vier Kinder zu betreuen sind, da dann der Satz von 36 v. H. nach Nr. 1 auf 48 v. H. steigt. Ab dem fünften Kind steigt der Mehrbedarf nicht mehr, da dann die Höchstgrenze von 60 vom Hundert erreicht ist. Ob auch nach Nr. 2 die Kinder unter sechzehn Jahre alt sein müssen, könnte zweifelhaft sein. Wenn man die Nr. 2 allerdings als eigenständige Regelung versteht, die zu einem günstigeren Ergebnis führen soll, kommt es nur darauf an, dass ein „Kind" betreut wird. Das dürften Minderjährige, also Personen sein, die das 18. Lebensjahr noch nicht vollendet haben.

**37**     Der Mehrbedarf kann auch höher oder niedriger ausfallen, sofern dies auf Besonderheiten des Einzelfalles zurückzuführen ist (OVG Lüneburg 27.8.2003 – 4 LB 550/02, FEVS 55, 238). Wird etwa ein Teil der Beschwernisse, die für die Anerkennung des Mehrbedarfs angeführt werden (Rn. 26) anderweitig behoben, kann der Mehrbedarf geringer ausfallen. Dies gilt etwa, wenn der Alleinerziehende in eine **Wohnunterkunft** lebt, wo Kinderbetreuung zumindest zeitweise angeboten wird (OVG Berlin 6.6.1996 – 6 S 261.95, FEVS 47, 126): Umgekehrt sind Fälle denkbar, in denen die erwähnten Beschwernisse, die ein Alleinerziehender zu bewältigen hat, derart ungewöhnlich gravierend sind – etwa bei einer besonders hohen Kinderzahl –, dass dem durch Erhöhung des Mehrbedarfs Rechnung getragen werden muss. Bei drei Kindern unter sieben Jahren ist dies allerdings noch nicht anzunehmen (OVG Lüneburg 27.3.1991 – 4 L 227/89, FEVS 43, 328).

**38**     Die Regelbedarfsstufen, die für Kinder vorgesehen sind, haben sich gegenüber der früheren Rechtslage zum Teil verbessert, z. T. aber auch verschlechtert. (s. dazu bei §§ 27a, 28, 28a).

## 4. Mehrbedarf für behinderte Menschen in Ausbildung

**39**     Adressaten dieser Regelung sind behinderte Menschen. Die Terminologie knüpft an § 2 Abs. 1 SGB IX an. Die Vorschrift wendet sich nicht an Menschen, die von einer Behinderung erst bedroht sind (§ 53 Abs. 2). Dies folgt daraus, dass Vorläufervorschrift, § 23 Abs. 3 und 4 BSHG durch Art. 15 Nr. 3 des Gesetzes v. 19.6.2001 (BGBl. I S. 1046 – SGB IX) geändert worden war und in den Regelungen der Abs. 4 und 5 ausdrücklich zwischen „behinderten Menschen" und „von einer Behinderung bedrohten Menschen" unterschieden wird. Die betreffenden Personen müssen das 15. Lebensjahr vollendet haben und ferner tatsächlich Eingliederungshilfe nach § 54 Abs. 1 Nr. 1 bis 3 erhalten (BSG 25.6.2008 – B 11b AS 19/07 R, BSGE 101, 79; BSG 22.3.2010 – B 4 AS 59/09 R, NZS 2011, 143; BSG 6.4.2011 – B 4 AS 3/10 R; BSG 5.8.2015 – B 4 AS 9/15 R; BSG 12.11.2015 – B 14 AS 34/14 R; SächsLSG 10.6.2015 – L 8 SO 22/11). Es ist nicht ausreichend, dass sie solche Eingliederungshilfemaßnahmen hätten erhalten können oder müssen. Etwas Anderes gilt allerdings, wenn die Eingliederungshilfe eingeklagt wird. Wird sie nachträglich zugesprochen, kann auch der Mehrbedarf beansprucht werden, wenn denn die sonstigen Voraussetzungen für eine nachträgliche Hilfegewährung gegeben sind.

Der Mehrbedarf kann im Ermessenswege auch **nach Beendigung** der genann- **40** ten Eingliederungshilfemaßnahmen noch für einen gewissen Zeitraum gewährt werden.

Die Leistung besteht in einem Zuschlag von 35 v. H. der maßgebenden Regelbe- **41** darfsstufe. Abweichungen im Einzelfall können geboten sein. Bei der Ermessensleistung nach Beendigung der Maßnahme kann sich das Ermessen auch auf die Höhe des Zuschlags beziehen.

Der Zuschlag nach Abs. 1 Nr. 2 kann daneben nicht zusätzlich beansprucht wer- **42** den.

## 5. Mehrbedarf wegen kostenaufwändiger Ernährung

**a) Adressaten.** Adressaten dieser Regelung sind Kranke, Genesende, behinderte **43** Menschen und von einer Krankheit oder Behinderung bedrohte Menschen. Wegen der Begriffe „Krankheit" und „Behinderung" kann auf die Definition im Recht der gesetzlichen Krankenversicherung und auf die Definitionen im Rehabilitationsrecht verwiesen werden (s. z. B. BSG 13.2.1975 – 3 RK 68/73 Die Definition der „Behinderung" findet sich in § 2 Abs. 1 SGB IX. Der Unterschied zum Krankheitsbegriff liegt im Wesentlichen darin, dass die lebensalteruntypischen Funktionsabweichungen keiner ärztlichen Behandlung bedürfen, weil sie in vielen Fällen auch nicht (mehr) behandlungsfähig sind und es der Eingliederungshilfe nicht auf Heilung, sondern auf Teilhabe am Leben in der Gesellschaft ankommt. Von einer Behinderung bedroht ist ein Mensch, wenn die Beeinträchtigung der Teilhabe am Leben in der Gesellschaft zu erwarten ist. Im Unterschied zum Behindertenbegriff in § 2 Abs. 1 SGB IX verlangt § 53 Abs. 1 eine „wesentliche" Einschränkung in der Fähigkeit, an der Gesellschaft teilzuhaben.

Dadurch, dass die Regelung hinsichtlich der Krankheit und der Behinderung **44** bereits auf den drohenden Eintritt dieser Funktionsbeeinträchtigungen abstellt, gelangt ein **präventives Moment** zur Wirkung. Hinsichtlich des Genesenden, der eine Krankheit überwunden hat, wirkt die Regelung als **nachgehende Hilfe** i. S. v. § 15.

**b) Kostenaufwändige Ernährung.** Der betreffende Personenkreis muss wegen **45** seiner vorhandenen, drohenden oder noch nachgehend zu berücksichtigenden Funktionsbeeinträchtigungen einer Ernährung bedürfen, die kostenaufwändig ist. Die Kosten müssen höher sein, als es die im Regelsatz für Ernährung vorgesehenen Beträge sind. Die Kausalität zwischen den erwähnen Funktionsbeeinträchtigungen und der Notwendigkeit einer bestimmten kostenaufwändigen Ernährung muss ärztlich bescheinigt werden (BSG 24.2.2011 – B 14 AS 49/110 R; BSG 14.2.2013 – B 14 AS 48/12 R m. zahlreichen weiteren Nachw.). Der Hilfesu-

chende hat bei der Ermittlung des Sachverhalts im Rahmen des § 62 SGB I mitzuwirken.

46     Für welche Krankheitsbilder eine kostenaufwändige Ernährung in aller Regel
erforderlich ist, ist in den nach **fachwissenschaftlicher Beratung** entwickelten
**Empfehlungen des Deutschen Vereins** (NDV 2015, 1) niedergelegt. Ferner
sind dort auch die jeweiligen Zuschläge der Höhe nach angegeben. Die Empfehlungen stellen grundsätzlich eine geeignete und zutreffende Orientierungsgrund-
lage dar (BSG 27.2.2008 – B 14/7b AS 64/06 R; BSG 10.5.2011 – B 4 AS 100/
10 R; BSG 14.2.2013 – B 14 AS 48/12 R; s. auch BVerfG 20.6.2006 – 1 BvR
2673/05). Allerdings müssen neue medizinische Erkenntnisse u. U. berücksichtigt
werden. Bei den Empfehlungen handelt es sich allerdings weder um Rechtsnormen
noch um ein antizipiertes Sachverständigengutachten (BSG 27.2.2008 – B 14/7b
AS 64/06 R; BSG 14.2.2013 – B 14 AS 48/12 R). Die Empfehlungen können
aber im Regelfall als Orientierungshilfe dienen. Sie entbinden daher nicht von der
Ermittlungspflicht im Einzelfall. Unter Umständen können auch mehrere Erkrankungen zu einer Kumulation von Zuschlägen führen (BSG 27.2.2008 – B 14/7b
AS 32/06 R).

47     Gegenwärtig kann von folgenden wissenschaftlich begründeten Ernährungsfor-
men grundsätzlich ausgegangen werden:

48     Nach dem aktuellen Stand der Ernährungsmedizin ist bei folgenden Erkrankungen, regelmäßig eine „**Vollkost**" angezeigt:
a)  Hyperlipidämie (Erhöhung der Blutfette)
b)  Hyperurikämie (Erhöhung der Harnsäure im Blut)
c)  Gicht (Erkrankung durch Harnsäureablagerungen)
d)  Hypertonie (Bluthochdruck)
e)  kardinale und renale Ödeme (Gewebswasseransammlungen bei Herz- oder Nie-
    renerkrankungen)
f)  Diabetes mellitus (Zuckerkrankheit – Typ II und Typ I, konventionell und inten-
    siviert konventionell behandelt)
g)  Ulcus duodeni (Geschwür am Zwölffingerdarm)
h)  Ulcus ventriculi (Magengeschwür)
i)  Neurodermitis (Überempfindlichkeit von Haut und Schleimhäuten auf geneti-
    scher Basis)
j)  Leberinsuffizienz.
Bei den unter a) bis j) genannten Erkrankungen ist in der Regel ein krankheitsbe-
dingt **erhöhter Ernährungsaufwand zu verneinen.** Es ist davon auszugehen, dass
der Regelsatz eine Vollkost ermöglicht.

49     Bei **verzehrenden Erkrankungen** und bei **gestörter Nahrungsaufnahme**
bzw. Nährstoffverwertung kommt ein Mehrbedarf bei schweren Verläufen der
Erkrankung in Betracht (zur Laktoseintoleranz s. BSG 14.2.2013 – B 14 AS 48/12
R; bei krankhaften Untergewicht unter einem BMI von 18.5 s. SG Aurich
10.9.2015 – S 55 AS 100/14). In besonderen Fällen, in denen nur durch eine
spezielle Nahrung (etwa Astronautennahrung) die Gesundheit erhalten werden
kann, ist auch an Leistungen nach dem SGB V zu denken (SG Detmold 13.10.2015 –
S 2 SO 152/14). Der Bedarf an kostenaufwändiger Ernährung muss auf physiologischen Gründen beruhen; führt eine Angst-oder Zwangssymptomatik zu einem
abweichenden Ernährungsverhalten, begründet dies keinen Anspruch auf dem
Mehrbedarf (BSG 20.1.2016 – B 14 AS 8/15 R: dazu *Reichel*, jurisPR-SozR 24/
2016, Anm. 1).

50     Ebenfalls besteht regelmäßig bei Niereninsuffizienz und Zöliakie ein Mehrbedarf.
Die Mehrbedarfszuschläge betragen zwischen 10 % und 20 % der Regelbedarfsstufe
(zu den Einzelheiten der Empfehlungen des Deutschen Vereins s. *Löher*, NDV
2008, 503). In zahlreichen gerichtlichen Verfahren werden die unterschiedlichsten
Erkrankungen geltend gemacht (vgl. z. B. Schuppenflechte, Allergien, LSG Hmb

24.9.2015 – L 4 SO 2/15; BayLSG 22.9.2015 – L 8 SO 149/12: Zustand nach
Nierentransplantation; Laktoseintoleranz, SG Detmold 3.11.2015 – S 2 SO 199/
13). Einem Bedarf an bestimmter zusätzlicher Ernährung kann unter Umständen
auch über § 27a Abs. 4 durch Erhöhung des Regelsatzes Rechnung getragen werden
(BSG 5.7.2016 – B 1 KR 18/16 B).

Die genannten Euro-Beträge konkretisieren die „angemessene Höhe" des **51**
Zuschlags für den **Regelfall**. Auch bei diesem Zuschlag gilt, dass er abweichend
bemessen werden muss, wenn Besonderheiten des Einzelfalles vorliegen (Hinsichtlich HIV-Infektion, s. OVG Lüneburg 7.10.2002 – 12 ME 622/02, NDV-RD 2003,
16).

**c) Bewilligung.** Die Bewilligung der Krankenkostzulage erfolgt zumeist für **52**
einen längeren Zeitraum, da es in der Natur der Sache liegt, dass der betreffende
krankhafte Zustand länger anhält. Es handelt sich dann um einen Verwaltungsakt
mit Dauerwirkung. Ob ein ablehnender Verwaltungsakt Dauerwirkung hat, ist eine
Frage der Auslegung des jeweiligen Verwaltungsaktes (OVG Münster 28.9.2001 –
16 A 5644/99, FEVS 53, 310). Wird der Zuschlag bezogen auf einen bestimmten
Bewilligungszeitraum abgelehnt, wirkt der Verwaltungsakt nicht für weitere Bewilli-
gungsabschnitte (BSG 24.2.2011 – B 14 AS 49/10 R, SGb 2011, 207).

Bei **rechtswidriger Ablehnung** des Zuschlags kann der Anspruch für die Ver- **53**
gangenheit nur mit Erfolg durchgesetzt werden, wenn sich der Hilfesuchende auch
tatsächlich kostenaufwändig ernährt hat. Hat er dies nicht tun können – etwa, weil
ihm die finanziellen Mittel dafür fehlten – geht der Anspruch für die Vergangenheit
unter (BSG 29.9.2009 – B 8 SO 16/08 R; BSG 11.12.2007 – B 8/9b SO 12/06
R; LSG Bln-Bbg 18.6.2015 – L 23 SO 268/12; nicht gefolgt werden kann BSG
20.2.2014 – B 12 AS 65/12 R; s. dazu *Grube,* SGb 2015, 111; *ders.,* Sozialrecht
aktuell 2015, 1; ferner ein Untergang des Anspruchs in diesen Fällen auch *Coseriu*
jurisPK-SGB XII § 18 Rn. 20 und § 27 Rn. 54; *Simon* jurisPK-SGB XII, § 30
Rn. 98.2). Der Mehrbedarf kann als abtrennbarer Streitgegenstand isoliert verfolgt
werden (BSG 10.11.2011 – B 8 SO 12/10 R; BayLSG 22.9.20115 – L 8 SO 149/
12; a. A. BSG 14.2.2013 – B 14 AS 48/12 R; LSG NRW 8.12.2016 – L 7 AS 578/
15).

## 6. Summierung der Mehrbedarfe

Die Zuschläge nach allen Absätzen der Vorschrift sind nebeneinander anzuwen- **54**
den, mit Ausnahme der Regelung nach Abs. 4 S. 3. Es gilt allerdings eine Kappungsgrenze von 100 v. H. der für den Leistungsberechtigten maßgebenden Regelbedarfsstufe. Für das Verhältnis von § 31 Abs. 1 Nr. 2 zur Blindenhilfe s. § 72 Abs. 4 S. 2
s. OVG Münster 3.12.2001 – 12 E 159/00, ZfSH/SGB 2002, 542.

## 7. Mehrbedarf für Warmwassererzeugung

Diese Bestimmung ist neu in das Gesetz gekommen, und zwar erst im **Vermitt-** **55**
**lungsverfahren** im Zuge der Neuregelung der Regelbedarfe (BT-Dr. 17/4719).
Der Regelsatz enthält also keine Anteile für die Heizung und dezentrale Erzeugung von Warmwasser (s. § 27a Abs. 1 S. 1). Für die zentrale Warmwasserversorgung
gilt dagegen § 35 Abs. 4. Die Vorschrift ist unter systematischen Gesichtspunkten
verfehlt, da sie besser bei § 35 verortet wäre (s. auch *Krauß,* Hauck/Noftz, SGB II,
§ 21 Rn. 98). Weil die Vorschrift neu war, musste der Leistungsberechtigte bei der
Beantragung von Leistungen auf diesen Mehrbedarf besonders hingewiesen werden
(BSG 28.3.2013 – B 4 AS 47/12 R, info also 2013, 230).

Die Leistungen sind zunächst pauschaliert, lassen aber eine abweichende Leistung **56**
im Einzelfall zu. Damit ist neuer Streitstoff eröffnet. Ob die Pauschalen zutreffend
ermittelt sind, kann bezweifelt werden. Durch die Pauschalierung sollen Beweis-

schwierigkeiten vermieden werden (LSG NRW 30.1.2014 – L 6 AS 1667/12). Die Regelung wird ausdrücklich nicht für verfassungswidrig gehalten (so BayLSG 18.9.2014 – L 11 AS 293/13).

**57**   Die Vorschrift kommt nur zur Anwendung, wenn das warme Wasser **dezentral**, also etwa durch in der Wohnung befindliche Warmwasserspeicher oder Durchlauferhitzer bereitet wird.

**58**   Anders als in § 21 Abs. 7 SGB II wird in der Vorschrift lediglich auf die Regelbedarfsstufen nach der Anlage zu § 28 verwiesen. Die im Haushalt lebende Person muss einen Anspruch auf Leistungen nach einer der Regelbedarfsstufen besitzen.

**59**   Eine abweichende Leistungsbemessung ist aus Gründen der Bedarfsdeckung notwendig. Das entspricht auch der Regelung über die Berücksichtigung der Kosten, wenn es um die Übernahme zentral bereitgestellten warmen Wassers nach § 35 Abs. 4 geht (zur Ermittlung des Stromverbrauchs einer Heizungsanlage, BSG 3.12.2015 – B 4 AS 47/14 R). Allerdings müssen die über die Vom-Hundert-Sätze hinausgehenden Kosten angemessen sein (LSG NRW 28.5.2013 – L 9 AS 541/13 B). Die Ermittlung abweichenden Bedarfs bereitet Schwierigkeiten (vgl. dazu LSG Bln-Bbg 19.3.2014 – L 31 AS 3018/13 B; LSG NRW 27.1.2014 – L 19 AS 2013/ 13 NZB). Eine Energiekostennachforderung begründet nicht bereits einen abweichenden Bedarf (LSG NRW 26.5.2014 – L 9 SO 474/13). Schwierigkeiten dürfte es bereiten, aus den Stromkosten des Haushalts die auf die Warmwasserbereitung entfallenden Kosten heraus zurechnen. Diese Kosten brauchen nicht in der Differenz zwischen den in dem Regelsatz enthaltenen Stromkosten und den angefallenen Kosten zu bestehen.

## 8. Mehrbedarf und § 22

**60**   Der Anspruchsausschluss nach § 22 Abs. 1 S. 1 betrifft nur den ausbildungsgeprägten Bedarf an Hilfe zum Lebensunterhalt (s. § 22 Rn. 9). In Bezug auf den laufenden Bedarf ist damit der Regelbedarf gemeint, der ansonsten durch die Regelsatzleistungen abgegolten wird. Die Mehrbedarfe nach Abs. 1, 2, 3 und 5 werden daher von dem Anspruchsausschluss nicht erfasst. Auch der Zuschlag nach Abs. 4, den behinderte Menschen beanspruchen können, die sich in einer Ausbildung, Umschulung oder Fortbildung befinden, für die nach § 54 Abs. 1 Nr. 1 bis 3 Eingliederungshilfe gewährt wird, wird von § 22 Abs. 1 S. 1 nicht ausgeschlossen. Die Ausbildungsförderung nach dem BAföG und dem SGB III deckt nur den ausbildungsgeprägten Unterhalt ab, während die Regelung in Abs. 4 an einen Mehrbedarf anknüpft, der behinderten Menschen entsteht, wenn sie sich in einer Ausbildung befinden. Die speziellen Förderungsgesetze berücksichtigen einen solchen Mehrbedarf naturgemäß nicht, da sie vom Regelfall des nicht behinderten Auszubildenden ausgehen (vgl. OVG Hamburg 8.9.1993 – Bs IV 35/93, Behindertenrecht 1994, 159).

**61**   Der Mehrbedarf nach Absatz 7 steht Auszubildenden indes nicht zu.

## § 31 Einmalige Bedarfe

(1) **Leistungen zur Deckung von Bedarfen für**
1. **Erstausstattungen für die Wohnung einschließlich Haushaltsgeräten,**
2. **Erstausstattungen für Bekleidung und Erstausstattungen bei Schwangerschaft und Geburt sowie**
3. **Anschaffung und Reparaturen von orthopädischen Schuhen, Reparaturen von therapeutischen Geräten und Ausrüstungen sowie die Miete von therapeutischen Geräten**

**werden gesondert erbracht.**

(2) [1]**Einer Person, die Sozialhilfe beansprucht (nachfragende Person), werden, auch wenn keine Regelsätze zu gewähren sind, für einmalige Bedarfe nach Absatz 1 Leistungen erbracht, wenn sie diese nicht aus eigenen Kräften und Mitteln vollständig decken kann.** [2]**In diesem Falle kann das Einkommen berücksichtigt werden, das sie innerhalb eines Zeitraums von bis zu sechs Monaten nach Ablauf des Monats erwerben, in dem über die Leistung entschieden worden ist.**

(3) [1]**Die Leistungen nach Absatz 1 Nr. 1 und 2 können als Pauschalbeträge erbracht werden.** [2]**Bei der Bemessung der Pauschalbeträge sind geeignete Angaben über die erforderlichen Aufwendungen und nachvollziehbare Erfahrungswerte zu berücksichtigen.**

*Änderungen der Vorschrift: Abs. 1 Nr. 2 neu gef. durch G v. 20.7.2006 (BGBl. I S. 1706), Abs. 1 Nr. 3, Abs. 2 S. 1 neu gef. mWv 1.1.2011 durch G v. 24.3.2011 (BGBl. I S. 453), Abs. 1 geänd. mWv 1.1.2016 durch G v. 21.12.2015 (BGBl. I S. 2557).*

*Vergleichbare Vorschrift: § 24 Abs. 3 SGB II.*

**Schrifttum:** *Grube,* Das geschlossene Regelsatzsystem und seine neuen „(Schlupf-)Löcher", NDV 1998, 298; *Hammel,* Die Pflicht des Sozialhilfeträgers zur einmaligen Leistung für Gebrauchsgüter nach § 21 I a Ziffer 6 BSHG, ZfSH/SGB 1997, 648; *Hofmann,* ABC einmaliger Leistungen, info also 1988, 55; *Kunkel,* Zur Abgrenzung von laufenden und einmaligen Leistungen – eine Arbeitshilfe, info also 1995, 11; *Kunkel,* Die Gewährung von Beihilfe – eine Anleitung für Praxis und Ausbildung, ZfJ 1997, 49; *Mrozynski,* Bedarfsdeckung durch laufende und einmalige Leistungen der Sozialhilfe, ZfS 1987, 289; *ders.,* Zum Bedeutungsverlust der Abgrenzung von Dauer und Einmaligkeit bei Bedarfen in der Grundsicherung für Arbeitsuchende, ZfSH/SGB 2012, 75; *Paul,* Einmalige Leistungen im Sozialhilferecht, ZFSH/SGB 1995, 523; *ders.,* § 21 Abs. 1a BSHG kontra § 1 Abs. 1 Regelsatz-VO?, ZfF 2000, 73; *Rothkegel,* Der rechtliche Rahmen für die Pauschalierung von Sozialhilfeleistungen – insbesondere zur Experimentierklausel des § 101a BSHG, ZfSH/SGB 2002, 585 u. 657; *Rux,* Lernmittelfreiheit und Sozialhilfe, VBlBW 1997, 371; *Schoch,* Einmalige und laufende Leistungen bei der Hilfe zum Lebensunterhalt, ZFSH/SGB 1986, 486; *ders.,* Einmalige Leistungen der Hilfe zum Lebensunterhalt für Hilfesuchende, die keine laufenden Leistungen erhalten, ZfF 1986, 245.

## Übersicht

# I. Bedeutung der Norm

Die Vorschrift betrifft einmalige Leistungen zum Lebensunterhalt und entspricht **1** insofern dem früheren **§ 21 BSHG** (außer dessen Abs. 3, der nun in § 27b zu finden ist). Im Übrigen ist das Recht der einmaligen Leistungen aber **völlig neu gestaltet** worden. Es gibt nur noch einen **geschlossenen Kreis** solcher Leistungen. Durch das Regelbedarfsermittlungsgesetz ist Abs. 1 Nr. 3 geändert worden. Die Leistungen für Klassenfahrten sind gestrichen, da sie nun in § 34 Abs. 2 Nr. 2 Berücksichtigung finden. Stattdessen ist als neue einmalige Leistung die Leistung für orthopädische Schuhe und therapeutische Geräte hinzugekommen.

2    Abs. 2 entspricht § 21 Abs. 2 BSHG. Abs. 3 sieht selbst für den geschlossenen Kreis der einmaligen Leistungen eine Pauschalierung vor. Allerdings waren auch nach dem Recht des BSHG einmalige Leistungen – wie die Bekleidungshilfen – weitgehend pauschaliert. Auf die Experimentierklausel des früheren § 101a BSHG zur Pauschalierung weiterer Leistungen ist hinzuweisen. In diesem Zusammenhang sind zahlreiche landesrechtliche Pauschalierungsverordnungen erlassen worden. Von der Ermächtigung nach § 21 Abs. 1b BSHG war indes nicht Gebrauch gemacht worden.

2a   Durch Gesetz vom 20.7.2006 ist klarstellend in die Vorschrift gelangt, dass Erstausstattungen bei Schwangerschaft und Geburt zu berücksichtigen sind.

3    In **§ 24 Abs. 3 SGB II** ist eine entsprechende Regelung enthalten. Anders als in § 31 SGB XII können entsprechende Leistungen ausdrücklich auch als Sachleistungen erbracht werden.

4    Aus der Zusammenschau von § 27a und § 31 Abs. 1 ergibt sich, dass ein **geschlossenes System** der Leistungen für den Lebensunterhalt gilt. Die einzige **Öffnung** ist über **§ 37 Abs. 1** möglich. Einmalige Leistungen sind nur noch für die in Abs. 1 vorgesehenen Bedarfsgruppen vorgesehen. Im Übrigen sind einmalige Bedarfe durch den Regelsatz abgegolten. Insoweit besteht eine weitere Öffnungsklausel in § 27a Abs. 4. Sie betrifft aber wohl nur Abweichungen von den Regelsatzleistungen, während der frühere § 28 Abs. 1 S. 2 für den gesamten notwendigen Lebensunterhalt galt. Ob eine so weitgehende Pauschalierung noch dem **Bedarfsdeckungsprinzip** entspricht, wird sich letztlich im Vollzug des Gesetzes zeigen.

5    **Abs. 2** entspricht zwar dem früheren **§ 21 Abs. 2 BSHG;** die Vorschrift hat indes im neuen System der einmaligen Leistungen ein **anderes Gewicht** erhalten. Leistungsberechtigte, die keine Regelsatzleistungen benötigen, werden es in der Praxis schwer haben, einen entsprechenden Bedarf in Bezug auf die drei Bedarfsgruppen nachzuweisen. Schon nach bisheriger Rechtslage dürften ergänzende einmalige Leistungen in vielen Fällen nicht in Anspruch genommen worden sein.

# II. Inhalt der Norm

## 1. Abs. 1 Nr. 1

6    Die Notwendigkeit einer Erstausstattung kommt immer dann in Betracht, wenn die nachfragende Person aus welchen Gründen auch immer (s. dazu LSG Bln-Bbg 13.7.2006 – L 15 B 143/06 SO ER, SAR 2006, 110; HessLSG 23.11.2006 – L 9 AS 239/06 ER) über keine entsprechenden Gegenstände verfügt. Dies kann etwa gegeben sein nach einem Wohnungsbrand, nach einer Partnerschaftstrennung (BSG 19.9.2008 – B 14 AS 64/07 RR, FEVS 60, 513; SG Frankfurt 28.5.2009 – S 17 AS 87/08), nach einer Haftentlassung oder bei einer erstmaligen Anmietung einer eigenen Wohnung (BSG 19.9.2008 – B 14 AS 64/07 R, FEVS 60, 513). Die Gegenstände, die insoweit benötigt werden, hängen von den Besonderheiten des Einzelfalles ab (s. z. B. VGH München 11.4.2005 – 12 CE 05 383; LSG Bln-Bbg 22.8.2006 – L 5 B 525/06 AS). Eine Erstausstattung liegt dagegen nicht vor, wenn es um eine Ersatzbeschaffung oder Reparatur eines Gegenstandes geht. Auch eine

erstmalige Einzugsrenovierung der Wohnung gehört nicht zur Erstausstattung (BSG 19.9.2008 – B 14 AS 64/07 R, FEVS 60, 513).

Das Verständnis dessen, was unter Erstausstattung zu verstehen ist, ist von der **7** Rechtsprechung immer weiter ausgedehnt worden (s. die Nachweise bei SG Dresden 29.5.2006 – S 23 AS 802/06 ER, ZfSH/SGB 2007, 89). Danach kann eine Erstausstattung auch vorliegen, wenn ein einzelner Gegenstand bisher nicht vorhanden war (BSG 19.9.2008 – B 14 AS 64/07 R, Waschmaschine; LSG LSA 18.12.2008 – L 2 B 449/08 AS ER, NZS 2009, 686). Der entsprechende Bedarf braucht auch nicht plötzlich aufgetreten sein. Wächst ein Kind aus seinem Kinderbett heraus, geht es bei der Anschaffung eines Jugendbettes um eine Erstausstattung (BSG 23.5.2013 – B 4 AS 79/17; dazu *Leopold*, Sozialrecht aktuell 2013, 181). Hat die Person zunächst auf Einrichtungsgegenstände verzichtet, geht der Anspruch dadurch nicht verloren (BSG 20.8.2009 – B 14 AS 45/08 R, FEVS 61, 216; anders wohl LSG NRW – L 19 AS 78/08).

Bei den Gegenständen, um die es hier geht, muss es sich um wohnraumbezogene **8** Gegenstände handeln, die eine geordnete Haushaltsführung und ein an den herrschenden Lebensgewohnheiten orientiertes Wohnen ermöglichen (BSG 19.9.2008 – B 14 AS 64/07 R, FEVS 60, 513; BSG 9.6.2011 – d B 8 SO 3/10 R; BSG 6.8.2014 – B 4 AS 57/13 R, SGb 2011, 457). Die Gegenstände der Erstausstattung sind bedarfsbezogen zu beurteilen (zur Waschmaschine, LSG Nds-Brem 27.5.2014 – L 11 AS 369/11). Es kommt nicht darauf an, ob die nachfragende Person den Verlust der Gegenstände fahrlässig herbeigeführt hat (BSG 27.9.2011 – B 4 AS 202/10 R, FEVS 63, 453). Einen derartigen Leistungsausschlusstatbestand gibt es nicht. „Erstausstattung" wird weit verstanden, weil es darauf ankommt, ein angemessenes Wohnen zu ermöglichen. Dazu gehört auch, Gegenstände des persönlichen Lebensbereichs unterbringen zu können. Die Gegenstände müssen grundlegenden Bedürfnissen, wie Essen, Schlafen und Aufenthalt in der Wohnung, dienen (BSG 9.6.2011 – B 8 SO 3/10 R, SGb 2011, 457). Gegenstände, die einen beruflichen Zusammenhang haben, werden nicht berücksichtigt. Ein Fernsehgerät fällt als Haushaltsgerät nicht unter die Vorschrift (BSG 24.2.2011 – B 14 AS 75/10 R, SGb 2011, 206; BSG 9.6.2011 – B 8 SO 3/10 R, SGb 2011, 457). Die zu berücksichtigenden Gegenstände müssen – wie die Kosten der Unterkunft – angemessen sein.

## 2. Abs. 1 Nr. 2

Eine Erstausstattung für Bekleidung kann sich als notwendig erweisen, wenn der **9** Leistungsberechtigte aus welchen Gründen auch immer über keine erforderliche Grundausstattung an Bekleidung verfügt. Dies kann nach einem Wohnungsbrand, nach einer Haftentlassung oder nach einem sonstigen elementaren Ereignis der Fall sein. Problematisch dürfte es sein, unter welchen Umständen von einer ausreichenden Grundausstattung („Erstausstattung") an Bekleidung ausgegangen werden kann, sodass es nur um Ersatzbeschaffungen geht, die aus dem Regelsatz zu decken wären (s. dazu LSG RhPf 1.10.2008 – L 5 B 342/08 AS, FEVS 60, 373). „Erstausstattung" bedeutet nicht, dass der gesamte Bedarf an Bekleidung fehlte; es muss vielmehr aus ausreichen, dass wesentliche Teile benötigt werden, die wegen des damit verbundenen finanziellen Aufwands eben nicht aus dem Regelsatz zu decken sind.

Hinsichtlich der Bekleidung, die aus Anlass einer **Schwangerschaft und Geburt 10** notwendig wird, nimmt das Gesetz darauf Rücksicht, dass derartige Anlässe nicht bei allen Leistungsberechtigten auftreten und daher von den pauschalen Regelsätzen naturgemäß nicht erfasst sein können. Fraglich ist, was unter „Bekleidung" zu verstehen ist. Nach bisheriger Rechtslage (§ 21 Abs. 1a Nr. 1 BSHG, § 1 Abs. 1 RegelsatzVO a. F.) wurde zwischen Bekleidung und **Wäsche** unterschieden. Danach dürfte unter Nr. 2 der Regelung nicht die Unterwäsche einer Schwangeren fallen, obwohl insoweit ein erhöhter Bedarf vorliegen kann.

11    Bei einem **Säugling** wird die Unterscheidung in „Bekleidung" und „Wäsche" ohnehin schwerfallen. Insoweit ist der gesamte Erstausstattungsbedarf des Säuglings zu berücksichtigen (vgl. SG Dresden 29.5.2006 – S 23 AS 802/06 ER, ZfSH/ SGB 2007, 89). Problematisch kann es werden, ob der Erstausstattungsbedarf eines Neugeborenen bereits **vor seiner Geburt** zu decken ist. Dies dürfte im Regelfall zu bejahen sein. Die sonstigen Gegenstände, die für einen Säugling benötigt werden (Badewanne, Wickeltisch, Waage, Pflegemittel, Kinderwagen etc.) waren im Gesetz bisher nicht berücksichtigt. Das ist durch die Neuregelung ausgeräumt (Rn. 2). Bezieht eine schwangere Frau Leistungen zum Lebensunterhalt, dürfte davon auszugehen sein, dass auch der alsbaldige Bedarf für die Erstausstattung bei Geburt als bekannt anzusehen ist (vgl. SchlHLSG 13.6.2013 – L 13 AS 52/11, Sozialrecht aktuell 2013, 219). Eine Beihilfe der Stiftung „Mutter und Kind" lässt den Bedarf nicht entfallen, da die Stiftungsmittel den besonderen Zweck haben, die Lage der Mutter zu verbessern (SchlHLSG 13.6.2013 – L 13 AS 52/11, Sozialrecht aktuell 2013, 219).

### 3. Abs. 1 Nr. 3

12    Diese Bestimmung ist durch das Regelbedarfsermittlungsgesetz in die Vorschrift gelangt. Die hier genannten Gegenstände betreffen untypische Bedarfslagen. Daher hat sie der Gesetzgeber nicht in die Bemessung des Regelbedarfs übernommen (BT-Drs. 17/3404, S. 103). Bei den betreffenden Gegenständen wird stets zu prüfen sein, ob nicht ein vorrangiger Sozialleistungsträger Leistungen erbringen muss. Die Reparatur von orthopädischen Schuhen wird allerdings regelmäßig von der Vorschrift erfasst werden.

## III. Umfang des Wegfalls einmaliger Leistungen

13    Aus § 1 Abs. 1 RegelsatzVO a. F. und aus § 21 Abs. 1a BSHG konnte man entnehmen, für welche Bedarfe einmalige Leistungen in Betracht kamen. Vor diesem Hintergrund wird deutlich, in welchem Maße einmalige Bedarfe nunmehr in den **Regelbedarf einbezogen** worden sind. Sie können daher Gegenstand einer Leistung nach § 37 sein.

14    Nach **früherem Recht** konnte ein einmaliger Bedarf bestehen
   a) für die Beschaffung von Kleidung, Wäsche, Schuhen und Hausrat und deren Instandsetzung, wobei die Ausgaben allerdings einen gewissen Umfang erfordern mussten;
   b) für die Beschaffung von besonderen Lernmitteln für Schüler;
   c) für die Instandhaltung der Wohnung;
   d) für die Beschaffung von Gebrauchsgütern von längerer Gebrauchsdauer und höherem Anschaffungswert;
   e) für besondere Anlässe;
   f) und darüber hinaus für zahlreiche unbenannte Bedarfe.
   g) Die Aufzählung in § 21 Abs. 1a BSHG war nicht abschließend, sondern nur beispielhaft. Daher gab es eine Vielzahl von einmaligen Bedarfen, die nicht vom Regelsatz abgedeckt waren (vgl. dazu *Grube*, NDV 1998, 298).

15    In der Vorauflage ist ein **Überblick über die Breite und Vielfältigkeit** einmaliger Bedarfe gegeben worden, die als solche in tatsächlicher Hinsicht auch heute noch gegeben sein können und für die keine einmaligen Leistungen mehr vorgesehen sind.

## IV. Einmalige Leistungen als ergänzende Hilfe (Abs. 2)

Die durch das Regelbedarfsermittlungsgesetz etwas umformulierte Vorschrift ver-   **16**
mittelt nach S. 1 einen Anspruch auf ergänzende Hilfe zum Lebensunterhalt für
diejenigen Leistungsberechtigten, die zwar über ausreichendes Einkommen verfügen, um ihren laufenden Bedarf im Rahmen des notwendigen Lebensunterhalts zu
decken, deren Einkommen (und Vermögen) aber nicht für die Deckung der daneben
bestehenden einmaligen Bedarfe nach Abs. 1 ausreicht. Darüber hinaus muss die
Vorschrift auch im Falle des § 37 Anwendung finden.

Der Anspruch auf **ergänzende Hilfe zum Lebensunterhalt** in Form einmaliger   **17**
Leistungen dürfte zu den Ansprüchen gehören, deren Geltendmachung am häufig-
sten unterbleibt. Dies liegt daran, dass der betreffende Personenkreis nicht schon im
Übrigen Sozialhilfeempfänger ist und deshalb ein Kontakt zu den Sozialhilfebehörden erst hergestellt werden müsste, was aus Unkenntnis oder Scheu vor dem damit
verbundenen Aufwand nicht geschieht. Die problematische **Berücksichtigung
zukünftigen Einkommens** mag ebenfalls dazu beitragen, dass sich potentielle
Leistungsberechtigte wegen der Deckung eines einmaligen Bedarfs selbst – etwa
durch Aufnahme eines Kleinkredits – helfen.

Die Regelung in S. 2 betreffend die Berücksichtigung zukünftigen Einkommens   **18**
ist in vielerlei Hinsicht problematisch und erweist sich in der **sozialhilferechtlichen Praxis** oft als kaum durchführbar. Die Regelung dürfte auch zu denen
gehören, bei deren Anwendung die meisten **Fehler** gemacht werden. Die Berücksichtigung zukünftigen Einkommens steht im Grundsatz von vornherein in einem
Gegensatz zu dem sozialhilferechtlichen **Gegenwärtigkeitsprinzip**. Die Regelung erfordert daher eine „behutsame", auf den **Einzelfall** bedacht nehmende
Anwendung.

### 1. Überschießendes Einkommen

Um die Höhe des Einkommens zu ermitteln, das bei der Bewilligung einmaliger   **19**
Leistungen berücksichtigt werden kann, ist zunächst eine Berechnung des Regelbedarfs anzustellen. Dabei sind die sozialhilferechtlichen Maßstäbe zugrunde zu
legen. Es sind also der jeweilige Regelbedarf, eventuelle Mehrbedarfszuschläge
und die Kosten der Unterkunft zuzüglich der Heizungskosten anzusetzen. Übersteigen die Kosten der Unterkunft das Maß des Angemessenen (vgl. § 35 Abs. 2),
sind nur fiktive angemessene Aufwendungen anzusetzen. Versicherungsbeiträge
i. S. v. §§ 32, 33 werden vom Einkommen abgezogen (§ 82 Abs. 2). Auch die
übrigen Absetzungsbeträge nach § 82 Abs. 2 und 3 sind zu berücksichtigen. Zur
Frage der Berücksichtigung von Schulden aus Anlass früherer notwendiger
Anschaffungen s. Rn. 26. Die dann verbleibende Differenz ist das überschießende
Einkommen.

In der Sozialhilfepraxis wird bei der zunächst anzustellenden Bedarfsberechnung   **20**
häufig von einem um 10 % erhöhten Regelsatzbedarf ausgegangen. Damit sollen
kleinere eigene Bedarfsdeckungen des Hilfesuchenden berücksichtigt werden, für
die er Hilfe nicht beansprucht hat (kritisch dazu *Rothkegel,* ZfSH/SGB 2002, 657,
660 f.).

### 2. Berücksichtigung des überschießenden Einkommens

Die Vorschrift spricht von „Berücksichtigung" zukünftigen Einkommens. Dies   **21**
lässt zwei Verfahrensweisen zu. Einmal kann die Berücksichtigung darin bestehen,
den ermittelten Einkommensbetrag von dem festgestellten Hilfebedarf abzuziehen
und nur die Differenz als Hilfe zu erbringen. In dieser Weise wird vielfach verfahren.
Zum anderen kann „Berücksichtigung" bedeuten, dass für den jetzt festgestellten

Hilfebedarf vollen Umfangs Hilfe geleistet wird, aber das zukünftige Einkommen insofern zu berücksichtigen ist, als der Leistungsberechtigte die Sozialhilfeaufwendungen zukünftig zu ersetzen hat. Es geht dann nicht um ein Ansparen des Hilfesuchenden, sondern um ein „Absparen".

22 Da der Bedarf an einmaliger Hilfe zum Lebensunterhalt regelmäßig aus einer gegenwärtigen Notlage resultiert – andernfalls wäre er gegenwärtig ohnehin nicht relevant –, widerspricht ein Ansparen dem Bedarfsdeckungs- und dem Gegenwärtigkeitsprinzip der Sozialhilfe. Dies gilt jedenfalls dann, wenn die Bedarfsdeckung keinen Aufschub zulässt (VGH Mannheim 12.4.1999 – 7 S 1966/98, FEVS 51, 141, 144). Die Berücksichtigung zukünftigen Einkommens erfolgt dann über § 19 Abs. 5 (so auch *Cordes,* ZfF 2001, 1, 6).

23 Bei den jetzt nur noch zu berücksichtigenden einmaligen Bedarfen dürfte die **zeitliche Dringlichkeit** der Bedarfsdeckung bereits in der Natur der Sache liegen. Denn die Notwendigkeit von Erstausstattungen beruht zumeist auf besonderen, nicht vorhersehbaren Ereignissen.

24 Die Berücksichtigung zukünftigen Einkommens verlangt nach einer **Prognose,** die naturgemäß mit Unsicherheiten behaftet sein kann (VGH Mannheim 12.4.1999 – 7 S 1966/98, FEVS 51, 141, 142 f.). Die Prognosesicherheit ist durch den Einkommensbegriff, wonach auch ein Lottogewinn oder eine Erbschaft im Monat des Zuflusses Einkommen darstellt, noch weiter erschwert. Wendet der Sozialhilfeträger die „Ansparmethode" an, kann die weitere Entwicklung zeigen, dass die vor Monaten getroffene Hilfeentscheidung mit der Prognose nicht übereinstimmt. Der Bewilligungsbescheid ist dann **nachträglich** an die veränderten Umständen **anzupassen.** Dies geschieht in der Praxis in aller Regel nicht. Eine Anpassung kommt sowohl zugunsten als auch zu Lasten des Hilfeempfängers in Betracht, je nachdem, ob er mehr oder weniger Einkommen als prognostiziert in den Folgemonaten bezieht. Damit der notwendigen Anpassung nicht die Bestandskraft oder Vertrauensschutzgesichtspunkte entgegenstehen, ist der anfängliche Bewilligungsbescheid als vorläufiger Verwaltungsakt zu erlassen (s. dazu BVerwG 14.4.1983 – 3 C 8/82, BVerwGE 67, 99).

25 Einmal berücksichtigtes Einkommen kann **nicht ein zweites Mal** angerechnet werden. Daher muss über die berücksichtigten Beträge genau „Buch geführt" werden. Ist während des Laufs eines Berücksichtigungszeitraums eine weitere Entscheidung über eine einmalige Leistung zu treffen, sind die bereits „verbrauchten" Monate unberücksichtigt zu lassen. Das System der Berücksichtigung zukünftigen Einkommens zwingt den Leistungsberechtigten dazu, die von ihm aus seinem überschießenden Einkommen selbst getätigten Ausgaben – etwa für Schwangerschaftsbekleidung – zu dokumentieren, um den verbleibenden Einkommensüberhang ermitteln zu können. Hat er etwa vor der Beantragung einer einmaligen Leistung bereits ohne Einschaltung des Trägers der Sozialhilfe eine andere größere Anschaffung gemacht, die unter Abs. 1 fällt, und dafür einen Kredit aufgenommen, den er in den nächsten Monaten abbezahlen will, ist eine Berücksichtigung des überschießenden Einkommens für den jetzt geltend gemachten Bedarf nicht möglich. Dies setzt allerdings voraus, dass die frühere Anschaffung ebenfalls sozialhilferechtlich notwendig war. Dies ist bei der aktuellen Entscheidung nachträglich gewissermaßen fiktiv zu entscheiden. Der **Kenntnisgrundsatz** des § 18 steht einer solchen nachträglichen Berücksichtigung früherer Anschaffungen nicht entgegen, da es in diesem Zusammenhang lediglich um die Feststellung des noch frei verfügbaren Einkommens geht.

26 Falls es danach zu **Überlappungen** von Berücksichtigungszeiten kommt, stellt sich die Frage, ob an einen ersten Zeitraum ein zweiter angehängt werden darf. Diese Frage stellt sich auch dann, wenn gleichzeitig über zwei einmalige Leistungen entschieden werden muss. Beantragt der Leistungsberechtigte gleichzeitig zwei Leistungen nach Abs. 1 und sehen die Verwaltungsvorschriften für die eine Hilfe vier

Monate und für die andere Hilfe drei Monate Anrechnungszeit vor (sog. Multiplikator), wird es für zulässig gehalten (VGH Mannheim 12.4.1999 – 7 S 1966/98, FEVS 51, 141), die Multiplikatoren zu addieren bzw. nacheinander zur Anwendung kommen zu lassen.

### 3. Ermessensbetätigung

Die Regelung über die Berücksichtigung zukünftigen Einkommens ist nicht 27 zwingend, sondern eröffnet dem Sozialhilfeträger sowohl hinsichtlich des „Ob" als auch hinsichtlich der Zahl der Monate Ermessen. Längstens darf das Einkommen von sieben Monaten angerechnet werden, nämlich das des Entscheidungsmonats und der folgenden sechs Monate.

Das Ermessen des Sozialhilfeträgers ist regelmäßig durch entsprechende **Verwal-** 28 **tungsvorschriften** vorgezeichnet. Diese müssen allerdings offen sein für Abweichungen im Einzelfall. Danach kann es angezeigt sein, auf eine Anrechnung zukünftigen Einkommens ganz zu verzichten.

Hinsichtlich der Zahl der Anrechnungsmonate (Multiplikatoren) wird in den 29 Verwaltungsvorschriften zumeist nach der Art des Bedarfs und der Größe des Familienhaushalts differenziert. Bei größeren Haushaltsgemeinschaften wird der Multiplikator stufenweise gesenkt.

Die bisher existierenden Verwaltungsvorschriften müssen der neuen Rechtslage 30 angepasst werden, da es nunmehr nur noch um einmalige Bedarfe besonderer Art geht.

### 4. Rechtsbehelfsverfahren

Wird eine einmalige Leistung zum Gegenstand eines Widerspruchs- oder Klage- 31 verfahrens gemacht, gelten besondere Grundsätze. Ist der betreffende Gegenstand zum Zeitpunkt der Entscheidung der Widerspruchsbehörde oder des Gerichts bereits beschafft worden und ist ein Anspruch auf die Hilfe im Grundsatz zu bejahen, beurteilt sich die Berücksichtigung des Einkommens naturgemäß nicht mehr prognostisch; nunmehr kann auf das tatsächlich vorhanden gewesene Einkommen abgestellt werden. Falls der Berücksichtigungszeitraum im Zeitpunkt der Entscheidung noch nicht abgelaufen ist, ist für den offenen Zeitraum daneben noch eine Prognose anzustellen. Dasselbe gilt, wenn im Entscheidungszeitraum der Gegenstand noch nicht beschafft worden ist und der geltend gemachte Bedarf noch immer gegenwärtig ist. Dann haben Widerspruchsbehörde bzw. Gericht die entsprechende Prognose zu erstellen, sofern die „Ansparmethode" gewählt wird. Problematisch ist bei dieser Fallgestaltung, ob das zu berücksichtigende Einkommen aus den vorherigen Monaten, das indes möglicherweise nicht angespart worden ist, nunmehr berücksichtigt werden kann, obwohl es bereits für andere Zwecke ausgegeben worden ist. Da der Leistungsberechtigte anfangs keine Hilfe erhalten hatte und es etwa streitig gewesen sein mag, ob er überhaupt berücksichtigungsfähiges Einkommen bezieht, mag er gute Gründe gehabt haben, nichts von seinem Einkommen anzusparen. Unter diesen Umständen kann das seit dem ursprünglichen Antragszeitpunkt erworbene und an sich zu berücksichtigen gewesene Einkommen nicht nachträglich angerechnet werden.

## V. Pauschalierung (Abs. 3)

Die Leistungen nach Abs. 1 Nr. 1 und 2 können als Pauschalbeträge erbracht 32 werden. Wie die Pauschalen zu ermitteln sind, wird in S. 2 der Vorschrift nur sehr unvollkommen geregelt. Vor dem Hintergrund der früheren Regelung nach § 21 Abs. 1b BSHG (Regelung der Einzelheiten in einer Verordnung) und vor dem

Hintergrund der Experimentierklausel des § 101a BSHG, deren Ergebnisse wissenschaftlich evaluiert werden sollten, erscheint die jetzige Regelung nahezu willkürlich. Zudem kann jeder Träger der Sozialhilfe entsprechende Pauschalbeträge für seinen Bereich eigenständig festsetzen (s. zur Pauschalierung nach § 31 BSG 13.4.2011 – B 14 AS 53/10 R, SGb 2011, 327). Die Sozialhilfeträger haben zumeist Verwaltungsvorschriften erlassen, in denen für die unter „Erstausstattung" fallenden Gegenstände feste Geldbeträge genannt werden. Rechtlich verbindlich sind die Beträge indes nur insoweit, als sie das Ermessen binden können; ob sie ausreichend sind, ist eine Rechtsfrage.

**§ 32 Bedarfe für eine Kranken- und Pflegeversicherung**

(1) **Angemessene Beiträge für eine Kranken- und Pflegeversicherung sind als Bedarf anzuerkennen, soweit sie das um Absetzbeträge nach § 82 Absatz 2 Nummer 1 bis 3 bereinigte Einkommen übersteigen.**

(2) **Bei Personen, die in der gesetzlichen Krankenversicherung**
1. **nach § 5 Absatz 1 Nummer 13 des Fünften Buches oder nach § 2 Absatz 1 Nummer 7 des Zweiten Gesetzes über die Krankenversicherung der Landwirte pflichtversichert sind,**
2. **nach § 9 Absatz 1 Nummer 1 des Fünften Buches oder nach § 6 Absatz 1 Nummer 1 des Zweiten Gesetzes über die Krankenversicherung der Landwirte weiterversichert sind,**
3. **als Rentenantragsteller nach § 189 des Fünften Buches als Mitglied einer Krankenkasse gelten,**
4. **nach § 9 Absatz 1 Nummer 2 bis 7 des Fünften Buches oder nach § 6 Absatz 1 Nummer 2 des Zweiten Gesetzes über die Krankenversicherung der Landwirte freiwillig versichert sind oder**
5. **nach § 188 Absatz 4 des Fünften Buches oder nach § 22 Absatz 3 des Zweiten Gesetzes über die Krankenversicherung der Landwirte weiterversichert sind,**
**gilt der monatliche Beitrag als angemessen.**

(3) **Bei Personen, denen Beiträge nach Absatz 2 als Bedarf anerkannt werden, gilt auch der Zusatzbeitragssatz nach § 242 Absatz 1 des Fünften Buches als angemessen.**

(4) [1]**Bei Personen, die gegen das Risiko Krankheit bei einem privaten Krankenversicherungsunternehmen versichert sind, sind angemessene Beiträge nach den Sätzen 2 und 3 anzuerkennen.** [2]**Angemessen sind Beiträge**
1. **bis zu der Höhe des sich nach § 152 Absatz 4 des Versicherungsaufsichtsgesetzes ergebenden halbierten monatlichen Beitrags für den Basistarif, sofern die Versicherungsverträge der Versicherungspflicht nach § 193 Absatz 3 des Versicherungsvertragsgesetzes genügen, oder**
2. **für eine Absicherung im brancheneinheitlichen Standardtarif nach § 257 Absatz 2a des Fünften Buches in der bis zum 31. Dezember 2008 geltenden Fassung.**
[3]**Ein höherer Beitrag kann als angemessen anerkannt werden, wenn die Leistungsberechtigung nach diesem Kapitel voraussichtlich nur für einen Zeitraum von bis zu drei Monaten besteht.** [4]**Im begründeten Ausnahmefall kann auf Antrag ein höherer Beitrag auch im Fall einer Leistungsberechtigung für einen Zeitraum von bis zu sechs Monaten als angemessen anerkannt werden, wenn vor Ablauf der drei Monate oder bereits bei Antragstellung davon auszugehen ist, dass die Leistungsberechtigung nach diesem Kapitel für einen begrenzten, aber mehr als drei Monate andauernden Zeitraum bestehen wird.**

(5) **Bei Personen, die in der sozialen Pflegeversicherung nach**
1. **den §§ 20 und 21 des Elften Buches pflichtversichert sind oder**
2. **§ 26 des Elften Buches weiterversichert sind oder**
3. **§ 26a des Elften Buches der sozialen Pflegeversicherung beigetreten sind, gilt der monatliche Beitrag als angemessen.**

(6) **¹Bei Personen, die gegen das Risiko Pflegebedürftigkeit bei einem privaten Krankenversicherungsunternehmen in Erfüllung ihrer Versicherungspflicht nach § 23 des Elften Buches versichert sind oder nach § 26a des Elften Buches der privaten Pflegeversicherung beigetreten sind, gilt bei Versicherung im brancheneinheitlichen Standardtarif nach § 257 Absatz 2a des Fünften Buches in der bis zum 31. Dezember 2008 geltenden Fassung der geschuldete Beitrag als angemessen, im Übrigen höchstens jedoch bis zu einer Höhe des nach § 110 Absatz 2 Satz 3 des Elften Buches halbierten Höchstbeitrags in der sozialen Pflegeversicherung. ²Für die Höhe des im Einzelfall angemessenen monatlichen Beitrags gilt Absatz 4 Satz 3 und 4 entsprechend.**

*Änderungen der Vorschrift: § 32 neu gef. mWv 1.4.2007 durch G v. 20.7.2007 (BGBl. I S. 1595), Abs. 1 S. 1 und 3, Abs. 2 S. 1, Abs. 4 geänd. mWv 1.1.2011 durch G v. 24.3.2011 (BGBl. I S. 453), Abs. 5 geänd. mWv 1.4.2012 durch G v. 22.12.2011 (BGBl. I S. 3057), Abs. 4 geänd. mWv 1.1.2015 durch G v. 21.7.2014 (BGBl. I S. 1133), § 32 neu gef. mWv 1.1.2018 durch G v. 22.12.2016 (BGBl. I S. 3159).*

*Vergleichbare Vorschriften: § 13 BSHG; § 26 SGB II.*

**Schrifttum:** *Brörken,* Krankenversicherung im Basistarif bei Leistungsbezug nach dem SGB XII, info also 2016, 55; *Gamperl,* Die Absicherung gegen Krankheitskosten durch Sozialhilfe und Gesetzliche Krankenversicherung als Mittel der Lebensstandardsicherung, 2010; *Gerner,* Der Kranken- und Pflegeversicherungsschutz für Beziehende von Arbeitslosengeld II und Sozialgeld – ein Überblick über verfassungsrechtliche Grundlagen und einfachgesetzliche Ausgestaltung, NZS 2014, 49; *Gerner/von Oppen,* Die Pauschalierung der Kranken- und Pflegeversicherungsbeiträge für Beziehende von Arbeitslosengeld II – „ein Beitrag" zur Rechts- und Verwaltungsvereinfachung, NZS 2015, 288; *Heinert/Wendtland,* Die Pflichtversicherung in der GKV nach § 5 Abs. 1 Nr. 13 SGB V im gemeinschaftsrechtlichen Kontext, ZESAR 2015, 414; *Klerks,* Zuschüsse zu Beiträgen zur Krankenversicherung und Pflegeversicherung gem. § 26 SGB II, info also 2017, 3; *S. Neumann,* Die Absicherung gegen Krankheit bei Grundsicherung im Alter, NZS 2012, 897; *Pabst,* Absicherung des Krankheitsrisikos für nichtversicherte Hilfeempfänger im Zeichen der Versicherungspflicht, NZS 2012, 772.

## Übersicht

# I. Bedeutung der Norm

1   Die Vorschrift ist – zusammen mit § 32a SGB XII – durch das Gesetz zur Ermittlung von Regelbedarfen sowie zur Änderung des Zweiten und des Zwölften Buches Sozialgesetzbuch vom 22.12.2016 (BGBl. I S. 3159) mit Wirkung vom **1.1.2018** völlig neu gefasst worden. Diese Neufassung hat § 32 SGB XII näher herangeführt an die Vorschrift über Zuschüsse zu Beiträgen zur Krankenversicherung und Pflegeversicherung in **§ 26 SGB II**, die zum 1.1.2017 völlig neu gefasst worden war (dazu *Klerks*, info also 2017, 3), auch wenn nach wie vor Unterschiede zwischen beiden Vorschriften bestehen. Neu und eine Angleichung an den neuen **Sprachgebrauch** des Gesetzes auch im Übrigen ist die Rede von der **Anerkennung von Bedarfen** statt der Übernahme von Beiträgen.

2   Die Vorschrift sieht vor, dass **im Rahmen der Hilfe zum Lebensunterhalt** nach dem Dritten Kapitel des SGB XII die **Beiträge für eine Kranken- und Pflegeversicherung** als Bedarf anzuerkennen sind, soweit sie angemessen sind. Da die hier geregelte Hilfe zur Hilfeart „Hilfe zum Lebensunterhalt" nach § 19 Abs. 1 SGB XII gehört, gelangen alle für diese Hilfeart geltenden Vorschriften zur Anwendung. Dies gilt insbesondere für die § 27 Abs. 1 und 2 SGB XII über die Hilfebedürftigkeit.

3   Das Gesetz betrachtet die hier in Rede stehenden Bedarfe für eine Kranken- und Pflegeversicherung nicht als Hilfe nach dem Fünften Kapitel des SGB XII (Hilfen zur Gesundheit nach §§ 47 bis 52 SGB XII). Die Beitragszahlungen zählen vielmehr als zusätzliche Bedarfe (vgl. Überschrift zum Zweiten Abschnitt) zu Recht zum notwendigen Lebensunterhalt, da auch die übrige Bevölkerung solche Beiträge in aller Regel aus dem laufenden Einkommen bestreitet (vgl. BVerwG 23.9.1999 – 5 C 22/99). Der Begriff des notwendigen Lebensunterhalts nach § 27a Abs. 1 SGB XII wird durch § 32 SGB XII ergänzt. Nach § 27a Abs. 2 S. 1 SGB XII tritt der Bedarf nach § 32 SGB XII als **zusätzlicher Bedarf** zum im monatlichen Regelbedarf erfassten notwendigen Lebensunterhalt hinzu. Die Hilfe stellt eine Art **vorbeugende Hilfe** iSd § 15 Abs. 1 SGB XII dar. Mit ihr soll eine zuvor begründete Kranken- und Pflegeversicherung bei späterer Hilfebedürftigkeit und Bezug von Hilfe zum Lebensunterhalt aufrechterhalten werden (zum Interesse der Sozialhilfeträger an dieser für sie regelmäßig kostengünstigeren Hilfe im Vergleich zu den Hilfen zur Gesundheit vgl. *Breitkreuz*, SGb 2015, 316 [319]).

4   § 32 SGB XII regelt für den in seinen Absätzen näher bezeichneten leistungsberechtigten Personenkreis den **Anspruch auf die Anerkennung** von Beiträgen für eine Kranken- und Pflegeversicherung **als Bedarf.** Zugleich begrenzt § 32 SGB XII diesen Anspruch durch das Erfordernis der **Angemessenheit** dieser Beiträge.

5   Auf die Beiträge entfallene **Säumniszuschläge und Mahngebühren** sind vom Anspruch nach § 32 SGB XII umfasst, wenn der Sozialhilfeträger seiner Verpflichtung zur Beitragsübernahme bzw. der Anerkennung der Beiträge als Bedarf oder nicht zeitgerecht nachgekommen ist (BSG 15.11.2012 – B 8 SO 3/11 R, Rn. 19).

6   Über § 42 Nr. 2 SGB XII findet die Vorschrift des § 32 SGB XII Anwendung auch im Rahmen der **Grundsicherung im Alter und bei Erwerbsminderung.** Die Leistungen dieser Grundsicherung umfassen auch die Anerkennung von Bedarfen für eine Kranken- und Pflegeversicherung nach § 32 SGB XII.

# II. Inhalt der Norm

## 1. Anerkennung von Beiträgen als Bedarfe (Abs. 1)

7   Nach der für alle Versicherungen geltenden **Grundsatzregelung** in § 32 Abs. 1 SGB XII über den **Anspruch** auf Anerkennung von Bedarfen für eine Kranken-

und Pflegeversicherung sind angemessene Beiträge für eine Kranken- und Pflegeversicherung nur dann als Bedarf anzuerkennen, wenn und soweit sie das um Absetzbeträge nach § 82 Abs. 2 Nr. 1 bis 3 SGB XII bereinigte Einkommen übersteigen. Die Anerkennung ist damit zum einen verknüpft mit der Angemessenheit der Beiträge und zum anderen mit der Bereinigung zu berücksichtigenden Einkommens. Beiträge sollen nach der Neufassung des § 32 SGB XII **nur soweit** als sozialhilferechtlicher **Bedarf** anerkannt werden, wie diese nicht aus eigenen Mitteln zumutbar getragen werden können, weil bereits ohne diese Beiträge Hilfebedürftigkeit besteht oder durch deren Zahlung Hilfebedürftigkeit eintritt (so BT-Drs. 18/9984, S. 102).

Mit der **Angemessenheit der Beiträge** als Voraussetzung ihrer Anerkennung **8** setzt § 32 Abs. 1 SGB XII nun insgesamt auf diesen unbestimmten Rechtsbegriff, den es zuvor nur mit Blick auf die Beiträge für eine private Kranken- und Pflegeversicherung enthielt. Was angemessen mit Blick auf die verschiedenen von § 32 SGB XII erfassten Kranken- und Pflegeversicherungen ist, regeln dessen nachfolgende Absätze. Für eine weitergehende Konkretisierung des unbestimmten Rechtsbegriffs der Angemessenheit bleibt angesichts der ausdifferenzierten gesetzlichen Regelungen, anders als bei § 33 SGB XII, kaum Raum.

Mit der **Einkommensbereinigung** nach § 82 Abs. 2 Nr. 1 bis 3 SGB XII setzt **9** § 32 Abs. 1 SGB XII darauf, dass leistungsberechtigte Personen Einkommen erzielen, aus dem die Beiträge für eine Kranken- und Pflegeversicherung getragen werden können. Denn nur soweit die angemessenen Beiträge das um auf das Einkommen entrichtete Steuern, um Pflichtbeiträge zur Sozialversicherung und um Beiträge zu öffentlichen oder privaten Versicherungen oder ähnlichen Einrichtungen nach näherer Maßgabe von § 82 Abs. 2 Nr. 1 bis 3 SGB XII bereinigte Einkommen übersteigen, sind sie als Bedarf anzuerkennen. Es wird so eine doppelte Berücksichtigung der Beiträge (Anerkennung als Bedarf und Absetzbetrag vom Einkommen) vermieden. Wird kein Einkommen erzielt, begrenzt nur die Angemessenheit der Beiträge deren Anerkennung als Bedarf.

Der auf die angemessenen Beiträge entfallende monatliche Bedarf mindert so **10** nach dem neuen Recht entweder ganz oder teilweise das Einkommen oder er erhöht über den nicht vom Einkommen abgesetzten (Teil-) Betrag den Gesamtbedarf des Leistungsberechtigten (BT-Drs. 18/9984, S. 102).

## 2. Gesetzliche Krankenversicherung (Abs. 2)

§ 32 Abs. 2 SGB XII zählt zum einen mit Blick auf die gesetzliche Krankenversi- **11** cherung abschließend auf, wer zum **Kreis der leistungsberechtigten Personen** gehört. Zum anderen wird bestimmt, dass deren monatlicher Beitrag als **angemessen** gilt.

Zum leistungsberechtigten Personenkreis zählen nach **Nummer 1** Personen, **12** die in der gesetzlichen Krankenversicherung nach § 5 Abs. 1 Nr. 13 SGB V oder in der Krankenversicherung der Landwirte nach § 2 Abs. 1 Nr. 7 KVLG pflichtversichert sind. Jeweils geht es um eine Versicherungspflicht in der sog. Auffangversicherung.

Die Regelung in Nummer 1 betreffend die Pflichtversicherten nach **§ 5 Abs. 1** **13** **Nr. 13 SGB V** und § 2 Abs. 1 Nr. 7 KVLG hat einen nur schwer zu entschlüsselnden Sinn. Denn Personen, die laufende Leistungen nach dem Dritten, Vierten, Sechsten und Siebten Kapitel des SGB XII empfangen, denen diese Leistungen also durch Verwaltungsakt des Sozialhilfeträgers zuerkannt worden sind (vgl. BSG 6.10.2010 – B 12 KR 25/09 R, Rn. 17), sind im Bewilligungszeitraum nach § 5 Abs. 8a S. 2 SGB V gerade nicht versicherungspflichtig nach den genannten Vorschriften; anders als der Leistungsbezug nach dem SGB II (§ 5 Abs. 1 Nr. 2a SGB V) begründet der Leistungsbezug nach dem SGB XII keine Pflichtversicherung (zu diesem Unterschied vgl. BSG 25.9.2014 – B 8 SO 6/13 R, Rn. 14). Bezieher dieser Leistungen erhalten Hilfe bei Krankheit entweder über § 48 S. 2 SGB XII nach § 264 SGB V als Statusversicherte oder nach § 48 S. 1 SGB XII. Pflichtversichert in der Auffangversicherung nach § 5 Abs. 1 Nr. 13 SGB V sind sie nicht (zur Parallele in der privaten Krankenversicherung nach § 193 Abs. 3 S. 2 Nr. 4 VVG vgl. BGH 16.7.2014 – IV ZR 55/14). Und ein **ausschließlicher Anspruch auf Hilfe bei Krankheit nach § 48 SGB XII** stellt einen anderweitigen Anspruch auf Absicherung im Krankheitsfall iSd § 5 Abs. 1 Nr. 13 SGB V dar. Dieser ist zwar von § 5 Abs. 8a S. 2 SGB V nicht erfasst, vermag aber die Auffangversicherungspflicht schon deshalb nicht zu begründen, weil die Hilfe bei Krankheit eine andere Absicherung im Krankheitsfall gewährt, die nicht zwingend in Form des Versicherungsschutzes in der gesetzlichen Krankenversicherung oder der privaten Krankenversicherung bestehen muss. Die anderweitigen die Versicherungspflicht ausschließenden Ansprüche auf Absicherung im Krankheitsfall iSd § 5 Abs. 1 Nr. 13 SGB V sind in § 5 Abs. 8a SGB V nicht abschließend aufgezählt (BSG 12.1.2011 – B 12 KR 11/09 R, Rn. 19) und müssen lediglich den Mindestanforderungen an eine Absicherung in der privaten Krankenversicherung nach § 193 Abs. 3 S. 1 VVG entsprechen (BSG 20.3.2013 – B 12 KR 14/11 R, Rn. 15 ff.). Daher ist bereits aufgrund des § 5 Abs. 1 Nr. 13 SGB V die Begründung von Versicherungspflicht für die jedoch nur kleine Gruppe der nur von § 48 SGB XII erfassten Personen ausgeschlossen (aA BSG 20.3.2013 – B 12 KR 8/ 10 R, Rn. 17: alleiniger Empfang von Hilfen zur Gesundheit ohne gleichzeitigen Empfang laufender Leistungen kein eigenständiger Ausschlusstatbestand für Versicherungspflicht nach § 5 Abs. 1 Nr. 13 SGB V). Dass damit der Empfang laufender Leistungen nach dem SGB XII wie auch der ausschließliche Anspruch auf Leistungen nach § 48 SGB XII den Versicherungsschutz in dem der Sozialhilfe an sich vorrangigen Sicherungssystem der gesetzlichen Krankenversicherung sperren, ist zwar mit Blick auf den grundsätzlichen Nachrang der Sozialhilfe fragwürdig, entspricht aber dem dargestellten Regelungsgefüge. Diesem liegt zugrunde, dass anders als der Bezug anderer Sozialleistungen der von Sozialhilfeleistungen als solcher keine Versicherungspflicht in der gesetzlichen Krankenversicherung begründet und die Versicherungspflicht nach § 5 Abs. 1 Nr. 13 SGB V ihrerseits subsidiär ist (BSG 20.3.2013 – B 12 KR 14/11 R, Rn. 14). § 5 Abs. 1 Nr. 13 SGB V wird zwar auch durch § 5 Abs. 8a S. 2 SGB V konkretisiert, dieser aber gibt nicht explizit vor, dass ein Anspruch nur auf Leistungen nach § 48 SGB XII keine anderweitige Absicherung im Krankheitsfall nach § 5 Abs. 1 Nr. 13 SGB V ist (aA BSG 20.3.2013 – B 12 KR 8/10 R, Rn. 17).

14    Doch gelten diese Überlegungen nur für die Beginnsituation, in der es um die Frage der Begründung einer Versicherungspflicht nach § 5 Abs. 1 Nr. 13 SGB V geht. Anders ist es in der Konstellation, in der eine **Versicherungspflicht nach § 5 Abs. 1 Nr. 13 SGB V bereits entstanden** und das Mitgliedschaftsverhältnis zur Krankenkasse auch schon begründet worden war, der Versicherte aber erst anschließend hilfebedürftig geworden ist und Anspruch auf laufende Leistungen nach dem Dritten, Vierten, Sechsten oder Siebten Kapitel des SGB XII hat. Denn der Empfang dieser Leistungen beendet nach § 190 Abs. 13 S. 1 Nr. 1, S. 2 SGB V nicht die vorbestehende Mitgliedschaft der in § 5 Abs. 1 Nr. 13 SGB V genannten Personen. In dieser Konstellation kommt nach § 32 SGB XII die Anerkennung von Beiträgen für Pflichtversicherte iSd § 5 Abs. 1 Nr. 13 SGB V als Bedarf in Betracht.

15    Zum leistungsberechtigten Personenkreis zählen nach **Nummer 2** Personen, die in der gesetzlichen Krankenversicherung nach § 9 Abs. 1 S. 1 Nr. 1 SGB V oder in der Krankenversicherung der Landwirte nach § 6 Abs. 1 S. 1 Nr. 1 KVLG weiterversichert sind. Jeweils geht es um eine Weiterversicherung in der freiwilligen Versicherung nach Ausscheiden aus der Versicherungspflicht.

Zum leistungsberechtigten Personenkreis zählen nach **Nummer 3** Personen, die  **16**
in der gesetzlichen Krankenversicherung als Rentenantragsteller nach § 189 SGB V
als Mitglied einer Krankenkasse gelten. § 189 SGB V fingiert eine Formalmitglied-
schaft oder Formalversicherung der Rentenantragsteller, die die Voraussetzungen
für den Bezug der Rente letztlich nicht erfüllen (*Felix*, jurisPK-SGB V, 3. Aufl.
2016, § 189 Rn. 4, 6).

Zum leistungsberechtigten Personenkreis zählen nach **Nummer 4** Personen, die  **17**
in der gesetzlichen Krankenversicherung nach § 9 Abs. 1 S. 1 Nr. 2 bis 7 SGB V
oder in der Krankenversicherung der Landwirte nach § 6 Abs. 1 S. 1 Nr. 2 KVLG
freiwillig versichert sind.

Zum leistungsberechtigten Personenkreis zählen nach **Nummer 5** schließlich  **18**
Personen, die in der gesetzlichen Krankenversicherung nach § 188 Abs. 4 SGB V
oder in der Krankenversicherung der Landwirte nach § 22 Abs. 3 KVLG weiterversichert sind. Jeweils geht es um die gesetzlich angeordnete Fortsetzung einer beendeten Versicherungspflicht oder Familienversicherung als freiwillige Versicherung. Die
Aufnahme auch dieser Personengruppe in § 32 SGB XII ist gegenüber der Fassung,
die bis 31.12.2017 gegolten hat, neu.

Die Regelung in Nummer 5 betreffend die Weiterversicherten nach **§ 188 Abs. 4**  **19**
**SGB V** steht im engen Zusammenhang mit der Auffangversicherung nach § 5 Abs. 1
Nr. 13 SGB V, die in vielen Fällen zu hohen Beitragsschulden geführt hatte. § 188
Abs. 4 SGB V war als eine neue Auffangversicherung ein Baustein im Gesetz zur
Beseitigung sozialer Überforderung bei Beitragsschulden in der Krankenversiche-
rung, durch das ein Weg aus dieser Schuldenfalle geebnet werden sollte (s. zur
Neuregelung insgesamt sowie zur Kritik an ihr *Felix*, NZS 2013, 921; vgl. auch
zum Zusammenhang von § 5 Abs. 1 Nr. 13 SGB V und § 188 Abs. 4 SGB V *Felix*,
jurisPK-SGB V, 3. Aufl. 2016, § 5 Rn. 92, § 188 Rn. 20).

Bei allen vorbenannten leistungsberechtigten Personen nach § 32 Abs. 2 SGB XII  **20**
gilt der monatliche **Beitrag** für die Krankenversicherung als **angemessen.** Der
Beitrag ist damit nach Maßgabe von § 32 Abs. 1 SGB XII als **Bedarf** anzuerkennen.
Auf die Anerkennung dieser Beiträge besteht ein **Anspruch.** Eine hiervon abweichende Konkretisierung des unbestimmten Rechtsbegriffs der Angemessenheit
kommt nicht in Betracht.

Dieser gesetzliche Anspruch stellt für die Gruppe der freiwillig Versicherten nach  **21**
§ 32 Abs. 2 Nr. 4 SGB XII eine Verbesserung dar, denn nach § 32 Abs. 2 SGB XII in
der Fassung, die bis 31.12.2017 gegolten hat, konnten deren Beiträge übernommen
werden; es stand die Übernahme mithin im Ermessen des Sozialhilfeträgers. Indes
war auch nach altem Recht regelmäßig von einer Ermessensreduzierung auf null
auszugehen (so – für den dort entschiedenen Fall – auch BSG 15.11.2012 – B 8 SO
3/11 R, Rn. 16).

### 3. Zusatzbeitragssatz nach § 242 Abs. 1 SGB V (Abs. 3)

Bei Personen, deren Beiträge zur gesetzlichen Krankenversicherung nach § 32  **22**
Abs. 2 SGB XII anerkannt werden, gilt nicht nur deren monatlicher Beitrag als
angemessen, sondern nach § 32 Abs. 3 SGB XII auch der Zusatzbeitragssatz nach
§ 242 Abs. 1 SGB V. Damit ist auf den einkommensabhängigen kassenindividuellen
Zusatzbeitrag Bezug genommen, den Krankenkassen aufgrund Satzung zu erheben
haben, soweit ihr Finanzbedarf durch die Zuweisungen aus dem Gesundheitsfonds
nicht gedeckt ist.

### 4. Private Krankenversicherung (Abs. 4)

§ 32 Abs. 4 SGB XII regelt zum einen mit Blick auf die private Krankenversiche-  **23**
rung den **Kreis der leistungsberechtigten Personen.** Zum anderen wird
bestimmt, in welchem Umfang deren Beiträge **angemessen** sind.

24     Nach Satz 1 gehören zum leistungsberechtigten Personenkreis des § 32 Abs. 4 SGB XII **Personen,** die gegen das Risiko Krankheit bei einem privaten Krankenversicherungsunternehmen versichert sind.

25     Bei den Personen nach Satz 1 sind **angemessene Beiträge** nach den Sätzen 2 und 3 anzuerkennen. Satz 2 enthält eine bindende Regelung, dass die dort benannten Beiträge angemessen sind. Satz 3 enthält eine Ermessensregelung über eine betragsmäßig hierüber hinausgehende Anerkennung, die ihrerseits für Ausnahmefälle in zeitlicher Hinsicht durch die Ermessensregelung in Satz 4 erweitert wird.

26     Satz 2 benennt zwei verschiedene Beiträge, die als angemessen anzuerkennen sind. Nach Nummer 1 sind angemessen Beiträge bis zur Höhe des sich nach § 152 Abs. 4 VAG ergebenden halbierten monatlichen Beitrags für den **Basistarif,** sofern die Versicherungsverträge der Versicherungspflicht nach § 193 Abs. 3 VVG genügen. Zum Kontrahierungszwang der Versicherungsunternehmen im Basistarif nach § 152 VAG s. § 193 Abs. 5 VVG; zum Wechselrecht in den Basistarif s. § 204 Abs. 1 S. 1 Nr. 1 VVG. Nach Nummer 2 sind angemessen Beiträge für eine Absicherung im brancheneinheitlichen **Standardtarif** nach § 257 Abs. 2a SGB V in der bis zum 31.12.2008 geltenden Fassung. Dieser Tarif stellt eine Alternative zum Basistarif für Personen dar, die bereits am 31.12.2008 in einer privaten Krankenversicherung versichert waren (vgl. BT-Drs. 18/9984, S. 103). Nur auf die Anerkennung dieser angemessenen Beiträge besteht ein **Anspruch.**

27     Zugleich regelt Satz 2 in Nummer 1 eine Höhe, bis zu der Beiträge für eine private Krankenversicherung übernommen werden, auch wenn diese nicht in Form der Absicherung im Basistarif besteht. Diese **betragsmäßig gedeckelte Anerkennung** nur von Beiträgen bleibt hinter der Regelung zur Beitragsübernahme in der Fassung des § 32 Abs. 5 Satz 1 SGB XII, die bis zum 31.12.2017 gegolten hat, zurück. Denn nach dieser kam es nur auf die Angemessenheit der Aufwendungen an. Aufwendungen konnten indes nicht nur Beiträge, sondern auch durch Inanspruchnahme von Gesundheitsleistungen verursachte Kosten wegen eines mit dem Versicherungsunternehmen vertraglich vereinbarten Selbstbehalts sein (vgl. zum Problem des Selbstbehalts § 26 SGB II BSG 29.4.2015 – B 14 AS 8/14 R).

28     Nach Satz 3 kann ein höherer Beitrag als angemessen anerkannt werden, wenn die Leistungsberechtigung für die Hilfe zum Lebensunterhalt voraussichtlich nur für einen Zeitraum von bis zu drei Monaten besteht. Diese Anerkennung steht im **Ermessen** des Sozialhilfeträgers. Ermöglicht werden soll insbesondere, dass Personen nicht wegen einer absehbar kurzzeitig bestehenden Hilfebedürftigkeit ihre private Krankenversicherung auf den Basistarif umstellen müssen; daneben geht es um die Ermöglichung flexibler Übergangslösungen bei Tarifwechseln (BT-Drs. 18/9984, S. 103 f.).

29     Nach Satz 4 kann zeitlich über Satz 3 noch hinausgegangen werden. Danach kann in einem begründeten Ausnahmefall **auf Antrag** ein höherer Beitrag auch im Fall einer Leistungsberechtigung für einen Zeitraum von bis zu sechs Monaten als angemessen anerkannt werden, wenn vor Ablauf der drei Monate oder bereits bei Antragstellung davon auszugehen ist, dass die Leistungsberechtigung für die Hilfe zum Lebensunterhalt für einen begrenzten, aber mehr als drei Monate andauernden Zeitraum bestehen wird.

## 5. Soziale Pflegeversicherung (Abs. 5)

30     § 32 Abs. 5 SGB XII zählt zum einen mit Blick auf die soziale Pflegeversicherung abschließend auf, wer zum **Kreis der leistungsberechtigten Personen** gehört. Zum anderen wird bestimmt, dass deren monatlicher Beitrag als **angemessen** gilt.

31     Zum leistungsberechtigten Personenkreis zählen nach **Nummer 1** Personen, die in der sozialen Pflegeversicherung nach §§ 20 und 21 SGB XI pflichtversichert sind. § 20 SGB XI regelt die Versicherungspflicht für die versicherungspflichtigen Mitglie-

der der gesetzlichen Krankenversicherung, § 21 SGB XI die Versicherungspflicht für sonstige Personen mit Wohnsitz oder gewöhnlichem Aufenthalt im Inland, wenn sie gegen das Risiko Krankheit weder in der gesetzlichen Krankenversicherung noch bei einem privaten Krankenversicherungsunternehmen versichert sind.

Zum leistungsberechtigten Personenkreis zählen nach **Nummer 2** Personen, die 32 in der sozialen Pflegeversicherung nach § 26 SGB XI weiterversichert sind.

Zum leistungsberechtigten Personenkreis zählen nach **Nummer 3** schließlich 33 Personen, die der sozialen Pflegeversicherung nach § 26a SGB XI beigetreten sind.

Bei allen vorbenannten leistungsberechtigten Personen nach § 32 Abs. 5 SGB XII 34 gilt der monatliche **Beitrag** für die Pflegeversicherung als **angemessen.** Der Beitrag ist damit nach Maßgabe von § 32 Abs. 1 SGB XII als **Bedarf** anzuerkennen. Auf die Anerkennung dieser Beiträge besteht ein **Anspruch.** Eine hiervon abweichende Konkretisierung des unbestimmten Rechtsbegriffs der Angemessenheit kommt nicht in Betracht.

## 6. Private Pflegeversicherung (Abs. 6)

§ 32 Abs. 6 S. 1 SGB XII bezieht auch die **Personen** in den leistungsberechtigten 35 Personenkreis ein, die gegen das Risiko Pflegebedürftigkeit bei einem privaten Krankenversicherungsunternehmen in Erfüllung ihrer Versicherungspflicht nach § 23 SGB XI versichert sind oder nach § 26a SGB XI der privaten Pflege-Pflichtversicherung beigetreten sind.

Bei dieser Personengruppe gilt nach § 32 Abs. 6 S. 1 SGB XII bei einer Versiche- 36 rung im brancheneinheitlichen Standardtarif nach § 257 Abs. 2a SGB V in der bis zum 31.12.2008 geltenden Fassung der geschuldete Betrag als **angemessen,** im Übrigen höchstens jedoch bis zu einer Höhe des nach § 110 Abs. 2 S. 3 SGB XI halbierten Höchstbeitrags in der sozialen Pflegeversicherung. Auch insoweit wird wie bei der privaten Krankenversicherung ein bestimmter Beitrag anerkannt und werden im Übrigen nur betragsmäßig gedeckelte Beiträge anerkannt. Auf die Anerkennung dieser Beiträge besteht ein **Anspruch.**

Für die Höhe des nach **Ermessen** im Einzelfall angemessenen monatlichen Bei- 37 trags gilt nach § 32 Abs. 6 S. 2 SGB XII die Regelung in § 32 Abs. 4 S. 3 und 4 SGB XII entsprechend. Nach § 32 Abs. 4 S. 3 SGB XII kann ein höherer Beitrag als angemessen anerkannt werden, wenn die Leistungsberechtigung für die Hilfe zum Lebensunterhalt voraussichtlich nur für einen Zeitraum von bis zu drei Monaten besteht. Nach § 32 Abs. 4 S. 4 SGB XII kann zeitlich hierüber noch hinausgegangen werden. Danach kann in einem begründeten Ausnahmefall **auf Antrag** ein höherer Beitrag auch im Fall einer Leistungsberechtigung für einen Zeitraum von bis zu sechs Monaten als angemessen anerkannt werden, wenn vor Ablauf der drei Monate oder bereits bei Antragstellung davon auszugehen ist, dass die Leistungsberechtigung für die Hilfe zum Lebensunterhalt für einen begrenzten, aber mehr als drei Monate andauernden Zeitraum bestehen wird. Ermöglicht werden soll auch insoweit insbesondere, dass Personen nicht wegen einer absehbar kurzzeitig bestehenden Hilfebedürftigkeit ihre private Pflegeversicherung umstellen müssen; daneben geht es um die Ermöglichung flexibler Übergangslösungen bei Tarifwechseln (BT-Drs. 18/9984, S. 104).

## 7. Hilfebedürftigkeit als Grundvoraussetzung

Für alle Beiträge für eine Kranken- und Pflegeversicherung kommt die Anerken- 38 nung als Bedarf nur in Betracht, wenn bei den leistungsberechtigten Personen iSd § 32 SGB XII **Hilfebedürftigkeit iSd Vorschriften über die Hilfe zum Lebensunterhalt** gegeben ist. Denn die zusätzlichen Bedarfe nach § 32 SGB XII unterliegen insoweit denselben Anforderungen wie die Bedarfe im Rahmen der Hilfe zum Lebensunterhalt im Übrigen.

**39**     Maßgeblicher **Zeitpunkt,** zu dem mit Blick auf den nach § 32 SGB XII zu
berücksichtigenden Bedarf Hilfebedürftigkeit vorliegen muss, ist **nicht** (mehr) der
des Eintritts der **Fälligkeit** der Beitragsforderung; zwar ist erst dann der Leistungsberechtigte einer Beitragsschuld ausgesetzt und der Bedarf damit angefallen und knüpft
an sich an diese aktuelle Verpflichtung zur Zahlung der Beiträge die Hilfe zum
Lebensunterhalt an (so noch BSG 15.11.2012 – B 8 SO 3/11 R, Rn. 17; dort in
Rn. 22 auch zur abweichenden Auslegung für § 26 Abs. 1 S. 1 Nr. 2 SGB II zur
Schließung einer Deckungslücke beim Wechsel zwischen den Leistungssystemen
des SGB XII und SGB II). Nunmehr aber ist hier die **Spezialregelung** in § **32a**
**Abs. 1 SGB XII** zu beachten, die auf den **Monat** abstellt, **für den die Versiche-**
**rung besteht.**

## 8. Anerkennung als Bedarf als Rechtsfolge

**40**     Anerkannt werden nur die Beiträge, die der Leistungsberechtigte für seinen Versicherungsschutz **selbst** schuldet (vgl. BSG 19.8.2015 – B 12 KR 8/14 R, Rn. 20:
keine Übernahme eines vom Rentenversicherungsträger zu tragenden Anteils an
den Beiträgen). Unter Anerkennung der Beiträge als Bedarf ist zwar grundsätzlich
deren **Zahlung an die hilfebedürftigen Leistungsberechtigten** zu verstehen,
damit diese mit den vom Sozialhilfeträger erhaltenen Mitteln ihre Beitragspflicht
gegenüber der Krankenkasse oder dem Versicherungsunternehmen erfüllen können.
**41**     Indes sieht § 32a Abs. 2 SGB XII eine weitgehende Regelung zur Leistung
der Beiträge als **Direktzahlung** des Sozialhilfeträgers vor. Aber auch bei einer
Direktzahlung an die Krankenkasse oder das Versicherungsunternehmen bleibt
gegenüber diesen verpflichtet allein die versicherte Person und anspruchsberechtigt
nach dem SGB XII allein die leistungsberechtigte Person; es entsteht durch die
Direktzahlung der als sozialhilferechtlicher Bedarf anerkannten Beiträge kein Dreiecksverhältnis.

## III. Rechtstatsachen und Rechtspolitik

**42**     Es gehört zur mit der Sozialhilfe erstrebten, in der Menschenwürde wurzelnden
Konzeption der Hilfe zur Selbsthilfe (vgl. § 2 Abs. 1 SGB XII; dazu *Siefert*, ZFSH/
SGB 2016, 661), **Eigenverantwortung** auch durch Begründung oder Aufrechterhaltung eines Versicherungsschutzes zu übernehmen. Im Gegenzug haben Leistungsberechtigte Anspruch auf die Anerkennung der Beiträge als Bedarf nach Maßgabe
des § 32 SGB XII.
**43**     Diese Form der Hilfe steht im Einklang mit dem sozialpolitischen Bestreben eines
weit ausgreifenden Kranken- und Pflegeversicherungsschutzes. Es ist zudem allemal
besser, unterstützt durch den Sozialhilfeträger sich selbst gegen Risiken abzusichern,
als auf die passive Gewährung von Hilfen zur Gesundheit zu setzen.

**§ 32a** Zeitliche Zuordnung und Zahlung von Beiträgen für eine Kran-
    ken- und Pflegeversicherung

(1) **Die Bedarfe nach § 32 sind unabhängig von der Fälligkeit des Beitrags**
**jeweils in dem Monat als Bedarf anzuerkennen, für den die Versicherung**
**besteht.**

(2) ¹**Die Beiträge für eine Kranken- und Pflegeversicherung, die nach § 82**
**Absatz 2 Nummer 2 und 3 vom Einkommen abgesetzt und nach § 32 als**
**Bedarf anerkannt werden, sind als Direktzahlung zu leisten, wenn der Zah-**
**lungsanspruch nach § 43a Absatz 2 größer oder gleich der Summe dieser**
**Beiträge ist.** ²**Die Zahlung nach Satz 1 erfolgt an diejenige Krankenkasse**

oder dasjenige Versicherungsunternehmen, bei der beziehungsweise dem die leistungsberechtigte Person versichert ist. [3]Die Leistungsberechtigten sowie die zuständigen Krankenkassen oder die zuständigen Versicherungsunternehmen sind über Beginn, Höhe des Beitrags und den Zeitraum sowie über die Beendigung einer Direktzahlung nach den Sätzen 1 und 2 schriftlich zu unterrichten. [4]Die Leistungsberechtigten sind zusätzlich über die jeweilige Krankenkasse oder das Versicherungsunternehmen zu informieren, die zuständigen Krankenkassen und Versicherungsunternehmen zusätzlich über Namen und Anschrift der Leistungsberechtigten.

(3) Die Zahlung nach Absatz 2 hat in Fällen des § 32 Absatz 2, 3 und 5 bis zum Ende, in Fällen des § 32 Absatz 4 und 6 zum Ersten des sich nach Absatz 1 ergebenden Monats zu erfolgen.

*Änderung der Vorschrift: § 32a neu gef. mWv 1.1.2018 durch G v. 22.12.2016 (BGBl. I S. 3159).*

*Vergleichbare Vorschriften: § 26 SGB II.*

**Schrifttum:** *Brörken,* Krankenversicherung im Basistarif bei Leistungsbezug nach dem SGB XII, info also 2016, 55; *Gamperl,* Die Absicherung gegen Krankheitskosten durch Sozialhilfe und Gesetzliche Krankenversicherung als Mittel der Lebensstandardsicherung, 2010; *Gerner,* Der Kranken- und Pflegeversicherungsschutz für Beziehende von Arbeitslosengeld II und Sozialgeld – ein Überblick über verfassungsrechtliche Grundlagen und einfachgesetzliche Ausgestaltung, NZS 2014, 49; *Gerner/von Oppen,* Die Pauschalierung der Kranken- und Pflegeversicherungsbeiträge für Beziehende von Arbeitslosengeld II – „ein Beitrag" zur Rechts- und Verwaltungsvereinfachung, NZS 2015, 288; *Heinert/Wendtland,* Die Pflichtversicherung in der GKV nach § 5 Abs. 1 Nr. 13 SGB V im gemeinschaftsrechtlichen Kontext, ZESAR 2015, 414; *Klerks,* Zuschüsse zu Beiträgen zur Krankenversicherung und Pflegeversicherung gem. § 26 SGB II, info also 2017, 3; *S. Neumann,* Die Absicherung gegen Krankheit bei Grundsicherung im Alter, NZS 2012, 897; *Pabst,* Absicherung des Krankheitsrisikos für nichtversicherte Hilfeempfänger im Zeichen der Versicherungspflicht, NZS 2012, 772.

# I. Bedeutung der Norm

Die erst durch das Gesetz zur Änderung des Zwölften Buches Sozialgesetzbuch **1** und weiterer Vorschriften vom 21.12.2015 (BGBl. I S. 2557) mit Wirkung vom 1.1.2016 neu in das SGB XII eingefügte Vorschrift (vgl. dazu *Siefert,* jurisPR-SozR 4/2016 Anm. 1) ist – zusammen mit § 32 SGB XII – durch das Gesetz zur Ermittlung von Regelbedarfen sowie zur Änderung des Zweiten und des Zwölften Buches Sozialgesetzbuch vom 22.12.2016 (BGBl. I S. 3159) mit Wirkung vom **1.1.2018** völlig neu gefasst worden.

Die Vorschrift bestimmt die zeitliche **Zuordnung** von Bedarfen für eine Kran- **2** ken- und Pflegeversicherung nach § 32 SGB XII **unabhängig von der Fälligkeit** dieser Beiträge und sieht **Direktzahlungen** der Beiträge an Krankenkassen und Versicherungsunternehmen vor.

# II. Inhalt der Norm

## 1. Zeitliche Zuordnung von Beiträgen (Abs. 1)

Durch § 32a Abs. 1 SGB XII ist eine Regelung über die zeitliche Zuordnung **3** von Beiträgen für eine Kranken- und Pflegeversicherung eingeführt worden. Der Gesetzgeber sah sich zu dieser **Spezialregelung** für nach § 32 SGB XII anzuerkennende Bedarfe durch im zuvor geltenden Recht bestehende Unklarheiten veranlasst, in welchem Kalendermonat die Beiträge als Bedarf anzuerkennen sind; vermieden werden sollte ein Auseinanderfallen von Beitragsmonat und Bedarfsmonat (BT-Drs. 18/6284, S. 23).

4     § 32a Abs. 1 SGB XII bestimmt, dass Beiträge für eine Kranken- und Pflegeversicherung unabhängig von der Fälligkeit des Beitrags jeweils **in dem Monat** als Bedarf anzuerkennen sind, **für den die Versicherung besteht.** Diese sozialhilferechtliche Zuordnungsregel bedient sich einer gesetzlichen Fiktion, die sich von den jeweiligen versicherungsrechtlichen Regelungen über die Entstehung des Beitragsanspruchs und die Fälligkeit des Beitrags entfernt (vgl. *Coseriu,* jurisPK-SGB XII, 2. Aufl. 2014, § 32a Rn. 9).

5     Weil und solange diese nur im SGB XII geltende zeitliche Zuordnung von Beiträgen kein Pendant in **§ 26 SGB II** hat, kann dies **in Übergangsfällen** vom SGB II-Leistungsbezug zum SGB XII-Leistungsbezug zu einer einmonatigen **Deckungslücke** führen, die durch eine Leistung nach § 73 SGB XII geschlossen werden kann (dazu *Coseriu,* jurisPK-SGB XII, 2. Aufl. 2014, § 32a Rn. 10 ff., 16; *Rein,* ZFSH/SGB 2016, 353 [359 f.]).

## 2. Direktzahlung von Beiträgen (Abs. 2)

6     § 32a Abs. 2 S. 1 SGB XII sieht die generelle **Direktzahlung der Beiträge** für eine Kranken- und Pflegeversicherung an eine Krankenkasse oder ein Versicherungsunternehmen vor, wenn diese Beiträge nach § 82 Abs. 2 Nr. 2 und 3 SGB XII vom Einkommen abgesetzt und nach § 32 SGB XII als Bedarf anerkannt werden und wenn der monatliche Zahlungsanspruch nach § 43a Abs. 2 SGB XII größer oder gleich der Summe dieser Beiträge ist. Ist der Zahlungsanspruch geringer, erfolgt die Zahlung der Leistung durch den Sozialhilfeträger an die leistungsberechtigte Person, die den Beitrag aus dieser Zahlung aus eigenen Mitteln zu tragen hat.

7     Mit § 43a Abs. 2 SGB XII ist in § 32a Abs. 2 S. 1 SGB XII Bezug genommen auf eine Vorschrift des Vierten Kapitels zur Grundsicherung im Alter und bei Erwerbsminderung, die den monatlichen Zahlungsanspruch betrifft. Im Rahmen der Hilfe zum Lebensunterhalt ist diese Bezugnahme zu verstehen als die Höhe von deren monatlicher Geldleistung im Einzelfall.

8     Die Direktzahlung nach § 32a Abs. 2 S. 1 SGB XII erfolgt nach § 32a Abs. 2 S. 2 SGB XII **an** diejenige **Krankenkasse oder** dasjenige **Versicherungsunternehmen,** bei der bzw. dem die leistungsberechtigte Person versichert ist. Hierdurch sollen Fehlsteuerungen und Beitragsausfälle vermieden werden, denn die Direktzahlung zielt darauf, dass die **fristgerechte Beitragszahlung,** die zur dauerhaften Aufrechterhaltung des vollen Versicherungsschutzes notwendig ist, **gewährleistet** und deshalb unmittelbar gegenüber dem Versicherer abgewickelt wird (BT-Drs. 18/9984, S. 105; vgl. zuvor bereits BT-Drs. 17/7991, S. 15, 17).

9     Über den Beginn einer Direktzahlung nach § 32a Abs. 2 S. 1 und 2 SGB XII, über die Höhe des Beitrags und über den Zeitraum sowie über die Beendigung einer Direktzahlung sind sowohl die Leistungsberechtigten sowie die zuständigen Krankenkassen oder zuständigen Versicherungsunternehmen nach § 32a Abs. 2 S. 3 SGB XII durch den Sozialhilfeträger **schriftlich zu unterrichten.** Nach § 32a Abs. 2 S. 4 SGB XII sind die Leistungsberechtigten durch den Sozialhilfeträger zusätzlich über die jeweilige Krankenkasse oder das Versicherungsunternehmen zu informieren, die zuständigen Krankenkassen und Versicherungsunternehmen sind durch den Sozialhilfeträger zusätzlich über Namen und Anschrift der Leistungsberechtigten zu informieren.

## 3. Zahlungsregelung für Direktzahlungen (Abs. 3)

10     Vor dem Hintergrund der Zuordnungsregel des § 32a Abs. 1 SGB XII trifft § 32a Abs. 3 SGB XII eine gesonderte Zahlungsregelung, die die gesetzlichen Fälligkeits-

regelungen nicht berührt (vgl. BT-Drs. 18/6284, S. 24). Nach dieser **Sonderregelung** hat die Direktzahlung nach § 32a Abs. 2 SGB XII in den Fällen des § 32 Abs. 2, 3 und 5 SGB XII (Beiträge für eine gesetzliche Krankenversicherung, Zusatzbeitragssatz, Beiträge für eine soziale Pflegeversicherung) bis zum Ende des Monats zu erfolgen, für den die Versicherung besteht. Die Direktzahlung nach § 32a Abs. 2 SGB XII hat in den Fällen des § 32 Abs. 4 und 6 SGB XII (Beiträge für eine private Krankenversicherung, Beiträge für eine private Pflegeversicherung) zum Ersten des Monats zu erfolgen, für den die Versicherung besteht.

## § 33 Bedarfe für die Vorsorge

(1) [1]Um die Voraussetzungen eines Anspruchs auf eine angemessene Alterssicherung zu erfüllen, können die erforderlichen Aufwendungen als Bedarf berücksichtigt werden, soweit sie nicht nach § 82 Absatz 2 Nummer 2 und 3 vom Einkommen abgesetzt werden. [2]Aufwendungen nach Satz 1 sind insbesondere

1. Beiträge zur gesetzlichen Rentenversicherung,
2. Beiträge zur landwirtschaftlichen Alterskasse,
3. Beiträge zu berufsständischen Versorgungseinrichtungen, die den gesetzlichen Rentenversicherungen vergleichbare Leistungen erbringen,
4. Beiträge für eine eigene kapitalgedeckte Altersvorsorge in Form einer lebenslangen Leibrente, wenn der Vertrag nur die Zahlung einer monatlichen auf das Leben des Steuerpflichtigen bezogenen lebenslangen Leibrente nicht vor Vollendung des 60. Lebensjahres vorsieht, sowie
5. geförderte Altersvorsorgebeiträge nach § 82 des Einkommensteuergesetzes, soweit sie den Mindesteigenbeitrag nach § 86 des Einkommensteuergesetzes nicht überschreiten.

(2) Weisen Leistungsberechtigte Aufwendungen zur Erlangung eines Anspruchs auf ein angemessenes Sterbegeld vor Beginn der Leistungsberechtigung nach, so werden diese in angemessener Höhe als Bedarf anerkannt, soweit sie nicht nach § 82 Absatz 2 Nummer 3 vom Einkommen abgesetzt werden.

*Änderung der Vorschrift: § 33 neu gef. mWv 1.1.2009 durch G v. 21.12.2008 (BGBl. I S. 2933), Abs. 1 Nr. 2 geänd. mWv 1.1.2013 durch G v. 12.4.2012 (BGBl. I S. 579), § 33 neu gef. mWv 1.7.2017 durch G v. 22.12.2016 (BGBl. I S. 3159).*

*Vergleichbare Vorschriften: § 14 BSHG.*

**Schrifttum:** *Falterbaum,* Die Übernahme der Beiträge zur Kranken-, Pflege- und Rentenversicherung durch den Sozialhilfeträger, ZfSH/SGB 1999, 643; *Gotzen,* Grabpflege- und Bestattungsvorsorgeverträge im SGB XII, ZfF 2014, 223.

## Übersicht

## I. Bedeutung der Norm

1    Die Vorschrift ist durch das Gesetz zur Ermittlung von Regelbedarfen sowie zur Änderung des Zweiten und des Zwölften Buches Sozialgesetzbuch vom 22.12.2016 (BGBl. I S. 3159) mit Wirkung vom **1.7.2017** völlig neu gefasst worden. Neu und eine Angleichung an den neuen **Sprachgebrauch** des Gesetzes auch im Übrigen ist die Rede von der **Anerkennung von Aufwendungen** statt der Übernahme von Aufwendungen.

2    Die Vorschrift sieht vor, dass **im Rahmen der Hilfe zum Lebensunterhalt** nach dem Dritten Kapitel des SGB XII bestimmte **Vorsorgeaufwendungen** – angemessene Alterssicherung und angemessenes Sterbegeld – als Bedarf anerkannt werden können bzw. anzuerkennen sind, soweit die Vorsorge angemessen ist. Da die hier geregelte Hilfe zur Hilfeart „Hilfe zum Lebensunterhalt" nach § 19 Abs. 1 SGB XII gehört, gelangen alle für diese Hilfeart geltenden Vorschriften zur Anwendung. Dies gilt insbesondere für die § 27 Abs. 1 und 2 SGB XII über die Hilfebedürftigkeit

3    Die Aufwendungen für eine angemessene Alterssicherung und ein angemessenes Sterbegeld zählen wie die Beiträge für eine Kranken- und Pflegeversicherung nach § 32 SGB XII als zusätzliche Bedarfe (vgl. Überschrift zum Zweiten Abschnitt) zum notwendigen Lebensunterhalt, da auch die übrige Bevölkerung solche Beiträge in aller Regel aus dem laufenden Einkommen bestreitet. Der Begriff des notwendigen Lebensunterhalts nach § 27a Abs. 1 SGB XII wird durch § 33 SGB XII ergänzt. Nach § 27a Abs. 2 S. 1 SGB XII tritt der Bedarf nach § 33 SGB XII als **zusätzlicher Bedarf** zum im monatlichen Regelbedarf erfassten notwendigen Lebensunterhalt hinzu.

4    Die Hilfe stellt eine Art **vorbeugende Hilfe** iSd § 15 Abs. 1 SGB XII dar. Mit ihr soll eine künftige Hilfebedürftigkeit vermieden oder vermindert werden. Dass sie auch als ausschließliche Leistungsinanspruchnahme nach dem SGB XII in Betracht kommt, zeigt § 264 Abs. 2 S. 2 SGB V.

5    Dass in der Neufassung nunmehr **§ 82 Abs. 2 Nr. 2 und 3 SGB XII** erwähnt ist, korrigiert ein gesetzgeberisches Versehen. Denn wenn es um die Feststellung der finanziellen Hilfebedürftigkeit im Hinblick auf eine begehrte Anerkennung von Aufwendungen für eine angemessene Alterssicherung oder für ein angemessenes Sterbegeld geht, können diese Aufwendungen nicht bereits vorweg durch Absetzung vom Einkommen berücksichtigt werden. Es wird so eine doppelte Berücksichtigung der Aufwendungen (Anerkennung als Bedarf und Absetzbetrag vom Einkommen) vermieden.

6    Der Begriff der angemessenen Alterssicherung findet sich auch in **§ 90 Abs. 3 S. 2 SGB XII.** In diesem Zusammenhang geht es zumeist darum, ob angespartes Kapital oder eine Lebensversicherung vom vorrangigen Vermögenseinsatz ausgenommen ist, weil dieses Vermögen der angemessenen Alterssicherung dient. Ferner findet sich der Begriff der angemessenen Alterssicherung in **§ 64f Abs. 1 SGB XII.** Diese Vorschrift räumt dem Pflegebedürftigen einen Anspruch auf Erstattung der Alterssicherungsaufwendungen für seine Pflegeperson ein. Das Bedürfnis, für seine Bestattungskosten vorzusorgen, kann im Rahmen des **§ 90 Abs. 3 S. 1 SGB XII** eine Rolle spielen (vgl. zur Schonung des Vermögens aus Bestattungsvorsorge- und Grabpflegeverträgen *Gotzen*, ZfF 2014, 223).

7    Anders als mit Blick auf die Beiträge für eine Kranken- und Pflegeversicherung nach § 32 SGB XII und nunmehr anders auch als mit Blick auf ein Sterbegeld nach § 33 Abs. 2 SGB XII, die jeweils einen **Anspruch** vorsehen, liegt eine Hilfegewährung nach § 33 Abs. 1 SGB XII mit Blick auf eine angemessene Alterssicherung stets im **Ermessen** des Trägers der Sozialhilfe.

Über § 42 Nr. 2 SGB XII findet die Vorschrift des § 33 SGB XII Anwendung  **8** auch im Rahmen der **Grundsicherung im Alter und bei Erwerbsminderung.** Die Leistungen dieser Grundsicherung umfassen auch die Anerkennung von Bedarfen für die Vorsorge entsprechend § 33 SGB XII.

## II. Inhalt der Norm

### 1. Angemessene Alterssicherung (Abs. 1)

Die erforderlichen Aufwendungen, um die Voraussetzungen eines Anspruchs auf  **9** eine angemessene Alterssicherung zu erfüllen, **können** nach § 33 Abs. 1 S 1 SGB XII als Bedarf berücksichtigt werden, soweit sie nicht nach § 82 Abs. 2 Nr. 2 und 3 SGB XII vom Einkommen abgesetzt werden können. Auch bei Vorliegen der Leistungsvoraussetzungen steht dem Leistungsberechtigten gegen den Sozialhilfeträger nur ein **Anspruch auf ermessensfehlerfreie Entscheidung** über die Anerkennung von Aufwendungen als Bedarf zu. Hieran hat der Gesetzgeber auch mit der zum 1.7.2017 in Kraft getretenen Neufassung ausdrücklich festgehalten (BT-Drs. 18/10 519, S. 22), während er im Übrigen um eine Parallelisierung mit § 32 SGB XII bemüht war (BT-Drs. 18/9984, S. 91).

Der Begriff der **Angemessenheit der Alterssicherung** bedarf als unbestimmter  **10** Rechtsbegriff der Konkretisierung durch den Sozialhilfeträger und ist zur vollen gerichtlichen Nachprüfung bestimmt. Da es hier um vorbeugende Hilfe zum Lebensunterhalt geht, ist eine angemessene Alterssicherung gegeben, wenn sichergestellt ist, dass der Leistungsberechtigte im Alter Hilfe zum Lebensunterhalt bzw. Grundsicherung im Alter nicht in Anspruch nehmen muss. Dies erfordert eine **Prognose,** ob dem Leistungsberechtigten im Alter finanzielle Mittel zur Verfügung stehen, die ausreichen, seinen vom Regelsatz umfassten Regelbedarf, die Kosten der Unterkunft und Heizung sowie die zusätzlichen Bedarfe nach §§ 30 bis 33 SGB XII zu decken (vgl. BVerwG 22.3.1990 – 5 C 40/86). Eine günstigere, bessere Alterssicherung ist nach § 33 Abs. 1 SGB XII nicht zu verlangen.

Ist eine **Alterssicherung** auf diesem Niveau **bereits hinreichend gewährleis-**  **11** **tet,** scheidet eine Hilfe nach § 33 Abs. 1 SGB XII von vornherein aus (**negatives Tatbestandsmerkmal,** vgl. BVerwG 10.9.1992 – 5 C 25/88). Dagegen ist es möglich, Aufwendungen für die Erfüllung der Voraussetzungen einer unter dem Sozialhilfeniveau liegenden Alterssicherung zu übernehmen, da das Tatbestandsmerkmal der angemessenen Alterssicherung lediglich eine **Obergrenze** für die Hilfe darstellt (vgl. BVerwG 24.6.1999 – 5 C 18/98). Der Beitragsaufwand und der Ertrag an Versicherungsleistungen müssen indes stets in einem wirtschaftlich sinnvollen **Verhältnis** zueinander stehen. Dieses Verhältnis kann wie auch die Angemessenheit nur im Rahmen einer Prognose unter Berücksichtigung der Besonderheiten des Einzelfalles beschrieben werden.

Eine angemessene **Alterssicherung** kann auf vielfältige Weise **bereits** hinrei-  **12** chend **gewährleistet** sein. Dabei ist nicht nur an einen eigenen Rentenanspruch aus obligatorischen Alterssicherungssystemen oder einen eigenen Anspruch aus einer Lebensversicherung zu denken. Es ist ausreichend, wenn neben einer hieraus zu erwartenden Leistung etwa zusätzlich noch von Unterhaltsansprüchen auszugehen ist und erst beides zusammen eine angemessene Alterssicherung ergibt. Ferner ist in diesem Zusammenhang auch auf zu erwartende Renten des Ehepartners oder Lebenspartners des Leistungsberechtigten abzustellen. Gleiches gilt für die zu erwartenden Renten eines Partners in eheähnlicher oder lebenspartnerschaftsähnlicher Gemeinschaft iSd § 20 SGB XII.

Erscheint eine angemessene **Alterssicherung** noch **nicht** hinreichend  **13** **gewährleistet** zu sein, kann eine Hilfe in Betracht kommen. Die Alterssicherung, die mit dieser Hilfe zu erreichen ist, kann unter dem Sozialhilfeniveau liegen; sie kann dieses aber auch übersteigen. Eine Punktlandung auf **Sozialhilfeniveau** ist weder zwingend erforderlich noch wird sie ohne Weiteres möglich sein. Entscheidend ist, ob der jeweilige Hilfeaufwand in einem wirtschaftlich sinnvollen Verhältnis zu der dadurch erlangten angemessenen Alterssicherung steht (vgl. BVerwG 27.6.2002 – 5 C 43/01). Für eine wirtschaftlich nicht sinnvolle Hilfe sind Aufwendungen nicht iSd § 33 Abs. 1 SGB XII erforderlich und daher nicht als Bedarf anzuerkennen.

**14**    Mit dem Begriff der **Erforderlichkeit der Aufwendungen** ist ein weiterer unbestimmter Rechtsbegriff eingeführt und wird eine weitere **Prognose** erforderlich. Für deren Konkretisierung lassen sich folgende Fallgruppen bilden: Wenn etwa bereits mit relativ geringen Nachzahlungen von Rentenbeiträgen eine wenn auch geringe Altersrente zu erreichen ist, kann dies langfristig zu einer teilweisen Entlastung des Sozialhilfeträgers führen und daher eine entsprechende Hilfe rechtfertigen. Desgleichen ist eine Hilfe gerechtfertigt, wenn diese zu einer Alterssicherung führt, die sogar über dem Sozialhilfeniveau liegen wird. Denn es ist kein Grund dafür ersichtlich, allein deshalb von einer Hilfe Abstand zu nehmen, weil sie dem Leistungsberechtigten im Alter ein Leben ermöglicht, das über dem Niveau der Sozialhilfe liegt. Die Grenze bildet die Angemessenheit der Alterssicherung.

**15**    Die Entscheidung darüber, ob eine Hilfe unter Berücksichtigung sozialhilferechtlicher Grundsätze und Maßstäbe wirtschaftlich sinnvoll ist, verlangt eine exakte **rentenversicherungsrechtliche Klärung,** bei der der Sozialhilfeträger auf die Hilfe der Rentenversicherungsträger nach dem SGB VI und ggfs. weiterer Leistungsträger (zB für Betriebsrenten und private Rentenversicherungen) zurückgreifen sollte.

**16**    Sowohl die Antwort auf die Frage, ob eine angemessene Alterssicherung bereits vorhanden ist, als auch die auf die Frage, ob es erforderlich ist, eine angemessene Alterssicherung durch eine Hilfe erst zu schaffen, hängen von einer **Prognose** ab, die weit in die Zukunft reichen kann und daher mit großen Unsicherheiten behaftet ist. Je mehr – etwa von einem jungen Leistungsberechtigten – zu erwarten ist, dass der Hilfesuchende im Laufe seines Lebens für eine Alterssicherung noch selbst wird sorgen können, desto weniger erscheint eine Hilfe erforderlich; hierbei dürfte es sich indes wegen des durch das SGB XII erfassten leistungsberechtigten Personenkreises um Ausnahmefälle handeln. Je länger der Prognosezeitraum zudem ist, desto mehr Unsicherheiten hinsichtlich des weiteren Verlaufs sind zu berücksichtigen. Eine relativ sichere Prognose für eine wirtschaftlich sinnvolle Hilfe wird sich in der Regel nur anstellen lassen, wenn der Leistungsberechtigte bereits selbst für sein Alter vorgesorgt hat und gewissermaßen nur noch der „letzte Baustein" fehlt, um zu einer Rente oder Lebensversicherungsleistung zu gelangen. Erweist sich eine Prognose später als falsch, ist eine gewährte Hilfe nicht zurückzunehmen und eine nicht gewährte Hilfe regelmäßig nicht mehr nachholbar. In geeigneten Fällen könnte erwogen werden, Prognoseunsicherheiten dadurch aufzufangen, dass die Hilfe als **Darlehen** geleistet wird (vgl. *Falterbaum,* ZfSH/SGB 1999, 643 [648 f.]).

**17**    Die Richtigkeit der behördlichen Prognose gehört zu den Tatbestandsvoraussetzungen der Norm, sodass die Prognose **gerichtlich überprüfbar** ist und nicht etwa einem Beurteilungsspielraum des Sozialhilfeträgers unterliegt. Doch auch bei Vorliegen der Tatbestandsvoraussetzungen ist dem Sozialhilfeträger durch § 33 Abs. 1 SGB XII Ermessen eingeräumt, ob Aufwendungen als Bedarf anerkannt werden.

**18**    **Maßgeblicher Zeitpunkt** für die Prognose ist der Zeitpunkt der letzten behördlichen Entscheidung; später eintretende Umstände, die gegen eine Hilfegewährung sprechen, sind indes bis zum Zeitpunkt der letzten gerichtlichen Tatsacheninstanz zu berücksichtigen (zur gerichtlichen Prüfung behördlicher Prognoseentscheidungen vgl. *Stölting/Greiser*, SGb 2015, 135 [142]).

**Zweck der Einräumung von Ermessen** ist es, dem Sozialhilfeträger zu ermöglichen, die Vor- und Nachteile einer Hilfe gegeneinander abzuwägen. Insoweit können auch fiskalische Gesichtspunkte berücksichtigt werden. Ein wesentlicher Abwägungsgesichtspunkt ist es ferner, wie sicher die angestellte Prognose ist. Bei unsicherer Prognose – etwa wegen des langen Zeitraums bis zum Rentenalter – ist es unter Ermessensgesichtspunkten regelmäßig nicht zu beanstanden, eine Hilfe abzulehnen. Geht der Sozialhilfeträger bei seiner Ermessensentscheidung indes zu Unrecht davon aus, dass eine einigermaßen sichere Prognose nicht anzustellen ist, oder dass eine angemessene Alterssicherung bereits gewährleistet ist, beruht die Ermessensentscheidung auf einer falschen Tatsachengrundlage und ist daher fehlerhaft (vgl. VGH BW 22.11.1995 – 6 S 971/93). **19**

§ 33 Abs. 1 S. 2 SGB XII zählt beispielhaft, aber nicht abschließend („insbesondere") **Alterssicherungsformen** auf, für die erforderliche Aufwendungen als Bedarf anerkannt werden können. Dabei verdeutlichen Nummer 4 und 5 die zunehmende Bedeutung der zusätzlichen kapitalgedeckten Altersvorsorge als Ergänzung zu den obligatorischen Alterssicherungsformen nach Nummer 1 bis 3. Zurückgegriffen hat der Gesetzgeber auf die im EStG verwendeten Begrifflichkeiten (vgl. BT-Drs. 16/10 488, S. 19). **20**

## 2. Angemessenes Sterbegeld (Abs. 2)

Weisen Leistungsberechtigte Aufwendungen zur Erlangung eines Anspruchs auf ein angemessenes Sterbegeld vor Beginn der Leistungsberechtigung nach, so **werden** diese Aufwendungen in angemessener Höhe als Bedarf **anerkannt**, soweit sie nicht nach § 82 Abs. 2 Nr. 3 SGB XII vom Einkommen abgesetzt werden. Bei Vorliegen dieser Leistungsvoraussetzungen steht den Leistungsberechtigten gegen den Sozialhilfeträger nunmehr, anders als nach dem bis zum 30.6.2017 geltenden Recht, ein **Anspruch auf die Anerkennung von Aufwendungen** für ein Sterbegeld als Bedarf zu, wenn sie bereits vor Beginn der Leistungsberechtigung entsprechende Aufwendungen nachweisen können. Ein erst nach Beginn der Leistungsberechtigung, also nach Eintritt der Hilfebedürftigkeit, abgeschlossener Vertrag führt nicht dazu, dass die sich hieraus ergebenden Aufwendungen als Bedarf anerkannt werden (BT-Drs. 18/9984, S. 91). **21**

Sterbegeld dient der Deckung der **Bestattungskosten;** die Sterbegeldversicherung ist eine Vorsorge in Form von Sparverträgen für den Todesfall, um aus ihr die Bestattungskosten decken zu können. Sterbegeld erhalten Mitglieder der gesetzlichen Krankenversicherung seit dem GKV-Modernisierungsgesetz (v. 14.11.2003, BGBl. I S. 2190) nicht mehr. Bestattungsgeld und Sterbegeld sind in anderen Sozialleistungssystemen weiterhin vorgesehen (vgl. § 22 Abs. 1 Nr. 4, § 24 Abs. 1 Nr. 4 SGB I). In den Vorschriften für den öffentlichen Dienst (vgl. zB § 18 BeamtVG) findet sich ebenfalls eine Sterbegeldleistung. Durch den Wegfall des Sterbegeldes in der gesetzlichen Krankenversicherung ist die Bedeutung des § 33 Abs. 2 SGB XII gestiegen. **22**

Für die insoweit in Betracht kommende Hilfe gelten mit Blick auf die **Angemessenheit des Sterbegeldes** und die **Angemessenheit der Aufwendungen** grundsätzlich dieselben rechtlichen Maßstäbe wie für die Hilfe zur Alterssicherung (vgl. BVerwG 27.6.2002 – 5 C 43/01). Die **Prognose** muss sich insbesondere daran orientieren, wie hoch die Wahrscheinlichkeit einzuschätzen ist, dass ohne die gegenwärtige Hilfeleistung Sozialhilfe im und durch den Sterbefall in Zukunft erforderlich werden wird (zur Übernahme von Bestattungskosten als Sozialhilfeleistung s. § 74 SGB XII). Aus dieser Sicht ist die Hilfe durch die Anerkennung von Aufwendungen für eine Sterbegeldversicherung als Bedarf nur dann gerechtfertigt, wenn nach den **23**

Umständen des Einzelfalles eine gewisse Wahrscheinlichkeit dafür spricht, dass zur Deckung der Bestattungskosten überhaupt Sozialhilfe benötigt werden wird. Bei einer nachfragenden Person unter 40 Jahren dürfte das regelmäßig nicht prognostiziert werden können. Auch hier gilt, dass es sich insoweit wegen des durch das SGB XII erfassten leistungsberechtigten Personenkreises um Ausnahmefälle handeln dürfte.

24    Ein **Anhaltspunkt für die Angemessenheit** der Sterbegeldabsicherung lässt sich **§ 90 Abs. 2 Nr. 9 SGB XII** iVm § 1 Abs. 1 Nr. 1 der VO zur Durchführung des § 90 Abs. 2 Nr. 9 SGB XII entnehmen. Danach darf die Sozialhilfe nicht abhängig gemacht werden vom Einsatz oder von der Verwertung kleinerer Barbeträge oder sonstiger Geldwerte in Höhe von 5000 Euro, wobei eine besondere Notlage der nachfragenden Person zu berücksichtigen ist (vgl. BT-Drs. 18/9984, S. 91).

### 3. Anerkennung als Bedarf

25    Unter Anerkennung der Aufwendungen als Bedarf ist grundsätzlich deren **Zahlung an die hilfebedürftigen Leistungsberechtigten** zu verstehen, damit diese mit den vom Sozialhilfeträger erhaltenen Mitteln ihre Aufwendungen bestreiten können. Maßgeblicher **Zeitpunkt** ist hier die **Fälligkeit** der Zahlungsverpflichtung des hilfebedürftigen Leistungsberechtigten; § 32a SGB XII findet insoweit keine Anwendung.

26    Eine **Direktzahlung** des Sozialhilfeträgers der Aufwendungen an Dritte sieht § 33 SGB XII, anders als § 32a SGB XII für die Beiträge nach § 32 SGB XII, nicht vor. Sie dürfte nur auf Antrag des Leistungsberechtigten in Betracht kommen. Aber auch bei einer Direktzahlung an Dritte wird der Sozialhilfeträger nicht zum Schuldner des Dritten und es bleibt anspruchsberechtigt nach dem SGB XII allein der Leistungsberechtigte; es entsteht durch die Anerkennung der Aufwendungen als sozialhilferechtlicher Bedarf kein Dreiecksverhältnis.

### III. Rechtstatsachen und Rechtspolitik

27    Es gehört zur mit der Sozialhilfe erstrebten, in der Menschenwürde wurzelnden Konzeption der Hilfe zur Selbsthilfe (vgl. § 2 Abs. 1 SGB XII; dazu *Siefert*, ZFSH/SGB 2016, 661), **Eigenverantwortung** auch durch Begründung oder Aufrechterhaltung einer Vorsorge zu übernehmen. Im Gegenzug können Leistungsberechtigte im Rahmen des § 33 SGB XII eine Anerkennung ihrer Aufwendungen hierfür als Bedarf beanspruchen.

28    Die Bedeutung dieser Form der Hilfe wächst mit der Abnahme des Rentenniveaus in der gesetzlichen Rentenversicherung und mit der Streichung anderweitiger Sterbegeldabsicherungen. Es ist zudem allemal besser, unterstützt durch den Sozialhilfeträger selbst vorzusorgen, als auf die künftige Rentenergänzung durch die passiven Leistungen der Grundsicherung im Alter oder die Übernahme der Bestattungskosten zu setzen.

### Dritter Abschnitt. Bildung und Teilhabe

#### § 34 Bedarfe für Bildung und Teilhabe

(1) ¹**Bedarfe für Bildung nach den Absätzen 2 bis 6 von Schülerinnen und Schülern, die eine allgemein- oder berufsbildende Schule besuchen, sowie Bedarfe von Kindern und Jugendlichen für Teilhabe am sozialen und kulturellen Leben in der Gemeinschaft nach Absatz 7 werden neben den maßge-**

benden Regelbedarfsstufen gesondert berücksichtigt. [2]Leistungen hierfür werden nach den Maßgaben des § 34a gesondert erbracht.

(2) [1]Bedarfe werden bei Schülerinnen und Schülern in Höhe der tatsächlichen Aufwendungen anerkannt für

1. Schulausflüge und
2. mehrtägige Klassenfahrten im Rahmen der schulrechtlichen Bestimmungen.

[2]Für Kinder, die eine Tageseinrichtung besuchen oder für die Kindertagespflege geleistet wird, gilt Satz 1 entsprechend.

(3) Bedarfe für die Ausstattung mit persönlichem Schulbedarf werden bei Schülerinnen und Schülern für den Monat, in dem der erste Schultag liegt, in Höhe von 70 Euro und für den Monat, in dem das zweite Schulhalbjahr beginnt, in Höhe von 30 Euro anerkannt.

(4) [1]Für Schülerinnen und Schüler, die für den Besuch der nächstgelegenen Schule des gewählten Bildungsgangs auf Schülerbeförderung angewiesen sind, werden die dafür erforderlichen tatsächlichen Aufwendungen berücksichtigt, soweit sie nicht von Dritten übernommen werden und es der leistungsberechtigten Person nicht zugemutet werden kann, sie aus dem Regelbedarf zu bestreiten. [2]Als zumutbare Eigenleistung gilt in der Regel der in § 9 Absatz 2 des Regelbedarfs-Ermittlungsgesetzes geregelte Betrag.

(5) Für Schülerinnen und Schüler wird eine schulische Angebote ergänzende angemessene Lernförderung berücksichtigt, soweit diese geeignet und zusätzlich erforderlich ist, um die nach den schulrechtlichen Bestimmungen festgelegten wesentlichen Lernziele zu erreichen.

(6) [1]Bei Teilnahme an einer gemeinschaftlichen Mittagsverpflegung werden die entstehenden Mehraufwendungen berücksichtigt für

1. Schülerinnen und Schüler und
2. Kinder, die eine Tageseinrichtung besuchen oder für die Kindertagespflege geleistet wird.

[2]Für Schülerinnen und Schüler gilt dies unter der Voraussetzung, dass die Mittagsverpflegung in schulischer Verantwortung angeboten wird. [3]In den Fällen des Satzes 2 ist für die Ermittlung des monatlichen Bedarfs die Anzahl der Schultage in dem Land zugrunde zu legen, in dem der Schulbesuch stattfindet.

(7) [1]Für Leistungsberechtigte bis zur Vollendung des 18. Lebensjahres wird ein Bedarf zur Teilhabe am sozialen und kulturellen Leben in der Gemeinschaft in Höhe von insgesamt 10 Euro monatlich berücksichtigt für

1. Mitgliedsbeiträge in den Bereichen Sport, Spiel, Kultur und Geselligkeit,
2. Unterricht in künstlerischen Fächern (zum Beispiel Musikunterricht) und vergleichbare angeleitete Aktivitäten der kulturellen Bildung und
3. die Teilnahme an Freizeiten.

[2]Neben der Berücksichtigung von Bedarfen nach Satz 1 können auch weitere tatsächliche Aufwendungen berücksichtigt werden, wenn sie im Zusammenhang mit der Teilnahme an Aktivitäten nach Satz 1 Nummer 1 bis 3 entstehen und es den Leistungsberechtigten im begründeten Ausnahmefall nicht zugemutet werden kann, diese aus dem Regelbedarf zu bestreiten.

*Änderungen der Vorschrift:* § 34 neu gef. mWv 1.1.2011 durch G v. 24.3.2011 (BGBl. I S. 453), Abs. 4 Satz 2, Abs. 7 Satz 2 eingef. mWv 1.8.2013 durch G v. 7.5.2013 (BGBl. I S. 1167), Abs. 1 geändert durch G v. 21.12.2015 (BGBl. I S. 2557), Abs. 2 und Abs. 4 geänd. durch G v. 22.12.2016 (BGBl. I S. 3159).

*Vergleichbare Vorschriften:* § 28 SGB II; § 6b BKGG; § 27a Satz 3 BVG.

**Schrifttum:** *Armborst,* Das Bildungspaket oder: Hartz IV reloaded/overloaded?, ArchSoz-Arb, 2011, 4; *Becker, Irene,* Bedarfe von Kindern und Jugendlichen nach dem Statistikmodel: Konzept für eine sachgerechte und verfassungskonforme Ermittlung, ArchSozArb, 2011, 12; *Brandi,* Soziale Teilhabe und Sport: zur Umsetzung des Kinderbildungspakets in Sportvereinen, ArchSozArb, 2011, 58; *Brose,* Die Lernförderung nach dem Bildungspaket – Eine kritische Zwischenbilanz, NZS 2013, 51; *Dehmer/Struck,* Bildungs- und Teilhabeförderung von Kindern und Jugendlichen – Wie kann sie im Rahmen des SGB VIII gesichert werden?, JAmt 2014, 430; *Dehmer/Puls/Rock,* Das Bildungs- und Teilhabepaket – Eine Misserfolgsgeschichte, SozSich 2016. 400; *Demmer,* Welche Konsequenzen hat das „Bildungspaket" für die Praxis der Bildungseinrichtungen?, ArchSozArb 2011, 48; *Deutscher Verein für öffentliche und private Fürsorge,* Empfehlungen zur Umsetzung der Leistungen für Bildung und Teilhabe; 2015; *von zur Gathen/Struck,* Soziale Teilhabe lässt sich nicht in Bildungspäckchen packen! Zu den Neuregelungen im SGB II für Kinder und Jugendliche, ArchSozArb 2011, 78; *Groth/Siebel-Huffmann,* Das neue SGB II, NJW 2011, 1105; *Henneke,* Bildungs- und Teilhabepaket für Kinder im Sozialhilfebezug gebietet Aufhebung von § 3 Abs. 2 SGB XII, Landkreis 2011, 3; *Keller/A. Wiesner,* Grundsicherung für Arbeitsuchende und Bildungspaket für Kinder – welche Umsetzungschancen und -hindernisse gibt es im ländlichen Raum?, ArchSozArb 2011, 64; *Klesse,* Leistungen für Bildung und Teilhabe – Erste Empfehlungen zur Auslegung der neuen Regelungen im SGB II und XII sowie im Bundeskindergeldgesetz, NDV 2012, 7 und 61; *Knickrehm,* Drei Jahre Bildungs- und Teilhabepaket nach dem SGB II, SozSich 2014, 157; *Langer,* „Nachhilfe gefährlich oder hilfreich?", RdJB 2012, 99; *Leubecher,* Zur Umsetzung des Bildungs- und Teilhabepakets im ländlichen Raum, NDV 2013, 281; *Lenze,* Bildung und Teilhabe zwischen Jobcenter und Jugendamt, ZKJ 2011, 17; *Loose,* Leistungen für Bildung und Teilhabe nach § 28 SGB II – Ein Überblick über die (Rechts-)Probleme unter Berücksichtigung der aktuellen Rechtsprechung, info also 2016, 147; *Markovic,* Weiterer Reformbedarf bei den Leistungen für Bildung und Teilhabe, NDV 2013, 145; *Ministerium für Arbeit, Integration und Soziales des Landes Nordrhein-Westfalen,* Arbeitshilfe: Bildungs- und Teilhabepaket, 5. Aufl. 2013; *Rothkegel,* Hartz-IV-Regelsätze und gesellschaftliche Teilhabe – die geplanten Änderungen im Lichte des Urteils des Bundesverfassungsgerichts, ZfSH/SGB 2011, 69; *Sell,* Teilhabe und Bildung als Sachleistungen: bisherige Erfahrungen mit Gutscheinen und Chipkarten, ArchSozArb 2011, 24; *Siegler,* Das Bildungs- und Teilhabepaket in der Umsetzung, NDV 2013, 68; *Ständige Fachkonferenz 1* (Grund- und Strukturfragen des Jugendrechts) des DIJuF, Bildung und Teilhabe für Kinder und Jugendliche nach SGB II: eine Strukturkritik, JAmt 2013, 74; *Vorholz,* Das Bildungs- und Teilhabepaket für bedürftige Kinder, Landkreis 2011, 188; *Walter,* Das Bildungs- und Teilhabepaket aus kommunaler Perspektive, ArchSozArb 2011, 38.

**Übersicht**

## I. Bedeutung der Norm

Das sogenannte Bildungs- und Teilhabepaket ist – neben der neu gestalteten 1
Ermittlung und Festlegung der Regelbedarfe – der **zweite Schwerpunkt** der vom
Bundesverfassungsgericht verlangten Gesetzesänderungen. In dem Urteil vom
9.2.2010 (1 BvL 1/09 u.a., NZS 2010, 270) heißt es insoweit: „Schon Alltagserfah-
rungen (deuten) auf einen besonderen kinder- und altersspezifischen Bedarf (hin).
Kinder sind keine kleinen Erwachsenen. Ihr Bedarf, der zur Sicherstellung eines
menschenwürdigen Existenzminimums gedeckt werden muss, hat sich an kindlichen
Entwicklungsphasen auszurichten und an dem, was für die Persönlichkeitsentfaltung
eines Kindes erforderlich ist."

Darauf hat der Gesetzgeber mit der Anerkennung von Bedarfen für Bildung und 2
Teilhabe reagiert. Der Gesetzgeber hat die Leistungen für die betreffenden Bedarfe
nicht in die Regelbedarfsstufen eingearbeitet, sondern dafür **gesonderte Leistungen** „neben" den Regelbedarfsstufen vorgesehen. Damit war es möglich, als Leistungen Sach- und Dienstleistungen einzuführen. Lediglich für den Schulbedarf und die
Schülerbeförderung sehen die Vorschriften Geldleistungen vor.

Sozialpolitisch ist das gesamte Bildungs- und Teilhabepaket weiterhin **umstritten** 3
(vgl. die Anhörung der Sachverständigen, BT-Drs. 17/4095, S. 6 ff.). Auch wenn es
allseits uneingeschränkt begrüßt wird, dass sich die staatliche Gemeinschaft um Bildung und Teilhabe von Kindern und Jugendlichen kümmert, wird die Umsetzung
dieses Anliegens in vielerlei Hinsicht kritisiert. Der Bundesrat (BT-Drs. 17/3958,
S. 10) hatte im Gesetzgebungsverfahren gemeint, der Anspruch der Kinder auf Bil-
dungsteilhabe könne am wirkungsvollsten durch einen **Ausbau der Bildungsinfrastruktur** erfüllt werden. Daher forderte der Bundesrat die Bundesregierung auf, die
Länder finanziell in die Lage zu versetzen, ihr Angebot insbesondere in den zentralen
Bereichen Schulsozialarbeit und Mittagessen an Kindertagesstätten und Gesamtschu-
len auszuweiten. Die Bundesregierung (BT-Drs. 17/3982, S. 5) lehnte den Vorschlag
ab, da für den Bereich der Bildungsinfrastruktur die Regelungs- und Finanzierungs-
verantwortung bei den Ländern und Kommunen liege.

Durch die bundesgesetzlichen Leistungen für Bildung und Teilhabe werden in 4
vielen Fällen **parallele Strukturen** neben den in den Ländern und Kommunen
bestehenden entsprechenden Angeboten errichtet (*Walter*, ArchSozArb 2011, 38).
Kostenloses oder subventioniertes Mittagessen wird in einigen Ländern bereits
vorgehalten. Die als Fürsorgeleistung vorgesehene Lernförderung trifft auf die originäre Aufgabe des Schulwesens, sich um die Bildung – auch schwächerer Schüler –
zu bemühen (*Demmer*, ArchSozArb 2011, 48). Auch für die Kosten der Schülerbeförderung ist zumeist durch entsprechende Landesgesetze gesorgt. Die Leistungen
zur Teilhabe am sozialen und kulturellen Leben in der Gemeinschaft berühren sich
deutlich mit Angeboten der Kinder- und Jugendhilfe (Struck, in Sachverständigenanhörung, BT-Drs. 17/4095, S. 13 f.; *von zur Gathen/Struck*, ArchSozArb 2011,
78).

Daher war zu erwarten, dass manche „**freiwilligen" Leistungen** der Länder 5
oder Kommunen zurückgefahren werden, weil nunmehr die existenzsichernden
Leistungen für Bildung und Teilhabe zu erbringen sind (für das Verhältnis zur Kin-
der- und Jugendhilfe s. § 10 Abs. 3 und 4 SGB VIII).

Bezogen auf den SGB II-Rechtskreis war im Gesetzgebungsverfahren vor allem 6
streitig, von wem die Leistungen für Bildung und Teilhabe zu erbringen sind. Dafür
war zunächst die Agentur für Arbeit vorgesehen (*Walter*, ArchSozArb 2011, 38, 43).
Davon ist der Gesetzgeber auf Druck der Länder abgerückt (s. jetzt § 29 SGB II).
Für das SGB XII war dieser Punkt allerdings von vornherein so geregelt, wie es
Gesetz geworden ist (§ 34a; s. aber die Kritik an der Regelung der Verwaltungszuständigkeit nach § 3 Abs. 2, *Henneke*, Landkreis 2011, 155).

7    Hinsichtlich des **Umfangs der vorgesehenen Leistungen** wird von mancher
Seite bezweifelt, dass den Vorgaben des Bundesverfassungsgerichts damit Genüge
getan wurde (Sachverständigenanhörung, BT-Drs. 17/4095, S. 6 ff.; *Becker,* Arch-
SozArb 2011, 12). Das Bundesverfassungsgericht (23.7.2014 – 1 BvL 10/12 u.a.) hat
inzwischen entschieden, dass das Bildungs- und Teilhabepaket den Anforderungen
entspricht, damit das Existenzminimum von Kinder und Jugendlichen gedeckt werden kann.

8    Die Bedeutung der Vorschrift ist für den Leistungsbereich des SGB XII gering.
Anwendung findet die Vorschrift nur für Leistungsberechtigte, die Hilfe zum
Lebensunterhalt nach dem Dritten Kapitel beanspruchen können. Zwar ist nach
§ 42 Nr. 3 das Bildungs- und Teilhabepaket auch im Leistungskatalog des Vierten
Kapitels enthalten; das betrifft aber nur den kleinen Kreis von Schülern, die älter
als 18 Jahre und dauerhaft voll erwerbsgemindert sind. Auch hinsichtlich der
Anspruchsberechtigten nach § 6b BKGG gelangt nicht § 34, sondern § 28 SGB II
zur Anwendung. Eine große **praktische Bedeutung** erlangt das Bildungs- und
Teilhabepaket allerdings für den Leistungsbereich des SGB II. Daher betreffen auch
alle gerichtlichen Entscheidungen das Leistungssystem des SGB II.

9    Die **Doppelung der Vorschriften** über Leistungen für Bildung und Teilhabe
im SGB II und im SGB XII ist wiederum – wie schon zuvor in vielen Fällen –
äußerst lästig und ärgerlich. Bereits der 1. Absatz von § 28 SGB II einerseits und
von § 34 andererseits ist unterschiedlich formuliert. Sofern ein Kind unter die eine
oder die andere Vorschrift fällt, dürfte es an sich keinen Unterschied in den Leistungsvoraussetzungen geben. Die Altersbegrenzung bei Schülern bis zur Vollendung
des 25. Lebensjahres mag von „der legitimen Erwartung" getragen sein, „dass die
schulische Ausbildung bis zu diesem Zeitpunkt abgeschlossen sein sollte" (so die
Gesetzesbegründung, BT-Drs. 17/3404, S. 104). Warum dies im Rechtskreis des
SGB XII nicht gilt, bleibt unerfindlich. Andere Leistungsvoraussetzungen, die völlig
gleich sind in beiden Gesetzen, werden dennoch unterschiedlich formuliert (so
in Bezug auf die Ausflüge und Klassenfahrten sowie bei der Schülerbeförderung).
Hinsichtlich des Schulbedarfspakets ist zu spekulieren, warum es in § 28 Abs. 3
SGB II feste Stichtage für die Leistung gibt, während es in § 34 Abs. 3 anders geregelt
ist (s. zu den Auswirkungen Rn. 33).

10    Nicht bei den einschlägigen Vorschriften selbst, sondern hinsichtlich der Verfahrensvorschrift des **§ 50 SGB X macht § 40 Abs. 3 Satz 3 SGB II** eine bemerkens-
werte Schleife. Danach soll eine Erstattung der Leistungen nach § 28 SGB II nicht
erfolgen, wenn die Aufhebungsentscheidung allein wegen dieser Leistung – und
nicht auch wegen der sonstigen Leistungen zur Sicherung des Lebensunterhalts –
zu treffen wäre. Die Empfänger von Leistungen nach § 34 müssen die Leistungen
hingegen nach Aufhebung des Bewilligungsbescheids nach § 50 SGB X erstatten (s.
auch § 6b Abs. 3 BKGG). Das Hinwirkungsgebot des § 4 Abs. 2 S. 2 und 4 SGB II
ist mit einer entsprechenden Regelung im SGB XII nicht enthalten, vermutlich
deswegen, weil in § 11 Abs. 1 bereits Ähnliches geregelt ist.

11    In § 131 waren **Übergangsregelungen** enthalten, die notwendig geworden
waren, weil das Gesetz zu spät erlassen worden ist. Die Regelung galt nur bis zum
31.12.2014 (G v. 20.12.2012, BGBl. I S. 2783).

12    Die Umsetzung des Bildungs- und Teilhabepakets wird inzwischen begleitet von
einer Flut von **Verwaltungsvorschriften,** mit denen die Länder und Kommunen
versuchen, den Anforderungen der gesetzlichen Bestimmungen gerecht zu werden
(z. B. *Ministerium für Arbeit, Integration und Soziales des Landes Nordrhein-Westfalen,*
Arbeitshilfe: Bildungs- und Teilhabepaket, 2. Aufl., Stand 1.8.2011; *Ministerium
für Arbeit, Integration und Soziales des Landes Nordrhein-Westfalen,* Bericht zur Umsetzung des Bildungs- und Teilhabepakets, v. 27.8.2015; *Deutscher Verein,* Dritte Empfehlungen zur Umsetzung der Leistungen für Bildung und Teilhabe, 2015; *Hessi-*

*scher Landkreistag,* Praktische Arbeitshilfe „Bildungs- und Teilhabepaket, 1. Aufl. Juli 2011).

Die Leistungen für Bildung und Teilhabe können auch Bezieher des **Kinderzu-** 13 **schlags** nach § 6a BKGG und von **Wohngeld** beanspruchen (§ 6b BKGG). Der Sache nach ist das zu begrüßen, systematisch ist es indes verfehlt.

Im **Asylbewerberleistungsgesetz** waren entsprechende Leistungen anfangs 14 nicht vorgesehen. Nur die Empfänger von Analogleistungen nach § 2 Abs. 1 AsylbLG erhielten die Bildungs- und Teilhabeleistungen (s. aber SG Hildesheim12.12.2012 – S 42 AY 100/11. Jetzt ist in § 3 Abs. 3 AsylbLG durch Verweis auf die §§ 34 ff. ein eigenständiger Leistungsanspruch geschaffen worden.

Durch Gesetz v. 7.5.2013 (BGBl. I S. 1167) sind zur Erleichterung des Bewilli- 14a gungsverfahrens Änderungen in § 34 und § 34a eingefügt sowie ein neuer § 34b geschaffen worden. Auf die dortigen Kommentierungen wird verwiesen. Durch Gesetz vom 21.12.2015 (BGBl. I S. 2557) ist der redaktionelle Fehler in Absatz 1 (Verwechselung des Absätze 6 und 7) beseitigt worden.

Die Bedarfe nach § 34 und § 28 SGB II erfahren im Leistungsrecht eine besondere 14b Berücksichtigung (s. dazu § 82 Abs. 1 S. 3 und § 9 Abs. 2 S. 3 SGB II, § 11 Abs. 1 S. 5 SGB II).

## II. Inhalt der Norm

### 1. Bedarfstatbestände

Die Vorschrift enthält **sechs Leistungstatbestände** (Leistungsbereiche), die die 15 Bildungs- und Teilhabebedürfnisse betreffen. Das sind fünf bildungsbezogene Bedarfe, nämlich Schulausflüge und Klassenfahrten, Schulbedarf, Schülerbeförderungsaufwendungen, Lernförderung und Mittagsverpflegung sowie ein breit gefächerter Teilhabebedarf.

Mit den Leistungen für die genannten Bedarfsgegenstände sollen alle Bedarfs 16 abgegolten sein. Ergänzende Leistungen – etwa nach § 27a Abs. 4 oder nach § 37 Abs. 1 – sind nicht möglich, da es sich nicht um abweichenden Regelbedarf handeln würde s. aber Rn 34). Das ist nun für Absatz 7 durch Einfügung des Satzes 2 in Absatz 7 (s. Rn. 14a) geändert worden (s. dazu BT-Drs. 17/12036, S. 7). Danach können auch weitere Aufwendungen berücksichtigt werden, wenn sie im Zusammenhang mit Aktivitäten nach Absatz 7 stehen und es dem Leistungsberechtigten ausnahmsweise nicht zuzumuten ist, die Aufwendungen aus dem Regelbedarf zu bestreiten. Das SG Saarbrücken (11.1.20117 – S 12 AS 421/14) hat § 28 Abs. 1 und 2 SGB II (entspricht § 34) „extensiv" ausgelegt und die Kosten für eine von der Schulverwaltung angesetzte Abiturfeier zugesprochen.

Höhe der Leistungen ist unterschiedlich geregelt. Bei einigen Bedarfen werden 17 die tatsächlichen Aufwendungen anerkannt, bei anderen ist die Höhe der Leistung offengeblieben, und beim Teilhabepaket sind pauschale Leistungen festgelegt. Als Form der Leistungen (§ 10) kommen Geld-, Sach- und Dienstleistungen in Betracht (dazu § 34a).

Die bisherige Vorschrift des **§ 28a,** die den Schulbedarf betraf, ist jetzt in § 34 18 aufgegangen.

### 2. Anspruchsberechtigte für Teilhabeleistungen

In Absatz 1 ist geregelt, für welchen Personenkreis die Bedarfe für Bildung und 19 Teilhabe „berücksichtigt" werden. Außerdem ist bestimmt, dass die Leistungen für diese Bedarfe neben den Regelbedarfsstufen „gesondert erbracht" werden. Es handelt sich also systematisch um **Mehrbedarfe** (jetzt: „zusätzliche Bedarfe" genannt). Die Leistungen gehören zur Hilfe zum Lebensunterhalt nach dem Dritten Kapitel.

Da die Leistungen gesondert erbracht werden, ist die finanzielle Hilfebedürftigkeit ebenfalls gesondert zu beurteilen. Daher ist es nicht notwendig, dass die betreffende Person im Übrigen, bezogen auf die Regelsätze, hilfebedürftig ist. Dies ist in § 34a Abs. 1 S. 2 – an systematisch falscher Stelle – klargestellt. Das Kindergeld soll nicht für die Leistungen nach § 34 eingesetzt werden müssen (§ 82 Abs. 1 S. 3). Eine Eigenleistung von 5 Euro monatlich ist für die Schülerbeförderung vorgesehen (Abs. 4 S. 2). Für das Mittagessen nach Abs. 5 hat der Leistungsberechtigte einen Euro selbst aufzuwenden (§ 9 Regelbedarfsermittlungsgesetz).

20    Wird Hilfe zum Lebensunterhalt nur als **Darlehen** erbracht (§§ 22 Abs. 1 S. 2, 38 Abs. 1, 91), bedeutet dies nicht, dass auch die Leistungen für Bildung und Teilhabe nur als Darlehen beansprucht werden könnten. Diese Leistungen sind vielmehr „gesondert" als Zuschuss zu erbringen. Daher können auch **Auszubildende**, die von Leistungen der Hilfe zum Lebensunterhalt grundsätzlich ausgeschlossen sind (§ 22 Abs. 1), unter Umständen Leistungen für Bildung und Teilhabe beanspruchen.

21    Bei der Umschreibung des Kreises der Anspruchsberechtigten wird unterschieden zwischen Schülerinnen und Schülern sowie Kindern und Jugendlichen. Diese Unterscheidung beruht darauf, dass die Leistungen nach den Absätzen 2 bis 6 für Schülerinnen und Schüler gedacht sind. Das trifft aber nicht zu, da die Leistungen nach Absatz 2 und 6 auch von Kindern vor dem Besuch einer Schule beansprucht werden können.

22    Die fehlerhafte Benennung der Absätze für die einzelnen Leistungen in Absatz 1 wurde durch Gesetz vom 21.12.2015 (BGBl. I S. 2557) korrigiert.

23    Mit den Begriffen „Schüler, Kinder und Jugendliche" ist der Kreis der Anspruchsberechtigten abschließend umrissen. Für einige Bedarfe für Bildung (Absätze 2 bis 6) sind auch **Kinder in Tageseinrichtungen und in Kindertagespflege** anspruchsberechtigt, und bei den Teilhabebedarfen ist eine Altersgrenze von 18 Jahren festgelegt. In § 42 Nr. 3 ist die Altersbegrenzung noch einmal – überflüssiger Weise – aufgegriffen, da Leistungen nach § 41 ohnehin erst nach Vollendung des 18. Lebensjahres in Betracht kommen.

24    **Maßgebliche Schulen** sind die allgemein- und berufsbildenden Schulen. Der Begriff „allgemeinbildende Schulen" verweist auf das Schulrecht der Länder, das insoweit unterschiedliche Bezeichnungen für die insoweit gemeinten Schulen kennt. Das BSG (19.6.2012 – B 4 AS 162/11 R, FEVS 64, 289) meint, für den Begriff sei ein bundesrechtlicher Maßstab anzulegen. Im Allgemeinen zählen dazu die Grundschule, Hauptschule, Realschule, Gesamtschule, Mittelschule und das Gymnasium. Auch Förderschulen oder Sonderschulen sowie entsprechende allgemeinbildende Schulen in Abendform fallen darunter. Berufsbildende Schulen sind Fachschulen und Berufsschulen, die einen berufliche Ausbildung ermöglichen (s. auch die Aufzählung in § 2 BAföG). Zum Sportgymnasium s. LSG RhPf 12.5.2015 – L 3 AS 7/15 und BSG 17.3.2016 – B 4 AS 39/15 R). Auch ein Volkshochschulkurs, der zur Vorbereitung auf den Hauptschulabschluss besucht wird, kann als „allgemeinbildende" Schule betrachtet werden (LSG RhPf 27.4.2016 – L 6 AS 303/15).

### 3. Leistungstatbestände

25    **a) Schulausflüge/Klassenfahrten (Abs. 2). aa) Schulausflüge.** Schulausflüge sind eintägige Ausflüge, wie sich in Abgrenzung zu Abs. 2 Nr. 2 ergibt. Damit ist eine Lücke geschlossen worden, die zuvor nach bisherigem Recht hinsichtlich dieser Aktivitäten, die ebenfalls besondere Kosten verursachen können, bestand (s. 3. Aufl., § 31 Rn. 12). Trainingsfahrten an sportbetonten Schulen sollen keine Klassenfahrten darstellen (SG Dresden 12.6.2015 – S 14 BK 32/13). Für die Ausflüge sind Leistungen in Höhe der **tatsächlichen Aufwendungen** vorgesehen. Zu den zu berück-

sichtigenden Aufwendungen zählen die Fahrtkosten sowie Eintrittsgelder (Museum, Zoo, Schwimmbad). Die Aufwendungen von Begleitpersonen (Eltern, Betreuungspersonal der Kindertageseinrichtung) gehören nicht zu den zu berücksichtigenden Aufwendungen. Bemerkenswert ist, dass die Höhe der Leistungen in keiner Weise begrenzt ist. Zwar wird man davon ausgehen können, dass Schulausflüge nicht so oft veranstaltet werden, sodass jedenfalls auf diese Weise eine gewisse Kostenbegrenzung gegeben ist (zu den Tageseinrichtungen für Kinder, s. Rn. 30).

**bb) Klassenfahrten.** Das sind Fahrten, die länger dauern als ein Tag, denn **26** andernfalls fallen sie unter die Schulausflüge nach Nr. 1 (vgl. auch BSG 23.3.2010 – B 14 AS 6/09 R, BSGE 106, 78). Auch insoweit werden die **tatsächlichen Aufwendungen** berücksichtigt. Diese Aufwendungen können – namentlich in höheren Klassen der Gymnasien – beträchtlich sein. Eine Begrenzung der anzuerkennenden Aufwendungen ist allerdings durch das Tatbestandsmerkmal „im Rahmen der schulrechtlichen Bestimmungen" möglich (BSG 13.11.2008 – B 14 AS 36/07 R, FEVS 60, 433) Das Schulrecht soll also bestimmen, was unter pädagogischen und finanziellen (sozialen) Gesichtspunkten als Klassenfahrt zulässig sein soll. Genehmigt die Schule eine Klassenfahrt, sind die dafür notwendigen Aufwendungen also vollen Umfangs anzuerkennen. Auch vorbereitende Unternehmungen vor einer Klassenreise sind zu berücksichtigen, sofern sie in untrennbarem Zusammenhang mit einer mehrtägigen Klassenfahrt stehen (BSG 23.3.2010 – B 14 AS 1/09 R, FEVS 62, 174).

Klassenfahrten setzten voraus, dass der **Klassenverband gemeinsam** verreist. **27** Der Schüleraustausch eines einzelnen Schülers ist keine Klassenfahrt (s. aber BSG 22.11.2011 – B 4 AS 204/10 R zu einem Ausnahmefall, SGb 2012, 730).

Tatsächliche Aufwendungen für die Klassenfahrt sind die **Reise- und Übernach-** **28** **tungskosten.** Hinsichtlich des Aufwands für Verpflegung, der im Regelbedarf enthalten ist, besteht keine besondere Regelung über eine etwaige Anrechnung dieser Leistung. Dies ist bei der Schülerbeförderung und bei der gemeinschaftlichen **Mittagsverpflegung** anders geregelt (s. dort; Rn. 48). Der Mehrbedarf für Verpflegung während einer Klassenfahrt gehört zu den zu berücksichtigenden Aufwendungen. Allerdings wird nach § 27a Abs. 4 S. 1 der Regelsatz entsprechend niedriger angesetzt werden müssen. Leistungsberechtigte, die keinen Regelsatz benötigen, aber dennoch Leistungen für eine Klassenfahrt beanspruchen (s. § 34a Abs. 1 S. 2), werden einen gewissen Eigenanteil an den Verpflegungskosten tragen müssen.

Problematisch ist, ob gewisse **Ausrüstungsgegenstände,** die mit der Klassenfahrt **29** notwendig verbunden sind, zu den zu berücksichtigenden Aufwendungen zählen. Soweit es sich um gewöhnliche Gebrauchsgegenstände handelt (Koffer, Taschen, Badekleidung) ist dies zu verneinen. Bei speziellen Ausrüstungsgegenständen (Skiausrüstung, Wanderschuhe, Zeltausrüstung), die wegen der besonderen Ausrichtung der Klassenfahrt benötigt werden, kann es anders sein (s. verneinend zur Skiausrüstung SG Berlin 13.1.2015 – S 191 AS 115/15 ER). In diesem Zusammenhang wird es entscheidend darauf ankommen, eine Ausgrenzung des Schülers zu vermeiden. Benötigt er zwingend die beispielhaft erwähnten Ausrüstungsgegenstände, sind die Aufwendungen zu berücksichtigen. Allerdings wird stets zu prüfen sein, ob sie auch leihweise zur Verfügung gestellt werden können.

**cc) Kinder in Tageseinrichtungen.** Anspruchsberechtigt für diese Bedarfe sind **30** neben den Schülern auch Kinder, die eine Tageseinrichtung besuchen (s. dazu SG Chemnitz 8.12.2011 – S 37 AS 4144/11; zur mehrtägigen Freizeit der Kinder eines Horts s. SG Speyer 23.2.2016 – S 15 AS 857/15). Warum Kinder, die in Kindertagespflege betreut werden, in der ersten Fassung der Vorschrift nicht berücksichtigt waren, ist nicht ersichtlich. Solche Ungereimtheiten wurden in der Praxis durch eine „großzügige Auslegung" (so die Arbeitshilfe NRW, Rn. 12) zugunsten der Kinder in Kindertagespflege „ausgebügelt". Ausflüge möchten nämlich auch

Kinder machen, die in Kindertagespflege betreut werden. Nach dem neuen Regebe-
darfsermittlungsgesetz ist die Vorschrift dahingehend geändert worden, dass die Kindertagespflege nun ausdrücklich erwähnt wird.

31     Zumeist wird es nur um Ausflüge gehen, mehrtägige Fahrten dürften selten sein,
auch wenn das etwa bei einer Hortbetreuung nicht ausgeschlossen ist. Wie ein
halbtägiger Ausflug einer Kindergartengruppe in ein Schwimmbad oder in den Zoo
im Vorwege beantragt werden soll (s. dazu § 34a), bleibt unerfindlich. Derartige,
vom jeweiligen Wetter abhängige Unternehmungen, werden in der Regel spontan
beschlossen und durchgeführt. In der Praxis sollen solche Bedarfslagen „pragmatisch
gelöst" werden (so *Arbeitshilfe NRW*, S. 19, Rn. 12)

32     Anders als bei den Klassenfahrten, wo durch die schulrechtlichen Bestimmungen
eine Kostenbegrenzung vorgegeben wird, gilt dies für die Ausflüge der Tageseinrichtungen nicht. Danach könnte eine Kindergartengruppe einmal wöchentlich einen
Ausflug in den Zoo machen, und die tatsächlichen Aufwendungen wären zu berücksichtigen. Für die Fahrt zur Tageseinrichtung können nach § 34 Abs. 2 keine Leistungen beansprucht werden; insoweit kommen nur Leistungen nach § 37 Abs. 1in
Betracht (SG Detmold 10.9.2015 – S 18 AS 248/14).

33     **b) Schulbedarf (Abs. 3).** Insoweit ist eine **pauschalierte Geldleistung** vorgesehen. Eine derartige Leistung existierte bereits nach § 28a a. F. (s. dazu *Groth/
Leopold*, Das Schulbedarfspaket nach § 24a SGB II und § 28a SGB XII, info also
2009, 59; *Grothe/Leopold*, Das Schulbedarfspaket (§ 24a SGB II und § 28a SGB XII) –
ein Nachtrag, info also 2009, 206; *Wahrendorf*, Leistungen nach dem SGB II für
Kinder und Jugendliche, SozSich 2009, 114).

34     Die Formulierung der Vorschrift ist unklar und missverständlich. Anders als nach
§ 28 Abs. 3 SGB II ist nicht gesagt, dass die Leistung **jedes Jahr** beansprucht werden
kann. Dies ist allerdings nur ein (weiteres lästiges) Versehen des Gesetzgebers bei
der Schaffung paralleler Strukturen. Die Leistung konnte nach § 131 erstmals für
das Schuljahr 2011/2012 beansprucht werden. Zu diesem Termin, d. h. dem Monat,
in dem der erste Schultag liegt, sind 70 Euro zu zahlen. Im Frühjahr des nächsten
Jahres sind dann die weiteren 30 Euro als Leistung vorgesehen; insgesamt können
also pro Jahr 100 Euro beansprucht werden. Ob diese Beträge vor dem Hintergrund
der Entscheidung des BVerfG v. 9.2.2010 ausreichen, kann bezweifelt werden. Das
BVerfG (23.7.2014 – 1 BvL 10/12 u.a.) hat die Leistung jedoch nicht als unzureichend angesehen (s. auch LSG NRW 17.4.2014 – L 19 AS 873/13 NZB). Zudem
ist zu fragen, ob der Betrag nicht nach Altersstufen zu differenzieren wäre, da die
Bedarfe eines Erstklässlers sich von denen eines Gymnasiasten unterscheiden dürften.
Ergänzende Leistungen sind nicht möglich (s. Rn. 16). Vor Einfügung des § 28a war
der Schulbedarf überhaupt nicht berücksichtigt; alles musste aus dem Regelbedarf
gedeckt werden (BSG 19.8.2010 – B 14 AS 47/09 R und BSG 10.5.2011 – B 4
AS 11719 R). **Schulbücher und Kopierkosten** sind weiterhin nicht von dieser
Bedarfsgruppe erfasst. Auch die Leihgebühr für ein Musikinstrument, das im Musik-
unterricht benötigt wird, ist nicht zu übernehmen (BSG 10.9.2013 – B 4 AS 12/
13 R). Das SG Hildesheim (22.12.2015 – S 37 AS 1175/15) hat eine Leistung für
Schulbücher in Höhe von 470 EUR zugesprochen und dabei § 21 Abs. 6 SGB II
(entsprechend § 37 Abs. 1) angewendet. Ebenso hat das SG Cottbus (13.10.2016 –
S 42 AS 1914/13) nach § 21 Abs. 6 SGB II die Hilfe für einen Computer in Höhe
von 350 EUR zugesprochen; für Schulbücher nach § 21 Abs. 6 SGB II auch LSG
Nds-Brem 11.12.2017 – L 11 AS 349/17, BeckRS 2017, 137750.

35     Nach § 28 Abs. 3 SGB II gelten für die Berücksichtigung des Schulbedarfs feste
**Stichtage.** Das soll dazu führen, dass ein Schüler, der an diesen Tagen nicht im
SGB II-Bezug ist, keine Leistungen für den Schulbedarf erhalten kann. Diese Unzu-
träglichkeit ist jetzt durch Gesetz v.26.7.2016 (BGBl. I S. 1824) geändert worden,
indem § 28 Abs. 3 SGB II ein Satz hinzugefügt worden ist.

**c) Schülerbeförderung (Abs. 4).** Dieser Leistungstatbestand ist im Gesetzge- **36** bungsverfahren erst auf Empfehlung des zuständigen Ausschusses in die Vorschrift gelangt (BT-Drs. 17/4095, S. 35 und 44 f.). Die erforderlichen tatsächlichen Aufwendungen sind zunächst Anknüpfungspunkt für die Leistungen. Es greifen aber verschiedene begrenzende Gesichtspunkte ein.

**aa) Nächstgelegene Schule.** Es wird nicht auf die tatsächlich besuchte Schule **37** abgestellt, sondern auf die Schule des gewählten Bildungsganges. Der Begriff des „Bildungsganges" ist gesetzlich nicht definiert; er ist auch nicht dem landesrechtlichen Schulrecht zu entnehmen, sondern einheitlich bundesrechtlich zu bestimmen (ausführlich dazu BSG 17.3.2016 – B 4 AS 39/15 R). Daher kann auch ein Sportgymnasium eine Schule des gewählten Bildungsweges sein. Das BSG hat seine Urteil, das für die Leistungsberechtigten günstig ist, damit begründet, dass die Regelung der Realisierung von Bildungs-und Lebenschancen dient, was nach dem Urteil des BVerfG (9.2.2010 – 1 BvL 1/09, NZS 2010, 270) zu berücksichtigen sei (kritisch dazu *Groth,* jurisPR-SozR 18/2016 Anm. 2). Daher ist eine „nächstgelegene" Schule nicht zwingend die, die auf dem kürzesten Weg zu erreichen wäre. Schulen mit einem besonderen Profil (Waldorfschulen, konfessionelle Schulen, internationale Schulen), die weiter entfernt liegen, können also als „gewählte" Schulen zu berücksichtigen sein (BSG 5.7.2017 – B 14 AS 29/16 R, NZS 2018, 72). Auf die kostenpflichtige Beförderung „angewiesen" ist ein Schüler, wenn es ihm nicht zuzumuten ist, den Weg zu Fuß oder mit dem Fahrrad zurückzulegen. Ein Fußweg von 2 km für Schüler der Primärstufe und von 3,5 km der Sekundärstufe wird als zumutbar angesehen (SG Detmold 17.3.2015 – S 18 AS 2128/12). Letztlich wird es aber auf die Umstände des Einzelfalles ankommen (LSG Bln-Bbg 20.8.2014 – L 10 AS 1764/13 B; BSG 17.3.2016 – B 4 AS 39/15 R). Insoweit spielen die Beschaffenheit des Weges, das Verkehrsaufkommen, das Alter des Schülers, etwaige körperliche Beeinträchtigungen oder der Erforderlichkeit des regelmäßigen Transports größerer Gepäckstücke eine Rolle. Es gilt indes nicht das Alles-oder-nichts-Prinzip, falls die besuchte Schule nicht die Anforderungen der Vorschrift erfüllt; sondern die fiktiven Kosten der Beförderung zu der nächstgelegenen Schule sind jedenfalls anzuerkennen (BT-Drs. 17/4095, S. 35 und 45; s. dazu auch BayLSG 23.10.2014 – L 7 AS 253/14).

Sofern die Fahrt zu der weiter entfernt gelegenen Schule geringere Kosten verur- **38** sacht, dürften keine Probleme mit dem Wortlaut der Vorschrift bestehen. Der Sinn der Vorschrift, nicht erforderliche Kosten unberücksichtigt zu lassen, wäre hier nicht berührt. Bezüglich der Kosten der Schülerbeförderung im Rahmen der Eingliederungshilfe LSG BW 29.6.2017 – L 7 SO 5382/14, BeckRS 2017, 117780.

**bb) Erforderliche Kosten.** Dieses Tatbestandsmerkmal bedeutet, dass nur die **39** preiswerteste, aber ausreichende Beförderungsmöglichkeit berücksichtigt werden kann. Das ist eine Frage des Einzelfalles. Wenn öffentliche Verkehrsmittel vorhanden sind, sind sie in aller Regel das Erforderliche. In entlegenen Gebieten kommen aber auch Kosten für die Fahrt mit einem PKW als erforderliche Kosten in Betracht.

**cc) Übernahme von Dritten.** Insoweit kommen vor allem landesrechtliche **40** Bestimmungen, wonach Kosten der Schülerbeförderung ganz oder teilweise übernommen werden in Betracht (z. B. § 114 Niedersächsisches Schulgesetz, § 161 Hessisches Schulgesetz, § 9 Schülerfahrkostenverordnung NRW).

**dd) Bestreiten aus Regelbedarf.** Da im Regelbedarf ein Mobilitätsanteil **41** bereits berücksichtigt worden ist, sind insoweit Doppelleistungen zu vermeiden. Problematisch ist allerdings, welcher Anteil aus dem Regelbedarf für die Schülerbeförderung einzusetzen ist. Dafür gilt zunächst der rechtliche Maßstab der Zumutbarkeit, der eine ausdrückliche Entscheidung des Leistungsträgers im Einzelfall erfordert, die entgegen der Ansicht der Bundesregierung (BT-Drs. 17/6272,

S. 13 f.) keine Ermessensentscheidung, sondern eine gebundene Entscheidung ist. Werden die Kosten einer **Monatskarte** übernommen, spricht viel dafür, den gesamten Betrag, der für Mobilität im Regelbedarf enthalten ist, als **Eigenanteil** anzurechnen. Allerdings ist dies Höhe dieses Anteils unbestimmt und außerdem gehört zum Mobilitätsbedarf auch ein Fahrrad. Wegen dieser Unsicherheiten hat das BMAS zugesagt, zu dieser Problematik demnächst einen Anwendungshinweis zu geben (BT-Drs. 17/6272, S. 13 f.). Jetzt ist durch das Regelbedarfsermittlungsgesetz in Abs. 4 S. 2 festgelegt, dass der in § 9 Abs. 2 Regelbedarfsermittlungsgesetz genannte Betrag als Eigenleistung anzusetzen ist. Das sind weiterhin 5 Euro monatlich (Abs. 4 S. 2).

**42**   **d) Lernförderung (Abs. 5).** Mit diesem Leistungstatbestand will der Bundesgesetzgeber nicht nur finanzielle Probleme in Bezug auf Bildung ausgleichen, sondern er greift direkt in das **Bildungsgeschehen** ein. Das ist unter kompetenzrechtlichen Gesichtspunkten nicht unbedenklich. Die Lernförderung von Kindern ist an sich eine zentrale Aufgabe des landesrechtlichen Schulwesens. Es fragt sich, was daneben eine zweite Säule des Bildungswesens leisten soll. Aus der Sicht der Kultusministerien existiert daher ein Bedarf an besonderer Lernförderung nicht (*Armborst,* ArchSozArb 2011, 6). Der Bundesrat hat gefordert, dass dem Gesetz wenigstens die Worte angefügt werden sollen, wonach die Lernförderung „grundsätzlich in vorhandenen schulnahen Strukturen" erbracht werden sollte (BT-Drs. 17/3958, S. 17). Der Gesetzgeber hat indes dem tatsächlichen Umstand Rechnung tragen wollen, dass es weithin üblich geworden ist, **Nachhilfeunterricht** in Anspruch zu nehmen. Dies soll nicht an finanziellen Gründen scheitern.

**43**   Allerdings stellt der Leistungstatbestand einige (unbestimmte) Voraussetzungen für den Leistungsanspruch auf. Es darf nur eine „ergänzende" Lernförderung sein (zum Training für Legastheniker s. LSG LSA 21.1.2015 – L 2 AS 622/14 B ER; SchlHLSG 26.3.2014 – L 6 AS 31/14 B ER). Das schließt intensiven **Privatunterricht** aus. Ferner muss die Lernförderung „angemessen" sein, wobei die Maßstäbe, auf die sich die Angemessenheit bezieht, in der Vorschrift genannt werden. Es soll nämlich darum gehen, die nach den schulrechtlichen Bestimmungen festgelegten wesentlichen Lernziele zu erreichen (vgl. dazu beispielhaft SG Frankfurt 5.5.2011 – S 26 AS 463/11 ER). Was darunter zu verstehen ist, wird zumeist in den (rechtlich unmaßgeblichen) Verwaltungsvorschriften umschrieben. So heißt es etwa in der „Praktischen Arbeitshilfe" des Hessischen Landkreistages (S. 18 f.), dass zunächst der betreffende **Lehrer** eine Bestätigung über die Notwendigkeit einer Lernförderung abgeben müsse. Dies zeigt die enge Verzahnung mit dem Schulwesen, die der Sache nach unerlässlich ist. Die Lehrkraft soll bestätigen, dass z. B. die Versetzung des Schülers gefährdet ist (die Versetzung ist das „wesentliche" Lernziel, vgl. LSG LSA 28.6.2011 – L 5 AS 40/11 B ER; SG Speyer 27.3.2012 – S 6 AS 362/12 ER, ZfSH/SGB 2012, 491; HessLSG 13.1.2016 – L 9 AS 192/14). „Schlechte Schulnoten", die eine Versetzung noch nicht gefährden würden, sind daher in diesem Zusammenhang grundsätzlich unbeachtlich (s. aber SächsLSG 7.9.2015 – L 7 AS 1793/13 NZB). Das LSG Niedersachsen-Bremen (22.6.2015 – L 13 AS 107/15 B ER) meint hingegen, dass es auf die Gefährdung der Versetzung nicht ankommt; auch die Erlangung eines ausreichenden Leistungsniveaus könne eine Lernförderung bedingen (so auch SG Nordhausen 9.7.2014 – S 22 AS 4109/12; anders aber SG Düsseldorf 10.5.2016 – S 21 1690/15). Sind die schulischen Schwächen so massiv, dass eine Versetzung ohnehin unwahrscheinlich ist, scheidet eine Lernförderung aus (vgl. etwa LSG BW 23.5.2016 – L 12 AS 1643/16 ER-B). Maximal soll die Lernförderung nur in 2 Hauptfächern mit jeweils 2 Stunden pro Woche stattfinden. Wie lange die Lernförderung beansprucht werden kann, ist offen (vgl. dazu SächsLSG 18.12.2014 – L 2 AS 1285/14 B ER). Zudem soll sie in der Regel erst ab dem 2. Schuljahr einsetzen (s. dazu SG Kassel 14.4.2014 – S 6 AS 7/14 ER). Dies alles sind durchaus vernünftige

Gesichtspunkte; sie machen aber deutlich, dass in das Fürsorgerecht fremde und **zweifelhafte Strukturen** Eingang gefunden haben. Besonders augenscheinlich ist dies, wenn es in der „Arbeitshilfe" heißt, dass eine Lernförderung nicht beansprucht werden kann, wenn die Leistungsschwäche auf unentschuldigten Fehlzeiten oder sonstigem Fehlverhalten des Schülers beruht. Dies kommt einer Sanktion gleich, für die eine gesetzliche Grundlage fehlt.

Der **Leistungsumfang** ist im Übrigen nicht näher bestimmt und nicht in der **44** Höhe begrenzt.

**e) Gemeinschaftliche Mittagsverpflegung (Abs. 6).** Diese Leistung können **45** Schülerinnen und Schüler sowie Kinder in Tageseinrichtungen und in Kindertagespflege beanspruchen (vgl. dazu BT-Drs. 18/4608). Bezüglich der Schüler ist in Satz 2 bestimmt, dass das Mittagessen **„in schulischer Verantwortung"** angeboten werden muss. Was in diesem Zusammenhang „Verantwortung" heißt, ist etwas nebulös. Der Bundesrat (BT-Drs. 17/3958) hatte daher vorgeschlagen „in schulischem Zusammenhang" zu formulieren. Das ermöglichte es, auch gemeinsames Mittagessen, das durch einen Elternverein angeboten wird, zu berücksichtigen. Der Gesetzgeber hat aber offenbar eine enge Verknüpfung mit schulischer Verantwortung gewollt. Da nachschulische Angebote (offene Ganztagsschule) oft auch von anderen Trägern als den Schulträgern erbracht werden, stellt sich die Frage, ob das Mittagessen auch in solchen Fällen noch in schulischer Verantwortung eingenommen wird. Das lässt sich bejahen, wenn die nachschulische Betreuung wenigstens in den Räumen der Schule stattfindet und somit noch **aufsichtsrechtlich** der Schule zugeordnet werden kann.

Ein Mittagessen in einer **Hortbetreuung** nach § 22 SGB VIII ist ebenfalls zu **46, 47** berücksichtigen. Dabei ist es gleichgültig, ob insoweit Abs. 6 Nr. 1 oder 2 einschlägig ist. Die Kinder sind sowohl Schüler als auch Kinder, die eine Tageseinrichtung besuchen.

Satz 3 der Vorschrift spricht von einem „monatlichen" Bedarf, der zu ermitteln **48** ist, indem die Anzahl der Schultage maßgeblich sein sollen. Diese Bestimmung ist nur vor dem Hintergrund des **§ 9 Regelbedarfs-Ermittlungsgesetz** zu verstehen, wonach je Schultag ein Eigenanteil von einem Euro angesetzt wird. Das bedeutet, dass der Schüler pro Monat einen (schwankenden) Betrag von 20 bis 22 Euro zu zahlen hat. Der Eigenanteil sollte stets nachträglich erhoben werden, um Fehltage des Schülers berücksichtigen zu können.

Die Leistungen für das gemeinsame Mittagessen findet auch für **Kinder in Tages- 49 einrichtungen** und in Kindertagespflege Anwendung. Nach § 9 Satz 2 Regelbedarfs-Ermittlungsgesetz gilt der Eigenanteil von einem Euro auch für Kinder in Tageseinrichtungen; die Kindertagespflege ist hier nicht erwähnt. Das dürfte ein gesetzgeberisches Versehen sein.

Dadurch, dass die Leistungen für das gemeinsame Mittagessen auch bei der Förde- **50** rung von Kindern in Tageseinrichtungen und in Kindertagespflege gelten, war das Verhältnis dieser Leistungen zu den **Leistungen nach den §§ 22 ff. SGB VIII** zu klären. Selbstverständlich nehmen Kinder, die sich über Mittag in einer Förderung nach den §§ 22 ff. SGB VIII befinden ein Mittagessen ein, das zum Leistungsumfang des SGB VIII gehört. In welcher Weise sich die Eltern an den Kosten des Mittagessens beteiligen müssen, ist in § 90 SGB VIII geregelt.

Den **Konflikt mit dem SGB VIII** hat der Gesetzgeber in Art. 3a des Gesetzes **51** zur Ermittlung von Regelbedarfen (Art. 3a) dahingehend aufgelöst, dass die Leistungen nach § 34 Abs. 6 den Leistungen nach dem SGB VIII vorgehen.

Bei den Leistungen für das gemeinsame Mittagessen wird besonders augenfällig, **52** dass alle Leistungen aus tatsächlichen Gründen **ins Leere laufen** können, wenn nämlich an den Schulen ein solches Mittagessen nicht angeboten wird. Dies macht ein weiteres Mal deutlich, dass es wirksamer gewesen wäre, finanzielle Mittel für den Aufbau entsprechender Infrastruktur zur Verfügung zu stellen (*Walter,* ArchSoz-Arb 2011, 38).

53     Schüler, die sich nach der Schule etwa in einem Imbiss ein Mittagessen besorgen müssen, gehen jedenfalls leer aus. Die Mittagsverpflegung muss gemeinschaftlich eingenommen werden. Darauf ist auch nicht zu verzichten, wenn aus religiösen Gründen die Verpflegung selbst organisiert wird (BayLSG 21.1.2013 – L 7 BK 8/ 12).

54     **f) Teilhabe am sozialen und kulturellen Leben (Abs. 7).** Dieser Leistungstatbestand gilt nur für Personen bis zur Vollendung des 18. Lebensjahres. Zu beachten ist, dass der Leistungsanspruch im Grundsatz mit Geburt eines Kindes einsetzt, auch wenn es in der Regel selten sein wird, dass **Säuglinge** die weiteren Anspruchsvoraussetzungen erfüllen können. Die Leistung ist pauschal auf 10 Euro pro Monat festgelegt. Auch dieser Betrag wird in der Diskussion über die ausreichende Höhe der Leistungen angezweifelt. Nunmehr ist durch Gesetzesänderung (s. Rn. 14a) dem Absatz 7 ein zweiter Satz angefügt worden, wonach Aufwendungen wegen der Teilnahme an Aktivitäten nach den Nr. 1 bis 3 zusätzlich berücksichtigt werden können, wenn es dem Leistungsberechtigten im begründeten Ausnahmefall nicht zugemutet werden kann, diese aus dem Regelbedarf zu bestreiten (s. zu den Motiven des Gesetzgebers BT-Drs. 17/12036, S. 7 f.; s. auch BSG 10.9.2013 – B 4 AS 12/ 13 R). Die Leistungen nach Abs. 7 sind nach § 34a Abs. 1 S. 3 für die Deckung von Bedarfen der Eingliederungshilfe nach dem Sechsten Kapitel irrelevant; sie führen also nicht zu einer Reduzierung der dort vorgesehenen Leistungen.

55     Die Vorschrift nennt drei Teilhabebereiche, wobei diese als abschließende Aufzählung zu verstehen sind, auch wenn sie zum Teil weit gefasst sind. Eine Teilnahmegebühr für eine Jugendweiheveranstaltung soll von der Vorschrift erfasst sein (SG Altenburg 5.6.2014 – S 23 AS 3562/12). Die Leistung von 10 Euro kann auf die drei Bereiche verteilt werden; sie kann aber auch nur für einen Bereich eingesetzt werden. Ferner kann die (Gutschein-)**Leistung angespart** werden, um sich größere Aktivitäten zu ermöglichen. Das gilt allerdings nur dann, wenn der Gutschein dies zulässt (s. dazu § 34a Rn. 12).

56     **aa) Mitgliedsbeiträge.** Für diesen Teilbereich der Teilhabeleistungen ist relativ klar, dass es sich um Mitgliedsbeiträge in den hier genannten Bereichen handeln muss. Das bedeutet etwa für eine Teilhabe im sportlichen Bereich, dass nur die **Beiträge,** aber nicht etwa anfallende Fahrtkosten oder die Ausrüstung für die sportliche Betätigung zu berücksichtigen sind. Freilich dürfte es im Einzelfall schwierig sein, Mitgliedsbeiträge von Kursgebühren, die nicht anerkennt werden sollen, zu unterscheiden. Wenn etwa ein Sportverein einen Judo-Kurs anbietet, den auch Kinder besuchen können, die nicht Mitglied in dem Verein sind, verschwimmen die Grenzen zwischen Beitrag und Kursgebühr.

57     In diesem Teilhabebereich ist es denkbar, dass auch bereits Säuglinge die Leistung beanspruchen können. Dafür wird regelmäßig auf den Fall des **Säuglingsschwimmens** hingewiesen.

58     **bb) Unterricht in künstlerischen Fächern.** In diesem Teilhabebereich sind Mitgliedsbeiträge, Kursgebühren und Eintrittsgelder anzuerkennen, sofern es sich um Kunst und Kultur handelt. Daher soll ein **Kinobesuch** nicht unter den Tatbestand fallen. Ebenso sind notwendige Fahrtkosten nicht anzuerkennen. Da diese Leistungen als Sach- oder Dienstleistung erbracht werden, hat der Leistungsträger einen starken Einfluss auf die Inanspruchnahme von Teilhabeleistungen. Das ist gerade bei diesem Leistungsbereich bedenklich, da **Kunst und Kultur** naturgemäß weite Begriffe sind. Der Besuch eines anspruchsvollen Films im Kino könnte ohne Weiteres unter „Aktivitäten der kulturellen Bildung" fallen. Dies wird indes vereitelt, sofern mit Kinobetreibern keine entsprechenden Vereinbarungen über die Einlösung

von Gutscheinen getroffen werden. Ob ein Zoo-Besuch, der sich großer Beliebtheit erfreut, in einen der Teilhabebereiche fällt, dürfte nach deren Umschreibung zweifelhaft sein. Handelt es sich bei dem Unterricht in künstlerischen Fächern um Schulunterricht, scheidet eine Leistung aus, da insoweit die Schule für die notwendigen Voraussetzungen sorgen muss. Allerdings kann jetzt nach dem neu eingefügten Satz 2 eine Leistung in Betracht kommen (BSG 10.9.2013 – B 4 AS 12/13 R). Durch diese Ergänzung der Teilhabeleistungen ist die Möglichkeit geschaffen worden, flexibel auf besondere Fallgestaltungen zu reagieren.

cc) **Freizeiten.** Auch dieser Begriff ist weit und notwendigerweise unpräzise. **59** Durch das Wort „Teilnahme" ist vermutlich klargestellt, dass es sich nicht um eine Freizeitgestaltung handeln kann, die das Kind mit seinen Eltern unternimmt. Ihr gemeinsamer Besuch im Zoo stellt daher keine „Teilnahme" an einer Freizeit dar. Wegen des Gutschein-Systems wird auch insoweit durch den Leistungsträger und seine Vereinbarungen mit Anbietern eine entscheidende Auswahl von zu berücksichtigenden Freizeiten erfolgen.

In der **Jugendhilfe** kennt man den Begriff der „Freizeit". Dabei geht es vor allen **60** Dingen um Angebote der freien Jugendhilfe (Zeltlager, Ferienfreizeiten, Ferienspiele, Sommerkurse, Ferienworkshops).

Durch Änderungsgesetz vom 7.5.2013 wurde in Absatz 7 der Satz 2 eingefügt. **61** Der Grund dafür ist, dass der Betrag von 10 Euro pro Monat für die Teilnahme an den Aktivitäten sich in vielen Fällen als nicht ausreichend erwiesen hat. Da manche der notwendigen weiteren Aufwendungen an sich vom Regelbedarf erfasst sind, eröffnet die Vorschrift in begründeten Ausnahmefällen eine ergänzende Leistung, etwa für die Anschaffung einer Blockflöte oder für Fußballschuhe.

**§ 34a Erbringung der Leistungen für Bildung und Teilhabe**

(1) [1]Leistungen zur Deckung der Bedarfe nach § 34 Absatz 2 und 4 bis 7 werden auf Antrag erbracht. [2]Einer nachfragenden Person auch, wenn keine Regelsätze zu gewähren sind, für Bedarfe nach § 34 Leistungen erbracht, wenn sie diese nicht aus eigenen Kräften und Mitteln vollständig decken kann. [3]Die Leistungen zur Deckung der Bedarfe nach § 34 Absatz 7 bleiben bei der Erbringung von Leistungen nach dem Sechsten Kapitel unberücksichtigt.

(2) [1]Leistungen zur Deckung der Bedarfe nach § 34 Absatz 2 und 5 bis 7 werden erbracht durch Sach- und Dienstleistungen, insbesondere in Form von personalisierten Gutscheinen oder Direktzahlungen an Anbieter von Leistungen zur Deckung dieser Bedarfe (Anbieter); die zuständigen Träger der Sozialhilfe bestimmen, in welcher Form sie die Leistungen erbringen. [2]Sie können auch bestimmen, dass die Leistungen nach § 34 Absatz 2 durch Geldleistungen gedeckt werden. [3]Die Bedarfe nach § 34 Absatz 3 und 4 werden jeweils durch Geldleistungen gedeckt. [4]Die zuständigen Träger der Sozialhilfe können mit Anbietern pauschal abrechnen.

(3) [1]Werden die Bedarfe durch Gutscheine gedeckt, gelten die Leistungen mit Ausgabe des jeweiligen Gutscheins als erbracht. [2]Die zuständigen Träger der Sozialhilfe gewährleisten, dass Gutscheine bei geeigneten vorhandenen Anbietern oder zur Wahrnehmung ihrer eigenen Angebote eingelöst werden können. [3]Gutscheine können für den gesamten Bewilligungszeitraum im Voraus ausgegeben werden. [4]Die Gültigkeit von Gutscheinen ist angemessen zu befristen. [5]Im Fall des Verlustes soll ein Gutschein erneut in dem Umfang ausgestellt werden, in dem er noch nicht in Anspruch genommen wurde.

(4) ¹Werden die Bedarfe durch Direktzahlungen an Anbieter gedeckt, gelten die Leistungen mit der Zahlung als erbracht. ²Eine Direktzahlung ist für den gesamten Bewilligungszeitraum im Voraus möglich.

(5) ¹Im begründeten Einzelfall kann der zuständige Träger der Sozialhilfe einen Nachweis über eine zweckentsprechende Verwendung der Leistung verlangen. ²Soweit der Nachweis nicht geführt wird, soll die Bewilligungsentscheidung widerrufen werden.

*Änderungen der Vorschrift: § 34a eingef. mWv 1.1.2011 durch G v. 24.3.2011 (BGBl. I S. 453), Abs. 2 geänd. durch G v. 7.5.2013 (BGBl. I S. 1167).*

*Vergleichbare Vorschriften: § 29 SGB II; § 6b Abs. 3 BKGG; § 9 Abs. 3 BKGG.*

**Schrifttum:** S. zu § 34.

# I. Bedeutung der Norm

**1**    Die Vorschrift enthält zahlreiche Maßgaben für die Erbringung der Leistungen für Bildung und Teilhabe. Die entsprechenden Regelungen des § 29 SGB II waren im Gesetzgebungsverfahren **besonders umstritten.** Aber auch § 34a hat erst im Vermittlungsverfahren seine jetzige Fassung erhalten (BT-Drs. 17/4719).

**2**    Die Umsetzung und der Vollzug der Leistungserbringung haben nach Inkrafttreten der Vorschriften nur zögerlich eingesetzt. Daher wurde die Möglichkeit, **Anträge** noch für die **Vergangenheit** zu stellen, durch das Gesetz zur Änderung des Bundesversorgungsgesetzes und anderer Vorschriften (v. 20.6.2011, BGBl. I S. 1114, Art. 3b) auf Ende Juni 2011 verlängert (s. dazu § 131 a. F.).

**3**    Daran, wie die Erbringung der Leistungen gelingt, wird sich erst erweisen, ob das Bildungs- und Teilhabepaket den gewünschten Erfolg bringt. Die Praxis in den einzelnen Ländern ist recht unterschiedlich und davon geprägt, wie schon bisher die jeweilige **Infrastruktur** auf dem Gebiet der Jugendpflege war (s. dazu auch *Dehmer/Puls/Rock,* SozSich 2016, 400). Zu zahlreichen Fragestellungen bei der Umsetzung des Bildungs- und Teilhabepakets s. die Antwort der Bundesregierung auf die Kleine Anfrage der Fraktion DIE LINKE (BT-Drs. 17/5633; zum Verwaltungsaufwand BT-Drs. 17/11455; insgesamt zur Ermittlung der Bedarfe BT-Drs. 18/6147; zur Umsetzung des Bildungs- und Teilhabepakets s. auch *Leubecher,* NDV 2013, 281; *Siegler,* NDV 2013, 68).

# II. Inhalt der Norm

## 1. Antragserfordernis (Abs. 1)

**4**    Abweichend von dem regelmäßig geltenden **Kenntnisgrundsatz** im Sozialhilferecht ist für fünf der sechs Leistungsbereiche des Bildungs- und Teilhabepakets ein Antrag gefordert. Nur die Leistungen für den Schulbedarf werden **ohne Antrag** erbracht. Die Anträge können formlos gestellt werden; für sie gilt § 16 SGB I.

**5**    Satz 2 von Absatz 1 stellt klar, dass die Leistungen für Bedarfe nach § 34 auch beansprucht werden können, wenn im Übrigen **keine finanzielle Hilfebedürftigkeit** besteht, also der sonstige laufende Bedarf aus eigenen Kräften gedeckt wird. Damit können die Leistungen auch als ergänzende Hilfe zum Lebensunterhalt beansprucht werden. Dies entspricht der Regelung in § 31 Abs. 2 (s. auch § 34 Rn. 19). Allerdings wird zukünftiges Einkommen dabei nicht berücksichtigt.

**6**    **Satz 3** regelt, dass die Leistungen zur Teilhabe nach § 34 Abs. 7 Teilhabeansprüche nach dem Recht der **Eingliederungshilfe** (§ 53 ff.) nicht berühren. Beide Leistungsbereiche sollen sich – trotz ähnlicher Zielrichtung – nicht gegenseitig ausschließen, sondern nebeneinander in Betracht kommen. Das betrifft etwa Leistungen nach § 54 Abs. 1 in Verbindung mit § 55 SGB IX. Hinsichtlich der anderen Leistungen nach § 34 kann es indes zu Überschneidungen der Leistungsbereiche kommen. In § 54 Abs. 1 Nr. 1 sind vor allem Leistungen für eine **angemessene Schulbildung** vorgesehen. Diese Leistungen können sich etwa mit der Lernförderung nach § 34 Abs. 5 berühren. Auch die über die **Eingliederungshilfe** sicher zu stellende Beförderung behinderter Schüler zur Schule kann als Leistung nach § 34 Abs. 4 angesehen werden. Die insoweit in Betracht kommenden Leistungen der Eingliederungshilfe gehen wegen ihrer **spezielleren Ausrichtung** gleichartigen Leistungen nach § 34 vor. In **stationären Einrichtungen** sind Leistungen nach § 34 nicht vorgesehen. Dies folgt aus § 27b Abs. 1 S. 2, wonach auf **§ 42** verwiesen wird, aber die dortige Nr. 3, die das Bildungspaket betrifft, ausgeschlossen ist. Für Kinder mit Behinderungen, die sich in stationären Einrichtungen aufhalten, ist über die Vereinbarungen nach §§ 75 ff. sicher zu stellen, dass sie in den Genuss der entsprechenden Teilhabeleistungen kommen.

## 2. Art der Leistungen (Abs. 2)

Nach Absatz 2 war in der ersten Gesetzesfassung zwingend vorgesehen, dass nur 7 die Leistungen für den Schulbedarf und die Schülerbeförderung als **Geldleistungen** zu erbringen sind, während alle anderen Leistungen des § 34 durch **Sach- und Dienstleistungen** erbracht werden. Da Geldleistungen an sich den Regelfall in der Hilfe zum Lebensunterhalt darstellen, ist **§ 10 Abs. 3** angefügt worden, wonach Ausnahmen von dieser Regel zulässig sind. Bei Absatz 2 handelt es sich um eine solche Ausnahmeregelung, wobei als eigenständige Form der Leistungsgewährung **personalisierte Gutscheine und Direktzahlungen** an Anbieter aufgeführt werden. Diese Form der Leistungsgewährung ist gewählt worden, weil man − wie es auch § 10 Abs. 3 formuliert − meinte, damit das Ziel der Sozialhilfe besser erreichen zu können. Die Leistungen des Bildungs- und Teilhabepakets sollen **„bei den Kindern ankommen",** wie es in den politischen Äußerungen heißt. Dahinter steht die Befürchtung bzw. Annahme, dass Geldleistungen, die den Eltern zufließen, nicht für Bildung und Teilhabe ihrer Kinder verwendet würden. Nunmehr ist es durch die Gesetzesänderung (s. § 34 Rn. 14a) möglich, dass Leistungen nach § 34 Abs. 2 durch eine Geldleistung gedeckt werden können. Damit ist darauf reagiert worden, dass bei Ausflügen oft keine Anbieter vorhanden waren, mit denen man die Kosten hätte abwickeln können.

Die zuständigen Träger der Sozialhilfe können im Übrigen lediglich entscheiden, 8 ob sie die betreffenden Leistungen als Sach- oder Dienstleistung erbringen. Als Sachleistung werden personalisierte Gutscheine genannt; es wären aber auch direkte Sachleistungen durch die Träger der Sozialhilfe möglich. Unter einer Dienstleistung soll der Fall verstanden werden, wonach der Leistungsträger Direktzahlungen an den Anbieter erbringt (BT-Drs. 17/5633, S. 6). Die Möglichkeit der pauschalen Abrechnung mit Anbietern, die in § 29 SGB II bereits vorgesehen war, wurde durch die Gesetzesänderung (Rn. 7) auch für § 34a geschaffen. Dadurch sollte der Aufwand beim Übergang zwischen den Rechtskreisen SGB II und XII bei der Abrechnung verringert werden.

## 3. Gutscheine (Abs. 3)

Die Vorschrift regelt Einzelheiten im Zusammenhang mit der Leistungserbrin- 9 gung in Form von **Gutscheinen.** Insgesamt handelt es sich um rechtlich zweifelhafte und unpraktische Regelungen.

So soll nach Satz 1 die Leistung als erbracht gelten, wenn der Gutschein an 10 den Leistungsberechtigten ausgegeben worden ist. Derartige Fiktionen sind im

Fürsorgerecht bedenklich und können dem Faktizitätsprinzip (Einl. Rn. 58) widersprechen.

11   Satz 2 mildert die Bedenken gegen Satz 1 ein wenig ab, da der Leistungsträger danach eine „**Gewährleistungspflicht**" dafür hat, dass die Gutscheine auch bei geeigneten Anbietern eingelöst werden können. Das macht es notwendig, mit einer ausreichenden **Zahl unterschiedlicher Anbieter** entsprechende Vereinbarungen zu treffen. Dies ist ein **zentraler Punkt** bei der Umsetzung des Leistungspakets. Insoweit ist noch Vieles ungeklärt (vgl. BT-Drs. 17/5633, S. 6 f.). Vor allem muss bei Vereinbarungen mit Anbietern der **Kinderschutz** gesichert werden (vgl. § 8a Abs. 2 SGB VIII).

12   Nach **Satz 3** ist es zulässig, Gutscheine für den gesamten Bewilligungszeitraum im Voraus auszugeben. Die Vorschriften über die Hilfe zum Lebensunterhalt kennen keine gesetzlich festgelegten Bewilligungszeiträume. Nur in § 44 Abs. 1 Satz 1 ist ein Bewilligungszeitraum bestimmt. Daher wird man die Regelung in Satz 3 dahingehend verstehen müssen, dass der Leistungsträger einen Bewilligungszeitraum für die Gutscheine nach Ermessen bestimmen kann und dabei bereits den gesamten Zeitraum bei der Höhe des Gutscheins berücksichtigt. Daher kann etwa der Gutschein für die Lernförderung nach § 34 Abs. 4 für **mehrere Monate im Voraus** ausgestellt werden.

13   Wenn ein Gutschein für mehrere Monate ausgestellt wird, also etwa die Leistungen nach § 34 Abs. 7 im Wert von 60 Euro erbracht werden, bietet es sich an, die **Gültigkeit** eines solchen Gutscheins zu **befristen.** Eine solche angemessene Befristung sieht Satz 4 vor. Der Leistungsberechtigte kann in diesen Fällen, die im Gutschein enthaltenen Werte nicht für eine längere Zeit ansparen.

14   In **Satz 5** ist geregelt, wie bei einem Verlust eines Gutscheins zu verfahren ist. Dann soll erneut ein Gutschein ausgegeben werden, soweit er noch nicht für entsprechende Angebote in Anspruch genommen worden ist. Diese Regelung verlangt, dass der Leistungsträger genaue Ermittlungen darüber anstellen muss, was mit dem Gutschein bisher an Leistungen eingelöst worden ist. Das dürfte kaum zu leisten sein.

## 4. Direktzahlungen an Anbieter (Abs. 4)

15   Die Vorschrift betrifft die **Direktzahlungen an Anbieter,** die nach Absatz 2 zulässig sind. Wird von dieser Alternative der Leistung Gebrauch gemacht, gilt die Leistung als mit der Zahlung erbracht. Hier wird wiederum mit einer Fiktion gearbeitet, die bedenklich ist (s. Rn. 10) Wenn der Anbieter die Leistung im Laufe der Zeit nicht mehr erbringen kann, kann die Fiktion nicht mehr gelten, weil ansonsten der **Leistungsanspruch verkürzt** würde. Dies gilt vor allem vor dem Hintergrund, dass auch die Direktzahlungen für einen längeren Zeitraum im Voraus erfolgen können.

## 5. Nachweispflicht (Abs. 5)

16   Die Vorschrift enthält eine **Nachweispflicht** des Leistungsberechtigten über die zweckentsprechende Verwendung der Leistungen. Dies soll allerdings nur in „begründeten Einzelfällen" gelten. Dabei ist daran gedacht, dass es Indizien dafür gibt, dass etwa der Gutschein an andere Personen weitergegeben worden ist. Wird der Nachweis nicht erbracht, soll die Bewilligungsentscheidung widerrufen werden.

17   Für die entsprechenden Leistungen nach § 28 SGB II ist in § 40 Abs. 6 S. 3 SGB II bestimmt, dass die Leistungen nach § 28 SGB II **nicht nach § 50 SGB X zu erstatten** sind, soweit eine Aufhebungsentscheidung allein die Leistungen nach § 28 SGB II betrifft und sich nicht auch auf weitere Leistungen zur Sicherung des Lebensunterhalts bezieht. Zur Begründung dieser Regelung ist angeführt worden (BT-

Drs. 17/4095, S. 41), dass eine Rückforderung der Leistungen in vielen Fällen als
unbillig empfunden werde und zudem unwirtschaftlich sei.

Im SGB XII **fehlt** eine entsprechende Regelung zu **§ 50 SGB X.** Es fragt sich   **18**
allerdings ohnehin, wie Sachleistungen (Gutscheine) oder Dienstleistungen zu erstatten sein sollen. In § 40 Abs. 6 S. 1 SGB II ist insoweit geregelt, dass Gutscheine in
Geld zu erstatten sind. Da auch eine solche Regelung für das SGB XII fehlt, kommt
eine Erstattung nur bei **Geldleistungen** in Betracht, also bei den Leistungen für
den Schulbedarf und die Schülerbeförderung.

## § 34b Berechtigte Selbsthilfe

[1]Geht die leistungsberechtigte Person durch Zahlung an Anbieter in Vorleistung, ist der Träger der Sozialhilfe zur Übernahme der berücksichtigungsfähigen Aufwendungen verpflichtet, soweit
1. unbeschadet des Satzes 2 die Voraussetzungen einer Leistungsgewährung zur Deckung der Bedarfe im Zeitpunkt der Selbsthilfe nach § 34
   Absatz 2 und 5 bis 7 vorlagen und
2. zum Zeitpunkt der Selbsthilfe der Zweck der Leistung durch Erbringung als Sach- oder Dienstleistung ohne eigenes Verschulden nicht oder
   nicht rechtzeitig zu erreichen war.
[2]War es dem Leistungsberechtigten nicht möglich, rechtzeitig einen Antrag
zu stellen, gilt dieser als zum Zeitpunkt der Selbstvornahme gestellt.

*Änderung der Vorschrift: § 34b eingefügt mWv 1.8.2013 durch G v. 7.5.2013
(BGBl. I S. 1167).*

*Vergleichbare Vorschrift: § 30 SGB II.*

# I. Bedeutung der Norm

Die Vorschrift wäre an sich überflüssig, wenn sich der Gesetzgeber über grundsätzli-   **1**
che Strukturprinzipien des Sozialrechts im Klaren gewesen wäre. Denn mit der Vorschrift wird lediglich noch einmal normiert, was als Kostenerstattungsanspruch für
die selbstbeschaffte Sozialleistung seit Langem bekannt ist und als Ausdruck eines
„allgemeinen Rechtsgedankens" (BSG 30.10.2001 – B 3 KR 27/01 R, SozR 3-3300
§ 12 Nr. 1) bezeichnet werden kann (s. dazu *Grube*, Sozialrecht aktuell 2010, 11). Der
Begriff „Selbsthilfe", der in der Überschrift verwendet wird, ist daher ebenfalls zu
kritisieren, weil Selbsthilfemöglichkeiten (§ 2 Abs. 1) einen Anspruch auf Sozialhilfe
ausschließen, was durch die Vorschrift gerade nicht bewirkt werden soll. Auch der
Begriff „Selbstvornahme" in Satz 2 ist für den vorliegenden Zusammenhang unüblich.

Mit der neuen Vorschrift wird letztlich auf Schwierigkeiten im Vollzug des § 34   **2**
reagiert, weil die Bewilligung der Leistungen in Form von Sach- und Dienstleistungen zu bürokratisch zu vollziehen ist. Die Regelung in Satz 2 gleicht im Ergebnis
der Nothelfer-Regelung in § 25, wobei der Nothelfer hier der Leistungsberechtigte
selbst ist.

# II. Inhalt der Norm

Die Vorschrift bezieht sich nur auf die Leistungen nach § 34 Abs. 2, 5 bis 7,   **3**
also auf Schulausflüge, Klassenfahrten, Lernförderung, Mittagessen und soziale und
kulturelle Teilhabe. Für die Leistungen für Schulbedarf ist offenbar kein Bedarf
gesehen worden, die Selbstbeschaffung zu regeln. Dasselbe gilt für die Schülerbeför-

derung. Dies beruht vermutlich darauf, dass diese Leistungen ohnehin als Geldleistungen erbracht werden.

**4**    Die in der Vorschrift geregelte zulässige Selbstbeschaffung soll nach der Gesetzesbegründung (BT-Drs. 17/12036, S. 8) in Betracht kommen, wenn ein Anbieter auf Barzahlung durch den Kunden besteht oder der Leistungsträger die Sach- oder Dienstleistung nicht oder nicht rechtzeitig erbracht hat. Damit wird umschrieben, was in anderen Fällen als „Systemversagen" bezeichnet wird.

**5**    Die Regelung in Satz 2, wonach eine Selbstbeschaffung auch infrage kommt, wenn es dem Leistungsberechtigten nicht möglich war, rechtzeitig einen Antrag zu stellen, bedeutet eine Abweichung von § 25. In Eilfällen hat nämlich nach § 25 nur der Nothelfer einen eigenen Anspruch auf Ersatz seiner Aufwendungen.

**6**    Die Selbstbeschaffung setzt voraus, dass der Leistungsberechtigte im Zeitpunkt der Selbstbeschaffung Anspruch auf die Leistungen nach § 34 Abs. 2 und 5 bis 7 gehabt hätte und er auch tatsächlich in Vorleistung getreten ist. Bei Verzicht auf die Bedarfsdeckung − etwa wegen fehlender Mittel, um in Vorleistung zu treten −, entfällt der Anspruch auf Übernahme von Aufwendungen.

**7**    Die Voraussetzungen des Systemversagens sind in der Vorschrift ohne Not abweichend von den für diese Problematik schon bekannten Vorschriften des § 13 Abs. 3 SGB V und § 36a Abs. 3 SGB VIII geregelt worden. In der Vorschrift wird das eigene Verschulden des Leistungsberechtigten mit dem in die Verantwortung des Leistungsträgers fallenden Verhalten vermischt. Wenn die Leistung „nicht zu erreichen war", dürfte es sich um eine ablehnende Entscheidung handeln, die rechtswidrig gewesen sein muss, weil es andernfalls ohnehin nicht zu einem Aufwendungsersatzanspruch kommt. Bei der „nicht rechtzeitigen" Leistung kommt es darauf an, ob der Leistungsberechtigte alles getan hat, damit sie hätte rechtzeitig erfolgen können. Im Übrigen ist es Sache des Leistungsträgers dafür zu sorgen, dass er in der Lage ist, Leistungen rechtzeitig zu bewilligen. Eigenes Verschulden des Leistungsberechtigten liegt nur vor, wenn er zu früh − ohne zumutbares Abwarten − zur Selbstbeschaffung geschritten ist. Das lässt sich nur an Hand des Einzelfalles beurteilen.

## Vierter Abschnitt. Unterkunft und Heizung

### § 35 Bedarfe für Unterkunft und Heizung

(1) ¹**Bedarfe für die Unterkunft werden in Höhe der tatsächlichen Aufwendungen anerkannt.** ²**Bedarfe für die Unterkunft sind auf Antrag der leistungsberechtigten Person durch Direktzahlung an den Vermieter oder andere Empfangsberechtigte zu decken.** ³**Direktzahlungen an den Vermieter oder andere Empfangsberechtigte sollen erfolgen, wenn die zweckentsprechende Verwendung durch die leistungsberechtigte Person nicht sichergestellt ist.** ⁴**Das ist insbesondere der Fall, wenn**
1. **Mietrückstände bestehen, die zu einer außerordentlichen Kündigung des Mietverhältnisses berechtigen,**
2. **Energiekostenrückstände bestehen, die zu einer Unterbrechung der Energieversorgung berechtigen,**
3. **konkrete Anhaltspunkte für ein krankheits- oder suchtbedingtes Unvermögen der leistungsberechtigten Person bestehen, die Mittel zweckentsprechend zu verwenden, oder**
4. **konkrete Anhaltspunkte dafür bestehen, dass die im Schuldnerverzeichnis eingetragene leistungsberechtigte Person die Mittel nicht zweckentsprechend verwendet.**
⁵**Werden die Bedarfe für die Unterkunft und Heizung durch Direktzahlung an den Vermieter oder andere Empfangsberechtigte gedeckt, hat der Träger**

der Sozialhilfe die leistungsberechtigte Person darüber schriftlich zu unterrichten.

(2) ¹Übersteigen die Aufwendungen für die Unterkunft den der Besonderheit des Einzelfalles angemessenen Umfang, sind sie insoweit als Bedarf der Personen, deren Einkommen und Vermögen nach § 27 Absatz 2 zu berücksichtigen sind, anzuerkennen. ²Satz 1 gilt so lange, als es diesen Personen nicht möglich oder nicht zuzumuten ist, durch einen Wohnungswechsel, durch Vermieten oder auf andere Weise die Aufwendungen zu senken, in der Regel jedoch längstens für sechs Monate. ³Vor Abschluss eines Vertrages über eine neue Unterkunft haben Leistungsberechtigte den dort zuständigen Träger der Sozialhilfe über die nach den Sätzen 1 und 2 maßgeblichen Umstände in Kenntnis zu setzen. ⁴Sind die Aufwendungen für die neue Unterkunft unangemessen hoch, ist der Träger der Sozialhilfe nur zur Übernahme angemessener Aufwendungen verpflichtet, es sei denn, er hat den darüber hinausgehenden Aufwendungen vorher zugestimmt. ⁵Wohnungsbeschaffungskosten, Mietkautionen und Umzugskosten können bei vorheriger Zustimmung übernommen werden; Mietkautionen sollen als Darlehen erbracht werden. ⁶Eine Zustimmung soll erteilt werden, wenn der Umzug durch den Träger der Sozialhilfe veranlasst wird oder aus anderen Gründen notwendig ist und wenn ohne die Zustimmung eine Unterkunft in einem angemessenen Zeitraum nicht gefunden werden kann.

(3) ¹Der Träger der Sozialhilfe kann für seinen Bereich die Bedarfe für die Unterkunft durch eine monatliche Pauschale festsetzen, wenn auf dem örtlichen Wohnungsmarkt hinreichend angemessener freier Wohnraum verfügbar und in Einzelfällen die Pauschalierung nicht unzumutbar ist. ²Bei der Bemessung der Pauschale sind die tatsächlichen Gegebenheiten des örtlichen Wohnungsmarkts, der örtliche Mietspiegel sowie die familiären Verhältnisse der Leistungsberechtigten zu berücksichtigen. ³Absatz 2 Satz 1 gilt entsprechend.

(4) ¹Bedarfe für Heizung und zentrale Warmwasserversorgung werden in tatsächlicher Höhe anerkannt, soweit sie angemessen sind. ²Die Bedarfe können durch eine monatliche Pauschale festgesetzt werden. ³Bei der Bemessung der Pauschale sind die persönlichen und familiären Verhältnisse, die Größe und Beschaffenheit der Wohnung, die vorhandenen Heizmöglichkeiten und die örtlichen Gegebenheiten zu berücksichtigen.

(5) Leben Leistungsberechtigte in einer sonstigen Unterkunft nach § 42a Absatz 2 Satz 1 Nummer 2 sind Aufwendungen für Unterkunft und Heizung nach § 42a Absatz 5 anzuerkennen.

*Änderungen der Vorschrift:* *§ 35 neu gef. mWv 1.1.2011 durch G v. 24.3.2011 (BGBl. I S. 453), Überschr. neu gef., Abs. 1 Sätze 1–3 und 5, Abs. 3 Satz 1, Abs. 4 Sätze 1 und 2 geänd. mWv 1.1.2016 durch G v. 21.12.2015 (BGBl. I S. 2557), Abs. 5 angef. mWv 1.7.2017 durch G v. 22.12.2016 (BGBl. I S. 3159).*

*Vergleichbare Vorschrift:* *§ 22 SGB II.*

**Schrifttum:** *Bätge,* Zur Rechtmäßigkeit von kommunalen Satzungen nach den §§ 22a ff. SGB II und zum maßgeblichen Rechtsschutz, Sozialrecht aktuell 2011, 131; *Beige/Ulrich,* Kosten der Unterkunft – Rechtsgrundlagen und Anwendungsprobleme, NZS 2013, 17; *Berlit,* Wohnung und Hartz IV, NDV 2006, 5; *ders.,* Neuere Rechtsprechung zu den Kosten der Unterkunft und Heizung, SGb 2011, 619 u. 678; *ders.,* Aktuelle Entwicklungen in der Rechtsprechung zu den Kosten der Unterkunft, info also 2014, 243 u. 2015, 7; *ders.,* Aktuelle Rechtsprechung zu den Kosten der Unterkunft und Heizung im SGB II/SGB XII, info also 2017, 195 und 251; *Brandmayer,* Aktuelle Entscheidungen des Bundessozialgerichts zu den Kosten der Unterkunft nach § 22 SGB II, NDV 2009, 85; *Bremer,* Die Konkretisierung des Begriffs der Angemessenheit von Heizungsaufwendungen im SGB II, NZS 2010, 189; *Bundesministerium für Arbeit und Soziales* (Hrsg.), Forschungsbericht 478; *Butzer/Keller,* „Grundsicherungsrelevante Mietspiegel" als Maßstab der Angemessenheitsprüfung nach § 22 SGB II, NZS 2009, 65; *dies.,* Kommunale Ermittlungen zu den „KdU" – auf dem Weg zu wichtigen Klarstellungen, NDV 2009, 317; *Deutscher Verein für öffentliche und private Fürsorge e. V.,* Empfehlungen zu den angemessenen Aufwendungen für Unterkunft und Heizung, 2014; *dies.,* Empfehlungen zur Ausführung einer Satzungsermächtigung bei den Kosten der Unterkunft und Heizung im SGB II und XII, NDV 2011, 349; *dies.,* Empfehlungen des Deutschen Vereins zur Herleitung existenzsichernder Leistungen zur Deckung der Unterkunftsbedarfe im SGB II und SGB XII, DV 30/16 v. 14.9.2017; *Eckhardt,* Zur Frage der Angemessenheit der Energiekosten zur Bereitung von Warmwasser im SGB II, info also 2012, 200; *Frank-Schinke/Geiler,* Schönheitsreparaturen und Renovierungskosten als Kosten der Unterkunft nach § 22 Abs. 1 Satz 1 SGB II unter besonderer Berücksichtigung mietrechtlicher Grundlagen, ZfF 2009, 193; *Gautsch,* Mietspiegel und modernisierungsbedingte Mieterhöhungen – Relevanz für die Bestimmung der Kosten der Unterkunft gemäß SGB II und SGB XII?, Sozialrecht aktuell 2011, 137; *Gerlach,* Der Ausschluss der Empfänger von Transferleistungen nach dem WoGG, ZfSH/SGB 2007, 719; *Groth,* Angemessene Unterkunftskosten nach dem SGB II – Satzungsermächtigung als Lösung der aktuellen Probleme?, SGb 2009, 644; *Groth/Siebel-Huffmann,* Die Leistungen der Unterkunft nach § 22 SGB II, NZS 2007, 69; *Hammel,* Instandhaltung und Instandsetzung der Wohnung, ZfSH/SGB 2002, 263; *ders.,* Wenn erwerbsfähige Hilfebedürftige eine Mietkaution stellen müssen, ZfSH/SGB 2006, 521; *Hederich,* Sozialhilferechtlicher Bedarf und örtliche Zuständigkeit bei Nachforderung von Heizkosten durch den früheren Vermieter, NVwZ 1989, 224; *ders.,* Wechsel der örtlichen Zuständigkeit in der Sozialhilfe, NDV 1991, 216; *Keller,* Konzeptionelle Bestandteile und Verfahren für grundsicherungsrelevante Mietspiegel, NDV 2009, 51; *ders.,* Kommunale Ermittlung angemessener Kosten der Unterkunft – das Praxisbeispiel Landkreis Hildesheim, ArchsozArb 2010, 44; *Klerks,* Aktuelle Probleme der Unterkunftskosten nach dem SGB II, NZS 2008, 624; *Knickrehm/Voelzke/Spellbrink,* Kosten der Unterkunft nach § 22 SGB II, 2009; *dies.,* Schlüssiges Konzept, „Satzungslösung" und Anforderungen des BVerfG vom 9.2.2010, Sozialrecht aktuell 2011, 125; *dies.,* Rechtliche Spielräume bei der Bestimmung der Angemessenheitsgrenze für Unterkunftsleistungen, in Deutscher Sozialgerichtstag e.V. (Hrsg.), Sozialrecht – Tradition und Zukunft, S. 79; *Köpp,* Kosten der Unterkunft und Heizung – Die Satzung nach §§ 22a ff. SGB II, Landkreis 2012, 47; *Krauß,* Die Neuordnung der Kosten der Unterkunft und Heizung – eine erste Stellungnahme aus richterlicher Sicht, Sozialrecht aktuell 2011, 144; *Malottki u. a.,* Ermittlung der existenzsichernden Bedarfe für die Kosten der Unterkunft und Heizung in der Grundsicherung für Arbeitsuchende nach dem Zweiten Buch Sozialgesetzbuch (SGB II) und in der Sozialhilfe nach dem Zwölften Buch Sozialgesetzbuch (SGB XII), 2017; *Malottki,* Empirische Aspekte bei der Bestimmung von Angemessenheitsgrenzen der Kosten der Unterkunft, info also 2012, 99; *Mester,* Hilfe zur Sicherung der Unterkunft und zur Behebung vergleichbarer Notlagen nach § 34 Abs. 1 SGB XII und § 22 Abs. 5 SGB II, ZfF 2006, 97; *Mrozynski,* Obdachlosigkeit – Gefahrenabwehr und Wohnraumbeschaffung in der Sozialhilfe, ZFSH/SGB 1996, 461; *Mutschler,* Kosten der Unterkunft – Kommunale Satzung – eine Alternative zum „schlüssigen Konzept", NZS 2011, 481; *Nippen,* Der Sicherheitszuschlag im Rahmen der Prüfung der Angemessenheit der Kosten der Unterkunft nach dem SGB II, ZFSH/SGB 2012, 444; *Putz,* Angemessenheit von Unterkunftskosten im Rahmen der Grundsicherung für Arbeitsuchende nach dem SGB II, info also 2004, 198; *Rothkegel,* Der rechtliche Rahmen für die Pauschalierung von Sozialhilfeleistungen – insbesondere zur Experimentierklausel des § 101a BSHG, ZfSH 2002, 657, 666 ff.; *Schifferdecker/Irgang/Silbermann,* Einheitliche Kosten der Unterkunft in Berlin, ArchsozArb 2010, 28; *Schnitzler,* Von der Wohngeldtabelle zur Schlüssigkeitsprüfung – und zurück, die Rechtsprechung des BSG zur Angemessenheitsprüfung gem. § 22 Abs. 1 Satz 1 SGB II, SGb 2010, 509; *Schmidt,* Die Unterkunft im Sozialhilferecht, NVwZ 1995, 1041; *Steinmeier/Brühl,* Wohnungslose im Recht, Kritische Justiz 1989, 275; *Sunder,* Rechtslage bei Obdachlosigkeit – Kostentragung bei Unterbringung von Obdachlosen in Pensionen oder Hotels, NDV 2002, 21; *Wahrendorf,* Zur Angemessenheit von Wohnraum und Unterkunftskosten, SozSich 2006, 134; *Wiemer,* Die aktuelle Rechtsprechung zu den Kosten der Unterkunft und Heizung nach § 22 SGB II, NZS 2012, 9 und 55; *Wrackmeyer,* Zum Verhältnis zwischen SGB II und Wohngeldgesetz, NDV 2007, 45.

**Übersicht**

# I. Bedeutung der Norm

Die Kosten der Unterkunft gehören zu den Vorschriften, die die größten Schwie- **1** rigkeiten in der Rechtsanwendung machen. Durch das Regelbedarfsermittlungsgesetz von 2011 ist die Fassung der Vorschrift umgestaltet worden, ohne dass sich in der Substanz etwas geändert hätte. Die jetzige Fassung weicht weiterhin von der entsprechenden Regelung des § 22 SGB II ab. Das ist ein großes Ärgernis, weil nicht erkennbar ist, dass die Unterkunft für Empfänger von Leistungen zur Sicherung des Lebensunterhalts nach dem SGB II ein anderer Bedarfsgegenstand ist als für die Empfänger der Grundsicherung im Alter nach dem SGB XII. Besonderheiten wie die des § 22 Abs. 5 SGB II bedingen jedenfalls nicht, den Normtext im Übrigen völlig unterschiedlich zu gestalten. Die Rechtsprechung sieht in den grundlegenden Maßstäben beider Gesetze betreffend die Kosten der Unterkunft und Heizung daher auch keinen Unterschied (BSG 23.3.2010 – B 8 SO 24/08 R; BSG 14.4.2011 – B 8 SO 19/09 R, SGb 2011, 328). Durch das so genannte Rechtsvereinfachungsgesetz (BGBl. I S. 1824; BT-Drs. 18/9041), wonach u. a. für die Beurteilung der Angemessenheit der Bedarfe für Unterkunft und Heizung eine Gesamtangemessenheitsgrenze zulässig sein soll § 22 Abs. 10 SGB II), haben sich die Unterschiede zwischen § 22 SGB II und § 35 noch weiter verstärkt. Einerseits mag es als Lappalie anzusehen sein, dass gleiche Sachverhalte, wie etwa die mögliche Direktzahlung der Miete an den Vermieter, in § 35 und § 22 SGB II an unterschiedlicher Stelle in der jeweiligen Norm verortet sind. Andererseits fragt man sich, was diese Unterschiedlichkeit bezwecken soll.

**Abs. 1** enthält den zentralen Begriff der tatsächlichen Aufwendungen, an den **2** sich die Leistung auszurichten hat. Dass sie grundsätzlich auch angemessen sein müssen, ist – anders als in § 22 Abs. 1 SGB II – nicht gesagt. Das folgt erst später. Dafür enthält Abs. 1 Vorschriften über die Zahlung der Miete an den Vermieter.

**3**  In **Abs.** 2 ist von der **Angemessenheit** der Kosten die Rede und davon, was zu geschehen hat, wenn sie nicht angemessen sind. Ferner handelt der Absatz von einem Umzug und von Wohnbeschaffungskosten.

**4**  **Abs.** 3 lässt eine **Pauschalierung** der Leistungen für die Unterkunftskosten zu. Dasselbe gilt nach **Abs.** 4 für die Leistungen für Heizung und die zentrale Warmwasserbereitung (zur dezentralen Warmwasserbereitung s. § 30 Abs. 7).

**4a**  Abs. 5 ist durch das Regelbedarfsermittlungsgesetz vom 22.12.2016 (BGBl. I S. 3159) eingefügt worden. Dies beruht auf der gleichzeitigen Einfügung des § 42a in das Vierte Kapitel des SGB XII, wonach für Mehrpersonenhaushalte, für Wohngemeinschaften und für sonstige besondere Wohnformen spezielle Vorschriften für die Ermittlung des Bedarfs geschaffen worden sind.

**5**  Ein **vernünftiges Regelungssystem** ist insgesamt **nicht** zu erkennen. Während z. B. bei der Pauschale für die Unterkunftskosten nach Abs. 3 der Abs. 2 S. 1 entsprechend gilt, fehlt eine solche Bestimmung für die Pauschale der Heizungskosten und der Warmwasserbereitung. Von den Unterschieden zu den Regelungen in § 22 SGB II soll gar nicht die Rede sein.

**6**  Rechtsprechung und Literatur zu den Kosten der Unterkunft betreffen überwiegend **§ 22 SGB II.** Da es im Kern indes in beiden Vorschriften weitgehend um dieselben Rechtsfragen geht, können die Aussagen zu § 22 SGB II auch im Rahmen des Sozialhilferechts herangezogen werden.

**7**  Die Vorschrift nennt im ersten Absatz den **Bedarfsgegenstand „Unterkunft"** nach § 27a Abs. 1. Mit der „Unterkunft" bzw. dem „Wohnen" als einem **elementaren Grundbedürfnis** des Menschen befassen sich noch weitere Vorschriften des SGB XII. Zur „Sicherung der Unterkunft" sieht § 36 außerordentliche Leistungen (Schuldenübernahme) vor, die gewährt werden können. Behinderten Menschen sind nach §§ 76 Abs. 2 Nr. 1, 77 SGB IX Hilfen zur Beschaffung und Erhaltung einer ihren besonderen Bedürfnissen entsprechenden Wohnung zu gewähren (s. dazu SächsLSG 8.12.2016 – L 8 SO 111/15, BeckRS 2016, 118003). Das Fehlen einer ausreichenden Wohnung wird nach § 68 als besondere soziale Schwierigkeit angesehen, weshalb für **Obdachlose** und andere Personen ohne Wohnung besondere Hilfen vorgesehen sind (§ 4 VO zu § 67; BSG 15.11.2012 – B 8 SO 22/10 R; s. auch *Sunder,* NDV 2002, 21; *Steinmeier/Brühl,* Kritische Justiz 1989, 275). Im Übrigen ist es weder Aufgabe der Sozialhilfe, ausreichend Wohnraum zu schaffen, noch besteht in der Regel ein Anspruch auf eine Unterkunft als Sachleistung (VGH Kassel 29.9.1993 – 9 TG 1853/93, NJW 1994, 471; krit. *Steinmeier/Brühl,* Kritische Justiz 1989, 275, 287 ff.; *Brühl,* ZfF 1991, 49; *Deutscher Verein,* NDV 1997, 337). Die Verhinderung von Obdachlosigkeit wird letztlich über polizeiliche Maßnahmen gewährleistet (vgl. etwa VGH Mannheim 5.3.1996 – 1 S 470/96, VWBlBW 1996, 233; *Ruder,* NDV 2017, 162 und 205).

**8**  Auf die Kosten der Unterkunft nimmt auch § 85 Abs. 1 Nr. 2 und Abs. 2 Nr. 2 im Rahmen der Ermittlung der Einkommensgrenze für Leistungen nach dem Fünften bis Neunten Kapitel Bezug (BVerwG 7.5.1987 – 5 C 36/85, BVerwGE 77, 232). Die Bedeutung der Unterkunft als Heimstätte für den Menschen wird schließlich in § 90 Abs. 2 Nr. 8 berücksichtigt, indem **selbst bewohntes Wohneigentum** zum Schonvermögen zählen kann (s. dazu BSG 2.7.2009 – B 14 AS 33/08 R, SGb 2009, 475). Leistungen für die Unterkunft werden bei stationärer Unterbringung nach §§ 27b, 42 S. 1 Nr. 4 gewährt. Die Wohnung ist nach Art. 13 GG verfassungsrechtlich vor Eingriffen geschützt.

**9**  Die Leistungen, die für die Sicherung einer den sozialhilferechtlichen Maßstäben entsprechenden Unterkunft notwendig sein können, sind in der Vorschrift **nicht abschließend geregelt.** Dies gilt sowohl für die laufenden als auch für die einmaligen Leistungen, die für die Unterkunft in Betracht kommen. Es ist lediglich von Aufwendungen die Rede, die berücksichtigt werden sollen. Einmalige Leistungen kommen etwa für die **Erstausstattung** der Wohnung (§ 31 Abs. 1 Nr. 1) oder für eine **Einzugsrenovierung** in Betracht. Bei selbstgenutzten Wohneigentum können einmalige Bedarfe für die Bevorratung mit Heizstoffen oder Reparaturen anfallen (vgl. z. B. SächsLSG 7.3.2017 – L 7 AS 116/17 B ER, bezüglich Brennstoffe).

Die (laufenden) Leistungen für die Unterkunft sind von der Gewährung nach **10** **Regelsätzen ausgenommen.** Dies beruht auf der einfachen Erkenntnis, dass die Aufwendungen für eine Unterkunft nicht bei jedem Leistungsberechtigten gleichermaßen anfallen, wie dies indes bei vielen anderen Bedarfsgruppen des notwendigen Lebensunterhalts grundsätzlich der Fall ist. Bei einer Leistung nach Regelsätzen käme es daher zwangsläufig zu einer Unter- oder Überdeckung des sozialhilferechtlichen Bedarfs. Ungeachtet dieses Umstands sieht Abs. 3 eine **Pauschalierung** von Kosten der Unterkunft vor (ablehnend *Schmidt,* NVwZ 1995, 1041, 1043; *Rothkegel,* ZfSH/SGB 2002, 657, 662 ff.; eine Pauschalierungsverordnung nach § 27 a. F. SGB II ist nicht erlassen worden; s. dazu *Groth,* SGb 2009, 644; s. aber § 22a Abs. 2 SGB II, auf den § 35a verweist).

Leistungen zur wirtschaftlichen Sicherung angemessenen und familiengerechten **11** Wohnens (§ 1 WoGG v. 24.9.2008, BGBl. I S. 1856) können auch nach dem **Wohngeldgesetz** beansprucht werden (§ 7 SGB I). Auf diese Leistungen haben Bezieher von Leistungen zum Lebensunterhalt nach dem SGB XII grundsätzlich keinen Anspruch (§ 7 Abs. 1 Nr. 5 und 6 WoGG; s. *Wrackmeyer,* NDV 2007, 45). Diese Neuregelung ist zur Verwaltungsvereinfachung eingeführt worden. Der Ausschluss von Wohngeldleistungen besteht allerdings nicht, wenn durch den Bezug von Wohngeld Hilfebedürftigkeit nach § 19 Abs. 1 und 2 vermieden oder beseitigt werden kann (§ 7 Abs. 1 S. 3 Nr. 2 WoGG, s. dazu BR-Drs. 754/08). Aus Gründen der Gleichbehandlung mit Wohngeldbeziehern sah § 105 Abs. 2 (a. F.) vor, dass bei einer Rückforderung der Leistungen für den Lebensunterhalt bezüglich der Leistungen für die Miete ein Betrag von 56 v. H. freigelassen wird. Diese Vorschrift ist entfallen (s. bei § 105).

Die besonderen Schwierigkeiten bei der Anwendung der Vorschriften über die **11a** anzuerkennenden Bedarfe für die Unterkunft und Heizung bestehen vor allem darin, dass das von den Leistungsträgern ermittelte **schlüssige Konzept** zur Ermittlung der Angemessenheitsgrenze in vielen Fällen nicht den Anforderungen genügt, die die Rechtsprechung insoweit gefordert hat (s. dazu Rn. 25 ff.). Die Leistungsträger sind daher dazu übergegangen, wissenschaftliche Institute einzuschalten, die umfangreiche statistische Erhebungen und Auswertungen des Wohnungsmarktes vornehmen. Derartige Erhebungen können mehrere Hundert Seiten Zahlenmaterial enthalten. Das SG Mainz hat entschieden, dass die Regelung über den anzuerkennenden Bedarf trotz der inzwischen vorliegenden umfangreichen Rechtsprechung (vor allem der des BSG) nicht dem verfassungsrechtlichen Bestimmtheitsgebot entspricht. Daher hat das SG Mainz diese Frage dem BVerfG nach Art. 100 GG vorgelegt (12.12.2014 – S 3 AS 130/14). Auf der Internet-Seite des Erwerbslosenvereins Tacheles (http://tacheles-sozialhilfe.de) sind mehrere Hundert KdU-Konzepte der Sozialhilfeträger Deutschlands gespeichert. Der vom Bundesministerium für Arbeit und Soziales in Auftrag gegebene Forschungsbericht über die Ermittlung des existenzsichernden Bedarfe für Kosten der Unterkunft und Heizung, der vom Institut Wohnen und Umwelt (IWU) erstellt worden ist, umfasst 379 Seiten und macht die Komplexität und Kompliziertheit der Ermittlung der Bedarfe überdeutlich (zu dem Gutachten *Berlit,* info also 2017, 147).

## II. Inhalt der Norm

### 1. Begriff „Unterkunft"

Unter diesem spezifisch sozialhilferechtlichen Begriff ist im Grundsatz jedes feste **12** Obdach zu verstehen. In erster Linie ist an Mietwohnungen und selbstgenutztes

Wohneigentum gedacht. Aber auch Wohnschiffe, Obdachlosenunterkünfte (BVerwG 12.12.1995 – 5 C 28/93, NJW 1996, 1838), Wohnwagen und Zimmer in Beherbergungsbetrieben fallen unter den Begriff. Ein Zelt oder ein Schlafsack, um damit im Freien zu übernachten, fallen nicht unter den Unterkunftsbegriff (VGH Mannheim 16.12.1994 – 6 S 1323/93, NVwZ-RR 1995, 446). Eine Obdachlosenunterkunft ist auf Dauer keine ausreichende Unterkunft (LSG NRW 26.11.2009 – L 19 B 297/09 AS ER). Geschäftsräume fallen nicht unter den Begriff „Unterkunft" (BSG 23.11.2006 – B 11b AS 3/05 R, FEVS 58, 490 – entschieden für ein Künstleratelier). Bei Wohnbüros von Selbstständigen kann die Abgrenzung des privaten Wohnens von dem beruflichen Teil der Raumnutzung problematisch sein. Ein von der eigentlichen Wohnung abgegrenzter Lagerraum kann unter bestimmten Umständen bei den Aufwendungen berücksichtigt werden (BSG 16.12.2008 – B 4 AS 1/08 R, FEVS 60, 535).

13      Die Unterkunft muss von dem Hilfesuchenden tatsächlich genutzt werden. Eine **vorübergehende Abwesenheit,** etwa wegen einer kürzeren Besuchsreise oder eines Krankenhausaufenthalts, hebt den Bedarf an der bisher genutzten Unterkunft regelmäßig nicht auf (BVerwG 22.12.1998 – 5 C 21/97, NVwZ 2000, 572). Bei einer längeren Abwesenheit von der Wohnung stellt sich allerdings die Frage, ob noch ein Bedarf an einer Unterkunft besteht. Für die Dauer einer (kürzeren) **Straf-haft** kommt eine Hilfe nach § 36 oder § 67 in Betracht (s. *Hammel,* ZfSH/SGB 2000, 515).

14      Ob die Nutzung der Unterkunft **bauordnungsrechtlich zulässig** ist oder sonstigen öffentlich-rechtlichen Vorschriften entspricht, ist sozialhilferechtlich zunächst unerheblich. Der Träger der Sozialhilfe wird solche Umstände indes zum Anlass nehmen müssen, den Leistungsberechtigten entsprechend zu beraten und ihm gegebenenfalls bei der Anmietung einer ordnungsgemäßen Unterkunft zu helfen. Ist der Mietvertrag nach Ansicht der Behörde rechtlich angreifbar, führt dies nicht dazu, Leistungen für die Unterkunft abzulehnen. Entscheidend ist vielmehr, dass Mietzahlungen zunächst zu erbringen sind (BSG 22.9.2009 – B 4 AS 8/09 R, FEVS 61, 358). Der Hilfeempfänger ist allerdings zu beraten und anzuhalten, den Mietvertrag gegebenenfalls anpassen zu lassen. Soweit eine zivilrechtliche Verpflichtung zur Zahlung besteht, sind die Kosten grundsätzlich maßgeblich (BSG 19.2.2009 – B 4 AS 48/08 R bezüglich Stromkosten, die zu den Betriebskosten zählen).

## 2. Individualität des Unterkunftsbedarfs

15      Leben mehrere Personen zusammen in einer Wohnung, besitzt jede Person einen individuellen Unterkunftsbedarf und ggfs. einen individuellen Anspruch auf Übernahme der Aufwendungen zur Deckung seines Bedarfs (BVerwG 21.1.1993 – 5 C 3/1, BVerwGE 92, 1, 2). Aus diesem Grund ist der Anteil der Aufwendungen zu ermitteln, der auf die einzelne Person entfällt, sofern nicht alle Mitglieder der Haushaltsgemeinschaft auf Hilfe zum Lebensunterhalt angewiesen sind. Für die Aufteilung der Aufwendungen auf mehrere Personen hat sich die Kopfteil-Methode durchgesetzt (BVerwG 21.1.1988 – 5 C 68/85, NJW 1989, 313; BSG 27.1.2009 – B 14/7b AS 8/07 R, NDV-RD 2009, 111; BSG 22.8.2013 – B 14 AS 85/12 R, SGb 2013, 579). Dabei kommt es nicht darauf an, ob die betreffenden Personen eine Bedarfs- oder Einsatzgemeinschaft bilden. Im Regelfall ist die Miete also zu gleichen Anteilen auf die in der Wohnung lebenden Personen zu verteilen, wobei vor allem das Alter der Mitbewohner zu keiner Differenzierung beim anteiligen Unterkunftsbedarf führt. Die Verteilung der Aufwendungen hat insbesondere dann Auswirkungen, wenn nicht hilfebedürftige oder -berechtigte Personen (z. B. nach § 22) mit hilfebedürftigen Mitbewohnern zusammenleben. Dabei können die Auswirkungen einer Verteilung in zwei unterschiedliche Richtungen gehen: Wird dem Hilfebedürftigen ein größerer Anteil zugeordnet, erhöht sich sein Anspruch auf

Hilfe. Der Hilfebedürftige kann aber auch ein Interesse daran besitzen, ihm einen geringeren Anteil zuzuordnen, weil sein Anteil dann die Angemessenheitsgrenze (s. Rn. 21 ff.) nicht übersteigt.

Die Aufteilung nach der Zahl der Köpfe soll solche Verschiebungen verhindern. **16** Diese **Aufteilungsmethode** bedarf allerdings der **Korrektur,** wenn und soweit der konkrete Hilfefall durch sozialhilferechtlich bedeutsame Umstände gekennzeichnet ist, die ohne Weiteres objektivierbar sind und eine andere Verteilung der Aufwendungen bedingen (BVerwG 21.1.1988 – 5 C 68/85, BVerwGE 79, 17, 21 f.; BSG 22.8.2013 – B 14 AS 85/12 R, SGb 2013, 579; BSG 16.4.2013 – B 14 AS 71/12 R, SGb 2013, 342). Für **behinderte oder pflegebedürftige Personen** kann etwa ein größerer Unterkunftsbedarf bestehen als es ihrem Kopfanteil entspräche (vgl. BayLSG 29.9.2006 – L 7 AS 91/06). In Wohngemeinschaften, in den Personen zusammenleben, die unter § 39 fallen, kann es gerechtfertigt sein, der nicht hilfebedürftigen Person einen größeren Anteil an den Kosten zuzuteilen, sofern sie in der Lage ist, diesen Anteil zu tragen und sofern von ihr nach § 39 nicht erwartet werden kann, den hilfebedürftigen Mitbewohner zu unterstützen (OVG Hamburg16.1.1998 – Bs IV 156/97; s. auch OVG Lüneburg 27.8.1987 – 4 B 192/87, FEVS 39, 19). Andernfalls könnte eine Person einen hilfebedürftigen Mitbewohner nicht bei sich aufnehmen, ohne sein eigenes Wohnniveau auf das sozialhilferechtliche Maß des Angemessenen senken zu müssen. Für das Zusammenleben in einer sogenannten „sonstigen Unterkunft" ist auf § 42a Abs. 5 zu verweisen (s. auch zu Abs. 5).

Auch im Falle echter **Untermietverträge,** die unter **Verwandten** allerdings **17** die Ausnahme sind, sind die Mietaufwendungen nicht nach Kopfteilen, sondern entsprechend der Untermietvereinbarung zu verteilen, sofern diese anerkannt werden kann (OVG Münster 10.10.2001 – 12 E 478/00, FEVS 53, 430; LSG Nds-Brem 22.6.2006 – L 8 AS 165/06 ER, FEVS 58, 148). Dabei ist ein strenger Maßstab anzulegen (BSG 22.3.2010 – B 8 SO 24/8 R, FEVS 62, 163). Lebt ein Familienmitglied ohne eine finanzielle Belastung etwa bei den Eltern, entfällt ein Anspruch auf Übernahme von Aufwendungen (BSG 14.4.2011 – B 8 SO 18/09 R; BSG 25.8.2011 – B 8 SO 29/10 R, SGb 2011, 329). Ist der Hilfebedürftige ein Untermieter, wird zu prüfen sein, ob die Vereinbarung den tatsächlichen Umständen entspricht oder nicht als Scheingeschäft beurteilt werden muss, weil etwa eine völlig überhöhte Miete zu zahlen ist (vgl. zum Mietvertrag zwischen Verwandten BSG 3.3.2009 – B 4 AS 37/08 R, SGb 2009, 289; BSG 7.5.2009 – B 14 AS 31/07 R SGb 2009, 412; FEVS 61, 364). Ein schriftlicher Untermietvertrag ist allerdings nicht unbedingt zu fordern; es ist ausreichend, wenn faktisch Kosten der Wohnung mitgetragen werden (BSG 17.12.2015 – B 8 SO 10/14 R). Ein umgangsberechtigtes Kind hat während des Aufenthalts bei dem anderen Elternteil keinen Anspruch auf Leistungen für die Unterkunft, da Leistungen nur für die Unterkunft beansprucht werden können, wo der Lebensmittelpunkt liegt (BSG 17.2.2016 – B 4 AS 2/15 R).

Leben in einer Wohnung zwei Hilfebedürftige und ein nicht hilfebedürftiger **18** Untermieter, kann die Miete nicht den beiden Hilfebedürftigen je zur Hälfte zugerechnet werden, um ihren Hilfeanspruch zu berechnen. Vielmehr sind demjenigen Hilfebedürftigen bei dem der Untermietzins als Einkommen angerechnet wird, zwei Drittel der Aufwendungen zuzurechnen, damit nicht ein falsches Ergebnis erzielt wird (vgl. auch OVG Lüneburg 26.6.2002 – 4 LB 133/02, FEVS 54, 546; OVG Lüneburg 16.6.2004 – 12 LC 67/04, FEVS 55, 501; s. zu der Problematik bei Untermietverhältnissen auch BSG 29.11.2012 – B 14 AS 161/11 R, SozR 4-4200 § 22 Nr. 66).

### 3. Zahlungen der Leistungen an Vermieter (Abs. 1 S. 2 ff.)

Die Regelungen entsprechen denen von § 22 Abs. 7 SGB II. Satz 2 sieht vor, dass **19** alle Leistungen für die Unterkunft auf Antrag der leistungsberechtigten Person an den Vermieter oder andere Empfangsberechtigte zu zahlen sind. Der Leistungsträger ist an den Antrag gebunden. Die praktische Bedeutung der Vorschrift ist zweifelhaft. Im Falle der Überweisung an den Vermieter ist der Leistungsträger nicht Erfüllungsgehilfe des Mieters (BGH 21.10.2009 – VIII ZR 64/09, NJW 2009, 3781).

**20**     Von praktischer Relevanz ist hingegen S. 3, wonach Direktzahlungen an den Vermieter oder andere Empfangsberechtigte vorgenommen werden sollen, wenn die zweckentsprechende Verwendung der Leistungen durch den Leistungsberechtigten nicht sichergestellt ist. Die diesbezügliche **Prognose** muss sich auf konkrete Anhaltspunkte stützen. Dafür sieht S. 3 Regelbeispiele vor, aus denen sich ergibt, dass wegen des Vorliegens von persönlichen Umständen die Gefahr besteht, dass die Leistungen andernfalls den Vermieter nicht erreichen würden. Der Leistungsberechtigte ist zuvor schriftlich zu unterrichten, damit er u. U. die Entscheidung des Trägers der Sozialhilfe angreifen kann oder auch lediglich eine Doppelzahlung an den Vermieter verhindert wird (s. dazu VGH Kassel 25.7.2003 – 11 TP 631/03, FEVS 55, 152). Von dem Vermieter können die Leistungen nicht zurückgefordert werden, wenn der Leistungsbescheid aufgehoben wird, da er nicht Leistungsempfänger war (BayLSG 21.1.2013 – L 7 AS 381/12, NZS 2013, 467). Der Vermieter besitzt keinen Zahlungsanspruch gegenüber dem Sozialhilfeträger auf Überweisung der Miete (BayLSG 2.9.2015 – L 7 AS 263/15). Eine Direktzahlung ist auch für die Heizkosten vorgesehen, wie sich aus Abs. 1 S. 4 ergibt.

## 4. Angemessene Aufwendungen für die Unterkunft

**21**     Aus Abs. 2 S. 1 kann man entnehmen, dass die Aufwendungen für die Unterkunft angemessen sein müssen. (s. dazu schon BVerwG 11.9.2000 – 5 C 9/00). Dies folgt schließlich auch aus der „Grundnorm" nach § 27 Abs. 1, wonach es bei der Hilfe zum Lebensunterhalt nur um den „notwendigen" Lebensunterhalt geht. Angemessene Aufwendungen sind mithin in tatsächlicher Höhe zu berücksichtigen. Damit wird dem Umstand Rechnung getragen, dass sich die Aufwendungen für die Unterkunft grundsätzlich nicht pauschalieren lassen. Die Festlegung von regelmäßig geltenden Höchstgrenzen für die zu berücksichtigenden Aufwendungen stellt keine Leistungspauschalierung dar. Die einzelnen Parameter, die den Aufwand bestimmen (vor allem Größe der Unterkunft, Quadratmeterpreis), können daher typisiert festgelegt werden (*Rothkegel,* ZfSH/SGB 2002, 675, 663).

**22**     Die Angemessenheit von Aufwendungen für die Unterkunft ist hinsichtlich der Aufwendungen für Mietzahlungen und für die Kosten eines **selbst genutzten Wohneigentums** gleich zu beurteilen (BSG 2.7.2009 – B 14 AS 33/08 R, NDV-RD 2010, 3, und Rn. 24). Fällt selbst genutztes Wohneigentum unter das Schonvermögen, indiziert dies nicht, dass die betreffenden Kosten der Nutzung des Wohneigentums angemessen sind (zum Schonvermögen bzw. zur Verwertbarkeit von Wohneigentum s. BSG 2.7.2009 – B 14 AS 32/07 R, SGb 2009, 601). Es sind lediglich die Kosten zu berücksichtigen, die auch für vergleichbare Mietwohnungen auszuwenden wären. Tilgungszahlungen sind grundsätzlich nicht zu berücksichtigen, es sei denn, die Finanzierung des Wohneigentums ist bereits weitgehend abgeschlossen (BSG 7.7.2011 – B 14 AS 79/10 R; BSG 16.2.2012 – B 4 AS 14/11 R; BSG 22.3.2012 – B 4 AS 99/11 R; BSG 22.8.2012 – B 14 AS 1/12 R; BSG 3.12.2015 – B 4 AS 49/14 R, SozR 4-4200 § 22 Nr. 65).

**23**     Der Begriff der Angemessenheit ist ein **unbestimmter Rechtsbegriff** und gerichtlich vollen Umfangs überprüfbar (BSG 16.6.2015 – B 4 AS 44/14 R; BVerfG 10.10.2017 – 1 BvR 617/14, NJW 2017, 3770; das SG Speyer 29.12.2017 – S 16 AS 1466/17 ER, BeckRS 2017, 139799, hält die Regelung für nicht hinreichend bestimmt). Ob die Mietzahlungen von dem Vermieter zu Recht verlangt werden, ist zunächst unerheblich; es kommt nur darauf an, dass sie auf der Grundlage einer mit dem Vermieter getroffenen Vereinbarung beruhen und auch tatsächlich gezahlt werden (BSG 22.9.2009 – B 4 AS 8/09 R, SGb 2009, 663). Dem Mieter ist es nicht ohne Weiteres zuzumuten, einen unter Umständen risikobehafteten Rechtsstreit mit dem Vermieter zu führen. Allerdings ist eine aufgrund unwirksamer Vereinbarung getätigte Zahlung nicht angemessen. Daher sollte der Leistungsträger in solchen Fällen das Kostensenkungsverfahren betreiben, wobei er den Hilfeempfänger qualifiziert über die notwendigen Schritte informieren muss (s. Rn. 14).

Aus dem **Bedarfsdeckungsprinzip** folgt, dass abstrakte Betrachtungsweisen, wie **24** die der abstrakten Angemessenheit von Aufwendungen, letztlich unerheblich sind, wenn im konkreten Einzelfall eine andere Beurteilung notwendig ist, damit ein sozialhilferechtlicher Bedarf gedeckt wird. Daher kann ein Leistungsberechtigter, der eine an sich abstrakt zu teure Wohnung bezieht, die Übernahme der tatsächlichen Kosten in voller Höhe beanspruchen, wenn und solange für ihn auf dem Wohnungsmarkt im Zuständigkeitsbereich seines örtlichen Trägers der Sozialhilfe keine bedarfsgerechte, kostengünstigere **Unterkunftsalternative** verfügbar ist (BVerwG 1.10.1998 – 5 C 15/97, BVerwGE 101, 194, 197 f.; BSG 7.11.2006 – B 7b 18/06 R, FEVS 58, 271). Insoweit hat der Hilfesuchende dem Träger der Sozialhilfe substantiiert darzulegen, dass im Bedarfszeitraum eine derartige Unterkunftsalternative nicht vorhanden bzw. trotz ernsthafter und intensiver Bemühungen nicht auffindbar oder eine vorhandene Unterkunft ihm nicht zugänglich war (BVerwG 1.10.1998 – 5 C 15/97, BVerwGE 101, 194, 197 f.). Die Anforderungen, die an einen solchen Nachweis zu stellen sind, hängen vom örtlichen Wohnungsmarkt ab und dürfen je nach Marktlage nicht überspannt werden. Im Übrigen kann der Träger der Sozialhilfe dem Hilfesuchenden – auch nachträglich – eine Unterkunft benennen, die sich im Rahmen des abstrakt Angemessenen gehalten hätte, wobei Obdachlosenunterkünfte und sonstige Notunterkünfte als Wohnungsalternative ausscheiden. Der Hilfesuchende trägt also das Risiko, dass ihm nachträglich mit Wirkung vom Zeitpunkt der Anmietung der zu teuren Wohnung an anspruchsvernichtend entgegengehalten wird, er habe eine angemessene Wohnung anmieten können.

## 5. Schlüssiges Konzept

Das BSG hat in einer Vielzahl von Entscheidungen die maßgeblichen rechtlichen **25** Maßstäbe für die Ermittlung der Leistungen für die Unterkunft entwickelt und insoweit ein „schlüssiges Konzept" von den Leistungsträgern verlangt (seit BSG 22.9.2009 – B 4 AS 18/09 R; BSG 17.12.2009 – B 4 AS 27/09 R; BSG 23.8.2011 – B 14 AS 91/10 R; BSG 10.9.2013 – B 4 AS 77/12 R; BSG 18.11.2014 – B 4 AS 9/14 R; BSG 16.6.2015 – B 4 AS 44/14 R; BSG 3.12.2015 – B 4 AS 49/14 R, FEVS 61, 443; BSG, SGb 2011, 326; BSG, SGb 2013, 638 mit zahlreichen Nachw. aus der Rspr.; aus der zweiten Instanz: LSG BW 27.7.2016 – L 3 AS 2354/15, betr. Stuttgart; LSG Bln-Bbg 23.2.2017 – L 34 AS 2276/11, betr. Berlin; LSG Nds-Brem 10.6.2016 – L 11 AS 1788/15, betr. Region Hannover; LSG Nds-Brem – L 11 AS 611/15, betr. Hannover; SächsLSG 19.2.2016 – L 7 AS 1001/16 B ER; BayLSG 19.12.2016 – L 7 AS 241/15, betr. München; BayLSG 14.12.2017 – L 7 AS 408/ 115, betr. Augsburg). Die Ermittlung der regional angemessenen Kosten muss auf der Grundlage eines überprüfbaren, schlüssigen Konzepts zur Datenerhebung und -auswertung unter Einhaltung anerkannter mathematisch-statistischer Grundsätze erfolgen.

Dabei ist in **mehreren Schritten** vorzugehen. Zuerst ist die angemessene Leis- **26** tung für die Unterkunft in einem mehrstufigen Verfahren zu ermitteln. Dabei ist die sogenannte **Produkttheorie** anzuwenden, d. h. die Angemessenheit richtet sich nicht isoliert nach der Größe oder dem Quadratmeterpreis, sondern nach deren Produkt (BSG 4.6.2014 – B 14 AS 53/13 R; BSG 18.11.2014 – B 4 AS 9/14 R). Vor diesem Hintergrund sind zunächst die preisbildenden Faktoren einer sozialhilferechtlich angemessenen Unterkunft **in mehreren Schritten** zu ermitteln (dazu grundsätzlich BSG 7.11.2006 – B 7B AS 10/06 R, FEVS 58, 248, 271; zum Ganzen auch *Knickrehm/Voelzke/Spellbrink,* Kosten der Unterkunft nach § 22 SGB II).

27    Zunächst ist die angemessene Wohnungsgröße zu bestimmen. Dabei ist auf die Wohnraumgrößen für Wohnberechtigte im sozialen Wohnungsbau zurückzugreifen. Diese finden sich in entsprechenden landesrechtlichen Bestimmungen. Zur Bestimmung der Wohnungsgröße greift das BSG (16.6.2015 – B 4 AS 44/14 R; BSG 12.10.2016 – B 4 AS 4/16 R) bislang auf die Werte zurück, die die Länder aufgrund des § 10 des Gesetzes über die **soziale Wohnraumförderung** (WoFG) vom 13.9.2001 (BGBl. I S. 2376) festgesetzt haben. Von folgenden Größen kann in der Regel ausgegangen werden: Alleinstehende: 45 bis 50 qm, zwei Personen: 60 qm, drei Personen: 75 bis 80 qm, vier Personen: 85 bis 90 qm. Der 4. Senat des BSG (19.2.2009 – B 4 AS 30/08 R, NDV-RD 2009, 94) hält die Anknüpfung an die Werte des WoFG für problematisch, da es danach zu unterschiedlichen Maßstäben für die Angemessenheit im Vergleich zwischen verschiedenen Bundesländern und sogar innerhalb eines Bundeslandes kommen kann. Er hat insoweit an den **Verordnungsgeber** appelliert, eine entsprechende Verordnung nach § 27 a. F. SGB II zu erlassen, um eine gleichmäßige Rechtsanwendung sicher zu stellen (zu den Wohnflächenberechnungen s. BSG 16.4.2013 – B 14 AS 28/12 R, NZS 2013, 751 betr. Thüringen; BSG 11.12.2012 – B 4 AS 44/12 R, NZS 2013, 389 betr. Niedersachsen; BSG 22.8.2012 – B 14 AS 13/12 R, FEVS 64, 433 betr. Schleswig-Holstein; BSG 16.5.2012 – B 4 AS 109/11 R betr. NRW).

28    Die danach geltenden Werte stellen für den sozialhilferechtlichen Zusammenhang in der Regel nur eine **Obergrenze** dar (OVG Hamburg 30.4.1996 – Bs IV 120/96, MDR 1996, 936; ähnlich VGH Kassel 8.5.1995 – 9 TG 73/95, NJW 1996, 672); es kann angezeigt sein, sie im Einzelfall zu unterschreiten. Säuglinge oder Kinder benötigen nicht zwangsläufig einen Wohnraum für sich (OVG Hamburg 30.9.1997 – Bs IV 132/97, FEVS 47, 138; s. auch VGH Kassel 12.1.2001 – 4 ZU 610/00, FEVS 52, 468). Bei jungen Menschen wird es im Einzelfall darauf ankommen können, ob sie eine abgeschlossene Wohnung benötigen oder der Bedarf auch in einer Wohngemeinschaft oder einem vermieteten Zimmer zu decken ist (für Alleinerziehende ist die anzuerkennende Fläche nicht zu erhöhen; dasselbe gilt grundsätzlich für Leistungsberechtigte mit einer Behinderung, BSG 16.4.2013 – B 14 AS 28/12 R, NZS 2013, 751). Die sozialgerichtliche Rechtsprechung stellt indes allein auf die Zahl der Mitglieder der Einstandsgemeinschaft bzw. der Bedarfsgemeinschaft ab und nimmt keine Reduzierung der Wohnfläche vor (BSG 18.6.2008 – B 14/11b AS 61/06 R; BSG 18.2.2010 – B 14 AS 73/08 R). Besondere Probleme entstehen, wenn es um den Flächenbedarf bei temporären Bedarfsgemeinschaften geht (s. dazu BSG 17.2.2016 – B 4 AS 2/15 R).

29    **Im zweiten Schritt** ist der örtliche Vergleichsraum zu bestimmen, innerhalb dessen die Angemessenheit der Aufwendungen zu beurteilen ist. Dieser Schritt ist von erheblicher praktischer Bedeutung, denn die Mietkosten können je nach örtlichem Raum sehr unterschiedlich sein. Der örtliche Vergleichsraum darf weder zu klein, noch zu groß geschnitten werden. Es muss sich um einen gewissen geschlossenen Sozialraum handeln (BSG 16.6.2015 – B 4 AS 44/14 R). Innerhalb des gesamten Vergleichsraums ist nämlich ein Umzug zur Kostensenkung grundsätzlich zumutbar.

30    In einer Großstadt gibt es zumeist Wohngegenden mit sehr unterschiedlichem Niveau. Auch innerhalb eines Landkreises kann das Wohnniveau erheblich voneinander abweichen. Daher wird es darauf ankommen, ausreichend große Gebiete der Wohnbebauung zu ermitteln, die aufgrund ihrer räumlichen Nähe zueinander, ihrer Infrastruktur und insbesondere ihrer verkehrstechnischen Verbundenheit einen insgesamt betrachtet **homogenen Lebens- und Wohnbereich** bilden (BSG 19.2.2009 – B 4 AS 30/08 R). Ob es zumutbar ist, in eine andere Wohnung innerhalb des räumlichen Vergleichsmaßstabs umzuziehen, um unangemessene

Mietkosten zu senken, ist eine Frage des Einzelfalles (s. Rn. 37; BSG 17.12.2009 – B 4 AS 19/09 R, SGb 2010, 83).

Stehen die abstrakt angemessene Wohnungsgröße und der maßgebliche Vergleichsraum fest, ist nach der Rechtsprechung des BSG in einem **dritten Schritt** nach Maßgabe der Produkttheorie zu ermitteln, wie viel auf diesem Wohnungsmarkt für eine einfache Wohnung aufzuwenden ist. Das heißt, Ziel der Ermittlungen des Grundsicherungsträgers ist es, einen Quadratmeterpreis für Wohnungen **einfachen Standards** zu ermitteln, um diesen nach Maßgabe der Produkttheorie mit der dem Hilfeempfänger zugestandenen Quadratmeterzahl zu multiplizieren und so die angemessene Brutto-Kalt-Miete feststellen zu können (BSG 10.9.2013 – B 4 AS 77/13 R, FEVS 61, 443). **31**

Eine pauschale bundeseinheitliche Grenze (Quadratmeterpreis) scheidet hierbei aus, da einerseits auf die konkreten Verhältnisse abzustellen ist, die Kosten für Wohnraum in den einzelnen Vergleichsräumen andererseits sehr unterschiedlich sein können. Um trotzdem ein gleichmäßiges Verwaltungshandeln auch innerhalb eines Vergleichsraums zu gewährleisten, muss die Ermittlung der regionalen Angemessenheitsgrenze (BSG 18.5.2008 – B 14/7b AS 44/06 R, FEVS 60, 145) auf Grundlage eines überprüfbaren „schlüssigen Konzepts" erfolgen. Das schlüssige Konzept soll die hinreichende Gewähr dafür bieten, dass die aktuellen Verhältnisse des örtlichen Mietwohnungsmarktes wiedergegeben werden (vgl. BSG 18.6.2008 – B 14/7b AS 44/06 R, FEVS 60, 145, 149; vgl. auch BSG 19.3.2008 – B 11b AS 41/06 R, SozR 4-4200 § 22 Nr. 7 Rn. 23). Dabei darf der Grundsicherungsträger nicht von vornherein auf einen einfachen oder qualifizierten Mietspiegel i. S. der §§ 558c und 558d BGB abstellen (vgl. BSG 7.11.2006 – B 7b 18/06 R, FEVS 58, 271; BSG 18.6.2008 – B 14/7b AS 44/06 R, FEVS 60, 145). Entscheidend ist vielmehr, dass den Feststellungen des Grundsicherungsträgers ein Konzept zugrunde liegt und dieses im Interesse der Überprüfbarkeit des Ergebnisses schlüssig und damit die Begrenzung der tatsächlichen Unterkunftskosten auf ein „angemessenes Maß" hinreichend nachvollziehbar ist. **32**

Ein schlüssiges Konzept muss mindestens folgende Voraussetzungen erfüllen: **33**
– Die Datenerhebung darf ausschließlich in dem genau eingegrenzten und muss über den gesamten Vergleichsraum erfolgen (keine Ghettobildung),
– es bedarf einer nachvollziehbaren Definition des Gegenstandes der Beobachtung, z. B. welche Art von Wohnungen – Differenzierung nach Standard der Wohnungen, Brutto- und Nettomiete (Vergleichbarkeit), Differenzierung nach Wohnungsgröße,
– Angaben über den Beobachtungszeitraum,
– Festlegung der Art und Weise der Datenerhebung (Erkenntnisquellen, z. B. Mietspiegel),
– Repräsentativität des Umfangs der eingezogenen Daten,
– Validität der Datenerhebung,
– Einhaltung anerkannter mathematisch-statistischer Grundsätze der Datenauswertung und
– Angaben über die gezogenen Schlüsse (z. B. Spannoberwert oder Kappungsgrenze).

Um eine „**Ghettobildung**" zu verhindern, ist nicht von vornherein das unterste Niveau maßgeblich (BSG 10.9.2013 – B 4 AS 77/12 R; BSG 19.2.2009 – B 4 AS 30/08 R). Es ist aber jedenfalls ein durchschnittlicher Wert im unteren Mietpreisniveau zu bestimmen. Insoweit müssen exakte Ermittlungen am Wohnungsmarkt vorgenommen werden. Dabei ist nicht nur auf die am Markt angebotenen Wohnungen, sondern auch auf bereits vermietete Wohnungen abzustellen. Um das **Mietpreisniveau** zu ermitteln, darf nicht auf die Tabellenwerte in § 12 WoGG zurückgegriffen werden. Das ist allenfalls dann zulässig, wenn alle anderen Erkenntnisquellen zuvor unergiebig waren und das Konzept des Leistungsträgers nicht nachgebessert werden **34** konnte (BSG 16.6.2015 – B 4 AS 44/14 R). Erst dann kann auch die Tabellenwerte des § 12 WoGG (der zutreffenden Mietenstufe) abgestellt werden, wobei ein „Sicherheitszuschlag" von 10 % hinzukommt.

35    Nach der Ermittlung der Referenzmiete, die einen Preis je Quadratmeter ergibt, kann sich zeigen, dass es bei der Wohnung des betreffenden Hilfebedürftigen auf die Angemessenheit der konkreten Wohnfläche und den Wohnungsstandard – isoliert betrachtet – nicht mehr ankommt, wenn nämlich das **Produkt aus Fläche und Preis** eine Miete ergibt, die innerhalb der Referenzmiete liegt. Eine größere als die abstrakt angemessene Wohnfläche kann mithin durch einen niedrigeren Quadratmeterpreis ausgeglichen werden. Ebenso kann ein höherer Quadratmeterpreis (besserer Wohnungsstandard) bei einer kleineren Wohnfläche zu einer insgesamt angemessenen Miete führen (so genannte **Produkttheorie** BSG 18.6.2008 – B 14/11b AS 61/06 R, FEVS 60, 289). Der Hilfebedürftige hat also in diesem Rahmen einen gewissen Gestaltungsspielraum in Bezug auf die Befriedigung seiner Wohnbedürfnisse.

36    Die **angemessenen (kalten) Betriebskosten** im Sinne von § 566 BGB sind ebenfalls abstrakt zu bestimmen und dann als Faktor im Rahmen der Produkttheorie in die Berechnung der abstrakt angemessenen Aufwendungen für die Unterkunft einzubeziehen (BSG 13.4.2011 – B 14 AS 32/09 R, SGb 2011, 326). Dabei kann auf örtliche Betriebskostenübersichten zurückgegriffen werden (BSG 19.10.2010 – B 14 AS 50/10 R, SozR 4-4200 § 22 Nr. 42).

37    **Im letzten Schritt** kommt es darauf an, ob in dem örtlichen Vergleichsraum eine Wohnung zu den ermittelten abstrakt angemessenen Kosten auch **tatsächlich angemietet** werden kann. Das ist regelmäßig anzunehmen, da derzeit keine allgemeine Wohnungsnot besteht. Ist dennoch eine konkrete angemessene Wohnung aus bestimmten Gründen nicht verfügbar, sind die Aufwendungen für die an sich unangemessene Wohnung zu übernehmen.

38    In diesem Fall gelangt dann die Vorschrift des § 35 Abs. 2 S. 1 und 2 zur Anwendung (s. Rn. 48).

## 6. Heizung und Warmwasserversorgung

39    Diese Aufwendungen sind gesondert auf ihre Angemessenheit hin zu beurteilen (BSG 13.4.2011 – B 14 AS 85/09 R, SGb 2011, 327). Dabei ist die Angemessenheit von Heizkosten so lange zu bejahen, wie die Kosten unter dem Grenzbetrag eines bundesweiten oder **kommunalen Heizspiegels** liegen. Das Computerprogramm Heikos 2.0, wonach Heizkosten bestimmt werden, wird als ungeeignet angesehen (LSG BW 21.5.2015 – L 7 AS 980/12). Bei einer zentralen Warmwasserversorgung waren die Anteile, die bereits für Strom in der Regelleistung enthalten waren, abzuziehen. Das waren 6, 33 Euro (BSG 7.7.2011 – B 14 AS 154/10 R, FEVS 63, 391). Dies ist nach der Neuregelung der Regelbedarfe nicht mehr notwendig, da die gesamte dezentrale Erzeugung von Warmwasser aus dem Regelbedarf herausgenommen worden ist (s. dazu auch § 30 Abs. 7 und dort Rn. 55). Der Stromverbrauch für eine zentrale Heizungsanlage gehört nicht zum Regelbedarf, sondern zu den Kosten der Unterkunft (BSG 3.12.2015 – B 4 AS 47/14 R).

40    Für Heizkosten gelten die Regelungen nach Abs. 1 S. 1 entsprechend (*Groth,* SozSich 2009, 393). Auch Heizkosten, die nicht laufend entstehen, wie dies bei der Bevorratung von Heizöl oder sonstigem Heizmaterial der Fall ist, fallen unter die Vorschrift. Ist der Vorrat an Heizmaterialien bereits vor der Beantragung von Hilfe bezahlt, besteht kein Anspruch auf eine entsprechende Hilfe (BSG 16.5.2007 – B 7b AS 40/06 R, SozR 4-4200 § 22 Nr. 4). Sind die Heizungskosten **unangemessen hoch,** gelten dieselben Regeln wie für die Mietkosten. Das heißt, sie sind zu berücksichtigen, wenn sie unabweisbar sind. Ferner gilt die Schutzklausel des Abs. 2 S. 1 und 2 (BSG 19.9.2008 – B 14 AS 54/07 R, FEVS 60, 490). Die Angemessenheit

von Heizkosten ist grundsätzlich getrennt von der Prüfung der Angemessenheit der Unterkunftskosten zu beurteilen (BSG 2.7.2009 – B 14 A36/08 R, NDV-RD 2009, 139). Die Heizkosten lassen sich nicht im Sinne einer erweiterten Produkttheorie in eine Gesamtangemessenheitsgrenze einbinden, da dies erforderte, dass für Heizkosten ein abstrakt angemessener Preis pro Quadratmeter zu ermitteln ist. Dies ist indes aus tatsächlichen Gründen nicht möglich (s. dazu eingehend BSG 12.6.2013 – B 14 AS 60/12 R, SGb 2013, 466).

Die laufenden Heizkosten bestehen in der Regel in den von dem Vermieter **41** monatlich verlangten Vorauszahlungen auf die Betriebskosten. Für diese Vorauszahlungsverpflichtungen sind Leistungen in Höhe der tatsächlich bestehenden Verpflichtung zu übernehmen.

Die Verpflichtung aus einer **Endabrechnung der Betriebskosten** entsteht erst in **42** dem Zeitpunkt, zu dem die Zahlungsverpflichtung von dem Vermieter geltend gemacht wird. Dieser Zeitpunkt bestimmt auch, welcher Träger der Sozialhilfe – etwa im Falle eines zwischenzeitlichen Umzugs – **örtlich zuständig** ist, sofern zu diesem Zeitpunkt noch Hilfebedürftigkeit besteht (BVerwG 4.2.1988 – 5 C 89/85, NVwZ 1989, 254;; *Hederich,* NVwZ 1989, 224). Dabei ist zu unterscheiden, ob es um einen Bedarf aus der Vergangenheit geht, der unter Umständen noch gedeckt werden muss, oder ob es sich um Schulden handelt, weil die Vorauszahlungen nicht (in voller Höhe) erbracht worden sind. Wird die entsprechende Wohnung nicht mehr bewohnt oder liegt im Zeitpunkt der Betriebskostenabrechnung keine Hilfebedürftigkeit mehr vor, kann der Anspruch auf Übernahme der Kosten entfallen sein (s. näher BSG 25.6.2015 – B 14 AS 40/14 R). Die Übernahme der Abrechnung braucht nicht gesondert beantragt zu werden (so im SGB II-Bereich BSG 22.3.2010 – B 4 AS 62/ 09 R). Im Bereich des SGB XII soll eine vor der Begleichung der Rechnung des Vermieters erfolgte Kenntnisverschaffung nach § 18 nicht notwendig sein (BSG 10.11.2011 – B 8 SO 18/10 R; dazu Anm. *Grube,* SGb 2012, 619).

Die Endabrechnung der Betriebskosten kann auch ein **Guthaben** für den Leis- **43** tungsberechtigten ausweisen. Bekommt er es ausgezahlt, so ist es in dem Monat des Zuflusses Einkommen und wird auf die Hilfe zum Lebensunterhalt angerechnet, sofern noch Hilfe gewährt wird (vgl. auch OVG Münster 5.2.2003 – 12 A 3734/ 00, NDV-RD 2003, 62; zum Guthaben aus Stromabschlägen: BSG 19.5.2009 – B 8 SO 35/07 R, FEVS 61, 97). Im nächsten Monat ist der nicht verbrauchte Teil des Guthabens Vermögen. Wird im Zeitpunkt der Auszahlung des Guthabens Hilfe nicht mehr gewährt, hat der Träger der Sozialhilfe keine Möglichkeit auf das Guthaben zuzugreifen (s. *Deutscher Verein,* 1989, 62), es sei denn, er hat sich zuvor eine Abtretung des Guthabens geben lassen (s. auch AG Frankfurt 4.2.1992 – 33 C 4043/ 91-29, ZMR 1993, 20). Eine § 22 Abs. 3 SGB II entsprechende Vorschrift ist in § 35 nicht enthalten (s. dazu LSG Nds-Brem 23.9.2015 – L 13 AS 164/14 mit Hinweisen auf die Rechtsprechung des BSG). Nebenkosten, die für eine nicht mehr bewohnte Wohnung nachgefordert werden, sind unter bestimmten Voraussetzungen als Bedarf anzuerkennen (BSG 30.3.2017 – B 14 AS 13/16 R).

Die Aufwendungen für die Heizung müssen bei entsprechender Anwendung **44** von Abs. 1 ebenfalls **angemessen** sein. Denkbar ist, dass die Brutto-Kalt-Miete angemessen ist, aber die Heizkostenvorauszahlung unangemessen hoch vereinbart ist. In diesem Fall ist der Betrag entsprechend der Regelung über die Teilkostenübernahme nur in Höhe des angemessenen Teils zu übernehmen.

Werden die Aufwendungen für die Unterkunft nur in Höhe angemessener Teil- **45** kosten übernommen, sind die laufenden Leistungen für die Heizung grundsätzlich im **gleichen Verhältnis zu kürzen,** es sei denn sie sind für sich betrachtet angemessen. Die Schutzvorschrift von Abs. 2 S. 1 und 2 ist ebenso anzuwenden (BSG 19.9.2008 – B 14 AS 54/07 R, FEVS 60, 490).

Die Leistungen für die Heizung können ebenfalls **pauschaliert** werden. Dabei **46** sind alle Aspekte des Einzelfalles zu berücksichtigen. Die grundsätzlichen Bedenken gegen eine Pauschalierung von Kosten die der Leistungsberechtigte unter Umständen schwer beeinflussen kann, bestehen auch hier (s. BSG 16.5.2007 – B 7b AS 40/06 R, FEVS 58, 481).

## 7. Selbst genutztes Wohneigentum

**47**    Bei selbst genutzten Wohneigentum sind als Aufwendungen für die Unterkunft die üblichen Betriebskosten (Wasser, Abwasser, Steuern, Feuerversicherung etc., vgl. § 7 Abs. 2 VO zu § 82) sowie Kapitalkosten (Zinsen) für die Angemessenheitsbetrachtung von Bedeutung (BSG 15.4.2008 – B 14/7b AS 40/06 R; BSG 18.6.2008 – B 14/11b AS 67/06 R, FEVS 60, 241 u. 293 u. 490). Tilgungskosten zählen nicht zum berücksichtigungsfähigen Aufwand, da sie der Vermögensbildung dienen (BSGE 7.11.2006 – B 7b AS 2/05 R; differenzierend aber BSG 7.7.2011 – B 14 AS 79/10 R, BSG 16.2.2012 – B 4 AS 14/11 R; BSG 22.3.2012 – B 4 AS 99/11 R; BSG 3.12.2015 – B 4 AS 49/14 R, FEVS 60, 293). Dasselbe gilt für größere Reparaturen oder Umbauten, die nicht berücksichtigt werden. Reiner Erhaltungsaufwand kann indes zu den maßgeblichen Kosten gehören, allerdings nicht eine diesbezügliche Pauschale (BSG 3.3.2009 – B 4 AS 38/08 R, NDV-RD 2009, 114). In Bezug auf die berücksichtigungsfähigen Kosten ist zu beurteilen, ob sie das Maß des Angemessenen einhalten. Insoweit wird man als Vergleich die Kosten einer gemieteten Wohnung heranziehen können (s. auch Rn. 22).

## 8. Übernahme unangemessener Aufwendungen (Abs. 2 S. 1 u. 2)

**48**    Diese beiden Sätze müssen im Zusammenhang gelesen werden. Die Regelungen stellen ausdrücklich auf eine Fallgestaltung ab, bei der die Aufwendungen den der Besonderheit des Einzelfalles angemessenen Umfang übersteigen, also unangemessen hoch sind. Die hier vorgesehene Rechtsfolge steht zu S. 1 in einem Regel-Ausnahme-Verhältnis (BVerwG 30.5.1996 – 5 C 14/95, BVerwGE 101, 194, 196) und ist im Kern eine Zumutbarkeitsregelung. Ist es dem Hilfesuchenden nicht möglich oder nicht zumutbar (S. 2), die Aufwendungen für die Unterkunft zu senken, besitzt er ungeachtet der unangemessenen Höhe der Aufwendungen einen Anspruch auf ihre Übernahme. In diesem Zusammenhang können grundsätzlich alle personenbezogenen Gesichtspunkte des Einzelfalles berücksichtigt werden. Die Tatbestandsmerkmale „nicht möglich" und „nicht zuzumuten" eröffnen flexible Lösungen für die Ermittlung der konkret angemessenen Kosten der Unterkunft (BSG 19.2.2009 – B 4 AS 30/08 R).

**49**    Dass nach S. 1 und 2 nicht (von Anfang an) auf kostengünstigere Unterkünfte verwiesen werden darf und somit eine Ausnahme von der Regelung nach Abs. 1 vorliegt, muss durch besondere Umstände gerechtfertigt sein. Der wichtigste Umstand ist der, dass der Hilfesuchende **bei Eintritt der Hilfebedürftigkeit** die aus sozialhilferechtlicher Sicht zu teure Wohnung bereits bewohnt. In einem solchen Fall soll er nicht gezwungen sein, seine bisherige Wohnung sofort aufzugeben und seine Lebensverhältnisse abrupt zu ändern (BVerwG 21.1.1993 – 5 C 3/91; BVerwG 30.5.1996 – 5 C 14/95). Die Rechtsprechung hat den Schutzgedanken der Vorschrift ausgedehnt auf Fälle, in denen der Wechsel eines Nichthilfeempfängers in eine unangemessen teure Wohnung unter den besonderen Umständen des Einzelfalles **unausweichlich** ist (BVerwG 30.5.1996 – 5 C 14/95). Bei Unausweichlichkeit des Bezugs der zu teuren Wohnung wird man die Ausnahmevorschrift von S. 1 und 2 auch bei einem Umzug während des Hilfebezugs anwenden müssen (vgl. auch OVG Hamburg 30.4.1996 – Bs IV 120/96 MDR 1996, 936; VGH Kassel 9.6.1994 – 9 TG 1446/94, FEVS 45, 335). Dagegen ist die Vorschrift nicht anwendbar, wenn der Hilfesuchende „ohne Not" die unangemessen teure Wohnung angemietet hat. Das Schaffen vollendeter Tatsachen ist nicht schutzwürdig. Unerheblich ist es, wenn im Zeitpunkt der Anmietung noch keine Hilfebedürftigkeit vorlag, es aber bereits absehbar war, dass die (neue) Miete nicht ohne Hilfe zum Lebensunterhalt zu tragen ist (s. aber BSG 17.12.2009 – B 4 AS 19/09: der Hilfebedürftige muss ausreichende Kenntnis von seinen Obliegenheiten haben, SGb 2010, 83).

Ein weiterer Anwendungsfall für die Ausnahmevorschrift liegt vor, wenn die **50** **Miete** eines Leistungsberechtigten während des Bezugs von Hilfe **erhöht wird** und dadurch in den Bereich des Unangemessen gerät. Dasselbe gilt, wenn durch den plötzlichen **Auszug eines Untermieters,** der die Miete bisher auf das Maß des Angemessenen gesenkt hatte, eine neue Lage entsteht (BSG, SGb 2013, 342). In diesen Fällen ist es ebenfalls gerechtfertigt, ein schutzwürdiges Interesse des Leistungsberechtigten an der Einräumung einer Übergangszeit anzuerkennen, in der er sich allerdings auf die neue Lage einstellen muss.

Der Hilfesuchende ist gehalten, die Aufwendungen so schnell es ihm möglich **51** und zumutbar ist zu senken. Dafür stehen ihm im Grundsatz verschiedene Wege offen. Eine **Untervermietung** kann möglich sein (BSG 6.8.2014 – B 4 AS 37/13 R), aber auch an den räumlichen Gegebenheiten oder daran scheitern, dass sie mietvertragsrechtlich nicht zulässig ist (§ 540 BGB). Die Senkung der Aufwendungen ist ferner durch den Einsatz eigener „freier" Mittel möglich. Schließlich kann der Vermieter veranlasst werden, die Miete zu senken. Letztlich bleibt ein Wohnungswechsel ein Weg, die Aufwendungen zu senken. Welcher dieser Wege dem Hilfesuchenden möglich und zumutbar ist, hängt vom Einzelfall ab. Wohnungseigentümer sind insoweit nicht in höherem Maße schutzbedürftig (BSG 2.7.2009 – B 14 AS 32/07 R, SGb 2009, 601). Für **ältere Menschen** kann es bei Vorliegen entsprechender Umstände – etwa schwere Erkrankung – auch auf Dauer unzumutbar sein, die aufgezeigten Wege zur Senkung der Aufwendungen zu beschreiten (BSG 23.3.2010 – B 8 SO 24/08 R, FEVS 62, 163; BSG 16.4.2013 – B 14 AS 28/12 R, SGb 2011, 327).

Wie lange die **Übergangszeit** dauern kann, in der eine zumutbare und mögliche **52** Senkung der Aufwendungen zu realisieren ist, lässt sich nicht ohne Berücksichtigung der Besonderheiten des Einzelfalles allgemein festlegen (so aber OVG Lüneburg 19.9.1997 – 4 M 3761/97, FEVS 48, 203). Bei einem Wohnungswechsel wird zu berücksichtigen sein, dass der Leistungsberechtigte an Kündigungsfristen gebunden ist. Eine Untervermietung kann demgegenüber in kürzerer Frist erfolgen. In S. 2 wird – im Gegensatz zu der früheren Rechtslage – nunmehr als Regel eine Frist von sechs Monaten festgelegt; im Einzelfall kann diese Regel Anpassungen erfordern (BSG 16.4.2013 – B 14 AS 28/12 R, SGb 2013, 342). Das Land Berlin hatte die gesetzliche Regel von sechs Monaten durch eine Verwaltungsvorschrift außer Kraft gesetzt und einen Jahresbestandsschutz eingeführt. Dies hat einen Rechtsstreit zwischen dem Bund und dem Land Berlin hervorgerufen, in dem das Land zur Zahlung von Schadensersatz verurteilt worden ist (BSG 15.12.2009 – B 1 AS 1/08 R), SGb 2010, 82).

Die Aufforderung durch den Träger der Sozialhilfe, die Unterkunftskosten inner- **53** halb einer bestimmten Frist zu senken, ist **kein Verwaltungsakt;** es ist lediglich ein Hinweis darauf, ab wann Leistungen nicht mehr Höhe der tatsächlichen Aufwendungen gewährt werden (BSG 11.12.2012 – B 4 AS 44/12 R; BSG 15.6.2016 – B 4 AS 36/15 R). Der Unterschied der Regelung nach S. 2, die auch zur Anwendung gelangen kann, wenn die Anmietung einer unangemessenen Unterkunft „unausweichlich" war, zu derjenigen nach S. 1, wonach (abstrakt) unangemessene Aufwendungen auch zu übernehmen sind, wenn eine andere, kostengünstigere Wohnung konkret nicht verfügbar und zugänglich war, ist nur schwer auszumachen (vgl. dazu die Bemerkungen in BSG 23.10.2010 – B 8 SO 24/08 R). Er dürfte darin liegen, dass die Unausweichlichkeit nach S. 2 auch gegeben sein kann, wenn die angemietete Wohnung nicht die einzig verfügbare war, aber sonstige zwingende Gründe dafür vorlagen, die unangemessene Wohnung anzumieten. Im Ergebnis ist der Leistungsberechtigte in beiden Fällen, also auch dann, wenn die zu teure Wohnung die einzig verfügbare war (S. 1) gehalten, entsprechend der Regelung nach S. 2 die Aufwendungen alsbald zu senken.

## 9. Rechtsfragen im Zusammenhang mit Umzügen

**54**    a) **Kenntnisverschaffung (Abs. 2 S. 3).** Die Vorschrift entspricht § 22 Abs. 4 SGB II, allerdings mit erheblichen Unterschieden. Die **Obliegenheit,** vor Abschluss eines Vertrages über eine neue Unterkunft, den dort zuständigen Träger der Sozialhilfe über die neuen Aufwendungen zu informieren, dient dazu, dem Leistungsberechtigten Klarheit über die Angemessenheitsgrenze zu verschaffen, damit er sich möglichst an diese Grenze hält. Eine **Zustimmung** zu einem Umzug ist allerdings nicht erforderlich.

**55**    b) **Unangemessene Aufwendungen und Zustimmung zum Umzug (Abs. 2 S. 4).** Sind nach dem Umzug die neuen Aufwendungen unangemessen hoch, besteht nur ein Anspruch auf **Übernahme angemessener Aufwendungen.** Wie der Leistungsberechtigte den Rest seiner Verpflichtungen erfüllt, bleibt offen. Allerdings kann der Träger der Sozialhilfe den unangemessenen Aufwendungen zustimmen. Als Ermächtigung an den Träger der Sozialhilfe, ohne weitere Rechtfertigung auch unangemessene Aufwendungen übernehmen zu können, dürfte die Zustimmung nicht gemeint sein. Sind unangemessene Aufwendungen indes unausweichlich oder dadurch begründet, dass die unangemessene Wohnung die einzig verfügbare ist, sind solche Aufwendungen ohnehin zu übernehmen; von einer Zustimmung kann dies schwerlich abhängig gemacht werden, da die Übernahmeverpflichtung bereits aus dem Bedarfsdeckungsprinzip folgt.

**56**    Anders als nach § 22 Abs. 1 S. 2 SGB II, wonach nach einem nicht erforderlichen Umzug nur die bisherigen Aufwendungen anerkannt werden, gilt dies bei § 35 nicht (zur „Dynamisierung" der Kosten bei „§ 22 Abs. 1 S. 2 SGB II, BSG 17.2.2016 – B 4 AS 12/15 R). Im Bereich des SGB II kommt die Vorschrift allerdings nicht zur Anwendung, wenn es um einen Umzug über die Grenzen des Vergleichsraums hinausgeht (BSG 1.6.2010 – B 4 AS 60/09 R, NDV-RD 2011, 3).

**57**    Für einen Umzug benötigt ein Nichthilfeempfänger, der durch den Umzug hilfebedürftig wird bzw. ein Leistungsberechtigter, der während des Bezugs von Hilfe zum Lebensunterhalt umzieht, **keine Genehmigung** oder Zustimmung des Trägers der Sozialhilfe (BSG 29.4.2015 – B 14 AS 6/14 R; BVerwG 17.11.1994 – 5 C 11/ 93, NVwZ 1995, 1104), sofern es nicht um die Übernahme der **Umzugskosten** geht. Stehen allerdings die Umzugskosten in Rede, gelten die allgemeinen Bestimmungen, d. h. der Umzugsbedarf muss rechtzeitig (§ 18) bekannt gemacht werden und eine Notwendigkeit für den Umzug muss bestehen (vgl. dazu BVerwG 5.3.1998 – 5 C 12/97, NVwZ-RR 1998, 755; BVerwG 26.3.1999 – 5 B 65/ 98, FEVS 51, 49). Zuständig für die Umzugskostenübernahme ist der Träger der Sozialhilfe des Ortes, wo der Bedarf entsteht, mithin der des bisherigen Wohnorts, von dem aus weggezogen werden soll (OVG Hamburg 22.11.1995 – Bs IV 302/ 95, FEVS 46, 391). Für die Zustimmung ist der Träger des Ortes zuständig, wo die neue Wohnung liegt (anders § 22 Abs. 4 SGB II).

**58**    Benötigt der Hilfesuchende zur Realisierung seines Wunsches, eine neue Unterkunft anzumieten, eine **Mietübernahmeerklärung** des Trägers der Sozialhilfe, ist dafür der Träger des neuen Wohnortes zuständig, denn nur dort können die örtlichen Verhältnisse, die für die Mietkosten erheblich sind, hinreichend beurteilt werden (vorwirkende Zuständigkeit). Eine Mietübernahmeerklärung kann grundsätzlich nur für eine konkrete in Aussicht genommene Unterkunft, nicht hingegen abstrakt (bis zu einer bestimmten Höchstgrenze) beansprucht werden (BSG 17.12.2014 – B 8 SO 15/13 R). Die Mietübernahmeerklärung stellt eine Form der persönlichen Hilfe nach § 10 (Dienstleistung) dar, die zur Deckung eines Unterkunftsbedarfs notwendig sein kann, weil andernfalls der Vermieter nicht bereit ist, einen Vertrag zu schließen.

Aus einer Mietübernahmeerklärung kann der Vermieter regelmäßig keine Rechte **59** gegenüber dem Träger der Sozialhilfe herleiten (BVerwG 19.5.1994 – 5 C 33/91, FEVS 45, 151; ebenso für die Erklärung nach § 569 Abs. 3 Nr. 2 BGB, BVerwG 18.10.1993 – 5 B 26/93, FEVS 44, 236).

**c) Umzug in Unterkunft mit angemessenen Aufwendungen.** Für einen **60** Anspruch auf Übernahme solcher Aufwendungen ist es nicht erforderlich, dass der Umzug als solcher notwendig (war) ist (Rn. 55). Allerdings folgt aus der Angemessenheit der Aufwendungen auch nicht zwangsläufig, dass die Aufwendungen zu übernehmen sind (nach § 22 Abs. 1 S. 2 SGB II ist dies ausgeschlossen). Da ein Umzug – sofern er nicht sozialhilferechtlich notwendig ist – Ausdruck des Wunsch- und Wahlrechts nach § 9 Abs. 2 ist, kommt insoweit auch der Mehrkostenvorbehalt dieser Vorschrift zum Tragen (BVerwG 17.11.1994 – 5 C 11/93, NVwZ 1995, 1104; OVG Hamburg 16.1.1990 – Bs IV 256/89, NVwZ-RR 1990, 358). Auch wenn der Hilfesuchende eine bedarfsdeckende Unterkunft innehatte, ist sein Wunschrecht nach einer anderen Unterkunft aus Gründen der Achtung der Menschenwürde nicht von vornherein ausgeschlossen.

Der Anspruch auf Übernahme der Aufwendungen hängt daher davon ab, ob die **61** Wohnung nicht **unverhältnismäßige Mehrkosten** verursacht (§ 9 Abs. 2 S. 3). Es ist folglich entscheidend, ob es kostengünstigere Alternativen gibt. Dabei erschöpft sich die Frage nach der Unverhältnismäßigkeit nicht in einem rein rechnerischen Kostenvergleich. Es sind vielmehr die Gründe für den Umzug in eine wertende Betrachtung einzubeziehen, wobei diese Gründe nicht das Ausmaß einer Zwangslage haben müssen, sondern auch von einem geringeren Gewicht sein dürfen.

Als kostengünstigere Alternative kommt auch die bisherige Unterkunft des Hilfe- **62** bedürftigen in Betracht, allerdings nur dann, wenn sie ihm noch zur Verfügung steht. Ist dies nicht der Fall, kann der Träger der Sozialhilfe den Hilfesuchenden indes auf andere **kostengünstigere Unterkünfte** verweisen, die er stattdessen hätte anmieten können. Insoweit trägt der Hilfesuchende ein erhebliches eigenes Risiko, da ihm die kostengünstigeren Alternativen gleichsam hypothetisch anspruchsvernichtend entgegengehalten werden können, weil nachträglich nicht mehr realistisch beurteilt werden kann, ob ihm diese Alternativen auch wirklich offen gestanden hätten.

In die wertende Beurteilung des Umzugswunsches unter dem Aspekt dadurch **63** verursachter Mehrkosten, gehen grundsätzlich alle **Besonderheiten des Einzelfalles** ein. Der Wunsch nach einer besseren Ausstattung der Wohnung und einer besseren Lage kann etwa aufgrund persönlicher Umstände (Alter, Gebrechlichkeit, Schulweg der Kinder etc.) ein erhebliches Gewicht erhalten. Der Wunsch eines volljährigen Kindes, aus der (ausreichend großen) elterlichen Wohnung auszuziehen, wird nur unter besonderen Umständen (ernsthaftes Zerwürfnis) zu berücksichtigen sein. Das anzuerkennende Gewicht des Umzugswunsches ist zu den Mehrkosten in ein Verhältnis zu setzen: Je gewichtiger die Gründe für den Umzug sind, desto mehr ist eine Kostensteigerung noch verhältnismäßig.

**In den** Kostenvergleich wird man auch **Folgekosten des Umzugs** einbeziehen **64** müssen, etwa Kosten für neue Möbel oder Gardinen.

## 10. Wohnungsbeschaffungskosten, Mietkaution (Abs. 2 S. 5 u. 6)

Soweit die beiden Sätze von einer Zustimmung des Trägers der Sozialhilfe spre- **65** chen, liegt darin eine problematische Regelung. Es hätte gereicht, die in S. 6 erwähnten Tatbestandsvoraussetzungen für eine Übernahme der betreffenden Kosten zu erwähnen. Wegen der Geltung des Kenntnisgrundsatzes nach § 18, der durch die Regelungen nicht aufgehoben wird, muss der Hilfesuchende seinen diesbezüglichen Bedarf ohnehin vor der Bedarfsdeckung geltend machen; andernfalls besteht kein Hilfeanspruch. Fehlt eine vorherige Zustimmung, hätte sie aber nach den Bedingungen des S. 6 erteilt werden müssen, braucht der Hilfesuchende im gerichtlichen Verfahren nicht etwa auf Erteilung einer Zustimmung zu klagen. Er kann vielmehr nach den insoweit geltenden allgemeinen Grundsätzen über die Kostenerstattung für die selbstbeschaffte Hilfe einen etwa bestehenden Anspruch auf Erstattung seiner betreffenden Aufwendungen geltend machen.

**66**    Die Voraussetzungen für einen Anspruch auf Übernahme von Wohnbeschaffungskosten und Mietkautionen sind in S. 6 geregelt, wobei die Zustimmung **keine** derartige **Anspruchsvoraussetzung** ist. Wenn die betreffenden Voraussetzungen vorliegen, soll die Zustimmung erteilt werden, d. h. der Anspruch auf Übernahme der genannten Kosten ist im Regelfall gegeben. Die Mietkaution soll als **Darlehen** erbracht werden. Das ist sachgerecht, da es dann bei Rückzahlung der Mietkaution keine Probleme mit einem Einkommenszufluss bei dem Hilfebedürftigen gibt. Das Darlehen darf allerdings nicht mit der laufenden Hilfe verrechnet werden (LSG BW 6.9.2006 – L 13 AS 3108/06 ER-B, info also 2007, 119).

**67**    Wenn der Umzug durch den **Träger der Sozialhilfe veranlasst** worden ist, soll der betreffende Anspruch bestehen. Dies ist eine problematische Regelung, da sie den Anschein erweckt, als hänge der Anspruch von einem vorangegangenen Tun des Trägers der Sozialhilfe ab, für das im Übrigen keine weiteren Tatbestandsvoraussetzungen normiert sind. Es ist auch nicht einzusehen, warum eine Mietkaution oder Wohnungsbeschaffungskosten übernommen werden sollen, nur weil der Träger der Sozialhilfe den Umzug veranlasst hat. Dies wäre völlig unsinnig, wenn solche Kosten z. B. gar nicht notwendig sind.

**68**    Der zweite in der Vorschrift genannte Grund für eine Übernahme der betreffenden Kosten ist der allein sinnvolle. Dieser Grund ist gegeben, wenn ein **Umzug** erstens **notwendig** ist und zweitens ohne die Übernahme der Wohnungsbeschaffungskosten und der Mietkaution eine Unterkunft in angemessener Zeit nicht zu erlangen wäre. Diese Tatbestandsmerkmale sind handhabbar. Notwendig ist ein Umzug, wenn die bisherige Unterkunft nicht bedarfsdeckend ist, etwa weil es sich um eine Notunterkunft handelt. Notwendig ist ein Umzug ferner dann, wenn die Wohnung (vom Vermieter) gekündigt worden ist oder aus sonstigen Gründen nicht mehr zur Verfügung steht. Ob die betreffenden Kosten notwendig sind, um eine Wohnung in angemessener Zeit zu finden, ist eine Frage des jeweiligen Wohnungsmarktes. Auch das Tatbestandsmerkmal der „angemessenen Zeit" erlaubt eine einzelfallbezogene Anwendung.

**69**    Der Begriff der „**Wohnungsbeschaffungskosten**" ist weit. Darunter fallen alle Kosten, die aus Anlass der Beschaffung einer neuen Wohnung notwendig sein können (BSG 16.12.2008 – B 4 AS 49/07 R, FEVS 60, 529 und BSG 18.2.2010 – B 4 AS 28/09 R, FEVS 62, 6). Dazu gehören Zeitungsinserate, die Umzugskosten, sonstige Fahrtkosten, Genossenschaftsanteile oder eine Abstandszahlung, aber auch die Kosten für einen neuen Telefonanschluss und das Internet sowie für den Nachsendeantrag bei der Post (BSG 10.8.2016 – B 14 AS 58/15 R). Welche dieser Kosten sozialhilferechtlich notwendig und damit zu übernehmen sind, hängt vom Einzelfall, insbesondere von den Gegebenheiten des Wohnungsmarktes, ab. Umzugskosten sind notwendig, wenn der Auszug aus der bisherigen Wohnung notwendig ist; ob die neue Wohnung angemessen ist, ist unerheblich (VGH Mannheim 2.9.1996 – 6 S 314/96, FEVS 47, 325; vgl. auch BVerwG 26.3.1999 – 5 B 65/98, FEVS 51, 49). Genossenschaftsanteile können als Bedarf berücksichtigt werden (OVG Lüneburg 25.7.2002 – 4 LA 145/02, NDV-RD 2003, 32). Eine doppelte Mietzahlung (für die alte und die neue Wohnung) kann als ein Kostenfaktor der Wohnungsbeschaffung betrachtet werden (OVG Lüneburg 25.10.2001 – 4 MA 2958/01, NDV-RR 2002, 10 11). Eine Mietkaution ist nach § 551 BGB auf Verlangen des Vermieters zu zahlen, wobei dies in drei Raten erfolgen kann (s. dazu eingehend *Ruff*, ZfSH/SGB

2003, 202). Ob der Wohnungsmarkt Mietverhältnisse ermöglicht, bei denen eine Kautionszahlung nicht notwendig ist, hängt vom Einzelfall ab (OVG Lüneburg 2.2.2000 – 4 M 4713/99, NJW 2000, 1355; VGH Kassel 28.1.1988 – 9 TG 12/ 88, FEVS 37, 414; OVG Hamburg 18.8.1993 – Bs IV 164/93, FEVS 44, 293; zur darlehensweisen Erbringung der Kaution s. OVG Lüneburg 27.3.2003 – 12 ME 52/03; BSG 22.3.2012 – B 4 AS 26/10 R; BSG 25.4.2015 – B 14 AS 28/14 R). Auch die Mietkaution ist ein Bedarf aller Personen der Einsatzgemeinschaft (OVG Hamburg 26.4.2002 – 4 Bf 443/00, FEVS 54, 473).

## 11. Sonstige Leistungen für die Unterkunft

Die Vorschrift des § 35 eröffnet ein breites Spektrum von Leistungen. Problema- **70** tisch ist, ob auch die Kosten einer mietvertraglich geschuldeten Wohnungsrenovierung (vgl. dazu BVerwG 30.4.1992 – 5 C 26/88; zur Einzugsrenovierung vgl. BSG 16.12.2008 – B 4 AS 49/07 R; BSG 29.11.1012 – B 14 AS 95/12 R; zur Auszugsrenovierung vgl. BSG 6.10.2011 – B 14 AS 66/11 R; BSG 24.11.2011 – B 14 AS 15/11 R;) vom Träger der Sozialhilfe zu übernehmen sind oder ob dieser Bedarf durch den Regelsatz abgegolten ist. Eine Einzugsrenovierung ist von dem Bedarf für eine Wohnungserstausstattung (§ 31 Abs. 1 Nr. 1) abzugrenzen. Notwendige Reparaturen wegen eines vertragswidrigen Gebrauchs der Mietsache können allerdings nicht übernommen werden (BVerwG 3.6.1996 – 5 B 24/96, FEVS 47, 289). Die Kosten eines Breitbandkabelanschlusses, die nach dem Mietvertrag unabwendbar sind, gehören zu den Kosten der Unterkunft (BSG 19.2.2009 – B 4 AS 48/08 R; anders, wenn die Kosten nicht zu den Betriebskosten des Vermieters gehören BSG 24.3.2015 – B 8 SO 22/13 R; BVerwG 28.11.2001 – 5 C 9/01, NJW 2002, 1284; Anm. *Berlit,* info also 2002, 128). Kosten einer notwendigen Möbeleinlagerung sind gegebenenfalls zu übernehmen BSG 16.12.2008 – B 4 AS 1/08 R, FEVS 60, 535; BVerwG 12.12.1995 – 5 C 28/93, NJW 1996, 1838; ferner *Hammel,* ZfSH/SGB 2001, 403). Sofern für die Benutzung von Küchenmöbeln ein Betrag geschuldet ist, gehört er zu den Kosten der Unterkunft (BSG 7.5.2009 – B 14 AS 31/07 R, SGb 2009, 412). Dasselbe gilt, wenn die Unterkunft nur mit einer Garage anzumieten war (BSG 7.11.2006 – B 7b AS 10/06 R, FEVS 58, 248). Auch eine Betreuungspauschale (betreutes Wohnen) kann zu den Kosten der Unterkunft zählen (BSG 14.4.2011 – B 8 SO 19/09 R, SGb 2011, 328).

## 12. Pauschalierung (Abs. 3 u. 4)

Nach der Regelung in diesem Absatz ist eine Pauschalierung der Leistungen für **71** die Unterkunft möglich (zur Problematik einer Pauschalierung von Unterkunftskosten s. Rn. 2 und VGH Kassel 12.12.2002 – 5 G 907/02, info also 2003, 32 m. Anm. *Putz).* Da die Vorschrift von einer monatlichen Pauschale spricht, können nur laufende Leistungen gemeint sein; Wohnungsbeschaffungskosten dürfen folglich nicht pauschaliert werden. Es können die gesamten laufenden Leistungen, aber etwa auch nur die Betriebskosten der Wohnung pauschaliert werden.

Die **Zulässigkeit einer Pauschalierung** ist von mehreren Voraussetzungen **72** abhängig, deren Auslegung Schwierigkeiten bereiten dürfte. Es sind sowohl die objektiven Gegebenheiten des jeweiligen örtlichen Wohnungsmarktes zu berücksichtigen, als auch die individuelle Lage der Leistungsberechtigten. Die Regelung nach Abs. 2 S. 1 soll entsprechend gelten. Das bedeutet, dass eine Miete, die die pauschal festgelegte Leistung übersteigt, zunächst dennoch zu berücksichtigen ist. Abs. 2 S. 2 muss ebenfalls in diesem Zusammenhang gelten. Bei der Pauschale für Heizung und Warmwasserbereitung wird nicht auf Abs. 2 S. 1 verwiesen. Das ist nicht nachvollziehbar.

### 13. Bedarf bei „sonstiger Unterkunft (Abs. 5)

**72a**    Der Absatz ist durch Art. 3a des Gesetzes vom 22.12.2016 (BGBl. I S. 3159) in die Vorschrift gelangt. Darin ist geregelt, wie der Bedarf an Kosten der Unterkunft zu ermitteln ist, wenn die leistungsberechtigte Person in einer „sonstigen Unterkunft" lebt. Darunter sind Zimmer in Pensionen, Ferienwohnungen, Wohnwagen auf Campingplätzen oder Notquartiere und sonstige Gemeinschaftsunterkünfte zu verstehen (BT-Drs. 19/9984, S. 94). Der Bedarf wird in diesen Fällen nach § 42a Abs. 5 ermittelt.

## III. Verfahrensrecht und Rechtsschutz

### 1. Verwaltungszuständigkeit

**73**    Welcher Träger der Sozialhilfe nach § 98 Abs. 1 S. 1 örtlich zuständig ist, kann in Fällen des Umzugs zweifelhaft sein (Rn. 57). Für Abs. 2 S. 3 gilt, dass der Träger, der für die neue Unterkunft zuständig ist, informiert werden soll. Wer die Zustimmung für einen Umzug und die Wohnungsbeschaffungskosten erteilen soll, ist hingegen nicht ausdrücklich geregelt. Die Veranlassung eines Umzugs und die Übernahme von Umzugskosten können nur von dem jetzigen Träger ausgesprochen werden. Für die Zustimmung der Übernahme von sonstigen Wohnungsbeschaffungskosten ist dies allerdings zweifelhaft, da die Notwendigkeit von Wohnungsbeschaffungskosten von den örtlichen Gegebenheiten abhängen können (so etwa VGH Mannheim 2.9.1996 – 6 S 314/96, FEVS 47, 325; OVG Lüneburg 7.7.1998 – 4 L 1278/98, FEVS 49, 538).

### 2. Rechtsschutz

**74**    Die Kosten der Unterkunft können als abtrennbarer Teil der Hilfe zum Lebensunterhalt einen eigenständigen Streitgegenstrand bilden. Die Heizkosten sind indes nicht abtrennbar (BSG 22.9.2009 – B 4 AS 70/08 R; BSG 4.6.2014 – B 14 AS 42/13 R; BSG 17.2.2016 – B 4 AS 2/15 R)). Für den Anspruch auf Übernahme von Kosten der Unterkunft und von Heizkosten gilt § 18. Tritt die Hilfebedürftigkeit im Laufe eines Monats ein und ist die Miete für den gesamten Monat bereits bezahlt, besteht ein Anspruch auf Übernahme der Kosten nicht (anders BSG 7.5.2009 – B 14 AS 13/08 R, SGb 2009, 411, im Recht der Grundsicherung für Arbeitsuchende). Zum einstweiligen Rechtsschutz bei § 22 SGB II, s. *Merold*, ASR 2016, 184; BVerfG 1.8.2017 – 1 BvR 1910/12, NJW 2017, 3142).

### § 35a Satzung

**[1]Hat ein Kreis oder eine kreisfreie Stadt eine Satzung nach den §§ 22a bis 22c des Zweiten Buches erlassen, so gilt sie für die Höhe der anzuerkennenden Bedarfe für die Unterkunft nach § 35 Absatz 1 und 2 des zuständigen Trägers der Sozialhilfe entsprechend, sofern darin nach § 22b Absatz 3 des Zweiten Buches Sonderregelungen für Personen mit einem besonderen Bedarf für Unterkunft und Heizung getroffen werden und dabei zusätzlich auch die Bedarfe älterer Menschen berücksichtigt werden. [2]Dies gilt auch für die Höhe der anzuerkennenden Bedarfe für Heizung nach § 35 Absatz 4, soweit die Satzung Bestimmungen nach § 22b Absatz 1 Satz 2 und 3 des Zweiten Buches enthält. [3]In Fällen der Sätze 1 und 2 ist § 35 Absatz 3 und 4 Satz 2 und 3 nicht anzuwenden.**

*Änderungen der Vorschrift: § 35a eingef. mWv 1.4.2011 durch G v. 24.3.2011 (BGBl. I S. 453), Sätze 1 und 2 geänd. mWv 1.1.2016 durch G v. 21.12.2015 (BGBl. I S. 2557).*

*Vergleichbare Vorschrift:* § 22a SGB II.

**Schrifttum:** *Bätge,* Zur Rechtmäßigkeit von kommunalen Satzungen nach § 22a ff. SGB II und zum maßgeblichen Rechtsschutz, Sozialrecht aktuell 2011, 131; *Deutscher Verein,* Empfehlungen zur Ausführung einer Satzungsermächtigung bei den Kosten der Unterkunft und Heizung im SGB II und XII, NDV 2011, 349; *Knickrehm,* Schlüssiges Konzept, „Satzungslösung" und Anforderungen des BVerfG vom 9.2.2010, Sozialrecht aktuell 2011, 125; *Luik,* Kosten der Unterkunft nach dem Satzungsmodell, Aktuelle Herausforderungen im Sozial- und Arbeitsrecht 2012, 109; *Wettläufer,* SGB II-Satzungslösungen-Landesgesetze, KdU-Normsetzung und Zwischenbilanz, VSSR 2013, 221.

Diese Bestimmung ist durch das Regelbedarfsermittlungsgesetz eingefügt worden. **1**
Sie knüpft an die Bestimmungen der **§§ 22a bis 22c SGB II** an. Ist von der Ermächtigung, eine Satzung betreffend die Leistungen für Unterkunft und Heizung zu erlassen, Gebrauch gemacht, gilt die Satzung auch für die Leistungen nach § 35 Abs. 1 und 2 entsprechend. Dies bedeutet, dass nur dasjenige, das in der Satzung geregelt ist, für § 35 Abs. 1 und 2 gilt; die **übrigen** Bestimmungen – etwa über den Anspruch auf Übernahme unangemessener Aufwendungen **nach § 35** Abs. 2 S. 1 und 2 – **bleiben unberührt.** Das bedeutet, dass Aufwendungen, die die Angemessenheitsgrenze gemäß der Satzung übersteigen, weiterhin nach § 35 Abs. 2 S. 1 und 2 ausnahmsweise zu berücksichtigen sind. Zudem muss die Satzung Bestimmungen nach § 22b Abs. 3 SGB II enthalten. Dies fehlte in der Satzung, die vom Senat von Berlin erlassen worden war. Daher hat das BSG (17.10.2013 – B 14 AS 70/12 R) entschieden, dass die Satzung nicht für Personen gilt, die nach dem SGB XII Ansprüche besitzen. Auch die **Leistungen für Heizung** können durch die Satzung nach § 22b Abs. 1 S. 2 und 3 SGB II mit Wirkung für den Sozialhilfeträger festgelegt werden. Greift die entsprechende Regelung von derartigen Satzungsbestimmungen, sind § 35 Abs. 3 und Abs. 4 S. 2 und 3 nicht anzuwenden.

Satzungen nach §§ 22a bis 22c SGB II sind bisher allenfalls in ganz geringer Zahl **2**
**erlassen** worden. Das liegt auch daran, dass bisher nur drei Länder (Berlin, Schleswig-Holstein und Hessen entsprechende landesrechtliche Ermächtigungen erlassen haben. Ob es sinnvoll war, vor dem Hintergrund der Rechtsprechung des BSG zum „schlüssigen Konzept" (§ 35 Rn. 25) ein weiteres Modell für die Leistungen der Unterkunft und Heizung zu schaffen, darf bezweifelt werden (s. dazu *Knickrehm,* Sozialrecht aktuell 2011, 125; *Krauß,* Sozialrecht aktuell 2011, 144). Der Deutsche Verein für öffentliche und private Fürsorge hat zwar „Empfehlungen zur Ausführung einer Satzungsermächtigung bei den Kosten der Unterkunft und Heizung im SGB II und XII" veröffentlicht, NDV 2011, 349. Die Erfahrungen in Berlin mit der Wohnaufwendungsverordnung (WAV) lassen jedenfalls Zweifel an der Sinnhaftigkeit von Satzungen für die Bestimmung der Angemessenheit der Aufwendungen für die Unterkunft und Heizung aufkommen (s. dazu BSG 4.6.2014 – B 14 AS 53/13 R, wonach die WAV für unwirksam erklärt wurde (s. auch LSG Bln-Bbg 28.7.2016 – L 32 AS 1945/14).

## § 36 Sonstige Hilfen zur Sicherung der Unterkunft

(1) ¹Schulden können nur übernommen werden, wenn dies zur Sicherung der Unterkunft oder zur Behebung einer vergleichbaren Notlage gerechtfertigt ist. ²Sie sollen übernommen werden, wenn dies gerechtfertigt und notwendig ist und sonst Wohnungslosigkeit einzutreten droht. ³Geldleistungen können als Beihilfe oder als Darlehen erbracht werden.

(2) ¹Geht bei einem Gericht eine Klage auf Räumung von Wohnraum im Falle der Kündigung des Mietverhältnisses nach § 543 Absatz 1, 2 Satz 1 Nummer 3 in Verbindung mit § 569 Absatz 3 des Bürgerlichen Gesetzbuchs

ein, teilt das Gericht dem zuständigen örtlichen Träger der Sozialhilfe oder der Stelle, die von ihm zur Wahrnehmung der in Absatz 1 bestimmten Aufgaben beauftragt wurde, unverzüglich Folgendes mit:
1. den Tag des Eingangs der Klage,
2. die Namen und die Anschriften der Parteien,
3. die Höhe der monatlich zu entrichtenden Miete,
4. die Höhe des geltend gemachten Mietrückstandes und der geltend gemachten Entschädigung sowie
5. den Termin zur mündlichen Verhandlung, sofern dieser bereits bestimmt ist.

[2]Außerdem kann der Tag der Rechtshängigkeit mitgeteilt werden. [3]Die Übermittlung unterbleibt, wenn die Nichtzahlung der Miete nach dem Inhalt der Klageschrift offensichtlich nicht auf Zahlungsunfähigkeit des Mieters beruht. [4]Die übermittelten Daten dürfen auch für entsprechende Zwecke der Kriegsopferfürsorge nach dem Bundesversorgungsgesetz verwendet werden.

*Änderung der Vorschrift: § 36 neu gef. mWv 1.1.2011 durch G v. 24.3.2011 (BGBl. I S. 453).*

*Vergleichbare Vorschrift: § 22 Abs. 8 u. 9 SGB II.*

**Schrifttum:** *Berendes,* Zum Anspruch auf Übernahme von Energieschulden, info also 2008, 151; *Deutscher Verein,* Empfehlungen zur Übernahme von Mietschulden und Energiekostenrückständen in SGB II und SGB XII, NDV 2015, 149 und 210; *Goletz,* Das Gesetz zur Reform des Sozialhilferechts ZfF 1996, 193; *Gotzen,* Übernahme von Energierückständen nach § 34 SGB XII, ZfF 2007, 248; *ders.,* Unverhältnismäßigkeit einer Stromsperre nach StromGVV und Anträge auf Übernahme von Stromschulden im SGB II/XII, ZfF 2009, 106; *Hammel,* Leistungen der Sozialhilfe zur Erhaltung der Unterkunft während der Dauer des Freiheitsentzugs, ZfSH/SGB 2000, 515; *ders.,* Die Schuldenübernahme nach § 22 Abs. 5 SGB II – ein immer wieder aktuelles Thema, ZfSH/SGB 2008, 649; *ders.,* Die Weiterfinanzierung der Wohnung während des Freiheitsentzugs, NDV 2011, 156; *Mester,* Hilfe zur Sicherung der Unterkunft und zur Behebung vergleichbarer Notlagen nach § 34 Abs. 1 SGB XII und § 22 Abs. 5 SGB II, ZfF 2006, 97; *Paul,* Leistungen für Unterkunft und Heizung in der Sozialhilfe (SGB XII) und in der Grundsicherung für Arbeitsuchende (SGB II), ZfF 2005, 145; *Schlette,* Sozialhilfe als Darlehen – Anwendungsfälle, Rechtsnatur, Gestaltungsmöglichkeiten ZfSH 1998, 154; *Schütze,* Rechtsprechung zu Mehr- und Sonderbedarfen in besonderen Not- und Sondersituationen, SozSich 2007, 113.

# I. Bedeutung der Norm

1    **Die Regelung entspricht bis auf geringfügige Änderungen dem § 34 SGB XII in der bis Ende 2010 geltenden Fassung.** Diese Vorschrift sollte nach der Begründung des Gesetzentwurfes (BT-Drs. 15/1514, 60), „inhaltsgleich den bisherigen § 15a des Bundessozialhilfegesetzes" übertragen. Dieser Aussage kann bei genauerem Vergleich des Wortlauts beider Regelungen nicht ganz zugestimmt werden. Zunächst fällt auf, dass **Abs. 1 S. 1 nur „Schulden" als Gegenstand der Übernahme,** d. h. der Leistung, erwähnt, während § 15a Abs. 1 S. 1 BSHG die Gewährung von Hilfe zum Lebensunterhalt in allen Fällen ermöglichte, in denen nach den §§ 2 bis 15 BSHG die Gewährung nicht möglich, die Bewilligung von Hilfe aber zur Sicherung der Unterkunft oder zur Behebung einer vergleichbaren Notlage gerechtfertigt war. Die Vorschrift ermöglicht dem Träger der Sozialhilfe, durch eine Schuldenübernahme die Unterkunft zu sichern sowie Notlagen, die für die Leistungsberechtigten eine dem Verlust der Unterkunft vergleichbare Bedeutung haben, abzuwenden. Sie bildet daher eine **Ausnahme von dem Grundsatz,** dass es **nicht Aufgabe der Sozialhilfe** ist, **Schulden des Leistungsberechtigten zu**

**tilgen** (st. Rspr. vgl. nur BVerwG 30.4.1992 – 5 C 12/87, Rn. 14). Die Regelung hat erhebliche **praktische Bedeutung,** da es in einer Vielzahl von Fällen zu Mietschulden und Rückständen insbesondere bei Energieversorgungsunternehmen kommt und häufig nur die Übernahme der Schulden oder Rückstände den Verbleib der Leistungsberechtigten in der bisherigen Wohnung sichert oder die Voraussetzungen dafür schafft, dass eine Wohnung oder ein Haus weiterhin mit Strom, Wasser oder Gas versorgt und so eine unter Berücksichtigung der allgemeinen Lebensverhältnisse angemessene Lebensführung gesichert wird. **Gegenüber den anderen Regelungen der Hilfe zum Lebensunterhalt, den §§ 27 ff., ist die Vorschrift nachrangig;** sie kommt daher nur zur Anwendung, wenn nach diesen Leistungen nicht zu erbringen sind. Soweit Mietrückstände dadurch entstehen, dass die vom Träger der Sozialhilfe gewährten Leistungen für die Unterkunft geringer als die tatsächlichen Kosten der Unterkunft sind, scheidet ein Anspruch nach § 36 aus; der Leistungsberechtigte muss vielmehr den Anspruch aus § 35 Abs. 1, Abs. 2 geltend machen und die ergangenen Bewilligungsbescheide des Trägers angreifen (BSG 17.6.2010 – B 14 AS 58/09 R, Rn. 14; LSG NRW 11.12.2012 – L 9 SO 391/12 B, Rn. 11). Dagegen kann ein Anspruch nach § 36 auch dann bestehen, wenn die Voraussetzungen für die Leistung von laufender Hilfe zum Lebensunterhalt nicht vorliegen, das vorhandene Einkommen aber für den weiteren, zusätzlichen Bedarf nicht ausreicht, oder ein Anspruch nach §§ 27 ff. an den Regelungen der §§ 2 und/oder 18 scheitert (zu § 15a BSHG: HessVGH 19.10.1993 – UE 1430/90, Rn. 15; vgl. aber Rn. 5). Soweit § 22 Abs. 1 eingreift, kommen Leistungen nach § 36, sondern nach § 22 Abs. 1 S. 2 in Betracht (OVG Bremen 27.8.1986 – 2 B 76/86). Nach der bis zum 31.7.2006 geltenden Fassung des § 5 Abs. 2 SGB II wurde vom Grundsatz aus § 21 S. 1, bzw. § 5 Abs. 2S. 1 SGB II, dass Personen, denen ein Anspruch auf Leistungen nach dem SGB II zusteht, keine Leistungen der Hilfe zum Lebensunterhalt des SGB XII erhalten, im Hinblick auf § 36 eine Ausnahme gemacht. Diese Lage hat sich durch das Gesetz zur Änderung des Zweiten Buches Sozialgesetzbuch und anderer Gesetze vom 24.3.2006 (BGBl. I S. 558, 559) grundlegend geändert. Durch **§ 22 Abs. 8 SGB II** wird die Übernahme insbesondere von Miet- und Energieschulden nunmehr unmittelbar im SGB II und nicht mehr durch einen Verweis auf Leistungen nach dem SGB XII geregelt. zugleich wurde in § 22 SGB II ein Absatz 9 eingefügt, der § 36 Abs. 2 entspricht. Zu beachten ist allerdings **§ 21 S. 2.** Nach dieser Regelung können Personen, die nicht hilfebedürftig i. S. des § 9 SGB II sind, Leistungen nach § 36 erhalten. Damit ist eine Übernahme von Miet- und Energieschulden auch für den diejenigen möglich, die an sich unter die Regelungen des SGB II fallen, aber keine Leistungen für Unterkunft und Heizung nach dem SGB II – wie es § 22 Abs. 8 SGB II voraussetzt – erhalten (vgl. auch § 21 Rn. 4). Ein Anspruch eines erwerbsfähigen Leistungsberechtigten auf Leistungen des Sozialhilfeträgers nach dem 3. Kapitel des SGB XII ist damit nach § 5 Abs. 2 SGB II ausgeschlossen (LSG Bln-Bbg 4.5.2010 – L 23 SO 46/10 B ER, Rn. 16).

## II. Hilfeleistung nach Abs. 1

### 1. Übernahme von Schulden

Im Gegensatz zu § 15a BSHG nennt das Gesetz als in Betracht kommende Leistung nur noch die Übernahme von Schulden. Das sind Verbindlichkeiten, insbesondere Zahlungsverpflichtungen des Leistungsberechtigten, die in der Vergangenheit begründet wurden, auf die entweder aktuell oder künftig Zahlungen zu leisten sind oder auf die bislang nicht oder nur teilweise die geschuldeten Zahlungen geleistet wurden (vgl. LSG NRW 11.12.2012 – L 9 SO 391/12 B, Rn. 16). Damit ist – geht man allein vom Wortlaut aus – der Anwendungsbereich der Vorschrift eingeengt   **2** worden, sodass anders als bei § 15a BSHG (vgl. nur VGH BW 8.11.1995 – 6 S 3140/94, Rn. 24) die Regelung dann nicht zur Anwendung kommt, wenn der Leistungsberechtigte, um Wohnraum zu sichern, Leistungen für die Übernahme einer noch zu vereinbarenden Abstandszahlung, für die Übernahme von Anteilen einer Baugenossenschaft oder von Kosten einer Anzeige, die er aufgeben will, begehrt (BSG 12.12.2013 – B 8 SO 24/12 R, Rn. 21; BayLSG 16.11.2005 – L 10 B 11/06 AS ER: Kein Anspruch auf Übernahme künftiger Mietzahlungen). Allerdings spricht die oben (Rn. 1) geschilderte Absicht des Gesetzgebers, die Regelung des § 15a BSHG inhaltsgleich in das SGB XII zu übertragen, für eine weite Auslegung des Begriffs „Schulden" (ebenso: LSG LSA, NDV-RD 2006, 10). Soweit es um Ansprüche von Personen geht, die aus der Strafhaft entlassen werden, kann sich ein Anspruch auf Übernahme von Anmietungskosten aus den §§ 67 ff. ergeben (BSG 12.12.2013 – B 8 SO 24/12 R, Rn. 18 ff.).

## 2. Leistungsvoraussetzungen

3  **a) Sicherung der Unterkunft.** Unter den Begriff „Sicherung der Unterkunft" fallen alle Maßnahmen, die geeignet sind, den Leistungsberechtigten vor Obdachlosigkeit zu bewahren. Dazu kann die von **Übernahme von Mietschulden** sowie **Mietzinszahlungen** (HessLSG 2.6.2008 – L 7 SO 14/08 B ER, Rn. 29; LSG RhPf 4.4.2006 – L 3 ER 41/06 AS, Rn. 29), einer **Mietsicherheit** (NdsOVG 7.7.1998 – 4 L 1278/98, Rn. 1), einer **Abstandszahlung,** einer **Maklergebühr,** zu deren Zahlung der Leistungsberechtigte sich verpflichtet hat, gehören, soweit ein hierauf gerichteter Anspruch sich im Einzelfall oder grundsätzlich (so teilweise VGH Mannheim, FEVS 46, 287 u. FEVS 47, 325 zu § 12 BSHG iVm § 3 Abs. 1 RegelsatzVO) nicht aus § 35 ergibt. Soweit Mietrückstände sich daraus ergeben, dass Leistungen der Sozialhilfe für die Unterkunft von geringeren als den tatsächlichen Kosten ausgehen, scheidet ein Anspruch nach § 36 aus; der Leistungsberechtigte muss vielmehr einen Anspruch nach § 35 geltend machen (LSG NRW 11.12.2012 – L 9 SO 391/12 B ER, Rn. 11). Voraussetzung für die Gewährung einer Leistung ist dabei zunächst, dass der Leistungsberechtigte Wohnraum aufgrund einer bestehenden **mietvertraglichen Berechtigung** (OVG Hmb 12.8.1996 – Bs IV 230/96, Rn. 1) **tatsächlich (noch) nutzt** (BSG 12.12.2013 – B 8 SO 24/12 R, Rn. 20; SächsOVG – 2 S 33/98); ein Anspruch entfällt, wenn die Wohnung geräumt ist, was auch dann gilt, wenn die Räumung während des auf die Bewilligung einer entsprechenden Leistung gerichteten gerichtlichen Verfahrens erfolgt (OVG NRW 9.2.1993 – 24 A 870/90). Die Notwendigkeit, die Unterkunft zu erhalten, kann auch dann bestehen, wenn der Leistungsberechtigte in **Haft** ist und daher seine Wohnung zurzeit gar nicht oder allenfalls während der Zeit eines Hafturlaubes nutzt (SächsOVG 18.5.1998 – 2 S 33/98). Dabei war in der Rechtsprechung zu § 15a BSHG umstritten, ob eine Leistung zur Sicherung der Unterkunft nur in Betracht kommt, wenn die (Rest-)Haftzeit nur einige Monate, noch sechs Monate – in Anlehnung an die Definition der „kurzen Dauer" in § 15b BSHG – oder noch bis zu 18 Monaten andauert. Da der Anspruch sich nach Abs. 1 S. 1 nur (noch) auf eine Übernahme von Schulden richtet, wird in diesem Zusammenhang eine Leistung nach §§ 67, 68 in Betracht kommen (BSG 12.12.2013 – B 8 SO 24/12 R, Rn. 15, 21; BayLSG 17.9.2009 – L 18 SO 111/09 B ER, Rn. 21; LSG NRW 30.6.2005 – L 20 B 2/05 SO ER, Rn. 4). Eine Gefährdung der Unterkunft liegt idR vor, wenn die Wohnung gekündigt ist und eine konkrete Gefahr besteht, dass sie geräumt wird (LSG Bln-Bbg 29.1.2013 – L 23 SO 319/12 B ER, Rn. 13; weiter *Berlit,* LPK-SGB XII, § 36 Rn. 7: Eine ernstzunehmende Kündigungslage reicht aus). Ein Anspruch auf Schuldenübernahme besteht nur dann, wenn mit der Leistung die **Unterkunft auf Dauer,** also **nicht nur vorübergehend, erhalten** werden kann (HessLSG 9.11.2010 – L 7 SO 134/10 B ER, Rn. 30).

**b) Vergleichbare Notlage.** Wann eine Notlage, die dem **(drohenden) Verlust** 4 **der Unterkunft vergleichbar** ist, vorliegt, lässt sich allgemein schwer umschreiben. Sie muss sich ihrem Inhalt und Wesen nach mit der Gefährdung der Unterkunft vergleichen lassen (SächsLSG 7.11.2007 – L 3 B 490/07 SO ER, Rn. 5). Das OVG NRW nahm eine derartige Notlage an, wenn die Lebensführung des Leistungsberechtigten in so empfindlicher Weise beeinträchtigt ist, dass der „**Interventionspunkt der Sozialhilfe**" erreicht wird (28.4.1999 – 24 A 4785/97, Rn. 7). Der VGH BW (13.1.1993 – 6 S 2619/91, Rn. 26) stellte darauf ab, ob eine **Notlage** vorliegt, die den „**vorhandenen gegenständlichen Existenzbereich**" des oder der Leistungsberechtigten betrifft. Eine vergleichbare Notlage ist – nach beiden Ansätzen – in der Regel dann gegeben, wenn die Belieferung eines Haushalts mit Energie – elektrischer Energie oder Energie für Beheizung – infrage gestellt wird, also eine **Sperre der Strom- oder Heizungsversorgung** wegen vorhandener Schulden oder anderer offenen Zahlungsverpflichtungen gegenüber einem Energieversorgungsunternehmen droht oder bereits eingetreten ist (LSG Bln-Bbg 27.3.2017 – L 15 SO 333/16 B ER, Rn. 31; LSG NRW 23.3.2011 – L 12 SO 49/ 09, Rn. 49; SächsLSG 11.7.2006 – L 3 B 193/06 AS-ER, Rn. 44; teilw. aA LSG NRW 17.1.2014 – L 9 SO 532/13 B ER, Rn. 11 ff.). Die Versorgung mit Energie gehört nach den Lebensverhältnissen in der Bundesrepublik Deutschland zum sozialhilferechtlich anerkannten Mindeststandard. Gleiches gilt, wenn die **Versorgung von Wohnraum mit Wasser bedroht** oder der Anschluss an die gemeindliche Wasserversorgung zu sichern ist (NdsOVG 27.6.1990 – 4 A 67/88). Ebenso ist eine Notlage iSd Vorschrift gegeben, wenn dem Leistungsberechtigten der Verlust von auf Kredit angeschafften Möbeln und Einrichtungsgegenständen droht und ihm, wenn er notwendige Hausratsgegenstände verlieren würde, insoweit Leistungen nach §§ 31, 37 gewährt werden müssten (*Scheider*, in: Schellhorn/Hohm/Scheider, SGB XII, § 36 Rn. 5.1). Demgegenüber wird eine den „Existenzbereich" berührende **Notlage verneint**, wenn lediglich eine Zwangsvollstreckung droht, die weder zur Wohnungslosigkeit noch zum Verlust von notwendigen Möbeln oder Hausrat führt (SächsLSG 7.11.2007 – L 3 B 490/07 ER B, Rn. 5), wenn nur die Übernahme von Tilgungsraten auf Schuldverpflichtungen, die dem Erwerb einer Rentenanwartschaft dienten (VGH BW 13.1.1993 – 6 S 2619/91, Rn. 26), oder Sozialhilfeleistungen für entstandene Prozesskosten (OVG NRW 13.7.1992 – 8 A 1066/90) und die Übernahme von Spielschulden (OVG Hmb 5.4.1984 – Bs I 15/84) erstrebt werden.

**c) Rechtfertigung.** Die Übernahme von Schulden muss zur Sicherung der 5 Unterkunft oder zur Behebung einer vergleichbaren Notlage „**gerechtfertigt**" sein. Bei dieser Formulierung handelt es sich um ein Tatbestandsmerkmal der Vorschrift (HessLSG 2.6.2008 – L 7 SO 14/08 B ER, Rn. 29), das als unbestimmter Rechtsbegriff der vollen gerichtlichen Überprüfung unterliegt. Ist die Leistung nicht gerechtfertigt, bedarf es keiner Ermessensausübung; auch entfällt der nach Abs. 1 S. 2 für den Regelfall vorgesehene Anspruch auf Hilfe. Damit gewinnt das Merkmal besondere Bedeutung. Da Leistungen nach Abs. 1 nicht an § 2 scheitern, sind bei der Prüfung der Rechtfertigung der Leistung entsprechend der grundsätzlichen Subsidiarität der Sozialhilfe zunächst die **Selbsthilfemöglichkeiten des Leistungsberechtigten, seine wirtschaftliche Situation** und **seine Vermögensverhältnisse** (LSG Bln-Bbg 27.3.2017 – L 15 SO 333/16 B ER; LSG NRW 23.3.2011 – L 12 SO 49/09, Rn. 50 ff.; vgl. auch Begründung des Gesetzes zur Reform des Sozialhilferechts, BT-Drs. 13/2440, 21) zu berücksichtigen. Die Übernahme von Schulden ist nur dann gerechtfertigt, wenn der Verlust der Unterkunft oder die vergleichbare Notlage vom Leistungsberechtigten nicht selbst beseitigt werden (LSG NRW 23.3.2011 – L 12 SO 49/09, Rn. 53) und für seine weitere Existenz bedrohlich sein kann (*Scheider*, in: Schellhorn/Hohm/Scheider, SGB XII, § 34 Rn. 6). Zu den Selbsthilfemöglichkeiten kann es gehören, mit dem Energie- oder Wasserversorger zur Abwendung einer

Liefersperre oder um eine Wiederaufnahme der Lieferungen zu erreichen, einen Ratenzahlungsvertrag abzuschließen, sofern dies den Hilfeempfänger wirtschaftlich nicht überfordert. Ebenfalls zu überlegen ist, ob mit dem Angebot, Raten auf einen Rückstand zu zahlen, um zivilrechtlichen Rechtsschutz gegen die Liefersperre nachgesucht wird; dies ist auch mit dem Argument möglich, dass die Einstellung der Lieferungen unverhältnismäßig ist (vgl. dazu *Gotzen,* ZfF 2009, 106 und ZfF 2007, 248). Die Erfolgsaussichten derartiger Rechtsmittel dürfen jedoch nicht überschätzt werden (ebenso *Berendes,* info also 2008, 151, 153). Entgegen der Annahme des LSG NRW (15.7.2005 – L 1 B 7/05 SO ER, Rn. 20 ff.) ist der Sozialhilfeträger, der an einem Energieversorgungsunternehmen beteiligt ist, auch nicht verpflichtet, als Gesellschafter dafür zu sorgen, dass Energiesperren gegen Sozialhilfeempfänger nicht verhängt werden (ebenso *Berendes,* info also 2008, 151, 154). Zu berücksichtigen ist weiter, ob der Leistungsberechtigte über an sich nach § 90 Abs. 2 geschütztes Vermögen, insbesondere Wohnungs- oder Grundeigentum, verfügt. Ist dies der Fall und führt die begehrte Hilfe regelmäßig zu einer **Wertsteigerung,** ist nur eine darlehensweise Übernahme gerechtfertigt (HessVGH 19.10.1993 – 9 UE 1430/90, Rn. 19 – Dachsanierung; NdsOVG 27.6.1999 – 4 A 67/88 – Anschluss an die Wasserversorgung). Schließlich ist von Bedeutung, **wie es zur Gefährdung der Unterkunft oder zur anderweitigen Notlage gekommen ist** (LSG Bln-Bbg 14.3.2012 – L 29 AS 28/12 B, Rn. 30). Allerdings scheidet die Rechtfertigung der Leistung im Hinblick auf das Ziel der Regelung, Obdachlosigkeit oder andere existenzielle Notlagen gar nicht erst entstehen zu lassen, nicht bereits deshalb aus, weil die Gefährdung der Unterkunft oder die Notlage vom Leistungsberechtigten verschuldet worden ist. Eine Übernahme von Schulden kann jedoch dann nicht gerechtfertigt sein, wenn die Leistung „als positiver Verstärker nicht erwünschten Verhaltens" (*Berendes,* info also 2008, 151, 154; *Leenen,* ZfF 1981, 221; ebenso *Hammel,* ZFSH/SGB 1997, 131, 133) wirken würde. Derartige **Missbrauchsfälle** sind angenommen worden, wenn ein Leistungsberechtigter sein Einkommen einsetzt, ohne den notwendigen Lebensunterhalt zu sichern (BayVGH 23.3.1995 – 12 CE 95.547), der Leistungsberechtigte Mietschulden absichtlich hat entstehen lassen (HessLSG 2.6.2008 – L 7 SO 14/08 B ER, Rn. 37), weil ihm die Tilgung der bei Dritten bestehenden Schulden wichtiger war (LSG NRW 24.3.2010 – L 12 B 120/09 SO ER, Rn. 46), die Miete oder der Energiekostenabschlag im Vertrauen darauf, dass der Sozialhilfeträger die Miet- oder Energieschulden übernehmen werde (BT-Drs. 13/2440, 19; LSG BW 13.3.2013 – L 2 AS 842/13 ER B, Rn. 17), nicht gezahlt wurde oder Mietschulden dadurch entstanden sind, dass der Leistungsberechtigte trotz Belehrung durch den Träger in einer unangemessen teuren Wohnung verblieben ist und die Differenz zwischen angemessenen und tatsächlichen Kosten nicht aufgebracht hat (LSG BW 1.8.2006 – L 7 SO 2938/06, Rn. 5).

## 3. Ermessensentscheidungen über die Gewährung und den Leistungsempfänger

**6**    **a) Regelung in Abs. 1 S. 1.** Die **Entscheidung** über die Bewilligung der Leistung nach Abs. 1 S. 1 steht im pflichtgemäßen Ermessen des Trägers der Sozialhilfe (LSG Bln-Bbg 14.3.2012 – L 29 As 28/12 B ER, Rn. 29). Dabei sind neben den Umständen des Einzelfalls (§ 9 – vgl. LSG NRW 17.1.2014 – L 9 SO 532/13 B ER, Rn. 24) insbesondere das Gebot, familiengerechte Leistungen zu erbringen (§ 16), der Nachranggrundsatz (§ 2) und das Ziel der Sozialhilfe, den Leistungsberechtigten zur Selbsthilfe zu befähigen (§ 1 S. 2) sowie seine Eigenständigkeit und Eigenverantwortlichkeit zu stärken, zu beachten. Von Bedeutung ist weiter sowohl **das bisherige Verhalten des Leistungsberechtigten als auch das des Trägers der Sozialhilfe:** Es ist einerseits zu berücksichtigen, ob und in welchem Zusammenhang für eine Behebung einer vergleichbaren Notlage – z. B. für einen Energiekostenrückstand – bereits in der Vergangenheit Leistungen erbracht werden mussten (LSG RhPf

4.4.2006 – L 3 ER 41/06 AS, Rn. 30); andererseits ist zu prüfen, ob nicht fehlerhafte (insbesondere zu geringe) Leistungen in der Vergangenheit zur Entstehung der Notlage beigetragen haben (so zu § 22 SGB II: LSG Hmb 24.1.2008 – L 5 B 504/07 ER AS, Rn. 11). Von Bedeutung ist weiter, ob ein erkennbarer Wille zur Selbsthilfe besteht (LSG Bln-Bbg 27.3.2017 – L 15 SO 333/16 B ER, Rn. 32).

**b) Soll-Vorschrift des Abs. 1 S. 2. Die Sonderregelung des Abs. 1 S. 2** 7 schränkt das Ermessen ein und sieht im **Regelfall** („soll") einen **Anspruch auf Übernahme der Schulden** vor, wenn dies gerechtfertigt und notwendig ist sowie sonst Wohnungslosigkeit einzutreten droht. Liegen diese Voraussetzungen vor, hat der Träger der Sozialhilfe unabhängig von der Verpflichtung der Ordnungsbehörde alles zu unternehmen, um eine unmittelbar bevorstehende Obdachlosigkeit zu verhindern. Dabei sind für die Auslegung des Merkmals **„gerechtfertigt"** die bereits oben (Rn. 5) genannten Kriterien entscheidend. **Notwendig** ist eine Leistung „z. B. dann nicht, wenn wiederholt Mietschulden entstehen oder aus anderen Gründen eine erneute begründete Kündigung der Unterkunft zu erwarten ist" (vgl. Begründung des Entwurfs des Gesetzes zur Reform des Sozialhilferechts, BT-Drs. 13/2440, 19). Die Notwendigkeit ist daher dann nicht gegeben, wenn in der Zukunft mit neuen Mietschulden und erneuter Kündigung zu rechnen ist. Die Frage, ob trotz mehrfacher Übernahme von Mietschulden in der Vergangenheit eine erneute Leistung in Betracht kommt, ist somit für die Entscheidung, ob die Hilfe gerechtfertigt ist oder dafür, ob eine Ausnahme vom Regelfall vorliegt, von Bedeutung (vgl. *Trenk/ Hinterberger*, NJW 1996, 3193, 3194). **Wohnungslosigkeit** droht dann einzutreten, wenn die bisher bewohnte Unterkunft gefährdet ist, eine andere Wohnung auf dem Markt nicht angemietet werden kann und deshalb eine Unterbringung des bzw. der Leistungsberechtigten nur in einer Not- oder Obdachlosenunterkunft in Betracht kommt (BSG 17.6.2010 – B 14 AS 58/09 R, Rn. 29; LSG Bln-Bbg 29.1.2013 – L 23 SO 319/12 B ER, Rn. 13).

**c) Nicht rückzahlbare Beihilfe oder Darlehen.** Hat sich der Träger der Sozi- 8 alhilfe nach Abs. 1 S. 1 für die Übernahme von Schulden entschieden oder ist er zur Leistung nach Abs. 1 S. 2 verpflichtet, hat er nach pflichtgemäßem **Ermessen** zu entscheiden, ob er die Leistung durch einen nicht rückzahlbaren **Zuschuss oder als Darlehen** erbringt. Dabei wird regelmäßig nur eine Bewilligung als Darlehen in Betracht kommen, wenn die Leistung zu einem Wertzuwachs beim Empfänger führt (VGH BW 8.11.1995 – 6 S 3140/94, Rn. 29; vgl. auch SächsLSG 11.7.2006 – L 3 B 193/06 AS-ER, Rn. 44), oder dem Leistungsberechtigten – wie bei Leistungen für eine Mietkaution – ein (Rück-)Zahlungsanspruch gegen einen Dritten, z. B. den Vermieter, zusteht (NdsOVG 2.2.2000 – 4 M 4713/2000, Rn. 7). Im Übrigen ist bei der Entscheidung, ob die Leistung als Darlehen oder als Zuschuss zu bewilligen ist, insbesondere § 1 S. 2, wonach der Leistungsberechtigte zur Selbsthilfe zu befähigen und in seiner Eigenständigkeit zu stärken ist, zu beachten. Dabei ist teilweise angenommen worden, eine Bewilligung als Darlehen sei dann ermessensgerecht, wenn der Leistungsberechtigte keinen Anspruch auf laufende Hilfe habe, der Bezug von laufender Hilfe voraussichtlich nur von kurzer Dauer sei (*Wenzel*, Fichtner/Wenzel, Grundsicherung, § 34 SGB XII Rn. 3), oder sich die Lage des Leistungsempfängers in absehbarer Zeit bessern werde und es ihm daher zugemutet werden könne, das Darlehen zurückzuzahlen. Dieser Auffassung steht bereits entgegen, dass in Abs. 1 S. 3 die **„vorübergehende Notlage" als Voraussetzung für die Gewährung eines Darlehens nicht genannt** wird; sie lässt sich auch nicht mit § 26 Abs. 3 in Einklang bringen, der dem Träger der Sozialhilfe eine Aufrechnung seines Rückzahlungsanspruchs gegen den Anspruch des Leistungsberechtigten bis auf das Unerlässliche dann ermöglicht, wenn Leistungen für einen Bedarf übernommen worden sind, der durch frühere Leistungen der Sozialhilfe an die leistungsberechtigte Person bereits gedeckt worden waren. Allerdings ist bei der Bewilligung von Darlehen an Personen, die laufende Hilfe zum Lebensunterhalt erhalten, zu beachten, dass Rückzahlungsverpflichtungen sich als **„Mühlsteine für die Zukunft"** (*Schlette*, ZfSH/SGB 1998, 154) erweisen und dem zu fördernden Bestreben des Leistungsberechtigten, unabhängig von Sozialhilfe zu leben, entgegenwirken können. Der Träger der Sozialhilfe ist gehalten, diese Überlegung und den sich aus § 15 ergebenden **Grundsatz der Nachhaltigkeit** der Leistung bei der Entscheidung im Einzelfall im Rahmen seiner Ermessenserwägungen zu berücksichtigen; schon deshalb kann nicht angenommen werden, in der Regel liege eine Ermessensreduzierung dahin vor, Leistungen nur als Darlehen zu bewilligen. Schließlich ist die Praxis vieler Verwaltungen, ein Darlehen auch dann, wenn ein Aufrechnungsbescheid nach § 26 Abs. 3 nicht ergangen ist oder dessen Voraussetzungen nicht vorliegen, durch faktische „Einbehaltungen" oder „Abzüge" von der bewilligten Leistung „zurückzuführen", rechtlich nicht haltbar (BayVGH 17.6.1997 – 12 CE 96.3938). Anders liegt es nur, wenn durch schriftliche Erklärung des oder der leistungsberechtigten Person gemäß § 46 SGB I insoweit auf den Anspruch auf Leistungen verzichtet worden ist (VG Braunschweig 6.7.1999 – 3 B 341/99).

9     **d) Empfänger der Leistung.** In § 15a Abs. 1 S. 3 Hs. 1 BSHG war vorgesehen, dass dann, wenn die zweckentsprechende Verwendung der Hilfe durch den Hilfesuchenden nicht sichergestellt war, in der Regel („soll") die Hilfe an den Vermieter oder andere Empfangsberechtigte zu zahlen war. Eine derartige Vorschrift ist in Abs. 1 nicht mehr enthalten. Soweit es um Mietschulden geht, ist das ohne Bedeutung, weil **§ 35 Abs. 1 S. 3, 4** es dem **Träger der Sozialhilfe ermöglicht,** dann, **wenn die zweckentsprechende Verwendung nicht sichergestellt** ist, **Leistungen für die Unterkunft an den Vermieter oder andere Empfangsberechtigte zu zahlen.** Damit sind z. B. Mietschulden an den Vermieter zu zahlen, wenn konkrete Anhaltspunkte dafür vorliegen, dass der Leistungsberechtigte die Leistung des Trägers bei Auszahlung an ihn selbst nicht zweckgerecht verwenden wird. Diese Anhaltspunkte müssen sich aus dem bisherigen Verhalten der leistungsberechtigten Person oder aus anderen dem Träger der Sozialhilfe vorliegenden verlässlichen Informationen ergeben (vgl. LSG Hmb 1.9.2016 – L 4 SO 49/15 ZVW, Rn. 32 ff.). Eine allgemeine Praxis, z. B. größere Beträge generell an Vermieter oder andere Dritte zu zahlen, ist schon im Hinblick auf § 1, wonach eine eigenständige Lebensführung des Leistungsberechtigten zu stärken ist, rechtlich nicht haltbar. Allerdings kann im Einverständnis mit dem Leistungsberechtigten an den Vermieter oder andere Dritte gezahlt werden. Geschieht dies, sind die Regelungen der §§ 67, 69 SGB X mit der Folge zu beachten, dass eine Kennzeichnung der bewilligten Hilfe auf Überweisungsträgern mit „Sozialleistung" o. Ä. ohne Zustimmung der leistungsberechtigten Person unzulässig ist (BVerwG 23.6.1994 – 5 C 16/92, Rn. 16). Nach **§ 35 Abs. 1 S. 5** sind die Leistungsberechtigten von der Zahlung an den Vermieter oder andere Empfangsberechtigte **schriftlich zu unterrichten.** Diese Unterrichtung wird in der Regel durch den die Hilfe bewilligenden schriftlichen Verwaltungsakt, der auch den Leistungsempfänger bestimmt, erfolgen (ebenso: *Scheider,* in: Schellhorn/Hohm/Scheider, SGB XII, § 35 Rn. 27). Wird über die Leistung und den Empfänger der Zahlung wegen bestehender Eilbedürftigkeit oder aus anderen Gründen nicht schriftlich, sondern durch einen dem Berechtigten mündlich bekannt gegebenen Verwaltungsakt entschieden, sichert die schriftliche Unterrichtung, dass der Leistungsberechtigte auch zu einem späteren Zeitpunkt nachvollziehen kann, an wen und in welcher Höhe die bewilligte Leistung gezahlt worden ist. In diesem Fall hat die Unterrichtung nicht den Charakter eines Verwaltungsaktes; auch ist eine nur mündlich ergangene Entscheidung wegen Formmangels gemäß § 40 Abs. 1 Nr. 1 SGB X, §§ 125, 126 BGB nichtig, weil § 35 Abs. 1 S. 4 nicht die schriftliche Form der Entscheidung, sondern lediglich eine schriftliche Unterrichtung anordnet. **Anders** ist es, soweit zur Behebung einer vergleichbaren Notlage nunmehr **Schul-**

den **übernommen und direkt an den Energieversorger oder andere Dritte gezahlt werden sollen.** Dies ist durch Abs. 1 nunmehr nicht mehr ausdrücklich abgedeckt, **kommt aber im Rahmen der durch §§ 9 Abs. 1, 10 dem Träger der Sozialhilfe eingeräumten Leistungsmöglichkeiten durchaus in Betracht.** Vielfach wird eine direkte Zahlung von Leistungen an ein Energieversorgungsunternehmen oder einen anderen Dritten die Notlage umgehend beheben und sich daher als sachgerechtere Lösung erweisen, sodass im Rahmen des dem Träger durch § 9 Abs. 1 eingeräumten Ermessensspielraums eine Geldzahlung an Dritte oder die Abgabe einer Übernahmeerklärung gegenüber dem Dritten rechtlich in aller Regel nicht zu beanstanden sein dürften (vgl. zu § 15a BSHG: VGH BW 16.4.2002 – 7 S 2670/01, Rn. 6 ff.). Allerdings sollte auch in diesem Fall der Leistungsberechtigte alsbald von der Zahlung oder Übernahme schriftlich informiert werden.

## III. Mitteilungspflichten der Zivilgerichte (Abs. 2)

Die Vorschrift stimmt mit § 15a Abs. 2 BSHG überein. Diese Regelung wurde **10** durch das Gesetz zur Reform des Sozialhilferechts im Jahre 1996 eingeführt. Mit ihr soll sichergestellt werden, dass dem Träger der Sozialhilfe entsprechend der früheren Anordnung über Mitteilungen in Zivilsachen (MiZi) im Klage auf Räumung von Wohnraum im Fall der Kündigung wegen Zahlungsverzugs rechtzeitig bekannt wird (BT-Drs. 13/2440, 19). Nach § 543 Abs. 1 BGB kann der Vermieter aus wichtigem Grund außerordentlich fristlos kündigen, wenn ihm die Fortsetzung des Mietverhältnisses nicht zugemutet werden kann. Ein wichtiger Grund liegt insbesondere vor, wenn der Mieter für zwei aufeinander folgende Termine mit der Entrichtung der Miete oder eines nicht unerheblichen Teils der Miete in Verzug ist (§ 543 Abs. 2 Nr. 3a) oder der Mieter in einem Zeitraum, der sich über mehr als zwei Termine erstreckt, mit der Entrichtung der Miete in Höhe eines Betrages in Verzug ist, der die Miete für zwei Monate erreicht (§ 543 Abs. 2 Nr. 3b). Ergänzend hierzu bestimmt § 569 Abs. 3 BGB, dass im Falle des § 543 Abs. 2 S. 1 Nr. 3 BGB der rückständige Teil der Miete nur dann als nicht unerheblich anzusehen ist, wenn er die Miete für einen Monat übersteigt (§ 569 Abs. 3 Nr. 1) und die Kündigung dann unwirksam wird, wenn der Vermieter spätestens bis zum Ablauf von zwei Monaten nach Eintritt der Rechtshängigkeit des Räumungsanspruchs hinsichtlich der fälligen Miete befriedigt wird oder sich eine öffentliche Stelle zur Befriedigung verpflichtet (§ 569 Abs. 3 Nr. 2 S. 1). Letzteres gilt allerdings dann nicht, wenn der Kündigung vor nicht länger als zwei Jahren bereits eine nach dieser Vorschrift unwirksam gewordene Kündigung vorausgegangen ist (§ 569 Abs. 3 Nr. 2 S. 2). Nach diesen Regelungen, die nach § 569 Abs. 5 BGB nicht durch eine Vereinbarung zum Nachteil des Mieters geändert werden können, hat es damit der Mieter oder der von dem nach § 23 GVG zuständigen Amtsgericht informierte Träger der Sozialhilfe in der Hand, innerhalb von zwei Monaten durch Zahlung der rückständigen Miete oder durch Abgabe einer Verpflichtungserklärung die Wohnung zu erhalten. **Die Mitteilung des Amtsgerichts** über den Tag des Eingangs der Klage, die Namen und Anschriften der Parteien, die monatliche Miethöhe, die Höhe des geltend gemachten Mietrückstandes und die geltend gemachte Entschädigung sowie über den Termin zur mündlichen Verhandlung, soweit dieser bereits anberaumt worden ist, **verschafft dem Träger der Sozialhilfe isv § 18 Kenntnis** von einer möglichen Notlage des oder der Mieter. Bei dieser Regelung ging der Gesetzgeber davon aus, dass eine Belehrung des beklagten Mieters durch das Amtsgericht über bestehende sozialhilferechtliche Ansprüche nicht ausreichend sei, weil sich der betroffene Personenkreis „in der mit Hoffnungslos erscheinenden Situation häufig passiv" verhalte (BT-Drs. 13/2440, 19). Nach Eingang dieser Mitteilung gehört es daher zur **Amtspflicht des Trägers der Sozialhilfe,** zu prüfen, ob die Voraussetzungen für die

Bewilligung von Leistungen vorliegen und ob Maßnahmen zum Erhalt der Wohnung zu ergreifen sind. Gibt der Träger der Sozialhilfe eine Verpflichtungserklärung nach § 569 Abs. 3 Nr. 2 BGB ab, handelt es sich um eine zivilrechtliche Erklärung, aus der im Streitfall der Vermieter gegen den Träger der Sozialhilfe vor dem Zivilgericht vorgehen kann (BVerwG 18.10.1993 – 5 B 26793, Rn. 5). Zu bedenken ist weiter, dass eine häufig verspätete oder unregelmäßige Zahlung der Miete durch den Träger der Spzialhilfe u. U. eine fristlose Kündigung rechtfertigen kann (BGH 29.6.2016 – VIII ZR 173/15, Rn. 17 ff.). Wenn die Mitteilung des Gerichts beim nicht zuständigen örtlichen Träger der Sozialhilfe eingeht, ist dieser gemäß **§ 18 Abs. 2 S. 1** zur unverzüglichen Weitergabe der Mitteilung an den zuständigen Träger verpflichtet. Soweit ein Kriegsopfer betroffen ist, hat der Träger der Sozialhilfe die Mitteilung an den Träger der Kriegsopferfürsorge weiterzuleiten, der, soweit die Leistungsvoraussetzungen vorliegen, die Leistung von Amts wegen zu erbringen oder eine Antragstellung anzuregen hat (BT-Drs. 13/2440, 20).

## Fünfter Abschnitt. Gewährung von Darlehen

### § 37 Ergänzende Darlehen

(1) **Kann im Einzelfall ein von den Regelbedarfen umfasster und nach den Umständen unabweisbar gebotener Bedarf auf keine andere Weise gedeckt werden, sollen auf Antrag hierfür notwendige Leistungen als Darlehen erbracht werden.**

(2) **¹Der Träger der Sozialhilfe übernimmt für Leistungsberechtigte nach § 27b Absatz 2 Satz 2 die jeweils von ihnen bis zur Belastungsgrenze (§ 62 des Fünften Buches) zu leistenden Zuzahlungen in Form eines ergänzenden Darlehens, sofern der Leistungsberechtigte nicht widerspricht. ²Die Auszahlung der für das gesamte Kalenderjahr zu leistenden Zuzahlungen erfolgt unmittelbar an die zuständige Krankenkasse zum 1. Januar oder bei Aufnahme in eine stationäre Einrichtung. ³Der Träger der Sozialhilfe teilt der zuständigen Krankenkasse spätestens bis zum 1. November des Vorjahres die Leistungsberechtigten nach § 27b Absatz 2 Satz 2 mit, soweit diese der Darlehensgewährung nach Satz 1 für das laufende oder ein vorangegangenes Kalenderjahr nicht widersprochen haben.**

(3) **In den Fällen des Absatzes 2 Satz 3 erteilt die Krankenkasse über den Träger der Sozialhilfe die in § 62 Absatz 1 Satz 1 des Fünften Buches genannte Bescheinigung jeweils bis zum 1. Januar oder bei Aufnahme in eine stationäre Einrichtung und teilt dem Träger der Sozialhilfe die Höhe der der leistungsberechtigten Person zu leistenden Zuzahlungen mit; Veränderungen im Laufe eines Kalenderjahres sind unverzüglich mitzuteilen.**

(4) **¹Für die Rückzahlung von Darlehen nach Absatz 1 können von den monatlichen Regelsätzen Teilbeträge bis zur Höhe von jeweils 5 vom Hundert der Regelbedarfsstufe 1 nach der Anlage zu § 28 einbehalten werden. ²Die Rückzahlung von Darlehen nach der Absatz 2 erfolgt in gleichen Teilbeträgen über das ganze Kalenderjahr.**

*Änderungen der Vorschrift: Abs. 2 S. 2 angef. durch G v. 9.12.2004 (BGBl. I S. 3305), Abs. 1 geänd., Abs. 2 und 3 eingef., bish. Abs. 2 wird Abs. 4, neuer Abs. 4 S. 1 neu gef., S. 2 geänd. mWv 1.1.2011 durch G v. 24.3.2011 (BGBl. I S. 453).*

*Vergleichbare Vorschriften: §§ 21 Abs. 6, 24 Abs. 1 SGB II.*

**Schrifttum:** *Busse/Pyzik,* Das Regelbedarfsdarlehen zur Sicherung des Lebensunterhalts, NDV 2009, 94 und 136; *Heinz,* Abdeckung besonderer Bedarfslagen bei Pflegebedürftigkeit durch Regelungen des SB XII, PflR 2014, 139; *ders.,* Abweichende Leistungserbringung für Menschen mit Behinderung nach dem Recht der Sozialhilfe, ZfF 2015, 33; *Mester,* Ergänzende Darlehen gemäß § 37 SGB XII und § 23 Abs. 1 SGB II, ZfF 2005, 265; *dies.,* Der unabweisbare Bedarf nach § 24 Abs. 1 SGB II und der ergänzende Bedarf nach § 37 Abs. 1 SGB XII – Rechtsprechungsübersicht zur Darlehensgewährung, ZfF 2015, 169.

## I. Bedeutung der Norm

Im BSHG gab es eine entsprechende **Vorschrift nicht.** Die Lage, dass ein durch 1 die Regelsätze bereits abgegoltener Bedarf im Einzelfall von dem Hilfeempfänger dennoch nicht gedeckt werden konnte, war indes nicht unbekannt und musste berücksichtigt werden. Hatte der Hilfeempfänger seine Geldleistung etwa zweckwidrig ausgegeben oder verloren, verlangte das **Tatsächlichkeitsprinzip** der Sozialhilfe, dass erneut Hilfe gewährt wird, wenn auch in geringerem Umfang oder als Sachleistung.

Die Regelung des 37 ist vor dem Hintergrund der **andersartigen Regelsatzbe-** 2 **messung** zu verstehen, wonach der gesamte Bedarf des notwendigen Lebensunterhalts mit Ausnahme einiger weniger Leistungen für besondere Bedarfe durch den (neuen) Regelsatz abgegolten wird (§ 27a). Damit entsteht die Gefahr, dass nicht alle von dem Regelsatz umfassten Bedarfe auch tatsächlich von dem Hilfeempfänger durch die Leistung gedeckt werden. Die Vorschrift eröffnet damit in Ausnahmefällen die Möglichkeit zur **Doppelleistungen** und stellt eine Art Schlussstein und Öffnungsklausel im System der Leistungen zum Lebensunterhalt dar.

Eine entsprechende Vorschrift findet sich in **§ 24 Abs. 1 SGB II.** Sie ist allerdings 3 detaillierter gefasst und weicht inhaltlich von § 37 in einigen Punkten ab (s. *Mester,* ZfF 2005, 265; *Busse/Pyzik,* NDV 2009, 94). Diese Abweichungen der beiden Vorschriften voneinander sind als gesetzgeberische Fehlleistung zu werten, da das zu lösende tatsächliche Problem unterschiedliche Regelungen für den jeweiligen Rechtskreis nicht erfordert hätte.

## II. Inhalt der Norm

### 1. Zweck der Vorschrift und Abgrenzung

Die Vorschrift drückt an sich eine Selbstverständlichkeit des Sozialhilferechts aus, 4 nämlich das **Tatsächlichkeitsprinzip,** das als Strukturprinzip der Sozialhilfe letztlich aus dem Menschenwürdeprinzip folgt und unmittelbar normative Bedeutung hat. Auch ohne diese Vorschrift müsste ein „unabweisbarer" Bedarf durch Leistungen des Trägers der Sozialhilfe gedeckt werden, sofern der Leistungsberechtigte den Bedarf aus eigenen Kräften und Mitteln nicht decken kann. Die Vorschrift enthält daher in einer Hinsicht lediglich eine Hervorhebung eines ohnehin geltenden Strukturprinzips; in anderer Hinsicht soll dieses Strukturprinzip durch die Vorschrift vermutlich eine Konkretisierung erfahren. Die Vorschrift steht in engem Zusammenhang mit der **Neugestaltung des Regelbedarfs** nach 28 Abs. 1. a. F. (jetzt: § 27a). Der Gesetzgeber hat offenbar die Gefahr gesehen, dass ein Bedarf, der an sich von den Regelsätzen bereits abgegolten ist, mangels ausreichender Mittel des Hilfeempfängers ungedeckt bleiben könnte. Dies bezieht sich vor allem auf **einmalige Bedarfe,** die anders als nach der früheren Rechtslage jetzt weitgehend von den Regelsatzleistungen erfasst werden. Dies macht ein Ansparen von Teilen der Regelsatzleistungen notwendig. Geschieht dies nicht, kann es zu der von der Vorschrift geregelten Lage kommen. Die Vorschrift stellt damit eine **Öffnungsklausel** dar, damit das System des geschlossenen Leistungsumfangs nicht der Verfassungswidrigkeit anheimfällt. Die Vorschrift wird vor allem für den großen Kreis der nach früherer Rechtslage in Betracht kommenden einmaligen Leistungen Bedeutung erlangen.

5     Nach § 42 Nr. 5 gilt § 37 bei Leistungen der **Grundsicherung im Alter und bei Erwerbsminderung** entsprechend.

6     In rechtssystematischer Hinsicht weist die Vorschrift einige Zweifelsfragen auf: Die Darlehensleistung soll offenbar nur für einen Bedarf in Betracht kommen, der von den **Regelsätzen bereits umfasst** ist. Daher erscheint es notwendig zu sein, den **gegenständlichen Bereich** zu bestimmen, auf den sich der Regelsatz bezieht. Diese Ermittlung des gegenständlichen Bereichs erweist sich allerdings als problematisch. Denn nach § 27a Abs. 2 wird der gesamte notwendige Lebensunterhalt nach Regelsätzen erbracht, soweit es nicht um die in der Vorschrift ausdrücklich aufgezählten Ausnahmen geht. Da in § 27a Abs. 1 der gegenständliche Umfang des notwendigen Lebensunterhalts ebenfalls nicht abschließend umschrieben wird, sondern nur „insbesondere" einzelnen Gegenstände aufgeführt werden, ist letztlich alles notwendiger und von den Regelsätzen erfasster Lebensunterhalt, mit Ausnahme der ausdrücklich gesondert erwähnten Leistungen. Es bleibt nur zu klären, was überhaupt unter den **Begriff „Lebensunterhalt"** fällt und nicht stattdessen zu den Bedarfen zählt, die von den Leistungen des Fünften bis Neunten Kapitels erfasst werden. Insoweit wurde das für den Lebensunterhalt geltende geschlossene Leistungssystem durch die Rechtsprechung aufgebrochen, indem versucht worden ist, einige Bedarfe über § 73 eine **andere systematische Zuordnung** zu geben. Das hervortretende Beispiel dafür war die Behandlung der Kosten des **Umgangsrechts** (BSG 7.11.2006 B 7b – AS 14/06 R, BSGE 97, 242). Dieser Bedarf, der an sich zu den „persönlichen Bedürfnissen des täglichen Lebens" gehört, wurde (unsystematisch) als „Hilfe in sonstigen Lebenslagen" gedeutet.

7     Der Anwendungsbereich des § 37 ist ferner von der Regelung des **§ 27a Abs. 4** abzugrenzen. Nach dieser Vorschrift wird der Regelsatz „abweichend festgesetzt", d.h., die Höhe des Regelsatzes wird verändert, wenn der Bedarfsdeckungsgrundsatz und die Besonderheiten des Einzelfalles dies bedingen. Aus dieser Regelung wird deutlich, dass es sich – soweit es um eine Erhöhung des Regelsatzes geht – nicht um Bedarfe handelt, die bereits bei der Ermittlung des Regelsatzes berücksichtigt worden sind. Das unterscheidet die Regelung von der des § 37. In diesem Zusammenhang ist ebenfalls nicht zu ermitteln, ob der von der Regelsatzleistung (nach oben wie nach unten) abweichende Bedarf gegenständlich zum notwendigen Lebensunterhalt zählt, sondern nur, ob die dafür vorgesehenen Regelsatzleistungen ausreichen (bzw. zu hoch) sind. Gehört der betreffende Bedarf nicht zum „Lebensunterhalt" findet § 27a Abs. 4 ohnehin keine Anwendung. Im Unterschied zu § 37 betrifft die abweichende Festsetzung des Bedarfs nach § 27a Abs. 4 den laufenden Bedarf (vgl. auch BT-Drs. 18/9984, S. 90).

8     Des Weiteren kann es mit der **Leistungsnorm des § 36** zu Abgrenzungsfragen kommen. Die dort erwähnten Schulden können darauf beruhen, dass die Regelsatzleistung wegen Besonderheiten des Einzelfalles nicht ausreichend war im Sinne von § 27a Abs. 4. Dann ist diese Vorschrift einschlägig. Die Schulden können aber auch dadurch verursacht worden sein, dass der Hilfeempfänger – etwa elektrische Energie – übermäßig verbraucht hat. Dann handelt es sich um einen Fall von § 37, wenn er nun Nachzahlungen zu leisten hat, da der Bedarf an Energie bereits (ausreichend) von dem Regelsatz umfasst war. Beruhen die Schulden schließlich auf einer schlichten Nichtzahlung der vorgesehenen Vorauszahlungsabschläge, liegt kein Fall von § 37 vor; der Sachverhalt fällt vielmehr unter § 36 (vgl. zu diesen subtilen Abgrenzungen SG Hamburg 14.7.2005 – S 53 SO 347/05 ER, SAR 2005, 101).

9     Schließlich ist zu klären, ob **§ 37** auch für die von den **Regelsätzen nicht umfassten Bedarfe** herangezogen werden kann. Besteht etwa hinsichtlich der in § 30 Abs. 5 oder der in § 31 Abs. 1 genannten Bedarfe eine Lage, wie sie § 37 Abs. 1 vor Augen hat, nämlich, dass ein unabweisbarer Grund für eine erneute Leistung

besteht, um dem Bedarfsdeckungsgrundsatz zu genügen, ist nach dem Wortlaut von § 37 der Anwendungsbereich der Vorschrift nicht eröffnet (so *Busse/Pyzik,* NDV 2009, 94, 95; demgegenüber erörtert das LSG NRW 20.3.2008 – L 20 B 16/08 SO ER, im Rahmen eines geltend gemachten Anspruchs nach § 31 Abs. 1 Nr. 2 ohne Weiteres die Vorschrift des § 37). Die Beschränkung des Leistungsanspruchs nach § 37 auf Bedarfsgegenstände, die vom Regelsatz umfasst sind, muss **verfassungskonform dahingehend korrigiert** werden, dass auch für andere Bedarfe eine erneute Leistung in Betracht kommen kann, wenn andernfalls eine Bedarfsdeckung unterbliebe und dadurch die Menschenwürde betroffen wäre.

Ferner ist § 37 auch anzuwenden, wenn die nachfragende Person keine Regelsatz-   **10** leistungen bezieht, aber auf eine ergänzende einmalige Hilfe angewiesen ist (s. auch § 31 Rn. 18).

## 2. Außerordentliche Notlage

Die Vorschrift hat eine nach den Umständen **„unabweisbar gebotene"** Bedarfs-   **11** deckung im Blick, die zudem „auf keine andere Weise" als durch erneute Leistungserbringung möglich ist. Der Begriff „unabweisbar" findet sich auch in § 27a Abs. 4 und führt dort zu einer Erhöhung des betreffenden Regelsatzes. Grundsätzlich geht es in der Sozialhilfe regelmäßig nur um solche Notlagen, die dringlich sind und nicht von der betreffenden Person selbst abgewendet werden können. Insofern haben die erwähnten Tatbestandsmerkmale etwas Tautologisches an sich. Vor dem Hintergrund dessen, dass es bei der Hilfe zum Lebensunterhalt naturgemäß um gegenwärtige Notlage geht, deren Abwendung zur Sicherung der Menschenwürde notwendig ist (§ 1 S. 1), ist jede relevante Notlage prinzipiell alsbald abzuwenden. Dennoch lassen sich in Bezug auf die **zeitliche Dringlichkeit** einer Bedarfsdeckung Unterschiede feststellen. Fehlen der nachragenden Person etwa einige Hausratsgegenstände, wird man z. B. bezüglich eines Schrankes darauf verweisen können, dass die Bedarfsdeckung noch einige Monate aufgeschoben werden kann. Eine Wohnungsrenovierung kann unabweisbar notwendig sein; sie kann aber unter Umständen auch aufgeschoben werden. Letztlich kommt es auf die Umstände des Einzelfalles an, ob und wie lange es zumutbar ist, die an sich gebotene Bedarfsdeckung aufzuschieben, und Teile des Regelsatzes anzusparen.

Auch hinsichtlich der **„anderen Weise",** die für eine Bedarfsdeckung in Betracht   **12** kommen soll, gibt es nicht nur die eigenen Kräfte und Mittel, deren Einsatz regelmäßig gefordert wird. Im Rahmen des § 37 Abs. 1 kann auch an eine Bedarfsdeckung gedacht werden, die von den üblichen Standards abweicht. So kann es der nachfragenden Person abverlangt werden, gebrauchte oder geliehene Gegenstände zu benutzen, was für den Regelfall unter Umständen nicht zumutbar wäre (LSG NRW 20.3.2008 – L 20 B 16/08 SO ER – Kleiderkammer). Auch auf sein Schonvermögen soll der Leistungsberechtigte verwiesen werden dürfen (so die Gesetzesbegründung, BT-Drs. 17/3404).

## 3. Rechtsfolge

Liegt eine derart dringliche und nicht anders abwendbare Notlage vor, besteht   **13** im Regelfall („soll") ein Anspruch der nachfragenden Person auf eine weitere Leistung. Nur in Ausnahmefällen, die allerdings kaum vorstellbar sind, wenn die engen Tatbestandsvoraussetzungen gegeben sind, könnte eine weitere Leistung versagt werden. Art und Maß der Leistung können anders als im Regelfall festgesetzt werden. Die weitere Leistung muss allerdings geeignet sein, den dringlichsten Bedarf tatsächlich zu decken. Schließlich ist die weitere Leistung stets als Darlehen zu erbringen (LSG NRW 16.1.2009 – L 20 B 116/08 SO – Darlehen für eine Brille). Eine Beihilfe scheidet mithin aus. Das „soll" bezieht sich nicht auf die Form der Darlehensgewährung.

## 4. Darlehen (Abs. 4)

**14**     Über die rechtliche Form, in der die Darlehenserbringung erfolgt, sagt die Vorschrift nichts aus (vgl. auch § 17 Rn. 26; Gutachten des *Deutschen Vereins,* NDV 2007, 326). Abs. 2 S. 1 enthält eine besondere Regelung für den Fall, dass der Darlehensempfänger noch weiterhin Empfänger von Hilfe zum Lebensunterhalt ist. Trotz des Bezugs von Hilfe zum Lebensunterhalt kann ein Teil seiner Regelsatzleistungen zur Tilgung des Darlehens einbehalten werden. Ist er inzwischen nicht mehr auf Hilfe zum Lebensunterhalt angewiesen, richtet sich die Tilgung des Darlehens nach den bei der Darlehenserbringung festgelegten Modalitäten. Ist nichts vereinbart, gelten die allgemeinen Vorschriften.

**15**     Zur **Tilgung des Darlehens** können monatlich bis zu 5 v. H. de**r Regelbedarfsstufe 1 einbehalten** werden. Der Träger der Sozialhilfe hat insoweit eine **Ermessensentscheidung** zu treffen, die den allgemeinen Anforderungen an eine ermessensgerechte Entscheidung zu entsprechen hat. Andernfalls ist das Einbehalten von Teilen der Regelsatzleistung rechtswidrig. Als **Höchstbetrag sind 5 v. H.** vorgesehen. Dies gilt auch dann, wenn die betreffende Person nur den Regelsatz eines Haushaltsangehörigen bezieht. Unklar ist, ob bei einer Gemeinschaft nach § 19 Abs. 1 von mehreren Regelsätzen ein Betrag einbehalten werden kann. Der Wortlaut der Vorschrift spricht eher für eine Auslegung, wonach die 5 v. H. in jedem Fall den Höchstbetrag darstellen.

**16**     Durch das **Einbehalten** eines Teils der laufenden **Regelsatzleistung** besteht nicht die Gefahr, dass der laufende Lebensunterhalt nicht gedeckt werden könnte, denn die Regelsätze enthalten nach der jetzigen Rechtslage auch Anteile für Bedarfe, für die bisher einmalige Leistungen in Betracht kamen und für die nunmehr z. T. über eine längere Zeit Ansparungen aus dem Regelsatz vorzunehmen sind. Durch das Einbehalten eines Betrages bis zu 5 v. H. wird daher nur dieser Teil der Regelsatzleistungen betroffen.

**17**     Die Vorschrift des **§ 26 Abs. 3** ist neben § 37 Abs. 4 nicht anzuwenden, da § 37 Abs. 4 die speziellere Vorschrift ist. Satz 2 betrifft die Darlehen für die Zahlungsverpflichtungen nach § 37 Abs. 2 (s. dort).

## 5. Zuzahlungen an die Krankenkasse (Abs. 2 u. 3)

**18**     Diese Vorschrift ist aus § 35 Abs. 2 und 3 a. F. übernommen worden. Sie gilt nur für volljährige Leistungsberechtigte, die in Einrichtungen leben (§ 27b Abs. 2 S. 2).

**19**     Die Regelungen der Absätze 2 und 3 erwiesen sich als notwendig, da der Barbetrag nicht ausreichend erschien, um die Zuzahlungen bis zur Belastungsgrenze daraus zu tragen. Gleichzeitig gibt die Vorschrift aber auch zu erkennen, dass diese Bedarfe an sich von den Regelsätzen umfasst sind, da insoweit ein Darlehen nach § 37 gewährt wird. Die Regelung über die Rückzahlung des Darlehens findet sich in § 37 Abs. 4 S. 2.

**§ 37a** Ergänzende Darlehen

(1) **¹Kann eine leistungsberechtigte Person in dem Monat, in dem ihr erstmals eine Rente zufließt, bis zum voraussichtlichen Zufluss der Rente ihren notwendigen Lebensunterhalt nicht vollständig aus eigenen Mitteln bestreiten, ist ihr insoweit auf Antrag ein Darlehen zu gewähren. ²Satz 1 gilt entsprechend für Einkünfte und Sozialleistungen, die am Monatsende fällig werden.**

(2) **¹Das Darlehen ist in monatlichen Raten in Höhe von 5 Prozent der Regelbedarfsstufe 1 nach der Anlage zu § 28 zu tilgen; insgesamt ist jedoch höchstens ein Betrag in Höhe von 50 Prozent der Regelbedarfsstufe 1 nach**

der Anlage zu § 28 zurückzuzahlen. ²Beträgt der monatliche Leistungsanspruch der leistungsberechtigten Person weniger als 5 Prozent der Regelbedarfsstufe 1 nach der Anlage zu § 28 wird die monatliche Rate nach Satz 1 in Höhe des Leistungsanspruchs festgesetzt.

(3) ¹Die Rückzahlung nach Absatz 2 beginnt mit Ablauf des Kalendermonats, der auf die Auszahlung des Darlehens folgt. ²Die Rückzahlung des Darlehens erfolgt während des Leistungsbezugs durch Aufrechnung nach § 44b.

# I. Bedeutung der Norm

## 1. Inhalt der Regelung

Die Vorschrift ist durch Art. 3a des Gesetzes zur Ermittlung von Regelbedarfen **1** sowie zur Änderung **des Zweiten und des Zwölften Buches Sozialgesetzbuch (v. 22.12.2016, BGBl. I S. 3159, 3164)** mit Geltung ab 1.7.2017 in das SGB XII eingefügt worden. Sie will verhindern, dass Personen, die **auch unter Berücksichtigung der Ihnen am Ende des jeweiligen Monats erstmals zufließenden Rente** oder anderer Einkünfte, die am Monatsende fällig werden, einen Zahlungsanspruch i.S. des § 43a Abs. 2 haben, ihren Lebensunterhalt in der Zeit bis zur Zahlung dieser Einkünfte nicht denken können.

## 2. Systematische Einordnung

Die Regelung hat eine andere Zielrichtung als § 38, der davon ausgeht, dass **2** Leistungen für den notwendigen Lebensunterhalt, für Mehrbedarfe, Versicherungen, Heizung und Unterkunft nur für kurze Dauer zu erbringen und nicht laufend Leistungen zum Lebensunterhalt zu gewähren sind. Ist der am Monatsende nach § 118 Abs. 1 SGB VI fällige und daher nach §§ 27 Abs. 2, 43a Abs. 2, 43 als Einkommen iSd §§ 82 ff. anzurechnende Auszahlungsbetrag der Rente so hoch, dass Leistungen zur Sicherung des Lebensunterhalts abzulehnen sind, kommt eine Leistung nach § 37a SGB XII nicht in Betracht. Denkbar wäre allerdings die Bewilligung eines Darlehens nach § 37 oder nach § 38 (vgl. BT-Drs. 18/10519, 23), soweit ein unabweisbar gebotener Bedarf auf keine andere Weise – wie z. B. durch den Einsatz von Schonvermögen – gedeckt werden kann. Die Bewilligung des Darlehens ist nach Abs. 1 S. 1 von einem Antrag iSd § 16 SGB I abhängig. Insoweit liegt eine Ausnahme vom Grundsatz des § 18 vor, wonach die Leistung von Sozialhilfe allein davon abhängig ist, dass der Träger Kenntnis von der Notlage erlangt hat. Eine besondere Form des Antrags ist nicht vorgeschrieben.

# II. Inhalt der Norm

## 1. Anspruchsvoraussetzungen (Abs. 1)

Abs. 1 S. 1 regelt den **Hauptanwendungsfall,** dass im Leistungsmonat erstmals **3** zum Monatsende eine Rente geleistet wird. Der leistungsberechtigten Person steht am Monatsanfang nur der Betrag zur Verfügung, der sich dadurch ergeben hat, dass auf den Anspruch auf Grundsicherung der Rentenzahlbetrag angerechnet worden ist. Somit steht ihr der Zahlbetrag der Rente bis zum Ende des Monats, für den sie erstmals gezahlt wird, nicht zur Bestreitung des Lebensunterhalts zur Verfügung. Hat eine leistungsberechtigte Person in dieser Situation kein einzusetzendes Vermögen, kommt es zu einer Bedarfsunterdeckung (sogenanntes Erstrentenproblem – vgl. BT-Drs. 18/10519, 23). In dieser Lage steht ihr der Anspruch gegen den Träger der Sozialhilfe auf ein Darlehen zu, soweit sie den erforderlichen Antrag stellt. Das Darlehen ist „insoweit" zu gewähren; daraus folgt, dass ein Anspruch nur auf Gewährung eines Darlehens in einer Höhe besteht, die durch den Betrag der zu berücksichtigenden Rente begrenzt wird. Die Darlehenssumme ist damit höchstens so hoch wie die Differenz zwischen dem tatsächlichen Leistungsanspruch (aufstockender Bedarf, nach § 43a der Zahlungsanspruch) und dem Leistungsanspruch ohne Einkommensanrechnung (BT-Drs. 18/10519, 23). In welcher Form – durch Verwaltungsakt oder durch Vertrag – das Darlehen zu gewähren ist, regelt die Norm nicht.

**4**    Nach Abs. 1 S. 2 kommt Gewährung eines Darlehens auch dann in Betracht, wenn andere Einkünfte – z. B. Lohnzahlungen – oder Sozialleistungen zum Monatsende fällig sind. Sind andere Einkünfte zu einem früheren Zeitpunkt fällig (zum Beispiel eine Lohnzahlung zum 15. des laufenden Monats), besteht dagegen kein Anspruch aus § 37a auf Gewährung eines Darlehens.

## 2. Tilgungsregelung (Abs. 2)

**5**    Nach Abs. 2 Hs. 1 ist das Darlehen in monatlichen Raten von 5 Prozent der Regelsatzstufe 1 zu tilgen, wobei nach Abs. 2 Hs. 2 nur ein Betrag zurückzuzahlen ist, der der Hälfte der Regelbedarfsstufe 1 entspricht; soweit ein Darlehen gewährt wird, das diesen Betrag übersteigt, ist die über die Hälfte der Regelbedarfsstufe 1 hinausgehende Darlehenssumme vom Leistungsempfänger nicht zurückzuzahlen. Damit soll eine Überforderung leistungsberechtigter Personen vermieden werden; der Leistungsberechtigte, dem ein Darlehen über mehr als die Hälfte des Betrages der Regelbedarfsstufe 1 nach § 37a bewilligt wird, ist somit bessergestellt als derjenige, der ein Darlehen nach §§ 36 Abs. 1 S. 3, 37, 38 erhält. Da nach Abs. 1 S. 1 ein Anspruch auf die Gewährung des Darlehens besteht, dürfen Darlehenszinsen nicht verlangt werden (BSG 27.5.2014 – B 8 SO 1/13 R, Rn. 16 ff.). Abs. 2 S. 2 trifft schließlich eine besondere Regelung, die eingreift, wenn der monatliche Leistungsanspruch weniger als fünf Prozent der Regelbedarfsstufe 1 beträgt; in diesem Fall ist die monatliche Rückzahlungsrate in Höhe des Leistungsanspruchs festzusetzen.

## 3. Beginn und Form der Rückzahlung

**6**    Abs. 3 S. 1 der Vorschrift bestimmt, dass während des Leistungsbezugs die Rückzahlung mit Ablauf des Kalendermonats beginnt, der auf die Auszahlung des Darlehens folgt. In Abs. 3 S. 2 ist schließlich geregelt, dass während des Leistungsbezugs die Rückzahlung durch Aufrechnung nach § 44b zu erfolgen hat. Damit greift § 44b Abs. 3 S. 1, der anordnet, dass die Aufrechnung gegenüber der leistungsberechtigten Person schriftlich durch Verwaltungsakt zu erklären ist. Dies kann im Leistungen bewilligenden Bescheid oder durch gesonderten Verwaltungsakt angeordnet werden; soweit Letzteres erfolgt, sollte im Bewilligungsbescheid darauf hingewiesen werden, dass über eine Aufrechnung im Leistungszeitraum durch gesondert ergehenden Verwaltungsakt entschieden wird.

### § 38 Darlehen bei vorübergehender Notlage

[1]Sind Leistungen nach § 27a Absatz 3 und 4, der Barbetrag nach § 27b Absatz 2 sowie nach den §§ 30, 32, 33 und 35 voraussichtlich nur für kurze Dauer zu erbringen, können Geldleistungen als Darlehen gewährt werden. [2]Darlehen an Mitglieder von Haushaltsgemeinschaften im Sinne des § 27 Absatz 2 Satz 2 und 3 können an einzelne Mitglieder oder an mehrere gemeinsam vergeben werden.

*Änderungen der Vorschrift: Abs. 1 geänd. durch G v. 1.10.2013 (BGBl. I S. 3733), Abs. 1 S. 2 geänd. u. Abs. 2 aufgeh. durch G v. 21.12.2015 (BGBl. I S. 2557).*
*Vergleichbare Vorschrift: § 24 Abs. 4 SGB II.*

**Schrifttum:** *Becker/Schmidbauer,* Sozialhilfe als Darlehen nach § 15b BSHG – Theorie und Praxis, info also 1991, 3; *Burucker,* Das Bundessozialhilfegesetz in der Fassung des Zweiten Haushaltsstrukturgesetzes – Gedanken und erste Erfahrungen –, ZfF 1982, 31; *Salje,* Zur Rückforderung von darlehensweise gewährter Sozialhilfe, DÖV 1988, 333; *Schlette,* Sozialhilfe als Darlehen – Anwendungsfälle, Rechtsnatur, Gestaltungsmöglichkeiten, ZfSH/SGB 1998, 154; *Schoch,* Rückforderungen und Aufrechnungen in der Grundsicherung für Arbeitssuchende (SGB II), der Sozialhilfe (SGB XII) und nach dem Sozialverwaltungsverfahren (SGB X), ZfF 2008, 241.

# I. Bedeutung der Norm

## 1. Kein eigenständiger Anspruch

Die Vorschrift, die in Abs. 1 inhaltsgleich den bisherigen § 15b BSHG über- **1** nimmt, begründet im Gegensatz zu § 36 **keinen eigenständigen Anspruch auf Hilfe zum Lebensunterhalt.** Sie ermächtigt vielmehr den Träger der Sozialhilfe, Geldleistungen dann, wenn ein Anspruch auf Hilfe zum Lebensunterhalt besteht und die Voraussetzungen des S. 1 vorliegen, auch als Darlehen zu gewähren. Wie § 36 Abs. 1 S. 3, § 37 Abs. 1, Abs. 2, § 37a Abs. 1 und § 22 Abs. 1 S. 2 durchbricht sie den Grundsatz, dass Leistungen der Hilfe zum Lebensunterhalt als nicht rückzahlbarer Zuschuss zu gewähren sind. Die Regelung beruht auf der Erwägung des Gesetzgebers, wonach in den Fällen, in denen von vornherein abzusehen sei, dass Hilfe nur für kurze Zeit zu gewähren sei, „je nach Lage des Einzelfalls auch eine Darlehensgewährung die angemessene Form der Hilfegewährung sein" könne (Begründung zum Zweiten Haushaltsstrukturgesetz v. 22.12.1981, BGBl. I S. 1523 in BT-Drs. 9/842, 86). Durch diese Möglichkeit der Darlehensgewährung wird die dem Träger der Sozialhilfe durch § 17 Abs. 2 eingeräumte Gestaltungsfreiheit bei der Gewährung von Leistungen zum Lebensunterhalt erweitert.

Durch Art. 1 Nr. 1 des 2. Gesetzes zur Änderung des SGB XII wurden die in **2** Abs. 1 genannten Vorschriften der Lage angepasst, die sich durch die Änderungen des Gesetzes zur Ermittlung von Regelbedarfen vom 14.3.2011 (BGBl. I S. 453) ergeben hatte. Der bis Ende 2015 geltende Abs. 2 ist durch Art. 1 Nr. 10 des Gesetzes zur Änderung des zwölften Buches Sozialgesetzbuch und weiterer Vorschriften (BGBl. 2015 I S. 2557 ff.) aufgehoben worden; mit diesem Gesetz ist weiter in Abs. 1 S. 2 die nicht zutreffende Angabe „§ 19 Abs. 1 S. 2" durch die Worte „§ 27 Abs. 2 S. 2 und 3" ersetzt worden.

## 2. Anwendungsbereich

Die Anwendung der Vorschrift ist z. T. durch Gesetz, z. T. aus rechtssystematischen **3** Gründen ausgeschlossen; zu überlegen ist weiter, ob eine darlehensweise Leistung auch dann in Betracht kommen kann, wenn dem Träger durch die Gewährung ein Erstattungsanspruch zusteht oder ein Anspruch des Leistungsempfängers auf den Träger übergeht (vgl. *Becker/Schmidbauer,* info also 1991, 3 ff.). Zunächst findet **§ 38 gemäß § 299 S. 2 SGB VI beim Bezug von Leistungen für Kindererziehung nach §§ 294 ff. SGB VI und gemäß § 27 Abs. 4 BEEG, § 8 Abs. 1 S. 2 BErzGG beim Bezug von Leistungen nach dem Bundeserziehungsgeldgesetz keine Anwendung** (vgl. VG Gelsenkirchen 16.9.1992 – 17 K 3805/91). Weiter wird **die Regelung verdrängt,** wenn der Leistungsberechtigte zu dem in § 22 Abs. 1 S. 1 genannten Personenkreis zählt und eine **Härte i. S. v. § 22 Abs. 1 S. 2 vorliegt;** die

zuletzt genannte Vorschrift stellt die gegenüber § 38 speziellere Norm dar (BVerwG
→ Rn. 4). Auch ist der Träger der Sozialhilfe im Rahmen des ihm nach § 22 Abs. 1
S. 2 eingeräumten Ermessen nicht an die in § 38 Abs. 1 S. 1 bestimmten Voraussetzungen gebunden (BVerwG 12.4.1989 – 5 B 176/88, Rn. 6). Liegt eine vorübergehende
Notlage deshalb vor, weil dem Leistungsberechtigten ein Anspruch auf andere, gegenüber der Sozialhilfe vorrangige Sozialleistungen zusteht, er diese Leistungen auch
beantragt hat, sie aber noch nicht gewährt bzw. noch nicht ausgezahlt werden, so
steht dem Träger der Sozialhilfe bei Gewährung der Leistung ein **Erstattungsanspruch nach § 104 Abs. 1 SGB X** gegen den für die Gewährung der vorrangigen
Leistung zuständigen Träger zu. Dies hindert die Anwendung des § 38 und die Gewährung eines Darlehens bei Vorliegen der sonstigen Voraussetzungen der Vorschrift
jedoch nicht (BSG 29.6.1995 – 11 Rar 87/94, Rn. 23). Die Erstattung, die der
Sozialhilfeträger vom anderen Sozialleistungsträger erhält, stellt sich nämlich als Rückzahlung des dem Leistungsberechtigten gewährten Darlehens dar, was zur Folge hat,
dass der Leistungsberechtigte insoweit von der Darlehensschuld gegenüber dem Sozialhilfeträger frei wird. Da häufig im Zeitpunkt der Gewährung des Darlehens auch
unklar ist, in welcher Höhe und für welchen Zeitraum dem Leistungsberechtigten ein
Anspruch gegen andere Sozialleistungsträger zusteht, kann nicht davon ausgegangen
werden, die §§ 102 ff. SGB X verdrängten § 38 (a. A. NdsOVG 25.3.1992 – 4 L 1889/
91; *Falterbaum,* Hauck/Noftz, SGB XII, § 38 Rn. 3), denn die §§ 102 ff. SGB X betreffen nur Ansprüche der Leistungsträger untereinander, nicht aber das Verhältnis des
Hilfeempfängers gegenüber mehreren Trägern (BSG 30.1.1985 – 1/4 RJ 107/83,
Rn. 20). Allerdings wird der Träger der Sozialhilfe bei seiner Ermessensentscheidung
darüber, ob Leistungen als Zuschuss oder Darlehen zu bewilligen sind, zu berücksichtigen haben, ob und in welcher Höhe ihm voraussichtlich ein Erstattungsanspruch
gegenüber anderen Leistungsträgern zusteht. Die eben genannten Grundsätze gelten
auch, wenn es zu einem **Übergang von Unterhaltsansprüchen** auf den Träger der
Sozialhilfe **nach § 94** kommt. Da auch die Gewährung eines Darlehens eine Leistung
im Sinne des SGB XII ist, geht der Unterhaltsanspruch nach § 94 über. Der Träger
der Sozialhilfe kann jedoch vom Leistungsberechtigten die Rückzahlung des Darlehens nur in dem Umfang verlangen, in dem er seine Aufwendungen vom Unterhaltspflichtigen nicht zurückerhalten hat (teilweise ebenso: *Schellhorn,* Schellhorn/Hohm/
Scheider, SGB XII, § 38 Rn. 15; *Becker/Schmidbauer,* info also 1991, 3, 5). Ob trotz
eines bestehenden Unterhaltsanspruchs des Leistungsberechtigten die Leistung als Darlehen gewährt werden soll, ist vom Träger im Rahmen des ihm durch die Vorschrift
eingeräumten Ermessens (vgl. Rn. 6) zu entscheiden (a. A. *Falterbaum,* Hauck/Noftz,
SGB XII, § 38 Rn. 3).

# II. Voraussetzungen (Abs. 1 S. 1)

## 1. Leistungen nach Abs. 1 S. 1

**4**    Nach dem Wortlaut des Abs. 1 S. 1 greift die Vorschrift nur ein, wenn es um die
Leistungen für den Regelbedarf, für Mehrbedarf, für Unterkunft und Heizung, für
die Beiträge für Kranken-, Pflegeversicherung und Alterssicherung einschließlich
der Sterbegeldabsicherung sowie um den Barbetrag geht, der in Einrichtungen als
Teil des notwendigen Lebensunterhalts zu leisten ist. Diese Leistungen sind nach
den Änderungen durch das **Gesetz zur Ermittlung von Regelbedarfen und zur
Änderung des Zweiten und Zwölften Buches Sozialgesetzbuch** vom
24. März 2011 **nicht mehr in §§ 28, 29, 30, 32, 33 und 35 Abs. 2, sondern
nunmehr in §§ 27 Abs. 2 S. 2, 27a, 27b Abs. 2, sowie 35 geregelt** (vgl. Rn. 3).
**Nicht in den Anwendungsbereich** der Regelung **fallen** die in § 31 Abs. 1 **aufgeführten einmaligen Leistungen.** Das gilt nunmehr auch dann, wenn sie neben

laufenden Leistungen gewährt werden. Damit ist durch den Gesetzgeber eine im Rahmen des § 15b BSHG lebhaft umstrittene Frage (vgl. einerseits SächsOVG 26.11.1997 – 2 S 108/95, FEVS 48, 462; andererseits VGH BW 24.7.1996 – 6 S 2522/95, Rn. 25) geklärt worden.

## 2. Voraussichtlich für kurze Dauer

Nach den Gesetzesmaterialien ist „als kürzere Zeit" ein Zeitraum von sechs Mona-   **5** ten anzusehen (BT-Drs. 9/842, 86). Mit der Formulierung **„kurze Dauer"** ist somit ein Zeitraum von **bis zu sechs Monaten** gemeint (VGH BW 24.7.1996 – 6 S 2522/ 95, Rn. 25; *Schellhorn,* Schellhorn/Schellhorn/Hohm, SGB XII, § 38 Rn. 6; *Armborst,* LPK-SGB XII, § 38 Rn. 7). Der abweichenden Ansicht, wonach eine „maßvolle Überschreitung" der Frist von sechs Monaten möglich sein soll (*Dauber,* Mergler/ Zink, SGB XII, § 38 Rn. 6; *Falterbaum,* Hauck, SGB XII, § 38 Rn. 9) kann im Hinblick auf die Entstehungsgeschichte nicht gefolgt werden (ebenso: *Becker/Schmidbauer,* info also 1991, 3). Die Notlage darf **voraussichtlich** nur von kurzer Dauer sein. Der Träger der Sozialhilfe hat somit eine **Prognose** darüber zu erarbeiten, ab welchem Zeitpunkt der Leistungsberechtigte voraussichtlich in der Lage sein wird, sowohl seinen Lebensunterhalt selbst zu bestreiten als auch in absehbarer Zeit das Darlehen ganz oder in Raten zurückzuzahlen (BayLSG 15.10.2008 – L 8 B 753/08 SO ER, Rn. 24). Von Bedeutung sind in diesem Zusammenhang konkrete Anhaltspunkte z. B. für eine baldige Arbeitsaufnahme, für den baldigen Erhalt von`ausstehenden Lohnzahlungen, Renten oder bereits beantragten Sozialleistungen. Für eine **positive Prognose** reicht die Möglichkeit des Wegfalls der Hilfebedürftigkeit nicht aus; **erforderlich ist ein hoher Grad an Wahrscheinlichkeit** (VGH BW 22.1.1992 – 6 S 3004/90, Rn. 23). Die Prognose hat sich nach dem Erkenntnisstand zu richten, der im **Zeitpunkt der Entscheidung des Trägers der Sozialhilfe** besteht. Damit wird sie sich in aller Regel auf die Informationen stützen, die bei Beginn des Zeitraums, für den Sozialhilfe als Darlehen bewilligt werden soll, vorliegen (BayLSG 15.10.2008– L 8 B 753/08 SO ER, Rn. 24, BeckRS 2009, 53078). Verzögert sich die Entscheidung, so darf der Träger auch solche Veränderungen und Erkenntnisse berücksichtigen, die sich von Beginn dieses Zeitraums bis zu seiner Entscheidung ergeben haben (NdsOVG 10.11.1997 – 12 L 878/97, Rn. 43). Das Gesetz geht jedoch von einer Prognoseentscheidung aus, die sich auf einen in der Zukunft liegenden Zeitraum bezieht. Rechtlich ist es daher nicht haltbar, eine Entscheidung darüber, ob als Zuschuss oder Darlehen gezahlt werden soll, deshalb hinauszuzögern, um zu einem späteren Zeitpunkt eine Prognose abgeben zu können. Da Leistungen der Hilfe zum Lebensunterhalt in der Regel nur für den Zeitraum eines Monats bewilligt werden, greift § 38 auch dann ein, wenn die in Abs. 1 S. 1 genannten Leistungen zunächst als Zuschuss gewährt worden sind, auf Grund einer Änderung der Verhältnisse zu einem späteren Zeitpunkt aber angenommen werden kann, dass diese Leistungen nur noch für kurze Dauer erforderlich sein werden (VGH BW 22.1.1992 – 6 S 3004/90, Rn. 23). Eine **nicht zutreffende Prognose** über die Dauer der Sozialhilfebedürftigkeit **führt nicht** von vornherein **zur Rechtswidrigkeit der Entscheidung.** Die Entscheidung ist (insoweit) **nur dann rechtlich zu beanstanden, wenn** der Träger der Sozialhilfe **die Prognose auf Grund erkennbar unrichtiger Daten erstellt oder** die im Einzelfall vorliegenden **Erkenntnisse überhaupt nicht in eine prognostische Erwägung einbezogen hat.** Unzulässig ist es, soweit nicht die Voraussetzungen des § 45 SGB X vorliegen, als Zuschuss gewährte Sozialhilfe nachträglich in ein Darlehen umzuwandeln, wenn sich zu einem späteren Zeitpunkt herausstellt, dass die in Abs. 1 S. 1 genannten Leistungen nur für kurze Dauer erforderlich waren (*Schellhorn,* in Schellhorn/Hohm/Scheider SGB XII § 38 Rn. 7). Erweist sich die ursprüngliche **Prognose deshalb als fehlerhaft, weil die Notlage länger als ursprünglich angenommen dauert,** steht dem **Leistungsberechtigten** ein Anspruch auf eine Entscheidung des

Trägers darüber zu, ob das Darlehens in einen Zuschuss umgewandelt wird. Ist die Gewährung der in Abs. 1 S. 1 genannten Leistung im Wege eines Darlehens vom Leistungsempfänger mit dem Widerspruch angegriffen worden, hat der Träger bei der Entscheidung über den Widerspruch die in diesem Zeitpunkt vorliegenden Erkenntnisse zu berücksichtigen (VGH BW 22.1.1992 – 6 S 3004/90, Rn. 20) und gegebenenfalls das Darlehen in einen Zuschuss umzuwandeln. Ist der Bescheid über die Gewährung durch Darlehen bestandskräftig geworden, besteht ein Anspruch des Leistungsberechtigten auf eine im Ermessen des Trägers stehende Entscheidung über die Umwandlung des Darlehens in einen Zuschuss; ein Anspruch aus § 44 SGB X bestand nach der Rechtsprechung des BVerwG nicht, weil diese Vorschrift auf das Leistungsrecht der Sozialhilfe nicht anwendbar sei (so BVerwG 15.12.1983 – 5 C 65/ 82, Rn. 10); diese Auffassung ist durch die Rechtsprechung des BSG (26.8.2008 – B 8 SO 26/07 R, Rn. 14), die § 44 SGB X im Bereich der Sozialhilfe für anwendbar erachtet, überholt (ebenso: *Armborst*, LPK-SGB XII, § 38 Rn. 9; *Schellhorn*, in: Schellhorn/Hohm/Scheider, SGB XII § 38 Rn. 7).

### 3. Geldleistungen

**6**    Die Ermächtigung zur Gewährung eines Darlehens besteht nur, wenn es sich um Geldleistungen handelt. Für die anderen in § 10 Abs. 1 genannten Formen der Leistung, insbesondere die Sachleistung, gilt § 38 nicht.

### 4. Ermessen

**7**    Die Entscheidung, ob laufende Leistungen zum Lebensunterhalt als Darlehen gewährt werden, steht in Ermessen des Trägers der Sozialhilfe. Dabei muss der Träger § 1 S. 2 beachten; danach ist es Aufgabe der Sozialhilfe, den Leistungsberechtigten so weit wie möglich zu befähigen, unabhängig von ihr zu leben. Die Bewilligung eines Darlehens wird somit in der Regel nur dann ermessensgerecht sein, wenn der Leistungsberechtigte voraussichtlich in absehbarer Zeit zur Rückzahlung des Darlehens in der Lage sein wird (OVG Bremen 23.9.1985 – 2 B 95/85 = FEVS 35, 48, 50; *Armborst*, LPK-SGB XII, § 38 Rn. 13). Um diesen Anforderungen gerecht zu werden, muss sich der Träger der Sozialhilfe vor Entscheidung über die Hilfe ein genaues Bild der wirtschaftlichen Lage der oder des Leistungsberechtigten (und seiner Familie) machen. Dabei ist bei der Entscheidung, ob als Darlehen gewährt werden kann, neben § 15, der die **nachgehende Hilfe** vorsieht, auch der Grundsatz der **familiengerechten Leistungen** – § 16 – zu berücksichtigen. Bestehen bereits erhebliche Schulden, die dann, wenn die vorübergehende Notlage beendet ist, wieder bedient werden müssen, wird häufig nicht damit gerechnet werden können, dass der Leistungsberechtigte das sozialhilferechtliche Darlehen in überschaubarer Zeit zurückzahlen kann. Gleiches gilt, wenn die vorübergehende Notlage voraussichtlich dadurch beendet wird, dass er Ausbildungsförderung oder ein Ausbildungsentgelt in einer Höhe erhalten wird, die es ihm gar nicht ermöglicht, die Sozialhilfeleistungen zurückzuzahlen (VGH BW 22.1.1992 – 6 S 3004/90, Rn. 22; OVG Bremen 23.9.1985 – 2 B 95/85 = FEVS 35, 48, 50). Im Rahmen der Abwägung der Interessen des Leistungsberechtigten mit denen des Trägers kann auch die Haushaltslage des Trägers von Bedeutung sein. Dieser Gesichtspunkt verliert jedoch dann an Gewicht, wenn ein **Erstattungsanspruch** nach § 104 SGB X gegen einen anderen Sozialleistungsträger besteht oder mit der Gewährung der Hilfe ein **Unterhaltsanspruch** auf den Träger der Sozialhilfe **übergeht** (vgl. auch Rn. 1). Wenn bei Geltendmachung des Erstattungsanspruchs oder des Unterhaltsanspruchs die Leistungsgewährung voraussichtlich zu keiner Belastung des öffentlichen Haushalts führt, wird in der Regel die Bewilligung laufender Hilfe durch einen nicht rückzahlbaren Zuschuss in Betracht kommen (*Schellhorn*, in: Schellhorn/Scheider/Hohm, SGB XII, § 38 Rn. 15; *Falterbaum*, Hauck/Noftz, SGB XII § 38 Rn. 3).

## III. Darlehen an Mitglieder von Haushaltsgemeinschaften (Abs. 1 S. 2)

Ebenso wie § 15b S. 2 BSHG ermöglicht es die Regelung, ein Darlehen sowohl **8** an einzelne Mitglieder einer Haushaltsgemeinschaft isv § 27 Abs. 2 S. 2 (nicht mehr § 19 Abs. 1 S. 2 – vgl. Rn. 1) als auch an mehrere Mitglieder einer solchen Gemeinschaft zu vergeben. Wird das Darlehen an mehrere Mitglieder gemeinsam vergeben, haften sie für die Rückzahlung des Darlehens als Gesamtschuldner (*Schellhorn, in* Schellhorn/Hohm/Scheider, SGB XII, § 38 Rn. 19); diese Regelung durchbricht den Grundsatz der individuellen Leistungsgewährung, aus dem folgt, dass nur der jeweilige Empfänger in Höhe der auf ihn entfallenden Hilfe zu einer Rückzahlung des gewährten Betrages verpflichtet sein kann (BT-Drs. 12/4401, 78). Soweit der Träger der Sozialhilfe ein Darlehen an mehrere Mitglieder einer Haushaltsgemeinschaft gemeinsam vergibt, muss sich dies aus dem Darlehensvertrag oder dem die Hilfe bewilligenden Verwaltungsakt ausdrücklich ergeben, damit für die Leistungsempfänger hinreichend klar ist, an wen die Leistung erfolgt. Mit der Regelung ist nicht beabsichtigt gewesen, die Gewährung von Hilfe im Wege eines Darlehens an nicht leistungsberechtigte Personen zu ermöglichen. Jedes Mitglied der Haushaltsgemeinschaft, an das durch Darlehen eine Leistung gewährt werden soll, muss daher selbst leistungsberechtigt sein (*Schellhorn, in*: Schellhorn/Hohm/Scheider, SGB XII, § 38 Rn. 20); insoweit ist eine Einzelberechnung bei den Mitgliedern der Haushaltsgemeinschaft erforderlich.

In Abs. 2 war bestimmt, dass die Regelung des § 105 Abs. 2 entsprechend anzu- **9** wenden war. Die Vorschrift war eine Folgeregelung des Art. 25 des Vierten Gesetzes für moderne Dienstleistungen am Arbeitsmarkt (BGBl. 2003 I S. 2985 ff.), der den **Wegfall des Wohngeldes für Leistungsberechtigte der Sozialhilfe** vorsieht. Durch die entsprechende Geltung des § 105 Abs. 2 S. 1 sollten die Leistungsberechtigten rechtlich und tatsächlich nicht schlechter gestellt werden als nach dem bis Ende 2004 geltendem Recht (BT-Drs. 15/1514, 62). Mit dem Gesetz zur Änderung des 12. Buches Sozialgesetzbuch und weiterer Vorschriften vom 21.12.2015 (BGBl. I S. 2557 ff.) ist diese Regelung mit Wirkung ab 1.1.2016 aufgehoben worden, Der Grund für die Änderung liegt darin, dass nach Einschätzung des Gesetzgebers (vgl. BT-Drs. 18/6284, 25) angesichts der geringen Zahl der Darlehensgewährungen nach § 38 es keine praktische Notwendigkeit für die Regelung gab.

## IV. Gewährung von Sozialhilfe als Darlehen

### 1. Leistung im Wege eines Darlehens

Das Gesetz enthält keine allgemeine Vorschrift, die die Gewährung von Leistun- **10** gen im Wege eines Darlehens vorsieht. In §§ 22 Abs. 1 S. 2, 36 Abs. 1 S. 2, 37, 37a, 38, 42 Nr. 5, 91 ist eine Leistung durch Darlehen ausdrücklich vorgesehen. Daraus kann jedoch nicht gefolgert werden, in allen anderen Fällen sei es nicht möglich, Leistungen als Darlehen zu bewilligen. Zwar ist es unzulässig, ganz allgemein Sozialhilfe nicht als Zuschuss, sondern als Darlehen zu gewähren, es bestehen jedoch Fallgestaltungen, in denen die Beseitigung einer Notlage ausnahmsweise durch die Gewährung eines Darlehens erfolgen kann. Diese sind bei der Anwendung der Härtevorschrift des früher geltenden § 88 Abs. 3 BSHG von der Rechtsprechung als gegeben erachtet worden (BVerwG 17.10.1974 – V C 50.73, Rn. 27); weiter wird teilweise angenommen, immer dann, wenn die Bewilligung der Leistung im Ermessen des Trägers stehe, sei er ermächtigt, ein Darlehen zu gewähren, wenn er im Rahmen pflichtgemäßer Ermessensausübung auch die Leistung hätte insgesamt versagen können (VGH BW 24.7.1966 – 6 S 2522/95, Rn. 25; aa *Schlette,* ZfSH/ SGB 998, 154, 156).

**11**    Dem Träger der Sozialhilfe steht es frei, die Leistung als Darlehen durch einen **Vertrag,** durch **Verwaltungsakt** oder durch eine **Kombination von Verwaltungsakt und Vertrag** zu gewähren (OVG Bln 14.5.1987 – 6 B 34.86 = FEVS 37, 195, 202; *Becker/Schmidbauer,* info also 1991, 3, 6). Dabei sind sowohl die Entscheidung über die Vergabe des Darlehens als auch die Darlehensbedingungen insgesamt dem **öffentlichen Recht** zuzuordnen, was auch dann gilt, wenn (nur) durch Vertrag bewilligt wird (OVG NRW 17.5.1988, Rn. 9; *Salje,* DÖV 1988, 355). Damit sind die **§§ 53 ff. SGB X** zu beachten. Nach § 56 SGB X ist ein öffentlich-rechtlicher Vertrag schriftlich zu schließen, soweit nicht durch Rechtsvorschrift eine andere Form vorgeschrieben ist. Dem entspricht es nicht, wenn es in einem vom Sachbearbeiter und Leistungsberechtigten unterzeichneten Schriftstück lediglich heißt, dem Leistungsempfänger sei eröffnet worden, dass ihm die Hilfe als Darlehen gewährt werde (OVG Bremen 11.9.1985 = FEVS 35, 56, 57). Auch ist zu berücksichtigen, dass Darlehensgeber der zuständige Träger der Sozialhilfe ist und derjenige, der für diesen oder eine nach § 99 herangezogene Körperschaft einen Darlehensvertrag unterzeichnet, nach den kommunalverfassungsrechtlichen Bestimmungen hierzu ermächtigt sein muss. Erfolgt die Gewährung durch Verwaltungsakt, ist in diesem Bescheid eindeutig zu regeln, dass im Wege eines Darlehens geleistet wird. Probleme wirft dabei die Praxis vieler Träger auf, einen **„Grundbescheid"** über die Gewährung durch Darlehen zu erlassen und mit Folgebescheiden Hilfe zu bewilligen, wobei aus dem jeweiligen Folgebescheid nicht erkennbar ist, dass es sich nicht um die Gewährung von Leistungen als Zuschuss handelt; in diesen Fällen dürfte entscheidend sein, ob ein verständiger Leistungsberechtigter erkennen konnte, dass weiterhin im Wege eines Darlehens gewährt wurde. Wird im Bewilligungsbescheid nicht erwähnt, dass durch Darlehen gewährt werden soll, ist es rechtlich unzulässig, in einem später geschlossenen Vertrag die Darlehensgewährung „nachzuschieben". Wenn durch Verwaltungsakt ein Darlehen bewilligt worden ist, können sowohl durch (öffentlich-rechtlichen) Vertrag als auch durch Nebenbestimmungen zum Verwaltungsakt iSv § 32 SGB X die **Darlehensbedingungen,** insbesondere die Frage, wann und wie die Rückzahlung erfolgen soll, geregelt werden. Dabei sind die wirtschaftliche und familiäre Lage des Leistungsberechtigten sowie die in § 1 S. 2 und § 15 normierten Grundsätze zu beachten. Mit diesen steht es nicht im Einklang, Rückzahlungsverpflichtungen zu vereinbaren, die dazu führen, dass dem Leistungsberechtigten weniger als das, was zur Bestreitung des notwendigen Lebensunterhalts iSv § 27 erforderlich ist, verbleibt und er deshalb in absehbarer Zeit in eine (erneute) Notlage geraten wird. Im Hinblick auf § 46 Abs. 1 S. 1 Hs. 1 SGB I ist allerdings eine Vereinbarung möglich, nach der Leistungen der Hilfe zum Lebensunterhalt zur Tilgung eines sozialhilferechtlichen Darlehens eingesetzt werden; geschieht dies, ist aber die Möglichkeit des jederzeitigen Widerrufs gemäß § 46 Abs. 1 Hs. 2 SGB I zu beachten (vgl. VG Braunschweig, info also 2000, 78, 79). Zu einer Belastung, die dem Ziel des § 1 entgegensteht, können sich auch die Zinsen aus einem Darlehen entwickeln. Bereits diese Überlegung spricht dagegen, bei der Hilfe zum Lebensunterhalt ein Darlehen mit einer Zinsforderung zu bewilligen (vgl. *Schellhorn,* in: Schellhorn/Hohm/Scheider, SGB XII, § 10 Rn. 16; generell gegen eine Verzinsung: *Armborst,* LPK/SGB XII, § 38 Rn. 15). Nach der Rechtsprechung des BSG ist weiter die Erhebung von Zinsen nur dann möglich, wenn eine gesetzliche Ermächtigungsgrundlage für die Verzinsung von Ansprüchen auf Rückzahlung eines Darlehens besteht (BSG 27.5.2014 – B 8 SO 1/13, Rn. 16). Diese folgt nicht aus § 44 Abs. 1 SGB I, weil diese Vorschrift nur Ansprüche des Bürgers gegen den Staat betrifft; sie ergibt sich weiter nicht aus der Rechtsnatur des Darlehens, weil ein Darlehen auch unverzinslich gewährt werden kann. Folgt man diesem Grundsatz, dürfte auch eine Vereinbarung oder Regelung rechtlich nicht zulässig sein, die vorsieht, dass dann, wenn der Empfänger des Darlehens mit der Rückzahlung in Verzug gerät, die Restsumme insgesamt fällig wird und ab diesem Zeitpunkt zu verzinsen ist.

Weigert sich der Leistungsberechtigte, eine Darlehensvereinbarung abzuschließen, **12** hat der Träger der Sozialhilfe die Möglichkeit, die Gewährung des Darlehens und die Darlehensbedingungen durch Verwaltungsakt zu regeln. Die Weigerung des Leistungsberechtigten eröffnet nicht die Möglichkeit, die Gewährung der Leistung nach § 65 Abs. 1 SGB I wegen mangelnder Mitwirkung abzulehnen (so aber: *Falterbaum,* Hauck/Noftz, SGB XII, § 38 Rn. 11), weil eine (Mitwirkungs-)Verpflichtung, einen Darlehensvertrag abzuschließen, in den §§ 60 ff. SGB I nicht begründet wird.

## 2. Rückforderung des Darlehens

Der Träger der Sozialhilfe hat vor der Entscheidung, ob er das Darlehen zurück- **13** fordert, zu prüfen, ob und in welcher Weise die Rückzahlung den Leistungsberechtigten belastet und ob die Belastung mit dem Ziel des § 1 und dem in § 15 geregelten Grundsatz der nachgehenden Leistung vereinbar ist (OVG Bremen 11.9.1985 = FEVS 35, 56, 59). Ist das Darlehen durch Verwaltungsakt gewährt worden, kann es durch Verwaltungsakt zurückgefordert werden (VGH BW 24.7.1966 – 6 S 2522/ 95, Rn. 25). Ist ein öffentlich-rechtlicher Darlehensvertrag geschlossen worden und kommt der Leistungsberechtigte seinen vertraglichen Verpflichtungen nicht nach, steht dem Träger der Sozialhilfe (nach einer möglicherweise noch erforderlichen Kündigung des Darlehens) die **Leistungsklage** zur Verfügung. Diese Klage ist auch dann zulässig, wenn das Darlehen durch Bescheid gewährt wurde, der vom Träger geltend gemachte Rückforderungsbetrag aber nach Grund und/oder Höhe streitig ist, und der Träger auch einen Rückforderungsbescheid, der zu einer Anfechtungsklage führen würde, erlassen könnte (OVG NRW 17.5.1988 – 8A 189/87, Rn. 14). Wird Leistungsklage erhoben, besteht unter Berücksichtigung der Rechtsprechung des BSG (28.10.2008 – B 8 SO 23/07 R, Rn. 16) ein Anspruch auf **Prozesszinsen** in entsprechender Anwendung des § 291 BGB nicht, weil es hierfür an einer sozialrechtlichen Anspruchsgrundlage und einer Regelungslücke, die eine entsprechende Anwendung des § 291 BGB ermöglichen würde, fehlt. § 44 SGB I findet keine Anwendung, weil diese Vorschrift lediglich die Verzinsung von Sozialleistungen, d. h. von Geldleistungsansprüchen des Bürgers gegen einen Leistungsträger regelt, aber keinen allgemeinen Grundsatz des Sozialrechts enthält (*Freischmidt,* Hauck/ Noftz, § 44 SGB I, Rn. 3); dementsprechend betrifft die Vorschrift auch gegen den Bürger gerichtete Rückzahlungsansprüche nicht (OVG NRW 17.5.1988, Rn. 46). Die **Verjährungsfrist** des Rückzahlungsanspruchs beträgt gemäß § 195 BGB 3 Jahre (*Armborst,* LPK-SGB XII, § 37 Rn. 12).

## Sechster Abschnitt. Einschränkung von Leistungsberechtigung und -umfang

### § 39 Vermutung der Bedarfsdeckung

[1]**Lebt eine nachfragende Person gemeinsam mit anderen Personen in einer Wohnung oder in einer entsprechenden anderen Unterkunft, so wird vermutet, dass sie gemeinsam wirtschaften (Haushaltsgemeinschaft) und dass die nachfragende Person von den anderen Personen Leistungen zum Lebensunterhalt erhält, soweit dies nach deren Einkommen und Vermögen erwartet werden kann.** [2]**Soweit nicht gemeinsam gewirtschaftet wird oder**

die nachfragende Person von den Mitgliedern der Haushaltsgemeinschaft keine ausreichenden Leistungen zum Lebensunterhalt erhält, ist ihr Hilfe zum Lebensunterhalt zu gewähren. ³Satz 1 gilt nicht

1. für Schwangere oder Personen, die ihr leibliches Kind bis zur Vollendung seines sechsten Lebensjahres betreuen und mit ihren Eltern oder einem Elternteil zusammenleben, oder

2. für Personen, die im Sinne des § 53 behindert oder im Sinne des § 61a pflegebedürftig sind und von in Satz 1 genannten Personen betreut werden; dies gilt auch, wenn die genannten Voraussetzungen einzutreten drohen und das gemeinsame Wohnen im Wesentlichen zum Zweck der Sicherstellung der Hilfe und Versorgung erfolgt.

*Änderungen der Vorschrift:* § 39 eingef., bish. § 39 wird § 39a mWv 1.1.2011 durch G v. 24.3.2011 (BGBl. I S. 453), Satz 3 Nr. 2 geänd. mWv 1.1.2017 durch G v. 23.12.2016 (BGBl. I S. 3191).

*Vergleichbare Vorschriften:* § 16 BSHG; § 9 Abs. 5 SGB II.

**Schrifttum:** *Deutscher Verein,* Empfehlungen für den Einsatz von Einkommen und Vermögen in der Sozialhilfe (SGB XII), 2008; *Frings,* (Minderjährige) Schwangere und deren Kinder im elterlichen Haushalt – Sozialhilfeleistungen ja oder nein? ZfSH/SGB 2002, 723; *Münder/Geiger,* Die generelle Einstandspflicht für Partnerinkinder in der Bedarfsgemeinschaft nach § 9 Abs. 2 Satz 2 SGB 2, NZS 2009, 593; *Riehle,* Die minderjährige Schwangere – ein Fall für § 16 BSHG?, ZfSH/SGB 2000, 456; *Schürmann,* Anmerkung zum Urteil des BSG v. 13.11.2008 – B 14 AS 2/08 R, SGb 2009, 741; *Wahrendorf,* Die gemischte „Bedarfsgemeinschaft" im Sozialhilferecht, Sozialrecht aktuell 2012, 50.

### Übersicht

## I. Bedeutung der Norm

**1**    Die Vorschrift hat ihr Vorbild in § 16 BSHG. Sie betrifft indes nicht nur – anders als nach § 16 BSHG – Verwandte und Verschwägerte, sondern das **Zusammenleben jeglicher Personen.** Dies ist vor dem Hintergrund der anderslautenden Vorschrift des § 9 Abs. 5 SGB II verfassungsrechtlich bedenklich (so auch *Becker,* in: jurisPK-SGB XII § 39 Rn. 23 ff.). Die Aufspaltung der Regelung des früheren § 16 BSHG in die Vorschrift des § 36 und des § 9 Abs. 5 SGB II ist eine Fehlleistung des Gesetzgebers, da beide Vorschriften nunmehr einen unterschiedlichen Inhalt haben (s. dazu BSG 27.1.2009 – B 14 AS 6/08 R, NZS 2009, 681). Die Haushaltsgemeinschaft nach dem SGB II setzt – anders als nach § 36 – ein Zusammenleben mit Verwandten oder Verschwägerten voraus und ihr Bestehen kann nicht ohne Weiteres vermutet werden. Demgegenüber folgt nach § 36 aus dem Zusammenleben mit einer anderen Person bereits die Vermutung für das Bestehen einer Haushaltsgemeinschaft.

Ferner enthalten § 1 Abs. 2 und § 7 Abs. 2 Alg II-V konkrete Anwendungsregeln **2** für die maßgebliche Vermutung hinsichtlich der finanziellen Unterstützung der anderen Personen. Entsprechende Bestimmungen fehlen für § 36. Aus Gleichbehandlungsgründen wird man sie für § 39 heranziehen können (ausführlich dazu *Becker,* jurisPK-SGB XII § 39 Rn 42 ff.).

Die Vorschrift des früheren § 16 BSHG knüpfte an den Gedanken der **Familien- 3 notgemeinschaft** an, in der sich die Verwandten und Verschwägerten in der Regel gegenseitig unterstützen. Diese Vermutung wird nun auf **alle Haushaltsgemeinschaften** ausgedehnt. Bei ihnen trägt der Gedanke der Familiennotgemeinschaft allerdings nicht mehr. S. 3 nimmt bestimmte Personenkreise aus dem Anwendungsbereich der Vorschrift aus, um unerwünschte sozialpolitische Folgen zu vermeiden. Sind die Voraussetzungen des § 36 S. 1 gegeben, sind Einkommen und Vermögen der anderen Person in gewisser Höhe wie Einkommen und Vermögen der nachfragenden Person zu behandeln, sofern dies „erwartet" werden kann. Insoweit besteht allerdings nur eine **Vermutung,** die widerlegt werden kann.

Die Vorschrift dehnt den **Nachrang** der Hilfe zum Lebensunterhalt auf Einkom- **4** men und Vermögen bloßer Haushaltsmitglieder aus. Dadurch wird die Vorschrift des § 27 Abs. 2 im Ergebnis erheblich **erweitert.** Diese Erweiterung des Nachranggrundsatzes bereitet in der praktischen Anwendung Probleme. Eheähnliche Gemeinschaften sind bereits von § 20 erfasst.

Gegenüber § 84 Abs. 2 ist § 16 die speziellere Vorschrift, die jene verdrängt **5** (BVerwG 23.2.196 – 6 V C 93.64, BVerwGE 23, 255, 257). Für die **Hilfe nach dem Fünften bis Neunten Kapitel** ist eine entsprechende Vorschrift nicht vorgesehen. Bei diesen Hilfearten wird der Nachranggrundsatz nur über § 19 Abs. 3 realisiert. Die von § 39 erfassten Personen sind unter gewissen Voraussetzungen nach § 117 Abs. 1 S. 3 zur **Auskunft** über ihre Einkommens- und Vermögensverhältnisse verpflichtet. Bei der Grundsicherung nach dem **Vierten Kapitel** ist § 39 Satz 1 nicht anzuwenden (§ 43 Abs. 6). Dies bedeutet allerdings nur, dass die gesetzliche Vermutung nicht greift; eine Haushaltsgemeinschaft kann dennoch gegeben sein (BayLSG 24.4.2012 – L 8 SO 125/10; s. auch BSG 23.7.2014 – B 8 SO 31/12 R; BSG 24.3.2015 – B 8 SO 5/14 R).

Für Leistungen nach dem AsylbLG ist § 39 nicht anwendbar (LSG Nds-Brem **5a** 14.12.2015 – L 8 AY 55/15 B ER). Dort kommt es nur auf das Zusammenleben mit „Familienangehörigen" an.

## II. Inhalt der Norm

### 1. Zusammenleben

Die Vorschrift knüpft allein an das Zusammenleben der nachfragenden Person **6** mit einer oder mehreren anderen Personen an. Sie müssen in einer Wohnung oder in einer entsprechenden Unterkunft zusammenleben. Was eine entsprechende andere Unterkunft ist, ist unklar. Darunter könnten etwa Wohnheime fallen, in denen jeder Bewohner ein eigenes Zimmer bewohnt, daneben aber Küche und Bad gemeinschaftlich benutzt werden. Ein „Zusammenleben" der betreffenden Personen wird bereits immer dann anzunehmen sein, wenn sie in einem Haushalt räumlich zusammenleben. Allerdings ist auch innerhalb einer Wohnung ein abgesondertes Leben denkbar (vgl. § 1567 Abs. 1 S. 2 BGB). Daher wird es darauf ankommen, ob die betreffenden Personen Räume gemeinsam nutzen und auch im Ablauf des täglichen Lebens – etwa bei den Mahlzeiten – zusammen sind und hauswirtschaftliche Dinge (z. B. Wäsche waschen) zusammen erledigen. Problematisch sind die Fälle, in denen sich in einem Haus zwei abgeschlossene Wohnungen (z. B. Einliegerwohnung) befinden, die von den betreffenden Personen jeweils bewohnt werden. Ob etwa die in der Einliegerwohnung lebende Großmutter bzw. Mutter einen eigenen Haushalt führt, wird von den Gegebenheiten des Einzelfalles abhängen. Ein Zusammenleben ist jedenfalls dann zu verneinen, wenn die betreffenden Personen in räumlich gänzlich voneinander getrennten Wohnungen leben, mag es auch das Nachbarhaus sein.

## 2. Haushaltsgemeinschaft

**7**     An das bloße Zusammenleben wird die Vermutung geknüpft, dass auch ein gemeinsames Wirtschaften vorliegt. Dies bedeutet, dass der Lebensunterhalt aus einem gemeinsamen Topf gedeckt wird (anders bei § 9 Abs. 5 SGB II, BSG 27.1.2009 – B 14 AS 6/08 R, NZS 2009, 681). Problematisch sind die Fälle, in denen nur ein Teil des Lebensunterhalts gemeinsam gedeckt wird, etwa die Miete, aber im Übrigen getrennte Kassen geführt werden.

**8**     Ferner wird vermutet, dass die nachfragende Person von den Angehörigen der Haushaltsgemeinschaft Leistungen zum Lebensunterhalt erhält. Allerdings wird diese Vermutung in Wahrheit noch an eine weitere Tatbestandsvoraussetzung geknüpft, nämlich daran, dass die **Leistungserbringung** nach dem Einkommen und Vermögen des Mitglieds der Haushaltsgemeinschaft **erwartet werden kann.** Es muss also das Einkommen und Vermögen jedenfalls in groben Umrissen bekannt sein, bevor die Vermutung greifen kann. Ferner ist zu ermitteln, was vor dem Hintergrund des bekannten Einkommens oder Vermögens an Leistungen zugunsten des Leistungsberechtigten „erwartet" werden kann.

## 3. Erwartung des Einsatzes von Einkommen und Vermögen

**9**     Das Tatbestandsmerkmal „erwartet", das einen unbestimmten Rechtsbegriff enthält (OVG Lüneburg 29.5.1985 – 4 A 93/82), der voller gerichtlicher Überprüfung unterliegt, führt zu erhebliche Anwendungsschwierigkeiten im Einzelfall. Hinzukommt, dass die Vorschrift nicht nur ein „Entweder-Oder" kennt, sondern je nach Einkommen und Vermögen von individuell zu ermittelnden Leistungserwartungen ausgeht. Nach der Rechtslage nach § 16 BSHG wurde angenommen, dass die Erwartung, dass Leistungen erbracht werden, abnimmt, je ferner der Verwandte im Verwandtschaftsgrad zu dem Hilfesuchenden steht. Bei Verschwägerten war stets nur eine geringe Erwartung der Leistungserbringung zu rechtfertigen. Im Hinblick auf die jeweilige Höhe der zu erwartenden Leistung hat das BVerwG (1.10.1998 – 5 C 32/97, NVwZ-RR 1999, 251) allgemein ausgeführt, dass das dem Verwandten oder Verschwägerten verbleibende Einkommen „deutlich über dem sozialhilferechtlichen Bedarf der Hilfe zum Lebensunterhalt" liegen muss (vgl. auch OVG Münster 19.12.2002 – 16 A 30/01; für die Erwartung nach § 9 Abs. 5 SGB II s. Rn. 2). Ob die Erwartung der Leistungsgewährung durch Haushaltsangehörige, die nicht einmal Verwandte oder Verschwägerte sind, weiter eingeschränkt werden muss, ist im Grundsatz anzunehmen.

**10**     Damit die Verwaltung bei der Anwendung der Vorschrift im Einzelfall einigermaßen gleichmäßig vorgeht, orientierte sie sich an **Verwaltungsvorschriften,** deren Außenverbindlichkeit zweifelhaft und jeweils rechtlich zu überprüfen ist. Für die Prüfung, inwieweit von unterhaltpflichtigen Angehörigen Leistungen zum Lebensunterhalt des mit ihm ihn Haushaltsgemeinschaft lebenden Hilfesuchenden erwartet werden kann, hat es das BVerwG (29.2.1996 – 5 C 2/95, NJW 1996, 2880) für sachgerecht gehalten, auf **Empfehlungen des Deutschen Vereins** für die Heranziehung Unterhaltspflichtiger (NDV 2002, 161 ff., Rn. 80, 116) zurückzugreifen (ebenso OVG Münster 18.8.1997 – 8 A 4742/96, NDV-RD 1998, 11). Es entspricht nämlich der Lebenserfahrung, von dem Angehörigen zu erwarten, dass er dasjenige freiwillig zahlt, was der Träger der Sozialhilfe einem Unterhaltspflichtigen an Beitrag zum Lebensunterhalt des Unterhaltsberechtigten ohnehin zumutet. Dies gilt allerdings nur, wenn die Haushaltsgemeinschaft aus Verwandten 1. Grades besteht.

Auf diese Weise wird eine **Gleichstellung von Unterhaltspflichtigen** im Rah- 11 men des § 39 mit den nach § 94 herangezogenen Unterhaltspflichtigen erreicht. Das hält das BVerwG (1.10.1998 – 5 C 32/97) für sachgerecht, denn es sei nicht Sinn des § 39 bzw. des § 16 BSHG, die sozialhilferechtliche Hilfeerwartung an unterhaltsverpflichtete Angehörige über die gesetzlich vorgesehene Inanspruchnahme durch die Träger der Sozialhilfe hinaus zu erweitern. Es ist mithin im Einzelfall anhand der Empfehlungen des Deutschen Vereins zu ermitteln, welcher Unterhaltsbeitrag dem Angehörigen nach seinem Einkommen und Vermögen abverlangt werden könnte.

**Barvermögen** braucht der nicht gesteigert unterhaltspflichtige Angehörige erst 12 dann einzusetzen, wenn es das Fünffache des Schonvermögens nach § 90 Abs. 2 Nr. 9 übersteigt (OVG Lüneburg 3.9.1999 – 4 M 2961/99, NDV-RD 2000, 14; zum Kindesvermögen s. OVG Lüneburg 3.9.1999 – 4 M 2961/99).

Die Erwartung von Unterstützungsleistungen durch **nicht unterhaltspflichtige** 13 Verwandte oder durch **Verschwägerte** lässt sich nur anhand der Umstände des **Einzelfalles** konkretisieren. In aller Regel wird von diesen Angehörigen weniger an Unterstützung zu erwarten sein. Von Stiefeltern(teilen) wird in aller Regel erwartet, ihr Stiefkind unentgeltlich bei sich wohnen zu lassen (OVG Lüneburg 8.2.1989 – 4 A 13/88; OVG Lüneburg 7.3.2003 – 4 ME 60/03). Ferner sind steuerliche Vorteile aufgrund des Zusammenlebens oder das Kindergeld an das hilfsbedürftige Stiefkind weiterzugeben (VGH Kassel 17.2.2000 – 1 TG 444/00, FEVS 52, 114; zum Selbstbehalt des Stiefvaters vgl. VG Braunschweig 18.12.2003 – 4 B 334/03, info also 2004, 130).

Es gibt bisher **keine** gesicherten **Anhaltspunkte** dafür, in wieweit von **bloßen** 14 **Mitgliedern** einer Haushaltsgemeinschaft, die nicht mit der nachfragenden Person verwandt oder verschwägert sind, ein Einsatz von Einkommen und Vermögen erwartet werden kann. Dies wird die Anwendungsprobleme, die bereits § 16 BSHG verursacht hat, noch weiter verschärfen. Zumindest sind die Maßgaben der Alg II-V (s. Rn. 2) entsprechend heranzuziehen (so auch *Becker*, in: jurisPK-SGB XII § 39 Rn. 42 ff.).

## 4. Vermutungsfolge

Die gesetzliche Vermutung besteht darin, dass der Leistungsberechtigte den nach 15 dem zuvor Gesagten ermittelten Betrag von seinem Haushaltsgenossen als Unterhaltsleistung auch tatsächlich erhält, weil sie gemeinsam wirtschaften, sodass die nachfragende Person der Hilfe zum Lebensunterhalt nicht bedarf. Darüber hinaus wird auch vermutet, dass entsprechende Leistungen des Haushaltsmitglieds, die dem Leistungsberechtigten zugekommen, nicht lediglich deshalb erbracht werden, weil der Träger der Sozialhilfe Leistungen der Hilfe zum Lebensunterhalt versagt hat, sondern dass die Leistungen im Rahmen der Familien- bzw. Haushaltsnotgemeinschaft bedarfsdeckend erbracht worden sind (OVG Hamburg 13.12.1991 – Bf IV 1/91, FEVS 43, 51; OVG Münster 12.11.1992 – 8 B 1577/92; ausführlich LSG NRW 7.3.2013 – L 9 SO 13/13 B ER.

Nach S. 2 der Vorschrift ist die **Vermutung widerlegbar.** Dafür ist es erforder- 16 lich, dass der Leistungsberechtigte nachweist, dass er trotz der an sich bestehenden Erwartung, er werde von seinen Haushaltsmitgliedern Unterhalt erhalten, dennoch keine Unterstützung von ihnen erfährt (vgl. zu den Anforderungen an den Nachweis OVG Münster 12.11.1992 – 8 B 1577/92). Die weitere Vermutung, dass tatsächlich erhaltene Leistungen auch **bedarfsdeckend** und nicht nur vorschussweise für den

Sozialhilfeträger erbracht worden sind, erweist sich demgegenüber als **unwiderleg-bar** (vgl. dazu BVerwG 23.2.1966 – V C 93.64, BVerwGE 23, 255, 258; OVG Lüneburg 11.11.1987 – 4 A 126/886; OVG Münster 19.7.1988 – 8 A 2011/86; OVG Hamburg 13.12.199 – 1 Bf IV 1/991). Das gilt jedenfalls für Leistungen eines unterhaltspflichtigen Angehörigen (BVerwG 19.11.1998 – 5 B 36/98). Sein Einwand, er leiste nur vorschussweise, ist unbeachtlich (OVG Hamburg 13.12.1991 – Bf IV 1/91). Aber auch dann, wenn ein nicht unterhaltspflichtiger Angehöriger Leistungen für den Leistungsberechtigten tatsächlich erbringt, ist zu vermuten, dass dies auf der § 39 zugrundeliegenden Familiennotgemeinschaft beruht, sofern die **Vermutungsvoraussetzungen** gegeben sind. Die Vermutung bedarfsdeckender Leistungen durch den Angehörigen kann also nur verhindert werden, wenn er Leistungen tatsächlich nicht erbringt.

## 5. Rechtsschutz

17    Für den Rechtsschutz des Hilfesuchenden in Bezug auf die Widerlegung der Vermutung bedeutet dies, dass er nur im Wege des einstweiligen Rechtsschutzes erfolgreich sein kann; springt der Angehörige zunächst mit Leistungen ein, kann im Klageverfahren nicht mehr mit Erfolg vorgetragen werden, dies sei nur vorschussweise geschehen.

18    Nicht zu verwechseln mit der Widerlegung der Vermutungsfolgen, die der Leistungsberechtigte beweisen muss (SG Detmold, 18.6.2013 – S 2 SO 281/10), ist die **Widerlegung der Vermutungsvoraussetzungen.** Insoweit handelt es sich lediglich um das Tatbestandsmerkmal des Zusammenlebens in einer Wohnung. Dies ist von Amts wegen festzustellen und vom Sozialhilfeträger zu beweisen. Bleibt streitig, ob eine Haushaltsgemeinschaft vorliegt oder ob von dem Mitglied der Haushaltsgemeinschaft Leistungen für den Leistungsberechtigten zu erwarten sind, weil etwa Zweifel hinsichtlich seines Einkommens und Vermögens bestehen, liegt die **materielle Beweislast** bei dem Leistungsberechtigten. Er muss also beweisen, dass keine Haushaltsgemeinschaft besteht. Er muss ferner – im Falle des Zusammenlebens – beweisen, dass die andere Person nicht leistungsfähig ist.

19    Diese Beweisführung kann im Einzelfall schwierig sein, da der Leistungsberechtigte insoweit auf die **Mitwirkung des Angehörigen** angewiesen sein kann. Diese Beweisführung ist nicht identisch mit derjenigen, durch die die Vermutung, dass tatsächlich Leistungen erhalten worden sind, widerlegt werden soll. Anders ist es aber, wenn der Haushaltsangehörige tatsächlich Leistungen für den Leistungsberechtigten erbracht hat und nun bewiesen werden soll, dass dies nur vorschussweise für den Träger der Sozialhilfe geschehen ist. In diesem Fall muss das Fehlen der Vermutungsvoraussetzung (begründete Leistungserwartung) bewiesen werden. Gelingt dies, sind die tatsächlich erbrachten Leistungen des Haushaltsangehörigen nicht anspruchsvernichtend.

## III. Einzelprobleme

20    Haushaltsgemeinschaften können in der Form „**gemischter"** **Gemeinschaften** auftreten (s. zu den gemischten Bedarfsgemeinschaften BSG 16.10.2007 – B 8/9b SO 2/006 R; BSG 18.3.2008 – B 8/9b SO 11/06 R; BSG 19.5.2009 – B 8SO 8/08 R). Das heißt, dass nicht alle Personen, die zusammenleben, unter § 39 fallen, sei es, dass einige Personen bereits eine Gemeinschaft nach § 27 **Abs. 2** (oder nach § 7 Abs. 3 SGB II) bilden, sei es, dass bezüglich einzelner Personen die **Vermutung** nach § 39 als **widerlegt** anzusehen ist. Lebt eine Person mit Personen nach § 27 Abs. 2 zusammen, kann die maßgebliche Erwartung hinsichtlich des Einsatzes von Einkommen und Vermögen durchaus **personenbezogen unterschiedlich** ausfal-

len. Wenn etwa **Großeltern,** die auch beide ausreichende Renten beziehen, mit ihren Kindern und Enkeln zusammenleben, wobei die Kinder und Enkel insgesamt nicht über ausreichende finanzielle Mittel verfügen, ist der Umfang der Unterhaltserwartung bezüglich beider Großeltern individuell zu ermitteln und zudem zu berechnen, in welcher Höhe der zumutbare Betrag auf die hilfsbedürftigen Kinder und/ oder Enkel verteilt wird (vgl. zur Unterhaltsverpflichtung von Großeltern BVerwG 12.9.1996 – 5 C 31/95, NJW 1997, 2831; *Zeitler,* NDV 1997, 249; *Happ,* NJW 1998, 2409; *Zeitler,* ZfF 1999, 131).

Häufig ist auch die Konstellation des Zusammenlebens anzutreffen, bei der **21** **sowohl** hinsichtlich einiger Personen eine Gemeinschaft nach **§ 27 Abs. 2** vorliegt und hinsichtlich anderer Personen eine solche nach **§ 39.** Als Beispiel mag ein Ehepaar genannt werden, das mit jeweils einem Kind aus früherer Ehe und einem gemeinsamen Kind zusammenlebt. Die Eheleute im Verhältnis zueinander und zu ihrem gemeinsamen Kind sowie jeweils zu ihrem Kind aus erster Ehe bilden eine Gemeinschaft nach § 27 Abs. 2. Alle anderen familiären Personenbeziehungen fallen unter § 39. Das sind die beiden Stiefelternverhältnisse und das Verwandtschaftsverhältnis zwischen den drei Kindern. Das gemeinsame Kind ist mit den beiden Kindern aus erster Ehe verschwägert. Die beiden Kinder aus erster Ehe sind mit dem jeweiligen Stiefelternteil verschwägert.

Bei dieser **gemischten Konstellation** von Verhältnissen nach § 27 Abs. 2 und **22** § 39 ist vor allem zu beachten, dass das Einkommen des jeweiligen Stiefelternteils nicht nach § 27 Abs. 2 auf den Bedarf des jeweiligen Stiefkindes angerechnet werden darf (anders nach § 9 Abs. 2 S. 2 SGB II, BSG 13.11.2008 – B 14 AS 2/08 R, NZS 2009, 634). Dass die Eltern im Verhältnis zueinander eine Gemeinschaft nach § 27 Abs. 2 bilden, ist insoweit unerheblich. Einkommen (und Vermögen) des Stiefelternteils ist also im Verhältnis zum jeweiligen Stiefkind nur nach § 39 zu berücksichtigen, es sei denn der Stiefelternteil wendet seinem Ehepartner ausreichende finanzielle Mittel tatsächlich zu, mit deren Hilfe der Ehepartner wiederum sein Kind aus erster Ehe, mit dem ein Verhältnis nach § 27 Abs. 2 besteht, unterstützen muss (vgl. dazu BVerwG 26.11.1998 – 5 C 37/97, BVerwGE 108, 36; VGH Mannheim 24.3.1998 – 6 S354/97; OVG Hamburg 24.1.1996 – Bs IV 13/96, FamRZ 1996, 977).

Lebt die nachfragende Person mit mehreren anderen Personen zusammen, muss **23** die maßgebliche Vermutung des Einsatzes von Einkommen und Vermögen hinsichtlich jeder Person gesondert geprüft werden. Dabei kann sich ergeben, dass etwa bezüglich einer Person die Vermutung nicht greift. Dann ergibt sich vor allem hinsichtlich der **Kosten der Unterkunft** das Problem, wie die **Miete** untereinander **aufzuteilen** ist. Nimmt jemand seinen hilfebedürftigen Angehörigen oder einen Freund bei sich auf, ist bei Angehörigen in aller Regel davon auszugehen, dass der nachfragenden Person keine Kosten der Unterkunft entstehen, d. h. es greift die Vermutung, dass der Angehörige zumindest im Umfang Leistungen für den Unterhalt an den Hilfesuchenden erbringt (OVG Lüneburg 8.2.1989 – 4 A 13/88). Nehmen Eltern also z. B. ihr volljähriges Kind wieder bei sich auf, liegt darin in Bezug auf die Unterkunftskosten regelmäßig eine **Naturalunterhaltsleistung,** die bedarfsdeckend ist (s. aber LSG Nds-Brem 27.8.2009 – d L 8/13 SO 15/07). Anders dürfte es bei Freunden sein.

Entsteht der nachfragenden Person ein Bedarf an Leistungen für die Unterkunft, **24** weil von dem Haushaltsangehörigen nicht erwartet werden kann, die Wohnung kostenlos zur Verfügung zu stellen, muss der Anteil der Kosten, der auf den Leistungsberechtigten entfällt, ermittelt werden. Insoweit gilt nicht zwingend die **Kopfteil-Quote,** die beim Zusammenleben von Hilfebedürftigen angewendet wird (vgl. § 35 Rn. 15). Der Haushaltsangehörige kann bereit aber auch verpflichtet sein, einen höheren Anteil an den Kosten der Unterkunft zu tragen, dies vor allem deshalb, damit der für den Leistungsberechtigten verbleibende Anteil das Maß des Angemessenen nicht übersteigt.

## IV. Haushaltsgemeinschaft mit Personen nach Satz 3

### 1. Nr. 1

**25**  Für diesen Personenkreis scheidet die Anwendbarkeit der Vorschrift von vornherein aus. Eine entsprechende Vorschrift findet sich bereits in § 19 Abs. 4 (s. auch § 94 Abs. 1 S. 4 und Abs. 2). Die Vorschrift ist als flankierende Regelung im Rahmen der Abtreibungsproblematik zu verstehen und hebt den Nachrang der Hilfe in erheblichem Umfang auf. Sinn der Vorschrift ist es zu vermeiden, dass ein notwendig werdender Sozialhilfebezug ein Motiv für eine Abtreibung sein könnte. Die Schwangere soll sicher sein, dass sie ihrem notwendigen Lebensunterhalt erhält, ohne dass ihre Eltern in Anspruch genommen werden. Die Vorschrift ist – was nach früherer Rechtslage unklar war – auch auf volljährige bzw. minderjährige verheiratete Schwangere auszudehnen, die im Haushalt der Eltern oder anderer Personen leben (vgl. *Riehle,* ZfSH/SGB 2000, 456; *Frings,* ZfSH/SGB 2002, 723).

**26**  Der Schutz der Vorschrift greift bereits **ab Beginn der Schwangerschaft.** Sie schützt also auch in den Fällen, in denen die Schwangerschaft nicht ursächlich für die Hilfebedürftigkeit ist. Wird etwa eine achtzehnjährige Schülerin, die im Haushalt ihrer Eltern lebt, schwanger, kann sie Hilfe zum Lebensunterhalt beanspruchen, obwohl ihre Eltern sie ohnehin bis zum Abschluss der Schule unterhalten müssten. Ob die Freistellung der Eltern immer gerechtfertigt ist, kann dahinstehen, denn die Vorschrift ist insoweit eindeutig.

**27**  Der Schutz der Vorschrift geht ferner **über die Zeit der Schwangerschaft hinaus** bis zur Vollendung des 6. Lebensjahres des Kindes, sofern es bis dahin von der Mutter oder dem Vater betreut wird. Diese Ausweitung des Schutzes hat mit dem Schutz des ungeborenen Lebens u. U. nichts zu tun. Dies gilt z. B., wenn Hilfebedürftigkeit überhaupt erst etwa im vierten Lebensjahr des Kindes aufgetreten ist.

**28**  Leben **beide Eltern,** die ihr Kind betreuen in Haushaltsgemeinschaft mit ihren Eltern/Schwiegereltern, stellt sich die Frage, ob nur ein erziehender Elternteil oder beide Elternteile von der Anwendung des § 39 ausgeschlossen sind, sofern sie beide ihr Kind abwechselnd und zeitweise betreuen. Lebt die Person, die ihr Kind betreut, mit anderen (fremden) Personen in einer Haushaltsgemeinschaft, ist die Vorschrift nicht anwendbar, da sie nur das Zusammenleben mit Eltern privilegiert. Wird unbeschadet der nicht anwendbaren Vermutungsregel des Satzes 1 Unterhalt tatsächlich geleistet, ist ein Anspruch auf Leistungen zum Lebensunterhalt insoweit ausgeschlossen.

### 2. Nr. 2

**29**  Anders als es § 19 Abs. 4 für Schwangere vorsieht, gilt für das Zusammenleben von Eltern mit ihren minderjährigen unverheirateten Kindern, die behindert oder pflegebedürftig sind, keine Schutzvorschrift bezüglich der Hilfe zum Lebensunterhalt. Haushaltsgemeinschaften von Eltern mit ihrem volljährigen (bzw. verheirateten) behinderten oder pflegebedürftigen Kind fallen nach der neuen Rechtslage indes unter die Schutzvorschrift von Satz 3 Nr. 2. Dies war bisher nicht so geregelt. Die häusliche Betreuung dieses Personenkreises soll durch die Vorschrift unterstützt werden, um stationäre Betreuung zu vermeiden. Bei einem Zusammenleben mit sonstigen Personen einer Haushaltsgemeinschaft gilt die Schutzvorschrift jetzt ebenfalls.

**30**  Die nachfragende Person muss unter § 53 oder unter § 61a fallen. Ob sie Leistungen nach diesen Vorschriften erhält, ist unerheblich. Ferner kommt es darauf an, dass die nachfragende Person von einem Mitglied der Haushaltsgemeinschaft betreut wird. Was darunter in Einzelnen zu verstehen ist, bleibt etwas unklar. Es dürften **einzelne notwendige Betreuungsleistungen** bereits ausreichen, wenn dadurch eine stationäre Betreuung vermieden wird.

Der **zweite Halbsatz** der Vorschrift erweitert den Anwendungsbereich der **31** Schutzvorschrift. Eine **drohende Behinderung,** die allerdings bereits von § 53 erfasst wird, oder eine **drohende Pflegebedürftigkeit** sind ausreichend. Daher sind auch Personen erfasst, die i. S. v. § 27 Abs. 3 einzelnen Tätigkeiten für ihren Lebensunterhalt nicht ausführen können und insoweit auf fremde Hilfe angewiesen sind.

## § 39a Einschränkung der Leistung

(1) [1]**Lehnen Leistungsberechtigte entgegen ihrer Verpflichtung die Aufnahme einer Tätigkeit oder die Teilnahme an einer erforderlichen Vorbereitung ab, vermindert sich die maßgebende Regelbedarfsstufe in einer ersten Stufe um bis zu 25 vom Hundert, bei wiederholter Ablehnung in weiteren Stufen um jeweils bis zu 25 vom Hundert.** [2]**Die Leistungsberechtigten sind vorher entsprechend zu belehren.**

(2) **§ 26 Abs. 1 Satz 2 findet Anwendung.**

*Änderungen der Vorschrift: Bish. § 39 wird § 39a und Abs. 1 S. 1 geänd. mWv 1.1.2011 durch G v. 24.3.2011 (BGBl. I S. 453).*

*Vergleichbare Vorschriften: §§ 31, 31a SGB II.*

**Schrifttum:** *Berlit,* Hilfe zur Arbeit: Integration oder Ausgrenzung Sozialhilfe beziehender Arbeitsloser?, NDV 1997, 177; *Michel,* Die Neufassung des § 25 Abs. 1 BSHG nach dem Gesetz zur Reform des Sozialhilferechts, NDV 1997, 92; *Falterbaum,* Kürzung der Hilfe zum Lebensunterhalt wegen „Fehlverhaltens" des Leistungsberechtigten nach § 25 BSHG, ZfSH/BSHG 2000, 579; *Klay,* Hilfe zur Arbeit im Spiegel der Rechtsprechung, RsDE 33, 95; *Schoch,* Die Neufassung des § 25 Abs. 1 BSHG nach dem Gesetz zur Reform des Sozialhilferechts, ZfF 1998, 76; *Schoch,* Hilfe zur Arbeit, Verlust des Anspruchs auf Sozialhilfe oder Kürzung der Sozialhilfe?, ZfF 1999, 127; *Weth,* Leistungskürzung bei Arbeitsverweigerung, info also 1998, 208.

# I. Bedeutung der Norm

## 1. Inhalt der Regelung

Die Regelung, die nach der Begründung des Gesetzentwurfes aus § 25 Abs. 1 **1** bis 3 BSHG entwickelt worden ist (BT-Drs. 15/1514, 62), ordnet die Kürzung der Regelbedarfsstufe in dem Fall an, in dem der Leistungsberechtigte gegen die sich aus § 11 Abs. 3 S. 4 ergebenden Pflichten verstößt. Sie war zunächst in § 39 enthalten. Durch das Gesetz zur Ermittlung von Regelbedarfen und zur Änderung des Zweiten und Zwölften Buches Sozialgesetzbuch vom 24.3.2011 ist die zuvor in § 36 geregelte Vermutung der Bedarfsdeckung als (neuer) § 39 eingefügt worden, der zusammen mit § 39a den neuen sechsten Abschnitt „Einschränkung von Leistungsberechtigung und Umfang" des dritten Kapitels bildet. Sachliche Änderungen waren damit nicht verbunden (BT-Drs. 17/3404, 127). Die praktische Bedeutung der Vorschrift dürfte sich nicht erheblich sein, weil Personen, die unter den üblichen Bedingungen des allgemeinen Arbeitsmarktes mindestens drei Stunden erwerbstätig sein können, keine Leistungen der Sozialhilfe, sondern die des SGB II erhalten. Anwendung findet die Vorschrift allerdings auf erwerbsfähige Personen, die gem. § 2 Abs. 1 AsylbLG Leistungen in entsprechender

Anwendung des SGB XII erhalten (vgl. nur LSG Nds-Brem 10.6.2013 – L 8 AY 15/13 B ER).

## 2. Systematische Einordnung

2    Die Regelung ist eine **Ausnahme** von dem ansonsten im Sozialhilferecht geltenden **Grundsatz,** dass die **Gründe,** die zu der jeweils **zu beseitigenden Notlage geführt haben, für die Leistung ohne Bedeutung** (BVerwG 1.7.1970 – V C 40.70, Rn. 11) **sind.** Sie betrifft **nur** die Einschränkung der **Hilfe zum Lebensunterhalt,** da sie nur die Verminderung des für den Leistungsberechtigten maßgebenden Regelsatzes ermöglicht. **Durch die Einschränkung wird der Anspruch auf andere Leistungen nach dem SGB XII nicht berührt.**

## 3. Zielrichtung der Norm

3    Leistungsberechtigten, bei denen der Regelsatz gekürzt worden ist, stehen daher – anders als bei der nach § 25 Abs. 1 S. 1 BSHG gegebenen Lage – weiter Ansprüche auf Leistungen z. B. nach §§ 11 oder nach §§ 29, 31 und 35 zu. Durch die Verminderung der Regelbedarfsstufe wird dem Träger der Sozialhilfe die Möglichkeit eröffnet, nachdrücklich auf den Leistungsberechtigten mit dem Ziel einzuwirken, dass er sein Verhalten ändert. In Anbetracht dieser Zielrichtung ist die Regelung des Abs. 1 – auch wenn die Kürzung vom Betroffenen als empfindliche Sanktion erfahren wird – zumindest **auch Hilfenorm** (*Conradis,* in: LPK-SGB XII, § 39a Rn. 1). Mit den Entscheidungen, die der Träger nach Abs. 1 zu treffen hat, soll der Leistungsberechtigte soweit wie möglich befähigt werden, unabhängig von Sozialhilfe zu leben. Damit ist die **Anwendung des Abs. 1 ausgeschlossen,** wenn die **Handlungsweise** des Leistungsberechtigten auf einer **seelischen Fehlhaltung** oder einer **seelischen Störung beruht** und eine Einschränkung der Regelsatzleistung von vornherein nicht geeignet ist, diese Handlungsweise zu beeinflussen oder zu korrigieren (ebenso zu § 25 Abs. 1 BSHG BVerwG 27.8.1969 – V C 100.68, Rn. 11 ff.). Der Charakter der Norm ist weiter von Bedeutung für das **Verhältnis zum Nachranggrundsatz des § 2 Abs. 1.** Lehnt der Leistungsberechtigte entgegen seiner Verpflichtung die Aufnahme einer Tätigkeit oder die Teilnahme an der hierzu erforderlichen Vorbereitung ab, greift nicht § 2 Abs. 1, sondern § 39a Abs. 1 ein, da diese für die Hilfe zum Lebensunterhalt geltende Regelung eine gegenüber dem Nachranggrundsatz speziellere Rechtsgrundlage darstellt (so zu § 2 Abs. 1, 25 Abs. 1 BSHG: VGH BW 11.12.2000 – 7 S 2137/00, Rn. 8; OVG NRW 9.1.2001 – 22 B 1425/00, Rn. 5). Zum gleichen Ergebnis führt die Rechtsprechung des BSG, die in § 2 keinen eigenständigen Ausschlusstatbestand, sondern lediglich ein Gebot der Sozialhilfe sieht (BSG 26.8.2008 – B 8/9 b SO 16/07 R, Rn. 17). Wird die Aufnahme einer Tätigkeit oder die Teilnahme an einer erforderlichen Vorbereitung abgelehnt, ist dadurch eine **Mitwirkungspflicht eines Leistungsberechtigten** im Sinne der **§§ 60–64 SGB I nicht verletzt,** da diese Vorschriften nur verfahrensrechtliche Pflichten des Hilfesuchenden oder Hilfeempfängers betreffen (LSG NRW 10.9.2007 – L 20 B 85/07 SO ER). **Abs. 1 ist nur im Verhältnis zwischen Leistungsberechtigten und dem Träger der Sozialhilfe von Bedeutung.** Nur bei der oder dem Leistungsberechtigten, der seiner Verpflichtung aus § 11 Abs. 3 S. 4 nicht nachkommt, nicht aber bei Angehörigen oder diesen durch § 20 gleichgestellten Personen, kommt es zu einer Einschränkung des für sie oder ihn maßgebenden Regelsatzes. Unabhängig davon kann ein vorsätzliches oder grob fahrlässiges Verhalten desjenigen, der die Voraussetzungen für die Leistungen der Sozialhilfe für sich oder andere herbeigeführt hat, einen Kostenersatzanspruch des Trägers der Sozialhilfe nach § 103 Abs. 1 begründen.

## II. Verminderung der Regelbedarfsstufe (Abs. 1)

### 1. Ablehnung

Voraussetzung für eine Verminderung der Regelbedarfsstufe ist, dass Leistungsbe- **4**
rechtigte entgegen ihrer Verpflichtung die Aufnahme einer Tätigkeit oder die Teilnahme an einer erforderlichen Vorbereitung ablehnen. Damit wird auf § 11 Abs. 3
S. 4 Bezug genommen, wonach Leistungsberechtigte, die durch Aufnahme einer
zumutbaren Tätigkeit Einkommen erzielen können, hierzu sowie zur Teilnahme an
einer erforderlichen Vorbereitung verpflichtet sind. Dem Leistungsberechtigten muss
sich daher die Möglichkeit der Aufnahme einer Tätigkeit im Sinn dieser Vorschrift
geboten haben, wobei für die Beurteilung der Zumutbarkeit § 11 Abs. 4 gilt (vgl.
§ 11 Rn. 6–11). Eine **Ablehnung** einer Tätigkeit liegt vor, wenn
und solange sich ein Leistungsberechtigter weigert, eine ihm angebotene oder konkret nachgewiesene zumutbare Tätigkeit aufzunehmen oder auszuführen. Sie ist
auch dann anzunehmen, wenn der Leistungsberechtigte durch sein Verhalten auf
andere Weise zum Ausdruck bringt, dass ihm der Wille zum Einsatz seiner Arbeitskraft fehlt. Das ist der Fall, wenn er es z. B. durch provozierendes Auftreten bei
einem Arbeitgeber darauf anlegt, eine Tätigkeit nicht zu erhalten oder diese alsbald
wieder – z. B. durch fristlose Kündigung – zu verlieren (ähnlich *Becker,* jurisPK-
SGB XII, § 39a Rn. 31 ff.; zu § 25 BSHG: *Klay,* RsDE 33, 95, 105). Gleiche Grundsätze gelten, wenn zu beurteilen ist, ob der Leistungsberechtigte die Teilnahme an
einer für die Aufnahme einer Tätigkeit erforderlichen **Vorbereitung** ablehnt. Dabei
muss diese Vorbereitung ebenso wie die angestrebte Tätigkeit i. S. v. § 11 Abs. 4
zumutbar sein. Die in Abs. 1 wie in § 11 Abs. 3 S. 4 benutzte Formulierung „Vorbereitung" ist vom Gesetzgeber wohl bewusst sehr offen gewählt. Sie dürfte neben
Vorbereitungskursen auch Informationsveranstaltungen und kurze Arbeitserprobun-
gen abdecken.

### 2. Verminderung „in der ersten Stufe"

Liegt eine Ablehnung iSv Abs. 1 S. 1 vor, **vermindert sich die für den Leis-** **5**
**tungsberechtigten maßgebende Regelbedarfsstufe, die in der Anlage zu § 28**
**festgelegt ist, in einer ersten Stufe um bis zu 25 v. H.** Dabei ergibt sich aus der
Formulierung „um bis zu", dass der Träger der Sozialhilfe **nach pflichtgemäßen**
**Ermessen darüber zu entscheiden hat,** in welchem **Umfang** er die **Verminde-**
**rung (= Kürzung) des Regelsatzes in dem vom Gesetz vorgegebenen Spiel-**
**raum von 1 bis 25 v. H.** vornimmt. Dabei ist neben dem Grundsatz der Verhältnismäßigkeit, den persönlichen Verhältnissen des Leistungsberechtigten und seiner
Familie nach § 16 auch Sinn und Zweck der Regelung zu berücksichtigen, also zu
überlegen, ob eine Verminderung des Regelsatzes von 25 v. H. oder bereits eine
geringere Verminderung geeignet ist, auf den Leistungsberechtigten dahingehend
einzuwirken, dass er seine ablehnende Haltung zur Aufnahme einer Tätigkeit oder
zur Teilnahme an einer hierzu erforderlichen Vorbereitung aufgibt. **Nicht ins**
**Ermessen des Trägers der Sozialhilfe** gestellt ist die **Entscheidung, ob über-**
**haupt gekürzt** wird. Nach dem Wortlaut des Abs. 1 S. 1 besteht – wie bei § 25
Abs. 1 S. 2 BSHG – eine „Kürzungsautomatik" (ebenso: *Schellhorn,* in: Schellhorn/
Hohm/Scheider, SGB XII, § 39a Rn. 10). Der Träger der Sozialhilfe muss bei Vorliegen der Voraussetzungen des Abs. 1 S. 1 den Regelsatz des Leistungsberechtigten
kürzen, wobei er lediglich unter Berücksichtigung der Besonderheiten des Einzelfalls
und des Charakters des § 39a als Hilfenorm entscheiden kann, in welchem Umfang
er die Einschränkung in dem Rahmen, der in der 1. Stufe möglich ist, anordnet.
**Voraussetzung für die Verminderung der Regelbedarfsstufe** ist weiter, dass
im **Zeitpunkt der Entscheidung des Trägers der Sozialhilfe die Ablehnung**

**der Aufnahme einer Tätigkeit oder der Teilnahme an einer Vorbereitung noch andauert** (vgl. zu § 25 Abs. 1 BSHG BVerwGE 98, 203 = FEVS 46, 12).

## 3. Weitere Verminderung der Regelbedarfsstufe

6    Hat die Kürzung der Regelbedarfsstufe keine Änderung des Verhaltens des Leistungsberechtigten bewirkt, kann der Träger der Sozialhilfe bei **erneuter Ablehnung** die Regelbedarfsleistung in weiteren Stufen um jeweils bis zu 25 v. H. kürzen. Damit sieht das Gesetz unter Berücksichtigung des Charakters des § 39 als Hilfenorm und des Grundsatzes der Verhältnismäßigkeit ein abgestuftes Vorgehen vor. Da die Verminderung der Regelbedarfsstufe ein Mittel sein soll, den Leistungsberechtigten auf den Weg zur Selbsthilfe zu führen, wird zu fordern sein, dass zwischen den jeweiligen Verringerungen ein gewisser Zeitraum liegt, in dem der Leistungsberechtigte die Möglichkeit hat, seine Lage und seine bisherige Einstellung zur Arbeit zu überdenken. In der Praxis der Sozialhilfe nach dem BSHG erfolgte eine jeweils weitergehende Kürzung häufig nach Ablauf eines Monats nach Ergehen der Ersten bzw. weiteren Kürzung der Leistung. In der Rechtsprechung hatte der VGH Mannheim (7.9.1990 – 6 S 3184/89) einen Zeitraum von zwei Wochen zwischen den einzelnen Stufen der Kürzungen für ausreichend erachtet; dies ist von der Rechtsprechung (BVerwG 29.1.1991 – 5 B 3/91, Rn. 3) nicht beanstandet worden.

7    Auch bei den **weiteren Verringerungen der Regelbedarfsstufe** ist immer zu **berücksichtigen,** dass der **Träger der Sozialhilfe den Leistungsberechtigten weiter betreuen muss und ihn nicht aus seiner Obhut entlassen darf** (so zu § 25 Abs. 1 BSHG BVerwG 31.1.1968 – V C 22.67, Rn. 21). Er muss die Entscheidungen über die Höhe und den Zeitraum der jeweiligen weiteren Kürzung im Rahmen des ihm eingeräumten Ermessens bestimmen und dabei insbesondere die nach der Besonderheit des Einzelfalls gegebene Lage berücksichtigen. Hervorzuheben ist in diesem Zusammenhang, dass **nach dem Wortlaut der Vorschrift bei wiederholter Ablehnung der Regelbedarf in weiteren Stufen zu reduzieren ist,** also **insoweit kein Ermessen** gegeben ist. Das eingeräumte Ermessen bezieht sich auch hier nur darauf, wie der Träger der Sozialhilfe von der Ermächtigung, bis zu weiteren 25 v. H. zu kürzen, Gebrauch macht. Wird dem Träger der Sozialhilfe bekannt, dass ein Leistungsberechtigte in dem Zeitraum, in dem ihm die Regelleistung gekürzt oder sie gar ganz eingestellt worden ist, arbeitsunfähig erkrankt, ist – da insoweit eine „überholende Kausalität" vorliegt – eine Verringerung der Regelbedarfsstufe nicht mehr gerechtfertigt (OVG Lüneburg 13.1.2000 – 12 M 117/00, Rn. 2). Zeigt der Leistungsberechtigte den **Willen oder die Bereitschaft, eine zumutbare Tätigkeit aufzunehmen** oder an einer hierzu erforderlichen Vorbereitung teilzunehmen, ist der **Regelbedarf ab diesem Zeitpunkt wieder in vollem Umfang** zu leisten (so auch *Becker,* jurisPK-SGB XII, § 39a Rn. 47).

## 4. Dauer der Verminderung

8    Bleibt der Leistungsberechtigte hartnäckig bei seiner Ablehnung der Aufnahme einer Tätigkeit oder der Teilnahme an einer erforderlichen Vorbereitung, stellt sich die Frage, wie lange die Verringerung oder – im äußersten Fall – die vollständige Kürzung des Regelsatzes andauern kann. Soweit nicht die Schutzvorschrift des Abs. 2 eingreift, ist auch eine einschneidende Verringerung des Regelsatzes über einen längeren Zeitraum möglich. Der Träger der Sozialhilfe wird jedoch die weitere Entwicklung des Falls genau zu beobachten haben. Die Regelung über die Einschränkung der Leistung ist eine **Hilfenorm;** sie gibt daher dem Träger der Sozialhilfe auf, zu überprüfen, ob die Wirkung der von ihm getroffenen Maßnahme, der

Verringerung des Regelsatzes, noch überhaupt Erfolg versprechend ist oder ob andere Maßnahmen z. B. eine intensive Beratung als Mittel der Hilfe in Betracht kommen. Ist erkennbar, dass die Verminderung oder vollständige Kürzung des Regelsatzes untauglich sind, um beim Leistungsberechtigten eine Bereitschaft zur Aufnahme einer Tätigkeit oder zur Teilnahme an einer Vorbereitung hierzu auszulösen, so ist, wenn keine anderen Erfolg versprechenden Maßnahmen in Betracht kommen, „notfalls" Hilfe zum Lebensunterhalt wieder in vollem Umfang – einschließlich des nicht geminderten Regelsatzes – zu leisten (ebenso *Becker*, jurisPK-SGB XII, § 39a Rn. 49; NdsOVG 19.6.2003 – 12 ME 142/03, Rn. 7 ff.).

### 5. „Vorherige" Belehrung

Sowohl die Verminderung des Regelsatzes in einer ersten Stufe als auch die **9** Verminderungen in weiteren Stufen sind nach Abs. 1 S. 2 davon abhängig, dass der Leistungsberechtigte „vorher" entsprechend „belehrt" worden ist. Diese einer Verminderung des Regelsatzes vorausgehende **Belehrung soll Missverständnisse ausschließen und dem Leistungsberechtigten die Folgen einer Ablehnung der Aufnahme einer Tätigkeit und der Teilnahme an einer Vorbereitung hierzu vor Augen führen.** Eine Form für die Belehrung ist im Gesetz nicht vorgeschrieben; sie kann daher mündlich oder schriftlich (aA *Falterbaum,* Hauck/Noftz, SGB XII, § 39 Rn. 21) erfolgen, wobei eine schriftliche Bestätigung einer mündlichen Belehrung oder die Aufnahme eines Vermerks darüber in den Verwaltungsvorgängen sicherlich sinnvoll, aber nicht rechtlich notwendig ist. In der Belehrung selbst muss „hinreichend deutlich" (LSG NRW 10.9.2007 – L 20 B 85/07 SO ER, Rn. 26) auf die Verpflichtung, durch Aufnahme einer zumutbaren Tätigkeit Einkommen zu erzielen sowie auf die Verpflichtung zur Teilnahme an einer erforderlichen Vorbereitung hingewiesen werden. Dem wird eine Belehrung gerecht, die in Zusammenhang mit Maßnahmen des Trägers der Sozialhilfe, die darauf zielen, eine Tätigkeit zu vermitteln, vorgenommen wird; eine formularmäßig einem jeden Bewilligungsbescheid „automatisch" beigefügte Belehrung ist nicht ausreichend (*Schellhorn,* in: Schellhorn/Schellhorn/Hohm, § 39a Rn. 11; vgl. auch *Michel,* NDV 1997, 92, 94). Der Träger der Sozialhilfe muss aber nicht etwa abwarten, bis der Leistungsempfänger eine ihm angebotene Tätigkeit abgelehnt hat oder eine vorbereitende Maßnahme nicht besucht hat. Auch das Angebot einer Tätigkeit oder Maßnahme oder die ausdrückliche Aufforderung, sich um eine Tätigkeit zu bemühen, kann mit der Belehrung nach Abs. 1 S. 2 verbunden werden. **Wird der Regelsatz vermindert, ohne dass zuvor eine ordnungsgemäße Belehrung erfolgt ist, ist die Kürzung rechtswidrig** (LSG NRW 10.9.2007 – L 20 B 85/07 SO ER, Rn. 26). Eine nachträgliche Heilung scheidet aus, da die Belehrung nicht in § 41 Abs. 1 Nr. 1 bis 6 SGB X erwähnt ist.

### III. Die „Schutzklausel" des Abs. 2

In Abs. 2 wird die Anwendung des § 26 Abs. 1 S. 2 angeordnet. Diese Regelung **10** gibt dem Träger der Sozialhilfe auf, so weit wie möglich zu verhüten, dass die unterhaltsberechtigten Angehörigen oder andere mit dem Leistungsberechtigten in Haushaltsgemeinschaft lebende Personen durch die Einschränkung der Leistung mitbetroffen werden. Damit soll die **„Familiengerechtigkeit" der Hilfe,** die nach § 16 zu beachten ist, gesichert werden. Liegen hinsichtlich eines Leistungsberechtigten die Voraussetzungen des Abs. 1 vor und kommt es zu einer Verminderung oder sogar zu einem Wegfall der Regelsatzleistung, bleiben zwar die Ansprüche der Unterhaltsberechtigten oder der anderen mit dem Leistungsberechtigten in Haushaltsgemeinschaft lebenden Personen unberührt, tatsächlich werden die Angehörigen und diese Personen jedoch von der Einschränkung erheblich betroffen, weil sich Auswirkungen auf die gesamte Haushaltsgemeinschaft nicht verhindern lassen. Bei der Entscheidung über die Verringerung der Regelbedarfsstufe muss daher sorgsam vorgegangen und soweit wie möglich sichergestellt werden, dass der Bedarf heranwachsender Kinder ausreichend befriedigt wird (vgl. zu § 25 Abs. 3 BSHG VGH BW 11.10.1999 – 7 S 1755/99, Rn. 11 ff.). Die **Schutzklausel des Abs. 2 steht somit nicht der Anwendung des Abs. 1 S. 1** (Verringerung des Regelsatzes in der ersten Stufe sowie in weiteren Stufen) **entgegen.** Sie ist vielmehr vom Träger der Sozialhilfe zu berücksichtigen, wenn ihm Abs. 1 S. 1 Ermessen bei seiner Entscheidung über den Umfang und die Dauer der Einschränkung einräumt. Die Rechtsprechung der Obergerichte kam in Anwendung des im Wesentlichen wortgleichen § 25 Abs. 3 BSHG zu unterschiedlichen Ergebnissen: Das OVG NRW erachtete Ermessensentscheidungen auch als rechtmäßig, wenn sie für einen begrenzten Zeitraum Auswirkungen auf die anderen Familienmitglieder haben, solange nicht der unerlässliche Lebensunterhalt der Familie unterschritten werde (OVG NRW 20.5.1998 – 24 B 841/97, Rn. 37 ff.). Der VGH BW war der Auffassung, dass der unter § 25 Abs. 1 fallenden Person zumindest das zum Lebensunterhalt Unerlässliche verbleiben müsse, wenn sie mit ihr gegenüber unterhaltsberechtigten Personen in einer Haushaltsgemeinschaft zusammenlebe und durch konkrete Maßnahmen der Hilfegestaltung nicht sichergestellt werden könne, dass die Unterhaltsberechtigten durch die Versagung oder Einschränkung der Hilfe vor Benachteiligungen bewahrt werden (VGH BW 11.10.1999 – 7 S 1755/99, Rn. 11 ff.).

## Siebter Abschnitt. Verordnungsermächtigung

### § 40 Verordnungsermächtigung

[1]Das Bundesministerium für Arbeit und Soziales hat im Einvernehmen mit dem Bundesministerium der Finanzen durch Rechtsverordnung mit Zustimmung des Bundesrates
1. den für die Fortschreibung der Regelbedarfsstufen nach § 28a maßgeblichen Vomhundertsatz zu bestimmen und
2. die Anlage zu § 28 um die sich durch die Fortschreibung nach Nummer 1 zum 1. Januar eines Jahres ergebenden Regelbedarfsstufen zu ergänzen.
[2]Der Vomhundertsatz nach Satz 1 Nummer 1 ist auf zwei Dezimalstellen zu berechnen; die zweite Dezimalstelle ist um eins zu erhöhen, wenn sich in der dritten Dezimalstelle eine der Ziffern von 5 bis 9 ergibt. [3]Die Bestimmungen nach Satz 1 erfolgen bis spätestens zum Ablauf des 31. Oktober des jeweiligen Jahres.

*Änderung der Vorschrift: § 40 neu gef. durch G v. 24.3.2011 (BGBl. I S. 453), Satz 3 neu gef. mWv 1.1.2017 durch G vom 22.12.2016 (BGBl. I S. 3159).*

1    Die **Neuregelung** wurde erforderlich, weil die Regelsatzbemessung nach neuem Recht durch ein Parlamentsgesetz erfolgt. Die Fortschreibung der Regelbedarfsstufen in den Jahren, für die keine Neuermittlung der Regelbedarfsstufen zu erfolgen hat, soll nach § 28a weiterhin durch Verordnung erfolgen. Dazu bedarf es einer Ermächtigung, die durch § 40 nun vorgenommen wird. Satz 2 enthält Rundungsregelungen.

2    Geändert worden ist Satz 3. Absicht der Neuregelung ist, dass die fortgeschriebenen Regelbedarfsstufen rechtzeitig bekanntgemacht werden und die zuständigen Leistungsträger ausreichend Zeit haben, um die notwendigen Anpassungen in den Bewilligungsbescheiden vornehmen zu können (BR-Drs. 541/16, 89).

# Viertes Kapitel. Grundsicherung im Alter und bei Erwerbsminderung

## Erster Abschnitt. Grundsätze

## Vorbemerkung zu §§ 41 ff.

**Schrifttum:** *Bäcker,* Was wird aus der bedarfsorientierten Grundsicherung, Theorie und Praxis der Sozialen Arbeit, 3/2001; *Blüggel,* Die Prüfung der Erwerbsfähigkeit im SGB II und SGB XII und die Kooperation zwischen den Sozialleistungsträgern, SGb 2011, 9; *ders.,* Die „einheitliche Entscheidung" der Einigungsstelle nach § 44a SGB II, SGb 2005, 377; *Brühl/ Hofmann,* Gesetz über eine bedarfsorientierte Grundsicherung im Alter und bei Erwerbsminderung, 2001; *Coseriu,* Das „neue" Sozialhilferecht, in Sozialrecht – eine terra incognita, 2009; *Cremer,* Armut in Deutschland, 2016; *Deutscher Verein,* Stellungnahme des Deutschen Vereins zum Entwurf eines Gesetzes zur Einordnung des Sozialhilferechts in das Sozialgesetzbuch, NDV 2003, 490; *Düsterhaus,* Nationalität – Mobilität – Territorialität, EuZW 2008, 103; *Grupp/Wrage,* Kindergeldanrechnung bei Bezug von Grundsicherung wegen Erwerbsminderung, SGb 2005, 439; *Klinkhammer,* Die bedarfsorientierte Grundsicherung nach dem GSiG und ihre Auswirkungen auf den Unterhalt, FamRZ 2002, 997; *ders.,* Grundsicherung und Unterhalt, FamRZ 2003, 1793; *Kreikebohm,* Armut im Alter- Ein Problem der gesetzlichen Rentenversicherung, Gedenkschrift für Giese, 2010, S. 151; *Krohn,* Stellungnahme des Deutschen Vereins zum Entwurf eines Gesetzes zur Änderung des Zwölften Buches Sozialgesetzbuch vom 10. August 2012 (Drs. 455/12), NDV 2012, 510; *Kirchhoff,* Änderungen im Recht der Grundsicherung im Alter und bei Erwerbsminderung, SGb 2013, 441; *Ludyga,* Unterhaltspflichten von Kindern gegenüber ihren Eltern im Alter und bei Pflegebedürftigkeit unter Berücksichtigung des SGB XII, NZS 2011, 606; *Morzynski,* Grundsicherung für Arbeitssuchende, im Alter, bei voller Erwerbsminderung und die Sozialhilfereform, ZfSH/SGB 2004, 198; *Renn/Schoch,* Die neue Grundsicherung, 2002; *Schulte,* Zur Anrechnung tatsächlicher Unterhaltsleistungen im Grundsicherungsrecht, ZfSH/SGB 2004, 195; *Veltrup/Schwabe,* Die bedarfsorientierte Grundsicherung – ein umfassender Überblick, ZfF 2003, 265; *Wahrendorf,* Zur Dogmatik der Aufhebung und Rückforderung von Leistungen nach dem SGB II und dem SGB XII, Festschrift Schnapp, 2008, S. 577; *Welti,* Die Werkstatt für behinderte Menschen zwischen dem SGB II, SGB III und SGB IX, RdLH 2005, 74.

## I. Entstehungsgeschichte

Das Vierte Kapitel des SGB XII mit seinen Grundsicherungsleistungen im Alter **1** und bei Erwerbsminderung geht in seiner Leistungsstruktur auf das **Grundsicherungsgesetz** (GSiG) zurück. Es entstand als Artikel 12 des Gesetzes zur Reform der gesetzlichen Rentenversicherung und zur Förderung eines kapitalgedeckten Altersvorsorgevermögens (sog. Riester-Rente) vom 26.6.2001 (BGBl. I S. 1310). Schon vor seinem Inkrafttreten am 1.1.2003 wurde es aufgrund der geäußerten Kritik, dass als Träger der Leistungen nur die Kreise und die kreisfreien Städte aufgeführt waren, geändert (vgl. *Deibel,* NWVBl 2003, 45). Durch Art. 1a des Gesetzes zur Verlängerung von Übergangsregelungen im BSHG vom 27.4.2002 (BGBl. I S. 1462) wurden die Bundesländer ermächtigt, die Durchführung des Gesetzes auf kreisangehörige Gemeinden und für Leistungen bei stationärer Unterbringung auf die überörtlichen Träger zu übertragen.

**2**    Durch die Beschlussempfehlung des **Vermittlungsausschusses,** deren Hintergrund vermutlich war, dass die mit dem GSiG verfolgten politischen Ziele bisher nicht erreicht waren (vgl. auch *Kreiner,* Oestreicher, vor § 41 Rn. 3; zur Entstehungsgeschichte s. auch *Coseriu,* S. 233; *Blüggel,* jurisPK-SGB XII, § 41 Rn. 6; *Scheider,* Schellhorn/Hohm/Scheider, § 41 Rn. 1), wurde das GSiG in das SGB XII **inkorporiert** (§ 8 Nr. 2 SGB XII; BT-Drs. 15/2260, 3). Damit ist vorläufig eine verworrene und keineswegs gradlinige Entwicklung, Altersarmut zu mildern, abgeschlossen worden. Die Organisation in Grundsicherungsämtern wurde als zu verwaltungsaufwändig angesehen, deren Abschaffung wurde begrüßt (so z. B. *Steimer,* Mergler/ Zink, vor § 41 Rn. 26).

**3**    Während die Zuordnung des GSiG zum Sozialhilferecht umstritten war (bejahend z. B. *Kunkel,* ZfSH/SGB 2003, 323; dagegen z. B. LSG BW 28.6.2007 − L 7 SO 5884/06), ist mit der Aufnahme der §§ 41 ff. SGB XII diese Zuordnung eindeutig geklärt. Damit sind die bereits im GSiG angelegten strukturellen Unterschiede zum BSHG in der Ausformung durch die verwaltungsgerichtliche Rechtsprechung in das SGB XII transformiert worden (vgl. dazu auch *Blüggel,* jurisPK-SGB XII, § 41 Rn. 6).

**4**    In § 19 Abs. 2 SGB XII ist der durch das frühere GSiG begünstigte Personenkreis zum Leistungsberechtigten (s. auch *Scheider,* Schellhorn/Hohm/Scheider, § 41 Rn. 7) des SGB XII geworden, sodass als Folge die §§ 41 bis 43 SGB XII die Grundsicherung im Alter und bei Erwerbsminderung im Einzelnen ausgestalten. Im Gegensatz zu den Einschränkungen, die die Hilfe zum Lebensunterhalt erfahren hat, kann die Grundsicherung im Alter und bei voller Erwerbsminderung noch zu den „gehobenen Fürsorgesystemen" gerechnet werden (*Mrozynski,* ZfSH/SGB 2004, 198) werden. Die Regelungen konnten im SGB XII **verschlankt** werden, weil eigenständige Verfahrensvorschriften nicht mehr nötig waren. Denn die Grundsicherung im Alter und bei dauernder Erwerbsminderung ist Bestandteil des Sozialhilferechts mit der Folge, dass die übergreifenden Vorschriften des Ersten und Zweiten Kapitels gelten, soweit nicht das Vierte Kapitel Sondervorschriften vorsieht (vgl. *W. Schellhorn,* Schellhorn/Schellhorn/Hohm, § 41 Rn. 7). Der Vorzug der jetzigen Regelung ist, dass das Nebeneinander zweier steuerfinanzierter Leistungsgesetze − GSiG und SGB XII − beendet worden ist. Dem Prinzip der **Leistung aus einer Hand,** dem wie im SGB II auch im SGB XII besondere Bedeutung zukommt, ist der Gesetzgeber mit der Neuregelung der §§ 41 ff. SGB XII ein Stück nähergekommen.

**5**    Die Vorschriften des Vierten Kapitels sind bereits zum 1.1.2013 geändert worden (BGBl. 2012 I S. 2783). Die vorgenommenen Änderungen sind weitgehend eine Folge, dass Bund und Länder die Kostenverteilung neu geregelt haben (vgl. *Kirchhoff,* SGb 2013, 447). Wesentliche Änderung haben sie durch das Gesetz zur Ermittlung von Regelbedarfen sowie zur Änderung des Zweiten und des Zwölften Buches Sozialgesetzbuch vom 23.12.2016 (BGBl. I S. 3159) erfahren.

## II. Vergleich mit dem GSiG

**6**    Die Gewährung auf Antrag (§ 1 GSiG) findet sich nun in § 18 Abs. 1 und § 41 SGB XII wieder. Dass die Leistungen der Grundsicherung der Hilfe zum Lebensunterhalt vorgehen, wird jetzt in § 19 Abs. 2 S. 3 SGB XII hervorgehoben. Der Anspruchsausschluss des § 2 Abs. 3 GSiG ist nun in § 41 Abs. 3 SGB XII geregelt. § 3 GSiG entspricht weitgehend dem § 42 SGB XII. Die örtliche Zuständigkeit (früher § 4 GSiG) ergibt sich aus § 98 Abs. 1 S. 2 SGB XII. Die Beratungsverpflichtung des Rententrägers (§ 5 GSiG) findet sich in § 46 SGB XII wieder. In Angelegenheiten der Grundsicherung im Alter und bei der Erwerbsminderung sind die Gerichte der Sozialgerichtsbarkeit für die ab 1.1.2005 anhängig gewordenen Verfahren zuständig (BSG 13.10.2005 − B 9b SF 4/05 R).

## III.  Zielsetzungen

Da die Überlegung, die Leistung der Grundsicherung als beitrags- oder steuerfi-   7
nanzierte Rentenleistung einzuführen, schon im Vorfeld des Entwurfs verworfen
worden war, konzipierte der Gesetzgeber die Grundsicherung als **eine eigenstän-**
**dige Sozialleistung,** die gemäß § 68 Nr. 18 SGB I als besonderer Teil des Sozialgesetzbuches aufgenommen wurde. Sie sollte den grundlegenden Bedarf für den
Lebensunterhalt sicherstellen. Diese Leistung war und ist **bedürftigkeitsorientiert,**
weil sie vom Einkommens- und Vermögenseinsatz des Leistungsempfängers abhängig ist. Sie sollte nach den Vorstellungen des Gesetzgebers des GSiG so beschaffen
sein, dass grundsätzlich keine Leistungen der Sozialhilfe in Anspruch genommen
werden mussten. Strukturell unterscheiden sich die Leistungen nach dem Vierten
von denen des Dritten Kapitels, bei dem man eher von einer vorübergehenden,
behebbaren Notlage ausgeht, schon dadurch, dass sie auf Dauer angelegt sind (s.
auch *Coseriu,* S. 233). Mit der Fortentwicklung von Sozialleistungen in Form der
Grundsicherung wollte der Gesetzgeber auch das **Problem von Unterhaltsrecht**
**und Sozialhilfe** in Angriff nehmen (vgl. *Klinkhammer,* FamRZ 2002, 997). Anlass
für die Reformbemühungen war die Furcht älterer Menschen vor dem Unterhaltsrückgriff gegen ihre Kinder (BT-Drs. 14/4595, 38; s. auch *Klinkhammer,* FamRZ,
2002, 997; *Renn/Schoch,* Grundsicherung, Rn. 11). Hier sollte das GSiG eine dem
**sozialen Gedanken** verpflichtete Lösung anbieten und einen gesamtgesellschaftlichen Ansatz wählen, der alten und erwerbsgeminderten Menschen eine würdige
und unabhängige Existenz sichert (BT-Drs. 14/5150, 48). Diese Zielsetzungen
haben auch für die §§ 41 ff. SGB XII Gültigkeit, weil das Gesetz inhaltlich nicht
geändert worden ist.

Die **sozialpolitischen Probleme,** die mit der Einführung des GSiG verbunden   8
waren, sind auch durch die Neuregelung im SGB XII nicht gelöst worden (vgl.
dazu auch *W. Schellhorn,* Schellhorn/Schellhorn/Hohm, SGB XII, 17. Aufl., § 41
Rn. 2). Im Vordergrund des GSiG stand das Anliegen des Gesetzgebers, der
**Altersarmut** besser zu begegnen (BT-Drs. 14/4595, 38; zurzeit wird eine
Zunahme der Altersarmut nicht gesehen: *Kreikebohm,* S. 153). Die Leistungen sind
auf ältere Menschen zugeschnitten, die sich noch allein nicht versorgen können. Mit
diesem eingeengten Leistungssegment bleibt ein wesentlicher Bereich der sozialen
Wirklichkeit ausgeblendet. Das Gesetz ist für den Fall einer **stationären Pflege**
nicht konzipiert mit der Folge, dass es bei den ergänzenden Hilfen nach den
sonstigen Kapiteln des SGB XII bleibt (vgl. auch *Scheider,* Schellhorn/Hohm/
Scheider, § 41 Rn. 6; *Ludyga,* NZS 2011, 609). Dies hat zur Folge, dass die unterhaltsverpflichteten Kinder in einem wichtigen Lebensbereich für ihre Eltern aufkommen müssen, was der Intention des Vierten Kapitels widerspricht, in den
Kinder gegenüber ihren alten Eltern von der Unterhaltsverpflichtung ausgenommen sind (§ 43 Abs. 2 SGB XII).

Als weiteres konzeptionelles Problem ist die mangelhafte Harmonisierung von   9
Unterhaltsrecht und Grundsicherungsleistungen anzusehen; sie war schon nach Inkrafttreten des GSiG kritisiert worden ist (s. insbesondere *Klinkhammer,* FamRZ 2003,
1793 f.). Nach zivilrechtlichen Grundsätzen bleiben die Kinder ihren Eltern gegenüber prinzipiell zum Unterhalt verpflichtet.

Gegenüber der Sozialhilfe in Form der Hilfe zum Lebensunterhalt sind die Leis-   10
tungen der §§ 41 ff. SGB XII **vorrangig** (§ 19 Abs. 2 S. 3 SGB XII). Sie müssen
tatsächlich erbracht werden (s. *Mrozynski,* III. 10 Rn. 4; *Niewald,* LPK-SGB XII,
§ 41 Rn. 4). Eine **Aufstockung** mit Leistungen der Hilfe zum Lebensunterhalt
ist grundsätzlich nicht mehr vorgesehen (vgl. auch *Luthe/Dittmar,* Fürsorgerecht,
Rn. 183). Leistungen nach dem Vierten Kapitel des SGB XII sind ebenfalls gegenüber dem **Sozialgeld** des SGB II vorrangig (§ 5 Abs. 2 SGB II), können aber bei

Bildung einer Bedarfsgemeinschaft durch das Sozialgeld aufgestockt werden. Bezieher von Altersrenten können ebenfalls keine Leistungen nach dem SGB II erhalten (§ 7 Abs. 4 SGB XII). Leistungen der **Kriegsopferfürsorge** gehen denen des § 41 SGB XII vor (*Adolph,* Linhart/Adolph, § 41 Rn. 33; *Scheider,* Schellhorn/Hohm/Scheider, § 41 Rn. 7).

11   Das ursprünglich in zwei Abschnitten aufgeteilte Leistungsrecht ist mit § 46a SGB XII um einen weiteren, dritten Abschnitt erweitert worden.

## § 41 Leistungsberechtigte

(1) **Leistungsberechtigt nach diesem Kapitel sind ältere und dauerhaft voll erwerbsgeminderte Personen mit gewöhnlichem Aufenthalt im Inland, die ihren notwendigen Lebensunterhalt nicht oder nicht ausreichend aus Einkommen und Vermögen nach § 43 bestreiten können.**

(2) **[1]Leistungsberechtigt wegen Alters nach Absatz 1 ist, wer die Altersgrenze erreicht hat. [2]Personen, die vor dem 1. Januar 1947 geboren sind, erreichen die Altersgrenze mit Vollendung des 65. Lebensjahres. [3]Für Personen, die nach dem 31. Dezember 1946 geboren sind, wird die Altersgrenze wie folgt angehoben:**

| für den Geburts-jahrgang | erfolgt eine Anhebung um Monate | auf Vollendung eines Lebensalters von |
|---|---|---|
| 1947 | 1 | 65 Jahren und 1 Monat |
| 1948 | 2 | 65 Jahren und 2 Monaten |
| 1949 | 3 | 65 Jahren und 3 Monaten |
| 1950 | 4 | 65 Jahren und 4 Monaten |
| 1951 | 5 | 65 Jahren und 5 Monaten |
| 1952 | 6 | 65 Jahren und 6 Monaten |
| 1953 | 7 | 65 Jahren und 7 Monaten |
| 1954 | 8 | 65 Jahren und 8 Monaten |
| 1955 | 9 | 65 Jahren und 9 Monaten |
| 1956 | 10 | 65 Jahren und 10 Monaten |
| 1957 | 11 | 65 Jahren und 11 Monaten |
| 1958 | 12 | 66 Jahren |
| 1959 | 14 | 66 Jahren und 2 Monaten |
| 1960 | 16 | 66 Jahren und 4 Monaten |
| 1961 | 18 | 66 Jahren und 6 Monaten |
| 1962 | 20 | 66 Jahren und 8 Monaten |
| 1963 | 22 | 66 Jahren und 10 Monaten |
| ab 1964 | 24 | 67 Jahren |

(3) **Leistungsberechtigt wegen einer dauerhaften vollen Erwerbsminderung nach Absatz 1 ist, wer das 18. Lebensjahr vollendet hat, unabhängig von der jeweiligen Arbeitsmarktlage voll erwerbsgemindert im Sinne des § 43 Abs. 2 des Sechsten Buches ist und bei dem unwahrscheinlich ist, dass die volle Erwerbsminderung behoben werden kann.**

(4) **Keinen Anspruch auf Leistungen nach diesem Kapitel hat, wer in den letzten zehn Jahren die Bedürftigkeit vorsätzlich oder grob fahrlässig herbeigeführt hat.**

*Änderungen der Vorschrift: § 41 neu gef. mWv 1.1.2008 durch G v. 20.4.2007 (BGBl. I S. 554), Abs. 1 S. 1 geänd. mWv 1.1.2011 durch G v. 24.3.2011 (BGBl. I S. 453); Abs. 1 neu gef. mWv 1.1.2016 durch G v. 21.12.2015 (BGBl. I S. 2557).*

### Übersicht

# I. Bedeutung der Norm

Inhaltlich war eine Gesetzesänderung erforderlich geworden, weil die Altersgrenze im Rentenbereich ab dem 1.1.2012 kontinuierlich angehoben wird und damit der Anspruch auf Grundsicherung nicht mehr einheitlich ab Vollendung des 65. Lebensjahres besteht (s. auch *Falterbaum*, Hauck/Noftz, § 41 Rn. 15). **1**

Die **Schnittstelle zum SGB II** sind dessen §§ 7 Abs. 1 S. 1 und 8 Abs. 1. Nach § 7 Abs. 1 Nr. 1 SGB II erhalten Leistungen nach diesem Buch Personen, die das 15. Lebensjahr vollendet und das 65. Lebensjahr noch nicht vollendet haben. Sie sind von den Ansprüchen nach diesem SGB II ausgenommen. Für die anderen Personen kommt es darauf an, ob sie erwerbsfähig sind. § 8 Abs. 1 SGB II drückt die Erwerbsfähigkeit positiv aus: Erwerbsfähig ist, wer nicht wegen Krankheit oder Behinderung auf absehbare Zeit außerstande ist, unter den üblichen Bedingungen des allgemeinen Arbeitsmarktes mindestens drei Stunden täglich erwerbstätig zu sein. Ein Vergleich dieser Definition mit § 43 Abs. 2 S. 2 SGB VI könnte zu Missverständnissen führen. Danach sind voll erwerbsgemindert Versicherte, die wegen Krankheit oder Behinderung auf nicht absehbare Zeit außerstande sind, mindestens 3 Std. täglich erwerbstätig zu sein. Inhaltliche Unterschiede kann es zwischen beiden Vorschriften nicht geben, weil sie das **passgenaue Scharnier** für die Gewährung von Leistungen nach dem SGB XII oder dem SGB II sind. Erklären lassen sich die Unterschiede wohl nur mit sprachlichen Ungenauigkeiten. Die Negation in § 8 Abs. 1 SGB II soll sich auch auf die Formulierung „absehbare Zeit" beziehen. Im Gegensatz zu § 8 SGB II nimmt § 41 Abs. 3 SGB XII Bezug auf § 43 Abs. 2 SGB VI. **2**

In einem Rechtsstreit zwischen dem Arbeitsuchenden und dem SGB-II-Träger ist der SGB-XII-Leistungsträger gemäß § 75 Abs. 2 SGG **beizuladen** (s. *Blüggel*, Eicher, § 44a Rn. 100). Gleiches gilt im umgekehrten Fall. **3**

Über § 44a Abs. 1 S. 3 SGB II ist sichergestellt, dass bei Meinungsunterschieden zwischen den beiden Leistungsträgern der Berechtigte Leistungen erhält, weil er nicht zwischen allen Stühlen sitzen darf. Nicht geregelt ist, dass der Anspruchsberechtigte darauf besteht, erwerbsfähig zu sein und Leistungen nach dem SGB XII **4** nicht in Anspruch nehmen will. In einem solchen Fall ist die Vorschrift des § 44a SGB II nicht zugunsten des Leistungsempfängers anzuwenden. Zur Nichtanwendbarkeit des § 44a SGB II bei einem Streit über einen Leistungsausschluss nach § 7 Abs. 4 SGB II: LSG NRW 20.2.2008 – L 7 B 274/07 AS. Zum Übergang von SGB-II-Leistungen zu solchen des SGB XII: zum Meinungsstand, BSG 19.5.2009 – B 8 SO 8/08 R.

5   Grundsicherungsleistungen nach dem Vierten Kapitel schließen grundsätzlich Leistungen nach dem SGB II aus, § 5 Abs. 2 SGB II. Mit dieser Schnittstellennorm hat der Gesetzgeber die Absicht verbunden, eine **klare Trennung und Zuweisung** zwischen den beiden Leistungsgesetzen vorzunehmen (vgl. *S. Knickrehm/Hahn*, Eicher, § 5 Rn. 16; *Scheider*, Schellhorn/Hohm/Scheider, § 41 Rn. 8.1).

6   Gleichwohl ergeben sich Abgrenzungsschwierigkeiten bei Bedarfsgemeinschaften **(gemischte Bedarfsgemeinschaft)**, in denen gem. § 7 Abs. 3 SGB II eine nach dem Vierten Kapitel berechtigte Person mit hilfebedürftigen Erwerbsfähigen zusammen lebt (s. *Scheider*, Schellhorn/Schellhorn/Hohm, § 41 Rn. 8.1; BSG 16.4.2013 – B 14 AS 71/12 R, SozR 4-4200 § 9 Nr. 12). Hierzu ist die **Kollisionsnorm** des § 5 Abs. 2 SGB II zu beachten. Satz 1 regelt das **Ausschlussverhältnis** von Leistungen nach dem Dritten Kapitel des SGB XII gegenüber der Regelleistung des SGB II, Satz 2 hingegen bestimmt, dass zwischen den Leistungen des Vierten Kapitels des SGB XII und dem Sozialgeld ein **Vorrangverhältnis** besteht. Die Leistungen des Vierten Kapitels gehen dem Sozialgeld vor. Daraus folgt, dass ergänzendes Sozialgeld für Empfänger von Leistungen der §§ 41 f. SGB XII grundsätzlich in Betracht kommen kann, aber wegen der Identität der Leistungshöhe nicht praktisch wird (vgl. auch *Scheider*, Schellhorn/Hohm/Scheider, § 41 Rn. 8.2). Zum Mietvertrag unter nahen Angehörigen, LSG NRW 19.3.2015 – L 9 SO 309/14; LSG BW 16.9.2015 – L 2 SO 537/14. Zur Senkung der Unterkunftskosten bei einem Mietvertrag unter nahen Angehörigen, BSG 23.10.2010 – B 8 SO 24/08 R. Zum Einkommenseinsatz LSG LSA 16.9.2013 – L 8 SO 10/13 B; BSG 20.9.2012 – B 8 SO 13/11 R.

7   Damit es nicht zur Anrechnung fiktiver Einkünfte beim Unterhalt kommt, muss der Berechtigte zuvor einen Antrag auf Gewährung von Leistungen nach dem Vierten Kapitel stellen (OLG Hamm 10.9.2015 – I-UF 13/15).

## II. Inhalt der Norm

8   § 1 GSiG nannte nur den antragsberechtigten Personenkreis, während die Vorschrift des § 41 SGB XII inhaltlich darüber hinausgeht. Sie nennt nicht nur den leistungsberechtigten Personenkreis, sondern betont die Einkommens- und Vermögensabhängigkeit der Grundsicherung und regelt einen Anspruchsausschluss bei vorsätzlicher und grob fahrlässiger Herbeiführung der Bedürftigkeit. Hauptsächlich berechtigt sind oftmals Frauen, ehemals selbstständig Erwerbstätige und Bezieher geringer Renten (*Niewaldt*, LPK-SGB XII, § 41 Rn. 1).

9   Anders als unter der Geltung des BSHG, dessen Leistungsschwerpunkt neben den Hilfen in besonderen Lebenslagen in der Gewährung von Regelleistungen lag, haben die Leistungen nach dem SGB XII einen bedeutenderen Stellenwert erlangt, weil die sog. Altersarmut zugenommen hat und in Zukunft weiter zunehmen wird (vgl. auch *Cremer*, S. 108).

10   § 41 SGB XII umschreibt als **Grundnorm** die wesentlichen Anspruchsvoraussetzungen der Leistungen nach dem Vierten Kapitel in Abs. 1 (vgl. auch *Kirchhoff*, Hauck/Noftz, § 41 Rn. 8). Sie wiederholt § 19 Abs. 2 S. 2 SGB XII, dass Leistungen **einkommens**- und **vermögensabhängig** sind (§ 41 Abs. 1 S. 1 SGB XII). Abs. 3 konkretisiert, unter welchen Voraussetzungen eine Person voll erwerbsgemindert ist. In ihrer Gesamtheit ist die Vorschrift dogmatisch nicht schlüssig angelegt, weil in Abs. 4 auch ein besonderer Anspruchsausschluss formuliert ist.

Missverständlich hieß es in der ursprünglichen Fassung, dass Leistungen gewährt **11**
werden *können*. Es bestand allerdings kein Zweifel, dass es sich um einen nicht in
das Ermessen gestellten Leistungsanspruch handelte (*Scheider,* Schellhorn/Hohm/
Scheider, SGB XII, § 41 Rn. 9; *Buchner,* Oestreicher, § 41 Rn. 26). Nun drückt
auch die Gesetzesformulierung den Leistungsanspruch aus, indem es heißt, dass ein
bestimmter Personenkreis leistungsberechtigt ist.

## III. Allgemeine Leistungsvoraussetzungen (Abs. 1)

### 1. Ältere Personen

In der ursprünglichen Fassung der Vorschrift wurde der anspruchsberechtigte **12**
Personenkreis noch einmal wie in der Vorschrift des § 19 Abs. 2 SGB XII umschrieben. Mit der jetzigen Fassung hat man diese unnötige Wiederholung sprachlich
geglättet, ohne jedoch den davon betroffenen Personenkreis inhaltlich neu zu justie-
ren. Leistungsberechtigt wegen Alters nach Abs. 1 sind nach Abs. 2 S. 1 Personen,
die die Altersgrenze erreicht haben. Personen, die vor dem 1. Januar 1947 geboren
sind (Abs. 2 S. 1), erreichen die Altersgrenze mit Vollendung des 65. Lebensjahres.
Dies tritt ein mit dem letzten Tag Null Uhr, der dem 65. Geburtstag vorausgeht
(*Scheider,* Schellhorn/Hohm/Scheider, § 41 Rn. 10; *Buchner,* Oestreicher, § 41
Rn. 10; *Blüggel,* jurisPK-SGB XII, § 41 Rn. 23; *Thie,* LPK-SGB XII, § 41 Rn. 23).
Die Altersgrenze für Personen, die nach dem 31.12.1946 geboren sind, wird schrittweise angehoben (Abs. 2 S. 2), um dem demographischen Wandel Rechnung zu
tragen. Dies geht auf die Anhebung der Regelaltersgrenze in der gesetzlichen Ren-
tenversicherung zurück.

Wegen der Anknüpfung an die Regelaltersgrenze der Rentenversicherung löst **13**
eine vorgezogene Altersrente (§§ 36, 236 SGB VI; §§ 37, 236a SGB VI; § 237
SGB VI; § 237a SGB VI; §§ 40, 238 SGB VI) keinen Anspruch auf Grundsicherung
nach § 41 SGB XII aus. Personen, die eine vorgezogene Altersrente beziehen, erhalten keine Leistungen nach dem SGB II (§ 7 Abs. 4 SGB II) und sind auf Leistungen
nach dem Dritten Kapitel angewiesen. Nur wenn sie dauerhaft voll erwerbsgemindert sind, kann sich ein Anspruch nach dem Vierten Kapitel ergeben (vgl. *Thie,*
LPK-SGB XII, § 41 Rn. 25; *Hackethal,* jurisPK-SGB II, § 7 Rn. 66).

Nach dem BSG ist eine ausländische Altersrente eine zum Ausschluss von SGB- **14**
II-Leistungen führende Altersrente bzw. ähnliche Leistung öffentlich-rechtlicher
Art, wenn die ausländische Leistung in ihrem Kerngehalt den gemeinsamen und
typischen Merkmalen der inländischen Leistung entspricht, d.h. nach Motivation
und Funktion gleichwertig ist (BSG 16.5.2012 – B 4 AS 105/11 R).

### 2. Dauernd voll erwerbsgeminderte Personen

Da Abs. 1 der Vorschrift nur die Grundvoraussetzungen des Leistungsanspruchs **15**
umschreibt, muss das Tatbestandsmerkmal der vollen Erwerbsminderung durch
Abs. 3 ausgefüllt werden.

### 3. Gewöhnlicher Aufenthalt

Zum leistungsberechtigten Personenkreis gehören Personen, die ihren gewöhnli- **16**
chen Aufenthalt im Inland haben. Einbezogen sind auch Strafgefangene, da die
Verbüßung einer Freiheitsstrafe oder ein Maßregelvollzug keinen Grund darstellt, die
Leistungen der bedarfsorientierten Grundsicherung auszuschließen (VG Karlsruhe
10.10.2003 – 5 K 2580/03). Die Korrespondenzvorschrift ist § 98 Abs. 1 S. 2
SGB XII. Sie bestimmt in Fällen der Grundsicherung die örtliche Zuständigkeit des
Sozialhilfeträgers.

**17**    Nach Auffassung des LSG Nds-Brem (8.1.2015 – L 8 SO 314/14 B ER) soll das Bestehen eines Aufenthaltsrechts keine notwendige Voraussetzung für das Vorliegen eines gewöhnlichen Aufenthalts im Inland sein. Dazu beruft sich das LSG auf die Entscheidung des BSG vom 30.1.2013 (B 4 AS 54/12 R), der allerdings vom Sachverhalt ein wesentlicher Unterschied zugrunde lag, weil ein EU-Bürger anspruchsberechtigt war. Die Konsequenzen der vom LSG Nds-Brem vertretenen Meinung sind zu weitreichend, als dass man ihr zustimmen kann. Jede Person mit einem unsicheren oder keinem Aufenthaltsstatus kann bereits mit der kundgegebenen Absicht, er wolle sich in Deutschland auf Dauer aufhalten, Leistungen nach dem Vierten Kapitel unter der Voraussetzung der weiteren Tatbestandsmerkmale beanspruchen. Der Gesetzgeber hat mit dem Gesetz vom 22.12.2016 reagiert und Leistungen für Ausländer nach dem Vierten Kapitel ausgeschlossen, wenn sie über kein Aufenthaltsrecht verfügen (§ 23 Abs. 3 Nr. 2).

**18**    Der gewöhnliche Aufenthalt muss im **Zeitpunkt der Antragstellung bestehen** und während des Bewilligungszeitraumes, der in der Regel 12 Monate beträgt (§ 44 SGB XII), **fortbestehen.** Für den gewöhnlichen Aufenthalt gilt die Legaldefinition des § 30 SGB I. Jemand hat dort seinen gewöhnlichen Aufenthalt, wo er sich unter Umständen aufhält, die erkennen lassen, dass er an diesem Ort oder in diesem Gebiet nicht nur vorübergehend verweilt. Es geht um den Schwerpunkt der Lebensbeziehungen (*Berlit*, Existenzsicherung, Kapitel 12 Rn. 42). Die Anknüpfung an den gewöhnlichen Aufenthalt hat den Zweck, die Gewährung von Grundsicherungsleistungen nach dem Vierten Kapitel im Ausland auszuschließen (*Thie*, LPK-SGB XII, § 41 Rn. 10).

**19**    Es gilt das **Territorialprinzip** (vgl. dazu auch *Renn/Schoch,* Grundsicherung, Rn. 37; *Münder*, NJW 2002, 3662; zustimmend *Buchner*, Oestreicher, § 41 Rn. 5; kritisch *Düsterhaus*, EuZW 2008, 103). Grundsicherung können demnach Deutsche und Ausländer (§ 23 Abs. 1 S. 2 SGB XII) in Anspruch nehmen. Für die Gruppe der anspruchsberechtigten Deutschen und Ausländer bedeutet das Territorialprinzip, dass sie ihren gewöhnlichen Aufenthalt nicht im Ausland haben dürfen (§ 24 S. 1 SGB XII). Das konnte für Menschen, die sich längere Zeit im Ausland in südlichen Gefilden aufhalten, zum Problem werden (s. dazu den Fall eines in Thailand lebenden Deutschen: LSG BW 25.2.2010 – L 7 SO 5106/07). Hierzu ist jetzt § 27a SGB XII zu beachten. Zum Fall der formalen Beibehaltung einer Wohnung im Inland: HessLSG 4.4.2006 – L 7 SO 12/06 ER. Zum vorübergehenden Aufenthalt im Ausland s. auch *Kirchhoff*, Hauck/Noftz, § 41 Rn. 46; s. jetzt § 41a SGB XII.

**20**    Von der Prüfung des gewöhnlichen Aufenthalts ist die Frage zu trennen, ob Grundsicherungsleistungen ins **Ausland transferiert** werden können. Das ist angesichts des Territorialprinzips und der in § 24 SGB XII zum Ausdruck kommenden Absicht, Sozialhilfeleistungen nur in Ausnahmefällen selbst Deutschen im Ausland zuzubilligen, nicht möglich. Es ist nur daran zu denken, die Unterkunft in Deutschland zu sichern, weil ein Bedarf dafür weiter fortbesteht (zum Transfer von Leistungen des SGB XII für EU-Bürger nach der (damals) noch in Kraft zu tretenden VO (EG) Nr. 883/2004, vgl. *Beschorner*, ZESAR 2009, 328; *Greiser*, jurisPK-SGB XII, 1. Aufl., Vorb. Rn. 61 f.). Allerdings wird auch die Auffassung vertreten, dass Leistungen nur auf den Aufenthalt in Deutschland zu beschränken sind (*Falterbaum*, Hauck/Noftz, § 41 Rn. 19).

**21**    Für Ausländer gilt die Einschränkung, dass Personen, auf die **§ 1 AsylbLG** anwendbar ist, von den Leistungen ausgenommen sind (§ 23 Abs. 2 SGB XII). Das **AsylbLG** geht den Grundsicherungsleistungen des SGB XII vor.

**22**    Die Regelung des § 98 Abs. 2 SGB XII kann als Sonderregelung zur Bestimmung des örtlich zuständigen Leistungsträgers keine Aussagen über den gewöhnlichen Aufenthalt der in stationären Einrichtungen befindlichen Personen treffen, die Leistungen nach dem Vierten Kapitel beziehen wollen (anders wohl *Blüggel*, jurisPK-

SGB XII, § 41 Rn. 109). Die zitierte Regelung bestimmt den für stationäre Leistungen örtlich zuständigen Träger.

**Vorübergehende oder besuchsweise Aufenthalte** (Urlaubs- und Kranken- 23 hausaufenthalte) sind objektiv durch eine kurze Verweildauer geprägt und beenden einen gewöhnlichen Aufenthalt nicht. Eine Person, die einen längeren Urlaub im Ausland antritt, gibt dadurch noch nicht ihren gewöhnlichen Aufenthalt im Inland auf (*Renn/Schoch,* Grundsicherung, Rn. 39).

Leistungen der Altenhilfe (§ 71) sind subsidiär. Überschneidet sich die Altenhilfe 24 mit den Leistungen der Grundsicherung, gehen diese nach dem eindeutigen Wortlaut des § 71 vor (LSG BW 17.12.2015 – L 7 SO 1474/15, Telefon und Internetanschluss).

## 4. Einkommen und Vermögen

Durch den Verweis auf die Vorschriften der §§ 82 bis 84 und 90 SGB XII werden 25 Einkommen und Vermögen auf die Leistungen des Vierten Kapitels angerechnet. Es handelt sich um eine **Rechtsgrundverweisung** (BayLSG 28.7.2005 – L 11 B 249/05 SO ER). Damit hat ein Leistungsberechtigter den Grundsicherungsbedarf vorrangig aus seinem Einkommen zu decken. Der Einkommenseinsatz ist nicht auf die Aufwendungen einer häuslichen Ersparnis beschränkt (§ 92a Abs. 1 SGB XII = § 82 Abs. 2 SGB XII a. F.). Der eindeutige Wortlaut des § 41 SGB XII gibt zu einer derartigen Auslegung keinen Anlass (BayLSG 28.7.2005 – L 11 B 249/05 SO ER). Auch das Verfassungsrecht verlangt keine Auslegung contra legem. Neben dem Einkommen und Vermögen des Leistungsberechtigten ist gemäß § 43 Abs. 1 SGB XII auch das Einkommen und Vermögen der dort Genannten zu berücksichtigen.

Das Vierte Kapitel ist nicht systemkonsistent, weil es **verschiedene Einkom-** 26 **mensbegriffe** verwendet. Während bei der Gegenüberstellung von Bedarf und Einkommen des Leistungsberechtigten ein sozialhilferechtlicher Einkommensbegriff zugrunde zu legen ist, ist in § 43 Abs. 2 SGB XII bei der Entscheidung über die Heranziehung Unterhaltspflichtiger der Einkommensbegriff des EStG maßgeblich. Die Vorschrift verweist auf § 16 SGB V. Danach ist Gesamteinkommen die Summe der Einkünfte iSd Einkommensteuergesetz.

Einkommen iSv § 82 Abs. 1 SGB XII ist nach der Rechtsprechung (BSGE 27 3.3.2009 – B 4 AS 47/08 R) all das, was eine Person in der Bedarfszeit wertmäßig dazu erhält, Vermögen ist, was sie zu Beginn der Bedarfszeit bereits hat (zu den Einzelheiten s. die Kommentierung zu § 82 SGB XII).

Das im Berufsausbildungsbereich einer Werkstatt für behinderte Menschen von 28 der Bundesagentur für Arbeit gezahlte **Ausbildungsgeld** ist vom BSG (23.3.2010 – B 8 SO 17/09 R) als Einkommen angesehen worden. Es soll auch nicht als zweckbestimmte Einnahme iSd § 83 SGB XII von der Einkommensberechnung freigestellt werden, weil sich ein ausdrücklicher Zweck weder aus den gesetzlichen Vorschriften des SGB III entnehmen lässt noch im Gesamtzusammenhang der gesetzlichen Vorschriften erkennbar wird. Ein besonderer Zweck über die Gewährung einer entgeltorientierten Leistung zur Deckung des Lebensunterhalts lässt sich aus den §§ 104 f. SGB XII nicht herleiten. Gleichwohl soll das Ausbildungsgeld zur Vermeidung von Ungleichbehandlungen mit Beschäftigen im Arbeitsbereich einer Werkstatt für behinderte Menschen in voller Höhe als Einkommen unberücksichtigt bleiben. Auch wenn man den sachlichen Grund, dass behinderte Menschen, die im Ausbildungsbereich tätig sind, aus Gleichheitsgründen nicht schlechter gestellt werden sollten als Menschen, die im Arbeitsbereich tätig sind und die die Vorschrift des § 82 Abs. 3 S. 3 SGB XII günstiger stellt, einzusehen vermag, liegt der Entscheidung des BSG unverkennbar ein den

Gesetzgeber ersetzendes problematisches Harmonisierungsbestreben zugrunde (s. jetzt allerdings § 82 Abs. 3 SGB XII n. F.).

29   Als Einkommen wird auch eine vom Paritätischen Wohlfahrtsverband für die Teilnahme am Arbeitstraining gezahlte „Motivationszuwendung" angesehen, die aber gem. § 84 SGB XII frei bleiben soll (BSG 28.2.2013 − B 8 SO 12/11 R).

30   Beim **Vermögenseinsatz** wird häufig darüber gestritten, ob ein zu einer Erbengemeinschaft gehörendes Grundstück selbst dann zu verwerten ist, wenn testamentarisch eine Verwertung ausgeschlossen sein soll. Ein Anteil an einem Hausgrundstück stellt auch bei Bestehen einer ungeteilten Erbengemeinschaft grundsätzlich verwertbares Vermögen dar. Er kann durch Verkauf oder Verpfändung verwertet werden. Darüber hinaus besteht die Möglichkeit, eine Auseinandersetzung des Erbes nach den §§ 2042 ff. BGB zu verlangen (LSG NRW 13.10.2014 − L 20 SO 20/13). Eine Auseinandersetzung des Erbes kann bei Vorliegen eines wichtigen Grundes nach § 749 Abs. 2 S. 1 BGB auch dann verlangt werden, wenn sie durch letztwillige Verfügung des Erblassers ausgeschlossen wurde. Die Sozialhilfebedürftigkeit eines Erben ist ein derartig wichtiger Grund (zur Verwertung eines Erbbaurechts s. BSG 24.3.2013 − B 8 SO 12/04 R).

31   Unter Einbeziehung des von der Rechtsprechung verwendeten Begriffs des **Bedarfszeitraumes** könnte man für die Einkommensberechnung folgern, dass dem auf zwölf Monate festgelegten Bedarfszeitraum das in diesem Jahr erzielte gesamte Durchschnittseinkommen gegenüberzustellen ist (vgl. zum alten Recht: *Deibel,* NWVBl 2003, 49). Die Festlegung eines im Sozialhilferecht nicht üblichen Durchschnittseinkommens würde einen Systembruch darstellen, für den es weder im GSiG erkennbare Anhaltspunkte gab noch im SGB XII gibt. Genauer sind die vergleichbaren Regelungen des § 41 SGB II. In § 41 Abs. 1 S. 2 SGB II wird bestimmt, dass die Leistungen anteilig erbracht werden, wenn sie nicht für einen vollen Monat zustehen. Es bleibt also bei dem für das strukturelle Verständnis von Sozialhilfeleistungen maßgeblichen **Monatsprinzip.** Nur aus Verwaltungsvereinfachungsgründen sieht § 41 Abs. 3 S. 3 SGB II gleichwohl einen Bewilligungszeitraum für ein Jahr vor. Obwohl das Monatsprinzip im Vierten Kapitel des SGB XII nicht so deutlich wie im SGB II herausgestellt wird, bleibt es auch in diesem Kapitel bei einer monatsweisen Gegenüberstellung von Bedarf und Einkommen. Die zwölfmonatige Bewilligung erklärt sich im SGB XII ebenfalls aus Vereinfachungsgründen. Es handelt sich jeweils um Tatbestände, in denen keine Veränderungen zu erwarten sind, so dass die monatsweise Bescheiderteilung einen unnötigen Verwaltungsaufwand bedeuten würde.

32   Zur Anrechnung von **Kindergeld** bei erwachsenen Hilfeempfängern, s. § 82.

33   Durch die Aufnahme des § 91 SGB XII in das Vierte Kapitel wurde eine wesentliche Lücke geschlossen. Bis dahin war unklar, ob eine mögliche darlehensmäßige Sicherung der Leistungen auch für die Leistungen der Grundsicherung im Alter und bei voller Erwerbsminderung rechtlich zulässig war. Die Bezugnahme auf § 91 ist gestrichen worden. Die darlehensweise Gewährung bleibt aber gem. § 43 Abs. 1 erhalten.

34   Im Zusammenhang mit dem Einkommens- und Vermögenseinsatz wird in der Literatur die Frage aufgeworfen, ob der Personenkreis des § 41 SGB XII aktiv an der **Realisierung der nicht vorhandenen Mittel** mitzuwirken hat (s. z. B. *Kirchhoff,* Hauck/Noftz, § 41 Rn. 51). Gegenüber Grundsicherungsleistungen im Alter und bei voller Erwerbsminderung als Teil der sozialhilferechtlichen Regelungen kann kein Zweifel bestehen, dass auch dieser Personenkreis die Obliegenheit trifft, **alsbald realisierbare Ansprüche** zu verfolgen.

35   Etwaige realisierbare Unterhaltsansprüchen schließen die Grundsicherungsleistungen wegen der Vorschrift des § 43 Abs. 1 S. 1 SGB XII nicht aus (s. auch BSG 23.3.2010 − B 8 SO 17/09 R).

## 5. Antrag

Leistungen werden nur auf Antrag gewährt. In Abs. 1 ist das Merkmal Antrag **36** gestrichen worden. Dieses Formerfordernis findet sich in § 18 Abs. 1 SGB XII. Nicht allein das Bekanntwerden der Leistungsvoraussetzungen, sondern erst der Antrag auf Gewährung von Leistungen nach dem Vierten Kapitel erfüllt die anspruchsbegründende Funktion (*Kirchhoff*, Hauck/Noftz, § 41 Rn. 27).

Ein Antrag ist an **keine besondere Form** gebunden (s. auch § 18 Abs. 1 **37** SGB XII). Mit dem Antrag beginnt das Verwaltungsverfahren (§ 18 S. 2 Nr. 1 SGB X). Der Antragswille muss aus mündlichen oder schriftlichen Äußerungen hervorgehen (so auch *Thie*, LPK-SGB XII, § 41 Rn. 16). Einen Antrag kann jeder stellen, der leistungsberechtigt oder zur Vertretung befugt ist. Der Antragsteller muss geschäftsfähig (vgl. *Mönch-Kalina*, jurisPK-SGB I, § 16 Rn. 18) oder handlungsfähig nach § 36 SGB I sein. Ein unter Betreuung Stehender ist nicht zwangsläufig in der Geschäftsfähigkeit beschränkt und damit durchaus handlungsfähig, die durch den Einwilligungsvorbehalt begrenzt wird (vgl. ansonsten die Kommentierung zu § 18 Abs. 2 SGB XII). Zum Meistbegünstigungsgrundsatz bei der Auslegung von Anträgen, s. BSG 26.8.2008 – B 8/9b SO 18/07 R, FEVS 60, 385.

Stellt der Betreffende **keinen Antrag** nach dem Vierten Kapitel des SGB XII, **38** entfällt der Sozialhilfeanspruch, weil gegen den Grundsatz der Selbsthilfe (§ 2 Abs. 1 SGB XII) verstoßen wird (vgl. *Deibel*, NWVBl 2003, 46) und weil ein Antrag eine materiell-rechtliche Wirkung hat (*Thie*, LPK-SGB XII, § 41 Rn. 16). Zum Wiederholungsantrag s. § 44 Rn. 5. Wird ein Antrag wegen eines Beratungsfehlers nicht gestellt, ist ein **Herstellungsanspruch** in Betracht zu ziehen (*Thie*, LPK-SGB XII, § 41 Rn. 17).

**Verstirbt** ein an sich Berechtigter nach der Antragstellung und vor dem Erlass **39** des Bewilligungsbescheides, geht der Leistungsanspruch auf die Erben über, wenn der Leistungsberechtigte zu Lebzeiten seinen Bedarf mit Hilfe eines im Vertrauen auf die spätere Hilfe vorleistenden Dritten gedeckt hat und der Träger der Sozialhilfe nicht rechtzeitig geholfen oder Hilfe abgelehnt hat (vgl. BVerwG 5.5.1994 – 5 C 43/91; BSG 23.7.2014 – B 8 SO 14/13 R; offengelassen: *Kirchhoff*, Hauck/Noftz, § 41 Rn. 26).

# IV. Leistungsberechtigte Gruppen

## 1. Leistungsgruppe des Abs. 2

Mit der zum 1.1.2008 in Kraft getretenen Neuregelung bei der Grundsicherung **40** im Alter wird zwischen den vor dem 1.1.1947 und den danach Geborenen differenziert. Damit hat auch das SGB XII die Beachtung der demografischen Entwicklung erreicht. Mit dem 65. Geburtstag ist das 65. Lebensjahr vollendet. § 33a SGB X sieht vor, dass bei altersabhängigen Rechten und Pflichten das Geburtsdatum maßgeblich ist, das sich aus der ersten Angabe des Berechtigten oder Verpflichteten oder seiner Angehörigen gegenüber einem Sozialleistungsträger ergibt. Abweichungen sind bei Schreibfehlern möglich, oder, wenn sich aus einer Urkunde, deren Original vor dem Zeitpunkt der Angabe des Geburtsdatums ausgestellt worden ist, ein anderes Geburtsdatum ergibt.

Der Anspruch auf Grundsicherung hängt **nicht vom Rentenbezug** ab. Das **41** ergibt sich schon aus dem Wortlaut der Vorschrift, die darauf nicht abstellt. Deswegen können auch Nichtrentner oder Selbstständige leistungsberechtigt sein (*Deibel*, NWVBl 2003, 46; *Renn/Schoch*, Grundsicherung, Rn. 34).

## 2. Leistungsgruppe des Abs. 3

**42**  Der leistungsberechtigte Personenkreis wird auf diejenigen erweitert, die das 18. Lebensjahr vollendet haben, und die unabhängig von der jeweiligen Arbeitsmarktlage **voll erwerbsgemindert** i. S. v. § 43 Abs. 2 SGB VI sind und bei denen **unwahrscheinlich** ist, dass die volle Erwerbsminderung behoben werden kann. Ist hingegen wahrscheinlich, dass die volle Erwerbsminderung behoben werden kann, hat der Leistung Nachfragende je nach Erfüllung der Voraussetzungen entweder einen Anspruch nach dem Dritten Kapitel oder nach dem SGB II. Voll erwerbsgemindert ist damit derjenige, bei dem unwahrscheinlich ist, dass seine volle Erwerbsminderung voraussichtlich innerhalb von drei Jahren behoben werden kann (vgl. auch *Blüggel*, jurisPK-SGB XII, § 41 Rn. 71; OLG Hamm 10.9.2015 – II 4 UF).

**43**  Es müssen für die Leistungen des Vierten Kapitels **drei Voraussetzungen kumulativ** vorliegen: ein bestimmtes Alter, die volle Erwerbsminderung und die Wahrscheinlichkeit, dass die Erwerbsminderung dauerhaft nicht behoben werden kann. Zwischen der Behinderung sowie der Krankheit und den von ihnen ausgehenden Funktionsbeeinträchtigungen muss ein **kausaler Zusammenhang** bestehen (*Blüggel*, SGb 2011, 11). Ein prognostisches Urteil ist bei der Prüfung der Wahrscheinlichkeit vorzunehmen. Der Zugang dieses Personenkreises zu den Leistungssystemen des SGB II oder des SGB XII hängt demgemäß von der Erwerbsfähigkeit ab. Hierzu ist auch § 8 Abs. 1 SGB II mit seiner Definition der Erwerbsfähigkeit heranzuziehen.

**44**  Der undifferenzierte Verweis auf § 43 Abs. 2 SGB VI bedarf der **teleologischen Korrektur** (kritisch gegenüber dieser methodischen Betrachtungsweise LSG Bln-Bbg 24.1.2008 – L 15 SO 195/06). § 43 Abs. 2 S. 1 SGB VI stellt besondere, rentenspezifische Anforderungen an die Gewährung einer Rente wegen Erwerbsminderung, indem verlangt wird, dass in den letzten fünf Jahren vor Eintritt der Erwerbsminderung drei Jahre Pflichtbeiträge für eine versicherte Beschäftigung oder Tätigkeit erbracht wurden und vor dem Eintritt der Erwerbsminderung die allgemeine Wartezeit erfüllt gewesen ist. Da die Grundsicherung keine beitragsfinanzierte Sozialleistung ist, besteht Einigkeit, dass es auf § 43 Abs. 2 S. 1 SGB VI nicht ankommen kann (vgl. LSG Bln-Bbg 24.1.2008 – L 15 SO 195/06; *Deibel*, NWVBl 2003, 46; *Renn/Schoch*, Grundsicherung, Rn. 30; *Adolph*, Linhart/Adolph, § 41 Rn. 53; *Falterbaum*, Hauck/Noftz, § 41 Rn. 33; *Blüggel*, jurisPK-SGB XII, § 41 Rn. 30). Maßgeblich sind demnach lediglich die Sätze 2 und 3 des § 43 Abs. 2 SGB VI.

**45**  Dem § 8 SGB II liegt ein weiter Begriff zugrunde. **Voll erwerbsgemindert** sind Versicherte, die wegen Krankheit oder Behinderung (s. dazu § 2 SGB IX) auf nicht absehbare Zeit außerstande sind, unter den üblichen Bedingungen des Arbeitsmarktes mindestens drei Stunden täglich erwerbstätig zu sein (§ 43 Abs. 2 S. 3 SGB VI). Derart leistungsgeminderten Personen ist der Arbeitsmarkt verschlossen, weil in der Regel stundenweise Tätigkeiten nicht angeboten werden. Kann der Betreffende noch drei Stunden arbeiten, ist zu prüfen, ob er an 5 Tagen in der Woche diese Arbeitsleistung erbringen kann. Damit wird dem Umstand Rechnung getragen, dass das SGB II als Mindestvorgabe einen Rest an Erwerbsfähigkeit voraussetzt, um das Ziel der Wiedereingliederung in den Arbeitsmarkt überhaupt erreichen zu können.

**46**  Nach den Grundsätzen der **„Arbeitsmarktrente"** erhält derjenige eine Rente wegen voller Erwerbsminderung, der noch **mehr** als drei Stunden täglich erwerbstätig sein kann (s. dazu näher BSG 3.8.1995 – 7 Rar 28/95; *Blüggel*, jurisPK-SGB XII, § 41 Rn. 65). Diese Rente hängt ganz wesentlich von der Arbeitsmarktlage ab, weil sie gewährt wird, wenn ein Teilarbeitsmarkt verschlossen ist. Das SGB XII stellt hingegen darauf ab, dass die Erwerbsminderung unabhängig von der Arbeitsmarktlage festzustellen ist (ebenso *Blüggel*, jurisPK-SGB XII, § 41 Rn. 66).

**47**  Ein **geistig behinderter Mensch,** der an einer vorbereitenden Bildungsmaßnahme im Rahmen einer Berufsausbildung teilnimmt, deren Ziel die Eingliederung in den allgemeinen Arbeitsmarkt ist, und in diesem Rahmen ein Ausbildungsgeld erhält, ist nicht per se dauerhaft erwerbsgemindert.

Aus der Definition der vollen Erwerbsminderung folgt, dass **Kranke** grundsätzlich **48** als erwerbsfähig gelten. Krankheit ist nach der geläufigen Definition ein regelwidriger körperlicher, geistiger oder seelischer Zustand. Krankheit ist allenfalls eine volle „Erwerbsunfähigkeit auf Abruf" (vgl. *Spindler,* Recht und Psychiatrie, 2009, 28). Für den Regelfall einer Erkrankung wie eine Grippe oder einen Beinbruch ergeben sich keine Zuordnungsschwierigkeiten. Bei Suchtkrankheiten oder psychischen Erkrankungen stellen sich ganz andere Fragen, die regelmäßig durch einen Verweis auf die Empfehlungen des Verbandes der Deutschen Rentenversicherer gelöst werden sollen (vgl. z. B. *Blüggel,* § 8 Rn. 10 f.; kritisch dazu *Spindler,* Recht und Psychiatrie, 2009, 28). Die persönliche Leistungsfähigkeit ist abstrakt, aber auf eine grundsätzlich mögliche Erwerbstätigkeit festzustellen (*Kirchhoff,* Hauck/Noftz, § 41 Rn. 65). Das Restleistungsvermögen ist in Beziehung zu setzen zu den Bedingungen des allgemeinen Arbeitsmarktes. Ausgenommen sind demnach Arbeitsgelegenheiten auf dem sog. zweiten öffentlich geförderten Arbeitsmarkt (*Karmanski,* Jahn, § 41 Rn. 22). Besondere Erfordernisse bei der Ausübung der Tätigkeit wie die Ausstattung mit einem behindertengerechten Arbeitsplatz schließen eine Tätigkeit im allgemeinen Arbeitsmarkt nicht aus. Soweit ein vollschichtiges Restleistungsvermögen vorhanden ist, ist im Hinblick auf die Vielfältigkeit des Arbeitslebens regelmäßig die Benennung einer konkreten Tätigkeit nicht erforderlich (LSG Bln-Bbg 24.1.2008 – L 15 SO 195/06). Im Fall einer Summierung ungewöhnlicher Leistungseinschränkungen besteht jedoch ein Anspruch auf Leistungen der Grundsicherung, wenn es keine konkreten Arbeitsplätze gibt (entschieden für den Fall einer Geschlechtsumwandlung bei einer nicht abgeschlossenen Geschlechtsanpassung: LSG Bln-Bbg 24.1.2008 – L 15 SO 195/06; allgemein s. *Mrozynski,* III.10 Rn. 16).

Gleichgestellt sind Personen, die wegen Art und Schwere der **Behinderung 49 nicht auf dem allgemeinen Arbeitsmarkt** tätig sein können (§ 43 Abs. 2 S. 3 Nr. 1 SGB VI). Menschen sind gemäß § 2 Abs. 1 Satz 1 SGB IX **behindert,** wenn ihre körperliche Funktion, geistige Fähigkeit oder seelische Gesundheit mit hoher Wahrscheinlichkeit länger als sechs Monate von dem für das Lebensalter typischen Zustand abweicht und daher ihre Teilhabe am Leben in der Gesellschaft beeinträchtigt ist. Hierzu zählen vor allem Personen, die in Werkstätten für behinderte Menschen beschäftigt sind (§ 136 SGB IX). Nach der WerkstättenVO gliedert sich der Tätigkeitsbereich in das Eingangsverfahren, den Berufsbildungsbereich und den Arbeitsbereich. Zu beachten ist, dass allein die Aufnahme einer Person in die Werkstatt für behinderte Menschen nicht zwingend den Schluss zulässt, dass der Betreffende zum begünstigten Personenkreis des § 41 SGB XII gehört (anders wohl LSG Nds-Brem 26.2.2009 – L 8/13 SO 7/07; wie hier: *Scheider,* Schellhorn/Hohm/ Scheider, § 41 Rn. 16). Die Aufnahme und die Stellungnahme des Fachausschusses einer WfbM mögen ein wichtiges Indiz für die Leistungsberechtigung sein, gleichwohl muss der Leistungsträger in eigener Prüfungskompetenz eine Erwerbsminderung auf Dauer ermitteln und feststellen (s. auch BSG. 23.3.2010 – B 8 SO 17/09 R). Der Sozialhilfeträger ist lediglich davon befreit, in diesem Fall ein Ersuchen an den Rententräger zu richten, § 43 S. 3 Nr. 2 SGB XII.

Voll erwerbsgemindert in der Zeit einer nicht erfolgreichen Eingliederung in den **50** allgemeinen Arbeitsmarkt sind nach § 43 Abs. 2 S. 3 Nr. 2 SGB VI auch diejenigen, die bereits vor Erfüllung der allgemeinen Wartezeit voll erwerbsgemindert waren. Sowohl bei Krankheit oder Behinderung muss zur Behinderung ein Kausalzusammenhang bestehen. Deshalb scheiden Hemmnisse, die auf dem Lebensalter und auf fehlenden Sprachkenntnissen beruhen, aus (*Karmanski,* Jahn, § 41 Rn. 17).

Neben die volle Erwerbsminderung tritt als eine weitere Anspruchsvoraussetzung **51** hinzu, dass unwahrscheinlich sein muss, dass die volle Erwerbsminderung behoben werden kann. Bei einer **Rente auf Zeit** ist dieses Merkmal für die Gewährung einer Grundsicherung prinzipiell nicht erfüllt. Nach den Begutachtungsrichtlinien der Rententräger kann eine Erwerbsminderung behoben werden, wenn aus ärztlicher Sicht bei Betrachtung des bisherigen Verlaufs nach medizinischen Erkenntnissen auch unter Berücksichtigung noch vorhandener therapeutischer Möglichkeiten eine Besserung auszuschließen ist, durch die sich eine relevante Steigerung der quantitativen oder qualitativen Leistungsfähigkeit ergeben würde (*Renn/Schoch*, Grundsicherung, Rn. 31; *Falterbaum*, Hauck/Noftz, § 41 Rn. 41). Sind operative Eingriffe oder intensive Therapien denkbar, ist eine Besserung wahrscheinlich. Bei Renten auf Zeit orientiert sich die Praxis sachgerecht an der Vorschrift des § 102 Abs. 2 SGB V (vgl. dazu *Scheider*, Schellhorn/Schellhorn/Hohm, § 41 Rn. 15; *Blüggel*, jurisPK-SGB XII, § 41 Rn. 71). Nach einer Gesamtdauer von neun Jahren wird eine Verbesserung als unwahrscheinlich angesehen. Ansonsten werden Rentenbezieher auf Zeit die Dauerhaftigkeit ihrer Erwerbsminderung nachweisen müssen (*Adolph*, Linhart/Adolph, § 41 Rn. 56). *Blüggel* (jurisPK-SGB XII, § 41 Rn. 72) tritt dafür ein, eine volle Erwerbsminderung bereits dann anzunehmen, wenn sie nicht innerhalb von 3 Jahren behoben werden kann.

52    Für Beschäftige in einer **Werkstatt** für **behinderte Menschen** ergibt sich ein Rentenanspruch wegen voller Erwerbsminderung erst nach 20 Jahren. In der verwaltungsrechtlichen Praxis wurde aus verfahrensökonomischen Zwängen berechtigt vorgeschlagen, auf eine kostenaufwändige Feststellung der vollen Erwerbsminderung zu verzichten und davon auszugehen, dass diese Menschen dauerhaft voll erwerbsgemindert sind (*Deutscher Verein*, NDV 2002, 341; *Adolph*, Linhart/Adolph, § 41 Rn. 56; *Schoch*, NDV 2004, 81; a. A. *Renn/Schoch*, Grundsicherung, Rn. 32). Dem hat sich der Gesetzgeber nicht verschlossen und davon abgesehen, in diesen Fällen ein Ersuchen des Hilfeträgers an den Rententräger vorzusehen (§ 45 Abs. 1 S. 3 Nr. 2 SGB XII; Näheres s. § 45 Rn. 2). Aus dieser Regelung kann gefolgert werden, dass die in einer Werkstatt für behinderten Menschen volljährigen Beschäftigten zum bevorrechtigten Personenkreis des § 41 Abs. 3 SGB XII gehören.

53    Auch bei den durch Abs. 3 der Vorschrift einbezogenen Personen ist das Vorhandensein eines Rentenbezugs nicht erforderlich. Da § 41 Abs. 2 SGB XII für die über 65-Jährigen die Gewährung eines entsprechenden Rentenbezuges nicht erfordert, dass die beiden Personengruppen leistungsmäßig gleichgestellt werden, kommt es auch im Fall des § 41 Abs. 3 SGB XII nicht auf einen entsprechenden Rentenbezug oder eine Rentenberechtigung an.

54    Es ergibt sich mithin folgendes Raster: Fehlt die Erwerbstätigkeit nach § 8 SGB II, heißt dies nicht zwingend, dass ein Anspruch auf Leistungen nach § 41 SGB XII besteht. § 41 SGB XII zieht den Anspruchsrahmen enger als § 8 SGB II, weil an die dauernde volle Erwerbsminderung angeknüpft wird. Es bleibt dann nur die Gewährung der Leistungen nach dem Dritten Kapitel (vgl. zum Ganzen auch *Mrozynski*, III. 10 Rn. 3). Jüngere, voll erwerbsgeminderte Personen unter 18 Jahren erhalten Sozialgeld nach § 28 SGB II, wenn sie mit Erwerbsfähigen eine Bedarfsgemeinschaft bilden. Die Menschen mit Behinderung, die im Berufsbildungsbereich einer Werkstatt für behinderte Menschen tätig sind, können keine Leistungen nach dem Vierten, sondern nach dem Dritten Kapitel erhalten (LSG Nds-Brem, FEVS 59, 130; s. auch Rn. 21).

## V. Anspruchsausschluss (Abs. 4)

55    Die Vorschrift regelt einen den Leistungsberechtigten betreffenden **persönlichen Ausschlussgrund.** Erklärtes gesetzliches Ziel ist es, Schenkungen und Altenteilverträge einzuschränken, wenn sich daraus als Konsequenz eine Bedürftigkeit ergibt. Keinen Anspruch auf Gewährung von Grundsicherung haben die Personen, die in den letzten zehn Jahren ihre Bedürftigkeit grob schuldhaft herbeigeführt haben. Die

Nachhaltigkeit des Anspruchsausschlusses ist nicht ohne Weiteres einzusehen, da bei einem Anspruchsausschluss existenzsichernd die Hilfe zum Lebensunterhalt einsetzen muss (ebenso *Thie*, LPK-SGB XII, § 41 Rn. 18). Folgen hat der Anspruchsausschluss mittelbar für die Unterhaltspflichtigen, für die dann § 43 Abs. 2 SGB XII nicht gilt und § 94 SGB XII die Überleitung eröffnet.

Das Verhalten des Berechtigten muss **kausal** für seine Bedürftigkeit geworden **56** sein. Keine Kausalität kann angenommen werden, wenn die Bedürftigkeit durch unvorhergesehene Ereignisse eingetreten ist.

Es muss sich ferner objektiv als **rechtsmissbräuchlich** darstellen. Bei der hierbei **57** angebrachten wertenden Betrachtungsweise ist evident missbräuchlich das Verschleudern von Vermögen oder dessen Verschenken ohne Rücksicht auf für das Alter zu bildende Rücklagen (*Schoch,* ZfF 2003, 11 f.). Es kommt also auf den sorgsamen Umgang mit dem eigenen Vermögen an (*Blüggel*, jurisPK-SGB XII, § 41 Rn. 152). So hat die Rspr. einen Fall des Rechtsmissbrauchs angenommen, wenn jemand monatlich den vierfachen Regelsatz verbraucht und auf diese Weise sein Vermögen aufzehrt (LSG BW 15.10.2014 − 22 SO 2489/14). Hingegen ist die Tilgung von Schulden durch vorhandenes Vermögen nicht rechtsmissbräuchlich (*Scheider*, Schellhorn/Hohm/Scheider, § 41 Rn. 30.3). Ob für die Bestimmung des Missbrauchs wie in der vergleichbaren Vorschrift des § 103 SGB XII ein Unwerturteil in Form eines sozialwidrigen Verhaltens erforderlich ist (so zum GSiG: *Deibel,* NWVBl. 2003, 51), scheint eher fraglich zu sein, ist die ratio legis des § 103 SGB XII doch eine andere (a. A. *Adolph,* Linhart/Adolph, § 41 Rn. 90). Es handelt sich um einen quasi-deliktischen Anspruch, der mit dem Ausschlusstatbestand des Vierten Abschnitts nichts gemein hat. Die Folge ist, dass auch ein Strafgefangener Anspruch auf Grundsicherung hat (wie hier zum GSiG: *Schoch,* ZfF 2003, 11 f.). Umgekehrt ist es so, dass bei einer Unterhaltsklage Leistungen der Grundsicherung fiktiv angerechnet werden, wenn der Leistungsberechtigte keinen Antrag nach dem Vierten Kapitel stellt (OLG Hamm 10.9.2015 II − 4 UF). Zur Befreiung von der Versicherungspflicht LSG BW 10.12.2014 − L 2 SO 1027/14.

Der Hilfeberechtigte muss vorsätzlich, d. h. mit direktem Vorsatz oder mit Even- **58** tualvorsatz, oder grob fahrlässig gehandelt haben. Er trägt die Beweislast dafür, dass er seine Bedürftigkeit nicht vorsätzlich oder grob fahrlässig während der letzten zehn Jahre herbeigeführt hat (wie hier: *Blüggel*, jurisPK-SGB XII, § 41 Rn. 161), weil es sich um ein in die Verantwortung des Hilfebedürftigen stehendes negatives Tatbestandsmerkmal handelt. Ob durch die bloße Behauptung, nicht rechtsmissbräuchlich gehandelt zu haben, die Beweislast bei der Behörde liegt, muss infrage gestellt werden (so aber *Blüggel*, jurisPK-SGB XII, § 41 Rn. 161). Der Hilfenachfragende verfügt über die Kenntnisse, die eine Beurteilung des Missbrauchs zulassen, daher kann er nicht durch bloße Behauptungen von seiner Obliegenheit entlassen werden, die maßgeblichen Umstände seiner Bedürftigkeit substantiiert darzulegen.

### § 41a Vorübergehender Auslandsaufenthalt

**Leistungsberechtigte, die sich länger als vier Wochen ununterbrochen im Ausland aufhalten, erhalten nach Ablauf der vierten Woche bis zu ihrer nachgewiesenen Rückkehr ins Inland keine Leistungen.**

*Änderung der Vorschrift: § 41a eingef. mWv 1.7.2017 durch G v. 22.12.2016 (BGBl. I S. 3159).*

## I. Inhalt der Norm

Die Vorschrift wurde durch Art. 3a des Gesetzes vom 22.12.2016 in das 4. Kapitel **1** des SGB XII eingefügt. Die Regelung gehört zum Art. 3a des Gesetzes und trat zum 1.7.2017 in Kraft. Sie wurde erst während der Beratungen in den Gesetzestext aufgenommen.

2      Inhalt der Vorschrift ist eine Einschränkung der Leistungen nach dem Vierten Kapitel bei einem längeren Auslandsaufenthalt. Sie ist im Zusammenhang mit § 41 Abs. 1 SGB XII zu sehen, wonach Leistungen nur Personen gewährt werden, die ihren gewöhnlichen Aufenthalt im Inland haben (s. auch § 41 Rn. 19). Diejenigen Menschen – also auch deutsche Staatsangehörige –, die ihren gewöhnlichen Aufenthalt ins Ausland verlegt haben, haben keinen Anspruch auf Leistungen nach dem 4. Kapitel. Deutsche im Ausland haben lediglich unter den engen Voraussetzungen des § 24 SGB XII einen eingeschränkten Hilfeanspruch. Inhaltlich stellt sich die Problematik bei den Leistungsberechtigten, die über längere Monate im Ausland bleiben, dann wieder nach Deutschland zurückkehren oder die längere Zeit im Ausland Urlaub machen. In dem vom LSG NRW entschiedenen Fall (5.9.2016 – L 20 SO 194/14; Revision anhängig beim BSG – B 8 SO 29/16; s. dazu auch *Coseriu*, jurisPK-SGB XII, § 41 Rn. 21.1; *Kirchhoff*, jurisPR-SozR 4/2017 Anm. 4) hielt sich der Kläger immer wieder in Thailand auf und das LSG nahm für Thailand keinen zukunftsoffenen Aufenthalt an. Für derartige Fälle ist nun die Vorschrift des § 41a SGB XII einschlägig.

## II. Ununterbrochener Auslandsaufenthalt

3      Die Vorschrift setzt unausgesprochen voraus, dass ein gewöhnlicher Aufenthalt im Ausland nicht existiert. Schwierig wird es nur, wenn man mit dem LSG NRW von zwei gleichzeitigen gewöhnlichen Aufenthalten im Inland und Ausland ausgeht. Die Leistungen für den Auslandaufenthalt eines Deutschen würden sich dann nach § 24 SGB XII richten, andernfalls nach § 41 SGB XII. Nach bisherigem Recht würden die Fälle, in denen sich jemand etwa im Winter in südlichen Ländern und im Sommer in Deutschland aufhält oder zu einem achtwöchigen Aufenthalt in Australien aufbricht (LSG NRW 3.2.2010 – L 12 (20) SO 3/09), damit gelöst, dass nach einer Daumenregel ein achtwöchiger Auslandsaufenthalt noch als Urlaub zu betrachten ist (so etwa *Kirchhoff*, Hauck/Noftz, SGB XII, § 41 Rn. 43). Hat ein Leistungsberechtigter seinen gewöhnlichen Aufenthalt nicht ins Ausland verlegt, kommt es nur noch darauf an, dass sich jemand länger als vier Wochen ununterbrochen im Ausland aufhält. Damit entfallen Leistungen bei Urlaub oder Besuchen im Ausland bzw. längeren Aufenthalten aus welchem Grund auch immer von länger als vier Wochen. In erster Linie sind davon Menschen betroffen, die als Rentner im Ausland „überwintern" wollen, um sich dort niedrige Lebenshaltungskosten zunutze zu machen.

4      Vom Wortlaut bedeutet „ununterbrochen" einen zeitlich zusammenhängenden Aufenthalt im Ausland. Die Vorschrift wird umgangen, wenn der Betreffende kurz vor dem Ablauf der vier Wochen nach Deutschland zurückkehrt und nach kurzer Zeit, seien es Tage oder wenige Wochen, wieder ins Ausland reist. Nach dem Sinn und Zweck der Vorschrift sollten keine Leistungen des 4. Kapitels geleistet werden, weil die Inanspruchnahme rechtsmissbräuchlich ist.

## III. Rechtsfolge

5      Rechtsfolge qua Gesetz ist, dass Leistungen nicht weitergezahlt werden. Soweit solche über einen längeren Zeitraum bewilligt worden waren, ist ein Aufhebungs- und Rückforderungsbescheid zu erlassen. Den Nachweis für den Inlandsaufenthalt hat der Leistungsberechtigte zu führen. Die Wiederaufnahme von Leistungen setzt die Prüfung voraus, dass weiterhin ein gewöhnlicher Aufenthalt im Inland besteht oder neu begründet worden ist.

## § 42 Bedarfe

Die Bedarfe nach diesem Kapitel umfassen:
1. die Regelsätze nach den Regelbedarfsstufen der Anlage zu § 28; § 27a Absatz 3 und Absatz 4 Satz 1 und 2 ist anzuwenden; § 29 Absatz 1 Satz 1 letzter Halbsatz und Absatz 2 bis 5 ist nicht anzuwenden,
2. die zusätzlichen Bedarfe nach dem Zweiten Abschnitt des Dritten Kapitels,
3. die Bedarfe für Bildung und Teilhabe nach dem Dritten Abschnitt des Dritten Kapitels, ausgenommen die Bedarfe nach § 34 Absatz 7,
4. Bedarfe für Unterkunft und Heizung
   a) bei Leistungsberechtigten außerhalb von Einrichtungen nach § 42a,
   b) bei Leistungsberechtigten, deren notwendiger Lebensunterhalt sich nach § 27b bestimmt, in Höhe der durchschnittlichen angemessenen tatsächlichen Aufwendungen für die Warmmiete eines Einpersonenhaushaltes im Bereich des nach § 46b zuständigen Trägers,
5. ergänzende Darlehen nach § 37 Absatz 1 und Darlehen bei am Monatsende fälligen Einkommen nach § 37a.

*Änderungen der Vorschrift: § 42 neu gef. mWv 1.1.2011 durch G v. 24.3.2011 (BGBl. I S. 453), Nr. 1 neu gef. mWv 1.1.2013 durch G v 20.12.2012 (BGBl. I S. 2783), Überschr. neu gef., Nr. 4 geänd. mWv 1.7.2016 durch G v. 21.12.2015 (BGBl. I S. 2557), Nr. 4 und 5 neu gef. mWv 1.7.2017 durch G v. 22.12.2016 (BGBl. I S. 3159).*

### Übersicht

## I. Inhalt der Norm

Das frühere GSiG regelte in § 3 den Umfang der bedarfsorientierten Grundsiche- **1** rung. Dazu gehörten der für den Antragsberechtigten maßgebliche Regelsatz zuzüglich 15 v. H. des Regelsatzes eines Haushaltsvorstandes zur pauschalen Abgeltung einmaliger Leistungen, die angemessenen tatsächlichen Aufwendungen für die Unterkunft und Heizung, die Übernahme von Krankenversicherungs- und Pflegeversicherungsbeiträge, Mehrbedarf für bestimmte Schwerbehinderte und Dienstleistungen, die zur Erreichung der Zwecke des GSiG erforderlich waren. Auch § 42 SGB XII bestimmt den Umfang der nachgefragten Leistung. Als Teil des SGB XII musste das Gesetz nicht mehr wie im GSiG die einzelnen Leistungen benennen, sondern kann auf die Abschnitte im Dritten Kapitel verweisen. Die Vorschrift gilt auch für Personen, die in einer stationären Einrichtung untergebracht sind, wie sich aus Nr. 4 schließen lässt. Auch die vorherige Neuregelung des § 27b Abs. 1 SGB XII (notwendiger Lebensunterhalt in Einrichtungen) wiederholt sprachlich den § 35 Abs. 1 SGB XII a. F. Eine erhoffte Neuregelung der nicht geglückten Gesetzesfassung hat sich nicht erfüllt. Mit dem Gesetz zur Änderung des SGB XII sind lediglich sprachliche Anpassungen erfolgt.

2  Die Vorschrift musste, weil sie dynamisch auf die Anlage des § 28 SGB XII, den Zweiten Abschnitt des Dritten Kapitels, auf die Bedarfe für Bildung und Teilhabe nach dem Dritten Abschnitt des Dritten Kapitels, auf die Vorschriften für Unterkunft und Heizung sowie auf § 37 SGB XII verweist, an deren Änderungen angepasst werden (zustimmend BSG 10.11.2011 – B 8 SO 12/10 R). Sie musste teilweise einen neuen Wortlaut erhalten. Insofern stellt die Fassung der Vorschrift nicht nur eine redaktionelle Überarbeitung dar (BT-Drs. 661/10, 208), es knüpfen sich daran weitreichende Folgen (*Kirchhoff*, SGb 2013, 442). Die Nr. 1 der Vorschrift ist mit Wirkung vom 1.1.2013 an § 27a SGB XII angepasst worden, in dem auf Abs. 3 und Abs. 4 S. 1 und 2 verwiesen wird. Mit dem Verweis auf die beiden ersten Sätze des Abs. 4 wird für die Grundsicherung die Möglichkeit eröffnet, im Einzelfall einen vom Regelsatz abweichenden individuellen Bedarf festzulegen. Einschränkungen werden bei der Regelung über die Festsetzung und Fortschreibung der Regelsätze gemacht. Wirklich inhaltliche Änderungen haben sich insofern ergeben, als bei der Anpassung des SGB XII an das LPartG übersehen worden war, dass auch lebenspartnerschaftsähnliche Gemeinschaften in die Regelung einzubeziehen gewesen wären, was nun nachgeholt worden ist. Mit der Fassung vom 22.12.2016 sind Anpassungen an den eingefügten § 42a SGB XII vorgenommen worden.

## II. Leistungsumfang (S. 1)

### 1. Grundleistungen (Nr. 1)

3  Sprachlich hat sich zur Vorgängerfassung geändert, dass nicht mehr vom maßgeblichen Regelsatz gesprochen wurde, sondern dass sich die Grundsicherungsleistungen aus der in der Anlage zu § 28 ergebenden Regelbedarfsstufe ergeben sollten. Die Regelbedarfsstufe als solche wird nicht geleistet (*Kirchhoff*, SGb 2013, 442). Die eigentliche Leistung ergibt sich aus dem Regelbedarf. Durch den Verweis auf § 27a Abs. 3 SGB XII wird klargestellt, dass die Deckung der Regelbedarfe nach monatlichen Regelsätzen erfolgt und dieser monatliche Pauschalbetrag die Bestreitung des monatlichen Budgets darstellt (s. auch § 27a Rn. 25). Durch die Bezugnahme auf § 29 Abs. 1 S. 1 SGB XII nehmen die Leistungen der Grundsicherung an der Neufestsetzung teil. Ausgeschlossen wird die Möglichkeit regionaler Regelsätze (§ 29 Abs. 1 S. 1 und Abs. 2 bis 5 SGB XII). Diese Regelung ist folgerichtig, weil die Grundsicherung des Vierten Kapitels wie die Regelbedarfe nach dem SGB II und das Sozialgeld eine bundesfinanzierte und damit auch eine aus bundesdurchschnittlichen Verbrauchsausgaben ermittelte bundeseinheitliche Leistung ist (s. BR-Drs. 455/17). Insgesamt handelt es sich bei den Verweisungen um **Rechtsgrundverweisungen.**

4  Höchst umstritten war die **Absenkung** von Regelsatzleistungen, die durch die Inbezugnahme des § 28 SGB XII a. F. und damit des Abs. 1 S. 2 möglich zu sein schien. So wurde vertreten, dass für die Inanspruchnahme eines kostenlosen Mittagessens in einer Werkstatt für behinderte Menschen die Regelleistung abzusenken ist, weil dies aus dem Bedarfsdeckungsprinzip folge (LSG Nds-Brem 28.7.2006 – L 8 SO 45/06 ER, BeckRS 2009, 61727; zum GSiG s. auch LSG Bln-Bbg 28.9.2006 – L 23 SO 1094/05; SG Köln 10.10.2006 – S 27 SO 59/06; aus der verwaltungsgerichtlichen Rechtsprechung OVG Lüneburg 16.12.1987 – 4 A 26/87).

5  Diese Streitfrage hat sich grundsätzlich, nicht aber in der Sache (so auch *Kirchhoff*, SGb 2013, 442; s. Rn. 6) erledigt, weil in die Vorschrift ein Verweis auf § 27a Abs. 4 S. 1 SGB XII aufgenommen wurde. Hierzu wird in den Materialien (BR-Drs. 455/

12, 17) ausgeführt, dass dieser Verweis klarstellt, dass monatliche Regelsätze in Anwendung der Möglichkeit einer abweichenden Regelsatzfestsetzung gezahlt werden können. Aus dem Verweis auf § 27a Abs. 4 S. 2 SGB XII soll nach den Materialien (BR-Drs. 455/12, 17) auch klargestellt werden, dass die anteilige Zahlung möglich ist, wenn der Anspruch nicht für einen ganzen Kalendermonat besteht. Schon nach bisheriger Praxis wurde kein Problem darin gesehen, von dem Bewilligungszeitraum des § 44 Abs. 1 S. 1 SGB XII abzuweichen.

Der unter Rn. 4 wiedergegebenen Auffassung ist nicht zu folgen, weil auf diese **6** Weise die Regelung des unverändert gebliebenen § 92 Abs. 2 SGB XII unterlaufen wird (*Berlit,* jurisPR-SozR 21/2006 v. 19.10.2006; *Schulte-Loh,* ZfF 2006, 81) und bei einem kostenfreien Mittagessen im Familienverband tatsächlich keine Aufwendungen erspart werden (BVerwG 19.3.1992 – 5 C 20/87). Das BSG (BSG 11.12.2007 – B 8/9b SO 21/06 R mit Anmerkungen *Söhngen,* jurisPR-SozR 21/2008, Anm. 5 und *Bernzen,* SGb 2008, 66) hingegen hat bejaht, dass der Regelsatz um ein kostenlos gewährtes Mittagessen gekürzt werden kann (s. dazu auch *Mrozynski,* III. 6 Rn. 10g). Das BSG hat dem aus § 92 Abs. 2 SGB XII abzuleitenden Rechtsgedanken, dass im Familienverband die Aufbringung der Mittel eingeschränkt ist, keine Rechnung getragen und vor allem im Vergleich mit der Vorgängerregelung des § 3 Abs. 1 Nr. 1 GSiG argumentiert, dass das GSiG nicht auf eine individuelle Bedarfsermittlung abgestellt habe, sondern durch die Aufnahme dieses Leistungskomplexes in das SGB XII eine Ausrichtung auf den Einzelfall vorgenommen worden sei. Es bleibt in den Fällen des in der Einrichtung eingenommenen Mittagessens der auch vom BSG nicht weg zu argumentierende Wertungswiderspruch zur Vorschrift des § 92 Abs. 2 SGB XII. Die durch diese Vorschrift zum Ausdruck kommende Wertung kann nicht nur dann Beachtung finden, wenn es um die Erstattung von Leistungen wegen eines vereinnahmten Mittagessen geht (so jetzt BSG 9.12.2008 – B 8/9 b SO 11/07 R). Wird allerdings der Auffassung des BSG Rechnung getragen, ist bei der Bemessung des Anteils am Mittagessen auf § 1 Abs. 1 S. 1 Sachbezugsverordnung zurückzugreifen und Tag genau zu berechnen.

Nach Auffassung des BSG (BSG 23.7.2014 – B 8 SO 31/12 R), die vom BMAS **7** nicht geteilt wird, richtet sich der Bedarf einer erwachsenen leistungsberechtigten Person bei Leistungen für den Lebensunterhalt im Grundsatz auch dann nach der Regelbedarfsstufe 1, wenn sie mit ihren Eltern in einer Haushaltsgemeinschaft lebt. Angewendet auf Fälle, in denen behinderte volljährige Menschen mit ihren Eltern zusammenleben, hat das BSG die Zuordnung zur Regelbedarfsstufe 1 davon abhängig gemacht, dass der behinderte Mensch nach Aufforderung und ggf. unter Anleitung und/oder Überwachung der Eltern oder eines Dritten im Rahmen des ihm behinderungsbedingt Möglichen Tätigkeiten im Haushalt verrichtet oder auf die Gestaltung der Haushaltsführung Einfluss nimmt (BSG 24.3.2015 – B 8 SO 5/14 R).

Anders als das SGB II kennt die Grundsicherung des Vierten Kapitels keine im **8** Gesetz erwähnte Bedarfsgemeinschaft. Gleichwohl stellt sich die Frage, wie im Vierten Kapitel des SGB XII mit einer Bedarfsgemeinschaft umzugehen ist. Nach bisherigem Recht hatte das BSG bei Vorliegen einer **sog. gemischten Bedarfsgemeinschaft** – ein erwachsener Mitbewohner gehört zu den Leistungsberechtigten des SGB II, der andere zum Kreis der Leistungsberechtigten des § 41 SGB XII – entschieden, dass nach Maßgabe des Gleichbehandlungsgrundsatzes und zur Vermeidung von Wertungswidersprüchen der Begriff des Haushaltsvorstandes und die Haushaltsangehörigen im Gegensatz zur bisher in der verwaltungsgerichtlichen Rechtsprechung vertretenen Auffassung einengend auszulegen ist. Sofern keine Bedarfsgemeinschaft nach dem SGB II besteht oder keine Einstandsgemeinschaft nach dem SGB XII, hätte auch der nach § 41 SGB XII Leistungsberechtigte einen Anspruch auf den vollen Eckregelsatz in Höhe von 100 %.

**9**   Nach der Neufassung ist diese Auffassung nicht mehr zu halten, es sei denn, man setzt sich bewusst über den Wortlaut der gesetzlichen Vorschriften hinweg. Über § 28 SGB XII ist die Anlage zu dieser Vorschrift in die Regelung einbezogen. Die Anlage differenziert nach verschiedenen Regelbedarfsstufen. In die Regelbedarfsstufe 2 sind nach der Gesetzesbegründung (BT-Drs. 661/10, 214) auch zwei erwachsenen Personen gemeint, die in einem Haushalt leben und gemeinsam wirtschaften, sich also auch die Kosten des Haushalts teilen. Als Beispiel wird ein Haushalt genannt, in dem eine Mutter mit ihrem erwachsenen Sohn lebt. Maßgeblich ist nicht allein das gemeinsame Wohnen, sondern hinzutreten muss das festgestellte gemeinsame Wirtschaften. Damit greift der Gesetzgeber den Gedanken der Lebenswirklichkeit wieder auf, dass zusammenlebende, gemeinsam wirtschaftende Verwandte Synergieeffekte erwirtschaften und kein Anspruch auf die Regelbedarfsstufe 1 besteht (zur Kritik an der bisherigen Rspr. *Dillmann/Dannat*, ZfF 2009, 243). S. auch § 28 SGB XII.

**10**   Nicht ausdrücklich im Gesetz geregelt ist, wie zu verfahren ist, wenn der Nachfragende einer stationären Versorgung bedarf (*Mrozynski*, III. 10 Rn. 54). Der Umfang des notwendigen Lebensunterhalts in einer Einrichtung richtet sich gem. § 27b Abs. 1 S. 2 SGB II durch die Verweisung nach § 42 Abs. 1 Nr. 1, 2 und 4 SGB XII. Bei alten Menschen, die nicht pflegebedürftig sind, aber gleichwohl in einer Einrichtung leben, erhalten Leistungen nach der Regelsatzstufe 3 für erwachsene Leistungsberechtigte, die weder einen eigenen Haushalt führen noch als Partner in einem gemeinsamen Haushalt leben, § 8 Abs. 1 Nr. 1 und 3 RBEG (*Mrozynski*, III. 10 Rn. 54). Ungeklärt sind die Fälle des betreuten Wohnens, wenn die Voraussetzungen einer Einrichtung nicht erfüllt sind und damit § 27b SGB XII nicht eingreift.

## 2. Zusätzliche Bedarfe (Nr. 2)

**11**   Während nach früherem Wortlaut der Vorschrift in Satz 1 Nr. 3 und Nr. 4 im Einzelnen aufgeführt war, welche Leistungen neben der Regelleistung zu gewähren sind, verweist die jetzige Fassung der Vorschrift auf den Zweiten Abschnitt des Dritten Kapitels. Inhaltlich hat sich damit einiges geändert. Der Zweite Abschnitt umfasst die Mehrbedarfe des § 30, die einmaligen Beihilfen nach § 31, die Beiträge für die Kranken- und Pflegeversicherung nach § 32 und die Beiträge der Vorsorge (§ 33).

**12**   In § 30 SGB XII des Referentenentwurfs war ursprünglich nur eine sprachliche Anpassung an die neue Begrifflichkeit des SGB XII vorgesehen. Durch den Vermittlungsausschuss hat die Vorschrift mit ihren Änderungen ein ganz anderes Gewicht bekommen (wegen der Einzelheiten s. die Kommentierung zu § 30 SGB XII).

**13**   Schon in der Vorauflage ist an der bisherigen Fassung der Vorschrift Kritik geäußert worden. Die Vorschrift regelt die **Mehrbedarfe** durch eine Verweisung auf § 30 SGB XII und die **einmaligen Bedarfe** entsprechend § 31 SGB XII. Im SGB XII setzt sich die durch das GSiG und die Experimentierklausel des § 101a BSHG eingeleitete Entwicklung zur Pauschalierung fort. Statt wie bisher 15 v. H. (§ 1 Abs. 1 Nr. 1 GSiG) ist die Pauschale auf 17 v. H. des maßgebenden Regelsatzes festgeschrieben worden. Ob diese Pauschale anforderungskonform zustande gekommen ist, lässt sich aus den bisher zugänglichen Materialien nicht erkennen. Die Zulässigkeit dieser Festlegungen hängt auch davon ab, ob die typisierten Bedarfswerte auf ausreichenden Erfahrungswerten beruhen (s. dazu *Rothkegel*, ZfSH/SGB 2003, 648; *Mrozynski*, III. 10. 24 f.). Einem gerichtlichen Verdikt entgeht diese Pauschalierung allenfalls dadurch, dass der Gesetzgeber eine Öffnungsklausel in § 30 Abs. 1 SGB XII aufgenommen hat. Nachteilig wirkt sich auf jeden Fall für den Leistungsberechtigten aus, dass er den von der Typisierung abweichenden Bedarf darlegen und beweisen muss. Die Ableitung der in der Vorschrift genannten Leistungen ist auch in der Neufassung nicht transparenter geworden.

Durch die Neufassung des § 31 Abs. 1 Nr. 3 SGB XII haben sich für den Kreis 14
der Berechtigten des Vierten Kapitels einige vorteilhafte Neuregelungen ergeben.
Die Anschaffung und **Reparatur von orthopädischen Schuhen,** Reparaturen
von **therapeutischen Geräten** und Ausrüstungen sowie die **Miete therapeutischer Geräte** zählen nun zu den Leistungen einmaliger Bedarfe. Damit ist die Rspr.
des BSG überholt, dass behinderungsbedingt erhöhte Aufwendungen für Schuhe
bei älteren und voll erwerbsgeminderten Personen, denen das Merkzeichen G zuerkannt ist, keine über den gesetzlichen Mehrbedarfszuschlag hinausgehenden Leistungen rechtfertigen würden (BSG 29.9.2009 – B 8 SO 5/08 R).

### 3. Bildung und Teilhabe (Nr. 3)

Mit der Einbeziehung des Dritten Abschnitts des Dritten Kapitels öffnen sich die 15
Leistungen des Vierten Kapitels für Bedarfe der Bildung und Teilhabe. Ausgenommen ist lediglich die Vorschrift des § 34 Abs. 7 SGB XII. Diese Vorschrift wendet
sich an Leistungsberechtigte bis zum vollendeten 18. Lebensjahr und sieht spezielle
Leistungen für Mitgliedsbeiträge in den Bereichen Sport und Ähnlichem, Unterricht
in künstlerischen Fächern und die Teilnahme an Freizeiten vor. Für die Leistung
Nachfragenden, die keine Regelleistungen erhalten, ist § 34a Abs. 1 S. 1 SGB XII
bedeutsam. Leistungen der Bildung und Teilhabe werden auch dann erbracht, wenn
die nachfragende Person diese nicht aus eigenen Kräften und Mitteln vollständig
decken kann. Hinter der Neufassung mag eine wünschenswerte Absicht gestanden
haben, die Leistungen des Vierten Kapitels denen des Dritten Kapitels auch im
sog. Bildungsbereich anzugleichen. Allerdings wenden sich die §§ 34 f. SGB XII an
Schülerinnen und Schüler, sodass die größte Gruppe der von den §§ 41 f. SGB XII
profitierenden Personen, die über 65-Jährigen, ausgeschlossen sind und es sich in
der Zukunft zeigen wird, welchen praktischen Nutzen § 42 Nr. 3 SGB XII hat
(ebenso für § 28a SGB XII bereits *Scheider*, Schellhorn/Hohm/Scheider, § 42
Rn. 30; *Kirchhoff*, Hauck/Noftz, § 42 Rn. 21). Wegen der Einzelheiten der Kommentierung wird auf die §§ 34 und 34a SGB XII verwiesen.

### 4. Unterkunft und Heizung (Nr. 4)

Zu den Leistungen nach § 42 Nr. 1 SGB XII gehören die **Kosten für Unterkunft** 16
**und Heizung** (Nr. 4). Die Neuregelung unterscheidet nunmehr zwischen Leistungsberechtigten, die außerhalb von Einrichtungen leben (a), und solchen, die in
Einrichtungen leben (b).

Leistungsberechtigte **außerhalb von Einrichtungen (Nr. 4a)** werden auf § 42a 17
SGB XII verwiesen. § 42a Abs. 2 SGB XII enthält nunmehr eine Definition der
Wohnung. Um eine solche handelt es sich, wenn mehrere Räume zusammengefasst
werden, die von anderen Wohnungen oder Wohnräumen baulich getrennt sind
und die in ihrer Gesamtheit alle für die Führung eines Haushalts notwendigen
Einrichtungen, Ausstattungen und Räumlichkeiten umfassen. Von Bedeutung ist
die Definition des Mehrpersonenhaushalts in Abs. 3 S. 1. Diese Spezialvorschrift
wird vor allem bedeutsam, wenn Leistungsberechtigte in der Wohnung mit mindestens einem Elternteil, mit mindestens einem volljährigen Kind oder mit einem
volljährigen Geschwisterkind leben.

Mit dem Bezug von Leistungen nach dem Vierten Kapitel entfällt der Anspruch 18
auf **Wohngeld** (§ 7 Abs. 1 Nr. 5 WoGG). Ausnahmen sind in Satz 2 geregelt. Das
Wohngeld wird weitergezahlt, wenn die Leistungen der Grundsicherung als Darlehen gewährt werden oder durch das Wohngeld die Hilfebedürftigkeit des Berechtigten beseitigt oder vermieden werden kann.

Bei **stationärer Unterbringung (Nr. 4b)** sind die Beträge für Kosten der Unter- 19
kunft und Heizung in Höhe der durchschnittlich angemessenen tatsächlichen Auf-

wendungen für die Warmmiete eines Einpersonenhaushaltes im Bereich der nach § 46b zuständigen Behörde zugrunde zu legen. Bei einer teilstationären Unterbringung werden durch die Regelung im SGB XII im Unterschied zu der bisher geltenden Fassung des § 3 GSiG Unterkunftskosten nach § 42 S. 1 Nr. 2 SGB XII a. F. = § 42 Nr. 4 n. F. bewilligt (BT-Drs. 16/2711). Abweichend von den sonstigen Kosten der Unterkunft beschränken sie sich auf Durchschnittsaufwendungen für Wohnung und Heizung. In der Praxis kann das dazu führen, dass die Kosten der Unterkunft unterschiedlich bemessen werden. Dieses zunächst willkürlich erscheinende Ergebnis ist hinzunehmen, weil die Regelung dem Umstand geschuldet ist, dass bei einer Heimunterbringung der Leistungsträger, der nach Landesrecht bestimmt wird, zuständig ist.

20    Ferner werden die **angemessenen Kosten der Heizung** übernommen. Zum Leistungsumfang wird auf § 35 Abs. 4 SGB XII verwiesen. Deshalb können nur die **angemessenen Heizkosten** einer Wohnung übernommen werden. Anhaltswerte für die Angemessenheit der Heizkosten können bei einer Zentralheizung die monatlich veranschlagten Vorauszahlungen oder die Durchschnittswerte in einem Mehrfamilienhaus sein (OVG NRW 13.9.1988 − 8 A 1239/86).

### 5. Ergänzende Darlehen (Nr. 5)

21    Durch die Aufnahme der Grundsicherungsleistungen in das Recht der Sozialhilfe ist es konsequent, auf die Hilfe zum Lebensunterhalt in Sonderfällen zu verweisen. Dazu gehört die Übernahme von Schulden, wenn dies zur Sicherung der Unterkunft oder einer vergleichbaren Notlage dient (Nr. 5). Insofern sind Leistungsberechtigte des Vierten Kapitels mit den Personen des Dritten Kapitels gleichgestellt.

22    Der Verweis auf § 37 und damit auf dessen Absatz 2 ermöglicht es, die nach § 62 SGB V erforderlichen Zuzahlungen als ergänzendes Darlehen zu übernehmen.

## III. Verfahrensrecht

23    Will der Leistungsträger die Regelleistung wegen anderweitiger Bedarfsdeckung kürzen, trägt er dafür die Beweislast (BSG 11.12.2007 − B 8/9b SO 21/06 R). Weil die Absenkung ein Teil des zu prüfenden Anspruchs ist, bedarf es keiner konstitutiven Absenkungsentscheidung (BSG 11.12.2007 − B 8/9b SO 21/06 R). Einzelne Berechnungselemente können nicht zum alleinigen Gegenstand eines Klageverfahrens gemacht werden, weil es sich um einen sog. **Höhenstreit** handelt.

### § 42a Bedarfe für Unterkunft und Heizung

(1) **Für Leistungsberechtigte sind angemessene Bedarfe für Unterkunft und Heizung nach dem Vierten Abschnitt des Dritten Kapitels sowie nach § 42 Nummer 4 Buchstabe b anzuerkennen, soweit in den folgenden Absätzen nichts Abweichendes geregelt ist.**

(2) [1]**Für die Anerkennung von Bedarfen für Unterkunft und Heizung**
1. **bei Leistungsberechtigten, die in einer Wohnung leben, gelten die Absätze 3 und 4 sowie**
2. **bei Leistungsberechtigten außerhalb von Einrichtungen, die in einer sonstigen Unterkunft leben, gilt Absatz 5.**
[2]**Wohnung im Sinne des Satzes 1 Nummer 1 ist die Zusammenfassung mehrerer Räume, die von anderen Wohnungen oder Wohnräumen baulich getrennt sind und die in ihrer Gesamtheit alle für die Führung eines Haushaltes notwendigen Einrichtungen, Ausstattungen und Räumlichkeiten umfassen.**

(3) $^1$Lebt eine leistungsberechtigte Person

1. zusammen mit mindestens einem Elternteil, mit mindestens einem volljährigen Geschwisterkind oder einem volljährigen Kind in einer Wohnung im Sinne von Absatz 2 Satz 2 und sind diese Mieter oder Eigentümer der gesamten Wohnung (Mehrpersonenhaushalt) und

2. ist sie nicht vertraglich zur Tragung von Unterkunftskosten verpflichtet,

sind ihr Bedarfe für Unterkunft und Heizung nach den Sätzen 3 bis 5 anzuerkennen. $^2$Als Bedarf sind leistungsberechtigten Personen nach Satz 1 diejenigen Aufwendungen für Unterkunft als Bedarf anzuerkennen, die sich aus der Differenz der angemessenen Aufwendungen für den Mehrpersonenhaushalt entsprechend der Anzahl der dort wohnenden Personen ergeben und für einen Haushalt mit einer um eins verringerten Personenzahl. $^3$Für die als Bedarf zu berücksichtigenden angemessenen Aufwendungen für Heizung ist der Anteil an den tatsächlichen Gesamtaufwendungen für die Heizung der Wohnung zu berücksichtigen, der sich für die Aufwendungen für die Unterkunft nach Satz 1 ergibt. $^4$Abweichend von § 35 kommt es auf die nachweisbare Tragung von tatsächlichen Aufwendungen für Unterkunft und Heizung nicht an. $^5$Die Sätze 2 und 3 gelten nicht, wenn die mit der leistungsberechtigten Person zusammenlebenden Personen darlegen, dass sie ihren Lebensunterhalt einschließlich der ungedeckten angemessenen Aufwendungen für Unterkunft und Heizung aus eigenen Mitteln nicht decken können; in diesen Fällen findet Absatz 4 Satz 1 Anwendung.

(4) $^1$Lebt eine leistungsberechtigte Person zusammen mit anderen Personen in einer Wohnung im Sinne von Absatz 2 Satz 2 (Wohngemeinschaft) oder lebt die leistungsberechtigte Person zusammen mit in Absatz 3 Satz 1 Nummer 1 genannten Personen und ist sie vertraglich zur Tragung von Unterkunftskosten verpflichtet, sind die von ihr zu tragenden Aufwendungen für Unterkunft und Heizung bis zu dem Betrag als Bedarf anzuerkennen, der ihrem nach der Zahl der Bewohner zu bemessenden Anteil an den Aufwendungen für Unterkunft und Heizung entspricht, die für einen entsprechenden Mehrpersonenhaushalt als angemessen gelten. $^2$Satz 1 gilt nicht, wenn die leistungsberechtigte Person auf Grund einer mietvertraglichen Vereinbarung nur für konkret bestimmte Anteile des Mietzinses zur Zahlung verpflichtet ist; in diesem Fall sind die tatsächlichen Aufwendungen für Unterkunft und Heizung bis zu dem Betrag als Bedarf anzuerkennen, der für einen Einpersonenhaushalt angemessen ist, soweit der von der leistungsberechtigten Person zu zahlende Mietzins zur gesamten Wohnungsmiete in einem angemessen Verhältnis steht. $^3$Übersteigen die tatsächlichen Aufwendungen der leistungsberechtigten Person die nach den Sätzen 1 und 2 angemessenen Aufwendungen für Unterkunft und Heizung, gilt § 35 Absatz 2 Satz 2 entsprechend.

(5) $^1$Lebt eine leistungsberechtigte Person in einer sonstigen Unterkunft nach Absatz 2 Satz 1 Nummer 2 allein, sind höchstens die durchschnittlichen angemessenen tatsächlichen Aufwendungen für die Warmmiete eines Einpersonenhaushaltes im örtlichen Zuständigkeitsbereich des für die Ausführung des Gesetzes nach diesem Kapitel zuständigen Trägers als Bedarf anzuerkennen. $^2$Lebt die leistungsberechtigte Person zusammen mit anderen Bewohnern in einer sonstigen Unterkunft, sind höchstens die angemessenen tatsächlichen Aufwendungen anzuerkennen, die die leistungsberechtigte Person nach der Zahl der Bewohner anteilig an einem entsprechenden Mehrpersonenhaushalt zu tragen hätte. $^3$Höhere als die sich nach Satz 1 oder 2 ergebenden Aufwendungen können im Einzelfall als Bedarf anerkannt werden, wenn

1. eine leistungsberechtigte Person voraussichtlich innerhalb von sechs Monaten in einer angemessenen Wohnung untergebracht werden kann oder, sofern dies als nicht möglich erscheint, voraussichtlich auch keine hinsichtlich Ausstattung und Größe sowie der Höhe der Aufwendungen angemessene Unterbringung in einer sonstigen Unterkunft verfügbar ist, oder

2. zusätzliche haushaltsbezogene Aufwendungen beinhaltet sind, die ansonsten über die Regelbedarfe abzudecken wären.

*Änderung der Vorschrift: § 42a eingef. mWv 1.7.2017 durch G v. 22.12.2016 (BGBl. I S. 3159).*

### Übersicht

## I. Inhalt der Vorschrift

**1**  Der Gesetzgeber hat die Vorschrift des § 42a zur Regelung der Bedarfe für Unterkunft und Heizung im Vierten Kapitel neu eingefügt. Hintergrund dieser Neuregelung ist eine Rechtsprechungsänderung durch das BSG im Jahr 2011 (B 8 SO 18/09 R, B 8 SO 29/10 R). Danach müssen Leistungsberechtigte für die Anerkennung von Aufwendungen für Kosten der Unterkunft und Heizung den Nachweis führen, dass sie rechtlich wirksam zur Zahlung eines Anteils an den Unterkunftskosten verpflichtet sind – zum Beispiel durch Vorlage eines Mietvertrags – und tatsächlich entsprechende Zahlungen leisten (s. dazu BR Drs. 541/16). Der Gesetzgeber sieht darin für die Betroffenen einen erheblichen Aufwand. Auch für die für die Ausführung des Vierten Kapitels SGB XII zuständigen Träger bedeute die Prüfung der Nachweise über Mietvertrag und tatsächliche Zahlung des Mietzinses einen erheblichen Verwaltungsaufwand. Deshalb werden für den genannten Personenkreis Bedarfe der Unterkunft und Heizung zukünftig in pauschalierter Form als Bedarf berücksichtigt. Zu beachten ist die **Übergangsregelung** des **§ 133b**.

**2**  Mit § 42a ist eine Spezialnorm für die Leistungen von Unterkunft und Heizung geschaffen worden. Das Gesetz definiert, was unter einer Wohnung zu verstehen ist (Abs. 2 S. 2).

**3**  Für Wohngemeinschaften wird in Abs. 4 erstmals eine spezielle Regelung zur Anerkennung von Bedarfen für Unterkunft und Heizung für diese Wohnform geschaffen (Abs. 4). Der Gesetzgeber verspricht mit dieser Neuregelung, dass die bislang bestehenden Auslegungsfragen damit beseitigt sind.

**4**  Durch Abs. 5 wird eine Regelung für die Anerkennung von Bedarfen für die Unterkunft und Heizung für Leistungsberechtigte geschaffen, die nicht in einer Wohnung, sondern in einer sonstigen Unterkunft leben.

## II. Bedarfe für Unterkunft und Heizung (Abs. 1)

### 1. Unterkunft und Heizung

Bisher waren die Leistungen für Unterkunft und Heizung in § 42 Nr. 4 Hs. 1 **5** SGB XII geregelt. Nun findet sich in Abs. 1 dazu eine eigene Vorschrift, die aber wiederum auf das Dritte Kapitel und zusätzlich auf § 42 Nr. 4b SGB XII verweist.

Abs. 1 enthält den Grundsatz und nimmt zugleich Bezug auf die Bedarfe in den **6** entsprechenden Vorschriften im Vierten Abschnitt des Dritten Kapitels (§§ 35, 35a und 36). Die Kosten der Unterkunft und Heizung bei der Unterbringung in einer stationären Einrichtung richten sich nach § 42 Nr. 4b SGB XII, soweit sich aus den nachfolgenden Absätzen nichts Abweichendes ergibt.

War es im GSiG noch unklar, ob sich die sozialhilferechtlichen Grundsätze über- **7** tragen lassen, ist dies für das SGB XII geklärt. Bewilligt werden die angemessenen Bedarfe für Unterkunft und Heizung. Damit schließt das Gesetz an § 35 Abs. 2 SGB XII an.

Nach wie vor bestimmen sich die angemessenen Kosten der Unterkunft nach der **8** Personenzahl, der Anzahl der Räume und dem örtlichen Mitniveau, wie es in den eigenen Erhebungen des Sozialhilfeträgers oder dem Mietspiegel zum Ausdruck kommt.

Unterschieden wird zwischen Leistungsberechtigten, die **in einer Wohnung,** **9** wie sie in Satz 2 definiert ist, leben (Nr. 1) und solchen, die **außerhalb einer stationären Einrichtung** in einer sonstigen Unterkunft leben (Nr. 2). Daraus ergeben sich ganz unterschiedliche Rechtsfolgen, die entweder in den Abs. 3 und 4 oder in Abs. 5 geregelt sind.

Die Unterkunft muss **tatsächlich genutzt** werden. Vorübergehende Abwesen- **10** heit etwa durch Urlaub ist unschädlich, es sei denn die Abwesenheit erstreckt sich über einen längeren Zeitraum, der nach dem Einzelfall zu bestimmen ist. Längere Auslandsaufenthalte oder Inhaftierungen sprechen gegen eine tatsächliche Nutzung (*Nguyen*, jurisPK-SGB XII, § 42 Rn. 26).

Der Mietpreis hat, sofern entsprechender Wohnraum vorhanden ist, im unteren **11** Preissegment für anmietbare Wohnungen zu liegen. In persönlicher Hinsicht richtet sich der Bedarf für die Unterkunft nach Geschlecht, Alter oder dem Gesundheitszustand. Wie im Dritten Kapitel ist auch im Vierten Kapitel die vom BSG entwickelte, in der Praxis zu großen Ermittlungsschwierigkeiten führende Produkttheorie anzuwenden. Nach der Rechtsprechung des für die Auslegung des Rechts der Sozialhilfe zuständigen 8. Senats des BSG ist die abstrakte Angemessenheit der Aufwendungen nach der sog. **Produkttheorie** zu ermitteln. Hiernach bestimmt sich die Angemessenheitsgrenze nicht nur durch die Wohnungsgröße, sondern auch durch Ausstattung, Lage und Bausubstanz, die nur einfachen und grundlegenden Bedürfnissen entsprechen müssen und keinen gehobenen Lebensstandard aufweisen dürfen; die Angemessenheit ergibt sich dann aus dem Produkt von Wohnfläche und Standard, das sich in der Wohnungsmiete niederschlägt (vgl. BSG 23.03.2010 – B 8 SO 24/08 R). Erster Prüfungsschritt ist demnach die angemessene Größe der Wohnung. In einem zweiten Schritt ist der angemessene Quadratmeterpreis mittels eines schlüssigen Konzepts für einen homogenen Lebensraum zu ermitteln. Das schlüssige Konzept soll Gewähr für eine sachgerechte Abbildung der örtlichen Verhältnisse geben. Zu den Einzelheiten eines schlüssigen Konzepts s. § 35 SGB XII.

Wenn die Unterkunftskosten unangemessen hoch sind, ist entsprechend § 35 **12** Abs. 2 zu verfahren. Der Verweis auf das Dritte Kapitel ist umfassend, was auch bedeutet, dass unangemessene Kosten der Unterkunft nur eine Zeitlang übernommen werden. Werden durch Mieterhöhungen die angemessenen Kosten zu unangemessenen, kann der Leistungsberechtigte gehalten sein, sich eine Wohnung mit angemessenen Unterkunftskosten zu suchen. Bezieht ein Berechtigter eine zu teure

Wohnung in der Hoffnung, diese durch staatliche Zuwendungen oder Umschichtung von Vermögen zu halten, und realisiert sich diese Hoffnung nicht, muss er sich eine angemessene Wohnung suchen. Unbefriedigend bleibt, dass ältere Menschen, die jahrzentlang in einer Wohnung gelebt haben und die nun Leistungen nach dem Vierten Kapitel beziehen, diese Wohnung verlassen müssen. Hier muss wegen gewachsener sozialer Kontakte versucht werden, einen Umzug auszuschließen (BSG 23.10.2010 – 8 SO 24/08 R). Im Übrigen s. die Kommentierung zu § 35.

**13**    Die Kosten für ein von einem Leistungsberechtigten genutztes **Wohneigentum** sind mit den angemessenen Kosten der Unterkunft gleich zu behandeln. Es sind die Kosten vom Sozialhilfeträger zu übernehmen, die für vergleichbare Mietwohnungen aufzuwenden sind.

**14**    Auch die **Heizungskosten** sind nach ihrer Angemessenheit zu beurteilen. Die Angemessenheit der Heizungskosten ist so lange zu bejahen, soweit sie unter einem bundesweiten oder kommunalen Heizspiegel liegen (zum Abzug einer Energiepauschale s. LSG BW 4.12.2014 – L 7 SO 2474/14).

## 2. Definition der Wohnung

**15**    In Abs. 2 S. 2 wird der Begriff der Wohnung definiert. Danach umfasst eine Wohnung mehrere Räume, die von anderen Wohnungen oder Wohnräumen baulich getrennt sind und die in ihrer Gesamtheit alle für die Führung eines Haushaltes notwendigen Einrichtungen, Ausstattungen und Räumlichkeiten umfassen. Damit ist eine Unterscheidung zu einer sonstigen Unterkunft notwendig geworden. Mit der Definition des Begriffs Wohnung werden sich in Zukunft die Streitfragen um den Begriff Wohnung und sonstige Unterkunft erledigen. Der Begriff Wohnung lehnt sich an die Vorstellung einer abgeschlossenen räumlichen Einheit von mehreren Räumen an, die zumindest die wesentlichen für eine eigenständige Haushalts- und damit auch Lebensführung bestimmten und geeigneten Ausstattungen, Vorrichtungen und Einrichtungen beinhaltet (BR-Drs. 541/16, 90). Davon erfasst wird auch ein selbstgenutztes Wohneigentum. Mehrere Räume sind auch Appartements mit einer Kochgelegenheit und einem Bad. Maßgeblich sind die Einrichtungen zur Führung einer privaten Lebensführung. Das schließt nicht aus, dass Räume auch berufsmäßig genutzt werden. Diese Nutzung darf aber nicht überwiegend bestimmend sein, weil dann der Wohncharakter ausgeschlossen wird.

**16**    Sonstige Unterkünfte sind demnach Pension- oder Hotelzimmer, Gartenhäuser, wenn sie nur einen Raum umfassen, oder ein einzelner Raum in einem Frauenhaus. Ein Bauwagen ist je nach Einrichtung eine sonstige Unterkunft, ein Pritschenwagen kann der Sache nach auch keine sonstige Unterkunft sein (LSG BW 10.5.2016 – L 9 AS 5116/15). Auch ein Campingwagen kann je nach Ausstattung zu den sonstigen Unterkünften gehören.

**17**    Erstaunlicherweise wird der Begriff der Wohnung nicht im Dritten, sondern im Vierten Kapitel definiert. In der Begründung (BR-Drs. 541/16, 23) heißt es dazu, dass mit der Vorschrift eine **Spezialnorm** für die Berücksichtigung von Bedarfen für Unterkunft und Heizung in der Grundsicherung im Alter und bei Erwerbsminderung nach dem Vierten Kapitel des SGB XII eingeführt wird. Durch diese Vorschrift werden aufbauend und ergänzend zu den auch für das Vierte Kapitel des SGB XII weiterhin geltenden Reglungen für Bedarfen für Unterkunft und Heizung (§§ 35, 35a und 36) in der Hilfe zum Lebensunterhalt nach dem Dritten Kapitel des SGB XII zusätzliche Bestimmungen eingeführt. Als Spezialvorschrift ist die Reglung des § 42a Abs. 2 S. 2 SGB XII nicht verallgemeinerungsfähig. Gleichwohl heißt es in der Begründung, dass erstmals eine gesetzliche Definition von Wohnung als zentrale Form der Unterkunft eingeführt wird.

### III. Mehrpersonenhaushalte (Abs. 3)

#### 1. Definition des Mehrpersonenhaushalts

Die Vorschrift unterscheidet zwischen **Mehrpersonenhaushalten,** bei denen  **18**
Familienmitglieder einen Mietvertrag geschlossen oder Eigentümer der gesamten
Wohnung sind (Nr. 1) und Haushalten, in denen ein Leistungsberechtigter nicht
vertraglich zur Tragung der Unterkunftskosten verpflichtet ist (Nr. 2). Mit der Vorschrift ist eine **spezielle Regelung** für die Unterkunftskosten von Leistungsberech-
tigten geschaffen worden, die in einer Wohnung mindestens eines Elternteiles, mindestens eines volljährigen Kindes oder eines volljährigen Geschwisterkindes leben
(BR-Drs. 541/16, 90). Damit reagiert der Gesetzgeber auf die Entscheidung des
BSG vom 14.4.2011 – B 8 SO 18/09 R, in welcher der Nachweis der tatsächlichen
Aufwendungen für die Unterkunft verlangt wird. Mit der Neufassung sollen der
erhebliche Verwaltungsaufwand eingeschränkt und zusätzliche Schwierigkeiten von
Eltern vermieden werden. Hierzu führt die Gesetzesbegründung den Fall an, dass
die Eltern Betreuer eines erwachsenen Kindes sind und für den Abschluss eines
Mietvertrages zusätzlich ein Ergänzungspfleger bestellt werden müsste.

#### 2. Rechtsfolgen

Der Gesetzgeber hat die sog. Differenzmethode zur Ermittlung der **Unterkunfts-**  **19**
**kosten** des Leistungsberechtigten gewählt (S. 2). In einem ersten Schritt sind die
angemessenen Aufwendungen für Mehrpersonenhaushalte entsprechend der Anzahl
der dort wohnenden Personen zu ermitteln. In einem zweiten Schritt sind die
Kosten der Unterkunft um für einen Haushalt mit einer um eins verringerten Personenzahl festzulegen. Hierzu findet sich in der Begründung des Gesetzes ein Rechen-
beispiel. Lebt ein Leistungsberechtigter mit seinen Eltern in einer Wohnung, sind
die angemessenen Kosten eines Dreipersonenhaushalts zu ermitteln, davon sind
abzuziehen die angemessenen Kosten eines Zweipersonenhaushalts, so dass sich als
Differenzanspruch der Leistungsanspruch ergibt. Klarstellend heißt es in Satz 4, dass
es auf die nachweisbare Tragung der Kosten nicht ankommt.

Die **Heizkosten** (S. 3) müssen angemessen sein und der Anteil an den tatsächli-  **20**
chen Gesamtaufwendungen für die Heizung der Wohnung ist zu berücksichtigen,
der sich für die Aufwendungen für die Unterkunft nach Satz 1 ergibt. Das bedeutet,
dass die Kosten der Unterkunft des Leistungsberechtigten zu den Gesamtkosten der
Unterkunft ins Verhältnis gesetzt werden und sich daraus der Heizkostenanteil ergibt.

#### 3. Ausnahmen

Satz 5 macht eine Ausnahme für die Fälle, in denen die mit dem Leistungsberech-  **21**
tigten zusammenlebenden anderen Personen nachweisen, dass sie ihren Lebensunterhalt einschließlich der ungedeckten Aufwendungen für Unterkunft und Heizung aus
eigenen Mitteln nicht decken können. In diesen Fällen findet Abs. 4 Anwendung.

### IV. Wohngemeinschaft (Abs. 4)

Satz 1 definiert die Wohngemeinschaft und richtet sich konsequent an Abs. 3 S. 5  **22**
aus. Die andere Alternative ist die, dass die leistungsberechtigte Person mit einem
Elternteil, mit mindestens einem volljährigen Geschwisterkind oder mit einem volljährigen Kind in einer Wohnung lebt und ein Mietvertrag abgeschlossen ist.

Die Ermittlung des Anteils an den Unterkunftskosten beruht auf der **Kopfteilme-**  **23**
**thode** (s. auch BSG 16.4.2013 – B 14 AS 71/12 R), wobei die Kosten der Unterkunft dann angemessen sind, wenn sie ansonsten den angemessenen Kosten der

Unterkunft eines Mehrpersonenhaushalts entsprechen. Auf diese Weise wird sichergestellt, dass auch für die sonstige Berechnung der Kosten der Unterkunft derselbe Vergleichsmaßstab gilt. Es gilt also nicht die Summe der Aufwendungen eines Einpersonenhaushalts (vgl. BR-Drs. 541/16, 91). Die Heizungskosten werden nach derselben Berechnungsmethode ermittelt.

24    Eine **Ausnahme von der Kopfteilregelung** ist in Satz 2 vorgesehen. Vorausgesetzt wird eine konkrete mietvertragliche Vereinbarung, aus der sich die Verpflichtung zur Zahlung von konkret bestimmten Anteilen ergibt. Maßstab ist die Angemessenheit der Kosten der Unterkunft eines Einpersonenhaushalts. Einschränkend muss der vertraglich geregelte Mietanteil zur Gesamtmiete in einem angemessenen Verhältnis stehen.

25    Sollten die tatsächlichen Aufwendungen der leistungsberechtigten Person die angemessenen Aufwendungen für die Unterkunft und Heizung übersteigen, ist nach § 35 Abs. 2 S. 2 SGB XII zu verfahren. Es muss dem Leistungsberechtigten möglich und zumutbar sein, die Aufwendungen zu senken.

## V. Sonstige Unterkunft (Abs. 5)

26    Weil in § 42a SGB XII zwischen einer Wohnung und einer sonstigen Unterkunft differenziert wird, sieht Abs. 5 Rechtsfolgen für die Übernahme von Kosten für sonstige Unterkünfte vor. Es handelt sich um Unterbringungsformen, die in der Regel keiner längeren oder gar dauerhaften Unterbringung, sondern stattdessen der Überbrückung dienen (BR-Drs. 541/16, 92). Zu den sonstigen Unterkünften zählt der Gesetzgeber Zimmer in Pensionen, Ferienwohnungen, Wohnwagen auf Campingplätzen bis hin zu Notquartieren. Danach wären die Kosten von Dauercampern für den Stellplatz keine Kosten der Unterkunft, weil ein Wohnwagen weder eine Wohnung noch eine sonstige Unterkunft ist. Ob damit der Rspr. des 14. Senats des BSG (17.6.2010 – B 14 AS 79/09 R), die bei einem Wohnmobil die Entscheidung vom Eingreifen der Ordnungsbehörde abhängig macht, zu halten ist, muss überdacht werden. Zu den sonstigen Kosten der Unterkunft gehören nicht die durch eine ordnungsbehördliche oder polizeiliche Einweisung veranlassten Kosten, etwa in eine Wohnung oder eine Notunterkunft. Hier regelt sich die Kostenübernahme nach Ordnungs- oder Polizeirecht.

27    Die Höhe der Unterkunftskosten richtet sich höchstens nach den durchschnittlichen angemessenen tatsächlichen Aufwendungen für die Warmmiete eines Einpersonenhaushalts im örtlichen Zuständigkeitsbereich des für die Ausführung des Vierten Kapitel zuständigen Trägers. Bei mehreren Personen in einer sonstigen Unterkunft gilt die Kopfteilmethode. Der kopfteilige Anteil berechnet sich nach den angemessenen Aufwendungen für die Unterkunft und Heizung der Wohnung eines Mehrpersonenhaushalts mit der entsprechenden Bewohnerzahl (BR-Drs. 541/16, 92).

28    Mit Satz 3 wird für die sonstigen Unterkünfte eine dem § 35 Abs. 2 S. 2 SGB XII vergleichbare Regelung geschaffen. Höhere Aufwendungen können anerkannt werden, wenn eine leistungsberechtigte Person voraussichtlich innerhalb von 6 Monaten in einer angemessenen Wohnung untergebracht werden kann (Nr. 1) oder, sofern dies nicht möglich erscheint, voraussichtlich auch keine hinsichtlich Ausstattung und Größe sowie der Aufwendungen angemessene Unterbringung in einer sonstigen Unterkunft verfügbar ist, oder sonstige haushaltsbezogene Aufwendungen beinhaltet sind, die ansonsten über die Regelbedarfe abzudecken wären. Mit der Alternative der Vorschrift sollen Aufwendungen einer sog. Komplettmiete gemeint sein, die auch haushaltsbezogene Aufwendungen beinhaltet, die ansonsten über die Regelbedarfe abzudecken wären (BR Drs. 541/16, 92). Verwiesen wird in der Gesetzbe-

gründung darauf, dass in diesen Fällen eine abweichende Regelsatzfestsetzung zu prüfen ist.

### § 43 Einsatz von Einkommen und Vermögen, Berücksichtigung von Unterhaltsansprüchen

(1) [1]Für den Einsatz des Einkommens sind die §§ 82 bis 84 und für den Einsatz des Vermögens die §§ 90 und 91 anzuwenden, soweit in den folgenden Absätzen nichts Abweichendes geregelt ist. [2]Einkommen und Vermögen des nicht getrennt lebenden Ehegatten oder Lebenspartners sowie des Partners einer eheähnlichen oder lebenspartnerschaftsähnlichen Gemeinschaft, die dessen notwendigen Lebensunterhalt nach § 27a übersteigen, sind zu berücksichtigen.

(2) Zusätzlich zu den nach § 82 Absatz 2 vom Einkommen abzusetzenden Beträgen sind Einnahmen aus Kapitalvermögen abzusetzen, soweit sie einen Betrag von 26 Euro im Kalenderjahr nicht übersteigen.

(3) [1]Die Verletztenrente nach dem Siebten Buch ist teilweise nicht als Einkommen zu berücksichtigen, wenn sie auf Grund eines in Ausübung der Wehrpflicht bei der Nationalen Volksarmee der ehemaligen Deutschen Demokratischen Republik erlittenen Gesundheitsschadens erbracht wird. [2]Dabei bestimmt sich die Höhe des nicht zu berücksichtigenden Betrages nach der Höhe der Grundrente nach § 31 des Bundesversorgungsgesetzes, die für den Grad der Schädigungsfolgen zu zahlen ist, der der jeweiligen Minderung der Erwerbsfähigkeit entspricht. [3]Bei einer Minderung der Erwerbsfähigkeit um 20 Prozent beträgt der nicht zu berücksichtigende Betrag zwei Drittel, bei einer Minderung der Erwerbsfähigkeit um 10 Prozent ein Drittel der Mindestgrundrente nach dem Bundesversorgungsgesetz.

(4) Erhalten Leistungsberechtigte nach dem Dritten Kapitel in einem Land nach § 29 Absatz 1 letzter Halbsatz und Absatz 2 bis 5 festgesetzte und fortgeschriebene Regelsätze und sieht das Landesrecht in diesem Land für Leistungsberechtigte nach diesem Kapitel eine aufstockende Leistung vor, dann ist diese Leistung nicht als Einkommen nach § 82 Absatz 1 zu berücksichtigen.

(5) [1]Unterhaltsansprüche der Leistungsberechtigten gegenüber ihren Kindern und Eltern sind nicht zu berücksichtigen, es sei denn, deren jährliches Gesamteinkommen im Sinne des § 16 des Vierten Buches beträgt jeweils mehr als 100 000 Euro (Jahreseinkommensgrenze). [2]Es wird vermutet, dass das Einkommen der unterhaltsverpflichteten Personen nach Satz 1 die Jahreseinkommensgrenze nicht überschreitet. [3]Wird diese Vermutung widerlegt, besteht keine Leistungsberechtigung nach diesem Kapitel. [4]Zur Widerlegung der Vermutung nach Satz 2 kann der jeweils für die Ausführung des Gesetzes nach diesem Kapitel zuständige Träger von den Leistungsberechtigten Angaben verlangen, die Rückschlüsse auf die Einkommensverhältnisse der Unterhaltspflichtigen nach Satz 1 zulassen. [5]Liegen im Einzelfall hinreichende Anhaltspunkte für ein Überschreiten der in Satz 1 genannten Einkommensgrenze vor, sind die Kinder oder Eltern der Leistungsberechtigten gegenüber dem jeweils für die Ausführung des Gesetzes nach diesem Kapitel zuständigen Träger verpflichtet, über ihre Einkommensverhältnisse Auskunft zu geben, soweit die Durchführung dieses Buches es erfordert. [6]Die Pflicht zur Auskunft umfasst die Verpflichtung, auf Verlangen des für die Ausführung des Gesetzes nach diesem Kapitel

zuständigen Trägers Beweisurkunden vorzulegen oder ihrer Vorlage zuzustimmen.

(6) § 39 Satz 1 ist nicht anzuwenden.

*Änderungen der Vorschrift: Abs. 1 geänd. mWv 30.3.2005 durch G v. 21.3.2005 (BGBl. I S. 818), Abs. 1 neu gef., Abs. 2 Satz 6 geänd. mWv 1.1.2011 durch G v. 24.3.2011 (BGBl. I S. 453), Überschr. neu gef., Abs. 2 eingef., bish. Abs. 2 wird Abs. 3 und Sätze 3–5 geänd. mWv 1.1.2013 durch G v. 20.12.2012 (BGBl. I S. 2783), Abs. 1 Satz 1 eingef., Satz 2 geänd., Abs. 2 und 3 eingef., bish. Abs. 2 und 3 werden Abs. 4 und 5, Abs. 5 Satz 4 geänd., Abs. 6 ausgef. mWv 1.1.2016 durch G v. 21.12.2015 (BGBl. I S. 2557), Abs. 5 neu gef. mWv 1.7.2017 durch G v. 22.12.2016 (BGBl. I S. 3159).*

**Übersicht**

# I. Bedeutung der Vorschrift

1    § 43 Abs. 1 SGB XII ergänzt die Grundsatznorm des § 41 SGB XII (*H. Schellhorn,* Schellhorn/Hohm/Scheider, § 43 Rn. 1) und durchbricht in § 43 Abs. 2 SGB XII weitgehend den **Nachranggrundsatz** der Sozialhilfe, weil Unterhaltsansprüche gegenüber Kindern und Eltern in den vom Gesetz vorgesehenen Grenzen unberücksichtigt bleiben. Systematisch ist die Vorschrift wenig geglückt, weil sie unterschiedliche Ansätze wie den Einkommens- und Vermögenseinsatz und die Behandlung bestimmter Unterhaltsansprüche regelt. Dass beides nicht richtig zusammengehört, drückt sich nun schon in der Überschrift der Regelung aus. Allenfalls über den Nachrang lässt sich eine gewisse Verbindung herstellen. Mit Wirkung zum 1.7.2017 wurde Abs. 5 geändert, eine Übergangsvorschrift findet sich dazu nicht. Die Absicht des Gesetzgebers war es, Klarstellungen und Präzisierungen in der Regelung über die Berücksichtigung von Unterhaltsansprüchen gegenüber Kindern und Eltern vorzunehmen (BR-Drs. 541/16, 93).

# II. Inhalt der Norm

2    Die Änderungen vom 24.3.2011, vom 20.12.2012 und vom 22.12.2016 sind teils redaktioneller, teils inhaltlicher Art. Inhaltlich berücksichtigt die Regelung auch die lebenspartnerschaftsähnlichen Verhältnisse.

3    Der Gesetzgeber hat unterschiedliche systematische Regelungen in einer Norm zusammengefasst. Es geht in Abs. 1 um den Einkommens- und Vermögenseinsatz

des nicht getrenntlebenden Ehegatten, des Lebenspartners sowie des Partners einer eheähnlichen Lebensgemeinschaft. Der geänderte Abs. 2 sieht weiter Freibeträge bei Einnahmen aus Kapitalvermögen vor. Abs. 3 bestimmt, welche Leistungsarten vom Einkommen abzusetzen sind. Der Abs. 3 enthält ein kompliziertes System von Regelungen zum Einkommen des Unterhaltspflichtigen einschließlich seiner Auskunftsverpflichtung.

Die Vorschrift weist Parallelen zu § 2 GSiG auf (s. auch *H. Schellhorn*, Schellhorn/ **4** Hohm/Scheider, § 43 Rn. 4). Es haben lediglich Umstellungen stattgefunden. Dass der Anspruch auf Grundsicherung für den Leistungsberechtigten von dessen Einkommens- und Vermögenseinsatz abhängig ist, ist nun schon in § 41 Abs. 1 SGB XII geregelt und wird in § 43 Abs. 1 SGB XII wiederholt. Der Anspruchsausschluss der Personen, die ihre Bedürftigkeit in den letzten zehn Jahren vorsätzlich oder grob fahrlässig herbeigeführt haben, findet sich in § 41 Abs. 4 SGB XII. Klargestellt ist nun, dass der Lebenspartner oder der Partner einer partnerschaftsähnlichen Beziehung ebenfalls sein Einkommen und Vermögen einsetzen muss. § 19 Abs. 2 SGB XII ist einzubeziehen.

## III. Einkommens- und Vermögenseinsatz bei Einstandsge-
## meinschaften (Abs. 1)

Satz 1 stellt eingangs klar, dass die Leistungen des Vierten Kapitels einkommens- **5** und vermögensabhängig sind. Was zum **Einkommen und Vermögen** gehört, ist den Vorschriften der **§§ 82 und 90 SGB XII** zu entnehmen. Zum Einkommen aus Kick-Back-Leistungen einer Pflegekasse LSG Bln-Bbg 21.12.2016 – L 15 SO 301/ 16 B ER. Einzusetzen ist neben dem eigenen **Einkommen** und **Vermögen** des Berechtigten (§ 41 Abs. 2 SGB XII) das des **nicht getrenntlebenden Ehegatten,** des **Lebenspartners** oder des **Partners** einer **eheähnlichen und partnerschafts-ähnlichen Lebensgemeinschaft** (zur eheähnlichen Partnerschaft BayLSG 20.12.2011 – L 8 SO 45/11). Die Einbeziehung des Lebenspartners ist die Konsequenz, die aus dem Lebenspartnerschaftsgesetz zu ziehen ist. Bei Hausverkäufen muss das Vermögen noch vorhanden sein. Höhere Vermögensbeträge können auch längere Zeit nach dem Zufluss noch Zweifel an der Bedürftigkeit hervorrufen, wenn der Verbrauch nicht nachgewiesen ist (SchlHLSG 29.6.2011 – L 9 SO 25/09).

Ist nur ein Ehegatte, Partner oder nur eine Person einer eheähnlichen Lebensge- **6** meinschaft **(gemischte Bedarfsgemeinschaft)** anspruchsberechtigt und verfügt der andere über anrechenbares Einkommen und Vermögen, ist eine **Kontrollberechnung** vorzunehmen, ob im oder über dessen Bedarf liegende Einkommen und Vermögen verbleibt (s. auch BSG 9.6.2011 – B 8 SO 20/09 R mit zustimmender Anm. *Haberstump-Münchow/Kruse*, info also 2012, 108). Nur dann ist es auf den Bedarf des Anspruchsberechtigten anzurechnen. Das ist jetzt durch § 19 Abs. 2 SGB XII klargestellt. Damit wird eine **fiktive Berechnung** nach den Maßstäben des SGB XII für den nicht Antragsberechtigten, aber einsatzpflichtigen (Ehe-)Partner erforderlich, sofern er dem Regime des SGB XII unterliegt, und nach dem SGB II, sofern er diesem Gesetz zugeordnet werden muss (zustimmend *H. Schellhorn*, Schellhorn/Hohm/Scheider, § 43 Rn. 5.1; *Kirchhoff*, Hauck/Noftz, § 43 Rn. 17; *Fichtner/ Wenzel*, § 43 Rn. 3; s. auch *Conradis*, Seniorenrecht, S. 56; zu weiteren Fragen s. Rn. 7). Dem liegt die Überlegung zugrunde, dass für jedes Mitglied einer Einstandsgemeinschaft ein individueller Anspruch zu ermitteln ist. Bei einer Einkommensanrechnung ist vor allem auf die neu gefassten Freibeträge des § 82 Abs. 3 SGB XII hinzuweisen. Übersteigt das Einkommen des (Ehe-)Partners den (fiktiv) ermittelten Grundsicherungsbedarf, wird der übersteigende Einkommensanteil bis zur vollen Bedarfsdeckung bei der antragsberechtigten Person angerechnet (aus familienrechtlicher Sicht s. *Klinkhammer*, FamRZ 2002, 1000).

7    Gegen eine derartige sozialhilferechtliche Einstandspflicht werden verfassungsrechtliche Bedenken geltend gemacht, weil ein nicht nach den Vorschriften über die Grundsicherung berechtigter Ehegatte oder Partner durch den Einsatz seines Einkommens zum Sozialhilfeempfänger werden kann (so vor allem *Renn/Schoch,* Grundsicherung, Rn. 105). Die Grundsicherungsleistung bewirkt jedoch nicht, dass der gemäß § 43 Abs. 1 SGB XII einsatzpflichtige (Ehe-)Partner gezwungener Maßen zum Hilfeberechtigten wird, was gegen den Grundsatz der Menschenwürde verstieße. Vielmehr wird sein Einkommen und Vermögen in eine Bedarfsberechnung eingestellt, um zu ermitteln, ob die Hilfebedürftigkeit des grundsicherungsberechtigten Ehegatten durch staatliche Transferleistungen aufzufangen ist (*Lutter,* ZfSH/ SGB 2003, 136; *Karmanski,* Jahn, § 43 Rn. 3). In der Regel kann bei derartigen Einstandsgemeinschaften (Gedanke der **funktionierenden Einstandsgemeinschaft**) erwartet werden, dass, bevor es zur staatlichen Hilfeleistung kommt, die eigenen finanziellen Möglichkeiten in vertretbarer Weise ausgeschöpft werden.

8    Bilden Ehepartner eine Bedarfsgemeinschaft und gehören sie **unterschiedlichen Leistungsgesetzen** an, der eine dem SGB XII, der andere dem SGB II, bemisst sich der Regelbedarf nach Stufe 2 der Anlage zu § 28 SGB XII (zum Mischregelsatz SchlHLSG 8.8.2005 – L 9 B 158/05 SO ER; LSG Bln-Bbg 22.12.2005 – L 15 B 1095/05 SO ER). Leben zwei Erwachsene zusammen, ohne dass sie eine Bedarfsgemeinschaft bilden, ist das BSG der Auffassung, dass beiden Personen ein Regelsatz in Höhe von 100 % zusteht, weil aus Gründen des Art. 3 GG unterschiedliche Maßstäbe in beiden Gesetzen nicht angelegt werden dürfen (BSG 19.5.2009 – B 8 SO 8/08 R). Diese Auffassung ist nach der Einführung von Bedarfsstufen nicht mehr zu halten, s. § 28.

9    Der bisherige **Abs. 1 letzter Halbsatz** ist entfallen und als Abs. 6 angefügt worden.

## 1. Getrenntleben

10    **Ehegatten** oder **Lebenspartner** leben **getrennt,** wenn die **Lebens- und Wirtschaftsgemeinschaft** zwischen ihnen nach den tatsächlichen Verhältnissen nicht nur vorübergehend aufgehoben ist und der Trennungswille beider Ehegatten nach außen erkennbar in Erscheinung tritt (vgl. BVerwG 26.1.1995 – 5 C 8/93; s. auch zu weiteren Einzelheiten § 19 SGB XII). Wird ein Ehepartner in einem Heim untergebracht, setzt ein Getrenntleben voraus, dass mindestens einer der beiden Ehepartner den Willen hat, sich auf Dauer von dem anderen zu trennen. Lässt sich ein Getrenntleben nicht nachweisen, wird das Einkommen und Vermögen des Ehegatten auf den Bedarf angerechnet (zum GSiG: *Deibel,* NWVBl 2003, 49).

## 2. Eheähnliche oder lebenspartnerschaftsähnliche Gemeinschaft

11    Diese eheähnliche oder lebenspartnerschaftsähnliche Gemeinschaft muss auf Dauer angelegt sein. Sie muss über eine reine Haushalts- und Wirtschaftsgemeinschaft hinausgehen und sich i. S. einer Verantwortungs- und Einstehensgemeinschaft durch innere Bindungen auszeichnen (BVerfG 17.11.1992 – 1 BvL 8/87, NZS 1993, 72; zum früheren § 122 BSHG: BVerwG 17.5.1995 – 5 C 16/93).

## IV. Abzusetzende Beträge (Abs. 2)

12    Durch das Gesetz vom 21.12.2015 bleiben Einnahmen aus Kapitalvermögen frei, soweit sie einen Betrag von 26 EUR nicht übersteigen. Die Einführung dieses Freibetrages hat ganz praktische Gründe. In der Begründung (BT-Drs. 18/6284) heißt es dazu: Durch Einfügung eines neuen Absatzes 2 wird ein Freibetrag von 26 EUR im Kalenderjahr für Einnahmen aus Kapitalvermögen (Zinserträge und

Ähnliches) eingeführt und damit Prüfmitteilungen des Bundesrechnungshofes aufgrund von Prüfungen bei ausführenden Trägern Rechnung getragen. Darin hatte der Bundesrechnungshof darauf hingewiesen, dass die aus Verwaltungsvereinfachungsgründen nachvollziehbare Freistellung geringer Zinseinkünfte bei Leistungsberechtigten nach dem Vierten Kapitel des SGB XII einer bundesgesetzlichen Grundlage bedürfe. Für eine Verwaltungsvereinfachung spricht, dass sehr geringfügige Änderungen in den wirtschaftlichen Verhältnissen (26 EUR jährlich entsprechen monatlich 2,17 EUR) zur Aufhebung eines Verwaltungsaktes führen. Die Höhe des Freibetrags beträgt ein Prozent des Schonvermögensbetrags von 2.600 EUR.

## V. Abzusetzende Beträge beim Einkommen (Abs. 3)

Die Vorschrift nimmt die Anrechnung vom Einkommen des Leistungsberechtig- **13** ten aus, wenn eine Verletztenrente nach dem Siebten Buch auf Grund eines in Ausübung der Wehrpflicht bei der NVA der ehemaligen DDR erlittenen Gesundheitsschadens erbracht wird. Die abzusetzenden Beträge werden von der Minderung der Erwerbsfähigkeit von 20 % bzw. 10 % abhängig gemacht.

## VI. Aufstockende landesrechtliche Leistungen (Abs. 4)

Nach § 29 SGB XII besteht die Möglichkeit, dass die Länder die Regelsätze **14** erhöhen. In der Systematik folgerichtig werden diese Leistungen nicht vom Einkommen abgezogen.

## VII. Unterhaltsansprüche (Abs. 5)

Die Vorschrift, die vom Gesetzgeber als Herzstück des Gesetzes (BT-Drs. 14/ **15** 4958, 72) angesehen wird, vereinigt unterschiedliche Regelungen. In S. 1 wird eine **Vermutungsregelung** aufgestellt, in S. 5 und 6 werden dem Grundsicherungsträger die rechtlichen Möglichkeiten zur Auskunftseinholung an die Hand gegeben. Der bisherige Satz 6 ist jetzt Satz 3.

Die seit dem 1.7.2017 gültige Fassung will Klarstellungen und Präzisierungen **16** vornehmen (BR-Drs. 541/16, 93).

### 1. Unterhaltsansprüche

§ 1601 BGB bestimmt die **Unterhaltspflichten** von Verwandten in gerader Linie. **17** Sie sind einander zum Unterhalt verpflichtet. Auch wenn § 1601 BGB den bedeutendsten Anwendungsbereich beim Kindesunterhalt hat, sieht diese Norm die Unterhaltspflicht von Eltern gegenüber Kindern genauso vor wie die Unterhaltspflicht von Kindern gegenüber Eltern, ohne auf die völlig unterschiedlichen Lebenssituationen Rücksicht zu nehmen (*Ludyga*, NZS 2011, 607). Der Unterhalt im Allgemeinen und der Elternunterhalt im speziellen wird im BGB nicht explizit definiert (*Ludyga*, NZS 2011, 608). Die Unterhaltsverpflichtung knüpft an die Bedürftigkeit an, wobei die Situation der Armut im Alter, der Pflege und der Heimunterbringung wiederum sozialhilferechtsrelevant sind. Hier besteht eine Interaktion von privater und öffentlich-rechtlicher Absicherung (*Ludyga*, NZS 2011, 608).

Aus bürgerlich-rechtlicher Sicht bleibt fraglich, ob Eltern ihren Vermögensstamm **18** einzusetzen haben, bevor sie ihre Kinder in Anspruch nehmen (*Ludyga*, NZS 2011, 608). Zivilrechtlich ist eine Verwertung des Vermögensstammes zu verlangen, soweit Wirtschaftlichkeitsgesichtspunkte nicht entgegenstehen. Zu denken ist an eine Verwertung oder Belastung etwa von Grundstücken. Vor allem bei Grundstücken oder Eigentumswohnungen ist die Vorschrift des § 1365 BGB zu beachten, wonach die Vermögensverwertungspflicht dann eingeschränkt ist, wenn es um die Verwertung des Vermögens als Ganzes geht. Dann bedarf es der Zustimmung des Ehepartners. Zwischen einer möglichen zivilrechtlichen Unterhaltsverpflichtung von Kindern gegenüber ihren Eltern oder von Eltern gegenüber Kindern ist sozialhilferechtlich ein wesentlicher Unterschied zu machen, weil nach Satz 1 Unterhaltsansprüche nicht berücksichtigt werden, wenn sie ein jährliches Gesamteinkommen nach § 16 SGB IV nicht überschreiten.

19    Der gesetzlichen Intention entsprechend, die schon dem GSiG zugrunde lag, älteren Menschen bei der Inanspruchnahme staatlicher Leistungen die Furcht vor einem Unterhaltsrückgriff auf ihre Kinder zu nehmen (BT-Drs. 14/4595, 39), wurde dies schon nach § 43 Abs. 3 S. 1, jetzt § 43 Abs. 5, berücksichtigt. Aus sozialhilferechtlicher Sicht kann man deshalb von **Unterhaltsprivilegierung** sprechen. Damit wird der zivilrechtliche Gedanke der finanziellen Solidargemeinschaft der Mehrgenerationenverantwortung zwischen Eltern und Kindern sozialhilferechtlich eingeschränkt. Zur Überleitung von Ansprüchen aus einem Hofüberlassungsvertrag: SchlHLSG 10.6.2008 – L 9 B 25/08 SO.

20    Ob diese Bevorzugung auch auf Verwandte zweiten und höheren Grades auszudehnen war, blieb im GSiG unklar. Das bisher zum GSiG veröffentlichte Schrifttum (*Klinkhammer*, FamRZ 2002, 999; *Renn/Schoch*, Grundsicherung, Rn. 115) war sich einig, dass die ausschließlich im Gesetz genannten Eltern und Kinder als Privilegierte auf einem gesetzgeberischen Versehen beruhte. Diese Streitfrage hat sich erledigt, weil man § 94 Abs. 1 S. 3 SGB XII für die Auslegung heranziehen muss. Diese Vorschrift schließt einen Übergang von Unterhaltsansprüchen aus, wenn die unterhaltsberechtigte Person zum Personenkreis des § 19 SGB XII gehört oder die unterhaltspflichtige Person mit der Leistungsberechtigten Person vom zweiten Grad an verwandt ist. Im zweiten Halbsatz wird hinzugefügt, dass der Übergang des Anspruchs des Leistungsberechtigten nach dem Vierten Kapitel gegenüber Eltern und Kindern ausgeschlossen ist.

21    Der Wortlaut des Gesetzes nimmt Unterhaltsansprüche, hingegen nicht **tatsächlich erbrachte Unterhaltsleistungen,** aus (s. auch *Blüggel*, jurisPK-SGB XII, § 43 Rn. 28). Erbringen Eltern oder andere Personen an den Berechtigten tatsächlich derartige Leistungen freiwillig, sind sie entweder als Bedarfsdeckung oder als Einkommen anzurechnen. Dies gilt nicht, sofern sie nicht nur deshalb erbracht werden, weil der Hilfeträger noch nicht entschieden hat (s. VGH BW 19.10.2005 – 12 S 1558/05; vgl. dazu auch *Schoch*, ZfF 2003, 2; *Klinkhammer*, FamRZ 2003, 1795; *Kirchhoff*, Hauck/Noftz, § 43 Rn. 36; *S. Schulte*, ZfSH/SGB 2004, 195 f.; *Wenzel*, Fichtner/Wenzel, § 43 Rn. 13; s. BayVGH 24.3.2004 – 12 CE 03/3203 mit Anm. *Wendt*; OVG NRW 2.4.2004 – 12 B 1577/03; a. A. *Kunkel*, ZfSH/SGB 2003, 328; *Quambusch*, ZfSH/SGB 2004, 17). Im Fall der **Inanspruchnahme von Unterhalt** muss sich ein nach § 41 SGB XII Berechtigter umgekehrt fiktive Leistungen nach dem SGB XII anrechnen lassen, wenn er diese noch nicht beantragt hat (BGH 8.7.2015 – XII ZB 56/14, NJW 2015,2655 m. Anm. *Wahrendorf*, jurisPR-SozR 22/2015 Anm. 2).

22    Bei dem **Einkommen** nach § 16 SGB IV handelt es sich um Bruttoeinkünfte im Sinne des **Einkommensteuerrechts** (§ 2 Abs. 1 S. 1 EStG). In der Regel sind dies Einkünfte aus Arbeitsentgelt, Arbeitseinkommen oder sonstige Einkünfte wie z. B. aus Vermietung und Verpachtung (*Renn/Schoch*, Grundsicherung, Rn. 118). Die Summe der Einkünfte bestimmt sich nämlich nach § 2 Abs. 3 S. 1, 2 EStG aus der Summe aller Einkunftsarten. Einkünfte aus selbstständiger Tätigkeit sind solche abzüglich der Werbungskosten (§ 2 Abs. 2 EStG). Sonderausgaben und außergewöhnliche Belastungen mindern die Einkünfte nicht. Damit besteht kein Raum für vorrangige Unterhaltspflichten (*Klinkhammer*, FamRZ 2002, 998).

Da nicht realisierte oder nur unter erheblichen Schwierigkeiten realisierbare **23** Unterhaltsansprüche – Vergleichbares gilt für Ansprüche gegen Dritte – nicht dem Einkommen und Vermögen zugerechnet werden können, mindern sie den Grundsicherungsbedarf des Berechtigten nicht. Denn nur **bereite Mittel** schließen (Sozial-)Hilfe aus. Grundsicherung ist in dieser Konstellation zu bewilligen. Anhaltspunkte dafür, dass an die Zumutbarkeit bei der Verfolgung von Unterhaltsansprüchen höhere Anforderungen zu stellen sind (so aber *Klinkhammer*, FamRZ 2002, 1000), lassen sich dem SGB XII, wie schon dem GSiG, nicht entnehmen. Es enthält hierfür keine Hinweise, die auf eine derartige Uminterpretation, was unter bereiten Mitteln zu verstehen ist, schließen ließen (s. Rn. 16; wie hier *Schoch*, ZfF 2003, 2 f.). Die hinzunehmende Folge ist, dass der Hilfeträger den Unterhaltspflichtigen nicht in Regress nehmen kann, weil eine Überleitung gegen Unterhaltspflichtige nicht möglich und entsprechend dem gesetzlichen Zielen nicht gewollt ist. Auch nach sonstigen Vorschriften kann kein Rückgriff genommen werden. Ein zivilrechtlicher Regressanspruch des Hilfeträgers gegen den Unterhaltsschuldner nach § 812 BGB oder § 683 BGB ist bisher nicht angenommen worden (vgl. *Klinkhammer*, FamRZ 2002, 1000).

Nebenbestimmungen, die dem Leistungsbescheid mit der Maßgabe beigefügt **24** werden könnten, Unterhaltsansprüche an den Hilfeträger abzutreten, sind im Hinblick auf § 32 Abs. 2 Nr. 4 SGB X bedenklich, weil es sich bei der Grundsicherung nicht um eine Ermessensleistung handelt. Als Vermögen sind zwar derartige Unterhaltsansprüche einzustufen, sie sind jedoch nicht verwertbar (§ 90 Abs. 1 SGB XII), da sie im Zeitpunkt der Leistungsgewährung nicht realisierbar sind (*Schoch*, ZfF 2003, 3).

## 2. Vermutung

Grundsätzlich ist zu vermuten, dass die Unterhaltspflichtigen die Jahreseinkom- **25** mensgrenze von 100.000 EUR nicht überschreiten. Es handelt sich aber um eine widerlegliche Vermutung, die gilt, wenn das Gesamteinkommen des Unterhaltsprivilegierten 100 000 EUR nicht übersteigt. Der Gesetzgeber will mit der neu gefassten Vorschrift verdeutlichen, dass Unterhaltsansprüche von Kindern gegenüber ihren Eltern und umgekehrt grundsätzlich nicht zu berücksichtigen sind (BR-Drs. 541/16, 93). Unklar war bisher, ob bei mehreren Unterhaltspflichtigen das addierte Gesamteinkommen gemeint ist oder ob das Einkommen jedes einzelnen die Grenze von 100.000 EUR nicht überschreiten darf (s. dazu auch *Renn/Schoch*, Grundsicherung, Rn. 121). Der Gesetzeswortlaut war bisher nicht eindeutig. Mit der Gesetzesänderung vom 22.12.2016 ist das Wort jeweils eingefügt worden, so dass die bisherige Auslegung der Vorschrift klarstellend übernommen worden ist (vgl. BR-Drs. 541/16, 93; zur bisherigen Rechtslage s. *Klinkhammer*, FamRZ 2002, 997, 999; BSG 25.4.2013 – B SO 21/11 R).

Beachtenswert ist die Entscheidung des BGH v. 8.7.2015 (XII ZB 56/14, NJW **26** 2015, 2655; vgl. dazu *Wahrendorf*, jurisPK-SozR 22/2015 Anm. 2). Die Bewilligung von Leistungen der Grundsicherung im Alter und bei Erwerbsminderung soll gemäß § 43 Abs. 3 S. 1 SGB XII a. F. schon dann insgesamt ausgeschlossen sein, wenn bei einer Mehrzahl von unterhaltspflichtigen Kindern des Leistungsberechtigten nur eines der Kinder über steuerliche Gesamteinkünfte in Höhe von 100.000 EUR oder mehr verfügt. Der BGH hat sich vom Wortlaut der Vorschrift a. F. leiten lassen, wenn er ausführt: Bereits die grammatikalische Auslegung steht einem anderen Auslegungsergebnis entgegen. Nach § 43 Abs. 4 S. 1 SGB XII bleiben Unterhaltsansprüche der Leistungsberechtigten gegenüber ihren Eltern und Kindern unberücksichtigt, sofern (und nicht „soweit") deren jährliches Gesamteinkommen unter einem Betrag von 100.000 EUR liegt. Im Hinblick auf die Verwendung des Plurals (Kinder und Eltern) ist die Vorschrift jedenfalls insoweit eindeutig, als die von ihr angeordnete Rechtsfolge (Nichtberücksichtigung von Unterhaltsansprüchen des Leistungsberechtigten) bei einer Mehrzahl von unterhaltspflichtigen Kindern oder Elternteilen nur dann eintritt, wenn keines der Kinder oder Elternteile des Leistungsberechtigten ein jährliches Gesamteinkommen von 100.000 EUR oder mehr erzielt. Die darauf bezogene Vermutung des § 43 Abs. 4 S. 2 a. F., wonach das Einkommen „der Unterhaltspflichtigen" die Einkommensgrenze von 100.000 EUR nicht übersteige, ist begrifflich schon dann widerlegt, wenn der Träger der Grundsicherung nachweisen kann, dass zumindest eines von mehreren unterhaltspflichtigen Kindern oder Elternteilen über ein jährliches Gesamteinkommen in Höhe von mindestens 100.000 EUR verfügt. Da auch die neue Fassung das Wort „soweit" nicht enthält, kann es bei dieser Rspr. auch nach Neufassung der Vorschrift bleiben. Die Entscheidung ist aber auch für das Verständnis des § 94 SGB XII bedeutsam. Im Hinblick auf die Regelung des § 43 Abs. 3 a. F.= § 43 Abs. 5 SGB XII hat der BGH (8.7.2015) entschieden: Stellt der Unterhaltsberechtigte dennoch keinen Antrag und erhält er deshalb (nur) Hilfe zum Lebensunterhalt nach dem Dritten Kapitel und haften mehrere unterhaltspflichtige Kinder gemäß § 1606 Abs. 3 Satz 1 BGB anteilig für den Elternunterhalt, stellt der gesetzliche Übergang des Unterhaltsanspruchs auf den Sozialhilfeträger für ein privilegiertes Kind mit einem unter 100.000 EUR liegenden steuerlichen Gesamteinkommen eine unbillige Härte im Sinne von § 94 Abs. 3 Satz 1 Nr. 2 SGB XII dar, wenn und soweit dieses Kind den unterhaltsberechtigten Elternteil nur wegen des Vorhandenseins nicht privilegierter Geschwister nicht auf die bedarfsdeckende Inanspruchnahme von Grundsicherungsleistungen verweisen kann. In diesem Fall kann das privilegierte Kind der Geltendmachung des Unterhaltsanspruchs durch den unterhaltsberechtigten Elternteil den Einwand der unzulässigen Rechtsausübung (§ 242 BGB) entgegenhalten, und zwar sowohl wegen vergangener als auch wegen zukünftiger Unterhaltszeiträume.

### 3. Widerlegung der Vermutung

27    Wird die Vermutung widerlegt bestehen keine Ansprüche (Satz 3). Zur Widerlegung der Vermutung sieht das SGB XII wie das frühere GSiG ein gestuftes Verfahren vor. Bestehen überhaupt hinreichende **Anhaltspunkte** für eine **mögliche Widerlegung** der Vermutung (Satz 4), kann der Hilfeträger vom Leistungsberechtigten nur allgemeine Angaben verlangen. Diese Angaben sollen den zuständigen Hilfeträger in dieser Stufe des Verfahrens lediglich in den Stand versetzen, Rückschlüsse auf die Einkommensverhältnisse der nach S. 1 Unterhaltspflichtigen zu ziehen. Erst wenn sich daraufhin hinreichende Anhaltspunkte für ein wahrscheinliches Überschreiten der Einkommensverhältnisse ergeben, sind die Unterhaltsverpflichteten zur Offenlegung ihrer Einkommens- und Vermögensverhältnisse verpflichtet (Satz 5).

28    **Hinreichende Anhaltspunkte** können sich aus einem qualifizierten Beruf des Unterhaltspflichtigen oder umfänglich vermieteten Grundbesitz ergeben. Die **Beweislast** liegt beim Leistungsträger (*H. Schellhorn*, Schellhorn/Schellhorn/Hohm, § 43 Rn. 11; *Blüggel*, jurisPK-SGB XII, § 43 Rn. 40).

29    Abs. 5 S. 4 und 5 unterscheiden zwischen der **Mitwirkungsobliegenheit** des Hilfeberechtigten und der **Auskunftsverpflichtung** von Eltern und Kindern des Berechtigten. Die Mitwirkungsobliegenheit hat den Zweck, dem Leistungsträger die Möglichkeit zu erleichtern, die Vermutungsregelung des Satzes 2 zu überprüfen.

30    Da sich die Sätze 5 und 6 an die Unterhaltsverpflichteten richtet, trifft den Hilfeberechtigten keine Verpflichtung, Beweisurkunden vorzulegen. Kommt es dem Hilfeträger in der Person des Leistungsberechtigten auf derartige Urkunden an, kann er dies nur über die subsidiäre Vorschrift des § 60 SGB I erreichen (so auch *Blüggel*, jurisPK-SGB XII, § 43 Rn. 47).

31    Der Unterhaltsverpflichtete ist zur **Auskunft** (§ 43 Abs. 2 S. 5 SGB XII) und auch zur Vorlage von Urkunden verpflichtet (§ 43 Abs. 2 S. 6 SGB XII). Die Erteilung

zur Auskunft steht unter der Einschränkung, dass sie zu erteilen ist, soweit die Durchführung dieses Buches es erfordert.

Der Auskunftsanspruch richtet sich an die dem Berechtigten gegenüber zum **32** Unterhalt Verpflichteten. Eine spezielle, öffentlich-rechtliche Auskunftspflicht musste in das Gesetz aufgenommen werden, weil der Auskunftsanspruch des § 1605 BGB nicht zu Verfügung steht (*H. Schellhorn*, Schellhorn/Schellhorn/Hohm, § 43 Rn. 13). Aus dem Gesetz ergibt sich **kein Vorrang,** der den Leistungsberechtigten zunächst zur Auskunft verpflichtet. Ist die Vermutung des § 43 Abs. 2 S. 2 SGB XII widerlegt, kann nach § 43 Abs. 2 S. 6 keine Auskunft verlangt werden. Es bleibt dann die Möglichkeit des § 94 Abs. 1 SGB XII.

Die zur Auskunft Verpflichteten können Auskünfte verweigern, wenn die Gefahr **33** besteht, dass sie oder ihnen nahestehende Verwandte (§ 383 Ab. 1 Nr. 1 bis 3 ZPO) wegen einer Straftat oder Ordnungswidrigkeit verfolgt zu werden.

Fordert der Grundsicherungsträger den Unterhaltspflichtigen zur Auskunftsertei- **34** lung auf, geschieht dies in Form eines **(belastenden) Verwaltungsaktes,** der bestimmt genug sein muss, § 33 Abs. 1 SGB X. In diesem Bescheid sind die hinreichenden Anhaltspunkte, die Anlass zur Auskunft geben, darzulegen. Dazu gehört, dass der Leistungsträger den Grund für die Auskunft mitteilt, den Zeitpunkt, von dem an die Auskunft erteilt werden soll, und welche Einkünfte und welches Vermögen in Erfahrung zu bringen sind. Ein Ermessen steht der Behörde nach dem eindeutigen Wortlaut der Vorschrift hierbei nicht zu (a. A. *Renn/Schoch,* Grundsicherung, Rn. 126), gleichwohl muss der Grundsatz der Verhältnismäßigkeit beachtet werden. Die sofortige Vollziehung kann angeordnet werden. Zwangsmittel können angedroht werden (*W. Schellhorn,* Schellhorn/Schellhorn/Hohm, § 43 Rn. 13).

## VIII. Haushaltsgemeinschaften (Abs. 6)

Bisher war im zweiten Halbsatz des Abs. 1 geregelt, dass § 39 S. 1 SGB XII nicht **35** anzuwenden ist. Nun ist diese Regelung in Abs. 6 aufgenommen worden. Sie bedeutet, dass der Leistungsträger dem Leistungsberechtigten nachweisen muss, dass Personen der Haushaltsgemeinschaft ihn mit Leistungen zur Sicherung des Lebensunterhalts unterstützen.

**§ 43a** Gesamtbedarf, Zahlungsanspruch und Direktzahlung

(1) **Der monatliche Gesamtbedarf ergibt sich aus der Summe der nach § 42 Nummer 1 bis 4 anzuerkennenden monatlichen Bedarfe.**

(2) **Die Höhe der monatlichen Geldleistung im Einzelfall (monatlicher Zahlungsanspruch) ergibt sich aus dem Gesamtbedarf nach Absatz 1 zuzüglich Nachzahlungen und abzüglich des nach § 43 Absatz 1 bis 4 einzusetzenden Einkommens und Vermögens sowie abzüglich von Aufrechnungen und Verrechnungen nach § 44b.**

(3) **[1]Sehen Vorschriften des Dritten Kapitels vor, dass Bedarfe, die in den Gesamtbedarf eingehen, durch Zahlungen des zuständigen Trägers an Empfangsberechtigte gedeckt werden können oder zu decken sind (Direktzahlung), erfolgt die Zahlung durch den für die Ausführung des Gesetzes nach diesem Kapitel zuständigen Träger, und zwar bis zur Höhe des jeweils anerkannten Bedarfs, höchstens aber bis zu der sich nach Absatz 2 ergebenden Höhe des monatlichen Zahlungsanspruchs; die §§ 34a und 34b bleiben unberührt. [2]Satz 1 gilt entsprechend, wenn Leistungsberechtigte eine Direktzahlung wünschen. [3]Erfolgt eine Direktzahlung, hat der für die Ausführung des Gesetzes nach diesem Kapitel zuständige Träger die leistungsberechtigte Person darüber schriftlich zu informieren.**

(4) **Der für die Ausführung des Gesetzes nach diesem Kapitel zuständige Träger kann bei Zahlungsrückständen aus Stromlieferverträgen für Haushaltsstrom, die zu einer Unterbrechung der Energielieferung berechtigen, für die laufenden Zahlungsverpflichtungen einer leistungsberechtigten Person eine Direktzahlung entsprechend Absatz 3 Satz 1 vornehmen.**

*Änderung der Vorschrift: § 43a eingef. mWv 1.7.2017 durch G v. 22.12.2016 (BGBl. I S. 3159).*

# I. Inhalt der Vorschrift

**1**    Mit § 43a werden eine Definition des monatlichen Gesamtbedarfs, des monatlichen Zahlungsanspruchs und der Direktzahlung eingefügt (BR–Drs. 541/16, 93). Der Gesetzgeber verfolgt damit die Absicht, mit den Legaldefinitionen den Verwaltungsvollzug zu vereinfachen. Die Vorschrift enthält neben der Definition des monatlichen Zahlungsanspruchs (Abs. 2) Regeln zur Direktzahlung (Abs. 3). Mit Abs. 4 ist erstmals eine spezielle Regelung zur Ermöglichung von Direktzahlungen für laufende Zahlungsverpflichtungen von Leistungsberechtigten eingeführt worden, die wegen unbezahlter Rechnungen aus Versorgungsverträgen für Haushaltsstrom unmittelbar von Stromausschaltungen bedroht sind (BR–Drs. 541/16, 94).

# II. Monatlicher Gesamtbedarf (Abs. 1)

**2**    Der monatliche Gesamtbedarf ergibt sich aus der Summe der nach § 42 Nr. 1 bis 4 SGB XII anzuerkennenden Bedarfe. Das sind die Regelsätze nach den Regelbedarfsstufen, die zusätzlichen Bedarfe nach dem Zweiten Abschnitt des Dritten Kapitels, die Bedarfe für Bildung und Teilhabe und die Aufwendungen für Unterkunft und Heizung. Ausgenommen sind ergänzende Darlehen nach § 37 Abs. 3 SGB XII. Diesen Darlehen wird im System der Gesamtbedarfe eine Sonderstellung zugewiesen, weil sie auf Ermessensspielräumen des Hilfeträgers beruhen (BR–Drs. 541/16, 94).

# III. Zahlungsanspruch (Abs. 2)

**3**    Der monatliche Zahlungsanspruch ergibt sich aus dem Gesamtbedarf des Abs. 1 zuzüglich Nachzahlungen. Die Nachzahlungen sind wegen der neuen Vorschrift des § 44b Abs. 6 SGB XII aufgenommen worden. Außerdem wird auf § 44b SGB XII, der Aufrechnungsregelung, Bezug genommen. Ohne ersichtlichen Grund wird noch einmal auf den Einkommens- und Vermögenseinsatz verwiesen. Der Nachrang war bereits durch § 43 Abs. 1 bis 4 SGB XII zahlungsrelevant.

# IV. Direktzahlungen (Abs. 3)

**4**    Neu ist die Möglichkeit der **Direktzahlung.** Es handelt sich um solche, die nicht an den Leistungsberechtigten, sondern an einen Dritten möglich sind. Hauptanwendungsfall werden Zahlungen für die Unterkunft sein, die nach § 35 Abs. 1 auf Antrag und im Fall der zweckwidrigen Verwendung von Kosten der Unterkunft durch den Leistungsträger an den Vermieter gezahlt werden. Die Direktzahlung ist beim Beispiel Wohnen die Sicherung eines Grundbedürfnisses. Durch den Verweis auf das Dritte Kapitel ist klargestellt, dass mit diesem Absatz kein neuer Tatbestand geschaffen worden ist. Ausgenommen von den Direktzahlungen sind Leistungen der §§ 34a und 34b SGB XII.

Eingeschränkt werden die Direktzahlungen, weil sie nur bis zur Höhe des jeweils **5** anerkannten Bedarfs erfolgen, bzw. nur bis zur Höhe des nach Abs. 2 anerkannten Zahlungsanspruchs. Auf diese Weise soll vermieden werden, dass der Hilfeträger einen höheren Leistungsbetrag als den eigentlichen Zahlungsanspruch in Form der Direktzahlung erbringt.

Satz 2 des Absatzes verknüpft die Regelung der Direktzahlung mit dem Wunsch- **6** recht des § 9 Abs. 2 SGB XII. Danach soll Wünschen des Leistungsberechtigten, die sich auf die Gestaltung der Leistung beziehen, entsprochen werden, soweit sie angemessen sind.

Erfolgt eine Direktzahlung der zuständigen Leistungsträger ist der Leistungsbe- **7** rechtigte **schriftlich** zu informieren. Diese Informationspflicht gebietet schon der sachliche Grund, dass der Leistungsberechtigte über seinen Leistungsanspruch und eine Direktzahlung informiert sein muss, weil mit der Direktzahlung sein Leistungsanspruch erfüllt ist.

## V. Direktzahlung bei Stromschulden (Abs. 4)

Mit der speziellen Regelung der Direktzahlung bei Stromschulden begegnet der **8** Gesetzgeber einem in der Praxis häufig anzutreffenden Problem. Hierfür ist eine spezielle Regelung gefunden worden. Es ist eine eigene Rechtsgrundlage geschaffen worden, um den ausführenden Grundsicherungsträgern Direktzahlungen zu ermöglichen. Der Träger ist berechtigt, so dass es auf eine Ermessensentscheidung nicht ankommt. Auf diese Weise werden Abschläge erbracht, damit die monatlichen Vorauszahlungen sichergestellt werden. Nicht unter den Begriff **Haushaltsstrom** fallen Stromkosten, die durch das Beheizen der Wohnung entstehen (vgl. *Hammel*, info also 2011, 251). Mit der Regelung ist eine stärkere Rechtssicherheit verbunden, weil es bisher Schwierigkeiten machte, Stromschulden in der Systematik der Leistungen sachgerecht unterzubringen. In der Regel werden sie als vergleichbare Notlage nach § 36 SGB XII angesehen (s. *Falterbaum*, Hauck/Noftz, § 36 Rn. 14; *Nguyen*, juris-PK-SGB XII, § 36 Rn. 37).

## Zweiter Abschnitt. Verfahrensbestimmungen

## § 44 Antragserfordernis, Erbringung von Geldleistungen, Bewilligungszeitraum

(1) [1]Leistungen nach diesem Kapitel werden auf Antrag erbracht. [2]Gesondert zu beantragen sind Leistungen zur Deckung von Bedarfen nach § 42 Nummer 2 in Verbindung mit den §§ 31 und 33 sowie zur Deckung der Bedarfe nach § 42 Nummer 3 und 5.

(2) [1]Ein Antrag nach Absatz 1 wirkt auf den Ersten des Kalendermonats zurück, in dem er gestellt wird, wenn die Voraussetzungen des § 41 innerhalb dieses Kalendermonats erfüllt werden. [2]Leistungen zur Deckung von Bedarfen nach § 42 werden vorbehaltlich Absatz 4 Satz 2 nicht für Zeiten vor dem sich nach Satz 1 ergebenden Kalendermonat erbracht.

(3) [1]Leistungen zur Deckung von Bedarfen nach § 42 werden in der Regel für einen Bewilligungszeitraum von zwölf Kalendermonaten bewilligt. [2]Sofern über den Leistungsanspruch nach § 44a vorläufig entschieden wird, soll der Bewilligungszeitraum nach Satz 1 auf höchstens sechs Monate verkürzt werden. [3]Bei einer Bewilligung nach dem Bezug von Arbeitslosengeld II oder Sozialgeld nach dem Zweiten Buch, der mit Erreichen der Alters-

**grenze nach § 7a des Zweiten Buches endet, beginnt der Bewilligungszeitraum erst mit dem Ersten des Monats, der auf den sich nach § 7a des Zweiten Buches ergebenden Monat folgt.**

(4) [1]**Leistungen zur Deckung von wiederkehrenden Bedarfen nach § 42 Nummer 1, 2 und 4 werden monatlich im Voraus erbracht.** [2]**Für Leistungen zur Deckung der Bedarfe nach § 42 Nummer 3 sind die §§ 34a und 34b anzuwenden.**

*Änderungen der Vorschrift: § 44 neu gef. mWv 1.1.2016 durch G v. 21.12.2015 (BGBl. I S. 2557), Abs. 3 Satz 2 eingef., bish. Satz 2 wird Satz 3 mWv 1.7.2017 durch G v. 22.12.2016 (BGBl. I S. 3159).*

# I. Antragsverfahren (Abs. 1)

**1**  Der Gesetzgeber hat die Vorschrift des § 44 SGB XII komplett umgestaltet (BT-Drs.18/6284). Sie bestimmt, dass das Vierte Kapitel ein Antragsverfahren ist, und regelt im Übrigen, wie die Geldleistungen zu erbringen sind. Damit werden die Leistungen nach dem Vierten Kapitel auf schlichte Geldleistungen reduziert (*Deutscher Verein*, NDV 2015, 571). Damit weicht die Vorschrift von § 10 Abs. 1 SGB XII ab.

**2**  Der Bezug von Leistungen setzt einen Antrag voraus (S. 1). Es handelt sich um eine öffentlich-rechtliche Willenserklärung, die, wenn sie unklar ist, ausgelegt werden muss. Die Vorschriften des BGB über den Zugang oder die Anfechtung sind analog heranzuziehen. Eine besondere Form ist nicht vorgeschrieben. Aus Gründen eines Nachweises ist es sicher hilfreich, den Antrag in schriftlicher Form vorzulegen (s. auch *Blüggel*, jurisPK-SGB XII, § 44 Rn. 20 f.).

**3**  Der Antrag muss wirksam gestellt werden. Das ist keine Frage der Geschäftsfähigkeit. Auch ein unter Betreuungsvorbehalt stehender Antragsteller ist nicht automatisch in der Geschäftsfähigkeit begrenzt. Kann er nach den Vorschriften des BGB ohne Einwilligung des Betreuers handeln, ist er rechtlich in der Lage, einen Antrag zu stellen (§ 11 Abs. 2 SGB X iVm § 1903 BGB).

**4**  Wenig überzeugend ist die Rspr. des BSG (20.4.2016 – B 8 SO 5/15 R mit Anm. *Grube*, SGb 2017, 157) zum Verhältnis von § 44 Abs. 1 zu § 18. Danach gilt im SGB XII der Kenntnisgrundsatz, davon ausgenommen sind ausdrücklich die Grundsicherungsleistungen. Ohne nachvollziehbaren Grund soll der Antrag auf Gewährung von Grundsicherungsleistungen nur eine zusätzliche Form der Kenntniserlangung sein. Was mit dieser aus dem Sinn und Zweck des § 18 abgeleiteten Differenzierung bezweckt werden soll, bleibt im Unklaren. Kenntnis muss einen Leistungsbezug haben, erst dann kann entschieden werden, ob der Hilfeträger Kenntnis von der Hilfesituation erlangt hatte. Schief ist in diesem Zusammenhang auch das Bild des „Türöffners", der das Verhältnis von Antrag und Kenntnis bestimmen soll.

**5**  Ob **Weiterbewilligungsanträge** ausdrücklich zu stellen sind, wofür sprechen kann, dass Klarheit über die aktuellen persönlichen und wirtschaftlichen Verhältnisse herrschen muss (*Steimer*, Mergler/Zink, § 44 Rn. 10), oder ob ein einmal gestellter Antrag fortwirkt (*Kirchhoff*, Hauck/Noftz, § 44 Rn. 11), hat praktisch nicht die von der Literatur beigemessene Bedeutung. Wird der Grundsicherungsempfänger nicht auf die Notwendigkeit eines neuen Antrages nach Ablauf der Bewilligungszeit hingewiesen, kann ein **Herstellungsanspruch** in Betracht kommen (*Karmanski*, Jahn, § 44 Rn. 3; *Schmitz*, ZfSH/SGB 2006, 401). Das BSG (29.9.2009 – B 8 SO 13/08 R; zustimmend *Blüggel*, jurisPK-SGB XII, § 41 Rn. 134) hat entschieden, dass kein erneuter Antrag für Folgezeiträume gestellt werden muss, und damit für Rechtsklarheit gesorgt. Ist ein Antrag abgelehnt worden, ohne dass auf einen bestimmten Zeitraum Bezug genommen wird, erledigt sich der Ablehnungsbescheid bei Erlass weiterer Bescheide (vgl. BSG 2.2.2010 – B 8 SO 21/08 R; BayLSG 18.1.2011 – L 8 SO 25/10).

Nach Satz 2 sind die gesonderten Bedarfe nach § 42 Nr. 2 iVm §§ 31 und 33, **6** ferner die besonderen Bedarfe für Bildung und Teilhabe (§ 42 Nr. 3) sowie für Unterkunft und Heizung bei Leistungen in einer stationären Einrichtung in einem eigenen Antrag geltend zu machen. Diese Klarstellung deutet darauf hin, dass mit einem Antrag der Hilfeträger keine Kenntnis von sämtlichen Voraussetzungen einzelner, möglicher Grundsicherungsleistungen hat, sondern die Kenntnis sich immer nur auf die Leistung als solche beziehen kann. Zur Kenntniserlangung bei einem Folgeantrag, BSG 29.9.2009 – B 8 SO 13/08 R.

## II. Wirkung des Antrages (Abs. 2)

Bei einem Antrag wirkt der Antrag auf den ersten Tag des Kalendermonats zurück **7** (Satz 1). Obwohl in der Neufassung im Gegensatz zur bisherigen der Änderungsantrag nicht mehr erwähnt ist, kann es sachlich keinen Unterschied zum früheren Recht geben. Der Begriff des Antrages ist in einem weiten Sinn zu verstehen. In der Sache sind damit Erst-, Weiter- oder Änderungsanträge gemeint. Einschränkend ist in der Vorschrift formuliert, dass die Voraussetzungen des § 41 für den Monat vorliegen müssen, für den der Antrag gestellt worden ist.

Eine weitere Einschränkung enthält Satz 2. Vorbehaltlich des Abs. 4 S. 2 werden **8** Leistungen nicht für Zeiten vor dem sich aus Satz 1 ergebenden Kalendermonat erbracht.

Macht der Leistungsträger von den Möglichkeiten der §§ 45 und 48 SGB X **9** Gebrauch, haben Widerspruch und Anfechtungsklage aufschiebende Wirkung. Solange diese nicht aufgehoben ist, hat der Leistungsträger die als Dauerverwaltungsakt bewilligten Leistungen weiter auszuzahlen.

## III. Leistungszeitraum (Abs. 3)

Abweichend von der üblicherweise **monatsweisen Bewilligung** von Hilfe zum **10** Lebensunterhalt werden Leistungen der Grundsicherung im Alter und bei Erwerbsminderung in der Regel **für zwölf Kalendermonate** bewilligt (S. 1). Es handelt sich aber nicht um eine zwingende Vorschrift (vgl. LSG NRW 25.1.2008 – L 20 B 132/07 SO ER; LSG BW 23.4.2015 – L 7 SO 43/14 mit Anm. *Kirchhoff* jurisPK-SozR 16/2015 Anm. 5), wie die Formulierung „in der Regel" schon deutlich macht (zu den Leistungen nach dem Dritten Kapitel: LSG Bln-Bbg 27.1.2006 – L 15 B 1105/05 SO ER). Der konzeptionelle Unterschied zur Hilfe zum Lebensunterhalt erklärt sich daraus, dass diese in der Regel idealtypisch nur eine vorübergehende Leistung sein soll, während die Grundsicherung eine auf Dauer angelegte Sozialleistung ist (vgl. auch *Kirchhoff*, Hauck/Noftz, § 44 Rn. 8; *Blüggel*, jurisPK-SGB XII, § 43 Rn. 12; *H. Schellhorn*, Schellhorn/Hohm/Scheider, § 44 Rn. 2). Die Leistung dient mithin nicht allein der Befriedigung eines aktuellen, sondern auch eines zukünftigen und vergangenen Bedarfs, wobei der Eintritt bzw. der Zeitpunkt des Eintritts dieses Bedarfs ungewiss ist (BSG 16.7.2007 – B 8/9b SO 8/06 R).

Der Bewilligungsbescheid über Grundsicherung ist seiner Rechtsnatur nach ein **11** **Dauerverwaltungsakt** (vgl. LSG BW 13.10.2005 – L 7 SO 3804/05 ER-B; *Conradis*, info also 2004, 53; *H. Schellhorn*, Schellhorn/Schellhorn/Hohm SGB XII, § 44 Rn. 8; *Karmanski*, Jahn, § 44 Rn. 3). Insbesondere wenn mögliche Änderungen in einem Bewilligungszeitraum wahrscheinlich sind, ist ein kürzerer Bewilligungszeitraum angezeigt (s. auch *Schoch*, LPK-SGB XII, § 44 Rn. 3; zustimmend *Blüggel*, jurisPK-SGB XII, § 44 Rn. 14). Dies kann geboten sein, wenn der Berechtigte erkennbar den Zuständigkeitsbereich des Leistungsträgers verlässt oder abzusehen ist, dass leistungserhebliche Änderungen wahrscheinlich sind. Möglich ist auch eine monats-, wochen- oder tageweise Bewilligung (str., wie hier *Karmanski, Jahn,* § 44 Rn. 3).

12 Bezieht ein Leistungsberechtigter Grundsicherung und fließen ihm während des Bewilligungszeitraumes Einkünfte zu, die den Leistungsanspruch einschränken oder ausschließen, gelten die allgemeinen Regeln des SGB X. Ein rechtswidriger Bescheid kann gemäß § 45 SGB X zurückgenommen werden (so auch *Kunkel,* ZfSH/SGB 2003, 331). Ändern sich die tatsächlichen Verhältnisse, die bei Erlass des Verwaltungsaktes mit Dauerwirkung vorgelegen haben, kann die Bewilligung nach § 48 SGB X mit Wirkung für die Zukunft aufgehoben werden. Ändern sich nachträglich Umstände, die sich nur auf einen Monat beziehen, ist § 44 SGB X in Erwägung zu ziehen (s. auch BSGE 99, 137; *Kunkel,* ZfSH/SGB 2004, 331; *Schoch,* LPK-SGB XII, § 44 Rn. 2). § 48 SGB X setzt eine erhebliche Änderung in tatsächlicher oder rechtlicher Hinsicht voraus. Dazu wird in der Literatur hervorgehoben, dass Änderungen, die mindestens 15 % der Leistung ausmachen, als erheblich angesehen werden. Bei Wegfall der tatsächlichen Voraussetzungen erledigt sich der Leistungsbescheid nicht von selbst (missverständlich *Deibel,* NWVBl. 2003, 51).

13 Der eingefügte Satz 2 stellt die Verbindung zu § 44a und der dort geregelten vorläufigen Entscheidung her. Die Leistungen können bei einer vorläufigen Entscheidung auf höchstens 6 Monate begrenzt werden. Der Wortlaut lässt auch einen geringeren Bewilligungszeitraum zu. Der Gesetzgeber (BR-Drs. 514/16, 94) hat sich von dem Gedanken leiten lassen, dass Prognoseentscheidungen stets mit einer erheblichen Unsicherheit hinsichtlich des festgestellten Bedarfs oder des zu berücksichtigenden Einkommens und Vermögens verbunden sind. Damit stellt die Verkürzung des Bewilligungszeitraums eine zeitnahe Überprüfung der zutreffenden Leistungshöhe sicher. Sie führt dazu, dass Bedarfsunterdeckungen sowie zu hohe vorläufig bewilligte Leistungen zeitnah an die tatsächlich bestehenden Bedarfe angepasst werden können. Im Interesse des betroffenen Leistungsberechtigten werden hohe Erstattungsansprüche vermieden, wenn eine endgültige Leistungsgewährung gefunden worden ist. Die Regelung enthält gebundenes Ermessen, um in atypischen Fallgestaltungen von der Verkürzung absehen zu können. Als Beispiele nennt die Gesetzesbegründung Fälle, in denen die zu berücksichtigenden Einkommen aufgrund von monatlichen Schwankungen als Jahreseinkünfte zu berechnen sind. Außerdem soll auch für einen kürzeren Zeitraum als sechs Monate entschieden werden können, wenn der zutreffende Leistungsanspruch voraussichtlich zu einem früheren Zeitpunkt ermittelt werden kann.

14 Satz 3 enthält eine **Nahtlosregelung** bei Bezug von Arbeitslosengeld II oder Sozialgeld nach dem SGB II. Endet der Bezug mit dem Erreichen der Altersgrenze nach § 7a SGB II, beginnt der Bewilligungszeitraum erst mit dem Ende des Monats, der auf den nach § 7a SGB II ergebenden Monat folgt.

15 Leistungsabsprachen nach § 12 enthält die Vorschrift nicht mehr.

## IV. Deckung von wiederkehrenden Leistungen (Abs. 4)

16 Satz 1 enthält eine Vorausregelung bei wiederkehrenden Bedarfen des § 42 Nr. 1, 2 und 4. Für die Bedarfe von Bildung und Teilhabe wird auf die §§ 34a und 34b verwiesen.

## V. Erstattungsregelung

17 Die Vorschrift enthielt eine Erstattungsregelung zwischen den Trägern der Sozialhilfe. Die Vorschriften über die Erstattung zwischen den Trägern der Sozialhilfe

nach dem Zweiten Abschnitt des Dreizehnten Kapitels SGB XII für Geldleistungen nach dem Vierten Kapitel sind ab dem 1.1.2014 nicht mehr anzuwenden. Dies ist eine Folge des neuen § 46a SGB XII, wonach der Bund den Ländern ab dem Jahr 2014 die Nettoausgaben für Geldleistungen der Grundsicherung vollständig zu erstatten hat (vgl. auch *Kirchhoff*, SGb 2013, 444). Ansonsten gilt § 44c SGB XII. Bei Sach- und Dienstleistungen bleibt es weiterhin bei den allgemeinen Ausgleichsregelungen der §§ 106 bis 112 SGB XII.

# VI. Prozessuales

Nach der Ablehnung eines Antrags auf Gewährung von Grundsicherungsleistungen kommt es auf den Zeitpunkt der letzten mündlichen Verhandlung an (BayLSG 18.1.2011 – L 8 SO 25/10). Im Verfahren des einstweiligen Rechtsschutzes ist eine Beschwerde gegen die erstinstanzliche Entscheidung, soweit nicht wiederkehrende Leistungen von mehr als einem Jahr im Streit sind, nur zulässig, wenn der Wert der Beschwerde mindestens 750 EUR beträgt (Anschluss: LSG LSA 7.10.2009 – L 5 AS 293/09 B ER; entgegen LSG Nds-Brem 21.10.2008 – L 6 AS 458/08 ER).   **18**

## § **44a** Vorläufige Entscheidung

(1) Über die Erbringung von Geldleistungen ist vorläufig zu entscheiden, wenn die Voraussetzungen des § 41 Absatz 2 und 3 feststehen und
1. zur Feststellung der weiteren Voraussetzungen des Anspruchs auf Geldleistungen voraussichtlich längere Zeit erforderlich ist und die weiteren Voraussetzungen für den Anspruch mit hinreichender Wahrscheinlichkeit vorliegen oder
2. ein Anspruch auf Geldleistungen dem Grunde nach besteht und zur Feststellung seiner Höhe voraussichtlich längere Zeit erforderlich ist.

(2) ¹Der Grund der Vorläufigkeit der Entscheidung ist im Verwaltungsakt des ausführenden Trägers anzugeben. ²Eine vorläufige Entscheidung ergeht nicht, wenn die leistungsberechtigte Person die Umstände, die einer sofortigen abschließenden Entscheidung entgegenstehen, zu vertreten hat.

(3) Soweit die Voraussetzungen des § 45 Absatz 1 des Zehnten Buches vorliegen, ist die vorläufige Entscheidung mit Wirkung für die Zukunft zurückzunehmen; § 45 Absatz 2 des Zehnten Buches findet keine Anwendung.

(4) Steht während des Bewilligungszeitraums fest, dass für Monate, für die noch keine vorläufig bewilligten Leistungen erbracht wurden, kein Anspruch bestehen wird und steht die Höhe des Anspruchs für die Monate endgültig fest, für die bereits vorläufig Geldleistungen erbracht worden sind, kann der ausführende Träger für den gesamten Bewilligungszeitraum eine abschließende Entscheidung bereits vor dessen Ablauf treffen.

(5) ¹Nach Ablauf des Bewilligungszeitraums hat der für die Ausführung des Gesetzes nach diesem Kapitel zuständige Träger abschließend über den monatlichen Leistungsanspruch zu entscheiden, sofern die vorläufig bewilligte Geldleistung nicht der abschließend festzustellenden entspricht. ²Andernfalls trifft der ausführende Träger nur auf Antrag der leistungsberechtigten Person eine abschließende Entscheidung für den gesamten Bewilligungszeitraum. ³Die leistungsberechtigte Person ist nach Ablauf des Bewilligungszeitraums verpflichtet, die von dem der für die Ausführung des Gesetzes nach diesem Kapitel zuständige Träger zum Erlass einer abschließenden Entscheidung geforderten leistungserheblichen Tatsachen

nachzuweisen; die §§ 60, 61, 65, und 65a des Ersten Buches gelten entsprechend. [4]Kommt die leistungsberechtigte Person ihrer Nachweispflicht trotz angemessener Fristsetzung und schriftlicher Belehrung über die Rechtsfolgen bis zur abschließenden Entscheidung nicht, nicht vollständig oder nicht fristgemäß nach, setzt der für die Ausführung des Gesetzes nach diesem Kapitel zuständige Träger die zu gewährenden Geldleistungen für diese Kalendermonate nur in der Höhe endgültig fest, soweit der Leistungsanspruch nachgewiesen ist. [5]Für die übrigen Kalendermonate wird festgestellt, dass ein Leistungsanspruch nicht bestand.

(6) [1]Ergeht innerhalb eines Jahres nach Ablauf des Bewilligungszeitraums keine abschließende Entscheidung nach Absatz 4, gelten die vorläufig bewilligten Geldleistungen als abschließend festgesetzt. [2]Satz 1 gilt nicht,
1. wenn die leistungsberechtigte Person innerhalb der Frist nach Satz 1 eine abschließende Entscheidung beantragt oder
2. der Leistungsanspruch aus einem anderen als dem nach Absatz 2 anzugebenden Grund nicht oder nur in geringerer Höhe als die vorläufigen Leistungen besteht und der für die Ausführung des Gesetzes nach diesem Kapitel zuständige Träger über diesen innerhalb eines Jahres seit Kenntnis von diesen Tatsachen, spätestens aber nach Ablauf von zehn Jahren nach der Bekanntgabe der vorläufigen Entscheidung abschließend entschieden hat.
[3]Satz 2 Nummer 2 findet keine Anwendung, wenn der für die Ausführung des Gesetzes nach diesem Kapitel zuständige Träger die Unkenntnis von den entscheidungserheblichen Tatsachen zu vertreten hat.

(7) [1]Die auf Grund der vorläufigen Entscheidung erbrachten Geldleistungen sind auf die abschließend festgestellten Geldleistungen anzurechnen. [2]Soweit im Bewilligungszeitraum in einzelnen Kalendermonaten vorläufig zu hohe Geldleistungen erbracht wurden, sind die sich daraus ergebenden Überzahlungen auf die abschließend bewilligten Geldleistungen anzurechnen, die für andere Kalendermonate dieses Bewilligungszeitraums nachzuzahlen wären. [3]Überzahlungen, die nach der Anrechnung fortbestehen, sind zu erstatten.

*Änderung der Vorschrift: § 44a eingef. mWv 1.7.2017 durch G v. 22.12.2016 (BGBl. I S. 3159).*

### Übersicht

## I. Inhalt der Vorschrift

**1**   Mit der Neufassung der Vorschrift, die bisher Regelungen zur Erstattung von Leistungen enthielt, soll den Bedürfnissen der Praxis, vorläufig Leistungen zu bewilligen, Rechnung getragen werden (BR-Drs. 541/16, 95). Eine vorläufige Leistungsbewilligung kann sich für einen jährlichen Bewilligungszeitraum abzeichnen, wenn prognostisch mit Änderungen zu rechnen ist. Als Beispiel werden wechselnde Einkünfte bei einer Beschäftigung in einer Werkstatt für behinderte Menschen genannt. In der Vorschrift verbirgt sich auch der Programmsatz, dass eine Leistungsbewilligung zügig zu erfolgen hat und ein langwieriges Verwaltungsverfahren nicht zu Lasten des Leistungsberechtigten gehen soll. Eine endgültige Bewilligung setzt voraus, dass der Leistungsanspruch für den gesamten Bewilligungszeitraum vollständig geklärt ist.

## II. Vorläufigkeit der Entscheidung (Abs. 1)

Eine vorläufige Entscheidung ist zu treffen, wenn die Voraussetzungen des § 41 **2** Abs. 2 und 3 SGB XII dem **Grunde** nach feststehen und alternativ die Tatbestände der beiden Ziffern 1 und 2 erfüllt sind. Hiermit wird eine flexible Handlungsform in das Leistungssystem des Vierten Kapitels eingeführt. Bei der vorläufigen Entscheidung handelt sich um **keine Ermessensentscheidung.** Es muss also dem Grunde nach feststehen, dass der Leistungsberechtigte die Voraussetzungen des § 41 Abs. 2 erfüllt, also wegen seines Alters zu den Berechtigten gehört oder wegen einer dauerhaften vollen Erwerbsminderung nach § 41 Abs. 1 vollerwerbsgemindert i.S. des § 41 Abs. 3 ist. Der Leistungsberechtigte muss die Altersgrenze des § 41 Abs. 2 erreicht haben oder es muss feststehen, dass die betreffende Person dauerhaft vollerwerbsgemindert ist. Muss dies noch festgestellt werden, kann keine vorläufige Leistungsentscheidung getroffen werden.

Das Pendant zu dieser Vorschrift ist der einstweilige Rechtsschutz im gerichtlichen **3** Verfahren (§ 86b SGG). Als eigenständiger Anspruch kann die vorläufige Entscheidung auch im einstweiligen Verfahren durchgesetzt werden. Ein Klageverfahren mit seiner längeren Dauer bietet sich schon aus praktischen Gründen nicht an. Vergleichbare Vorschriften sind § 41a SGB II und § 328 SGB III.

Nach Nr. 1 muss zur Feststellung der weiteren Voraussetzungen des Anspruchs **4** auf Geldleistungen **voraussichtlich längere Zeit** erforderlich sein und es müssen die weiteren Voraussetzungen für den Anspruch mit **hinreichender Wahrscheinlichkeit** vorliegen.

Bei dem Begriff der **längeren Zeit** handelt es sich um einen unbestimmten **5** Rechtsbegriff. Hierzu bestimmte Zeiträume (einen Monat oder zwei Monate?) zu benennen, wäre nicht richtig, weil es immer auf den Einzelfall ankommen wird. Vor der Bewilligung ist eine **Prognose** zu treffen, die in der Entscheidung anzugeben ist (Abs. 2 S. 1). Es wird mit dieser Regelung eine Vorschrift aus dem SGB III aufgenommen (BR-Drs. 541/16, 96). In der Praxis heißt das, dass vorläufige Leistungen bei schwierigen Ermittlungen des Einkommens- und Vermögens zu gewähren sind. Dies trifft vor allem bei wechselnden Einkünften von Beschäftigten in einer Werkstatt für behinderte Menschen zu.

Die **zweite Voraussetzung** der Nr. 1 ist, dass der Anspruch mit hinreichender **6** Wahrscheinlichkeit vorliegt. Das bedeutet keine Sicherheit, aber es müssen ausreichende Anhaltspunkte für den Anspruch bestehen. Es reicht die bloße Möglichkeit nicht aus. Erforderlich ist allerdings auch nicht ein Vollbeweis. Eine hinreichende Wahrscheinlichkeit liegt vor, wenn bei vernünftiger Abwägung aller wesentlichen Gesichtspunkte des Einzelfalls mehr für als gegen einen Anspruch spricht und ernste Zweifel ausscheiden. Mit der Gewährung von vorläufigen Leistungen soll verhindert werden, dass unberechtigte Leistungen gewährt werden, die rückabgewickelt werden müssen.

Nach Nr. 2 muss der Anspruch auf Geldleistungen dem Grunde nach bestehen **7** und zur Feststellung seiner Höhe voraussichtlich längere Zeit erforderlich ist. Dabei wird sich eine klare Grenzziehung zwischen der Nr. 1 und 2 nur schwerlich finden lassen. Die Regelung der Nr. 2 soll dem Grundgedanken des § 42 SGB I entsprechen (BR-Drs. 541/16, 96). Damit bekommt die Vorschrift einen Vorschusscharakter.

## III. Formale Voraussetzungen und Ausschluss (Abs. 2)

**8**   Abs. 2 enthält zwei unterschiedliche Regelungen. Satz 1 bestimmt, dass der Grund der Vorläufigkeit in der Entscheidung anzugeben ist. Der Betroffene kann dann erkennen, dass er keine endgültigen Leistungen erhalten hat und es kann sich kein Vertrauensschutz aufbauen. Die Entscheidung kann nur als Verwaltungsakt ergehen, der nicht nur in Bezug auf die Vorläufigkeit zu begründen ist.

**9**   Satz 2 enthält einen Ausschluss einer vorläufigen Regelung für den Fall, dass die leistungsberechtigte Person die Umstände, die einer sofortigen abschließenden Entscheidung entgegenstehen, zu vertreten hat. Damit wird die Verletzung von Obliegenheiten des Leistungsberechtigten „sanktioniert", weil es in diesem Fall keinen Grund für die Bewilligung vorläufiger Leistungen gibt. Außerdem soll auf diese Weise verhindert werden, dass eine vorläufige Leistungsbewilligung durch Verschleierung leistungserheblicher Tatsachen missbräuchlich herbeigeführt wird (BR-Drs. 541/16, 96).

## IV. Rücknahme von Leistungen (Abs. 3)

**10**   Dieser Absatz ist zum Teil eine **Sondervorschrift** zu § 45 SGB X. Während § 45 Abs. 1 SGB X die Möglichkeit vorsieht, einen rechtswidrigen Verwaltungsakt sowohl für die Vergangenheit als auch für die Zukunft zurückzunehmen, schränkt § 44a Abs. 3 die Rücknahme ein. Sie ist nur für die **Zukunft** möglich. Es handelt sich jedoch insoweit um eine Rechtsgrundverweisung, als die vorläufige Leistung rechtwidrig gewesen sein muss. Bei dieser Prüfung kommt es darauf an festzustellen, dass die leistungserheblichen Tatsachen, die bereits im Zeitpunkt des Erlasses der vorläufigen Entscheidung vorlagen, aber zugunsten des Leistungsberechtigten rechtswidrig nicht zugrunde gelegt worden sind, den Anwendungsbereich des § 45 SGB X eröffnen (BR-Drs. 541/16, 96).

**11**   Im Gegensatz zu § 45 SGB X trifft die Behörde **keine Ermessensentscheidung.**

**12**   Vertrauensschutzgesichtspunkte sind nach Satz 2 iVm § 45 Abs. 2 ausgeschlossen. Dieser Ausschluss folgt aus der Vorläufigkeit der Bewilligung, die keinen Vertrauensschutz aufkommen lassen kann.

## V. Endgültige Entscheidung (Abs. 4)

**13**   Wird eine endgültige Entscheidung getroffen, verdrängt Abs. 4 die Rücknahme des Abs. 3. Der Absatz unterscheidet zwei Fallkonstellationen. Die eine bezieht sich auf die Monate, in denen noch keine vorläufige Entscheidung getroffen worden ist und kein Anspruch bestehen wird. Die andere Möglichkeit betrifft vorläufige Entscheidungen, bei denen die Höhe der Leistungen endgültig feststeht. In beiden Fällen werden die Leistungen endgültig festgelegt. Eine solche Entscheidung ist bereits vor dem Ablauf des Bewilligungszeitraumes möglich, sie ist immer für den **gesamten Bewilligungszeitraum** zu erlassen.

## VI. Verfahrensvorschriften (Abs. 5)

**14**   Der Gesetzgeber hat ein kompliziertes verfahrensrechtliches Konstrukt entworfen, das **Zuständigkeitsregelungen** für vorläufige Leistungen, die der endgültigen Feststellung nicht entsprechen, sowie die **Verletzung** von **Mitwirkungspflichten** des Leistungsberechtigten enthält.

Nach Satz 1 hat der Leistungsträger nur dann endgültig zu entscheiden, wenn **15** Differenzen zwischen der vorläufigen und der endgültigen Entscheidung auftreten. Der Grund hierfür wird darin gesehen, dass bei einer sachgerechten vorläufigen Leistung eine abschließende Entscheidung nicht angezeigt ist (BR-Drs. 541/16, 97). Dann berechtigt auch die vorläufige Leistungsbewilligung dazu, die Leistungen behalten zu dürfen, weil der Träger gebunden ist. Wären Änderungen der vorläufigen Leistungsbewilligung aufgrund inzwischen ermittelter Tatsachen notwendig, kann die vorläufige Leistungsbewilligung nicht geändert werden. Es muss eine endgültige Entscheidung ergehen, weil eine abschließende Entscheidung Vorrang vor einer vorläufigen hat (BR-Drs. 541/16, 97).

Die Zuständigkeit des Leistungsträgers ergibt sich aus Satz 1. Der für die Ausfüh- **16** rung des Vierten Kapitels zuständige Träger hat nach Ablauf des Bewilligungszeitraumes abschließend über die monatlichen Leistungen zu entscheiden. Die vorläufige Bewilligung erledigt sich durch eine endgültige Entscheidung auf sonstige Weise (§ 39 SGB X). Sollte bis dahin ein Zuständigkeitswechsel stattgefunden haben, muss der nun zuständige Leistungsträger entscheiden. Denn er ist der ausführende Träger bei der endgültigen Entscheidung.

Satz 2 des Absatzes eröffnet dem Leistungsberechtigten die Möglichkeit, auf seinen **17** **Antrag** hin eine endgültige Entscheidung herbeizuführen.

Satz 3 legt dem Leistungsberechtigten eine **Mitwirkungspflicht** auf. Er hat die **18** vom Leistungsträger für den Erlass der abschließenden Entscheidung geforderten leistungsrechtlichen Tatsachen nachzuweisen. Damit wird die Amtsermittlung des Leistungsträgers ganz wesentlich zu Lasten des Pflichtigen eingeschränkt. Die Vorschrift verweist auf eine entsprechende Anwendung der Vorschriften der §§ 60, 61, 65 und 65a SGB I. Durch die entsprechende Anwendung wird eine Lücke geschlossen. Diese Vorschriften setzen zur unmittelbaren Anwendung voraus, dass ein Antrag auf Sozialleistungen gestellt oder solche erhalten werden. Nach einem Leistungsbezug wären die im SGB I geregelten Mitwirkungspflichten nicht mehr unmittelbar anzuwenden, so dass eine Lücke geschlossen werden musste. Auch nach einem Bezug von vorläufigen Leistungen bleibt der Leistungsberechtigte zur Mitwirkung verpflichtet.

Kommt der leistungsberechtigte seinen Mitwirkungspflichten nicht nach, ist ihm **19** eine angemessene Frist zu setzen und er ist auf die Rechtsfolgen der fehlenden Mitwirkung hinzuweisen (Satz 4). Der zuständige Träger setzt nach Ablauf der Frist die die Höhe der zu gewährenden Leistungen für die Monate endgültig fest, für die die Leistungen nachgewiesen worden sind. Für die übrigen Leistungsmonate stellt er fest, dass ein Leistungsanspruch nicht bestand (Satz 5).

## VII. Jahresfrist (Abs. 6)

Dieser Absatz enthält in Satz 1 den Grundsatz, dass vorläufig festgesetzte Leistun- **20** gen als endgültige gelten, wenn der Leistungsträger nicht binnen eines Jahres des Bewilligungszeitraumes eine Entscheidung über die Endgültigkeit trifft. Damit wird ein Stück Rechtssicherheit für den Leistungsberechtigten hergestellt, den der Vertrauensgrundsatz schützt. Begründet wird diese Regelung damit, dass sie sich an § 45 Abs. 4 S. 2 SGB X orientiert. Der Leistungsträger habe bereits durch die Vorläufigkeit der Entscheidung Kenntnis davon, dass die Voraussetzungen für eine endgültige Bewilligung nicht vorgelegen hätten (BR-Drs. 541/16, 97). Der Leistungsberechtigte seinerseits kann nach Ablauf der Jahresfrist keine endgültige Festsetzung verlangen, etwa mit dem Argument, ihm hätten höhere Leistungen zugestanden. Insgesamt handelt es sich um eine komplizierte Regelung mit ihren Ausnahmen und der Ausnahme von der Ausnahme.

**21**   Eine erste Ausnahme ist in Satz 2 Nr. 1 formuliert. Die Jahresfrist gilt nicht, wenn innerhalb der Jahresfrist ein Antrag auf eine abschließende Entscheidung gestellt worden ist.

**22**   Die Zweite Ausnahme nach Satz 2 Nr. 2 knüpft an Absatz 2 der Vorschrift an. Der Leistungsanspruch muss aus einem anderen als den für die vorläufige Entscheidung anzugebenden Grund nicht oder nur in geringer Höhe als die vorläufigen Leistungen bestehen und der zuständige Leistungsträger hat über diesen innerhalb eines Jahres seit Kenntnis der Tatsachen abschließend entschieden. Die absolute Grenze bildet eine Zehnjahresfrist, die nach Bekanntgabe der vorläufigen Entscheidung in Gang gesetzt wird. Ein anderer als der für die vorläufige Entscheidung anzugebender Grund sind Umstände, die der Leistungsberechtigte unrichtig oder unvollständig angegeben hat und die nicht Anlass für die die Vorläufigkeit der Entscheidung gewesen sind.

**23**   Die Ausnahme von der Ausnahme ist Satz 3. Sie räumt den Leistungsträgern die Möglichkeit ein, Satz 2 Nr. 2 zu suspendieren, wenn der zuständige Träger die Unkenntnis von den entscheidungserheblichen Tatsachen zu vertreten hat.

## VIII. Anrechnung und Erstattung (Abs. 7)

**24**   Der Absatz sieht vor, dass die auf Grund einer vorläufigen Entscheidung erbrachten Leistungen auf die abschließend festgestellten Leistungen anzurechnen sind **(Saldierung)**. Mit dem Saldierungsverfahren sollen umständliche und langwierige Erstattungsverfahren vermieden werden (BR-Drs. 541/15, 98). Auf Vertrauensschutz kann sich der Leistungsberechtigte wegen der Vorläufigkeit der bewilligten Leistungen nicht berufen.

**25**   Betrifft die vorläufige Festsetzung einzelne Kalendermonate und ist diese zu hoch festgesetzt, sind die Überzahlungen auf andere Kalendermonate anzurechnen, so dass mögliche Nachzahlungen zu reduzieren sind.

**26**   Der Leistungsträger hat auch die Möglichkeit, Überzahlungen, die nach einer Anrechnung fortbestehen, erstattet zu bekommen. Dies geschieht durch einen Leistungsbescheid, gegen den Widerspruch und Klage möglich sind. Um eine aufschiebende Wirkung zu verhindern, kann die sofortige Vollziehung des Bescheides nach § 86a Abs. 2 Nr. 5 SGG angeordnet werden. Begründet werden kann die Anordnung der sofortigen Vollziehung mit einem möglichen öffentlichen Interesse.

### § 44b Aufrechnung, Verrechnung

(1) **Die für die Ausführung des Gesetzes nach diesem Kapitel zuständigen Träger können mit einem bestandskräftigen Erstattungsanspruch nach § 44a Absatz 7 gegen den monatlichen Leistungsanspruch aufrechnen.**

(2) **Die Höhe der Aufrechnung nach Absatz 1 beträgt monatlich 5 Prozent der maßgebenden Regelbedarfsstufe nach der Anlage zu § 28.**

(3) [1]**Die Aufrechnung ist gegenüber der leistungsberechtigten Person schriftlich durch Verwaltungsakt zu erklären.** [2]**Die Aufrechnung endet spätestens drei Jahre nach Ablauf des Monats, in dem die Bestandskraft der in Absatz 1 genannten Ansprüche eingetreten ist.** [3]**Zeiten, in denen die Aufrechnung nicht vollziehbar ist, verlängern den Aufrechnungszeitraum entsprechend.**

(4) [1]**Ein für die Ausführung des Gesetzes nach diesem Kapitel zuständiger Träger kann nach Ermächtigung eines anderen Trägers im Sinne dieses Buches dessen bestandskräftige Ansprüche mit dem monatlichen Zahlungsanspruch nach § 43a nach Maßgabe der Absätze 2 und 3 verrechnen.**

²Zwischen den für die Ausführung des Gesetzes nach diesem Kapitel zuständigen Trägern findet keine Erstattung verrechneter Forderungen statt, soweit die miteinander verrechneten Ansprüche auf der Bewilligung von Leistungen nach diesem Kapitel beruhen.

*Änderung der Vorschrift:* § *44b eingef. mWv 1.7.2017 durch G v. 22.12.2016 (BGBl. I S. 3159).*

## I. Inhalt der Vorschrift

Mit dem Gesetz vom 22.12.2016 (BGBl. I S. 3159) ist eine spezielle Vorschrift **1** zur Aufrechnung und Verrechnung eingeführt worden, mit der die Regelungen vom Übergang der vorläufigen zu einer endgültigen Entscheidung ergänzt werden.

## II. Aufrechnung (Abs. 1)

Für den Erstattungsanspruch nach § 44a Abs. 7 räumt dieser Absatz die Möglich- **2** keit der Aufrechnung ein. Er ergänzt damit diese Vorschrift. Als belastende Maßnahme ist es aus rechtsstaatlichen Gründen geboten, der Aufrechnung eine gesetzliche Grundlage zu geben.

Voraussetzung ist die Bestandskraft des Erstattungsbescheides (Abs. 3) oder seine **3** vorläufige Vollziehbarkeit, die durch § 86a Abs. 2 Nr. 5 SGG möglich sein kann. Zu den formellen Anforderungen einer Anordnung der sofortigen Vollziehung, LSG BW 8.11.2016 – L 7 SO 3546/16 ER-B; s. auch *Wahrendorf,* Roos/Wahrendorf, SGG, § 86a Rn. 64 f. Die Aufrechnungsmöglichkeit nach endgültiger Festsetzung der Leistungen steht eigenständig und unabhängig neben § 26 Abs. 2 SGB XII. Die Aufrechnung nach dieser Vorschrift trifft tatbestandsmäßig auf ein vom Gesetzgeber nicht gebilligtes Verhalten zu, das sich in der gezielten Verminderung von Einkommen und Vermögen oder in einem unwirtschaftlichen Verhalten ausdrückt (vgl. Kommentierung zu § 26).

## III. Höhe der Aufrechnung (Abs. 2)

Nach der Aufrechnung muss dem Leistungsberechtigten ein Minimum an Leis- **4** tungen verbleiben, um den Lebensunterhalt zu bestreiten. Deswegen schränkt Abs. 2 die Höhe der Aufrechnung auf 5 % der maßgeblichen Regelbedarfsstufe nach der Anlage zu § 28 SB XII ein. Anders als in § 26 Abs. 2 SGB XII wird das dort mit dem unbestimmten Rechtsbegriff „unerlässlich" bezeichnete gesetzlich mit 5 % festgeschrieben.

## IV. Aufrechnung durch VA (Abs. 3)

Die Aufrechnung ist gegenüber dem Leistungsberechtigten zu erklären. Das **5** bedeutet, dass auch bei Bedarfsgemeinschaften jedem Mitglied gegenüber die Aufrechnung zu erklären ist. Die Erklärung hat schriftlich in Form eines Verwaltungsaktes zu ergehen. Begrüßenswert ist, dass die Aufrechnung in Form eines Verwaltungsaktes zutreffen ist. Damit ist die Unsicherheit nach der Rechtsnatur der Aufrechnung eindeutig geklärt.

Satz 2 beschränkt die Aufrechnung auf drei Jahre nach Eintritt der Bestandskraft **6** des Leistungsbescheides. Diese Frist verlängert sich für die Zeiten, in denen der Bescheid nicht vollziehbar war.

## V. Zuständigkeitsregelung (Abs. 4)

**7**  Bei einem Zuständigkeitswechsel kann der Träger, der im Zeitpunkt zuständig war, zu dem die Forderung entstanden ist, dem jetzt für die Leistungen zuständigen Träger eine Ermächtigung erteilen, diese mit Zahlungsansprüchen nach § 43a nach Maßgabe der Abs. 2 und 3 zu verrechnen. Die Erstattungsansprüche müssen jedoch bestandskräftig festgestellt sein.

**8**  Zwischen den Trägern untereinander findet keine Erstattung verrechneter Forderungen statt, soweit die miteinander verrechneten Ansprüche auf der Bewilligung von Leistungen nach dem Vierten Kapitel beruhen. Auf diese Weise soll ein zusätzlicher Verwaltungsaufwand vermieden werden, weil es für die Nettoausgaben des Bundes unerheblich ist, welcher Träger die Ausgaben nicht zu tragen hat.

### § 44c Erstattungsansprüche zwischen Trägern

**Im Verhältnis der für die Ausführung des Gesetzes nach diesem Kapitel zuständigen Träger untereinander sind die Vorschriften über die Erstattung nach**
**1. dem Zweiten Abschnitt des Dreizehnten Kapitels sowie**
**2. dem Zweiten Abschnitt des Dritten Kapitels des Zehnten Buches**
**für Geldleistungen nach diesem Kapitel nicht anzuwenden.**

*Änderungen der Vorschrift: Früherer § 44a eingef. mWv 1.1.2016 durch G v. 21.12.2015 (BGBl. I S. 2557), bish. § 44a wird § 44c mWv 1.7.2017 durch G v. 22.12.2016 (BGBl. I S. 3159).*

**1**  Durch das Gesetz zur Änderung des Zwölften Buches Sozialgesetzbuch und weiterer Vorschriften vom 21.12.2015 wurde § 44a SGB XII mit Wirkung vom 1.1.2016 in das SGB XII eingefügt. Dabei wurde der Inhalt des § 44 Abs. 3 SGB XII idF bis zum 31.12.2015 (Erstattungsansprüche zwischen Trägern) in § 44a Nr. 1 SGB XII übertragen. Zugleich wurde dort die Nr. 2 eingefügt. Inhaltlich ist die Vorschrift zum 1.1.2016 in Kraft getreten (G v. 21.12.2015, BGBl. I S. 2557). § 44c gilt ab dem 1.7.2017.

**2**  Die Vorschrift betrifft das Verhältnis zwischen Trägern der Grundsicherung im Alter und bei Erwerbsminderung (*Kirchoff*, Hauck/Noftz, § 44a Rn. 5). Auch diese Vorschrift ist wie § 44b Abs. 4 SGB XII dadurch geprägt, dass es aus der Sicht des Bundes, der die Nettoausgaben trägt, unerheblich ist, bei welchem Träger die Ausgaben für die Leistungen nach dem Vierten Kapitel bleiben.

### § 45 Feststellung der dauerhaften vollen Erwerbsminderung

**[1]Der jeweils für die Ausführung des Gesetzes nach diesem Kapitel zuständige Träger ersucht den nach § 109a Absatz 2 des Sechsten Buches zuständigen Träger der Rentenversicherung, die medizinischen Voraussetzungen des § 41 Absatz 3 zu prüfen, wenn es auf Grund der Angaben und Nachweise des Leistungsberechtigten als wahrscheinlich erscheint, dass diese erfüllt sind und das zu berücksichtigende Einkommen und Vermögen nicht ausreicht, um den Lebensunterhalt vollständig zu decken. [2]Die Entscheidung des Trägers der Rentenversicherung ist bindend für den ersuchenden Träger, der für die Ausführung des Gesetzes nach diesem Kapitel zuständig ist; dies gilt auch für eine Entscheidung des Trägers der Rentenversicherung nach § 109a Absatz 3 des Sechsten Buches. [3]Ein Ersuchen nach Satz 1 erfolgt nicht, wenn**

1. ein Träger der Rentenversicherung bereits die Voraussetzungen des § 41 Absatz 3 im Rahmen eines Antrags auf eine Rente wegen Erwerbsminderung festgestellt hat,
2. ein Träger der Rentenversicherung bereits nach § 109a Absatz 2 und 3 des Sechsten Buches eine gutachterliche Stellungnahme abgegeben hat,
3. Personen in einer Werkstatt für behinderte Menschen den Eingangs- und Berufsbildungsbereich durchlaufen oder im Arbeitsbereich beschäftigt sind oder
4. der Fachausschuss einer Werkstatt für behinderte Menschen über die Aufnahme in eine Werkstatt oder Einrichtung eine Stellungnahme nach den §§ 2 und 3 der Werkstättenverordnung abgegeben und dabei festgestellt hat, dass ein Mindestmaß an wirtschaftlich verwertbarer Arbeitsleistung nicht vorliegt.

*Änderungen der Vorschrift: § 45 neu gef. mWv 1.1.2011 durch G v. 3.8.2010 (BGBl. I S. 1112), Sätze 1 und 2 geänd. mWv 1.1.2013 durch G v. 20.12.2012 (BGBl. I S. 2783), Satz 3 neu gef., Satz 4 aufgehob. mWv 1.7.2017 durch G v. 22.12.2016 (BGBl. I S. 3159).*

# I. Vergleich zum GSiG

§ 5 Abs. 1 GSiG enthielt eine Informations- und Beratungspflicht des Rentenversicherungsträgers, die nun in § 46 SGB XII geregelt ist. Das Ersuchen des Hilfeträgers an die Rentenversicherungsträger, die medizinischen Voraussetzungen zu prüfen, entspricht § 5 Abs. 2 GSiG. Der Hilfeträger ist nach der jetzigen Gesetzeslage an die Feststellungen des Rententrägers gebunden. Ausnahmeregelungen vom Ersuchen stellen Abs. 1 S. 3 Nr. 1 bis 4 dar. **1**

# II. Prüfung der Erwerbsminderung (Abs. 1)

## 1. Ersuchen

Die Vorschrift ist in ihrer jetzigen Fassung am 1.7.2017 in Kraft getreten. Sie legt fest, dass der nach diesem Gesetz zuständige Träger den Rententräger ersucht, Feststellungen darüber zu treffen, ob die medizinischen Voraussetzungen des § 41 Abs. 1 Nr. 2 SGB XII vorliegen. In § 45 S. 1 SGB XII wird als Folgeänderung der Einfügung eines § 46b SGB XII der bisherige Begriff „Träger der Sozialhilfe" ersetzt. Diese Änderung ist erforderlich geworden, weil die Länder für die Ausführung des Vierten Kapitels des SGB XII den zuständigen Träger bestimmen (BR-Drs. 455/12). **2**

Aus dem Wort **„ersucht"** wird geschlossen, dass den Träger eine Pflicht trifft, sich an den Rentenversicherer zu wenden (BSG 23.3.2010 – B 8 SO 17/09 R, NVwZ-RR 2010, 983; *Schoch*, LPK-SGB XII, § 45 Rn. 10; *Blüggel*, jurisPK-SGB XII, § 45 Rn. 31; *Kirchhoff*, Hauck/Noftz, § 45 Rn. 1). Die Norm macht dem zuständigen Träger damit verfahrensrechtliche Vorgaben (*Blüggel*, jurisPK-SGB XII, § 45 Rn. 31). **3**

Im SGB II soll § 44a SGB II die Einheitlichkeit der Entscheidung sicherstellen. Bei einem Antrag auf Leistungen der Grundsicherung nach dem SGB II regelt § 44a SGB II das Verfahren auf Feststellung der Erwerbsfähigkeit. Es kommt also darauf an, welchen Antrag der Leistungen Nachfragende gestellt hat. Beantragt er Leistungen nach dem SGB II, so ist § 44a SGB II einschlägig, bei der Beantragung von Leistungen nach dem SGB XII § 45 SGB XII (ebenso *Schoch*, LPK-SGB XII, § 45 **4**

Rn. 7). Ein **Vorrang-/Nachrangverhältnis** zwischen beiden Vorschriften lässt sich dem Gesetz nicht entnehmen (ebenso *Schoch*, LPK-SGB XII, § 45 Rn. 8).

5     Das Ersuchen ist von **zwei Voraussetzungen** abhängig: Es muss auf Grund der Angaben und Nachweise wahrscheinlich **(Prognoseentscheidung)** erscheinen, also nicht sicher sein, dass die Voraussetzungen für eine volle Erwerbsminderung vorliegen (so auch *Schoch*, NDV 2006, 545; *Kirchhoff*, Hauck/Noftz, § 45 Rn. 12: Vorprüfungspflicht), und das **vorhandene Einkommen und Vermögen** darf nicht ausreichen, um den Lebensunterhalt vollständig zu decken. Das letztgenannte Kriterium ist verwaltungstechnisch sinnvoll, weil es hilft, Kosten aufwändiger medizinischer Untersuchungen zu sparen.

5a     Kommt nach einem **Wahrscheinlichkeitsurteil** offensichtlich keine volle Erwerbsminderung in Betracht, besteht keine Veranlassung, das System des abgrenzenden Verfahrens des § 45 einzuleiten. Um sich ein Urteil über den herabgesetzten Grad von Gewissheit zu verschaffen, ist der Leistungsträger nach der gesetzlichen Fassung auf die Angaben und Nachweise des Hilfenachfragenden angewiesen. Behauptet der Leistungsberechtigte lediglich, er sei erwerbsunfähig und besteht auf einen Antrag nach § 42 SGB XII, ist zu seinen Lasten zu bescheiden (ebenso *Schoch*, LPK-SGB XII, § 45 Rn. 8). In diesem Fall sind keine vorläufigen Leistungen nach § 44a SGB II zu erbringen.

6     Der Leistungsträger kann Befundberichte der Ärzte beiziehen oder seinen Gesundheitsdienst einbinden. Es ist möglich, Unterlagen des MDK zur Ermittlung einer Pflegestufe auszuwerten (*Schoch*, LPK-SGB XII, § 45 Rn. 14). Über § 60 SGB I kann er den die Leistung Nachfragenden zur Mitwirkung mit den möglichen Folgen des § 66 SGB I veranlassen. Das bedeutet nicht, dass der nach diesem Gesetz zuständige Träger den Sachverhalt umfassend ermitteln muss, um sich Gewissheit über die dauerhafte volle Erwerbsminderung zu verschaffen (vgl. auch *Kirchhoff*, Hauck/Noftz, § 45 Rn. 9). Seine Ermittlung geht nur so weit, dass er ein Wahrscheinlichkeitsurteil abgegeben kann. Die umfassende Prüfungspflicht geht auf den Rentenversicherungsträger über, weil ansonsten dessen Beteiligung keinen Sinn mehr macht. Hält der Träger es offensichtlich nicht für wahrscheinlich, dass der Leistung Nachfragende dauerhaft voll erwerbsgemindert ist, lehnt er den Antrag ab.

7     Das Tatbestandsmerkmal **„wahrscheinlich"** beschreibt im Einzelnen nicht genau festgelegte Grenze zwischen der Entscheidung, ob die Voraussetzungen des § 41 SGB XII nicht vorliegen, und damit die beantragten Leistungen zu versagen sind, oder ob sie möglicherweise vorliegen und folglich ein Ersuchen an den Rententräger zu stellen ist (vgl. auch *Steimer*, Mergler/Zink, § 45 Rn. 8; *Kirchhoff*, Hauck/Noftz, § 45 Rn. 12; *Schoch*, NDV 2006, 545). Wahrscheinlichkeit bedeutet nicht Sicherheit. Zwischen beiden Erkenntnislagen gibt es graduelle Abstufungen. Die Unwahrscheinlichkeit hingegen schließt ein Ersuchen aus. Ist der Betreffende nach den vorgelegten Unterlagen erwerbsfähig, kommt es nicht zu einem Verfahren nach § 45 SGB XII (ebenso *Blüggel*, jurisPK-SGB XII, § 45 Rn. 25). Der SGB-II-Träger muss dann nach § 44a SGB II verfahren. Ist der Hilfe Nachfragende nach den Feststellungen des zuständigen Trägers nicht auf Dauer erwerbsgemindert, greift § 45 SGB XII nicht ein, weil es an einer Grundvoraussetzung des § 41 SGB XII fehlt (*Blüggel*, jurisPK-SGB XI, § 45 Rn. 25).

8     Der Hilfeträger ersucht den Rententräger um **Amtshilfe,** die dieser nicht zurückweisen kann, weil er eine dauernde Erwerbsminderung für eher unwahrscheinlich hält. Durch das Ersuchen werden die kompetenzmäßigen und sachlich-rechtlichen Grenzen für das Tätigwerden der ersuchenden und der ersuchten Behörde nicht verändert. Die Verantwortlichkeit für die Rechtmäßigkeit des Verfahrens und der Entscheidung bleibt Sache des ersuchenden Hilfeträgers. Ein Ersuchen um Amtshilfe sollte erst gestellt werden, nachdem sich der Grundsicherungsleistungsträger durch Vorlage ärztlicher Gutachten ein Bild gemacht hat (*Schoch*, NDV 2006, 546).

## 2. Rechtsnatur der Feststellung

Die Feststellung des Rententrägers selbst hat keinen Verwaltungsakt-, sondern **9** nur Mitteilungscharakter (vgl. *Renn/Schoch,* Grundsicherung, Rn. 146; *Kirchhoff,* Hauck/Noftz, § 45 Rn. 24). Sie bindet den Hilfeträger kraft ausdrücklicher gesetzlicher Regelung des § 43 Abs. 1 S. 2 SGB XII. Der Hilfeträger ist nicht befugt, darüber hinaus eigene Ermittlungen anzustellen (anders noch zum GSiG *Schoch,* NDV 2006, 546). In der Diskussion um das GSiG war die Frage gestellt worden, ob der Hilfeträger anstatt des Rententrägers mit seinem Gesundheitsdienst die volle Erwerbsminderung feststellen darf oder ob dies ausschließlich dem Rententräger vorbehalten war (s. *Zeitler,* NDV 2002, 384). Die Einheitlichkeit der Rechtsanwendung war schon unter der Geltung des GSiG ein gewichtiges Argument, die Feststellung der völligen Erwerbsminderung ausschließlich dem Rententräger zu überlassen (zum geltenden Recht *Wenzel,* Fichtner/Wenzel, § 45 Rn. 4; *Karmanski,* Jahn, § 45 Rn. 5; *Kirchhoff,* Hauck/Noftz, § 45 Rn. 2). Die jetzige Einführung der Bindung des Hilfeträgers an die Entscheidung des Rententrägers unterstreicht, die Feststellungen zur Erwerbsminderung ausschließlich dem Rententräger zu überlassen (ebenso *W. Schellhorn,* Schellhorn/Hohm/Scheider, SGB XII, § 45 Rn. 5.1). Allenfalls wenn dieser zögerlich arbeitet, können die allgemeinen Regeln der Sachverhaltsermittlung (§ 20 SGB X) den Hilfeträger berechtigen, eigene Feststellungen zu treffen (a. A. wohl *Schoch,* LPK-SGB XII, § 45 Rn. 8).

## 3. Ausnahmen

Durch die Fassung des Satzes 3 verspricht sich der Gesetzgeber Präzisierungen, **10** Klarstellungen und Ergänzungen, die zur Übersichtlichkeit beitragen sollen (BR-Drs. 541/16, S. 99). Die Nr. 1 und 2 übernehmen unverändert den Inhalt der bisherigen Regelungen.

Existiert bereits ein Rentenbescheid, unterbleibt ein Ersuchen des Leistungsträ- **11** gers (§ 43 S. 3 Nr. 1 SGB XII). Wenn allerdings auf Grund der neu vorgelegten Unterlagen und Angaben nunmehr doch die volle Erwerbsminderung für wahrscheinlich gehalten wird, richtet der Leistungsträger ein Ersuchen an den Rententräger.

Ein Ersuchen erfolgt ebenfalls nicht, wenn der Rententräger bereits eine gutachtli- **12** che Stellungnahme nach § 109a Abs. 2 und 3 SGB VI abgegeben hat. Die Nr. 2 übernimmt unverändert die bisherige Gesetzesfassung. Nr. 3 und Nr. 4 enthalten Abweichungen von der bisherigen Rechtsauffassung.

Ziffer 3 behandelt Personen, die in einer Werkstatt für behinderte Menschen den **13** Eingangs- und Berufsbildungsbereich durchlaufen oder im Arbeitsbereich beschäftigt sind. Mit der Neufassung will der Gesetzgeber Auslegungsschwierigkeiten beseitigen (BR-Drs. 541/16, S. 99). Nach bisher geltendem Recht war fraglich, ob bei Menschen mit Behinderungen im Eingangs- und Berufsbildungsbereich einer Werkstatt für behinderte Menschen ein Ersuchen gestellt werden konnte (vgl. zum alten Recht *Kirchhoff,* Hauck/Noftz, § 45 Rn. 32). Dabei ging es um die Dauerhaftigkeit der vollen Erwerbsminderung. Nach der Neufassung hat kein Ersuchen auf Feststellung der Dauerhaftigkeit zu erfolgen. Beschäftigte im Arbeitsbereich einer Werkstatt für behinderte Menschen gelten regelmäßig als dauerhaft voll erwerbsgemindert.

Behinderte Menschen waren nach der alten Fassung der Vorschrift voll erwerbsge- **14** mindert, wenn der Fachausschuss einer Werkstatt für Behinderte Menschen über die Aufnahme in eine Werkstatt oder Einrichtung eine Stellungnahme abgegeben hat. Die Vorschrift setzt auch nach ihrer jetzigen Fassung die Abgabe einer Stellungnahme und die Feststellung voraus, dass ein Mindestmaß an wirtschaftlich verwertbarer Arbeitsleistung nicht vorliegt.

**15**   Die Vorschrift beinhaltet immer noch keine Regelung für die Fälle, in denen ein Werkstattbesuch erfolgreich war und eine Arbeit auf dem ersten Arbeitsmarkt, zwar noch unter der Betreuung der Werkstatt, in Frage kommt (*Schoch*, NDV 2006, 547). Hier bleibt nur der Weg, dass der Sozialhilfeträger die Leistungen einstellt und den Betreffenden auf die SGB-II-Leistungen verweist.

**15a**   Die neu aufgenommene Nr. 4 stellt eine Ergänzung zum bisherigen Recht dar. Der Fachausschuss bewertet in seiner Stellungnahme nach Durchlaufen des Berufsausbildungsbereiches, ob eine dauerhafte Erwerbsminderung vorliegt. Während des Eingangsverfahrens und des Durchlaufens des Berufsbildungsbereiches erfolgt kein Ersuchen, weil während dieser Phase die volle Erwerbsminderung bereits feststeht. Die gesonderte Feststellung des Fachausschusses, ob der behinderte Mensch noch auf dem allgemeinen Arbeitsmarkt tätig sein kann, steht noch aus. Zu diesem Zeitpunkt macht eine durchzuführende Stellungnahme des Rententrägers keinen Sinn.

**16**   Satz 4 ist aufgehoben worden. Bislang konnten die die kommunalen Spitzenverbände und die Deutsche Rentenversicherung Bund Vereinbarungen zum Verfahren für das Ersuchen treffen. Der Gesetzgeber hält Satz 4 aufgrund des Eintritts der Bundesauftragsverwaltung nicht mehr für erforderlich (BR-Drs. 541/16, S. 100).

## 4. Klagemöglichkeiten

**17**   Die Feststellung der vollen Erwerbsminderung ist eine verfahrensrechtliche Mitteilung zwischen Rententräger und Hilfeträger, die nicht selbstständig angegriffen werden kann (vgl. auch *Wenzel*, Fichtner/Wenzel, § 45 Rn. 4). Klagen der Leistungsberechtigten, die mit dem vom Rententräger ermittelten Befund nicht einverstanden sind, sind gegen den vom Hilfeträger erlassenen Ablehnungsbescheid zu richten, weil die Verantwortlichkeit nach Außen beim Hilfeträger verbleibt.

### § 46 Zusammenarbeit mit den Trägern der Rentenversicherung

**[1]Der zuständige Träger der Rentenversicherung informiert und berät leistungsberechtigte Personen nach § 41, die rentenberechtigt sind, über die Leistungsvoraussetzungen und über das Verfahren nach diesem Kapitel. [2]Personen, die nicht rentenberechtigt sind, werden auf Anfrage beraten und informiert. [3]Liegt die Rente unter dem 27-fachen Betrag des geltenden aktuellen Rentenwertes in der gesetzlichen Rentenversicherung (§§ 68, 68a, 255e des Sechsten Buches), ist der Information zusätzlich ein Antragsformular beizufügen. [4]Der Träger der Rentenversicherung übersendet einen eingegangenen Antrag mit einer Mitteilung über die Höhe der monatlichen Rente und über das Vorliegen der Voraussetzungen der Leistungsberechtigung an den jeweils für die Ausführung des Gesetzes nach diesem Kapitel zuständigen Träger. [5]Eine Verpflichtung des Trägers der Rentenversicherung nach Satz 1 besteht nicht, wenn eine Inanspruchnahme von Leistungen nach diesem Kapitel wegen der Höhe der gezahlten Rente sowie der im Rentenverfahren zu ermittelnden weiteren Einkommen nicht in Betracht kommt.**

*Änderung der Vorschrift: Satz 3 neu gef. mWv 1.1.2011 durch G v. 24.3.2011 (BGBl. I S. 453), Satz 4 geänd. mWv 1.1.2013 durch G v. 20.12.2012 (BGBl. I S. 2783).*

## I. Vergleich mit GSiG

**1**   Die Vorschrift des § 46 SGB XII entspricht weitgehend dem § 5 Abs. 1 GSiG. Schon im GSiG war dem Gesetzgeber daran gelegen, Beratungs- und Informationspflichten festzulegen, um sicher zu gehen, dass alle Antragsberechtigten über die Grundsicherungsleistungen informiert sind.

## II. Informations- und Beratungspflicht

Die umfassende Informations- und Beratungspflicht ist eine Folge der Beantra- **2** gung von Grundsicherungsleistungen. Dadurch gewinnt die Informations- und Beratungspflicht des zuständigen Trägers der Rentenversicherung eine ganz andere Bedeutung als im Leistungsbereich der sonstigen sozialhilferechtlichen Leistungen. Eingeschränkt wird die Beratungspflicht lediglich durch S. 5. Eine Verpflichtung des Rententrägers nach S. 1 der Vorschrift besteht nicht, wenn eine Inanspruchnahme aufgrund der Einkommensverhältnisse nicht in Betracht kommt. Personen, die rentenberechtigt sind, werden von Amts wegen beraten, andere Personen auf Antrag (S. 2). Ferner sieht S. 4 vor, dass der Rententräger einen bei ihm eingegangenen Antrag mit einer Mitteilung über die Höhe der monatlichen Rente und über das Vorliegen der Voraussetzungen der Leistungsberechtigung an den nach diesem Gesetz zuständigen Träger weiterleitet.

## Dritter Abschnitt. Erstattung und Zuständigkeit

### § 46a Erstattung durch den Bund

(1) **Der Bund erstattet den Ländern**
1. **im Jahr 2013 einen Anteil von 75 Prozent und**
2. **ab dem Jahr 2014 jeweils einen Anteil von 100 Prozent**
**der im jeweiligen Kalenderjahr den für die Ausführung des Gesetzes nach diesem Kapitel zuständigen Trägern entstandenen Nettoausgaben für Geldleistungen nach diesem Kapitel.**

(2) **¹Die Höhe der Nettoausgaben für Geldleistungen nach Absatz 1 ergibt sich aus den Bruttoausgaben der für die Ausführung des Gesetzes nach diesem Kapitel zuständigen Träger, abzüglich der auf diese Geldleistungen entfallenden Einnahmen. ²Einnahmen nach Satz 1 sind insbesondere Einnahmen aus Aufwendungen, Kostenersatz und Ersatzansprüchen nach dem Dreizehnten Kapitel, soweit diese auf Geldleistungen nach diesem Kapitel entfallen, aus dem Übergang von Ansprüchen nach § 93 sowie aus Erstattungen anderer Sozialleistungsträger nach dem Zehnten Buch.**

(3) **¹Der Abruf der Erstattungen durch die Länder erfolgt quartalsweise. ²Die Abrufe sind**
1. **vom 15. März bis 14. Mai,**
2. **vom 15. Juni bis 14. August,**
3. **vom 15. September bis 14. November und**
4. **vom 15. Dezember des jeweiligen Jahres bis 14. Februar des Folgejahres zulässig (Abrufzeiträume). ³Werden Leistungen für Leistungszeiträume im folgenden Haushaltsjahr zur fristgerechten Auszahlung an den Leistungsberechtigten bereits im laufenden Haushaltsjahr erbracht, sind die entsprechenden Nettoausgaben im Abrufzeitraum 15. März bis 14. Mai des Folgejahres abzurufen. ⁴Der Abruf für Nettoausgaben aus Vorjahren, für die bereits ein Jahresnachweis vorliegt, ist in den darauf folgenden Jahren nach Maßgabe des Absatzes 1 jeweils nur vom 15. Juni bis 14. August zulässig.**

(4) **¹Die Länder gewährleisten die Prüfung, dass die Ausgaben für Geldleistungen der für die Ausführung des Gesetzes nach diesem Kapitel zustän-**

digen Träger begründet und belegt sind und den Grundsätzen für Wirtschaftlichkeit und Sparsamkeit entsprechen. [2]Sie haben dies dem Bundesministerium für Arbeit und Soziales für das jeweils abgeschlossene Quartal in tabellarischer Form zu belegen (Quartalsnachweis). [3]In den Quartalsnachweisen sind

1. die Bruttoausgaben für Geldleistungen nach § 46a Absatz 2 sowie die darauf entfallenden Einnahmen,
2. die Bruttoausgaben und Einnahmen nach Nummer 1, differenziert nach Leistungen für Leistungsberechtigte außerhalb und in Einrichtungen,
3. erstmals ab dem Jahr 2016 die Bruttoausgaben und Einnahmen nach Nummer 1, differenziert nach Leistungen für Leistungsberechtigte nach § 41 Absatz 2 und 3

zu belegen. [4]Die Quartalsnachweise sind dem Bundesministerium für Arbeit und Soziales durch die Länder jeweils zwischen dem 15. und dem 20. der Monate Mai, August, November und Februar für das jeweils abgeschlossene Quartal vorzulegen. [5]Die Länder können die Quartalsnachweise auch vor den sich nach Satz 4 ergebenden Terminen vorlegen; ein weiterer Abruf in dem für das jeweilige Quartal nach Absatz 3 Satz 1 geltenden Abrufzeitraum ist nach Vorlage des Quartalsnachweises nicht zulässig.

(5) [1]Die Länder haben dem Bundesministerium für Arbeit und Soziales die Angaben nach

1. Absatz 4 Satz 3 Nummer 1 und 2 entsprechend ab dem Kalenderjahr 2015 und
2. Absatz 4 Satz 3 Nummer 3 entsprechend ab dem Kalenderjahr 2016

bis 31. März des jeweils folgenden Jahres in tabellarischer Form zu belegen (Jahresnachweis). [2]Die Angaben nach Satz 1 sind zusätzlich für die für die Ausführung nach diesem Kapitel zuständigen Träger zu differenzieren.

*Änderungen der Vorschriften: § 46a eingef. mWv 1.1.2009 durch G v. 24.9.2008 (BGBl. I S. 1856), Abs. 1 S. 1 geänd. mWv 1.1.2011 durch G v. 24.3.2011 (BGBl. I S. 453), § 46a neu gef. mWv 1.1.2013 durch G v. 20.12.2012 (BGBl. I S. 2783), Abs. 4 Satz 3 2. Hs., Abs. 5 Satz 1 geänd. durch G v. 1.10.2013 (BGBl. I S. 3733), Abs. 3 neu gef. mWv 1.1.2016, Abs. 4 und 5 neu gef. mWv 1.1.2015 durch G v. 21.12.2015 (BGBl. I S. 2557).*

# I. Bedeutung der Vorschrift

## 1. Gesetzesgenese

**1**   Die Vorschrift wurde ursprünglich mWv 1.1.2009 durch das Gesetz zur Neuregelung des Wohngeldgesetzes und zur Änderung des Sozialgesetzbuches vom 24.9.2008 (BGBl. I S. 1856) in das SGB XII aufgenommen. Diese gesetzliche Änderung erfolgte, weil § 34 WoGG, in dem bisher die Ausgleichsansprüche wenig sachgerecht verortet waren, und § 45 Abs. 2 SGB XII, in dem Regelungen über den Ausgleich wegen Feststellung der dauernden Erwerbsminderung festgelegt waren, außer Kraft getreten sind. Diese Erstattungsregelungen beruhten auf der Überlegung, dass mit der Einführung des GSiG bei den Kommunen Mehrkosten zu der ansonsten zu gewährenden Sozialhilfe entstehen würden (vgl. auch BT-Drs. 16/6542, 2). § 46a SGB XII ist zum 1.1.2012 geändert worden. Der Bund stockte seinen Erstattungsertrag von bisher 16 % auf 45 % der Nettoausgaben nach dem Vierten Kapitel im Vorjahr auf. Die Vorschrift ist dann durch Gesetz vom 20.12.2012 völlig geändert worden. Zu den Zielen der Neuordnung gehört, dass der vom Bund und den Ländern angekündigte Ausbau der Erstattungsregelung umgesetzt wird (BR-

Drs. 455/12, 1). Diese Ankündigung war eingebettet in die Arbeit der Gemeindefinanzkommission. Außerdem war im Rahmen des Vermittlungsverfahrens zu dem Gesetz zur Ermittlung von Regelbedarfen vereinbart worden, bis zum Jahr 2014 die vollständige Übernahme der Kosten für die im Vierten Kapitel geregelten Leistungen durch den Bund gesetzlich zu regeln (vgl. auch *Deutscher Verein*, Stellungnahme v. 25.9.2012, S. 2; zur Entwicklung der Vorschrift s. auch *Linhart/Adolph*, § 46a Rn. 4 ff.; *Steimer*, Mergler/Zink, § 46a Rn. 1 f.).

Mit der vorhergehenden Fassung hatte der Gesetzgeber von dem ursprünglichen **2** Referentenentwurf vom 14.6.2012 Abstand genommen. Vorgesehen war ein Gesetz zur Einführung einer Bundeserstattung und einer Bundesstatistik für die Grundsicherung im Alter und bei Erwerbsminderung und zur Änderung des Zwölften Buches Sozialgesetzbuch. Wegen der dort vorgesehenen zweijährigen Vorfinanzierung, die auf heftige Kritik gestoßen war, sah sich der Gesetzgeber veranlasst, den jetzt Gesetz gewordenen Entwurf vorzulegen (vgl. zum Ganzen *DV*, Stellungnahme vom 25.9.2012, S. 3). Der Vorteil der vorhergehenden Regelung war der, dass das Vierte Kapitel vereinheitlicht bleibt. Da der Anteil des Bundes über 50 % liegt, führte das dazu, dass die Länder nach Art. 104a Abs. 3 S. 2 GG die Geldleistungen der Grundsicherung nicht mehr als eigene Aufgabe, sondern im **Auftrag des Bundes** (Art. 85 GG) ausführen (*Kirchhoff*, SGb 2013, 445). Demgemäß hat der Bund die Fach- und Rechtsaufsicht (s. auch BR-Drs. 455/12, 12). Als Folge davon ergeben sich Informations- und Prüfrechte des Bundes. Formulierung und Begründung des neu gefassten § 46a SGB XII unterstreichen das Ziel, mit den Erstattungszahlungen des Bundes an die Länder im Ergebnis die Kommunen zu entlasten (*Krohn*, NDV 2012, 511).

Die neu gefassten Abs. 3 bis 5 enthalten Präzisierungen und Klarstellungen und **3** beruhen auf Erfahrungen, die sich in der Vergangenheit aus der Mittelabrufung ergeben haben (BT-Drs. 18/6284).

## 2. Inhalt der Vorschrift

Durch die Neuregelung der Vorschrift ist die Beteiligung für das Jahr 2013 auf **4** 75 % und für das Jahr 2014 auf 100 % angehoben worden (Abs. 1). Die für die Höhe des jährlichen Erstattungsbetrages maßgeblichen Nettoausgaben ergeben sich aus den Bruttoausgaben der zuständigen Träger für Geldleistungen abzüglich darauf entfallender Einnahmen (Abs. 2). Abs. 3 regelt die Zahlung der Erstattung. Nach Abs. 4 haben die Länder zu prüfen, dass die Ausgaben für Geldleistungen der zuständigen Träger begründet und belegt sind. Die Abs. 3 und 5 betreffen die technische Durchführung der Erstattung.

Zu beachten ist die im Entwurf nicht vorgesehene Übergangsvorschrift des § 136 **5** SGB XII.

## II. Erstattung (Abs. 1)

Der Bund erstattet den Ländern die für die Ausführung des Gesetzes entstandenen **6** **Nettoausgaben** für Geldleistungen nach diesem Kapitel. Es muss sich um Einnahmen handeln, die spiegelbildlich mit den Geldleistungen des Grundsicherungsträgers verbunden sind (*Kirchhoff*, SGb 2013, 445). Das Erstattungsverhältnis besteht nicht zwischen Bund und den nach diesem Gesetz zuständigen Trägern, weil ansonsten wegen einer Mischverwaltung verfassungsrechtliche Bedenken aufkommen können.

Die Höhe der **Nettoausgaben** ergibt sich aus Abs. 2. Von den Bruttoausgaben **7** werden die Einnahmen abgerechnet. Es handelt sich bei dem Erstattungsbetrag um Nettoausgaben für **Geldleistungen.** Das Verständnis dieses Tatbestandsmerkmals wird durch Art. 104a Abs. 3 S. 1 GG bestimmt (ebenso *Blüggel*, jurisPK-SGB XII, § 46a Rn. 25; *Kirchhoff*, Hauck/Noftz, § 46a Rn. 14). Bundesgesetze, die Geldleistungen gewähren und von den Ländern ausgeführt werden, können bestimmen, dass die Geldleistungen ganz oder zum Teil vom Bund getragen werden. Schon der Wortlaut dieser Verfassungsnorm schließt aus, dass geldwerte Sach- und Dienstleistungen erfasst sind (ebenso *Blüggel*, jurisPK-SGB XII, § 46a Rn. 28; BR-Drs. 455/12, 18). Unter Geldleistung i. S. dieser Vorschrift sind einmalige oder laufende Zuwendungen aus öffentlichen Mitteln an Dritte zu verstehen, die nicht Gegenleistung für eine empfangene Leistung sind (*Siekmann*, Sachs, Grundgesetz, Art. 104a Rn. 24).

8 Für den Gesetzgeber steht damit fest, dass Geldleistungen nach dem Viertel Kapitel zu erstatten sind, ausgenommen sind die in § 42 Nr. 3 SGB XII genannten Leistungen. Es sind dies die nach §§ 34 und 34a SGB XII zu erbringenden Leistungen zur Deckung der Bedarfe für Schulausflüge und mehrtätige Klassenfahrten, Lernförderung und das gemeinschaftliche Mittagessen. Dieses Ergebnis ist auch im Gegenschluss aus § 46a Abs. 4 SGB XII abzuleiten, in dem die Leistungen der §§ 34 und 34a SGB XII nicht aufgeführt sind.

9 *Blüggel* (jurisPK-SGB XII, § 46a Rn. 30) hat zu Recht darauf hingewiesen, dass der Begriff der Geldleistung mit dem Sachleistungsverschaffungsanspruch des BSG (28.10.2008 – B 8 SO 22/07 R) kollidiert. Betroffen sind Leistungsberechtigte, die in einer stationären Einrichtung untergebracht sind und die Anspruch auf den nach § 27b SGB XII notwendigen Lebensunterhalt haben. Da der vom BSG konzipierte, aber in der Praxis kritisierte Sachleistungsverschaffungsanspruch einer gefestigten Rechtsprechung entspricht, lässt sich das Problem nur dadurch lösen, dass erstattungsrechtlich und leistungsrechtlich differenziert wird. Befindet sich der Leistungsberechtigte in einer stationären Einrichtung und erhält er Leistungen nach § 27b Abs. 1 iVm § 42 Nr. 1, 2 und 4 SGB XII, muss es nach dem Sinn und Zweck der Vorschrift zu einer Erstattung kommen, auch wenn leistungsrechtlich eine Sachleistung vorliegt. Anders ist zu entscheiden, wenn der Hilfe Nachfragende in einer stationären Einrichtung Eingliederungshilfe erhält (zum Ganzen *Blüggel*, jurisPK-SGB XII, § 46a Rn. 36 f.; *Kirchhoff*, Hauck/Noftz, § 46a Rn. 14).

10 Die Nettoausgaben werden nach dem **laufenden Jahr** berechnet. Die aktuellen Ausgaben stellen für die erheblich belasteten Kommunen einen wesentlichen Vorteil dar.

## III. Berechnung der Höhe der Nettoausgaben (Abs. 2)

11 Die Höhe der Nettoausgaben für Geldleistungen nach Abs. 1 ergibt sich aus den Bruttoausgaben des für die Ausführung des Gesetzes nach diesem Kapitel zuständigen Trägers abzüglich der in der Vorschrift aufgeführten Einnahmen.

12 Als Einnahmen sind besonders hervorgehoben solche aus Aufwendungen, Kostenersatz und Ersatzansprüchen nach dem Dreizehnten Kapitel, soweit diese auf Geldleistungen nach diesem Kapitel entfallen, aus Übergang von Ansprüchen sowie Erstattungen anderer Sozialleistungsträger nach dem Zehnten Buch. Die Formulierung der Vorschrift deutet mit der Verwendung des Wortes „insbesondere" darauf hin, dass es sich bei dieser Aufzählung nicht um eine abschließende Regelung handelt.

13 Dazu gehören der Kostenersatz der Erben (§ 102 SGB XII), der Kostenersatz bei schuldhaftem Verhalten (§ 103 SGB XII), der Kostenersatz für zu Unrecht erbrachte Leistungen (§ 104 SGB XII) und Kostenerstattungen zwischen Trägern der Sozialhilfe (§ 106 SGB XII). Dazu kommen die Rückforderungen nach § 45 SGB X und aus dem Dritten Kapitel Zweiten Abschnitt des SGB X. Letztere Erstattungen sind zu erbringen, wenn sich im Nachhinein ergibt, dass der Anspruchsberechtigte einen Anspruch auf vorgehende Sozialleistungen hatte (vgl. auch BR-Drs. 455/12, 19). Vom Bruttobetrag abzuziehen sind auch Ansprüche, die nach § 93 SGB XII auf den Träger übergegangen sind. Hierbei ist § 93 SGB XII im systematischen Zusammenhang mit § 43 Abs. 2 S. 1 SGB XII zu sehen. Danach bleiben Unterhaltsansprüche

des Leistungsberechtigten gegenüber Kindern und Eltern unberücksichtigt, sofern deren jährliches Gesamteinkommen unter dem Betrag von 100.000 EUR liegt. In all diesen Fällen reicht der **Anspruch als solcher** nicht aus, er muss sich auch in einer Einnahme des Trägers **realisiert** haben (ebenso *Blüggel*, jurisPK–SGB XII, § 46a Rn. 43). Das bedeutet, dass den Träger eine Obliegenheit trifft, die Erstattungsansprüche zeitnah durchzusetzen. Die Länder haben im Rahmen der Rechtsaufsicht die Verpflichtung, die Träger zur Durchsetzung ihrer Erstattungsansprüche anzuhalten. Ansonsten haftet das Land gegenüber dem Bund (Art. 104a Abs. 5 S. 1 GG). In NRW ordnet § 7 Abs. 7 S. des AG-SGB XII NRW an, dass die Sozialhilfeträger im Verhältnis zum Land für eine ordnungsgemäße Verwaltung einzustehen haben (*Blüggel*, jurisPK–SGB XII, § 46a Rn. 44).

## IV. Abruf der Erstattungen (Abs. 3)

Der Abruf und die Zahlung der Erstattungen erfolgen quartalsweise im laufenden **14** Jahr. Anregungen aus der Praxis, einen monatsweisen Abruf zu ermöglichen (*DV,* Stellungnahme v. 25.9.2012), haben sich im Gesetzgebungsverfahren nicht durchgesetzt. Der Vorteil einer solchen Regelung für die Träger wäre gewesen, dass sie zeitnäher von den Kosten der Grundsicherung entlastet worden wären. Die bisherigen festen Abruftermine sind durch Abrufzeiträume ersetzt worden (Satz 1). Mit Satz 2 ist eine Abrechnungsregelung für die Fälle geschaffen worden, bei denen Leistungen für Leistungszeiträume zur fristgerechten Auszahlung an den Leistungsberechtigten bereits im laufenden Haushaltsjahr erbracht werden. Einschränkend sieht Satz 3 vor, dass beim Abruf von Nettoausgaben aus den Vorjahren, für die ein Jahresnachweis vorliegt, Ausschlussfristen zu beachten sind.

## V. Gewährleistung der Prüfung (Abs. 4)

Auch nach der Neufassung bleibt es bei den für die Länder bestehenden Gewährleis- **15** tungspflichten. Gem. Art. 104a Abs. 5 GG haften die Verwaltungsträger für eine ordnungsgemäße Verwaltung im Verhältnis von Bund und Ländern. Jeder Verwaltungsträger hat für die durch die Mängel seiner Verwaltung entstehenden Mehrkosten einzustehen. Ein unmittelbarer Haftungsanspruch besteht nach der Rechtsprechung des BVerwG (BVerwGE 95, 45) zwar nicht bei jeder nicht ordnungsmäßigen Verwaltungsmaßnahme, jedenfalls aber bei solchen schwerwiegenden Pflichtverletzungen, die vorsätzlich oder grob fahrlässig begangen worden sind. Vor diesem Hintergrund muss der Begriff der **Gewährleistung** verstanden werden. Sie konkretisiert die Haftungsregelung des Art. 104a Abs. 5 GG. Diese unmittelbare Haftung muss einen Bezug zu dem einem Bediensteten anvertrauten Amt haben. Bei einer Streitigkeit ist die Entscheidung darüber gem. § 39 Abs. 2 S. 1 SGG dem BSG zugewiesen.

## VI. Jahresnachweis (Abs. 5)

Die Vorschrift sieht vor, dass die Länder einen Jahresnachweis zu erbringen haben. **16** Hierbei ist § 136 SGB XII, der bisher für die Jahre 2013 und 2014 als Übergangsregelung vorgesehen war, zu beachten.

### § 46b Zuständigkeit

(1) **Die für die Ausführung des Gesetzes nach diesem Kapitel zuständigen Träger werden nach Landesrecht bestimmt, sofern sich nach Absatz 3 nichts Abweichendes ergibt.**

(2) **Die §§ 3, 6 und 7 sind nicht anzuwenden.**

(3) **¹Das Zwölfte Kapitel ist nicht anzuwenden, sofern sich aus den Sätzen 2 und 3 nichts Abweichendes ergibt. ²Bei Leistungsberechtigten nach diesem Kapitel gilt der Aufenthalt in einer stationären Einrichtung und in Einrichtungen zum Vollzug richterlich angeordneter Freiheitsentziehung nicht als gewöhnlicher Aufenthalt; § 98 Absatz 2 Satz 1 bis 3 ist entsprechend anzuwenden. ³Für die Leistungen nach diesem Kapitel an Personen, die Leistungen nach dem Sechsten bis Achten Kapitel in Formen ambulanter betreuter Wohnmöglichkeiten erhalten, ist § 98 Absatz 5 entsprechend anzuwenden.**

*Änderung der Vorschrift: § 46b eingef. mWv 1.1.2013 durch G v. 20.12.2012 (BGBl. I S. 2783), Abs. 1 und 2 geänd., Abs. 3 angef. mWv 1.1.2013 durch G v. 1.10.2013 (BGBl. I S. 3733).*

1    Die Vorschrift regelt Zuständigkeiten für das Vierte Kapitel. Nach den Gesetzesmaterialien (BR-Drs. 455/12, 21) wird durch die Einfügung des § 46b SGB XII eine eigenständige Vorschrift geschaffen, um den Leistungsträger des Vierten Kapitels durch die Länder bestimmen zu können. Diese Vorschrift ist erforderlich geworden, weil ein Übergang von der Eigenverwaltung nach Art. 84 GG in die Bundesauftragsverwaltung stattfindet. Ein Abweichungsrecht steht den Ländern damit nicht mehr zu. Zweck der Vorschrift ist es festzulegen, welche Träger für die Leistungen des Vierten Kapitels zuständig sind (vgl. auch *Blüggel*, jurisPK-SGB XII, § 46b Rn. 10).

2    Kritisiert wurde an dieser Vorschrift, dass den Ländern auch im Rahmen des Art. 85 Abs. 1 S. 1 GG die Kompetenz zur Errichtung der Behörden eingeräumt ist (*DV*, Stellungnahme v. 25.9.2012).

3    In Abs. 2 werden Ausnahmen von den Zuständigkeitsregelungen des SGB XII formuliert. Nicht anwendbar ist § 3 SGB XII, der die Zweiteilung der Trägerschaft in den örtlichen und überörtlichen Träger und die Bestimmung des örtlichen Trägers vorsieht. Die Vorschriften über die Fachkräfte (§ 6 SGB XII) und § 7 SGB XII (Aufgaben der Länder) sind ausgenommen.

4    Abs. 3 regelt die Zuständigkeit für Leistungen des Vierten Kapitels in Einrichtungen. Da das gesamte Zwölfte Kapitel des SGB XII ausgenommen ist, könnte § 98 SGB XII als Regelung der örtlichen Zuständigkeit auf die Leistungen des Vierten Kapitels nicht anwendbar sein. Insofern wird vorgeschlagen, diese Vorschrift analog anzuwenden (*Blüggel*, jurisPK-SGB XII, § 46b Rn. 13). Allerdings ergibt sich aus dem Wortlaut der Vorschrift, dass das Zwölfte Kapitel nicht anzuwenden ist, sofern sich in den Sätzen 2 und 3 nicht Abweichendes ergibt. Damit werden die Vorschriften des Zwölften Kapitels nicht mehr vollständig verdrängt (*Kirchhoff*, Hauck/Noftz, SGB XII, § 46b Rn. 11). Eine Gesetzeslücke ist geblieben. Nicht geregelt ist die Zuständigkeit in länderübergreifenden Fällen. *Blüggel* (jurisPK-SGB XII, § 46b Rn. 18.1) schlägt dazu vernünftigerweise vor, dass es auf den gewöhnlichen Aufenthaltsort ankommt.

5    Die Länder Berlin und Nordrhein-Westfalen haben dem § 98 Abs. 1 SGB XII vergleichbare Zuständigkeitsregelungen getroffen.

# Fünftes Kapitel. Hilfen zur Gesundheit

## § 47 Vorbeugende Gesundheitshilfe

**¹Zur Verhütung und Früherkennung von Krankheiten werden die medizinischen Vorsorgeleistungen und Untersuchungen erbracht. ²Andere Leistungen werden nur erbracht, wenn ohne diese nach ärztlichem Urteil eine Erkrankung oder ein sonstiger Gesundheitsschaden einzutreten droht.**

*Vergleichbare Vorschrift: § 37 Abs. 2 BSHG.*

**Schrifttum:** S. § 48.

# I. Bedeutung der Norm

§ 47 SGB XII, der seit 1.1.2005 unverändert in der Fassung des Art. 1 des Gesetzes **1** zur Einordnung des Sozialhilferechts in das Sozialgesetzbuch vom 27.12.2003 (BGBl. I S. 3022) gilt, entspricht der Vorgängerregelung in § 37 Abs. 2 BSHG; § 37 Abs. 1 BSHG enthält die Vorgängerregelung zu § 48 SGB XII. Systematisch wäre § 47 SGB XII weiterhin besser nach § 48 SGB XII in das SGB XII eingeordnet worden, denn dieser enthält die Zentralvorschrift für die Hilfen zur Gesundheit, § 47 SGB XII dagegen nur eine besondere Ausprägung. Auf diese wird nunmehr auch in § 4 Abs. 1 S. 2 AsylbLG für Schutzimpfungen Bezug genommen (vgl. hierzu *Rixen*, NVwZ 2015, 1640 [1641 f.]).

Zum leistungsberechtigten **Personenkreis** → § 48 Rn. 4–6. **2**

# II. Inhalt der Norm

## 1. Verhütung und Früherkennung von Krankheiten (S. 1)

Als **Rechtsanspruch** ist vorgesehen, dass im Rahmen der vorbeugenden Gesund- **3** heitshilfe zur Verhütung und Früherkennung von Krankheiten die medizinischen **Vorsorgeleistungen und Untersuchungen** gewährt und erbracht werden. Die Vorschrift trägt damit dem Präventionsgedanken des § 15 Abs. 1 SGB XII Rechnung, dessen Satz 2 auf die vorrangige Anwendung des § 47 SGB XII hinweist. Anders als die in § 20 Abs. 1 SGB V bezeichneten Leistungen zur primären Prävention zur Verhinderung und Verminderung von Krankheitsrisiken, die in § 20 Abs. 1 SGB V nicht im Einzelnen bestimmt sind, beschränkt sich die vorbeugende Gesundheitshilfe des SGB XII auf die Gewährung individueller Hilfe **in Form der Erbringung von Geldleistungen.** Ihre Erbringung setzt zum einen die Leistungserbringung im Rahmen der **Hilfe bei Krankheit** auf der Grundlage des § 48 S. 1 SGB XII und zum anderen die **Hilfebedürftigkeit** der nachfragenden Person voraus, wobei die besonderen Einkommensgrenzen der §§ 85 ff. SGB XII gelten. Der **Leistungsumfang** geht nicht über den in **der gesetzlichen Krankenversicherung** (§§ 20 ff. SGB V in der Fassung des Präventionsgesetzes vom 17.7.2015, BGBl. I S. 1368) hinaus (s. § 52 Abs. 1 S. 1 SGB XII).

## 2. Andere Leistungen (S. 2)

Es handelt sich um eine **Auffangvorschrift** nur für die vorbeugende Gesund- **4** heitshilfe. Auf ihrer Grundlage besteht insoweit ein **Rechtsanspruch auf über den Leistungsumfang der gesetzlichen Krankenversicherung hinausgehende Leistungen.** § 52 Abs. 1 S. 1 SGB XII, der für die Hilfen nach §§ 47 bis 51 SGB XII auf die Leistungen der gesetzlichen Krankenversicherung verweist, wird insoweit durch § 47 S. 2 SGB XII verdrängt (aA *Schlette*, Hauck/Noftz, SGB XII, § 47 Rn. 14; *Bieritz-Harder*, LPK-SGB XII, 10. Aufl. 2015, § 47 Rn. 3). Diese Sonderregelung gilt sowohl für von § 48 S. 1 SGB XII wie von § 48 S. 2 SGB XII iVm § 264 SGB V erfasste Leistungsberechtigte.

Andere oder weitergehende Leistungen als die von der gesetzlichen Krankenversi- **5** cherung insoweit vorgesehen werden nur gewährt und erbracht, wenn ein **ärztliches Urteil** vorliegt, aus dem sich die **Erforderlichkeit** der Leistung zur Abwendung des Eintritts einer Erkrankung oder eines sonstigen Gesundheitsschadens ergibt. In der früheren Regelung des § 36 Abs. 2 BSHG war noch ein Gutachten des Gesundheitsamtes oder des Medizinischen Dienstes der Krankenversicherung erforderlich. Nunmehr, wie schon in der Vorgängerregelung des § 37 Abs. 2 S. 2 BSHG, reicht eine ärztliche, auch hausärztliche, Einschätzung aus. Die nachfragende Person ist im Rahmen einer Beratungspflicht auf das erforderliche ärztliche Attest hinzuweisen. Auch für die Erbringung dieser Leistungen ist die **Hilfebedürftigkeit** der nachfragenden Person **Voraussetzung.**

6   **Beispiele** für die anderen Leistungen der vorbeugenden Gesundheitshilfe sind die vorbeugende Suchthilfe, wenn Leistungen der Hilfe bei Krankheit, der Eingliederungshilfe und zur Überwindung besonderer sozialer Schwierigkeiten noch nicht greifen; Schutzimpfungen, soweit nicht bereits über Satz 1 iVm § 20i SGB V ein Anspruch besteht; die erforderlichen Aufwendungen für die zusätzliche Erwärmung der Wohnung aufgrund von Krankheiten (OVG Bln 23.1.1970 – VI B 53.67); die Einrichtung oder Unterhaltung eines Telefonanschlusses (OVG Bln 24.5.1984 – 6 B 50/83); die Kosten einer Beschäftigungstherapie (VGH BW 21.3.1973 – VI 88/72). In Betracht kommt über Satz 2 auch ein Rechtsanspruch auf Satzungsleistungen der Krankenkassen (vgl. BSG 27.5.2014 – B 8 SO 26/12 R, Rn. 19). Maßnahmen bei einem konkreten Krankheitsverdacht (zB Aids-Test) sind nicht solche der vorbeugenden Gesundheitshilfe, sondern der Hilfe bei Krankheit. Hierfür gilt § 48 SGB XII. Auch die Versorgung mit Kondomen fällt nicht unter § 47 SGB XII. Hier ist § 49 SGB XII spezieller, sieht aber einen Anspruch nicht vor. Anderes gilt, wenn die Versorgung mit Kondomen nicht den Regelungszielen des § 49 SGB XII, sondern dem Schutz vor einer Infektionskrankheit, etwa einer HIV-Infektion, dienen soll (vgl. *Wenzel*, Fichtner/Wenzel, SGB XII, § 47 Rn. 6).

## III. Anwendbarkeit auf Leistungsberechtigte nach dem SGB II

7   § 47 SGB XII ist zwar nach § 5 Abs. 2 S. 1 SGB II, § 21 S. 1 SGB XII nicht für die Anwendung auf Leistungsberechtigte nach dem SGB II gesperrt, doch dürfte der Anwendungsbereich für diese gering sein. Denn zum einen sind die Bezieher von Arbeitslosengeld II nach dem SGB II als solche grundsätzlich gesetzlich krankenversichert (§ 5 Abs. 1 Nr. 2a SGB V; s. aber § 5 Abs. 5a SGB V) und gehen die nach § 47 S. 1 SGB XII zu beanspruchenden Leistungen nicht über den Leistungsumfang der gesetzlichen Krankenversicherung (§§ 20 ff. SGB V in der Fassung des Präventionsgesetzes vom 17.7.2015, BGBl. I S. 1368) hinaus, zum anderen können die nach § 47 S. 2 SGB XII in Betracht kommenden anderen Leistungen der vorbeugenden Gesundheitshilfe nur im Rahmen einer eng begrenzten Auffangvorschrift beansprucht werden.

### § 48 Hilfe bei Krankheit

[1]Um eine Krankheit zu erkennen, zu heilen, ihre Verschlimmerung zu verhüten oder Krankheitsbeschwerden zu lindern, werden Leistungen zur Krankenbehandlung entsprechend dem Dritten Kapitel Fünften Abschnitt Ersten Titel des Fünften Buches erbracht. [2]Die Regelungen zur Krankenbehandlung nach § 264 des Fünften Buches gehen den Leistungen der Hilfe bei Krankheit nach Satz 1 vor.

*Vergleichbare Vorschrift: § 37 Abs. 1 BSHG.*

**Schrifttum:** *Bieritz-Harder,* Die „Hilfen zur Gesundheit" nach dem SGB XII, ZfSH/SGB 2012, 514; *Bockholdt,* Gesundheitsspezifische Bedarfe von gesetzlich krankenversicherten Leistungsempfängern nach dem SGB II, NZS 2016, 881; *Breitkreuz,* Die Haftung des Betreuers nach gescheiterter freiwilliger Krankenversicherung – wie normativ darf ein Schaden sein?

Zugleich ein Beitrag zur Reichweite von § 188 Abs. 4 SGB V, SGb 2015, 316; *Burmester,* Medizinische Versorgung der Leistungsberechtigten nach §§ 4 und 6 AsylbLG über eine Krankenkasse, NDV 2015, 109; *Deutscher Verein,* Stellungnahme des Deutschen Vereins zu den Auswirkungen des GKV-Modernisierungsgesetzes (GMG) auf Personen, die Leistungen nach SGB II und SGB XII (BSHG) erhalten, NDV 2004, 265; *ders.,* Empfehlung des Deutschen Vereins zur sozialverträglichen Umsetzung des GKV-Modernisierungsgesetzes, NDV 2005, 402; *ders.,* Hinweise des Deutschen Vereins zur Verbesserung der gesundheitlichen Teilhabe, NDV 2009, 119; *Dillmann/Vorsteher,* Willkommenskultur im Sozialstaat – Menschenwürdige Leistungen zur Existenzsicherung und Gesundheitsversorgung für Flüchtlinge, ZfF 2015, 193; *Eichenhofer,* Gesundheitsleistungen für Flüchtlinge, ZAR 2013, 169; *Fahlbusch,* Sozialhilfe als Ausfallbürge im Krankheitsfall?, RsDE 69, 47; *Farahat,* Rechtsunsicherheiten beim Zugang zur Gesundheitsversorgung von Migranten, ZESAR 2014, 269; *Gamperl,* Die Absicherung gegen Krankheitskosten durch Sozialhilfe und Gesetzliche Krankenversicherung als Mittel zur Lebensstandardsicherung, 2010; *Hammel,* Zur Hilfe bei Krankheit mittelloser Personen, ZfSH/SGB 2004, 323; *Harich,* Krankheitsbedingte Ansprüche im SGB XII und im SGB II, SGb 2012, 584; *Kaltenborn,* Die Neufassung des Asylbewerberleistungsgesetzes und das Recht auf Gesundheit, NZS 2015, 161; *Kostorz/Wahrendorf,* Hilfe bei Krankheit für Sozialhilfeempfänger, ZfSH/SGB 2004, 387; *Liessem/Vogt,* Existenzminimum und Gesundheitsversorgung, SozSich 2010, 337; *Löcher,* Hilfen zur Gesundheit, ZfS 2006, 78; *Marburger,* Leistungen der GKV für Sozialhilfeempfänger, S+P 2014, 387; *ders.,* § 264 SGB V: Neuer anspruchsberechtigter Personenkreis, ZfF 2017, 86; *Merold,* Die Berücksichtigung von krankheitsbedingten Aufwendungen im Grundsicherungssystem des SGB II, MedR 2016, 949; *Möller,* Die Gesundheit – ein mehrdimensionales Phänomen. Die rechtliche Dimension des Gesundheitsbegriffs, SGb 2015 423; *Mylius/Frewer,* Zugang zu medizinischer Versorgung von MigrantInnen ohne legalen Aufenthaltsstatus. Zwischen Notfallversorgung, Infektionsschutz und humanitärer Hilfe, zfmr 2015, 102; *S. Neumann,* Die Absicherung gegen Krankheit bei Grundsicherung im Alter, NZS 2012, 897; *V. Neumann,* Das medizinische Existenzminimum, NZS 2006, 393; *ders.,* Das medizinische Existenzminimum zwischen Sozialhilfe und Krankenversicherung, RsDE 68, 1; *ders.,* Das medizinische Existenzminimum – eine Minimalversorgung für die Armen?, Brudermüller/Seelmann, Zweiklassenmedizin?, 2012, 69; *Ossege/Köhler,* Medizinische Versorgung von Flüchtlingen nach dem Asylbewerberleistungsgesetz, GesR 2016, 276; *Pabst,* Absicherung des Krankheitsrisikos für nichtversicherte Hilfeempfänger im Zeichen der Versicherungspflicht, NZS 2012, 772; *Rixen,* Zwischen Hilfe, Abschreckung und Pragmatismus: Gesundheitsrecht der Flüchtlingskrise. Zu den Änderungen durch das Asylverfahrensbeschleunigungsgesetz vom 20.10.2015, NVwZ 2015, 1640; *Wagner,* Die Einbeziehung der Empfänger von Sozial- und Jugendhilfe in die Gesetzliche Krankenversicherung, 2008; *Welti,* Gibt es ein Recht auf bestmögliche Gesundheit? Freiheits- und gleichheitsrechtliche Implikationen, GesR 2015, 1; *Wendtland,* Die Gesundheitsversorgung der Empfänger staatlicher Fürsorgeleistungen zur Sicherung des Lebensunterhalts, ZSR 2007, 423; *Wenner,* Rationierung, Priorisierung, Budgetierung: verfassungsrechtliche Vorgaben für die Begrenzung und Steuerung von Leistungen der Gesundheitsversorgung, GesR 2009, 169; *ders.,* Konkretisierung des Leistungsniveaus der Gesundheitsversorgung durch Rechtsprechung, Wallrabenstein/Ebsen, Stand und Perspektiven der Gesundheitsversorgung. Optionen und Probleme rechtlicher Gestaltung, 2015, 115; *Zeitler,* Übernahme der Krankenbehandlung für Empfänger von Sozialhilfe durch die gesetzlichen Krankenkassen ab 1. Januar 2004, NDV 2004, 45; *Zwermann-Milstein,* Grund und Grenzen einer verfassungsrechtlich gebotenen medizinischen Mindestversorgung, 2015.

## Übersicht

# I. Bedeutung der Norm

## 1. Rechtssystematische Einordnung, Leistungsberechtigung und Abgrenzungen

**1**      § 48 SGB XII, der seit 1.1.2005 unverändert in der Fassung des Art. 1 des Gesetzes zur Einordnung des Sozialhilferechts in das Sozialgesetzbuch vom 27.12.2003 (BGBl. I S. 3022) gilt, entspricht der Vorgängerregelung in § 37 Abs. 1 BSHG, die durch das **GKV-Modernisierungsgesetz** (v. 14.11.2003, BGBl. I S. 2190) mit Wirkung vom 1.1.2004 grundlegend umgestaltet worden war: Aus dem Bedarfsdeckungsverhältnis zwischen Sozialhilfeträger und Leistungsberechtigtem war ein **Erstattungsverhältnis** zwischen Sozialhilfeträger und gesetzlicher Krankenversicherung **(Kostenerstattungsprinzip)** geworden und durch die Anbindung an die Leistungen der gesetzlichen Krankenversicherung war der Bedarfsdeckungsgrundsatz eingeschränkt worden (§ 52 Abs. 1 S. 1 SGB XII). Die vorherige Privilegierung der Sozialhilfeempfänger gegenüber gesetzlich Krankenversicherten war dadurch beendet worden (zur historischen Entwicklung s. BSG 15.11.2012 – B 8 SO 6/11 R, Rn. 16 ff.).

**2**      § 48 SGB XII hat zum Ausgangspunkt, dass Bezieher von Sozialhilfeleistungen nach dem SGB XII – im Gegensatz zu Beziehern von Arbeitslosengeld II nach dem SGB II – nicht aufgrund ihres Leistungsbezugs gesetzlich pflichtversichert in der Krankenversicherung sind (zu diesem Unterschied vgl. BSG 25.9.2014 – B 8 SO 6/13 R, Rn. 14). Hieran knüpft § 48 SGB XII an und regelt, auf welcher Grundlage Sozialhilfeempfänger Leistungen zur Krankenbehandlung erhalten. In der Vorschrift sind **zwei** grundsätzlich verschiedene **Wege** bestimmt, wie sozialhilferechtlich Leistungen zur Krankenbehandlung zur Verfügung gestellt werden. **Satz 2** sieht eine „Quasiversicherung" in der gesetzlichen Krankenversicherung vor (Regelfall). Liegen die Voraussetzungen hierfür nicht vor und ist der Leistungsberechtigte nicht aus anderen Gründen pflichtversichert, freiwillig versichert oder privatversichert, sodass Beiträge nach § 32 SGB XII als Bedarf anerkannt werden, erhält er – soweit keine

Familienversicherung vorliegt – nach **Satz 1** Hilfen zur Gesundheit nach §§ 47 bis 51 SGB XII (vgl. BSG 27.5.2014 – B 8 SO 26/12 R, Rn. 17). Nach **Satz 1** hat somit der Sozialhilfeträger die Leistungen für die Leistungsberechtigten, die nicht zum Kreis der Berechtigten des Satzes 2 iVm § 264 Abs. 2 bis 7 SGB V gehören, als Sachleistungen durch Einschaltung Dritter, deren Kosten von ihm übernommen werden, zu gewähren (Ausnahmefall). In diesem Fall werden die Leistungen zur Krankenbehandlung dem Dritten Kapitel Fünfter Abschnitt Erster Titel des SGB V (§§ 27 bis 43c SGB V) entsprechend erbracht. Hinzu kommen für diese Leistungsberechtigten die Leistungen nach § 47 S. 1, §§ 49 bis 51 SGB XII. Nach **Satz 2** hingegen übernimmt die Leistungen zur Krankenbehandlung die Krankenkasse, der Sozialhilfeträger ist dieser gegenüber zum Erstattungspflichtigen geworden. Das Interesse der Sozialhilfeträger geht regelmäßig dahin, weder den einen noch den anderen Weg zu beschreiten, sondern für einen pflichtversicherten, freiwillig versicherten oder privatversicherten Leistungsberechtigten nur nach § 32 SGB XII die in aller Regel kostengünstigeren Beiträge als Bedarf anerkennen zu müssen (vgl. *Breitkreuz*, SGb 2015, 316 [319]).

Obwohl § 48 SGB XII schon auf das SGB V verweist und damit der Rahmen **3** der Leistungen vorgegeben ist, ist zwischen dem **Ziel der Hilfe** bei Krankheit, diese zu erkennen, zu heilen, ihre Verschlimmerung zu verhüten oder Krankheitsbeschwerden zu lindern, und dem **Umfang der Leistungserbringung** zu unterscheiden. Hierzu findet sich in der Kommentierung des § 52 SGB XII Näheres.

Nach **§ 5 Abs. 8a S. 2 SGB V** sind Empfänger laufender Leistungen nach dem **4** Dritten, Vierten, Sechsten und Siebten Kapitel des SGB XII, das sind jene, denen diese Leistungen durch Verwaltungsakt des Sozialhilfeträgers zuerkannt worden sind (BSG 6.10.2010 – B 12 KR 25/09 R, Rn. 17), im Bewilligungszeitraum nicht nach **§ 5 Abs. 1 Nr. 13 SGB V** versicherungspflichtig in der gesetzlichen Krankenversicherung. Der Sozialhilfeträger bleibt bei **Hilfebedürftigkeit** für diesen **leistungsberechtigten Personenkreis** für die Absicherung im Krankheitsfall zuständig. Doch kann gleichwohl bei Eintritt der Hilfebedürftigkeit eine der in § 32 SGB XII näher bezeichneten Krankenversicherungen bestehen, auch eine Auffangversicherung nach § 5 Abs. 1 Nr. 13 SGB V (vgl. zur prozessualen Lage im Streit um das Bestehen dieser Versicherung BSG 24.3.2016 – B 12 KR 6/14 R). Dann kommt die Anerkennung von Beiträgen als Bedarf nach **§ 32 SGB XII** in Betracht, denn durch diese Hilfe soll eine einmal begründete Versicherungspflicht trotz späteren Empfangs von Sozialhilfeleistungen möglichst aufrecht erhalten werden. Besteht kein Krankenversicherungsschutz, sieht das SGB XII die Hilfe bei Krankheit nach **§ 48 SGB XII** vor, die **ab Kenntnis** des Sozialhilfeträgers einzusetzen vermag (§ 18 SGB XII). Systematisch sind die Anerkennung von Beiträgen zur Kranken- und Pflegeversicherung als Bedarf nach § 32 SGB XII und die Hilfe bei Krankheit nach § 48 SGB XII auseinanderzuhalten. Personen, die nicht krankenversichert sind, haben einen **Rechtsanspruch** auf Hilfe bei Krankheit, der unterschiedlich erfüllt wird. § 48 S. 2 SGB XII bestimmt, dass die Regelungen zur Krankenbehandlung nach § 264 SGB V vorgehen, nach Satz 1 erbringt der Sozialhilfeträger subsidiäre Leistungen zur Krankenbehandlung.

Mit den Empfängern laufender Leistungen nach dem Dritten, Vierten, Sechsten **5** und Siebten Kapitel des SGB XII, die nicht über einen gesetzlichen oder privaten Krankenversicherungsschutz verfügen, ist der von § 48 SGB XII erfasste leistungsberechtigte Personenkreis nicht vollständig beschrieben. Daneben kommen als **weitere Leistungsberechtigte** in Betracht:

– Die in der gesetzlichen Krankenversicherung Versicherten nach § 5 Abs. 1 Nr. 13 SGB V, soweit deren Leistungsanspruch gegen die Krankenkasse wegen Beitragsschulden ruht, und die nicht hilfebedürftig im Sinne eines Anspruchs auf laufende Leistungen nach dem Dritten, Vierten, Sechsten und Siebten Kapitel des SGB XII sind oder werden (§ 16 Abs. 3a S. 2 und 4 SGB V; zum Ruhen des Anspruchs bei Beitragsrückstand vgl. BSG 8.9.2015 – B 1 KR 16/15 R). Nur mit Blick auf diese Hilfearten macht der Hinweis auf die Hilfebedürftigkeit iSd SGB XII in § 16 Abs. 3a S. 4 SGB V Sinn. Anderenfalls brächte schon der Anspruch nur auf Hilfen zur Gesundheit das Ruhen nicht zum Entstehen oder zu einem Ende. Besteht Anspruch auf laufende Leistungen nach dem Dritten, Vierten, Sechsten und Siebten Kapitel des SGB XII, tritt das Ruhen des Leistungsanspruchs nicht ein oder endet (§ 16 Abs. 3a S. 4 SGB V; vgl. dazu BSG 8.3.2016 – B 1 KR 31/15 R, Rn. 9 ff.).

– Die in der privaten Krankenversicherung Versicherten nach § 193 Abs. 3 VVG, soweit deren Leistungsanspruch gegen die Krankenkasse wegen Beitragsschulden ruht, und die nicht hilfebedürftig im Sinne eines Anspruchs auf laufende Leistungen nach dem Dritten, Vierten, Sechsten und Siebten Kapitel des SGB XII sind oder werden (s. die dem § 16 Abs. 3a S. 4 SGB V weithin entsprechende Vorschrift des § 193 Abs. 6 S. 5 VVG).

– Dem Grunde nach leistungsberechtigte Personen nach dem SGB II, die kein Arbeitslosengeld II beziehen, sondern denen diese Leistung nur darlehensweise gewährt wird, und die deshalb in dieser Zeit nicht gesetzlich krankenversichert sind (§ 5 Abs. 1 Nr. 2a SGB V). Darlehensweise Gewährung kann veranlasst sein etwa durch § 24 Abs. 4 SGB II und durch § 24 Abs. 5 SGB II. In der Zeit der darlehensweisen Gewährung dürfte es den Betroffenen in aller Regel nicht möglich sein, eine freiwillige gesetzliche Krankenversicherung zu erwerben. Nehmen sie in dieser Zeit von den §§ 47 ff. SGB XII umfasste Gesundheitsdienstleistungen in Anspruch, kommt für die Übernahme der dadurch entstehenden Kosten die Anwendung der §§ 47 ff. SGB XII in Betracht.

– Dem Grunde nach leistungsberechtigte Personen nach dem SGB II, die nicht krankenversichert sind und keinen Antrag auf Leistungen zur Sicherung des Lebensunterhalts nach dem SGB II gestellt haben (vgl. BSG 19.5.2009 – B 8 SO 4/08 R).

– Aus dem Bezug von Arbeitslosengeld II nach dem SGB II ausgeschiedene Personen, bei denen die Begründung einer freiwilligen Krankenversicherung nach § 188 Abs. 4 SGB V scheitert (vgl. *Breitkreuz*, SGb 2015, 316).

– Im Übrigen bildet § 48 SGB XII das letzte Auffangbecken für alle Personen, die nicht in die gesetzliche oder private Krankenversicherung zu gelangen vermögen und auf die auch keine sonstige vorrangige Regelung zur Absicherung im Krankheitsfall passt. Werden diese Personen nach § 48 SGB XII aufgefangen, führt dies für sie zu einer anderweitigen Absicherung im Krankheitsfall und besteht daher auch nach § 5 Abs. 1 Nr. 13 SGB V für sie keine Versicherungspflicht (→ § 32 Rn. 13). Hierher vermögen nach Maßgabe der Einzelfallumstände zu gehören Studierende, Obdachlose, Ausländer ohne verfestigten Aufenthaltsstatus (insbesondere Ausländer, die keinen Asylantrag gestellt haben und ausreisepflichtig sind) und EU-Bürger mit ungeklärter Vorversicherung (zur Gesundheitsversorgung der EU-Bürger s. BT-Drs. 18/13576) sowie Ausländer iSd § 5 Abs. 11 SGB V (vgl. zu diesen BSG 18.11.2014 – B 8 SO 9/13 R, Rn. 21, 28; 3.7.2013 – B 12 KR 2/11 R, Rn. 13, 17 ff.).

**6** Auch unter Einbeziehung dieser Fälle aber ist festzuhalten, dass seit der Einführung von Versicherungspflichttatbeständen in der gesetzlichen (§ 5 Abs. 1 Nr. 13 SGB V) wie in der privaten Krankenversicherung (§ 193 Abs. 3 VVG) für bislang Nichtversicherte und für Rückkehrer der **Anwendungsbereich** des § 48 SGB XII und damit der §§ 47 bis 52 SGB XII sich auf **nur noch wenige Personen** erstreckt (zum Verhältnis des Basistarifs in der privaten Krankenversicherung und der Hilfe bei Krankheit nach § 48 SGB XII vgl. BGH 16.7.2014 – IV ZR 55/14). Gesetzgeberische Initiativen, auch diese Personen in die gesetzliche Krankenversicherung einzubeziehen und das Nebeneinander von Hilfen zur Gesundheit nach dem SGB XII und Gesundheitsversorgung nach dem SGB V sowie SGB XI zu beenden, haben bislang nicht zu Rechtsänderungen geführt (s. den Gesetzesantrag der Freien und Hansestadt Hamburg v. 27.10.2010, BR-Drs. 673/10).

**Vorrangige Regelungen** zur Absicherung im Krankheitsfall enthalten die **7** Ansprüche auf Krankenbehandlung nach dem BVG und dem BEG sowie nach § 4 AsylbLG. Auch Leistungen der Jugendhilfe gehen vor (§ 10 Abs. 4 S. 1 SGB VIII), vor allem als Annexleistung bei bestimmten Hilfen zur Erziehung (§ 40 SGB VIII).

## 2. Krankheit und Selbsthilfe

Auch im Rahmen des § 48 SGB XII ist der **Selbsthilfegrundsatz** zu beachten **8** (vgl. § 2 Abs. 1 SGB XII; dazu *Siefert*, ZFSH/SGB 2016, 661). Wer die zumutbare Möglichkeit der rechtzeitigen und tatsächlichen Bedarfsdeckung durch Inanspruchnahme Dritter hat, hier insbesondere zum Abschluss einer Krankenversicherung, aus der im Bedarfsfall sofort Leistungen bezogen werden können, ist von der nachrangigen Hilfe bei Krankheit ausgeschlossen. Bei der Hilfe bei Krankheit sind aber auch **Grenzen des Selbsthilfegrundsatzes** anzuerkennen. Besteht keine Krankenversicherung, kann der Sozialhilfeträger bei einer akuten, behandlungsbedürftigen Krankheit die nachfragende Person nicht darauf verweisen, dass sie durch die Aufnahme einer sozialversicherungspflichtigen Tätigkeit einen Anspruch auf Leistungen aus einer Krankenversicherung begründen könnte und damit ein Eingreifen des Sozialhilfeträgers nicht erforderlich wird. Die Verweigerung von Hilfe bei Krankheit kann zu irreparablen Gesundheitsschäden führen. Sie ließe sich dann mit dem Grundrecht auf Gewährleistung eines menschenwürdigen Existenzminimums nach Art. 1 Abs. 1 iVm Art. 20 Abs. 1 GG nicht vereinbaren, das auch die Gesundheit erfasst (BVerfG 9.2.2010 – 1 BvL 1, 3, 4/09, Rn. 135). Auch kann die nachfragende Person im Fall einer akuten Erkrankung schon deshalb nicht auf die Möglichkeit der Selbsthilfe verwiesen werden, weil sie in aller Regel nicht die Möglichkeit hat, rechtzeitig eine sozialversicherungspflichtige Tätigkeit aufzunehmen, um Leistungen der gesetzlichen Krankenversicherung in Anspruch nehmen zu können.

Unter den Voraussetzungen des § 103 SGB XII besteht im Fall der fehlenden **9** Krankenversicherung die Möglichkeit des Hilfeträgers, vom Leistungsberechtigten **Kostenersatz** zu verlangen. Dazu ist in der Rechtsprechung anerkannt, dass die Kündigung einer Krankenversicherung bei nachfolgendem Bezug von Hilfe bei Krankheit grundsätzlich ein sozialwidriges Verhalten nach § 103 SGB XII darstellt. Denn Krankheit gehört zu den Hauptrisiken des Lebens. Es ist deshalb von jedermann Vorsorge für den Krankheitsfall durch einen Krankenversicherungsschutz zu treffen (zu § 92a BSHG vgl. BVerwG 23.9.1999 – 5 C 22/09). Diese Sichtweise gilt erst recht seit den in der gesetzlichen wie der privaten Krankenversicherung eingeführten Versicherungspflichttatbeständen.

# II. Inhalt der Norm

## 1. Leistungen zur Krankenbehandlung außerhalb von § 264 SGB V (S. 1)

**a) Leistungsverhältnis.** Den Leistungsberechtigten, die **nicht Statusversi-** **10** **cherte** einer Krankenkasse nach § 48 S. 2 SGB XII werden können, ist durch den Sozialhilfeträger nach § 48 S. 1 SGB XII Hilfe bei Krankheit zu gewähren. Der **leistungsberechtigte Personenkreis** derjenigen, denen der Hilfeträger zur Hilfe bei Krankheit unmittelbar verpflichtet ist, ist durch die Regelung des § 48 S. 2 SGB XII iVm § 264 Abs. 2 S. 2 SGB V erheblich eingeschränkt. Dazu zählen noch die Personen, die ausschließlich Beratungsleistungen nach § 11 Abs. 5 S. 3 SGB XII beziehen oder deren Aufwendungen für die Vorsorge nach § 33 SGB XII als Bedarf anerkannt werden sowie im Ausland lebende und dort Sozialhilfe beziehende Deutsche (§ 24 SGB XII).

**11** Das sozialhilferechtliche Leistungsverhältnis besteht zwischen dem Sozialhilfeträger und dem Leistungsberechtigten. Ihm gegenüber sind die Hilfeträger nicht zur Kostenerstattung (Kostenerstattungsprinzip) verpflichtet, sie haben vielmehr die Hilfe in Form von **Sach- und Dienstleistungen** sicherzustellen. Dieses **Sachleistungsprinzip** des gesetzlichen Krankenversicherungsrechts wirkt sich durch die Anbindung der Hilfe bei Krankheit an das SGB V (s. § 52 Abs. 1 S. 1 SGB XII) auf die Sozialhilfe aus. Die Hilfe bei Krankheit wird **durch** externe **Leistungserbringer** wie den behandelnden Arzt oder das aufnehmende Krankenhaus erbracht. Dadurch entsteht eine **Dreiecksbeziehung** zwischen dem Sozialhilfeträger, dem Leistungsberechtigten und dem Leistungserbringer. Vom Dreiecksverhältnis, um das es in §§ 75 ff. SGB XII geht, unterscheidet sich § 48 S. 1 SGB XII jedoch dadurch, dass hier das Vereinbarungsrecht der §§ 75 ff. SGB XII keine Anwendung findet, weil der Sozialhilfeträger mit Leistungserbringern im Rahmen der gesetzlichen Krankenversicherung keine Vereinbarungen nach §§ 75 ff. SGB XII schließt; vielmehr werden die Leistungen durch Leistungserbringer gegenüber den Leistungsberechtigten erbracht und gibt der Sozialhilfeträger Kostenübernahmeerklärungen im Einzelfall ab. In diesem Beziehungssystem besteht kein unmittelbarer, sozialhilferechtlich veranlasster **Vergütungsanspruch** des Arztes oder des Krankenhauses gegen den Hilfeträger (vgl. BVerwG 2.2.1998 – 5 B 99/97). Denn zwischen dem Sozialhilfeträger und dem Leistungserbringer kommt weder ein sozialhilferechtliches Leistungsverhältnis noch ein öffentlich-rechtlich geprägtes Auftragsverhältnis zustande. Unmittelbare sozialhilferechtliche Ansprüche erwerben Arzt und Krankenhaus allenfalls unter den engen Voraussetzungen des § 25 SGB XII. Ein unmittelbarer Anspruch des Arztes oder des Krankenhauses kann sich nur aus der individuellen, ihnen gegenüber abgegebenen **Kostenübernahmeerklärung** ergeben. Ein Zahlungsanspruch des externen Leistungserbringers kann aus einer solchen Kostenübernahmeerklärung nur folgen, wenn der Sozialhilfeträger seinen Rechtsbindungswillen dem Grunde und der Höhe nach unzweideutig zum Ausdruck bringt. Eindeutigkeit verlangt, dass die Akzessorietät zwischen der Selbstverpflichtung des Sozialhilfeträgers und dem Anspruch des Leistungsberechtigten Berücksichtigung finden muss. Gibt der Hilfeträger eine derartige Erklärung ab, besteht die Vermutung, dass sie öffentlich-rechtlicher Natur ist, weil sie in einem untrennbaren Zusammenhang mit der öffentlich-rechtlichen Leistung der Hilfe bei Krankheit steht (vgl. BVerwG 19.5.1994 – 5 C 33/91). Ungeachtet einer möglichen Individualvereinbarung kann ein Sozialhilfeträger für ein Tätigwerden von Leistungserbringern mit der Kassenärztlichen Vereinigung eine Rahmenvereinbarung treffen, die sich am Gesamtvertrag-Ärzte zwischen der Kassenärztlichen Vereinigung und den Gesamtvertragspartnern auf Krankenkassenseite orientiert.

**12** Dem Leistungsberechtigten gegenüber kann die Hilfe bei Krankheit mittels eines „Krankenscheines" bzw. „Behandlungsscheines" gewährt werden. Eine solche Erklärung ist als **Zusicherung** nach § 34 SGB X zu behandeln, deren Einhaltung im Wege der einstweiligen Anordnung nach § 86b Abs. 2 SGG gesichert werden kann.

**13** Über § 19 Abs. 5 SGB XII kommt die **Forderung eines Kostenbeitrags** vom Leistungsberechtigten in Betracht. Es können insoweit jedoch nur Aufwendungen ersetzt verlangt werden, die tatsächlich entstanden sind. Die Erhebung eines Eigenbeitrags des Leistungsberechtigten in Form einer Pauschale und ohne Anknüpfung an tatsächliche Aufwendungen des Sozialhilfeträgers ist unzulässig (SG Hamburg 29.8.2008 – S 56 SO 339/06).

**14** **b) Krankheit.** Der Begriff der Krankheit ist weder im SGB XII noch im SGB V definiert. Er ist von der Rechtsprechung und dem wissenschaftlichen Schrifttum entwickelt worden. Unter dem maßgeblichen Einfluss des BSG wird im SGB V ein zweigliedriger Krankheitsbegriff verwendet. Krankheit ist danach ein **regelwidriger, vom Leitbild des gesunden Menschen abweichender Körper- oder Geisteszustand,** der ärztlicher Behandlung bedarf oder den Betroffenen arbeitsunfähig macht (stRspr, vgl. BSG 18.11.2014 – B 1 KR 19/13 R, Rn. 14). Im Sozialhilferecht spielt die Arbeitsunfähigkeit keine Rolle, weil sie sozialhilferechtlich keine Leistungsansprüche auslöst. Im Sozialhilferecht wird Krankheit deshalb als ein regelwidriger Körper- oder Geisteszustand beschrieben, der der Behandlung bedarf (eingliedriger Krankheitsbegriff; aA *Löcher*, ZfS 2006, 78 [80]). Die Anwendung dieser auf **Behandlungsbedürftigkeit** abstellenden Definition hat zur Kenntnis zu nehmen, dass sich durch die medizinische Entwicklung die Vorstellungen darüber geändert haben und fortlaufend ändern, was einer Krankenbehandlung bedarf. Insoweit geht es auch um gesellschaftliche Übereinkünfte.

**c) Abgrenzung von anderen Hilfen.** Die Hilfearten sind nach ihren Zwecken **15** abzugrenzen. Natürliche Umstände wie eine Schwangerschaft stellen keine Krankheit dar. Für **Schwangerschaft und Mutterschaft** enthält § 50 SGB XII deshalb eine Spezialregelung. Eine Krankheit ist auch nicht eine in ihren medizinischen Ursachen ungeklärte (idiopathische) **Sterilität,** die dem Wunsch nach erfolgreichen **Familienplanung** entgegensteht. Für die Hilfe zur Familienplanung enthält § 49 SGB XII eine Spezialregelung. Diät- oder Krankenkost wird vom SGB XII als Hilfe zum Lebensunterhalt angesehen. Es handelt sich um Mehrbedarf nach § 30 Abs. 5 SGB XII wegen kostenaufwändiger Ernährung, der der Hilfe zum Lebensunterhalt als zusätzlicher Bedarf zugerechnet wird. Mehraufwendungen durch Einhaltung einer bestimmten **Diät- und Krankenkost** entstehen durch eine besondere der Krankheit angepasste Ernährungsweise. Entsprechende Nahrungsmittel sind deshalb nicht als Arzneimittel einzuordnen.

**Eingliederungshilfe** geht bei Vorliegen ihrer Voraussetzungen der Hilfe bei **16** Krankheit als die umfassendere Leistung vor. Der Leistungsberechtigte muss bei der Eingliederungshilfe zu dem in § 53 Abs. 1 SGB XII genannten Personenkreis gehören, während der Einsatz der medizinischen Mittel im Rahmen der Hilfe bei Krankheit gerade den Eintritt einer der dort aufgeführten Behinderungen vermeiden soll. Die Hilfe bei Krankheit setzt mithin am Begriff der Krankheit an, die Eingliederungshilfe am Begriff der Behinderung (vgl. BSG 28.10.2008 – B 8 SO 23/07 R, Rn. 35). Für die Hilfe bei Krankheit ist in Abgrenzung von der Eingliederungshilfe charakteristisch, dass durch eine medizinische Behandlung Aussicht auf Heilung besteht und zumindest der Versuch unternommen wird, einen Zustand in absehbarer Zeit positiv zu verändern. Leistungen der Eingliederungshilfe erhalten demgegenüber Personen, für die auch bei Durchführung der Leistungen nach §§ 47 und 48 SGB XII eine Behinderung einzutreten droht (§ 53 Abs. 2 S. 2 SGB XII). Werden **Leistungen der medizinischen Rehabilitation** nach dem SGB XII gewährt, sei es im Rahmen der Hilfe bei Krankheit oder im Rahmen der Eingliederungshilfe, stehen den Leistungsberechtigten keine über das SGB V hinausgehenden Leistungen zu. Doch können im Einzelfall im Rahmen der Eingliederungshilfe Leistungen zur Teilhabe am Leben in der Gemeinschaft (§ 54 SGB XII iVm § 55 SGB IX) nachrangig zu gewähren sein und so auch im Rahmen des SGB XII über das SGB V hinausgehende Leistungen gewährt werden (vgl. BSG 19.5.2009 – B 8 SO 32/07 R, Rn. 16 ff.).

Letzteres ist auch ein wesentliches Abgrenzungskriterium für die Unterscheidung **17** von Hilfe bei Krankheit und der **Hilfe zur Pflege** nach §§ 61 ff. SGB XII. Steht die Pflege, nicht aber die Linderung der Krankheitsfolgen im Vordergrund, ist von einer Hilfe zur Pflege auszugehen. Bei einer Krankheit, die zunächst behandlungsbedürftig ist, kann die Hilfesituation zu einer Hilfe zur Pflege werden, wenn bei lang andauernden Krankheitsfolgen die Pflege ein stärkeres Gewicht als die ärztliche Beobachtung des Krankheitsverlaufes bekommt.

**18**  **d) Leistungsziel.** Die Hilfe bei Krankheit dient dem Ziel, eine Krankheit zu erkennen, zu heilen, ihre Verschlimmerung zu verhüten oder Krankheitsbeschwerden zu lindern. Diese Formulierungen sind wortgleich mit denen des **§ 27 Abs. 1 S. 1 SGB V.** Für deren Auslegung und Anwendung ist auf die Konkretisierungen des § 27 Abs. 1 S. 1 SGB V insbesondere in der Rspr. des BSG hinzuweisen (zum **Individualanspruch** Versicherter nach § 27 SGB V vgl. BSG 2.9.2014 – B 1 KR 3/13 R, Rn. 14). Es besteht kein Anlass, im Rahmen des SGB XII hiervon abweichende Konkretisierungen vorzunehmen. Denn mit der Hilfe bei Krankheit soll den Leistungsberechtigten nach § 48 S. 1 SGB XII das Leistungsspektrum des SGB V eröffnet werden (vgl. BSG 15.11.2012 – B 8 SO 6/11 R, Rn. 15).

**19**  **e) Leistungsumfang.** Diese Zielsetzung spiegelt sich im Leistungsumfang durch den **Verweis auf** Leistungen der gesetzlichen Krankenversicherung entsprechend dem Dritten Kapitel Fünften Abschnitt Ersten Titel des **SGB V.** Bezug genommen ist damit auf §§ 27 bis 43c SGB V.

**20**  Obwohl § 48 S. 1 SGB XII nicht ausdrücklich auf § 12 SGB V, in dem das **Wirtschaftlichkeitsgebot** für die nach dem SGB V zu erbringenden Leistungen vorgesehen ist, verweist, gilt dieses Gebot auch für das Sozialhilferecht (s. § 52 Abs. 1 S. 1 SGB XII). Es ist daher von einer Leistungsgewährung auszugehen, die sich im Rahmen des Ausreichenden, des Zweckmäßigen und des Notwendigen hält.

**21**  Nach § 27 Abs. 1 S. 2 SGB V umfasst die **Krankenbehandlung:**

1. ärztliche Behandlung einschließlich Psychotherapie als ärztliche und psychotherapeutische Behandlung,
2. zahnärztliche Behandlung,
2a. Versorgung mit Zahnersatz einschließlich Zahnkronen und Suprakonstruktionen,
3. Versorgung mit Arznei-, Verband-, Heil- und Hilfsmitteln,
4. häusliche Krankenpflege und Haushaltshilfe,
5. Krankenhausbehandlung,
6. Leistungen zur medizinischen Rehabilitation und ergänzende Leistungen.

**22**  Die **ärztliche Behandlung** umfasst die Tätigkeit des Arztes, die zur Verhütung, Früherkennung und Behandlung von Krankheiten nach den Regeln der ärztlichen Kunst ausreichend und zweckmäßig ist (§ 28 Abs. 1 S. 1 SGB V). Können diese Behandlungsziele nicht mehr erreicht werden, ist ein Anspruch auf Hilfe bei Krankheit ausgeschlossen. Die **zahnärztliche Behandlung** umfasst die Tätigkeit des Zahnarztes, die zur Verhütung, Früherkennung und Behandlung von Zahn-, Mund- und Kieferkrankheiten nach den Regeln der zahnärztlichen Kunst ausreichend und zweckmäßig ist (§ 28 Abs. 2 S. 1 SGB V); zum Anspruch gehört auch die Versorgung mit Zahnersatz, obgleich diese im Einzelnen nicht in §§ 27 bis 43c SGB V, sondern in §§ 55 bis 57 SGB V geregelt ist (s. auch *Löcher*, ZfS 2006, 78 [82]; *Wendtland*, ZSR 2007, 423 [430]). Die ambulante ärztliche und zahnärztliche Behandlung (§ 28 Abs. 1 und 2 SGB V) steht unter dem Arztvorbehalt. Daneben kommt auch **psychotherapeutische Behandlung** in Betracht, wenn Psychotherapeuten zur vertragspsychotherapeutischen Versorgung zugelassen sind. Zum Anspruch gehören alle Maßnahmen, die nach dem Recht der gesetzlichen Krankenversicherung in deren Leistungsumfang enthalten sind. Innerhalb dieses Leistungsspektrums und unter Beachtung des Wirtschaftlichkeitsgebotes (§ 12 SGB V) ist der Arzt in seiner Entscheidung über den Behandlungsinhalt frei. Die zahnärztlichen Maßnahmen stehen unter dem Vorbehalt der Mehrkostenregelung bei zahnerhaltenden Maßnahmen (§ 28 Abs. 2 S. 2 bis 5 SGB V). Für die **Versorgung mit Arzneimitteln** kommen grundsätzlich nur die verschreibungspflichtigen Arzneimittel in Betracht (§§ 31, 34

SGB V). **Krankenhausbehandlung** wird vollstationär, stationsäquivalent, teilstationär, vor- und nachstationär sowie ambulant erbracht (§ 39 Abs. 1 S. 1 SGB V). Es handelt sich um eine komplexe Sachleistung. Hierzu zählen die ärztliche Behandlung, die pflegerischen Leistungen, Gewährung von Arznei-, Heil- und Hilfsmitteln sowie Unterkunft und Verpflegung. Die Einweisung erfolgt in der Regel auf eine ärztliche Verordnung. Zu den vom Leistungsanspruch auf Krankenbehandlung im Einzelnen erfassten Behandlungsleistungen sind die näheren Regelungen in den **Richtlinien des Gemeinsamen Bundesausschusses** zu beachten; diese sind aktuell und vollständig, insbesondere einschließlich aller Anlagen, abrufbar im Internetauftritt des Gemeinsamen Bundesausschusses (www.g-ba.de).

Neben diesem sich aus § 48 S. 1 SGB XII ergebenden Leistungsumfang kommen **23** für die nach dieser Vorschrift Leistungsberechtigten die Leistungen nach **§ 47 S. 1, §§ 49 bis 51 SGB XII** in Betracht. Hierfür wird auf die entsprechenden Kommentierungen verwiesen.

Insgesamt gilt, dass nach § 48 S. 1 SGB XII keine Leistungen gewährt werden **24** können, die durch Krankenkassen im Rahmen des SGB V gegenüber Versicherten nicht zu erbringen sind. Der **Leistungsumfang der gesetzlichen Krankenversicherung** determiniert den Leistungsumfang der Sozialhilfe (für den Bedarf nach einer Brille s. LSG NRW 16.1.2009 – L 20 B 116/08 SO; für die Versorgung mit einem Arzneimittel ohne Begrenzung auf den Festbetrag s. LSG NRW 21.2.2013 – L 9 SO 455/11, unter Hinweis auf BSG 3.7.2012 – B 1 KR 22/11 R). Dies gilt neben der leistungsrechtlichen Gleichstellung grundsätzlich auch für die Verpflichtung zu Eigenleistungen und Zuzahlungen (*Fahlbusch,* RsDE 69, 47 [53]).

## 2. Leistungen zur Krankenbehandlung nach § 264 SGB V (S. 2)

Die Leistungsberechtigten, die nicht bereits gesetzlich krankenversichert sind und **25** deren Beiträge unter den Voraussetzungen des § 32 SGB XII als Bedarf anerkannt werden, werden zwar nicht durch den Bezug von Leistungen nach dem SGB XII zu gesetzlich Krankenversicherten, sie können jedoch unter den Voraussetzungen des § 48 S. 2 SGB XII iVm § 264 Abs. 2 bis 7 SGB V **Statusversicherte** einer Krankenkasse werden. Hierdurch erhalten sie eine **verfahrens- und leistungsrechtliche Gleichstellung mit den gesetzlich Krankenversicherten,** ohne volle Mitgliedschaftsrechte in einer Krankenkasse zu haben. Kombiniert wird dieser Leistungsanspruch gegen die Krankenkasse im Rahmen einer unechten Krankenversicherung ohne Beitragsleistung im Sinne einer **„Quasiversicherung"** in der gesetzlichen Krankenversicherung mit der Kostenerstattung durch die Sozialhilfeträger gegenüber den Krankenkassen (vgl. BSG 27.5.2014 – B 8 SO 26/12 R, Rn. 18; 12.11.2013 – B 1 KR 56/12 R, Rn. 14).

**a) Berechtigter Personenkreis.** Von der Vorschrift des § 264 Abs. 2 S. 1 SGB V **26** werden durch die Bezugnahme auf **Empfänger von Leistungen nach dem Dritten bis Neunten Kapitel des SGB XII** grundsätzlich alle Leistungsberechtigten des SGB XII erfasst. Es entspricht einer inneren Logik, dass als Empfänger von Leistungen **auch** diejenigen gemeint sind, die **ausschließlich Leistungen der Hilfe bei Krankheit** beanspruchen (aA *Zeitler,* NDV 2004, 45 [48]). Zwar empfängt der Leistungsberechtigte bei Zugrundelegung eines engen Wortverständnisses bei der Hilfe bei Krankheit keine Leistungen des SGB XII, weil das eigentliche Leistungsverhältnis nur zwischen ihm und der gesetzlichen Krankenkasse besteht. Doch stellt sich die Begründung dieses Leistungsverhältnisses als Leistung der Sozialhilfe nach dem SGB XII dar (BSG 18.11.2014 – B 1 KR 12/14 R, Rn. 11 f.; aA BSG 27.5.2014 – B 8 SO 26/12 R, Rn. 21). Der Anstoß für die Leistungen der Krankenkasse wird über den Sozialhilfeträger vermittelt. Ohne dass er Kenntnis von dem Hilfefall hat, wird aus sozialhilferechtlicher Veranlassung ein Leistungsverhältnis zur Krankenkasse nicht angebahnt.

27    **b) Ausnahmen.** Ausnahmen werden für Empfänger von laufender Hilfe zum
Lebensunterhalt gemacht, die voraussichtlich nicht mindestens einen Monat ununter-
terbrochen Hilfe zum Lebensunterhalt beziehen (§ 264 Abs. 2 S. 2 SGB V). Für
die **kurze Zeit des Hilfebezuges** lohnt sich der organisatorische Aufwand, den
Hilfebedürftigen in einer gesetzlichen Krankenkasse unterzubringen, nicht (vgl. BT-
Drs. 15/1525, S. 140). Dem Wortlaut nach gilt diese Ausnahme nicht für die Bezieher von sonstigen Hilfen. Ein Konfliktfall könnte sich daher bei der Fallkonstellation
ergeben, in der die nachfragende Person keine Hilfe zum Lebensunterhalt beziehen
dürfte, weil ihr Einkommen den entsprechenden Hilfebedarf übersteigt, sie aber
aufgrund der günstigeren Einkommensgrenzen einen Anspruch auf sonstige soziale
Hilfen hat. Für diesen Leistungsberechtigten würde die Ausnahmeregelung für den
Fall einmaliger oder kurzfristiger Leistungen nicht gelten. Als sachgerechte Lösung
böte sich ebenfalls eine Anwendung des § 264 Abs. 2 S. 2 SGB V an, weil auch in
einem derartigen Fall der organisatorische Aufwand mit der Gewährung der Leistung
unverhältnismäßig wäre (ebenso *Zeitler,* NDV 2004, 45 [47]; aA *Bieritz-Harder,* LPK-
SGB XII, 10. Aufl. 2015, § 48 Rn. 7).

28    **Weitere Ausnahmen** sieht § 264 Abs. 2 S. 2 SGB V für Personen vor, die aus-
schließlich Beratungsleistungen nach § 11 Abs. 5 S. 3 SGB XII beziehen oder deren
Aufwendungen für die Vorsorge nach § 33 SGB XII als Bedarf anerkannt werden
sowie für Deutsche, die im Ausland leben und Sozialhilfe beziehen (§ 24 SGB XII).
Soweit die Ausnahmen greifen, bleibt es bei der Hilfe bei Krankheit nach § 48 S. 1
SGB XII.

29    **c) Begründung der Statusversicherung („Quasiversicherung"). aa) Wahl-
verpflichtung.** Die Leistungsberechtigten, deren Krankenbehandlung nach § 264
Abs. 2 S. 1 SGB V frühestens ab dem Beginn des Leistungsbezugs nach dem
SGB XII, damit ggfs. auch rückwirkend (vgl. Terminbericht Nr. 19/11 v. 15.4.2011
des BSG zu Nr. 6), nicht aber vor Kenntniserlangung iSd § 18 SGB XII von einer
Krankenkasse übernommen wird, haben unverzüglich nach der Leistungsbewilligung nach dem SGB XII und bezogen auf den Zeitpunkt der Kenntniserlangung
eine für sie zuständige **Krankenkasse** im Bereich des für die Hilfe zuständigen
Sozialhilfeträgers zu **wählen** (§ 264 Abs. 3 S. 1 SGB V). Verzögerungen verstoßen
gegen die Pflicht zur Selbsthilfe. Leben mehrere Empfänger von Sozialhilfe in häuslicher Gemeinschaft, steht dem Haushaltsvorstand für sich und für die Familienangehörigen, die bei Versicherungspflicht des Haushaltsvorstands nach § 10 SGB V versichert wären, ein Wahlrecht zu (§ 264 Abs. 3 S. 2 SGB V). Mit dieser Regelung wird
in einem Teilbereich des Sozialhilferechts der ansonsten gültige Grundsatz außer Kraft
gesetzt, dass jeder einzelne Leistungsberechtigte aktivlegitimiert ist und seine
Ansprüche gegenüber dem Hilfeträger geltend machen muss (vgl. *Kostorz/Wahren-
dorf,* ZfSH/SGB 2004, 387 [393]).

30    Aus der Formulierung „haben … zu wählen" ergibt sich, dass es sich hierbei
um eine einseitige, empfangsbedürftige und vor allem rechtsgestaltende Erklärung
handelt. Mit ihrer Abgabe ist die gewählte Krankenkasse zur Übernahme der Krankenbehandlung verpflichtet; eine Ablehnung von Seiten der Kasse ist nicht möglich.
Vorbild dieser Regelung ist § 175 Abs. 1 S. 1 und 2 SGB V, nach dem die Krankenkasse die Mitgliedschaft eines wahlberechtigten Versicherungspflichtigen oder Versi-
cherungsberechtigten nicht ablehnen oder die Erklärung über die Ausübung des
Wahlrechts durch falsche oder unvollständige Beratung verhindern oder erschweren
darf. Dadurch entsteht zwischen Krankenkasse und Leistungsberechtigte zwar kein
Mitgliedschafts- oder Versicherungsverhältnis iSd SGB V, wohl aber ein **leistungs-
rechtliches Verhältnis** (vgl. BT-Drs. 15/1255, S. 141). Nach Ausübung des einmaligen Wahlrechts steht den Leistungsberechtigten **kein Wechselrecht** mehr zu (BSG
8.3.2016 – B 1 KR 26/15 R, Rn. 11 ff.).

Um die Leistungen der gewählten Krankenkasse in Anspruch nehmen zu können, **31** erhalten die Leistungsberechtigten eine **elektronische Gesundheitskarte** nach § 291 SGB V (§ 264 Abs. 4 S. 2 SGB V). Dieser Formulierung ist zwar nicht direkt zu entnehmen, wer hier in die Pflicht genommen ist (die gewählte Krankenkasse als unmittelbarer Leistungs- oder der zuständige Sozialleistungsträger als Kostenträger), doch verdeutlicht der Verweis auf § 291 Abs. 1 S. 1 SGB V („Die Krankenkasse stellt für jeden Versicherten eine elektronische Gesundheitskarte aus."), dass hier die Krankenkasse zur Ausstellung der Karte verpflichtet ist.

**bb) Zwangsanmeldung.** Wird das Wahlrecht vom Leistungsberechtigten nicht **32** ausgeübt, verweist § 264 Abs. 3 S. 3 SGB V auf die entsprechende Geltung von § 28i SGB IV und § 175 Abs. 3 S. 2 SGB V. Danach gilt: Wird eine Mitgliedsbescheinigung nicht spätestens zwei Wochen nach Eintritt der Statusversicherung vorgelegt, hat die zur Meldung verpflichtete Stelle den Statusversicherten ab Eintritt der „Quasiversicherung" bei der Krankenkasse anzumelden, bei der zuletzt eine Versicherungspflicht bestand; bestand eine solche nicht, ist der Statusversicherte bei einer nach § 173 SGB V wählbaren Krankenkasse anzumelden. Der Leistungsberechtigte ist darüber unverzüglich zu unterrichten.

**cc) Abmeldung.** Wenn der Leistungsberechtigte nicht mehr bedürftig iSd **33** SGB XII ist, meldet der Sozialhilfeträger diesen bei der Krankenkasse ab (§ 264 Abs. 5 S. 1 SGB V). Der Sozialhilfeträger, nicht die Krankenkasse, hat die **elektronische Gesundheitskarte** einzuziehen und an die Krankenkasse zu übermitteln (§ 264 Abs. 5 S. 2 SGB V). Weigert sich der Empfänger, bietet die Vorschrift eine ausreichende Grundlage für den Erlass eines Bescheids auf Herausgabe. Um diesen Bescheid sofort vollziehbar zu machen, muss die sofortige Vollziehung angeordnet werden. Als Zwangsmittel kommt die Androhung eines Zwangsgeldes in Betracht. Aufwendungen, die der Krankenkasse nach Abmeldung des vormaligen Leistungsberechtigten durch eine missbräuchliche Verwendung der Gesundheitskarte entstehen, hat der Sozialhilfeträger zu erstatten (§ 264 Abs. 5 S. 3 SGB V), soweit nicht die Krankenkasse aufgrund Gesetz oder Vertrag verpflichtet ist, ihre Leistungspflicht vor der Inanspruchnahme der Leistung zu prüfen (§ 264 Abs. 5 S. 4 SGB V).

**d) Leistungsumfang (§ 264 Abs. 4 S. 1 SGB V). aa) Leistungsanspruch.** **34** Hinsichtlich der von der gewählten Krankenkasse zu gewährenden Leistungen verweist § 264 Abs. 4 S. 1 SGB V zunächst auf § 11 Abs. 1 SGB V, der für die Leistungsberechtigten entsprechend gilt. Dieser wiederum enthält eine Übersicht über den Anspruch auf Leistungen, zu denen insbesondere die zur **Behandlung einer Krankheit** nach §§ 27 bis 43c SGB V gehören, sodass Sozialhilfeempfänger Anspruch auf alle Leistungen haben, die in **§ 27 Abs. 1 S. 2 SGB V** aufgezählt sind und die auch Versicherte der gesetzlichen Krankenversicherung beanspruchen können.

Hinzu kommen die weiteren in **§ 11 Abs. 1 SGB V** genannten Leistungen, die **35** im Rahmen des SGB XII für die von § 48 S. 1 SGB XII erfassten Leistungsberechtigten gesondert geregelt sind: die Verhütung und Früherkennung von Krankheiten sowie Erfassung von gesundheitlichen Risiken iSd §§ 20 bis 24, 25 bis 26 SGB V (§ 47 S. 1 SGB XII), die Empfängnisverhütung iSd § 24a SGB V (§ 49 SGB XII), die Sterilisation iSd § 24b SGB V (§ 51 SGB XII) und die Leistungen bei Schwangerschaft und Mutterschaft iSd §§ 24c bis 24h SGB V (§ 50 SGB XII). Die in § 11 Abs. 1 Nr. 5 SGB V in Bezug genommenen Leistungen des Persönlichen Budgets nach § 17 Abs. 2 bis 4 SGB IX dürften im Rahmen der Hilfen zur Gesundheit nach den §§ 47 ff. SGB XII kaum zur Anwendung kommen; sie betreffen die Leistungsabwicklung bei der Inanspruchnahme medizinischer Rehabilitationsleistungen, die im Rahmen des SGB XII vornehmlich bei der Eingliederungshilfe erfolgt. Ausgeschlossen sind für Anspruchsberechtigte nach dem SGB XII Ansprüche auf Mutterschaftsgeld nach § 24i SGB V und Krankengeld nach §§ 44 bis 51 SGB V; Arbeitsunfähigkeit ist sozialhilferechtlich nicht leistungsrelevant.

**36**  **bb) Leistungseinschränkungen und Zuzahlungen.** Für die Empfänger von Sozialhilfe kommt es ebenso wie für gesetzlich Krankenversicherte zu **Leistungseinschränkungen,** sei es über eine direkte gesetzliche Anordnung – wie etwa in § 31 Abs. 1 S. 1 SGB V bezüglich § 34 SGB V und der Arzneimittel-Richtlinie des Gemeinsamen Bundesausschusses nach § 92 Abs. 1 S. 2 Nr. 6 SGB V – oder – wie insbesondere durch die weiteren Richtlinien des Gemeinsamen Bundesausschusses nach § 92 SGB V – mittelbar über das **Gebot der wirtschaftlichen Leistungserbringung nach § 12 SGB V.** So schränkt das Gesetz den Leistungskatalog der gesetzlichen Krankenversicherung dadurch ein, dass Anspruch auf Versorgung mit Sehhilfen (Brillengläser) nur noch bei Kindern und Jugendlichen sowie im Falle einer schweren Sehbeeinträchtigung oder zu therapeutischen Zwecken besteht (§ 33 Abs. 2 und Abs. 4 SGB V) und nicht verschreibungspflichtige Arzneimittel (sog. OTC-Präparate) grundsätzlich nicht mehr zu Lasten der gesetzlichen Krankenversicherung verordnet werden können (§ 34 Abs. 1 SGB V).

**37**  Ferner verweist § 264 Abs. 4 S. 1 SGB V auf die §§ 61 und 62 SGB V, sodass auch die Vorschriften zur **Zuzahlungspflicht und** zu den **Befreiungsmöglichkeiten** bei Erreichen der Belastungsgrenze gleichermaßen für gesetzlich Krankenversicherte und Sozialhilfeempfänger gelten (vgl. auch § 37 Abs. 2 und 3 SGB XII), denen eine Krankenversichertenkarte nach § 264 Abs. 4 S. 2 SGB V ausgehändigt wurde.

**38**  Zu den Zuzahlungen nach § 61 SGB V hinzu kam schließlich die sog. **Praxisgebühr** in Höhe von 10 EUR je Quartal (§ 28 Abs. 4 aF iVm § 61 S. 2 SGB V). Sie ist durch das Gesetz zur Regelung des Assistenzpflegebedarfs in stationären Vorsorge- und Rehabilitationseinrichtungen vom 20.12.2012 (BGBl. I S. 2789) mit Wirkung vom 1.1.2013 jedoch abgeschafft worden. Faktisch führte dies zu höheren Mitteln für die Gesundheitspflege, denn in diese war die Praxisgebühr nach dem am 1.1.2011 in Kraft getretenen Regelbedarfs-Ermittlungsgesetz (RBEG) vom 24.3.2011 „eingepreist".

**39**  Weil Bedarfe für im Leistungskatalog des SGB V nicht enthaltene Leistungen und für Zuzahlungen bestehen können und ihre Deckung zu finanziellen Belastungen führt, waren **Ausgaben für die Gesundheitspflege** in die **Regelsatz VO** aufgenommen worden (§ 2 Abs. 2 Nr. 5). Seither waren neben Eigenleistungen bei Versorgungsausschlüssen auch Zuzahlungen und Aufwendungen für die Praxisgebühr, auch wenn sie in unregelmäßigen Abständen entstanden, von der Regelsatztypik erfasst. Nach Inkrafttreten des **RBEG** und gleichzeitiger Aufhebung der Regelsatz VO (Art. 1 und 12 Abs. 1 des Gesetzes zur Ermittlung von Regelbedarfen und zur Änderung des Zweiten und Zwölften Buches Sozialgesetzbuch vom 24.3.2011, BGBl. I S. 453) finden sich die regelbedarfsrelevanten Verbrauchsausgaben für die Gesundheitspflege nunmehr in § 5 Abs. 1 und § 6 Abs. 1 (jeweils Abteilung 6) RBEG. Dies gilt in gleicher Weise für das am 1.1.2017 in Kraft getretene RBEG vom 22.12.2016.

**40**  Bei atypisch hohem Bedarf an Aufwendungen für Gesundheitsleistungen, der innerhalb des Leistungskatalogs der gesetzlichen Krankenversicherung nicht gedeckt wird, kommt im Einzelfall die Gewährung von **Darlehen nach § 37 Abs. 1 SGB XII** in Betracht, ggfs. auch eine abweichende **Regelsatzfestsetzung nach § 27a Abs. 4 S. 1 Nr. 2 SGB XII,** nicht aber eine **Hilfegewährung nach § 73 SGB XII** (s. – mit Blick auf Empfängnisverhütungsmittel – BSG 15.11.2012 – B 8 SO 6/11 R, Rn. 23; s. auch *Fahlbusch,* RsDE 69, 47 [50 ff., 56 f.]. Bei Zuzahlungen enthält § 62 SGB V mit der individuellen Belastungsgrenze eine systemimmanente Lösung; nur im Ausnahmefall mag ein Darlehen nach § 37 Abs. 1 SGB XII in Betracht kommen (s. BSG 16.12.2010 – B 8 SO 7/09 R, Rn. 20). Hier wie auch sonst hängt die Vereinbarkeit mit dem **Bedarfsdeckungsprinzip,** soweit es verfassungsrechtlichen Rang einzunehmen vermag (dazu ausführlich BVerfG 9.2.2010 – 1 BvL 1, 3, 4/09, Rn. 133 ff.), an der Verfassungsgemäßheit der Höhe des Regelsatzes.

**cc) Fahrkosten.** Um ein **gesetzgeberisches Versehen** dürfte es sich handeln, **41** dass § 264 Abs. 4 S. 1 SGB V nicht auch auf § 60 SGB V verweist. Damit haben Leistungsberechtigte gegen die von ihnen gewählte Krankenkasse keinen Anspruch auf die Übernahme von Fahrkosten, auch wenn diese medizinisch zwingend notwendig sind, um eine Hauptleistung der Krankenkasse in Anspruch zu nehmen. Ein äquivalenter Anspruch gegen den zuständigen Sozialhilfeträger lässt sich auch nicht aus den Vorschriften zur Hilfe bei Krankheit nach dem SGB XII ableiten: Abgesehen davon, dass die Gewährung von Krankenhilfe nach § 48 S. 1 SGB XII stets dann ausgeschlossen ist, wenn § 264 SGB V einschlägig ist, umfasst diese nur Leistungen, die dem Dritten Kapitel Fünfter Abschnitt Erster Titel des SGB V entsprechen, das die Fahrkosten nach § 60 SGB V nicht umfasst.

Dieses Ergebnis lässt sich zum einen dadurch überwinden, dass die Fahrkosten, **42** die mit einer gewissen Regelmäßigkeit anfallen und die im Zusammenhang mit der Hilfe bei Krankheit aus zwingenden Gründen erforderlich sind, sich regelsatzerhöhend nach **§ 27a Abs. 4 S. 1 Nr. 2 SGB XII** auswirken können. In dieser Vorschrift kommt zum Ausdruck, dass die Leistungsvertypung der Regelsätze mit Rücksicht auf die Individualisierungsgründe des § 9 SGB XII überwunden werden kann. Für einmalige Fahrkosten, die mit der Gewährung von Hilfe bei Krankheit zwingend erforderlich werden, kommt zudem ein Darlehen nach **§ 37 Abs. 1 SGB XII** in Betracht. Zum anderen lässt sich vertreten, dass akzessorische Nebenleistungen wie Fahrkosten, die die Inanspruchnahme einer vom Leistungsanspruch umfassten Hauptleistung der gesetzlichen Krankenversicherung erst ermöglichen sollen, als **Begleitleistungen** zu den in § 11 Abs. 1 SGB V genannten Leistungen anzusehen und daher auch im Rahmen des § 264 Abs. 4 S. 1 SGB V zu gewähren und zu erbringen sind (so *Huck,* Hauck/Noftz, SGB V, § 264 Rn. 20).

**e) Bemessung der Vergütung (§ 264 Abs. 6 SGB V).** § 264 Abs. 6 S. 1 **43** SGB V bestimmt, dass bei der Bemessung der Vergütungen nach § 85 oder § 87a SGB V die vertragsärztliche Versorgung der Empfänger zu berücksichtigen ist. Diese Regelung hat klarstellende Funktion (BT-Drs. 15/1525, S. 141). Im Fall einer Berechnung der Gesamtvergütungen nach mitgliederbezogenen Kopfpauschalen gelten die Empfänger als Mitglied, während sie an sich Nur statusversicherte sind. Die Krankenkasse zahlt an die Kassenärztliche Vereinigung für die Empfänger jeweils eine **Kopfpauschale** (§ 264 Abs. 6 S. 2 SGB V). Leben mehrere Empfänger in häuslicher Gemeinschaft gilt nur der Haushaltsvorstand als Mitglied. Die vertragsärztliche Versorgung der Familienangehörigen, die nach § 10 SGB V versichert wären, wird durch die für den Haushaltsvorstand zu zahlende Kopfpauschale vergütet (§ 264 Abs. 6 S. 3 SGB V).

**f) Erstattungsverhältnis zwischen Krankenkasse und Sozialhilfeträger 44 (§ 264 Abs. 7 SGB V).** § 264 Abs. 7 SGB V ist die notwendige Folge daraus, dass zwischen dem Sozialhilfeträger und dem krankenbehandlungsberechtigten Sozialhilfeempfänger kein primäres Leistungsverhältnis besteht (vgl. zum Fehlen einer Leistungsbeziehung BSG 27.5.2014 – B 8 SO 26/12 R, Rn. 17). Denn mit der Wahl einer Krankenkasse durch den Leistungsberechtigten oder durch seine Anmeldung durch den Hilfeträger bei einer Krankenkasse wird ein Leistungsverhältnis zwischen dem Leistungsberechtigten und der Krankenkasse begründet. Mit der Aushändigung der Gesundheitskarte wird dieses unmittelbare Leistungsverhältnis zwischen dem Leistungsberechtigten und der Krankenkasse dokumentiert, in dem die Krankenbehandlung für die **Krankenkasse** eine **Auftragsangelegenheit** ist, zu deren Wahrnehmung sie durch den Gesetzgeber **gegen Kostenerstattung durch den Sozial-**

**hilfeträger** verpflichtet worden ist. Die Krankenkassen erbringen mithin die Krankenbehandlung von nicht in der gesetzlichen Krankenversicherung versicherten Sozialhilfeempfängern nach § 264 SGB V aufgrund eines gesetzlichen Auftrags iSd § 93 SGB X und gewähren in diesem Rahmen die Leistungen, die denjenigen in der gesetzlichen Krankenversicherung entsprechen (BSG 18.11.2014 – B 1 KR 12/14 R, Rn. 11 f.; 12.11.2013 – B 1 KR 56/12 R, Rn. 10; 17.6.2008 – B 1 KR 30/07 R, Rn. 10 ff.; aA BSG 27.5.2014 – B 8 SO 26/12 R, Rn. 20, 24: auftragsähnliches Verhältnis). Der Sozialhilfeträger wird nach § 264 SGB V zum Erstattungspflichtigen gegenüber der unmittelbar leistenden Krankenkasse. Die sozialhilferechtliche Hilfe bei Krankheit wird so auf eine sekundäre Ebene verschoben: Der Sozialhilfeträger hat der Krankenkasse, der gegenüber die Leistungsberechtigte seine Ansprüche auf Hilfe bei Krankheit unmittelbar geltend machen kann, die Kosten der Krankenbehandlung zu erstatten und erbringt so gegenüber dem Leistungsberechtigten seine Sozialhilfeleistung, die die Hilfe bei Krankheit trotz Übernahme der Krankenbehandlung durch die Krankenkasse aufgrund gesetzlichen Auftrags jedenfalls dem Grunde nach bleibt. Dem Sozialhilfeträger als Auftraggeber sind die von der Krankenkasse nach Maßgabe des Auftrags unmittelbar dem Leistungsberechtigten gegenüber erbrachten Sozialleistungen zuzurechnen, denn allein er ist im gesetzlichen Zuständigkeitsgefüge der für die Krankenbehandlung an nicht krankenversicherte Sozialhilfeempfänger nach dem SGB XII zuständige Leistungsträger (BSG 18.11.2014 – B 1 KR 12/14 R, Rn. 11 f.; aA BSG 27.5.2014 – B 8 SO 26/12 R, Rn. 21).

**45**     Die **Erstattung** erfolgt vierteljährlich (§ 264 Abs. 7 S. 1 SGB V). Sie **umfasst** alle Aufwendungen, die individuell, im Einzelfall, durch die Übernahme der **Krankenbehandlung** entstehen. Hierzu gehört auch die Erstattung der Aufwendungen für die erstmalige **Versorgung** der Leistungsberechtigten **mit Gesundheitskarten** (BSG 17.6.2008 – B 1 KR 30/07 R, Rn. 23 ff.). § 264 Abs. 7 S. 2 SGB V billigt den Krankenkassen eine **Verwaltungspauschale** zu, die bis zu 5 % der abgerechneten Leistungsaufwendungen betragen kann. Sie umfasst diejenigen Allgemeinkosten, die nicht einem Einzelfall zugerechnet werden können. Der Sozialhilfeträger ist bei der Abrechnung zunächst nur auf eine Schlüssigkeitsprüfung beschränkt. Erst wenn sich Anhaltspunkte für eine unwirtschaftliche Leistungserbringung oder -gewährung ergeben, kann der Sozialhilfeträger von der abrechnenden Krankenkasse verlangen, die Angemessenheit der Aufwendungen zu prüfen und nachzuweisen (§ 264 Abs. 7 S. 3 SGB V).

**46**     Auf die zu erwartende Erstattung kann die Krankenkasse einen **Vorschuss** vom Sozialhilfeträger beanspruchen. Denn nach § 91 Abs. 3 SGB X hat der Auftraggeber dem Beauftragten auf Verlangen für die zur Ausführung des Auftrags erforderlichen Aufwendungen einen angemessenen Vorschuss zu zahlen. Diese Regelung gilt nach § 93 SGB X entsprechend, wenn ein Leistungsträger aufgrund gesetzlichen Auftrags für einen anderen handelt. Diese Voraussetzungen sind mit Blick auf die Krankenbehandlung durch die Krankenkassen im Rahmen der Hilfe bei Krankheit erfüllt. Sichergestellt ist so, dass nicht die beauftragte Krankenkasse, sondern der Sozialhilfeträger als Auftraggeber die Aufgabenwahrnehmung selbst vorzufinanzieren hat (BSG 17.6.2008 – B 1 KR 30/07 R, Rn. 20 f.).

**47**     Die Erstattungsregelung des § 264 Abs. 7 SGB V ist auf die besondere Situation der Hilfe bei Krankheit zugeschnitten. Diese Besonderheiten werden an den **Abrechnungsmodalitäten** deutlich, die mit den allgemeinen Erstattungsregelungen der §§ 102 ff. SGB X nichts Gemeinsames haben. Letztere unterscheiden sich schon dadurch, dass sie keinen bestimmten Abrechnungsmodus vorsehen. § 264 Abs. 7 SGB V geht als spezielle Vorschrift den §§ 102 ff. SGB X vor. Dies gilt auch für die Regelung des § 111 SGB X zur **Ausschlussfrist,** die hier **keine Anwendung** findet (BSG 18.11.2014 – B 1 KR 13/13 R, Rn. 10 ff.; 12.11.2013 – B 1 KR 56/12 R, Rn. 9 ff.). Anwendung findet dagegen § 113 SGB X, denn die vierjährige

**Verjährungsfrist** bringt einen allgemeinen sozialrechtlichen Grundsatz zum Ausdruck (BSG 18.11.2014 – B 1 KR 13/13 R, Rn. 16; 12.11.2013 – B 1 KR 56/12 R, Rn. 15). Keineswegs ist aus § 264 Abs. 7 SGB V zu folgern, dass damit die Zuständigkeitsregelung zwischen örtlichem und überörtlichem Träger aufgehoben ist; vielmehr findet die Kostenerstattung zwischen den Krankenkassen und dem für die Hilfe zuständigen Träger der Sozialhilfe statt – sei es der örtliche oder überörtliche (LSG NRW 19.4.2007 – L 9 SO 5/06).

Das Erstattungsverhältnis hat Konsequenzen für die Anwendung des § 103 Abs. 1 **48** S. 1 SGB XII. Das schuldhafte Versäumnis eines Leistungsberechtigten, sich gegen Krankheit zu versichern, müsste eigentlich den **Kostenersatz nach § 103 Abs. 1 S. 1 SGB XII** auslösen. Jedenfalls war dies nach § 92a Abs. 1 BSHG, der dem § 103 Abs. 1 S. 1 SGB XII entsprach, überwiegend anerkannt. Der Wortlaut des § 103 Abs. 1 S. 1 SGB XII erfordert allerdings für einen Erstattungsanspruch, dass ein schuldhaftes Verhalten die Voraussetzungen für die Leistungen der Sozialhilfe herbeigeführt hat. Da ein unmittelbares Leistungsverhältnis zwischen dem Sozialhilfeträger und dem Hilfeempfänger nicht mehr besteht, könnte die Vorschrift bei enger Wortlautinterpretation nicht mehr anzuwenden sein. Sinn und Zweck des § 103 Abs. 1 S. 1 SGB XII, den Nachrang der Sozialhilfe bei schuldhaftem Verhalten wiederherzustellen, legen es jedoch nahe, auch weiterhin Kostenersatz vom Hilfeempfänger zu verlangen.

**g) Krankenbehandlung als Auftragsangelegenheit (§ 264 Abs. 1 SGB V).** **49**
Eine andere, bislang kaum genutzte Möglichkeit der Sicherstellung von Leistungen der Hilfen zur Gesundheit, und zwar ohne unmittelbare Beziehungen zwischen den Sozialhilfeträgern und den Leistungserbringern, besteht nach § 264 Abs. 1 SGB V. Nach § 264 Abs. 1 S. 1 SGB V können die Krankenkassen für Arbeits- und Erwerbslose, die nicht gesetzlich gegen Krankheit versichert sind, für andere Hilfeempfänger sowie für die vom Bundesministerium für Gesundheit bezeichneten Personenkreise die **Krankenbehandlung** übernehmen, sofern ihnen Ersatz der vollen Aufwendungen für den Einzelfall sowie eines angemessenen Teils ihrer Verwaltungskosten gewährleistet wird. Die Krankenbehandlung der Sozialhilfeempfänger erfolgt dann im Beziehungssystem von Krankenkasse und Leistungserbringer. Im Verhältnis zwischen Krankenkasse und Sozialhilfeträger handelt es sich um eine **Auftragsangelegenheit,** die einen **Kostenerstattungsanspruch** auslöst. Diese Möglichkeit nutzen schon bislang zB Bremen und Hamburg für die medizinische Versorgung der **Asylbewerber,** die noch keinen Anspruch auf SGB-XII-Analogleistungen nach § 2 Abs. 1 AsylbLG haben (dazu näher *Burmester,* NDV 2015, 109). Dieser Weg über § 264 Abs. 1 SGB V hat nunmehr durch die Anfügung der Sätze 2 bis 7 in § 264 Abs. 1 SGB V durch das Asylverfahrensbeschleunigungsgesetz vom 20.10.2015 (BGBl. I S. 1722) eine deutliche Aufwertung erfahren („elektronische Gesundheitskarte für Asylbewerber").

# III. Hilfen zur Gesundheit als Ausfallbürge?

## 1. Das medizinische Existenzminimum

Empfänger von Sozialhilfe erhalten im Krankheitsfall die Leistungen der gesetzli- **50** chen Krankenversicherung. Eigenleistungen und Zuzahlungen bis zur Belastungsgrenze sind aus dem Regelsatz zu bestreiten, der auch Ausgaben für die Gesundheitspflege umfasst. Für die Kosten von Leistungen, die aus dem Katalog der gesetzlichen Krankenversicherung ausgeschlossen sind, gilt im Grundsatz das Gleiche. Denn es ist zumindest verfassungsrechtlich nicht gefordert, dass all das, was der Gesundheit dient, zum Leistungskatalog der gesetzlichen Krankenversicherung zu gehören hat (vgl. zur Verfassungsgemäßheit von Leistungsbegrenzungen aus der Sicht des Krankenversicherungsrechts BSG 6.3.2012 – B 1 KR 24/10 R; zuletzt BSG 8.3.2016 – B 1 KR 99/15 B, Rn. 8 ff.; BSG 5.7.2016 – B 1 KR 18/16 B, Rn. 6 f.). Soweit wegen Hilfebedürftigkeit die Übernahme von Eigenverantwortung tatsächlich ausscheidet, muss ggfs. die Existenzsicherung helfen, um grundrechtsrelevante Bedarfe zu decken; dabei ist aber nicht alles, was verfassungskonform nicht zum Leistungsumfang der gesetzlichen Krankenversicherung gehört, grundrechtsrelevant und existenzsicherungsrechtlich unabweisbar (vgl. dazu BSG 26.5.2011 – B 14 AS 146/10 R). Hilfe bietet zunächst der Regelsatz. Für unabweisbar gebotene, anders nicht abdeckbare Bedarfe ermöglicht § 37 Abs. 1 SGB XII im Einzelfall eine Darlehenslösung. Bei einer unabweisbaren, erheblich vom durchschnittlichen Bedarf abweichenden Bedarfslage durch individuell höhere Ausgaben im Bereich der Kosten der Gesundheit ermöglicht § 27a Abs. 4 S. 1 Nr. 2 SGB XII im Einzelfall eine abweichende Regelsatzfestsetzung. Für spezifische Einmalbedarfe können nach § 31 Abs. 1 Nr. 3 SGB XII Leistungen gesondert erbracht werden. Eine Verletzung der Pflicht des Gesetzgebers zur **Gewährleistung des medizinischen Existenzminimums** ist in diesem Regelungskonzept nicht zu erkennen (so *Neumann*, RsDE 68, 1 [16]). Auch das BSG hat das gesetzliche Regelungskonzept der §§ 61 und 62 SGB V im Zusammenhang mit dem gesamten einschlägigen, insbesondere existenzsicherungsrechtlichen Normengeflecht für verfassungsgemäß auch mit Blick auf die Frage gehalten, ob es wegen Unterschreitung des Existenzminimums die Verfassung verletzt (vgl. BSG 16.12.2010 – B 8 SO 7/09 R, Rn. 16 ff.).

51     Im Übrigen bleibt der Gesetzgeber aufgerufen, die **Deckung des medizinischen Existenzminimums** zu gewährleisten; systemkonform, sachgerecht und sozialpolitisch sinnvoll hat dies dort Leistungen der gesetzlichen Krankenversicherung zu erfolgen (s. dazu *Neumann*, NZS 2006, 393; *ders.*, RsDE 68, 1; *ders.*, in Brudermüller/Seelmann, Zweiklassenmedizin?, 2012, 69). Denn dort gehört die Deckung des Bedarfs an erforderlichen Gesundheitsleistungen hin, mag diese Zuordnung auch verfassungsrechtlich nicht geboten sein. Die Hilfen zur Gesundheit (§§ 47 bis 52 SGB XII) unterscheiden sich insoweit von der Hilfe zur Pflege (§§ 61 bis 66a SGB XII). Während die sozialhilferechtliche Hilfe zur Pflege die Leistungen der sozialversicherungsrechtlichen Pflegeversicherung nach dem SGB XI auch ergänzt, die nach wie vor trotz erheblicher Leistungsausweitungen vom „Teilkaskoprinzip" geprägt ist, sichern die sozialhilferechtlichen Hilfen zur Gesundheit nur den Zugang nicht gesetzlich Krankenversicherter zu den Leistungen der sozialversicherungsrechtlichen Krankenversicherung nach dem SGB V. Diese Leistungen müssen ausreichend, zweckmäßig und wirtschaftlich sein; sie dürfen das Maß des Notwendigen nicht überschreiten (§ 12 Abs. 1 S. 1 SGB V). Leistungen, die nicht notwendig oder unwirtschaftlich sind, können Versicherte der gesetzlichen Krankenversicherung nicht beanspruchen, dürfen die Leistungserbringer nicht bewirken und die Krankenkassen nicht bewilligen (§ 12 Abs. 1 S. 2 SGB V). Was mehr als ausreichend, zweckmäßig und wirtschaftlich sowie notwendig ist, kann auch durch die Hilfen zur Gesundheit nach dem SGB XII nicht geleistet werden. Das medizinische Existenzminimum wird **durch die gesetzliche Krankenversicherung nach dem SGB V** gewährleistet und durch die Hilfen zur Gesundheit nach dem SGB XII für nicht gesetzlich Krankenversicherte nur gespiegelt. Auch im Übrigen ist das Sozialhilferecht nicht dazu da, das, was nicht zum medizinischen Existenzminimum gehört, für Leistungsberechtigte nach dem SGB XII zur Verfügung zu stellen.

52     Allerdings **muss** das medizinische Existenzminimum auch durch das SGB V **tatsächlich gewährleistet sein.** Daran werden wegen der Leistungsausschlüsse, Eigenleistungen und Zuzahlungen Zweifel angemeldet. Daran stimmt, dass im Sozialhilferecht zu prüfen ist, ob das medizinische Existenzminimum durch das SGB V tatsächlich gewährleistet ist, um die verfassungsrechtlich erforderliche Rechtfertigung für die Begrenzung der Hilfen zur Gesundheit auf den Leistungsumfang in der gesetzlichen Krankenversicherung aufrechterhalten zu können. Doch geht es

dabei nicht um Optimierung. Es ist zu akzeptieren, dass das medizinische Existenzminimum nicht deckungsgleich ist mit dem medizinisch Möglichen und individuell
Wünschbaren. Derzeit gibt es keine belastbaren Anhaltspunkte für die Annahme,
das medizinische Existenzminimum sei durch die gesetzliche Krankenversicherung
nach dem SGB V nicht gewährleistet.

Das schließt finanzielle **Härten im Einzelfall** nicht aus. Erst hier ist das Sozialhil-  53
ferecht gefordert, indes nicht durch Hilfen zur Gesundheit. Kann Leistungsberechtigten nach dem SGB XII die Finanzierung im Zusammenhang mit Leistungsaus-
schlüssen, Eigenleistungen und Zuzahlungen nach dem SGB V nicht zugemutet
werden, kommen im Einzelfall Lösungen durch § 37 Abs. 1 SGB XII und § 27a
Abs. 4 S. 1 Nr. 2 SGB XII in Betracht. Für ein Kappen des normativ bestimmten
Zusammenhangs zwischen SGB V und SGB XII, das dem SGB XII einen ergänzenden Katalog von Gesundheitsleistungen zuweist, fehlt aber die Rechtfertigung.

## 2. Anwendbarkeit auf Leistungsberechtigte nach dem SGB II

§ 48 SGB XII ist nach § 5 Abs. 2 S. 1 SGB II, § 21 S. 1 SGB XII nicht für die  54
Anwendung auf diesen Leistungsberechtigten nach dem SGB II gesperrt. Dennoch bietet
§ 48 SGB XII diesen Leistungsberechtigten **keine Anspruchsgrundlage für weitergehende Hilfe bei Krankheit.** Denn Bezieher von Arbeitslosengeld II nach
dem SGB II sind als solche nach § 5 Abs. 1 Nr. 2a SGB V grundsätzlich gesetzlich
krankenversichert (Ausnahmen in § 5 Abs. 5a SGB V) und die nach § 48 SGB XII
zu beanspruchenden Leistungen gehen nicht über den Leistungsumfang der gesetzlichen Krankenversicherung hinaus. Leistungsausschlüsse, Eigenleistungen und
Zuzahlungen, die in der gesetzlichen Krankenversicherung für alle in ihr Versicherten vorgesehen sind, können für Leistungsberechtigte nach dem SGB II nicht durch
einen Rückgriff auf § 48 SGB XII überwunden oder kompensiert werden.

Dies scheint das BSG zuletzt anders gesehen zu haben, denn es hat erwogen, dass,  55
soweit in bestimmten Fallkonstellationen eine Kostendeckung durch die gesetzliche
Krankenversicherung nicht erfolgt, die Sicherstellung eines entsprechenden Bedarfs
über § 21 Abs. 6 SGB II oder über § 48 SGB XII zu erfolgen habe; welche Rechtsgrundlage einschlägig sei, hat das Gericht offen gelassen (BSG 12.7.2012 – B 14 AS
153/11 R, Rn. 71). Doch mit dieser Erwägung mehr die Verfassungsmäßigkeit
der Regelbedarfsbemessung gerettet, als systematisch stimmig § 48 SGB XII in ein
Verhältnis zum SGB II gesetzt. Als Rechtsgrundlagen können im Einzelfall nur § 24
Abs. 1 SGB II und § 21 Abs. 6 SGB II (zur Ablehnung von Zusatzkosten einer
über das Maß des medizinisch Notwendigen hinausgehenden kieferorthopädischen
Versorgung wegen fehlender Unabweisbarkeit vgl. BSG 12.12.2013 – B 4 AS 6/
13 R) in Betracht kommen. Nicht aber kann für Leistungsberechtigte nach dem
SGB II der § 48 SGB XII in Betracht kommen, um Leistungslücken einer medizinisch notwendigen Behandlung im SGB V zu kompensieren. Auch § 47 S. 2
SGB XII, der von anderen Leistungen handelt, gibt hierfür keine Grundlage. Denn
diese Vorschrift ist allein auf den Bereich der vorbeugenden Gesundheitshilfe bezogen und enthält als Auffangvorschrift zu § 47 S. 1 SGB XII eine eng zu begrenzende
Regelung. Tendenzen, über diese Vorschriften Härten des gesetzlichen Krankenversicherungsrechts für Leistungsberechtigte nach dem SGB II abzumildern, lassen sich
mit den dargestellten Regelungszusammenhängen nicht vereinbaren (s. auch *Wenner*,
GesR 2009, 169 [173 und 175]; *ders.*, in Wallrabenstein/Ebsen, Stand und Perspektiven der Gesundheitsversorgung, 2015, 115 [130 ff.], zu Dissonanzen in der Rechtsprechung des 1. und 14. Senats des BSG; auf eine fehlende abschließende Klärung
hinweisend BSG 12.12.2013 – B 4 AS 6/13 R, Rn. 22; anders wohl BSG 8.3.2016 –
B 1 KR 99/15 B, Rn. 8 ff.; BSG 5.7.2016 – B 1 KR 18/16 B, Rn. 6 f.; offener
dagegen BSG 23.6.2016 – B 3 KR 21/15 R, Rn. 31). Anderes mag gelten, wenn
mit den Leistungen der gesetzlichen Krankenversicherung das allererst durch sie zu

gewährleistende **medizinische Existenzminimum** ungedeckt bleibt. Dafür fehlen indes derzeit belastbare Anhaltspunkte.

## IV. Gesundheitsversorgung für Asylbewerber

**56**    Asylbewerber, die nicht unter die Regelung des § 2 Abs. 1 AsylbLG über SGB XII-Analogleistungen fallen, sind ebenfalls von der Hilfe bei Krankheit ausgeschlossen. Sie erhalten Leistungen bei Krankheit, Schwangerschaft und Geburt nur unter den Einschränkungen des § 4 AsylbLG und sonstige Leistungen zur Sicherung der Gesundheit nach Maßgabe des § 6 AsylbLG.

**57**    Die hohe Zahl der insbesondere im Jahr 2015 nach Deutschland eingereisten und geflohenen Ausländer und die Herausforderungen, diese Personen mit Gesundheitsleistungen zu versorgen und diese Versorgungsleistungen zu finanzieren, hat zu gesundheitsrechtlichen Regelungen geführt, die einerseits näher an die Hilfen zur Gesundheit iSd SGB XII heranführen („elektronische Gesundheitskarte für Asylbewerber" nach § 264 Abs. 1 und § 291 SGB V; vgl. dazu *Marburger,* ZfF 2017, 86), andererseits am leistungsbegrenzenden Sonderrecht festhalten (Anspruchseinschränkungen nach § 1a AsylbLG auch für die Gesundheitsversorgung). Das „Gesundheitsrecht der Flüchtlingskrise" schillert zwischen Hilfe, Abschreckung und Pragmatismus (so *Rixen,* NVwZ 2015, 1640; zu rechtstatsächlichem Material s. BT-Drs. 18/9009).

## § 49 Hilfe zur Familienplanung

**¹Zur Familienplanung werden die ärztliche Beratung, die erforderliche Untersuchung und die Verordnung der empfängnisregelnden Mittel geleistet. ²Die Kosten für empfängnisverhütende Mittel werden übernommen, wenn diese ärztlich verordnet worden sind.**

*Vergleichbare Vorschrift: § 36 BSHG.*

**Schrifttum:** *Böttiger,* Ärztlich verordnete Verhütungsmittel als GKV-ergänzende Sozialhilfeleistungen?, Sozialrecht aktuell 2008, 203; *Hammel,* Zur Übernahme der Kosten empfängnisverhütender Mittel bei bedürftigen Personen, ZfSH/SGB 2013, 509; im Übrigen s. § 48.

## I. Familienplanung (S. 1)

### 1. Leistungsvoraussetzungen

**1**    Durch die bislang unverändert gebliebene Vorschrift ist als **Rechtsanspruch** vorgesehen, dass im Rahmen der Hilfe zur Familienplanung die ärztliche Beratung, die erforderliche Untersuchung und die Verordnung empfängnisregelnder Mittel geleistet werden. Die Vorschrift schließt für nicht krankenversicherte Personen die Lücke zum SGB V, das in § 24a SGB V den entsprechenden Rechtsanspruch vorsieht. Zum leistungsberechtigten **Personenkreis** → § 48 Rn. 4–6.

**2**    Bestimmend ist die **vorbeugende Zielsetzung,** dem jeweiligen Leistungsberechtigten eine eigenverantwortliche Familienplanung in Form von Verhütung von Schwangerschaften, aber auch von deren Förderung zu ermöglichen. Mittelbar beinhaltet die Regelung ein darüber hinaus gehendes allgemeines sozialpolitisches Anliegen, ohne aber eine umfassende Verpflichtung der Sozialhilfe zu sein, eine Familienplanung durchzuführen oder sicherzustellen.

**3**    Satz 1 berechtigt sowohl Frauen als auch Männer, die geschlechtsreif sind. Das Mindestalter für die selbstständige Verfolgung des Anspruchs liegt bei der Vollendung des 15. Lebensjahres. Denn Personen sind ab der genannten Altersgrenze sozialhilferechtlich aktiv legitimiert (§ 36 Abs. 1 SGB I). Erhalten allerdings Minderjährige oder junge Volljährige Hilfe zur Erziehung nach dem SGB VIII in Form der Erziehung in Vollzeitpflege, Heimerziehung, Erziehung in einer sonstigen betreuten Wohnform, in intensiver sozialpädagogischer Betreuung oder Eingliederungshilfe für seelisch behinderte Kinder und Jugendliche durch geeignete Pflegepersonen, gehören Maßnahmen nach § 49 SGB XII zur **Krankenhilfe nach § 40 SGB VIII,** die **vorrangig** ist.

Obwohl das Wort Familienplanung im Gesetzestext verwendet wird, ist die Vor-  **4** schrift nicht eingeengt zu verstehen. Sie bezieht sich **nicht nur** auf **Ehepaare,** sondern insgesamt auf Frauen und Männer, unabhängig von ihrem Familienstand. Nur mit einem derartigen weiten Verständnis kann den Zwecken der Vorschrift, einerseits ungewollte Schwangerschaften mit den daraus einhergehenden sozialen Problemen zu vermeiden und andererseits Schwangerschaften zu ermöglichen, Rechnung getragen werden.

## 2. Leistungsumfang

Die Hilfe iSv Satz 1 ist als **Geldleistungsanspruch** konzipiert, auf den ein  **5** Rechtsanspruch besteht. Es wird eine finanzielle Beihilfe für die ärztliche Beratung, die erforderliche Untersuchung und die Verordnung empfängnisregelnder Mittel gewährt.

**Empfängnisregelnde Mittel** sind nach allgemeinem Sprachverständnis sowohl  **6** empfängnisverhütende als auch empfängnisermöglichende Mittel. Für erstere enthält § 49 S. 2 SGB XII jedoch eine gesonderte Regelung. Zu letzteren gehören **nicht** auch medizinische Maßnahmen zur Herbeiführung von Schwangerschaften durch **künstliche Befruchtung.** Denn diese werden in der gesetzlichen Krankenversicherung nicht von § 24a Abs. 1 SGB V, sondern von § 27a SGB V erfasst, unterfallen also der Krankenbehandlung, die im SGB XII in § 48 SGB XII ihr Pendant hat. Zudem bildet § 27a SGB V auch im Recht der gesetzlichen Krankenversicherung einen Sondertatbestand. Denn er regelt einen eigenständigen Versicherungsfall, der nicht an dem Begriff der Krankheit anknüpft, sondern an die Unfähigkeit von Ehegatten, auf natürlichem Wege Kinder zu zeugen (stRspr, vgl BSG 18.11.2014 – B 1 KR 19/13 R, Rn. 17, 20; BSG 12.9.2015 – B 1 KR 15/ 14 R, Rn. 13, 16; zur Begrenzung auf miteinander verheiratete Personen BSG 18.11.2014 – B 1 A 1/14 R und *von der Tann*, NJW 2015, 1850). Die künstliche Befruchtung behandelt keinen regelwidrigen körperlichen Zustand, sondern umgeht ihn mithilfe medizinischer Technik, ohne auf dessen Heilung zu zielen. Die Begrenzungen des § 27a SGB V lassen sich durch eine Einbeziehung der Maßnahmen künstlicher Befruchtung in den Begriff der empfängnisregelnden Mittel in § 49 S. 1 SGB XII nicht umgehen (dazu, dass diese Begrenzungen verfassungsrechtlich nicht zu beanstanden sind, s. BVerfG 27.2.2009 – 1 BvR 2982/ 07). Auch sind unter zu verordnenden Mitteln **nicht ärztliche Behandlungen** zu verstehen, **sondern** ist auf die **Versorgung mit Arzneimitteln** Bezug genommen. Die Leistungsgewährung für empfängnisregelnde Mittel ist von einer **ärztlichen Verordnung** abhängig.

## II. Insbesondere: Empfängnisverhütung (S. 2)

Ergänzt wird Satz 1 durch Satz 2, in dem noch einmal geregelt ist, dass die Kosten  **7** empfängnisverhütender Mittel nur übernommen werden können, wenn sie **ärztlich verordnet** worden sind. Deshalb kann der Sozialhilfeträger keine Leistungen für frei verkäufliche Verhütungsmittel (zB Kondome, Pessare) gewähren, die nach dem

SGB V nicht verordnungsfähig sind. Diese müssen vom Leistungsberechtigten selbst bezahlt werden. Für eine Ausnahme → Rn. 9.

**8**    Wegen der Anbindung der Hilfen zur Gesundheit des SGB XII an das Leistungsrecht des SGB V (§ 52 Abs. 1 S. 1 SGB XII) können für Personen **nach Vollendung des 20.** Lebensjahres für **verschreibungspflichtige empfängnisverhütende Mittel** die Kosten **nicht mehr** übernommen werden, selbst wenn sie ärztlich verordnet worden sind. Denn eine entsprechende Begrenzung sieht § 24a Abs. 2 S. 1 SGB V vor. Auch hier – zur historischen Entwicklung der maßgeblichen Regelungen s. BSG 15.11.2012 – B 8 SO 6/11 R, Rn. 16 ff. – ist es nicht Aufgabe des SGB XII, den Leistungsumfang des SGB V zu erweitern, sondern ihn gesetzlich nicht krankenversicherten, hilfebedürftigen Leistungsberechtigten deckungsgleich zur Verfügung zu stellen; eine Kostenübernahme von verschreibungspflichtigen empfängnisverhütenden Mitteln nach Vollendung des 20. Lebensjahres scheidet daher auch auf Grundlage des § 49 SGB XII aus (BSG 15.11.2012 – B 8 SO 6/11 R; aA *Böttiger,* Sozialrecht aktuell 2008, 203, der jedoch unzutreffend § 52 Abs. 1 S. 1 SGB XII auf eine Regelung allein zur Leistungserbringung beschränken will – diese jedoch enthält § 52 Abs. 3 S. 1 SGB XII).

**9**    Eine **Besonderheit** regelt § 24a Abs. 2 S. 2 SGB V in der Fassung von Art. 2 Nr. 0 des 5. SGB IV-ÄndG vom 15.4.2015 (BGBl. I S. 583) mit Wirkung vom 1.3.2015. Danach haben Versicherte bis zum vollendeten 20. Lebensjahr Anspruch auf Versorgung mit nicht verschreibungspflichtigen **Notfallkontrazeptiva,** soweit sie ärztlich verordnet werden. Hintergrund hierfür ist, dass diese Notfallkontrazeptiva nunmehr kostenpflichtig in einer Apotheke bezogen werden können, ohne zuvor einen Arzt konsultiert zu haben. Im Hinblick auf den Wegfall der Verschreibungspflicht sollte sichergestellt werden, dass Frauen bis zur Vollendung des 20. Lebensjahres wie bisher die Möglichkeit haben, einen Anspruch auf Kostenübernahme durch die gesetzliche Krankenversicherung geltend zu machen (s. BT-Drs. 18/4114, S. 30 f.). Zwar ist diese Regelung nicht in § 49 SGB XII abgebildet, dass diese Leistungserweiterung in § 24a Abs. 2 S. 2 SGB V gegenüber § 24a Abs. 2 S. 1 SGB V jedoch auch hier anzuwenden ist, folgt aus § 52 Abs. 1 S. 1 SGB XII.

**10**    Zur Möglichkeit der Übernahme von Kosten für eine Empfängnisverhütung als Leistung der **Eingliederungshilfe** (soziale Rehabilitation nach §§ 53, 54 Abs. 1 SGB XII iVm § 55 SGB IX), wenn durch eine Empfängnisverhütung spezifische behinderungsbedingte Nachteile auszugleichen wären, um eine Teilhabe am gesellschaftlichen Leben zu ermöglichen, vgl. BSG 15.11.2012 – B 8 SO 6/11 R, Rn. 24.

### § 50 Hilfe bei Schwangerschaft und Mutterschaft

Bei Schwangerschaft und Mutterschaft werden
1. ärztliche Behandlung und Betreuung sowie Hebammenhilfe,
2. Versorgung mit Arznei-, Verband- und Heilmitteln,
3. Pflege in einer stationären Einrichtung und
4. häusliche Pflege nach den §§ 64c und 64f sowie die angemessenen Aufwendungen der Pflegeperson
geleistet.

*Änderung der Vorschrift: Nr. 4 neu gef. mWv 1.1.2017 durch G v. 23.12.2016 (BGBl. I S. 3191).*

*Vergleichbare Vorschrift: § 36b BSHG.*

**Schrifttum:** S. § 48.

## I. Leistungsvoraussetzungen

Die Vorschrift ist durch das **Dritte Pflegestärkungsgesetz** vom 23.12.2016 **1**
(BGBl. I S. 3191) mit Wirkung vom **1.1.2017** geändert worden. In Nummer 4 wird
statt auf häusliche Pflegeleistungen nach § 65 Abs. 1 SGB XII aF nunmehr verwiesen
auf Leistungen der häuslichen Pflege nach §§ 64c und 64f SGB XII sowie für die
angemessenen Aufwendungen der Pflegeperson (vgl. dazu BT-Drs. 18/9518, S. 83).

§ 50 SGB XII schließt eine Lücke für diejenigen werdenden Mütter und Wöchne- **2**
rinnen, die nicht krankenversichert sind und auch über keinen anderen vorrangigen
Anspruch verfügen. Zum leistungsberechtigten **Personenkreis** → § 48 Rn. 4–6.

Einen **Rechtsanspruch** auf Hilfe haben werdende Mütter und Wöchnerinnen. **3**
Eine Schwangerschaft ist durch ärztliches Attest oder die Bescheinigung einer Hebamme nachzuweisen. Schwangerschaft beginnt mit dem Zeitpunkt der Empfängnis,
sie dauert bis zur Geburt. Eine Geburt liegt bei jeder nach dem Personenstandsgesetz
in das Geburtsregister eintragungspflichtigen Geburt vor, eine Lebendgeburt ebenso
wie wenn ein Kind tot geboren ist. Gesundheitlichen Störungen, die durch die
Schwangerschaft hervorgerufen werden, aber keine eigentlichen Schwangerschaftsbeschwerden darstellen, kann nur durch Hilfe bei Krankheit nach § 48 SGB XII,
nicht aber durch Schwangerschaftshilfe im Rahmen des § 50 SGB XII begegnet
werden. Bei Fehlgeburten ist § 50 SGB XII ebenfalls nicht anwendbar.

## II. Leistungsumfang

Die Hilfe des § 50 SGB XII ist als **Geldleistungsanspruch** konzipiert, auf den **4**
ein Rechtsanspruch besteht. Es wird eine finanzielle Beihilfe für die in § 50 SGB XII
aufgeführten Leistungen gewährt. Deren Inhalte sind dem SGB V zu entnehmen
(s. § 52 Abs. 1 S. 1 SGB XII): Da Hilfeempfängerinnen mit den Frauen gleichgestellt
werden sollen, die krankenversichert sind, orientiert sich der Leistungsumfang der
Hilfe an **§§ 24c bis 24h SGB V**, die die §§ 195 ff. RVO abgelöst haben.

Schwangerschaftshilfe nach Nummer 1 umfasst die ärztliche Behandlung und **5**
Betreuung sowie Hebammenhilfe iSd § 24d SGB V. Hebammen oder Entbindungs-
pfleger sind die Personen, die die Erlaubnis besitzen, eine entsprechende Berufsbe-
zeichnung zu führen. Die Hebammenhilfe erstreckt sich auf die Leistungen während
der Schwangerschaft einschließlich der Geburtsvorbereitungskurse, die Geburtshilfe
bei der Entbindung, die Überwachung des Wochenbettverlaufs, die Betreuung nach
der Geburt und die Rückbildungsgymnastik (*Welti*, Becker/Kingreen, SGB V,
5. Aufl. 2017, § 24d Rn. 7). Im Zusammenhang mit Schwangerschaftsbeschwerden
und der Entbindung werden nach Nummer 2 Arznei-, Verband- und Heilmittel
gewährt. Ferner gehören zur Hilfe nach Nummer 3 Leistungen zur Pflege in einer
stationären Einrichtung. In Anlehnung an § 24f SGB V hat die Leistungsberechtigte
einen Anspruch auf Unterkunft, Pflege und Verpflegung für die Zeit nach der
Entbindung. Die häusliche Pflege ist nach Nummer 4 nach den Bestimmungen
der § 64c SGB XII (Verhinderungspflege) und 64f SGB XII (Andere Leistungen)
vorgesehen. Ein Verweis auf diese Vorschriften war notwendig, weil bei Schwangerschaft und Mutterschaft die Voraussetzungen der häuslichen Pflege nach dem
SGB XII nicht vorliegen. Die Hilfe umfasst allgemeine Versorgung durch die Fami-
lien- und Nachbarschaftshilfe sowie durch berufsmäßig tätige Pflegekräfte einschließlich der angemessenen Aufwendungen der Pflegeperson.

Obwohl sich im Leistungskatalog des § 50 SGB XII kein Hinweis auf die Gewäh- **6**
rung der **Kosten für eine Haushaltshilfe** findet, ist es doch anerkannt, dass eine
solche unter den Voraussetzungen des § 24h SGB V zu beanspruchen ist (vgl. *Bieritz-
Harder*, LPK-SGB XII, 10. Aufl. 2015, § 50 Rn. 8).

### § 51 Hilfe bei Sterilisation

**Bei einer durch Krankheit erforderlichen Sterilisation werden die ärztliche Untersuchung, Beratung und Begutachtung, die ärztliche Behandlung, die Versorgung mit Arznei-, Verband- und Heilmitteln sowie die Krankenhauspflege geleistet.**

*Vergleichbare Vorschrift: § 36a BSHG.*

**Schrifttum:** S. § 48.

## I. Sterilisation

1   Die bislang unverändert gebliebene Vorschrift sieht einen **Rechtsanspruch** vor. Dieser schließt die Lücke für Leistungsberechtigte, die nicht krankenversichert sind. Zum leistungsberechtigten **Personenkreis** → § 48 Rn. 4–6. Zum **Leistungsumfang** zählt das SGB XII die ärztliche Untersuchung, die Beratung und Begutachtung, die ärztliche Behandlung, die Versorgung mit Arznei-, Verband- und Heilmitteln sowie die Krankenhauspflege.

2   Geleistet wird wie bei §§ 49 und 50 SGB XII letztlich **in Geld,** denn es wird eine finanzielle Beihilfe für die in § 51 SGB XII aufgeführten Leistungen gewährt. Diese Leistungen erbringen die Sozialhilfeträger nicht selbst, sondern Leistungserbringer im System des SGB V. Hierfür werden auf der Grundlage der dem Leistungserbringer erteilten Kostenübernahmeerklärung oder der dem Leistungsberechtigten erteilten Zusicherung Geldleistungen des Sozialhilfeträgers erbracht.

3   Die Sterilisation muss **durch Krankheit erforderlich** sein. Die Vorgängervorschrift des § 36a BSHG war weiter gefasst. Danach wurde Hilfe bei einer nicht rechtswidrigen Sterilisation gewährt. § 51 SGB XII schränkt die Leistungen auf eine durch Krankheit erforderliche Sterilisation ein und schließt damit eine zur Empfängnisverhütung aus. Es handelt sich um eine Anpassung an § 24b Abs. 1 S. 1 SGB V.

## II. Schwangerschaftsabbruch

4   Bis zur Entscheidung des BVerfG vom 28.5.1993 (2 BvF 2/90, 2 BvF 4/92, 2 BvF 5/92, NJW 1993, 1751) gab es im BSHG nicht nur einen Leistungsanspruch für Maßnahmen einer nicht rechtswidrigen Sterilisation, sondern auch für einen nicht rechtswidrigen Abbruch einer Schwangerschaft. Da Teile des Schwangeren- und FamilienhilfeG vom BVerfG als mit dem Grundgesetz nicht vereinbar angesehen worden waren, sah sich der Gesetzgeber als Folge der genannten Entscheidung veranlasst, die Hilfe für einen Schwangerschaftsabbruch im BSHG zu streichen. Für nicht krankenversicherte Frauen wurden notwendige Leistungen nach dem Gesetz zur Hilfe für Frauen bei Schwangerschaftsabbrüchen in besonderen Fällen gewährt. Seit 15.12.2010 sind die einschlägigen Regelungen in §§ 19 bis 25 des Schwangerschaftskonfliktgesetzes enthalten (s. Art. 36 und 37 des Gesetzes über die weitere Bereinigung von Bundesrecht vom 8.12.2010, BGBl. I S. 1864).

5   Aus der Bereitstellung von Leistungen in einem eigenen Gesetz ist zu schließen, dass die **Hilfe nicht nach dem SGB XII,** auch nicht als Hilfe bei Krankheit nach § 48 SGB XII, zu gewähren ist. Treten als Folge oder anlässlich des Schwangerschaftsabbruchs gesundheitliche Probleme auf, ist jedoch Hilfe nach § 48 SGB XII zu gewähren.

## §52 Leistungserbringung, Vergütung

(1) [1]Die Hilfen nach den §§ 47 bis 51 entsprechen den Leistungen der gesetzlichen Krankenversicherung. [2]Soweit Krankenkassen in ihrer Satzung Umfang und Inhalt der Leistungen bestimmen können, entscheidet der Träger der Sozialhilfe über Umfang und Inhalt der Hilfen nach pflichtgemäßem Ermessen.

(2) [1]Leistungsberechtigte haben die freie Wahl unter den Ärzten und Zahnärzten sowie den Krankenhäusern entsprechend den Bestimmungen der gesetzlichen Krankenversicherung. [2]Hilfen werden nur in dem durch Anwendung des § 65a des Fünften Buches erzielbaren geringsten Umfang geleistet.

(3) [1]Bei Erbringung von Leistungen nach den §§ 47 bis 51 sind die für die gesetzlichen Krankenkassen nach dem Vierten Kapitel des Fünften Buches geltenden Regelungen mit Ausnahme des Dritten Titels des Zweiten Abschnitts anzuwenden. [2]Ärzte, Psychotherapeuten im Sinne des § 28 Abs. 3 Satz 1 des Fünften Buches und Zahnärzte haben für ihre Leistungen Anspruch auf die Vergütung, welche die Ortskrankenkasse, in deren Bereich der Arzt, Psychotherapeut oder der Zahnarzt niedergelassen ist, für ihre Mitglieder zahlt. [3]Die sich aus den §§ 294, 295, 300 bis 302 des Fünften Buches für die Leistungserbringer ergebenden Verpflichtungen gelten auch für die Abrechnung von Leistungen nach diesem Kapitel mit dem Träger der Sozialhilfe. [4]Die Vereinbarungen nach § 303 Abs. 1 sowie § 304 des Fünften Buches gelten für den Träger der Sozialhilfe entsprechend.

(4) Leistungsberechtigten, die nicht in der gesetzlichen Krankenversicherung versichert sind, wird unter den Voraussetzungen von § 39a Satz 1 des Fünften Buches zu stationärer und teilstationärer Versorgung in Hospizen der von den gesetzlichen Krankenkassen entsprechend § 39a Satz 3 des Fünften Buches zu zahlende Zuschuss geleistet.

(5) Für Leistungen zur medizinischen Rehabilitation nach § 54 Abs. 1 Satz 1 gelten die Absätze 2 und 3 entsprechend.

*Änderungen der Vorschrift: Abs. 3 S. 1 geänd. mWv 30.3.2005 durch G v. 21.3.2005 (BGBl. I S. 818).*

*Vergleichbare Vorschrift: § 38 BSHG.*

Schrifttum: S. § 48.

# I. Bedeutung der Norm

Die Vorschrift, die durch das Verwaltungsvereinfachungsgesetz mit Wirkung vom 30.3.2005 lediglich redaktionell geändert worden ist, legt in Absatz 1 für alle Hilfen des Fünften Kapitels fest, dass die Hilfen den Leistungen der gesetzlichen Krankenversicherung zu entsprechen haben. Damit tradiert das SGB XII die **Neuordnung der Hilfe bei Krankheit durch das GKV-Modernisierungsgesetz** mit Wirkung vom 1.1.2004, die den Wechsel von der vollen Bedarfsdeckung im Sozialhilferecht zur Begrenzung auf den Leistungskatalog des SGB V vollzogen hatte (zur historischen Entwicklung s. BSG 15.11.2012 – B 8 SO 6/11 R, Rn. 16 ff.). **1**

Die Vorschrift garantiert zudem den Leistungsberechtigten die freie Arztwahl (Absatz 2) und bestimmt, dass die nach dem Vierten Kapitel des SGB V geltenden Regelungen des Leistungserbringungsrechts auf die Hilfen nach §§ 47 bis 51 SGB XII anzuwenden sind (Absatz 3). Systemfremd ist die Bestimmung über die **2**

Kosten für eine Unterbringung im Hospiz (Absatz 4), die einen eigenen Anspruch enthält und insoweit nicht das Leistungserbringungsrecht betrifft. Absatz 5 betrifft die medizinische Rehabilitation im Rahmen der Leistungen der Eingliederungshilfe und wäre systematisch besser dort einzuordnen gewesen.

## II. Inhalt der Norm

### 1. Leistungsumfang (Abs. 1)

3    a) **Rechtsanspruch (S. 1).** Die Vorschrift unterstreicht das Bemühen des Gesetzgebers, die Hilfen zur Gesundheit für den leistungsberechtigten **Personenkreis** (→ § 48 Rn. 4–6) dem **Leistungsumfang der gesetzlichen Krankenversicherung** anzupassen und für eine leistungsrechtliche Gleichstellung zu sorgen. Auf diese Weise soll eine **einheitliche Versorgung** mit Leistungen der Krankenbehandlung erreicht werden; in der Folge haben die §§ 47 bis 51 SGB XII für die Versicherten und Statusversicherten in der „Quasiversicherung" keine praktische Bedeutung mehr (vgl. BSG 15.11.2012 – B 8 SO 6/11 R, Rn. 20). Auf die so definierten Leistungen besteht nach Absatz 1 Satz 1 ein Rechtsanspruch. Zu beachten bleibt, dass § 47 S. 2 SGB XII Ansprüche außerhalb des Leistungsspektrums der gesetzlichen Krankenversicherung formuliert.

4    Die Ausgestaltung des Leistungsanspruchs im Einzelnen und die korrespondierende Leistungserbringung (s. Absatz 3 Satz 1) bemessen sich nach dem SGB V und den **Richtlinien des Gemeinsamen Bundesausschusses** (§ 92 SGB V); diese sind aktuell und vollständig, insbesondere einschließlich aller Anlagen, abrufbar im Internetauftritt des Gemeinsamen Bundesausschusses (www.g-ba.de). Durch diese strikte **Anbindung an das SGB V** werden die Hilfen zur Gesundheit im Einzelfall nicht durch das SGB XII, sondern durch den Leistungserbringer im System des SGB V nach den Regeln des SGB V konkretisiert.

5    Diese Zusammenhänge ändern aber nichts daran, dass im SGB V – wie im SGB XII – konkrete **Individualansprüche** geregelt sind (zum Individualanspruch Versicherter nach § 27 SGB V vgl. BSG 2.9.2014 – B 1 KR 3/13 R, Rn. 14).

6    b) **Ermessen (S. 2).** Soweit Krankenkassen in ihrer **Satzung** Umfang und Inhalt der Leistung bestimmen können, entscheidet der Träger der Sozialhilfe nach § 52 Abs. 1 S. 2 SGB XII nach pflichtgemäßem Ermessen über Umfang und Inhalt der Hilfen nach §§ 47 bis 51 SGB XII. Die Satzungsermächtigungen für die Krankenkassen enthält § 194 Abs. 1 Nr. 3 SGB V. Der Umfang möglicher Satzungsleistungen ist durch § 11 Abs. 6 SGB V mittlerweile weit gefasst. Der Sozialhilfeträger ist jedoch nur insoweit zu einer Ermessensentscheidung berechtigt, soweit die Hilfe bei Krankheit nicht auf der Grundlage des § 264 SGB V erbracht wird (s. § 48 S. 2 SGB XII), sondern im Rahmen der Hilfen zur Gesundheit nach §§ 47 bis 51 SGB XII durch ihn. Denn im Rahmen der „Quasiversicherung" ist der Hilfeträger allein als Erstattungspflichtiger angesprochen, und die Krankenkasse entscheidet über ihre Satzungsleistungen selbst (BSG 27.5.2014 – B 8 SO 26/12 R, Rn. 19; aA BSG 8.3.2016 – B 1 KR 26/15 R, Rn. 19). Die Regelung des Absatz 1 Satz 2 zu den Satzungsleistungen unterstreicht zugleich, dass durch § 52 Abs. 1 S. 1 SGB XII der Umfang und Inhalt der Leistungen nach den §§ 47 bis 51 SGB XII erfasst sind (vgl. BSG 15.11.2012 – B 8 SO 6/11 R, Rn. 15).

### 2. Wahlfreiheit und Bonussystem (Abs. 2)

7    Die Vorschrift vereinigt zwei ganz unterschiedliche Regelungen. In Satz 1 wird bestimmt, dass der Leistungsberechtigte ein Wahlrecht unter Ärzten und Zahnärzten sowie Krankenhäusern hat. Satz 2 bezieht sich auf das Bonussystem für gesundheitsbewusstes Verhalten.

**a) Freie Arztwahl (S. 1).** Die Vorschrift überträgt die freie Arztwahl im Recht **8** der gesetzlichen Krankenversicherung für die Hilfen zur Gesundheit nach dem SGB XII. Die Wahlfreiheit ist auf **Vertragsärzte,** d. h. auf zur vertragsärztlichen Versorgung zugelassene Ärzte und Zahnärzte iSd § 95 SGB V, eingeschränkt. Auch dies ist Folge der strikten Anbindung des SGB XII an das Recht der gesetzlichen Krankenversicherung im SGB V.

Über den Wortlaut hinaus ist die Wahlfreiheit auf die **Vertragspsychotherapeu- 9 ten** iSd § 28 Abs. 3 S. 1 SGB V auszudehnen, da diese eine Arztgruppe iSd SGB V bilden und zudem in § 52 Abs. 3 S. 2 SGB XII zusammen mit den Ärzten und Zahnärzten genannt werden. Ergänzt werden muss die Vorschrift auch um die Leistungserbringer, die auf ärztliche Verordnung hin Leistungen erbringen, die vom Leistungsanspruch des § 52 Abs. 1 SGB XII erfasst werden, zB Leistungserbringer der physikalischen Therapie oder der Sprach- und Beschäftigungstherapie.

Schon vom Wortlaut erfasst ist wieder die freie Wahl mit Blick auf die **Kranken- 10 häuser** und auch insoweit kommen nur im System der gesetzlichen Krankenversicherung zugelassene Krankenhäuser in Betracht.

**b) Bonussystem (S. 2).** Krankenkassen sollen nach § 65a Abs. 1 SGB V in ihrer **11** Satzung bestimmen, unter welchen Voraussetzungen Versicherte, die regelmäßig dort näher bestimmte Präventionsleistungen in Anspruch nehmen, Anspruch auf einen Bonus haben. § 65a Abs. 2 SGB V betrifft einen Bonus bei Teilnahme an Maßnahmen zur betrieblichen Gesundheitsförderung. Eine wörtliche Übertragung kommt auf den Hilfeträger nach dem SGB XII nicht in Betracht. § 65a SGB V kann auf die Verhältnisse im Sozialhilferecht sachgerecht wohl nur so übertragen werden, dass der Hilfeträger im Rahmen der Hilfegewährung, soweit diese nicht auf der Grundlage des § 48 S. 2 SGB XII iVm § 264 SGB V erfolgt, berücksichtigen darf, ob der Leistungsberechtigte ein gesundheitsbewusstes Verhalten an den Tag gelegt hat, und er hiernach den Umfang der Hilfeleistung bestimmt. Ein nennenswerter Anwendungsbereich für die so verstandene Regelung ist jedoch nicht ersichtlich. Auch praktisch dürfte die Vorschrift an der Realität vorbeigehen, weil sie voraussetzt, dass der Hilfeträger ein Programm für ein gesundheitsbewusstes Verhalten auflegt.

### 3. Leistungserbringung (Abs. 3)

**a) Geltung des Leistungserbringungsrechts des SGB V (S. 1).** Die Leistun- **12** gen der Hilfen zur Gesundheit haben nach Absatz 1 Satz 1 den Leistungen der gesetzlichen Krankenversicherung zu entsprechen. Bei der Erbringung von Leistungen sind die Regelungen nach dem Vierten Kapitel des SGB V (§§ 69 bis 140h SGB V) mit Ausnahme des Dritten Titels des Zweiten Abschnitts (§§ 82 bis 87e SGB V) anzuwenden (BSG 18.11.2014 – B 8 SO 9/13 R, Rn. 29). Der **Verweis auf** das Leistungserbringungsrecht des **SGB V** in Absatz 3 Satz 1 gilt für alle Leistungen nach §§ 47 bis 51 SGB XII. Die Leistungserbringung erfolgt, wie auch im gesetzlichen Krankenversicherungsrecht, in einem **Leistungsdreieck,** an dem der Leistungsberechtigte, der Leistungträger und der Leistungserbringer (Arzt/Krankenhaus) beteiligt sind.

Modifikationen kommen mit Blick auf § 47 S. 2 SGB XII in Betracht, der Ansprü- **13** che außerhalb des Leistungsspektrums der gesetzlichen Krankenversicherung formuliert.

**b) Vergütungsanspruch (S. 2).** Satz 2 legt den Vergütungsanspruch der Ärzte, **14** Psychotherapeuten und Zahnärzte fest. Er orientiert sich an der **Vergütung der Ortskrankenkasse,** in deren Bereich sich der Leistungserbringer niedergelassen hat. Die strukturellen Unterschiede zwischen Sozialhilferecht und gesetzlicher Krankenversicherung wirken sich hier insofern aus, als das Sozialhilferecht keine Budgetierung kennt (so ausdrücklich BT-Drs. 14/5074, S. 123). Anders auch als in der gesetzlichen Krankenversicherung unterliegen die im Rahmen des § 52 Abs. 3 SGB XII abgerechneten Leistungen nicht der Wirtschaftlichkeitsprüfung nach § 106 SGB V; die Behandlung des erfassten Personenkreises gehört nicht zur vertragsärztlichen Versorgung, die allein dieser Wirtschaftlichkeitsprüfung unterliegt (LSG Bln-Bbg 2.6.2010 – L 7 KA 12/06).

**15**  **c) Nebenpflichten (S. 3).** Satz 3 verweist auf §§ 294, 295, 300 bis 302 SGB V und verpflichtet zur Beachtung bestimmter **Nebenpflichten bei der Abrechnung von Leistungen.** § 294 SGB V ist die Einweisungsvorschrift, die Aufzeichnungs- und Übermittlungspflichten des Leistungserbringers regelt. Der Umfang der jeweiligen Aufzeichnungen wird für die verschiedenen Leistungserbringer durch die nachfolgenden Vorschriften der §§ 295, 300 bis 302 SGB V bestimmt.

**16**  **d) Ergänzende Abrechnungsregelungen und Datenschutz (S. 4).** Satz 4 ordnet die entsprechende Geltung von Vereinbarungen nach § 303 Abs. 1 SGB V für die Sozialhilfeträger an. Nach dieser Vorschrift können Krankenkassenverbände mit Leistungserbringern oder ihren Verbänden ergänzende Regelungen zur Abrechnung von Leistungen vereinbaren.

**17**  Zudem ordnet Satz 4 die entsprechende Geltung des § 304 SGB V an. Die dort enthaltenen Regelungen zur Aufbewahrung von Daten und zur Datenlöschung finden daher Anwendung auch auf den Sozialhilfeträger.

## 4. Unterbringung im Hospiz (Abs. 4)

**18**  § 52 Abs. 4 SGB XII sieht als Leistungsanspruch vor, dass in der gesetzlichen Krankenversicherung nicht versicherte Leistungsberechtigte unter den Voraussetzungen von § 39a Abs. 1 S. 1 SGB V zu stationärer oder teilstationärer Versorgung in Hospizen von den Krankenkassen zu zahlenden **Zuschuss nach § 39a Abs. 1 S. 3 SGB V** erhalten. Der Hilfeempfänger wird dadurch in die Lage versetzt, an einer Leistung teilzuhaben, die bei unheilbar Kranken in der letzten Lebensphase durch Sterbebegleitung ein menschenwürdiges Leben bis zum Tod ermöglichen soll. Zu den Hospizen gehören die Einrichtungen, die palliativ-medizinisch behandeln. Palliativmedizin zielt auf die Freiheit oder bestmögliche Reduktion von Schmerzen und anderen belastenden physischen oder psychischen Grundsymptomen, das Bewirken von Sicherheit und Geborgenheit, ein Sterben in Würde. Die Behandlung muss von Ärzten geleitet werden. Die Leistungen werden nicht gewährt, wenn der Betreffende noch der Krankenhausbehandlung bedarf und eine ambulante Versorgung in Haushalt oder Familie möglich ist (zur Palliativversorgung s. *Engelmann*, GesR 2010, 577; *ders.*, WzS 2015, 67).

## 5. Medizinische Rehabilitation (Abs. 5)

**19**  Hilfe bei Krankheit schließt die medizinische Rehabilitation ein (§ 27 Abs. 1 S. 2 Nr. 6 SGB V; so auch BSG 28.10.2008 – B 8 SO 23/07 R, Rn. 31). Das SGB XII sieht sie zudem in § 54 Abs. 1 S. 1 SGB XII als Leistung der **Eingliederungshilfe** durch den Hinweis auf § 26 SGB IX vor. Werden in diesem Rahmen Leistungen zur medizinischen Rehabilitation gewährt und erbracht, gelten nach Absatz 5 die Regelungen in § 52 Abs. 2 SGB XII zur Wahlfreiheit und in § 52 Abs. 3 SGB XII zur Leistungserbringung entsprechend. Systematisch wäre dies besser im Rahmen der Vorschriften zur Eingliederungshilfe zu regeln gewesen.

**20**  Mit Wirkung vom 1.1.2020 ist § 52 Abs. 5 SGB XII aufgehoben worden im Rahmen des Bundesteilhabegesetzes vom 23.12.2016 (BGBl. I S. 3234).

# Sechstes Kapitel. Eingliederungshilfe für behinderte Menschen

## § 53 Leistungsberechtigte und Aufgabe

(1) [1]Personen, die durch eine Behinderung im Sinne von § 2 Abs. 1 Satz 1 des Neunten Buches wesentlich in ihrer Fähigkeit, an der Gesellschaft teilzuhaben, eingeschränkt oder von einer solchen wesentlichen Behinderung bedroht sind, erhalten Leistungen der Eingliederungshilfe, wenn und solange nach der Besonderheit des Einzelfalles, insbesondere nach Art oder Schwere der Behinderung, Aussicht besteht, dass die Aufgabe der Eingliederungshilfe erfüllt werden kann. [2]Personen mit einer anderen körperlichen, geistigen oder seelischen Behinderung können Leistungen der Eingliederungshilfe erhalten.

(2) [1]Von einer Behinderung bedroht sind Personen, bei denen der Eintritt der Behinderung nach fachlicher Erkenntnis mit hoher Wahrscheinlichkeit zu erwarten ist. [2]Dies gilt für Personen, für die vorbeugende Gesundheitshilfe und Hilfe bei Krankheit nach den §§ 47 und 48 erforderlich ist, nur, wenn auch bei Durchführung dieser Leistungen eine Behinderung einzutreten droht.

(3) [1]Besondere Aufgabe der Eingliederungshilfe ist es, eine drohende Behinderung zu verhüten oder eine Behinderung oder deren Folgen zu beseitigen oder zu mildern und die behinderten Menschen in die Gesellschaft einzugliedern. [2]Hierzu gehört insbesondere, den behinderten Menschen die Teilnahme am Leben in der Gemeinschaft zu ermöglichen oder zu erleichtern, ihnen die Ausübung eines angemessenen Berufs oder einer sonstigen angemessenen Tätigkeit zu ermöglichen oder sie so weit wie möglich unabhängig von Pflege zu machen.

(4) [1]Für die Leistungen zur Teilhabe gelten die Vorschriften des Neunten Buches, soweit sich aus diesem Buch und den auf Grund dieses Buches erlassenen Rechtsverordnungen nichts Abweichendes ergibt. [2]Die Zuständigkeit und die Voraussetzungen für die Leistungen zur Teilhabe richten sich nach diesem Buch.

*Vergleichbare Vorschriften: § 39 BSGH; § 35a SGB VIII.*

**Schrifttum:** *Axmann,* BTHG und PSG II – was verändert sich bei Teilhabe und Pflege: Die wichtigsten Neuerungen in der Übersicht, RdLH 2017, 1; *Banafsche,* Die UN-Behindertenkonvention und das deutsche Sozialrecht, SGb 2012, 373; *Baur,* Das künftige Recht der Eingliederungshilfe, Sozialrecht aktuell 2016, 179; *Beaucamp,* Verfassungsrechtlicher Behindertenschutz in Europa, ZfSH/SGB 2002, 201; *Bundesarbeitsgemeinschaft der überörtlichen Träger der Sozialhilfe (BAGüS):* Der Behinderungsbegriff nach SGB IX und SGB XII und die Umsetzung in der Sozialhilfe, Orientierungshilfe, Stand 24.11.2009; *Bundesministerium für Arbeit und Soziales,* Arbeitsgruppe Bundesteilhabegesetz, Abschlussbericht, 14.4.2015; *Busse,* Bundesteilhabesetz – Sozialgesetzbuch IX, SGb 2017, 307; *Caspar,* Das Diskriminierungsverbot behinderter Menschen nach Art. 3 Abs. 3 Satz 2 GG und seine Bedeutung in der aktuellen Rechtsprechung, EuGRZ 2000, 135; *Cremer/ Fink,* Bundesteilhabegesetz: Stehen wir vor einer ordnungspolitischen Wende? NDV 2015, 353; *Dannat/Dillmann,* Wanderungen zwischen Norm und Prinzip: Die Rechtsprechung des BSG zur Eingliederungshilfe für Menschen mit Behinderung, SGb 2015, 193; *Deinert/Welti,* Behindertenrecht, Stichwortkommentar 2014; *Deutscher Verein,* Vorläufige Auslegungshinweise des Deutschen Vereins zur Anwendung von Vorschriften des SGB IX in der Sozial- und Jugendhilfe, NDV, 2002, 114; *ders.,* Empfehlungen zur Einführung eines bundesfinanzierten Teilhabegeldes, NDV 2005, 2; *ders.,* Diskussionspapier des Deutschen Vereins zur Gestaltung der Schnittstelle zwischen der Eingliederungshilfe und der (Hilfe zur) Pflege unter Berücksichtigung des neuen Pflegebedürftigkeitsbegriffs und der Reform der Eingliederungshilfe, NDV 2010, 527; *ders.*, Erstes Diskussionspapier des Deutschen Vereins zu inklusiver Bildung, NDV 2011, 197; *ders.*, Eigenständiges Leistungsgesetz für Menschen mit Behinderung schaffen – Bundesteilhabegeld einführen, Stellungnahme vom 9.10.2010; *ders.*, Empfehlungen des Deutschen Vereins zur Weiterentwicklung des SGB IX, NDV 2013, 246; *ders.*, Stellungnahme des Deutschen Vereins zum Gesetzentwurf der Bundesregierung eines Gesetzes zur Stärkung der Teilhabe und Selbstbestimmung von Menschen mit Behinderungen (Bundesteilhabegesetz), NDV 2016, 481; *Dillmann/Dannat*, Forever young – Ewig junge Abgrenzungsprobleme zwischen Leistungen für junge behinderte Menschen nach dem SGB VIII und dem SGB XII, ZfF 2009, 25; *Dillmann*, Globalisierung des Sozialhilferechts inklusive? Zu den Auswirkungen des Übereinkommens der Vereinten Nationen über die Rechte von Menschen mit Behinderungen, ZfF 2010, 97; *Fuchs*, Was sich im Bereich von Pflege und Eingliederungshilfe änderte – und was sich 2018 ändern wird, Soziale Sicherheit 2017, 237; *Giraud/Schian*, Das Bundesteilhabegesetz (BTHG) – wichtige Neuerungen aus trägerübergreifender Sicht, BehR 2017, 105; *Gitschmann*, Mehr Selbstbestimmung und Teilhabe für behinderte Menschen – SGB IX als Reformchance, NDV 2002, 16; *ders.*, Reform der Eingliederungshilfe jetzt!, NDV 2013, 152; *Gitschmann/Georg-Wiese*, Trägerbezogene Budgets in der Hamburger Eingliederungshilfe, NDV 2014, 438; *Griep*, Medizinische Versorgung an der Schnittstelle zwischen GKV und Eingliederungshilfe, 4. Dt. Sozialgerichtstag, 2013; *Gutzler*, Hörgeräte – wer muss leisten?, ZfSH/SGB 2013, 13; *Igl/Welti* (Hrsg.), Die Verantwortung des sozialen Rechtsstaats für Personen mit Behinderung und für Rehabilitation, 2001; *Keil*, Das BTHG – Die Änderungen im Eingliederungshilferecht, SGb 2017, 447; *Kessler*, Anmerkungen zur Reform des sozialrechtlichen Behinderungsbegriffs, SGb 2016, 373; *Klerks*, Hilfe zur Beschulung behinderter Kinder durch Integrationshelfer, RsDE 45, 1; *Krutzki*, Medizinische Versorgung an der Schnittstelle zwischen GKV und Eingliederungshilfe, 4. Dt. Sozialgerichtstag, 2013, 185; *Kuhn-Zuber*, Soziale Inklusion und Teilhabe, Sozialer Fortschritt 2015, 259; *Lachwitz*, Persönliche Budgets für Menschen mit Behinderung, RdL 2004, 9; *Lachwitz/Trenk-Hinterberger*, Zum Einfluss der Behindertenrechtskonvention (UN BRK) der Vereinten Nationen auf die deutsche Rechtsordnung, RdLH 2010, 45; *Löbner*, Der gesetzliche Behinderungsbegriff im Wandel der Zeit, br 2015, 1; *Luthe*, Der neue Behinderungsbegriff des Bundesteilhabegesetzes (§ 2 Abs. 1 SGB IX), BehR 2017, 53 und 77; *ders.*, Einige Anmerkungen zur Behindertenrechtskonvention, SGb 2013, 391; *ders.*, Zur rechtlichen Bedeutungslosigkeit der UN-Behindertenrechtskonvention und ihren Risiken, BehR 2014, 89; *Masuch*, Die UN-Behindertenrechtskonvention anwenden!, Diskussionsforum Rehabilitations-und Teilhaberecht, Forum D, Diskussionsbeitrag 5/2012; *Metzke*, Schulbegleitung als Eingliederungshilfe – Übersicht über die neuere Rechtsprechung, RdLH 2016, 79; *Moritz*, Die rechtliche Integration behinderter Menschen nach SGB IX, BGG und Antidiskriminierungsgesetz, ZfSH/SGB 2002, 204; *Mrozynski*, Kritische Erwägungen zum Bundesteilhabegesetz, ZFSH/SGB 2017, 450; *Rademacker*, Zur Einbeziehung der Sozialhilfe in ein Rehabilitationsgesetzbuch (SGB IX), RsDE 19, 1; *Rasch*, Anspruch auf Eingliederungshilfe außerhalb bestehender Leistungs- und Vergütungsvereinbarungen, RdLH 2016, 26; *dies.*, Zehn Jahre Reformprozess Eingliederungshilfe: zentrale Vorschläge des Deutschen Vereins, Archiv für Wissenschaft und Praxis der sozialen Arbeit 2014, 72; *Schaumberg/Seidel*, Der Behinderungsbegriff des Bundesteilhabegesetzes – ein überflüssiger Paradigmenwechsel?, SGb 2017, 572; *Schütte*, Verfassungsrecht und „Eingliederungshilfe", NDV 2013, 78; *ders.*, Trägerbudgets in der Eingliederungshilfe – Die sozialrechtliche Sicht am Beispiel von Trägerbudgets in Hamburg, RdLH 2015, 114; *Siefert*, Gesetz zur Stärkung der Teilhabe und Selbstbestimmung von Menschen mit Behinderungen (Bundesteilhabegesetz – BTHG) vom 23.12.2016, jurisPR-SozR 6/2017 Anm. 1, jurisPR-SozR 7/2017 Anm. 1 und jurisPR-SozR 8/2017 Anm. 1; *Spindler*, Existenzsicherung und Hilfen für psychisch Kranke und Suchtabhängige im neuen System der Grundsicherung(en), Recht und Psychiatrie 2009, 27; *Sunder*, Abgrenzungsfragen der medizinischen Rehabilitation nach dem SGB IX, NDV 2002, 332; *Weber*, Häusliche Krankenpflege nach SGB V in einer Einrichtung der Eingliederungshilfe, NZS 2011, 650; *Welti*, Das neue Teilhaberecht – Reform des SGB IX, Diskussionsforum Rehabilitations- und Teilhaberecht, Forum D, Diskussionsbeitrag 6/2014; *Wendt*, Einführung in eine personenzentrierten Leistungserbringung der Eingliederungshilfe nach dem SGB XII, ZfSH/SGB 2010, 523.

# I. Bedeutung der Norm

Die Eingliederungshilfe für Menschen mit Behinderung nach den §§ 53 f. gehört **1**
zu den **wichtigsten Kernbereichen** der Sozialhilfe. Sie hat von allen Hilfearten
den größten Anteil an den Nettoausgaben der Sozialhilfe, im Jahr 2015 betrug dieser
56 % (Statistisches Bundesamt, Nettoausgaben der Sozialhilfe 2015).

## 1. Eingliederungshilfe als Teilhabeleistung

Zweck der Eingliederungshilfe ist es, Menschen mit Behinderung die **Teilhabe 2**
**am Leben in der Gemeinschaft** zu ermöglichen bzw. zu erleichtern. Teilhabeleistungen sind in diversen Einzelgesetzen geregelt, bereichsübergreifende gemeinsame
Vorschriften enthält das SGB IX (→ Rn 15 ff.). Die Eingliederungshilfe ist zwar
gegenüber allen anderen Rehabilitationsleistungen nachrangig, sie weist aber das
breiteste Leistungsspektrum auf (*Scheider*, Schellhorn/Hohm/Scheider, SGB XII,
§ 53 Rn. 2.1), sodass letztlich oftmals doch wieder auf sie zurückgegriffen wird (zum
Verhältnis der Eingliederungshilfe nach SGB XII zu einzelnen anderen Gesetzen
→ Rn 15 ff.). Auch das SGB I enthält in § 10 ein eigenständiges Recht von Menschen mit Behinderung auf Teilhabe und betont damit dessen Bedeutung. § 10
SGB I formuliert die Teilhabe allerdings als soziales Recht ohne eigentlichen
Anspruchscharakter; welche konkreten Leistungen der Einzelne in Anspruch neh-
men kann, ergibt sich aus den übrigen Büchern des SGB.

## 2. Rechtsentwicklung

Die Vorschrift entspricht inhaltlich dem § 39 BSHG in der bis 31.12.2004 gelten- **3**
den Fassung vom 19.6.2001 (BGBl. I S. 1046). Sie hat lediglich einige sprachliche
Anpassungen erfahren. Das Verständnis der Eingliederungshilfe hat sich seit ihrer
erstmaligen Regelung im BSHG erheblich geändert. Während die Eingliederungshilfe im BSHG zunächst ganz in der Tradition des Körperbehindertengesetzes vom
27.2.1957 (BGBl. I S. 147) vorrangig auf die Wiedereingliederung in das Arbeitsleben gerichtet war, hat sich mit dem 3. Änderungsgesetz zum BSHG vom 25.3.1974
ein **erster Paradigmenwechsel** vollzogen. Die Aufgabe der Eingliederungshilfe
ist dahingehend neu umschrieben worden, dass sie den Leistungsberechtigten die

Teilnahme am Leben in der Gemeinschaft ermöglichen bzw. erleichtern soll. Mit diesem Schritt wurde die Eingliederungshilfe in ihrer Zielsetzung universeller.

4     Durch Änderungsgesetz vom 4.11.1994 (BGBl. I S. 3146) ist **Art. 3 Abs. 2 S. 2** in das **Grundgesetz** eingefügt worden. Darin wird ein Verbot der Benachteiligung wegen einer Behinderung formuliert. Was unter Behinderung zu verstehen ist, lässt die Verfassung offen. Der dort verwendete Begriff ist ausfüllungsbedürftig. Eine Konkretisierung ist auf bundesgesetzlicher Ebene durch § 10 SGB I, das SGB IX sowie § 53 (vormals § 39 BSHG) vollzogen worden (zum Behinderungsbegriff → Rn 32 ff.).

5     Mit dem Inkrafttreten des **SGB IX** (Sozialgesetzbuch – Neuntes Buch Rehabilitation und Teilhabe behinderter Menschen vom 19.6.2001) zum 1.7.2001 (BGBl. I S. 1046) ist die Eingliederungshilfe mit anderen Rehabilitationsleistungen auf eine gemeinsame Plattform (vgl. BT-Drs. 14/5074, S. 92) gestellt worden (zur gesetzlichen Entwicklung vgl. auch *Scheider*, Schellhorn/Hohm/Scheider, SGB XII, § 53 Rn. 3 ff.). Kerngehalt der gesetzlichen Entwicklungen ist, Leistungen an Menschen mit Behinderung nicht mehr als Fürsorge für Arme anzusehen (vgl. auch *Welke*, NDV 2009, 457; zum Verfassungsrecht und Eingliederungshilfe grundsätzlich *Schütte*, NDV 2013, 78 ff.). Es hat eine Umorientierung dahin stattgefunden, dass Behinderung nicht mehr als Defizit, sondern als **soziale Benachteiligung** iS einer Einschränkung von Teilhaberechten verstanden wird (*Stamm et al*, NDV 2010, 435). Mit dem SGB IX, das als ein die einzelnen Leistungsgesetze der Teilhabe übergreifendes „Dachgesetz" konzipiert ist, hat der Gesetzgeber zur Vereinheitlichung und Koordination der Leistungen zur Rehabilitation und Teilhabe in den verschiedenen Sozialleistungsbereichen beigetragen. Seiner Zielsetzung nach will es vor allem die Selbstbestimmung und die gleichberechtigte Teilhabe behinderter Menschen am Leben in der Gesellschaft fördern (§ 1 S. 1 SGB IX). Mit ihm sollten die Hilfeangebote für Menschen mit Behinderung optimiert und die Strukturen in der Umsetzung der Hilfe reformiert werden (*Gitschmann*, NDV 2002, 16; und besonders *Deutscher Verein*, Empfehlungen des Deutschen Vereins zur Weiterentwicklung zentraler Strukturen in der Eingliederungshilfe vom 13.6.2007). Das SGB IX hält – auch nach der Reform durch das Bundesteilhabegesetz (→ Rn. 11 ff.) – am **gegliederten System** fest, sodass weiterhin verschiedene Leistungsträger auf der Grundlage von Einzelgesetzen für die konkreten Leistungen zuständig sind (zu den Vor- und Nachteilen des gegliederten Systems vgl. *Welti*, Diskussionsforum Rehabilitations- und Teilhaberecht, Forum D, Beitrag 6/2014). Es enthält jedoch zahlreiche Regelungen zur Kooperation und Koordination der Träger. Zum Verhältnis von SGB XII und SGB IX → Rn 15 ff..

6     Am 1.5.2002 ist das Gesetz zur Gleichstellung behinderter Menschen (**Behindertengleichstellungsgesetz** – BGG – vom 27.4.2002, BGBl. I S. 1467) in Kraft getreten, das für die Träger öffentlicher Gewalt auf Bundesebene gilt; auf Landesebene sind zahlreiche Landesgleichstellungsgesetze erlassen worden. Das BGG enthält vor allem Benachteiligungsverbote sowie Regelungen zur Barrierefreiheit; Ansprüche auf konkrete Teilhabeleistungen lassen sich aus ihm nicht herleiten.

7     Zur Umsetzung mehrerer EU-Antidiskriminierungsrichtlinien wurde am 14.8.2006 das **Allgemeine Gleichbehandlungsgesetz** (AGG, BGBl. I S. 1897) erlassen. Das AGG verbietet Benachteiligungen, die an bestimmte personenbezogene Merkmale, u.a. eine Behinderung, anknüpfen. Der sachliche Anwendungsbereich umfasst insbesondere berufsbezogene Aspekte, daneben auch die soziale Sicherheit und Gesundheitsdienste, soziale Vergünstigungen, Bildung sowie den Zugang zu und die Versorgung mit Gütern und Dienstleistungen, die der Öffentlichkeit zur Verfügung stehen, einschließlich von Wohnraum. In seinen speziellen Normen schützt das AGG einerseits Beschäftigte (einschließlich Bewerber) gegenüber Diskriminierung durch (potentielle) Arbeitgeber, andererseits schützt es allgemein vor Diskriminierung im Zusammenhang mit bestimmten zivilrechtlichen Schuldverhält-

nissen. Ansprüche auf Leistungen der Sozialhilfe lassen sich aus dem AGG nicht ableiten.

Das Übereinkommen der Vereinten Nationen vom 13.12.2006 über die Rechte **8** von Menschen mit Behinderungen **(Behindertenrechtskonvention – UN-BRK)** ist in Deutschland am 26.3.2009 in Kraft getreten (Art. 45 Abs. 2 UN-BRK iVm Art. 2 Abs. 2 Vertragsgesetz zur UN-BRK, BGBl. II, S. 1419, iVm der Bekanntmachung über das Inkrafttreten der UN-BRK vom 5.6.2009, BGBl II, S. 812). Damit hat die UN-BRK den Rang eines Bundesgesetzes. Zweck dieses Übereinkommens ist es, den vollen und gleichberechtigten Genuss aller Menschenrechte und Grundfreiheiten durch alle Menschen mit Behinderungen zu fördern, zu schützen und zu gewährleisten, und die Achtung der ihnen innewohnenden Würde zu fördern (Art. 1). Art. 2 nimmt die Begriffsbestimmungen vor, Art. 3 formuliert die Allgemeinen Grundsätze und Art. 4 die Allgemeinen Verpflichtungen. Zu den Menschen mit Behinderungen zählt das Übereinkommen Menschen, die langfristige körperliche, seelische, geistige oder Sinnesbeeinträchtigungen haben, welche sie in Wechselwirkung mit verschiedenen Barrieren an der vollen, wirksamen und gleichberechtigten Teilhabe an der Gesellschaft hindern können. Die UN-BRK nimmt sich besonders der Frauen (Art. 6) und der Kinder (Art. 7) an und verlangt, alle erforderlichen Maßnahmen zu ergreifen, um Benachteiligungen abzuwenden. Art. 8 verpflichtet die Vertragsstaaten zur Bewusstseinsförderung. Die Art. 9 bis 30 befassen sich mit einzelnen Lebensbereichen; sie enthalten neben diversen Abwehr- und Schutzrechten auch zahlreiche Teilhaberechte, insbesondere in Bezug auf Barrierefreiheit (Art. 9), Justizgewährung (Art. 13), Freizügigkeit (Art. 18), Unabhängige Lebensführung und Einbeziehung in die Gesellschaft (Art. 19), Mobilität (Art. 20), Meinungsfreiheit (Art. 21), Bildung (Art. 24), Gesundheit (Art. 25), Habilitation und Rehabilitation (Art. 26), Arbeit und Beschäftigung (Art. 27), Lebensstandard und sozialer Schutz (Art. 28), Politisches und öffentliches Leben (Art. 29) sowie Kulturelles Leben, Erholung, Freizeit und Sport (Art. 30). Die Art. 31 bis 50 beinhalten vor allem Verfahrensvorgaben.

Innerhalb der deutschen Rechtsordnung steht die UN-BRK im Range eines **9** Bundesgesetzes mit der Folge, dass deutsche Gerichte sie wie anderes Gesetzesrecht des Bundes im Rahmen methodisch vertretbarer Auslegung zu beachten und anzuwenden haben (BSG 6.3.2012 – B 1 KR 10/11 R). Ob sich darüber hinaus aus ihr **unmittelbar anwendbare subjektive Rechte** der Einzelnen ergeben, lässt sich nicht allgemein beantworten, vielmehr muss dies für jede einzelne ihrer Vorschriften gesondert geprüft werden. Unmittelbar anwendbar ist eine völkervertragsrechtliche Bestimmung dann, wenn sie alle Eigenschaften besitzt, welche ein Gesetz nach innerstaatlichem Recht haben muss, um Einzelne berechtigen oder verpflichten zu können (vgl. BSG 6.3.2012 – B 1 KR 10/11 R mwN). Dafür muss ihre Auslegung ergeben, dass sie geeignet und hinreichend bestimmt ist, wie eine innerstaatliche Vorschrift rechtliche Wirkung zu entfalten, ohne dass es einer weiteren normativen Ausfüllung bedarf. Ist eine Regelung – objektiv-rechtlich – unmittelbar anwendbar, muss sie zusätzlich auch ein subjektives Recht des Einzelnen vermitteln. In der Rechtsprechung ist die unmittelbare Anwendbarkeit des Diskriminierungsverbots des Art. 5 Abs. 1 und 2 UN-BRK bejaht (BSG 15.10.2014 – B 12 KR 17/12 R und 6.3.2012 – B 1 KR 10/11 R; so auch *Luthe*, SGb 2013, 391, 392), diejenige des speziellen gesundheitsbezogenen Diskriminierungsverbots (Art. 25 UN-BRK) hingegen verneint worden (BSG 15.10.2014 – B 12 KR 17/12 R und 6.3.2012 – B 1 KR 10/11 R). Unmittelbare Ansprüche auf konkrete Leistungen lassen sich aus der UN-BRK in aller Regel nicht ableiten. Die UN-BRK enthält zwar zahlreiche Teilhaberechte (→ Rn. 8). Diese Normen sind jedoch zumeist nicht hinreichend bestimmt genug, um von den staatlichen Behörden unmittelbar angewendet werden zu können; hierfür bedürften sie einer nationalstaatlichen Ausführungsgesetzgebung (vgl. *Luthe*, SGb 2013, 391, 392; LSG Hmb 20.11.2014 – L 4 SO 15/13 zu Art. 26

UN-BRK; LSG Nds-Brem 23.9.2014 – L 7 AL 56/12 zu Art. 27 UN-BRK; SG Karlsruhe 21.3.2013 – S 4 SO 937/13 ER zu Art. 24 UN-BRK). Teilweise wird vertreten, dass Art. 19 Buchstabe a) UN-BRK, der bestimmt, dass Menschen mit Behinderung gleichberechtigt die Möglichkeit zur Wahl ihres Aufenthaltsortes haben und nicht verpflichtet sind, in bestimmten Wohnformen zu leben, ein unmittelbar anwendbares subjektives Recht enthält, auf dessen Geltung der Einzelne sich auch gegenüber dem Mehrkostenvorbehalt des § 13 berufen könne (so *Masuch*, Diskussionsforum Rehabilitations- und Teilhaberecht, Forum D Beitrag 5/2012; *Wehrhahn* jurisPK SGB XII, § 54 Rn. 71; auch SG Düsseldorf 7.10.2013 – S 22 SO 319/13 ER; aA *Luthe*, SGb 2013, 391, 393; LSG NRW 6.2.2014 – L 20 SO 436/13 B ER). Selbst wenn Art. 19 Buchstabe a) UN-BRK kein unmittelbar anwendbares subjektives Recht begründen sollte, so wäre die Wertung dieser Vorschrift jedenfalls im konkreten Einzelfall bei der Entscheidung zu berücksichtigen mit der Folge, dass der Leistungsberechtigte nur im sehr eng zu begrenzenden Ausnahmefall auf eine von ihm nicht gewollte stationäre Hilfe (statt einer ambulanten Leistung) verwiesen werden kann (→ auch die Kommentierung zu § 13).

**10**   Die Umsetzung des rechte- und teilhabeorientierten Verständnisses von Behinderung war durch die Schaffung des SGB IX nicht abgeschlossen, insbesondere vor dem Hintergrund der UN-BRK wurde bzw. wird **weiterer Reformbedarf** gesehen (vgl. *Deutscher Verein*, NDV 2013, 246; *Welti*, Diskussionsforum Rehabilitations- und Teilhaberecht, Forum D, Beitrag 6/2014; *Gitschmann*, NDV 2013, 152). Reformen wurden dabei sowohl in Hinblick auf die Leistungen selbst als auch hinsichtlich der Organisation ihrer Erbringung und nicht zuletzt bezüglich der Kooperation und Koordination der unterschiedlichen Leistungsträger gefordert. Immer wieder wurde dabei auch die Forderung nach Herauslösung der Eingliederungshilfe aus dem Fürsorgerecht und deren Überführung in ein eigenständiges Bundesleistungs- bzw. Bundesteilhabegesetz erhoben (vgl. Eildienst Landkreistag 2012, 441; *Deutscher Verein*, Stellungnahme v. 9.10.2013; *Gitschmann*, NDV 2013, 152, 156).

**11**   Bund und Länder einigten sich bereits im Sommer 2012 auf die **Schaffung eines Bundesteilhabegesetzes,** nachdem der Bund zugesagt hatte, sich in noch nicht bezifferter Höhe an den Kosten der Eingliederungshilfe zu beteiligen und so die kommunalen Haushalte zu entlasten. In einer „Arbeitsgruppe Bundesteilhabegesetz" wurden unter Federführung des Bundesministeriums für Arbeit und Soziales (BMAS) und unter Beteiligung von Verbänden und Institutionen in neun Sitzungen im Zeitraum von Juli 2014 bis April 2015 die möglichen Themen und Ziele der Reform erörtert. Die Beratungsunterlagen sowie der Abschlussbericht mit den Ergebnissen sind auf der Internetseite des BMAS veröffentlicht. Im April 2016 hat das BMAS einen Referentenentwurf festgelegt, im Dezember 2016 wurde das Gesetz zur Stärkung der Teilhabe und Selbstbestimmung von Menschen mit Behinderung (Bundesteilhabegesetz – BTHG, BGBl I 2016, S. 3234 ff.) vom Bundestag mit Zustimmung des Bundesrates beschlossen.

**12**   In Hinblick auf die Eingliederungshilfe wird mit dem BTHG ein **Systemwechsel** vollzogen. Die Eingliederungshilfe wird aus dem „Fürsorgesystem" der Sozialhilfe und damit aus dem SGB XII herausgelöst und in das neu gefasste SGB IX integriert. Das SGB IX erhält mit Wirkung ab dem 1.1.2020 in Teil 2 ein eigenes Leistungsrecht. Die Fachleistungen der Eingliederungshilfe werden künftig klar von den Leistungen zum Lebensunterhalt getrennt und finanziert. Daneben bringt das BTHG folgende **Änderungen** im Bereich der Eingliederungshilfe:
– der Behinderungsbegriff wird weiter entwickelt und stärker an die International Classification of Functioning, Disability and Health (ICF) der Weltgesundheitsorganisation angelehnt; die Regelung zum leistungsberechtigten Personenkreis der Eingliederungshilfe soll geändert werden;
– die Leistungen werden nunmehr personenzentriert erbracht, d.h. die Leistungen der Eingliederungshilfe sind nicht mehr abhängig von der Wohn-/Unterbringungsform, sondern richten sich allein nach dem individuellen Bedarf;

- die möglichen Leistungen der Eingliederungshilfe werden in einem Leistungskatalog konkretisiert;
- das Verfahren zur Beantragung und Bedarfsermittlung in Bezug auf Teilhabeleistungen wird neu geregelt;
- es wird eine ergänzende unabhängige Beratung ermöglicht;
- die Vorschriften über die Anrechnung von Einkommen und Vermögen werden geändert, so werden Einkommen und Vermögen der Ehe- oder Lebenspartner des Leistungsbeziehers nicht mehr herangezogen und die Freibeträge für eigenes Erwerbseinkommen stufenweise erhöht;
- das für die Beziehungen zwischen Leistungserbringern und Kostenträgern geltende Vertragsrecht der Eingliederungshilfe wird reformiert

Ein Kernelement des BTHG ist die **personenzentrierte Neuausrichtung der** 13 **Eingliederungshilfe.** Zuvor waren Leistungen einrichtungszentriert und damit abhängig von der Wohnform, sodass die Unterscheidung zwischen stationären, teilstationären und ambulanten Einrichtungen eine große Bedeutung hatte. In vollstationären Einrichtungen beinhalteten die Leistungen der Eingliederungshilfe eine umfassende Versorgung und Betreuung; sie umfassten die Fachleistungen der Eingliederungshilfe und die existenzsichernden Leistungen zum Lebensunterhalt einschließlich des Wohnens. Die Grundsicherung im Alter und bei Erwerbsminderung (Viertes Kapitel SGB XII) sowie die Hilfe zum Lebensunterhalt (Drittes Kapitel SGB XII) beteiligten sich nur pauschal an den Kosten existenzsichernder Leistungen. Im ambulanten Bereich hingegen wurden die existenzsichernden Leistungen zum Lebensunterhalt einschließlich Wohnen aus der Sozialhilfe oder der Grundsicherung für Arbeitsuchende erbracht (Drittes oder Viertes Kapitel des SGB XII bzw. SGB II). Daneben wurden für den behinderungsspezifischen Bedarf die Leistungen der Eingliederungshilfe erbracht. Dies ist durch das BTHG geändert worden. Die notwendige Unterstützung orientiert sich nicht mehr an einer bestimmten Wohnform, sondern ausschließlich am notwendigen individuellen Bedarf. Infolgedessen wird nicht mehr zwischen ambulanten, teilstationären und stationären Maßnahmen der Eingliederungshilfe differenziert. Die Eingliederungshilfe konzentriert sich auf die Fachleistung. Die existenzsichernden Leistungen werden unabhängig von der Wohnform wie bei Menschen ohne Behinderungen nach den Vorschriften des Dritten oder Vierten Kapitels des SGB XII bzw. nach dem SGB II erbracht.

Die Neuregelungen durch das BTHG **treten gestuft in Kraft:** Die Verlagerung 14 der Eingliederungshilfe in das SGB IX erfolgt erst zum 1.1.2020. Bereits zum 1.1.2017 wurden die Regelungen über den Einsatz von Vermögen und Einkommen in der ersten Stufe geändert (→ §§ 60a, 66a). Zum 1.1.2018 sind die Neudefinition des Behinderungsbegriffs und eine Reihe der geänderten Verfahrensvorschriften im neuen ersten Teil des SGB IX in Kraft getreten, ebenso Übergangsvorschriften für das bis zum 31.12.2019 im SGB XII verbleibende Gesamtplanverfahren (→ §§ 141 ff.). Auch das neue Vertragsrecht der Eingliederungshilfe (§§ 123, 124 SGB IX) gilt seit dem 1.1.2018, damit auf dieser Grundlage bereits Vereinbarungen für die Zeit ab dem 1.1.2020 abgeschlossen werden können. Die geänderte Regelung zum leistungsberechtigten Personenkreis hingegen tritt erst zum 1.1.2023 in Kraft, sie soll in den Jahren 2017 und 2018 wissenschaftlich untersucht und 2019 bis 2021 modellhaft in den Bundesländern erprobt werden – anhand der dabei gewonnen Ergebnisse will der Gesetzgeber dann über die konkrete Normfassung entscheiden (vgl. hierzu http://www.bmas.de/DE/Schwerpunkte/Inklusion/Fragen-und-Antworten/fragen-und-antworten.html). Vor diesem Hintergrund verweist § 99 SGB IX in der vom 1.1.2020 bis zum 31.12.2022 geltenden Fassung hinsichtlich des leistungsberechtigten Personenkreises für diese Übergangszeit auf § 53 Abs. 1 und 2 und die §§ 1–3 EinglVO in der am 31.12.2019 geltenden Fassung.

## 3. Systematische Zusammenhänge

**15**   Das **SGB IX** ist auch jetzt schon – vor der Verlagerung der Eingliederungshilfe in dessen Teil 2 – von besonderer Bedeutung für die Eingliederungshilfe. Das SGB IX ist durch die Zusammenfassung der Rechtsvorschriften zur **Rehabilitation und Teilhabe** behinderter Menschen bereichsübergreifend (Dachvorschrift) konzipiert (vgl. BT-Drs. 14/5074, S. 94; → Rn. 5) und ist damit für unterschiedliche Leistungsrechte wie die medizinische, berufliche oder soziale Rehabilitation verbindlich. In seinem Teil 1 sind alle Regelungen zusammengefasst, die für die in § 6 SGB IX genannten Rehabilitationsträger, zu denen auch die Sozialhilfeträger gehören, einheitlich gelten. Teil 2 wird ab dem 1.1.2020 die Eingliederungshilfe als eigenständiges Leistungsrecht regeln. Teil 3 enthält das Schwerbehindertenrecht.

**16**   Das Rehabilitationsrecht ist durch ein **gegliedertes System** gekennzeichnet. Zuständig für Leistungen der Rehabilitation und Teilhabe sind unterschiedliche Rehabilitationsträger (§ 6 SGB IX), für die jeweils eigenständige Leistungsgesetze gelten. Daran hat sich auch durch das BTHG nichts geändert. Zwar wird ab dem 1.1.2020 das Leistungsrecht der Eingliederungshilfe im SGB IX geregelt, für die übrigen Rehabilitationsträger und ihre Leistungen bleibt es aber bei den einzelnen Leistungsgesetzen. Dementsprechend sind die Vorschriften in Teil 1 des SGB IX zwar unmittelbar anwendbar, stehen jedoch unter dem Vorbehalt abweichender Regelungen in den jeweiligen Leistungsgesetzen (§ 7 SGB IX), wobei die ab dem 1.1.2020 in Teil 2 des SGB IX geregelte Eingliederungshilfe weiter als Leistungsgesetz in diesem Sinne gilt. Mit der Neufassung des § 7 SGB IX durch das BTHG ist der Vorbehalt der Leistungsgesetze eingeschränkt worden: Die Regelungen in Teil 1 Kapitel 2 bis 4 SGB IX zur Einleitung der Rehabilitation, zur Erkennung und Ermittlung des Rehabilitationsbedarfs und die Verfahrensvorschriften zur Koordination der Leistungen gelten seit dem 1.1.2018 zwingend für alle Rehabilitationsträger und haben Vorrang vor den jeweiligen Leistungsgesetzen, § 7 Abs. 2 SGB IX.

**17**   Als allgemeines Gesetz ist das SGB IX **Auslegungsmaßstab** für das SGB XII, soweit dessen Leitvorstellungen nicht entgegenstehen. Ob dies der Fall ist, muss durch Auslegung ermittelt werden. Bei Konflikten ist zunächst zu prüfen, ob eine Auslegung des SGB XII möglich ist, die nicht im Gegensatz zum SGB IX steht. Bei der Ermessensbetätigung hat § 1 SGB IX mit den dort aufgeführten Zielvorstellungen, als objektives Recht darstellen, einzufließen.

**18**   Der Eingliederungshilfe vergleichbare Leistungen sind im **SGB II** nicht vorgesehen. Das SGB II ist auf diejenigen Menschen mit Behinderung anwendbar, die erwerbsfähig iS des § 8 Abs. 1 SGB II sind oder die mit einer erwerbsfähigen Person in einer Bedarfsgemeinschaft leben (§ 7 Abs. 3 SGB II). Leistungsberechtigte nach dem SGB II können auch Leistungen der Eingliederungshilfe erhalten, die Ausschlusstatbestände der §§ 5 Abs. 2 SGB II, § 21 SGB XII greifen insoweit nicht ein (vgl. auch BSG 25.6.2008 – B 11b AS 19/07 R; LSG BW 20.11.2009 – L 12 AS 4180/08).

**19**   Im Einzelfall kann die Abgrenzung der Leistungen der Eingliederungshilfe nach §§ 53 ff. von den **Leistungen zur Eingliederung in Arbeit nach §§ 16 ff. SGB II** schwierig sein. Dies gilt insbesondere für Maßnahmen, die an Suchtkranke z.B. in Wohngruppen oder Tagesstätten erbracht werden und in Zusammenhang mit einer (Wieder)eingliederung in das Arbeitsleben stehen. Entscheidend ist letztlich die verfolgte Zielrichtung: Maßnahmen nach dem SGB II sind arbeitsmarktorientiert und zielen final auf die Sicherung der Teilhabe am Arbeitsleben ab, während es bei der Eingliederungshilfe nach §§ 53 ff. allgemeiner um die Teilhabe am Leben in der Gemeinschaft geht. Für die Abgrenzung kommt es daher darauf an, ob die begehrte Leistung zur Berufsausübung, insbesondere zur Erhaltung oder Erlangung eines Arbeitsplatzes erforderlich ist – dann SGB II – oder ob ohne unmittelbaren Bezug zur Berufsausübung die Förderung der persönlichen Lebensführung und Entwicklung im Vordergrund steht (die sich dann mittelbar auch auf die Arbeitsaufnahme auswirken kann) – dann SGB XII (vgl. HessLSG 13.3.2008 – L 7 SO 100/07 ER; LSG LSA 23.3.2007 – L 8 B 41/06 SO ER; SG Schleswig 8.2.2005 – S 17 SO 7/05 ER mit Anm. *Berlit,* jurisPR-SozR 19/2005). Sofern Leistungen nach § 16 SGB II erbracht werden, aber nicht bedarfsdeckend sind, kommen **ergänzende Leistungen** der Eingliederungshilfe in Betracht (*Spindler,* Recht und Psychiatrie 2009, 32; s. auch LSG LSA 23.3.2007 – L 8 B 41/06 SO ER).

Für Menschen mit Behinderung in verschiedenen Wohnformen kommt es für **20** die Abgrenzung zwischen Eingliederungshilfe und **häuslicher Krankenpflege nach § 37 SGB V** auf die Auslegung der Begriffe „Haushalt" und „geeigneter Ort" nach an. Hier war vieles hoch umstritten, inzwischen hat das BSG durch seine Entscheidungen vom 25.2.2015 (B 3 KR 10/14 R und B 3 KR 11/14 R) und 22.4.2015 (B 3 KR 16/14 R) für Klarheit gesorgt. Ausführlich dazu → § 55 Rn. 4 ff.. Zur Abgrenzung zu sonstigen Leistungen der **gesetzlichen Krankenversicherung** → § 54 Rn. 8, 11 f., 28 ff.

Die **Eingliederungshilfe für seelisch behinderte Kinder und Jugendliche 21** ist in **§ 35a SGB VIII** gesondert geregelt. Nach § 10 Abs. 4 SGB VIII haben die Leistungen nach dem SGB VIII – und damit insbesondere auch § 35a SGB VIII – Vorrang vor den Leistungen nach dem SGB XII. Eine Ausnahme davon regelt § 10 Abs. 4 Satz 2 SGB VIII für Leistungen der Eingliederungshilfe nach dem SGB XII für junge Menschen, die körperlich oder geistig behindert oder von einer solchen Behinderung bedroht sind: diese sind gegenüber Leistungen nach dem SGB VIII vorrangig. Mit diesen Regelungen sollten seelisch behinderte junge Menschen der Jugendhilfe zugeordnet werden, um vor allem die problematische Abgrenzung zwischen Verhaltensauffälligkeit und Gefährdung der seelischen Entwicklung einerseits und seelischer Behinderung andererseits überflüssig zu machen; gleichzeitig wollte man aber nicht die Jugendhilfe mit wesensfremden Aufgaben, wie etwa die Versorgung mit Körperersatzstücken, belasten (vgl. BT-Drs. 11/5948, S. 53). Hierdurch entsteht allerdings das neue Problem der Abgrenzung zwischen seelischer und geistiger Behinderung (vgl. dazu *Luthe* jurisPK-SGB VIII, § 10 Rn. 90; *Scheider,* Schellhorn/Hohm/Scheider, SGB XII, § 53 Rn. 76.1).

Die Regelung über das **Vorrang-Nachrang-Verhältnis** in § 10 Abs. 4 Satz 1 **22** und 2 SGB VIII findet nach der Rechtsprechung Anwendung, wenn sowohl ein Anspruch auf Jugendhilfe als auch ein Anspruch auf Sozialhilfe besteht und beide Leistungen gleich, gleichartig, einander entsprechend, kongruent, einander überschneidend oder deckungsgleich sind (BSG 24.3.2009 – B 8 SO 29/07 R, Rn. 17; auch schon BVerwG 13.6.2013 – 5 C 30/12 und 2.3.2006 – 5 C 15.05). Damit kommt es nicht auf den Schwerpunkt des Bedarfs bzw. das primäre Leistungsziel an, entscheidend ist allein die Art der mit einer Jugendhilfeleistung konkurrierenden Sozialleistung (BSG 25.9.2014 – B 8 SO 7/13 R; BVerwG 13.6.2013 – 5 C 30/12; LSG NRW 14.2.2011 – L 20 SO 110/08): Geht es um eine Eingliederungshilfe wegen körperlicher oder geistiger Behinderung, so ist danach stets die Sozialhilfe vorrangig. Geht es hingegen um eine andere Sozialhilfeleistung, so hat die Jugendhilfe Vorrang.

Ist ein Kind oder Jugendlicher sowohl körperlich und/oder geistig als auch seelisch **23** behindert **(Mehrfachbehinderung),** so ist Eingliederungshilfe vom Sozialhilfeträger zu erbringen; der Jugendhilfeträger ist nur dann zuständig, wenn allein eine seelische Behinderung vorliegt (LSG NRW 10.10.2012 – L 12 SO 621/10, das BSG hat sich dem im Revisionsverfahren B 8 SO 30/12 R angeschlossen, vgl. Terminbericht Nr. 22/14 vom 27.5.2014). Dabei wird die Zuständigkeit des Sozialhilfeträgers schon dann begründet, wenn die Leistung zumindest auch auf den Hilfebedarf einer körperlichen oder geistigen Behinderung eingeht, auf den Schwerpunkt der Behinderung kommt es nicht an (BVerwG 9.2.2012 – 5 C 3/11; BayVGH

24.2.2014 – 12 ZB 12.715; LSG NRW 10.10.2012 – L 12 SO 621/10 und 14.12.2011 – L 12 SO 482/10).

**24**     Die Frage, ob in Bezug auf junge Eltern mit Behinderung Leistungen der **Jugendhilfe nach § 19 SGB VIII** (Gemeinsame Wohnformen für Mütter/Väter und Kinder) kongruent mit Leistungen der Eingliederungshilfe sind, war in der Rechtsprechung zunächst umstritten. So hatte das BSG (24.3.2009 – B 8 SO 29/07 R) dies zunächst verneint mit der Begründung, § 19 SGB VIII enthalte ein ganzheitliches Hilfsangebot für zwei Generationen, während sich die Eingliederungshilfe allein an den Menschen mit Behinderung richte; eine personelle Teilidentität genüge nicht für die Annahme einer Kongruenz der Leistungen. Dementsprechend nahm das BSG einen Vorrang der Jugendhilfeleistung an. Hingegen geht das BVerwG (22.10.2009 – 5 C 19/08) davon aus, dass eine teilweise Kongruenz ausreicht, um den Anwendungsbereich der Konkurrenzregelung des § 10 Abs. 4 Satz 2 SGB VIII zu eröffnen – mit der Folge des Vorrangs der Eingliederungshilfe. Das BSG hat sich jedoch inzwischen der Auffassung des BVerwG angeschlossen und seine im Verfahren B 8 SO 29/07 R geäußerte Rechtsauffassung ausdrücklich aufgegeben (vgl. den Terminbericht Nr. 18/12 über die Verhandlung vom 22.3.2012 in der Sache B 8 SO 27/10 R). Damit fällt die Unterbringung in einer Eltern-Kind-Einrichtung nunmehr klar in die Zuständigkeit des Sozialhilfeträgers.

**25**     Je nachdem, ob der Anwendungsbereich des SGB XII oder des SGB VIII eröffnet ist, kann sich zB auch die **Heranziehung zum Kostenersatz** unterscheiden. Im SGB VIII wird vor dem Hintergrund der Präventionsintention der Kinder- und Jugendhilfe vor allem zum Zwecke des Kinderschutzes von der Kostenheranziehung für ambulante Leistungen abgesehen; im stationären und teilstationären Bereich besteht eine einkommensabhängige Kostenheranziehung. Im SGB XII wird demgegenüber zwischen privilegierten und nicht privilegierten Leistungen differenziert (§ 92 Abs. 2). Bei den privilegierten Leistungen der Eingliederungshilfe erfolgt keine Kostenheranziehung. Für den in einer Einrichtung erbrachten Lebensunterhalt ist die Kostenheranziehung in der Regel unabhängig von der Höhe des Einkommens auf die ersparten häuslichen Aufwendungen begrenzt.

**26**     Zur Vermeidung der genannten Abgrenzungsschwierigkeiten sowie zur Beseitigung von Ungleichbehandlungen wurde und wird im Zuge der Diskussion über Reformen der Eingliederungshilfe (→ Rn. 10 ff.) auch über eine **Zusammenführung der Leistungen für Kinder, Jugendliche und junge Erwachsene** in einem einheitlichen Gesetz (sei es im SGB VIII, im SGB XII bzw. ab 2020 im SGB IX) diskutiert, sog. „große Lösung" (vgl. dazu die Sitzungsunterlagen zu TOP 1 der 6. Sitzung der Arbeitsgruppe Bundesteilhabegesetz am 20. Januar 2015; auch Difu-Berichte 4/2014 – Die „Große Lösung" in der Kinder- und Jugendhilfe). Die Mehrheit der Teilnehmer der Arbeitsgruppe Bundesteilhabegesetz sprach sich für eine Zusammenführung der Leistungen im SGB VIII aus (vgl. den Abschlussbericht der Arbeitsgruppe Teil A S. 28 ff.). Vor einer Umsetzung müssten aber noch offene Fragen geklärt werden. Im Ergebnis ist daher derzeit offen, ob und wann eine „große Lösung" kommt und wie sie genau ausgestaltet werden wird.

**27**     Das Verhältnis zwischen Eingliederungshilfe und den Leistungen der **Pflegeversicherung** ist in § 13 Abs. 3 Satz 3 SGB XI geregelt. Danach sind die Leistungen der Eingliederungshilfe im Verhältnis zur Pflegeversicherung nicht nachrangig; beide Leistungen sind vielmehr grundsätzlich gleichrangig. Für die Abgrenzung der beiden Leistungsbereiche sind entscheidend die jeweilige Zielsetzung der Leistung und deren Schwerpunkt. Mit der Neufassung der Regelungen für die Gesamtplanung durch das Bundesteilhabegesetz (→ oben Rn. 11 ff.) in §§ 141 ff. werden seit dem 1.1.2018 ggf. auch die Pflegekassen in das Gesamtplanverfahren der Eingliederungshilfe (→ §§ 141 ff.) einbezogen (vgl. auch § 13 Abs. 4a SGB XI). Damit werden Probleme vermieden, die sich in der Praxis daraus ergeben können, dass die Pflegeversicherung bisher nicht in das gemeinsame Rehabilitationsrecht des SGB IX einbezogen ist. § 13 Abs. 4 S. 1 Nr. 1 SGB XI bestimmt, dass nunmehr im Verhältnis zum Leistungsberechtigten der Träger der Eingliederungshilfe auch die Leistungen der Pflegeversicherung zu übernehmen hat. § 13 Abs. 4 SGB XI enthält daneben weitere Regelungen zur Koordinierung der Leistungen sowie zur Kostentragung.

Werden Leistungen der Eingliederungshilfe **vollstationär** in einer Einrichtung **28** der Behindertenhilfe im Sinne der § 43a, 71 Abs. 4 SGB XI erbracht, hat die Eingliederungshilfe Vorrang vor den Leistungen der Pflegekasse. § 13 Abs. 3 S. 3 HS. 2 SGB XI stellt klar, dass die evtl. notwendige Pflege in diesen Einrichtungen als Bestandteil der Eingliederungshilfe zu Lasten des Sozialhilfeträgers zu erbringen ist. Die in der Einrichtung gewährten Pflegeleistungen sind damit Teil der Eingliederungshilfe (vgl. auch → § 55 und die dortige Kommentierung), mit der Folge, dass der Sozialhilfeträger in einem solchen Fall den Hilfebedürftigen nicht auf die sonst vorrangigen SGB XI-Leistungen verweisen kann (vgl. *Luik* jurisPK-SGB XI, § 13 Rn. 89). Als Kompensation beteiligen sich die Pflegekassen nach § 43a SGB XI an den hierdurch entstehenden Aufwendungen der Sozialhilfeträger durch pauschale Zahlungen.

Das Verhältnis von Eingliederungshilfe und **Hilfe zur Pflege nach dem** **29** **SGB XII** ist im Wesentlichen dadurch bestimmt, dass Erstere ein Teilhaberecht ist und Letztere von ihrem Verständnis her einen Unterstützungsbedarf erfüllen will (*Wingenfeld,* Archiv 2/2007, S. 7). Die Eingliederungshilfe ist auf die Minimierung der Auswirkungen der Behinderung gerichtet, die Hilfe zur Pflege hat einen bewahrenden Charakter im Sinn einer Hilfestellung bei den Verrichtungen des täglichen Lebens (vgl. OVG Schleswig 16.1.2001 – 2 L 25/01). Das Pflegeziel ist die Kompensation von fehlenden oder eingeschränkten Fähigkeiten, Fertigkeiten und Kenntnissen des Pflegebedürftigen. Nichtsdestotrotz kann die Pflege auch die Wiedergewinnung von verlorenen Fähigkeiten und damit ein Höchstmaß der noch möglichen Selbstständigkeit anstreben (vgl. *Wingenfeld,* Archiv 2/2007, S. 11), was nach geltendem Recht an sich der Eingliederungshilfe zugeordnet werden muss. Im Zweifel ist der Eingliederungshilfe als der umfassenderen Hilfe der Vorzug zu geben, es sei denn, die Hilfe hat den Zweck der Existenzsicherung durch regelmäßig wiederkehrende Verrichtungen. Eine Aufspaltung der Maßnahme in eine solche der Eingliederungshilfe und der Pflege ist nicht vorzunehmen (OVG Schleswig 16.1.2001 – 2 L 25/01; VGH Mannheim 17.9.1997 – 6 S 1709/97).

## II. Inhalt der Norm

§ 53 ist die **Grundsatzbestimmung** des SGB XII für die Eingliederungshilfe, **30** sie regelt deren Aufgaben und bestimmt, welche Personen leistungsberechtigt sind. Die Leistungen der Eingliederungshilfe werden hingegen in § 54 sowie §§ 26 und 55 SGB IX in der am 31.12.2017 geltenden Fassung geregelt. Der Einsatz von Einkommen und Vermögen richtet sich nach §§ 60a, 85 ff., 90, 92 f. § 39 Satz 3 Nr. 2 schließt die Vermutung der Bedarfsdeckung bei einer Haushaltsgemeinschaft mit von § 53 erfassten Personen aus.

### 1. Personenkreis (Abs. 1 und Abs. 2)

Die Vorschrift unterscheidet zwischen Personen mit einer wesentlichen Behinde- **31** rung oder die von einer wesentlichen Behinderung bedroht sind einerseits (Abs. 1 Satz 1, Abs. 2) und Personen mit einer anderen, d.h. nicht wesentlichen Behinderung andererseits (Abs. 1 Satz 2). Während erstere dem Grunde nach einen Rechtsanspruch auf Leistungen der Eingliederungshilfe haben (und ein Ermessen nur hinsichtlich der Auswahl der Leistungen besteht), stehen Leistungen an letztere insgesamt im pflichtgemäßen Ermessen des Sozialhilfeträgers.

**32**   **a) Behinderung.** Abs. 1 Satz 1 der Vorschrift nimmt auf den **Behinderungsbegriff des § 2 Abs. 1 S. 1 SGB IX** Bezug. Dort ist die Behinderung einheitlich für das gesamte Rehabilitations- und Teilhaberecht definiert. Menschen mit Behinderungen sind danach Menschen, die körperliche, seelische, geistige oder Sinnesbeeinträchtigungen haben, die sie in Wechselwirkung mit einstellungs- und umweltbedingten Barrieren an der gleichberechtigten Teilhabe an der Gesellschaft mit hoher Wahrscheinlichkeit länger als sechs Monate hindern können. Eine Beeinträchtigung in diesem Sinne liegt vor, wenn der Körper- und Gesundheitszustand von dem für das Lebensalter typischen Zustand abweicht. Der Behinderungsbegriff in § 2 SGB IX ist durch das BTHG vom 23.12.2016 mit Wirkung zum 1.1.2018 (→ oben Rn. 11 ff.) neu definiert und stärker an den Wortlaut der UN-BRK angepasst worden, die ihrerseits der International Classification of Functioning, Disability and Health (ICF) der Weltgesundheitsorganisation folgt (zum Behinderungsbegriff der ICF *Luthe,* SGb 2009, 570 und BehR 2014, 89). Erstmals wird explizit auf die Wechselwirkungen von Gesundheitsstörungen und Gesellschaft abgestellt. Laut Gesetzesbegründung ist mit der Neufassung durch das BTHG eine Ausweitung des Behinderungsbegriffs nicht beabsichtigt, vielmehr soll sie nur deklaratorischen Charakter haben und der Rechtsklarheit dienen (BT-Drs. 18/9522, S. 227 zu § 2).

**33**   Behinderung iSv § 2 SGB IX ist nicht allein ein medizinischer, sondern auch ein **sozialer Begriff** (ausführlich zum Behinderungsbegriff *Luthe* jurisPK-SGB IX § 2). Entscheidend ist nicht allein ein regelwidriger Körper- oder Gesundheitszustand, daneben kommt es auf die wahrscheinliche Hinderung an der gleichberechtigen Teilhabe an der Gesellschaft an. Durch diese weite Definition sind Bereiche wie Kommunikation, Mobilität, Selbstversorgung, häusliches Leben, interpersonelle Interaktion, soziales Leben und Erwerbsleben einbezogen. Auf die Ursache der Behinderung kommt es nicht an (*Voelzke,* Hauck/Noftz, SGB XII, § 53 Rn. 23). Auch eine schwere Nahrungsmittelallergie bei Kindern kann eine Behinderung sein (LSG Nds-Brem 27.8.2015 L 8 SO 177/15 B ER).

**34**   Die **Feststellung einer (Schwer)Behinderung** durch das zuständige Versorgungsamt nach § 152 SGB IX ist nicht erforderlich, um das Vorliegen einer Behinderung im Sinne des § 53 anzunehmen. Umgekehrt bedeutet die Feststellung eines bestimmten Grades der Behinderung nicht zwingend, dass die Voraussetzungen der Eingliederungshilfe vorliegen. Vielmehr sind die Voraussetzungen des § 53 eigenständig zu prüfen; die Feststellung eines Grades der Behinderung kann jedoch ein Indiz und Anlass für weitere Ermittlungen sein.

**35**   Anspruch auf Leistungen der Eingliederungshilfe hat **der Mensch mit Behinderung selbst,** nicht aber Dritte, sofern sich dafür keine ausdrücklichen gesetzlichen Vorschriften finden. Deshalb gibt die Eingliederungshilfe keinen Anspruch für Eltern eines gehörlosen Kindes auf Kostenübernahme eines Gebärdensprachkursus (LSG BW 18.7.2013 – L 7 SO 4642/12).

**36**   **aa) Typischer Zustand.** In der Definition der Behinderung nach § 2 Abs. 1 SGB IX wird ein Bezug zu dem „für das Lebensalter typischen Zustand" hergestellt. Die Einschränkung, dass regelwidrig nur der Zustand ist, der von dem **für das Lebensalter typischen Zustand** abweicht, geht auf § 3 Abs. 1 SchwbG aF zurück (vgl. zum Begriff nach dem SchwbG auch BVerfG 8.10.1997 – 1 BvR 9/97 und 19.1.1999 – 1 BvR 2161/94). Dieses Merkmal soll ausschließen, dass Erscheinungen, die für ein bestimmtes Lebensalter (zB Kindheit, Jugend, Alter) typisch sind, als Behinderung anerkannt werden. Die altersbedingte Sehschwäche, die eine Lesehilfe erfordert, die eingeschränkte Leistungsbreite von Herz und Lungen oder die Beweglichkeit von Gliedmaßen scheiden als Behinderung aus. Zu Recht wird in der Literatur hervorgehoben, dass es schwierig sein dürfte, den alterstypischen Entwicklungszustand festzulegen (*Voelzke,* Hauck/Noftz, SGB XII, § 53 Rn. 24). Bei Kleinkindern ergeben sich naturgemäß Schwierigkeiten, die für eine Beurteilung verlässlichen Entscheidungsparameter zu finden, die zum Vergleich der körperlichen und sozialen Entwicklungsunterschiede nötig sind. Bei älteren Menschen ist zu beachten, dass altersbedingte Verfallsprozesse nach heutigem geriatrischen und gerontologischen Erkenntnisstand individuell höchst unterschiedlich verlaufen (vgl. *Luthe,* jurisPK-SGB IX, § 2 Rn. 81). Pflegebedürftigkeit gilt nicht als alterstypischer Zustand (vgl. BT-Drs. 18/9522, S. 227 zu § 2).

**bb) Länger als sechs Monate.** Das Tatbestandsmerkmal „mit hoher Wahr- 37 scheinlichkeit länger als sechs Monate" ist eine Einschränkung, die sich nicht unmittelbar aus der Definition der ICF ergibt. Sie stammt aus § 4 der EinglVO aF (vgl. BT-Drs. 14/5074, S. 18) und soll **vorübergehende Störungen** ausschließen, für die die Krankenbehandlung nach dem SGB V ausreicht (vgl. *Luthe,* jurisPK-SGB IX, § 2 Rn. 73). Da von Behinderung bedrohte Personen gleichgestellt sind, sind für den Sechsmonatszeitraum auch Zeiten lediglich drohender Behinderung mitzurechnen.

Mit dem Wahrscheinlichkeitsurteil trifft der Sozialhilfeträger eine **Prognoseent-** 38 **scheidung,** bei der er sich in der Regel medizinischen Sachverstandes bedienen muss. Es verbleibt bei dem Anspruch auf Eingliederungshilfe, wenn sich die Prognoseentscheidung im Nachhinein als falsch herausstellt. Stellt sich im Verlauf einer weiteren Entwicklung heraus, dass eine Behinderung entgegen der früheren Annahme länger als sechs Monate bestehen wird, entsteht der Leistungsanspruch im Zeitpunkt dieser Feststellung (*Scheider,* Schellhorn/Hohm/Scheider, SGB XII, § 53 Rn. 26).

**b) Wesentliche Behinderung (Abs. 1 S. 1).** Während § 2 Abs. 1 SGB IX für 39 das Vorliegen einer Behinderung fordert, dass die Teilhabe am Leben in der Gesellschaft beeinträchtigt ist, verlangt § 53 Abs. 1 S. 1 darüber hinaus eine **wesentliche Einschränkung der Fähigkeit zur Teilhabe am Leben in der Gesellschaft.** Nicht jede iSv § 2 Abs. 1 SGB IX behinderte Person erfüllt daher zugleich auch die Voraussetzungen des § 53 Abs. 1 S. 1. Bei lediglich minimalen Auswirkungen der Behinderung sind schon dem Grunde nach keine Leistungen der Eingliederungshilfe zu gewähren. Wie beim Begriff der Behinderung ist auch die Frage der Wesentlichkeit wertend zu bestimmen, insbesondere anhand der Auswirkungen für die Eingliederung in die Gesellschaft. Entscheidend ist mithin nicht, wie stark die Beeinträchtigung ist und in welchem Umfang ein Funktionsdefizit vorliegt, sondern wie sich die Beeinträchtigung auf die Teilhabemöglichkeit auswirkt (BSG 15.11.2012 – B 8 SO 10/11 R; BSG 22.3.2012 – B 8 SO 30/10 R und 13.7.2017 – B 8 SO 1/16 R, NZS 2017, 905). Dementsprechend kommt es auch hier nicht auf den Grad der Behinderung an (ebenso *Wehrhahn,* jurisPK-SGB XII, § 53 Rn. 21).

Die Fälle einer **wesentlichen Behinderung** werden derzeit zwingend definiert 40 durch **§§ 1–3 EinglVO** (abgedruckt bei § 60 SGB XII; kritisch zur unzureichenden Anpassung an § 2 SGB IX *Bieritz-Harder,* LPK-SGB XII, § 53 Rn. 11). Der geltende Behinderungsbegriff für die Eingliederungshilfe mit dem Merkmal der Wesentlichkeit ist **veraltet** und weitgehend defizitorientiert; er definiert sich u. a. über die Abweichung der individuellen Funktion, Fähigkeit oder Gesundheit vom für das Lebensalter eines Menschen typischen, als normal angesehenen Zustand. Er bezieht nur unzulänglich gesellschaftliche Veränderungen sowie das gewandelte Rollenverständnis von Menschen mit Behinderung ein (vgl. dazu die Begründung zum BTHG, BT-Drs. 18/9522, S. 275 zu § 99). Mit dem BTHG (→ oben Rn. 11 ff.) erfolgt schrittweise eine Anpassung der Definition. Die EinglVO, die bislang die wesentliche Behinderung regelt, tritt zum 1.1.2020 außer Kraft. Bis zum 31.12.2022 behalten § 53 Abs. 1 und 2 sowie die §§ 1–3 EinglVO allerdings Geltung für die Bestimmung des leistungsberechtigten Personenkreises, vgl. § 99 SGB IX in der ab 1.1.2020 geltenden Fassung. Ab dem 1.1.2023 trifft § 99 SGB IX selbst eine Neudefinition. Mit dieser soll dem gewandelten Verständnis von Behinderung

Rechnung getragen werden, ohne jedoch eine Ausweitung oder Einschränkung des leistungsberechtigten Personenkreises herbeizuführen (vgl. die Gesetzesbegründung, BT-Drs. 18/9522, S. 276 zu § 99). Die Vorschrift ist im parlamentarischen Gesetzgebungsverfahren kontrovers diskutiert und gegenüber dem ursprünglichen Entwurf wesentlich geändert worden. In den Jahren 2017 bis 2018 soll die Regelung zum leistungsberechtigten Personenkreis in der Eingliederungshilfe wissenschaftlich untersucht und in den Folgejahren 2019 bis 2021 modellhaft in den Bundesländern erprobt werden. Anhand der gewonnen Untersuchungsergebnisse wird der Gesetzgeber dann über die konkrete Fassung des § 99 SGB IX entscheiden (vgl. hierzu http://www.bmas.de/DE/Schwerpunkte/Inklusion/Fragen-und-Antworten/fragen-und-antworten.html).

**41**    § 1 **EinglVO** betrifft die Fälle der **wesentlichen körperlichen Behinderung.** Für die in § 1 Nr. 1 bis 6 EinglVO genannten Personen besteht eine unwiderlegbare Vermutung zugunsten einer wesentlichen Behinderung, die Wesentlichkeit ist also nicht gesondert zu prüfen (ebenso *Voelzke,* Hauck/Noftz, SGB XII, § 53 Rn. 28; *Scheider,* Schellhorn/Hohm/Scheider, SGB XII, § 1 EinglH-VO Rn 5; aA *Wehrhahn,* jurisPK-SGB XII, § 53 Rn. 25). Insoweit ist allerdings zu beachten, dass die einzelnen Tatbestände selbst teilweise unbestimmte Rechtsbegriffe enthalten, die auf das Ausmaß von Einschränkungen abstellen („in erheblichem Umfang", „erheblich", „von entsprechendem Schweregrad", „stark"). Die Aufzählung ist abschließend (ebenso *Wehrhahn,* jurisPK-SGB XII, § 53 Rn. 25; *Bieritz-Harder,* LPK-SGB XII, § 53 Rn. 14; aA *Voelzke,* Hauck/Noftz, SGB XII, § 53 Rn. 28; *Scheider,* Schellhorn/Hohm/Scheider, SGB XII, § 1 EinglH-VO Rn 6).

**42**    Nach § 1 Nr. 1 EinglVO liegt eine wesentliche Behinderung vor bei Personen, deren **Stütz- und Bewegungssystem** in erheblichen Umfang eingeschränkt ist. Dazu gehört jede Beeinträchtigung des Stütz- und Bewegungssystems; die Gründe können im orthopädischen Bereich (Dysmelie, Multiple Sklerose, Kinderlähmung, Paraplegie) liegen oder auch durch sonstige Ursachen, wie Durchblutungsstörungen bzw. Schlaganfälle, hervorgerufen werden. Die schwerbehindertenrechtliche Feststellung der Merkzeichen „G" oder „aG" begründen nicht zwingend die Annahme einer wesentlichen körperlichen Behinderung im Sinne des § 1 Nr. 1 EinglVO, da die Tatbestandsvoraussetzungen nicht übereinstimmen (vgl. *Wehrhahn,* jurisPK-SGB XII, § 1 EinglHV Rn. 8; zur Gehbehinderung im Sinne des Gesetzes über die unentgeltliche Beförderung von Kriegs- und Wehrdienstbeschädigten sowie von anderen Behinderten im Nahverkehr vom 27.8.1965 BVerwG 24.11.1971 – V C 59.70).

**43**    Die Voraussetzungen einer wesentlichen Behinderung sind nach § 1 Nr. 2 EinglVO auch bei Personen mit erheblichen **Spaltbildungen** des Gesichts oder des Rumpfes oder mit abstoßend wirkenden **Entstellungen** vor allem des Gesichts erfüllt. Dazu können beispielsweise Kiefer- und Gaumenspalten oder angeborene Spaltbildungen der Wirbelsäule zählen. Bei der Frage der Erheblichkeit bzw. der abstoßenden Wirkung geht es darum, ob mentale Barrieren bestehen (*Bieritz-Harder,* LPK-SGB XII, § 53 Rn. 14).

**44**    § 1 Nr. 3 EinglVO erfasst die Personen, die in Folge von Erkrankung, Schädigung oder Fehlfunktion eines **inneren Organs** oder der **Haut** unter erheblichen Einschränkungen des körperlichen Leistungsvermögens leiden. Davon betroffen sind Personen, die zB an den Folgen eines Herzinfarktes, von AIDS oder einer Krebserkrankung leiden. Ferner kann es sich um Personen mit Anfallsleiden handeln.

**45**    § 1 Nr. 4 EinglVO bezieht sich auf **Blinde** oder solche **Sehbehinderte,** bei denen mit Gläserkorrektur ohne besondere optische Hilfsmittel auf dem besseren Auge oder beidäugig im Nahbereich bei einem Abstand von 30 cm oder im Fernbereich eine Sehschärfe von nicht mehr als 0,3 besteht oder andere Störungen der Sehfunktion von entsprechendem Schweregrad vorliegen. Störung des Lichtsinns wie Nachtblindheit oder Farbenblindheit sind nicht erfasst (*Meusinger,* Fichtner/ Wenzel, SGB XII, § 53 Rn. 8).

Für § 1 Nr. 5 EinglVO ist die **Herabsetzung des Sprachgehörs** maßgeblich. **46** Von der Vorschrift betroffen sind diejenigen, die gehörlos sind oder sich nur mit Hörhilfen über das Gehör sprachlich verständigen können.

**Sprachbehindert** (§ 1 Nr. 6 EinglVO) sind Personen, die nicht sprechen können, **47** Seelentaube, Hörstumme, Personen mit erheblichen Stimmstörungen sowie Personen, die stark stammeln oder stottern oder deren Sprache stark unartikuliert ist. Seelentaube nehmen Töne und Wörter zwar akustisch wahr, erkennen aber ihre Bedeutung nicht (akustische oder auditive Agnosie). Hörstumme können Wörter hören und verstehen, aber nicht sprechen. Stimmstörungen sind durch Schwierigkeiten bei der Stimmerzeugung gekennzeichnet, die Klangfarbe, Tonhöhe und/ oder Lautstärke beeinträchtigen. Eine Sprachbeeinträchtigung (stammeln, stottern, unartikulierte Sprache) ist dann „stark", wenn eine Verständigung mit Personen, die dem Betroffenen nicht vertraut sind, kaum möglich ist (vgl. BAGüS, Orientierungshilfe, Ziffer 5.1.6) Zur phonetisch phonologischen Störung s. LSG BW 8.7.2008 – L 2 SO 1990/08 ER-B, das zutreffend darauf hinweist, dass ein Schüler, der unter einer phonologischen Störung leidet, auch nach Besserung seiner Sprachfähigkeit solange einen Rechtsanspruch auf Leistungen zur Teilhabe am Arbeitsleben hat, bis feststeht, dass das Ziel der Eingliederungshilfe (Ermöglichung der Ausbildung zu einem angemessenen Beruf) erreicht ist. Die Ursache der Sprachbehinderung ist unerheblich; so bleibt auch ein psychisch bedingtes Stottern oder Stammeln eine Sprachbehinderung im Sinne des § 1 Nr. 6 EinglVO. Fehlende Deutschkenntnisse sind allerdings keine Behinderung (BSG 24.3.2015 – B 8 SO 22/13 R).

**§ 2 EinglVO** betrifft den Kreis der Personen mit einer **wesentlichen geistigen 48 Behinderung.** Dazu gehören Menschen, die infolge einer Schwäche ihrer geistigen Kräfte in erheblichem Umfange in ihrer Fähigkeit zur Teilhabe am Leben in der Gesellschaft eingeschränkt sind. „Schwäche der geistigen Kräfte" meint in erster Linie eine Verminderung der Intelligenz, allerdings ist eine alleinige Berücksichtigung von IQ-Werten als Kriterium – schon wegen der Schwierigkeiten der verlässlichen Ermittlung des IQ – nicht ausreichend. Es sind daher die Fähigkeiten und Fertigkeiten in verschiedenen Lebensbereichen zu betrachten (zB Kommunikation, eigenständige Versorgung, Nutzung öffentlicher Einrichtungen, Arbeit, Freizeit, Gesundheit, Sicherheit) (hierzu BAGüS Orientierungshilfe Ziffer 5.2.1). Damit kommt dem zweiten Kriterium, der Einschränkung der Teilhabefähigkeit, entscheidende Bedeutung zu. Auch auf die Ursache der geistigen Behinderung kommt es nicht an. Sie kann insbesondere auf die Gene (zB Trisomie 21), die Umstände der Geburt (zB Sauerstoffmangel) oder auch auf altersbedingte, hirnorganische Abbauprozesse (z. B. Demenz) als Ursache zurückgehen. Eine wesentliche geistige Behinderung liegt nur dann vor, wenn die Schwäche der geistigen Kräfte dazu führt, dass die Fähigkeit zur Teilhabe am Leben in der Gesellschaft erheblich eingeschränkt ist. Maßgeblich ist dabei nicht, wie stark die geistigen Kräfte beeinträchtigt sind und in welchem Umfang ein Funktionsdefizit vorliegt, sondern wie sich die Beeinträchtigung auf die Teilhabemöglichkeiten auswirkt (BSG 22.3.2012 – B 8 SO 30/10 R).

Die Teilhabe zum Leben in der Gesellschaft ist zB dann erheblich eingeschränkt, **49** wenn die mit der Behinderung einhergehenden Beeinträchtigungen der **erfolgreichen Teilnahme am Unterricht** einer Grundschule entgegenstehen und die Lerninhalte ohne zusätzliche Hilfestellung nicht aufgenommen und vermittelt werden können, denn eine Grundschulbildung bildet die essentielle Basis für jegliche weitere Schullaufbahn bzw. eine valide spätere berufliche Tätigkeit (BSG 15.11.2012 – B 8 SO 10/11 R, Rn. 14 und BSG 22.3.2012 – B 8 SO 30/10 R, Rn. 19).

Ob es sich bei der **Legasthenie** oder der **Dyskalkulie** um eine wesentliche **50** geistige Behinderung handeln kann, ist umstritten (für Legasthenie grundsätzlich verneinend: *Mayer,* Oestreicher, SGB XII, § 53 Rn. 23; *Meusinger,* Fichtner/Wenzel,

SGB XII, § 53 Rn. 11; offen gelassen von VG Hamburg 24.11.2009 – 13 K 4032/07). Richtig dürfte eine differenzierende Betrachtungsweise sein (ähnlich *Wehrhahn,* jurisPK-SGB XII, § 2 EinglVO Rn. 6; *Voelzke,* Hauck/Noftz, SGB XII, § 53 Rn. 30; *Scheider,* Schellhorn/Hohm/Scheider, SGB XII, EinglH-VO § 2 Rn. 5): Die „geistigen Kräfte" im Sinne des § 2 Eingl-VO sind keine einheitliche Größe, sondern setzen sich aus einer Vielzahl von Komponenten zusammen. Legasthenie und Dyskalkulie sind Teilleistungsstörungen in dem Sinne, dass bei ansonsten normaler Intelligenz ein partielles Defizit besteht. Als solche sind sie als „Schwäche der geistigen Kräfte" anzusehen (vgl. zur Legasthenie BVerwG 28.9.1995 – 5 C 21/93; LSG Nds-Brem 5.8.2010 – L 8 SO 143/10 B ER). Für die Frage einer wesentlichen geistigen Behinderung kommt es aber entscheidend darauf an, ob die Teilleistungsstörung die Fähigkeit zur Teilhabe am Leben in der Gesellschaft wesentlich einschränkt. Dies wird oftmals nicht der Fall sein, weil die Teilleistungsstörung entweder durch andere geistige Fähigkeiten ausgeglichen werden kann oder bereits wegen ihrer Bezogenheit auf einen Teil der geistigen Kräfte für eine erhebliche Beeinträchtigung der Teilhabefähigkeit nicht ausreicht.

**51**     In extremeren Fällen kann eine Teilleistungsstörung auch Ursache für eine seelische Störung sein (zu einem solchen Fall bei einer Dyskalkulie VG Düsseldorf 22.1.2001 – 19 K 11140/98; vgl. auch OVG RhPf 26.3.2007 – 7 E 10212/07). Insbesondere in diesen Fällen ist der **Vorrang des § 35a SGB VIII** zu beachten (→ Rn. 21 ff.). Diese Vorschrift setzt voraus, dass die Teilhabe von Kindern oder Jugendlichen am Leben in der Gemeinschaft bedingt durch eine Störung ihrer seelischen Gesundheit beeinträchtigt ist.

**52**     Problematisch ist, ob und unter welchen Voraussetzungen **schulische Maßnahmen** Vorrang vor der Eingliederungshilfe haben. Ein Vorrang kommt jedenfalls nur dann zum Zuge, wenn die Schule die Hilfen tatsächlich anbietet und auch leistet (zu den Fragen der Jugendhilfe vgl. VG Dessau 23.8.2001 – 2 A 550/00; OVG NRW 20.2.2002 – 12 A 5322/00). Vgl. zur Abgrenzung der Aufgaben des Schulträgers auch → § 54 Rn. 54 f.

**53**     **§ 3 EinglVO** definiert den Kreis der Personen mit einer **wesentlichen seelischen Behinderung.** Die Vorschrift zählt diejenigen seelischen Störungen auf, die eine wesentliche Einschränkung der Teilhabefähigkeit zur Folge haben können. Dazu zählen die körperlich nicht begründbaren Psychosen (zB Schizophrenie, manisch-depressive Erkrankungen), seelische Störungen als Folgen von Krankheiten oder körperlichen Beeinträchtigungen (zB Folgen einer Hirnhauterkrankung, Epilepsie), Suchtkrankheiten sowie Neurosen und Persönlichkeitsstörungen. Die Aufzählung ist **abschließend,** allerdings umfasst sie nahezu alle psychiatrischen Krankheitsbilder. Das Vorliegen einer der genannten Störungen hat nicht zwingend eine wesentliche Einschränkung der Teilhabefähigkeit zur Folge, vielmehr muss eine solche gesondert festgestellt werden.

**54**     Für die Feststellung einer **Suchtkrankheit** kommt es nicht darauf an, ob die Rauschmittel bereits eine längere Zeit zu sich genommen worden sind. Vor dem Einsetzen der Eingliederungshilfe ist jeweils zu prüfen, ob die Hilfe bei Krankheit ausreichend ist. Als seelische Störungen werden auch Erscheinungsformen des **Autismus** angesehen (vgl. BAGüS Orientierungshilfe Ziffer 5.4; BayLSG 21.1.2015 – L 8 SO 316/14 B ER; LSG NRW 11.6.2014 – L 20 SO 418/11; OVG Münster 20.2.2002 – 12 A 5322/00; *Wehrhahn,* jurisPK-SGB XII, § 3 EinglVO Rn. 6). Sofern bei autistischen Menschen zugleich eine Intelligenzminderung oder eine körperliche Behinderung vorliegt, ist entscheidend, welche Behinderung den überwiegenden Bedarf auslöst (BAGüS Orientierungshilfe Ziffer 5.4). Auch eine **Aufmerksamkeitsdefizit-/Hyperaktivitätsstörung (ADHS)** gehört zu den seelischen Störungen (vgl. OVG NRW 22.8.2014 – 12 A 3019/11; VG Minden 9.1.2015 – 6 K 1539/14). **Legasthenie und Dyskalkulie** hingegen sind als solche keine seelischen Störungen (sondern – als Teilleistungsstörung – dem § 2 EinglVO zuzuordnen,

→ Rn. 50 f.), können aber uU zu einer solchen Störung führen (vgl. OVG RhPf 26.3.2007 – 7 E 10212/07; VG Düsseldorf 22.1.2001 – 19 K 11140/98). Sofern Kinder oder Jugendliche von einer seelischen Behinderung betroffen sind, ist der **Vorrang des § 35a SGB VIII** zu beachten (→ Rn. 21 ff.).

**c) Von einer wesentlichen Behinderung bedrohte Personen (Abs. 2). 55
aa) Definition (S. 1).** Neben den Personen mit einer wesentlichen Behinderung haben nach Abs. 1 S. 1 auch Personen, die von einer wesentlichen Behinderung bedroht sind, dem Grunde nach einen Rechtsanspruch auf Leistungen der Eingliederungshilfe. Was unter „von einer Behinderung bedroht" zu verstehen ist, wurde schon im BSHG eigens definiert; diese Definition ist in das SGB XII übertragen worden. Ein Rückgriff auf das SGB IX ist nicht möglich: Zwar enthält auch § 2 Abs. 1 Satz 3 SGB IX eine Definition der drohenden Behinderung, doch stimmt diese nicht mit derjenigen des § 53 Abs. 2 überein. Nach § 2 Abs. 1 SGB IX sind Menschen von einer Behinderung bedroht, wenn eine Behinderung zu erwarten ist. Das SGB XII verlangt darüber hinausgehend, dass nach **fachlicher Erkenntnis** das Eintreten der Behinderung **mit hoher Wahrscheinlichkeit** zu erwarten ist (s. auch *Voelzke,* Hauck/Noftz, SGB XII, § 53 Rn. 37). Fachliche Kenntnisse in diesem Sinne können nicht nur Ärzte, sondern auch die Personen beitragen, die aufgrund ihrer Ausbildung zur Betreuung des Betroffenen eingesetzt sind. Die Fachleute haben lediglich eine beratende Funktion.

Bei dem Wahrscheinlichkeitsurteil hat der Sozialleistungsträger eine **Prognose-** 56 **entscheidung** zu treffen. Das Merkmal der „hohen" Wahrscheinlichkeit steht in gewissem Konflikt zum Vorrang der Prävention (§ 3 SGB IX) und dem Grundsatz frühestmöglicher Intervention (§ 9 SGB IX). Diese dürfen nicht aus dem Auge verloren werden. Dennoch reicht entsprechend des Wortlauts des § 53 Abs. 1 S. 1 eine bloße Wahrscheinlichkeit nicht aus; allerdings ist Sicherheit oder mit an Sicherheit grenzender Wahrscheinlichkeit auch nicht erforderlich. Hohe Wahrscheinlichkeit ist vielmehr zwischen der bloßen und der an Sicherheit grenzenden Wahrscheinlichkeit einzuordnen (BVerwG 26.11.1998 – 5 C 38/97: mehr als 50 %; vgl. auch *Wehrhahn,* jurisPK-SGB XII, § 53 Rn. 30). Ein Zeitrahmen, auf den bezogen die Wahrscheinlichkeit eines Eintritts einer Behinderung beurteilt werden soll, lässt sich nicht starr festlegen. Da es Ziel der Eingliederungshilfe ist, den Eintritt der drohenden Behinderung zu verhüten, ist der Beginn der Bedrohung so früh anzusetzen, dass noch erfolgversprechende Maßnahmen durchgeführt werden können (BVerwG 26.11.1998 – 5 C 38/97; *Voelzke,* Hauck/Noftz, SGB XII, § 53 Rn. 37).

**bb) Abgrenzung zur Krankenhilfe (S. 2).** S. 2 begrenzt die Anwendbarkeit 57 des S. 1 bei Personen, für die Krankenhilfe oder vorbeugenden Gesundheitshilfe nach §§ 47, 48 erforderlich ist. Eingliederungshilfe kann in beiden Fällen nur gewährt werden, wenn trotz der Maßnahme der Krankenhilfe oder vorbeugenden Gesundheitshilfe der Eintritt einer Behinderung droht. **Allgemeine Beschwernisse,** die durch eine Krankheit verursacht werden, reichen zur Gewährung von Eingliederungshilfe nicht aus (*Scheider,* Schellhorn/Hohm/Scheider, SGB XII, § 53 Rn. 38.1). Genügt zB nach einem Beinbruch allein die Gewährung von Krankenhilfe, ist keine Eingliederungshilfe zu gewähren. Muss ein Bein nach einem Unfall amputiert werden, droht eine Behinderung und es ist Eingliederungshilfe zu bewilligen.

Für die **Abgrenzung** zwischen Maßnahmen der Krankenhilfe bzw. der vorbeu- 58 genden Gesundheitshilfe einerseits und Maßnahmen der Eingliederungshilfe andererseits kommt es entscheidend darauf an, ob die Leistungen der medizinischen oder sozialen Rehabilitation dienen (dazu → § 54 Rn. 23 f.).

**d) Personen mit anderen Behinderungen (Abs. 1 S. 2).** Während Abs. 1 S. 1 59 für Personen mit wesentlicher Behinderung und für von einer solchen Behinderung bedrohte Personen dem Grunde nach einen Rechtsanspruch zur Folge hat, hat der

Sozialhilfeträger hinsichtlich der Gewährung von Eingliederungshilfe an Personen mit anderen körperlichen, geistigen oder seelischen Behinderungen nach Abs. 1 S. 2 ein Ermessen („können … erhalten"). Dies betrifft Personen mit Behinderungen, die nicht wesentlich oder nur vorübergehend oder beides sind. Aus verfassungsrechtlichen Überlegungen ist das **Ermessen** der Vorschrift **eng zu sehen** (wie hier *Voelzke,* Hauck/Noftz, SGB XII, § 53 Rn. 19 ff., 40; *Bieritz-Harder,* LPK-SGB XII, § 53 Rn. 21; *Scheider,* Schellhorn/Hohm/Scheider, SGB XII, § 53 Rn. 40.2; enger *Baur,* Jahn, § 53 Rn. 15; *Schmeller,* Mergler/Zink, § 53 Rn. 31, offen gelassen LSG BW 8.7.2008 – L 2 SO 1990/08 ER-B). Der Hilfeträger muss bei richtiger Ausübung seiner Ermessensentscheidung erst ein Vorliegen der Voraussetzungen des Abs. 1 S. 1 verneinen und dann über das Ob, die Art und die Form der Hilfe nach Abs. 1 S. 2 entscheiden.

## 2. Erfolgsbezogenheit

60    Nach § 53 Abs. 1 S. 1 wird Eingliederungshilfe als Rechtsanspruch nur gewährt, wenn und solange die Aussicht besteht, dass die Aufgabe der Eingliederungshilfe erfüllt werden kann. Eingliederungshilfe ist also erfolgsbezogen. Erfolgsbezogenheit darf jedoch nicht dahin missverstanden werden, dass eine Leistung nur gewährt wird, wenn der behinderte Mensch durch die eingeleitete Maßnahme völlig selbstbestimmt leben kann. Zu den Aufgaben der Eingliederungshilfe gehört es nämlich auch (Abs. 3), die Behinderung bzw. ihre Folgen zu mildern und die behinderten Menschen so weit wie möglich unabhängig von Pflege zu machen. Deshalb schließt auch ein weiterhin bestehender erheblicher Pflegebedarf einen Anspruch auf Eingliederungshilfe nicht aus (LSG LSA 24.8.2005 – L 8 B 2/05 SO ER). Jede **Milderung** der Behinderung bzw. ihrer Folgen für die Teilhabefähigkeit reicht aus, insbesondere auch eine Besserung des seelischen Zustands (LSG LSA 24.8.2005 – L 8 B 2/05 SO ER; BSG 13.7.2017 – B 8 SO 1/16 R, NZS 2017, 905). Erst wenn keine der in Abs. 3 genannten Aufgaben erreicht werden kann, scheidet die Gewährung von Eingliederungshilfe aus. Außerdem folgt aus dem Zusatz „solange", dass es **keine feste zeitliche Grenze** für die Gewährung von Eingliederungshilfe, zB an ältere Menschen gibt. Möglich ist jedoch eine Umstellung des Zwecks der Eingliederungshilfe, etwa wenn es bei Personen, die das Rentenalter erreicht haben, nicht mehr um eine Integration in das Arbeitsleben, sondern um eine angemessene Ruhestandsbeschäftigung geht (vgl. hierzu BVerwG 21.12.2005 – 5 C 26/04).

## 3. Aufgaben der Eingliederungshilfe (Abs. 3)

61    Satz 1 der Regelung formuliert die Aufgaben der Eingliederungshilfe. Dazu gehört die Verhütung einer drohenden Behinderung, die Milderung oder Beseitigung der Behinderung bzw. ihrer Folgen sowie die Eingliederung der Menschen mit Behinderung in die Gesellschaft. Der Wortlaut ist insoweit missverständlich, als dass er die Eingliederung scheinbar neben die Verhütung, Milderung oder Beseitigung stellt. Tatsächlich ist die Eingliederung in die Gesellschaft aber als das übergeordnete, finale Ziel der Eingliederungshilfe (vgl. hierzu auch *Wehrhahn,* jurisPK-SGB XII, § 53 Rn. 34). Dem liegt der Gedanke zugrunde, dass es auf einen **Ausgleich für eine Benachteiligung durch die Gesellschaft** ankommt (vgl. *Welke,* NDV 2009, 457). Nicht erforderlich ist, dass der Leistungsberechtigte bereits aus der Gesellschaft ausgeschlossen ist; zu den Aufgaben gehört auch die Verhinderung des Ausschlusses. „Eingliederung in die Gesellschaft" ist dabei als ein Oberbegriff zu sehen, der verschiedene Teilhabebereiche umfasst, wie zB Teilhabe am Arbeitsleben, Teilhabe am kulturellen Leben etc. (vgl. *Wehrhahn,* jurisPK-SGB XII, § 53 Rn. 34; *Voelzke,* Hauck/Noftz, SGB XII, § 53 Rn. 43). Im Mittelpunkt der einzelnen Leistungsrechte steht, wie schon in den allgemeinen Vorschriften der § 1 und § 4 Abs. 1

Nr. 4 SGB IX vorgegeben, dass ein selbstbestimmtes Leben des behinderten Menschen innerhalb der Gesellschaft möglich sein soll. Die Maßnahmen, die dazu im Einzelnen ergriffen werden müssen, sind in § 54 vorgesehen. Mit Wirkung ab 1.1.2020 werden die Aufgaben der Eingliederungshilfe in § 90 SGB IX neu gefasst, dabei wird auch zwischen den einzelnen Teilhabebereichen differenziert.

Vorrang kommt der **Verhütung** einer Behinderung zu – dies entspricht dem in **62** § 14 geregelten Vorrang der Prävention und Rehabilitation. Ist eine Behinderung bereits vorhanden, so geht es darum, die Behinderung oder zumindest deren Folgen zu beseitigen bzw. – soweit eine **Beseitigung** nicht möglich ist – zu mildern. Eine **Milderung** der Behinderungsfolgen ist dabei nicht erst dann gegeben, wenn objektiv eine Besserung vorliegt; vielmehr reicht auch eine Besserung des seelischen Zustands aus (LSG LSA 24.8.2005 – L 8 B 2/05 SO ER).

In Satz 2 werden die Aufgaben beispielhaft näher konkretisiert. Die dort genann- **63** ten Bereiche sind keine abschließende Aufzählung, wie durch den Zusatz „insbesondere" verdeutlicht wird. Hier wird zunächst die Erleichterung oder Ermöglichung der **Teilnahme am Leben in der Gemeinschaft** genannt. Gemeint sind damit alle Kontakte zur Umwelt. Das schließt die Teilhabe am Leben in der Familie, der Nachbarschaft, aber auch am öffentlichen und kulturellen Leben mit ein. Zur Teilnahme am Leben in der Gemeinschaft gehört auch ein gesellschaftliches Engagement in Form einer ehrenamtlichen Tätigkeit (BSG 23.8.2013 – B 8 SO 24/11 R). Ferner hebt das Gesetz hervor, dass die Maßnahmen der Eingliederungshilfe dazu dienen, einen **angemessenen Beruf** zu ergreifen oder eine sonstige **angemessene Tätigkeit** aufzunehmen. Damit wird die Teilhabe am Arbeitsleben betont. Schließlich wird als Aufgabe der Eingliederungshilfe formuliert, behinderte Menschen soweit wie möglich **unabhängig von der Pflege** zu machen. Diese Formulierung des Gesetzes ist keineswegs so zu verstehen, dass sich Eingliederungshilfe und Hilfe zur Pflege ausschließen (so klarstellend schon für das BSHG: BVerwG 27.10.1977 – V C 15.77). Zur Abgrenzung der beiden Hilfearten → Rn. 29.

## 4. Leistungen der Teilhabe (Abs. 4)

Für die Leistungen der Teilhabe ordnet Abs. 4 S. 1 die Geltung der Vorschriften **64** des SGB IX an, mit dem **Vorbehalt,** dass sich aus dem SGB XII und den auf seiner Basis erlassenen Verordnungen nichts Gegenteiliges ergibt. Insofern wird in diesem Absatz noch einmal wiederholt, was bereits in § 7 Abs. 1 S. 1 SGB IX festgeschrieben ist (dazu → Rn. 16).

Berechtigt ist die systematische Kritik an dieser Vorschrift (s. dazu *Voelzke,* Hauck/ **65** Noftz, SGB XII, § 53 Rn. 48; zustimmend *Wehrhahn,* juris PK-SGB XII, § 53 Rn. 38): Der Wortlaut der Vorschrift legt eine grundsätzliche Geltung aller auf die Teilhabeleistungen bezogenen Vorschriften des SGB IX nahe. Dem steht jedoch § 54 entgegen, der lediglich auf bestimmte Leistungsarten verweist. Sachgerecht ist Abs. 4 S. 1 daher so auszulegen, dass er lediglich die Anwendbarkeit der übergreifenden leistungsrechtlichen Vorschriften des SGB IX betrifft. Die Regelungen des SGB IX zu einzelnen Leistungsarten gelten hingegen nur, soweit dies in § 54 ausdrücklich vorgesehen ist.

Die **Zuständigkeit** und die **Voraussetzungen** für die Leistungen zur Teilhabe **66** richten sich nach dem SGB XII (Abs. 4 Satz 2). Hiermit wird die gleichlautende Regelung des § 7 Abs. 1 S. 2 SGB IX wiederholt (dazu → Rn. 16).

## III. Verfahren und Rechtsschutz

Bei der Eingliederungshilfe, die sich in der Regel über einen längeren Zeitraum **67** hinzieht, bietet sich der Erlass eines **Dauerverwaltungsaktes** an. Der Dauerverwaltungsakt hat den Vorteil, dass er einen Sachverhalt, der sich nicht in einem einmaligen Gebot, Verbot oder der einmaligen Gestaltung der Sach- und Rechtslage erschöpft, angemessen und verfahrensökonomisch bewältigen kann. Er bietet den Vorzug, aufwändige Verfahren mit dem wiederholten Erlass von Verwaltungsakten bei einem gleichbleibenden Sachverhalt zu vermeiden (*Grieger,* ZfSH/SGB 2002, 452).

**68** Bei der Frage der **Zuständigkeit** eines Leistungsträgers ist **§ 14 SGB IX** zu beachten. Nach § 14 Abs. 2 S. 1 SGB IX bleibt der zuerst angegangene Leistungsträger im Außenverhältnis zum Hilfebedürftigen zuständig, wenn er einen Antrag auf Rehabilitationsleistungen nicht rechtzeitig weiterleitet. Diese Zuständigkeit erstreckt sich auf alle Rechtsgrundlagen, die überhaupt in dieser Bedarfssituation rehabilitationsrechtlich vorgesehen sind. Der Hilfebedürftige muss seinen Anspruch deshalb – unabhängig davon, welcher Leistungsträger „eigentlich" für die begehrte Leistung zuständig wäre – gegenüber dem erstangegangenen Träger durchsetzen (vgl. LSG Bln-Bbg 17.12.2012 – L 29 AL 337/09; auch Terminbericht Nr. 22/14 des BSG vom 27.5.2014 zum Verfahren B 8 SO 29/12 R). Wird der Antrag vom erstangegangenen Träger rechtzeitig an den aus seiner Sicht zuständigen anderen Leistungsträger weitergeleitet, so ist dieser zweitangegangene Träger gleichermaßen umfassend zuständig wie bei fehlender Weiterleitung der erstangegangene Träger, § 14 Abs. 2 S. 4 SGB IX. Intern, d.h. im Verhältnis der verschiedenen Leistungsträger untereinander, bleibt die Verpflichtung des eigentlich zuständigen Leistungsträgers jedoch unberührt, insofern kommt ein nachträglicher Ausgleich nach § 16 SGB IX und §§ 102 ff. SGB X in Betracht.

**69** Bei **stationären oder teilstationären Leistungen** der Eingliederungshilfe sind die Besonderheiten zu berücksichtigen, die sich aus dem sozialrechtlichen Dreiecksverhältnis zwischen Leistungsberechtigtem, Leistungsträger und Leistungserbringer (Einrichtungsträger) ergeben. Hierzu ausführlich die Kommentierung bei → § 75.

## § 54 Leistungen der Eingliederungshilfe

(1) [1]**Leistungen der Eingliederungshilfe sind neben den Leistungen nach § 140 und neben den Leistungen nach den §§ 26 und 55 des Neunten Buches in der am 31. Dezember 2017 geltenden Fassung insbesondere**
1. **Hilfen zu einer angemessenen Schulbildung, insbesondere im Rahmen der allgemeinen Schulpflicht und zum Besuch weiterführender Schulen einschließlich der Vorbereitung hierzu; die Bestimmungen über die Ermöglichung der Schulbildung im Rahmen der allgemeinen Schulpflicht bleiben unberührt,**
2. **Hilfe zur schulischen Ausbildung für einen angemessenen Beruf einschließlich des Besuchs einer Hochschule,**
3. **Hilfe zur Ausbildung für eine sonstige angemessene Tätigkeit,**
4. **Hilfe in vergleichbaren sonstigen Beschäftigungsstätten nach § 56,**
5. **nachgehende Hilfe zur Sicherung der Wirksamkeit der ärztlichen und ärztlich verordneten Leistungen und zur Sicherung der Teilhabe der behinderten Menschen am Arbeitsleben.**
[2]**Die Leistungen zur medizinischen Rehabilitation und zur Teilhabe am Arbeitsleben entsprechen jeweils den Rehabilitationsleistungen der gesetzlichen Krankenversicherung oder der Bundesagentur für Arbeit.**

(2) **Erhalten behinderte oder von einer Behinderung bedrohte Menschen in einer stationären Einrichtung Leistungen der Eingliederungshilfe, können ihnen oder ihren Angehörigen zum gegenseitigen Besuch Beihilfen geleistet werden, soweit es im Einzelfall erforderlich ist.**

(3) [1]Eine Leistung der Eingliederungshilfe ist auch die Hilfe für die Betreuung in einer Pflegefamilie, soweit eine geeignete Pflegeperson Kinder und Jugendliche über Tag und Nacht in ihrem Haushalt versorgt und dadurch der Aufenthalt in einer vollstationären Einrichtung der Behindertenhilfe vermieden oder beendet werden kann. [2]Die Pflegeperson bedarf einer Erlaubnis nach § 44 des Achten Buches. [3]Diese Regelung tritt am 31. Dezember 2018 außer Kraft.

*Änderungen der Vorschrift: Abs. 3 angef. durch G v. 30.7.2009 (BGBl. I S. 2495), Abs. 3 Satz 3 geänd. durch G v. 29.8.2013 (BGBl. I S. 3464), Abs. 1 Satz 1 geänd. mWv 1.1.2018 durch G v. 23.12.2016 (BGBl. I S. 3234).*

**Schrifttum:** *Deutscher Verein für Öffentliche und Private Fürsorge,* Empfehlung – Von der Schulbegleitung zur Schulassistenz in einem inklusiven Schulsystem, NDV 2017, 59; *Dillmann,* Medizinische Rehabilitation in der Sozialhilfe – Reservefunktion der Leistungen zur Teilhabe am Leben in der Gemeinschaft, ZfSH/SGB 2012, 639; *Kepert,* Wer trägt die Kosten der schulischen Inklusion? ZfSH/SGB 2014, 525; Recht der Hilfsmittel, Sozialrecht aktuell, Sonderband 2013; s. ansonsten bei § 53.

## Übersicht

# I. Bedeutung der Norm

Während die Vorschrift des § 53 SGB XII als Grundsatznorm der Eingliederungs- **1** hilfe deren Aufgaben und den leistungsberechtigten Personenkreis bestimmt, regelt § 54, welche **Leistungen** der Eingliederungshilfe im Einzelnen erbracht werden können. § 54 verweist dafür einerseits auf Leistungen nach den Vorschriften des

SGB IX, enthält andererseits daneben aber auch einen eigenständigen Leistungskatalog. Aus der Verwendung des Wortes „insbesondere" folgt, dass es sich dabei **nicht** um eine **abschließende Aufzählung** handelt. Folglich kommen auch andere, nicht ausdrücklich genannte Leistungen in Betracht, sofern diese nach den besonderen Verhältnissen des Einzelfalls zur Erfüllung der Aufgaben der Eingliederungshilfe geeignet und erforderlich sind (BSG 24.3.2009 – B 8 SO 29/07 R, Rn. 20). Auch Leistungen, die nach den an sich vorrangigen Vorschriften für andere Leistungsträger ausgeschlossen sind, insbesondere nicht zum Leistungsumfang der gesetzlichen Krankenversicherung gehören (z.b. Hörgerätebatterien, vgl. hierzu BSG 19.5.2009 – B 8 SO 32/07 R; zu weiteren Beispielen → Rn. 15, 24, 28 ff., 49, 61) können – sofern die Voraussetzungen nach §§ 53, 54 erfüllt sind – als Leistungen der Eingliederungshilfe gewährt werden. Denn die Eingliederungshilfe erfasst auch Leistungen zur sozialen Rehabilitation, die über solche der gesetzlichen Krankenversicherung bzw. der medizinischen Rehabilitation hinausgehen könnten (BSG 19.5.2009 – B 8 SO 32/07 R).

2    Ergänzt wird § 54 durch die **Eingliederungshilfe-Verordnung** (EinglVO, abgedruckt bei § 60). Diese konkretisiert und erweitert den Leistungskatalog des § 54 Abs. 1. Zum 1.1.2020 tritt die EinglVO außer Kraft (Art. 26 Abs. 4 S. 2 Bundesteilhabegesetz vom 23.12.2016 BGBl. I S. 3234 [3340]). Hinsichtlich der Leistungen zur Teilhabe am Arbeitsleben gilt für die Zeit vom 1.1.2018 bis zum 31.12.2019 eine **Sonderregelung in § 140 SGB XII** (Art. 12 Nr. 7 Bundesteilhabegesetz, BGBl. 2016 I S. 3234 [3316]).

3    Leistungen der Eingliederungshilfe können nur solche Leistungen sein, die an den Menschen mit Behinderung selbst erbracht werden; **Leistungen an dritte Personen** kommen nur dann in Betracht, wenn dies im Gesetz ausdrücklich geregelt ist (vgl. BSG 24.3.2009 – B 8 SO 29/07 R). Die Eingliederungshilfe kennt – anders als etwa § 19 SGB VIII, der die Förderung aller von der Bedarfssituation betroffenen Personen in der Familie im Auge hat – keinen „Ganzheitlichkeitsanspruch". Deshalb haben auch Eltern eines gehörlosen Kindes keinen Anspruch auf Kostenerstattung für die Teilnahme an einem Kurs zum Erlernen der Gebärdensprache (LSG BW 18.7.2013, L 7 SO 4642/12).

4    Die Vorschrift entspricht im Wesentlichen der des **§ 40 BSHG**. Inhaltliche Veränderungen hat es nicht gegeben. Der bisherige § 40 Abs. 1 Nr. 2 BSHG (Versorgung mit Körperersatzstücken und Hilfsmitteln) ist nicht in das SGB XII übernommen worden. Diese Regelung ist entbehrlich geworden, da die dort angesprochenen Leistungen werden schon durch § 26 SGB IX in der am 31.12.2017 geltenden Fassung erfasst.

## II. Inhalt der Norm

### 1. Leistungen zur Teilhabe am Arbeitsleben (Abs. 1 S. 1 iVm § 140)

5    In der bis zum 31.12.2017 geltenden Fassung verwies § 54 Abs. 1 für die Leistungen zur Teilhabe am Arbeitsleben und die Leistungen im Arbeitsbereich einer Werkstatt für behinderte Menschen auf die §§ 33, 41 SGB IX in der bis zum 31.12.2017 geltenden Fassung. Ab dem 1.1.2020 werden die Leistungen im Rahmen der Eingliederungshilfe als „Leistungen zur Beschäftigung" in § 111 SGB IX geregelt. Für die Übergangszeit vom 1.1.2018 bis zum 31.12.2019 wird nicht auf das SGB IX (jetzt §§ 49, 58 SGB IX) verwiesen, sondern auf die extra geschaffene Übergangsregelung in § 140. Danach kommen als Leistungen zur Teilhabe am Arbeitsleben in Betracht Leistungen im Arbeitsbereich anerkannter Werkstätten für behinderte Menschen, Leistungen bei anderen Leistungsanbietern sowie Leistungen im Rah-

men des sog. Budgets für Arbeit. Zu den Einzelheiten siehe die Kommentierung bei → § 140.

## 2. Leistungen zur medizinischen Rehabilitation (Abs. 1 S. 1 iVm § 26 SGB IX in der am 31.12.2017 geltenden Fassung)

§ 54 Abs. 1 S. 1 verweist auf § 26 SGB IX in der am 31.12.2017 geltenden Fassung,  **6** der Leistungen zur medizinischen Rehabilitation regelt. Damit gelten die Vorschriften des § 26 SGB IX sowie der diesen konkretisierenden §§ 27–32 SGB IX (alle in der am 31.12.2017 geltenden Fassung) **unmittelbar** für die Eingliederungshilfe.

**a) Medizinische Rehabilitation.** Leistungen zur medizinischen Rehabilitation  **7** werden mit dem **Ziel** erbracht (§ 26 Abs. 1 SGB IX in der am 31.12.2017 geltenden Fassung), Behinderungen abzuwenden, zu beseitigen, zu mindern, auszugleichen, eine Verschlimmerung zu verhüten oder Einschränkungen der Erwerbsfähigkeit und Pflegebedürftigkeit zu vermeiden, zu überwinden, zu mindern, eine Verschlimmerung zu verhüten sowie den vorzeitigen Bezug von laufenden Sozialleistungen zu vermeiden bzw. den Sozialleistungsbezug zu mindern. Die medizinische Rehabilitation ist anhand dieser Ziele abzugrenzen von der beruflichen (→ Rn. 5b, Rn. 24 und → § 140) und der sozialen Rehabilitation (→ Rn. 23 f.).

Leistungen des Sozialhilfeträgers zur medizinischen Rehabilitation sind zunächst  **8** abzugrenzen gegenüber Leistungen der **gesetzlichen Krankenversicherung** bzw. gegenüber Leistungen der **unechten Krankenversicherung** nach § 264 SGB V, die Vorrang gegenüber der Eingliederungshilfe haben. Dabei ist zu berücksichtigen, dass für diese Abgrenzung die Unterscheidung zwischen Krankenbehandlung einerseits und medizinischer Rehabilitation andererseits nicht ergiebig ist. Denn im Rahmen eines Anspruchs gegen die Krankenkasse nach § 27 SGB V bzw. § 264 SGB V ist der Begriff der Krankenbehandlung weit gefasst und umfasst nach dem ausdrücklichen Wortlaut des § 27 Abs. 1 S. 2 Nr. 6 SGB V auch Leistungen der medizinischen Rehabilitation (vgl. hierzu BSG 28.10.2008 – B 8 SO 23/ 07 R, Rn. 31, 35; *Wehrhahn,* juris-PK SGB XII, § 54 Rn. 14 f.). Daraus folgt allerdings nicht, dass Eingliederungshilfe in Form der medizinischen Rehabilitation nur noch solchen Personen zu gewähren ist, die nicht krankenversichert sind (so noch die Vorauflage und *Voelzke,* Hauck/Noftz, SGB XII, § 54 Rn. 10). Die medizinische Rehabilitation des § 27 SGB V oder § 264 SGB V als Unterfall der Krankenbehandlung setzt am Begriff der Krankheit an, die Eingliederungshilfe hingegen am Begriff der Behinderung (BSG 28.10.2008 – B 8 SO 23/07 R, Rn. 35). Leistungen der Eingliederungshilfe werden durch das Bestehen echten oder unechten Krankenversicherungsschutzes daher dann nicht ausgeschlossen, wenn auch bei Durchführung von Leistungen der Krankenversicherung eine Behinderung besteht bzw. droht (vgl. *Wehrhahn,* juris-PK SGB XII, § 54 Rn. 15; → auch § 48 Rn. 16).

Leistungen der medizinischen Rehabilitation durch **andere Rehabilitationsträ-  9 ger,** insbesondere die Träger der Renten- und Unfallversicherung, gehen der Eingliederungshilfe vor. Sie setzen aber voraus, dass entsprechender Versicherungsschutz besteht. Ebenfalls vorrangig sind Leistungen des sozialen Entschädigungsrechts.

Hinsichtlich der Abgrenzung zur **Hilfe bei Krankheit nach § 48** gelten die  **10** gleichen Abgrenzungskriterien wie bei der Abgrenzung zu den Leistungen der echten oder unechten Krankenversicherung (→ Rn. 8 und → § 48 Rn. 16; auch → § 53 Rn. 57 f.). Die Abgrenzung ist von Bedeutung, weil der Einkommens- und Vermögenseinsatz unterschiedlich geregelt ist. Bei der Eingliederungshilfe – nicht jedoch bei der Hilfe bei Krankheit – wird nach § 92 SGB XII teilweise auf den vollen Einsatz von Einkommen und Vermögen verzichtet.

**11**   **b) Leistungsinhalt.** Leistungen der medizinischen Rehabilitation unterscheiden sich von Leistungen der **Krankenbehandlung im engeren Sinne** (vgl. zum umfassenden Begriff der Krankenbehandlung → Rn. 8) hinsichtlich ihres Blickwinkels und ihrer Zielrichtung: Die Krankenbehandlung ieS hat die Krankheit selbst zum Ausgangspunkt und zielt auf deren Heilung, Beseitigung oder Vermeidung ihrer Verschlimmerung; es geht vorrangig um die Wiederherstellung der organischen Leistungsfähigkeit der erkrankten Person. Hingegen nimmt die medizinische Rehabilitation die Auswirkungen einer Krankheit oder Behinderung in den Blick. Ihr Schwerpunkt liegt auf der Verbesserung, Erhaltung und bestmöglichen Wiederherstellung der Leistungsfähigkeit des ganzen Menschen, sie zielt darauf ab, Fähigkeitsstörungen und soziale Beeinträchtigungen zu vermeiden, zu beseitigen oder abzuschwächen (vgl. zur Abgrenzung *Oppermann,* in Hauck/Noftz, SGB IX, § 26 Rn. 15; *Nellissen,* jurisPK–SGB IX, § 26 Rn. 22 f.; auch LSG Bln-Bbg 23.7.2009 – L 1 KR 451/08). Dementsprechend liegt bei der Krankenbehandlung ieS der Schwerpunkt auf der ärztlichen Behandlung, während für die Rehabilitation ein Gesamtkomplex verschiedener, ineinandergreifender Leistungen typisch ist (vgl. *Nellissen,* jurisPK–SGB IX, § 26 Rn. 22). Diese können von Ärzten, aber auch von Therapeuten, Krankengymnasten etc erbracht werden; neben medizinischen Mitteln können auch pädagogische und psychosoziale Hilfen zum Einsatz kommen.

**12**   § 54 Abs. 2 bestimmt, dass die Leistungen denen **der gesetzlichen Krankenversicherung entsprechen,** sodass sie nicht über die Leistungen des SGB V hinausgehen können. Dies soll einerseits vermeiden, dass Empfänger von Eingliederungshilfe besser gestellt sind als Personen, die entsprechende Leistungen durch die Krankenversicherung erhalten, und andererseits ausschließen, dass letztere ergänzende Leistungen der Eingliederungshilfe beanspruchen können (vgl. *Voelzke,* Hauck/Noftz, SGB XII, § 54 Rn. 56).

**13**   § 26 Abs. 2 SGB IX in der am 31.12.2017 geltenden Fassung enthält einen **nicht abschließenden Katalog** („insbesondere") möglicher Leistungen der medizinischen Rehabilitation. Dieser nennt u.a. die Behandlung durch Ärzte, Zahnärzte und Angehörige anderer Heilberufe, soweit deren Leistungen unter ärztlicher Aufsicht oder auf ärztliche Anordnung ausgeführt werden (§ 26 Abs. 2 Nr. 1 SGB IX), Arznei- und Verbandmittel (§ 26 Abs. 2 Nr. 3 SGB IX), ferner die Psychotherapie (§ 26 Abs. 2 Nr. 5 SGB IX) sowie Belastungsproben und Arbeitstherapie (§ 26 Abs. 2 Nr. 7 SGB IX). Es werden zwar hauptsächlich Maßnahmen in ärztlicher Verantwortung genannt, nach § 26 Abs. 3 SGB IX in der am 31.12.2017 geltenden Fassung kommen aber auch **psychologische und pädagogische Hilfen** in Betracht. § 26 Abs. 3 SGB IX in der am 31.12.2017 geltenden Fassung nennt ferner zahlreiche begleitende Maßnahmen, wie z. B. die fachliche Begleitung bei der Behinderungsverarbeitung (§ 26 Abs. 3 Nr. 1 SGB IX), die Aktivierung von Selbsthilfepotenzialen (§ 26 Abs. 3 Nr. 2 SGB IX) oder die Vermittlung von Kontakten zu örtlichen Selbsthilfe- und Beratungsmöglichkeiten (§ 26 Abs. 3 Nr. 4 SGB IX). Die Auswahl zwischen den möglichen Maßnahmen liegt im pflichtgemäßen Ermessen des Sozialhilfeträgers, dabei ist das Wahl- und Wunschrecht des Leistungsberechtigten nach § 8 SGB IX zu berücksichtigen.

**14**   Auch die **Früherkennung und Frühförderung** noch nicht eingeschulter behinderter und von Behinderung bedrohter Kinder ist eine Leistung der medizinischen Rehabilitation (§ 26 Abs. 1 Nr. 2 SGB IX in der am 31.12.2017 geltenden Fassung). Diese ist näher geregelt in § 30 SGB IX (in der am 31.12.2017 geltenden Fassung) sowie der Frühförderungsverordnung (FrühV). Leistungen der Früherkennung und Frühförderung werden von interdisziplinären Frühförderstellen und sozialpädiatrischen Zentren erbracht und sollen das soziale Umfeld der Kinder einbeziehen. Neben ärztlichen Leistungen gehören dazu auch sozialpädiatrische, psychologische, heilpädagogische, sonderpädagogische und psychosoziale Leistungen sowie die Beratung der Erziehungsberechtigten (§§ 5, 6 FrühV). Die Leistungen werden als **Kom-**

**plexleistung** in Verbindung mit heilpädagogischen Leistungen (§ 56 SGB IX in der am 31.12.2017 geltenden Fassung), die der sozialen Rehabilitation zugeordnet sind, erbracht. Zu den Abgrenzungsschwierigkeiten zu den Leistungen der Jugendhilfe nach § 35a SGB VIII → § 53 Rn. 21 ff.

Ferner umfasst die medizinische Rehabilitation **Heilmittel** einschließlich physi- **15** kalischer, Sprach- und Beschäftigungstherapie (§ 26 Abs. 1 Nr. 4 SGB IX in der am 31.12.2017 geltenden Fassung). Heilmittel können wegen § 54 Abs. 1 S. 2 als Eingliederungshilfe in Form der Leistung zur medizinischen Rehabilitation nur dann erbracht werden, wenn sie zum Leistungsumfang der gesetzlichen Krankenversicherung gehören. Das ist derzeit weder beim **therapeutischen Reiten** (BSG 19.3.2002 – B 1 KR 36/00 R) noch bei der **Petö-Therapie** (BSG 3.9.2003 – B 1 KR 34/01), bei der es sich um eine konduktive Förderung bei Kindern mit einer infantilen Zerebralparese handelt, der Fall. Möglich ist es allerdings, diese Therapien als Leistung der sozialen Rehabilitation zu gewähren. Die Einstufung einer bestimmten Therapie als Heilmittel im Sinne der gesetzlichen Krankenversicherung und die Aufnahme in den Katalog der nicht verordnungsfähigen Heilmittel schließt zwar die Gewährung als Leistung der medizinischen Rehabilitation aus, führt aber nicht dazu, dass eine Leistungserbringung nicht unter einer anderen Zielsetzung – insbesondere derjenigen der sozialen Rehabilitation – möglich wäre (BSG 29.9.2009 – B 8 SO 19/08 R). Voraussetzung dafür ist, dass nicht die Zielsetzungen der medizinischen Rehabilitation (die unmittelbar an die Behinderung anknüpft und darauf abzielt, diese zu beseitigen, zu mindern bzw. auszugleichen), sondern diejenigen der sozialen Rehabilitation (die an die sozialen Folgen der Behinderung anknüpft und auf die Förderung der Teilhabe am Leben in der Gesellschaft ausgerichtet ist) im Vordergrund stehen (vgl. zum therapeutischen Reiten SchlHLSG 10.2.2016 – L 9 SO 59/13; LSG NRW 27.8.2009 – L 9 SO 5/08 und OVG RhPf 4.11.2010 – 7 A 10796/10; zur Petö-Therapie BSG 29.9.2009 – B 8 SO 19/08 R; BayLSG 22.9.2015 – L 8 SO 23/13; zur sog. Delfintherapie LSG Hmb 12.6.2017 – L 4 SO 35/15, BeckRS 2017, 130613). Zur Abgrenzung von medizinischer und sozialer Rehabilitation → Rn. 23 f.

Zu den Leistungen der medizinischen Rehabilitation gehört schließlich auch die **16** Versorgung mit **Hilfsmitteln** (§ 26 Abs. 1 Nr. 6 SGB IX in der am 31.12.2017 geltenden Fassung). Auch hier ist infolge der Regelung in § 54 Abs. 1 S. 2 die Zugehörigkeit zum Leistungsumfang der gesetzlichen Krankenversicherung Voraussetzung für einen Übernahmeanspruch. Hilfsmittel sind Körperersatzstücke sowie orthopädische und andere Hilfsmittel, die von den Leistungsberechtigten getragen oder mitgeführt oder bei einem Wohnungswechsel mitgenommen werden können (§ 31 SGB IX in der am 31.12.2017 geltenden Fassung). **Körperersatzstücke** sind Hilfsmittel, die fehlende Körperteile ersetzen sollen: Arm- oder Beinprothesen, Augenprothesen, Perücken, soweit sie Deformationen oder Vernarbungen des Kopfes verdecken sollen. Mit den **orthopädischen Hilfsmitteln** sollen noch vorhandene, fehlgeleitete Körperteile in ihre natürliche Lage gebracht oder unterstützt werden, hierzu gehören zB orthopädische Schuhe; zur Reparatur von orthopädischen Hilfsmitteln s. § 31 Abs. 1 Nr. 3. Zu den **anderen Hilfsmitteln** zählen solche, die dazu bestimmt sind, zum Ausgleich der durch die Behinderung bedingten Mängel beizutragen, § 9 Abs. 1 EinglVO enthält einen umfangreichen, nicht abschließenden Katalog.

Hilfsmittel sind ferner nur solche Gegenstände, die im Einzelfall erforderlich sind, **17** um 1. einer drohenden Behinderung vorzubeugen, 2. den Erfolg einer Heilbehandlung zu sichern oder 3. eine Behinderung bei der Befriedigung von Grundbedürfnissen auszugleichen, soweit sie nicht allgemeine Gebrauchsgegenstände des täglichen Lebens sind (§ 31 Abs. 1 SGB IX in der am 31.12.2017 geltenden Fassung). Zu den **Grundbedürfnissen** gehören Gehen, Stehen, Sitzen, Liegen, Greifen, Sehen, Hören, Nahrungsaufnahme, Ausscheiden, elementare Körperpflege, selbständiges

Wohnen und das Erschließen eines körperlichen und geistigen Freiraums. Für die Abgrenzung zu den allgemeinen **Gebrauchsgegenständen des täglichen Lebens** ist entscheidend, ob ein Gegenstand für die speziellen Bedürfnisse von Menschen mit Behinderung entwickelt und hergestellt worden ist oder – falls dies nicht so ist – den Bedürfnissen von Menschen mit Behinderung jedenfalls besonders entgegenkommt und von Menschen ohne Behinderung praktisch nicht genutzt wird (vgl. BSG 10.3.2011 – B 3 KR 9/10 R und 16.9.1999 – B 3 KR 8/98 R).

18   Der Anspruch umfasst nicht nur die erstmalige Beschaffung eines Hilfsmittels, sondern auch die notwendige **Änderung, Instandhaltung, Ersatzbeschaffung** sowie die **Ausbildung im Gebrauch** des Hilfsmittels (§ 31 Abs. 2 SGB IX in der am 31.12.2017 geltenden Fassung).

19   Das BSG differenziert für den Umfang der Leistungspflicht der gesetzlichen Krankenversicherung – der wegen § 54 Abs. 1 S. 2 auch Bedeutung für die medizinische Rehabilitation im Rahmen der Eingliederungshilfe hat – zudem danach, ob es um einen **unmittelbaren oder einen mittelbaren Behinderungsausgleich** geht (BSG 18.5.2011 – B 3 KR 10/10 R). Beim unmittelbaren Behinderungsausgleich, der dem Ausgleich der ausgefallenen oder beeinträchtigten Körperfunktion selbst dient (zB bei Prothesen), gelte das Gebot eines möglichst weitgehenden Ausgleichs des Funktionsdefizits, und zwar unter Berücksichtigung des aktuellen Stands des medizinischen und technischen Fortschritts. Hingegen müsse beim mittelbaren Behinderungsausgleich, dh beim Ausgleich der direkten und indirekten Folgen der Behinderung, von der gesetzlichen Krankenversicherung nur ein Basisausgleich gewährt werden; ein vollständiges Gleichziehen mit den letztlich unbegrenzten Möglichkeiten eines gesunden Menschen könne nicht verlangt werden. Eine über diesen Basisausgleich hinausgehende berufliche oder soziale Rehabilitation sei hingegen Aufgabe anderer Sozialleistungssysteme. Im Rahmen der Eingliederungshilfe wird diese Rechtsprechung relevant für die Abgrenzung von medizinischer und sozialer bzw. beruflicher Rehabilitation. Unklar ist allerdings das Verhältnis zu der Abgrenzung dieser Rehabilitationsarten anhand des Leistungszwecks (hierzu → Rn. 23 f., 28).

20   Kommt eine Gewährung als Hilfsmittel im Sinne der Leistungen zur medizinischen Rehabilitation nicht in Betracht, so schließt das eine Gewährung als **Hilfsmittel im Sinne der Leistungen zur Teilhabe** am Leben in der Gemeinschaft (→ Rn. 27 ff.) oder der Leistungen zur Teilhabe am Arbeitsleben (→ § 140) nicht aus. Voraussetzung ist wie bei den Heilmitteln (→ Rn. 15), dass das Hilfsmittel vorrangig den Teilhabezwecken dient. Zur Abgrenzung von medizinischer und sozialer Rehabilitation → Rn. 23 f. So hat das BSG bezüglich der Erstattung der Kosten für **Hörgerätebatterien** einen Anspruch nach § 26 SGB IX a. F. verneint, aber einen solchen als Teilhabe am Leben in der Gemeinschaft bejaht (BSG 19.5.2009 – B 8 SO 32/07 R).

## 3. Leistungen zur Teilhabe am Leben in der Gemeinschaft (Abs. 1 S. 1 iVm § 55 SGB IX in der am 31.12.2017 geltenden Fassung)

21   **a) Soziale Rehabilitation.** Durch die Bezugnahme auf § 55 SGB IX in der am 31.12.2017 geltenden Fassung werden die Leistungen zur Teilhabe am Leben in der Gemeinschaft, die auch als **Leistungen zur sozialen Rehabilitation** bezeichnet werden, in die Eingliederungshilfe einbezogen. Sie dienen dem Ziel, dem Menschen mit Behinderung die Teilhabe am Leben in der Gesellschaft zu ermöglichen oder zu sichern oder den Menschen mit Behinderung möglichst unabhängig von Pflege zu machen, soweit Leistungen nicht nach den Kapiteln 4 bis 6 des SGB IX in der am 31.12.2017 geltenden Fassung erbracht werden (§ 55 Abs. 1 SGB IX in der am 31.12.2017 geltenden Fassung). Insofern besteht ein Vorrang der Leistungen der medizinischen Rehabilitation (Kapitel 4 SGB IX aF), der Leistungen zur Teilhabe

am Arbeitsleben (Kapitel 5 SGB IX aF) sowie der unterhaltssichernden und ergänzenden Leistungen (Kapitel 6 SGB IX aF). Der Verweis auf § 55 SGB IX in der am 31.12.2017 geltenden Fassung schließt auch die §§ 56–58 SGB IX in der am 31.12.2017 geltenden Fassung mit ein, die den § 55 SGB IX näher konkretisieren.

Leistungen der sozialen Rehabilitation können sowohl mit dem Ziel gewährt **22** werden, Menschen, die auf Grund ihrer Behinderung von (Teil-)Bereichen des gesellschaftlichen Lebens ausgegrenzt sind, den Zugang zur Gesellschaft zu **ermöglichen,** als auch den Zweck haben, den Personen, die in die Gesellschaft integriert sind, die Teilhabe zu **sichern,** wenn sich abzeichnet, dass sie von gesellschaftlichen Ereignissen und Bezügen abgeschnitten werden (BSG 19.5.2009 – B 8 SO 32/07 R, Rn. 16).

Leistungen zur sozialen Rehabilitation sind von solchen zur medizinischen oder **23** beruflichen Rehabilitation **abzugrenzen.** Die Unterscheidung ist nicht zuletzt deshalb von Bedeutung, weil die Leistungen zur medizinischen und beruflichen Rehabilitation auf den Leistungsumfang der gesetzlichen Krankenversicherung bzw. der Bundesagentur für Arbeit beschränkt sind (§ 54 Abs. 1 S. 2), während Teilhabeleistungen auch darüber hinausgehen können. Dies spielt z.B. eine Rolle bei der Kostenübernahme für Therapien und Hilfsmittel, die von der gesetzlichen Krankenversicherung nicht anerkannt werden (z.B. therapeutisches Reiten oder Petö-Therapie, → Rn. 15). Entscheidend für die Abgrenzung ist der **Leistungszweck,** wobei sich die Zwecke von beruflicher, medizinischer und sozialer Rehabilitation auch überschneiden können (BSG 29.9.2009 – B 8 SO 19/08 R). Die Abgrenzung wird jedoch dadurch erschwert, dass letztlich alle Rehabilitationsleistungen zumindest mittelbar der Teilhabe am Leben in der Gemeinschaft dienen sollen. Um eine sinnvolle Abgrenzung durchführen zu können, wird deshalb zusätzlich auf die Frage abgestellt, welcher Zweck mit der Leistung unmittelbar verfolgt wird (vgl. hierzu auch *Voelzke,* Hauck/Noftz, SGB XII, § 54 Rn. 36). Dient eine Maßnahme im Einzelfall zwar auch der Verbesserung der Teilhabe am Leben in der Gemeinschaft, steht aber der medizinische Leistungszweck im Vordergrund, so ist sie allein der medizinischen Rehabilitation zuzuordnen (SchlHLSG 14.12.2016 – L 9 SO 57/13 und 10.2.2016 – L 9 SO 59/13).

Leistungen **zur beruflichen Rehabilitation** sind auf die Erwerbsfähigkeit und **24** die Teilhabe behinderter Menschen am Arbeitsleben gerichtet. Die Leistungen müssen also final auf das gesetzlich vorgegebene Ziel der positiven Entwicklung der Erwerbsfähigkeit ausgerichtet sein. Hingegen sind Maßnahmen, die ohne unmittelbaren Bezug zur Berufsausübung zum Bestandteil der persönlichen Lebensführung gehören, die Verbesserung der Lebensqualität bewirken sowie elementare Grundbedürfnisse befriedigen und sich auf diese Weise nur mittelbar bei der Berufsausübung auswirken, nicht als Leistungen der beruflichen Rehabilitation förderungsfähig (BSG 26.10.2004 – B 7 AL 16/04 R). Zweck der Leistungen zur **medizinischen Rehabilitation** ist es, einer drohenden Behinderung vorzubeugen, den Erfolg einer Heilbehandlung zu sichern oder eine Behinderung nur bei den Grundbedürfnissen des täglichen Lebens auszugleichen. Die Zielsetzung der Leistungen zur **sozialen Rehabilitation** geht darüber hinaus und richtet sich auf die gesamte Alltagsbewältigung. Sie haben die Aufgabe, dem behinderten Menschen den Kontakt mit seiner Umwelt, nicht nur mit Familie und Nachbarschaft, sowie die Teilnahme am öffentlichen und kulturellen Leben zu ermöglichen und hierdurch insgesamt die Begegnung und den Umgang mit nichtbehinderten Menschen zu fördern. Leistungen zur sozialen Rehabilitation entfalten insoweit ihre Wirkung immer erst im Bereich der Behebung der Folgen einer Behinderung (zu dieser Abgrenzung BSG 19.5.2009 – B 8 SO 32/07 R, Rn. 17 für die Hilfsmittel). Dienen Therapien oder Hilfsmittel, die nicht zum Leistungskatalog der gesetzlichen Krankenversicherung gehören, vorrangig der Förderung der sozialen Teilhabe im genannten Sinne, so kommt eine Gewährung als Leistung der sozialen Rehabilitation in Betracht (vgl. SchlHLSG 28.9.2011 – L

9 SO 37/10 zur Petö-Therapie als Maßnahme zur Förderung einer angemessenen Schulbildung; auch → Rn. 61; zur Delfintherapie LSG Hmb 12.6.2017 – L 4 SO 35/15, BeckRS 2017, 130613).

25    Ferner ist auch die Abgrenzung zu bestimmten Leistungen, die als **Regelbedarf** in der Regelleistung enthalten sind, nicht immer ganz einfach. So kommt die Übernahme der Kosten für Verhütungsmittel als Leistung der sozialen Rehabilitation in der Regel nicht in Betracht, da der allgemeine Wunsch nach Empfängnisverhütung nicht behinderungsbedingt ist (vgl. BSG 15.11.2012 – B 8 SO 6/11 R). Etwas anderes kann nur dann gelten, wenn behinderungsbedingt eine besondere Verhütungsmethode erforderlich ist und diese gegenüber üblichen Verhütungsmitteln deutlich teurer ist bzw. insgesamt ein zumutbares Maß überschreitet und deshalb nicht durch den Regelsatz abgegolten ist (vgl. LSG NRW 20.7.2010 – L 9 SO 39/08: verneint für die Kosten einer Dreimonatsspritze). Dem Regelbedarf zuzuordnen – und damit nicht als Eingliederungshilfeleistung zu gewähren – sind auch Kosten für den Eintritt zu öffentlichen Veranstaltungen, Kosten für die Pflege des Gartens und Hausmeistertätigkeiten oder für Besuche von Prostituierten, Unterhaltszahlungen für Kinder und der Rundfunkbeitrag (vgl. ThürLSG 22.12.2008 – L 1 SO 619/08 ER, *Wehrhahn*, jurisPK-SGB XII, § 54 Rn. 46). Letztlich entscheidend ist, ob es sich um einen Bedarf handelt, der auch bei nichtbehinderten Menschen entsprechend anfällt, oder ob gerade aufgrund der Behinderung ein zusätzlicher Bedarf entsteht.

26    **b) Leistungsinhalt.** § 55 Abs. 2 SGB IX in der am 31.12.2017 geltenden Fassung zählt einzelne **Leistungsarten** auf, diese Aufzählung ist jedoch **nicht abschließend.** Zu den möglichen Leistungen gehört bei behinderten Kindern im kindergartenfähigen Alter auch die Kostenübernahme für den Einsatz eines Integrationshelfers zum Zweck des Kindergartenbesuchs (LSG Nds-Brem 27.8.2015 177/15 B ER; LSG NRW 27.8.2013 – L 9 SO 211/13 B ER; SG Fulda 28.1.2016 – S 7 SO 55/15 ER; kritisch hierzu *Metzke*, RdLH 2016, 22). Näher konkretisiert sind die Leistungen in den §§ 56–58 SGB IX, ebenfalls in der am 31.12.2017 geltenden Fassung.

27    **aa) Versorgung mit Hilfsmitteln (§ 55 Abs. 2 Nr. 1 SGB IX aF).** Als Leistung der sozialen Rehabilitation können solche Hilfsmittel gewährt werden, die nicht von der gesetzlichen Krankenversicherung oder als Leistung der medizinischen Rehabilitation erbracht werden (zur Abgrenzung → Rn. 23 f.). Es handelt sich um Hilfsmittel, die die Teilhabe am Leben in der und der Gemeinschaft sichern oder erleichtern. Beispiele werden in § 9 Abs. 2 EinglVO genannt. Dazu zählen Schreibmaschinen oder Computer, Verständigungsgeräte, der Behinderung angepasste Gebrauchsgegenstände (zur Anschaffung einer Waschmaschine: NdsOVG 23.1.2003 – 12 LC 332/02), Autokindersitze, digitale Hörgeräte (VG Magdeburg 28.9.2000 – A 6 K 104/99) und Hörgerätebatterien (BSG 19.5.2009 – B 8 SO 32/07 R, Rn. 17 f.), Klingelleuchten.

28    Wird ein konkretes Hilfsmittel begehrt, so ist wegen des **Vorrangs anderer Leistungen** stets zunächst zu prüfen, ob es sich um Hilfsmittel im Rahmen der medizinischen Rehabilitation handelt, für die vorrangig die Krankenkasse leistungsverpflichtet ist (zur Abgrenzung der sozialen von der medizinischen Rehabilitation → Rn. 23 f.; zum Vorrang der Leistungen der Krankenkasse → Rn. 8). Nach der Rechtsprechung des BSG (vgl. nur BSG 16.9.1999 – B 3 KR 8/98 R mwN) ist die Pflicht der Krankenkasse zur Gewährung von Hilfsmitteln, die dem mittelbaren Ausgleich einer Behinderung dienen, aber auf solche Mittel beschränkt, die im Rahmen der allgemeinen Grundbedürfnisse benötigt werden; zudem müssen die Krankenkassen nur einen Basisausgleich und kein vollständiges Gleichziehen mit den letztlich unbegrenzten Mobilitätsmöglichkeiten des Gesunden sicherstellen (→ Rn. 17, 19). Geht ein begehrtes Hilfsmittel über einen derartigen Basisausgleich hinaus und besteht daher keine Leistungspflicht der Krankenkasse, kann eine Übernahme aus Sozialhilfemitteln als Leistung der sozialen Rehabilitation erfolgen, wenn dies zur Erreichung der Teilhabeziele nötig ist (vgl. für einen Sportrollstuhl LSG

Bln-Bbg 20.5.2015 – L 1 KR 126/12 und SG Trier 23.2.2016 – S 3 KR 103/14). Grundsätzlich ist zur Hilfsmittelversorgung festzuhalten, dass auch unter Würdigung des subsidiären Charakters der Sozialhilfe der soziale Teilhabezweck als bestimmendes Kennzeichen der Eingliederungshilfe zur Leistungsverantwortung der Sozialhilfe führt. Darin kann eine die sozialhilferechtliche Leistungsverpflichtung auslösende Tendenz liegen. Im Hinblick auf das Ziel der Eingliederungshilfe, die soziale Rehabilitation zu fördern, ist der vom Sozialhilfeträger zu erfüllende Anspruch weiter als im Krankenversicherungsrecht zu fassen.

Bezüglich der Erstattung der Kosten für **Hörgerätebatterien** hat das BSG **29** (19.5.2009 – B 8 SO 32/07 R, Rn. 17 f.; kritisch hierzu *Dillmann*, Tagungsband Sozialgerichtstag, 2011, S. 109) einen Anspruch nach § 26 SGB IX verneint, aber einen solchen als Leistungen zur Teilhabe am Leben in der Gemeinschaft bejaht mit der Begründung, das Hören sei essentielle Voraussetzung für Kommunikation, die wiederum wesentlicher Bestandteil der Teilhabe am Leben in der Gemeinschaft sei. Das Hörgerät diene deshalb nicht ausschließlich der medizinischen Rehabilitation oder der Teilhabe am Arbeitsleben; sein Zweck gehe weit darüber hinaus, weil es in allen Teilbereichen des täglichen Lebens seinen Einsatz finde, nicht allein eine Behinderung bei der Befriedigung von Grundbedürfnissen des täglichen Lebens ausgleiche, sondern als Hilfe gegen die Auswirkungen der Behinderung im Alltag eine uneingeschränkte Teilhabe am gemeinschaftlichen und kulturellen Leben sichert und hierdurch erst den umfassenden Zugang zur Gesellschaft ermöglicht. Sei das Hörgerät damit eine Maßnahme der sozialen Rehabilitation, so gelte dies auch für die Batterien.

Als Leistung der sozialen Rehabilitation kommt auch **Kraftfahrzeughilfe** in **30** Betracht, d.h. Beihilfen zur Beschaffung oder zum behinderungsbedingten Umbau eines Kfz, zur Erlangung einer Fahrerlaubnis, zur Instandhaltung eines Kfz sowie durch Übernahme der Betriebskosten, § 54 Abs. 1 iVm § 55 Abs. 1 SGB IX in der am 31.12.2017 geltenden Fassung und §§ 9 Abs. 2 Nr. 11, 10 Abs. 6 EinglVO. Das BSG (23.8.2013 – B 8 SO 24/11 R) hat darauf hingewiesen, dass sich § 9 Abs. 2 EinglVO deutlich von § 8 Abs. 1 S. 2 EinglVO, der die Kraftfahrzeughilfe als Leistung der beruflichen Rehabilitation regelt, unterscheide und weiter gefasst sei. § 9 Abs. 2 EinglVO bestimme seine Anspruchsvoraussetzungen eigenständig; auf das Vorliegen der Voraussetzungen des § 8 Abs. 1 S. 2 EinglVO komme es daher nicht an (so auch schon BVerwG 20.12.1995 – 5 B 113/89). Kfz-Hilfe wird dabei als Geld-, nicht als Sachleistung erbracht (BSG 8.3.2017 – B 8 SO 2/16 R, Rn. 12).

Kosten für bei einem Rollstuhlfahrer behinderungsbedingt erforderliche **Umbau- 31 maßnahmen an einem Kfz,** die von der Krankenkasse wegen der Beschränkung auf einen Basisausgleich der fehlenden Gehfähigkeit nicht übernommen werden, können daher vom Sozialhilfeträger finanziert werden. Die Reichweite eines solchen Anspruchs ist dabei nicht unumstritten und hängt letztlich vom Einzelfall ab. Wohl unstreitig zu bejahen ist ein Anspruch auf Einbau einer Haltevorrichtung für einen Rollstuhl in einem PKW, wenn diese erforderlich ist, um einem behinderten Kind den Schulbesuch zu ermöglichen (vgl. NdsOVG 12.12.2001 – 4 LB 1133/01). Hingegen wird die Frage, ob eine Übernahme durch den Sozialhilfeträger auch dann zu erfolgen hat, wenn es nicht um den Schulbesuch, sondern allgemein um die Möglichkeit des Kindes geht, mit seiner Familie im Auto mitzufahren, nicht einheitlich beantwortet (verneinend: NdsOVG 12.12.2001 – 4 LB 1133/01; zustimmender, aber nicht entscheidungserheblich in OVG Hmb 31.5.2001 – 4 Bf 319/00). Die Kosten für den Umbau eines Kfz, das der Ausübung einer ehrenamtlichen Tätigkeit dient, können nach dem BSG (23.8.2013 – B 8 SO 24/11 R vgl. dazu auch BayLSG 21.1.2016 – L 8 SO 159/13) als Leistung der sozialen Rehabilitation übernommen werden; die Ausübung einer ehrenamtlichen Tätigkeit gehört zur Teilhabe am Leben in der Gemeinschaft.

Kosten für die **Beschaffung eines Pkw** bzw. dessen **Betriebskosten** können **32** gemäß § 10 Abs. 6 EinglVO übernommen werden, wenn der Leistungsberechtigte wegen seiner Behinderung auf die regelmäßige Benutzung eines Kraftfahrzeuges angewiesen ist. Das ist der Fall, wenn er nur mit Hilfe seines Kraftfahrzeuges seine Wohnung verlassen kann (insbesondere nicht auf öffentliche Verkehrsmittel und gelegentliche Taxifahrten oder Inanspruchnahme des Behindertenfahrdienstes verwiesen werden kann, vgl. hierzu BSG 8.3.2017 – B 8 SO 2/16 R, Rn. 21; LSG BW 19.10.2016 – L 2 SO 3968/15, Rn. 33 ff.; BSG 12.12.2013 – B 8 SO 18/12 R; LSG BW 10.12.2014 – L 2 SO 4058/13 und SchlHLSG 19.6.2014 – L 9 SO 54/12 PKH; ausführlich auch SG Aurich 26.2.2014 – S 13 SO 18/13), wenn das Bedürfnis, die Wohnung zu verlassen, gerade aus Gründen besteht, die der Eingliederungshilfe dient, und wenn sich schließlich ein solches Bedürfnis regelmäßig stellt (vgl. dazu LSG Nds-Brem 10.5.2007 – L 8 SO 20/07 ER; HessVGH 12.12.1995 – 9 UE 1339/94; LSG NRW 22.2.2010 – L 20 SO 75/07). Denn auch ein Mensch mit Behinderung kann nicht darauf verwiesen werden, Bekannte und Freunde ausschließlich zu Haus zu empfangen. Teilhabe am Leben in der Gesellschaft bedeutet auch, den Menschen mit Behinderung die Möglichkeit zu verschaffen, Bekannte, Verwandte und Freunde zu besuchen. Ausgangspunkt sind die Wünsche und Bedürfnisse des behinderten Menschen. Wege, die dieser mit dem Kfz zurücklegen will, sind für die Beurteilung der Notwendigkeit der Kfz-Nutzung nur dann unbeachtlich, wenn es sich um Wünsche handelt, deren Verwirklichung in der Vergleichsgruppe der nicht behinderten, nicht sozialhilfebedürftigen Erwachsenen in der gleichen Altersgruppe als unangemessen gelten (etwa wegen der damit regelmäßig verbundenen Kosten) und die damit der Teilhabe nicht dienen können (vgl. BSG 8.3.2017 – B 8 SO 2/16 R, Rn. 23). Es kann ferner nicht darauf ankommen, ob ein Bedarf nach Kfz-Nutzung täglich oder mehrfach in der Woche auftritt. Denn der Begriff „regelmäßige Benutzung" ist erfüllt, wenn das Auto wiederkehrend und nicht nur vereinzelt oder gelegentlich benutzt wird (ausführlich zum Begriff der Regelmäßigkeit BayLSG 21.1.2016 – L 8 SO 159/13; vgl. auch LSG BW 14.4.2016 – L 7 SO 1119/10 und LSG Hmb 12.6.2017 – L 4 SO 78/16, BeckRS 2017, 134571). Auch das BSG hat einer starren zeitlichen Vorgabe eine klare Absage erteilt (8.3.2017 – B 8 SO 2/16 R, Rn. 23).

**33**     **bb) Heilpädagogische Leistungen (§ 55 Abs. 2 Nr. 2 SGB IX aF iVm § 56 SGB IX aF).** Nach dieser Vorschrift werden heilpädagogische Leistungen für Kinder erbracht. § 55 Abs. 2 Nr. 2 SGB IX in der am 31.12.2017 geltenden Fassung erfasst seinem Wortlaut nach nur Kinder **vor der Einschulung.** Dennoch wird teilweise vertreten, dass auch Schulkinder und Jugendliche bis zur Vollendung des 18. Lebensjahres vom Anwendungsbereich erfasst sind (so wohl *Bieritz-Harder,* LPK-SGB XII, § 54 Rn. 45). Letztlich kommt es darauf aber wohl nicht entscheidend an: Die Aufzählung in § 55 Abs. 2 ist nicht abschließend (→ Rn. 26), sodass Leistungen zur Teilhabe am Leben in der Gemeinschaft auch an Schüler erbracht werden können (vgl. dazu BVerwG 18.10.2012 – 5 C 15/11; *Wehrhahn,* jurisPK SGB XII, § 54 Rn. 42). Sind heilpädagogische Maßnahmen erforderlich und geeignet, Kindern oder Jugendlichen mit Behinderung den Schulbesuch im Rahmen der allgemeinen Schulpflicht zu ermöglichen oder zu erleichtern, so können sie im Rahmen der Hilfen zu einer angemessenen Schulbildung (→ Rn. 61) gewährt werden. Besteht bei eingeschulten Kindern und Jugendlichen ein Bedarf an heilpädagogischen Maßnahmen ohne Zusammenhang mit dem Schulbesuch, so kommen entsprechende Leistungen auf der Grundlage von § 54 iVm § 55 Abs. 1 SGB IX in der am 31.12.2017 geltenden Fassung in Betracht.

**34**     An **schwerstbehinderte und schwerstmehrfachbehinderte Kinder,** die noch nicht eingeschult sind, werden Leistungen immer erbracht, § 56 S. 2 SGB IX aF, auf einen möglichen Leistungserfolg kommt es insoweit nicht an. Bei anderen behinderten Kindern kommen heilpädagogische Leistungen nur unter den Voraussetzungen des § 56 Abs. 1 SGB IX aF in Betracht, d.h. es muss zu erwarten sein, dass durch die Leistungen eine drohende Behinderung abgewendet, der fortschreitende Verlauf einer Behinderung verlangsamt oder die Folgen einer Behinderung beseitigt oder gemildert werden können. Liegen diese Voraussetzungen vor, so können insbesondere Therapien gewährt werden, die von der gesetzlichen Krankenkasse nicht übernommen werden (zB therapeutisches Reiten, dazu SchlHLSG 10.2.2016 – L 9 SO 59/13; LSG NRW 27.8.2009 – L 9 SO 5/08 und OVG RhPf 4.11.2010 – 7 A 10796/10; oder Petö-Therapie, dazu BSG 29.9.2009 – B 8 SO 19/08 R; BayLSG 22.9.2015 – L 8 SO 23/13).

Nach § 56 Abs. 2 SGB IX in der am 31.12.2017 geltenden Fassung werden heilpä- **35** dagogische Leistungen in Verbindung mit Leistungen zur Früherkennung und Frühförderung (→ Rn. 14) und schulvorbereitenden Maßnahmen der Schulträger als **Komplexleistung** erbracht. Komplexleistung bedeutet, dass die Leistungen trägerübergreifend als ganzheitliche Einheit erbracht werden, d.h. dass sie trotz der unterschiedlichen Träger gegenüber dem Leistungsberechtigten „aus einer Hand" gewährt werden (vgl. *Luthe,* juris-PK SGB IX, § 56 Rn. 22).

**cc) Hilfen zum Erwerb praktischer Kenntnisse (§ 55 Abs. 2 Nr. 3 SGB IX** **36** **aF).** Als solche sind die in § 16 der EinglVO beispielhaft aufgeführten Maßnahmen der allgemeinen Ausbildung zu nennen, daneben kommen aber auch andere Leistungen in Betracht

**dd) Hilfen zur Förderung der Verständigung mit der Umwelt (§ 55** **37** **Abs. 2 Nr. 4 SGB IX aF iVm § 57 SGB IX aF).** Hilfen zur Verständigung mit der Umwelt werden nach § 57 SGB IX in der am 31.12.2017 geltenden Fassung an Leistungsberechtigte mit **Hörbehinderung** oder **besonders starker Beeinträchtigung der Sprachfähigkeit** erbracht. Voraussetzung für die Leistungsgewährung ist, dass der Leistungsberechtigte aufgrund seiner Behinderung zur Verständigung mit der Umwelt aus besonderem Anlass der Hilfe Anderer bedarf. Dabei geht es nicht um technische Hilfsmittel (diese können ggf. nach anderen Vorschriften übernommen werden), sondern um die **Hilfe anderer Menschen,** etwa Gebärdensprachdolmetscher.

Die Leistungen sind **nachrangig** gegenüber Ansprüchen nach anderen Gesetzen. **38** § 17 Abs. 2 SGB I räumt Menschen mit Hör- oder Sprachbehinderungen das Recht ein, bei der Ausführung von Sozialleistungen in Deutscher Gebärdensprache, mit lautsprachbegleitenden Gebärden oder über andere geeignete Kommunikationshilfe zu kommunizieren; die für die Leistung zuständigen Träger sind verpflichtet, die durch die Kommunikationshilfen entstehenden Kosten zu tragen. § 9 Abs. 1 Behindertengleichstellungsgesetz gewährt ein Recht darauf, mit Trägern öffentlicher Gewalt des Bundes in Deutscher Gebärdensprache, mit lautsprachbegleitenden Gebärden oder über andere geeignete Kommunikationshilfe zu kommunizieren. Entsprechende Ansprüche in Bezug auf die Landesbehörden können sich aus den Landesgleichstellungsgesetzen ergeben.

Leistungen nach § 55 Abs. 2 Nr. 4 iVm § 57 SGB IX in der am 31.12.2017 gelten- **39** den Fassung werden nur gewährt, wenn diese Form der Hilfe **aus besonderem Anlass** erforderlich ist. Das Kriterium „aus besonderem Anlass" dient zunächst der Abgrenzung zu dauerhaften Hilfen und setzt daher mit Regelmäßigkeit auftretende Situation voraus (vgl. LSG Hmb 20.11.2014 – L 4 SO 15/13; *Luthe,* jurisPK-SGB IX, § 57 Rn. 15). Ferner wird hierdurch klargestellt, dass die Förderung nach § 57 SGB IX keine allgemeine Verständigungshilfe für das allgemeine Kommunikationsbedürfnis des hörbehinderten Menschen sein kann; dementsprechend ist erforderlich, dass über das regelmäßige Kommunikationsbedürfnis hinaus ein gemessen an den Zielen der Leistungen zur Teilhabe schutzwürdiges besonderes Kommunikationsbedürfnis besteht. Hingegen ist unerheblich, ob der Anlass, zu dem die Verständigungshilfe benötigt wird, selbst dem Bereich der Teilhabe am Leben in der Gemeinschaft zuzuordnen ist oder nicht (vgl. LSG Hmb 20.11.2014 – L 4

SO 15/13, das BSG hat in der mündlichen Verhandlung über die Revision signalisiert, dass es dieser Auffassung zuneige, vgl. den Terminbericht Nr. 5/17 vom 9.3.2017 zu B 8 SO 12/15 R). Ein „besonderer Anlass" in diesem Sinne können z.b. wichtige Vertragsverhandlungen, die Einlieferung ins Krankenhaus, Elternversammlungen in der Schule oder besondere Familienfeiern sein (vgl. *Joussen*, LPK-SGB IX, § 57 Rn. 6; *Luthe*, jurisPK-SGB IX, § 57 Rn. 15).

**40**     **ee) Hilfen bei Beschaffung, Ausstattung und Erhaltung einer Wohnung (§ 55 Abs. 2 Nr. 5 SGB IX aF).** Hiermit sind Leistungen gemeint, die den **besonderen Bedürfnissen** des Menschen mit Behinderung Rechnung tragen sollen. Es können gewährt werden: die Anbringung einer Rampe, um die Wohnung zu erreichen; die Installation bestimmter behindertengerechter Badezimmereinrichtungen; der Bau einer Aufzugsanlage für einen Querschnittsgelähmten zum Erreichens seiner Wohnung. Nicht hierzu zählen Schönheitsreparaturen, wie sie üblicherweise von Mietern verlangt werden. Die laufenden Kosten der Unterkunft fallen ebenfalls nicht unter § 55 Abs. 2 Nr. 5 SGB IX aF; dies selbst dann nicht, wenn diese Kosten behinderungsbedingt erhöht sind, zB weil die Miete wegen der behinderungsgerechten Ausstattung der Wohnung gegenüber vergleichbarem Wohnraum erhöht ist (vgl. hierzu mit ausführlicher Begründung SächsLSG 8.12.2016 – L 8 SO 111/15). Vielmehr sind die laufenden Unterkunftskosten auf der Grundlage von § 35 (ggf. iVm § 42 Nr. 4 und § 42a) zu erbringen.

**41**     **ff) Hilfen zum selbstbestimmten Wohnen (§ 55 Abs. 2 Nr. 6 SGB IX aF).** Diese Hilfe betrifft das **betreute Wohnen**. Sie umfasst alle Formen der wohnbezogenen Betreuung von Menschen mit Behinderung (zum Begriff des betreuten Wohnens BSG 25.8.2011 – B 8 SO 7/10 R; LSG NRW 25.6.2015 – L 9 SO 24/13; siehe auch die Kommentierung zu → § 98), der Anspruch darauf ist durch Art. 19 lit. a) UN-BRK hervorgehoben worden. Die Hilfen sollen den Leistungsberechtigten so weit wie möglich befähigen, alle wichtigen Alltagsverrichtungen in seinem Wohnbereich selbstständig vornehmen zu können, sich im Wohnumfeld zu orientieren oder zumindest dies alles mit sporadischer Unterstützung Dritter zu erreichen (vgl. *Luthe*, juris-PK SGB IX, § 55 Rn. 44). Damit ergibt sich ein weites Spektrum möglicher Leistungen. Zu diesen kann die Unterstützung bei der Orientierung im näheren Wohnumfeld gehören (zB durch Begleitung beim Einkauf), ebenso die Motivierung des Betroffenen, aber auch das Leben in einer Wohngruppe, in der tagesstrukturierende Maßnahmen geprobt werden mit dem Ziel einer stärkeren Verselbständigung im Alltagsleben. Die Unterbringung eines erwachsenen Menschen mit Behinderung in einer Pflege- oder Betreuungsfamilie, in der er schon als Kind/Jugendlicher gelebt hat, dürfte in der Regel nicht als betreutes Wohnens einzuordnen sein, da hier im Vordergrund eher nicht die Förderung der Selbständigkeit im eigenen Wohnraum steht, sondern das Verschaffen eines Familienersatzes (so LSG Hmb 1.9.2016 – L 4 SO 13/14; aA LSG Nds-Brem 26.6.2014 – L 8 SO 147/10, das in einem solchen Fall ein betreutes Wohnen bejaht hat).

**42**     Leistungen des betreuten Wohnens können sowohl **stationär** als auch **ambulant** erbracht werden. Insbesondere kommen Hilfen einerseits in Wohnformen in Betracht, in denen Betreuung und Wohnen institutionell verknüpft sind, andererseits können auch Menschen mit Behinderung, die in selbst angemieteten Wohnungen leben, Betreuungsleistungen erbracht werden (vgl. BSG 25.8.2011 – B 8 SO 7/10 R, Rn. 16). Die Abgrenzung zwischen ambulanten und stationären Formen des Betreuten Wohnens erfolgt über die Intensität der Betreuung (BSG 23.7.2015 – B 8 SO 7/14 R). Für die Abgrenzung von teilstationären und vollstationären Leistungen kann dieses Kriterium nach dem BSG hingegen nicht herangezogen werden, diese erfolge über ein zeitliches Kriterium (BSG 23.7.2015 – B 8 SO 7/14 R). Das BSG äußert allerdings zugleich Zweifel daran, ob es eine teilstationäre Form des betreuten Wohnens überhaupt geben kann (BSG 23.7.2015 – B 8 SO 7/14 R). Mit der Neuausrichtung der Eingliederungshilfe auf personenzentrierte statt einrichtungszentrierte Leistungen durch das Bundesteilhabegesetz ( → § 53 Rn. 13) verliert diese Abgrenzung allerdings an Bedeutung.

Zu unterscheiden ist zwischen der Betreuung als solcher und den Kosten für den **43** **allgemeinen Lebensunterhalt.** Letztere sind nicht Bestandteil der Eingliederungshilfe und werden bei entsprechender Bedürftigkeit durch die Hilfe zum Lebensunterhalt oder nach dem Grundsicherungsgesetz gedeckt. Werden Leistungen des betreuten Wohnens in stationären Einrichtungen erbracht, so ist der Lebensunterhalt in § 27b geregelt.

Leistungen des betreuten Wohnens werden nicht etwa dadurch ausgeschlossen, **44** dass für den Menschen mit Behinderung ein **gesetzlicher Betreuer** bestellt ist (vgl. dazu LSG NRW 28.5.2015 – L 9 SO 231/12 und 22.12.2014 – L 20 SO 236/13; auch BSG 30.6.2016 – B 8 SO 7/15 R). Auch wenn sich betreutes Wohnen und die Tätigkeit eines gesetzlichen Betreuers in Einzelheiten überlagern mag, sind Aufgabe und Ziele doch grundsätzlich verschieden. Der gesetzliche Betreuer hat die Aufgabe, den Betreuten rechtlich zu unterstützen und seine Angelegenheiten rechtlich zu besorgen. Ein Betreuer darf zudem nur bestellt werden, wenn und soweit die Betreuung erforderlich ist, § 1896 Abs. 2 BGB.

**gg) Hilfen zur Teilhabe am gemeinschaftlichen und kulturellen Leben** **45** **(§ 55 Abs. 2 Nr. 7 iVm § 58 SGB IX aF).** Diese Hilfen werden näher in § 58 SGB IX in der am 31.12.2017 geltenden Fassung bestimmt. Es gehören dazu die Hilfen zur Förderung der Begegnung und des Umgangs mit **nichtbehinderten Menschen,** die Hilfen beim Besuch von Veranstaltungen oder Einrichtungen, die der **Geselligkeit,** der **Unterhaltung** oder **kulturellen Zwecken** dienen, sowie die Bereitstellung von Hilfsmitteln, die der **Unterrichtung über das Zeitgeschehen** oder über kulturelle Ereignisse dienen. Kein Anspruch auf Leistungen der Eingliederungshilfe besteht allerdings insoweit, als der Bedarf nicht behinderungsbedingt und schon vom Regelbedarf umfasst ist, so z.B. die Kosten für einen Internetanschluss (hierzu LSG RhPf 25.11.2010 – L 1 SO 23/10).

Als Leistung zur Teilhabe am gemeinschaftlichen und kulturellen Leben können **46** zB Kosten für **Urlaubsreisen und Ferienfreizeiten** übernommen werden. Voraussetzung ist allerdings, dass durch die Ferienfreizeit die Folgen der Behinderung mindestens gemildert werden und die Freizeit dazu beiträgt, den Anspruchsteller in die Gesellschaft einzugliedern und hierbei insbesondere die Begegnung mit nicht behinderten Menschen zu fördern, wobei zu berücksichtigen ist, ob der Mensch mit Behinderung nicht schon auf andere Weise in die Gesellschaft eingegliedert ist (vgl. LSG Hmb 20.11.2014 – L 4 SO 31/12; LSG NRW 17.6.2010 – L 9 SO 163/ 10; ThürLSG 22.12.2008 – L 1 SO 619/08; aA VG Potsdam 28.3.2008 – 11 K 2698/04, wonach es ausreiche, dass die Teilnahme an einer Gruppenreise Abwechslungen und Anregungen biete, die die Erfahrung ermöglichten, sich besser in der Welt der nicht behinderten Menschen zu bewegen).

**Computerschulungen für blinde Menschen** gehören zu den Leistungen der **47** Eingliederungshilfe, weil sie über das Internet den Zugang zu nicht behinderten Menschen ermöglichen (BayLSG 16.5.2013 – L 18 SO 6/12). Auch Kraftfahrzeughilfe kann zum Zweck der Teilhabe am gemeinschaftlichen und kulturellen Leben gewährt werden, dazu → Rn. 30 ff.

Hilfe zum **Besuch von Veranstaltungen oder Einrichtungen,** die der Gesel- **48** ligkeit, der Unterhaltung oder kulturellen Zwecken diesen, kann zB die Übernahme von Taxikosten sein (ThürLSG 22.12.2008 – L 9 SO 37/10; NdsOVG 12.4.2000 – 4 L 3902/99). Bei dieser Art von Hilfen taucht die praktische Schwierigkeit auf, dass der Leistungsberechtigte den Hilfeträger vorab über den Besuch einer Veranstaltung informieren müsste, um den Anspruch nicht nach § 18 SGB XII zu verlieren. Um der Spontaneität solcher Besuche Rechnung zu tragen, sind Leistungsabsprachen nach § 12 S. 2 hilfreich. Sachgerecht ist auch die Vereinbarung von Pauschalen (vgl. hierzu NdsOVG 12.4.2000 – 4 L 3902/99). Beschränkt werden können die Kosten auf bestimmte Fahrten, im Rahmen der Eingliederungshilfe besteht kein Anspruch auf eine unbegrenzte Sozialisierung der Kosten zur Teilnahme am kulturellen Leben (ThürLSG 22.12.2008 – L 9 SO 37/10). Die Hilfe kann daher auf das Maß beschränkt werden, in dem auch Nichtbehinderte entsprechende Bedürfnisse befriedigen können.

49     Nach dem SchlHLSG (28.9.2011 – L 9 SO 37/10 Rn. 28) soll es auch möglich sein, § 55 Abs. 2 Nr. 7 SGB IX als Rechtsgrundlage für die Fortführung einer **Petö-Therapie** heranzuziehen, wenn diese dazu dient, einem schwerstbehinderten Menschen die Teilhabe am gemeinschaftlichen und kulturellen Leben zu vereinfachen.

50     Mit der Verlagerung der Eingliederungshilfe in das SGB IX zum 1.1.2020 wird es die Hilfen zur Teilhabe am gemeinschaftlichen und kulturellen Leben nicht mehr als gesonderten Leistungstatbestand geben. Nach der Gesetzesbegründung (BT-Drs. 18/9522, S. 261 zu § 76) gehen sie in anderen Leistungstatbeständen, insbesondere den neu aufgenommenen Assistenzleistungen (§ 78 SGB IX), auf oder sind sie dem Lebensunterhalt zuzuordnen.

## 4. Hilfen zu einer angemessenen Schulbildung (Abs. 1 S. 1 Nr. 1)

51     **a) Überblick.** Die Hilfe für eine angemessene Schulbildung entspricht einem **Grundbedürfnis.** Sie ist darauf gerichtet, Kindern und Jugendlichen mit Behinderung den Besuch allgemeiner Schulen zu ermöglichen bzw. zu erleichtern, insbesondere innerhalb der allgemeinen Schulpflicht, aber auch hinsichtlich des Besuchs weiterführender Schulen. Dieses Recht hat durch Art. 24 UN-BRK ein noch stärkeres Gewicht bekommen: Nach Art. 24 Abs. 1 UN-BRK anerkennen die Vertragsstaaten das Recht von Menschen mit Behinderung auf Bildung. Spezieller bestimmt Art. 24 Abs. 2 UN-BRK, dass Kinder mit Behinderung nicht aufgrund von Behinderung vom Besuch der Grundschule oder weiterführender Schulen ausgeschlossen werden. Die Diskussion zur Umsetzung der Anforderungen aus der UN-BRK wird unter dem Schlagwort der **Inklusion** bzw. der **inklusiven Schule** geführt. Die möglichst weitgehende Integration von behinderten und nichtbehinderten Kindern ist als Ziel auch in § 4 Abs. 3 SGB IX verankert.

52     Was unter einer **angemessenen Schulbildung** zu verstehen ist, wird im SGB XII nicht näher definiert. Von der Vermittlung eines beruflichen Abschlusses unterscheidet sich die Hilfe zu einer angemessenen Schulbildung dadurch, dass es auf die Hinführung auf ein schulisches Bildungsziel ankommt (LSG BW 15.12.2008 – L 7 SO 4639/08 ER-B). § 12 Nr. 2 EinglVO lässt sich entnehmen, dass als angemessene Schulbildung eine im **Rahmen der allgemeinen Schulpflicht üblicherweise erreichbare Bildung** zu verstehen ist. Die hierfür erforderlichen und geeigneten Maßnahmen sind stets zu gewähren. Hilfen für den Besuch von weiterführenden, über die allgemeine Schulpflicht hinausgehenden Schulen (Realschule, Gymnasium, Fachoberschule oder gleichgestellte Abschlüsse) sind in § 12 Nr. 3 EinglVO an engere Voraussetzungen geknüpft und werden nur gewährt, wenn nach den Fähigkeiten und Leistungen des behinderten Menschen zu erwarten ist, dass er das Bildungsziel erreichen wird.

53     Nicht jede schulische Leistungsschwäche hat einen Anspruch auf Eingliederungshilfe zur Folge. Es bedarf einer **sorgfältigen Ermittlung** unter Hinzuziehung von Ärzten und/oder Therapeuten, ob wirklich eine Behinderung vorliegt. Hierzu sind insbesondere zum kognitiven und emotionalen Bereich Feststellungen zu treffen, die nicht mehr den eigentlich schulisch-pädagogischen Kernbereich betreffen. Zur Legasthenie und Dyskalkulie → § 53 Rn. 50.

54     Der Aufgabenbereich der Eingliederungshilfe ist abzugrenzen von demjenigen der **Schulträger.** Gegenstand der Eingliederungshilfe können nach der Rechtspre-

chung des BSG nur die Schulbildung begleitende Maßnahmen sein. Hingegen obliegt die Schulbildung selbst als **Kernbereich der pädagogischen Arbeit** allein den Schulträgern, wobei dieser Kernbereich anhand der sozialhilferechtlichen – nicht aber der schulrechtlichen – Bestimmungen zu ermitteln ist (BSG 9.12.2016 – B 8 SO 8/15 R, Rn. 24 und 15.11.2012 – B 8 SO 10/11 R; aA SchlHLSG 15.4.2014 – L 9 SO 36/14 B ER, das den Kernbereich von den schulrechtlichen Bestimmungen her bestimmt). Zum Kernbereich der pädagogischen Arbeit der Lehrkräfte gehören die Vorgabe und Vermittlung der Lerninhalte, somit der Unterricht selbst, seine Inhalte, das pädagogische Konzept der Wissensvermittlung wie auch die Bewertung der Schülerleistungen. Hingegen ist der Kernbereich der pädagogischen Tätigkeit nicht betroffen, wenn die Maßnahme lediglich dazu dienen soll, die eigentliche pädagogische Arbeit der Lehrkräfte abzusichern und die Rahmenbedingungen dafür zu schaffen, das ein erfolgreicher Schulbesuch möglich ist (BSG 9.12.2016 – B 8 SO 8/15 R, Rn. 25; SchlHLSG 15.4.2014 – L 9 SO 36/14 B ER mwN; ausführlich zur Abgrenzung VG Würzburg 30.5.2016 – W 3 E 16.459, siehe auch *Wehrhahn,* jurisPK SGB XII, § 54 Rn. 54 ff.). Den Kernbereich berühren deshalb alle integrierenden, beaufsichtigenden und fördernden Assistenzdienste nicht, die flankierend zum Unterricht erforderlich sind, damit der Leistungsberechtigte das pädagogische Angebot der Schule überhaupt wahrnehmen kann.

Daraus folgt, dass die Übernahme der Mehrkosten an Schul- und Personalaufwen- **55** dungen für die Einrichtung einer Schulklasse mit maximal 10 anstelle von bis zu 33 Schülern nicht als Eingliederungshilfe (für einen gehörlosen Schüler) gewährt werden kann (BayLSG 18.9.2015 – L 8 SO 181/15 B ER). Auch ein Schulgeld für eine private Ersatzschule, mit dem der Unterricht und damit die von der Schule als Kernbereich zu erbringende Leistung finanziert wird, kann in der Regel nicht vom Sozialhilfeträger übernommen werden (BSG 15.11.2012 – B 8 SO 10/11 R). Maßnahmen, die den Kernbereich der Schulbildung betreffen, können allerdings dann als Eingliederungshilfe erbracht werden, wenn im Einzelfall der Besuch einer öffentlichen Schule aus objektiven Gründen (z.B. wegen einer zu räumlichen Entfernung vom Wohnort) oder aus schwerwiegenden subjektiven (persönlichen) Gründen nicht möglich oder nicht zumutbar ist (LSG NRW 15.5.2013 – L 20 SO 67/08; auch BVerwG 17.2.2015 – 5 B 61/14; VG Cottbus 27.5.2016 – 1 L 157/16 mwN). Zur Übernahme der Kosten für einen Integrationshelfer → Rn. 62.

Soweit es nicht um den Besuch weiterführender Schulen geht (dazu → Rn. 59) **56** ist die Hilfe in der Regel auf die **Dauer der allgemeinen Schulpflicht** begrenzt. Ausnahmen sind insbesondere dann möglich, wenn unverschuldete (v.a. behinderungsbedingte) Unterrichtsausfälle dazu geführt haben, dass innerhalb dieser Zeit nicht ausreichend Unterricht erteilt werden konnte. In diesem Fall ist der Hilfebedarf noch nicht gedeckt und besteht ein Anspruch auf Fortsetzung des Unterrichts, bis das Unterrichtsdefizit ausgeglichen ist (BVerwG 30.4.1992 – 5 C 1/88).

Die Maßnahmen, die im Rahmen der Hilfe zu einer angemessenen Schulbildung **57** in Betracht kommen, sind in § 12 EinglVO näher geregelt. Gemäß **§ 12 Nr. 1 der EinglVO** umfasst die Hilfe zu einer angemessenen Schulbildung **heilpädagogische** und **sonstige Maßnahmen** zugunsten körperlich und geistig behinderter Kinder und Jugendlicher. Sie müssen **erforderlich** und **geeignet** sein, dem behinderten Menschen den Schulbesuch im Rahmen der allgemeinen Schulpflicht zu ermöglichen und zu erleichtern. Es kommen insoweit grundsätzlich alle Maßnahmen in Betracht, die im Zusammenhang mit der Ermöglichung einer angestrebten Schulbildung geeignet und erforderlich sind, die Behinderungsfolgen zu beseitigen oder zu mindern, um sodass das im Gesetz formulierte Ziel der Teilhabe am gesellschaftlichen Leben zu erreichen.

Nach **§ 12 Nr. 2 EinglVO** werden Maßnahmen der Schulbildung erbracht. Hier **58** ist jedoch die vorrangige Zuständigkeit des Schulträgers für den Kernbereich der pädagogischen Arbeit zu beachten (→ Rn. 54). Nur soweit innerhalb dieser vorrangigen Zuständigkeit eine angemessene Schulbildung nicht ermöglicht werden kann, kommt diesbezüglich eine Leistungspflicht des Sozialhilfeträgers in Betracht (vgl. *Scheider*, Schellhorn/Hohm/Scheider, SGB XII, § 12 EinglH-VO Rn. 13; LSG NRW 15.5.2013 – L 20 SO 67/08, Rn. 57). Insoweit ist in einem ersten Schritt festzustellen, welches konkrete Bildungsziel für den Menschen mit Behinderung in Betracht kommt. Daran anschließend ist zu prüfen, ob dieses Ziel mit den Möglichkeiten, die das öffentliche Schulsystem bietet, in zumutbarer Weise zu erreichen ist (zu dieser Vorgehensweise s. LSG NRW 15.5.2013 – L 20 SO 67/08, Rn. 59).

59    **§ 12 Nr. 3 EinglVO** ermöglicht Hilfen über die allgemeine Schulpflicht hinaus für den Besuch einer Realschule, eines Gymnasiums, einer Fachoberschule oder einer Ausbildungsstätte mit gleichgestelltem Abschluss oder – wenn der Besuch einer solchen Schule oder Ausbildungsstätte nicht zumutbar ist – sonstige Hilfe zur Vermittlung einer entsprechenden Schulbildung. Diese Hilfen setzten allerdings voraus, dass nach den Fähigkeiten und den Leistungen des Betroffenen zu erwarten ist, dass er das Bildungsziel erreichen wird.

60    **b) Einzelne mögliche Leistungen.** Die möglichen Leistungen sind ihrer Art nach nicht begrenzt, es kommt allein darauf an, dass sie **geeignet und erforderlich** sind, eine angemessene Schulbildung zu ermöglichen. So können **Gegenstände**, die ein Kind mit Behinderung benötigt, um am Schulunterricht teilnehmen zu können, vom Sozialhilfeträger finanziert werden, sofern eine (vorrangige) Leistungspflicht der gesetzlichen Krankenversicherung ausscheidet (LSG Saarl 24.10.2013 – L 11 SO 14/12: Laptop/Notebook zum Betreiben eines Tafelkamerasystems für ein sehbehindertes Kind LSG BW 8.11.2017 – L 2 SO 4546/16, BeckRS 2017, 138647: Laptop zum Betreiben behindertengerechter Spezial-Software im Unterricht).

61    Die Gewährung einer **heilpädagogischen Maßnahme** setzt nicht voraus, dass nach allgemeiner ärztlicher oder sonstiger fachlicher Erkenntnis zu erwarten ist, dass durch diese Maßnahme eine drohende Behinderung verhütet werden kann oder die Folgen einer Behinderung beseitigt oder gemildert werden können (BVerwG 30.5.2002 – 5 C 36/01, Rn. 13; dem folgend BSG 29.9.2009 – B 8 SO 19/08 R). Vielmehr kommt es darauf an, ob nach den konkreten Umständen des Einzelfalls die Maßnahme geeignet und erforderlich ist, den Schulbesuch zu ermöglichen oder zu erleichtern. Dementsprechend kommt – wenn die genannten Voraussetzungen vorliegen – auch die Übernahme der Kosten von Therapien in Betracht, deren therapeutischer Nutzen vom Gemeinsamen Bundesausschuss nicht anerkannt ist und die daher nicht zum Leistungskatalog der Gesetzlichen Krankenversicherung gehören (BSG 29.9.2009 – B 8 SO 19/08 R: Petö-Therapie; BSG 22.3.2012 – B 8 SO 30/10 R: Montessori-Therapie; LSG LSA 24.8.2011 – L 8 SO 15/08). Zu prüfen ist allerdings stets, ob die Maßnahme überhaupt einen Bezug zu Defiziten in der Schulfähigkeit aufweist und zu deren Beseitigung und Abmilderung geeignet ist (LSG LSA 24.8.2011 – L 8 SO 15/08).

62    Zu den möglichen Maßnahmen gehören auch solche der persönlichen Assistenz während des Schulbesuchs durch sog. **Integrationshelfer.** Bezüglich dieser Form der Hilfe stellt sich insbesondere die Frage, ob hierzu vorrangig der Schulträger verpflichtet ist. Hier ist zunächst die Schulform von Bedeutung: Besucht das Kind eine **Sonder- oder Förderschule,** so ist der Sozialhilfeträger in der Regel nicht verpflichtet, Kosten eines Integrationshelfers zu übernehmen, da es nach den jeweiligen schulrechtlichen Vorschriften grundsätzlich Aufgabe der besonderen Schulform ist, Betreuung, Erziehung und Unterrichtung sicherzustellen (ebenso *Voelzke*, Hauck/Noftz, SGB XII § 54 Rn. 43a; vgl. auch *Wehrhahn*, juris-PK SGB XII, § 54 Rn. 57). Ausnahmen können sich allenfalls dann ergeben, wenn die Art oder Intensität der Behinderung soweit über das übliche Maß hinausgeht, dass auch die spezielle Schulform ihre Aufgabe ohne Einschaltung zusätzlicher Kräfte nicht erfüllen kann oder die Schule den zusätzlichen Hilfebedarf tatsächlich

nicht erfüllt (LSG BW 16.12.2015 – L 2 SO 4762/14; ThürLSG 30.9.2008 – L 8 SO 801/08 ER; LSG BW 9.1.2007 – L 7 SO 5701/06 ER-B und 28.6.2007 – L 7 SO 414/07). Besucht ein leistungsberechtigtes Kind eine **Regelschule** und ergibt sich ein spezieller Betreuungsbedarf, sind die Kosten für einen Integrationshelfer zu übernehmen (hierzu BSG, 9.12.2016 – B 8 SO 8/15); insbesondere kann der Hilfeberechtigte nicht darauf verwiesen werden, er könne sich selbst durch einen Wechsel auf eine Sonder- oder Förderschule helfen, solange schulrechtlich eine solche Zuweisung nicht besteht (so bereits BVerwG 28.4.2005 – 5 C 20/04; auch BSG 23.8.2013 – B 8 SO 10/12 R; LSG BW 18.2.2015 – L 2 SO 3641/13; HessLSG 17.6.2013 – L 4 SO 60/13 B ER). Der Hilfeträger ist an die Entscheidung der Schulbehörde gebunden, ein Kind in der Regelschule unterrichten zu lassen (BSG 9.12.2016 – B 8 SO 8/15 R). Hält die Schulbehörde eine derartige Beschulung für möglich, ist ihrer Einschätzung auch die Überlegung vorangegangen, dass ein solcher Schulbesuch nur mit Hilfe eines Unterstützers möglich ist. Sofern das Landesschulrecht den Eltern behinderter Kinder die Entscheidung zwischen Regel- oder Förderschule überlässt, ist der Sozialhilfeträger an diese Entscheidung gleichermaßen gebunden (vgl. BVerwG 26.10.2007 – 5 C 35/06; LSG BW 29.6.2017 – L 7 SO 5382/14, BeckRS 2017, 117780; SG Trier 15.7.2015 – S 1 SO 32/15 ER).

Hilfe zur Schulbildung kann auch **Fahrkosten** für den Weg zur Schule umfassen **63** (BVerwG 10.9.1992 – 5 C 7/87; OVG Bbg 12.9.2002 – 4 B 129/02). Nach LSG BW (29.6.2017 – L 7 SO 5382/14, BeckRS 2017, 117780) kann die Übernahme von Fahrkosten nicht deshalb abgelehnt werden, weil das leistungsberechtigte Kind die Möglichkeit hätte, eine andere, gleich geeignete Schule mit dem Angebot kostenloser Schulbeförderung zu besuchen. Denn wenn die Schulbehörde den Eltern eines behinderten Kindes die Entscheidung zwischen mehreren Beschulungsformen überlassen hat und dies vom Eingliederungshilfeträger hinzunehmen ist, muss auch gewährleistet sein, dass das Kind die gewählte Schule aufsuchen kann (anders noch die Vorinstanz SG Karlsruhe 28.11.2014 – S 1 SO 515/14; vgl. zu dieser Problematik auch LSG LSA 20.4.2015 – L 8 SO 49/14 B ER). Zu den möglichen Leistungen gehören ferner die Kosten für ein **Schulessen** in einer Schule für Sprachbehinderte mit Ganztagsunterricht (BSG 25.6.2008 – B 11b AS 19/07 R). Leistungen für einen Integrationshelfer zur Teilnahme an **freiwilligen Nachmittags-Angeboten** der Schule kann eine Hilfe zur angemessenen Schulbildung darstellen, wenn diese Veranstaltung in einem gemessen am Hilfezweck hinreichenden zeitlichen, örtlichen und personellen Zusammenhang mit dem Schulbesuch im Rahmen der allgemeinen Schulpflicht steht (LSG Nds-Brem 10.4.2014 – L 8 SO 506/13 B ER; HessLSG 25.4.2016 L 4 SO 227/15 B ER; LSG NRW 17.3.2016 – L 9 SO 91/13; hierzu auch SG Gießen 2.9.2015 – S 18 SO 131/15 ER). Gehört eine **Internatsunterbringung** zu einer angemessenen Schulausbildung, sind die Kosten zu übernehmen (LSG BW 15.12.2008 – L 7 SO 4639/08 ER-B; LSG Bln-Bbg 8.3.2006 – L 23 B 16/06 EO ER). Nicht unter die Hilfe zur angemessenen Schulbildung fällt die Unterstützung der Teilnahme am **Konfirmandenunterricht,** wenn dieser außerhalb des schulischen Rahmens durchgeführt wird und nicht Bestandteil der Schulbildung ist (LSG Nds-Brem 25.2.2016 – L 8 SO52/14).

Mit der Verlagerung der Eingliederungshilfe in das SGB IX **zum 1.1.2020** (allge- **64** mein dazu → § 53 Rn. 11 ff.) werden die Leistungen zur Teilhabe an Bildung **neu in § 112 SGB IX** geregelt. Leistungen zur Unterstützung schulischer Ganztagsangebote in der offenen Form werden dort ausdrücklich genannt und ihre Erbringung an bestimmte Voraussetzungen (§ 112 Abs. 1 S. 2 SGB IX in der ab 1.1.2020 geltenden Fassung) geknüpft. Ferner wird der Anwendungsbereich auf den Bereich der schulischen oder hochschulischen Weiterbildung ausgedehnt (§ 112 Abs. 1 S. 1 Nr. 2 SGB IX in der ab 1.1.2020 geltenden Fassung).

## 5. Hilfe zur schulischen Ausbildung für einen angemessenen Beruf einschließlich einer Hochschulausbildung (Abs. 1 S. 1 Nr. 2)

**65**     Die Hilfe umfasst vor allem, wie in **§ 13 Abs.** 1 **EinglVO** näher beschrieben ist, die Ausbildung an einer Berufsfachschule, Berufsaufbauschule, einer Fachschule oder höheren Fachschule, an einer Hochschule oder einer Akademie und zum Besuch sonstiger öffentlich, staatlich anerkannter oder staatlich genehmigter schulischer Ausbildungsstätten. Hilfe wird ferner gewährt zur Ableistung eines Praktikums, das Voraussetzung für den Besuch einer Fachschule, Hochschule oder für die Berufszulassung ist, zur Teilnahme am Fernunterricht oder zu Vorbereitungsmaßnahmen, die für die Vorbereitung einer schulischen Ausbildung zu einem angemessenen Beruf notwendig sind. Der Katalog des § 13 Abs. 1 EinglVO ist nicht abschließend.

**66**     Alle Hilfe stehen nach § 13 Abs. 2 EinglVO unter dem Vorbehalt, dass bei der Entscheidung über die Hilfe eine **Erfolgsprognose** abgegeben, dh erwartet werden kann, dass das Ziel der Ausbildung oder der Vorbereitungsmaßnahme erreicht wird. Weitere Kriterien sind die **Erforderlichkeit** des beabsichtigten Ausbildungswegs und dass der Beruf oder die Tätigkeit voraussichtlich eine ausreichende **Lebensgrundlage** bieten oder, falls dies wegen der Behinderung nicht möglich ist, zur Lebensgrundlage in angemessenem Umfang beitragen kann.

**67**     Hilfe ist zur Ausbildung für einen **angemessenen** Beruf zu gewähren. Bei der Frage der Angemessenheit ist der Zweck des § 54 Abs. 1 Nr. 2 zu berücksichtigen. Entscheidend ist die körperliche und geistige Leistungsfähigkeit des Leistungsberechtigten, ferner sind seine berechtigten Interessen an einer seinen Wünschen und Fähigkeiten entsprechenden Ausbildung bzw. Tätigkeit zu berücksichtigen (vgl. *Voelzke*, Hauck/Noftz, SGB XII, § 54 Rn. 47). So schließt etwa das Vorhandensein einer praktischen Berufsausbildung die Gewährung von Leistungen für die Durchführung eines Hochschulstudiums nicht aus. Wie nichtbehinderte Menschen kann auch der behinderte Mensch, der über die Hochschulreife verfügt, sich nach einer Berufsausbildung zum Hochschulstudium entschließen (vgl. LSG NRW 13.8.2010 – L 20 SO 289/10 B ER; auch SG Duisburg 15.11.2011 – S 2 SO 393/11 ER). Allerdings besteht ein Anspruch auf Förderung einer Zweitausbildung nicht grenzenlos, ist bereits ein angemessener Beruf erlangt, so besteht kein Anspruch auf Eingliederungshilfe für eine weitere Ausbildung oder eine Weiterbildung. So hat das LSG BW (21.2.2011 – L 2 SO 379/11 ER-B) Eingliederungshilfe für eine Psychotherapeutenausbildung nach einem erfolgreich abgeschlossenen Psychologiestudium abgelehnt.

**68**     Leistungen der Hilfe zur schulischen Berufsausbildung können insbesondere **Gegenstände** umfassen, soweit diese nicht als Hilfsmittel von der Gesetzlichen Krankenversicherung oder als Leistung der medizinischen Rehabilitation gewährt werden (→ Rn. 16 ff.). Ferner kommen in Betracht Leistungen der **persönlichen Assistenz,** die Übernahme von Kosten für **Gebärdensprachdolmetscher,** außerdem **Kraftfahrzeughilfe** (vgl. *Bieritz-Harder,* LPK-SGB XII, § 54 Rn. 59).

**69**     Beim **Hochschulstudium** ist es nicht Aufgabe der Eingliederungshilfe, den Lebensunterhalt zur Durchführung eines Studiums sicherzustellen. Dafür werden in der Regel Mittel nach dem Bundesausbildungsförderungsrecht bereitgestellt, diese haben Vorrang vor der Eingliederungshilfe (BVerwG 19.10.1995 – 5 C 28/95). Besteht jedoch ein besonderer Eingliederungsbedarf, der seine Ursache in der Behinderung hat, ist Hilfe zu gewähren (z.B. behinderungsgerechte Studienmaterialien). Das OVG Lüneburg (24.5.2000 – 4 M 3502/99) hat einen besonderen behinderungsbedingten Bedarf auch im Fall einer Studentin mit seelischer Behinderung bejaht, bei der nicht davon ausgegangen werden konnte, dass sie ihren Bedarf für den Lebensunterhalt durch zusätzliche Erwerbstätigkeiten hätte decken können.

## 6. Hilfe zur Ausbildung für eine sonstige angemessene Tätigkeit (Abs. 1 S. 1 Nr. 3)

Es handelt sich um eine **Auffangvorschrift.** Hilfe für eine angemessene Tätigkeit **70** wird insbesondere dann gewährt, wenn eine Ausbildung für einen Beruf aus besonderen Gründen, vor allem wegen Art und Schwere der Behinderung, unterbleibt (§ 13a EinglVO). Auch diese Hilfe steht unter dem Vorbehalt der Voraussetzungen des § 13 Abs. 2 EinglVO (→ Rn. 66).

## 7. Hilfe in sonstigen Beschäftigungsstätten (Abs. 1 S. 1 Nr. 4)

Die Vorschrift verweist noch auf § 56, obwohl dieser zum 1.1.2018 weggefallen **71** ist. Leistungen in sonstigen, den anerkannten Werkstätten für behinderte Menschen vergleichbaren Beschäftigungsstätten sind für den Zeitraum vom 1.1.2018 bis zum 31.12.2019 in → § 140 geregelt, siehe die dortige Kommentierung.

## 8. Nachgehende Hilfe (Abs. 1 S. 1 Nr. 5)

Leistungen der nachgehenden Hilfe sollen die Wirksamkeit ärztlicher und ärztlich **72** verordneter Leistungen oder die Teilhabe behinderter Menschen am Arbeitsleben sichern. Durch sie soll sichergestellt werden, dass der durch die vorangehenden Hilfen **erreichte Zustand erhalten bleibt.** Nach § 17 Abs. 1 EinglVO gehören hierzu auch die Hilfe zur Beschaffung von Gegenständen sowie andere Leistungen, wenn sie wegen der Behinderung zur Aufnahme oder Fortsetzung einer angemessenen Beschäftigung im Arbeitsleben erforderlich sind. Diese Hilfe kann als Darlehen gewährt werden (§ 17 Abs. 1 S. 2 EinglVO).

## 9. Umfang der Leistungen zur medizinischen und beruflichen Rehabilitation (Abs. 1 S. 2)

Leistungen zur **medizinischen Rehabilitation** werden entsprechend der Reha- **73** bilitationsleistungen der gesetzlichen Krankenversicherung erbracht. Das bedeutet, dass sie nach Art und Umfang nicht über die Leistungen nach dem § 40 SGB V hinausgehen (LSG NRW 28.8.2014 – L 9 SO 286/12 mwN). Dies soll einerseits vermeiden, dass Empfänger von Eingliederungshilfe besser gestellt sind als Personen, die entsprechende Leistungen durch die Krankenversicherung erhalten, und andererseits ausschließen, dass letztere ergänzende Leistungen der Eingliederungshilfe beanspruchen können (vgl. *Voelzke*, Hauck/Noftz, SGB XII, § 54 Rn. 56). Ergänzt wird die Regelung durch § 52 Abs. 2 Satz 1, der nach § 52 Abs. 5 auf die Leistungen zur medizinischen Rehabilitation gemäß § 54 Abs. 1 Satz 1 entsprechend anzuwenden ist. Nach § 52 Abs. 2 Satz 1 haben Leistungsberechtigte die freie Wahl unter den Ärzten und Zahnärzten sowie den Krankenhäusern (nur) entsprechend den Bestimmungen der gesetzlichen Krankenversicherung. Dies bedeutet, dass die Leistungsberechtigten nur solche Erbringer von Leistungen zur medizinischen Rehabilitation wählen dürfen, die von den gesetzlichen Krankenkassen zur Leistungserbringung nach den §§ 107 ff. SGB V zugelassen sind (LSG NRW 28.8.2014 – L 9 SO 286/ 12 mwN). Siehe hierzu auch die Kommentierung zu → § 52. Die **Leistungen zur Teilhabe am Arbeitsleben** entsprechen den Rehabilitationsleistungen der Bundesagentur für Arbeit.

## 10. Besuchsbeihilfe (Abs. 2)

Wird Eingliederungshilfe in einer **stationären Einrichtung** gewährt, so können **74** Leistungen der Besuchsbeihilfe gewährt werden. Hierdurch soll die Verbindung des Leistungsberechtigten zu seinen Angehörigen erhalten werden. Der Begriff der

Angehörigen ist weit zu fassen. Die Besuchsbeihilfe kann sowohl für einen Besuch des Leistungsberechtigten bei seinen Angehörigen gewährt werden als auch für einen Besuch der Angehörigen in der stationären Einrichtung. Es handelt sich um eine **Ermessensleistung.**

75    Neben den eigentlichen Reisekosten, die dem Leistungsberechtigten oder seinen Angehörigen entstehen, ist auch das sog. **Platzfreihaltegeld** (auch Abwesenheits-pauschale), das für Zeiten der Abwesenheit des Hilfeempfängers in einer Einrichtung gezahlt wird, zu übernehmen (vgl. SchlHOVG 18.2.2004 – 2 LB 65/03; hierzu neigt auch BSG 28.10.2008 – B 8 SO 33/07 R).

## 11. Pflegefamilie (Abs. 3)

76    Mit der Neuaufnahme des Absatzes 3 in die Vorschrift des § 54 (durch Gesetz vom 30.7.2009 mit Wirkung vom 5.8.2009) wird der Leistungsumfang auf die Unterbringung von leistungsberechtigten Kindern und Jugendlichen in einer Pflegefamilie erweitert und auf eine gesetzliche Grundlage gestellt. Ergänzt wird die Regelung durch § 27a Abs. 5, hierzu die Kommentierung bei → § 27a. Für Kinder und Jugendliche mit einer seelischen Behinderung haben Leistungen nach § 35a SGB VIII Vorrang, sodass Leistungen der Eingliederungshilfe nur für **körperlich und geistig behinderte Kinder und Jugendliche** in Betracht kommen (zur Abgrenzung von Eingliederungshilfe und Kinder- und Jugendhilfe → § 53 Rn. 21 ff.).

77    Die Leistung wird gewährt, wenn eine **geeignete Pflegeperson** die Kinder und/oder Jugendlichen über Tag und Nacht in ihrem Haushalt versorgt und dadurch der **Aufenthalt in einer vollstationären Einrichtung der Behindertenhilfe vermieden oder beendet** werden kann. Die Pflegeperson bedarf einer Erlaubnis zur Vollzeitpflege nach § 44 SGB VIII, die vom Jugendamt erteilt wird.

78    **Erwachsene** – auch junge Volljährige – werden von § 54 Abs. 3 nicht erfasst, für sie kommen entsprechende Leistungen aber wegen der Offenheit des Leistungskatalogs nach § 54 auch ohne spezielle Regelung in Betracht (LSG Nds-Brem 26.6.2014 – L 8 SO 147/10; OVG NRW 18.10.2017 – 12 B 754/17, BeckRS 2017, 132982; *Wehrhahn*, juris-PK SGB XII, § 54 Rn. 74). In § 80 SGB IX, der für die Eingliederungshilfe ab 1.1.2020 gilt (vgl. § 113 Abs. 2 Nr. 4 SGB IX in der ab 1.1.2020 geltenden Fassung) wird die Beschränkung auf Kinder und Jugendliche aufgehoben, dies soll – da die Leistungen auch bisher schon an erwachsene Leistungsberechtigte gewährt werden – lediglich der Rechtssicherheit und -klarheit dienen (vgl. die Gesetzesbegründung, BT-Drs. 18/9522, S. 264 zu § 80).

79    Die Regelung war zunächst bis zum 31.12.2013 **befristet,** weil eine Neuordnung der Zuständigkeiten für Kinder und Jugendliche mit Behinderungen insgesamt angestrebt wird (BT-Drs. 16/13417, S. 6, dazu auch → § 53 Rn. 26). Durch Gesetz vom 29.8.2013 wurde die Befristung auf den 31.12.2018 verlängert, da eine solche Neuordnung innerhalb der ursprünglichen Befristung nicht erreicht werden konnte (BT-Drs. 17/13023, S. 17).

## § 55 Sonderregelung für behinderte Menschen in Einrichtungen

[1]**Werden Leistungen der Eingliederungshilfe für behinderte Menschen in einer vollstationären Einrichtung der Hilfe für behinderte Menschen im Sinne des § 43a des Elften Buches erbracht, umfasst die Leistung auch die Pflegeleistungen in der Einrichtung.** [2]**Stellt der Träger der Einrichtung fest, dass der behinderte Mensch so pflegebedürftig ist, dass die Pflege in der Einrichtung nicht sichergestellt werden kann, vereinbaren der Träger der Sozialhilfe und die zuständige Pflegekasse mit dem Einrichtungsträger, dass**

**die Leistung in einer anderen Einrichtung erbracht wird; dabei ist angemessenen Wünschen des behinderten Menschen Rechnung zu tragen.**

*Vergleichbare Vorschrift: § 40a BSGH.*

**Schrifttum:** *Schweigler,* Das Verhältnis der Leitungen der Pflegeversicherung zur stationären Eingliederungshilfe nach dem SGB XII, SGb 2014, 307; s. ansonsten bei § 53.

Mit dieser Regelung soll wie schon mit der Vorgängerregelung des § 40a BSHG,   **1** die mit Wirkung zum 1.7.2001 in das BSHG eingefügt worden war (BGBl. I S. 1046), klargestellt werden, dass die Eingliederungshilfe in einer vollstationären Einrichtung der Behindertenhilfe die notwendige Pflege mitumfasst (s. zu § 40a BSHG: BT-Drs. 14/5074, S. 124). Damit sind die in der Einrichtung erbrachten Pflegeleistungen sachlich der Eingliederungshilfe zuzuordnen. Hierdurch wird der **ganzheitliche Ansatz** der Eingliederungshilfe unterstrichen, zugleich bedeutet dies eine Ausnahme von Grundsatz des Nachrangs der Sozialhilfe (*Voelzke,* in Hauck/ Noftz SGB XII § 55 Rn. 6).

Das SGB XI differenziert zwischen Pflegeeinrichtungen (§ 71 Abs. 1 und 2  **2** SGB XI) und **stationären Einrichtungen der Eingliederungshilfe,** d.h. Einrichtungen, in denen die Leistungen zur medizinischen Vorsorge, zur medizinischen Rehabilitation, zur Teilhabe am Arbeitsleben oder am Leben in der Gemeinschaft, die schulische Ausbildung oder die Erziehung behinderter Menschen im Vordergrund stehen (§§ 43a, 71 Abs. 4 SGB XI). Der Träger muss eine erkennbare Entscheidung treffen, ob das Leistungsangebot der Pflege oder der Förderung im Vordergrund steht (vgl. *Wehrhahn,* jurisPK-SGB XII, § 55 Rn. 5). Einrichtungen der Eingliederungshilfe sind vom Gesetzgeber bewusst nicht in den Kreis der Leistungserbringer, die vollstationäre Pflegeleistungen zu Lasten der Pflegeversicherung erbringen können, aufgenommen worden (vgl. §§ 29 Abs. 2, 71, 72 SGB XI, hierzu BSG 26.4.2001 – B 3 P 11/00 R). Um zu ermöglichen, dass behinderte Menschen mit pflegerischem Bedarf in einer Einrichtung der Eingliederungshilfe verbleiben können, bestimmt § 55, dass in diesem Fall die Pflegeleistungen als Teil der Eingliederungshilfeleistung erbracht werden. § 43a SGB XI regelt die finanzielle Beteiligung der Pflegeversicherung und sieht vor, dass die Pflegekasse zur Abgeltung der pflegerischen Aufwendungen zehn vom Hundert des vereinbarten Heimentgelts, begrenzt auf höchstens 266,– Euro je Monat, übernimmt.

Aus dem Wort **„erbracht"** folgt, dass die Regelung nur für die Fälle gilt, in  **3** denen der Leistungsberechtigte in einer vollstationären Einrichtung untergebracht ist und dort tatsächlich Pflegeleistungen erhält. Es muss zumindest ein Pflegebedarf des Pflegegrades 1 (§ 15 SGB XI) bestehen.

Pflegeleistungen in Einrichtungen der Eingliederungshilfe sind abzugrenzen von  **4** Leistungen der **häuslichen Krankenpflege,** für die der Träger der Krankenversicherung zuständig ist. Häusliche Krankenpflege kann nach § 37 Abs. 2 SGB V in der seit dem 1.4.2007 geltenden Fassung nicht nur im eigenen Haushalt der Versicherten oder in der Familie erbracht werden, sondern auch „sonst an einem geeigneten Ort", wobei das Gesetz als Beispiele betreute Wohnformen, Schulen und Kindergärten sowie Werkstätten für behinderte Menschen nennt. Auch eine stationäre Einrichtung der Eingliederungshilfe kann ein geeigneter Ort im Sinne des § 37 Abs. 2 SGB V sein (vgl. BSG 25.2.2015 – B 3 KR 10/14 R und B 3 KR 11/14; aA noch LSG Nds-Brem 23.4.2009 – L 8 SO 1/07, wonach es in einer stationären Einrichtung der Eingliederungshilfe an der erforderlichen Eigenständigkeit fehlt; im Revisionsverfahren vor dem BSG hat sich dann die Krankenkasse allerdings verpflichtet, dem Sozialträger die entstandenen Kosten zu erstatten, vgl. Terminbericht vom 10.11.2011 zum Az. B 8 SO 16/09 R).

Ein Anspruch auf Leistungen der häuslichen Krankenpflege gegen den Krankenver-  **5** sicherungsträger ist nur dann ausgeschlossen, wenn der behinderte Mensch einen

Anspruch auf Erbringung der Maßnahme durch die Einrichtung hat. Welche Maßnahmen die Einrichtung zu erbringen hat, richtet sich nach den Verträgen zwischen Einrichtung und Bewohner und den Vereinbarungen zwischen Einrichtungsträger und Sozialhilfeträger nach § 75 ff. und hängt insbesondere davon ab, ob die Einrichtung medizinisch ausgebildetes Personal vorhalten muss (vgl. BSG 22.4.2015 – B 3 KR 16/14 R und 25.2.2015 – B 3 KR 10/14 R und B 3 KR 11/14). Das BSG unterscheidet dabei zwischen einerseits **einfachsten Maßnahmen der medizinischen Behandlungspflege,** die für den behinderten Menschen im eigenen Haushalt von jedem erwachsenen Haushaltsangehörigen erbracht werden können und keine medizinische Fachkunde erfordern, und andererseits **weitergehender medizinischer Behandlungspflege,** die nur von entsprechend ausgebildeten Personen erbracht werden kann. Zu den einfachsten Maßnahmen in diesem Sinne gehören idR die Gabe von Tabletten nach ärztlicher Anweisung, das Messen des Blutdrucks oder des Blutzuckergehalts, das Anziehen von Thrombosestrümpfen, das An- und Ablegen einfach zu handhabender Stützverbände, das Einreiben mit Salben (soweit es sich nicht um schwierige Wundversorgung handelt), die Verabreichung von Bädern. Hingegen sind Injektionen (zB von Insulin) und Verbandwechsel bei der medizinischen Versorgung eines Fußgeschwürs nicht mehr dazu zu rechnen. Die Grenze der von einer Einrichtung geschuldeten Leistungen verläuft danach genau dort, wo diese vom Personal der Einrichtung der Eingliederungshilfe erbracht werden können und müssen. Muss die Einrichtung kein medizinisch ausgebildetes Personal vorhalten, sind regelmäßig nur einfachste Maßnahmen der Krankenpflege von der Einrichtung selbst zu erfüllen. Leistungspflichten, die nur von medizinisch ausgebildetem Fachpersonal erfüllt werden können, scheiden dann regelmäßig aus (und müssen dementsprechend vom Krankenversicherungsträger erbracht werden). Ist die Einrichtung hingegen nach ihrem Aufgabenprofil auf eine besondere Zielgruppe ausgerichtet, bei der ständig bestimmte behandlungspflegerische Maßnahmen erforderlich werden, und ist die Einrichtung deshalb entsprechend sächlich und personell auszustatten, hat sie diese behandlungspflegerischen Maßnahmen auch zu erbringen, weil ohne sie die Eingliederungsaufgabe im Hinblick auf die Zielgruppe der Einrichtung nicht erreicht werden kann. Es ist daher im jeweiligen Einzelfall zu prüfen, ob die Einrichtung die konkrete behandlungspflegerische Maßnahme nach ihrem Aufgabenprofil, der Ausrichtung auf ein bestimmtes Bewohnerklientel und insbesondere aufgrund ihrer sächlichen und personellen Ausstattung selbst zu erbringen hat (BSG 25.2.2015 – B 3 KR 10/14 R).

6　　Als Reaktion auf diese Rechtsprechung hat der Gesetzgeber mit dem Dritten Pflegestärkungsgesetz (vom 23.12.2016, in Kraft seit 1.1.2017) nunmehr in § 37 Abs. 2 Satz 8 SGB V geregelt, dass in stationären Einrichtungen der Eingliederungshilfe Leistungen der häuslichen Krankenpflege erbracht werden, wenn der Bedarf an Behandlungspflege eine **ständige Überwachung und Versorgung durch eine qualifizierte Pflegekraft** erfordert. „Ständig" bedeutet nicht dauerhaft, vielmehr genügt ein vorübergehender Bedarf, z.B. nach einem Krankenhausaufenthalt. Damit wird über die oben (→ Rn. 5) genannte Rechtsprechung hinaus ein Anspruch gegen die Krankenkasse auch dann begründet, wenn diese Behandlungspflege von dem Einrichtungspersonal erbracht werden könnte (vgl. dazu Beschlussempfehlung und Bericht des Ausschusses für Gesundheit, BT-Drs. 18/10510, S. 129 f. zu Nummer 2). In den von § 37 Abs. 2 Satz 8 SGB V nicht erfassten Fällen, d.h. wenn keine ständige Überwachung und Versorgung durch eine qualifizierte Pflegekraft erforderlich ist, soll die Abgrenzung der Zuständigkeiten von Krankenkasse und Einrichtung nach dem Willen des Gesetzgebers weiterhin nach den vom BSG erarbeiteten Kriterien (→ Rn. 5) erfolgen (BT-Drs. 18/10510, S. 129 f. zu Nummer 2).

7　　**Satz 2 der Vorschrift** sieht eine Regelung dafür vor, dass die Pflege in der Einrichtung wegen des hohen Grades der Pflegebedürftigkeit des Leistungsberechtigten nicht möglich ist. Die Feststellung, dass die Sicherstellung der Pflege unmöglich ist, liegt bei der Einrichtung. In der Literatur wird deswegen von einer gesetzlichen Vermutung gesprochen (so z. B. *Scheider*, Schellhorn/Hohm/Scheider, SGB XII, § 55 Rn. 4). Dann haben der Sozialleistungsträger und die zuständige Pflegekasse mit dem Einrichtungsträger eine **Vereinbarung** über die Verlegung in eine andere Einrichtung zu schließen. Dabei ist den angemessenen Wünschen des Leistungsberechtigten Rechnung zu tragen. Insofern geht diese Regelung dem allgemeinen Wunschrecht des § 9 Abs. 2 vor, weil es sich auf die Auswahl der Einrichtung erstreckt. Kommt eine solche Vereinbarung nicht zustande, hat der Träger der Sozialhilfe die notwendigen Schritte zur Sicherstellung der angemessenen Hilfe einzuleiten (*Deutscher Verein*, NDV 2002, 117). Notfalls ist vor den Sozialgerichten eine Leistungsklage auf Abgabe einer Willenserklärung zu erheben (vgl. auch *Wehrhahn*, jurisPK–SGB XII, § 55 Rn. 14). In diesem Prozess ist der Leistungsberechtigte beizuladen. Bei Vorleistungen des Sozialhilfeträgers kommt es zu einem Erstattungsanspruch nach §§ 102 ff. SGB X (*Wehrhahn*, jurisPK–SGB XII, § 55 Rn. 14). Ungeklärt ist, ob sich der Leistungsberechtigte auch unabhängig von einem Rechtsstreit zwischen Sozialhilfeträger und Pflegekasse gegen die Feststellung, dass die Pflegeleistung nicht mehr in der Einrichtung zu erbringen ist, **gerichtlich wehren** kann. Gegen den Einrichtungsträger kann er schwerlich sozialgerichtlich vorgehen. Es bleibt ihm wohl nur die vorbeugende Unterlassungsklage, um einen Vereinbarungsabschluss zu verhindern.

## § 56 (weggefallen)

Bis zum 31.12.2017 regelte § 56 (vergleichbar dem vorherigen § 41 BSHG) die **1** Hilfe in einer sonstigen Beschäftigungsstätte, d.h. in Beschäftigungsstätten, die einer den anerkannten Werkstätten für behinderte Menschen vergleichbar ist. Seit dem 1.1.2018 fallen sonstige Beschäftigungsstätten unter den neuen § 60 SGB IX. Diese Vorschrift ermöglicht es Menschen mit Behinderungen, die Anspruch auf Aufnahme in eine Werkstatt für behinderte Menschen haben, die ihnen zustehenden Leistungen auch außerhalb einer solchen Werkstatt bei anderen Leistungsanbietern in Anspruch zu nehmen, und regelt die Anforderungen an andere Leistungsanbieter. Der Leistungsanspruch ist ebenso wie der leistungsberechtigte Personenkreis für die Zeit bis zum 31.12.2019 in § 140 geregelt (s. die dortige Kommentierung → § 140), ab dem 1.1.2020 in § 111 SGB IX.

## § 57 Persönliches Budget

**Leistungsberechtigte nach § 53 erhalten auf Antrag Leistungen der Eingliederungshilfe auch als Teil eines Persönlichen Budgets. § 29 des Neunten Buches ist insoweit anzuwenden.**

*Änderung der Vorschrift: § 57 neu gef. mWv 1.1.2018 durch G v. 17.7.2017 (BGBl. I S. 2541).*

**Schrifttum:** *Archiv,* Ein Jahr Rechtsanspruch auf persönliche Budgets: Umsetzung und Wirkung, 1/2009; *Berchtold,* Trägerübergreifendes persönliches Budget – eine rechtlich-systematische Einordnung, Sozialrecht aktuell Sonderheft 2014, 18; *Bundesarbeitsgemeinschaft der überörtlichen Träger der Sozialhilfe (BAGÜS),* Orientierungshilfe zum Persönlichen Budget, November 2016; *Bundesarbeitsgemeinschaft für Rehabilitation (BAR),* Handlungsempfehlungen „Trägerübergreifende Aspekte bei der Ausführung von Leistungen durch ein Persönliches Budget" vom 1. April 2009; *Dannat / Dillmann,* Quo vadis? Das Persönliche Budget für Menschen mit Behinderung, Behindertenrecht 2013, 28; *Fahlbusch,* Rechtsfragen des persönlichen Budgets, NDV 2006, 227; *Lachwitz,* Persönliche Budgets für Menschen mit Behinderung, RdLH 2004, 9; *ders.,* Das Persönliche Budget – Chancen und Risiken aus der Sicht der Behindertenhilfe, Sozialrecht aktuell 2007, 51; *Meyer,* Das sozialhilferechtliche Verhältnis im Wandel – Von einer korporatistischen hin zu einer wettbewerblichen Prägung, RsDe Nr. 68, 17; *Mrozynski,* SGB IX Teil 1, 2002; *Neumann,* Selbstbestimmte Leistungsverwaltung im SGB IX: Wunsch und Wahlrecht, Geldleistungsoption und persönliches Budget, ZfSH/SGB 2003, 392; *Peters-Lange,* Rechtsprobleme rund um das persönliche Budget, SGb 2015, 649; *Pitschas,* Integration behinderter Menschen als Teilhabekonzept, SGb 2003, 65; *Schumacher,* Kein Anspruch aus ein Persönliches Budget ohne Abschluss einer Zielvereinbarung, RdLH 2017, 25; *ders.,* Leistungen zur Teilhabe im Rahmen eines Persönlichen Budgets, RdLH 2013, 128; *Siefert,* Eingliederungshilfe zwischen Individualität und Pauschalierung, SGb 2015, 13; *Trendel,* Praxisratgeber Persönliches Budget, 2. Auflage 2015; *Wendt,* Einführung einer personenzentrierten Leistungserbringung der Eingliederungshilfe nach dem SGB XII, ZfSH/SGB 2010, 523; *Wenner,* Wichtige Entscheidung des BSG zum Persönlichen Budget, SozSich 2011, 237.

## Übersicht

# I. Bedeutung der Norm

1    Die Regelung verfolgt das **Ziel,** Menschen mit Behinderung die Teilnahme an dem Persönlichen Budget zu eröffnen, das in § 29 SGB IX (bis zum 31.12.2017 in § 17 Abs. 2 bis 4 SGB IX) für alle Sozialleistungsträger geregelt ist (BT-Drs. 15/1514, S. 63). Sie schließt mittelbar an die programmatische Eingangsvorschrift des § 1 SGB IX an, die als erstes Ziel des Gesetzes die Förderung der Selbstbestimmung behinderter Menschen nennt (vgl. *Neumann,* ZfSH/SGB 2004, 392). Das Persönliche Budget gibt es in allen Sozialleistungsbereichen, im SGB XII findet es sich neben der Eingliederungshilfe auch bei der Hilfe zur Pflege, § 63 Abs. 3. Näheres war bis zum 31.12.2017 in der Budgetverordnung vom 27.5.2004 (BGBl. I S. 1055) geregelt, diese ist zum 1.1.2018 außer Kraft getreten. § 30 SGB IX enthält eine Ermächtigung zum Erlass einer neuen Rechtsverordnung zum Persönlichen Budget.

2    Das Persönliche Budget ermöglicht es dem Leistungsberechtigten, anstelle von Dienst- oder Sachleistungen zur Teilhabe in Geldbudget zu wählen, aus dem er **eigenverantwortlich** die Aufwendungen bezahlt, die zur Deckung seines persönlichen Hilfebedarfs erforderlich sind. Der Leistungsberechtigte kann so selbständig und selbstbestimmt regeln, welche Leistungen welches Leistungserbringers er wann in Anspruch nimmt. Dieser Entscheidungs- und Gestaltungsspielraum soll die Selbstverantwortung des Leistungsberechtigten stärken.

3    Während der herkömmliche Leistungserbringung durch ein Dreiecksverhältnis zwischen Träger, Empfänger und Erbringer der Leistung gekennzeichnet ist, entstehen beim Persönlichen Budget nur **zweiseitige Rechtsbeziehungen.** Der Leistungsempfänger hat gegenüber dem Leistungsträger statt eines Anspruchs auf Sachleistung bzw. Sachleistungsbeschaffung einen Anspruch auf Geldleistung bzw. Gutscheine. Mit diesem Geld bzw. diesen Gutscheinen beschafft er sich dann die gewünschten Leistungen beim Leistungserbringer. Dementsprechend bestehen Rechtsbeziehungen nur zwischen Leistungsempfänger und Leistungsträger einerseits und zwischen Leistungsempfänger und Leistungserbringer andererseits; nicht aber zwischen Leistungsträger und Leistungserbringer.

**Trägerübergreifend** ist das Budget, wenn neben dem Sozialhilfeträger weitere **4** Leistungsträger unterschiedliche Teilhabe- und Rehabilitationsleistungen in einem gemeinsamen Budget erbringen. Dann handelt es sich um eine Komplexleistung, über die eine einheitliche trägerübergreifende Entscheidung zu treffen ist (§ 29 Abs. 1 S. 3 SGB IX; dazu BSG 11.5.2011 – B 5 R 54/10 R). Das Persönliche Budget kann aber auch von einem einzigen Leistungsträger für die seiner Zuständigkeit unterfallenden Leistungen erbracht werden, wie nunmehr in § 29 Abs. 1 S. 4 SGB IX ausdrücklich klargestellt ist.

Eine vergleichbare Vorschrift gab es im **BSHG** nicht. Die Experimentierklausel **5** in § 101a BSHG ermöglichte, in Modellvorhaben Sozialhilfeleistungen pauschaliert zu erbringen. In diesem rechtlichen Rahmen wurde auch über die Gewährung Persönlicher Budgets an behinderte Sozialhilfeempfänger diskutiert (vgl. hierzu *O'Sullivan* jurisPK–SGB IX, § 17 Rn. 11). Als Vorbild kann im Ansatz auch auf das nach den §§ 69 ff. BSHG gewährte Pflegegeld verwiesen werden, das teilweise in Form eines Persönlichen Budgets gezahlt worden ist.

Ergänzt wird § 57 durch § 11 Abs. 2 S. 4, der eine **Budgetberatung** vorsieht. **6** Dementsprechend ist der Sozialhilfeträger zur Beratung verpflichtet, falls der Leistungsberechtigte die erforderliche Unterstützung nicht durch andere Stellen erhält. Folge kann die Interessenkollision des Sozialhilfeträgers sein, der einerseits das Budget finanzieren, andererseits beratend auf den Hilfenehmer einwirken soll, wie dieser das Budget einzusetzen hat (vgl. dazu *Lachwitz,* RdLH 2004, 12).

## II. Inhalt der Norm

### 1. Leistungsvoraussetzungen

Ein Persönliches Budget kann nur Personen gewährt werden, die dem **in § 53 7 genannten Personenkreis** angehören. Darüber hinaus muss der Leistungsberechtigte in der Lage sein, die mit dem Budget verbundene Eigenverantwortlichkeit und Selbstbestimmung zu leben. Dies ist insbesondere bei geistigen und seelischen Behinderungen im Einzelfall zu prüfen. Allerdings ist hierbei nicht auf die Geschäftsfähigkeit im Sinne des BGB abzustellen, vielmehr kommt es darauf an, ob der Betroffene in der Lage ist, für die Versorgung seiner Bedürfnisse zu sorgen (*Voelzke,* Hauck/Noftz SGB XII, § 57 Rn. 19). Ausreichend ist in diesem Zusammenhang aber auch, wenn das Budget durch Vertreter, zB die Eltern eines Kleinkindes oder einen Betreuer, verwaltet wird (ebenso *Wehrhahn,* jurisPK–SGB XII, § 57 Rn. 10).

Seit dem 1.1.2008 besteht ein **Rechtsanspruch** auf die Gewährung von Leistun- **8** gen in der Form eines Persönlichen Budgets. In der bis 31.12.2017 geltenden Fassung räumte zwar § 57 (wie auch § 17 Abs. 2 SGB IX) seinem Wortlaut nach („können") dem Leistungsträgers noch ein Ermessen ein, dennoch ergab sich aus der Regelung § 159 Abs. 5 SGB IX in der bis zum 31.12.2017 geltenden Fassung bei Vorliegen eines Antrags ein Rechtsanspruch des Leistungsberechtigten. Nunmehr kommt der Rechtsanspruch bereits in dem Wortlaut des § 57 (und des § 29 SGB IX) selbst zum Ausdruck.

### 2. Leistungen

Das Persönliche Budget ist keine neue Leistungsart, sondern nur eine besondere **9** Form der Leistungsgewährung (wie hier LSG NRW 22.6.2017 – L 9 SO 474/12 Rn. 98; aA BSG 11.5.2011 – B 5 R 54/10 R Rn. 33). Daraus folgt, dass nur solche Leistungen in das Budget einfließen können, die auch ohne Budget zu gewähren wären. Zu den budgetfähigen Leistungen gehören zunächst die **Leistungen zur Teilhabe**, § 29 Abs. 2 S. 1 SGB IX. Budgetfähig sind daneben nach § 29 Abs. 2 S. 5 SGB IX aber auch sog. **Annexleistungen,** die keine Teilhabeleistungen sind, diese aber ergänzen. Das Gesetz zählt dazu Leistungen der Krankenkassen und Pflegekassen, der Träger der Unfallversicherung bei Pflegebedürftigkeit sowie die Hilfe zur Pflege durch die Sozialhilfeträger. Voraussetzung für die Budgetfähigkeit ist stets, dass sich die Leistungen auf **alltägliche und regelmäßig wiederkehrende Bedarfe** beziehen und als Geldleistung oder Gutscheine erbracht werden können. In § 17 SGB IX in der bis zum 29.3.2005 geltenden Fassung war zusätzlich verlangt, dass die Bedarfe „regiefähig" sind; gemeint war damit die Planbarkeit und Gestaltbarkeit der Bedarfe (vgl. *Schneider,* Hauck/Noftz, SGB IX § 17 Rn. 15).

10     **Alltägliche Bedarfe** meint nicht nur solche, die an jedem Tag anfallen, sondern dient der Abgrenzung zu besonderen, außerordentlichen Bedarfen (*Voelzke,* Hauck/Noftz, SGB XII, § 57 Rn. 22). **Regelmäßig wiederkehrend** sind Bedarfe, die wiederholt auftreten, ein bestimmter Rhythmus ist nicht erforderlich. Einmalig anfallende Leistungen, etwa die behindertengerechte Umrüstung eines eigenen Fahrzeugs, eine bestimmte Ausgestaltung des Arbeitsplatzes oder einmalige Anschaffungen, sind dagegen nicht budgetfähig. Ob eine Leistung einmalig oder dauernd anfällt, ist im Einzelfall zu entscheiden. Zu den budgetfähigen Leistungen gehören etwa: persönliche Assistenz, Beratung und Begleitung, Haushaltshilfen, Hilfen zur Mobilität und zur Kommunikation, Hilfen zur Wahrnehmung von Bildung.

11     Die Art der Leistung und die Leistungshöhe ist in § 29 Abs. 2 SGB IX geregelt. Danach wird das Persönliche Budget grundsätzlich in Form eines **Geldbetrages** bewilligt; die Ausgabe von Gutscheinen ist nur in begründeten Ausnahmefällen zulässig. Die **Höhe des Budgets** ist so zu bemessen, dass der individuell festgestellte Bedarf gedeckt wird. Wegen des Grundsatzes der Budgetneutralität ist eine Deckelung der Höhe vorgesehen: Dieses soll die Kosten aller bisher individuell festgestellten, ohne das Persönliche Budget zu erbringenden Leistungen nicht überschreiten. Daraus folgt im Sozialhilferecht, dass für die Bemessung des Persönlichen Budgets grundsätzlich die Leistungs- und Vergütungsvereinbarungen des zuständigen Sozialhilfeträgers nach § 75 Abs. 3 maßgeblich sind und eine mit höheren Kosten verbundene zivilrechtliche Vereinbarung zwischen dem Leistungsberechtigten und dem Leistungserbringer bei der Bemessung des Persönlichen Budget in aller Regel nicht berücksichtigt werden kann. (LSG Nds-Brem 10.4.2014 – L 8 SO 506/13 B ER; vgl. auch BSG 31.1.2012 – B 2 U 1/11 R dazu, dass die Mehrkosten, die bei vom Leistungsberechtigten selbst beschafften Leistungen wegen dessen geringerer Nachfragemacht typischerweise entstehen, bei der Höhe des Budgets nicht berücksichtigt werden können). Ausnahmen sind möglich („soll"), nach dem BSG (31.1.2012 – B 2 U 1/11 R) aber eng zu begrenzen und nur anzuerkennen, wenn eine für die Lebensqualität des Leistungsberechtigten wesentliche und vorübergehende Änderung im Hilfebedarf vorliegt oder vorübergehende Zusatzaufwendungen für die Beratung und Unterstützung bei der Verwaltung des Persönlichen Budgets nötig werden. Offen gelassen hat das BSG, ob ein Ausnahmefall auch dann vorliegen könnte, wenn mit einer Budgetgewährung allein ein deutlicher Zugewinn an persönlicher Autonomie und Selbstbestimmung für den Leistungsberechtigten gegenüber dem Erhalt der Naturalleistung verbunden wäre.

12     Abgesehen von Mehrkosten, die infolge der geringeren Nachfragemacht des Einzelnen entstehen können, ist zu bedenken, dass neben den Kosten für die eigentlichen Teilhabe- und Annexleistungen ggf. **weitere Kosten** für Beratung und Assistenz bei der Verwaltung des Budgets sowie sonstige Transaktionskosten (dh Kosten im Zusammenhang mit Vertragsanbahnung, Vertragsabschluss, Leistungskontrolle etc.) anfallen (vgl. hierzu *Neumann,* ZfSH/SGB 2004, 399; *Voelzke,* Hauck/Noftz, SGB XII, § 57 Rn. 25). Soll das Persönliche Budget tatsächlich einem breiten Personenkreis zur Verfügung stehen, so wäre zu überdenken, ob diese Kosten zusätzlich und damit unabhängig von der Deckelung nach § 29 Abs. 2 S. 7 SGB IX übernommen werden können (vgl. hierzu auch *Siefert,* SGb 2015, 13).

Das Verhältnis der **Budgetierung** zum **Wunsch-** und **Wahlrecht** ist durch Unsi- **13** cherheiten geprägt (zur Abwägung s. *Siersch/Heggen*, Archiv S. 50). Das SGB XII enthält keine ausdrücklichen Hinweise, in welchem Verhältnis § 57 und § 9 Abs. 2 zueinander stehen. Da das Wunsch- und Wahlrecht weder in § 57 noch in § 29 SGB IX genannt ist, wäre die Schlussfolgerung fehlerhaft, die Vorschriften würden das jeweilige Wunsch- und Wahlrecht erweitern. Über die dem Wunsch- und Wahlrecht gezogenen Grenzen, die § 9 Abs. 2 vorgibt, kann auch die Budgetierung nicht hinausgehen.

## III. Verfahren und Zuständigkeiten

Ein Persönliches Budget wird nur auf **Antrag** gewährt. Damit wird deutlich, dass **14** diese Art der Leistungsgewährung nur mit dem Willen des behinderten Menschen in Betracht kommt.

Welcher Träger für die Durchführung des Budgetverfahrens **zuständig** ist, richtet **15** sich nach § 14 SGB IX (§ 29 Abs. 3 SGB IX). Sind in dem Budget Leistungen mehrerer Leistungsträger enthalten, so wird es als **trägerübergreifende Komplexleistung** erbracht (§ 29 Abs. 1 S. 3 SGB IX). Diese Leistungsform erhält einerseits das System der gegliederten Zuständigkeit der einzelnen Rehabilitationsträger aufrecht, ermöglicht andererseits aber gegenüber dem Leistungsberechtigten eine Leistungsgewährung „aus einer Hand" (BR-Drs. 262/04, S. 7). Auch soweit mehrere Träger an der Ausführung beteiligt sind, geht es im Außenverhältnis nur um *ein* Persönliches Budget (BSG 11.5.2011 – B 5 R 54/10 R).

Das **Verfahren** richtet sich ebenfalls weitgehend nach den allgemeinen Regelun- **16** gen über die Koordinierung der Leistungen in §§ 14 ff. SGB IX. Nach der Gesetzesbegründung (BT-Drs. 18/9522, S. 24 zu § 29 SGB IX) soll damit auch der Verwaltungsaufwand für das Persönliche Budget reduziert werden. Im Regelfall werde beim Persönlichen Budget eine laufende Sachleistung in eine Geldleistung umgewandelt. Nach Ermittlung des Rehabilitationsbedarfs solle auf Antrag des Leistungsberechtigten eine Gewährung der Leistungen in der Form des Persönlichen Budgets geprüft werden.

§ 29 Abs. 4 SGB IX sieht vor, dass der zuständige Leistungsträger mit dem Leis- **17** tungsberechtigten zur Umsetzung des Persönlichen Budgets eine **Zielvereinbarung** abschließt. Die Zielvereinbarung soll die Voraussetzungen für die Bewilligung des persönlichen Budgets sichern (BR-Drs. 262/04, S. 7). Sie muss mindestens Regelungen über die Ausrichtung der individuellen Förder- und Leistungsziele, die Erforderlichkeit eines Nachweises für die Deckung des festgestellten individuellen Bedarfs, die Qualitätssicherung sowie die Höhe der Teil- und des Gesamtbudgets enthalten. Die Zielvereinbarung ist ein öffentlich-rechtlicher Vertrag (so auch *Scheider*, in Schellhorn/Hohm/Scheider, SGB XII, § 57 Rn. 17; LSG NRW 29.11.2016 – L 9 SO 522/16 B ER; LSG Nds-Brem 10.4.2014 – L 8 SO 506/13 B ER; ThürLSG 7.7.2014 – L 1 U 215/14 B ER; a.A.: *Voelzke*, Hauck/ Noftz, SGB XII, § 57 Rn. 34: bloße Vorbereitungshandlung). Die Zielvereinbarung ist zwingende Voraussetzung für die Bewilligung des Persönlichen Budgets (vgl. BSG 31.1.2012 – B 2 U 1/11 R Rn. 36; LSG NRW 29.11.2016 – L 9 SO 522/16 B ER; LSG BW 20.2.2013 – L 5 R 3442/11; aA SG Mannheim 2.8.2016 – S 9 SO 3871/15).

Ist eine Zielvereinbarung geschlossen, so trifft der leistende Rehabilitationsträger **18** (§ 14 Abs. 2 SGB IX) die endgültige Entscheidung und erlässt den **Verwaltungsakt.** Auch wenn in die Bemessung des Budgets die Leistungen mehrerer Träger eingegangen sind, so erlässt der leistende Träger gegenüber dem Leistungsberechtigten einen einheitlichen Verwaltungsakt über Grund und Höhe des monatlichen Geldbetrags (BSG 11.5.2011 – B 5 R 54/10 R, Rn. 12). Der Verwaltungsakt kann mit Nebenbestimmung versehen werden, um zukünftigen Entwicklungen gerecht werden zu können.

**19**  Die Zielvereinbarung wird in der Regel für die Dauer der Bewilligung des Persönlichen Budgets abgeschlossen, § 29 Abs. 4 S. 7 SGB IX. Eine „Nachwirkung" der Zielvereinbarung über deren ausdrücklich vereinbarte Geltungsdauer hinaus kommt nicht in Betracht (LSG NRW 29.11.2016 – L 9 SO 522/16 B ER). Eine **Kündigung** aus wichtigem Grund ist möglich, sie bedarf der Schriftform § 29 Abs. 4 S. 5 und 6 SGB IX nennt Beispiele für wichtige Gründe: Für den Leistungsberechtigten kann sich ein solcher aus seiner persönlichen Lebenssituation ergeben; für den Leistungsträger kann ein wichtiger Grund vorliegen, denn der Leistungsberechtigte die Vereinbarung, insbesondere hinsichtlich des Nachweises zur Bedarfsdeckung und der Qualitätssicherung, nicht einhält. Wird die Zielvereinbarung gekündigt, so wird auch der Bewilligungsbescheid aufgehoben (§ 29 Abs. 4 SGB IX). Rechtsgrundlage für die Aufhebung des Bewilligungsbescheids ist § 48 SGB X, die Kündigung einer Zielvereinbarung ist als wesentliche Veränderung der Verhältnisse im Sinne dieser Vorschrift anzusehen (vgl. *Schneider*, Hauck/Noftz, SGB IX, § 17 Rn. 21). In einem gewissen Sinn wird hier eigentlich Unvereinbares, nämlich Vertragsautonomie und hoheitliche Bescheiderteilung, miteinander verbunden (*Meusinger*, in Fichtner/Wenzel, § 57 Rn. 41; *Giersch/Heggen*, Archiv, S. 52) Die Zielvereinbarung ist Teil des nach §§ 141 ff. auszustellenden Gesamtplanes (s. die Kommentierung zu → §§ 141 ff.).

**20**  Der leistende Rehabilitationsträger **erbringt auch die Leistung** (§ 14 Abs. 2 S. 1 SGB IX). Bei einem trägerübergreifenden Budget regeln im Übrigen die §§ 14–16 SGB IX das Verhältnis der verschiedenen Rehabilitationsträger untereinander.

**21**  Das Bedarfsermittlungsverfahren für laufende Leistungen wird in der Regel **im Abstand von zwei Jahren** wiederholt, § 29 Abs. 2 S. 4 SGB IX. In begründeten Fällen kann davon abgewichen, also ein kürzerer oder längerer Abstand gewählt werden. Ferner besteht bei Vorliegen eines wichtigen Grundes die Möglichkeit zur Kündigung der Zielvereinbarung (dazu → Rn. 19).

**22**  Keine Aussagen trifft das Gesetz für Fälle der **zweckwidrigen Verwendung** des Budgets. In einem solchen Fall erfordert das Bedarfsdeckungsprinzip eine Nachbudgetierung mit der Folge des Kostenersatzes wegen schuldhaften Handelns (§ 103 SGB XII).

## IV. Rechtsschutz

**23**  Es besteht ein **Rechtsanspruch** auf das Persönliche Budget, der allerdings nur eingeschränkt mit Widerspruch und Klage durchgesetzt werden kann: Zum einen kann eine Leistungsklage nur dann Erfolg haben, wenn der Sachverhalt hinsichtlich aller Teilleistungen geklärt ist und kein Ermessen eines der beteiligten Träger besteht (vgl. BSG 11.5.2011 – B 5 R 54/10 R). Deshalb kann es sinnvoll sein, mit der Klage neben dem Leistungsantrag hilfsweise einen Verpflichtungsantrag, gerichtet auf Neubescheidung, geltend zu machen (*Wehrhahn*, jurisPK-SGB XII, § 57 Rn. 31). Zum anderen setzt ein Anspruch auf ein Persönliches Budget den Abschluss einer Zielvereinbarung voraus. Ist eine solche nicht abgeschlossen, kann sie auch nicht durch eine gerichtliche Entscheidung ersetzt werden. Eine Klage kann sich nicht auf Verpflichtung zum Abschluss einer Zielvereinbarung, sondern nur auf Neubescheidung des Antrags auf Gewährung eines Persönlichen Budgets richten (vgl. LSG NRW 22.6.2017 – L 9 SO 474/12 Rn. 110; SG Halle 7.1.2015 – S 24 SO 135/12; für das gerichtliche Eilverfahren LSG NRW 29.11.2016 – L 9 SO 522/16 B ER; LSG Nds-Brem 10.4.2014 – L 8 SO 506/13 B ER). Der Leistungsberechtigte wird durch dieses Verständnis des Verhältnisses von Zielvereinbarung und Persönlichem Budget nicht schutzlos gestellt, da er ggf. gegenüber dem Sozialhilfeträger die Leistungserbringung als Dienst-, Sach- oder Geldleistung (außerhalb eines Persönlichen Budgets) gerichtlich durchsetzen kann (vgl. LSG NRW 22.6.2017 – L 9 SO 474/12 Rn. 110).

Die **Höhe des Persönlichen Budgets** kann Gegenstand einer Klage und auch 24 eines Antrags auf einstweiligen Rechtsschutz sein (zu letzterem BVerfG 12.9.2016 – 1 BvR 1630/16)

**Widerspruch und Klage** richten sich gegen den leistenden Rehabilitationsträ- 25 ger. Stellungnahmen und Feststellungen anderer Träger im Rahmen des Bedarfsfeststellungsverfahrens oder im Anschluss an dieses haben keine Außenwirkung und sind daher keine Verwaltungsakte. Im gerichtlichen Verfahren gegen den leistenden Träger sind die übrigen beteiligten Träger notwendig beizuladen, weil eine Entscheidung nur einheitlich auch ihnen gegenüber möglich ist. Ungeachtet der externen Zuständigkeit des leistenden Trägers bleibt der Verantwortungsbereich der übrigen Träger im Innenverhältnis erhalten, wenn sie Leistungen als Teil eines trägerübergreifenden Persönlichen Budgets erbringen (BSG 11.5.2011 – B 5 R 54/10 R Rn. 20).

## V. Beziehung zum Leistungserbringer

Die Einführung eines Persönlichen Budgets dient dem Ziel der Förderung der 26 Selbstbestimmung des Leistungsberechtigten. Das beinhaltet die Personalkompetenz, den Anbieter von Dienstleistungen auszuwählen. Es gehört dazu die Organisationskompetenz, den Einsatz zu planen und zu organisieren, sowie die Kontrolle über die Bezahlung und Verwendung der Mittel. Zum Sozialhilfeträger steht der Leistungsanbieter in keinem rechtlichen Verhältnis. Mit der Auszahlung des monatlichen Budgets endet die Verantwortung des Sozialhilfeträgers. Das ansonsten bestehende sozialrechtliche Dreiecksverhältnis wird zu einer **unmittelbaren Beziehung** zwischen Budgetnehmer und anbietendem Leistungserbringer (→ Rn. 3). Für den Leistungsanbieter ergibt sich ebenfalls eine neue Situation, die er in seinen Planungs- und Steuerungsprozessen berücksichtigen muss. Schon allein die kurzen Kündigungsfristen muss er in sein organisatorisches Kalkül einbeziehen.

## § 58 (weggefallen)

Die Vorschrift, die bisher das Gesamtplanverfahren regelte, wurde durch Gesetz 1 vom 17.7.2017 mit Wirkung zum 1.1.2018 aufgehoben. Das Gesamtplanverfahren ist für die Zeit bis zum 31.12.2019 in → §§ 141 ff. geregelt, ab 1.1.2020 in §§ 117 ff. SGB IX.

## § 59 Aufgaben des Gesundheitsamtes

**Das Gesundheitsamt oder die durch Landesrecht bestimmte Stelle hat die Aufgabe,**
1. **behinderte Menschen oder Personensorgeberechtigte über die nach Art und Schwere der Behinderung geeigneten ärztlichen und sonstigen Leistungen der Eingliederungshilfe im Benehmen mit dem behandelnden Arzt auch während und nach der Durchführung von Heilmaßnahmen und Leistungen der Eingliederungshilfe zu beraten; die Beratung ist mit Zustimmung des behinderten Menschen oder des Personensorgeberechtigten im Benehmen mit den an der Durchführung der Leistungen der Eingliederungshilfe beteiligten Stellen oder Personen vorzunehmen. Steht der behinderte Mensch schon in ärztlicher Behandlung, setzt sich das Gesundheitsamt mit dem behandelnden Arzt in Verbindung. Bei der**

Beratung ist ein amtliches Merkblatt auszuhändigen. **Für die Beratung sind im Benehmen mit den Landesärzten die erforderlichen Sprechtage durchzuführen,**

2. **mit Zustimmung des behinderten Menschen oder des Personensorgeberechtigten mit der gemeinsamen Servicestelle nach den §§ 22 und 23 des Neunten Buches den Rehabilitationsbedarf abzuklären und die für die Leistungen der Eingliederungshilfe notwendige Vorbereitung abzustimmen und**

3. **die Unterlagen auszuwerten und sie zur Planung der erforderlichen Einrichtungen und zur weiteren wissenschaftlichen Auswertung nach näherer Bestimmung der zuständigen obersten Landesbehörde weiterzuleiten. Bei der Weiterleitung der Unterlagen sind die Namen der behinderten Menschen und der Personensorgeberechtigten nicht anzugeben.**

*Vergleichbare Vorschrift: § 126 BSHG.*

# I. Bedeutung der Norm

1    Im früheren **Abschnitt 12 des BSHG** waren „Sonderbestimmungen zur Sicherung der Eingliederung Behinderter" enthalten, die bis auf § 126 BSHG bereits durch Art. 15 Nr. 21 SGB IX mit Wirkung vom 1.7.2001 aufgehoben worden waren. § 59 entspricht weitgehend § 126 BSHG. Nr. 2 der Vorschrift ist gegenüber der früheren Regelung nach dem BSHG verändert worden.

2    Die Aufgaben, die das Gesundheitsamt für die Sicherung der Eingliederung behinderter Menschen hat, sind weiterhin im SGB XII geregelt. Gesundheitsämter sind Behörden der Länder auf dem Gebiet des öffentlichen Gesundheitswesens. Daher finden sich auch in **landesrechtlichen Vorschriften** Regelungen über die Aufgaben der Gesundheitsämter (z. B. § 11 Hamburgisches Gesundheitsdienstgesetz v. 18.7.2001, HmbGVBl. 201). Die bundesrechtliche Regelung in § 59 ist von der Gesetzgebungskompetenz des Bundes (Art. 74 Abs. 1 Nr. 7 GG) gedeckt, da sie einen engen Bezug zum Recht der Eingliederungshilfe aufweist. Auch im **Jugendhilferecht** (§ 81 Nr. 4 SGB VIII) ist eine Zusammenarbeit der Behörden der öffentlichen Jugendhilfe mit Einrichtungen und Stellen des öffentlichen Gesundheitswesens vorgesehen.

# II. Inhalt der Norm

3    Die Vorschrift formuliert als **objektiv-rechtliche Verpflichtung** des Gesundheitsamtes verschiedene Aufgaben. Dem Wortlaut nach beziehen sich die Aufgaben nur auf „behinderte Menschen", erfasst werden jedoch auch Personen, die von einer Behinderung bedroht sind. Auch diese können zum Personenkreis des § 53 gehören und damit ggf. Eingliederungshilfeleistungen beanspruchen. Es werden alle Menschen mit Behinderung angesprochen, unabhängig von der Art ihrer Behinderung.

4    In **Nr. 1** geht es um die **Beratung** von Menschen mit Behinderung oder ihrer Personensorgeberechtigten. Die Beratungsverpflichtung bezieht sich auf alle Eingliederungsmaßnahmen, die im Einzelfall angezeigt sein können. Es geht daher nicht nur um ärztliche (medizinische) Eingliederungsmaßnahmen. Die Beratung soll auch in zeitlicher Hinsicht umfassend sein; sie dient nicht nur der Einleitung einer Maßnahme, sondern soll auch während und nach einer Maßnahme durchgeführt werden. Die Beratung kann nur mit Zustimmung des Leistungsberechtigten oder seines Personensorgeberechtigten durchgeführt werden. Mit anderen an der Durchführung der Eingliederungsmaßnahmen beteiligten Stellen und mit dem behandelnden Arzt

hat sich das Gesundheitsamt ins Benehmen zu setzen und Verbindung aufzunehmen. Damit die Bevölkerung leichten Zugang zu der Beratung erhält, sind Sprechtage in erforderlichem Umfang einzurichten. Die Landesärzte (§ 35 SGB IX) sind dabei zu informieren. Bei der Beratung ist ein amtliches Merkblatt, das Informationen über Fragen der Rehabilitation enthält, auszuhändigen. Vorschriften über die Beratung von Menschen mit Behinderungen enthält insbesondere auch § 34 SGB IX.

Die Aufgabe nach **Nr.** 2 besteht darin, die für erforderlich gehaltenen Eingliede- 5 rungsmaßnahmen konkret abzuklären. Der Verweis auf die Gemeinsamen Service-stellen nach §§ 22, 23 SGB IX geht ins Leere, da diese zum 1.1.2018 abgeschafft wurden (vgl. hierzu die Gesetzesbegründung zum BTHG, BT-Drs. 18/9522, S. 196 zu II.1.9). Falls förmliche Anträge zu stellen sind, muss das Gesundheitsamt dabei helfen. Anträge, die bei dem Gesundheitsamt gestellt werden, können unter § 16 Abs. 2 SGB I fallen und daher fristwahrend sein. Die notwendigen Maßnahmen zur Einleitung von Leistungen der Eingliederungshilfe sind zwischen den Beteiligten abzustimmen. Die Notwendigkeit einer Zustimmung des Leistungsberechtigten zur Einleitung von Eingliederungsmaßnahmen wird in der Vorschrift noch einmal besonders betont.

Nach **Nr.** 3 der Vorschrift hat das Gesundheitsamt auch die Aufgabe, seine **Unter-** 6 **lagen,** die im Rahmen der Beratung und Begleitung von Leistungsberechtigten angefallen sind, für die **Planung** erforderlicher Einrichtungen und für eine wissen-schaftliche **Auswertung** zur Weiterentwicklung von Standards der Rehabilitation und für statistische Zwecke zur Verfügung zu stellen. Dabei ist der Datenschutz zu beachten.

## § 60 Verordnungsermächtigung

**Die Bundesregierung kann durch Rechtsverordnung mit Zustimmung des Bundesrates Bestimmungen über die Abgrenzung des leistungsberech-tigten Personenkreises der behinderten Menschen, über Art und Umfang der Leistungen der Eingliederungshilfe sowie über das Zusammenwirken mit anderen Stellen, die den Leistungen der Eingliederungshilfe entspre-chende Leistungen durchführen, erlassen.**

### Verordnung nach § 60 des Zwölften Buches Sozialgesetzbuch (Eingliederungshilfe-Verordnung)

In der Fassung der Bekanntmachung vom 1. Februar 1975 (BGBl. I S. 433)

zuletzt geänd. durch Art. 21 Gesetz zur Stärkung der Teilhabe und Selbstbestim-mung von Menschen mit Behinderungen vom 23.12.2016 (BGBl. I S. 3234 [3334])

### FNA 2170-1-6

### Abschnitt I. Personenkreis

### § 1 Körperlich wesentlich behinderte Menschen

Durch körperliche Gebrechen wesentlich in ihrer Teilhabefähigkeit eingeschränkt im Sinne des § 53 Abs. 1 Satz 1 des Zwölften Buches Sozialgesetzbuch sind

1. Personen, deren Bewegungsfähigkeit durch eine Beeinträchtigung des Stütz- oder Bewegungssystems in erheblichem Umfange eingeschränkt ist,
2. Personen mit erheblichen Spaltbildungen des Gesichts oder des Rumpfes oder mit abstoßend wirkenden Entstellungen vor allem des Gesichts,
3. Personen, deren körperliches Leistungsvermögen infolge Erkrankung, Schädigung oder Fehlfunktion eines inneren Organs oder der Haut in erheblichem Umfange eingeschränkt ist,

4. Blinden oder solchen Sehbehinderten, bei denen mit Gläserkorrektion ohne besondere optische Hilfsmittel

   a) auf dem besseren Auge oder beidäugig im Nahbereich bei einem Abstand von mindestens 30 cm oder im Fernbereich eine Sehschärfe von nicht mehr als 0,3 besteht

   oder

   b) durch Buchstabe a nicht erfaßte Störungen der Sehfunktion von entsprechendem Schweregrad vorliegen,

5. Personen, die gehörlos sind oder denen eine sprachliche Verständigung über das Gehör nur mit Hörhilfen möglich ist,

6. Personen, die nicht sprechen können, Seelentauben und Hörstummen, Personen mit erheblichen Stimmstörungen sowie Personen, die stark stammeln, stark stottern oder deren Sprache stark unartikuliert ist.

### § 2 Geistig wesentlich behinderte Menschen

Geistig wesentlich behindert im Sinne des § 53 Abs. 1 Satz 1 des Zwölften Buches Sozialgesetzbuch sind Personen, die infolge einer Schwäche ihrer geistigen Kräfte in erheblichem Umfange in ihrer Fähigkeit zur Teilhabe am Leben in der Gesellschaft eingeschränkt sind.

### § 3 Seelisch wesentlich behinderte Menschen

Seelische Störungen, die eine wesentliche Einschränkung der Teilhabefähigkeit im Sinne des § 53 Abs. 1 Satz 1 des Zwölften Buches Sozialgesetzbuch zur Folge haben können, sind

1. körperlich nicht begründbare Psychosen,
2. seelische Störungen als Folge von Krankheiten oder Verletzungen des Gehirns, von Anfallsleiden oder von anderen Krankheiten oder körperlichen Beeinträchtigungen,
3. Suchtkrankheiten,
4. Neurosen und Persönlichkeitsstörungen.

### §§ 4, 5 (gestrichen)

#### Abschnitt II. Leistungen der Eingliederungshilfe

### § 6 Rehabilitationssport

Zu den Leistungen der medizinischen Rehabilitation im Sinne des § 54 Abs. 1 Satz 1 des Zwölften Buches Sozialgesetzbuch in Verbindung mit § 42 des Neunten Buches Sozialgesetzbuch gehört auch ärztlich verordneter Rehabilitationssport in Gruppen unter ärztlicher Betreuung und Überwachung.

### § 7 (gestrichen)

### § 8 Hilfe zur Beschaffung eines Kraftfahrzeuges

(1) [1]Die Hilfe zur Beschaffung eines Kraftfahrzeuges gilt als Leistung zur Teilhabe am Arbeitsleben und zur Teilhabe am Leben in der Gemeinschaft im Sinne des § 54 Abs. 1 Satz 1 des Zwölften Buches Sozialgesetzbuch in Verbindung mit den §§ 49 und 76 des Neunten Buches Sozialgesetzbuch. [2]Sie wird in angemessenem Umfang gewährt, wenn der behinderte Mensch wegen Art oder Schwere seiner Behinderung insbesondere zur Teilhabe am Arbeitsleben auf die Benutzung eines Kraftfahrzeuges angewiesen ist; bei Teilhabe am Arbeitsleben findet die Kraftfahrzeughilfe-Verordnung Anwendung.

(2) Die Hilfe nach Absatz 1 kann auch als Darlehen gewährt werden.

(3) Die Hilfe nach Absatz 1 ist in der Regel davon abhängig, daß der Behinderte das Kraftfahrzeug selbst bedienen kann.

(4) Eine erneute Hilfe zur Beschaffung eines Kraftfahrzeuges soll in der Regel nicht vor Ablauf von 5 Jahren nach Gewährung der letzten Hilfe gewährt werden.

### § 9 Andere Hilfsmittel

(1) Andere Hilfsmittel im Sinne des § 54 Abs. 1 Satz 1 des Zwölften Buches Sozialgesetzbuch in Verbindung mit den §§ 42, 49 und 76 des Neunten Buches Sozialgesetzbuch sind nur solche Hilfsmittel, die dazu bestimmt sind, zum Ausgleich der durch die Behinderung bedingten Mängel beizutragen.

(2) Zu den anderen Hilfsmitteln im Sinne des Absatzes 1 gehören auch

1. Schreibmaschinen für Blinde, Ohnhänder und solche behinderte Menschen, die wegen Art und Schwere ihrer Behinderung auf eine Schreibmaschine angewiesen sind,
2. Verständigungsgeräte für Taubblinde,
3. Blindenschrift-Bogenmaschinen,
4. Blindenuhren mit Zubehör, Blindenweckuhren,
5. Tonbandgeräte mit Zubehör für Blinde,
6. Blindenführhunde mit Zubehör,
7. besondere optische Hilfsmittel, vor allem Fernrohrlupenbrillen,
8. Hörgeräte, Hörtrainer,
9. Weckuhren für hörbehinderte Menschen,
10. Sprachübungsgeräte für sprachbehinderte Menschen,
11. besondere Bedienungseinrichtungen und Zusatzgeräte für Kraftfahrzeuge, wenn der behinderte Mensch wegen Art und Schwere seiner Behinderung auf ein Kraftfahrzeug angewiesen ist,
12. Gebrauchsgegenstände des täglichen Lebens und zur nichtberuflichen Verwendung bestimmte Hilfsgeräte für behinderte Menschen, wenn der behinderte Mensch wegen Art und Schwere seiner Behinderung auf diese Gegenstände angewiesen ist.

(3) Die Versorgung mit einem anderen Hilfsmittel im Sinne des § 54 Abs. 1 Satz 1 des Zwölften Buches Sozialgesetzbuch in Verbindung mit den §§ 42, 49 und 76 des Neunten Buches Sozialgesetzbuch wird nur gewährt, wenn das Hilfsmittel im Einzelfall erforderlich und geeignet ist, zu dem in Absatz 1 genannten Ausgleich beizutragen, und wenn der behinderte Mensch das Hilfsmittel bedienen kann.

### § 10 Umfang der Versorgung mit Körperersatzstücken, orthopädischen oder anderen Hilfsmitteln

(1) Zu der Versorgung mit Körperersatzstücken sowie mit orthopädischen oder anderen Hilfsmitteln im Sinne des § 54 Abs. 1 Satz 1 des Zwölften Buches Sozialgesetzbuch in Verbindung mit den §§ 42, 49 und 76 des Neunten Buches Sozialgesetzbuch gehört auch eine notwendige Unterweisung in ihrem Gebrauch.

(2) Soweit im Einzelfall erforderlich, wird eine Doppelausstattung mit Körperersatzstücken, orthopädischen oder anderen Hilfsmitteln gewährt.

(3) ¹Zu der Versorgung mit Körperersatzstücken sowie mit orthopädischen oder anderen Hilfsmitteln gehört auch deren notwendige Instandhaltung oder Änderung. ²Die Versorgung mit einem anderen Hilfsmittel umfaßt auch ein Futtergeld für einen Blindenführhund in Höhe des Betrages, den blinde Beschädigte nach dem Bundesversorgungsgesetz zum Unterhalt eines Führhundes erhalten, sowie die Kosten für die

notwendige tierärztliche Behandlung des Führhundes und für eine angemessene Haftpflichtversicherung, soweit die Beiträge hierfür nicht nach § 82 Abs. 2 Nr. 3 des Zwölften Buches Sozialgesetzbuch vom Einkommen abzusetzen sind.

(4) Eine erneute Versorgung wird gewährt, wenn sie infolge der körperlichen Entwicklung des Behinderten notwendig oder wenn aus anderen Gründen das Körperersatzstück oder Hilfsmittel ungeeignet oder unbrauchbar geworden ist.

(5) (gestrichen)

(6) Als Versorgung kann Hilfe in angemessenem Umfange auch zur Erlangung der Fahrerlaubnis, zur Instandhaltung sowie durch Übernahme von Betriebskosten eines Kraftfahrzeuges gewährt werden, wenn der behinderte Mensch wegen seiner Behinderung auf die regelmäßige Benutzung eines Kraftfahrzeuges angewiesen ist oder angewiesen sein wird.

### § 11 (gestrichen)

### § 12 Schulbildung

Die Hilfe zu einer angemessenen Schulbildung im Sinne des § 54 Abs. 1 Satz 1 des Zwölften Buches Sozialgesetzbuch umfaßt auch

1. heilpädagogische sowie sonstige Maßnahmen zugunsten körperlich und geistig behinderter Kinder und Jugendlicher, wenn die Maßnahmen erforderlich und geeignet sind, dem behinderten Menschen den Schulbesuch im Rahmen der allgemeinen Schulpflicht zu ermöglichen oder zu erleichtern,

2. Maßnahmen der Schuldbildung zugunsten körperlich und geistig behinderter Kinder und Jugendlicher, wenn die Maßnahmen erforderlich und geeignet sind, dem behinderten Menschen eine im Rahmen der allgemeinen Schulpflicht üblicherweise erreichbare Bildung zu ermöglichen,

3. Hilfe zum Besuch einer Realschule, eines Gymnasiums, einer Fachoberschule oder einer Ausbildungsstätte, deren Ausbildungsabschluß dem einer der oben genannten Schulen gleichgestellt ist, oder, soweit im Einzelfalle der Besuch einer solchen Schule oder Ausbildungsstätte nicht zumutbar ist, sonstige Hilfe zur Vermittlung einer entsprechenden Schulbildung; die Hilfe wird nur gewährt, wenn nach den Fähigkeiten und den Leistungen des behinderten Menschen zu erwarten ist, daß er das Bildungsziel erreichen wird.

### § 13 Schulische Ausbildung für einen Beruf

(1) Die Hilfe zur schulischen Ausbildung für einen angemessenen Beruf im Sinne des § 54 Abs. 1 Satz 1 Nr. 2 des Zwölften Buches Sozialgesetzbuch umfaßt vor allem Hilfe

1. (gestrichen)
2. zur Ausbildung an einer Berufsfachschule,
3. zur Ausbildung an einer Berufsaufbauschule,
4. zur Ausbildung an einer Fachschule oder höheren Fachschule,
5. zur Ausbildung an einer Hochschule oder einer Akademie,
6. zum Besuch sonstiger öffentlicher, staatlich anerkannter oder staatlich genehmigter schulischer Ausbildungsstätten,
7. zur Ableitung eines Praktikums, das Voraussetzung für den Besuch einer Fachschule oder einer Hochschule oder für die Berufszulassung ist,
8. zur Teilnahme am Fernunterricht; § 86 des Dritten Buches Sozialgesetzbuch gilt entsprechend,
9. zur Teilnahme an Maßnahmen, die geboten sind, um die schulische Ausbildung für einen angemessenen Beruf vorzubereiten.

(2) Die Hilfe nach Absatz 1 wird gewährt, wenn
1. zu erwarten ist, daß das Ziel der Ausbildung oder der Vorbereitungsmaßnahmen erreicht wird,
2. der beabsichtigte Ausbildungsweg erforderlich ist,
3. der Beruf oder die Tätigkeit voraussichtlich eine ausreichende Lebensgrundlage bieten oder, falls dies wegen Art oder Schwere der Behinderung nicht möglich ist, zur Lebensgrundlage in angemessenem Umfang beitragen wird.

### § 13a Ausbildung für eine sonstige angemessene Tätigkeit

[1]Hilfe zur Ausbildung für eine sonstige angemessene Tätigkeit im Sinne des § 54 Abs. 1 Satz 1 des Zwölften Buches Sozialgesetzbuch in Verbindung mit den §§ 49 und 58 des Neunten Buches Sozialgesetzbuch sowie der Hilfe im Sinne des § 54 Abs. 1 Satz 1 Nr. 3 des Zwölften Buches Sozialgesetzbuch wird insbesondere gewährt, wenn die Ausbildung für einen Beruf aus besonderen Gründen, vor allem wegen Art und Schwere der Behinderung, unterbleibt. [2]§ 13 Abs. 2 gilt entsprechend.

### §§ 14, 15 (gestrichen)

### § 16 Allgemeine Ausbildung

Zu den Maßnahmen der Eingliederungshilfe für behinderte Menschen gehören auch
1. die blindentechnische Grundausbildung,
2. Kurse und ähnliche Maßnahmen zugunsten der in § 1 Nr. 5 und 6 genannten Personen, wenn die Maßnahmen erforderlich und geeignet sind, die Verständigung mit anderen Personen zu ermöglichen oder zu erleichtern,
3. hauswirtschaftliche Lehrgänge, die erforderlich und geeignet sind, dem behinderten Menschen die Besorgung des Haushalts ganz oder teilweise zu ermöglichen,
4. Lehrgänge und ähnliche Maßnahmen, die erforderlich und geeignet sind, den behinderten Menschen zu befähigen, sich ohne fremde Hilfe sicher im Verkehr zu bewegen.

### § 17 Eingliederung in das Arbeitsleben

(1) [1]Zu der Hilfe im Sinne des §§ 54 Abs. 1 Satz 1 des Zwölften Buches Sozialgesetzbuch in Verbindung mit den §§ 49 und 58 des Neunten Buches Sozialgesetzbuch sowie der Hilfe im Sinne des § 54 Abs. 1 Satz 1 Nr. 5 des Zwölften Buches Sozialgesetzbuch gehören auch die Hilfe zur Beschaffung von Gegenständen sowie andere Leistungen, wenn sie wegen der Behinderung zur Aufnahme oder Fortsetzung einer angemessenen Beschäftigung im Arbeitsleben erforderlich sind; für die Hilfe zur Beschaffung eines Kraftfahrzeuges ist § 8, für die Hilfe zur Beschaffung von Gegenständen, die zugleich Gegenstände im Sinne des § 9 Abs. 2 Nr. 12 sind, ist § 9 maßgebend. [2]Die Hilfe nach Satz 1 kann auch als Darlehen gewährt werden.

(2) Hilfe in einer sonstigen Beschäftigungsstätte nach § 56 des Zwölften Buches Sozialgesetzbuch können behinderte Menschen erhalten, die mindestens die Voraussetzungen zur Aufnahme in einer Werkstatt für behinderte Menschen (§ 137 des Neunten Buches Sozialgesetzbuch) erfüllen.

### §§ 18, 19 (gestrichen)

### § 20 Anleitung von Betreuungspersonen

Bedarf ein behinderter Mensch wegen der Schwere der Behinderung in erheblichem Umfange der Betreuung, so gehört zu den Maßnahmen der Eingliederungshilfe auch, Personen, denen die Betreuung obliegt, mit den durch Art und Schwere der Behinderung bedingten Besonderheiten der Betreuung vertraut zu machen.

**§ 21 (gestrichen)**

**§ 22 Kosten der Begleitperson**

Erfordern die Maßnahmen der Eingliederungshilfe die Begleitung des behinderten Menschen, so gehören zu seinem Bedarf auch
1. die notwendigen Fahrtkosten und die sonstigen mit der Fahrt verbundenen notwendigen Auslagen der Begleitperson,
2. weitere Kosten der Begleitperson, soweit sie nach den Besonderheiten des Einzelfalles notwendig sind.

**§ 23 Eingliederungsmaßnahmen im Ausland**

Maßnahmen der Eingliederungshilfe für behinderte Menschen können auch im Ausland durchgeführt werden, wenn dies im Interesse der Eingliederung des behinderten Menschen geboten ist, die Dauer der Eingliederungsmaßnahmen durch den Auslandsaufenthalt nicht wesentlich verlängert wird und keine unvertretbaren Mehrkosten entstehen.

**§ 24 Anhörung von Sachverständigen**

Bei der Prüfung von Art und Umfang der in Betracht kommenden Maßnahmen der Eingliederungshilfe sollen, soweit nach den Besonderheiten des Einzelfalles geboten, ein Arzt, ein Pädagoge, jeweils der entsprechenden Fachrichtung, ein Psychologe oder sonstige sachverständige Personen gehört werden.

**1**    Die Vorschrift ermächtigt die Bundesregierung zum Erlass der Eingliederungsverordnung. Die Kommentierung ist in den §§ 53 bis 59 SGB XII erfolgt. Die Eingliederungshilfe-Verordnung tritt zum 1.1.2020 außer Kraft (Art. 26 Abs. 4 S. 2 des Bundesteilhabegesetzes vom 23.12.2016 BGBl. I S. 3234).

**§ 60a** Sonderregelungen zum Einsatz von Vermögen

**Bis zum 31. Dezember 2019 gilt für Personen, die Leistungen nach diesem Kapitel erhalten, ein zusätzlicher Betrag von bis zu 25 000 Euro für die Lebensführung und die Alterssicherung im Sinne von § 90 Absatz 3 Satz 2 als angemessen; § 90 Absatz 3 Satz 1 bleibt unberührt.**

*Änderung der Vorschrift: § 60a eingef. mWv 1.1.2017 durch G v. 23.12.2016 (BGBl. I S. 3234).*

**1**    § 60a ist durch das Bundesteilhabegesetz (→ § 53 Rn. 11 ff.) mit Wirkung zum 1.1.2017 eingefügt worden und trifft für die Zeit bis zum 31.12.2019 eine Sonderregelung für den Einsatz von Vermögen im Rahmen von Leistungen der Eingliederungshilfe. Im Vergleich zu den allgemeinen Vorschriften gilt ein zusätzlicher Betrag von bis zu 25.000 Euro für die Lebensführung und die Alterssicherung im Sinne von § 90 Abs. 3 S. 2 als angemessen. Damit soll der zum Neuregelung der Eingliederungshilfe im SGB IX zum 1.1.2020 vorgegriffen werden, die einen voraussetzungslosen Freibetrag in Höhe von 50.000 Euro vorsieht (vgl. die Begründung zum BTHG, BT-Drs. 18/9522, S. 328 zu Nummer 4). Die Regelung nimmt pauschalierend an, dass bei Leistungen der Eingliederungshilfe jedenfalls ein Betrag von 25.000 Euro für eine angemessene Lebensführung und für eine angemessene Alterssicherung notwendig ist, sodass es keiner Einzelfallprüfung bedarf.

# Siebtes Kapitel. Hilfe zur Pflege

## Vorbemerkung zu §§ 61–66a

**Schrifttum:** *Deutscher Verein,* Stellungnahem des Deutschen Vereins zum Gesetzentwurf der Bundesregierung eines Dritten Gesetzes zur Stärkung der pflegerischen Versorgung und zur Änderung weiterer Vorschriften (Drittes Pflegestärkungsgesetz – PSG III), NDV 2016, 486; *Fuchs,* Was sich im Bereich von Pflege und Eingliederungshilfe änderte – und was sich 2018 ändern wird, SozSich 2017, 237; *Griep,* Versorgungslücken in der Hilfe zur Pflege nach dem SGB XII, Sozialrecht aktuell 2017, 165; *Marburger,* Auswirkungen des Pflegestärkungsgesetzes III, Behindertenrecht 2017, 58; *Rasch,* BTHG und Co – Zum Verhältnis von Leistungen der Eingliederungshilfe zu Leistungen der Pflege, RdLH 2017, 111; *Richter,* Die Übergangsrechte der sozialen Pflegeversicherung nach dem PSG II und PSG III, PflR 2017, 139; *Schmidt,* Das Dritte Pflegestärkungsgesetz, NZS 2017, 207; *Udsching,* Neues Begutachtungsinstrument zur Feststellung von Pflegebedürftigkeit, jurisPR-SozR 2/2017 Anm. 1; *Udsching/Schütze,* SGB XI, Soziale Pflegeversicherung, Kommentar, 5. Aufl. 2018; *Welti,* Ambulante Unterstützung im Spiegel von Leistungsgesetzen, in: Wansing/Windisch (Hrsg.), Selbstbestimmte Lebensführung und Teilhabe, 2017, S. 80.

## I. Neue Rechtslage

Die Hilfe zur Pflege nach dem SGB XII ist durch das Pflegestärkungsgesetz III **1** vom 23.12.2016 (BGBl. I S. 3191) wesentlich umgestaltet worden (zu den Gesetzesmaterialien vgl. BT-Drs. 18/9518 und BT-Drs. 18/10510). Durch das Pflegestärkungsgesetz II vom 21.12.2015 (BGBl. I S. 2424) war ein neuer Pflegebedürftigkeitsbegriff eingeführt worden, der nun ab 2017 für die Hilfe zu Pflege übernommen ist. Die Vorschriften der §§ 61 ff. SGB XII lehnen sich insgesamt stark an die entsprechenden Regelungen der sozialen Pflegeversicherung nach dem SGB XI an.

Die fürsorgerechtliche Hilfe zur Pflege ist im Verhältnis zur sozialen Pflegeversi- **2** cherung ein nachrangiges Leistungssystem; sie ergänzt aber die Leistungen der Pflegeversicherung, die nicht in jedem Fall bedarfsdeckend sind, weil die soziale Pflegeversicherung bewusst nur ein gedeckeltes Leistungssystem ist. Die Hilfe zur Pflege kann darüber hinaus auch das einzige Leistungssystem für pflegebedürftige Personen sein, wenn diese etwa aus bestimmten Gründen keinen Anspruch auf Leistungen nach dem SGB XI besitzen (s. dazu *Griep,* Sozialrecht aktuell 2017, 165, Fn. 1). Die zum Sozialhilferecht gehörende Hilfe zur Pflege ist auch insofern ein nachrangiges Leistungssystem, als die Leistungen vom Einsatz des Einkommens und Vermögens abhängen (§ 61 SGB XII). Es gelten aber besondere Schonvorschriften (→ § 87 Abs. 1 SGB XII und § 66a SGB XII).

## II. Begriff der Pflegebedürftigkeit

Der Pflegebedürftigkeitsbegriff ist in § 61a SGB XII definiert und lehnt sich am **3** parallelen Begriff in § 14 SGB XI an. Es bleibt ein Geheimnis des Gesetzgebers, warum die Umschreibung in § 61a SGB XII, die an sich mit § 14 SGB XI identisch sein sollte, in kleinen sprachlichen Details und in der textlichen Darstellung von § 14 SGB XI abweicht. In zwei Punkten weicht der Begriff des § 61a SGB XII aber ausdrücklich von § 14 SGB XI ab. Das betrifft die zeitliche Untergrenze der Pflegebedürftigkeit von voraussichtlich mindestens sechs Monaten bei § 14 SGB XI, die § 61a SGB XII nicht kennt. Ferner fehlt in § 61a SGB XI die Berücksichtigung von Beeinträchtigungen oder Fähigkeiten bei der Haushaltsführung (so aber § 14 Abs. 3 SGB XI). Vor allem ist die frühere Öffnungsklausel des § 61 Abs. 1 Satz 2 SGB XII (a. F.) nicht mehr vorhanden, wonach der versicherungsrechtliche Pflegebegriff im Ergebnis nur eine eingeschränkte Bedeutung für die Hilfe zur Pflege hatte (vgl. insoweit *Grube* in: Grube/Wahrendorf, SGB XII, 5. Aufl. § 61 Rn. 13 f.). Der neue Begriff der Pflegebedürftigkeit stellt einen deutlichen Paradigmenwechsel dar. Maßgeblich ist nicht mehr die notwendige Pflegezeit bei den Verrichtungen im Ablauf des täglichen Lebens, sondern der Grad der Beeinträchtigung der Selbständigkeit oder der Fähigkeiten. Insoweit werden sechs Lebensbereiche sehr detailliert mit den notwendigen Fähigkeiten beschrieben (§ 61a Abs. 2 SGB XII).

## III. Pflegegrade

4     Der weit gefasste Begriff der Pflegebedürftigkeit wird durch die Ermittlung von Pflegegraden (§ 61b SGB XII) für den Einzelfall konkretisiert. Die Gewährung von Leistungen der Hilfe zur Pflege hängt entscheidend von dem jeweiligen Pflegegrad ab. Dieser wird gemäß § 62 SGB XII mit Hilfe eines besonderen Begutachtungsinstruments nach § 15 SGB XI ermittelt (dazu *Udsching*, jurisPR-SozR 2/2017, Anm. 1). Die Entscheidung über den jeweiligen Pflegegrad ist für den Träger der Sozialhilfe bindend (§ 62 SGB XII). Dies gilt allerdings nur so weit, wie diese Entscheidung auf Tatsachen beruht, die auch für den Sozialhilfeträger zu berücksichtigen sind. Für den konkreten Umfang des jeweiligen Hilfebedarfs enthalten die Entscheidungen über den Pflegegrad regelmäßig keine Feststellungen. Daher ist nach § 63a SGB XI der Träger der Sozialhilfe verpflichtet, den notwendigen pflegerischen Bedarf zu ermitteln und festzustellen.

5     Das neue Recht kennt 5 Pflegegrade, die nach einem Punktsystem des Begutachtungsinstruments nach § 15 SGB XI ermittelt werden (§ 61b SGB XII). Für pflegebedürftige Kinder, vor allem für die unter 18 Monaten, gilt eine andere Einstufung (§ 61c SGB XII).

6     Ein der früheren Pflegestufe „Null" entsprechender Pflegegrad existiert nicht mehr. Personen, die weniger als die 12,5 Punkte erreichen, die für den Pflegegrad 1 wenigstens notwendig sind, besitzen keinen Anspruch auf Hilfe zur Pflege. Der Gesetzgeber hat sich insoweit auf den (wissenschaftlichen) Beirat zur Überprüfung des Pflegebedürftigkeitsbegriffs berufen, wonach ein pflegerischer Bedarf unterhalb der Punktzahl 12,5 „pflegewissenschaftlich nicht begründet" werden könne (BT-Drs. 18/9518, S. 84; s. auch S. 98 zu § 66 SGB XII). Sofern dennoch ein irgendwie gearteter Unterstützungsbedarf bestehen sollte, sind andere Leistungen der Sozialhilfe in Erwägung zu ziehen. So dürfte etwa davon auszugehen sein, dass ein betagter Mensch, der zwar in den sechs Lebensbereichen im Grundsatz zurechtkommt, aber bei der Haushaltsführung (Grundreinigung der Wohnung, Fensterputzen, größere Wäsche etc.) regelmäßig fremder Hilfe bedarf. Dafür kann Hilfe zur Weiterführung des Haushalts nach § 70 SGB XII beansprucht werden (s. auch Kommentierung zu § 70 SGB XII). Auch an Leistungen der Eingliederungshilfe nach § 53 SGB XII ist bei Personen mit einem Pflegegrad von weniger als 2 zu denken (s. dazu *Griep*, Sozialrecht aktuell 2017, 165).

6a     Für den Übergang vom bisherigen Recht zum neuen Pflegebedürftigkeitsbegriff und dem damit zusammenhängenden neuen Leistungsrecht gibt es umfangreiche Übergangs- und Besitzstandsschutzvorschriften sowohl im Recht der sozialen Pflegeversicherung (§§ 140 ff. SGB XI) als auch für die Hilfe zur Pflege (§§ 137, 138 SGB XII).

## IV. Leistungen

Hinsichtlich der Leistungen der Hilfe zur Pflege ist zu unterscheiden zwischen   7
den Leistungen für Personen mit dem Pflegegrad 1 und den Personen, für die ein
Pflegegrad ab Stufe 2 ermittelt worden ist. Der Leistungskatalog der Hilfe zur Pflege
ist nicht mehr wie in der früheren Fassung von § 61 Abs. 2 SGB XII (a. F.) durch
eine Bezugnahme auf das Leistungsspektrum der sozialen Pflegeversicherung
umschrieben, sondern enthält in § 63 SGB XII einen eigenständigen Leistungskatalog, der sich von dem früheren in zahlreichen Detailregelungen unterscheidet. So
umfasst die Hilfe zur Pflege etwa auch die „Sterbebegleitung" (§ 63 Abs. 1 Satz 2
SGB XII). Nach § 64b Abs. 1 Satz 3 SGB XII kann die häusliche Pflege von mehreren Personen gemeinsam in Anspruch genommen werden. Auch wird die Haushaltsführung, die beim Begriff der Pflegebedürftigkeit nach § 14 Abs. 3 SGB XI bei den
Kriterien der Beeinträchtigungen lediglich noch mitberücksichtigt werden soll, als
Bestandteil der häuslichen Pflege ausdrücklich genannt.

Personen mit dem Pflegegrad 1 können nicht die „klassischen" Leistungen der   8
Hilfe zur Pflege, wie Pflegegeld, häusliche Pflege oder stationäre Pflege beanspruchen, sondern nur Pflegehilfsmittel, Maßnahmen zur Verbesserung des Wohnumfeldes und einen Entlastungsbetrag (§ 63 Abs. 2 SGB XII). Der Entlastungsbetrag nach
§ 66 SGB XII in Höhe von 125 Euro monatlich steht nur den Pflegebedürftigen
des Pflegegrades 1 zu und muss für bestimmte Bedarfe zweckgebunden eingesetzt
werden.

Die Pflegebedürftigen der Pflegegerade ab Grad 2 besitzen den Anspruch auf   9
sämtliche Leistungen der Hilfe zur Pflege (§ 63 Abs. 1 SGB XII). Die einzelnen
Leistungen werden in den §§ 64a bis 66 SGB XII näher umschrieben.

## V. Leistungskonkurrenz

Ein pflegebedürftiger Mensch kann gleichzeitig anspruchsberechtigt sein nach   10
dem SGB XI und dem SGB XII und zudem weitere Leistungen wie etwa Eingliederungshilfe oder Blindenhilfe beziehen. Auch können mehrere Leistungen der Hilfe
zur Pflege kumulativ bezogen werden. Daher besteht die Notwendigkeit, Regelungen für Leistungskonkurrenzen zu schaffen. Insoweit finden sich Vorschriften in
§ 13 SGB XI und in § 63b SGB XII. Dabei ist zu unterscheiden zwischen Konkurrenzverhältnissen innerhalb des Leistungssystems der Hilfe zur Pflege (interne Konkurrenz) und Konkurrenzverhältnissen zwischen verschiedenen Leistungssystemen
(externe Konkurrenz).

Nach § 13 Abs. 3 SGB XI gehen die Leistungen der Pflegeversicherung der Hilfe   11
zur Pflege (und anderer Fürsorgeleistungen zur Pflege) vor. Dies entspricht auch der
Regelung des § 63b Abs. 1 SGB XII und ist Ausdruck des Nachrangs der Sozialhilfe.
Klarstellend drückt Satz 2 von § 13 Abs. 3 SGB XI aus, dass Hilfe zur Pflege nicht
ausgeschlossen ist, wenn Leistungen der Pflegeversicherung mangels Anspruchsberechtigung nicht erbracht werden oder die Hilfe zur Pflege der Höhe nach weitergehende Leistungen vorsieht.

Hinsichtlich des Verhältnisses von Pflege und Eingliederungshilfe hat sich durch   12
den neuen Pflegebedürftigkeitsbegriff nichts geändert. Beide Leistungen stehen
gleichrangig nebeneinander, da sie unterschiedliche Aufgaben haben. Aufgabe der
Pflege ist die Kompensation von gesundheitlich bedingten Beeinträchtigungen der
Selbständigkeit oder der Fähigkeiten. Aufgabe der Eingliederungshilfe ist die Förderung der vollen, wirksamen und gleichberechtigten Teilhabe am Leben in der Gesellschaft (vgl. BT-Drs. 18/10510 – Ausschuss, S. 128). Dies wird in § 13 Abs. 3 Satz 3
SGB XI ausdrücklich bestätigt.

**13**    Wird eine Leistung in einer Einrichtung nach § 71 Abs. 4 SGB XI erbracht, die
nach dieser Vorschrift keine Pflegeeinrichtung im Sinne des SGB XI, sondern
zumeist eine Einrichtung der Eingliederungshilfe ist, umfasst die dort geleistet
Hilfe auch die notwendigen Pflegeleistungen, für die die Pflegekasse nach § 43a
SGB XI einen Betrag von höchsten 266 Euro (§ 13 Abs. 3 Satz 3, 2. Halbs.
SGB XI) zu leisten hat. Diese Regelung ist umstritten, da den Pflegebedürftigen
hiermit ein Teil der ihnen sonst zustehenden Leistungen der Pflegeversicherung
vorenthalten wird (*Rasch*, in: *Udsching/Schütze*, SGB XI, § 43a Rn. 16). Im Übrigen regelt § 13 SGB XI, wie das Verwaltungsverfahren beim Zusammentreffen
von Leistungen der Pflegeversicherung und Leistungen der Eingliederungshilfe zu
organisieren ist.

**14**    § 63b SGB XII enthält zahlreiche Regelungen für Leistungskonkurrenzen. Nach
§ 63b Abs. 1 SGB XII wird noch einmal der allgemeine Nachrang der Hilfe zur
Pflege gegenüber gleichartigen anderen Leistungen betont. Ferner werden
Anrechnungsregeln vorgeschrieben, wenn Leistungen zusammentreffen, die denselben Bedarf abdecken können. Das betrifft etwa die Blindenhilfe bzw. das landesrechtliche Blindengeld; diese Leistungen sind mit 70 Prozent auf das Pflegegeld
nach § 64a SGB XII anzurechnen. Ferner enthält die Vorschrift weitere Nachrangregelungen. So wird angeordnet, dass der Entlastungsbetrag nach § 45b SGB XI
den identischen Leistungen nach §§ 64 und 66 SGB XII vorgeht. Schließlich wird
noch geregelt, wie es sich auf Leistungen der Hilfe zur Pflege auswirkt, wenn sich
ein Pflegebedürftiger in einer Einrichtung aufhält. Insgesamt weist § 63b SGB XII
eine heterogene Struktur auf, weil die unterschiedlichsten Fallgestaltungen erfasst
werden.

## § 61 Leistungsberechtigte

[1]**Personen, die pflegebedürftig im Sinne des § 61a sind, haben Anspruch
auf Hilfe zur Pflege, soweit ihnen und ihren nicht getrennt lebenden Ehegatten oder Lebenspartnern nicht zuzumuten ist, dass sie die für die Hilfe zur
Pflege benötigten Mittel aus dem Einkommen und Vermögen nach den
Vorschriften des Elften Kapitels aufbringen.** [2]**Sind die Personen minderjährig und unverheiratet, so sind auch das Einkommen und das Vermögen
ihrer Eltern oder eines Elternteils zu berücksichtigen.**

*Änderung der Vorschrift: § 61 neu gef. mWv 1.1.2017 durch G v. 23.12.2016
(BGBl I. S. 3191).*

**Schrifttum:** *Griep*, Sozialrecht aktuell 2017, 165; *Udsching*, Udsching/Schütze, SGB XI,
§ 13.

## I. Leistungsberechtigte – Materialien zu § 61
## (BT-Drs. 18/9518)

**1**    Die Vorschrift regelt in Anlehnung an den Regelungsbereich des bisherigen
§ 61 Absatz 1 Satz 1 die grundsätzlichen Voraussetzungen für eine Leistungsberechtigung im Rahmen der Hilfe zur Pflege. Leistungsberechtigt nach den Vorschriften
der Hilfe zur Pflege sind demnach Pflegebedürftige, die finanziell bedürftig und
nicht in der sozialen Pflegeversicherung versichert sind. Darüber hinaus kommen
Leistungen der Hilfe zur Pflege in den Fällen in Betracht, in denen die Pflegebedürftigkeit voraussichtlich nicht für mindestens sechs Monate besteht und aus
diesem Grunde keine Leistungen nach dem SGB XI gewährt werden (vgl. BT-
Drs. 18/9518).

Schließlich kann eine Leistungsberechtigung in Fällen gegeben sein, in denen 2
der pflegerische Bedarf durch die Leistungen der sozialen Pflegeversicherung nicht
sichergestellt ist. Mit dem neuen Pflegebedürftigkeitsbegriff erfolgt keine Vollabsicherung des Pflegerisikos durch die Leistungen der sozialen Pflegeversicherung. Die
Höhe der Versicherungsleistungen nach dem SGB XI ist auf gesetzlich festgesetzte
Höchstbeträge begrenzt (Teilleistungssystem). Bei den Pflegebedürftigen kann daher
auch nach Einführung des neuen Pflegebedürftigkeitsbegriffs im SGB XI ein darüberhinausgehender Bedarf an Pflegeleistungen bestehen, der bei finanzieller Bedürftigkeit durch die Sozialhilfe im Rahmen der Hilfe zur Pflege gedeckt werden muss.
Darüber hinaus werden die Kosten für Unterkunft und Verpflegung von der gesetzlichen Pflegeversicherung nicht übernommen, das heißt im Falle der finanziellen
Bedürftigkeit werden auch diesbezüglich die Kosten von den Trägern der Sozialhilfe
bei häuslicher Pflege nach dem Dritten oder Vierten Kapitel des SGB XII bei
stationärer Pflege zu tragen sein, während die Leistungen zur Pflege in stationären
Einrichtungen eine umfassende Versorgung beinhalten, gegliedert nach den Fachleistungen und den existenzsichernden Leistungen zum Lebensunterhalt (Unterkunft
und Verpflegung).

Die begrenzten Leistungen der sozialen Pflegeversicherung werden somit auch 3
in Zukunft das ergänzende System der Hilfe zur Pflege erfordern, damit der pflegerische Bedarf von Pflegebedürftigen im Fall der finanziellen Bedürftigkeit umfassend
sichergestellt ist.

Gegenüber dem geltenden Recht unverändert setzen die Leistungen der Hilfe 4
zur Pflege neben einer Pflegebedürftigkeit aufgrund des allgemeinen Nachranggrundsatzes des § 2 für Leistungen der Sozialhilfe auch bei Pflegebedürftigen eine
**finanzielle Bedürftigkeit** voraus. Trotz der kritischen Äußerungen zu Art. 1 PSG
III (vgl. Beschluss und Bericht des Ausschusses für Gesundheit, BT-Drs. 18/10510)
sind die das SGB XII betreffenden Vorschriften unverändert Gesetz geworden.

## II. Inhalt der Vorschrift

§ 61 und die nachfolgenden Vorschriften des Siebenten Kapitels wurden durch 5
Art. 2 Nr. 5 des Gesetzes vom 23.12.2016 (BGBl. I S. 3191) mit Wirkung zum
1.1.2017 geändert. Erfasst sind Menschen die nicht pflegeversichert sind. Für diese
Personen übernimmt die Sozialhilfe eine **Ersatzfunktion** (vgl. *Griep*, Sozialrecht
aktuell 2017, 165). Leistungsberechtigt sind auch diejenigen, die pflichtversichert
sind, bei denen aber der notwendige Hilfebedarf mit den Höchstleistungsbeträgen
der Pflegeversicherung nicht aus eigenem Einkommen und Vermögen gedeckt werden kann. In diesem Fall übernimmt die Sozialhilfe eine Ergänzungsfunktion (*Griep*,
Sozialrecht aktuell 2017, 165). Ergänzend kommt das SGB XII auch zum Zug,
wenn kein Anspruch auf Leistungen der Pflegeversicherung besteht, weil die Pflichtversicherungszeiten nicht erfüllt sind oder nach der Prognose die Pflegebedürftigkeit
weniger als sechs Monate bestehen wird (§ 14 SGB XII). Das Fürsorgesystem ist im
Verhältnis zur Pflegeversicherung ein nachrangiges System. Weil dessen Leistungen
bewusst gedeckelt sind, wird der verbleibende Bedarf ergänzend durch die Hilfe zur
Pflege gedeckt (s. auch Vor § 61 Rn. 2; *Udsching*, Udsching/Schütze, SGB XI, § 13
Rn. 14).

Die Vorschrift selbst definiert den Begriff der Pflegebedürftigkeit nicht. In der 6
bisherigen Fassung war die Pflegebedürftigkeit in § 61 enthalten. Die Definition der
Pflegebedürftigkeit übernimmt nun § 61a.

§ 61 Satz 1 geht von der das SGB XII prägenden **Bedarfsgemeinschaft** aus. 7
Hilfe zur Pflege wird gewährt, wenn dem Hilfeberechtigten, dem nicht getrennt
lebenden Ehegatten oder dem Lebenspartner nicht zuzumuten ist, die für die
Hilfe zur Pflege benötigten Mittel aus dem Einkommen und Vermögen nach

den Vorschriften des Elften Kapitels aufzubringen. Auch im Einkommens- und Vermögenseinsatz unterscheidet sich die Pflegeversicherung von der fürsorgerechtlichen Hilfe.

8   Satz 2 der Vorschrift bezieht sich auf den Einkommenseinsatz bei Minderjährigen und Unverheirateten. In diesem Fall sind das Einkommen und das Vermögen der Eltern oder eines Elternteils zu berücksichtigen.

### § 61a Begriff der Pflegebedürftigkeit

(1) [1]**Pflegebedürftig sind Personen, die gesundheitlich bedingte Beeinträchtigungen der Selbständigkeit oder der Fähigkeiten aufweisen und deshalb der Hilfe durch andere bedürfen.** [2]**Pflegebedürftige Personen im Sinne des Satzes 1 können körperliche, kognitive oder psychische Beeinträchtigungen oder gesundheitlich bedingte Belastungen oder Anforderungen nicht selbständig kompensieren oder bewältigen.**

(2) **Maßgeblich für die Beurteilung der Beeinträchtigungen der Selbständigkeit oder Fähigkeiten sind die folgenden Bereiche mit folgenden Kriterien:**
1. **Mobilität mit den Kriterien**
   a) **Positionswechsel im Bett,**
   b) **Halten einer stabilen Sitzposition,**
   c) **Umsetzen,**
   d) **Fortbewegen innerhalb des Wohnbereichs,**
   e) **Treppensteigen;**
2. **kognitive und kommunikative Fähigkeiten mit den Kriterien**
   a) **Erkennen von Personen aus dem näheren Umfeld,**
   b) **örtliche Orientierung,**
   c) **zeitliche Orientierung,**
   d) **Erinnern an wesentliche Ereignisse oder Beobachtungen,**
   e) **Steuern von mehrschrittigen Alltagshandlungen,**
   f) **Treffen von Entscheidungen im Alltagsleben,**
   g) **Verstehen von Sachverhalten und Informationen,**
   h) **Erkennen von Risiken und Gefahren,**
   i) **Mitteilen von elementaren Bedürfnissen,**
   j) **Verstehen von Aufforderungen,**
   k) **Beteiligen an einem Gespräch;**
3. **Verhaltensweisen und psychische Problemlagen mit den Kriterien**
   a) **motorisch geprägte Verhaltensauffälligkeiten,**
   b) **nächtliche Unruhe,**
   c) **selbstschädigendes und autoaggressives Verhalten,**
   d) **Beschädigen von Gegenständen,**
   e) **physisch aggressives Verhalten gegenüber anderen Personen,**
   f) **verbale Aggression,**
   g) **andere pflegerelevante vokale Auffälligkeiten,**
   h) **Abwehr pflegerischer und anderer unterstützender Maßnahmen,**
   i) **Wahnvorstellungen,**
   j) **Ängste,**
   k) **Antriebslosigkeit bei depressiver Stimmungslage,**
   l) **sozial inadäquate Verhaltensweisen,**
   m) **sonstige pflegerelevante inadäquate Handlungen;**
4. **Selbstversorgung mit den Kriterien**
   a) **Waschen des vorderen Oberkörpers,**
   b) **Körperpflege im Bereich des Kopfes,**

   c)  Waschen des Intimbereichs,
   d)  Duschen und Baden einschließlich Waschen der Haare,
   e)  An- und Auskleiden des Oberkörpers,
   f)  An- und Auskleiden des Unterkörpers,
   g)  mundgerechtes Zubereiten der Nahrung und Eingießen von Getränken,
   h)  Essen,
   i)  Trinken,
   j)  Benutzen einer Toilette oder eines Toilettenstuhls,
   k)  Bewältigen der Folgen einer Harninkontinenz und Umgang mit Dauerkatheter und Urostoma,
   l)  Bewältigen der Folgen einer Stuhlinkontinenz und Umgang mit Stoma,
   m)  Ernährung parenteral oder über Sonde,
   n)  Bestehen gravierender Probleme bei der Nahrungsaufnahme bei Kindern bis zu 18 Monaten, die einen außergewöhnlich pflegeintensiven Hilfebedarf auslösen;

5. Bewältigung von und selbständiger Umgang mit krankheits- oder therapiebedingten Anforderungen und Belastungen in Bezug auf
   a)  Medikation,
   b)  Injektionen,
   c)  Versorgung intravenöser Zugänge,
   d)  Absaugen und Sauerstoffgabe,
   e)  Einreibungen sowie Kälte- und Wärmeanwendungen,
   f)  Messung und Deutung von Körperzuständen,
   g)  körpernahe Hilfsmittel,
   h)  Verbandswechsel und Wundversorgung,
   i)  Versorgung mit Stoma,
   j)  regelmäßige Einmalkatheterisierung und Nutzung von Abführmethoden,
   k)  Therapiemaßnahmen in häuslicher Umgebung,
   l)  zeit- und technikintensive Maßnahmen in häuslicher Umgebung,
   m)  Arztbesuche,
   n)  Besuch anderer medizinischer oder therapeutischer Einrichtungen,
   o)  zeitlich ausgedehnte Besuche medizinischer oder therapeutischer Einrichtungen,
   p)  Besuche von Einrichtungen zur Frühförderung bei Kindern,
   q)  Einhalten einer Diät oder anderer krankheits- oder therapiebedingter Verhaltensvorschriften;

6. Gestaltung des Alltagslebens und sozialer Kontakte mit den Kriterien
   a)  Gestaltung des Tagesablaufs und Anpassung an Veränderungen,
   b)  Ruhen und Schlafen,
   c)  Sichbeschäftigen,
   d)  Vornehmen von in die Zukunft gerichteten Planungen,
   e)  Interaktion mit Personen im direkten Kontakt,
   f)  Kontaktpflege zu Personen außerhalb des direkten Umfelds.

*Änderung der Vorschrift: § 61a eingef. mWv 1.1.2017 durch G v. 23.12.2016 (BGBl. I S. 3191).*

**Schrifttum:** Abschlussbericht des *Instituts für Pflegewissenschaft an der Universität Bielefeld und des Medizinischen Dienstes der Krankenversicherung Westfalen-Lippe* zur Hauptphase 1 – Entwicklung eines neuen Begutachtungsinstruments – vom 29.2.2008.

**Übersicht**

# I. Begriff der Pflegebedürftigkeit – Materialien zu § 61a (BT-Drs. 18/95181)

## 1. Pflegebedürftigkeit (Abs. 1)

**1**    Ausgangslage: Im Koalitionsvertrag zwischen CDU/CSU und SPD für die 18. Legislaturperiode war die bessere Anerkennung der Pflegebedürftigkeit vorgesehen. Dazu sollte basierend auf den Empfehlungen des Expertenbeirats der neue Pflegebedürftigkeitsbegriff so schnell wie möglich eingeführt werden. Zur Umsetzung der ersten Stufe der Pflegereform ist am 1.1.2015 das PSG I in Kraft getreten, mit dem u. a. die bestehenden Betreuungsleistungen weiter ausgebaut und auf alle Pflegebedürftigen ausgeweitet wurden.

**2**    Mit dem PSG II wurde der **neue Pflegebedürftigkeitsbegriff** mit Wirkung zum 1.1.2017 in die soziale Pflegeversicherung eingeführt. § 61a Abs. 1 führt den neuen Pflegebedürftigkeitsbegriff zum 1.1.2017 auch in die Hilfe zur Pflege ein. Pflegebedürftig sind künftig Personen, die gesundheitlich bedingte Beeinträchtigungen der Selbständigkeit oder der Fähigkeiten aufweisen und deshalb der Hilfe durch andere bedürfen. Gegenüber dem geltenden Recht bedeutet dies eine deutliche Erweiterung, als nicht mehr vorrangig nur Menschen mit körperlichen Beeinträchtigungen als pflegebedürftig im Sinne der Hilfe zur Pflege eingestuft werden, sondern auch Personen mit kognitiven und psychischen Beeinträchtigungen, soweit dies Beeinträchtigungen der Selbständigkeit oder Fähigkeiten verursacht.

**3**    Der **neue Pflegebedürftigkeitsbegriff** kommt insbesondere Personen mit einer **erheblich eingeschränkten Alltagskompetenz** zugute. Für diesen Personenkreis werden in der Hilfe zur Pflege bisher keine besonderen zusätzlichen Leistungen entsprechend den §§ 45b und 87b SGB XI durch die Träger der Sozialhilfe gewährt, da die den Leistungen zugrundeliegenden Beeinträchtigungen nicht vom derzeit noch geltenden Pflegebedürftigkeitsbegriffs erfasst werden und daher auch nicht Leistungen der Hilfe zur Pflege begründen können. Diese Leistungen werden daher derzeit als zusätzliche Leistungen nur durch die Pflegekassen an ihre Versicherten erbracht.

**4**    Absatz 1 ist mit Ausnahme der zeitlichen Untergrenze des SGB XI inhaltsgleich mit der entsprechenden Vorschrift für die gesetzliche Pflegeversicherung in § 14

Abs. 1 SGB XI. Gegenüber dem geltenden Recht werden damit die Voraussetzungen weiter aneinander angeglichen. Der geltende Pflegebedürftigkeitsbegriff des SGB XII ist insoweit umfassender als der geltende Pflegebedürftigkeitsbegriff des SGB XI, da auch Leistungen in den Fällen erbracht werden können, in denen die Voraussetzungen einer Pflegebedürftigkeit voraussichtlich für weniger als sechs Monate vorliegen. Darüber hinaus erhalten nach dem geltenden Recht auch die Personen Hilfe zur Pflege, die einen geringeren Hilfebedarf haben, als ihn die Pflegeversicherung voraussetzt, oder die Hilfe für andere als die gewöhnlichen und regelmäßig wiederkehrenden Verrichtungen brauchen.

Im Zuge der Umstellung von drei Pflegestufen auf fünf Pflegegrade werden die **5** Leistungssysteme von SGB XII und SGB XI angeglichen, als pflegebedürftig im Sinne der Hilfe zur Pflege nur solche Personen sind, die in einen Pflegegrad eingestuft werden. Personen, die im Begutachtungsverfahren weniger als 12,5 Gesamtpunkte erhalten und daher keinen Pflegegrad erreichen, werden künftig keine Leistungen der Hilfe zur Pflege erhalten. Damit ist gegenüber dem geltenden Recht jedoch keine Verschlechterung verbunden, da trotz des weiterreichenden Charakters des geltenden § 61 SGB XII die dort enthaltenen Bestimmungen durch den neuen Pflegebedürftigkeitsbegriff abgedeckt werden. Bereits der Beirat zur Überprüfung des Pflegebedürftigkeitsbegriffs ist in seinem Umsetzungsbericht davon ausgegangen, dass Personen, deren ermittelter Gesamtpunktwert unter dem Schwellenwert von 15 Punkten liegt, lediglich geringfügige Selbständigkeitseinbußen aufweisen (vgl. Umsetzungsbericht, S. 19), die aus pflegewissenschaftlicher Sicht keine Leistungen rechtfertigen. Die Schwelle zum Pflegegrad sei so festgelegt worden, dass Personen, die fachlich als pflegebedürftig gelten, aber nur verhältnismäßig geringe Beeinträchtigungen aufweisen, einbezogen werden können. Im vorliegenden Gesetzentwurf wird die Schwelle für den Pflegegrad 1 zugunsten der Betroffenen in Übereinstimmung mit dem SGB XI auf 12,5 Gesamtpunkte festgelegt. Ein pflegerischer Bedarf, der Leistungen der Hilfe zur Pflege auch unterhalb dieses Gesamtpunktwertes erfordert, kann daher pflegewissenschaftlich nicht begründet werden. Andere Leistungen der Sozialhilfe, wie etwa die Hilfe zur Weiterführung des Haushalts, bleiben möglich.

Im Unterschied zum Pflegebedürftigkeitsbegriff nach dem SGB XI, demzufolge **6** Pflegebedürftigkeit auf Dauer, voraussichtlich für mindestens sechs Monate, vorliegen muss, setzt die Pflegebedürftigkeit im Sinne des SGB XII auch künftig keine zeitliche Untergrenze voraus.

## 2. Beeinträchtigung der Selbständigkeit (Abs. 2)

Absatz 2 listet abschließend diejenigen sechs Bereiche auf, deren Grad der Beein- **7** trächtigung der Selbständigkeit oder der Fähigkeitsstörungen für die Prüfung einer Pflegebedürftigkeit maßgeblich sind. Die Inhalte aller sechs Bereiche werden wiederum durch eine abschließende Auflistung der Kriterien, die zur Begutachtung des Bereichs erforderlich sind, konkretisiert. Die Kriterien der Bereiche wurden im Rahmen der Arbeiten zum neuen Pflegebedürftigkeitsbegriff von der Pflegewissenschaft erarbeitet und erprobt. Sie entsprechen dem aktuellen Stand der Pflegewissenschaft.

**a) Mobilität (Nr. 1).** Der Bereich „Mobilität" umfasst die Fähigkeit zur Fortbe- **8** wegung sowie zur Lageveränderung des Körpers. Im Hinblick darauf, dass die Beeinträchtigung der Fähigkeit zur Fortbewegung sich in fast allen Lebensbereichen auswirkt und häufig maßgeblich für den Verlust von Selbständigkeit bei der Durchführung von anderen Aktivitäten ist, wird der Bereich daher eigenständig bewertet.

9    Mit den in den Buchstaben a) bis e) genannten Kriterien werden zentrale Aspekte der Mobilität im innerhäuslichen Bereich erfasst, denen für die Beurteilung der Selbständigkeit eine besondere Bedeutung zukommt.

10   **b) Kognitive und kommunikative Fähigkeiten (Nr. 2).** Der Bereich „Kognitive und kommunikative Fähigkeiten" umfasst einen zweiten, für die Feststellung von Pflegebedürftigkeit zentralen Bereich individueller Fähigkeiten. Eine Beeinträchtigung dieser grundlegenden Funktionen hat grundsätzlich weitreichende Einschränkungen der Selbständigkeit zur Folge. Einbußen der kognitiven Fähigkeiten können einen umfangreichen Unterstützungsbedarf nach sich ziehen, der die Begleitung in der gesamten Lebensführung umfasst (Abschlussbericht des *Instituts für Pflegewissenschaft an der Universität Bielefeld und des Medizinischen Dienstes der Krankenversicherung Westfalen-Lippe* zur Hauptphase 1 – Entwicklung eines neuen Begutachtungsinstruments – vom 29.2.2008, S. 37). Mit den Kriterien werden nahezu alle wesentlichen Dimensionen der kognitiven Fähigkeiten, die auch in einschlägigen psychometrischen Testverfahren berücksichtigt werden, erfasst (vgl. Abschlussbericht zur Hauptphase 1, S. 39).

11   **c) Verhaltensweisen und psychische Problemlagen (Nr. 3).** Im Hinblick auf die zunehmende Zahl von Menschen mit Demenz ist der Bereich „Verhaltensweisen und psychische Problemlagen" von besonderer Bedeutung für die Beurteilung von Pflegebedürftigkeit. Die Kriterien werden vorrangig mit Hilfe von einschlägigen, spezifischen Assessmentinstrumente definiert (vgl. Abschlussbericht zur Hauptphase 1, S. 43). Die Verhaltensauffälligkeiten und psychische Problemlagen können einen Unterstützungsbedarf u. a. in Form von Beobachtung, Motivierung, emotionaler Entlastung, Orientierungshilfen, Beschäftigung und Ansprache zur Folge haben.

12   **d) Selbstversorgung (Nr. 4).** Der Bereich der „Selbstversorgung" umfasst mit Ausnahme der hauswirtschaftlichen Tätigkeiten sämtliche Verrichtungsbereiche, anhand derer nach dem derzeit noch geltenden Pflegebedürftigkeitsbegriff die Pflegebedürftigkeit eingeschätzt wird. Die in Nr. 4 aufgeführten Kriterien lassen Rückschlüsse auf Fähigkeiten bzw. Beeinträchtigungen der Selbständigkeit auch bei anderen Aktivitäten zu (vgl. Abschlussbericht zur Hauptphase 1, S. 49).

13   **e) Bewältigung von und selbständiger Umgang mit krankheits- oder therapiebedingten Anforderungen und Belastungen (Nr. 5).** Der Bereich „Bewältigung von und selbständiger Umgang mit krankheits- oder therapiebedingten Anforderung und Belastungen" beinhaltet verschiedenste krankheitsbezogene Aktivitäten und Maßnahmen. Im Unterschied zu den übrigen Bereichen können die Kriterien niemals alle gleichzeitig zutreffen. Wie dem Abschlussbericht zur Hauptphase 1 entnommen werden kann, steht das Kriterium der Medikation deutlich im Vordergrund, während die meisten übrigen Kriterien nur selten einschlägig sind (Abschlussbericht zur Hauptphase 1, S. 58).

14   **f) Gestaltung des Alltagslebens und sozialer Kontakte (Nr. 6).** Der Bereich „Gestaltung des Alltagslebens und sozialer Kontakte" umfasst Kriterien, die mit Ausnahme des Kriteriums „Ruhen und Schlafen" (Buchstabe b) bisher bei der Beurteilung von Pflegebedürftigkeit nicht berücksichtigt worden sind.

15   Die einzelnen Kriterien sind durch den Spitzenverband Bund der Pflegekassen im Rahmen der neu zu erarbeitenden Begutachtungs-Richtlinien zu konkretisieren. Dabei sind neben dem Vereinigungen der Träger der Pflegeeinrichtungen auf Bundesebene, dem Verband der privaten Krankenversicherung e.V., den Verbänden der Pflegeberufe auf Bundesebene auch die Bundesarbeitsgemeinschaft der überörtlichen Träger der Sozialhilfe sowie die kommunalen Spitzenverbände auf Bundesebene zu beteiligen (§ 17 Abs. 1 SGB XI in der ab 1.1.2017 geltenden Fassung).

## II. Inhalt der Vorschrift

### 1. Definition der Pflegebedürftigkeit (Abs. 1)

Satz 1 der Vorschrift enthält die **Definition der Pflegebedürftigkeit.** Pflegebe- **16** dürftig sind Personen, die gesundheitlich bedingte Beeinträchtigungen aufweisen, die sich auf ihre **Selbständigkeit** und **Fähigkeiten** auswirken und deshalb **(Kausalität)** der Hilfe durch andere bedürfen. Im Gegensatz zum alten Recht ist die voraussichtliche Mindestdauer von sechs Monaten in der Definition des § 61a nicht mehr enthalten. Das ist auch für die Abgrenzung zur Pflegeversicherung bedeutsam, weil bei einer Prognose von weniger als sechs Monaten Leistungen der Pflegeversicherung nicht greifen (§ 14 Abs. 1 S. 3 SGB XI). Der geltende Pflegebedürftigkeitsbegriff des SGB XII ist insoweit umfassender als der geltende Pflegebedürftigkeitsbegriff des SGB XI, als auch Leistungen in den Fällen erbracht werden können, in denen voraussichtlich für weniger als sechs Monate die Voraussetzungen einer Pflegebedürftigkeit vorliegen. Mit § 61a Abs. 1 Satz 1 wird nach den Vorstellungen des Gesetzgebers ein **neuer Pflegebedürftigkeitsbegriff** eingeführt (s. Vor § 61 Rn. 3; *Udsching,* Udsching/Schütze, SGB XI, Vor §§ 14 bis 19 Rn. 2), wozu sich als Beleg besonders Satz 2 anführen lässt.

Nach Satz 2 werden nicht mehr vorrangig nur Menschen mit körperlichen Beein- **17** trächtigungen als pflegebedürftig im Sinne der Hilfe zur Pflege eingestuft, sondern auch Personen mit kognitiven und psychischen Beeinträchtigungen, soweit dies Beeinträchtigungen der Selbständigkeit oder Fähigkeiten verursacht. Damit unterfallen Menschen, die an Demenz leiden, auch dem Pflegebedürftigkeitsbegriff. Der Begriff der Pflegebedürftigkeit geht somit über die Beeinträchtigung bei der Bewältigung von alltäglichen Verrichtungen hinaus. Die Einschränkungen eines Menschen sind jenseits der medizinischen Intervention einzuordnen, für die die Krankenversicherung zuständig ist (vgl. *Udsching,* Udsching/Schütze, SGB XI, Vor §§ 14 bis 19 Rn. 2). Aus dem Vorliegen einer bestimmten Krankheit allein kann jedoch nicht geschlossen werden, dass eine davon betroffene Person pflegebedürftig ist.

### 2. Katalogverrichtungen (Abs. 2)

Absatz 2 enthält abschließend die **Katalogverrichtungen** für die zentrale Beur- **18** teilung der Beeinträchtigung der Selbständigkeit und Fähigkeit. Die Vorschrift übernimmt die – übersichtlicher als im SGB XII gestaltet – des § 14 Abs. 2 SGB XI. Die Kriterien der Bereiche wurden im Rahmen der Arbeiten zum neuen Pflegebedürftigkeitsbegriff von der Pflegewissenschaft erarbeitet und erprobt. Sie entsprechen dem aktuellen Stand der Pflegewissenschaft (→ Rn. 2).

Der **Mobilität** (Nr. 1) weist der Gesetzgeber eine besondere Bedeutung zu, so **19** dass er sie als eigenes Kriterium aufgenommen hat. Wie es in der Gesetzesbegründung heißt, umfasst „Mobilität" die Fähigkeit zur Fortbewegung sowie zur Lageveränderung des Körpers. Die Fähigkeit zur Fortbewegung wirkt sich in fast allen Lebensbereichen aus bis hin zum Verlust von Selbständigkeit und anderen Aktivitäten. Nur die Hilfestellungen, die in der Nr. 1 aufgezählten Vorgängen dienen, sind als Hilfebedarf berücksichtigungsfähig. Unberücksichtigt bleibt etwa Hilfe, die notwendig ist, um einer Person die Möglichkeit einzuräumen, frische Luft zu schnappen oder den Gottesdienst zu besuchen (s. BSG 10.12.2000 – B 3 P 15/99 R, NJW 2001, 2197).

In den Buchstaben a) bis e) werden einige Grundfunktionen genannt, die die **20** fehlende Mobilität ausmachen. Maßgebend ist allein, ob eine Person ohne Unterstützung eine Körperhaltung einnehmen oder wechseln kann (vgl. *Udsching,* Udsching/Schütze, SGB XI, § 14 Rn. 11). Unter Buchstabe d) ist das Fortbewegen im Wohnbereich genannt, was darauf hindeuten kann, dass das noch in § 61 Abs. 5

Nr. 3 genannte Kriterium „Verlassen und Wiederaufsuchen der Wohnung" nicht mehr erfasst werden soll. Dieses Kriterium ist zukünftig unter Buchstabe e) „Treppensteigen" zu subsumieren, in dem das Verlassen und Wiederaufsuchungen indirekt impliziert ist.

21 Neu aufgenommen sind unter Nr. 2 die **kognitiven und kommunikativen Fähigkeiten.** Mit diesem Kriterium wird neueren wissenschaftlichen Erkenntnissen Rechnung getragen. Für den Gesetzgeber sind sie ein zweiter zentraler Bereich individueller Fähigkeiten. Er greift damit die Erkenntnisse des Abschlussberichts des Instituts für Pflegewissenschaft an der Universität Bielefeld und des Medizinischen Dienstes der Krankenversicherung Westfalen-Lippe zur Hauptphase 1 – Entwicklung eines neuen Begutachtungsinstruments vom 29.2.2008, S. 37, auf. Mit den Kriterien werden nahezu alle wesentlichen Dimensionen der kognitiven Fähigkeiten, die auch in einschlägigen psychometrischen Testverfahren berücksichtigt werden, erfasst (vgl. Abschlussbericht zur Hauptphase 1, S. 39).

22 **Verhaltensweisen und psychische Problematik** mit den dort näher skizzierten Problemen (Nr. 3) umfasst ein Modul, mit dem elementare geistige Funktionen erfasst werden (vgl. dazu *Udsching*, 2. Sozialgerichtstag, S. 81). Weil die Beeinträchtigung kognitiver und kommunikativer Fähigkeiten in aller Regel weitreichende Selbständigkeitseinbußen nach sich ziehen, ist mehr als dringend geboten gewesen, hierzu Regeln in das Kapitel 7 aufzunehmen. Damit werden vor allem Auffälligkeiten bei demenziell erkrankten Personen tatbestandsmäßig erfasst.

23 In Nr. 4 sind die Kriterien der **Selbstversorgung** aufgelistet. Dieses Modul übernimmt die Kriterien des § 61 SGB XII a. F. Der Begriff der Verrichtungen als Oberbegriff ist aufgegeben worden. Im Einzelnen werden stattdessen einzelne Bereiche wie Waschen des vorderen Oberkörpers oder Körperpflege aufgeführt. Die einzelnen Katalogverrichtungen sind anders als nach bisherigem Recht differenzierter aufgelistet wie z. B. An- und Auskleiden des Oberkörpers und An- und Auskleiden des Unterkörpers.

24 Das Merkmal „Ernährung" ist durch das Merkmal „Essen" ersetzt worden. Schon beim Begriff Ernährung war unklar, ob das aufwendige Berechnen, Abwiegen und Portionieren der Nahrung für einen an Diabetes Erkrankten zur Nahrungsaufnahme gehört. Hier hat die Neufassung keine Klarheit geschaffen. Wie nach altem Recht kommt es nicht auf die Vorbereitungsmaßnahmen, sondern nur auf das Essen als solches an.

25 Hervorzuheben ist Buchstabe n). Er bezieht sich auf die gravierenden Probleme bei der Nahrungsaufnahme bei Kindern bis zu 18 Monaten, die einen außergewöhnlichen pflegeintensiven Hilfebedarf auslösen. In die Vorschrift sind mit gravierend und außergewöhnlich intensiv zwei unbestimmte Rechtsbegriffe aufgenommen worden, die gerichtlich voll zu überprüfen sind.

26 Die **Bewältigung und der selbständige Umgang mit krankheits- und therapiebedingten Anforderungen und Belastungen (Nr. 5)** müssen einen Bezug zum aufgeführten Katalog haben. Der Gesetzgeber sieht die Medikation als ein wesentliches Kriterium an.

27 Nr. 6 erfasst die **Gestaltung des Alltagslebens und sozialer Kontakte** mit den näher aufgeführten Kriterien. Die Vorschrift geht insgesamt über § 61 SGB XII a. F. hinaus (zum alten Recht: BSG 12.5.2017 – B 8 SO 14/16 R, NZS 2017, 956).

## § 61b Pflegegrade

(1) **Für die Gewährung von Leistungen der Hilfe zur Pflege sind pflegebedürftige Personen entsprechend den im Begutachtungsverfahren nach § 62 ermittelten Gesamtpunkten in einen der Schwere der Beeinträchtigungen der Selbständigkeit oder der Fähigkeiten entsprechenden Pflegegrad einzuordnen:**

1. **Pflegegrad 1:** geringe Beeinträchtigungen der Selbständigkeit oder der Fähigkeiten (ab 12,5 bis unter 27 Gesamtpunkte),
2. **Pflegegrad 2:** erhebliche Beeinträchtigungen der Selbständigkeit oder der Fähigkeiten (ab 27 bis unter 47,5 Gesamtpunkte),
3. **Pflegegrad 3:** schwere Beeinträchtigungen der Selbständigkeit oder der Fähigkeiten (ab 47,5 bis unter 70 Gesamtpunkte),
4. **Pflegegrad 4:** schwerste Beeinträchtigungen der Selbständigkeit oder der Fähigkeiten (ab 70 bis unter 90 Gesamtpunkte),
5. **Pflegegrad 5:** schwerste Beeinträchtigungen der Selbständigkeit oder der Fähigkeiten mit besonderen Anforderungen an die pflegerische Versorgung (ab 90 bis 100 Gesamtpunkte).

(2) Pflegebedürftige mit besonderen Bedarfskonstellationen, die einen spezifischen, außergewöhnlich hohen Hilfebedarf mit besonderen Anforderungen an die pflegerische Versorgung aufweisen, können aus pflegefachlichen Gründen dem Pflegegrad 5 zugeordnet werden, auch wenn ihre Gesamtpunkte unter 90 liegen.

*Änderung der Vorschrift: § 61b eingef. mWv 1.1.2017 durch G v. 23.12.2016 (BGBl. I S. 3191).*

**Schrifttum:** *Griep,* Sozialrecht aktuell 2017.

## I. Pflegegrade – Materiealien zu § 61b (BT-Drs. 18/9518)

### 1. Schwellenwerte (Abs. 1)

Die bisherige Einteilung nach Pflegestufen wird durch eine Einstufung nach Pflegegraden ersetzt. Ursprüngliche Überlegungen im Beirat zur Überprüfung des Pflegebedürftigkeitsbegriffs, eine Einteilung nach „Bedarfsgraden" einzuführen, wurden nicht weiterverfolgt. Damit sollte deutlich gemacht werden, dass die Stufen des NBA den Grad der Selbständigkeit, nicht aber den konkreten Bedarf innerhalb der Stufen abbilden (Expertenbeirat, S. 28). **1**

**a) Pflegegrad 1.** Die Schwelle zum Pflegegrad 1 wird so festgelegt, dass Personen, die fachlich als pflegebedürftig gelten, aber nur verhältnismäßig geringe Beeinträchtigungen aufweisen, einbezogen werden (vgl. Umsetzungsbericht, S. 18). Ursprünglich lag der Schwellenwert bei 10 Punkten. Im Rahmen einer Überprüfung der Bewertungssystematik hielten es die Gutachter für angeraten, eine übermäßige Sensitivität des NBA der Schwelle von „nicht pflegebedürftig" und „gering pflegebedürftig" eine Anhebung auf 15 Punkte vorzunehmen. damit sollte vermieden werden, dass Versicherte mit geringfügigen Selbständigkeitseinbußen als „pflegebedürftig" eingestuft werden (vgl. Umsetzungsbericht, S. 19). Wie der Beirat weiter feststellte, hätte eine weitere Anhebung des Schwellenwerts auf 20 Punkte den Ausschluss solcher Personengruppe zur Folge gehabt, die nach pflegefachlichen Kriterien unbedingt als pflegebedürftig zu bezeichnen sind. Dies sind beispielsweise Personen, die in drei oder mehr der insgesamt sechs Module des NBA Beeinträchtigungen aufweisen (vgl. Umsetzungsbericht, S. 20). **2**

Die Einteilung nach Pflegegraden in der Hilfe zur Pflege entspricht der des SGB XI (§ 15 Abs. 3 Satz 3 SGB XI). Dies gilt auch, soweit der Schwellenwert für den Pflegegrad 1 gegenüber den Empfehlungen des Expertenbeirats 2013 auf 12,5 Gesamtpunkte herabgesetzt wird. Die Herabsetzung des Schwellenwerts für den Pflegegrad 1 im Sinne des SGB XI wurde u.a. damit begründet, dass sich aufgrund der beiden Erprobungsstudien vom April 2015 eine etwas ungünstigere Verteilung der Pflegebedürftigen auf die Pflegegrade ergeben habe als im Rahmen der ersten **3**

Erprobung in den Jahren 2008 und 2009. Zur Wahrung der weitgehenden Identität zwischen SGB XI und SGB XII wurde diese Herabsetzung auch im SGB XII nachvollzogen.

**4**    **b) Pflegegrad 2.** Der Schwellenwert zum Pflegegrad 2 wird so gelegt, dass die Anzahl der nach dem SGB XI leistungsberechtigten Personen, die diesen Schwellenwert erreicht bzw. darüber liegt, in der Größenordnung der Anzahl der heute Leistungsberechtigten entspricht (vgl. Umsetzungsbericht, S. 18).

**5**    **c) Pflegegrad 3.** Der Schwellenwert zum Pflegegrad 3 wird unter Berücksichtigung der Schwellenwerte für die Pflegegrade 2 und 4 so gelegt, dass insgesamt eine pflegefachlich vertretbare Zuordnung entsteht.

**6**    **d) Pflegegrad 4.** Der Schwellenwert zum Pflegegrad 4 ist so definiert, dass ihn nur Personen mit schweren Beeinträchtigungen erreichen; dies wird vor allem auf Pflegebedürftige mit schweren kognitiven/psychischen Beeinträchtigungen zutreffen.

**7**    **e) Pflegegrad 5.** In Pflegegrad 5 werden diejenigen Pflegebedürftigen eingestuft, deren Selbständigkeit auf das Schwerste beeinträchtigt ist. Eine schwerste Beeinträchtigung liegt bei Pflegebedürftigen vor, denen anlässlich der Begutachtung Gesamtpunkte von mindestens 90 bescheinigt worden sind.

**8**    Darüber hinaus werden auch solche Pflegebedürftige unabhängig von den ermittelten Gesamtpunkten in den Pflegegrad 5 eingestuft, soweit ein besonders hoher Hilfebedarf besteht, der mit besonderen Anforderungen an die pflegerische Versorgung verbunden ist (vgl. Abs. 2).

## 2. Besondere Bedarfskonstellationen (Abs. 2)

**9**    Abweichend von Absatz 1 bestimmt Absatz 2, dass Pflegebedürftigen mit besonderen Bedarfskonstellationen dem Pflegegrad 5 zugeordnet werden, soweit ein besonders hoher Pflegebedarf besteht, der mit besonderen Anforderungen an die pflegerische Versorgung verbunden ist. Dies betrifft insbesondere Personen, deren Arme und Beine jeweils beide vollständig gebrauchsunfähig sind. Der Expertenbeirat 2013 hatte u.a. nach Einholung einer Kurzexpertise von *Bartholomeyczik & Höhrmann* (April 2013) mit der „Gebrauchsunfähigkeit beider Arme und beider Beine" sowie mit „Ausgeprägten motorischen Verhaltensauffälligkeiten mit Selbst- oder Fremdgefährdung" zwei besondere Bedarfskonstellationen identifiziert, die eine Einstufung in Pflegegrad 5 unabhängig vom ermittelten Gesamtpunktwert rechtfertigen könnten. Im Rahmen der Praktikabilitätsstudie zur Einführung des Neuen Begutachtungsassessments zur Feststellung der Pflegebedürftigkeit nach dem SGB XI des Medizinischen Dienstes des Spitzenverbandes Bund der Krankenkassen e.V. (MDS) unter wissenschaftlicher Begleitung der Hochschule für Gesundheit Bochum vom April 2015 konnte dies nur für die Bedarfskonstellation „Gebrauchsunfähigkeit beider Arme und beider Beine" bestätigt werden. Die Untersuchungen, die der Studie zugrunde lagen, rechtfertigen die Umsetzung einer besonderen Bedarfskonstellation „Gebrauchsunfähigkeit der Arme und Beine".

**10**    Die Festlegung einer besonderen Bedarfskonstellation „Ausgeprägte motorische Verhaltensauffälligkeiten mit Selbst-oder Fremdgefährdung" sei dagegen nach Auswertung aller Daten inhaltlich nicht angemessen. Da für die Zukunft nicht ausgeschlossen werden kann, dass sich weitere Fallgestaltungen ergeben, die die Einstufung als besondere Bedarfskonstellation rechtfertigen, wird der Tatbestand nicht abschließend formuliert.

**11**    Zur Vermeidung von Missverständnissen wird der Wortlaut des Absatzes 2 dem Wortlaut des § 15 Abs. 4 Satz 1 SGB XI in der ab 1.1.2017 geltenden Fassung angepasst.

## II. Inhalt der Vorschrift

### 1. Ziel der Vorschrift

Sie ist ein Kernstück des Dritten Pflegestärkungsgesetzes. Die bisherige Einteilung **12** nach Pflegestufen wird durch eine Einstufung nach Pflegegraden ersetzt. Hierbei greift der Gesetzgeber auf wissenschaftliche Erkenntnisse zurück, die in den Materialien angeführt sind. Unterschieden wird bei den Pflegegraden, ob es sich um Kinder handelt. Pflegegrade von Kindern sind in § 61c geregelt.

Nach bisherigem Recht (§ 61 Abs. 1 Satz 2 SGB XII a. F.) bestand ein Anspruch **13** auf Hilfe auch bei der sog. **Pflegestufe Null**. Es handelte sich dabei um Personen, die nicht den Grad der Pflegebedürftigkeit nach § 64 SGB XII a. F. erreichen. Personen, deren Hilfebedarf den Umfang des Pflegegrades 1 nicht erreichen, erhalten keine Hilfe zur Pflege mehr (*Griep*, Sozialrecht aktuell 2017, 165; *Meßling*, jurisPK-SGB XII, § 61 Rn. 82). Diese Einschränkung ist auch eine Folge dessen, dass Pflegebedürftige des Pflegegrades 1 nur noch einen Anspruch auf einen Entlastungsbetrag nach § 66 haben. Kritisiert wird daran, dass damit der Bedarfsdeckungsgrundsatz verletzt wird (*Griep*, Sozialrecht aktuell 2017, 166), weil auf diese Weise für Personen der Pflegestufe Null eine Bedarfslücke entsteht. Hier ist keine unbeabsichtigte Lücke entstanden. Denn es heißt in der Gesetzesbegründung zu § 63: Mit diesen Leistungen wird der notwendige pflegerische Bedarf nach den Vorschriften zur Pflege umfassend abgedeckt. Darüber hinaus haben Pflegebedürftige des Pflegegrades 1 daher keinen Anspruch auf weitere Leistungen im Rahmen der Hilfe zur Pflege (vgl. dazu *Griep*, Sozialrecht aktuell 2017, 166). Daraus ergibt sich die Frage, ob dies gegen den Bedarfsdeckungsgrundsatz des Sozialhilferechts verstößt. Ein solcher Verstoß liegt nicht vor, weil es dem gesetzgeberischen Gestaltungsermessen überlassen sein muss, niederschwellige Pflegebedarfe von der Hilfe zur Pflege auszunehmen. Das bedeutet, dass andere Hilfeinstrumente des SGB XII daraufhin untersucht werden müssen, ob sie diese Lücke in der Bedarfsdeckung schließen. Wäre diese Lücke nicht auf diese Weise zu schließen, verstieße die Vorschrift gegen das Bedarfsdeckungssystem des sozialhilferechtlichen Fürsorgeanspruchs.

### 2. Pflegegrade

Die Module der Pflegegrade werden nach geringen Beeinträchtigungen der Selb- **14** ständigkeit (Pflegegrad 1), erheblichen Beeinträchtigungen der Selbständigkeit (Pflegegrad 2), schwere Beeinträchtigungen der Selbständigkeit (Pflegegrad 3), schwerste Beeinträchtigungen der Selbständigkeit (Pflegegrad 4) und dem Pflegegrad 5 mit schwersten Beeinträchtigungen der Selbständigkeit oder Fähigkeiten mit besonderen Anforderungen an die pflegerische Versorgung unterschieden. Bei der normativen Einordnung nimmt der Gesetzgeber auf den Umsetzungsbericht Bezug (s. auch Richtlinien des GKV-Spitzenverbandes zur Feststellung der Pflegebedürftigkeit" (Begutachtungs-Richtlinien – www.mds-ev.de).

### 3. Öffnungsklausel

Mit Absatz 2 wurde eine Öffnungsklausel zu den in Absatz 1 definierten Pflege- **15** graden in die Vorschrift aufgenommen. Aus pflegefachlichen Gründen können Pflegebedürftige in besonderen Bedarfskonstellationen dem Pflegegrad 5 zugeordnet werden. Maßgeblich sind pflegefachliche Gründe, die im Zweifel durch ein Gutachten festgestellt werden müssen. Die Öffnungsklausel des Abs. 2 hat eine gänzlich andere Struktur als die frühere Vorschrift des § 61 Abs. 1 Satz 2 SGB XII a. F. erhalten. Diese ist als Strukturprinzip der Bedarfsdeckung angesehen worden (so *Grube*, Grube/Wahrendorf, SGB XII, 5. Aufl., § 61 Rn. 14), während es jetzt um die Einordnung in Pflegegrad 5 geht.

**16**   Den Gründen ist zu entnehmen, dass Abs. 2 insbesondere Personen betrifft, deren Arme und Beine jeweils beide vollständig gebrauchsunfähig sind. Erwogen wurde auch, Menschen mit ausgeprägten motorischen Verhaltensauffälligkeiten und Selbst- oder Fremdgefährdung einzubeziehen, was letztlich nicht geschehen ist. Als Grund wird angegeben, dass nach Auswertung einer in Auftrag gegebenen Studie die Einstufung als besondere Bedarfskonstellation nicht gerechtfertigt war.

### § 61c Pflegegrade bei Kindern

(1) **Bei pflegebedürftigen Kindern, die 18 Monate oder älter sind, ist für die Einordnung in einen Pflegegrad nach § 61b der gesundheitlich bedingte Grad der Beeinträchtigungen ihrer Selbständigkeit und ihrer Fähigkeiten im Verhältnis zu altersentsprechend entwickelten Kindern maßgebend.**

(2) **Pflegebedürftige Kinder im Alter bis zu 18 Monaten sind in einen der nachfolgenden Pflegegrade einzuordnen:**
1. **Pflegegrad 2: ab 12,5 bis unter 27 Gesamtpunkte,**
2. **Pflegegrad 3: ab 27 bis unter 47,5 Gesamtpunkte,**
3. **Pflegegrad 4: ab 47,5 bis unter 70 Gesamtpunkte,**
4. **Pflegegrad 5: ab 70 bis 100 Gesamtpunkte.**

*Änderung der Vorschrift: § 61c eingef. mWv 1.1.2017 durch G v. 23.12.2016 (BGBl. I S. 3191).*

## I. Pflegegrade bei Kindern – Materialien zu § 61c (BT-Drs. 18/9518)

### 1. Einordnung von Kindern über 18 Monate in Pflegegrade (Abs. 1)

**1**   Kinder sind ihrem natürlichen Entwicklungsstand entsprechend auch dann hilfebedürftig, wenn sie nicht im pflegewissenschaftlichen Sinne pflegebedürftig sind. Zur Beurteilung des Umfangs der Beeinträchtigung ihrer Selbständigkeit oder Fähigkeiten ist daher ein anderer Vergleichsmaßstab als bei erwachsenen Pflegebedürftigen heranzuziehen. Entsprechend dem geltenden Recht (§ 64 Abs. 4 SGB XII) und der Regelung in § 15 Abs. 6 SGB XI wird daher auch zukünftig der Vergleich mit einem altersentsprechend entwickelten (gesunden) Kind maßgeblich sein.

### 2. Einordnung von Kindern unter 18 Monate in Pflegegrade (Abs. 2)

**2**   Die Regelung des Absatzes 1 würde dazu führen, dass Kinder im Alter bis zu 18 Monaten aufgrund der bei allen Kindern in dieser Altersgruppe bestehenden eigenen Unselbständigkeit regelmäßig keinen oder nur einen niedrigen Pflegegrad erreichen. Dies ist aus pflegewissenschaftlicher Sicht jedoch nicht angemessen. Im Rahmen der Praktikabilitätsstudie zur Einführung des NBA vom April 2015 wurde festgestellt, dass der Pflegeaufwand von Kindern zwischen 0 und 18 Monaten vor allem im Bereich der Ernährung liegt. In Abweichung von § 61b in Absatz 2 wird daher entsprechend der Regelung in § 15 Abs. 7 SGB XI bei der Zuordnung von Pflegegraden bei Kindern im Alter bis zu 18 Monaten eine Sonderregelung getroffen. Demnach erfolgt die Zuordnung bei 12,5 bis unter 90 Gesamtpunkten grundsätzlich in einen um eine Stufe höheren Pflegegrad, als dies nach der Regel des § 61b Abs. 1 der Fall ist.

## II. Inhalt der Vorschrift

Die Vorschrift weicht von der Einstufung in die verschiedenen Pflegegrade bei **3** pflegebedürftigen Kindern, die 18 Monate oder älter sind, von der Regelung des § 61b ab. Damit ist die Regelung im Wesentlichen inhaltsgleich mit § 15 Abs. 7 SGB XI. Die Abweichung von der sonstigen Einstufung nach Pflegegraden wird damit begründet, dass bei Kindern bis 18 Monaten der Pflegeaufwand vor allem in der Nahrungsaufnahme besteht.

Die Beurteilung der Beeinträchtigung wird von der Selbständigkeit der Kinder **4** und ihren Fähigkeiten im Verhältnis zu altersentsprechend entwickelten Kindern abhängig gemacht. Dieser Filter ist erforderlich, um den Leistungsanspruch sachgerecht einzugrenzen. Nach bisherigem Recht fand sich ganz unsystematisch eine Regelung zum Pflegegeld in § 64 Abs. 4 SGB XII a. F. Bei pflegebedürftigen Kindern ist infolge von Krankheit oder Behinderung gegenüber einem gesunden gleichaltrigen Kind ein zusätzlicher Pflegebedarf leistungsentscheidend.

Die Regelung ist gegenüber dem bisherigen Recht einschränkend, weil sie sich **5** auf Kinder ab dem 18. Lebensmonat bezieht. Wie nach altem Recht bleibt ungeklärt, wie der Begriff **„Kind"** zu definieren ist. Eine Anlehnung an § 7 Abs. 1 Nr. 1 SGB VIII kann nicht gemeint sein, wie sich dafür in den Gesetzesmaterialien keine Hinweise finden. Maßgeblich ist deshalb, ob die notwendige Hilfe bei gesunden Kindern altersgemäß ist oder nicht. Von daher bestehen keine Bedenken, den Begriff „Kind" auf Pflegebedürftige ab dem 18. Monat bis zum 18. Lebensjahr anzuwenden, was beispielsweise der Zuordnung zum Sozialpädiatrischen Zentrum und dem Medizinischen Behandlungszentrum für geistige Behinderung oder schweren Mehrfachbehinderungen entsprechen würde.

**§ 62** Ermittlung des Grades der Pflegebedürftigkeit

**[1]Die Ermittlung des Pflegegrades erfolgt durch ein Begutachtungsinstrument nach Maßgabe des § 15 des Elften Buches. [2]Die auf Grund des § 16 des Elften Buches erlassene Verordnung sowie die auf Grund des § 17 des Elften Buches erlassenen Richtlinien der Pflegekassen finden entsprechende Anwendung.**

*Änderung der Vorschrift: § 62 neu gef. mWv 1.1.2017 durch G v. 23.12.2016 (BGBl. I S. 3191).*

## I. Ermittlung des Grades der Pflegebedürftigkeit – Materialien zu § 62 (BT-Drs. 18/9518)

Das Siebte Kapitel enthielt bisher keine ausdrückliche Regelung, nach welchem **1** Verfahren die Pflegebedürftigkeit zu beurteilen ist. Mit dem neuen § 62 wird nunmehr festgelegt, dass auch in Fällen, in denen ausschließlich Leistungen nach dem Siebten Kapitel des SGB XII in Betracht kommen, jedoch keine Leistungen nach dem SGB XI, das Begutachtungsinstrument nach § 15 SGB XI zur Ermittlung des Grades der Pflegebedürftigkeit eingesetzt werden muss. Die Anwendung eines identischen Begutachtungsverfahrens zur Ermittlung des Grades des Pflegebedürftigkeitsbegriffs ist zur Sicherstellung der Anwendung einheitlicher Kriterien und Maßstäbe zwingend.

## II. Inhalt der Vorschrift

**2**    Die Vorschrift ist eine Rechtsgrundverweisung. Sie nimmt Bezug auf § 15 SGB XI. Die auf Grund des § 16 SGB XI erlassene Verordnung sowie die auf Grund des § 17 SGB XI erlassenen Richtlinien der Pflegekassen finden entsprechende Anwendung. Die Richtlinien sind beim GKV Spitzenverband abrufbar.

### § 62a Bindungswirkung

[1]Die Entscheidung der Pflegekasse über den Pflegegrad ist für den Träger der Sozialhilfe bindend, soweit sie auf Tatsachen beruht, die bei beiden Entscheidungen zu berücksichtigen sind. [2]Bei seiner Entscheidung kann sich der Träger der Sozialhilfe der Hilfe sachverständiger Dritter bedienen. [3]Auf Anforderung unterstützt der Medizinische Dienst der Krankenversicherung den Träger der Sozialhilfe bei seiner Entscheidung und erhält hierfür Kostenersatz, der zu vereinbaren ist.

*Änderung der Vorschrift: § 62a eingef. mWv 1.1.2017 durch G v. 23.12.2016 (BGBl. I S. 3191).*

## I. Bindungswirkung – Materialien zu § 62a (BT-Drs. 18/9518)

**1**    Nach geltendem Recht des § 62 haben die Träger der Sozialhilfe die Entscheidung der Pflegekasse über das Ausmaß der Pflegebedürftigkeit ihrer eigenen Entscheidung im Rahmen der Hilfe zur Pflege zugrunde zu legen, soweit sie auf Tatsachen beruht, die bei beiden Entscheidungen zu berücksichtigen sind. In der Praxis war zum Teil unklar, wie der Begriff des „Ausmaß" zu verstehen ist. Zur Klarstellung bestimmt der neue § 62a, dass die Entscheidung der Pflegekasse in den Fällen, in denen sie auf Tatsachen beruht, die bei beiden Entscheidungen zu berücksichtigen sind, nicht nur zugrunde zu legen, sondern bindend ist. Die Bindungswirkung betrifft nur die Einordnung in den Pflegegrad; Inhalt und Umfang der Leistungen der Träger der Sozialhilfe ergeben sich aus den Vorschriften des Siebten Kapitels. Zugleich wird damit eine unterschiedliche Beurteilung desselben Sachverhalts durch Pflegekasse und Träger der Sozialhilfe ausgeschlossen. Die gesetzliche Bindungswirkung dient zugleich auch der Entbürokratisierung und Beschleunigung des Verwaltungsverfahrens, indem Doppelbegutachtungen in den weitaus überwiegenden Fällen vermieden werden können. Satz 2 betrifft die Fälle, in denen keine Entscheidung der Pflegekasse über das Ausmaß der Pflegebedürftigkeit vorliegt. Die Träger der Sozialhilfe haben in diesen Fällen in eigener Verantwortung den Grad der Pflegebedürftigkeit unter Einsatz des Begutachtungsinstruments nach § 62 zu ermitteln. Satz 2 stellt klar, dass sie Sachverständige hinzuziehen dürfen. Als Sachverständiger kommt hier insbesondere der MDK in Betracht, der gemäß § 18 SGB XI von den Pflegekassen mit der Prüfung, ob die Voraussetzungen der Pflegebedürftigkeit bei Versicherten erfüllt sind und welcher Pflegegrad vorliegt, beauftragt werden kann.

## II. Inhalt der Vorschrift

**2**    Dem Gesetzgeber schwebt als Zielsetzung eine **Klarstellung** der Bindungswirkung vor, um auf diese Weise zur **Entbürokratisierung** beizutragen. Schon nach bisherigem Recht (§ 63) hatte die Entscheidung der Pflegekasse über das Ausmaß der Pflegebedürftigkeit Bindungswirkung. Auch die jetzige Vorschrift ist Ausdruck dessen, dass die Hilfe zur Pflege an das Verfahren der Pflegeversicherung angepasst ist. Damit wird eine mehrfache Begutachtung vermieden.

Eine Bindungswirkung kann nur eintreten, wenn die betreffende Person **3** Ansprüche nach der Pflegeversicherung hat. Die Bindungswirkung gilt nur, wenn die Pflegekasse einen entsprechenden **Verwaltungsakt** erlassen hat. Der Vorbereitung dieses Verwaltungsaktes dient die Einschaltung des Medizinischen Dienstes der Krankenkassen oder anderer unabhängige Gutachter (§ 18 Abs. 1 SGB XI). Von den Feststellungen des Medizinischen Dienstes geht noch keine Bindungswirkung aus (*Meßling*, jurisPK-SGB XII, § 62 Rn. 11). Die Pflegekasse muss einen bestandskräftigen Verwaltungsakt erlassen haben. Legt eine bestandskräftige Entscheidung noch nicht vor, hat der Sozialhilfeträger unter Ausnutzung der in den Sätzen 2 und 3 vorgesehenen Ermittlungsmöglichkeiten eine eigene Entscheidung zu treffen. Das gilt vornehmlich dann, wenn die Entscheidung keinen Aufschub zulässt. Wird der Pflegegrad rückwirkend festgestellt, ist wohl dieser angesichts einer strikten Bindungswirkung zugrunde zu legen. Von der Entscheidung einer privaten Pflegeversicherung geht keine Bindungswirkung aus (*Meßling*, jurisPK-SGB XII, § 62 Rn. 12), weil es sich nicht um eine Pflegekasse handelt.

Der Sozialhilfeträger ist an die Feststellung der Pflegekasse zum **Pflegegrad 4 gebunden,** soweit sie auf Tatsachen beruht, die bei Entscheidungen der beiden Sozialsysteme zu berücksichtigen sind. Daran konnte es nach bisherigem Recht fehlen, wenn über die Pflegebedürftigkeit an Hand der Öffnungsklausel des § 61 Abs. 1 Satz 2 SGB XII a. F. zu entscheiden war. Weil sich im neuen Recht eine Öffnungsklausel nicht mehr findet, wird sich dieses Problem nicht mehr stellen.

Über das **Ausmaß** der Pflegebedürftigkeit hat der Sozialhilfeträger weiter in **5** eigener Zuständigkeit zu entscheiden. Bei seiner Entscheidung kann sich der Sozialhilfeträger der Hilfe sachverständiger Dritte bedienen (Satz 2). Auf Anforderung unterstützt der Medizinische Dienst der Krankenversicherung den Sozialhilfeträger, der allerding einen dafür zu vereinbarenden **Kostenersatz** zu leisten hat (Satz 3).

### § 63 Leistungen für Pflegebedürftige

(1) ¹**Die Hilfe zur Pflege umfasst für Pflegebedürftige der Pflegegrade 2, 3, 4 oder 5**
1. **häusliche Pflege in Form von**
   a) **Pflegegeld (§ 64a),**
   b) **häuslicher Pflegehilfe (§ 64b),**
   c) **Verhinderungspflege (§ 64c),**
   d) **Pflegehilfsmitteln (§ 64d),**
   e) **Maßnahmen zur Verbesserung des Wohnumfeldes (§ 64e),**
   f) **anderen Leistungen (§ 64f),**
2. **teilstationäre Pflege (§ 64g),**
3. **Kurzzeitpflege (§ 64h),**
4. **einen Entlastungsbetrag (§ 64i) und**
5. **stationäre Pflege (§ 65).**
²**Die Hilfe zur Pflege schließt Sterbebegleitung mit ein.**

(2) **Die Hilfe zur Pflege umfasst für Pflegebedürftige des Pflegegrades 1**
1. **Pflegehilfsmittel (§ 64d),**
2. **Maßnahmen zur Verbesserung des Wohnumfeldes (§ 64e) und**
3. **einen Entlastungsbetrag (§ 66).**

(3) ¹**Die Leistungen der Hilfe zur Pflege werden auf Antrag auch als Teil eines Persönlichen Budgets ausgeführt.** ²**§ 29 des Neunten Buches ist insoweit anzuwenden.**

*Änderung der Vorschrift: § 63 neu gef. mWv 1.1.2017 durch G v. 23.12.2016 (BGBl. I S. 3191).*

## I. Leistungen für Pflegebedürftige – Materialien zu § 63 (BT-Drs. 18/9518)

### 1. Vorbemerkung

1    Durch den Begriff der Pflegebedürftigkeit und das NBA (Neues Begutachtungsassessment) wird der Rahmen für Umfang, Arten und Inhalte der Leistungen der Pflegversicherung gesetzt. Wie der Expertenbeirat zur konkreten Ausgestaltung des Pflegebedürftigkeitsbegriffs in seinem Abschlussbericht vom 27.6.2013 feststellt, gibt „es keine wissenschaftlich gesicherten, objektiven Kriterien zur Bewertung" des Pflegebedarfs. „Zudem sind die Versorgungssituationen und damit die Gesamtaufwände beim gleichen Grad der Beeinträchtigung insbesondere in der ambulanthäuslichen Versorgung je nach Wohn- und familiärer Situation sehr unterschiedlich" (vgl. Expertenbeirat, S. 9, Ziff. 11, S. 47). Der Umfang der Leistungen korrespondiert aber grundsätzlich mit dem Grad und damit der Schwere der Pflegebedürftigkeit. Bezüglich Art und Inhalt der Leistungen werden diejenigen Maßnahmen der Grundpflege, hauswirtschaftlichen Versorgung und häuslichen Betreuung konkretisiert, die mit den im NBA beschriebenen Beeinträchtigungen übereinstimmen (Expertenbeirat 2013, S. 30).

2    Die Leistungen der Hilfe zur Pflege entsprechen weitgehend den Leistungsarten der Pflegeversicherung. Gegenüber dem geltenden Recht der Hilfe zur Pflege werden die Leistungen im neuen Recht der Hilfe zur Pflege merklich erweitert.

3    Zugleich wird aufgrund der identischen Pflegebedürftigkeitsbegriffe von SGB XI und SGB XII der Inhalt der Leistungen der Hilfe zur Pflege auf die sog. Betreuungsleistungen erstreckt. Die Träger der Sozialhilfe werden zur Umsetzung des neuen Pflegebedürftigkeitsbegriffs sowohl ambulant als auch stationär entsprechende Betreuungsleistungen bedarfsdeckend erbringen.

4    Die im neuen § 63 genannten Leistungen für Pflegebedürftige, die im Rahmen der Hilfe zur Pflege durch die Träger der Sozialhilfe erbracht werden, richten sich nach den Besonderheiten des Einzelfalls (§ 9). Die Vorschrift überträgt im Wesentlichen inhaltsgleich den bisherigen § 61 Abs. 2 SGB XII (a. F.). Der Leistungskatalog des § 63 ist abschließend; unberührt bleiben weitere Leistungen nach anderen Vorschriften des SGB XII. Die näheren Einzelheiten der einzelnen Leistungen der Hilfe zur Pflege werden in den neuen §§ 64a ff. geregelt. § 2 bleibt unberührt.

### 2. Leistungskatalog für Pflegegrade 2 bis 5 (Abs. 1)

5    Im Hinblick darauf, dass die Beeinträchtigungen der Selbständigkeit oder der Fähigkeiten im Sinne des § 61a bei Personen des Pflegegrades 1 gering ausgeprägt sind, werden die Leistungen der Hilfe zur Pflege – wie auch im vorrangigen System der sozialen Pflegeversicherung – grundsätzlich für die Pflegegrade 2, 3, 4 oder 5 gewährt.

6    Der Katalog des Absatz 1 enthält alle Leistungen der Hilfe zur Pflege für Pflegebedürftige der Pflegegrade 2, 3, 4 oder 5. Als häusliche Pflege werden im Rahmen der Hilfe zur Pflege wie bisher schon das Pflegegeld, die häusliche Pflegehilfe, Verhinderungspflege, Pflegehilfsmittel, Maßnahmen zur Verbesserung des Wohnumfeldes und andere Leistungen erbracht. Die Verhinderungspflege wurde zwar nicht ausdrücklich in § 61 Abs. 2 (a. F.) als eigene Leistung genannt, konnte aber schon aufgrund § 65 Abs. 1 Satz 2 a. F. durch die Träger der Sozialhilfe erbracht werden.

Darüber hinaus kommen für Pflegebedürftige der Pflegegrade 2 bis 5 als weitere **7** Leistungen die teilstationäre Pflege, Kurzzeitpflege und die stationäre Pflege in Betracht. Darüber hinaus haben Pflegebedürftige der Pflegegrade 2 bis 5 einen Anspruch auf einen Entlastungsbetrag in Höhe von bis zu 125 Euro monatlich. Der Entlastungsbetrag kann über den notwendigen Bedarf hinausgehen. Vor dem Hintergrund des neuen Pflegebedürftigkeitsbegriffs wird hier eine über den notwendigen pflegerischen Bedarf hinausgehende, zusätzliche Leistung gewährt; eine Entlastung von Pflegepersonen erfolgt auch bereits durch bestehende Leistungen der Hilfe zur Pflege wie Verhinderungspflege, Kurzzeitpflege und teilstationäre Pflege. Mit der Ausgestaltung als zusätzliche Leistung soll Pflegepersonen jedoch die Möglichkeit eröffnet werden, insbesondere niedrigschwellige Angebote in Anspruch nehmen zu können.

Soweit im Einzelfall erforderlich, kann bei den Leistungen der häuslichen Pflege- **8** hilfe ein notwendiger Bedarf in ambulant betreuten Wohngruppen i. S. d. § 38a Abs. 1 Satz 1 Nr. 3 SGB XI berücksichtigt werden. Eine gesonderte Anspruchsgrundlage auf einen pauschalen Zuschlag für Pflegebedürftige im ambulant betreuten Wohngruppen ist daher in der Hilfe zur Pflege nicht erforderlich. Satz 2 übernimmt inhaltsgleich die entsprechende Vorschrift des § 28 SGB XI. Mit ihr wird klargestellt, dass pflegerische Maßnahmen der Sterbebegleitung Bestandteil der ambulanten und stationären Pflege sind. Auch insoweit gilt das Nachrangprinzip der Sozialhilfe gegenüber gleichartigen Leistungen anderer Sozialleistungsträger.

### 3. Leistungskatalog für Pflegegrad 1 (Abs. 2)

Aufgrund der nur geringen Ausprägung der Beeinträchtigungen der Selbständig- **9** keit oder der Fähigkeiten erhalten Pflegebedürftige des Pflegegrades 1 nur eingeschränkte Leistungen entsprechend dem Leistungskatalog des Absatzes 2. Erbracht werden Leistungen der Hilfe zur Pflege, die dazu beitragen sollen, den Verbleib in der häuslichen Umgebung auch für Pflegebedürftige sicherzustellen. Wie andere Pflegebedürftige können auch Pflegebedürftige des Pflegegrades 1 sowohl Pflegehilfsmittel als auch Maßnahmen zur Verbesserung des Wohnumfeldes erhalten. Darüber hinaus erhalten Pflegebedürftige des Pflegegrades 1 nach Maßgabe des neuen § 66 einen Entlastungsbetrag in Höhe von maximal 125 Euro monatlich. Mit diesen Leistungen wird der notwendige pflegerische Bedarf nach den Vorschriften zur Pflege umfassend abgedeckt. Daher haben Pflegebedürftige des Pflegegrades 1 keinen Anspruch auf weitere Leistungen im Rahmen der Hilfe zur Pflege. Unberührt bleiben Leistungen nach anderen Vorschriften des SGB XII wie z. B. die Hilfe zur Weiterführung des Haushalts nach § 70, die auch Pflegebedürftigen des Pflegegrades 1 gewährt werden kann oder etwa Leistungen der Hilfe zum Lebensunterhalt.

### 4. Persönliches Budget (Abs. 3)

Absatz 3 übernimmt im Wesentlichen inhaltsgleich den bisherigen § 61 Abs. 2 **10** Satz 3 und 4, mit dem Pflegebedürftigen die Teilnahme an der Leistungsform des Persönlichen Budgets eröffnet ist. Wesentliches Ziel des Persönlichen Budgets ist es, den Leistungsberechtigten zu unterstützen, ein möglichst selbständiges und selbstbestimmtes Leben zu führen. Leistungsberechtigte können durch das Persönliche Budget selbst entscheiden, welche Hilfen sie in Anspruch nehmen, wann sie diese Hilfen in Anspruch nehmen sowie wie und durch wen. Im Interesse der Pflegebedürftigen wird die bisherige Ausgestaltung als Ermessensvorschrift ("Kann") dahingehend verschärft, als künftig die Leistungen auf Antrag als Teil eines Persönlichen Budgets zu erbringen sind, ohne dass dem Leistungsträger diesbezüglich ein Ermessen zukommt.

## II. Inhalt der Vorschrift

### 1. Bedeutung der Vorschrift

**11**    Gegenüber dem bisher geltenden Recht der Hilfe zur Pflege wurden die Leistungen im neuen Recht der Hilfe zur Pflege merklich erweitert. In den Gründen räumt der Gesetzgeber ein, dass es keine wissenschaftlich gesicherten objektiven Kriterien für die Ermittlung des Pflegebedarfs gibt. Festgehalten werden kann, dass der Umfang der Leistungen mit den Pflegegraden korrespondiert.

**12**    In der Vorschrift werden die für die Hilfe zur Pflege infrage kommenden Leistungen enumerativ aufgelistet. Der Leistungskatalog ist abschließend. Die Konkretisierung der einzelnen Leistungsarten folgt in den nachfolgenden Vorschriften.

### 2. Pflegegrade 2 bis 5 – Leistungen des Abs. 1

**13**    Abs. 1 nennt die einzelnen Leistungen, die bei einer häuslichen Pflege beansprucht werden können. Hinzugekommen ist, dass die Hilfe zur Pflege die Sterbebegleitung einschließt. Nach bisherigem Recht waren die einzelnen Leistungen nicht in einer Norm als Katalogleistungen aufgeführt.

**14**    Als häusliche Pflege werden im Rahmen der Hilfe zur Pflege wie bisher schon das Pflegegeld, die häusliche Pflegehilfe, Verhinderungspflege, Pflegehilfsmittel, Maßnahmen zur Verbesserung des Wohnumfeldes und andere Leistungen erbracht. Die Verhinderungspflege wurde bisher nicht ausdrücklich im geltenden § 61 Abs. 2 als eigene Leistung genannt, konnte aber schon aufgrund des bisherigen § 65 Abs. 1 Satz 2 durch die Träger der Sozialhilfe erbracht werden. Eine wesentliche Neuerung, und damit den Kreis der Anspruchsberechtigten einschränkend, ist, dass die häusliche Pflege Personen der Pflegegrade 2, 3, 4 und 5 einbezieht.

### 3. Pflegegrad 1 – Leistungen nach Abs. 2

**15**    Der Gesetzgeber nimmt an, dass Pflegebedürftige des Pflegegrades 1 nur eingeschränkte Leistungen entsprechend dem Leistungskatalog des Abs. 2 erhalten sollen, weil bei diesen Leistungsberechtigten aufgrund der nur geringen Ausprägung der Beeinträchtigungen deren Selbständigkeit oder deren Fähigkeiten erhalten sind. Ob der Gesetzgeber mit dieser Einschätzung recht behalten wird, ist fraglich. Jedenfalls wird hier viel von der Einstufungspraxis durch den Sozialhilfeträger oder dem MDK abhängen (*Griep*, Sozialrecht aktuell 2017, 166). Damit verschlechtert sich die Situation für alle diejenigen, die bislang nicht in die Pflegestufe 1 eingeordnet hätten werden können. Menschen, die unter die bisherige Pflegestufe 0 fielen, haben nun im Gegensatz zum alten Recht keinen Anspruch auf Hilfe zur Pflege.

### 4. Persönliches Budget – Leistungen nach Abs. 3

**16**    Über diesen Absatz ist es den Leistungsberechtigten möglich, die Hilfe zur Pflege als Teil eines persönlichen Budgets zu erhalten. Insofern wird auf § 17 Abs. 2 bis 4 SGB IX und die Vorschriften über die BudgetVO verwiesen. Damit knüpft die Regelung an den bisherigen § 61 Abs. 2 Satz 3 a. F. an. Damit bleibt ein wesentliches Element eigener Entscheidungsfreiheit in der Hilfe zur Pflege erhalten. Die Inanspruchnahme eines persönlichen Budgets ist **antragsabhängig**. Das persönliche Budget ist ein Surrogat der ansonsten nach Abs. 1 und 2 zu erbringenden Leistungen.

### § **63a** Notwendiger pflegerischer Bedarf

**Die Träger der Sozialhilfe haben den notwendigen pflegerischen Bedarf zu ermitteln und festzustellen.**

*Änderung der Vorschrift: § 63a eingef. mWv 1.1.2017 durch G v. 23.12.2016 (BGBl. I S. 3191).*

## I. Notwendiger Pflegerischer Bedarf – Materialien zu § 63a (BT-Drs. 18/9518)

Nach den Vorschriften des Siebten Kapitels hat der Träger der Sozialhilfe im **1** Rahmen der Hilfe zur Pflege Leistungen für Pflegebedürftige zur Deckung des notwendigen pflegerischen Bedarfs zu erbringen (Bedarfsdeckungsprinzip). Bisher wurde der notwendige pflegerische Bedarf an Leistungen der Hilfe zur Pflege für die gewöhnlichen und regelmäßig wiederkehrenden Verrichtungen aus dem Zeitaufwand, den eine Pflegeperson für die entsprechenden Verrichtungen der Grundpflege und hauswirtschaftlichen Versorgung wöchentlich im Tagesdurchschnitt benötigt, abgeleitet. Der hierfür erforderliche Zeitaufwand wird im Rahmen des bis zum 31.12.2016 geltenden Pflegebedürftigkeitsbegriffs im Verfahren zur Feststellung der Pflegebedürftigkeit festgestellt und ist Grundlage der Einstufung in einen Pflegegrad. Zusätzliche Ermittlungen des Trägers der Sozialhilfe zum Bedarf in Form eines zusätzlichen Gutachtens sind daher derzeit nur erforderlich, soweit Pflegebedürftige keine Leistungen der Pflegeversicherung erhalten, einen höheren Bedarf haben oder Hilfe bei anderen Verrichtungen benötigen.

Mit Einführung des neuen Pflegebedürftigkeitsbegriffs und des neuen Begutach- **2** tungsinstruments in der Pflegeversicherung wird der Grad der Selbständigkeit zum Maßstab für die Einstufung in die Pflegegrade. Dadurch können in der Pflegeversicherung körperliche, kognitive und psychische Erkrankungen erstmals gleichermaßen berücksichtigt werden. Zudem soll der Aspekt der Stärkung der Selbständigkeit stärker in den Vordergrund gerückt werden. Der erforderliche Zeitaufwand für pflegerische Maßnahmen wurde daher in den Gewichtungen der Bewertungssystematik zwar mitberücksichtigt, ist aber aufgrund der neuen fachlichen Zielsetzung nur ein Gewichtungsaspekt neben anderen (z. B. der Häufigkeit oder der Schwere der Belastung). Dem entsprechend enthält der Bescheid zur Feststellung der Pflegebedürftigkeit keine gesonderte und individuelle Ermittlung des notwendigen Zeitaufwands für die Pflege. Aus dem Ergebnis der Feststellung der Pflegebedürftigkeit sind daher keine unmittelbaren Rückschlüsse auf den notwendigen Bedarf der Pflegebedürftigen an pflegerischen Leistungen möglich. In der Hilfe zur Pflege kann die Feststellung des notwendigen Bedarfs an Leistungen der häuslichen Pflege nicht alleine durch Übernahme des Begutachtungsergebnisses der Pflegeversicherung erfolgen. Insbesondere für die Leistungen der häuslichen Pflegehilfe nach § 64b, die anders als das Pflegegeld nach § 64a und der Entlastungsbetrag nach den §§ 64i und 66 der Höhe nach nicht begrenzt, sondern vielmehr bedarfsdeckend zu erbringen sind, hat der Träger der Sozialhilfe daher zur Festsetzung des Umfangs der Leistungen der häuslichen Pflege den notwendigen pflegerischen Bedarf zu ermitteln und festzustellen.

## II. Inhalt der Vorschrift

Nach den Gesetzesmaterialien trägt die Vorschrift dem Bedarfsdeckungsprinzip **3** Rechnung. Das ist sachlich nicht genau, weil Menschen, deren Beeinträchtigung nicht den Pfleggrad 1 erreichen, keine Leistungen erhalten und damit eine Bedarfsdeckung nur eingeschränkt erfolgt. Der Gesetzgeber spricht deshalb von dem notwendigen pflegerischen Bedarf.

Der Ermittlung und Feststellung des notwendigen pflegerischen Bedarfs durch **4** den Sozialhilfeträger geht immer die Feststellung des Pflegrades voraus. Aus dem

Pflegegrad selbst ist nicht auf den Umfang der Hilfe zu schließen, weil der Festsetzungsbescheid keine gesonderte und individuelle Ermittlung des notwendigen Zeitaufwands für die Pflege enthält. Schon in den Materialien wird darauf hingewiesen, dass insbesondere die Leistungen der häuslichen Pflegehilfe nach § 64b bedarfsdeckend zu erbringen sind. Daraus wird die Pflicht des Trägers der Sozialhilfe abgeleitet, für die Festsetzung des Umfangs der Leistungen der häuslichen Pflege den notwendigen pflegerischen Bedarf zu ermitteln und festzustellen.

## § 63b Leistungskonkurrenz

(1) **Leistungen der Hilfe zur Pflege werden nicht erbracht, soweit Pflegebedürftige gleichartige Leistungen nach anderen Rechtsvorschriften erhalten.**

(2) **[1]Abweichend von Absatz 1 sind Leistungen nach § 72 oder gleichartige Leistungen nach anderen Rechtsvorschriften mit 70 Prozent auf das Pflegegeld nach § 64a anzurechnen. [2]Leistungen nach § 45b des Elften Buches gehen den Leistungen nach den §§ 64i und 66 vor; auf die übrigen Leistungen der Hilfe zur Pflege werden sie nicht angerechnet.**

(3) **[1]Pflegebedürftige haben während ihres Aufenthalts in einer teilstationären oder vollstationären Einrichtung dort keinen Anspruch auf häusliche Pflege. [2]Abweichend von Satz 1 kann das Pflegegeld nach § 64a während einer teilstationären Pflege nach § 64g oder einer vergleichbaren nicht nach diesem Buch durchgeführten Maßnahme angemessen gekürzt werden.**

(4) **[1]Absatz 3 Satz 1 gilt nicht für vorübergehende Aufenthalte in einem Krankenhaus nach § 108 des Fünften Buches oder in einer Vorsorge- oder Rehabilitationseinrichtung nach § 107 Absatz 2 des Fünften Buches, soweit Pflegebedürftige ihre Pflege durch von ihnen beschäftigte besondere Pflegekräfte (Arbeitgebermodell) sicherstellen. [2]Die vorrangigen Leistungen des Pflegegeldes für selbst beschaffte Pflegehilfen nach den §§ 37 und 38 des Elften Buches sind anzurechnen. [3]§ 39 des Fünften Buches bleibt unberührt.**

(5) **Das Pflegegeld kann um bis zu zwei Drittel gekürzt werden, soweit die Heranziehung einer besonderen Pflegekraft erforderlich ist, Pflegebedürftige Leistungen der Verhinderungspflege nach § 64c oder gleichartige Leistungen nach anderen Rechtsvorschriften erhalten.**

(6) **[1]Pflegebedürftige, die ihre Pflege im Rahmen des Arbeitgebermodells sicherstellen, können nicht auf die Inanspruchnahme von Sachleistungen nach dem Elften Buch verwiesen werden. [2]In diesen Fällen ist das geleistete Pflegegeld nach § 37 des Elften Buches auf die Leistungen der Hilfe zur Pflege anzurechnen.**

(7) **Leistungen der stationären Pflege nach § 65 werden auch bei einer vorübergehenden Abwesenheit von Pflegebedürftigen aus der stationären Einrichtung erbracht, solange die Voraussetzungen des § 87a Absatz 1 Satz 5 und 6 des Elften Buches vorliegen.**

*Änderung der Vorschrift:* § 63b *eingef. mWv 1.1.2017 durch G v. 23.12.2016 (BGBl. I S. 3191).*

## Übersicht

# I. Leistungskonkurrenz – Materialien zu § 63b (BT-Drs. 18/9518)

## 1. Abgrenzung zwischen Leistungen der Hilfe zur Pflege und Leistungen der Eingliederungshilfe (Abs. 1)

Durch die Einführung des neuen Pflegebedürftigkeitsbegriffs ist vermehrt mit **1** Abgrenzungsfragen zwischen den Leistungen der Hilfe zur Pflege und den Leistungen der Eingliederungshilfe zu rechnen. Das Verhältnis von Leistungen der Hilfe zur Pflege und Leistungen der Eingliederungshilfe für Menschen mit Behinderungen nach dem Zwölften Buch, dem Bundesversorgungsgesetz und dem Achten Buch wird mit § 63 Abs. 1 Satz 1 und 2 neu geregelt. Ziel der Neuregelung ist, eine möglichst klare Abgrenzung zwischen den Leistungen der Hilfe zur Pflege und den Leistungen der Eingliederungshilfe zu treffen, um damit die Handhabung der Vorschrift für die Praxis zu erleichtern und ihren Inhalt für die Betroffenen besser verständlich darzustellen. Darüber hinaus werden die bislang bestehenden grundsätzlichen Leistungsverpflichtungen nach den jeweils einschlägigen Rechtsvorschriften der Hilfe zur Pflege und der Eingliederungshilfe nicht verändert. Schnittstellen zwischen den Leistungen der Hilfe zur Pflege und der Eingliederungshilfe werden sich künftig vor allem bei den pflegerischen Betreuungsmaßnahmen im häuslichen Umfeld ergeben. Geregelt wird daher, dass die Leistungen der Hilfe zur Pflege gegenüber den Leistungen der Eingliederungshilfe im häuslichen Umfeld i. S. v. § 36 SGB XI grundsätzlich vorrangig sind, es sei denn, bei der Leistungserbringung steht die Erfüllung der Aufgaben der Eingliederungshilfe im Vordergrund. Demgemäß ist zunächst danach abzugrenzen, ob eine zu erbringende Leistung dem häuslichen oder dem außerhäuslichen Umfeld zuzuordnen ist. Ist die Leistungserbringung dem häuslichen Umfeld im Sinne des § 36 SGB XI zuzuordnen, gilt für diese Leistungserbringung grundsätzlich der Vorrang der Hilfe zur Pflege, wenn bei der Maßnahme nicht die Eingliederungshilfe im Vordergrund steht. Das bedeutet für das häusliche Umfeld i. S. d. § 36 SGB XI, dass die Leistungen, deren Zweck vor allem in der pflegerischen Versorgung im Sinne der Hilfe zur Pflege besteht, in die Leistungssphäre der Hilfe zur Pflege fallen und mit den hierfür zur Verfügung stehenden ambulanten Leistungsarten abgedeckt werden.

2    Bei Leistungen im häuslichen Umfeld, die grundsätzlich im engen sachlichen und zeitlichen Zusammenhang mit der Erfüllung von Aufgaben der Eingliederungshilfe stehen, sind diese Leistungen abweichend vom Grundsatz des Vorrangs der Hilfe zur Pflege insgesamt der Eingliederungshilfe zuzuordnen. Dies gilt insbesondere auch dann, wenn eine Maßnahme integraler Bestandteil von Leistungen der Eingliederungshilfe ist oder in unmittelbarem Zusammenhang damit steht, diese im Interesse der Betroffenen sachgerecht erbringen zu können. Davon ist auch auszugehen, wenn die Leistung der Eingliederungshilfe schwerpunktmäßig außerhalb des häuslichen Umfelds angesiedelt ist, aber in das häusliche Umfeld hineinreicht (wie etwa bei der Unterstützung bei einem Toilettengang, wenn der Betroffene zum Freizeitausflug von zu Hause abgeholt wird). Darüber hinaus kann auch die jeweilige fachliche Qualifikation, die benötigt wird, um die jeweilige Leistung sachgerecht erbringen zu können, ein wichtiges Zuordnungskriterium sein. Sind für die Leistungserbringung vor allem pflegefachliche Kenntnisse erforderlich, so ist diese in der Regel der Leistungssphäre der Hilfe zur Pflege zuzuordnen. Sind hingegen teilhabeorientierte Fachkenntnisse, beispielsweise pädagogische oder psychosoziale Kenntnisse erforderlich, ist die Leistungserbringung in der Regel der Sphäre der Eingliederungshilfe zuzuordnen.

3    Insgesamt soll damit vermieden werden, dass einheitliche Lebenszusammenhänge zerrissen werden. Folge der Regelung soll nicht sein, dass eine bisher praktizierte einheitliche Leistungserbringung durch einen hierfür qualifizierten Leistungserbringer in Zukunft in mehrere Bestandteile aufgesplittet wird, für die die Pflegebedürftigen dann unterschiedliche Leistungserbringer aus unterschiedlichen Leistungssystemen heranziehen müssten. Im Interesse der Betroffenen verbleibt es daher auch jetzt insoweit weiterhin bei einem Leistungsbezug „aus einer Hand". Notwendige Bedarfe der Leistungsberechtigten werden gedeckt.

4    Zugleich werden – wie bisher – Leistungen, bei denen die Aufgaben der Eingliederungshilfe im Vordergrund stehen, ohne dass dabei ein sachlicher Zusammenhang mit der pflegerischen Versorgung im Sinne der Hilfe zur Pflege besteht, von der Eingliederungshilfe auch im häuslichen Umfeld weiterhin ungeschmälert erbracht.

5    Von einer Leistungserbringung innerhalb des häuslichen Umfelds im Sinne des § 36 SGB XI wird in jedem Fall auszugehen sein, soweit ein enger räumlicher Bezug zur Wohnung der Pflegebedürftigen bzw. dem Haushalt, in dem die Pflegebedürftigen in der Regel gepflegt werden, besteht. Von einem Bezug zum häuslichen Umfeld ist auch in den Fällen auszugehen, in denen die Unterstützung in engem sachlichem Bezug zur Bewältigung und Gestaltung des alltäglichen Lebens im Haushalt und dessen räumlichen Umfeld steht und darauf ausgerichtet ist, die körperlichen, geistigen oder seelischen Kräfte der Pflegebedürftigen wiederzugewinnen oder zu erhalten. Keinen solchen Bezug hingegen weisen typischerweise Leistungen auf, die zur Unterstützung beim Besuch von Kindergarten oder Schule, bei der Ausbildung, Berufstätigkeit oder sonstigen Teilhabe am Arbeitsleben, bei der Wahrnehmung von Ämtern oder der Mitarbeit in Institutionen oder in vergleichbaren Bereichen dienen.

6    Außerhalb des häuslichen Umfelds gehen die Leistungen der Eingliederungshilfe gegenüber den in Satz 1 genannten Leistungen der Hilfe zur Pflege vor, beispielsweise bei Ausflügen zu Freizeiten oder die Begleitung zu Behördengängen.

7    Satz 1 und 2 entsprechen inhaltsgleich der im Entwurf vorgesehenen Regelung des § 13 Abs. 3 Satz 3 und 4 SGB-XI-E, mit dem das Vorrang-bzw. Nachrangverhältnis zwischen den Leistungen der Pflege nach dem Elften Buch und den Leistungen der Eingliederungshilfe geregelt wird.

Satz 3 greift den allgemeinen Nachranggrundsatz des § 2 Abs. 2 auf.     **8**

## 2. Vermeidung der doppelten Leistung des Entlastungsbetrags (Abs. 2)

Zur Vermeidung der doppelten Leistung des Entlastungsbetrags nach SGB XI   **9**
und SGB XII an Pflegebedürftige ist der Wortlaut anzupassen. Mit der Änderung
wird sichergestellt, dass Pflegebedürftige entweder nur nach SGB XI oder nur nach
SGB XII Anspruch auf den Entlastungsbetrag haben. Die Nichtanrechnung gilt
nicht bei Leistungen nach den §§ 64i und 66.

## 3. Leistungsausschluss bzw. Kürzung (Abs. 3)

Absatz 3 überträgt inhaltsgleich zum einen die bisherige Vorschrift des § 63 Satz 3,   **10**
demzufolge in einer stationären oder teilstationären Einrichtung keine Leistungen
der häuslichen Pflege erbracht werden. Zum anderen wird die Vorschrift des bisherigen § 66 Abs. 3 übernommen, der den Grundsatz des bisherigen § 63 Satz 3 insoweit
einschränkt, als Pflegegeld während einer teilstationären Pflege oder einer vergleichbaren nicht nach diesem Buch durchgeführten Maßnahme zwar geleistet, aber angemessen gekürzt werden kann.

## 4. Leistungen des Sozialhilfeträgers bei Aufenthalt in Einrichtun-gen (Abs. 4)

Absatz 4 übernimmt inhaltsgleich den bisherigen § 63 Satz 4 bis 6 (a. F.). Gemäß   **11**
§ 63 Abs. 3 Satz 1 werden während eines Aufenthalts in einer stationären oder teilstationären Einrichtung keine Leistungen der Hilfe zur Pflege durch den Träger der
Sozialhilfe geleistet. Diese Regelung gilt grundsätzlich auch für Pflegebedürftige mit
hohem Pflegebedarf, die im Rahmen des sogenannten „Arbeitgebermodells" ihre
Pflege durch von ihnen beschäftigte besondere Pflegekräfte sicherstellen. Eine Ausnahme bildet der Aufenthalt in einem Krankenhaus nach § 108 SGB V oder einer
Vorsorge- oder Rehabilitationseinrichtung nach § 107 Abs. 2 SGB V. Die Praxis hat
hier gezeigt, dass die pflegerische Versorgung von behinderten Menschen während
eines vorübergehenden Aufenthalts in den genannten Einrichtungen nicht im ausreichenden Maße sichergestellt ist. Das dort beschäftigte Pflegepersonal ist weder von
der Ausbildung noch von den Kapazitäten her in der Lage, dem besonderen über
die Leistungen der Krankenhausbehandlung nach § 39 SGB V hinausgehenden pflegerischen Bedarf behinderter Menschen zu entsprechen. Besonders betroffen von
dieser Situation sind Menschen, die ihre Pflege außerhalb des Krankenhauses im
Sinne des § 108 SGB V durch von ihnen beschäftigte besondere Pflegekräfte sicherstellen. Bei diesen Personen kann der Wegfall der von ihnen beschäftigten besonderen Pflegekraft während eines Aufenthalts in einem Krankenhaus im Sinne des § 108
SGB V zu Komplikationen führen.

Absatz 4 stellt sicher, dass Pflegebedürftige mit einem hohen Pflegebedarf, die   **12**
ihre Pflege durch von ihnen beschäftigte besondere Pflegekräfte sicherstellen, die
Leistungen der Hilfe zur Pflege auch während eines vorübergehenden Aufenthalts in einem Krankenhaus im Sinne des § 108 SGB V erhalten. Die Ausnahmeregelung des Absatzes 4 gilt nicht für Beschäftigungsverhältnisse, die zum Zwecke
der pflegerischen Versorgung während eines vorübergehenden Aufenthalts in
einem Krankenhaus begründet worden sind. Der Träger der Sozialhilfe, der vor
dem vorübergehenden Eintritt des Pflegebedürftigen in das Krankenhaus zur
Leistung verpflichtet ist, ist auch künftig zur Weiterleistung der häuslichen Pflege
auch während des vorübergehenden Krankenhausaufenthalts verpflichtet. Dem
Ziel, dass pflegebedürftige Menschen mit Behinderungen die von ihnen beschäf-

tigten besonderen Pflegekräfte auch im Falle eines Aufenthalts in den genannten Einrichtungen weiter beschäftigen können, dient auch die Regelung in § 34 SGB XI, die den Zeitraum der Weiterzahlung des Pflegegeldes auf die gesamte Dauer vorsieht, sowie die Vorschrift des § 11 Abs. 3 SGB V, die für den Personenkreis der Pflegebedürftigen, die ihre Pflege durch von ihnen beschäftigte besondere Pflegekräfte sicherstellen, die Mitaufnahme von Pflegekräften bei einer stationären Behandlung in einem Krankenhaus nach § 108 SGB V oder einer Vorsorge- oder Rehabilitationseinrichtung nach § 107 Abs. 2 SGB V vorsieht. Gemäß dem Nachrangprinzip der Leistungen der Hilfe zur Pflege im Verhältnis zu den Leistungen nach dem SGB XI bestimmt Satz 2, dass das nach dem SGB XI geleistete Pflegegeld auf die Leistungen der Träger der Sozialhilfe anzurechnen ist. Die zusätzlichen Leistungen der Träger der Sozialhilfe umfassen nicht die Leistungen der Krankenhausbehandlung nach § 39 SGB V; mit Satz 3 wird klargestellt, dass diese neben den Leistungen der Sozialhilfe vom zuständigen Leistungsträger erbracht werden.

## 5. Kürzung des Pflegegeldes (Abs. 5)

**13**    Absatz 5 übernimmt die bisherige Regelung des § 66 Abs. 2 Satz 2 (a. F.), soweit gleichzeitig als Leistungen neben dem Pflegegeld auch Leistungen der Verhinderungspflege oder gleichartige Leistungen nach anderen Rechtsvorschriften in Betracht kommen. In diesen Fällen kann das Pflegegeld nach § 64 wie bisher um zwei Drittel gekürzt werden.

**14**    Nicht übernommen wurde die Regelung, soweit auf den bisherigen § 65 Abs. 1 Satz 1 (a. F.) verwiesen wurde, da deren Anwendungsbereich infolge der Änderungen der rechtlichen Grundlagen für den Bezug von Pflegegeld ins Leere läuft (vgl. Begründung zu § 64).

**15**    Soweit die bisherige § 65 Abs. 2 Satz 2 auf den bisherigen § 65 Abs. 1 Satz 2 verweist, kommt darüber hinaus auch keine Kürzung des Pflegegeldes aufgrund der Inanspruchnahme einer Beratung der Pflegeperson in Betracht.

## 6. Leistungen im Rahmen des Arbeitgebermodells (Abs. 6)

**16**    Absatz 6 übernimmt inhaltsgleich den bisherigen § 66 Abs. 4 Satz 2 und 3. In den Fällen des sogenannten Arbeitgebermodells, in denen Pflegebedürftige ihre Pflege durch von ihnen selbst beschäftigte besondere Pflegekräfte sicherstellen, können sie vom Träger der Sozialhilfe nicht zur Inanspruchnahme von ambulanten Sachleistungen nach dem SGB XI verwiesen werden. Allerdings ist ein geleistetes Pflegegeld nach den Vorschriften des SGB XI anzurechnen.

## 7. Leistungen bei vorübergehender Abwesenheit (Abs. 7)

**17**    Absatz 7 überträgt inhaltsgleich die Vorschrift des § 43 Abs. 4 SGB XI in der ab dem 1.1.2017 geltenden Fassung unmittelbar in die Vorschriften der Hilfe zur Pflege. Danach sind die Träger der Sozialhilfe auch bei einer vorübergehenden Abwesenheit von der stationären Pflegeeinrichtung zur Erbringung von Leistungen der stationären Pflege verpflichtet. Ist die Abwesenheit durch einen Aufenthalt in einem Krankenhaus oder einer Rehabilitationseinrichtung begründet, wird der Zeitraum der Zahlungsverpflichtung für den Träger der Sozialhilfe um die Dauer dieser Aufenthalte verlängert.

## 8. Änderungen durch den Ausschuss

**18**    Die jetzige Fassung hat die Vorschrift durch Beschluss und Empfehlungen des Gesundheitsausschusses erhalten (BT-Drs. 18/10510). Vor allem die Formulierungen in Abs. 1 sind vereinfacht worden. In dem Beschluss heißt es: Die Pflege und die Eingliederungshilfe haben auch nach Einführung des neuen Pflegebedürftigkeitsbegriffs grundsätzlich unterschiedliche Aufgaben. Aufgabe der Pflege ist die Kompensation von gesundheitlich bedingten Beeinträchtigungen der Selbständigkeit oder der Fähigkeiten. Aufgabe der Eingliederungshilfe ist die Förderung der vollen, wirksamen und gleichberechtigten Teilhabe am Leben in der Gesellschaft. Die Leistungen der Pflege und die der Eingliederungshilfe sind grundsätzlich verschieden und stehen gleichrangig nebeneinander.

## II. Inhalt der Vorschrift

### 1. Nachrangigkeit

Sozialhilfeleistungen sind grundsätzlich **nachrangig** (§ 2). Für die Leistungen **19** der Hilfe zur Pflege speziell formuliert § 63b Abs. 1, dass die Leistungen des Siebten Kapitels gegenüber gleichartigen Leistungen nach anderen Vorschriften nachrangig sind. Der Gesetzgeber geht davon aus, dass durch die Einführung des neuen Pflegebedürftigkeitsbegriffs vermehrt mit Abgrenzungsfragen zwischen den Leistungen der Hilfe zur Pflege und den Leistungen der Eingliederungshilfe zu rechnen ist. Ob das Ziel der Neuregelung, eine möglichst klare Abgrenzung zwischen den Leistungen der Hilfe zur Pflege und den Leistungen der Eingliederungshilfe zu finden, um damit die Handhabung der Vorschrift für die Praxis zu erleichtern und ihren Inhalt für die Betroffenen besser verständlich darzustellen, muss sich erst noch zeigen.

Eine Leistungskonkurrenz ergibt sich sowohl nach innen wie nach außen (→ Vor **20** § 61 Rn. 11). Die **interne Konkurrenz** ergibt sich innerhalb des Leistungssystems der Sozialhilfe, die **externe Konkurrenz** zu anderen Leistungsgesetzen. Für die Leistungen der Pflegeversicherung wird das Konkurrenzverhältnis zum Siebten Kapitel des SGB XII in § 13 Abs. 3 SGB XI dadurch ausgedrückt, dass Hilfe zur Pflege nicht ausgeschlossen ist, wenn Leistungen der Pflegeversicherung mangels Anspruchsberechtigung nicht erbracht werden oder die Hilfe zur Pflege der Höhe nach weitergehende Leistungen vorsieht.

### 2. Interne Konkurrenz

**a) Hauswirtschaftlich Leistungen.** Soweit der Bedarf **hauswirtschaftliche** **21** **Leistungen** betrifft, kommen Leistungen zur Weiterführung des Haushalts nach § 70 in Betracht (s. *Griep*, Sozialrecht aktuell 2017, 167). Mit der Hilfe zur Weiterführung des Haushalts wird bezweckt, einen bestehenden Haushalt möglichst aufrecht zu erhalten und eine stationäre Betreuung zu verhindern (*Grube*, Grube/Wahrendorf, SGB XII, 5. Aufl., § 70 Rn. 2).

**b) Ambulante Eingliederungshilfe.** Diese erhalten nach § 53 Abs. 1 Satz 1 **22** Personen, die durch ihre Behinderung wesentlich in ihrer Fähigkeit, an der Gesellschaft teilzuhaben (§ 2 Abs. 1 SGB IX), eingeschränkt sind oder von einer solchen Einschränkung bedroht sind. Der Behinderungsbegriff unterscheidet sich von dem Pflegebedürftigkeitsbegriff. Grundsätzlich ist davon auszugehen, dass Eingliederungshilfe und Hilfe zur Pflege in ihrer normativ formulierten Zielsetzung unterschiedlich sind. Sie können auch nach der Neukonzeption der Hilfe zur Pflege nebeneinander gewährt werden. In der Literatur (*Griep*, Sozialrecht aktuell 2017, 167) wird der Schluss gezogen, dass Menschen des Pflegegrades 1 auch die Anforderungen der Eingliederungshilfe erfüllen.

**c) Ambulante Hilfen nach § 27 Abs. 3 SGB XII.** In dieser Vorschrift geht **23** es darum, dass eine Person einzelne erforderliche Tätigkeiten (hauswirtschaftliche

Verrichtungen) nicht verrichten kann. Bestimmte Gründe, vor allem körperliche Schwierigkeiten, versetzen einen Menschen in die Lage, die betreffenden Tätigkeiten nicht ausführen zu können (vgl. *Grube*, Grube/Wahrendorf, SGB XII, 5. Aufl., § 27 Rn. 22). Die Hilfe kann (Ermessen) geleistet werden, wenn der notwendige Lebensunterhalt aus eigenen Mitteln und Kräften bestritten werden kann. Hier kann sich vor allem für Personen der bisherigen Pflegestufe 0 ein Anwendungsbereich ergeben.

### 3. Vermeidung von Doppelleistungen (Abs. 2)

**24**    Die Vorschrift dient der Vermeidung von Doppelleistungen.

### 4. Kein Anspruch auf Hilfe zur Pflege in stationären oder teilstationären Einrichtungen (Abs. 3)

**25**    Dieser Absatz greift § 63 Satz 3 a. F. auf, wonach Pflegebedürftige in einer stationären oder teilstationären Einrichtung keinen Anspruch auf Hilfe zur Pflege haben. Sonderregelungen ergeben sich aus Satz 2. Damit wird die Vorschrift des § 66 Abs. 3 in das neue Recht übernommen. Auch in der jetzigen Fassung ist klargestellt, dass damit interne und externe Konkurrenzen geregelt werden. Schwierig bleibt die Abgrenzung in einem Wohnheim mit selbständiger Haushaltsführung. Ist eine Wohnanlage mit betreutem Wohnen so gestaltet, dass die Bewohner ihren Haushalt selbständig führen, kommt eine ambulante häusliche Pflege in Betracht.

### 5. Ausnahme von Abs. 3

**26**    Absatz 4 übernimmt inhaltsgleich die Regelungen von § 63 Satz 4 bis 6 a. F. Gemäß Abs. 3 Satz 1 werden während eines Aufenthalts in einer stationären oder teilstationären Einrichtung keine Leistungen der Hilfe zur Pflege durch den Träger der Sozialhilfe geleistet. Hiervon wird in Abs. 4 eine Ausnahme gemacht. Damit wird sichergestellt, dass Pflegebedürftige mit hohem Pflegebedarf, die ihre Pflege durch von ihnen beschäftigte besondere Pflegekräfte sicherstellen, die Leistungen der Hilfe zur Pflege auch während eines vorübergehenden Aufenthalts in einem Krankenhaus im Sinne des § 108 SGB V erhalten. Die Ausnahmeregelung des Absatzes 4 gilt nach der Gesetzesbegründung nicht für Beschäftigungsverhältnisse, die zum Zwecke der pflegerischen Versorgung während eines vorübergehenden Aufenthalts in einem Krankenhaus begründet worden sind. Satz 2 der Vorschrift regelt in der besonderen Konstellation das Nachrangprinzip.

### 6. Kürzung des Pflegegelds (Abs. 5)

**27**    Vorbild für diese Regelung ist § 66 Abs. 2 Satz 2 a. F. Kommen neben dem Pflegegeld auch Leistungen der Verhinderungspflege oder gleichartige Leistungen nach anderen Rechtsvorschriften in Betracht, kann das Pflegegeld nach § 64 wie bisher um zwei Drittel gekürzt werden. Es handelt sich um eine externe Konkurrenz von gleichartigen Leistungen.

### 7. Ausnahme bei Arbeitgebermodell (Abs. 6)

**28**    Dieser Absatz greift die Regelung des § 66 Abs. 4 Satz 2 und 3 a. F. auf. Die Vorschrift lässt bei der Leistungskonkurrenz eine Ausnahmeregelung für das „Arbeitgebermodell" (s. *Meßling*, jurisPK-SGB XII, § 63b Rn. 43) zu. Statt der Inanspruchnahme von Pflegesachleistungen kann der Berechtigte seine Pflege durch von ihm angestellte Personen sicherstellen. In diesem Fall kann der Pflegebedürftige nicht auf Pflegesachleistungen verwiesen werden; das geleistete Pflegegeld ist nach § 37

SGB XI auf die Leistungen der Pflege anzurechnen (Satz 2). Eine weitere Kürzung nach Abs. 2 kommt wegen der Sonderregelung dieser Vorschrift nicht mehr in Betracht. Eine Anrechnung des Pflegegeldes nach Satz 2 kommt nur einmal in Betracht.

## 8. Vorübergehende Abwesenheit (Abs. 7)

Von der Vorschrift profitieren Pflegebedürftige, die in einem Heim untergebracht **29** sind, und vorübergehend abwesend sind. Hier hat eine Angleichung an § 43 Abs. 4 SGB XI stattgefunden.

**Vorübergehend** ist ein unbestimmter Rechtsbegriff. Durch die Bezugnahme auf **30** § 87a Abs. 1 Satz 5 und 6 SGB XI ergeben sich auch für das SGB XII Anhaltspunkte. § 87a Abs. 1 Satz 5 SGB XI gibt mit 42 Tagen einen ersten Hinweis. Satz 6 verlängert den Abwesenheitszeitraum bei Krankenhausaufenthalten und in Rehabilitationseinrichtungen.

## § 64 Vorrang

**Soweit häusliche Pflege ausreicht, soll der Träger der Sozialhilfe darauf hinwirken, dass die häusliche Pflege durch Personen, die dem Pflegebedürftigen nahestehen, oder als Nachbarschaftshilfe übernommen wird.**

*Änderung der Vorschrift: § 64 neu gef. mWv 1.1.2017 durch G v. 23.12.2016 (BGBl. I S. 3191).*

## I. Vorrang – Materialien zu § 64 (BT-Drs. 18/9518)

Die Vorrangregelung des neuen § 64 greift die bisherige Vorrangregelung des § 63 **1** a. F. auf. Der neue § 64 präzisiert den bisher in § 63 Satz 1 enthaltenen Vorranggrundsatz insoweit, als die häusliche Pflege vorrangig durch Pflegegeld sichergestellt werden soll, mit deren Hilfe dann wiederum die häusliche Pflege durch dem Pflegebedürftigen nahestehende Personen oder als Nachbarschaftshilfe erfolgen soll.

Eine Verbindung zum regelmäßig gezahlten Pflegegeld ist nicht enthalten, da die **2** Vorschrift aus den Anfängen des Bundessozialhilfegesetzes stammt, als der Anspruch auf Pflegegeld noch ein stärkeres Maß an Pflegebedürftigkeit voraussetzte. Dies ist jedoch nicht mehr der Fall: Bereits das geltende Recht der Hilfe zur Pflege räumt dem Pflegebedürftigen in § 64 einen Anspruch auf Pflegegeld ohne zusätzliche Voraussetzungen ein. Eine Anpassung der Vorrangregelung ist daher geboten. Mit dieser Klarstellung ist keine Änderung des bestehenden Rechts oder Leistungsausweitung verbunden. Kann die häusliche Pflege durch Pflegepersonen im Sinne des Satz 2 nicht sichergestellt werden, kommen unverändert Pflegesachleistungen nach § 64b in Betracht.

Die neue Vorschrift des § 64 präzisiert zugleich den allgemeinen Grundsatz des **3** § 13 Satz 2, wonach in der Sozialhilfe ambulante Leistungen Vorrang vor teilstationären und stationären Leistungen und teilstationäre Leistungen Vorrang vor stationären Leistungen haben.

## II. Inhalt der Vorschrift

Die Vorschrift nimmt den bereits in § 13 Abs. 1 Satz 2 formulierten Grundsatz **4** auf, dass **ambulante** den **stationären Leistungen** vorgehen. Präzisiert wird dieser

Grundsatz für die Hilfe zur Pflege in der Form, dass bei einer ausreichenden häuslichen Pflege diese einer Einrichtungspflege vorzuziehen ist. Aufgenommen ist die **Hinwirkungspflicht** des Sozialhilfeträgers, damit die häusliche Pflege durch Personen vorgenommen wird, die dem Pflegebedürftigen nahestehen, oder als Nachbarschaftshilfe erbracht wird. Schon in § 63 Satz 1 a. F. war diese Verpflichtung des Sozialhilfeträgers zur Hinwirkung der Pflege durch die genannten Personen vorgesehen. Mit kleinen Änderungen ist die Regelung von § 64 übernommen worden.

5    Die häusliche Pflegehilfe ist eine der Leistungsarten des Siebenten Kapitels. Bei der Entscheidung ist der Mehrkostenvorbehalt nach § 9 Abs. 2 Satz 3 zu beachten.

6    Hinwirken kann auch bedeuten, dass der Hilfeträger eine entsprechende **Beratung** vornimmt, um bei der Organisation der häuslichen Pflege mitzuhelfen.

7    Die Vorschrift ist zugleich ein Appell an die Solidarität des in der Vorschrift genannten Personenkreises. Sind diese nicht zur Hilfe bereit, kommt die Regelung nicht zum Zug.

## § 64a Pflegegeld

(1) ¹**Pflegebedürftige der Pflegegrade 2, 3, 4 oder 5 haben bei häuslicher Pflege Anspruch auf Pflegegeld in Höhe des Pflegegeldes nach § 37 Absatz 1 des Elften Buches. ²Der Anspruch auf Pflegegeld setzt voraus, dass die Pflegebedürftigen und die Sorgeberechtigten bei pflegebedürftigen Kindern die erforderliche Pflege mit dem Pflegegeld in geeigneter Weise selbst sicherstellen.**

(2) ¹**Besteht der Anspruch nach Absatz 1 nicht für den vollen Kalendermonat, ist das Pflegegeld entsprechend zu kürzen. ²Bei der Kürzung ist der Kalendermonat mit 30 Tagen anzusetzen. ³Das Pflegegeld wird bis zum Ende des Kalendermonats geleistet, in dem die pflegebedürftige Person gestorben ist.**

(3) **Stellt die Pflegekasse ihre Leistungen nach § 37 Absatz 6 des Elften Buches ganz oder teilweise ein, entfällt insoweit die Leistungspflicht nach Absatz 1.**

*Änderung der Vorschrift: § 64a eingef. mWv 1.1.2017 durch G v. 23.12.2016 (BGBl. I S. 3191).*

## I. Pflegegeld – Materialien zu § 64a (BT-Drs. 18/9518)

### 1. Pflegegrade 2 bis 5 (Abs. 1)

1    Absatz 1 Satz 1 überträgt im Wesentlichen inhaltsgleich den bisherigen § 64 Abs. 1 bis 3 (a. F.) auf das neue Recht.

2    Haben bisher Pflegebedürftige bei finanzieller Bedürftigkeit entsprechend ihrer Pflegestufe einen Anspruch auf Pflegegeld in Höhe des Pflegegeldes der sozialen Pflegeversicherung, haben Pflegebedürftige bei finanzieller Bedürftigkeit nun entsprechend ihrem Pflegegrad einen Anspruch auf Pflegegeld in Höhe des Pflegegeldes der sozialen Pflegeversicherung. Voraussetzung für den Pflegegeldanspruch ist, dass die Pflegebedürftigen ihre erforderliche Pflege mit Hilfe des Pflegegeldes sicherstellen können. In den Fällen pflegebedürftiger Kinder ist die erforderliche Pflege bei Zahlung des Pflegegeldes durch die Sorgeberechtigten sicherzustellen. Satz 2 übernimmt inhaltsgleich den bisherigen § 64 Abs. 5 Satz 1 (a. F.).

3    Der Anspruch auf Pflegegeld entspricht seinem Inhalt nach dem Anspruch auf Pflegegeld nach den Vorschriften des SGB XI.

## 2. Anteilige Kürzung (Abs. 2)

Absatz 2 übernimmt inhaltsgleich den bisherigen § 64 Abs. 5 Satz 2 bis 4 (a. F.). **4**

## 3. Entfallen der Leistungspflicht (Abs. 3)

Absatz 3 übernimmt inhaltsgleich den bisherigen § 64 Abs. 5 Satz 5 (a. F.). **5**

## II. Inhalt der Vorschrift

### 1. Bedeutung der Vorschrift

Im Wesentlichen übernimmt die Vorschrift den inhaltsgleichen § 64 a. F. Das **6** pauschalierte Pflegegeld gehört zu den wichtigsten Leistungen der Hilfe zur Pflege. Nach altem Recht wurde es erheblich Pflegebedürftigen gewährt. Präziser ist nun geregelt, dass sie sich diese Vorschrift an die Pflegebedürftigen der Pflegegrade 2, 3, 4 und 5 richtet. Die Unterschiede zwischen dem SGB XII a. F. und dem SGB XI sind weggefallen, weil der Begriff der Pflegebedürftigkeit im SGB XII dem des SGB XI angepasst worden ist.

Das Pflegegeld ist als Rechtsanspruch konzipiert. Der nicht erfüllte Anspruch auf **7** Pflegegeld ist vererbbar (*Grube*, Grube/Wahrendorf, SGB XII, 5. Aufl., § 64 Rn. 7). Die Höhe richtet sich nach § 37 SGB XI.

### 2. Sicherstellung der häuslichen Pflege (Abs. 1)

Die häusliche Pflege muss sichergestellt werden. Klarstellend ist eingefügt, dass **8** bei pflegebedürftigen Kindern die Sorgeberechtigten die erforderliche Pflege selbst sicherstellen. Dies entspricht § 64 Abs. 5 Satz 1 (a. F.). Absatz 1 schließt an die Vorschrift des § 37 Abs. 1 SGB XI an. Zweck der Regelung ist, dass der Pflegebedürftige die Leistungen der häuslichen Pflege tatsächlich erhält. Nach § 64f besteht die Möglichkeit, dass der Pflegebedürftige zusätzlich andere Leistungen erhält.

### 3. Abrechnungsmodalitäten (Abs. 2)

Diese Regelungen sind aus § 64 Abs. 5 Satz 2 bis 4 übernommen worden. **9**

### 4. Entfallen der Leistungspflicht (Abs. 3)

Der bisherige § 64 Abs. 5 Satz 5 hat in diesem Absatz eine eigene Regelung **10** erhalten, ohne dass sich sachlich etwas zur alten Rechtslage geändert hat. Zur Sicherstellung der häuslichen Pflege ist die Vorschrift mit § 37 Abs. 3 SGB XI verknüpft. Die Pflegebedürftigen haben in den dort vorgesehenen Abständen eine Beratung abzurufen. Rufen die Pflegebedürftigen die nach § 37 Abs. 3 SGB XI erforderliche Beratung nicht ab, hat die Pflegekasse oder ein privates Versicherungsunternehmen das Pflegegeld angemessen zu kürzen und im Wiederholungsfall zu entziehen.

**Der Einkommens- und Vermögenseinsatz** richtet sich nach wie vor nach **11** §§ 82 ff.

### § **64b** Häusliche Pflegehilfe

(1) [1]Pflegebedürftige der Pflegegrade 2, 3, 4 oder 5 haben Anspruch auf **körperbezogene Pflegemaßnahmen und pflegerische Betreuungsmaßnahmen sowie auf Hilfen bei der Haushaltsführung als Pflegesachleistung (häusliche Pflegehilfe), soweit die häusliche Pflege nach § 64 nicht sichergestellt werden kann. [2]Der Anspruch auf häusliche Pflegehilfe umfasst auch**

die pflegefachliche Anleitung von Pflegebedürftigen und Pflegepersonen.
³Mehrere Pflegebedürftige der Pflegegrade 2, 3, 4 oder 5 können die häusliche Pflege gemeinsam in Anspruch nehmen. ⁴Häusliche Pflegehilfe kann auch Betreuungs- und Entlastungsleistungen durch Unterstützungsangebote im Sinne des § 45a des Elften Buches umfassen; § 64i bleibt unberührt.

(2) Pflegerische Betreuungsmaßnahmen umfassen Unterstützungsleistungen zur Bewältigung und Gestaltung des alltäglichen Lebens im häuslichen Umfeld, insbesondere
1. bei der Bewältigung psychosozialer Problemlagen oder von Gefährdungen,
2. bei der Orientierung, bei der Tagesstrukturierung, bei der Kommunikation, bei der Aufrechterhaltung sozialer Kontakte und bei bedürfnisgerechten Beschäftigungen im Alltag sowie
3. durch Maßnahmen zur kognitiven Aktivierung.

*Änderung der Vorschrift: § 64b eingef. mWv 1.1.2017 durch G v. 23.12.2016 (BGBl. I S. 3191).*

## I. Häusliche Pflegehilfe – Materialien zu § 64b (BT-Drs. 18/9518)

### 1. Anspruch (Abs. 1)

1    Die Einführung des neuen Pflegebedürftigkeitsbegriffs hat unmittelbare Auswirkungen auf Inhalt und Umfang der häuslichen Pflegehilfe im Rahmen der Hilfe zur Pflege. Entsprechend dem geltenden verrichtungsbezogenen Pflegebedürftigkeitsbegriff sind die pflegerischen Maßnahmen der häuslichen Pflegehilfe ausgerichtet; Betreuungs- und Entlastungsleistungen werden bisher nur zusätzlich und auch nur für Versicherte erbracht.

2    Der neue Pflegebedürftigkeitsbegriff erfordert eine Umsetzung auch im Leistungsrecht, d. h. auch die Leistungen der häuslichen Pflege sind entsprechend der neuen Systematik auszurichten. Die Aspekte von Pflegebedürftigkeit, die bisher nicht im Rahmen des noch geltenden Begutachtungsverfahrens erhoben wurden, sind mit pflegerischen Maßnahmen zu hinterlegen.

3    Dementsprechend umfasst die neue häusliche Pflegehilfe nicht nur körperbezogene Pflegemaßnahmen, sondern auch pflegerische Betreuungsmaßnahmen und Hilfen bei der Haushaltsführung. Der Inhalt entspricht insoweit der neuen häuslichen Pflegehilfe gemäß § 36 SGB XI in der ab dem 1.1.2017 geltenden Fassung. Die pflegerischen Betreuungsmaßnahmen greifen dabei auch die Leistungen der Übergangsregelung des bisherigen § 124 SGB XI zur häuslichen Betreuung auf, die bisher ebenfalls nur den Versicherten zugutekommen und nicht im Rahmen der Hilfe zur Pflege geleistet wurden. Im Hinblick auf die den pflegerischen Betreuungsmaßnahmen enthaltenen Teilhabe-Elementen ergeben sich Schnittstellen insbesondere zu den Leistungen der Eingliederungshilfe. Zur Klärung dieser Schnittstellen wird der Begriff der pflegerischen Betreuungsmaßnahmen entsprechend der Regelung in § 36 Abs. 2 Satz 3 SGBXI auch in Absatz 2 näher definiert.

4    Häusliche Pflegehilfe kann auch Betreuungs- und Entlastungsleistungen durch Unterstützungsangebote im Sinne des § 45a SGB XI umfassen. Der gesonderte Anspruch auf den Entlastungsbetrag für Pflegebedürftige der Pflegegrade 2 bis 5 nach § 64i bleibt davon unberührt. Diese Leistungen wurden bisher nicht erbracht, da die den Leistungen zugrundeliegenden Beeinträchtigungen nicht vom bisher geltenden Pflegebedürftigkeitsbegriff erfasst wurden und daher auch keine Leistungen der Hilfe zur Pflege begründen konnten.

Die leistungsrechtliche Sonderbehandlung des versicherten Personenkreises war **5**
ausschließlich dadurch gerechtfertigt, dass der Hilfebedarf der Betroffenen vom bisherigen System nicht oder zumindest nur unzulänglich erfasst wird. Die gleichmäßige Berücksichtigung aller Einschränkungen auf somatischem und geistig/seeli-
schem Gebiet soll aber gerade bewirken, dass der Bedarf von Menschen mit
eingeschränkter Alltagskompetenz auch zu einer gleichberechtigten Teilnahme am
Leistungsgeschehen führt. Der neue Pflegebedürftigkeitsbegriff erfasst dagegen nicht
nur körperliche Beeinträchtigungen, sondern auch Personen mit kognitiven und
psychischen Beeinträchtigungen der Selbständigkeit oder Fähigkeiten.

Unter Geltung des neuen Pflegebedürftigkeitsbegriffs, der Menschen mit körperli- **6**
chen Beeinträchtigungen und Menschen mit kognitiven und psychischen Beeinträchtigungen sowohl bei der Einstufung in die Pflegegrade als auch beim Zugang zu
Leistungen gleichbehandelt, ergibt sich daher die unmittelbare Folge, auch die entsprechenden pflegerischen Bedarfe von Menschen mit kognitiven und psychischen Beeinträchtigungen mit den notwendigen pflegerischen Leistungen zu hinterlegen.

Zur häuslichen Pflegehilfe zählen, soweit das erforderlich ist, beispielsweise auch **7**
Leistungen der häuslichen Pflegehilfe zur Deckung des notwendigen Bedarfs in ambulant betreuten Wohngruppen hinsichtlich Tätigkeiten oder Unterstützungsleistungen
im Sinne des § 38a Abs. 1 Satz 1 Nr. 3 SGB XI. Bestandteil der häuslichen Pflege ist
auch die pflegefachliche Anleitung von Pflegebedürftigen und Pflegepersonen. Mit
dem neuen Pflegebedürftigkeitsbegriff werden auch Beeinträchtigungen der Selbstständigkeit, die Hilfen bei der Anleitung, Motivation und Schulung von Pflegebedürftigen und Pflegepersonen erfordern, erfasst. Im Rahmen der häuslichen Pflegehilfe
sind Pflegekräfte in aller Regel nur zu bestimmten Tages- oder Nachtzeiten beim
Pflegebedürftigen. Situationen beim Pflegebedürftigen, die ein Handeln der Pflegepersonen erfordern, treten aber häufig auch außerhalb der Anwesenheitszeiten der Pflegekräfte auf. Vor diesem Hintergrund wird im Gleichklang mit der entsprechenden
Vorschrift des neuen § 36 Abs. 2 Satz 2 SGB XI klargestellt, dass auch die fachliche
Anleitung von Pflegebedürftigen und in die Pflege eingebundenen Pflegepersonen
einschließlich einer vorhergehenden Problem- und Bedarfseinschätzung Bestandteil
der häuslichen Pflegehilfe ist. Mit der pflegefachlichen Anleitung der Pflegebedürftigen und der Pflegepersonen sollen diese darin unterstützt werden, auch während
Zeiten der Abwesenheit pflegerelevante Situationen gut bewältigen zu können. Diese
Art der pflegefachlichen Anleitung findet laufend und situationsbezogen im Rahmen
der häuslichen Pflegehilfe statt. Der Anspruch auf häusliche Pflegehilfe entspricht
insoweit dem Anspruch auf häusliche Pflegehilfe nach § 36 Abs. 1 und 2 SGB XI.

Mit Satz 3 wird klargestellt, dass mehrere Pflegebedürftige der Pflegegrade 2 bis **8**
5 die Leistungen der häuslichen Pflegehilfe auch gemeinsam in Anspruch nehmen
können (sog. Poolen). Die Vorschrift entspricht insoweit § 36 Abs. 4 Satz 4 SGB XI
in der ab 1.1.2017 geltenden Fassung.

## 2. Umfang pflegerischer Betreuungsmaßnahmen (Abs. 2)

Zur Klärung der Schnittstellen insbesondere zu den Leistungen der Eingliede- **9**
rungshilfe wird der Begriff der pflegerischen Betreuungsmaßnahmen näher definiert.
Diese Maßnahmen umfassen gemäß Satz 2 Unterstützungsleistungen zur Bewältigung und Gestaltung des alltäglichen Lebens im häuslichen Umfeld. Hierzu werden
in den Nrn. 1 bis 3 nicht abschließend dem Grunde nach die wesentlichen Inhalte
dieser Unterstützungsleistungen hervorgehoben. Da pflegerische Betreuungsmaßnahmen in Bezug auf das häusliche Umfeld erbracht werden, weisen sie damit einen
unmittelbaren Bezug zur Gestaltung des alltäglichen Lebens im Zusammenhang mit
einem Haushalt und seiner häuslichen Umgebung auf. Die Maßnahmen erfolgen
dementsprechend zur Unterstützung bei der Gestaltung des alltäglichen Lebens in
Bezug zum Haushalt und bei Aktivitäten mit engem räumlichem Bezug hierzu.

Pflegerische Betreuungsmaßnahmen können dabei nicht nur in Bezug auf das häusliche Umfeld des Pflegebedürftigen selbst erbracht werden, sondern beispielsweise auch im häuslichen Umfeld seiner Familie oder anderer nahestehender Menschen oder bei der gemeinsamen Inanspruchnahme häuslicher Pflegehilfe z. B. im häuslichen Umfeld eines der Beteiligten oder seiner Familie. Die Leistungen dienen auch der alltäglichen Freizeitgestaltung mit Bezug zur Gestaltung des häuslichen Alltags. Die Maßnahmen beziehen sich hingegen insbesondere nicht auf die Unterstützung des Besuchs von Kindergarten oder Schule, der Ausbildung, der Berufstätigkeit oder sonstiger Teilhabe am Arbeitsleben, der Ausübung von Ämtern oder der Mitarbeit in Institutionen oder in vergleichbaren Bereichen.

10    Die pflegerischen Betreuungsmaßnahmen können weitgehend nicht nur von Pflegekräften, sondern auch von Pflegepersonen aus dem häuslichen Umfeld oder sonstigen nahestehenden Personen erbracht werden.

## II. Inhalt der Vorschrift

### 1. Umfang der häuslichen Pflege (Abs. 1)

11    Die häusliche Pflege ist dem veränderten Pflegebedürftigkeitsbegriff mit seinem **verrichtungsbezogenen Inhalt** angeglichen worden. Über das bisherige Recht hinausgehend sind auch pflegerische Anleitungen einbezogen. Die neue häusliche Pflegehilfe sieht nicht nur körperbezogene Pflegemaßnahmen, sondern auch pflegerische Betreuungsmaßnahmen und Hilfen bei der Haushaltsführung vor. Die Anleitungen kommen dem Pflegebedürftigen und der Pflegeperson zugute. Eingeschränkt wird der Anspruch auf Pflegebedürftige der Pflegestufe 2, 3, 4 und 5. Pflegerische Betreuungsmaßnahmen sind gesondert in Abs. 3 vorgesehen. In der Sache entspricht die Vorschrift § 36 Abs. 2 SGB XI. Neu ist, dass mehrere Pflegebedürftige Betreuungs- und Entlastungsleistungen der häuslichen Pflege gemeinsam in Anspruch nehmen können.

### 2. Definition der Betreuungsmaßnahmen (Abs. 2)

12    Mit der Definition der Betreuungsmaßnahmen wird das Ziel verfolgt, die Abgrenzung zur Eingliederungshilfe genauer vorzunehmen. Näher umschrieben werden die Betreuungsmaßnahmen in Satz 2. Es geht um Unterstützungsleistungen bei der Bewältigung psychosozialer Probleme oder von Gefährdungen, bei der Orientierung, bei der Tagesstrukturierung, bei der Aufrechterhaltung sozialer Kontakte und bei bedürfnisgerechten Beschäftigungen im Alltag sowie durch Maßnahmen auf kognitive Aktivierung.

13    **Häusliches Umfeld** ist das des Pflegebedürftigen, seiner Familie oder anderer nahestehender Menschen oder bei der gemeinsamen Inanspruchnahme häuslicher Pflegehilfe. Wesentlich ist der **enge räumliche Bezug.**

## § 64c Verhinderungspflege

**Ist eine Pflegeperson im Sinne von § 64 wegen Erholungsurlaubs, Krankheit oder aus sonstigen Gründen an der häuslichen Pflege gehindert, sind die angemessenen Kosten einer notwendigen Ersatzpflege zu übernehmen.**

*Änderung der Vorschrift: § 64c eingef. mWv 1.1.2017 durch G v. 23.12.2016 (BGBl. I S. 3191).*

## I. Verhinderungspflege – Materialien zu § 64c (BT-Drs. 18/9518)

Mit dem neuen § 64c wird die Verhinderungspflege erstmals ausdrücklich in den **1** Leistungskatalog der Hilfe zur Pflege aufgenommen. Mit der Verhinderungspflege wird der Tatsache Rechnung getragen, dass eine andauernde Pflege für die Pflegeperson mit erheblichen körperlichen und psychischen Belastungen verbunden sein kann. Steht die Pflegeperson vorübergehend aus wichtigen Gründen nicht zur Verfügung, soll verhindert werden, dass Pflegebedürftige in eine stationäre Pflegeeinrichtung wechseln müssen.

Gegenüber dem bisherigen Recht ist keine Leistungsausweitung verbunden, **2** konnte die Verhinderungspflege bislang schon als sogenannte andere Leistung im Sinne des geltenden § 65 Abs. 1 Satz 2 geleistet werden, soweit neben oder anstelle der häuslichen Pflege eine zeitweilige Entlastung der Pflegeperson geboten war.

Weiterhin ist für die Übernahme der Kosten für eine Ersatzpflege zur Entlastung **3** der Pflegeperson erforderlich, dass die nahestehende Pflegeperson an der häuslichen Pflege gehindert ist. Die Vorschrift nennt als wichtige Gründe, die eine Kostenübernahme rechtfertigen, einen Erholungsurlaub oder eine Krankheit der Pflegeperson. Der Katalog ist jedoch nicht abschließend; auch sonstige Gründe können darüber hinaus eine Verhinderungspflege rechtfertigen und den Träger der Sozialhilfe zur Kostenübernahme verpflichten. Der Anspruch auf Verhinderungspflege setzt nicht voraus, dass die Pflegeperson die pflegebedürftige Person eine bestimmte Mindestzeit vor dem Eintritt des Verhinderungsfalles gepflegt hat. Auch in Fällen, in denen eine Pflegeperson bereits kurze Zeit nach Beginn der Pflege beispielsweise erkrankt, soll durch das Instrument der Verhinderungspflege ein Wechsel in eine stationäre Pflegeeinrichtung verhindert werden können.

Der Anspruch auf Verhinderungspflege entspricht dem Inhalt nach dem Anspruch **4** auf Verhinderungspflege nach § 39 Abs. 1 SGB XI.

## II. Inhalt der Vorschrift

Bislang wurden die Leistungen für die Hinzuziehung einer besonderen Pflegekraft **5** nach § 65 Abs. 1 Satz 2 SGB XII a. F. gewährt. Als Verhinderungspflege wie im jetzigen Recht sind diese Leistungen nicht bezeichnet worden. In § 65 Abs. 1 Satz 2 SGB XII a. F. bezog sich der Tatbestand auch auf die Heranziehung einer besonderen Pflegekraft, während sich § 64c auf den Sachverhalt richtet, dass eine Pflegeperson wegen Erholungsurlaubs oder Krankheit ausfällt. Damit verengt sich der Anspruch auf Pflegepersonen des § 64. Dies war bisher in § 65 Abs. 1 Satz 2 2. Alt. geregelt. Insofern ergibt sich aus der Vorschrift nichts Neues. Eine Verhinderungspflege greift nach der Gesetzesbegründung selbst dann ein, wenn die Pflegeperson kurze Zeit nach dem Beginn der Pflege erkrankt.

Nach den Gesetzesmaterialien sollen die genannten Verhinderungsgründe nicht **6** abschließend genannt sein. Durch den Anspruch auf Gewährung der Verhinderungspflege wird eine stationäre kostenintensivere Unterbringung unnötig. Zwar fehlt in dem jetzigen Gesetzestext das Wort „zeitweilig", es folgt aber aus dem Leistungsanspruch einer Verhinderungspflege, dass diese nur für eine gewisse Dauer gewährt werden kann. Leistungen nach § 39 SGB XI gehen vor. Da die Verhinderungspflege nicht wie in § 39 SGB XI auf längstens sechs Wochen begrenzt ist, kann sie nach Ablauf dieses Zeitraumes infrage kommen.

## § 64d Pflegehilfsmittel

(1) ¹**Pflegebedürftige haben Anspruch auf Versorgung mit Pflegehilfsmitteln, die**

1. **zur Erleichterung der Pflege der Pflegebedürftigen beitragen,**
2. **zur Linderung der Beschwerden der Pflegebedürftigen beitragen oder**
3. **den Pflegebedürftigen eine selbständigere Lebensführung ermöglichen.**
²Der Anspruch umfasst die notwendige Änderung, Instandsetzung und Ersatzbeschaffung von Pflegehilfsmitteln sowie die Ausbildung in ihrem Gebrauch.

(2) Technische Pflegehilfsmittel sollen den Pflegebedürftigen in geeigneten Fällen leihweise zur Verfügung gestellt werden.

*Änderung der Vorschrift:* § 64d *eingef. mWv 1.1.2017 durch G v. 23.12.2016 (BGBl. I S. 3191).*

# I. Pflegehilfsmittel – Materialien zu § 64d (BT-Drs. 18/9518)

1     Die Vorschrift regelt die Versorgung Pflegebedürftiger mit Pflegehilfsmitteln. Auch bezüglich der Hilfsmittelversorgung gilt das Nachrangprinzip der Sozialhilfe. Die Träger der Sozialhilfe sind nur in den Fällen zuständig, in denen die Leistung nicht bereits von den Krankenkassen (als Leistung bei Krankheit) oder anderen Leistungsträgern zu gewähren ist. Soweit eine Zuständigkeit der Träger der Sozialhilfe gegeben ist, prüfen diese die Notwendigkeit der Versorgung mit Pflegehilfsmitteln.

2     Anspruchsvoraussetzung ist, dass mit ihrer Hilfe entweder die Pflege erleichtert werden kann, die Beschwerden der pflegebedürftigen Person gelindert werden können oder der pflegebedürftigen Person eine selbständigere Lebensführung ermöglicht werden kann. Zu den Hilfsmitteln gehören dementsprechend die zum Verbrauch bestimmten Pflegehilfsmittel (z. B. Desinfektionsmittel und Unterlagen) und technische Hilfsmittel wie z. B. Pflegebetten und Hausnotrufanlagen. Eine ärztliche Verordnung ist nicht erforderlich.

3     Der bestimmungsgemäße Gebrauch der technischen Hilfsmittel erfordert in den meisten Fällen die Anleitung durch fachkundiges Personal, welche gemäß Satz 2 Bestandteil des Anspruchs auf Pflegehilfsmittel ist. Zum Anspruch auf Pflegehilfsmittel gehören darüber hinaus neben der Anpassung der Hilfsmittel an bestimmte Erfordernisse der pflegebedürftigen Person, der Pflegepersonen oder der häuslichen Umgebung auch die Instandsetzung und – soweit erforderlich – der Ersatz.

4     Technische Hilfsmittel sind einerseits in der Anschaffung mit erheblichen Kosten verbunden, zeigen aber andererseits auch bei längerem sachgemäßem Gebrauch kaum Abnutzungserscheinungen. Im Hinblick auf die Pflicht der Kostenträger zum sparsamen Umgang der zur Verfügung stehenden Finanzmittel sollen die technischen Hilfsmittel wiederholt zum Einsatz kommen. Entsprechend der Regelung im SGB XI können daher technische Hilfsmittel den Pflegebedürftigen auch leihweise zur Verfügung gestellt werden.

5     Der Anspruch auf Pflegehilfsmittel entspricht dem Inhalt nach dem Anspruch auf Pflegehilfsmittel nach § 40 SGB XI. Zur Vermeidung von Missverständnissen erfolgt eine Anpassung an den Wortlaut des§ 40 Abs. 3 Satz 1 SGB XI. Eine Leistungsausweitung oder Leistungsverkürzung ist damit nicht verbunden.

# II. Inhalt der Vorschrift

6     Wie schon aus der Gesetzesbegründung deutlich wird, gilt im Verhältnis zu § 40 SGB XI der Nachrangsatz. Beide Vorschriften sind inhaltlich im Wesentlichen identisch. Die Vorschrift regelt für den nach dem SGB XII Leistungsberechtigten die notwendige Versorgung mit Hilfsmitteln einschließlich der notwendigen Änderung,

Instandsetzung und Ersatzbeschaffung von Pflegehilfsmitteln sowie die Ausbildung zu ihrem Gebrauch.

Abs. 2 sieht vor, dass technische Hilfsmittel nicht in das Eigentum des Berechtig- **7** ten übergehen, sondern in geeigneten Fällen leihweise zur Verfügung gestellt werden.

## § 64e Maßnahmen zur Verbesserung des Wohnumfeldes

**Maßnahmen zur Verbesserung des Wohnumfeldes der Pflegebedürftigen können gewährt werden,**
1. **soweit sie angemessen sind und**
2. **durch sie**
   a) **die häusliche Pflege ermöglicht oder erheblich erleichtert werden kann oder**
   b) **eine möglichst selbständige Lebensführung der Pflegebedürftigen wiederhergestellt werden kann.**

*Änderung der Vorschrift: § 64e eingef. mWv 1.1.2017 durch G v. 23.12.2016 (BGBl. I S. 3191).*

## I. Maßnahmen zur Verbesserung des Wohnumfeldes – Materiealien zu § 64e (BT-Drs. 18/9518)

Neben den Pflegehilfsmitteln gemäß § 64d können die Träger der Sozialhilfe als **1** Ermessensleistung ganz oder teilweise Maßnahmen zur Verbesserung des individuellen Wohnumfeldes der pflegebedürftigen Person finanzieren. Voraussetzung ist, dass die Maßnahme angemessen ist und durch die Maßnahme die häusliche Pflege überhaupt ermöglicht oder zumindest erleichtert wird oder dadurch ein Verbleiben der pflegebedürftigen Person in seiner häuslichen Umgebung sichergestellt werden kann.

In Betracht kommen technische Hilfen im Haushalt, aber auch Umbaumaßnah- **2** men wie z. B. die Verbreiterung von Türen, der Einbau einer ebenerdigen Dusche oder eines Treppenliftes sowie die Beseitigung von Türschwellen. Modernisierungsmaßnahmen, die in keinem direkten Zusammenhang mit der Pflegebedürftigkeit stehen, sondern nur den Wohnwert verbessern, sind von der Finanzierung ausgenommen. Dem Inhalt nach korrespondiert die Vorschrift mit dem Anspruch auf wohnumfeldverbessernde Maßnahmen nach § 40 SGB XI.

## II. Inhalt der Vorschrift

Die Vorschrift stellt eine Verbesserung der bisherigen Leistungen dar. Sie korres- **3** pondiert mit § 40 SGB XI. Es handelt sich um eine **Ermessensentscheidung,** mit der der Sozialhilfeträger ganz oder teilweise Leistungen zur Verbesserung des Wohnumfeldes bewilligen kann. Beispiele dafür werden in den der Gesetzesbegründung gegeben.

Die Maßnahmen zur Verbesserung des Wohnumfeldes sind aus mehreren Grün- **4** den **subsidiär.** Soweit diese Maßnahmen von der Krankenversicherung oder einem anderen Leistungsträger oder nach § 40 SGB XI zu erbringen sind, gehen diese Leistungsansprüche vor.

Schwierigkeiten bereitet die Auslegung des Begriffs Maßnahme (s. dazu schon **5** *Udsching*, jurisPR-SozR 16/2017, Anm. 3). Grundsätzlich sind damit (neue) Maßnahmen der Wohnumfeldverbesserung gemeint. Auch eine aufwändige Reparatur

wirkt sich wie eine neue Maßnahme aus und ist einer solchen gleichzustellen (vgl.
auch BSG 25.1.2017 – B 3 P 2/15 R, NZS 2017, 461).

6        Die in der Sozialhilfe zu treffende Ermessensentscheidung wird durch unbestimmte Rechtsbegriffe eingeschränkt. Der Wunsch nach einer wohnumfeldverbes-
sernden Maßnahme muss **angemessen** sein, und durch sie (Kausalität) wird die
häusliche Pflege **ermöglicht** oder **erheblich erleichtert** und eine möglichst **selbständige Lebensführung** der Pflegebedürftigen wiederhergestellt. Deshalb muss
ein **direkter Zusammenhang** zwischen der Pflegebedürftigkeit und der Maßnahme bestehen. Ausgeschlossen sind Maßnahmen, die den Wohnwert verbessern.

## § 64f Andere Leistungen

(1) **Zusätzlich zum Pflegegeld nach § 64a Absatz 1 sind die Aufwendungen für die Beiträge einer Pflegeperson oder einer besonderen Pflegekraft
für eine angemessene Alterssicherung zu erstatten, soweit diese nicht anderweitig sichergestellt sind.**

(2) **Ist neben der häuslichen Pflege nach § 64 eine Beratung der Pflegeperson geboten, sind die angemessenen Kosten zu übernehmen.**

(3) **Soweit die Sicherstellung der häuslichen Pflege für Pflegebedürftige
der Pflegegrade 2, 3, 4 oder 5 im Rahmen des Arbeitgebermodells erfolgt,
sollen die angemessenen Kosten übernommen werden.**

*Änderung der Vorschrift: § 64f eingef. mWv 1.1.2017 durch G v. 23.12.2016
(BGBl. I S. 3191).*

## I. Andere Leistungen – Materialien zu § 64f (BT-Drs. 18/9518)

### 1. Zusätzliche Leistungen zum Pflegegeld (Abs. 1)

1        Der Absatz überträgt inhaltsgleich den bisherigen § 65 Abs. 2 (a. F.), aufgrund
dessen den Pflegebedürftigen neben dem Pflegegeld auch die Aufwendungen für
die Beiträge einer Pflegeperson oder einer besonderen Pflegekraft übernommen
werden, soweit diese nicht anderweitig sichergestellt ist.

2        Nicht übernommen wird dagegen die teilweise inhaltsgleiche Vorschrift des bisherigen § 65 Abs. 1, welche unter anderem ebenfalls die Übernahme von angemessenen Aufwendungen einer Pflegeperson für eine angemessene Alterssicherung vorsieht. Die Vorschrift stammt aus den Anfängen des Bundessozialhilfegesetzes, als der
Anspruch auf Pflegegeld noch ein stärkeres Maß an Pflegebedürftigkeit voraussetzte.
Aus diesem Grunde war eine gesonderte Regelung zur Übernahme von Aufwendungen für eine angemessene Alterssicherung einer Pflegeperson in den Fällen, in
denen nicht zugleich ein Pflegegeld geleistet wurde, erforderlich. Bereits das geltende
Recht der Hilfe zur Pflege räumt dem Pflegebedürftigen in § 64 einen Anspruch
auf Pflegegeld ohne zusätzliche Voraussetzungen ein. Die Vorschrift des bisherigen
§ 65 Abs. 1 Satz 1 lief daher insoweit schon bislang ins Leere.

### 2. Beratung der Pflegeperson (Abs. 2)

3        Absatz 2 überträgt den bisherigen § 65 Abs. 1 Satz 2 in das neue Leistungsrecht
der Hilfe zur Pflege, soweit eine Beratung der Pflegeperson geboten ist. Die im
bisherigen § 65 Abs. 1 Satz 2 (a. F.) genannte weitere Leistung der zeitweiligen Entlastung der Pflegeperson entspricht der Verhinderungspflege, die künftig als eigener
Tatbestand in § 64c geregelt wird.

### 3. Arbeitgebermodell (Abs. 3)

Absatz 3 übernimmt inhaltsgleich den bisherigen § 65 Abs. 1 Satz 2 (a. F.), soweit **4**
es sich um die Übernahme von angemessenen Kosten im Rahmen des sog. Arbeitgebermodells handelt, bei dem die Pflegebedürftigen ihre Pflege durch von ihnen
selbst beschäftigte besondere Pflegekräfte sicherstellen.

Soweit darüber hinaus die Heranziehung einer besonderen Pflegekraft nicht im **5**
Rahmen des Arbeitgebermodells erfolgt, ergeben sich die Voraussetzungen einer
Übernahme der angemessenen Kosten im Umkehrschluss aus § 64: Ist die Heranzie-
hung einer besonderen Pflegekraft z. B. durch einen ambulanten Pflegedienst erfor-
derlich, ist eine häusliche Pflege durch nahestehende Personen im Sinne des § 64
Satz 2 nicht ausreichend. Dementsprechend sind die Kosten der häuslichen Pflege-
hilfe nach § 64b oder der Verhinderungspflege nach § 64c durch den Träger der
Sozialhilfe zu übernehmen.

## II. Inhalt der Vorschrift

### 1. Bedeutung der Vorschrift

Vorbild für die Vorschrift ist § 65 Abs. 2 a. F. Der Gesetzgeber hat die Vorschrift **6**
insgesamt „modernisiert", indem er die teilweise inhaltsgleiche Vorschrift des § 65
Abs. 1 a. F. nicht vollständig übernommen hat, die die Übernahme von angemessenen Aufwendungen einer Pflegeperson für eine angemessene Alterssicherung vorsah.
Diese Vorschrift war in den Fällen erforderlich, in denen wegen der höheren Hürden
der Hilfe zur Pflege kein Pflegegeld gezahlt wurde. Die aus dem BSHG stammende
Vorschrift war deshalb nach Auffassung des Gesetzgebers überholt.

### 2. Aufwendungen für angemessene Alterssicherung (Abs. 1)

Abs. 1 sieht zusätzlich zum Pflegegeld Aufwendungen für die Beiträge einer Pfle- **7**
geperson oder einer besonderen Pflegekraft für eine angemessene Alterssicherung
vor. Es besteht der Vorbehalt, dass die Alterssicherung nicht anderweitig sichergestellt
wird. Die Aufwendungen werden zusätzlich zum Pflegegeld nach § 64a gewährt.
Als Voraussetzung reicht schon aus, dass ein gekürztes Pflegegeld bewilligt worden
ist. Erhält der Pflegebedürftige tatsächlich kein Pflegegeld, weil er über ausreichendes
Einkommen oder Vermögen verfügt, greift die Vorschrift nicht. Bedeutung hat die
Vorschrift vor allem für die die besonderen Pflegekräfte, die der Pflegebedürftige
selbst anstellt, wenn diese nicht bei einem Pflegedienst sozialversichert sind (s. dazu
*Grube*, Grube/Wahrendorf, SGB XII, 5. Aufl., § 66 Rn. 21).

Es besteht kein unmittelbarer Anspruch auf Bewilligung der Aufwendungen. Die **8**
Vorschrift ist so konzipiert, dass es um die **Erstattung** der **Aufwendungen** geht.
Das bedeutet in der Regel eine Vorleistungspflicht der Pflegebedürftigen und eine
rückwirkende Bewilligung. Wird beim Sozialhilfeträger ein entsprechender Antrag
gestellt, so hat er von dem Hilfefall Kenntnis (§ 18) und hat die Leistungen aufzunehmen.

### 3. Übernahme von Beratungskosten (Abs. 2)

Dieser Absatz sieht einen Anspruch auf Übernahme von **Beratungskosten** vor. **9**
Damit kommt die Vorschrift einem besonderen, für die Hilfe zur Pflege wichtigen
Anliegen nach. Schon aus Gründen der Qualitätssicherung war ein solcher Anspruch
in § 65 Abs. 1 Satz 2 a. F. vorgesehen. Zu übernehmen sind die angemessenen Kosten.

## 4. Kostenübernahme für Arbeitnehmermodell (Abs. 3)

**10**     Die Übernahme der Kosten als Anspruch für ein **Arbeitgebermodell** ist nur für Menschen der Pflegegrade 2 bis 5 vorgesehen. Damit schließt die Vorschrift an § 65 Abs. 1 Satz 2 a. F. an. Für Pflegekräfte, die nicht im Arbeitgebermodell tätig sind, ist § 64 heranzuziehen.

**11**     Die Beschäftigung einer Pflegekraft im Arbeitgebermodell kommt neben der oder anstelle der unentgeltlichen Pflege in Betracht. Für die unentgeltliche oder nachbarschaftliche Pflege ergibt sich der Anspruch aus § 64. § 64f Abs. 3 räumt dem Leistungsberechtigten einen über den allgemeinen Leistungsanspruch bei häuslicher Pflege hinausgehenden Anspruch ein. Bei der Inanspruchnahme der gedeckelten Pflegesachleistungen nach § 36 SGB XI kann sich die Frage stellen, ob zusätzliche Kosten vom Sozialhilfeträger zu übernehmen sind. Soweit sie angemessen sind, sind die Kosten des Arbeitgebermodells nach dieser Vorschrift zu tragen (zum alten Recht BSG 26.8.2008 – 8/9b SO 18/07 R, NVwZ-RR 2009, 287; NZS 2009, 291 (Ls.)). Das bedeutet, dass der Hilfeträger einen Kostenvergleich mit der Entlohnung bei ähnlichen Arbeitsverhältnissen anstellen muss.

## § 64g Teilstationäre Pflege

**[1]Pflegebedürftige der Pflegegrade 2, 3, 4 oder 5 haben Anspruch auf teilstationäre Pflege in Einrichtungen der Tages- oder Nachtpflege, soweit die häusliche Pflege nicht in ausreichendem Umfang sichergestellt werden kann oder die teilstationäre Pflege zur Ergänzung oder Stärkung der häuslichen Pflege erforderlich ist. [2]Der Anspruch umfasst auch die notwendige Beförderung des Pflegebedürftigen von der Wohnung zur Einrichtung der Tages- oder Nachtpflege und zurück.**

*Änderung der Vorschrift:* § 64g eingef. *mWv 1.1.2017 durch G v. 23.12.2016 (BGBl. I S. 3191).*

# I. Teilstationäre Pflege – Materialien zu § 64g (BT-Drs. 18/9518)

**1**     Um den Vorrang der häuslichen Pflege zu erhalten und zu fördern, ist es erforderlich, Hilfen auch für die Fälle vorzusehen, in denen die häusliche Pflege nicht oder nicht in ausreichendem Umfang sichergestellt werden kann.

**2**     Mit der teilstationären Pflege soll ein dauerhafter Wechsel von der häuslichen Pflege zur stationären Pflege verhindert werden. Daher gehört die teilstationäre Pflege wie schon bisher auch nach Einführung des neuen Pflegebedürftigkeitsbegriffs zu den Leistungen der Hilfe zur Pflege. Der Anspruch auf teilstationäre Pflege entspricht dem Inhalt nach dem Anspruch auf teilstationäre Pflege nach § 41 Abs. 1 SGB XI.

# II. Inhalt der Vorschrift

**3**     Die Vorschrift korrespondiert mit § 41 SGB XI und hat eine Entsprechung in § 66 Abs. 3 a. F. Sie nimmt Personen der Pflegestufe 1 als Anspruchsberechtigte von den Leistungen aus.

**4**     Aus dem Hinweis auf § 66 Abs. 3 a. F. und dem Grundsatz des sozialhilferechtlichen Nachrangs sind Anrechnungen anderer gleicher Leistungen abzuleiten. Der Grund der Kürzungen ist, dass bei einer zeitweiligen Unterbringung in einer Einrichtung der Tages- und Nachtpflege häusliche Pflegeleistungen nicht entstehen.

Bei der Anwendung der Vorschrift ist jeweils zu prüfen, ob die häusliche Pflege 5
nicht anders in einem ausreichenden Umfang sichergestellt ist. Sie ist nachrangig,
soweit Hilfen nach § 41 SGB XI gewährt werden. Doch nicht nur bei der externen
Leistungskonkurrenz, sondern auch bei einer internen Konkurrenz kommt die Vorschrift zum Tragen.

Im Wortlaut der Vorschrift ist nicht mehr enthalten, dass bei nach dem SGB XII 6
durchgeführten Maßnahmen gekürzt werden kann. Eine Kürzung des Pflegegeldes
ist jetzt nach § 63b Abs. 3 vorzunehmen (s. dazu § 63b Rn. 10) und kann damit
angemessen gekürzt werden. Hierbei muss sich der Sozialhilfeträger davon leiten
lassen, dass zweckgleiche Doppelleistungen vermieden werden.

Mit dem Satz 2 wird erfreulicherweise klargestellt, dass die **notwendige Beför-** 7
**derung** des Pflegebedürftigen von der Wohnung zur Einrichtung und zurück übernommen wird.

## § **64h** Kurzzeitpflege

(1) **Pflegebedürftige der Pflegegrade 2, 3, 4 oder 5 haben Anspruch auf
Kurzzeitpflege in einer stationären Pflegeeinrichtung, soweit die häusliche
Pflege zeitweise nicht, noch nicht oder nicht im erforderlichen Umfang
erbracht werden kann und die teilstationäre Pflege nach § 64g nicht ausreicht.**

(2) **Wenn die Pflege in einer zur Kurzzeitpflege zugelassenen Pflegeeinrichtung nach den §§ 71 und 72 des Elften Buches nicht möglich ist oder
nicht zumutbar erscheint, kann die Kurzzeitpflege auch erbracht werden**
1. **durch geeignete Erbringer von Leistungen nach dem Sechsten Kapitel
oder**
2. **in geeigneten Einrichtungen, die nicht als Einrichtung zur Kurzzeitpflege zugelassen sind.**

(3) **Soweit während einer Maßnahme der medizinischen Vorsorge oder
Rehabilitation für eine Pflegeperson eine gleichzeitige Unterbringung und
Pflege der Pflegebedürftigen erforderlich ist, kann Kurzzeitpflege auch in
Vorsorge- oder Rehabilitationseinrichtungen nach § 107 Absatz 2 des Fünf-
ten Buches erbracht werden.**

*Änderung der Vorschrift:* § *64h eingef. mWv 1.1.2017 durch G v. 23.12.2016
(BGBl. I S. 3191).*

## I. Kurzzeitpflege – Materialien zu § 64h (BT-Drs. 18/9518)

### 1. Anspruch auf Kurzzeitpflege (Abs. 1)

Ist weder häusliche Pflege noch teilstationäre Pflege möglich, kommt als weitere 1
Leistung der Hilfe zur Pflege die Kurzzeitpflege in Betracht. Wie auch mit der
teilstationären Pflege sollen insbesondere Pflegepersonen, die die häusliche Pflege
sicherstellen, entlastet und so verhindert werden, dass Pflegebedürftige auf Dauer in
eine stationäre Pflegeeinrichtung wechseln müssen. Entsprechend ihrer Bezeichnung
soll die Kurzzeitpflege nur für einen begrenzten Zeitraum erfolgen. Für diesen
Zeitraum werden Pflegebedürftige in eine stationäre Pflegeeinrichtung aufgenommen. In Betracht kommt die Kurzzeitpflege z. B. für eine Übergangszeit nach einer
stationären Behandlung in einem Krankenhaus oder wenn die Wohnung des Pflegebedürftigen für die häusliche Pflege umgebaut werden muss oder die Pflegeperson
die häusliche Pflege nicht unmittelbar übernehmen kann. Kurzzeitpflege ist ebenfalls

möglich bei Verhinderung der Pflegeperson z. B. aufgrund von Krankheit oder Urlaub und eine Verhinderungspflege nach § 64c nicht möglich ist.

2    Der Anspruch auf Kurzzeitpflege ist inhaltsgleich mit dem Anspruch auf Kurzzeitpflege nach § 42 Abs. 1 SGB XI.

3    Gleichartige Leistungen nach anderen Rechtsvorschriften, wie zu § 39c SGB V, gehen den Leistungen nach § 64h vor.

### 2. Kurzzeitpflege in einer anderen Einrichtung (Abs. 2)

4    Absatz 2 greift den Gedanken der Vorschrift des § 42 Abs. 3 SGB XI auf, wonach die Kurzzeitpflege in begründeten Einzelfällen bei zuhause gepflegten Pflegebedürftigen auch in geeigneten Einrichtungen der Hilfe für behinderte Menschen oder anderen geeigneten Einrichtungen erfolgen kann. Voraussetzung ist, dass die Pflege in einer zur Kurzzeitpflege zugelassenen Pflegeeinrichtung nicht möglich oder nicht zumutbar ist.

### 3. Kurzzeitpflege in Einrichtungen nach § 107 Abs. 2 SGB V (Abs. 3)

5    Absatz 3 überträgt inhaltsgleich die Vorschrift des § 42 Abs. 4 SGB XI auf die Kurzzeitpflege nach dem Recht der Hilfe zur Pflege.

## II. Inhalt der Vorschrift

### 1. Bedeutung der Vorschrift

6    Die Regeln über die Kurzzeitpflege sind in der jetzigen Fassung eingehender als im bisherigen Recht formuliert. Neu ist eine Deckelung nach unten. Leistungsberechtigt sind erst Menschen ab dem Pflegegrad 2. Befürchtet wird, dass dies zu Defiziten in der Hilfe zur Pflege kommen könnte, jedenfalls aber zum Erfordernis einer Neuorganisation der Pflege von Personen führt, die bislang mit geringerem Pflegebedarf in einem Pflegeheim gepflegt worden sind (s. *Meßling*, jurisPK-SGB XII, § 61 Rn. 5.6).

### 2. Anspruchsvoraussetzungen (Abs. 1)

7    Eine Kurzzeitpflege in einer stationären Einrichtung ist von zwei Einschränkungen abhängig. Die häusliche Pflege kann nicht oder nicht in dem erforderlichen Umfang erbracht werden und eine teilstationäre Pflege nach § 64g reicht nicht aus. Als Bewilligungsbescheid kann dieser sich nur auf den Zeitraum der Kurzzeitpflege erstrecken. Deren Bewilligung ist kein darüberhinausgehender Dauerverwaltungsakt (vgl. BSG 18.2.2016 – B 3 P 2/14 R, BeckRS 2016, 69364).

### 3. Keine Kurzzeitpflege im häuslichen Bereich (Abs. 2)

8    In diesem Absatz wird die Regelung des § 42 Abs. 3 SGB XI für das SGB XII aufgegriffen. Es bleibt dabei, dass eine Kurzzeitpflege nicht im häuslichen Bereich erfolgen kann, was für Kleinkinder bedeutet, dass sie aus der häuslichen Umgebung herausgerissen werden (vgl. *Rasche*, RdLH 2016, 128).

### 4. Kurzzeitpflege in Vorsorge- und Rehabilitationseinrichtungen (Abs. 3)

9    Die Vorschrift ermöglicht eine Kurzzeitpflege in Vorsorge- und Rehabilitationseinrichtungen, wenn während einer Maßnahme der medizinischen Vorsorge oder Rehabilitation die gleichzeitige Unterbringung eines Pflegebedürftigen erforderlich ist.

**§ 64i** Entlastungsbetrag bei den Pflegegraden 2, 3, 4 oder 5

¹Pflegebedürftige der Pflegegrade 2, 3, 4 oder 5 haben Anspruch auf einen Entlastungsbetrag in Höhe von bis zu 125 Euro monatlich. ²Der Entlastungsbetrag ist zweckgebunden einzusetzen zur
1. Entlastung pflegender Angehöriger oder nahestehender Pflegepersonen,
2. Förderung der Selbständigkeit und Selbstbestimmung der Pflegebedürftigen bei der Gestaltung ihres Alltags oder
3. Inanspruchnahme von Unterstützungsangeboten im Sinne des § 45a des Elften Buches.

*Änderung der Vorschrift: § 64i eingef. mWv 1.1.2017 durch G v. 23.12.2016 (BGBl. I S. 3191).*

## I. Entlastungsbetrag bei den Pflegegraden 2, 3, 4 oder 5 – Materialien zu § 64i (BT-Drs. 18/9518)

Pflegebedürftige der Pflegegrade 2, 3, 4 oder 5 haben einen Anspruch auf einen **1** Entlastungsbetrag in Höhe von bis zu 125 Euro monatlich. Vor dem Hintergrund des neuen Pflegebedürftigkeitsbegriffs wird hier eine über den notwendigen pflegerischen Bedarf hinausgehende, zusätzliche Leistung gewährt; eine Entlastung von Pflegepersonen erfolgt auch bereits durch bestehende Leistungen der Hilfe zur Pflege wie Verhinderungspflege, Kurzzeitpflege und teilstationäre Pflege. Mit der Ausgestaltung als zusätzliche Leistung soll Pflegepersonen jedoch die Möglichkeit eröffnet werden, insbesondere niedrigschwellige Angebote in Anspruch nehmen zu können. Der Betrag ist nach Satz 2 zweckgebunden einzusetzen.

Anders als bei Pflegebedürftigen des Pflegegrades 1 (§ 66) ist der Entlastungsbetrag **2** nicht für die Inanspruchnahme von sonstigen Leistungen nach §§ 64b und 64e bis 64g einsetzbar, weil bereits ohnehin ein Anspruch auf die dort genannten Leistungen besteht.

## II. Inhalt der Vorschrift

Die Vorschrift sieht als zusätzliche Leistung einen Entlastungsbetrag in Höhe von **3** bis zu 125 EUR monatlich vor. Sie betrifft Personen ab dem Pflegegrad 2, während in § 66 der Entlastungsbetrag bei einem Pflegegrad 1 geregelt ist. Der Entlastungsbetrag ist zweckgebunden.

Eine Entlastung der Pflegeperson erfolgt bereits durch bestehende Leistungen der **4** Hilfe zur Pflege wie Verhinderungspflege, Kurzzeitpflege und teilstationäre Pflege. Sofern diese Leistungen gewährt werden, kann kumulativ kein Entlastungsbetrag nach § 64i bewilligt werden.

**§ 65** Stationäre Pflege

¹Pflegebedürftige der Pflegegrade 2, 3, 4 oder 5 haben Anspruch auf Pflege in stationären Einrichtungen, wenn häusliche oder teilstationäre Pflege nicht möglich ist oder wegen der Besonderheit des Einzelfalls nicht in Betracht kommt. ²Der Anspruch auf stationäre Pflege umfasst auch Betreuungsmaßnahmen; § 64b Absatz 2 findet entsprechende Anwendung.

*Änderung der Vorschrift: § 65 neu gef. mWv 1.1.2017 durch G v. 23.12.2016 (BGBl. I S. 3191).*

## I. Stationäre Pflege – Materialien zu § 65 (BT-Drs. 18/9518)

**1**     Soweit häusliche oder teilstationäre Pflege nicht möglich oder wegen der Besonderheit des Einzelfalls nicht in Betracht kommt, sind im Rahmen der Hilfe zur
Pflege – gegenüber dem alten Recht insoweit unverändert – Leistungen der stationären Pflege zu gewähren. Der Anspruch beinhaltet in Übereinstimmung mit der
entsprechenden Vorschrift für die soziale Pflegeversicherung (§ 43 Abs. 2 SGB XI)
auch Maßnahmen der medizinischen Behandlungspflege. Der Anspruch auf stationäre Pflege entspricht insoweit dem Inhalt des Anspruchs auf stationäre Pflege nach
§ 43 Abs. 1 SGB XI. Der Inhalt der Betreuungsmaßnahmen nach Satz 2 entspricht
weitgehend den pflegerischen Betreuungsmaßnahmen in der häuslichen Pflege.

## II. Inhalt der Vorschrift

**2**     Die Vorschrift schränkt den Anspruch auf Pflegebedürftige ab Pflegestufe 2 ein.
Sie korrespondiert inhaltlich mit § 43 SGB XI. Voraussetzung ist, dass die häusliche
oder teilstationäre Hilfe nicht ausreicht.

**3**     Im Unterschied zu § 43 Abs. 2 SGB XI sind die Leistungsansprüche nach § 65
nicht gedeckelt, was zur Konsequenz hat, dass der Sozialhilfeträger auch bei Personen, die Ansprüche nach dem SGB XI haben, ergänzend herangezogen werden
kann. Der Anspruch auf stationäre Pflege umfasst auch Betreuungsmaßnahmen
(Satz 2). In Ausnahmen kann eine Behandlungspflege nach § 37 SGB V in Betracht
zu ziehen sein.

**4**     *Griep* (Sozialrecht aktuell 2017, 170) hat darauf aufmerksam gemacht, dass Pflegebedürftige mit dem Pflegegrad 1 bei einer stationären Hilfe nach dem 1.1.2017 in
eine Versorgungslücke geraten können, und rät dringend an, sich vor der Aufnahme
in ein Pflegeheim mit dem Sozialhilfeträger abzustimmen. Ähnliches gilt, wenn der
Pflegebedürftige als „Selbstzahler" in ein Heim aufgenommen worden ist, sich aber
mangels Einkommens und Vermögens an das Sozialamt wenden muss. Das Sozialamt
kann Leistungen nach der Gesetzeslage des § 65 verweigern. Lediglich § 9 Abs. 2
eröffnet die schwer zu nehmende Hürde (*Griep*, Sozialrecht aktuell 2017, 166 ff.),
die aufgetretene Leistungslücke zu schließen.

**5**     Bewilligt der Hilfeträger für Personen der Pflegestufe 1 nach § 9 Abs. 2 einen
Heimaufenthalt, stellt sich bei Nichtpflegeversicherten die Frage, ob sie wie Pflegebedürftige ab Pflegegrad 2 einen Anspruch auf eine zusätzliche Betreuung haben.
Aus Gründen der Gleichbehandlung ist diese Lücke zu schließen (*Griep*, Sozialrecht
aktuell 2017, 169).

### § 66 Entlastungsbetrag bei Pflegegrad 1

[1]**Pflegebedürftige des Pflegegrades 1 haben Anspruch auf einen Entlastungsbetrag in Höhe von bis zu 125 Euro monatlich.** [2]**Der Entlastungsbetrag ist zweckgebunden einzusetzen zur**
1. **Entlastung pflegender Angehöriger oder nahestehender Pflegepersonen,**
2. **Förderung der Selbständigkeit und Selbstbestimmung der Pflegebedürftigen bei der Gestaltung ihres Alltags,**
3. **Inanspruchnahme von**
    a) **Leistungen der häuslichen Pflegehilfe im Sinne des § 64b,**
    b) **Maßnahmen zur Verbesserung des Wohnumfeldes nach § 64e,**
    c) **anderen Leistungen nach § 64f,**
    d) **Leistungen zur teilstationären Pflege im Sinne des § 64g,**
4. **Inanspruchnahme von Unterstützungsangeboten im Sinne des § 45a des
Elften Buches.**

*Änderung der Vorschrift: § 66 neu gef. mWv 1.1.2017 durch G v. 23.12.2016 (BGBl. I S. 3191).*

## I. Entlastungsbetrag bei Pflegegrad 1 – Materialien zu § 66 (BT-Drs. 18/9518)

Im Hinblick darauf, dass die Beeinträchtigungen der Selbständigkeit oder der **1** Fähigkeiten im Sinne des § 61a bei Personen mit Pflegegrad 1 gering ausgeprägt sind, werden die Leistungen der Hilfe zur Pflege – wie auch im vorrangigen System der sozialen Pflegeversicherung – grundsätzlich für die Pflegegrade 2 bis 5 gewährt (vgl. § 28a SGB XI). Aus pflegewissenschaftlicher Sicht ist ein uneingeschränkter Zugang zu den Leistungen der Hilfe zur Pflege bei Pflegebedürftigen des Pflegegrades 1 nicht angezeigt.

Der Beirat 2009 hatte sich vor diesem Hintergrund erst nach intensiver Diskussion **2** für eine leistungsrechtliche Hinterlegung im Falle des Pflegegrades 1 ausgesprochen.

Das Siebte Kapitel greift diesen Vorschlag insoweit auf, als dem Personenkreis der **3** Pflegebedürftigen mit Pflegegrad 1 ein Entlastungsbetrag in Höhe von bis zu 125 Euro monatlich gewährt wird. Der Entlastungsbetrag soll die Pflegebedürftigen des Pflegegrades 1 befähigen, möglichst lange in ihrer häuslichen Umgebung verbleiben zu können; dementsprechend ist der Entlastungsbetrag im Sinne des Satz 2 Nummer 1 bis 4 zweckgebunden einzusetzen.

Auf diesem Wege wird sichergestellt, dass nichtversicherte Pflegebedürftige die **4** gleichen Leistungen wie Pflegebedürftige erhalten, die Mitglieder der sozialen Pflegeversicherung sind.

## II. Inhalt der Vorschrift

Die Vorschrift regelt den Entlastungsbetrag für Pflegebedürftige des Pflegegra- **5** des 1. Sie ist die Konsequenz der pflegewissenschaftlichen Untersuchungen, die zu dem Ergebnis gekommen sind, dass Beeinträchtigungen der Selbständigkeit oder der Fähigkeiten im Sinne des § 61a bei Personen mit Pflegegrad 1 gering ausgeprägt sind. Aber auch bei Personen mit dem Pflegegrad 1 kommt es darauf an, sie möglichst lange in der häuslichen Umgebung zu belassen. Der Entlastungsbetrag ist zweckgebunden. Die mit dem Entlastungsbetrag verfolgten Zwecke sind in Satz 2 Nr. 1 bis 3 enumerativ aufgeführt.

### § 66a Sonderregelungen zum Einsatz von Vermögen

**Für Personen, die Leistungen nach diesem Kapitel erhalten, gilt ein zusätzlicher Betrag von bis zu 25 000 Euro für die Lebensführung und die Alterssicherung im Sinne von § 90 Absatz 3 Satz 2 als angemessen, sofern dieser Betrag ganz oder überwiegend als Einkommen aus selbständiger und nichtselbständiger Tätigkeit der Leistungsberechtigten während des Leistungsbezugs erworben wird; § 90 Absatz 3 Satz 1 bleibt unberührt.**

*Änderung der Vorschrift: § 66a eingef. mWv 1.1.2017 durch G v. 23.12.2016 (BGBl. I S. 3234).*

Die Vorschrift ist nicht mit dem Dritten Gesetz zur Stärkung pflegerischer Versor- **1** gung und zur Änderung weiterer Vorschriften – PSG III v. 23.12.2016 (BGBl. I S. 3191) in das Siebente Buch eingefügt worden. Sie wurde erst durch das Bundesteilhabegesetz v. 23.12.2016 „nachträglich" in das SGB XII aufgenommen.

**2**    § 66a trifft eine **Vermögensregelung.** Grundsätzlich ist nach § 90 Abs. 1 das gesamte verwertbare Vermögen einzusetzen, damit dem Nachranggrundsatz genüge getan wird. Hiervon werden in § 90 Abs. 2 und 3 Ausnahmen gemacht. Damit wird das Selbsthilfeprinzip eingeschränkt. Eine weitere Sondervorschrift für den Einsatz von Vermögen stellt nun auch § 66a ausschließlich für das Siebente Kapitel dar.

**3**    Die Vorschrift trägt damit einem sozialpolitischen Anliegen und damit dem **Zumutbarkeitsgesichtspunkt** Rechnung. Sie bezieht sich ausdrücklich auf die angemessene Lebensführung und die Alterssicherung.

**4**    Der Gesetzgeber hat als angemessenen Freibetrag 25.000 EUR angenommen. Auf diese Weise soll die Lebensführung bzw. der Aufbau einer Alterssicherung nicht eingeschränkt werden. Im Gegensatz zu § 90 Abs. 3 Satz 2 wird als angemessen der Geldbetrag von 25.000 EUR festgesetzt, so dass es nicht mehr wie in § 90 Abs. 3 Satz 2 auf eine Einzelfallprüfung ankommt.

**5**    Einschränkend sieht die Regelung vor, dass der freizubleibende Betrag ganz oder überwiegend als Einkommen aus selbständiger und nichtselbständiger Tätigkeit der Leistungsberechtigten während des Leistungsbezugs erworben wird. Damit werden Beträge ausgenommen, die bereits vor der Inanspruchnahme von Leistungen nach dem Siebenten Kapitel erarbeitet und angespart worden sind. Damit wird der Vorschrift eine wesentliche sozialpolitische Wirkkraft genommen. Es bleibt dann bei der Härteregelung des § 90 Abs. 3 Satz 1.

# Achtes Kapitel. Hilfe zur Überwindung besonderer sozialer Schwierigkeiten

### § 67 Leistungsberechtigte

[1]**Personen, bei denen besondere Lebensverhältnisse mit sozialen Schwierigkeiten verbunden sind, sind Leistungen zur Überwindung dieser Schwierigkeiten zu erbringen, wenn sie aus eigener Kraft hierzu nicht fähig sind.** [2]**Soweit der Bedarf durch Leistungen nach anderen Vorschriften dieses Buches oder des Achten Buches gedeckt wird, gehen diese der Leistung nach Satz 1 vor.**

*Vergleichbare Vorschriften: § 72 Abs. 1 BSHG, § 27d Abs. 1 Nr. 5 BVG.*

**Schrifttum:** *Brühl,* Gesamtplanung bei der Hilfe nach § 72 BSHG gemäß der Verordnung 2001, NDV 2003, 58; *Brünner,* Die Leistungspflicht des Sozialhilfeträgers für Leistungen der Beschäftigungshilfe nach §§ 67, 68 SGB XII am Beispiel teilstationärer Beschäftigungsangebote im Rheinland, Sozialrecht aktuell 2012, 231; *Busch-Geertsema/Evers,* Auf dem Weg zur Normalität – Persönliche Hilfen in Wohnungen bei Wohnungsnotfällen, NDV 2005, 126 und 159; *Deutscher Verein für öffentliche und private Fürsorge,* Menschen mit besonderen sozialen Schwierigkeiten zwischen SGB II und SGB XII – Anforderungen des Deutschen Vereins an die Kooperation der Leistungsträger, NDV 2008, 326; *ders.,* Zum Verhältnis von Eingliederungshilfe nach §§ 53 ff. SGB XII zu Leistungen nach §§ 67 ff. SGB XII, NDV 2017, 44; *ders.,* Leistungsberechtigte in besonderen sozialen Schwierigkeiten bedarfsdeckend unterstützen – Empfehlungen des Deutschen Vereins zur Anwendungen der Hilfe nach § 67 ff. SGB XII, NDV 2016, 211; *Drgala,* Die Wirkungslosigkeit des Hilfesystems für Personen mit besonderen sozialen Schwierigkeiten (§§ 67, 68 SGB XII), 2008; *Engler,* Auf dem Weg zum eigenen Haushalt – Die rechtlichen Rahmenbedingungen des Betreuten Wohnens variieren in den verschiedenen Feldern Sozialer Arbeit, BlWohlfPfl 2006, 5; *Gerlach/Hinrichs:* Therapeutische Hilfen für junge Menschen – problematische Schnittstellen zwischen SGB V, SGB VIII und SGB XII, ZfSH/SGB 2007, 387 und 451; *Hammel,* Vermüllung als sozialrechtliches Problem, ZfF 2013, 31; *ders.,* Die Finanzierung der Kosten der sozialen Betreuung in einem Frauenhaus: eine vielschichtig schwierige

Fragestellung, ZfF 2012, 97; *ders.,* Zur Abgrenzung der Eingliederungshilfe für behinderte Menschen (§§ 39 ff. BSHG) von der Hilfe zur Überwindung besonderer sozialer Schwierigkeiten (§ 72 BSHG) unter Berücksichtigung der Verordnung zur Durchführung des § 72 BSHG vom 24. Januar 2001, br 2002, 83; *ders.,* Leistungen der Sozialhilfe zur Erhaltung der Unterkunft während der Dauer des Freiheitsentzugs, ZfSH/SGB 2000, 515; *ders.,* Zur Erbringung von Leistungen der Sozialhilfe zum Zwecke der Einlagerung des Mobiliars und anderer persönlicher Gegenstände während der Dauer des Freiheitsentzugs, ZfSH/SGB 2001, 403; *Heinz,* Über einen „Sozialleistungsdschungel", mögliche „Buschmesser" und Auswege im Zusammenhang mit Hilfsmittelansprüchen sowie über mittellose Haftentlassene zwischen zwei Stühlen der Existenzsicherung, ZfF 2014, 83; *Krahmer,* Soziale Rechte und soziale Standards, Die Konkretisierung des Sozialstaatsauftrags – Beispiel Wohnungslosenhilfe und Hartz IV, BlWohlfPfl 2005, 183; *Lippert,* Die rechtliche Entwicklung der Hilfe nach § 72 BSHG, Überlegungen auf der Grundlage der Verordnung vom 24. Januar 2001, NDV 2002, 57; *ders.,* Die Hilfe nach § 72 BSHG im Geflecht der Hilfen in besonderen Lebenslagen, NDV 2002, 134; *Schnath,* Auswirkungen des neuen Grundrechts auf Gewährleistung des Existenzminimums auf die besonderen Hilfen nach dem Zwölften Buch Sozialgesetzbuch (SGB XII) – Sozialhilfe, Sozialrecht aktuell 2010, 173; *Spindler,* Existenzsicherung und Hilfe für psychisch Kranke und Suchtabhängige im neuen System der Grundsicherung(en), RuP 2009, 27; *Stingel,* Von der Gefährdetenhilfe zur Hilfe zur Überwindung besonderer sozialer Schwierigkeiten, in: Fahlbusch, 50 Jahre Sozialhilfe, 2012, S. 269; *Sunder,* Rechtslage bei Obdachlosigkeit – Kostentragung bei Unterbringung von Obdachlosen in Pensionen oder Hotels, NDV 2002, 21.

## Übersicht

## I. Bedeutung der Norm

Die §§ 67 ff. enthalten ein spezielles Hilfsangebot für Personen, bei denen **kom-** 1 **plexe Problemlagen** vorliegen, die (allein) mit den sonstigen Leistungen der Sozialhilfe nicht zu bewältigen sind. Ziel der Hilfen ist die Überwindung der sozialen Schwierigkeiten, um dem Betroffenen die Teilnahme am Leben in der Gemeinschaft zu ermöglichen (vgl. § 9 Abs. 1 SGB I). Sind die Teilnahmehindernisse auf ein komplexes Geflecht der sozialen, physischen und psychischen Situation des Betroffenen zurückzuführen, so erfordert ihre Überwindung eine auf den individuellen Einzelfall zugeschnittene Auswahl und Koordinierung der verschiedenen möglichen und notwendigen Hilfen. In dieser gleichzeitigen Reaktion auf verschiedene Probleme des Leistungsberechtigten unterscheidet sich die Hilfe nach §§ 67 ff. von den anderen Leistungen der Sozialhilfe. Eine wichtige Aufgabe der Hilfe zur Überwindung besonderer Schwierigkeiten ist daher insbesondere auch die Abstimmung sonstiger Sozialhilfehilfeleistungen untereinander und mit der Hilfe nach §§ 67 ff.

Die Vorschrift des § 67 regelt die persönlichen Voraussetzungen, unter denen 2 Leistungen zur Überwindung besonderer sozialer Schwierigkeiten zu erbringen sind, während Art und Umfang der Leistungen in § 68 geregelt sind. Nähere Bestimmungen über die Abgrenzung des Personenkreises sowie über Art und Umfang der Maßnahmen finden sich in der „Verordnung zur Durchführung der Hilfe zur Überwindung besonderer sozialer Schwierigkeiten" (v. 24.1.2001, BGBl. I S. 179), die durch Art. 14 des Gesetzes zur Einordnung des Sozialhilferechts in das Sozialgesetzbuch vom 27.12.2003 (BGBl. I S. 3022, 3060) redaktionell an die Bestimmungen des SGB XII angepasst (BT-Drs. 15/1514, S. 74), aber inhaltlich nicht geändert wurde. Die Verordnung ist abgedruckt bei § 69 und erläutert bei §§ 67 und 68.

## II. Inhalt der Norm

### 1. Persönliche Voraussetzungen (S. 1 iVm § 1 VO)

**3**  Die Vorschrift des § 67 S. 1 normiert einen **Rechtsanspruch** auf Leistungen zur Überwindung besonderer sozialer Schwierigkeiten. **Anspruchsberechtigt** sind danach Personen, bei denen besondere Lebensverhältnisse mit sozialen Schwierigkeiten verbunden sind, und die nicht fähig sind, diese Schwierigkeiten aus eigener Kraft zu überwinden. Das Tatbestandsmerkmal der besonderen Lebensverhältnisse bezieht sich auf die soziale Lage des Betroffenen, diese muss durch eine besondere Mangelsituation gekennzeichnet sein (→ Rn. 6 ff.). Demgegenüber geht es bei den sozialen Schwierigkeiten um die Interaktion mit dem sozialen Umfeld und damit um die Einschränkung der Teilhabe am Leben in der Gemeinschaft (→ Rn. 14 ff.).

**4**  **a) Zusammenwirken von besonderen Lebensverhältnissen und sozialen Schwierigkeiten.** Für sich allein reichen weder besondere Lebensverhältnisse noch soziale Schwierigkeiten aus, um das spezielle Hilfsangebot der §§ 67 ff. eingreifen zu lassen. Vielmehr müssen beide Tatbestandsmerkmale vorliegen (aA wohl *Schnath*, Sozialrecht aktuell 2010, 173, 175, der für die Hilfe zur Wohnungsbeschaffung das Vorliegen besonderer sozialer Schwierigkeiten nicht für erforderlich hält). Mit der Formulierung „verbunden" in § 67 S. 1 wird zudem deutlich, dass ein **Zusammenhang** zwischen den besonderen Lebensverhältnisse und den sozialen Schwierigkeiten erforderlich ist. Eine kausale Beziehung in dem Sinne, dass die besonderen Lebensverhältnisse die Ursache der sozialen Schwierigkeiten sind, ist jedoch nicht erforderlich, vielmehr kann durchaus eine wechselseitige Beeinflussung vorliegen (SchlHOVG 7.8.2002 – 2 L 70/01, FEVS 54, 111). Dieser Zusammenhang ist es, der spezielle Hilfen erforderlich macht: auf Grund der komplexen Problemlage wird die Teilhabe am Leben in der Gemeinschaft allein durch die Überwindung der besonderen Lebensverhältnisse, dh durch Behebung der Mangelsituation, noch nicht ermöglicht, vielmehr ist hierzu auch ein Eingehen auf die sozialen Schwierigkeiten erforderlich.

**5**  Die Notwendigkeit eines konkreten Zusammenwirkens beider Elemente kommt auch in § 1 Abs. 1 S. 1 VO zum Ausdruck. Danach leben Personen in besonderen sozialen Schwierigkeiten, „wenn besondere Lebensverhältnisse derart mit sozialen Schwierigkeiten verbunden sind, dass die Überwindung der besonderen Lebensverhältnisse auch die Überwindung der sozialen Schwierigkeiten erfordert". Aus dieser Formulierung ist aber nicht zu schließen, dass Hilfe nach §§ 67 ff. stets nur mit dem Ziel der **Überwindung der besonderen Lebensverhältnisse** gewährt werden kann. Kommt es auf Grund freier Entscheidung des Betroffenen nicht zu einer endgültigen Änderung der besonderen Lebensverhältnisse, zB bei Umherziehenden ohne festen Wohnsitz, so hat er dennoch Anspruch auf Hilfe nach §§ 67 ff. (vgl. auch SG Mannheim 5.12.2007 – S 10 SO 3153/07 im Falle eines Obdachlosen, der immer wieder geraume Zeit ohne festen Wohnsitz ist). Ziel der Hilfe ist dann „nur" die **Überwindung der sozialen Schwierigkeiten,** nicht auch der besonderen Lebensverhältnisse. Solange sie sich in den Grenzen des geltenden Rechts hält, ist die **selbst gewählte Entscheidung** für eine bestimmte Lebensgestaltung **zu akzeptieren** (vor diesem Hintergrund kritisch zu § 1 Abs. 1 S. 1 VO *Roscher,* LPK-SGB XII, § 69 Rn. 3).

**b) Besondere Lebensverhältnisse (§ 1 Abs. 2 VO).** Der gerichtlich voll über- **6** prüfbare **unbestimmte Rechtsbegriff** der **besonderen Lebensverhältnisse** wird in § 1 Abs. 2 VO konkretisiert. Besondere Lebensverhältnisse bestehen danach bei fehlender oder nicht ausreichender Wohnung, bei ungesicherter wirtschaftlicher Lebensgrundlage, bei gewaltgeprägten Lebensumständen, bei Entlassung aus einer geschlossenen Einrichtung oder bei vergleichbaren nachteiligen Umständen. § 1 Abs. 2 S. 2 VO stellt klar, dass die besonderen Lebensverhältnisse ihre Ursachen in äußeren Umständen oder in der Person des Hilfesuchenden haben können; auf ein Verschulden kommt es daher nicht an.

Besondere Lebensverhältnisse iSv § 1 Abs. 2 VO sind in Abgrenzung zu normalen **7** Lebensverhältnissen durch eine Mangelsituation – etwa Mangel an Arbeit oder Mangel an Wohnraum – gekennzeichnet (vgl. BSG 12.12.2013 – B 8 SO 24/12 R). Der Begriff der besonderen Lebensverhältnisse in § 1 Abs. 2 VO meint aber deutlich mehr als die Verwirklichung eines typischen gesellschaftlichen Lebensrisikos, wie beispielsweise den Verlust des Arbeitsplatzes oder die Kündigung der Unterkunft. Erforderlich ist vielmehr eine **besondere Mangelsituation,** die sich hinsichtlich ihrer Art und Intensität von der Verwirklichung und dem Eintritt eines allgemeinen Lebensrisikos unterscheidet (vgl. SG Reutlingen 3.7.2008 – S 7 SO 2087/08 ER, SAR 2008, 90; *Luthe,* Hauck/Noftz, SGB XII, § 67 Rn. 13). Ob besondere Lebensverhältnisse bestehen, ist in jedem Einzelfall zu prüfen.

So ist etwa eine Wohnung nicht schon dann als nicht ausreichend einzustufen, **8** wenn ihre Größe, Ausstattung oder Lage nicht durchschnittlichen Anforderungen entspricht. Vielmehr muss sie elementaren Anforderungen an ein **menschenwürdiges Wohnen** – etwa im Hinblick auf Hygiene, Schimmelbefall, Wärme, Trockenheit – nicht genügen. Keine ausreichende Wohnung ist auch dann vorhanden, wenn eine tatsächliche Wohnungslosigkeit nur dadurch verdeckt wird, dass eine Person bei Dritten notgedrungen Unterschlupf findet und dadurch in eine unzumutbare Abhängigkeit gerät (vgl. BR-Drs. 734/00, S. 10).

Eine **ungesicherte wirtschaftliche Lebensgrundlage** iSv § 1 Abs. 2 VO ist **9** nicht bereits bei allen Personen anzunehmen, die ihren notwendigen Lebensunterhalt nicht aus eigenen Kräften oder Mitteln beschaffen können. Sie ist vielmehr erst gegeben, wenn es an einer Verlässlichkeit des regelmäßigen Einkommenszuflusses völlig fehlt oder dieser nicht nur vorübergehend unterhalb der Sozialhilfeschwelle für die Hilfe zum Lebensunterhalt liegt (BR-Drs. 734/00, S. 10). Leistungen nach § 67 sind dann Wegbereiter für die Hilfe zum Lebensunterhalt.

**Gewaltgeprägte Lebensumstände** bestehen bei einer Gewalterfahrung oder **10** -bedrohung, die so intensiv und aktuell ist, dass sie die Lebenssituation einer Person insgesamt bestimmt (BR-Drs. 734/00, S. 10). Das kann etwa zutreffen beim Ausstieg aus der Prostitution oder bei Misshandlungen in der Familie oder Partnerschaft (vgl. LSG Nds-Brem 27.1.2011 – L 8 SO 85/08, ZfF 2012, 272 zu § 72 BSHG).

Das besondere Lebensverhältnis „**Entlassung aus einer geschlossenen Einrichtung**" erfasst die Situation sowohl nach einer richterlich angeordneten als auch **11** nach einer freiwilligen Unterbringung in einer geschlossenen Einrichtung (vgl. BR-Drs. 734/00, S. 11). Dazu gehört insbesondere die Entlassung aus Strafhaft (BayLSG 17.9.2009 – L 18 SO 111/09 B ER) oder aus Sicherungsverwahrung (HessLSG 2.8.2012 – L 4 SO 86/12 B ER, ZfSH/SGB 2012, 532). Es ist jedoch zu beachten, dass für das Eingreifen der Hilfen nach §§ 67 ff. stets auch soziale Schwierigkeiten vorliegen müssen; dies ist nach einer Haftentlassung nicht zwangsläufig der Fall und bedarf – wie bei den anderen besonderen Lebensverhältnissen auch – der gesonderten Feststellung (LSG Bln-Bbg 9.5.2012 – L 23 SO 9/12 B PKH, BeckRS 2012,

70111 und 4.5.2010 – L 23 SO 46/10 B ER, BeckRS 2010, 69758; LSG NRW 12.5.2011 – L 9 SO 105/10, SAR 2011, 98).

**12**    **Vergleichbare nachteilige Umstände** liegen vor, wenn die durch sie verursachten Einschränkungen der elementaren Lebensbedürfnisse in ihrem Schweregrad den ausdrücklich genannten Lebensverhältnissen entsprechen. Die Rechtsprechung hat besondere Lebensverhältnisse zB angenommen bei einem arbeitslosen chronisch Alkoholabhängigen, der an Depressionen leidet und nach längerer Zeit ohne Individualwohnraum in eine eigene Wohnung zieht (SG Stuttgart 11.6.2008 – S 11 SO 4085/08 ER, info also 2008, 230). Ebenso für eine arbeitslose Frau, deren sechsjähriger Sohn die letzten zwei Jahre in Heimen und Pflegefamilien untergebracht war, wobei gleichzeitig der Vater des Kindes mit dessen Entführung drohte, und die erhebliche Schwierigkeiten im Umgang mit Geld, mit Sozialkontakten sowie im Umgang mit Konflikten hatte (SG Stuttgart 23.6.2006 – S 20 SO 4090/06 ER, SAR 2006, 91). Auch wenn Wohnung und Einkommen (Rente) gesichert sind, kann eine psychische Störung mit Borderline-Symptomatik und paranoider Schizophrenie, die mit einer demenziellen Entwicklung nach langjährigem Alkoholabusus und nicht steuerbaren Verhaltensauffälligkeiten einhergeht, einen Anspruch auf Hilfe begründen, wenn ansonsten die Gefahr völliger Verwahrlosung oder eines Suizids droht (SG Reutlingen 17.11.2005 – S 7 SO 2421/05, SAR 2006, 5). Hingegen wurden in einem anderen Fall besondere Lebensverhältnisse im Sinne von § 67 trotz Vorliegens von Arbeitslosigkeit, Wohnungslosigkeit und Schulden nicht angenommen, da der Betroffene Leistungen nach dem SGB II erhielt, sich bereits in Schuldnerberatung befand und nach seinen eigenen Angaben in der Lage war, alleine eine Wohnung zu bewohnen (SG Reutlingen 3.7.2008 – S 7 SO 2087/08 ER, SAR 2008, 90).

**13**    Oftmals liegen auch **mehrere** der genannten besonderen Situationen gleichzeitig vor: so zB bei einem Drogenabhängigen, der aus der Haft oder einer Einrichtung der Drogenentwöhnung entlassen wird und weder Wohnung noch Arbeit hat (vgl. LSG Bln-Bbg 14.2.2008 – L 15 B 292/07 SO ER, SAR 2008, 40; SG Altenburg 21.8.2006 – S 21 SO 1883/06 ER).

**14**    **c) Soziale Schwierigkeiten (§ 1 Abs. 3 VO).** Auch der **unbestimmte Rechtsbegriff** der **sozialen Schwierigkeiten** wird in der VO konkretisiert. § 1 Abs. 3 S. 1 VO bestimmt, dass soziale Schwierigkeiten vorliegen, wenn ein Leben in der Gemeinschaft durch ausgrenzendes Verhalten des Hilfesuchenden oder eines Dritten wesentlich eingeschränkt ist (vgl. BSG 12.12.2013 – B 8 SO 24/12 R). In dieser Bestimmung kommt der Bezug zum Ziel der Hilfe, nämlich dem Betroffenen eine Teilhabe am Leben in der Gemeinschaft zu ermöglichen, zum Ausdruck.

**15**    Die Vorschrift stellt ferner klar, dass es unerheblich ist, ob ein ausgrenzendes Verhalten selbst gewählt, von anderen geprägt oder durch äußere Umstände veranlasst ist und dass nicht nur ein Verhalten des Hilfesuchenden selbst, sondern auch das eines Dritten von der Teilnahme am Leben in der Gemeinschaft ausgrenzen kann (BR-Drs. 734/00, S. 11). Nicht erforderlich ist, dass sich eine konkrete Person bestimmen lässt, von der das ausgrenzende Verhalten ausgeht. Auch komplexe **gesellschaftliche Ausgrenzungsprozesse,** die sich nicht ohne weiteres einzelnen Personen zuordnen lassen, können soziale Schwierigkeiten begründen. Ausgrenzendes Verhalten Dritter liegt insbesondere dann vor, wenn dem Hilfebedürftigen der Zugang zu Gütern, Dienstleistungen oder anderen für die Teilnahme am Leben in der Gemeinschaft wesentlichen Elementen verweigert oder wesentlich erschwert wird, so zB wenn Angehörige sozialer „Randgruppen" große Schwierigkeiten haben, auf dem allgemeinen Wohnungsmarkt eine Wohnung zu finden.

**16**    In § 1 Abs. 3 S. 2 VO sind **exemplarisch** vier Lebensbereiche angeführt, in denen solche sozialen Schwierigkeiten Bedeutung haben können, nämlich im Zusammenhang mit der Erhaltung oder Beschaffung einer Wohnung, mit der Erlangung oder

Sicherung eines Arbeitsplatzes, mit familiären oder anderen sozialen Beziehungen oder mit Straffälligkeit. Diese Aufzählung ist nicht abschließend („insbesondere"), soziale Schwierigkeiten können auch in anderen Zusammenhängen auftreten.

Wenn zT ein **bestimmter Schweregrad** der sozialen Schwierigkeiten verlangt 17 wird (so *Wehrhahn*, jurisPK-SGB XII, § 67 Rn. 24; *Scheider*, Schellhorn/Hohm/ Scheider, SGB XII, § 67 Rn. 7; *v. Renesse*, Jahn, SGB II/SGB XII, § 67 SGB XII Rn. 6), um sie von „allgemeinen sozialen Schwierigkeiten" oder „allgemeinen Lebenskrisen" abzugrenzen, bei denen Hilfen nach § 67 nicht zu gewähren sind, so ist das zumindest missverständlich. Soziale Schwierigkeiten im Sinne des § 67 liegen überhaupt erst dann vor, wenn das Leben in der Gemeinschaft infolge ausgrenzenden Verhaltens **wesentlich** eingeschränkt ist. Dies ist bei den sog. „allgemeinen Lebenskrisen" wie Arbeitslosigkeit, wirtschaftliche Schwierigkeiten, Krankheit oder Ehezerwürfnissen meist gerade nicht der Fall. Sie begründen oftmals schon kein ausgrenzendes Verhalten. Auch führen sie in der Regel nicht zu einer länger andauernden erheblichen Einschränkung der Möglichkeiten zur Teilnahme am Leben in der Gemeinschaft. Es fehlt daher an den notwendigen Voraussetzungen für das Vorliegen sozialer Schwierigkeiten iSv § 67. Lediglich in diesem Sinne ist ein bestimmter Schweregrad der Schwierigkeiten erforderlich. Führt jedoch eine „allgemeine Lebenskrise" wie Arbeitslosigkeit und Schulden im Einzelfall zu ausgrenzendem Verhalten, durch das das Leben in der Gemeinschaft erheblich und nicht nur vorübergehend eingeschränkt wird, so sind soziale Schwierigkeiten im Sinne von § 67 gegeben. Dass diesen Schwierigkeiten eine Situation zugrunde liegt, die im Leben eines jeden Menschen auftreten kann, ist dann unerheblich. In diesem Zusammenhang ist insbesondere zu berücksichtigen, dass ein in besonderen Lebensverhältnissen lebender Mensch oftmals Hilfe auch bei solchen Problemen benötigt, die die „Normalbevölkerung" ohne staatliche Hilfe bewältigt (vgl. SG Altenburg 13.7.2009 – S 21 SO 1934/09 ER; *Roscher*, LPK-SGB XII, § 67 Rn. 21).

Beispielsweise zählt eine Frau, die nach der Trennung von ihrem Partner lediglich 18 vorübergehend Unterkunft und Betreuung in einem **Frauenhaus** sucht, nicht schon allein deshalb zum Kreis der Leistungsberechtigten für Hilfen nach § 67. Anders jedoch bei einem Trennungskonflikt, bei dem es vor allem auch darum geht, die eigenen Fähigkeiten der Frau zur selbstbestimmten Teilnahme am Leben in der Gemeinschaft wiederzugewinnen bzw. zu stärken (vgl. OVG NRW 20.3.2000 – 16 A 3189/99, FEVS 52, 38; ähnlich LSG Nds-Brem 27.1.2011 – L 8 SO 85/08, ZfF 2012, 272; ausführlich hierzu *Hammel*, ZfF 2012, 97). Über die normalerweise mit einem **Verlust der Wohnung** verbundenen Probleme hinausgehende soziale Schwierigkeiten liegen bei einer inhaftierten alleinerziehenden Mutter von sechs Kinder vor, deren Sorgerecht zwar nur für die Haftdauer ruht, die aber für eine Rückkehr der Kinder in ihren Haushalt nach ihrer Entlassung auf einen Erhalt der Wohnung angewiesen ist (BayLSG 17.9.2009 – L 18 SO 111/09 B ER).

Auch **unmittelbar drohende** soziale Schwierigkeiten reichen aus, um Hilfen 19 eingreifen zu lassen, da diese gemäß § 68 Abs. 1 S. 1 auch Maßnahmen zur Abwendung der Schwierigkeiten umfassen (→ § 68 Rn. 6).

**d) Unfähigkeit zur Selbsthilfe.** Hilfe nach § 67 wird ferner nur gewährt, wenn 20 der Betroffene nicht fähig ist, die sozialen Schwierigkeiten aus eigener Kraft zu überwinden. Dieses zusätzliche Merkmal ist Ausdruck des allgemeinen **Subsidiaritätsgrundsatzes** der Sozialhilfe (§ 2 Abs. 1). Ob und inwieweit der Betroffene über die Fähigkeit zur Selbsthilfe verfügt, ist anhand der Umstände des Einzelfalls festzustellen. Indizien für fehlende Selbsthilfekräfte sind zB das Andauern des Hilfebedarfs über einen längeren Zeitraum oder die Wiederkehr des Hilfebedarfs. Vollständige Unfähigkeit zur Selbsthilfe ist jedoch nicht Leistungsvoraussetzung, Hilfe nach § 67 kommt auch als Ergänzung zur bestehenden, aber eingeschränkten Selbsthilfefähigkeit in Betracht (vgl. SchlHOVG 26.9.2001 – 2 L 49/01). Das Wort „wenn" in § 67 S. 1 ist daher als „wenn und soweit" zu verstehen.

21    Auf die **Ursache** für die mangelnden Selbsthilfekräfte kommt es grundsätzlich nicht an. Liegt diese allerdings in einer Krankheit oder Behinderung, so ist zunächst zu prüfen, ob vorrangig andere Hilfen nach dem SGB XII oder anderen Gesetzen eingreifen (zum Nachrang der Hilfe nach § 67 → Rn. 24 ff.). Kann allein durch diese anderen Hilfen die Fähigkeit zur Teilhabe am Leben in der Gemeinschaft nicht hergestellt werden, kommen Leistungen nach §§ 67 ff. ergänzend in Betracht (→ Rn. 26, 32 ff.).

21a   Die Frage, ob der Betroffene in der Lage ist, die sozialen Schwierigkeiten aus eigener Kraft zu überwinden oder nicht, erfordert eine **Prognose** des Sozialhilfeträgers. Hieraus lässt sich allerdings **kein Beurteilungsspielraum** im Sinne einer eingeschränkten gerichtlichen Überprüfbarkeit ableiten (aA: *Luthe,* Hauck/Noftz, SGB XII, § 67 Rn. 47 f.; *Wehrhahn,* jurisPK-SGB XII, § 67 Rn. 28).

22    **e) Nachgehende Hilfe (§ 1 Abs. 1 S. 2 VO).** § 1 Abs. 1 S. 2 VO bestimmt, dass Personen „nachgehende Hilfe" zu gewähren ist, soweit bei ihnen nur durch Leistungen nach § 67 der **drohende Wiedereintritt besonderer sozialer Schwierigkeiten** abgewendet werden kann. Mit dieser Regelung wird die Nachhaltigkeit der Maßnahmen zur Abwendung und Beseitigung der Schwierigkeiten verstärkt, um eine dauerhafte Überwindung besonderer sozialer Schwierigkeiten zu erreichen (vgl. BR-Drs. 734/00, S. 9). Die Hilfe nach § 67 hat insofern nicht nur einen nachgehenden, sondern auch einen präventiven Charakter (vgl. LSG NRW 30.6.2005 – L 20 B 2/05 SO ER).

23    Im Unterschied zu § 15 Abs. 2, der lediglich als Soll-Vorschrift ausgestaltet ist und keine eigenständige Rechtsgrundlage darstellt, normiert § 1 Abs. 1 S. 2 VO einen **Rechtsanspruch** auf nachgehende Hilfeleistungen. Sind die engen Voraussetzungen des § 1 Abs. 1 S. 2 VO nicht erfüllt, kommen freilich nachgehende Hilfen als Soll-Leistungen nach § 15 Abs. 2 iVm § 67 in Betracht.

## 2. Nachrang der Hilfe (S. 2)

24    § 67 S. 2 normiert einen umfassenden Nachrang der Leistungen zur Überwindung besonderer sozialer Schwierigkeiten gegenüber anderen Leistungen nach dem SGB XII (sog. **interner Nachrang**). Alle übrigen in § 8 aufgeführten Leistungsarten gehen somit den Leistungen nach § 67 vor. Dieser interne Nachrang gilt unabhängig davon, ob es sich um Kann-, Soll- oder Muss-Leistungen handelt.

25    Der in § 67 S. 2 enthaltene interne Nachrang der Hilfe kommt nach dem Wortlaut der Norm allerdings nur zum Tragen, wenn der Hilfebedarf der leistungsberechtigten Person durch andere Leistungen des Trägers der Sozialhilfe, ggfs. auch durch eine Kombination mehrerer anderer Leistungen, tatsächlich **gedeckt wird** (vgl. LSG Bln-Bbg 14.2.2008 – L 15 B 292/07 SO ER, SAR 2008, 40). Hierin liegt ein Unterschied zu dem in § 2 Abs. 1 normierten allgemeinen Nachranggrundsatz. Leistungen nach § 67 sind daher nicht schon dann ausgeschlossen, wenn nur die rechtliche Möglichkeit einer Leistungserbringung auf Grund einer anderen Vorschrift besteht.

26    Überdies greift der Nachrang der Hilfen nach § 67 auch nur insoweit ein, als andere Leistungen den Bedarf des Leistungsberechtigten **vollständig und gleichwertig** decken. Wird durch andere Leistungen das Ziel der Hilfe nach §§ 67 ff. nicht oder nur teilweise erreicht, so ist diese – ggf. ergänzend – zu leisten (vgl. VG Stuttgart 27.12.1999 – 9 K 5233/97, br 2000, 211; ausführlich *Lippert,* NDV 2002, 134). Insbesondere darf der Nachrang nicht dazu führen, dass die ganzheitliche Betreuung des einzelnen Hilfefalls aufgegeben wird. Kann eine solche nur durch Hilfe nach §§ 67 ff. erreicht werden, so ist diese zu gewähren (vgl. SG Stuttgart 26.1.2009 – S 20 SO 212/09 ER).

Als vorrangige Leistung kommt vor allem die **Eingliederungshilfe** nach §§ 53 ff.  27
in Betracht. Die Abgrenzung beider Hilfearten ist vor dem Hintergrund der unterschiedlichen Regelungen über den Einsatz von Einkommen und Vermögen von
Bedeutung. Sie ist vor allem deshalb schwierig, weil die §§ 53 ff. auch seelisch behinderte Menschen erfassen. Beruhen die besonderen sozialen Schwierigkeiten auf
einer seelischen Behinderung oder stellt das Fehlen eigener Kräfte zu deren Überwindung selbst eine Behinderung dar, so ist Eingliederungshilfe zu gewähren. Bestehen hingegen zusätzlich zu der Behinderung in untypischer Weise weitere besondere
Lebensverhältnisse (zB Wohnungslosigkeit), die ebenfalls die Teilhabe am Leben in
der Gemeinschaft beeinträchtigen, so kommt Hilfe nach §§ 67 ff. in Betracht (vgl.
VG Stuttgart 27.12.1999 – 9 K 5233/97, br 2000, 211). Gleiches gilt, wenn der
behinderte Mensch (zunächst) der Beratung und Unterstützung bedarf, um die
Wechselbeziehung zwischen der Behinderung und den sozialen Schwierigkeiten zu
erkennen sowie seine Bereitschaft und Fähigkeit zur Mitwirkung an Maßnahmen zu
deren Überwindung zu wecken (vgl. *Trenk-Hinterberger,* Rothkegel, Sozialhilferecht,
Kap. 25, Rn. 48; *Lippert,* NDV 2002, 134).

Erhält der Leistungsberechtigte im Hinblick auf einen bei ihm gegebenen mehrfa-  28
chen Bedarf sowohl Leistungen nach § 67 als auch Leistungen nach anderen Bestimmungen des SGB XII, so sind die besonderen Regelungen über den **Einsatz von
Einkommen** in § 89 zu beachten.

Leistungen nach § 67 sind zum anderen nachrangig im Verhältnis zu **Leistungen**  29
**nach dem SGB VIII.** Zwar ergibt sich bereits aus § 10 Abs. 4 S. 1 SGB VIII,
dass Leistungen nach dem SGB VIII den Leistungen nach dem SGB XII vorgehen.
Gleichwohl kommt § 67 S. 2 insoweit nicht nur eine klarstellende Bedeutung zu (so
aber *Wolf,* Fichtner/Wenzel, SGB XII, § 67 Rn. 7). Denn auch im Hinblick auf
mögliche Leistungen nach dem SGB VIII gilt, dass der Nachrang der Leistungen
nach § 67 erst und lediglich insoweit greift, als für einen konkreten Hilfebedarf nach
§ 67 Leistungen nach dem SGB VIII auch tatsächlich erbracht werden.

Als **vorrangige Leistungen nach dem SGB VIII** kommen beispielsweise in  30
Betracht Betreuungsleistungen für Mütter bzw. Väter mit einem Kind unter sechs
Jahren in geeigneten Wohnformen (§ 19 SGB VIII), Hilfen zur Erziehung eines
Kindes oder Jugendlichen (§ 27 SGB VIII) sowie Hilfen für junge Volljährige (§ 41
SGB VIII).

Bei der **Abgrenzung** der Hilfearten ist zu beachten, dass diese an unterschiedliche  31
Bedarfslagen anknüpfen: bei Hilfen nach dem SGB VIII steht die Persönlichkeitsent-
wicklung im Vordergrund, bei Hilfen nach § 67 die Bewältigung einer sozialen
Situation (vgl. VG München 14.9.2005 – M 18 K 05.2453). Dies ist insbesondere
bei der Abgrenzung zu den Hilfen für junge Volljährige nach § 41 SGB VIII von
Bedeutung. Geht es vorrangig um die erzieherische Einwirkung auf den jungen
Volljährigen, um diesen zu einer eigenverantwortlichen Lebensführung zu befähigen, so ist Hilfe nach § 41 SGB VIII zu gewähren (ausführlich hierzu *Roscher* LPK-
SGB XII, § 67 Rn. 32 ff.). Leistungen nach § 67 kommen ergänzend in Betracht,
wenn der Bedarf durch die Hilfe nach § 41 SGB VIII nicht vollständig befriedigt
wird.

Im Übrigen unterliegen auch Leistungen nach § 67 dem **allgemeinen Nach-**  32
**ranggrundsatz** des § 2 Abs. 1. Daher ist zB die Durchführung einer Entziehungs-
kur zunächst gegenüber der Krankenkasse geltend zu machen. Insoweit ist der
Träger der Sozialhilfe freilich gehalten, auf die Gewährung vorrangiger Leistungen
hinzuwirken (§ 2 Abs. 1 S. 4 VO). Der Vorrang von Leistungen anderer Träger darf
ferner nicht dazu führen, dass eine notwendige Abstimmung und Koordination
unterbleibt. Die Hilfe nach § 67 ist gerade durch ihren ganzheitlichen Ansatz
gekennzeichnet, der das gleichzeitige Eingehen auf verschiedene Probleme ermöglicht. Kann der Bedarf durch isolierte Maßnahmen anderer Leistungsträger nicht
hinreichend gedeckt werden, ist Hilfe nach § 67 ergänzend zu gewähren (vgl.

SG Stuttgart 26.1.2009 – S 20 SO 212/09 ER). So kann zB ein alkoholkranker Obdachloser, der eine vom Rentenversicherungsträger finanzierte einmonatige stationäre Entzugsbehandlung durchführt, nach §§ 67 ff. für die Dauer des Entzugs Anspruch auf Übernahme der Kosten für die Freihaltung eines Zimmers in dem zuvor bewohnten Obdachlosenheim haben, wenn er dieses am Wochenende nutzt und Gespräche mit den dortigen Mitarbeitern führt, die wichtig sind, um einem Rückfall vorzubeugen und den Erfolg des Entzugs zu sichern (VG Gera 30.8.2006 – 6 K 429/03 GE).

33 Für erwerbsfähige Hilfebedürftige haben die **Leistungen nach dem SGB II** Vorrang. Von Bedeutung sind insbesondere die Leistungen zur Eingliederung in Arbeit nach § 16 SGB II, die den Hilfen zur Ausbildung, Erlangung und Sicherung eines Arbeitsplatzes (§ 68 S. 1 und § 5 VO) vorgehen. Das gilt auch für die Schuldnerberatung, psychosoziale Betreuung und Suchtberatung nach § 16a SGB II und die Schaffung von Arbeitsgelegenheiten nach § 16d SGB II. Der Vorrang von Leistungen nach dem SGB II gilt allerdings dann nicht, wenn der Betroffene nicht zum leistungsberechtigten Personenkreis nach dem SGB II gehört, was insbesondere bei Inhaftierten der Fall ist, § 7 Abs. 4 SGB II (vgl. auch SG Hildesheim 21.3.2005 – S 43 AS 24/05 ER). Außerdem gilt der Vorrang nur, soweit die Leistungen nach dem SGB II den Bedarf auch tatsächlich decken. Ist dies nicht vollumfänglich der Fall, kommen ergänzend Hilfen nach § 67 in Betracht (vgl. SG Düsseldorf 5.11.2010 – S 42 SO 480/10 ER, SAR 2011, 17; SG Stralsund 12.5.2005 – S 9 SO 37/05 ER). Die Regelung in § 21 S. 1 steht dem nicht entgegen. Danach sind Leistungsberechtigte nach dem SGB II nur von Leistungen für den Lebensunterhalt ausgeschlossen, nicht hingegen auch von den sonstigen Leistungen nach dem SGB XII.

34 **Kein Nachrang** besteht gegenüber der **Wohnraumbeschaffung** für Obdachlose durch **polizeirechtliche Maßnahmen** der Ordnungsbehörden. Zwar stellt drohende bzw. bestehende Obdachlosigkeit eine Gefahr bzw. Störung der öffentlichen Sicherheit dar. Zu berücksichtigen ist jedoch, dass ordnungsrechtliche Maßnahmen häufig über die Versorgung der obdachlosen Person hinaus weitere Folgen haben, insbesondere in das Eigentum Dritter eingreifen können. Deshalb kommen ordnungsrechtliche Maßnahmen in der Regel erst dann in Betracht, wenn mit dem sozialhilferechtlichen Instrumentarium Wohnraum nicht bzw. nicht rechtzeitig beschafft werden kann (ausführlich *Roscher* LPK-SGB XII, § 67 Rn. 37). Werden dennoch Maßnahmen der Gefahrenabwehr ergriffen, so entbindet dies den Träger der Sozialhilfe freilich nicht von seiner Aufgabe, Hilfe bei der Erhaltung und Beschaffung einer Wohnung zu erbringen, § 4 Abs. 3 VO.

### 3. Sachliche Zuständigkeit

35 Die sachliche Zuständigkeit richtet sich nach § 97 Abs. 3 Nr. 3. Danach ist für Leistungen der Hilfe zur Überwindung besonderer sozialer Schwierigkeiten nach den §§ 67 ff. der **überörtliche Träger der Sozialhilfe** sachlich zuständig, soweit das Landesrecht keine abweichenden Regelungen trifft. Durch diese Zuständigkeitsregelung soll im Interesse der Effektivität der Hilfe ein Wechsel in der sachlichen Zuständigkeit zwischen örtlichem und überörtlichem Träger der Sozialhilfe vermieden werden. Das BSHG unterschied insoweit nämlich noch zwischen ambulanten und stationären Hilfen, nur Letztere fielen nach § 100 Abs. 1 Nr. 5 BSHG in die Zuständigkeit des überörtlichen Trägers der Sozialhilfe. Allerdings haben einige Bundesländer in ihren Ausführungsvorschriften eine abweichende Regelung dahin gehend getroffen, dass – wie zuvor – der überörtliche Träger lediglich bei Hilfen in einer stationären oder teilstationären Einrichtung zuständig ist, bei ambulanter Hilfe hingegen der örtliche Träger der Sozialhilfe (so zB in Schleswig-Holstein gemäß § 2 Abs. 1 und Abs. 2 des Gesetzes zur Ausführung des Zwölften Buches

Sozialgesetzbuch vom 17.12.2010 (GVOBl. S. 789, 813). Zuständigkeitsdifferenzen und Reibungsverluste sind mit einer solchen Regelung programmiert. Für einen Überblick über die Regelungen in den anderen Bundesländern s. *Wehrhahn*, jurisPK-SGB XII, § 67 Rn. 6.

## § 68 Umfang der Leistungen

(1) ¹Die Leistungen umfassen alle Maßnahmen, die notwendig sind, um die Schwierigkeiten abzuwenden, zu beseitigen, zu mildern oder ihre Verschlimmerung zu verhüten, insbesondere Beratung und persönliche Betreuung für die Leistungsberechtigten und ihre Angehörigen, Hilfen zur Ausbildung, Erlangung und Sicherung eines Arbeitsplatzes sowie Maßnahmen bei der Erhaltung und Beschaffung einer Wohnung. ²Zur Durchführung der erforderlichen Maßnahmen ist in geeigneten Fällen ein Gesamtplan zu erstellen.

(2) ¹Die Leistung wird ohne Rücksicht auf Einkommen und Vermögen erbracht, soweit im Einzelfall Dienstleistungen erforderlich sind. ²Einkommen und Vermögen der in § 19 Abs. 3 genannten Personen ist nicht zu berücksichtigen und von der Inanspruchnahme nach bürgerlichem Recht Unterhaltspflichtiger abzusehen, soweit dies den Erfolg der Hilfe gefährden würde.

(3) Die Träger der Sozialhilfe sollen mit den Vereinigungen, die sich die gleichen Aufgaben zum Ziel gesetzt haben, und mit den sonst beteiligten Stellen zusammenarbeiten und darauf hinwirken, dass sich die Sozialhilfe und die Tätigkeit dieser Vereinigungen und Stellen wirksam ergänzen.

*Vergleichbare Vorschriften:* § 72 Abs. 2–4 BSHG.

**Schrifttum:** S. bei § 67.

### Übersicht

## I. Bedeutung der Norm

Durch § 68 erfolgt zum einen eine Konkretisierung der in § 67 nur allgemein **1** angesprochenen Leistungen zur Überwindung besonderer sozialer Schwierigkeiten (Abs. 1), wobei die nähere Ausgestaltung der Maßnahmen durch die §§ 2 bis 6 der Verordnung zur Durchführung der Hilfe zur Überwindung besonderer sozialer Schwierigkeiten erfolgt (der Verordnungstext ist bei § 69 abgedruckt). Zum anderen formuliert die Vorschrift Ausnahmen von dem Grundsatz, dass vorhandenes Einkommen und Vermögen in zumutbarem Umfang einzusetzen ist (Abs. 2). Schließlich verpflichtet § 68 die Träger der Sozialhilfe zur Zusammenarbeit mit Vereinigungen, die sich die gleichen Aufgaben zum Ziel gesetzt haben (Abs. 3).

## II. Inhalt der Norm

### 1. Art und Umfang der Leistungen (Abs. 1 S. 1 iVm §§ 2 bis 6 VO)

2     § 68 Abs. 1 **konkretisiert** die in § 67 nur allgemein angesprochenen Leistungen zur Überwindung besonderer sozialer Schwierigkeiten. Die Leistungen umfassen danach alle Maßnahmen, die notwendig sind, um die Schwierigkeiten abzuwenden, zu beseitigen, zu mildern oder ihre Verschlimmerung zu verhüten, insbesondere Beratung und persönliche Betreuung für die Leistungsberechtigten und ihre Angehörigen, Hilfen zur Ausbildung, Erlangung und Sicherung eines Arbeitsplatzes sowie Maßnahmen bei der Erhaltung und Beschaffung einer Wohnung. Die **Bandbreite der Leistungen** ist weit. Sie reicht von Maßnahmen zur Abwendung besonderer sozialer Schwierigkeiten bis zu Maßnahmen, durch die besondere soziale Schwierigkeiten beseitigt, gemildert oder Verschlimmerung verhütet werden. Auch die Leistungen zur Überwindung besonderer sozialer Schwierigkeiten unterliegen überdies dem allgemeinen Grundsatz der möglichst wirksamen Leistungserbringung, wie er sich insbesondere auch aus § 15 Abs. 1 ergibt. Der Träger der Sozialhilfe ist daher auch im Rahmen des § 68 ermächtigt, Leistungen vorbeugend zu erbringen, wenn dadurch eine drohende Notlage ganz oder teilweise abgewendet werden kann, zB Leistungen für eine Person, die noch nicht zum Personenkreis des § 67 gehört (vgl. BVerwG 2.3.1992 – 5 B 139/91, Buchholz 436.0, § 72 BSHG Nr. 2; so auch *Scheider,* Schellhorn/Hohm/Scheider, SGB XII, § 68 Rn. 3.1; enger *Wolf,* Fichtner/Wenzel, SGB XII, § 68 Rn. 1; dazu auch → § 15 Rn. 9). Zu Leistungen der nachgehenden Hilfe → § 67 Rn. 22.

3     Nach § 2 Abs. 1 der VO ist Endzweck der Leistungen, die Hilfesuchenden zur Selbsthilfe zu befähigen, die Teilnahme am Leben in der Gemeinschaft zu ermöglichen und die Führung eines menschenwürdigen Lebens zu sichern. Die Hilfesuchenden sollen bei der Bewältigung ihrer besonderen sozialen Schwierigkeiten unterstützt und dadurch in die Lage versetzt werden, ihr Leben entsprechend ihren Bedürfnissen, Wünschen und Fähigkeiten zu organisieren und selbstverantwortlich zu gestalten. An diesen Formulierungen wird deutlich, dass es nicht darum geht, den Hilfesuchenden zu „erziehen" und ihn den gesellschaftlich vorherrschenden Ansichten darüber, was eine „normale" Lebensführung ist, zu unterwerfen (von „Erziehung" spricht aber *Wolf,* Fichtner/Wenzel, SGB XII, § 67 Rn. 2). Vielmehr ist die Hilfe darauf gerichtet, den Hilfesuchenden in die Lage zu versetzen, ein **selbstbestimmtes, eigenverantwortliches** Leben nach seinen eigenen Vorstellungen (im Rahmen der geltenden Gesetze) führen zu können.

4     Die Entscheidung darüber, welche Maßnahmen im konkreten Einzelfall zu treffen sind, steht im **pflichtgemäßen Ermessen** des Sozialhilfeträgers, § 17 Abs. 2. Ein Anspruch auf eine bestimmte Leistung besteht nur bei einer Ermessensreduzierung auf Null (vgl. LSG Bln-Bbg 14.2.2008 – L 15 B 292/07 SO ER, SAR 2008, 40).

5     **a) Ziele der Maßnahmen (§ 2 Abs. 2 S. 1 VO).** Die Leistungen können darauf gerichtet sein, die sozialen Schwierigkeiten abzuwenden, zu beseitigen, zu mildern oder ihre Verschlimmerung zu verhüten. Bei der Auswahl zwischen verschiedenen Maßnahmen ist darauf zu achten, dass die Hilfe da einsetzt, wo ihre Ziele am besten erreicht werden. Die Beseitigung sozialer Schwierigkeiten hat daher – sofern sie möglich ist – Vorrang vor der bloßen Milderung.

Bei der **Abwendung** besonderer sozialer Schwierigkeiten geht es um Prävention; 6
es soll verhindert werden, dass bei Personen besondere soziale Schwierigkeiten überhaupt erst entstehen. Der insoweit in Betracht kommende Personenkreis ist freilich
in der Weise einzuschränken, dass Maßnahmen zur Abwendung besonderer sozialer
Schwierigkeiten erst und nur dann in Betracht kommen, wenn die Schwierigkeiten
der Person unmittelbar drohen (a A *Luthe,* Hauck/Noftz, SGB XII, §68 Rn. 5, der
dafür eintritt, die erforderliche Eingrenzung des Personenkreises bei der Bestimmung
der sozialen Schwierigkeiten vorzunehmen).

**Beseitigung** der besonderen sozialen Schwierigkeiten meint, die bereits eingetre- 7
tenen sozialen Schwierigkeiten in Gänze aus der Welt zu schaffen, den Bedarf der
leistungsberechtigten Person mithin vollständig zu befriedigen.

Demgegenüber wird bei der **Milderung** der Schwierigkeiten der Hilfebedarf 8
nicht vollständig, sondern nur teilweise befriedigt, zB wenn es zwar gelingt, einem
Strafentlassenen eine Wohnung, nicht aber auch eine Arbeit zu vermitteln oder
einem Obdachlosen zwar eine Notunterkunft, nicht aber eine Wohnung beschafft
werden kann. Da solche Maßnahmen den Hilfebedarf nicht vollständig beseitigen,
können sie in der Regel nur als „Durchgangsstadium" gewährt werden, wenn es
aus objektiven und/oder subjektiven Gründen nicht möglich ist, das Ziel der Hilfe
vollumfänglich zu erreichen. Der Anspruch auf weitergehende Hilfe bleibt bestehen.

Maßnahmen zur **Verhütung von Verschlimmerungen** sollen verhindern, dass 9
sich die Schwierigkeiten vergrößern oder vermehren. Praktische Bedeutung erlangt
dieses Leistungsziel, wenn durch Maßnahmen die Schwierigkeiten nur gemildert
werden, der Leistungsberechtigte also einen weiter gehenden Hilfebedarf hat. Maßnahmen zur Verhütung von Verschlimmerungen tragen dazu bei, den erreichten
Teilerfolg zu bewahren.

**b) Art der Maßnahmen (§2 Abs. 2 und §3 VO).** §2 Abs. 2 S. 1 VO stellt 10
zwar klar, dass dem Träger der Sozialhilfe für die Erbringung von Leistungen nach
§68 alle in §10 Abs. 1 aufgeführten Formen der Leistungserbringung – dh Dienst-,
Geld- und Sachleistungen – zur Verfügung stehen. Durch §2 Abs. 2 S. 2 VO wird
indes ein **Vorrang der Beratung und persönlichen Unterstützung** für die Leistungsberechtigten und für ihre Angehörigen normiert, der vom Träger der Sozialhilfe im Rahmen seiner Ermessensentscheidung (§17 Abs. 2) zu beachten ist. Geld-
und Sachleistungen sind folglich erst und nur zu gewähren, wenn im Einzelfall
Dienstleistungen (allein) nicht geeignet oder nicht ausreichend sind. Im Rahmen
seiner Ermessensentscheidung hat der Träger der Sozialhilfe zudem geschlechts-
und altersbedingte Besonderheiten sowie besondere Fähigkeiten und Neigungen zu
berücksichtigen (vgl. §2 Abs. 2 S. 3 VO). Das entspricht dem allgemeinen Individualisierungsgebot des §9 Abs. 1.

Die Leistungen der **Beratung und persönlichen Unterstützung** werden in §3 11
VO konkretisiert, allerdings ist die dortige Regelung keine abschließende Definition
dieser Leistungsart. Der Verordnungsgeber stellt klar, dass die Hilfe bereits damit
beginnen muss, den Hilfebedarf zu ermitteln, die Ursachen der besonderen Lebensumstände sowie der sozialen Schwierigkeiten festzustellen (§3 Abs. 1 VO) und sie
dem Leistungsberechtigten bewusst zu machen. Da die Leistungen nach §68 – ua –
das Ziel verfolgen, die leistungsberechtigte Person zur Selbsthilfe zu befähigen (§2
Abs. 1 S. 1 VO), hat der Verordnungsgeber in §3 Abs. 2 VO hervorgehoben, dass
Maßnahmen der Beratung und persönlichen Unterstützung auch Hilfestellungen
bei der Inanspruchnahme von in Betracht kommenden Sozialleistungen (vgl. LSG
BW 13.3.2006 – L 13 AS 4377/05 ER-B: Hilfe bei der Durchsetzung von Ansprüchen auf Sach-, Dienst- und Geldleistungen), bei der Inanspruchnahme von Schuldnerberatung und bei der Erledigung behördlicher und/oder gerichtlicher Angelegenheiten umfassen. Soweit dies erforderlich ist, wird ferner das Umfeld des
Leistungsberechtigten in die persönliche Unterstützung einbezogen (§3 Abs. 3 VO).

Insoweit geht es vor allem darum, in der Umgebung des Leistungsberechtigten Verständnis für dessen Situation und dessen soziale Schwierigkeiten zu wecken, um auf diese Weise ein – eventuell – ausgrenzendes Verhalten zu beenden und ein positives Umfeld zu schaffen. In geeigneten Fällen kann die Beratung und persönliche Unterstützung auch in Gruppen gewährt werden (§ 3 Abs. 4 VO).

11a   In **prozessualer Hinsicht** ist zu beachten, dass Leistungen auch ohne Verwaltungsakt in Form einer bloßen tatsächlichen Beratung und/oder Unterstützung erbracht werden können mit der Folge, dass die richtige Klageart die echte Leistungsklage und ein Widerspruchsverfahren nicht erforderlich wäre.

12   Um eine Dienstleistung (und nicht um eine Geld- oder Sachleistung) handelt es sich auch dann, wenn Beratung oder persönliche Unterstützung durch einen **Dritten** erbracht werden, der hierfür vom Sozialhilfeträger einen finanziellen Ausgleich erhält (SchlHOVG 7.8.2002 – 2 L 70/01, NDV-RD 2002, 86; SG Stuttgart 23.6.2006 – S 20 SO 4090/06 ER, SAR 2006, 91). Die Abgrenzung ist insbesondere für die Anrechnung von Einkommen und Vermögen von Bedeutung (→ Rn. 41).

13   Reichen Dienstleistungen nicht aus, so sind (daneben) Geld- und Sachleistungen oder Gutscheine zu gewähren. Dabei haben **Geldleistungen Vorrang vor Gutscheinen und Sachleistungen,** soweit nicht ein Gutschein oder eine Sachleistung das Ziel der Sozialhilfe erheblich besser oder wirtschaftlicher erreichen kann oder die Leistungsberechtigten es wünschen, § 10 Abs. 3. Schon bevor dieser Vorrang ausdrücklich gesetzlich geregelt war, hatte das BVerwG entschieden (16.1.1986 – 5 C 72/84, FEVS 35, 271), dass es nicht zulässig ist, die Sachleistung als Mittel zu dem Zweck einzusetzen, eine ganze Gruppe von Hilfesuchenden (hier: Nichtsesshafte) von der Geltendmachung eines Hilfeanspruchs gegenüber einem bestimmten Träger der Sozialhilfe abzuschrecken. Allerdings kann die Gewährung von Sachleistungen bei Vorliegen besondere Umstände gerechtfertigt sein, insbesondere wenn dies erforderlich ist, um einer missbräuchlichen Verwendung von Mitteln entgegen zu wirken.

14   § 2 Abs. 5 VO schreibt entsprechend § 13 Abs. 1 S. 3 einen **Vorrang der ambulanten und teilstationären Leistungen** gegenüber der Leistungserbringung in stationären Einrichtungen vor. **Stationäre Leistungen** sollen nur in Ausnahmefällen und überdies auch nur befristet erbracht werden. Es ist ein Gesamtplan zu erstellen (→ 36 ff.). Spätestens nach sechs Monaten hat eine Überprüfung der Leistungen zu erfolgen (§ 2 Abs. 5 S. 3 VO). **Frauenhäuser** sind gemäß § 2 Abs. 5 S. 5 VO keine stationären Einrichtungen; die Vorschrift trägt damit der besonderen Situation der Frauenhäuser Rechnung und will die in der Praxis vorfindbaren Finanzierungslösungen für Frauenhäuser möglichst unberührt lassen (vgl. BR-Drs. 734/00, S. 14). Ambulante Maßnahmen während des Aufenthalts in einem Frauenhaus bleiben ausdrücklich möglich.

15   Wird die Hilfe in einer **stationären Einrichtung** erbracht, so hat der Betroffene auch einen Anspruch auf Übernahme der Kosten für den in der Einrichtung gewährten Lebensunterhalt nach § 27b Abs. 1, soweit dieser in der Einrichtung neben der eigentlichen Aufgabenerfüllung – der Maßnahme nach § 67 – mitgewährt wird (LSG BW 8.7.2015 – L 2 SO 4793/13; LSG BW 18.4.2012 – L 2 SO 5276/10, Sozialrecht aktuell 2012, 260; LSG Bln-Bbg 17.8.2007 – L 23 B 167/07 SO ER, FEVS 59, 165). Eine Aufsplittung der stationären Maßnahme in „Maßnahmekosten" und andere Kosten ist in §§ 67 ff. nicht vorgesehen.

16   **c) Erfolgsaussicht, Mitwirkungspflicht und Dauer der Hilfe.** Hilfen sind nur zu gewähren, wenn sie **Aussicht auf Erfolg** bieten, denn nur dann sind sie „notwendig" im Sinne von § 68 Abs. 1 S. 1. Dies erfordert eine Prognose. Dabei sind allerdings keine überzogenen Anforderungen an die Erfolgsaussichten zu stellen. Insbesondere ist zu berücksichtigen, dass die besonderen Umstände (zB psychische Erkrankung) dazu führen können, dass Fortschritte nur in geringem Umfang bzw.

sehr langsam erzielt werden. Dies allein rechtfertigt es nicht, die Fortsetzung der Hilfe zu verweigern (vgl. SG Mannheim 15.1.2007 – S 1 SO 3948/06 ER, SAR 2007, 111: war jemand jahrelang alkoholabhängig und verwahrlost, so kann seine Heranführung an die Gesellschaft nicht innerhalb weniger Monate erwartet werden). Ferner ist die Aussicht auf eine vollständige Beseitigung der sozialen Schwierigkeiten nicht erforderlich, da Maßnahmen auch mit dem Ziel der Milderung der Schwierigkeiten ergriffen werden können (→ Rn. 8). Dann muss jedoch hinsichtlich dieses Ziels eine Erfolgsaussicht bestehen.

§ 2 Abs. 1 S. 3 VO hebt hervor, dass bei der Entscheidung über die zu gewähren- **17** den Leistungen auch die Verpflichtung des Hilfesuchenden, nach eigenen Kräften an der Überwindung der sozialen Schwierigkeiten **mitzuwirken,** zu berücksichtigen ist. So kann zB eine Pflicht des Sozialhilfeträgers zur Unterstützung bei der Beschaffung einer Wohnung entfallen, wenn dem Hilfebedürftigen bereits mehrfach Unterkünfte angeboten wurden, die dieser ohne wichtigen Grund zurückgewiesen hat (vgl. LSG NRW 25.7.2007 – L 20 B 67/07 SO ER). Hierbei ist jedoch zu beachten, dass die fehlende bzw. eingeschränkte Selbsthilfefähigkeit Voraussetzung für die Zugehörigkeit zum leistungsberechtigten Personenkreis ist. Die fehlende Mitwirkung des Betroffenen ist häufig gerade Ausdruck des Problems, dass zu seiner Hilfebedürftigkeit führt, zB bei psychischen Erkrankungen oder Abhängigkeitsleiden (vgl. hierzu SG Mannheim 15.1.2007 – S 1 SO 3948/06 ER, SAR 2007, 111). In diesen Fällen ist darauf zu achten, dass Hilfeleistungen nicht voreilig unter Hinweis auf die fehlende Mitwirkung abgelehnt werden. Auch darf die Mitwirkungspflicht nicht dazu eingesetzt werden, dem Hilfebedürftigen eine bestimmte Lebensform vorzuschreiben (vgl. SG Mannheim 5.12.2007 – S 10 SO 3153/07 im Falle eines Obdachlosen, der immer wieder geraume Zeit ohne festen Wohnsitz ist).

Allen Maßnahmen gemein ist eine **zeitliche Begrenzung** in der Weise, dass sie **18** grundsätzlich nicht auf Dauer angelegt sein dürfen (vgl. OVG Hmb 25.7.1991 – Bs IV 178/91, Bs IV 179/91, FEVS 42, 89, 91). Für stationäre Maßnahmen ist in § 2 Abs. 5 VO eine Befristung ausdrücklich vorgesehen. Dies schließt jedoch nicht aus, dass auf Grund der konkreten Umstände des Einzelfalls die Leistungen nach § 68 über einen sehr langen Zeitraum gewährt werden (vgl. SG Stuttgart 11.6.2008 – S 11 SO 4085/08 ER, info also 2008, 230; SG Reutlingen 17.11.2005 – S 7 SO 2421/05, SAR 2006, 5), sofern nur eine gewisse Erfolgsaussicht dafür besteht, dass die besonderen sozialen Schwierigkeiten abgewendet, gemildert oder beseitigt werden. Auch die Erbringung von Leistungen über mehrere Jahre ist deshalb grundsätzlich möglich. Sofern Verwaltungsvorschriften der Sozialhilfeträger Höchstgrenzen für die Dauer der Hilfen nach § 67 enthalten, sind diese mit dem Gesetz nicht zu vereinbaren.

§ 2 Abs. 4 VO verpflichtet den Träger der Sozialhilfe zur **Überprüfung** des **19** Gesamtplanes und der Maßnahmen, sobald Umstände die Annahme rechtfertigen, dass die Leistungen nicht oder nicht mehr zielgerecht ausgestaltet sind oder der Leistungsberechtigte nicht in dem ihm zumutbaren Umfang mitwirkt. Das Ergebnis der Überprüfung ist in der Regel eine zielorientierte Anpassung der Maßnahmen. Eine Unterbrechung oder Einstellung der Hilfen ist freilich dann in Betracht zu ziehen, wenn der Leistungsberechtigte die ihm zumutbare Mitwirkung verweigert hat.

**d) Einzelne Maßnahmebereiche (§§ 4–6 VO).** Gesetz und Verordnung heben **20** als mögliche Maßnahmen die Hilfen zur Erhaltung und Beschaffung einer Wohnung, bei der Vermittlung in Ausbildung, Erlangung und Sicherung eines Arbeitsplatzes sowie bei Aufbau und Aufrechterhaltung sozialer Beziehungen und Gestaltung des Alltags hervor, § 68 Abs. 1 S. 1, § 2 Abs. 2 VO i. V. m. §§ 4–6 VO.

**aa) Erhaltung und Beschaffung einer Wohnung (§ 4 VO).** Maßnahmen zur **21** Erhaltung und Beschaffung einer Wohnung sind nach § 4 Abs. 1 VO vor allem die

**Beratung und persönliche Unterstützung.** Diese Regelung erklärt sich vor dem Hintergrund des Nachrangs der Hilfen nach § 68 (vgl. § 67 S. 2). Die Kosten für Unterkunft, Hausrat und Heizung sind Bestandteile des notwendigen Lebensunterhalts und werden deshalb bereits von der Hilfe zum Lebensunterhalt (§ 27a Abs. 1) umfasst. Als Hilfe zum Lebensunterhalt kann der Leistungsberechtigte allerdings nur die Übernahme der Unterkunftskosten, nicht aber auch die Beschaffung einer Unterkunft beanspruchen. Hierfür bietet § 68 eine Anspruchsgrundlage. Maßnahmen zur Erhaltung und Beschaffung einer Wohnung nach § 4 Abs. 1 VO gehen über die Bereitstellung der erforderlichen finanziellen Mittel hinaus. Sie reichen von der Beratung und Befähigung des Leistungsberechtigten, sich selbst erfolgreich um eine eigene Wohnung zu bemühen und sie zu behalten, bis zur Vermittlung einer geeigneten Wohnung selbst. In diesem Zusammenhang etwa anfallende Vermittlungsgebühren (zB Makler) oder Kosten für Inserate (Zeitung) können, sofern sie nicht bereits nach § 35 Abs. 2 S. 5 übernommen werden, Gegenstand einer **Geldleistung** nach § 68 sein.

22 Als Maßnahme zur Erhaltung der Wohnung kommt zB die **Übernahme der Mietkosten** für die Dauer einer **Untersuchungs- oder Strafhaft** in Betracht, wenn es sich um eine angemessene und erhaltenswerte Wohnung handelt und der Hilfesuchende beabsichtigt, nach Haftentlassung in sie zurückzukehren (ausführlich *Hammel,* ZfSH/SGB 2000, 515). Die Mietkosten gehören in diesen Fällen nicht zum nach §§ 27a, 35 zu übernehmenden Lebensunterhalt des Hilfesuchenden, da sie nicht dazu dienen, den aktuellen Bedarf an Unterkunft zu decken, sondern die Wohnung für die Zeit nach der Entlassung erhalten sollen. Sofern es um die laufenden Mietkosten geht, ist auch § 36 nicht einschlägig, da dieser nur Mietschulden erfasst und nur der Sicherung der konkret genutzten Unterkunft dient (vgl. BSG 12.12.2013 – B 8 SO 24/12 R; LSG Bln-Bbg 4.5.2010 – L 23 SO 46/10 B ER, info also 2010, 182; LSG NRW 30.6.2005 – L 20 B 2/05 SO ER). Die Übernahme von Mietkosten während der Haft ist dabei eine Form der vorbeugenden Hilfe im Sinne von § 15, da die Bedarfslage (soziale Schwierigkeiten bei Entlassung aus der Haft) erst zukünftig besteht (hierzu BSG 12.12.2013 – B 8 SO 24/12 R). Bis zu welcher Dauer der Freiheitsentziehung eine Erhaltung der Wohnung möglich ist, wird unterschiedlich beurteilt (SG Düsseldorf 5.11.2010 – S 42 SO 480/10 ER, SAR 2011, 17: Übernahme der Miete für 15 Monate ist nicht gerechtfertigt; SG Hannover 14.4.2005 – S 52 SO 195/05 ER: Übernahme für mehr als ein Jahr ist nicht gerechtfertigt; SG Hildesheim 21.3.2005 – S 43 AS 24/05 ER: Übernahme für die Dauer von neun Monaten ist als vorbeugende Hilfe gem. § 15 möglich; OVG Bln 13.12.1979 – VI S 77.79, FEVS 28, 407: Übernahme der Miete für etwa 13 Monate als vorbeugende Hilfe möglich) und hängt letztlich von den Umständen des jeweiligen Einzelfalls ab (BayLSG 17.9.2009 – L 18 SO 111/09 B ER). Ein Anspruch ist jedoch ausgeschlossen, wenn ein Ende der Haft nicht absehbar ist (OVG Hmb 6.1.2000 – 4 Bs 413/99, FEVS 52, 9; SG Duisburg 18.2.2013 – S 16 SO 204/11; ähnlich LSG Bln-Bbg 15.4.2011 – L 14 AS 218/11 B ER, NZS 2011, 789). Nach dem BSG (12.12.2013 – B 8 SO 24/12 R) kommt es entscheidend auf die verbleibende Restdauer der Haft bis zum möglichen Eintritt der Notlage (dh der sozialen Schwierigkeiten bei Haftentlassung) an. Je näher die Haftentlassung bevorsteht, desto konkreter könne sich die Notwendigkeit von Geldleistungen anstelle sonstiger Hilfen ergeben. Umgekehrt könne eine hinreichend sichere Prognose dann nicht erstellt werden, wenn die Umstände nach Haftentlassung schon wegen der noch bevorstehenden Haftdauer nicht eingeschätzt werden können.

22a Ferner können die **Kosten für die zeitweise Einlagerung von Möbeln** eines Häftlings als Maßnahme zur Erhaltung der Wohnung übernommen werden (vgl. NdsOVG 4.12.2000 – 4 M 3681/00, FEVS 52, 274; aA *Lippert,* Mergler/Zink, SGB XII, § 68 Rn. 15; ausführlich hierzu *Hammel,* ZfSH/SGB 2001, 403). Auch hier ist ein Anspruch ausgeschlossen, wenn das Haftende nicht absehbar ist (LSG NRW 11.9.2006 – L 20 SO 36/06).

Ein weiterer wichtiger Bereich der Hilfe bei der Erhaltung oder Beschaffung **23** einer Wohnung ist die Beseitigung oder Vermeidung von **Obdachlosigkeit.** Leistungen nach § 68 kommen dabei schon dann in Betracht, wenn der Leistungsberechtigte unmittelbar von Obdachlosigkeit bedroht ist (vgl. VG Darmstadt 29.12.1999 – 6 G 2343/99 (4), info also 2000, 83). Sind Maßnahmen der Unterstützung bei der Suche nach einer eigenen Wohnung nicht Erfolg versprechend und ist im Einzelfall eine Unterbringung in einem Obdachlosenwohnheim nicht zumutbar, so kann der Träger der Sozialhilfe im Rahmen der nach § 68 zu erbringenden Leistungen ausnahmsweise verpflichtet sein, einem Obdachlosen eine befristete Kostenzusicherung für ein Hotel zu erteilen (HessVGH 11.7.1996 – 9 UE 2289/94, ZFSH/SGB 1997, 90).

Drohende bzw. bestehende Obdachlosigkeit stellt eine Gefahr bzw. Störung der **24** öffentlichen Sicherheit dar. Auch wenn die Leistungen nach § 68 Maßnahmen zur Erhaltung und Beschaffung einer Wohnung umfassen, bleibt die Verpflichtung der Ordnungsbehörde hiervon unberührt, drohende oder bestehende Obdachlosigkeit mit Mitteln der Gefahrenabwehr zu begegnen. Werden **ordnungsbehördliche Maßnahmen** ergriffen, so entbindet dies nach der ausdrücklichen Regelung in § 4 Abs. 3 VO allerdings nicht den Träger der Sozialhilfe von seiner Aufgabe, Leistungen zur Erhaltung und Beschaffung einer Wohnung zu erbringen (zum Verhältnis der Hilfe nach §§ 67 ff. zu ordnungsbehördlichen Maßnahmen → § 67 Rn. 34).

Zur Hilfe bei der Erhaltung und Beschaffung einer Wohnung können auch Leis- **25** tungen des **betreuten Wohnens** gehören, insbesondere für Personen, die von Obdachlosigkeit betroffen oder bedroht sind (vgl. hierzu *Busch-Geertsema/Evers,* NDV 2005, 126 u. 159) oder für Suchtkranke nach Entlassung aus einer stationären Entzugseinrichtung (vgl. LSG Bln-Bbg 26.7.2006 – L 15 B 125/06 SO ER; SG Stuttgart 20.10.2006 – S 7 SO 6973/06 ER). Auch die Kosten für die **Freihaltung eines Zimmers** in einem Obdachlosenheim für die Dauer einer einmonatigen stationären Alkoholbehandlung sind zu übernehmen, wenn dies erforderlich ist, um einem Rückfall vorzubeugen und damit den Erfolg des Entzugs zu sichern (vgl. VG Gera 30.8.2006 – 6 K 429/03 GE).

In Betracht kommt ferner die Übernahme der Kosten für eine **Grundreinigung 25a und Renovierung einer sog. Messie-Wohnung** (LSG Nds-Brem 8.3.2012 – L 13 AS 22/12 B ER, ZfSH/SGB 2012, 402; *Hammel,* ZfF 2013, 31).

Nach § 4 Abs. 2 VO umfasst die Hilfe auch **sonstige Leistungen** zur Erhaltung **26** und Beschaffung einer Wohnung nach dem Dritten Kapitel des SGB XII, insbesondere nach § 36. Dieser Hinweis ist sowohl überflüssig als auch missverständlich (in diesem Sinne auch LSG NRW 30.6.2005 – L 20 B 2/05 SO ER). Da der Träger der Sozialhilfe gehalten ist, den Hilfebedarf des Leistungsberechtigten insgesamt zu ermitteln und hierauf aufbauend einen Gesamthilfeplan zu erstellen (vgl. § 2 Abs. 3 VO), sind Hilfen nach § 36 im Falle von **Mietschulden** oder Schulden für Strom-, Gas- oder Wasserlieferungen ohnehin in Betracht zu ziehen. Leistungen des Trägers der Sozialhilfe im Hinblick auf Miet- oder Energieschulden des Leistungsberechtigten bleiben indes Hilfen nach § 36. Sie sind nicht deshalb den Leistungen nach § 68 zuzuordnen, weil sie Teil eines nach § 68 Abs. 1 S. 2 i. V. m. § 2 Abs. 3 VO zu erstellenden Gesamtplanes sind. Sie unterliegen folglich auch keinen anderen – schon gar nicht geringeren – Voraussetzungen; insbesondere ist Voraussetzung, dass die Wohnung dauerhaft gesichert werden kann (HessLSG 9.11.2010 – L 7 SO 134/10 B ER). Möglich sind grundsätzlich auch darlehensweise Leistungen (vgl. SächsOVG 18.5.1998 – 2 S 33/98, FEVS 49, 77, 80), obwohl im Rahmen der nach § 36 Abs. 1 zu treffenden Ermessensentscheidung häufig gewichtige Gründe für eine Beihilfe sprechen.

27      **bb) Ausbildung, Erlangung und Sicherung eines Arbeitsplatzes (§ 5 VO).** Vordringliches Ziel sowohl der Hilfen zur Ausbildung als auch der Hilfen zur Erlangung und Erhaltung eines Arbeitsplatzes ist die Befähigung der leistungsberechtigten Person zur Selbsthilfe. Allerdings hat der Verordnungsgeber durch die Einfügung des Halbsatzes in § 5 Abs. 1 VO, „wenn andere arbeits- und beschäftigungswirksame Maßnahmen im Einzelfall nicht in Betracht kommen", deutlich gemacht, dass diese Leistungen **gegenüber anderen Maßnahmen nachrangig** sind. Vorrang vor den Leistungen nach § 68 haben daher − sofern es um Hilfen zur Ausbildung geht − Leistungen insbesondere nach dem BAföG und dem SGB III. Im Hinblick auf die Hilfen zur Erlangung und Sicherung eines Arbeitsplatzes ist nicht nur deren Nachrang gegenüber Maßnahmen nach dem SGB III zu beachten. Auch Leistungen der Grundsicherung für Arbeitsuchende nach dem SGB II haben Vorrang vor Leistungen nach § 68 (→ § 67 Rn. 33; aA im Sinne einer Gleichrangigkeit *Brünner* Sozialrecht aktuell 2012, 231, 240 f.). Reichen die vorrangigen anderen Leistungen jedoch nicht aus, kann Hilfe nach § 68, insbesondere in Form von Beratung und Unterstützung, **ergänzend** in Betracht kommen.

28      Verfügt der Leistungsberechtigte bereits über einen Ausbildungsabschluss, sind Leistungen nach § 68 gleichwohl möglich. Nach § 5 Abs. 1 VO sollen nämlich auch die beruflichen Fähigkeiten und Fertigkeiten des Leistungsberechtigten **fortentwickelt** werden. Damit trägt der Verordnungsgeber dem Umstand Rechnung, dass leistungsberechtigte Personen oftmals zwar einen Ausbildungsabschluss haben, dieser aber nicht mehr auf die gewandelten Bedürfnisse der Arbeitswelt zugeschnitten ist.

29      § 5 Abs. 2 VO enthält einen **nicht abschließenden Katalog** der in Betracht kommenden Maßnahmen. Bei den in Nr. 2 aufgeführten Maßnahmen geht es zum einen darum, dem Leistungsberechtigten die Nachholung des **Ausbildungsabschlusses einer allgemeinbildenden Schule** zu ermöglichen. In erster Linie wird es sich hierbei um den Hauptschul- oder Realschulabschluss handeln. Aber auch die Erlangung der Fachhochschul- oder Hochschulreife kann im Einzelfall in Betracht kommen, will doch der Verordnungsgeber über Hilfen nach § 5 Abs. 1 VO auch die Fähigkeiten und Fertigkeiten des Leistungsberechtigten fortentwickeln. Da der Schwerpunkt der Leistungserbringung bei der Beratung und persönlichen Hilfe liegt (vgl. § 2 Abs. 2 VO), bestehen Maßnahmen nach § 5 Abs. 2 Nr. 2 VO vor allem in der Vermittlung von Möglichkeiten, einen bestimmten Schulabschluss nachzuholen (Beispiel: Besuch einer Abendschule). Finanzielle Leistungen können lediglich ergänzende Förderungsmaßnahmen darstellen, wie beispielsweise die Übernahme der Kosten von Nachhilfestunden. Zum anderen geht es bei den in Nr. 2 skizzierten Maßnahmen um Hilfen, deren Ziel der **Erwerb von Fähigkeiten und Fertigkeiten** ist, die für die Ausübung einer bestimmten Erwerbstätigkeit auf dem allgemeinen Arbeitsmarkt erforderlich sind (Beispiel: Erlangung von Zusatzqualifikationen). Maßnahmen, die dagegen darauf gerichtet sind, eine **Ausbildung für einen angemessenen Beruf** (erst) zu ermöglichen, fallen unter § 5 Abs. 2 Nr. 3 VO. Weder Maßnahmen nach Nr. 2 noch Hilfen nach Nr. 3 vermögen freilich einen Anspruchsausschluss nach § 22 Abs. 1 S. 1 zu überwinden.

30      Auch bei den Maßnahmen im Sinne der § 5 Abs. 2 Nr. 4 VO, die der **Erlangung und Sicherung eines geeigneten Arbeitsplatzes** oder einer sonstigen angemessenen Tätigkeit dienen sollen, liegt der Schwerpunkt der Leistungen bei der Beratung und den persönlichen Hilfen. Da der Träger der Sozialhilfe nur in Ausnahmefällen die Vermittlung eines konkreten Arbeitsplatzes leisten kann (etwa über Zeitarbeitsfirmen), der Leistungsberechtigte andererseits die Vermittlung eines konkreten Arbeitsplatzes vom Träger der Sozialhilfe auch nicht beanspruchen kann, geht es hier vor allem darum, den Leistungsberechtigten an kompetente Stellen zu vermitteln (zB Agentur für Arbeit). In Betracht kommen ferner begleitende Maßnahmen, wie Hilfe bei der Aufsetzung von Bewerbungsschreiben oder Begleitung bei Bewerbungsgesprächen.

Der Hinweis in § 5 Abs. 2 Nr. 5 VO auf die anzustrebenden sozialversicherungs- **31** pflichtigen Beschäftigungsverhältnisse sowie den zu fördernden Aufbau einer Lebensgrundlage durch selbstständige Tätigkeit verdeutlicht nochmals, dass vorrangiges Ziel der Leistungen die **Befähigung zur Selbsthilfe** sein muss (vgl. BR-Drs. 734/00, S. 17).

**cc) Hilfe zum Aufbau und zur Aufrechterhaltung sozialer Beziehungen** **32** **und zur Gestaltung des Alltags (§ 6 VO).** Zu den Leistungen nach § 68 gehört auch die Hilfe zum Aufbau und der Aufrechterhaltung sozialer Beziehungen und zur Gestaltung des Alltags; dem Leistungsberechtigten soll die **Teilnahme** am Leben in der Gemeinschaft ermöglicht werden (vgl. § 2 Abs. 1 S. 1 VO). § 6 VO enthält eine nicht abschließende Liste möglicher Maßnahmen. Durch den ausdrücklichen Hinweis auf die Maßnahmen der persönlichen Hilfe wird klargestellt, dass **Geld- und Sachleistungen** zwar nicht ausgeschlossen sind, jedoch nur **subsidiär** und begleitend zu persönlichen Hilfen in Betracht kommen.

Über Hilfen nach § 6 S. 2 Nr. 1 VO soll dem Leistungsberechtigten die **Begeg-** **33** **nung** und der **Umgang mit anderen Personen** aus seinem sozialen Umfeld ermöglicht werden. Geeignete Maßnahmen können etwa sein die Vermittlung von gesellschaftlichen Kontakten oder die Teilnahme an Veranstaltungen der Nachbarschaft. Die Übernahme der Kosten eines Telefonanschlusses kann indes nicht beansprucht werden.

Als Maßnahmen der persönlichen Hilfe, die eine **Bewältigung des Alltags** **34** ermöglichen (§ 6 S. 2 Nr. 2 VO), kommen zB Hilfen zur Haushaltsführung in Betracht (vgl. LSG BW 13.3.2006 – L 13 AS 4377/05 ER-B). Dem Leistungsberechtigten wird es nur gelingen, seinen Alltag allein zu bewältigen, wenn er auch zu einer **wirtschaftlichen und gesundheitsbewussten Lebensführung** in der Lage ist (vgl. § 6 S. 2 Nr. 3 VO). Der Leistungsberechtigte ist deshalb vom Träger der Sozialhilfe gegebenenfalls an entsprechende Beratungsstellen (Schuldnerberatung, Ernährungsberatung) zu vermitteln; eine Kostenübernahme hinsichtlich der Beratungsdienste ist möglich. Die Übernahme der Kosten für die Fahrt zwischen seinem Wohnsitz und dem Sitz der Beratungsstelle kann der Leistungsberechtigte dagegen in der Regel nicht beanspruchen; insoweit ist er auf den im Regelsatz enthaltenen Fahrtkostenanteil zu verweisen (aA VG Göttingen 11.10.2000 – 2 A 2161/99, ZfF 2002, 161).

Während § 6 S. 2 Nr. 4 VO den **Besuch** von kulturellen, sportlichen und geselli- **35** gen Einrichtungen oder Veranstaltungen durch den Leistungsberechtigten im Blick hat, geht es bei Hilfen nach § 6 S. 2 Nr. 5 VO um die **aktive Teilnahme** des Leistungsberechtigten an Veranstaltungen dieser Art selbst. Beide Regelungen stellen eine Konkretisierung der in § 6 S. 2 Nr. 2 VO aufgeführten Hilfen zur Bewältigung, Strukturierung und aktiven Gestaltung des Alltags dar. Im Einzelfall kommen in diesen Bereichen auch materielle Leistungen in Frage (Beispiel: Übernahme der Kosten von Eintrittskarten und/oder Mitgliedsbeiträgen). Allerdings muss der Schwerpunkt der Hilfe darin liegen, den Leistungsberechtigten zur Teilnahme an Veranstaltungen der beschriebenen Art zu motivieren. Nicht unberücksichtigt bleiben darf in diesem Zusammenhang ferner, dass der notwendige Lebensunterhalt auch Aufwendungen für persönliche Bedürfnisse des täglichen Lebens umfasst (§ 27a Abs. 1), der Regelsatz mithin Leistungen für die Teilnahme am kulturellen Leben bereits beinhaltet.

## 2. Gesamtplan (Abs. 1 S. 2 i. V. m. § 2 Abs. 3 VO)

Wegen der oftmals sehr komplexen Problemlagen der Leistungsberechtigten **36** kommt der Koordinierung der unterschiedlichen notwendigen Hilfen eine besondere Bedeutung zu. Wichtigstes Koordinierungsinstrument ist der **Gesamtplan,** der gemäß § 68 Abs. 1 S. 2 in geeigneten Fällen zur Durchführung der erforderlichen

Maßnahmen zu erstellen ist. Der Gesamtplan dient sowohl der Ermittlung des Hilfebedarfs als auch der Festlegung der zu ergreifenden Maßnahmen. „Geeignete Fälle" im Sinne des Gesetzes sind alle Fälle, in denen verschiedene Maßnahmen entweder parallel zueinander und/oder zeitlich nacheinander zu ergreifen sind und dies ein planvolles, abgestimmtes Handeln mehrerer Stellen über einen längeren Zeitraum erfordert. Stationäre Hilfe erfordert stets einen Gesamtplan, § 2 Abs. 5 VO. § 68 geht der Regelung der Leistungsabsprache in § 12 vor (→ § 12 Rn. 9).

37   Nähere Regelungen bezüglich des Gesamtplans enthält § 2 Abs. 3 VO. Danach ist der **Leistungsberechtigte** nicht nur bei der Ermittlung des Hilfebedarfs und der Erstellung des Gesamtplans, sondern auch bei der Fortschreibung des Gesamtplans im Rahmen seiner Kräfte und Fähigkeiten zu **beteiligen.** Diese Regelung trägt der Erkenntnis Rechnung, dass die Bereitschaft des Betroffenen zur Zusammenarbeit erforderlich ist, damit Leistungen des Trägers der Sozialhilfe eine Verbesserung seiner Situation bewirken können (vgl. BR-Drs. 734/00, S. 13).

38   Bei der Aufstellung des Gesamtplanes ist zudem darauf zu achten, dass vorrangige Hilfemaßnahmen durch andere Leistungsträger ebenso wie unterschiedliche Hilfen nach dem SGB XII **aufeinander abgestimmt** werden. Erhält der Betroffene Leistungen nach dem SGB II kann insbesondere auch eine Abstimmung des Gesamtplans mit der Eingliederungsvereinbarung nach § 15 SGB II erforderlich sein (vgl. dazu DV, NDV 2008, 326). Um den nötigen Koordinierungsbedarf abzudecken, kommt die Aufstellung eines Gesamtplans auch dann in Betracht, wenn die Leistungen selbst nur nach anderen Vorschriften gewährt werden (vgl. *Luthe,* Hauck/Noftz, SGB XII, § 68 Rn. 91).

39   § 2 Abs. 4 VO verpflichtet den Träger der Sozialhilfe zur **Überprüfung** des Gesamtplanes und der Maßnahmen, sobald Umstände die Annahme rechtfertigen, dass die Leistungen nicht oder nicht mehr zielgerecht ausgestaltet sind oder der Leistungsberechtigte nicht in dem ihm zumutbaren Umfang mitwirkt.

### 3. Einsatz von Einkommen und Vermögen (Abs. 2)

40   Die Vorschrift des § 68 Abs. 2 statuiert für die Hilfe zur Überwindung besonderer sozialer Schwierigkeiten **zwei Ausnahmen** von dem Grundsatz, dass vorhandenes Einkommen und Vermögen in zumutbarem Umfang einzusetzen ist; sie geht insoweit den Regelungen der §§ 85 und 90 vor.

41   Zum einen wird in § 68 Abs. 2 S. 1 die Ausnahme formuliert, dass die Leistung nach § 68, soweit im Einzelfall **Dienstleistungen** erforderlich sind, **ohne Rücksicht auf Einkommen und Vermögen** erbracht wird. Damit ist für diesen Bereich eine Kostenerstattungspflicht des Leistungsberechtigten sowie der in § 19 Abs. 3 genannten Personen ausgeschlossen; Entsprechendes gilt für die nach bürgerlichem Recht Unterhaltsverpflichteten. Dieser Regelung liegt die Erwägung zugrunde, dass Leistungen nach § 68 in Form der Dienstleistung in vielen Fällen vom Träger der Sozialhilfe selbst erbracht werden, dem dafür lediglich Verwaltungskosten entstehen, zu denen eine Heranziehung nicht erfolgen soll. Allerdings ist die Leistung auch dann ohne Rücksicht auf Einkommen und Vermögen zu erbringen, wenn die Dienstleistung nicht durch den Träger der Sozialhilfe selbst, sondern durch Dritte (zB Verbände der freien Wohlfahrtspflege) erbracht wird (SchlHOVG 7.8.2002 – 2 L 70/01, FEVS 54, 111). Denn die Hilfe verliert ihren Charakter als Dienstleistung (§ 10 Abs. 2) nicht dadurch, dass sie ein Dritter erbringt; aus der Sicht des Leistungsempfängers bleibt es eine Dienstleistung.

42   Zum anderen wird in § 68 Abs. 2 S. 2 die Ausnahme aufgestellt, dass Einkommen und Vermögen der in § 19 Abs. 3 genannten Personen nicht zu berücksichtigen und von der Inanspruchnahme nach bürgerlichem Recht Unterhaltspflichtiger abzusehen ist, **soweit** dies den **Erfolg der Hilfe gefährden** würde. Diese Regelung erfasst **alle Geld- und Sachleistungen** nach § 68. Die Entscheidung über den Einsatz

von Einkommen und Vermögen bzw. die Inanspruchnahme Unterhaltsverpflichteter ergeht als **gebundene Entscheidung** („... ist ... abzusehen"); ein Ermessen ist dem Sozialhilfeträger nicht eingeräumt. Der Verzicht auf die Anrechnung betrifft sowohl das Einkommen und Vermögen der in § 19 Abs. 3 genannten Personen (Ehegatten, Lebenspartner, Eltern) als auch dasjenige des Leistungsberechtigten selbst (aA *v. Renesse,* Jahn, SGB II/SGB XII, § 68 Rn. 6, wonach der Vorbehalt des § 68 Abs. 2 S. 2 nicht für das Einkommen und Vermögen des Leistungsempfängers gelten soll). Werden wegen des internen Nachrangs die Hilfe nach § 67 (→ § 67 Rn. 24 ff.) Leistungen auf Grund anderer Vorschriften des SGB XII gewährt, findet nicht § 68 Abs. 2 sondern die für diese Leistungen geltenden Anrechnungsregeln Anwendung (aA *Roscher* LPK-SGB XII, § 68 Rn. 18; differenzierend, insbesondere nach der Abtrennbarkeit der einzelnen Leistungen *Luthe,* Hauck/Noftz, SGB XII, § 68 Rn. 103).

Ob eine Anrechnung des Einkommens und Vermögens bzw. die Inanspruch- **43** nahme nach bürgerlichem Recht Unterhaltsverpflichteter den Erfolg der Hilfe gefährden würde, ist abhängig von den Umständen des Einzelfalles. Erforderlich ist insoweit eine **Prognoseentscheidung,** die bereits auf der Tatbestandsebene und nicht erst im Rahmen einer Ermessensentscheidung zu treffen ist; sie unterliegt daher auch der **uneingeschränkten gerichtlichen Kontrolle.**

Eine **Gefährdung des Hilfeerfolges** ist vor allem anzunehmen, wenn die **44** begründete Sorge besteht, dass der Leistungsberechtigte bei einer Anrechnung von Einkommen und Vermögen bzw. einer Inanspruchnahme Unterhaltspflichtiger die Hilfe oder einzelne Hilfsmaßnahmen eines Gesamtplanes nicht annimmt oder die begonnenen Hilfsmaßnahmen teilweise oder völlig abbricht. Da die Leistungen nach § 68 den Leistungsberechtigten (auch) zur Selbsthilfe befähigen sollen (vgl. § 2 Abs. 1 VO), wird der Erfolg der Hilfe mithin schon dann gefährdet, wenn eine Anrechnung des Einkommens beim Leistungsberechtigten dazu führen würde, dass dieser seine Motivation zur Selbsthilfe verliert und eine Arbeit entweder nicht antritt oder abbricht. Führt eine Inanspruchnahme Unterhaltsverpflichteter aller Voraussicht nach dazu, dass der Leistungsberechtigte nicht die erwartete oder angestrebte Aufnahme in die Familiengemeinschaft erfährt, ist ebenfalls von einer Gefährdung des Hilfeerfolges auszugehen (BayVGH 19.4.1993 – 12 CE 92.3569). Eine (nur) teilweise Gefährdung des Hilfeerfolges kann grundsätzlich ebenfalls einen Verzicht auf die Anrechnung von Einkommen und Vermögen bzw. auf die Inanspruchnahme Unterhaltspflichtiger rechtfertigen. Allerdings wird in solchen Fällen häufig nur ein teilweises oder vorübergehendes Absehen von der Heranziehung in Betracht kommen (→ Rn. 45).

Die Formulierung „soweit" macht deutlich, dass auch ein **teilweises** oder **befris- 45 tetes Absehen** von der Heranziehung des Leistungsberechtigten bzw. der Inanspruchnahme Unterhaltsverpflichteter in Betracht kommt. Auch insoweit ist dem Träger der Sozialhilfe allerdings kein Ermessen eingeräumt (a. A. *Scheider,* Schellhorn/Hohm/Scheider, SGB XII, § 68 Rn. 21).

## 4. Zusammenarbeit mit Vereinigungen (Abs. 3)

§ 68 Abs. 3 verpflichtet den Träger der Sozialhilfe zur Zusammenarbeit mit Verei- **46** nigungen, die sich die gleichen Aufgaben zum Ziel gesetzt haben, sowie mit den sonst beteiligten Stellen. Durch diese Verpflichtung zur Zusammenarbeit sollen sich der Träger der Sozialhilfe sowie die anderen Vereinigungen und Stellen zum Wohle des Leistungsberechtigten beraten, austauschen und ergänzen. Die Verpflichtung zur Zusammenarbeit ist freilich lediglich **objektiv-rechtlicher Natur,** sie kann daher insbesondere nicht vom Leistungsberechtigten eingeklagt werden. Auch Dritte – insbesondere Verbände der freien Wohlfahrtspflege – können aus § 68 Abs. 3 keine einklagbaren Rechte ableiten.

47     Vereinigungen, die sich die gleichen Aufgaben zum Ziel gesetzt haben wie der
Träger der Sozialhilfe, sind insbesondere die **Verbände der freien Wohlfahrts-
pflege,** wie beispielsweise Arbeiterwohlfahrt, Deutscher Caritasverband, Deutsches
Rotes Kreuz, Paritätischer Wohlfahrtsverband, Diakonisches Werk der EKD, Zent-
ralwohlfahrtsstelle der Juden in Deutschland. „**Sonst beteiligte Stellen**" iSv § 68
Abs. 3 sind vor allem Krankenkassen, Agentur für Arbeit, Jugendämter, Gesundheits-
ämter, Schulen und Schulträger, Drogenberatungseinrichtungen sowie Polizei und
Staatsanwaltschaft.

### § 69 Verordnungsermächtigung

**Das Bundesministerium für Arbeit und Soziales kann durch Rechtsver-
ordnung mit Zustimmung des Bundesrates Bestimmungen über die
Abgrenzung des Personenkreises nach § 67 sowie über Art und Umfang der
Maßnahmen nach § 68 Abs. 1 erlassen.**

*Änderung der Vorschrift: § 69 geänd. durch VO v. 31.10.2006 (BGBl. I S. 2407).*

1     § 69 überträgt inhaltsgleich den bisherigen § 72 Abs. 5 BSHG (vgl. BT-Drs. 15/
1514, S. 63). Die Vorschrift bildet die Rechtsgrundlage für die „Verordnung zur
Durchführung der Hilfe zur Überwindung besonderer sozialer Schwierigkeiten"
(BGBl. 2003 I S. 3060), die – von redaktionellen Anpassungen an die Bestimmungen
des SGB XII abgesehen (BT-Drs. 15/1514, S. 74) – die Regelungen der am 1.8.2001
in Kraft getretenen Neufassung der Verordnung zur Durchführung des § 72 BSHG
vom 24.1.2001 (BGBl. I S. 179) inhaltsgleich übernimmt. Die Regelungen dieser
Verordnung werden erläutert bei § 67 und § 68.

**Verordnung zur Durchführung der Hilfe zur Überwindung besonderer sozialer
Schwierigkeiten**

Vom 24. Januar 2001 (BGBl. I S. 179)

geändert durch Art. 14 Gesetz zur Einordnung des Sozialhilferechts in das Sozialgesetzbuch v. 27.12.2003 (BGBl. I S. 3022, 3060)

Auf Grund des § 72 Abs. 5 des Bundessozialhilfegesetzes in der Fassung der
Bekanntmachung vom 23. März 1994 (BGBl. I S. 646, 2975), der zuletzt geändert
wurde durch Artikel 1 Nr. 4 des Gesetzes vom 25. Juni 1999 (BGBl. I S. 1442), in
Verbindung mit Artikel 6 Abs. 1 des Gesetzes vom 16. Februar 1993 (BGBl. I S. 239),
verordnet das Bundesministerium für Arbeit und Sozialordnung:

#### § 1 Persönliche Voraussetzungen

(1) [1]Personen leben in besonderen sozialen Schwierigkeiten, wenn besondere
Lebensverhältnisse derart mit sozialen Schwierigkeiten verbunden sind, dass die
Überwindung der besonderen Lebensverhältnisse auch die Überwindung der sozialen
Schwierigkeiten erfordert. [2]Nachgehende Hilfe ist Personen zu gewähren, soweit bei
ihnen nur durch Hilfe nach dieser Verordnung der drohende Wiedereintritt besonderer
sozialer Schwierigkeiten abgewendet werden kann.

(2) [1]Besondere Lebensverhältnisse bestehen bei fehlender oder nicht ausreichender Wohnung, bei ungesicherter wirtschaftlicher Lebensgrundlage, bei gewaltgeprägten Lebensumständen, bei Entlassung aus einer geschlossenen Einrichtung oder bei
vergleichbaren nachteiligen Umständen. [2]Besondere Lebensverhältnisse können ihre
Ursachen in äußeren Umständen oder in der Person der Hilfesuchenden haben.

(3) Soziale Schwierigkeiten liegen vor, wenn ein Leben in der Gemeinschaft durch
ausgrenzendes Verhalten des Hilfesuchenden oder eines Dritten wesentlich einge-

schränkt ist, insbesondere im Zusammenhang mit der Erhaltung oder Beschaffung einer Wohnung, mit der Erlangung oder Sicherung eines Arbeitsplatzes, mit familiären oder anderen sozialen Beziehungen oder mit Straffälligkeit.

### § 2 Art und Umfang der Maßnahmen

(1) [1]Art und Umfang der Maßnahmen richten sich nach dem Ziel, die Hilfesuchenden zur Selbsthilfe zu befähigen, die Teilnahme am Leben in der Gemeinschaft zu ermöglichen und die Führung eines menschenwürdigen Lebens zu sichern. [2]Durch Unterstützung der Hilfesuchenden zur selbständigen Bewältigung ihrer besonderen sozialen Schwierigkeiten sollen sie in die Lage versetzt werden, ihr Leben entsprechend ihren Bedürfnissen, Wünschen und Fähigkeiten zu organisieren und selbstverantwortlich zu gestalten. [3]Dabei ist auch zu berücksichtigen, dass Hilfesuchende verpflichtet sind, nach eigenen Kräften an der Überwindung der besonderen sozialen Schwierigkeiten mitzuwirken. [4]Auf Leistungen anderer Stellen oder nach anderen Vorschriften des Zwölften Buches Sozialgesetzbuch, die im Sinne dieser Verordnung geeignet sind, ist hinzuwirken; die Regelungen über Erstattungsansprüche der Leistungsträger untereinander gemäß §§ 102 bis 114 des Zehnten Buches Sozialgesetzbuch finden insoweit auch zwischen Trägern der Sozialhilfe Anwendung.

(2) [1]Maßnahmen sind die Dienst-, Geld- und Sachleistungen, die notwendig sind, um die besonderen sozialen Schwierigkeiten nachhaltig abzuwenden, zu beseitigen, zu mildern oder ihre Verschlimmerung zu verhüten. [2]Vorrangig sind als Hilfe zur Selbsthilfe Dienstleistungen der Beratung und persönlichen Unterstützung für die Hilfesuchenden und für ihre Angehörigen, bei der Erhaltung und Beschaffung einer Wohnung, bei der Vermittlung in Ausbildung, bei der Erlangung und Sicherung eines Arbeitsplatzes sowie bei Aufbau und Aufrechterhaltung sozialer Beziehungen und der Gestaltung des Alltags. [3]Bei der Hilfe sind geschlechts- und altersbedingte Besonderheiten sowie besondere Fähigkeiten und Neigungen zu berücksichtigen.

(3) [1]Bei der Ermittlung und Feststellung des Hilfebedarfs sowie bei der Erstellung und Fortschreibung eines Gesamtplanes sollen die Hilfesuchenden unter Berücksichtigung der vorhandenen Kräfte und Fähigkeiten beteiligt werden. [2]Wird ein Gesamtplan erstellt, sind der ermittelte Bedarf und die dem Bedarf entsprechenden Maßnahmen der Hilfe zu benennen und anzugeben, in welchem Verhältnis zueinander sie verwirklicht werden sollen. [3]Dabei ist der verbundene Einsatz der unterschiedlichen Hilfen nach dem Zwölften Buch Sozialgesetzbuch und nach anderen Leistungsgesetzen anzustreben. [4]Soweit es erforderlich ist, wirkt der Träger der Sozialhilfe mit anderen am Einzelfall Beteiligten zusammen; bei Personen vor Vollendung des 21. Lebensjahres ist ein Zusammenwirken mit dem Träger der öffentlichen Jugendhilfe erforderlich.

(4) Gesamtplan und Maßnahmen sind zu überprüfen, sobald Umstände die Annahme rechtfertigen, dass die Hilfe nicht oder nicht mehr zielgerecht ausgestaltet ist oder Hilfesuchende nicht nach ihren Kräften mitwirken.

(5) [1]In stationären Einrichtungen soll die Hilfe nur befristet und nur dann gewährt werden, wenn eine verfügbare ambulante oder teilstationäre Hilfe nicht geeignet und die stationäre Hilfe Teil eines Gesamtplanes ist, an dessen Erstellung der für die stationäre Hilfe zuständige Träger der Sozialhilfe beteiligt war. [2]Ist der Erstellung eines Gesamtplanes vor Beginn der Hilfe nicht möglich, hat sie unverzüglich danach zu erfolgen. [3]Die Hilfe ist spätestens nach jeweils sechs Monaten zu überprüfen. [4]Frauenhäuser sind keine Einrichtungen im Sinne von Satz 1; ambulante Maßnahmen nach den §§ 3 bis 6 werden durch den Aufenthalt in einem Frauenhaus nicht ausgeschlossen.

## § 3 Beratung und persönliche Unterstützung

(1) Zur Beratung und persönlichen Unterstützung gehört es vor allem, den Hilfebedarf zu ermitteln, die Ursachen der besonderen Lebensumstände sowie der sozialen Schwierigkeiten festzustellen, sie bewusst zu machen, über die zur Überwindung der besonderen Lebensverhältnisse und sozialen Schwierigkeiten in Betracht kommenden Maßnahmen und geeigneten Hilfeangebote und -organisationen zu unterrichten, diese soweit erforderlich zu vermitteln und ihre Inanspruchnahme und Wirksamkeit zu fördern.

(2) [1]Beratung und persönliche Unterstützung müssen darauf ausgerichtet sein, die Bereitschaft und Fähigkeit zu erhalten und zu entwickeln, bei der Überwindung der besonderen sozialen Schwierigkeiten nach Kräften mitzuwirken und soweit wie möglich unabhängig von Sozialhilfe zu leben. [2]Sie sollen auch erforderliche Hilfestellungen bei der Inanspruchnahme in Betracht kommender Sozialleistungen, bei der Inanspruchnahme von Schuldnerberatung oder bei der Erledigung von Angelegenheiten mit Behörden und Gerichten umfassen.

(3) Soweit es im Einzelfall erforderlich ist, erstreckt sich die persönliche Unterstützung auch darauf, in der Umgebung des Hilfesuchenden
1. Verständnis für die Arbeit der besonderen Lebensverhältnisse und die damit verbundenen sozialen Schwierigkeiten zu wecken und Vorurteilen entgegenzuwirken,
2. Einflüssen zu begegnen, welche die Bemühungen und Fähigkeiten zur Überwindung besonderer sozialer Schwierigkeiten beeinträchtigen.

(4) Beratung und persönliche Unterstützung kann auch in Gruppen gewährt werden, wenn diese Art der Hilfegewährung geeignet ist, den Erfolg der Maßnahmen herbeizuführen.

## § 4 Erhaltung und Beschaffung einer Wohnung

(1) Maßnahmen zur Erhaltung und Beschaffung einer Wohnung sind vor allem die erforderliche Beratung und persönliche Unterstützung.

(2) Soweit es Maßnahmen nach Absatz 1 erfordern, umfasst die Hilfe auch sonstige Leistungen zur Erhaltung und Beschaffung einer Wohnung nach dem Dritten Kapitel des Zwölften Buches Sozialgesetzbuch, insbesondere nach § 34.

(3) Maßnahmen der Gefahrenabwehr lassen den Anspruch auf Hilfe zur Überwindung besonderer sozialer Schwierigkeiten bei der Erhaltung und Beschaffung einer Wohnung unberührt.

## § 5 Ausbildung, Erlangung und Sicherung eines Arbeitsplatzes

(1) Die Hilfe zur Ausbildung sowie zur Erlangung und Sicherung eines Arbeitsplatzes umfasst, wenn andere arbeits- und beschäftigungswirksame Maßnahmen im Einzelfall nicht in Betracht kommen, vor allem Maßnahmen, die darauf gerichtet sind, die Fähigkeiten und Fertigkeiten sowie die Bereitschaft zu erhalten und zu entwickeln, einer regelmäßigen Erwerbstätigkeit nachzugehen und den Lebensunterhalt für sich und Angehörige aus Erwerbseinkommen zu bestreiten.

(2) Zu den Maßnahmen können vor allem solche gehören, die
1. dem drohenden Verlust eines Ausbildungs- oder Arbeitsplatzes entgegenwirken,
2. es ermöglichen, den Ausbildungsabschluss allgemeinbildender Schulen nachzuholen und die für die Ausübung einer Erwerbstätigkeit auf dem allgemeinen Arbeitsmarkt notwendigen Fähigkeiten und Fertigkeiten zu erwerben,
3. eine Ausbildung für einen angemessenen Beruf ermöglichen,

4. der Erlangung und Sicherung eines geeigneten Arbeitsplatzes oder einer sonstigen angemessenen Tätigkeit dienen,

5. den Abschluss sozialversicherungspflichtiger Beschäftigungsverhältnisse ermöglichen oder den Aufbau einer Lebensgrundlage durch selbständige Tätigkeit fördern.

## § 6 Hilfe zum Aufbau und zur Aufrechterhaltung sozialer Beziehungen und zur Gestaltung des Alltags

[1]Zu den Maßnahmen im Sinne des § 68 Abs. 1 des Zwölften Buches Sozialgesetzbuch gehört auch Hilfe zum Aufbau und zur Aufrechterhaltung sozialer Beziehungen und zur Gestaltung des Alltags. [2]Sie umfasst vor allem Maßnahmen der persönlichen Hilfe, die

1. die Begegnung und den Umgang mit anderen Personen,

2. eine aktive Gestaltung, Strukturierung und Bewältigung des Alltags,

3. eine wirtschaftliche und gesundheitsbewusste Lebensweise,

4. den Besuch von Einrichtungen oder Veranstaltungen, die der Geselligkeit, der Unterhaltung oder kulturellen Zwecken dienen,

5. eine gesellige, sportliche oder kulturelle Betätigung fördern oder ermöglichen.

## § 7 In-Kraft-Treten, Außer-Kraft-Treten

Diese Verordnung tritt am ersten Tag des auf die Verkündung folgenden sechsten Kalendermonats in Kraft. Gleichzeitig tritt die Verordnung zur Durchführung des § 72 des Bundessozialhilfegesetzes vom 9. Juni 1976 (BGBl. I S. 1469), die durch Artikel 4 Abs. 5 des Gesetzes vom 16. Februar 1993 (BGBl. I S. 239) geändert wurde, außer Kraft.

# Neuntes Kapitel. Hilfe in anderen Lebenslagen

## § 70 Hilfe zur Weiterführung des Haushalts

(1) [1]Personen mit eigenem Haushalt sollen Leistungen zur Weiterführung des Haushalts erhalten, wenn weder sie selbst noch, falls sie mit anderen Haushaltsangehörigen zusammenleben, die anderen Haushaltsangehörigen den Haushalt führen können und die Weiterführung des Haushalts geboten ist. [2]Die Leistungen sollen in der Regel nur vorübergehend erbracht werden. [3]Satz 2 gilt nicht, wenn durch die Leistungen die Unterbringung in einer stationären Einrichtung vermieden oder aufgeschoben werden kann.

(2) Die Leistungen umfassen die persönliche Betreuung von Haushaltsangehörigen sowie die sonstige zur Weiterführung des Haushalts erforderliche Tätigkeit.

(3) [1]Personen im Sinne des Absatzes 1 sind die angemessenen Aufwendungen für eine haushaltsführende Person zu erstatten. [2]Es können auch angemessene Beihilfen geleistet sowie Beiträge der haushaltsführenden Person für eine angemessene Alterssicherung übernommen werden, wenn diese nicht anderweitig sichergestellt ist. [3]Ist neben oder anstelle der Weiterführung des Haushalts die Heranziehung einer besonderen Person zur Haushaltsführung erforderlich oder eine Beratung oder zeitweilige Entlastung der haushaltsführenden Person geboten, sind die angemessenen Kosten zu übernehmen.

(4) Die Leistungen können auch durch Übernahme der angemessenen Kosten für eine vorübergehende anderweitige Unterbringung von Haus-

haltsangehörigen erbracht werden, wenn diese Unterbringung in besonderen Fällen neben oder statt der Weiterführung des Haushalts geboten ist.

*Änderung der Vorschrift: Abs. 1 Satz 1, Abs. 3 neu gef. mWv 1.1.2017 durch G v. 23.12.2016 (BGBl. I S. 3191).*

*Vergleichbare Vorschriften: §§ 70, 71 BSHG; § 26d BVG; § 20 SGB VIII.*

**Schrifttum:** *Löcher,* Sozialhilfe – Empfänger von Arbeitslosengeld II – Anspruch auf Haushaltshilfe, SGb 2009, 623; *Knickrehm,* Haushaltshilfe für Empfänger von Arbeitslosengeld II?, NZS 2007, 128; *Krahmer,* Keine Leistungen nach §§ 61 ff. SGB XII bei alleinigem Bedarf von Hauswirtschaftshilfe – kritische Anmerkungen zu anderslautenden Urteilen des BSG, ZFSH/SGB 2011, 399.

### Übersicht

# I. Bedeutung der Norm

**1**     Die Vorschrift entspricht – bis auf einige sprachliche Anpassungen an die neue Terminologie des SGB XII – dem § 70 BSHG. Die Vorschrift des § 71 BSHG ist in Abs. 4 aufgegangen. Das SGB II kennt keine entsprechende Vorschrift. Das hat dazu geführt, dass bezüglich der Personen, die unter das SGB II fallen, eine Leistungslücke aufgetreten ist, die sich allerdings nur darauf bezieht, dass Leistungen entsprechend § 27 Abs. 3 SGB XII oder entsprechend § 27a Abs. 4 SGB XII nicht vorgesehen sind. Leistungen nach § 70 SGB XII kommen hingegen auch für diesen Personenkreis in Betracht (BSG 11.12.2007 – B 8/9b SO 12/06 R, FEVS 59, 481 und BSG 26.8.2008 – B 8/9b SO 18/07 R, FEVS 60, 385; *Knickrehm,* NZS 2007, 128). Leistungen der Hilfe zur Pflege umfassen die hauswirtschaftliche Versorgung nur ab einem Pflegegrad von 2. In § 14 Abs. 3 SGB XI wird die Beeinträchtigung bei der Haushaltsführung bei den Kriterien berücksichtigt, die für den Begriff der Pflegebedürftigkeit maßgeblich sind. Nur insofern kann die Haushaltsführung bei der Hilfe zur Pflege berücksichtigt werden. Für Personen mit dem Pflegegrad 1 kommt eine Hilfe nach § 70 in Betracht.

**2**     Mit der Hilfe zur Weiterführung des Haushalts wird bezweckt, einen bestehenden **Haushalt möglichst aufrecht zu erhalten** und eine **stationäre Betreuung** zu **verhindern,** wenn eine eigene Haushaltsführung vorübergehend nicht durchführbar ist (BVerwG 5.6.1968 – V C 116.67, BVerwGE 30, 19; LSG NRW 16.9.2005 – L 20 B 9/05 SO ER, FEVS 57, 459). Damit entspricht die Regelung der Zielsetzung des § 16.

**3**     Von der Hilfe nach **§ 27 Abs. 3** unterscheidet sich die Hilfe zur Weiterführung des Haushalts dadurch, dass bei § 27 Abs. 3 nur einzelne Tätigkeiten unterstützungsbedürftig sind, der Haushalt im Übrigen aber allein weitergeführt werden kann (OVG

Lüneburg 18.8.1982 – 4 A 35/82, FEVS 33, 20; HessLSG 4.7.2006 – L 9 SO 24/06
ER). **Nachrangig** ist die Hilfe gegenüber **entsprechenden Leistungen** nach anderen  **4**
Rechtsvorschriften. Insoweit ist auf § 64 Abs. 1 Nr. 6 SGB IX iVm § 109 (in der
Fassung durch das BTHG) zu verweisen. Ferner wird nach dem Inkrafttreten der
neuen Eingliederungshilfe zum 1.1.2020 nach § 113 Abs. 2 Nr. 2 SGB IX iVm § 78
SGB IX ein Anspruch auf Assistenzleistungen zur Haushaltsführung bestehen. Im
**Jugendhilferecht** ist in § 20 SGB VIII vorgesehen, dass bei Ausfall eines Elternteiles
der andere Elternteil Unterstützung bei der Betreuung und Versorgung des im
Haushalt lebenden Kindes erhält (s. dazu *Grube* in: Hauck/Noftz, SGB VIII, K § 20
Rn. 24). Die Hilfe nach § 20 SGB VIII geht der Hilfe nach § 70 vor (§ 10 Abs. 4
SGB VIII).

## II. Inhalt der Norm

### 1. Anspruchsinhaber

Inhaber des Anspruchs ist die Person, die den Haushalt bisher geführt hat. Die  **5**
Haushaltsangehörigen, denen die Hilfe tatsächlich nützt, sind hingegen nicht
Anspruchsinhaber. Dies gilt auch im Falle des Absatzes 3. Die haushaltsführende
Person ist nicht Inhaber des Anspruchs. Für den Anspruchsinhaber gilt die Einkom-
mensgrenze des § 85. Es handelt sich um eine **Soll-Hilfe,** die bei Vorliegen der
Tatbestandsvoraussetzungen mithin regelmäßig zu gewähren ist, sofern nicht Beson-
derheiten des Einzelfalles eine Abweichung zulassen.

### 2. Haushalt

Ein bereits **bestehender** Haushalt muss in seiner Weiterführung gefährdet sein  **6**
(HessLSG 4.7.2006 – L 9 SO 24/06 ER, ASR 2007, 137, 139). Aus dem früheren
Wortlaut der Vorschrift konnte sich ergeben, dass jedenfalls in der Regel **weitere
Haushaltsangehörige** in dem Haushalt leben müssen. Allerdings konnte eine Hilfe
auch in Betracht kommen, wenn der Haushalt nur aus **einer Person** besteht, die
ihn nun nicht mehr führen kann (LSG NRW 16.9.2005 – L 20 SO 9/05 SO ER,
FEVS 57, 459). Die neue Fassung von Absatz 1 stellt nun klar, dass auch alleinstehende Personen den Anspruch haben können (Vgl. BT-Drs. 18/9518, S. 98). Zur
Verhinderung stationärer Betreuung kann auch in diesem Fall eine Hilfe angezeigt
sein, sofern nicht über die Krankenhilfe oder die **Hilfe zur Pflege** die hauswirtschaftliche Versorgung sicher zu stellen ist (s. Rn. 1).

### 3. Kein Haushaltsangehöriger kann den Haushalt führen

Haushaltsangehörige sind **alle Personen,** die in dem Haushalt in Haushaltsge-  **7**
meinschaft (§ 36) zusammenleben. Es kommt aber nicht darauf an, ob zwischen
ihnen ein verwandtschaftliches Verhältnis besteht. Auch verlangt der Begriff nicht
wenigstens das Bestehen einer eheähnlichen Gemeinschaft nach § 20. Es ist vielmehr
ausreichend, dass sich mehrere Personen zu einer Haushaltsgemeinschaft zusammengeschlossen haben. Daher können auch Freunde oder Partner nach § 7 Abs. 3 Nr. 3
SGB II zusammen einen Haushalt bilden.

Die sozialhilferechtliche Notlage ist gegeben, wenn derjenige, der den Haushalt  **8**
bisher allein oder überwiegend geführt hat, ausfällt und keiner der anderen Haushaltsangehörigen in der Lage ist, die Lücke zu füllen.

Der **Ausfall der haushaltsführenden Person** muss zwingend sein. Dies ist etwa  **9**
bei Tod, schwerer Krankheit oder Freiheitsentziehung der betreffenden Person nicht
problematisch. Anders kann es indes sein, wenn die Notlage bezüglich der Haushalts-

führung durch eine **eigene Entscheidung** bewirkt worden ist. Die Aufnahme einer Berufsausbildung oder eines Studiums müssen gegebenenfalls zeitweilig zurückgestellt werden, wenn die weitere Haushaltsführung nicht anderweitig sichergestellt ist (BVerwG 5.12.1996 – 5 C 51/95, ZfJ 1997, 384, 386 f.). Ist der Ausfall der haushaltsführenden Person nicht in dieser Weise zwingend, stellt sich die Frage, ob andere Haushaltsangehörige diese Aufgabe übernehmen können, nicht.

10      Ob ein **anderer Haushaltsangehöriger** die Haushaltsführung übernehmen kann, ist eine Frage des Einzelfalles, insbesondere eine Frage der **Zumutbarkeit** und der **objektiven Fähigkeit.** Kindern ist eine Haushaltsführung kaum möglich und zumutbar. Bei Jugendlichen kann es sich schon anders darstellen. Allerdings darf ihre Schul- oder Berufsausbildung darunter nicht leiden. Es wird auch auf das Ausmaß der zu übernehmenden Arbeiten im Haushalt ankommen. Dem Ehepartner, der durch Erwerbstätigkeit das Familieneinkommen sichert, kann nicht zugemutet werden, die Erwerbstätigkeit aufzugeben. Bei kurzzeitigem Ausfall der haushaltsführenden Person kann es indes für andere Haushaltsangehörige zumutbar sein, Urlaub in Anspruch zu nehmen. Wäre ein anderer Haushaltsangehöriger bei objektiver Betrachtung in der Lage, die Haushaltsführung zu übernehmen, unterlässt er dies indes, ist ein Bedarf an entsprechender Hilfe tatsächlich gegeben. Wenn die bisher haushaltsführende Person den anderen Haushaltsangehörigen zivilrechtlich nicht dazu veranlassen kann, die Haushaltsführung zu übernehmen, besteht der Anspruch auf Hilfe (a. A. BVerwG 5.6.1968 – VC 116.67, BVerwGE 30, 19). Dies folgt aus dem Tatsächlichkeitsprinzip der Sozialhilfe, wonach es unerheblich ist, aus welchen Grund der Bedarf an Hilfe besteht. Gegebenenfalls kann der Träger der Sozialhilfe von § 103 Gebrauch machen.

### 4. Weiterführung des Haushalts geboten

11      Dieses Tatbestandsmerkmal bedeutet, dass Gründe dafür vorliegen müssen, es nicht zu einer **Auflösung des Haushalts** kommen zu lassen. Das ist vor allem bei Haushalten der Fall, in denen Kinder leben. Geboten kann eine Weiterführung des Haushalts aber auch dann sein, wenn ein anderer Haushaltsangehöriger die Haushaltsführung nur unter unzumutbaren Bedingungen wahrnehmen würde. Müsste der erwerbstätige Ehepartner seine Erwerbstätigkeit etwa aufgeben, um die minderjährigen Kinder zu betreuen, müsste die Familie gegebenenfalls von Hilfe zum Lebensunterhalt leben. Auch wenn er dazu grundsätzlich zur Vermeidung der Auflösung des Haushalts bereit wäre, ist auch in diesem Fall eine Hilfe zur Weiterführung des Haushalts geboten (zu eng daher BVerwG 5.6.1968 – V C 116.67, BVerwGE 30, 19).

### 5. Vorübergehende Notlage

12      Die Vorschrift hat in erster Linie den Fall einer vorübergehenden Verhinderung der haushaltsführenden Person im Blick (LSG RhPf 24.4.2008 – L 1 SO 23/07; LSG Bln-Bbg 27.4.2012 – L 1 KR 15/10). Das Ende der Notlage muss in der Regel also **absehbar** sein (OVG Lüneburg 28.12.1993 – 4 M 2984/93, FEVS 45, 293; SG Düsseldorf 15.12.2009 – S 42 [29, 44] SO 71/05). Eine feste zeitliche Grenze lässt sich insoweit nicht ziehen. Im Falle des **Todes** der haushaltsführenden Person kann allerdings nicht von vorübergehender Notlage gesprochen werden. Die Familie muss dann selbst Entscheidungen über ihre weitere Lebensführung treffen. Für zu versorgende Kinder kommt letztlich Hilfe zur Erziehung nach §§ 27 ff. SGB VIII in Betracht. Nach dem Tod der haushaltsführenden Person ist indes für eine Übergangszeit Hilfe zur Weiterführung des Haushalts zu leisten, bis die Familie sich auf die veränderte Lebenssituation hat einstellen können.

13      Kann durch die Hilfe zur Weiterführung des Haushalts eine **stationäre Unterbringung** vermieden oder längerfristig verzögert werden, kann die Hilfe auch für

eine längere Zeit in Betracht kommen. Dies ist durch die Regelung in S. 3 verdeutlicht worden. Besteht der Bedarf an Haushaltshilfe nicht nur vorübergehend, ist an die Leistungen der Hilfe zur Pflege zu denken.

## 6. Inhalt der Leistungen (Abs. 2)

Die Leistung besteht in der persönlichen Betreuung und in der Wahrnehmung **14** aller notwendigen hauswirtschaftlichen Tätigkeiten. Persönliche Betreuung ist insbesondere bei zu versorgenden Kindern notwendig. Dazu gehören letztlich alles, was auch zuvor die jetzt verhinderte Person geleistet hat, also etwa auch das Spielen mit den Kindern und die Beaufsichtigung der Schularbeiten. Die Möglichkeit insoweit ambulante Hilfen zur Erziehung (§§ 27 ff. SGB VIII) in Anspruch zu nehmen, sollte beachtet werden.

Hinsichtlich des stundenmäßigen Umfangs der Hilfe, sagt die Vorschrift nichts. **15** Dies hängt vom Einzelfall ab (LSG NRW 23.3.2011 – L 12 SO 593/10). Dabei ist zu berücksichtigen, in welchem Umfang die anderen Haushaltsangehörigen bei der Haushaltsführung mitwirken können. Nicht sämtliche Hausarbeiten müssen von fremden Kräften erledigt werden. Dem erwerbstätigen Ehepartner kann es durchaus zumutbar sein, in den Abendstunden bestimmte Aufgaben bei der Haushaltsführung zu übernehmen.

## 7. Aufwendungsersatz für haushaltführende Personen (Abs. 3)

In der vorherigen Fassung von Abs. 3 wurde lediglich § 65 Abs. 1 in Bezug **16** genommen, wonach einer Pflegeperson Aufwendungen zu erstatten sind. Nunmehr ist eine eigenständige Regelung in Abs. 3 für die haushaltführenden Personen enthalten. Diesen Personen ist dann Aufwendungsersatz oder eine Beihilfe zu leisten (BVerwG 2.9.1993 – 5 C 18/90, NVwZ-RR 1994, 268). Bei einem länger dauernden Einsatz dürfte auch die Übernahme von Beiträgen für eine angemessene Alterssicherung möglich sein. Stehen solche Personen nicht zur Verfügung, ist wie bei dem früheren § 65 Abs. 1 S. 2 auch der Einsatz besonderer (professioneller) Kräfte notwendig.

## 8. Vorübergehende anderweitige Unterbringung (Abs. 4)

Die Regelung, die § 71 BSHG übernimmt, gehört an sich zu Abs. 2 und ergänzt **17** das Leistungsspektrum (BVerwG 2.9.1993 – 5 C 18/90, BVerwGE 94, 122). Die Formulierung „neben oder statt" der Weiterführung des Haushalts ist untechnisch dahingehend zu verstehen, dass im Falle des Abs. 4 eine Haushaltsauflösung dadurch verhindert wird, dass namentlich Kinder vorübergehend anderweitig untergebracht werden, um nach dem Ende der Verhinderung des Elternteils wieder in den Familienhaushalt zurückzukehren.

Entsprechend § 17 Abs. 2 entscheidet der Träger über diese Art der Hilfe nach **18** pflichtgemäßem Ermessen.

Anspruchsinhaber ist die verhinderte haushaltsführende Person. Die Vorschrift **19** spricht davon, dass eine anderweitige Unterbringung von Haushaltsangehörigen in besonderen Fällen neben oder statt der Versorgung im Haushalt geboten sein kann. Solche Fälle sind denkbar, wenn Kinder oder alte Menschen auch bei Einsatz einer Haushaltshilfe nicht allein im Haushalt bleiben könnten. So kann es sich anbieten, Kinder während eines Krankenhausaufenthalts ihrer Mutter in eine Pflegefamilie zu geben, damit sie auch nachts betreut sind. Entsprechendes gilt für alte Menschen, die nicht über längere Zeit allein gelassen werden können, auch wenn sie nicht pflegebedürftig sind.

Hinsichtlich des Betreuungsbedarfs von Kindern ist vorrangig an jugendhilfe- **20** rechtliche Bestimmungen zu denken, die entsprechende Leistungen vorsehen.

**21**  Die gebotene Unterbringung muss in jedem Fall vorübergehend sein, wobei es insoweit keine feste zeitliche Grenze gibt. Bei länger dauernden Notlagen muss indes nach anderen Betreuungs- und Unterbringungsmöglichkeiten gesucht werden. Hinsichtlich von Kindern und Jugendlichen ist insoweit die Jugendhilfe aufgerufen, für alte Menschen ist an die Altenhilfe oder an die Leistungen für Pflegebedürftige zu denken.

**22**  Angemessene Kosten der anderweitigen Unterbringung sind im Falle der Hilfegewährung zu übernehmen. Sind die Kosten nicht angemessen, kommt die Leistung angemessener Teilkosten in Betracht. Der Begriff der Angemessenheit ist ein unbestimmter Rechtsbegriff, der vollen Umfangs gerichtlich überprüfbar ist.

## § 71 Altenhilfe

(1) [1]**Alten Menschen soll außer den Leistungen nach den übrigen Bestimmungen dieses Buches Altenhilfe gewährt werden.** [2]**Die Altenhilfe soll dazu beitragen, Schwierigkeiten, die durch das Alter entstehen, zu verhüten, zu überwinden oder zu mildern und alten Menschen die Möglichkeit zu erhalten, selbstbestimmt am Leben in der Gemeinschaft teilzunehmen und ihre Fähigkeit zur Selbsthilfe zu stärken.**

(2) **Als Leistungen der Altenhilfe kommen insbesondere in Betracht:**
1. **Leistungen zu einer Betätigung und zum gesellschaftlichen Engagement, wenn sie vom alten Menschen gewünscht wird,**
2. **Leistungen bei der Beschaffung und zur Erhaltung einer Wohnung, die den Bedürfnissen des alten Menschen entspricht,**
3. **Beratung und Unterstützung im Vor- und Umfeld von Pflege, insbesondere in allen Fragen des Angebots an Wohnformen bei Unterstützungs-, Betreuungs- oder Pflegebedarf sowie an Diensten, die Betreuung oder Pflege leisten,**
4. **Beratung und Unterstützung in allen Fragen der Inanspruchnahme altersgerechter Dienste,**
5. **Leistungen zum Besuch von Veranstaltungen oder Einrichtungen, die der Geselligkeit, der Unterhaltung, der Bildung oder den kulturellen Bedürfnissen alter Menschen dienen,**
6. **Leistungen, die alten Menschen die Verbindung mit nahe stehenden Personen ermöglichen.**

(3) **Leistungen nach Absatz 1 sollen auch erbracht werden, wenn sie der Vorbereitung auf das Alter dienen.**

(4) **Altenhilfe soll ohne Rücksicht auf vorhandenes Einkommen oder Vermögen geleistet werden, soweit im Einzelfall Beratung und Unterstützung erforderlich sind.**

(5) [1]**Die Leistungen der Altenhilfe sind mit den übrigen Leistungen dieses Buches, den Leistungen der örtlichen Altenhilfe und der kommunalen Infrastruktur zur Vermeidung sowie Verringerung der Pflegebedürftigkeit und zur Inanspruchnahme der Leistungen der Eingliederungshilfe zu verzahnen.** [2]**Die Ergebnisse der Gesamtplanung nach § 58 sowie die Grundsätze der Koordination, Kooperation und Konvergenz der Leistungen nach den Vorschriften des Neunten Buches sind zu berücksichtigen.**

*Änderung der Vorschrift: Abs. 1 Satz 2, Abs. 2 Nr. 3 neu gef., Abs. 5 angef. mWv 1.1.2017 durch G v. 23.12.2016 (BGBl. I S. 3191).*

*Vergleichbare Vorschriften: § 75 BSHG; §§ 25b Abs. 1 Nr. 5, 26e BVG.*

**Schrifttum:** *Bundesarbeitsgemeinschaft der Freien Wohlfahrtspflege,* Altenbegegnung als soziale Lebenshilfe, NDV 1992, 290; *Deutscher Verein für öffentliche und private Fürsorge,* Weiterentwicklung der offenen Altenhilfe, NDV 2000, 33; *ders.*, Empfehlungen des Deutschen Vereins zur besseren Teilhabe älterer Menschen mit Migrationshintergrund, NDV 2011, 61; *Fachlexikon* der sozialen Arbeit, 8. Aufl. Stichwort: Altenhilfe; *Igl*, Behinderung und Pflegebedürftigkeit im Alter – sind die sozialrechtlichen Reaktionen konsistent?, in: Inklusion und Sozialraum, Studien aus dem Max-Planck-Institut für Sozialrecht und Sozialpolitik; Bd. 59, 2013, 119; *Molter*, Die Förderung bürgerschaftlichen Engagements von Seniorinnen und Senioren, NDV 1997, 53; *Pfützenreuter*, Die alternde Gesellschaft vor Ort gestalten, NDV 2006, 234; *Schulte*, Altenhilfe in Deutschland – Reformperspektiven aus rechtsvergleichender Sicht, NDV 1999, 3.

# I. Bedeutung der Norm

Die Vorschrift entsprach in ihrer früheren Fassung bis auf geringe redaktionelle 1 Änderungen § 75 BSHG. Das SGB II kennt entsprechende Leistungen nicht. Im Zuge der Reform der Pflegeversicherung wurde die Vorschrift verändert, um die Verzahnung mit Leistungen der Pflegeversicherung und sonstiger kommunaler Leistungen zu verstärken (vgl. BT-Drs. 18/9518, S. 98 f.). In diesem Zusammenhang wurde auch § 4 ergänzt (Art. 2 Nr. 2 PSG III). Mit Inkrafttreten der neuen Eingliederungshilfe zum 1.1.2020 erfolgt eine weitere Änderung (Art. 13 Nr. 23 BTHG).

Die Altenhilfe ist eine Hilfeart, bei der es um Hilfen geht, die in dieser Form in 2 keinem anderen sozialen Leistungssystem zu finden sind (vgl. zum Begriff auch FG Sachsen 2.4.2008 – 8 K 1798/03, EFG 2008, 1851). Man kann diese Hilfe als **originäre Sozialhilfeleistung** bezeichnen. Der Vorrang anderweitiger Leistungen spielt daher bei der Altenhilfe eine geringe Rolle. Allerdings wird in Abs. 1 S. 1 auf Leistungen nach den übrigen Bestimmungen des SGB XII hingewiesen, die vorrangig in Betracht zu ziehen sind (vgl. BayLSG 26.2.2010 – L 8 SO 129/09, FEVS 62, 117). Gesetzlicher Zweck der Altenhilfe ist es, altersbedingte Schwierigkeiten aufzufangen (BSG 24.2.2016 – B 8 SO 11/14 R). Mit solchen Schwierigkeiten sind etwa eine Vereinsamung, Isolation oder körperliche/geistige Schwäche gemeint. Diese Umstände könnten dazu führen, dass der alte Mensch vom Leben in der Gemeinschaft ausgeschlossen wird. Dies zu verhindern, ist Aufgabe der Altenhilfe. In dem neuen Abs. 1 Satz 2 wird der Zweck der Altenhilfe ausdrücklich dahingehend umschrieben, dass die Selbstbestimmung älterer Menschen und ihre Fähigkeit zur Selbsthilfe gestärkt werden soll.

Die Hilfe ist eine **zusätzliche Hilfe** zu den anderen Leistungen des SGB XII, 3 die die besondere Lage von alten Menschen zum Teil nicht auffangen. Der **Sinn der Hilfe** ist in Abs. 1 S. 2 definiert. Aus den Leistungen, die in Abs. 2 aufgezählt werden, erschließt sich noch weiter, worum es bei dieser Hilfeart geht. Alte Menschen können Schwierigkeiten damit haben, sich in ihrer Umwelt zurechtzufinden, und es kann ihnen schwerfallen, den Anforderungen des täglichen Lebens zu genügen. Daher kann ihnen Vereinsamung drohen. Die Neufassung der Nr. 3 von Abs. 2 macht deutlich, dass die Altenhilfe mit zahlreichen Beratungsangeboten im Umfeld von Pflege verzahnt werden soll. Dies wird auch im neuen Abs. 5 aufgegriffen.

Die **Hilfe zum Lebensunterhalt** nimmt nur insoweit auf die Lage alter Men- 4 schen Bezug, als in § 30 Abs. 1 ein altersabhängiger Mehrbedarf anerkannt wird. Auch der Mehrbedarf wegen kostenaufwändiger Ernährung (§ 30 Abs. 5) mag alterstypisch sein. Schließlich kommt nach § 27 Abs. 3 eine zusätzliche Hilfe in Betracht, wenn einem Menschen unter anderem aus Altersgründen die Verrichtung bestimmter **Tätigkeiten nicht mehr möglich ist.** Die Grundsicherungsleistungen nach § 41 sollen zwar ebenfalls die Lage alter Menschen verbessern und ihnen das Leben leichter gestalten; insoweit geht es indes in erster Linie um die finanzielle Seite des Lebens. Eine Aufstockung beim Regelbedarf kommt nach § 71 nicht in Betracht (HessLSG 8.3.2013 – L 9 SO 52/10, ZfSH/SGB 2013, 344). Daher sind auch

Kosten für einen Telefon- und Internetanschluss grundsätzlich nicht als zusätzlicher Bedarf zu berücksichtigen (LSG BW 17.12.2015 – L 7 SO 1474/15; s. auch Rn 8a).

5    In der **Eingliederungshilfe** (§ 54 Abs. 1 i. V. m. § 55 Abs. 2 Nr. 3, 4, 6 und 7 SGB IX) wird zwar ebenfalls auf die Verhinderung von Vereinsamung des Menschen Bedacht genommen; sie gilt aber nur für behinderte Menschen, zu denen alte Menschen nicht regelmäßig gehören. Dasselbe gilt für die **Hilfe zur Pflege.** Auch in ihrem Rahmen hat die Leistungserbringung ähnliche Aufgaben, nämlich den – zumeist alten Menschen – zu aktivieren, seine persönlichen Fähigkeiten zu unterstützen und einer Vereinsamung entgegenzuwirken (§ 61a Abs. 2 Nr. 6, § 64e § 2 Abs. 1 SGB XI). Alte Menschen, die nicht pflegebedürftig sind, benötigen indes ebenfalls entsprechende Zuwendung und Hilfen. Darin besteht die ergänzende Funktion der Altenhilfe. Die Maßnahmen enthalten vornehmlich, aber nicht ausschließlich persönliche Hilfen (s. Abs. 4), die durch Beratung und Unterstützung erbracht werden (§ 10 Abs. 2). Die Hilfe ist als **Soll-Hilfe** ausgestaltet (s. dazu HessLSG 8.3.2010 – L 9 SO 52/10, ZfSH/SGB 2013, 344). Das bedeutet, dass bei Vorliegen der gesetzlichen Tatbestandsvoraussetzungen die Rechtsfolge der Gewährung von Leistungen regelmäßig vorgezeichnet ist. Das nach § 17 Abs. 2 bestehende Ermessen hinsichtlich Art und Maß der Leistung wird durch Art und Umfang der altersbedingten Schwierigkeiten geleitet (BSG 24.2.2016 – B 8 SO 11/14 R).

## II. Inhalt der Norm

### 1. Allgemeine Voraussetzungen der Hilfe

6    Die Vorschrift wendet sich an „**alte Menschen**", ohne zu bestimmen, ab welchem Alter dies zutrifft (offengelassen auch vom BSG 24.2.2016 – B 8 SO 11/14 R). Von der Zielsetzung der Vorschrift her erscheint es gekünstelt, insoweit eine starre Altersgrenze anzunehmen, etwa das Erreichen des 65. Lebensjahres. Altersbedingte Schwierigkeiten im Sinne der Vorschrift können durchaus auch in einem früheren Alter einsetzen, insbesondere wenn eine Krankheit oder Behinderung hinzukommt. Im Übrigen enthält Abs. 3 eine präventive Zwecksetzung der Hilfe, sodass es angezeigt sein kann, mit Hilfen auch etwa schon bei einem 60-jährigen Menschen einzusetzen.

7    Die Hilfen werden neben anderen Hilfen des SGB XII, die ähnlichen Zielen dienen, gewährt. Anders als in § 63b Abs. 2 besteht kein SGB XII-interner Nachrang.

8    Der **Zweck der Hilfe** ist in Abs. 1 S. 2 sehr weit gefasst; vor allem soll die Hilfe auch präventiv wirken (vgl. § 15 Abs. 1). Weit ist auch die Fassung des Abs. 3, wonach entsprechende Leistungen sogar vor Eintritt altersbedingter Schwierigkeiten in Betracht kommen. Aus dem Maßnahmenkatalog erschließt sich, in welcher Weise den altersbedingten Schwierigkeiten begegnet werden soll. Abs. 1 Satz 2 ist durch das PSG III neu gefasst worden, weil Selbstbestimmung und die Fähigkeit zur Selbsthilfe als Ziel betont werden sollten.

8a    Das BSG (24.2.2016 – B 8 SO 11/14 R) hat die Tatbestandsvoraussetzungen der Norm rechtsgrundsätzlich geklärt. Danach muss es um „altersbedingte Schwierigkeiten" gehen, die einen Bedarf auslösen. Das Alter allein begründet keinen entsprechenden Bedarf. Es muss sich vielmehr um Bedarfe handeln, die aus körperlichen, seelischen oder geistigen Alterserschwernissen herrühren. Ob solche Beschwernisse vorliegen, ist gerichtlich voll überprüfbar.

### 2. Einzelne Maßnahmen

9    Die wichtigsten Hilfemaßnahmen, die sich im Laufe der Zeit in fachlicher Hinsicht entwickelt haben, werden in Abs. **2 nicht abschließend** aufgezählt.

**Nr. 1.** Die hier angesprochenen Leistungen waren in § 75 Abs. 2 BSHG an letzter  10
Stelle erwähnt. Sie sind jetzt an die erste Stelle getreten, um ihre gewachsene Bedeutung herauszustellen. Das „gesellschaftliche Engagement" ist als neuer Gesichtspunkt
hinzugekommen. Die Leistungen zu einer **Betätigung** eröffnen ein weites Anwen-
dungsfeld. Unter „Betätigung" ist sind alle denkbaren Hobbys, ehrenamtliche Tätigkeiten, musische, künstlerische, sportliche Tätigkeiten und Ähnliches zu verstehen.
Die Hilfe wird darin bestehen können, es dem alten Menschen zu ermöglichen
entsprechende Einrichtungen, die solche Betätigungen anbieten, besuchen zu können. Insoweit kommen persönliche Hilfen (Beratung und Unterstützung), aber auch
finanzielle Hilfen in Betracht. Das gesellschaftliche Engagement ist in der Vorschrift
besonders hervorgehoben. Damit soll alten Menschen ein Anreiz gegeben werden,
sich entsprechend zu engagieren. Gleichzeitig wird ihnen signalisiert, dass sie auch
im Alter noch wertvolle Beiträge für das gesellschaftliche Leben geben können.

**Nr. 2.** Die Hilfe bei der Beschaffung und Erhaltung einer altersgemäßen **Woh-**  11
**nung** kann in persönlicher und in finanzieller Hilfe bestehen. Bei der Beschaffung
einer Wohnung geht es in erster Linie um Beratung und persönliche Hilfe, etwa
bei der Vermittlung und dem Abschluss eines Mietvertrages. Der Erhaltung einer
Wohnung dienen Maßnahmen, die es dem alten Menschen ermöglichen, in seiner
bisherigen Wohnung zu bleiben, indem etwa altersgemäße Vorrichtungen in der
Wohnung geschaffen werden. Insoweit kommen auch finanzielle Hilfen in Betracht.

Diese Hilfen berühren sich mit der **Hilfe zum Lebensunterhalt** (Kosten der  12
Unterkunft), der **Eingliederungshilfe** (§ 54 Abs. 1 i. V. m. § 55 Abs. 2 Nr. 5
SGB IX) und der Leistungen nach § 40 Abs. 4 SGB XI **(Verbesserung des Wohn-**
**umfeldes).** Im Rahmen der Hilfe zum Lebensunterhalt, in dem es allein um die
finanzielle Sicherung einer Unterkunft geht, ist die Lage eines alten Menschen
gegebenenfalls unter dem Aspekt der Besonderheiten des Einzelfalles (§ 9 Abs. 1)
zu berücksichtigen (OVG Berlin 20.7.1989 – 6 B 68.88, FEVS 39, 227). Diese
Besonderheiten können sowohl den Umfang als auch die Höhe der Leistungen
nach § 29 beeinflussen. Bei der Frage der Angemessenheit einer Miete ist etwa
zu berücksichtigen, ob es dem alten Menschen möglich und zumutbar ist, eine
kostengünstigere Wohnung anzumieten, oder ob er in seiner gewohnten Umgebung
verbleiben sollte (Näheres bei § 35).

**Nr. 3.** Diese Leistungen sind durch das PSG III neu formuliert. Die Fixierung  13
auf einen Heimplatz ist entfallen, da durch vielgestaltige Angebote der Beratung
und Unterstützung im Vor- und Umfeld von Pflege flexibel geholfen werden soll.
Neu Wohnformen für alte Menschen sollen insoweit nutzbar gemacht werden.
Weiterhin kann eine Hilfe beim Umzug und der Auflösung des bisherigen Hausstandes in Betracht kommen. Im Einzelfall wird zu entscheiden sein, welcher Teil der
Maßnahmen zur Hilfe zum Lebensunterhalt und welcher zu § 71 zu zählen ist. Eine
letztlich doch notwendige Heimunterbringung ist eine Angelegenheit der Hilfe zur
Pflege oder entsprechender vorrangiger Leistungen des SGB XI.

**Nr. 4.** Diese Hilfe besteht in der Beratung und Unterstützung darüber, welche  14
**ambulanten Dienste** der alte Mensch in Anspruch nehmen kann, um seine Lage
zu meistern. Es wird insoweit zu prüfen sein, ob er Hilfe von Sozialstationen, Essen
auf Rädern, Besuchsdienste oder andere soziale Dienste in Anspruch nehmen sollte.
Die Palette solcher Dienste ist groß und wird vor allem von Trägern der Freien
Wohlfahrtspflege angeboten. Wegen der Kosten der Inanspruchnahme kommen
verschieden Leistungsträger in Betracht, etwa die gesetzliche Krankenversicherung,
die Sozialhilfe (Hilfe zum Lebensunterhalt, Hilfe zur Pflege, Eingliederungshilfe)
oder die Pflegekasse. Letztlich kann auch die Altenhilfe zur Übernahme von Kosten
der sozialen Dienste verpflichtet sein.

**Nr. 5.** Die Hilfe kann darin bestehen, den Besuch der genannten **Veranstaltun-**  15
**gen** zu ermöglichen (durch Schaffung von Fahrgelegenheiten), zu vermitteln, anzubieten oder anzuregen. Insoweit sind persönliche Hilfen und finanzielle Hilfen denk-

bar. Die finanzielle Hilfe dürfte zumeist in der institutionellen Förderung der Anbieter entsprechender Veranstaltungen liegen. Eine monatliche pauschale Leistung kann nicht beansprucht werden (BayLSG 26.2.2010 – L 8 SO 129/09, FEVS 62, 117).

**16**     **Nr. 6.** Diese Hilfe besteht in erster Linie in einer finanziellen Unterstützung des alten Menschen. **Nahestehende Personen** sind vor dem Hintergrund des Zweckes dieser Hilfe nicht nur Verwandte, sondern grundsätzlich alle Personen, mit denen der alte Mensch Kontakt pflegen will. Die Hilfe kann in **Reisebeihilfen** bestehen, wobei allerdings zu berücksichtigen sein wird, ob die nahestehende Person nicht die Kosten des Besuchs (zumindest teilweise) tragen kann. Die Verbindung zu nahestehenden Menschen kann auch über das **Telefon** hergestellt werden. Daher wird im Einzelfall zu erwägen sein, ob insoweit – etwa durch Übernahme gewisser Telefonkosten – eine Hilfe zu gewähren ist. Kommunikationskosten sind allerdings bereits im Regelbedarf erfasst (LSG BW 17.12.2015 – L 7 SO 1474/15). Der Kontakt zu nahestehenden Personen muss aber gerade durch altersbedingte Schwierigkeiten gefährdet sein; der allgemeine Wunsch nach Kontakten reicht in diesem Zusammenhang nicht aus (BSG 24.2.2016 – B 8 SO 11/14 R).

## 3. Weitere Maßnahmen

**17**     Der Katalog der Leistungen ist **nicht abschließend.** Die Altenhilfe ist deshalb nicht gehindert, sich fachlich weiter zu entwickeln und neue Hilfemaßnahmen anzubieten, um den Zweck der Altenhilfe, diesen Personenkreis vor Isolation, Rückzug und Vereinsamung zu schützen, zu erfüllen. Die Altenhilfe ist nicht auf ambulante Maßnahmen beschränkt. Vor allem in **Alten- und Pflegeheimen,** in denen allerdings auf Aktivierung und Kommunikation für die alten Menschen Bedacht genommen werden soll, eröffnet sich ein Feld ergänzender Altenhilfe nach § 71.

## 4. Nachrang

**18**     Die Altenhilfe unterliegt dem Nachrang der Sozialhilfe nach § 19 Abs. 3 und fällt unter die **Einkommensgrenze** des § 85. Für die persönliche Hilfe in Form von Beratung und Unterstützung ist der Nachrang durch **Abs. 4** im Regelfall aufgehoben (SächsLSG 17.4.2013 – L 8 SO 84/11). Eine persönliche Hilfe liegt auch vor, wenn ihre Erbringung – wie regelmäßig – mit Kosten verbunden ist, aber die persönliche Hilfe im Vordergrund steht. So ist etwa die Veranstaltung eines Konzertes in einem Altenheim eine persönliche Hilfe im Rahmen der Nr. 5, auch wenn der Träger der Sozialhilfe insoweit Aufwendungen zu tragen hat. Das Absehen von einer finanziellen Beteiligung der alten Menschen bei persönlichen Hilfen ermöglicht es, die einzelnen Maßnahmenträger institutionell zu fördern.

## 5. Verzahnung mit anderen Leistungen (Abs. 5)

**19**     Mit dem neuen Absatz 5 wird ein Anliegen der Bund-Länder-Arbeitsgruppe zur Stärkung der Rolle der Kommunen in der Pflege aufgegriffen, im Interesse auch alter Menschen die verschiedenen Leistungen, die für diesen Personenkreis in Betracht kommen, stärker miteinander zu verzahnen. Ein Schwerpunkt bildet dabei die Beratung, zu dem die Bund-Länder-Arbeitsgruppe die Empfehlung ausgesprochen hat, die Zusammenarbeit und Transparenz in diesem Bereich zu verbessern. Die Beratung alter Menschen bildet einen Schwerpunkt der Leistungen der Altenhilfe. Der neue Absatz bestimmt daher, dass die Leistungen der Altenhilfe sowohl mit den übrigen Leistungen dieses Buches einschließlich Eingliederungshilfe und Hilfe zur Pflege mit den Leistungen der örtlichen Altenhilfe im Sinne der kommunalen Daseinsvorsorge zu verzahnen. Ziel der Verzahnung ist eine Vermeidung bzw. Verringerung von Pflegebedürftigkeit sowie eine Vermeidung bzw. Verringerung der Inanspruchnahme von Leistungen der Eingliederungshilfe. Bei der Verzahnung sind sowohl die Ergebnisse der Gesamtplanung nach § 58 als auch die nach den Vorschriften SGB IX bestehenden Grundsätze der Koordination, Kooperation und Konvergenz der Leistungen (§§ 10 ff.) zu berücksichtigen. Es ist beabsichtigt im Rahmen der Reform der Eingliederungshilfe die Grundsätze der Koordination, Kooperation und Konvergenz zu einer umfassenden Teilhabeplanung weiterzuentwickeln. Entsprechend dem Zweck des neuen Absatzes 5 bestimmt § 123 Absatz 1 Satz 6 SGB XI (Art. 1 Nr. 18 BTHG), dass in den Modellvorhaben eine Zusammenarbeit bei der Beratung insbesondere auch mit der Beratung zu Leistungen der Altenhilfe, der Hilfe zur Pflege und der Eingliederungshilfe sicherzustellen ist (so BT-Drs. 18/9518, S. 99).

## § 72 Blindenhilfe

(1) [1]Blinden Menschen wird zum Ausgleich der durch die Blindheit bedingten Mehraufwendungen Blindenhilfe gewährt, soweit sie keine gleichartigen Leistungen nach anderen Rechtsvorschriften erhalten. [2]Auf die Blindenhilfe sind Leistungen bei häuslicher Pflege nach dem Elften Buch, auch soweit es sich um Sachleistungen handelt, bei Pflegebedürftigen des Pflegegrades 2 mit 50 Prozent des Pflegegeldes des Pflegegrades 2 und bei Pflegebedürftigen der Pflegegrade 3, 4 oder 5 mit 40 Prozent des Pflegegeldes des Pflegegrades 3, höchstens jedoch mit 50 Prozent des Betrages nach Absatz 2, anzurechnen. [3]Satz 2 gilt sinngemäß für Leistungen nach dem Elften Buch aus einer privaten Pflegeversicherung und nach beamtenrechtlichen Vorschriften. [4]§ 39a ist entsprechend anzuwenden.

(2) [1]Die Blindenhilfe beträgt bis 30. Juni 2004 für blinde Menschen nach Vollendung des 18. Lebensjahres 585 Euro monatlich, für blinde Menschen, die das 18. Lebensjahr noch nicht vollendet haben, beträgt sie 293 Euro monatlich. [2]Sie verändert sich jeweils zu dem Zeitpunkt und in dem Umfang, wie sich der aktuelle Rentenwert in der gesetzlichen Rentenversicherung verändert.

(3) [1]Lebt der blinde Mensch in einer stationären Einrichtung und werden die Kosten des Aufenthalts ganz oder teilweise aus Mitteln öffentlich-rechtlicher Leistungsträger getragen, so verringert sich die Blindenhilfe nach Absatz 2 um die aus diesen Mitteln getragenen Kosten, höchstens jedoch um 50 vom Hundert der Beträge nach Absatz 2. [2]Satz 1 gilt vom ersten Tage des zweiten Monats an, der auf den Eintritt in die Einrichtung folgt, für jeden vollen Kalendermonat des Aufenthalts in der Einrichtung. [3]Für jeden vollen Tag vorübergehender Abwesenheit von der Einrichtung wird die Blindenhilfe in Höhe von je einem Dreißigstel des Betrages nach Absatz 2 gewährt, wenn die vorübergehende Abwesenheit länger als sechs volle zusammenhängende Tage dauert; der Betrag nach Satz 1 wird im gleichen Verhältnis gekürzt.

(4) [1]Neben der Blindenhilfe wird Hilfe zur Pflege wegen Blindheit nach dem Siebten Kapitel außerhalb von stationären Einrichtungen sowie ein Barbetrag (§ 27b Absatz 2) nicht gewährt. [2]Neben Absatz 1 ist § 30 Abs. 1 Nr. 2 nur anzuwenden, wenn der blinde Mensch nicht allein wegen Blindheit voll erwerbsgemindert ist. [3]Die Sätze 1 und 2 gelten entsprechend für blinde Menschen, die nicht Blindenhilfe, sondern gleichartige Leistungen nach anderen Rechtsvorschriften erhalten.

(5) Blinden Menschen stehen Personen gleich, deren beidäugige Gesamtsehschärfe nicht mehr als ein Fünfzigstel beträgt oder bei denen dem Schweregrad dieser Sehschärfe gleichzuachtende, nicht nur vorübergehende Störungen des Sehvermögens vorliegen.

*Änderungen der Vorschrift: Abs. 1 S. 4, Abs. 4 S. 1 geänd. mWv 1.1.2011 durch G v. 24.3.2011 (BGBl. I S. 453) Abs. 1 Satz 2 neu gef., Abs. 4 Satz 1 geänd. mWv 1.1.2017 durch G v. 23.12.2016 (BGBl. I S. 3191).*

*Vergleichbare Vorschriften: § 67 BSHG; § 27d Abs. 1 Nr. 4, § 35 BVG.*

**Schrifttum:** *Braun/Zihl,* Der Blindheitsnachweis bei zerebralen Funktionsstörungen, Der medizinische Sachverständige 2015, 81; *Dau,* Blindheit in neuer Sicht, jurisPR-SozR 10/2016, Anm. 5; *ders.,* „Blindheit" im Schwerbehindertenrecht, jurisPR-SozR 24/2009, Anm. 4; *Demmel,* Die Entwicklung und Bedeutung der öffentlich-rechtlichen Blindengeldleistung als Sozialleistung, 2003; ders., Ist die Blindenhilfe noch zeitgemäß?, Recht und Praxis der Rehabilitation 2016, 8; *Jungeblut,* Nichts sehen können – und doch nicht blind?, in Sozialrecht im Umbruch – Sozialgerichte im Aufbruch 2010, 69; *Möller* in: Deinert/Welti (Hrsg.), Stichwortkommentar Behindertenrecht, Stichwort „Blind", Nr. 42, S. 234; *Rademacker,* Blindengeld für Menschen mit schwersten Behinderungen, RdLH 2005, 186.

Detaillierte Informationen sind beim Deutschen Blinden- und Sehbehindertenverband e. V., Rungestraße 19, 10179 Berlin, zu erhalten. Der Deutsche Verein der Blinden und Sehbehinderten in Studium und Beruf e. V., Frauenbergstraße 8, 35039 Marburg, gibt die Fachzeitschrift „horus" heraus; s. dort horus-spezial 3: Schriftenreihe zum Blindenrecht, insbesondere Heft 6.

## Übersicht

# I. Bedeutung der Norm

1    Die Vorschrift übernimmt mit einigen Änderungen die Regelung des früheren § 67 BSHG. Von der Blindenhilfe als sozialhilferechtlicher Leistung ist das landesrechtliche Blindengeld zu unterscheiden. Die Blindenhilfe hat zahlreiche Berührungspunkte mit anderen sozialen Leistungen. Daher enthält die Vorschrift detaillierte Regelungen über das Verhältnis zu solchen Leistungen. Der Begriff „Blindheit" wird in der Vorschrift nicht definiert.

2    Die Blindenhilfe nach dem SGB XII hat nur dann eine praktische Bedeutung, wenn die Leistung höher ist als das jeweilige Landesblindengeld, denn das Landesblindengeld ist eine „gleichartige Leistung" im Sinne von § 72 Abs. 1 Satz 1. Alle Bundesländer haben **Landesblindengesetze** (bzw. Landespflegegeldgesetze) erlassen. Als Gesetzes zur allgemeinen sozialen Förderung fallen sie in die Gesetzgebungskompetenz der Länder. Die Höhe des Blindengeldes schwankt zwischen 300 € (Schleswig-Holstein) und 586 € (Hessen). Die Blindenhilfe kann also das Blindengeld ergänzen, wenn es höher ist. Dies ist in Bezug auf die Blindengeldgesetze der Länder der Fall. Allerdings ist die Blindenhilfe einkommens- und vermögensabhängig. Daher steht dem blinden Menschen oft nur das Blindengeld zu (BayLSG

16.11.2017 – L 8 SO 154/15, NZS 2018, 155). Der Rechtsweg bei Streitigkeiten nach den Landesblindengeldgesetzen führt zu den Verwaltungsgerichten, sofern das Landesrecht nicht eine Zuweisung zu den Sozialgerichten ausspricht (vgl. § 51 Abs. 1 Nr. 10 SGG; s. LSG BW 21.9.2006 – L 7 SO 5514/05, ZfSH/SGB 2007, 103; OVG Schleswig 29.9.2004 – 2 LB 40/04, FEVS 56, 237).

Die Blindenhilfe geht von einem typisierten Mehrbedarf in Folge von Blindheit 3 aus und sieht insoweit eine pauschalierte Leistung vor. Blindheitsbedingte Mehraufwendungen sind aber nicht Anspruchsvoraussetzung für die Blindenhilfe. Die **Zuständigkeitsbestimmung** des § 98 Abs. 2 erfasst auch die Blindenhilfe (BVerwG 16.12.2004 – 5 C 25/04, FEVS 56, 346). Nach dem AsylbLG besteht kein Anspruch auf Blindenhilfe. Auch Blindengeld kann nicht beansprucht werden, da das Blindengeld eine Leistung ist, die den Leistungen des SGB XII vergleichbar ist und daher nach § 9 AsylbLG ausgeschlossen ist (OVG NRW 17.6.2011 – 12 A 1011/10; LSG LSA 18.9.2013 – L 7 BL 1/10).

## II. Inhalt der Norm

### 1. Begriff der Blindheit

Blind im Sinne der Vorschrift ist nicht nur derjenige, dem die Sehfähigkeit völlig 4 fehlt, sondern auch derjenige, der zu dem in Abs. 5 genannten Personenkreis zählt. Der Begriff der „Blindheit" ist für die Blindenhilfe und für das Blindengeld identisch. Die genannten Beeinträchtigungen der Sehschärfe und des Sehvermögens müssen in aller Regel fachärztlich festgestellt werden (BSG 20.7.2005 – B 9a BL 1/05 R; BSG 26.10.2004 – B 7 SF 2/03 R; OVG NRW 12.6.2012 – 12 E 535/12; SächsLSG 21.12.2005 – L 6 SB 11/04). Zumeist besitzt der blinde Mensch einen Schwerbehindertenausweis, aus dem seine Behinderung bereits hervorgeht (§ 3 Abs. 1 Nr. 3 SchwbAwV; s. dazu LSG Nds-Brem 30.6.2009 – L 13 SB 62/04). Die Träger der Sozialhilfe sind an die Feststellungen gebunden.

Die Rechtsprechung hat den Begriff der „Blindheit" ausgedehnt auf Fälle, in 4a denen der Mensch zwar noch eine Sehkraft besitzt, diese aber infolge einer geistigen/seelischen Behinderung nicht verarbeiten kann. Dies ist etwa bei Wachkoma-Patienten oder bei Menschen mit schwerer Demenz der Fall (BSG 11.8.2015 – B 9 BL 1/14 R; BayLSG 19.12.2016 – L 15 BL 9/14; BayLSG 13.1.2017 – L 15 BL 9/14; s. dazu kritisch *Dau*, jurisPR-SozR 10/2016, Anm. 5; wie BSG auch LSG Nds-Brem 18.12.2017 – L 13 SB 71/17, BeckRS 2017, 133914). Die Kritik an dieser Begriffserweiterung bemerkt, dass die Blindenhilfe (ebenso das Blindengeld) kein „Bewusstlosengeld" sein dürfe. In diesen Fällen werden zwar regelmäßig keine blindheitsbedingten Mehraufwendungen entstehen; dies ist aber keine eigenständige Anspruchsvoraussetzung (BSG 26.10.2004 – B 7 SF 2/03 R). S. zu weiteren Problemen Rn. 23. Das Urteil des BSG v. 11.8.2015 dürfte auch Auswirkungen auf die Zuerkennung des Merkzeichens „BL" nach der SchwbAV haben (SG Aachen 18.3.2016 – S 18 SB 1110/14).

### 2. Bedarf und Leistungen

Der typisiert angenommene Bedarf besteht in nicht näher bezeichneten **Mehr-** 5 **aufwendungen,** die der blinde Mensch wegen seiner Blindheit zu tätigen hat (BVerwG 14.5.1969 – V C 167.67; BVerwG 4.11.1976 – V C 7.76). Ähnlich wie beim pauschalierten Pflegegeld soll der blinde Mensch in die Lage versetzt werden, mit dem Blindengeld nach **freier Entscheidung** Anschaffungen zu machen, die ihm das Leben erleichtern (z. B. Hörcassetten). Ferner kann er mit dem Blindengeld etwa Hilfs- und Betreuungspersonen entlohnen. Ob solche Aufwendungen entstehen, ist aber nicht Anspruchsvoraussetzung.

**6**     Wie bei jedem typisierten und pauschalierten Bedarf stellt sich die Frage, welche Bedarfe letztlich mit dem Blindengeld abgegolten sind. Nach Sinn und Zweck des Blindengeldes sind das nicht solche Bedarfe, für die regelmäßig **besondere Leistungen** vorgesehen sind. Das sind etwa **Hilfsmittel** zum Ausgleich der Sehbehinderung, die Kosten eines Blindenführhundes oder die Kosten einer Haushaltshilfe. Für derartige Bedarfe ist das Blindengeld nicht einzusetzen; es ist auch nicht zu einem Anteil auf die entsprechenden Leistungen anzurechnen. Das gilt grundsätzlich auch für alle Leistungen der Eingliederungshilfe, gegenüber der die Blindenhilfe nicht nachrangig ist, da es sich um verschiedene Bedarfe handelt (s. dazu *Demmel,* Recht und Praxis der Rehabilitation 2016, 8).

**7**     Wenn die **bestimmungsmäßige Verwendung** der Blindenhilfe durch oder für den blinden Menschen nicht möglich ist, konnte sie nach der früheren Rechtslage versagt werden (§ 67 Abs. 4 S. 2 BSHG). Diese Bestimmung ist entfallen. Nach der neuen Rechtsprechung (s. Rn 4a) läge darin auch ein Widerspruch.

**8**     Die Blindenhilfe ist zwingend in der Form der **Geldleistung** zu erbringen. Dies folgt aus Abs. 2, wonach die Blindenhilfe in Höhe eines Geldbetrages gewährt wird. Für die Höhe der Hilfe sind in der Vorschrift zwei **feste Beträge** genannt, je nach Alter des blinden Menschen. Diese Beträge verändern sich in dem Umfang, in dem sich der aktuelle Rentenwert in der gesetzlichen Rentenversicherung verändert. Ab Juli 2016 beträgt die Geldleistung 681,70 EUR (Volljährige) und 341,44 EUR (Minderjährige). Die Dynamisierung der Blindenhilfe in Anknüpfung an die Veränderung des aktuellen Rentenwerts ist verfassungsrechtlich unbedenklich, da es in diesem Zusammenhang nicht um Sicherung des Existenzminimums geht (anders für die Fortschreibung des Regelbedarfs aber BVerfG 9.2.2010 – 1 BvL 1/09 u.a., NZS 2010, 270).

### 3. Nachrang gegenüber Einkommen und Vermögen

**9**     Die Blindenhilfe ist einkommens- und vermögensabhängig Das Landesblindengeld ist nach § 83 Abs. 1 als Einkommen zu berücksichtigen, da es demselben Zweck wie das Blindengeld dient (OVG Schleswig 29.9.2004 – 2 LB 40/04; SG Landshut 5.5.2015 – S 11 SO 62/13; BayLSG 16.11.2017 – L 8 SO 154/15, NZS 2018, 155). Es gilt § 19 Abs. 3. Die danach geltende Zumutbarkeitsgrenze für den Einsatz von Einkommen ergibt sich aus § 85, wobei nach § 87 Abs. 1 S. 3. eine Sonderregelung gilt. Für den Einsatz des Vermögens ist der Freibetrag für kleinere Barbeträge auf 5 000 € ab dem 1.4.2017 erhöht worden (durch VO v. 22.3.2017, BGBl. I S. 519). Angespartes Blindengeld ist bei der Gewährung von Hilfe zum Lebensunterhalt nicht als Vermögen zu berücksichtigen (BSG 11.12.2007 – B 8/9b SO 20/06 R, FEVS 59, 441). Da Blindenhilfeleistungen zweckbestimmt sind, fallen sie unter § 11a Abs. 3 SGB II und werden als Einkommen daher nicht berücksichtigt, weil sie nicht demselben Zweck wie die SGB II-Leistungen dienen (SG Dresden 28.7.2010 – S 6 AS 2932/10 ER). Das Landesblindengeld ist in der gesetzlichen Krankenversicherung (§ 240 SGB V) nicht beitragspflichtig (LSG BW 17.2.2016 – L 11 KR 888/ 15). Die Berücksichtigung von aus Blindengeld angespartem Vermögen stellt auch in den Fällen, in denen der Sozialhilfeträger Leistungen für eine Heimunterbringung gewährt, eine besondere Härte dar (SG Dortmund 14.12.2016 – S 62 SO 133/16).

### 4. Nachrang gegenüber zumutbarer Arbeitsaufnahme

**10**    Soweit der blinde Mensch nicht erwerbsfähig ist, trifft ihn nach dem SGB XII nur noch die **Obliegenheit** nach § 11 Abs. 3 S. 4; im Übrigen kommen die Vorschriften des SGB II zur Anwendung, wenn der blinde Mensch erwerbsfähig ist. Die Obliegenheit dient nicht in erster Linie dazu, dass der blinde Mensch Einkommen erzielt, sondern dazu, sein Selbsthilfestreben allgemein anzuregen und ihn soweit wie möglich in die Gesellschaft zu integrieren. Die übrigen Hilfen nach dem Fünften bis Neunten Kapitel kennen aus in der Natur der Sache liegenden Gründen eine derartige Obliegenheit nicht

Die Frage der Zumutbarkeit einer Arbeitsleistung oder einer Teilnahme an den **11** übrigen Maßnahmen zur Eingliederung in das Arbeitsleben ist vor dem Hintergrund der Behinderung des blinden Menschen individuell zu entscheiden. Die Zumutbarkeitskriterien des § 11 Abs. 4 sind nicht ohne Weiteres zu übernehmen.

Verletzt der blinde Mensch die Obliegenheit, kann nach § 39a das Blindengeld **12** gekürzt werden.

## 5. Verhältnis zu gleichartigen Leistungen

Die Vorschrift enthält zahlreiche Regelungen, die zum Teil Ausdruck des Nach- **13** ranggrundsatzes nach § 2 Abs. 1 sind, aber auch festlegen, was bei einem Zusammentreffen mit ähnlichen Leistungen der Sozialhilfe zu gelten hat. Insoweit geht es darum **Doppelleistungen** für denselben Bedarf zu vermeiden (vgl. dazu VG Stade 13.7.2001 – 1 A 1495/00, ZfF 2003, 137). Die Blindenhilfe nach dem Recht der Kriegsopferfürsorge (§ 27d Abs. 1 Nr. 4 BVG) geht den jeweiligen Landesblindengeldgesetzen vor (BVerwG14.11.2002 – 5 C 37/01, BVerwGE 117, 172). Die Schwierigkeiten eines blinden Menschen können auch Gegenstand der Eingliederungshilfe sein. Das schließt den Anspruch auf Blindenhilfe aber nicht aus (LSG Nds-Brem 27.1.2011 – L 8 SO 171/08, FEVS 63, 133).

**a) Nachrang der Blindenhilfe (Abs. 1).** Abs. 1 S. 1 enthält klarstellend den **14** **Nachrang** der Blindenhilfe gegenüber gleichartigen Leistungen nach anderen Rechtsvorschriften. Es muss sich um Leistungen mit derselben Zwecksetzung wie die Blindenhilfe handeln (vgl. BVerwG 14.11.2002 – 5 C 37/01, BVerwGE 117, 172). Das sind etwa die Pflegezulage für Kriegsblinde nach § 35 BVG, das Pflegegeld für Unfallblinde nach § 44 SGB VII und vor allem die Leistungen nach den Landesblindengesetzen. Soweit diese Leistungen nicht die Höhe der Blindenhilfe erreichen, ist ergänzende Blindenhilfe zu gewähren (SG Landshut 5.5.2015 – S 11 SO 62/13, SAR 2011, 64). Für das Verhältnis zu sonstigen Leistungen nach dem SGB XII s. Abs. 4.

**b) Leistungen bei häuslicher Pflege (Abs. 1 S. 2).** Diese Vorschrift ist durch **15** das PSG III geändert worden, um die Änderungen des Pflegeversicherungsrechts zu berücksichtigen. Erhält der blinde Mensch Leistungen bei **häuslicher Pflege** nach dem SGB XI, sind diese Leistungen nach Abs. 1 S. 2 auf die Blindenhilfe anzurechnen. Dabei erfolgt die Anrechnung nach festen Vomhundertsätzen. Die Anrechnung ist der Höhe nach begrenzt auf höchstens die Hälfte des jeweiligen Betrages der Blindenhilfe nach Abs. 2. Die Anrechnungsvorschriften gelten sinngemäß für Leistungen der häuslichen Pflege nach privat- und beamtenrechtlichen Bestimmungen. Das sozialhilferechtliche Pflegegeld nach § 64ist auf die Blindenhilfe nicht anzurechnen (LSG BW 21.9.2006 – L 7 SO 5514/05, ZfSH/SGB 2007, 103). Allerdings ist die Blindenhilfe auf das Pflegegeld nach § 64a anzurechnen (§ 63b Abs. 2 S. 1). Die Vorschriften über eine Anrechnung der verschiedenen Leistungen für blinde Menschen untereinander sind relativ kompliziert und unübersichtlich. Das beruht drauf, dass die zusammentreffenden Leistungen einerseits Sozialhilfeleistungen sind und andererseits zum Sozialversicherungsrecht gehören (dies analysiert das Urteil des LSG BW anschaulich). Zudem sehen einige Landesgesetze zum Blindengeld bereits eine Anrechnung gleichartiger Leistungen, so von Leistungen nach dem SGB XI, vor. Die Anrechnungsvorschriften des § 72 Abs. 1 S. 2 und von § 63b Abs. 2 dürfen also nicht miteinander kombiniert werden.

**c) Aufenthalt in einer Einrichtung (Abs. 3).** Befindet sich der blinde Mensch **16** in einer **Einrichtung** im Sinne des § 13 Abs. 2, findet ebenfalls eine Verrechnung mit der Blindenhilfe statt (BSG 5.12.2001 – B 7/1 SF 1/00 R). Voraussetzung ist allerdings, dass die Kosten des Aufenthalts in der Einrichtung ganz oder teilweise aus Mittel öffentlich-rechtlicher Leistungsträger getragen werden. Öffentlich-rechtliche Leistungsträger sind alle Sozialleistungsträger im Sinne von § 12 SGB I, also auch der Träger der Sozialhilfe selbst. Daneben stammt auch die beamtenrechtliche Beihilfe von einem öffentlich-rechtlichen Leistungsträger.

17  Die Kosten des Aufenthalts in der Einrichtung müssen unmittelbar durch Leistungen der erwähnten Leistungsträger getragen werden. Trägt der blinde Mensch die Kosten etwa mithilfe seiner Rente selbst, handelt es sich nicht um eine Kostentragung durch den Rentenversicherungsträger.

18  Die **Kürzung des Blindengeldes** erfolgt in der Höhe, in der der Leistungsträger die Einrichtungskosten trägt, wobei der Kürzungsbetrag bei 50 v. H. des Blindengeldes gekappt ist.

19  Die Kürzung beginnt nicht sogleich, sondern erst vom Beginn des zweiten Monats, der auf den Eintritt in die Einrichtung erfolgt. Die anschließenden Detailregelungen betreffen die Berechnung des Blindengeldes bei vorübergehender Abwesenheit von der Einrichtung.

20  **d) Verhältnis zwischen Blindenhilfe zur Hilfe zur Pflege (Abs. 4).** Absatz 4 betrifft das Verhältnis von Blindenhilfe (bzw. gleichartiger Leistungen nach anderen Rechtsvorschriften, Abs. 4 S. 3) zur **Hilfe zur Pflege** nach dem SGB XII, sofern die Hilfe zur Pflege außerhalb von stationären Einrichtungen geleistet wird. Dies betrifft nur die Fälle, in denen die Hilfe zur Pflege ausschließlich wegen Blindheit notwendig wäre. Dann geht die Blindenhilfe vor; Hilfe zur Pflege entfällt. Dasselbe gilt für den Barbetrag nach § 27b Abs. 2; er wird neben der Blindenhilfe nicht gewährt. 27b Abs. 2Der **Mehrbedarfszuschlag** nach § 30 Abs. 1 Nr. 2. kann neben der Blindenhilfe nur beansprucht werden, wenn die Erwerbsminderung nicht allein auf der Blindheit besteht.

21  Neben dem Bezug von Blindenhilfe ist ein Anspruch auf Hilfe zur Pflege wegen Blindheit **außerhalb von Einrichtungen** insgesamt ausgeschlossen. Beruht die Notwendigkeit von Hilfe zur Pflege indes daneben auch auf anderen Krankheiten oder Behinderungen, bestehen beide Ansprüche nebeneinander. Auf das Pflegegeld, das der Blinde nach § 64a erhalten kann, wenn er nicht nur Hilfe zur Pflege wegen Blindheit bezieht, ist das Blindengeld anzurechnen (s. Rn. 15).

22  Der **Mehrbedarfszuschlag** nach § 30 Abs. 1 Nr. 2 kann neben dem Blindengeld nur beansprucht werden, wenn die volle Erwerbsminderung nicht allein auf der Blindheit beruht (vgl. OVG Münster 3.12.2001 – 12 E 159/00). Eine teilweise gegenseitige Anrechnung beider Leistungen sieht die Vorschrift nicht vor. Im Einzelfall kann der Mehrbedarfszuschlag allerdings nach § 30 Abs. 1 Nr. 2 abweichend festgesetzt werden.

23  **e) Gleichstellung anderer Personen (Abs. 5).** Nach dieser Vorschrift werden Personen mit bestimmten Beeinträchtigungen der Sehschärfe blinden Menschen gleichgestellt. Die Vorschrift entspricht dem früheren § 76 Abs. 2a Nr. 3 BSHG. In § 3 Abs. 1 Nr. 3 SchwbAwV wird wegen des Merkzeichens „BL" auf § 72 Abs. 5 verwiesen. Die Versorgungsmedizin-Verordnung, die auf der Ermächtigung nach § 30 Abs. 16 BVG beruht, ist durch § 241 Abs. 5 SGB IX für die Zeit bis eine Verordnung nach § 153 Abs. 2 SGB IX erlassen worden ist, durch den Gesetzgeber in Gesetzesrang gehoben worden (LSG BW 21.4.2015 – L 6 SB 3121/14). Danach ist der Begriff der „Blindheit" enger als es die Rechtsprechung entschieden hat. Das wirft die Frage auf, wie dieser Konflikt zu lösen ist (dazu *Dau*, jurisPR-SozR 10/2016, Anm. 5).

24  Bezüglich der Versorgung blinder Menschen mit Hilfsmitteln nach § 33 SGB V ist auf die neue Fassung von Abs. 2 S. 2 hinzuweisen (Art. 1 Nr. 2 Buchst. b G v. 4.4.2017, BGBl. I S. 778). Im Steuerrecht wird nach § 33b EStG ein Pauschbetrag anerkannt.

**§ 73** Hilfe in sonstigen Lebenslagen

[1]Leistungen können auch in sonstigen Lebenslagen erbracht werden, wenn sie den Einsatz öffentlicher Mittel rechtfertigen. [2]Geldleistungen können als Beihilfe oder als Darlehen erbracht werden.

**Schrifttum:** *Deutscher Verein,* Hinweise des deutschen Vereins zur Verbesserung der gesundheitlichen Teilhabe, NDV 2009, 119; *Gerenkamp/Kroker,* Ergänzende Sozialhilfeleistungen für Leistungsempfänger nach dem SGB II am Beispiel des elterlichen Umgangsrechts, NZS 2008, 28; *Hammel,* § 73 SGB XII (Hilfe in sonstigen Lebenslagen) – Eine überflüssige Norm?, ZFSH/SGB 2014, 9; *Münder,* Die Kosten des Umgangsrechts im SGB II und SGB XII, NZS 2008, 617; *V. Neumann,* Das medizinische Existenzminimum zwischen Sozialhilfe und Krankenversicherung, RsDE, 68, 1; *Schulte,* Trenk-Hinterberger, Sozialhilfe, 2. Aufl. 1986; *Ulbrich/Keusch,* Lohnkostenzuschüsse nach § 27 Abs. 2 BSHG, ZfF 1987, 218.

# I. Bedeutung der Vorschrift

Die vielfältige Typik sozialhilferechtlicher Leistungen, wie sie sich in der Wirk- **1** lichkeit sozialer Leistungserbringung entwickelt, bedarf einer **Öffnungs-** und **Zukunftsklausel,** die mit dem § 73 SGB XII eingeführt worden ist. Damit können in der Praxis die Möglichkeiten der Hilfeleistungen weiterentwickelt und an künftige Entwicklungen angepasst werden (*Strnischa,* Oestreicher, § 73 Rn. 3; *Baur/Zink,* Mergler/Zink, § 73 Rn. 3; *Böttiger,* jurisPK-SGB XII, § 73 Rn. 5). Es handelt sich deshalb nicht um eine „Reparaturnorm", um als unbefriedigend empfundene Ergebnisse im Leistungsrecht des SGB II zu korrigieren (vgl. auch *Mrozynski,* IV. 7 Rn. 20). Daraus folgt auch, dass es **nicht** um die **Aufstockung** der als unzureichend empfundenen vertypten Leistungen geht (vgl. auch *Schlette,* Hauck/Noftz, SGB XII, § 73 Rn. 6; s. auch BSG 16.12.2010 – B 8 SO 7/09 R Zuzahlung bei Arzneimitteln; BayLSG 27.1.2015 – L 8 SO 306/14 B ER; 24.4.2016 – B 8 SO 5/15 R mit Anm. *Grube* SGb 2017,155: Reise zu Verwandten).

Die Bedeutung der Vorschrift hat durch die geänderte Fassung des § 21 Abs. 6 **2** SGB II erheblich abgenommen (vgl. auch *Böttiger,* jurisPK-SGB XII, § 73 Rn. 9). Vor dem Inkrafttreten dieser Vorschrift waren in der sozialgerichtlichen Rechtsprechung Tendenzen zu erkennen, in § 73 SGB XII eine Art Reparaturnorm zu sehen. Es bestand die Gefahr, dass geschlossene System von SGB II und SGB XII mit seinen Abgrenzungen aufzuweichen. § 21 Abs. 6 SGB II sieht vor: Bei Leistungsberechtigten wird ein Mehrbedarf anerkannt, soweit im Einzelfall ein unabweisbarer, laufender, nicht nur einmaliger besonderer Bedarf besteht. Der Mehrbedarf ist unabweisbar, wenn er insbesondere nicht durch die Zuwendungen Dritter sowie unter Berücksichtigung von Einsparmöglichkeiten der Leistungsberechtigten gedeckt ist und seiner Höhe nach erheblich von einem durchschnittlichen Bedarf abweicht. Mit dieser Regelung ist der Gesetzgeber den Vorgaben des BVerfG (BVerfG 9.2.2010 – 1 BvL 1/09 u. a.) gefolgt.

In den Fällen der arbeitssuchenden Unionsbürger, bei denen Leistungen nach **3** § 7 SGB II ausgeschlossen werden, wurde verstärkt über § 73 diskutiert (s. auch *H. Schellhorn,* Schellhorn/Hohm/Scheider, SGB XII, § 73 Rn. 10.2 unter Hinweis auf LSG Nds-Brem 15.11.2013 – L 15 AS 365/13 B ER, BeckRS 2013, 74300; vgl. auch *Böttiger,* jurisPK-SGB XII, § 73 Rn. 9.1). Durch die Neufassung des § 23, der spezielle Regelungen für arbeitssuchende Unionsbürger vorsieht, muss sich die Diskussion um § 73 erledigen, weil nun erst recht § 73 nicht als Auffangvorschrift angesehen werden kann. S. auch § 23.

## II. Inhalt der Vorschrift

**4**    Nach der früheren Systematik des BSHG wurde zwischen der Hilfe zum Lebensunterhalt und der Hilfe in besonderen Lebenslagen unterschieden. Die Hilfe in besonderen Lebenslagen war enumerativ in § 27 Abs. 1 BSHG genannt. Hilfe konnte auch in anderen besonderen Lebenslagen gewährt werden (§ 27 Abs. 2 BSHG). § 73 SGB XII, der Hilfe in sonstigen Lebenslagen vorsieht, überträgt inhaltsgleich die bisherige Regelung des BSHG. Während die Bedeutung des § 27 Abs. 2 BSHG eher gering war, hat sie vor allem seit der Entscheidung des BSG zu den Kosten Umgangsrechts von Scheidungskindern (BSG 7.11.2006 – B 7b AS 14/06 R) einen ganz anderen Stellenwert erhalten. Zum Umgangsrecht von im Ausland lebenden Kindern: BayLSG 27.1.2015 – L 8 SO 306/14 B ER; LSG Bln-Bbg 11.12.2014 – L 23 SO 82/13. Zu Recht hat das BayLSG entschieden, dass hohe Fahrtkosten bei Besuchen von Scheidungskindern bei ihren Eltern vom Sozialhilfeträger nicht zu bewilligen sind.

## III. Hilfe in sonstigen Lebenslagen (S. 1)

### 1. Sonstige Lebenslagen (S. 1)

**5**    Die Hilfe ergänzt den in § 8 SGB XII ausgewiesenen Hilfekatalog. Eine solche Regelung ist notwendig, um den Auftrag der Sozialhilfe, jedem die **Menschenwürde widersprechenden Zustand** zu begegnen, gerecht zu werden und verfassungskonforme Ergebnisse zu ermöglichen (vgl. auch *Berlit*, LPK-SGB XII, § 73 Rn. 4). Die Anwendungsschwierigkeiten beruhen auf der **Unschärfe** des Begriffs der sonstigen Lebenslagen.

**6**    Der Begriff der sonstigen Lebenslage ist kein faktischer. Sonstige Lebenslagen liegen nur vor, wenn sich die Hilfesituation thematisch oder systematisch keinem Tatbestand der in § 8 SGB XII aufgeführten Hilfen zuordnen lässt (s. auch *Böttiger*, jurisPK-SGB XII, § 73 Rn. 23). Weil mit der Vorschrift unbekannten Notlagen von einigem Gewicht (*Mrozynski*, IV. 7 Rn. 20) begegnet werden soll, kann § 73 SGB XII keinesfalls so verstanden werden, dass schon bei Nichtvorliegen der Tatbestandsvoraussetzungen der im SGB XII namentlich aufgeführten Hilfen die Hilfeleistung nach § 73 SGB XII zu gewähren ist. Deshalb ist es auch nicht zulässig, in den sonstigen Lebenslagen einen Anwendungsfall einer allgemeinen Einkommensarmut (vgl. dazu *Berlit*, LPK-SGB XII, § 73 Rn. 6) zu sehen und als unzureichend empfundene Leistungen aufzustocken sind **(Verbot der Aufstockung)**.

**7**    Erfüllt beispielsweise ein Leistungsberechtigter mit seinem Wunsch auf Übernahme von Kosten eines Fernsprechanschlusses die Voraussetzungen der Eingliederungshilfe für Behinderte nicht, kann § 73 SGB XII wegen ihres Auffangcharakters nicht herangezogen werden (BVerwG 19.5.1994 – 5 C 20/91; BayVGH 3.5.1974 – 29 III 74 Telefonanschluss; LSG NRW 18.5.2015 – L 20 SO 355/13 Passkosten; LSG NRW 1.6.2015 – L 12 SO 20/15 NZB Tierhaltung; *Oestreicher/Kunz*, BSHG, § 27 Rn. 4). Aus der systematischen Stellung des § 73 SGB XII im Neunten Kapitel folgt auch, dass sich die Vorschrift nur auf Hilfesituationen beziehen kann, die in ihrer Typizität nicht zur Hilfe zum Lebensunterhalt gehören (atypische Bedarfslagen: für das BSHG: *Mergler/Zink*, § 27 Rn. 18; a. A. *Münder*, LPK-BSHG, § 27 Rn. 7; zum SGB XII: *Strnischa*, Oestreicher, § 73 Rn. 6; *Berlit*, LPK-SGB XII, § 73 Rn. 2; *H. Schellhorn*, Schellhorn/Hohm/Scheider, § 73 Rn. 3). Die gegenteilige Auffassung widerspricht der Systematik der Hilfeleistungen. Obwohl der Unterscheidung Hilfe zum Lebensunterhalt und Hilfe in besonderen Lebenslagen im SGB XII aufgegeben worden ist, sollte mit § 73 SGB XII wie schon mit § 27 Abs. 2 BSHG keine generelle Auffangnorm für sämtliche Hilfearten geschaffen werden (vgl. auch *Bauer/Zink*,

Mergler/Zink, § 73 Rn. 3). Deshalb muss die Übernahme von Unterkunftskosten, für die die Voraussetzungen der Hilfe zum Lebensunterhalt nicht vorgelegen haben, auch unter Einbeziehung des § 73 SGB XII abgelehnt werden (zu § 27 Abs. 2 BSHG: BVerwG, Buchholz, 436.0 § 27 BSHG Nr. 6). Gleiches gilt für Urlaubsreisen, Reisen zu Demonstrationen etc. Alle diese Bedarfssituationen gehören in ihrer Typizität zur Hilfe zum Lebensunterhalt. Bei der Betrachtungsweise ist immer zu berücksichtigen, dass das BVerfG ein Ansparverhalten verlangt.

Nach Auffassung des BSG (BSG 7.11.2006 − B 7b AS 14/06 R) kann die **8** Ausübung des Umgangsrechts nur durch § 73 SGB XII angesichts unzureichender gesetzlicher Regelungen des SGB II gewährleistet werden. Dieser rechtliche Ansatz ist in der Literatur auf Kritik gestoßen (vgl. *Schellhorn*, FuR 2007, 193; *Schlette*, Hauck/Noftz, SGB XI, § 73 Rn. 15; weniger kritisch *Behrend*, jurisPR 2007, 9). Im Einzelnen bedarf es einiger genauerer Unterscheidungen. Anspruchsberechtigt der eigentlichen Reisekosten sind die Kinder, es sei denn sie sind so klein, dass der besuchsberechtigte Elternteil sie abholen muss und dadurch ihm Fahrtkosten entstehen (vgl. LSG NRW 10.5.2007 − L 20 B 24/07 SO ER). Anspruchsberechtigt bleibt ein Elternteil, das sich auf den Weg zu den Kindern macht, wobei über das Merkmal des Einsatzes öffentlicher Mittel Grenzen gezogen werden müssen (Flugreise zum Besuch der Kinder: LSG NRW 10.5.2007 − L 20 B 42/07 SO ER; LSG NRW 6.9.2007 − L 9 AS 80/06: bisher nicht mit den Kindern zusammengelebt; USA-Reise, LSG RhPf, ZfSH/SGB 2011, 168; s. auch BayLSG 27.1.2015 − L 8 SO 306/14 B ER). Zur Verneinung einer Bagatellgrenze, BSG 4.6.2014 − B 14 AS 30/13 R). Ungeklärt ist bis dahin, wie die Kosten des Aufenthalts, die das BSG in den Zusammenhang mit der dem Gesetz unbekannten zeitweiligen Bedarfsgemeinschaft stellt, zu bewilligen sind. Ist der besuchsberechtigte Elternteil Empfänger von SGB II Leistungen, müssen für jeden Besuch entsprechende Anträge gestellt werden.

Ungeklärt ist des Weiteren wie zu verfahren ist, wenn die Kinder bereits am **9** Wohnort Sozialleistungen erhalten haben, ob dann am Besuchsort erneut Regelleistungen beantragt werden können. Allgemein ergibt sich aus dem vom BSG praktizierten Auffangverständnis des § 73 SGB XII die in der Vorschrift nicht angelegte Konsequenz zur „Leistungskorrektur" (wie hier LSG NRW 27.8.2007 − L 9 B 146/07 AS ER). Zu den prozessualen Problemen: s. BSG 2.7.2009 − B 14 AS 54/08 R und 24.3.2015 − B 8 SO 22/13 R. Zu überdenken ist diese Rspr., weil die Kosten des Umgangsrechts wohl eher über § 27a Abs. 4 zu gewährleisten sind. Vgl. zum Ganzen auch *Schlette*, Hauck/Noftz, SGB XII, § 73 Rn. 9 ff.).

Ausgeschlossen sind auch solche Leistungen, für die in einzelnen Gesetzen speziell **10** geregelte Bereiche mit sozialhilferechtlichem Charakter existieren. Einem Hilfesuchenden ist deshalb kein Computer zu gewähren, mit dem er strafrechtliches Wiederaufnahmeverfahren betreiben will. Die zur Vorbereitung eines Wiederaufnahmeverfahrens entstehenden Kosten können allenfalls über ein Prozesskostenhilfeverfahren abgegolten werden (vgl. *Böttiger*, jurisPK-SGB XII, § 73 Rn. 130). Zu der Versagung der Kosten für eine Flatrate, LSG NRW 17.10.2008 − L 19 AL 11/08; BayLSG, FEVS 60, 374. Kein Anspruch nach § 73 SGB XII für die Entrichtung von Passgebühren (SG Aachen 16.7.2013 − S 20 SO 66/13; LSG NRW 28.1.2013 − L 12 AS 1836/12 NZB; LSG NRW 18.5.2015 − L 20 SO 355/13; bedenklich LSG NRW 23.5.2011 − L 20 AY 19/08: bejahend für Asylbewerberleistungsberechtigte nach § 2 AsylblLG), für die Leistung von Medikamenten, die durch die Krankenversicherung nicht abgedeckt werden (LSG NRW 21.6.2013 − L 9 SO 455/11; zu OTC Präparaten BSG 19.8.2010 − B 14 AS 13/10 R), auf zusätzliche Kosten für Sehhilfen (LSG Hmb 21.11.2012 − L 4 AS 6/11), Kosten für die Anschaffung eines Fahrrades (LSG NRW 20.8.2012 − L 20 SO 44/11); Kosten für Implantate LSG BW 27.5.2014 − L 20 SO 1625/13; Türöffnungssystem: LSG LSA 4.12.203 − L 4 P 28/08. Dass § 73 SGB XII nicht die in jeglicher Lebenssituation entstehenden Kosten auffangen soll, ergibt sich schon aus systematischen Gründen. Deshalb ist der Entscheidung des LSG NRW (LSG NRW 24.5.2012 – L 9 SO 427/10) beizupflichten, das die Übernahme von Semestergebühren unter Hinweis auf die hochschulrechtlichen Regelungen verneint hat. Es fehlt eine Nähe zu den Leistungen des Dritten bis Neunten Kapitels (s. auch *Berlit*, LPK-SGB XII, § 73 Rn. 4).

**11**     Zum Anwendungsbereich der Vorschrift gehören die Hilfe für Frauen und Kinder, die in **Frauenhäusern** untergebracht werden, sofern nicht § 28 f. oder § 67 f. SGB XII eingreifen (zum BSHG: *Münder*, LPK-BSHG, § 27 Rn. 9; zum SGB XII: *Strinscha*, Oestreicher, § 73 Rn. 11; *H. Schellhorn*, Schellhorn/Hohm/Scheider, SGB XII, § 73 Rn. 11; s. auch *Berlit*, LPK-SGB XII, § 73 Rn. 6).

**12**     Vereinzelt ist in der Rechtsprechung (Neurodermitis, LSG NRW 22.6.2007 – L 1 B 7/07 AS ER; offen gelassen von LSG NRW 7.2.2008 – L 7 B 313/07 AS; verneinend auch bei chronischer Erkrankung: BayLSG 9.7.2009 – L 7 AS 295/09 NZB; vgl. auch *Strnischa*, Oestreicher, § 73 Rn. 11; allgemein: BSG 22.4.2008 – B 1 KR 10/07; *V. Neumann*, RsDE 68, 1 f.) unter Hinweis auf das verfassungsrechtlich geschützte Grundrecht der Gesundheit (Art. 2 Abs. 1 GG) versucht worden, Gesundheitsleistungen nach § 73 SGB XII zu übernehmen. Aus rechtssystematischen Gründen stellen die Versuche keine generell zufrieden stellende Lösung dar (vgl. *Deutscher Verein*, NDV 2009, 122).

**13**     Angesichts des bisher herausgearbeiteten Zwecks der Vorschrift sind die Entscheidungen (Beschaffung von Schulmaterial: LSG NRW 15.4.2009 – L 7 B 401/08 AS; a. A. LSG Bln-Bbg 13.11.2008 – L 15 B 265/08 SO ER) bedenklich, weil sie bei einer allgemeinen Leistungsarmut die im SGB II vorhandenen Lücken ausgleichen wollen. Allerdings hat sich die Situation durch die Einführung des Bildungs- und Teilhabepakets (§ 34 SGB XII, § 28 SGB II) grundsätzlich geändert, weil diese Leistungen vorgehen.

## 2. Rechtfertigung öffentlicher Mittel

**14**     Die Gewährung der Hilfe ist daran geknüpft, dass der Einsatz öffentlicher Mittel gerechtfertigt ist. Es handelt sich hierbei um einen **unbestimmten Rechtsbegriff.** In die Entscheidung des Hilfeträgers fließen damit fiskalische Erwägungen ein (*Schlette*, Hauck/Noftz, SGB XII, § 73 Rn. 7). Der Hinweis darauf besagt zunächst einmal etwas Selbstverständliches. Die Hilfe muss hinter dem Einsatz eigener Mittel zurückstehen (*H. Schellhorn*, Schellhorn/Hohm/Scheider, SGB XII, § 73 Rn. 5). Abgesehen hiervon bedeutet dieses Merkmal, dass der Hilfeträger Vergleichsberechnungen zwischen den Kosten, die durch die sofortige Hilfegewährung entstehen, und den Kosten, die unter Umständen später entstehen können, anstellen darf (*Münder*, LPK-BSHG, § 27 Rn. 11). Ausschlaggebend ist letztlich eine am Verhältnismäßigkeitsgrundsatz ausgerichtete Abwägung, ob die Hilfe geboten ist.

## 3. Kannleistung

**15**     Das Gesetz räumt dem Hilfeträger bei der Gewährung der Hilfe ein Ermessen ein. Die Ausübung des Ermessens muss § 35 SGB X genügen. Bei der Ermessensentscheidung muss der Hilfeträger dem Zweck der Vorschrift Rechnung tragen und berücksichtigen, dass sie der Weiterentwicklung der Hilfe dienen soll. Der Einzelfall muss in den Blick genommen werden, was nur bei einer sorgfältigen Sachverhaltsaufklärung gelingen wird. Nur auf diese Weise wird es ihm sachgerecht gelingen, eine unbenannte Hilfesituation zu bewältigen.

## 4. Art der Leistung (S. 2)

**16**     Nicht nur bei der Entscheidung, ob der Hilfeträger Leistungen gewährt (S. 1), sondern auch bei der Art der Leistungserbringung hat der Hilfeträger eine Ermessensentscheidung zu treffen. Dem Hilfeträger ist die Möglichkeit eingeräumt, die

Leistung als Beihilfe oder als Darlehen zu erbringen. Bei der Darlehensvergabe wird sich der Hilfeträger davon leiten lassen müssen, ob die Rückzahlung des Darlehens durch den Hilfeempfänger in einer angemessenen Frist möglich ist. Zu den Handlungsformen einer Darlehensvergabe vgl. § 37 und § 38 SGB XII.

## § 74 Bestattungskosten

**Die erforderlichen Kosten einer Bestattung werden übernommen, soweit den hierzu Verpflichteten nicht zugemutet werden kann, die Kosten zu tragen.**

*Vergleichbare Vorschriften: § 15 BSHG; § 27d Abs. 3 BVG.*

**Schrifttum:** *Bernzen/Behrendt,* in: Schlachter/Heinig (Hrsg.), Europäisches Arbeits- und Sozialrecht, Bd. 7, § 25: Sterbegeld; *Britz,* Der Einfluss christlicher Tradition auf die Rechtsauslegung als verfassungsrechtliches Gleichheitsproblem?, JZ 2000, 1127; *Dienelt,* Erstattungsansprüche der Gemeinden gegenüber dem zuständigen Sozialhilfeträger, ZFSH/SGB 1992, 291; *Fritz,* Fragen zum Bestattungsrecht, BWNotZ 1992, 137; *Gaedke,* Handbuch des Friedhofs- und Bestattungsrechts, 11. Aufl. 2015; *Gotzen,* Sozialhilfe – Hilfe in anderen Lebenslagen – Bestattungskosten – keine Begrenzung auf vom Sozialhilfeträger entwickelte Vergütungssätze, SGb 2012, 425; *ders.,* Zivilrechtliche Ansprüche auf Ersatz von Bestattungskosten, insbesondere aus GoA, im Kontext des § 74 SGB XII, ZfF 2012, 241; *ders.,* Entwicklung der Rechtsprechung zu § 74 SGB XII, ZfF 2012, 127; 2013, 145; 2014, 97; 2015, 121; *ders.,* Die Sozialbestattung, 2. Aufl. 2016; *Hammel,* Das Bestattungsvorsorgevermögen als eine sozialhilferechtlich geschützte Rücklage – Rechtsdiskussion und Anforderungen, ZfSH/SGB 2009, 599; *W. Müller,* Wann übernimmt das Sozialamt die Bestattungskosten?, Hessische Städte- und Gemeindezeitung 2013, 79; *Müller-Hannemann,* Lexikon Friedhofs- und Bestattungsrecht, 2002; *Paul,* Wer ist Verpflichteter im Sinne des §§ 74 des Sozialgesetzbuches XII, ZfF 2004, 292; *Peisl,* Bestattungskosten – wer soll das bezahlen?, BayVBl. 2002, 456; *Repkewitz,* Ordnungsbehördliche Bestattungen, VWBlBW 2010, 228; *Ruschmeier,* Bestattungskosten nach § 74 SGB XII, NDV 2010, 42; *Spranger,* Zum Zugriff des Sozialhilfeträgers auf Bestattungssparbücher, ZfSH/SGB 1998, 95; *ders.,* Ordnungsamtsbestattungen, 2011; *ders.,* Zur Anordnung der Feuerbestattung und anonymen Beisetzung durch den Sozialhilfeträger, ZfSH/SGB 2000, 323; *ders.,* Grabpflegeverträge als Schonvermögen nach § 88 III BSHG, NVwZ 2001, 877; *ders.,* Zur Finanzierung des Begräbnisses durch den Staat, SuP 2014, 7; *ders.,* Bestattungsgesetz Nordrhein-Westfalen, 2006; *Stelkens/Cohrs,* Bestattungspflicht und Bestattungskostenpflicht, NVwZ 2002, 917; *Trésoret/Seifert,* Die Sozialbestattung nach § 74 SGB XII, Zeitschrift für Landes- und Kommunalrecht – LKRZ, 2010, 287; *Wallner,* Bestattungen von Amts wegen, KommunalPraxis 2013, 59; *Wettlaufer,* Sozialhilfe – Bestattungskosten – örtliche Zuständigkeit nach § 98 Abs. 3 SGB XII, ZfSH/SGB 2007, 566; *Widmann,* Zur Bedeutung des § 1968 BGB als Anspruchsgrundlage, FamRZ 1988, 351; *ders.,* Die Bestattungspflicht und Bestattungskostentragungspflicht in der höchstrichterlichen Rechtsprechung, MDR 2012, 617; *ders.,* Die Sozialbestattung nach § 74 SGB XII, ZfSH/SGB 2007, 67; *ders.,* Sozialhilfe in anderen Lebenslagen – Bestattungskosten – öffentlich-rechtliche Bestattungspflicht, ZfSH/SGB 2007, 28; *Wrede,* Kosten einer standesgemäßen Beerdigung im Sinne von § 1968 BGB in Abgrenzung zu den erforderlichen Bestattungskosten nach § 15 BSHG, ZfF 1991, 128; *Zeiss,* Bestattungskosten mittelloser Personen – Kostenerstattung an Krankenhausträger, ZfSH/SGB 2002, 67.

### Übersicht

# I. Bedeutung der Norm

**1**    Die Vorschrift entspricht bis auf eine kleinere sprachliche Veränderung dem **§ 15 BSHG.** Dennoch hat sich der Inhalt der Vorschrift erheblich dadurch verändert, dass die betreffende Leistung **nicht** mehr zur **Hilfe zum Lebensunterhalt** zählt, sondern in das **Neunte Kapitel** eingeordnet worden ist. Damit findet für die zentrale Frage nach der Zumutbarkeit der Kostentragung für den Verpflichteten vorrangig das **Elfte Kapitel** Anwendung. Die früheren Maßstäbe für die Zumutbarkeit nach § 15 BSHG sind damit nicht mehr uneingeschränkt anzuwenden (s. näher Rn. 36).

**2**    Im SGB II findet sich **keine entsprechende Vorschrift,** da die ehemalige Hilfe in besonderen Lebenslagen nicht zum Regelungsgegenstand dieses Buches zählt. **Personen,** die unter das **SGB II** fallen, können den Anspruch nach § 74 ebenfalls besitzen, da die hier geregelte Hilfe nicht (mehr) zur Hilfe zum Lebensunterhalt zählt und damit § 5 Abs. 2 SGB II nicht sperrt. Im Recht der **Kriegsopferfürsorge** gilt eine eigenständige Anspruchsnorm für die Bestattungskosten (§ 27d Abs. 3 BVG; s. auch §§ 36, 53 BVG betreffend das Bestattungsgeld in der Kriegsopferversorgung).

# II. Inhalt der Norm

**3**    Die Regelung betreffend die Übernahme von Bestattungskosten nach § 15 BSHG stellte einen **Fremdkörper in der Hilfe zum Lebensunterhalt** dar. Die **Struktur** dieser Hilfe- und Anspruchsnorm unterschied sich nämlich wesentlich von den übrigen Vorschriften über die Hilfe zum Lebensunterhalt (vgl. dazu BVerwG 5.6.1997 – 5 C 13/96, NJW 1998, 1329; BVerwG 22.2.2001 – 5 C 8/00, NVwZ 2001, 927; BVerwG 30.5.2002 – 5 C 14/01, NJW 2003, 78) Daher ist es folgerichtig, diese Leistung nun ed in das Neunte Kapitel zu übernehmen, in dem Hilfen für andere Lebenslagen geregelt sind. Damit sind die Bestattungskosten zu einem Bedarf geworden, der nach der früheren Terminologie des BSHG unter die Hilfe in besonderen Lebenslagen fiel. Nach § 19 Abs. 3 setzt eine Leistung damit voraus, dass es den in der Vorschrift genannten Personen nicht zuzumuten ist, den Bedarf aus ihrem Einkommen und Vermögen selbst zu decken. Was insoweit zuzumuten ist, bestimmt sich vorrangig nach den Vorschriften des Elften Kapitels. Die Hilfe wegen der Bestattungskosten wird also nunmehr im Hinblick auf die Zumutbarkeit der Selbsthilfe nicht anders behandelt als die anderen Hilfen nach dem Fünften bis Neunten Kapitel. Allerdings sind die Besonderheiten der Leistungsnorm des § 74 zusätzlich zu berücksichtigen (s. dazu die beiden Grundsatzurteile des BSG 29.9.2009 – B 8 SO 23/08 R, BSG 25.8.2011 – B 8 SO 20/10 R sowie Rn. 34 ff.).

## 1. Allgemeines

Der sozialhilferechtliche Bedarf besteht nicht in der Bestattung als solcher bzw. **4** in dem damit zusammenhängenden Sachbedarf, sondern in der Entlastung des Verpflichteten von den Kosten einer würdigen Bestattung, soweit diese ihm nicht zugemutet werden können (BSG 29.9.2009 – B 8 SO 23/08 R; BSG 25.8.2011 – B 8 SO 20/10 R; LSG BW 25.3.2010 – L 7 SO 4476/08). Es geht damit bei § 74 ausnahmsweise um die Übernahme einer Verbindlichkeit. Da die Vorschrift somit sowohl hinsichtlich der Normierung der Voraussetzungen der sozialhilferechtlichen Bedürftigkeit wie des Bedarfs von der Regelstruktur sozialhilferechtlicher Ansprüche abweicht, widerspräche es der besonderen rechtlichen Qualität dieser Bestimmung, wenn für den hier normierten Anspruch die Voraussetzungen des § 18 gelten würden (BVerwG 5.6.1997 – 5 C 13/96, BVerwGE 105, 51; vgl. ferner *Hammel*, ZfSH/ SGB 1998, 606). Daher kann der Anspruch auch nach bereits durchgeführter Bestattung mit Erfolg geltend gemacht werden (BSG 25.8.2011 – B 8 SO 20/10 R, FEVS 63, 445; zu einer Frist für den Antrag s. SchlHLSG 21.7.2008 – L 9 SO 10/07 PKH, SchlHA 2008, 425; HessLSG 28.4.2010 – L 6 SO 135/08, FEVS 62, 266). Allerdings kann der potentiell zur Tragung der Bestattungskosten Verpflichtete auch vor Durchführung der Bestattung den Anspruch nach § 74 geltend machen, wenn er etwa ohne eine Kostenzusage des Trägers der Sozialhilfe einen Bestattungsvertrag nicht abschließen kann. Die in der Vorschrift genannte „Übernahme" der Kosten bedeutet nicht, dass der Sozialhilfeträger damit eine Schuld des Leistungsempfängers gegenüber dem Bestattungsunternehmen übernimmt (BSG 25.8.2011 – B 8 SO 20/10 R).

Die Vorschrift betrifft, anders als die frühere Bestimmung des § 6 Abs. 1 S. 1 **5** RGr., nicht die Bestattungskosten eines verstorbenen Empfängers von Hilfe zum Lebensunterhalt. Sie stellt vielmehr auf die finanzielle Belastung desjenigen ab, der Bestattungskosten zu tragen hat. Allerdings wird der **Verstorbene** tatsächlich zumeist Empfänger von Hilfe zum Lebensunterhalt bzw. von Leistungen zur Sicherung des Lebensunterhalts nach dem SGB II gewesen sein. Denn beim Vorhandensein eines entsprechenden Nachlasses stellt sich die Frage der Übernahme von Bestattungskosten durch den Sozialhilfeträger in der Regel nicht.

Für die **örtliche Zuständigkeit** des Trägers der Sozialhilfe und damit für seine **6** Passivlegitimation ist in § 98 Abs. 3 eine Sonderregelung enthalten. Diese Regelung, bei der der Gesetzgeber (vgl. BT-Dr. 3/1799, S. 40) davon ausging, dass der Bedarf in der Sicherstellung der Bestattung als solcher liegt, berücksichtigt nicht die besondere Struktur der Hilfe nach § 74 (s. Rn. 44 ff.). Für die sachliche Zuständigkeit des überörtlichen Trägers der Sozialhilfe enthält § 97 Abs. 4 eine weitere Regelung.

Da der Kostenübernahmeanspruch nicht mehr zur Hilfe zum Lebensunterhalt **7** zählt, besitzen **Ausländer** diesen Anspruch nach § 23 Abs. 1 S. 1 nicht. Lediglich im Ermessenswege nach § 23 Abs. 1 S. 3 ist eine Leistung möglich. Im **Asylbewerberleistungsgesetz** ist eine entsprechende Hilfe nicht ausdrücklich vorgesehen; nach § 6 AsylbLG kann aber im Einzelfall eine Hilfe für Bestattungskosten gewährt werden (zur Frage der örtlichen Zuständigkeit s. *Goletz*, ZfF 1998, 1, 6). Auch wenn nach § 6 AsylbLG nur „unerlässliche" Leistungen für den Lebensunterhalt in

Betracht kommen, kann § 74 analog angewandt werden (*Birk,* in: Bieritz-Harder/ Conradis/Thie, LPK-SGB XII, 10. Aufl., § 6 AsylbLG Rn 3). Geht es um die Kosten der Bestattung eines Ausländers, können Fragen des Internationalen Privatrechts Bedeutung erlangen (s. dazu *Sachse,* ZfF 1989, 128, 130). Ob ein Deutscher, der Verpflichteter im Sinne der Vorschrift ist, den Anspruch nach § 74 besitzen kann, wenn er im **Ausland** lebt, ist fraglich (verneint von BayLSG 19.11.2009 – L 8 SO 86/9, FEVS 61, 541). Es ist zwar grundsätzlich § 24 zu beachten. Da es aber um eine einmalige Leistung geht, stellt sich die in § 24 für maßgeblich gehaltene Rückkehrmöglichkeit nicht (s. dazu LSG NRW 20.6.2007 – L 20 B 10/07 SO, SAR 2007, 110). Daher dürfte ein Abweichen von dem Leistungsausschluss nach § 24 im Einzelfall in Betracht kommen (§ 24 Abs. 1 S. 2). Dies ist jedenfalls zu erwägen, sofern die **Bestattung im Inland** erfolgt.

8    Die Übernahme der Bestattungskosten stellte eine soziale **Vergünstigung i. S. v. Art. 7 Abs. 2 VO (EWG) Nr. 1612/68** dar (EuGH Slg. I 1996, 2617; jetzt VO (EG) 492/2011). Personen, die in den Anwendungsbereich dieser Verordnung fallen (Wanderarbeitnehmer und ihre Familienangehörigen) dürfen daher gegenüber Inländern nicht diskriminiert werden. Dies wäre etwa der Fall, wenn die Hilfe daran geknüpft wird, dass die Bestattung im Inland erfolgen muss (s. näher Rn. 44 ff.). Die Leistungen nach § 74 fallen nicht in den Anwendungsbereich der VO (EG) 883/ 2004, da § 74 nicht in der Anlage X (gemäß Art. 70 Abs. 2 Buchst. c) aufgenommen worden ist (vgl. *Bernzen/Behrendt,* in Schlachter/Heinig, § 25 Rn. 5 und 27).

9    Eine andere, von § 74 nicht erfasste Frage ist es, unter welchen Voraussetzungen jemand, der auf Sozialhilfeleistungen angewiesen ist, zu seinen **Lebzeiten** finanzielle **Vorsorge** für seine Bestattung treffen kann, indem er etwa zu diesem Zweck ein Sparbuch anlegt (vgl. *Spranger,* ZfSH/SGB 1998, 95; OVG Münster 29.5.2001 – 16 A 3819/99; OVG Münster 19.12.2003 – 16 B 2078/03 zum Bestattungsvorsorgevertrag). Ob die Einzahlungen das sozialhilferechtlich relevante Einkommen mindern können oder ob das angesparte Kapital Schonvermögen ist, ist im Rahmen der §§ 82 Abs. 2 Nr. 3, 90 Abs. 3 zu entscheiden s. dazu OVG Münster 16.11.2009 – 12 A 1363/09, NVwZ-RR 2010, 151; BSG 18.3.2008 – B 8/9b SO 9/06 R mit Anm. *Luthe,* SGb 2009, 38; SG Gießen 7.6.2016 – S 18 SO 108/14).

10    Die Vorschrift bereitet in der praktischen Anwendung erhebliche Schwierigkeiten. Dies beruht neben der bereits erwähnten besonderen Struktur dieser Hilfenorm und den unbestimmten Rechtsbegriffen „erforderlich" und „Zumutbarkeit", die Auslegungsalternativen eröffnen, darauf, dass die Frage der Bestattungskosten im **Schnittfeld von Zivilrecht und öffentlichem Recht** liegt. Neben erbrechtlichen sowie unterhaltsrechtlichen Gesichtspunkten können auch polizei- bzw. ordnungsrechtliche Aspekte der öffentlich-rechtlichen Bestattungspflicht Bedeutung erlangen (vgl. *Sachse,* ZfF 1989, 128; *Stelkens/Cohrs,* NVwZ 2002, 917). Schließlich bewegt sich die gesamte Problematik der Bestattung von Leichnamen auf dem Gebiet der nach Art. 4 Abs. 1 GG grundrechtlich geschützten **Glaubensfreiheit** (*Britz,* JZ 2000, 1127; s. auch BSG 25.8.2011 – B 8 SO 20/10 R). Das kann sich auf den Begriff der „erforderlichen" Bestattungskosten auswirken (s. Rn. 31 ff.). Das BVerfG hat entschieden, dass die Totenfürsorge eine verfassungsrechtliche Stütze in Art. 2 Abs. 1 GG findet (25.12.216 – 1 BvR 1380/11).

## 2. In Betracht kommende Anspruchsinhaber

11    **a) Vertragspartner des Bestattungsunternehmens.** Leistungsberechtigter und damit Anspruchsinhaber kann unter den in der Vorschrift geregelten Voraussetzungen derjenige sein, der **verpflichtet** ist, die **Kosten** einer Bestattung zu tragen. Da jeder Leichnam bestattet werden muss (s. die Bestattungsgesetze der Bundesländer, abgedr. bei *Gaedke,* Handbuch des Friedhofs- und Bestattungsrechts, 11. Aufl.; *Stelkens/Cohrs,* NVwZ 2002, 918) und die Bestattungen in aller Regel von Bestat-

tungsunternehmen durchgeführt werden, ist zunächst in einem allgemeinen Sinne derjenige „Verpflichteter", der das Bestattungsunternehmen beauftragt hat und daher zivilrechtlich **nach § 631 Abs. 1 BGB** die Vergütung zahlen muss. Dies allein kann den Hilfeanspruch aber nicht bereits auslösen; entscheidend ist vielmehr, wer **letztlich verpflichtet** ist, die Bestattungskosten zu tragen (BVerwG 5.6.1997 – 5 C 13/96, BVerwGE 105, 51; LSG BW 14.4.2016 – L 7 SO 81/15), wobei sich dies nicht aus der bloßen vertraglichen Verpflichtung gegenüber einem Bestattungsunternehmen ergibt, sondern aus anderweitigen rechtlichen Gesichtspunkten, die § 74 voraussetzt (BVerwG 22.2.2001 – 5 C 8/00, BVerwGE 114, 57; BVerwG30.5.2002 – 5 C 14/01, BVerwGE 116, 287; BSG 25.8.2011 – B 8 SO 20/10 R; LSG BW 14.4.2016 – L 7 SO 81/15).

**b) Erben, Unterhaltspflichtige, Schädiger.** Die sozialhilferechtliche An-  **12** spruchsnorm des § 74 meint mit „Verpflichteter" also nicht zwangsläufig die Person, die den Werkvertrag mit dem Bestattungsunternehmen geschlossen hat, sondern denjenigen, der **letztlich verpflichtet** ist, die Bestattungskosten zu tragen. Das kann ein anderer sein als derjenige, der den Werkvertrag geschlossen hat und allein aus diesem Grund zunächst zivilrechtlich verpflichtet ist.

Der letztlich Verpflichtete, die Kosten der standesgemäßen Beerdigung zu tragen,  **13** ist **nach § 1968 BGB der Erbe** des Verstorbenen. Neben ihm haften für die Bestattungskosten subsidiär aus **unterhaltsrechtlichen Vorschriften** der Ehepartner (§§ 1360a Abs. 3, 1361 Abs. 4 S. 4), der (zuvor) Unterhaltsverpflichtete (§ 1615 Abs. 2 BGB; s. dazu BSG 29.9.2009 – B 8 SO 23/08 R, FEVS 61, 337) und der nichteheliche Vater (§§ 1615m, 1615n BGB). Alle diese ursprünglich wie subsidiär Verpflichteten haben ihrerseits im Falle der Tötung des Verstorbenen nach **§ 844 Abs. 1 BGB** gegenüber dem Ersatzpflichtigen einen Anspruch auf Erstattung der Beerdigungskosten.

Der Erbe kann seiner Verpflichtung nach § 1968 BGB indes dadurch entgehen,  **14** dass er die Erbschaft ausschlägt oder seine Haftung auf den Nachlass beschränkt, was bei Wertlosigkeit des Nachlasses ebenfalls dazu führt, dass die Verpflichtung nach § 1968 BGB ins Leere geht. Dasselbe gilt für den Fall, dass der Fiskus – etwa nach Ausschlagung der Erbschaft durch den an sich vorhandenen Erben – gesetzlicher Erbe wird, da auch der Fiskus nur beschränkt haftet. Die Ausschlagung der Erbschaft ist als zivilrechtliches Gestaltungsrecht grundsätzlich nicht sittenwidrig (SG Karlsruhe 30.10.2015 – S 1 SO 1842/15; dort auch zu den Ausnahmen).

**c) Bestattungspflichtiger.** Die erwähnten zivilrechtlichen Vorschriften regeln  **15** lediglich die Verpflichtung, Bestattungskosten tragen zu müssen. Wer für die **Durchführung der Bestattung als solcher** verpflichtet ist, ergibt sich aus der **öffentlich-rechtlichen Bestattungspflicht,** die in den landesrechtlichen Bestattungsgesetzen geregelt ist (s. Rn. 10). Wer danach zur Bestattung verpflichtet ist, hat gegebenenfalls wegen dieser öffentlich-rechtlichen Verpflichtung, die ihn zwingt, einen Bestattungsvertrag abzuschließen, auch deren Kosten zu tragen, sofern er sie nicht von anderen ersetzt verlangen kann. Die Bestattungspflicht ist nach den **landesrechtlichen Bestimmungen** recht unterschiedlich geregelt. Allerdings ist der engere Kreis der in Betracht kommenden Personen im Wesentlichen einheitlich bestimmt. Es sind dies zumeist der Ehegatte, die Verwandten und Verschwägerten – wobei der notwendige Grad der Verwandtschaft oder Schwägerschaft unterschiedlich geregelt ist –, Verlobte, Adoptiveltern und -kinder und sonstige Sorgeberechtigte. Personen in eheähnlicher Gemeinschaft, Lebensgefährten oder Personen in häuslicher Gemeinschaft werden nur von einigen Bestattungsgesetzen als bestattungspflichtig angesehen (s. das Nähere bei *Gaedke*, Rn. 11). Die öffentlich-rechtliche Bestattungspflicht besteht grundsätzlich auch dann, wenn zwischen dem Verstorbenen und der bestattungspflichtigen Person kein persönliches Verhältnis bestand (vgl. dazu etwa VGH München 9.6.2008 – 4 ZB 07.2815, BayVBl 2009, 537; OVG Hamburg

26.5.2010 – 5 Bf 34/10, NordÖR 2011, 43). Ebenso berührt die Ausschlagung der Erbschaft die öffentlich-rechtliche Bestattungspflicht nicht (VG Chemnitz 28.1.2011 – 1 K 900/05, LKV 2011, 187; SG Karlsruhe 30.10.2015 – S 1 SO 1842/15). Erwähnenswert ist, dass bei Sterbefällen in Einrichtungen des „Gesundheits- und Sozialwesens" (Brandenburg) bzw. dann, wenn der Verstorbene im Zeitpunkt seines Todes „in einem Krankenhaus, einer Pflege- oder Gefangenenanstalt, einem Heim, einem Lager, einer Sammelunterkunft oder einer ähnlichen Einrichtung gelebt" hat (Hessen), subsidiär auch der Leiter oder Direktor der erwähnten Einrichtungen bestattungspflichtig ist (s. dazu VGH Kassel 27.11.2002 – 1 UE 2830/00, NDV-RD 2003, 63; BVerwG 29.1.2004 – 5 C 2/03, ZfSH/SGB 2004, 481; SG Gießen 7.2.2017 – S 18 SO 183/14). Das sächsische Recht sieht vor, dass die Bestattungspflicht auch durch Vertrag des Verstorbenen mit einem Bestattungsunternehmen oder einem Dritten begründet werden kann.

**16**     Die Verpflichtung zur Kostentragung als öffentlich-rechtlich Bestattungspflichtiger ist nicht identisch mit der zivilrechtlichen Kostentragungspflicht und steht selbstständig neben dieser (BVerwG 22.2.2001 – 5 C 8/00, BVerwGE 114, 57, 59).

**17**     **d) Inhaber der Totenfürsorge.** Schließlich kann eine Person mit der Bestattung zu tun haben und den entsprechenden Werkvertrag mit dem Bestattungsunternehmen abschließen, die weder zivilrechtlich verpflichtet ist, Bestattungskosten zu tragen, noch öffentlich-rechtlich dafür zu sorgen hat, dass die Bestattung durchgeführt wird. Das ist der Inhaber der Totenfürsorge, die gewohnheitsrechtlich den nächsten Angehörigen zusteht, die aber auch vom Erblasser einer bestimmten anderen Person testamentarisch oder auf andere Weise übertragen werden kann (BGH 14.12.2011 – IV ZR 132/11; vgl. für den Fall der Bestattung durch die Leitung eines Altenheimes OVG Lüneburg 8.5.1998 – 12 L 108/98; für die Bestattung durch den früheren Betreuer VG Hannover 9.12.1997 – 3 A 621/97, ZfF 2000, 63; *Peisl,* BayVBl. 2002, 457). Zum Konflikt zwischen dem Inhaber der Totenfürsorge und Angehörigen des Verstorbenen s. AG München 11.6.2015 – 171 C 127772/15). Zur verfassungsrechtlichen Bedeutung der Totenfürsorge vgl. BVerfG 25.12.2016 – 1 BvR 1380/11.

## 3. Kostentragungspflicht

**18**     In vielen Fällen ist derjenige, der den Werkvertrag über die Bestattung abgeschlossen hat, gleichzeitig der Inhaber der Totenfürsorge, Bestattungspflichtiger und auch Erbe und damit kostentragungspflichtig. Dies trifft etwa auf den Ehepartner zu, der auch als Erbe eingesetzt ist. Dann ergeben sich für die Frage, wer „Verpflichteter" im Sinne von § 74 ist, keine Probleme. Wenn dies indes auseinanderfällt, muss der „Verpflichtete", der unter Umständen einen Anspruch nach § 74 besitzt, erst ermittelt werden. Die Personen, die aus Anlass einer Bestattung unter den verschiedenen rechtlichen Gesichtspunkten in den Blick geraten, können unterschiedlich leistungsfähig sein. Deshalb ist von entscheidender Bedeutung, wer im Einzelfall der „Verpflichtete" im Sinne der Vorschrift ist und daher einen Anspruch auf Hilfe nach § 74 besitzen kann. Es ist in den Bestattungsfällen zu unterscheiden, wer für die Durchführung (Organisation) einer Bestattung verantwortlich ist und wer die dafür entstehenden Kosten zu tragen hat. Beides kann auseinanderfallen. Wird die Bestattung von einem Bestattungsunternehmen zunächst auf eigenes Risiko durchgeführt, weil kein Angehöriger dies in Auftrag gegeben hat, besitzt das Unternehmen einen Aufwendungsersatzanspruch gegen die nach dem Landesrecht bestattungspflichtige Person (BGH 17.11.2011 – III ZR 53/11).

**19**     **a) Schädiger.** Macht etwa der kostentragungspflichtige **Erbe** gegenüber dem Verursacher einer Tötung den Ersatzanspruch nach **§ 844 Abs. 1 BGB** geltend, wird der Verursacher nicht „Verpflichteter", obwohl er letztlich die Kosten der Beerdigung tragen soll. Ist er zahlungsunfähig, bleibt die Kostentragungspflicht beim

Erben; der Sozialhilfeträger ist nicht verpflichtet, den Verursacher der Tötung von dessen Kostenersatzpflicht zu befreien. Bei der Verpflichtung nach § 844 Abs. 1 BGB handelt es sich nämlich nicht um die Verpflichtung, Kosten einer Bestattung zu tragen, sondern um die Verpflichtung, diese Kosten einem anderen zu ersetzen. Der Erbe trägt also das Risiko der Zahlungsunfähigkeit des Verursachers und muss bei eigener Leistungsfähigkeit (im Sinne der noch zu erörternden Zumutbarkeitskriterien) die Bestattungskosten tragen, andernfalls – bei Leistungsunfähigkeit – Hilfe nach § 74 in Anspruch nehmen.

**b) Unterhaltspflichtige.** Für die subsidiäre, auf unterhaltsrechtlichen Vorschrif- **20** ten beruhende Verpflichtung, Beerdigungskosten zu tragen, gilt, dass sie nicht notwendigerweise eine Verpflichtung i. S. v. § 74 ist. Denn der (abstrakt) Unterhaltsverpflichtete ist nach den zivilrechtlichen Bestimmungen (§ 1603 Abs. 1 BGB) nur bei entsprechender Leistungsfähigkeit überhaupt unterhaltsverpflichtet, sodass es eines Eintretens des Sozialhilfeträgers nicht bedarf. Die Hilfe nach § 74 ist nicht dafür gedacht, eine unterhaltsrechtliche Leistungsfähigkeit erst herbeizuführen. Liegt allerdings unterhaltsrechtliche Leistungsfähigkeit vor, kann der Unterhaltsverpflichtete auch Verpflichteter im Sinne des § 74 sein. Kann er die unterhaltsrechtliche Verpflichtung nicht in zumutbarer Weise tragen, kann der Anspruch nach § 74 ganz oder teilweise bestehen.

Ist der (abstrakt) Unterhaltspflichtige nicht leistungsfähig und daher nicht Ver- **21** pflichteter i. S. v. § 74 kann er indes in aller Regel als Verwandter öffentlich-rechtlich bestattungspflichtig sein (s. Rn. 15), woraus sich dann dennoch eine Verpflichtung i. S. v. § 74 ergeben kann (so zutreffend *Paul*, ZfSH/SGB 2002, 73, 74 2. Beispiel; vgl. auch BVerwG 22.2.2001 – 5 C 8/00, BVerwGE 114, 57, 60).

**c) Erbe.** Im Verhältnis zwischen einem nach dem landesrechtlichen Bestattungs- **22** gesetz **Bestattungspflichtigen,** der die Bestattung auch durchgeführt hat, und dem Erben gilt Folgendes: Der Bestattungspflichtige kann den Erben nach § 1968 BGB auf Ersatz der Bestattungskosten in Anspruch nehmen. Ist es dem Erben nicht zumutbar, die Kosten zu tragen, besitzt er als „Verpflichteter" den Anspruch nach § 74. Dabei ist es unerheblich, ob der Bestattungspflichtige in Bezug auf die Bestattungskosten leistungsfähig wäre; ihm wird die öffentlich-rechtlich begründete Kostenlast letztlich mithilfe des Sozialhilfeträgers abgenommen. Der Sozialhilfeträger kann den um Hilfe nachsuchenden Erben **nicht auf einen leistungsfähigen Bestattungspflichtigen verweisen.**

Der **Fiskus** als Erbe ist nicht „Verpflichteter" i. S. v. § 74 (*Deutscher Verein*, NDV **23** 1986, 363; einschränkend aber BSG 29.9.2009 – B 8 SO 23/08 R, sofern der Fiskus einen werthaltigen Nachlass vorfindet, FEVS 61, 337). Ist der Erbe noch nicht bekannt, kann Nachlasspflegschaft (§ 1961 BGB) beantragt und Kostenerstattung gegenüber dem Nachlass verlangt werden (VG Hannover 9.12.1997 – 3 A 621/97, ZfF 2000, 63).

**d) Bestattungspflichtiger.** Eine andere Frage ist es, ob auch den Bestattungs- **24** pflichtige „Verpflichteter" i. S. v. § 74 sein kann und dementsprechend einen Anspruch auf Hilfe besitzt (s. dazu LSG Hmb 29.9.2006 – L 4 B 390/06 ER SO; LSG BW 25.4.2013 – L 7 SO 5656/11). Dies kommt etwa in Frage, wenn der Erbe die Erbschaft ausgeschlagen hat und der Fiskus, der den Anspruch nach § 74 nicht besitzt (s. Rn. 23), gesetzlicher Erbe ist oder wenn der Erbe unbekannt ist. Wenn der Nachlass in diesen Fällen nicht ausreicht, um die Bestattungskosten zu decken, ist der Bestattungspflichtige derjenige, der die Kosten letztlich (öffentlich-rechtlich) zu tragen hat. Der Bestattungspflicht kann er sich nicht entziehen, da sie öffentlich-rechtlich zwingend begründet ist. Das bedeutet, dass in diesen Fällen auch der Bestattungspflichtige „Verpflichteter" i. S. v. § 74 sein kann (BVerwG 22.2.2001 – 5 C 8/00, BVerwGE 114, 57; BVerwG 30.5.2002 – 5 C 14/01, NJW 2003, 78;

OVG Lüneburg 19.5.2003 – 8 ME 76/03 zum Wegfall der Bestattungspflicht bei außergewöhnlichen Umständen). Die öffentlich-rechtliche Bestattungspflicht wird durch etwaige Härtegesichtspunkte, die aus zerrütteten familiären Verhältnissen folgen, nicht berührt (VG Frankfurt 6.1.2015 – 10 K 2529/14. F; OVG Münster 25.6.2015 – 19 A 488/13; SchlHLSG 12.6.2015 – L 9 SO 46/12; OVG Weimar 23.4.2015 – 3 KO 341/11; OVG Schleswig 27.4.2015 – 2 LB 27/14). Eine behördliche Verfügung gegenüber dem Bestattungspflichtigen ist nicht notwendig, um die Kostenverpflichtung i. S. v. § 74 zu begründen (BVerwG 22.2.2001 – 5 C 8/00, BVerwGE 114, 57, 60). Die Ordnungsbehörde muss eine fehlerfreie Ermessensentscheidung hinsichtlich der Auswahl mehrerer Bestattungspflichtiger treffen (OVG Bremen 21.10.2014 – 1 A 253/12; VGH München 12.9.2013 – 4 ZB 12.2526; VG Wiesbaden 16.7.2014 – 1 K 1227/12. Falls der Bestattungspflichtige ein Einrichtungsträger ist (Pflegeheim, Krankenhaus) ist, stellt sich die Frage, ob eine Übernahme der Bestattungskosten nach § 74 in diesen Fällen nicht von vornherein ausgeschlossen ist (s. folgende Rn. und *Zeiss*, ZfSH/SGB 2002, 67; OVG Lüneburg 8.5.1998 – 12 L 108/98, FEVS 49, 263; einen Anspruch des Heimträgers bejaht SG Gießen 17.1.2017 – S 18 SO 183/14, BeckRS 2017, 101226). Der nach öffentlich-rechtlichen Bestimmungen Bestattungspflichtige ist nicht darauf verwiesen, für die etwa durch eine Ersatzvornahme entstandenen Kosten einen Billigkeitserlass zu beantragen; der Anspruch nach § 74 bleibt unberührt und geht vor (SchlHLSG 12.6.2015 – L 9 SO 46/12; OVG NRW 25.6.2015 – 19 A 488/13). Die Ordnungsbehörde muss bei einer Ersatzvornahme zu Lasten des Bestattungspflichtigen dessen verfassungsrechtlich gestütztes Recht auf Totenfürsorge nach Art. 2 Abs. 1 GG hinreichend beachten (BVerfG 25.12.2016 – 1 BvR 1380/11).

**25**     **e) Inhaber der Totenfürsorge.** Schließlich kann die Bestattung von dem Inhaber der Totenfürsorge, der nicht zugleich Bestattungspflichtiger, Erbe oder Unterhaltsverpflichteter ist, durchgeführt worden sein. Dies kommt etwa in Betracht, wenn ein enger Freund, Zimmergenosse, Nachbar oder gleichgeschlechtlicher Partner die Bestattung durchführt und das entsprechende Landesrecht solche Personen nicht in den Kreis der Bestattungspflichtigen aufgenommen hat. Auch durch Vertrag mit dem Verstorbenen kann die Totenfürsorge begründet werden. Wenn die betreffende Person, die allein in Wahrnehmung der Totenfürsorge gehandelt hat, von den vorrangig Verpflichteten Ersatz ihrer Kosten nicht verlangen kann, ist sie dennoch nicht „Verpflichteter" i. S. v. § 74 (BVerwG 30.5.2002 – 5 C 14/01, NJW 2003, 78; OVG Münster 30.10.1997 – 8 A 3515/95; OVG Schleswig 18.3.1999 – 1 L 37/98; *Zeiss*, ZfSH/SGB 2002, 67; a. A. *Paul*, ZfSH/SGB 2002, 73, 77 f.). Eine **sittliche Verpflichtung** dafür, dass der Leichnam bestattet wird, reicht zur Begründung der Kostentragungspflicht allein nicht aus (OVG Lüneburg 6.12.2001 – 12 LB 2922/01, NdsRPfl. 2002, 89; SG Osnabrück 2.7.2014 – S 4 SO 222/11; LSG BW 25.2.2016 – L 7 SO 3057/12). Denkbar ist indes, dass der Inhaber der Totenfürsorge die Bestattung für die ansonsten verpflichtete Ordnungsbehörde vornimmt und ihm daraus ein Anspruch aus Geschäftsführung ohne Auftrag entsteht (§ 683 BGB, vgl. dazu VG Hannover 31.5.2001 – 9 A 1868/99, NdsRPfl. 2001, 380). Der BGH (14.12.2011 – IV ZR 132/11) ist der Ansicht, gegen einen Inhaber der Totenfürsorge könne jemand, der als nicht Verpflichteter die Bestattung bezahlt hat, nach den Grundsätzen der Geschäftsführung ohne Auftrag einen Aufwendungsersatz besitzen. Die Wertung des § 1968 BGB werde dadurch nicht umgangen. Gebe es keinen Erben, sei dies das Risiko des Inhabers der Totenfürsorge (vgl. dazu auch *Maibach*, jurisPR-FamR 25/2016, Anm. 1).

**26**     **f) Ordnungsbehörde.** Damit ist die Frage aufgeworfen, ob die Ordnungsbehörde, die letztlich für die Bestattung eines Leichnams zu sorgen hat, wenn kein anderer die Bestattung veranlasst, „Verpflichteter" i. S. v. § 74 sein kann. Das ist zu verneinen, denn der Staat kann unter keinen Gesichtspunkt hilfebedürftig im Sinne des Sozialhilferechts sein (VGH München 21.6.1993 – 12 B 91.2999, NVwZ 1994, 600; VG Gießen 14.12.1999 – 4 E 23/96, NVwZ-RR 2000, 437). Der Sozialhilfeträger hat in diesem Fall also keine Hilfe zu gewähren (vgl. *Deutscher Verein,* NDV 1986, 363; *Dienelt,* ZFSH/SGB 1992, 291; *Paul, ZfF* 1996, 222; *Stelkens/Cohrs,* NVwZ 2002, 924). Das heißt, dass die Ordnungsbehörde die Kosten einer von ihr veranlassten Bestattung zu tragen hat, es sei denn, sie hat (im Wege der Ersatzvornahme oder aufgrund besonderer Regelungen im Bestattungsgesetz) für einen Bestattungspflichtigen gehandelt, den sie wegen der Kosten ersatzpflichtig machen kann (BVerwG 19.8.1994 – 1 B 149/94, NVwZ-RR 1995, 283; *Stelkens/Cohrs,* NVwZ 2002, 921 f.). Der so in Anspruch genommene Bestattungspflichtige kann dann wiederum „Verpflichteter" im Sinne von § 74 sein und einen Anspruch auf Hilfe besitzen, wenn es ihm nicht zumutbar ist, die Kosten zu tragen. Die Ordnungsbehörde hat auch nach § 25 keinen Ersatzanspruch gegenüber dem Sozialhilfeträger (VGH München 21.6.1993 – 12 B 91.2999, NVwZ 1994, 600).

## III. Nachrang

Derjenige, der den Vertrag mit dem Bestattungsunternehmen abgeschlossen hat – **27** etwa der Bestattungspflichtige –, kann unter Umständen vielfältige **Ersatzansprüche gegenüber Dritten** besitzen, die nach dem Grundsatz des Nachrangs der Sozialhilfe zunächst zu verwirklichen sind, bevor ein Anspruch auf Hilfe nach § 74 besteht (vgl. *Sachse,* ZfF 1989, 128). Die Realisierung von Ersatzansprüchen gegenüber dem Erben, gegenüber Unterhaltsverpflichteten oder gegen einen Schädiger nach § 844 BGB kann indes Zeit in Anspruch nehmen. Möglicherweise muss die Person des Erben auch erst langwierig ermittelt werden. Daher stellt sich die Frage, ob der zunächst aus dem Vertrag mit dem Bestattungsunternehmen Verpflichtete auf derartige unsichere Ersatzansprüche verwiesen werden kann. Nach dem Grundsatz, dass nur **präsente Selbsthilfemöglichkeiten** einen an sich gegebenen Anspruch auf Sozialhilfe auszuschließen vermögen, muss in vielen Fällen mit Hilfe nach § 74 eingetreten werden, wenn der Ersatzanspruch nicht in nächster Zeit zu realisieren ist (BSG 29.9.2009 – B 8 SO 23/08 R, FEVS 61, 337).

In diesem Punkt ist indes zu unterscheiden: Ist die **Bestattung** bereits **vollzo- 28 gen,** geht es also nur noch um die Entlastung von den Kosten, ist der Hilfesuchende grundsätzlich darauf zu verweisen, zunächst seine Ersatzansprüche durchzusetzen und gegebenenfalls nachzuweisen, dass dies endgültig gescheitert ist. Erst dann kann Hilfe nach § 74 in Anspruch genommen werden (SchlHLSG 14.3.2006 – L 9 B 65/06 SO ER, ZfSH/SGB 2007, 28), es sei denn die Durchsetzung derartiger Ansprüche ist für den betreffenden zumutbar, z. B. wegen des damit verbundenen Prozessrisikos (vgl. BSG 29.9.2009 – B 8 SO 23/08 R, FEVS 61, 337). Ist der Bestattungsvertrag noch nicht geschlossen, weil der Hilfesuchende, der etwa bestattungspflichtiger Erbe ist, sich dazu mangels ausreichender finanzieller Mittel nicht in der Lage sieht, kann der Sozialhilfeträger ihn nicht auf anderweitige Ersatzansprüche verweisen, sofern sie nicht offensichtlich sofort realisierbar sind. Um die Bestattung zu ermöglichen, ist zunächst Hilfe zu leisten; etwaige Ersatzansprüche können nach § 93 übergeleitet werden (so auch BSG 29.9.2009 – B 8 SO 23/08 R, FEVS 61, 337).

**Sterbegelder** nach sozialversicherungsrechtlichen und beihilferechtlichen Vor- **29** schriften sowie Leistungen aus privaten Sterbeversicherungen (s. *Dreyer,* ZfF 1983, 75, 76) sind in jedem Fall vorrangig zur Deckung der Bestattungskosten einzusetzen. Der Nachlass selbst ist ebenfalls vorrangig zur Begleichung der Bestattungskosten zu verwenden (OVG Münster 11.8.1998 – 24 A 3134/95). Der Sozialhilfeträger hat nach § 104 SGB X einen Erstattungsanspruch gegenüber dem für das Sterbegeld zuständigen Sozialleistungsträger (BSG 11.10.1994 – 1 RK 38/93, SozR 3-2500

§ 58 Nr. 4). Muslime können unter Umständen durch einen Bestattungshilfeverein ihrer Religionsgemeinschaft eine finanzielle Unterstützung zur „Gewährleistung einer Bestattung nach islamischen Bestattungsvorschriften" (so die Satzung des Vereins IGMG Bestattungshilfeverein e. V.) erhalten (s. dazu SG Hamburg 14.12.2016 – S 10 SO 222/15).

30    Der Verpflichtete kann nicht darauf verwiesen werden, einen Erlass der öffentlich-rechtlich begründeten Kosten (Friedhofsgebühren etc.) zu betreiben, auch wenn er finanziell bedürftig ist. Ihm bleibt vielmehr die Möglichkeit, den Anspruch nach § 74 zu realisieren (LSG NRW 30.10.2008 – L 9 SO 22/07, FEVS 60, 524; OVG Münster 28.2.2011 – 14 A 451/10 NRW, Sozialrecht aktuell 2011, 157).

## IV. Erforderliche Bestattungskosten

31    Der Begriff „erforderlich" ist ein **unbestimmter Rechtsbegriff** und damit gerichtlicher Auslegung uneingeschränkt zugänglich. Der Begriff „erforderliche Kosten" deutet auf geringere Kosten hin als sie für eine „standesgemäße" Beerdigung anfallen, auf die § 1968 BGB abstellt (*Fritz*, BWNotZ 1992, 137; *Wrede*, ZfF 1991, 128). „Erforderlich" ist hingegen mehr als das, was nach dem Ordnungsrecht für eine Bestattung aufgewendet werden darf (OVG Münster 4.3.1996 – 19 A 194/96, NWVBl. 1996, 380 m. Anm. *Jahr*, NWVBl. 1998, 343). Vor allem muss es sich um Kosten handeln, die final auf die Bestattung selbst ausgerichtet sind (BSG 25.8.2011 – B 8 SO 20/10 R, BSGE 63, 445; BSG 24.2.2016 – B 8 SO 103/15 B; s. dazu Rn. 34).

### 1. Erforderliche Kosten

32    Was im Sinne eines Mindeststandards erforderlich ist, wird zunächst durch die landesrechtlichen **Bestattungs- und Friedhofsvorschriften** festgelegt (SG Heilbronn 9.7.2013 – S 11 SO 1712/12. Dieser Standard kann nicht unterschritten werden, da es der Bestattungspflichtige nicht in der Hand hat, von den öffentlich-rechtlichen Bestimmungen abzuweichen (VG Ansbach 30.11.2016 – AN 4 K 16.01653. Was erforderlich ist, ist nach einem **objektiven Maßstab** zu beurteilen. Wünsche des Verstorbenen hinsichtlich der Art und des Umfangs des Bestattungsaufwands sind nur eingeschränkt maßgeblich (vgl. aber für eine Bestattung nach muslimischen Glauben VG Berlin 3.11.1992 – 8 A 286.89, NVwZ 1994, 617; ferner SG Aachen 28.4.2009 – S 20 SO 88/08, ZfSH/SGB 2009, 365). Maßgeblich ist, was für eine würdige, den örtlichen Verhältnissen entsprechende, einfache Bestattung aufgewendet werden muss (OVG Münster 11.8.1998 – 24 A 3134/95, Städte- und Gemeinderat 1999, 29; OVG Lüneburg 23.6.1998 – 4 L 1821/98, NdsRPfl. 1999, 67; VGH Mannheim 27.3.1992 – 6 S 1736/90; HessLSG 20.3.2008 – L 9 SO 20/ 08B ER, FEVS 59, 567; LSG NRW 30.10.2008 – L 9 SO 22/07, FEVS 60, 524; *Spranger*, Sozialbestattung heute, S. 43 ff.). Dazu zählen alle öffentlich-rechtlichen Gebühren, das Waschen, Kleiden und Einsargen des Leichnams, der Sarg, Kosten für Sargträger und das erstmalige Herrichten des Grabes sowie einfacher Grabschmuck (VG Hannover 1.8.2000 – 2 A 2523/7; HessLSG 10.9.2015 – L 4 SO 225/14). Ob ein Grabstein bzw. eine Grabplatte zu dem erforderlichen Aufwand gehört, hängt vom Einzelfall ab (vgl. dazu *Spranger*, ZfSH/SGB 1998, 334; OVG Lüneburg 10.3.1999 – 4 L 2846/8). Unter Umständen erweist sich auch ein Holzkreuz als ausreichend. Bei einer Feuerbestattung sind die Kosten der Einäscherung, die Kosten für den Urnenträger sowie für die Urne zu berücksichtigen. Besondere Probleme werfen die Friedhofsgebühren für die Grabstelle auf. Handelt es sich um ein Reihengrab, sind die Gebühren berücksichtigungsfähig. Bei einer Wahlgrabstätte fallen höhere Gebühren an; sie sind nur in Ausnahmefällen zu übernehmen. Zur

Seebestattung vgl. VG Oldenburg 18.2.2002 – 13 A 430/02. Die Kosten der späteren Verlängerung des Grabrechts sind über § 74 nicht zu berücksichtigen (SG Nürnberg 17.12.2010 – S 20 SO 153/10, SAR 2011, 32). Aufwendungen, die durch religiöse Vorschriften oder Gepflogenheiten begründet sind, müssen grundsätzlich berücksichtigt werden (LSG NRW 7.10.2016 – L 9 SO 414/16 B, bezüglich jüdisch-orthodoxer Glaubensgemeinschaft).

Hinsichtlich der Kosten, die an ein Bestattungsunternehmen zu zahlen sind, hat **33** das BSG (25.8.2011 – B 8 SO 20/10 R, FEVS 63, 445) entschieden, dass insoweit nicht von vornherein und ohne Prüfung des Einzelfalles auf feste Vergütungssätze abgestellt werden darf, die der Sozialhilfeträger mit den örtlichen Bestattungsunternehmen ausgehandelt hat. Es sei zu berücksichtigen, dass der Verpflichtete in der ihm zur Verfügung stehenden Zeit und wegen der besonderen Belastungssituation nicht in der Lage sei, einen umfassenden Kostenvergleich vorzunehmen. Daher erweist sich eine Beratung nach § 11 in diesen Fällen als besonders angezeigt.

## 2. Nicht erforderliche Kosten

Zu den nicht erforderlichen Kosten zählen die Aufwendungen für die üblichen **34** kirchlichen und bürgerlichen **Feierlichkeiten.** Dazu gehören die Kosten für einen Geistlichen (Stolgebühren), Todesanzeigen (s. aber VGH Kassel 10.2.2004 – 10 UE 2497/03, ZfSH/SGB 2004, 290), Leichenschmaus, Danksagungen. Auch die Kosten für die Anreise von Verwandten und für Trauerkleidung, die nach Zivilrecht zu den Bestattungskosten zählen können, sind im Rahmen des § 74 nicht zu berücksichtigen. Personen, die die Reisekosten zur Teilnahme an einer Beerdigung nicht aufbringen können, ist Hilfe nach § 37 (persönliche Bedürfnisse des täglichen Lebens) durch Gewährung einer einmaligen Leistung zu gewähren, sofern die notwendigen Voraussetzungen erfüllt sind (VGH München 28.3.200212 – B 00.3472, BayVBl. 2003, 245 = FEVS 54, 259). Auch die Kosten der fortlaufenden Grabpflege, mag sie auch friedhofsrechtlich gefordert sein, gehören nicht zu den hier maßgeblichen Kosten (LSG NRW 21.9.2006 – L 20 B 63/06 SO NZB, FEVS 58, 215; HessLSG 10.9.2015 – L 4 SO 225/14; BSG 24.2.2016 – B 8 SO 103/15 B; a. A. *Spranger,* ZfSH/SGB 1998, 334); sie können aber im Rahmen des § 37 berücksichtigungsfähig sein. Überführungskosten (OVG Hamburg 21.2.1992 – Bf IV 44/90), Bergungs- und Rettungskosten gehören regelmäßig nicht zu den berücksichtigungsfähigen Kosten. Eine später erforderliche Umbettung des Leichnams kann einen neuen Leistungsfall auslösen (BSG 25.8.2011 – B 8 SO 20/10 R, FEVS 63, 445).

Die erforderlichen Kosten können **pauschaliert** werden (VG Stade 25.10.2001 – **35** 1 A 42/01, ZfF 2003, 101). Dies gilt jedenfalls soweit es um die Kosten einer Standardbeisetzung geht. Bei Besonderheiten des Einzelfalles (§ 9 Abs. 1) sind weitere Kostenpositionen indes zu berücksichtigen.

## V. Unzumutbarkeit der Kostentragung

Der Begriff „unzumutbar" ist ein **unbestimmter Rechtsbegriff** und der **36** gerichtlichen Auslegung uneingeschränkt unterworfen (BSG 29.9.2009 – B 8 SO 23/08 R, FEVS 61, 337; BSG 25.8.2011 – B 8 SO 20/10 R). Für die Beschreibung des Nachrangs der Hilfe zum Lebensunterhalt, zu der die Hilfe für Bestattungskosten früher gehörte, war dieser Begriff an sich ungewöhnlich. Für Hilfen nach § 19 Abs. 3 ist der Begriff der Zumutbarkeit indes der zentrale Maßstab. In tatsächlicher Hinsicht kommt es insoweit auf die finanzielle Lage des Verpflichteten an. Die hat der Betreffende darzulegen und an der Ausklärung mitzuwirken (LSG BW 14.4.2016 – L 7 SO 81/15). Maßgeblicher Zeitpunkt für die Beurteilung der Unzumutbarkeit der Kostentragung ist der Zeitpunkt, zu dem die Zahlungsverpflichtung bestand (LSG BW 25.2.2016 – L 7 SO 2468/13).

37     Das BVerwG (22.2.2001 – 5 C 8/00, BVerwGE 114, 57, 60) hat offengelassen,
ob die eigenständige rechtliche Natur des Anspruchs aus § 15 BSHG und die eigenständige Leistungsvoraussetzung der Unzumutbarkeit nicht auch die Bildung eigenständiger, spezifisch normbezogener Maßstäbe für die Unzumutbarkeit der Kostentragung erfordern. Das ist im Grundsatz weiterhin zu bejahen (s. jetzt auch BSG
29.9.2009 – B 8 SO 23/08 R; BSG 25.8.2011 – B 8 SO 20/10 R). Da in § 74 die
Zumutbarkeit besonders erwähnt wird, muss sich dahinter etwas Anderes verbergen,
als es in § 19 Abs. 3 mit dem Begriff der Zumutbarkeit bereits für alle Hilfen nach
dem Fünften bis Neunten Kapitel geregelt ist. Die in § 74 gemeinte Zumutbarkeit
beschränkt sich daher nicht auf eine finanzielle Zumutbarkeit, sondern lässt auch
Raum für andere (Un-)Zumutbarkeitsgründe, etwa solche persönlicher Natur (BSG
25.8.2011 – B 8 SO 20/10 R; HessLSG 6.10.2011 – L 9 SO 226/10, ZfSH/SGB
2012, 39). Je enger das Verwandtschaftsverhältnis oder die rechtliche Beziehung zu
dem Verstorbenen war, desto geringer sind in der Regel die Anforderungen an die
Zumutbarkeit des Einsatzes von Einkommen und Vermögen. Daraus folgt, dass etwa
bei zerrütteten Verwandtschaftsverhältnissen höhere Anforderungen an die Zumutbarkeit, Kosten der Bestattung zu tragen, zu stellen sind (BSG 29.9.2009 – B 8 SO
23/08 R; OVG Saarlouis 27.12.2007 – 1 A 40/07; LSG Hmb 20.11.2014 – L 4
SO 22/12). Die Besonderheiten des Einzelfalles (§ 9 Abs. 1) sind stets zu berücksichtigen und bedingen vielfältige Entscheidungsalternativen. Die Übernahme von Kosten kann der Höhe nach dementsprechend unterschiedlich ausfallen; es gilt nicht
das Alles-oder-nichts-Prinzip („soweit").

38     Hinsichtlich der **finanziellen Zumutbarkeit** ist maßgeblich auf den Zweiten
und Dritten Abschnitt des Elften Kapitels abzustellen (BSG 25.8.2011 – B 8 SO
20/10 R). Wegen der strikten Regelung in § 85 ist hinsichtlich der maßgeblichen
Einkommensgrenze allerdings nur über § 86 die Festlegung eines höheren Grundbetrags möglich. Nach § 87 Abs. 1 Satz 2 lassen sich dennoch **spezifische Zumutbar-
keitsmaßstäbe** für die Hilfe nach § 74 festlegen, zumal die Vorschrift keine abschließende Aufzählung von zu berücksichtigenden Umständen enthält. Fraglich ist
insoweit auch, ob entsprechend § 19 Abs. 3 auf die Mittel der Einsatzgemeinschaft
abzustellen ist. Denn die Kostenpflicht ist eine allein den Bestattungspflichtigen
treffende Verpflichtung (offengelassen von BSG 25.8.2011 – B 8 SO 20/10 R; OVG
Münster 14.3.2000 – 22 A 3975/99; a. A. OVG Schleswig 4.6.1998 – 1 L 18/98
LSG Nds-Brem 20.6.2013 – L 8 SO 365/10; LSG BW 25.2.2016 – L 7 SO 262/
15; LSG BW 25.2.2016 – L 7 SO 2468/13; *Spranger*, Sozialbestattung heute, S. 29).
Der Ehepartner hat mit seinem Einkommen nicht zu den Bestattungskosten seiner
Schwiegereltern beizutragen (a. A. SchlHLSG 9.3.2011 – L 9 SO 19/09). Ebenso
wenig kommen die Zurechnungsvorschriften der § 39 und § 20 zur Anwendung
(a. A. wohl BSG Terminbericht zu B 8 SO 19/11 R).

39     Für Ermittlung der Zumutbarkeitsgrenze hinsichtlich des Einsatzes von Einkommen wurde bereits nach früherer Rechtslage ein Rückgriff auf die Vorschriften der
§§ 79, 84 BSHG erwogen OVG Lüneburg 8.5.1995 – 12 L 6679/93, NVwZ-RR
1996, 400; VGH Kassel 10.2.2004 – 10 UE 2497/03, ZfSH/SGB 2004, 290; für
Anwendung des § 3 Abs. 1 BSHG, VGH Mannheim 27.3.1992 – 6 S 1736/90;
OVG Münster 14.3.2000 – 22 A 3975/99, NDV-RD 2001, 115). Daneben kann
nach § 9 Abs. 1 eine Korrektur des so gefundenen Ergebnisses angezeigt sein (BSG
25.8.2011 – B 8 SO 20/10 R; *Paul*, ZfF 1996, 222, 224). Insbesondere § 87 Abs. 3
kann sinngemäß herangezogen werden (a. A. SchlHLSG 9.3.2011 – L 9 SO 19/
09). Wird die Einkommensgrenze des § 85 nicht überschritten, kann dem Verpflichteten nicht zugemutet werden, die Kosten der Bestattung zu tragen (BSG
29.9.2009 – B 8 SO 23/08 R). Überschreitet das zu berücksichtigende Einkommen
die Einkommensgrenze des § 85, rechtfertigt dies allein noch nicht den Einsatz für
die Bestattungskosten. Denn auch § 87 Abs. 1 enthält Zumutbarkeitsgesichtspunkte.

Für die Feststellung, ob finanzielle Bedürftigkeit vorliegt, ist nicht allein auf die **40** sozialhilferechtlichen Bestimmungen (§§ 82 bis 84) abzustellen; bei Hilfebedürftigen nach dem SGB II kommt es vielmehr auf die dortigen Bestimmungen über Absetzbeträge und Freibeträge nach §§ 11 Abs. 2, 30 SGB II an (BSG 29.9.2009 – B 8 SO 23/08 R; SG Detmold 1.4.2014 – S 8 SO 154/13). Der dortige Bedürftigkeitsbegriff ist damit im Bereich der Sozialhilfe ebenfalls maßgeblich.

Die Zumutbarkeit des Einsatzes von Vermögen ist grundsätzlich nach den Bestim- **41** mungen der §§ 90, 91 zu beurteilen (zur Anwendung des § 90 Abs. 3 S. 2 bei einem Bestattungsvorsorgevertrag, s. OVG Münster 19.12.2003 – 16 B 2078/03). Allerdings gehört der **Nachlass nicht** zum **Schonvermögen** nach § 90 Abs. 2 Nr. 9 (BVerwG 4.2.1999 – 5 B 133/98).

Bei der Berechnung der Zumutbarkeitsgrenze ist unter Umständen zu berücksich- **42** tigen, dass der Hilfesuchende Bestattungskosten als **außergewöhnliche Belastung** nach § 33 EStG geltend machen kann (vgl. dazu *Kirchhof,* EStG, 15. Aufl. 2016, § 33 Rn. 54: Stichwort „Beerdigung").

Bei mehreren Erben bzw. mehreren Verpflichteten ist die Zumutbarkeitsprüfung **43** für den jeweiligen Anspruchssteller gesondert vorzunehmen. Sind mehrere als **Gesamtschuldner** verpflichtet, die Bestattungskosten zu tragen, darf ein Hilfesuchender nicht darauf verwiesen werden, dass ein anderer aus dem Kreis der Gesamtschuldner in der Lage wäre, die Bestattungskosten zu tragen. Anknüpfungspunkt ist vielmehr der nach § 426 BGB von dem Hilfesuchenden zu tragende Teil an den Bestattungskosten (OVG Münster 30.10.1997 – 8 A 3515/95, NJW 1998, 2154; LSG NRW 30.10.2008 – L 9 SO 22/07; HessLSG 6.10.2011 – L 9 SO 226/10; SG Karlsruhe 28.11.2014 – S 1 SO 903/14; LSG BW 14.4.2016 – L 7 SO 81/ 15). Besitzt der als Gesamtschuldner Verpflichtete realisierbare Ausgleichsansprüche, entfällt insoweit ein Anspruch nach § 74 (LSG BW 14.4.2016 – L 7 SO 81/15). Auf unsichere Ausgleichsansprüche ggü. Dritten ist der Verpflichtete nicht zu verweisen (BSG 29.9.2009 – B 8 SO 23/08 R, BeckRS 2009, 74859; restriktiver aber SchlHLSG 25.1.2017 – L 9 SO 31/13, BeckRS 2017, 118373).

## VI. Zuständiger Träger

Die Regelung der örtlichen Zuständigkeit für die Übernahme von Bestattungs- **44** kosten war bereits nach früherem Recht zweimal geändert worden, um Zweifelsfragen zu bereinigen. Aber auch die jetzige Vorschrift wirft weiterhin einige **Auslegungsprobleme** auf. Die Zuständigkeitsregelung des § 98 Abs. 3 ist in zweifacher Hinsicht **nicht systemgerecht,** sofern man der Rechtsprechung des BVerwG (5.6.1997 – 5 C 13/96, BVerwG 105, 51) folgt, wonach der maßgebliche Bedarf in der Entlastung des Verpflichteten liegt. Die Anknüpfung an den Sozialhilfebezug des Verstorbenen weist daher insofern in die falsche Richtung, als der Anschein erweckt werden könnte, es gehe um einen (nachwirkenden) Anspruch des Verstorbenen. Die andere Anknüpfung an den Sterbeort legt nahe, dass es um die Bestattung als solche geht, die sichergestellt werden soll. Wo der **finanzielle Entlastungsbedarf des Verpflichteten** entsteht, hat demgegenüber weder etwas mit dem Ort zu tun, wo der Verstorbene zuvor Sozialhilfe bezogen hat, noch mit dem Ort, wo er verstorben ist. Auch der Bestattungsort wäre kein geeigneter Anknüpfungspunkt. Die Anknüpfung an den Sterbeort steht zudem der ansonsten angestrebten Entlastung von Anstaltsorten entgegen (vgl. VGH Mannheim 5.9.1995 – 7 S 2029/95). Wenn der Sterbeort ein Anstaltsort ist und der Verstorbene zuvor nicht Sozialhilfe bezogen hat, hat der Träger des Anstaltsortes gegebenenfalls die Bestattungskosten zu übernehmen. Das verständliche Anliegen, für den Fall des § 74 einen sachgerechten Anknüpfungspunkt für die Zuständigkeit festzulegen, ist nicht gelungen. Eine Verknüpfung zu dem hiesigen Sozialhilfesystem wäre auch über die Regelungen der

§§ 23, 24 ausreichend sichergestellt (s. LSG NRW 20.6.2007 – L 20 B 10/07, SAR 2007, 110; zu den Einzelheiten auch SG Fulda 24.4.2007 – S 7 SO 31/06). Zur sachlichen Zuständigkeit s. § 97 Abs. 4 (→ § 97 Rn. 15 ff.).

## 1. Zuständigkeitsbegründender Sozialhilfebezug

**45**  Die Zuständigkeit richtet sich in erster Linie nach demjenigen Träger der Sozialhilfe, der dem **Verstorbenen zu Lebzeiten** Sozialhilfe gewährt hat. Auf den Sozialhilfebezug des nicht getrennt lebenden Ehegatten kommt es nicht an (OVG Münster 13.8.2001 – 12 A 4097/99). Die Sozialhilfegewährung – gleich welcher Hilfeart – muss bis zum Zeitpunkt des Todes des Verstorbenen gedauert haben. Eine Mindestzeit des Sozialhilfebezugs ist nicht gefordert. Es ist somit ausreichend, wenn der Verstorbene erstmals kurz vor seinem Tod, etwa aus Anlass eines unfallbedingten Krankenhausaufenthalts, Hilfe (§ 48) bezogen hat (s. dazu SG Fulda 24.4.2007 – S 7 SO 31/06). Insoweit kann die Zuständigkeit zwischen mehreren Trägern von Sozialleistungen streitig sein. Sozialhilfegewährung nach § 43 SGB I für den Verstorbenen oder als Vorausleistung nach § 104 SGB X sind zur Begründung der Zuständigkeit nicht ausreichend. Leistungen nach dem Asylbewerberleistungsgesetz an den Verstorbenen sind nicht zuständigkeitsbegründend.

**46**  Zuständigkeitsbegründende Sozialhilfegewährung kann in verschiedenen Fallgestaltungen vorliegen: als Hilfe für einen Deutschen in Deutschland, als Hilfe für einen Deutschen im Ausland nach § 24 und als Hilfe für einen Ausländer in Deutschland nach § 23. Die nach § 119 Abs. 2 BSHG möglich gewesene Hilfe für einen Ausländer im Ausland ist entfallen.

**47**  Wo der **Sterbeort** und der für die Zuständigkeit ohnehin unbeachtliche **Bestattungsort** liegen, ist bei dieser Zuständigkeitsalternative **unerheblich**. Denn die Anknüpfung an den Sozialhilfebezug ist vorrangig. Sterbeort und Bestattungsort können im Ausland liegen. Dies wird bei Sozialhilfebezug des Verstorbenen im Ausland sogar die Regel sein. Auch wenn der verstorbene Deutsche oder der verstorbene Ausländer in Deutschland Sozialhilfe bezogen haben, ist es möglich, dass der Sterbe- und/oder Bestattungsort im Ausland liegt. Dies kann etwa der Fall sein, wenn der Tod während einer Reise ins Ausland, die den inländischen Sozialhilfebezug nicht zu unterbrechen braucht (vgl. dazu BVerwG 22.12.1998 – 5 C 21/97, NVwZ 2000, 572), eintritt. Die Zuständigkeit des örtlichen Trägers, der dem Verstorbenen Sozialhilfe geleistet hat, bleibt von diesen Umständen unberührt.

**48**  Der Bezug von Leistungen zur Sicherung des Lebensunterhalts nach dem SGB II wird in der Vorschrift nicht ausdrücklich angesprochen. Dies dürfte auf einem Versehen des Gesetzgebers beruhen, denn eine örtliche Verbindung zu dem kommunalen Träger der Leistungen besteht auch in diesem Fall. Dasselbe gilt, wenn der Verstorbene Leistungen nach dem AsylbLG erhalten hat. Daher spricht viel dafür, auch dem Bezug von Grundsicherungsleistungen nach dem SGB II und nach dem AsylbLG als zuständigkeitsbegründend zu behandeln (a. A. *Schlette*, in *Hauck/Noftz*, SGB XII § 98 Rn. 85). Für Leistungen der Kriegsopferfürsorge gilt dies nicht, da insoweit spezielle Zuständigkeitsvorschriften bestehen (Versorgungsämter, §§ 2, 3 KOVVwG).

## 2. Zuständigkeitsbegründender Sterbeort

**49**  Dieser Anknüpfungspunkt für die Zuständigkeit setzt zwangsläufig voraus, dass der **Sterbeort in Deutschland** liegt, denn ein ausländischer Träger kann nicht Leistungsträger sein. Ist der Sterbeort unbekannt – eine Wasserleiche wird aus dem Rhein gezogen –, fehlt es an einer ausdrücklichen Regelung für die örtliche Zuständigkeit (s. dazu aber Rn. 47). Dies zeigt ein weiteres Mal, dass die Reglung des § 98 Abs. 3 nicht sachgerecht ist. Der **Ort der Bestattung** ist wiederum **gleichgültig;** er kann auch im Ausland liegen. Eine andere Frage ist es, ob Überführungskosten ins Ausland berücksichtigungsfähig sind (s. dazu Rn. 32).

## 3. Zuständigkeitslücke

Liegt der **Sterbeort im Ausland** und hat der Verstorbene zuvor **Sozialhilfe** 50
**nicht bezogen,** scheint die Zuständigkeit eines Sozialhilfeträgers und damit eine
materielle Verpflichtung zur Hilfeleistung nicht gegeben zu sein. Soweit es sich um
den Tod eines im Ausland lebenden Ausländers handelt, der zudem auch im Ausland
bestattet wird, mag diese Konsequenz einleuchtend sein, auch wenn der Angehörige,
der für die Bestattung zu sorgen hat, Deutscher ist und in Deutschland lebt. Problematisch ist es hingegen, wenn es bei dieser Fallgestaltung um den im Ausland eingetretenen Tod eines Ausländers oder Deutschen geht, der sich nur vorübergehend
im Ausland aufgehalten hat und dessen zur Bestattung verpflichtete Angehörige in
Deutschland leben, den Verstorbenen auch hier bestatten und hier die Bestattungskosten tragen müssen. Ist der in Aachen lebende Ausländer über die Grenze zum
Einkaufen gefahren und hat dort einen tödlichen Unfall erlitten, greift die Zuständigkeitsvorschrift des § 98 Abs. 3 nicht. Ebenso greift sie nicht, wenn ein Deutscher
auf einer Klassen- oder Urlaubsreise im Ausland tödlich verunglückt. In diesen
Fällen ist Rückgriff auf die **allgemeine Zuständigkeitsvorschrift des § 98 Abs. 1**
zu nehmen (ebenso *Deutscher Verein,* NDV 1998, 94) und darauf abzustellen, wo
die maßgebliche Kostentragungslast entsteht. Das ist der inländische Ort, an dem
sich die zur Kostentragung Verpflichteten tatsächlich aufhalten. Die Eltern, deren
Kind auf einer Klassenreise in Frankreich tödlich verunglückt ist, besitzen mithin
den Anspruch nach § 74 gegenüber dem Sozialhilfeträger ihres tatsächlichen Aufenthaltsorts.

Fraglich ist indes, ob es darauf ankommt, dass der Tod im Ausland lediglich während 51
eines vorübergehenden Aufenthalts dort eingetreten ist, und ob es daneben notwendig
ist, dass wenigstens die Bestattung im Inland stattfindet. Wenn man die besondere
Bedarfsstruktur und die „Sonderstellung" des Kostenübernahmeanspruchs nach § 74
konsequent zu Ende denkt, wäre beides an sich nicht zu verlangen. Der **maßgebliche
Bedarf,** nämlich die Bezahlung des Bestattungsunternehmens, entsteht am Ort des
tatsächlichen Aufenthalts des Hilfesuchenden (vgl. auch § 269 Abs. 1 BGB). Seine
Kostentragungspflicht ist **unabhängig davon, wo der Sterbe- bzw. der Bestattungsort liegen** und ob der Verstorbene zuvor Sozialhilfe bezogen hat. Stirbt ein
Angehöriger, der seit Jahren im Ausland lebt und auch dort bestattet wird, ist die
Pflicht der Erben nach § 1968 BGB dieselbe als wenn der Angehörige in Deutschland
verstorben wäre. Dennoch besitzt der im Inland lebende Angehörige den Anspruch
nach § 74 nicht, da es keinen örtlich zuständigen Sozialhilfeträger für diesen Fall gibt
(s. aber SG Darmstadt 2.2.2017 – S 17 SO 45/15, BeckRS 2017, 106616).

Die Zuständigkeitsregelung erweist sich vor dem Hintergrund dessen, dass die 52
Menschen heute mobiler sind und sowohl Ausländer im Bundesgebiet, als auch
Deutsche im Ausland leben, als unzulänglich. Denn sie kann zu schwer zu rechtferti-
genden Ergebnissen führen (vgl. zur Bestattung im Ausland LSG BW 16.10.2013 –
L 2 SO 3798/12; SG Duisburg 27.3.2014 – S 52 SO 64/13: keine Bestattung im
Ausland, wenn sie im Inland möglich und nicht unüblich ist).

## VII. Durchsetzung des Anspruchs

Der Anspruch muss **nicht** innerhalb einer **bestimmten Frist** geltend gemacht 53
werden (s. Rn. 4). Dies entspricht praktischen Bedürfnissen, denn der Hilfesuchende
hat zunächst die vorrangigen Ansprüche zu klären und durchzusetzen, was unter
Umständen längere Zeit in Anspruch nehmen kann. Ein Zeitraum von 14 Monaten
seit der Bestattung dürfte allerdings zu lang sein (SchlHLSG 21.7.2008 – L 9 SO
10/07 PKH). „Übernahme" der Bestattungskosten bedeutet nicht, dass der Sozialhilfeträger im Sinne eines Schuldbeitritts sich zur Zahlung gegenüber dem Bestat-

tungsunternehmen verpflichtet; der Zahlungsanspruch steht nur dem „Verpflichteten" zu (BSG 29.9.2009 – B 8 SO 23/08 R). Es gilt im Übrigen die vierjährige Verjährungsfrist des § 45 Abs. 1 SGB I, die allerdings durch Antrag des Hilfesuchenden unterbrochen werden kann (§ 45 Abs. 3 SGB I).

54    **Maßgeblicher Zeitpunkt** für die Beurteilung der Sach- und Rechtslage ist der Zeitpunkt der Fälligkeit der Forderung des Bestattungsunternehmens (BSG 29.9.2009 – B 8 SO 23/08 R). Beruht die hier maßgebliche Unzumutbarkeit allein auf finanziellen Gründen, muss die Bedürftigkeit noch im Zeitpunkt der letzten Behördenentscheidung vorliegen, es sei denn dem Hilfesuchenden war es nicht zuzumuten, diese Entscheidung abzuwarten. Entfällt die Bedürftigkeit erst nach einer ablehnenden Entscheidung des Sozialhilfeträgers, ist dieser Umstand vor dem Hintergrund der Garantie effektiven Rechtsschutzes unbeachtlich.

55    Sind mehrere Erben nach § 2058 BGB als **Gesamtschuldner** gegenüber dem Bestattungsunternehmen verpflichtet, muss dennoch jeder Erbe für sich den Anspruch nach § 74 geltend machen. Der Anspruch ist **keine Nachlassforderung** im Sinne von § 2039 BGB. Jeder Erbe kann nur den auf ihn nach § 426 BGB entfallenden Teil der Kostentragungslast für den Anspruch einbringen (OVG Münster 30.10.1997 – 8 A 3515/95; SG Karlsruhe 28.11.2014 – S 1 SO 903/14), es sei denn der Ausgleichsanspruch ist nicht realisierbar.

56    Sind für die Bestattung Kosten entstanden, die nach Art oder Umfang nicht erforderlich sind, ist der Anspruch auf Kostenübernahme anhand von „an sich" erforderlichen Kosten zu ermitteln. Ist etwa die Bestattung eines in Deutschland Verstorbenen im Ausland vollzogen, obwohl sie auch im Inland in zumutbarer Weise möglich gewesen wäre, werden die **fiktiven Kosten** einer erforderlichen Inlandbestattung zugrunde gelegt. Dies widerspricht nicht dem Bedarfsdeckungsprinzip, denn der maßgebliche Bedarf besteht nicht in der Bestattung als solcher, sondern in der Entlastung von Schulden. Daher kann ein rein rechnerisch gebildeter Bedarf für die Leistung maßgeblich sein.


# Zehntes Kapitel. Einrichtungen


**§ 75** Einrichtungen und Dienste

(1) ¹**Einrichtungen sind stationäre und teilstationäre Einrichtungen im Sinne von § 13.** ²**Die §§ 75 bis 80 finden auch für Dienste Anwendung, soweit nichts Abweichendes bestimmt ist.**

(2) ¹**Zur Erfüllung der Aufgaben der Sozialhilfe sollen die Träger der Sozialhilfe eigene Einrichtungen nicht neu schaffen, soweit geeignete Einrichtungen anderer Träger vorhanden sind, ausgebaut oder geschaffen werden können.** ²**Vereinbarungen nach Absatz 3 sind nur mit Trägern von Einrichtungen abzuschließen, die insbesondere unter Berücksichtigung ihrer Leistungsfähigkeit und der Sicherstellung der Grundsätze des § 9 Abs. 1 zur Erbringung der Leistungen geeignet sind.** ³**Geeignete Träger von Einrichtungen dürfen nur solche Personen beschäftigen oder ehrenamtliche Personen, die in Wahrnehmung ihrer Aufgaben Kontakt mit Leistungsberechtigten haben, mit Aufgaben betrauen, die nicht rechtskräftig wegen einer Straftat nach den §§ 171, 174 bis 174c, 176 bis 180a, 181a, 182 bis 184g, 225, 232 bis 233a, 234, 235 oder 236 des Strafgesetzbuchs verurteilt worden sind.** ⁴**Die Träger von Einrichtungen sollen sich von Fach- und anderem Betreuungspersonal, die in Wahrnehmung ihrer Aufgaben Kontakt mit Leistungsberechtigten haben, vor deren Einstellung oder Aufnahme einer dauerhaften ehrenamtlichen Tätigkeit und während der Beschäftigungsdauer in**

regelmäßigen Abständen ein Führungszeugnis nach § 30a Absatz 1 des Bundeszentralregistergesetzes vorlegen lassen. [5]Nimmt der Träger der Einrichtung Einsicht in ein Führungszeugnis nach § 30a Absatz 1 des Bundeszentralregistergesetzes, so speichert er nur den Umstand der Einsichtnahme, das Datum des Führungszeugnisses und die Information, ob die das Führungszeugnis betreffende Person wegen einer in Satz 3 genannten Straftat rechtskräftig verurteilt worden ist. [6]Der Träger der Einrichtung darf diese Daten nur verändern und nutzen, soweit dies zur Prüfung der Eignung einer Person erforderlich ist. [7]Die Daten sind vor dem Zugriff Unbefugter zu schützen. [8]Sie sind im Anschluss an die Einsichtnahme unverzüglich zu löschen, wenn keine Tätigkeit für den Träger der Einrichtung aufgenommen wird. [9]Im Falle der Ausübung einer Tätigkeit für den Träger der Einrichtung sind sie spätestens drei Monate nach der letztmaligen Ausübung der Tätigkeit zu löschen. [10]Sind Einrichtungen vorhanden, die in gleichem Maße geeignet sind, hat der Träger der Sozialhilfe Vereinbarungen vorrangig mit Trägern abzuschließen, deren Vergütung bei vergleichbarem Inhalt, Umfang und Qualität der Leistung nicht höher ist als die anderer Träger.

(3) [1]Wird die Leistung von einer Einrichtung erbracht, ist der Träger der Sozialhilfe zur Übernahme der Vergütung für die Leistung nur verpflichtet, wenn mit dem Träger der Einrichtung oder seinem Verband eine Vereinbarung über
1. Inhalt, Umfang und Qualität der Leistungen (Leistungsvereinbarung),
2. die Vergütung, die sich aus Pauschalen und Beträgen für einzelne Leistungsbereiche zusammensetzt (Vergütungsvereinbarung) und
3. die Prüfung der Wirtschaftlichkeit und Qualität der Leistungen (Prüfungsvereinbarung)
besteht. [2]Die Vereinbarungen müssen den Grundsätzen der Wirtschaftlichkeit, Sparsamkeit und Leistungsfähigkeit entsprechen. [3]Der Träger der Sozialhilfe kann die Wirtschaftlichkeit und Qualität der Leistung prüfen.

(4) [1]Ist eine der in Absatz 3 genannten Vereinbarungen nicht abgeschlossen, darf der Träger der Sozialhilfe Leistungen durch diese Einrichtung nur erbringen, wenn dies nach der Besonderheit des Einzelfalls geboten ist. [2]Hierzu hat der Träger der Einrichtung ein Leistungsangebot vorzulegen, das die Voraussetzung des § 76 erfüllt, und sich schriftlich zu verpflichten, Leistungen entsprechend diesem Angebot zu erbringen. [3]Vergütungen dürfen nur bis zu der Höhe übernommen werden, wie sie der Träger der Sozialhilfe am Ort der Unterbringung oder in seiner nächsten Umgebung für vergleichbare Leistungen nach den nach Absatz 3 abgeschlossenen Vereinbarungen mit anderen Einrichtungen trägt. [4]Für die Prüfung der Wirtschaftlichkeit und Qualität der Leistungen gelten die Vereinbarungsinhalte des Trägers der Sozialhilfe mit vergleichbaren Einrichtungen entsprechend. [5]Der Träger der Sozialhilfe hat die Einrichtung über Inhalt und Umfang dieser Prüfung zu unterrichten. [6]Absatz 5 gilt entsprechend.

(5) [1]Bei zugelassenen Pflegeeinrichtungen im Sinne des § 72 des Elften Buches richten sich Art, Inhalt, Umfang und Vergütung der ambulanten und teilstationären Pflegeleistungen sowie der Leistungen der Kurzzeitpflege und der vollstationären Pflegeleistungen sowie der Leistungen bei Unterkunft und Verpflegung und der Zusatzleistungen in Pflegeheimen nach den Vorschriften des Achten Kapitels des Elften Buches, soweit nicht nach den Vorschriften des Siebten Kapitels weitergehende Leistungen zu erbringen sind. [2]Satz 1 gilt nicht, soweit Vereinbarungen nach dem Achten Kapitel des Elften Buches nicht im Einvernehmen mit dem Träger der

Sozialhilfe getroffen worden sind. [3]Der Träger der Sozialhilfe ist zur Übernahme gesondert berechneter Investitionskosten nach § 82 Abs. 4 des Elften
Buches nur verpflichtet, wenn hierüber entsprechende Vereinbarungen
nach dem Zehnten Kapitel getroffen worden sind.

*Änderungen der Vorschrift: Abs. 5 Satz 1 geänd. mWv 1.1.2017 durch G v.
23.12.2016 (BGBl. I S. 3191), Abs. 2 Sätze 3–9 eingef., bish. Satz 3 und Satz 10
mWv 1.1.2017 durch G v. 23.12.2016 (BGBl. I S. 3234).*

*Vergleichbare Vorschriften: § 93 BSHG; § 17 SGB II; § 78b SGB VIII.*

**Schrifttum:** *Baehrens/Bachert/Höschele,* Warum ein retrogrades „Kalkulationsmodell Top-
Down" dem prospektiven Vereinbarungsprinzip widerspricht, NDV 2005, 326; *Banafsche,* Das
Recht der Leistungserbringung in der Kinder- und Jugendhilfe zwischen Korporatismus und
Wettbewerb, 2010; *Bieback,* Leistungserbringungsrecht im SGB II sowie SGB III und XII – Insbe-
sondere die Verpflichtung zum Einsatz des Vergaberechts, NZS 2007, 505; *Busse/Ehmann* (Hrsg.),
Vergaberecht als Chance für Soziale Dienste, 2010; *Coseriu,* Zahlungsansprüche des Maßnahme-
gegen den Sozialhilfeträger, Sozialrecht aktuell 2012, 99; *Dillmann,* Ménage à trois: Das sozialhilfe-
rechtliche Dreiecksverhältnis aus Sicht des Sozialhilfeträgers, Sozialrecht aktuell 2012, 181; *Eicher,*
Der Zahlungsanspruch des Leistungserbringers im Sozialhilferecht, SGb 2013, 127; *Engler,* Die
Leistungserbringung in den Sozialgesetzbüchern II, III, VIII und XII im Spannungsverhältnis
zum europäischen und nationalen Vergaberecht, 2010; *dies.,* Die Leistungserbringung in den
SGB II, III, VIII und XII im Spannungsverhältnis zum europäischen und nationalen Vergaberecht – am Beispiel der Bildung von Leistungskontingenten durch öffentliche Leistungsträger,
RsDE 71, 41; *Frings,* Sozialhilferechtliches Dreiecksverhältnis in der Praxis. Rechtsbeziehungen
zwischen Hilfebedürftigen, Sozialhilfeträgern und Einrichtungsträgern – Sicht der Einrichtungsträger, Sozialrecht aktuell 2012, 137; *Glas/Rafii,* Das Verhältnis des neuen Kartellvergaberechts
zur Leistungserbringung nach den Sozialgesetzbüchern II, VIII und XII, Sozialrecht aktuell 2016,
169; *Griep,* Entbürokratisierung des sozialrechtlichen Leistungserbringungsrechts, RsDE 66, 27;
*Grube,* Das sozial(hilfe)rechtliche Dreiecksverhältnis und der Zahlungsanspruch des Leistungserbringers, Sozialrecht aktuell 2017, 121; *ders.,* Vergütungsvereinbarung – Schiedsstellenverfahren –
Anfechtung des Schiedsspruchs, Recht und Praxis der Rehabilitation 2016, 18; *Jaritz,* Vereinbarungen im sozialhilferechtlichen Dreiecksverhältnis – Vereinbar mit den Bedürfnissen der Leistungsberechtigten, Sozialrecht aktuell 2012, 105; *Kaminski,* Die Pflegesatzverhandlung, 2015;
*Kepert/Fleckenstein,* Der Zahlungsanspruch des freien Trägers für die Erbringung von teil- und
vollstationären Leistungen nach dem SGB VIII im jugendhilferechtlichen Dreiecksverhältnis,
JAmt 2015, 245; *Kingreen,* Vergaberecht und Verfahrensgerechtigkeit in der jugend- und sozialhilferechtlichen Leistungserbringung, VSSR 2006, 379; *Kunte,* Unbefristete Leistungsvereinbarungen im SGB XII?, RsDE 68, 55; *Ladage,* Das sozialhilferechtliche Leistungserbringerrecht – ein
zivilrechtlich-öffentlich-rechtliches Konglomerat?, SGb 2013, 553; *Luthe,* Die Anwendbarkeit
von Vergaberecht in der Sozialhilfe, ZfF 2015, 80; *Meyer,* Das sozialhilferechtliche Verhältnis im
Wandel – Von einer korporatistischen hin zu einer wettbewerblichen Prägung, RsDE 68, 17;
*Möller,* Problemfelder im Bereich der Vergütung bei Pflegesatzvereinbarungen nach § 75 Abs. 5
SGB XII, SGb 2003, 20; *Mrozynski,* Rechtsfragen der Steuerung durch die Sozialleistungsträger
beim Abschluss von Verträgen mit den Leistungserbringern und bei der institutionellen Förde-
rung, ZfSH/SGB 2011, 197; *Müller-Fehling,* Sozialhilferechtliches Dreiecksverhältnis in der Praxis,
Sozialrecht aktuell 2012, 133; *Neumann,* Rechtsfolgen der Kündigung einer Leistungsvereinba-
rung im Sozialhilferecht, RsDE 63, 32; *ders.,* Die Stellung der freien Wohlfahrtspflege im
SGB XII, Sozialrecht aktuell 2007, 216; *ders.,* Fürsorge in öffentlicher und freier Trägerschaft, in:
Fahlbusch (Hrsg.), 50 Jahre Sozialhilfe. Eine Festschrift, 2012, S. 83; *Pattar,* Sozialhilferechtliches
Dreiecksverhältnis – Rechtsbeziehungen zwischen Hilfebedürftigen, Sozialhilfeträgern und Einrichtungsträgern – Einführung in die rechtlichen Grundlagen, Sozialrecht aktuell 2012, 85; *Philipp,* Übertragbarkeit der Rechtsprechung des BSG zur Entgeltfindung in der Pflegeversicherung
auf die Eingliederungshilfe, Sozialrecht aktuell 2015, 209; *Schoch,* Das sozialhilferechtliche Dreiecksverhältnis in der Sozialhilfe, Behindertenrecht 2008, 71; *Schütte,* Trägerbudgets in der Einglie-

derungshilfe, RdLH 2015, 114 und 167; *Sen,* Wettbewerb im sozialrechtlichen Dreiecksverhältnis und Ausschreibungen nach EU-Vergaberecht, Sozialrecht aktuell 2017, 90; *Vigener/Bretzinger,* Personalstandards in der Hilfe für Menschen mit Behinderungen und Leistungsvereinbarungen nach § 75 Abs. 3 SGB XII, NDV 2005, 11; *Wenzel/Kulenkampff,* Wie kann man eine leistungsgerechte Vergütung nach §§ 75 ff. SGB XII ermitteln?, NDV 2006, 455; *dies.,* Wie kann man eine leistungsgerechte Vergütung nach den §§ 75 ff. SGB XII durchsetzen?, NDV 2008, 215.

### Übersicht

# I. Bedeutung der Norm

## 1. Regelungsgegenstand und Anwendungsbereich

Die Vorschriften des Zehnten Kapitels regeln das **Recht der Leistungserbrin-** **1** **gung** durch soziale Dienste und Einrichtungen. Sie sind immer dann einschlägig, wenn der Sozialhilfeträger **Leistungen der Sozialhilfe nach dem Sechsten bis Neunten Kapitel des SGB XII** (Eingliederungshilfe für behinderte Menschen, Hilfe zur Pflege, Hilfe zur Überwindung besonderer sozialer Schwierigkeiten, Hilfe in anderen Lebenslagen) nicht selbst als Sachleistungen durch eigene Einrichtungen und Dienste erbringt, sondern Einrichtungen und Dienste anderer Träger diese Leistungen erbringen.

Wie sich aus § 79 Abs. 1 S. 3 SGB XII ergibt, sollen die §§ 75 ff. SGB XII auch für **2** die **Leistungen nach dem Fünften Kapitel des SGB XII** (Hilfen zur Gesundheit) anwendbar sein. Die Leistungen dieses Kapitels werden aber faktisch **nicht** von den Vorschriften des Zehnten Kapitels des SGB XII erfasst, ohne dass Sozialhilfeträger mit Leistungserbringern im Rahmen der gesetzlichen Krankenversicherung keine Vereinbarungen nach §§ 75 ff. SGB XII geschlossen werden. Für den Anwendungsbereich des § 48 S. 2 SGB XII (s. § 48 Rn. 29) folgt dies schon daraus, dass die Krankenkassen durch mit ihnen vertraglich verbundene Leistungserbringer leisten und die Sozialhilfeträger den Kassen die Kosten erstatten (s. näher § 48 Rn. 47–51).

Im Anwendungsbereich des § 48 S. 1 SGB XII (s. § 48 Rn. 10) gibt es Kostenübernahmeerklärungen im Einzelfall (s. § 48 Rn. 11 f.).

**3**      Die im Grundsatz bislang unverändert gebliebene Vorschrift des § 75 schreibt für den Geltungsbereich des SGB XII **das prospektive Entgeltsystem** fort, das bereits unter der Geltung des BSHG eingeführt worden war (zur Entwicklung der Einrichtungsfinanzierung s. Rn. 7 f. der 2. Auflage; *Neumann,* RsDE 63, 32, 33 f.). Gesetzgeberische Initiativen, das Vertragsrecht und Vergütungssystem in der Sozialhilfe zu ändern, haben bislang nicht zu Rechtsänderungen geführt. Dies hat sich nun durch das Bundesteilhabegesetz v. 23.12.2016 (BGBl. I S. 3234) in mehrfacher Hinsicht entscheidend geändert. Die Eingliederungshilfe nach dem Recht der Sozialhilfe (Sechstes Kapitel des SGB XII) wird zum 1.1.2020 in das SGB IX als eigenständiges Leistungsgesetz überführt (§ 7 Abs. 1 S. 3 SGB IX). Gleichzeitig ist für die neue Eingliederungshilfe nach Teil 2 des SGB IX ein eigenständiges Vertragsrecht geschaffen worden (§§ 123 ff. SGB IX), das bereits zum 1.1.2018 in Kraft getreten ist, obwohl das dazu gehörende materielle Leistungsrecht der neuen Eingliederungshilfe erst 2020 in Kraft tritt. Das Vorziehen des Inkrafttretens des Vertragsrechts hat den Sinn, die Vertragsparteien rechtzeitig auf die gesetzlichen Änderungen vorzubereiten. Wenn die Eingliederungshilfe ab 2020 im SGB XII gestrichen wird, tritt gleichzeitig ein neues Vertragsrecht nach den §§ 75 ff. SGB XI für die im SGB XII verbleibenden Rechtsmaterien in Kraft. Das zukünftige Vertragsrecht des SGB XII ist dem Vertragsrecht nach §§ 123 ff. SGB IX weitgehend nachgebildet. Die verbleibenden Unterschiede zwischen den beiden Vertragsrechten beruhen auf Unterschieden im materiellen Leistungsrecht. So muss eine Eingliederungshilfe künftig nämlich nicht mehr eine Grundpauschale für Unterkunft und Verpflegung, da diese Bedarfe bei Hilfsbedürftigkeit über das Dritte und Vierte Kapitel des SGB XII zu decken sind (s. aber die Ausnahmen in § 134 SGB IX). In den Jahren 2018 und 2019 existieren mithin zwei Vertragsrechte, wobei das Vertragsrecht nach dem SGB IX noch keine konkreten Anwendungsfälle betrifft, da das zugehörige Recht der neuen Eingliederungshilfe noch nicht in Kraft getreten ist. Die jetzigen §§ 75 ff. sind bereits auslaufendes Recht und werden ab 2020 durch ein dem Vertragsrecht des SGB IX ähnliches Vertragsrecht abgelöst. Es ist daher angezeigt, schon jetzt auf die zukünftigen Änderungen bei den jeweiligen Vorschriften kurz hinzuweisen. Für die Übergangszeit der Jahre 2018 und 2019 ist durch Art. 12 Nr. 7 BTHG ein § 139 in das SGB XII eingefügt (s. Kommentierung dort).

**3a**      Das Leistungserbringungsrecht hat seit der letzten Auflage des Kommentars durch die Rechtsprechung des 8. Senats des BSG in vielen Punkten Klärung erhalten, wobei die Rechtsprechung zum Teil auch neue Wege gegangen ist. Die Leitentscheidungen sind folgende Judikate: 28.10.2008 – B 8 SO 22/07 R, NJOZ 2009, 2324; 2.2.2010 – B 8 SO 20/08 R, BeckRS 2010, 68711; 23.7.2014 – B 8 SO 2/13 R, SRa 2014, 257; 23.7.2014 – B 8 SO 3/13 R, NVwZ-RR 2015, 740; 25.9.2015 – B 8 SO 8/13 R, BeckRS 2014, 73600; 18.3.2014 – B 8 SF 2/13 R, NJOZ 2014, 1439; 30.9.2014 – B 8 SF 1/14 R, BeckRS 2014, 73028; 7.10.2015 – B 8 SO 21/14 R, NJOZ 2016, 1417; 7.10.2015 – B 8 SO 1/14 R, SRa 2016, 162; 7.10.2015 – B 8 SO 19/14 R, NJOZ 2016, 1266; 8.3.2017 – B 8 SO 20/15 R, NZS 2017, 515; 13.7.2017 – B 8 SO 21/15 R und B 8 SO 22/15 R. Der BGH hat sich der Rechtsprechung des BSG zum Dreiecksverhältnis vollen Umfangs angeschlossen, v. 7.5.2015 – III ZR 304/14; 31.3.2016 – III ZR 267/15, NJW 2016, 2734. Auf die Entscheidungen wird an entsprechender Stelle hingewiesen werden.

**3b**      Für die Auslegung und das Verständnis der §§ 75 ff. gibt es neben den erwähnten Entscheidungen eine besondere Quelle, nämlich die Kommentierung von *Jaritz/Eicher* im juris-Praxiskommentar. Auf diese Kommentierungen wird gesondert hingewiesen, weil der 8. Senat des BSG (Sozialhilfesenat) diese Kommentierungen selbst in seinen Entscheidungen häufig zitiert (*Eicher* war Vorsitzender Richter des 8. Senats.)

Der ab 2020 geltende neue § 75 ist textlich völlig anders gefasst, wobei allerdings **3c**
in der Sache hier nur weitgehend allgemeine Grundsätze des jetzigen Leistungserbringungsrechts zusammengefasst werden. Nicht abzusehen ist, ob sich die Dogmatik des sozialhilferechtlichen Dreiecksverhältnisses ändern wird (s. Rn. 7).

## 2. Das sozialhilferechtliche Dreiecksverhältnis

Die §§ 75 ff. SGB XII handeln vom Recht der sozialen Dienste und Einrichtun- **4**
gen. Für dessen Verständnis ist die Konstruktion des sog. sozialhilferechtlichen Dreiecksverhältnisses von zentraler Bedeutung.

Das sozialhilferechtliche Dreiecksverhältnis beschreibt die wechselseitigen und **5**
unterschiedlichen **Rechtsbeziehungen** zwischen dem Leistungsberechtigten, dem
Leistungsträger und dem Leistungserbringer. Die erste Seite des Dreiecks betrifft
das Rechtsverhältnis **zwischen dem Leistungsberechtigten und dem Leistungsträger,** dem Träger der Sozialhilfe. Maßgebend ist insoweit das Leistungsrecht
des SGB XII, das dem Leistungsberechtigten nach § 17 SGB XII einen Rechtsanspruch auf Hilfe gegenüber dem Träger der Sozialhilfe einräumt. Dieser Anspruch
des Leistungsberechtigten ist nicht auf eine Sachleistung des Trägers der Sozialhilfe,
sondern auf die Gewährleistung des Vorhandenseins von Diensten und Einrichtungen und auf Vergütungsübernahme bei deren Inanspruchnahme gerichtet (zur Deutung dieses Anspruchs durch das BSG s. sogleich Rn. 6 und Rn. 7). Die zweite
Seite des Dreiecks, die Rechtsbeziehung **zwischen dem Leistungsträger und
dem Leistungserbringer** (Einrichtungsträger), wird durch die Vorschrift des § 75
geregelt. Diese Seite des Dreiecks strahlt auf das Verhältnis zwischen dem Träger
der Sozialhilfe und dem Leistungsberechtigten in der Weise aus, dass Letzterer die
Übernahme der Vergütung grundsätzlich (vgl. § 75 Abs. 4) nur beanspruchen kann,
wenn zwischen dem Träger der Sozialhilfe und dem Einrichtungsträger eine vertragliche Beziehung nach Maßgabe des § 75 Abs. 3 besteht. Die dritte Seite des Dreiecks
betrifft die Beziehung **zwischen dem Leistungsberechtigten und dem Leistungserbringer.** Zwischen dem Leistungsberechtigten und dem Einrichtungsträger
besteht regelmäßig ein privatrechtlicher Vertrag (Hauptanwendungsfall: Heimver-
trag), der auf der einen Seite die von der Einrichtung zu erbringenden Betreuungs-
und Hilfeleistungen, auf der anderen Seite das vom Leistungsberechtigten zu entrich-
tende Entgelt regelt. Die vertraglichen Beziehungen zwischen dem Leistungsträger
und dem Leistungserbringer wirken auf die Beziehung des Leistungsberechtigten
zum Leistungserbringer in der Weise zurück, dass beide einen Anspruch auf Anpassung des zwischen ihnen bestehenden Vertrages haben, wenn die in diesem Vertrag
vereinbarten Leistungen und Entgelte der Leistungs- und Vergütungsvereinbarung
nach § 75 Abs. 3 nicht entsprechen.

Aus diesen wechselseitigen und unterschiedlichen Rechtsbeziehungen folgt: **6**
Einen **Anspruch auf Übernahme der Vergütung,** d. h. auf Bezahlung des mit
dem Leistungserbringer vereinbarten Entgelts durch den Träger der Sozialhilfe hat
der Leistungsberechtigte grundsätzlich nur, wenn einerseits vertragliche Beziehungen zwischen dem Träger der Sozialhilfe und dem Einrichtungsträger bestehen
und andererseits dem Leistungsberechtigten gegenüber dem Träger der Sozialhilfe
ein diesbezüglicher Rechtsanspruch (§ 17 i. V. m. § 9 Abs. 2 SGB XII) auf Hilfe
zusteht. Über diesen Anspruch entscheidet der Sozialhilfeträger durch Verwaltungsakt. Ein Leistungsanspruch gegenüber dem Sozialhilfeträger besteht nur,
sofern der Leistungsberechtigte aus dem Verhältnis zum Leistungserbringer einer
zivilrechtlichen Zahlungsverpflichtung ausgesetzt ist (BSG 25.9.2014 – B 8 SO 8/
13 R, BeckRS 2014, 73600; BSG 9.12.2016 – B 8 SO 8/15 R, NZS 2017,
355; s. auch BSG 22.11.2016 – B 8 SO 41/16 B, BeckRS 2016, 113374). Der
Leistungserbringer ist insoweit nach § 15 Abs. 2 WBVG verpflichtet, seine zivilrechtliche Vereinbarung entsprechend den Vereinbarungen nach § 75 Abs. 3 zu

schließen. Damit zeigt sich, dass alle drei Schenkel des Dreiecks sich gegenseitig beeinflussen. Bei einer Klage des Leistungsberechtigten auf Leistungen ist der Leistungserbringer daher auch notwendig beizuladen (BSG 22.3.2012 – B 8 SO 1/11 R, SRa 2012, 211).

**7**     Das **BSG** (28.10.2008 – B 8 SO 22/07 R, NJOZ 2009, 2324) hat die Aufgaben des Trägers der Sozialhilfe im sozialhilferechtlichen Dreiecksverhältnis als **Sachleistungsverschaffungspflicht** beschrieben. Der Leistungsträger habe zu ihrer Erfüllung mit Trägern von Einrichtungen ohne den Anlass einer aktuellen Hilfe in Kontakt zu treten und die erforderlichen Vereinbarungen zu treffen. Im Hilfefall erbringe er die ihm gegenüber dem Leistungsberechtigten obliegende Leistung nicht als Geldleistung, sondern durch Übernahme der Vergütung und deren **direkte Zahlung an die Einrichtung,** die gegenüber dem Berechtigten die Sachleistung erbringt. Nach Auffassung des BSG ist die Übernahme der der Einrichtung zustehenden Vergütung untrennbarer Bestandteil der Sachleistungsverschaffungspflicht des Leistungsträgers. Einen Anspruch auf die Kostenübernahme gegenüber dem Träger der Sozialhilfe besitzt nur der Sozialhilfebedürftige, nicht aber die Einrichtung (s. BSG 28.10.2008 – B 8 SO 22/07 R, FEVS 60, 481, NJOZ 2324; dort auch zur Frage der notwendigen Beiladung der Einrichtung im Rechtsstreit zwischen Leistungsberechtigtem und Leistungsträger; s. auch Rn. 41). Diese Konstruktion, nach der die Sozialhilfeträger allgemein die Verantwortung für die Versorgungsinfrastruktur tragen und diese durch den Abschluss von Verträgen nach §§ 75 ff. SGB XII wahrnehmen, und nach der dem Leistungsberechtigten gegenüber die Leistungsverpflichtung in der Übernahme der Heimkosten in Form eines Schuldbeitritts durch den zuständigen Sozialhilfeträger besteht, hat das BSG auch als **Gewährleistungsmodell** bezeichnet (BSG 2.2.2010 – B 8 SO 20/08 R, FEVS 61, 534, BeckRS 2010, 68711). Sie gilt in gleicher Weise für ambulante Dienste (vgl. BSG 22.3.2012 – B 8 SO 30/10 R, SozR 4-3500 § 54 Nr. 8, BeckRS 2012, 71596; BSG 22.3.2012 – B 8 SO 1/11 R, Sozialrecht aktuell 2012, 211, SRa 2012, 211). Mit dieser Deutung der Dreiecksbeziehungen mag ein „Wandel" vollzogen worden sein (so *Grube,* Diskussionsbeitrag Forum A – Nr. 8/2012, www.reha-recht.de); in der Sache hat sich für die am Dreieck Beteiligten im Vergleich zu den vorherigen faktischen Verhältnissen in der Rechtspraxis wenig geändert (vgl. aber *Pattar,* Sozialrecht aktuell 2012, 85, 93 f.; s. auch unten Rn. 40 ff.). Die Rechtsprechung des BSG hat Kritik insbesondere bei den Sozialhilfeträgern hervorgerufen (vgl. *Dillmann,* Sozialrecht aktuell 2012, 181). Aus dem Sachleistungsverschaffungsanspruch folgt der Anspruch auf Übernahme der Vergütung für die Leistung, die der Leistungserbringer erbringt. Diese Übernahme erfolgt durch einen Schuldbeitritt, der dem Leistungserbringer in entsprechender Höhe einen Zahlungsanspruch gegenüber dem Sozialhilfeträger vermittelt (s. auch BGH 31.3.2016 – III ZR 267/15, NJW 2016, 2734). Dieser Zahlungsanspruch wird im zukünftigen § 75 in dessen Absatz 6 ausdrücklich geregelt, wobei offen ist, wie die Vorschrift zu verstehen ist (*Grube,* Sozialrecht aktuell 2017, 121; *Vorholz,* ZG 2016, 307, 321).

**8**     Die §§ 75 ff. SGB XII enthalten detaillierte Regelungen zur Leistungserbringung im Dreiecksverhältnis. Hiervon unterscheidet sich das **SGB II,** das in § 17 SGB II auf Detailregelungen verzichtet (s. dazu *Bieback,* NZS 2007, 505, 507 und 512 f.; s. zu § 17 Abs. 2 SGB II, BSG 10.8.2016 – B 14 AS 23/15 R, NJW 2017, 973). Das Vereinbarungsrecht nach dem SGB XI und die dortige Rechtsprechung des BSG haben das Leistungserbringungsrecht des SGB XII nicht unwesentlich beeinflusst. Im Kinder- und Jugendhilferecht ist das Leistungserbringungsrecht in den §§ 78a ff. SGB VIII in Anlehnung an die §§ 75 ff. geregelt. Ob die Rechtsprechung, die in diesen Fällen bei der Verwaltungsgerichtsbarkeit liegt, sich der Rechtsprechung zum SGB XII annähert, bleibt abzuwarten.

## II. Inhalt der Norm im Einzelnen

### 1. Einrichtungsbegriff (Abs. 1)

Im Unterschied zur Vorgängerregelung in § 93 BSHG enthält § 75 Abs. 1 S. 1 **9**
eine Definition, was unter dem Begriff der **Einrichtungen** im Sinne des Zehnten
Kapitels zu verstehen ist. Einrichtungen sind danach **stationäre und teilstationäre
Einrichtungen** i. S. v. § 13 SGB XII, also Einrichtungen, die der Pflege, der
Behandlung oder sonstigen nach dem SGB XII zu deckenden Bedarfen oder der
Erziehung dienen (§ 13 Abs. 2 SGB XII). Stationäre Einrichtungen sind Einrichtungen, in denen Leistungsberechtigte leben und die erforderlichen Hilfen erhalten.
Da als ambulante Leistungen solche bezeichnet werden, die außerhalb von Einrichtungen erbracht werden (§ 13 Abs. 1 S. 1 SGB XII), unterfallen dem Begriff der
teilstationären Einrichtungen alle Einrichtungen, in denen die Leistungsberechtigten
nicht rund um die Uhr betreut werden, sondern nur stundenweise, tagsüber oder
nachts Hilfen erhalten. Wesentliches Merkmal einer Einrichtung und ein Abgrenzungskriterium zum ambulanten Dienst ist die räumliche Bindung an ein Gebäude
(BSG 13.7.2010 – B 8 SO 13/09 R, SozR 4-3500 § 19 Nr. 2). Die (ordnungsrechtlichen) Heimgesetze der Länder enthalten zumeist Regelungen zum Einrichtungsbegriff (vgl. auch §§ 1, 2 WBVG). Ab 2020 wird im neuen Vertragsrecht nach §§ 75 ff.
nicht mehr von Einrichtungen und Diensten gesprochen, sondern nur von „Dritten"
(Leistungserbringern), durch die Leistungen bewilligt werden. Von „Übernahme
der Vergütung" ist nicht mehr die Rede. Diese Formulierung in § 75 Abs. 3 war
für das BSG (28.10.2008 – B 8 SO 22/07, NJOZ 2324) aber ein wichtiges Kriterium
für die Begründung des Sachleistungsverschaffungsanspruchs.

Durch Abs. 1 S. 2 wird klargestellt, dass die §§ 75 ff. SGB XII auch für **Dienste 10**
Anwendung finden, soweit nichts Abweichendes bestimmt ist. Unter den Begriff
der Dienste fallen alle Organisationen, die **ambulante Leistungen** erbringen. Da
die §§ 75 bis 80 SGB XII für Einrichtungen und Dienste gelten, kommt es auf eine
trennscharfe Abgrenzung zwischen stationären oder teilstationären Einrichtungen
und ambulanten Diensten nicht notwendig an (vgl. nur *Münder*, LPK-SGB XII, § 75
Rn. 3). Beispiele für ambulante Dienste sind Haus- und Familienpflegestationen,
Krankenpflegestationen, Sozialstationen, Pflegedienste, Beratungsdienste und Frühförderstellen (*W. Schellhorn*, Schellhorn/Schellhorn/Hohm, SGB XII, § 75 Rn. 5).
Das BSG (2.2.2012 – B 8 SO 5/10 R, NJW 2012, 2540) wendet die Bindung nach
§ 15 Abs. 2 WBVG auch auf Dienste an und zieht insoweit § 32 SGB I heran.

**Träger von Einrichtungen oder Diensten** ist diejenige natürliche oder juristi- **11**
sche Person, die für die Leitung der Einrichtung verantwortlich ist (*Neumann*,
Hauck/Noftz, SGB XII, § 75 Rn. 10).

### 2. Gewährleistungspflicht des Trägers der Sozialhilfe (Abs. 2 S. 1)

§ 75 Abs. 2 S. 1 knüpft an die Vorschrift des § 17 Abs. 1 Nr. 2 SGB I an, wonach **12**
die Leistungsträger verpflichtet sind, darauf hinzuwirken, dass die zur Ausführung
von Sozialleistungen erforderlichen sozialen Dienste und Einrichtungen rechtzeitig
und ausreichend zur Verfügung stehen. Die insoweit bestehende **Strukturverant-
wortung und Gewährleistungspflicht** der Träger der Sozialhilfe begründet indes
**keinen Rechtsanspruch** des Leistungsberechtigten **auf die Schaffung von
Diensten und Einrichtungen** (allgemeine Ansicht, vgl. nur *Münder*, LPK-
SGB XII, § 75 Rn. 7). Der Leistungsberechtigte hat lediglich einen einklagbaren
Anspruch auf die Erbringung der entsprechenden Sozialhilfeleistungen (vgl. auch
LSG Bln-Bbg 6.2.2006 – L 15 B 12/06 SO ER, SAR 2006, 38, BeckRS 2009,
62236). Dieser Anspruch knüpft an die Erfüllungsverantwortung der Träger der

Sozialhilfe an, dass jeder Berechtigte die ihm zustehenden Sozialleistungen in zeitgemäßer Weise, umfassend und zügig erhält (§ 17 Abs. 1 Nr. 1 SGB I).

13     Um seiner Gewährleistungspflicht nachzukommen, kann der Träger der Sozialhilfe entweder eigene Einrichtungen und Dienste bereitstellen oder Einrichtungen und Dienste anderer hoheitlicher, gemeinnütziger oder gewerblicher Träger in Anspruch nehmen. Insoweit ist in Abs. 2 S. 1 allerdings bestimmt, dass die Träger der Sozialhilfe eigene Einrichtungen einschließlich Dienste (§ 75 Abs. 1 S. 2) nicht neu schaffen sollen, soweit geeignete Einrichtungen und Dienste anderer Träger vorhanden sind, ausgebaut oder geschaffen werden können. Die Vorschrift formuliert damit bei der Schaffung wie auch bei der Inanspruchnahme von Diensten und Einrichtungen einen **Vorrang der Träger der freien Wohlfahrtspflege und der gewerblichen Träger** gegenüber der öffentlichen Hand (*Münder*, LPK-SGB XII, § 75 Rn. 8). Die Leistungserbringung durch eigene Einrichtungen des Leistungsträgers ist demgegenüber nachrangig (**Subsidiaritätsprinzip;** vgl. *Bieback*, NZS 2007, 505, 508).

14     Eine besondere Stellung nimmt die **freie Wohlfahrtspflege** ein (zum Begriff s. BSG 28.2.2013 – B 8 SO 12/11 R, SozR 4-3500 § 84 Nr. 1). Ihr ist durch die Statusnorm des § 5 SGB XII eine herausgehobene Stellung eingeräumt, auch wenn aus dieser kein Vorrang der freien vor den gewerblichen Trägern folgt (s. im Einzelnen *Neumann*, Sozialrecht aktuell 2007, 216; *ders.*, FS 50 Jahre Sozialhilfe, S. 83).

15     **Geeignet** sind Einrichtungen und Dienste, wenn sie dem Zweck der jeweiligen Hilfe entsprechen und Gewähr dafür bieten, dass der gegenüber dem Träger der Sozialhilfe bestehende Individualanspruch des Leistungsberechtigten erfüllt wird (OVG Hamburg 12.9.1980 – Bf I 9/79, FEVS 31, 404). Ob geeignete Einrichtungen und Dienste nach den örtlichen bzw. regionalen Verhältnissen vorhanden sind, ist durch den Träger der Sozialhilfe zu prüfen. Der Begriff der Eignung von Einrichtungen und Diensten unterliegt dabei als unbestimmter Rechtsbegriff der uneingeschränkten gerichtlichen Kontrolle (vgl. OVG Hamburg 12.9.1980 – Bf I 9/79, FEVS 31, 404; *Münder*, LPK-SGB XII, § 75 Rn. 9).

## 3. Abschluss von Vereinbarungen und Übernahme der Vergütung (Abs. 3, Abs. 2)

16     **a) Vereinbarungsprinzip (Abs. 3 S. 1, Abs. 2 S. 2 u. 10).** In § 75 Abs. 3 S. 1 ist bestimmt, dass der Träger der Sozialhilfe, wird die Leistung von einer Einrichtung (oder einem Dienst, § 75 Abs. 1 S. 2) erbracht, **zur Übernahme der Vergütung für die Leistung nur verpflichtet** ist, **wenn** mit dem Träger der Einrichtung oder seinem Verband eine **Vereinbarung** über Inhalt, Umfang und Qualität der Leistungen (Leistungsvereinbarung), die Vergütung, die sich aus Pauschalen und Beträgen für einzelne Leistungsbereiche zusammensetzt (Vergütungsvereinbarung), und die Prüfung der Wirtschaftlichkeit und Qualität der Leistungen (Prüfungsvereinbarung) **besteht.** Diese Regelung, die für jede Einrichtungshilfe unabhängig davon gilt, ob die Leistung ambulant, teilstationär oder vollstationär erbracht wird (vgl. BT-Drs. 13/2440, S. 28), beinhaltet die zentrale Aussage des Rechts der Einrichtungsfinanzierung nach §§ 75 ff. SGB XII. Aus dem Zusammenhang mit § 77 Abs. 1 S. 1 SGB XII ergibt sich, dass die Vereinbarungen vor Beginn der jeweiligen Wirtschaftsperiode für einen zukünftigen Zeitraum (Vereinbarungszeitraum) abzuschließen sind; nachträgliche Ausgleiche sind nicht zulässig (s. näher § 77 Rn. 2 und 4).

17     Mit der Vorschrift des § 75 Abs. 3, die in ihrem Satz 1 das Vereinbarungsprinzip als Grundnorm für die Regelung der Beziehungen zwischen Sozialhilfeträger und Einrichtungsträger festschreibt, und mit § 77 Abs. 1 S. 1 SGB XII, der die Prospektivität des Vereinbarungssystems festschreibt, korrespondiert die Reichweite des in § 9 Abs. 2 SGB XII geregelten Wunsch- und Wahlrechts des Leistungsberechtigten. Nach § 9 Abs. 2 S. 2 SGB XII ist das **Wunsch- und Wahlrecht des Leistungsbe-**

**rechtigten** grundsätzlich auf solche Einrichtungen beschränkt, mit denen Vereinbarungen nach den Vorschriften des Zehnten Kapitels bestehen.

Die Vorschrift des § 75 Abs. 3 ist stets auch mit Blick auf die Normierungen des **18** § 75 Abs. 2 S. 2 und 10 zu sehen. Abs. 2 S. 2 verpflichtet den Träger der Sozialhilfe nur zum **Abschluss von Vereinbarungen mit Einrichtungsträgern, die** insbesondere unter Berücksichtigung ihrer Leistungsfähigkeit und der Sicherstellung der Grundsätze des § 9 Abs. 1 SGB XII zur Erbringung der Leistungen **geeignet sind.** Sind mehrere in gleichem Maße geeignete Einrichtungen vorhanden, hat der Träger der Sozialhilfe nach Abs. 2 S. 10 Vereinbarungen **vorrangig** mit Trägern abschließen, deren **Vergütung** bei vergleichbarem Inhalt, Umfang und vergleichbarer Qualität der Leistung **nicht höher** ist als die anderer Träger. Dies erfordert bei der Ausübung des Auswahlermessens (s. auch Rn. 32 ff.) die Vornahme eines Leistungserbringervergleichs durch den Träger der Sozialhilfe (vgl. LSG NRW 27.6.2011 – L 9 SO 294/11 B ER, BeckRS 2011, 73915; *Jaritz,* Sozialrecht aktuell 2012, 105, 113). Ein Entscheidungsspielraum steht ihm nicht mehr zu, sind mehrere in gleichem Maße geeignete Einrichtungen vorhanden, deren Vergütung innerhalb einer gewissen Bandbreite auf gleichem Niveau ist. Der Gesetzgeber hat dies durch den Wechsel der Formulierung von „soll" abschließen in § 93 Abs. 1 S. 3 BSHG zu „hat" abzuschließen in § 75 Abs. 2 S. 10 verdeutlicht.

Obgleich die in § 75 Abs. 3 S. 2 aufgeführten Grundsätze der **Wirtschaftlichkeit, 19 Sparsamkeit und Leistungsfähigkeit** nicht als Kriterien für die Eignung des Einrichtungsträgers als Vereinbarungspartner formuliert sind, vielmehr den Maßstab für die Vereinbarungen selbst bilden, ist ihre **Ausstrahlungswirkung auf die Beurteilung der Eignung** einer Einrichtung nicht zu unterschätzen.

**b) Geeignete Träger nach Abs. 2 Sätze 3 bis 9.** Diese Sätze sind durch Art. 11 **19a** Bundesteilhabegesetz eingefügt worden. Die Regelungen sind § 72a SGB VIII nachgebildet. Sie dienen dem umfassenden Schutz von Menschen mit Behinderung vor Eingriffen in ihre sexuelle Selbstbestimmung. Anders als bei der entsprechenden Vorschrift im SGB VIII richten sich die Regelungen direkt an die Leistungserbringer, während im Jugendhilferecht die Träger der öffentlichen Jugendhilfe verpflichtet werden. Den Leistungserbringern werden durch die Regelungen erhebliche Aufgaben abverlangt, die auch datenschutzrechtliche Fragen aufwerfen. Die Beschäftigungsverbote und Kontrollmaßnahmen sollen nach der Systematik der Vorschrift ein Merkmal der Geeignetheit des Leistungserbringers sein (zu den neuen Regelungen *Axmann,* RdLH 2017, 61).

**c) Anwendbarkeit des Vergaberechts?** Ob vom Sozialhilfeträger Leistungen **20** in Einrichtungen und Diensten öffentlich auszuschreiben sind, wird immer wieder gefragt (vgl. zu der Problematik *Münder,* LPK-SGB XII, § 75 Rn. 20; *ders., Münder/* u.a. FK-SGB VIII, § 77 Rn. 9 ff.; *Banafsche,* Das Recht der Leistungserbringung in der Kinder- und Jugendhilfe zwischen Korporatismus und Wettbewerb, 2010, S. 162 ff.). Nahezu einhellige Meinung ist, dass bei der Leistungserbringung im Dreieck vergaberechtliche Fragen nicht aufgeworfen sind (*Jaritz/Eicher,* jurisPK-SGB XII § 75 SGB XII, Rn. 122 ff.). Das Vergaberechtsmodernisierungsgesetz v. 17.2.2016 (BGBl. I S. 203), das am 18.4.2016 in Kraft getreten ist, hat daran nichts geändert. Auch in der Begründung zum Bundesteilhabegesetzes wird eingehend dargelegt, dass das Vertragsrecht der Sozialhilfe auch unter Beachtung unionsrechtlicher Bestimmungen dem Vergaberecht nicht unterliegt (BT-Drs. 18/9522, S. 290 f.)

Gegenstand der Vereinbarungen nach § 75 Abs. 3 ist nämlich nicht die Beschaf- **21** fung von Dienstleistungen gegen ein Entgelt, sondern die Festlegung der Bedingungen für die **Leistungsabwicklung im sozialhilferechtlichen Dreiecksverhältnis.** Unmittelbare Leistungsbeziehungen bestehen allein zwischen einerseits dem Leistungsträger und dem Leistungsberechtigten und andererseits zwischen dem Leistungsberechtigten und dem Leistungserbringer (vgl. bereits oben Rn. 5–7). Eine –

zumal exklusive – **Vergabe von Leistungen** an einzelne Leistungserbringer **findet** in diesem den §§ 75 ff. SGB XII zugrundeliegenden Modell der dreiseitigen Rechtsbeziehungen durch den öffentlichen Träger der Sozialhilfe **nicht statt.** Die Leistungsberechtigten, denen der Sozialhilfeträger auf Grund ihres individuellen Bedarfs Leistungen der Sozialhilfe bewilligt hat, nehmen vielmehr selbst unter Ausübung ihres Wunsch- und Wahlrechts Leistungen bei Leistungserbringern in Anspruch, die in Anbieterkonkurrenz zueinanderstehen, einer Angebotssteuerung und Bedarfsplanung nicht unterliegen und denen das Belegungsrisiko nicht abgenommen ist. Erst diese **Inanspruchnahme der bewilligten Leistung durch den Leistungsberechtigten** vermag die Übernahme der Vergütung von erbrachten Leistungen durch den Leistungsträger im Rahmen der Vereinbarungen auszulösen. Grund für diese Kostenübernahme ist ein hierauf gerichtetes subjektives öffentliches Recht des Leistungsberechtigten. Eine hiervon unabhängige, unmittelbare Finanzierung der Leistungserbringer findet daher durch den Träger der Sozialhilfe nicht statt. Wird das System der Leistungserbringung im Dreieck allerdings verlassen oder verwässert, kann dies zu einer faktischen bzw. verkappten Vergabe führen (*Jaritz/Eicher,* jurisPK SGB-XII, § 75 Rn. 123, 123.1). Das könnte bei dem in Hamburg praktizierten Trägerbudget der Fall sein.

22    Die den **Vereinbarungen nach § 75 Abs. 3** zugrundeliegenden Leistungen der Sozialhilfe nach dem SGB XII **unterfallen** deshalb **nicht den Regeln des Vergaberechts** (vgl. auch *Neumann,* Hauck/Noftz, SGB XII, § 75 Rn. 61 ff.; *ders.,* RsDE 68, 83, mit zahlreichen Nachweisen aus der Rechtsprechung; *Jaritz,* Sozialrecht aktuell 2012, 105, 113 f.; a. A. *Kingreen,* VSSR 2006, 379, 381 ff.; OLG Hamburg 7.12.2010 – 1 Verg 4/07, RsDE 68, 76; dazu kritisch *Neumann,* RsDE 68, 83). Das detaillierte Verfahrensrecht der §§ 75 ff. SGB XII würde auch völlig außer Kraft gesetzt werden, könnte die Berechtigung zur Leistungserbringung über das Vergabeverfahren vergeben und so der Zugang aller anderen Mitbewerber ausgeschlossen werden (so zutreffend *Bieback,* NZS 2007, 505, 508).

23    **d) Grundsätze der Wirtschaftlichkeit, Sparsamkeit und Leistungsfähigkeit und deren Prüfung (Abs. 3 S. 2 u. 3).** Die Leistungs-, Vergütungs- und Prüfungsvereinbarungen nach § 75 Abs. 3 S. 1 müssen zum einen bestimmte Mindestinhalte aufweisen, um dem gesetzlichen Anforderungen zu genügen (vgl. hierzu im Einzelnen die Kommentierung bei § 76 SGB XII). Zum anderen müssen sie den Grundsätzen der Wirtschaftlichkeit, Sparsamkeit und Leistungsfähigkeit entsprechen (§ 75 Abs. 3 S. 2). Durch die Aufnahme dieser Grundsätze in die gesetzlichen **Vorgaben für die Ausgestaltung der Vereinbarungen** wollte der Gesetzgeber den Trägern der Sozialhilfe ersichtlich die Möglichkeit einräumen, auf die Höhe und Ausgestaltung der zu übernehmenden Kosten Einfluss zu nehmen und dadurch eine unnötige Belastung der öffentlichen Haushalte zu vermeiden.

24    Der Begriff der **Wirtschaftlichkeit** bezeichnet eine günstige Zweck-Mittel-Relation im Sinne eines angemessenen und ausgewogenen Verhältnisses zwischen den angebotenen Leistungen und den hierfür geforderten Entgelten (BVerwG 1.12.1998 – 5 C 29/97, FEVS 49, 345; BSG 7.10.2015 – B 8 SO 21/14 R, NJOZ 2016, 1417). Es geht insoweit mithin nicht nur um **Kostenbegrenzung** zur Entlastung der öffentlichen Haushalte, sondern es geht auch um den Anspruch von Einrichtungen auf eine **angemessene und leistungsgerechte Vergütung;** ohne eine solche ist qualifiziertes Personal weder zu gewinnen noch zu halten (LSG NRW 29.9.2008 – L 20 SO 92/06, Breithaupt 2009, 653; HessLSG 25.2.2011 – L 7 SO 237/10 KL, Sozialrecht aktuell 2011, 117; *Brünner/Philipp,* RsDE 67, 1, 28 f.). Betriebswirtschaftliche Gesichtspunkte fließen über den Begriff der Wirtschaftlichkeit in das sozialhilferechtliche Leistungserbringungsrecht ein (s. *Rabe,* Fichtner/Wenzel, SGB XII, § 75 Rn. 13) und sie geraten hier in Konflikt mit dem Anspruch des Leistungsberechtigten auf **bedarfsdeckende Leistungen** im Einzelfall. Dieser

**Konflikt** zwischen Individualanspruch, leistungsgerechter Vergütung und Kostensteuerung ist im gegebenen Sozialsystem unvermeidbar. Er prägt in gleicher Weise etwa das Recht der gesetzlichen Krankenversicherung (vgl. dazu *Wenner,* GesR 2009, 169). Veränderbar sind nur die rechtlichen Regelungen zur Steuerung dieses Konflikts und ihre Auslegung und Anwendung.

Das Gebot der **Sparsamkeit** soll die Anerkennung unnötiger Kosten verhindern   25 und zwingt dazu, unter geeigneten Mitteln zur Erreichung eines vorgegebenen Zieles nach dem Gesichtspunkt der **Kostengünstigkeit** auszuwählen (BVerwG 1.12.1998 – 5 C 29/97, NVwZ-RR 1999, 443). Dabei sind die Grundsätze der Wirtschaftlichkeit und Sparsamkeit zusammen zu sehen. Das BSG (7.10.2015 – B 8 SO 21/14 R, NJOZ 2016, 1417) meint, der Begriff der Sparsamkeit normiere keine unterhalb der Wirtschaftlichkeitsgrenze liegende Ebene, sondern sei identisch mit dem Minimalprinzip des Wirtschaftlichkeitsgebots, d. h. mit dem Gebot, einen bestimmten Nutzen mit geringstmöglichen Mitteln zu erreichen. Zwar muss die Vereinbarung insgesamt dem Grundsatz der Sparsamkeit genügen; daraus folgt indes nicht, dass einzelne Kostenansätze – insbesondere wenn der Träger der Sozialhilfe den Abschluss einer Vereinbarung nicht schon mit der Begründung ablehnt, vergleichbare Leistungen würden von anderen Einrichtungen günstiger angeboten – einer gerichtlichen Überprüfung nicht zugänglich sind. Will der Träger der Sozialhilfe zwar eine Vereinbarung abschließen, beanstandet aber einzelne Kostenansätze als zu hoch, müssen auch Interdependenzen zwischen verschiedenen – einerseits zu hohen, andererseits zu geringen – Kostenansätzen berücksichtigt werden (vgl. hierzu BVerwG 1.12.1998 – 5 C 29/97, NVwZ-RR 1999, 443).

Der Grundsatz der Sparsamkeit entfaltet **keine Sperrwirkung gegenüber**   26 **gewinnorientierten Entgelten** gewerblicher Anbieter, sofern gemeinnützige Einrichtungen vergleichbare Leistungen nicht günstiger anbieten (BVerwG 1.12.1998 – 5 C 29/97, NVwZ-RR 1999, 443; SächsLSG 1.4.2015 – L 8 SO 87/12 KL, SRa 2015, 253).

Mit **Leistungsfähigkeit** ist die Möglichkeit gemeint, die der Einrichtung gestellte   27 Aufgabe angesichts der vorhandenen personellen und sächlichen Mittel und ihrer organisatorischen Entfaltungsbedingungen optimal zu erfüllen (BVerwG1.12.1998 – 5 C 29/97, NVwZ-RR 1999, 443). Der Begriff der Leistungsfähigkeit ist ebenso wie der der Wirtschaftlichkeit aufgaben- und leistungsbezogen zu verstehen. Das Gesetz differenziert nicht danach, ob es sich um einen gemeinnützigen oder gewerblichen Einrichtungsträger handelt. Bietet eine Einrichtung nach ihrer äußeren Beschaffenheit hinsichtlich der baulichen Anlage oder nach ihrem inneren Betrieb – vor allem im Hinblick auf ihre Personalkonzeption – nicht die Gewähr dafür, dass der gegenüber dem Träger der Sozialhilfe bestehende individuelle Anspruch des einzelnen Leistungsberechtigten mit hinreichender Sicherheit erfüllt werden kann, fehlt es an der Leistungsfähigkeit der Einrichtung (vgl. *Neumann,* Hauck/Noftz, SGB XII, § 75 Rn. 17).

Die **Prüfung,** ob Vereinbarungen den Grundsätzen der Wirtschaftlichkeit, Spar-   28 samkeit und Leistungsfähigkeit entsprechen, kann **anhand eines internen oder externen Vergleichs** vorgenommen werden. Bei einem internen Vergleich werden einzelne Positionen der Kalkulation des Einrichtungsträgers daraufhin überprüft, ob sie einer sparsamen und wirtschaftlichen Betriebsführung entsprechen; beim externen Vergleich werden die Entgelte verschiedener Einrichtungen für vergleichbare Leistungen herangezogen (vgl. BVerwG 1.12.1998 – 5 C 17/97, NVwZ-RR 1999, 446; zur Unterscheidung der Vergleichsformen und zum Rationalitätsvorsprung des externen Vergleichs s. *Wenzel/Kuhlenkampff,* NDV 2006, 455, 460 f.; s. auch § 76 Rn. 25 f.). Dass der Träger der Sozialhilfe berechtigt ist, die Wirtschaftlichkeit und Qualität der Leistung zu prüfen, ist nunmehr durch den im Vergleich zur Vorgängerregelung in § 93 Abs. 2 BSHG neuen § 75 Abs. 3 S. 3 klargestellt; dem Träger der Sozialhilfe steht insoweit ein uneingeschränktes Prüfungsrecht zu (vgl. BT-Drs. 15/

1514, S. 64). Für das **Prüfungsverfahren** gelten die Anforderungen der Verfahrensgerechtigkeit (dazu *Kingreen,* VSSR 2006, 379, 387 ff., der zudem eine Formalisie-
rung in Gestalt einer Ausschreibung für zwingend hält; auch ohne diese aber sind
eine verfahrensgerechte Prüfung und Entscheidung und ein Rechtsschutzverfahren
gewährleistet, denn es gibt Transparenz, Prozeduralisierung und Diskriminierungs-
schutz auch außerhalb des Vergaberechts). Im ab 2020 geltenden neuen Vertragsrecht
nach §§ 75 ff. erlangt die Wirtschaftlichkeits- und Qualitätsprüfung eine erheblich
gesteigerte Bedeutung (§§ 78, 79 n. F.). Vor allem sind auch Kürzungen der Vergütung bei Pflichtverletzungen möglich.

29      Allerdings sind die Grundsätze der Wirtschaftlichkeit, Sparsamkeit und Leistungsfähigkeit nicht schon deshalb erfüllt, weil die von der Einrichtung geltend gemachte
Vergütung niedriger oder jedenfalls nicht höher liegt als bei vergleichbaren anderen
Einrichtungen, mit denen der Träger der Sozialhilfe Vereinbarungen abgeschlossen
hat (vgl. BVerwG 23.9.1997 – 5 B 51/97, Buchholz 436.0 § 93 BSHG Nr. 3; auch
OVG Lüneburg 30.11.1999 – 4 L 3515/99, NDV-RD 2000, 31). Ob eine Vergütung
als wirtschaftlich und sparsam angesehen werden kann, beurteilt sich neben dem
externen Vergleich etwa auch nach der der **Kalkulation** zugrunde gelegten Auslastungsquote, die wesentlich von der Art der Einrichtung, ihrer Größe und Lage
abhängig ist (vgl. OVG Lüneburg 7.3.2000 – 4 L 3835/99, FEVS 52, 18). So
bestimmt sich nach der Art der Einrichtung, in welchem Maße der Einrichtungsträger vorausschauend kalkulieren kann. Die Größe der Einrichtung spielt eine Rolle
für die Frage, inwieweit der Einrichtungsträger auf eine zurückgehende Nachfrage
durch eine Änderung der Kostenstruktur reagieren kann. Die Auslastungsquote ist
schließlich unterschiedlich, je nachdem ob die Einrichtung in einem Ballungsgebiet
oder in einer strukturschwachen Region gelegen ist.

30      **e) Rechtsnatur der Vereinbarungen.** Die Vereinbarungen nach § 75 Abs. 3
S. 1 Nr. 1 bis 3, die von den Trägern der Sozialhilfe entweder unmittelbar mit den
Trägern der Einrichtungen oder deren Verbänden – insbesondere den regionalen
Spitzenverbänden der Wohlfahrtspflege – abgeschlossen werden können, stellen
**öffentlich-rechtliche Verträge** (§ 53 Abs. 1 S. 1 SGB X) dar (vgl. BVerwG
30.9.1993 – 5 C 41/91, FEVS 44, 353; BGH 7.7.1992 – KZR 15/91, BGHZ 119,
93; LSG NRW 29.9.2008 – L 20 SO 92/06, Breithaupt 2009, 653; *Münder,* LPK-
SGB XII, § 75 Rn. 30; *Jaritz,* Sozialrecht aktuell 2012, 105, 106). Die Schriftform
ist daher zwingend (§ 56 SGB X). Der Träger der Sozialhilfe schließt die Vereinbarungen mit einem Einrichtungsträger in Erfüllung einer Verpflichtung ab, die ihm
aufgrund öffentlich-rechtlicher Vorschriften gegenüber dem Leistungsberechtigten
obliegt, da er die Erfüllung von dessen sozialhilferechtlichen Ansprüchen sicherzustellen hat. Zur Bindungswirkung s. § 77 Rn. 8.

31      **f) Verhältnis zu den Rahmenverträgen.** Die nach § 79 Abs. 1 SGB XII zwischen den überörtlichen Trägern der Sozialhilfe und den kommunalen Spitzenverbänden auf Landesebene einerseits und den Vereinigungen der Einrichtungsträger
auf Landesebene andererseits geschlossenen Rahmenverträge sind zwar ebenfalls
öffentlich-rechtliche Verträge im Sinne des § 53 Abs. 1 S. 1 SGB X. Da ihnen jedoch
**keine allgemeine Verbindlichkeit** zukommt (vgl. unten § 79 Rn. 5 f.), werden
ihre Inhalte nicht automatisch in die Vereinbarungen nach § 75 Abs. 3 Satz 1 einbezogen. Aus dem Rahmenvertrag ergibt sich für die Vertragsparteien lediglich die
Verpflichtung, beim Abschluss konkreter Einzelvereinbarungen die **Vorgaben** des
Rahmenvertrages zu beachten. Die Vertragsparteien sind deshalb nicht gänzlich frei
zu entscheiden, ob und inwieweit sie die Rahmenverträge zum Gegenstand ihrer
Vereinbarungen machen (noch weitergehend – unmittelbare Bindung durch die
Landesrahmenverträge – *Jaritz,* Sozialrecht aktuell 2012, 105, 107).

32      **g) Anspruch auf Abschluss der Vereinbarungen; Rechtsschutz.** Der
Abschluss von Vereinbarungen mit Leistungserbringern steht im **Ermessen des**

**Leistungsträgers.** Denn § 75 Abs. 2 S. 2 mit seiner strikten Formulierung „sind …
abzuschließen" ist unter Einbeziehung des „nur" so zu lesen: „Vereinbarungen nach
Absatz 3 dürfen nur mit Trägern von Einrichtungen abgeschlossen werden, die …
" (so überzeugend *Neumann,* Hauck/Noftz, SGB XII, § 75 Rn. 22). Die Anforderungen an die Ermessensgerechtigkeit ergeben sich unter Beachtung der Besonderheit, dass es hier nicht um einen Ermessensverwaltungsakt geht, aus § 39 SGB I
(*Jaritz,* Sozialrecht aktuell 2012, 105, 112).

Den Einrichtungsträgern steht ein **Rechtsanspruch auf eine ermessensfehler-**   **33**
**freie Entscheidung** des Sozialhilfeträgers über den Abschluss der Vereinbarungen
nach § 75 Abs. 3 S. 1 Nr. 1 bis 3 zu (im Ergebnis ebenso OVG Bautzen 26.10.2010 –
4 A 280/08; *Neumann,* Hauck/Noftz, SGB XII, § 75 Rn. 22; *Münder,* LPK-
SGB XII, § 75 Rn. 14; so bereits BVerwG 30.9.1993 – 5 C 41/91, FEVS 44, 353;
BVerwG 20.7.2000 – 5 C 30/98, FEVS 52, 1). Zwar ist Adressat der Regelung des
§ 75 Abs. 3 primär nicht der Einrichtungsträger, sondern der Leistungsberechtigte;
dieser hat gegenüber dem Träger der Sozialhilfe einen Anspruch auf Übernahme
des von ihm dem Leistungserbringer geschuldeten Entgelts, wenn die Leistung in
einer Einrichtung erbracht wird, die entsprechende Vereinbarungen abgeschlossen
hat (vgl. insoweit auch LSG Bln-Bbg 6.2.2006 – L 15 B 12/06 SO ER, SAR 2006,
38). Doch reichen die von der Vorschrift des § 75 Abs. 3 ausgehenden und den
Einrichtungsträger treffenden Rechtswirkungen über einen bloßen Rechtsreflex
deutlich hinaus. Mit dem Abschluss der Vereinbarungen bringt der Träger der Sozialhilfe zum Ausdruck, dass er die Einrichtung nach Maßgabe der Wirtschaftlichkeit,
Sparsamkeit und Leistungsfähigkeit (vgl. § 75 Abs. 3 S. 2) für Zwecke der Sozialhilfe
für geeignet hält (vgl. § 75 Abs. 2 S. 2). Auch verleihen die Vereinbarungen den
Rechtsbeziehungen zwischen dem Einrichtungsträger und dem Träger der Sozialhilfe eine gewisse Dauer, Berechenbarkeit und Verlässlichkeit. Ist somit die Regelung
des § 75 Abs. 3 auch dem Interessen der Einrichtungsträger zu dienen bestimmt, so
begründet sie jedenfalls einen Anspruch auf ermessensfehlerfreie Entscheidung des
Trägers der Sozialhilfe über den Abschluss der Vereinbarungen.

Dieser Anspruch dürfte sich zudem in der Praxis **in der Regel** zu einem einer   **34**
Verpflichtung des Trägers der Sozialhilfe korrespondierenden Rechtsanspruch verdichten, wenn die Einrichtung die normativen Voraussetzungen für den Abschluss
einer Vereinbarung erfüllt, sie also einerseits geeignet und leistungsfähig ist und
andererseits auch den Geboten der Wirtschaftlichkeit und Sparsamkeit genügt (§ 75
Abs. 2 S. 2 und Abs. 3 S. 2). Für einen **Rechtsanspruch** der Einrichtungsträger
**auch auf Abschluss der Vereinbarungen** nach § 75 Abs. 3 S. 1 Nr. 1 bis 3 spricht
dann, dass der Träger der Einrichtung wegen der geringen Zahl von Selbstzahlern
seine Leistung wirtschaftlich überlebensfähig letztlich nur erbringen kann, wenn
seine Einrichtung vereinbarungsgebunden ist. Auch ist es dem Träger der Sozialhilfe
verwehrt, den Abschluss einer Vereinbarung wegen Fehlens eines Bedarfs an weiteren Einrichtungsplätzen abzulehnen; eine Angebotssteuerung unter Bedarfsgesichts-
punkten ist nicht zulässig (vgl. BSG 7.10.2015 – B 8 SO 19/14 R, NJOZ 2016,
1266; *Jaritz,* Sozialrecht aktuell 2012, 105, 112). Entsprechendes gilt in Bezug auf
Überlegungen zum Stand von Wissenschaft und Forschung. Erwägungen dieser Art
können zur Beurteilung der Geeignetheit eines Betreuungskonzeptes herangezogen
werden, nicht aber im Sinne eines Vorrangs solcher Formen, die der Sozialhilfeträger
für die besseren hält (LSG BW13.7.2006 – L 7 SO 1902/06 ER-B, Sozialrecht
aktuell 2006, 168). Bei Vorliegen der Voraussetzungen muss daher der Einrichtung
im Hinblick auf Art. 12 Abs. 1 und Art. 3 Abs. 1 GG **im Wege der Ermessensre-**
**duzierung auf Null** ein Rechtsanspruch auf Abschluss der Vereinbarungen zugebilligt werden (vgl. *Mrozynski,* ZfSH/SGB 2011, 197/203; vgl. auch *Neumann,* Hauck/
Noftz, SGB XII, § 75 Rn. 24, der anerkennt, dass der Ermessensspielraum eng ist,
da kaum noch Ermessensgesichtspunkte gegen den Abschluss der Vereinbarung

ersichtlich sind, wenn die Eignungsvoraussetzungen erfüllt sind; wie hier LSG Bln-Bbg 2.9.2011 – L 23 SO 147/11 B ER, Sozialrecht aktuell 2011, 229).

**35, 36**    Lehnt der Träger der Sozialhilfe den Abschluss von Vereinbarungen nach § 75 Abs. 3 ab, steht dem Einrichtungsträger der **Rechtsweg zu den Sozialgerichten** offen. Jedoch ist **für die Vergütungsvereinbarung** zu beachten, dass der Gesetzgeber insoweit dem gerichtlichen Verfahren nach § 77 Abs. 1 S. 3 SGB XII ein **Schiedsstellenverfahren vorgeschaltet** hat (vgl. hierzu näher unter § 77 Rn. 9–12 und § 80 Rn. 13–15, 28). Die (noch) herrschende Meinung geht davon aus, dass das Schiedsstellenverfahren nur für die Vergütungsvereinbarung in Betracht kommt, während die anderen Vereinbarungen beim Sozialgericht (ohne Vorverfahren) eingeklagt werden müssen (a. A. mit ausführlicher Begründung *Jaritz/Eicher,* jurisPK-SGB XII, § 75 Rn. 83 ff., wonach auch die Leistungsvereinbarung schiedsstellenfähig sein soll). Im ab 2020 geltenden neuen Vertragsrecht ist auch die Leistungsvereinbarung schiedsstellenfähig (§ 77 Abs. 2 n. F.).

**37**    Sofern eine Vereinbarung nicht schiedsstellenfähig ist und daher mit gerichtlicher Hilfe erlangt werden muss, ist die Leistungsklage die richtige Klageart. Eine einstweilige Anordnung ist in Eilfällen möglich (vgl. *Lechler,* Sozialrecht aktuell 2007, 125).

**38**    Soweit der Träger der Sozialhilfe nur verpflichtet ist, ermessensfehlerfrei über den Abschluss von Vereinbarungen nach § 75 Abs. 3 mit Einrichtungsträgern zu entscheiden, erscheint es zweifelhaft, ob aus Gründen des effektiven Rechtsschutzes im Anordnungsverfahren nach § 86b Abs. 2 SGG das Gericht den Träger der Sozialhilfe vorläufig zum Abschluss einer Vereinbarung – gegebenenfalls unter Auflagen nach § 86b Abs. 2 S. 4 SGG i. V. m. § 938 ZPO – verpflichten kann (bejahend OVG Lüneburg 23.8.1999 – 12 M 2996/99, FEVS 51, 312). In der sozialgerichtlichen Rechtsprechung wird eine **Verpflichtung** zum Abschluss von Vereinbarungen nach § 75 Abs. 3 **im Wege einer einstweiligen Anordnung** nur im Falle einer Ermessensreduzierung auf Null angenommen (vgl. etwa HessLSG 18.7.2006 – L 7 SO 16/06 ER, NDV-RD 2006, 110; LSG Bln-Bbg 2.9.2011 – L 23 SO 147/11 B ER, Sozialrecht aktuell 2011, 229). Doch dürfte es sich hierbei nach dem oben Gesagten um den Regelfall handeln, wenn und weil die Einrichtung die normativen Voraussetzungen für den Abschluss einer Vereinbarung erfüllt. Von Bedeutung ist der Eilrechtsschutz insbesondere für die Durchsetzung einer Leistungsvereinbarung, weil ohne diese eine Vergütungsvereinbarung nicht abgeschlossen werden kann (s. dazu *Kuhlenkampff/Wenzel,* NDV 2008, 125, 127). Zur Frage, ob der Leistungserbringer die Aufnahme von Verhandlungen im einstweiligen Rechtsschutzverfahren erstreiten kann, vgl. HessLSG 20.6.2005 – L 7 SO 2/05 ER, FEVS 57, 153.

**39**    **h) Zuständigkeit.** Durch § 77 Abs. 1 S. 2 SGB XII – eingefügt durch das Gesetz zur Änderung des Zwölften Buches Sozialgesetzbuch und anderer Gesetze vom 2.12.2006 (BGBl. I S. 2670) – hat der Gesetzgeber bestimmt, dass für den Abschluss von Vereinbarungen nur für den Sitz der Einrichtung zuständige Träger der Sozialhilfe und der Träger der Einrichtung zuständig sind (vgl. dazu und zur sachlichen Zuständigkeit BSG 7.10.2015 – B 8 SO 19/14 R, NJOZ 2016, 1266). Die sachliche Zuständigkeit für den Abschluss von Vereinbarungen richtet sich nach § 97. Sofern das Landesrecht § 97 Abs. 2 nur regelt, dass der überörtliche Träger für bestimmte Leistungen zuständig ist, reicht das nicht aus, um seine Zuständigkeit für das Vereinbarungsrecht zu begründen (BSG 8.3.2017 – B 8 SO 20/15 R, NZS 2017, 515; BSG 13.7.2017 – B 8 SO 21/15 R und B 8 SO 22/15 R); dies müsste nach Ansicht des BSG ausdrücklich im Landesrecht geregelt werden. Da in zahlreichen landesrechtlichen Ausführungsgesetzen zum SGB XII eine solche Regelung fehlt, sind viele geschlossene Vereinbarungen rechtswidrig. Für die Praxis bedeutsam ist die in § 77 Abs. 1 S. 2, 2. Hs. festgeschriebene **Bindungswirkung** der abgeschlossenen einrichtungsbezogenen Vereinbarungen auch für alle übrigen Sozialhilfeträger (vgl. hierzu § 77 Rn. 8).

**i) Vergütungsübernahme.** Sind die Vereinbarungen nach § 75 Abs. 3 S. 1 abge- **40** schlossen, übernimmt der Sozialhilfeträger die Vergütung in der Weise, dass er sie im Leistungsfall ohne Umweg über den leistungsberechtigten Sozialhilfeempfänger **direkt an die Einrichtung** zahlt.

Nach Auffassung des **BSG** (28.10.2008 – B 8 SO 22/07 R, NJOZ 2009, 2324) **41** ist die Übernahme der der Einrichtung zustehenden Vergütung untrennbarer **Bestandteil der Sachleistungsverschaffungspflicht** des Leistungsträgers (s. bereits Rn. 7). Sie ist etwas anderes als die Zahlung einer Geldleistung an den Leistungsberechtigten; die leistungsrechtlichen Vorschriften des SGB XII würden insoweit durch die des Leistungserbringungsrechts konkretisiert. Kostenübernahme bedeute eine **Schuldübernahme durch Verwaltungsakt mit Drittwirkung in der Form eines Schuldbeitritts** (kumulative Schuldübernahme) zur fortbestehenden Verpflichtung des Leistungsberechtigten zur Entgeltentrichtung an den Leistungserbringer. Der Schuldbeitritt hat nach dem BSG dann zum einen einen unmittelbaren **Zahlungsanspruch** der Einrichtung gegen den Leistungsträger, zum anderen einen Anspruch des Leistungsberechtigten gegen den Leistungsträger auf Zahlung an die Einrichtung zur Folge (s. auch BSG 20.4.2016 – B 8 SO 20/14 R, BeckRS 2016, 70966). Der Sozialhilfeträger trete auf diese Weise als Gesamtschuldner **in Höhe der bewilligten Leistungen** an die Seite des Leistungsberechtigten. Für den Anspruch des Leistungserbringers ist der Zivilrechtsweg gegeben, da sich durch die Schuldübernahme des gegen den Leistungsberechtigten gerichteten Anspruchs an dessen Rechtsnatur nichts ändert (BSG 18.3.2014 – B 8 SF 2/13 R, NJOZ 2014, 1439; BSG 30.9.2014 – B 8 SF 1/14 R, BeckRS 2014, 73028; BGH 7.5.2015 – III ZR 304/14, NJW 2015, 3782; LSG Bln-Bbg 30.9.2016 – L 23 AY 50/16 B; a. A. *Ladage*, SGb 2013, 553; nach § 123 Abs. 6 SGB IX i. d. Fassung nach dem BTHG soll der Anspruch öffentlich-rechtlicher Natur sein; s. dazu *Grube*, Sozialrecht aktuell 2017, 121.). Einen Anspruch auf die so gedeutete Kostenübernahme gegenüber dem Träger der Sozialhilfe besitzt nur der Sozialhilfebedürftige, nicht aber die Einrichtung (s. im Einzelnen BSG 28.10.2008 – B 8 SO 22/07 R, NJOZ 2009, 2324; dort auch zur Frage der notwendigen Beiladung der Einrichtung im Rechtsstreit zwischen Leistungsberechtigtem und Leistungsträger). Dies gilt in gleicher Weise für ambulante Dienste (vgl. BSG 22.3.2012 – B 8 SO 30/10 R, SozR 4-3500 § 54 Nr. 8, BeckRS 2012, 71596; BSG 22.3.2012 – B 8 SO 1/11 R, Sozialrecht aktuell 2012, 211). Die **Erbringer** besonderer Sozialhilfeleistungen nach dem SGB XII haben **keinen** vom Anspruch des Leistungsberechtigten unabhängigen, **eigenen,** unmittelbaren **Honoraranspruch** gegen den Sozialhilfeträger aufgrund bestehender Vergütungsvereinbarungen nach den §§ 75 ff. SGB XII (BSG 20.9.2012 – B 8 SO 20/11 R, SozR 4-3500 § 19 Nr. 4; dort auch zur Ausnahmeregelung des § 19 Abs. 6 SGB XII für den besonderen Fall der Sonderrechtsnachfolge im Sinne einer cessio legis; s. auch *Eicher*, SGb 2013, 127, 129 f., zu Konsequenzen für die innerprozessuale Rechtsstellung des Leistungserbringers s. dort S. 130). Werden die Leistungsbewilligung und die Schuldübernahme bestandskräftig aufgehoben, hat der Sozialhilfeträger nach Ansicht des BGH (7.5.2015 – III ZR 304/14, NJW 2015, 3782; BGH 31.3.2016 – III ZR 267/15, NJW 2016, 2734) einen Bereicherungsanspruch gegenüber dem Leistungserbringer (a. A. mit beachtlichen Argumenten das aufgehobene Urteil des OLG Oldenburg, 16.7.2015 – 14 U 22/15, SRa 2016, 157; ebenso wie BGH das LSG BW 16.11.2016 – 5 S 3299/15).

**Voraussetzung** der Vergütungsübernahme ist das **Bestehen aller drei Verein-** **42** **barungen nach § 75 Abs. 3 S. 1.** Nicht vorgegeben ist damit, ob diese Vereinbarungen getrennt oder zusammengefasst abgeschlossen werden. Das Gesetz ordnet eine Zusammenfassung zu einer Gesamtvereinbarung nicht an; es verbindet auch die Leistungs- und Vergütungsvereinbarung nicht zu einem untrennbaren Zusammenhang (a. A. *Jaritz*, Sozialrecht aktuell 2012, 105, 108 f.), mag dies auch sinnvoll sein. Doch mit Blick auf die bestehenden besonderen Vorschriften für Vergütungsvereinbarungen (s. dazu § 77 Rn. 13–17) empfiehlt es sich, die Vergütungsvereinbarung als eigenständigen Vertrag mit einer eigenständigen Laufzeit, Leistungs- und Prüfungsvereinbarung aber mit langen Laufzeiten oder unbefristet abzuschließen (s. dazu § 77 Rn. 19 f.; s. auch *Neumann,* RsDE 63, 32, 35 f.; *Kunte,* RsDE 68, 55, 63 f.). Zur rückwirkenden Inkraftsetzung von Leistungs- und Prüfungsvereinbarungen und zur Bedeutung dieser Befugnis für den Begriff des Bestehens von Leistungs- und Prüfungsvereinbarungen s. § 77 Rn. 18. Zur vierjährigen sozialrechtlichen **Verjährungsfrist** für Vergütungsansprüche von Leistungserbringern gegen die Sozialhilfeträger in Anlehnung an § 45 SGB I s. LSG RhPf 18.2.2011 – L 1 SO 33/09, ZfSH/SGB 2011, 354.

### 4. Übernahme der Vergütung ohne Abschluss einer Vereinbarung (Abs. 4)

**43**    Nach § 75 Abs. 4 darf der Träger der Sozialhilfe, ist bezogen auf eine Einrichtung eine der in § 75 Abs. 3 S. 1 genannten Vereinbarungen nicht abgeschlossen, Leistungen durch diese Einrichtung **nur** erbringen, **wenn** dies **nach der Besonderheit des Einzelfalles geboten** ist. Die leistungsrechtliche Vorschrift bezweckt die Deckung eines anderweitig nicht zu befriedigenden Bedarfs des Leistungsberechtigten und ist als Ausnahmeregelung zum Vereinbarungsprinzip des § 75 Abs. 3 S. 1 restriktiv zu handhaben. Sie gilt allererst für die Leistungserbringung durch nicht vereinbarungsgebundene Einrichtungen. Sie gilt aber auch dann, wenn eine Einrichtung zwar vereinbarungsgebunden ist, die tatsächlich erforderliche, bedarfsgerechte Leistung gegenüber einem Leistungsberechtigten aber von den Vereinbarungen nicht erfasst wird und deshalb insoweit vertragslos zu erbringen wäre. Denn auch dann ist der Abschluss von Individualvereinbarungen auf der Grundlage eines eigenständigen, im Einzelfall bedarfsgerechten Leistungstyps rechtlich geboten (s. auch § 76 Rn. 32). Die Vorschrift ist auch immer in Erwägung zu ziehen, wenn vertragliche Regelungen nach § 75 Abs. 3 aus irgendwelchen Gründen gescheitert sind (LSG NRW 8.6.2015 – L 20 SO 473/12, NZS 2015, 747; SG Mannheim 2.8.2016 – S 9 SO 3871/15, BeckRS 2016, 71472).

**44**    In tatbestandlicher Hinsicht erfordert die Vorschrift des Abs. 4 in einem **ersten Prüfungsschritt** die Feststellung, dass der Bedarf des Leistungsberechtigten nicht oder nicht vollständig über eine Einrichtung gedeckt werden kann, die mit dem Träger der Sozialhilfe eine Vereinbarung nach Abs. 3 S. 1 geschlossen hat. Sodann ist in einem **zweiten Prüfungsschritt** zu untersuchen, ob die Besonderheiten des Einzelfalles eine Leistungserbringung in einer Einrichtung gebieten – d. h. unbedingt nötig machen und nicht nur als wünschenswert erscheinen lassen –, die mit dem Träger der Sozialhilfe keine Vereinbarung bzw. nicht alle Teilvereinbarungen nach Abs. 3 S. 1 getroffen hat – und mit der vor der Leistungserbringung auch keine Vereinbarungen mehr geschlossen werden können (s. dazu *Pattar,* Sozialrecht aktuell 2012, 85, 91). Diese Prüfungen bzw. Feststellungen unterliegen der uneingeschränkten gerichtlichen Kontrolle.

**45**    Der Einrichtungsträger hat nach § 75 Abs. 4 S. 2 dem Träger der Sozialhilfe ein **Leistungsangebot** vorzulegen, das die Voraussetzungen des § 76 SGB XII erfüllt, und sich schriftlich zu verpflichten, Leistungen entsprechend diesem Angebot zu erbringen (SächsLSG 18.10.2013 – L 8 SO 35/13 ER). Hierdurch soll ebenso wie durch die Regelung des § 75 Abs. 4 S. 3, wonach der Einrichtungsträger (lediglich) die Vergütung erhalten darf, die der Träger der Sozialhilfe im Vereinbarungswege anderen Einrichtungen für vergleichbare Leistungen entrichtet, sichergestellt werden, dass ein Einrichtungsträger, der sich mit dem Träger der Sozialhilfe – gleich aus welchen Gründen – nicht einigen konnte, die Regelung des § 75 Abs. 3 nicht unterläuft. Dieser Zielsetzung des Gesetzes entsprechend ist das **Wunsch- und Wahlrecht des Leistungsberechtigten** in § 9 Abs. 2 S. 2 SGB XII **eingeschränkt**

worden. Da die Vorschrift des § 75 Abs. 4 S. 2 auf die Voraussetzungen des § 76 SGB XII insgesamt und nicht nur auf die Inhalte der Leistungsvereinbarung – in diesem einschränkenden Sinne noch § 93 Abs. 3 S. 2 BSHG – verweist, muss das schriftliche Angebot des Einrichtungsträgers die Inhalte der Leistungs- (§ 76 Abs. 1 SGB XII), Vergütungs- (§ 76 Abs. 2 SGB XII) und Prüfungsvereinbarung (§ 76 Abs. 3 SGB XII) abdecken. Aus dem Charakter des § 75 Abs. 4 S. 1 als einer leistungsrechtlichen, dem Bedarfsdeckungsprinzip verpflichteten Regelung folgt jedoch auch, dass die Vorlage des Leistungsangebots nach Abs. 4 S. 2 keine zwingende Voraussetzung der Vergütungsübernahme sein kann (s. dazu *Neumann*, RsDE 63, 32, 49).

Auch eine Einrichtung, mit der der Träger der Sozialhilfe keine Vereinbarung **46** nach § 75 Abs. 3 abgeschlossen hat, muss sich einer **Wirtschaftlichkeits- und Qualitätsprüfung** ihrer Leistungen durch den Träger der Sozialhilfe unterziehen (§ 75 Abs. 4 S. 4). Hierfür gelten die Vereinbarungsinhalte des Trägers der Sozialhilfe mit vergleichbaren Einrichtungen entsprechend. Über den Inhalt und Umfang der Prüfung hat der Sozialhilfeträger die Einrichtung zu unterrichten (§ 75 Abs. 4 S. 5).

Auf der Rechtsfolgenseite eröffnet die Vorschrift des § 75 Abs. 4 S. 1 dem Träger **47** der Sozialhilfe Ermessen („darf der Träger der Sozialhilfe … erbringen"). Insoweit ist allerdings zu beachten, dass dem Rechtsfolgeermessen eine bestimmte Richtung vorgegeben ist (sog. **intendiertes Ermessen**). Nach dem schon im Wortlaut des § 75 Abs. 4 S. 1 – „wenn dies nach den Besonderheiten des Einzelfalles geboten ist" – zum Ausdruck kommenden Sinngehalt dieser Norm ist der Träger der Sozialhilfe bei Vorliegen der tatbestandlichen Voraussetzungen grundsätzlich gehalten, die zur Bedarfsdeckung erforderlichen Leistungen durch die nicht vereinbarungsgebundene Einrichtung zu erbringen (vgl. LSG Bln-Bbg 11.12.1007 – L 23 B 249/07 SO ER, FEVS 60, 11).

Durch den Verweis in § 75 Abs. 4 S. 6 auf § 75 Abs. 5 wird klargestellt, dass in **48** Bezug auf zugelassene **Pflegeeinrichtungen** (§ 72 SGB XI), für die mit Pflegekassen keine **Pflegevergütungen** vereinbart sind, die von Pflegekassen mit vergleichbaren Pflegeeinrichtungen geschlossenen Vereinbarungen Vorrang haben.

## 5. Pflegeeinrichtungen nach § 72 SGB XI (Abs. 5)

In § 75 Abs. 5 ist geregelt, dass für zugelassene Pflegeeinrichtungen i. S. d. § 72 **49** SGB XI keine Vereinbarungen nach § 75 Abs. 3 abzuschließen sind. Für diese Einrichtungen gelten die in der Regel mit den Pflegekassen vereinbarten **Pflegevergütungen nach** Maßgabe der Vorschriften des Achten Kapitels des **SGB XI** (§§ 82 bis 92c SGB XI). Die **Bindungswirkung** dieser maßgeblichen Vergütungsvereinbarungen dient der Sicherung einer einheitlichen Vergütung von Pflegesachleistungen, auch wenn statt der Pflegekasse der Sozialhilfeträger für Leistung gegenüber dem Leistungsberechtigten verpflichtet ist. Der Sozialhilfeträger ist aufgrund § 75 Abs. 5 S. 1 deshalb grundsätzlich verpflichtet, den Vereinbarungen entsprechende, ggfs. auch die Beträge der Pflegekassen übersteigende Leistungen und Vergütungen zu übernehmen (vgl. BSG 22.3.2012 – B 8 SO 1/11 R, Sozialrecht aktuell 2012, 211).

**Pflegeeinrichtungen** i. S. d. SGB XI sind zum einen die ambulanten Pflegeeinrichtungen (Pflegedienste). Das sind selbstständig wirtschaftende Einrichtungen, die **50** unter ständiger Verantwortung einer ausgebildeten Pflegefachkraft Pflegebedürftige in ihrer Wohnung pflegen und hauswirtschaftlich versorgen (§ 71 Abs. 1 SGB XI). Zum anderen kennt das SGB XI die stationären Pflegeeinrichtungen (Pflegeheime), unter denen es die selbstständig wirtschaftenden Einrichtungen versteht, in denen Pflegebedürftige unter ständiger Verantwortung einer ausgebildeten Pflegefachkraft gepflegt werden und ganztägig (vollstationär) oder nur tagsüber oder nur nachts (teilstationär) untergebracht und verpflegt werden können (§ 71 Abs. 2 SGB XI). Als i. S. d. SGB XI zugelassen gilt eine Pflegeeinrichtung, wenn mit ihr ein **Versor-**

**gungsvertrag** besteht, in dem Art, Inhalt und Umfang der allgemeinen Pflegeleistungen festzulegen sind, die von der Pflegeeinrichtung während der Dauer des Vertrages für die Versicherten zu erbringen sind (§ 72 Abs. 1 SGB XI). Der Versorgungsvertrag wird zwischen dem Träger der Pflegeeinrichtung oder einer vertretungsberechtigten Vereinigung gleicher Träger und den Landesverbänden der Pflegekassen im Einvernehmen mit den überörtlichen Trägern der Sozialhilfe im Land abgeschlossen, soweit nicht nach Landesrecht der örtliche Träger für die Pflegeeinrichtung zuständig ist (§ 72 Abs. 2 SGB XI).

51   Allerdings gilt der **Vorrang der Pflegevergütungen nach dem SGB XI nicht uneingeschränkt.** Werden in den nach § 72 SGB XI zugelassenen Pflegeeinrichtungen **weitergehende Leistungen nach dem Siebten Kapitel** erbracht, gilt die Verpflichtung zum Abschluss von Vereinbarungen nach § 75 Abs. 3. Aus der Formulierung des Gesetzes – „weitergehende Leistungen" – ist abzuleiten, dass in diesen Fällen die Pflegeeinrichtungen lediglich eine ergänzende Vereinbarung nach § 75 Abs. 3 mit dem Träger der Sozialhilfe zu treffen haben (Kritik an diesem Regelungskonzept insgesamt mit beachtlichen Argumenten bei *Griep,* RsDE 66, 27, 32 ff.). Dass überhaupt nach dem Siebten Kapitel gegenüber dem SGB XI weitergehende Leistungen in Betracht kommen, folgt aus § 63a (BR-Drs. 410/16, S. 87 f.). Damit sind die Leistungen der Hilfe zur Pflege weiterhin nicht gedeckelt (vgl. BSG 28.2.2013 – B 8 SO 1/12 R, SozR 4-3500 § 65 Nr. 4), auch wenn der § 61 Abs. 1 S. 2 SGB XII a. F. nicht mehr existiert.

52   Die Bindungswirkung nach § 75 Abs. 1 S. 1 gilt nach § 75 Abs. 5 S. 2 nicht, soweit die Vereinbarungen nach dem Achten Kapitel des SGB XI nicht im Einvernehmen mit dem Träger der Sozialhilfe getroffen worden sind. An die **Pflegevergütungen** nach dem SGB XI ist der Träger der Sozialhilfe mithin nur gebunden, wenn diese **im Einvernehmen mit dem Träger der Sozialhilfe** getroffen worden sind. Diese Vorschrift erklärt sich insbesondere vor dem Hintergrund, dass der Träger der Sozialhilfe einerseits zwar nach § 85 Abs. 2 S. 1 Nr. 2 SGB XI bzw. § 89 Abs. 2 S. 1 Nr. 2 SGB XI Vertragspartei der Pflegesatz- bzw. Vergütungsvereinbarung ist, andererseits die Pflegesatz- bzw. Vergütungsvereinbarung (schon) durch die Einigung zwischen dem Träger des Pflegeheimes bzw. Pflegedienstes und der Mehrheit der an den Verhandlungen teilgenommenen Kostenträger (§ 85 Abs. 2 S. 1 SGB XI bzw. § 89 Abs. 2 S. 1 SGB XI) zustande kommt (§ 85 Abs. 4 S. 1 SGB XI bzw. § 89 Abs. 3 S. 4 SGB XI). Der Träger der Sozialhilfe kann deshalb der Pflegesatz- bzw. Vergütungsvereinbarung nach § 85 Abs. 5 S. 2 SGB XI bzw. § 89 Abs. 3 S. 4 SGB XI innerhalb von zwei Wochen nach Vertragsschluss widersprechen. Macht der Träger der Sozialhilfe von seinem Widerspruchsrecht keinen Gebrauch, gilt sein Einvernehmen i. S. v. § 75 Abs. 5 S. 2 auch dann als hergestellt, wenn er der Pflegesatz- bzw. Vergütungsvereinbarung nicht zugestimmt hat. Widerspricht der Träger der Sozialhilfe dagegen der Pflegesatz- bzw. Vergütungsvereinbarung und ruft er die Schiedsstelle an, wird sein Einvernehmen ggfs. durch die Entscheidung der Schiedsstelle bzw. das Urteil im sozialgerichtlichen Verfahren ersetzt.

53   Diese Verfahrensmöglichkeiten des Sozialhilfeträgers setzen seine Beteiligung am Verfahren voraus. Zwar ist die Beteiligung des Trägers der Sozialhilfe am Abschluss der Pflegesatz- bzw. Vergütungsvereinbarung nach dem SGB XI nur vorgesehen, wenn auf den Träger der Sozialhilfe im Jahr vor Beginn der Verhandlungen mehr als 5 % der Berechnungstage des Pflegeheimes bzw. mehr als 5 % der vom Pflegedienst betreuten Pflegebedürftigen entfallen (§ 85 Abs. 2 S. 1 SGB XI bzw. § 89 Abs. 2 S. 1 SGB XI). Sollen die nach dem SGB XI ausgehandelten Pflegesatz- bzw. Vergütungsvereinbarungen auch für den **Anwendungsbereich des SGB XII** Geltung beanspruchen, ist das Einvernehmen des Trägers der Sozialhilfe jedoch auch in den Fällen erforderlich, in denen er nicht an den Verhandlungen beteiligt war; sei es, weil diese Beteiligung zu Unrecht unterblieben ist, oder sei es, weil die für eine Beteiligung vorgesehene Quote unterschritten ist (a. A. *Jaritz,* Sozialrecht aktuell 2012, 105,

111; vgl. zur Problematik BSG 22.3.2012 – B 8 SO 1/11 R, Sozialrecht aktuell 2012, 211).

Nach § 82 Abs. 4 SGB XI können nicht nach Landesrecht geförderte Pflegeeinrich- **54** tungen ihre betriebsnotwendigen **Investitionsaufwendungen** den Pflegebedürftigen gesondert berechnen (s. dazu BSG 13.7.2017 – B 8 SO 11/15 R). § 75 Abs. 5 S. 3 bestimmt, dass der Träger der Sozialhilfe zur Übernahme gesondert berechneter Investitionen nach § 82 Abs. 4 SGB XI nur verpflichtet ist, wenn hierüber entsprechende Vereinbarungen nach dem Zehnten Kapitel des SGB XII getroffen worden sind (Kritik an diesem Regelungskonzept mit Darstellung seiner praktischen Probleme bei *Griep*, RsDE 66, 27, 35 ff.). Trotz des Wortlauts der Vorschrift ist eine Leistungsvereinbarung in diesen Fällen nicht notwendig, da der Versorgungsvertrag mit der Pflegekasse bereits als ausreichend anzusehen ist (BSG 7.10.2015 – B 8 SO 1/14 R, SRa 2016, 162). Für den Anspruch auf Übernahme der betriebsnotwendigen Investitionsaufwendungen aus § 75 Abs. 5 S. 3 i. V. m. § 82 Abs. 4 SGB XI kommt es nicht darauf an, ob eine landesrechtliche Förderung in Bezug auf Investitionsaufwendungen besteht; entscheidend ist allein, dass die Pflegeeinrichtung im konkreten Fall tatsächlich nicht gefördert wird (vgl. BVerwG 20.9.2001 – 5 B 54/01, FEVS 53, 504, BeckRS 2001, 31380624). Ob die Gründe, die einer landesrechtlichen Förderung in Bezug auf Investitionsaufwendungen entgegenstehen, auch bei den Verhandlungen über eine Vereinbarung nach § 75 Abs. 5 S. 3 Berücksichtigung finden können, lässt sich nicht generell beantworten. Jedenfalls rechtfertigt der Umstand, dass ein Pflegeheim nach dem Landesrecht nicht gefördert wird, nicht die Entscheidung des Trägers der Sozialhilfe, den Abschluss einer Vereinbarung mit dem Heimträger nach § 75 Abs. 5 S. 3 zu verweigern; denn der Weg zu einer Vereinbarung nach § 75 Abs. 5 S. 3 wird gerade erst dadurch eröffnet, dass es an einer Förderung durch Landesrecht fehlt (BVerwG 20.9.2001 – 5 B 54/01, FEVS 53, S. 504, BeckRS 2001, 31380624). Ebenso kann der Abschluss einer Vereinbarung nach § 75 Abs. 5 S. 3 nicht mit der Erwägung abgelehnt werden, im Zuständigkeitsbereich des Trägers der Sozialhilfe seien bereits genügend geförderte Pflegeplätze oder sogar ein Überhang vorhanden (BSG 7.10.2015 – B 8 SO 19/14 R, NJOZ 2016, 1266).

Durch das Gesetz zur Regelung des Assistenzpflegebedarfs in stationären Vor- **55** sorge- oder Rehabilitationseinrichtungen vom 20.12.2012 (BGBl. I S. 2789) sind mit Wirkung vom 28.12.2012 die für die Hilfe zur Pflege zuständigen Träger der Sozialhilfe in die Verfahren nach dem SGB XI zur **Bekämpfung von Fehlverhalten** im Gesundheitswesen eingebunden worden. Dies betrifft insbesondere den Datenaustausch zwischen Pflegekassen und Sozialhilfeträgern zur Bekämpfung von Missbrauch bei der Abrechnung von Pflegeleistungen.

Zur Frage, ob auch Leistungen der Eingliederungshilfe in zugelassenen stationären **56** Pflegeeinrichtungen erbracht und zusätzlich vergütet werden können, s. Gutachten des Deutschen Vereins v. 17.2.2009 – G 3/08, NDV 2009, 146.

## 6. Vereinbarungen, Vergütungen und Verbraucherschutz

Die Vereinbarungen aufgrund der §§ 75 ff. SGB XII beschränken sich in ihrer **57** Wirkung nicht auf die Frage der Vergütungsübernahme durch den Träger der Sozialhilfe. Sie schlagen durch auf das zwischen Einrichtung und Leistungsempfänger geltende **Vertragsrecht,** das dem **Privatrecht** zugehörig ist, aber durch Verbraucherschutzgesichtspunkte eine starke Anlehnung an öffentlich-rechtliche Regelungen erfahren hat.

Das zum 1.10.2009 im Zusammenhang mit der Neuregelung der zivilrechtlichen **58** Vorschriften des Heimgesetzes nach der Föderalismusreform in Kraft getretene **Wohn- und Betreuungsvertragsgesetz** (WBVG) bestimmt in § 15 Abs. 2, dass in Verträgen mit Verbrauchern, die Leistungen nach dem SGB XII in Anspruch nehmen, die Vereinbarungen zwischen Verbraucher und Unternehmer, d. h. zwischen Leistungsempfänger und Einrichtung, den aufgrund des Zehnten Kapitels des SGB XII, also der §§ 75 ff. SGB XII, getroffenen Regelungen entsprechen müssen. Vereinbarungen, die diesen Regelungen nicht entsprechen, sind unwirksam.

**59** Entsprechend gibt § 7 Abs. 2 S. 3 WBVG vor, dass in Verträgen mit Verbrauchern, denen Hilfe in Einrichtungen nach dem SGB XII gewährt wird, die aufgrund des Zehnten Kapitels des SGB XII festgelegte **Höhe des Entgelts** als zwischen Verbraucher und Unternehmer vereinbart und angemessen gilt. Berechtigt zur **Anpassung des Vertrags** ist der Unternehmer in Verträgen mit Verbrauchern, denen Hilfe in Einrichtungen nach dem SGB XII gewährt wird, nur bei einer Änderung des Pflege- oder Betreuungsbedarfs des Verbrauchers (§ 8 Abs. 2 WBVG). Näher zum WBVG siehe die Begründungen in BR-Drs. 167/09, BT-Drs. 16/12409, 16/12882 und 16/13209 sowie die Darstellung bei *Plantholz/Bahnsen*, RsDE 71, 1; ferner *Bachem/Hacke*, Wohn- und Betreuungsvertragsgesetz, Kommentar, 2015; *Rasch*, Wohn- und Betreuungsvertragsgesetz, Kommentar, 2012.

**60** Der sich aus dem Vertrag zwischen Einrichtung und Leistungsempfänger ergebende **Vergütungsanspruch** der Einrichtung wird so **durch** die zwischen Einrichtungsträger und Sozialhilfeträger bzw. Pflegekassen im Einvernehmen mit dem Sozialhilfeträger geschlossenen **Vereinbarungen vorgeprägt.** Auch eine höhere Vergütung kann die Einrichtung für nach einer Vertragsanpassung zusätzlich erbrachte Leistungen nur verlangen, wenn diese dem in Vereinbarungen festgelegten Entgelt entspricht. Die Regelungen des WBVG bringen damit die Beziehungen zwischen den Beteiligten des sozialhilferechtlichen Dreiecksverhältnisses (s. Rn. 4 ff.) normativ zum Ausdruck (vgl. BSG 2.2.2012 – B 8 SO 5/10 R, NJW 2012, 2540; BSG 2.2.2010 – B 8 SO 20/08 R, BeckRS 2010, 68711).

**61** Für **vom WBVG nicht erfasste Konstellationen** – teilstationäre und ambulante Leistungen und Verträge mit Minderjährigen – ist erwogen worden, die Bindung des Verhältnisses von Leistungsempfänger und Einrichtung an die Vereinbarungen zwischen Sozialhilfeträger und Einrichtungsträger durch Rückgriff auf § 32 SGB I sicherzustellen (vgl. dazu *Pattar*, Sozialrecht aktuell 2012, 85, 95 f.; *Jaritz*, Sozialrecht aktuell 2012, 105, 106 f.; jeweils m. w. N.). Allerdings liegt dem neben einem nachvollziehbaren Anliegen ein zu weitgehendes Verständnis von den „Vorschriften dieses Gesetzbuchs" i. S. d. § 32 SGB I zugrunde, in das die Vereinbarungen nach § 75 Abs. 3 als Normsetzungsverträge (s. § 77 Rn. 8) einbezogen werden. Auch ist es kompetenzrechtlich bedenklich, das, was der Gesetzgeber im Verbraucherschutzrecht nach dem WBVG nicht geregelt hat, nun über § 32 SGB I im Sozialrecht geregelt zu sehen. Abhilfe kann daher nur vom Gesetzgeber selbst geschaffen werden (s. aber BSG 2.2.2012 – B 8 SO 5/10 R, NJW 2012, 2540).

## § 76 Inhalt der Vereinbarungen

(1) [1]**Die Vereinbarung über die Leistung muss die wesentlichen Leistungsmerkmale festlegen, mindestens jedoch die betriebsnotwendigen Anlagen der Einrichtung, den von ihr zu betreuenden Personenkreis, Art, Ziel und Qualität der Leistung, Qualifikation des Personals sowie die erforderliche sächliche und personelle Ausstattung. [2]In die Vereinbarung ist die Verpflichtung der Einrichtung aufzunehmen, im Rahmen des vereinbarten Leistungsangebotes Leistungsberechtigte aufzunehmen und zu betreuen. [3]Die Leistungen müssen ausreichend, zweckmäßig und wirtschaftlich sein und dürfen das Maß des Notwendigen nicht überschreiten.**

(2) [1]**Vergütungen für die Leistungen nach Absatz 1 bestehen mindestens aus den Pauschalen für Unterkunft und Verpflegung (Grundpauschale) und für die Maßnahmen (Maßnahmepauschale) sowie aus einem Betrag für betriebsnotwendige Anlagen einschließlich ihrer Ausstattung (Investitionsbe-**

trag). [2]Förderungen aus öffentlichen Mitteln sind anzurechnen. [3]Die Maßnahmepauschale ist nach Gruppen für Leistungsberechtigte mit vergleichbarem Bedarf sowie bei Leistungen der häuslichen Pflegehilfe für die gemeinsame Inanspruchnahme durch mehrere Leistungsberechtigte nach § 64b Absatz 1 Satz 3 zu kalkulieren. [4]Einer verlangten Erhöhung der Vergütung auf Grund von Investitionsmaßnahmen braucht der Träger der Sozialhilfe nur zuzustimmen, wenn er der Maßnahme zuvor zugestimmt hat.

(3) [1]Die Träger der Sozialhilfe vereinbaren mit dem Träger der Einrichtung Grundsätze und Maßstäbe für die Wirtschaftlichkeit und die Qualitätssicherung der Leistungen sowie für den Inhalt und das Verfahren zur Durchführung von Wirtschaftlichkeits- und Qualitätsprüfungen. [2]Das Ergebnis der Prüfung ist festzuhalten und in geeigneter Form auch den Leistungsberechtigten der Einrichtung zugänglich zu machen. [3]Die Träger der Sozialhilfe haben mit den nach heimrechtlichen Vorschriften zuständigen Aufsichtsbehörden und dem Medizinischen Dienst der Krankenversicherung zusammenzuarbeiten, um Doppelprüfungen möglichst zu vermeiden.

*Änderungen der Vorschrift:* Abs. 2 Satz 3 neu gef. mWv 22.7.2009 durch G v. 15.7.2009 (BGBl. I S. 1939), Abs. 3 Satz 3 geänd. mWv 1.10.2009 durch G v. 29.7.2009 (BGBl. I S. 2319), Abs. 2 Satz 3 neu gef. mWv 1.1.2017 durch G v. 23.12.2016 (BGBl. I S. 3191).

*Vergleichbare Vorschriften:* § 93a BSHG; § 17 SGB II.

**Schrifttum:** *Brünner/Philipp,* Die Einstufung in Hilfebedarfsgruppen nach § 76 Abs. 2 Satz 3 SGB XII, RsDE 67, 1; *Gottlieb,* Rechtsverwirklichung durch Schiedsverfahren gem. §§ 78a ff. SGB VIII, ZKJ 2017, 266; *Grube,* Rechtscharakter der Zuordnung von Hilfeempfängern zu Gruppen für Hilfeempfänger mit vergleichbarem Hilfebedarf, RsDE 52, 25; *Hasenberg/Lutz/Felske,* Der sozialrechtliche und betriebswirtschaftliche Weg zu Leistungs- und Vergütungsvereinbarungen, NDV 2015, 425; *Neumann,* Leistungserbringungsverträge im Einrichtungsbereich der Sozialhilfe, RsDE 33, 124; *Philipp,* Kein Anspruch auf Zusatzvereinbarung zur Leistungs- und Vergütungsvereinbarung wegen Sonderbedarfs, Sozialrecht aktuell 2015, 35; *Rasch,* Leistungstypen in Leistungsvereinbarung möglichst genau beschreiben, RdLH 2015, 190; *Weber,* Investitionskosten für Pflegeeinrichtungen – zur Neuregelung des § 82 SGB XI, NZS 2013, 406; s. im Übrigen Schrifttum zu § 75.

## Übersicht

# I. Bedeutung der Norm

**1**    Nach § 75 Abs. 3 SGB XII ist der Träger der Sozialhilfe, wird die Leistung von einer Einrichtung erbracht, zur **Übernahme der Vergütung für die Leistung** nur verpflichtet, wenn mit dem Träger der Einrichtung oder seinem Verband eine **Vereinbarung** besteht, die die drei **Teilbereiche** Leistung, Vergütung und Prüfung umfasst. § 76 legt den **Mindestinhalt** dieser Teilvereinbarungen fest. Die Vorschrift gilt für ambulant, teilstationär und vollstationär erbrachte Leistungen von Einrichtungen und – über § 75 Abs. 1 S. 2 SGB XII – von Diensten.

# II. Inhalt der Norm im Einzelnen

## 1. Leistungsvereinbarung (Abs. 1)

**2**    In der Leistungsvereinbarung werden die wesentlichen Leistungsmerkmale zur näheren **Bestimmung von Inhalt, Umfang und Qualität der Leistungen** (§ 75 Abs. 3 S. 1 Nr. 1 SGB XII) festgelegt. Sie enthält das **Leistungsangebot** der Einrichtung nach Betreuungs-, Beschäftigungs- und Förderinhalten für den von ihr zu betreuenden Personenkreis (*Friedrich,* NDV 1997, 132, 137). Welches Leistungsangebot der Einrichtungsträger unterbreitet und zum Gegenstand der Vereinbarung mit dem Träger der Sozialhilfe macht, obliegt seiner **Gestaltungsfreiheit.** Der Träger der Sozialhilfe wiederum entscheidet im Rahmen seines gesetzlichen Auftrags, ob und mit welchem Inhalt er das Angebot annimmt. Ist die **Vereinbarung abgeschlossen,** ist der Einrichtungsträger daran gebunden und vertraglich verpflichtet, im Rahmen der vorhandenen Einrichtungsplätze **Personen** mit entsprechenden Betreuungsbedürfnissen **aufzunehmen.** Der Träger der Sozialhilfe hat über die Leistungsvereinbarung die im Einzelfall bedarfsdeckenden Leistungen sicherzustellen. Bei einer Leistungsvereinbarung handelt es sich um einen einrichtungsbezogenen, nicht hingegen um einen personenbezogenen Vertrag (LSG BW 25.6.2015 – L 7 SO 1447/11, SRa 2016, 31).

**3**    **a) Wesentliche Leistungsmerkmale (Abs. 1 S. 1).** Um einerseits dem Träger der Sozialhilfe eine Vergleichbarkeit der Leistungsangebote der Einrichtungen zu ermöglichen, andererseits den Einrichtungen den nötigen Freiraum zur Gestaltung ihrer Leistungen einzuräumen, werden in § 76 Abs. 1 S. 1 wesentliche Leistungsmerkmale aufgeführt, die in der Leistungsvereinbarung konkret auszugestalten sind. Dieser Katalog ist allerdings **nicht abschließend** (arg. „mindestens"), sondern zählt lediglich die **Mindestmerkmale** auf.

**4**    Nähere **Konkretisierungen** der Leistungsmerkmale lassen sich den – derzeit nicht zustande gekommenen – Bundesempfehlungen nach § 79 Abs. 2 SGB XII und den Rahmenverträgen auf Landesebene nach § 79 Abs. 1 SGB XII entnehmen.

**5**    **aa) Betriebsnotwendige Anlagen der Einrichtung.** Die betriebsnotwendigen Anlagen bezeichnen die **räumliche und sächliche Ausstattung** der Einrichtung, wie Gebäude, Grundstück, Ausstattung und Inventar. Welche Anlagen und Ausstattungen im Einzelfall als betriebsnotwendig zu gelten haben, wird wesentlich von der Aufgabenstellung der Einrichtung – ambulante, teilstationäre oder vollstationäre Leistungen – und dem konkreten Leistungsangebot bestimmt. Neben Gebäude, Grundstück, Ausstattung und Inventar können deshalb auch weitere Anlagen – etwa Hilfs- oder Nebenbetriebe – zu berücksichtigen sein.

**6**    **bb) Zu betreuender Personenkreis.** Neben den wesentlichen Elementen der Konzeption (s. Rn. 8 ff.) gehört der in der Einrichtung zu betreuende **Personenkreis** zu den wichtigsten Leistungsmerkmalen. Diesem Merkmal kommt auch wesentliche Bedeutung im Hinblick auf die in § 76 Abs. 1 S. 2 statuierte **Aufnahmeverpflichtung** der Einrichtung zu.

Das Leistungsmerkmal des zu betreuenden Personenkreises konkretisiert den Kreis 7 bzw. die Gruppe von Personen, die **entsprechend dem Leistungsangebot** der Einrichtung aufgenommen bzw. betreut werden soll. Sofern in der Einrichtung für unterschiedliche Personengruppen Leistungen angeboten werden sollen, ist eine entsprechende **Differenzierung** notwendig (vgl. *Münder*, LPK-SGB XII, § 76 Rn. 5; *Rasch*, RdLH 2015, 190; *Philipp*, Sozialrecht aktuell 2015, 35; LSG BW 25.6.2015 – L 7 SO 1447/11, SRa 2016, 31).

**cc) Art, Ziel und Qualität der Leistung.** Durch dieses Leistungsmerkmal wird 8 die **Konzeption** der Einrichtung festgelegt, die in wesentlichen Bereichen das von der Einrichtung gegenüber dem Träger der Sozialhilfe abzugebende **Leistungsangebot** bestimmt.

Hinsichtlich der **Art der Leistung** sind zunächst die drei großen **Leistungs-** 9 **gruppen** der ambulanten, teilstationären und vollstationären Leistungen zu unterscheiden. Eine Differenzierung innerhalb dieser Leistungsgruppen erfolgt durch Bildung sog. **Leistungstypen,** etwa in Bezug auf vollstationäre Einrichtungsarten die Hilfen nach §§ 53, 54 SGB XII, Hilfen nach § 61 SGB XII und Hilfen nach §§ 67, 68 SGB XII. Als weitere Unterteilungen dieser Leistungstypen kommen **nähere fachliche Beschreibungen** des Leistungsangebots in Betracht; mit Blick auf die Eingliederungshilfe etwa Wohnheim für erwachsene Behinderte mit externer Tagesstruktur und Nachtbereitschaft, Wohnheim für erwachsene Behinderte mit externer Tagesstruktur und Nachtwache, Wohnheim für erwachsene Behinderte mit interner Tagesstruktur und Nachtbereitschaft, Wohnheim für erwachsene Behinderte mit interner Tagesstruktur und Nachtwache, Wohnheim für erwachsene körperlich und mehrfach Behinderte mit externer Tagesstruktur und besonderen Rehabilitationserfordernissen, Wohnheim für erwachsene körperlich und mehrfach Behinderte mit interner Tagesstruktur und besonderen Rehabilitationserfordernissen, Wohnheim für Behinderte im Kinder- und Jugendalter, Wohnheim für körperlich und mehrfach Behinderte im Kinder- und Jugendalter mit besonderen Rehabilitationserfordernissen, Übergangsheim für seelisch Behinderte und Wohnheim für seelisch Behinderte.

Über das Merkmal der **Qualität der Leistung** werden **Leistungsstandards** 10 beschrieben, die erfüllt werden müssen, damit das Leistungsangebot der Einrichtung geeignet ist, den Erfordernissen einer bedarfsgerechten Leistungserbringung zu entsprechen. Die Qualität der Leistung gliedert sich in **Struktur-, Prozess- und Ergebnisqualität.** Zur Strukturqualität gehören Parameter wie Standort und Größe der Einrichtung, bauliche Standards, Personal- und Sachmittelausstattung, fachliche Anleitung der Mitarbeiter, Fort- und Weiterbildungsangebote für das Personal, Kooperation mit anderen Einrichtungen sowie Einbindung in Versorgungsstrukturen und Gemeinwesen. Dagegen bezieht sich die Prozessqualität auf die Planung, Strukturierung und den Ablauf der Leistungserbringung und kann insbesondere an den Parametern bedarfsorientierte Leistung, Überprüfung und Fortschreibung des Hilfeplans, Unterstützung und Förderung der Selbsthilfepotentiale, prozessbegleitende Beratung, Einbeziehung von Angehörigen, fachübergreifende Teamarbeit und Vernetzung der Angebote der Einrichtungen im Rahmen von Gesamthilfeplänen dargestellt und gemessen werden. Die Ergebnisqualität schließlich drückt den Zielerreichungsgrad der gesamten Leistungserbringung, also den Grad der Übereinstimmung zwischen den in der Leistungsvereinbarung festgelegten Leistungen und Zielen und den von der Einrichtung tatsächlich erbrachten Leistungen aus.

Die **Angabe des Leistungsziels** ist erforderlich, um die Ergebnisse des Leis- 11 tungsprozesses überprüfen zu können.

**dd) Qualifikation des Personals.** Die Qualifikation des Personals ist ein wichti- 12 ger Indikator für die Qualität der Leistung einer Einrichtung. Welche Qualifikation das Personal einer Einrichtung mitbringen muss, richtet sich maßgeblich nach der Aufgabenstellung der Einrichtung und dem konkreten **Leistungsangebot.**

13    **ee) Erforderliche sächliche und personelle Ausstattung.** Die **sächliche Ausstattung** zählt zu den betriebsnotwendigen Anlagen einer Einrichtung (vgl. oben Rn. 5). Sie umfasst neben den Gebäuden und Grundstücken der Einrichtung insbesondere Größe, Möblierung und Ausstattung der Wohnräume bzw. Wohneinheiten, Anzahl, Möblierung und Ausgestaltung der Gemeinschafts- und Funktionsräume, Art und Größe der Außenanlagen, Lage und Größe der Verkehrsflächen sowie den Fuhrpark der Einrichtung.

14    Die **personelle Ausstattung** einer Einrichtung leitet sich maßgeblich vom Bedarf der Leistungsberechtigten und von den mit dem Träger der Sozialhilfe vereinbarten Leistungstypen ab. Sie beinhaltet nicht nur die Anzahl, sondern auch die Funktion und Qualifikation der Mitarbeiter. Bei der Personalberechnung ist von der Nettojahresarbeitszeit auszugehen, Zeiten für Fort- und Weiterbildungen sowie Ausfallzeiten sind zu berücksichtigen.

15    **b) Leistungsverpflichtung (Abs. 1 S. 2).** § 76 Abs. 1 S. 2 normiert eine **Aufnahme- und Betreuungsverpflichtung** der Einrichtung. Danach ist die Einrichtung – sofern eine Vereinbarung mit dem Träger der Sozialhilfe zustande kommt und soweit freie Plätze vorhanden sind – verpflichtet, **im Rahmen des vereinbarten Leistungsangebotes** Leistungsberechtigte aufzunehmen und zu betreuen. Diese Verpflichtung des Einrichtungsträgers ist in die Leistungsvereinbarung ausdrücklich aufzunehmen. Im Unterschied zu § 78c Abs. 1 S. 2 SGB VIII sind die Einrichtung und der Träger der Sozialhilfe nicht befugt, die Voraussetzungen, unter denen sich der Einrichtungsträger zur Erbringung von Leistungen verpflichtet, frei auszuhandeln. Eine Entscheidung über die Aufnahme eines Leistungsberechtigten steht dem Einrichtungsträger damit nicht zu. Insbesondere muss dieser im Rahmen seines Leistungsangebots auch „schwere Fälle" aufnehmen, er darf sich nicht auf die Aufnahme und Betreuung der weniger arbeitsintensiven Fälle beschränken.

16    Einen **Anspruch auf Aufnahme** in eine bestimmte Einrichtung kann der einzelne Leistungsberechtigte aus § 76 Abs. 1 S. 2 jedoch **nicht** ableiten, da bei Abschluss der Leitungsvereinbarung keine konkreten Leistungsberechtigten im Blick der Vertragspartner stehen (*Münder*, LPK-SGB XII, § 76 Rn. 13; a. A. *Jaritz/Eicher*, jurisPK-SGB XII, § 76 Rn. 42, die in der öffentlich-rechtlichen Vereinbarung einen Vertrag mit Wirkung zugunsten des Leistungsberechtigten sehen, durch den für diesen ein Anspruch auf Abschluss eines privatrechtlichen Vertrages geschaffen wird).

17    **c) Leistungsgrundsätze (Abs. 1 S. 3).** § 76 Abs. 1 S. 3 bestimmt, dass die Leistungen ausreichend, zweckmäßig und wirtschaftlich sein müssen und das Maß des Notwendigen nicht überschreiten dürfen. Durch die Aufstellung dieser Leistungsgrundsätze wird klargestellt, dass die von der Einrichtung zu erbringende Leistung in ihrer Art und in ihrem Umfang dem Hilfeanspruch nach den §§ 1 und 9 SGB XII entsprechen muss. Auch wenn in § 76 nicht ausdrücklich festgeschrieben ist, dass die Vereinbarungen zwischen Sozialhilfe- und Einrichtungsträger eine **„bedarfsgerechte" Leistung** gewährleisten müssen (vgl. zur alten Rechtslage § 93 Abs. 2 S. 2 BSHG 1994), sind unter der Geltung des SGB XII die Grundprinzipien des Sozialhilferechts nicht außer Kraft gesetzt. Im Übrigen darf nicht übersehen werden, dass der Träger der Sozialhilfe nach § 75 Abs. 2 S. 2 SGB XII verpflichtet ist, Vereinbarungen nur mit Einrichtungsträgern abzuschließen, die unter Berücksichtigung ihrer Leistungsfähigkeit und der Sicherstellung der Grundsätze des § 9 Abs. 1 SGB XII zur Erbringung der Leistungen geeignet sind.

18    Dem Umfang nach **ausreichend** sind Leistungen dann, wenn der sozialhilferechtlich anzuerkennende Bedarf jedes Leistungsberechtigten vollständig gedeckt werden kann.

Leistungen sind **zweckmäßig,** wenn sie geeignet sind, die für die Leistung kon- **19** kretisierten Aufgaben und Ziele im Rahmen der Sozialhilfe zu erfüllen. Dabei ist der Stand der wissenschaftlichen und fachlichen Erkenntnisse zu berücksichtigen.

Leistungen sind **notwendig,** wenn ohne sie bzw. ohne qualitativ oder quantitativ **20** vergleichbare Leistungen die Aufgaben und Ziele der Leistungen im Rahmen der Sozialhilfe nicht erfüllt werden können.

Ausreichende, zweckmäßige und notwendige Leistungen sind schließlich dann **21** **wirtschaftlich,** wenn sie in der vereinbarten Qualität erbracht werden und die hierfür geforderten Entgelte in einem angemessenen und ausgewogenen Verhältnis zur Leistung stehen (s. § 75 Rn. 24). Statt dessen für die Begriffsbestimmung der Wirtschaftlichkeit auf die Vertretbarkeit des Aufwandes für die Leistungserbringung und die hierfür geforderten Entgelte abzustellen, ist vor dem Hintergrund nicht unproblematisch, dass sich Überlegungen hinsichtlich der Vertretbarkeit des Aufwandes mit dem das Sozialhilferecht bestimmenden **Bedarfsdeckungsprinzip** nur schwer vereinbaren lassen (vgl. *Neumann,* Hauck/Noftz, SGB XII, § 76 Rn. 10).

Das **Wunsch- und Wahlrecht des Leistungsberechtigten** wird dadurch, dass **22** die Leistungen nach § 76 Abs. 1 S. 3 zwar ausreichend und zweckmäßig, aber auch wirtschaftlich sein müssen, und das Maß des Notwendigen nicht überschreiten dürfen, nicht aufgehoben (a. A. *Schoch,* ZfF 2000, 1, 10). Abgesehen davon, dass der Träger der Sozialhilfe Wünschen des Leistungsberechtigten ohnehin nur zu entsprechen braucht, wenn diese angemessen sind und keine unverhältnismäßigen Mehrkosten verursachen (§ 9 Abs. 2 S. 1 und 3 SGB XII), hat der Gesetzgeber in Bezug auf stationäre oder teilstationäre Leistungen das Wunschrecht des Leistungsberechtigten (bereits) durch § 9 Abs. 2 S. 2 SGB XII modifiziert. Der Leistungsberechtigte kann grundsätzlich nur eine Einrichtung wählen, die mit dem Träger der Sozialhilfe eine Vereinbarung nach den §§ 75 ff. SGB XII geschlossen hat.

## 2. Vergütungsvereinbarung (Abs. 2)

Die Vergütungsvereinbarung setzt sich nach § 75 Abs. 3 S. 1 Nr. 2 SGB XII aus **23** **Pauschalen und Beträgen für einzelne Leistungsbereiche** zusammen. Für die Leistungen nach der Leistungsvereinbarung (§ 76 Abs. 1) bestehen die Vergütungen mindestens aus den Pauschalen für Unterkunft und Verpflegung (Grundpauschale) und für die Maßnahmen (Maßnahmepauschale) sowie aus einem Betrag für betriebsnotwendige Anlagen einschließlich ihrer Ausstattung (Investitionsbetrag). Wie die Grundpauschale für Unterkunft und Verpflegung zu ermitteln ist, erläutert das Gesetz indes nicht. Lediglich hinsichtlich der Maßnahmepauschale wird bestimmt, dass diese nach Gruppen für Leistungsberechtigte mit vergleichbarem Bedarf kalkuliert werden kann (§ 76 Abs. 2 S. 3).

Nähere **Konkretisierungen** lassen sich jedoch auch insoweit den – derzeit nicht **24** zustande gekommenen – Bundesempfehlungen nach § 79 Abs. 2 SGB XII und den Rahmenverträgen auf Landesebene nach § 79 Abs. 1 SGB XII entnehmen.

Für die **Ermittlung der konkreten Vergütung** steht der Gesichtspunkt des **25** externen Vergleichs im Mittelpunkt (*Wenzel/Kuhlenkampff,* NDV 2006, 455, 458 f., unter Hinweis auf BVerwG 1.12.1998 – 5 CC 17/97, FEVS 49, 337, und BSG 14.12.2000 – B 3 P 19/00, FEVS 52, 390; s. dort auch S. 461 ff. zu Alternativen und Entwicklungsperspektiven der Preisbildungsmechanismen unter den bestehenden gesetzlichen Regelungen). Mit diesem wird nach der Vergütung vergleichbarer Dienste und Einrichtungen gefragt unter der Prämisse, dass sich für vergleichbare Leistungen ein Marktpreis herausgebildet hat. Wie sonst auch bei der Arbeit mit Vergleichen ist auch hier das Problem die „richtige" Definition der Vergleichbarkeit: Was ist gleich, was ist anders, was ist ähnlich? Aus der Unvermeidbarkeit von Wertungen folgt ein Spielraum des Vergleichenden. Das **BSG** hat insoweit für den Bereich des **SGB XI** seine Rechtsprechung im Zusammenhang mit der Überprüfung von Schiedsstellenentscheidungen dahin präzisiert, dass auf der Grundlage einer Prognose der voraussichtlichen Kosten der in der Einrichtung erbrachten Leistungen die Leistungsgerechtigkeit und Wirtschaftlichkeit der Vergütungen **nach den konkreten einrichtungsspezifischen Gegebenheiten in einem zweistufigen Verfahren** – interne Plausibilitätsprüfung der Gestehungskosten der Einrichtung und externer Vergleich mit anderen Einrichtungen – zu bewerten ist (s. ausführlich BSG 29.1.2009 – B 3 P 8/07 R, BeckRS 2009, 6684; BSG 29.1.2009 – B 3 P 7/08 R, NZS 2010, 35, sowie BSG 17.12.2009 B 3 P 3/08 R = SozR 4-3300 § 89 Nr. 2, SRa 2010, 191; 16.5.2013 – B 3 P 2/12 R).

26    Diese Rechtsprechung ist **auf das SGB XII übertragbar** (so auch BayLSG 24.11.2011 L 8 SO 223/09 KL; BayLSG 24.11.2011 L 8 SO 135/10 KL; BayLSG 25.1.2012 L 8 SO 89/09 KL; ebenso – jeweils mit zwei Einschränkungen bzw. Ergänzungen für geboten haltend – LSG MV 30.8.2012 – L 9 SO 1/10, ZfSH/SGB 2012, 723; LSG MV 6.9.2012 – L 9 SO 11/10, SRa 2013, 41; s. auch LSG Hmb 13.9.2012 – L 4 SO 60/11 KL). Das BSG (7.10.2015 – B 8 SO 21/14, NJOZ 2016, 1417) hat allerdings darauf hingewiesen, dass die Rechtsprechung zur sozialen Pflegeversicherung nicht vollumfänglich auf das SGB XII zu übertragen ist, weil das Leistungserbringungsrecht des SGB XII eine anders geartete Struktur und eine geringere Normdichte aufweist (SächsLSG 1.4.2015 – L 8 SO 86/12 KL; LSG Nds-Brem 26.6.2014 – L 8 SO 356/12). Unbeschadet dessen geht es auch im SGB XII um die Leistungsgerechtigkeit der Vergütung; hierfür nicht die Kosten, sondern die Leistungen maßgeblich. Und auch hier steht das Vergütungssystem unter der Anforderung der Wirtschaftlichkeit (ebenso BayLSG 24.11.2011 L 8 SO 135/10 KL). In einer ersten Stufe erfolgt deshalb eine **Plausibilitätsprüfung** der vom Einrichtungsträger für den bevorstehenden Vergütungszeitraum prognostisch geltend gemachten einzelnen Kostenansätze für die Gestehungskosten (Personal- und Sachkosten) durch den Leistungs- und Kostenträger, die die Prüfung von Abweichungen von vorangegangenen Kostenansätzen **im Rahmen eines internen Vergleichs** einschließt. In diesem lassen sich Abweichungen durch den Einrichtungsträger etwa durch Hinweis auf normale Lohnsteigerungen oder einen verbesserten Personalschlüssel plausibel erklären. Zu Erklärungen ist dem Einrichtungsträger Gelegenheit zu geben. Sind die Kostenansätze für die durch die Einrichtung zu erbringenden Leistungen nachvollziehbar und plausibel, erfolgt **sodann** in einer zweiten Stufe ein **externer Vergleich,** d. h. ein Fremdvergleich der geforderten Vergütung mit der für vergleichbare Leistungen aktuell geforderten Vergütung vergleichbarer Einrichtungen und Dienste aus der Region, um die Wirtschaftlichkeit zu überprüfen. Obergrenze einer Vergütungsforderung ist das Maß des auch im Vergleich mit der Vergütung anderer Einrichtungen wirtschaftlich Angemessenen. Liegt die geforderte Vergütung im unteren Drittel der zum Vergleich herangezogenen Vergütung, ist regelmäßig ohne weitere Prüfung von der Wirtschaftlichkeit auszugehen. Liegt sie darüber, sind die vom Einrichtungsträger dafür geltend gemachten Gründe auf ihre wirtschaftliche Angemessenheit zu prüfen. Gründe für einen höheren Aufwand können sich etwa ergeben aus Besonderheiten der angebotenen Leistungen oder aus Lage und Größe der Einrichtung. Die Einhaltung der Tarifbindung und die Zahlung ortsüblicher Gehälter sind dabei grundsätzlich immer als wirtschaftlich angemessen zu werten (BSG 16.5.2013 – B 3 P 2/12 R, dort auch näher zur Begrenzung bei extremen Ausreißern; BSG 7.10.2015 – B 8 SO 21/14 R, NJOZ 2016, 1417; SächsLSG 1.4.2015 – L 8 SO 86/12 KL; im ab 2020 geltenden neuen Vertragsrechts ist die Wirtschaftlichkeit der Tarifbindung ausdrücklich geregelt – § 75 Abs. 2 Satz 12 bzw. § 124 Abs. 1 Satz 6 SGB IX). Zum Vortrag von Gründen ist dem Einrichtungsträger Gelegenheit zu geben. Pauschale Abschläge von zuvor nachvollziehbar und plausibel prognostizierten Gestehungskosten sind in der Regel nicht zulässig. Pauschale Zuschläge für unvorhergesehene und nicht näher konkretisierte Unternehmensrisiken sind nicht zu berücksichtigen, wenn und soweit die

Vergütung hinreichende Möglichkeiten zur Realisierung eines angemessenen Unternehmergewinns lässt (vgl. dazu näher BSG 16.5.2013 B 3 P 2/12 R; SächsLSG 1.4.2015 – L8 SO 87/12 KL; a. A. – zur Berücksichtigung eines unternehmerischen Risikos in der Pflegevergütung – *Iffland*, RsDE 74, 1). Bei Anlegung dieser Maßstäbe können für einzelne Einrichtungen **unterschiedliche Vergütungen** herauskommen. Die Grenze unterschiedlicher Vergütungen bilden das **Willkürverbot** des Art. 3 Abs. 1 GG und der Anspruch auf **existenzsichernde Vergütung** aus Art. 12 Abs. 1 GG.

Präzisere Konturierungen der Vergütungsfindung durch detailliertere rechtliche 26a Vorgaben dürften unter dem gegebenen gesetzlichen Leistungserbringungsrecht kaum möglich sein, handelt es sich danach bei der Vergütungsfindung sozialer Dienste und Einrichtungen doch um einen Aushandlungsprozess zwischen den Vereinbarungspartnern. Auch die Schiedsstelle kann nicht die eine richtige Vergütung finden, sondern muss letztlich über ihr Verständnis und ihre Konkretisierung der unbestimmten Rechtsbegriffe Wirtschaftlichkeit, Sparsamkeit, Leistungsfähigkeit, leistungsgerechtes Entgelt und Qualität der Leistungen verhandeln (s. auch § 80 Rn. 31).

a) **Grundpauschale.** In die Grundpauschale fließen die **Kosten für den** in der 27 Einrichtung gewährten **Lebensunterhalt** ein (*Friedrich,* NDV 1997, 132, 137). Sie ist die Vergütung für die nach der Leistungsvereinbarung zu erbringenden Leistungen der **Unterkunft und Verpflegung** mit Ausnahme der durch den Investitionsbetrag abgedeckten Leistungen. Die Grundpauschale kann entweder als einrichtungsindividuelle Pauschale oder als einrichtungsübergreifend kalkulierte Grundpauschale für Leistungstypen vereinbart werden. Sofern allerdings die Grundpauschale als einrichtungsindividuelle Pauschale ausgestaltet und berechnet wird, sollte dies auf der Grundlage von Rahmenverträgen geschehen, um sicherzustellen, dass auf Landesebene die Berechnungsgrundlagen einrichtungsunabhängig vereinbart werden. Hinsichtlich der Vereinbarung von einrichtungsübergreifenden Pauschalen ist darauf zu achten, dass wirtschaftliche oder konzeptionelle Besonderheiten einzelner Einrichtungen – etwa eine von den Kalkulationsgrundlagen wesentlich abweichende Personalstruktur oder ungünstige Faktoren hinsichtlich der Größe der Einrichtung, des Standorts oder des Zuschnitts des Versorgungs- oder Einzugsbereiches – Berücksichtigung finden können (vgl. *Baur,* NDV 2000, 15, 18). Auch sollten bei der Vereinbarung einrichtungsübergreifender Pauschalen in den Rahmenverträgen Öffnungsklauseln zugelassen werden für beispielsweise Mehrbedarfe wegen kostenaufwändiger Ernährung, neue und innovative Angebote der Einrichtung oder Einzelvergütungen, sofern Leistungsberechtigte auf Grund ihres Bedarfs keinem vereinbarten Leistungstyp zugeordnet werden können.

b) **Maßnahmepauschale.** Die Maßnahmepauschale ist das **Entgelt,** der Vergü- 28 tungsbestandteil **für die** vereinbarte **Leistung.** Sie umfasst alle personellen und sächlichen Aufwendungen, soweit sie nicht der Grundpauschale oder dem Investitionsbetrag zuzuordnen sind.

Maßnahmepauschalen können nach § 76 Abs. 2 S. 3 nach **Gruppen für Leis-** 29 **tungsberechtigte mit vergleichbarem Bedarf** kalkuliert werden. Bis zur Änderung dieser Vorschrift durch das Gesetz zur Änderung des Vierten Buches Sozialgesetzbuch, zur Errichtung einer Versorgungsausgleichskasse und anderer Gesetze vom 15.7.2009 (BGBl. I S. 1939) mit Wirkung vom 22.7.2009 enthielt die Vorschrift die strikte Vorgabe, die Maßnahmepauschale nach Gruppen für Leistungsberechtigte mit vergleichbarem Bedarf, den sog. **Hilfebedarfsgruppen,** zu kalkulieren. Die Umsetzung dieser Vorgabe war und ist für die Praxis mit erheblichen Schwierigkeiten verbunden. Sie rühren daher, dass die Maßnahmepauschale auf eine Leistung abstellt, die aus dem Durchschnitt aller Leistungen an Leistungsberechtigte der einzelnen Gruppe besteht. Diese **Typisierung** hat zwei gegensätzliche Anforderungen zu erfüllen: Einerseits muss die Anzahl der Gruppen möglichst gering bleiben, um nicht zu einer unendlichen Anzahl von Maßnahmepauschalen zu kommen (*Friedrich*, NDV 1997, 132, 137), andererseits ist aber eine differenzierte Gruppenbildung erforderlich, um den individuellen Hilfeanspruch erfüllen zu können (*Schoch*, ZfF 2000, 1, 11). Zudem soll die Zuordnung der Hilfebedürftigen zu einer Gruppe auch nachvollziehbar und plausibel sein (*Brünner/Philipp*, RsDE 67, 1, 2, unter Hinweis auf § 6 Abs. 3 der Bundesempfehlung 1999). Der Gesetzgeber hat hierauf insoweit reagiert, als er nunmehr die Bildung von Hilfebedarfsgruppen nicht mehr zwingend vorschreibt. So kann nach der Änderung des § 76 Abs. 2 S. 3 bei den pauschalierten Vergütungen für Leistungen in Einrichtungen und Diensten statt auf die Hilfebedarfsgruppen z. B. auf die **Finanzierung von Leistungsstunden** abgestellt werden. Nach dem Willen des Gesetzgebers sollen so regionale Besonderheiten berücksichtigt werden können (BT-Drs. 16/13424, S. 35).

30    Zur Bildung von Gruppen von Leistungsberechtigten mit vergleichbarem Bedarf sind verschiedene **Verfahren** entwickelt worden. Zu erwähnen ist insbesondere das sog. **HMB-Verfahren** (Hilfebedarf von Menschen mit Behinderungen), das von Dr. Heidrun Metzler entwickelt wurde, deshalb auch als **Metzlerverfahren** bekannt, und das nicht auf Zeitwerten und Sach- und Personalaufwendungen, sondern auf abstrahierenden Bedarfskategorien für einzelne Hilfebereiche – Zuordnung zu Leistungsberechtigtengruppen nach einem Punktesystem – beruht. Das Metzlerverfahren erlaubt so Aussagen über das Verhältnis des Hilfebedarfs verschiedener Leistungsberechtigter, jedoch keine zeitliche Bezifferung des konkreten Hilfebedarfs; für die Personalbemessung ist es deshalb nicht geeignet (vgl. näher *Baur*, NDV 2000, 15, 21; *Brünner/Philipp*, RsDE 67, 1, 3; Empfehlungen des Deutschen Vereins zur Bedarfsermittlung und Hilfeplanung in der Eingliederungshilfe für Menschen mit Behinderungen, NDV 2009, 253, 261). Demgegenüber hat die Arbeitsgruppe des vom Bundesministeriums der Gesundheit geförderten Forschungsprojekts „Implementation des personenzentrierten Ansatzes in der psychiatrischen Versorgung" ein Verfahren zur Bildung von Leistungsberechtigtengruppen vorgeschlagen, das am durchschnittlich zu erwartenden Zeitaufwand für erforderliche Eingliederungsleistungen orientiert ist (vgl. näher *Krüger/Kunze/ Kruckenberg*, NDV 2000, 193, 194 ff.).

31    Die Vereinbarungspartner der **Bundesempfehlungen nach § 93d Abs. 3 BSHG** hatten in ihren Arbeitshinweisen (NDV 2001, 33) insgesamt 34 verschiedene Leistungstypen gebildet, die in Bezug auf die wesentlichen Leistungsmerkmale (Zielgruppe; Ziel, Art und Umfang der Leistung; personelle und sächliche Ausstattung sowie Leistungs- und Qualitätsanforderung) typisierte Leistungsangebote darstellen. Die Umsetzung und Ausgestaltung dieser typisierten Leistungsangebote, die auf die Leistungsberechtigten in der Weise ausstrahlen, dass diese grundsätzlich lediglich die für sie passende typisierte Leistung beanspruchen können (*Grube*, RsDE 52, 25, 35), bleibt den **Landesrahmenverträgen** vorbehalten, die insoweit ein recht unterschiedliches Bild zeichnen (zur Umsetzung auf Landesebene am Beispiel Baden-Württembergs s. *Brünner/Philipp*, RsDE 67, 1, 2 ff.).

32    Die **Einstufung der Leistungsberechtigten** in als Kalkulationsgrundlage für die vertragliche Maßnahmepauschale gebildete Hilfebedarfsgruppen wirft zahlreiche **rechtliche Probleme** auf. Sie beginnen mit der Frage nach der Handlungsform. Die Einstufung des Leistungsberechtigten im Rahmen der Leistungsbewilligung durch den Sozialhilfeträger ist ein **Verwaltungsakt**. Hieran vermag nichts zu ändern, folgte man der Auffassung des BSG, dass es hierfür an einer gesetzlichen Eingriffsgrundlage fehle (BSG 2.2.2010 – B 8 SO 20/08 R, BeckRS 2010, 68711, FEVS 61, 534). Die Einstufung enthält gleichwohl eine Einzelfallregelung gegenüber dem Leistungsberechtigten (so auch *Pattar*, Sozialrecht aktuell 2012, 85, 97, der aber eine Regelungsbefugnis ablehnt); sie findet ihre Grundlage zudem in den jeweiligen leistungsrechtlichen Vorschriften, die vom Sozialhilfeträger die Feststellung eines konkreten Bedarfs und die Bewilligung der Leistung zu dessen Deckung

fordern. Dies kann durch eine Einstufung in eine Hilfebedarfsgruppe im Leistungs-bewilligungsbescheid geschehen (wie hier *Münder,* LPK-SGB XII, § 76 Rn. 20; *Dillmann,* Sozialrecht aktuell 2012, 181, 184 f.) Zu fragen ist auch danach, wessen Rechte durch die Zuordnung zu einer Hilfebedarfsgruppe betroffen werden, für wen wann welche Rechtsschutzmöglichkeiten bestehen und wie weit die Regelungsbefugnis der Vertragsparteien der Landesrahmenverträge reicht (s. dazu und zum Folgenden *Brünner/Philipp,* RsDE 67, 1, 5 ff.). Leitlinie für die Beantwortung dieser Fragen muss sein, dass die Einstufung der Leistungsberechtigten in gebildete Hilfebedarfsgruppen nach der Systematik des SGB XII zwar zunächst ein **Instrument der Vergütungsfindung** ist, denn sie ist thematisch der Maßnahmepauschale als Bestandteil der Vergütungsvereinbarung, nicht aber der Leistungsvereinbarung oder gar dem Leistungsrecht zugeordnet. Die typisierende Einstufung vermag daher am individuell ausgerichteten **Bedarfsdeckungsprinzip** zwar auch im Einzelfall rechtlich nichts zu ändern; doch ist schon durch ihr Vorhandensein nicht zu vermeiden, dass die Einstufung tatsächlich auf den Anspruch der Leistungsberechtigten auf bedarfsdeckende Leistungen auch im Einzelfall ausstrahlt. Ob und inwieweit dies im Einzelfall so ist, ist zunächst durch Analyse der Leistungsbewilligung, der Vereinbarungen zwischen Sozialhilfe- und Einrichtungsträger und des Vertrages zwischen Leistungsberechtigtem und Einrichtungsträger zu klären (vgl. BSG 2.2.2010 – B 8 SO 20/08 R, BeckRS 2010, 68711, FEVS 61, 534). Soweit diese **Ausstrahlung** reicht, sind durch eine Einstufung zwischen Sozialhilfeträger und Einrichtungsträger auch die Rechte der Leistungsberechtigten betroffen und stehen ihnen deshalb insoweit Verfahrensrechte und Rechtsschutzmöglichkeiten zu. Der Leistungsberechtigte muss gegebenenfalls im Grundverhältnis zum Sozialhilfeträger seinen Bedarf geltend machen, wobei allerdings der Bedarf davon abhängt, ob er gegenüber dem Leistungserbringer überhaupt zur Zahlung eines entsprechenden Entgelts verpflichtet ist (BSG 2.2.2010 – B 8 SO 20/08 R, BeckRS 2010, 68711). Denn der Leistungserbringer muss den Bedarf des Leistungsberechtigten der Leistungsvereinbarung folgend decken. Stimmt die Leistungsvereinbarung, die die Bedarfe nur abstrakt umschreibt, nicht mit dem konkreten Bedarf eines individuellen Leistungsberechtigten überein, muss der Leistungserbringer neu verhandeln (zum Ganzen eingehend LSG BW 25.6.2015 – L 7 SO 1447/11, SRa 2016, 31).

**c) Investitionsbetrag.** Der Investitionsbetrag orientiert sich an der konkreten **33** Situation der einzelnen Einrichtung. Er eröffnet die Möglichkeit, in der Vergütung die **besondere Situation der jeweiligen Einrichtung,** ihre baulichen Gegebenheiten und betriebsnotwendigen Ausstattungen zu berücksichtigen (*Friedrich,* NDV 1997, 132, 138). Welche Anlagen und Ausstattungen betriebsnotwendig sind, richtet sich nach der Aufgabenstellung der Einrichtung, insbesondere nach ihrem Leistungsangebot und dem vom Träger der Sozialhilfe zu finanzierenden Standard.

Der Investitionsbetrag **umfasst** **34**
1. die Aufwendungen, die dazu bestimmt sind, die für den Betrieb der Einrichtung notwendigen Gebäude und sonstigen abschreibungsfähigen Anlagegüter herzustellen, anzuschaffen, wieder zu beschaffen, zu ergänzen, instand zu halten oder instand zu setzen;
2. die Aufwendungen für Miete, Pacht, Nutzung, Mitbenutzung von Gebäuden oder sonstigen Anlagegütern.

Zu den Investitionskosten nach § 41 Abs. 3 S. 3 Nr. 1 SGB IX a. F. (jetzt: § 58 Abs. 3 SGB IX) s. LSG Bln-Bbg 18.8.2016 – L 23 SO 187/14 KL.

Ob in den Investitionsbetrag auch Aufwendungen für den **Erwerb und die** **35** **Erschließung von Grundstücken** einzubeziehen sind, ist nach wie vor nicht abschließend geklärt (s. aber BSG 7.10.2015 – B 8 SO 19/14 R, NJOZ 2016, 1266; *Jaritz/Eicher,* jurisPK-SGB XII, § 75 Rn. 167). Zwar entspricht die Nichtberücksichtigung von Aufwendungen für den Erwerb und die Erschließung von Grundstücken der hergebrachten Förderpraxis; diese Aufwendungen sind auch bei der Finanzierung von Pflegeeinrichtungen nach dem SGB XI ausdrücklich nicht refinanzierbar (*Baur*, NDV 2000, 15, 18). Das erklärt, warum sich die Träger der Sozialhilfe im Rahmen des Verabschiedungsprozesses der Bundesempfehlung nach § 93d Abs. 3 BSHG für Landesrahmenverträge nach § 93d Abs. 2 BSHG geweigert hatten, die Aufwendungen für den Erwerb und die Erschließung von Grundstücken in den Investitionsbetrag aufzunehmen. Die unterschiedlichen Auffassungen zwischen Kostenträgerseite und Leistungserbringerseite über die Berücksichtigung der Grundstückskosten ist auch einer der Gründe, warum die Verhandlungen über eine Bundesempfehlung nach § 79 Abs. 2 SGB XII bis auf Weiteres ausgesetzt sind (vgl. unten § 79 Rn. 18). Der vom Gesetzgeber intendierte Wettbewerb unter den Einrichtungen verlangt indes vor allem mit Blick auf die Ausgangssituation der öffentlichen Einrichtungsträger, dass alle beim Betrieb einer Einrichtung notwendigerweise anfallenden Aufwendungen refinanziert werden können, zumal sich Aufwendungen für den Erwerb eines Grundstücks nur wenig verlässlich – hohe Manipulationsgefahr! – von den Aufwendungen trennen lassen, die für dessen wesentlichen Bestandteil – das refinanzierbare Gebäude – aufgewandt werden müssen (vgl. dazu auch BSG 7.10.2015 – B 8 SO 19/14 R, NJOZ 2016, 1266). Im Übrigen dürfte auch der Gesetzgeber von diesem Verständnis des Investitionsbetrages ausgegangen sein. In der Begründung des Entwurfs eines Gesetzes zur Reform des Sozialhilferechts hieß es insoweit nämlich, zu den Kosten für betriebsnotwendige Anlagen gehören u. a. der Investitionsaufwand für Erst- und Wiederbeschaffung von Anlagegütern (BT-Drs. 13/2440, S. 30).

**36**      Einer Erhöhung des Investitionsbetrages auf Grund von betriebsnotwendigen **Investitionsmaßnahmen** braucht der Träger der Sozialhilfe nur zuzustimmen, wenn er zuvor der Maßnahme zugestimmt hat (§ 76 Abs. 2 S. 4, vgl. auch unten Rn. 38).

**37**      **d) Anrechnung öffentlicher Förderungen.** Zur Vermeidung von Wettbewerbsverzerrungen bestimmt § 76 Abs. 2 S. 2, dass öffentliche Förderungen – etwa auch verdeckte Subventionen in Form von haushaltsinternen Umschichtungen bei öffentlichen Einrichtungen – anzurechnen sind (vgl. bereits BT-Drs. 13/2440, S. 29 f.). Durch dieses **Verbot der „heimlichen dualen Finanzierung"** (*Neumann*, RsDE 33, 124, 140) wird verhindert, dass bereits subventionierte Kostenbestandteile im Rahmen der Vergütungsvereinbarung ein weiteres Mal berücksichtigt und damit letztlich zweimal finanziert werden; eine solche Doppelförderung wäre auch aus haushaltsrechtlichen Gründen unzulässig. Öffentlich sind alle Förderungen, die aus öffentlichen Finanzwirtschaften, also von Körperschaften des öffentlichen Rechts auf Bundes-, Landes- oder kommunaler Ebene stammen, sowie Zuwendungen von Stiftungen des öffentlichen Rechts und von privatrechtlich organisierten Stiftungen, soweit sie der öffentlichen Verwaltung zuzurechnen sind (*Neumann*, Hauck/Noftz, SGB XII, § 76 Rn. 22).

**38**      **e) Investitionsmaßnahmen.** In § 76 Abs. 2 S. 4 ist bestimmt, dass der Träger der Sozialhilfe einer verlangten Erhöhung der Vergütung auf Grund von Investitionsmaßnahmen nur zuzustimmen braucht, wenn er zuvor der Maßnahme zugestimmt hat. Über diese Regelung wird sichergestellt, dass ohne **Zustimmung des Kostenträgers** geschaffene Fakten nicht zu höheren Vergütungen führen. Betriebsnotwendige Investitionen muss der Einrichtungsträger vielmehr zum Gegenstand der Vergütungsvereinbarung machen. Die Entscheidung des Trägers der Sozialhilfe, ob er einer Investitionsmaßnahme des Einrichtungsträgers zustimmt, steht in seinem pflichtgemäßen Ermessen (vgl. VGH Mannheim 21.11.2006 – 12 S 153/06, SRa 2007, 24). Hat der Träger der Sozialhilfe der Investitionsmaßnahme allerdings zugestimmt, darf er seine Zustimmung zur Erhöhung der Vergütung auf Grund dieser

Investitionsmaßnahme grundsätzlich nicht verweigern. Beruhen die Investitionsmaßnahmen auf bau- oder anderen ordnungsrechtlichen Vorgaben, ist der Träger der Sozialhilfe verpflichtet (Ermessensreduzierung auf Null), den Maßnahmen und auch der Erhöhung des Investitionsbetrages dem Grunde nach zuzustimmen; Ermessen ist ihm dann lediglich eingeräumt im Hinblick auf die Zustimmung zur Höhe des Investitionsbetrages (ähnlich *Münder,* LPK-SGB XII, § 76 Rn. 22). Stimmt der Träger der Sozialhilfe einer Erhöhung des Investitionsbetrages nicht zu, kann die **Schiedsstelle** nach Maßgabe des § 77 Abs. 1 SGB XII nicht angerufen werden; es ist vielmehr eine gesonderte Klage beim erstinstanzlichen Sozialgericht zu erheben (BSG 23.7.2014 – B 8 SO 3/13 R, NVwZ-RR 2015, 740).

### 3. Prüfungsvereinbarung (Abs. 3)

§ 76 Abs. 3 S. 1 verpflichtet die Träger der Sozialhilfe und die Träger der Einrich- **39** tungen, Grundsätze und Maßstäbe für die Wirtschaftlichkeit und die Qualitätssicherung der Leistungen sowie für den Inhalt und das Verfahren zur Durchführung von Wirtschaftlichkeits- und Qualitätsprüfungen zu entwickeln und zu vereinbaren.

**a) Wirtschaftlichkeit und Qualitätssicherung.** Zu den Parametern Wirt- **40** schaftlichkeit und Qualitätssicherung der Leistungen haben die Träger der Sozialhilfe und Einrichtungträger Grundsätze und Maßstäbe zu vereinbaren. Diese sind **Gegenstand der durchzuführenden Wirtschaftlichkeits- und Qualitätsprüfungen.** Im Wirtschaftlichkeitsprüfungsverfahren sind die prospektiv ermittelten Vergütungen nachträglich überprüfbar; das Ergebnis der Prüfung kann sich dann auf die Vergütungen der nächsten Periode auswirken.

Der Begriff der **Wirtschaftlichkeit** bezeichnet eine günstige Zweck-Mittel- **41** Relation im Sinne eines angemessenen und ausgewogenen Verhältnisses zwischen den erbrachten Leistungen und der Entgelthöhe (s. auch Rn. 21 und § 75 Rn. 24). Die Relation hat auch andere Anbieter in den Blick zu nehmen. Die Bundesempfehlung nach § 93d Abs. 3 BSHG sah eine Vermutung für die Wirtschaftlichkeit der Leistung vor, wenn diese in der verabredeten Qualität von vergleichbaren Einrichtungen mit den vereinbarten Vergütungen erbracht wird.

Aufgabe der **Qualitätssicherung** ist es nicht, Leistungsstandards in Bezug auf **42** die durch die Einrichtung zu erbringende Leistung festzuschreiben; denn die wesentlichen Leistungsmerkmale zur näheren Bestimmung von Inhalt und Qualität der Leistung werden durch die Leistungsvereinbarung (§ 75 Abs. 3 S. 1 Nr. 1 SGB XII) festgelegt. Der Begriff der Qualitätssicherung bezieht sich vielmehr auf die Fragestellung, wie gewährleistet wird, dass die vereinbarte Leistung auch tatsächlich in der vereinbarten Qualität erbracht wird. Um das sicherzustellen, kommen als Maßnahmen der Qualitätssicherung insbesondere die Einrichtung von Qualitätszirkeln, die Einsetzung von Qualitätsbeauftragten, die Mitwirkung an Qualitätskonferenzen sowie die Entwicklung und Weiterentwicklung von Verfahrensstandards für die Betreuung und Versorgung in Betracht. Diese Qualitätssicherungsmaßnahmen macht § 76 Abs. 3 S. 1 zum Vereinbarungsgegenstand. Es ist deshalb verfehlt, hier eine weitere Vereinbarungsart („Leistungsstandardvereinbarung") angelegt zu sehen, weil durch Abs. 3 S. 1 Alt. 1, soweit es „Grundsätze und Maßstäbe für die Wirtschaftlichkeit und die Qualitätssicherung der Leistungen" betrifft, dem § 75 Abs. 3 S. 1 Nr. 3 SGB XII etwas Eigenständiges hinzugefügt werde (so *Jaritz,* Sozialrecht aktuell 2012, 105, 107). **Leistungsstandards** werden vielmehr **in der Leistungsvereinbarung, Qualitätssicherungsmaßnahmen** für die vereinbarten Standards **in der Prüfungsvereinbarung** vereinbart. Der Konstruktion einer weiteren Vereinbarungsart bedarf es nicht.

**b) Prüfungsverfahren.** In der Prüfungsvereinbarung sind ferner Grundsätze **43** und Maßstäbe für den **Inhalt** – insoweit ist die Regelung im Vergleich zur Vorgängerregelung in § 93a Abs. 3 S. 1 BSHG ergänzt – **und** das **Verfahren** zur Durchführung von Wirtschaftlichkeits- und Qualitätsprüfungen zu vereinbaren. Dazu gehört, welche Dokumentations- und Nachweispflichten einzuhalten sind, wann die Wirtschaftlichkeits- und Qualitätsprüfungen stattfinden (jederzeit und einschränkungslos, innerhalb bestimmter Zeiträume, zu festen Zeiten, anlassbezogen) und ob sie durch den Träger der Sozialhilfe selbst, durch eine (unabhängige) Kommission oder durch (unabhängige) Sachverständige durchgeführt werden sollen. Insoweit spielen nicht nur personelle Kapazitäten des Trägers der Sozialhilfe eine Rolle, auch Kostengesichtspunkten kommt erhebliches Gewicht zu. Werden die Prüfungen etwa vom Träger der Sozialhilfe selbst abgewickelt, spricht vieles dafür, dass die Kosten der Prüfung auch der Träger der Sozialhilfe übernimmt. Wird die Durchführung der Prüfung dagegen auf eine Kommission oder Sachverständige übertragen, liegt eine Kostenteilung zwischen Einrichtungs- und Sozialhilfeträger nahe.

**44**    Um **Doppelprüfungen** zu **vermeiden,** verpflichtet § 76 Abs. 3 S. 3, der eine Neuerung im Vergleich zur Vorgängerregelung in § 93a Abs. 3 BSHG darstellt, den Träger der Sozialhilfe zur Zusammenarbeit mit den nach heimrechtlichen Vorschriften zuständigen Aufsichtsbehörden und dem Medizinischen Dienst der Krankenversicherung. Der zunächst hier enthaltene Hinweis auf die Heimaufsichtsbehörden ist durch das Gesetz zur Neuregelung der zivilrechtlichen Vorschriften des Heimgesetzes nach der Föderalismusreform vom 29.7.2009 (BGBl. I S. 2319) mit Wirkung vom 1.10.2009 durch den auf die nach heimrechtlichen Vorschriften zuständigen Aufsichtsbehörden ersetzt worden. Dies steht im Zusammenhang mit der bundesstaatlichen Diversifizierung des Heimrechts und der Einführung des Wohn- und Betreuungsvertragsgesetzes als Bundesrecht.

**45**    Schließlich ist darauf zu achten, dass das **Ergebnis** der Prüfung nicht nur dokumentiert, sondern in geeigneter Form auch den Leistungsberechtigten der Einrichtung **zugänglich** gemacht wird (§ 76 Abs. 3 S. 2).

### 4. Fehlerfolgen

**46**    § 76 gibt Mindestvertragsinhalte vor. Enthalten die Vereinbarungen diese nicht, kann auf Regelungen in den Landesrahmenverträgen zurückgegriffen werden, wenn in den Einzelvereinbarungen auf sie ausdrücklich Bezug genommen worden ist (s. § 79 Rn. 6). Bleibt auch danach noch eine Lücke mit Blick auf die gesetzlich vorgeschriebenen Mindestinhalte, ist die entsprechende Vereinbarung insgesamt unwirksam (vgl. *Jaritz*, Sozialrecht aktuell 2012, 105, 110).

### § 77 Abschluss von Vereinbarungen

(1) ¹**Die Vereinbarungen nach § 75 Abs. 3 sind vor Beginn der jeweiligen Wirtschaftsperiode für einen zukünftigen Zeitraum (Vereinbarungszeitraum) abzuschließen; nachträgliche Ausgleiche sind nicht zulässig. ²Vertragspartei der Vereinbarungen sind der Träger der Einrichtung und der für die Sitz der Einrichtung zuständige Träger der Sozialhilfe; die Vereinbarungen sind für alle übrigen Träger der Sozialhilfe bindend. ³Kommt eine Vereinbarung nach § 76 Abs. 2 innerhalb von sechs Wochen nicht zustande, nachdem eine Partei schriftlich zu Verhandlungen aufgefordert hat, entscheidet die Schiedsstelle nach § 80 auf Antrag einer Partei unverzüglich über die Gegenstände, über die keine Einigung erreicht werden konnte. ⁴Gegen die Entscheidung ist der Rechtsweg zu den Sozialgerichten gegeben. ⁵Die Klage richtet sich gegen eine der beiden Vertragsparteien, nicht gegen die Schiedsstelle. ⁶Einer Nachprüfung der Entscheidung in einem Vorverfahren bedarf es nicht.**

(2) ¹Vereinbarungen und Schiedsstellenentscheidungen treten zu dem darin bestimmten Zeitpunkt in Kraft. ²Wird ein Zeitpunkt nicht bestimmt, werden Vereinbarungen mit dem Tag ihres Abschlusses, Festsetzungen der Schiedsstelle mit dem Tag wirksam, an dem der Antrag bei der Schiedsstelle eingegangen ist. ³Ein jeweils vor diesen Zeitpunkt zurückwirkendes Vereinbaren oder Festsetzen von Vergütungen ist nicht zulässig. ⁴Nach Ablauf des Vereinbarungszeitraums gelten die vereinbarten oder festgesetzten Vergütungen bis zum Inkrafttreten neuer Vergütungen weiter.

(3) ¹Bei unvorhersehbaren wesentlichen Veränderungen der Annahmen, die der Vereinbarung oder Entscheidung über die Vergütung zu Grunde lagen, sind die Vergütungen auf Verlangen einer Vertragspartei für den laufenden Vereinbarungszeitraum neu zu verhandeln. ²Die Absätze 1 und 2 gelten entsprechend.

*Änderungen der Vorschrift: Abs. 1 Satz 2 eingef., bish. Sätze 2–5 werden Sätze 3–6 mWv 7.12.2006 durch G v. 2.12.2006 (BGBl. I S. 2670).*

*Vergleichbare Vorschriften: § 93b BSHG; § 17 SGB II; § 78d SGB VIII; § 85 Abs. 5 SGB XI.*

**Schrifttum:** *Armborst,* Rechtlicher Rahmen für das Verfahren vor der Schiedsstelle gemäß § 94 BSHG, RsDE 33, 1; *Gottlieb,* Vereinheitlichungsaspekte bei den sozialrechtlichen Schiedsstellen nach § 78g SGB VIII, § 76 SGB XI und § 80 SGB XII, Sozialrecht aktuell 2012, 150; *ders.,* Rechtsverwirklichung durch Schiedsverfahren gem. §§ 78a ff. SGB VIII, ZKJ 2017, 266; *Gottlieb/Krüger,* Vorschläge zur rechtlichen Harmonisierung der Schiedsstellenverfahren nach §§ 76 SGB XI und 80 SGB XII, NDV 2013 571; *Grube* in: Deinert/Welti, Stichwortkommentar Behindertenrecht, 2014, Stichwort „Schiedsstelle Sozialhilfe"; *Henneberger,* Jährliches Arbeitstreffen der Schiedsstellen nach dem SGB XI und dem SGB XII, NDV 2013, 569; *Plantholz,* Schiedsverfahren in der Sozialhilfe, Sozialrecht aktuell 2012, 146; s. auch Schrifttum zu §§ 75, 76, 80.

## Übersicht

# I. Bedeutung der Norm

Die Vorschrift ist die gesetzliche **Grundlage für das prospektive Vereinba-** 1 **rungs- und Entgeltsystem,** wonach Vereinbarungen zwischen Einrichtungs- und Kostenträgern vor Beginn der jeweiligen Wirtschaftsperiode abzuschließen sind. Sie regelt zudem eine Durchführung eines Schiedsstellenverfahrens, sofern sich die Parteien auf eine Vergütungsvereinbarung nicht einigen können. Schließlich beinhaltet die Vorschrift eine Klausel zur Anpassung der (laufenden) Vereinbarung bei Änderung oder Wegfall der Geschäftsgrundlage.

## II. Inhalt der Norm im Einzelnen

### 1. Prospektivität der Vereinbarungen (Abs. 1 S. 1)

**2**      Der durch § 77 Abs. 1 S. 1 gesetzlich festgeschriebene Grundsatz der Prospektivität der Vereinbarungen besagt, dass die Vereinbarungen zwischen dem Einrichtungs- und Kostenträger nach § 75 Abs. 3 SGB XII, insbesondere also auch die Vergütungsvereinbarung, im Voraus, nämlich vor Beginn der jeweiligen Wirtschaftsperiode **für einen zukünftigen Zeitraum** (Vereinbarungszeitraum) abzuschließen sind. Damit ist insbesondere eine **rückwirkende Vereinbarung von Entgelten ausgeschlossen.** Ein nachträglicher Ausgleich von Über- oder Unterdeckungen findet nicht statt (Abs. 1 S. 1 2. Hs.). Ebenso ist es den Vertragsparteien verwehrt, in die Vereinbarung einen Vorbehalt der Nachverhandlung aufzunehmen (s. aber Rn. 28).

**3**      Der Grundsatz der **Prospektivität** gilt zwar nicht nur für die Vergütungsvereinbarungen (§ 75 Abs. 3 S. 1 Nr. 2 SGB XII), sondern auch für die Leistungs- und Prüfungsvereinbarungen (§ 75 Abs. 3 S. 1 Nr. 1 bzw. 3 SGB XII). Das folgt aus der uneingeschränkten Bezugnahme auf „die Vereinbarungen nach § 75 Abs. 3". Jedoch ist der Grundsatz der Prospektivität **faktisch nur für die Vergütungsvereinbarung bedeutsam,** weil letztlich allein in Bezug auf die Vergütung die Frage eines nachträglichen Ausgleichs relevant werden kann (vgl. *Münder,* LPK-SGB XII, § 77 Rn. 2).

**4**      Durch das **Prospektivitätssystem** sollen die Kosten nicht mehr in weitgehender Abstraktion von den erbrachten Leistungen erstattet, sondern konkrete Hilfen leistungsgerecht vergütet und damit den Geboten der Wirtschaftlichkeit, Sparsamkeit und Leistungsfähigkeit Rechnung getragen werden (vgl. BT-Drs. 12/5510, S. 11). Der Einrichtungsträger, der nunmehr mit im Voraus bestimmten Finanzmitteln rechnen und auch haushalten muss, erhält einen Anreiz zum wirtschaftlichen Handeln und die Möglichkeit zur Erzielung eines Überschusses bei sparsamer Wirtschaftsführung. Wird aber die wirtschaftliche Betriebsführung belohnt, so ist es nur konsequent, dass der Träger der Sozialhilfe nicht mehr Unterdeckungen ausgleicht, die durch unwirtschaftliche Betriebsführung des Einrichtungsträgers entstanden sind. Der in § 77 Abs. 1 S. 1 2. Hs. ausdrücklich erwähnte Ausschluss nachträglicher Ausgleiche bürdet den Einrichtungsträgern jedenfalls keine unkalkulierbaren Risiken auf: Denn zum einen ist die Laufzeit der Vereinbarungen nicht an das Kalenderjahr, sondern an einen Vereinbarungszeitraum geknüpft. Damit haben es die Vertragspartner in der Hand, die Laufzeit der Vereinbarungen zeitlich so zu bemessen, dass insbesondere Tarifabschlüsse, auf die sie keinen Einfluss haben, zeitnah berücksichtigt werden können. Bei Bedarf können sie beispielsweise auch Vergütungsvereinbarungen mit sehr kurzer Laufzeit – hier sind Zeiträume von wenigen Monaten denkbar – abschließen. In die Verhandlungen über den Abschluss einer neuen Vergütungsvereinbarung gehen die Kosten der Vergangenheit sodann als Kalkulationsgrundlage ein (vgl. *Jaritz,* Sozialrecht aktuell 2012, 105, 114). Zum anderen ist jeder Vertragspartei über § 77 Abs. 3 das Recht eingeräumt, bei unvorhersehbaren wesentlichen Änderungen der Geschäftsgrundlage eine Neuverhandlung der laufenden Vereinbarung zu erzwingen. Auch kann nicht unberücksichtigt bleiben, dass erfahrungsgemäß Belegungsschwankungen, die einen Erlösausfall verursachen, nicht zu befürchten sind. Die Belegungsquote pflegerisch und wirtschaftlich gut geführter Einrichtungen – auf die es allein ankommen kann – liegt in der Regel über dem Auslastungsgrad, der den Vergütungsvereinbarungen zu Grunde liegt (vgl. BT-Drs. 12/5510, S. 11). Schließlich darf auch in diesem Kontext nicht außer Betracht bleiben, dass das Unternehmerrisiko und damit insbesondere auch das Risiko der Unterbelegung allein die Einrichtung trägt.

**5**      Entscheidend bleibt jedoch, dass die Vergütungen so **realitätsnah** und **sachgerecht** vereinbart werden, dass sowohl bedarfsdeckende Hilfen geleistet werden können als auch das wirtschaftliche Überleben von Einrichtungen ermöglicht wird (s. auch § 75 Rn. 24).

Prospektivität der Vereinbarungen nach Abs. 1 S. 1 ist etwas anderes als ihr **6** **Inkrafttreten** nach Abs. 2 S. 1 bzw. ihr **Wirksamwerden.** Während Prospektivität die grundsätzliche Zukunftsorientierung der Vereinbarungsinhalte meint, betrifft das Inkrafttreten den Zeitpunkt des Wirksamwerdens der Vereinbarungen unabhängig von ihrem Inhalt (s. Rn. 15; s. auch *Neumann,* RsDE 63, 32, 38 f.).

Keine zwingende Aussage enthält Abs. 1 S. 1 zur **Laufzeit von Vereinbarungen.** **7** Die Legaldefinition des Vereinbarungszeitraums als eines zukünftigen Zeitraums nimmt Bezug auf die Prospektivität. Aussagen zur Laufzeit von Vereinbarungen können nur im Zusammenhang mit den Regelungen zum Inkrafttreten und Fortgelten der Vereinbarungen in Abs. 2 getroffen werden (s. dazu Rn. 19 f.).

## 2. Vertragspartner und Bindungswirkung (Abs. 1 S. 2)

In § 77 Abs. 1 S. 2, der mit Wirkung vom 7.12.2006 in Abs. 1 eingefügt worden **8** ist, hat der Gesetzgeber nunmehr bestimmt, dass **Vertragspartner** der Vereinbarungen nach § 75 Abs. 3 SGB XII der Träger der Einrichtung und der für den Sitz der Einrichtung zuständige Träger der Sozialhilfe sind. (BSG 7.10.2015 – B 8 SO 21/14 R, NJOZ 2016, 1417). Für die Praxis bedeutsam ist die im 2. Hs. festgeschriebene **Bindungswirkung** der abgeschlossenen einrichtungsbezogenen Vereinbarungen auch für alle übrigen Sozialhilfeträger. Über diese Bindungswirkung soll sichergestellt werden, dass auch andere Träger der Sozialhilfe – etwa bei einer Belegung von Plätzen mit Bewohnern aus anderen Ländern – mit dem Einrichtungsträger Vereinbarungen gleichen Inhalts abschließen (so BT-Drs. 16/2711, S. 11). Allerdings geht der Wortlaut über dieses gesetzgeberische Motiv hinaus und ordnet eine unmittelbare Bindungswirkung an, die den Abschluss von Vereinbarungen entbehrlich macht. Die Vereinbarungen nach § 75 Abs. 3 SGB XII sind deshalb auch als Normverträge qualifiziert worden (*Jaritz,* Sozialrecht aktuell 2012, 105, 106).

## 3. Schiedsstellenverfahren (Abs. 1 S. 3 bis 6)

Kommt zwischen dem Einrichtungs- und Kostenträger eine **Vergütungsverein-** **9** **barung** nach § 76 Abs. 2 SGB XII nicht zustande, kann jede Vertragspartei nach § 77 Abs. 1 S. 3 eine **Schiedsstelle** anrufen. Die Schiedsstelle nach § 80 SGB XII entscheidet in einem festgelegten Verfahren mit bindender Wirkung für die Vertragsparteien über die Streitpunkte und legt die Entgelte fest.

Das Schiedsstellenverfahren ist durch den Gesetzgeber allerdings nur bei einer **10** Nichteinigung im Rahmen der Vergütungsvereinbarung vorgesehen. **Leistungs-** **und Prüfungsvereinbarungen** sind **nicht schiedsstellenfähig** (Kritik hieran bei *Griep,* RsDE 66, 27, 43 ff.). Besteht insoweit Streit, sind unmittelbar die Gerichte in Anspruch zu nehmen, die für Leistungs- und Prüfungsvereinbarungen auch einstweiligen Rechtsschutz gewähren können (HessLSG 18.7.2006 – L 7 SO 16/06 ER, NDV-RD 2006, 110). Diese Ausgrenzung insbesondere der Leistungsvereinbarung ist für viele Fälle gewiss ein wenig praktikabler Weg (s. auch § 80 Rn. 13 ff.). Abhilfe aber kann insoweit nur der Gesetzgeber schaffen. Schiedsstellen können nicht von sich aus ihre Entscheidungskompetenz auch auf Leistungsvereinbarungen erstrecken (wie hier *Pattar,* Sozialrecht aktuell 2012, 85, 89 f.; a. A. *Jaritz,* Sozialrecht aktuell 2012, 105, 108 f., die mit einer offensiven Auslegung einen untrennbaren Zusammenhang von Leistungs- und Vergütungsvereinbarung konstruiert; s. vor allem auch *Jaritz/Eicher,* jurisPK-SGB XII, § 37 ff.; plastisch zu unterschiedlichen Facetten der Entkoppelung der Leistungs- und Prüfungsvereinbarungen von der Schiedsstellenfähigkeit *Plantholz,* Sozialrecht aktuell 2012, 142, 142 ff.; *Rabe,* Sozialrecht aktuell 2012, 146, 147 f.).

11    Das **Verfahren** vor der Schiedsstelle ist antragsabhängig und setzt erfolglose Ver-
      tragsverhandlungen der Parteien voraus. Der Antrag kann frühestens sechs Wochen
      nach einer schriftlichen Aufforderung zum Abschluss einer Vereinbarung gestellt
      werden (§ 77 Abs. 1 S. 3). Die Frist beginnt mit dem Zugang der schriftlichen
      Aufforderung bei der anderen Partei. Der Aufforderung sollte ein konkretes und
      detailliertes Vertragsangebot zu allen Vertragsbestandteilen beigefügt sein.

12    Die Schiedsstelle entscheidet sodann unverzüglich über die Gegenstände, über
      die keine Einigung erreicht werden konnte. Gegen die **Entscheidung** der Schieds-
      stelle steht den Parteien ohne weiteres Vorverfahren der **Rechtsweg zu den Sozial-
      gerichten** offen (§ 77 Abs. 1 S. 4 und 6). Das Verfahren vor der Schiedsstelle und
      der sozialgerichtliche Rechtsschutz gegen Schiedsstellenentscheidungen werden
      kommentiert bei § 80 Rn. 16–22 bzw. Rn. 23–33.

### 4. Inkrafttreten, Laufzeit und Fortgeltung der Vereinbarungen und der Schiedsstellenentscheidungen (Abs. 2)

13    § 77 Abs. 2 enthält Regelungen über den Zeitpunkt des Inkrafttretens und der
      Fortgeltung der Vereinbarungen und der Schiedsstellenentscheidungen. Mit Blick
      auf das **Inkrafttreten** gilt im Grundsatz der Wille der Vertragsparteien, der in einer
      ausdrücklichen vertraglichen Regelung bzw. im Tenor der Schiedsstellenentschei-
      dung festgehalten sein muss (Abs. 2 S. 1). Die Vertragsparteien können allerdings
      für Vergütungsvereinbarungen nur einen zukünftigen Zeitpunkt bestimmen, da vor
      den Tag ihres Abschlusses rückwirkende Vereinbarungen insoweit nicht zulässig sind
      (Abs. 2 S. 3). Sofern die Parteien – bewusst oder unbewusst – keine Regelung
      über das Inkrafttreten der Vereinbarung getroffen haben, bestimmt das Gesetz, dass
      **Vereinbarungen** mit dem Tage ihres Abschlusses **wirksam** werden (Abs. 2 S. 2).
      **Festsetzungen der Schiedsstelle** werden dagegen – sofern der Zeitpunkt des
      Inkrafttretens im Schiedsspruch selbst nicht bestimmt ist – nicht erst mit der Verkün-
      dung oder Zustellung der Schiedsstellenentscheidung, sondern bereits mit dem Tag
      **wirksam**, an dem der Antrag bei der Schiedsstelle eingegangen ist (Abs. 2 S. 2).
      Diese Regelung, die eine Ausnahme vom Rückwirkungsverbot des Abs. 2 S. 3
      darstellt, trägt dem Umstand Rechnung, dass das Verfahren vor der Schiedsstelle oft
      komplex ist und damit auch langwierig sein kann. Eine lange Verfahrensdauer soll
      deshalb nicht zulasten des Einrichtungsträgers gehen, der zwar rechtzeitig die
      Schiedsstelle anrufen, jedoch die Dauer des Verfahrens nur sehr bedingt beeinflussen
      kann.

14    Als Konsequenz der Prospektivität des Vergütungssystems (s. Rn. 2–7) stellt § 77
      Abs. 2 S. 3 klar, dass eine Vergütungsvereinbarung, deren Wirksamkeit von den
      Vertragsparteien auf einen Zeitpunkt vor dem Vertragsschluss verlagert wird, nicht
      zulässig ist. Eine solche **rückwirkende Bestimmung** wäre gemäß § 58 Abs. 1
      SGB X i. V. m. § 134 BGB **nichtig** (vgl. VGH München, RsDE 62, 88). Auch der
      Schiedsstelle ist es verwehrt, Vergütungsfestsetzungen eine Rückwirkung über den
      Zeitpunkt des Antragseingangs hinaus beizumessen.

15    **Prospektivität und Inkrafttreten** sind nicht identisch (s. Rn. 6), werden aber
      durch Abs. 2 S. 3 zusammengeführt: Eine Vergütungsvereinbarung, die prospektiv
      auf einen künftigen Zeitraum ausgerichtet sein muss, darf zudem nicht zu einem
      Zeitpunkt vor dem Tag ihres Abschlusses in Kraft treten (*Neumann*, RsDE 63, 32,
      39).

16    Das **Rückwirkungsverbot** des § 77 Abs. 2 S. 3 konkretisiert nach der Rechtspre-
      chung des BSG (23.7.2014 – B 8 SO 2/13 R, SRa 2014, 257) allerdings nur die
      Vorschrift des § 77 Abs. 1 S. 1 2. Hs, wonach nachträgliche Ausgleiche unzulässig
      sind. Die Regelung enthält also kein gesetzliches Verbot des rückwirkenden Inkraft-
      setzens der Vergütungsvereinbarung, sofern die Vertragsparteien prospektiv verhan-
      delt haben. Die Rückdatierung ist lediglich begrenzt durch die 6-Wochenfrist, die

für eine Einigung vorgesehen ist (vgl. auch SächsLSG 10.6.2015 – L 8 SO 58/14 KL).

Um die **Kontinuität der prospektiven Entgelte trotz Rückwirkungsverbots** **17** zu gewährleisten, bestimmt § 77 Abs. 2 S. 4, dass nach Ablauf des Vereinbarungszeitraumes die von den Parteien vereinbarten oder von der Schiedsstelle festgesetzten Vergütungen bis zum Inkrafttreten neuer Vergütungen – sei es durch Neuvereinbarung, sei es durch Festsetzung der Schiedsstelle – weitergelten. Den Vertragsparteien ist es damit untersagt, nach Ablauf einer Vereinbarung die neue Vereinbarung, um die noch in Verhandlungen gerungen wird, im Anschluss an die alte wirksam werden zu lassen. Auch ist es dem Kostenträger verwehrt, nach Ablauf des Vereinbarungszeitraumes bis zum Abschluss einer neuen Vereinbarung die Vergütung pauschal um einen bestimmten Prozentsatz zu kürzen (vgl. VGH München 24.11.2004 – 12 CE 04.2057, FEVS 56, 270); der Einrichtungsträger kann die Weiterzahlung der zuletzt vereinbarten bzw. festgesetzten Vergütung gegenüber dem Kostenträger gerichtlich mit einem Antrag auf Erlass einer einstweiligen Anordnung durchsetzen.

Allerdings setzt die Weitergeltungsklausel des § 77 Abs. 2 S. 4 eine wirksame Leis- **18** tungsvereinbarung voraus. Fehlt eine wirksame Leistungsvereinbarung, scheidet eine Weitergeltung der vereinbarten Vergütung nach Abs. 2 S. 4 aus (vgl. VGH München 12.9.2005 – 12 CE 05.1725, FEVS 57, 545). Da die Weitergeltungsklausel des § 77 Abs. 2 S. 4 nur die Vergütungsvereinbarungen betrifft, kommt eine Weitergeltung von Leistungs- und Prüfungsvereinbarungen auf ihrer Grundlage nicht in Betracht (a. A. *Jaritz,* Sozialrecht aktuell 2012, 105, 115). Es bedarf ihrer auch nicht. Denn die **Kontinuität der Leistungs- und Prüfungsvereinbarungen** kann von den Vertragsparteien durch ex-tunc-Regelungen sichergestellt werden; das Rückwirkungsverbot des § 77 Abs. 2 S. 3 gilt insoweit nicht (so auch *Münder,* LPK-SGB XII, § 77 Rn. 20; a. A. *Rabe,* Fichtner/Wenzel, SGB XII, § 77 Rn. 6; zu Strategien zur Vermeidung bzw. Entschärfung der Folgen einer fehlenden Leistungsvereinbarung im Weitergeltungszeitraum von Vergütungsvereinbarungen s. *Neumann,* RsDE 63, 32, 41 ff.; *Kuhlenkampff/Wenzel,* NDV 2008, 125, 130). Für die Zeit, in der eine Leistungs- und Prüfungsvereinbarung zunächst nicht bestand, gilt: Da die Ermächtigung zum rückwirkenden Abschluss solange besteht, wie auch nur eine Vertragspartei ernsthaft um die Herbeiführung eines vertraglichen Zustandes bemüht ist, besteht i. S. d. § 75 Abs. 3 S. 1 SGB XII eine Leistungs- und Prüfungsvereinbarung bereits dann, wenn die Parteien die Befugnis haben, durch die rückwirkende Inkraftsetzung einer solchen Vereinbarung die vermeintlich vertragsfreie Zeit zu einer vertragsgebundenen umzugestalten. Die Weigerung eines Trägers der Sozialhilfe, einer rückwirkenden Inkraftsetzung zuzustimmen, ist jedenfalls dann ermessensfehlerhaft, wenn damit das Ziel verfolgt wird, durch die Erhaltung eines vertragsfreien Zeitraums den Eintritt der Pflicht zur weiteren Übernahme der Vergütung nach § 77 Abs. 2 S. 4 zu verhindern (so überzeugend *Neumann,* RsDE 63, 32, 46 und 48; zum Ganzen a.A. *Jaritz/Eicher,* jurisPK-SGB XII, § 77 Rn. 122 f.).

Die **Laufzeit** der Vereinbarungen ist gesetzlich nicht vorgegeben. Die Legaldefi- **19** nition des Vereinbarungszeitraums in Abs. 1 S. 1 als eines zukünftigen Zeitraums nimmt Bezug auf die Prospektivität und erschöpft sich hierin. Auch ein unbefristeter Vertrag vermag unter diese Definition gefasst zu werden. Die Gründe für die Vereinbarung von bestimmten Laufzeiten oder den Abschluss unbefristeter Vereinbarungen stehen aber in Zusammenhang mit den Regelungen zum Inkrafttreten und zum Fortgelten von Vereinbarungen.

Die Laufzeit der Vereinbarungen also kann von den Vertragsparteien frei ausge- **20** handelt werden; sie werden sich hierbei von **Zweckmäßigkeitserwägungen** leiten lassen, die der Prospektivität des Vergütungssystems und den Regelungen zum Inkrafttreten und Fortgelten von Vereinbarungen sowie den Rechtsschutzmöglichkeiten geschuldet sind. Es ist deshalb möglich und sinnvoll, für die Vergütungs-, Leistungs- und Prüfungsvereinbarung jeweils unterschiedliche Laufzeiten zu vereinbaren. So empfiehlt es sich etwa, für die Vergütungsvereinbarung nur eine relativ kurze Laufzeit vorzusehen, um auf Ereignisse, die Einfluss auf die Höhe der Entgelte haben und keinen Anspruch auf Neuverhandlung (§ 77 Abs. 3) begründen – wie insbesondere Tarifabschlüsse –, zeitnah reagieren zu können (s. bereits Rn. 4). Demgegenüber empfiehlt es sich, für die Leistungs- und Prüfungsvereinbarungen lange Laufzeiten vorzusehen oder diese gar unbefristet abzuschließen. Dies vermeidet insbesondere das Problem der fehlenden Leistungsvereinbarung im Weitergeltungszeitraum von Vergütungsvereinbarungen (s. Rn. 18). Eine Lösung von diesen Vereinbarungen ist den Parteien gleichwohl durch **Kündigung,** auch durch außerordentliche Kündigung selbst dann, wenn diese nicht ausdrücklich vereinbart ist, **möglich** (BSG 7.10.2015 – B 8 SO 1/14 R, BeckRS 2014, 73028; s. auch *Neumann, RsDE 63, 32, 36; Kunte, RsDE 68, 55, 63 ff.).

## 5. Vorläufige Vereinbarungen und vertragslose Zustände

21    Zwischen Leistungsträger und Leistungserbringer können zunächst **vorläufige Vergütungsvereinbarungen,** etwa aufgrund gerichtlicher einstweiliger Anordnungen, gelten. Für höhere als in der vorläufigen Vereinbarung vorgesehene Vergütungen besteht keine Rechtsgrundlage, solange eine Vergütungsvereinbarung nach § 75 Abs. 3 S. 1 Nr. 2 SGB XII oder eine Schiedsstellenentscheidung noch tatsächlich und rechtlich möglich ist. Nach Auffassung des BSG gilt die Fiktion des § 77 Abs. 2 S. 4 über die Weitergeltung von Vereinbarungen auch für vorläufige Vereinbarungen mit der Maßgabe, dass sie als vorläufige Vereinbarungen fortgelten (BSG 28.10.2008 – B 8 SO 22/07 R, NJOZ 2009, 2324, unter Hinweis auf BVerwG 4.8.2006 – 5 C 13/05, NVwZ-RR 2007, 111: Sperrwirkung).

22    Der Grundsatz der Prospektivität steht sodann dem Abschluss auch rückwirkender Vereinbarungen dann nicht entgegen, wenn und soweit als prospektiv begonnene, also künftige Vereinbarungszeiträume betreffende Vertragsverhandlungen beendet werden (BSG 28.10.2008 – B 8 SO 22/07 R, NJOZ 2009, 2324unter Hinweis auf BVerwG 4.8.2006 – 5 C 13/05, NVwZ-RR 2007, 111). Das BSG hat erwogen, dass § 77 Abs. 2 S. 3 insoweit möglicherweise lediglich ein **Rückdatierungsverbot** des Vereinbarungszeitpunkts enthalten könnte (s. jetzt BSG 23.7.2014 – B 8 SO 2/13 R, SRa 2014, 157).

23    Durch Auslegung der vorläufigen Vereinbarung ist bei Wegfall der Sperrwirkung zu ermitteln, ob ihre Wirksamkeit ex nunc oder ex tunc entfallen sollte, ob also zwischen den Vertragsparteien ein **vertragsloser Zustand** gewollt war. Ggf. wären für die vertragsfreie Zeit dann jedoch die Voraussetzungen des § 75 Abs. 4 SGB XII zu prüfen (BSG 28.10.2008 – B 8 SO 22/07 R, NJOZ 2009, 2324, erneut unter Hinweis auf BVerwG 4.8.2006 – 5 C 13/05, NVwZ-RR 2007, 111). Bei den rechtlichen Lösungsmodellen für vertragslose Zeiten sind nach dem BSG zwei nicht deckungsgleiche Ziele zu koordinieren: Der Leistungsberechtigte muss bei erfolglosen oder langen Vertragsverhandlungen hinreichend geschützt sein sowohl gegenüber der Einrichtung als auch gegenüber dem Leistungsträger, und weder die Einrichtung noch der Leistungsträger dürfen aus eigenem vorwerfbaren Verhalten profitieren.

## 6. Neuverhandlungen bei Änderung oder Wegfall der Geschäftsgrundlage (Abs. 3)

24    § 77 Abs. 3 begründet einen gesetzlichen Anspruch auf Neuverhandlung während der Laufzeit einer (Vergütungs-)Vereinbarung bei unvorhersehbaren wesentlichen **Veränderungen der Annahmen,** die der Vereinbarung oder der Schiedsstellenentscheidung über die Vergütung zu Grunde lagen. Die Vorschrift, die vor allem dem Schutz des Einrichtungsträgers dient, ist Ausdruck des auch im öffentlichen Recht

geltenden Grundsatzes, wonach die strikte Vertragsbindung (pacta sunt servanda) auch ohne entsprechende Vereinbarung durchbrochen werden darf, wenn ein Festhalten an der Vereinbarung in Folge einer **Änderung der Geschäftsgrundlage** für einen Vertragspartner zu unzumutbaren Ergebnissen führen würde (clausula rebus sic stantibus).

Der Anspruch auf Neuverhandlung während des laufenden Vereinbarungszeitrau-  **25** mes setzt voraus, dass sich **vergütungsrelevante Annahmen** unvorhersehbar und wesentlich geändert haben. Eine in diesem Sinne wesentliche Änderung ist entsprechend den von der Rechtsprechung entwickelten Grundsätzen zum Rechtsinstitut der Geschäftsgrundlage anzunehmen, wenn Änderungen eingetreten sind, mit denen die Vertragsparteien bei Abschluss der Vereinbarung bzw. Verkündung der Schiedsstellenentscheidung nicht gerechnet haben und die bei objektiver Betrachtung so erheblich sind, dass davon auszugehen ist, dass die Vereinbarung bzw. Schiedsstellenentscheidung bei Kenntnis dieser Umstände nicht mit demselben Inhalt geschlossen bzw. erlassen worden wäre (vgl. BSG 7.10.2015 – B 8 SO 1/14 R, SRa 2016, 162). Es muss sich also um **grundlegende Veränderungen** handeln, die zu einem mit Recht und Gerechtigkeit nicht zu vereinbarenden und damit der betroffenen Partei nach Treu und Glauben nicht zuzumutenden Ergebnis führen, wie etwa in Fällen der Äquivalenzstörung, die durch ein untragbares Missverhältnis zwischen Leistung und Gegenleistung gekennzeichnet sind.

Allerdings begründet auch eine wesentliche Änderung der Verhältnisse keinen  **26** Anspruch auf Neuverhandlungen, wenn sich durch die eingetretenen Umstände lediglich ein **Risiko** verwirklicht, das eine Vertragspartei zu tragen hat (vgl. BSG 7.10.2015 – B 8 SO 1/14 R, SRa 2016, 162). Entsprechendes gilt, wenn die wesentliche Änderung für die Vertragspartei, die Neuverhandlungen erreichen möchte, vorhersehbar war, d. h. bei sorgfältiger und gewissenhafter Prüfung hätte erkannt werden können. Abzustellen ist insoweit nicht nur auf die der Vertragspartei im Zeitpunkt des Abschlusses der Vereinbarung zur Verfügung stehenden Unterlagen. Auch sonstige Erkenntnismöglichkeiten dürfen nicht außer Betracht bleiben. Werden etwa vor Abschluss der laufenden Vereinbarung Gesetzesänderungen in der Öffentlichkeit bekannt, die Einfluss auf die Höhe der Vergütungen haben werden, so kann der Einrichtungsträger nach Inkrafttreten der Gesetzesänderung keine Neuverhandlung der Vergütungsvereinbarung verlangen. Insoweit müssen die Vertragsparteien durch die Vereinbarung kurzer Laufzeiten Vorsorge treffen.

Unter Berücksichtigung des vorstehend beschriebenen Begriffsinhalts kann eine  **27** „**wesentliche**", einen Anspruch auf Neuverhandlung begründende **Änderung** gegeben sein bei Brand- oder Unwetterkatastrophen, die der Einrichtung versicherungsrechtlich nicht abgedeckte Schäden – etwa durch Unterbrechung der Leistungserbringung oder Verlagerung des Betriebs während der Wiederherstellung des zerstörten Gebäudes – zugefügt haben (vgl. *Krug/Riehle*, SGB VIII, Anm. V zu § 78d). Auch eine während des Vereinbarungszeitraumes unumgängliche Umstellung von teil- auf vollstationäre Betreuung kann eine wesentliche Änderung i. S. v. § 77 Abs. 3 begründen (vgl. BT-Drs. 13/2440, S. 29). Entsprechendes gilt, wenn in die Einrichtung Personen mit einem wesentlich höheren Betreuungs- oder Pflegeaufwand, als bisher Kalkulationsgrundlage gewesen war, aufgenommen werden sollen (vgl. *Friedrich*, NDV 1994, 166, 171; *Münder*, LPK-SGB XII, § 77 Rn. 23), oder wenn sich der Umfang der Betreuung oder Pflege bei den Bewohnern der Einrichtung während der laufenden Vereinbarung erheblich vergrößert und der Bedarf mit der der Kalkulation zugrunde gelegten Personalausstattung nicht mehr gedeckt werden kann. Hingegen rechtfertigen keine Neuverhandlung Um- oder Ausbauten sowie Renovierungsarbeiten auch im größeren Umfang; diese Maßnahmen sind Teil der Investitionsplanung der Einrichtung und damit Teil des von ihr zu tragenden unternehmerischen Risikos. Die Möglichkeit, neu zu verhandeln, bedeutet nicht, dass etwa die Zustimmung nach § 76 Abs. 2 S. 4 überflüssig wäre (BSG 7.10.2015 – B 8 SO 1/14 R, SRa 2016, 162).

28 Ob auch **Tariferhöhungen** aufgrund von Tarifabschlüssen unter die Neuverhandlungsklausel des § 77 Abs. 3 S. 1 fallen, ist zweifelhaft. Insoweit ist zunächst zu berücksichtigen, dass Tariferhöhungen für den Einrichtungsträger keine überraschenden und unvorhersehbaren Umstände darstellen; vielmehr entspricht es dem normalen betriebswirtschaftlichen Lauf, dass die Gehälter des Personals in mehr oder weniger regelmäßigen Abständen angehoben werden. Vor diesem Hintergrund fallen Tariferhöhungen regelmäßig in die Risikosphäre des Einrichtungsträgers und stellen deshalb – jedenfalls grundsätzlich – keine wesentliche Änderung im Sinne des § 77 Abs. 3 S. 1 dar (vgl. *Wiesner,* SGB VIII, § 78d Rn. 13). Der Ausgang von Tarifverhandlungen lässt sich freilich für den Einrichtungsträger mitunter schwer prognostizieren, denn Tarifabschlüsse können höher als erwartet ausfallen und auch rückwirkende Erhöhungen vorsehen. Von daher ließe sich danach differenzieren, ob die Höhe des Abschlusses innerhalb einer zu erwartenden und üblichen Schwankungsbreite erfolgt oder außergewöhnlich ist. Aber auch diese Sichtweise überzeugte letztlich nicht. Durch die Neuverhandlungsklausel des § 77 Abs. 3 S. 1 sollen schwerwiegende Störungen des vertraglichen Austauschverhältnisses, die der einen Seite schlechterdings nicht mehr zumutbar sind, aufgefangen und abgefedert, dem Einrichtungsträger jedoch nicht das unternehmerische Risiko abgenommen werden. Auch rückwirkende Tariferhöhungen von mehreren Monaten – die inzwischen nicht unüblich sind – lösen deshalb nicht den Anspruch auf eine Neuverhandlung der Vergütungsvereinbarung aus. Entsprechend verhält es sich im Hinblick auf Abschlüsse, deren Höhe aus dem üblichen Rahmen fällt. Sofern keine exorbitanten Erhöhungen vereinbart werden – Beispiel: statt der zu erwartenden 2 % werden Steigerungen von deutlich über 10 % erzielt –, trägt der Einrichtungsträger das Risiko solcher Veränderungen. Sollten zum Zeitpunkt des Abschlusses einer Vergütungsvereinbarung Tarifverhandlungen schweben, wäre daran zu denken, in die Vereinbarung eine Anpassungsklausel aufzunehmen. Dies widerspricht weder dem Grundsatz der Prospektivität noch der vorgesehenen gesetzlichen Risikoverteilung.

29 Ist eine i. S. v. § 77 Abs. 3 S. 1 wesentliche Änderung gegeben, hat die durch die veränderten Umstände belastete Vertragspartei einen Anspruch auf **Neuverhandlung** der Vergütung. Fraglich ist, auf welche Zeiträume sich die Neuverhandlungen beziehen dürfen. Aus dem Verweis auf § 77 Abs. 1 folgt jedenfalls, dass auch im Rahmen der Neuverhandlungsklausel das **Verbot der Rückwirkung** und der **Ausschluss nachträglicher Ausgleiche** zu beachten sind. Nachzahlungen im Sinne eines rechnerischen Ausgleichs für die Vergangenheit sind deshalb unzweifelhaft nicht zulässig (*Igl,* ZFSH/SGB 1994, 393, 403). Im Unterschied zu § 77 Abs. 1 S. 1, der ausdrücklich an einen zukünftigen Zeitraum anknüpft, heißt es allerdings in § 77 Abs. 3 S. 1, dass die Vergütungen „für den laufenden Vereinbarungszeitraum neu zu verhandeln" sind. Vor diesem Hintergrund wird im Schrifttum teilweise erwogen, Nachzahlungen, die der Einrichtungsträger etwa bei einem rückwirkenden Tarifabschluss seinem Personal entrichten muss, als Vergütungsfaktor in die zukünftige Vergütungsbestimmung eingehen zu lassen (vgl. dazu *Igl,* ZFSH/SGB 1994, 393, 403). Dem kann indes nicht zugestimmt werden. Das Rechtsinstitut des Wegfalls der Geschäftsgrundlage kennt als Rechtsfolge typischerweise eine **Anpassung** des Vertragsverhältnisses **für die Zukunft.** Diese Rechtsfolge ist Ausdruck einer bewussten Risikoverteilung und bestimmt deshalb auch maßgeblich die Auslegung des § 77 Abs. 3 S. 1. Daraus folgt, dass die in die Vergangenheit zurückwirkenden Gründe für den Wegfall der Geschäftsgrundlage nur in ihrem für die Zukunft wirkenden Teil als Vergütungsfaktor Berücksichtigung finden dürfen. Durchbrochen werden kann im Ergebnis von Neuverhandlungen nur die Weitergeltung der Vergütungsvereinbarung für den laufenden Vereinbarungszeitraum, es sei denn es ist von vornherein eine zulässige Anpassungsklausel vereinbart worden (s. Rn. 28).

Wenn eine Einigung zwischen den Vertragsparteien über die Anpassung der Ver- 30
gütungsvereinbarung nicht zustande kommt, kann jede Partei eine Entscheidung
der **Schiedsstelle** herbeiführen (§ 77 Abs. 3 S. 2). Doch muss die Partei, die die
Schiedsstelle anrufen will, zuvor – das ergibt sich aus dem Verweis auf Abs. 1 –
schriftlich zu Neuverhandlungen aufgefordert und die 6-Wochen-Frist abgewartet
haben. Gegen die Entscheidung der Schiedsstelle ist der Rechtsweg zu den Sozialgerichten gegeben.
    Das Verlangen auf Anpassung der Vergütungsvereinbarung nach § 77 Abs. 3 geht 31
dem Recht auf Anpassung nach **§ 59 Abs. 1 SGB X** vor. Grundsätzlich möglich –
wenn auch praktisch wohl ohne Bedeutung – ist die Kündigung nach § 59 Abs. 1
SGB X (vgl. hierzu näher *Neumann*, RsDE 33, 124, 139 f.).

## § 78 Außerordentliche Kündigung der Vereinbarungen

[1]**Ist wegen einer groben Verletzung der gesetzlichen oder vertraglichen
Verpflichtungen gegenüber den Leistungsberechtigten und deren Kostenträgern durch die Einrichtung ein Festhalten an den Vereinbarungen nicht
zumutbar, kann der Träger der Sozialhilfe die Vereinbarungen nach § 75
Abs. 3 ohne Einhaltung einer Kündigungsfrist kündigen.** [2]**Das gilt insbesondere dann, wenn in der Prüfung nach § 76 Abs. 3 oder auf andere Weise
festgestellt wird, dass Leistungsberechtigte infolge der Pflichtverletzung zu
Schaden kommen, gravierende Mängel bei der Leistungserbringung vorhanden sind, dem Träger der Einrichtung nach heimrechtlichen Vorschriften die Betriebserlaubnis entzogen oder der Betrieb der Einrichtung untersagt wird oder die Einrichtung nicht erbrachte Leistungen gegenüber den
Kostenträgern abrechnet.** [3]**Die Kündigung bedarf der Schriftform.** [4]**§ 59
des Zehnten Buches bleibt unberührt.**

*Änderung der Vorschrift: Satz 2 geänd. mWv 1.10.2009 durch G v. 29.7.2009
(BGBl. I S. 2319).*

*Vergleichbare Vorschriften: § 93c BSHG; § 17 SGB II; § 74 SGB XI.*

**Schrifttum:** *Philipp,* Fristlose Kündigung einer sozialhilferechtlichen Leistungsvereinbarung
wegen Zahlung untertariflicher Löhne an die Mitarbeiterschaft – Anmerkung zum Beschluss
des SG Frankfurt vom 9.7.2013 – S 27 SO 168/13 ER, Sozialrecht aktuell 2013, 215; s. auch
Schrifttum zu §§ 75, 76.

## I. Bedeutung der Norm

Die Vorschrift normiert ein **außerordentliches Kündigungsrecht des Trägers** 1
**der Sozialhilfe** aus wichtigem Grund. Durch § 78 S. 4 wird klargestellt, dass das
in § 59 SGB X festgeschriebene Anpassungs- und Kündigungsrecht, das beiden Vertragsparteien zusteht, durch das außerordentliche Kündigungsrecht des § 78 nicht
angetastet wird.
    Die **Möglichkeit einer ordentlichen Kündigung** von Vereinbarungen nach 2
§ 75 Abs. 3 SGB XII wird durch die Vorschrift des § 78 **nicht ausgeschlossen**
(ebenso *Neumann,* Hauck/Noftz, SGB XII, § 78 Rn. 10). Das folgt bereits daraus,
dass § 78 lediglich ein außerordentliches Kündigungsrecht des Trägers der Sozialhilfe
normiert, dagegen Kündigungsrechte des Einrichtungsträgers weder begründet noch
ausschließt. Im Übrigen stellen die Vereinbarungen nach § 75 Abs. 3 SGB XII
öffentlich-rechtliche Verträge dar, die einer ordentlichen Kündigung schon aufgrund
ihres Rechtscharakters zugänglich sind (vgl. hierzu auch BVerwG 29.12.2000 – 5
B 171/99, RsDE 50, 78; VG Hannover 6.7.2004 7 A 673/04, RdLH 2004, 121;

a. A. *Kunte*, RsDE 68, 55, 58 f., für befristete Verträge). Beide Optionen, ordentliche und außerordentliche Kündigung, sollten regelmäßig vertraglich vereinbart werden (*Dillmann*, Sozialrecht aktuell 2012, 181, 186).

## II. Inhalt der Norm im Einzelnen

## 1. Kündigungsvoraussetzungen (S. 1 und 2)

3    Das außerordentliche Kündigungsrecht verlangt in tatbestandlicher Hinsicht zunächst eine **grobe Verletzung** der gesetzlichen oder vertraglichen **Verpflichtungen der Einrichtung** gegenüber den Leistungsberechtigten oder deren Kostenträgern. Dass entgegen dem Wortlaut („und") nicht eine Pflichtverletzung gegenüber beiden vorliegen muss, verdeutlicht die Aufzählung in § 78 S. 2 (so auch *Münder*, LPK-SGB XII, § 78 Rn. 1). Der Begriff der groben Pflichtverletzung ist ein unbestimmter Rechtsbegriff, der der uneingeschränkten gerichtlichen Kontrolle unterliegt.

4    Was der Gesetzgeber als grobe Pflichtverletzungen ansieht, wird **beispielhaft** in § 78 S. 2 aufgeführt, nämlich Schädigung mehrerer Leistungsberechtigter, gravierende Mängel bei der Leistungserbringung, Entziehung der Betriebserlaubnis nach heimrechtlichen Vorschriften (bis zur Änderung im Zusammenhang mit der Einführung des Wohn- und Betreuungsvertragsgesetzes: nach dem Heimgesetz), Untersagung des Betriebs der Einrichtung sowie Abrechnung nicht erbrachter Leistungen gegenüber den Kostenträgern. Diese Aufzählung ist nicht abschließend (arg. „insbesondere"). Als **weitere Gründe**, die eine fristlose Kündigung rechtfertigen können, kommen etwa in Betracht Verfehlungen gegenüber Selbstzahlern (a. A. *Münder*, LPK-SGB XII, § 78 Rn. 1, unter Hinweis darauf, dass es sich insoweit nicht um eine Verletzung von Vertragspflichten gegenüber den angesprochenen Vertragspartnern handeln würde), Schädigung nur eines Leistungsberechtigten, Abrechnung nicht erbrachter Leistungen gegenüber anderen Kostenträgern, wie beispielsweise den Pflegekassen. Die Nichtabführung von Steuern oder Sozialabgaben durch den Einrichtungsträger oder die Veruntreuung von Geldern durch dessen Organe gibt dem Träger der Sozialhilfe indes kein Recht zur außerordentlichen Kündigung; denn insoweit geht es von vornherein nicht um Pflichten der Einrichtung, die auch gegenüber den Leistungsberechtigten oder deren Kostenträgern bestehen. Das BVerwG (28.5.2014 – 8 B 71/13; Anm. *Philipp*, Sozialrecht aktuell 2014, 204; ferner VGH Kasel – 24.3.2015; Anm. *Philipp*, Sozialrecht aktuell 2015, 169) hat für den Bereich der Pflegeversicherung entschieden, dass die (landesrechtliche) Heimaufsicht die Einhaltung des Versorgungsvertrags überprüfen und dem Einrichtungsträger Auflagen machen kann und Verbotsverfügungen zu erlassen ermächtigt ist (s. auch BVerwG 27.8.2015 – 3 B 36/15, BeckRS 2015, 51916).

5    Des Weiteren muss dem Träger der Sozialhilfe ein **Festhalten an** den **Vereinbarungen** infolge der groben Pflichtverletzung **nicht zumutbar** sein. Auch die Unzumutbarkeit der Vertragsfortsetzung ist ein unbestimmter Rechtsbegriff, der der uneingeschränkten gerichtlichen Kontrolle unterliegt (s. bereits Rn. 3). Bei seiner Anwendung hat eine **Verhältnismäßigkeitsprüfung** zu erfolgen, welche die Interessen der Leistungsberechtigten und der Einrichtung an der Fortsetzung bzw. an der Beendigung der Vereinbarungen angesichts einer groben Pflichtverletzung zu bewerten hat. Hierfür hat der Gesetzgeber in § 78 S. 2 durch die Formulierung der Regelbeispiele Vergleichsmaßstäbe vorgegeben. Auch deren Vorliegen entbindet nicht von einer Prüfung der Grobheit der Pflichtverletzung und einer Verhältnismäßigkeitsabwägung. Lediglich für der Einrichtung zurechenbare vorsätzliche Straftaten (Körperverletzung und Abrechnungsbetrug) ist aus ihnen zu erkennen, dass derartige Pflichtverletzungen grundsätzlich die fristlose Kündigung auslösen sollen

(vgl. BSG 12.6.2008 – B 3 P 2/07 R, SozR 4-3300 § 79 Nr. 1, zu § 74 Abs. 2 SGB XI, RDG 2009, 29). Das außerordentliche Kündigungsrecht nach § 78 ist im Übrigen nicht daran geknüpft, dass der Kündigungsgrund erst nach Vertragsschluss entstanden oder erkennbar geworden ist.

Die außerordentliche Kündigung bewirkt einen Eingriff in das Grundrecht der **6** Berufsfreiheit des Leistungserbringers. Zu dessen Rechtfertigung dürfte es regelmäßig mit Blick auf den Grundsatz der Verhältnismäßigkeit erforderlich sein, dass vor der Kündigung der **Versuch einer einvernehmlichen Lösung** unternommen worden ist (so *Neumann*, Hauck/Noftz, SGB XII, § 78 Rn. 3).

## 2. Schriftform und Begründung

**a) Schriftform (S. 3).** Für die Kündigung schreibt § 78 S. 3 im Interesse der **7 Rechtssicherheit** die Schriftform vor; § 126 BGB findet über § 61 S. 2 SGB X entsprechend Anwendung. Ist das Schriftformerfordernis nicht eingehalten, ist die Kündigung nichtig (§ 61 S. 2 SGB X i. V. m. § 125 BGB). Wird eine zunächst mündlich ausgesprochene Kündigung schriftlich nachgeholt, tritt ihre Wirkung erst mit Zugang der schriftlichen Kündigung ein.

Mit Blick auf den **Inhalt** der Kündigung ist erforderlich, dass aus dem Kündi- **8** gungsschreiben erkennbar ist, dass es sich um eine außerordentliche Kündigung handelt, auf welche Vereinbarungen sie sich bezieht und wer sie ausspricht. Der Begriff „außerordentliche Kündigung" muss im Kündigungsschreiben zwar nicht verwendet werden. Aus dem Kündigungsschreiben muss aber eindeutig und unmissverständlich hervorgehen, dass sich der Träger der Sozialhilfe von den Vereinbarungen nach § 75 Abs. 3 SGB XII mit sofortiger Wirkung lösen will.

**b) Begründung.** Die Kündigung **soll begründet werden** (arg. § 59 Abs. 2 S. 2 **9** SGB X a. A. *Jaritz/Eicher*, jurisPK-SGB XII § 78 Rn. 37). Ein Verstoß gegen die Begründungspflicht führt allerdings nicht zur Unwirksamkeit der Kündigung, denn die Begründung kann jederzeit nachgeholt werden. Der Sinn des Begründungserfordernisses besteht darin, dem kündigenden Träger der Sozialhilfe die Behauptungs- und Darlegungslast dafür aufzubürden, dass die Voraussetzungen der außerordentlichen Kündigung vorliegen. Die Einrichtung soll prüfen können, ob sie die Kündigung akzeptiert oder gerichtlich angreift. In einem Rechtsstreit geht das Fehlen einer Begründung zulasten des kündigenden Trägers der Sozialhilfe.

## 3. Rechtsfolge und Rechtsschutz

Die Kündigung steht im **Ermessen** des Trägers der Sozialhilfe. Dieses ist, liegen **10** die Voraussetzungen der groben Pflichtverletzung und der Unzumutbarkeit der Vertragsfortsetzung vor, in der Regel als die vom Gesetz vorbezeichnete Entscheidung dahin gebunden, die außerordentliche Kündigung der Vereinbarungen auszusprechen. Ist eine angemessene Unterbringung und Betreuung der Leistungsberechtigten kurzfristig nicht möglich, ist der Träger der Sozialhilfe allerdings gehalten, von dem Kündigungsrecht vorübergehend keinen Gebrauch zu machen. Ob Mehrkosten, die infolge der anderweitigen Versorgung der Leistungsberechtigten entstehen, eine Ermessensentscheidung rechtfertigen, die Vereinbarungen nicht fristlos zu kündigen, lässt sich nur für den konkreten Einzelfall beurteilen.

Die Kündigung ist mangels einseitiger rechtsverbindlicher Regelung **kein Ver- 11 waltungsakt,** sondern die Geltendmachung eines einseitigen Gestaltungsrechts durch öffentlich-rechtliche **Willenserklärung;** diese Erklärung ist auf die Beendigung eines Vertragsverhältnisses gerichtet, in dem sich die Beteiligten in einem Gleichordnungsverhältnis gegenüberstehen (a. A. *W. Schellhorn*, Schellhorn/Schellhorn/Hohm, SGB XII, § 78 Rn. 8; wie hier LSG Bln-Bbg 2.9.2011 – L 23 SO 147/11 B ER, Sozialrecht aktuell 2011, 229). Zwar wird die Kündigung von Versorgungsverträgen nach § 74 SGB XI als Verwaltungsakt angesehen (s. BSG 12.6.2008 – B 3 P 2/07 R, SozR 4-3300 § 79 Nr. 1, RDG 2009, 29). Doch wird dieser Rechtscharakter einer Kündigung eines Versorgungsvertrages nach § 74 SGB XI damit begründet, dass der Gesetzgeber über den Verweis in § 74 Abs. 3 S. 2 SGB XI auf § 73 Abs. 2 S. 2 SGB XI, wonach ein Vorverfahren nicht stattfindet und die Klage keine aufschiebende Wirkung hat, die Kündigung des Versorgungsvertrages als Verwaltungsakt ausgestaltet hat. Für den Bereich des SGB XII fehlt indes eine § 73 Abs. 2 SGB XI vergleichbare Vorschrift. Auch das Argument, der Kündigung nach § 74 SGB XI komme neben der Vertragsbeendigung die Funktion der Entziehung des Status als zugelassene Pflegeeinrichtung zu, greift im Bereich des SGB XII nicht. Eine Zulassungsentscheidung ist hier nicht vorgesehen (s. auch § 75 Rn. 35–37).

12    Ist der Einrichtungsträger der Auffassung, dass die außerordentliche Kündigung zu Unrecht erfolgt ist, muss er vor dem Sozialgericht **Feststellungsklage** (§ 55 Abs. 1 Nr. 1 SGG) mit dem Antrag erheben, festzustellen, dass die vom Träger der Sozialhilfe mit Schreiben vom (…) ausgesprochene fristlose Kündigung der Vereinbarungen vom (…) unwirksam ist (so auch *Münder,* LPK-SGB XII, § 78 Rn. 4).

13    **Einstweiliger Rechtsschutz** ist nicht über einen Antrag nach § 86b Abs. 1 S. 1 Nr. 2 SGG auf Anordnung der aufschiebenden Wirkung der Klage gegen die Kündigung, sondern über einen Antrag nach § 86b Abs. 2 SGG auf Erlass einer einstweiligen Anordnung, gerichtet auf Verpflichtung des Leistungsträgers zur Fortsetzung des Vertragsverhältnisses über den Kündigungszeitpunkt hinaus, zu suchen (SG Berlin 14.3.2014 – L 4 SO 221/13 B ER).

## § 79 Rahmenverträge

(1) ¹Die überörtlichen Träger der Sozialhilfe und die kommunalen Spitzenverbände auf Landesebene schließen mit den Vereinigungen der Träger der Einrichtungen auf Landesebene gemeinsam und einheitlich Rahmenverträge zu den Vereinbarungen nach § 75 Abs. 3 und § 76 Abs. 2 über
1. die nähere Abgrenzung der den Vergütungspauschalen und -beträgen nach § 75 Abs. 3 zu Grunde zu legenden Kostenarten und -bestandteile sowie die Zusammensetzung der Investitionsbeträge nach § 76 Abs. 2,
2. den Inhalt und die Kriterien für die Ermittlung und Zusammensetzung der Maßnahmepauschalen, die Merkmale für die Bildung von Gruppen mit vergleichbarem Bedarf nach § 76 Abs. 2 sowie die Zahl dieser zu bildenden Gruppen,
3. die Zuordnung der Kostenarten und -bestandteile nach § 41 des Neunten Buches und
4. den Inhalt und das Verfahren zur Durchführung von Wirtschaftlichkeits- und Qualitätsprüfung nach § 75 Abs. 3
ab. ²Für Einrichtungen, die einer Kirche oder Religionsgemeinschaft des öffentlichen Rechts oder einem sonstigen freigemeinnützigen Träger zuzuordnen sind, können die Rahmenverträge auch von der Kirche oder Religionsgemeinschaft oder von dem Wohlfahrtsverband abgeschlossen werden, dem die Einrichtung angehört. ³In den Rahmenverträgen sollen die Merkmale und Besonderheiten der jeweiligen Leistungen nach dem Fünften bis Neunten Kapitel berücksichtigt werden.

(2) Die Bundesarbeitsgemeinschaft der überörtlichen Träger der Sozialhilfe, die Bundesvereinigung der kommunalen Spitzenverbände und die Vereinigungen der Träger der Einrichtungen auf Bundesebene vereinbaren gemeinsam und einheitlich Empfehlungen zum Inhalt der Verträge nach Absatz 1.

*Vergleichbare Vorschriften:* § 93d Abs. 2 und 3 BSHG; § 78f SGB VIII; § 75 SGB XI.

**Schrifttum:** *Arbeitshinweise* der Vereinbarungspartner der Bundesempfehlung (BE) nach § 93d Abs. 3 BSHG, NDV 2001, 33; *Baur,* Die Bundesempfehlungen nach § 93d Abs. 3 BSHG zu den Leistungs-, Vergütungs- und Prüfungsrahmenverträgen auf Länderebene, NDV 1999, 392 (Teil 1) und NDV 2000, 15 (Teil 2); *Bundesempfehlung* gemäß § 93d Abs. 3 BSHG für Landesrahmenverträge nach § 93d Abs. 2 BSHG vom 15. Februar 1999, NDV 1999, 377; *Fakhreshafaei,* Rechtscharakter und Verbindlichkeit der Landesrahmenverträge nach § 93d Abs. 2 BSHG, RsDE 52, 3; *Pöld-Krämer/Fahlbusch,* Das Recht der Leistungserbringung in der Sozialhilfe im Licht der §§ 93 ff. BSHG, RsDE 46, 4; s. im Übrigen §§ 75, 76.

# I. Bedeutung der Norm

Die bislang unveränderte Vorschrift sieht in Abs. 1 den Abschluss von Rahmen- **1** verträgen auf Landesebene zwischen den überörtlichen Trägern der Sozialhilfe und den kommunalen Spitzenverbänden einerseits und den Vereinigungen der Einrichtungsträger andererseits über die Vereinbarungen nach § 75 Abs. 3 und § 76 Abs. 2 SGB XII vor. Der Abschluss dieser Rahmenverträge soll durch die Vereinbarung von Empfehlungen auf Bundesebene (Abs. 2) vorbereitet und begleitet werden.

# II. Inhalt der Norm im Einzelnen

## 1. Landesrahmenverträge (Abs. 1)

**a) Zweck.** Die Landesrahmenverträge nach § 79 Abs. 1 dienen dem Zweck, **2** jeweils landesweit die wesentlichen Bestandteile der Leistungserbringung vorzuklären und dadurch stark voneinander abweichende Einzelvereinbarungen auf örtlicher Ebene zu vermeiden. Außerdem stellen sie für die örtlichen Träger der Sozialhilfe eine wertvolle Hilfe in den in der Regel komplizierten Verhandlungen mit den Einrichtungsträgern dar. Von den Einzelvereinbarungen unterscheiden sich die Rahmenverträge dadurch, dass sie keine konkreten Abschlüsse von Leistungs-, Vergütungs- und Prüfungsvereinbarungen darstellen, sondern **Vorabfestlegungen** enthalten, welchen Inhalt die noch abzuschließenden Einzelvereinbarungen nach dem übereinstimmenden Willen der Vertragspartner haben sollen. In der Praxis haben diese Rahmenverträge eine erhebliche **Regelungsdichte** angenommen (*Dillmann,* Sozialrecht aktuell 2012, 181, 187).

**b) Pflicht zum Abschluss?** Der Abschluss von Rahmenverträgen auf Landes- **3** ebene ist zwar nach dem Wortlaut des Gesetzes („schließen … ab") zwingend vorgeschrieben. Auch zeigen die Materialien zu § 93d BSHG, dem § 79 Abs. 1 S. 1 nachgebildet ist, dass der Gesetzgeber den Abschluss von Rahmenverträgen zwischen Einrichtungsträgern und Trägern der Sozialhilfe auf Landesebene verbindlich vorschreiben wollte (vgl. Begründung der Bundesregierung zum Entwurf eines Gesetzes zur Reform des Sozialhilferechts, BT-Drs. 13/2440, S. 30). Gleichwohl besteht **kein Zwang zum Abschluss** von Rahmenverträgen; keiner Seite – weder den Trägern der Sozialhilfe noch den Einrichtungsträgern – räumt das Gesetz nämlich einen einklagbaren Anspruch auf Abschluss von Rahmenverträgen auf Landesebene ein. Auch ein Schiedsstellenverfahren ist nicht vorgesehen (Kritik hieran bei *Griep,* RsDE 66, 27, 48).

Überdies macht die Vorschrift des § 81 Abs. 1 SGB XII, die die jeweiligen Landes- **4** regierungen ermächtigt, bei Nichtzustandekommen von Verträgen stattdessen durch **Rechtsverordnung** Vorschriften zu erlassen (vgl. § 81 Rn. 3–7), deutlich, dass der

Gesetzgeber bewusst ins Kalkül gezogen hat, dass Rahmenverträge auf Landesebene – gleich aus welchen Gründen – nicht zustande kommen.

5    **c) Rechtscharakter und Rechtswirkung.** Rahmenverträge sind **öffentlichrechtliche Verträge** i. S. v. § 53 Abs. 1 SGB X. Im Unterschied zu den Rahmenverträgen über die pflegerische Versorgung nach § 75 Abs. 1 SGB XI kommt ihnen jedoch keine allgemeine, unmittelbare Verbindlichkeit zu; sie haben in Ermangelung einer § 75 Abs. 1 S. 4 SGB XI vergleichbaren allgemeinen Verbindlichkeitsklausel **keinen normsetzenden Charakter** (a. A. *Jaritz/Eicher,* jurisPK-SGB XII § 79 Rn. 16; offen gelassen von LSG Nds-Brem 23.10.2014 – L 8 SO 230/11 KL; *Pöld-Krämer/Fahlbusch,* RsDE 46, 4, 20; wie hier *Münder,* LPK-SGB XII, § 79 Rn. 12; *Neumann,* Hauck/Noftz, SGB XII, § 79 Rn. 12 f.). Sie sind auch nicht deshalb als Normvertrag zu qualifizieren, weil § 81 Abs. 1 SGB XII vorsieht, dass die Landesregierungen unter dort näher bestimmten Voraussetzungen bei Nichtzustandekommen der Verträge durch Rechtsverordnungen Vorschriften erlassen können (so *Jaritz,* Sozialrecht aktuell 2012, 105, 107). Denn wenn eine Rechtsverordnung nicht vorliegt, die doch ein Druckmittel auf die Verhandlungspartner auch deshalb ist, weil sie allgemein und unmittelbar verbindlich ist, folgt aus der bloßen Möglichkeit ihres Erlasses noch nicht, dass auch die Landesrahmenverträge allgemein und unmittelbar verbindlich sind. Einigen sich die Vertragspartner auf sie, binden die Verträge nicht auch Dritte, solange nicht das Gesetz selbst diesen Verträgen Normcharakter einräumt. Einrichtungen, die verbandlich nicht organisiert sind oder einem Verband angehören, der nicht am Abschluss des Landesrahmenvertrages mitgewirkt hat, sind deshalb an den Inhalt des Rahmenvertrages nicht gebunden. Entsprechendes gilt für Einrichtungsträger eines Verbandes, der nach seiner Satzung nicht ermächtigt ist, für seine Mitglieder verbindliche Rahmenverträge abzuschließen. Allerdings können die Träger dem Rahmenvertrag beitreten und dadurch eine Verbindlichkeit seiner Regelungen herbeiführen (so auch *Münder,* LPK-SGB XII, § 79 Rn. 13). In der Praxis geschieht eben dies, sodass die Frage des Normcharakters für diese kaum eine Rolle spielt (*Dillmann,* Sozialrecht aktuell 2012, 181, 187).

6    Die Inhalte des Rahmenvertrages werden nicht automatisch in die Einzelverträge einbezogen. Aus dem Rahmenvertrag ergibt sich für die Vertragsparteien lediglich die **Verpflichtung,** beim Abschluss konkreter Einzelvereinbarungen der **Vorgaben des Rahmenvertrages zu beachten.** Auf den Rahmenvertrag ist deshalb in der Einzelvereinbarung ausdrücklich Bezug zu nehmen.

7    **d) Vertragspartner.** Der Rahmenvertrag wird zwischen den überörtlichen Trägern der Sozialhilfe und den kommunalen Spitzenverbänden auf Landesebene einerseits und den Vereinigungen der Einrichtungsträger auf Landesebene andererseits geschlossen. Da das Gesetz lediglich von „Vereinigungen der Träger der Einrichtungen auf Landesebene" spricht, ist klargestellt, dass neben den Verbänden der gemeinnützigen Träger auch die Vereinigungen der gewerblichen Einrichtungsträger Vertragspartner sind.

8    Da die Rahmenverträge „**einheitlich**" zu schließen sind, hat der Gesetzgeber deutlich gemacht, dass die überörtlichen Träger der Sozialhilfe und die kommunalen Spitzenverbände auf Landesebene keine getrennten und unterschiedlichen Landesrahmenverträge mit einzelnen Leistungserbringern – etwa gemeinnützigen einerseits und gewerblichen andererseits – schließen dürfen (vgl. *Münder,* LPK-SGB XII, § 79 Rn. 5); zulässig ist lediglich der Abschluss getrennter Rahmenverträge über einzelne Regelungsgegenstände, wie z. B. ambulante und stationäre Leistungen (*Neumann,* Hauck/Noftz, SGB XII, § 79 Rn. 6).

9    Aus der weiteren Formulierung des Gesetzes, wonach die überörtlichen Träger der Sozialhilfe und die kommunalen Spitzenverbände mit den Vereinigungen der Einrichtungsträger „**gemeinsam**" Rahmenverträge schließen, darf freilich nicht

gefolgert werden, dass ein Rahmenvertrag lediglich dann wirksam geschlossen werden kann, wenn alle im Gesetz aufgeführten (potenziellen) Vertragsparteien dem Vertrag zustimmen (so aber VG Hannover 28.3.2006 – 3 A 541/03, Sozialrecht aktuell 2006, 140). Entsprechend ihrem Zweck (vgl. oben Rn. 2) kommen Landesrahmenverträge vielmehr bereits zustande, wenn die Kostenträgerseite dem Rahmenvertrag zustimmt. Mit anderen Worten: Die Wirksamkeit eines Landesrahmenvertrages nach § 79 Abs. 1 setzt nicht voraus, dass auch alle Vereinigungen der Einrichtungsträger dem Rahmenvertrag zugestimmt haben.

§ 79 Abs. 1 S. 2 ermöglicht es, dass für Einrichtungen, die einer Kirche oder **10** Religionsgemeinschaft des öffentlichen Rechts oder einem sonstigen freigemeinnützigen Träger zuzuordnen sind, die Rahmenverträge auch von der Kirche oder Religionsgemeinschaft oder von dem Wohlfahrtsverband abgeschlossen werden können, dem die Einrichtung angehört.

**e) Inhalt der Rahmenverträge.** Zwar enthält auch die Vorschrift des § 79 Abs. 1 **11** S. 1 keine Vorgaben darüber, welche Regelungsintensität die Rahmenverträge im Verhältnis zu den Einzelvereinbarungen haben sollen, im Unterschied zur Vorgängerregelung in § 93d Abs. 2 BSHG wird nunmehr jedoch im Einzelnen aufgelistet, welche Regelungsinhalte der Vereinbarungen nach § 75 Abs. 3 und § 76 Abs. 2 SGB XII Gegenstand von Rahmenverträgen sein sollen. Danach sollen die Rahmenverträge **Regelungen** enthalten **über**

1. die nähere Abgrenzung der den Vergütungspauschalen und -beträgen nach § 75 Abs. 3 SGB XII zu Grunde zu legenden Kostenarten und -bestandteile sowie die Zusammensetzung der Investitionsbeträge nach § 76 Abs. 2 SGB XII,
2. den Inhalt und die Kriterien für die Ermittlung und Zusammensetzung der Maßnahmepauschalen, die Merkmale für die Bildung von Gruppen mit vergleichbarem Bedarf nach § 76 Abs. 2 SGB XII sowie die Zahl dieser zu bildenden Gruppen,
3. die Zuordnung der Kostenarten und -bestandteile nach § 41 SGB IX und
4. den Inhalt und das Verfahren zur Durchführung von Wirtschaftlichkeits- und Qualitätsprüfung nach § 75 Abs. 3 SGB XII.

In § 79 Abs. 1 S. 3 ist zudem bestimmt, dass in den Rahmenverträgen die **Merkmale** **12** **und Besonderheiten der jeweiligen Leistungen** nach dem Fünften bis Neunten Kapitel des SGB XII (§§ 47 bis 74 SGB XII) berücksichtigt werden sollen. Diese Auflistung der Gegenstände der Rahmenverträge ist **abschließend** (vgl. BT-Drs. 15/1514, S. 64). Zur Einbeziehung auch der Hilfen zur Gesundheit s. aber § 75 Rn. 2.

Die aufgelisteten **Regelungsinhalte** sind aber **auslegungsfähig.** So können **13** unter die Merkmale für die Bildung von Hilfebedarfsgruppen nach § 76 Abs. 2 S. 3 SGB XII neben den Kriterien der Gruppenbildung selbst auch die Kriterien für die individuelle Zuordnung von Leistungsberechtigten zu einer Hilfebedarfsgruppe im Einzelfall gefasst werden. Auch die Beschreibung von Verfahrensrechten der Einrichtungen im Hinblick auf das Verfahren der Einstufung in Hilfebedarfsgruppen lässt sich unter die in § 79 Abs. 1 S. 1 Nr. 2 beschriebenen Regelungsinhalte fassen (s. dazu *Brünner/Philipp,* RsDE 67, 1, 35 ff.). Die **Intensität der** **Regelung** durch Rahmenverträge nach § 79 Abs. 1 muss Raum noch für die individuelle Aushandlung von Einzelvereinbarungen lassen. Insbesondere dürfen keine für alle Einrichtungsträger verbindlichen Festlegungen zur konkreten Höhe der Vergütung getroffen werden, die individuellen Vergütungsvereinbarungen entgegenstehen (vgl. HessLSG 25.2.2011 – L 7 SO 237/10 KL, Sozialrecht aktuell 2011, 117).

Zahlreiche der in den Ländern abgeschlossenen Rahmenverträge sind über das **14** Internet abrufbar und durch Nutzung von Suchmaschinen aufzufinden.

## 2. Bundesempfehlungen (Abs. 2)

**15**  In § 79 Abs. 2 ist vorgesehen, dass die Bundesarbeitsgemeinschaft der überörtlichen Träger der Sozialhilfe, die Bundesvereinigung der kommunalen Spitzenverbände und die Vereinigungen der Träger der Einrichtungen auf Bundesebene gemeinsam und einheitlich Empfehlungen zum Inhalt der Rahmenverträge nach § 79 Abs. 1 vereinbaren. Der **Zweck** der Bundesempfehlungen ist – ähnlich der der Rahmenverträge i. S. v. § 79 Abs. 1 – ordnungspolitischer Natur. Sie sollen dazu beitragen, große Unterschiede in der Umsetzung einer komplizierten Rechtsmaterie zu vermeiden, und eine stärkere Vergleichbarkeit in der Leistungserbringung möglich machen. Die Bundesempfehlungen können freilich nur unverbindliche Hinweise geben, wie das Vertragsrecht zwischen Leistungserbringern und Trägern der Sozialhilfe in den einzelnen Bundesländern umgesetzt werden kann. Bindungswirkungen gleich welcher Art und wem gegenüber entfalten sie nicht.

**16**  Obgleich die Bundesempfehlungen für die Vertragspartner eines Landesrahmenvertrages **keine rechtliche Bindungswirkung** entfalten, ist ihr **faktischer Einfluss** auf die inhaltliche Ausgestaltung der Landesrahmenverträge nicht zu unterschätzen (*Münder,* LPK-SGB XII, § 79 Rn. 17). Dies zeigen auch die unter der Geltung der „Bundesempfehlung gemäß § 93d Abs. 3 BSHG für Landesrahmenverträge nach § 93d Abs. 2 BSHG" (abgedruckt in NDV 1999, 377) geschlossenen Rahmenverträge.

**17**  Vor dem Hintergrund, dass eine Bundesempfehlung nach § 79 Abs. 2 bis heute aussteht (siehe sogleich Rn. 18 f.), wird die alte **Bundesempfehlung nach § 93d Abs. 3 BSHG,** die am 22.6.1999 in Kraft trat und lediglich zweimal, zuletzt bis zum 31.12.2001 verlängert wurde, auch weiterhin die Ausgestaltung der Landesrahmenverträge nach § 79 Abs. 1 nicht unwesentlich beeinflussen.

**18**  Ob und wann es **unter der Geltung des SGB XII** zu Bundesempfehlungen kommen wird, lässt sich zurzeit nicht abschätzen. Zwar hatte sich bereits im Jahre 2004 eine ad-hoc-Arbeitsgruppe der Bundesarbeitsgemeinschaft der Freien Wohlfahrtspflege gebildet, um einen Entwurf für eine neue Bundesempfehlung nach § 79 Abs. 2 auszuarbeiten (vgl. Rechenschaftsbericht 2004 des Diakonischen Werkes der Evangelischen Kirche in Deutschland e. V., S. 50). Die nach mehreren Sitzungen überarbeitete Fassung der Bundesempfehlung nach § 79 Abs. 2 für Landesrahmenverträge nach § 79 Abs. 1 war in der Folgezeit auch Verhandlungsgrundlage für Gespräche mit der Bundesarbeitsgemeinschaft überörtlicher Sozialhilfeträger (vgl. Bundesarbeitsgemeinschaft der Freien Wohlfahrtspflege e. V., Jahresbericht 2005, S. 43). Die Beratungen gestalteten sich indes als sehr schwierig, da Leistungserbringer und Kostenträger unterschiedliche Ansichten darüber vertraten, ob die alte Bundesempfehlung nach § 93d Abs. 3 BSHG lediglich redaktionell überarbeitet und der aktuellen Gesetzeslage angepasst oder aber auch inhaltlich weiterentwickelt werden sollte. Die Leistungserbringer traten in den Verhandlungen insbesondere für eine Berücksichtigung der Grundstückskosten ein und strebten zudem eine Einbeziehung auch des ambulanten Bereichs in die Bundesempfehlung an (vgl. Bundesarbeitsgemeinschaft der Freien Wohlfahrtspflege e. V., Jahresbericht 2005, S. 43); die alte Bundesempfehlung nach § 93d Abs. 3 BSHG bezog sich dagegen nur auf den teilstationären und stationären Bereich. Schließlich haben sich die Verhandlungspartner der Bundesempfehlung nach § 79 Abs. 2 am 4.10.2006 gemeinsam darauf verständigt, die Verhandlungen über eine Bundesempfehlung nach § 79 Abs. 2 bis auf weiteres auszusetzen (vgl. Bundesarbeitsgemeinschaft der Freien Wohlfahrtspflege e. V., Jahresbericht 2006, S. 49 f.). In der von der Bundesarbeitsgemeinschaft der Freien Wohlfahrtspflege herausgegebenen Pressemitteilung heißt es insoweit: „Nach (…) Jahren intensiver und langwieriger Verhandlungen konnte in wichtigen Punkten **keine Annäherung** erreicht werden. Aus der Sicht der Leistungserbringer war insbesondere **keine Verständigung** über die betriebswirtschaftlich notwendige

Refinanzierung der Investitionskosten möglich. Darüber hinaus bestanden unterschiedliche Auffassungen über die Grundsätze der Entgeltfindung."
Seither ist ein **Fortgang der Verhandlungen nicht zu beobachten.** 19

## § 80 Schiedsstelle

(1) **Für jedes Land oder für Teile eines Landes wird eine Schiedsstelle gebildet.**

(2) **[1]Die Schiedsstelle besteht aus Vertretern der Träger der Einrichtungen und Vertretern der örtlichen und überörtlichen Träger der Sozialhilfe in gleicher Zahl sowie einem unparteiischen Vorsitzenden. [2]Die Vertreter der Einrichtungen und deren Stellvertreter werden von den Vereinigungen der Träger der Einrichtungen, die Vertreter der Träger der Sozialhilfe und deren Stellvertreter werden von diesen bestellt. [3]Bei der Bestellung der Vertreter der Einrichtungen ist die Trägervielfalt zu beachten. [4]Der Vorsitzende und sein Stellvertreter werden von den beteiligten Organisationen gemeinsam bestellt. [5]Kommt eine Einigung nicht zustande, werden sie durch Los bestimmt. [6]Soweit beteiligte Organisationen keinen Vertreter bestellen oder im Verfahren nach Satz 3 keine Kandidaten für das Amt des Vorsitzenden und des Stellvertreters benennen, bestellt die zuständige Landesbehörde auf Antrag einer der beteiligten Organisationen die Vertreter und benennt die Kandidaten.**

(3) **[1]Die Mitglieder der Schiedsstelle führen ihr Amt als Ehrenamt. [2]Sie sind an Weisungen nicht gebunden. [3]Jedes Mitglied hat eine Stimme. [4]Die Entscheidungen werden mit der Mehrheit der Mitglieder getroffen. [5]Ergibt sich keine Mehrheit, gibt die Stimme des Vorsitzenden den Ausschlag.**

*Änderung der Vorschrift: Abs. 1 geänd. mWv 7.12.2006 durch G v. 2.12.2006 (BGBl. I S. 2670).*

*Vergleichbare Vorschriften: § 94 Abs. 1 bis 3 BSHG; § 78g SGB VIII; § 76 SGB XI.*

**Schrifttum:** *von Boetticher/Tammen,* Die Schiedsstelle nach dem Bundessozialhilfegesetz: Vertragshilfe oder hoheitliche Schlichtung?, RsDE 54, 28; *Gottlieb,* Vereinheitlichungsaspekte bei den sozialrechtlichen Schiedsstellen nach §§ 78f SGB VIII, 76 SGB XI und 80 SGB XII, Sozialrecht aktuell 2012, 150; *Grube,* in: Deinert/Welti, Stichwortkommentar Behindertenrecht, 2014, Stichwort „Schiedsstelle Sozialhilfe"; *von Laffert,* Sozialgerichtliche Kontrolle von Schiedsstellenentscheidungen – Unter besonderer Berücksichtigung der Schiedsstellen nach den §§ 76 SGB XI und 80 SGB XII, 2006; *dies.,* Der Beurteilungsspielraum in Bezug auf Entscheidungen der Schiedsstellen nach §§ 76 SGB XI und 80 SGB XII, RsDE 64, 27; *Philipp,* Rechtsschutz gegen Schiedssprüche nach § 94 BSHG – Aufschiebende Wirkung und prozessuale Gestaltungsmöglichkeiten, VSSR 2004, 115; *Plantholz/Rochon,* Zur Einschätzungsprärogative der Schiedsstellen nach § 76 SGB XI und § 94 BSHG, RsDE 45, 30; *Plantholz,* Schiedsverfahren in der Sozialhilfe. Im Dickicht widersprüchlicher Normen: Schiedsverfahren in der Sozialhilfe aus Sicht des Leistungserbringers, Sozialrecht aktuell 2012, 142; *Rabe,* Das Schiedsstellenverfahren nach dem SGB XII, Sozialrecht aktuell 2012, 146; *Schnapp/Düring (Hrsg.),* Handbuch des sozialrechtlichen Schiedsverfahrens, 2. Aul. 2016; *Schnapp.,* Einmal Behörde – immer Behörde? Überlegungen zum Behördenbegriff im Sozialrecht, NZS 2010, 241; s. im Übrigen §§ 75, 76.

### Übersicht

# I. Bedeutung der Norm

**1**  Die Vorschrift enthält Regelungen über die Bildung, die Zusammensetzung und das Verfahren der in § 77 Abs. 1 S. 3 bis 6 SGB XII erwähnten **Schiedsstelle.**

**2**  Durch das Schiedsstellenverfahren soll die **Umsetzung des prospektiven Entgeltsystems** (vgl. oben § 77 Rn. 2–7) gefördert und eine – vornehmlich im Interesse der Einrichtungsträger – zügige Konfliktlösung ermöglicht werden (vgl. BT-Drs. 12/5510, S. 10).

# II. Inhalt der Norm im Einzelnen

## 1. Bildung und Zusammensetzung der Schiedsstellen

**3**  Die Vorgaben über die Bildung und Zusammensetzung der Schiedsstellen beschränken sich im Hinblick auf die in § 81 Abs. 2 SGB XII enthaltene **Verordnungsermächtigung** der Landesregierungen auf wenige Grundregelungen. So schreibt § 80 Abs. 1 zwar für jedes Land die Bildung wenigstens einer Schiedsstelle vor. Sowohl die Entscheidung über die Anzahl der Schiedsstellen im Land als auch die Bestimmung darüber, wo die Schiedsstelle gebildet wird, bleibt jedoch dem jeweiligen Land und seiner **Organisationshoheit** vorbehalten. Die ursprüngliche Fassung des § 80 Abs. 1 enthielt noch die Formulierung, dass die Schiedsstelle „bei der zuständigen Landesbehörde" gebildet wird. Die Streichung dieser Wörter mit Wirkung vom 7.12.2006 bedeutet eine Klarstellung des Inhalts, dass allein das jeweilige Land vor dem Hintergrund seiner besonderen Organisations- und Behördenstruktur darüber entscheidet, wo die Schiedsstelle einzurichten ist (vgl. BT-Drs. 16/2711, S. 11).

**4**  Die Schiedsstellen bestehen nach § 80 Abs. 2 S. 1 aus **Vertretern** der Träger der Einrichtungen und Vertretern der örtlichen und überörtlichen Träger der Sozialhilfe **in gleicher Zahl** – deren nähere Bestimmung dem Landesrecht überlassen ist – sowie **einem unparteiischen Vorsitzenden.** Nach dem Willen des Gesetzgebers soll damit eine **Parität** zwischen den Einrichtungsträgern einerseits und den Trägern der Sozialhilfe andererseits hergestellt werden (vgl. BT-Drs. 12/5510, S. 12).

**5**  Nicht bundesgesetzlich geregelt ist dagegen nach wie vor die Frage, in welchem Verhältnis die Anzahl der jeweiligen Vertreter der Einrichtungen zueinanderstehen soll; § 80 Abs. 2 S. 3 verlangt insoweit lediglich, bei der Bestellung der Vertreter der Einrichtungen die **Trägervielfalt** – freigemeinnützige, gewerbliche und öffentliche Träger – zu beachten. Die Ausfüllung dieser Vorgabe bleibt den Landesregierungen vorbehalten. Ebenfalls der Regelungsbefugnis durch die Landesregierungen überantwortet hat der Bundesgesetzgeber das Verhältnis der Vertreter zwischen örtlichen und überörtlichen Trägern der Sozialhilfe.

**6**  Für jeden Vertreter der Einrichtungs- und Sozialhilfeträger ist ein **Stellvertreter** zu bestimmen (arg. § 80 Abs. 2 S. 2). Die Bestellung der Stellvertreter erfolgt ebenso wie die der Vertreter durch die Vereinigungen der Einrichtungsträger bzw. durch die Träger der Sozialhilfe.

**7**  Soweit beteiligte Organisationen keinen Vertreter oder nicht die erforderliche Anzahl von Vertretern bestellen, bestellt die zuständige Landesbehörde (vgl. oben

Rn. 3) auf Antrag einer der beteiligten Organisationen die Vertreter (§ 80 Abs. 2 S. 6). Die von der Landesbehörde bestellte Person muss freilich der Organisation angehören, für die ein Vertreter zu bestellen ist.

Der **Vorsitzende** der Schiedsstelle **und sein Stellvertreter** werden von den **8** beteiligten Organisationen **gemeinsam bestellt** (§ 80 Abs. 2 S. 4). Vor dem Hintergrund der in § 80 Abs. 2 S. 1 niedergelegten **Unparteilichkeit** dürfen der Vorsitzende und sein Stellvertreter sowohl haupt- als auch nebenberuflich in keinem Abhängigkeitsverhältnis zu einem Einrichtungs- oder Sozialhilfeträger stehen. Naheliegend ist, dass der Vorsitzende und sein Stellvertreter die Befähigung zum Richteramt oder höheren allgemeinen Verwaltungsdienst besitzen sollten. In der Praxis sind Vorsitzende und Stellvertreter i. d. R. Richter aus der Verwaltungs- oder Sozialgerichtsbarkeit, Hochschullehrer oder Ruhestandsbeamte aus Sozialbehörden (vgl. *Rabe,* Fichtner/Wenzel, SGB XII, § 80 Rn. 3).

Kommt eine Einigung unter den beteiligten Organisationen nicht zustande, wird **9** eine Entscheidung sowohl hinsichtlich des Vorsitzenden als auch des Stellvertreters durch ein in den Verordnungen der Länder jeweils näher geregeltes **Losverfahren** herbeigeführt (§ 80 Abs. 2 S. 5). Hat eine der beteiligten Organisationen – aus welchen Gründen auch immer – keine Kandidaten für das Amt des Vorsitzenden und/ oder des Stellvertreters benannt, benennt die zuständige Landesbehörde (vgl. oben Rn. 3) auf Antrag einer der beteiligten Organisationen die Kandidaten für das Losverfahren (§ 80 Abs. 2 S. 6, in dem zutreffend auf S. 4 statt auf S. 3 Bezug zu nehmen gewesen wäre).

## 2. Rechtsstellung der Schiedsstellen und ihrer Mitglieder

Die **Schiedsstellen** nach § 80 sind weder Gerichtsinstanz noch eine Art Wider- **10** spruchsbehörde. Ihrer paritätischen Zusammensetzung und vermittelnden Aufgabe nach kommt ihnen vielmehr die **Funktion eines Schlichters** zu, dessen Entscheidungen einem gerichtlichen Verfahren zwingend vorgeschaltet sind (BSG 23.7.2014 – B 8 SO 2/13 R, SRa 2014, 257; *Gottlieb,* Sozialrecht aktuell 2012, 150, 153). Gleichwohl ist die Schiedsstelle nach § 80 verwaltungsorganisationsrechtlich als **Behörde** i. S. d. § 1 Abs. 2 SGB X anzusehen (a. A. *von Boetticher/Tammen,* RsDE 54, 28, 33, die die Schiedsstelle weder als Behörde im organisationsrechtlichen Sinne noch im Sinne des weiteren Behördenbegriffs des § 1 Abs. 2 SGB X ansehen). Sie erfüllt die Voraussetzungen des weiten funktionellen Behördenbegriffs und wird nicht lediglich als Vertragshelfer analog § 317 BGB tätig (vgl. BSG 25.11.2010 – B 3 KR 1/10 R, SozR 4-2500 § 132a Nr. 5). Dies folgt auch daraus, dass die **Schiedsstellenentscheidung** dogmatisch als vertragsgestaltender **Verwaltungsakt** einzuordnen ist (vgl. BVerwG 1.12.1998 – 5 C 17/97, NVwZ-RR 1999, 446; BSG 23.7.2014 – B 8 SO 2/13 R, SRa 2014, 257; rechtspolitische Kritik bei *Gottlieb,* Sozialrecht aktuell 2012, 150, 153).

Hinsichtlich der Rechtsstellung der **Mitglieder** der Schiedsstelle bestimmt § 80 **11** Abs. 3 S. 1, dass diese ihr Amt als **Ehrenamt** führen. Die Mitglieder der Schiedsstelle dürfen folglich für ihre Tätigkeit **keine Vergütung** erhalten. Nach § 81 Abs. 2 SGB XII können die Landesregierungen durch Rechtsverordnung allerdings Regelungen über die Erstattung der baren Auslagen und die Entschädigung für Zeitaufwand treffen. Die nach § 81 Abs. 2 SGB XII erlassenen Rechtsverordnungen sehen in der Regel vor, dass der Vorsitzende und sein Stellvertreter für notwendige Auslagen und Zeitaufwand von der Geschäftsstelle der Schiedsstelle einen Pauschbetrag als **Aufwandsentschädigung** erhalten, dessen Höhe die beteiligten Organisationen im Benehmen mit ihnen festsetzen; auch Reisekosten werden dem Vorsitzenden und seinem Stellvertreter entsprechend den jeweiligen reisekostenrechtlichen Bestimmungen des Landes erstattet. Die übrigen Mitglieder der Schiedsstelle erhalten dagegen Reisekosten sowie Ersatz für Barauslagen und Zeitaufwand grundsätzlich von den Organisationen, die sie bestellt hatten.

**12**    In § 80 Abs. 3 S. 2 ist geregelt, dass die Mitglieder der Schiedsstelle **an Weisungen nicht gebunden** sind. Obgleich die Schiedsstellenmitglieder an sich Vertreter der Einrichtungs- bzw. Sozialhilfeträger sind (vgl. BT-Drs. 12/5510, S. 12), ist es den beteiligten Organisationen untersagt, das Abstimmungsverhalten ihrer Vertreter in der Schiedsstelle verbindlich vorzugeben. Die Mitglieder der Schiedsstelle handeln demnach zwar als sachnahe **Interessenvertreter** (vgl. *Rabe,* Fichtner/Wenzel, SGB XII, § 80 Rn. 4), entscheiden aber unabhängig und allein aufgrund ihrer eigenen, pflichtgemäßen Überzeugung im Rahmen des Entscheidungsfindungsprozesses der Schiedsstelle, der auf einen **Interessenausgleich** zielt. Ob wohl die Schiedsstellenmitglieder Vertreter der Einrichtungen und der Sozialhilfeträger sind, liegt grundsätzlich kein Problem hinsichtlich einer möglichen Befangenheit vor, auch wenn etwa ein Mitglied bereits an den Vergütungsverhandlungen beteiligt war. Es gelten zwar die allgemeinen Bestimmungen der §§ 16 und 17 SGB X; diese sind indes wegen der Besonderheiten des Schiedsstellenverfahrens einschränkend auszulegen (BSG 7.10.2015 – B 8 SO 1/14 R, SRa 2016, 162).

## 3. Entscheidungskompetenz der Schiedsstellen

**13**    Die Entscheidungskompetenz der Schiedsstelle ist begrenzt. Sie hat lediglich von den Vertragsparteien abgeleitete Rechte, denen sie als Vertragshelfer dient (BSG 23.7.2014 – B 8 SO 2/13 R, SRa 2014, 257). Ferner bestimmt § 77 Abs. 1 S. 3 SGB XII, dass die Schiedsstelle nach § 80 auf Antrag einer Partei unverzüglich über die Gegenstände entscheidet, über die keine Einigung erreicht werden konnte. Damit ist der Streitgegenstand von den Vertragsparteien vorgegeben. Ob die Schiedsstelle oder später das Gericht Inzidentprüfungen vornehmen darf bzw. muss, die für die Beurteilung der eigentlich zur Entscheidung gestellten Frage unabdingbar sind, die von den Vertragsparteien aber nicht zum Gegenstand des Schiedsverfahrens gemacht worden sind, muss im Einzelfall entschieden werden (BSG 23.7.2014 – B 8 SO 2/13 R, SRa 2014, 257). Aus der Bezugnahme auf die Bestimmung des § 76 Abs. 2 SGB XII – „Kommt eine Vereinbarung nach § 76 Abs. 2 (...) nicht zustande" – folgt des Weiteren, dass die Entscheidungskompetenz der Schiedsstelle auf den in § 76 Abs. 2 SGB XII geregelten **Prüfungsbereich der Vergütungsvereinbarung** beschränkt ist. Die Schiedsstelle ist also **nicht** befugt, über Streitigkeiten betreffend die **Leistungs- und Prüfungsvereinbarungen** zu entscheiden (s. bereits § 77 Rn. 10; a. A. mit eingehender Begründung *Jaritz/Eicher,* jurisPK-SGB XII § 75 Rn. 83 ff.; § 77 Rn. 10).

**14**    Angesichts der klaren gesetzgeberischen Entscheidung in § 77 Abs. 1 S. 3 SGB XII ist auch die Frage, ob die Schiedsstelle Inhalte einer Leistungsvereinbarung als Vorfrage im Rahmen von streitigen Vergütungsvereinbarungen prüfen und über diese mit entscheiden darf (vgl. hierzu LSG NRW 1.12.2005 – L 9 B 22/05 SO ER, PflR 2006, 378), eindeutig zu verneinen. Zwar besteht zwischen Leistungs- und Vergütungsvereinbarung ein enger Zusammenhang; der Abschluss einer Vergütungsvereinbarung setzt in der Tat denknotwendig ebenso wie nach dem normativen Regelungsgeflecht eine Einigung über Inhalt, Umfang und Qualität der Leistungen im Sinne der Leistungsvereinbarung des § 75 Abs. 3 S. 1 Nr. 1 SGB XII voraus, um deren Vergütung es eben geht (HessLSG 20.6.2005 – L 7 SO 2/05 ER, FEVS 57, 153). Auch ist es durchaus sinnvoll, doppelte Verfahren vor der Schiedsstelle und den Sozialgerichten zu vermeiden. Der Gesetzgeber hat indes der Schiedsstelle gerade **keine umfassende Erstzuständigkeit** mit der Folge zugewiesen, dass sozialgerichtlicher Rechtsschutz immer erst nach Durchführung des Schiedsstellenverfahrens in Anspruch genommen werden kann (Kritik am Regelungskonzept bei *Griep,* RsDE 66, 27, 43 ff.; *Plantholz,* Sozialrecht aktuell 2012, 142, 142 ff.).

**Voraussetzung** eines Tätigwerdens der Schiedsstelle ist deshalb das **Bestehen** 15
**einer Leistungsvereinbarung** (vgl. HessLSG 18.7.2006 – L 7 SO 16/06 ER; zum
Begriff des Bestehens von Leistungs- und Prüfungsvereinbarungen s. § 75 Rn. 42,
§ 77 Rn. 18). Fehlt es danach bereits an einer Leistungsvereinbarung, so ist vor
Anrufung der Schiedsstelle zunächst das Sozialgericht anzurufen und die Leistungsvereinbarung gerichtlich, ggfs. im Verfahren des einstweiligen Rechtsschutzes, zu
erstreiten (vgl. LSG BW 13.7.2006 – L 7 SO 1902/06 ER-B, Sozialrecht aktuell
2006, 168; vgl. insoweit auch VG Stuttgart 22.12.2005 – 8 K 4719/04, Sozialrecht
aktuell 2006, 179). Das ist für viele Fälle gewiss ein wenig praktikabler Weg. Abhilfe
aber kann insoweit nur der Gesetzgeber schaffen. Schiedsstellen können nicht von
sich aus ihre Entscheidungskompetenz auch auf Leistungsvereinbarungen erstrecken
(wie hier *Pattar*, Sozialrecht aktuell 2012, 85, 89 f.; a. A. *Jaritz*, Sozialrecht aktuell
2012, 105, 108 f., die mit einer offensiven Auslegung einen untrennbaren Zusammenhang von Leistungs- und Vergütungsvereinbarung konstruiert). Es ist eben nicht
aus vor allem systematischen Erwägungen eindeutig, dass auch der Leistungsver-
barung Schiedsstellenfähigkeit zuerkannt werden muss (so aber *Gottlieb*, Sozialrecht
aktuell 2012, 150, 152 f.). Vielmehr lässt sich die fehlende Zuständigkeit der Schiedsstelle für die Leistungsvereinbarung „nicht wegkommentieren" (so *Rabe*, Sozialrecht
aktuell 2012, 146, 147).

## 4. Verfahren vor den Schiedsstellen

Das Verfahren vor der Schiedsstelle ist nach § 77 Abs. 1 S. 3 SGB XII **antragsab-** 16
**hängig** und **setzt erfolglose Vertragsverhandlungen** der Parteien **voraus.** Der
Antrag kann frühestens sechs Wochen nach einer schriftlichen Aufforderung zum
Abschluss einer Vereinbarung erfolgen (§ 77 Abs. 1 S. 3 SGB XII). Die Frist beginnt
mit dem Zugang der schriftlichen Aufforderung bei der anderen Partei. Ein vor
Ablauf dieser Frist gestellter Antrag ist unzulässig, nicht unbeachtlich. Der unzuläs-
sige Antrag kann in die Zulässigkeit „hineinwachsen", da die Frist entsprechend der
Wartefrist bei der Untätigkeitsklage nach § 88 SGG anzusehen ist (s. zu § 88 SGG,
*Jaritz*, in: Roos/Wahrendorf, SGG, § 88 Rn. 32)

Über den Gang des Verfahrens selbst enthält das Gesetz keine näheren Vorgaben. 17
In § 77 Abs. 1 S. 3 SGB XII ist lediglich bestimmt, dass die Schiedsstelle **„unverzüg-**
**lich" zu entscheiden** hat. Unverzüglich meint in Anlehnung an die Legaldefinition
des § 121 Abs. 1 BGB ohne schuldhaftes Zögern. Da die Vereinbarungen nach § 75
Abs. 3 SGB XII vor Beginn der jeweiligen Wirtschaftsperiode abzuschließen sind
(§ 77 Abs. 1 S. 1 SGB XII), wird auf die Schiedsstellen ein nicht unerheblicher
Druck in zeitlicher Hinsicht ausgeübt. Angestrebt mit dem Schiedsstellenverfahren
ist eine zügige Konfliktlösung.

Das Verfahren zwischen Antragseingang und Entscheidung ist einer Regelung 18
durch Landesrechtsverordnung zugänglich (vgl. § 81 Abs. 2 SGB XII), wobei die
Landesregierungen in ganz unterschiedlicher Intensität und Ausprägung von dieser
Gestaltungsmöglichkeit Gebrauch gemacht haben. Soweit in den Rechtsverordnungen keine abweichenden Regelungen getroffen werden, gelten die Vorschriften der
§§ 8 ff. SGB X über das Verwaltungsverfahren entsprechend und damit insbesondere
auch der in § 20 SGB X festgeschriebene **Untersuchungsgrundsatz** (BSG
7.10.2015 – B 8 SO 21/14 R, NJOZ 2016, 1417; zur Anwendbarkeit von § 44
SGB X s. LSG Nds-Brem 26.6.2014 – L 8 SO 356/12). Der Untersuchungsgrundsatz wird hier jedoch aufgrund der Eigenart des Schiedsstellenverfahrens stärker als
sonst **durch** die **Mitwirkungspflichten der Beteiligten begrenzt** (BSG
7.10.2015 – B 8 SO 21/14 R, NJOZ 2016, 1417; ebenso *Neumann*, Hauck/Noftz,
SGB XII, § 77 Rn. 14; *Münder*, LPK-SGB XII, § 80 Rn. 8; für weiterreichende
Ermittlungspflichten der Schiedsstelle LSG RhPf 3.2.2106 – L 1 SO 62/15 KL).
Wie in jedem behördlichen, auf Entscheidung angelegten Verfahren sind auch hier

die allgemeinen Grundsätze des rechtlichen Gehörs, der Fairness und Willkürfreiheit zu beachten.

**19**     Die Entscheidung der Schiedsstelle ergeht durch **Beschluss** aufgrund einer nicht öffentlichen mündlichen **Verhandlung,** zu der die Vertragsparteien rechtzeitig zu laden sind. Eine Entscheidung **im schriftlichen Verfahren** ist im Einverständnis der Beteiligten auch ohne entsprechende Regelung in der Rechtsverordnung zulässig, denn die Vertragsparteien können auf die in ihrem Interesse stattfindende mündliche Verhandlung verzichten; darüber hinaus – etwa bei unzulässigen oder offensichtlich unbegründeten Anträgen – nur bei einer ausdrücklichen Regelung in der Landesrechtsverordnung.

**20**     Die Entscheidung der Schiedsstelle ist **schriftlich** zu erlassen und zu **begründen,** vom Vorsitzenden der Schiedsstelle zu unterzeichnen und den Vertragsparteien unter Beifügung einer **Rechtsmittelbelehrung** bekannt zu geben. Dies ergibt sich, sofern die Verordnungen der Länder diesbezügliche Regelungen nicht enthalten, aus einer entsprechenden Anwendung der § 33 Abs. 3, § 35 Abs. 1, §§ 36, 37 Abs. 1 SGB X.

**21**     Die Entscheidungen der Schiedsstelle werden nach § 80 Abs. 3 S. 4 mit der **Mehrheit** ihrer Mitglieder getroffen, wobei jedes Mitglied eine Stimme hat (§ 80 Abs. 3 S. 3) und die Stimme des unparteiischen Vorsitzenden den Ausschlag gibt, wenn sich eine Mehrheit der Stimmen nicht ergibt (§ 80 Abs. 3 S. 5). Aus dieser bundesgesetzlichen Vorgabe folgt zum einen, dass Entscheidungen der Schiedsstelle mit einfacher Mehrheit der nach entsprechender Bestimmung in der Landesrechtsverordnung vorgesehenen Zahl der Mitglieder getroffen werden. Zum anderen lässt sich aus § 80 Abs. 3 S. 4 ableiten, dass die Schiedsstelle beschlussfähig nur ist, wenn neben dem Vorsitzenden als Mindestquorum von jeder Seite mindestens die Hälfte der bestimmungsgemäß vorgesehenen Mitglieder anwesend ist.

**22**     Die **Entscheidung** der Schiedsstelle **ersetzt** die vertragliche **Vereinbarung** (VGH München 6.4.2001 – 12 B 00.2019, FEVS 53, 70).

## 5. Gerichtlicher Rechtsschutz

**23**     Es war in der Rechtsprechung geklärt, dass die Entscheidung der Schiedsstelle auf der Grundlage von § 93b Abs. 1 BSHG rechtsdogmatisch als gerichtlich – wenn auch nur eingeschränkt – überprüfbarer Verwaltungsakt einzuordnen war (BVerwG 28.2.2008 – 5 C 25/01, FEVS 53, 484). Angesichts der Vorstellung des Gesetzgebers, dass § 80 die bisherige Regelung des § 93b BSHG übernimmt (vgl. BT-Drs. 15/1514, S. 64), ist die **Entscheidung der Schiedsstelle** auch unter der Geltung des SGB XII als ein gerichtlich – wenn auch nur eingeschränkt (s. hierzu unten Rn. 31) – überprüfbarer **vertragsgestaltender Verwaltungsakt** anzusehen (einhellige Meinung: BSG 7.10.2015 – B 8 SO 21/14 R, NJOZ 2016, 1417; BSG 23.7.2014 – B 8 SO 2/13 R, SRa 2014, 257; *Neumann,* Hauck/Noftz, SGB XII, § 77 Rn. 17–20; *W. Schellhorn,* Schellhorn/Schellhorn/Hohm, SGB XII, § 80 Rn. 7; *Rabe,* Fichtner/Wenzel, SGB XII, § 77 Rn. 4; a. A. *Münder,* LPK-SGB XII, § 77 Rn. 10: Schiedsstellentätigkeit besitzt Doppelcharakter, hoheitliches Handeln und vertragshelfende Tätigkeit fließen zusammen; rechtspolitische Kritik bei *Gottlieb,* Sozialrecht aktuell 2012, 150, 151).

**24**     Für die Einordnung der Schiedsstellenentscheidung als Verwaltungsakt spricht als weiteres **Argument** im Übrigen auch die Vorschrift des § 77 Abs. 1 S. 6 SGB XII, wonach die Entscheidung der Schiedsstelle einer Überprüfung in einem Vorverfahren nicht bedarf (vgl. LSG Saarl 4.12.2008 – L 11 B 10/08 SO). Diese Normierung macht allein Sinn vor dem Hintergrund des § 78 Abs. 1 S. 1 u. Abs. 3 SGG, der bestimmt, dass vor Erhebung der Anfechtungs- bzw. Verpflichtungsklage Rechtmäßigkeit und Zweckmäßigkeit des Verwaltungsaktes in einem Vorverfahren nachzuprüfen sind. Wäre der Gesetzgeber der Auffassung gewesen, dass es sich bei der

Schiedsstellenentscheidung um keinen Verwaltungsakt handelte, hätte es der Vorschrift des § 77 Abs. 1 S. 6 SGB XII als Ausnahme vom Grundsatz des § 78 Abs. 1 S. 1 SGG nicht bedurft (in diesem Sinne auch *Neumann,* Hauck/Noftz, SGB XII, § 77 Rn. 19).

Gegen die Entscheidung der Schiedsstelle ist nach § 77 Abs. 1 S. 4 SGB XII der **25 Rechtsweg zu den Sozialgerichten** gegeben. Im ersten Rechtszug zuständig ist das **Landessozialgericht** (§ 29 Abs. 2 Nr. 1 SGG), **ohne** dass es zuvor einer Nachprüfung in einem **Vorverfahren** bedarf (§ 77 Abs. 1 S. 6 SGB XII). Allerdings ist in § 77 Abs. 1 S. 5 SGB XII bestimmt, dass sich die **Klage gegen eine der beiden Vertragsparteien,** nicht aber gegen die Schiedsstelle zu richten hat. Diese Bestimmung, die auf den ersten Blick überrascht, trägt dem Umstand Rechnung, dass der Schiedsstelle nicht die Funktion einer Widerspruchsbehörde, sondern eines Schlichters zukommt; die Entscheidung der Schiedsstelle stellt deshalb auch keine Widerspruchsentscheidung im klassischen Sinne, sondern eine Schlichtungsmaßnahme eines weisungsfreien, mit Vertretern der Interessen der betroffenen Gruppen besetzten Gremiums dar (vgl. oben Rn. 10, 12). Vor diesem Hintergrund ist es konsequent, dass sich die Klage nicht gegen die Schiedsstelle, sondern gegen die andere Vertragspartei richtet. Gegen die Entscheidung der Schiedsstelle können beide Vertragsparteien gleichzeitig Klage erheben (s. dazu BSG 23.7.2014 – B 8 SO 3/13 R, NVwZ-RR 2015, 740). Das ist eine „ungewöhnliche sozialhilferechtliche Konstellation ‚sui generis'" (BSG 23.7.2014 – B 8 SO 2/13 R, SRa 2014, 257).

Diese gesetzgeberische Entscheidung hinsichtlich des Beklagten hat Konsequen- **26** zen für die **Klageart** und auch für den **einstweiligen Rechtsschutz.** Richtige Klageart ist – zunächst (s. aber Rn. 30, 32) – die **Anfechtungsklage** (BSG 23.7.2014 – B 8 SO 2/13 R, SRa 2014, 257; BSG 7.10.2015 – B 8 SO 1/14 R, SRa 2016, 162). Ficht der **Kostenträger** den Schiedsspruch vor dem Landessozialgericht (§ 29 Abs. 2 Nr. 1 SGG) an, ist er auf Grund der nach § 86a Abs. 1 SGG eingetretenen aufschiebenden Wirkung für die Dauer des gerichtlichen Verfahrens nicht zur Zahlung der festgesetzten Vergütung verpflichtet. Ein Ausschluss der aufschiebenden Wirkung der Klage gegen eine Schiedsstellenentscheidung ist gesetzlich nicht geregelt (Kritik hieran bei *Griep,* RsDE 66, 27, 49 f.). Der durch den Schiedsspruch begünstigte Einrichtungsträger muss daher, will er vom Kostenträger eine Zahlung des von der Schiedsstelle festgesetzten Entgelts während des gerichtlichen Verfahrens erreichen, beim Landessozialgericht einen Antrag nach § 86b Abs. 1 S. 1 Nr. 1 SGG auf **Anordnung der sofortigen Vollziehung** des Schiedsspruchs stellen (LSG NRW 3.1.2017 – L 9 SO 419/16 ER KL).

Zwar ist die **Schiedsstelle** Behörde im Sinne des § 1 Abs. 2 SGB X (vgl. oben **27** Rn. 10, 12). Mit ihrer Funktion eines Schlichters, dessen Entscheidung dem gerichtlichen Verfahren lediglich vorgeschaltet ist, lässt es sich aber **nicht** mehr vereinbaren, der Schiedsstelle auch die **Befugnis** zuzuweisen, ihren **Schiedsspruch** nach § 86a Abs. 2 Nr. 5 SGG **für sofort vollziehbar zu erklären** (a. A. *Rabe,* Fichtner/Wenzel, SGB XII, § 77 Rn. 5; *Neumann,* Hauck/Noftz, SGB XII, § 77 Rn. 36 f.; *Plantholz,* Sozialrecht aktuell 2012, 142, 145). Denn die Anordnung der sofortigen Vollziehung wäre keine Entscheidung über einen Gegenstand, über den in den Verhandlungen keine Einigung erreicht werden konnte.

Ist der **Antrag des Einrichtungsträgers** auf Abschluss einer Leistungsvereinba- **28** rung von der Schiedsstelle abgelehnt worden, kann dieser **einstweiligen Rechtsschutz** über einen Antrag auf Erlass einer einstweiligen Anordnung nach § 86b Abs. 2 SGG beim Landessozialgericht (§ 29 Abs. 2 Nr. 1 SGG) suchen (vgl. LSG BW 13.7.2006 – L 7 SO 1902/06 ER-B, Sozialrecht aktuell 2006, 168; LSG NRW 1.12.2005 – L 9 B 22/05 SO ER, PflR 2006, 378). Vor der Entscheidung der Schiedsstelle kann sozialgerichtlicher Rechtsschutz allerdings nicht in Anspruch genommen werden (vgl. HessLSG 20.6.2005 – L 7 SO 2/05 ER, FEVS 57, 153).

**29**     Bezüglich der **Anfechtungsklage des Kostenträgers** auf Aufhebung des Schiedsspruches vor dem Landessozialgericht (§ 29 Abs. 2 Nr. 1 SGG) findet die Monatsfrist
des § 87 Abs. 1 SGG Anwendung. Die örtliche Zuständigkeit ergibt sich aus § 57
Abs. 1 S. 2 SGG; danach ist das Landessozialgericht örtlich zuständig, in dessen Bezirk
der Einrichtungsträger seinen Sitz hat. Einer **Beiladung der Schiedsstelle** nach § 75
Abs. 2 SGG bedarf es **nicht** (BVerwG 28.2.2002 – 5 C 25/01, NVwZ-RR 2003,
41; BSG 7.10.2015 – B 8 SO 1/14 R, SRa 2015, 162). Eine einfache Beiladung
nach § 75 Abs. 1 S. 1 SGG kann in Betracht kommen; sie ist auch praktikabel, weil
die Schiedsstelle zur Aufklärung des Sachverhalts beitragen kann.

**30**     Klagt der **Einrichtungsträger** gegenüber dem Kostenträger, ist ebenfalls die
**Anfechtungsklage** gerichtet auf Aufhebung des Schiedsspruches die statthafte Klageart; die Monatsfrist des § 87 Abs. 1 SGG ist auch insoweit zu beachten. Eine Verpflich-
tungs- oder Leistungsklage wäre unzulässig; diese Klagen gingen ins Leere, denn der
Sozialhilfeträger kann nicht zum Erlass eines Schiedsspruch verurteilt werden (BSG
23.7.2014 – B 8 SO 2/13 R, SRa 2014, 257). Allerdings kommt neben der Anfechtungsklage eine Feststellungsklage in Betracht (*Jaritz/Eicher*, jurisPK-SGB XII § 77
Rn. 87).

**31**     Die **Entscheidung der Schiedsstelle**, die eine Schlichtungsmaßnahme eines sach-
nahen, weisungsfreien, mit Vertretern der Interessen der betroffenen Gruppen paritä-
tisch zusammengesetzten Gremiums darstellt (vgl. oben Rn. 10, 12), ist **gerichtlich
nur eingeschränkt überprüfbar** (BVerwG 1.12.1998 – 5 C 17/97, NVwZ-RR
1999, 446; BSG 7.10.2015 – B 8 SO 21/14 R, NJOZ 2016, 1417; SächsLSG
1.4.2015 – L 8 SO 86/12 KL; ebenso *Schumacher*, RdLH 2015, 25). Dies ist einhellige
Meinung. Insoweit heißt es etwa in ständiger Rechtsprechung des BSG (z. B.
7.10.2015 – B 8 SO 21/14 R, NJOZ 2016, 1417): „Der streitige Sachverhalt muss
richtig ermittelt sein, die verfahrensrechtlichen Regelungen müssen eingehalten sein,
die Entscheidung muss also formell ordnungsgemäß ergangen sein, und die Schiedsstelle darf bei der Abwägung der öffentlichen und privaten Belange ihren Gestaltungsspielraum nicht verkannt haben". Das BSG spricht in diesem Zusammenhang nicht
von einem Beurteilungsspielraum oder einer Einschätzungsprärogative der Schiedsstelle, die zu respektieren wären, sondern von einem „Gestaltungsspielraum" bzw.
von einem „Entscheidungsfreiraum" der Schiedsstelle. Damit wird deutlich gemacht,
dass die Schiedsstelle nur von den Vertragsparteien abgeleitete Rechte hat (BSG
23.7.2014 – B 8 SO 2/13 R, SRa 2014, 257) und somit denselben Freiraum genießt,
den auch die Vertragsparteien haben. Dieser „Freiraum" gebietet es, die gerichtliche
Überprüfung auf die der Schiedsstelle insoweit gesetzten rechtlichen Vorgaben zu
beschränken. Das Gericht hat sich deshalb bei der Überprüfung der dem Schiedsspruch zugrunde liegenden Abwägung der betroffenen öffentlichen und privaten
Belange darauf zu beschränken, festzustellen, ob die Schiedsstelle die widerstreitenden
Interessen der Vertragsparteien ermittelt, alle für die Abwägung erforderlichen tatsächlichen Erkenntnisse gewonnen und die Abwägung frei von Einseitigkeiten in einem
den gesetzlichen Vorgaben des § 80 Abs. 3 entsprechenden fairen und willkürfreien
Verfahren unter Wahrung des rechtlichen Gehörs, inhaltlich orientiert an den materi-
ellrechtlichen Vorgaben des Entgeltvereinbarungsrechts, vorgenommen hat. Diese
Prüfung setzt voraus, dass die rechtsgeleitete Abwägung der Schiedsstelle Eingang in
die Begründung des Schiedsspruchs gefunden hat und diese nicht nur eine freie
Würdigung enthält (s. zum Ganzen BVerwG 1.12.1998 – 5 C 17/97, NVwZ-RR
1999, 446; LSG NRW 29.9.2008 – L 20 SO 92/06, Breithaupt 2009, 653; HessLSG
25.2.2011 – L 7 SO 237/10 KL, Sozialrecht aktuell 2011, 117; LSG BW 5.10.2011 –
L 2 SO 5659/08 KL; ebenso *Münder*, LPK-SGB XII, § 77 Rn. 18; für die Schiedsstelle
nach § 76 SGB XI so auch BSG 29.1.2009 – B 3 P 7/08 R, NZS 2010, 35; BSG
17.2.2009 – B 3 P 3/08 R, SozR 4-3300 § 89 Nr. 2, SRa 2010, 191).

**32**     Ist bei Anlegung dieses Prüfungsmaßstabes die angefochtene **Entscheidung** der
Schiedsstelle fehlerhaft, ist sie **aufzuheben.** Die Schiedsstelle ist hierdurch erneut zu

einer Entscheidung aufgerufen, wenn ihre Anrufung durch die Beteiligten bestehen bleibt. Die Schiedsstelle ist an die Rechtsauffassung des Gerichts gebunden (BSG 23.7.2014 – B 8 SO 2/13 R, SRa 2014, 257). Dadurch und mit Hilfe einer kombinierten Feststellungsklage sind „Endlosschleifen" zu vermeiden.

## § 81 Verordnungsermächtigungen

(1) **Kommen die Verträge nach § 79 Abs. 1 innerhalb von sechs Monaten nicht zustande, nachdem die Landesregierung schriftlich dazu aufgefordert hat, können die Landesregierungen durch Rechtsverordnung Vorschriften stattdessen erlassen.**

(2) **Die Landesregierungen werden ermächtigt, durch Rechtsverordnung das Nähere über die Zahl, die Bestellung, die Amtsdauer und Amtsführung, die Erstattung der baren Auslagen und die Entschädigung für Zeitaufwand der Mitglieder der Schiedsstelle nach § 80, die Rechtsaufsicht, die Geschäftsführung, das Verfahren, die Erhebung und die Höhe der Gebühren sowie über die Verteilung der Kosten zu bestimmen.**

*Vergleichbare Vorschrift:* § 94 Abs. 4 BSHG; § 83 SGB XI; § 78g Abs. 4 SGB VIII.

**Schrifttum:** S. §§ 75, 76, 79 und 80.

# I. Bedeutung der Norm

Die bislang unverändert gebliebene Vorschrift enthält in ihrem **Abs. 1** eine **neuartige Regelung,** nämlich eine Ermächtigung der jeweiligen Landesregierung, durch Rechtsverordnung Regelungen anstelle von Rahmenverträgen (vgl. § 79 Abs. 1 SGB XII) zu treffen, wenn die Verträge und damit notwendige Klärungen nicht innerhalb von sechs Monaten, nachdem die jeweilige Landesregierung dazu aufgefordert hat, vereinbart werden (vgl. BT-Drs. 15/1514, S. 64). Nach § 93d Abs. 1 BSHG war noch das Bundesministerium für Arbeit und Sozialordnung ermächtigt, mit Zustimmung des Bundesrates durch eine Rechtsverordnung Regelungen zu den § 93 Abs. 2, § 93a Abs. 2 BSHG (= § 75 Abs. 3, § 76 Abs. 2 SGB XII) zu erlassen, hatte indes von dieser Verordnungsermächtigung nie Gebrauch gemacht. Diese Zurückhaltung dürfte darauf zurückzuführen sein, dass sich der Bundesrat bereits im Gesetzgebungsverfahren gegen eine Verordnungsermächtigung des Bundes ausgesprochen hatte (vgl. BT-Drs. 13/2440, S. 49). Der Bundesrat stand auf dem Standpunkt, es sei vielmehr Aufgabe der Länder, in Absprache mit den Kommunen für ihren Bereich entsprechende Regelungen zu treffen. Angesichts dieser Erfahrungen ist es nur konsequent, dass der Gesetzgeber die Verordnungsermächtigung des zuständigen Bundesministeriums gestrichen und stattdessen die jeweilige Landesregierung ermächtigt hat, durch Rechtsverordnung Regelungen anstelle von Rahmenverträgen aufzustellen. 1

In Abs. 2 der Vorschrift findet sich die Verordnungsermächtigung des bisherigen § 94 Abs. 4 BSHG zu den Schiedsstellen. 2

# II. Inhalt der Norm im Einzelnen

## 1. Rechtsverordnung betreffend Rahmenverträge nach § 79 Abs. 1 SGB XII (Abs. 1)

Nach § 79 Abs. 1 SGB XII sollen die überörtlichen Träger der Sozialhilfe und 3 die kommunalen Spitzenverbände auf Landesebene einerseits und die Vereinigungen der Träger der Einrichtungen auf Landesebene andererseits gemeinsam und einheitlich **Rahmenverträge** zu bestimmten Inhalten der Vereinbarungen nach § 75 Abs. 3 und § 76 Abs. 2 SGB XII schließen. Diese Landesrahmenverträge dienen vor allem dem Zweck, jeweils landesweit die wesentlichen Bestandteile der Leistungserbringung vorzuklären und dadurch stark voneinander abweichende Einzelvereinbarungen auf örtlicher Ebene zu vermeiden (vgl. hierzu näher oben § 79 Rn. 2). **Kommen die Rahmenverträge** nach § 79 Abs. 1 SGB XII **nicht zustande,** kann **stattdessen** die jeweilige Landesregierung durch **Rechtsverordnung** entsprechende Vorschriften erlassen.

4    Dabei ist das nachfolgend skizzierte **Verfahren** zu beachten: Die Landesregierung muss die in § 79 Abs. 1 SGB XII bezeichneten Vertragspartner der bislang nicht zustande gekommenen Rahmenverträge schriftlich auffordern, Verträge i. S. d. § 79 Abs. 1 SGB XII über einzelne oder alle dort aufgeführten Gegenstände abzuschließen. In dieser schriftlichen Aufforderung ist ausdrücklich darauf hinzuweisen, dass die Landesregierung für den Fall, sollten innerhalb von sechs Monaten nach Zugang dieser Aufforderung keine Verträge vereinbart werden, ermächtigt ist, entsprechende Regelungen durch Rechtsverordnung zu erlassen. Unterbleibt dieser Hinweis, ist die Landesregierung auch dann nicht zum Erlass einer Rechtsverordnung über die Inhalte der Rahmenverträge ermächtigt, wenn seit der Aufforderung sechs Monate verstrichen sind. Eine Verlängerung der gesetzlichen Frist des § 81 Abs. 1 ist nicht möglich. Nachvollziehbaren bzw. entschuldbaren Schwierigkeiten beim Abschluss der Rahmenverträge kann die Landesregierung nur dadurch Rechnung tragen, dass sie von ihrer Ermächtigung zum Erlass einer Rechtsverordnung keinen Gebrauch macht.

5    Sind die Verhandlungspartner der Aufforderung der Landesregierung nur **zum Teil** nachgekommen, weil sie etwa einen Rahmenvertrag lediglich über die in § 79 Abs. 1 S. 1 Nr. 1 und 2 SGB XII bezeichneten Inhalte geschlossen haben, darf sich die Rechtsverordnung der Landesregierung nur auf die von den Vertragspartnern nicht geregelten Gegenstände des § 79 Abs. 1 S. 1 Nr. 3 und 4 SGB XII beziehen.

6    Kommen die Rahmenverträge erst **nach Ablauf** der Sechs-Monats-Frist zustande, sind diese gleichwohl gültig und für die Vertragspartner verbindlich. Allerdings ist die Landesregierung im Fall des Abschlusses von Rahmenverträgen nach Ablauf der Frist des § 81 Abs. 1 nicht gehindert, von ihrer nunmehr aktivierten Ermächtigung zum Erlass einer Rechtsverordnung Gebrauch zu machen. Sofern sich dann Rahmenverträge und Rechtsverordnung inhaltlich nicht entsprechen, gehen die Inhalte der Rechtsverordnung vor. Die Rechtsverordnung bindet als allgemein und unmittelbar verbindliche Norm jeweils auch Dritte und nicht – wie die Verträge – nur die Vertragspartner (s. auch § 79 Rn. 5).

7    Die von den Vertragspartnern unter der Geltung des **§ 93d Abs. 2 BSHG** geschlossenen Rahmenverträge haben zwar mit dem Inkrafttreten des SGB XII nicht ihre Gültigkeit verloren. Da die Vorschrift über den Abschluss von Rahmenverträgen indes neu geregelt worden ist, kann die jeweilige Landesregierung die überörtlichen Träger der Sozialhilfe und kommunalen Spitzenverbände sowie die Träger der Einrichtungen auf Landesebene jederzeit nach § 81 Abs. 1 auffordern, Rahmenverträge nach § 79 Abs. 1 SGB XII abzuschließen.

## 2. Rechtsverordnung betreffend die Schiedsstelle nach § 80 SGB XII (Abs. 2)

8    § 81 Abs. 2 enthält **mit Blick auf die Schiedsstellen** nach § 80 SGB XII eine weitere Verordnungsermächtigung für die Landesregierungen. Diese sind danach ermächtigt, durch Rechtsverordnung **das Nähere über**
– die Zahl, die Bestellung, die Amtsdauer und die Amtsführung der Mitglieder der Schiedsstelle,

– die Erstattung der baren Auslagen und die Entschädigung für Zeitaufwand der Mitglieder der Schiedsstelle,
– die Rechtsaufsicht und die Geschäftsführung,
– das Verfahren vor den Schiedsstellen und
– die Erhebung und die Höhe der Gebühren sowie über die Verteilung der Kosten
zu bestimmen.

Ob die Verordnungsermächtigung des § 81 Abs. 2 uneingeschränkt den **Anforde-** 9
**rungen des Art. 80 Abs. 1 S. 2 GG** gerecht wird, ist verschiedentlich im Hinblick auf die Übertragung der Ermächtigung zur Regelung des Verfahrensrechts auf die Landesregierungen angezweifelt worden (vgl. etwa *Armborst,* RsDE 33, 1, 8). Der Grad rechtsstaatlich gebotener Bestimmtheit lässt sich freilich nicht allgemein festlegen, sondern ist von den Besonderheiten des jeweiligen Sachbereichs sowie von Gewicht und Wirkung der zu regelnden Materien abhängig (BVerfG 3.11.1982 – 2 BvL 28/81, BVerfGE 62, 203). Außerdem ist das Ziel, das die gesetzliche Regelung insgesamt verfolgt, zu berücksichtigen (BVerfG 4.5.1997 – 2 BvR 509/96, NJW 1998, 669). Da die in § 80 SGB XII normierte Schiedsstelle nicht als unechtes Schiedsgericht, das anstelle der sonst zuständigen Fachgerichte ausschließlich zur Entscheidung der zwischen den Parteien streitigen Rechtsfragen berufen wäre, ausgestaltet ist, sondern die Funktion eines Schlichters hat (vgl. oben § 80 Rn. 10), dessen Entscheidung dem sozialgerichtlichen Verfahren nur vorgeschaltet ist, entspricht die Verordnungsermächtigung des § 81 Abs. 2 den Erfordernissen des Art. 80 Abs. 1 S. 2 GG (zur ehemaligen Niedersächsischen Schiedsstellenverordnung vgl. OVG Lüneburg 25.6.1998 – 4 K 6684/95, FEVS 49, 353).

Von der Verordnungsermächtigung des § 81 Abs. 2 haben alle Landesregierungen 10
**Gebrauch gemacht.** Eine Zusammenstellung der von den Landesregierungen gestützt auf § 81 Abs. 2 erlassenen Rechtsverordnungen findet sich bei *Jaritz/Eicher,* jurisPK-SGB XII, § 81 Rn. 22. Einige der von den Landesregierungen erlassenen Schiedsstellenverordnungen sind über das Internet abrufbar und durch Nutzung von Suchmaschinen aufzufinden.

# Elftes Kapitel. Einsatz des Einkommens und des Vermögens

## Erster Abschnitt. Einkommen

### § 82 Begriff des Einkommens

(1) [1]**Zum Einkommen gehören alle Einkünfte in Geld oder Geldeswert mit Ausnahme der Leistungen nach diesem Buch, der Grundrente nach dem Bundesversorgungsgesetz und der Renten oder Beihilfen nach dem Bundesentschädigungsgesetz für Schaden an Leben sowie an Körper oder Gesundheit bis zur Höhe der vergleichbaren Grundrente nach dem Bundesversorgungsgesetz. [2]Einkünfte aus Rückerstattungen, die auf Vorauszahlungen beruhen, die Leistungsberechtigte aus dem Regelsatz erbracht haben, sind kein Einkommen. [3]Bei Minderjährigen ist das Kindergeld dem jeweiligen Kind als Einkommen zuzurechnen, soweit es bei diesem zur Deckung des notwendigen Lebensunterhaltes, mit Ausnahme der Bedarfe nach § 34, benötigt wird.**

(2) ¹Von dem Einkommen sind abzusetzen
1. auf das Einkommen entrichtete Steuern,
2. Pflichtbeiträge zur Sozialversicherung einschließlich der Beiträge zur Arbeitsförderung,
3. Beiträge zu öffentlichen oder privaten Versicherungen oder ähnlichen Einrichtungen, soweit diese Beiträge gesetzlich vorgeschrieben oder nach Grund und Höhe angemessen sind, sowie geförderte Altersvorsorgebeiträge nach § 82 des Einkommensteuergesetzes, soweit sie den Mindesteigenbeitrag nach § 86 des Einkommensteuergesetzes nicht überschreiten, und
4. die mit der Erzielung des Einkommens verbundenen notwendigen Ausgaben.

²Erhält eine leistungsberechtigte Person aus einer Tätigkeit Bezüge oder Einnahmen, die nach § 3 Nummer 12, 26, 26a oder 26b des Einkommensteuergesetzes steuerfrei sind, ist abweichend von Satz 1 Nummer 2 bis 4 und den Absätzen 3 und 6 ein Betrag von bis zu 200 Euro monatlich nicht als Einkommen zu berücksichtigen. ³Soweit ein Betrag nach Satz 2 in Anspruch genommen wird, gelten die Beiträge nach Absatz 3 Satz 1 zweiter Halbsatz und nach Absatz 6 Satz 1 zweiter Halbsatz insoweit als ausgeschöpft.

(3) ¹Bei der Hilfe zum Lebensunterhalt und Grundsicherung im Alter und bei Erwerbsminderung ist ferner ein Betrag in Höhe von 30 vom Hundert des Einkommens aus selbständiger und nichtselbständiger Tätigkeit der Leistungsberechtigten abzusetzen, höchstens jedoch 50 vom Hundert der Regelbedarfsstufe 1 nach der Anlage zu § 28. ²Abweichend von Satz 1 ist bei einer Beschäftigung in einer Werkstatt für behinderte Menschen oder bei einem anderen Leistungsanbieter nach § 60 des Neunten Buches von dem Entgelt ein Achtel der Regelbedarfsstufe 1 nach der Anlage zu § 28 zuzüglich 50 vom Hundert des diesen Betrag übersteigenden Entgelts abzusetzen. ³Im Übrigen kann in begründeten Fällen ein anderer als in Satz 1 festgelegter Betrag vom Einkommen abgesetzt werden.

(4) Bei der Hilfe zum Lebensunterhalt und Grundsicherung im Alter und bei Erwerbsminderung ist ferner ein Betrag von 100 Euro monatlich aus einer zusätzlichen Altersvorsorge der Leistungsberechtigten zuzüglich 30 vom Hundert des diesen Betrag übersteigenden Einkommens aus einer zusätzlichen Altersvorsorge der Leistungsberechtigten abzusetzen, höchstens jedoch 50 vom Hundert der Regelbedarfsstufe 1 nach der Anlage zu § 28.

(5) ¹Einkommen aus einer zusätzlichen Altersvorsorge im Sinne des Absatzes 4 ist jedes monatlich bis zum Lebensende ausgezahlte Einkommen, auf das der Leistungsberechtigte vor Erreichen der Regelaltersgrenze auf freiwilliger Grundlage Ansprüche erworben hat und das dazu bestimmt und geeignet ist, die Einkommenssituation des Leistungsberechtigten gegenüber möglichen Ansprüchen aus Zeiten einer Versicherungspflicht in der gesetzlichen Rentenversicherung nach den §§ 1 bis 4 des Sechsten Buches, nach § 1 des Gesetzes über die Alterssicherung der Landwirte, aus beamtenrechtlichen Versorgungsansprüchen und aus Ansprüchen aus Zeiten einer Versicherungspflicht in einer Versicherungs- und Versorgungseinrichtung, die für Angehörige bestimmter Berufe errichtet ist, zu verbessern. ²Als Einkommen aus einer zusätzlichen Altersvorsorge gelten auch laufende Zahlungen aus
1. einer betrieblichen Altersversorgung im Sinne des Betriebsrentengesetzes,
2. einem nach § 5 des Altersvorsorgeverträge-Zertifizierungsgesetzes zertifizierten Altersvorsorgevertrag und

3. einem nach § 5a des Altersvorsorgeverträge-Zertifizierungsgesetzes zertifizierten Basisrentenvertrag.

[3]Werden bis zu zwölf Monatsleistungen aus einer zusätzlichen Altersvorsorge, insbesondere gemäß einer Vereinbarung nach § 10 Absatz 1 Nummer 2 Satz 3 erster Halbsatz des Einkommensteuergesetzes, zusammengefasst, so ist das Einkommen gleichmäßig auf den Zeitraum aufzuteilen, für den die Auszahlung erfolgte.

(6) [1]Für Personen, die Leistungen der Hilfe zur Pflege erhalten, ist ein Betrag in Höhe von 40 vom Hundert des Einkommens aus selbständiger und nichtselbständiger Tätigkeit der Leistungsberechtigten abzusetzen, höchstens jedoch 65 vom Hundert der Regelbedarfsstufe 1 nach der Anlage zu § 28. [2]Für Personen, die Leistungen der Eingliederungshilfe für behinderte Menschen erhalten, gilt Satz 1 bis zum 31. Dezember 2019 entsprechend.

(7) [1]Einmalige Einnahmen, bei denen für den Monat des Zuflusses bereits Leistungen ohne Berücksichtigung der Einnahme erbracht worden sind, werden im Folgemonat berücksichtigt. [2]Entfiele der Leistungsanspruch durch die Berücksichtigung in einem Monat, ist die einmalige Einnahme auf einen Zeitraum von sechs Monaten gleichmäßig zu verteilen und mit einem entsprechenden Teilbetrag zu berücksichtigen. [3]In begründeten Einzelfällen ist der Anrechnungszeitraum nach Satz 2 angemessen zu verkürzen. [4]Die Sätze 1 und 2 sind auch anzuwenden, soweit während des Leistungsbezugs eine Auszahlung zur Abfindung einer Kleinbetragsrente im Sinne des § 93 Absatz 3 Satz 2 des Einkommensteuergesetzes oder nach § 3 Absatz 2 des Betriebsrentengesetzes erfolgt und durch den ausgezahlten Betrag das Vermögen überschritten wird, welches nach § 90 Absatz 2 Nummer 9 und Absatz 3 nicht einzusetzen ist.

*Änderungen der Vorschrift: Abs. 4 angef. durch G v. 9.12.2004 (BGBl. I S. 3305), Abs. 3 Satz 1 geänd. mWv 30.3.2005 durch G v. 21.3.2005 (BGBl. I S. 818), Abs. 1 Satz 1 geänd., Abs. 3 Satz 1 2. Hs. angef., Abs. 4 aufgeh. mWv 7.12.2006 durch G v. 2.12.2006 (BGBl. I S. 2670), Abs. 1 Satz 1 geänd. mWv 1.1.2011 durch G v. 9.12.2010 (BGBl. I S. 1885), Abs. 1 Satz 2 eingef., bish. Satz 2 wird Satz 3 und geänd., Abs. 3 Satz 1 und 2, Satz 3 angef. mWv 1.1.2011 durch G v. 24.3.2011 (BGBl. I S. 453), Abs. 3 Satz 4 geänd. mWv 1.1.2013 durch G v. 21.3.2013 (BGBl. I S. 556), Abs. 4 angef. mWv 1.1.2016 durch G v. 21.12.2015 (BGBl. I S. 2557), Abs. 3 Satz 2 geänd. und Abs. 3a eingef. mWv 1.1.2017 durch G v. 23.12.2016 (BGBl. I S. 3234), Abs. 2 Nr. 5 aufgeh. und Abs. 3 Satz 2 geänd. mWv 1.1.2018 durch G v. 23.12.2016 (BGBl. I S. 3234), § 82 neu gef. mWv 1.1.2018 durch G v. 17.8.2017 (BGBl. I S. 3214).*

*Vergleichbare Vorschriften: §§ 11, 11a, 11b SGB II.*

**Verordnung zur Durchführung des § 82 des Zwölften Buches Sozialgesetzbuch**

Vom 28. November 1962

(BGBl. I S. 692), zuletzt geändert durch Art. 8 des Gesetzes zur Änderung des Zwölften Buches Sozialgesetzbuch und weiterer Vorschriften v. 21.12.2015 (BGBl. I S. 2557)

**FNA 2170-1-4**

Auf Grund des § 76 Abs. 3 des Bundessozialhilfegesetzes vom 30. Juni 1961 (Bundesgesetzbl. I S. 815) verordnet die Bundesregierung mit Zustimmung des Bundesrates:

## § 1 Einkommen

Bei der Berechnung der Einkünfte in Geld oder Geldeswert, die nach § 82 Abs. 1 des Zwölften Buches Sozialgesetzbuch zum Einkommen gehören, sind alle Einnahmen ohne Rücksicht auf ihre Herkunft und Rechtsnatur sowie ohne Rücksicht darauf, ob sie zu den Einkunftsarten im Sinne des Einkommensteuergesetzes gehören und ob sie der Steuerpflicht unterliegen, zugrunde zu legen.

## § 2 Bewertung von Sachbezügen

(1) [1]Für die Bewertung von Einnahmen, die nicht in Geld bestehen (Kost, Wohnung und sonstige Sachbezüge), sind die auf Grund des § 17 Abs. 2 des Vierten Buches Sozialgesetzbuch für die Sozialversicherung zuletzt festgesetzten Werte der Sachbezüge maßgebend; soweit der Wert der Sachbezüge nicht festgesetzt ist, sind der Bewertung die üblichen Mittelpreise des Verbrauchsortes zu Grunde zu legen. [2]Die Verpflichtung, den notwendigen Lebensunterhalt im Einzelfall nach dem Dritten Kapitel des Zwölften Buches Sozialgesetzbuch sicherzustellen, bleibt unberührt.

(2) Absatz 1 gilt auch dann, wenn in einem Tarifvertrag, einer Tarifordnung, einer Betriebs- oder Dienstordnung, einer Betriebsvereinbarung, einem Arbeitsvertrag oder einem sonstigen Vertrag andere Werte festgesetzt worden sind.

## § 3 Einkünfte aus nichtselbständiger Arbeit

(1) Welche Einkünfte zu den Einkünften aus nichtselbständiger Arbeit gehören, bestimmt sich nach § 19 Abs. 1 Ziff. 1 des Einkommensteuergesetzes.

(2) [1]Als nichtselbständige Arbeit gilt auch die Arbeit, die in einer Familiengemeinschaft von einem Familienangehörigen des Betriebsinhabers gegen eine Vergütung geleistet wird. [2]Wird die Arbeit nicht nur vorübergehend geleistet, so ist in Zweifelsfällen anzunehmen, daß der Familienangehörige eine Vergütung erhält, wie sie einem Gleichaltrigen für eine gleichartige Arbeit gleichen Umfangs in einem fremden Betrieb ortsüblich gewährt wird.

(3) [1]Bei der Berechnung der Einkünfte ist von den monatlichen Bruttoeinnahmen auszugehen. [2]Sonderzuwendungen, Gratifikationen und gleichartige Bezüge und Vorteile, die in größeren als monatlichen Zeitabständen gewährt werden, sind wie einmalige Einnahmen zu behandeln.

(4) [1]Zu den mit der Erzielung der Einkünfte aus nichtselbständiger Arbeit verbundenen Ausgaben im Sinne des § 82 Abs. 2 Nr. 4 des Zwölften Buches Sozialgesetzbuch gehören vor allem
1. notwendige Aufwendungen für Arbeitsmittel,
2. notwendige Aufwendungen für Fahrten zwischen Wohnung und Arbeitsstätte,
3. notwendige Beiträge für Berufsverbände,
4. notwendige Mehraufwendungen infolge Führung eines doppelten Haushalts nach näherer Bestimmung des Absatzes 7.

[2]Ausgaben im Sinne des Satzes 1 sind nur insoweit zu berücksichtigen, als sie von dem Bezieher des Einkommens selbst getragen werden.

(5) Als Aufwendungen für Arbeitsmittel (Absatz 4 Nr. 1) kann ein monatlicher Pauschbetrag von 5,20 Euro berücksichtigt werden, wenn nicht im Einzelfall höhere Aufwendungen nachgewiesen werden.

(6) Wird für die Fahrt zwischen Wohnung und Arbeitsstätte (Absatz 4 Nr. 2) ein eigenes Kraftfahrzeug benutzt, gilt folgendes:

1. Wäre bei Nichtvorhandensein eines Kraftfahrzeuges die Benutzung eines öffentlichen Verkehrsmittels notwendig, so ist ein Betrag in Höhe der Kosten der tariflich günstigsten Zeitkarte abzusetzen.

2. Ist ein öffentliches Verkehrsmittel nicht vorhanden oder dessen Benutzung im Einzelfall nicht zumutbar und deshalb die Benutzung eines Kraftfahrzeuges notwendig, so sind folgende monatliche Pauschbeträge abzusetzen:

   a) bei Benutzung eines Kraftwagens 5,20 Euro,

   b) bei Benutzung eines Kleinstkraftwagens (drei- oder vierrädriges Kraftfahrzeug, dessen Motor einen Hubraum von nicht mehr als 500 ccm hat) 3,70 Euro,

   c) bei Benutzung eines Motorrades oder eines Motorrollers 2,30 Euro,

   d) bei Benutzung eines Fahrrades mit Motor 1,30 Euro,

   für jeden vollen Kilometer, den die Wohnung von der Arbeitsstätte entfernt liegt, jedoch für nicht mehr als 40 Kilometer. Bei einer Beschäftigungsdauer von weniger als einem Monat sind die Beträge anteilmäßig zu kürzen.

(7) [1]Ist der Bezieher des Einkommens außerhalb des Ortes beschäftigt, an dem er einen eigenen Hausstand unterhält, und kann ihm weder der Umzug noch die tägliche Rückkehr an den Ort des eigenen Hausstandes zugemutet werden, so sind die durch Führung des doppelten Haushalts ihm nachweislich entstehenden Mehraufwendungen, höchstens ein Betrag von 130 Euro monatlich, sowie die unter Ausnutzung bestehender Tarifvergünstigungen entstehenden Aufwendungen für Fahrtkosten der zweiten Wagenklasse für eine Familienheimfahrt im Kalendermonat abzusetzen. [2]Ein eigener Hausstand ist dann anzunehmen, wenn der Bezieher des Einkommens eine Wohnung mit eigener oder selbstbeschaffter Möbelausstattung besitzt. [3]Eine doppelte Haushaltsführung kann auch dann anerkannt werden, wenn der Bezieher des Einkommens nachweislich ganz oder überwiegend die Kosten für einen Haushalt trägt, den er gemeinsam mit nächsten Angehörigen führt.

### § 4 Einkünfte aus Land- und Forstwirtschaft, Gewerbebetrieb und selbständiger Arbeit

(1) Welche Einkünfte zu den Einkünften aus Land- und Forstwirtschaft, Gewerbebetrieb und selbständiger Arbeit gehören, bestimmt sich nach § 13 Abs. 1 und 2, § 15 Abs. 1 und § 18 Abs. 1 des Einkommensteuergesetzes; der Nutzungswert der Wohnung im eigenen Haus bleibt unberücksichtigt.

(2) Die Einkünfte sind für das Jahr zu berechnen, in dem der Bedarfszeitraum liegt (Berechnungsjahr).

(3) [1]Als Einkünfte ist bei den einzelnen Einkunftsarten ein Betrag anzusetzen, der auf der Grundlage früherer Betriebsergebnisse aus der Gegenüberstellung der im Rahmen des Betriebes im Berechnungsjahr bereits erzielten Einnahmen und geleisteten notwendigen Ausgaben sowie der im Rahmen des Betriebes im Berechnungsjahr noch zu erwartenden Einnahmen und notwendigen Ausgaben zu errechnen ist. [2]Bei der Ermittlung früherer Betriebsergebnisse (Satz 1) kann ein durch das Finanzamt festgestellter Wert berücksichtigt werden.

(4) [1]Soweit im Einzelfall geboten, kann abweichend von der Regelung des Absatzes 3 als Einkünfte ein Betrag angesetzt werden, der nach Ablauf des Berechnungsjahres aus der Gegenüberstellung der im Rahmen des Betriebes im Berechnungsjahr erzielten Einnahmen und geleisteten notwendigen Ausgaben zu errechnen ist. [2]Als Einkünfte im Sinne des Satzes 1 kann auch der vom Finanzamt für das Berechnungsjahr festgestellte Gewinn angesetzt werden.

*Giere* 723

(5) ¹Wird der vom Finanzamt festgestellte Gewinn nach Absatz 3 Satz 2 berücksichtigt oder nach Absatz 4 Satz 2 als Einkünfte angesetzt, so sind Absetzungen, die bei Gebäuden und sonstigen Wirtschaftsgütern durch das Finanzamt nach

1. den §§ 7, 7b und 7e des Einkommensteuergesetzes,
2. den Vorschriften des Berlinförderungsgesetzes,
3. den §§ 76, 77 und 78 Abs. 1 der Einkommensteuer-Durchführungsverordnung,
4. der Verordnung über Steuervergünstigungen zur Förderung des Baues von Landarbeiterwohnungen in der Fassung der Bekanntmachung vom 6. August 1974 (Bundesgesetzbl. I S. 1869)

vorgenommen worden sind, dem durch das Finanzamt festgestellten Gewinn wieder hinzuzurechnen. ²Soweit jedoch in diesen Fällen notwendige Ausgaben für die Anschaffung oder Herstellung der in Satz 1 genannten Wirtschaftsgüter im Feststellungszeitraum geleistet worden sind, sind sie vom Gewinn abzusetzen.

### § 5 Sondervorschrift für die Einkünfte aus Land- und Forstwirtschaft

(1) Die Träger der Sozialhilfe können mit Zustimmung der zuständigen Landesbehörde die Einkünfte aus Land- und Forstwirtschaft abweichend von § 4 nach § 7 der Dritten Verordnung über Ausgleichsleistungen nach dem Lastenausgleichsgesetz (3. LeistungsDV-LA) berechnen; der Nutzungswert der Wohnung im eigenen Haus bleibt jedoch unberücksichtigt.

(2) Von der Berechnung der Einkünfte nach Absatz 1 ist abzusehen,

1. wenn sie im Einzelfall offenbar nicht den besonderen persönlichen oder wirtschaftlichen Verhältnissen entspricht oder
2. wenn der Bezieher der Einkünfte zur Einkommensteuer veranlagt wird, es sei denn, daß der Gewinn auf Grund von Durchschnittssätzen ermittelt wird.

### § 6 Einkünfte aus Kapitalvermögen

(1) Welche Einkünfte zu den Einkünften aus Kapitalvermögen gehören, bestimmt sich nach § 20 Abs. 1 bis 3 des Einkommensteuergesetzes.

(2) Als Einkünfte aus Kapitalvermögen sind die Jahresroheinnahmen anzusetzen, vermindert um die Kapitalertragsteuer sowie um die mit der Erzielung der Einkünfte verbundenen notwendigen Ausgaben (§ 82 Abs. 2 Nr. 4 des Zwölften Buches Sozialgesetzbuch).

(3) ¹Die Einkünfte sind auf der Grundlage der vor dem Berechnungsjahr erzielten Einkünfte unter Berücksichtigung der im Berechnungsjahr bereits eingetretenen und noch zu erwartenden Veränderungen zu errechnen. ²Soweit im Einzelfall geboten, können hiervon abweichend die Einkünfte für das Berechnungsjahr auch nachträglich errechnet werden.

### § 7 Einkünfte aus Vermietung und Verpachtung

(1) Welche Einkünfte zu den Einkünften aus Vermietung und Verpachtung gehören, bestimmt sich nach § 21 Abs. 1 und 3 des Einkommensteuergesetzes.

(2) ¹Als Einkünfte aus Vermietung und Verpachtung ist der Überschuß der Einnahmen über die mit ihrer Erzielung verbundenen notwendigen Ausgaben (§ 82 Abs. 2 Nr. 4 des Zwölften Buches Sozialgesetzbuch) anzusetzen; zu den Ausgaben gehören

1. Schuldzinsen und dauernde Lasten,
2. Steuern von Grundbesitz, sonstige öffentliche Abgaben und Versicherungsbeiträge,
3. Leistungen auf die Hypothekengewinnabgabe und die Kreditgewinnabgabe, soweit es sich um Zinsen nach § 211 Abs. 1 Nr. 2 des Lastenausgleichsgesetzes handelt,

4. der Erhaltungsaufwand,

5. sonstige Aufwendungen zur Bewirtschaftung des Haus- und Grundbesitzes, ohne besonderen Nachweis Aufwendungen in Höhe von 1 vom Hundert der Jahresroheinnahmen.

[2]Zum Erhaltungsaufwand im Sinne des Satzes 1 Nr. 4 gehören die Ausgaben für Instandsetzung und Instandhaltung, nicht jedoch die Ausgaben für Verbesserungen; ohne Nachweis können bei Wohngrundstücken, die vor dem 1. Januar 1925 bezugsfähig geworden sind, 15 vom Hundert, bei Wohngrundstücken, die nach dem 31. Dezember 1924 bezugsfähig geworden sind, 10 vom Hundert der Jahresroheinnahmen als Erhaltungsaufwand berücksichtigt werden.

(3) Die in Absatz 2 genannten Ausgaben sind von den Einnahmen insoweit nicht abzusetzen, als sie auf den vom Vermieter oder Verpächter selbst genutzten Teil des vermieteten oder verpachteten Gegenstandes entfallen.

(4) [1]Als Einkünfte aus der Vermietung von möblierten Wohnungen und von Zimmern sind anzusetzen

bei möblierten Wohnungen | 80 vom Hundert,
bei möblierten Zimmern | 70 vom Hundert,
bei Leerzimmern | 90 vom Hundert

der Roheinnahmen. [2]Dies gilt nicht, wenn geringere Einkünfte nachgewiesen werden.

(5) [1]Die Einkünfte sind als Jahreseinkünfte, bei der Vermietung von möblierten Wohnungen und von Zimmern jedoch als Monatseinkünfte zu berechnen. [2]Sind sie als Jahreseinkünfte zu berechnen, gilt § 6 Abs. 3 entsprechend.

### § 8 Andere Einkünfte

(1) [1]Andere als die in den §§ 3, 4, 6 und 7 genannten Einkünfte sind, wenn sie nicht monatlich oder wenn sie monatlich in unterschiedlicher Höhe erzielt werden, als Jahreseinkünfte zu berechnen. [2]Zu den anderen Einkünften im Sinne des Satzes 1 gehören auch die in § 19 Abs. 1 Ziff. 2 des Einkommensteuergesetzes genannten Bezüge sowie Renten und sonstige wiederkehrende Bezüge. [3]§ 3 Abs. 3 gilt entsprechend.

(2) Sind die Einkünfte als Jahreseinkünfte zu berechnen, gilt § 6 Abs. 3 entsprechend.

### § 9 Einkommensberechnung in besonderen Fällen

Ist der Bedarf an Sozialhilfe einmalig oder nur von kurzer Dauer, und duldet die Entscheidung über die Hilfe keinen Aufschub, so kann der Träger der Sozialversicherung nach Anhörung des Beziehers des Einkommens die Einkünfte schätzen.

### § 10 Verlustausgleich

[1]Ein Verlustausgleich zwischen einzelnen Einkunftsarten ist nicht vorzunehmen. [1]In Härtefällen kann jedoch die gesamtwirtschaftliche Lage des Beziehers des Einkommens berücksichtigt werden.

### § 11 Maßgebender Zeitraum

(1) [1]Soweit die Einkünfte als Jahreseinkünfte berechnet werden, gilt der zwölfte Teil dieser Einkünfte zusammen mit den monatlich berechneten Einkünften als monatliches Einkommen im Sinne des Zwölften Buches Sozialgesetzbuch. [2]§ 8 Abs. 1 Satz 3 geht der Regelung des Satzes 1 vor.

(2) ¹Ist der Betrieb oder die sonstige Grundlage der als Jahreseinkünfte zu berechnenden Einkünfte nur während eines Teils des Jahres vorhanden oder zur Einkommenserzielung genutzt, so sind die Einkünfte aus der betreffenden Einkunftsart nur für diesen Zeitraum zu berechnen; für ihn gilt als monatliches Einkommen im Sinne des Zwölften Buches Sozialgesetzbuch derjenige Teil der Einkünfte, der der Anzahl der in den genannten Zeitraum fallenden Monate entspricht. ²Satz 1 gilt nicht für Einkünfte aus Saisonbetrieben und andere ihrer Natur nach auf einen Teil des Jahres beschränkte Einkünfte, wenn die Einkünfte den Hauptbestandteil des Einkommens bilden.

### § 12 Ausgaben nach § 82 Abs. 2 Nr. 1 bis 3 des Zwölften Buches Sozialgesetzbuch

Die in § 82 Abs. 2 Nr. 1 bis 3 des Zwölften Buches Sozialgesetzbuch bezeichneten Ausgaben sind von der Summe der Einkünfte abzusetzen, soweit sie nicht bereits nach den Bestimmungen dieser Verordnung bei den einzelnen Einkunftsarten abzuziehen sind.

### § 13 (gestrichen)

### § 14 Inkrafttreten

Diese Verordnung tritt am 1. Januar 1963 in Kraft.

**Schrifttum:** *Atzler,* Die jüngere Rechtsprechung der Verwaltungsgerichte im Sozialverwaltungsrecht, DVBl. 2001, 703; *Bäumerich,* Das Nachrangprinzip der Sozialhilfe in seiner Ausgestaltung beim Einsatz des Einkommens, NDV 1988, 97; *Berlit,* Wirtschaftliche Hilfebedürftigkeit im SGB II in der neueren Rechtsprechung, NZS 2009, 537; *Binchus,* Kindergeld, Prozeßkostenhilfe, Opferentschädigung, ZfF 2000, 39; *Brühl,* Der höchstrichterliche Vermögensraub und die Thronräuber, info also 2000, 185; *Burger,* Einheitlicher Einkommensbegriff im Sozialrecht – ein unerreichbares Ziel?, VSSR 1991, 271; *Conradis,* Die Systematik der subsidiären Sozialleistungen und die Ausgestaltung des Unterhaltsregresses, 1996; *ders.,* Die neue Sozialhilfe: Kuriositäten bei der Gesetzgebung zum SGB II und SGB XII, info also 2004, 51; *ders.,* Einkommen und Vermögen im SGB II-Probleme der Abgrenzung, info also 2007, 10; *Cordes,* Ungeklärte Einkommens- und Vermögensverhältnisse bei der Gewährung von Sozialhilfe, ZfF 2001, 1;*Coseriu,* Das „neue Sozialhilferecht", terra incognita 2009, S. 225; *DV,* Empfehlungen für den Einsatz des Vermögens in der Sozialhilfe, NDV 1992, 141 und NDV 2002, 431; *Ferdy,* Fahrzeughaltung und Sozialhilfebezug, ZfSH/SGB 2001, 144; *Giese,* Von Anrechnung von Kindergeld in der Sozialhilfe, ZFSH/SGB 1986, 159; *ders.,* Steuerpflicht und Sozialhilfebedürftigkeit, ZfF 1991, 151; *ders.,* Zur Anrechnung von kindesorientierten Sozialleistungen auf Leistungen der Jugend- und Sozialhilfe, ZfF 1980, 157; *Gitter,* Problem der Anrechnung von Stiftungszuwendungen auf Sozialhilfeleistungen und als öffentliche Zuschüsse i. S. von § 82 Abs. 5 SGB XI; *Graba,* Zur Neuregelung der Kindergeldanrechnung nach dem Gesetz zur Ächtung der Gewalt in der Erziehung und zur Änderung des Kinderunterhaltsrechts, NJW 2001, 249; *Groth,* Einkommensqualität von Krankenhausverpflegung, jurisPR-SozR 1/2009, Anm. 2; *Grupp/Wrange,* Kindergeldanrechnung bei Bezug von Grundsicherung wegen Erwerbsunfähigkeit, SGb 2005, 439; *Hammel,* Die Berücksichtigung des Übergangsgeldes nach § 51 StVollzG bei bedürftigen Haftentlassenen, ZfSH/SGB 2011, 7; *Harich,* Prozesskostenhilfe und Existenzminimum, sozialrecht aktuell 2011, 41; *ders.,* „Abwrackprämie" und „Hartz IV"- eine unendliche Geschichte, SGb 2011, 140; *Hohm,* Wohngeldnachzahlung und laufende Hilfe zum Lebensunterhalt, jurisPR-SozR 20/2004 Anm. 5; *Kolakowski/Schwabe,* Einzelanspruch auf HLU – die richtige Berechnungsmethode, ZfF 1995, 241; *Mester,* Die Rechtsprechung zum Vermögenseinsatz, ZfF 2007, 1; *dies.,* Die Rechtsprechung zum Vermögenseinsatz nach dem SGB II und SGB XII, ZfF 2011, 25; *Niepmann,* Die Entwicklung des Unterhaltsrechts seit Mitte 2011, NJW 2012, 2401; *Paul,* Eine unendliche Geschichte des Sozialhilferechts: Die „Zuflußtheorie", ZfF 1998, 198; *ders.,* § 76 und die „Zuflußtheorie", ZfF 1988, 75; *Pfahler,* Pauschalierte Werbungskosten nach § 76

Abs. 2 Ziffer 4 BSHG; *Piel,* Kindergeld als Einkommen im Rahmen der laufenden Hilfe zum Lebensunterhalt, ZFSH/SGB 1986, 386; *Rothkegel,* Die Strukturprinzipien des Sozialhilferechts; *Rotter,* Sozialhilfe und Kraftfahrzeug, ZfF 1981, 193; *Sauer,* Kindergeld und Sozialhilfe, NDV 1997, 95; *ders.,* Von der „Identitätstheorie" zur „Zuflußtheorie" – Zur Abgrenzung von Einkommen und Vermögen nach der neuen Rechtsprechung des BVerwG, NDV 1999, 317; *Schellhorn,* Das Verhältnis von Sozialhilferecht und Unterhaltsrecht am Beispiel der Heranziehung Unterhaltsverpflichteter zu den Sozialhilfeaufwendungen; *Schoch,* Kindergeld und Wohngeld, ZFSH/SGB 1986, 103; *Schürmann,* Kindergeld und Unterhalt – ein weiterhin ungelöstes Problem, FamRZ 2003, 489; *Schwabe,* Rechts- und Praxisfragen im Zusammenhang mit dem sogenannten sozialhilferechtlichen Kinderfreibetrag nach § 76 Abs. 2 Nr. 5 BSHG, ZfF 2000, 59; *Sommer,* Zahlung von Kindergeld für volljähriges Kind im Rahmen der Sozialhilfe, jurisPR-SozR 23/2008, Anm. 5; *Siegfried,* Ein „out of limits" des SGB XII, ZfSH/SGB 2009, 393; *Spindler,* Der Erwerbstätigenfreibetrag – seine Elemente und seine sozialpolitische Funktion, info also 2000, 181; *Wähner,* Anrechnung von Einkommen im Sozialhilferecht und im Unterhaltsrecht, NDV 1994, 466; *Wahrendorf,* Sozialhilferechtliche Prämissen bei der Anwendung der §§ 90, 91 BSHG durch den Zivilrichter, ZFSH/SGB 1994, 449; *Wessel,* Das anrechenbare Einkommen nach dem BSHG, ZfF 1965, 43; *Zeitler,* Kindergeld für volljährige behinderte Kinder, NDV 1997, 96. Ansonsten s. auch Schrifttum zu § 90 SGB XII.

## Übersicht

# I. Bedeutung der Norm

1    Die Regelung des § 82 SGB XII ist die **zentrale Vorschrift** für alle Arten der
Sozialhilfe. Darüber hinaus kommt sie in vergleichbarer Fassung in § 93 SGB VIII
und in § 115 Abs. 1 Nr. 1a ZPO zur Anwendung. Der nach § 82 SGB XII erforderliche Einkommenseinsatz wahrt den **Nachrang** der Sozialhilfe (s. auch *Decker*,
Oestreicher, § 82 Rn. 13; *Schmidt*, jurisPK–SGB XII, § 82 Rn. 19). Der Hilfeberechtigte ist verpflichtet, vor der Inanspruchnahme von Sozialhilfemitteln alle Möglichkeiten zur **Selbsthilfe** zu nutzen (vgl. § 2). Wer aus sozialhilferechtlicher Sicht über
einzusetzendes Einkommen verfügt, kann sich selbst helfen und erhält keine (vollen)
Sozialhilfeleistungen in Form der Hilfe zum Lebensunterhalt oder anderer sozialhilferechtlicher Leistungen. Während sich das Einkommen bei den Leistungen des
Dritten und Vierten Kapitels unmittelbar auswirkt, hat die Vorschrift in den anderen
Leistungsbereichen des Fünften bis Neunten Kapitels nur eine mittelbare Folge (vgl.
auch *Schmidt*, jurisPK–SGB XII, § 82 Rn. 17). Bei diesen Leistungen ist der Vorrang
der Selbsthilfe anders als bei der Hilfe zum Lebensunterhalt ausgestaltet. Das Gesetz
belässt dem zum Einkommenseinsatz Verpflichteten bestimmte Beträge, die durch
die Einkommensgrenzen der §§ 85 bis 89 SGB XII näher bestimmt werden. Zu den
Besonderheiten des § 71 SGB XII s. dort.

2    § 82 SGB XII trifft lediglich eine Aussage zum Einkommen. Die Vorschrift sagt
dagegen nichts darüber aus, wessen Einkommen auf den geltend gemachten Bedarf
anzurechnen ist. Nach § 27 Abs. 1 SGB XII ist Hilfe zum Lebensunterhalt dem zu
gewähren, der seinen notwendigen Lebensunterhalt nicht oder nicht ausreichend
aus eigenen Kräften und Mitteln, vor allem aus seinem Einkommen und Vermögen,
bestreiten kann (Bedürftigkeitsgrenze). Für die Hilfe zum Lebensunterhalt wird der
Einkommenseinsatz in § 27 Abs. 2 SGB XII mit der Regelung der Einstandsgemeinschaft und in § 39 SGB XII beim Zusammenleben eines Hilfe Nachfragenden mit
einer anderen Person in Haushaltsgemeinschaft auf weitere Personen ausgedehnt.
Zur Einkommensanrechnung bei der Grundsicherung nach § 42 SGB XII s. BSG
25.4.2013 – B 8 SO 8/12 R, NJOZ 2013, 1872.

3    Nach § 39 S. 1 SGB XII wird die **Vermutung einer Bedarfsdeckung** aufgestellt. Lebt eine Person, die Sozialhilfe nachfragt, gemeinsam mit anderen Personen
in einer Wohnung oder in einer entsprechenden anderen Unterkunft, wird vermutet,
dass sie gemeinsam wirtschaften (Haushaltsgemeinschaft) und dass die nachfragende
Person von der anderen Person Leistungen zum Lebensunterhalt erhält, soweit dies
nach ihrem Einkommen und Vermögen erwartet werden kann.

4    Für die Hilfen nach dem Fünften bis Neunten Kapitel dieses Buches ist § 19
Abs. 3 bis 5 SGB XII heranzuziehen. Dort wird bestimmt, dass Hilfe gewährt wird,
soweit die Aufbringung der Mittel aus dem Einkommen und Vermögen nach den

Vorschriften des Elften Kapitels dieses Buches nicht zuzumuten ist. Aus der Bedürftigkeitsgrenze der Hilfe zum Lebensunterhalt ist bei diesen Leistungen eine **Zumutbarkeitsgrenze** geworden.

Auch wenn das Einkommen sowohl im **Sozialhilferecht** als auch im **Unterhalts-** 5 **recht** zum zentralen Bestandteil der Bedürftigkeitsprüfung gehört (*Wähner,* NDV 1994, 466), unterscheidet sich der im BGB verwendete Begriff erheblich von dem des SGB XII. Das Unterhaltsrecht beruht auf den persönlichen, familienrechtlichen Beziehungen von Unterhaltsberechtigtem und Unterhaltsverpflichtetem. Mit Hilfe der unterhaltsrechtlichen Bestimmungen soll eine ausgewogene Verteilung von Mitteln zur Gewährleistung des Lebensunterhaltes zwischen Verwandten bzw. Ehegatten erreicht werden (zum Problem der Unterhaltspflicht von erwachsenen Kindern gegenüber ihren Eltern: BGH 23.10.2002 – XII ZR 266/99, FamRZ 2002, 1698, 1701). Im Unterhaltsrecht orientiert sich die Bedürftigkeit am Lebensstandard des Berechtigten und Verpflichteten (vgl. *Schellhorn,* Sozialhilferecht, S. 9; *Conradis,* Systematik, S. 11). Das SGB XII wird hingegen dadurch geprägt, dass es eine Mindestsicherung garantiert, falls sich der Betreffende nicht selbst helfen kann. Die grundlegenden Unterschiede im Verständnis des Einkommensbegriffes führen vor allem bei den durch cessio legis nach § 94 SGB XII auf den Sozialhilfeträger übergegangenen Unterhaltsansprüchen zu erheblichen **Konkordanzproblemen,** weil sich öffentlich-rechtliches Sozialhilferecht und bürgerlich-rechtliches Unterhaltsrecht überschneiden (*Wähner,* NDV 1994, 466; *Wahrendorf,* ZFSH/SGB 1994, 453; vgl. auch § 94 Rn. 6).

Trotz aller Unterschiede wirkt das Sozialhilferecht in das Unterhaltsrecht hinein. 6 Dies lässt sich am Beispiel der Vollstreckung in Unterhaltsforderungen aufzeigen. Was dem Schuldner als weiterer unpfändbarer Betrag nach § 850f Abs. 1 lit. a ZPO verbleibt, bestimmt sich maßgeblich nach der Einkommensberechnung des SGB XII bzw. SGB II (so für das BSHG: BGH 12.12.2003 – IXa ZB 225/03, FamRZ 2004, 620 mit zustimmender Anm. *Schürmann*).

## II. Inhalt der Norm

Die Vorschrift knüpft an den bisherigen § 76 BSHG an. Inhaltlich entspricht sie 7 im Wesentlichen der Einkommensanrechnung des BSHG. Klarstellend ist in § 82 Abs. 1 SGB XII aufgenommen worden, dass Grundrenten, auf die das BVG entsprechend anzuwenden ist, nicht als Einkommen gelten. Damit will der Gesetzgeber die nach dem BSHG bestehende, unterschiedliche Anrechnungsregelung vereinheitlichen (BT-Drs. 15/1514, S. 65). Gesetzlich geregelt ist nunmehr die Zuordnung des Kindergeldes. Es wird dem jeweiligen minderjährigen Kind zugerechnet.

Sozialpolitisch wenig überzeugend war die **unterschiedliche Behandlung von** 8 **Kindergeld für erwachsene, nicht im Haushalt des Hilfebedürftigen lebende Kinder** im SGB XII und SGB II. Nach § 1 Abs. 1 Nr. 8 Arbeitslosengeld II/Sozialgeld Verordnung war Kindergeld für erwachsene Kinder nicht als Einkommen zu berücksichtigen, soweit es nachweislich an das nicht im Haushalt lebende volljährige Kind weitergeleitet wurde. Angesichts der weitgehenden Systemgleichheit beider Leistungsgesetze ist diese Regelung kritisiert worden (vgl. *Coseriu,* terra incognita, S. 255). In § 1 Abs. 1 Nr. 8 ALG II-V in der Fassung vom 18.12.2008 fehlt das Merkmal der Volljährigkeit und die Regelung ist auf Kinder anzuwenden, die außerhalb des Haushalts des Hilfebedürftigen leben. § 82 Abs. 1 knüpft weiter an die Minderjährigkeit des Kindes an.

Klarstellend war in die Vorschrift durch das Gesetz zur Änderung des Zwölften 9 Buches Sozialgesetzbuch und anderer Gesetze vom 2.12.2006 (BGBl. I S. 2670) aufgenommen worden, dass der befristete Zuschlag nach § 24 SGB II nicht als Einkommen anzurechnen ist. Nach Streichung des Zuschlags mit Wirkung zum

1.1.2011 konnte dieser Teil der Regelung entfallen. Auf diese Weise soll gewährleistet sein, dass auf die Leistungen eines nach dem SGB XII Bedürftigen der befristete Zuschlag des auch zur Bedarfsgemeinschaft gehörenden Mitgliedes angerechnet werden kann, eine für gemischte Bedarfsgemeinschaft denkbare Fallkonstellation (vgl. dazu auch BT-Drs. 16/2711, S. 11). Mit der Neufassung des Abs. 1 S. 2 der Vorschrift hat der Gesetzgeber auf die Entscheidung des BSG (19.5.2009 – B 8 SO 35/07 R, FEVS 61, 97, mit Anm. *Fahlbusch,* jurisPR-SozR 13/2010 Nr. 3) reagiert. In diesem Urteil hatte das BSG ein Rückzahlungsguthaben aus dem Regelsatz geleisteter Stromvorauszahlungen als Einkommen bewertet. Dem hält der Gesetzgeber (BR-Drs. 661/10, S. 210) entgegen, dass die Rechtsprechung mit dieser Entscheidung den Willen des Gesetzgebers, wie er in § 28 und § 82 Abs. 1 SGB XII zum Ausdruck gekommen sei, verkannt habe. Es sei die Aufgabe und das ausdrückliche Recht des Leistungsempfängers, den Regelsatz entsprechend dem anfallenden Bedarf einzusetzen. Er solle in eigener Budgetverantwortung handeln. Sofern dieser den Regelsätzen entnommene Abschlag zu hoch bemessen sei, stelle die Rückzahlung kein Einkommen dar (kritisch gegenüber der Neuregelung *Schmidt,* jurisPK-SGB XII, § 82 Rn. 39). Anders soll die Vorschrift verstanden werden, wenn der Leistungsberechtigte im Zeitpunkt der Zahlung noch nicht im Leistungsbezug gestanden hat.

**10**  **Absatz 2** überträgt im Wesentlichen inhaltsgleich den bisherigen § 76 Abs. 2 BSHG. Entfallen ist dessen Nr. 5. Es handelte sich um einen Kinderfreibetrag, um bei Sozialhilfeempfängern die Erhöhung des Kindergeldes nicht ins Leere laufen zu lassen. Durch die Neugestaltung des Regelsatzsystems sah der Gesetzgeber es nicht mehr als notwendig an, diese Regelung beizubehalten (BT-Drs. 15/1514, S. 65). Beim Kindergeldzuschlag nach § 6a BKGG wird in der Literatur zutreffend kritisiert (*Schmidt,* jurisPK-SGB XII, § 82 Rn. 13), dass für Kinder, die mit sozialhilfeberechtigten, aber Einkommen beziehenden Eltern zusammenleben, kein Anspruch nach § 6a BKGG besteht. Aufgenommen wurde in Absatz 2 Nr. 5 das Arbeitsförderungsgeld nach § 43 SGB IX. Damit werden in Privathaushalt wohnende Beschäftigte, die Hilfe zum Lebensunterhalt beziehen, den in einer vollstationären Einrichtung lebenden Beschäftigten gleichgestellt und es wird eine unterschiedliche Praxis beseitigt. Die Regelung befindet sich seit dem 1.1.2018 nicht mehr in § 82, sondern aufgrund der Änderungen durch das Bundesteilhabegesetz nunmehr in § 59 Abs. 2 SGB IX, der allgemein regelt, dass Arbeitsförderungsgeld bei einkommensabhängigen Sozialleistungen unberücksichtigt bleibt. Zudem ist die ursprünglich in Abs. 3 S. 4 enthaltene Regelung zur Absetzbarkeit vom Einkommen bei bestimmten steuerfreien Einnahmen nach der Neufassung des § 82 durch das Betriebsrentenstärkungsgesetz vom 17.8.2017 (BGBl. I S. 3214) in den Abs. 2 verschoben worden. Gleichzeitig wurde eine Regelung zum Verhältnis zu den übrigen Freibeträgen aufgenommen.

**10a**  In **Absatz 3** werden die Freibeträge bei Einkommen aus selbständiger und nichtselbständiger Tätigkeit geregelt. Im Unterschied zum bisherigen § 76 Abs. 2a BSHG kommen durch die Einführung der neuen Leistungsart des Arbeitslosengeldes II im Rahmen der Hilfe zum Lebensunterhalt nach Absatz 3 im Wesentlichen nur noch Tätigkeiten von weniger als drei Stunden täglich in Betracht. Bei einer Beschäftigung in einer Werkstatt für behinderte Menschen ist durch das Bundesteilhabegesetz vom 23.12.2016 (BGBl. S. 3234) der Freibetrag auf ein Achtel der Regelbedarfsstufe 1 nach der Anlage zu § 28 zuzüglich 50 % statt bisher 25 % erhöht worden. Zudem gilt die Freibetragsregelung seit dem 1.1.2018 nicht nur bei einer Beschäftigung in einer Werkstatt für behinderte Menschen, sondern auch bei einem anderen Leistungsanbieter nach § 60 SGB IX.

**11**  Der ursprüngliche **Absatz 4** ist durch Gesetz vom 2.12.2006 gestrichen worden. Der Absatz ist durch § 92a SGB XII ersetzt worden. Mit dem Gesetz vom 21.12.2015 (BGBl. I S. 2557) wurde dann zunächst eine Regelung zur Anrechnung von einmaligen Einnahmen eingefügt, die sich nunmehr in Absatz 7 findet. In Absatz 4 wurde mit Gesetz vom 17.8.2017 (BGBl. I S. 3214) ein Freibetrag für Einkommen aus einer zusätzlichen Altersvorsorge aufgenommen. In **Absatz 5** findet sich die Definition, welches Einkommen unter einer zusätzlichen Altersversorgung im Sinne des Absatz 4 zu verstehen ist.

Der ursprünglich durch das Bundesteilhabegesetz vom 23.12.2016 (BGBl. I **12** S. 3234) in Absatz 3a vorgesehene Freibetrag in Höhe von 40 % (höchstens jedoch 65 % der Regelbedarfsstufe 1 nach der Anlage 28) auf das Erwerbseinkommen für Personen, die Leistungen der Hilfe zur Pflege erhalten, ist mit der Neufassung des § 82 durch das Gesetz vom 17.8.2017 (BGBl. I S. 3214) nunmehr in **Absatz 6** verschoben worden. Diese Regelung gilt bis zum 31.12.2019 übergangsweise entsprechend für Personen, die Leistungen der Eingliederungshilfe erhalten.

**Absatz 7** enthält die mit Gesetz vom 21.12.2015 (BGBl. I S. 2557) eingefügte **12a** Regelung zur Anrechnung von einmaligen Einnahmen.

Dem § 82 vergleichbare Vorschriften im SGB II sind die §§ 11, 11a und 11b **13** SGB II. **Auffällige Unterschiede** gibt es zwischen den Regelungen des SGB II und des SGB XII darüber, was alles vom Einkommen abzusetzen ist. Bestehende Unterschiede ergeben sich daraus, dass es sich bei den Leistungen des SGB II um ein „erwerbszentriertes Grundsicherungssystem" (*Schmidt*, jurisPK-SGB XII, § 82 Rn. 13) handelt. Das gilt deshalb vor allem für die den Empfängern von Leistungen nach dem SGB II zugutekommenden Freibeträge für Erwerbseinkommen (§ 11b SGB II). Eine Neuregelung des § 11 Abs. 1 S. 2 SGB II vergleichbare Vorschrift gibt es im SGB XII nicht. Nach § 11 Abs. 1 S. 2 SGB II werden Zuflüsse aus darlehensweise gewährten Sozialleitungen berücksichtigt, soweit sie dem Lebensunterhalt dienen (s. auch *Schmidt*, jurisPK-SGB XII, § 82 Rn. 13). Im SGB XII fehlen Absetzungsbeträge für Erwerbstätige (§ 11b Abs. 1 Nr. 6 SGB II), was sich mit den unterschiedlichen Zielrichtungen von Sozialhilfe und SGB II-Leistungen erklären lässt, Absetzungsbeträge für Aufwendungen zur Erfüllung gesetzlicher Unterhaltsverpflichtungen zu dem in einem Unterhaltstitel oder in einem notariell beurkundeten Unterhaltsvereinbarung festgelegten Betrag (§ 11b Abs. 1 Nr. 7 SGB II) und für den Komplex des § 11b Abs. 1 Nr. 8 SGB II, der auf den erwerbsfähigen Leistungsberechtigten bezogen ist.

Der **Nachweis von Einkommen** stellt neben der Abgrenzung zum Vermögen **14** ein Kernproblem bei der Anwendung der Vorschrift dar (vgl. auch *Berlit*, NZS 2009, 537). Hierbei geht es auch darum, ob aus in der Vergangenheit liegenden Umständen auf die aktuelle Bedürftigkeit geschlossen werden kann. Zum **Negativbeweis** hat das BVerfG (12.5.2005 – 1 BvR 569/05, NVwZ 2005, 927) das Notwendige ausgeführt und enge Grenzen gesetzt. Gleichwohl trifft denjenigen, dessen Glaubwürdigkeit durch ein vorausgehendes Verhalten erschüttert worden ist, eine gesteigerte Mitwirkungspflicht (*Berlit*, NZS 2009, 537). Insbesondere gilt dies, wenn Einkommen oder Vermögen vorhanden gewesen ist. Zwar kann hier, auch unter Berücksichtigung der jeweiligen Persönlichkeit des Nachfragenden, keine lückenlose Buchführung erwartet werden (*Berlit*, NZS 2009, 539). Erwartet werden kann jedoch, dass Angaben gemacht werden, die den Verbleib von Einkommen und Vermögen plausibel erscheinen lassen.

## III. Einkommen (Abs. 1)

### 1. Einkommensbegriff

Absatz 1 enthält eine Nominaldefinition, was unter Einkommen zu verstehen ist. **15** Zum Einkommen gehören **alle Einkünfte in Geld oder Geldeswert.** Geldwert sind alle Leistungen, die einen Marktwert haben. Das trifft auf Sachleistungen in einer stationären Unterbringung nicht zu, hier stellt sich eher die Frage nach der Bedarfsdeckung (s. dazu BSG 11.12.2007 – B 8/9b SO 21/06 R, FEVS 59, 433). Ausgenommen als Einkommen sind die Hilfeleistungen nach dem SGB XII, dem SGB II (BSG 9.6.2011 – B 8 SO 20/09), die Leistungen der Grundrente nach dem Bundesversorgungsgesetz und der Renten oder Beihilfen, die nach dem Bundesentschädigungsgesetz für Schaden an Leben sowie an Körper oder Gesundheit gewährt werden, bis zur Höhe der vergleichbaren Grundrente nach dem BVG. Durch die jetzige Fassung des Gesetzes ist klargestellt, dass auch Grundrenten (Beschädigten- und Hinterbliebenengrundrenten), die nach den Gesetzen gezahlt werden, auf die eine entsprechende Anwendung des BVG vorgesehen ist (SVG, OEG etc.), nicht als Einkommen gelten. Hierzu nennt die Gesetzesbegründung Grundrenten nach dem Infektionsschutzgesetz und dem Opferentschädigungsgesetz (BT-Drs. 15/1514, S. 65). Eine **Verletztenrente** aus der gesetzlichen Unfallversicherung ist nicht privilegiert (BSG 3.12.2002 – B 2 U 12/02 R; 17.3.2009 – B 14 AS 15/08 R; 6.12.2007 – B 14/7 b AS 62/06 R: Nichtannahmebeschluss des BVerfG 16.3.2011 – 1 BvR 591/08). **Elterngeld** ist für diejenigen Leistungsberechtigten, die vor der Geburt nicht erwerbstätig waren ohne Freibetrag auf die Grundsicherungsleistungen anrechenbar; verfassungsrechtliche Bedenken bestehen nicht (BSG 1.12.2016 – B 14 AS 28/15 R). Eine **Erwerbsunfähigkeitsrente** ist Einkommen (BSG 16.5.2007 – B 11 b AS 27/06 R), ebenso das Verletztengeld nach § 47 SGB VII (*Schmidt*, jurisPK-SGB XII, § 82 Rn. 36). Nach den Empfehlungen des Deutschen Vereins sollten Zuwendungen und Beihilfen nach den Richtlinien für die Vergabe von Mitteln an jüdische Verfolgte zur Abgeltung von Härtefällen im Rahmen der Wiedergutmachung anrechnungsfrei bleiben (*Hohm*, Schellhorn/Hohm/Scheider, § 82 Rn. 32).

16   Grundsätzlich ist keine Rücksicht auf die Herkunft des Geldes zu nehmen (vgl. *Söhngen,* jurisPK-SGB II, § 11 Rn. 39). Ob auch **durch Straftaten erlangte Mittel** als Einkommen zu werten sind, wurde im Rahmen von Zahlungen eines Pflegeunternehmens an Leistungsempfänger bei einem gemeinschaftlichen Betrug zu Lasten der Pflegeversicherung diskutiert (LSG Bln-Bbg v. 9.1.2017 – L 23 SO 327/16 B ER). In einer Entscheidung zur Arbeitslosenhilfe hatte das BSG entschieden, dass von Anfang an mit einer Herausgabe- bzw. Schadensersatzpflicht gegenüber dem unmittelbar Geschädigten belastete Vermögenszuwächse nicht unter den Einkommensbegriff zu subsumieren sind (BSG v. 6.4.2000 – B 11 AL 31/99 R). Nach anderer Auffassung ist auch durch eine Straftat erlangtes Einkommen zu berücksichtigen, da es auf die Herkunft der Einnahmen nicht ankomme, solange sie als bereite Mittel zur Verfügung stehen (Schmidt, jurisPK-SGB XII, § 82 Rn. 25.2).

17   Ergänzt wird § 82 SGB XII durch die Regelung des **§ 83 SGB XII.** Die Vorschriften sind im systematischen Kontext zu sehen. Danach sind solche Leistungen, die aufgrund öffentlich-rechtlicher Vorschriften zu einem ausdrücklichen Zweck gewährt werden, nur insoweit als Einkommen zu berücksichtigen, als die Sozialhilfe im Einzelfall demselben Zweck dient. § 83 Abs. 2 SGB XII nimmt eine Entschädigung, die wegen eines Schadens, der nicht Vermögensschaden ist, gezahlt wird, von einer Einkommensanrechnung aus.

18   Der **weite Anwendungsbereich,** der durch den Begriff des Einkommens besteht, wird durch § 1 DVO, die gemäß Art. 67 des Gesetzes zur Einordnung des Sozialhilferechts in das Sozialgesetzbuch (BGBl. I 2003 S. 3022) in das SGB XII transponiert worden ist, näher ausgefüllt. Danach gehören zum Einkommen alle Einnahmen ohne Rücksicht auf ihre Herkunft und Rechtsnatur sowie ohne Rücksicht darauf, ob sie zu den Einkunftsarten des Einkommensteuergesetzes gehören oder ob sie der Steuerpflicht unterliegen. Zu bedenken ist, dass es sich bei der VO um untergesetzliche Normen handelt, die § 82 SGB XII ausfüllen, aber nicht uminterpretieren können.

## 2. Abgrenzung Einkommen und Vermögen

Die Abgrenzung von Einkommen und Vermögen ist von wesentlicher Bedeu- **19** tung. Durch § 90 Abs. 2 und 3 SGB XII bleibt bestimmtes Vermögen geschützt. Vergleichbare Regelungen sind beim Einkommenseinsatz des § 82 SGB XII nicht vorgesehen. Die Zuordnung entweder zum Vermögen oder zum Einkommen wird deswegen erschwert, weil dem SGB XII wie schon dem BSHG und auch dem SGB II für beide Begriffe sinnerfüllte Definitionen fehlen (vgl. dazu *Eichenhofer,* JZ 2000, 48; *Conradis,* info also 2007, 10). Einkommen und Vermögen sind danach abzugrenzen, ob Leistungen in Geld oder Geldeswert im Bedarfszeitraum – das soll in der Regel ein Kalendermonat sein – zufließen **(sog. Zuflusstheorie)**. Bei Zufluss im Bedarfszeitraum handelt es sich um Einkommen. Sind Geld oder Geldeswert zu Beginn eines Bedarfszeitraumes vorhanden, sind sie Teil des Vermögens (*Gottschick/Giese,* BSHG, § 76 Rn. 5.1; *Lippert,* Mergler/Zink, BSHG, § 76 Rn. 30; *Decker,* Oestreicher, § 82 Rn. 25; *Hohm,* Schellhorn/Hohm/Scheider, § 82 Rn. 20; *Paul,* ZfF 1998, 198; *Gitter,* ZFSH/SGB 1995, 394; *DV,* NRD 1992, 141). Nach Ablauf eines Bedarfszeitraumes wird nicht verbrauchtes Einkommen grundsätzlich zum Vermögen, wenn wenn nicht eine längere bzw. spätere Anrechenbarkeit vorgesehen ist, wie z. B. bei einmaligen Einnahmen nach § 82 Abs. 4.

In der Literatur zum SGB XII ist die **Zuflusstheorie** im Grundsatz anerkannt **20** (vgl. *Hohm,* Schellhorn/Hohm/Scheider, § 82 Rn. 14; *Lücking,* Hauck/Noftz, § 82 Rn. 31; *Adolph,* Linhart/Adolph, § 82 Rn. 33; *Mrozynski,* III. 8 Rn. 4; *Wolf,* Fichtner/Wenzel, § 82 Rn. 13; kritisch dagegen *Geiger,* LPK-SGB XII, § 82 Rn. 4). Nach der gegenteiligen, hauptsächlich durch die ältere Rechtsprechung (BVerwG 24.4.1968 – V C 62.67, BVerwG 29, 295; 4.6.1992 – 5 C 82/88, NVwZ 1993, 66) dominierten Auffassung, der sich auch ein Teil der Kommentarliteratur angeschlossen hatte (vgl. *Fichtner,* BSHG, 1. Aufl., § 76 Rn. 12; *Brühl,* LPK-BSHG, 5. Aufl., § 76 Rn. 10 f.), bestimmte sich die Abgrenzung nach der Zeitraum- und Zweckidentität **(Identitätstheorie)**. Sozialhilferechtlich einzusetzendes Einkommen sollten die Zuflüsse in Geld oder Geldeswert sein, die der Deckung des Lebensunterhaltes zu dienen bestimmt sind (Prinzip der Zweck- oder Bedarfsidentität; vgl. auch *Brühl,* LPK-BSHG, 5. Aufl., § 76 Rn. 5; *Fichtner,* BSHG, 1. Aufl., § 76 Rn. 12). Außerdem musste der Zufluss der Mittel dazu dienen, im Bedarfszeitraum zur Deckung eingesetzt zu werden **(Prinzip der Zeitraumidentität:** BVerwG 24.4.1968 – V C 62.67, BeckRS 1968, 30434763). Zur Begründung dieses ungeschriebenen Merkmals verwies das BVerwG auf den das Sozialhilferecht bestimmenden Nachranggrundsatz. Dieser könne nur dann verwirklicht werden, wenn die zufließenden Mittel und der Bedarf in einem Leistungszeitraum gegenübergestellt würden. Der von der genannten Rechtsprechung gewiesene Weg hatte zur Konsequenz, dass Nachzahlungen von Arbeitsentgelt oder Zuflüsse ohne direkten Bezug zur allgemeinen Lebenshaltung als Vermögen angesehen wurden. Bei der Nachzahlung mangelt es an der Zeitraumidentität, bei den anderen Zuflüssen an der Zweckidentität. *Conradis* (info also 2007, 14) hat den Versuch unternommen, zwar in erster Linie aus der Sicht des SGB II, die Lehre von der Zweckidentität neu zu beleben, ohne jedoch in den Zweifelfragen zu einfacheren und klareren Ergebnissen zu kommen, die nicht schon mit Hilfe der normativen Zuflusstheorie gelöst werden können.

Das BVerwG (BVerwG 18.2.1999 – 5 C 35/97, BVerwGE 108, 296, 299; **21** 18.2.1999 – 5 C 16/98, NVwZ 1999, 1343) hat seine bisherige Rechtsprechung zugunsten einer **normativ** bestimmten **Zuflusstheorie** aufgegeben. Sozialhilferechtlich ist Einkommen alles das, was jemand in der Bedarfszeit wertmäßig zusätzlich erhält, und Vermögen, was er in der Bedarfszeit bereits hat. Dabei ist grundsätzlich von einem **tatsächlichen Zufluss** auszugehen, es sei denn, **rechtlich** wird ein anderer Zufluss bestimmt. Damit wird nicht zufällig an ein Ereignis, sondern an eine vorhandene Notlage angeknüpft. Beispiele für einen normativen Zufluss finden sich nach Ansicht des BVerwG in § 3 Abs. 3 und § 11 i. V. m. §§ 4, 6, 7 und 8 DVO. Wird eine frühere Vermögenslage wiederhergestellt, handelt es sich um Vermögen, etwa bei Schadensersatz in Geld. Zum Vermögen gehören strukturell die Einnahmen, die aus Revalutierungen stammen (*Burger,* VSSR 1991, 208), wie Abhebungen von einem Sparbuch.

22    Der Neuausrichtung des Einkommensbegriffes in der verwaltungsgerichtlichen Rechtsprechung kam dem Wortlaut des § 76 Abs. 1 BSHG näher (*Eichenhofer,* JZ 2000, 48; kritisch hingegen *Brühl,* info also 2000, 189 f.) als die bisher verwendete Definition. Die Begriffe Zweck- und Zeitidentität ließen und lassen sich nur schwer aus dem Gesetzestext ableiten. Ein weiterer Vorzug war, dass die verwaltungsgerichtliche Rechtsprechung sich der des BSG (BSG 20.6.1978 – 7 RAr 47/77, BSGE 46, 271; vgl. *Eichenhofer,* JZ 2000, 49; kritisch allerdings *Brühl,* info also 2000, 186 f.) angenähert hatte, die zur Abgrenzung von Einkommen und Vermögen bei der Arbeitslosenhilfe von ähnlichen Prinzipien ausgeht.

23    Da der Gesetzgeber in Ansehung der Rspr. des BVerwG den Wortlaut des § 82 SGB XII gegenüber § 76 BSHG unverändert übernommen hat, gilt für das SGB XII grundsätzlich die Zuflusstheorie (BSG 19.5.2009 – B 8 SO 35/07 R, BeckRS 2009, 67779; zum SGB II: BSG 30.7.2008 – B 14 AS 26/07 R, NVwZ-RR 2009, 963). Für die meisten Fälle stellt sie in der Betonung des tatsächlichen Zuflusses einen brauchbaren Ansatz zur Abgrenzung zum Vermögen dar. Zuflüsse, die vor dem Beginn der Hilfebedürftigkeit und die bei Eintreten der Hilfebedürftigkeit noch vorhanden sind, sind als Vermögen anzusehen (vgl. auch *Schmidt,* jurisPK-SGB XII, § 82 Rn. 22). Der tatsächliche Zufluss ist hierbei als „Faustformel" (*Berlit,* jurisPR-SozR 7, 2009, Anm. 1) zu verstehen. Allerdings wirft das Kriterium des Zuflusses auch weiterhin Fragen auf.

24    Nicht ganz unbedenklich war nach bisherigem Recht, dass für die Interpretation des in § 82 SGB XII verwendeten Einkommensbegriffes auf den Bedarfszeitraum abgestellt wurde, was sich nicht aus dem Gesetz selbst, sondern erst aus § 3 Abs. 3 S. 1 DVO ergab (vgl. auch *Sauer,* NDV 1999, 318; anders BVerwG 22.4.2004 – 5 C 68/03, NJW 2004, 2608; BSG 19.5.2009 – B 8 SO 35/07 R, BeckRS 2009, 67779). In § 27a Abs. 2 SGB XII ist nun geregelt, dass der gesamte notwendige Lebensunterhalt in der dort beschriebenen Form den monatlichen Regelbedarf ergibt. Damit ergibt sich ein in einem Parlamentsgesetz auffindbarer Anhaltspunkt für das Monatsprinzip und seine Beachtung bei der Einkommensbestimmung.

25    Abweichend von der monatsweisen Berechnung sieht § 4 Abs. 2 VO vor, dass bei Einkünften aus **selbstständiger Tätigkeit** Einkünfte für das Jahr zu berechnen sind, in dem der Bedarfszeitraum liegt. Eine derartige Abweichung vom Monatsprinzip lässt sich damit erklären, dass bei in der Regel schwankenden Einkünften aus selbstständiger Tätigkeit nur im Jahresbezug sicheres Zahlenmaterial für eine Einkommensberechnung zur Verfügung steht.

26    Auf der Grundlage der neuen Abgrenzungsformel hatte das BVerwG (18.2.1999 – 5 C 35/97, NVwZ-RR 2001, 519) eine **Steuererstattung** für zu viel entrichtete Steuern des Vorjahres (ebenso BSG 30.9.2008 – B 4 AS 29/07 R, NJW 2009, 2155, mit Anm. *Berlit,* jurisPR-SozR 7/2009, Anm. 1) als Einkommen eingestuft (vgl. *Luik,* SGb 2009, 677). Diese Auffassung setzt sich auch in der Rechtsprechung des BSG (19.5.2009 – B 8 SO 35/07 R, BeckRS 2009, 67779; ebenso *Hohm,* Schellhorn/Hohm/Scheider, § 82 Rn. 23; *Wolf,* Fichtner/Wenzel, § 82 Rn. 3; *Geiger,* LPK-SGB XII, § 82 Rn. 26) fort. Weil der Leistungsberechtigte vornehmlich verpflichtet ist, eine Steuererstattung als Einkommen einzusetzen, steht die Abtretung einer Steuererstattung an einen Dritten einer Einkommensanrechnung nicht entgegen (LSG Nds-Brem 15.4.2011 – L 13 AS 333/10, BeckRS 2011, 72981). Anders wäre nur zu entscheiden gewesen, wenn in dem Guthaben eine Ansparleistung zu sehen wäre. Dies ist jedoch nicht der Fall, weil ein Erstattungsbetrag erst mit der

**Jahresendabrechnung** fällig wird. Zur Abfindung aus einem arbeitsgerichtlichen Vergleich als Einkommen (BSG 30.9.2008 – B 4 AS 29/07 R, NJW 2009, 2155).

Eine **Schadensersatzleistung,** mit der der Berechtigte erstmals Leistungen in 27 Geld oder Geldeswert erhält und nicht zuvor Vorhandenes ersetzt wird, sowie die Auszahlung eines geerbten titulierten Unterhaltsanspruchs sind als Einkommen zu qualifizieren (*Brühl,* info also 2000, 192).

Die Ratenzahlungen eines geschiedenen Ehemannes, die er aufgrund eines 28 **Abfindungsanspruchs** auf einen Zugewinnausgleich erbringt sind als Einkommen zu behandeln(OVG Bremen 26.6.1979 – II BA 2/79; OVG Münster 12.12.1986 – 8 A 1460/85). Zu Kapitalerträgen aus einer Schmerzensgeldabfindung SG Köln 9.2.2011 – S 21 SO 262/10; a. A. LSG Nds-Brem 20.4.2006 – L 8 SO 50/05; berücksichtigenswert auch BSG 23.3.2010 – B 8 SO 2/09 R zur Stiftung „Hilfswerk für das behinderte Kind").

**Betriebskostenguthaben,** die aus einer vergangenen Heizperiode erstattet wer- 29 den, stellen nach der jetzigen Rechtslage mit dem Zufluss Einkommen dar (vgl. dazu BT-Drs. 16/1996; LSG NRW 22.9.2009 – L 6 AS 11/09; BSG 15.4.2008 – B 14/7b AS 58/06 R, BeckRS 2008, 56387), es sei denn, die Erstattung beruht auf Vorauszahlungen, die aus dem Regelsatz erbracht worden sind (§ 82 Abs. 1 S. 2 SGB XII).

In der Rechtsprechung wird das **Überbrückungsgeld** bei der Haftentlassung 30 grundsätzlich als Einkommen angesehen (LSG Nds-Brem 18.5.2010 – L 13 AS 105/ 09; kritisch dazu *Hammel,* ZfSH/SGB 2011, 7; *Mester,* ZfF 2011, 26 f.; s. auch zum SGB II BSG vom 28.10.2014 – B 14 AS 36/13 R: Überbrückungsgeld für die ersten vier Wochen anzurechnen; nunmehr auch § 11a Abs. 6 SGB II, wonach Überbrückungsgeld nicht als Einkommen zu berücksichtigen ist, soweit es den Bedarf der leistungsberechtigten Person für 28 Tage übersteigt). Strafgefangene haben nicht die Wahl, ob und wie sie das Überbrückungsgeld bilden. Vor Ende der Haft haben sie kaum Zugriff auf das Überbrückungsgeld (*Grühn,* Sozialrechtaktuell, 2013, 95). Aus der Sicht der Zuflusstheorie ist diese Qualifizierung konsequent, insbesondere da das Überbrückungsgeld nach § 51 Abs. 1 StVollzG dazu dienen soll, die ersten vier Wochen der Haftentlassung zu überbrücken.

Bei der Auszahlung einer **Kapitallebensversicherung,** die bereits vor dem Leis- 31 tungsbezug beitragsfrei war, handelt es sich sowohl im Hinblick auf die Versicherungssumme, die Überschussbeteiligung und den Anteil an den Bewertungsreserven um Vermögen, da es sich um einen einheitlichen Lebensversicherungsvertrag handelt (BSG 10.8.2016 – B 14 AS 51/15 R Rn. 16 ff.). Eine Wertsteigerung (Versicherungssumme, Überschussbeteiligung) während des Bezugs von Grundsicherungsleistungen stellt ebenfalls kein Einkommen dar, sondern lediglich einen Zuwachs des Vermögenswertes (BSG 10.8.2016 – B 14 AS 51/15 R Rn. 22 ff.). Anders sind dagegen Zinsen auf Kapitalvermögen als Einkommen zu qualifizieren (BSG 10.8.2016 – B 14 AS 51/15 R Rn. 23).

Eine **Motivationszuwendung** ist als geldwerter Zufluss Einkommen (BSG 32 28.2.2013 – B 8 SO 12/11 R). Es handelt sich dabei um eine Leistung eines Arbeitstrainings für psychisch kranke Leistungsempfänger, die von einem Unternehmen des Paritätischen Wohlfahrtsverbandes gezahlt wird. Deshalb ist bei der Entscheidung § 84 SGB XII (vgl. dort Rn. 4) zu beachten.

Ein **Pflegegeld aus einer gesetzlichen Unfallversicherung** nach dem 33 SGB VII ist als Einkommen einzustufen (LSG NRW 29.3.2012 – L 9 SO 340/11). Mangels planwidriger Lücke ist § 13 Abs. 5 SGB XI nicht anzuwenden, weil es bei dem Pflegegeld aus der gesetzlichen Unfallversicherung nicht um ein solches aus der Pflegeversicherung handelt.

Befindet sich das Girokonto im Zeitpunkt der Überweisung eines Geldbetrags 33a im Soll, ändert dies nichts an der normativen Qualifizierung als zugeflossenes Einkommen, denn die damit verbundene Schuldentilgung ist bereits eine Form der

Mittelverwendung und mindert nicht die Höhe des zu berücksichtigenden Einkommens (BSG 12.5.2017 – B 8 SO 23/15 R, BeckRS 2017, 119371). Bereite Mittel liegen aber nur dann vor, wenn der Kontoinhaber in seiner Verfügung über das Einkommen nicht beschränkt ist.

### 3. Bereite Mittel

**34**    Der Sozialhilfeempfänger kann nur dann auf die Selbsthilfemöglichkeit verwiesen werden, wenn ihm bereite Mittel zur Verfügung stehen (BSG 11.12.2007 – B 8/ 9b SO 23/06 R, FamRZ 2008, 1068; FEVS 61, 193 mit Anm. *Luthe,* ASR 2010, 37; *Hohm,* Schellhorn/Hohm/Scheider, § 82 Rn. 15; *Schmidt,* jurisPK-SGB XII, § 82 Rn. 26 f.; *Rothkegel,* Strukturprinzipien, S. 97). Entscheidend ist die tatsächliche Lage des Hilfeberechtigten. Einkommen ist nur dann anzurechnen, wenn es ihm im Bedarfszeitraum tatsächlich zugeflossen ist (vgl. BVerwG 18.2.1999 – 5 C 35/ 97, BSGE 108, 296, 298; *Rothkegel,* Strukturprinzipien, S. 97). Wird eine Ansparrücklage vor dem Einsetzen des Hilfefalles aufgelöst und verbraucht, stehen keine bereiten Mittel zur Verfügung (BSG 21.6.2011 – B 4 AS 21/10 R; *Schmidt,* jurisPK-SGB XII, § 82 Rn. 27).

**35**    **Ausgenommen** sind lediglich die zugeflossenen Mittel, die nach § 83 SGB XII wegen der **besonderen Zweckbindung** frei bleiben. Bei rechtlichen oder tatsächlichen **Hindernissen** stehen dem Hilfeberechtigten keine bereiten Mittel zur Selbsthilfe zur Verfügung.

**36**    Allerdings sind bei der Auslegung des Begriffes der bereiten Mittel auch systematische Gründe zu berücksichtigen. Der Einsatz des Einkommens als Ausdruck des Selbsthilfewillens (§ 2 Abs. 1 SGB XII) unterliegt einer wertenden Betrachtungsweise. Wieweit Selbsthilfemöglichkeiten bestehen, ist immer auch eine Wertungsfrage (*Rothkegel,* Strukturprinzipien, S. 98; *Mrozynski,* III. 8 Rn. 7; *Schmidt,* jurisPK-SGB XII, § 82 Rn. 21; BSG 26.8.2008 – B 8/9b SO 16/07 R: keine Obliegenheit, einen Abzweigungsantrag des Kindergeldes zu stellen). Ob der Hilfeberechtigte vorhandenes Einkommen zur Bedarfsdeckung einsetzt oder einsetzen muss, wird deshalb maßgeblich durch das Prinzip der Zumutbarkeit mitbestimmt. Denn sie kann mitentscheidend sein, ob der Hilfebedürftige bereite Mittel zur Bedarfsdeckung oder für anderweitige Zwecke einsetzen muss oder auf Mittel Dritter verwiesen werden kann.

**37**    **a) Schuldverpflichtungen.** Ist der Hilfeberechtigte Schuldverpflichtungen eingegangen, die nicht Unterhaltsleistungen sind, und **leistet er freiwillig,** z. B. durch Forderungsabtretung vom Lohn, ist sein für den Hilfebedarf einzusetzendes Einkommen nicht zu kürzen. Ihm ist zuzumuten, zunächst aus dem vorhandenen Einkommen seinen Lebensbedarf sicherzustellen. Dieser Grundsatz gilt unabhängig davon, ob die Abtretungen als Einkommen nach § 53 SGB I pfändbar sind (vgl. BVerwG 13.1.1983 – 5 C 114/81, BSGE 66, 342). Anders sieht die rechtliche Bewertung aus, wenn ein Vermieter wegen aufgelaufener Mietschulden mit einem Guthaben aus einer Nebenkostenabrechnung aufrechnet (BSG 16.5.2012 – B 4 AS 132/11 R). Wenn das Guthaben aus Rechtsgründen oder nicht ohne Weiteres realisiert werden kann, ist die Schuldentilgung hinzunehmen. Die Ausübung des Gestaltungsrechts durch einen Gläubiger unterscheidet sich von „freiwillig" eingegangenen Schuldverpflichtungen. Ist der Betreffende vor dem Eintreten des Hilfefalles eine Verpflichtung zur Abtretung der Forderung eingegangen, kommt es darauf an, ob er sich von dieser Verpflichtung lösen kann (vgl. auch *Geiger,* LPK-SGB XII, § 82 Rn. 37; *Lücking,* Hauck/Noftz, § 82 Rn. 25). Hierfür ist maßgeblich, dass es dem mit der Sozialhilfe verfolgten Zweck zuwiderlaufen würde, zur Tilgung von Schulden des Hilfeempfängers beizutragen (BVerwG 13.1.1983 – 5 C 114/81, BSGE 66, 342, 343). Besteht die Möglichkeit nicht, vor dem Hilfefall eingegangene Verpflichtungen zu lösen, gilt der Grundsatz, dass Sozialhilfe unabhängig von den Gründen, die zur Bedürftigkeit geführt haben, gezahlt werden muss, weil es an bereiten Mitteln fehlt. Anders ist in jedem Fall zu entscheiden, wenn der Leistungsberechtigte Verbindlichkeiten während des laufenden Sozialhilfebezuges eingegangen ist. Sie mindern das Einkommen nicht, weil andernfalls die Sozialhilfe zur Schuldentilgung benutzt wird. Im Falle der **Pfändung** hat sich das BSG von seiner ursprünglich vertretenen Auffassung, dass es darauf ankommt, ob gegen die Pfändung überhaupt nicht oder ohne weiteres vorgegangen werden könnte (BSG 10.5.2011 – B 4 KG 1/10 R; BVerwG 15.12.1977 – V C 35.77), distanziert und auf die fehlenden bereiten Mittel abgestellt (vgl. BSG 19.8.2015 – B 14 AS 43/14 R Rn. 18). Klarstellend hat der BGH (25.11.2010 – VII ZB 111/09, ZfSH/SGB 2011, 90) entschieden, dass der Begriff des notwendigen Lebensunterhalts in § 850d ZPO dem notwendigen Lebensunterhalt des Dritten Kapitels SGB XII entspricht und auch kleinere Beträge, die in der Regelleistung für kleinere Anschaffungen enthalten sind, eine Pfändung unterhalb des Regelbedarfs nicht zulieben.

Ähnliche Grundsätze gelten bei der **Überziehung** eines **Bankkontos.** In diesem **38** Fall ist zu prüfen, ob bei den heute vorherrschenden Bedingungen eines automatisierten Zahlungsverkehrs verhindert werden kann, dass die Bank den Debet-Saldo mit dem überwiesenen Geld verrechnet. Solange trotz einer solchen Verrechnung eine Überziehung des Kontos möglich ist, muss sich der Hilfesuchende die überwiesenen Gelder als Einkommen anrechnen lassen (BSG 29.4.2015 – B 14 AS 10/14 R; BVerwG 19.2.2001 – 5 C 4/00, NVwZ-RR 2001, 519; so auch *Geiger,* LPK-SGB XII, § 82 Rn. 40; *Mrozynski,* III.8 Rn. 11

**b) Unterhaltsverpflichtungen.** Das BVerwG (BVerwG 15.12.1977 – V C **39** 35.77, BVerwGE 55, 153) war der Auffassung, dass die Leistung von Unterhalt nicht mit einer beliebigen schuldrechtlichen Verbindlichkeit auf eine Stufe gestellt werden könne. Es müsse von der Regel, dass ein Hilfeberechtigter zuerst an sich selbst denken müsse, bei der Erfüllung von Unterhaltpflichten gegenüber minderjährigen Kindern abgewichen werden. Nach dem Selbsthilfegebot ist der Unterhaltsverpflichtete aber auf jeden Fall gehalten, einen Antrag beim Vollstreckungsgericht auf Änderung des unpfändbaren Betrages zu stellen (s. auch LSG LSA 8.9.2010 – L 2 AS 292/10 B ER, BeckRS 2010, 74916).

Durch das Gesetz zur Fortentwicklung der Grundsicherung für Arbeitsuchende **40** wurde die Vorschrift des § 11 Abs. 2 Nr. 7 SGB II a. F. = § 11b Abs. 1 Nr. 7 n. F. eingefügt, die kein entsprechendes Pendant im SGB XII hat. Für das SGB II ist damit eine von der BA praktizierte Nichtanrechnung von tituliertem Unterhaltsansprüchen und geleistetem Unterhalt Gesetz geworden. Ein durchaus nachvollziehbarer Grund ist darin zu sehen, dass derartige Unterhaltsforderungen dem Berechtigten nicht zum Lebensunterhalt zur Verfügung stehen (BT-Drs. 16/1410, S. 20). Auch wenn es der Gesetzgeber schlicht unterlassen hat, im SGB XII eine vergleichbare Regelung zu schaffen, wird man kaum umhinkommen, auch im SGB XII einen titulierten Unterhaltsanspruch genügen zu lassen. Zahlungen auf Unterhaltsrückstände, auch von tituliertem Unterhalt aus der Vergangenheit, können hingegen nicht vom Einkommen abgesetzt werden (BSG 12.10.2016 – B 4 AS 38/15 R Rn. 15; BSG 20.2.2014 – B 14 AS 53/12 R).

Eine befriedigende, sozialhilferechtliche Lösung ist ohne einen Blick auf zivil- **41** rechtliche Wertungen nicht möglich. In der zivilrechtlichen Rechtsprechung ist anerkannt, dass als Folge einer auferlegten Unterhaltsverpflichtung keine Sozialhilfebedürftigkeit des Verpflichteten eintreten darf (BGH 2.5.1990 – XII ZR 72/89, BGHZ 111, 194; 12.12.2003 – IXa ZB 225/03, FamRZ 2004, 620). Dieser zivilrechtliche Grundsatz muss sich auch auf die sozialhilferechtliche Bestimmung des Einkommens auswirken. Unterhaltsleistungen dürfen das Einkommen des Unterhaltpflichtigen nicht so mindern, dass dieser selbst sozialhilfebedürftig wird. Um sein Existenzminimum zu sichern, darf er vor den Unterhaltsberechtigten aus seinem

Einkommen seinen Bedarf vorab decken. Reicht das vorhandene Einkommen eines Unterhaltsverpflichteten nicht aus, um sämtliche Ansprüche Unterhaltsberechtigter zu befriedigen, sind im Verhältnis mehrerer Unterhaltsberechtigter zueinander bei der Verteilung des Mangels Rangvorschriften wie die §§ 1582, 1609 BGB zu beachten, die nach der Haushaltszugehörigkeit der Berechtigten unterscheiden. Geht z. B. ein Unterhaltsverpflichteter eine neue Ehe ein, kann ein nachrangiger Berechtigter im Fall beschränkter Leistungsfähigkeit des Verpflichteten ganz ausfallen mit der Konsequenz, dass er mangels Einkommen in Form von Unterhalt einen Sozialhilfeanspruch hat. Hingegen hat der Sozialhilfeträger dem Unterhaltsverpflichteten keine ergänzende Sozialhilfe zu bewilligen, damit dieser seinen Unterhaltsverpflichtungen nachkommen kann (s. auch BGH 12.12.2003 – IXa ZB 225/03, NJW-RR 2004, 506; 18.7.2003 – IXa ZB 151/03, NJW 2003, 2918 zur Anwendung der § 850 ff. ZPO).

42     **c) Fiktive Einkünfte.** Fiktive Einkünfte (z. B. nicht realisierte Unterhaltsansprüche) sind kein Einkommen, weil es auf den tatsächlichen Zufluss ankommt (BSG 29.9.2009 – B 8 SO 23/08 R, NVwZ-RR 2010, 527). Der Selbsthilfegrundsatz schränkt diesen Grundsatz nach Auffassung des Bundessozialgerichts nicht ein (BSG 29.9.2009 – B 8 SO 23/08 R, NVwZ-RR 2010, 527), da es sich bei § 2 Abs. 1 SGB XII nicht um eine isolierte Ausschlussnorm handelt. Eine Ausschlusswirkung ohne Rückgriff auf andere Normen des SGB XII sei allenfalls in extremen Ausnahmefällen denkbar, etwa wenn sich der Bedürftige generell eigenen Bemühungen verschließe und Ansprüche ohne weiteres realisierbar seien.

43     Von den fiktiven Einkünften ist der **nachträgliche Zufluss** von Geldmitteln zu unterscheiden. Nach der neueren Zuflusstheorie sind sie Einkommen in dem Monat, in dem sie dem Leistungsberechtigten zufließen, danach Vermögen. Zuflüsse von Sozialleistungen nach dem SGB XII, SGB II und AsylbLG, die nachträglich zugesprochen werden, lassen sich mit der normativen Zuflusstheorie so lösen, dass sie kein Einkommen im Zuflussmonat darstellen, weil sie gleichsam das Surrogat für einen in der Vergangenheit objektiv vorhandenen, aber erst durch die gerichtliche Entscheidung nachträglich eingelösten Anspruch verkörpern (vgl. für die Nachzahlung von Leistungen nach dem AsylbLG: BSG 25.6.2015 – B 14 AS 17/14 R, BeckRS 2015, 71461; aA VGH Mannheim 13.5.2004 – 12 S 1615/03 mit zust. Anm. *Hohm*, jurisPR-SozR 20/2004 Anm. 5). Gleiches gilt für nachträglich nach § 44 SGB X zugesprochene Leistungen. Werden einem Hilfeberechtigten aufgrund eines Rechtsstreits **Leistungen aus der Sozialhilfe** erbracht, bleiben diese schon nach dem Wortlaut des § 82 Abs. 1 SGB XII als Einkommen anrechnungsfrei.

# IV. Einkommensarten

## 1. Geldeinkünfte

44     Als Einkünfte in Geld sind, wie es in § 1 DVO heißt, alle Einnahmen ohne Rücksicht auf ihre Herkunft und Rechtsnatur sowie ohne Rücksicht darauf, ob sie zu den Einkunftsarten des EStG gehören oder ob sie der Steuerpflicht unterliegen, zu zählen.

45     Zu den Geldeinkünften gehören auch **Gewinne** aus Glücksspiel oder Lotterien. Sie „ersetzen" kein zuvor angespartes Vermögen (*Schmidt*, jurisPK-SGB XII, § 82 Rn. 55).

46     Nicht zum Einkommen zählen nach der Verkehrsanschauung bestimmte **geringwertige Zuwendungen** wie kleinere Geschenke, bezahlte kleinere Gefälligkeiten im Rahmen einer Nachbarschaftshilfe. Ähnlich zu behandeln sind Trinkgelder, soweit sie ein geringes Maß nicht überschreiten und keine Lohnersatzfunktion haben. Trinkgelder für Kellner und Friseure sind danach Einkommen (ebenso *Hohm*,

Schellhorn/Hohm/Scheider, § 82 Rn. 33). Auch Bettelgaben sind Einkommen, weil ein Geldzufluss besteht (aA *Siegfried*, ZfSH/SGB 2009, 393). Soweit sie ein geringwertiges Maß monatlich nicht übersteigen, können sie sozialadäquat anrechnungsfrei bleiben.

Durch die Neuregelung des § 82 Abs. 1 S. 2 sind **Einkünfte aus Rückerstattun-** **47** **gen,** die auf Vorauszahlungen aus dem Regelsatz beruhen, in dem aus dem Gesetz erkennbaren Umfang vom Einkommen ausgenommen.

**Krankenhaustagegeld** ist als Einkommen anzusehen (BSG 18.1.2011 – B 4 AS **48** 90/10 R, NDV-RD 2011, 75).

**a) Einkünfte aus unselbstständiger Arbeit (§ 3 DVO).** Welche Einkünfte zu **49** den Einkünften aus nichtselbstständiger Arbeit gehören, bestimmt sich nach § 19 Abs. 1 Nr. 1 EStG. Hierzu zählen Gehälter, Löhne, Tantiemen und andere Bezüge, die für eine Beschäftigung im privaten und öffentlichen Dienst gewährt werden (*Hohm,* Schellhorn/Hohm/Scheider, § 3 VO Rn. 2). Prägend für eine unselbständige Tätigkeit ist, dass dem Dienstherrn die Arbeitskraft geschuldet wird. Maßgebend ist das monatliche Einkommen (§ 3 Abs. 3 S. 1 DVO). Der eindeutigen verordnungsrechtlichen Regelung steht eine häufig praktizierte Übung entgegen, Durchschnittseinkommen für eine Bedarfsberechnung zu bilden. Bedarf und Einkommen sind vielmehr monatsweise gegenüberzustellen.

§ 3 Abs. 2 VO fingiert als nichtselbständige Arbeit die Arbeit, die in einer Famili- **50** engemeinschaft von einem Familienangehörigen des Betriebsinhabers erbracht wird. Die Auslegung des Begriffs der Familiengemeinschaft bereitet einige Schwierigkeiten. Klar ist lediglich, dass es sich nicht um eine Haushaltsgemeinschaft handeln kann. Um dem Zweck der Vorschrift gerecht werden zu können, muss lediglich eine Verwandtschaft oder Schwägerschaft zu einem Angehörigen, nicht zwingend zum Betriebsinhaber bestehen (*Hohm,* Schellhorn/Hohm/Scheider, § 3 VO, Rn. 6). Es geht hauptsächlich um mithelfende Angehörige in Kleinbetrieben.

**Monatliches Einkommen** bleibt der Verdienst auch, wenn der Einkom- **51** mensbezieher nur einige Monate im Jahr arbeitet. Die Beschränkung der Dauer eines Arbeitsverhältnisses macht die Einkünfte nicht zu einmaligen Einnahmen im Sinne des § 82 Abs. 7. **Einmalige Einnahmen** im Rahmen von nichtselbständiger Arbeit sind solche, die zu regelmäßig gezahlten Gehältern oder Löhnen hinzukommen, vgl. § 3 Abs. 3 S. 2 VO.

**b) Kindergeld.** Als weitere Einkünfte in Geld ist auch das Kindergeld zu berück- **52** sichtigen, wie sich aus § 82 Abs. 1 S. 3 ergibt. Das gilt sowohl für das Kindergeld nach dem EStG als auch nach dem BKGG. Kindergeld nach dem BKGG findet allerdings nur noch auf den im Sozialhilferecht zu vernachlässigenden Personenkreis der beschränkt Steuerpflichtigen Anwendung. Nach dem Gesetz zur Nichtanrechnung rückwirkender Erhöhungen des Kindergeldes vom 16.7.2015 (BGBl. I S. 1205) wird eine rückwirkende Erhöhung des Kindergeldes, die für die Zeit bis zum Ablauf des Kalendermonats gewährt wird, der auf den Monat der Verkündung desjenigen Gesetzes folgt, mit dem das Kindergeld erhöht wird, bei Sozialleistungen, deren Zahlung von anderen Einkommen abhängig ist, nicht als Einkommen berücksichtigt, und zwar unabhängig vom Zeitpunkt des Zuflusses des Unterschiedsbetrags. Eine weitere Sonderregelung wird für das mit Gesetz vom 16.7.2015 (BGBl. I S. 1202) gleichzeitig rückwirkend erhöhte Kindergeld getroffen, das erst ab dem 31.12.2015 als Einkommen bei Sozialleistungen berücksichtigt wird.

**Anspruchsberechtigter** des ausgezahlten Kindergeldes ist nicht das Kind selbst, **53** sondern derjenige Elternteil, der im Inland einen Wohnsitz oder seinen gewöhnlichen Aufenthalt hat (§ 62 Abs. 1 Nr. 1 EStG, die Nr. 2 der Vorschrift ist sozialhilferechtlich nicht bedeutsam) oder wer als Ausländer die in § 62 Abs. 2 EStG genannten Kriterien erfüllt.

**54**    Kindergeld ist sozialhilferechtlich grundsätzlich **Einkommen** dessen, an den es als **Leistungs- oder Abzweigungsberechtigten** ausgezahlt wird (BSG 16.10.2007 – B 8/9b SO 8/06 R, BeckRS 2008, 50359; ebenso *Adolph*, Linhart/ Adolph, § 82 Rn. 44; *Wolf*, Fichtner/Wenzel, § 82 Rn. 2). Dies ergibt ein Rückschluss aus § 82 Abs. 1 S. 3 SGB XII, der nur für bestimmte Fälle – im Haushalt lebende minderjährige Kinder – eine andere Zurechnungsregelung bestimmt. Weil das Kindergeld vorrangig auf das Einkommen des Berechtigten anzurechnen ist, kann dieser sein Einkommen nicht dadurch mindern, dass er es dem nicht Hilfe suchenden Ehegatten überlässt (BVerwG 21.6.2001 – 5 C 7/00, NDV-RD 2002, 9).

**55**    Für **minderjährige Kinder** hat das SGB XII eine **Zurechnungsregelung** geschaffen. § 82 Abs. 1 S. 3 SGB XII rechnet das Kindergeld dem jeweiligen minderjährigen Kind zu, soweit es bei diesem zur Deckung des notwendigen Lebensunterhalts benötigt wird. Bei einer insgesamt hilfebedürftigen Bedarfsgemeinschaft ist die Frage nach der Anspruchsberechtigung auf Kindergeld damit von geringer praktischer Bedeutung. Die Zurechnungsregelung gilt auch für den gesamten Monat, in dem der Minderjährige volljährig wird, da das Kindergeld für den gesamten Monat erbracht wird (BSG 9.6.2011 – B 8 SO 20/09 R Rn 14, NVwZ-RR 2012, 316).

**56**    Das dem Kind **zuzurechnende Kindergeld** wirkt sich einkommensmindernd auf das Einkommen des Kindergeldberechtigten und erhöhend auf das Einkommen des Kindes aus. Durch die gesetzliche Regelung sind die Streitfragen zur Weitergabe des Kindergeldes durch den ansonsten einkommenslosen Kindergeldberechtigten an das in der Bedarfsgemeinschaft lebende Kind obsolet geworden.

**57**    Zwischen der Bestimmung, Kindergeld als Einkommen anzusehen, und seiner Weiterleitung ist zu unterscheiden. Für die Weitergabe des Kindergeldes an volljährige, nicht im Haushalt lebende Kinder sieht § 82 Abs. 1 SGB XII keine Regelung vor. Leiten Eltern in einem solchen Fall das Kindergeld weiter, verfügen sie selbst nicht mehr über entsprechend bereite Mittel (*Schmidt*, jurisPK-SGB XII, § 82 Rn. 41).

**58**    Das an ein **volljähriges, außerhalb des Haushalts** des Kindergeldberechtigten lebende Kind ausgezahlte Kindergeld ist nur soweit als dessen Einkommen zu berücksichtigen, als es ihm zeitnah (innerhalb eines Monats nach Auszahlung bzw. Überweisung des Kindergeldes) zugewendet wird und ohne die „Weiterleitung" des Kindergeldes die Voraussetzungen des § 74 EStG für eine Abzweigung des Kindergeldes vorliegen würden (BSG 11.12.2007 – B 8/9b SO 23/06 R, BeckRS 2008, 52128). Das an das nicht im Haushalt lebende Kind weitergeleitete Kindergeld stellt auch dann Einkommen des Kindes dar, wenn die Zahlung der Erfüllung eines Unterhaltsanspruchs dienen sollte, auf den Kind nach § 43 Abs. 2 S. 1 und 2 SGB XII wegen der Vermutung, dass das jährliche Gesamteinkommen der Eltern unter 100.000 € liegt, eigentlich nicht verwiesen werden darf (BSG 16.10.2007 – B 8/9b SO 8/06 R, BeckRS 2008, 50359).

**59**    Kindergeld für **volljährige,** nicht zur Bedarfsgemeinschaft gehörende, aber **im Haushalt** lebende Kinder ist dem Kindergeldberechtigten zugeordnet und bei diesem als Einkommen zu berücksichtigen (vgl. BSG 23.11.2006 – B 11b AS 1/06 R, NZA 2007, 677). Auch wenn der Kindergeldberechtigte in einem solchen Fall das Kindergeld an das Kind tatsächlich weitergibt, bleibt es bei der Anrechnung beim Kindergeldberechtigten. Eine weitere Anrechnung als Einkommen findet bei dem Kind nicht statt. Denn nur einmal im Haushalt zur Verfügung stehende Mittel können auch nur einmal berücksichtigt werden (vgl. BSG 23.11.2006 – B 11b AS 1/06 R, NZA 2007, 677).

**60**    **c) Wohngeld.** Wohngeld, das als Mietzuschuss gezahlt wird ist als Einkommen zu behandeln. In der Bedarfsrechnung ist es nicht von den Kosten der Unterkunft abzuziehen (BVerwG 16.5.1974 – V C 46.73), sondern als Einkommen des Wohngeldberechtigten zu berücksichtigen. Bezieher von Hilfe zum Lebensunterhalt und der Grundsicherung im Alter und bei Erwerbsminderung haben keinen Anspruch auf Wohngeld (§ 7 Abs. 1 S. 1 Nr. 5 und 6 WoGG).

**d) Erziehungsbeitrag.** Im SGB XII fehlt eine dem § 11a Abs. 3 SGB II ver- **61** gleichbare Vorschrift, wonach Leistungen nach § 39 SGB VIII, die für den erzieherischen Einsatz erbracht werden, und Leistungen nach § 23 SGB VIII teilweise als Einkommen angerechnet werden können.

**e) Darlehen.** Wegen ihres Zuflusscharakters erfüllen zwar grundsätzlich auch **62** Darlehen eines Dritten zunächst den sozialhilferechtlichen Einkommensbegriff. Nach der Rechtsprechung sind Einnahmen in Geld oder Geldeswert aber nur dann als Einkommen zu qualifizieren, wenn der damit verbundene wertmäßige Zuwachs dem Hilfebedürftigen zur endgültigen Verwendung verbleibt. Deshalb sind Darlehen, die mit einer zivilrechtlich wirksam vereinbarten Rückzahlungspflichtung entsprechend § 488 BGB belastet sind, als eine nur vorübergehend zur Verfügung gestellte Leistung bei der Sozialhilfe nicht als Einkommen zu berücksichtigen (BSG 23.8.2013 – B 8 SO 24/11 R; für das SGB II: BSG 17.6.2010 – B 14 AS 46/09 R). Selbstverständlich sind auch Darlehen nicht als Einkommen zu werten, die ein Dritter gewährt, weil der Sozialhilfeträger nicht rechtzeitig leistet. In der Praxis kommt es darauf an, umfassend zu ermitteln, ob die Beteiligten tatsächlich ein rückzahlbares Darlehen vereinbart haben. Dafür können ein schriftlich formulierter Vertrag, Kündigungsklauseln oder fest vereinbarte Rückzahlungen sprechen.

**f) Unterhaltsvorschussleistungen.** Leistungen nach dem UVG sind Einkom- **63** men des Hilfe suchenden Kindes (BVerwG 14.10.1993 – 5 C 10/91).

**g) Pflegegeld.** Das häusliche Pflegegeld nach § 64 SGB XII, das ein pflegebe- **64** dürftiger Ehemann an seine ihn pflegende Ehefrau weitergibt, ist bei dieser nicht als Einkommen anzurechnen, weil es dazu dient die Pflegebereitschaft zu erhalten und nicht dazu gedacht ist, den Bedarf der Pflegeperson zu decken (vgl. BVerwG 4.6.1992 – 5 C 82/88; *Lippert*, Mergler/Zink, § 82 Rn. 16, § 69 Rn. 2). Anders verhält es sich mit den Zuwendungen, die eine Pflege(fach)kraft erhält (*Lippert*, Mergler/Zink, § 82 Rn. 17).

**h) Abfindungen.** Eine Abfindung zur Beendigung eines Arbeitsverhältnisses ist **65** Einkommen im Monat des Zuflusses. Nach der Zuflusstheorie kommt es nicht darauf an, ob zwischen der Abfindung und der Hilfe zum Lebensunterhalt eine Zweckidentität besteht (BSG 28.10.2009 – B 14 AS 64/08 R).

**i) Einmalige Einkünfte.** Im Gegensatz zu laufenden Einnahmen, die auf dem- **66** selben Rechtsgrund beruhen und regelmäßig erbracht werden, handelt es sich bei einmaligen Einnahmen hingegen um eine einzige Leistung (BSG 24.4.2015 – B 4 AS 32/14 R Rn. 16). Hierzu zählen auch Weihnachts- oder Urlaubsgeld (§ 3 Abs. 3 S. 2 DVO). Ihre Anrechnung ist in § 82 Abs. 7 geregelt.

Zutreffend weist *Hohm* (Schellhorn/Hohm/Scheider, § 3 DVO Rn. 10) darauf **67** hin, dass die Verteilung der einmaligen Einnahme nicht dazu berechtigt, fiktives Einkommen anzurechnen. Das Einkommen muss während der Dauer des Bedarfs tatsächlich vorhanden sein.

**j) Einkünfte aus Land- und Forstwirtschaft, Gewerbebetrieb und selbst-** **68** **ständiger Arbeit.** § 4 DVO verweist auf §§ 13, 15 und 18 EStG. In der Vorschrift sind Einkünfte aus Land- und Forstwirtschaft, Gewerbebetrieb und Einkünfte aus selbständiger Arbeit zusammengefasst.

Zu den Einkünften aus **Land- und Forstwirtschaft** gehören die Einnahmen, **69** die sich unmittelbar oder mittelbar auf den Grund und Boden und der Ausnutzung seiner Fruchtbarkeit beziehen.

**70**  Der Begriff des **Gewerbebetriebes** erfordert, dass eine Tätigkeit selbstständig und nachhaltig ausgeübt wird, eine Gewinnabsicht vorhanden ist und eine Beteiligung am wirtschaftlichen Verkehr erfolgt (§ 1 GewStDVO). Zu den Einkünften aus selbständiger Tätigkeit zählen die selbständig ausgeübten wissenschaftlichen, künstlerischen, schriftstellerischen, unterrichtenden und erzieherischen Tätigkeiten (freiberufliche Tätigkeiten), die selbständige Tätigkeit von Rechtsanwälten, Ärzten, Architekten usw. (§ 18 EStG). In der Regel handelt es sich um Tätigkeiten in sog. freien Berufen. Bei Einnahmen aus Glücksspiel handelt es sich dagegen nicht um Einnahmen aus Gewerbebetrieb, so dass jedenfalls auch weitere vergebliche Spieleinsätze ohne Gewinnerzielung nicht vom Einkommen abgesetzt werden können (BSG 15.6.2016 – B 4 AS 41/15 R Rn. 18, 22).

**71**  Abweichend von dem sonstigen Monatsprinzip sind diese Einkünfte als **Jahreseinkünfte** für das Jahr zu berechnen, in dem der Bedarfszeitraum liegt. Wird der Betrieb nur während eines Teils des Jahres ausgeübt, werden die Einkünfte auch nur für diesen Zeitraum berechnet (§ 11 Abs. 1 S. 1 DVO). Für Saisonbetriebe, wie z. B. Eisdielen, verbleibt es jedoch bei der jahresweisen Berechnung (§ 11 Abs. 2 S. 2 DVO). Ein horizontaler Verlustausgleich zwischen mehreren selbstständigen Tätigkeiten findet nicht statt (BSG 17.2.2016 – B 4 AS 17/15 R Rn. 21). Zur Auflösung einer Ansparrücklage, BSG 21.6.2011 – B 4 AS 21/10 R.

**72**  In der Praxis machen die Vorschrift des § 4 Abs. 3 und 4 DVO die größten Schwierigkeiten. Absatz 3 verlangt eine **Prognose** aus einer Kombination von Daten früherer Betriebsergebnisse und im Berechnungszeitraum bereits erzielter Einnahmen und der geleisteten notwendigen Ausgaben. Bei der Ermittlung früherer Betriebsergebnisse kann – statt eigener Berechnungen – ein durch das Finanzamt festgestellter Gewinn berücksichtigt werden. Ausgaben, die teilweise oder ganz vermeidbar sind, sind nicht abzusetzen. Danach ist ein Hochleistungscomputer nicht notwendig anzuschaffen, wenn in der Tätigkeit allenfalls Schriftverkehr oder das Schreiben von Rechnungen anfällt. Absatz 4 ermöglicht im Einzelfall nach Ablauf des Bedarfszeitraums eine abweichende Feststellung der Einkünfte (*Hohm,* Schellhorn/Hohm/Scheider, § 4 DVO Rn. 11). Auch hier kann der vom Finanzamt für das Berechnungsjahr festgestellte Gewinn angesetzt werden.

**73**  Die Bereinigung des vom Finanzamt ermittelten Gewinns (Absatz 5), die bei reinen Vergünstigungen steuerlicher Art aus sozialhilferechtlicher Sicht sachgerecht ist, beschränkt sich allein auf die dort aufgeführten Fallgruppen.

**74**  **k) Einkünfte aus Kapitalvermögen.** § 6 Abs. 1 DVO verweist auf § 20 Abs. 1 bis 3 EStG. Gemeint sind hauptsächlich Dividenden und Gewinnanteile. Maßgeblich sind die **Jahresroheinnahmen** (§ 6 Abs. 2 DVO). Diese sind um die Kapitalertragssteuer und die mit der Erzielung dieser Einkünfte verbundenen Ausgaben im Sinne des § 82 Abs. 2 Nr. 4 SGB XII zu mindern. Damit sind Bankspesen und Depotgebühren gemeint (vgl. auch *Hohm,* Schellhorn/Hohm/Scheider, § 6 VO Rn. 5), nicht dagegen Verluste aus dem Kapitalvermögen selbst.

**75**  **l) Einkünfte aus Vermietung und Verpachtung.** Zu unterscheiden ist zwischen den Einkünften, die durch die **Vermietung und Verpachtung** unmöblierten Wohnraumes erzielt werden (§ 7 Abs. 1 DVO), und solchen, die durch die Vermietung möblierter Zimmer und Wohnungen erwirtschaftet werden (§ 7 Abs. 4 DVO). Die Einkünfte aus Vermietung und Verpachtung sind Jahreseinkünfte (§ 7 Abs. 5 DVO), bei möblierten Wohnungen und Zimmern Monatseinkünfte. Von den Mieteinnahmen sind die mit ihrer Erzielung verbundenen notwendigen Ausgaben (§ 82 Abs. 2 Nr. 4 SGB XII) und speziell die in der Vorschrift aufgeführten Ausgaben abzusetzen.

**76**  § 7 Abs. 2 Nr. 4 DVO wird näher durch Satz 2 der Vorschrift umschrieben. Abzusetzen sind Kosten der Instandhaltung, dabei handelt es sich um laufende Ausgaben, und die Instandsetzung, darunter versteht man die nachgeholten Instandsetzungsarbeiten.

§ 7 Abs. 3 DVO verdeutlicht, dass die auf die eigene Wohnung entfallenden Aus- **77** gaben ausgeklammert werden. Diese Ausgaben werden ggfs. als Kosten der Unterkunft erfasst.

**m) Andere Einkünfte.** Andere als die bisher aufgezählten Einkunftsarten wer- **78** den von § 8 Abs. 1 DVO erfasst. Für diese Einkünfte gilt, wenn sie nicht monatlich oder monatlich in unterschiedlicher Höhe zufließen, das Jahresdurchschnittsprinzip.

## 2. Geldwerte Einkünfte

Bei den geldwerten Einkünften handelt es sich um **Sachbezüge oder Dienst- 79 leistungen.** Auch die Nutzung eines dem Hilfeempfänger von einem Dritten überlassenen Personenkraftwagens kann als Einkommen gewertet werden (vgl. auch *Ferdy,* ZfSH/SGB 2001, 144; zu den unterschiedlichen Regelungen ein Kfz betreffend im SGB XII und SGB II s. die Kritik von *Conradis,* info also 2004, 52). Wird ihm unentgeltlich ein Kraftfahrzeug zur ständigen Verfügung gestellt, ist diese Nutzungsmöglichkeit des Autos eine geldwerte Einnahme, die sich der Hilfesuchende als Einkommen in Form eines Sachbezuges zurechnen lassen muss (OVG Hamburg 20.12.1994 – Bs IV 196/94, NVwZ-RR 1995, 400; *Hohm,* Schellhorn/Hohm/ Scheider, § 82 Rn. 17; vgl. *Geiger,* LPK-SGB XII, § 82 Rn. 104; a. A. *Schmidt,* jurisPK-SGB XII, § 82 Rn. 62). Der Besitz des Kraftfahrzeuges kann sozialhilferechtlich nicht außer Betracht bleiben. Durch die Nutzung des Autos deckt der Leistungsberechtigte einen Teil dessen, was im Regelsatz allgemein für die Fortbewegung angesetzt ist.

## 3. Einschränkungen

§ 82 Abs. 1 S. 1 SGB XII selbst nimmt Einschränkungen des Einkommensbegriffs **80** vor. Ausgenommen vom Einkommen sind die Grundrenten nach dem **BVG** und Renten oder Beihilfen nach dem **BEG,** die für Schäden an Leben sowie Körper oder Gesundheit gewährt werden. Grundrenten, auf die das BVG entsprechend anzuwenden ist, werden ebenso wie Renten oder Beihilfen nach dem Bundesentschädigungsgesetz für Schäden an Leben sowie an Körper oder Gesundheit nicht als Einkommen angerechnet, bis zur Höhe der vergleichbaren Grundrente nach dem BVG. Begünstigt werden durch diese Einschränkungen des Einkommensbegriffs die Kriegsbeschädigten, Witwen, Waisen und Opfer nationalsozialistischer Verfolgung.

Eine Freistellung ausländischer Renten aus Härtegesichtspunkten (§ 82 Abs. 3 **81** SGB XII) kommt nur dann in Betracht, wenn sie nach Grund und Höhe einer anrechnungsfreien Grundrente nach dem BVG vergleichbar wären; denn von der Berücksichtigung als Einkommen können nur solche Rentenleistungen ausgenommen werden, die anders als die Grundsicherungsleistungen nicht allein dem Lebensunterhalt des Leistungsberechtigten dienen (BSG 30.6.2016 – B 8 SO 3/15 R). Eine Besserstellung ausländischer Einkommen ist nicht zu rechtfertigen, wenn vergleichbare inländische Sachverhalte nicht zu einer Privilegierung führen würden. Nach Auffassung des BSG erfüllen die russische Altersrenten und die staatlichen Invalidenrenten samt der Erhöhungsbeträge für die Teilnahme am Kriegsgeschehen diese Voraussetzungen nicht. Anders dagegen seien die DEMO-Leistungen für die Angehörigen der Zivilbevölkerung Leningrads während der Blockade (nach dem Erlass des Präsidenten der Russischen Föderation Nr 363 vom 30.3.2005) zu bewerten, da sie privilegierten inländischen Leistungen mit Entschädigungscharakter vergleichbar seien (BSG 30.6.2016 – B 8 SO 3/15 R, BeckRS 2016, 74159).

Über den Wortlaut der Vorschrift hinausgehend gibt es zahlreiche gesetzliche **82 Sonderregelungen,** die bestimmen, dass gewisse Leistungen ebenfalls nicht als

Einkommen anzusehen sind, z. B. Leistungen, die aufgrund der nationalen Stiftung „Hilfswerk für das behinderte Kind" (BVerwG 13.8.1992 – 5 C 2/88), oder die Stiftung „Mutter und Kind – Schutz des ungeborenen Lebens" verteilt werden.

**83**  Die Zwecke, die den genannten gesetzgeberischen Entscheidungen zugrunde liegen, bestimmte Leistungen vom sozialhilferechtlichen Einkommen auszunehmen, sind unterschiedlich und lassen sich **nicht zu einer einheitlichen Systematik** zusammenfassen. Die Grundrente nach dem BVG wird als Versorgungsleistung für die Opfer des Krieges gewährt und ist rechtssystematisch als ein gesetzlich normierter Aufopferungsanspruch anzusehen, was für eine Witwengrundrente, die Unterhaltsfunktion hat, nicht gilt und die deshalb vom Einkommen nicht ausgenommen ist (*Bäumerich*, NDV 1988, 101). Als moralisch begründeter Aufopferungsanspruch (*Bäumerich,* NDV 1988, 101) ist es gerechtfertigt, die Rente nach dem BEG auszunehmen. Leistungen der Stiftung „Mutter und Kind" und der Stiftung „Hilfswerk für das behinderte Kind" beruhen auf sozialpolitisch begründeten Entscheidungen, besonderen materiellen und psychischen Situationen Rechnung zu tragen.

**84**  Eine **Verletztenrente nach dem SGB VII** wird hingegen nicht privilegiert (BSG 6.12.2007 – B 14/7b AS 62/06 R). Der Gesetzgeber hat gezielt nur bestimmte – im Gesetz aufgezählte – Leistungen von der Einkommensanrechnung ausgenommen (BSG 3.12.2002 – B 2 U 12/02 R). Im Bereich des SGB II ist nach § 1 Abs. 6 S. 1 ALG II-V seit dem 1.7.2011 die Verletztenrente nach dem SGB VII teilweise in Höhe der Grundrente nach § 31 BVG nicht als Einkommen zu berücksichtigen, wenn sie aufgrund eines in Ausübung der Wehrpflicht bei der NVA der DDR erlittenen Gesundheitsschadens erbracht wird. Diese Privilegierung zielt auf eine Gleichbehandlung mit Wehrdienstgeschädigten der Bundeswehr ab, für die eine Rente direkt nach dem BVG gewährt werden kann (*Schmidt*, jurisPK-SGB XII, § 82 Rn. 36). Im SGB XII wurde keine vergleichbare Regelung eingefügt, obwohl keine Gründe für eine Ungleichbehandlung ersichtlich sind.

**85**  Nicht von der Einkommensanrechnung ausgenommen sind die Schwerstbeschädigtenzulage nach § 31 Abs. 4 BVG, die Ausgleichsrente nach § 32 BVG und der Zuschlag für Ehegatten nach § 33a BVG, da sie nicht zu der Beschädigtengrundrente gehören (BSG 17.10.2013 – B 14 AS 58/12 R).

**86**  Beim Ausbildungsgeld im Berufsbildungsbereich einer **Werkstatt für behinderte Menschen** handelt es sich zwar um Einkommen, dieses ist aber zur Vermeidung von Ungleichbehandlungen nicht anrechenbar (BSG 23.3.2010 – B 8 SO 17/09 R). Zum Übergangsgeld, s. LSG NRW 28.7.2008 – L 20 SO 13/08.

**87**  Ausgenommen von der Anrechnung sind auch Leistungen nach dem **SGB XII** selbst, die dem Hilfeberechtigten zufließen.

# V. Bereinigung des Einkommens (Abs. 2)

**88**  Absatz 2 bestimmt die vom Einkommen absetzbaren Beträge **(Nettoprinzip).** Sie sind mit den einkommensteuerrechtlich geltend zu machenden Werbungskosten nicht identisch. Die in der Vorschrift vorgenommene Aufzählung ist in Verbindung mit der dazu ergangenen DVO abschließend und gilt für alle Einkunftsarten. Da z. B. Geldstrafen nicht aufgeführt sind, mindern sie das Einkommen nicht. Es widerspricht auch dem Sinn der Sozialhilfe, indirekt Strafen zu finanzieren.

**89**  Aufwendungen, die viertel-, halbjährlich oder ganzjährig anfallen, können mangels entsprechender gesetzlicher Regelungen nicht anteilig auf den Bedarfszeitraum angerechnet werden. Sie sind in dem Monat, in dem sie fällig werden, vom Einkommen abzuziehen.

## 1. Steuern

§ 82 Abs. 2 Nr. 1 SGB XII erfasst nur die auf das Einkommen entrichteten, tat- **90** sächlichen Steuern, also Einkommensteuer, Lohn- und Kirchensteuer sowie nach § 6 Abs. 2 DVO die Kapitalertragssteuer. Die Steuern ohne Bezug zum Einkommen wie die Mehrwertsteuer als Verbrauchssteuer werden von der Vorschrift nicht erfasst (ebenso *Lücking,* Hauck/Noftz, § 82 Rn. 84). Die Kfz-Steuer zählt nicht zu den Steuern, weil sie nicht auf das Einkommen entrichtet wird (BSG 18.3.2008 – B 8/9b SO 11/06 R, Rn. 17; *Hohm,* Schellhorn/Hohm/Scheider, § 82 Rn. 43).

Beim Abzug gilt wiederum, dass es auf das Faktische ankommt. Lässt sich jemand **91** Freibeträge auf seine Steuerkarte eintragen, kann er nicht damit argumentieren, dass die ohne den eingetragenen Freibetrag zu zahlende Steuerbelastung von seinem Einkommen abgesetzt werden müsse.

## 2. Pflichtbeiträge

Nach § 82 Abs. 2 Nr. 2 SGB XII wird das Einkommen um die Pflichtbeiträge der **92** Sozialversicherung bereinigt, die nach den gesetzlichen Vorschriften zur Kranken-, Renten-, Unfall- und Arbeitslosenversicherung auf Grund bestehender Versicherungspflicht zu zahlen sind. Bei Selbständigen können Handwerker- oder Unfallversicherungen abgesetzt werden.

## 3. Versicherungsbeiträge

§ 82 Abs. 2 Nr. 3 SGB XII soll gewährleisten, dass dem Leistungsberechtigten **93** ausreichende Mittel für allgemein übliche Beiträge zu öffentlichen und privaten Versicherungen belassen werden. Diese Versicherungen müssen entweder gesetzlich vorgeschrieben oder nach Grund und Höhe angemessen sein. Nicht gesetzlich vorgeschrieben ist die Haftpflicht für ein Kraftfahrzeug, weil dem Hilfeempfänger zugemutet werden kann, auf das Halten eines Kraftfahrzeuges zu verzichten (BVerwG 4.6.1981 – 5 C 12/80; ebenso *Geiger,* LPK-SGB XII, § 82 Rn. 81; vgl. zu gemischten Bedarfsgemeinschaften auch BSG 18.3.2008 – B 8/9b SO 11/06 R). Ausnahmen können z. B. für die Fälle akzeptiert werden, in denen der Betreffende auf die Benutzung eines Kraftfahrzeuges angewiesen ist, um zu seiner Arbeitsstelle zu gelangen (so auch OVG Lüneburg 15.12.1988 – 4 B 373/88; OVG Münster, 20.6.2000 – 22 A 207/99) Ein anderer sozialhilferechtlich anzuerkennender Zweck kann eine Behinderung eines Mitglieds der Einstandsgemeinschaft sein, so dass die Benutzung öffentlicher Verkehrsmittel nicht möglich ist (vgl. *Schmidt,* jurisPK-SGB XII, § 82 Rn. 73, der eine Berücksichtigung über § 82 Abs. 3 S. 3 SGB XII befürwortet). Sprechen sozialhilferechtlich relevante Gründe gegen einen Abzug der Kfz-Versicherung, können die anfallenden Beiträge auch nicht über § 82 Abs. 2 Nr. 4 SGB XII vom Einkommen abgezogen werden. Eine solche Praxis wäre nicht systemgerecht, weil mithilfe dieses Auffangtatbestandes der eigentlich thematisch einschlägige Nr. 3 ansonsten unterlaufen würde (so auch *Richter,* ZfF 1997, 220). Es bleibt dem Hilfesuchenden lediglich die Möglichkeit, die notwendigen Fahrten zwischen Wohnung und Arbeitsstätte gemäß § 3 Abs. 4 Nr. 2 i. V. m. Abs. 6 S. 1 Nr. 1 und 2 DVO geltend zu machen. Da das Halten eines Kraftfahrzeuges durch einen Sozialhilfeempfänger wegen der damit verbundenen Kosten die Ausnahme bleiben muss, können sie nur in den vom Gesetz geregelten Fällen anerkannt werden. Lebensversicherungen, die der Kapitalansammlung dienen, sind schon deshalb nicht abzugsfähig, weil sie zu Lasten der Sozialhilfe der Vermögensbildung dienen würden (BVerwG 14.10.1988 – 5 C 48/85, NDV 1989, 207).

Soweit Versicherungsbeträge nicht gesetzlich vorgeschrieben sind, können sie nur **94** bei **Angemessenheit** nach Grund und Höhe abgesetzt werden. Der Begriff der Angemessenheit ist ein unbestimmter Rechtsbegriff, der sowohl den Grund des

Versicherungsabschlusses und die Höhe betrifft (BSG 29.9.2009 – B 8 SO 13/08 R; BSG 10.5.2011 – B 4 AS 139/10; BVerwG 27.6.2002 – 5 C 43/01). Von der inneren Systematik des SGB XII ist dieser Begriff eine Umschreibung des auf § 82 Abs. 2 Nr. 3 SGB XII bezogenen Individualisierungsgrundsatzes, wie er allgemein in § 9 Abs. 1 SGB XII festgelegt ist. Für den Begriff der Angemessenheit ist deshalb darauf abzustellen, welche Vorsorgeaufwendungen Bezieher von Einkommen knapp oberhalb der Grundsicherungsgrenze üblicherweise zu tätigen pflegen und welche individuellen Lebensverhältnisse die Situation des Hilfebedürftigen prägen (BSG 29.9.2009 – B 8 SO 13/08 R; BSG 10.5.2011 – B 4 AS 139/10). Besondere gesundheitliche Umstände können z. B. nach Auffassung des BSG Beiträge für eine private Krankenversicherung angemessen erscheinen lassen, auch wenn im Grundsatz davon auszugehen ist, dass der gesetzlich krankenversicherte Hilfebedürftige einen umfassenden Krankenversicherungsschutz hat (BSG 29.9.2009 – B 8 SO 13/08 R; ausführlich zu den Beiträgen einer privaten Pflegeversicherung: HessLSG 9.6.2006 – L 9 SO 13/06 ER; zustimmend *Decker,* Oestreicher, § 82 Rn. 74). Für die Frage, ob eine Versicherung unter den Tatbestand des Abs. 2 Nr. 3 fällt, bedarf es daher stets einer Einzelfallbetrachtung. Haftpflicht- und Hausratversicherung sind grundsätzlich absetzbar (BSG 9.6.2011 – B 8 SO 20/09 R). Die abgeschlossene Versicherung darf nicht der Vermögensbildung dienen, wie etwa eine Aussteuerversicherung. Eine Sterbegeldversicherung kann unter bestimmten Umständen angemessen sein, da nach § 33 Abs. 2 auch die erforderlichen Aufwendungen für ein angemessenes Strebegeld übernommen werden können (vgl. BVerwG 27.6.2002 – 5 C 43/01; Schellhorn/Hohm/Scheider, § 82 Rn. 45). Eine Rechtschutzversicherung ist aus sozialhilferechtlicher Sicht grundsätzlich nicht erforderlich, weil für die Durchsetzung berechtigter Ansprüche Prozesskostenhilfe zur Verfügung steht (im Einzelfall Ausnahmen möglich nach BSG 29.9.2009 – B 8 SO 13/08 R). Anders liegen die Dinge bei einer Unfallversicherung (bejahend: *Hohm,* Schellhorn/Hohm/Scheider, § 82 Rn. 45; *Geiger,* LPK-SGB XII, § 82 Rn. 82). Üblichkeit kann aus Praktikabilitätsgründen angenommen werden, wenn mehr als 50 % der Haushalte knapp oberhalb der Sozialhilfegrenze eine entsprechende Versicherung abschließen (BSG 29.9.2009 – B 8 SO 13/08 R; LSG Hmb 11.11.2010 – L 5 AS 58/07; offengelassen von BSG 10.5.2011 – B 4 AS 139/10; vgl. *Schmidt,* jurisPK-SGB XII, § 82 Rn. 75). Ob eine Versicherung vor oder nach Eintreten des Sozialhilfefalles abgeschlossen worden ist, ist unerheblich.

**95**    Auch Beiträge zu einer zusätzlichen Altersvorsorge sind im Rahmen der Förderung der §§ 79 ff. EStG in Höhe des in § 86 EStG vorgesehenen Mindestbetrages absetzbar. Ansonsten gilt, dass freiwillige Versicherungsleistungen zur Alterssicherung nur dann sozialhilferechtlich anzuerkennen sind, wenn aus der Sicht der maßgeblichen Bedarfszeit Versicherungsaufbau und -erhaltung wirtschaftlich sinnvoll sind (BVerwG 24.6.1999 – 5 C 18/98).

## 4. Notwendige Ausgaben

**96**    Der Absetzungstatbestand des § 82 Abs. 2 Nr. 4 SGB XII folgt sozialhilferechtlichen Zwecken und ist deshalb nicht mit dem Einkommensteuerrecht und dessen Regeln über Werbungskosten zu vergleichen. Missverständlich ist es deshalb im Zusammenhang mit dieser Regelung von Werbungskosten zu sprechen (*Schmidt,* jurisPK-SGB XII, § 82 Rn. 82).

**97**    Für Einkünfte aus nichtselbstständiger Tätigkeit sind die abzugsfähigen Ausgaben in § 3 Abs. 4 Nr. 1 bis 4 DVO aufgeführt. Es sind dies die notwendigen Aufwendungen für Arbeitsmittel, für Fahrten zwischen Wohnung und Arbeitsstätte in dem von der Vorschrift näher umschriebenen Rahmen, die notwendigen Beiträge zu Berufsverbänden, dazu werden auch der Gewerkschaftsbeitrag eines Rentners

(BVerwG 4.6.1981 – 5 C 46/80) gerechnet, und die notwendigen Mehraufwendungen infolge der Führung eines doppelten Haushaltes.

Kinderbetreuungskosten können dann abgesetzt werden, wenn die Betreuungs- **98** aufwendungen infolge der Erwerbstätigkeit entstanden sind (vgl. BSG 9.11.2010 – B 4 AS 7/10 R).

Auch bei Einkünften aus Kapitalvermögen sind die mit der Erzielung der Ein- **99** künfte verbundenen notwendigen Ausgaben abzusetzen (vgl. § 6 Abs. 2 DVO).

Für Einkünfte aus Land- und Forstwirtschaft, Gewerbebetriebe und selbstständi- **100** ger Arbeit sowie Einkünfte sonstiger Art ist auf §§ 4, 6 und 8 DVO hinzuweisen.

Die abzugsfähigen Kosten aus Vermietung und Verpachtung richten sich nach § 7 **101** Abs. 2 bis 4 DVO. Neben Schuldzinsen werden Steuern und öffentliche Abgaben wie Grundsteuer, Vermögenssteuer, Müllabfuhr, Entwässerungsgebühr und Anliegerbeiträge abgesetzt.

## 5. Kinderfreibeträge

Die Vorschrift des § 76 Abs. 2 Nr. 5 BSHG war durch das Gesetz zur Familienför- **102** derung (BGBl. 1999 I S. 2552) m. W. v. 1.1.2000 in das BSHG aufgenommen worden. Zweck der Regelung war, die Erhöhung des Kindergeldes in einem begrenzten Rahmen auch Sozialhilfeempfängern zugutekommen zu lassen. Voraussetzung ist, dass überhaupt Einkommen erzielt wird (*Schwabe*, ZfF 2000, 59; *Binchus*, ZfF 2000, 39). Die Vorschrift des § 76 Abs. 2 Nr. 5 BSHG ist nicht in das SGB XII übernommen worden, da die befristete Regelung an die bisherige Übergangsregelung des § 26 Abs. 6 BSHG geknüpft war. Durch die Neugestaltung des Regelsatzsystems soll nach Auffassung des Gesetzgebers der sachliche Grund für die bisherige Regelung entfallen sein (BT-Drs. 15/1514, S. 65).

## 6. Arbeitsförderungsgeld und Erhöhungsbeitrag

In § 82 Abs. 2 Nr. 5 SGB XII war vorgesehen, dass das Arbeitsförderungsgeld nach **103** § 43 SGB IX unberücksichtigt bleibt. Damit wurden in Privathaushalten lebende Beschäftigte, die Hilfe zum Lebensunterhalt beziehen, den in einer vollstationären Einrichtung lebenden gleichgestellt. In § 43 SGB IX wurde zur Verbesserung der Entgeltsituation der Beschäftigten im Arbeitsbereich der Werkstatt für behinderte Menschen ein Arbeitsförderungsgeld eingeführt, das neben dem bisherigen Arbeitsentgelt gezahlt wird. Mit Wirkung vom 1.1.2018 wurde diese Vorschrift gestrichen, da nunmehr bereits in § 59 Abs. 2 SGB IX geregelt ist, dass das Arbeitsförderungsgeld bei Sozialleistungen, deren Zahlung von anderem Einkommen abhängig ist, unberücksichtigt bleibt.

## 7. Freibetrag bei ehrenamtlicher Tätigkeit

Durch Gesetz vom 24.3.2011 (BGBl. I S. 453) wurde eine Freibetragsregelung **104** eingeführt, wonach bis zu 175 Euro (seit dem 1.1.2013: 200 Euro) für Einnahmen, die nach § 3 Nr. 12, 26, 26a und 26b EStG steuerfrei sind, nicht als Einkommen auf den Bedarf angerechnet werden dürfen. Bei § 3 Nr. 12 EStG handelt es sich um aus der Bundeskasse oder Landeskasse gezahlte Bezüge, die in einem Bundesgesetz oder Landesgesetz oder auf einer auf bundesgesetzlicher oder landesrechtlicher Ermächtigung beruhenden Bestimmung oder von der Bundesregierung oder einer Landesregierung als Aufwandsentschädigung festgesetzt und als Aufwandsentschädigung im Haushaltsplan ausgewiesen sind. Hierzu bestimmen die Steuerrichtlinien: Voraussetzung für die Anerkennung als steuerfreie Aufwandsentschädigung nach § 3 Nr. 12 S. 2 EStG ist, dass die gezahlten Beträge dazu bestimmt sind, Aufwendungen abzugelten, die steuerlich als Werbungskosten oder Betriebsausgaben abziehbar wären. Eine steuerfreie Aufwandsentschädigung liegt deshalb insoweit nicht vor, als die Entschädigung für Verdienstausfall oder Zeitverlust oder zur Abgeltung eines Haftungsrisikos gezahlt wird oder dem Empfänger ein abziehbarer Aufwand nicht oder offenbar nicht in Höhe der gewährten Entschädigung erwächst. Werden im kommunalen Bereich ehrenamtlich tätigen Personen Bezüge unter der Bezeichnung Aufwandsentschädigung gezahlt, sind sie nicht nach § 3 Nr. 12 S. 2 EStG steuerfrei, soweit sie auch den Aufwand an Zeit und Arbeitsleistung sowie den entgangenen Arbeitsverdienst und das Haftungsrisiko abgelten oder den abziehbaren Aufwand offensichtlich übersteigen. Die Vorschriften der §§ 26, 26a und 26b EStG betreffen die Veranlagung von Ehegatten.

**105**     Mit dem Freibetrag von bis zu 200 Euro sind alle Absetzbeträge nach Absatz 2 S. 1 Nr. 2 bis 4, Absatz 3 und 6 abgegolten. In Absatz 2 S. 3 ist geregelt, dass bei dem Zusammentreffen von Einkünften aus Erwerbstätigkeit und aus steuerprivilegierter (ehrenamtlicher) Tätigkeit der in Anspruch genommene Freibetrag für die ehrenamtliche Tätigkeit auf den Höchstbetrag für Erwerbseinkommen nach Absatz 3 S. 1, 2. Hs und Abs. 6 S. 1, 2. Hs anzurechnen ist. Weitere Absetzbeträge nach Absatz 2 Nr. 1 bis 5 sind hingegen nicht ausgenommen.

# VI. Erwerbstätigkeit (Abs. 3)

## 1. Bedeutung

**106**     Die bisherige Vorschrift des § 76 Abs. 2a BSHG ist entfallen. Der Absetzungsbetrag dieser Vorschrift war als weiterer Ansporn zu verstehen, sich durch Arbeit selbst zu helfen und sozialhilfeunabhängig zu werden. Die sozialpolitische Funktion der Vorschrift besteht darin, einen Anreiz darzustellen, Arbeit aufzunehmen und den erwerbsbedingten Mehrbedarf abzugelten. Die Einführung der neuen Leistungen zum Arbeitslosengeld II musste sich auch auf die Einkommensanrechnung im SGB XII auswirken. Im Rahmen der Hilfe zum Lebensunterhalt sind im Wesentlichen nur noch Tätigkeiten von weniger als drei Stunden in Betracht zu ziehen. Hierfür schien dem Gesetzgeber eine einfache und praktikable Anrechnung sinnvoll, wie sie durch das SGB XII gestaltet worden ist (BT-Drs. 15/1514, S. 65).

## 2. Freibetrag nach Abs. 3 S. 1

**107**     Die Vorschrift bezieht sich nur auf die Hilfe zum Lebensunterhalt und die Grundsicherung im Alter und bei Erwerbsminderung. Zur Klarstellung gegenüber dem § 76 Abs. 2a BSHG wurde der Eingangssatz der Vorschrift neu gefasst (BT-Drs. 15/1514, S. 65). Es kommt nicht darauf an, ob der um Hilfe Nachsuchende bereits nach der Prüfung der Absätze 1 und 2 des § 82 SGB XII einen Anspruch auf Hilfe zum Lebensunterhalt hat. Der Freibetrag ist davon unabhängig zu berücksichtigen. Gemeint ist damit das Bruttoeinkommen (ThürLSG 9.9.2015 – L 8 SO 273/13 Rn 71; *Mrozynski,* III.8 Rn. 23). Von diesem ist ein Betrag in Höhe von 30 %, höchstens jedoch 50 % der Regelbedarfsstufe 1 als Freibetrag zu gewähren.

**108**     **a) Freibetrag bei Beschäftigung in einer Werkstatt für behinderte Menschen (Abs. 3 S. 2).** Durch die sprachliche Fassung ist jetzt klargestellt, dass Tätigkeiten in Werkstätten für behinderte Menschen von der Vorschrift erfasst sind. Abweichend wird von dem Entgelt ein Achtel der Regelbedarfsstufe 1 zuzüglich 50 % (bis zum 1.1.2017: 25 %) des diesen Betrag übersteigenden Entgelts vom Einkommen abgesetzt. Dieser Freibetrag gilt ab 1.1.2018 auch dann wenn Personen mit einem Anspruch auf Beschäftigung in einer Werkstatt für behinderte Menschen einen anderen Leistungsanbieter im Sinne des § 60 SGB IX wählen. Dies ist sachgerecht, da die Tätigkeit sich nicht unterscheidet.

**b) Auffangregelung (Abs. 3 S. 3).** Die Regelung ist als Öffnungsklausel oder **109** Auffangtatbestand zu verstehen, die es dem Sozialhilfeträger insbesondere zur Vermeidung einer Ungleichbehandlung ermöglicht, von einer Einkommensanrechnung ganz oder teilweise abzusehen (BSG 9.6.2011 – B 8 SO 20/09 R). Die Vorschrift kombiniert einen unbestimmten Rechtsbegriff (in begründeten Fällen) mit einer Ermessensentscheidung (kann). In der Gesetzesbegründung wird die Anwendung auf Ferientätigkeiten beispielhaft aufgeführt (BT-Drs. 15/1514, S. 65). Das BSG hat klargestellt, dass es sich um eine generelle Härteklausel für alle denkbaren Einkommen handelt, um den Gerichten und der Verwaltung die Möglichkeit zu geben, unbillige Ergebnisse zu vermeiden (BSG 9.6.2011 – B 8 SO 20/09 R). Entsprechend ist im Fall des Ausbildungsgeldes im Berufsbildungsbereich einer Werkstatt für behinderte Menschen ein begründeter Fall angenommen worden (BSG 23.3.2010 – B 8 SO 17/09 R). Zudem können über die Vorschrift Ungleichbehandlungen, die durch die unterschiedlichen Grundsicherungssysteme nach dem SGB II und SGB XII entstehen, ausgeglichen werden, wie z. B. bei gemischten Bedarfsgemeinschaften (BSG 23.03.2010 – B 8 SO 17/09 R). Hierin zeigt sich, dass das SGB XII teilweise flexibler reagieren kann als das SGB II (vgl. zum Ganzen auch *Decker*, Oestreicher, § 82 Rn. 106). Beispielsweise ist kein sachlicher Grund erkennbar, dass lediglich im SGB II nach § 11b Abs. 2 S. 6 SGB II für das Taschengeld beim Bundes- und Jugendfreiwilligendienst ein Freibetrag in Höhe von 200 Euro vorgesehen ist (*Schmidt*, jurisPK-SGB XII, § 82 Rn. 94.2). Allein aufgrund des Alters ist ein erhöhter Freibetrag für Einkünfte aus einer ausgeübten Tätigkeit nicht einzuräumen (BSG 14.4.2011 – B 8 SO 52/08 R). Denn eine abweichende Ermessensentscheidung ist nur möglich, wenn kein Regelfall des § 82 Abs. 3 S. 1 SGB XII vorliegt.

## VII. Freibetrag bei zusätzlicher Altersvorsorge (Abs. 4, 5)

Mit Wirkung zum 1.1.2018 wurde mit dem Betriebsrentenstärkungsgesetz **110** (BGBl. I S. 3214) in Absatz 4 und 5 ein Freibetrag für Einkommen aus einer zusätzlichen Altersvorsorge neu eingeführt. Damit soll auch bei Geringverdienern eine höhere Verbreitung einer freiwilligen zusätzlichen Altersvorsorge erreicht werden (BT-Drs. 18/11286, S. 48).

In **Absatz 4** ist vorgesehen, dass für Bezieher von Hilfe zum Lebensunterhalt **111** oder der Grundsicherung im Alter und bei Erwerbsminderung vom Einkommen aus einer zusätzlichen Altersvorsorge ein Freibetrag von 100 Euro monatlich zuzüglich 30 % des diesen Betrag übersteigenden Einkommens, höchstens jedoch 50 % der Regelbedarfsstufe 1 nach der Anlage zu § 28, verbleibt.

**Absatz 5** definiert, in welchen Fällen es sich um Einkommen aus einer **zusätzli- 112 chen Altersvorsorge** handelt: Es muss sich um **monatlich bis zum Lebensende** ausgezahltes Einkommen handeln. Der Leistungsberechtigte muss vor Erreichen der Regelaltersgrenze auf **freiwilliger Grundlage** Ansprüche auf dieses Einkommen erworben haben. Die monatlichen Zahlungen müssen dazu geeignet sein, die **Einkommenssituation** des Leistungsberechtigten gegenüber möglichen Ansprüchen aus Zeiten einer Versicherungspflicht in der gesetzlichen Rentenversicherung nach den §§ 1 bis 4 SGB VI, nach § 1 ALG, aus beamtenrechtlichen Versorgungsansprüchen und aus Zeiten einer Versicherungspflicht in einer Versicherungs- und Versorgungseinrichtung, die für Angehörige bestimmter Berufe errichtet ist, zu verbessern. Daneben gelten nach Absatz 5 S. 2 auch alle Zahlungen aus einer betrieblichen Altersversorgung nach dem Betriebsrentengesetz, einem nach § 5 AltZertG zertifizierten Altersvorsorgevertrag und einem nach § 5a AltZertG zertifizierten Basisrentenvertrag als zusätzliche Alsterversorgung im Sinne des Absatz 4.

Der Leistungsberechtigte muss Anspruch auf **monatliche Zahlungen** bis zum **113** Lebensende haben. Nach der Gesetzesbegründung soll dem Leistungsberechtigten in Fällen eines Kapitalwahlrechts der Freibetrag nach Absatz 4 nur dann zugute kommen, wenn er zuvor auf das Recht zur Kapitalisierung verbindlich verzichtet hat (BT-Drs. 18/11286 S. 49). Eine Ausnahme vom Erfordernis monatlicher Zahlungen ist in Absatz 5 S. 3 vorgesehen. Werden bis zu 12 Monatsleistungen aus einer zusätzlichen Altersvorsorge zusammengefasst, so ist das Einkommen abweichend von der Verteilungsregelung in Absatz 7 gleichmäßig auf den Zeitraum aufzuteilen. Der Einkommensfreibetrag findet dann monatlich Anwendung. Einmalige Abfindungen einer Kleinbetragsrente können unter den Voraussetzungen des Absatz 7 S. 4 ebenfalls privilegiert werden (s. Rn. 119).

114    Vor Erreichen der Regelaltersgrenze muss der Leistungsberechtigte Ansprüche auf das Einkommen auf **freiwilliger Grundlage** erworben haben. In welchem Alterssicherungssystem die Ansprüche erworben wurden und ob daneben noch Ansprüche aus einer Versicherungspflicht bestehen, schränkt das Gesetz nicht ein. Nicht erfasst sind aber alle Ansprüche, die aus Zeiten einer Versicherungspflicht resultieren. Dies zeigt sich auch darin, dass eine Verbesserung gegenüber der Einkommenssituation aus einer Versicherungspflicht in der gesetzlichen Rentenversicherung, und zwar auch einer Versicherungspflicht auf Antrag nach § 4 SGB VI, bzw. vergleichbaren Versorgungssystemen erreicht werden muss.

## VIII. Freibetrag bei der Hilfe zur Pflege (Abs. 6)

115    Mit Wirkung zum 1.1.2017 wurde in Abs. 3a, der nunmehr inhaltsgleich in Absatz 6 enthalten ist, dauerhaft für Menschen, die Hilfe zur Pflege erhalten, ein Freibetrag in Höhe von 40 % auf Einkommen aus Erwerbstätigkeit höchstens jedoch 65 Prozent der Regelbedarfsstufe 1 nach der Anlage zu § 28 eingeführt. Nach der Gesetzesbegründung (BR-Drs. 428/16, S. 338) sollte damit zum einen ein Freibetrag für Personen geschaffen werden, die bisher einen Einkommensfreibetrag nach § 82 Abs. 3 S. 1 nicht in Anspruch nehmen konnten, weil sie ausschließlich Hilfe zur Pflege oder Eingliederungshilfe erhielten. Zum anderen sollten von dem gegenüber § 82 Abs. 3 S. 1 erhöhten Freibetrag auch Personen profitieren, die wegen des Bezugs von Leistungen der Hilfe zum Lebensunterhalt oder Grundsicherung im Alter und bei Erwerbsminderung bereits zuvor den niedrigeren Einkommensfreibetrag erhielten. Für Personen, die sowohl die Voraussetzungen eines Einkommensfreibetrags im Rahmen des § 82 Abs. 3 SGB XII als auch im Rahmen des § 82 Abs. 6 SGB XII erfüllen, soll die jeweils im Einzelfall für den Leistungsberechtigten günstigere Regelung Anwendung finden. Bei Vorliegen der entsprechenden Voraussetzungen kann neben dem Freibetrag aus Absatz 6 auch der Freibetrag für eine zusätzliche Altersversorgung nach Absatz 4 in Anspruch genommen werden. Gleiches gilt für Personen, die Leistungen zur Eingliederung erhalten, für eine Übergangszeit vom 1.1.2017 bis 31.12.2019. Danach sind die entsprechenden Regelungen zu Einkommen und Vermögen im SGB IX geregelt.

## IX. Einmalige Einnahme (Abs. 7)

116    In Absatz 4 ist mit dem Gesetz zur Änderung des SGB XII und weiterer Vorschriften vom 21.12.2015 (BGBl. I S. 2557) nunmehr eine Regelung für die Anrechnung von **einmaligen Einnahmen** ins Gesetz aufgenommen worden. Zuvor war die Anrechnung in § 3 Abs. 3 S. 2 und 3 DVO geregelt. Laufende Einnahmen beruhen auf demselben Rechtsgrund und werden regelmäßig erbracht; bei einmaligen Einnahmen erschöpft sich das Geschehen hingegen in einer einzigen Leistung (BSG 24.4.2015 – B 4 AS 32/14 R Rn. 16). Eine Einnahme ist auch dann nicht einmalig, wenn sie nach dem ihr zugrundeliegenden Rechtsgrund regelmäßig zu erbringen

gewesen wäre, aber tatsächlich erst in einem Gesamtbetrag nach der Beendigung des Rechtsverhältnisses erbracht wird (BSG 24.4.2015 – B 4 AS 32/14 R Rn. 16). Wie einmalige Einnahmen sind bei nichtselbständiger Beschäftigung nach § 3 Abs. 3 S. 2 DVO auch Sonderzuwendungen, Gratifikationen und gleichartige Bezüge und Vorteile, die in größeren als monatlichen Zeitabständen gewährt werden, zu behandeln.

Nach Absatz 4 Satz 1 sind einmalige Einnahmen, bei denen für den Monat des **117** Zuflusses bereits Leistungen ohne Berücksichtigung der Einnahme erbracht worden sind, im **Folgemonat** zu berücksichtigen. Damit wird das Einkommen einem anderen Monat als dem Zuflussmonat zugeordnet. Auch wenn dies nicht ausdrücklich in der Gesetzesbegründung erwähnt wird, dürfte die Vorschrift allein der Entlastung der Verwaltung dienen, um Aufhebungsentscheidungen für den laufenden Bewilligungsmonat zu vermeiden. Die Regelung ist sowohl nach dem Wortlaut als auch nach der Gesetzesbegründung zwingend (BR-Drs. 344/15, S. 29). Eine entsprechende Regelung findet sich in § 11 Abs. 3 S. 2 SGB II.

Absatz 4 Satz 2 bestimmt, dass die einmalige Einnahme auf einen **Zeitraum 118 von sechs Monaten** gleichmäßig zu verteilen ist und mit einem entsprechenden Teilbetrag zu berücksichtigen ist, wenn der Leistungsanspruch durch die Berücksichtigung in einem Monat entfiele. Der Gesetzgeber wollte mit der Regelung verhindern, dass bei der Leistung von Grundsicherung im Alter und bei Erwerbsminderung durch ein Entfallen des Leistungsanspruchs im nächsten Monat ein neuer Antrag gestellt werden müsste (BR-Drucks. 344/15 S. 29). Die Regelung entspricht grundsätzlich § 11 Abs. 3 S. 3 SGB II, sieht aber ergänzend für begründete Einzelfälle eine angemessene Verkürzung des Anrechnungszeitraums vor.

Durch das Betriebsrentenstärkungsgesetz vom 17.8.2017 (BGBl. I S. 3214) wurde **119** geregelt, dass als einmalige Einnahmen auch während des Leistungsbezugs ausgezahlte Abfindungen von **Kleinbetragsrenten** im Sinne des § 93 Abs. 3 S. 2 EStG oder § 3 Abs. 2 BetrAVG gelten, soweit der ausgezahlte Betrag das nach § 90 Abs. 2 Nr. 9 und Abs. 3 nicht einzusetzende Vermögen, ggfs. aufgrund bereits vorhandenen weiteren Vermögens, überschreitet. Damit soll erreicht werden, dass auch Abfindungszahlungen aus Kleinbetragsrenten privilegiert werden und der Freibetragsregelung nach Absatz 4 unterfallen, wenn die Vermögensfreigrenze überschritten wurde. Der übersteigende Betrag der Abfindungen der Kleinbetragsrenten ist dann als Einkommen zu behandeln und auf sechs Monate zu verteilen unter Berücksichtigung der Freibetragsregelung nach Absatz 4, 5 (vgl. Drs. 18/11286, S. 49). Auszahlungen zur Abfindung einer Kleinstbetragsrente stellten keine schädliche Verwendung dar und könnten vom Riester-Vertragspartner des Leistungsempfängers auch ohne dessen Zutun veranlasst werden, so dass diese sozialhilferechtlich ebenfalls privilegiert werden sollten.

## § 83 Nach Zweck und Inhalt bestimmte Leistungen

(1) **Leistungen, die auf Grund öffentlich-rechtlicher Vorschriften zu einem ausdrücklich genannten Zweck erbracht werden, sind nur so weit als Einkommen zu berücksichtigen, als die Sozialhilfe im Einzelfall demselben Zweck dient.**

(2) **Eine Entschädigung, die wegen eines Schadens, der nicht Vermögensschaden ist, nach § 253 Abs. 2 des Bürgerlichen Gesetzbuches geleistet wird, ist nicht als Einkommen zu berücksichtigen.**

*Vergleichbare Vorschrift: § 11a Abs. 2 und 3 S. 1 SGB II.*

**Schrifttum:** *Lutter,* Kindergeld und Wohngeld in der Bedarfsberechnung für die Hilfe zum Lebensunterhalt, ZFSH/SGB 1997, 387; *Piel,* Kindergeld als Einkommen im Rahmen der laufenden Hilfe zum Lebensunterhalt, ZFSH/SGB 1986, 386; *Quambusch,* Vom zweckbestimmten Einkommen zum geschützten Vermögen, ZfSH/SGB 2000, 451; *Richter,* Kraftfahrzeug und Sozialhilfe, ZfF 1997, 217; *Sauer,* Kindergeld und Sozialhilfe, NDV 1997, 95; *Schoch,* ZFSH/SGB 1986, 103; s. ferner die Literaturangaben zu § 82 SGB XII.

## I. Bedeutung der Norm

1    Die Vorschrift ist im **systematischen Zusammenhang mit § 82 Abs. 1 SGB XII** zu sehen, wonach zugeflossene Einkünfte in Geld und Geldeswert als Einkommen zu qualifizieren sind. Wer seine Hilfebedürftigkeit schon durch den Einsatz seines Einkommens abwenden kann, hat keinen Anspruch auf Gewährung von Hilfe. § 83 SGB XII **schränkt** den in § 82 Abs. 1 SGB XII geregelten Einkommensbegriff ein. Nach § 83 Abs. 1 SGB XII werden aufgrund besonderer öffentlich-rechtlicher Vorschriften gewährte Leistungen nur dann angerechnet, wenn sie mit der Sozialhilfe zweckidentisch sind. Im Übrigen verhindert § 83 Abs. 1 SGB XII, dass die zweckgerichteten Leistungen aufgrund öffentlich-rechtlicher Vorschriften wegen ihrer Andersartigkeit als Einkommen zu berücksichtigen sind. Die Vorschrift hat somit eine **doppelte Funktion:** Sie ist **Schutzvorschrift** zugunsten des Hilfeempfängers (*Decker,* Oestreicher, § 83 Rn. 5; *Schmidt,* jurisPK–SGB XII, § 83 Rn. 6). Es soll verhindert werden, dass öffentlich-rechtliche Leistungen mit einer ganz bestimmten Zweckrichtung vom Leistungsberechtigten zur sozialhilferechtlichen Bedarfsdeckung eingesetzt werden müssen. Zugleich sollen **Doppelleistungen** aus öffentlichen Mitteln ausgeschlossen werden (s. auch BSG 26.5.2011 – B 14 AS 93/10 R; BVerwG 16.5.1974 – V C 46.73). Nach § 83 Abs. 2 SGB XII wird Schadensersatz wegen eines immateriellen Schadens aus der Einkommensanrechnung herausgenommen.

## II. Inhalt der Norm

2    Die Vorschrift überträgt im Wesentlichen inhaltsgleich den bisherigen § 77 BSHG mit Ausnahme des § 77 Abs. 1 S. 2 BSHG. Die Regelungen des § 77 Abs. 1 S. 2 BSHG (Mainzer Modell) waren bisher im Sechzehnten Kapitel § 131 SGB XII untergebracht, sie sind nunmehr ersatzlos weggefallen. Eine Entsprechung findet die Vorschrift in § 11a Abs. 2 und 3 S. 1 SGB II. Die Vorschrift des SGB II unterscheidet sich nicht mehr von der des SGB XII. Der Gesetzgeber hat sich veranlasst gesehen, die Vorschriften einander anzupassen (BR-Drs. 661/10, S. 151).

3    Nach § 83 Abs. 1 SGB XII werden aufgrund besonderer öffentlich-rechtlicher Vorschriften gewährte Leistungen, die zu einem ausdrücklich genannten Zweck erbracht werden, der nicht dem der Sozialhilfe entspricht, von einer Einkommensanrechnung ausgenommen. Nur mit der Sozialhilfe zweckidentische Leistungen können angerechnet werden. In § 83 Abs. 2 SGB XII wird der in Absatz 1 zum Ausdruck gekommene Schutzgedanken auf immateriellen Schaden (§ 253 Abs. 2 BGB) **(Schmerzensgeldleistungen)** übertragen. Dieser Anspruch soll dem Geschädigten die Möglichkeit geben, sich einen Ausgleich für den erlittenen immateriellen Schaden zu verschaffen. Abs. 2 ist systematisch anders aufgebaut als Absatz 1. Der erste Absatz lässt bei demselben Zweck eine Berücksichtigung als Einkommen zu, Absatz 2 hingegen schließt eine Berücksichtigung des immateriellen Schadens von vornherein aus. Das erklärt sich damit, dass das Sozialhilferecht dem Schmerzensgeld vergleichbare Leistungen nicht kennt. Ein Anspruch auf Freilassung von Einkommen oder Teilen besteht über die Tatbestände der Vorschrift hinausgehend nicht.

4    Ist Einkommen nach § 83 SGB XII nicht einzusetzen, beschränkt sich dieser gesetzliche Schutz nur auf den Bedarfszeitraum, der in der Regel der Monatszeit-

raum ist. Wird aus zweckbestimmten Leistungen Vermögen gebildet, bleiben die angesparten Mittel als Vermögen nur anrechnungsfrei, wenn ihr Einsatz aus Härtegründen (§ 90 Abs. 3 SGB XII) unberücksichtigt bleiben darf. Gerade im Fall des Schmerzensgeldes ist die Rechtsprechung (BVerwG 18.5.1995 – 5 C 22/93) mit Hilfe der Härteklausel zu allgemein akzeptierten Ergebnissen gekommen, wie z. B. auch beim angesparten Blindengeld (BSG 11.12.2007 – B 8/9b SO 20/06 R).

## III. Öffentlich-rechtliche Leistungen (Abs. 1)

### 1. Öffentlich-rechtliche Vorschriften

Hierzu zählen Gesetze, Verordnungen und Verwaltungsvorschriften. Die im allge-  **5** meinen Verwaltungsrecht interessierende Frage nach der Rechtsnatur = Rechtsquellencharakter von Verwaltungsvorschriften ist für die Auslegung der Vorschrift ohne Belang. Der Wortlaut des Absatz 1 legt keinesfalls nahe, dass mit öffentlich-rechtlicher Vorschrift nur Gesetze im materiellen Sinn gemeint sein sollen (vgl. auch *Hohm,* Schellhorn/Hohm/Scheider, § 83 Rn. 9; *Geiger,* LPK-SGB XII, § 83 Rn. 3; *Lücking,* Hauck/Noftz, § 83 Rn. 6; *Decker,* Oestreicher, § 83 Rn. 9). Eine solche, mit dem Wortlaut nicht übereinstimmende Auslegung würde dem Zweck der Vorschrift, staatlich finanzierte Doppelleistungen zu vermeiden, zuwiderlaufen (vgl. zu § 77 BSHG OVG Lüneburg 27.10.1989 – 4 A 144/88). Leistungen aufgrund von Arbeitsverträgen, Unterhaltsverpflichtungen oder private Vereinbarungen werden vom Anwendungsbereich der Regelung nicht erfasst (*Decker,* Oestreicher, § 83 Rn. 10).

### 2. Zweckidentität

Es fallen nur diejenigen Leistungen unter die Ausnahmevorschrift des § 83 Abs. 1  **6** SGB XII, die aufgrund öffentlich-rechtlicher Vorschriften zu einem **ausdrücklich** genannten **(konkret-individuellem) Zweck** gewährt werden. Dabei muss im Wortlaut der Vorschrift der Zweck nicht ausdrücklich verwendet werden (BVerwG 28.5.2003 – 5 C 41/02). Abstrakt-generelle Zwecke, die jeder Norm immanent sind, reichen nicht aus (vgl. auch BVerfG 16.3.2011 – 1 BvR 591/08). Außerdem müssen sie demselben Zweck wie den in Anspruch genommenen Sozialhilfeleistungen dienen. Die Prüfung des Tatbestandes vollzieht sich in **drei Schritten:** Zunächst ist zu prüfen, ob in den öffentlich-rechtlichen Vorschriften ein über die Sicherung des Lebensunterhalts hinausgehender Zweck der Leistung ausdrücklich genannt ist, in einem zweiten Schritt ist der Zweck der konkret in Frage stehenden Sozialhilfeleistung zu ermitteln und in einem dritten Schritt sind die Zwecke der beiden Leistungen einander gegenüberzustellen (BSG 23.3.2010 – B 8 SO 17/09).

Für die Zweckbestimmung kann es genügen, dass sich diese aus den Vorausset-  **7** zungen für die Leistungsgewährung ergibt, soweit sich aus dem Gesamtzusammenhang die vom Gesetzgeber gewollte Zweckbindung eindeutig ableiten lässt (BSG 23.3.2010 – B 8 SO 17/09; *Geiger,* LPK-SGB XII, § 83 Rn. 4; *Lücking,* Hauck/ Noftz, § 83 Rn. 7; anders noch zu § 77 BSHG BVerwG 12.4.1984 – 5 C 3/83). Besteht eine **Gesamtleistung aus mehreren Teilen,** ist für die Qualifizierung der Leistungen die Zweckrichtung der Teilleistungen entscheidend (BVerwG 29.9.1994 – 5 C 56/92).

### 3. Einzelfälle

**Abfindungen** aufgrund des Arbeitsplatzverlustes (vgl. BVerwG 19.4.1972 – V C  **8** 40.72) sind von § 83 Abs. 1 SGB XII deswegen nicht erfasst, weil es sich um privatrechtliche Abreden handelt; die **Abwrackprämie** mag im SGB II unberücksichtigt bleiben (zum Meinungsstand in der Rechtsprechung *Schmidt*, jurisPK-SGB XII), im SGB XII kann sie nicht vom Einkommen ausgenommen sein, weil das für die Eingliederung in das Arbeitsleben eher erforderliche Auto in der Sozialhilfe keine vergleichbare Funktion hat; **Ausbildungsförderung** ist nach § 1 BAföG zweckbestimmt für den Lebensunterhalt und aber auch für die Ausbildung, so dass bei der Gewährung von Hilfe zum Lebensunterhalt der Ausbildungsanteil, der mit 20 % angesetzt werden kann, frei bleiben muss (zum SGB II BSG 17.3.2009 – B 14 AS 63/07 R; im SGB II wurden die Leistungen nach dem BAföG nunmehr in § 11a Abs. 3 Nr. 3 SGB II insgesamt für anrechenbar erklärt und gleichzeitig in § 11b Abs. 2 S. 5 SGB II ein Freibetrag in Höhe von 100 € für die Absetzbeträge nach § 11b Abs. 1 S. 1 Nr. 3 bis 5 SGB II eingeführt); **Ausbildungsgeld** im Berufsbildungsbereich einer Werkstatt für behinderte Menschen ist zwar keine zweckbestimmte Leistung, aber zur Vermeidung von Ungleichbehandlungen nicht anrechenbar (BSG 23.3.2010 – B 8 SO 17/09 R); **Aufwandsentschädigungen** für Mitglieder kommunaler Vertretungen sind zweckidentisch, sofern sie nur dem Ersatz von notwendigen Aufwendungen bzw. Auslagen und als Verdienstausfall dienen (BSG 26.5.2011 – B 14 AS 93/10 R); eine **Ausgleichsrente** nach §§ 32, 41, 47 BVG ist nicht zweckbestimmt (BVerwG 19.6.1984 – 5 C 8/81); der **Berufsschadensausgleich** nach §§ 30 Abs. 3, 40a Abs. 1 BVG ist nicht zweckbestimmt (BVerwG 19.6.1984 – 5 C 8/81; *Geiger*, LPK-SGB XII, § 83 Rn. 24); **Blindengeld** nach dem LandesblindenG ist nicht anrechenbar, wenn es zum Ausgleich der durch die Blindheit verursachten Mehraufwendungen dient (BSG 11.12.2007 – B 8/9b SO 20/06 R; vgl. *Schmidt*, jurisPK-SGB XII, § 83 Rn. 14), Landesblindengeld und Blindenhilfe nach § 72 SGB XII dienen jedoch dem gleichen Zweck (BayLSG 16.11.2017 – L 8 SO 154/15, NZS 2018, 155); **Eigenheimzulage** anrechenbar (BSG 30.9.2008 – B 4 AS 19/07 R; LSG NRW 5.9.2007 – L 20 B 86/07 SO ER; LSG RhPf 19.5.2006 – L 3 ER 50/06 SO); der **Erziehungsbeitrag** (§ 39 SGB VIII) ist eine für den Unterhalt des Kindes oder Jugendlichen zweckbestimmte Leistung (OVG Münster 24.11.1995 – 24 A 4833/94), weil nicht die erzieherische Tätigkeit entlohnt werden soll (anders für das SGB II: BSG 29.3.2007 – B 7b AS 12/06 R mit Anm. *Grote-Seifert*, jurisPR-SozR 3/2008 Anm. 1; BSG 1.7.2009 – B 4 AS 9/09 R; zur Tagespflege, BSG 23.5.2012 – B 14 AS 148/11 R); **Kindergeld** ist als Einkommen zu berücksichtigen; bei **Renten** nach dem Gesetz über die Errichtung einer Stiftung **„Hilfswerk für behinderte Kinder"** besteht Zweckidentität zu Sozialleistungen in Höhe der Grundrente (BVerwG 13.8.1992 – 5 C 2/88; BSG 23.3.2010 – B 8 SO 2/09 R), zur Anrechnung von Zinsen: BVerwG 13.8.1992 – 5 C 2/88; bei einer **Steuervergünstigung** liegt keine Zweckidentität vor (OVG Münster 13.11.1979 – VIII A 80/78); **Überbrückungsgeld** nach § 51 StVollzG ist nach der Entlassung für die ersten vier Wochen anzurechnen (vgl. BSG 28.10.2014 – B 14 AS 36/13 R; s. auch BVerwG 21.6.1990 – 5 C 64/86; *Geiger*, LPK-SGB XII, § 83 Rn. 68; *Schmidt*, jurisPK-SGB XII, § 83 Rn. 14; kritisch *Hammel*, ZfSH/SGB 2011, 7; vgl. nunmehr auch § 11 Abs. 6 SGB II, wonach Überbrückungsgeld nicht als Einkommen zu berücksichtigen ist, soweit es den Bedarf der leistungsberechtigten Person für 28 Tage übersteigt), zu Zinsen aus einer Haftentschädigung (SächsLSG 21.9.2006 – L 3 AL 96/06); für eine **Verletztenrente** fehlt eine ausdrückliche Zweckbestimmung, so dass sie als Einkommen anzurechnen ist (vgl. BSG 3.12.2002 – B 2 U 12/02 R); **Wohngeld** (§ 26 SGB I), auch in Form eines **Mietzuschusses** (§ 1 Abs. 2, 31 WoGG), ist Einkommen i. S. v. § 82 Abs. 1 SGB XII. Es ist zweckbestimmt. Das Wohngeld hat den Zweck, Haushalten mit niedrigem Einkommen angemessenes und familiengerechtes Wohnen zu ermöglichen (§ 1 Abs. 1 WoGG). Weil keine Zweckdivergenz zwischen Wohngeld und den Kosten der Unterkunft besteht (so schon BVerwG 16.5.1974 – V C 46.73), ist es voll auf den sozialhilferechtlichen Bedarf anzurechnen. Aus dem Wortlaut der Vorschrift lässt sich keineswegs ableiten, dass das Wohngeld kopfteilmäßig auf eine Bedarfsgemeinschaft angerechnet werden kann

(*Lutter,* ZFSH/SGB 1997, 394; a. A. *Kolakowski/Schwabe,* ZfF 1995, 241). Es ist Einkommen dessen, dem der Wohngeldanspruch zusteht.

**Zweckbestimmte Leistungen** durch private **Dritte,** die sich beispielsweise auf **9** die Finanzierung eines Autos beziehen, sind im Rahmen dieser Vorschrift unbeachtlich, da es keine öffentlich-rechtlichen Leistungen sind (*Richter,* ZfF 1997, 222).

## IV. Immaterieller Schaden (Abs. 2)

Der immaterielle Schaden (§ 253 Abs. 2 BGB) wird aus dem sozialhilferechtlichen **10** Einkommensbegriff durch diesen Absatz ganz herausgenommen. Es kann aufgrund eines rechtskräftigen **Urteils, eines Vergleichs oder einer freiwilligen Zahlung** des Schädigers beruhen. *Gottschick/Giese* (BSHG, § 77 Rn. 5) haben zu Recht darauf hingewiesen, dass bei einem gerichtlichen Urteil die Anwendung des § 77 Abs. 2 BSHG keine Schwierigkeiten bereiten wird, weil aus den Urteilsgründen erkennbar wird, welcher Teil der Entschädigung sich auf den immateriellen Schaden bezieht (zur Nichtteilbarkeit von Schmerzensgeld BVerwG 18.5.1995 – 5 C 22/93, s. dazu auch *Schmidt,* jurisPK-SGB XII, § 83 Rn. 16). Dieser Hinweis lässt sich auch auf das SGB XII übertragen. Bei Vergleichen ist die rechtliche Bewertung ungleich schwieriger. Da in Vergleichen oder freiwilligen Zahlungen oft nicht zwischen dem Schmerzensgeld oder sonstigen Schäden unterschieden wird, ist durch die Sozialhilfebehörde zu ermitteln, welcher Betrag als billige Entschädigung i. S. d. § 253 Abs. 2 BGB zu gelten hat.

Immaterieller Schaden wird als einmalige Kapitalabfindung, als Rente oder als **11** Kombination zugebilligt. Entschädigungen in Form **einmaliger Zahlungen** sind nur im Monat des Zuflusses nicht als Einkommen zu berücksichtigen, sie wachsen im darauf folgenden Monat dem Vermögen zu (h. M., vgl. *Hohm,* Schellhorn/Hohm/Scheider, § 83 Rn. 22; *Steimer,* Mergler/Zink, § 83 Rn. 34; *Decker,* Oestreicher § 83 Rn. 21; zur Frage, ob von dem aus einem Schmerzensgeld gebildeten Vermögen Beträge frei bleiben können, s. § 90 Abs. 3 SGB XII; zu § 88 Abs. 3 BSHG vgl. BVerwG 18.5.1995 – 5 C 22/93; *Quambusch,* ZfSH/SGB 2000, 451). **Zinsen** aus dem Schmerzensgeld sollen nach einer Entscheidung des BSG zum SGB II als Einkommen zu berücksichtigen sein (BSG 22.8.2012 – B 14 AS 103/11 R). Die Gegenansicht stützt sich dagegen darauf, dass auch die Zinseinkünfte ihre Grundlage in dem zugebilligten Schmerzensgeld haben (*Decker,* Oestreicher, § 83 Rn. 22; *Schmidt,* jurisPK-SGB XII, § 83 Rn. 18.1; *Hohm,* Schellhorn/Hohm/Scheider, § 83 Rn. 21).

## § 84 Zuwendungen

(1) ¹**Zuwendungen der freien Wohlfahrtspflege bleiben als Einkommen außer Betracht.** ²**Dies gilt nicht, soweit die Zuwendung die Lage der Leistungsberechtigten so günstig beeinflusst, dass daneben Sozialhilfe ungerechtfertigt wäre.**

(2) **Zuwendungen, die ein anderer erbringt, ohne hierzu eine rechtliche oder sittliche Pflicht zu haben, sollen als Einkommen außer Betracht bleiben, soweit ihre Berücksichtigung für die Leistungsberechtigten eine besondere Härte bedeuten würde.**

*Vergleichbare Vorschrift: § 11a Abs. 4 und 5 SGB II.*

**Schrifttum:** *Gitter,* Probleme der Anrechnung von Stiftungszuwendungen auf Sozialleistungen und als öffentliche Zuschüsse im Sinn von § 82 Abs. 5 SGB XI, ZFSH/SGB 1995, 393; *Kokemoor,* Die Anrechnung von Zuwendungen im Grundsicherungs- und Sozialhilferecht, SGb

2014, 613; *Labrenz,* Die Umweltprämie als Einkommen im Rahmen des SGB II, NJW 2009,
2245; *Siegfried,* Bettelgaben-Ein „Out of limits" des SGB XII, ZfSH/SGB 2009, 393.

# I. Bedeutung der Norm

**1**     Die Regelung stellt als Ausnahme des § 82 Abs. 1 SGB XII eine **Abschwächung des Subsidiaritätsprinzips** dar (vgl. auch *Decker,* Oestreicher, § 84 Rn. 3). Soweit die Voraussetzungen des § 84 SGB XII erfüllt sind, bleiben die Zuwendungen als Einkommen unberücksichtigt. Absatz 1 ist eine Mussvorschrift mit der Ausnahmeregelung des zweiten Satzes. Nur insoweit geht das SGB XII davon aus, dass keine Konkurrenz zu den öffentlichen Leistungen besteht. Abs. 2 räumt der Behörde gebundenes Ermessen ein.

# II. Inhalt der Norm

**2**     Die Vorschrift nimmt für bestimmte Zuwendungen die Anrechnung als Einkommen aus. Sie überträgt inhaltsgleich die bisherige Regelung des § 76 BSHG.

**3**     Eine dem Absatz 1 vergleichbare Vorschrift findet sich in § 11a Abs. 4 SGB II und eine dem Absatz 2 vergleichbare Vorschrift in § 11a Abs. 5 SGB II. Welche Einnahmen und Zuwendungen nach dem SGB II frei bleiben sollen, wird in diesem Gesetz auch in Anlehnung an das BSHG bzw. SGB XII bestimmt.

# III. Zuwendungen (Abs. 1)

## 1. Zuwendungen

**4**     Es sind **freiwillige Leistungen,** wobei unter dem Obergriff der Zuwendung einmalige oder sich wiederholende **Geld- oder Sachleistungen** zusammengefasst werden (*Decker,* Oestreicher, § 84 Rn. 9; *Lücking,* Hauck/Noftz, § 84 Rn. 3; *Schmidt,* jurisPK-SGB XII, § 84 Rn. 9). Zuwendungen werden dadurch charakterisiert, dass sie nicht im **Verhältnis von Leistung und Gegenleistung** zueinander stehen (BSG 28.2.2013 – B 8 SO 12/11 R, BeckRS 2013, 66912) Zu den Geldleistungen gehören auch Stiftungszuwendungen (ebenso *Geiger,* LPK-SGB XII, § 84 Rn. 3). Ob Almosen überhaupt unter den Begriff des Einkommens zu fassen sind, wird neuerdings problematisiert und infrage gestellt (s. dazu *Siegfried,* ZfSH/SGB 2009, 393 f.). Werden Almosen nicht als Einkommen angesehen, muss auch keine Entscheidung nach § 84 SGB XII herbeigeführt werden. Allerdings kann Erbetteltes nicht generell anrechnungsfrei bleiben. Es verliert den Charakter eines Almosens, wenn monatlich nicht unerheblich Beträge zusammengebettelt werden, die qualitativ als Einkommen anzusehen sind, weil mit dem sozialhilferechtlichen Leistungsanspruch bereits ein Leben in Würde, wenn auch in bescheidenen Verhältnissen, gewährleistet wird, und jeglicher Verdienst, woher er auch stammen mag, die Bedürftigkeit des Hilfeberechtigten beseitigt. Geringfügige „Motivationszuwendungen" werden durch die Vorschrift geschützt (BSG 28.2.2013 – B 8 SO 12/11 R, BeckRS 2013, 66912). Das ist für eine „Motivationszulage" entschieden worden, die dem Leistungsberechtigten von der freien Wohlfahrtspflege bei freiwilliger Teilnahme an einem Arbeitstraining gezahlt wird.

**5**     Bei **Sachleistungen** können sich Abgrenzungsschwierigkeiten zur **Bedarfsdeckung** ergeben. Ist eine Sachleistung aus sozialhilferechtlicher Sicht bedarfsorientiert, also nicht bereits im Regelbedarf enthalten, stellt sie eine Bedarfsdeckung dar. Infolgedessen wird mit der Überlassung von Kleidungsstücken oder Möbeln keine Zuwendung erbracht, sondern ein ansonsten durch eine sozialhilferechtliche Beihilfe zu deckender Bedarf beseitigt. Das gilt insbesondere, wenn eine Einrichtung der Wohlfahrtspflege Kleiderkammern zur Verfügung stellt und sich der Sozialhilfeträger dieser Mithilfe etwa durch Ausstellen von Berechtigungsscheinen bedient (zustimmend *Decker,* Oestreicher, § 84 Rn. 9; *Schmidt,* jurisPK-SGB XII, § 84 Rn. 13; a. A. *Hohm,* Schellhorn/Hohm/Scheider, § 84 Rn. 4).

Die Verwendung des Begriffs **freie Wohlfahrtspflege,** der sich damit von der **6** Begrifflichkeit des § 5 SGB XII unterscheidet, in dem von den Verbänden der freien Wohlfahrtspflege gesprochen wird, deutet auf einen weiten Anwendungsbereich hin (a. A. *Hohm,* Schellhorn/Hohm/Scheider, § 84 Rn. 6; wie hier: *Decker,* Oestreicher, § 84 Rn. 13; vgl. *Lücking,* Hauck/Noftz, § 84 Rn. 4). Er umschließt auch Leistungen von solchen Personen oder Stellen, die Wohlfahrtspflege zugunsten von Hilfeberechtigten betreiben (Vereinigungen zur Betreuung von Bedürftigen, Verein für Blinde, Vereinigung von Sozialversicherten; s. *Geiger,* LPK-SGB XII, § 84 Rn. 3; *Lücking,* Hauck/Noftz, § 84 Rn. 4; *Schmidt,* jurisPK-SGB XII, § 84 Rn. 11). Damit werden Zuwendungen von Projekten wie die Mittagstafel privilegiert (*Wolf,* Fichtner/Wenzel, § 84 Rn. 1), nicht jedoch Leistungen, die von Selbsthilfeorganisationen ausschließlich an ihre Mitglieder erbracht werden. Nicht jeder Vorteil, den ein Hilfeempfänger von der freien Wohlfahrtspflege erhält, ist eine Zuwendung i. S. dieser sozialhilferechtlichen Regelung. Ausgenommen sind beispielsweise Entgelte aus (arbeits-)vertraglichen Verhältnissen, weil es an dem Kriterium der Freiwilligkeit fehlt.

## 2. Ausnahme

Absatz 1 Satz 2 bildet eine Ausnahme. Als solche bleibt der Behörde bei der **7** Anwendung lediglich ein enger Beurteilungsspielraum (*Hohm,* Schellhorn/Hohm/Scheider, § 84 Rn. 4) und sie trägt die Beweislast (*Schmidt,* jurisPK-SGB XII, § 84 Rn. 14). Das Gesetz ermöglicht allerdings auch eine **teilweise Anrechnung** („soweit"). Ziel der Ausnahmeregelung ist, dass ein Leistungsberechtigter nicht in den Genuss doppelter Vorteile kommt.

Ob die Lage des Hilfeberechtigten durch eine Zuwendung **günstiger** geworden **8** ist, entscheidet sich nicht nur anhand wirtschaftlicher Kriterien, sondern auch aufgrund persönlicher Verhältnisse. Dieses Verständnis lässt sich aus dem Wortlaut der Vorschrift ableiten, die allein auf die Lage des Betreffenden abstellt. Es sind die Individualität des Hilfenachfragenden sowie die durch Beruf, Lebensgewohnheiten und Vorbildung geprägten Umstände einzubeziehen (vgl. *Lücking,* Hauck/Noftz, § 84 Rn. 5; *Wolf,* Fichtner/Wenzel § 84 Rn. 3; *Adolph,* Linhart/Adolph, § 84 Rn. 22; vgl. *Schmidt,* jurisPK-SGB XII, § 84 Rn. 13). Dass die persönlichen Verhältnisse in die Prüfung einfließen, ergibt sich aus einem Vergleich mit den vor dem Inkrafttreten des SGB XII geltenden BSHG und den davor maßgeblichen Fürsorgerechtregelungen, die auf die wirtschaftliche Lage abstellten.

## IV. Freiwillige Zuwendungen (Abs. 2)

Dieser Absatz der Vorschrift bezieht sich auf **freiwillige Zuwendungen eines** **9** **Dritten.** Solche, die auf einer rechtlichen, sei sie gesetzlicher oder vertraglicher Art, oder einer sittlichen Verpflichtung beruhen, sind sozialhilferechtlich anrechenbare Einkünfte. Regelmäßig entsprechen Unterhaltsleistungen von nicht gesetzlich unterhaltspflichtigen Verwandten einer sittlichen Verpflichtung (str., vgl. einerseits *Wolf,* Fichtner/Wenzel, § 84 Rn. 4, andererseits *Geiger,* LPK-SGB XII, § 84 Rn. 7). Es ist zu differenzieren: Springt ein Verwandter für den Sozialhilfeträger ein, weil dieser dem Hilfenachfragenden gegenüber keine Leistung erbringt, und wird die zwischen den Beteiligten strittige Leistungsgewährung gerichtlich geklärt, handelt es sich bei der Drittleistung nicht um eine freiwillige Zuwendung (vgl. BVerwG 23.6.1994 – 5 C 26/92 Rn. 12, NVwZ 1995, 276). Ansonsten gilt eine Zuwendung eines nicht Unterhaltsverpflichteten als eine solche sittlicher Pflicht (ebenso *Hohm,* Schellhorn/Hohm/Scheider, § 84 Rn. 10; a. A. *Lücking,* Hauck/Noftz, § 84 Rn. 8).

**10**     Als Beispiele für Zuwendungen sind anerkannt: Ehrengaben aus öffentlichen Mitteln, privatrechtliche Stiftungsleistungen, Unterstützung berufsbezogener Verbände. Bei den Stiftungsleistungen ist allerdings noch eine Reihe von Fragen ungeklärt. Hierzu gehört, dass der Stifter bestimmt, die Leistungen entfallen zu lassen, wenn sie auf die Sozialhilfe angerechnet werden. Die hierzu vertretene Lösung wird über die Härteregelung gesucht, wonach eine Stiftungsleistung zumindest zum Teil anzurechnen ist, wenn sie besonders hoch ist (so z. B. *Mrozynski,* III.8 Rn. 47).

**11**     Die Vorschrift konkurriert mit § 39 SGB XII. Werden in einer Haushaltsgemeinschaft gegenüber der nachfragenden Person im Rahmen der zumutbaren Belastung Zuwendungen erbracht, ist zunächst zu prüfen, ob nicht § 39 SGB XII als hier maßgebliche Sondervorschrift einer Anwendung des § 84 Abs. 2 SGB XII entgegensteht (zu § 78 BSHG s. BVerwG 23.2.1966 – V C 93.64, BeckRS 1966, 00538).

**12**     Prinzipiell sind freiwillige Zuwendungen auf die Sozialhilfe anzurechnen. Unberücksichtigt bleiben sie, wenn ihre Anrechnung eine **besondere Härte** darstellen würde. Diese Einschränkung bedeutet, dass in der Regel eine freiwillige Zuwendung eines Dritten auf die Sozialhilfe als Einkommen anzurechnen ist. Die Vorschrift selbst gibt keine näheren Anhaltspunkte zum Begriff der besonderen Härte. Der Sozialhilfeträger hat in eine wertende Betrachtungsweise einzutreten, wobei er zu berücksichtigen hat, dass nur besondere Gründe eine Nichtanrechnung rechtfertigen. Hierfür ist bestimmend, ob die Zuwendung neben der Sozialhilfe ungerechtfertigt ist. Denn auch mit dieser Vorschrift sollen Doppelleistungen vermieden werden. Werden Leistungen eines Dritten aus Dank erbracht und werden sie eingestellt, wenn sie auf die Sozialhilfe angerechnet werden, kann davon nicht die Freilassung abhängen (vgl. *Hohm,* Schellhorn/Hohm/Scheider, § 84 Rn. 13). Geschenke zur Konfirmation, Kommunion, Jugendweihe oder zum Geburtstag sind, wenn sie sich im Rahmen des Sozialadäquaten halten, über die Härteregelung nicht auf den Bedarf anzurechnen.

## Zweiter Abschnitt. Einkommensgrenzen für die Leistungen nach dem Fünften bis Neunten Kapitel

### § 85 Einkommensgrenze

(1) **Bei der Hilfe nach dem Fünften bis Neunten Kapitel ist der nachfragenden Person und ihrem nicht getrennt lebenden Ehegatten oder Lebenspartner die Aufbringung der Mittel nicht zuzumuten, wenn während der Dauer des Bedarfs ihr monatliches Einkommen zusammen eine Einkommensgrenze nicht übersteigt, die sich ergibt aus**
1. **einem Grundbetrag in Höhe des Zweifachen der Regelbedarfsstufe 1 nach der Anlage zu § 28,**
2. **den Aufwendungen für die Unterkunft, soweit diese den der Besonderheit des Einzelfalles angemessenen Umfang nicht übersteigen und**
3. **einem Familienzuschlag in Höhe des auf volle Euro aufgerundeten Betrages von 70 vom Hundert der Regelbedarfsstufe 1 nach der Anlage zu § 28 für den nicht getrennt lebenden Ehegatten oder Lebenspartner und für jede Person, die von der nachfragenden Person, ihrem nicht getrennt lebenden Ehegatten oder Lebenspartner überwiegend unterhal-**

ten worden ist oder für die sie nach der Entscheidung über die Erbringung der Sozialhilfe unterhaltspflichtig werden.

(2) ¹Ist die nachfragende Person minderjährig und unverheiratet, so ist ihr und ihren Eltern die Aufbringung der Mittel nicht zuzumuten, wenn während der Dauer des Bedarfs das monatliche Einkommen der nachfragenden Person und ihrer Eltern zusammen eine Einkommensgrenze nicht übersteigt, die sich ergibt aus

1. einem Grundbetrag in Höhe des Zweifachen der Regelbedarfsstufe 1 nach der Anlage zu § 28,
2. den Aufwendungen für die Unterkunft, soweit diese den der Besonderheit des Einzelfalles angemessenen Umfang nicht übersteigen und
3. einem Familienzuschlag in Höhe des auf volle Euro aufgerundeten Betrages von 70 vom Hundert der Regelbedarfsstufe 1 nach der Anlage zu § 28 für einen Elternteil, wenn die Eltern zusammenleben, sowie für die nachfragende Person und für jede Person, die von den Eltern oder der nachfragenden Person überwiegend unterhalten worden ist oder für die sie nach der Entscheidung über die Erbringung der Sozialhilfe unterhaltspflichtig werden.

²Leben die Eltern nicht zusammen, richtet sich die Einkommensgrenze nach dem Elternteil, bei dem die nachfragende Person lebt. ³Lebt sie bei keinem Elternteil, bestimmt sich die Einkommensgrenze nach Absatz 1.

(3) ¹Die Regelbedarfsstufe 1 nach der Anlage zu § 28 bestimmt sich nach dem Ort, an dem der Leistungsberechtigte die Leistung erhält. ²Bei der Leistung in einer Einrichtung sowie bei Unterbringung in einer anderen Familie oder bei den in § 107 genannten anderen Personen bestimmt er sich nach dem gewöhnlichen Aufenthalt des Leistungsberechtigten oder, wenn im Falle des Absatzes 2 auch das Einkommen seiner Eltern oder eines Elternteils maßgebend ist, nach deren gewöhnlichem Aufenthalt. ³Ist ein gewöhnlicher Aufenthalt im Inland nicht vorhanden oder nicht zu ermitteln, ist Satz 1 anzuwenden.

*Änderungen der Vorschrift: Abs. 1 Nrn. 1 und 3, Abs. 2 S. 1 Nrn. 1 und 3, Abs. 3 Satz 1 geänd. mWv 1.1.2011 durch G v. 24.3.2011 (BGBl. I S. 453), Abs. 1 Nr. 2, Abs. 2 Satz 1 Nr. 2 geänd. mWv 1.1.2016 durch G v. 21.12.2015 (BGBl. I S. 2557).*

**Schrifttum:** *DV,* Empfehlungen für die Anwendung des § 79 Abs. 1 Nr. 2 und Abs. 2 Nr. 2 BSHG, NDV 1986, 257; *DV,* Empfehlungen für den Einsatz von Einkommen und Vermögen in der Sozialhilfe, NDV 2003, 1; *DV,* Empfehlungen für den Einsatz von Einkommen und Vermögen in der Sozialhilfe (SGB XII), 2008; *Giese,* Zur Funktion der Einkommensgrenze nach dem BSHG, ZfF 1989, 225; *Jürgens,* Änderung bei den Einkommensgrenzen in der Sozialhilfe, NDV 2005, 9; *Kaune,* Der Kostenbeitrag nicht getrennt lebender Ehegatten in Pflegeeinrichtungen nach dem SGB XII, ZfF 2006, 70; *Krahmer,* Zum Einkommenseinsatz bei den Hilfen in besonderen Lebenslagen nach § 84 BSHG, ZFSH/SGB 1991, 176; *Niemann,* Sozialhilfe im Heim nach dem SGB XII – insbesondere für verheiratete Bewohner, NDV 2006, 35; *Ruschmeier,* Pflegewohngeld und Sozialhilfe nach dem SGB XII in einer stationären Einrichtung, DVP 2006, 500; *Schoch,* Zum Einkommenseinsatz der Hilfe in besonderen Lebenslagen, ZfSH/SGB, 1991, 176, 238; *Wahrendorf,* Zur Angemessenheit von Wohnraum und Unterkunftskosten, SozSich 206, 134; vgl. im Übrigen die Schrifttumsangaben zu § 82 SGB XII.

## Übersicht

# I. Bedeutung der Norm

## 1. Geltung

**1**     Die Einkommensgrenzen der Vorschrift gelten grundsätzlich für **alle Formen der Hilfe nach dem Fünften bis Neunten Kapitel.** Sie ist die **Grundnorm** für den Einsatz von Einkommen bei der Gewährung dieser Hilfen. Mit dem Bundesteilhabegesetz vom 23.12.2016 (BGBl. I S. 3234) werden mit Wirkung zum 1.1.2020 die Vorschriften des Sechsten Kapitels zur Eingliederungshilfe für behinderte Menschen aufgehoben. Die entsprechenden Regelungen zur Eingliederungshilfe (§§ 90 ff. SGB IX) und die hierfür dann geltenden Einkommensgrenzen (§§ 135 ff. SGB IX) finden sich zukünftig im SGB IX. § 85 SGB XII korrespondiert mit § 19 Abs. 3 SGB XII. Diese Regelung besagt, wessen Einkommen einzusetzen ist, § 85 SGB XII entscheidet, ob ein Kostenanspruch besteht und legt somit die Bedürftigkeitsgrenze fest, die mit einer Zumutbarkeitsgrenze gekoppelt ist. Auf diese Weise soll die Vorschrift der besonderen Bedarfssituation Rechnung tragen und der Einstandsgemeinschaft ein angemessener Betrag für andere Lebensbedürfnisse bleiben (*Hohm*, Schellhorn/Hohm/Scheider, § 85 Rn. 1; *Wolf*, Fichtner/Wenzel, § 85 Rn. 1; *Gutzler*, jurisPK-SGB XII, § 85 Rn. 16). Weil es sich bei der Bestimmung der Zumutbarkeitsgrenze nicht um das zum Leben Existenznotwendige handelt, kommt dem Gesetzgeber hierbei ein größerer Spielraum zu als bei der Hilfe zum Lebensunterhalt. Mit der Festsetzung der Einkommensgrenzen ist die Absicht verbunden, den Willen zur Selbsthilfe und zur Rehabilitation zu stärken. Erst bei Überschreiten von den in der Vorschrift geregelten Grenzen wird der Einkommenseinsatz der leistungsberechtigten Person sowie den darüber hinaus einstandspflichtigen Personen zugemutet. Die Kosten der Hilfe sind unter Einbeziehung des Ausnahmetatbestandes des § 87 SGB XII zu übernehmen. Durch die Gewährung von Freibeträgen wird sichergestellt, dass der Hilfebedürftige und die zum Einsatz von Einkommen und Vermögen verpflichteten Personen in ihrer Lebenshaltung nicht unzumutbar beeinträchtigt werden (zum BSHG *DV*, NDV 2003, 1 Nr. 78; a. A. aus vorwiegend sozialpolitischer Sicht *Conradis*, LPK-XII, § 85 Rn. 32; *Krahmer*, ZfSH/SGB, 1984, 353, 360). Die notwendige Zumutbarkeitsgrenze muss so beschaffen sein, dass solchen Personen, die Hilfe nach dem Fünften bis Neunten Kapitel beziehen, ein Einkommen belassen wird, das über die Bedarfssätze für den bloßen Lebensunterhalt hinausgeht. Die gesetzliche Ausgestaltung der zu beachtenden Einkommensgrenzen darf nicht dazu führen, dass einem Leistungsberechtigten oder einer ihm zum Unter-

halt verpflichteten Person materielle Mindestvoraussetzungen für eine eigenverantwortliche Lebensgestaltung entzogen werden. § 85 SGB XII stellt eine untere feste
Grenze auf (*Hohm*, Schellhorn/Hohm/Scheider, § 85 Rn. 7). Während bei der Hilfe
zum Lebensunterhalt der ermittelte Bedarf mit dem Einkommen verglichen wird,
dient die für die Hilfe der Kapitel 5 bis 9 eingeführte Einkommensgrenze der Ermittlung, ob ein Eigenanteil von der leistungsberechtigten Person oder den sonst Verpflichteten zu tragen ist.

Die Einkommensgrenzen bestimmen **abschließend** und in **typisierender Form** 2
die Voraussetzungen, unter denen unter Berücksichtigung des **Nachranggrundsat-**
**zes** Leistungen vom Hilfeträger zu erbringen sind.

Vergleichbare Vorschriften finden sich im SGB II nicht, weil es in diesem Gesetz 3
keine dem Fünften bis Neunten Kapitel des SGB XII vergleichbaren Leistungen
gibt.

Bei der Anwendung der Vorschrift ist nach folgendem Schema zu verfahren. 4
Ausgangspunkt der Einkommensgrenzen ist ein **Grundbetrag**. Er beträgt das Zweifache der Regelbedarfsstufe 1 nach der Anlage zu § 28. Hinzu kommen die angemessenen **Kosten der Unterkunft** sowie ein an die Regelbedarfsstufe 1 nach der Anlage
zu § 28 gekoppelter **Familienzuschlag**.

Die Vorschrift unterscheidet zwischen volljährigen Alleinstehenden oder nicht 5
getrennt lebenden verheirateten oder in einer Lebenspartnerschaft lebenden Personen (§ 85 Abs. 1 SGB XII) und minderjährigen, nicht verheirateten Personen (§ 85
Abs. 2 SGB XII).

## 2. Systematik

**Ausnahmen** von § 85 SGB XII bilden die Hilfen nach §§ 71 Abs. 4, 68 Abs. 2 6
und die Sondervorschrift des § 92 Abs. 2 SGB XII. § 85 SGB XII wird durch die
nachfolgenden Vorschriften der §§ 86–89 SGB XII ergänzt. In § 86 SGB XII ist die
Festlegung eines höheren Grundbetrags geregelt. § 87 SGB XII regelt den Einsatz
des Einkommens über der Einkommensgrenze und § 88 SGB XII den Einsatz des
Einkommens unter der Einkommensgrenze. § 89 SGB XII trifft eine Regelung des
Einkommenseinsatzes bei mehrfachem Bedarf. Anwendung finden die Einkommensgrenzen des § 85 SGB XII über den Verweis in § 20 SGB XII auch auf Personen, die in einer eheähnlichen Gemeinschaft leben (a. A. *Conradis*, LPK-SGB XII,
§ 85 Rn. 3).

Das Verhältnis von § 19 zu §§ 85 ff. SGB XII ist nicht als lex generalis und lex 7
specialis zu charakterisieren. Während § 19 SGB XII den Personenkreis benennt, der
für einen Einkommenseinsatz grundsätzlich in Frage kommt, nehmen die §§ 85 ff.
SGB XII diese Bestimmung auf und füllen die Voraussetzungen aus, unter denen
dem in § 19 SGB XII genannten Personenkreis überhaupt und in welchem Umfang
ein Einkommenseinsatz zugemutet werden kann.

## II. Inhalt der Norm

Die Vorschrift hat zunächst im Wesentlichen inhaltsgleich die Regelungen des 8
bisherigen § 79 Abs. 1 bis 3 BSHG übertragen, wobei die Grundbeträge jedoch ein
anderes Ordnungsgefüge erhalten haben. Die Grundbeträge in § 85 Abs. 1 Nr. 1 und
Abs. 2 Nr. 1 SGB XII wurden infolge der Aufgabe der bisherigen drei gesonderten
Einkommensbeträge der §§ 79 und 81 BSHG jeweils auf das Zweifache des Eckregelsatzes erhöht. Der Gesetzgeber versprach sich dadurch, einen angemessenen Ausgleich geschaffen zu haben und eine Schlechterstellung des ambulanten gegenüber
dem stationären Bereich zu vermeiden (BT-Drs. 15/1514, S. 65). Die Neuregelungen führten zu einer finanziellen Schlechterstellung des Personenkreises, der bisher

von den großzügigen besonderen Einkommensgrenzen des § 81 BSHG profitiert hat. Davon sind behinderte Menschen betroffen, die in einer Einrichtung stationär oder teilstationär betreut worden sind, die sich einer ambulanten Behandlung unterziehen, Menschen, die in einer Einrichtung gepflegt werden und Personen, die bei Hilfe zur Krankheit nach drei Monaten dauernd krank sind oder wegen der Schwere der Krankheit ständige ärztliche Betreuung erhalten (ebenso *Conradis*, LPK-SGB XII, § 85 Rn. 2; *Gutzler*, jurisPK-SGB XII, § 85 Rn. 3). Mit der Aufgabe von Beträgen, die Regelbedarf unabhängig waren, kehrte der Gesetzgeber zu der bis zum 1.7.1985 geltenden Regelung zurück (zur Kritik an der bisherigen Regelung, s. *Meßling/Sartorius*, Existenzsicherungsrecht, Kapitel 20 Rn. 185).

**9**     Im Übrigen sind Anpassungen erfolgt, die durch das Lebenspartnerschaftsgesetz notwendig geworden sind. Eine weitere redaktionelle Anpassung erfolgte durch das Gesetz zur Ermittlung der Regelbedarfe und zur Änderung des Zweiten und Zwölften Buches Sozialgesetzbuch vom 24.3.2011 mit der Einführung der Regelbedarfsstufen zum 1.1.2011. Der Begriff des Eckregelsatzes wurde jeweils durch die Regelbedarfsstufe 1 nach der Anlage zu § 28 ersetzt. Mit dem Gesetz zur Änderung des SGB XII und weiterer Vorschriften vom 21.12.2015 (BGBl. I S. 2557) will der Gesetzgeber eine Auslegungsfrage dahingehend klären, dass von den Aufwendungen der Unterkunft keine Heizkosten erfasst sind. Eine vergleichbare Vorschrift gibt es im SGB II nicht, weil dort strukturell keine Leistungen, die dem Fünften bis Neunten Kapitel ähneln, vorgesehen sind.

**10**     Obwohl das SGB XII die Trennung zwischen der Hilfe zum Lebensunterhalt und der Hilfe in besonderen Lebenslagen aufgegeben hat und damit von einer gemeinsamen sozialen Grundidee (*Meßling/Sartorius*, Existenzsicherungsrecht, Kapitel 20 Rn. 185) ausgeht, bleibt es doch bei einem notlagenspezifischen Einsatz des Einkommens. Dabei bestimmt § 85 SGB XII die Einkommensgrenze, die Vorschriften der §§ 87 und 88 SGB XII regeln im systematischen Zusammengang den Einkommenseinsatz über und unter der Einkommensgrenze des § 85 SGB XII, eine Sondervorschrift für den Einkommenseinsatz stellt § 92 Abs. 2 SGB XII bei der Eingliederungshilfe dar.

## III. Alleinstehende und nicht getrennt lebende Ehegatten und Lebenspartner (Abs. 1)

### 1. Alleinstehende

**11**     In § 85 Abs. 1 SGB XII wird nicht nur die Einkommensgrenze für nicht getrennt lebende Ehegatten oder Lebenspartner geregelt, sondern auch für volljährige Alleinstehende. Unverheiratete, minderjährige Alleinstehende fallen hingegen unter § 85 Abs. 2 SGB XII.

### 2. Nicht getrennt lebende Ehegatten und Lebenspartner

**12**     **a) Ehegatten.** Bei verheirateten Hilfeempfängern ist das Einkommen des nicht getrennt lebenden Ehegatten einzubeziehen. Zum Begriff des nicht getrennt lebenden Ehegatten, s. § 19 Abs. 3 SGB XII. Hierbei handelt es sich um einen **sozialhilferechtlichen Begriff,** für dessen Verständnis es nicht allein auf die familienrechtliche Vorschrift des § 1567 Abs. 1 S. 1 BGB ankommt (so aber für das SGB II: BSG 16.4.2013 – B 14 AS 71/12 R, BeckRS 2013, 71613). Für § 85 Abs. 1 SGB XII ist maßgeblich, dass zwischen Ehegatten eine **dauerhafte Lebens- und Wirtschaftsgemeinschaft** besteht (vgl. auch *Hohm*, Schellhorn/Hohm/Scheider, § 85 Rn. 16.1; *Lücking*, Hauck/Noftz, § 85 Rn. 10; *Adolph*, Linhart/Adolph, § 85 Rn. 16; *Gutzler*, jurisPK-SGB XII, § 85 Rn. 29). Einer solchen Gemeinschaft steht nicht entgegen, dass sie nur vorübergehend aufgehoben wird (BVerwG 26.1.1995 – 5 C 8/93, NVwZ 1995, 1106; HessLSG 25.11.2011 – L 7 SO 194/09: zur krankheitsbedingten Unfähigkeit zur Willensentscheidung). Maßgeblich sind vielmehr die Gesamtumstände. Erhält ein Ehepartner oder Lebenspartner Hilfe in einem Pflegeheim und besteht keine Wirtschaftsgemeinschaft mehr, reicht dies allein für die Annahme des Getrenntlebens nicht aus, sondern es muss auch ein Trennungswille erkennbar sein (BSG 16.4.2013 – B 14 AS 71/12, BeckRS 2013, 71613; BVerwG 26.1.1995 – 5 C 8/93, NVwZ 1995, 1106). Leben Ehegatten und Lebenspartner getrennt, ist nur eine Heranziehung nach dem Unterhaltsrecht möglich (*Hohm*, Schellhorn/Hohm/Scheider, § 85 Rn. 18).

**b) Lebenspartner.** Die Aufnahme der Lebenspartner nach dem Lebenspartner-schaftsgesetz ist eine Folge des § 19 SGB XII. Für Lebenspartner, die im Rahmen der Bedürftigkeitsprüfung ihr Einkommen wie Ehepartner vorrangig einzusetzen haben, werden die für Ehegatten geltenden Einkommensgrenzen festgelegt. **13**

## 3. Einkommen

Es ist das **bereinigte Einkommen** einzusetzen, das nach §§ 82 bis 84 SGB XII **14** bestimmt wird; für die dem SGB II unterliegenden Personen bestimmt sich das Einkommen nach §§ 11 ff. SGB II. Es gilt das **Monatsprinzip**. Einkommen und Bedarf werden monatsweise aufeinander bezogen (ebenso *Hohm*, Schellhorn/ Hohm/Scheider, § 85 Rn. 9, der allerdings Ausnahmefälle anerkennen will; wie hier: *Gutzler*, jurisPK-SGB XII, § 85 Rn. 23). Bei einmaligen Bedarfen ist das Einkommen zu berücksichtigen, das in dem Monat des Bedarfs vorhanden ist. Dieses Prinzip ist durch § 85 Abs. 1 SGB XII selbst festgeschrieben. Es widerspricht der eindeutigen Regelung des § 85 Abs. 1 SGB XII, dass die Praxis häufig bei einem über einen längeren Zeitraum erzielten, schwankendem Einkommen den Durchschnittsverdienst errechnet. Bei einem Bedarf, der insgesamt einen Monat nicht überschreitet, der sich aber über zwei Monate hinzieht (die einmonatige Kur, die am 30. eines Monats angetreten wird) ergeben sich keine sachlichen Gründe dafür, nur das in dem ersten Kalendermonat erzielte Einkommen und nicht auch das Einkommen des zweiten Monats zu berücksichtigen. Nur das Einkommen und nicht der Bedarf ist nach dem Wortlaut der Vorschrift die verlässliche Bezugsgröße (BVerwG 14.12.1989 – 5 C 61/86, NVwZ 1990, 565; *Hohm*, Schellhorn/Hohm/ Scheider, § 85 Rn. 10; *Wolf*, Fichtner/Wenzel, § 85 Rn. 6). Es ist das Einkommen heranzuziehen, das während der **Dauer** des Bedarfs vorhanden ist, nicht das Einkommen, das vor dem Bedarf vorhanden ist, und nicht das Einkommen, das vom Hilfenachfragenden nachträglich bezogen worden ist. Jedes andere Verständnis ist mit dem Wortlaut der Vorschrift nicht in Übereinstimmung zu bringen. Zur **Ausnahme** des Einmonatsprinzips, s. § 87 Abs. 2 und 3 SGB XII.

Es ist nur das bereinigte Einkommen zu berücksichtigen, das nicht normativ **15** anerkannt für andere Zwecke genutzt werden darf (BSG 28.2.2013 – B 8 SO 1/12 R, NVwZ-RR 2013, 723). Das Einkommen, das nach dem jeweiligen Existenzsicherungssystem (SGB XII oder SGB II) nicht für die Hilfe zum Lebensunterhalt zur Verfügung steht, bzw. für andere Zwecke genutzt werden darf, bleibt berücksichtigungsfrei (BSG 25.4.2013 – B 8 SO 8/12 R, NVwZ-RR 2013, 723). Die Einkommensfreibeträge in § 82 Abs. 3 SGB XII bzw. § 11b Abs. 3 SGB II, die als Anreiz dienen sollen, eine Erwerbstätigkeit auszuüben, werden hingegen nicht bereinigt (BSG 25.4.2013 – B 8 SO 8/12 R, NVwZ-RR 2013, 723). Denn besondere Bedarfslagen können auch sonstige Erwerbstätige treffen und die besonderen Einkommensfreigrenzen der §§ 85 ff. SGB XII bieten ausreichend Schutz (vgl. BSG 25.4.2013 – B 8 SO 8/12 R, NVwZ-RR 2013, 723).

## 4. Einkommensgrenze

**16**     Die in § 85 Abs. 1 SGB XII festgelegte **allgemeine Einkommensgrenze** setzt sich aus einem Grundbetrag, den Kosten der Unterkunft und eventuell zu berücksichtigenden Familienzuschlägen zusammen.

**17**     **a) Grundbetrag.** Der Grundbetrag beträgt das Zweifache der Regelbedarfsstufe 1 nach der Anlage zu § 28 (vgl. § 28 SGB II). Welche Regelbedarfsstufe in örtlicher Hinsicht maßgebend ist, bestimmt sich nach § 85 Abs. 3 SGB XII. Nach § 86 SGB XII können die Länder und auch die Träger der Sozialhilfe für bestimmte Arten der Hilfe einen höheren Grundbetrag zugrunde legen.

**18**     **b) Kosten der Unterkunft.** Hierbei handelt es sich um die **tatsächlichen, sozialhilferechtlich angemessenen Kosten** (§ 27 SGB XII). Zur Angemessenheit und Umfang der Kosten der Unterkunft, s. § 35 SGB II. Fallen sozialhilferechtlich unangemessene Unterkunftskosten an, können sie allenfalls bei Anwendung der Vorschrift des § 87 SGB XII beachtet werden. Mit dem Sinn und Zweck der Vorschrift des § 85 SGB XII, Einkommensfreigrenzen zu bestimmen, ist es nicht zu vereinbaren, den Hilfenachfragenden zu veranlassen, in eine billigere Wohnung umzuziehen (zustimmend *Gutzler,* jurisPK-SGB XII, § 85 Rn. 36).

**19**     In die Berechnung der Einkommensgrenze wird nicht nur der Anteil der Unterkunftskosten des Hilfe Nachfragenden, wie bei der Hilfe zum Lebensunterhalt üblich, eingestellt, sondern die gesamten Unterkunftskosten. Die Berücksichtigung von Unterkunftskosten in § 85 SGB XII dient dem Zweck, Zumutbarkeitsgrenzen für denjenigen festzulegen, der mit seinem Ehe- oder Lebenspartner sozialhilferechtlich verpflichtet ist, die Kosten der Unterkunft zu tragen. Es können aber nur die Unterkunftskosten jener Personen einbezogen werden, die auch nach § 85 Abs. 1 SGB XII zur Einstandsgemeinschaft gehören, so dass Unterkunftskosten anderer Personen (z. B. erwachsene Kinder) – ggfs. nach Kopfteilen – herauszurechnen sind (*Lücking,* Hauck/Noftz, § 85 Rn. 19; *Gutzler,* jurisPK-SGB XII, § 85 Rn. 32).

**20**     Die Kosten der Unterkunft werden nicht um das bewilligte **Wohngeld** gekürzt, weil es sich um Einkommen handelt (BVerwG 16.12.2004 – 5 C 50/03, NVwZ 2005, 824; *Lücking,* Hauck/Noftz, § 85 Rn. 20; für einen Abzug von den Kosten der Unterkunft *Hohm,* Schellhorn/Hohm/Scheider, § 85 Rn. 21.9).

**21**     Nicht zu den Unterkunftskosten zählten bereits nach überwiegender Auffassung in der Literatur **Heizungskosten** (*Lücking,* Hauck/Noftz, § 85 Rn. 17; *Adolph,* Linhart/Adolph, § 85 Rn. 27; aA. *Gutzler,* jurisPK-SGB XII, § 85 Rn. 37; a. A. *Augstein,* Fichtner/Wenzel, § 85 Rn. 9; *Conradis,* LPK-XII, § 85 Rn. 5). Dies wurde damit begründet, dass anders als bei den Regelungen über die Hilfe zum Lebensunterhalt, bei denen das Gesetz terminologisch zwischen den Kosten der Unterkunft und den Heizungskosten unterscheidet, sich die Regelung des § 85 Abs. 1 SGB XII allein auf die Kosten der Unterkunft bezogen habe und damit als Unterkunftskosten die Heizungskosten ausgeschlossen habe. Das BSG ging hingegen aus systematischen Gründen davon aus, dass auch Heizkosten zu erfassen sind (BSG 25.4.2013 – B 8 SO 8/12 R, NJOZ 2013, 1872). Es sei kein Grund ersichtlich, warum Gelder für angemessene Heizkosten, die normativ und auch tatsächlich notwendigerweise für den allgemeinen Lebensunterhalt zur Verfügung stehen müssen, von § 85 Abs. 1 Nr. 2 SGB XII nicht erfasst sein sollten. Dem ist der Gesetzgeber nunmehr mit dem Gesetz zur Änderung des SGB XII und weiterer Vorschriften vom 21.12.2015 (BGBl. I S. 2557) entgegengetreten. Durch die Änderung der Formulierung „Kosten der Unterkunft" zu „Aufwendungen der Unterkunft" solle klargestellt werden, dass Heizkosten nicht erfasst seien (BR-Drs. 344/15, S. 30).

**22**     **Schönheitsreparaturen** sind ebenfalls keine Kosten der Unterkunft.

**23**     Auch **Tilgungsraten** eines Immobiliendarlehens gehören regelmäßig nicht zu den Kosten der Unterkunft im Sinne des § 85 Abs. 1 Nr. 2 SGB XII (vgl. BSG

25.4.2013 – B 8 SO 8/12 R, NJOZ 2013, 1872 unter Hinweis auf die Rechtsprechung des BSG zum SGB II: BSG 22.8.2012 – B 14 AS 1/12 R, NZM 2013, 388).

**c) Familienzuschlag.** Sinn und Zweck des Familienzuschlages nach Maßgabe **24**
des § 85 Abs. 1 Nr. 3 SGB XII sind, durch Erhöhung der Einkommensgrenzen die
Mittel freizulassen, die erforderlich sind, um eine angemessene Lebensführung zu
wahren. Durch die Ankoppelung an die Regelbedarfsstufen kann lediglich ein
Lebensstandard auf sozialhilferechtlichem Niveau, nicht jedoch die Beibehaltung
eines Lebensführungsniveaus, das vor dem Eintritt des Hilfefalles bestand, gesichert
werden (s. auch *Schoch*, ZfSH/SGB, 1991, 241).

Der Begriff des Familienzuschlags ist missverständlich, weil er nicht nur die Fami- **25**
lie im engeren Sinn umfasst. Unterhalt kann auch an Verwandte oder andere Personen gezahlt werden (*Conradis*, LPK-SGB XII, § 85 Rn. 13; *Schmidt*, JurisPK,
SGB XII, § 85 Rn. 40).

Der Familienzuschlag ist eine **starre Größe.** Er ist einkommensunabhängig mit **26**
der Konsequenz, dass er für den nicht getrennt lebenden Ehegatten oder Lebenspartner trotz seines Einkommens und für jede sonstige Person, die von der nachfragenden
Person oder ihren Partnern überwiegend unterhalten wird, in die Berechnung eingestellt wird. Der Familienzuschlag beträgt 70 Prozent des auf volle Euro aufgerundeten Betrages der Regelbedarfsstufe 1 nach der Anlage zu § 28.

Ein Familienzuschlag wird in drei Fällen gewährt: Für den nicht getrennt lebenden **27**
Ehegatten oder Lebenspartner, für jede Person, die von dem Hilfenachfragenden oder
seinem nicht getrennt lebenden Ehegatten überwiegend unterhalten worden ist oder
für die sie nach der Entscheidung über die Sozialhilfe unterhaltspflichtig werden.

Bei dem nicht getrennt lebenden Ehegatten kommt es für die Gewährung des **28**
Familienzuschlags nicht darauf an, ob dieser von der nachfragenden Person tatsächlich unterhalten worden ist (*Gutzler*, jurisPK-SGB XII, § 85 Rn. 39).

Für die Frage, ob eine Person von der nachfragenden Person, ihrem nicht getrennt **29**
lebenden Ehegatten oder Lebenspartner überwiegend unterhalten worden ist,
kommt es auf die **tatsächlich** geleisteten Unterhaltsleistungen an, unabhängig, ob
sie auf Grund rechtlicher, sittlicher oder vertraglicher Regelungen gewährt worden
sind (vgl. *Conradis*, LPK-XII, § 85 Rn. 18). Einbezogen in die Regelung sind deshalb
nicht nur Familienangehörige im engeren Sinn, sondern auch Verwandte oder
Dritte. Auch eine Haushaltszugehörigkeit ist nicht erforderlich (vgl. *Lippert/Zink*,
Mergler/Zink, § 85 Rn. 35).

Aus der Formulierung „unterhalten worden ist" ist zu folgern, dass die Unterhalts- **30**
leistungen regelmäßig und auch schon **vor dem Hilfefall** geleistet worden sind (weiter differenzierend *Conradis*, LPK-SGB XII, § 85 Rn. 20: Unterhaltszahlung bis zum
Erlass des Bescheides bzw. solange sie anhält). Dass der Unterhalt für eine gewisse
Dauer gezahlt worden ist, ist nach dem Wortlaut der Vorschrift nicht erforderlich.

Anknüpfend an die im Gesetz gewählte Tempusform des Perfekts wird vertreten, **31**
dass ein Familienzuschlag auch dann weiter gewährt werden muss, wenn die Unterhaltsleistungen nach dem Eintritt des Hilfefalles wegfallen. Sollte die Vorschrift
anders zu verstehen sein, hätte sie sprachlich eine andere Fassung erhalten müssen
(s. dazu auch *Schoch*, ZFSH/SGB 1991, 242; zum Gesetzgebungsverfahren des
BSHG, das hier auch als Auslegungsregel herangezogen werden kann *Zeitler*, NDV
1996, 393; *Trenk-Hinterberger*, NJW 1996, 3195; *Conradis*, LPK-XII, § 85 Rn. 19;
a. A. *Hohm*, Schellhorn/Hohm/Scheider, § 85 Rn. 29).

Eine Person muss von dem Hilfenachfragenden oder seinem nicht getrennt leben- **32**
den Ehegatten **überwiegend unterhalten** worden sein. Es ist, wie es *Mrozynski* (IV.8
Rn. 7) ausgedrückt hat, immer noch nicht ganz geklärt, unter welchen Voraussetzungen davon ausgegangen werden kann, dass eine Person überwiegend unterhalten wird.

In einer praktikablen Formel ausgedrückt heißt dieses Tatbestandsmerkmal, dass **33**
die erbrachten Unterhaltsleistungen und die Leistungen, die von der Person für

sich selbst oder durch andere erbracht werden, miteinander verglichen werden. Die erbrachten Unterhaltsleistungen müssen mehr als 50 % des Bedarfs ausmachen (vgl. auch *Conradis,* LPK–XII, § 85 Rn. 21; *Lücking,* Hauck/Noftz, § 85 Rn. 28; *Gutzler,* jurisPK-SGB XII, § 85 Rn. 40). Die Leistungen anderer sind nur berücksichtigungsfähig, wenn es sich um Unterhaltsleistungen handelt. Sind es Geschenke oder werden Schulden übernommen, scheiden sie bei einem Vergleich aus.

34    Die zuvor genannte Formel führt auch zu sachgerechten Ergebnissen, wenn der Unterhaltene nicht mit dem zu Unterhaltenden eine Bedarfsgemeinschaft bildet. Bei der Gewährung von **Sachleistungen** oder **Naturalunterhalt** oder bei Einkommen der unterhaltenen Person wäre ein verfeinertes Instrumentarium nötig, das § 85 Abs. 1 SGB XII nicht zur Verfügung stellt. Hier bleibt nur die Möglichkeit, über eine analoge Anwendung des § 287 ZPO Sachleistung und Naturalunterhalt in einem Geldwert auszudrücken (ebenso *Gutzler,* jurisPK-SGB XII, § 85 Rn. 41).

35    Eine Orientierung am Unterhaltsrecht ist nicht sachgerecht. Eine generelle familienrechtliche Sichtweise lässt schon außer Acht, dass Unterhaltsleistungen an Personen eingeschlossen sind, die nicht ausschließlich durch eine zivilrechtliche Unterhaltsbeziehung bestimmt werden, sondern an die lediglich tatsächliche Unterhaltsleistungen zur Deckung ihres Lebensunterhaltes erbracht werden.

36    Bei minderjährigen Kindern, die jeweils zur Hälfte Unterhaltsleistungen erhalten, sei es als Barunterhalt oder als Naturalunterhalt, was nach den familiengerichtlichen Tabellen ebenfalls zur Hälfte des Unterhalts anzurechnen ist, kann es nach der jetzigen Gesetzeslage nicht dazu kommen, dass das Kind überwiegend unterhalten wird. Ein Familienzuschlag fällt dann aus.

37    § 85 Abs. 1 Nr. 3 3. Alt. SGB XII – die Unterhaltpflicht tritt nach der Entscheidung über die Erbringung der Sozialhilfe ein – verzichtet auf das Merkmal der überwiegenden Unterhaltsleistung. Es kommt lediglich darauf an, dass der Hilfenachfragende oder sein nicht getrennt lebender Ehegatte nach Eintritt des Hilfefalles **unterhaltpflichtig wird.** Dem Gesetzeswortlaut folgend sind damit die Fälle der **bürgerlich-rechtlichen Unterhaltpflicht** gemeint, die durch Gesetz (Heirat; Geburt) oder durch Vertrag entstehen.

## IV. Minderjährige, unverheiratete nachfragende Personen (Abs. 2)

38    Satz 1 dieser Vorschrift trifft Regelungen für den minderjährigen Hilfe Nachfragenden. Leben seine Eltern zusammen, kommt es nicht darauf an, ob der unverheiratete Minderjährige bei ihnen lebt. Satz 2 erfasst die Fälle des Getrenntlebens, der Scheidung oder der Aufhebung der Ehe. Eine Hilfe nachfragende Person **lebt bei einem Elternteil,** wenn er zu ihm eine dauerhafte **Lebens- und Bedarfsgemeinschaft** eingegangen ist.

39    Vorübergehende Abwesenheit durch Urlaub, Krankheit oder Ausbildung ist ohne Einfluss. Zweck der Vorschrift ist, den Nachrang der Sozialhilfe gegenüber Unterhaltpflichtigen zu sichern.

40    Leben die Eltern einer minderjährigen und nicht verheirateten nachfragenden Person nicht zusammen, bleibt das Einkommen der Eltern ganz außer Betracht, wenn der Hilfenachfragende bei keinem Elternteil lebt.

## V. Festlegung der Regelbedarfsstufe (Abs. 3)

41    Abs. 3 S. 1 legt fest, dass sich die maßgebliche Regelbedarfsstufe nach dem Ort der tatsächlichen Hilfegewährung richtet. Bei der Hilfe in einer Einrichtung oder der Unterbringung in einer anderen Familie oder bei den in § 107 SGB XII genannten

Personen ist prinzipiell der gewöhnliche Aufenthaltsort des Leistungsberechtigten bestimmend (S. 2 Hs. 1), oder im Fall des Abs. 2 der gewöhnliche Aufenthaltsort der Eltern oder eines Elternteiles maßgebend. Ein Vergleich mit § 98 Abs. 2 S. 1 SGB XII, in dem die örtliche Zuständigkeit bei einer Unterbringung in einer Einrichtung geregelt ist, zeigt, dass § 85 Abs. 3 S. 2 SGB XII enger gefasst ist. Nach § 98 Abs. 2 S. 1 SGB XII wird die örtliche Zuständigkeit nach dem gewöhnlichen Aufenthalt im Zeitpunkt der Einrichtungsaufnahme oder danach festgelegt, wo der Hilfesuchende in den zwei Monaten davor seinen gewöhnlichen Aufenthalt hatte. Zum Begriff des gewöhnlichen Aufenthalts § 30 SGB I und Kommentierung zu § 98. Der zweite Halbsatz des Abs. 3 S. 2 ist eine Auffangvorschrift, falls kein gewöhnlicher Aufenthaltsort im Geltungsbereich des SGB XII vorhanden war. Dann gilt der Ort der tatsächlichen Hilfegewährung.

## § 86 Abweichender Grundbetrag

**Die Länder und, soweit landesrechtliche Vorschriften nicht entgegenstehen, auch die Träger der Sozialhilfe können für bestimmte Arten der Hilfe nach dem Fünften bis Neunten Kapitel der Einkommensgrenze einen höheren Grundbetrag zu Grunde legen.**

Im BSHG war die Festsetzung abweichender Grundbeträge im nahezu wortgleichen § 79 Abs. 4 BSHG geregelt. **1**

Die Vorschrift eröffnet den Ländern und den Trägern der Sozialhilfe die Möglichkeit, höhere Grundbeträge festzusetzen. Die im SGB XII festgelegten Grenzen sind somit nur Mindestgrenzen. Weil die Grundbeträge nur für bestimmte Arten von Hilfen angehoben werden können, verbietet sich sowohl eine generelle Anhebung als auch eine Beschränkung auf Einzelfälle (wie hier *Gutzler*, jurisPK–SGB XII, § 86 Rn. 13). Der Wortlaut der Vorschrift legt nahe, dass es vor allem um eine Ermächtigungsgrundlage geht, die den Ländern auf dem Gebiet der konkurrierenden Gesetzgebung (Art. 74, 70 GG) Freiräume einräumt. **2**

## § 87 Einsatz des Einkommens über der Einkommensgrenze

**(1) [1]Soweit das zu berücksichtigende Einkommen die Einkommensgrenze übersteigt, ist die Aufbringung der Mittel in angemessenem Umfang zuzumuten. [2]Bei der Prüfung, welcher Umfang angemessen ist, sind insbesondere die Art des Bedarfs, die Art oder Schwere der Behinderung oder der Pflegebedürftigkeit, die Dauer und Höhe der erforderlichen Aufwendungen sowie besondere Belastungen der nachfragenden Person und ihrer unterhaltsberechtigten Angehörigen zu berücksichtigen. [3]Bei Pflegebedürftigen der Pflegegrade 4 und 5 und blinden Menschen nach § 72 ist ein Einsatz des Einkommens über der Einkommensgrenze in Höhe von mindestens 60 vom Hundert nicht zuzumuten.**

**(2) Verliert die nachfragende Person durch den Eintritt eines Bedarfsfalles ihr Einkommen ganz oder teilweise und ist ihr Bedarf nur von kurzer Dauer, so kann die Aufbringung der Mittel auch aus dem Einkommen verlangt werden, das sie innerhalb eines angemessenen Zeitraumes nach dem Wegfall des Bedarfs erwirbt und das die Einkommensgrenze übersteigt, jedoch nur insoweit, als ihr ohne den Verlust des Einkommens die Aufbringung der Mittel zuzumuten gewesen wäre.**

**(3) Bei einmaligen Leistungen zur Beschaffung von Bedarfsgegenständen, deren Gebrauch für mindestens ein Jahr bestimmt ist, kann die Aufbringung der Mittel nach Maßgabe des Absatzes 1 auch aus dem Einkommen**

**verlangt werden, das die in § 19 Abs. 3 genannten Personen innerhalb eines Zeitraumes von bis zu drei Monaten nach Ablauf des Monats, in dem über die Leistung entschieden worden ist, erwerben.**

*Änderung der Vorschrift: Abs. 1 Satz 3 geänd. mWv 1.1.2017 durch G v. 23.12.2016 (BGBl. I S. 3191).*

**Schrifttum:** *Deutscher Verein,* Empfehlungen für die Anwendung der §§ 84 ff. BSHG, 3. Aufl. 1975; *ders.,* Empfehlungen für den Einsatz von Einkommen und Vermögen in der Sozialhilfe, NDV 2003, 1; *ders.,* Empfehlungen für den Einsatz von Einkommen und Vermögen, 2007; *Erichsen/Ehlers,* Allgemeines Verwaltungsrecht, 12. Aufl. 2002; *Fabian,* Diskussionsbeitrag zum Einsatz des Einkommens über und unter der Einkommensgrenze nach §§ 84 und 85 BSHG, ZFSH 1965, 254; *Fichtner,* Eigenanteil, Aufwendungsersatz, Kostenbeitrag, NDV 1964, 585; *Giese,* Ermessen und unbestimmter Rechtsbegriff unter Berücksichtigung des § 84 Abs. 1 BSHG, NDV 1964, 380; *Gutachten des Deutschen Vereins,* Zu den Begriffen Eigenanteil, Aufwendungsersatz und Kostenbeitrag, NDV 1965, 276; *Hüttemann,* Diskussion um die §§ 84, 85 BSHG, ZFSH 1965, 253; *Jehle,* Die zweifelhafte Tragweite des § 85 BSHG, ZFSH 1965, 157; *Krahmer,* Zum Einkommenseinsatz bei den Hilfen in besonderen Lebenslagen nach den §§ 84 ff. BSHG, ZfSH/ SGB 1998, 353; *Wehlitz,* Verwaltungsermessen und Beurteilungsspielraum beim Einsatz des Einkommens in der Sozialhilfe gemäß § 84 Abs. 1 BSHG, DÖV 1965, 477; *Zeitler,* Einsatz von Einkommen und Vermögen in der Sozialhilfe und Jugendhilferecht, NDV 1985, 216. S. auch die Literaturangaben zu § 85.

## Übersicht

# I. Bedeutung der Norm

**1**     Die Vorschrift ist von zentraler Bedeutung (*Hohm,* Schellhorn/Hohm/Scheider, § 87 Rn. 4). Sie regelt die Festsetzung des **Eigenanteils** bei allen **Hilfen des Fünften bis Neunten Kapitels,** die **einkommensabhängig** sind. Mit dem Bundesteilhabegesetz vom 23.12.2016 (BGBl. I S. 3234) werden mit Wirkung zum 1.1.2020 die Vorschriften des Sechsten Kapitels zur Eingliederungshilfe für behinderte Menschen aufgehoben. Die entsprechenden Regelungen zur Eingliederungshilfe (§§ 90 ff. SGB IX) und die hierfür dann geltenden Einkommensgrenzen (§§ 135 ff. SGB IX) finden sich zukünftig im SGB IX. Eine Anpassung der Begriffe an die Pflegegrade erfolgte mit dem Dritten Pflegestärkungsgesetz 23.12.2016 (BGBl. I S. 3191). Die Bemessung des Eigenanteils ist von dem Einkommen abhängig, das **über der maßgeblichen Einkommensgrenze** liegt. Von dem in der jeweiligen Hilfeform ermittelten Bedarf ist der durch den Hilfeträger festgelegte Eigenanteil abzuziehen. Wer sein Einkommen einsetzen muss, ergibt sich aus § 19 SGB XII, wobei die Einschränkungen des § 87 Abs. 2 und 3 SGB XII zu beachten sind (zum BSHG *DV*, NDV 2003, 3 Nr. 90). § 87 und § 88 SGB XII sind nebeneinander anzuwenden (vgl. auch *Lücking*, Hauck/Noftz, § 87 Rn. 3). Damit kommt es zu einer **Zweiteilung** des Einkommenseinsatzes (*Lücking*, Hauck/Noftz, § 83 Rn. 7; *Hohm*, Schellhorn/Hohm/Scheider, § 87 Rn. 5).

§ 87 Abs. 1 SGB XII ist neben § 88 SGB XII eine **Schnittstelle** im Entscheidungs- **2** prozess über die Gewährung von Hilfen des Fünften bis Neunten Kapitels. Hier wird darüber entschieden, ob trotz übersteigenden Einkommens die Gemeinschaft die Hilfe mitträgt. In der Vorschrift verwirklicht sich damit das **Zumutbarkeitsprinzip**, das schon die Einkommensgrenze des § 85 SGB XII mitbestimmt. Dem Leistungsberechtigten soll trotz eines die Einkommensgrenze übersteigenden Einkommens kein wirtschaftlicher Ausverkauf zugemutet werden. Die Folge wäre, dass der Wille zur Selbsthilfe gelähmt würde. Es käme zur wirtschaftlichen Herabstufung. Auch ein nach den Absetzungsbeträgen des § 11b SGB II vorhandenes, unterhalb der Grenze des § 87 SGB XII bleibendes Einkommen kann anrechnungsfrei bleiben.

§ 87 SGB XII sichert so den **Selbsthilfegrundsatz** in seinen verfassungsrechtli- **3** chen, aus dem Sozialstaatsprinzip abzuleitenden Mindestanforderungen. Das, was angemessen, wird vom Hilfenachfragenden oder dem sonst einsatzpflichtigen Personen als Selbsthilfe in Form eines Eigenanteils zugemutet (vgl. auch *Gutzler*, jurisPK-SGB XII, § 87 Rn. 12).

In dem Verlangen nach einem angemessenen Eigenanteil trägt die Vorschrift dem **4** **Nachranggrundsatz** Rechnung (vgl. *Krahmer*, ZfSH/SGB, 1984, 353). Der Begriff der Angemessenheit selbst muss durch die individuellen Umstände des Einzelfalles **(Individualisierungsgrundsatz)** festgelegt werden. Die Berücksichtigung dieses Grundsatzes lässt dem Hilfeträger bei der Heranziehung zu den Kosten den nötigen Spielraum (*Hohm*, Schellhorn/Hohm/Scheider, § 87 Rn. 4).

## II. Inhalt der Norm

Im durch die Vorschriften der § 85 bis 89 SGB XII bestimmten Gefüge des anzu- **5** rechnenden Einkommens bestimmt § 87 SGB XII den Einsatz des Einkommens über der Einkommensgrenze. In Absatz 1 mutet sie den Einkommenseinsatz in einem angemessenen Umfang zu. Zugrunde gelegt wird das Monatsprinzip (*Gutzler*, jurisPK-SGB XII, § 87 Rn. 8). Dazu werden Prüfelemente angegeben. In Absatz 2 sind Sonderregelungen vorgesehen, dass unter bestimmten Voraussetzungen auch zukünftiges Einkommen einzusetzen ist. In Absatz 3 schließlich ist eine besondere Einkommensgrenze für einmalige Leistungen vorgesehen. Im systematischen Zusammenhang bestimmt § 88 SGB XII den Einkommenseinsatz unter der Einkommensgrenze. Beide Vorschriften können nebeneinander Anwendung finden (*Gutzler*, jurisPK-SGB XII, § 87 Rn. 5).

Inhaltlich entspricht die Vorschrift weitestgehend dem § 84 BSHG. **6**

## III. Angemessener Eigenanteil (Abs. 1)

### 1. Rechtsnatur

Die Vorschrift mutet die Aufbringung eines **angemessenen Eigenanteils** zu. **7** Denn nach dem Wortlaut des Gesetzes wird dem Einstandspflichtigen die Aufbringung der Mittel in **angemessenem Umfang** zugemutet. Diese gesetzlich offen gestaltete Aussage lässt eine flexible Entscheidung des Hilfeträgers zu. Die Bandbreite der Entscheidung umfasst die Freilassung bis zur vollen Heranziehung. Ob es sich bei dem Tatbestandsmerkmal um einen unbestimmten Rechtsbegriff (BSG

25.4.2013 – B 8 SO 8/12 R, NJOZ 2013, 1872; BVerwG 26.10.1989 – 5 C 30/
86, NVwZ 1990, 370; ebenso LSG Bln-Bbg 22.10.2009 – L 23 SO 19/07, BeckRS
2010, 68059; *Wolf*, Fichtner/Wenzel, § 87 Rn. 1; *Schoch*, LPK-SGB XII, § 87 Rn. 3)
oder um eine Ermessensentscheidung (so für § 84 BSHG OVG Bremen 25.11.1986 –
2 BA 28/86, FEVS 87, 338) handelt, war schon für § 84 BSHG umstritten.

**8**     Die Entscheidung der Behörde kann jedoch nicht als Ermessensvorschrift angesehen werden. Vergleicht man den Wortlaut des Absatz 1 mit den Absätzen 2 und 3
wird hinreichend deutlich, dass es sich bei Absatz 1 im Gegensatz zu den Absätzen 2
und 3 um eine **gebundene Entscheidung** handelt. Deswegen ist der Auffassung,
die von einem unbestimmten Rechtsbegriff ausgeht, zuzustimmen.

**9**     Das BSG hat mittlerweile auch klargestellt, dass es sich bei der Angemessenheit
um einen unbestimmten Rechtsbegriff **ohne Beurteilungsspielraum** handelt (BSG
25.4.2013 – B 8 SO 8/12 R Rn. 27, NJOZ 2013, 1872; LSG BW 23.2.2012 – L 7
SO 3580/11, BeckRS 2012, 67732; ebenso schon BVerwG 26.10.1989 – 5 C 30/
86 Rn. 12, NVwZ 1990, 370; *Gutzler*, jurisPK-SGB XII, § 87 Rn. 20; *Lippert/Zink*,
Mergler/Zink, SGB XII, § 87 Rn. 8; *Adolph*, Linhart/Adolph, § 87 Rn. 9; a. A.
*Hohm*, Schellhorn/Hohm/Scheider, § 87 Rn. 9; *Schoch*, LPK-SGB XII, § 87 Rn. 3;
*Wolf*, Fichtner/Wenzel, XII/AsylbLG/SGB II/BKGG, § 87 Rn. 1). Damit ist die Entscheidung der Verwaltung über die Angemessenheit durch die Gerichte voll überprüfbar. Die Behörde hat bei der erforderlichen Entscheidung zu berücksichtigen, dass
die notwendige Flexibilität ihrer Entscheidung durch die Beachtung der Grundsätze
individueller und bedarfsdeckender Hilfe erreicht wird. Das bedeutet, dass sie dem
Hilfenachfragenden und seinen Angehörigen die Führung eines menschenwürdigen
Lebens ermöglicht (§ 1 SGB XII), die Hilfe familiengerecht erfolgt (§ 16 SGB XII),
die wirtschaftlichen Verhältnisse des Hilfenachfragenden und seiner in § 19 SGB XII
genannten Angehörigen einzelfallbezogen beurteilt und die Selbsthilfekräfte gestärkt
werden (vgl. zu diesen Prinzipien auch *DV,* NDV 2003, 3 Nr. 91). Die Feststellung
des Eigenanteils bleibt, auch wenn nach § 88 SGB XII ein Eigenanteil gefordert wird,
eine Gesamtentscheidung (*Hohm*, Schellhorn/Hohm/Scheider, § 87 Rn. 18).

**10**     Um den **offenen Begriff** der Angemessenheit auszufüllen, behalf sich die bisherige Praxis mit schematisierten Prozentsätzen (befürwortend *Lücking,* Hauck/Noftz,
§ 87 Rn. 7; akzeptiert vom LSG Bln-Bbg 22.10.2009 – L 23 SO 19/07, BeckRS
2010, 68059), wobei der jeweilige Einzelfall ausreichend zu berücksichtigen ist.
In der Praxis schwanken die vom Leistungsträger vorgenommenen Festsetzungen
teilweise erheblich. Teilweise wird der Einsatz von 60–80 % des übersteigenden
Einkommens angenommen (vgl. *Kaune,* ZfF 2006, 76; s. auch BSG 25.4.2013 – B 8
SO 8/12 R, NJOZ 2013, 1872). Allein aus dem Umstand, dass bei einer dauerhaften
Unterbringung in einer stationären Einrichtung der Einsatz unter der Einkommensgrenze verlangt wird, kann nicht geschlossen werden, dass in derartigen Fällen auch
der 100 %ige Einsatz von Einkommen über der Freigrenze angezeigt ist (so aber
*Kaune,* ZfF 2006, 76). Denn auch § 88 Abs. 1 S. 2 SGB XII sieht die Einschränkung
des angemessenen Umfangs vor.

## 2. Wertungstypik (Abs. 1 S. 2)

**11**     Absatz 1 Satz 2 gibt die Umstände an, die der Hilfeträger bei seiner Entscheidung
über die Heranziehung des Eigenanteils besonders zu berücksichtigen hat. Es handelt
sich um wertende, zusätzlich vom Gesetzgeber besonders hervorgehobene Kriterien,
neben denen davon nicht erfasste Umstände des Einzelfalles (vgl. zum Individualisierungsgrundsatz § 9 SGB XII) zu beachten sind, die nach der Systematik aber die
Ausnahme sein müssen (*Lippert/Zink*, Mergler/Zink, § 87 Rn. 13). Mit der Aufzählung von regelhaften Wertungsgesichtspunkten wird die ansonsten offene Entscheidung des § 87 Abs. 1 S. 1 SGB XII praktikabel, weil sie der Behörde nähere Orien-
tierungskriterien für das Maß des zu fordernden Einkommenseinsatzes an die Hand

gibt. Die Aufzählung ist nicht abschließend, wie die Formulierung „insbesondere" zeigt (BSG 29.9.2009 – B 8 SO 23/08 R, NVwZ-RR 2010, 527). Der Satz 2 gewinnt nach der jetzigen Gesetzesfassung, in der im Gegensatz zum früheren Recht auf feste Einkommensgrenzen verzichtet worden ist, besondere Bedeutung (so auch *Lippert/Zink*, Mergler/Zink, § 87 Rn. 13; *Lücking*, Hauck/Noftz, § 87 Rn. 8).

**a) Art des Bedarfs.** Bei der Art des Bedarfs darf der Hilfeträger den Funktionszu- **12** sammenhang zwischen dem Bedarf und den spezifischen Einkommensgrenzen der Hilfe des Fünften bis Neunten Kapitels nicht vernachlässigen. Zuvor ist allerdings zu prüfen, ob der nun zusätzlich geltend gemachte Bedarf nicht thematisch schon von der jeweiligen Hilfeleistung, die befriedigt werden soll, erfasst wird oder bei der Bemessung der Einkommensgrenzen berücksichtigt worden ist (vgl. dazu BVerwG 10.11.1965 – V C 104.64, BeckRS 1965, 00484). Denn es können als besondere Belastungen nicht solche gemeint sein, deren Beseitigung im Wege der Hilfe erfolgen soll.

Unter Beachtung dieser Grundsätze hat sich eine allgemein anerkannte **Falltypik** **13** herausgebildet. Die Höhe des Eigenanteils kann dadurch beeinflusst werden, dass der Bedarf auf ein Ereignis zurückgeht, durch welches die Gesundheit oder Lebensgrundlage der nachfragenden Person voraussichtlich auf Dauer beeinträchtigt wird (s. dazu *DV,* Empfehlungen, Rn. 96). Akzeptiert wird auch die Betroffenheit durch einen Schicksalsschlag (etwa einen Unfall *Gottschick/Giese,* BSHG, § 84 Rn. 4.2) oder längere Krankheit (vgl. auch *Hohm,* Schellhorn/Hohm/Scheider, § 87 Rn. 11). Eine Verringerung des Eigenanteils ist z. B. in Fällen der Familienpflege unter Zumutbarkeitsgesichtspunkten erwägenswert. Allerdings kommt es nicht darauf an, ob die Notlage verschuldet ist mit der Folge, dass ein besonders hoher Eigenanteil verlangt wird. Weder durch den Wortlaut der Vorschrift noch durch die sozialhilferechtliche Systematik kann eine derartige Auffassung gestützt werden. Leistungen sind im Sozialhilferecht verschuldensunabhängig zu gewähren, so dass ein davon abhängiges Kriterium sozialhilfeuntypisch ist (a. A. *Adolph,* Linhart/Adolph, § 87 Rn. 16; *Hohm,* Schellhorn/Hohm/Scheider, § 87 Rn. 17; wie hier *Gutzler,* jurisPK-SGB XII, § 87 Rn. 23).

**b) Behinderung oder Pflegebedürftigkeit.** Nach der erklärten Absicht des **14** Gesetzgebers soll der in die Vorschrift eingefügte Hinweis auf die Art oder Schwere der Behinderung den bisherigen Hinweis auf die Art des Bedarfs konkretisieren (BT-Drs. 15/1734, S. 34). In der Praxis sind zur Konkretisierung verschiedene Modelle entwickelt worden. So wird vorgeschlagen, nur ein über der Grenze von 60 % ermitteltes Einkommen anzurechnen (*Lücking,* Hauck/Noftz, § 87 Rn. 16; *Schoch,* LPK-SGB XII, § 87 Rn. 16; s. BSG 25.2.2013 – B 8 SO 8/12 R, NJOZ 2013, 1872). Ein anderes Modell sieht vor, den Einsatz des Einkommens vom Grad der Pflegebedürftigkeit abhängig zu machen (*Jürgens,* NDV 2005, 9). Hierbei ist jedoch zu beachten, dass der Gesetzgeber gerade nur bei den schwerstpflegebedürftigen und blinden Menschen eine pauschale Grenze für die Angemessenheit von 60 Prozent über der Einkommensgrenze eingeführt hat. Es ist daher stets der Einzelfall zu prüfen und die durch die Behinderung veranlassten finanziellen Mehrbelastungen bzw. durch die Behinderung verursachten immateriellen Auswirkungen z. B. psychischer Art zu berücksichtigen (vgl. auch *Lippert/Zink,* Mergler/Zink, § 87 Rn. 14; *Gutzler,* jurisPK-SGB XII, § 87 Rn. 24).

**c) Dauer und Höhe der Aufwendung.** Unter dem Gesichtspunkt Dauer der **15** Aufwendungen wird zwischen einmaligen, kurzfristigen, wiederkehrenden und sich über einen längeren Zeitraum hinziehenden unterscheiden. Je kürzer der Hilfebedarf ist, umso höher ist der zu fordernde Eigenanteil. Nicht berücksichtigungsfähig sind einzelne Aufwendungen für Bedürfnisse, für die das Gesetz eigene Hilferegelungen vorsieht.

**16**   Wie lange Aufwendungen erbracht werden müssen, lässt sich mangels gesetzlicher Angaben nur durch einen Rückgriff auf den Zweck der Norm bestimmen. In der Literatur werden unterschiedliche Auffassungen vertreten. Teilweise wird angenommen, dass der Zeitraum wenigstens sechs Monate (*DV,* Empfehlungen, Rn. 100) oder vier Monate (*Gutzler,* jurisPK–SGB XII, § 87 Rn. 25) zu betragen habe, teilweise wird „nur" eine gewisse, nicht näher umschriebene Zeitspanne als sachgerecht angesehen (*Lippert/Zink,* Mergler/Zink, § 87 Rn. 16). Richtig ist eine am individuellen Hilfebedarf ausgerichtete Festlegung. Die Dauer der Aufwendungen kann nicht generell bestimmt werden. Die jeweilige Hilfeart und die dazu gehörige Einkommensgrenze bestimmen maßgeblich die Auslegung der Vorschrift. Jede Festlegung des Eigenanteils hat unabhängig von den hier angeführten Zeiträumen den funktionellen Zusammenhang von Bedarf und Einkommensgrenze zu berücksichtigen.

**17**   Zur **Höhe** ist festzuhalten, dass es sich um Nebenaufwendungen handeln muss, wie z. B. Fahrtkosten oder Geschenke (*Lücking,* Hauck/Noftz, § 87 Rn. 11).

**18**   **d) Besondere Belastungen.** Weiter finden besondere Belastungen der nachfragenden Person und ihrer unterhaltsberechtigten Angehörigen Berücksichtigung. Es wird dabei vom Wortlaut her zwar nicht auf die in § 19 Abs. 3 SGB XII genannten Personen abgestellt. Besondere Belastungen dieser Personen, deren Einkommen heranzuziehen ist, müssen jedoch ebenfalls im Rahmen der offenen Vorschrift berücksichtigt werden (vgl. *Gutzler,* jurisPK-SGB XII, § 87 Rn. 30). Besondere Belastung meint in erster Linie finanzielle Verpflichtungen. Es können aber nur solche Umstände berücksichtigt werden, die nicht bereits Gegenstand anderer Sozialhilfeleistungen sind und die nicht bereits mit dem freizulassenden Einkommen abzudecken sind, weil sie gleichermaßen bei allen nachfragenden Personen vorkommen (BSG 25.4.2013 – B 8 SO 8/12 R, NJOZ 2013, 1872). Sie müssen bei Anlegung eines objektiven Maßstabes angemessen sein und entweder vor dem Eintritt der Notlage eingegangen sein oder bei einer längeren Notlage nach der Lebenserfahrung üblicherweise auftreten und auch nicht vermeidbar sein. Damit sind beispielsweise Verpflichtungen eines Hilfe Nachfragenden erfasst, die bei der notwendig gewordenen Renovierung der Wohnung entstehen. Es können auch vertretbare Ratenverpflichtungen sein, die eingegangen sind, um notwendigen Hausrat anzuschaffen oder zu ersetzen (vgl. *Lücking,* Hauck/Noftz, § 87 Rn. 12). Mietzinsverpflichtungen können als besondere Belastungen Berücksichtigung finden, wenn sie aus Anlass eines Hilfefalles entstehen. Dies kann bei einer notwendig gewordenen Aufnahme in eine stationäre Einrichtung der Fall sein, bei der es während einer Übergangszeit zu Mietschulden gekommen ist.

**19**   Die Ansammlung von Rücklagen für häufig entstehende Belastungen, auch in Form von Bau- oder Sparverträgen, senken nur in engen Grenzen den Eigenanteil. Diese Rücklagen dürfen nicht für irgendwann in der Zukunft erwartete Belastungen gebildet werden (vgl. auch *Lippert/Zink.* Mergler/Zink, § 87 Rn. 23). Sie sind in absehbarer Zeit zu erwarten, weil Rücklagen ansonsten der Bildung von Vermögen dienen würden. Ferner müssen die Rücklagen für solche Notlagen gedacht sein, deren Beseitigung sozialhilferechtlich geboten ist. Hier sind Reparaturrücklagen zu nennen, die angespart worden sind, um wesentliche Bauschäden an einem Eigenheim zu beseitigen.

**20**   Nicht zu den berücksichtigungsfähigen Belastungen gehören jene Ausgaben, die thematisch bereits durch Tatbestände der Einkommensanrechnung erfasst werden, aber nach dem Sinn und Zweck der jeweiligen Vorschrift nicht anerkannt werden konnten, wie beispielsweise Versicherungsbeiträge, die nicht nach § 82 Abs. 2 Nr. 3 SGB XII vom Einkommen abgezogen werden können, oder sozialhilferechtlich unangemessene Unterkunftskosten, bei denen kein Versuch gemacht worden ist, sie abzusenken (ebenso *Schoch,* LPK-SGB XII, § 87 Rn. 12). Rechtsschutzversicherungen können angesichts eines entwickelten Prozesskostenhilfesystems ebenfalls nicht anerkannt werden (anders aber OVG Lüneburg 29.11.1989 – 4 A 205/88, FEVS 1992, 104; so wohl auch *Lücking*, Hauck/Noftz, § 87 Rn. 13). Möglich ist die Anerkennung von Heizkosten aufgrund eines erhöhten Heizungsbedarfs (*Schoch*, LPK-SGB XII, § 87 Rn. 12; *Lücking*, Hauck/Noftz, § 87 Rn. 12). Im Einzelfall können dazu auch die Tilgungsleistungen für ein selbst genutztes Einfamilienhaus gehören (*Schoch*, LPK-SGB XII, § 87 Rn. 12).

### 3. Sonderfälle (S. 3)

Klare Anrechnungsregelungen gibt das Gesetz für bestimmte Personengruppen **21** vor. Bei Pflegebedürftigen der Pflegegrade 4 und 5 und blinden Menschen nach § 72 SGB XII ist der Einsatz des Einkommens in Höhe von mindestens 60 % nicht zuzumuten. Eine entsprechende Vorschrift gab es bisher im § 84 BSHG nicht. Weitere schwerstpflegeunabhängige besondere Belastungen können neben Satz 3 nach Satz 1 berücksichtigt werden (BSG 25.4.2013 – B 8 SO 8/12 R, NJOZ 2013, 1872).

## IV. Bedarf von kurzer Dauer (Abs. 2)

Absatz 2 macht eine Ausnahme vom **Gleichzeitigkeits- oder Einmonatsprin- 22 zip** des § 82 SGB XII, um zu vermeiden, dass die Hilfe nachsuchende Person, die Monat für Monat ihr Einkommen auf den Hilfebedarf anrechnen lassen müssen, schlechter gestellt werden als diejenigen, die nur kurzfristig, aber in eine finanziell aufwändige Hilfesituation geraten sind. Der Hilfeträger hat eine **Ermessensentscheidung** zu treffen. Normalerweise stellt § 82 Abs. 1 SGB XII als Bezugsgröße für die Einkommensgrenze nicht auf die Dauer des Bedarfs ab, sondern auf das monatliche Einkommen, dem der Bedarf gegenübergestellt wird. Hiervon weicht § 87 Abs. 2 SGB XII ab. Typischer Anwendungsfall dieser Vorschrift ist eine kurze, aber kostenintensive Erkrankung.

Die nachfragende Person muss ihr Einkommen gerade ganz oder teilweise **durch 23** den Eintritt des Bedarfsfalles verloren haben. Unter **kurzfristigem Bedarf** wird, was der Wortlaut der Vorschrift nahe legt, ein Zeitraum von einem Monat verstanden (*Schoch*, LPK-SGB XII, § 87 Rn. 19; *Mergler/Zink*, Lippert/Zink, § 87 Rn. 41). Als **angemessener Zeitraum**, in dem zusätzlich zum Bedarfsmonat der Einsatz des übersteigenden Einkommens verlangt werden kann, wird ein solcher von drei (*Gutzler*, jurisPK-SGB XII, § 87 Rn. 39; *Decker*, Oestreicher, SGB XII/SGB II, § 87 SGB XII Rn. 33; *Karmanski*, Jahn, SGB XII, § 87 Rn. 12; *Lippert/Zink*, Mergler/ Zink, SGB XII, § 87 Rn. 42; *Lücking*, Hauck/Noftz, SGB XII, K 87 Rn. 25) oder sechs Monaten (*Adolph*, Linhart/Adolph, § 87 Rn. 38) angesehen. Abweichend von Absatz 1 bezieht sich die Vorschrift nur auf das **Einkommen der nachfragenden Person**. Sie wird dadurch begünstigt, dass die Ausweitung des Einkommenseinsatzes nur insoweit möglich ist, als ihr ohne Verlust des Einkommens die Aufbringung der Mittel zuzumuten gewesen wäre, also eine fiktive Berechnung nach § 87 Abs. 1 vorzunehmen ist.

## V. Einmalige Leistungen zur Beschaffung von Bedarfsgegenständen (Abs. 3)

§ 87 Abs. 3 SGB XII gestattet bei Beschaffung langlebiger Gebrauchsgegenstände **24** im Rahmen der Hilfe in besonderen Lebenslagen eine **Abweichung** vom **Monatsprinzip**. Unter dem Aspekt der **Selbsthilfeverpflichtung** kann es dem Hilfenachfragenden oder den in § 19 Abs. 3 SGB XII genannten Personen **zugemutet** werden, bei der Beschaffung von Gebrauchsgegenständen Einkommen einzusetzen, das sie innerhalb eines Zeitraumes von drei Monaten, also insgesamt vier Monaten, nach Ablauf des Monats, in dem über die Hilfe entschieden worden ist, erwerben. Mithilfe dieser Regelung soll dem Selbsthilfegrundsatz Rechnung getragen werden, langlebigere Wirtschaftsgüter durch Ansparen zu finanzieren (vgl. *Mergler/Zink*, Lippert/Zink, § 87 Rn. 46). Der Hilfeträger hat darüber eine **Ermessensentscheidung** zu treffen.

**25**    Auseinanderzuhalten sind die Regelungen des Absatzes 3 und des Aufwendungsersatzes nach § 19 Abs. 5 SGB XII. Eine Entscheidung nach § 87 Abs. 3 SGB XII kann nur dann getroffen werden, wenn das Einkommen für den in dieser Vorschrift genannten Zeitraum feststeht, andernfalls ist vorläufig zu bewilligen und nach § 19 Abs. 5 SGB XII zu verfahren.

**26**    **Bedarfsgegenstände** sind Gegenstände, die für den individuellen und unmittelbaren Gebrauch durch den Leistungsempfänger bestimmt sind und regelmäßig einer Abnutzung unterliegen (BSG 23.8.2013 – B 8 SO 24/11 R, BeckRS 2013, 73260; *Lücking*, Hauck/Noftz, SGB XII, K § 87 Rn. 31; *Hohm*, Schellhorn/Hohm/Scheider, SGB XII, § 87 SGB XII Rn. 37). Ein Bedarfsgegenstand ist dann für den Gebrauch von mehr als einem Jahr bestimmt, wenn sowohl der konkrete Gegenstand für mehr als ein Jahr genutzt werden kann als auch kumulativ der konkrete Bedarf eine mehr als einjährige Nutzung erfordert (BSG 23.8.2013 – B 8 SO 24/11 R, BeckRS 2013, 73260; *Gutzler*, jurisPK–SGB XII, § 87 SGB XII, Rn. 46). Dies kann z. B. ein orthopädisches Hilfsmittel sein.

### § 88 Einsatz des Einkommens unter der Einkommensgrenze

(1) ¹Die Aufbringung der Mittel kann, auch soweit das Einkommen unter der Einkommensgrenze liegt, verlangt werden,
1. soweit von einem anderen Leistungen für einen besonderen Zweck erbracht werden, für den sonst Sozialhilfe zu leisten wäre,
2. wenn zur Deckung des Bedarfs nur geringfügige Mittel erforderlich sind. ²Darüber hinaus soll in angemessenem Umfang die Aufbringung der Mittel verlangt werden, wenn eine Person für voraussichtlich längere Zeit Leistungen in einer stationären Einrichtung bedarf.

(2) ¹Bei einer stationären Leistung in einer stationären Einrichtung wird von dem Einkommen, das der Leistungsberechtigte aus einer entgeltlichen Beschäftigung erzielt, die Aufbringung der Mittel in Höhe von einem Achtel der Regelbedarfsstufe 1 nach der Anlage zu § 28 zuzüglich 50 vom Hundert des diesen Betrag übersteigenden Einkommens aus der Beschäftigung nicht verlangt. ²§ 82 Absatz 3 und 6 ist nicht anzuwenden.

*Änderungen der Vorschrift: Abs. 1 Nr. 2 geänd., Nr. 3 aufgeh., Satz 2 angef. mWv 7.12.2006 durch G v. 2.12.2006 (BGBl. I S. 2670), Abs. 2 Satz 1 geänd. mWv 1.1.2011 durch G v. 24.3.2011 (BGBl. I S. 453), Abs. 2 Satz 1 und 2 geänd. mWv 1.1.2017 durch G v. 23.12.2016 (BGBl. I S. 3234), Abs. 2 Satz 2 geänd. mWv 1.1.2018 durch G v. 17.8.2017 (BGBl. I S. 3214).*

**Schrifttum:** *Brühl*, Eigenleistung aus dem unter der Einkommensgrenze der Hilfe in besonderen Lebenslagen liegenden Einkommen bei längeren stationären Maßnahmen, ZfF 1999, 105; *Gutachten des Deutschen Vereins*, Zum Begriff der zweckbestimmten Leistung nach § 85 Nr. 1 BSHG, NDV 1968, 52; *Jehle*, Die zweifelhafte Tragweite des § 85 BSHG, ZfF 1967, 157; *Krahmer*, Zum Einsatz des Einkommens bei der Hilfe in besonderen Lebenslagen nach den §§ 84 ff. BSHG, ZFSH 1984, 353; *Kaune*, Der Kostenbeitrag von nicht getrennt lebenden Ehegatten in Pflegeeinrichtungen nach dem SGB XII, ZfF 2006, 73; *Löden*, Zweckidentität und Nachrangigkeit im Sozialhilferecht, ZFSH 1974, 295; *Ruschmeier*, Kostenbeitragsberechnung bei

Einsatzgemeinschaften in der stationären Hilfe nach dem SGB XII, ZfF 2008, 265; *Schramm*, Die Berechnung der ersparten häuslichen Lebensunterhalt nach § 85 Nr. 3 BSHG, ZfF 1968, 148; vgl. im Übrigen die Schrifttumsnachweise zu § 87 SGB XII.

## Übersicht

# I. Bedeutung der Norm

§ 88 SGB XII schränkt die Vorschrift des § 85 SGB XII ein, durch die prinzipiell **1** für die Gewährung der Hilfe der Fünften bis Neunten Kapitel die Grenze des Einkommenseinsatzes festgelegt wird. Mit dem Bundesteilhabegesetz vom 23.12.2016 (BGBl. I S. 3234) werden mit Wirkung zum 1.1.2020 die Vorschriften des Sechsten Kapitels zur Eingliederungshilfe für behinderte Menschen aufgehoben. Die entsprechenden Regelungen zur Eingliederungshilfe (§§ 90 ff. SGB IX) und die hierfür dann geltenden Einkommensgrenzen (§§ 135 ff. SGB IX) finden sich zukünftig im SGB IX. Ausnahmsweise ermächtigt § 88 SGB XII den Sozialhilfeträger, vom Hilfe Nachsuchenden den Einsatz von Einkommen zu verlangen, das **unterhalb der Einkommensgrenze** liegt. Sind die Ausnahmetatbestände des § 88 Abs. 1 SGB XII erfüllt, trifft der Hilfeträger eine **Ermessensentscheidung** über die Bemessung des Eigenanteils.

# II. Inhalt der Norm

## 1. Überblick

Die Vorschrift entspricht in wesentlichen Teilen der Vorgängerregelung des § 85 **2** BSHG. Aus redaktionellen Gründen ist die Vorschrift dem geänderten Regelbedarfssystem des SGB XII angepasst worden. Inhaltlich haben die redaktionellen Anpassungen keine wesentlichen Änderungen zur Folge. Die Regelung des § 88 Abs. 1 SGB XII räumt dem Nachrangprinzip in den vom Gesetz umschriebenen Ausnahmefällen den Vorrang ein. Die Zumutbarkeitsgrenze wird herabgesenkt. Der Selbsthilfe wird damit eine größere Bedeutung zugemessen. Die **Forderung zur Selbsthilfe** ihrerseits findet ihre Schranke im Niveau der Hilfe zum Lebensunterhalt. Sinkt das sozialhilferechtlich relevante Einkommen unter das Niveau der Hilfe zum Lebensunterhalt, kann auch nach § 88 SGB XII kein Eigenanteil verlangt werden (so auch *Gutzler*, jurisPK-SGB XII, § 88 Rn. 42; *Adolph*, Linhart/Adolph, § 88 Rn. 16; *Lippert/Zink*, Mergler/Zink, § 88 Rn. 4). Was von einem nicht getrennt lebenden Ehegatten verlangt werden kann, muss dem Schutzgedanken der Vorschrift Rechnung tragen. Die Unterbringung in einer Pflegeeinrichtung hat in der Regel für den Ehepartner erhebliche Beeinträchtigungen seiner Lebensführung zur Folge, so dass vorgeschlagen wird, neben dem zum Leben Erforderlichem in Höhe des Regelbedarfs einen Zuschlag von 30–50 % zu berücksichtigen (*Kaune*, ZfF 2006, 77 und die Berechnungsbeispiele S. 79 f.).

**3**    In Absatz 2 der Vorschrift wird ein anderer Zweck als mit Absatz 1 verfolgt. § 88 Abs. 2 SGB XII gewährt unter den dort näher beschriebenen Voraussetzungen einen Freibetrag beim Einsatz des Einkommens, um Anreize zu schaffen, eine **sinnvolle Beschäftigung** gegen Entgelt aufzunehmen. Mit dem Bundesteilhabegesetz (BGBl. I S. 3234) ist mit Wirkung zum 1.1.2017 eine deutliche Anhebung des Freibetrags von 25 auf 50 Prozent erfolgt. Sie stellt damit innerhalb der Regelung des § 88 SGB XII einen weiteren **Sondertatbestand** dar. Wegen der den beiden Absätzen unterschiedlich zugeordneten Zwecke ist die Regelung in § 88 SGB XII systematisch, wie schon die Vorgängerregelung des § 85 Abs. 2 BSHG, falsch platziert.

**4**    Die Aufzählung der in § 88 SGB XII geregelten Ausnahmetatbestände ist **erschöpfend.** Das war schon für die Regelung des § 85 BSHG anerkannt (*Oestreicher/Schelter/Kunz,* BSHG, § 85 Rn. 1). Wegen ihres Ausnahmecharakters ist die Vorschrift **nicht analogiefähig** (vgl. auch *Gutzler*, jurisPK-SGB XII, § 88 Rn. 10).

## 2. Verhältnis zu § 87 SGB XII

**5**    Wie schon die Vorgängerregelung des § 85 BSHG im Verhältnis zu § 84 BSHG ist auch § 88 SGB XII neben der Vorschrift des § 87 SGB XII anzuwenden (vgl. *Lippert,* Mergler/Zink, § 88 Rn. 4; zustimmend *Hohm,* Schellhorn/Hohm/Scheider, § 88 Rn. 6). Schon aus den Worten „soweit" und „auch" ist abzuleiten, dass § 87 und § 88 SGB XII nebeneinander stehen können. Sachlich spricht für ein solches Verständnis, dass der Hilfeempfänger mit einem über der Einkommensgrenze liegenden Einkommen nicht bessergestellt werden darf als derjenige, dessen Einkommen unterhalb der Einkommensgrenze liegt, von dem gleichwohl ein Eigenanteil verlangt werden kann.

# III. Bestimmung des Eigenanteils (Abs. 1)

## 1. Zweckbestimmte Leistungen Dritter (Abs. 1 S. 1 Nr. 1)

**6**    Soweit von einem anderen Leistungen für denselben Zweck gewährt werden, für den sonst Sozialhilfe zu gewähren ist, kann der Leistungsträger auch einen Einsatz unterhalb der Einkommensgrenze verlangen. Die Vorschrift bekräftigt klarstellend den **Nachrang** der Sozialhilfe gegenüber anderen Leistungen (zum alten Recht: *Mergler/Zink,* BSHG, § 85 Rn. 12; *Gottschick/Giese,* BSHG, § 85 Rn. 5). Zweckbestimmte Leistungen führen dabei nach dem Willen des Gesetzgebers nicht zum Entfallen oder zur Minderung des Bedarfs, sondern sind grundsätzlich als Einkommen zu qualifizieren, ohne dass es nach Auffassung des BSG auf den Zeitpunkt des Zuflusses ankommt (BSG 23.8.2013 – B 8 SO 24/11 R, BeckRS 2013, 73260).

**7**    Der in der Vorschrift verwendete **Leistungsbegriff** unterscheidet sich von dem des vorrangig zu prüfenden § 83 SGB XII. § 88 Abs. 1 Nr. 1 SGB XII ist, wie der Vergleich beider Vorschriften zeigt, nicht auf öffentliche Leistungen beschränkt. Es ist deshalb von einem **weiten Leistungsbegriff** auszugehen (vgl. auch *Mrozynski,* IV. 8 Rn. 12; *Hohm,* Schellhorn/Hohm/Scheider, § 88 Rn. 8; vgl. *Gutzler,* jurisPK-SGB XII, § 88 Rn. 23). Darunter fallen sowohl Leistungen Privater als auch solche der öffentlichen Hand, ungeachtet, ob sie freiwillig erbracht werden oder ob darauf ein Anspruch besteht.

**8**    Die **Leistungen** Dritter oder der öffentlichen Hand müssen für einen **besonderen Zweck** gewährt werden. Sie müssen also für jenen Bedarf bereitgestellt worden sein, zu dessen Beseitigung auch die Hilfe in den Fünften bis Neunten Kapiteln dienen würde. Das Adjektiv „besonders" dient der Abgrenzung von Leistungen, die ein Dritter gewährt, die nicht über den allgemeinen Lebensunterhalt hinausgehen. Sie werden von der Vorschrift nicht erfasst.

Wenn das Einkommen einschließlich der zweckbestimmten Zuwendung die Einkommensgrenze übersteigt, ist zunächst die Zweckleistung als Eigenanteil anzusetzen und dann aus dem verbleibenden übersteigenden Einkommen nach § 88 SGB XII der Heranziehungsbetrag zu errechnen, weil sonst die zweckbestimmte Leistung doppelt angerechnet würde (zum bisherigen Recht *DV*, Rn. 115). Insofern ist von dem oben formulierten Grundsatz auszugehen, dass untere Grenze für das einsetzbare Einkommen die Hilfe zum Lebensunterhalt ist. **9**

Die Zweckbestimmung muss **nicht ausdrücklich** genannt sein. In der Praxis bedeutet diese Unschärfe der gesetzlichen Regelung, dass es einer sorgfältigen Ermittlung bedarf, welchem besonderen Zweck die von einem anderen gewährte Leistung dienen soll. Ist eine ausdrückliche Zweckbindung nicht verlautbart worden, ist zu ermitteln, ob sich bei einer objektiven Betrachtungsweise der von dritter Seite gewährten Leistung ein besonderer Zweck entnehmen lässt. **10**

Besondere zweckbestimmte Leistungen können sein: Schadensersatzansprüche zum Ausgleich bestimmter Unfallfolgen (*Lippert,* Mergler/Zink, § 88 Rn. 11; *Gutzler*, jurisPK-SGB XII, § 88 Rn. 24); freiwillige Leistungen karitativer Organisationen oder Dritter für Fälle der Krankheit etc.; freies Wohnen und Verpflegung nach einem Hausübergabevertrag, sofern der Hilfebedarf nicht in der Gewährung eines pauschalierten Pflegegeldes im Rahmen der häuslichen Pflege besteht (vgl. OVG Münster 25.1.1988 – 8 A 1052/86, BeckRS 2015, 47687; *Lippert,* Mergler/Zink, § 88 Rn. 12); bürgerlich-rechtliche Unterhaltsverpflichtungen, sofern zwischen diesen und der Hilfe des Fünften bis Neunten Kapitels eine Zweckidentität besteht (*Hohm,* Schellhorn/Hohm/Scheider, § 88 Rn. 9). Unterhaltsleistungen als solche fallen nicht unter § 88 Abs. 1 Nr. 1 SGB XII, weil sie lediglich zur Verbesserung der allgemeinen Lebenslage dienen. Keine Zweckidentität wird ferner bei Berufsschadensrenten, Unfallrenten und Waisenrenten angenommen. Verneint worden ist eine Zweckidentität zwischen dem Landesblindengeld und der Eingliederungshilfe (LSG Nds-Brem 27.1.2011 – L 8 SO 171/08, BeckRS 2011, 75463), weil Blindenhilfe dem Ausgleich der durch die Blindheit bedingten Mehraufwendungen dient. **11**

Das BSG geht davon aus, dass anders als in dem Fall des Absatz 1 Satz 1 Nr. 2 im Regelfall der Einkommenseinsatz zur Vermeidung von Doppelleistungen verlangt werden muss (sog. intendiertes Ermessen). Es sei kein sachlicher Grund erkennbar, Sozialhilfe zu leisten, wenn Leistungen Dritter für denselben Zweck erbracht werden (BSG 23.8.2013 – B 8 SO 24/11 R, BeckRS 2013, 73260). **12**

## 2. Einsatz nur geringfügiger Mittel (Abs. 1 S. 1 Nr. 2)

Der Einsatz des Einkommens kann auch verlangt werden, wenn zur Deckung des Bedarfs nur geringfügige Mittel eingesetzt werden müssen. Zweck des Einkommenseinsatzes ist weniger die Verwirklichung des Nachrangprinzips. Vielmehr sollen **Bagatellfälle** nicht zum Gegenstand staatlicher Leistungsgewährung gemacht werden (BSG 19.5.2009 – B 8 SO 32/07 R, NVwZ-RR 2010, 196, unter Hinweis auf die bisherige Rspr. des BVerwG; BVerwG 17.6.1993 – 5 C 11/91, NVwZ-RR 1994, 100). Verwaltungsmäßiger Aufwand und sozialhilferechtlicher Nutzen sollen in einem angemessenen Verhältnis zueinander stehen. **13**

Bei dem Begriff der **geringfügigen Mittel** handelt es sich um einen **unbestimmten Rechtsbegriff,** der von den Sozialgerichten voll zu überprüfen ist. Geringfügig sind Mittel, die nach der Verkehrsauffassung so gering sind, dass sie sich einer wirtschaftlichen Betrachtungsweise entziehen (vgl. BVerwG 17.6.1993 – 5 C 11/91, NVwZ-RR 1994, 100). In der praktischen Anwendung der Vorschrift **14** wurde als geringfügig akzeptiert, wenn die einzusetzenden Mittel nicht mehr als 5 % (so für das BSHG *DV,* NDV 2003, 6 Nr. 112) oder 10 % des einzusetzenden Einkommens betrafen (so für das BSHG: *Mergler/Zink,* BSHG, § 85 Rn. 18). Die Empfehlungen des DV 2007 differenzieren zu Recht nach einmaligen und laufenden Leistungen, wobei bei letzteren der Betrag niedriger anzusetzen ist.

15    Derartige Generalisierungen mögen ihren praktischen Wert haben, sie sind vom Verständnis des Begriffes als unbestimmten Rechtsbegriff nicht unproblematisch. Bei richtigem Verständnis ist in einer objektiven Betrachtungsweise auf die wirtschaftliche Situation des Hilfenachfragenden abzustellen (s. auch BVerwG 17.6.1993 – 5 C 11/91, NVwZ-RR 1994, 100). Denn ob zur Deckung des konkret in Rede stehenden Bedarfs nur geringfügige Mittel erforderlich sind, wird vom individuellen Hilfefall (§ 9 SGB XII) bestimmt. Die Rechtsprechung hat in Einzelfällen anerkannt, dass die Übernahme von Restkosten für Zahnersatz in Höhe von 30 DM (BVerwG 17.6.1993 – 5 C 11/91, NVwZ-RR 1994, 100) und die Futterkosten für einen Blindenhund in Höhe von 45 DM (BVerwG 5.11.1969 – V C 43.69, BeckRS 1969, 30425730) nicht als geringfügige Mittel eingestuft werden konnten. Ergibt sich ein größerer Bedarf, aber ein geringer Anteil des Sozialhilfeträgers, weil Dritte weitgehend für die Hilfe aufkommen, ist es sachgerecht, dass § 88 Abs. 1 Nr. 2 SGB XII trotz des nicht eindeutigen Wortlauts dennoch Anwendung findet. Denn es ist kein Grund ersichtlich jemand, dessen Bedarf weitestgehend von einem Dritten gedeckt wird, besser zu stellen als jemand, der Mittel in gleicher Höhe aufgrund eines von vornherein geringfügigen Bedarfs aufbringen muss (ebenso *Gutzler,* jurisPK-SGB XII, § 88 Rn. 27).

### 3. Einkommenseinsatz bei stationärer Unterbringung (Abs. 1 S. 2)

16    **a) Umfang.** Aufgrund einer Gesetzesänderung erfasst die Vorschrift nicht mehr nur den Einkommenseinsatz des Hilfeempfängers. Weiter ist ein Einkommenseinsatz nicht mehr ausgeschlossen, wenn der Hilfeempfänger eine andere Person überwiegend unterhält. Für zu Hause lebende Ehegatten von pflegebedürftigen Heimbewohnern gilt, dass sie schon nach §§ 19, 85 SGB XII in der Einstandsgemeinschaft mitberechnet werden (so auch LSG Bln-Bbg 22.10.2009 – L 23 SO 19/07, BeckRS 2010, 68059). Das Tatbestandsmerkmal des **angemessenen Umfangs** findet sich auch in § 87 Abs. 1 SGB XII. Für § 88 SGB XII kann nichts anderes gelten als das zu § 87 SGB XII Gesagte (vgl. dort Rn. 7 ff.). Wie bei § 87 SGB XII handelt es sich bei § 88 SGB XII um einen **unbestimmten Rechtsbegriff.** Er ist mit einer Ermessensentscheidung gekoppelt. Das dem Sozialhilfeträger eingeräumte intendierte Regelermessen, wie die Verwendung des Wortes „soll" nahe legt, wird allerdings dadurch begrenzt, dass die Heranziehung zur Aufbringung der Mittel nur in angemessenem Umfang statthaft ist. Die Verknüpfung von unbestimmten Rechtsbegriff und Ermessen beinhaltet nicht, dass damit der Begriff des angemessenen Umfangs zu einer Vorschrift mit Beurteilungsspielraum wird (so aber für das BSHG *Gottschick/*Giese, § 85 Rn. 9.4; wie hier die h. M., s. auch BVerwG 7.4.1995 – 5 B 36/94, LSK 1995, 350265; *Schoch,* LPK-SGB XII, § 88 Rn. 15). Trotz klarer dogmatischer Zuordnung als unbestimmten Rechtsbegriff räumt selbst das BVerwG (BVerwG 7.4.1995 – 5 B 36/94, LSK 1995, 350265) nach bisherigem Recht ein, dass bestimmte Kriterien, die für eine Vielzahl von Sozialhilfeempfängern gleichermaßen von Bedeutung sind, typisierend in die Prüfung, welcher Umfang angemessen ist, einzubeziehen sind, um eine einheitliche, gleichheitssichernde Behördenpraxis zu gewährleisten.

17    Bei der Prüfung des angemessenen Umfangs sind die Art des Bedarfs, die Dauer und die Höhe der erforderlichen Aufwendungen sowie besondere Belastungen des Hilfeempfängers und seiner unterhaltsberechtigten Angehörigen zu berücksichtigen. Eine Auslegung nach dem Zweck der Regelung hat zu beachten, dass einerseits

dem Nachrangprinzip Rechnung zu tragen ist, andererseits soll die Sozialhilfe den Sozialhilfeempfänger unterstützen, ein Leben zu führen, dass der Würde des Menschen entspricht, ihm jedoch keine wirtschaftlichen Vorteile verschaffen (vgl. LSG Bln-Bbg 22.10.2009 – L 23 SO 19/07, BeckRS 2010, 68059). Bei dieser Abwägung muss ein möglichst sachgerechter Ausgleich gefunden werden. Bei einer dauerhaften, umfassenden Heimbetreuung kann die volle Heranziehung des Einkommens angemessen sein, wenn der Barbetrag (weiterer notwendiger Lebensunterhalt) ausreicht, um die persönlichen Bedürfnisse zu befriedigen und der Hilfeempfänger keine besonderen finanziellen Belastungen zu tragen hat, die eine (teilweise) Freilassung seines Einkommens erforderlich machen bzw. rechtfertigen (BSG 12.5.2017 – B 8 SO 23/15 R Rn. 39, BeckRS 2017, 119371 unter Bezugnahme auf BVerwG 6.4.1995 – 5 C 5/93, NJW 1995, 3135).

In der Rspr. war bisher anerkannt, dass im Rahmen der Vorgängervorschrift des **18** § 85 Nr. 3 S. 2 BSHG bei der Bestimmung des vom Arbeitseinkommen freizulassenden Betrages der zu stärkende Arbeitswille in die Entscheidung eingebracht werden kann. Ein weiterer Grund, dem Hilfeempfänger ein Mehr an Einkommen zu belassen, kann z. B. im Fall der Eingliederungshilfe darin liegen, dass ihm in einem Heim Geld zum selbstständigen Wirtschaften verbleiben soll, um auf diese Weise Fortschritte bei der Eingliederung in die Gesellschaft machen zu können. Auf jeden Fall sollte dem Betreffenden ein Taschengeld verbleiben. Diese Grundsätze lassen sich auch auf das neue Recht übertragen.

**b) Voraussichtlich längere Zeit.** Der Hilfeempfänger muss voraussichtlich län- **19** gere Zeit der Pflege in einer Anstalt, einem Heim oder einer gleichartigen Einrichtung bedürfen. Maßgeblicher Zeitpunkt für die Beurteilung, ob die Hilfe voraussichtlich für eine längere Zeit erforderlich sein wird, ist der Zeitpunkt der Entscheidung der Behörde. Sie hat eine Prognoseentscheidung zu treffen. Die Pflege muss mindestens sechs Monate dauern (offen gelassen in BSG 23.8.2013 – B 8 SO 17/12 R, NVwZ-RR 2015, 344; wie hier: *DV,* Empfehlungen, Rn. 117: 6 Monate; *Lücking,* Hauck/Noftz, § 88 Rn. 13; vgl. *Schoch,* LPK-SGB XII, § 88 Rn. 14).

# IV. Rechtsfolgen

Verlangt der Hilfeträger den Einsatz des eigenen Einkommens, das unter der **20** Einkommensgrenze liegt, erhält der Hilfeempfänger lediglich gekürzte Leistungen. Für den Hilfeträger besteht keine Wahlmöglichkeit zwischen einer Kürzung der Leistung und der zunächst vollen Leistungsgewährung mit der späteren Möglichkeit, im Wege des Aufwendungsersatzes den Eigenanteil zurückzuverlangen (wie hier: *Gutzler,* jurisPK-SGB XII, § 88 Rn. 45). Die nachfragende Person muss sich dann mit Rechtsmitteln dagegen wehren, wenn sie mit der festgesetzten, gekürzten Leistung nicht einverstanden ist. Eine Ausnahme liegt nur dann vor, wenn nach § 92 Abs. 1 SGB XII zunächst ungekürzte Leistungen zu erbringen sind, so dass der Kostenbeitrag erst im Nachhinein festgesetzt werden kann. Andere Personen der Einstandsgemeinschaft sind nicht aktivlegitimiert.

§ 88 Abs. 1 SGB XII fordert von der Behörde eine Ermessensentscheidung, deren **21** Begründung der Vorschrift des § 35 Abs. 1 S. 3 SGB X genügen muss. Das dem Hilfeträger eingeräumte Ermessen wird fehlerhaft ausgeübt, wenn der Lebensunterhalt nicht mehr gewahrt wird. Ein Herabsinken durch einen Einkommenseinsatz nach § 88 SGB XII unter das Niveau der Hilfe zum Lebensunterhalt ist nicht gerechtfertigt. Es verstieße gegen den Sinn und Zweck der Grundsicherung als Hilfegesetz und den Schutzgedanken der Einkommensgrenzen, wenn der Hilfe Nachfragende in seiner Lebenshaltung auf ein Niveau heruntergedrückt würde, das unterhalb dessen liegt, was ihm als Hilfe zum Lebensunterhalt zur Verfügung stehen könnte.

**22**     Etwas anderes gilt bei den zweckbestimmten Leistungen. Sie sind immer in voller Höhe einzusetzen, wie sich aus der Formulierung des Gesetzes ergibt. Die Ermessensentscheidung des Hilfeträgers beschränkt sich in diesem Fall lediglich auf das „Ob".

## V. Erwerbstätige Heimbewohner (Abs. 2)

**23**     Der Einkommensfreibetrag für **entgeltlich beschäftigte** Heimbewohner geht zurück auf das Gesetz zur Reform des Sozialhilferechts vom 20.7.1996. Mit dem Bundesteilhabegesetz (BGBl. I S. 3234) ist mit Wirkung zum 1.1.2017 eine deutliche Anhebung des Freibetrags von 25 auf 50 Prozent erfolgt. Begünstigt sind Beschäftigungsverhältnisse jedweder Art; ein Arbeitsverhältnis muss nicht bestehen. Auch vollstationär Untergebrachten wird ein finanzieller Anreiz geboten, entgeltlich zu arbeiten. Arbeitsentgelte, nicht jedoch Sozialleistungen anderer Leistungsträger werden geschützt. Z. B. werden von anderen Leistungsträgern gewährte Übergangsgelder nicht geschützt. Die Regelung lässt dem Hilfeträger kein Ermessen und macht typische Vorgaben, nach denen er sich zu richten hat.

**§ 89** Einsatz des Einkommens bei mehrfachem Bedarf

(1) **Wird im Einzelfall der Einsatz eines Teils des Einkommens zur Deckung eines bestimmten Bedarfs zugemutet oder verlangt, darf dieser Teil des Einkommens bei der Prüfung, inwieweit der Einsatz des Einkommens für einen anderen gleichzeitig bestehenden Bedarf zuzumuten ist oder verlangt werden kann, nicht berücksichtigt werden.**

(2) **¹Sind im Fall des Absatzes 1 für die Bedarfsfälle verschiedene Träger der Sozialhilfe zuständig, hat die Entscheidung über die Leistung für den zuerst eingetretenen Bedarf den Vorrang. ²Treten die Bedarfsfälle gleichzeitig ein, ist das über der Einkommensgrenze liegende Einkommen zu gleichen Teilen bei den Bedarfsfällen zu berücksichtigen.**

**Schrifttum:** *Jehle,* Die Konkurrenznorm des § 83 und die Kollisionsnorm des § 87 BSHG, ZFSH 1965, 191; *Schoch,* Mehrfacher Bedarf in der Sozialhilfe, ZFSH/SGB 1988, 57.

## I. Bedeutung der Norm

**1**     Den Einkommensvorschriften für die Hilfe der Fünften bis Neunten Kapitel liegt die Annahme zugrunde, dass jeweils nur ein einzelner Bedarfsfall geregelt werden soll. In Fällen des **Mehrfachbedarfs** greift die Vorschrift des § 89 SGB XII ein. Es handelt sich hierbei um eine **Kollisionsnorm** (*Gutzler,* jurisPK-SGB XII, § 88 Rn. 7). Sie enthält ein Arbeitsprogramm für die Hilfen, in denen dasselbe Einkommen für mehrere Bedarfssituationen zu berücksichtigen ist. Aus der systematischen Stellung im Zweiten Abschnitt des Elften Kapitels folgt, dass § 89 SGB XII nur bei gleichzeitigem Mehrfachbedarf in Fällen der Hilfe des Fünften bis Neunten Kapitels anzuwenden ist. Besteht die Hilfesituation sowohl in der Hilfe zum Lebensunterhalt als auch in der Hilfe des Fünften bis Neunten Kapitels, ist das Einkommen zunächst auf die Hilfe zum Lebensunterhalt anzurechnen, was vor allem für die Leistungen nach dem Vierten Kapitel gilt (s. auch *Hohm,* Schellhorn/Hohm/Scheider, § 89 Rn. 3; *Lücking,* Hauck/Noftz, § 89 Rn. 4). Denn zunächst ist das Einkommen auf die Hilfe mit den niedrigeren Einkommensgrenzen anzurechnen (*Schoch,* LPK-SGB XII, § 89 Rn. 2). Ein durch § 89 SGB XII zu lösender Kollisionsfall besteht dann nicht. Die Vorschrift richtet sich an die nachfragende Person und die Einsatz-verpflichteten nach § 19 SGB XII.

## II. Inhalt der Norm

In Absatz 1 ist die Kollision geregelt, dass bei verschiedenen Bedarfen Einkommen **2** einzusetzen ist. Absatz 2 regelt den Einsatz von Einkommen bei der Zuständigkeit mehrerer Leistungsträger.

Im Gesetz nicht geregelt ist, dass Kinder einer Bedarfsgemeinschaft verschiedene **3** Bedarfe anmelden und das Einkommen der Eltern für alle Bedarfslagen nicht voll-ständig ausreicht. In Analogie des § 89 Abs. 2 S. 2 SGB XII kann auf die verschiede-nen Bedarfe das Einkommen gleichmäßig verteilt werden, um zu sachgerechten Ergebnissen zu kommen.

## III. Einkommenseinsatz bei verschiedenem Bedarf (Abs. 1)

Tritt in einer Person ein mehrfacher Hilfebedarf in besonderen Lebenslagen auf, **4** ist das Einkommen, das bereits auf einen Hilfebedarf angerechnet worden ist oder aus dem nach §§ 87, 88 SGB XII ein Eigenanteil verlangt wird, nicht noch ein zweites Mal zu berücksichtigen. Insofern spricht die Vorschrift etwas Selbstverständ-liches aus.

Da bei der Hilfe nach dem Fünften bis Neunten Kapitel nicht nur der Einkom- **5** menseinsatz des Hilfenachfragenden selbst, sondern auch der in § 19 SGB XII genannten Personen gefordert wird, kann ein Kollisionsfall auftreten, wenn bei mehreren Personen einer Bedarfsgemeinschaft, die ihr Einkommen einzusetzen haben, ein Hilfebedarf besteht (so auch *Wolf*, Fichtner/Wenzel, § 89 Rn. 2; *Hohm,* Schellhorn/Hohm/Scheider, § 89 Rn. 2). Auch dieser Kollisionsfall wird von § 89 Abs. 1 SGB XII geregelt. Mit gleichzeitig bestehendem Bedarf kann auch gemeint sein, dass während der noch laufenden ersten Hilfe ein weiterer Hilfebedarf zu beseitigen ist (vgl. schon *Jehle,* ZFSH 1965, 192). Reicht das Einkommen für einen in der Vergangenheit angemeldeten Bedarf aus und ist deshalb die Leistung abgelehnt worden, kommt im Nachhinein ein weiterer Bedarf hinzu, erfolgt die Aufteilung des Einkommens auf beide Leistungen (so auch *Schoch*, LPK-SGB XII, § 89 Rn. 5).

Ob allerdings die Vorschrift auch auf das Verhältnis von Sozialhilfe zur Jugendhilfe **6** anzuwenden ist (so *Hohm*, Schellhorn/Hohm/Scheider, § 89 Rn. 6), ist nur für die Fälle bedeutsam, in denen das SGB VIII keine Kollisionsregelungen wie z. B. § 10 SGB VIII enthält. Dem Argument, es wäre systemwidrig, einen nach dem SGB VIII festgesetzten Kostenbeitrag bei der Einkommensanrechnung nach dem SGB XII zu berücksichtigen, kann man sich schlecht verschließen, zumal in beiden Gesetzen die Entscheidung aufgrund von Bedürftigkeitsgrundsätzen ergeht (so *Hohm*, Schellhorn/ Hohm/Scheider, § 89 Rn. 6).

## IV. Verfahrensregelung (Abs. 2)

Bei diesem Absatz handelt es sich um eine Verfahrensregelung. Es sind zwei Fälle **7** zu unterscheiden. Bei zwei verschiedenen Hilfeträgern kann zwar die Einkommens-grenze gleich sein, aber ein Bedarf ist zuerst eingetreten. Dann hat die Anrechnung des Einkommens auf den ersten Hilfebedarf Vorrang (S. 1). Treten die Bedarfsfälle gleichzeitig ein, ist das Einkommen zu teilen (S. 2). Verschiedene Sozialhilfeträger können aus örtlichen oder sachlichen Gründen zuständig sein. Bezogen auf die örtliche Zuständigkeit ist der Anwendungsbereich der Vorschrift gering. Auch bei der sachlichen Zuständigkeit ist durch § 97 SGB XII eine Mehrfachzuständigkeit kaum praktisch (zum BSHG *Schoch*, ZFSH/SGB 1988, 65).

**8**    Mit dem Bundesteilhabegesetz vom 23.12.2016 (BGBl. I S. 3234) werden mit Wirkung zum 1.1.2020 die Vorschriften des Sechsten Kapitels zur Eingliederungshilfe für behinderte Menschen aufgehoben. Die entsprechenden Regelungen zur Eingliederungshilfe (§§ 90 ff. SGB IX) und die hierfür dann geltenden Einkommensgrenzen (§§ 135 ff. SGB IX) finden sich zukünftig im SGB IX. Aufgrund dieser Änderungen wird mit Wirkung zum 1.1.2020 § 89 Abs. 2 um eine weitere Kollisionsnorm ergänzt. Bestehen neben den Bedarfen für Leistungen nach diesem Buch dann gleichzeitig Bedarfe für Leistungen nach Teil 2 des Neunten Buches, so ist das über der Einkommensgrenze liegende Einkommen nur zur Hälfte zu berücksichtigen.

# Dritter Abschnitt. Vermögen

## § 90 Einzusetzendes Vermögen

(1) Einzusetzen ist das gesamte verwertbare Vermögen.

(2) Die Sozialhilfe darf nicht abhängig gemacht werden vom Einsatz oder von der Verwertung

1. eines Vermögens, das aus öffentlichen Mitteln zum Aufbau oder zur Sicherung einer Lebensgrundlage oder zur Gründung eines Hausstandes erbracht wird,

2. eines nach § 10a oder Abschnitt XI des Einkommensteuergesetzes geförderten Altersvorsorgevermögens im Sinne des § 92 des Einkommensteuergesetzes; dies gilt auch für das in der Auszahlungsphase insgesamt zur Verfügung stehende Kapital, soweit die Auszahlung als monatliche oder als sonstige regelmäßige Leistung im Sinne von § 82 Absatz 5 Satz 3 erfolgt; für diese Auszahlungen ist § 82 Absatz 4 und 5 anzuwenden,

3. eines sonstigen Vermögens, solange es nachweislich zur baldigen Beschaffung oder Erhaltung eines Hausgrundstücks im Sinne der Nummer 8 bestimmt ist, soweit dieses Wohnzwecken behinderter (§ 53 Abs. 1 Satz 1 und § 72) oder pflegebedürftiger Menschen (§ 61) dient oder dienen soll und dieser Zweck durch den Einsatz oder die Verwertung des Vermögens gefährdet würde,

4. eines angemessenen Hausrats; dabei sind die bisherigen Lebensverhältnisse der nachfragenden Person zu berücksichtigen,

5. von Gegenständen, die zur Aufnahme oder Fortsetzung der Berufsausbildung oder der Erwerbstätigkeit unentbehrlich sind,

6. von Familien- und Erbstücken, deren Veräußerung für die nachfragende Person oder ihre Familie eine besondere Härte bedeuten würde,

7. von Gegenständen, die zur Befriedigung geistiger, insbesondere wissenschaftlicher oder künstlerischer Bedürfnisse dienen und deren Besitz nicht Luxus ist,

8. eines angemessenen Hausgrundstücks, das von der nachfragenden Person oder einer anderen in den § 19 Abs. 1 bis 3 genannten Person allein oder zusammen mit Angehörigen ganz oder teilweise bewohnt wird und nach ihrem Tod von ihren Angehörigen bewohnt werden soll. Die Angemessenheit bestimmt sich nach der Zahl der Bewohner, dem Wohnbedarf (zum Beispiel behinderter, blinder oder pflegebedürftiger Menschen), der Grundstücksgröße, der Hausgröße, dem Zuschnitt und der Ausstattung des Wohngebäudes sowie dem Wert des Grundstücks einschließlich des Wohngebäudes,

9. kleinerer Barbeträge oder sonstiger Geldwerte; dabei ist eine besondere Notlage der nachfragenden Person zu berücksichtigen.

(3) [1]Die Sozialhilfe darf ferner nicht vom Einsatz oder von der Verwertung eines Vermögens abhängig gemacht werden, soweit dies für den, der das Vermögen einzusetzen hat, und für seine unterhaltsberechtigten Angehörigen eine Härte bedeuten würde. [2]Dies ist bei der Leistung nach dem Fünften bis Neunten Kapitel insbesondere der Fall, soweit eine angemessene Lebensführung oder die Aufrechterhaltung einer angemessenen Alterssicherung wesentlich erschwert würde.

*Änderung der Vorschrift: Abs. 2 Nr. 2 geänd. mWv 1.1.2018 durch G v. 17.8.2017 (BGBl. I S. 3214).*

*Vergleichbare Vorschrift: § 12 SGB II.*

**Verordnung zur Durchführung des § 90 Abs. 2 Nr. 9 des Zwölften Buches Sozialgesetzbuch**

Vom 11. Februar 1988 (BGBl. I S. 150)

zuletzt geänd. durch Art. 1 VO v. 22.3.2017 (BGBl. I 519).

Auf Grund des § 88 Abs. 4 des Bundessozialhilfegesetzes in der Fassung der Bekanntmachung vom 20. Januar 1987 (BGBl. I S. 401) wird mit Zustimmung des Bundesrates verordnet:

**§ 1**

(1) [1]Kleinere Barbeträge oder sonstige Geldwerte im Sinne des § 90 Absatz 2 Nummer 9 des Zwölften Buches Sozialgesetzbuch sind:
1. für jede in § 19 Absatz 3, § 27 Absatz 1 und 2, § 41 und § 43 Absatz 1 Satz 2 des Zwölften Buches Sozialgesetzbuch genannte volljährige Person sowie für jede alleinstehende minderjährige Person, 5 000 Euro.
2. für jede Person, die von einer Person nach Nummer 1 überwiegend unterhalten wird, 500 Euro.

[2]Eine minderjährige Person ist alleinstehend im Sinne des Satzes 1 Nummer 1, wenn sie unverheiratet und ihr Anspruch auf Leistungen nach dem Zwölften Buch Sozialgesetzbuch nicht vom Vermögen ihrer Eltern oder eines Elternteils abhängig ist.

**§ 2**

(1) [1]Der nach § 1 Abs. 1 Satz 1 Nr. 1 Buchstabe a oder b maßgebende Betrag ist angemessen zu erhöhen, wenn im Einzelfall eine besondere Notlage der nachfragenden Person besteht. [2]Bei der Prüfung, ob eine besondere Notlage besteht, sowie bei der Entscheidung über den Umfang der Erhöhung sind vor allem Art und Dauer des Bedarfs sowie besondere Belastungen zu berücksichtigen.

(2) Der nach § 1 Abs. 1 Satz 1 Nr. 1 Buchstabe a oder b maßgebende Betrag kann angemessen herabgesetzt werden, wenn die Voraussetzungen der §§ 103 oder 94 des Gesetzes vorliegen.

**§ 3**

Diese Verordnung gilt nach § 14 des Dritten Überleitungsgesetzes in Verbindung mit § 136 des Zwölften Buches Sozialgesetzbuch auch im Land Berlin.

**§ 4**

Diese Verordnung tritt am 1. April 1988 in Kraft.

*Giere*

**Schrifttum:** *Conradis,* Die neue Sozialhilfe: Kuriositäten bei der Gesetzgebung zum SGB II und SGB XII, info also 2004, 51; *ders.,* Einkommen und Vermögen im SGB II-Probleme der Abgrenzung, info also 2007, 10; *Coseriu,* Das „neue" Sozialhilferecht, in Bender/Eicher, Sozialrecht, 2009, S. 225; *Doering-Striening,* Sozialhilferegress und Behindertentestament, DAA 2007; *dies.,* Vom BSHG zum SGB XII-Bilanz, Probleme, Perspektiven, VSSR 2009, 93; *Göppinger/Wax,* Unterhaltsrecht, 6. Aufl., 1994; *Kalthoener/Büttner/Niepmann,* Die Rechtsprechung zur Höhe des Unterhaltsrechts, 10. Aufl. 2008; *Mester,* Die Rechtsprechung zum Vermögenseinsatz nach SGB II und SGB XII, ZfF 2007, 1; *dies.,* Die Rechtsprechung zum Vermögenseinsatz nach dem SGB II und SGB XII, ZfF 2011, 25; *Richter/Schmidt/Klatt/Doering-Striening/Schafhausen/Köhler,* Die sozialen Rechte der jungen Familie, 2007; *Schellhorn,* Das Verhältnis von Sozialhilferecht und Unterhaltsrecht am Beispiel der Heranziehung Unterhaltspflichtiger zu den Sozialhilfeaufwendungen, 1994; *Schibel,* Der Einsatz des Vermögens beim Elternunterhalt, NJW 1998, 3449; *B. Schulte,* Schutz des „angemessenen Hausgrundstücks" in der Sozialhilfe, NJW 1991, 546; *Wendt,* Zur gesetzlichen Neuregelung des Vermögenseinsatzes in § 88 Abs. 2 Bundessozialhilfegesetz, NDV 1991, 94; *Widmann,* Sicherung von Bestattungskosten als nicht verwertbares Vermögen im Sinne von § 88 Abs. 3 BSHG, ZfSH/SGB 2001, 653; *Zeitler,* Das „angemessene" Hausgrundstücks und das für dessen Anschaffung vorhandene Vermögen, NDV 1991, 73; im Übrigen s. die Literaturangaben zu § 82 SGB XII.

## Übersicht

# I. Bedeutung der Norm

**1**     Ebenso wie die Einkommensanrechnung spielt die Berücksichtigung des Vermögens für den **Nachranggrundsatz** eine wesentliche Rolle. Zwar kennt die Vorschrift keine der Einkommensanrechnung vergleichbare Einkommensgrenzen. Auch differenziert sie nicht nach den verschiedenen Leistungsarten des SGB XII. Und doch steuert sie über das Schonvermögen und den Härtefall die Zumutbarkeit des Vermögenseinsatzes. Die Verweisung auf die Einsetzbarkeit des eigenen Vermögens verletzt den Sozialstaatsgrundsatz nicht, weil nur das verwertbare Vermögen einzusetzen ist (*Hohm,* Schellhorn/Hohm/Scheider, § 90 Rn. 1). Der mit dem Sozialstaatsprinzip verbundene weite Gestaltungsspielraum impliziert keineswegs, dass jegliches Vermögen frei zu bleiben hat. Insofern ist der Vermögenseinsatz auch ein Stück geforderte Eigenverantwortung des Hilfe Nachfragenden.

## II. Inhalt der Norm

### 1. Allgemeines

Die Vorschrift überträgt im Wesentlichen inhaltsgleich den bisherigen § 88 BSHG. **2** So lautet auch wörtlich die Begründung des Gesetzentwurfs (BT-Drs. 15/1514, S. 66). Daraus wird teilweise der Schluss gezogen, dass sich die verwaltungsgerichtliche Rechtsprechung zu den einzelnen Tatbestandsmerkmalen gänzlich übertragen lässt. Die Berechtigung, Näheres im Verordnungswege zu bestimmen, die bisher mit § 88 Abs. 4 BSHG ein Annex der inhaltlichen Regelung war, ist nun in Angleichung an die Systematik des SGB XII an das Ende des Kapitels gestellt worden. § 88 Abs. 3 S. 3 BSHG ist gestrichen worden.

In Anwendung des **Selbsthilfeprinzips** verlangt § 90 SGB XII den Einsatz und **3** die Verwertung des Vermögens. Staatliche Leistungen werden erst dann gewährt, wenn weder einsetzbares Einkommen noch berücksichtigungsfähiges Vermögen vorhanden ist. Um dem Hilfenachfragenden und seinen zum Vermögenseinsatz verpflichteten Familienangehörigen einen gewissen wirtschaftlichen Spielraum zur Aktivierung eigener Kräfte zu belassen (*Mecke*, jurisPK-SGB XII, § 90 Rn. 10), macht Absatz 2 mit seinen enumerativen Regelungen Ausnahmen von dem in Absatz 1 geregelten Grundsatz der Verwertung und des Einsatzes von Vermögen. Absatz 3 enthält eine Härtevorschrift, um dem Sozialhilfeträger die Möglichkeit zu geben, atypische Sachverhalte unter Berücksichtigung der Umstände des Einzelfalles zu erfassen. Damit tragen die Absätze 2 und 3 zugleich dem **Zumutbarkeitsgrundsatz** Rechnung und berücksichtigen das **Verhältnismäßigkeitsprinzip.**

### 2. SGB II

In **§ 12 SGB II** findet sich eine dem § 90 SGB XII vergleichbare Vorschrift. **4** Beiden Leistungssystemen ist der Nachranggrundsatz immanent. Wer über ausreichendes Vermögen verfügt, ist nicht bedürftig und kann sich selbst helfen. Die Ausnahmen von der Vermögensberücksichtigung in beiden Gesetzen sollen aber auch sicherstellen, dass die Hilfebedürftigkeit nicht zu einer wesentlichen Beeinträchtigung der Lebensgrundlage führt. Soweit es um die Vermögensanrechnung geht, ist das SGB II großzügiger in der Bemessung der Freibeträge als das SGB XII (*Conradis,* info also 2004, 51). Während für § 90 SGB XII § 88 BSHG Vorbild war, richtet sich § 12 SGB II nach den Vorschriften über die Arbeitslosenhilfe. Daraus ergeben sich zwischen beiden Normen Anwendungsunterschiede. Spezifische Absetzungsbeträge, die in § 12 Abs. 2 SGB II vorgesehen sind, kennt das SGB XII nicht. Dazu gehören die Grundfreibeträge des § 12 Abs. 2 S. 1 Nr. 1 SGB II, die sich nach vollendetem Lebensjahr bemessen, der Grundfreibetrag für minderjährige Kinder (Nr. 1a), die geldwerten Ansprüche, die der Altersvorsorge dienen (Nr. 3), der Freibetrag für notwendige Anschaffungen (Nr. 4). Lediglich über § 90 Abs. 2 Nr. 9 SGB XII in Verbindung mit § 1 VO werden vergleichbare Freibeträge geschaffen. Ein wesentlicher Unterschied besteht auch beim Halten eines Kraftfahrzeugs. Ein angemessenes Kraftfahrzeug ist nach § 12 Abs. 3 Nr. 2 SGB II geschützt, wohingegen ein derartiger Schutz nach dem SGB XII nicht besteht. Erhebliche Unterschiede ergeben sich beim Vermögensschutz von Grundbesitz. Während das SGB II ein Grundstück von angemessener Größe vom Einsatz ausnimmt, gelten im SGB XII wie im früheren BSHG die Kriterien der Kombinationstheorie. In ihren jeweiligen Absätzen zum Schonvermögen ähneln sich ansonsten beide Bücher. Die Regelungen zum Schonvermögen sind im SGB II einer Verordnung vorbehalten (§ 13 SGB II). In der systematischen Struktur sind § 12 SGB II und § 90 SGB XII vergleichbar. Es wird zunächst das Vermögen in Abgrenzung zum Einkommen festgelegt, dann ist das Schonvermögen zu prüfen und zum Schluss das Vorliegen eines möglichen Härtefalles.

### 3. Unterhaltsrecht

5   Mit dem Unterhaltsrecht ist der im SGB II und dem SGB XII verwendete Vermögensbegriff nicht abgestimmt. Der im BGB verwendete Begriff des Vermögens ist auch dort gesetzlich nicht näher definiert. Gemeinsame Wurzel ist die in den Rechtsgebieten gebotene wirtschaftliche Betrachtungsweise. Darin erschöpfen sich die Gemeinsamkeiten. Während mit der Vorschrift des § 90 SGB XII durchnormierte Regelungen bestehen, die den Einsatz von Vermögen, aber auch die Schongrenzen näher bestimmen, gibt es dergleichen im Unterhaltsrecht nicht (vgl. *Schibel,* NJW 1998, 3449). Beim Elternunterhalt ergeben sich aus den Vorschriften der § 1602 Abs. 2 BGB und § 1605 Abs. 1 S. 1 BGB lediglich Hinweise darauf, dass es bei der Prüfung der Bedürftigkeit und Leistungsfähigkeit auf den Einsatz von Vermögen ankommt. Wo die Grenzen des Vermögenseinsatzes sowohl auf Seiten des Anspruchstellers als auch des Pflichtigen verlaufen, ist im Unterhaltsrecht unsicher (vgl. *Schibel,* NJW 1998, 3452; *Büttner/Niepmann,* NJW 2001, 2225; *Göppinger/Strohal,* Unterhaltsrecht, Rn. 510; vgl. auch *Kalthoener/Büttner/Niepmann,* Rn. 573 f., 849 f.). Der BGH (BGH 30.8.2006 – XII ZR 98/04, NJW 2006, 3344) hat allerdings deutliche Grenzen beim Vermögenseinsatz beim Elternunterhalt gezogen, indem er zwar einerseits nicht grundsätzlich infrage gestellt hat, dass auch der Vermögensstamm einzusetzen ist, andererseits aber die Berücksichtigungsfähigkeit von Verpflichtungen des Unterhaltsschuldners, seine eigene Altersvorsorge zu sichern, hervorgehoben hat. Dass das Unterhaltsrecht die im Sozialhilferecht enthaltenen Schon- und Freigrenzen nicht kennt, liegt darin begründet, dass es sich beim Unterhaltsrecht um ein familienrechtlich geprägtes Schuldverhältnis handelt (vgl. *Schellhorn,* Sozialhilferecht und Unterhaltsrecht, S. 8), während dem Sozialhilferecht eine gesamtgesellschaftliche Bedeutung zukommt und die Verteilung der Leistung zur Verwirklichung sozialer Sicherheit und Gerechtigkeit beitragen (§ 1 SGB I) soll. Schnittstellen zwischen dem unterhaltsrechtlichen und dem sozialhilferechtlichen Vermögensbegriff ergeben sich im Fall der Überleitung nach § 94 SGB XII. Namentlich beim Übergang von Unterhaltsansprüchen pflegebedürftiger Eltern auf den Sozialhilfeträger treten Probleme auf, wenn das zum Unterhalt herangezogene Kind, sein Vermögen binnen kurzer Zeit für aufgelaufene, zumeist hohe Hilfeleistungen einsetzen soll (vgl. auch BGH 30.8.2006 – XII ZR 98/04, NJW 2006, 3344).

6   Zivilrechtliche Berührungspunkte vor allem in der Vermögensverwertung rsp. den Vermögensschutz vor einem Zugriff des Leistungsträgers mit dem SGB XII gibt es vor allem im Erbrecht (vgl. dazu grundlegend *Doering-Striening,* VSSR, 2009, 93). Dabei steht bei den Betroffenen nicht die Frage im Vordergrund, in welchem Rahmen dem Staat die finanzielle Grundsicherung spezieller Hilfearten wie die Eingliederungshilfe oder Hilfe zur Pflege möglich ist, sondern dass der Verweis auf verwertbares Einkommen als Wegnahme empfunden wird. Dabei ist natürlich nicht zu verkennen, dass sich aus der unter dem Schutz des Art. 14 GG stehenden Testierfreiheit mit den sozialhilferechtlichen Regelungen ein Spannungsverhältnis aufbaut, in dem das Sozialrechtsverhältnis der Testierfreiheit Grenzen setzen kann (a. A. wohl *Doering-Striening,* VSSR 2009, 101). Namentlich im Behindertentestament spitzen sich diese Fragen zu. Gibt der Testamentsvollstrecker eines Behindertentestaments Gelder frei, kann der Hilfeträger im Rahmen des § 90 SGB XII darauf zugreifen (s. auch HessLSG 26.6.2013 – L 6 SO 165/10, BeckRS 2013, 71062). Solange sich

Geldbeträge aus einem Nachlass noch in der Verwaltung des Testamentsvollstreckers befinden, sind sie dem Zugriff der Gläubiger des Hilfeempfängers, also auch des Sozialhilfeträgers, nach § 2214 BGB entzogen (vgl. auch BSG 17.2.2015 – B 14 KG 1/14 R, BeckRS 2015, 67245, und HessLSG 26.6.2013 – L 6 SO 165/10, BeckRS 2013, 71062).

## III. Vermögen (Abs. 1)

### 1. Vermögensbegriff

§ 90 Abs. 1 SGB XII definiert den Begriff des Vermögens nicht. Die Vorschrift **7** setzt ihn voraus (s. auch *Hohm*, Schellhorn/Hohm/Scheider, § 90 Rn. 5; *Wolf*, Fichtner/Wenzel, § 90 Rn. 2; *Geiger*, LPK-SGB XII, § 90 Rn. 5; *Mecke*, jurisPK-SGB XII, § 90 Rn. 12. Sie enthält lediglich den Zusatz, dass es sich um verwertbares Vermögen handeln muss.

Der **sozialhilferechtliche Vermögensbegriff** ist ein dem SGB XII vorgegebe- **8** ner ökonomischer Begriff (*Zeitler*, Mergler/Zink, § 90 Rn. 5). Vermögen sind alle beweglichen und unbeweglichen Güter und Rechte in Geld oder Geldeswert (BSG 18.3.2008 – B 8/9b SO 9/06 R, ZEV 2008, 539; BSG 27.1.2009 – B 14 AS 52/07 R, BeckRS 2009, 67120; *Hohm*, Schellhorn/Hohm/Scheider, § 90 Rn. 5 f.; *Steimer*, Mergler/Zink, § 90 Rn. 5). Der zum Vermögenseinsatz Verpflichtete muss Eigentümer oder Rechtsinhaber sein und die Vermögensgegenstände müssen in Geld schätzbar sein und eine gewisse **Wertbeständigkeit** aufweisen. Hinzuzählen sind ferner **Surrogate** für die Veräußerung von Vermögensgegenständen. Etwas anderes gilt für aus dem Vermögen gezogene **Erträge.** Hierbei handelt es sich um Einkommen. Ein **fiktives Vermögen** ist sozialhilferechtlich unbeachtlich, weil es nicht einsetzbar ist, um den tatsächlich vorhandenen Bedarf zu beseitigen (*Mecke*, jurisPK-SGB XII, § 90 Rn. 22).

Für die **inhaltliche Abgrenzung** des Vermögens im Einzelnen ist der Einkom- **9** mensbegriff von besonderer Bedeutung (ausführlich hierzu § 82 Rn. 17 ff.). Denn was als Zufluss nicht dem Einkommen zugeordnet werden kann, ist Vermögen. Wie schon zu § 82 SGB XII ausgeführt worden ist, hatte bereits das BVerwG (BVerwG 18.2.1999 – 5 C 35/97, NJW 1999, 3649) in der Vergangenheit zur Abgrenzung beider Begriffe seine bisherige Rechtsprechung zu Gunsten einer **normativ** bestimmten **Zuflusstheorie** aufgegeben und sich damit der Rechtsprechung des BSG (BSG 11.2.1976 – 7 RAr 159/74, BeckRS 1976, 00624) angeglichen. Diese Rechtsprechung ist vom BSG für das SGB II und das SGB XII fortgesetzt worden (vgl. BSG 19.5.2009 – B 8 SO 35/07 R, BeckRS 2009, 67779; 30.7.2008 – B 14 AS 26/07 R, NVwZ-RR 2009, 963; 30.9.2008 – B 4 AS 29/07 R, NJW 2009). Sozialhilferechtlich ist damit Einkommen alles das, was jemand in der Bedarfszeit wertmäßig dazu erhält, und Vermögen, das, was er in der Bedarfszeit bereits hat. Wird eine frühere Vermögenslage wiederhergestellt, etwa durch Schadensersatzleistungen in Geld, handelt es sich ebenfalls um Vermögen, auch wenn sie im Monat des Bedarfs zufließen (BVerwG 18.2.1999 – 5 C 14/98, NJW 1999, 3137; *Conradis*, info also 2007, 12).

Die Frage der **Abgrenzung** zwischen Vermögen und Einkommen stellt sich **10** in erster Linie bei Geld und Geldeswerten. Unstreitig ist, dass nicht verbrauchtes Einkommen nach Ablauf eines Bedarfszeitraumes, also bei der Hilfe zum Lebensunterhalt auf Grund der in der Praxis üblichen monatsweisen Gewährung, nach Ablauf eines Monats, unverbraucht dem Vermögen zuwächst (*Mecke*, jurisPK-SGB XII, § 90 Rn. 19). So ist z. B. **Erziehungsgeld** dann Vermögen, wenn es seinen Zweck, Familien wirtschaftlich zu fördern, dadurch verliert, dass es in dem Bewilligungszeitraum folgenden Monat angespart wird (vgl. BVerwG 4.9.1997 – 5 C 8/97, NJW

1998, 397). In Ausnahmefällen sind Einnahmen, aber auch über den Monat des Zuflusses hinaus als solche zu behandeln. Einmalige Einnahmen sind nach § 82 Abs. 4 SGB XII beispielsweise erst für den Folgemonat zu berücksichtigen, wenn für den Monat des Zuflusses bereits Leistungen ohne Berücksichtigung der Einnahme erbracht worden sind. Auch wenn der Leistungsanspruch durch die Berücksichtigung der einmaligen Einnahme in einem Monat entfiele, ist die einmalige Einnahme auf einen Zeitraum von sechs Monaten gleichmäßig zu verteilen und mit einem entsprechenden Teilbetrag zu berücksichtigen.

**11**     Die Zuordnung einer **Erbschaft** zum Einkommen oder Vermögen folgt grundsätzlich den allgemeinen Regeln. Das BSG geht im SGB II dabei davon aus, dass bei einem Erbfall nicht der tatsächliche Zufluss entscheidend ist, sondern der normative, so dass auf den Erbfall aus § 1922 Abs. 1 BGB abzustellen ist (BSG 27.1.2009 – B 14 AS 42/07 R, NJOZ 2009, 3300). Tritt der Erbfall bereits vor dem erstmaligen Bezug ein, handelt es sich um Vermögen (BSG 25.1.2012 – B 14 AS 101/11 R, NJOZ 2012, 1711). Tritt der Erbfall während des Bezugs von Leistungen ein, handelt es sich um Einkommen, welches jedoch erst mit tatsächlichem Zufluss als bereite Mittel zu berücksichtigen ist (BSG 27.1.2009 – B 14 AS 42/07 R, NJOZ 2009, 3300).

**12**     Zum Vermögen in Form von Geld oder Geldeswerten können auch **Gutscheine** gehören, die im wirtschaftlichen Verkehr wie Geld behandelt werden. **Surrogate** aus dem Verkauf von Vermögen, z. B. aus dem Verkauf eines Personenkraftwagens oder eines Grundstücks, fallen unter den Vermögensbegriff (ebenso *Geiger*, LPK-SGB XII, § 90 Rn. 8). Zum ebay-Verkauf, s. *Conradis,* info also 2007, 12. Es zählen hierzu auch Lebensversicherungen (BSG 15.4.2008 – B 14/7b AS 68/06 R), insbesondere ihr Rückkaufwert, sowie Schadensersatzleistungen, wenn der zu ersetzende Gegenstand vorher bereits vorhanden war. Bei der Auszahlung einer Kapitallebensversicherung, die bereits vor dem Leistungsbezug beitragsfrei war, handelt es sich sowohl im Hinblick auf die Versicherungssumme, die Überschussbeteiligung und den Anteil an den Bewertungsreserven um Vermögen, da es sich um einen einheitlichen Lebensversicherungsvertrag handelt (BSG 10.8.2016 – B 14 AS 51/15 R Rn. 16 ff.). Eine Wertsteigerung (Versicherungssumme, Überschussbeteiligung) während des Bezugs von Grundsicherungsleistungen stellt ebenfalls kein Einkommen dar, sondern lediglich einen Zuwachs des Vermögenswertes (BSG 10.8.2016 – B 14 AS 51/15 R Rn. 22 ff.). Anders sind dagegen Zinsen auf Kapitalvermögen als Einkommen zu qualifizieren (BSG 10.8.2016 – B 14 AS 51/15 R Rn. 23). Glückspielgewinne sind kein Vermögen, sondern Einkommen. Selbst **angespartes Geld** aus nicht verbrauchten Sozialhilfeleistungen ist als Vermögen anzusehen (zum angesparten Blindengeld: BSG 11.12.2007 – B 9/9b SO 20/06 R, das dann aber eine Härte nach § 90 Abs. 3 SGB XII angenommen hat; zum angesparten Erziehungsgeld: BVerwG 4.9.1997 – 5 C 8/97, NJW 1998, 397, das das Erziehungsgeld ebenfalls wegen einer Härte freigelassen hat). Festzuhalten ist, dass immer die **Sache selbst** geschütztes Vermögen ist, Erträge daraus jedoch nicht (ebenso *Geiger*, LPK-SGB XII, § 90 Rn. 7).

**13**     Vom Vermögensbegriff umfasst werden auch **Forderungen** (BSG 19.5.2009 – B 8 SO 35/07 R, BeckRS 2009, 67779). Im Falle der Erfüllung einer (Geld-)Forderung handelt es sich jedoch um Einkommen, da sozialhilferechtlich grundsätzlich nicht das Schicksal der Forderung interessiert, sondern allein auf das Erzielen von Einkünften in Geld oder Geldeswert abzustellen ist (BSG 19.5.2009 – B 8 SO 35/07 R, BeckRS 2009, 67779). Dies gilt ausnahmsweise nicht für Fälle, in denen mit bereits erlangten Einkünften Vermögen angespart wurde, also bewusst eine fällige und liquide Forderung angespart wird, z. B. bei einem Sparkasse, weil anderenfalls der Rückgriff auf Erspartes unzulässig erneut als Einkommen gewertet würde (BSG 19.5.2009 – B 8 SO 35/07 R, BeckRS 2009. 67779). Der aus einer bloßen Umschichtung von bestehendem Vermögen, etwa durch Veräußerung oder Geltendmachung einer Forderung, resultierende Zufluss wird dann als Surrogat der Forderung nicht zum (vorübergehenden) Einkommen, sondern behält den Charakter von Vermögen (BSG 19.5.2009 – B 8 SO 35/07 R, BeckRS 2009, 67779). Der Pflichtteilsanspruch ist als Forderung ebenfalls dem Vermögen zuzurechnen (BSG 6.5.2010 – B 14 AS 2/09 R Rn. 14). Ob er verwertbar ist, ist eine davon gesondert zu prüfende Frage.

Schließlich werden in den Vermögensbegriff auch sonstige Rechte einbezogen, **14** wie z. B. Rechte aus Wechseln, Aktien, Gesellschaftsanteilen, soweit ihre Nutzung in Geld schätzbar ist.

Nicht zum Einkommen oder Vermögen gehören die durch **Rechtsmittel 15 erstrittenen Nachzahlungen von Grundsicherungsleistungen** (vgl. SchlHLSG 15.4.2008 – L 11 AS 10/07; vgl. LSG Hmb 17.7.2006 – L 5 B 71/06 ER AS). Andernfalls würde damit der aus Art. 19 Abs. 4 GG folgende Grundsatz der Effektivität des Rechtsschutzes konterkariert.

Überträgt ein Hilfenachfragender **sittenwidrig** Vermögenswerte auf einen Drit- **16** ten, ist das übertragene Vermögen wegen der Nichtigkeit des Geschäftes gleichwohl dem Hilfeberechtigten zuzurechnen (*Steimer,* Mergler/Zink, § 90 Rn. 14; vgl. auch *Berlit,* NZS 2009, 540).

**Spareinlagen** auf den **Namen Dritter** können unter Berücksichtigung des mit **17** der Bank geschlossenen Vertrages Vermögen des Hilfeberechtigten sein (vgl. auch *Mecke,* jurisPK-SGB XII, § 90 Rn. 35). Er muss bei Verträgen zugunsten Dritter nach bürgerlichem Recht weiterhin Forderungsinhaber sein. Allerdings hat das BSG (24.5.2006 – 11a AL 49/05 R) die Anforderungen an die Sachverhaltsaufklärung durch die Verwaltung und die Gerichte verschärft, indem es für die Vermögenszurechnung den erzeugten Rechtsschein nicht hat ausreichen lassen. Es müssten Feststellungen zur Herkunft des Treuhandgutes, zum Verwendungszweck und der Treuhandabrede getroffen werden. Diese hat nur Bestand, wenn sie nicht gegen § 117 BGB verstößt.

Ein weiteres Problem für die personelle Zuordnung von Vermögen ergibt sich **18** in den Fällen der **Treuhand.** Hierbei ist zwischen der **unechten** und der **echten Treuhand** zu unterscheiden. In den Fällen der unechten Treuhand bleibt der Treuhandgeber Eigentümer oder Forderungsberechtigter. Der Treuhänder wird lediglich zu Verfügungen in eigenem Namen ermächtigt. Es handelt sich um Vermögen des Treuhandgebers (s. auch *Mecke,* jurisPK-SGB XII, § 90 Rn. 30; s. auch *Berlit,* NZS 2009, 540). Für die echte Treuhand wird in der Literatur die Auffassung vertreten, dass das Treugut als Vermögen dem Treuhänder zugeordnet wird und die im Innenverhältnis bestehenden Abreden bei der Verwertbarkeit geprüft werden sollen (so z. B. *Mecke,* jurisPK-SGB XII, § 90 Rn. 30). Dem ist zuzustimmen. Es kommt dabei ganz wesentlich auf die konkreten Treuhandabreden an, ob und wie der Treuhänder das Treugut verwerten kann und welche rechtlichen Hindernisse nach einer Innenabrede einer Verwertung entgegenstehen. Das bedeutet in der praktischen Handhabung, dass sich der Leistungsträger Kenntnis von den Treuhandabreden verschaffen muss. Das kann durch Vorlage des Vertrages oder, falls ein solcher nicht vorliegt, durch Befragung der Beteiligten ermittelt werden. Lässt sich der Sachverhalt nicht aufklären, liegt die **Beweislast** in der Regel bei dem Nachfragenden, weil die aufzuklärenden Umstände regelmäßig aus seiner Sphäre stammen werden (vgl. *Mecke,* jurisPK-SGB XII, § 90 Rn. 32). Ist das Treugut aufgrund von Abreden nicht sofort verfügbar, ist an eine Darlehensgewährung nach § 91 SGB XII zu denken (*Geiger,* LPK-SGB XII, § 90 Rn. 20).

Das fortwährende Vorhandensein von berücksichtigungsfähigem Vermögen muss **19** sich nach dem Tode des Berechtigten auch derjenige entgegenhalten lassen, auf den ein Anspruch auf Leistungen für Einrichtungen oder auf Pflegegeld nach § 19 Abs. 6 SGB XII übergegangen ist (LSG NRW 15.6.2011 – L 9 SO 646/10).

**20**    Ob Vermögen vorhanden ist, wird nicht durch eine Saldierung von Aktiva und Passiva (Bruttoprinzip) ermittelt. Das Nettoprinzip gilt nur bei der Einkommensanrechnung (LSG BW 4.8.2016 – L 7 SO 1394/16 Rn. 32). Schulden, die bei einem Hilfeempfänger vorhanden sind, bleiben deshalb unberücksichtigt. Es ist deshalb immer auf den konkreten, zu verwertenden Vermögensgegenstand abzustellen (*Mecke*, jurisPK-SGB XII, § 90 Rn. 14). Die Berücksichtigung von Verbindlichkeiten bei der Feststellung der vorhandenen Vermögenswerte ist allenfalls geboten, wenn eine Verbindlichkeit unmittelbar auf dem fraglichen Vermögensgegenstand (z. B. eine auf ein Grundstück eingetragene Hypothek) lastet, da der Vermögensgegenstand in diesem Fall nicht ohne Abzüge veräußert werden kann (BSG 15.4.2008 – B 14 AS 27/07 R).

## 2. Verwertbarkeit

**21**    Das Vermögen muss **verwertbar** sein. Die Verwertbarkeit ist als Oberbegriff (*Mecke*, jurisPK-SGB XII, § 90 Rn. 35) zu verstehen. Mit dem Begriff „verwertbar" wird an den Selbsthilfegrundsatz des § 2 SGB XII angeknüpft und an den Grundsatz, dass der Bedarf nur mit bereiten Mitteln beseitigt werden kann. Nur derjenige kann sich selbst helfen, dem in der eingetretenen Notlage einzusetzendes Vermögen tatsächlich zur Verfügung steht.

**22**    **Tatsächliche oder rechtliche** Gesichtspunkte können einer Verwertung entgegenstehen (BSG 18.3.2008 – B 8/9b SO 9/06 R Rn. 15). Der Vermögensinhaber muss über das Vermögen verfügen dürfen, aber auch verfügen können (BSG 18.3.2008 – B 8/9b SO 9/06 R Rn. 15, ZEV 2008, 539). Beide Aspekte verlangen darüber hinaus eine Berücksichtigung des zeitlichen Moments: Der Vermögensinhaber verfügt nicht über bereite Mittel, wenn er diese nicht in angemessener Zeit realisieren kann (BSG 18.3.2008 – B 8/9 b SO 9/06 R, ZEV 2008, 539; BVerwG 19.12.1997 – 5 C 7/96, Rn. 26; vgl. dazu *Coseriu*, Sozialrecht, S. 244; *Mecke*, jurisPK-SGB XII, § 90 Rn. 37; zum SGB II: BSG 27.1.2009 – B 14 AS 42/07 R, NJOZ 2009, 3300). Fragen der Zumutbarkeit der Verwertung sind erst bei der Prüfung des Härtefalls zu berücksichtigen (BSG 19.5.2009 – B 8 SO 7/08 R).

**23**    Verwertbar ist in **rechtlicher Hinsicht** das Vermögen, das verkauft, verbraucht, übertragen und belastet werden kann. Ist der Inhaber dagegen in der Verfügung über den Gegenstand beschränkt und kann er die Aufhebung der Beschränkung nicht erreichen, ist von der Unverwertbarkeit des Vermögens auszugehen (BSG 27.1.2009 – B 14 AS 42/07 R, NJOZ 2009, 3300). Das BSG hat eine Verwertbarkeit des gesamten Erbes im Falle der Anordnung einer Dauertestamentsvollstreckung bezweifelt (BSG 17.2.2015 – B 14 KG 1/14 R, BeckRS 2015, 67245). Sollte der Grundsicherungsträger ein Vorgehen des Hilfeempfängers gegen den Testamentsvollstrecker auf Aufhebung der Dauertestamentsvollstreckung für angezeigt halten, müsse er den Hilfeempfänger hierzu jedenfalls beraten und ihn dabei unterstützen.

**24**    Mit dem Begriff der Verwertbarkeit geht zudem eine **tatsächliche Komponente** einher, weil, wie bereits ausgeführt, nur tatsächlich vorhandene Mittel die Bedürftigkeit beseitigen können. Die Verwertung muss für den Betroffenen einen Ertrag bringen, durch den er, wenn auch nur kurzzeitig, seinen Lebensunterhalt bestreiten kann. Tatsächlich nicht verwertbar sind Vermögensgegenstände, für die in absehbarer Zeit kein Käufer zu finden sein wird, etwa weil Gegenstände dieser Art nicht (mehr) marktgängig sind oder weil sie über den Marktwert hinaus belastet sind (BSG 27.1.2009 – B 14 AS 42/07 R, NJOZ 2009, 3300). Deshalb muss die Möglichkeit des „Versilberns" auch zu einem von dem Betroffenen einsetzbaren Ertrag führen. Ist ein Hausgrundstück beispielsweise mit einem lebenslangen Nießbrauchsrecht belastet, kann nicht unterstellt werden, dass das

Grundstück faktisch verwertbar ist. Hier wird es Tatfrage sein, ob ein derartig belastetes Grundstück marktgängig ist (vgl. auch *Geiger,* LPK-SGB XII, § 90 Rn. 18). Auch bei einer Beleihung einer Immobilie bedarf es einer genaueren Eruierung, ob diese bei vorhandener dinglicher Belastung und der finanziellen Situation des Hilfeempfängers überhaupt realisierbar ist (BSG 19.5.2009 – B 8 SO 7/08 R). Dass zugunsten des Sozialhilfeträgers eine Höchstbetragshypothek eingetragen worden ist, ist kein Beleg dafür, dass private Kreditinstitute bereit gewesen wären, dem Hilfebedürftigen Geld zur Verfügung zu stellen (BSG 19.5.2009 – B 8 SO 7/08 R).

Das **zeitliche Moment** fordert, dass eine Verwertung in absehbarer Zeit erfol- **25** gen kann. Nach der Rechtsprechung des BSG zum SGB II ist von einer generellen Unverwertbarkeit im Sinne des § 12 Abs. 1 SGB II auszugehen, wenn völlig ungewiss ist, wann eine für die Verwertbarkeit notwendige Bedingung eintritt. Maßgebend für die Prognose, dass ein rechtliches oder tatsächliches Verwertungshindernis wegfällt, ist danach im Regelfall der Zeitraum, für den die Leistungen bewilligt werden, also regelmäßig der sechsmonatige Bewilligungszeitraum des § 41 Abs. 1 Satz 4 SGB II (BSG 27.1.2009 – B 14 AS 42/07 R, Rn. 22, NJOZ 2009, 3300). Nach Ablauf des jeweiligen Bewilligungsabschnitts sei eine neue Prognoseentscheidung ohne Bindung an die vorangegangene Einschätzung zu treffen (BSG 27.1.2009 – B 14 AS 42/07 R, Rn. 23, NJOZ 2009, 3300). Der für die Sozialhilfe zuständige Senat des BSG hat sich dieser Rechtsprechung mit der Maßgabe angeschlossen, dass wegen der gesteigerten Verwertungsobliegenheit für den Bereich der Grundsicherung im Alter und bei Erwerbsminderung auf den gesetzlich vorgesehenen Bewilligungszeitraum von zwölf Kalendermonaten (§ 44 Abs. 1 S. 1 SGB XII) abzustellen ist, der dann allerdings auch bei der Hilfe zum Lebensunterhalt den Maßstab bilden muss (BSG 25.8.2011 – B 8 SO 19/10 R, Rn. 15, BeckRS 2011, 79124). Darüber hinaus greift das Zeitmoment nicht nur in den Fällen, in denen völlig ungewiss ist, wann eine für die Verwertbarkeit notwendige Bedingung eintritt, sondern auch dann, wenn zwar konkret feststeht, wann über den Vermögenswert verfügt werden kann (Fälligkeit, Kündigung usw.), der Zeitpunkt aber außerhalb eines angemessenen Zeitrahmens liegt, in welchem noch der Einsatz bereiter Mittel angenommen werden kann (BSG 25.8.2011 – B 8 SO 19/10 R, Rn. 15, BeckRS 2011, 79124). Das BSG hat hierbei offen gelassen, ob in diesen Fällen ebenfalls ein Zeitraum von zwölf Monaten oder abhängig vom Einzelfall ein in der Regel deutlich längerer Zeitabschnitt zugrunde zu legen ist.

Hat jemand sich seines verwertbaren Vermögens bewusst begeben und dadurch **26** die Sozialhilfebedürftigkeit herbeigeführt, hat der Sozialhilfeträger nur die Handhabe der §§ 26 und 103 SGB XII (vgl. auch *Mecke,* jurisPK-SGB XII, § 90 Rn. 22).

Bei einem Autokauf mit Hilfe eines bei einer Kreditbank abgeschlossenen Siche- **27** rungsvertrages ist verwertbares Vermögen das bis zum Verkauf entstandene Anwartschaftsrecht (vgl. auch OVG Münster 9.8.1996 – 8 A 3429/94). Ist eine Lebensversicherung nach § 168 VVG oder § 167 VVG i. V. m. § 851c ZPO regulär nicht kündbar, bleibt dem Hilfeempfänger nur die Möglichkeit einer außerordentlichen Kündigung.

Bei den Bestattungsvorsorgeverträgen ist genau zu prüfen, ob diese tatsächlich **28** gekündigt werden können (BSG 18.3.2008 – B 9/9b SO 9/06 R, ZEV 2008, 539). Bestattungsvorsorgeverträge werden regelmäßig als sog. gemischte, überwiegend dem Werkvertragsrecht unterliegende Verträge geschlossen, die grundsätzlich auch kündbar sind. Die gesetzliche Regelung ist allerdings vertraglich abdingbar (BSG 18.3.2008 – B 9/9b SO 9/06 R, ZEV 2008, 539). Insbesondere sind auch die Rechtsbeziehungen zu der Person zu beachten, bei der das Geld für die Bestattungsvorsorge treuhänderisch hinterlegt worden ist. Auch hier ist erforderlich, dass das

Geld im Falle einer Kündigung herausverlangt werden kann. Ebenso ist bei Sterbegeldversicherungen zu prüfen, ob diese kündbar sind.

29     Als nicht klärungsbedürftig hat das BSG (16.12.2008 – B 4 AS 77/08 R, NZM 2010, 795) angesehen, ob das die Freibetragsgrenze überschreitende Vermögen im Wege des sozialrechtlichen Herstellungsanspruchs als von Anfang geschütztes Alterssicherungsvermögen zu bewerten ist, wenn der beklagte Grundsicherungsträger es fehlerhaft unterlässt, den Hilfebedürftigen über die Voraussetzungen des § 12 Abs. 2 Satz 1 Nr. 3 SGB II, insbesondere die Möglichkeit, einen Verwertungsausschluss zu vereinbaren, zu belehren. Die fehlende vertragliche Vereinbarung zwischen einem Versicherungsnehmer und dem Versicherer über einen Ausschluss der Verwertbarkeit einer vor dem Eintritt in den Ruhestand auszahlbaren Versicherung kann nicht im Wege des sozialrechtlichen Herstellungsanspruchs ersetzt werden.

30     Das Vermögen ist im **Bedarfszeitraum** einzusetzen (vgl. auch *Steimer,* Mergler/ Zink, § 90 Rn. 21). Dieser beginnt mit der Kenntnis des Hilfeträgers von der Bedarfssituation (§ 18 Abs. 2 SGB XII) oder bei Antragstellung (§ 18 Abs. 1 SGB XII). Solange verwertbares Vermögen vorhanden ist, steht es dem Hilfeberechtigten zum Einsatz zur Verfügung. Deshalb kann sich im Hilfe Nachfragender nicht darauf berufen, sein Vermögen sei schon für vorherige Bedarfszeiträume zum Einsatz vorgesehen gewesen und „fiktiv" verbraucht (ganz h. M. BSG 25.8.2011 – B 8 SO 19/10 R, BeckRS 2011, 79124; a. A. *Hohm,* Schellhorn/ Hohm/Scheider, § 90 Rn. 31). Eine Ausnahme stellt lediglich § 90 Abs. 2 Nr. 3 SGB XII dar. Die sich aus der Anwendung der h. M. ergebenden Folgen sind allerdings problematisch. Streiten ein Hilfe Nachsuchender und das Sozialamt über den Einsatz von Vermögen, wird der Betreffende so behandelt, als verfüge er Monat für Monat über einsetzbares, nicht verwertetes Vermögen. Ist dieses nicht sonderlich hoch und zieht sich der Rechtsstreit über einen längeren Zeitraum hin, häuft der Hilfenachfragende erhebliche Schulden auf, die ihn finanziell belasten können.

31     Die Entscheidung über die Art der Verwertung steht dem Berechtigten grundsätzlich frei. Er kann Vermögen verpfänden, verkaufen, vermieten oder verpachten oder Nutzungsrechte bestellen (vgl. auch *Lücking,* Hauck/Noftz, § 90 Rn. 28; *Hohm,* Schellhorn/Hohm/Scheider, § 90 Rn. 31; *Geiger,* LPK-SGB XII, § 90 Rn. 11). Dieser Grundsatz ist jedoch aus Gründen der Subsidiarität (§ 2 Abs. 1 SGB XII) einzuschränken: Der Hilfeempfänger hat grundsätzlich die Verwertungsart zu wählen, die den höchsten Deckungsgrad besitzt (BSG 24.3.2015 – B 8 SO 12/14 R, NJOZ 2015, 1787; *Lücking,* Hauck/Noftz, § 90 Rn. 28). Eine Verwertung durch Verkauf, durch den die aktuelle Bedürftigkeit vermindert werden könnte, scheidet daher nicht bereits deswegen aus, weil der Hilfeempfänger eine Verwertung durch Vermietung wählt, die die Bedürftigkeit lediglich vermindert (BSG 24.3.2015 – B 8 SO 12/14 R, NJOZ 2015, 1787). Erst im Rahmen der Härtefallregelung können Überlegungen berücksichtigt werden, ob beispielsweise aus langfristiger Sicht ein Verkauf im Verhältnis zu einer Vermietung unwirtschaftlich sein könnte (vgl. BSG 24.3.2015 – B 8 SO 12/14 R, NJOZ 2015, 1787).

## IV. Schonvermögen (Abs. 2)

32     Absatz 2 enthält zwingende Regelungen, bei deren Vorliegen das Vermögen nicht eingesetzt werden darf (sog. **Schonvermögen**). Ein Ermessen ist für den Leistungsträger bei seiner Entscheidung nicht vorgesehen (*Lücking,* Hauck/Noftz, § 90 Rn. 30; *Hohm,* Schellhorn/Hohm/Scheider, § 90 Rn. 38). Die enumerative Aufzählung des Schonvermögens wird für die atypischen Fälle durch den Absatz 3 ergänzt.

Während das SGB XII nur das Schonvermögen und den Härtegrund kennt, um **33** ein vorhandenes Vermögen zu schonen, ist § 12 SGB II strukturell anders aufgebaut. Nach § 12 Abs. 2 SGB II spielen die Vermögensfreibeträge eine gewichtige Rolle. Das hängt damit zusammen, dass das Ziel des SGB II darauf gerichtet ist, die Menschen wieder in Arbeit zu bringen und damit Rücklagen, die teils auch der Alterssicherung dienen, in der Zeit der Nichtbeschäftigung, nicht verwertet werden sollen.

## 1. Öffentliche Mittel für Existenzaufbau oder -sicherung

Nummer 1 schützt Vermögen, das aus öffentlichen Mitteln stammt und das **34** zum **Aufbau**, der **Sicherung** der Lebensgrundlage oder zur **Gründung** eines Hausstandes gewährt worden ist. Maßgeblich ist nach dem eindeutigen Gesetzeswortlaut, dass die Mittel öffentliche sind, private Mittel sind nicht geschützt (zum BSHG BVerwG 19.4.1972 – V C 40.72; *Geiger*, LPK-SGB XII, § 90 Rn. 34). Aus öffentlichen Mitteln ist eine Zuwendung dann gewährt, wenn ihre Zahlung den Haushalt des Bundes, eines Landes, einer Gemeinde oder einer Körperschaft, Anstalt oder Stiftung des öffentlichen Rechts belastet (BSG 25.8.2011 – B 8 SO 19/10 R, BeckRS 2011, 79124; *Mecke*, jurisPK-SGB XII, § 90 SGB XII Rn. 51) Die nach dem Zufluss der Fördermittel angeschafften Vermögenswerte unterliegen nicht mehr dem Schonvermögen, was z. B. auf die auf Grund des ReichsheimstättenG, das inzwischen aufgehoben ist, angeschaffte Vermögenswerte zutrifft (s. auch *Geiger*, LPK-SGB XII, § 90 Rn. 34). Dem Aufbau oder der Sicherung der Lebensgrundlage dienen alle Zuwendungen, die ausdrücklich oder konkludent dazu bestimmt sind, dem Empfänger eine eigene Tätigkeit zu ermöglichen, aus der später sein Lebensunterhalt aufgebracht werden kann. Die Gründung eines Hausstandes bezieht sich auf die Erstbeschaffung einer Wohnung und der Erstausstattung mit Möbeln.

## 2. Zusätzliche Altersvorsorge

Als Konsequenz des AltersvermögensG vom 26.6.2001 (BGBl. I S. 1310) wird seit **35** dem 1.1.2002 das Kapital einschließlich seiner Erträge geschützt, das der zusätzlichen Altersvorsorge i. S. v. § 10a oder des Abschnitts XI des Einkommensteuergesetzes dient und dessen Ansammlung staatlich gefördert wird (Riester Rente). Ohne eine derartige Regelung müsste das Kapital, das zum Zweck einer zusätzlichen Altersversorgung angesammelt wird, als Vermögen eingesetzt werden. Dies widerspräche den Zielen des AltersvermögensG, wonach neben die umlagenfinanzierte Rentenversicherung ein neuer Pfeiler in Form einer kapitalgedeckten Altersvorsorge treten soll (BT-Drs. 14/4595, S. 72). Dieser darf nicht dadurch entfallen, dass bei Sozialhilfebedürftigkeit das vorhandene Kapital eingesetzt werden müsste. Insofern entsprechen sich die Regelungen des § 90 Abs. 2 Nr. 2 und § 82 Abs. 2 Nr. 3 SGB XII. Die Schongrenze gilt allerdings nur für Kapital einschließlich seiner Erträge, das der zusätzlichen Altersvorsorge nach § 10a oder des Abschnitts XI des EStG im Sinne des § 92 EStG dient und dessen Ansammlung staatlich gefördert worden ist. Mit dem Betriebsrentenstärkungsgesetz vom 17.8.2017 (BGBl. I S. 3214) ist auch eine Regelung für die Auszahlungsphase aufgenommen worden. In der Auszahlungsphase bleibt das gesamte, bestehende Kapital geschütztes Vermögen, wenn eine monatliche oder sonstige regelmäßige Auszahlung im Sinne von § 82 Abs. 5 S. 3 erfolgt. Auf die ausgezahlten Beträge sind jeweils § 82 Abs. 4 und 5 anwendbar. Macht der Leistungsberechtigte hingegen von seinem Kapitalwahlrecht Gebrauch, sind die Grundsätze über verwertbares Vermögen anwendbar, wenn die Vermögensfreigrenzen überschritten werden. Eine Sonderregelung besteht nur für Kleinbetragsrentenabfindungen im Sinne des § 93 Abs. 3 S. 2 EStG, für die die speziellere Regelung in § 82 Abs. 7 S. 3 Anwendung findet.

## 3. Hausbeschaffungs- und Erhaltungsmittel

**36**   Nummer 3 privilegiert das sog. **Bausparvermögen,** das behinderten Menschen (§ 53 Abs. 1 S. 1 SGB XII), Blinden (§ 72 SGB XII) und Pflegebedürftigen (§ 61 SGB XII) zugutekommt oder kommen soll, um ein Hausgrundstück i. S. v. Nummer 8 zu beschaffen oder zu erhalten. Wegen der ausschließlichen Bezugnahme auf § 53 Abs. 1 S. 1 SGB XII ist der Personenkreis des Satz 2 der Vorschrift nicht einbezogen. Die auf das 6. ÄnderungsG zum BSHG (BGBl. 1990 I S. 2644) zurückgehende Regelung in Nummer 3 verfolgt das Ziel, denjenigen, die nicht Eigentümer eines angemessenen Hausgrundstücks sind, den Bau eines solchen durch Ansparungen, die nicht als Vermögen eingesetzt werden müssen, zu ermöglichen. Für die Fallgruppe der Eltern mit behinderten Kindern, die wegen der besseren Betreuung ihres behinderten Kindes stärker als andere Familien auf den Bau eines Hauses angewiesen sind, stellt diese Vorschrift eine wirtschaftliche Besserstellung dar (vgl. auch *Wendt,* NDV 1991, 94).

**37**   Mit dem **sonstigen Vermögen** sind im Hinblick auf den einzusetzenden Zweck Bausparverträge, Sparguthaben oder Guthaben aus Lebensversicherungsverträgen gemeint (vgl. auch *Zeitler,* NDV 1991, 74). Der Schutz reicht wertmäßig nur soweit, als das zweckbestimmte Vermögen zur Beschaffung eines angemessenen Hausgrundstücks oder einer Eigentumswohnung (s. Nr. 8) bezogen auf den sozialhilferechtlichen Standards erforderlich ist (vgl. auch *Mecke,* jurisPK-SGB XII, § 90 Rn. 58). Im Hinblick auf diesen Schutzzweck ist den Auffassungen (vgl. z. B. *Zeitler,* NDV 1991, 74) eine Absage zu erteilen, die berücksichtigen wollen, dass es bei der Baufinanzierung üblich sei, Fremdkapital in zumutbarer Höhe aufzunehmen, und nur das dann noch verbleibende Eigenkapital dem Schonvermögen zuzurechnen sei.

**38**   **Inhaber** des angesammelten Vermögens muss die Person sein, zu deren Wohnzwecken das Hausgrundstück dienen soll, oder die Personen, die mit dem Betreffenden eine Einsatzgemeinschaft nach § 19 SGB XII bilden (vgl. auch *Hohm,* Schellhorn/Hohm/Scheider, § 90 Rn. 50; *Steimer,* Mergler/Zink, § 90 Rn. 38; a. A. *Geiger,* LPK-SGB XII, § 90 Rn. 41). Die gegenteilige Auffassung für ein weites Verständnis, das sich nicht nur auf die Einstandsgemeinschaft bezieht, privilegiert systemfremd Personen außerhalb der Einstandsgemeinschaft.

**39**   Dem Zweck der Vorschrift entsprechend ist das Vermögen geschützt, unabhängig von seiner Herkunft, das zu Wohnzwecken eingesetzt werden soll. Der Vermögensschutz endet, wenn der Wohnzweck nicht mehr erreicht werden kann. Hält sich die vermögensrechtlich privilegierte Person z. B. dauerhaft in einem Heim auf, entfällt der Vermögensschutz.

**40**   Der Begriff der **Beschaffung** wird in einem weiten Sinn verstanden, ansonsten könnte die Vorschrift ihren Zweck nicht erfüllen. Es gehören hierzu der Kauf eines Hausgrundstücks oder einer Eigentumswohnung, der Neubau, der Erwerb eines Dauerwohnrechts, der Abschluss eines Erbbauvertrages, aber auch der Ausbau einer vorhandenen Wohnung. **Erhaltung** bedeutet zweckdienliche Modernisierung und Bewahrung eines ordnungsgemäßen Zustandes.

**41**   Das vorhandene Vermögen muss zur **alsbaldigen** Beschaffung oder Erhaltung bestimmt sein. Auf diese Weise soll sichergestellt werden, dass die Beschaffungs- und Erhaltungsmaßnahme den in Nummer 3 genannten Personen zeitnah zugutekommt (vgl. auch HessLSG 26.1.2009 – L 9 SO 48/07). Die Privilegierung ist zweckbezogen, die Vorschrift verfolgt nicht das generelle Ziel, Vermögen zu bilden. Auf diese Weise werden das Nachrangprinzip und der Grundsatz der Zumutbarkeit ausbalanciert. Der Nachweis des alsbaldigen Mitteleinsatzes kann durch Vorlage von Bauplänen, Finanzierungsplänen, Kaufverträgen geführt werden. Der bloße Abschluss eines Bausparvertrages stellt nicht zwingend ein Indiz für eine Bauabsicht dar. Es kommt auf die tatsächlichen Verhältnisse an, die als Indizien für den alsbaldigen zweckgerichteten Vermögenseinsatz gewürdigt werden können.

### 4. Hausratsbeschaffungs- und Erhaltungsmittel

Nummer 4 verhindert die Verwertung des angemessenen Hausrats. Abzustellen **42** ist auf die bisherigen Lebensverhältnisse des Hilfesuchenden oder der mit ihm in Einsatzgemeinschaft lebenden Personen (*Hohm*, Schellhorn/Hohm/Scheider, § 90 Rn. 59). Deren Berücksichtigung soll Härten verhindern, die sich aus einer unverschuldeten Notlage ergeben. Die Grenze des Angemessenen wird jedenfalls bei wertvollen Bildern, Teppichen oder Möbeln überschritten. Ein Kraftfahrzeug gehört nicht zum geschützten Hausrat (HessLSG 18.9.2006 – L 7 SO 49/06 ER).

### 5. Gegenstände zur Berufs- und Erwerbstätigkeit

Nach Nummer 5 gehören zum Schonvermögen auch Gegenstände, die zur Auf- **43** nahme oder Fortsetzung der Berufs- oder Erwerbstätigkeit (zur Definition BVerwG 19.11.1992 – 5 C 15/89) unentbehrlich sind. Die Vorschrift berücksichtigt den Selbsthilfegrundsatz, wonach mit Hilfe der geschützten Gegenstände beigetragen werden soll, den Bedarf mit Hilfe eigener Mittel zu decken. Allerdings hat die Vorschrift in der Praxis nicht mehr die Bedeutung, die die vergleichbare Vorschrift des § 88 BSHG für das BSHG hatte. Denn im BSHG gehörte es noch zur Zielsetzung, den Bedürftigen in den Arbeitsprozess zurückzuführen, was nach der gegenwärtigen Rechtslage das SGB II leisten soll. Der Wortsinn lässt nur eine enge Auslegung zu. Unentbehrlich bedeutet, dass ohne den Gegenstand die Aufnahme oder Fortsetzung einer Erwerbstätigkeit unmöglich sein muss. Damit sind alle unmittelbar zur Erwerbstätigkeit unbedingt erforderlichen Gegenstände wie Werkzeug, Berufskleidung, Arbeitsgeräte, Fachliteratur und Rohstoffe (vgl. *Mecke*, jurisPK-SGB XII, § 90 Rn. 67) gemeint. Bei Maschinen oder landwirtschaftlichen Grundstücken oder auch anderen Betriebsgrundstücken ist zu prüfen, ob sie in ihrer Gesamtheit unentbehrlich sind oder ob nicht Teile beliehen werden können (vgl. *Steimer*, Mergler/ Zink, § 90 Rn. 44).

Angesichts des klaren Wortlauts der Vorschrift, dass es sich um Gegenstände zur **44** Berufsausübung handeln muss, ist der Wert, der sich in einem Auto verkörpert, nicht generell geschützt, sondern nur dann, wenn es wie ein Lieferwagen zur Berufsausübung eingesetzt wird. Die ausgeübte Tätigkeit kann also ohne das vorhandene Kraftfahrzeug überhaupt nicht ausgeübt werden. Dient ein PKW nur dazu, zur Arbeitsstelle zu kommen, ist er nicht geschützt, weil er nur mittelbar der Berufsausübung dient.

### 6. Familien- und Erbstücke

Zu den von Nummer 6 geschützten Familien- und Erbstücken gehören z. B. **45** Schmuckstücke, Möbel, Kunstgegenstände. Es muss zudem in dem Verkauf eine besondere Härte über die allgemeine Härte eines Verkaufs hinaus vorliegen. Ausreichend ist auch, dass der Verkauf für andere Familienangehörige als die nachfragende Person oder mit ihr in Einsatzgemeinschaft lebende Personen eine besondere Härte bedeutet. Nicht schon der Verkauf ist die besondere Härte, sie kann nur dann angenommen werden, wenn der ideelle Wert den Verkehrswert bei Weitem übersteigt.

### 7. Gegenstände zur Befriedigung geistiger Bedürfnisse

Nummer 7 schützt die Gegenstände zur Befriedigung der geistigen Bedürfnisse. **46** Dazu zählen Handbibliotheken, Musikinstrumente und Sammlungen. Die Grenze zum Luxus wird überschritten, sofern diese Gegenstände nach Art, Qualität und Quantität bei vergleichbaren Bevölkerungsgruppen nicht vorhanden sind und das Übliche bei Weitem übertreffen. Eine Auslegung, die auch Gegenstände zur Sportausübung einbezieht, geht weit über den Wortlaut der Vorschrift hinaus und ist deshalb abzulehnen.

## 8. Angemessenes Hausgrundstück

**47**  Das Verständnis dessen, was nach Nummer 8 angemessen ist, erschließt sich durch die vom BVerwG (BVerwG 17.10.1974 – V C 50.73) zum BSHG vertretene **Kombinationstheorie,** mit deren Hilfe der damals im Gesetz verwandte Begriff „klein" inhaltliche Konturen erhalten hatte. Nach dieser Theorie kam es bei der Beurteilung auf die Größe der Familie des Hilfenachfragenden oder auf die sonstigen Personen der Bedarfsgemeinschaft, auf die Größe und den Zuschnitt des Hauses im Verhältnis zu den Wohnbedürfnissen und schließlich auch auf den Verkehrswert des Objektes an. Für diese Betrachtungsweise wurde der sozialhilferechtliche Individualisierungsgrundsatz des § 3 Abs. 1 BSHG bemüht (BVerwG 17.1.1980 – 5 C 48/78). Danach sind persönliche, sachliche und wertbezogene Kriterien in den Abwägungsvorgang einzubeziehen. Es war bereits das Ziel des BSHG, der Verwaltung klarere Beurteilungskriterien dadurch an die Hand zu geben, dass die die Abwägung beeinflussenden Faktoren nunmehr im Gesetz genannt sind, und auf diese Weise den Schutz eines Familienheimes oder einer Eigentumswohnung für den in der Vorschrift genannten Personenkreis zu verbessern. Die auch jetzt im SGB XII genannten Parameter gehen der Sache nach auf die Kombinationstheorie zurück, der sich das BSG (19.5.2009 – B 8 SO 7/08 R) angeschlossen hat. Aus sozialpolitischer Sicht wird allerdings angezweifelt, ob der zur Gesetzesfassung erhobene, erweiterte Schutz eines Hauseigentümers sachgerecht ist, weil auf diese Weise erhebliche Vermögenswerte geschont werden (für das BSHG *Brühl,* LPK-BSHG, § 88 Rn. 41; a. A. *Wendt,* NDV 1991, 97). Trotz der in der Literatur geäußerten Bedenken hat das BVerwG in dem weitreichenden Vermögensschutz dieser Vorschrift keinen Verstoß gegen Art. 3 GG gesehen (BVerwG 17.1.1991 – 5 C 53/86).

**48**  Im SGB II ist gem. § 12 Abs. 3 Nr. 4 SGB II ein selbst genutztes Hausgrundstück oder eine Eigentumswohnung von angemessener Größe geschützt. Die weiteren in § 90 Abs. 2 Nr. 8 SGB XII genannten Kriterien finden sich dort nicht. Die vom BSG (7.11.2006 – B 7 b AS 2/05 R) angedeuteten Bedenken einer Reduzierung der Prüfung auf die angemessene Größe greifen nicht durch. Die großzügigere Behandlung von Grundstücken im SGB II lässt sich damit rechtfertigen, dass die SGB II-Empfänger eher die Chance einer Wiedereingliederung in das Erwerbsleben haben (*Busse,* SGb 2007, 438). Das BSG hält am unterschiedlichen Inhalt des § 12 Abs. 3 Nr. 4 SGB II und des § 90 Abs. 2 Nr. 8 SGB XII fest, hat aber im Einzelfall eine Angleichung der beiden Vorschriften über die Härtefallregelung angenommen (BSG 12.12.2013 – B 14 AS 90/12 R).

**49**  Der Begriff des **Hausgrundstücks** ist kein sachenrechtlicher, sondern ein durch die soziale Zielsetzung des SGB XII geprägter. Es ist der räumliche Lebensmittelpunkt des Hilfe Nachfragenden, der Einsatzpflichtigen und der Angehörigen. Vom Schutzzweck der Norm umfasst sind auch Häuser, die auf Grund eines Erbbaurechts errichtet wurden (vgl. BSG 24.3.2015 – B 8 SO 12/14 R Rn. 17; OVG Lüneburg 12.6.1995 – 12 L 2513/94), Eigentumswohnungen (BVerwG 17.1.1991 – 5 C 53/86) oder Dauerwohnrechte. Auch ausländischer Grundbesitz ist grundsätzlich nach § 90 Abs. 2 Nr. 8 SGB XII zu beurteilen (vgl. LSG BW 14.4.2011 – L 7 SO 2497/10; *Hohm,* Schellhorn/Hohm/Scheider, § 90 Rn. 84). Voraussetzung für die Anwendung der Schutzvorschrift ist, dass der Nachfragende oder eine andere Person der Einstandsgemeinschaft das Hausgrundstück selbst ganz oder teilweise bewohnt. Ein zum Verkauf angebotenes Grundstück ist deshalb nicht geschützt (vgl. *Mester,* ZfF

2007, 1), ebenso wenig ein Ferienhaus oder -wohnung (*Mecke,* jurisPK-SGB XII, § 90 Rn. 74; vgl. BVerwG 3.5.1989 – 5 B 8/89).

Ohne dass dies explizit im Wortlaut der Vorschrift verankert ist, greift die Schutz- **50** vorschrift ihrem Sinn nach nicht bei reinen Geschäftsgrundstücken oder Mehrfamilienhäusern ein (*Hohm,* Schellhorn/Hohm/Scheider, § 90 Rn. 74). Wird ein selbst genutztes Hausgrundstück gleichzeitig betrieblich genutzt, kann sich hierdurch aber der angemessene Wohnflächenwert (vgl. → Rn. 55) erhöhen.

Geschützt wird nach dem Zweck der Vorschrift das Familienheim der Bedarfs- **51** oder Einstandsgemeinschaft und der Angehörigen. Von einer solchen ist kaum zu sprechen, wenn ein Teil der Familie selbständig in einer separaten Einliegerwohnung lebt. Das muss unabhängig davon gelten, ob das Haus mit der Einliegerwohnung von der Wohnfläche her noch angemessen ist (so wohl auch *DV,* Empfehlungen 2008, Rn. 197). So kann eine vermietete Einliegerwohnung schon nicht in den Schutz des § 90 Abs. 2 Nr. 8 SGB XII einbezogen werden. Andernfalls würde die Gewährung der Sozialhilfe zur Vermögensbildung beitragen. Anders ist zu entscheiden bei Einliegerwohnungen, die den Wohnbedürfnissen der Einstandsgemeinschaft oder nahen Verwandten ("unter einem Dach") dienen (*DV,* Empfehlungen 2008, Rn. 197). Der Begriff des Angehörigen orientiert sich an § 16 Abs. 5 Nr. 3 SGB X (BSG 19.5.2009 – B 8 SO 7/08 R). Weiter wird eine Prognoseentscheidung gefordert, dass das Hausgrundstück nach dem Tod der nachfragenden Person von den Angehörigen weiter bewohnt werden soll (vgl. BSG 19.5.2009 – B 8 SO 7/08 R).

Bei einem Miteigentumsanteil an einem mit anderen Familienmitgliedern **52** bewohnten Grundstück ist von der Rechtsprechung (LSG NRW 25.3.2010 – L 9 SO 43/08) zur Prüfung der Angemessenheit auf den tatsächlich als Wohnstatt benutzten Teil abgestellt worden, wenn andere Miteigentümer die Nutzung einschränken. Es kommt dann auf die real bewohnte Fläche an. Ist eine Person lediglich Miteigentümer, bewohnt aber gleichwohl das gesamte Haus, ist auf das Gesamtgrundstück abzustellen (vgl. BVerwG 5.12.1991 – 5 C 20/88; ebenso *Hohm,* Schellhorn/Hohm/Scheider, § 90 Rn. 73; *Geiger,* LPK-SGB XII, § 90 Rn. 50).

Nur das **angemessene** Hausgrundstück wird geschont. Bei dem Begriff der **53** Angemessenheit handelt es sich um einen unbestimmten Rechtsbegriff. Anhand der vom BVerwG (17.10.1974 – V C 50.73) entwickelten Kombinationstheorie, der sich das BSG (19.5.2009 – B 8 SO 7/08 R) angeschlossen hat, wird im Einzelfall im Wege eines **wertenden Abwägungsprozesses** über die Angemessenheit des Hausgrundstücks entschieden. Hierbei sind alle Gesichtspunkte, die für einen Anspruch von Sozialhilfe von Bedeutung sind, abzuwägen und zu entscheiden, ob das Heim nicht in einem unangemessenen Verhältnis zu den Bedürfnissen des Hilfesuchenden und der weiteren berücksichtigungsfähigen Personen (Angehörigen) steht (BSG 24.3.2015 – B 8 SO 12/14 R). Anstelle einer starren Wertgrenze ist also die Angemessenheit des Hausgrundstücks insgesamt maßgeblich, die in jedem Einzelfall im Wege einer Gesamtbetrachtung und unter Abwägung aller in § 90 Abs. 2 Nr. 8 SGB XII aufgeführten personen-, sach- und wertbezogenen Kriterien zu beurteilen ist (BSG 24.3.2015 – B 8 SO 12/14 R).

Als Grenzwert für eine **angemessene Wohnfläche** (Hausgröße) eines selbst **54** genutzten Hausgrundstücks ist nach den Vorgaben des Zweiten Wohnungsbaugesetzes ein Grenzwert von 130 qm für einen Vier-Personen-Haushalt zu bestimmen, der sich für jede weitere Person um 20 qm erhöht. Je nach Umständen des Einzelfalles sind diese Grenzwerte noch oben anzupassen (BSG 16.5.2007 – B 11b AS 37/06 R; BSG 19.5.2009 – B 8 SO 7/08 R). Bei einer Überschreitung der Wohnflächenobergrenze um nicht mehr als 10 Prozent ist mit Rücksicht auf den Verhältnismäßigkeitsgrundsatz noch von einer angemessenen Wohnfläche auszugehen (BSG 7.11.2006 – B 7b AS 2/05 R; offen gelassen in BSG 19.5.2009 – B 8 SO 7/08 R).

Für eine selbstgenutzte Eigentumswohnung hat das BSG eine angemessene Größe nach § 12 Abs. 3 S. 1 Nr. 4 SGB II bei einem 1- oder 2-Personen-Haushalt in Höhe von 80 qm angenommen, die sich für jede weitere Person um 20 qm erhöht (BSG 7.11.2006 – B 7b AS 2/05 R).

55 **Mehrflächen** können u. a. erforderlich werden, wenn persönliche Bedürfnisse dies erfordern. Auch bei einer gleichzeitigen gewerblichen Nutzung des Hausgrundstücks hat das BSG eine Erhöhung des angemessenen Wohnbedarfs für möglich gehalten (BSG 18.9.2014 – B 14 AS 58/13 R). Erforderlich sei dabei, dass die gewerblich genutzten Flächen eindeutig der Gewerbe- oder Berufsausübung zuzuordnen seien.

56 Satz 2 stellt für die Angemessenheit eines Hausgrundstücks weitere Kriterien auf. Das Gesetz nennt als ein relevantes Merkmal die **Anzahl der Bewohner.** Sie sind zu den Wohnflächen in Bezug zu setzen. Eine Typisierung, die durch die Festlegung der Wohnflächen vorgenommen wird, ist nur dann möglich, wenn der Einzelfall keine Abweichung erfordert (vgl. BVerwG 1.10.1992 – 5 C 28/89; *Zeitler,* Mergler/Zink, BSHG, § 90 Rn. 52). Ein aufgrund der Bewohnerzahl angemessenes Hausgrundstück kann zu einem unangemessenem werden, wenn bspw. die erwachsen gewordenen Kinder ausziehen (BayLSG 23.10.2014 – L 8 SO 37/12). Insoweit hat das BSG klargestellt, dass § 82 Abs. 3 S 2 II. WoBauG, wonach eine Verminderung der Personenzahl nach dem erstmaligen Bezug der Wohnung unschädlich für die Beurteilung der angemessenen Wohnfläche von steuerbegünstigten Wohnungen ist, nicht als normativer Anknüpfungspunkt für eine Erhöhung der allgemeinen Angemessenheitsgrenze herangezogen werden kann. Dies folge schon aus dem zeitlich begrenzten und zudem allein auf den steuerbegünstigten Wohnungsbau beschränkten Anwendungsbereich der Vorschrift (BSG 12.10.16 – B 4 AS 4/16 R Rn. 33).

57 Der **Wohnbedarf** kann sich im Einzelfall über die angemessene Wohnfläche hinaus erhöhen. Als Beispiel wird im Gesetz der erhöhte Wohnbedarf behinderter Menschen, Blinder oder Pflegebedürftiger genannt. Die Aufzählung ist nicht erschöpfend. Unter Umständen ist beim Wohnbedarf auch auf berufliche Bedürfnisse Rücksicht zu nehmen.

58 Bei der näheren Bestimmung der **Grundstücksgröße** ist in den Blick zu nehmen, dass nur das Grundstück geschützt werden kann, das für den Bau eines Familieneigenheimes benötigt wird. Für die Angemessenheit bedeutet dies, dass auf dem Grundstück ein Familienheim mit einer angemessenen Wohnfläche gebaut werden kann. Liegt ein solches Grundstück im Geltungsbereich eines gültigen Bebauungsplanes und sind in diesem Festsetzungen hinsichtlich der überbaubaren Fläche enthalten, sind die bauplanungsrechtlichen Vorgaben auch sozialhilferechtlich zu beachten. Die bebaute Grundfläche und die Größe des Grundstücks dürfen so beschaffen sein, bis die zuvor genannten Grenzen für eine angemessene Wohnfläche ausgeschöpft sind (in der Literatur wird von einer Richtgröße von 350 qm bei einem Reihenendhaus, ansonsten 250 qm ausgegangen: s. *Sartorius,* Rothkegel, Sozialrecht, III, Kapitel 14, Rn. 65; *Hohm,* Schellhorn/Hohm/Scheider, § 90 Rn. 77; *Lücking,* Hauck/Noftz, § 90 Rn. 72; im ländlichen Bereich geht man von 500 qm aus, VGH München, 24.7.2003 – 12 B 01.1454). Das zeigt, dass es wesentlich auf die örtlichen Verhältnisse ankommt (so auch *Mecke*, jurisPK-SGB XII, § 90 Rn. 80). Die Beurteilung der Grundstücksgröße kann aber nicht ausschließlich durch einen baurechtlichen Maßstab bestimmt werden. Es kann sozialhilferechtlich hingenommen werden, dass ein Grundstück größer als baurechtlich erforderlich ist. Denn die vorzunehmende Gesamtabwägung hat jeglichen Automatismus zu vermeiden. Entsprechend hat auch das BSG darauf hingewiesen, dass die in der Praxis angewandten Grenzwerte allenfalls Anhaltspunkte seien, die überschritten werden könnten, wenn sich die Größe des betroffenen Hausgrundstücks im Rahmen der örtlichen Gegebenheiten hält (BSG 19.5.2009 –

B 8 SO 7/08 R). Die Frage der Teilbarkeit des Hausgrundstücks ist nicht Gegenstand der Prüfung der Angemessenheit der Größe des Hausgrundstücks, sondern erst der Verwertbarkeit eines unangemessenen Hausgrundstücks (BSG 19.5.2009 – B 8 SO 7/08 R).

Eine **angemessene Ausstattung** des Wohngebäudes orientiert sich am öffentlich 59 geförderten Wohnungsbau. Eine behinderungsbedingte Zusatzausstattung wie der Einbau eines Aufzuges, Auffahrrampen oder eine zusätzliche Garage sind unschädlich (zum BSHG *DV*, Empfehlungen, NDV 2003, 46 Nr. 192). Schwimmbad oder Partyraum hingegen gehören nicht zum üblichen Standard (vgl. auch *Geiger*, LPK-SGB XII, § 90 Rn. 60).

Der **Wert** des Grundstücks ist eines der sonstigen im Gesetz aufgeführten sachbe- 60 zogenen Merkmale. Da es auf die Kombination aller Merkmale, also sowohl der sachbezogenen als auch der personenbezogenen ankommt, ist der Verkehrswert nicht allein bestimmend (vgl. BSG 24.3.2015 – B 8 SO 12/14 R). Er ist jedoch eine wichtige Bezugsgröße für die Angemessenheit eines Hausgrundstücks. Der Verkehrswert kann ermittelt werden, indem die im Bereich des Sozialhilfeträgers durchschnittlichen Baukosten im sozialen Wohnungsbau zugrunde gelegt werden (vgl. *Geiger*, LPK-SGB XII, § 90 Rn. 61). Eine andere Möglichkeit ist, sich an den örtlichen Bodenrichtwerten zu orientieren oder einen Sachverständigen zu beauftragen. Hiervon wird in der Praxis der Sozialhilfeträger zu wenig Gebrauch gemacht. Die Einholung eines Gutachtens wird viel zu oft den Gerichten überlassen. Die Höhe des Verkehrswertes für ein angemessenes Hausgrundstück ist gesetzlich nicht vorgegeben, weil dieser von den örtlichen Verhältnissen abhängig ist. Er muss sich im unteren Bereich vergleichbarer Objekte am Wohnort des Hilfesuchenden halten (vgl. *Geiger*, LPK-SGB XII, § 90 Rn. 61).

**Schulden** mindern den Verkehrswert eines Hausgrundstücks nicht, sondern des- 61 sen Verwertbarkeit. Ein überschuldetes Grundstück ist nicht unverwertbar. Prägende Faktoren sind die Lage des Grundstücks, die Art der Bebauung sowie die rechtlichen Gegebenheiten wie Festsetzungen des Bebauungsplanes oder Dienstbarkeiten, wie ein Wohnrecht nach § 1093 BGB.

## 9. Kleinerer Barbetrag

Entsprechend der gesamten Zielsetzung des § 90 Abs. 2 SGB XII, zu verhindern, 62 dass ein Vermögenseinsatz zur finanziellen Mittellosigkeit führt, wird nach Nummer 9 der Einsatz kleinerer Barbeträge oder sonstiger Geldwerte nicht verlangt. Das SGB II kennt eine vergleichbare Regelung nicht. Der Grund liegt in den höheren Vermögensfreibeträgen. Daraus ergibt sich jedoch die unbefriedigende Situation, dass derjenige, der zunächst Leistungsberechtigter nach dem SGB II war und zum Nachfragenden nach dem SGB XII wird, unter Umständen erst dann Sozialhilfe erhält, wenn er die durch das SGB II geschützten Vermögenswerte zur Bedarfsdeckung eingesetzt hat (s. dazu auch *Mecke*, jurisPK-SGB XII, § 90 Rn. 83). Das BSG (20.9.2012 – B 8 SO 13/11 R) hat bei der Gewährung von Sozialhilfe an Mitglieder einer gemischten Bedarfsgemeinschaft nun entschieden, dass über den kleinen Barbetrag hinaus im Wege des gesetzlichen Härtefalls (§ 90 Abs. 3 SGB XII) ein gemeinsamer Vermögensfreibetrag geschützt ist, der sich aus dem für den Sozialhilfebezieher maßgeblichen Barbetragsanteil und dem für den Bezieher von Leistungen nach dem SGB II nach den dort geltenden Vorschriften bemessenen Freibetragsanteil errechnet.

Der Norm unterfallen nicht nur unmittelbar Geldbeträge und Geldwerte im 63 engen Sinn, sondern mittelbar auch Vermögensgegenstände, wenn der Erlös nicht den maßgeblichen Freibetrag übersteigt bzw. übersteigen würde (BSG 20.9.2012 – B 8 SO 13/11 R; BVerwG 19.12.1997 – 5 C 7/96). Würde hingegen der Einsatz oder die Verwertung eines nicht geschonten Vermögensgegenstandes zu Barbeträgen oder Geldwerten über dem Freibetrag führen, ist der Vermögensgegenstand selbst nicht vor Einsatz und Verwertung geschützt; geschont bleiben dann nur die Barbeträge oder Geldwerte bis zur maßgeblichen Grenze (BVerwG 19.12.1997 – 5 C 7/ 96).

64     Der Begriff des kleinen Barbetrages wird durch die Verordnung zur Durchführung des § 90 Abs. 2 Nr. 9 SGB XII näher bestimmt. Die Verordnung ist mit Wirkung zum 1.4.2007 grundlegend geändert worden. Die Freibeträge sind erhöht worden. Zudem ist aber auch ihre Anwendung vereinfacht worden, da nicht mehr nach den verschiedenen Leistungen nach dem SGB XII oder auch einer Blindheit bzw. Pflegebedürftigkeit differenziert wird. Der Barbetrag beträgt nunmehr nach § 1 S. 1 VO für jede in § 19 Abs. 3, § 27 Abs. 1 und 2, § 41 und § 43 Abs. 1 S. 2 SGB XII genannte volljährige Person sowie für jede alleinstehende minderjährige Person 5.000 Euro. Für jede Person, die von einer der zuvor genannten Personen überwiegend unterhalten wird, 500 Euro.

65     Der Begriff der alleinstehenden minderjährigen Person wird in § 1 S. 2 VO legaldefiniert. Danach ist eine minderjährige Person alleinstehend, wenn sie unverheiratet ist und ihr Anspruch auf Leistungen nach dem SGB XII nicht vom Vermögen ihrer Eltern oder eines Elternteils abhängig ist.

66     Eine Person kann auch dann überwiegend unterhalten werden, wenn kein Unterhaltsanspruch besteht, da es auf die tatsächlichen Leistungen ankommt. Diese müssen ein Ausmaß annehmen, dass mehr als 50 % des Bedarfs durch Geld- oder Sachleistungen gedeckt werden. Bei der Gewährung einmaliger Leistungen ist dem Bedarf ein Zuschlag hinzuzurechnen.

67–69     § 2 Abs. 1 VO sieht die angemessene Erhöhung der Grundbeträge vor, wenn im Einzelfall eine besondere Notlage besteht. § 2 Abs. 2 der Verordnung ermöglicht nach pflichtgemäßem Ermessen unter den Voraussetzungen der §§ 103 oder 94 SGB XII eine Reduzierung der Schongrenze. Wegen der Bezugnahme auf § 103 SGB XII kann dies nur für eine grobfahrlässige Pflichtwidrigkeit gemeint sein.

## V. Härtegründe (Abs. 3)

70     Nicht nur § 90 Abs. 2 SGB XII, sondern auch Absatz 3 enthält ein bindendes Verbot, die Sozialhilfe vom Einsatz des Vermögens abhängig zu machen. Dieses Verbot ist mit dem allgemeinen Grund der **Härte** verbunden. Seit dem Urteil des BVerwG (BVerwG 26.1.1966 – V C 88.64 Rn. 42) besteht im Grundsatz Einverständnis, wie der Begriff der Härte auszulegen ist. Es handelt sich um einen **unbestimmten Rechtsbegriff,** der im Zusammenhang mit den vorangehenden Vorschriften als Schonvermögen gesehen werden muss. Das geschonte Vermögen soll gewährleisten, dass die Sozialhilfe nicht zu einer wesentlichen Beeinträchtigung der vorhandenen Lebensgrundlage führt. Dem Leistungsberechtigten und seiner Familie soll ein wirtschaftlicher Bewegungsspielraum bleiben und der Wille zur Selbsthilfe soll nicht gelähmt werden. Kommen die Regelvorschriften über das Schonvermögen zu einem den Leitvorstellungen des § 90 Abs. 2 SGB XII nicht entsprechenden Ergebnis, sollen **atypische Fallkonstellationen** durch die Härteregelung im Einzelfall aufgefangen werden.

71     Das BSG (BSG 11.12.2007 – B 8/9b SO 20/06 R, Rn. 15) knüpft an die verwaltungsgerichtliche Rechtsprechung an: Der Begriff der Härte ist zunächst im Zusammenhang mit den Vorschriften über das Schonvermögen nach § 88 Abs. 2 BSHG/ § 90 Abs. 2 SGB XII zu sehen, d. h., das Ziel der Härtevorschrift muss in Einklang mit den Bestimmungen über das Schonvermögen stehen, nämlich dem Sozialhilfeempfänger einen gewissen Spielraum in seiner wirtschaftlichen Bewegungsfreiheit zu erhalten. Während die Vorschriften über das Schonvermögen typische Lebenssachverhalte regeln, bei denen es als unbillig erscheint, die Sozialhilfe vom Einsatz

bestimmter Vermögensgegenstände abhängig zu machen, regelt § 90 Abs. 3 SGB XII atypische Fallgestaltungen, die mit den Regelbeispielen des § 90 Abs. 2 SGB XII vergleichbar sind und zu einem den Leitvorstellungen des § 90 Abs. 2 SGB XII entsprechenden Ergebnis führen. Eine Härte liegt danach vor, wenn auf Grund besonderer Umstände des Einzelfalles, wie z. B. die Art, Schwere und Dauer der Hilfe, das Alter, der Familienstand oder die sonstigen Belastungen des Vermögensinhabers und seiner Angehörigen eine typische Vermögenslage deshalb zu einer besonderen Situation wird, weil die soziale Stellung des Hilfenachfragenden insbesondere wegen einer Behinderung, Krankheit oder Pflegebedürftigkeit nachhaltig beeinträchtigt ist (BSG 25.8.2011 – B 8 SO 19/10 R, Rn. 22). Zwar spielt dabei die Herkunft des Vermögens regelmäßig keine entscheidende Rolle, dies gilt jedoch nicht ausnahmslos. In Einzelfällen kann die Herkunft des Vermögens dieses so prägen, dass seine Verwertung eine Härte darstellen kann. Das bloße Ansparen von Sozialhilfeleistungen durch Konsumverzicht genügt hingegen in der Regel nicht, sondern es müssen besondere Umstände hinzutreten. In § 12 Abs. 3 S. 1 Nr. 6 SGB II will das BSG hingegen einen strengeren Maßstab als im SGB XII zugrunde legen, da im Gegensatz zum SGB XII eine besondere Härte gefordert werde (BSG 16.5.2007 – B 11b AS 37/06 R, Rn. 34; dem sich anschließend BSG 15.4.2008 – B 14/7b AS 68/06 R, Rn. 31).

Gemischte Bedarfsgemeinschaften (bestehend aus Leistungsberechtigten nach **72** dem SGB II und SGB XII), die über Schonvermögen nach dem SGB II verfügen (wie z. B. einen Pkw), das nach den Vorschriften des SGB II nicht zu verwerten ist, können sich hinsichtlich dieses Vermögensgegenstandes auch auf eine Härte im Sinne des § 90 Abs. 3 S. 1 SGB XII berufen (BSG 18.3.2008 – B 8/9b SO 11/06 R).

Als Härte ist angesehen worden: Angespartes **Blindengeld** (BSG 11.12.2007 – B **73** 8/9b SO 20/06 R, Rn. 15); angespartes **Erziehungsgeld** während des gesetzlichen Förderungszeitraums (BVerwG 4.9.1997 – 5 C 8/97); **Schmerzensgeld** aufgrund der Ausgleichs- und Genugtuungsfunktion (BVerwG 19.5.2005 – 5 B 106/04; BSG 15.4.2008 – B 14/7b AS 6/07 R); soziale Ausgleichsleistungen nach **§§ 16 ff.** **StrRehaG** (BGH 26.11.2014 – XII ZB 542/13, Rn. 17); Vermögen aus Zahlungen aus dem **Hardship Fund der Claims Conference** und nach den Richtlinien zum Härtefonds des Landes Nordrhein-Westfalen zur Unterstützung von NS-Opfern (LSG NRW 28.7.2008 – L 20 SO 17/08); Kraftfahrzeug bei besonderen Umständen (vgl. *Mecke,* jurisPK-SGB XII, § 90 Rn. 105; *Mester,* ZfF 2011, 32; LSG BW 11.10.2010 – L 7 SO 3392/10 ER-B). Das Affektionsinteresse an einer Münzsammlung hindert hingegen nicht den Verkauf (BSG 23.5.2012 – B 14 AS 100/11 R, Rn. 27).

Ein Härtegrund liegt auch dann vor, wenn die Verwertung offensichtlich unwirt- **74** schaftlich ist. Auch wenn dieses Kriterium im SGB XII im Gegensatz zu § 12 Abs. 3 S. 1 Nr. 6 SGB II nicht ausdrücklich genannt wird, ist kein Grund ersichtlich, diesen Wirtschaftlichkeitsgesichtspunkt anders als im SGB II gänzlich außer vor zu lassen (BSG 18.3.2008 – B 8/9b SO 9/06 R, Rn. 25; *Mecke,* JurisPK-SGB XII Rn. 108). Vor allem bei angesparten Leistungen, bei denen der Verkauf zu einem Wertverlust führt, stellt sich die Frage, in welchem Rahmen dem Hilfeberechtigten ein Wertverlust zugemutet werden kann.

Bei **Lebensversicherungen** stellt das BSG in seinen Entscheidungen zur **75** Arbeitslosenhilfe und seit 2005 zum SGB II darauf ab, ob ein deutliches Missverhältnis zwischen Beiträgen (Substanzwert) und dem aus der Verwertung erzielten tatsächlichen Gegenwert (Rückkaufswert) besteht (vgl. z. B. BSG 20.2.2014 – B 14 AS 10/13 R, Rn. 36; BSG 6.9.2007 – B 14/7b AS 66/06 R, Rn. 22). Hinsichtlich der Wirtschaftlichkeit der Verwertung ist auf das ökonomische Kalkül eines rational handelnden Marktteilnehmers abzustellen (BSG 11.12.2012 – B 4 AS 29/12 R). Diesen Entscheidungen ist, ohne dass eine absolute Grenze festgelegt wurde, zu entnehmen, dass ein Verlust von 12,9 % noch hinnehmbar ist (BSG 6.9.2007 – B 14/7b AS 66/06 R, Rn. 23), ebenso 11 % (BSG 25.8.2011 – B 8 SO 19/10 R, Rn. 24), nicht jedoch von 48,2 % (BSG 6.9.2007 – B 14/7b AS 66/06 R, Rn. 23), 44,26 % (BSG 20.2.2014 – B 14 AS 10/13, Rn. 37), 42,7 % und 26,9 % (BSG 15.4.2008 – B 14/7b AS 6/07 R, Rn. 20) sowie 18,5 % (zumindest zweifelhaft nach BSG 6.9.2007 – B 14/7b AS 66/06 R, Rn. 23). Diese Werte differieren erheblich zur Rechtsprechung des BVerwG, das noch einen Verlust von 50 % als akzeptabel angedeutet hat (BVerwG 19.12.1997 – 5 C 7/96). Nach neuerer Rechtsprechung des BSG zum SGB II kommt eine einzelfallunabhängige Bestimmung einer feststehenden unteren Verlustquote, ab der die Verwertung von Lebensversicherungen immer offensichtlich unwirtschaftlich ist, von vornherein nicht in Betracht (BSG 20.2.2014 – B 14 AS 10/13 R, Rn. 43). Zu den in einer Gesamtschau zu berücksichtigenden Umständen des Einzelfalls können mit Blick auf die Verwertung von Lebensversicherungen neben der Verlustquote bei ihrer vorzeitigen Auflösung die konkreten Vertragsbedingungen der Versicherung (z. B. versicherte Risiken, Laufzeit, Leistungen vor und nach Ablauf, Prämien, Kündigungsfristen) und die konkrete Vertragssituation (z. B. bisherige Laufzeit und Ansparphase im Verhältnis zur Laufzeitvereinbarung, bereits in Anspruch genommene Leistungen vor Ablauf) ebenso gehören wie der Umstand, ob die Versicherung bereits beliehen ist (BSG 20.2.2014 – B 14 AS 10/13 R, Rn. 43). Die Offensichtlichkeit einer Unwirtschaftlichkeit kann zudem mitgeprägt werden durch das, was bei der vorzeitigen Auflösung von Versicherungen an Verlusten im Wirtschafts- und Rechtsverkehr allgemein üblich ist (BSG 20.2.2014 – B 14 AS 10/13 R Rn. 43). Der für das Sozialhilferecht zuständige Senat hat im Zusammenhang mit der Verwertung von Lebensversicherungen zudem darauf hingewiesen, dass im Rahmen des SGB XII ein strengerer Maßstab beim Vermögenseinsatz als im SGB II anzulegen ist, weil typisierend davon auszugehen ist, dass der Personenkreis, der Leistungen nach dem SGB XII bezieht, angesichts fehlender Erwerbsmöglichkeiten im Alter und bei dauerhafter Erwerbsminderung nicht nur vorübergehend auf die Leistungen angewiesen ist und von ihm deshalb der Einsatz von Vermögen in gesteigertem Maß erwartet werden kann (BSG 25.8.2011 – B 8 SO 19/10 R Rn. 24).

76   Aktien sind auch dann verwertbar, wenn sie nicht den höchsten denkbaren Erlös erbringen. Hierbei ist zu berücksichtigen, dass ihnen Spekulationscharakter zukommt, so dass größere Verluste beim Verkauf hinzunehmen sind (so auch *Geiger*, LPK-SGB XII, § 90 Rn. 82). Auch der Verlust von Sparprämien und Zinsen ist hinzunehmen (vgl. DV Empfehlungen, 2008, Rn. 161). In derartigen Fällen kann noch nicht davon gesprochen werden, dass die Folgen, die aus einem Verkauf entstehen, als unwirtschaftlich zu bewerten sind.

77   Die Sicherung von **Bestattungskosten** ist nur durch die Härteregelung des § 90 Abs. 3 SGB XII möglich (vgl. BSG 18.3.2008 – B 8/9b SO 9/06 R, Rn. 19; BVerwG 11.12.2003 – 5 C 84/02, Rn. 19; *Mecke*, jurisPK-SGB XII, § 90 Rn. 102). Der Wunsch des Menschen, für die Zeit nach seinem Tod durch eine angemessene Bestattung und Grabpflege vorzusorgen, ist sozialhilferechtlich schützenswert, so dass Vermögen sowohl für einen Bestattungsvorsorgevertrag sowohl für eine angemessene Bestattung als auch für eine angemessene Grabpflege als Schonvermögen im Sinne der Härtefallregelungen anzusehen ist (BVerwG 11.12.2003 – 5 C 84.02; BSG 18.3.2008 – B 8/9b SO 9/06 R). Im Katalog des § 90 Abs. 2 SGB XII sind derartige zweckgerichtete Vermögensansammlungen zwar nicht erwähnt. Die Bundesregierung hat eine Gesetzesinitiative des Bundesrates, mit der die ausdrückliche Privilegierung eines Bestattungsvorsorgevertrages im Gesetz vorgesehen war, jedoch gerade mit der Begründung abgelehnt, die vorgesehene Regelung sei nicht erforderlich, weil bereits nach geltendem Recht mit der Härtefallregelung in § 90 Abs. 3 SGB XII sowie mit der Vorschrift des § 74 SGB XII eine menschenwürdige Bestattung für

Sozialhilfeempfänger sichergestellt sei (BT-Drs. 16/239, S. 10, 15 und 17; vgl. hierzu BSG 18.3.2008 – B 8/9b SO 9/06 R). Der Bestattung und Grabpflege dienendes Vermögen ist daher grundsätzlich durch § 90 Abs. 3 SGB XII geschützt (*Lücking*, Hauck/Noftz, § 90 Rn. 101; *Hohm,* Schellhorn/Hohm/Scheider, § 90 Rn. 105). Als Härtefall geschützt ist aber nur ein angemessener Betrag, der eine schlichte Beerdigung oder Grabpflege ermöglicht. Ggfs. müssen Ermittlungen bei Bestattungsunternehmen angestellt werden, um die Kosten für eine würdige, aber schlichte Bestattung zu ermitteln. Wird ein Bestattungsvorsorgevertrag erst unmittelbar vor der Inanspruchnahme von Sozialhilfeleistungen geschlossen, um Sozialhilfeleistungen zu erhalten, ist dies im Rahmen der Härtefallprüfung zu berücksichtigen (vgl. dazu auch BSG 18.3.2008 – B 8/9b SO 9/06 R; zur kritischen Würdigung s. auch *Jacobsen,* NOV 2007, 357 m. weiteren Rechtsprechungsnachweisen). Gleiches gilt für Sterbegeldversicherungen.

Für die anwaltliche Beratung spielt das sog. **Behinderten- oder Bedürftigkeits-** 78 **testament** eine wesentliche Rolle (vgl. dazu auch *Doering-Striening*, S. 154 ff.; *dies.,* in Richter u. a., S. 172 ff.; vgl. *Geiger*, LPK-SGB XII, § 90 Rn. 118). Dabei handelt es sich um Verfügungen von Todes wegen, in denen Eltern eines behinderten Kindes die Nachlassverteilung durch eine kombinierte Anordnung von Vor- und Nacherbschaft sowie einer – mit konkreten Verwaltungsanweisungen versehenen – Dauertestamentsvollstreckung so gestalten, dass das Kind zwar Vorteile aus dem Nachlassvermögen erhält, der Sozialhilfeträger auf dieses jedoch nicht zugreifen kann (BGH 19.1.2011 – IV ZR 7/10, Rn. 12). Diese sind nach ständiger Rechtsprechung des BGH grundsätzlich nicht sittenwidrig, sondern vielmehr Ausdruck der sittlich anzuerkennenden Sorge für das Wohl des Kindes über den Tod der Eltern hinaus (BGH 19.1.2011 – IV ZR 7/10, Rn. 12).

Ein besonderes Problem stellt der Einsatz unrechtmäßig vorenthaltener, aber später 79 **nachgezahlter Sozialhilfe** als Vermögen zur Deckung eines gegenwärtigen Bedarfs dar. Nach § 90 Abs. 3 SGB XII kann ein solches Vermögen geschont werden. Der gesetzliche Zweck würde geradezu in sein Gegenteil gekehrt, wenn die verspätet ausgezahlte, erst durch Leistungsurteil erstrittene Sozialhilfe als Vermögen voll eingesetzt werden müsste.

In Satz 2 sind für die Hilfen nach dem Fünften bis Neunten Kapitel besondere 80 Härtegründe ausdrücklich genannt, und zwar, soweit eine angemessene Lebensführung oder die Aufrechterhaltung einer angemessenen Alterssicherung wesentlich erschwert würde. Auch wenn Satz 2 diese Härtegründe ausdrücklich nur für Leistungen nach dem Fünften bis Neunten Kapitel formuliert, sind diese Gesichtspunkte dennoch auch bei der Hilfe zum Lebensunterhalt heranzuziehen (*Mecke*, JurisPK-SGB XII, § 90 Rn. 112). Ganz wesentlich wird die Entscheidung, wann die **angemessene Lebensführung** eingeschränkt wird, durch die Umstände des Einzelfalles, insbesondere die bisherigen Lebensumstände, wie z. B. Behinderungen, beeinflusst. So ist beispielsweise die Verwertung eines Miteigentumsanteils an einem zu großen Hausgrundstück eine Härte, wenn die Wohnstatt mit erheblichen Mitteln behindertengerecht umgebaut worden ist (vgl. LSG NRW 25.3.2010 – L 9 SO 43/08; s. auch *Mester*, ZfF 2011, 30).

Die Aufrechterhaltung einer angemessenen **Alterssicherung,** die ebenfalls als 81 Härtegrund in Satz 2 angesprochen wird, soll verhindern, dass die angemessene Lebensführung im Alter gefährdet ist. Diesbezügliche unverbindliche Erwägungen für die Verwendung des Vermögens ohne konkrete Dispositionen (vgl. dazu BVerwG 21.10.1970 – V C 33.70, Rn. 19) reichen für die Annahme dieses Härtegrundes nicht aus. Das BVerwG hat eine Kapitallebensversicherung nicht als zur Alterssicherung geschütztes Vermögen angesehen, da der Versicherte nach Auszahlung über die Verwendung frei entscheiden könne (BVerwG 13.5.2004 – 5 C 3/03). Vielmehr spielt jedoch auch die Gesamtsituation des Betreffenden bei der Bewertung eine wesentliche Rolle, die z. B. anhand des nachgewiesenen Verlaufs der Rentenversicherung und weiterer privater Vorsorge nachvollzogen werden muss. In die Prüfung der Aufrechterhaltung einer angemessenen Alterssicherung ist einzubeziehen, ob bei einer ins Auge gefassten Verwertung einer nicht geschützten Lebensversicherung sonstiges Vermögen in Form von Rentenansprüchen vorhanden ist, das wesentlich zur Alterssicherung beitragen kann (s. dazu auch *Geiger,* LPK-SGB XII, § 90 Rn. 96). Müssen noch jahrelang weitere Verpflichtungen zur Aufrechterhaltung der späteren Alterssicherung eingehalten werden (fortlaufende Prämienzahlungen einer Lebensversicherung), kann von einem Härtefall nicht die Rede sein. In einem solchen Fall hat der Leistungsberechtigte nicht jene Vermögenssubstanz angesammelt, die sozialhilferechtlich schutzwürdig ist. Ebenso nicht, wenn die Alterssicherung nicht zu einer Unabhängigkeit von der Sozialhilfe führen kann (BVerwG 13.5.2004 – 5 C 3/03, Rn. 20).

82    Angemessen ist eine Alterssicherung nur insoweit, als sie ein Leben etwas oberhalb des Sozialhilfeniveaus ermöglicht. Das BSG hat sich im Rahmen der Arbeitslosenhilfe an der Standardrente orientiert und drei Siebtel der Standardrente als zusätzliche Alterssicherung als angemessen eingestuft (BSG 22.10.1998 – B 7 AL 118/97 R). Nach anderer Auffassung ist hingegen auf die Pfändungsfreigrenze für die Altersvorsorge von Selbständigen abzustellen (*Mecke,* JurisPK-SGB XII, § 90 Rn. 121). Die Angemessenheit wird jedenfalls nicht durch einen absoluten Wert bestimmt werden können, da zur Bestimmung des unbestimmten Rechtsbegriffs auch die besonderen Lebensverhältnisse des Hilfebedürftigen zu berücksichtigen sind, wie z. B. ein erhöhter Bedarf aufgrund Behinderung bzw. der Umfang der noch möglichen Eigenvorsorge bis zum Renteneintritt.

83    In dem mit dem Bundesteilhabegesetz v. 23.12.2016 (BGBl. I S. 3234) mit Wirkung zum 1.1.2017 eingefügten § 60a ist bis zum 31.12.2019 eine Sonderregelung für Personen vorgesehen, die Leistungen der Eingliederungshilfe erhalten. Für diese gilt ein zusätzlicher Betrag von bis zu 25.000 Euro für die Lebensführung und die Alterssicherung im Sinne von § 90 Absatz 3 Satz 2 als angemessen. Nach der Gesetzesbegründung (BT-Drs. 18/9522, S. 328) gilt dies im Vorgriff auf das Inkrafttreten der Neuregelung der Eingliederungshilfe im SGB IX, die einen voraussetzungslosen Freibetrag in Höhe von 50.000 Euro vorsieht. Es wird pauschalierend angenommen, dass bei Leistungen nach dem Sechsten Kapitel jedenfalls ein Betrag von 25.000 Euro für eine angemessene Lebensführung und für eine angemessene Alterssicherung notwendig ist, so dass es keiner Einzelfallprüfung bedarf.

## § 91 Darlehen

**[1]Soweit nach § 90 für den Bedarf der nachfragenden Person Vermögen einzusetzen ist, jedoch der sofortige Verbrauch oder die sofortige Verwertung des Vermögens nicht möglich ist oder für die, die es einzusetzen hat, eine Härte bedeuten würde, soll die Sozialhilfe als Darlehen geleistet werden. [2]Die Leistungserbringung kann davon abhängig gemacht werden, dass der Anspruch auf Rückzahlung dinglich oder in anderer Weise gesichert wird.**

*Vergleichbare Vorschriften: §§ 12, 24 Abs. 5 SGB II.*

## I. Bedeutung der Vorschrift

1    Die Vorschrift **ergänzt** § 90 SGB XII. Sie gilt für das nach § 90 Abs. 1 SGB XII verwertbare, nicht nach § 90 Abs. 2 SGB XII geschützte oder nach § 90 Abs. 3 SGB XII freigestellte Vermögen. Sie erhält dem Hilfe Nachsuchenden oder dem

zum Einsatz Mitverpflichtetem das Vermögen oder schützt ihn davor, es im Zeitpunkt der Hilfegewährung unwirtschaftlich verwerten zu müssen. Sie bietet dem Hilfeträger die Möglichkeit, trotz einzusetzenden Vermögens flexibel auf den Hilfefall zu reagieren. Die Vorschrift ist **bei allen Sozialhilfeleistungen** zu beachten, für die ein Vermögenseinsatz gefordert wird.

Zwischen der Darlehensgewährung nach § 91 SGB XII und der Möglichkeit, in **2** Fällen des § 19 Abs. 5 SGB XII vorzuleisten und später Aufwendungsersatz geltend zu machen, kann der Hilfeträger nicht wählen (wie hier *Mecke*, jurisPK-SGB XII, § 91 Rn. 7; a. A. *Geiger*, LPK-SGB XII, § 91 Rn. 16). Die Regelung des § 19 Abs. 5 SGB XII zielt darauf ab, dass zunächst die Leistungen ohne Einschränkungen erbracht werden und nach Klärung der Einkommens- und Vermögensverhältnisse ein Erstattungsanspruch entstehen kann. In § 91 SGB XII soll eine Darlehensgewährung bei Erfüllung der Voraussetzungen erfolgen (*Mecke*, jurisPK-SGB XII, § 91 Rn. 7).

Eine **spezielle Form** der Darlehensgewährung ist die Schuldenübernahme zur **3** Sicherung der Unterkunft, § 36 Abs. 1 S. 3 SGB XII (so auch *Mecke*, jurisPK-SGB XII, § 91 Rn. 8). Nach dieser Vorschrift steht es im Ermessen des Leistungsträgers, ob er die Schulden als nicht rückzahlbare Beihilfe oder als Darlehen übernimmt.

Weitere Möglichkeiten der Darlehensgewährung ergeben sich aus § 37 Abs. 1 und **4** nach § 38 Abs. 1 SGB XII. Auch hierbei handelt es sich um spezielle Bedarfssituationen, die sich inhaltlich deutlich von der Anwendung des § 91 SGB XII unterscheiden.

## II. Inhalt der Vorschrift

Die Vorschrift entspricht inhaltlich dem § 89 BSHG. Eine dem SGB XII vergleichbare Vorschrift findet sich in § 24 Abs. 5 SGB II. **5**

Schon das BSHG enthielt keine näheren Regelungen über die Ausgestaltung des **6** Darlehens. Dies hat sich im SGB XII fortgesetzt. Im SGB II wurde dagegen mit § 42a SGB II mittlerweile eine nähere Ausgestaltung der Darlehensgewährung vorgenommen. Unter einem Darlehen ist die rückzahlbare Hingabe von Geldleistungen zu verstehen, die an die Stelle der ansonsten nicht rückzahlbaren Beihilfe tritt. Ohne die Vorschrift wäre die Leistungsbewilligung in Form eines Darlehens rechtlich nicht zulässig.

Zu unterscheiden ist das nach § 91 SGB XII zu gewährende **Darlehen** von **7** einer im **einstweiligen Rechtsschutz** nach § 86b Abs. 2 S. 3, 4 SGG vorläufig gewährten Leistung. Der Sinn einer solchen, durch das Gericht ausgesprochenen vorläufigen Leistung ist der, dass deutlich gemacht werden soll, dass die zugesprochenen Leistungen unter dem Vorbehalt einer Entscheidung in der Hauptsache stehen und dem Leistung Nachfragenden nicht endgültig zugeordnet werden können (zum Ganzen auch *Mecke*, jurisPK-SGB XII, § 91 Rn. 9). Das Gericht bestimmt nach freiem Ermessen, welche Anforderungen bei einer positiven Entscheidung zum Erreichen des Sicherungs- oder Regelungszwecks erforderlich sind, § 86b Abs. 2 S. 4 SGG, § 938 Abs. 1 ZPO (*Mecke*, jurisPK-SGB XII, § 91 Rn. 9). Dass der Leistungsträger bei der Auszahlung Sicherheiten verlangt, obwohl der Ausspruch des Gerichts sich nicht dazu verhält, ist nicht zulässig (*Geiger*, LPK-SGB XII, § 91 Rn. 15).

Die gegenüber der Regelung des § 24 SGB II vorgebrachten Bedenken stellen **8** sich hier nicht. Im SGB II hat die Möglichkeit einer Darlehensgewährung den Zweck einer Öffnungsklausel, um nicht Gefahr zu laufen, in Einzelfällen gegen das Grundrecht auf Sicherung des existenziellen Minimums zu verstoßen. Im SGB XII hingegen geht es nicht um eine regelsatzbehaftete Unterversorgung, sondern darum, beim Vermögenseinsatz nach § 90 SGB XII einen weiteren, wenn auch zeitlich befristeten Schutz zur Verfügung zu stellen.

## III. Darlehensgewährung

### 1. Voraussetzungen eines Darlehens nach Satz 1

9    **a) Sofortiger Verbrauch oder Verwertung unmöglich.** Die Vorschrift knüpft zunächst daran an, dass der sofortige Verbrauch oder die sofortige Verwertung nicht möglich ist. Eine sofortige Verwertung kann unmöglich sein, weil noch zu beseitigende Verfügungsbeschränkungen des Vermögensgegenstandes bestehen oder weil noch Geld transferiert werden muss oder ein Grundstücksverkauf oder -belastung anstehen, was einige Zeit in Anspruch nimmt (vgl. *Geiger*, LPK-SGB XII, § 91 Rn. 2; *Mecke*, jurisPK-SGB XII, § 91 Rn. 14). Maßgeblich ist vor allem, dass der Bedarf nicht so lange Aufschub duldet, bis die Vermögensverwertung erfolgt ist. Ist eine Sache allerdings auf Dauer nicht verwertbar, handelt es sich nicht mehr um verwertbares Vermögen und eine darlehensgestützte Leistung kommt nicht infrage. Ob z. B. ein Grundstück auf Dauer keinen Käufer findet, ist sehr genau (Einholung von Bankauskünften, Beauftragung von Maklern) zu ermitteln. Der Verwertbarkeit wohnt damit eine gewisse zeitliche Komponente inne (vgl. BSG 6.12.2007 – B 14/7b AS 46/06 R). Insofern liegt in der Entscheidung auch etwas Prognostisches, wobei auf den Zeitpunkt der Hilfebedürftigkeit abzustellen ist (vgl. BVerwG 19.12.1997 – 5 C 7/96; vgl. BSG 6.12.2007 – B 14/7b AS 46/06 R). Bestehen Verfügungsbeschränkungen, deren Aufhebung eine Zeit in Anspruch nimmt, ist ebenfalls die Gewährung eines Darlehens statthaft.

10    **b) Härtefall.** Ein Darlehen kann auch in einem Härtefall gewährt werden. Es handelt sich jedoch um eine andere Härte als die, die in § 90 Abs. 3 SGB XII genannt ist. Der Begriff der Härte ist zwar auch ein unbestimmter Rechtsbegriff. Er ist aber nicht mit dem in § 90 Abs. 3 SGB XII angesprochenen Härtebegriff identisch, weil sich § 91 SGB XII nur auf verwertbares Vermögen bezieht (vgl. BVerwG 26.10.1989 – 5 C 34/86; *Geiger*, LPK-SGB XII, § 91 Rn. 10). Eine genaue Abgrenzung ist schwierig. Zu berücksichtigen ist, dass die in § 91 SGB XII gemeinte Härte die Folgen einer nach der Prüfung des § 90 SGB XII eigentlich anstehenden Verwertung des Vermögens einer weiteren Abschätzung unterziehen will, um bei Vorliegen der Härte vom Grundsatz der Selbsthilfe abzuweichen. Bei der Prüfung von Härtegesichtspunkten ist in einem ersten Schritt festzustellen, ob die Voraussetzungen des § 90 Abs. 3 SGB XII vorliegen, erst wenn das Vermögen nicht geschont wird, kann die Prüfung des § 91 S. 1 SGB XII erfolgen. Unter diesen systematischen Kautelen ist es zumindest missverständlich, davon zu sprechen, dass bei einer Konkurrenz beider Vorschriften die Regelung des § 90 Abs. 3 SGB XII Vorrang hat (so aber *Hohm*, Schellhorn/Hohm/Scheider, § 91 Rn. 18). Im Allgemeinen wird der Begriff der Härte dahingehend verstanden, dass eine Verwertung des Vermögens unwirtschaftlich wäre (vgl. *Geiger*, LPK-SGB XII, § 91 Rn. 10). Das Tatbestandsmerkmal der Härte nach § 91 S. 1 SGB XII unterscheidet sich von dem des § 90 Abs. 3 SGB XII dadurch, dass es in § 91 S. 1 SGB XII auf den Zeitpunkt der Verwertung ankommt (*Mecke*, jurisPK-SGB XII, § 91 Rn. 16). Ist eine Verwertung aus wirtschaftlichen Gründen an sich nicht opportun, wird das Vermögen nicht verwertet, weil dann schon die Voraussetzungen des § 90 Abs. 3 SGB XII vorliegen. Ein Härtefall nach § 91 S. 1 SGB XII kann beim sich berechtigten Verkauf von Wertpapieren vorliegen, weil ein im Zeitpunkt der notwendig gewordenen Verwertung für die Wertpapiere ungünstiger Kurs erzielt wird, bei einem Grundstück kann es ein zu erwartender alsbaldiger Wertzuwachs

sein. Sind vermögenswirksame Leistungen fest angelegt worden, kann ein Härtefall angenommen werden, wenn nur noch eine kurze Restlaufzeit verbleibt, um dann den gesamten Betrag mit Prämien zu erhalten. Immer spielen auch die Umstände des Einzelfalles eine Rolle, was allerdings nicht bedeutet, dass subjektive Momente eine starke Entscheidungsrolle spielen (*Hohm*, Schellhorn/Hohm/Scheider, § 91 Rn. 18).

**c) Ermessensentscheidung.** Liegen die tatbestandlichen Voraussetzungen des **11** Satz 1 vor, ist das Ermessen der Behörde eingeschränkt („soll"). Nur ausnahmsweise kann sie die Bewilligung eines Darlehens verweigern.

## 2. Darlehen als Handlungsform

Das SGB XII kennt wie das BSHG keine allgemeinen Vorschriften, die die **12** Gewährung eines Darlehens vorsehen. Die Verwendung des Wortes Darlehen besagt im Kontext sozialhilferechtlicher Regelungen nichts anderes, als dass es um die **besondere Ausgestaltung einer Hilfeform** geht, die vom sonst üblichen Beihilfeprinzip abweicht. Die geleistete Hilfe soll letztlich nicht beim Hilfenachsuchenden verbleiben, sondern von ihm zurückgezahlt werden. In der **Entscheidungsform** ist der Leistungsträger frei (s. auch *Mecke*, jurisPK-SGB XII, § 91 Rn. 27).

Da zwischen dem Hilfeempfänger und dem Leistungsträger ein **subordinations-** **13** **rechtliches Verhältnis** besteht, ist die Vergabe eines Darlehens nach § 91 SGB XII einschließlich der Darlehensbedingungen dem öffentlichen Recht zuzurechnen. Ein ausschließlich privatrechtliches Darlehen lässt sich mit der öffentlich-rechtlichen Vorschrift des § 91 SGB XII nicht vereinbaren.

Über die Gewährung der Sozialhilfe als Darlehen kann der Hilfeträger auch in **14** der Form des **Verwaltungsaktes** entscheiden. Hier bieten sich mehrere Möglichkeiten an. Der Hilfeträger kann zunächst in einem **Grundbescheid** darüber entscheiden, ob er dem vermögenden Hilfeberechtigten die Sozialhilfeleistung als Darlehen gewährt (BVerwG 17.10.1974 – V C 50.73, BSGE 47, 103, 109). In einem zweiten Schritt sind dann durch Verwaltungsakt die weiteren Einzelheiten der Darlehensgewährung (Laufzeit, Tilgung, Verzinsung, Sicherung der Darlehensrückforderung) festzulegen. Erscheint dem Hilfeträger ein derartig gestuftes Verfahren nicht sachdienlich, ist er rechtlich nicht gehindert, die Entscheidung über das Ob der Hilfegewährung und das Wie in Form der Auszahlungs- und Rückzahlungsmodalitäten als Nebenbestimmung in einem Verwaltungsakt zu treffen.

Die Handlungsform des Verwaltungsaktes ist nicht zwingend. Es steht grund- **15** sätzlich im Ermessen des Hilfeträgers, welche Handlungsformwahl er trifft. Möglich ist auch der Abschluss eines **öffentlich-rechtlichen Vertrages** (OVG Berlin 14.5.1987 – 6 B 34.86, FEVS 37, 195; VGH Mannheim 22.1.1992 – 6 S 3004/90, NVwZ-RR 1992, 634). Mangels spezialgesetzlicher Regelungen im SGB XII sind die allgemeinen Vorschriften über die Zulässigkeit des öffentlich-rechtlichen Vertrages (§§ 53 ff. SGB X) und ergänzend §§ 488 ff. BGB heranzuziehen. Die Praxis bevorzugt eine Kombination aus Verwaltungsakt (Entscheidung über das Ob) und öffentlich-rechtlichem Vertrag (Ausgestaltung der Darlehensmodalitäten; *Schlette*, ZfSH/SGB 1998, 156). Eine umfassende Wahlfreiheit dahingehend, dass der Hilfeträger sich entweder für die Handlungsformen des öffentlichen Rechts oder des Privatrechts oder für eine Vorgehensweise nach der Zweistufentheorie (Entscheidung des Ob als Verwaltungsakt, das Wie wird als zivilrechtliches Darlehen gewährt), entscheiden kann, ist nicht anzuerkennen. Es besteht grundsätzlich eine Verpflichtung der Verwaltung, öffentliche Aufgaben mit ihren besonderen Spezifika in öffentlich-rechtlichen Handlungsformen umzusetzen (so *Schlette*, ZfSH/SGB 1998, 158).

**16**    Die Grenzen der Belastung mit einem sozialhilferechtlichen Darlehen ergeben sich bei Grundstücken durch den Verkehrswert. Die Gewährung der Sozialhilfe in Form eines Darlehens muss ein Ende finden, wenn die Belastungen den Verkehrswert des Vermögensgegenstandes erreichen (BSG 25.8.2011 – B 8 SO 19/10 R; *Mecke*, jurisPK-SGB XII, § 91 Rn. 24). Auch wenn der das Darlehen bewilligende Bescheid unanfechtbar wird, kann der Verpflichtete bei einer Rückforderung des Darlehens den Einwand unzulässiger Rechtsausübung erheben, soweit die Darlehenssumme den Wert des einzusetzenden Vermögens übersteigt (BGH 23.1.1996 – XI ZR 155/95, FamRZ 1996, 484 f.). Die Inanspruchnahme über den Wert des einzusetzenden Vermögens hinaus steht mit dem Zweck der Sozialhilfe nicht in Einklang. Ziel der Sozialhilfe ist, unabhängig von der Sozialhilfe zu leben und nicht tiefer in eine sozialhilferechtliche Abhängigkeit zu geraten.

### 3. Bedingung (S. 2)

**17**    Die Gewährung eines Darlehens kann davon abhängig gemacht werden, dass der Anspruch auf Rückzahlung dinglich oder in anderer Weise gesichert wird. Bei Grundstücken erfolgt diese Sicherung durch die Bestellung eines Grundpfandrechtes, ansonsten durch Sicherungsübereignung oder Forderungsabtretung. Wird die Darlehensgewährung durch Verwaltungsakt festgesetzt, erfolgt die Sicherung der Darlehensrückforderung durch in den Bewilligungsbescheid aufzunehmende Bedingungen (§ 32 SGB X). Die für die Umsetzung der Bedingungen notwendigen rechtsgeschäftlichen Erklärungen richten sich nach den Vorschriften des BGB. Wird eine Sicherung des Rückzahlungsanspruchs verweigert, ist die Ablehnung der begehrten Hilfe rechtmäßig.

**18**    Ist wegen vorhandenem, aber nicht verwertbarem Vermögen Sozialhilfe im Rahmen einer gebundenen Entscheidung nur darlehensweise zu bewilligen und ist dies durch Verwaltungsakt geschehen, darf die Zahlung von Darlehenszinsen nach der Rechtsprechung des BSG nicht verlangt werden (BSG 27.5.2014 – B 8 SO 1/13 R). Eine entsprechende gesetzliche Regelung sei nicht vorhanden. Hiervon zu unterscheiden ist die Verzinsungspflicht nach Rechtshängigkeit des Rückzahlungsanspruchs. Dieser ist gemäß § 291 BGB analog zu verzinsen (OVG Münster 17.5.1988 – 8 A 189/87, FEVS 41, 193).

### IV. Prozessuales

**19**    Das Angebot des Leistungsträgers vorläufig ein Darlehen zu gewähren, bis in einem möglichen Hauptsacheverfahren geklärt werden kann, ob vorhandenes Vermögen einzusetzen ist, beseitigt den Anordnungsgrund i. S. des § 86b Abs. 2 SGG (LSG BW 22.2.2008 – L 2 SO 233/08 ER-B, FEVS 59, 572; vgl. auch BayLSG 6.5.2009 – L 8 SO 45/09 B ER). Die Rechtswegfrage entscheidet sich danach, ob die Darlehensgewährung dem öffentlich-rechtlichen Regime unterstellt ist. Ist nach dem Grundbescheid ein zivilrechtlicher Darlehensvertrag abgeschlossen worden, gehören Streitigkeiten über die Rückzahlung des Darlehens vor das Zivilgericht. Gegen die Gewährung der Leistung als Darlehen ist die Anfechtungs- und Verpflichtungsklage statthaft, weil nur auf diese Weise die Gewährung als Zuschuss prozessual durchgesetzt werden kann (ebenso *Mecke*, jurisPK-SGB XII, § 91 Rn. 35).

## Vierter Abschnitt. Einschränkung der Anrechnung

### § 92 Anrechnung bei behinderten Menschen

(1) ¹**Erfordert die Behinderung Leistungen für eine stationäre Einrichtung, für eine Tageseinrichtung für behinderte Menschen oder für ärztliche**

oder ärztlich verordnete Maßnahmen, sind die Leistungen hierfür auch dann in vollem Umfang zu erbringen, wenn den in § 19 Abs. 3 genannten Personen die Aufbringung der Mittel zu einem Teil zuzumuten ist. [2]In Höhe dieses Teils haben sie zu den Kosten der erbrachten Leistungen beizutragen; mehrere Verpflichtete haften als Gesamtschuldner.

(2) [1]Den in § 19 Abs. 3 genannten Personen ist die Aufbringung der Mittel nur für die Kosten des Lebensunterhalts zuzumuten

1. bei heilpädagogischen Maßnahmen für Kinder, die noch nicht eingeschult sind,
2. bei der Hilfe zu einer angemessenen Schulbildung einschließlich der Vorbereitung hierzu,
3. bei der Hilfe, die dem behinderten noch nicht eingeschulten Menschen die für ihn erreichbare Teilnahme am Leben in der Gemeinschaft ermöglichen soll,
4. bei der Hilfe zur schulischen Ausbildung für einen angemessenen Beruf oder zur Ausbildung für eine sonstige angemessene Tätigkeit, wenn die hierzu erforderlichen Leistungen in besonderen Einrichtungen für behinderte Menschen erbracht werden,
5. bei Leistungen zur medizinischen Rehabilitation (§ 26 des Neunten Buches),
6. bei Leistungen zur Teilhabe am Arbeitsleben (§ 49 des Neunten Buches),
7. bei Leistungen in anerkannten Werkstätten für behinderte Menschen nach § 58 des Neunten Buches, bei anderen Leistungsanbietern nach § 60 des Neunten Buches und beim Budget für Arbeit nach § 61 des Neunten Buches,
8. bei Hilfen zum Erwerb praktischer Kenntnisse und Fähigkeiten, die erforderlich und geeignet sind, behinderten Menschen die für sie erreichbare Teilhabe am Arbeitsleben zu ermöglichen, soweit diese Hilfen in besonderen teilstationären Einrichtungen für behinderte Menschen erbracht werden.

[2]Die in Satz 1 genannten Leistungen sind ohne Berücksichtigung von vorhandenem Vermögen zu erbringen. [3]Die Kosten des in einer Einrichtung erbrachten Lebensunterhalts sind in den Fällen der Nummern 1 bis 6 nur in Höhe der für den häuslichen Lebensunterhalt ersparten Aufwendungen anzusetzen; dies gilt nicht für den Zeitraum, in dem gleichzeitig mit den Leistungen nach Satz 1 in der Einrichtung durchgeführte andere Leistungen überwiegen. [4]Die Aufbringung der Mittel nach Satz 1 Nr. 7 und 8 ist aus dem Einkommen nicht zuzumuten, wenn das Einkommen des behinderten Menschen insgesamt einen Betrag in Höhe des Zweifachen der Regelbedarfsstufe 1 nach der Anlage zu § 28 nicht übersteigt. [5]Die zuständigen Landesbehörden können Näheres über die Bemessung der für den häuslichen Lebensbedarf ersparten Aufwendungen und des Kostenbeitrags für das Mittagessen bestimmen. [6]Zum Ersatz der Kosten nach den §§ 103 und 104 ist insbesondere verpflichtet, wer sich in den Fällen der Nummern 5 und 6 vorsätzlich oder grob fahrlässig nicht oder nicht ausreichend versichert hat.

(3) [1]Hat ein anderer als ein nach bürgerlichem Recht Unterhaltspflichtiger nach sonstigen Vorschriften Leistungen für denselben Zweck zu erbringen, dem die in Absatz 2 genannten Leistungen dienen, wird seine Verpflichtung durch Absatz 2 nicht berührt. [2]Soweit er solche Leistungen erbringt, kann abweichend von Absatz 2 von den in § 19 Abs. 3 genannten Personen die Aufbringung der Mittel verlangt werden.

*Änderungen der Vorschrift:* Abs. 2 Satz 4 geänd. *mWv 1.1.2011 durch G v. 24.3.2011 (BGBl. I S. 453), Abs. 2 Satz 1 Nr. 7 geänd. mWv 1.1.2018 durch G v. 23.12.2016 (BGBl. I S. 3234), Abs. 2 Satz 1 Nr. 6 und 7 geänd. mWv 25.7.2017 durch G v. 17.7.2017 (BGBl. I S. 2541).*

**Schrifttum:** *Best,* Heranziehung von Eltern zu den Kosten für die Betreuung behindert Kinder in (integrativen) Kindertageseinrichtungen, ZfF 2007, 221; *Löden,* Zur beschränkten Kostenbeitragspflicht in der Eingliederungshilfe nach dem § 43 Abs. 2 BSHG, ZFSH/SGB 1983, 484; *Wendt,* Änderungen der erweiterten Hilfe nach § 43 BSHG durch das SGB IX, Rechtsdienst der Lebenshilfe 2001, 58.

**Übersicht**

# I. Bedeutung der Norm

1    Die Vorschrift betrifft die sog. **„erweiterte" Hilfe** im Interesse einer zeitnahen Bedarfsdeckung (vgl. auch *Lücking,* Hauck/Noftz, § 92 Rn. 1; *Behrend,* jurisPK-SGB XII, § 92 Rn. 5). Sie ist eine Sonderregelung im Rahmen der Eingliederungs-hilfe. Mit ihr werden vornehmlich sozialpolitische Zwecke verfolgt, um die Mög-lichkeiten behinderter Menschen bei der Eingliederung in die Gesellschaft zu verbes-sern. Mit ihrer Leistung wird dem **Faktizitätsprinzip** entsprochen. Der Hilfeträger muss in bestimmten Fällen der Eingliederung von behinderten Menschen unabhän-gig von der Bedürftigkeit des Berechtigten oder der nach § 19 Abs. 3 SGB XII Einstandspflichtigen in **Vorleistung** treten (sog. Bruttoprinzip). § 92 SGB XII stellt des Weiteren eine Ausnahme vom **Grundsatz des Nachrangs** dar (s. auch LSG NRW 20.4.2011 – L 9 SO 30/10), der, je nachdem welcher Absatz der Vorschrift zur Anwendung kommt, in unterschiedlicher Intensität durchbrochen wird. Damit begründet die Vorschrift keinen eigentlichen Leistungsanspruch, sondern sie bein-haltet eine Begrenzung oder den Ausschluss des Einkommens- und Vermögensein-satzes. Die Vorschrift findet keine Anwendung, wenn der Bedarf durch das vorhan-dene Einkommen und Vermögen vollständig gedeckt werden kann.

2    Während § 19 Abs. 3 SGB XII verlangt, dass im Fall der Einstandsgemeinschaft der dort genannte Personenkreis mit seinem Einkommen und Vermögen vor der

Inanspruchnahme staatlicher Hilfe für eine Leistung aufzukommen hat, steht nach § 92 Abs. 1 SGB XII zunächst die Pflicht des Hilfeträgers, die Eingliederungshilfe zu erbringen, ungeachtet des Nachrangprinzips, im Vordergrund. Die Vorschrift stellt sicher, dass bestimmte, dort näher aufgeführte Maßnahmen der Eingliederungshilfe selbst dann in vollem Umfang durchzuführen sind, wenn den in § 19 Abs. 3 SGB XII genannten Personen zuzumuten ist, für diese Leistungen teilweise oder ganz aufzukommen. Die Regelung sieht allerdings letztlich **keine abschließende Einstandspflicht** des Hilfeträgers vor. Nachträglich wird der Nachrang der Sozialhilfe durch das Erstattungsbegehren des § 92 Abs. 1 S. 2 SGB XII teilweise wiederhergestellt. Der Nachranggrundsatz wird auch durch § 92 Abs. 2 SGB XII gelockert, weil die Aufbringung der Mittel in bestimmten Fällen nur für die Kosten des Lebensunterhalts zugemutet wird. Durch diese Beschränkung verwirklicht sich ein wichtiges sozialpolitisches Anliegen, das bisher nur einem beschränkten Personenkreis zugutekam. Die frühere Fassung der Vorschrift privilegierte Behinderte, die das 21. Lebensjahr noch nicht vollendet hatten. Sie sollte damit der sozialen Gleichstellung der Eltern behinderter Kinder mit Eltern von Kindern ohne körperliche und geistige Behinderungen dienen. Schon § 43 Abs. 2 BSHG hatte durch das SGB IX (BGBl. 2001 I S. 1046) wichtige Umgestaltungen erfahren, die die Grundlage für die jetzige Vorschrift bilden. Das **Verhältnis zu § 27b SGB XII** ist dadurch gekennzeichnet, dass in den nicht in § 92 Abs. 2 SGB XII aufgeführten Fällen das Einkommen unmittelbar von den nach § 27b SGB XII zu bewilligenden Leistungen abgezogen wird.

## II. Inhalt der Norm

Die Vorschrift überträgt inhaltsgleich den bisherigen § 43 BSHG. Die Heraus- **3** nahme aus den Vorschriften der Eingliederungshilfe ist systemgerecht, weil sie thematisch in das Kapitel der Anrechnung von Einkommen und Vermögen gehört (vgl. *Hohm,* Schellhorn/Hohm/Scheider, § 92 Rn. 3). Klarstellend ist in § 92 Abs. 2 SGB XII der Satz eingefügt worden, dass die in Satz 1 genannten Leistungen ohne Rücksicht auf das vorhandene Vermögen zu gewähren sind. Der bisherige Absatz 2 Satz 5 ist gestrichen worden, weil die in Absatz 2 Satz 1 genannten Leistungen nach den Änderungen des SGB IX altersunabhängig gewährt werden.

Absatz 1 regelt die erweiterte Hilfe für bestimmte Leistungen behinderter Men- **4** schen. Absatz 2 sieht die begrenzte Heranziehung Unterhaltspflichtiger und des behinderten Menschen vor und stellt im Verhältnis zu Absatz 1 eine eigenständige Regelung dar, die auch die Heranziehung nach Absatz 1 weiter einschränkt (*Behrend,* jurisPK-SGB XII, § 92 Rn. 7). Absatz 3 wiederum macht Ausnahmen von Absatz 2.

Mit dem Inkrafttreten des SGB IX war bereits der Katalog der in Absatz 2 aufge- **5** zählten Hilfen, die durch diese Sonderregelung erfasst werden, erweitert worden. Als Hilfebereiche hinzugekommen waren in Nr. 5 Leistungen zur medizinischen Rehabilitation, in Nr. 6 Leistungen zur Teilhabe am Arbeitsleben, in Nr. 7 Leistungen in anerkannten Werkstätten für behinderte Menschen und in Nr. 8 Leistungen bei Hilfen zum Erwerb praktischer Kenntnisse und Fähigkeiten, die erforderlich und geeignet sind, behinderte Menschen die für sie erreichbare Teilhabe am Arbeitsleben zu ermöglichen, soweit diese Hilfen in besonderen teilstationären Einrichtungen für behinderte Menschen erbracht werden. Nicht in den erweiterten Katalog aufgenommen worden sind Eingliederungshilfen, die in der Familie eines behinderten Menschen oder in einer betreuten Wohngruppe durch familienentlastende Dienste erbracht werden.

Mit dem Bundesteilhabegesetz v. 23.12.2016 (BGBl. I S. 3234) erfolgen auch **6** Änderungen in § 92. Zum 1.1.2018 wurden in Abs. 2 Nr. 7 neben den Leistungen in anerkannten Werkstätten für behinderte Menschen auch Leistungen bei anderen Leistungsanbietern nach § 60 SGB IX und beim Budget für Arbeit nach § 61 SGB IX aufgenommen. Zum 1.1.2020 werden dann die bestehenden Regelungen in §§ 92 und 92a zusammengefasst und Anpassungen vorgenommen, die infolge der vorgesehenen Neuregelung der Eingliederungshilfe im SGB IX und der damit einhergehenden Trennung der Lebensunterhalts- und Fachleistungen erforderlich sind. In Abs. 1 soll es beim bestehenden Grundsatz verbleiben, dass Personen, die bisher in teilstationären und stationären Einrichtungen untergebracht waren, nur im Umfang der häuslichen Ersparnis in Anspruch genommen werden können, die aus der auswärtigen Bedarfsdeckung resultiert. In Abs. 2 wird die bislang in § 92a Abs. 2 und 3 geregelte stärkere Inanspruchnahme der nach § 19 Abs. 3 verpflichteten Ehepartner und Partner für diejenigen Leistungsberechtigten übernommen, die voraussichtlich längere Zeit in der Einrichtung Lebensunterhaltsleistungen erhalten werden. Abs. 3 entspricht dem bisherigen § 92 Abs. 3 bezieht sich jedoch dann nur noch auf den neu gefassten Abs. 2, der Leistungen in einer stationären Einrichtung von voraussichtlich längerer Dauer erfasst. Der Beitrag aus Einkommen bei Eingliederungshilfeleistungen richtet sich ab 1.1.2020 wegen der Neuregelung der Eingliederungshilfe im SGB IX nach den §§ 135 ff. SGB IX.

**7**  Eine vergleichbare Regelung findet sich im SGB II nicht, anders im SGB VIII. Parallelen zwischen dem § 92 SGB XII ergeben sich aus §§ 90 ff. SGB VIII.

## III. Erweiterte Hilfe (Abs. 1 S. 1)

### 1. Hilfe in Einrichtungen oder ärztliche Maßnahmen

**8**  Erfordert die Behinderung die Gewährung der Hilfe in einer Einrichtung oder einer Tageseinrichtung für Behinderte, ist die Hilfe in vollem Umfang zu gewähren. Die Einrichtung ist in § 13 Abs. 2 SGB XII legal definiert. Hierzu gehören alle stationären und teilstationären Einrichtungen, die der Pflege, der Behandlung oder sonstigen nach diesem Buch zu deckenden Bedarfe oder der Erziehung dienen. Zu den Tageseinrichtungen für behinderte Menschen gehören hauptsächlich die Werkstätten für behinderte Menschen, Sonderkindergärten oder Tagesförderschulen. Es handelt sich um solche Einrichtungen, in denen der behinderte Mensch für eine nicht unwesentliche Dauer des Tages gefördert und betreut wird (s. auch *Behrend*, jurisPK–SGB XII, § 92 Rn. 22). Nach dem klaren Wortlaut der Vorschrift sind z. B. Wochenendkliniken ausgenommen (*Hohm*, Schellhorn/Hohm/Scheider, § 92 Rn. 6). Zu den ärztlich verordneten Maßnahmen gehören auch ambulante Maßnahmen.

### 2. Zumutbarer Kostenanteil

**9**  Den in § 19 Abs. 3 SGB XII genannten Personen muss ein Kostenanteil zumutbar sein. Damit verweist die Vorschrift auf das Elfte Kapitel, Zweiter Abschnitt, in dem der Einkommens- und Vermögenseinsatz geregelt ist. Wird hingegen den nach § 19 Abs. 3 SGB XII Einstandspflichtigen in vollem Umfang zugemutet (§ 19 Abs. 5 SGB XII; vgl. dazu auch *Hohm*, Schellhorn/Hohm/Scheider, § 92 Rn. 4), für die Maßnahme finanziell aufzukommen, entfällt die Vorleistungspflicht des Hilfeträgers nach § 92 Abs. 1 SGB XII. Gleiches gilt, wenn die Kosten aus eigenen Mitteln tatsächlich getragen werden (sog. Selbstzahler). Ob jemand Selbstzahler ist oder doch nur für die nicht leistende Sozialamt einspringt, ist vor allem Tatfrage.

### 3. Rechtsfolge

**10**  Der Hilfeträger ist zur **Vorleistung verpflichtet.** Ein Ermessen wird ihm nicht eingeräumt. Es sind alle in der Einrichtung erforderlichen Hilfen zu gewähren. Neben den Maßnahmekosten wird damit auch der notwendige Lebensunterhalt in

Einrichtungen nach § 27b SGB XII erfasst (vgl. BSG 23.8.2013 – B 8 SO 17/12 R; *Behrend*, jurisPK-SGB XII, § 92 Rn. 24). Die in § 92 Abs. 1 S. 1 SGB XII gewählte Formulierung „den in § 19 Absatz 3 genannten Personen" ist ungenau und missverständlich; erfasst werden vielmehr auch die in § 19 Abs. 1 SGB XII (für die Hilfe zum Lebensunterhalt) bezeichneten Personen, die ohnedies mit denen des Abs. 3 identisch sind (BSG 23.8.2013 – B 8 SO 17/12 R).

## IV. Kostenbeitrag (Abs. 1 S. 2)

Die in § 19 Abs. 3 SGB XII genannten Personen haben in Höhe des ihnen zuge- **11** muteten Kostenanteils zu den Kosten der Hilfe beizutragen. Die Heranziehungspflicht setzt voraus, dass die Hilfe **rechtmäßig** geleistet worden ist (BSG 23.8.2013 – B 8 SO 17/12 R, Rn. 22; BVerwG 23.6.1971 – V C 12.71 Rn. 6, BVerwGE 38, 205, 207). Das lässt sich aus dem Wortlaut der Norm ableiten. Eine Vorausleistung des Hilfeträgers ist nur dann erforderlich, wenn die Behinderung in Absatz 1 genannten Leistungen tatsächlich erfordert. Liegen die Voraussetzungen des § 92 Abs. 1 S. 1 SGB XII nicht vor, darf auch keine Heranziehung verfügt werden. Der Verstoß der Leistungsbewilligung durch eine rechtswidrig begünstigende Wahl des Bruttoprinzips ist über § 45 SGB X zu korrigieren (BSG 23.8.2013 – B 8 SO 17/12 R).

Mehrere Verpflichtete haften als **Gesamtschuldner** (§ 421 BGB). Neben der in **12** § 92 Abs. 1 S. 2 SGB XII geregelten Erstattungspflicht bleibt die Inanspruchnahme von Leistungen **Dritter,** die Vorrang haben, unberührt. Der Hilfeträger wird vorrangige Leistungen wie solche der Krankenkasse oder der Pflegekasse im Wege eines Erstattungsanspruchs nach § 104 SGB X geltend machen.

Der Kostenbeitrag wird in Form eines **Leistungsbescheides** (vgl. BSG **13** 26.8.2008 – B 8/9b SO 10/06 R) nach Anhörung festgesetzt. Er muss bestimmt genug sein (§ 33 Abs. 1 SGB X). Die Höhe der Leistungen müssen spezifiziert sein und der Adressat des Leistungsbescheides muss unzweideutig erkennbar sein (zustimmend *Behrend*, jurisPK-SGB XII, § 92 Rn. 33). Lässt ein Bescheid nicht ohne Weiteres erkennen, ob mehrere Leistungsverpflichtete als Gesamtschuldner (§ 421 BGB) oder als Teilschuldner (§ 420 BGB) zur Erstattung herangezogen werden sollen, bedarf es der Auslegung. Es kommt auf den objektiven Erklärungswert des Bescheides an. Dass eine Teilschuldnerschaft trotz der Regelung des § 92 Abs. 1 S. 2 Hs. 2 SGB XII möglich ist, folgt daraus, dass eine Teilschuldnerschaft ein Weniger zur Gesamtschuld ist (*Behrend*, jurisPK-SGB XII, § 92 Rn. 30). Wird aber das eine oder das andere nicht hinreichend deutlich, ist der Bescheid zu unbestimmt.

Die Erhebung des Kostenbeitrages ist noch nach Abschluss der Hilfegewährung **14** möglich (*Behrend*, jurisPK-SGB XII, § 92 Rn. 20). Ein Ermessen des Hilfeträgers besteht nicht. Die **Höhe des Kostenbeitrags** richtet sich – soweit § 92 SGB XII keine Einschränkungen fordert – grundsätzlich bei den Leistungen zum Lebensunterhalt nach den §§ 82–84 SGB XII und bei den Maßnahmekosten nach den §§ 85–89 SGB XII (*Behrend*, jurisPK-SGB XII, § 92 Rn. 34).

## V. Einschränkung des Kostenersatzes (Abs. 2 S. 1 u. 2)

## 1. Aufbringung von Mitteln außerhalb von Einrichtungen

**a) Allgemeine Grundsätze.** Der Absatz enthält Grenzen bei der Heranziehung **15** behinderter Menschen. Es ist danach zu differenzieren, ob die im Leistungskatalog dieses Absatzes aufgeführten Maßnahmen der Eingliederungshilfe außerhalb oder innerhalb von Einrichtungen erbracht werden. Erfolgt die Maßnahme **außerhalb**

**einer Einrichtung,** ist die Aufbringung der Mittel auf die Kosten des Lebensunterhalts beschränkt, bei Maßnahmen **in einer Einrichtung** auf die für den häuslichen Lebensunterhalt ersparten Aufwendungen (arg. § 92 Abs. 2 S. 3 SGB XII). Obwohl dem Wortlaut nach die Regelung an die Hilfe zum Lebensunterhalt anschließt, bezieht sie sich doch ausschließlich auf die Eingliederungshilfe für behinderte Menschen (*Hohm,* Schellhorn/Hohm/Scheider, § 92 Rn. 15; a. A. *Behrend,* jurisPK-SGB XII, § 92 Rn. 42). Nicht unter die Vorschrift fällt das **betreute Wohnen** behinderter Menschen (*Mroczynski,* IV 8 Rn. 19).

16 Während § 43 Abs. 2 S. 1 a. F. den Geltungsbereich auf die Hilfe für Behinderte, die das 21. Lebensjahr noch nicht vollendet hatten, beschränkte, ist diese Altersgrenze weggefallen. Damit ist der Anwendungsbereich der Vorschrift erheblich erweitert worden. Durch die jetzige Gesetzesfassung verwirklicht sich ein weiterer Schritt eines sozialpolitischen Anliegens, die wirtschaftliche Situation von Familien mit behinderten Menschen zu verbessern.

17 § 92 Abs. 2 SGB XII stellt **Sonderregelungen** auf, die sich auf den in § 92 Abs. 1 SGB XII verwendeten Begriff der **Zumutbarkeit** beziehen. Den Ersatzpflichtigen wird lediglich zugemutet, die Kosten für den Lebensunterhalt aufzubringen, sofern sie überhaupt nach den Vorschriften über die Einkommens- und Vermögensanrechnung zu einem Kostenbeitrag herangezogen werden können. Nach Satz 2 sind die Leistungen nach Satz 1 ohne die Berücksichtigung von vorhandenem Vermögen zu erbringen.

18 Die Vorschrift hat für den **Nachranggrundsatz** Bedeutung, weil sie ihn erheblich einschränkt (vgl. auch *Hohm,* Schellhorn/Hohm/Scheider, § 92 Rn. 14; *Mroczynski,* IV 8. Rn. 17). Haben Eltern eine der im Gesetz vorgesehenen Maßnahmen „vorfinanziert", weil sich der Hilfeträger geweigert hat, vorzuleisten, kann der geltend gemachte Sozialhilfeanspruch nicht mit dem Hinweis abgelehnt werden, der Bedarf sei bereits durch eigene Mittel gedeckt worden (BVerwG 2.9.1993 – 5 C 50/91, Rn. 21, BVerwGE 94, 127, 135). § 92 Abs. 2 S. 1 SGB XII mutet den in § 19 Abs. 3 genannten Personen unter den im Gesetz näher umschriebenen Voraussetzungen unabhängig von ihren Einkommens- und Vermögensverhältnissen lediglich zu, zu den Kosten des Lebensunterhalts beizutragen. Von den Kosten der in Absatz 2 aufgeführten Teilhabeleistungen sind sie befreit.

19 **b) Maßnahmenkatalog.** Beim Maßnahmenkatalog sind unter Nummer 1 heilpädagogische Maßnahmen für **Kinder** aufgeführt, die noch **nicht eingeschult** sind. Diese Hilfe erfordert nicht, dass eine spätere Schul- oder Berufsausbildung möglich ist (vgl. BT-Drs. 14/5786, S. 149). In Bezug auf heilpädagogische Maßnahmen ist Nummer 1 für nicht eingeschulte Kinder die speziellere Regelung. Die Leistungen sind nicht auf Hilfen beschränkt, die ausschließlich von Heilpädagogen erbracht werden, sondern sie erfassen auch sog. interdisziplinäre Frühförderungsstellen (*Hohm,* Schellhorn/Hohm/Scheider, § 92 Rn. 18). Begünstigt werden schwerstbehinderte und mehrfach behinderte Kinder; bei anderen Behinderungen kommt es auf den Einzelfall an.

20 Wegen des therapeutischen Charakters ist das **Mittagessen** in heilpädagogischen Tageseinrichtungen oder Schwerpunkteinrichtungen nicht als Sachleistung vom Regelsatz abzusetzen (vgl. BSG 9.12.2008 – B 8/9 b SO 11/07 R mit Anm. *Schulz,* RdLH 2009, 66).

21 Nummer 2 bezieht sich auf die Hilfe zu einer **angemessenen Schulbildung** einschließlich der Vorbereitung (§ 54 Abs. 1 Nr. 1 SGB XII). Hierunter fallen nicht die Hilfsmittel, die zur Schulausbildung benutzt werden müssen (vgl. auch *Hohm,* Schellhorn/Hohm/Scheider, § 92 Rn. 19) und die jetzt ihre eigene Regelung in § 34 SGB XII gefunden haben. Spezifische behinderungsbedingte Hilfsmittel sind jedoch nicht von dem sog. Bildungspaket umfasst. Zur Schulbildung gehören auch die Fahrtkosten, die einen Schulbesuch erst ermöglichen (*Hohm,*

Schellhorn/Hohm/Scheider, § 92 Rn. 19). Der Einbau eines Personenaufzugs in das Wohnhaus für ein behindertes und noch nicht eingeschultes Kind ist nach Auffassung des BSG (BSG 20.9.2012 – B 8 SO 15/11 R, BSGE 112, 67 = FEVS 64, 448) keine (privilegierte) Eingliederungshilfe, bei der der Sozialhilfeträger die Leistung ohne Berücksichtigung von Vermögen und Einkommen zu erbringen hat

Weitgehend ungeklärt ist der Umgang mit lebenspraktischen Fähigkeiten, die **22** in einer Schule vermittelt werden und die nicht wie bei Nummer 8 in die Teilhabe am Arbeitsleben münden. Entscheidend ist nicht, ob es sich um einen Lehrinhalt i. S. des Schulrechts handelt, sondern nach dem Sinn und Zweck der Regelung Bedeutung für die Integration behinderter Menschen hat (SG Detmold 21.7.2009 – S 2 SO 46/09). Abgelehnt hat es das SchlHLSG (SchlHLSG 6.10.2008 – L 9 SO 8/08), das Erlernen lebenspraktischer Kenntnisse in einem Hort als Schulbildung zu bewerten, wenn diese Kenntnisse bereits in der Schule vermittelt werden.

Nummer 3 stellt eine **Auffangvorschrift** dar. Sie richtet sich an die behinder- **23** ten Menschen, die noch nicht eingeschult sind. Gemeint sind vor allem schulpflichtige Kinder und Jugendliche, die nicht beschult werden können. Zum Verständnis der Vorschrift ist es hilfreich, auf die Vorgängerregelung des § 43 Abs. 2 Nr. 3 BSHG zurückzugreifen. Deren Änderung war von der Überlegung eines uneingeschränkten schulischen Bildungsrechts behinderter Menschen bestimmt (BT-Drs. 14/5800, S. 34). Der Schwerpunkt der Hilfen muss daher bei spezifischen Bildungszielen liegen (BSG 20.9.2012 – B 8 SO 15/11 R; 12.12.2013 – B 8 SO 18/12 R, Rn. 21). Bei den Einbau eines Personenaufzuges, der einem behinderten, noch nicht beschulten Kind zur Verfügung steht, handelt es sich um eine Hilfe bei der Beschaffung, dem Umbau, der Ausstattung und der Erhaltung einer Wohnung, die den besonderen Bedürfnissen des behinderten Menschen entspricht. Die gewünschte Maßnahme ist somit sach- und nicht personenbezogen und hat mit dem Bildungsrecht nichts zu tun (ebenso BSG 20.9.2012 – B 8 SO 15/11 R, Sozialrecht aktuell 2013, 131). Ebenso fehlt es bei der Hilfe zur Beschaffung eines Kfz an einem solchen Personenbezug (BSG 12.12.2013 – B 8 SO 18/12 R, Rn. 21).

Nummer 4 erfasst die Hilfe, die zur **schulischen Ausbildung für einen ange- 24 messenen Beruf** oder zur Ausbildung für eine **sonstige angemessene Tätigkeit** (§ 54 Abs. 1 S. 1 Nr. 2 und 3 SGB XII) erforderlich ist. Die Leistung muss nach dem ausdrücklichen Wortlaut in einer besonderen Einrichtung für behinderte Menschen erbracht werden.

Nummer 5 knüpft an die **medizinische Rehabilitation** an. **25**

Nummer 6 greift bei Leistungen zur **Teilhabe am Arbeitsleben** nach § 49 **26** SGB IX ein. Nummer 7 erfasst Leistungen in anerkannten Werkstätten für behinderte Menschen nach § 58 SGB IX. Ergänzt wurde die Vorschrift um Leistungen anderer Leistungsanbieter nach § 60 SGB IX und beim Budget für Arbeit nach § 61 SGB XI.

Nummer 8 erfasst die Hilfen zum **Erwerb praktischer Kenntnisse und Fähig- 27 keiten,** die erforderlich und geeignet sind, behinderten Menschen die für sie erreichbare Teilhabe am Arbeitsleben zu ermöglichen, soweit diese Hilfen in besonderen teilstationären Einrichtungen für behinderte Menschen erbracht werden. Die Vorschrift richtet sich an Menschen, die nicht werkstattfähig sind (*Hohm*, Schellhorn/Hohm/Scheider, § 92 Rn. 24). Wegen des Hinweises auf die Teilhabe am Arbeitsleben ist die Vorschrift so zu verstehen, dass die Einrichtung darauf ausgerichtet sein muss, den Übergang in Werkstätten für Behinderte oder vergleichbare sonstige Beschäftigungsstätten zu ermöglichen (vgl. LSG Bln-Bbg 15.4.2010 – L 23 SO 277/08, FEVS 62, 321; *Wendt,* RdLh 2001, 58; *Bieritz-Harder,* LPK-SGB XII, § 92 Rn. 14). Diese Menschen werden in sog. Fördergruppen unter dem verlängerten

Dach der Werkstatt betreut (s. *Wendt,* RdLh 2001, 58). Diejenigen Einrichtungen, in denen alte Menschen, die bereits aus der Werkstatt für Behinderte ausgeschieden sind, beschäftigt sind, werden deshalb von der Vorschrift nicht erfasst. Ferner ist die Vorschrift auf teilstationäre Einrichtungen begrenzt.

## 2. Kostenersatz bei Einrichtungsunterbringung (Abs. 2 S. 3)

28    **a) Ersparte Aufwendungen (S. 3 Hs. 1).** Die Vorschrift modifiziert in den Fällen des Absatz 1 Nr. 1–6 die dem pflichtigen Personenkreis des § 19 Abs. 3 SGB XII zugemutete Ersatzleistung dergestalt, dass bei einer **Unterbringung in einer Einrichtung** nur die ersparten Aufwendungen anzusetzen sind. Diese Einschränkung erklärt sich aus sich selbst und unterstreicht den mit der Regelung verfolgten sozialpolitischen Zweck, das Einkommen der Einstandspflichtigen sachgerecht zu schonen. Die undifferenzierte Verwendung des Begriffs der Einrichtung bedeutet, dass sowohl die teilstationäre als auch die vollstationäre Einrichtung damit gemeint ist (*Lücking,* Hauck/Noftz, § 92 Rn. 19; *Wolf,* Fichtner/Wenzel, § 92 Rn. 10). Zum erforderlichen Umfang eines täglichen Aufenthalts: SG Hamburg 25.6.2007 – S 56 SO 440/06. Wird die Hilfe **ambulant** außerhalb von Einrichtungen gewährt, kann ein solcher Eigenanteil nicht verlangt werden. Bei diesen Hilfen fällt keine häusliche Ersparnis an (*Wendt,* RdLh 2001, 59). Werden in einer Einrichtung Leistungen zur Verfügung gestellt, wie z. B. ein kostenloses Mittagessen, ist vorrangig zu prüfen, ob bereits der Regelbedarf nach § 28 Abs. 1 S. 2 1. Alt. SGB XII abzusenken ist, weil der normativ bestimmte Bedarf des notwendigen Lebensunterhalts ganz oder teilweise anderweitig gedeckt wird (BSG 11.12.2007 – B 8/9b SO 21/06 R). Ein Kostenbeitrag in Höhe der häuslich ersparten Aufwendungen kann im Falle einer Absenkung des Regelbedarfs nicht zusätzlich geltend gemacht werden (*Behrend,* jurisPK-SGB XII, § 92 Rn. 65).

29    Mit der Verwendung des Begriffs der **häuslichen Ersparnisse** ist ein Begriff in die Regelung aufgenommen worden, der mit praktischen Unsicherheiten verbunden ist. Ersparnisse liegen nur dann vor, falls **tatsächlich Vorteile** entstehen (*Biertitz-Harder,* LPK-SGB XII, § 92 Rn. 16; *Behrend,* jurisPK-SGB XII, § 92 Rn. 64).

30    Es bedarf einer Prognose darüber, welche Aufwendungen anfallen würden, wenn der Hilfesuchende nicht in einer teilstationären oder stationären Einrichtung untergebracht gewesen wäre (vgl. BSG 23.8.2013 – B 8 SO 17/12 R). Im verwaltungsgerichtlichen Verfahren ließ das BVerwG bei der Ermittlung der häuslichen Ersparnis eine **Schätzung** in Anwendung des § 287 ZPO zu (vgl. BVerwG 24.8.1972 – V C 49.72). Die Regelung setzt ihrem Wortlaut nach Schwierigkeiten bei der regulären Beweisführung voraus. Dem ist Rechnung zu tragen. Der Vorschrift wohnt unausgesprochen ein Grundgedanke inne, der in Richtung **Beweisnot** geht. Insofern ist der in der verwaltungsgerichtlichen Rechtsprechung aufgebrachte Gedanke einer Schätzung auch in einem sozialgerichtlichen Rechtsstreit hilfreich. Auf diese Weise lassen sich bei der Feststellung, welche häusliche Ersparnis eingetreten ist, sachgerechte Ergebnisse erzielen. Bei der **Schätzung** entscheidet das Gericht unter **Würdigung aller Umstände** nach freier Überzeugung. Oberste Grenze der Heranziehung ist die Höhe des in der Einrichtung gewährten Lebensunterhalts sowie die Höhe der ersparten Aufwendungen für den häuslichen Lebensunterhalt (vgl. BSG 23.8.2013 – B 8 SO 17/12 R). Nicht der Bedarf selbst wird herabgesetzt, sondern für den Lebensunterhalt in der Einrichtung ist weniger einzusetzen (vgl. BSG 23.8.2013 – B 8 SO 17/12 R). Als Anhaltspunkt für die Ermittlung der häuslichen Ersparnis kann der im Regelbedarf vorgesehen Anteil zumindest herangezogen werden.

**b) Ausnahmen (S. 3 Hs. 2).** Die in einer Einrichtung entstehenden Kosten des 31
Unterhalts sind in voller Höhe für den Zeitraum einzusetzen, in dem gleichzeitig mit
den nach Satz 1 begünstigten Maßnahmen andere in der Einrichtung durchgeführte
Maßnahmen überwiegen **(Schwerpunktfestlegung).** Dies kann der Fall sein,
wenn beispielsweise ärztliche und nicht heilpädagogische Maßnahmen im Vordergrund stehen.

**c) Grenzen des Kostenbeitrages (S. 4).** Für die behinderten Menschen, die 32
Hilfe nach den in Absatz 2 Satz 1 Nr. 7 und 8 aufgeführten Maßnahmen erhalten,
wird der Kostenbeitrag begrenzt. Bei den Maßnahmen nach Absatz 2 Satz 1 Nr. 7
und 8 wird ein Kostenbeitrag nicht zugemutet, wenn das Einkommen des behinderten Menschen insgesamt einen Beitrag in Höhe der zweifachen Regelbedarfsstufe 1 nicht übersteigt. Zweck der Regelung ist, dem behinderten Menschen ein
Einkommen zu belassen. Auch wenn die Vorschrift nur von dem freizulassenden
Einkommen des behinderten Menschen spricht, kann bei Vorliegen der entsprechenden Voraussetzungen auch kein Kostenbeitrag bei seinen Angehörigen erhoben werden (*Hohm*, Schellhorn/Hohm/Scheider, § 92 Rn. 34; *Behrend,* jurisPK-
SGB XII, § 92 Rn. 74). Ein anderes Verständnis würde die gesetzliche Vorschrift
konterkarieren. Mit dieser Regelung haben sich die Parameter für den Kostenbeitrag geändert. Wird ein Kostenbeitrag erhoben, ist Bezugspunkt nicht mehr die
häusliche Ersparnis wie bei den Maßnahmen des Absatz 1 Nr. 1 bis 6 (vgl. Absatz 2
Satz 3), sondern Bezugspunkt sind die Kosten des Lebensunterhalts in der Einrichtung.

**d) Festlegung der Aufwendungen (S. 5).** Für die Bemessung der für den häus- 33
lichen Lebensbedarf ersparten Aufwendungen und des Kostenbeitrages für das Mittagessen können die zuständigen Landesbehörden Festlegungen treffen. Ansonsten
obliegt es den Sozialhilfebehörden die tatsächlich ersparten Aufwendungen zu ermitteln.

## VI. Kostenersatzpflicht (Abs. 2 S. 6)

Mit dem durch das SGB IX neu aufgenommenen Satz 6 wird für die beiden 34
Maßnahmen des Absatz 2 Nr. 5 und 6 eine Regelung eingeführt, die eine Ersatzpflicht bei **schuldhaftem Verhalten** vorsieht. Er hebt besonders die Pflicht hervor,
sich in den Fällen der Nr. 5 und 6 ausreichend zu versichern. Das Gesetz nennt
damit ausdrücklich ein spezielles, sozialwidriges Verhalten (vgl. dazu § 103 SGB XII).
Bis auf die Verletzung der Versicherungspflicht, die in der Vorschrift bereits hervorgehoben ist, ist die Regelung als Rechtsgrundverweisung konzipiert.

## VII. Nichtunterhaltspflichtige Dritte (Abs. 3)

Leistungsverpflichtungen Dritter, die nicht in § 19 Abs. 3 SGB XII genannt sind 35
und die nicht unterhaltspflichtig nach bürgerlichem Recht sind, werden durch § 92
Abs. 2 SGB XII nicht berührt. Diese Verpflichtungen können auf privatrechtlicher
oder öffentlich-rechtlicher Grundlage beruhen. Erfasst werden Leistungen nach dem
BAföG, Beihilfeansprüche, aber auch ein Schadensersatz gegen Dritte. Weitere
Voraussetzung ist die **Zweckidentität** von den in § 92 Abs. 2 S. 1 Nr. 1 bis 8
SGB XII aufgeführten Maßnahmen und den Drittleistungen. Die Zweckgerichtet-
heit der Leistung eines anderen ist bezogen auf eine konkrete, nach § 92 Abs. 2 S. 1
Nr. 1 bis 8 SGB XII durchgeführte Maßnahme der Eingliederungshilfe zu ermitteln
(BVerwG 26.7.1994 – 5 C 11/92, FEVS 45, 274, 276). Auf diese Weise werden
nicht nur die Leistungen als nicht zweckidentisch ausgegrenzt, die nicht der Einglie-

derungshilfe entsprechen, sondern auch solche, die mit den Zwecken anderer, aber nicht von § 92 Abs. 2 S. 1 Nr. 1 bis 8 SGB XII erfassten Eingliederungsmaßnahmen identisch sind. Ausgehend von diesem Normverständnis ist bei Gesamtleistungen eines Dritten für jede ihrer Teilleistungen zu prüfen, ob eine Zweckidentität besteht. Praktische Schwierigkeiten treten dann auf, wenn, wie bei Verkehrsunfällen häufig, pauschale Entschädigungen gewährt werden. Dann muss sich der Hilfeträger bereits im Verwaltungsverfahren der schwierigen Aufgabe unterziehen, die in der Pauschalierung enthaltenen einzelnen Leistungen zu ermitteln und sie auf ihre Zweckgerichtetheit zu prüfen. Lassen sich einzelne Schadenspositionen nicht feststellen, muss unter Berücksichtigung des Einzelfalles geschätzt werden, welche Schadensposten und in welcher Höhe durch die Gesamtregelung abgegolten werden soll (BVerwG 26.7.1994 – 5 C 11/92, FEVS 45, 274, 277).

36    Soweit Leistungen Dritter gewährt werden, durchbricht § 92 Abs. 3 S. 2 SGB XII die dem Personenkreis des § 19 Abs. 3 SGB XII zukommenden Begünstigungen des § 92 Abs. 2 SGB XII. Der Hilfeträger kann die Aufwendungen der Mittel verlangen, soweit andere Personen oder Stellen Leistungen gewähren. Es handelt sich um eine Ermessensentscheidung. Nicht in die Ermessensprüfung, sondern in die vorgeschaltete Tatbestandsebene gehört, ob Schadensersatzleistungen in ihren Teilleistungen zweckidentisch mit den öffentlichen Hilfeleistungen sind.

## VIII. Sozialgerichtliches Verfahren

37    Nach § 183 SGG sind Verfahren für den dort erfassten Personenkreis kostenfrei. Zu den kostenprivilegierten Personen gehören beim Streit um die Rechtmäßigkeit eines Kostenbescheides nur die Leistungsempfänger, nicht jedoch die nicht Leistungen beziehenden Angehörigen (s. für Erben BSG 23.3.2010 – B 8 SO 2/09 R).

### § 92a Einkommenseinsatz bei Leistungen für Einrichtungen

(1) **Erhält eine Person in einer teilstationären oder stationären Einrichtung Leistungen, kann die Aufbringung der Mittel für die Leistungen in der Einrichtung nach dem Dritten und Vierten Kapitel von ihr und ihrem nicht getrennt lebenden Ehegatten oder Lebenspartner aus dem gemeinsamen Einkommen verlangt werden, soweit Aufwendungen für den häuslichen Lebensunterhalt erspart werden.**

(2) **Darüber hinaus soll in angemessenem Umfang die Aufbringung der Mittel verlangt werden, wenn eine Person auf voraussichtlich längere Zeit Leistungen in einer stationären Einrichtung bedarf.**

(3) **Bei der Prüfung, welcher Umfang angemessen ist, ist auch der bisherigen Lebenssituation des im Haushalt verbliebenen, nicht getrennt lebenden Ehegatten oder Lebenspartners sowie der im Haushalt lebenden minderjährigen unverheirateten Kinder Rechnung zu tragen.**

(4) **§ 92 Abs. 2 bleibt unberührt.**

*Änderung der Vorschrift:* § 92a eingef. mWv 7.12.2006 durch G v. 2.12.2006 (BGBl. I S. 2670).

**Schrifttum:** *Kaune,* Der neue Kostenbeitrag von nicht getrennt lebenden Ehegatten in Pflegeeinrichtungen nach dem SGB XII, ZfF 2007, 24; *Ruschmeier,* Kostenbeitragsberechnungen bei Einsatzgemeinschaften in der stationären Hilfe nach dem SGB XII – Divergenzen in der Umsetzung des § 92a SGB XII, ZfF 2008, 265.

# I. Bedeutung der Norm

Die Vorgängerregelung war nachträglich als § 82 Abs. 4 SGB XII durch Art. 2 **1** des Gesetzes vom 9.12.2004 (BGBl. I S. 3305) eingefügt worden. In § 82 SGB XII war sie systemwidrig platziert, weil es dort um die Definition des Einkommens geht, während die Abs. 4 den zumutbaren Einsatz des Einkommens regelte (vgl. *Hohm,* Schellhorn/Hohm/Scheider, § 92a Rn. 4; *Lücking,* Hauck/Noftz, § 92a Rn. 4). Mit der Neuordnung in § 92a SGB XII wollte der Gesetzgeber eine **sachgerechtere Verortung** vornehmen (BT-Drs. 16/2711, S. 12).

Die Vorschrift ist eine Folge der Umorientierung der Hilfe nach den Fünften bis **2** Neunten Kapiteln, die weitgehend der früheren Hilfe in Besonderen Lebenslagen entspricht. Die in § 27 Abs. 3 BSHG enthaltene Regelung rechnete die in (teil-)stationären Einrichtungen auch gewährte Hilfe zum Lebensunterhalt der Hilfe in Besonderen Lebenslagen zu. Durch § 27b SGB XII haben sich Änderungen ergeben, die auch Folgerungen für den Einkommenseinsatz nach sich gezogen haben (s. auch *Behrend,* jurisPK-SGB XII, § 92a Rn. 1). Erhält die betreffende Person gleichzeitig Leistungen nach dem Fünften bis Neunten Kapitel, bleiben die Vorschriften der §§ 85 bis 89 SGB XII daneben anwendbar (*Schoch,* LPK-SGB XII, § 92a Rn. 1).

Im Bundesteilhabegesetz v. 23.12.2016 (BGBl. I S. 3234) ist der Wegfall der Vor- **3** schrift zum 1.1.2020 vorgesehen. Die bestehenden Regelungen in §§ 92 und 92a werden dann zusammengefasst. In dem neu gefassten § 92 Abs. 1 soll es beim bestehenden Grundsatz verbleiben, dass Personen, die bisher in teilstationären und stationären Einrichtungen untergebracht waren, nur im Umfang der häuslichen Ersparnis in Anspruch genommen werden können, die aus der auswärtigen Bedarfsdeckung resultiert. In § 92 Abs. 2 wird die bislang in § 92a Abs. 2 und 3 geregelte stärkere Inanspruchnahme der nach § 19 Abs. 3 verpflichteten Ehepartner und Partner für diejenigen Leistungsberechtigten übernommen, die voraussichtlich längere Zeit in der Einrichtung Lebensunterhaltsleistungen erhalten werden. § 92 Abs. 3 in der zukünftigen Fassung entspricht dem bisherigen § 92 Abs. 3 bezieht sich jedoch dann nur noch auf den neu gefassten Abs. 2, der Leistungen in einer stationären Einrichtung von voraussichtlich längerer Dauer erfasst.

# II. Inhalt der Norm

Absatz 1 regelt die Heranziehung zu den Kosten der erbrachten Leistungen nach **4** dem Dritten und Vierten Kapitel **(Garantiebetrag).** Sie stellt in ihrer jetzigen Fassung sicher, dass sie auch auf Leistungen der Grundsicherung im Alter und bei Erwerbsminderung nach dem Vierten Kapitel gilt. Dieser Absatz betrifft eine **kurze Zeit** der Unterbringung. Eingeschränkt wird der Kosteneinsatz auf die ersparten Aufwendungen zum Lebensunterhalt. Für einen **längeren Aufenthalt** in einer stationären Einrichtung erweitert Absatz 2 die Heranziehungsmöglichkeit. Absatz 3 gibt Maßstäbe für den angemessenen Umfang nach Absatz 2 vor. Absatz 4 regelt, dass § 92 Abs. 2 unberührt bleibt.

# III. Begrenzung des Einkommenseinsatzes (Abs. 1)

## 1. Aufenthalt in einer Einrichtung

Der Anwendungsbereich bezieht sich auf den Aufenthalt in einer teilstationären **5** oder stationären Einrichtung. Die Vorschrift knüpft damit an die alte Fassung des § 88 Abs. 1 Nr. 3 SGB XII an. Zugrunde zu legen ist der in § 13 SGB XII vorgegebene Einrichtungsbegriff. Familienpflegestellen fallen deswegen nicht unter die Vorschrift (*Hohm,* Schellhorn/Hohm/Scheider, § 92a Rn. 7).

## 2. Ermessensentscheidung

**6**  Das BSG hat nunmehr klargestellt, dass es sich bei § 92a Abs. 1 SGB XII trotz der Formulierung „kann" nicht um eine Ermessensnorm handelt (BSG 23.8.2013 – B 8 SO 17/12 R). Die Formulierung müsse vielmehr im Kontext der Neukonzipierung der teilstationären und stationären Leistungen des SGB XII, mit der die frühere Begünstigung der Empfänger von stationären und teilstationären Maßnahmen beseitigt werden sollte, gesehen werde. Das „kann" müsse daher als „darf nur" gelesen werden.

## 3. Häusliche Ersparnis

**7**  Mit der Regelung soll verhindert werden, dass durch eine Unterbringung in einer der vom Gesetz genannten Einrichtungen der Einstandsgemeinschaft wirtschaftliche Vorteile entstehen. Ersparnisse liegen nur dann vor, falls **tatsächlich Vorteile** entstehen (*Schoch*, LPK-SGB XII, § 92a Rn. 7; *Behrend*, jurisPK-SGB XII, § 92a Rn. 19). Sonderregelungen wie die des § 92 Abs. 2 S. 3 und S. 4 SGB XII gehen vor. Ein Haushalt im eigentlichen Sinne, in den der Hilfesuchende aufgenommen werden könnte oder der vor Aufnahme bestanden hat, ist nicht erforderlich (vgl. BSG 23.8.2013 – B 8 SO 17/12 R).

**8**  Über Festlegungen der häuslichen Ersparnisse herrscht Unsicherheit und die Handhabungsvorschriften weichen je nach Bundesland voneinander ab. Nach den **Empfehlungen des Deutschen Vereins** Rn. 137 (sich anschließend *Wolf*, Fichtner/Wenzel, § 92a Rn. 13) wird geprüft, ob das gemeinsame Einkommen ausreicht, um ohne Gefährdung des notwendigen Lebensunterhalts der im Haushalt Verbliebenen die nach § 92a SGB XII aufzubringende häusliche Ersparnis voll aufzubringen (zustimmend SchlHLSG 29.6.2011 – L 9 SO 25/09). Aufwendungen werden in dem Umfang erspart, in dem in der Einrichtung der Lebensunterhalt gedeckt wird, der ansonsten zu Hause bestritten werden müsste. Hierbei ist zwischen der teilstationären und der stationären Einrichtung zu unterscheiden. Reicht das gemeinsame Einkommen nicht aus, um die häusliche Ersparnis voll aufzubringen, ist als häusliche Ersparnis der Betrag anzusetzen, bei dessen Einsatz der notwendige Lebensunterhalt der im Haushalt verbliebenen Personen sichergestellt wird. Eventuell ist noch § 82 Abs. 3 SGB XII zu beachten.

**9**  Die Literatur half sich im BSHG bei der **Berechnung der häuslichen Ersparnis** damit, dass diese mit etwa 70–80 % des Regelsatzes eines Haushaltsvorstandes (vgl. dazu *Krahmer*, LPK-BSHG, § 85 Rn. 10; vgl. *Hohm*, Schellhorn/Hohm/Scheider, § 92a Rn. 15; vgl. *Schoch*, LPK-SGB XII, § 92a Rn. 8), teilweise sogar bis zu 100 % (*Mergler/Zink*, BSHG, § 85 Rn. 24) angenommen wurde. In der praktischen Anwendung besteht die Gefahr, dass der Träger nur pauschal auf derartige Richtlinien oder Verwaltungsanweisungen verweist.

**10**  Entscheidend muss unter Beachtung des **Individualisierungsprinzips** der Einzelfall sein. Hier sind **verschiedene Gesichtspunkte** zu beachten, die einzeln oder kumulativ berücksichtigt werden können. Deckt das verbleibende Einkommen gerade noch den Regelbedarf der Einsatzgemeinschaft, ist davon auszugehen, dass sich häusliche Einsparungen für den Untergebrachten ergeben können. Bei einer Unterbringung in einer vollstationären Einrichtung können vor allem am Anfang noch Haushaltskosten aufzufangen sein, die die Höhe der häuslichen Ersparnis reduzieren. Beschaffung von Kleidung kann als Aufwendung die häusliche Ersparnis mindern, sofern sie ausschließlich durch eine stationäre Unterbringung notwendig wird (*Gottschick/Giese*, BSHG, § 85 Rn. 8.3). Entsteht sie unabhängig von einer Unterbringung, ist sie unbeachtlich.

**11**  Es bedarf einer Prognose darüber, welche Aufwendungen anfallen würden, wenn der Hilfesuchende nicht in einer teilstationären oder stationären Einrichtung untergebracht gewesen wäre (BSG 23.8.2013 – B 8 SO 17/12 R). Im verwaltungs-gerichtlichen Verfahren ließ das BVerwG bei der Ermittlung der häuslichen Erspar-nis eine **Schätzung** in Anwendung des § 287 ZPO zu (BVerwG 24.8.1972 – V C 49.72, FEVS 19, 451). Die Regelung setzt ihrem Wortlaut nach Schwierigkeiten bei der regulären Beweisführung voraus. Dem ist Rechnung zu tragen. Der Vor-schrift wohnt unausgesprochen ein Grundgedanke inne, der in Richtung **Beweis-not** geht. Insofern ist der in der verwaltungsgerichtlichen Rechtsprechung aufge-brachte Gedanke einer Schätzung auch in einem sozialgerichtlichen Rechtsstreit hilfreich. Auf diese Weise lassen sich bei der Feststellung, welche häusliche Erspar-nis eingetreten ist, sachgerechte Ergebnisse erzielen. Bei der **Schätzung** entschei-det das Gericht unter **Würdigung aller Umstände** nach freier Überzeugung.

Oberste Grenze der Heranziehung sind die Höhe der Leistungen in der Einrich- **12** tung nach dem Dritten und Vierten Kapitel sowie die Höhe der ersparten Aufwen-dungen für den häuslichen Lebensunterhalt (BSG 23.8.2013 – B 8 SO 17/12 R). Nicht der Bedarf selbst wird herabgesetzt, sondern für den Lebensunterhalt in der Einrichtung ist weniger einzusetzen (BSG 23.8.2013 – B 8 SO 17/12 R). Ist ein Hilfeempfänger schon aufgrund anderer Vorschriften zum Ansparen verpflichtet, etwa bei einmaligen Beihilfen nach § 31 Abs. 2 SGB XII, kann von ihm nicht noch einmal im Rahmen dieser Vorschrift der Einsatz ersparter Aufwendungen verlangt werden.

## IV. Längerer Aufenthalt (Abs. 2)

### 1. Erweiterte Einkommensheranziehung

Absatz 2 erweitert die Möglichkeiten der Heranziehung bei einem längeren **13** stationären – nicht teilstationären – Aufenthalt. Durch den Zusatz „voraussicht-lich" haftet der Vorschrift etwas Prognostisches an. Da es keine gesetzlichen Vorga-ben gibt, schwanken die Zeiträume, die als eine längere Zeit angesehen werden. Die Annahmen reichen von einem halben bis zu einem Jahr (vgl. dazu *Hohm,* Schellhorn/Hohm/Scheider, § 92a Rn. 18; *Schoch,* LPK-SGB XII, § 92a Rn. 13: Mindestdauer von 6 Monaten). Vertretbar dürfte es sein, bei einem allgemeinen Wortverständnis von einem Zeitraum auszugehen, der ein halbes Jahr überschrei-tet. Das BSG hat offengelassen, ab welchem Zeitpunkt von einem längeren Zeit ausgegangen werden könne (BSG 23.8.2013 – B 8 SO 17/12 R). Eine Zeit von mindestens einem Jahr mit prognostisch offenem Ende erfülle die Voraussetzung in jedem Fall.

Verglichen mit dem bisherigen § 88 Abs. 1 Nr. 3 SGB XII schafft die Vorschrift **14** eine Privilegierung ab. Das bisherige Recht bevorteilte einseitig die Fälle, bei denen der Heimbewohner seinen zu Hause lebenden (Ehe-) Partner überwiegend unter-hielt (BT-Drs. 16/2711, S. 12; s. auch *Kaune,* ZfF 2006, 74). Für die Angemessenheit macht Absatz 3 Vorgaben.

## 2. Eingeschränkte Ermessensentscheidung

Es handelt sich um eine gebundene Entscheidung, die nur in atypischen Einzelfäl- **15** len, die Ausübung von Ermessen erfordert (BSG 23.8.2013 – B 8 SO 17/12 R). Die **eingeschränkte Ermessensentscheidung** wird dabei mit dem unbestimmten Rechtsbegriff der Angemessenheit kombiniert. Auf jeden Fall ist den Betroffenen der sozialhilferechtlich notwendige Lebensunterhalt zu belassen. Bei einem längeren Aufenthalt kann sich die Frage stellen, ob auf Dauer eine für die Einstandsgemein-schaft vor Aufnahme in einer Einrichtung angemessene Unterkunft unangemessen wird.

## V. Angemessenheit (Abs. 3)

**16**     Welche Beteiligung an den Kosten angemessen ist, lässt der Gesetzgeber offen. Nach seinen Vorstellungen (vgl. BT-Drs. 16/2711, S. 12) sind die Umstände des Einzelfalles zu berücksichtigen. Neben der Dauer des Aufenthaltes sowie den besonderen Belastungen soll auch die bisherige Lebenssituation des im Haushalt verbleibenden Ehegatten oder Lebenspartners sowie der im Haushalt lebenden minderjährigen Kinder zu berücksichtigen sein. Das kann bedeuten, dass die zu zahlende Wohnungsmiete voll zu berücksichtigen ist oder dass eingegangene Verbindlichkeiten vom Einkommen abzuziehen sind. Anzuerkennen ist, dass bestimmtes Einkommen, wie das Übergangsgeld, zwar als Einkommen anzusehen ist, aber teilweise wegen seines Rehabilitationscharakters, unberücksichtigt bleiben kann. Möglich ist auch, dass durch die Unterbringung entstandene zusätzliche Aufwendungen wie Einlagerungskosten auf den Selbstbehalt Einfluss haben können.

**17**     Der Deutsche Verein geht in seinen Empfehlungen Rn. 139 ff. davon aus, dass für die Einkommensfreilassung und Heranziehung nach § 92a Abs. 2 und 3 SGB XII die bereits im Rahmen des § 92a Abs. 1 SGB XII voll erbrachte häusliche Ersparnis und der für den notwendigen Lebensunterhalt der im Haushalt verbliebenen Person erforderliche Betrag zusammengerechnet werden sollen. Gegenüber gestellt wird dann das gemeinsame Einkommen. Das über den notwendigen Lebensunterhalt hinausgehende Einkommen der Partner der Einsatzgemeinschaft soll dann nach Kopfteilen verteilt werden. Der auf den Partner in der stationären Einrichtung entfallende Kopfteil soll zusätzlich zur häuslichen Ersparnis für die Deckung der an ihn in der Einrichtung nach dem Dritten und Vierten Kapitel zum Lebensunterhalt erbrachten Leistungen einzusetzen sein.

**18**     Nach den **Empfehlungen des Landschaftsverbandes Westfalen-Lippe** zu § 92a SGB XII wird der Garantiebetrag des § 92a Abs. 1 und 2 SGB XII um einen prozentualen Aufschlag erhöht, der zwischen 20 bis 40 % liegt, um dem § 92a Abs. 3 SGB XII Rechnung zu tragen (kritisch dazu, weil diese Beträge nicht nachvollziehbar sind *Ruschmeier*, ZfF 2008, 267 Fn. 13; akzeptiert vom LSG NRW 23.2.2011 – L 12 SO 136/10: „Es gibt keinen Königsweg."), und es wird nicht nach den Absätzen 1 und 2 unterschieden. Dieser Aufschlag errechnet sich aus dem Differenzbetrag von Garantiebetrag und Einkommen. Er soll dann dem Garantiebetrag zugerechnet werden. Sofern Erwerbseinkommen des verbleibenden Ehegatten oder Heimbewohners zu berücksichtigen ist, erhöht sich der zuvor genannte Garantiebetrag zusätzlich um den Betrag, der sich aus einer entsprechenden Anwendung von § 82 Abs. 3 SGB XII als Absetzungsbetrag errechnen würde. Die Konsequenz dieser Rechenmethode ist, je höher die Lebenssituation vor der Aufnahme in das Heim war, umso höher fällt der zugebilligte Garantiebetrag aus.

**19**     Nach einem dritten Modell (vgl. *Kaune,* ZfF 2007, 241) wird dem § 92a Abs. 3 SGB XII dadurch Rechnung getragen, dass dem Regelbedarf ein Aufschlag von 50 % zugerechnet wird, um die Regelung des § 92a Abs. 3 SGB XII angemessen abzubilden. Demgegenüber ist einzuwenden, dass eine derartige Pauschalierung des Regelbedarfs keineswegs der bisherigen Lebenssituation gerecht werden kann, die ebenfalls zu beachten ist (*Ruschmeier,* ZfF 2008, 267).

## VI. Ausnahmefälle (Abs. 4)

**20**     Absatz 4 stellt klar, dass in den in § 92 Abs. 2 Nr. 1 bis 8 genannten Fällen bei teilstationärer oder stationärer Betreuung ein über häusliche Ersparnisse bzw. die Kosten des eingenommenen Mittagessens hinaus gehender Kostenbeitrag weiterhin nicht eingefordert werden kann (BT-Drs. 16/2711, S. 12).

## Fünfter Abschnitt. Verpflichtungen anderer

**§ 93** Übergang von Ansprüchen

(1) [1]Hat eine leistungsberechtigte Person oder haben bei Gewährung von Hilfen nach dem Fünften bis Neunten Kapitel auch ihre Eltern, ihr nicht getrennt lebender Ehegatte oder ihr Lebenspartner für die Zeit, für die Leistungen erbracht werden, einen Anspruch gegen einen anderen, der kein Leistungsträger im Sinne des § 12 des Ersten Buches ist, kann der Träger der Sozialhilfe durch schriftliche Anzeige an den anderen bewirken, dass dieser Anspruch bis zur Höhe seiner Aufwendungen auf ihn übergeht. [2]Er kann den Übergang dieses Anspruchs auch wegen seiner Aufwendungen für diejenigen Leistungen des Dritten und Vierten Kapitels bewirken, die er gleichzeitig mit den Leistungen für die in Satz 1 genannte leistungsberechtigte Person, deren nicht getrennt lebenden Ehegatten oder Lebenspartner und deren minderjährigen unverheirateten Kindern erbringt. [3]Der Übergang des Anspruchs darf nur insoweit bewirkt werden, als bei rechtzeitiger Leistung des anderen entweder die Leistung nicht erbracht worden wäre oder in den Fällen des § 19 Abs. 5 und des § 92 Abs. 1 Aufwendungsersatz oder ein Kostenbeitrag zu leisten wäre. [4]Der Übergang ist nicht dadurch ausgeschlossen, dass der Anspruch nicht übertragen, verpfändet oder gepfändet werden kann.

(2) [1]Die schriftliche Anzeige bewirkt den Übergang des Anspruchs für die Zeit, für die der leistungsberechtigten Person die Leistung ohne Unterbrechung erbracht wird. [2]Als Unterbrechung gilt ein Zeitraum von mehr als zwei Monaten.

(3) Widerspruch und Anfechtungsklage gegen den Verwaltungsakt, der den Übergang des Anspruchs bewirkt, haben keine aufschiebende Wirkung.

(4) Die §§ 115 und 116 des Zehnten Buches gehen der Regelung des Absatzes 1 vor.

*Änderung der Vorschrift: Abs. 1 Satz 2 geänd. mWv 7.12.2006 durch G v. 2.12.2006 (BGBl. I S. 2670).*

*Vergleichbare Vorschriften: § 33 SGB II; § 95 SGB VIII.*

**Schrifttum:** *Bär,* Zur Anspruchsüberleitung nach den §§ 90, 91 des BSHG, Archiv SozArb. 1978, 77; *Brähler-Boyan/Mann,* Die Überleitung des Schenkungsrückforderungsanspruchs des verarmten Schenkers nach dessen Tod, NJW 1995, 1866; *Bruns/Kemper,* LPartG-Handkommentar, 2002; *Brückner,* Wohnungsrecht und subjektives Ausübungshindernis, NJW 2008, 1111; *Büllesbach,* Das Altenteil und seine Überleitung auf den Sozialhilfeträger, ZFSH/SGB 1987, 344; *Doering-Striening/Horn,* Der Übergang von Pflichtteilsansprüchen von Sozialhilfebeziehern, NJW 2013, 1276; *Eichenhofer,* Rückgriff des Sozialhilfeträgers aufgrund vorangegangener Vermögensverfügungen unter Lebenden und von Todes wegen, NDV 1999, 82; *Franzen,* Der Rückforderungsanspruch des verarmten Schenkers nach § 528 BGB zwischen Geschäftsgrundlagenlehre, Unterhalts- und Sozialhilferechts, FamRZ 1997, 528; *Frings,* Überleitungsfähigkeit des Wohnungsrechts auf Sozialhilfeträger?, Sozialrecht aktuell, 2009, 201; *Giese,* Der Unterhaltsverzicht und Sozialhilfe, ZfF 1978, 251; *ders.,* Zum Rechtsschutzinteresse des Drittschuldners gegenüber dem Verwaltungsakt der Überleitung nach § 90 Abs. 1 Satz 1 BSHG, ZfF 1988, 73; *ders.,* Zur Überleitungsanzeige nach §§ 90, 91 BSHG, NDV 1967, 41; *ders.,* Sozialgesetzbuch, SGB I und X, 2. Aufl., 3/2001; *Grigat,* Wertung und Realisierung von Leibgedingverträgen zugunsten von Hilfesuchenden durch den Sozialhilfeträger, ZfF 1964, 68; *Günther,* Umgehung des sozialhilferechtlichen Nachrangprinzips durch Schenkungen an nahe Verwandte, ZFSH/

SGB 1994, 514; *Gutachten des Deutschen Vereins,* NDV 1962, 388; *Haarmann,* Die Geltendmachung von Rückforderungsansprüchen aus § 528 BGB durch den Träger der Sozialhilfe nach
dem Tod des Schenkers, FamRZ 1966, 522; *Haebing,* Die Überleitung von Altenteilsrechten,
ZFSH 1966, 65; *Hesse,* Zur Behandlung von Vermögensdispositionen, die Sozialhilfebedürftigkeit bewirken, ZFSH/SGB 1985, 549; *Hoeren/Otto,* Datenschutzrechtliche Probleme bei der
Überleitung von Unterhaltsansprüchen gem. §§ 90, 91 BSHG, ZFSH/SGB 1990, 79; *Holzkäm-
per,* Die Überleitung des Schenkungsrückforderungsanspruchs aus § 528 Abs. 1 BGB nach dem
Tod des Schenkers, ZFSH/SGB 1995, 430; *Küfner,* Vertragliche Pflegerechte im Sozialhilferecht,
ZFSH/SGB 1985, 66; *Lipp,* Finanzielle Solidarität zwischen Verwandten im Privat- und Sozialhilferecht, NJW 2002, 2201; *Löden,* Die Überleitung von Unterhaltsansprüchen gem. §§ 90, 91
BSHG „dem Grunde nach", ZFSH 1977, 205; *Ludyga,* Schenkungsrückforderungsansprüche
gemäß § 528 BGB bei Pflege durch den Zuwendungsempfänger und § 93 SGB XII, NZS 2012,
121; *Mehr,* Die Überleitungsanzeige nach § 90 BSHG – ein belastender Verwaltungsakt für
den Drittschuldner, ZFSH/SGB 1986, 26; *Münder,* Die Überleitung von Ansprüchen in der
Sozialhilfe – §§ 90 f. BSHG, ZFSH/SGB 1985, 193, 248, 289; *Renk,* Die Anfechtung von
Überleitungsanzeigen nach § 90 BSHG, JZ 1965, 13; *Sbresny,* Überleitung von Schmerzensgeld-
ansprüchen nach § 90 BSHG, ZfF 1981, 29; *ders.,* Zu Rechtsfragen im Zusammenhang mit der
Überleitung von Ansprüchen aus sog. Altenteilverträgen, ZfF 1983, 222; *Schellhorn,* Das Verhältnis von Sozialhilferecht und Unterhaltsrecht am Beispiel der Heranziehung Unterhaltspflichtiger
zu den Sozialhilfeaufwendungen; *Schnitzerling,* Übersicht über die Rechtsprechung zur Gewährung von Sozialhilfe sowie zum Erbrecht, ZfF 1985, 113; *Schulz-Werner/Bischoff,* Überleitungsanzeige und Unterhaltsanspruch, NJW 1986, 696; *Sebbin,* Schenkungsrückforderung bei Bedürftigkeit, ZfF 1989, 145; *Seetzen,* Sozialhilfeleistung und Unterhaltsprozeß, NJW 1978, 1350;
*Treptow,* Zum Anwendungsbereich der Überleitung von Unterhaltsansprüchen „dem Grunde
nach" gem. §§ 90, 91 BSHG, ZfF 1987, 102; *Urbach,* Zum Verständnis der §§ 90, 91 BSHG,
ZfF 1967, 178; *Wahrendorf,* Sozialhilferechtliche Prämissen bei der Anwendung der §§ 90, 91
BSHG durch den Zivilrichter, ZFSH/SGB 1994, 450; *Wendt,* Neuregelung der Heranziehung
Unterhaltspflichtiger nach § 91 Abs. 2 BSHG durch SGB IX, Rechtsdienst der Lebenshilfe 2001,
61; *Wilhelm,* Übergabe-, Altenteils- und Schenkungsverträge in der Sozialhilfe, NDV 1998,
171; *Witte,* Die Überleitung von Unterhaltsansprüchen gemäß §§ 90, 91 BSHG, 1987; *Zeranski,*
Zur Aussetzung des Zivilrechtstreites aus übergeleitetem Recht bei der Anfechtung der Überleitungsanzeige, FamRZ 1999, 824.

### Übersicht

# I. Bedeutung der Norm

Die Vorschriften der §§ 93 und 94 SGB XII haben den Zweck, den **sozialhilfe-** **1** **rechtlichen Nachrang** (§ 2 SGB XII) zu realisieren (vgl. BSG 25.4.2013 – B 8 SO 104/12 B; *Schellhorn,* Schellhorn/Hohm/Scheider, § 93 Rn. 1; *Münder,* LPK-SGB XII, § 93 Rn. 1), wobei die Vorschrift des § 93 SGB XII die Grundlagennorm ist. § 94 SGB XII verdrängt als Spezialvorschrift § 93 SGB XII. Aus der gesetzlichen Überleitung bzw. der durch einen Bescheid eingeleiteten Überleitung ergeben sich keine **Kostenersatzansprüche** des Hilfeträgers (vgl. dazu §§ 102 ff. SGB XII), son-dern ermöglichen ihm lediglich, die Position eines Gläubigers einzunehmen, und eröffnen ihm zur Realisierung der Ansprüche die gleichen prozessualen Möglichkei-ten, die dem Gläubiger **(Leistungsberechtigten)** zur Verfügung standen (*Witte,* Überleitung S. 11). Von der **Rückforderung** nach § 50 SGB X unterscheidet sich die Überleitung ebenfalls. Rückforderungsbescheide beziehen sich auf zu Unrecht oder ohne Rechtsgrund erbrachte Leistungen an den Hilfesuchenden. **Erstattungs-** **ansprüche** gegen den Arbeitgeber nach § 115 SGB X und gegen Schadensersatz-pflichtige nach § 116 SGB X, die ebenfalls das Nachrangverhältnis wiederherstellen sollen, gehen der Überleitung vor, § 93 Abs. 4 SGB XII.

Die Überleitungsregeln sind eine Konsequenz des **Faktizitätsprinzips.** Die **2** dagegen gerichtete Kritik nimmt nicht zur Kenntnis, dass das Einsetzen der Sozial-hilfe eine tatsächliche Bedarfssituation voraussetzt, worauf die Vorschrift des § 2 Abs. 1 SGB XII hinweist (vgl. auch § 2 Rn. 19 f.). Sozialhilfe ist Soforthilfe. Wird dem Hilfeträger eine sozialhilferechtliche Notlage bekannt, hat er unter den gegebe-nen Umständen zu entscheiden, ob gegenwärtig Mittellosigkeit besteht. Er kann den Hilfeberechtigten nicht auf bestehende, aber nicht ohne Weiteres zu realisierende Ansprüche gegen Dritte verweisen. Es werden von ihm nur angemessene Bemühun-gen erwartet, den gegen den Dritten bestehenden Anspruch zu realisieren (vgl. auch *Münder,* LPK-SGB XII, § 93 Rn. 1). Da der Selbsthilfegrundsatz vorgeht, kann § 93 SGB XII aber auch nicht so weit verstanden werden, dass dem Hilfeberechtigten ein Wahlrecht zusteht, Ansprüche gegen Dritte selbst zu realisieren oder die Durch-setzung seiner Ansprüche, obwohl ihm selbst ohne weiteres möglich, dem Sozialhil-feträger zu überlassen.

Das BSG (BSG 29.9.2009 – B 8 SO 23/08 R) hat mittlerweile klargestellt, dass **3** der in § 2 SGB XII geregelte Nachranggrundsatz so zu verstehen ist, dass er keinen Ausschlusstatbestand darstellt, sondern sich lediglich in den speziellen Normen des Einkommens- und Vermögenseinsatzes konkretisiert. Entscheidend sei, dass Ein-kommen und Vermögen zeitgleich mit dem Auftreten der Bedarfslage faktisch vor-handen sind. Nur in Ausnahmefällen, wenn sich etwa der Bedürftige sozialrechtl eige-nen Bemühungen verschließe und Ansprüche ohne weiteres realisierbar wären, käme dem § 2 SGB XII eine Ausschlusswirkung zu (BSG 29.9.2009 – B 8 SO 23/08 R). Im Umkehrschluss bedeutet dies, dass der Leistungsträger immer auf eine Überleitung angewiesen ist, wenn ein Anspruch gegen Dritte besteht, der noch nicht realisiert worden ist und kein Ausnahmefall vorliegt. Dann tritt die **Garantie** des Sozialhilferechts ein.

Neben der Funktion, den vom Gesetz gewollten Nachrang zwischen Sozialhilfe- **4** träger und Drittverpflichtetem wiederherzustellen, bezweckt die Vorschrift auch den **Schutz** des kompetenzmäßig zur Leistung verpflichteten Hilfeträgers, des Hilfe-empfängers und des Drittverpflichteten, weil ein Forderungsübergang nur in dem vom Gesetz gezogenen Rahmen erfolgen kann. Damit wird letztlich sichergestellt, dass der Hilfeträger weder zulasten des Hilfeempfängers noch des Dritten Vorteile ziehen kann. Wirtschaftlich bewirkt die Überleitung, dass ein Teil der Sozialhilfeaus-gaben wieder eingenommen wird. Die Folge ist eine finanzielle Entlastung des Hilfeträgers.

**5**     Bis zum Inkrafttreten des Gesetzes zur Umsetzung des Föderalen Konsolidierungsprogramms (BGBl. I S. 944) am 27.6.1993 stellte die Vorgängervorschrift des § 90 BSHG die allgemeine Regel für eine Überleitung dar, auf der die Überleitung bei Unterhaltsansprüchen aufbaute. Seit dieser Regelung bestimmt eine Zweiteilung das Überleitungsrecht (*Wahrendorf,* ZFSH/SGB 1994, 450). Die Überleitungsanzeige ist für Unterhaltsansprüche durch eine cessio legis ersetzt worden, für sonstige Ansprüche blieb es bei der durch Verwaltungsakt veranlassten Überleitung. Dieser Systematik folgt auch das SGB XII, dass nach § 94 SGB XII nur für Unterhaltsansprüche eine cessio legis vorsieht. Damit unterscheidet es sich ganz wesentlich vom SGB II, denn nach § 33 SGB II gehen alle Ansprüche qua Gesetz auf den Leistungsträger über. Der Übergang zur Legalzession im SGB II wurde berechtigterweise damit begründet, dass sich eine Magistralzession nicht bewährt habe (vgl. BT-Drs. 16/1410, S. 29). Der Leistungsträger sei damit weit hinter den Rückgriffsmöglichkeiten zurückgeblieben.

**6**     Mit der Regelung des § 33 SGB II, der seine jetzige Fassung erst durch das SGB II- Fortentwicklungsgesetz und das Gesetz zur Ermittlung von Regelbedarfen und zur Änderung des Zweiten und Zwölften Buches vom 24.3.2011 (BGBl. I S. 453) erhalten hat, sollte zudem ein Gleichklang mit § 94 SGB XII erreicht werden. Darüber ist schlicht übersehen worden, dass der beabsichtigte Gleichklang beider mit einander verwandter Gesetze durch die Beibehaltung des § 93 SGB XII ohne einsichtigen Grund nicht erreicht worden ist. Denn im Unterschied zu § 94 SGB XII, der nur Unterhaltsansprüche regelt, erfasst § 33 SGB II in einem umfassenden Sinn Verpflichtungen Dritter. Rechtsschutz wird bei der cessio legis des § 33 SGB II nur durch die jeweiligen Fachgerichte, denen die Drittforderung zuzuordnen ist, gewährt (vgl. auch *Armbruster,* jurisPK-SGB XII, § 93 Rn. 5).

**7**     Überleitung und rechtsgeschäftliche **Abtretung** stehen nebeneinander (*Münder,* LPK-SGB XII, § 93 Rn. 10). Rechtliche **Grenzen** ergeben sich dadurch, dass sich der Sozialhilfeträger durch eine Abtretung keine, mit den sozialhilferechtlichen Wertungen, insbesondere des § 93 SGB XII, nicht zu vereinbarenden Vorteile verschaffen darf, die der Realisierung des Nachrangs widersprechen (so auch *Münder,* LPK-SGB XII, § 93 Rn. 10). Auch darf eine Abtretung nicht gegen die Vorschrift des § 138 BGB verstoßen. Dies gilt auch, wenn der Leistungsberechtigte einer Überleitungsanzeige des Sozialhilfeträgers zuvorkommt und den Anspruch an einen Dritten abtritt (vgl. *Armbruster,* jurisPK-SGB XII, § 93 Rn. 22).

# II. Inhalt der Norm

**8**     Die Vorschrift überträgt im Wesentlichen **inhaltsgleich** den bisherigen § 90 BSHG. Durch die Aufnahme des Lebenspartners in Absatz 1 Satz 1 wird sichergestellt, dass gegen Dritte bestehende Ansprüche eines Lebenspartners, der von der leistungsberechtigten Person nicht getrennt lebt, für die Zeit der Gewährung von Hilfe des Fünften bis Neunten Kapitels wie Ansprüche der leistungsberechtigten Person, ihrer Eltern, oder ihres Ehegatten auf den Träger der Sozialhilfe bis zur Höhe seiner Aufwendungen nach vorheriger Anzeige übergehen (BT-Drs. 15/1514, S. 66). Absatz 2 enthält die formelle Anforderung an die Überleitungsanzeige, dass sie schriftlich ergehen muss. Absatz 3 regelt, dass Widerspruch und Anfechtungsklage keine aufschiebende Wirkung haben. Absatz 4 bestimmt das Verhältnis zu bestimmten Erstattungsvorschriften.

**9**     Eine wirkliche Parallelvorschrift findet sich in § 33 SGB II nicht. Dort ist ein umfassender gesetzlicher Forderungsübergang geregelt, der vom zweischrittigen Vorgehen des § 93 SGB XII wesentlich abweicht.

## III. Überleitung (Abs. 1)

### 1. Hilfegewährung

Die Überleitung setzt dem Wortlaut nach eine **Leistungserbringung** von Sozial-   **10**
hilfeleistungen voraus. Eine vorsorgliche Überleitung auf noch zu erbringende Leistungen wäre unwirksam. Deswegen ist eine Überleitung frühestens mit dem Erlass
des Bewilligungsbescheides möglich. Sind noch unter dem BSHG Leistungen
erfolgt, ist auch nach neuem Recht eine Überleitung möglich (LSG NRW
9.11.2005 – L 20 (12) B 38/05 SO ER, FEVS 57, 529; LSG Bln-Bbg 16.8.2007 –
L 23 B 150/07 SO ER, FEVS 59, 154; zustimmend *Decker,* Oestreicher, § 90
Rn. 36). Die Hilfegewährung muss sich in einem Verwaltungsakt, der auch konklu-
dent ergangen sein kann, konkretisiert haben. Sofern aus der von *Münder* (LPK-
SGB XII, § 93 Rn. 12) gewählten Formulierung von der verbindlich festgestellten
Leistungserbringung geschlossen werden sollte, dass es sich um eine bestandskräftige
Bewilligung handeln soll, ist dem nicht zu folgen, weil eine solche Einschränkung
nicht notwendig ist. Bei der gewährten Hilfe kann es sich allerdings nur um solche
Leistungen handeln, die dem Hilfeempfänger endgültig bleiben (vgl. *Münder,* LPK-
SGB XII, § 93 Rn. 16; *Schellhorn,* Schellhorn/Hohm/Scheider, § 93 Rn. 28; *Wolf,*
Fichtner/Wenzel, § 93 Rn. 8). Sozialhilfegewährung als Darlehen kommt als Auslöser für eine Überleitung grundsätzlich nicht in Frage, weil hier durch die Rückzahlung der Nachrang der Sozialhilfeleistung wieder eingelöst wird. Etwas anderes kann
nur dann ausnahmsweise gelten, wenn die Darlehensrückzahlung nicht mehr zu
realisieren ist (ähnlich *Armbruster,* jurisPK-SGB XII Rn. 37).

Ob die Hilfegewährung **rechtmäßig** war oder ob sie bei einem gegen die Über-   **11**
leitung angestrengten Prozess überprüft werden muss, war bereits zu § 90 BSHG
umstritten. In der Literatur (so vor allem *Münder,* LPK-BSHG, § 93 Rn. 13 f.;
*Oestreicher/Schelter/Kunz,* § 90 Rn. 40; *Ludyga,* NZS 2012, 124; s. auch zum SGB II:
*Doering-Striening/Horn,* NJW 2013, 1277) wurde darauf verwiesen, dass ein Hilfeträger nur von Rechts wegen zur Hilfeleistung verpflichtet ist, so dass er nur unter
diesen Voraussetzungen das vom Gesetz gewollte Nachrangverhältnis herstellen darf.
Zu dieser Frage nahm das BVerwG (BVerwG 3.7.1986 – 5 B 5/86, FEVS 35, 441)
eine differenzierte Haltung ein. Allgemeingültig könne nicht verlangt werden, dass
eine Überleitung von der Rechtmäßigkeit der Hilfegewährung abhängig sei. Es
erscheine unbillig, wenn der Drittverpflichtete aus einem solchen Fehler des Sozialhilfeträgers einen Vorteil in dem Sinne ziehen könnte, dass ein Rechtsübergang
nicht stattfindet und er von einer Klage des Sozialhilfeträgers verschont bleibe. Seien
die Sozialhilfeansprüche wesensmäßig mit den übergeleiteten Ansprüchen identisch,
komme es auf die Entscheidung des letztberufenen Gerichts, bei Unterhaltsansprüchen des Zivilgerichts, an. Ausnahmen wurden von der Rechtsprechung in den
Fällen gemacht, in denen eine fehlende Prüfung der Rechtmäßigkeit der gewährten
Sozialhilfe Belange des Drittverpflichteten unzulässigerweise verkürzen würde
(BVerwG 4.6.1992 – 5 C 57/88, NJW 1992, 3313; dem sich anschließend HessLSG
1.11.2007 – L 9 SO 79/07 ER, SAR 2008, 14; a. A, *Gerenkamp,* Mergler/Zink,
§ 93 Rn. 14; *Decker,* Oestreicher, § 93 Rn. 41). Durch den Gläubigerwechsel allein
würden schutzwürdige Belange des Drittverpflichteten aber nicht bereits verletzt
(BVerwG 4.6.1992 – 5 C 57/88). Diese Streitfrage ist durch die Neufassung des
SGB XII nicht gelöst worden, obwohl angeführt wird, dass aufgrund der neu eingebrachten Formulierung „leistungsberechtigte Person" die Rechtmäßigkeit der
erbrachten Leistung Überleitungsvoraussetzung sein soll. Dem Wortlaut ist nicht
zwingend zu entnehmen, dass die Rechtmäßigkeit der Überleitungsanzeige die
Rechtmäßigkeit der gewährten Hilfeleistung voraussetzen würde. Zwar hat der
Gesetzgeber den früher in § 90 BSHG verwendeten Begriff des Hilfeempfängers
durch leistungsberechtigte Person ersetzt, daraus kann aber keine inhaltliche Ände-

rung abgeleitet werden, weil die Vorschrift damit nur an die im SGB XII übliche Bezeichnung Leistungsberechtigter sprachlich angepasst wurde. Systematische Gründe stützen zudem den von der Rechtsprechung eingeschlagenen Lösungsweg. Mit der Bewilligung einer Sozialhilfeleistung existiert in der Regel ein wirksamer, oft sogar unanfechtbarer Verwaltungsakt, dessen Tatbestandswirkung nicht unbeachtet bleiben kann (*Wahrendorf,* ZFSH/SGB 1994, 454). Das Bedürfnis, den Nachrang der Sozialhilfe als fundamentalem Prinzip der Sozialhilfe (BVerwG 4.6.1992 – 5 C 57/88, NJW 1992, 3314) wiederherzustellen, besteht bereits dann, wenn Hilfe gewährt worden ist, und zwar egal, ob zu Recht oder zu Unrecht. Bei zu Unrecht gewährter Hilfe hat die Behörde aus Gründen der Rechtsstaatlichkeit nach § 45 SGB X eine Rücknahmeentscheidung zu treffen. Mit dieser entfällt der Rechtsgrund für die Überleitung, so dass auch dem berechtigten Interesse des Dritten gedient ist. Zahlt der Dritte in einem solchen Falle auf den übergeleiteten Anspruch könnte der Hilfeempfänger dem gegen ihn gerichteten Erstattungsanspruch als Einrede entgegenhalten, dass der Sozialhilfeträger die Leistungen bereits (über den Drittschuldner) zurückerhalten hat (BVerwG 4.6.1992 – 5 C 57/88).

## 2. Anspruch gegen einen Anderen

**12**   **a) Anspruchsinhaber.** Die leistungsberechtigte Person muss einen Anspruch gegen einen Dritten haben (vgl. auch *Münder,* LPK-SGB XII, § 93 Rn. 25; *Armbruster,* jurisPK-SGB XII, § 93 Rn. 50). Bei der Hilfe nach dem Fünften bis Neunten Kapitel können es auch Ansprüche ihrer Eltern oder des mit ihr zusammen lebenden Ehegatten oder des Lebenspartners gegen andere sein (Satz 2). Insofern stellt dieser Satz eine **Ausnahme** von der Regelung des Satzes 1 dar. Absatz 1 Satz 2 stellt klar, dass ebenso wie bei der Hilfe zum Lebensunterhalt auch in der Grundsicherung im Alter und bei Erwerbsminderung für die an Ehegatten oder Lebenspartner geleistete Grundsicherung ein Überleitungsanspruch bestehen kann (BT-Drs. 16/2711, S. 12). In diesem Fall knüpft die Überleitung an die Einstandsgemeinschaft des §§ 19 Abs. 1, 27 Abs. 2 SGB XII an. Es muss sich um einen Anspruch handeln, der auf die Bedarfssituation des Hilfeempfängers bezogen ist (vgl. *Armbruster,* jurisPK-SGB XII Rn. 55; *Kirchhoff,* Hauck-Noftz SGB XII Rn. 50). Deshalb können Beihilfeansprüche, die Eltern für ihr behindertes Kind zustehen, übergeleitet werden. Eine Überleitungsanzeige kann bei vererbten Ansprüchen auch nach dem Tode des Leistungsempfängers erlassen werden (BVerwG 10.5.1990 – 5 C 63/88 Rn. 6).

**13**   **b) Anspruchsgegner.** Anspruchsgegner kann jede dritte natürliche oder juristische Person sein. Ausgenommen sind die Leistungsträger nach § 12 SGB I. Auf das Erstattungsverhältnis zu ihnen sind die §§ 102 ff. SGB X als Sondervorschriften anzuwenden. Als lex specialis geht auch § 94 SGB XII vor, so dass Unterhaltsschuldner ausgenommen sind.

**14**   **c) Negativevidenz.** Der überzuleitende Anspruch muss mutmaßlich bestehen. Eine Überleitung ist ausgeschlossen, wenn der übergeleitete Anspruch offensichtlich nicht besteht (sog. Negativevidenz, BSG 25.4.2013 – B 8 SO 104/12 B; BVerwG 27.5.1993 – 5 C 7/91, BVerwGE 34, 219; LSG NRW 9.11.2005 – L 20 (12) B 38/05 SO ER, FEVS 57, 529; HessLSG 1.11.2007 – L 9 SO 79/07 ER). Wäre das Bestehen des übergeleiteten Anspruchs eine objektive Rechtmäßigkeitsvoraussetzung, müsste das Gericht auch über die Rechtmäßigkeit rechtswegfremder Forderungen entscheiden. Eine derartige Überprüfung ist mit dem bestehenden gegliederten Rechtsschutzsystem nicht zu vereinbaren. Es soll verhindert werden, dass das Sozialgericht letztverantwortlich beispielsweise zivilrechtlich umstrittene Fragen entscheidet. Kann zum Beispiel ein Hilfeempfänger sein ihm notariell zugesichertes dingliches oder schuldrechtliches Wohnrecht nicht mehr ausüben, weil er in ein Pflegeheim aufgenommen worden ist und dort Hilfe zur Pflege erhält, steht einer

Überleitung von Zahlungsansprüchen als Ausgleich für das nicht ausgeübte Wohnrecht der Grundsatz der Negativevidenz nicht entgegen (OVG Münster 19.9.2000 – 22 A 3473/98, FEVS 52, 128). Welche Rechtsfolgen eintreten, wenn ein Wohnrecht wegen der Aufnahme in ein Pflegeheim nicht ausgeübt werden kann, ist in der zivilrechtlichen Rechtsprechung nicht so eindeutig geklärt, als dass aus verwaltungsrechtlicher Sicht eine Negativevidenz angenommen werden könnte (vgl. OVG Münster 19.9.2000 – 22 A 3473/98; zur ergänzenden Vertragsauslegung bei Aufgabe des Wohnrechts, OLG Düsseldorf 10.12.2009 – I-12 U 30/09). Auch ein Verzicht des Hilfeempfängers auf einen Drittanspruch steht einer Überleitung nicht grundsätzlich entgegen, falls Anhaltspunkte für die Sittenwidrigkeit des Verzichts bestehen (vgl. auch *Münder*, LPK-SGB XII, § 93 Rn. 24; vgl. BGH 19.1.2011 – IV ZR 7/10). Sollte ein Verzicht sich als Schenkung darstellen kommt auch die Überleitung eines Schenkungsrückforderungsanspruchs in Betracht (BSG 25.4.2013 – B 8 SO 104/12 B Rn. 9). Wird die Einrede der Verjährung erhoben, schließt das keineswegs die Negativevidenz ein, wenn unklar bleibt, ob alle denkbaren zivilrechtlichen Ansprüche verjährt sein könnten. Zudem hindert die Einrede der Verjährung nur die Durchsetzbarkeit des Anspruchs (*Armbruster*, jurisPK-SGB XII, § 93 Rn. 80).

**d) Überleitungsfähigkeit.** Im Prinzip ist jeder Anspruch überleitungsfähig, **15** soweit sich keine Einschränkung etwa die durch § 94 SGB XII ergibt. Dass der Vorschrift ein weites Verständnis zugrunde liegt, macht § 93 Abs. 1 S. 4 SGB XII deutlich. Selbst nicht übertragbare, verpfändete oder gepfändete Ansprüche sind von einer Überleitung nicht ausgenommen. Ihr Gegenstand sind nicht nur Geldansprüche (Beispiele: Schadensersatzansprüche, Beihilfeansprüche, Pflichtteilsansprüche (BGH 8.12.2004 – IV ZR 223/03, FamRZ 2005, 448; s. dazu *Doering-Striening/Horn*, NJW 2013, 1277 f.), Leistungen aus z. B. Kapitallebensversicherungen), sondern auch Sachansprüche mit Ausnahme solcher, die höchstpersönlicher Natur sind (z. B. ein Wohnrecht: vgl. dazu *Decker*, Oestreicher, § 93 Rn. 50; zur Umwandlung des Wohnrechts in einen Geldanspruch, der überleitungsfähig ist, OLG Düsseldorf 10.12.2009 – I-12 U 30/09, Rn. 17, s. auch HessLSG 25.4.2012 – L 4 SO 207/11; *Brückner*, NJW 2008, 1113; Erbauseinandersetzung: LSG BW 22.7.2010 – L 7 SO 853/09, ZfSH/SGB 2010, 543). Als überleitungsfähig sind Altenteilsansprüche (BVerwG 27.5.1993 – 5 C 7/91, BVerwGE 92, 281, 283) oder Leibgedingeansprüche (BVerwG 15.4.1996 – 5 B 12/96, Buchholz, 436.0 § 90 BSHG Nr. 24), Darlehensforderungen oder Rückforderungsansprüche bei Verarmung des Schenkers nach § 528 BGB (BVerwG 8.7.1982 – 5 C 39/81, BVerwGE 66, 82, 87) und Steuererstattungen (vgl. BSG 2.2.2010 – B 8 SO 17/08 R, SGb 2010, 227; *Schellhorn,* Schellhorn/Hohm/Scheider, § 93 Rn. 20) angesehen worden. Wegen der Sondervorschrift des § 94 SGB XII stellen sog. vertragliche Unterhaltsvereinbarungen für die Überleitung nach § 93 SGB XII ein besonderes Problem dar. Sie sind nur überleitungsfähig, wenn es sich um unechte Unterhaltsverträge handelt, ansonsten greift § 94 SGB XII ein. Unechte Unterhaltsverträge werden dadurch bestimmt, dass sie wirtschaftliche Austauschverträge und nicht Ausdruck sittlicher Bindung und Familienzusammengehörigkeit sind (BVerwG 27.5.1993 – 5 C 7/91, Rn. 16, BVerwGE 92, 281). Dienst- und Sachleistungen können nur übergeleitet werden, wenn sie in Zahlungsansprüche umgewandelt werden können (*Schellhorn,* Schellhorn/Hohm/Scheider, § 93 Rn. 21). Hieran ist vor allem zu denken, wenn Übergabe- und Altenteilverträge nicht mehr erbracht werden können. Verpflichtet sich jemand im Rahmen eines Altenteil- oder Übergabevertrages zur Pflege und zieht der Gläubiger in ein Pflegeheim, so der Schuldner von seiner Dienstleistungspflicht befreit und muss sich dann aber unter Umständen wegen ersparter Aufwendungen an den Heimkosten beteiligen (vgl. *Schellhorn,* Schellhorn/Hohm/Scheider, § 93 Rn. 21; vgl. auch *Armbruster*, jurisPK-SGB XII, § 93 Rn. 87; BGH 19.1.2007 – V ZR 163/06, NJW

2007, 1884). Kindergeld wird nicht übergeleitet wegen der Vorschrift des § 74 Abs. 1 S. 4 EStG.

**16**    Verfügungen von Todes wegen, in denen Eltern eines behinderten Kindes die Nachlassverteilung durch eine kombinierte Anordnung von Vor- und Nacherbschaft sowie einer – mit konkreten Verwaltungsanweisungen versehenen – Dauertestamentsvollstreckung so gestalten, dass das Kind zwar Vorteile aus dem Nachlassvermögen erhält, der Sozialhilfeträger auf dieses jedoch nicht zugreifen kann, sog. **Behindertentestamente,** sind nach ständiger Rechtsprechung des BGH grundsätzlich nicht sittenwidrig, sondern vielmehr Ausdruck der sittlich anzuerkennenden Sorge für das Wohl des Kindes über den Tod der Eltern hinaus (BGH 19.1.2011 – IV ZR 7/10, Rn. 12). Ein Verzicht des behinderten Kindes auf seinen Pflichtteil ist grundsätzlich ebenfalls nicht sittenwidrig (BGH 19.1.2011 – IV ZR 7/10 Rn. 17). Der Sozialhilfeträger kann indes auch nicht das **Ausschlagungsrecht** auf sich überleiten und ausüben, um den Pflichtteilsanspruch nach § 2306 Abs. 1 BGB geltend zu machen (BGH 19.1.2011 – IV ZR 7/10, Rn. 30). Andernfalls erhielte der Sozialhilfeträger die Möglichkeit, auf die Erbfolge Einfluss zu nehmen, was generell nicht dem Erblasserwillen entspricht und nach dem Gesetz den Bedachten selbst vorbehalten ist (BGH 19.1.2011 – IV ZR 7/10, Rn. 30).

**17**    **e) Kausale Verknüpfung.** Absatz 1 Satz 3 verlangt eine kausale Verknüpfung von Hilfegewährung und Drittforderung. Nach der ersten Alternative dieser Regelung ist eine Überleitung nur dann berechtigt, wenn bei vorrangiger Leistung des anderen die Hilfegewährung des Hilfeträgers **nicht erforderlich geworden wäre.** Es ist **fiktiv** zu prüfen, was geschehen wäre, wenn der Dritte seiner Leistungspflicht nachgekommen wäre. Dann ist zu ermitteln, ob bei dessen **rechtzeitiger Leistung** der Hilfeberechtigte gleichwohl Sozialhilfe bezogen hätte (vgl. zum Ganzen auch *Armbruster,* jurisPK-SGB XII, § 93 Rn. 103).

**18**    Ist der Dritte seiner Leistungspflicht rechtzeitig nachgekommen bzw. ist zu erwarten, dass er dies auch künftig tut (z. B. regelmäßige Lohnzahlungen), ist kein Raum für eine Überleitung nach § 93. Dies ist vor allem im Verhältnis zu § 92 von Bedeutung, der eine Vorleistungspflicht des Sozialhilfeträgers vorsieht bei anschließender Erhebung eines Kostenbeitrags. Der Sozialhilfeträger hat in einem solchen Fall nicht die Wahl, ob er statt des Kostenbeitrags eine Überleitung des Anspruchs des Leistungsempfängers gegen einen Dritten auf sich bewirkt. Gegebenenfalls hat der Sozialhilfeträger den Kostenbeitrag mit den Mitteln des Verwaltungszwanges durchzusetzen (LSG NRW 15.7.2015 – L 9 SO 178/15 B ER, Rn. 8; *Armbruster,* jurisPK-SGB XII, § 93 Rn. 117.1)

**19**    Geht es um **Drittansprüche,** die zum **geschützten Einkommen oder Vermögen** gehören, widerspräche es der sozialhilferechtlichen Wertung der §§ 82 und 90 SGB XII, diese Ansprüche überzuleiten (vgl. LSG NRW 20.12.2006 – L 20 B 135/06 SO ER, Rn. 21, FEVS 58, 448; *Münder,* LPK-SGB XII, § 93 Rn. 32; *Wolf,* Fichtner/Wenzel, § 93 Rn. 49; *Kiss,* Mergler/Zink, § 93 Rn. 32). Im Einzelfall kann es schwierig sein zu beurteilen, ob eine Geldleistung zum geschützten Vermögen gehört. Das LSG NRW (20.12.2006 – L 20 B 135/06 SO ER, Rn. 21) hat zu einem ererbten Bausparvertrag Folgendes entschieden: Der Erbe eines Bausparvertrags kann sich nicht darauf berufen, dass der Anspruch auf Rückzahlung des Bausparguthabens sozialhilferechtlich zwingend als Vermögen einzustufen ist, da die Ansparung nicht durch den Erben, sondern durch den Erblasser erfolgt ist. Unabhängig davon stellt das Bausparvermögen keine geschützte Vermögensposition dar, wenn die objektive und subjektive Zweckbestimmung der Altersvorsorge nicht dargelegt ist.

**20**    Ansprüche des verarmten Schenkers nach § 528 Abs. 1 S. 2 BGB gegen den Beschenkten (s. dazu auch HessLSG 1.11.2007 – L 9 SO 79/07 ER; ausführlich *Ludyga,* NZS 2012, 124) sind dann nicht überleitungsfähig, wenn der Beschenkte das Geschenk zurücküberträgt, um dem Beschenkten die Möglichkeit der Verwertung zu geben, damit dieser nicht der Sozialhilfe zur Last fällt (BGH 17.12.2009 – Xa ZR 6/09 Rn. 16, NJW 2010, 2655). Ansonsten bleibt es beim Geldersatz, der allerdings nicht zum Schonvermögen des Beschenkten gehört. Aus der zitierten Entscheidung des BGH kann nicht der Schluss gezogen werden, dass die Grenzen des Schonvermögens im Rahmen der kausalen Verknüpfung zu beachten sind (wie hier BVerwG 25.6.1992 – 5 C 37/88, NJW 1992, 3312), da eine Zurechnung zum Einkommen zu erfolgen hat.

Dieser Grundsatz gilt auch für **Schenkungen** in **Form von Grundstücksüber-** **21** **tragungen.** Zugunsten des Beschenkten greift § 90 Abs. 2 Nr. 8 SGB XII, der normalerweise ein angemessenes Grundstück vor dem Zugriff des Hilfeträgers schützt, nicht ein. Der sachliche Grund hierfür liegt darin, dass der Anspruch auf Rückgewähr des Geschenkes auf eine monatliche Zahlung von Geld geht, das zur Deckung seines Lebensunterhalts oder Pflegeheimaufenthaltes dient. Damit schuldet der Beschenkte dem Schenker keine Leistung, die gemäß § 90 Abs. 2 SGB XII geschont wird (BVerwG 25.6.1992 – 5 C 37/88, NJW 1992, 3313; BGH 11.3.1994 – V ZR 188/92 Rn. 16, BGHZ 125, 283). Der Hilfeberechtigte hat sich mit der Übergabe des Geschenks seines Schutzes begeben.

Bei der **anderen Alternative** des § 93 Abs. 1 S. 3 ist die Überleitung nur möglich, **22** wenn ein Anspruch auf Aufwendungsersatz oder ein Kostenersatz in den Fällen des § 19 Abs. 5 und des § 92 Abs. 1 SGB XII zu leisten gewesen wäre. Die Höhe wird durch den Aufwendungsersatz begrenzt. Durch diese Beschränkung wird eine Harmonisierung mit den im Gesetz genannten Kostenersatzansprüchen erreicht.

**f) Zeitidentität.** Überzuleitender Anspruch und Hilfegewährung müssen **zeit-** **23** **lich aufeinander** bezogen sein **(Prinzip der Gleichzeitigkeit).** Es werden Bewilligungszeiträume des Leistungsbezugs mit den möglichen Ansprüchen auf ihre Zeitidentität verglichen. Unerheblich ist der zeitliche Eingang der Hilfeleistung beim Hilfeempfänger (*Münder,* LPK-SGB XII, § 93 Rn. 28). Die Zeitidentität ist selbst dann gewahrt, wenn der Anspruch gegen den Dritten bereits vor der Aufnahme der Sozialhilfeleistungen fällig geworden ist, aber im Zeitpunkt der Aufnahme der Hilfeleistungen noch nicht erfüllt war (BVerwG 28.10.1999 – 5 C 28/98, BVerwGE 110, 5). Diese weite Auslegung des Begriffs der Gleichzeitigkeit hat ihren sachlichen Grund darin, dass infolge der Nichterfüllung der in Rede stehenden Drittverpflichtung Sozialhilfe zur Abwendung der Notlage geleistet werden musste, obwohl ein geeigneter Anspruch gegen einen Dritten vorhanden war, der den Hilfebedürftigen in die Lage versetzt hätte, unabhängig von der Sozialhilfe zu leben. Es ist deshalb zweckgerecht, auch diejenigen Ansprüche überzuleiten, die nicht nur für den Zeitraum der Hilfegewährung bestimmt sind (BVerwG 28.10.1999 – 5 C 28/98, BSGE 108, 296, 298). Treffen laufende Hilfeleistungen mit einmaligen Leistungen zusammen, so sind Letztere bei Fälligkeit unter Berücksichtigung des umschriebenen Zwecks der Norm überleitungsfähig (BVerwG 28.10.1999 – 5 C 28/98, BSGE 110, 5, 8).

**g) Ermessensentscheidung.** Nach dem eindeutigen Wortlaut des § 93 Abs. 1 **24** S. 1 SGB XII steht das Ob und Wie der Überleitungsentscheidung im Ermessen der Behörde. Der Hilfeträger muss seine Ermessensentscheidung begründen, § 35 Abs. 1 S. 3 SGB X. Indes stellte die Rechtsprechung (vgl. BVerwG 27.5.1993 – 5 C 7/91, BSGE 34, 225; BSGE 92, 287) keine hohen Anforderungen an die Begründung der im Rahmen des § 90 Abs. 1 BSHG getroffenen Ermessensentscheidung. Sie griff auf die Rechtsfigur des intendierten Ermessens zurück. Es handelt sich um solche Ermessensentscheidungen, bei denen durch das Gesetz selbst schon eine bestimmte Richtung vorgezeichnet ist (vgl. *Stelkens/Bonk/Sachs,* VwVfG, § 40 Rn. 28; LSG NRW 20.12.2006 – L 20 B 135/06 SO ER, Rn. 23, FEVS 58, 448; s. auch die Kritik bei *Decker,* Oestreicher, § 93 Rn. 92; *Armbruster,* jurisPK-SGB XII,

§ 93 Rn. 124). Die Behörde durfte überleiten, wenn es an Tatsachen für ein Absehen von der Überleitung fehlte (BVerwG 26.11.1969 – V C 54.69, Rn. 17, BVerwGE 34, 225). Um den Anforderungen des § 35 Abs. 1 S. 3 SGB X zu genügen, musste die Behörde nur zum Ausdruck bringen, dass sie den Nachranggrundsatz durchsetzen will und damit nicht privaten Interessen den Vorrang einräumt. Da im SGB XII zur Überleitung keine inhaltlichen Änderungen vorgenommen worden sind, ist diese Rechtsprechung zu übernehmen. Entsprechend führt das BSG unter ausdrücklicher Bezugnahme auf die Rechtsprechung des BVerwG aus, dass der Erlass einer Überleitungsanzeige im Ermessen der Behörde liege, dass also die Behörde nicht von der Notwendigkeit enthoben sei, ihr Entschließungs- und Auswahlermessen auszuüben (BSG 25.4.2013 – B 8 SO 104/12 B). Sie darf jedoch nicht nur schematisch vorgehen. Werden familiäre oder soziale Belange erkennbar, die bei der Ermessensentscheidung von Bedeutung sein können, müssen sie in die Ermessenserwägungen einfließen (vgl. BVerwG 27.5.1993 – 5 C 7/91, BVerwGE 92, 287).

## IV. Anzeige (Abs. 2)

### 1. Verwaltungsakt

25    Die Überleitung erfolgt durch **schriftliche Anzeige.** Hierbei handelt es sich um einen **Verwaltungsakt,** der, sofern er in zivilrechtliche Beziehungen eingreift, **privatrechtsgestaltend** ist, § 31 S. 1 SGB X (BVerwG 27.5.1993 – 5 C 7/91, Rn. 10, BVerwGE 34, 219; 41, 115; 92, 281). Denn die Überleitungsanzeige regelt nicht nur das Verhältnis Hilfeträger/Leistungsberechtigter, sie ergeht auch als Verwaltungsakt an den Drittschuldner und greift damit in das Rechtsverhältnis zwischen ihm und dem Hilfeempfänger ein.

26    Als **Formerfordernis** verlangt das Gesetz selbst nur die Einhaltung der **Schriftform.** Sie ist schon aus Gründen der Rechtssicherheit erforderlich. Mit dem Zwang zur Einhaltung der Schriftform weicht die Regelung vom Grundsatz der Freiheit der Formenwahl (§ 33 Abs. 2 SGB X) ab.

27    **Örtlich** und **sachlich** zuständig ist die Behörde, die die Hilfeleistung erbracht hat (Grundsatz der Identität von Hilfe gewährendem und überleitendem Hilfeträger).

28    Die Überleitungsanzeige muss **bestimmt** genug sein, § 33 Abs. 1 SGB X. Es hat aus ihr hervorzugehen, wer der Hilfeempfänger ist, welche Hilfeleistungen erfolgt sind und der Zeitpunkt der Aufnahme der Hilfegewährung. Bei zukünftigen Leistungen genügt auch eine Überleitung dem Grunde nach (vgl. BVerwG 17.5.1973 – V C 108.72, BVerwGE 42, 198; *Münder,* LPK-SGB XII, § 93 Rn. 40; *Giese,* ZfF 1989, 194). Wird die Überleitung zweistufig vorgenommen – zunächst als Überleitung dem Grund nach – und wird sie später beziffert, wird ein zweiter Verwaltungsakt erlassen (ebenso *Schellhorn,* Schellhorn/Hohm/Scheider, § 93 Rn. 46).

29    Die Überleitung wird als Verwaltungsakt gemäß § 31 SGB X dem gegenüber, für den sie bestimmt ist, in dem Zeitpunkt wirksam, zu dem sie bekannt gegeben worden ist, § 37 SGB X. Da durch die Überleitungsanzeige der Hilfeempfänger und der Drittverpflichtete betroffen sind, kann eine Überleitungsanzeige zu unterschiedlichen Zeitpunkten wirksam werden (*Münder,* ZFSH/SGB 1985, 255; vgl. auch *Decker,* Oestreicher, § 93 Rn. 27). Vor dem Erlass einer Überleitungsanzeige sind die Leistungsberechtigte und der Dritte anzuhören (vgl. BSG 2.2.2010 – B 8 SO 17/08 R, Rn. 13).

### 2. Rechtsfolge

30    Die Überleitungsanzeige bewirkt den Übergang des Anspruchs auf den Hilfeträger. Einigkeit besteht darüber, dass die Überleitung die Rechtsnatur des übergegangenen Anspruchs nicht verändert (vgl. BVerwG 26.11.1969 – V C 54.69 Rn. 8,

BVerwGE 34, 222; 50, 66; *Münder*, LPK-SGB XII, § 93 Rn. 49). Sie hat nicht den Übergang des Stammrechts zur Folge (vgl. BVerwG 26.11.1969 – V C 54.69 Rn. 16, BVerwG; *Münder*, LPK-SGB XII, § 93 Rn. 50; kritisch *Witte*, Überleitung, S. 31). Der verpflichtete Dritte soll auch in Zukunft, in der noch keine Sozialhilfe geleistet worden ist, seine Verpflichtung gegenüber dem Hilfeempfänger erfüllen können. Der Hilfeempfänger ist weiterhin in der Lage, seine Gestaltungsrechte auszuüben.

Die Vorschrift des § 412 BGB wird als allgemeiner Rechtsgedanke auf die Über- **31** leitung übertragen. Demzufolge darf der Drittverpflichtete gemäß §§ 404, 412 BGB im Verhältnis zum Hilfeträger Einreden und Einwendungen erheben. Abreden vor Erlass der Überleitungsanzeige, die den übergeleiteten Anspruch zum Erlöschen bringen, sind nur dann beachtlich, wenn sie nicht gegen die guten Sitten verstoßen.

### 3. Wirkungsdauer

Eine Überleitung ist für die Zeit der Hilfegewährung wirksam. Sie stellt damit **32** einen Dauerverwaltungsakt dar. Eine Unterbrechung unter zwei Monaten ist unschädlich. Die in der Vorschrift genannte Zwei-Monatsfrist ist nach § 26 SGB X zu berechnen. Einer neuen Überleitungsanzeige bedarf es, wenn die Leistung, wegen der übergeleitet worden ist, eingestellt wird und nun eine inhaltlich andere Leistung erbracht wird (*Münder*, LPK-SGB XII, § 93 Rn. 55; a. A. *Schellhorn,* Schellhorn/Hohm/Scheider, § 93 Rn. 51).

## V. Rechtsschutz (Abs. 3)

§ 93 Abs. 3 SGB XII verdeutlicht nicht nur, dass eine Überleitungsanzeige Verwal- **33** tungsaktcharakter mit bindender Wirkung hat, sondern er bestimmt auch, dass Widerspruch und Anfechtungsklage gegen einen Verwaltungsakt, der den Übergang des Anspruchs bewirkt, keine aufschiebende Wirkung hat. Die Betroffenen, also der Leistungsempfänger oder der Drittschuldner, können sich in einem Eilverfahren wehren, indem sie die Anordnung der aufschiebenden Wirkung beim zuständigen Gericht zu erreichen versuchen (§ 86b Abs. 1 SGG). Das Gericht hat bei seiner Entscheidung eine Interessenabwägung vorzunehmen. Hierbei ist zu beachten, dass der Gesetzgeber mit § 93 Abs. 3 SGB XII dem öffentlichen Interesse den Vorrang eingeräumt hat. Das öffentliche Interesse an einem Vollzug der Überleitung kann nur dann nicht bestehen, wenn die angefochtene Überleitungsanzeige offensichtlich rechtswidrig ist.

Weil die Überleitung in das Rechtsverhältnis zum Drittschuldner eingreift, ist **34** dieser **notwendig beizuladen,** wenn der Leistungsberechtigte die Überleitung angreift (BSG 2.2.2010 – B 8 SO 17/08 R), und umgekehrt, ist der Leistungsberechtigte notwendig beizuladen, wenn der Drittschuldner gegen die Überleitung vorgeht.

Dem Dritten steht die Klagebefugnis zu. Es handelt sich bei der Überleitungsan- **35** zeige um einen privatrechtsgestaltenden Verwaltungsakt, der in die Rechte des Dritten eingreift (BVerwG 27.5.1993 – 5 C 7/91; LSG NRW 20.12.2012 – L 9 SO 22/09).

Soweit sich der Inanspruchgenommene gegen die Überleitungsanzeige wehrt, ist **36** er als Kläger nicht privilegiert (§ 183 SGG). Der Streitwert richtet sich nach dem Auffangstreitwert, wenn die Überleitung nur dem Grunde nach erfolgt ist (LSG NRW 9.1.2007 – L 20 B 137/06 SO), ansonsten nach dem übergeleitetem Betrag der Forderung (BayLSG 22.6.2009 – L 18 SO 56/09 B; das LSG BW 18.7.2008 – L 7 SO 3383/08 AK-A nimmt hingegen einen Abschlag von 50 % vor).

## VI. Ausschluss der Überleitung (Abs. 4)

37   Absatz 4 stellt klar, dass die Ersatzansprüche nach §§ 115 und 116 SGB X der Überleitung vorgehen.

### § 94 Übergang von Ansprüchen gegen einen nach bürgerlichem Recht Unterhaltspflichtigen

(1) [1]Hat die leistungsberechtigte Person für die Zeit, für die Leistungen erbracht werden, nach bürgerlichem Recht einen Unterhaltsanspruch, geht dieser bis zur Höhe der geleisteten Aufwendungen zusammen mit dem unterhaltsrechtlichen Auskunftsanspruch auf den Träger der Sozialhilfe über. [2]Der Übergang des Anspruchs ist ausgeschlossen, soweit der Unterhaltsanspruch durch laufende Zahlung erfüllt wird. [3]Der Übergang des Anspruchs ist auch ausgeschlossen, wenn die unterhaltspflichtige Person zum Personenkreis des § 19 gehört oder die unterhaltspflichtige Person mit der leistungsberechtigten Person vom zweiten Grad an verwandt ist; der Übergang des Anspruchs des Leistungsberechtigten nach dem Vierten Kapitel gegenüber Eltern und Kindern ist ausgeschlossen. [4]Gleiches gilt für Unterhaltsansprüche gegen Verwandte ersten Grades einer Person, die schwanger ist oder ihr leibliches Kind bis zur Vollendung seines sechsten Lebensjahres betreut. [5]§ 93 Abs. 4 gilt entsprechend.

(2) [1]Der Anspruch einer volljährigen unterhaltsberechtigten Person, die behindert im Sinne von § 53 oder pflegebedürftig im Sinne von § 61a ist, gegenüber ihren Eltern wegen Leistungen nach dem Sechsten und Siebten Kapitel geht nur in Höhe von bis zu 26 Euro, wegen Leistungen nach dem Dritten Kapitel nur in Höhe von bis zu 20 Euro monatlich über. [2]Es wird vermutet, dass der Anspruch in Höhe der genannten Beträge übergeht und mehrere Unterhaltspflichtige zu gleichen Teilen haften; die Vermutung kann widerlegt werden. [3]Die in Satz 1 genannten Beträge verändern sich zum gleichen Zeitpunkt und um denselben Vomhundertsatz, um den sich das Kindergeld verändert.

(3) [1]Ansprüche nach Absatz 1 und 2 gehen nicht über, soweit
1. die unterhaltspflichtige Person Leistungsberechtigte nach dem Dritten und Vierten Kapitel ist oder bei Erfüllung des Anspruchs würde oder
2. der Übergang des Anspruchs eine unbillige Härte bedeuten würde.
[2]Der Träger der Sozialhilfe hat die Einschränkung des Übergangs nach Satz 1 zu berücksichtigen, wenn er von ihren Voraussetzungen durch vorgelegte Nachweise oder auf andere Weise Kenntnis hat.

(4) [1]Für die Vergangenheit kann der Träger der Sozialhilfe den übergegangenen Unterhalt außer unter den Voraussetzungen des bürgerlichen Rechts nur von der Zeit an fordern, zu welcher er dem Unterhaltspflichtigen die Erbringung der Leistung schriftlich mitgeteilt hat. [2]Wenn die Leistung voraussichtlich auf längere Zeit erbracht werden muss, kann der Träger der Sozialhilfe bis zur Höhe der bisherigen monatlichen Aufwendungen auch auf künftige Leistungen klagen.

(5) [1]Der Träger der Sozialhilfe kann den auf ihn übergegangenen Unterhaltsanspruch im Einvernehmen mit der leistungsberechtigten Person auf diesen zur gerichtlichen Geltendmachung rückübertragen und sich den geltend gemachten Unterhaltsanspruch abtreten lassen. [2]Kosten, mit denen die leistungsberechtigte Person dadurch selbst belastet wird, sind zu übernehmen. [3]Über die Ansprüche nach den Absätzen 1 bis 4 ist im Zivilrechtsweg zu entscheiden.

*Änderungen der Vorschrift:* Abs. 2 Satz 1 geänd. mWv 30.3.2005 durch G v. 21.3.2005 (BGBl. I S. 818), Abs. 1 Satz 6, Abs. 3 Satz 1 Nr. 1 geänd. mWv 7.12.2006 durch G v. 2.12.2006 (BGBl. I S. 2670), Abs. 1 Satz 6 aufgeh. mWv 1.1.2016 durch G v. 21.12.2015 (BGBl. I S. 2557), Abs. 2 Satz 1 geänd. mWv 1.1.2017 durch G v. 23.12.2016 (BGBl. I S. 3191).

*Vergleichbare Vorschriften:* § 33 SGB II; § 7 UVG; § 37 BAföG.

**Schrifttum:** *Bindchus,* Unterhaltsansprüche volljähriger Kinder, Elternunterhalt und Hinweise auf Rechtsprechung und Schrifttum, ZfF 2010, 54; *Brudermüller,* § 91 BSHG im Schnittpunkt von Unterhaltsrecht und Sozialhilferecht, FamRZ 1995, 1033; *ders.,* Elternunterhalt – Neue Entwicklungen in der Rechtsprechung des BGH, NJW 2004, 633; *Bruns/Kemper* (Hrsg.), LPartG, 2002; *Conradis,* Die Systematik der subsidiären Sozialleistungen und die Ausgestaltung des Unterhaltsregresses, 1996; *Deutscher Verein,* Empfehlungen für die Heranziehung Unterhaltspflichtiger in der Sozialhilfe, 2000 = NDV 2000, 129; *ders.,* Empfehlungen für die Heranziehung Unterhaltspflichtiger in der Sozialhilfe, ZfSH/SGB 2002, 479; *Eichenhofer,* Sozialrechtliches Teilgutachten, 64. Deutscher Juristentag B 7, 2002; *Graba,* Die Entwicklung des Unterhaltsrechts nach der Rechtsprechung des Bundesgerichtshofes im Jahr 1999, FamRZ 2000, 583; *ders.,* Die Entwicklung des Unterhaltsrechts nach der Rechtsprechung des Bundesgerichtshofes im Jahr 2000, FamRZ 2001, 585; *Gülsdorf/Ette,* Die Schenkung eines mit einem Nießbrauch belastetem Grundstücks und seine Rückforderung durch den Sozialhilfeträger, ZfF 2008, 13; *Hampel,* Unterhalt und Sozialhilfe – Zur Problematik des § 91 II S. 1 BSHG, FamRZ 1996, 513; *Hase,* Familienunterhalt und subsidiäre Sozialleistungen, SGb 1993, 345; *Lipp,* Finanzielle Solidarität zwischen Verwandten im Privat- und Sozialrecht, NJW 2002, 2201; *Ludyga,* Unterhaltspflichten von Kindern gegenüber ihren Eltern im Alter und bei Pflegebedürftigkeit unter Berücksichtigung des SGB XII, NZS 2011, 606; *Müller,* Der Rückgriff gegen Angehörige von Sozialhilfeempfängern, 5. Aufl., 2008; *Münder,* Verwaltungsrechtliche Aspekte der Überleitung von (Unterhalts-)Ansprüchen in der Sozialhilfe, NVwZ 1993, 1031; *ders.,* Der sozialhilferechtliche Übergang von Ansprüchen gegen zivilrechtliche Unterhaltspflichtige, NJW 2001, 2201; *Petersen,* Nachrang der Sozialhilfe durch Inanspruchnahme Unterhaltspflichtiger – Grenzen des Vermögenseinsatzes, NDV 1989, 190; *Reinken,* Praxisfragen zum Elternunterhalt, NJW 2013, 2993; *Schellhorn,* Das Verhältnis von Sozialhilferecht und Unterhaltsrecht – aus der Sicht der Sozialhilfe, FuR 1990, 20; *ders.,* Das Verhältnis von Sozialhilferecht und Unterhaltsrecht am Beispiel der Heranziehung Unterhaltsverpflichteter zu den Sozialhilfeaufwendungen, 1994; *Schneider,* Die Geltendmachung von Unterhaltsersatzansprüchen durch Träger sozialer Leistungen, Münster, 1988; *Schibel,* Der Einsatz des Vermögens beim Elternunterhalt, NJW 1998, 3449; *Schwabe,* Eingetragene Lebenspartnerschaften, FamRZ 2001, 385; *Schürmann,* Kindesunterhalt im Spannungsfeld von Familien- und Sozialrecht, SGb 2009, 200; *Stegmanns,* Kritische Anmerkungen zu den Empfehlungen des Deutschen Vereins für die Heranziehung Unterhaltspflichtiger im Sozialrecht, NDV 2000, 411; *Wendel/Staudigl,* Das Unterhaltsrecht in der familiengerichtlichen Praxis, 5. Aufl. 2000; *Witte,* Der Übergang von Ansprüchen gegen einen nach bürgerlichem Recht Unterhaltspflichtigen, NDV 1993, 136; *Wohlgemuth,* Geltendmachung von Unterhalt und § 91 BSHG n. F., FamRZ 1995, 333; *Zeitler,* Änderung des § 91 BSHG durch das Gesetz zur Reform des Sozialhilferechts, NDV 1997, 48; im Übrigen s. die Schrifttumsangaben zu § 93.

## Übersicht

## I. Bedeutung der Norm

### 1. Entwicklung

1    Das SGB XII übernimmt die bisherige Systematik der Überleitung unterhalts-rechtlicher Ansprüche (vgl. auch *Armbruster*, jurisPK-SGB XII, § 94 Rn. 6). Wie mit § 93 SGB XII verfolgt der Gesetzgeber auch mit dieser Regelung das Ziel, den Nachrang der Sozialhilfe wieder herzustellen (*Kirchhoff*, Hauck/Noftz, § 94 Rn. 6; *Armbruster*, jurisPK-SGB XII, § 94 Rn. 38; *Decker*, Oestreicher, § 94 Rn. 6). Zum Verständnis der jetzigen Regelung dient der nachfolgende Überblick. Mit dem am 27.6.1993 in Kraft getretenen Gesetz zur Umsetzung des Föderalen Konsolidie-rungsprogramms vom 23.6.1993, BGBl. I S. 944 erfuhr die Vorschrift des § 91 BSHG die bisher grundlegendste Neugestaltung. An die Stelle der Überleitungsan-zeige, wie sie noch in § 90 BSHG vorgesehen war, war eine **cessio legis** getreten. Mit dieser Neufassung der Vorschrift hatte sich auch ihr Verhältnis zu § 90 BSHG geändert. § 90 war nicht mehr die Grundnorm, auf die § 91 aufbaute. Beide Normen standen nunmehr selbstständig neben einander (*Wahrendorf*, ZFSH/SGB 1994, 449). Gesetzgeberisches Ziel der Neugestaltung des § 91 war es, einen **schnelleren Durchgriff** des Trägers der Sozialhilfe gegen einen dem Hilfeempfänger nach bür-gerlichem Recht Unterhaltspflichtigen zu ermöglichen.

2    Gemeinsam war den Vorschriften von § 90 und § 91 BSHG nach wie vor, dem Hilfeträger die rechtliche Möglichkeit eines Rückgriffs zu geben, um den Nachrang der Sozialhilfe wiederherzustellen. Statt der bisherigen Zweiteilung, Erlass einer Überleitungsanzeige mit dem zugehörigen verwaltungsgerichtlichen Verfahren und einem sich zumeist anschließenden zivilgerichtlichen Verfahren zur Durchsetzung des Unterhaltsanspruchs (*Wahrendorf*, ZFSH/SGB 1994, 450), trägt die cessio legis dem **Nachranggrundsatz** der Sozialhilfe unmittelbar Rechnung.

3    Nach § 2 Abs. 1 GSiG, der durch das Altersvermögensgesetz vom 26.6.2001 (BGBl. I S. 1310) eingeführt worden ist, wurde auf die Heranziehung Unterhalts-pflichtiger bei Sozialhilfebezug von Personen verzichtet, die entweder das 65. Lebensjahr bereits vollendet haben oder in vollem Umfang erwerbsgemindert i. S. v. § 43 II SGB VI sind. Diese Regelung galt ab 1.1.2003 und hat mit der Vor-schrift des § 43 Abs. 2 SGB XII auch Eingang in das SGB XII gefunden. Eine weitere Änderung hatte sich durch das SGB IX (BGBl. 2001 I S. 1046) ergeben, so dass der auf den Sozialhilfeträger übergehende Unterhalt von Eltern volljähriger behinderter Menschen der Höhe nach begrenzt wurde. Mit dem Gesetz zur Änderung des Zwölften Buches Sozialgesetzbuch und weiterer Vorschriften vom 21.12.2015 (BGBl. I S. 2257) wird durch die Streichung des Abs. 1 S. 6 die entsprechende Anwendung des § 105 Abs. 2 SGB XII aufgehoben. Dadurch geht der Anspruch auch bezüglich der Kosten der Unterkunft in voller Höhe über. Damit erfolgt keine pauschale Reduzierung mehr unter Annahme, dass der Hilfeberechtigte einen Anspruch nach dem Wohngeldgesetz gehabt hätte.

## 2. Verhältnis von Sozialhilfe und Unterhalt

Privates und öffentliches Recht sind nirgendwo so eng verzahnt wie das Sozialhil- **4** ferecht und das Familienrecht (*Schürmann,* SGb 2009, 200). Bisher ist es jedoch nicht gelungen, beide Rechtsgebiete ausreichend zu koordinieren. Sozialhilferecht und Unterhaltsrecht stehen deshalb in einem Spannungsverhältnis zueinander (*Conradis,* Systematik, S. 1; *Wahrendorf,* ZFSH/SGB 1994, 453; *Kohlheiss,* FamRZ 1991, 9; vgl. *Münder,* LPK-SGB XII, § 94 Rn. 3 ff.; *ders.,* NJW 2001, 2207; *H. Schellhorn,* Schellhorn/Hohm/Scheider, § 94 Rn. 43 ff.). Dies resultiert aus den unterschiedlichen Zielsetzungen beider Rechtsgebiete (*Schürmann,* SGb 2009, 200). In der Praxis kommen diese Unterschiede signifikant in den Rechtsstreitigkeiten zum Ausdruck, in denen Träger der Sozialhilfe rückwirkend Unterhaltsleistungen einklagen (*Brudermüller,* NJW 2004, 633). Oberflächlich betrachtet sollen Unterhalt und Sozialhilfe der Deckung des Lebensbedarfs dienen. Werden beide Rechtsgebiete genauer in den Blick genommen, zeigen sich jedoch die strukturellen Unterschiede beider Leistungsarten, die auch in den Entwicklungen der Rechtsprechung des BGH ihren deutlichen Ausdruck gefunden haben (s. zur Inanspruchnahme eines mitverdienenden Ehegatten BGH 17.12.2003 – XII ZR 224/00, FamRZ 2004, 370; Leistungsfähigkeit einer auf Zahlung von Elternunterhalt in Anspruch genommenen Ehefrau unter dem Mindestselbstbehalt, BGH 15.10.2003 – XII ZR 122/00, FamRZ 2004, 366; Berücksichtigung von latenten oder bereits eingetretenen Unterhaltslasten, BGH 25.6.2003 – XII ZR 63/00, FamRZ 2004, 186). Einen genauen Überblick zu Praxisfragen zum Elternunterhalt gibt *Reinken,* NJW 2013, 2993 ff. Der Unterhalt zielt auf die Deckung des gesamten Lebensbedarfs (*Hampel,* FamRZ 1996, 513), der sich nach der Lebensstellung des Bedürftigen (§ 1610 BGB) oder nach den ehelichen Lebensverhältnissen (§ 1578 Abs. 1 BGB) richtet. Der Unterhaltsbedarf kann deshalb über den Sozialhilfebedarf hinausgehen, z. B. bei der Ausbildung und bei der Höhe der zu beanspruchenden Unterhaltsleistungen (*Hampel,* FamRZ 2004, 370).

Verschiedentlich reichen die Leistungen der Sozialhilfe zwar weiter als die des **5** Unterhaltsrechts, etwa die ergänzenden Darlehen (§ 37 SGB XII) oder bei vorübergehender Notlage (§ 38 SGB XII) oder der Hilfe zur Familienplanung (§ 49 SGB XII) und der Altenhilfe (§ 71 SGB XII). Im Verhältnis zum Unterhalt ist die Sozialhilfe subsidiär (§ 2 SGB XII). Ein weiterer grundlegender Unterschied zwischen Sozialhilfe und Unterhalt besteht vor allem darin, dass Sozialhilfe als öffentliche Leistung in einem engen Bezug zum verfassungsrechtlichen Sozialstaatsprinzip steht. Aus den unterschiedlichen Zielsetzungen folgt, dass der bürgerlich-rechtliche Unterhaltsanspruch durch den Sozialhilfeanspruch nicht berührt wird. Schon unter der Geltung der alten Fassung des § 91 BSHG bereitete es Schwierigkeiten, die Regelungen der beiden Rechtsgebiete, die aus einer unterschiedlichen Rechtstradition und andersartigen Zielsetzung hervorgegangen sind, in Übereinstimmung zu bringen.

Das zwischen beiden Rechtsgebieten bestehende Spannungsverhältnis, zu dessen **6** Lösung angesichts demographischer Entwicklungen in Deutschland auch die Sozialpolitik beitragen muss, wird in dem Bemühen der Rechtsprechung der Familiengerichte (BGH 23.10.2002 – XII ZR 266/99, FamRZ 2002, 1698) anschaulich, zur Generationengerechtigkeit beizutragen. Die Inanspruchnahme von in höherem Lebensalter stehenden Kindern wird angesichts der Finanznot der Sozialhilfeträger in einer Vielzahl von Fällen zum Unterhaltsregress für ihre pflegebedürftigen, Sozialhilfe erhaltenden Eltern führen. In diesen Fällen hat der BGH zu Lasten des vorleistenden Sozialhilfeträgers den Selbstbehalt des Kindes gestärkt und ihn danach ausgerichtet, ob die Inanspruchnahme erst in einem höheren Lebensalter stattfindet, und es seine Lebensverhältnisse bereits längerfristig seinem Einkommensniveau angepasst hat (BGH 23.10.2002 – XII ZR 266/99, FamRZ 2002, 1701, s. eingehend dazu *Ludyga,* NZS 2011, 606 f.).

**7**     Der Gesetzgeber hat die bereits zuvor bestehende Praxis der Sozialhilfeträger, den Anspruch auf Unterhaltsleistungen an den Leistungsberechtigten zurückzuübertragen mit dem durch das Gesetz zur Reform des Sozialhilferechts vom 23.7.1996, BGBl. I S. 1008, neu gestalteten Absatz 4 legitimiert, der unverändert in Absatz 5 des § 94 übernommen worden ist.

## II. Inhalt der Norm

**8**     Die Absätze 1, 4 und 5 übertragen inhaltsgleich die Regelungen des § 91 Abs. 1, 4 und 5 BSHG. Sie begründen einen Forderungsübergang. Absatz 2 enthält nur noch die Sonderregelungen für Unterhaltspflichtige von behinderten und pflegebedürftigen Menschen. Die auf einer Neuregelung beruhende Fassung war notwendig geworden, weil die Leistungen für den Lebensunterhalt nach Wegfall des bisherigen § 27 Abs. 3 BSHG nicht mehr als Leistungen der Eingliederungshilfe für behinderte Menschen und der Hilfe zur Pflege einzustufen sind, sondern als Leistungen der Hilfe zum Lebensunterhalt (BT-Drs. 15/1514, S. 66). Der Unterhaltsübergang bei Leistungen der Hilfe zum Lebensunterhalt wird bei Volljährigen zusätzlich mit monatlich von bis zu 26 EUR bei Leistungen nach dem Sechsten und Siebten Kapitel und mit monatlich von bis zu 20 EUR bei Leistungen nach dem Dritten Kapitel pauschaliert. Die Beträge sind dabei nach Abs. 2 S. 3 jeweils an die Erhöhung des Kindergeldes gekoppelt und haben sich dementsprechend seit dem 1.1.2015 erhöht. Hauptziel der Neuregelung ist die Gleichbehandlung bei ambulanter und stationärer Unterbringung (BT-Drs. 15/1514, S. 66). Durch Absatz 3 entfallen im Hinblick auf alle Unterhaltspflichtigen die bisherigen Doppelberechnungen von Sozialhilfe und Unterhalt. Dieses jetzt in Absatz 3 vorgesehene vereinfachte Verfahren soll den Unterhaltspflichtigen und den Träger der Sozialhilfe gleichermaßen entlasten (vgl. *Kunkel*, ZfF 2004, 107). Die durch das Gesetz zur Änderung des SGB XII und anderer Gesetze vom 2.12.2006 (BGBl. I S. 2670) vorgenommenen Ergänzungen in Absatz 1 Satz 6 und Absatz 3 Nr. 1 sind lediglich Korrekturen redaktioneller Versehen. Absatz 4 schafft ein Forderungsrecht für die Vergangenheit und Absatz 5 regelt die Rückübertragung des auf den Leistungsträger übergegangenen Unterhaltsanspruchs zur gerichtlichen Geltendmachung durch die leistungsberechtigte Person.

**9**     § 94 SGB XII ist eine Sondervorschrift gegenüber § 93 SGB XII und schließt dessen Anwendung aus. Im SGB II sind die Vorschriften der Überleitung von Unterhaltsansprüchen nur ein Teil der gesamten Überleitungsregelung in § 33 SGB II. Wie im SGB XII erfolgt die Überleitung durch eine cessio legis.

## III. Cessio legis (Abs. 1 S. 1)

**10**     Zu den Tatbestandsvoraussetzungen der Vorschrift gehört, dass **Leistungen** erbracht werden, zwischen der Hilfegewährung und dem Unterhaltsanspruch eine **Zeitidentität** gegeben ist und ein **Unterhaltsanspruch** besteht. Als Rechtsfolge sieht die Vorschrift einen Übergang des Unterhaltsanspruchs und als Annex den Übergang des zivilrechtlichen **Auskunftsanspruchs** vor.

### 1. Hilfegewährung

**11**     Ein Forderungsübergang kommt nur dann in Betracht, wenn der leistungsberechtigten Person **Leistungen erbracht werden.** Das können laufende, wiederkehrende oder einmalige Leistungen sein (s. auch *Armbruster*, jurisPK-SGB XII, § 94 Rn. 39). Über die Gewährung entscheidet der Hilfeträger durch Verwaltungsakt, § 31 SGB X, der auch konkludent ergehen kann. **Unbeabsichtigte Leistungen** lösen die cessio legis nicht aus. Eine bloße Bewilligung ohne Auszahlung reicht nach dem Wortlaut der Vorschrift nicht aus (ebenso *Decker,* Oestreicher, § 94 Rn. 24; a. A. *Armbruster,* jurisPK-SGB XII, § 94 Rn. 45).

Die darlehensweise Gewährung der Hilfe steht einem Forderungsübergang **12** grundsätzlich entgegen, obwohl der Wortlaut der Vorschrift dies nicht ausschließt (a. A. *Armbruster,* jurisPK-SGB XII, § 94 Rn. 47). Mit der Rückzahlung des Darlehens wird das Nachrangverhältnis hergestellt. Der in Anspruch genommene Unterhaltsschuldner kann sich im Zivilprozess mit dem Einwand wehren, dass zunächst aus der Darlehensverpflichtung vorzugehen ist. Etwas anderes muss aber dann gelten, wenn die Darlehensverpflichtung endgültig nicht mehr realisiert werden kann.

Die Streitfrage, ob die Überleitung die **Rechtmäßigkeit** der Hilfegewährung **13** voraussetzt (s. dazu auch § 93 Rn. 11), hatte schon nach der Neuregelung des § 91 BSHG an Schärfe verloren, weil der Hilfeempfänger, der über Einkommen und Vermögen verfügt, regelmäßig keinen Unterhaltsanspruch hat. Sofern Hilfe zu Unrecht gewährt worden ist, bleibt dem in Anspruch genommenen Unterhaltsverpflichteten nur die Möglichkeit, auf ein Vorgehen des Leistungsträgers nach §§ 45 ff. SGB X zu verweisen. Dem Leistungsträger kann nicht zugebilligt werden, statt nach §§ 45 ff. SGB X den Nachrang durch die Inanspruchnahme des Unterhaltsverpflichteten zu dessen Lasten herzustellen (vgl. auch *Armbruster,* jurisPK-SGB XII, § 94 Rn. 54).

Die Person, der Hilfe gewährt worden ist und die unterhaltsberechtigt ist, muss **14** identisch sein **(Grundsatz der Personenidentität).** Bei einer Bedarfs- oder Einstandsgemeinschaft, wie sie in der Praxis üblich ist, muss der auf den Unterhaltsberechtigten entfallende Hilfeanteil herausgerechnet werden (vgl. auch *Münder,* LPK-SGB XII, § 94 Rn. 11; *Wolf,* Fichtner/Wenzel, § 94 Rn. 30; s. auch *Wohlgemuth,* FamRZ 1995, 334).

## 2. Zeitidentität

Zwischen der Hilfegewährung und dem Unterhaltsanspruch muss eine Zeitiden- **15** tität bestehen (Prinzip der Gleichzeitigkeit). Der Sozialhilfeanspruch muss mit der Zeit des fälligen Unterhaltsanspruchs identisch sein (vgl. *Münder,* LPK-SGB XII, § 94 Rn. 16). Bei den laufenden Hilfen bereitet die Feststellung der Zeitraumidentität keine Schwierigkeiten, weil diese Leistungen regelmäßig über bestimmte Zeiträume gewährt werden. Bei der Hilfe zum Lebensunterhalt ist das in der Regel ein Monat, bei Unklarheiten muss der Bewilligungsbescheid ausgelegt werden. Anders war das bisher im BSHG bei einmaligen Leistungen (Bekleidungsbeihilfen, Weihnachtsbeihilfen). Durch die Einführung der pauschalierenden Leistungen stellt sich das Problem bis auf den Sonderbedarfen z. B. nach § 31 SGB XII nicht mehr (ebenso *Münder,* LPK-SGB XII, § 94 Rn. 18; *Armbruster,* jurisPK-SGB XII, § 94 Rn. 56). Auch bei diesen ist auf den Monat der Bewilligung abzustellen.

Die Bewilligung der Sozialhilfe für den jeweiligen Kalendermonat kann zu prakti- **16** schen Schwierigkeiten führen, falls sich sozialhilferechtliche Leistungspositionen in den verschiedenen Monaten, in denen ein Unterhaltsanspruch bestehen kann, ändern. Im Unterhaltsrecht ist eine Durchschnittsberechnung üblich, die mit der monatsweisen Abrechnung kollidiert. Der auf Praktikabilitätsgründen beruhende Vorschlag von *Scholz (Wendl/Staudigl,* Unterhaltsrecht, Rn. 513), auch die Sozialhilfe, vor allem wenn sie in der Vergangenheit gezahlt worden ist, durchschnittsweise zu berechnen, ist abzulehnen, weil damit maßgebliche Strukturen des Sozialhilferechts missachtet würden.

Werden nachträglich Leistungen nach § 44 SGB X gewährt, sind diese nicht als **17** Einkommen anzurechnen. Für den zurückliegenden Zeitraum muss deshalb auch der Unterhaltsanspruch bestanden haben (vgl. auch *Armbruster,* jurisPK-SGB XII, § 94 Rn. 89).

## 3. Unterhaltsanspruch

**18**    Von der Vorschrift erfasst werden Unterhaltsansprüche nach Bürgerlichem Recht. Aus dem Wortlaut folgt, dass gleichermaßen **gesetzliche wie (echte) vertragliche Unterhaltsansprüche** übergeleitet werden (vgl. dazu auch § 93 Rn. 11; *Wolf*, Fichtner/Wenzel, § 94 Rn. 24; a. A. *Armbruster*, jurisPK-SGB XII, § 94 Rn. 58; BVerwG 27.5.1993 – 5 C 7/91: offen gelassen für echte vertragliche Unterhaltsansprüche, die nicht Gegenstand eines wirtschaftlichen Austauschvertrages sind). Echte Unterhaltsverträge sind solche, die einseitig und Ausdruck sittlicher Bindung und Familienzugehörigkeit sind (*Decker*, Oestreicher, § 94 Rn. 40). Die Gegenauffassung, die sich auf die gesetzliche Systematik und den Ausschluss von Verwandten vom zweiten Grad an (§ 94 Abs. 1 S. 3 SGB XII) beruft, vermag nicht zu überzeugen, weil die genannte Ausnahmevorschrift nicht verallgemeinerungsfähig ist. Systematisch ist die hier vertretene Auslegung sinnvoll, weil vertragliche Vereinbarungen an die Stelle der gesetzlichen Unterhaltspflicht treten und von daher kein Unterschied in der Handhabung des § 94 SGB XII gemacht werden kann.

**19**    Gesetzliche Unterhaltsansprüche zwischen Verwandten bestehen in gerader und in auf- oder absteigender Linie (§§ 1601, 1589 S. 1 BGB). Verwandte in der Seitenlinie sind von Gesetzes wegen (§ 1589 S. 2 BGB) nicht zum Unterhalt verpflichtet. Der Kindesunterhalt ist die wichtigste Form des Verwandtenunterhalts (§ 1601 BGB). Beim Ehegattenunterhalt ist der Unterhalt während des Getrenntlebens (§ 1361 BGB) und der nacheheliche Unterhalt (§ 1569 BGB) für die cessio legis der Überleitung bedeutsam.

**20**    Die Unterhaltspflicht des Vaters gegenüber der mit ihm nicht verheirateten Mutter eines gemeinsamen Kindes ergibt sich aus § 1615l BGB. Umgekehrt steht dem Vater ein Unterhaltsanspruch zu, wenn dieser das gemeinsame Kind betreut (§ 1615l Abs. 4 BGB). Ausgenommen von einer Überleitung nach § 94 Abs. 1 SGB XII ist der Anspruch nach § 844 Abs. 2 BGB, der entsteht, wenn eine Person getötet wird, die gegenüber Dritten unterhaltspflichtig war. Hierbei handelt es sich lediglich um einen Unterhaltsersatz.

**21**    § 94 Abs. 1 SGB XII bezieht sich auch auf Unterhaltsansprüche nach § 5 LPartG, die bei Getrenntleben nach § 12 LPartG fortbestehen (vgl. *Bruns/Kemper/Augstein*, LPartG, Sozialrecht, Rn. 41). Der nachpartnerschaftliche Unterhalt ist in § 16 LPartG geregelt. Auch wenn den Vorschriften des LPartG der familienrechtliche Bezug fehlt, sind sie doch dem Eherecht nachgebildet (vgl. *Schwabe*, FamRZ 2001, 391) und als Unterhaltsansprüche iSv § 94 Abs. 1 S. 1 SGB XII zu behandeln.

**22**    Zu dem in der Praxis bedeutsamen Fall der Unterbringung von Eltern im Pflegeheim hat der BGH (21.11.2012 – XII ZR 150/10) ausgeführt: „Der Unterhaltsbedarf eines im Pflegeheim untergebrachten Elternteils richtet sich regelmäßig nach den notwendigen Heimkosten zuzüglich eines Barbetrags für die Bedürfnisse des täglichen Lebens. Ist der Elternteil im Alter sozialhilfebedürftig geworden, beschränkt sich sein angemessener Lebensbedarf in der Regel auf das Existenzminimum und damit verbunden auf eine – dem Unterhaltsberechtigten zumutbare – einfache und kostengünstige Heimunterbringung. Dem Unterhaltspflichtigen obliegt es in der Regel, die Notwendigkeit der Heimkosten substantiiert zu bestreiten. Kommt er dem nach, trifft die Beweislast den Unterhaltsberechtigten und im Fall des sozialhilferechtlichen Anspruchsübergangs den Sozialhilfeträger."

**23**    In der sog. Notgroschenentscheidung (BGH 7.8.2013 – XII ZB 269/12) ist der Schutz des eigenen Vermögens erweitert worden. Das unterhaltspflichtige erwachsene Kind, das seiner im Pflegeheim untergebrachten Mutter Unterhalt schulden sollte, kann sich bei einer angemessenen selbst genutzten Immobilie darauf berufen, dass die Verwertung unzumutbar ist. Dieses Vermögen bleibt bei der Bemessung des Altersvermögens als zusätzlicher Notgroschen unberücksichtigt.

Ein **Verzicht** auf Unterhaltsansprüche kann im Einzelfall wirksam sein (*Wolf,*  24
Fichtner/Wenzel, § 94 Rn. 25; *Münder,* LPK-SGB XII, § 94 Rn. 21). Dabei sind
verschiedene Fallgruppen zu unterscheiden. Für die Zeit des Bestehens der Ehe
oder der Partnerschaft und unter Verwandten kann zwar auf Unterhaltsrückstände,
nicht aber auf Unterhalt für die Zukunft verzichtet werden (§§ 1361 Abs. 4, 1360a
Abs. 3, 1614 Abs. 1 BGB, § 12 Abs. 2 S. 2 LPartG). Durch Vertrag kann die Verpflichtung zur Zahlung nachehelichen Unterhalts von Ehegatten, deren Ehe geschie-
den oder für nichtig erklärt worden ist, auch für die Zukunft erlassen oder eingeschränkt werden (§ 1585c BGB). Eine Vereinbarung, durch die Verlobte oder
Eheleute für den Fall der Scheidung der Ehe auf nachehelichen Unterhalt verzichten,
kann nach deren aus der Zusammenfassung von Inhalt, Beweggrund und Zweck
zu entnehmenden Gesamtcharakter gegen die guten Sitten verstoßen und nach § 138
BGB nichtig sein, falls die Vertragsschließenden bewusst eine Unterstützungshandlung zulasten der Sozialhilfe herbeiführen, auch wenn sie eine Schädigung des Sozialhilfeträgers nicht beabsichtigen (Sozialisierung von ehebedingten Risiken) (BGH
5.11.2008 – XII ZR 157/06, s. auch Palandt/*Diederichsen,* § 1585c Rn. 8 f.; *Münder,*
NJW 2001, 2202). Kommt ein Unterhaltsverzicht in einer Zwangslage zustande,
kann von einem Verstoß gegen die guten Sitten ausgegangen werden. Dem auf
Unterhalt in Anspruch Genommenen ist es verwehrt, sich auf einen Unterhaltsverzicht zu berufen, wenn dieser sittenwidrig ist (BGH 25.10.2006 – XII ZR 144/04,
Rn. 19 ff., FamRZ 1997, 1404; NJW 2007, 904). Dieser Grundsatz gewinnt in den
Fällen Bedeutung, in denen sich die zur Zeit des Unterhaltsverzichts bestehenden
und erwarteten Verhältnisse nachträglich so entwickelt haben, dass überwiegende
schutzwürdige Interessen der gemeinschaftlichen Kinder der Geltendmachung des
Unterhaltsverzichts entgegenstehen (s. auch *Münder,* NJW 1994, 495; *Armbruster,*
jurisPK-SGB XII, § 94 Rn. 97 ff.).

Für den Sozialhilfeträger ist es ausgesprochen schwierig, im Zivilprozess mit sei-  25
nem Beibringungsgrundsatz die spezifische Schädigungsabsicht zu seinen Lasten darzulegen und zu beweisen.

Der Unterhaltsanspruch kann unter den Voraussetzungen des § 1611 BGB ver-  26
wirkt sein, wenn der Unterhaltsberechtigte durch sein sittliches Verschulden bedürftig geworden ist, seine eigene Unterhaltspflicht gegenüber dem Unterhaltspflichtigen
gröblich vernachlässigt hat oder sich vorsätzlich einer schweren Verfehlung gegen
den Unterhaltspflichtigen oder einen nahen Angehörigen des Unterhaltspflichtigen
schuldig gemacht hat. Der Unterhaltsanspruch mindert sich dann nach Absatz 1
Satz 1 auf einen billigen Beitrag zum Unterhalt. Die Verpflichtung zur Unterhaltszahlung fällt nach Absatz 1 Satz 2 ganz weg, wenn die Inanspruchnahme des Verpflichteten grob unbillig wäre. Dazu gehört z. B. die Verletzung elterlicher Pflichten.

Der Hilfeträger ist gehalten, die auf ihn übergegangenen Unterhaltsansprüche  27
**zeitnah** durchzusetzen. Andernfalls kann der Inanspruchgenommene den Einwand
der **Verwirkung** entgegenhalten (s. dazu BGH 15.9.2010 – XII ZR 148/09,
Rn. 23 ff.; vgl. auch *Armbruster,* jurisPK-SGB XII, § 94 Rn. 113). Nach der Rechtsprechung kann eine Verwirkung schon beim Verstreichenlassen eines Zeitraums
von etwas mehr als einem Jahr vorliegen (BGH 23.10.2002 – XII ZR 266/99).

## 4. Rechtsfolge

Die Rechtsfolge ist der Übergang des Anspruchs mit dem zivilrechtlichen Aus-  28
kunftsanspruch. Damit tritt der bürgerlich-rechtliche Auskunftsanspruch neben den
öffentlich-rechtlichen Auskunftsanspruch des § 117 SGB XII. Mit der cessio legis
ist eine Überleitung dem Grunde nach, wie sie vor der Gesetzesänderung praktiziert
wurde, nicht mehr möglich. Denn von Gesetzes wegen geht der Unterhaltsanspruch
in einer durch die gewährte Sozialhilfe bezifferbaren Höhe über. Die Nichterfüllung
des Unterhaltsanspruchs muss ursächlich für die Gewährung der Sozialhilfe sein

(*Armbruster*, jurisPK-SGB XII, § 94 Rn. 120), weil darin die innere Rechtfertigung für die Herstellung des Nachrangs liegt.

29    Der Anspruchsübergang bewirkt einen **Gläubigerwechsel** für den Schuldner mit der Folge, dass er nur noch gegenüber dem Sozialhilfeträger mit befreiender Wirkung leisten kann. Der Übergang hängt von der Leistung der Hilfe ab und steht insoweit unter einer Bedingung. Er umfasst auch künftige Sozialhilfeleistungen.

30    Problematisch erscheint der Fall, dass die Ansprüche des Leistungsträgers nicht in vollem Umfang auf ihn übergehen, weil nur teilweise Sozialhilfe erbracht worden ist (*Armbruster*, jurisPK-SGB XII, § 94 Rn. 128). Die Frage ist, ob der Schuldner ein Bestimmungsrecht hat, auf welchen Teil seiner Schuld er leistet (s. auch den Sonderfall des § 1612 Abs. 2 BGB). Hier dürfte in der Tat die Vorschrift des § 366 Abs. 1 BGB nicht anzuwenden sein, weil es im öffentlichen Interesse zur Wiederherstellung des Nachrangs liegt, ein Bestimmungsrecht des Schuldners auszuschließen.

31    Nach dem Übergang des Unterhaltsanspruchs ist der Sozialhilfeträger nach der Rechtsprechung des BGH (8.5.2013 – XII ZB 192/11) vor einer **Aufrechnung** mit Gegenforderungen aus dem Rechtsverhältnis von Unterhaltsberechtigtem und Unterhaltsverpflichtetem geschützt, soweit die Leistungen der Sozialhilfe zur Sicherung des Lebensunterhalts erbracht worden sind. Damit klärt der BGH eine im zivilrechtlichen Schrifttum umstrittene Rechtsfrage zugunsten der öffentlichen Leistungsträger. Andernfalls läge es in der Hand des Aufrechnenden, den Grundsatz der Subsidiarität der Sozialhilfeleistungen zu unterlaufen. Er könnte durch Nichtleistung des geschuldeten Unterhalts die Sozialhilfeleistung veranlassen, um anschließend private Forderungen zu Lasten der Allgemeinheit durchzusetzen.

## IV. Ausschluss (Abs. 1 S. 2 bis 5)

32    § 94 Abs. 1 S. 2 SGB XII regelt die Selbstverständlichkeit, dass ein erfüllter Anspruch nicht übergehen kann. Der von § 19 SGB XII erfasste Personenkreis ist durch § 94 Abs. 1 S. 3 1. Hs. SGB XII begünstigt, weil deren Einkommen und Vermögen bereits bei der Gewährung der Hilfeleistung in die Entscheidung einbezogen sind. Da sich die Regelung auch auf Lebenspartner bezieht, bietet ihnen die Ausschlussregelung des § 94 Abs. 1 S. 3 SGB XII anders als die frühere Regelung des BSHG auch den rechtlichen Vorteil des § 93 Abs. 1 S. 3 SGB XII. Durch den Ausschluss der Überleitung werden Abstriche von der eigentlichen Zielsetzung, den Nachrang der Sozialhilfe wiederherzustellen, gemacht. **Absatz 1 Satz 3 2. Alt.** ist Ausdruck eines **gewandelten Verständnisses von Familie.** Mit der Auflösung der Großfamilie und der Lockerung von Familienbeziehungen sind die nach bürgerlich-rechtlichen Vorschriften bestehenden Unterhaltsansprüche zwischen Verwandten zweiten oder entfernteren Grades von einer Überleitung ausgenommen. Der Ausschluss der Überleitung ist auf das SGB XII beschränkt und lässt den bürgerlich-rechtlichen Unterhaltsanspruch des Hilfeempfängers gegenüber Großeltern, Urgroßeltern, Enkeln und Urenkeln unberührt.

33    Klargestellt wird in **Absatz 1 Satz 3 2. Hs.** noch einmal, dass die Überleitung bei Leistungsberechtigten des Vierten Kapitels (Grundsicherung im Alter und bei Erwerbsminderung) gegenüber Kindern und Eltern ausgeschlossen ist. Die Vorschrift korrespondiert mit § 43 SGB XII (s. auch § 43). Unklar ist, ob von diesem Ausschluss auch Unterhaltsansprüche gegenüber Eltern und Kindern ausgeschlossen sind, wenn deren Gesamteinkünfte die 100.000-EUR-Grenze übersteigen. Zur vergleichbaren Situation nach dem GSiG, vgl. *Armbruster*, jurisPK-SGB XII, § 94 Rn. 16 mwN. Da die Unterhaltsprivilegierung des § 43 Abs. 2 SGB XII per se die Leistungen der Sozialhilfe ausschließt, stellt sich die Frage, ob in derartigen Fallkonstellationen der Überleitungsausschluss greift. Nach dem Wortlaut der Vorschrift, der nicht zwischen Unterhaltsschuldnern mit einem Einkommen über

100 000 € oder darunter differenziert, ist der Überleitungsausschluss bei Leistungen des 4. Kapitels anwendbar. Das mag in der rechtspolitischen Wertung zweifelhaft sein. Der Gesetzgeber hätte mit dem SGB XII die Möglichkeit gehabt, eine sachgerechtere Regelung in das Gesetz aufzunehmen, was nicht geschehen ist (a. A. *Decker*, Oestreicher, § 94 Rn. 83). Als Sondervorschrift ist ein Rückgriff auf § 94 SGB XII ausgeschlossen.

Satz 4 geht auf das Schwangeren- und Familiengesetz zurück und dient dem **34** Schutz des ungeborenen Lebens. Satz 5 bestätigt auch für § 94 SGB XII, dass die Erstattungsregelungen der §§ 115 und 116 SGB X vorgehen.

## V. Pauschalierung (Abs. 2)

Absatz 2 enthält **Sonderregelungen** für Unterhaltspflichtige von behinderten **35** oder pflegebedürftigen Menschen. Die Vorschrift geht auf die Vorgängerregelung des § 91 Abs. 2 S. 3 BSHG zurück. Diese begrenzte die Überleitung auf Fälle, in denen behinderte Kinder in vollstationären Einrichtungen untergebracht waren. Bei der Grenze von 26 EUR bzw. 20 EUR, die mittlerweile durch die Erhöhung des Kindergeldes angestiegen sind, handelt es sich um eine Obergrenze, die bei einer geringeren Unterhaltsverpflichtung unterschritten werden kann (*Armbruster*, jurisPK- SGB XII, § 94 Rn. 152). Die Neuregelung ist die Folge, dass die Leistungen für den Lebensunterhalt nach Wegfall des bisherigen § 27 Abs. 3 BSGH nicht mehr als Leistungen der Eingliederung für behinderte Menschen und der Hilfe zur Pflege gelten, sondern Leistungen der Hilfe zum Lebensunterhalt sind. Das Gesetz staffelt je nach Leistungsart die Pauschalen, auf die der Übergang der Unterhaltsansprüche beschränkt wird. Bei der Eingliederungshilfe (Sechstes Kapitel) und der Hilfe zur Pflege (Siebtes Kapitel) gehen Ansprüche auf bis zu 26 EUR, bei der Hilfe zum Lebensunterhalt (Drittes Kapitel) bis zu 20 EUR monatlich über. Es wird ferner vermutet, dass bei mehreren Unterhaltspflichtigen eine Haftung nach gleichen Teilen erfolgt (S. 2). Die Vermutung kann widerlegt werden (BGH 23.6.2010 – XII ZR 170/08). Die genannten Beträge sind an Veränderungen des Kindergeldes gekoppelt (S. 3), ohne jedoch vom Kindergeldbezug abhängig zu sein (BGH 23.6.2010 – XII ZR 170/08, NJW 2010, 2957), und haben sich entsprechend seit 2005 erhöht. Eine Einzelprüfung der wirtschaftlichen Verhältnisse über die genannten Beträge hinaus entfällt. Dieser Unterhaltsbetrag ist lebenslang zu zahlen, sofern die Eltern leistungsfähig sind. Da es sich um den Übergang des Anspruchs gegen einen nach Bürgerlichem Recht Unterhaltspflichtigen handelt, gelten die zivilrechtlichen Regeln für das Bestehen eines solchen Unterhaltsanspruchs (*Wendt*, RdLh 2001, 61). Nach Unterhaltsrichtlinien der Oberlandesgerichte wird festgelegt, ob die Unterhaltspflichtigen die Pauschalen aufbringen können. Für diejenigen, bei denen bisher höhere Unterhaltsbeiträge festgesetzt wurden, bringt die Vorschrift eine erhebliche Entlastung mit sich. Zugleich wird der Kreis der Unterhaltspflichtigen erheblich ausgeweitet, weil es mehr leistungspflichtige Unterhaltsschuldner geben wird als bei der Anwendung der Härteregelung (vgl. *Wendt*, RdLh 2001, 61).

Der Grundsatz der Pauschalabgeltung erfuhr bisher durch das Erfordernis eines **36** Antrages nach § 91 Abs. 2 S. 4 BSHG eine Einschränkung. Sie betraf Kinder zwischen dem 18. und dem 27. Lebensjahr. Diese Regelung ist entfallen.

## VI. Übergangsausschluss (Abs. 3)

Durch Absatz 3 **entfallen** die **bisherigen Doppelberechnungen**. § 91 Abs. 2 **37** S. 1 BSHG verlangte als Schutzvorschrift des Unterhaltsschuldners eine fiktive, sozialhilferechtliche Berechnung seines Einkommens und Vermögens. Bei der Hilfe in besonderen Lebenslagen waren die besonderen Einkommensgrenzen (§§ 79 ff. BSHG) zu beachten. Ergab der Vergleich, dass die Leistungsfähigkeit des Schuldners nach Sozialhilferecht geringer war als nach bürgerlichem Recht, ging der Unterhaltsanspruch nur in Höhe des geringeren Betrages auf den Hilfeträger über **(Meistbegünstigungsgrundsatz).** In Absatz 3 Satz 1 Nr. 1 ist nunmehr hingegen nur noch eine vereinfachte Vergleichsberechnung vorgesehen.

## 1. Leistungen nach dem Dritten Kapitel (Abs. 3 S. 1 Nr. 1)

38    Der Übergang von Unterhaltsansprüchen ist ausgeschlossen, wenn der Pflichtige Hilfe zum Lebensunterhalt bezieht oder in Erfüllung des Anspruchs Unterhalt beziehen würde. Es handelt sich um eine Art **sozialhilferechtlichen Selbstbehalt,** der allerdings nicht mit dem unterhaltsrechtlichen Selbstbehalt zu verwechseln ist (vgl. auch *Armbruster,* jurisPK-SGB XII, § 94 Rn. 166). Bei der 2. Alternative ist für den Unterhaltsverpflichteten eine sozialhilferechtliche Einkommensberechnung nach dem Dritten bzw. Vierten Kapitel vorzunehmen (s. auch *Decker,* Oestreicher, § 94 Rn. 163; *Münder,* LPK-SGB XII, § 94 Rn. 41). Der Schuldnerschutz bezieht sich allein auf den Unterhaltspflichtigen und nicht auf die Einstandsgemeinschaft, weil ansonsten die zivilrechtlichen Regelungen über die Unterhaltsrangfolge umgangen würden (*Münder,* LPK-SGB XII, § 94 Rn. 40; a. A. *Armbruster,* jurisPK-SGB XII § 94 Rn. 179).

39    Trotz des anderslautenden Wortlauts wird die Vorschrift auch auf den Leistungsbezug nach dem SGB II ausgedehnt (s. *Schellhorn,* Schellhorn/Hohm/Scheider, § 94 Rn. 95; *Armbruster,* jurisPK-SGB XII, § 94 Rn. 1175). Das lässt sich mit dem Grundgedanken der Vorschrift und der allgemeinen Überzeugung vereinbaren, dass der Unterhaltsverpflichtete sich nicht zum Hilfeempfänger staatlicher Leistungen machen muss, weil dies widersinnig wäre. Leistungsfähigkeit soll jedoch gegeben sein, wenn neben der Regelleistung Zuschläge nach § 24 SGB II oder Einstiegsgeld gezahlt wird.

## 2. Unbillige Härte (Abs. 3 S. 1 Nr. 2)

40    Es handelt sich um einen **unbestimmten Rechtsbegriff.** Der Begriff „unbillige Härte" ist in das Recht der Überleitung durch das Gesetz zur Umsetzung des Föderalen Konsolidierungsprogramms vom 23.6.1993 (BGBl. I S. 994) eingeführt worden. Nach den damaligen Gesetzesmaterialien sollte es sich um eine Anpassung an Sprachregelungen des Unterhaltsrechts handeln, die sich z. B. in § 1577 Abs. 3 oder § 1611 Abs. 1 S. 2 BGB finden lassen (vgl. *Schellhorn,* Verhältnis, S. 161).

41    Vorrangig ist jedoch zu prüfen, ob bereits Vorschriften des bürgerlichen Rechts den Unterhaltsanspruch einschränken oder entfallen lassen. Ist ein Unterhaltsanspruch verwirkt, kommt eine Überleitung nicht mehr in Betracht (vgl. BGH 15.9.2010 – XII ZR 148/09). Sind etwa die Voraussetzungen des § 1611 BGB bei Verwandten oder nicht verheirateten Eltern, § 1361 BGB für getrennt lebende Ehegatten oder § 12 Abs. 2 LPartG für getrennt lebende Partner einer eingetragenen Lebenspartnerschaft erfüllt gehen diese der Härteregelung des SGB XII vor.

42    Eine unbillige Härte wird regelmäßig nur dann vorhanden sein, wenn mit der Heranziehung des Unterhaltspflichtigen **soziale Belange** vernachlässigt werden (BVerwG 12.7.1979 – 5 C 35/78 15.9.2010 – XII ZR 148/09; s. auch *Münder,* LPK-SGB XII, § 94 Rn. 46). Diese Einschränkung folgt daraus, dass familiären Belangen bereits durch die zivilrechtlichen Unterhaltsvorschriften Rechnung getragen wird. Das BVerwG verwendet die einprägsame Formel von „Randfällen" (BVerwG 12.7.1979 – 5 C 35/78, Rn. 14, BVerwGE 58, 209, 212), die nur über eine Härteregelung befriedigend gelöst werden können. Dazu gehören Fälle, in denen der Unterhaltpflichtige vor Eintreten der Sozialhilfe über das Maß seiner

zumutbaren Unterhaltsverpflichtung hinaus den Hilfeempfänger betreut und
gepflegt hat (BGH 23.7.2003 – XII ZR 339/00, FamRZ 2004, 2010; OLG Köln
18.11.1999 – 14 UF 55/99, NJW 2000, 1201; *Schellhorn,* Schellhorn/Hohm/Schei-
der, § 94 Rn. 103 f.; *Münder,* LPK-SGB XII, § 94 Rn. 47) oder dass auf die Belange
und Beziehungen der Familie Rücksicht genommen werden muss. Als sozialer
Belang kann auch genannt werden, dass die Höhe des Heranziehungsbetrages in
keinem Verhältnis zu einer heraufbeschworenen nachhaltigen Störung des Familien-
friedens; die Heranziehung eines Unterhaltspflichtigen gefährdet das weitere Verbleiben des Hilfeempfängers im Familienverband (BVerwG 12. Juli 1979 – 5 C 35/78,
Rn. 20, BVerwGE 58, 209, 216). Als weitere Fälle werden angeführt: unverschuldete
völlige Entfremdung von Eltern und Kindern (Lockerung der Familienbande),
Gefährdung des Verbleibs in der Familie (OLG Zweibrücken 30.9.2008 – 5 UF 13/
08, Rn. 38), nachhaltige und unzumutbare Beeinträchtigung anderer Familienangehöriger durch die Heranziehung des Unterhaltverpflichteten, Gefährdung der Hilfe
in einem Frauenhaus (vgl. zum Ganzen *Münder,* LPK-SGB XII, § 94 Rn. 47;
*H. Schellhorn,* Schellhorn/Hohm/Scheider, § 94 Rn. 102 f.).

### 3. Vereinfachtes Verfahren (Abs. 3 S. 2)

Sofern der zuständige Träger selbst keine Kenntnis von den in Nr. 1 und 2 genann- **43**
ten Umständen hat, muss die betroffene Person den Hilfeträger in Kenntnis setzen.
Mit dieser Regelung können sich Verwaltungsvereinfachungen einstellen, weil der
Amtsermittlungsgrundsatz eingeschränkt wird (vgl. *Armbruster,* JurisPK-SGB XII,
Rn. 191). Sie hat auch Einfluss auf den Zivilprozess, weil sie die Darlegungs- und
Beweislast dem Pflichtigen aufbürdet.

## VII. Rechtswahrungsanzeige und künftige Leistungen (Abs. 4)

Absatz 4 Satz 1 ist eine öffentlich-rechtliche Vorschrift, die neben den zivilrechtli- **44**
chen Vorschriften (§§ 286, 288, 1613 BGB) einen zusätzlichen Verzugstatbestand
schafft. Der Sozialhilfeträger kann für die **Vergangenheit** Unterhalt von der Zeit
an fordern, zu welcher dem Unterhaltspflichtigen die Hilfegewährung schriftlich
mitgeteilt worden ist. Die schriftliche Mitteilung **(Rechtswahrungsanzeige)** ist
kein Verwaltungsakt, weil damit nicht unmittelbar in Rechtspositionen des Adressaten eingegriffen wird (vgl. *Münder,* LPK-SGB XII, § 94 Rn. 82; *Schellhorn,* Schell-
horn/Hohm/Scheider, § 94 Rn. 114). Sie hat die Wirkung einer Mahnung und
sollte deshalb Mindestanforderungen des Bestimmtheitsgrundsatzes genügen (im
Ergebnis ebenso *H. Schellhorn,* Schellhorn/Hohm/Scheider, § 94 Rn. 115). Sie sollte
deshalb die Art der Leistung und den Beginn der Leistungsaufnahme konkret genug
nennen. Mit dem Zugang der ordnungsgemäß erlassenen Rechtswahrungsanzeige
kann Unterhalt für die Vergangenheit gefordert werden. Aus Beweisgründen ist es
ratsam, die Wahrungsanzeige förmlich zuzustellen. Absatz 4 Satz 2 ermöglicht bei
längerer Hilfegewährung, bis zur Höhe der monatlichen Aufwendungen, auf **künftige Leistungen** zu klagen. Da die künftigen Leistungen noch nicht im Wege
der cessio legis übergegangen sind, handelt es sich um den Fall einer gesetzlichen
Prozessstandschaft (*Armbruster,* JurisPK-SGB XII, § 94 Rn. 198).

## VIII. Rückübertragung und Rechtsweg (Abs. 5)

Gemäß Absatz 5 Satz 1 kann der Sozialhilfeträger im Einvernehmen mit dem **45**
Leistungsberechtigten den übergegangenen Unterhaltsanspruch auf diesen rückübertragen. Im Rückschluss aus der jetzigen Gesetzesfassung ist zu folgern, dass eine
dem Leistungsberechtigten erteilte Einzugsermächtigung oder eine gewillkürte Pro-

zessstandschaft nicht zulässig ist (vgl. zum BSHG *Fichtner/Schaefer,* BSHG, § 91
Rn. 83).

**46**     Absatz 5 Satz 2 ergänzt die Rückübertragungsvorschriften. Damit dem Leistungsberechtigten kein finanzieller Nachteil entsteht, hat der Hilfeträger die dem Leistungsberechtigten entstandenen Kosten zu tragen. Obwohl sich die Regelung in
den Vorschriften des SGB XII findet, handelt es sich nicht um Sozialhilfeleistungen,
sondern um Verfahrenskosten. Der Anspruch auf Erstattung der Kosten beinhaltet
auch einen Prozesskostenvorschuss. Nach Absatz 5 Satz 3 ist der übergeleitete
Anspruch vor dem Zivilgericht einzuklagen. Für den Anspruch des Leistungsberechtigten gegen den Sozialhilfeträger nach Absatz 5 Satz 2 sind hingegen die Sozialgerichte zuständig, da der Anspruch nach Absatz 5 in Satz 3 nicht genannt wird.

## IX. Verfahrensrecht

**47**     Da im Zivilprozess der Beibringungsgrundsatz gilt, hat der klagende Hilfeträger
die Tatsachen vorzutragen, aus denen sich der Sozialhilfeanspruch ergibt. Im Zivilprozessrecht bezieht sich der Beibringungsgrundsatz auch auf die öffentlich-rechtlichen Tatbestände. Deshalb muss der Hilfeträger den Umfang der erbrachten Leistungen vortragen und beweisen sowie den geltend gemachten Unterhaltsanspruch etwa
in der Form, dass ein solcher trotz vorhandener Einkünfte besteht. Dies kann durch
Vorlage der Bewilligungsbescheide erfolgen. Hierbei muss jedoch berücksichtigt
werden, dass in der Praxis die Bewilligungsbescheide in der Regel die Leistungen
der Bedarfsgemeinschaft insgesamt ohne jegliche Differenzierung wiedergeben werden. Im Zivilprozess muss dann getrennt für jeden Hilfesuchenden, der Sozialhilfe
bezogen hat und dessen Unterhaltsanspruch geltend gemacht wird, der genaue
Umfang der bewilligten Leistungen vorgetragen werden. Außerdem sind die tatsächlichen Voraussetzungen des Unterhaltsanspruchs zu substantiieren. Eventuell muss
auch auf die Wahrungsanzeige hingewiesen werden. Bei zukünftigem Unterhalt ist
darauf hinzuweisen, dass die Hilfe voraussichtlich längere Zeit gewährt wird.

**48**     Der Unterhaltsverpflichtete seinerseits hat zur Verteidigung alle Tatsachen vorzu-
tragen und zu beweisen, die gegen das Entstehen des Unterhaltsanspruchs sprechen.
Dazu gehören auch die Voraussetzungen des Übergangsausschlusses nach § 94 Abs. 3
SGB XII.

### § 95 Feststellung der Sozialleistungen

[1]**Der erstattungsberechtigte Träger der Sozialhilfe kann die Feststellung
einer Sozialleistung betreiben sowie Rechtsmittel einlegen.** [2]**Der Ablauf der
Fristen, die ohne sein Verschulden verstrichen sind, wirkt nicht gegen ihn.**
[3]**Satz 2 gilt nicht für die Verfahrensfristen, soweit der Träger der Sozialhilfe
das Verfahren selbst betreibt.**

*Vergleichbare Vorschriften: § 91a BSHG; § 5 Abs. 3 SGB II.*

**Schrifttum:** Antragsrecht für Sozialleistungsträger, Mitteilungen der bayerischen Landesver-
sicherungsanstalten, 2005, 183.

## I. Bedeutung der Norm

**1**     Die Vorschrift entspricht § 91a BSHG. Im SGB II ist in § 5 Abs. 3 eine ähnliche
Vorschrift enthalten.

**2**     Die Vorschrift sichert den **Nachrang der Sozialhilfe** gegenüber anderen Sozialleistungen weiter ab, indem sie dem Träger der Sozialhilfe ermöglicht, unabhängig

vom Verhalten des Leistungsberechtigten die Feststellung einer ihm möglicher Weise zustehenden vorrangigen Sozialleistung zu betreiben (VG Düsseldorf 21.9.2009 – 19 K 3853/08). Dadurch können **Erstattungsfälle** nach §§ 102 ff. SGB X **vermieden** werden. Der Träger der Sozialhilfe hat grundsätzlich die **Wahl**, ob er über einen Erstattungsanspruch oder über § 95 den Nachrang der Sozialhilfe realisiert (BSG 22.4.1998 – B 9 VG 6/96 R). Ein Erstattungsanspruch bezieht sich allerdings nur auf bereits geleistete Sozialhilfe, während die Feststellung einer vorrangigen Sozialleistung auch in die **Zukunft** wirken kann. Die Vorschrift gilt für **sämtliche Sozialhilfeleistungen,** sofern sie nachrangig sind. Die Vorschrift kommt allerdings nicht nur für Erstattungslagen nach § 104 SGB X zum Tragen (nachrangig verpflichteter Träger), sondern auch in Fällen, in denen der Träger der Sozialhilfe vorläufig verpflichteter Träger war (ist), etwa im Falle des § 43 SGB I. Für Erstattungslagen nach §§ 106 ff. SGB XII kommt die Anwendung des § 95 nicht in Betracht. Da die Herstellung des Nachrangs der Sozialhilfe nach § 93 nur Ansprüche betrifft, die sich nicht gegen Leistungsträger im Sinne von § 12 SGB I richten, stellt § 95 eine wichtige Ergänzung der Möglichkeiten, den Nachrang zu sichern, für den Sozialhilfeträger dar (zum Zweck der Vorschrift vgl. auch BGH 18.1.2017 – XII ZB 98/16).

Für die (nachrangige) **Jugendhilfe** enthält § 97 SGB VIII eine entsprechende **3** Regelung. Für die Kriegsopferfürsorge ist auf § 27i BVG hinzuweisen. Im AsylbLG ist eine entsprechende Vorschrift nicht vorhanden. Nach § 7 Abs. 4 AsylbLG wird lediglich auf § 93 SGB XII verwiesen (s. ferner § 9 Abs. 4 AsylbLG).

## II. Inhalt der Norm

### 1. Erstattungsberechtigung

Der Träger der Sozialhilfe muss erstattungsberechtigt sein. Dies bedeutet nicht, **4** dass er bereits einen Erstattungsanspruch nach §§ 102 ff. SGB X besitzen muss. Wäre dies der Fall, hätte die Vorschrift wenig Sinn, denn die Feststellung der vorrangigen Sozialleistung wird letztlich erst im Verfahren nach § 95 geklärt. Der Träger der Sozialhilfe muss allerdings bereits Sozialhilfe geleistet haben und beabsichtigen, sie weiterhin zu gewähren, oder zumindest eine Grundentscheidung über **seine Leistungsverpflichtung** getroffen haben (vgl. BSG 6.2.1997 – 3 RK 12/96). Ein Bewilligungsbescheid über Sozialhilfeleistungen braucht aber noch nicht erlassen zu sein. Erstattungsberechtigt ist er nicht, wenn feststeht, dass die gewährte bzw. zu gewährende Sozialhilfeleistung nicht nachrangig ist. **Nachrangigkeit** liegt im Erstattungsverhältnis vor, wenn ein Leistungsträger bei rechtzeitiger Erfüllung der Leistungsverpflichtung eines anderen Leistungsträgers selbst nicht zur Leistung verpflichtet wäre (§ 104 Abs. 1 S. 2 SGB X). Leistungen, die die Sozialhilfebedürftigkeit unberührt ließen oder die nicht zeitgleich sind, sind nicht vorrangig und begründen daher keine Erstattungsberechtigung. Erstattungsberechtigung liegt nicht vor, wenn der Empfänger der Sozialhilfe einen vorrangigen Anspruch nicht besitzt (VG München 26.7.2010 – M 22 K 08.1858; HessLSG 15.3.2010 – L 1 KR 47/08). In diesem Zusammenhang tritt die Frage auf, ob ein Erstattungsanspruch nach § 104 SGB X voraussetzt, dass der vorrangig verpflichtete Leistungsträger bereits zum Zeitpunkt der Leistungserbringung durch den nachrangig verpflichteten Sozialhilfeträger gegenüber dem Leistungsempfänger leistungsverpflichtet war, was möglicher Weise voraussetzt, dass ein Leistungsantrag des Leistungsempfängers oder ein Antrag nach § 95 S. 1 des erstattungsberechtigten Trägers bereits vorlagen (dies verlangt LSG BW 11.12.2015 – L 4 P 1171/15 entgegen BVerwG 23.1.2014 – 5 C 8/13). Während das LSG BW aus § 95 S. 1 das Argument herleitet, dass es der Sozialhilfeträger einfach in der Hand habe, einen Leistungsantrag zu stellen, bezieht sich das BVerwG darauf, dass Erstattungsansprüche eigenständige Ansprüche im Verhältnis zwischen

Leistungsträgern seien. Aus § 95 S. 1 sei mithin nicht abzuleiten, dass eine Erstattungsberechtigung von einem Antrag in Bezug auf die vorrangige Leistung abhänge.

5    Die Erstattungsberechtigung nach § 102 SGB X verlangt, dass der Träger der Sozialhilfe als **vorläufig leistender Träger** Hilfe erbringt.

6    Da sich die Erstattungsberechtigung aus den §§ 102 ff. SGB X ergeben muss, kann von § 95 nicht Gebrauch gemacht werden, um etwa einen **Erstattungsanspruch nach § 50 SGB X** gegen den Hilfeempfänger leichter realisieren zu können. Für rechtswidrige Sozialhilfeleistungen kommt § 95 nicht zur Anwendung.

7    Eine Erstattungslage ist ferner nicht gegeben, wenn es dem Träger der Sozialhilfe darum geht, dass der Hilfesuchende gewisse **sozialrechtliche Gestaltungs- und Wahlmöglichkeiten** ergreift, damit die Sozialhilfe entlastet würde. Daher kann der Träger der Sozialhilfe nach § 95 nicht für den Hilfeempfänger den Beitritt zur freiwilligen Krankenversicherung erklären (BSG 19.12.1991 – 12 RK 24/90; s. ferner BSG 17.6.1999 – B 12 KR 11/99 R, NZS 1999, 553 – Leitsatz). Auch die Möglichkeit des Hilfeempfängers, bei Leistungen der Pflegeversicherung zwischen Sach- und Geldleistungen zu wählen, kann nicht nach § 95 unterlaufen werden. Die Vorschrift ermöglicht **keinen Eingriff in Gestaltungsrechte** des Hilfeempfängers (BSG 19.12.1991 – 12 RK 24/90; OLG Nürnberg 1.2.2016 – 11UF 1466/15 keine Abänderung des Versorgungsausgleichs).

8    Eine Erstattungslage ist nicht gegeben für den Träger der Sozialhilfe, dem seinerzeit gemäß § 104 SGB X darlehensweise bewilligte Ausbildungsförderung erstattet worden ist, wenn er nun nach § 95 die Feststellung betreiben will, dass das Darlehen teilweise erlassen werden müsse (OVG Münster 26.6.1997 – 16 A 2391/96).

## 2. Sozialleistungen

9    Die Feststellung bezieht sich nur auf Sozialleistungen; für die Sicherung der Nachrangigkeit der Sozialhilfe gegenüber **anderen Leistungen** sind andere Mechanismen vorgesehen (vor allem §§ 93, 94, s. ferner §§ 48 ff. SGB I). Was Sozialleistungen sind, bestimmt sich nach dem abschließenden Katalog des SGB I (§§ 2 ff. und § 68 SGB I; s. auch BSG 19.12.1991 – 12 RK 24/90). Vor allem hinsichtlich eines vorrangigen Wohngeldanspruchs hat die Vorschrift zahlreiche Anwendungsfälle geschaffen (BVerwG 29.9.2005 – 5 C 7/03; VGH München 13.5.2008 – 12 B 06.3207).

## 3. Feststellung einer Sozialleistung

10    Ist eine Erstattungslage gegeben, kann der Träger der Sozialhilfe nach Ermessen entscheiden, ob er von der Möglichkeit nach § 95 Gebrauch macht (zum Ermessen s. BSG 26.1.2000 – B 13 RJ37/98 R, NVwZ-RR 2001, 107). Das Betreiben der Feststellung bedeutet, dass er **selbstständig ein Antragsverfahren** einleiten kann, wobei er auch materiellrechtlich anspruchsbegründende Anträge des Leistungsberechtigten ersetzen kann (BSG 22.4.1998 – B 9 VG 6/96 R). Nach Ablehnung der Feststellung über die begehrte Leistung durch den vorrangigen (oder endgültig verpflichteten) Leistungsträger kann der Träger der Sozialhilfe **Rechtsmittel** einlegen. Er kann auch das vom Hilfeempfänger zunächst selbst betriebene Verfahren in jeder Phase weiterführen, etwa nach einer vom Hilfeempfänger erstrittenen (negativen) erstinstanzlichen Entscheidung Rechtsmittel einlegen.

11    **„Feststellung"** einer Sozialleistung ist nicht im Sinne eines gerichtlichen Feststellungsurteils zu verstehen (LSG Nds-Brem 14.7.2000 – L 9 V 70/96). Der Träger der Sozialhilfe kann vielmehr ein Grundurteil erstreiten oder auch auf Leistung klagen. Die Erfüllungsfiktion des § 107 SGB X steht der Geltendmachung eines Anspruchs des Leistungsberechtigten durch den Träger der Sozialhilfe nicht entgegen (BSG 26.1.2000 – B 13 RJ 37/98 R, NVwZ-RR 2001, 107). Aus § 107 SGB X folgt lediglich, dass wegen bereits geleisteter Sozialhilfe die Zahlung an den Träger

der Sozialhilfe erfolgt, während wegen der zukunftsgerichteten Ansprüche des Leistungsberechtigten die Zahlung an ihn erfolgen muss (BSG 26.1.2000 – B 13 RJ 37/98 R, NVwZ-RR 2001, 107).

Im gerichtlichen Verfahren (analog im Verwaltungsverfahren) handelt der Träger **12** der Sozialhilfe in gesetzlicher **Prozessstandschaft** (BSG 19.12.1991 – 12 RK 24/ 90). Der Leistungsberechtigte ist im Verwaltungsverfahren nach § 12 SGB X zu beteiligen und im gerichtlichen Verfahren **beizuladen** (a. A. VGH München 7.11.2001 – 12 B 98.1062). Er bleibt materiell Berechtigter des Sozialleistungsanspruchs.

Die **Rechtsnatur des Anspruchs** des Leistungsberechtigten ändert sich nicht **13** dadurch, dass der Träger der Sozialhilfe ihn geltend macht. Daher bleibt auch die maßgebliche Rechtswegzuweisung bestehen (BSG 19.12.1991 – 12 RK 24/90; BSG 27.4.2010 – B 8 SO 2/10 R). Der Träger kann alle rechtlichen Möglichkeiten ausschöpfen, die auch dem Leistungsberechtigten zu Gebote gestanden hätten. Das gilt etwa für die Möglichkeit, einen ablehnenden Bescheid nach § **44 SGB X** überprüfen zu lassen, oder einen **sozialrechtlichen Herstellungsanspruch** geltend zu machen (BSG 26.1.2000 – B 13 RJ 37/98 R, NVwZ-RR 2001, 107). Die beteiligten Sozialleistungsträger stehen sich daher nicht im Gleichordnungsverhältnis gegenüber (VG Ansbach 13.12.2007 – AN 14 K 07.02191, BeckRS 2007, 34538) Auch § 66 SGB I kann in dem Feststellungsverhältnis Bedeutung erlangen (VG Ansbach 16.11.2006 – AN 14 K 05.04287). Für das Feststellungsverfahren fallen für den Träger der Sozialhilfe keine Gerichtskosten an; es gilt die Privilegierung des § 183 SGG und des § 188 Satz 2, 1. HS VwGO.

## 4. Fristen

S. 2 der Vorschrift, wonach der Ablauf von Fristen nicht gegen den Träger der **14** Sozialhilfe wirkt, ist Ausdruck der **eigenständigen Berechtigung** des Trägers der Sozialhilfe, fremde Ansprüche geltend zu machen. Allerdings gilt die Vorschrift nicht, soweit es sich um materielle Fristen handelt. Sie gilt nach dem Hs. 2 ferner nicht, wenn der Träger der Sozialhilfe das Verfahren selbst betrieben hat. In diesem Fall muss er sich an alle geltenden Verfahrens- und Rechtsmittelfristen halten.

# Sechster Abschnitt. Verordnungsermächtigungen

## § 96 Verordnungsermächtigungen

(1) **Die Bundesregierung kann durch Rechtsverordnung mit Zustimmung des Bundesrates Näheres über die Berechnung des Einkommens nach § 82, insbesondere der Einkünfte aus Land- und Forstwirtschaft, aus Gewerbebetrieb und aus selbständiger Arbeit bestimmen.**

(2) **Das Bundesministerium für Arbeit und Soziales kann durch Rechtsverordnung mit Zustimmung des Bundesrates die Höhe der Barbeträge oder sonstigen Geldwerte im Sinne des § 90 Abs. 2 Nr. 9 bestimmen.**

*Änderungen der Vorschrift: Abs. 2 geänd. durch VO v. 31.10.2006 (BGBl. I S. 2407).*

Die Vorschrift des § 96 Abs. 1 SGB XII überträgt im Wesentlichen inhaltsgleich **1** den bisherigen § 76 Abs. 3 BSHG. Sie trägt den verfassungsrechtlichen Erfordernissen des Art. 80 GG Rechnung. Sie ist an die Neuregelung des § 82 SGB XII angepasst. Die Verordnung zur Durchführung des § 82 des Zwölften Buches Sozialgesetzbuch (abgedruckt unter § 82) wurde zuletzt durch Art. 8 des Gesetzes zur Änderung des Zwölften Buches Sozialgesetzbuch und weiterer Vorschriften vom 21.12.2015 geändert (BGBl. I S. 2557).

**2**     Absatz 2 der Vorschrift ist die Ermächtigung zur Festsetzung der Barbeträge oder der sonstigen Geldwerte, die zum geschützten Vermögen gehören und stimmt im Wesentlichen inhaltsgleich mit dem bisherigen § 88 Abs. 4 BSHG überein. Die Verordnung zur Durchführung des § 90 Abs. 2 Nr. 9 des Zwölften Buches Sozialgesetzbuch (abgedruckt unter § 90) ist zuletzt durch Art. 1 der Verordnung vom 22.3.2017 (BGBl. I S. 519) geändert worden.

# Zwölftes Kapitel. Zuständigkeit der Träger der Sozialhilfe

## Erster Abschnitt. Sachliche und örtliche Zuständigkeit

### § 97 Sachliche Zuständigkeit

(1) **Für die Sozialhilfe sachlich zuständig ist der örtliche Träger der Sozialhilfe, soweit nicht der überörtliche Träger sachlich zuständig ist.**

(2) **[1]Die sachliche Zuständigkeit des überörtlichen Trägers der Sozialhilfe wird nach Landesrecht bestimmt. [2]Dabei soll berücksichtigt werden, dass so weit wie möglich für Leistungen im Sinne von § 8 Nr. 1 bis 6 jeweils eine einheitliche sachliche Zuständigkeit gegeben ist.**

(3) **Soweit Landesrecht keine Bestimmung nach Absatz 2 Satz 1 enthält, ist der überörtliche Träger der Sozialhilfe für**
1. **Leistungen der Eingliederungshilfe für behinderte Menschen nach den §§ 53 bis 60,**
2. **Leistungen der Hilfe zur Pflege nach den §§ 61 bis 66,**
3. **Leistungen der Hilfe zur Überwindung besonderer sozialer Schwierigkeiten nach den §§ 67 bis 69,**
4. **Leistungen der Blindenhilfe nach § 72**
**sachlich zuständig.**

(4) **Die sachliche Zuständigkeit für eine stationäre Leistung umfasst auch die sachliche Zuständigkeit für Leistungen, die gleichzeitig nach anderen Kapiteln zu erbringen sind, sowie für eine Leistung nach § 74.**

(5) **[1]Die überörtlichen Träger sollen, insbesondere bei verbreiteten Krankheiten, zur Weiterentwicklung von Leistungen der Sozialhilfe beitragen. [2]Hierfür können sie die erforderlichen Einrichtungen schaffen oder fördern.**

**Schrifttum:** *Goletz,* Sozialhilfe – sachliche Zuständigkeit nach Landesrecht, ZfF 1995, 97; *dies.,* Träger der Sozialhilfe – Zusammenstellung und Zuordnung der örtlichen zu den überörtlichen Trägern sowie zu den Spruchstellen für Fürsorgestreitigkeiten und zu den Verwaltungsgerichten, ZfF 1999, 49; *Greß/Rixen/Wasem,* Eingliederungshilfe für seelisch behinderte Kinder und Jugendliche – Abgrenzungsprobleme und Reformszenarien, VSSR 2009, 43; *Ruschemeier,* Pflegewohngeld und Sozialhilfe nach dem SGB XII in einer stationären Einrichtung, DVP 2006, 500; *Schädler/Rohrmann,* Zuständigkeitsregelungen und Reformperspektiven für wohnbezogene Hilfen für Menschen mit Behinderungen, NDV 2009, 229.

### Übersicht

## I. Bedeutung der Norm

Die differenzierten Regelungen der §§ 99 und 100 BSHG hat der Gesetzgeber **1**
neu geordnet. Diese Normen waren seiner Auffassung nach inhaltlich seit langem
durch vorrangiges Landesrecht abgelöst worden; soweit dies in Teilen nicht erfolgt
war, wurde eine vereinfachte Regelung getroffen. Die vielen Schnittstellen zwischen
dem örtlichen und dem überörtlichen Träger sollen damit beseitigt sein und dazu
führen, dass die Leistungen der in § 8 SGB XII genannten Hilfen **aus einer Hand**
erfolgen (vgl. dazu auch *Luthe/Dittmar*, Rn. 47; zum Ganzen s. BT-Drs. 15/1514,
S. 67) und insbesondere keine heterogene Zuständigkeitsverantwortung bei der
Gewährung von ambulanten, teilstationären und stationären Leistungen entsteht.
Der Gesetzgeber verspricht sich durch die Neuordnung der sachlichen Zuständigkeit
eine größere Transparenz behördlicher Zuständigkeiten für den Leistungsberechtigten.

Wichtigstes Ziel des **Verwaltungsorganisationsrechts,** dem die Vorschrift des **2**
§ 97 SGB XII zuzuordnen ist, ist die Verwirklichung des materiellen Rechts. Dass
diese Transformation gelingt, gehört auch zur sozialstaatlichen Verantwortung. Wie
die Regelungen über die örtliche Zuständigkeit ist die Festlegung der sachlichen
Zuständigkeit Ausdruck eines geordneten Verwaltungsverfahrens, das als sozialstaatli-
ches Subprinzip rechtstaatlichen Erfordernissen gerecht wird und eine effektive Steuerung der Sozial(-hilfe)verwaltung gewährleistet.

Durch die Festlegung der sachlichen Zuständigkeit wird auch darüber entschie- **3**
den, welcher Träger die **Kosten einer Maßnahme** zu tragen hat (ebenso *Schlette,*
Hauck/Noftz, § 97 Rn. 1). Die Festlegung der **sachlichen Zuständigkeit** des Hilfeträgers steht im Regelungszusammenhang mit § 98 SGB XII und mit § 99
SGB XII.

## II. Inhalt der Norm

### 1. Allgemeines

Die Absätze 1 und 2 S. 1 übernehmen die Regelungen aus den §§ 99 und 100 **4**
BSHG. Abs. 2 S. 2 regt gerichtet an den Landesgesetzgeber an, bei künftigen Regelungen der sachlichen Zuständigkeit durch die Länder die genannten Ziele der
Transparenz und Vereinfachung zu berücksichtigen. Abs. 5 überträgt inhaltsgleich
den bisherigen § 101 BSHG. Eine der Vorschrift vergleichbare Regelung existiert
im SGB II nicht, weil bis auf die Regelleistung die anderen Leistungsformen des
SGB XII sich grundlegend in ihren Zielsetzungen von Leistungen nach dem SGB II
unterscheiden.

Obwohl die Vorschrift auf das Verhältnis zwischen dem Leistungsträger und dem **5**
Leistungsberechtigten zugeschnitten ist, folgt aus ihr mittelbar, dass sie auch die
sachliche Zuständigkeit für Leistungsvereinbarungen zwischen Leistungserbringern

und Leistungsträger (§§ 75 ff. SGB XII) mitbestimmt (*Schlette,* Hauck/Noftz, § 97 Rn. 4; vgl. zur örtlichen Zuständigkeit insoweit die Sonderregelung in § 77 Abs. 1 S. 2 SGB XII).

## 2. Sonderregelungen

**6**  Eine Sonderregelung findet sich in § 24 Abs. 4 S. 2 SGB XII. Nach dieser vorrangigen bundesgesetzlichen Spezialregelung entscheidet für Deutsche im Ausland der überörtliche Träger über die Leistung.

**7**  Die sachliche Zuständigkeit für die Kostenerstattung im Fall der Nothilfe (§ 25 SGB XII) wiederum richtet sich mangels anderer Bestimmungen nach § 97 SGB XII (*Schlette,* Hauck/Noftz, § 97 Rn. 5).

**8**  § 264 Abs. 7 SGB V stellt keine abschließende Zuständigkeitsregelung im Verhältnis örtlicher/überörtlicher Träger auf. Erstattet der örtliche Sozialhilfeträger der Krankenkasse die Aufwendungen für eine nach § 264 SGB V bei einer gesetzlichen Krankenkasse angemeldeten Person, gibt das Bundesrecht dem örtlichen Träger keinen Erstattungsanspruch (BSG 28.10.2008 – B 8 SO 23/07 R, BeckRS 2009, 52434; LSG NRW 19.4.2007 – L 9 SO 5/06, BeckRS 2007, 44452). Ein Anspruch nach § 105 SGB X ist nicht zu bejahen, weil Erstattungsansprüche untereinander keine Sozialleistungsqualität haben. Ein Anspruch aus öffentlich-rechtlicher GoA oder öffentlich-rechtlichem Erstattungsanspruch besteht nicht, wenn der Hilfeträger auf eine vermeintlich eigene Forderung leistet. In Frage kommen nur landesrechtliche Erstattungsansprüche; die vom BSG (28.10.2008 – B 8 SO 23/07 R, BeckRS 2009, 52434) für das nordrhein-westfälische Recht (§§ 4 und 5 AGSGB XII) gegebenen Auslegungshinweise werden den Anwendungsbereichen jedoch nicht gerecht, weil § 4 AGSGB XII lediglich regelt, wer bei Streitigkeiten über die Zuständigkeit einzutreten hat bzw. dass der örtlich Träger handeln muss, wenn der überörtliche Träger nicht rechtzeitig tätig werden kann. Nur für diese Fälle regelt § 5 AG SGB XII einen Erstattungsanspruch. Eine derartige Konstellation ist in dem vom BSG entschiedenen Fall nicht ersichtlich gewesen.

**8a**  Seit dem 1.1.2013 gilt (rückwirkend; vgl. Zweites Gesetz zur Änderung des Zwölften Buches Sozialgesetzbuch vom 1.10.2013, BGBl. I S. 3733) für die Leistungen nach dem Vierten Kapitel die Spezialvorschrift des § 46b SGB XII, die in seinem Abs. 2 u. a. § 3 SGB XII als Vorschrift über die sachliche Zuständigkeit für nicht anwendbar erklärt und damit insoweit für abweichendes Landesrecht Raum schafft (*Blüggel,* jurisPK-SGB XII, § 46b Rn. 14).

## 3. Zuständigkeitsstreit

**9**  In der Vorschrift fehlen Regelungen, wie bei einem Zuständigkeitsstreit zu verfahren ist. Deshalb ist auf die allgemeine Regelung des § 43 SGB I zurückzugreifen (*Schlette,* Hauck/Noftz, § 97 Rn. 7; *Sehmsdorf,* jurisPK-SGB XII, § 97 Rn. 33). Zu einem Ausgleich kommt es dann über den Erstattungsanspruch des § 102 SGB X. Bei Rehabilitationsleistungen ist § 14 SGB IX heranzuziehen (*Schlette,* Hauck/Noftz, § 97 Rn. 7a). Stellt sich also heraus, dass der erstangegangene Träger für eine Leistung der beantragten Art gar nicht zuständig ist, hat er die Leistung nach Maßgabe des eigentlich zuständigen Leistungsträgers zu erbringen und einen Erstattungsanspruch nach § 14 Abs. 4 SGB IX geltend zu machen, es sei denn, er macht von der Weiterleitungsmöglichkeit des § 14 Abs. 1 S. 2 SGB IX Gebrauch. Nimmt der angegangene Leistungsträger fälschlich seine Zuständigkeit an, kommt ein Erstattungsanspruch nach § 14 SGB IX nicht infrage; es bleibt bei den allgemeinen Erstattungsansprüchen der §§ 102 ff. SGB X. Dem erstangegangenen Rehabilitationsträger, der seine Zuständigkeit gegenüber dem Leistungsempfänger zunächst – wenn auch zu Unrecht – bejaht hat, ist eine Weiterleitung des Antrages verwehrt, selbst wenn diese in der Frist des § 14 Abs. 1 S. 1 SGB IX erfolgen könnte (LSG Bln-Bbg, ZfSH/SGB 2008, 426). Bei Komplexleistungen ist der vorleistende Rehabilitationsträger verantwortlich, dass die beteiligten Leistungsträger die erforderlichen Leistungen funktionsbezogen feststellen. Versäumt er dies, darf das nicht zum Nachteil des Berechtigten gehen.

Die Ausführungsgesetze der Länder enthalten weitgehend Regelungen zur sachlichen Zuständigkeit, wenn der überörtliche Träger nicht rechtzeitig tätig werden kann. Nach § 4 Abs. 2 AG-SGB XII NRW beispielsweise ist der örtliche Träger sachlich zuständig für die notwendigen Maßnahmen, wenn der überörtliche Träger nicht rechtzeitig tätig werden kann. S. auch § 11 Abs. 2 AGSGB XII RP, § 12 AGSGB XII Saarland, § 6 Abs. 2 HAG/SGB XII, § 7 Abs. 2 Nds. AG SGB XII, § 17 Abs. 1 AG SGB XII SH, § 12 SächsAGSGB, § 11 AG-SGB XII M-V, § 7 AG SGB XII Bbg.  **9a**

## III. Sachliche Zuständigkeit nach Bundesrecht (Abs. 1)

Die Vorschrift geht im Grundsatz von der sachlichen Zuständigkeit des örtlichen  **10** Sozialhilfeträgers aus. Es besteht die Vermutung einer **Allzuständigkeit** des örtlichen Trägers (vgl. auch *Hohm,* Schellhorn/Hohm/Scheider, § 97 Rn. 8). Die in Abs. 3 genannten Aufgaben erfordern wegen ihrer überörtlichen Bedeutung und der damit verbundenen hohen Kosten für die Sicherung der Hilfe die Zuständigkeit der überörtlichen Träger. Ihnen werden die Aufgaben nach dem **Enumerationsprinzip** in einem Ausnahmekatalog zugewiesen, soweit keine landesrechtlichen Bestimmungen eine andere Zuordnung vorsehen. Örtliche Träger der Sozialhilfe sind mit Ausnahme der Stadtstaaten die Städte und Kreise oder die kreisangehörigen Gemeinden, soweit das Landesrecht entsprechende Bestimmungen enthält (§ 3 SGB XII). Die Beteiligung von Verbänden der freien Wohlfahrtspflege oder die Übertragung der Durchführung dieser Aufgaben durch die Sozialhilfeträger gemäß § 5 Abs. 5 SGB XII ändert die sachliche Zuständigkeit des örtlichen Trägers nicht (*Hohm,* Schellhorn/Hohm/Scheider, § 97 Rn. 9). Gleiches gilt bei der Heranziehung des örtlichen Trägers für Aufgaben des überörtlichen Trägers (§ 99 Abs. 2 SGB XII). Es werden auf diese Weise lediglich Handlungskompetenzen an den Leistungserbringer übertragen, ohne dass die sachliche Zuständigkeit verändert wird.

Die Missachtung der sachlichen Zuständigkeit hat zur Folge, dass der ergangene  **11** Verwaltungsakt rechtswidrig ist. Als Nichtigkeitsgrund i.S.d. § 40 Abs. 1 SGB X ist die Unzuständigkeit regelmäßig nicht anzusehen (*Hohm,* Schellhorn/Hohm/Scheider, § 97 Rn. 10).

## IV. Zuständigkeit des überörtlichen Trägers nach Landesrecht (Abs. 2)

Die sachliche Zuständigkeit der überörtlichen Träger wird nach Landesrecht  **12** bestimmt (S. 1). Die Ausführungsgesetze der Länder (vgl. die Übersicht bei *Sehmsdorf,* jurisPK-SGB XII, § 97 Rn. 5) legen sie fest. Hierbei sollen die Länder nach dem als bloße Anregung formulierten S. 2 (BT-Drs. 15/1514, S. 67) berücksichtigen, dass die Leistungen des § 8 Nr. 1 bis 6 SGB XII möglichst aus einer Hand zu gewähren sind. Mit dieser Regelung wird die Bedeutung, die Bewilligung von Leistungen zu konzentrieren, unterstrichen. Kritik wird an dieser an den Landesgesetzgeber eingeräumten Blankettermächtigung geübt, weil sie das Sozialrecht intransparenter macht (so z. B. *Schlette,* Hauck/Noftz, § 97 Rn. 17).

Zur Zuständigkeit des örtlichen Trägers für die Bewilligung eines Assistenzzim-  **13** mers: LSG NRW 28.11.2011 – L 20 SO 82/07, BeckRS 2012, 65593; bestätigt durch BSG 28.2.2013 – B 8 SO 1/12 R, NVwZ-RR 2013, 723.

## V. Sachliche Zuständigkeit des überörtlichen Trägers nach Bundesrecht (Abs. 3)

**14**     Die Festlegung der sachlichen Zuständigkeit des überörtlichen Trägers für bestimmte Hilfe wird in Abs. 3 vorgenommen. Entsprechend dem einleitenden „Soweit-Vorbehalt" gelangt dieser Absatz nur zur Anwendung, wenn das maßgebliche Landesrecht keine Bestimmungen zur sachlichen Zuständigkeit des überörtlichen Trägers trifft (*Hohm*, Schellhorn/Hohm/Scheider, § 97 Rn. 15). Es handelt sich also um eine Auffangzuständigkeit, die ab 1.1.2007 in Kraft getreten ist. Bis zum 31.12.2006 hat die Regelung des § 100 BSHG fortgegolten. Diese Übergangszeit war erforderlich, um den Ländern die Möglichkeit zu geben, sich auf die veränderte Rechtslage organisatorisch einzustellen. Die Verweisung in Abs. 3 hat den Vorteil der Einfachheit; die nach altem Recht komplizierten und wenig überschaubaren Zuständigkeiten und ihre Ausnahmen sind weggefallen.

## VI. Übergreifende sachliche Zuständigkeit (Abs. 4)

**15**     Die sachliche Zuständigkeit bei einer stationären Hilfe wird durch die Vorschrift erweitert. Der Hilfeträger ist zuständig für alle Leistungen, die **gleichzeitig** nach anderen Kapiteln zu erbringen sind. Sinn dieser Regelung ist, dass ein Sozialhilfeträger für alle Leistungen eines Hilfefalles zuständig sein soll **(Gesamtfallgrundsatz).** Der Rechtscharakter der einzelnen Hilfearten wird durch die Ausdehnung der sachlichen Zuständigkeit nicht geändert. Die Leistungen müssen allerdings tatsächlich erbracht werden.

**16**     Gemeint sind nur vollstationäre Einrichtungen. Aus der Vorgängervorschrift des § 100 Abs. 2 BSHG, in dem die teilstationären Einrichtungen ausdrücklich ausgenommen waren, wäre Gegenteiliges zu schließen. Bestimmend ist jedoch die klare begriffliche Unterscheidung von teilstationär und stationär im SGB XII (so *Schlette*, Hauck/Noftz, § 97 Rn. 32).

**17**     Da die Vorschrift des § 27 Abs. 3 BSHG entfallen ist, wonach die stationäre Hilfe auch die Hilfe zum Lebensunterhalt erfasste, bedurfte es einer Zuständigkeitsregelung, die die Gewährung der Hilfe zum Lebensunterhalt in einer Einrichtung und der in der Einrichtung gewährten Leistungen aus einer Hand sicherstellt (*Rabe*, Fichtner/Wenzel, § 97 Rn. 12). Denn für die Hilfe zum Lebensunterhalt ist in der Regel der örtliche Leistungsträger zuständig (vgl. dazu auch *Schoch*, LPK-SGB XII, § 97 Rn. 14).

**17a**     Zur speziellen Zuständigkeitsregelung des § 46b SGB XII für Leistungen des Vierten Kapitels im Zusammenhang mit dem Gesamtfallgrundsatz des Abs. 4 vgl. BSG 13.2.2014 – B 8 SO 11/12 R, NVwZ-RR 2015, 39.

**18**     Mit Blick auf die Zielsetzung der Vorschrift ist das Merkmal der Gleichzeitigkeit nicht eng auszulegen (*Schoch*, LPK-SGB XII, § 97 Rn. 14; *Hohm*, Schellhorn/ Hohm/Scheider, § 97 Rn. 18). Gleichzeitigkeit enthält ein zeitliches und ein materielles Element. Kosten, die mit der Leistung des überörtlichen Trägers in Zusammenhang stehen (z. B. ein Fahrdienst, Bettenfreihaltung) sind ebenfalls einbezogen (*Schoch*, LPK-SGB XII, § 97 Rn. 14; *Rabe*, Fichtner/Wenzel, § 97 Rn. 13). Schon bei einem Teil der vom überörtlichen Träger erbrachten Leistungen liegt Gleichzeitigkeit vor (*Rabe*, Fichtner/Wenzel, § 97 Rn. 15).

**19**     Die Vorschrift greift nicht ein, wenn ein Dritter, vorrangig Verpflichteter, die Hilfe erbringt, für die er zuständig wäre. Diese Einschränkung folgt aus dem Sinn der Vorschrift. Ihrem Zweck nach soll die Vorschrift die Doppelzuständigkeit von Sozialhilfeträgern verhindern.

Zur analogen Anwendung des § 97 Abs. 4 SGB XII über Art. 82 Abs. 2 AGSG 19a
s. BayLSG 21.2.2013 – L 18 SO 85/10, BeckRS 2013, 69062, und BayLSG
21.1.2016 – L 8 SO 235/14, BeckRS 2016, 66220.

## VII. Weiterentwicklung der Hilfen (Abs. 5)

Die Vorschrift verpflichtet den überörtlichen Sozialhilfeträger zur Weiterentwick- 20
lung von Maßnahmen in der Sozialhilfe. Obwohl die Regelung im Zwölften Kapitel
Erster Abschnitt, in dem die Festlegungen zur örtlichen und sachlichen Zuständigkeit finden, ihren Platz hat, beinhaltet sie doch keine Erweiterung der sachlichen
Zuständigkeit des überörtlichen Trägers. Es handelt sich lediglich um einen **Auftrag**,
aus dem sich kein Anspruch des Leistungsberechtigten ableiten lässt (zustimmend
*Schlette,* Hauck/Noftz, § 97 Rn. 34). Damit wird im SGB XII in einer diesem Gesetz
angepassten spezifischen Richtung vollzogen, was in programmatischer, allgemeiner
Form auch in § 17 Abs. 1 SGB I vorgesehen ist. Leistungsträger sind danach verpflichtet, darauf hinzuwirken, dass jeder Berechtigte die ihm zustehenden Sozialleistungen *in zeitgemäßer Weise* erhält. Unter dem Dach der staatlichen Rahmenverant-
wortung darf es keinen Stillstand geben. Das Leistungsrecht muss sich an die sozialen
Veränderungen anpassen.

## § 98 Örtliche Zuständigkeit

(1) ¹**Für die Sozialhilfe örtlich zuständig ist der Träger der Sozialhilfe, in
dessen Bereich sich die Leistungsberechtigten tatsächlich aufhalten.** ²**Diese
Zuständigkeit bleibt bis zur Beendigung der Leistung auch dann bestehen,
wenn die Leistung außerhalb seines Bereichs erbracht wird.**

(2) ¹**Für die stationäre Leistung ist der Träger der Sozialhilfe örtlich
zuständig, in dessen Bereich die Leistungsberechtigten ihren gewöhnlichen
Aufenthalt im Zeitpunkt der Aufnahme in die Einrichtung haben oder in
den zwei Monaten vor der Aufnahme zuletzt gehabt hatten.** ²**Waren bei
Einsetzen der Sozialhilfe die Leistungsberechtigten aus einer Einrichtung
im Sinne des Satzes 1 in eine andere Einrichtung oder von dort in weitere
Einrichtungen übergetreten oder tritt nach dem Einsetzen der Leistung ein
solcher Fall ein, ist der gewöhnliche Aufenthalt, der für die erste Einrichtung maßgebend war, entscheidend.** ³**Steht innerhalb von vier Wochen
nicht fest, ob und wo der gewöhnliche Aufenthalt nach Satz 1 oder 2
begründet worden ist oder ist ein gewöhnlicher Aufenthaltsort nicht vorhanden oder nicht zu ermitteln oder liegt ein Eilfall vor, hat der nach
Absatz 1 zuständige Träger der Sozialhilfe über die Leistung unverzüglich
zu entscheiden und sie vorläufig zu erbringen.** ⁴**Wird ein Kind in einer
Einrichtung im Sinne des Satzes 1 geboren, tritt an die Stelle seines
gewöhnlichen Aufenthalts der gewöhnliche Aufenthalt der Mutter.**

(3) **In den Fällen des § 74 ist der Träger der Sozialhilfe örtlich zuständig,
der bis zum Tod der leistungsberechtigten Person Sozialhilfe leistete, in
den anderen Fällen der Träger der Sozialhilfe, in dessen Bereich der Sterbeort liegt.**

(4) **Für Hilfen an Personen, die sich in Einrichtungen zum Vollzug richterlich angeordneter Freiheitsentziehung aufhalten oder aufgehalten haben,
gelten die Absätze 1 und 2 sowie die §§ 106 und 109 entsprechend.**

(5) ¹**Für die Leistungen nach diesem Buch an Personen, die Leistungen
nach dem Sechsten bis Achten Kapitel in Formen ambulanter betreuter
Wohnmöglichkeiten erhalten, ist der Träger der Sozialhilfe örtlich zustän-**

dig, der vor Eintritt in diese Wohnform zuletzt zuständig war oder gewesen wäre. [2]Vor Inkrafttreten dieses Buches begründete Zuständigkeiten bleiben hiervon unberührt.

*Änderungen der Vorschrift: Abs. 5 Satz 2 angef. mWv 1.1.2005 durch G v. 21.3.2005 (BGBl. I S. 818), Abs. 5 Satz 1 neu gef. mWv 7.12.2006 durch G v. 2.12.2006 (BGBl. I S. 2670), Abs. 1 Satz 2 aufgeh., bish. Satz 3 wird Satz 2 durch G v. 20.12.2012 (BGBl. I S. 2783).*

**Schrifttum:** *Gerlach,* Streitfall § 98 Abs. 5 SGB XII – Die örtliche Zuständigkeit für Leistungen in ambulanten betreuten Wohnmöglichkeiten; *Gutachten des Deutschen Vereins,* Zu Eintritt und Beendigung der örtliche Zuständigkeit nach § 97 Abs. 1 Satz 2 BSHG, NDV 1997, 117; *Gutachten des Deutschen Vereins,* Zur Zuständigkeitslücke des § 97 Abs. 3 BSHG (Bestattungskosten), NDV 1998, 94; *Goletz,* Die örtliche Zuständigkeit im Sozialhilferecht, ZfS 1994, 332; *dies.,* Sozialhilfe – Örtliche Zuständigkeit, ZfF 1993, 225; *Hammel,* Urteilsanmerkung, NDV-RD 1997, 39; *Hederich,* Wechsel der örtlichen Zuständigkeit in der Sozialhilfe, NDV 1991, 216; *ders.,* Zuständigkeitsproblem beim ambulant betreuten Wohnen, ZfSH/SGB 2008, 67; *Josef/ Wenzel,* Zuständigkeitsfragen beim ambulant betreuten Wohnen nach § 98 Abs. 5 SGB XII, NDV 2007, 85; *Schwabe,* Zur Anwendbarkeit des § 43 SGB I im Sozialhilferecht nach dem Inkrafttreten des FKPG zum 27.6.1993; *ders.,* Aktuelle Entscheidungen zum Kostenerstattungsrecht, ZfF 2000, 217; *Zeitler,* Änderung des Rechts der SH zur örtlichen Zuständigkeit, NDV 1993, 333; *ders.,* Zum Verhältnis des Eilfalls i. S. d. § 97 Abs. 2 Satz 3 BSHG zum Eilfall nach § 121 Satz 1 BSHG bei einer stationären Krankenhausbehandlung, NDV 1994, 49; *ders.,* Zur Anwendbarkeit des § 107 BSHG auf Spätaussiedler, die ein Übergangswohnheim zur vorläufigen Unterbringung verlassen und an einem anderen Ort eine Unterkunft beziehen, NDV 1998, 135.

## Übersicht

## I. Inhalt der Norm

Die Vorschrift überträgt im Wesentlichen inhaltsgleich den bisherigen § 97 BSHG. **1** Zu Recht wird kritisiert, dass die Vorschrift komplex und kompliziert ist (*Schlette, Hauck/Noftz,* § 98 Rn. 2). Von einer bürgerfreundlichen Regelung kann dabei keine Rede sein, da dem Hilfesuchenden häufig unklar bleibt, wen die Zuständigkeit trifft. Die Absätze 1 bis 3 folgen weitgehend dem § 97 Abs. 1 bis 3 BSHG; Abs. 4 entspricht dem bisherigen § 97 Abs. 5 BSHG. Die Definition der Einrichtung findet sich nun in § 13 Abs. 2 SGB XII und konnte deshalb in § 98 SGB XII entfallen. Der neue Abs. 5 stellt die Zuständigkeit desjenigen Hilfeträgers sicher, der vor Eintritt der Person in Formen betreuter ambulanter Wohnmöglichkeiten zuständig war (vgl. BT-Drs. 15/1514, S. 67). Die örtliche Zuständigkeit des § 36 SGB II knüpft ausschließlich an den gewöhnlichen Aufenthalt an, wohingegen das SGB XII grundsätzlich die örtliche Zuständigkeit nach dem Ort des tatsächlichen Aufenthalts bestimmt.

## II. Bedeutung der Norm

### 1. Prinzipien der Zuständigkeitsregelung

Die Vorschrift regelt die örtliche Zuständigkeit für Leistungen nach dem **2** SGB XII. § 98 Abs. 1 S. 1 SGB XII sieht als Grundprinzip vor, dass sich die örtliche Zuständigkeit nach dem tatsächlichen Aufenthaltsort richtet **(Aufenthaltsprinzip).** Dieser Regelung liegt der Gedanke zugrunde, dass vor allem der ortsnahe Träger im Interesse des Hilfenachfragenden eine effektive und schnelle Beseitigung der gegenwärtigen Notlage ermöglichen kann (Grundsatz der möglichsten Nähe zum Sozialhilfeträger, vgl. BVerwG 23.6.1994 – 5 C 26/92, NVwZ 1995, 276). Der örtliche Sozialhilfeträger ist dementsprechend zum Handeln verpflichtet (*Schlette, Hauck/Noftz,* § 98 Rn. 1). Die bis zum 31.12.2012 geltende, die Leistungen nach dem Vierten Kapitel betreffende Regelung in § 98 Abs. 1 S. 2 SGB XII, wonach der Träger örtlich zuständig ist, in dessen Bereich der gewöhnliche Aufenthaltsort des Leistungsberechtigten liegt, ist mit Wirkung ab 1.1.2013 entfallen.

In Abs. 2 S. 1 SGB XII wird für stationäre Leistungen auf das **Herkunftsprinzip 3** abgestellt. Die Zuständigkeit bei der stationären Unterbringung wird an den gewöhnlichen Aufenthaltsort gebunden, den der Leistungsberechtigte bei Aufnahme in einer Einrichtung oder in den letzten beiden Monaten vor der Aufnahme hatte. Nach der bis 1993 gültigen Regelung in § 97 BSHG a. F. war der Träger des Einrichtungsortes zuständig, in dessen Bereich sich der Leistungsberechtigte tatsächlich aufhielt. Die finanzielle Entlastung des Ortes der Einrichtung erfolgte über die Erstattungsregeln des § 103 BSHG a. F. Das andere Verständnis von der Systematik der örtlichen Zuständigkeit geht auf das Gesetz zur Umsetzung des Föderalen Konsolidierungsprogrammes vom 27.6.1993 (FKPG; BGBl. I S. 944) zurück. Der Gesetzgeber hatte mit dem FKPG die Erwartung verbunden, dass es aufgrund der geänderten Zuständigkeitsregelungen mittelfristig zu Einsparungen in der Sozialverwaltung kommen wird, weil er in der neuen Fassung der Vorschrift eine Verwaltungsvereinfachung sah (BT-Drs. 12/4401). In der Praxis ist die Abweichung vom bisher ausschließlich geltenden Aufenthaltsprinzip auf Kritik gestoßen. Sie lässt sich dahingehend zusammenfassen, dass die Änderung eines bewährten Strukturprinzips nicht zu einer Verwaltungsvereinfachung geführt, sondern das Gegenteil bewirkt habe (s. *Schoch,* LPK-BSHG, § 97 Rn. 3; *Fichtner/Bräutigam,* BSHG, § 97 Rn. 1). Diese Kritik ist bei der Neufassung des Gesetzes nicht aufgenommen worden. Der Grund mag darin liegen, dass die jetzige Regelung einen entscheidenden Vorteil hat: Der nach der früheren Gesetzesfassung bisher nur kostenersatzpflichtige Hilfeträger ist nach der Einführung des Herkunftsprinzips bereits für die Leistungsgewährung selbst zuständig. Diese Fallgruppe hat zu einer Verringerung der Kostenerstattungsfälle und zu der vom Gesetzgeber gewünschten Minderung des Verwaltungsaufwandes (vgl. *Zeitler,* NDV 1998, 105) geführt.

**4**    **Abweichende Regelungen** enthält § 24 Abs. 4 SGB XII (Sozialhilfe für Deutsche im Ausland), der auf den Geburtsort abstellt. Eine weitere Zuständigkeitsregelung findet sich in § 107 SGB XII, der bei der Unterbringung eines Kindes oder Jugendlichen außerhalb seines Elternhauses auf § 98 SGB XII verweist. Die Zuständigkeit für das Auskunftsersuchen nach § 117 SGB XII und den Datenabgleich nach § 118 SGB XII ergibt sich aus der örtlichen Zuständigkeit des Leistungsträgers (*Schoch,* LPK-SGB XII, § 98 Rn. 4).

## 2. Funktion der Vorschrift

**5**    Die Festlegung der örtlichen Zuständigkeit des Sozialhilfeträgers erfüllt eine **rechtsstaatliche Funktion.** Sie dient der Gewährleistung eines geordneten rechtsstaatlichen Verwaltungsverfahrens (ähnlich *Hohm,* Schellhorn/Hohm/Scheider, § 98 Rn. 7; wie hier *Söhngen,* jurisPK-SGB XII, § 98 Rn. 15). Für den Leistungsberechtigten bietet sie Schutz bei der Durchsetzung seiner Ansprüche. Für den Sozialhilfeträger legt die Vorschrift die endgültige Kostenträgerschaft fest. Der Aufenthaltsort entscheidet, welcher Träger die Kosten der Hilfe letztlich zu tragen hat. Insofern geht die Bedeutung des § 98 SGB XII über die eigentliche formelle Regelung der örtlichen Zuständigkeit hinaus. Sie ist deshalb auch im systematischen Zusammenhang mit den Erstattungsregelungen der §§ 106 ff. SGB XII zu sehen, die mit der Regelung des § 98 SGB XII konkordant sind. Vor allem die Vorschrift des § 106 SGB XII knüpft begrifflich an die Vorschrift des § 98 Abs. 2 SGB XII an. In § 98 SGB XII kommt auch das Territorialitätsprinzip mit der Maßgabe zum Ausdruck, dass ein inländischer, örtlich zuständiger Sozialhilfeträger zur Entscheidung über einen vorübergehenden, im Ausland entstehenden Bedarf nicht zu entscheiden hat (s. auch BVerwG 22.12.1998 – 5 C 21/97, NVwZ 2000, 572). Das BVerwG stellt bei der Bestimmung der örtlichen Zuständigkeit vornehmlich darauf ab, ob der Bedarf bereits vor dem Antritt einer Auslandsreise und somit verknüpft mit dem tatsächlichen Aufenthalt des Leistungsberechtigten im Zuständigkeitsbereich des Leistungsträgers entstanden ist. Vgl. dazu Rn. 8. Ausnahmeregelung bleibt § 24 SGB XII.

**6**    **Unerlaubte Binnenwanderungen** von Ausländern, die sich nicht an ihrem Zuweisungsort aufhalten, lassen sich mit § 98 SGB XII nicht steuern. Insofern regeln Sondervorschriften wie z. B. § 23 Abs. 5 SGB XII das Maß der zu gewährenden Hilfe. Die Vorschrift des § 98 SGB XII bleibt unberührt (s. dazu auch *Hohm,* Schellhorn/Hohm/Scheider, § 98 Rn. 16).

## III. Zuständigkeit des tatsächlichen Aufenthaltsortes (Abs. 1 S. 1)

### 1. Leistungsberechtigter

**7**    Persönlich betroffen ist die leistungsberechtigte Person. Damit sind prinzipiell alle Leistungen der Sozialhilfe mit Ausnahme der Leistungen bei Grundsicherung im Alter und bei Erwerbsminderung erfasst. Insoweit gilt die Spezialregelung des § 46b SGB XII, die in Abs. 3 S. 1 die Regelungen zur örtlichen Zuständigkeit in § 98 SGB XII für nicht anwendbar erklärt, sofern sich aus seinen Sätzen 2 und 3 nichts Abweichendes ergibt.

## 2. Tatsächlicher Aufenthaltsort

**a) Physische Anwesenheit.** Sozialhilfe hängt mit dem gegenwärtigen Bedarf **8** zusammen (BVerwG 22.12.2012 – 5 C 21/97, NVwZ 2000, 572). Dort, wo er entsteht, muss er gedeckt werden **(Prinzip der Bedarfsdeckung).** Folgerichtig knüpft die Vorschrift deshalb an den **tatsächlichen Aufenthalt** des Hilfebedürftigen an (s. dazu auch BayLSG 30.11.2005 – L 11 B 452/05 SO ER, BeckRS 2009, 55229). Maßgeblich ist seine physische Anwesenheit im räumlichen Bereich eines Hilfeträgers. Unerheblich ist, ob die leistungsberechtigte Person an einem anderen Ort gemeldet ist oder dort ihren gewöhnlichen Aufenthaltsort hat. Sie muss sich auch nicht ständig am Ort, an dem der Hilfebedarf entstanden ist, aufhalten (vgl. *Goletz,* ZfF 1993, 225) oder ein Obdach haben. Ein tatsächlicher Aufenthalt kann auch durch eine vorübergehende Anwesenheit wie z. B. einen **Besuch** begründet werden (ebenso *Schoch,* LPK-SGB XII, § 98 Rn. 12; *Söhngen,* jurisPK-SGB XII, § 98 Rn. 22). Bei einem nur flüchtigen Aufenthalt (*Rabe,* Fichtner/Wenzel, § 98 Rn. 3) oder einer **kurzfristigen Ortsabwesenheit** des Hilfeempfängers neigt das BVerwG (22.12.1998 – 5 C 21/97, NVwZ 2000, 572; zustimmend wohl *Hohm,* Schellhorn/Hohm/Scheider, § 98 Rn. 15; vgl. auch SächsLSG 23.2.2009 – L 7 B 24/08 SO ER, BeckRS 2009, 66303) dazu, die örtliche Zuständigkeit des bisherigen Sozialhilfeträgers nicht enden zu lassen, wenn die Bedarfslage in seinem Verantwortungsbereich nicht nur entstanden und ihm zur Kenntnis gelangt ist, sondern von ihm auch durch Erledigung des Hilfefalles hätte beseitigt werden können (vgl. auch BVerwG 5.3.1998 – 5 C 12/97, NVwZ-RR 1998, 755). Eine derartige, durch den Gedanken der Verwaltungspraktikabilität veranlasste Auffassung lässt sich zwar nur schwer mit dem Wortlaut der Vorschrift vereinbaren und ist eher als verständnisvoller Versuch anzusehen, eine in diesen Fällen geübte Praxis der Hilfeträger, weiterhin die Zuständigkeit des Herkunftsortes anzunehmen, zu legitimieren. Eine solche Handhabung ist unter Zugrundelegung der verwaltungsgerichtlichen Rechtsprechung aber hinzunehmen, soweit sie nicht den Zweck der Zuständigkeitsregelung konterkariert. Insoweit hat die Rspr. (BVerwG 23.6.1994 – 5 C 26/92, NVwZ 1995, 276) Zustimmung gefunden (vgl. z. B. *Hohm,* Schellhorn/Hohm/Scheider, § 98 Rn. 15; *Söhngen,* jurisPK-SGB XII, § 98 Rn. 19; *Schoch,* LPK-SGB XII, § 98 Rn. 14), dass der Sozialhilfeträger zuständig bleibt, der eine Leistung für ein Kind in einem untergebrachten Internat erbringt, wobei das Internat in einem Bereich eines anderen Leistungsträgers liegt. Der ortsnahe Träger ist grundsätzlich derjenige, der im Interesse des Leistungsberechtigten eine effektive und schnelle Beseitigung der Bedarfssituation bewältigen kann. Die Hilfegewährung darf allerdings nicht gegen den die örtliche Zuständigkeit bestimmenden Grundgedanken verstoßen. Jedenfalls bei kürzeren Abwesenheitszeiten von **bis zu einem Monat** bleibt demnach regelmäßig die örtliche Zuständigkeit des jeweiligen Trägers der Sozialhilfe fortbestehen (BVerwG 22.12.1998 – 5 C 21/97, NVwZ 2000, 572; s. auch SchlHLSG 26.11.2014 – L 9 SO 33/11, BeckRS 2015, 66022). Bei einmaligen Bedarfen müssen allerdings auch bei kürzerer Ortsabwesenheit der bei einem Leistungsberechtigten auftretende Bedarf und die Ortsnähe des Hilfeträgers noch in einer funktionalen Beziehung zueinander stehen. Diese ist zum Herkunftsort aber nicht mehr gegeben, wenn etwa am Besuchsort eine akute Krankheit des Leistungsberechtigten auftritt, die umgehend behandelt werden muss (BVerwG 14.6.2001 – 5 C 21/00, NVwZ 2002, 483) oder wenn während eines Besuchsaufenthaltes erstmals Hilfebedürftigkeit auftritt. Nach der eindeutigen Regelung des § 98 Abs. 1 S. 1 SGB XII ist in diesem Fall der Sozialhilfeträger des Besuchsorts örtlich zuständig. Längere als einmonatige Besuchsaufenthalte schließen es nicht aus, dass Ansprüche auch während des Abwesenheitszeitraumes weiter zu decken sind. Dies bemisst sich daran, ob der ihnen zugrundeliegende Bedarf bereits vor Antritt der Reise im Zuständigkeitsbereich des Beklagten entstanden und gegenwärtig ist. Hierfür bedarf es einer an der örtlichen und zeitlichen Entstehung der geltend gemachten Bedarfsposten orientierten Prüfung (BVerwG 22.12.1998 – 5 C 21/97, NVwZ 2000, 572; s. auch *Schoch*, LPK-SGB XII, § 98 Rn. 10). Keine Frage der Zuständigkeit ist die Bedarfsdeckung durch den bisherigen Leistungsträger. Hat dieser den Hilfebedürftigen mit Leistungen versehen, die er auch am Ort des Besuchs nutzen kann, ist der Bedarf auf jeden Fall gedeckt, ohne dass sich die Frage der Zuständigkeit stellt. Ist dem Hilfeempfänger also entsprechend der üblichen Hilfepraxis für die Dauer eines Monats Hilfe zum Lebensunterhalt bewilligt worden und hält er sich in dieser Zeit an einem anderen Ort besuchsweise auf, ist die Bestimmung der örtlichen Zuständigkeit für die Gewährung von Hilfe zum Lebensunterhalt eher theoretischer Natur, weil eine Bedarfsdeckung bereits durch die erfolgte Hilfegewährung eingetreten ist, sodass kein weiterer Hilfeanspruch entstehen kann. Sachlich anders ist der Fall zu beurteilen, wenn der Besuch über den Monat der Bewilligung hinaus fortdauert und sich der Leistungsberechtigte an den Hilfeträger des Aufenthaltsortes wendet. Nach § 98 Abs. 1 S. 1 SGB XII kann nur der Hilfeträger des Besuchsorts für die Gewährung der laufenden Hilfe zum Lebensunterhalt zuständig sein, nicht der Hilfeträger des bisherigen Aufenthaltsortes.

9    Zuständigkeitsprobleme treten auch bei längerer Ortsabwesenheit, insbesondere bei (Auslands-)**Urlaubsreisen** auf. Entsprechend den genannten Grundsätzen ist es nach der verwaltungsgerichtlichen Rechtsprechung zum BSHG bei während vorübergehenden Auslandsaufenthalten auftretenden Bedarfsfällen hinzunehmen, dass eine Sozialhilfegewährung mangels örtlich zuständigen Leistungsträgers nicht vorgesehen ist. Darin liegt nicht eine ausfüllungsbedürftige Regelungslücke, sondern eine Folge des Territorialitätsprinzips, das vom Gesetzgeber nur im Falle des § 119 BSHG (§ 24 SGB XII) durchbrochen worden ist (BVerwG 22.12.1998 – 5 C 21/97, NVwZ 2000, 572). Bei einer Urlaubsreise ins Ausland ist für einen damit verbundenen besonderen Bedarf (Kosten einer Pflegekraft während des Urlaubs) der bisherige Träger aber örtlich zuständig, wenn dieser Bedarf bereits am bisherigen Aufenthaltsort bestand (BVerwG 22.12.1998 – 5 C 21/97, NVwZ 2000, 572; vgl. auch *Hohm*, Schellhorn/Hohm/Scheider, § 98 Rn. 14). Bei **wechselnden tatsächlichen Aufenthalten** ist nach der verwaltungsgerichtlichen Rechtsprechung die örtliche Zuständigkeit an den Ort zu knüpfen, der die persönlichen und wirtschaftlichen Verhältnisse des Leistungsberechtigten maßgeblich bestimmt und seinen Lebensmittelpunkt bildet (BVerwG 23.6.1994 – 5 C 26/92, NVwZ 1995, 276; s. auch *Söhngen*, jurisPK-SGB XII, § 98 SGB Rn. 26; *Schlette*, Hauck/Noftz, § 98 Rn. 30). Das vom BVerwG als wesentlich herausgestellte Entscheidungskriterium der Aufenthaltsdauer ist mangels Bindung an die frühere gesetzliche Vorschrift des § 97 Abs. 1 S. 1 BSHG und bei einer Entscheidung nach § 98 Abs. 1 S. 1 SGB XII allerdings wenig geeignet, die für die Anwendung der Vorschrift erforderliche dogmatische Klarheit zu schaffen. Maßgeblich für die Auslegung der Vorschrift muss sein, dass das Prinzip des tatsächlichen Aufenthalts beachtet wird. Dementsprechend ist bei **Unglücksfällen** zu verfahren. Für die Versorgung durch den Notarzt ist der Hilfeträger des Unglücksortes zuständig, für die danach erfolgte Versorgung in einem Krankenhaus ergibt sich die Zuständigkeit nach § 98 Abs. 2 S. 1 SGB XII (vgl. HmbOVG 26.9.2000 – 4 Bf 49/99, BeckRS 2001, 20106). Zur Passivlegitimation für die Erstattung der **Nothilfekosten** vgl. BVerwG, 14.6.2001 – 5 C 21/00, NVwZ 2002, 483 sowie *Waldhorst-Kahnau*, jurisPK-SGB XII, § 25 Rn. 35 (Hinweis, dass eine Regelung fehlt bei *Schoch,* LPK-SGB XII, § 98 Rn. 4).

10    Mit dem Grundsatz des tatsächlichen Aufenthaltsortes schwerlich zu vereinbaren ist die Entscheidung, dass die örtliche Zuständigkeit durch den **Wohnort der Eltern** eines Kindes bestimmt wird, das sich während der Woche in Internat aufhält und nur am Wochenende zu ihnen zurückkehrt (so aber: BVerwG 23.6.1994 – 5 C 26/92, NVwZ 1995, 276). Das BVerwG hat hierbei dem Wortlaut des § 97 Abs. 1 S. 1 BSHG zu wenig Beachtung geschenkt. Allerdings sprechen für die vom BVerwG

angenommene Zuständigkeitsregelung des bisherigen Wohnortes praktische Erwägungen, weil es im Fall der Internatsunterbringung schon aus praktischen Gründen nicht hinnehmbar ist, dass zwei Leistungsträger, der eine für den Internatsaufenthalt, der andere für den Aufenthalt zuhause, zuständig sind. Aus dem Schutzzweck der Norm – und einer sinnvollen Verwaltungsorganisation – leitet das LSG Nds-Brem (LSG Nds-Brem 7.11.2008 – L 8 SO 134/08 ER, FamRZ 2009, 1254) ab, eine geteilte bzw. wechselnde örtliche Zuständigkeit für die Gewährung von Leistungen zur Deckung der durch die Ausübung des **Umgangsrechts** entstehenden Kosten anzunehmen (s. auch LSG NRW 10.5.2007 – L 20 B 24/07 SO ER, BeckRS 2009, 59552).

Nicht bestimmend für die Festlegung der örtlichen Zuständigkeit ist die **Kenntnis** 11 des Hilfeträgers (so aber *Rabe,* Fichtner/Wenzel, § 98 Rn. 4). In § 98 Abs. 1 S. 1 SGB XII lassen sich keine Anhaltspunkte finden, die ein solches zusätzliches Merkmal rechtfertigen könnten. Die Kenntnisnahme eines Hilfefalles i. S. v. § 18 Abs. 1 SGB XII ist lediglich ein eigenes sachliches Kriterium für das Entstehen des Sozialhilfeanspruchs, das die Bestimmung der örtlichen Zuständigkeit unberührt lässt.

**b) Gegenwärtiger Bedarf.** Aus dem Grundgedanken, dass der ortsnahe Hilfe- 12 träger am Effektivsten in der Lage ist, eine gegenwärtige, akute Notlage zu beseitigen, folgt, dass ein Hilfeträger für einen zukünftigen Bedarf nicht zuständig ist. Für die Umzugskosten ist deshalb der Hilfeträger des bisherigen Wohnortes zuständig, denn die Kosten fallen bei funktionaler Betrachtung noch am bisherigen Wohnort an (BVerwG 5.3.1998 – 5 C 12/97, NVwZ-RR 1998, 755; SächsLSG 26.10.2009 – L 3 B 768/08 SO ER, BeckRS 2009, 73744; so auch *Schlette,* Hauck/Noftz, § 98 Rn. 34; *Schoch,* LPK-SGB XII, § 98 Rn. 16; *Söhngen,* jurisPK-SGB XII, § 98 Rn. 25). Für die Auszugsrenovierung entsteht der Bedarf am Wegzugsort (LSG BW 23.11.2006 – L 7 SO 4415/05, NVwZ-RR 2007, 255; differenzierend nach dem Anfall dieser Kosten *Söhngen,* jurisPK-SGB XII, § 98 Rn. 25). Das gilt auch dann, wenn der Hilfeberechtigte umgezogen ist und Leistungen in voller Höhe oder als Teilleistung beansprucht. Dies folgt daraus, dass § 98 Abs. 1 S. 1 SGB XII die örtliche Zuständigkeit des einmal zuständigen Trägers der Sozialhilfe für Bedarfslagen fixiert, die im Verantwortungsbereich dieses Trägers der Sozialhilfe während der Dauer des tatsächlichen Aufenthalts des Leistungsberechtigten entstanden und ihm zur Kenntnis gelangt sind und von denen auch durch Erledigung des Hilfefalles hätten beseitigt werden können (BVerwG 5.3.1998 – 5 C 12/97, NVwZ-RR 1998, 755). Erst ab dem Umzug soll der für den neuen Aufenthaltsort zuständige Sozialhilfeträger zuständig sein. Für die Stellung der Mietkaution ist der Zuzugsort zuständig (so auch *Schlette,* Hauck/Noftz, § 98 Rn. 34; *Söhngen,* jurisPK-SGB XII, § 98 Rn. 25). Bei der Einzugsrenovierung ist die Bestimmung der örtlichen Zuständigkeit davon abhängig, ob diese Arbeiten vor einem Wechsel des Aufenthaltes fällig werden oder erst nach einem Einzug (*Hederich,* NDV 1991, 219; *Rabe,* Fichtner/Wenzel, § 98 Rn. 7). Das Fehlen einer solchen Zuständigkeit macht sich vor allem dann bemerkbar, wenn es um die Bestimmung der örtlichen Zuständigkeit für die Ausstellung einer Mietbescheinigung oder der Zustimmung zur Anmietung einer sozialhilferechtlich unangemessenen Unterkunft, die nicht am bisherigen Aufenthaltsort liegt, geht. Da mit der Ausstellung derartiger Bescheinigungen rechtliche Bindungen für die Anmietung der neuen Wohnung zwischen dem Hilfeempfänger und dem bisherigen Hilfeträger, nicht jedoch mit dem nach dem Umzug zuständigen Träger eingegangen werden, führt die strikte Anwendung des Aufenthaltsprinzips nicht zu sachgerechten Lösungen. Derartige Bescheinigungen des bisherigen Trägers nützen dem Hilfeempfänger wenig nach einem Ortswechsel. Sachlich ist eine Lösung geboten, die sich ausnahmsweise über den Wortlaut der Vorschrift hinwegsetzen muss. Zuständig ist in einem solchen Fall der Träger des Zuzugsortes (ebenso *Hederich,* NDV 1991, 219; *Söhngen,* jurisPK-SGB XII, § 98 Rn. 25). Andernfalls läuft der

Hilfeempfänger, der auf die Rechtmäßigkeit der Zusage des bisherigen Hilfeträgers vertraut hat, Gefahr, dass sich nach dem Umzug herausstellt, dass die Unterkunftskosten sozialhilferechtlich unangemessen hoch sind.

13    Aufgrund des Aufenthaltsprinzips ist nach einem Wohnungswechsel der Träger des Zuzugsortes für die **nachträglichen Heizungskosten** der Endabrechnung des früheren Vermieters zuständig, da es sich um einen neu entstandenen Bedarf handelt (*Schlette*, Hauck/Noftz, § 98 Rn. 37; dagegen *Hederich*, NDV 1991).

## 3. Beendigung der örtlichen Zuständigkeit

14    Mit dem Verlassen des örtlichen Zuständigkeitsbereiches des Hilfeträgers endet grundsätzlich seine örtliche Zuständigkeit. Es verbleibt allerdings bei der örtlichen Zuständigkeit des einmal zuständig gewordenen Sozialhilfeträgers für die Regelung zumindest derjenigen Bedarfslagen, die im Verantwortungsbereich dieses Sozialhilfeträgers während der Dauer des tatsächlichen Aufenthalts des Hilfesuchenden nicht nur entstanden und ihm zur Kenntnis gelangt sind, sondern von ihm auch durch Erledigung des Hilfefalles hätten beseitigt werden können. Der Hilfeträger, der sich mit dem Hilfefall befasst hat, kann sich seiner Pflicht zur effektiven Behebung der Notlage nicht dadurch entziehen, dass er den Hilfeempfänger in der Erwartung eines angekündigten Umzuges hinhält und ihn an den Träger des neuen Aufenthaltsortes verweist (BVerwG 24.1.1994 – 5 C 47/91, NVwZ 1995, 78).

## IV. Grundsicherung

15    Mit Wegfall des bisherigen Satzes 2 durch G v. 20.12.2012, BGBl. I S. 2783 ist mit Wirkung ab 1.1.2013 die Zuständigkeitsregelung für Leistungen der Grundsicherung im Alter und bei Erwerbsminderung als Folgeänderung zur Einfügung von § 46b SGB XII ersatzlos aufgehoben. Der darin zunächst geregelte umfassende Ausschluss der Anwendbarkeit von § 98 SGB XII auf Leistungen nach dem Vierten Kapitel ist durch eine Ergänzung von § 46b SGB XII rückwirkend zum 1.1.2013 (Zweites Gesetz zur Änderung des Zwölften Buches Sozialgesetzbuch vom 1.10.2013, BGBl. I 2013, S. 3733) korrigiert worden, die eine entsprechende Anwendbarkeit von § 98 Abs. 2 Sätze 1–3 und Abs. 5 SGB XII anordnet.

## V. Fortbestehende Zuständigkeit (Abs. 1 S. 2)

16    Hält sich der Leistungsberechtigte nicht mehr im Zuständigkeitsbereich des Hilfeträgers auf, ist der örtliche Träger für die Hilfegewährung nach § 98 Abs. 1 S. 1 SGB XII nicht mehr zuständig. Nach Satz 2 der Vorschrift (bis 31.12.2012: Satz 3; nach Wegfall des bisherigen Satz 2 durch G v. 20.12.2012, BGBl. I S. 2783, nunmehr Satz 2) bleibt die bereits begründete Zuständigkeit dann bestehen, wenn die Hilfe außerhalb des Bereiches des nach § 98 Abs. 1 S. 1 SGB XII zuständigen Hilfeträgers erbracht wird. Man kann deshalb von einer **konservierten oder prolongierten Zuständigkeit** sprechen (*Giese,* ZfF 1993, 160; *Steimer,* Mergler/Zink, § 98 Rn. 44). Die Vorschrift zielt auf **ambulante und teilstationäre Leistungen** ab (vgl. auch *Schoch,* LPK-SGB XII, § 98 Rn. 24), da für sie die Sonderregelung des § 98 Abs. 2 S. 1 SGB XII nicht gilt. Ein praxisrelevanter Anwendungsfall ist die Unterbringung in Frauenhäusern, die außerhalb des Zuständigkeitsbereiches des örtlichen Trägers liegen. Der der Regelung zugrundeliegende Gedanke kann dahingehend charakterisiert werden, dass eine Hilfe vom bisherigen Träger für notwendig gehalten wird, er aber seiner Pflicht, die Bedürftigkeit zu beseitigen, nicht in seinem Zuständigkeitsbereich nachkommen kann.

Der Tatbestand hängt von **zwei Voraussetzungen** ab: Der Träger muss nach 17
§ 98 Abs. 1 S. 1 SGB XII zuständig geworden sein und zum Ausdruck bringen, dass
er für den Hilfebedarf außerhalb seines Zuständigkeitsbereiches liegenden Aufenthaltsort, der nicht der Wohnort sein muss, sozialhilferechtlich aufkommen will. Die
fortbestehende Zuständigkeit hängt sowohl hinsichtlich des Anfangs (wenn die Hilfe
außerhalb seines Bereiches erbracht wird) und des Endes (bis zur Beendigung der
Leistung) von dem tatsächlichen Umstand der weiteren Hilfegewährung ab
(BVerwG 20.9.2001 – 5 C 6/01, NVwZ 2002, 606; *Schlette*, Hauck/Noftz, § 98
Rn. 40). Diese rein faktische Betrachtungsweise folgt aus der Gesetzesformulierung.
Die Zuständigkeit soll nur weiterbestehen, wenn die Hilfe außerhalb des Bereiches
des Hilfeträgers des Herkunftsortes erbracht wird. Dem Wortlaut der Vorschrift ist
zu entnehmen, dass die örtliche Zuständigkeit im Fall eines Umzugs nicht prolon-
giert wird.

In § 98 Abs. 1 S. 2 SGB XII ist **keine zeitliche Beschränkung** vorgesehen. Der 18
bisher zuständige Sozialhilfeträger kann seine Leistungspflicht dadurch beenden, dass
er die Hilfe außerhalb seines Bereiches nicht mehr sicherstellt.

# VI. Leistungen in einer stationären Einrichtung (Abs. 2)

Für die Leistung in einer **stationären Einrichtung** ist der Hilfeträger zuständig, 19
in dessen Bereich der Leistungsberechtigte im Zeitpunkt der Aufnahme oder in den
zwei Monaten davor seinen gewöhnlichen Aufenthalt gehabt hat (§ 98 Abs. 2 S. 1
SGB XII). Es handelt sich um einen Fall der von Abs. 1 abweichenden **Sonderzu-
ständigkeit.** Sinn dieser Regelung ist es, die Leistungsträger, die ein gutes und
breites Angebot zur Versorgung hilfebedürftiger Menschen vorhalten, vor ungerechtfertigten Kosten zu schützen (*Josef/Wenzel*, NDV 2007, 87). Es kommt nicht
darauf an, wie sich die Einrichtung bezeichnet (*Hohm*, Schellhorn/Hohm/Scheider,
§ 98 Rn. 33). Zum Einrichtungsbegriff, s. § 13 Abs. 2 SGB XII. Zur stationären
oder teilstationären Einrichtung, BSG 23.7.2015 – B 8 SO 7/14 R, NVwZ-RR
2016, 147.

## 1. Leistung

Der Träger des gewöhnlichen Aufenthaltsortes ist für die Hilfe in der (vollstationä- 20
ren)Einrichtung zuständig. Dem Wortlaut nach sind damit zunächst alle Hauptleis-
tungen gemeint, für die er in der Einrichtung ganz oder teilweise der Hilfe bedarf.
Dazu gehört auch der notwendige Lebensunterhalt nach § 27b SGB XII (vgl. *Schoch*,
LPK-SGB XII, § 98 Rn. 30). Im Wortlaut ist jedoch eine Anwendungsschwäche
der Vorschrift begründet. Denn danach würde für die **Zusammenhangkosten**
(Kosten eines Behindertenfahrdienstes, ambulante Krankenversorgung) die Vorschrift keine Zuständigkeit festlegen. Das BVerwG (BVerwG 19.10.2006 – 5 C 29/
05, NVwZ-RR 2007, 253; für das SGB XII ausdrücklich offengelassen: BVerwG,
16.12.2004 – 5 C 25/04, NVwZ-RR 2005, 417) hat für das BSHG die örtliche
Zuständigkeit für die Eingliederungshilfe, der der Hilfeberechtigte sowohl in einer
Wohneinrichtung als auch in einer Werkstatt für seelisch behinderte Menschen
bedarf, nach § 97 Abs. 2 S. 1 BSHG bestimmt. Es hat zutreffend darauf hingewiesen,
dass es bei den Zusammenhangkosten auf den Bedarf ankomme (*Schoch,* LPK-
SGB XII, § 98 Rn. 32; *Steimer,* Mergler/Zink, § 98 Rn. 56 f.). Dies ist weniger
systematisch als aus dem Sinn und Zweck der Vorschrift (Schutz der Einrichtungs-
orte) nachvollziehbar zu begründen (*Schlette*, Hauck/Noftz, § 98 Rn. 46; offengelassen:
BSG 13.2.2014 – B 8 SO 11/12 R, NVwZ-RR 2015, 39).

Wird der Aufenthalt in einer Einrichtung durch eigene Mittel finanziert, etwa 21
durch die Pflegeversicherung, wird die Zuständigkeit ebenfalls durch § 98 Abs. 2

S. 1 SGB XII gebunden. Wechselt der Hilfebedürftige die Leistungsart, z. B. von stationärer zu ambulanter Eingliederungshilfe, ist die örtliche Zuständigkeit neu zu bestimmen (vgl. BVerwG 27.6.2002 – 5 C 30/01, NVwZ-RR 2003, 123). Denn die örtliche Zuständigkeit für die Hilfe außerhalb einer stationären Einrichtung regelt sich ausschließlich nach § 98 Abs. 1 SGB XII. Zu den stationären Einrichtungen gehören: Altenpflegeheime, Kurheime, Heimstätten, Internatsschulen, Krankenhäuser, Wohnheime für geistig behinderte Menschen. Findet eine Betreuung in Außenstellen (dezentrale Unterkunft betreuter Personen) statt, muss diese Außenstelle mit der Stammeinrichtung, sofern sie Einrichtungscharakter hat, rechtlich und organisatorisch so verbunden sein, dass die Verwirklichung des Gesamtbetreuungskonzeptes durch das Fachpersonal der Stammeinrichtung sichergestellt wird (BSG, 23.7.2015 – B 8 SO 7/14 R, NVwZ 2016, 147; vgl. auch LSG Nds-Brem 22.2.2007 – L 8 AS 35/06, BeckRS 2007, 43950 zur Unterbringung in einer betreuten Wohngemeinschaft und BSG 26.10.2017 – B 8 SO 12/16 R, BeckRS 2017, 142929, zu individual-pädagogischen Betreuungsstellen). Sie muss als Teil des Einrichtungsganzen angesehen werden können (funktionale Gesamtkonzeption).

22      Zu den ungeklärten, gesetzlich nicht geregelten Fragen gehört die örtliche Zuständigkeit bei Pflegesatzvereinbarungen. Hierzu wird mit einer gewissen praktischen Berechtigung vertreten, dass die **Belegenheit der jeweiligen Einrichtung** über die örtliche Zuständigkeit entscheidet (so vor allem *Schlette,* Hauck/Noftz, § 98 Rn. 7). Trotz der Bedenken, dass damit für die Leistungsträger insgesamt verbindliche Vereinbarungen getroffen sind, sprechen praktische Gesichtspunkte für diese Lösung, weil ansonsten jeder Träger mit der Einrichtung eine Pflegesatzvereinbarung schließen müsste.

## 2. Gewöhnlicher Aufenthaltsort

23      Im SGB XII selbst ist der Begriff nicht bestimmt. Es ist deshalb auf die allgemeinen Vorschriften zurückzugreifen. § 30 Abs. 3 S. 2 SGB I definiert den gewöhnlichen Aufenthaltsort. Eine Person hat dort ihren gewöhnlichen Aufenthaltsort, wo sie sich unter Umständen aufhält, die erkennen lassen, dass sie an diesem Ort nicht nur vorübergehend verweilt. Konnte noch kein gewöhnlicher Aufenthalt i. S. dieser Definition begründet werden, ist § 98 Abs. 2 S. 1 SGB XII nicht anwendbar. Wird mit der Aufnahme in eine Einrichtung ein gewöhnlicher Aufenthaltsort erstmals begründet, ist die Vorschrift nicht anwendbar.

24      Der Begriff des gewöhnlichen Aufenthaltsortes enthält ein **subjektives** und ein **objektives** Element. Subjektiv ist der tatsächliche Wille entscheidend, sich an einem Ort auf Dauer im Gegensatz zu vorübergehend niederzulassen. Mit Ort ist die politische Gemeinde, nicht eine Wohnung gemeint (*Söhngen,* jurisPK-SGB XII, § 98 Rn. 35). Die objektive Seite ist dadurch gekennzeichnet, diesen Willen auf Dauer zu verwirklichen **(Verfestigung der Lebensverhältnisse),** wobei der Bewertung des zukunftsoffenen Aufenthaltes eine Prognose zugrunde zu legen ist. Bei der prognostischen Bewertung spielt die **Aufenthaltsdauer** als objektives Moment eine wichtige Rolle (BVerwG 18.2.2000 – 5 C 27/99, NVwZ 2001, 327; *Söhngen,* jurisPK-SGB XII, § 98 Rn. 34 f.; kritisch gegenüber der Rspr. *Schwabe,* ZfF 2000, 218 f.; *Schoch,* LPK-SGB XII, § 98 Rn. 8). Ein zeitlich unbedeutender Aufenthalt von Stunden oder Tagen reicht z. B. für die Begründung eines gewöhnlichen Aufenthaltes nicht aus. Einen festen Zeitraum gibt es andererseits nicht, von dem an sicher gesagt werden kann, dass ein gewöhnlicher Aufenthaltsort begründet worden ist. Auch bei einer kurzen Aufenthaltsdauer kann bereits auf einen gewöhnlichen Aufenthalt geschlossen werden, wenn er von vornherein auf einen bestimmten oder bestimmbaren Zeitraum festgelegt war. Unerheblich ist, ob eine Person den Aufenthaltsort freiwillig wählt (Aufsuchen eines Frauenhauses) oder durch andere bestimmt wird. Kann eine Frau nicht mehr zurück in die gemeinsame Wohnung, spricht ein

starkes Indiz dafür, dass dort, wo sich das Frauenhaus befindet, der gewöhnliche Aufenthalt begründet werden soll. Das Vorhandensein einer Wohnung ist nicht zwingend, aber ein starkes Indiz für ein dauerhaft geplantes Verweilen. Auch ein Obdachloser kann einen dauerhaften Aufenthalt begründen (*Schiefer,* Oestreicher, § 106 Rn. 18). Es ist letztlich eine Tatfrage, ob sich seine Lebensverhältnisse an einem bestimmten Ort verfestigt haben. Nichtsesshafte indes halten sich in der Regel nicht dauernd an einem Ort auf. Ändern sich im Laufe der Verweildauer die Umstände und muss der Betreffende den bisherigen Aufenthaltsort verlassen, kommt es entscheidend darauf an, ob der Verbleib auf Dauer beabsichtigt war. Zum gewöhnlichen Aufenthalt bei längeren Auslandsaufenthalten vgl. LSG NRW 5.9.2016 – L 20 SO 194/14, BeckRS 2016, 73659 (Revision anhängig: B 8 SO 29/16).

Für eine zukunftsoffene Verweildauer sprechen auch die Umstände, unter denen **25** **Aussiedler** in Übergangsheimen untergebracht werden. In beiden Fällen wird von diesen Personen ein gewöhnlicher Aufenthalt in den Übergangsheimen begründet, weil sie dort für unbestimmte Zeit den Mittelpunkt ihrer Lebensbeziehungen begründen, ungeachtet einer späteren, zunächst aber zeitlich noch unbestimmten Verteilung auf andere Orte (BVerwG 24.1.2000 – 5 B 211/99, BeckRS 2000, 15320). Die Gegenauffassung (*Zeitler,* NDV 1998, 137) verkennt, dass die Umstände eines Übergangsheimes, wie z. B. beengte Wohnverhältnisse oder die noch anstehende Weiterverteilung, nicht auszuschließen vermögen, dass dieser Personenkreis seinen Lebensmittelpunkt am Ort des Übergangsheimes wählt, auch wenn der Begriff des Übergangsheimes etwas anderes nahelegt. Der Hintergrund dieses Streites ist in der nicht immer als gerecht aufgefassten Lastenverteilung beim Zuzug von Aussiedlern zu sehen.

Ob die Bestimmung der örtlichen Zuständigkeit auch davon abhängt, dass eine **25a** Einrichtungsbetreuungsbedürftigkeit besteht (so *Hohm,* Schellhorn/Hohm/Scheider, § 98 Rn. 29; anders *Schoch,* LPK-SGB XII, § 98 Rn. 29), ist fraglich. Der Wortlaut der Vorschrift gibt für eine derartige Interpretation keinen Anlass.

## 3. Zeitpunkt

Bestimmend für die örtliche Zuständigkeit ist der Zeitpunkt der Aufnahme in **26** die Einrichtung. Der gewöhnliche Aufenthalt muss zu diesem Zeitpunkt bestehen oder in den zwei Monaten vor der Aufnahme bestanden haben. Die Frist wird gemäß § 26 Abs. 1 SGB I i. V. m. §§ 187 Abs. 1, 188 Abs. 2 BGB berechnet.

## 4. Wechsel der Einrichtung (Abs. 2 S. 2)

Nach dieser Regelung bleibt der gewöhnliche Aufenthalt bei Eintritt in die erste **27** Einrichtung maßgebend, der sich nach Abs. 2 Satz 1 gerichtet hat, wenn ein Wechsel der Einrichtung – ein Übertritt – stattgefunden hat. Von einem Übertritt von einer Einrichtung in eine andere kann nur die Rede sein, wenn sich der Wechsel unmittelbar, also ohne Zeitverzögerung, vollzieht (sog. **Einrichtungskette**). Eine Zeitverzögerung durch den Transport von ein bis zwei Tagen, insbesondere durch Feiertage, kann toleriert werden, weil er noch zielstrebig durchgeführt wird. Liegen die Merkmale des Übertritts nicht vor, richtet sich die örtliche Zuständigkeit nach § 98 Abs. 2 S. 1 SGB XII. Nach der Rechtsprechung des BSG (28.6.2013 – B 8 SO 14/12 R, NVwZ-RR 2014, 421) ist es nicht erforderlich, dass tatsächlich auch Sozialhilfeleistungen gewährt worden sind. Ausreichend ist, dass mögliche Hilfen in besonderen Lebenslagen als Einrichtungsleistungen von den Leistungsträgern des Sozialhilferechts hätten erbracht werden müssen, wenn die Förderung nicht durch einen anderen erfolgt wäre.

## 5. Vorläufige Eintrittspflicht (Abs. 2 S. 3)

28      Die vorläufige Eintrittspflicht des § 98 Abs. 2 S. 3 SGB XII bezieht sich auf den Fall, dass nicht spätestens innerhalb von vier Wochen feststeht, ob und wo der gewöhnliche Aufenthaltsort begründet ist. Die andere Alternative der Vorschrift ist der Eilfall, der zum unverzüglichen Handeln Anlass gibt. Bei Zuständigkeitszweifeln gibt die Vorschrift dem Hilfeträger die Möglichkeit, bis zu vier Wochen lang die Aufenthaltsverhältnisse des Hilfeempfängers aufzuklären. Für den Träger, der die Aufnahme in eine Einrichtung vorgenommen hat, bedeutet diese Regelung, dass er faktisch den Aufenthalt des Hilfeempfängers vorfinanzieren muss. Nach Abschluss der Ermittlungen wird der Hilfeträger örtlich zuständig, in dessen Bereich der Hilfeempfänger seinen gewöhnlichen Aufenthalt hat oder in den letzten beiden Monaten zuletzt gehabt hat. Ist ein gewöhnlicher Aufenthalt nicht zu ermitteln oder nicht vorhanden, geht die vorläufige Zuständigkeit in eine endgültige über (s. auch SchlHLSG 11.5.2016 – L 9 SO 78/12, BeckRS 2016, 70004). Die Rechtsfolge trifft nur auf einen ungeklärten Aufenthalt zu, nicht jedoch auf den Fall, dass von vornherein feststeht, dass in der Bundesrepublik Deutschland kein gewöhnlicher Aufenthalt besteht oder bisher nicht begründet werden konnte.

29      Ein **Eilfall** liegt vor, wenn der nach Abs. 2 S. 1 eigentlich zuständige Träger die Hilfe nicht leistet oder nicht leisten kann und die Umstände des Einzelfalles zwingend ein sofortiges Eingreifen erfordern. Um die Effizienz der Notfallhilfe zu gewährleisten, soll jegliche Verzögerung bei der Gewährung von Hilfe durch das Tätigwerden des ortsnahen Trägers (Ab. 1 S. 1) ausgeschlossen werden. Die Zuständigkeit entsteht vor Ort, sie wird nicht perpetuiert (BVerwG 14.6.2002 – 5 C 21/00, NVwZ 2002, 483). Wird ein Hilfebedürftiger in einem Eilfall vor dem eigentlichen Einsetzen der Hilfe notwendigerweise über Zuständigkeitsgrenzen (Hubschraubereinsatz nach einem Verkehrsunfall) transportiert, aktualisiert sich die Eilzuständigkeit immer wieder neu. Bei einer stationären Krankenhilfe bleibt deshalb nicht der Hilfeträger weiterhin zuständig, in dessen Bereich der Hilfefall zuerst auftrat. § 98 Abs. 1 S. 2 BSHG ist nicht anwendbar, weil die Perpetuierung der Zuständigkeit die sozialhilferechtliche Gewährung voraussetzt.

## 6. Sonderfall des Abs. 2 S. 4

30      In dieser speziellen Regelung geht es ausschließlich um eine einem Kind zu gewährende Hilfe. An die Stelle seines gewöhnlichen Aufenthaltsortes tritt der der Mutter, wenn das Kind in einer Einrichtung geboren wird. Die Mutter muss zuvor der Hilfe in einer Einrichtung bedurft haben. Bei der Geburt in einer Haftanstalt gilt die Vorschrift auch, weil die Verweisung des § 98 Abs. 4 SGB XII sich auf § 98 Abs. 2 SGB XII bezieht.

# VII. Bestattungskosten (Abs. 3)

31      § 98 Abs. 3 SGB XII ergänzt § 74 SGB XII. Während § 74 SGB XII inhaltlich den Verpflichteten von den Kosten der Bestattung entlastet, bestimmt § 98 Abs. 3 SGB XII die örtliche Zuständigkeit des Hilfeträgers, der diese Kosten zu bewilligen hat. In der **ersten Alternative** ist die Zuständigkeit an den bisherigen Ort der **tatsächlichen Hilfegewährung** gebunden. Der **Sterbeort** und der **Bestattungsort** sind unerheblich. Es kommt auf den Verstorbenen an, nicht auf die Person des Bestattungspflichtigen (BSG 29.9.2009 – B 8 SO 23/08 R, NVwZ-RR 2010, 527). Der Verstorbene muss zu Lebzeiten Hilfe erhalten haben. Der Formulierung, dass bis zum Tode Hilfe geleistet worden ist, ist zu entnehmen, dass es auf laufende Hilfeleistungen und nicht auf die Gewährung einmaliger Hilfen ankommt. Eine Mindestzeit für die Hilfegewährung wird nicht gefordert. Die **zweite Alternative**

kommt zur Anwendung, wenn eine Zuständigkeit durch den Ort der bisherigen Hilfegewährung nicht begründet worden ist. Dann ist der **Sterbeort** bestimmend. Maßgeblich ist der in Deutschland liegende Sterbeort. Der Ort der Bestattung ist bei dieser Alternative nicht zuständigkeitsbestimmend. Dass es auf die Person des Verstorbenen und nicht auf den Familienverband ankommt, wird nicht nur daran deutlich, dass das Sozialhilferecht grundsätzlich nicht auf Bedarfsgemeinschaften, sondern auf den einzelnen Anspruchsteller abstellt. Speziell für die Bestimmung der örtlichen Zuständigkeit kommt in den beiden ersten Absätzen des § 98 SGB XII zum Ausdruck, dass der einzelne Hilfeempfänger gemeint ist. Bezug der Ehefrau eines Verstorbenen, dieser jedoch keine Hilfe zum Lebensunterhalt, bestimmt sich die Zuständigkeit ausschließlich nach dem Sterbeort. Eine **Zuständigkeitslücke** ergibt sich, wenn der Sterbeort im Ausland liegt und der Verstorbene zu Lebzeiten keine Sozialhilfe bezogen hat. In diesem Fall soll es auf den tatsächlichen Aufenthaltsort des Leistungsberechtigten (nach § 74 SGB XII leistungsberechtigten Bestattungspflichtigen) ankommen (*Schoch*, LPK-SGB XII, § 98 Rn. 51; *Söhngen*, jurisPK-SGB XII § 98 Rn. 46).

## VIII. Zuständigkeit bei Freiheitsentziehung (Abs. 4)

Da der Gesetzgeber vom Prinzip des tatsächlichen Aufenthalts bei einer Unter-  **32** bringung in einer Einrichtung abgewichen ist und die Freiheitsentziehung durch richterlich verfügte Anordnung nicht unter den Einrichtungsbegriff fällt, musste für diesen Fall eine gesonderte Vorschrift geschaffen werden, um den Leistungsträger am Ort der Vollzugseinrichtung vor unverhältnismäßigen Kosten zu schützen. Zudem enthält die Vorschrift inhaltlich eine Kostenerstattungsregelung für Hilfen, die an Personen gewährt werden, die sich in einer Einrichtung zum Vollzug richterlich angeordneter Freiheitsentziehung aufhalten.

**Richterlich angeordnete Freiheitsentziehung** ist in einem umfassenden Sinn  **33** zu verstehen. In erster Linie fallen darunter der Vollzug von Strafhaft und die Untersuchungshaft, aber auch die Maßregeln der Besserung und Sicherung oder die Unterbringung psychisch Kranker. Entsprechend ist die Vorschrift anzuwenden, wenn ein zu einer Strafhaft Verurteilter mit Zustimmung des Gerichts anstelle der Strafhaft sich zur Durchführung einer Suchttherapie in einer Einrichtung der Drogenhilfe aufhält (§§ 35, 36 BtMG; *Schlette*, Hauck/Noftz, § 98 Rn. 90; *Rabe*, Fichtner/Wenzel, § 98 Rn. 30; *Schoch*, LPK-SGB XII, § 98 Rn. 56). Durch die Neuregelung des § 7 Abs. 4 S. 2 SGB II ist nunmehr durch den Gesetzgeber klargestellt, dass Personen in richterlich angeordneter Freiheitsentziehung keinen Anspruch nach dem SGB II haben (so bereits nach altem Recht SchlHLSG, ZfSH/SGB 2006, 157; anders noch LSG NRW, FEVS 57, 353).

Der Betroffene muss sich in der Vollzugseinrichtung **aufhalten** oder **aufgehalten**  **34** **haben.** Eine kurzfristige Unterbrechung durch einen Hafturlaub ändert an einer richterlich angeordneten Freiheitsentziehung nichts. Unterbrochen wird der Vollzugsaufenthalt, wenn sich der Betroffene während eines Hafturlaubs wegen einer aufgetretenen Erkrankung in ein Krankenhaus begibt, das nicht zur Haftanstalt gehört. Dann ist der **funktionale Zusammenhang** zur Vollzugsunterbringung nicht mehr gewahrt (BVerwG 6.4.1995 – 5 C 12/93, NJW 1995, 3266). Die Vorschrift bezieht sich auf alle **Leistungen,** die **während** des Aufenthaltes in der Vollzugseinrichtung erforderlich werden. Das sind bei Strafgefangenen Übernahme von Miet- oder Nebenkosten, Einlagerungskosten für Einrichtungsgegenstände, sofern die Inhaftierung nicht längerfristig ist (so auch *Rabe*, Fichtner/Wenzel, § 98 Rn. 33), freiwillige Krankenversicherungen, bei Untersuchungsgefangenen, die anders als die Strafgefangenen in der Regel nicht arbeiten und deshalb keine Einkünfte zur freien Verfügung haben, ein angemessener Barbetrag (Taschengeld) (BVerwG 12.10.1993 –

5 C 38/92, BeckRS 1993, 31297651; vgl. auch BSG 14.12.2017 – B 8 SO 16/16 R).

35    Der **Verweis** auf Abs. 1 und 2 war bereits in der Vorgängerregelung des § 97 Abs. 5 BSHG missverständlich. Die unklare Gesetzesfassung ist in das SGB XII übernommen worden und bereitet ähnliche Schwierigkeiten. Da die Vollzugseinrichtungen den stationären Einrichtungen gleichgestellt werden, ergibt sich die örtliche Zuständigkeit aus § 98 Abs. 2 SGB XII (s. auch *Schlette*, Hauck/Noftz, § 98 Rn. 91). Bestimmend ist der gewöhnliche Aufenthaltsort bei Aufnahme in die Anstalt oder zwei Monate vor der Aufnahme. Durch den Verweis auf Abs. 2 als Sondervorschrift ist Abs. 1 bereits verdrängt, sodass die missverständliche Formulierung mit dem Verweis auf Abs. 1 in Abs. 4 nicht notwendig war.

## IX. Zuständigkeit bei ambulanten Wohnformen (Abs. 5)

36    Der Abs. 5 stellt die Zuständigkeit desjenigen Trägers der Sozialhilfe sicher, der **vor dem Eintritt** der Person in Formen betreuter ambulanter Wohnmöglichkeiten zuständig war. Der Begriff des betreuten Wohnens orientiert sich an § 55 Abs. 2 Nr. 6 SGB IX. Dies ergibt sich so aus der Gesetzesbegründung (BT-Drs. 15/1514, S. 67). Der betreute Mensch soll so weit wie möglich befähigt werden, alle wichtigen Alltagsverrichtungen in seinem Wohnbereich selbstständig vornehmen zu können, sich im Wohnumfeld zu orientieren oder zumindest dies alles mit sporadischer Unterstützung Dritter erreichen können (*Söhngen*, jurisPK-SGB XII, § 98 Rn. 52). Die schwierige nähere Bestimmung des Begriffs hängt damit zusammen, dass Formen des betreuten Wohnens so vielfältig sein können. Sie reichen vom Orientierungstraining über die Begleitung in die nähere Umgebung bis zu einzelnen, durch fachlich geschulte Personen vorgenommene Betreuungsleistungen (vgl. *Lachwitz*, Lachwitz/Schellhorn/Welti, HK-SGB IX, § 55 Rn. 63 f.; *Schlette*, Hauck/Noftz, § 98 Rn. 97; OVG Hamburg, FEVS 56, 174) bis zum Wohnen in der eigenen Wohnung, in Wohngruppen, als Einzelperson bzw. Paar oder in Wohngemeinschaften (vgl. dazu auch *Steimel*, Mergler/Zink, § 98 Rn. 85). Da betreutes Wohnen sowohl ambulant als auch stationär durchgeführt wird, ist im Einzelfall abzugrenzen. Nur die **ambulante** Form des betreuten Wohnens ist hier erfasst (ebenso BSG 25.8.2011 – B 8 SO 7/10 R, NJOZ 2012, 822). Kennzeichnend für ein Wohnen ist, dass sich der Betreffende die Wohnung nach eigenen Vorstellungen einrichtet und nutzt. Für ein ambulant betreutes Wohnen reicht nicht aus, dass ein Betreuer lediglich eine Wohnung zur Verfügung stellt (vgl. OVG Bremen, FEVS 58, 423) oder eine Wohnung angemietet wird und einzelne ambulante Leistungen in Anspruch genommen werden. Es kommt für diese Vorschrift nicht auf eine konzeptionelle oder institutionelle Verknüpfung von Wohnen und ambulanter Betreuung an (BSG. 25.4.2013 – B 8 SO 16/11 R, BeckRS 2013, 71314; *Rabe*, Fichtner/Wenzel, § 98 Rn. 36; vgl. auch *Söhngen*, jurisPK-SGB XII, § 98 Rn. 60). Denn sonst würde der Anwendungsbereich der Vorschrift erheblich eingeschränkt und es käme ein betreutes Wohnen nur bei der Organisation durch einen Freien Träger in Betracht. Auf jeden Fall jedoch muss die Betreuungsleistung durch ein fachlich geschultes Personal erbracht werden, was auch bedeuten kann, dass familienentlastende und familienunterstützende Tätigkeiten für eine Betreuung innerhalb eines Familienverbandes geleistet werden können (*Lachwitz*, Lachwitz/Schellhorn/Welti, HK- SGB IX, § 55 Rn. 70).

37    Die jetzige sprachliche Fassung stellt inhaltlich nichts Neues dar. Sie stellt klar, dass die Einfügung „nach diesem Buch" sich auf alle Leistungen des SGB XII bezieht (ebenso BSG, 25.8.2011 – B 8 SO 7/10 R, NJOZ 2012, 822). Mit dem Bezug auf das Sechste und Achte Kapitel ist umschrieben, auf welche Personen sich die Zuständigkeitsregelung des Abs. 5 erstreckt; damit macht das Gesetz deut-

lich, dass sämtliche Leistungen der ambulanten Betreuung nach dem Sechsten bis Achten Kapitel – aber auch nur solche, also nicht etwa Leistungen der Altenhilfe – mit der Zielrichtung der Förderung der Selbstständigkeit und Selbstbestimmung bei Erledigung der alltäglichen Angelegenheiten im eigenen Wohn- und Lebensbereich gleichgestellt sind (BSG, 30.6.2016 – B 8 SO 6/15 R, BeckRS 2016, 74209).

Aus der Formulierung „gewesen wäre" kann geschlossen werden, dass es nicht **38** auf tatsächlich erbrachte Leistungen für die Bestimmung der Zuständigkeit ankommt (so auch *Söhngen*, jurisPK-SGB XII, § 98 Rn. 56). Dieses Verständnis der Vorschrift hat zur Folge, dass die Zuständigkeitsregelungen der Abs. 1–4 unter Zugrundelegung eines hypothetischen Leistungsbezuges anzuwenden sind (vgl. LSG BW 9.6.2016 – L 7 SO 3237/12, BeckRS 2016, 69946; *Josef/Wenzel*, NDV 2007, 88).

Nach dem Wortlaut regelt die Vorschrift nicht den Wechsel von einer betreuten **39** Wohnform in eine stationäre Einrichtung (s. auch *Söhngen*, jurisPK-SGB XII, § 98 Rn. 59). Beim Wechsel von einer betreuten Wohnform in eine andere wird, wenn ein zeitlicher Zusammenhang besteht, es mit dem Wortlaut der Vorschrift als noch vereinbar angesehen, es entsprechend der Grundsätze des § 98 Abs. 2 S. 2 SGB XII bei der Zuständigkeit vor der Erstaufnahme zu belassen (ausdrücklich: BSG, 25.08.2011 – B 8 SO 7/10 R, NJOZ 2012, 822; so auch *Söhngen*, jurisPK-SGB XII, § 98 Rn. 60; *Schlette*, Hauck/Noftz, § 98 Rn. 96b). Dagegen spricht allerdings, dass Absatz 5 keine dem Absatz 2 S. 2 vergleichbare Formulierung oder einen entsprechenden Verweis enthält.

## X. Verhältnis zu anderen Normen

§ 2 SGB X, der als allgemeine Vorschrift die örtliche Zuständigkeit betrifft, findet **40** im Sozialhilferecht Anwendung, soweit gemäß § 37 SGB I Spezialvorschriften nichts Abweichendes regeln. Im Ordnungsgefüge von SGB XII und SGB X ist § 98 SGB XII für das Leistungsrecht der Sozialhilfe grundsätzlich eine **abschließende Vorschrift.** Die in § 2 Abs. 1 S. 1 SGB X enthaltene Regelung der mehrfachen örtlichen Zuständigkeit trifft auf das Sozialhilferecht nicht zu. Die Zuständigkeitsverhältnisse sind durch die Anknüpfung an den tatsächlichen Aufenthalt klar abgegrenzt. Ein Rückgriff auf die Kollisionsregelung des § 2 Abs. 1 SGB X ist nicht erforderlich. § 2 Abs. 2 SGB X scheidet aus, weil die bisher zuständige Behörde über den Hilfefall entscheidet, auch wenn während des laufenden Verwaltungsverfahrens Umstände eintreten, die die Zuständigkeit verändern. § 98 SGB XII lässt ausnahmsweise die Anwendung des § 2 Abs. 3 SGB X zu (ebenso *Schoch,* LPK-SGB XII, § 98 Rn. 66). Bei Zuständigkeitswechseln durch Gesetzesänderungen kann § 2 Abs. 3 SGB X eingreifen, weil ein solcher Sachverhalt von § 98 SGB XII nicht erfasst wird. Von den allgemeinen Vorschriften bleibt ferner § 43 SGB I neben § 98 SGB XII anwendbar (vgl. *Schwabe*, ZfF 1994, 270). § 43 SGB I setzt u. a. voraus, dass bei einem bestehenden Anspruch auf Leistungen zwischen mehreren Sozialhilfeträgern streitig ist, wer zur Leistung verpflichtet ist. Ausgenommen vom Anwendungsbereich der allgemeinen Vorschrift ist der besondere Fall des § 98 Abs. 2 S. 3 SGB XII, der einen Zuständigkeitsstreit im Fall einer Eilzuständigkeit regelt (BayLSG 9.1.2007 – L 11 B 960/ 06 SO ER, BeckRS 2009, 55788). Außer in § 98 SGB XII findet sich in § 24 Abs. 5 SGB XII noch eine weitere Zuständigkeitsnorm. Es handelt sich um eine spezielle Regelung für Deutsche, die ihren gewöhnlichen Aufenthalt im Ausland haben. Eine versteckte Zuständigkeitsregelung enthält § 107 SGB XII, die systematisch den Erstattungsregelungen zugeordnet ist. § 14 SGB IX geht im Fall der Rehabilitationsleistungen, die auch von den Trägern der Sozialhilfe erbracht werden, dem § 98 SGB XII bei einem Streit verschiedener Träger über die sachliche und örtliche Zuständigkeit vor (*Schlette*, Hauck/Noftz, § 98 Rn. 18a; BSG 29.9.2009 – B 8 SO

19/08 R, NJOZ 2010, 1074; BayLSG 24.4.2006 − L 11 B 637/05 SO ER, BeckRS 2009, 55239; LSG BW 7.11.2006 − L 11 KR 2438/06, BeckRS 2007, 41517). Andernfalls würde der Zweck des § 14 SGB IX, dass sich Streitigkeiten der Rehabilitationsträger nicht mehr zu Lasten behinderter Menschen auswirken dürfen, konterkariert.

## XI. Verfahrensfragen

**41**    In ungeklärten Zuständigkeiten sind andere **mögliche Leistungsverpflichtete** beizuladen (§ 75 Abs. 2 S. 1 SGG). Nach dieser Vorschrift sind Dritte beizuladen, wenn sich im Verfahren ergibt, dass bei der Ablehnung des Anspruchs ein anderer Träger der Sozialhilfe als Leistungsträger in Betracht kommt. Hierzu reicht die ernsthafte Möglichkeit einer Leistungsverpflichtung aus (BSG 25.4.2013 − B 8 SO 16/ 11 R, BeckRS 2013, 71314).

## § 99 Vorbehalt abweichender Durchführung

(1) **Die Länder können bestimmen, dass und inwieweit die Kreise ihnen zugehörige Gemeinden oder Gemeindeverbände zur Durchführung von Aufgaben nach diesem Buch heranziehen und ihnen dabei Weisungen erteilen können; in diesen Fällen erlassen die Kreise den Widerspruchsbescheid nach dem Sozialgerichtsgesetz.**

(2) **Die Länder können bestimmen, dass und inwieweit die überörtlichen Träger der Sozialhilfe örtliche Träger der Sozialhilfe sowie diesen zugehörige Gemeinden und Gemeindeverbände zur Durchführung von Aufgaben nach diesem Buch heranziehen und ihnen dabei Weisungen erteilen können; in diesen Fällen erlassen die überörtlichen Träger den Widerspruchsbescheid nach dem Sozialgerichtsgesetz, soweit nicht nach Landesrecht etwas anderes bestimmt wird.**

## I. Inhalt der Norm

**1**    Die Vorschrift überträgt inhaltsgleich die bisherige Regelung des § 96 Abs. 1 S. 2 BSHG und in Abs. 2 den bisherigen § 96 Abs. 2 S. 2 BSHG. Vergleichbare Regelungen gibt es im SGB II nicht.

## II. Heranziehung von Aufgaben (Abs. 1)

**2**    § 99 SGB XII wiederholt wie schon § 96 Abs. 1 S. 2 BSHG deklaratorisch, was durch Art. 84 Abs. 1 GG verfassungsrechtlich vorgegeben ist. Die Länder haben weiterhin die **organisatorische Befugnis,** näher darüber zu bestimmen, ob und inwieweit die Kreise die zugehörigen Gemeinden zur Durchführung von Aufgaben nach diesem Buch heranziehen. Die Kreise können nicht unmittelbar die kreisangehörigen Gemeinden heranziehen. Dazu bedarf es landesrechtlicher Regelungen, die sich in den Ausführungsgesetzen zum SGB XII finden.

**3**    Die **Heranziehung** der Gemeinden ist in den einzelnen Bundesländern unterschiedlich geregelt. Überwiegend erfolgt sie in Form einer **Satzung,** teilweise in der Form eines **öffentlich-rechtlichen Vertrages,** teilweise ist die Übertragungsform **offengelassen.** Sofern die Übertragung in Satzungsform erfolgt war, konnte die herangezogene Gemeinde nach bisherigem Recht gemäß § 47 VwGO, falls das Landesrecht dies vorsieht, die Satzung in einem Normenkontrollverfahren überprüfen lassen. Die Möglichkeit des LSG, Satzungen zu überprüfen, besteht nur für die nach dem SGB II erlassenen Satzungen (§ 55a SGG).

Die Heranziehung ist ihrer Natur nach keine **Amtshilfe** (ebenso *Rabe,* Fichtner/ **4** Wenzel, § 99 Rn. 10). Amtshilfe ist die Unterstützungshandlung zu einem fremden Verfahren (*Stelkens/Bonk/Sachs,* VwVfG, § 4 Rn. 27). Weil die Aufgabenkompetenz beim Landkreis bleibt, ist die Heranziehung einer Gemeinde auch kein **Delegationsverhältnis.** Bestimmend hierfür ist, dass die Zuständigkeit übertragen wird (OVG NRW, OVGE 40, 77; *Schlette,* Hauck/Noftz, § 99 Rn. 2; *Rabe,* Fichtner/ Wenzel, § 99 Rn. 2).

Unterschiedlich wird beurteilt, ob die Heranziehung ein **Mandatsverhältnis,** **5** ein **Auftragsverhältnis** besonderer Art (so *Fichtner/Bräutigam,* BSHG, § 96 Rn. 4; *Schoch,* LPK-SGB XII, § 99 Rn. 23; BSG 19.5.2009 – B 8 SO 7/08 R) oder eine Form der **interkommunalen Fremdverwaltung** (*Schmidt-Jortzig/ Wolffgang,* VerwArch 1984, 123) ist. Ein Mandatsverhältnis liegt nur dann vor, wenn die Heranziehung der Gemeinde ein Handeln im Namen des Kreises aufgibt. Ansonsten kann es als besonderes Auftragsverhältnis oder als eine spezielle Form der interkommunalen Fremdverwaltung angesehen werden. Im Fall einer Heranziehung ergänzt § 99 Abs. 1 S. 2 Hs. 2 SGB XII, dass **Widerspruchsbehörde** der Kreis ist. Die Gemeinden, die zur Durchführung von Aufgaben des örtlichen Trägers herangezogen werden, können nicht verlangen, dass ihnen die entstandenen Verwaltungskosten erstattet werden, sofern nicht das AG-SGB XII des jeweiligen Landes derartiges vorsieht (zum bisherigen Recht OVG Frankfurt/ Oder, FEVS 48, 250; OVG Lüneburg, OVGE 43, 411). Zum Aufwendungsersatz und der Einführung eines quotalen Systems in Niedersachsen s. *Schoepffer,* NdsVBl. 2001, 88 f.

Der **weite Begriff der Heranziehung** meint jede Form der Beteiligung (OVG **6** Münster, OVGE 40, 76). Sie reicht von der Entgegennahme von Anträgen und, soweit sich im AG-SGB XII entsprechende Vorschriften finden, bis zur vorläufigen Hilfegewährung.

## III. Heranziehung durch den überörtlicher Träger (Abs. 2)

### 1. Bestimmung durch die Länder

Die Bestimmung des überörtlichen Trägers obliegt den Ländern (§ 99 Abs. 2 S. 1 **7** SGB XII). Die Länder Baden-Württemberg, Hessen, Sachsen, Bayern und Nordrhein-Westfalen haben bisher höhere Kommunalverbände (Landeswohlfahrtverband, Bezirk, Landschaftsverband) mit dieser Aufgabe betraut, die übrigen Länder haben sich bisher selbst zu überörtlichen Trägern bestellt.

### 2. Heranziehung des örtlichen Trägers

§ 99 Abs. 2 SGB XII ermöglicht es, in den AG-SGB XII der Länder Regelungen **8** zu treffen, aufgrund deren die örtlichen Träger der Sozialhilfe sowie die dazu gehörigen Gemeinden herangezogen werden können. Zur Rechtsnatur der Heranziehung s. Rn. 5 f.

### 3. Widerspruchsbescheid

Die überörtlichen Träger erlassen den Widerspruchsbescheid, sofern die die Lan- **9** desgesetze nicht etwas anderes vorschreiben.

## Zweiter Abschnitt. Sonderbestimmungen

**§ 100** *(aufgehoben)*

1    Die Vorschrift ist durch Art. 1 Nr. 19 des Gesetzes vom 2.12.2006 (BGBl. I S. 2670) mit Wirkung vom 1.4.2007 aufgehoben worden, weil die Deutsch-Schweizerische Fürsorgevereinbarung in Absprache mit der Schweiz zum 31.3.2006 außer Kraft getreten ist.

**§ 101 Behördenbestimmung und Stadtstaaten-Klausel**

**(1) Welche Stellen zuständige Behörden sind, bestimmt die Landesregierung, soweit eine landesrechtliche Regelung nicht besteht.**

**(2) Die Senate der Länder Berlin, Bremen und Hamburg werden ermächtigt, die Vorschriften dieses Buches über die Zuständigkeit von Behörden dem besonderen Verwaltungsaufbau ihrer Länder anzupassen.**

1    Abs. 1 berechtigt die Landesregierungen, die Stellen zu zuständigen Behörden zu bestimmen, soweit eine landesrechtliche Regelung nicht besteht. Die Norm hat Auffangcharakter.

2    Abs. 2 ermächtigt die Stadtstaaten, bei denen ein anderer Behördenaufbau als bei den Flächenstaaten besteht, Zuständigkeiten abweichend von den sonstigen Regelungen festzusetzen.

# Dreizehntes Kapitel. Kosten

## Erster Abschnitt. Kostenersatz

**§ 102 Kostenersatz durch Erben**

**(1) [1]Der Erbe der leistungsberechtigten Person oder ihres Ehegatten oder ihres Lebenspartners, falls diese vor der leistungsberechtigten Person sterben, ist vorbehaltlich des Absatzes 5 zum Ersatz der Kosten der Sozialhilfe verpflichtet. [2]Die Ersatzpflicht besteht nur für die Kosten der Sozialhilfe, die innerhalb eines Zeitraumes von zehn Jahren vor dem Erbfall aufgewendet worden sind und die das Dreifache des Grundbetrages nach § 85 Abs. 1 übersteigen. [3]Die Ersatzpflicht des Erben des Ehegatten oder Lebenspartners besteht nicht für die Kosten der Sozialhilfe, die während des Getrenntlebens der Ehegatten oder Lebenspartner geleistet worden sind. [4]Ist die leistungsberechtigte Person der Erbe ihres Ehegatten oder Lebenspartners, ist sie zum Ersatz der Kosten nach Satz 1 nicht verpflichtet.**

**(2) [1]Die Ersatzpflicht des Erben gehört zu den Nachlassverbindlichkeiten. [2]Der Erbe haftet mit dem Wert des im Zeitpunkt des Erbfalles vorhandenen Nachlasses.**

**(3) Der Anspruch auf Kostenersatz ist nicht geltend zu machen,**
**1. soweit der Wert des Nachlasses unter dem Dreifachen des Grundbetrages nach § 85 Abs. 1 liegt,**

2. soweit der Wert des Nachlasses unter dem Betrag von 15 340 Euro liegt, wenn der Erbe der Ehegatte oder Lebenspartner der leistungsberechtigten Person oder mit dieser verwandt ist und nicht nur vorübergehend bis zum Tod der leistungsberechtigten Person mit dieser in häuslicher Gemeinschaft gelebt und sie gepflegt hat,
3. soweit die Inanspruchnahme des Erben nach der Besonderheit des Einzelfalles eine besondere Härte bedeuten würde.

(4) [1]Der Anspruch auf Kostenersatz erlischt in drei Jahren nach dem Tod der leistungsberechtigten Person, ihres Ehegatten oder ihres Lebenspartners. [2]§ 103 Abs. 3 Satz 2 und 3 gilt entsprechend.

(5) Der Ersatz der Kosten durch die Erben gilt nicht für Leistungen nach dem Vierten Kapitel und für die vor dem 1. Januar 1987 entstandenen Kosten der Tuberkulosehilfe.

*Änderungen der Vorschrift: Abs. 1 Satz 1 geänd. durch G v. 21.3.2005 (BGBl. I S. 818), Abs. 4 Satz 2 geänd. durch G v. 2.12.2006 (BGBl. I S. 2670).*

*Vergleichbare Vorschriften: § 92c BSHG; § 35 SGB II aF.*

**Schrifttum:** *Conradis,* Sozialhilferegress: Kostenersatz durch den Erben, § 102 SGB XII, § 35 SGB II, ZEV 2005, 379; *Doering-Striening,* Vom BSGH zum SGB XII – Bilanz, Probleme, Perspektiven – Erbrecht und SGB XII, VSSR 2009, 93; *dies.,* Sozialrechtliche Erbenhaftung I – postmortaler Kostenersatz nach § 102 SGB XII, ErbR 2014, 358; *dies.,* Sozialhilferegress bei Erbfall und Schenkung, 2015; *dies.,* Das Behindertentestament, ASR 2017, 178; *Grosse/Gunkel,* Die Erbenhaftung nach § 35 SGB II, info also 2013, 3; *Jülicher,* Erbfall und Sozialhilferegress, FPR 2006, 148; *Krauß,* Gestaltungsmöglichkeiten im Konfliktbereich zwischen Erbrecht und Sozialrecht, FAErbR 2005, 24; *Meisterernst,* Schenkung von Schonvermögen im Rahmen einer vorweggenommenen Erbfolge und Rückforderung durch Sozialhilfeträger, DNotZ 2005, 283; *Ruby,* Behindertentestament: Häufige Fehler und praktischer Vollzug, ZEV 2006, 66; *Schwabe,* Rückzahlung von Sozialhilfe? – Die rechtlichen Rahmenbedingungen zur Rückforderung von Leistungen nach dem SGB XII, ZfF 2006, 217; *Weber,* Rechtliche Probleme im Umgang mit vererbten Immobilien nach dem Tod des Erblassers im Zweiten und Zwölften Buch Sozialgesetzbuch, DVP 2014, 10; *ders.,* Sozialhilfe – Erbenhaftung – Gesamtschuld, SGb 2014, 683; *Zwißler,* Elternunterhalt – Wann zahlen Kinder für ihre Eltern?, 6. Aufl. 2007.

## Übersicht

## I. Bedeutung der Norm

Vor Erlass des BSHG basierte das Fürsorgerecht auf dem Gedanken, dass Leistungen stets nur als Vorschuss gewährt werden und daher zurückzuzahlen sind, wenn **1** und sobald der Empfänger hierzu in der Lage ist. Diese generelle Pflicht zur Rückzahlung auch rechtmäßig erhaltener Leistungen wurde in das BSHG nicht übernommen. Seit seinem Inkrafttreten sind **Leistungen nur in bestimmten Fällen zu erstatten.** Einen solchen Fall regelt § 102, der im Wesentlichen inhaltsgleich den bisherigen § 92c BSHG überträgt.

2  § 102 will verhindern, dass die Vorschriften über das **Schonvermögen** auch über den Tod des Hilfeempfängers bzw. seines Ehegatten oder Lebenspartners hinweg zugunsten des Erben wirken. Mussten der Hilfeempfänger und ggfs. sein Ehegatte bzw. Lebenspartner bestimmte Vermögensgegenstände gem. § 90 Abs. 2 oder Abs. 3 nicht einsetzen, so fallen diese bei ihrem Tod in den Nachlass. Würde dieses Vermögen uneingeschränkt dem Erben zuwachsen, so würde auch dieser von den Vorschriften über das Schonvermögen profitieren, unabhängig davon, ob in seiner Person schutzwürdige Gründe für den Erhalt dieses Vermögens vorliegen. Um eine solche unbillig erscheinende Privilegierung des Erben auf Kosten öffentlicher Mittel zu vermeiden, begründet § 102 einen auf den Nachlass beschränkten Ersatzanspruch gegen den Erben. Im Ergebnis wird so das zu Lebzeiten des Hilfeempfängers bzw. seines Ehegatten oder Lebenspartners von der Einsatzpflicht ausgenommene Schonvermögen nachträglich – in gewissem Umfang – doch noch zum Ausgleich der erbrachten Sozialhilfeleistungen herangezogen.

3  Im Unterschied zu § 103 Abs. 2, der eine unselbstständige Erbenhaftung beinhaltet (→ § 103 Rn. 48 ff.), begründet § 102 eine sog. **selbstständige Erbenhaftung.** In den von § 102 erfassten Fällen bestand gerade keine Ersatzpflicht des Verstorbenen, die im Wege der Gesamtrechtsnachfolge (§ 1967 Abs. 1 BGB) auf den Erben übergeht; vielmehr begründet die Norm eine originäre Verpflichtung des Erben zum Kostenersatz.

4  Relevanz erlangt § 102 insbesondere dann, wenn ein angemessenes **Hausgrundstück** (§ 90 Abs. 2 Nr. 8) vererbt wird. Zum Schonvermögen zählende vererbte Barbeträge dürften nach Abzug der Kosten im Zusammenhang mit der Beerdigung (→ Rn. 38) hingegen nur selten über dem den Erben zugebilligten Freibetrag nach § 102 Abs. 3 Nr. 1 liegen.

5  Eine ähnliche Regelung wie § 102 traf bis zum 31.7.2016 auch **§ 35 SGB II**, der ebenfalls eine selbstständige Erbenhaftung begründete. Der Freibetrag bezüglich der zu erstattenden Kosten war in § 35 Abs. 1 S. 1 SGB II als Festbetrag in Höhe von 1700,– Euro vorgesehen und nicht – wie in § 102 – dynamisierend an die Höhe der Regelbedarfe gekoppelt. Einen nachlassbezogenen allgemeinen Freibetrag (§ 102 Abs. 3 Nr. 1) kannte § 35 SGB II nicht. Dafür war der nachlassbezogene Freibetrag für pflegende Angehörige nach § 35 Abs. 2 Nr. 1 SGB II mit 15.500,– Euro um 160,– Euro höher als derjenige nach § 102 Abs. 3 Nr. 2. Gründe für diese Abweichungen bei den Freibeträgen sind nicht ersichtlich (vgl. *Grosse/Gunkel*, info also 2013, 3, 10). Ein weiterer Unterschied zwischen den beiden Regelungen lag darin, dass § 35 SGB II keine Ersatzpflicht des Erben des (vorverstorbenen) Ehegatten oder Lebenspartners der leistungsberechtigten Person regelte (→ Rn 6 f.). Andererseits ist nach § 102 Abs. 1 S. 4 von der Ersatzpflicht ausgenommen, wer selbst leistungsberechtigt ist und seinen Ehegatten oder Lebenspartner beerbt (→ Rn. 9); eine entsprechende Ausnahme sah § 35 SGB II nicht vor.

5a  Durch das Neunte Gesetz zur Änderung des SGB II vom 26.7.2016 (BGBl. I S. 1824) ist § 35 SGB II mit Wirkung zum 1.8.2016 gestrichen worden. In der Gesetzesbegründung (BT-Drs. 18/8041, 47) wird dies mit dem Ziel der Verwaltungsvereinfachung begründet. § 35 SGB II habe sich als aufgrund praktischer Probleme nur schwer umsetzbar erwiesen. Anders als die Sozialhilfeträger, bei denen Leistungsberechtigte im Regelfall bis zu ihrem Ableben im Leistungsbezug verbleiben, hätten die Jobcenter nur selten Kenntnis vom Ableben zuletzt nicht mehr leistungsberechtigter Personen erhalten. Die Anwendung des § 35 SGB II sei somit im Hinblick auf den Gleichheitsgrundsatz problematisch gewesen, da dieser Ersatzanspruch nicht regelmäßig und systematisch, sondern nur in Einzelfällen geltend gemacht worden sei. Zudem sei der Verwaltungsaufwand für die Jobcenter sehr hoch gewesen, dem hätten nur geringe Mehreinnahmen gegenüber gestanden.

## II. Inhalt der Norm

### 1. Selbstständige Erbenhaftung

**a) Ersatzverpflichteter Personenkreis (Abs. 1).** Ersatzpflichtig ist der Erbe   6 der leistungsberechtigten Person sowie der Erbe des Ehegatten bzw. Lebenspartners (§ 1 Lebenspartnerschaftsgesetz – LPartG), wenn dieser vor der leistungsberechtigten Person stirbt. Die Vorschrift des § 102 Abs. 1 regelt damit **zwei verschiedene Arten von Ersatzpflichten:** Ersatzverpflichtet ist zum einen der Erbe des Leistungsberechtigten; verstirbt der Ehegatte oder Lebenspartner des Leistungsberechtigten vor diesem, so trifft zum anderen den Erben des Ehegatten oder Lebenspartners eine Ersatzpflicht. Letzteres hat zur Folge, dass ggfs. Kostenersatz von dem Erben einer Person verlangt werden kann, die nicht selbst Leistungsempfänger war. Dies rechtfertigt sich daraus, dass gem. §§ 19 Abs. 3 und 27 Abs. 2 auch Einkommen und Vermögen des nicht selbst Sozialhilfe beziehenden Ehegatten bzw. Lebenspartners des Leistungsberechtigten zu berücksichtigen ist. Dabei gelten auch für den Ehegatten bzw. Lebenspartner die Vorschriften über das Schonvermögen, diese sollen wiederum nicht auch dessen Erben zugutekommen.

Beide Ersatzpflichten sind **eigenständig** und können nebeneinander bestehen.   7 Der Erbe des vorverstorbenen Ehegatten bzw. Lebenspartners bleibt auch dann ersatzpflichtig, wenn später der Leistungsberechtigte selbst stirbt und dadurch eine Kostenersatzpflicht seines Erben hinzukommt (vgl. BVerwG 10.7.2003 – 5 C 17/02, FEVS 55, 124). § 102 enthält keine Regelung, nach der ein kraft Gesetzes entstandener Kostenersatzanspruch ganz oder teilweise wieder erlischt oder sich inhaltlich verändert, wenn durch einen weiteren Erbfall kraft Gesetzes ein weiterer Kostenersatzanspruch entsteht, der zwar an denselben Hilfefall, aber einen anderen Erbfall anknüpft. Diese Eigenständigkeit der Kostenersatzansprüche ist auch in Bezug auf insbesondere ihren Umfang (→ Rn. 12 ff.), eventuelle Anspruchshindernisse (→ Rn. 17 ff.) und ihr Erlöschen (→ Rn. 41 ff.) zu beachten.

Wer **Erbe** ist, bestimmt sich nach den Vorschriften des Bürgerlichen Gesetzbuchs   8 (BVerwG 23.9.1982 – 5 C 109/81, FEVS 32, 177) bzw. nach § 10 LPartG. Erbe ist daher auch der Ehegatte (§ 1931 BGB) bzw. Lebenspartner (§ 10 Abs. 1 LPartG) sowie der Vorerbe (§§ 2100 ff. BGB). Miterben haften gemäß § 2058 BGB grundsätzlich als Gesamtschuldner (→ Rn. 35). Da der Vermächtnisnehmer kein Erbe ist (§ 2147 BGB), haftet dieser nicht. Keine Ersatzpflicht trifft ferner denjenigen, der die Erbschaft durch Vertrag vom Erben erworben hat, aber selbst nicht Erbe ist.

Von der Ersatzpflicht **ausgenommen** ist eine leistungsberechtigte Person, die   9 ihren Ehegatten oder Lebenspartner beerbt (§ 102 Abs. 1 S. 4). Diese Ausnahme rechtfertigt sich im Hinblick darauf, dass in derartigen Fallkonstellationen das Vermögen nicht aus der Einsatzgemeinschaft herausvererbt wird (*Conradis* LPK-SGB XII, § 102 Rn. 7). Allerdings kann durch den Vermögenszuwachs beim Leistungsberechtigten dessen Sozialhilfebedürftigkeit entfallen.

**b) Rechtmäßigkeit der Leistung.** Die selbstständige Erbenhaftung setzt als   10 ungeschriebenes Tatbestandsmerkmal voraus, dass die Sozialhilfeleistungen dem Empfänger **rechtmäßig** erbracht wurden (BSG 23.3.2010 – B 8 SO 2/09 R, FEVS 62, 145; BVerwG 21.10.1987 – 5 C 39/85, FEVS 37, 1). Hat etwa der Träger der Sozialhilfe zu Lebzeiten des Leistungsberechtigten Schonvermögen nach § 90 Abs. 2 Nr. 9 falsch berechnet oder ein Hausgrundstück zu Unrecht als angemessen im Sinne des § 90 Abs. 2 Nr. 8 angesehen, so erfolgte die Leistungserbringung rechts-

widrig mit der Folge, dass ein Ersatzanspruch gegen den Erben nach § 102 ausscheidet. Bei zu Unrecht geleisteter Sozialhilfe ist auch bei Inanspruchnahme des Erben
allein die Möglichkeit der Rücknahme des Leistungsbescheides nach §§ 45, 50
SGB X gegeben (vgl. BSG 23.3.2010 – B 8 SO 2/09 R, FEVS 62, 145; BVerwG
21.10.1987 – 5 C 39/85, FEVS 37, 1). Erfolgte die Leistungserbringung – etwa
bezogen auf einzelne Zeitabschnitte – teilweise rechtmäßig, teilweise aber auch
rechtswidrig, besteht dementsprechend eine Kostenersatzpflicht nach § 102 nur in
Bezug auf die rechtmäßig erbrachten Leistungen. Das Erfordernis der Rechtmäßigkeit bedeutet jedoch nicht, dass stets für jeden einzelnen Monat des gesamten Leis-
tungszeitraumes die Rechtmäßigkeit der Leistungsgewährung zu überprüfen wäre;
ausreichend ist vielmehr, dass für einen oder mehrere Zeiträume Feststellungen zur
Rechtmäßigkeit der Sozialhilfeleistungen getroffen werden können, deren Höhe
mindestens die Höhe des geltend gemachten Erstattungsanspruches erreicht (BSG
23.3.2010 – B 8 SO 2/09 R, FEVS 62, 145).

**11**     Eine **analoge Anwendung** des § 102 auf Fälle rechtswidrig geleisteter Sozialhilfe
kommt vor dem Hintergrund des abschließenden Charakters der §§ 45 ff. SGB X
nicht in Betracht. Auch eine **Umdeutung** eines auf § 102 gestützten Bescheides in
eine Rücknahme und Erstattung nach § 45 bzw. § 50 SGB X ist nicht möglich.
Einer Umdeutung eines auf § 102 gestützten Bescheides in eine Rücknahme nach
§ 45 SGB X steht schon entgegen, dass dies „der erkennbaren Absicht der erlassenden
Behörde widerspräche" (§ 43 Abs. 2 SGB X), die gerade Kostenersatz für rechtmäßig
geleistete Sozialhilfeleistungen geltend machen will (BVerwG 21.10.1987 – 5 C 39/
85, FEVS 37, 1). Außerdem ist eine Umdeutung auch gemäß § 43 Abs. 3 SGB X
ausgeschlossen, da die Rücknahme nach § 45 SGB X im Ermessen des Sozialhilfeträgers steht, während § 102 einen Kostenersatz bindend vorsieht (BVerwG
21.10.1987 – 5 C 39/85, FEVS 37, 1).

**12**     **c) Gegenstand der Ersatzpflicht (Abs. 1 u. 5).** Vom Erben zu ersetzen sind
die **Kosten der Sozialhilfe,** dh die Aufwendungen des Sozialhilfeträgers für die in
§ 8 Nr. 1 und Nr. 3 bis 7 aufgeführten Leistungen. Lediglich die Leistungen der
Grundsicherung im Alter und bei Erwerbsminderung (§§ 41 ff.) sowie die vor dem
1.1.1987 entstandenen Kosten der Tuberkulosehilfe sind von der Ersatzpflicht ausgenommen (§ 102 Abs. 5). Hinsichtlich der Unterkunftskosten ist zudem die Vorschrift
des § 105 Abs. 2 zu beachten (aA SächsLSG 27.8.2015 – L 2 AS 1161/13, die
Entscheidung ist allerdings zu § 35 SGB II ergangen), wonach diese in Höhe eines
Betrages von 56 % nicht der Ersatzpflicht nach § 102 unterliegen; Leistungen für
Heizungs- und Warmwasserversorgung sind von der Ersatzpflicht aber nicht ausgenommen (→ § 105 Rn. 14). Zinsen können in Ermangelung einer gesetzlichen
Grundlage nicht verlangt werden.

**13**     Zu ersetzen sind die Kosten der Sozialhilfe, die innerhalb eines **Zeitraumes von
zehn Jahren** vor dem Tode der leistungsberechtigten Person bzw. vor dem Tode
des Ehegatten oder Lebenspartners der leistungsberechtigten Person entstanden sind
(§ 102 Abs. 1 S. 2). Für die Berechnung der Frist gilt § 26 Abs. 1 SGB X iVm § 188
Abs. 2 BGB. Kostenersatz ist unabhängig davon zu leisten, wann innerhalb des 10-
Jahres-Zeitraums die Sozialhilfe geleistet wurde und wann der Leistungsberechtigte
das vererbte Vermögen erworben hat. Die Ersatzpflicht besteht daher auch, wenn
der Erblasser das Vermögen erst nach Ende des Leistungsbezugs erworben hat (BSG
23.8.2013 – B 8 SO 7/12 R; ThürLSG 6.7.2011 – L 8 SO 1027/08; a. A. *Conradis*
LPK-SGB XII, § 102 Rn. 14).

**14**     Zu ersetzen sind allerdings nur die innerhalb des 10-Jahres-Zeitraums entstandenen Kosten der Sozialhilfe, die das Dreifache des Grundbetrages nach § 85 Abs. 1
Nr. 1 übersteigen (§ 102 Abs. 1 S. 2). Der Grundbetrag nach § 85 Abs. 1 Nr. 1
beläuft sich auf das Zweifache der Regelbedarfsstufe 1; vom Erben nicht zu erstatten
ist daher ein Betrag in Höhe des Sechsfachen der Regelbedarfsstufe 1. Maßgeblicher

Zeitpunkt für die Berechnung dieses Betrags ist der Zeitpunkt des Erbfalles, auch wenn der Kostenersatz vom Sozialhilfeträger erst später geltend gemacht wird (BVerwG 26.10.1978 – V C 52.77, FEVS 27, 100). Es handelt sich um eine **Freibetragsregelung,** die auch gilt, wenn die aufgewendeten Sozialhilfekosten höher sind – in diesem Fall sind nur die den Freibetrag übersteigenden Kosten zu erstatten (BVerwG 23.9.1982 – 5 C 109/81, FEVS 32, 177).

Diese Freibetragsregelung, die der Verwaltungsvereinfachung dient und eine **15** bewusste Begünstigung des Erben darstellt, ist **kosten-, nicht erbenbezogen** zu verstehen. Der Freibetrag darf deshalb nur einmal von den zu erstattenden Sozialhilfekosten abgezogen werden; wie viele Personen als Erben kostenersatzpflichtig sind, ist unerheblich. Haben mehrere Träger der Sozialhilfe in dem 10-Jahres-Zeitraum Leistungen der Sozialhilfe erbracht, sind die Leistungen zu addieren mit der Folge, dass der Freibetrag dem bzw. den Ersatzpflichtigen nur einmal zugutekommt (wie hier *Steimer,* Mergler/Zink, SGB XII, § 102 Rn. 14; aA *Baur,* Jahn, SGB II/SGB XII, § 102 SGB XII Rn. 18 unter Hinweis darauf, dass es sich weniger um eine Erbenschutzvorschrift als um eine Regelung zur Verwaltungsvereinfachung handelt).

Der Erbe des Ehegatten bzw. Lebenspartners des Leistungsberechtigten haftet **16** ferner nicht für die Sozialhilfekosten, die während des **Getrenntlebens** der Ehegatten bzw. Lebenspartner entstanden sind, § 102 Abs. 1 S. 3. Für die Zeit des Getrenntlebens besteht keine Einsatzgemeinschaft (§ 27 Abs. 2 S. 2), sodass das Vermögen des Ehegatten bzw. Lebenspartners für diese Zeit nicht zu berücksichtigen ist und der Zweck der Erbenhaftung nicht eingreift.

**d) Ausschluss und Begrenzung der Haftung (Abs. 3).** Die Vorschrift des **17** § 102 Abs. 3 schließt die Geltendmachung eines nach Abs. 1 entstandenen Kostenersatzanspruchs in bestimmten Fällen aus bzw. begrenzt sie der Höhe nach. Die Ausschlusstatbestände der Nr. 1 bis 3 sind vom Träger der Sozialhilfe **von Amts wegen** zu prüfen (HessVGH 26.11.1998 – 1 UE 1276/95, FEVS 51, 180).

Nach **Nr. 1** ist die Geltendmachung des Anspruchs auf Kostenersatz ausgeschlos- **18** sen, soweit der Wert des Nachlasses unter dem Dreifachen des Grundbetrages nach § 85 Abs. 1 liegt. Diese Vorschrift beinhaltet eine **Freibetragsregelung,** was aus der Verwendung des Wortes „soweit" abzuleiten ist. Eine Ersatzpflicht besteht daher nur bezogen auf den Teil des Nachlasses, der den Freibetrag in Höhe des Dreifachen des Grundbetrages (d. h. des Sechsfachen der Regelbedarfsstufe 1, → Rn. 14) übersteigt. Maßgebender Zeitpunkt für die Höhe des zugrunde zu legenden Grundbetrags ist der Erbfall (BSG 23.3.2010 – B 8 SO 2/09 R, FEVS 62, 145). Der sich auf den Wert des Nachlasses beziehende Freibetrag ist allerdings ohne Rücksicht auf die Zahl der Erben nur einmal vom Nachlass abzuziehen (BSG 23.3.2010 – B 8 SO 2/09 R, FEVS 62, 145; BVerwG 26.10.1978 – V C 52.77, FEVS 27, 100). Der Höhe nach entspricht der Freibetrag demjenigen, der in Abs. 1 S. 2 geregelt ist. Die beiden Freibetragsvorschriften unterscheiden sich jedoch in ihrem Bezugspunkt: Abs. 1 S. 2 enthält einen Freibetrag hinsichtlich der zu erstattenden Kosten, indem er bestimmt, dass – unabhängig von der Höhe des Nachlasses – die unterhalb der Freibetragsgrenze liegenden Sozialhilfekosten nicht zu erstatten sind. Abs. 3 Nr. 1 regelt hingegen einen Freibetrag für den einzusetzenden Nachlass – unabhängig von der Höhe der Sozialhilfekosten verbleibt dem Erben der Anteil des Nachlasses, der unter der Freibetragsgrenze liegt.

Die **Nr. 2,** durch die ein Anreiz zur häuslichen Pflege Angehöriger geschaffen **19** werden soll, bestimmt, dass für den Erben des Leistungsberechtigten unter drei Voraussetzungen ein **höherer nachlassbezogener Freibetrag** gilt: Erstens muss der Erbe der Ehegatte, Lebenspartner oder ein Verwandter (§ 1589 BGB) des Leistungsberechtigten sein. Zweitens muss er mit dem Leistungsberechtigten nicht nur vorübergehend bis zu dessen Tod in häuslicher Gemeinschaft gelebt und drittens den Leistungsberechtigten gepflegt haben. Sind diese Voraussetzungen erfüllt, so bleibt vom Nachlass ein Freibetrag in Höhe von 15 340 Euro. Der „krumme" Wert erklärt sich aus der Währungsumstellung; § 92c Abs. 3 Nr. 2 BSHG in der bis 31.12.2001 geltenden Fassung sah einen Freibetrag in Höhe von 30 000 DM (= 15 338,76 Euro) vor. Der Freibetrag nach Nr. 2 wird nicht zusätzlich zu dem Freibetrag nach Nr. 1 gewährt, sondern tritt an dessen Stelle; Nr. 2 ist insoweit **lex specialis** zu Nr. 1 (BVerwG 23.9.1982 – 5 C 109/81, FEVS 32, 177; VGH BW 7.10.1992 – 6 S 2567/90, FEVS 44, 104).

20   Der Begriff der „**häuslichen Gemeinschaft**" ist weiter zu fassen als die Haushaltsgemeinschaft iSv § 39. Im Hinblick auf die gesetzgeberische Intention, die Pflegebereitschaft nahe stehender Angehöriger zu fördern, reicht ein Wohnen und Leben unter einem gemeinsamen Dach aus, eine Haushalts- und Wirtschaftsgemeinschaft ist nicht erforderlich. Hat der Erbe die leistungsberechtigte Person zwar bis zu ihrem Tode in erheblichem Umfang gepflegt, mit ihr jedoch nicht in häuslicher Gemeinschaft gelebt, ist für eine analoge Anwendung der Nr. 2 kein Raum (so aber HessVGH 26.11.1998 – 1 UE 1276/95, FEVS 51, 180); zu prüfen ist vielmehr eine Härte iSv Nr. 3 (→ Rn. 24).

21   Der Ehegatte, Lebenspartner bzw. Verwandte muss die leistungsberechtigte Person **gepflegt haben.** Ob diese Voraussetzung erfüllt ist, ist mit Blick auf die Vorschrift des § 61 zu klären. Bei der leistungsberechtigten Person muss ein Hilfebedarf iSv § 61a bestanden haben, den der Ehegatte, Lebenspartner bzw. Verwandte teilweise oder vollständig gedeckt haben muss. Allerdings verlangt der Ausschlusstatbestand der Nr. 2 nicht, dass der Ehegatte, Lebenspartner oder Verwandte die Pflege vollumfassend allein geleistet hat. Insbesondere die Hinzuziehung eines Dritten – etwa einer professionellen Pflegekraft – ist unschädlich, sofern ein wesentlicher Teil der Pflege beim Ehegatten, Lebenspartner bzw. Verwandten lag.

22   Pflege und häusliche Gemeinschaft müssen schließlich **nicht nur vorübergehend bis zum Tode** der leistungsberechtigten Person bestanden haben. Dies setzt zunächst die Absicht voraus, auf unbestimmte Zeit zusammen zu leben und Pflegeleistungen zu erbringen. Ferner ist auch objektiv eine gewisse Dauer der häuslichen Gemeinschaft und der Pflege erforderlich (wie hier BayLSG 10.4.2014 – L 7 AS 731/12 zu § 35 SGB II; a. A. *Conradis* LPK-SGB XII, § 102 Rn. 12 und *Simon* jurisPK-SGB XII, § 102 Rn. 50, die allein auf die Intention der Beteiligten abstellen), in der Regel wird ein Zeitraum von mehreren Monaten zu verlangen sein. Der Umstand, dass die leistungsberechtigte Person kurz vor ihrem Tode wegen des sich verschlechternden Gesundheitszustandes in ein Krankenhaus eingeliefert wurde, steht einer Anwendung der Nr. 2 nicht entgegen (BayLSG 23.2.2012 – L 8 SO 113/09). Bei einem längeren – mehrere Wochen andauernden – Krankenhausaufenthalt der leistungsberechtigten Person vor ihrem Tode ist dagegen nur der tatbestandliche Anwendungsbereich der Nr. 3 eröffnet.

23   Nach dem **Auffangtatbestand** der **Nr. 3** ist von der Geltendmachung des Kostenersatzanspruchs abzusehen, soweit die Inanspruchnahme des Erben nach der Besonderheit des Einzelfalles eine **besondere Härte** bedeuten würde. Der Begriff der „besondere Härte" – ein **unbestimmter Rechtsbegriff,** der der uneingeschränkten gerichtlichen Kontrolle unterliegt – erschließt sich vornehmlich mit Blick auf den vom Gesetzgeber in § 102 Abs. 3 Nr. 2 ausdrücklich geregelten Härtefall. Es müssen im Einzelfall Umstände persönlicher oder wirtschaftlicher Art (vgl. insoweit BVerwG 23.9.1982 – 5 C 109/81, FEVS 32, 177) vorliegen, die dem in Nr. 2 geregelten Lebenssachverhalt hinsichtlich ihrer Bedeutung und Schwere vergleichbar sind.

24   Eine **Vergleichbarkeit der Lebenssachverhalte** in diesem Sinne ist etwa anzunehmen, wenn der Erbe die leistungsberechtigte Person über einen Zeitraum von mehreren Monaten bis zu ihrem Tode intensiv gepflegt, mit ihr aber nicht in häuslicher Gemeinschaft gelebt hat. Hat der Ehegatte, Lebenspartner bzw. Verwandte mit der leistungsberechtigten Person in häuslicher Gemeinschaft gelebt und sie über

viele Monate gepflegt, lag die leistungsberechtigte Person aber vor ihrem Tode über einen längeren Zeitraum im Krankenhaus, kann eine besondere Härte iSv Nr. 3 ebenfalls gegeben sein. Die Annahme einer besonderen Härte kommt ferner in Betracht, wenn der Tatbestand des § 102 Abs. 3 Nr. 2 nur deshalb nicht erfüllt ist, weil der Erbe mit der leistungsberechtigten Person weder verwandt noch dessen Lebenspartner war (vgl. VGH BW 14.3.1990 – 6 S 1913/89, FEVS 41, 205). Zur Höhe der Nichtinanspruchnahme in diesen Fällen → Rn. 30.

Das BVerwG (23.9.1982 – 5 C 109/81, FEVS 32, 177) hat offengelassen, ob die **25** Härteregelung des § 102 Abs. 3 Nr. 3 **neben dem Freibetrag nach § 102 Abs. 3 Nr. 2** anzuwenden ist, dh ob ein Erbe, dem bereits die Freibetragsregelung nach § 102 Abs. 3 Nr. 2 zugutekommt, darüber hinaus geltend machen kann, dass seine Inanspruchnahme eine besondere Härte bedeute. Dies ist differenziert zu beurteilen: Der Erbe, der die Voraussetzungen des § 102 Abs. 3 Nr. 2 erfüllt, kann sich nicht darauf berufen, eine besondere Härte sei wegen der langjährigen und zeitintensiven Pflege des Erblassers gegeben, denn die Pflegeleistung wird bereits über den Freibetrag nach § 102 Abs. 3 Nr. 2 berücksichtigt (VGH BW 7.10.1992 – 6 S 2567/90, FEVS 44, 104). Ein höherer Freibetrag nach § 102 Abs. 3 Nr. 3 kommt jedoch dann in Betracht, wenn über die Pflegeleistung hinaus weitere Gründe vorliegen, die für sich genommen eine besondere Härte begründen.

Die Annahme einer besonderen Härte lässt sich **nicht** bereits darauf stützen, dass **26** das ererbte Vermögen dem **Schonvermögen** des Erblassers zuzurechnen war (BSG 23.3.2010 – B 8 SO 2/09 R, FEVS 62, 145; LSG Nds-Brem 23.2.2017 – L 8 SO 282/13, BeckRS 2017, 142474; LSG BW 22.12.2010 – L 2 SO 5548/08). Der Ersatzanspruch gegen den Erben zielt gerade darauf ab, zu verhindern, dass sich der Schutz des Schonvermögens des Leistungsberechtigten auch zugunsten des Erben auswirkt, ohne dass in dessen Person eine diesbezügliche Schutzbedürftigkeit gegeben ist. Das gilt auch für den Fall, dass das hinterlassene Vermögen aus einer Schmerzensgeldzahlung stammt (vgl. LSG BW 10.8.2017 – L 7 SO 2293/16, BeckRS 2017, 124065; SG Frankfurt, 28.11.2008 – S 36 SO 212/05) und ebenso bei Vermögen eines contergangeschädigten Kindes aus der Stiftung „Hilfswerk für behinderte Kinder" (BSG 23.3.2010 – B 8 SO 2/09 R, FEVS 62, 145). Allerdings kann eine die Ersatzpflicht ausschließende Härte dann vorliegen, wenn der Nachlass auch für den Erben Schonvermögen ist (BSG 23.3.2010 – B 8 SO 2/09 R, FEVS 62, 145; LSG Nds-Brem 23.2.2017 – L 8 SO 282/13, BeckRS 2017, 142474), ebenso wenn der Vermögensgegenstand vor dem Erbfall im Miteigentum des Leistungsberechtigten und des Erben stand und daher für beide gleichermaßen als Schonvermögen geschützt war (zB bei einem selbst bewohnten Hausgrundstück oder einer Eigentumswohnung. Zu den Anforderungen an die Annahme einer besonderen Härte in einem solchen Fall BayLSG 23.2.2012 – L 8 SO 113/09. Zu einem beiden Eheleuten gemeinsam gehörenden landwirtschaftlichen Betrieb vgl. BayVGH 26.7.1993 – 12 B 90.3525, FEVS 44, 461).

**Keine besondere Härte** begründet für sich der Umstand, dass der Erbe der **27** Ehegatte des verstorbenen Hilfeempfängers war (BayLSG 23.2.2012 – L 8 SO 113/09; BVerwG 23.9.1982 – 5 C 109/81, FEVS 32, 17). Auch Pflegeleistungen des Ehegatten, eines Verwandten oder einer dritter Person, die angesichts ihrer Intensität oder ihres Umfangs unterhalb des in § 61 Abs. 1 vorausgesetzten Maßstabs liegen, begründen keine besondere Härte. Eine besondere Härte kann sich auch nicht aus den Einkommens- und Vermögensverhältnisse des Erben (zB Arbeitslosigkeit) ergeben (vgl. SächsOVG 23.3.2006 – 4 E 318/05). Denn die Haftung des Erben ist auf den Wert des im Zeitpunkt des Erbfalles vorhandenen Nachlasses begrenzt. Ist der Erbe gezwungen, das ererbte Haus, das zu Lebzeiten der leistungsberechtigten Person Schonvermögen iSv § 90 Abs. 2 bildete, zu veräußern, so führt dies ebenfalls zu keiner besonderen Härte (VGH BW 7.10.1992 – 6 S 2567/90, FEVS 44, 104).

**28**    Ebenfalls keine Härte liegt vor, wenn der Erbe **nach dem Erbfall** eigene finanzielle Mittel aufgewandt hat, um das ererbte Haus zu renovieren, da die Haftung des Erben auf den Wert zum Zeitpunkt des Erbfalls beschränkt ist und die Wertsteigerung infolge der Aufwendung eigener Mittel bei einem Verkauf daher dem Erben zugutekommt (vgl. BayLSG 23.2.2012 – L 8 SO 113/09). Anders verhält es sich, wenn der Erbe **vor dem Erbfall** erheblich in das hinterlassene Hausgrundstück **investiert** und damit den Wert des Nachlasses erhöht hat. Müsste der Erbe, welcher die Mittel für die Renovierung aufgebracht hat, gerade deshalb mehr an Sozialhilfekosten ersetzen, weil der Nachlass infolge seiner Aufwendungen wertvoller geworden ist, läge darin eine besondere Härte (BayLSG 23.2.2012 – L 8 SO 113/09; VGH BW 14.3.1990 – 6 S 1913/89, FEVS 41, 205).

**29**    Die Annahme einer besonderen Härte führt freilich nicht dazu, dass der Erbe überhaupt nicht zum Kostenersatz herangezogen werden dürfte. Vielmehr zeigt die Verwendung des Wortes **„soweit"**, dass das Gesetz in der Regel von einer nur **teilweisen Nichtgeltendmachung** des Ersatzanspruchs ausgeht. Es ist deshalb in jedem Einzelfall zu prüfen, in welcher Höhe der Träger der Sozialhilfe den Kostenersatzanspruch nicht geltend machen darf (LSG BW 22.12.2010 – L 2 SO 5548/08).

**30**    Bei dieser Prüfung ist die **gesetzgeberische Wertung des § 102 Abs. 3 Nr. 2** zu berücksichtigen. Einem Erben, der die Voraussetzungen des § 102 Abs. 3 Nr. 2 deshalb nicht erfüllt, weil er beispielsweise mit der leistungsberechtigten Person nicht verwandt war, kann über den Auffangtatbestand der Nr. 3 kein höherer Freibetrag eingeräumt werden als dem Ehegatten, Lebenspartner oder Verwandten der leistungsberechtigten Person nach § 102 Abs. 3 Nr. 2. Entsprechendes gilt, wenn die leistungsberechtigte Person vor ihrem Tode über einen längeren Zeitraum im Krankenhaus gepflegt wurde. Hier wird man zudem zu überlegen haben, ob im Hinblick darauf, dass der Ehegatte, Lebenspartner bzw. Verwandte die letzte, regelmäßig besonders intensive Phase der Pflege nicht selbst übernehmen müssen, vom Nachlasswert ein geringerer Betrag als 15 340 Euro abzuziehen ist. Hat der Ehegatte, Lebenspartner oder ein Verwandter der leistungsberechtigten Person mit dieser in häuslicher Gemeinschaft gelebt, die leistungsberechtigte Person aber nur über einen sehr kurzen Zeitraum gepflegt, kann zwar eine besondere Härte iSv Nr. 3 gegeben sein, diese wird allerdings nur einen Abzug vom Nachlasswert in Höhe von weniger als 15 340 Euro rechtfertigen.

**31**    Die in § 102 Abs. 3 enthaltene **Aufzählung** von Freibetrags- bzw. Härteregelungen ist **abschließend.** Dem Träger der Sozialhilfe ist es deshalb verwehrt, in „einfachen" Härtefällen nach pflichtgemäßem Ermessen von der Geltendmachung des Kostenersatzanspruchs abzusehen (LSG BW 22.12.2010 – L 2 SO 5548/08). Auch verwaltungsökonomische Gründe eröffnen keine Ermessensentscheidung, Kostenersatz nicht geltend zu machen (LSG BW 22.12.2010 – L 2 SO 5548/08; aA *Wolf,* Fichtner/Wenzel, SGB XII, § 102 Rn. 15).

**32**    Der Freibetrag nach § 102 Abs. 3 Nr. 1 ist seinem Wortlaut nach auf den Wert des Nachlasses bezogen und daher auch bei einer **Erbengemeinschaft** nur einmal abzuziehen. Gleiches gilt für den erhöhten Freibetrag nach § 102 Abs. 3 Nr. 2: auch wenn mehrere der Miterben den Erblasser im dort erforderlichen Umfang gepflegt haben, ist der Freibetrag nur in der einfachen Höhe zu berücksichtigen.

**33**    Während der Freibetrag nach § 102 Abs. 3 Nr. 1 stets zu gewähren ist, stellen die Freibeträge nach § 102 Abs. 3 Nr. 2 und Nr. 3 auf besondere **persönliche Umstände** ab und kommen daher nur dem Erben zugute, der in seiner Person die jeweiligen Voraussetzungen erfüllt (BVerwG 26.10.1978 – V C 52.77, FEVS 27, 100). Sind in der Person eines oder mehrerer Erben Ausschlusstatbestände i. S. v. § 102 Abs. 3 Nr. 2 oder 3 gegeben, dürfen die übrigen Erben trotz der gesamtschuldnerischen Haftung nur mit dem ihrem Erbteil entsprechenden Teil des Nachlasses herangezogen werden (VGH BW 29.6.1976 – VI 1016/75, FEVS 25, 107; offengelassen von OVG NRW 20.2.2001 – 22 A 2695/99, ZfSH/SGB 2001, 661; aa *Simon* jurisPK-SGB XII, § 102 Rn. 23). Zu diesem Verständnis zwingt die das Innenverhältnis zwischen Gesamtschuldnern regelnde Vorschrift des § 426 BGB. Könnte der Träger der Sozialhilfe nämlich die übrigen Erben im Hinblick auf die an sich bestehende gesamtschuldnerische Haftung in voller Höhe in Anspruch nehmen, könnten diese die privilegierten Erben gemäß § 426 Abs. 1 BGB auf Ausgleich in Anspruch nehmen; die Privilegierung der § 102 Abs. 3 Nr. 2 bzw. 3 ginge verloren (vgl. allgemein zum Problem der Haftungsbeschränkung eines Gesamtschuldner *Grüneberg*, Palandt, BGB, § 426 Rn. 18 ff.). Nach dem BSG (23.8.2013 – B 8 SO 7/12 R) entfällt in dieser Konstellation zwar nicht der Kostenersatzanspruch gegen die nichtprivilegierten Miterben, der Sozialhilfeträger muss die Privilegierung eines Miterben und die sich daraus ergebenden oben genannten Folgen jedoch im Rahmen seiner Ermessensentscheidung (→ Rn. 35) berücksichtigen (hierzu auch *Bieback*, jurisPR-SozR 13/2014, Anm. 4).

**e) Rechtsfolge.** Sind die Voraussetzungen der selbstständigen Erbenhaftung nach 34 Absatz 1 gegeben und ist die Haftung auch nicht nach Abs. 3 ausgeschlossen, muss der Träger der Sozialhilfe vom Ersatzpflichtigen Kostenersatz fordern. Die Entscheidung, ob der Erbe zum Kostenersatz herangezogen wird, steht **nicht** im **Ermessen** des Trägers der Sozialhilfe (HessVGH 26.11.1998 – 1 UE 1276/95, FEVS 51, 180; VGH BW 20.10.1995 – 6 S 2670/94, FEVS 46, 338, 342).

**Miterben** haften gesamtschuldnerisch (§ 2058 BGB). Es steht im pflichtgemä- 35 ßen Ermessen des Trägers der Sozialhilfe, wen er für den Kostenersatz in Anspruch nimmt (BSG 23.8.2013 – B 8 SO 7/12 R). Dabei hat der Sozialhilfeträger eine Gesamtschau der Situation aller Erben vorzunehmen und insbesondere folgende Umstände zu berücksichtigen (BSG 23.8.2013 – B 8 SO 7/12 R): eine vor Kenntnis von dem Kostenersatz bereits erfolgte Verteilung des Erbes, einen eventuellen Verbrauch des ererbten Vermögens, die Anzahl der Erben und die Erbquote, der Wert des Nachlasses und die Höhe des Kostenersatzanspruchs sowie die Relation der beiden Werte zueinander. Besonderheiten gelten, wenn einzelne Miterben die Voraussetzungen für Freibeträge nach § 102 Abs. 3 Nr. 2 oder 3 erfüllen (→ Rn. 33).

## 2. Nachlassverbindlichkeit (Abs. 2)

§ 102 Abs. 2 S. 1 bestimmt, dass die Ersatzpflicht des Erben zu den Nachlassver- 36 bindlichkeiten gehört. Aus der Bezeichnung der Ersatzpflicht als **Nachlassverbindlichkeit** (§ 1967 BGB) folgt indes nicht, dass die Beschränkung der Erbenhaftung den Regelungen der §§ 1975 ff. BGB unterliegt. Vielmehr hat der Gesetzgeber die Erbenhaftung nach § 102 durch die eigenständige Regelung in Abs. 2 S. 2 von vornherein und abschließend auf den Nachlass beschränkt; ein haftungserweiternder Rückgriff auf insbesondere § 1978 BGB ist damit ausgeschlossen (BVerwG 25.6.1992 – 5 C 67/88; SG Gotha 28.9.2009 – S 14 SO 1150/09).

Nach § 102 Abs. 2 S. 2 ist die Haftung auf den Wert des im Zeitpunkt des Erbfalls 37 vorhandenen Nachlasses beschränkt. Diese **Haftungsbeschränkung** ist nicht gegenständlich, sondern **wertmäßig** zu verstehen (vgl. VGH BW 28.7.1988 – 6 S 2148/86, FEVS 38, 384, 388). Durch die Formulierung „im Zeitpunkt des Erbfalles vorhandenen Nachlasses" hat der Gesetzgeber sicherstellen wollen, dass der Erbe den Nachlass dem Zugriff des Trägers der Sozialhilfe nicht dadurch entziehen kann, dass er vor Geltendmachung des Kostenersatzanspruchs durch den Träger der Sozialhilfe das Nachlassvermögen auf Dritte – etwa durch Schenkung an ihm nahe stehende Personen – überträgt (vgl. BT-Drs. 12/5930, S. 4). Die Haftung des Erben bleibt deshalb auch dann bestehen, wenn dieser vor Inanspruchnahme auf Kostenersatz den Nachlass oder wesentliche Teile davon veräußert hat (SächsOVG 23.3.2006 – 4 E 318/05). Da Bezugspunkt der Erbenhaftung der Nachlasswert und nicht das Einkommen des Erben ist, kommt es für den Ersatzanspruch auf die Einkommens- und Vermögensverhältnisse des Erben nicht an (vgl. SächsOVG 23.3.2006 – 4 E 318/05; → auch Rn. 27).

**38**    Die in § 102 Abs. 2 S. 2 verwendeten Begriffe „Erbfall" und „Wert des Nachlasses" entsprechen denen des Bürgerlichen Gesetzbuchs (BVerwG 23.9.1982 – 5 C 109/81, FEVS 32, 177; s. § 1922 Abs. 1 bzw. § 2311 Abs. 1 BGB). Unter dem **„Wert des Nachlasses"** ist danach das dem Erben im Zeitpunkt des Erbfalles anfallende, um die Passiva verringerte Aktivvermögen des Erblassers zu verstehen (vgl. *Weidlich,* Palandt, BGB, § 2311 Rn. 1; LSG NRW 20.7.2017 – L 9 SO 240/16, BeckRS 2017, 121101). Als Passiva gelten auch die den Erben als solchen treffenden Verbindlichkeiten (§ 1967 Abs. 2 BGB; vgl. hierzu BSG 23.3.2010 – B 8 SO 2/09 R, FEVS 62, 145), wie zB die Beerdigungskosten (§ 1968 BGB) und ggf. Kosten einer Nachlassverwaltung, der Nachlasssicherung (§ 1960 BGB), der Ermittlung der Nachlassgläubiger sowie der Inventarerrichtung (BayVGH 15.7.2003 – 12 B 99.1700, FEVS 55, 166), nicht jedoch Aufwendungen für die laufende Grabpflege (NdsOVG 18.11.1980 – 4 A 97/79; SG Frankfurt 28.11.2008 – S 36 SO 212/05). Pflichtteils- und Vermächtnisansprüche sind zwar ebenfalls Nachlassverbindlichkeiten, sie sind jedoch gegenüber dem Kostenersatzanspruch des Sozialhilfeträgers nachrangig und daher bei der Ermittlung des Werts des Nachlasses nicht zu berücksichtigen (vgl. hierzu ausführlich SG Karlsruhe 31.8.2012 – S 1 SO 362/12; BGH 27.8.2014 – XII ZB 133/12 zu § 1836 BGB; *Simon* jurisPK-SGB XII, § 102 Rn. 41).

**39**    Auch der **Vorerbe** haftet als Erbe mit dem Wert des Nachlasses. Zwar ist das Verfügungsrecht des Vorerben eingeschränkt (§§ 2112 ff. BGB), doch muss gegebenenfalls der Nacherbe seine Einwilligung zu einer Verfügung erteilen (vgl. BVerwG, FEVS 32, 177).

**40**    In der Praxis versuchen Erben verschiedentlich, dem Ersatzverlangen des Trägers der Sozialhilfe **Gegenansprüche** aus angeblich mit der leistungsberechtigten Person geschlossenen Pflegevereinbarungen entgegenzuhalten. Ob ein solcher Dienstleistungsvertrag tatsächlich abgeschlossen wurde, lässt sich nur für den konkreten Einzelfall beantworten. Häufig werden sich die Fälle über die Vorschrift des § 612 Abs. 1 BGB lösen lassen, wonach eine Vergütung lediglich dann als stillschweigend vereinbart gilt, wenn die Dienstleistung den Umständen nach nur gegen eine Vergütung zu erwarten ist. Dienstleistungen unter Ehegatten, Lebenspartnern, Verwandten und Freunden sind aber häufig unentgeltlich (vgl. hierzu näher VGH BW 7.10.1992 – 6 S 2567/90, FEVS 44, 104).

### 3. Erlöschen des Anspruchs (Abs. 4)

**41**    Der Anspruch auf Kostenersatz nach § 102 Abs. 1 erlischt in drei Jahren nach dem Tode der leistungsberechtigten Person, ihres Ehegatten oder ihres Lebenspartners. Die Erlöschensfrist ist **von Amts wegen zu beachten.**

**42**    § 102 Abs. 4 S. 2 verweist auf § 103 Abs. 3 S. 2 und 3. Danach gelten für die Erlöschensfrist die Vorschriften des BGB über die **Hemmung,** die **Ablaufhemmung,** den **Neubeginn** und die **Wirkung** der Verjährung sinngemäß. § 103 Abs. 3 S. 3 stellt klar, dass der Erlass eines Leistungsbescheides der Erhebung der Klage gleich steht und daher die Erlöschensfrist hemmt. Ist ein Leistungsbescheid unanfechtbar geworden, so gilt die 30-jährige Verjährungsfrist des § 52 SGB X.

**43**    Bei **Miterben** sind Ablauf sowie Hemmung, Ablaufhemmung und Neubeginn der Frist für jeden einzelnen Miterben gesondert zu prüfen; das Erlöschen des Anspruchs infolge Fristablaufs gegenüber einem Miterben führt nicht zum Erlöschen des Anspruchs gegenüber den weiteren als Gesamtschuldner haftenden Miterben (LSG Bln-Bbg 27.9.2012 – L 14 AS 1348/11 zu § 35 SGB II; OVG NRW 20.2.2001 – 22 A 2695/99).

## 4. Geltendmachung des Anspruchs

Kostenersatzpflichtige Erben sind gemäß § 117 verpflichtet, dem Sozialhilfeträger **43a**
**Auskunft** über ihre Einkommens- und Vermögensverhältnisse zu geben und auf
Verlangen Beweisurkunden vorzulegen, soweit die Umsetzung des § 102 dies erfor-
dert. Diese Auskunftspflicht dürfte vor allem Bedeutung haben im Rahmen der
Ermittlung des Erbes (vgl. *Simon* jurisPK-SGB XII, § 102 Rn. 68).

Der Anspruch auf Kostenersatz entsteht kraft Gesetzes, bedarf jedoch einer Kon- **44**
kretisierung durch Verwaltungsakt. Er ist vom Träger der Sozialhilfe deshalb durch
**Leistungsbescheid** geltend zu machen. Die Erhebung einer (allgemeinen) **Leistungsklage** gegenüber dem Ersatzpflichtigen ist hingegen **unzulässig** (aA *Conradis*
LPK-SGB XII, vor §§ 102 ff. Rn. 11), da der Träger der Sozialhilfe sich durch Erlass
eines Leistungsbescheides und damit auf einfachere Weise einen Vollstreckungstitel
beschaffen kann.

Um dem **Bestimmtheitsgebot** des § 33 Abs. 1 SGB X zu genügen, muss im **45**
Leistungsbescheid der Erstattungspflichtige konkret bezeichnet und genau angegeben
werden, in welcher Höhe Kostenersatz verlangt wird. Hingegen ist – entgegen der
in den Vorauflagen vertretenen Auffassung – nicht erforderlich, dass der konkrete
Haftungsgrund oder der Zeitraum, für den Kostenersatz begehrt wird, benannt wird.
Auch bedarf es keiner detaillierten Auflistung, wann und in welcher Höhe die Sozialhilfeleistungen erbracht worden sind (vgl. BSG 23.3.2010 – B 8 SO 2/09 R, FEVS
62, 145). Dies ist vielmehr eine Frage der ausreichenden Begründung (§ 35 SGB X).

Der Träger der Sozialhilfe kann **Kostenersatz** nach den §§ 102 ff. auch zunächst **46**
nur **dem Grunde nach** festsetzen. Durch den Erlass eines Grundbescheides wird
allerdings die Frist des § 102 Abs. 4 S. 1 bzw. § 103 Abs. 3 S. 1 nicht gehemmt.

Eine **Verwirkung** der Ansprüche auf Kostenersatz nach §§ 102 ff. ist zwar grund- **47**
sätzlich möglich. Allerdings ist in der Praxis ein zurückhaltender Umgang mit diesem
Rechtsinstitut angezeigt. Verwirkung bedeutet, dass ein Recht nicht mehr ausgeübt
werden darf, wenn seit der Möglichkeit der Geltendmachung längere Zeit verstrichen
ist und besondere Umstände hinzutreten, die die verspätete Rechtsausübung als Verstoß gegen Treu und Glauben erscheinen lassen (vgl. BFH 4.7.1979 – II R 74/77,
DB 1980, 720; zu weit dagegen *Schellhorn,* Schellhorn/Hohm/Scheider, SGB XII,
§ 102 Rn. 35, der eine Verwirkung des Kostenersatzanspruchs bereits dann für möglich
hält, wenn der Träger der Sozialhilfe den Anspruch nicht innerhalb angemessener
Zeit nach seiner Entstehung festsetzt). Der Tatbestand der Verwirkung enthält damit
ein zeitliches Moment, nämlich die länger andauernde Untätigkeit des Anspruchsberechtigten, und ein Umstandsmoment, nämlich ein bestimmtes Verhalten des Berechtigten und einen hierdurch ausgelösten Vertrauenstatbestand. Jedenfalls Letzteres dürfte
in den meisten Fällen nicht gegeben sein, da die schlichte Untätigkeit des anspruchsberechtigten Trägers der Sozialhilfe beim Ersatzverpflichteten keinen Vertrauenstatbestand schafft. Im Übrigen ist dem Träger der Sozialhilfe auch ein angemessener Zeitraum für Sachverhaltsermittlungen zuzubilligen. Sofern in der Rechtsprechung
erwogen wird, Verwirkung auch ohne vertrauensbedingte Dispositionen lediglich
infolge bloßen Zeitablaufs eintreten zu lassen (vgl. BFH 8.4.1993 – X B 128/92 und
24.6.1988 – II R 177/85 jeweils m. w. N.), kann dies vor Ablauf der in § 102 Abs. 4
S. 1 geregelten Frist ohnehin nicht angenommen werden.

## III. Prozessuale Besonderheiten

**Widerspruch** und **Anfechtungsklage** gegen einen Leistungsbescheid haben **48**
gemäß § 86a Abs. 1 SGG **aufschiebende Wirkung.** Erstattungsansprüche nach
§§ 102 ff. fallen nicht unter § 86a Abs. 2 S. 1 Nr. 1 SGG; auch eine analoge Anwendung dieser Vorschrift kommt nicht in Betracht. Dem Träger der Sozialhilfe bleibt

lediglich die Möglichkeit, gemäß § 86a Abs. 2 Nr. 5 SGG die **sofortige Vollziehung** des Leistungsbescheides **anzuordnen.** Allerdings dürfte es in der Praxis in aller Regel Schwierigkeiten bereiten, ein den Anforderungen des § 86a Abs. 2 Nr. 5 SGG genügendes öffentliches Interesse an der sofortigen Vollziehung des Leistungsbescheides darzulegen. Zwar können grundsätzlich auch finanzielle Belange öffentliche Interessen iSv § 86a Abs. 2 Nr. 5 SGG darstellen; Gesichtspunkte allgemeiner Art, wie etwa der Hinweis auf eine angespannte Haushaltslage, genügen jedoch nicht (vgl. BayVGH 16.5.1987 – 23 AS 87.00408, NVwZ 1988, 745; HessVGH 6.6.1983 – I TH 59/82, NVwZ 1983, 748). Die **Gefahr der Nichtrealisierbarkeit des Erstattungsanspruchs** kann nur dann ein öffentliches Interesse an der sofortigen Vollziehung des Erstattungsbescheides begründen, wenn **konkrete Anhaltspunkte** dafür bestehen, dass der Erstattungspflichtige Vermögen verspielt, außer Landes schafft oder sonst wie dem Zugriff des Trägers der Sozialhilfe zu entziehen sucht.

49   Klagt der Erbe gegen einen Bescheid, mit dem er zum Kostenersatz herangezogen wird, so richtet sich die **Kostenentscheidung des Sozialgerichts** nach § 197a SGG iVm dem GKG; es besteht keine Gerichtskostenfreiheit. Der Erbe gehört nicht zu dem in § 183 SGG genannten Personenkreis (BSG 23.3.2010 – B 8 SO 2/09 R, FEVS 62, 145).

50   Klagt einer von mehreren Miterben gegen seine Inanspruchnahme zum Kostenersatz, so sind die anderen **Miterben nicht** gem. § 75 Abs. 2 Alt. 1 SGG **notwendig beizuladen,** weil Gesamtschuldner jeweils einzeln und unabhängig voneinander für den Kostenersatz haften (BSG 23.8.2013 – B 8 SO 7/12 R).

## § 103 Kostenersatz bei schuldhaftem Verhalten

(1) [1]**Zum Ersatz der Kosten der Sozialhilfe ist verpflichtet, wer nach Vollendung des 18. Lebensjahres für sich oder andere durch vorsätzliches oder grob fahrlässiges Verhalten die Voraussetzungen für die Leistungen der Sozialhilfe herbeigeführt hat.** [2]**Zum Kostenersatz ist auch verpflichtet, wer als leistungsberechtigte Person oder als deren Vertreter die Rechtswidrigkeit des der Leistung zu Grunde liegenden Verwaltungsaktes kannte oder infolge grober Fahrlässigkeit nicht kannte.** [3]**Von der Heranziehung zum Kostenersatz kann abgesehen werden, soweit sie eine Härte bedeuten würde.**

(2) [1]**Eine nach Absatz 1 eingetretene Verpflichtung zum Ersatz der Kosten geht auf den Erben über.** [2]**§ 102 Abs. 2 Satz 2 findet Anwendung.**

(3) [1]**Der Anspruch auf Kostenersatz erlischt in drei Jahren vom Ablauf des Jahres an, in dem die Leistung erbracht worden ist.** [2]**Für die Hemmung, die Ablaufhemmung, den Neubeginn und die Wirkung der Verjährung gelten die Vorschriften des Bürgerlichen Gesetzbuchs sinngemäß.** [3]**Der Erhebung der Klage steht der Erlass eines Leistungsbescheides gleich.**

(4) [1]**Die §§ 44 bis 50 des Zehnten Buches bleiben unberührt.** [2]**Zum Kostenersatz nach Absatz 1 und zur Erstattung derselben Kosten nach § 50 des Zehnten Buches Verpflichtete haften als Gesamtschuldner.**

*Vergleichbare Vorschriften: § 92a Abs. 1–3 BSHG; § 34 SGB II.*

**Schrifttum:** *Doering-Striening,* Vom BSGH zum SGB XII – Bilanz, Probleme, Perspektiven – Erbrecht und SGB XII, VSSR 2009, 93; *Hammel,* Die Erhebung von Ersatzansprüchen bei sozialwidrigem Verhalten – Wann sind Sozialleistungen rückzahlungspflichtig?, ZfF 2014, 19; *Homann,* Rückforderung sozialrechtlicher Leistungen und Versagung der Restschuldbefreiung, ZVI 2006, 425; *Löscher,* Die Rücknahme rechtswidriger Bewilligungsbescheide im Sozialhilferecht, NDV 2002, 180 u. 205; *Paul,* Rückforderung zu Unrecht erbrachter Sozialhilfeleistungen, ZfSH/SGB 2000, 277; *Schwabe,* Rückzahlung von Sozialhilfe? – Die rechtlichen Rahmenbedingungen zur Rückforderung von Leistungen nach dem SGB XII, ZfF 2006, 217; *Wahrendorf,*

Ersatzanspruch nach § 34 SGB II bei sozialwidrigem Verhalten, jurisPR-SozR 21/2017 Anm. 2; *ders.*, Zur Dogmatik der Aufhebung und Rückforderung von Leistungen nach dem SGB II und dem SGB XII, in: Butzer/Meyer/Burgi: Organisation und Verfahren im sozialen Rechtsstaat, 2008; *Weber*, Kostenerstattung und Kostenersatz bei rechtswidrig oder zu Unrecht gewährter Sozialhilfe nach dem SGB XII, DVP 2010, 278.

### Übersicht

## I. Bedeutung der Norm

Der Anspruch auf Leistungen der Sozialhilfe besteht unabhängig von den Ursachen und Gründen der Hilfebedürftigkeit. Der Sozialhilfeträger ist insbesondere auch dann leistungspflichtig, wenn die **Hilfebedürftigkeit schuldhaft herbeigeführt** wurde. Möglich ist lediglich eine Kürzung des Sozialhilfeanspruchs nach § 26 und auch dies nur unter den dort genannten engen Voraussetzungen (Verminderung von Einkommen oder Vermögen in der Absicht, die Voraussetzungen für die Gewährung von Sozialhilfe herbeizuführen bzw. Fortsetzung eines unwirtschaftlichen Verhaltens trotz Belehrung). Es wäre jedoch gegenüber der Solidargemeinschaft unbillig, wenn die Sozialhilfeleistung dem Hilfebedürftigen dauerhaft verbliebe, ohne dass derjenige, der sie schuldhaft verursacht hat, zum Kostenersatz herangezogen werden könnte. Dem trägt § 103 Abs. 1 S. 1 Rechnung, indem er einen Kostenersatzanspruch des Verursachers begründet. Ferner dient die Heranziehung zum Kostenersatz der Wiederherstellung des **Nachrangs der Sozialhilfe** (BVerwG 23.9.1999 – 5 C 22/99, BVerwGE 109, 331, 333).   **1**

§ 103 kann allerdings einem Hilfebedürftigen **nicht als Einrede** anspruchshindernd entgegengehalten werden (vgl. HessLSG 3.6.2013 – L 9 AS 219/13 B ER zu § 34 SGB II). Auch wenn die Hilfebedürftigkeit schuldhaft herbeigeführt wurde, sind daher zunächst Leistungen zu erbringen. Der Kostenersatzanspruch kann lediglich nachträglich einen Ausgleich herbeiführen (s. dazu auch LSG BW 27.6.2016 – L 2 SO 1273/16, FUR 2017, 277).   **1a**

Die Vorschrift überträgt im Wesentlichen inhaltsgleich den bisherigen § 92a Abs. 1 bis 3 BSHG (vgl. BT-Drs. 15/1514, S. 68). Allerdings wurde die bisherige Beschränkung auf Fälle, in denen der Kostenersatzpflichtige für sich oder für seine unterhaltsberechtigten Angehörigen die Voraussetzungen für die Leistungen der Sozialhilfe durch vorsätzliches oder grob fahrlässiges Verhalten herbeigeführt hat, aufgegeben (vgl. BT-Drs. 15/1514, 68). Nunmehr besteht eine Ersatzpflicht auch für Fallgestaltungen, in denen für **sonstige Dritte** die Voraussetzungen für die Leistungen der Sozialhilfe herbeigeführt worden sind.   **2**

**3**  Eine im BSHG nicht enthaltene Regelung, die eine andere Konstellation erfasst, enthält hingegen § 103 Abs. 1 S. 2, wonach zum Kostenersatz auch verpflichtet ist, wer als leistungsberechtigte Person oder als deren Vertreter die Rechtswidrigkeit des der Leistung zu Grunde liegenden Verwaltungsaktes kannte oder in Folge grober Fahrlässigkeit nicht kannte. Hier geht es nicht um Fälle rechtmäßiger Sozialhilfeleistungen auf Grund vorwerfbar herbeigeführter Hilfebedürftigkeit. Vielmehr erweitert diese Regelung den Kreis der Erstattungspflichtigen in Fällen **rechtswidriger Hilfeleistung**.

**4**  **§ 34 SGB II** trifft eine ähnliche Regelung. Allerdings ist hier die Kostenerstattungspflicht beschränkt auf Mitglieder der Bedarfsgemeinschaft. Seit der Neufassung des § 34 SGB II zum 1.8.2016 (G v. 26.7.2016, BGBl. I S. 1824) stellt diese Vorschrift klar, dass als „Herbeiführung" der Hilfebedürftigkeit auch der Fall gilt, dass die Hilfebedürftigkeit erhöht, aufrechterhalten oder nicht verringert wurde (hierzu ausführlich → Rn. 8a; s. auch *Simon*, jurisPK-SGB XII, § 103 Rn. 16.1. f.). Eine § 103 Abs. 1 S. 2 entsprechende Regelung kennt das SGB II nicht.

## II. Inhalt der Norm

### 1. Voraussetzungen des Kostenersatzanspruchs (Abs. 1)

**5**  § 103 regelt zwei unterschiedliche Fallkonstellation: zum einen den Kostenersatz bei schuldhaftem Verhalten (Abs. 1 S. 1), zum anderen den Kostenersatz bei Kenntnis oder grob fahrlässiger Unkenntnis der Rechtswidrigkeit der Leistungen (Abs. 1 S. 2).

**6**  **a) Kostenersatz bei schuldhaftem Verhalten (Abs. 1 S. 1). aa) Ersatzpflichtige.** Nach § 103 Abs. 1 S. 1 ersatzpflichtig ist derjenige, der infolge seines sozialwidrigen und schuldhaften Verhaltens Leistungen der Sozialhilfe an sich selbst oder an eine dritte Person herbeigeführt hat, also der **Verursacher** der Leistung. Unerheblich ist, in welchem Verhältnis der Dritte, dem Leistungen gewährt worden sind, zu dem Verursacher steht; die noch in § 92a Abs. 1 S. 1 BSHG enthaltene Beschränkung der Ersatzpflicht auf die an unterhaltsberechtigte Angehörige erbrachten Sozialhilfeleistungen ist in das SGB XII nicht übernommen worden. Hierin liegt auch ein Unterschied zu der Regelung in § 34 SGB II, die eine Kostenersatzpflicht nur vorsieht, wenn der Verursacher Leistungen an sich oder an Personen, die mit ihm in Bedarfsgemeinschaft leben, herbeigeführt hat. Leistungen der **Grundsicherung im Alter und bei Erwerbsminderung** sind nach § 41 Abs. 4 ausgeschlossen, sofern der Bedürftige diese in den letzten 10 Jahren schuldhaft herbeigeführt hat. Somit kommt bei der Grundsicherung eine Ersatzpflicht nach § 103 in der Regel nur in Betracht, wenn ein Dritter die Voraussetzungen für die Leistungen herbeigeführt hat.

**7**  Ersatzpflichtig ist nur, wer im Zeitpunkt der Verursachung das **18. Lebensjahr vollendet** hat; Minderjährige haften nicht nach § 103 Abs. 1 S. 1.

**8**  **bb) Rechtmäßigkeit der Leistung.** Die Verpflichtung zum Kostenersatz nach § 103 Abs. 1 S. 1 setzt zunächst voraus, dass die dem Ersatzpflichtigen selbst oder der dritten Person erbrachte Leistung nach dem materiellen Sozialhilferecht **rechtmäßig** war (BVerwG 5.5.1983 – 5 C 112/81, BVerwGE 67, 163, 166). Leistungen, die unter Verstoß gegen Vorschriften des SGB XII erbracht worden sind, stellen rechtswidrig erbrachte Leistungen dar; eine rechtswidrige Leistungserbringung ist durch Rücknahme des Leistungsbescheides und Rückforderung des Geleisteten rückgängig zu machen (BVerwG 5.5.1983 – 5 C 112/81, BVerwGE 67, 163, 166). Bei rechtswidrig gewährten Leistungen muss daher zunächst der Bewilligungsbescheid nach §§ 45, 48 SGB X aufgehoben werden. Rechtsgrundlagen für einen Anspruch des Sozialhilfeträgers auf Erstattung der Leistungen bzw. Kosten finden sich in § 50 SGB X sowie §§ 103 Abs. 1 S. 2 und 104 SGB XII. Bei rechtmäßig erbrachten Leistungen ist hingegen direkt der Anspruch auf Kostenersatz durch Erstattungsbescheid geltend zu machen; der Bewilligungsbescheid bleibt bestehen. Dementsprechend scheidet § 103 Abs. 1 S. 1 als Rechtsgrundlage für einen Anspruch auf Erstattung rechtswidrig gewährter Leistungen aus. Hat etwa ein Student seine freiwillige Krankenversicherung gekündigt, so stellt die Aufgabe des Krankenversicherungsschutzes zwar ein sozialwidriges Verhalten dar, das grundsätzlich geeignet ist, eine Kostenersatzpflicht nach § 103 Abs. 1 S. 1 auszulösen. Gleichwohl kann der Träger der Sozialhilfe den Studenten nicht auf Ersatz der Kosten der Krankenhilfe nach dieser Vorschrift in Anspruch nehmen, weil dieser gemäß § 22 Abs. 1 S. 1 als Student keinen Anspruch auf Hilfe zum Lebensunterhalt und damit auch nicht auf Übernahme von Krankenversicherungsbeiträgen nach § 32 hatte (vgl. BVerwG 23.9.1999 – 5 C 22/99, BVerwGE 109, 331, 335). Hier wäre vielmehr die Leistungsbewilligung nach § 45 SGB X aufzuheben und sodann ein Erstattungsanspruch gemäß § 50 SGB X geltend zu machen.

**cc) Herbeiführen.** Der Ersatzpflichtige muss durch sein Verhalten die Vorausset- **8a** zungen für die Leistungen der Sozialhilfe **herbeigeführt** haben. Darunter fallen eindeutig Situationen, in denen der Ersatzpflichtige die Leistungsvoraussetzungen erstmals geschaffen bzw. bewirkt hat. Weniger klar ist, ob als „Herbeiführen" auch Fälle anzusehen sind, in denen die Hilfebedürftigkeit bereits bestand und vom Ersatzpflichtigen aufrechterhalten, erhöht oder nicht verringert wird. Für die Parallelvorschrift in § 34 SGB II ist durch die Neufassung zum 1.8.2016 eindeutig geregelt, dass auch diese Konstellationen einen Ersatzanspruch begründen können. Allerdings wurde die Formulierung des § 103 SGB XII nicht entsprechend geändert, sodass sich die Frage stellt, ob § 34 SGB II und § 103 SGB XII diesbezüglich nunmehr unterschiedlich auszulegen sind. Die Gesetzgebungsmaterialien bezeichnen die Neufassung in § 34 SGB II lediglich als Klarstellung (BT-Drs. 18/8041, 45), scheinen also davon auszugehen, dass diese Fälle schon von dem Wort „herbeigeführt" mit erfasst waren (entsprechend auch *Simon,* jurisPK–SGB XII, § 103 Rn. 16.1). Anders sieht es das BSG: Nach dessen Urteil vom 8.2.2017 (B 14 AS 3/16 R, NJW 2017, 2702; kritisch dazu *Wahrendorf,* jurisPR–SozR 21/2017 Anm. 2) handelt es sich bei der Neufassung des § 34 SGB II nicht um eine bloße Klarstellung, sondern um eine echte Rechtsänderung. Das bloße Aufrechterhalten der Hilfebedürftigkeit soll danach nicht das Tatbestandsmerkmal des „Herbeiführens" erfüllen und in Fällen, die nach § 34 SGB II in der bis zum 31.7.2016 geltenden Fassung zu beurteilen sind, demzufolge keinen Ersatzanspruch auslösen können.

**dd) Sozialwidriges Verhalten.** Die Heranziehung zum Kostenersatz nach § 103 **9** Abs. 1 S. 1 setzt des Weiteren in **objektiver Hinsicht** voraus, dass das Verhalten, durch das die Voraussetzungen für die Leistungen der Sozialhilfe herbeigeführt worden sind, „sozialwidrig" ist (BVerwG 24.6.1976 – V C 41.74, BVerwGE 51, 61; LSG NRW 7.11.2008 – L 20 B 135/08 SO). Dieses Erfordernis ist von der Rechtsprechung unter Berücksichtigung des Schutzzwecks der Norm entwickelt worden. Grundsätzlich gilt, dass die Kosten rechtmäßig gewährter Sozialhilfe nicht zu erstatten sind. Die Kostenersatzpflicht ist auf einen „engen deliktähnlichen Ausnahmetatbestand" beschränkt worden; es handelt sich um einen quasi-deliktischen Anspruch, weil der Ersatzanspruch von einem schuldhaften Verhalten des Ersatzpflichtigen abhängt (BVerwG 24.6.1976 – V C 41.74, BVerwGE 51, 61; 23.9.1999 – 5 C 22/ 99, BVerwGE 109, 331). Daher begründet nicht jedes Verhalten, das für die Leistung von Sozialhilfe ursächlich ist, einen Kostenersatzanspruch des Trägers der Sozialhilfe. Das Tun bzw. Unterlassen muss vielmehr einem Unwerturteil unterworfen werden können, wobei aber eine Eingrenzung auf „rechtswidriges" Handeln im Sinne des bürgerlichen Rechts oder Strafrechts zu eng wäre (BVerwG 24.6.1976 – V C 41.74, BVerwGE 51, 61; BayLSG 19.1.2006 – L 11 SO 22/05). Einen Anspruch auf Kostenersatz des Trägers der Sozialhilfe begründet ein Verhalten deshalb dann, wenn es **aus Sicht der Gemeinschaft,** die – was die Sicherstellung von Mitteln für die Hilfeleistung in Notlagen angeht – eine Solidargemeinschaft bildet, **zu missbilligen** ist (BVerwG 23.9.1999 – 5 C 22/99, BVerwGE 109, 331, 333; LSG NRW 1.11.2008 – L 20 B 135/08 SO).

10    Die Sozialwidrigkeit des die Leistungen herbeiführenden Verhaltens wird auch im Rahmen des § 34 SGB II als Voraussetzung für eine Kostenerstattungspflicht verlangt (vgl. BSG 2.11.2012 – B 4 AS 39/12 R, ZfSH/SGB 2013, 263; BayLSG 21.3.2012 – L 16 AS 616/10) und wird in der seit 1.4.2011 geltenden Neufassung des § 34 SGB II auch in der Überschrift („Ersatzansprüche bei sozialwidrigem Verhalten") genannt. Unklar ist allerdings, wie sich diese Voraussetzung zu dem in § 34 SGB II ausdrücklich genannten Tatbestandsmerkmal „ohne wichtigen Grund" verhält (vgl. einerseits BSG 2.11.2012 – B 4 AS 39/12 R, ZfSH/SGB 2013, 263; BayLSG 21.3.2012 – L 16 AS 616/10: Sozialwidrigkeit und das Fehlen eines wichtigen Grundes sind nebeneinander erforderlich; und andererseits *Fügemann,* Hauck/ Noftz, SGB II, § 34 Rn. 38e f.: wenn ein wichtiger Grund für das Verhalten vorliegt, schließt dieser die Sozialwidrigkeit desselben aus).

11    Das sozialwidrige Verhalten kann auch in einem **Unterlassen** bestehen, wie beispielsweise die Weigerung der Zahlung von Unterhalt bei vorhandener Leistungsfähigkeit oder der Nichtabschluss einer Versicherung (dazu → Rn. 16 f. und 19). Ein sozialwidriges Unterlassen ist jedoch nur dann anzunehmen, wenn eine entsprechende Handlungspflicht besteht (vgl. hierzu LSG NRW 24.5.2012 – L 9 SO 281/ 11, ZfSH/SGB 2013, 51).

12    Maßgebliche Grundlage für die Bewertung als sozialwidrig kann nicht ein generelles Urteil über ein bestimmtes Verhalten oder Unterlassen sein, vielmehr sind stets alle Umstände des **konkreten Einzelfalles** zu berücksichtigen (BVerwG 24.6.1976 – V C 41.74, BVerwGE 51, 61). Dies vorausgeschickt, lassen sich die nachfolgenden Fallkonstellationen benennen, in denen ein sozialwidriges Verhalten angenommen worden ist:

13    Die leichtfertige **Aufgabe eines Arbeitsplatzes** stellt grundsätzlich ein sozialwidriges Verhalten dar (NdsOVG 22.11.1995 – 4 L 817/95, ZfF 1998, 62, 63). Ein Arbeitnehmer, der sein Arbeitsverhältnis ohne begründeten Anlass kündigt, verhält sich sozialwidrig, wenn er damit der Sicherung seines Lebensunterhalts aufgibt und auch nicht anderweitig für die Wechselfälle des Lebens Vorsorge getroffen hat (BayVGH 20.1.1984 – 12 B 80 A. 2130). Es ist jedoch stets zu prüfen, ob nicht nachvollziehbare Gründe für die Kündigung vorliegen (vgl. hierzu LSG Bln-Bbg 4.3.2014 – L 29 AS 814/11). Ebenso kann die **Verletzung ausbildungsvertraglicher Pflichten,** die zur Auflösung des Ausbildungsverhältnisses führt, den Vorwurf sozialwidrigen Verhaltens rechtfertigen (BVerwG 9.8.1993 – 5 B 1/93). Allerdings reicht nicht jedes arbeitsvertragswidrige Verhalten aus, Sozialwidrigkeit ist nur bei solchen Pflichtverletzungen im Arbeitsverhältnis anzunehmen, die den Arbeitgeber zur Kündigung berechtigen (BayLSG 21.3.2012 – L 16 AS 616/10). Die **Hinnahme einer rechtswidrigen Kündigung** begründet als solche keine Sozialwidrigkeit. Es besteht weder eine Pflicht noch eine Obliegenheit des Arbeitnehmers, gegen eine rechtswidrige Kündigung gerichtlich vorzugehen (BayLSG 21.3.2012 – L 16 AS 616/10). Auch der **Nichtantritt** einer vermittelten **ABM-Stelle** stellt ein sozialwidriges Verhalten dar (OVG NRW 22.5.2000 – 16 A 5805/96, FEVS 52, 131, 132). Sozialwidrig handelt ferner, wer durch eine **unterlassene Meldung bei der Arbeitsagentur** einen Säumniszeit- und Aufhebungsbescheid hinsichtlich der Bewilligung von Arbeitslosengeld zunächst hervorruft und dann das Ruhen des Leistungsanspruchs nicht dadurch beendet, dass er sich nunmehr bei der Arbeitsagentur persönlich meldet (LSG NRW 7.11.2008 – L 20 D 135/08 SO). Auch ein Ausländer, der es grob fahrlässig unterlassen hat, sich um eine **Verlängerung seiner Aufenthaltserlaubnis** zu bemühen, mit der Folge, dass die Zahlung von Arbeitslo-

sengeld eingestellt wird, kann zur Erstattung der erbrachten Leistungen herangezogen werden (OVG NRW 23.5.1990 – 8 A 2224/87, FEVS 41, 432).

Wer „**Schwarzarbeit**" leistet und folglich Beiträge zur Sozialversicherung und Steuern hinterzieht, verhält sich ebenfalls sozialwidrig (OVG Bln 14.5.1987 – 6 B 34.86, FEVS 37, 195, 199). Hat jemand dagegen keine hinreichende Vorsorge gegen das Risiko der Arbeitslosigkeit getroffen, weil er seinen Lebensunterhalt durch nicht der Arbeitslosenversicherung unterliegende Gelegenheitsarbeiten bzw. durch Übernahme von Aufgaben in einer Lebensgemeinschaft sicherstellt, ist ein die Rückforderung der Sozialhilfe rechtfertigendes sozialwidriges Verhalten nicht gegeben (OVG Bln 14.5.1987 – 6 B 34.86, FEVS 37, 195, 200). 14

Die **Aufnahme einer Zweitausbildung** – etwa eines Studiums – unter Aufgabe der bisherigen beruflichen Tätigkeit und die dadurch verursachte Hilfebedürftigkeit der unterhaltsberechtigten Angehörigen stellt nicht ipso jure ein sozialwidriges Verhalten dar (BVerwG 24.6.1976 – V C 41.74, BVerwGE 51, 61, 64 f.). Allerdings darf auch nicht aus dem Umstand, dass der Staat die Ausbildung fördert, die Annahme eines sozialwidrigen Verhaltens sogleich verneint werden. Ob eine Zweitausbildung sozialwidrig ist und damit eine Heranziehung zum Kostenersatz rechtfertigt, kann vielmehr nur auf Grund der **Umstände des Einzelfalles** beurteilt werden (BVerwG 24.6.1976 – V C 41.74, BVerwGE 51, 61, 65). Dient die weitere Ausbildung im Wesentlichen nur der Anhebung des Sozialprestiges oder ist sie lediglich Ausfluss sonstiger egoistischer Motive, dürfte ein sozialwidriges Verhalten zu bejahen sein (VG Hannover 14.1.1986 – BVG A 240/85, ZfF 1986, 135). Auch ein Studium, das von dem Studenten lediglich um seiner selbst willen betrieben wird, dürfte von der Solidargemeinschaft als sozialwidrig charakterisiert werden (OVG Brem 5.8.1980 – 2 BA 16/80, FEVS 29, 197, 201). Anders verhält es sich hingegen, wenn die Zweitausbildung oder das Studium die finanzielle Situation der Familie deutlich verbessert. Auch der Gesichtspunkt, dass das Studium Teil einer von vornherein beabsichtigten Ausbildung war, die sich jedoch aus bestimmten Gründen nur stufenweise und unterbrochen verwirklichen ließ, kann unter Umständen die Sozialwidrigkeit des Verhaltens ausschließen (BVerwG 24.6.1976 – V C 41.74, BVerwGE 51, 61, 65). 15

Sozialwidrig kann auch das **Unterlassen eines ausreichenden Versicherungsschutzes** sein (LSG Bln-Bbg 29.2.2008 – L 15 B 32/08 SO ER zur Krankenversicherung; kritisch *Conradis* LPK-SGB XII, § 103 Rn. 16). Ein solcher Fall ist in § 92 Abs. 2 S. 6 genannt. Danach ist zum Ersatz der Kosten von Leistungen der medizinischen Rehabilitation bzw. von Leistungen zur Teilnahme am Arbeitsleben verpflichtet, wer sich vorsätzlich oder grob fahrlässig nicht oder nicht ausreichend versichert hat. Die Regelung in § 92 Abs. 2 S. 6 konkretisiert lediglich das schuldhafte Verhalten, ein Kostenersatzanspruch besteht nur, wenn daneben auch die übrigen Voraussetzungen des § 103 erfüllt sind. Insbesondere ist daher in jedem Einzelfall zu prüfen, ob Versicherungsschutz möglich und zumutbar gewesen wäre. 16

Auch die **Kündigung einer Krankenversicherung** bzw. die Nichtzahlung von Beiträgen, die zur Kündigung durch die Versicherung führt, kann ein sozialwidriges Verhalten sein (BVerwG 23.9.1999 – 5 C 22/99, BVerwGE 109, 331, 333; SG Gotha 2.6.2008 – S 14 SO 3481/06, ZfSH/SGB 2008, 690). Krankheit ist eines der Hauptrisiken des Lebens, das jeden jederzeit unvorbereitet treffen kann und seine finanzielle Leistungsfähigkeit häufig bei weitem übersteigt (NdsOVG 13.3.1985 – 4 A 64/83, FEVS 36, 196, 198; OVG Bln 5.6.1980 – 6 B 98.78, FEVS 29, 138, 141). Soweit keine Pflichtversicherung besteht, erwartet die Solidargemeinschaft von dem nicht gesicherten Bürger, dass dieser Vorsorge für Krankheitsfälle durch Abschluss einer Krankenversicherung trifft bzw. den Krankenversicherungsschutz nicht aufgibt. Auch wer jung und gesund ist, darf nicht darauf vertrauen, dass er von Krankheit, Unfällen und gesundheitsschädigenden Ereignissen jeder Art verschont bleibt. Ist der Bürger finanziell nicht mehr in der Lage, für den Krankenversicherungsschutz 17 aufzukommen, so muss er dem Träger der Sozialhilfe die Entscheidung überlassen, ob dieser schon vor Eintritt eines Krankheitsfalles die Beiträge zur freiwilligen Krankenversicherung als Ermessensleistung nach § 32 Abs. 2 übernehmen oder erst im Krankheitsfall Krankenhilfe gemäß § 48 leisten will (BVerwG 23.9.1999 – 5 C 22/99, BVerwGE 109, 331, 335; SG Gotha 2.6.2008 – S 14 SO 3481/06, ZfSH/SGB 2008, 690). Die Fälle unzureichender Krankenversicherung dürften allerdings infolge der durch das GKV-WSG v. 26.3.2007 (BGBl. I, S. 378, Art. 1 Nr. 2) erfolgten Ausdehnung der Pflichtversicherung in der gesetzlichen Krankenversicherung gem. § 5 Abs. 1 Nr. 13 SGB V und der zum 1.1.2009 (durch Art. 11 Abs. 1 des Gesetzes v. 23.11.2007, BGBl. I S. 2631) eingeführten Pflicht nahezu aller nicht gesetzlich versicherter Bürger zum Abschluss einer privaten Krankenversicherung gem. § 193 Abs. 3 VVG erheblich an Bedeutung verlieren.

18      Verursacht jemand leichtfertig – etwa durch Trunkenheit – einen **Verkehrsunfall** und wird dadurch hilfebedürftig, ist er zum Kostenersatz verpflichtet.

19      Sozialwidrig handelt auch, wer trotz Leistungsfähigkeit seinen **Unterhaltsverpflichtungen** nicht nachkommt (HessVGH 22.11.1988 – IX OE 19/82, ZFSH/SGB 1989, 255). Grundsätzlich kann auch die **Verbüßung von Strafhaft**, die zur Sozialhilfebedürftigkeit von Unterhaltsberechtigten führt, den Tatbestand erfüllen (NdsOVG 26.8.1992 – 4 L 1894/91, FEVS 43, 246, 249; aA *Conradis* LPK-SGB XII, § 103 Rn. 13, der darauf abstellt, dass nicht nur die Straftat, sondern va die geringe Bezahlung von Arbeit während der Haft ursächlich für die fehlende Leistungsfähigkeit zum Unterhalt ist). Maßgebend sind aber die Umstände des Einzelfalles; Sozialwidrigkeit folgt nicht schon aus der Inhaftierung an sich, entscheidend ist vielmehr die konkrete Feststellung und Würdigung der zur Inhaftierung führenden Umstände (vgl. BSG 2.11.2012 – B 4 AS 39/12 R, ZfSH/SGB 2013, 263; BVerwG 10.4.2003 – 5 C 4/02, BVerwGE 118, 109). Nach der Rechtsprechung des BSG zu § 34 SGB II ist nur ein solches Verhalten sozialwidrig, das (1) in seiner Handlungstendenz auf die Einschränkung bzw. den Wegfall der Erwerbsfähigkeit oder der Erwerbsmöglichkeit oder (2) die Herbeiführung von Hilfebedürftigkeit bzw. der Leistungserbringung gerichtet war bzw. hiermit in „innerem Zusammenhang" stand oder (3) einen spezifischen Bezug zu anderen nach den Wertungen des SGB II zu missbilligenden Verhaltensweisen aufweist (vgl. BSG 16.4.2013 – B 14 AS 55/12 R; 2.11.2012 – B 4 AS 39/12 R, ZfSH/SGB 2013, 263). Dies hat das BSG für Straftaten gegen die sexuelle Selbstbestimmung und die körperliche Unversehrtheit ebenso verneint wie für das Handeltreiben mit Kokain oder Haschisch. Ferner ist in diesen Fällen sorgsam zu prüfen, ob eine besondere Härte im Sinne des § 103 Abs. 1 S. 3 vorliegt, z. B. wenn der Betroffene infolge der Heranziehung zum Kostenersatz nicht in der Lage ist, nach seiner Entlassung wieder festen Fuß in der Gesellschaft zu fassen und unabhängig von Sozialhilfe zu leben (→ Rn. 44). Umstritten ist, ob die Untersuchungshaft trotz der Unschuldsvermutung mit der Strafhaft gleichgesetzt werden darf (vgl. BVerwG 10.4.2003 – 5 C 4/02, BVerwGE 118, 109 sowie VGH BW 5.12.2001 – 7 S 2825/99).

20      Auch die Frage, ob ein **ehewidriges Verhalten** eines Ehepartners, wodurch der andere Ehepartner gezwungen wird, die Trennung herbeizuführen und wegen des damit verbundenen Verlustes der wirtschaftlichen Existenzgrundlage Sozialhilfe in Anspruch zu nehmen, als sozialwidriges Verhalten angesehen werden kann, wird wesentlich bestimmt von den Umständen des konkreten Falles. Verlässt die Ehefrau aus Angst vor ihrem Ehemann, der sie massiv bedroht hat, die eheliche Wohnung und sucht Zuflucht in einem Frauenhaus, ist gegenüber dem Ehemann der Vorwurf der Sozialwidrigkeit in der Regel zu bejahen (VGH BW 28.1.1998 – 6 S 1669/96, FEVS 49, 101, 104).

21      Verschweigt eine **nichteheliche Mutter,** die für sich und ihr Kind Hilfe zum Lebensunterhalt erhält, gegenüber dem Träger der Sozialhilfe den Namen des Kindesvaters, so ist dies nicht in jedem Fall sozialwidrig. Vielmehr sind auch die Interes-

sen der Mutter und des Kindes zu berücksichtigen (vgl. *Schwitzky* LPK-SGB II, § 34 Rn. 21). Die Mutter muss jedoch offenlegen, aus welchen Gründen sie den Namen des Vaters nicht nennen will (so BVerwG 5.5.1983 – 5 C 112/81, BVerwGE 67, 163; ähnlich auch OVG Bln 18.6.1981 – 6 B 1.80, FamRZ 1981, 1107, wonach eine Kostenersatzpflicht nur dann ausscheidet, wenn die Mutter sich auf eine moralische oder rechtliche Konfliktlage beruft und diese glaubhaft macht).

Sozialwidriges Verhalten liegt nach dem BVerwG ferner vor, wenn ein behindertes **22** Kind in einer privaten Tagesstätte untergebracht und über mehrere Monate dort belassen wird, obwohl der Sozialhilfeträger zuvor zu Recht die Kostenübernahme abgelehnt und stattdessen eine Unterbringung in einem öffentlichen Kindergarten in Aussicht gestellt hat, und infolgedessen schließlich ein Wechsel der Einrichtung wegen der drohenden Gefährdung des Erfolgs der Eingliederungshilfe nicht mehr zumutbar ist und daher die höheren Kosten der privaten Tagesstätte vom Sozialhilfeträger zu übernehmen sind (BVerwG 14.1.1982 – 5 C 70/80, BVerwGE 64, 318, 321). Die Sozialwidrigkeit begründet sich darin, dass eine Lage geschaffen wird, die den Träger der Sozialhilfe zwingt, trotz vorangegangener rechtmäßiger Versagung der Hilfe diese doch leisten zu müssen. Hält der Hilfesuchende die ablehnende Entscheidung des Trägers der Sozialhilfe für rechtswidrig, mutet ihm die Rechtsordnung grundsätzlich zu, Rechtsmittel einzulegen und den Ausgang des gerichtlichen Verfahrens abzuwarten. In akuten Notlagen, die eine alsbaldige Abhilfe erfordern, ist der Hilfesuchende gehalten, Rechtsschutz über ein gerichtliches Eilverfahren zu suchen. Angesichts dieser Möglichkeit ist eine **Selbsthilfe an der Rechtsordnung vorbei** auch in Notlagen zu missbilligen. Ein Kostenersatzanspruch besteht allerdings dann nicht, wenn der Sozialhilfeträger die Kosten für die Unterbringung in der privaten Tagesstätte auf jeden Fall hätte übernehmen müssen, die Ablehnung also rechtswidrig war. Denn dann wäre die Selbsthilfe nicht die maßgebliche Ursache für das Entstehen des Kostenaufwandes.

Ob der **Verbrauch von Vermögen** sozialwidrig ist, hängt von den Umständen **23** des Einzelfalls ab (vgl. aus der Rsp. zu § 34 SGB II SächsLSG 19.1.2009 – L 7 AS 66/07: trägt die Abtretung einer Forderung zur Tilgung einer Darlehensschuld bei, ist sie nicht als sozialwidrig anzusehen; LSG Bln-Bbg 10.7.2007 – L 5 B 410/07 AS ER: Einsatz von Vermögen zum Erwerb einer Eigentumswohnung ist nicht sozialwidrig; einen Fall, in dem der Vermögensverbrauch als sozialwidrig angesehen wurde, behandelt SG Braunschweig 23.2.2010 – S 25 AS 1128/08). Entsprechendes gilt, wenn Leistungsberechtigte **einmalige Einnahmen** nicht zur Sicherung des Lebensunterhalts im Verteilzeitraum (§ 3 Abs. 3 S. 2 der VO zur Durchführung des § 82 SGB XII) verwenden und so Hilfebedürftigkeit herbeiführen (vgl. zu § 34 SGB II BSG 12.6.2013 – B 14 AS 73/12 R und 29.11.2012 – B 14 AS 33/12 R). Ob die **Vereitelung von Erstattungsansprüchen** des Trägers der Sozialhilfe durch den Leistungsberechtigten ebenfalls ein sozialwidriges Verhalten begründet, ist zweifelhaft (OVG Hmb 23.9.1993 – BS IV 161/93, ZfF 1995, 63; → auch Rn. 25).

**ee) Sozialwidrigkeitszusammenhang.** Weiterhin ist Voraussetzung für eine **24** Ersatzpflicht nach § 103 Abs. 1 S. 1, dass zwischen dem sozialwidrigen Verhalten und der Notwendigkeit, Leistungen der Sozialhilfe zu erbringen, ein **ursächlicher Zusammenhang** besteht („...(...) durch (...) (sein) Verhalten die Voraussetzungen für die Leistungen der Sozialhilfe herbeigeführt hat"). Erforderlich ist ein sog. Sozialwidrigkeitszusammenhang (Ausdruck von *Schmitt/Hillermeier*, BSHG, § 92a Rn. 7), d. h. die Leistung der Sozialhilfe muss zum einen die adäquate Folge des sozialwidrigen Verhaltens und zum anderen (noch) vom Schutzzweck des § 103 umfasst sein (ähnlich NdsOVG 16.8.1992 – 4 L 1894/91, FEVS 43, 246, 248 und 26.6.1991 – 4 L 183/89).

Da das SGB XII vor dem Hintergrund der in § 68 geregelten persönlichen und **25** sachlichen Hilfen davon ausgeht, dass ein **Haftentlassener** gerade mit Unterstützung des Trägers der Sozialhilfe einen Arbeitsplatz erhält, reicht der Schutzzweck des § 103 nicht so weit, dass es einem Straftäter zuzurechnen wäre, nach seiner Inhaftierung arbeitslos zu sein (NdsOVG Lüneburg 26.6.1991 – 4 L 183/89). Der Sozialwidrigkeitszusammenhang dürfte ferner bei der **Vereitelung von Erstattungsansprüchen** des Trägers der Sozialhilfe durch den Leistungsberechtigten zu verneinen sein, weil die Erstattungsansprüche allein kraft der Vorschriften der §§ 102 ff. SGB X, also selbstständig und in diesem Sinne unabhängig von einem Anspruch des Berechtigten gegen den erstattungspflichtigen Leistungsträger bestehen (OVG Hmb 23.9.1993 – BS IV 161/93, ZfF 1995, 63; → auch Rn. 23).

26    War das sozialwidrige Verhalten nur eine von mehreren Ursachen für die Leistung der Sozialhilfe, ist der Sozialwidrigkeitszusammenhang nur gegeben, wenn das sozialwidrige Verhalten die **überwiegende Ursache** für die Sozialhilfeleistung bildete. Hätte ohne das sozialwidrige Verhalten Sozialhilfe zwar auch geleistet werden müssen, allerdings in geringerem Umfang, so kann Kostenersatz nur hinsichtlich der durch das sozialwidrige Verhalten verursachten höheren Aufwendungen geltend gemacht werden (vgl. BVerwG 14.1.1982 – 5 C 70/80, BVerwGE 64, 318).

27    **ff) Schuldhaftes Verhalten.** Der Anspruch auf Kostenersatz setzt schließlich in **subjektiver Hinsicht** voraus, dass die Voraussetzungen für die Leistung der Sozialhilfe durch ein **schuldhaftes Verhalten,** dh vorsätzlich oder grob fahrlässig, herbeigeführt worden sind. Schuldhaft verhält sich, wer sich der Sozialwidrigkeit seines Verhaltens bewusst oder grob fahrlässig nicht bewusst ist (BVerwG 23.9.1999 – 5 C 22/99, BVerwGE 109, 331, 333). Der Vorsatz bzw. die grobe Fahrlässigkeit müssen sich dabei auf das Verhalten und dessen Sozialwidrigkeit beziehen, nicht aber auch auf die Gewährung von Sozialhilfeleistungen (aA *Baur,* Jahn, SGB II/SGB XII, § 103 Rn. 18, der auch hinsichtlich der Folgen mindestens bedingten Vorsatz verlangt).

28    Der in Bezug genommene Begriff des **Vorsatzes** umfasst alle drei Arten des Vorsatzes, somit neben der Absicht und dem direkten Vorsatz auch den Eventualvorsatz.

29    **Grobe Fahrlässigkeit,** die eine besonders schwere Verletzung der im Verkehr erforderlichen Sorgfalt erfordert (vgl. § 45 Abs. 2 S. 3 Nr. 3 SGB X), liegt vor, wenn nicht beachtet wird, was im gegebenen Fall jedem einleuchten würde, wenn also schon einfache, ganz nahe liegende Überlegungen nicht angestellt werden.

30    An einem schuldhaften Verhalten kann es beispielsweise fehlen, wenn ein Leistungsberechtigter wegen einer fortgeschrittenen chronischen Alkoholerkrankung nicht in der Lage war, die Folgen des Abbruchs einer Maßnahme des Arbeitsamtes und des Unterlassens des sofortigen Arbeitslosmeldens hinsichtlich seines Krankenversicherungsschutzes zu erkennen (NdsOVG 29.4.1998 – 4 L 7103/96).

31    **b) Kostenersatz bei Kenntnis oder grob fahrlässiger Unkenntnis der Rechtswidrigkeit (Abs. 1 S. 2).** Nach der Regelung in § 103 Abs. 1 S. 2, die im BSHG noch nicht enthalten war, ist auch zum Kostenersatz verpflichtet, wer als leistungsberechtigte Person oder als deren Vertreter die Rechtswidrigkeit des der Leistung zu Grunde liegenden Verwaltungsaktes kannte oder in Folge grober Fahrlässigkeit nicht kannte. Diese Regelung ist im Rahmen der Vorschrift des § 103 deplatziert. Im Gegensatz zu § 103 Abs. 1 S. 1, der eine Erstattung von Kosten rechtmäßig erbrachter Leistungen vorsieht, bezieht sie sich auf Fälle **rechtswidrig** gewährter Sozialhilfeleistungen. Systematisch gehört der Kostenersatzanspruch nach § 103 Abs. 1 S. 2 deshalb zu § 104, der die Erstattung von zu Unrecht erbrachten Leistungen regelt.

32    Die Regelung in § 103 Abs. 1 S. 2 knüpft an die Vorschrift des § 45 Abs. 2 S. 3 Nr. 3 SGB X an, die bei Kenntnis bzw. grob fahrlässiger Unkenntnis der Rechtswidrigkeit eines begünstigenden Verwaltungsaktes dessen Rücknahme ermöglicht. Wird ein Leistungsbescheid nach § 45 Abs. 2 S. 3 Nr. 3 SGB X zurückgenommen, so kann der Sozialhilfeträger gemäß § 50 SGB X vom Leistungsempfänger Erstattung

der bereits erbrachten Leistungen verlangen. Mit § 103 Abs. 1 S. 2 wird die Erstattungspflicht auf den **Vertreter** des Leistungsberechtigten ausgedehnt. Zugleich trägt § 103 Abs. 1 S. 2 dem Umstand Rechnung, dass auch die Annahme einer Leistung trotz Kenntnis ihrer Rechtswidrigkeit als „sozialwidrig" im oben (→ Rn. 9 ff.) dargestellten Sinn zu beurteilen ist.

Da § 103 Abs. 1 S. 2 systematisch ein Unterfall des § 104 ist, setzt die Kostenersatz- **33** pflicht die **Rücknahme** des die Leistung bewilligenden, rechtswidrigen Verwaltungsakts voraus (→ § 104 Rn. 3; aA *Simon* jurisPK-SGB XII, § 103 Rn. 38). § 103 Abs. 4 bestimmt ausdrücklich, dass die §§ 44 bis 50 SGB X unberührt bleiben. Insbesondere gegenüber dem Leistungsberechtigten selbst darf die Anwendung des § 103 Abs. 1 S. 2 nicht dazu führen, dass die in § 45 SGB X geregelten Anforderungen an eine Rücknahme der Leistungsbewilligung umgangen werden.

**Ersatzpflichtig** nach § 103 Abs. 1 S. 2 können der Leistungsberechtigte oder **34** sein Vertreter sein. Als Vertreter der leistungsberechtigten Person kommen insbesondere die gesetzlichen Vertreter, wie etwa Eltern (allerdings nur, soweit sie das Sorgerecht für ihre Kinder haben, vgl. LSG NRW 24.5.2012 – L 9 SO 281/11, ZfSH/SGB 2013, 51), Vormund oder Sorgerechtsinhaber in Betracht, daneben aber auch rechtsgeschäftlich bestellte Vertreter.

Voraussetzung der Ersatzpflicht ist, dass der Leistungsberechtigte bzw. sein Vertre- **35** ter die Rechtswidrigkeit des Bewilligungsbescheids **kannte** oder infolge **grober Fahrlässigkeit nicht kannte**. Zu den Anforderungen an die grobe Fahrlässigkeit → Rn. 29. Die bloße Kenntnis oder das Kennenmüssen der Tatsachen, die die Rechtswidrigkeit begründen, genügt hierfür in der Regel nicht, erforderlich ist vielmehr die Kenntnis bzw. grob fahrlässige Unkenntnis der Fehlerhaftigkeit des Bescheids. Liegt Kenntnis bzw. Kennenmüssen der Rechtswidrigkeit erst zu einem Zeitpunkt nach Erlass des rechtswidrigen Bescheids vor, so besteht die Ersatzpflicht nur für die Kosten der Leistungen, die nach diesem Zeitpunkt gewährt wurden.

Im Unterschied zur **Kostenersatzpflicht nach § 104 S. 1** haften die nach § 103 **36** Abs. 1 S. 2 Ersatzpflichtigen allein auf Grund ihrer Kenntnis bzw. grob fahrlässigen Unkenntnis von der Rechtswidrigkeit des Bewilligungsbescheides, sie haben die zu Unrecht erbrachte Leistung des Trägers der Sozialhilfe nicht selbst (durch ein sozialwidriges Verhalten) herbeigeführt. Hat beispielsweise der Leistungsberechtigte die (rechtswidrige) Leistung an sich selbst durch ein vorsätzliches Verhalten herbeigeführt, haftet er nach § 104 S. 1. Beruhte die (rechtswidrige) Leitungserbringung dagegen auf einem sozialwidrigen und schuldhaften Verhalten eines Dritten, hatte der Leistungsberechtigte aber Kenntnis von der Rechtswidrigkeit der der Leistung zu Grunde liegenden Verwaltungsaktes, ergibt sich die Ersatzpflicht des Leistungsberechtigten aus § 103 Abs. 1 S. 2. Beispiel: Der Vater, der über ein seinen sozialhilferechtlichen Bedarf deckendes Einkommen verfügt, beantragt für seine Ehefrau und die Kinder Hilfe zum Lebensunterhalt. Später stellt sich heraus, dass der Vater anrechenbares Vermögen verschwiegen hat. Die an die Ehefrau und die Kinder geleistete Hilfe zum Lebensunterhalt kann vom Vater gestützt auf die Vorschrift des § 104 S. 1 zurückgefordert werden. War der Ehefrau bekannt bzw. infolge grober Fahrlässigkeit nicht bekannt, dass ihr Ehemann bei der Beantragung von Sozialhilfe anrechenbares Vermögen verschwiegen hatte und Leistungen deshalb nicht oder nicht in gleicher Höhe hätten bewilligt werden dürfen, haftet sie gemäß § 103 Abs. 1 S. 2; daneben kann die an sie erbrachte Leistung nach §§ 45, 50 SGB X zurückgefordert werden.

**c) Darlegungs- und Beweislast.** Für die anspruchsbegründenden Voraussetzun- **37** gen des Ersatzanspruchs ist der **Träger der Sozialhilfe darlegungs- und beweispflichtig**. Der Sozialhilfeträger hat daher den Sachverhalt gewissenhaft und erschöpfend zu ermitteln und Hinweistatsachen aufzuzeigen, die auf das Vorliegen eines sozialwidrigen schuldhaften Verhaltens schließen lassen (vgl. BayLSG 19.1.2006 – L

11 SO 22/05). Allerdings ist der Leistungsberechtigte im Hinblick auf Ereignisse, die sich in seiner persönlichen Sphäre zugetragen haben, auf Grund seiner prozessualen Mitwirkungspflicht gehalten, diese substantiiert darzulegen (vgl. BVerwG 9.8.1993 – 5 B 1/93).

**38**    **d) Kein Ermessen des Sozialhilfeträgers.** Liegen die Voraussetzungen für den Kostenersatz nach § 103 Abs. 1 S. 1 oder S. 2 vor und ist auch keine Härte iSv § 103 Abs. 1 S. 3 gegeben (→ Rn. 40 ff.), so steht die Entscheidung über die Geltendmachung des Ersatzanspruchs **nicht im Ermessen** des Trägers der Sozialhilfe. Die Formulierung des Gesetzes „(…) ist verpflichtet (…)" macht vielmehr deutlich, dass der Träger der Sozialhilfe bei Vorliegen der Voraussetzungen vom Ersatzpflichtigen Kostenersatz fordern muss.

## 2. Gegenstand der Ersatzpflicht

**39**    Die Vorschrift erfasst grundsätzlich **alle Arten von Sozialhilfeleistungen** (§ 8); auch Hilfen, die lediglich im Ermessenswege erbracht wurden, fallen unter die Kostenersatzpflicht nach § 103. In Bezug auf Unterkunftskosten ist freilich die Vorschrift des § 105 Abs. 2 zu beachten, wonach u. U. ein Teil der Leistungen für die Unterkunft nicht der Rückforderung nach § 103 unterliegt (→ § 105 Rn. 13 ff.; aA – keine Anwendung des § 105 Abs. 2 – *Simon* jurisPK-SGB XII, § 103 Rn. 49). Die Zahlungspflicht ist – abgesehen von der Härteklausel des § 103 Abs. 1 S. 3 – unbegrenzt, es gelten **keine Schon- oder Freibeträge.**

## 3. Härteklausel (Abs. 1 S. 3)

**40**    Nach § 103 Abs. 1 S. 3 **kann** von der Heranziehung zum Kostenersatz **abgesehen werden,** soweit sie eine Härte bedeuten würde. Dies entspricht dem bisherigen § 92a Abs. 1 S. 1 Hs. 1 BSHG. Hingegen ist die Regelung in § 92a Abs. 1 S. 2 Hs. 2 BSHG, wonach von der Heranziehung zum Kostenersatz zwingend abzusehen war, soweit dadurch die Fähigkeit des Ersatzpflichtigen beeinträchtigt würde, künftig unabhängig von Sozialhilfe am Leben in der Gemeinschaft teilzunehmen, nicht übernommen worden. Das führt jedoch nicht dazu, dass eine solche Beeinträchtigung der Teilhabe am Leben in der Gemeinschaft nunmehr unerheblich ist; vielmehr ist lediglich die Zwangsläufigkeit, mit der in diesen Fällen von der Heranziehung zum Kostenersatz abzusehen war, abgeschafft worden.

**41**    **§ 34 SGB II** enthielt zunächst keine entsprechende Regelung. Der Gesetzgeber hatte dort die Regelung des früheren § 92a Abs. 1 S. 2 Hs. 2 BSHG übernommen. Nach § 34 Abs. 1 S. 2 SGB II aF war von der Geltendmachung des Ersatzanspruchs abzusehen, soweit sie den Verpflichteten in Zukunft abhängig von Leistungen zur Sicherung des Lebensunterhalts nach dem SGB II oder von Leistungen nach dem SGB XII machen würde. § 34 SGB II in der seit 1.4.2011 geltenden Fassung enthält diese Regelung nicht mehr, an ihre Stelle ist eine allgemeine Härteklausel getreten (nunmehr in § 34 Abs. 1 S. 6 SGB II: „Von der Geltendmachung eines Ersatzanspruchs ist abzusehen, soweit sie eine Härte bedeuten würde"). Im Unterschied zu § 103 Abs. 1 S. 3 ist dem SGB II-Leistungsträger insoweit jedoch kein Ermessen eingeräumt.

**42**    Der Begriff der Härte, der als **unbestimmter Rechtsbegriff** der uneingeschränkten gerichtlichen Kontrolle unterliegt, erfordert eine Atypik, die es rechtfertigt, von der grundsätzlichen Verpflichtung zum Kostenersatz nach Satz 1 abzuweichen. Ein in diesem Sinne atypischer Sachverhalt ist nur gegeben, wenn im Einzelfall Umstände vorliegen, die eine Heranziehung zum Kostenersatz auch mit Rücksicht auf den Gesetzeszweck, den Nachrang der Sozialhilfe wieder herzustellen, als unzumutbar oder unbillig erscheinen lassen.

Bloße ungünstige **wirtschaftliche Verhältnisse** des Ersatzpflichtigen genügen **43** noch nicht. Allerdings ist eine Härte auch nicht erst dann anzunehmen, wenn – entsprechend der ehemals ausdrücklich benannten Härte in § 92a Abs. 1 S. 2 BSHG – bei einer Heranziehung zum Kostenersatz die Fähigkeit des Ersatzpflichtigen, künftig unabhängig von Sozialhilfe am Leben in der Gemeinschaft teilzunehmen, beeinträchtigt würde. Vielmehr kann eine Härte etwa gegeben sein, wenn ein Ersatzpflichtiger, der lediglich wenige Monate Leistungen der Sozialhilfe bezogen hat, über einen Zeitraum von vielen Jahren die Ersatzforderung abtragen müsste, weil er ein Einkommen in einer Höhe bezieht, das lediglich geringfügig über seinem sozialhilferechtlichen Bedarf liegt (OVG NRW 22.5.2000 – 16 A 5805/96, FEVS 52, 131). Hat sich der Ersatzpflichtige bereits während der Dauer der Hilfe nach Kräften bemüht, den Bedarf durch eigene Leistungen und Maßnahmen gering zu halten oder sich bereit erklärt, für die dritte Person nach Abschluss der Hilfe wieder voll aufzukommen, kann ebenfalls eine Härte vorliegen. Werden durch die Heranziehung zum Kostenersatz die Kräfte der Familie zur Selbsthilfe oder der Zusammenhalt der Familie gefährdet, kann das in § 16 normierte Gebot der familiengerechten Hilfe die Annahme einer Härte begründen (VG Karlsruhe 3.4.1997 – 5 K 2411/95, info also 1999, 200, 202).

Auch bei **Strafgefangenen bzw. -entlassenen** ist in jedem Einzelfall zu prüfen, **44** ob Umstände im vorstehend beschriebenen Sinne vorliegen, die es gerechtfertigt erscheinen lassen, von der Heranziehung zum Kostenersatz abzusehen, insbesondere um das Ziel der Resozialisierung nicht zu gefährden. Wesentliche Gesichtspunkte, die in diese Prüfung einzufließen haben, sind neben dem Alter und den familiären Rahmenbedingungen vor allem die berufliche Qualifikation des Ersatzpflichtigen. Verfügt der Ersatzpflichtige etwa über eine abgeschlossene Berufsausbildung und kann er auch einschlägige Berufserfahrungen nachweisen, spricht vieles dafür, dass er sozial nicht gefährdet ist, vielmehr seinen Lebensunterhalt aus eigenen Kräften bestreiten und auch die Kostenersatzforderung des Trägers der Sozialhilfe begleichen kann. Eine Praxis, bei Haftentlassenen grundsätzlich von der Heranziehung zum Kostenersatz abzusehen, wäre mit dem Gesetz nicht vereinbar (zumindest missverständlich *Conradis* LPK-SGB XII, § 103 Rn. 13).

Bei der Prüfung, ob in der Person des Ersatzpflichtigen eine Härte vorliegt, sind **45** insbesondere auch die **Folgen der Rückzahlungsverpflichtung** für den Selbsthilfewillen und die Selbsthilfefähigkeit des Ersatzpflichtigen in den Blick zu nehmen. Ist ernsthaft zu besorgen, dass der Ersatzpflichtige infolge besonderer Lebensverhältnisse oder auf Grund seiner persönlichen Verfassung gehindert wird, mit der durch die Ersatzverpflichtung begründeten oder verhärteten sozialen Notlage aus eigenen Kräften und Mitteln fertig zu werden, und dass er unter dem Druck der Verhältnisse sozial abzugleiten und gänzlich den Halt zu verlieren droht, ist eine Härte i. S. v. § 103 Abs. 1 S. 3 zu bejahen (vgl. OVG NRW 22.5.2000 – 16 A 5805/96, FEVS 52, 131, 132).

Da der Begriff der Härte die Person des Ersatzpflichtigen im Blick hat, kommt **46** es für die Anwendbarkeit der Härteregelung nicht darauf an, ob „**Gründe der Verwaltung**" dafür sprechen, vom Kostenersatz abzusehen" (so aber *Wolf,* Fichtner/ Wenzel, SGB XII, § 103 Rn. 15). Ist die Beitreibung der Kosten aller Voraussicht nach aussichtslos oder steht der Verwaltungsaufwand außer Verhältnis zum realisierbaren Kostenersatz, so begründet dies keine Härte isV § 103 Abs. 1 S. 3. Die Gründe, warum der Sozialhilfeträger in derartigen Fallkonstellationen keinen Kostenersatz geltend macht bzw. von einer Vollstreckung des Anspruchs absieht, sind außerhalb der Norm des § 103 Abs. 1 S. 3 angesiedelt.

Liegt eine Härte isV § 103 Abs. 1 S. 3 vor, steht die Entscheidung über die Heran- **47** ziehung im **pflichtgemäßen Ermessen** des Trägers der Sozialhilfe. Durch die Verwendung des Wortes „soweit" wird deutlich, dass nicht nur ein **zeitweises,** sondern vor allem auch ein **teilweises Absehen** von der Heranziehung zum Kostenersatz möglich ist. Im Rahmen seiner Ermessensentscheidung hat der Träger der Sozialhilfe zu berücksichtigen, ob der Ersatzpflichtige gewillt ist, sich künftig sozialgerecht zu verhalten, und ob und inwieweit diese Bereitschaft des Ersatzpflichtigen durch ein Absehen vom Kostenersatz gefestigt werden kann. Darüber hinaus können als Ermessenserwägungen auch die Art des sozialwidrigen Verhaltens sowie der Grad des Verschuldens von Bedeutung sein. Eine Regel des Inhalts, sei eine Härte einmal festgestellt, wäre jedenfalls eine volle Heranziehung zum Kostenersatz ermessensfehlerhaft, lässt sich dem Gesetz so nicht entnehmen. Ist die Annahme einer Härte allerdings damit begründet worden, dass die Heranziehung zum Kostenersatz die Fähigkeiten des Ersatzpflichtigen beeinträchtigen würde, künftig unabhängig von Sozialhilfe am Leben in der Gemeinschaft teilzunehmen, wird sich in aller Regel nur ein wenigstens teil- bzw. zeitweises Absehen von der Heranziehung zum Kostenersatz als ermessensfehlerfreie Entscheidung erweisen.

## 4. Übergang der Verpflichtung auf den Erben (Abs. 2)

**48**    Nach § 103 Abs. 2 S. 1 geht die Verpflichtung zum Kostenersatz auf die Erben über (sog. **unselbstständige Erbenhaftung** im Unterschied zur selbstständigen Erbenhaftung des § 102). Der Übergang erfolgt kraft Gesetzes und setzt nicht voraus, dass der Kostenersatzanspruch bereits zu Lebzeiten des Ersatzpflichtigen durch Leistungsbescheid geltend gemacht wurde.

**49**    Die unselbstständige Erbenhaftung nach § 103 Abs. 2 ist **akzessorisch,** d. h. dem Grunde und der Höhe nach von der Haftung des Ersatzpflichtigen abhängig. Meint der Erbe etwa, der Ersatzpflichtige habe nicht sozialwidrig oder schuldhaft gehandelt, kann er diese Einwendungen gegenüber dem Träger der Sozialhilfe geltend machen, sofern nicht eine Ersatzpflicht des Erblassers bereits bestandskräftig festgestellt worden ist. Ferner kann sich der Erbe auch darauf berufen, dass gegenüber dem Erblasser wegen Vorliegens einer Härte nach § 103 Abs. 1 S. 3 von einer Heranziehung abzusehen gewesen wäre (ebenso *Conradis* LPK-SGB XII, § 103 Rn. 22; aA *Simon* jurisPK-SGB XII, § 103 Rn. 52; *Klinge,* Hauck/Noftz, SGB XII, § 103 Rn. 22). Daraus folgt, dass eine nach § 103 Abs. 1 S. 1 zwar eingetretene Ersatzpflicht, von der der Träger der Sozialhilfe den Ersatzpflichtigen jedoch auf Grund der Härteklausel des § 103 Abs. 1 S. 3 freigestellt hat, nicht als Nachlassverbindlichkeit auf den Erben übergehen kann. Hat der Träger der Sozialhilfe dagegen den Kostenersatzanspruch dem Ersatzpflichtigen gegenüber vor dem Erbfall noch nicht geltend gemacht, kann der Erbe eine im Zeitpunkt des Erbfalles in der Person des verstorbenen Ersatzpflichtigen begründete Härte nur einwenden, wenn das dem Träger der Sozialhilfe nach § 103 Abs. 1 S. 3 eingeräumte Ermessen auf Null reduziert gewesen wäre.

**50**    Hingegen kann der Erbe keine in seiner Person liegende Härte geltend machen. Allerdings wird durch den Verweis auf § 102 Abs. 2 S. 2 klargestellt, dass der Erbe für den Kostenersatzanspruch nur mit dem **Wert des** im Zeitpunkt des Erbfalles vorhandenen **Nachlasses** haftet. Infolgedessen lassen jedoch auch Minderungen des Nachlasses, die nach dem Erbfall, aber vor Erlass des Kostenersatzbescheides des Sozialhilfeträgers eintreten, die Kostenersatzpflicht des Erben unberührt (→ § 102 Rn. 37 f.). Schlägt der Erbe allerdings die Erbschaft aus, entfällt auch seine Haftung für den Kostenersatzanspruch. Zum Lauf der Erlöschensfrist → Rn. 54.

## 5. Erlöschen des Anspruchs (Abs. 3)

**51**    Der Anspruch auf Kostenersatz erlischt in drei Jahren vom Ablauf des Jahres an, in dem die Leistung erbracht worden ist; § 103 Abs. 3 ist lex specialis im Verhältnis zu § 52 Abs. 1 SGB X (§ 37 SGB I). Das Erlöschen des Anspruchs ist **von Amts wegen** – nicht erst und nur auf die Einrede des Ersatzpflichtigen oder Erben hin – **zu prüfen.**

Für den Fristbeginn ist entscheidend, wann die **Leistung tatsächlich erbracht** 52
worden ist; der vom Träger der Sozialhilfe festgesetzte Bewilligungszeitraum ist
unerheblich. Werden Leistungen über einen längeren Zeitraum erbracht, beginnt
die Erlöschensfrist nicht für alle Leistungen erst mit dem Ablauf des Jahres, in dem
die letzte Leistung erbracht worden ist. Erhält ein Leistungsberechtigter seit dem
1.1.2004 ununterbrochen Hilfe zum Lebensunterhalt, so erlischt der Anspruch auf
Kostenersatz für die im Jahre 2004 erbrachten Leistungen mit Ablauf des 31.12.2007,
für die im Jahre 2005 erbrachten Leistungen mit Ablauf des 31.12.2008 usw. Auch
kommt es nicht auf den Zeitpunkt der Kenntnis des Trägers der Sozialhilfe von den
den Ersatzanspruch begründenden Umständen an.

Der Kostenersatzanspruch erlischt freilich nicht, wenn der Fristablauf gehemmt 53
worden ist. Die Vorschriften des Bürgerlichen Gesetzbuches über die **Hemmung**
(§§ 203 ff.), die **Ablaufhemmung** (§§ 210 f.), den **Neubeginn** (§ 212) und die **Wirkung** der **Verjährung** (§ 214) finden insoweit entsprechende Anwendung. § 103
Abs. 3 S. 3 (eingefügt durch Art. 1 des Gesetzes vom 2.12.2006, BGBl. I, S. 2670)
stellt klar, dass der Erlass eines Leistungsbescheides der Erhebung der Klage gleich
steht und daher die Erlöschensfrist hemmt.

Da die Erbenhaftung nach § 103 Abs. 2 akzessorisch ist, kommen dem Erben die 54
zu Lebzeiten des Ersatzpflichtigen bereits **abgelaufenen Teile der Erlöschensfrist**
zugute. Allerdings muss der Erbe – auch das ist Ausfluss der Akzessorietät seiner
Haftung – eine gegenüber dem Ersatzpflichtigen (Erblasser) eingetretene Hemmung
oder einen Neubeginn der Verjährung ebenfalls gegen sich gelten lassen.

## 6. Gesamtschuldnerische Haftung (Abs. 4 S. 2)

Gemäß § 103 Abs. 4 S. 2 haften zum Kostenersatz nach Abs. 1 und zur Erstattung 55
derselben Kosten nach § 50 SGB X Verpflichtete als Gesamtschuldner. Das Gesetz
geht davon aus, dass die Haftung des Kostenersatzpflichtigen nach § 103 Abs. 1 die
Erstattungsansprüche gegen den Empfänger der Leistung (§§ 45–50 SGB X) nicht
verdrängt (BVerwG 26.1.1998 – 5 B 40/97, Buchholz 436.0 § 92 BSHG Nr. 4).
Sind die Voraussetzungen beider Bestimmungen erfüllt, hat der Träger der Sozialhilfe
nach pflichtgemäßem Ermessen zu entscheiden, wen er in Anspruch nimmt. Das
ihm insoweit eingeräumte **Auswahlermessen** ist relativ weit, was sich aus dem
Zweck der gesamtschuldnerischen Haftung ergibt. Sie soll dem Träger der Sozialhilfe
helfen, rechtmäßige Zustände wiederherzustellen, und den damit verbundenen Verwaltungsaufwand verringern. Vor diesem Hintergrund wird das Auswahlermessen
des Trägers der Sozialhilfe lediglich durch das Willkürverbot und die offenbare
Unbilligkeit begrenzt.

## III. Geltendmachung des Anspruchs; prozessuale Besonderheiten

Kostenersatz nach § 103 Abs. 1 ist vom Träger der Sozialhilfe durch Leistungsbe- 56
scheid geltend zu machen, → § 102 Rn. 43a ff.

Zur **aufschiebenden Wirkung von Widerspruch und Anfechtungsklage** 57
→ § 102 Rn. 48. Klagt ein Dritter gegen einen Bescheid, mit dem er zum Ersatz
der Kosten herangezogen wird, weil er durch sein vorsätzliches oder grob fahrlässiges
Verhalten Leistungen der Sozialhilfe an andere herbeigeführt hat, so besteht keine
Gerichtskostenfreiheit und die **Kostenentscheidung des Sozialgerichts** richtet
sich nach § 197a SGG iVm dem GKG. Der Dritte wird nämlich nicht als Leistungsempfänger in Anspruch genommen und gehört daher nicht zu dem in § 183 SGG
genannten Personenkreis (vgl. LSG NRW 21.10.2011 – L 20 SO 373/11 B zu
§ 104).

**§ 104** Kostenersatz für zu Unrecht erbrachte Leistungen

[1]Zum Ersatz der Kosten für zu Unrecht erbrachte Leistungen der Sozialhilfe ist in entsprechender Anwendung des § 103 verpflichtet, wer die Leistungen durch vorsätzliches oder grob fahrlässiges Verhalten herbeigeführt hat. [2]Zum Kostenersatz nach Satz 1 und zur Erstattung derselben Kosten nach § 50 des Zehnten Buches Verpflichtete haften als Gesamtschuldner.

*Vergleichbare Vorschriften: § 92a Abs. 4 BSHG; § 34a SGB II.*

**Schrifttum:** *Fleischmann,* Rückforderung zu Unrecht gewährter Sozialhilfe; NDV 1994, 85; *Linhart,* Probleme beim Vollzug des neuen § 92a Abs. 4 BSHG, BayVBl. 1996, 486; *Löscher,* Die Rücknahme rechtswidriger Bewilligungsbescheide im Sozialhilferecht, NDV 2002, 180 u. 205; *Paul,* Rückforderung zu Unrecht erbrachter Sozialhilfeleistungen, ZfSH/SGB 2000, 277; *Schwabe,* Rückzahlung von Sozialhilfe? – Die rechtlichen Rahmenbedingungen zur Rückforderung von Leistungen nach dem SGB XII, ZfF 2006, 217; *Wahrendorf,* Zur Dogmatik der Aufhebung und Rückforderung von Leistungen nach dem SGB II und dem SGB XII, in: Butzer/Meyer/Burgi: Organisation und Verfahren im sozialen Rechtsstaat, 2008; *Weber,* Kostenerstattung und Kostenersatz bei rechtswidrig oder zu Unrecht gewährter Sozialhilfe nach dem SGB XII, DVP 2010, 278.

# I. Bedeutung der Norm

**1**    Werden Sozialhilfeleistungen zu Unrecht erbracht, so hat der Sozialhilfeträger einen Anspruch auf Erstattung der Leistungen gemäß § 50 SGB X. Nach § 50 SGB X kann Erstattung jedoch nur vom Leistungsempfänger selbst verlangt werden, nicht aber auch von Dritten, wie zB vom Ehegatten oder Lebenspartner oder von den Eltern minderjähriger Kinder. § 104 bezweckt demgegenüber eine **Haftungserweiterung,** in dem er alle Personen für erstattungspflichtig erklärt, die die unrechtmäßige Sozialhilfeleistung durch vorsätzliches oder grob fahrlässiges Verhalten herbeigeführt haben. Die Norm begründet einen eigenständigen und zusätzlichen Ersatzanspruch des Sozialhilfeträgers, der selbstständig neben den Anspruch aus § 50 SGB X tritt. Durch diese Ausdehnung der Haftung wird zugleich ein Wertungswiderspruch zu § 103 vermieden, der bei rechtmäßig gewährten Sozialhilfeleistungen ebenfalls einen Ersatzanspruch auch gegenüber Dritten begründet, wenn diese durch vorsätzliches oder grob fahrlässiges Verhalten die Voraussetzungen für die Leistungen herbeigeführt haben.

**2**    Gegenüber der bisherigen Regelung in § 92a Abs. 4 BSHG enthält § 104 – über den Verweis auf § 103 – insoweit eine Erweiterung der Haftung, als dass die bisherige Beschränkung auf die Fälle, in denen der Kostenersatzpflichtige durch sein Verhalten die Leistung für sich oder für seine unterhaltsberechtigten Angehörigen herbeigeführt hat, aufgegeben wurde (→ § 103 Rn. 2). Nunmehr besteht eine Ersatzpflicht auch für Fallgestaltungen, in denen die Leistungen der Sozialhilfe an **sonstige Dritte** erbracht worden sind.

**2a**    Das **SGB II** trifft eine entsprechende Regelung in § 34a in der seit 1.4.2011 geltenden Fassung. Diese erfasst allerdings nur den Fall, dass Leistungen an Dritte herbeigeführt wurden; eine Ersatzpflicht bei Herbeiführung der Leistung an sich selbst ist dort nicht vorgesehen. § 34a SGB II stellt im Gegensatz zu § 104 nicht auf „zu Unrecht", sondern auf „rechtswidrig" erbrachte Leistungen ab. Daraus folgt, dass für einen Ersatzanspruch nach § 34a SGB II nicht erforderlich ist, dass ein der Leistungserbringung zugrunde liegender Leistungsbescheid aufgehoben wird (*Fügemann,* Hauck/Noftz, SGB II, § 34a Rn. 34, 36; *Simon* jurisPK-SGB XII, § 104 Rn. 12). Der Ersatzanspruch nach § 34a SGB II ist zudem nicht auf volljährige Personen beschränkt. Schließlich kennt § 34a SGB II keine Härtefallklausel.

## II. Inhalt der Norm

### 1. Voraussetzungen des Kostenersatzanspruchs

Der Ersatzanspruch nach § 104 S. 1 erfordert in tatbestandlicher Hinsicht **3** zunächst, dass der Träger der Sozialhilfe den bzw. die Bescheide, mit denen rechtswidrig Sozialhilfe bewilligt worden ist, aufgehoben hat. Die Rechtswidrigkeit der Sozialhilfeleistung als solche genügt nicht. Das ergibt sich aus dem Wortlaut des Gesetzes, das nicht von „rechtswidrig", sondern von „zu Unrecht" erbrachten Leistungen spricht. Hierdurch wird verdeutlicht, dass der Rechtsgrund für das Behaltendürfen der Leistung durch **Aufhebung des Bewilligungsbescheids** beseitigt worden sein muss (vgl. SG Gelsenkirchen 1.6.2006 − S 2 SO 29/06 ER; dazu auch *Simon* jurisPK-SGB XII, § 104 Rn. 13). In § 92a Abs. 4 BSHG ergab sich dies noch deutlicher aus dem Klammerzusatz „(§ 50 des Zehnten Buches Sozialgesetzbuch)", der eine Rechtsgrundverweisung auf die Vorschrift des § 50 SGB X darstellte und bedeutete, dass die nach § 92a Abs. 4 BSHG begründete Kostenersatzpflicht an dieselben rechtlichen Voraussetzungen wie die Erstattungspflicht nach § 50 SGB X geknüpft war (vgl. BVerwG 20.11.1997 − 5 C 16/97, BVerwGE 105, 374, 376). Dass dieser Klammerzusatz in § 104 S. 1 nicht übernommen wurde, ist unschädlich. Aus der Gesetzesbegründung geht hervor, dass eine Änderung der Voraussetzungen nicht gewollt war (BT-Drs. 15/1514, S. 68). Auch käme dem Klammerzusatz neben der Formulierung „zu Unrecht erbrachte Leistungen der Sozialhilfe" lediglich noch eine klarstellende Bedeutung zu.

Die **Aufhebung** des Bewilligungsbescheids muss **gegenüber dem Leistungs-** **4** **empfänger** erfolgen. Die Vorschrift des § 104 dehnt lediglich den Kreis der Erstattungspflichtigen aus. Die Grundregel, dass ein Bewilligungsbescheid nur gegenüber dem Hilfeempfänger aufgehoben werden kann, bleibt bestehen. Das Erfordernis der Aufhebung des Bewilligungsbescheids gegenüber dem Leistungsempfänger hat zur Konsequenz, dass Kostenersatz nach § 104 − etwa vom Ehegatten oder Lebenspartner − nicht verlangt werden kann, wenn der Leistungsempfänger **Widerspruch** **bzw. Klage gegen den Rücknahmebescheid** eingelegt hat (so auch *Schellhorn*, Schellhorn/Hohm/Scheider, SGB XII, § 104 Rn. 6; *Steimer/Zink*, Mergler/Zink, SGB XII, § 104 Rn. 5; a. A. *Simon* jurisPK-SGB XII, § 104 Rn. 16). Denn der nach § 86a Abs. 1 SGG eingetretene Suspensiveffekt verhindert eine „Vollziehung" des Rücknahmebescheids durch Erlass eines Ersatzbescheides gegenüber der zum Kostenersatz verpflichteten Person. Will der Träger der Sozialhilfe nicht die Bestandskraft des Rücknahmebescheids abwarten, muss er entweder diesen gemäß § 86a Abs. 2 Nr. 5 SGG für sofort vollziehbar erklären oder den Bescheid nach § 104 unter die aufschiebende Bedingung der Wirksamkeit des Rücknahmebescheids stellen.

**Ersatzpflichtig** ist, wer die Leistungen durch vorsätzliches oder grob fahrlässiges **5** Verhalten herbeigeführt hat. Dies kann sowohl der Leistungsempfänger selbst als auch jede dritte Person, die die unrechtmäßige Sozialhilfeleistung verursacht hat, sein. Die Vorschrift ist insoweit zu lesen: „Zum Ersatz der Kosten für zu Unrecht erbrachte Leistungen der Sozialhilfe ist verpflichtet, wer die Leistungen an sich selbst oder einen Dritten durch vorsätzliches oder grob fahrlässiges Verhalten herbeigeführt hat." Die unter der Geltung des § 92a Abs. 4 BSHG streitige Frage der Haftung des Vormundes, des Sorgerechtsinhabers, des Pflegers oder Betreuers des Leistungsberechtigten (vgl. hierzu nur *Linhart*, BayVBl. 1996, 486, 490) ist vom Gesetzgeber dadurch entschieden worden, dass nach § 104 jede dritte Person ersatzpflichtig ist, die die unrechtmäßige Sozialhilfeleistung verursacht hat. Da § 104 S. 1 die Vorschrift des § 103 für entsprechend anwendbar erklärt, muss der Verursacher der zu Unrecht erbrachten Leistung der Sozialhilfe allerdings das 18. Lebensjahr vollendet haben (aA *Linhart*, BayVBl. 1996, 486 [490]).

**6**     In entsprechender Anwendung des § 103 setzt der Ersatzanspruch tatbestandlich voraus, dass die zu Unrecht erbrachten Leistungen durch ein **sozialwidriges Verhalten** herbeigeführt worden sind (vgl. BayVGH 26.5.2003 – 12 B 99.2576, FEVS 55, 35, 37); → § 103 Rn. 9 ff. Ferner müssen die zu Unrecht erbrachten Leistungen der Sozialhilfe durch ein **schuldhaftes** – d. h. vorsätzliches oder grob fahrlässiges – Verhalten herbeigeführt worden sein; → § 103 Rn. 27 ff. Das fragliche Verhalten muss zudem **ursächlich** für die Erbringung der Leistungen gewesen sein.

**7**     In der Praxis wird eine Haftung nach § 104 vor allem in Betracht kommen bei vorsätzlich oder grob fahrlässig **falschen Angaben** – etwa in Bezug auf die Einkommens- und Vermögensverhältnisse – bei der Antragstellung oder bei **Verstößen gegen die Mitwirkungspflichten** nach §§ 60 bis 67 SGB I, wie beispielsweise das Verschweigen von wesentlichen Tatsachen i. S. d. § 60 Abs. 1 Nr. 1 SGB I. Der Fall, dass der Leistungsempfänger oder sein Vertreter die Rechtswidrigkeit des der Leistung zugrunde liegenden Verwaltungsaktes kannte oder infolge grober Fahrlässigkeit nicht kannte, ist in § 103 Abs. 1 S. 2 geregelt (→ § 103 Rn. 31 ff.).

**8**     Entsprechend anwendbar auf den Ersatzanspruch nach § 104 S. 1 ist zudem die **Härteregelung** in § 103 Abs. 1 S. 3 (→ § 103 Rn. 40 ff.) und die **unselbstständige Erbenhaftung** nach § 103 Abs. 2 (→ § 103 Rn. 48 ff.).

**9**     Ferner findet die Regelung des § 103 Abs. 3 über die **Erlöschensfrist** entsprechende Anwendung. Nach § 103 Abs. 3 S. 1 beginnt die Frist mit Ablauf des Jahres, in dem die Leistung erbracht worden ist. Dies lässt sich auf den Anspruch nach § 104 nicht direkt übertragen. Während der Anspruch nach § 103 mit der Hilfegewährung entsteht, unabhängig davon ob bzw. wann der Sozialhilfeträger Kenntnis von dem die Hilfegewährung auslösenden Verhalten hat oder erlangen kann, entsteht der Anspruch nach § 104 nicht bereits mit der Hilfegewährung, sondern erst mit der Aufhebung des rechtswidrigen Bewilligungsbescheids. Um dem Rechnung zu tragen, ist die Erlöschensfrist mit der Maßgabe („entsprechend") anzuwenden, dass sie erst mit Ablauf des Jahres beginnt, indem der Anspruch auf Grund der Rücknahme des Bewilligungsbescheids entstanden ist (so BVerwG 24.11.2005 – 5 C 16/04, FEVS 57, 495).

**10**    Liegen die Voraussetzungen für den Kostenersatz nach § 104 Abs. 1 S. 1 vor und ist auch keine Härte gegeben, so steht die Entscheidung über die Geltendmachung des Ersatzanspruchs **nicht im Ermessen** des Trägers der Sozialhilfe. Ebenso wie beim Kostenersatzanspruch nach § 103 muss der Träger der Sozialhilfe bei Vorliegen der Voraussetzungen des § 104 vom Ersatzpflichtigen Kostenersatz fordern.

## 2. Gesamtschuldnerische Haftung; Geltendmachung des Anspruchs; prozessuale Besonderheiten

**11**    Gemäß § 104 S. 2 haften zum Kostenersatz nach Satz 1 dieser Bestimmung und zur Erstattung derselben Kosten nach § 50 SGB X Verpflichtete als **Gesamtschuldner,** → § 103 Rn. 55. Zur **Geltendmachung** des Kostenersatzanspruchs → § 102 Rn. 43a ff.

**12**    Zur **aufschiebenden Wirkung von Widerspruch und Anfechtungsklage** → § 102 Rn. 48. Klagt ein Dritter gegen einen Bescheid, mit dem er zum Ersatz der Kosten herangezogen wird, weil er durch sein vorsätzliches oder grob fahrlässiges Verhalten Leistungen der Sozialhilfe an andere herbeigeführt habe, so besteht keine Gerichtskostenfreiheit und die **Kostenentscheidung des Sozialgerichts** richtet sich nach § 197a SGG iVm dem GKG. Der Dritte wird nämlich nicht als Leistungsempfänger in Anspruch genommen und gehört daher nicht zu dem in § 183 SGG genannten Personenkreis (vgl. LSG NRW 21.10.2011 – L 20 SO 373/11 B).

**§ 105** Kostenersatz bei Doppelleistungen

Hat ein vorrangig verpflichteter Leistungsträger in Unkenntnis der Leistung des Trägers der Sozialhilfe an die leistungsberechtigte Person geleistet, ist diese zur Herausgabe des Erlangten an den Träger der Sozialhilfe verpflichtet.

*Änderungen der Vorschrift: Abs. 2 Satz 1 geänd. mWv 30.3.2005 durch G v. 21.3.2005 (BGBl. I S. 818), Abs. 2 Satz 2 geänd. mWv 7.12.2006 durch G v. 2.12.2006 (BGBl. I S. 2670), Abs. 2 Satz 1 geänd. mWv 1.1.2011 durch G v. 24.3.2011 (BGBl. I S. 453), Überschr. geänd., Abs. 2 aufgeh. mWv 1.1.2017 durch G v. 26.7.2016 (BGBl. I S. 1824).*

**Schrifttum:** *Schwabe,* Rückzahlung von Sozialhilfe? – Die rechtlichen Rahmenbedingungen zur Rückforderung von Leistungen nach dem SGB XII, ZfF 2006, 217; *Udsching/Link,* Aufhebung von Leistungsbescheiden im SGB II, SGb 2007, 513.

## I. Bedeutung der Norm

Im BSHG war eine dem Absatz 1 entsprechende Vorschrift **nicht enthalten.** 1 Darin hat der Gesetzgeber eine Regelungslücke gesehen, die geschlossen werden sollte. Die Vorschrift wirkt nicht auf Sachverhalte zurück, die vor Inkrafttreten des SGB XII lagen und abgeschlossen sind (SG Düsseldorf 2.7.2010 – S 22 SO 26/07). Die Regelung des früheren Absatz 2 war im BSHG ebenfalls nicht bekannt Sie beruhte darauf, dass leistungsberechtigte Personen vom Anspruch auf Wohngeld ausgeschlossen waren.

Die Vorschrift ist mehrfach geändert worden. Absatz 2 wurde durch das Rechts- 2 vereinfachungsgesetz v. 26.7.2016 (Art. 3 Abs. 8 Nr. 2) aufgehoben worden da der Ausschluss des Wohngeldanspruchs für Leistungsbezieher nach dem SGB XII gemäß § 8 Abs. 1 Satz 3 WoGG als nicht erfolgt gilt, wenn Leistungen für die Unterkunft nach dem SGB XII nachträglich entfallen sind (vgl. BR-Drs. 66/16, S. 54).

Das SGB II kennt eine entsprechende Vorschrift in § 34b SGB II, die allerdings 3 ergänzende Regelungen enthält.

Die Vorschrift schafft einen **neuartigen Tatbestand** einer Kostenersatzpflicht 4 der leistungsberechtigten Person gegenüber dem Träger der Sozialhilfe. Sie soll Doppelleistungen, die weder durch die Vorschriften über die Rücknahme rechtswidrig erbrachter Leistungen (§ 45 SGB X) noch über die Erstattungsvorschriften der §§ 102 ff. SGB X ausgeglichen werden können, im Ergebnis vermeiden (BSG 27.4.2010 – B 8 SO 2/10 R, FEVS 62, 66 zur vergleichbaren Vorschrift des § 116 Abs. 7 SGB X). Hintergrund der Regelung ist ein **Urteil des BVerwG** vom 17.8.1995 (5 C 26/93, NVwZ 1997, 183; s. dazu auch Deutscher Verein, NDV 2003, 35). Das BVerwG hat damals entschieden, dass die rechtmäßige Sozialhilfeleistung nicht dadurch rechtswidrig wird, dass ein vorrangig verpflichteter Leistungsträger später ebenfalls noch eine Leistung erbringt. Folglich konnte die Leistung des Sozialhilfeträgers nicht nach § 45 SGB X oder § 48 SGB X von dem Empfänger zurückgefordert werden.

## II. Inhalt der Norm

Die Vorschrift knüpft an das **Vorrang-Nachrang-Verhältnis** zweier Sozialleis- 5 tungen im Sinne von § 104 SGB X an. Die vom dem Träger der Sozialhilfe erbrachte Leistung muss gegenüber der später vom dem anderen Leistungsträger erbrachten Leistung an sich (abstrakt) nachrangig gewesen sein. Der Umstand, dass sie vom dem Träger der Sozialhilfe dennoch erbracht wurde, beruht darauf, dass die vorrangige Leistung zum Zeitpunkt der an sich nachrangigen Sozialhilfeleistung kein zur Bedarfsdeckung **„bereites Mittel"** war. Weiß der Träger der Sozialhilfe, dass möglicher Weise (auch) ein Anspruch auf vorrangige Leistungen besteht, kann und muss er einen **Erstattungsanspruch nach § 104 SGB X** bei dem vorrangigen Leistungsträger anmelden, damit dieser nicht mehr befreiend an den Leistungsberechtigten leisten kann (§ 107 Abs. 1 SGB X). Das von § 104 SGB X erfasste Verhältnis zweier Leistungsträger und deren Leistungsverpflichtungen soll im Regelfall über das Erstattungsrecht, in dem der Leistungsberechtigte nicht beteiligt ist, bewältigt werden. Nach § 104 SGB X ist aber eine bestimmte Konstellation vorausgesetzt, wonach der nachrangige Leistungsträger zuerst leistet und gleichzeitig dem vorrangigen Leistungsträger mitteilt, dass er nachrangig leistet und deshalb den Erstattungsanspruch anmeldet. Zu Problemen kommt es, wenn der nachrangige Leistungsträger nicht weiß, dass vorrangige Leistungsansprüche bestehen könnten. In diesen Fällen leistet der nachrangige Träger, und der vorrangige Träger leistet ebenfalls, weil ihm nicht bekannt ist, dass die nachrangige Leistung, die an sich zur Erfüllung des Anspruchs des Leistungsberechtigten führen würde (§ 107 Abs. 1 SGB X) erbracht worden ist.

6    Die neue Vorschrift könnte die Träger der Sozialhilfe dazu verleiten, von der Anmeldung von Erstattungsansprüchen gegenüber vorrangigen Leistungsträgern Abstand zu nehmen und stattdessen von der leistungsberechtigten Person Kostenersatz zu verlangen. Damit würde das Verfahren nach § 104 SGB X umgangen werden; einen Streit über das Vorrang-Nachrang-Verhältnis müsste die leistungsberechtigte Person mit dem Träger der Sozialhilfe ausfechten. Nach der Übertragung der Sozialhilfesachen in die Zuständigkeit der Sozialgerichte wäre zwar in jeden Fall ein Sozialgericht zuständig – wenn auch nicht notwendiger Weise dasselbe örtliche Gericht –; dennoch bedeutete diese Vorgehensweise eines Trägers der Sozialhilfe, dass das Prozessrisiko auf die leistungsberechtigte Person verschoben würde.

7    Ein Kostenersatzanspruch dürfte daher nur dann gerechtfertigt sein, wenn die **Unkenntnis des vorrangigen Trägers** darauf beruht, dass der Sozialhilfeträger seinerseits in Unkenntnis darüber war, dass ein Erstattungsanspruch nach § 104 SGB X in Betracht kommen kann. Hat der Träger der Sozialhilfe die Unkenntnis des vorrangigen Leistungsträgers also zu vertreten, dürfte es eine Umgehung des Gesetzeszweckes sein, nunmehr über den Kostenersatz einen Ausgleich von der leistungsberechtigten Person zu verlangen.

8    Die Vorschrift hat demnach den Fall vor Augen, dass die leistungsberechtigte Person den Träger der Sozialhilfe von einem möglichen, aber noch nicht durchgesetzten vorrangigen **Anspruch nicht in Kenntnis setzt** und deshalb die Anmeldung eines Erstattungsanspruchs nach § 104 SGB X vereitelt. Ein solches Verhalten der leistungsberechtigten Person führt nicht zur Rechtswidrigkeit der erbrachten Sozialhilfeleistung und lässt sich daher über die §§ 44 ff. SGB X nicht korrigieren (s. dazu BVerwG 17.8.1995 – 5 C 26/93, NVwZ 1997, 183). Darin wird zu Recht eine Regelungslücke gesehen.

9    Der Kostenersatz geht auf die **Herausgabe des Erlangten.** Diese Regelung muss **korrigierend ausgelegt** werden. Da es in der Vorschrift um das Vorrang-Nachrang-Verhältnis der Leistungen geht, kann sich der Kostenersatz auch nur auf das richten, was der Träger der Sozialhilfe (an sich) nachrangig erbracht hat. Geht die spätere Leistung des vorrangig verpflichteten Leistungsträgers darüber hinaus, kann die leistungsberechtigte Person sie selbstverständlich hinsichtlich des überschießenden Teils behalten. Die Formulierung „Herausgabe des Erlangten" ist mithin misslungen. Ferner deutet sie auf eine ungerechtfertigte Bereicherung im Sinne des allgemeinen öffentlich-rechtlichen Erstattungsanspruchs hin. Auch dies wäre unzutreffend, da die leistungsberechtigte Person beide Leistungen mit Rechtsgrund erhalten hat; fehlgeschlagen ist lediglich die an sich vorgesehene Erstattung nach § 104 SGB X (a. A., wonach es sich um eine Art Bereicherungsanspruch handeln

soll *Simon* in: *Schlegel/Voelzke*, jurisPK-SGB XII § 105 SGB X, Rn. 19 f.). In § 34b Abs. 1 Satz 2 SGB II ist ausdrücklich geregelt, dass der Erstattungsanspruch nur in der Höhe besteht, wie er nach § 104 SGB X bestanden hätte.

Der Kostenersatz ist durch einen **Leistungsbescheid** geltend zu machen. Auf eine **Entreicherung** kann sich die leistungsberechtigte Person nicht berufen. Die Vorschrift enthält auch keinerlei Ansatzpunkte für einen etwaigen Vertrauensschutz der leistungsberechtigten Person. Die betreffende Person muss wissen, dass sie Leistungen nicht mehr für denselben Bedarf beanspruchen kann, wenn sie bereits entsprechende Leistungen der Sozialhilfe bezogen hat. Wann der Herausgabeanspruch des Trägers der Sozialhilfe verjährt, ist nicht ausdrücklich geregelt. Insofern enthält § 34b Abs. 3 SGB II eine vierjährige Frist, die auch für § 105 herangezogen werden kann. 10

Ist **zuerst die Leistung** des **vorrangig verpflichteten Leistungsträgers** erbracht worden und danach erst die Leistung des Trägers der Sozialhilfe, kommt die Vorschrift nicht zur Anwendung. In diesen Fällen ist die Leistung des Trägers der Sozialhilfe rechtswidrig und muss über die **§§ 44 ff. SGB X** korrigiert werden. 11

## Zweiter Abschnitt. Kostenerstattung zwischen den Trägern der Sozialhilfe

### § 106 Kostenerstattung bei Aufenthalt in einer Einrichtung

(1) [1]**Der nach § 98 Abs. 2 Satz 1 zuständige Träger der Sozialhilfe hat dem nach § 98 Abs. 2 Satz 3 vorläufig leistenden Träger die aufgewendeten Kosten zu erstatten.** [2]**Ist in den Fällen des § 98 Abs. 2 Satz 3 und 4 ein gewöhnlicher Aufenthalt nicht vorhanden oder nicht zu ermitteln und war für die Leistungserbringung ein örtlicher Träger der Sozialhilfe sachlich zuständig, sind diesem die aufgewendeten Kosten von dem überörtlichen Träger der Sozialhilfe zu erstatten, zu dessen Bereich der örtliche Träger gehört.**

(2) **Als Aufenthalt in einer stationären Einrichtung gilt auch, wenn jemand außerhalb der Einrichtung untergebracht wird, aber in ihrer Betreuung bleibt, oder aus der Einrichtung beurlaubt wird.**

(3) [1]**Verlässt in den Fällen des § 98 Abs. 2 die leistungsberechtigte Person die Einrichtung und erhält sie im Bereich des örtlichen Trägers, in dem die Einrichtung liegt, innerhalb von einem Monat danach Leistungen der Sozialhilfe, sind dem örtlichen Träger der Sozialhilfe die aufgewendeten Kosten von dem Träger der Sozialhilfe zu erstatten, in dessen Bereich die leistungsberechtigte Person ihren gewöhnlichen Aufenthalt im Sinne des § 98 Abs. 2 Satz 1 hatte.** [2]**Absatz 1 Satz 2 gilt entsprechend.** [3]**Die Erstattungspflicht wird nicht durch einen Aufenthalt außerhalb dieses Bereichs oder in einer Einrichtung im Sinne des § 98 Abs. 2 Satz 1 unterbrochen, wenn dieser zwei Monate nicht übersteigt; sie endet, wenn für einen zusammenhängenden Zeitraum von zwei Monaten Leistungen nicht zu erbringen waren, spätestens nach Ablauf von zwei Jahren seit dem Verlassen der Einrichtung.**

**Schrifttum:** *Armbrost,* Der Erstattungsstreit im verwaltungsgerichtlichen Verfahren, ZfF 1997, 193; *Basse,* Zur Anwendung des § 103 Abs. 3 bei Hilfegewährung nach Verlassen der Zufluchtsstätte für misshandelte Frauen und ihre Kinder, ZfF 1987, 176; *Deutscher Verein,* Empfehlungen des Deutschen Vereins zur Weiterentwicklung zentraler Strukturen in der Eingliederungshilfe, NDV 2007, 245; *Gerlach,* Die Abgrenzung von ambulanten, teilstationären und vollstationären Leistungen im Sozialhilferecht nach dem SGGB XII sowie Folgen für die Zuständigkeit, SGb 2016,445; *Risser,* Kostenerstattung zwischen Trägern der Sozialhilfe, NDV 1998, 241; *Schwabe,* Aktuelle Entscheidungen im Kostenerstattungsrecht, ZfF 2000, 217; *ders.,* Die Neuordnung der Kostenerstattungsansprüche zwischen den Trägern der Sozialhilfe ab 1.1.1994, ZfF 1994, 1; *Wittman,* Die Übernahme der Kostenerstattungsstreitfälle im Sozialhilfe- und Jugendhilferecht aus der Sicht der Verwaltungsgerichtsbarkeit, NDV 1999, 270; *Zeitler,* Änderungen des Rechts der Sozialhilfe zur örtlichen Zuständigkeit, Kostenerstattung und zum schiedsgerichtlichen Verfahren, NDV 1993, 289; s. im Übrigen Schrifttum zu § 98 SGB XII.

### Übersicht

## I. Bedeutung der Norm

### 1. Zielsetzung

**1**    Die Vorschrift hat inhaltlich ihre Wurzeln in dem Gesetz zur Umsetzung des Föderalen Konsolidierungsprogramms (FKPG) vom 23.6.1993 (BGBl. I S. 944). Mit der damaligen Regelung hatte der Gesetzgeber die Hoffnung verbunden, die Erstattungsstreitigkeiten zu vereinfachen. Ob dies gelungen ist, wird in der Praxis nach wie vor bezweifelt (s. besonders *Fichtner/Bräutigam,* BSHG, § 97 Rn. 1). Die Vorschrift dient dem Lastenausgleich zwischen den Leistungsträgern (BSG 22.3.2012 – B 8 SO 2/11 R; *Böttiger,* jurisPK–SGB XII, § 106 Rn. 7). § 106 SGB XII zieht die notwendige Konsequenz aus den Regelungen des § 98 SGB XII und passt sich dieser Vorschrift an. Der Hilfeträger, in dessen Bereich vorläufig stationäre Leistungen erbracht werden, wird durch § 106 SGB XII geschützt. Für bestimmte Vorleistungs- und Eilfälle, bei denen der Anspruchsteller ohne gewöhnlichen Aufenthalt ist oder dessen gewöhnlicher Aufenthalt nicht ohne Weiteres feststellbar ist, musste die Möglichkeit zur Kostenerstattung beibehalten werden (vgl. *Schwabe,* ZfF 1994, 1). Im Erstattungsstreitverfahren des zuerst angegangenen Rehabilitationsträgers gegen den Letztverpflichteten kommt der Vorschrift beim Lastenausgleich ebenfalls eine wichtige Rolle zu (vgl. auch LSG BW 7.11.2006 – L 11 KR 2438/06). Von der Vorschrift unberührt bleiben die Leistungsansprüche Leistungsberechtigten (s. dazu auch *Klinge,* Hauck/Noftz, SGB XII, § 106 Rn. 2).

### 2. Abgrenzungen

**2**    Wenn die örtliche Zuständigkeit beispielsweise aufgrund einer Gesetzesänderung wechselt, hat die bisher zuständige Behörde die Leistungen solange fort zu entrichten, bis die nunmehr zuständige Behörde die Leistungen aufnimmt. § 2 Abs. 3 S. 1 SGB X gibt dem Leistungsberechtigten einen eigenen Anspruch, der dadurch gekennzeichnet ist, dass die Leistungsgewährung durch einen örtlich nicht zuständigen Leistungsträger erfolgt (vgl. *Schwabe,* ZfF 1994, 10). Dieser materiell-rechtlichen Anspruchsgrundlage entspricht der **Erstattungsanspruch des § 2 Abs. 3 S. 2 SGB X.** Auf Anforderung hat die nunmehr zuständige Behörde die nach dem Zuständigkeitswechsel erbrachten Leistungen der Ausgangsbehörde zu erstatten. Es handelt sich um einen eigenständigen Erstattungsanspruch, auf den die §§ 106 ff. SGB XII nicht anwendbar sind.

Leistet ein Träger bei einer strittigen Zuständigkeit, weil er zuerst angegangen **3** worden ist (**§ 43 Abs. 1 SGB I),** existiert mit § 43 Abs. 2 S. 2 SGB I ebenfalls ein eigenständiger, auf die Vorleistung bezogener Erstattungsanspruch. Die Ungewissheit besteht in der sachlichen und örtlichen Zuständigkeit. Die Voraussetzungen für die Gewährung von vorläufigen Leistungen nach § 43 Abs. 1 SGB I sind folgende: Es muss sich um eine Sozialleistung handeln, der Anspruch hat dem Grunde nach zu bestehen und es ist ein negativer Kompetenzkonflikt aufgetreten.

Abzugrenzen ist der Erstattungsanspruch auch von dem Erstattungsanspruch des **4** **§ 14 SGB IX.** Dieser Erstattungsanspruch meint, dass ein anderer Rehabilitationsträger für die beanspruchte Leistung eigentlich zuständig ist. Wegen der kürzeren 2-Wochenfrist des § 14 SGB IX wird angenommen, dass die dortige Erstattungsregelung § 106 SGB XII verdrängt (LSG RhPf 23.2.2012 – L 1 SO 135/10, BeckRS 2013, 70785).

Die **allgemeinen Ausgleichsansprüche** der §§ 102 ff. SGB X werden von der **5** Regelung des § 106 SGB XII, soweit dieser thematisch speziellere Tatbestände enthält (vgl. auch *Böttiger,* jurisPK-SGB XII, § 106 Rn. 12 ff.), verdrängt (§ 37 Abs. 1 SGB I). Im Übrigen ist auf die allgemeinen Erstattungsregelungen des SGB X zurückzugreifen (*Böttiger,* jurisPK-SGB XII, § 106 Rn. 12). Das bedeutet, dass nach § 109 SGB X keine Verwaltungskosten erstattet werden, die Ausschlussfrist des § 111 SGB X gilt. Werden Leistungen nach dem AsylbLG gewährt, hat die Kostenerstattung zwischen den Leistungsträgern nach § 10b AsylbLG zu erfolgen.

Rückforderungsansprüche nach § 50 SGB X verpflichten den Leistungsempfänger **6** und grenzen sich inhaltlich von § 106 SGB XII ab.

Auch der Anspruch des Nothelfers (§ 25) grenzt sich inhaltlich vom Erstattungsan- **7** spruch des § 106 ab.

### 3. Neue Bundesländer

Bereits mit dem Inkrafttreten des BSHG im Beitrittsgebiet am 1.1.1991 galten **8** die Erstattungsregelungen für die nach diesem Zeitraum erbrachten Aufwendungen sowohl für die Leistungsträger der neuen Bundesländer untereinander als auch gegenüber Trägern der alten Bundesländer. Dem Gesetz lässt sich kein Anhaltspunkt dafür entnehmen, dass der gewöhnliche Aufenthalt nur im Geltungsbereich des BSHG bzw. jetzigen SGB XII bestanden haben muss. Eine tatbestandliche „Rückanknüpfung" an den vor dem Inkrafttreten des BSHG bzw. SGB XII in den neuen Bundesländern existierenden gewöhnlichen Aufenthaltsort ist erlaubt (vgl. auch *Mergler/Zink,* BSHG § 103 Rn. 4; *Fichtner/Bräutigam,* BSHG, § 103 Rn. 5).

## II. Inhalt der Norm

Der Zweite Abschnitt des Dreizehnten Kapitels sieht die Kostenerstattung zwi- **9** schen den Trägern der Sozialhilfe vor. Der Abschnitt übernimmt im Wesentlichen die Kostenerstattungsregelungen des bisherigen Abschnitts 9 des BSHG. Die Vorschrift des § 107 BSHG, in dem die **Kostenerstattung bei einem Umzug** geregelt war, ist im SGB XII entfallen. Der Gesetzgeber hat im Hinblick auf den in der Hilfe zum Lebensunterhalt verbleibenden Personenkreis keine Notwendigkeit für eine Beibehaltung dieses Erstattungstatbestandes gesehen.

**10**     Wegen der strukturellen Unterschiede zum SGB XII finden sich keine vergleichbaren Regelungen im SGB II. Die Vorschrift überträgt **inhaltsgleich** den § 103 BSHG. § 106 SGB XII regelt in Abs. 1 vornehmlich die Erstattung zwischen dem nach § 98 Abs. 2 S. 1 SGB XII zuständigem Träger der Sozialhilfe und dem nach § 98 Abs. 2 S. 2 SGB XII vorleistendem Träger. In Abs. 2 wird der Begriff des Aufenthalts in einer stationären Einrichtung für eine Unterbringung außerhalb der Einrichtung, aber bei einer weiter bestehenden Betreuung, erweiternd definiert. In Abs. 3 verlagert sich der Erstattungsanspruch unter früher zuständigen Leistungsträgers unter bestimmten Voraussetzungen beim Verlassen der Einrichtung und einem Aufenthalt des Leistungsberechtigten im Bereich des örtlichen Trägers, in dem die Einrichtung liegt. Außerdem werden in Abs. 3 Einschränkungen der Erstattungspflicht des Herkunftsortes vorgenommen.

### III. Kostenerstattung nach Abs. 1 S. 1

**11**     Die Kostenerstattung ist grundsätzlich auf Aufwendungen beschränkt, in denen ein Hilfeträger vorläufig in **rechtmäßiger Weise** nach § 98 Abs. 2 S. 3 SGB XII geleistet hat (*Böttiger*, jurisPK-SGB XII, § 106 Rn. 73). Ansonsten wäre der Grundsatz, dass der Vorleistende die Interessen des eigentlich Leistungsverpflichteten zu berücksichtigen hat, verletzt. Die erbrachten Leistungen umfassen das gesamte Spektrum des § 8, unabhängig auch, ob sie als Geld- oder Sachleistung gewährt worden sind. Allerdings ist die Ausnahmeregelung des § 44 Abs. 3 zu beachten. Auch eine Ermessensentscheidung muss vom vorläufig leistenden Träger sachgerecht getroffen worden sein. Der Erstattungsverpflichtete kann einwenden, dass Ermessensfehler vorliegen, die die Leistung rechtswidrig erscheinen lassen.

**12**     Die Vorschrift knüpft an zwei Tatbestandsmerkmale an, die für eine Zuständigkeit des Trägers am Unterbringungsort vorliegen müssen. Es müssen **stationäre Leistungen** erbracht werden und es darf nicht **innerhalb der Frist von vier Wochen** (§ 98 Abs. 2 S. 3) feststehen, wo sich der gewöhnliche Aufenthalt des Leistungsberechtigten vor einer Aufnahme befunden hat. Zu den Einzelheiten s. § 98. Zum Begriff einer stationären Einrichtung hat das BSG (BSG 13.2.2014 – B 8 SO 11/12 R; s. dazu auch *Böttiger*, jurisPK-SGB XII, § 106 Rn. 35.1) auch eine dezentrale Unterkunft gerechnet. Die dezentrale Unterkunft muss den Räumlichkeiten der Einrichtung zugeordnet sein, was der Fall sei, wenn gerade der Träger der Einrichtung den Wohnraum vorhält und so die dezentrale Unterkunft zur **„Rechts- und Organisationssphäre des Einrichtungsträgers"** gehört. Teilstationäre Aufenthalte werden von der Vorschrift nicht erfasst. Verneint worden ist die Annahme einer Einrichtung, wenn bei einer Außenwohnstelle der Mietvertrag zwischen dem Leistungsberechtigten und dem Vermieter und nicht dem Leistungsträger abgeschlossen wird.

### 1. Zweifel über den gewöhnlichen Aufenthaltsort

**13**     Die Zweifel an einem gewöhnlichen Aufenthaltsort dürfen nicht leichtfertig behauptet werden. Ihnen muss eine sorgfältige Sachverhaltsermittlung vorausgegangen sein (vgl. auch *Böttiger*, jurisPK-SGB XII, § 106 Rn. 57; *W. Schellhorn*, Schellhorn/Hohm/Scheider, § 106 Rn. 19; *Klinge*, Hauck/Noftz, SGB XII, § 106 Rn. 22), auf Grund deren Zweifel bestehen, ob und wo der gewöhnliche Aufenthalt des Hilfeberechtigten begründet worden war. Vom Sinn und Zweck der Regelung her, den geltend gemachten Bedarf sicherzustellen, werden auch rechtliche Unsicherheiten einbezogen. Das kann der Fall sein, wenn unterschiedliche Rechtsansichten von Leistungsträgern über den gewöhnlichen Aufenthaltsort bestehen (so etwa BSG 17.12.2014 – B 8 SO 19/13 R). Letztlich besteht für den vorleistenden Träger eine Feststellungslast. Zur Begründung eines gewöhnlichen Aufenthaltsortes einer psychisch kranken Person, BayLSG 21.6.2012 – L 8 SO 132/10. Steht die örtliche Zuständigkeit nach § 98 Abs. 2 S. 1 und 2 SGB XII fest, ist eine Erstattung bis auf das Vorliegen eines Eilfalles nicht möglich. Da § 106 Abs. 1 S. 1 SGB XII auf die Vorschriften der örtlichen Zuständigkeit bezogen ist, ist die Erstattungsregelung nicht anwendbar, wenn Zweifel an der Zuständigkeit eines überörtlichen Trägers für die beanspruchte Hilfeleistung bestehen. In einem solchen Fall ermöglichen die einzelnen Ausführungsgesetze der Länder zum SGB XII einen angemessenen Ausgleich zwischen dem örtlichen und dem überörtlichen Träger.

## 2. Leistungsbedürftigkeit

Ferner bedarf es des Weiteren der Prüfung, ob die Voraussetzungen für die statio-   **14** nären Leistungen vorgelegen haben (vgl. *Rabe,* Fichtner/Wenzel, § 106 Rn. 1; *Schoch,* LPK-SGB XII, § 106 Rn. 5: Heimbetreuungsbedürftigkeit; ebenso *Böttiger,* jurisPK-SGB XII, § 106 Rn. 68; anders unter Hinweis auf die Gesetzesfassung *Schiefer,* Oestreicher, § 106 Rn. 33). Ein Anspruch auf Kostenerstattung setzt voraus, dass die zur Erstattung verlangten Kosten zweckgerichtet gerade für stationäre Leistungen aufgewendet werden mussten (zum Heimaufenthalt: VGH BW 1.12.1995 – 6 S 1814/95). Bei der Leistungserbringung ist der Grundsatz der **Interessenwahrung** des letztlich leistungspflichtigen Trägers zu beachten (*Böttiger*, jurisPK-SGB XII, § 106 Rn. 68; LSG BW 30.4.2014 – L 7 SO 3090/12). Zum Umfang der Kostenerstattung s. § 110 SGB XII.

Eine **Unterbringungsbedürftigkeit** erfordert, dass eine ambulante Hilfe nicht   **15** mehr in Frage kommt. Diese Feststellung ist angesichts des Vorrangs ambulanter Hilfen (§ 13 Abs. 1 S. 3 SGB XII) erforderlich. Die Übernahme stationärer Hilfen findet ihre Grenze in der Unverhältnismäßigkeit möglicher Mehrkosten und den Bedürfnissen des Einzelfalles. Wer angesichts seiner körperlichen Verfassung oder seines seelischen Zustandes nicht in der Lage ist, seine Lebensführung außerhalb einer Einrichtung zu bewältigen und deshalb der Hilfe anderer bedarf, ist unterbringungsbedürftig (vgl. auch *Steimer/Zink,* Mergler/Zink, SGB XII, § 106 Rn. 12; *Schoch,* LPK-SGB XII, § 106 Rn. 5; *Rabe,* Fichtner/Wenzel, § 106 Rn. 1). Soweit bei der Unterbringungsbedürftigkeit auch ausreichend sein soll, dass die Aufnahme nützlich und zweckmäßig ist und damit eine alte Formel der Spruchstellen (EuG 29, 453; 48, 70) beibehalten wird (so z. B. *Steimer/Zink,* Mergler/Zink, SGB XII, § 106 Rn. 12; *Schiefer,* Oestreicher, § 106 Rn. 33), kann sie als Entscheidungsmaßstab nicht mehr dienen. Sie verstellt den Blick auf die Prüfung, ob die alternativen Angebote ambulanter Dienste ausreichend ausgeschöpft sind. Deshalb reicht es wohl noch nicht aus, dass sich ein alter Mensch in ein Heim begibt, um dort dessen Geborgenheit zu suchen. Bloße Obdachlosigkeit genügt ebenfalls noch nicht. Krankheit, Behinderung oder Hilflosigkeit bei alten Menschen in Form der Unfähigkeit zu einer eigenständigen Lebensführung können eine Heimunterbringung erforderlich machen. Weil die Unterbringungsbedürftigkeit Umstände erfordern, die in der Person des Hilfesuchenden liegen, bleibt die Vorschrift unanwendbar, wenn das Heim lediglich zum Aufenthalt dient.

**Frauenhäuser** haben den Zweck, trotz einer dort stattfindenden Beratung, in   **16** erster Linie eine gesicherte Unterkunft zur Verfügung zu stellen. Eine Betreuung ist nicht ihr eigentlicher Zweck (vgl. auch *Schiefer,* Oestreicher, § 106 Rn. 28; im Ergebnis ebenso *Böttiger,* jurisPK-SGB XII, § 106 Rn. 81).

Die Entscheidung über die Zuordnung als stationäre Einrichtung auch vom **Ein-**   **17** **zelfall** und den vorzufindenden Wohnformen ab (vgl. *Schiefer,* Oestreicher, § 106 Rn. 28). Die Bezeichnung der Einrichtung ist keineswegs entscheidend. Die Beweislast für die Unterbringungsbedürftigkeit liegt bei dem Hilfeträger, der die Erstattung geltend macht. Rehabilitations- und Ausbildungsstätten für Behinderte

und Nichtbehinderte mit einer internatsmäßigen Unterbringung, wie sie z. B. bei
der Pfennigparade anzutreffen sind, stellen in der Regel Einrichtungen dar (*Schiefer,*
Oestreicher, § 106 Rn. 28). Beim betreuten Wohnen kommt es für die Zuordnung
als Einrichtung ganz entscheidend darauf an, in wieweit eine Verknüpfung von
Wohnen und Betreuung besteht (*Schiefer,* Oestreicher, § 106 Rn. 32; s. auch § 98
Abs. 5). Soweit die Unterbringung dezentral ist, aber von einer „ Zentrale" gesteuert
wird, erfolgt die Unterbringung in einer Einrichtung (so schon BVerwG 24.2.1994 –
5 C 13/91 u. BVerwG 24.2.1994 – 5 C 17/91; LSG RhPf 23.2.2012 – L 1 SO
135/10, BeckRS 2013, 70785; BSG 13.2.2014 – B 8 SO 11/12 R). Familienpflegestellen sind keine stationäre Einrichtung, weil sie nicht auf einen größeren, wechselnden Personenkreis zugeschnitten sind. Zum Mutter-Kind-Wohnheim, s. *W. Schellhorn,* Schellhorn/Hohm/Scheider, § 106 Rn. 21. Ein Studentenwohnheim für
behinderte Studierende, in denen diese bei den täglichen Verrichtungen Hilfe erhalten und ein Kontakt zu einem Pflegezimmer besteht, ist als stationäre Einrichtung
anzusehen.

### 3. Aufgewendete Kosten

18    Erstattungsfähig sind nur die tatsächlich **geleisteten, rechtmäßigen Kosten.**
Von den Bruttokosten sind Ersatzleistungen als eigene Kostenbeiträge des Hilfenachfragenden oder Leistungen von Dritten abzuziehen. Erstattungsfähige Aufwendungen sind in erster Linie die unmittelbar angefallenen Aufwendungen (*Schiefer,*
Oestreicher, § 106 Rn. 40). Entsprechend dem Sinn der Regelung, den Ort, an
dem die stationären Leistungen erbracht werden, zu schützen, zählen zu erstattungs-
fähigen Kosten auch solche, die nicht nur die stationären Kosten i. e. S. betreffen.
Erstattet werden auch einmalige Beihilfen, der notwendige Lebensunterhalt, Zufüh-
rungs- oder Rückführungskosten (s. auch *Schoch,* LPK-BSHG, § 103 Rn. 13; so
wohl auch *Schiefer,* Oestreicher, § 106 Rn. 40). Zinsen können mangels einer entsprechenden Anspruchsgrundlage nicht gefordert werden (vgl. BSG 28.10.2008 –
B 8 SO 23/07 R). Zum Erstattungsanspruch des Kreises gegenüber dem Landschaftsverband bei der sog. unechten Krankenversicherung, BSG 28.10.2008 – B 8 SO
23/07 R.

### 4. Anspruchsberechtigter

19    Zum Kostenersatz berechtigt kann nur ein örtlich und sachlich zuständiger und
zur vorläufigen Zahlung verpflichteter Leistungsträger sein (*Rabe,* Fichtner/Wenzel,
§ 106 Rn. 5).

## IV. Kostenerstattung nach Abs. 1 S. 2

20    Nach dieser Vorschrift hat der überörtliche Träger dem örtlichen Träger die für
stationäre Leistungen entstandenen Kosten zu erstatten, wenn ein gewöhnlicher
Aufenthalt nicht vorhanden oder zu ermitteln ist. Hierbei reicht die bloße Behauptung, jemand sei ohne festen Wohnsitz, nicht aus, um von dem zuletzt genannten
Tatbestandsmerkmal auszugehen (vgl. dazu auch *Schiefer,* Oestreicher, § 106 Rn. 52;
*Rabe,* Fichtner/Wenzel, § 106 Rn. 11). Der Leistungsträger, der eine Erstattung
einfordert, muss schon ausreichend nachgewiesene Versuche unternommen haben,
den gewöhnlichen Aufenthalt zu ermitteln. Der Erstattungsanspruch ist auf die Fälle
des § 98 Abs. 2 S. 3 und 4 SGB XII bezogen.

21    **Nicht vorhanden** ist ein gewöhnlicher Aufenthalt bei nicht sesshaften Personen,
die von Ort zu Ort ziehen, bei denen, die vor Beginn der Zwei-Monatsfrist des § 98
Abs. 2 S. 1 SGB XII einen früheren gewöhnlichen Aufenthalt aufgegeben haben
und keinen neuen begründet haben. Der Anwendungsbereich der Vorschrift

erstreckt sich auch auf die Fälle des vorübergehenden oder besuchsweisen Aufenthaltes (s. dazu auch *Schwabe*, ZfF 2000, 218). Hält sich eine Tramperin nur einige Tage an einem Ort auf, begründet sie keinen gewöhnlichen Aufenthalt (*Schwabe*, ZfF 2000, 220) s. auch § 98 SGB XII. Schausteller, die mit einem Wohnwagen herumziehen, halten sich in ihrem Winterquartier nur vorübergehend auf, es sei denn, es bestehen so feste persönliche Beziehungen, dass dieser Ort zum Lebensmittelpunkt wird (vgl. *Rabe*, Fichtner/Wenzel, § 106 Rn. 11). Eine Regelungslücke besteht, wenn ein Deutscher seinen gewöhnlichen Aufenthalt im Ausland hat und inländische Hilfe in einer Einrichtung begehrt (*Schiefer*, Oestreicher, § 106 Rn. 52; a. A. *Rabe*, Fichtner/Wenzel, § 106 Rn. 12). Vom Wortlaut der Vorschrift her ergibt sich kein Erstattungsverhältnis, weil keine Unklarheit über den, wenn auch im Ausland liegenden, Aufenthaltsort bestehen.

## V. Fiktion des Abs. 2

In dieser Vorschrift geht der Gesetzgeber davon aus, dass der Aufenthalt in einer **22** stationären Einrichtung nicht unterbrochen ist. Die Fiktion der Vorschrift bezieht sich auf eine Unterbringung außerhalb der Einrichtung oder bei einer Beurlaubung. In beiden Fällen wird vorausgesetzt, dass weiterhin eine Leistungsbedürftigkeit fortbesteht (vgl. auch *Schoch*, LPK-BSHG, § 103 Rn. 24).

Die **Unterbringung außerhalb der Einrichtung** setzt nach dem Wortlaut der **23** Vorschrift unabdingbar voraus, dass sich der Hilfeempfänger in der Einrichtung befunden hat (vgl. *Rabe*, Fichtner/Wenzel, § 106 Rn. 14; *Mergler/Zink*, SGB XII, § 106 Rn. 37). Am eindeutigen Wortlaut scheitert die Vorschrift bei Hilfeempfängern, deren Aufnahme in eine Einrichtung wegen Platzmangels noch nicht erfolgen konnte.

Die Betreuung muss weiterhin in der Verantwortung der Einrichtung bleiben. **24** Sie führt die Betreuung unmittelbar durch, beobachtet und überwacht die Unterbringung. Gelegentliche Maßnahmen genügen diesen Erfordernissen nicht. Beim betreuten Wohnen ist das Kriterium der Betreuung erfüllt, wenn eine erzieherische Anleitung und Aufsicht gewährleistet ist, s. § 98. Gelegentliches beratendes Eingreifen reicht nicht aus. Bei Suchtkranken genügt eine nachgehende Fürsorge nicht.

**Beurlaubung** beinhaltet, dass die Abwesenheit nur befristet ist (vgl. *Mergler/* **25** *Zink*, SGB XII, § 106 Rn. 39; *Schiefer*, Oestreicher, § 106 Rn. 57). Die Rückkehr muss erforderlich und beabsichtigt sein. Entlassungen, mögen sie auch bedingt oder auf Probe sein, schließen die Anwendung der Vorschrift aus, weil die verantwortliche Betreuung entfällt bzw. der Platz in der Unterbringung in der Regel nicht freigehalten wird. Damit bringt die Einrichtung regelmäßig zum Ausdruck, dass das Betreuungsverhältnis (vorläufig) beendet werden soll (vgl. dazu auch *Mergler/Zink*, SGB XII, § 106 Rn. 39; *Rabe*, Fichtner/Wenzel, § 106 Rn. 15).

## VI. Kostenerstattung nach Abs. 3

Dieser Kostenerstattungsanspruch ist eine **eigenständige Regelung.** Er verlän- **26** gert den Schutz des Aufenthaltsortes durch einen Kostenerstattungsanspruch auch bei offener Hilfe. Nur der örtliche Sozialhilfeträger ist aktivlegitimiert. Passivlegitimiert kann auch ein überörtlicher Träger sein. Der Wortlaut der Vorschrift stellt sich auf die **leistungsberechtigte Person.** Die Fassung der Vorschrift legt nahe, dass der Erstattungsanspruch nur dann eingreifen soll, wenn die untergebrachte Person schon Hilfe erhalten hat. Die wohl vorherrschende, zu § 103 BSHG vertretene Meinung (vgl. z. B. *Mergler/Zink*, BSHG, § 103 Rn. 52; *Schoch*, LPK/BSHG, § 103 Rn. 41; a. A. *Fichtner/Bräutigam*, BSHG, § 103 Rn. 21) ergänzte den Wortlaut dahingehend, dass auch zukünftige Hilfeempfänger gemeint sein müssen. Es sind Personen, die in der Einrichtung noch keine Hilfe erhalten haben, bei denen eine Hilfe jedoch binnen einen Monats erforderlich wird. Begründet wurde diese überzeugende Auffassung mit dem Zweck der Vorschrift, den Ort der stationären Leistung (nach altem Recht: Anstaltsort) zu schützen. Dieser Auffassung ist auch für das neue Recht zu folgen (so jetzt auch *Rabe*, Fichtner/Wenzel, § 106 Rn. 19; *Mergler/Zink*, § 106 Rn. 42).

27    Der **Anwendungsbereich** des § 106 Abs. 3 SGB XII wird durch **§ 98 Abs. 4 SGB XII** erweitert. Dort wird auf die Erstattungsregelung des § 106 Abs. 3 SGB XII verwiesen. Sie gilt auch bei Verlassen einer Einrichtung zum Vollzug richterlich angeordneter Freiheitsentziehung.

28    **Verlassen** ist in einem weiten Sinn zu verstehen. Es wird weder nach dem Grund gefragt, noch ob der Einrichtungsaufenthalt freiwillig, einseitig oder einverständlich beendet worden ist. Nach dem Verlassen muss ein **Bedürfnis** für die Gewährung von Sozialhilfe bestehen. Da sich Abs. 3 von Abs. 2 des § 106 SGB XII unterscheidet, kommt als Hilfe keine weitere stationäre, sondern eine offene oder halboffene Hilfe infrage. Folgendes Beispiel charakterisiert den Anwendungsbereich der Vorschrift: Eine drogenabhängige Person aus Hamburg absolviert in Bremen eine Therapie. Nach erfolgreichem Abschluss bezieht sie in Bremen eine Wohnung und erhält weitere Hilfe (*Schwabe*, ZfF 1994, 8).

29    Der Bedarf muss innerhalb **eines Monats** auftreten. Die Kenntnis vom Hilfefall ist eine weitere Voraussetzung (§ 18 SGB XII) haben (s. *Mergler/Zink*, BSHG, § 103 Rn. 56). Die Erstattungspflicht endet, wenn für einen zusammenhängenden Zeitraum Hilfe nicht zu gewähren war, spätestens nach Ablauf von zwei Jahren seit Verlassen der Einrichtung (§ 106 Abs. 3 S. 3 SGB XII).

### § 107 Kostenerstattung bei Unterbringung in einer anderen Familie

**§ 98 Abs. 2 und § 106 gelten entsprechend, wenn ein Kind oder ein Jugendlicher in einer anderen Familie oder bei anderen Personen als bei seinen Eltern oder bei einem Elternteil untergebracht ist.**

**Schrifttum:** *Klay*, Verwandtenpflege im Spiegel der Rechtsprechung zum JWG und KJHG, ZfF 2000, 193; *Zeitler*, Vollzeitpflege bei den Großeltern, NDV 1997, 249; vgl. auch Schrifttumsangaben zu § 97 und § 103 BSHG.

## I. Bedeutung der Norm

1    Die Vorschrift geht inhaltlich auf das Zweite Gesetz zur Umsetzung des Spar-, Konsolidierungs- und Wachstumsprogramm vom 21.12.1993 (BGBl. I S. 2374) zurück. Die Vorgängervorschrift des § 104 BSHG wurde von der überwiegenden Meinung als eine „versteckte" Zuständigkeitsvorschrift verstanden, um die § 97 BSHG ergänzt werden müsste (so vor allem HessVGH 15.2.1996 – 9 TG 3506/95; BayVGH 2.8.2001 – 12 B 98.763; *Mergler/Zink*, BSHG, § 104 Rn. 3.1; *Fichtner/Bräutigam*, BSHG, § 104 Rn. 1). Begründet wurde diese Auffassung mit dem Hinweis, dass der Unterbringungsort vor übermäßigen finanziellen Belastungen geschützt werden müsse. Diesem Argument ist entgegen zu halten, dass der Unterbringungsort, an dem sich die Familienpflegestelle befindet, nicht den gleichen Schutz benötigt, der für den Einrichtungsort nötig ist. Zwischen einer Einrichtungsunterbringung und einer Unterbringung in einer Pflegefamilie bestehen erhebliche tatsächliche Unterschiede. Einrichtungen sind in der Regel, teils aus historischen Gründen, auf bestimmte Orte konzentriert und bedürfen des Schutzes vor einer übermäßigen Inanspruchnahme. Andererseits ist zu bedenken, dass § 54 Abs. 3

SGB XII zu berücksichtigen ist und die Familienpflege mit einer Unterbringung in einer Einrichtung gleichstellt (vgl. *Böttiger*, jurisPK-SGB XII, § 107 Rn. 9). Dieser Schutz ist bei einer Familienpflege weniger dringlich, weil Pflegestellen nicht auf einige wenige Orte beschränkt sind. Daneben spielt die Unterbringung in einer Pflegefamilie bei der Aufbringung von Sozialhilfekosten, weil der sozialhilferechtliche Leistungsanspruch weitgehend durch das vorrangige SGB VIII (vgl. § 10 Abs. 2 SGB VIII) verdrängt wird, praktisch keine so große Rolle. Der mit der Vorschrift verfolgte eigentliche Zweck ist der, dass der Leistungsträger des gewöhnlichen Aufenthaltsorts erstattungspflichtig ist. Sie ist damit auch eine Zuständigkeitsvorschrift (*Böttiger*, jurisPK-SGB XII, § 107 Rn. 6).

Zum weiteren Zweck der Vorschrift gehört, Anreize zur Einrichtung von Famili- **2** enpflegestellen zu setzen.

## II. Inhalt der Norm

Die Vorschrift übernimmt inhaltsgleich die bisherige Regelung des § 104 BSHG. **3** Sie regelt die Zuständigkeit und den Erstattungsanspruch (s. dazu auch *Steimer/Zink,* Mergler/Zink, § 107 Rn. 6). Die Verweisung in § 107 SGB XII verlagert in ihrem Ausgangspunkt die örtliche Zuständigkeit zum Schutz der Pflegestellenorte auf den Ort, in dem das Pflegekind vor Aufnahme in der Pflegefamilie seinen gewöhnlichen Aufenthalt hatte (LSG NRW 14.2.2011 – L 20 SO 110/08: für den Fall einer Geburt im Krankenhaus).

## III. Unterbringung in einer anderen Familie

Die Vorschrift bezieht sich auf Kinder und Jugendliche. Zugrunde zu legen ist **4** die Definition des § 7 Nr. 1 und 2 SGB VIII. Gemeint sind mithin nur Minderjährige (vgl. auch *Steimer/Zink,* Mergler/Zink, § 107 Rn. 9). Von einem **Pflegeverhältnis** wird gesprochen, wenn ein Kind oder ein Jugendlicher in einer anderen Familie oder bei anderen Personen als bei seinen Eltern oder bei einem Elternteil dergestalt aufgenommen worden ist, dass wesentliche Funktionen der Eltern oder des Elternteils übernommen werden (vgl. *Rabe,* Fichtner/Wenzel, § 107 Rn. 4; für das SGB VIII auch: BVerwG 15.12.1995 – 5 C 2/94, NJW 1996, 2385). Erziehung, Versorgung, Betreuung und Aufsicht werden außerhalb der Familie wahrgenommen. Die Unterbringung setzt dem gemäß auch die volle Unterbringung in einer Pflegestelle voraus. Aus welchem Grund sie erfolgt, ist unerheblich, aber sie muss behördlich veranlasst sein. Eine freiwillige Unterbringung in einer Pflegefamilie wird von der Vorschrift nicht erfasst. Werden die Funktionen von Unterbringung und Pflege geteilt, kommt § 107 SGB XII nicht zur Anwendung. Das ist der Fall, wenn ein Kind tagsüber untergebracht ist, abends aber zu seinen Eltern zurückkehrt. Befindet sich ein Kind mit seiner Mutter in einem Frauenhaus, in dem sich diese, wenn auch nur zeitweilig, um ihr Kind kümmert, liegt kein Erstattungsfall vor (s. auch *W. Schellhorn,* Schellhorn/Schellhorn/Hohm, § 107 Rn. 13). Bei einer Heimbetreuung ist entscheidend, ob die Betreuung nur dem Elternteil gilt oder die Betreuung die Mutter in die Lage versetzen soll, sich um ihr Kind zu kümmern. In beiden Fällen besteht kein Erstattungsanspruch nach § 107 SGB XII. Wochenendfahrten oder Urlaub bei den Eltern beenden die Unterbringung außerhalb der eigenen Familie nicht. In den Fällen der Hilfe zur Erziehung nach dem SGB VIII tritt das SGB XII zurück (vgl. *Steimer/Zink,* Mergler/Zink, § 107 Rn. 18).

Es muss sich um eine Unterbringung in einer **anderen Familie** (zum § 44 **5** SGB VIII und zur Definition dieses Begriffes, s. BVerwG 15.12.1995 – 5 C 2/94, NJW 1996, 2385) handeln. Für den Familienbegriff gelten die Grundsätze des BGB.

Das Kind oder der Jugendliche darf nicht mehr bei seiner Mutter, seinem leiblichen Vater oder seinen Adoptiveltern leben. Dementsprechend umfasst der Begriff der „anderen Familie" Großeltern, Verwandte, Stiefeltern (*Rabe*, Fichtner/Wenzel, § 107 Rn. 4), aber auch dritte Personen, sofern sie zu dem Kind oder dem Jugendlichen ein elternähnliches Betreuungsverhältnis eingegangen sind. Im Fall der Unterbringung bei Verwandten und Verschwägerten bis zum 3. Grad ist jeweils zu prüfen, ob der Erziehungsanspruch nach dem SGB VIII durch sie sichergestellt wird.

## IV. Rechtsfolgen

6    Für die Erstattung von Leistungen gelten § 98 Abs. 2 und § 106 SGB XII entsprechend. Durch die uneingeschränkte Verweisung auf § 106 SGB XII ist ohne jeden Zweifel Abs. 3 der Vorschrift anwendbar (s. *Zeitler*, NDV 1994, 179; *Steimer/Zink*, Mergler/Zink, § 107 Rn. 21). Die Vollendung des 18. Lebensjahres wird dem Verlassen einer Einrichtung funktional gleichgestellt. Es handelt sich um die Nachwirkung eines an sich beendeten Pflegeverhältnisses (vgl. dazu *Schellhorn/Schellhorn*, BSHG, § 104 Rn. 13).

7    Durch die Verweisung auf § 98 Abs. 2 S. 3 SGB XII, der nur das vorläufige Eintreten regelt, muss geprüft werden, wo der Minderjährige vor dem Eintreten in eine Pflegestelle seinen gewöhnlichen Aufenthaltsort hatte. Der Träger der Sozialhilfe, in dessen Zuständigkeitsbereich der gewöhnliche Aufenthaltsort liegt, ist nicht für die Leistung zuständig (s. Rn. 2), sondern erstattungspflichtig.

8    Fehlt ein gewöhnlicher Aufenthalt sind die Kosten dem örtlichen Träger vom überörtlichen zu erstatten.

## § 108 Kostenerstattung bei Einreise aus dem Ausland

(1) ¹Reist eine Person, die weder im Ausland noch im Inland einen gewöhnlichen Aufenthalt hat, aus dem Ausland ein und setzen innerhalb eines Monats nach ihrer Einreise Leistungen der Sozialhilfe ein, sind die aufgewendeten Kosten von dem von einer Schiedsstelle bestimmten überörtlichen Träger der Sozialhilfe zu erstatten. ²Bei ihrer Entscheidung hat die Schiedsstelle die Einwohnerzahl und die Belastungen, die sich im vorangegangenen Haushaltsjahr für die Träger der Sozialhilfe nach dieser Vorschrift sowie nach den §§ 24 und 115 ergeben haben, zu berücksichtigen. ³Satz 1 gilt nicht für Personen, die im Inland geboren sind oder bei Einsetzen der Leistung mit ihnen als Ehegatte, Lebenspartner, Verwandte oder Verschwägerte zusammenleben. ⁴Leben Ehegatten, Lebenspartner, Verwandte oder Verschwägerte bei Einsetzen der Leistung zusammen, ist ein gemeinsamer erstattungspflichtiger Träger der Sozialhilfe zu bestimmen.

(2) ¹Schiedsstelle im Sinne des Absatzes 1 ist das Bundesverwaltungsamt. ²Die Länder können durch Verwaltungsvereinbarung eine andere Schiedsstelle bestimmen.

(3) Ist ein Träger der Sozialhilfe nach Absatz 1 zur Erstattung der für eine leistungsberechtigte Person aufgewendeten Kosten verpflichtet, hat er auch die für den Ehegatten, den Lebenspartner oder die minderjährigen Kinder der leistungsberechtigten Personen aufgewendeten Kosten zu erstatten, wenn diese Personen später einreisen und Sozialhilfe innerhalb eines Monats einsetzt.

(4) Die Verpflichtung zur Erstattung der für Leistungsberechtigte aufgewendeten Kosten entfällt, wenn für einen zusammenhängenden Zeitraum von drei Monaten Sozialhilfe nicht zu leisten war.

(5) **Die Absätze 1 bis 4 sind nicht anzuwenden für Personen, deren Unterbringung nach der Einreise in das Inland bundesrechtlich oder durch Vereinbarung zwischen Bund und Ländern geregelt ist.**

*Änderung der Vorschrift: Abs. 1 S. 1 geänd. mWv 1.1.2017 durch G v. 22.12.2016 (BGBl. I S. 3159).*

## I. Bedeutung der Norm

Die Vorschrift ist unmaßgeblich geändert worden. In Abs. 1 S. 1 wurde „setzten" **1** durch „setzen" ersetzt. Mit der Verpflichtung zum Kostenersatz sollen die Sozialhilfeträger, die in der Nähe von Grenzen oder Flughäfen liegen, **finanziell** entlastet werden (BSG 24.3.2009 – B 8/9b SO 17/07 R). Die Regelung ist eine **besondere Form der Lastenverteilung.** Ihr Schutz gilt auch dem zur Erstattung berechtigten überörtlichen Träger. Ob diese Vorschrift noch sinnvoll ist, wurde angesichts der Engräumigkeit und den Verkehrsverhältnissen in Deutschland bereits für das BSHG zu recht infrage gestellt (*Schoch,* LPK/BSHG, § 108 Rn. 1; *Klinge,* Hauck/Noftz, SGB XII, § 107 Rn. 2). Die Bedeutung der Vorschrift wird auch heute als gering angesehen (*Böttiger,* jurisPK-SGB XII, § 108 Rn. 12). Wie bei allen Erstattungsvorschriften ist die **rechtmäßige Leistungserbringung** Voraussetzung für einen Kostenausgleich. Im Verhältnis zu den sonstigen Erstattungsvorschriften ist § 108 SGB XII eine **Sonderregelung** (s. auch *Steimer,* Mergler/Zink, § 108 Rn. 3; *Böttiger,* jurisPK-SGB XII, § 108 Rn. 5; *Lücking,* Hauck/Noftz, SGB XII, § 108 Rn. 6). Weil sie an die Einreise einer bestimmten Person und nicht an die Art der zu erbringenden Leistung anknüpft, erfasst sie alle Formen der Leistungserbringung (*Schoch,* LPK-SGB XII, § 108 Rn. 2; *Böttiger,* jurisPK-SGB XII, § 108 Rn. 5). Sie bezieht sich auf die Fallkonstellationen, in denen jemand weder im Inland noch im Ausland einen gewöhnlichen Aufenthalt hat. Hat ein Leistungsberechtigter einen gewöhnlichen Aufenthalt, sind die allgemeinen Vorschriften anwendbar (*Schiefer,* Oestreicher, § 108 Rn. 6; *Böttiger,* jurisPK-SGB XII, § 107 Rn. 4).

## II. Inhalt der Norm

Die Vorschrift überträgt im Wesentlichen inhaltsgleich den bisherigen § 108 **2** BSHG. Erweitert wurde Abs. 3 dahingehend, dass die Lebenspartner von Leistungsberechtigten einbezogen sind. Für die Entscheidung der Schiedsstelle macht Abs. 1 Vorgaben. Sie bestimmt den zur Erstattung verpflichteten überörtlichen Träger. Abs. 1 Satz 3 schränkt unter bestimmten Voraussetzungen die Erstattungsregelung des Satzes 1 ein. Weitere Ausnahmen sehen die Absätze 3 und 4 vor. Absatz 1 bis 4 sind nach Abs. 5 nicht anzuwenden für Personen, deren Unterbringung nach der Einreise in das Inland bundesrechtlich oder durch Vereinbarung zwischen Bund und Ländern geregelt ist.

## III. Kostenerstattung nach Abs. 1

Betroffen sind alle natürlichen **Personen,** gleichgültig, ob es sich um Deutsche, **3** Staatenlose oder Ausländer handelt. Ausgenommen sind die Personen, die im Geltungsbereich des BSHG geboren sind oder bei Eintritt des Bedarfs mit dem Hilfeempfänger als Ehegatte, Lebenspartner, Verwandte oder Verschwägerte zusammenleben (§ 108 Abs. 1 S. 3 SGB XII). Erfasst sind auch diejenigen Ausländer, denen aufgrund pflichtgemäßen Ermessens trotz der Ausschlussregelung des § 23 Abs. 3 SGB XII rechtmäßig Hilfe gewährt worden ist. Die **Geburtsbeziehung** zu

Deutschland entscheidet über die Erstattungsfähigkeit aufgewendeter Sozialhilfekosten.

**4**    Ein **Übertritt aus dem Ausland** kann sich auf verschiedene Art und Weise vollziehen. Er geschieht zu Lande, auf dem Wasser oder auf dem Luftweg. Entscheidend ist ein Überschreiten der Grenze. Das Ziel, endgültig in Deutschland zu bleiben, ist nicht ausschlaggebend. Auch der Durchreisende tritt aus dem Ausland über. Die Gründe für eine Einreise sind ohne Bedeutung (*Böttiger*, jurisPK-SGB XII, § 108 Rn. 22).

**5**    Die Person darf **im Zeitpunkt des Übertritts** weder im Inland noch im Ausland einen **gewöhnlichen Aufenthalt** besitzen. Besteht entweder im Inland oder im Ausland ein gewöhnlicher Aufenthaltsort, greift die Vorschrift nicht ein. Das trifft auf Grenzpendler oder Geschäftsreisende zu (*Böttiger*, jurisPK-SGB XII, § 108 Rn. 32).

**6**    Ob jemand einen gewöhnlichen Aufenthalt hatte, bestimmt sich nach § 30 Abs. 3 SGB I. Einzelheiten s. § 98 Rn. 19. Kriegsflüchtlinge geben bei Verlassen ihres Heimatortes ihren gewöhnlichen Aufenthalt auf, wenn ihre Häuser oder ihre Wohnorte zerstört sind (vgl. dazu auch *Schiefer*, Oestreicher, § 108 Rn. 8).

**7**    Ein erst **nach der Einreise** in Deutschland begründeter gewöhnlicher Aufenthaltsort genügt nach dem eindeutigen Wortlaut der Vorschrift nicht. Deutsche, die ihren gewöhnlichen Aufenthalt im Ausland haben, und wiedereinreisen, kommt § 98 SGB XII zur Anwendung.

**8**    Innerhalb **eines Monats** muss der Übertretende der Sozialhilfe bedürfen. Diese Frist wird nach § 26 SGB I berechnet. Sie stellt eine Ausschlussfrist dar. Ist sie überschritten, kommt ein Erstattungsanspruch nicht in Betracht (ebenso *Böttiger*, jurisPK-SGB XII, § 108 Rn. 44). Maßgeblich ist, dass bei einem Familienverband nur ein Familienmitglied sozialhilfebedürftig wird. Es kommt nicht darauf an, dass die Bagatellgrenze des § 110 Abs. 2 überschritten wird (*Klinge*, Hauck/Noftz, SGB XII, § 107 Rn. 9).

**9**    Die **Sozialhilfe setzt ein,** wenn der Bedarf der Sozialhilfe dem Sozialamt bekannt geworden ist bzw. ein unzuständiger Träger der Sozialhilfe davon Kenntnis hatte oder wenn bei den Grundleistungen nach dem Vierten Kapitel ein Antrag gestellt worden ist (§ 18 SGB XII). Einsetzen bedeutet nicht, dass der Bedarf erfüllt ist. Dabei ist schon nach dem Wortlaut der Norm nicht entscheidend, ob die Hilfe bescheidmäßig festgestellt war und wann dem Hilfeempfänger tatsächlich Hilfe gezahlt worden ist (a. A. *W. Schellhorn*, Schellhorn/Hohm/Scheider; § 108 Rn. 10; wie hier *Schoch*, LPK-SGB XII, § 108 Rn. 8). Maßgeblich ist vielmehr, ab welchem Zeitpunkt bei tatsächlicher Leistungserbringung der Nachfragende zur Hilfe nach dem SGB XII berechtigt war (BSG 24.3.2009 – B 8/9b SO 17/07 R). Personen, auf die das AsylbLG anwendbar ist, bedürfen nicht der Sozialhilfe.

**10**    **Passiv legitimiert** ist der überörtliche Träger, von einer Schiedsstelle bestimmt wird. Schiedsstelle ist nach § 108 Abs. 2 S. 1 SGB XII das Bundesverwaltungsamt, solange wie durch Ländervereinbarung keine Schiedsstelle bestimmt ist (§ 108 Abs. 2 S. 2 SGB XII). Die Bestimmung hat Verwaltungsaktcharakter (s. zum bisherigen § 108 BSHG BayVGH 1.10.1992 – 12 CZ 91.3802; offengelassen von LSG BW 25.3.2010 – L 7 SO 5799/08). Für die Bestimmung reicht ein schlüssiger Vortrag des die Schiedsstelle einschaltenden Leistungsträgers aus (vgl. BSG 24.3.2009 – B 8/9b SO 17/07 R; LSG BW 25.3.2010 – L 7 SO 5799/08). Denn die Schiedsstelle soll nicht der Sache nach über die materielle Berechtigung der Sozialhilfe entscheiden. Ein gemeinsamer erstattungspflichtiger Leistungsträger ist zu bestimmen (Satz 4), wenn Ehegatten, Verwandte, Lebenspartner oder Verschwägerte bei Eintritt des Bedarfs zusammenleben (§ 108 Abs. 1 S. 4 SGB XII).

**11**    Satz 3 ist eine **Ausnahmeregelung** der in Satz 1 geregelten Erstattungspflicht. Sie macht diese im Zeitpunkt des Einsetzens der Leistungen von einem **Zusammenleben** als Ehegatte, Lebenspartner, Verwandte oder Verschwägerte abhängig. Von einem Zusammenleben kann auch dann noch gesprochen werden, wenn wegen

Schwierigkeiten bei der Unterbringung eine kurzfristige Trennung nötig ist. Ein Zusammenleben heißt nicht, dass eine Bedarfsgemeinschaft besteht (BSG 24.3.2009 – B 8/9b 17/07 R; LSG NRW 23.4.2007 – L 20 SO 52/06). Nach Wortlaut sowie Sinn und Zweck der Vorschrift schließt bereits ein Zusammenleben vorübergehender Art den Erstattungsanspruch aus (zustimmend *Böttiger*, jurisPK-SGB XII, § 108 Rn. 60). § 108 Abs. 1 S. 3 SGB XII spricht lediglich von „Zusammenleben"; ein Zusammenleben über einen längeren Zeitraum in einer gemeinsamen Wohnung ist damit nicht gefordert. Dem entspricht auch der Sinn und Zweck der gesetzlichen Regelung. Andererseits muss es sich bei einem Aufenthalt bei Verwandten um mehr als eine bloße „Anlaufstelle" (vgl. dazu SG Frankfurt 19.3.2009 – S 30 SO 13/06) handeln. Ob ein Zusammenleben immer eine gemeinsame Wohnung voraussetzt, bleibt auch nach der Entscheidung des BSG vom 24.3.2009 – B 8/9b SO 17/07 R fraglich. Denn auch bei einem Leben in unmittelbarer Nähe von Verwandten stellt sich nach dem Sinn und Zweck der Vorschrift die Frage nach dem Schutz des Zuzugsortes.

Die **Schiedsstelle** bestimmt die Zuständigkeit des überörtlichen Trägers. Schieds-   **12** stelle ist in Abs. 2 definiert. Es handelt sich um das Bundesverwaltungsamt. Die Länder können durch Verwaltungsvereinbarung eine andere Schiedsstelle bestimmen, was bisher nicht geschehen ist.

Die Schiedsstelle wird auf Antrag tätig. Zwar wird auch die Auffassung vertreten,   **13** dass Kenntnis ausreicht (so *Böttiger*, jurisPK SGB XII, § 108 Rn. 83). Es scheint fraglich zu sein, ob Kenntnis ausreicht, weil das Bundesverwaltungsamt kein Sozialhilfeträger iSd. § 18 SGB XII ist. Die Entscheidung der Schiedsstelle hat nur intransitive Wirkung und ist deshalb nicht als Verwaltungsakt zu betrachten (*Böttiger*, jurisPK-SGB XII, § 108 Rn. 84).

In der Sache nimmt die Schiedsstelle eine Schlüssigkeitsprüfung in Form einer   **14** Ermessensentscheidung vor, wobei sie § 108 Abs. 1 S. 2 zu beachten hat.

## IV. Erweiterung der Kostenerstattungspflicht (Abs. 3)

In den Fällen des § 108 Abs. 1 SGB XII erstreckt sich die Erstattungspflicht auch   **15** auf den Ehegatten, Lebenspartner oder die minderjährigen Kinder der berechtigten Person. Sie müssen später in den Geltungsbereich des SGB XII übergetreten sein und innerhalb eines Monats der Sozialhilfe bedürfen. Anwendungsvoraussetzung ist, dass der zuerst in die Bundesrepublik Deutschland gekommene noch weiter Sozialhilfe bezieht.

## V. Wegfall der Kostenerstattungspflicht (Abs. 4)

Die Kostenerstattungspflicht wird durch Abs. 4 eingeschränkt. Sozialhilfe darf für   **16** einen zusammenhängenden Zeitraum von drei Monaten nicht gewährt werden. Der Grund ist darin zu sehen, dass die Hilfe als ein neuer Sozialhilfefall anzusehen ist (vgl. dazu *Rabe*, Fichtner/Wenzel, § 109 Rn. 11), der sachlich mit einem Grenzübertritt in keinem Zusammenhang steht. Dem Wortlaut nach kommt es nicht darauf an, ob die Hilfe tatsächlich geleistet worden ist, sondern ob die Hilfe auf Grund der verfahrensmäßigen oder materiellen Normen ausgeschlossen gewesen wäre (*Schiefer*, Oestreicher, § 108 Rn. 26).

## VI. Ausschluss nach Abs. 5

Um eine gleichmäßige Belastung aller Kostenträger zu erreichen und eine   **17** unkontrollierbare Belastung zu vermeiden, sieht die Regelung vor, dass bundesrecht-

liche Regelungen oder Vereinbarungen von § 108 Abs. 1 und 2 SGB XII abwei-
chende Regelungen treffen können. Deshalb ist die Auslegung dieses Absatzes am
Schutzzweck der Norm zu orientieren (vgl. auch BVerwG 5.11.1992 – 5 C 15/92,
NVwZ 1993, 584, 585). Zu den Regelungen zählen die Verteilungsverordnung
vom 28.3.1952 (BGBl. I S. 236 für deutsche Vertriebene) oder § 22 AsylVfG. Für
Kontingentflüchtlinge hat die Vorschrift nach dem Gesetz über Maßnahmen für
im Rahmen humanitärer Hilfsaktionen aufgenommene Flüchtlinge (BGBl. 1997 I
S. 2584) ebenfalls Bedeutung. Werden gegenüber Ausländern Duldungen nach § 60a
AufenthG ausgesprochen, liegt keine bundesgesetzliche Regelung i. S. dieses Absat-
zes vor. Auf Personen, die unter das AsylbLG fallen, trifft die Vorschrift des § 108
SGB XII ebenfalls nicht zu, weil sie keine Sozialhilfe beziehen.

### § 109 Ausschluss des gewöhnlichen Aufenthalts

**Als gewöhnlicher Aufenthalt im Sinne des Zwölften Kapitels und des
Dreizehnten Kapitels, Zweiter Abschnitt, gelten nicht der Aufenthalt in
einer Einrichtung im Sinne von § 98 Abs. 2 und der auf richterlich angeordneter Freiheitsentziehung beruhende Aufenthalt in einer Vollzugsanstalt.**

1　　Die Vorschrift **fingiert** den **gewöhnlichen Aufenthalt** für Personen, die sich
in einer Vollzugsanstalt aufgrund richterlich angeordneter Freiheitsentziehung befinden. Insoweit ist die Vorschrift auf Menschen anwendbar, die sich in Haft befinden.
Ferner gilt die Fiktion bei Personen, die in einer der in § 98 Abs. 2 SGB XII genannten Einrichtung untergebracht sind. Diese Fiktion ist erforderlich, weil eine Person,
auch wenn sie in einer Einrichtung untergebracht ist, dort ihren gewöhnlichen
Aufenthalt begründen kann (*Schiefer*, Oestreicher, § 109 Rn. 9).

2　　Der mit dieser Vorschrift angestrebte starke **Schutz des Einrichtungsortes** (vgl.
dazu BayVGH 29.7.1999 – 12 B 97.3431; *Schiefer*, Oestreicher, § 109 Rn. 3; *Böttiger*,
jurisPK-SGB XII, § 109 Rn. 4) ist sachlich nur gerechtfertigt für die Zeit des Aufenthalts in einer Einrichtung. Die Rechtfertigung des Schutzgedankens folgt schon
allein daraus, dass Personen, die sich in Einrichtungen oder Vollzugseinrichtungen
aufhalten, unfreiwillig in den Zuständigkeitsbereich eines Trägers gelangen (*Böttiger*,
jurisPK-SGB XII, § 109 Rn. 5). Der für die Kostenerstattung maßgebliche gewöhnliche Aufenthalt ist der, der vor der Aufnahme in die stationäre Einrichtung bestand.
Wohnt ein Leistungsberechtigter außerhalb der Einrichtung, wird aber von dort
betreut, liegen die Voraussetzungen des § 109 SGB XII ebenfalls nicht vor. Anders ist
zu entscheiden, wenn diese Wohnung in den Organisationsbereich der Einrichtung
einbezogen ist (vgl. *Schoch*, LPK-SGB XII, § 109 Rn. 2). Der Schutz des bisherigen
§ 109 BSHG wurde von der Rechtsprechung weit ausgedehnt. Die Vorschrift wurde
zugunsten des Anstaltsortes so verstanden, dass sich die beabsichtigte Einrichtungsaufnahme verzögern konnte und die Person am Ort der Einrichtung kurzfristig in
ihrer Familie untergekommen war. Auch bei diesem Sachverhalt sollte die Fiktion
eingreifen, um den Einrichtungsort zu schützen (BayVGH 25.1.2001 – 12 B
99.512). Diese Überlegungen gelten ohne Einschränkung auch für die Regelung
des § 109 SGB XII. Verlässt eine berechtigte Person die Einrichtung und gewährt
ihm ein anderer Träger Hilfe zum Lebensunterhalt, besteht für die Anwendung des
§ 109 SGB XII kein Bedürfnis. Der nun zuständige Träger kann sich nicht an den
Hilfeträger wenden, in dessen Zuständigkeitsbereich der gewöhnliche Aufenthaltsort
des Hilfeempfängers vor einer Heimaufnahme befand. Dieser Träger, in dessen
Zuständigkeitsbereich der Berechtigte verzogen ist, ist in den Schutzbereich des
§ 109 SGB XII wie jeder andere örtliche Träger nicht einbezogen. Die Regelung
soll nicht verhindern, dass Sozialhilfeträger mit den Kosten für ehemalige Heimbewohner belastet werden.

**§ 110** Umfang der Kostenerstattung

(1) ¹Die aufgewendeten Kosten sind zu erstatten, soweit die Leistung diesem Buch entspricht. ²Dabei gelten die am Aufenthaltsort der Leistungsberechtigten zur Zeit der Leistungserbringung bestehenden Grundsätze für die Leistung von Sozialhilfe.

(2) ¹Kosten unter 2 560 Euro, bezogen auf einen Zeitraum der Leistungserbringung von bis zu zwölf Monaten, sind außer in den Fällen einer vorläufigen Leistungserbringung nach § 98 Abs. 2 Satz 3 nicht zu erstatten. ²Die Begrenzung auf 2 560 Euro gilt, wenn die Kosten für die Mitglieder eines Haushalts im Sinne von § 27 Absatz 2 Satz 2 und 3 zu erstatten sind, abweichend von Satz 1 für die Mitglieder des Haushalts zusammen.

*Änderung der Vorschrift: Abs. 2 Satz 2 geänd. mWv 1.1.2011 durch G v. 24.3.2011 (BGBl. I S. 453).*

**Schrifttum:** *Großmann,* Warum § 111 Abs. 2 BSHG nicht wörtlich nehmen?, NDV 2000, 72; *Schwabe,* Die Auswirkungen der Rechtsänderungen in den §§ 111 und 113 SGB X zum 1.1.2001 auf Erstattungsansprüche der Sozialhilfeträger nach den §§ 102 ff. SGB X sowie das Recht der Kostenerstattung zwischen den Trägern der Sozialhilfe nach den §§ 103 ff. BSHG, ZfF 2001, 81; *ders.,* Zur „Bagatellgrenze" des § 111 Abs. 2 BSHG, ZfF 1997, 126; *Singer,* Fristberechnung bei § 111 Abs. 2 BSHG, NDV 1999, 289.

# I. Bedeutung der Norm

Die Vorschrift regelt **Inhalt** und **Umfang** des Kostenanspruchs. Diese Regelung **1** ist notwendig, weil die §§ 106 ff. SGB XII lediglich die Voraussetzungen eines Erstattungsanspruchs, nicht jedoch dessen Inhalt bestimmen.

Für die Vorgängerregelung des § 111 BSHG galt, dass dazu beigetragen werden **2** sollte, unwirtschaftliche Verwaltungsarbeit zu vermeiden. Dieser Zweck bestimmt auch die inhaltsgleiche Vorschrift des § 110 SGB XII. Um dieses Ziel zu verwirklichen, wurde § 111 BSHG mehrfach geändert. Die zuletzt gültige Fassung hatte § 111 BSHG durch das Gesetz zur Umsetzung des Föderalen Konsolidierungsprogramms vom 23.6.1993 (BGBl. I S. 944), das Gesetz zur Reform des Sozialhilferechts vom 23.7.1993 (BGBl. I S. 1088) und das 4. Euroeinführungsgesetz vom 21.12.2000 (BGBl. I S. 1983) erhalten, die nun in § 110 SGB XII Gesetz geworden ist. Die jetzige Änderung ist lediglich eine redaktionelle Anpassung.

Für das Verständnis der Regelung ist darüber hinaus bestimmend, dass die Sozial- **3** rechtsbeziehung zwischen dem gewährenden Sozialhilfeträger und dem Leistungsberechtigten besteht, nicht zwischen dem erstattungsberechtigten und dem erstattungspflichtigen Träger (vgl. dazu auch *Schwabe,* ZfF 2001, 83). Der leistende Sozialhilfeträger bleibt für die Gewährung der Hilfe ausschließlich verantwortlich. Mit der Vorschrift soll die **nach dem Gesetz vorgesehene Lastenverteilung** wiederhergestellt werden. Der eigentlich Verpflichtete hat letztlich die Kosten zu tragen, auch wenn ein anderer Leistungsträger geleistet hat.

Der Ausgleich kann sich nur auf **rechtmäßig** erbrachte Leistungen beziehen **4** (*Böttiger,* jurisPK-SGB XII, § 110 Rn. 6). Diese Folgerung lässt sich aus dem Wortlaut des Gesetzes ableiten. Es sind die Kosten zu erstatten, soweit die Leistungen diesem Buch entsprechen.

Eine **Aufrechnung** zwischen den Leistungsträgern ist nicht möglich, weil hierzu **5** keine entsprechenden gesetzlichen Vorschriften existieren (vgl. *W. Schellhorn,* Schellhorn/Hohm/Scheider, § 110 Rn. 18).

Eine **Rückerstattung** zu viel erbrachter Erstattungskosten erfolgt nach § 112 **6** SGB X. Das setzt voraus, dass die erbrachte Erstattung zu Unrecht erfolgt ist. Die

Voraussetzungen des Erstattungsanspruchs dürfen nicht vorgelegen haben (s. dazu auch *Böttiger,* jurisPK-SGB XII, § 110 Rn. 50).

**7**    Stand dem Erstattungsanspruch nur ein **Leistungsverweigerungsrecht** wie das des § 110 Abs. 2 S. 1 SGB XII gegenüber, kommt § 112 SGB X nicht zur Anwendung.

## II. Umfang des Erstattungsanspruchs (Abs. 1)

### 1. Aufgewendete Kosten

**8**    Erstattet werden die aufgewendeten Kosten. Da die Entstehung eines Anspruchs gegen einen anderen dessen Fälligkeit voraussetzt, heißt das für den Erstattungsanspruch, dass die Leistung, deren Erstattung begehrt wird, **tatsächlich** erbracht sein muss. Dazu zählen auch solche Leistungen, die ein Hilfeträger zugesichert hat. Zukünftige Kosten sind jedoch ausgeschlossen. Zu den zu erstattenden Nettoaufwendungen (vgl. *Schiefer,* Oestreicher, § 110 Rn. 6; *Rabe,* Fichtner/Wenzel, § 110 Rn. 1; *Böttiger,* jurisPK-SGB XII, § 110 Rn. 23 f.) gehören laufende Leistungen und einmalige Beihilfen, sofern sie im SGB XII vorgesehen sind, auch das sog. Betten- oder Platzgeld, das für Zeiten, in denen sich eine Person nicht in der Einrichtung befindet, erhoben wird (wie hier auch *Böttiger,* jurisPK-SGB XII, § 110 Rn. 26). Das **Nettoprinzip** leitet sich aus der Formulierung ab „soweit die Leistung diesem Buch entspricht".

**9**    Unter Beachtung des Nettoprinzips ist der leistende Sozialhilfeträger verpflichtet, Einnahmen abzuziehen bzw. er ist verpflichtet, vorrangige Ansprüche eines Dritten zu verfolgen (*W. Schellhorn,* Schellhorn/Hohm/Scheider, § 110 Rn. 15).

### 2. Rechtmäßigkeit der Hilfegewährung

**10**    Es entspricht dem Grundsatz der Gesetzmäßigkeit, dass nur eine rechtmäßig gewährte Hilfe erstattet werden kann (vgl. auch BSG 14.4.2011 – B 8 SO 23/09 R). Es kommt demgemäß weder auf die tatsächliche Leistung noch auf den Erlass eines Bewilligungsbescheides an. Das Risiko einer unberechtigten Hilfe liegt beim leistenden Hilfeträger. Neben den formellen Voraussetzungen müssen auch die materiellen Tatbestandsmerkmale für eine Leistungserbringung vorgelegen haben (wie hier *Böttiger,* jurisPK-SGB XII, § 110 Rn. 12; *Schoch,* LPK-SGB XII, § 110 Rn. 6; anders wohl BSG 23.3.2010 – B 8 SO 2/09 R). Man kann dieses Erfordernis als **Grundsatz der Interessenwahrung** beschreiben. Der erstattungsberechtigte Träger hat darzulegen, dass auf die Hilfe ein Anspruch bestand oder bei Kannleistungen das Ermessen richtig ausgeübt worden ist (VG Braunschweig, NDV-RD 2002, 14, 15). Bei Ermessensentscheidungen ist dem leistenden Träger eine Dispositionsfreiheit (großzügige Beurteilung, HessLSG 28.8.2011 – L 7 SO 14/10; keine evident falsche Ermessensentscheidung: *Böttiger,* jurisPK-SGB XII, § 110 Rn. 14) einzuräumen. Es kann nicht darauf ankommen, dass der Pflichtige andere Maßnahmen für zweckmäßiger gehalten hätte (vgl. BVerwG 24.3.2009 – 5 B 39/00; NdsOVG 16.1.2002 – 4 L 4201/00; vgl. auch *Böttiger,* jurisPK-SGB XII § 110 Rn. 14 f.; *W. Schellhorn,* Schellhorn/Schellhorn/Hohm, § 110 Rn. 6). Das Problem der Ermessensentscheidung stellt sich häufiger bei der unterschiedlichen Handhabung der Heranziehung zu gemeinnützigen Tätigkeiten.

**11**    Besondere Probleme sind bei der Hilfe zur Arbeit entstanden. Das jetzige SGB XII sieht gesetzliche Vorschriften nicht mehr vor, weil die Eingliederung in das Arbeitsleben dem SGB II vorbehalten ist. Nach § 134 SGB XII gelten die Vorschriften der § 18 Abs. 4 und 5, § 19 Abs. 1 und 2 und § 20 BSHG bis zum Ende der Bewilligung, längstens bis zum 31.12.2005. Es ist auf diesen Leistungsbereich noch das BSHG anzuwenden. Die entstehenden Kosten sind auch dann zu erstatten, wenn die Arbeit als versicherungspflichtige Tätigkeit nicht vom Sozialhilfeträger vorgehalten wird (*Schellhorn/Schellhorn*, BSHG, § 111 Rn. 8). Die Maßnahme selbst bleibt eine solche nach § 11 Abs. 3 SGB XII. Als Maßnahme des § 11 Abs. 3 SGB XII sind Gemeinkosten (Regiekosten) von den Beschäftigungsgesellschaften zu übernehmen. Zum intertemporalen Recht BSG 14.4.2011 – B 8 SO 23/09 R.

### 3. Interessenwahrungsgrundsatz

Als ungeschriebenes Tatbestandsmerkmal wird wie in § 111 BSHG in die Vor- **12** schrift der Interessenwahrungsgrundsatz hineinzulesen sein (*W. Schellhorn*, Schellhorn/Hohm/Scheider, § 110 Rn. 7; s. auch *Klinge*, Hauck/Noftz, § 110 Rn. 5). Die Einhaltung dieses Grundsatzes gehört als Selbstverständlichkeit zu einer rechtstaatlichen Verwaltung. Der leistende Hilfeträger muss sich ein vorsätzliches oder grobfahrlässiges Fehlverhalten entgegenhalten lassen (vgl. VG Magdeburg 22.6.2001 – 6 A 493/99 MD; *Schiefer*, Oestreicher, § 110 Rn. 13; *Schoch*, LPK-SGB XII, § 110 Rn. 5; a. A. wohl *Böttiger*, jurisPK-SGB XII, § 110 Rn. 21). Dazu gehört: alle zumutbaren Maßnahmen zu ergreifen, um die Kosten möglichst gering zu halten; die Minderung der Kosten durch Wahrnehmung aller mit der Überleitung zusammenhängenden Rechte, freilich unter Beachtung des durch § 93 eingeräumten Ermessens (s. auch *Böttiger*, jurisPK-SGB XII, § 110 Rn. 22.10); die angemessene Heranziehung des Hilfeempfängers oder der in § 19 SGB XII genannten Personen; die Prüfung von Schadensersatzansprüchen; die Verlegung in ein kostengünstigeres Pflegeheim oder die Bereitstellung ambulanter Hilfe statt der Gewährung stationärer Leistungen. Zum Interessenwahrungsgrundsatz gehört auch, dass ein Rechtsmittel gegen einen versagten Erstattungsanspruch einzulegen ist, wenn es nicht ganz aussichtslos ist (*Schiefer*, Oestreicher, § 110 Rn. 15: Einzelfallentscheidung).

Der Interessenwahrungsgrundsatz wird allerdings auch kritisiert (*Böttiger*, jurisPK- **13** SGB XII, § 110 Rn. 22.1). Darf der vorleistende Träger der Sozialhilfe daher rechtmäßig gegenüber dem Hilfebedürftigen nicht weniger als vom Gesetz bestimmt leisten, soll er auch nicht nachträglich im Rahmen eines auf die rechtmäßige Leistungserbringung folgenden Erstattungsanspruchs im Hinblick auf den erstattungspflichtigen Träger der Sozialhilfe in seiner gegenüber dem Leistungsberechtigten erbrachten Leistung weiter beschränkt werden dürfen.

### 4. Grundsätze des Aufenthaltsortes

Nach Abs. 1 S. 2 gehören zu den im Bereich des Hilfeträgers zu beachtenden **14** Grundsätzen neben den gesetzlichen Grundlagen Dienstanweisungen, Richtlinien und Vereinbarungen mit Dritten. Hält sich der Hilfeträger an seine Verwaltungspraxis, hat er einen Erstattungsanspruch.

## III. Bagatellgrenze

Nach Abs. 2 S. 1 ist die Erstattung ausgeschlossen, wenn die Bagatellgrenze in **15** den ersten zwölf Monaten in Höhe von 2560 EUR nicht überschritten wird. Zweck der Regelung ist die Entlastung der Sozialverwaltung. Arbeitsaufwand und zu erstattender Betrag sollen durch die Herausnahme von Kleinst- und Kleinbeträgen in einem angemessenen Verhältnis zueinanderstehen. Es handelt sich um ein **Leistungsverweigerungsrecht,** nicht um Tatbestandsvoraussetzungen des Erstattungsanspruchs (a. A. *Schiefer*, Oestreicher, § 110 Rn. 17). Die Bagatellgrenze gilt allgemein für Erstattungsansprüche nach §§ 103 ff. SGB XII und deshalb nicht für § 2 Abs. 3 S. 2 SGB X (s. § 103 Rn. 2). Die früheren Sonderregelungen des § 108 BSHG sind auch im SGB XII nicht aufgegriffen worden. Ausgenommen sind lediglich die

Kostenansprüche aus vorläufiger Hilfegewährung nach § 98 Abs. 2 S. 3 SGB XII. Diese Vorschrift geht als Sonderregelung vor.

**16**     Die Bagatellgrenze ist mit einem **Zeitraum** von zwölf Monaten gekoppelt. Eine Deckung mit einem Kalenderjahr ist nicht erforderlich (vgl. *W. Schellhorn,* Schellhorn/Hohm/Scheider, § 110 Rn. 24). Mit der Aufnahme der Hilfeleistung beginnt auch der Zwölfmonatszeitraum. Kommt es zu einer Unterbrechung der Hilfe, weil das Einkommen den Bedarf übersteigt, beginnt der Zeitraum nicht von neuem. Geht man entsprechend dem Gesetzeswortlaut davon aus, dass die Bagatellgrenze sich auf einen objektiv feststellbaren Leistungszeitraum und nicht auf vom Erstattungsberechtigten bestimmte, rechtlich selbstständige Abrechnungszeiträume bezieht, muss es für eine Erstattung bei über zwölf Monate hinausgehenden Leistungen jedenfalls genügen, dass in den ersten zwölf Monaten des Zeitraums der Leistungsgrenze die Bagatellgrenze erreicht wird (BVerwG 19.12.2000 – 5 C 30/99). Das entspricht dem vom Gesetzgeber verfolgten Ziel der Verwaltungsvereinfachung. Mit diesem Argument ist auch der Auffassung eine Absage zu erteilen, die verlangt, dass jede „Einzelhilfe" die Bagatellgrenze überschreiten muss (vgl. dazu *W. Schellhorn,* Schellhorn/Hohm/Scheider, § 110 Rn. 26). Bei der Berechnung der Leistungen sind die Nettoaufwendungen für jeden Leistungsberechtigten zusammenzufassen. Eine Ausnahme ist für die Mitglieder einer **Haushaltsgemeinschaft** nach § 110 Abs. 1 S. 2 SGB XII zu machen.

### § 111 Verjährung

(1) **Der Anspruch auf Erstattung der aufgewendeten Kosten verjährt in vier Jahren, beginnend nach Ablauf des Kalenderjahres, in dem er entstanden ist.**

(2) **Für die Hemmung, die Ablaufhemmung, den Neubeginn und die Wirkung der Verjährung gelten die Vorschriften des Bürgerlichen Gesetzbuchs sinngemäß.**

**1**     Die Verjährungsvorschrift ist neu gefasst worden, um eine einheitliche vierjährige Verjährungsfrist bei Kostenerstattungen von Sozialleistungsträgern auch im Sozialhilfebereich zu gewährleisten (BT-Drs. 15/1514, 69).

**2**     Nach Abs. 1 verjährt der Anspruch auf Erstattung der aufgewendeten Kosten in vier Jahren, beginnend mit dem Ablauf des Kalenderjahres, in dem er entstanden ist. Da keine Übergangsregelung vorhanden ist, bestimmt sich das Entstehen des Anspruchs nach BSHG, soweit um den Zeitraum vor dem 1.1.2005 geht. Die Vorschrift ist gegenüber § 113 SGB X speziell und bezieht sich nur auf die Erstattungsansprüche der §§ 106 ff. SGB XII. Sie setzt ferner einen Erstattungsanspruch zwischen Sozialhilfeträgern voraus.

**3**     Für die Hemmung, die Ablaufhemmung, den Neubeginn und die Wirkung der Verjährung gelten die Vorschriften des BGB sinngemäß. Das schließt nicht aus, dass von den beteiligten Leistungsträgern einvernehmlich erklärt werden kann, dass auf die Einrede der Verjährung verzichtet wird (*W. Schellhorn,* Schellhorn/Hohm/Scheider, § 110 Rn. 6).

**4**     Die Verjährung ist als Einrede zu erheben. Der Einrede kann der Grundsatz von Treu und Glauben entgegenstehen (BayVGH 20.10.203 – 12 B 02.2612). Dazu kommt es, wenn sich der schuldende Leistungsträger durch sein früheres Verhalten in Widerspruch setzt und verhindert hat, dass der Gläubiger seinen Anspruch im Klagewege rechtzeitig durchsetzt (s. auch *Böttiger,* jurisPK-SGB XII, § 111 Rn. 34).

### § 112 Kostenerstattung auf Landesebene

**Die Länder können Abweichendes über die Kostenerstattung zwischen den Trägern der Sozialhilfe ihres Bereichs regeln.**

*Vergleichbare Vorschrift: § 113 BSHG.*

Die Länder dürfen durch Regelungen die §§ 106 ff. SGB XII ausgestalten, nicht **1**
aber substanziell verändernde Regelungen einführen. Der Gestaltungsrahmen ist
gering und damit die praktische Bedeutung. Nach dem eindeutigen Wortlaut sind
regionale Sondervereinbarungen nicht erlaubt (a. A. *Schwabe,* ZfF 1997, 107). Eine
generelle Ermächtigung, Kostenerstattungsregelungen zu treffen, konnte weder der
Vorgängervorschrift des § 113 BSHG entnommen werden noch ist sie aus der jetzigen Vorschrift abzuleiten.

## Dritter Abschnitt. Sonstige Regelungen

### § 113 Vorrang der Erstattungsansprüche

**Erstattungsansprüche der Träger der Sozialhilfe gegen andere Leistungs-
träger nach § 104 des Zehnten Buches gehen einer Übertragung, Pfändung
oder Verpfändung des Anspruchs vor, auch wenn sie vor Entstehen des
Erstattungsanspruchs erfolgt sind.**

## I. Bedeutung der Norm

Besitzt eine leistungsberechtigte Person vorrangige Sozialleistungsansprüche im **1**
Sinne von § 104 SGB X, können diese nach §§ 53, 54 SGB I übertragen, verpfändet
und gepfändet werden. damit wird das Prioritätssystem durchbrochen. Ein Erstattungsanspruch des Trägers der Sozialhilfe könnte daher **ins Leere gehen** (so zur
früheren Rechtslage BSG 7.9.1989 – 5 RJ 63/88). Dies soll die Vorschrift verhindern
(s. dazu *Schoch,* NDV 1994, 248).

## II. Inhalt der Norm

Voraussetzung ist, dass zwei Sozialleistungsansprüche bestehen. Die Vorschrift **2**
betrifft nur **Erstattungsansprüche nach § 104** SGB X und geht als abweichende
Regelung im Sinne des § 37 SGB I den Bestimmungen des § 104 SGB X vor. Für
den allerdings seltener werdenden Erstattungsanspruch nach § 102 SGB X
gilt die Vorschrift nicht. Leistet der Träger der Sozialhilfe vor – etwa nach § 43
SGB I –, ist ein Erstattungsanspruch nach § 102 SGB X unter Umständen nicht zu
realisieren, wenn der Leistungsberechtigte den Anspruch gegen den an sich verpflichteten Leistungsträger zuvor verpfändet hat. Die Vorschrift lässt andererseits die
Regelungen der §§ 53, 54 SGB I unberührt. Dies macht Sinn, da der Erstattungsanspruch nach § 104 SGB X in der Höhe geringer sein kann als die gepfändete oder
übertragene vorrangige Sozialleistung.
    Es besteht ein Dreiecksverhältnis zwischen dem Leistungsberechtigten und den **3**
Sozialleistungsträgern. Der nach § 104 SGB X erstattungsverpflichtete Sozialleistungsträger darf den Anspruch des Dritten, dem der Sozialleistungsanspruch übertragen oder verpfändet worden ist, nicht mehr erfüllen, sobald er von der Leistung des
erstattungsberechtigten Sozialhilfeträgers Kenntnis erlangt hat (s. § 104 Abs. 1 S. 1
SGB X).

### § 114 Ersatzansprüche der Träger der Sozialhilfe nach sonstigen Vor-
schriften

**Bestimmt sich das Recht des Trägers der Sozialhilfe, Ersatz seiner Auf-
wendungen von einem anderen zu verlangen, gegen den die Leistungsbe-**

rechtigten einen Anspruch haben, nach sonstigen gesetzlichen Vorschriften, die dem § 93 vorgehen, gelten als Aufwendungen

1. die Kosten der Leistung für diejenige Person, die den Anspruch gegen den anderen hat, und

2. die Kosten für Leistungen nach dem Dritten und Vierten Kapitel, die gleichzeitig mit der Leistung nach Nummer 1 für den nicht getrennt lebenden Ehegatten oder Lebenspartner und die minderjährigen unverheirateten Kinder geleistet wurden.

*Änderung der Vorschrift: § 114 neu gef. mWv 7.12.2006 durch G v. 2.12.2011 (BGBl. I S. 2670).*

1      Die wortlautgleiche Vorgängervorschrift des § 140 BSHG hatte nach Ablösung des bisherigen Fürsorgerechts die Funktion, Leistungen, die der Haushaltsvorstand für seine unterhaltsberechtigten Angehörigen erhalten hatte, nicht von der Überleitung auszunehmen. Der Sozialhilfeträger wird ermächtigt Ansprüche gegenüber anderen überzuleiten, obwohl nach dem bis dahin geltenden Fürsorgerecht keine sozialhilferechtliche Personenidentität bestand. Damit sollten dem Hilfeträger vor allem die Ansprüche gegen Dritte nicht verloren gehen, die Angehörigen des Haushaltsvorstandes innehatten, die aber anders als nach der Rechtslage im BSHG jedoch keinen eigenen Hilfeanspruch gegen den Fürsorgeträger hatten. Die für das BSHG geltende Rechtlage ist durch § 114 in das SGB XII übernommen worden. Der Anwendungsbereich der Vorschrift ist bei richtigem Verständnis des § 104 SGB X nahezu eingeschränkt. Nach dem Zweck des § 104 SGB X, das vom Gesetz gewollte Verhältnis der Belastung der Leistungsträger wiederherzustellen und Doppelleistungen zu vermeiden, ist bei der Anwendung des § 104 SGB X eine Personenidentität nicht erforderlich, sodass es der Vorschrift des § 114 SGB XII wie schon § 140 BSHG fast nahezu nicht mehr bedarf (vgl. *Schoch*, LPK-BSHG, § 140 Rn. 4).

**§ 115** Übergangsregelung für die Kostenerstattung bei Einreise aus dem Ausland

**Die Pflicht eines Trägers der Sozialhilfe zur Kostenerstattung, die nach der vor dem 1. Januar 1994 geltenden Fassung des § 108 des Bundessozialhilfegesetzes entstanden oder von der Schiedsstelle bestimmt worden ist, bleibt bestehen.**

1      Die Vorschrift geht auf § 147 BSHG zurück und übernimmt sie inhaltlich. Sie begründet keinen eigenen Erstattungsanspruch, sondern es handelt sich um eine Übergangsregelung. Ansonsten hätten die Grundsätze des intertemporalen Verwaltungsrechts gegolten Sie besagen, dass die Rechtslage im Zeitpunkt des anspruchsbegründenden Ereignisses maßgeblich ist, es sei denn die neu in Kraft getretenen Normen besagen stillschweigend oder ausdrücklich etwas Anderes (BSG 24.3.2009 – B 8 SO 34/07 R).

2      Nicht die Hilfegewährung, sondern nur die Kostenerstattung ist von der Vorschrift erfasst. Sie bezieht sich auf Fälle, in denen folgende Voraussetzungen gegeben sein müssen: Erforderlich war ein Übertritt aus dem Ausland. Der Betreffende hatte weder im Ausland noch im Geltungsbereich des BSHG einen gewöhnlichen Aufenthaltsort. Sofern es innerhalb eines Monats der Sozialhilfe bedurfte, sind die aufgewendeten Kosten dem Sozialhilfeträger vom überörtlichen Träger zu erstatten, in dessen Bereich der Hilfeempfänger geboren ist. Bei einem Zusammenleben von Ehegatten, Verwandten oder Verschwägerten richtet sich die Zuständigkeit des erstattungspflichtigen Trägers nach dem ältesten von ihnen, der im Geltungsbereich des BSHG geboren ist.

Zum Verständnis der Vorschrift hat auch die Entscheidung des BSG (BSG **3** 22.3.2012 – B 8 SO 2/11 R) beigetragen, in der klargestellt worden ist, dass der Schutz des Einreiseortes (§ 108 BSHG, § 108 SGB XII) auch für den überörtlichen Träger gilt, der nach einem Zuständigkeitswechsel sachlich zuständig geworden ist.

# Vierzehntes Kapitel. Verfahrensbestimmungen

## § 116 Beteiligung sozial erfahrener Dritter

(1) **Soweit Landesrecht nichts Abweichendes bestimmt, sind vor dem Erlass allgemeiner Verwaltungsvorschriften sozial erfahrene Dritte zu hören, insbesondere aus Vereinigungen, die Bedürftige betreuen, oder aus Vereinigungen von Sozialleistungsempfängern.**

(2) **Soweit Landesrecht nichts Abweichendes bestimmt, sind vor dem Erlass des Verwaltungsaktes über einen Widerspruch gegen die Ablehnung der Sozialhilfe oder gegen die Festsetzung ihrer Art und Höhe Dritte, wie sie in Absatz 1 bezeichnet sind, beratend zu beteiligen.**

# I. Bedeutung der Norm

Die Vorschrift ordnet in ihrem Abs. 1 eine Anhörung „sozial erfahrener Dritter" **1** vor dem Erlass allgemeiner Verwaltungsvorschriften, in Abs. 2 eine beratende Beteiligung der in Abs. 1 genannten Personen vor dem Erlass des Bescheides über den Widerspruch gegen die Ablehnung der Sozialhilfe und die Festsetzung ihrer Art und Höhe an. Sie übernimmt wesentliche Bestimmungen des **§ 114 BSHG**. Anders als in § 114 Abs. 1 BSHG sind allerdings nicht mehr sozial erfahrene Personen, sondern sozial erfahrene „Dritte" nach Abs. 1 anzuhören und nach Abs. 2 beratend zu beteiligen. Damit soll deutlich gemacht werden, dass es sich um **„Dritte" iSd § 78 SGB X** handelt, die der dort normierten Zweckbindung und Geheimhaltungspflicht unterliegen. Die **Anhörungsverpflichtung bezieht sich nur noch auf Verwaltungsvorschriften**, nicht mehr, wie in § 114 Abs. 1 BSHG, auch auf die Festsetzung der Regelsätze. Die Regelung zeigt, dass der Gesetzgeber der Mitwirkung der sozial erfahrenen Personen erhebliches Gewicht beimisst (BVerwG 11.10.1984 – 5 C 144/83, Rn. 9 ff.; LSG Nds-Brem 11.7.2014 – L 8 SO 291/13, Rn. 25). Durch die Anhörung (Abs. 1) und die beratende Beteiligung (Abs. 2) sollen die Kenntnisse und Erfahrungen dieser Personen genutzt werden, um dadurch eine erhöhte „Richtigkeitsgewähr" für die zu treffenden Regelungen zu erreichen, was sowohl im öffentlichen Interesse als auch im Interesse der von der Maßnahme betroffenen Leistungsempfänger liegt (BVerwG 25.11.1993 – 5 C 8/90, Rn. 26; *Conradis*, LPK-SGB XII § 116 Rn. 2).

# II. Sozial erfahrene Dritte

Welche Qualifikation oder berufliche Stellung die in Abs. 1 genannten sozial erfah- **2** renen Personen haben müssen, ist im Gesetz nicht näher dargelegt, sondern nur mit der Wendung „besonders aus Vereinigungen, die Bedürftige betreuen, oder aus Vereinigungen von Sozialleistungsempfängern" beispielhaft umschrieben. Da in beiden Absätzen der Regelung das Wort „Dritte" verwandt wird, müssen zumindest zwei Personen gehört oder beratend beteiligt werden (offen: LSG NRW 22.6.2015 – L 20 SO 103/13, Rn. 49; *Conradis*, LPK-SGB XII § 116 Rn. 7 enger – ein Vertreter eines Dachverbandes ist ausreichend; zu § 114 BSHG: BVerwG 25.11.1993 – 5 C 8/ 90, Rn. 28). Diese sind sozial erfahren, wenn sie praktische Erfahrungen mit den Problemen sozial schwacher Bürger haben und ihnen – insbesondere durch eigene persönliche Kontakte – deren Lebensverhältnisse und Probleme vertraut sind (NdsOVG 27.6.1973 – IV A 7/73; *Conradis,* LPK-SGB XII § 116 Rn. 5). Das ist der Fall bei Vertretern eines Landeswohlfahrtsverbandes (HessVGH 25.10.1994 – 9 UE 1045/91, Rn. 38), der Bundesarbeitsgemeinschaft der freien Wohlfahrtspflege (BVerwG 25.11.1993 – 5 C 8/90, Rn. 28), bei Bürgermeistern und ehrenamtlichen Gemeindedirektoren „sehr kleiner Gemeinden" sowie bei Personen, die bereits in der Sozialhilfeverwaltung tätig gewesen sind (NdsOVG 27.6.1973 – IV A 7/73). Da Mitarbeiter oder Mitglieder von Vereinigungen von Sozialleistungsempfängern oder von Vereinigungen, die Bedürftige betreuen, nur beispielhaft genannt sind, kommen weiter alle die Personen in Betracht, die sich durch haupt- und nebenberufliche oder ehrenamtliche Tätigkeit besondere Erfahrungen in der Sozialarbeit erworben haben.

## III. Die Anhörung nach Absatz 1

### 1. Anwendungsfälle/Form der Anhörung

3    Sozial erfahrene Dritte sind vor dem Erlass von **Verwaltungsvorschriften** zu hören. Dazu zählen normkonkretisierende, norminterpretierende oder ermessenslenkende Regelungen, die von einem Träger der Sozialhilfe oder durch ein Bundesland erlassen werden, die Verwaltung (intern) binden und die eine Vielzahl von Einzelfällen betreffen (*Kopp/Ramsauer,* VwVfG, 12. Auflage, § 40 Rn. 26, 27). Dabei kommt es nicht auf die Bezeichnung der (schriftlichen) Verwaltungsvorschrift – z. B. Richtlinie, Erlass oder Durchführungsbestimmung – an. Rechtsverordnungen zählen wegen ihres Charakters als Rechtsnormen nicht dazu. Sind Verwaltungsvorschriften ohne die vorgesehene Anhörung ergangen, führt dies nicht dazu, dass hierauf gestützte Verwaltungsakte des Trägers der Sozialhilfe rechtswidrig wären; da es sich bei den Verwaltungsvorschriften um keine Rechtssätze mit Außenwirkung handelt, beurteilt sich die Rechtmäßigkeit dieser Verwaltungsakte allein danach, ob sie dem anzuwendenden Recht, insbesondere dem SGB XII, entsprechen (*Schlette,* Hauck/Noftz, SGB XII, § 116 Rn. 16; offen: *Blüggel,* jurisPK-SGB XII, § 116 Rn. 23; a. A. *Conradis,* LPK-SGB XII, § 116 Rn. 11). Die **Anhörung kann schriftlich oder mündlich** erfolgen. Sie bietet den sozial erfahrenen Personen die Möglichkeit, sich zu einer geplanten Verwaltungsvorschrift zu äußern; eine Erörterung oder Diskussion mit ihnen oder eine Stellungnahme des Trägers der Sozialhilfe zur Äußerung der sozial erfahrenen Personen ist nicht vorgeschrieben.

### 2. Landesrechtliche Regelungen

4    Unter der Geltung des Bundessozialhilfegesetzes hatten die Länder in sehr unterschiedlicher Weise von der Möglichkeit Gebrauch gemacht, landesrechtliche Regelungen zu treffen. **Im Gesetzgebungsverfahren ist** durch den Vermittlungsausschuss (BT-Drs. 15/2260, 10) **eine Öffnungsklausel** in die Vorschrift eingefügt worden; **nach ihr haben die Länder nunmehr die Möglichkeit, „Abweichendes" zu bestimmen.** Damit steht jedem Bundesland die Möglichkeit offen, die Anhörung sozial erfahrener Dritter nicht vorzusehen, ein anderes Beteiligungsverfahren zu wählen und den Kreis derjenigen, der angehört oder beteiligt werden soll, anders als in Abs. 1 zu bestimmen. Hessen (§ 8 des AG-SGB XII) und Bayern (Art. 22 des 4. Änderungsgesetzes zur Ausführung des SGB) haben die Anhörung abgeschafft. Niedersachsen hat in § 3 des AG-SGB XII bestimmt, dass ein Beirat anzuhören ist, dem Mitglieder eines gemeinsamen Ausschusses der örtlichen und überörtlichen Träger der Sozialhilfe sowie Vertreter der Verbände der freien Wohl-

fahrtspflege, der privaten Träger sowie der Vereinigung von Leistungsberechtigten angehören. Eine informative Übersicht über die landesrechtlichen Regelungen gibt *Schoch* (ZfF 2006, 175; Berichtigung bezüglich der Lage in Bayern ZfF 2006, 234).

## IV. Beratende Beteiligung nach Absatz 2

### 1. Fälle der notwendigen Beteiligung

Sozial erfahrene Dritte sind nach Abs. 2 vor dem Erlass eines Bescheides über **5** einen Widerspruch gegen die Ablehnung der Sozialhilfe oder gegen die Festsetzung ihrer Art und Höhe beratend zu beteiligen. Eine **Ablehnung der Sozialhilfe** liegt vor, wenn mit dem durch den Widerspruch angegriffenen Bescheid des Trägers der Sozialhilfe die begehrte Leistung ganz oder nur teilweise versagt, nach § 39 eingeschränkt bzw. vermindert und ein Bescheid über die Bewilligung von Sozialhilfe zurückgenommen worden ist (BVerwG 11.10.1984 – 5 C 144/83, Rn. 11 oder wenn ein Kostenbeitrag nach § 27 Abs. 3 S. 2 (BayVGH 31.5.1968 – 162 III 66) oder nach § 92 Abs. 1 S. 2 (BSG 24.3.2015 – B 8 SO 16/14 R, Rn. 13) nach vorheriger Übernahme der gesamten Kosten gefordert wird. Das gilt jedoch **nicht** in Fällen der **Überleitung eines Anspruchs** nach § 93 (vgl. BVerwG 17.5.1973 – V C 108.72, Rn. 9) und bei einem Widerspruch gegen einen Bescheid, mit dem **Kostenersatz nach §§ 102 ff.** gefordert oder eine Verzinsung nach § 44 SGB I (LSG NRW 10.6.2013 – L 20 SO 479/12, Rn. 29) abgelehnt wird. Dagegen sind vor Erlass eines Widerspruchsbescheides gegen eine Entscheidung über eine **Aufrechnung nach § 26** sozial erfahrene Dritte beratend zu beteiligen, weil mit dieser Entscheidung über die **Höhe der** dem Leistungsberechtigten zustehenden **Sozialhilfe** entschieden wird (*Schoch,* ZFSH/SGB 1995, 569, 580); gleiches gilt, wenn mit dem Widerspruch ein Antrag nach § 44 SGB X verfolgt wird, mit dem die Aufhebung einer bereits getroffenen Entscheidung sowie die Bewilligung von Leistungen erstrebt werden (ebenso *Blüggel,* jurisPK-SGB XII, § 116 Rn. 31.1).

### 2. Abhilfeverfahren

Zu berücksichtigen ist weiter, dass die beratende Beteiligung in Abs. 2 nur dann **6, 7** erforderlich wird, wenn beabsichtigt ist, mit einem Widerspruchsbescheid zu entscheiden. Hilft der Träger der Sozialhilfe oder eine in seinem Namen tätige Behörde dagegen von sich aus einem Widerspruch ab, ist der Erlass eines Widerspruchsbescheides überflüssig, sodass dann auch eine beratende Mitwirkung nach Abs. 2 nicht erforderlich ist (*Hohm,* Schellhorn/Hohm/Scheider, SGB XII, § 116 Rn. 14). Werden bereits im Abhilfeverfahren sozial erfahrene Dritte beteiligt, kommt es nicht zur Abhilfe und ergeht ein Widerspruchsbescheid, so ist den Anforderungen des Abs. 2 genügt, da auch das Abhilfeverfahren zum Widerspruchsverfahren gehört (BVerwG 31.1.1968 – V C 22.67). Sind sozial erfahrene Dritte bei der Abhilfeprüfung beratend zu beteiligen, bedarf es einer erneuten Beteiligung durch den für die Entscheidung über den Widerspruch zuständigen Träger nicht (BayVGH 8.9.1980 – 111 XII 78).

### 3. Die „beratende" Beteiligung

Die Beteiligung, die Abs. 2 vorschreibt, geht über eine Anhörung nach Abs. 1 **8** hinaus. Zwar ist auch hier keine Form der Beteiligung vorgeschrieben; eine beratende Beteiligung wird jedoch schriftlich – insbesondere wenn die sozial erfahrenen Dritten noch Fragen für klärungsbedürftig erachten – nur schwer möglich sein, sodass in aller Regel eine mündliche Erörterung erforderlich sein wird (ebenso *Conradis,* LPK-SGB XII, § 116 Rn. 15).

## 4. Folgen einer unterlassenen Beteiligung

**9**     Werden sozial erfahrene Dritte entgegen Abs. 2 nicht vor Entscheidung über einen Widerspruch beteiligt, kann dies dazu führen, den Widerspruchsbescheid im gerichtlichen Verfahren aufzuheben. Die Verletzung der Regelung führt dazu, dass der Widerspruchsbescheid eine zusätzliche Beschwer enthält und somit der Widerspruchsbescheid alleiniger Gegenstand einer Anfechtungsklage sein (VGH BW 14.2.1996 – 6 S 60/93, Rn. 31; offen: BSG 24.3.2015 – B 8 SO 16/14 R, Rn. 16) kann. Allerdings kann die Aufhebung eines Verwaltungsaktes nach § 42 S. 1 SGB X nicht allein deshalb beansprucht werden, weil er unter Verletzung einer Verfahrensvorschrift zustande gekommen ist, wenn offensichtlich ist, dass die Verletzung die Entscheidung in der Sache nicht beeinflusst hat. Damit wird es nicht zur Aufhebung des Widerspruchsbescheids im Klageverfahren kommen, wenn eine andere Sachentscheidung nicht hätte getroffen werden können (BSG 23.3.2010 – B 8 SO 17/09 R, Rn. 12; a.A. LSG Nds-Brem 26.6.2014 – L 8 SO 291/13, Rn. 29). Eine **Heilung** eines Verstoßes gegen Abs. 2 **nach § 41 Abs. 1 SGB X** mit der Folge, dass die Beteiligung bis zur letzten Tatsacheninstanz eines verwaltungsgerichtlichen Verfahrens nachgeholt werden kann (dafür: *Schaefer* in Fichtner/Wenzel, Kommentar zur Grundsicherung, § 116 Rn. 9), **ist nicht möglich,** weil die Beteiligung der sozial erfahrenen Dritten nicht in § 41 Abs. 1 Nrn. 2–6 SGB X erwähnt ist und diese Regelungen einen abschließenden Katalog heilbarer Verfahrens- und Formfehler darstellen (*Hauck*/Noftz, SGB X/1, 2 K, § 41 Rn. 5).

## 5. Öffnungsklausel

**10**     Ebenso wie bei Abs. 1 besteht bei Abs. 2 durch eine vom Vermittlungsausschuss im Gesetzgebungsverfahren eingefügte Klausel (BT-Drs. 15/2260, 10) für **die Länder die Möglichkeit, „Abweichendes" zu bestimmen.** Die Bundesländer können daher entscheiden, ob sie überhaupt eine Beteiligung sozial erfahrener Dritter vorsehen, und bestimmen, ob, wer und in welcher Intensität im Widerspruchsverfahren gehört oder beteiligt werden soll. Die Länder Brandenburg (§ 20 AG-SGB XII), Rheinland Pfalz und Thüringen (jeweils § 12 des AG-SGB XII) und Mecklenburg-Vorpommern (§ 10 AG-SGB XII) haben es den Trägern der Sozialhilfe überlassen, ob sie Dritte vor dem Erlass eines Verwaltungsakts über den Widerspruch gegen die Ablehnung der Sozialhilfe oder gegen die Festsetzung ihrer Art und Höhe sozial erfahrene Dritte beratend beteiligen; außerdem ist es ihnen möglich, das Nähere über deren Beteiligung festzulegen. In den Ländern Bayern und Hessen ist eine beratende Beteiligung sozial erfahrener Dritter vor dem Erlass allgemeiner Verwaltungsvorschriften und dem Erlass eines Widerspruchsbescheides gegen die Ablehnung der Sozialhilfe oder die Festsetzung ihrer Art und Höhe nicht mehr vorgesehen (vgl. dazu näher: *Schoch,* ZfF 2006, 175, 234; *Hohm,* in Schellhorn/Schellhorn/Hohm, SGB XII, § 116 Rn. 18). In Sachsen-Anhalt und Baden-Württemberg ist eine beratende Beteiligung durch Dritte vor dem Erlass eines Widerspruchsbescheides gegen Sozialhilfebescheide nicht erforderlich; in Berlin findet § 116 Abs. 1 keine Anwendung. Niedersachsen hat in § 3a AGSGB XII bestimmt, dass bei der Entscheidung über einen Widerspruch gegen Kostenbeitrag, Aufwendungsersatz oder Kostenersatz sozial erfahrene Dritte nicht zu beteiligen sind.

## § 116a Rücknahme von Verwaltungsakten

**§ 44 des Zehnten Buches gilt mit der Maßgabe, dass**
**1. rechtswidrige nicht begünstigende Verwaltungsakte nach den Absätzen 1 und 2 nicht später als vier Jahre nach Ablauf des Jahres, in dem der Verwaltungsakt bekanntgegeben wurde, zurückzunehmen sind; ausrei-**

chend ist, wenn die Rücknahme innerhalb dieses Zeitraumes beantragt wird,
2. anstelle des Zeitraums von vier Jahren nach Absatz 4 Satz 1 ein Zeitraum von einem Jahr tritt.

*Änderung der Vorschrift: § 116a eingef. mWv 1.4.2011 durch G v. 24.3.2011 (BGBl. I S. 453) und neu gef. mWv 1.1.2017 durch G v. 26.7.2016 (BGBl. I S. 1824).*

## I. Bedeutung der Norm

Eine entsprechende Vorschrift ist in § 40 Abs. 1 S. 2 SGB II und in § 9 Abs. 4 **1**
S. 2 AsylbLG enthalten. Die Vorschrift beruht darauf, dass inzwischen entschieden worden ist, dass § 44 SGB X auch im Sozialhilferecht Anwendung finden kann (BSG 29.9.2009 – B 8 SO 16/08 R, FEVS 61, 376; für das AsylbLG s. BSG 26.6.2013 – B 7 AY 6/12 R, SGb 2013, 468). Der Gesetzgeber will allerdings eine vier Jahre weit in die Vergangenheit reichende Korrektur rechtswidriger Ablehnungsbescheide vermeiden und hat daher die ansonsten geltende Frist des § 44 SGB X von vier Jahren auf ein Jahr verkürzt. Diese Verkürzung der Korrekturmöglichkeit greift auch ein, wenn es um Ansprüche auf der Grundlage des sozialrechtlichen Herstellungsanspruchs geht (BSG 25.8.2009 – B 3 KS 1/09 R, SozR 4-5425 § 8 Nr. 1).

Da diese Verkürzung der Rechtsposition der Leistungsberechtigten nicht sofort **2**
greifen sollte, hatte der Gesetzgeber in § 136 eine Übergangsvorschrift eingefügt, wonach § 116a nicht auf Überprüfungsanträge anzuwenden ist, die vor dem 1.4.2011 gestellt worden sind (ebenso die Übergangsvorschrift in § 77 Abs. 13 SGB II). Die ehemalige Vorschrift des § 136 ist jetzt aufgehoben worden, da infolge Zeitablaufs keine Notwendigkeit mehr für eine Vertrauensschutzregelung gesehen wird. Das bedeutet aber nicht, dass deshalb Überprüfungsanträge, die vor dem 1.4.2011 gestellt worden sind, nicht nach altem Recht zu beurteilen wären (BSG 17.12.2015 – B 8 SO 24/14 R). Der § 136 hat jetzt einen völlig anderen Inhalt bekommen. Die frühere Regelung des § 136 ist nicht anwendbar, wenn die Überprüfung des Bescheids von Amts wegen erfolgt (LSG NRW 5.4.2013 – L 20 SO 358/12 B).

Durch das Rechtsvereinfachungsgesetz (v. 26.7.2016, BGBl. I S. 1824; vgl. BT- **3**
Drs. 18/8909, S. 33 und 37) ist auch der Zeitraum, innerhalb dessen eine Rücknahme beansprucht werden kann, verkürzt. Der Gesetzgeber hielt einen unbegrenzten Zeitraum für eine Rücknahme von Verwaltungsakten im Fürsorgerecht nicht für sachgerecht. Im Übrigen s. zur Anwendung des § 44 SGB X Einl. Rn. 64 f.

## § 117 Pflicht zur Auskunft

(1) ¹**Die Unterhaltspflichtigen, ihre nicht getrennt lebenden Ehegatten oder Lebenspartner und die Kostenersatzpflichtigen haben dem Träger der Sozialhilfe über ihre Einkommens- und Vermögensverhältnisse Auskunft zu geben, soweit die Durchführung dieses Buches es erfordert. ²Dabei haben sie die Verpflichtung, auf Verlangen des Trägers der Sozialhilfe Beweisurkunden vorzulegen oder ihrer Vorlage zuzustimmen. ³Auskunftspflichtig nach Satz 1 und 2 sind auch Personen, von denen nach § 39 trotz Aufforderung unwiderlegt vermutet wird, dass sie Leistungen zum Lebensunterhalt an andere Mitglieder der Haushaltsgemeinschaft erbringen. ⁴Die Auskunftspflicht der Finanzbehörden nach § 21 Abs. 4 des Zehnten Buches erstreckt sich auch auf diese Personen.**

(2) **Wer jemandem, der Leistungen nach diesem Buch beantragt hat oder bezieht, Leistungen erbringt oder erbracht hat, die geeignet sind oder waren, diese Leistungen auszuschließen oder zu mindern, hat dem Träger**

der Sozialhilfe auf Verlangen hierüber Auskunft zu geben, soweit es zur Durchführung der Aufgaben nach diesem Buch im Einzelfall erforderlich ist.

(3) [1]Wer jemandem, der Leistungen nach diesem Buch beantragt hat oder bezieht, zu Leistungen verpflichtet ist oder war, die geeignet sind oder waren, Leistungen auszuschließen oder zu mindern, oder für ihn Guthaben führt oder Vermögensgegenstände verwahrt, hat dem Träger der Sozialhilfe auf Verlangen hierüber sowie über damit im Zusammenhang stehendes Einkommen oder Vermögen Auskunft zu erteilen, soweit es zur Durchführung der Leistungen nach diesem Buch im Einzelfall erforderlich ist. [2]§ 21 Abs. 3 Satz 4 des Zehnten Buches gilt entsprechend.

(4) Der Arbeitgeber ist verpflichtet, dem Träger der Sozialhilfe über die Art und Dauer der Beschäftigung, die Arbeitsstätte und das Arbeitsentgelt der bei ihm beschäftigten Leistungsberechtigten, Unterhaltspflichtigen und deren nicht getrennt lebenden Ehegatten oder Lebenspartner sowie Kostenersatzpflichtigen Auskunft zu geben, soweit die Durchführung dieses Buches es erfordert.

(5) Die nach den Absätzen 1 bis 4 zur Erteilung einer Auskunft Verpflichteten können Angaben verweigern, die ihnen oder ihnen nahe stehenden Personen (§ 383 Abs. 1 Nr. 1 bis 3 der Zivilprozessordnung) die Gefahr zuziehen würden, wegen einer Straftat oder einer Ordnungswidrigkeit verfolgt zu werden.

(6) [1]Ordnungswidrig handelt, wer vorsätzlich oder fahrlässig die Auskünfte nach den Absätzen 2, 3 Satz 1 und Absatz 4 nicht, nicht richtig, nicht vollständig oder nicht rechtzeitig erteilt. [2]Die Ordnungswidrigkeit kann mit einer Geldbuße geahndet werden.

*Änderung der Vorschrift: Abs. 1 Satz 3 geänd. mWv 1.1.2011 durch G v. 24.3.2011 (BGBl. I S. 453).*

**Schrifttum:** *Frings,* Sozialrecht aktuell 2016, 129–132; *Schoch,* Das Auskunftsverlangen nach der Neuregelung des § 116 BSHG, ZfF 1997, 1; *ders.,* Datenschutz in der Sozialhilfe und der Grundsicherung für Arbeitssuchende, ZfSH/SGB 2005, 67; *Schoch/Daum/Deckert,* Auskunftsansprüche der Sozialhilfeträger gegen Unterhaltspflichtige, ZfF 1997, 265; *Wenner,* Wie weit die Sozialbehörden Bankkonten überprüfen können und dürfen, SozSich 2005, 102.

### Übersicht

# I. Bedeutung der Norm

## 1. Normzweck

Um den Nachrang der Sozialhilfe sicherzustellen, verfügt der Sozialhilfeträger **1**
über das Mittel der Überleitung (§§ 93, 94 SGB XII). Außerdem kann er Kostenersatz nach §§ 102 ff. SGB XII gegenüber den Pflichtigen geltend machen. § 117
SGB XII erleichtert, die Überleitung oder den Ersatz von erbrachten Leistungen
vorzubereiten. In dieses Ordnungsgefüge passt sich die Vorschrift des § 117 SGB XII
als eigenständige Sonderregelung ein. Der öffentlich-rechtliche Auskunftsanspruch
soll den Hilfeträger in die Lage versetzen, die erforderlichen Angaben zu erhalten,
um ihm auf einer verlässlichen Basis die Entschließung zu ermöglichen, ob und in
welcher Höhe er überleiten will oder welcher Ersatz in Betracht zu ziehen ist. Die
Regelung dient dem Leistungsträger zur Erfüllung seiner Pflicht zur Amtsermittlung
nach dem Untersuchungsgrundsatz (*Blüggel*, jurisPK-SGB XII, § 117 Rn. 16). Er
schließt auch eine gesetzliche Lücke bei den Personen, die eigentlich nicht leistungsberechtigt sind und deshalb keiner Auskunftspflicht nach § 60 SGB I unterliegen
(vgl. dazu auch *Mrozynski*, III. 9 Rn. 24). Auf Träger stationärer Einrichtungen ist
die Vorschrift nicht anzuwenden (*Frings*, sozialrechtaktuell, 2016, 130).

Die Vorschrift ist lediglich redaktionell angepasst worden, weil die Regelung des **2**
§ 36 nun § 39 geworden ist.

Die Auskunftspflicht betrifft alle sozialhilferechtlichen Leistungen mit Ausnahme **3**
der des § 25 SGB XII, weil es sich bei dieser Norm um eine spezielle Form der
Geschäftsführung ohne Auftrag handelt (BSG, SozR 4-1500 § 183 Nr. 7 mit Anm.
*Wahrendorf*, jurisPR-SozR 3/2010 Anm. 5; zustimmend auch *Blüggel*, jurisPK-
SGB XII, § 117 Rn. 12).

Verfahrensrechtlich bildet § 117 SGB XII die Vorstufe zu den Rückgriffsregelungen **4**
der §§ 93, 94 SGB XII und §§ 102 ff. SGB XII. Mit dem Recht des Hilfeträgers,
Auskunft zu verlangen, korrespondiert die Pflicht zur Auskunftserteilung, freilich in
den verfassungsrechtlichen Grenzen, die das BVerfG durch das Recht zur informationellen Selbstbestimmung gezogen hat (BVerfGE, 65, 1; s. auch LSG NRW. 9.6.2008 –
L 20 SO 36/07; HessLSG 5.9.2006 – L 9 SO 48/06 ER). Die Vorschrift trägt
dem Umstand Rechnung, dass Eingriffe in Grundrechte nur aufgrund eines Gesetzes
zulässig sind. Inhaltlich verstößt § 117 SGB XII keinesfalls gegen den Verfassungs-
grundsatz auf informationelle Selbstbestimmung (ebenso *Schlette*, Hauck/Noftz, § 117
Rn. 2). Dieses aus Art. 2 Abs. 1 GG abgeleitete Recht umfasst die Befugnis des Einzelnen, prinzipiell selbst zu entscheiden, wann und innerhalb welcher Grenzen er persönliche Lebenssachverhalte offenbart. Da dem Grundrecht des Art. 2 Abs. 1 GG Schran-
ken gesetzt sind, muss der Einzelne aus Gründen des öffentlichen Interesses, das im
Sozialhilferecht durch den Nachrang der Sozialhilfe definiert ist, eine Einschränkung
seines Rechts auf informationelle Selbstbestimmung hinnehmen (vgl. *Schoch*, LPK-
SGB XII, § 117 Rn. 5; LSG RhPf 18.2.2016 – L 5 SO 78/15).

Auch in der **Einbeziehung von Ehegatten** in die von § 117 SGB XII statuierte **5**
Auskunftspflicht ist kein Verstoß gegen Art. 6 Abs. 1 GG zu sehen (LSG RhPf
18.2.2016 – L 5 SO 78/15). Mögliche verfassungsrechtliche Einwendungen hinsichtlich durch eine Auskunft für den Auskunftspflichtigen eintretender nachteiliger wirt-

schaftlicher Folgen berühren nicht die Auskunftspflicht als solche, sondern den unter Nutzung der Auskunft abzuklärenden denkbaren zivilrechtlichen Unterhaltsansprüchen des Ehepartners. Damit ist ein Verstoß der Auskunftspflicht des § 117 Abs. 1 S. 1 SGB XII gegen Art. 6 Abs. 1 GG ersichtlich nicht denkbar. Ohnehin steht nach diesem Grundrecht die Ehe zwar unter dem besonderen Schutz der staatlichen Ordnung. Hieraus einen verfassungsrechtlichen Schutz gegen eheliche Unterhaltpflichten abzuleiten zu wollen, würde ihren verfassungsrechtlichen Schutz jedoch verkennen und ist ersichtlich nicht gemeint (vgl. zum Ganzen LSG NRW 9.6.2008 – L 20 SO 36/07).

6    **Betroffener Adressat** ist nicht der Hilfe Nachfragende, dessen Mitwirkung über die §§ 60 ff. SGB I zu steuern ist (vgl. auch *Blüggel*, jurisPK-SGB XII, § 117 Rn. 6).

## 2. Verhältnis zu anderen Vorschriften

7    **a) BGB.** Soweit § 117 SGB XII sich an den Unterhaltspflichtigen wendet, konkurriert der öffentlich-rechtliche Auskunftsanspruch keineswegs mit dem zivilrechtlichen Auskunftsanspruch, der von ihm jedoch nicht verdrängt wird (sich anschließend HessLSG 5.9.2006 – L 9 SO 48/06 ER). Ein Auskunftsanspruch steht nach § 1605 BGB Verwandten in gerader Linie zu. Getrennt lebende Ehegatten können nach § 1361 Abs. 4 i. V. m. § 1605 BGB Auskunft verlangen, geschiedene Ehegatten nach § 1580 i. V. m. § 1605 BGB. Das OLG München (FamRZ 2002, 50, 51) hat den zivilrechtlichen Auskunftsanspruch durch einen Rückgriff auf § 242 BGB ausgeweitet. Aus dem Prinzip von Treu und Glauben hat es die Verpflichtung von Geschwistern abgeleitet, einander Auskunft über das Einkommen des jeweiligen Ehepartners zu geben, soweit dies für die Berechnung der eigenen Haftung für den Unterhalt der Eltern erforderlich ist. Gemäß § 94 Abs. 1 S. 1 SGB XII geht der zivilrechtliche Auskunftsanspruch mit dem Unterhaltsanspruch auf den Hilfeträger über, sodass er zwischen dem zivilrechtlichen und dem öffentlich-rechtlichen Auskunftsanspruch wählen kann (vgl. *Schlette*, Hauck/Noftz, § 117 Rn. 4; *Hohm*, Schellhorn/Schellhorn/Hohm, § 117 Rn. 12). Im Zivilrecht soll sich der Auskunftsanspruch auf Einkünfte aus einem Erwerbsverhältnis, Rentenzahlungen jeglicher Art, Leistungen aus der Pflegeversicherung, Kapital- und Mieteinkünfte, Dienstleistungs- und Sachansprüche, Leistungen für Kindererziehung der vor dem 1.1.1921 geborenen Eltern gem. § 294 SGB VI, Wohngeld, soweit es nicht unterhaltsrechtlich beachtliche erhöhte Wohnkosten abdeckt, Leistungen der Grundsicherung im Alter, Leistungen der Sozialhilfe und Einkünfte des Ehegatten bzw. Lebenspartners erstrecken (*Reinken*, NJW 2013, 2993). Ein wesentlicher Vorteil des öffentlich-rechtlichen gegenüber dem familienrechtlichen Auskunftsanspruch ist sicherlich der, dass die Behörde einen Verwaltungsakt erlassen kann und den Anspruch selbst im Wege des Verwaltungszwanges durchsetzen kann. Ein zivilrechtlicher Auskunftsanspruch wird zunächst durch vorprozessuale Schreiben mit der Bitte um Auskunft und bei Weigerung im Wege der Stufenklage nach § 254 ZPO als Auskunftsklage mit einer später zu erhebenden Unterhaltsklage geltend gemacht. Ein weiterer struktureller Unterschied besteht darin, dass der Adressatenkreis beim öffentlich-rechtlichen Auskunftsanspruch größer als der des zivilrechtlichen Anspruchs. Nach § 117 Abs. 4 SGB XII ist auch der Arbeitgeber zur Auskunft verpflichtet.

8    **b) SGB X.** Zu Missverständnissen über das Verhältnis des § 116 BSHG zu den allgemeinen Vorschriften des SGB X, namentlich des § 21 Abs. 1 Nr. 1 SGB X, der die Möglichkeit einräumt, in Wahrnehmung des Untersuchungsgrundsatzes Auskünfte jeder Art einzuholen, hat die Entscheidung des OVG NRW, FEVS 45, 68 (dagegen *Schoch,* ZfF 1997, 6 f.) beigetragen.

9    Es hat, als § 116 Abs. 1 S. 1 BSHG die Behörde noch nicht berechtigte, auch die Ehefrau eines Unterhaltsverpflichteten zu Auskünften heranzuziehen, gutgeheißen, dass der Hilfeträger ein Auskunftsverlangen nach § 21 Abs. 1 Nr. 1 SGB X an das Finanzamt mit der Bitte gerichtet hatte, ihn über deren Lohn- und Gehaltsbezüge

zu informieren. Als Folge der Änderung des § 116 Abs. 1 S. 1 BSHG, der jetzt auch § 117 SGB XII entspricht, ist die Entscheidung bedeutungslos geworden. Für das systematische Verhältnis von § 21 Abs. 1 Nr. 1 SGB X und § 117 SGB XII ist vor allem bestimmend, dass nach den allgemeinen verfahrensrechtlichen Bestimmungen anders als nach dem SGB XII niemand im Wege des Verwaltungszwanges gezwungen werden kann, Auskunft zu erteilen (BVerwGE 91, 375, 382; 92, 330, 332). § 21 SGB X statuiert insgesamt keine Mitwirkungspflichten, sondern nur Mitwirkungslasten.

## II. Inhalt der Vorschrift

### 1. Allgemeines

Die Vorschrift überträgt im Wesentlichen inhaltsgleich den bisherigen § 116 **10** BSHG. Die neu aufgenommenen Abs. 2 und 3 gehen auf den Vermittlungsausschuss zurück (BT-Drs. 15/2260, S. 10). Ergänzt wurde die Reglung dahingehend, dass nunmehr auch Lebenspartner nach dem LebenspartnerschaftsG in die Regelung einbezogen sind. Das Recht der Behörde Dritte zur Auskunft heranzuziehen, ist durch die Absätze 3 und 4 erheblich ausgedehnt worden. Der Abs. 3 zielt darauf ab, den Leistungsmissbrauch zu bekämpfen.

Der Auskunftsanspruch steht unter dem Vorbehalt, soweit die Durchführung die- **10a** ses Buches es erfordert. Das Auskunftsverlangen ist nicht gerechtfertigt, wenn die Ausschlusstatbestände des § 94 Abs. 1 S. 3 und 4 oder des § 43 Abs. 2 S. 1 SGB XII erfüllt sind. Hat der Hilfeberechtigte Leistungen nach dem Dritten Kapitel erhalten, der Auskunftspflichtige sich damit verteidigt, dass eigentlich Leistungen nach dem Vierten Kapitel zu erbringen gewesen wären und die Schutzvorschrift des § 43 SGB XII zu seinen Gunsten streite, hat das Sozialgericht in einem Streit um ein Auskunftsverlangen dem nicht nachzugehen. § 43 Abs. 2 SGB XII ist auch eine Schutzvorschrift des Hilfeempfängers. Hat dieser Leistungen nach dem Dritten Kapitel bezogen, kann der Auskunftsverpflichtete die (bestandskräftige) Gewährung dieser Leistungen nicht mit Einwänden infrage stellen (LSG NRW 16.5.2013 – L 9 SO 212/12, BeckRS 2013, 70785).

Dass mit der Bitte an einen Dritten auch die Sozialhilfebedürftigkeit des Hilfe- **10b** empfängers offenbart wird, stellt noch keinen Verstoß gegen das Grundrecht des informationellen Selbstbestimmungsrechts dar, weil ohne eine solche Offenbarung ein Auskunftsverlangen nicht möglich ist und § 117 SGB XII sich im Rahmen immanenter Grundrechtsgrenzen bewegt (a. A. wohl *Blüggel*, jurisPK-SGB XII, § 117 Rn. 13.1).

In **§ 60 SGB II** findet sich eine vergleichbare Vorschrift zur Auskunftspflicht **11** des Arbeitgebers, die § 117 Abs. 4 SGB XII ähnelt. Für das SGB XII kann die Auskunftsverpflichtung des Arbeitgebers nicht mehr die Bedeutung zukommen, die die entsprechende Regelung für das BSHG hatte. Das hängt damit zusammen, dass erwerbsfähige Leistungsberechtigte dem SGB II und nicht dem Regelleistungsspektrum des SGB XII zuzuordnen sind. Zweck der Auskunftspflicht des § 60 SGB II ist wie bei § 117 SGB XII dem Träger die Prüfung der Voraussetzungen der Leistungsberechtigung zu erleichtern. Berechtigt nach § 60 SGB II ist der zuständige Leistungsträger, nach dem SGB XII der jeweilige Sozialhilfeträger. In beiden Vorschriften entsteht die **Auskunftspflicht kraft Gesetzes** (vgl. zum SGB II *Blüggel*, Eicher, § 60 Rn. 11).

### 2. Verfahren

Die Vorschrift ermächtigt den Träger der Sozialhilfe, die Auskunftspflicht durch **12** **Verwaltungsakt** gegenüber dem Pflichtigen geltend zu machen (so auch *Hohm*,

Schellhorn/Schellhorn/Hohm, § 117 Rn. 11, unberechtigt zweifelnd *Blüggel,* Eicher, § 60 Rn. 47; wie hier *ders.,* jurisPK-SGB XII, § 117 Rn. 54) und bei der Auskunftsverweigerung im Wege der Verwaltungsvollstreckung (§ 66 Abs. 3 SGB X) gemäß den **Verwaltungsvollstreckungsgesetzen** der Länder durchzusetzen (vgl. BVerwG 17.6.1993 – 5 C 43/90).

13    Beabsichtigt der Träger der Sozialhilfe den Erlass eines auf Auskunftserteilung zielenden Verwaltungsaktes, so wird der ins Auge gefasste potenziell Unterhaltsverpflichtete Beteiligter i. S. von § 12 Abs. 1 Nr. 2 SGB X und kann zur Verteidigung seiner rechtlichen Interessen Akteneinsicht verlangen (SG Landshut 12.11.2015 – S 11 SO 25/15)

14    Das an einen Betroffenen gerichtete Auskunftsbegehren ist klar zu formulieren (§ 33 SGB X). In der Praxis entstehen die Probleme dadurch, dass die Sozialämter das Auskunftsbegehren durch Verwendung von Formularen standardisieren und darunter die im Einzelfall erforderliche **Bestimmtheit** des Auskunftsbegehrens leiden kann. Der bisher zur Bestimmtheit des Auskunftsbegehrens ergangenen verwaltungsgerichtlichen Rechtsprechung kann nur eingeschränkt zugestimmt werden. Als rechtlich unbedenklich hat der VGH München (ZFSH/SGB 1991, 147) angesehen, dass ein Auskunftsbegehren, das an beide Eheleute gerichtet worden war, die als mögliche Unterhaltsverpflichtete infrage kamen, noch den Erfordernissen des Bestimmtheitsgrundsatzes genügt, obwohl der Klarheit mehr gedient gewesen wäre, von jedem Ehepartner getrennt die auf seine spezielle Person bezogenen Auskünfte einzuholen. Die offenen Formulierungen in einem Fragenkatalog wie die Auskunft nach allen Ausgaben haben den Vorteil, dass sie dem Beantwortenden einen gewissen Beantwortungsspielraum einräumen und er Ausgaben ins Feld führen kann, die ihn von einer möglichen Unterhaltpflicht entlasten können. Es kommt hierbei jedoch darauf an, ob der zur Auskunft Verpflichtete aus seiner Sicht entscheiden kann, ob er bestimmte Fragen des Katalogs beantworten muss oder ob sie auf ihn nicht zutreffen und unproblematisch zu verneinen sind. Objektiv hat der Hilfeträger in seinem Fragenkatalog sicherzustellen, dass der Inhalt der einzelnen Fragen nicht weitergeht, als die Zweckbindung der Auskunft und der Verhältnismäßigkeitsgrundsatz erfordern (BVerwGE 91, 375; s. auch *Blüggel,* jurisPK-SGB XII, § 117 Rn. 79; *Hohm,* Schellhorn/Schellhorn/Hohm, § 117 Rn. 8). Ist ein Auskunftsbegehren in einem Punkt fehlerhaft, ist der gesamte Verwaltungsakt rechtswidrig, da es sich um eine einheitliche Regelung handelt, die sich nicht aus vielen, auf jede einzelne Frage bezogene Teilverwaltungsakte zusammensetzt (a. A. *Schlette,* Hauck/Noftz, § 117 Rn. 27). Ist die eingeholte Auskunft unergiebig, müssen auf sonstigem Wege die notwendigen Feststellungen zur Einkommens- und Vermögenssituation getroffen werden. Aufgrund der ermittelten Erkenntnisse muss dann entschieden werden, ob die Leistungswährung erforderlich ist (vgl. auch *Gottschick/Giese,* BSHG, § 116 Rn. 3.1). Bleiben Zweifel, ob die Voraussetzungen für eine Überleitung oder einen Erstattungsanspruch vorliegen, trägt nach allgemeinen Grundsätzen die Behörde die **Beweislast,** weil sie günstige Rechtsfolgen für sich in Anspruch nehmen will (vgl. auch BVerwGE 18, 168; 21, 208), dem Leistungsberechtigten ist zunächst einmal Hilfe zu gewähren.

15    Ein vor dem Zivilgericht angestrengter Prozess auf Auskunftserteilung schließt ein gleichzeitiges Verfahren vor dem Sozialgericht nicht aus (LSG BW 25.2.2016 – L 7 SO 3734/15).

### III. Personenkreis der Auskunftspflichtigen

#### 1. Unterhaltspflichtige (Abs. 1 S. 1)

16    **a) Erfasster Personenkreis.** Unterhaltspflichtig sind Ehegatten (§§ 1360 ff. BGB), ehemalige Ehegatten (§§ 1569 ff. BGB) und Verwandte in gerader Linie

(§§ 1601 ff. BGB) sowie die Väter gegenüber der Mütter eines nichtehelichen Kindes (§ 1615l BGB). Gleichgeschlechtliche Lebenspartnerschaften sind, auch nach einer Trennung, ebenfalls einbezogen. Mit der Erwähnung der Lebenspartnerschaften soll sichergestellt werden, dass der mit einem Unterhaltspflichtigen zusammenlebende eingetragene Lebenspartner ebenso wie ein Ehegatte oder eine andere einer leistungsberechtigten Person gegenüber unterhaltspflichtige Person dem Träger der Leistung Auskunft über ihre Einkommens- und Vermögensverhältnisse zu geben hat.

Neben den gesetzlich Unterhaltspflichtigen kommen diejenigen in Betracht, die **17** sich vertraglich zum Unterhalt verpflichtet haben.

Die Auskunftspflicht des nicht getrennt lebenden Ehegatten geht auf die Neufas- **18** sung § 116 BSHG durch das Gesetz zur Reform des Sozialhilferechts vom 23.7.1996 (BGBl. I S. 1088) zurück. Auf diese Weise wurde eine Lücke geschlossen, weil der nicht getrennt lebende Ehegatte von Unterhaltspflichtigen nach der früheren Fassung des Gesetzes nicht zur Auskunft herangezogen werden konnte, seine Einkommensverhältnisse auf die Leistungsfähigkeit des Unterhaltspflichtigen jedoch nicht ohne Einfluss waren.

**b) Umfang der Unterhaltspflicht.** Die Verpflichtung von Unterhaltspflichtigen **19** zur Auskunft ist ebenso wenig wie bei der Überleitung davon abhängig, ob im konkreten Fall ein Unterhaltsanspruch besteht (BVerwG 21.1.1993 – 5 C 22/90; LSG NRW 16.5.2013 – L 9 SO 212/12, BeckRS 2013, 70785). Davon, ob der Betreffende konkret zur Erfüllung seiner Unterhaltspflicht in der Lage ist, hängt dem Zweck der Vorschrift entsprechend die Auskunftsverpflichtung nicht ab (ebenso *Hohm,* Schellhorn/Schellhorn/Hohm, § 117 Rn. 3). Erst nach erfolgter Auskunft kann sich der Hilfeträger einen Überblick verschaffen, ob und in welchem Umfang er den Nachrang des Sozialhilferechts durch die Inanspruchnahme eines Dritten wiederherstellen kann. Der Zweck der Vorschrift ermöglicht es, alle Personen als Unterhaltspflichtige i. S. der sozialhilferechtlichen Vorschriften anzusehen, die als Unterhaltsschuldner in Betracht kommen und nicht offensichtlich (sog. Negativevidenz) ausscheiden (BVerwG 21.2.1993 – 5 C 22/90; LSG NRW, FamRZ 2010, 599). Die vom Pflichtigen erhobenen Einwände gegen die Unterhaltsverpflichtung wie z. B. der Einwand des Unterhaltsverzichts betreffen die einzelfallbezogene Entscheidung des maßgeblichen Unterhalts. Sie bleiben einer Klärung der Zivilgerichte vorbehalten.

Dem sozialhilferechtlichen Auskunftsbegehren kann nicht die Vorschrift des **20** § 1605 Abs. 1 BGB entgegengehalten werden. Nach dieser Vorschrift kann die Auskunft zur Feststellung des Unterhaltsanspruchs oder einer Unterhaltsverpflichtung vor Ablauf von zwei Jahren erneut nur verlangt werden, wenn glaubhaft gemacht wird, dass der zur Auskunft Verpflichtete wesentlich höhere Einkünfte hat oder über weiteres Vermögen verfügt. Diese Einschränkung zielt ausschließlich auf den zivilrechtlichen Auskunftsanspruch. Im öffentlichen Recht wird der Verpflichtete dadurch geschützt, dass § 117 Abs. 1 S. 1 SGB XII eine Auskunft nur verlangt, soweit sie nach dem BSHG erforderlich ist.

## 2. Ersatzpflichtige (Abs. 1 S. 1)

Einbezogen in die Auskunftspflicht sind **Kostenersatzpflichtige.** Es handelt sich **21** um solche Personen, die nach §§ 102 ff. SGB XII zum Kostenersatz herangezogen werden sollen. Auch bei ihnen ergibt sich die Notwendigkeit, dass sich der Hilfeträger einen Überblick über die Einkommens- und Vermögenssituation verschaffen muss, um sachgerecht eine Erstattung vorzubereiten. Das gilt nicht für Erstattungspflichtige nach § 50 SGB X (ebenso *Schoch,* LPK-SGB XII, § 117 Rn. 11; *Schlette,* Hauck/Noftz, § 117 Rn. 13). Für diese Personen ist die Erstattungspflicht und damit die Wiederherstellung des Nachrangs der Sozialhilfe die Folge einer Rücknahme-

oder Aufhebungsentscheidung nach §§ 45 ff. SGB X. Nicht von der Vorschrift erfasst sind die Erstattungspflichtigen (vgl. auch *Schoch,* LPK-SGB XII, § 117 Rn. 11).

22    Dieser Personenkreis ist Satz 2 des Absatzes gehalten **Beweisurkunden** vorzulegen oder ihrer Vorlage zuzustimmen. Damit stimmt der Auskunftsanspruch des SGB XII mit dem des § 1605 BGB in dieser Frage überein.

### 3. Personen nach § 39 SGB XII (Abs. 1 S. 3)

23    Auskunftspflichtig sind die Personen, von denen unwiderlegt vermutet wird, dass sie Leistungen zum Lebensunterhalt des Hilfeberechtigten erbringen. Damit sind Verwandte und Verschwägerte, die mit einem Hilfeempfänger in Haushaltsgemeinschaft leben, aber auch andere Personen in die Auskunftspflicht einbezogen. Der Kreis der auskunftspflichtigen Personen ist damit bedenklich weit gezogen. Die in die Vorschrift einbezogenen Personen wären ohne die gesetzliche Regelung des Satzes 3 nur zur Auskunft verpflichtet, wenn sie unterhaltpflichtig wären.

24    Unwiderlegt bedeutet, dass der um Leistung Nachsuchende zunächst dem Sozialamt gegenüber die Vermutung des § 39 SGB XII entkräften muss. Gelingt ihm dies nicht, steht unwiderlegt fest, dass er von Verwandten oder Verschwägerten überwiegend unterhalten wird. Auskunft muss zu allererst der Hilfe Nachfragende geben. Erst dann sind Personen nach § 39 SGB XII angehalten, Auskunft über ihre Einkommens- und Vermögensverhältnisse zu geben (ebenso *Hohm,* Schellhorn/Schellhorn/Hohm, § 117 Rn. 5). Obwohl in den Fällen einer eheähnlichen Lebensgemeinschaft § 20 SGB XII auf § 39 SGB XII verweist, kann daraus nicht gefolgert werden, dass § 117 Abs. 1 S. 3 SGB XII auch auf derartige Gemeinschaften anzuwenden ist (*Hohm,* Schellhorn/Schellhorn/Hohm, § 117 Rn. 6; a. A. *Schlette,* Hauck/Noftz, § 117 Rn. 14, der eheähnliche Lebensgemeinschaft mit Haushaltsgemeinschaft gleichsetzt, dem folgend *Blüggel,* jurisPK-SGB XII, § 117 Rn. 24).

### 4. Leistungserbringer (Abs. 2)

25    Diejenigen, die gegenüber Personen, die nach dem SGB XII Leistungen beantragt haben oder beziehen, Leistungen erbringen oder erbracht haben, sind ebenfalls zur Auskunft verpflichtet. Es kann sich dabei um natürliche oder juristische Personen handeln. Voraussetzung ist, dass diese Leistungen geeignet sind oder waren, die Leistungen des SGB XII auszuschließen. Der Hilfeträger erhält auf diese Weise die Möglichkeit, ohne die ansonsten erforderliche Zustimmung des Leistungsberechtigten (§ 60 SGB I) zu prüfen, ob der Nachrang der Sozialhilfe wiederherzustellen ist. Vor allem für die zu Unrecht bezogene Sozialhilfe wird diese Vorschrift bedeutsam werden. Im Fall der eheähnlichen Lebensgemeinschaft wird der Partner des Berechtigten darlegen müssen, welche Leistungen er dem anderen gegenüber erbracht hat.

26    Leistungserbringer können neben anderen Leistungsträgern oder Versicherungen auch Personen sein, die tatsächlich Leistungen erbracht haben. Damit wird der Kreis für Auskunftsberechtigte auf Schenkungsgeber (vgl. *Blüggel,* jurisPK-SGB XII, § 117 Rn. 32) oder Partner eheähnlicher oder partnerschaftsähnlicher Gemeinschaften erweitert, die tatsächlich Leistungen erbracht haben (*Hohm,* Schellhorn/Schellhorn/Hohm, § 117 Rn. 13).

27    Die Begrenzung erfährt die Auskunftspflicht durch das Merkmal der Geeignetheit. Eine Auskunftspflicht ist auf die Fälle beschränkt, in denen die erbrachten oder zu erbringenden Leistungen geeignet wären oder sind, die Leistungsverpflichtung des Hilfeträgers auszuschließen.

### 5. Sonstige Verpflichtete (Abs. 3)

28    Mit dem Abs. 3 ist der Adressatenkreis, an den sich die Verpflichtung zur Auskunftserteilung richtet, erheblich ausgeweitet worden. Wie im Fall des Abs. 2 ist

die Zustimmung des Leistungsberechtigten nicht mehr notwendig. Betroffen sind Leistungsverpflichtete oder diejenigen, die Guthaben führen oder Vermögensgegenstände verwahren. Das können Banken, Versicherungen, aber auch Personen sein, die die Funktion des verdeckten Treuhänders innehaben. Die Vorschrift erweitert die bisher nach § 21 Abs. 1 Nr. 1 SGB X bestehende Auskunftspflicht. Denn diese Vorschrift ermächtigt anders als § 117 Abs. 4 SGB XII nicht dazu, das Auskunftsverlangen durch Verwaltungsakt zu regeln.

Der nicht weiter eingegrenzte Begriff des Guthabens kann sich auf Bankguthaben, **29** Versicherungsguthaben etc. beziehen. Bei der Verwahrung von Vermögensgegenständen geht es vor allem darum, der Sozialhilfe vorenthaltenes Vermögen zu ermitteln. Die Kosten, die dem Auskunftspflichtigen der Offenlegung entstehen werden auf Antrag in entsprechender Anwendung des Gesetzes über die Entschädigung von Zeugen und Sachverständigen abgerechnet (S. 2 i. V. m. § 21 Abs. 3 S. 4 SGB X). Die Pflicht zur Auskunftserteilung erlischt, sobald das Guthaben erloschen ist oder Vermögensgegenstände nicht mehr verwahrt werden.

## 6. Arbeitgeber (Abs. 4)

Arbeitgeber ist jeder, der einen anderen abhängig beschäftigt, unabhängig ob ein **30** Arbeitsverhältnis wirksam zustande gekommen ist oder nicht (vgl. *Schoch,* LPK-SGB XII, § 117 Rn. 32). Arbeitgeber ist auch der Dienstherr von Beamten, Soldaten und Richtern. Erfasst werden Arbeitsverhältnisse, soweit sie sich auf zeitidentische Sozialhilfeleistungen beziehen. Auch nach Beendigung eines Arbeitsverhältnisses ist der Arbeitgeber bei Wahrung der Zeitidentität zur Auskunft verpflichtet. Eingeschränkt ist die Auskunftspflicht in zweifacher Hinsicht, auf die Art und Dauer des Arbeitsverhältnisses und darauf, dass die Angaben für die Leistungserbringung erforderlich sein müssen.

## IV. Umfang der Auskunftspflicht

Es besteht eine Pflicht zur Auskunft über die Einkommens- und Vermögensver- **31** hältnisse. Dazu gehören auch die nach §§ 82 f. und § 93 SGB XII vorgesehenen Absetzungsbeträge (vgl. *Schoch,* LPK-SGB XII, § 117 Rn. 17). Nicht zu folgen ist der von *Schoch* vertretenen Auffassung, dass allein der Umstand, nicht berufstätig zu sein, ein Auskunftsbegehren ausschließe. Dient das Auskunftsbegehren doch dazu, die Einkommens- und Vermögenslosigkeit unter allen Gesichtspunkten tatsächlich abzuklären. Die Auskunft bezieht sich nur auf Tatsachen, nicht auf rechtliche Wertungen und sie darf, wie bereits angemerkt, einen erforderlichen Umfang nicht überschreiten. Die Auskunftspflicht erlischt, wenn die für die Auskunft relevante Leistung entfallen ist.

Der erfasste Personenkreis ist nur insoweit zur Auskunft verpflichtet, soweit die **32** Durchführung des SGB XII es **erfordert.** Damit ist Umfang der Auskunftspflicht für jede Person ganz unterschiedlich zu bestimmen.

Für die **Unterhaltspflichtigen** und **Ersatzpflichtigen** bedeutet das Merkmal **33** der **Erforderlichkeit,** dass sie ihre Einkommens- und Vermögensverhältnisse gegenüber dem Sozialhilfeträger offenbaren müssen (Abs. 1 S. 1). Die Pflicht zur Auskunft umfasst die Vorlage von Beweisurkunden oder ihrer Vorlage zuzustimmen (Abs. 1 S. 2). Das Auskunftsbegehren ist einzuschränken, wenn eine Überleitung aus sozialhilferechtlichen Vorschriften wie etwa aus Härtegründen (§ 94 Abs. 3 Nr. 2 SGB XII) schon offensichtlich auszuschließen ist (s. auch VG Hamburg, NVwZ-RR 1997, 549, 550). Liegen bei der cessio legis des § 94 SGB XII Härtegründe nach Abs. 3 Nr. 2 vor und scheidet deshalb ein Anspruchsübergang aus, ist ein Auskunftsverlangen eines Sozialhilfeträgers nicht erforderlich, weil ein Anspruchsübergang völlig unabhängig von den Einkommens- und Vermögensverhältnissen des Pflichtigen ausscheidet. Dieser Grundsatz gilt auch in Anbetracht, dass mit dem Wegfall der vor den Sozialgerichten anfechtbaren Überleitungsanzeige eine mögliche Überprüfung des Härtefalles ausschließlich dem Zivilrichter vorgehalten ist. Aus Gründen eines effektiv zu gewährenden Rechtsschutzes (Art. 19 Abs. 4 GG) muss demjenigen, der auf der Vorbereitungsebene des Zivilprozesses mit einem öffentlich-rechtlichen Auskunftsbegehren konfrontiert wird, zugebilligt werden, sich mit dem Einwand, aus öffentlich-rechtlichen Gründen sei die Überleitung bereits ausgeschlossen, gegen das Auskunftsbegehren zu verteidigen. Es obliegt deshalb dem Gericht bei einer Anfechtung des Auskunftsbegehrens auch darüber zu befinden, ob ein Härtegrund einer Überleitung und damit auch einem Auskunftsbegehren entgegensteht. Die hier angesprochene Prüfung von Härtegründen beim Kriterium der Erforderlichkeit ist nicht mit der bereits an anderer Stelle erwähnten Negativevidenz des Unterhaltsanspruchs zu verwechseln. Ob ein Unterhaltsanspruch überhaupt besteht, ist allein unter dem Tatbestandsmerkmal der Unterhaltspflicht zu problematisieren. Die Auskünfte des **Arbeitgebers** sind auf die Art und Dauer der Beschäftigung, der Arbeitsstätte und den Arbeitsverdienst oder die Besoldung beschränkt. Ferner hat der Sozialhilfeträger auch hier zu berücksichtigen, dass die Auskünfte nur insoweit eingeholt werden dürfen, soweit sie die Durchführung des BSHG erfordern. Gibt der Arbeitnehmer bereits Auskunft freiwillig und belegt sie entsprechend, ist ein an den Arbeitgeber gerichtetes Auskunftsbegehren nicht erforderlich.

**34**     Nicht erforderlich ist ein Auskunftsverlangen, wenn der zur Auskunft Verpflichtete erklärt, er sei leistungsbereit und leistungsfähig (LSG Bln-Bbg 18.10.2012 – L 23 SO 36/10).

## V. Auskunftsverweigerungsrecht (Abs. 5)

**35**     Das Auskunftsverweigerungsrecht haben der Leistungsberechtigte, Unterhaltspflichtige und der Arbeitgeber. Es erstreckt sich auf die Auskünfte, die sie selbst, oder Angehörige, also jetzige und ehemalige Ehegatten, Verlobte, Verwandte, die in der Seitenlinie bis dritten Grades verwandt sind und waren, und Verschwägerte in gerader Linie und in der Seitenlinie bis zum zweiten Grad (§ 383 Abs. 1 Nr. 1 bis 3 ZPO) geben müssten. Das Auskunftsverweigerungsrecht ist ferner davon abhängig, dass die Gefahr von strafrechtlicher Verfolgung oder eines Verfahrens nach dem OWiG bestehen kann.

## VI. Ordnungswidrigkeit des Arbeitgebers (Abs. 6)

**36**     Unmittelbare Rechtsfolgen sieht die Vorschrift lediglich für den Arbeitgeber vor. Dieser handelt ordnungswidrig, wenn er die Auskunft nicht, unrichtig, unvollständig oder nicht fristgemäß erteilt. Unvollständig sind seine Angaben nur dann, wenn sie nicht diejenigen enthalten, die für die Durchführung des SGB XII erforderlich sind. Geht das Auskunftsbegehren der Behörde über die Beschränkung hinaus, macht sich der Arbeitgeber nicht ordnungspflichtig. Nicht fristgemäß ist die Auskunft erteilt, wenn der Arbeitgeber die ihm gesetzte Frist überschreitet. Diese Frist muss aus Gründen der Verhältnismäßigkeit so beschaffen sein, dass in der üblichen Bearbeitungszeit eine Auskunft erwartet werden kann.

### § 118 Überprüfung, Verwaltungshilfe

(1) ¹Die Träger der Sozialhilfe können Personen, die Leistungen nach diesem Buch mit Ausnahme des Vierten Kapitels beziehen, auch regelmäßig im Wege des automatisierten Datenabgleichs daraufhin überprüfen,

1. ob und in welcher Höhe und für welche Zeiträume von ihnen Leistungen der Bundesagentur für Arbeit (Auskunftsstelle) oder der Träger der gesetzlichen Unfall- oder Rentenversicherung (Auskunftsstellen) bezogen werden oder wurden,

2. ob und in welchem Umfang Zeiten des Leistungsbezuges nach diesem Buch mit Zeiten einer Versicherungspflicht oder Zeiten einer geringfügigen Beschäftigung zusammentreffen,

3. ob und welche Daten nach § 45d Abs. 1 und § 45e des Einkommensteuergesetzes dem Bundeszentralamt für Steuern (Auskunftsstelle) übermittelt worden sind und

4. ob und in welcher Höhe ein Kapital nach § 90 Abs. 2 Nr. 2 nicht mehr dem Zweck einer geförderten zusätzlichen Altersvorsorge im Sinne des § 10a oder des Abschnitts XI des Einkommensteuergesetzes dient.

[2]Sie dürfen für die Überprüfung nach Satz 1 Name, Vorname (Rufname), Geburtsdatum, Geburtsort, Nationalität, Geschlecht, Anschrift und Versicherungsnummer der Personen, die Leistungen nach diesem Buch beziehen, den Auskunftsstellen übermitteln. [3]Die Auskunftsstellen führen den Abgleich mit den nach Satz 2 übermittelten Daten durch und übermitteln die Daten über Feststellungen im Sinne des Satzes 1 an die Träger der Sozialhilfe. [4]Die ihnen überlassenen Daten und Datenträger sind nach Durchführung des Abgleichs unverzüglich zurückzugeben, zu löschen oder zu vernichten. [5]Die Träger der Sozialhilfe dürfen die ihnen übermittelten Daten nur zur Überprüfung nach Satz 1 nutzen. [6]Die übermittelten Daten der Personen, bei denen die Überprüfung zu keinen abweichenden Feststellungen führt, sind unverzüglich zu löschen.

(2) [1]Die Träger der Sozialhilfe sind befugt, Personen, die Leistungen nach diesem Buch beziehen, auch regelmäßig im Wege des automatisierten Datenabgleichs daraufhin zu überprüfen, ob und in welcher Höhe und für welche Zeiträume von ihnen Leistungen nach diesem Buch durch andere Träger der Sozialhilfe bezogen werden oder wurden. [2]Hierzu dürfen die erforderlichen Daten nach Absatz 1 Satz 2 anderen Trägern der Sozialhilfe oder einer zentralen Vermittlungsstelle im Sinne des § 120 Nr. 1 übermittelt werden. [3]Diese führen den Abgleich der ihnen übermittelten Daten durch und leiten Feststellungen im Sinne des Satzes 1 an die übermittelnden Träger der Sozialhilfe zurück. [4]Sind die ihnen übermittelten Daten oder Datenträger für die Überprüfung nach Satz 1 nicht mehr erforderlich, sind diese unverzüglich zurückzugeben, zu löschen oder zu vernichten. [5]Überprüfungsverfahren nach diesem Absatz können zusammengefasst und mit Überprüfungsverfahren nach Absatz 1 verbunden werden.

(3) [1]Die Datenstelle der Rentenversicherung darf als Vermittlungsstelle für das Bundesgebiet die nach den Absätzen 1 und 2 übermittelten Daten speichern und nutzen, soweit dies für die Datenabgleiche nach den Absätzen 1 und 2 erforderlich ist. [2]Sie darf die Daten der Stammsatzdatei (§ 150 des Sechsten Buches) und der bei ihr für die Prüfung bei den Arbeitgebern geführten Datei (§ 28p Abs. 8 Satz 2 des Vierten Buches) nutzen, soweit die Daten für die Datenabgleiche erforderlich sind. [3]Die nach Satz 1 bei der Datenstelle der Rentenversicherung gespeicherten Daten sind unverzüglich nach Abschluss der Datenabgleiche zu löschen.

(4) [1]Die Träger der Sozialhilfe sind befugt, zur Vermeidung rechtswidriger Inanspruchnahme von Sozialhilfe Daten von Personen, die Leistungen nach diesem Buch beziehen, bei anderen Stellen ihrer Verwaltung, bei ihren wirtschaftlichen Unternehmen und bei den Kreisen, Kreisverwaltungsbehörden und Gemeinden zu überprüfen, soweit diese für die Erfüllung dieser

Aufgaben erforderlich sind. [2]Sie dürfen für die Überprüfung die in Absatz 1 Satz 2 genannten Daten übermitteln. [3]Die Überprüfung kann auch regelmäßig im Wege des automatisierten Datenabgleichs mit den Stellen durchgeführt werden, bei denen die in Satz 4 jeweils genannten Daten zuständigkeitshalber vorliegen. [4]Nach Satz 1 ist die Überprüfung folgender Daten zulässig:
1. Geburtsdatum und -ort,
2. Personen- und Familienstand,
3. Wohnsitz,
4. Dauer und Kosten von Miet- oder Überlassungsverhältnissen von Wohnraum,
5. Dauer und Kosten von bezogenen Leistungen über Elektrizität, Gas, Wasser, Fernwärme oder Abfallentsorgung und
6. Eigenschaft als Kraftfahrzeughalter.
[5]Die in Satz 1 genannten Stellen sind verpflichtet, die in Satz 4 genannten Daten zu übermitteln. [6]Sie haben die ihnen im Rahmen der Überprüfung übermittelten Daten nach Vorlage der Mitteilung unverzüglich zu löschen. [7]Eine Übermittlung durch diese Stellen unterbleibt, soweit ihr besondere gesetzliche Verwendungsregelungen entgegenstehen.

*Änderung der Vorschrift: Abs. 1 Satz 1 Nr. 3 geänd. mWv 1.1.2006 durch G v. 22.9.2005 (BGBl. I S. 2809), Abs. 1 Satz 1 Nr. 3 geänd. mWv 1.8.2006 durch G v. 20.7.2006 (BGBl. I S. 1706), Abs. 3 Sätze 1 und 3 geänd. mWv 1.1.2017 durch G v. 11.11.2016 (BGBl. I S. 2500). Durch Art. 2 Nr. 4 des Gesetzes zur Stärkung der betrieblichen Altersversorgung und zur Änderung anderer Gesetze vom 17.8.2017 (BGBl. I 3214) wird mit Wirkung vom 1.1.2019 § 118 insoweit geändert, als in Abs. 1 S. 1 die Worte „mit Ausnahme des Vierten Kapitels" gestrichen, und Nr. 4 in die Formulierung „ob und in welcher Höhe Altersvorsorgevermögen i. S. des § 92 des Einkommensteuergesetzes nach § 10a sowie Abschnitt XI des Einkommensteuergesetzes steuerlich gefördert wurde" abgeändert wird. Weiter wird durch das o.a. Gesetz mit Wirkung vom 1.1.2019 folgender Absatz 1a in § 118 eingefügt: „Liegt ein Vermögen vor, das nach § 90 Absatz 2 Nr. 2 nicht einzusetzen ist, so melden die Träger der Sozialhilfe auf elektronischem Weg der Datenstelle der Rentenversicherungsträger als Vermittlungsstelle, um eine Mitteilung zu einer schädlichen Verwendung nach § 94 Absatz 3 des Einkommensteuergesetzes zu erhalten, den erstmaligen Bezug nach dem Dritten und Vierten Kapitel sowie die Beendigung des jeweiligen Leistungsbezugs."*

*Vergleichbare Vorschrift: § 52 SGB II.*

# I. Bedeutung der Norm

## 1. Struktur der Regelung

**1**      Die durch das Gesetz zur Umsetzung des föderalen Konsolidierungsprogramms (FKPG v. 22.6.1993, BGBl. I S. 944) ins BSHG aufgenommene und danach vielfach geänderte Vorschrift des § 117 BSHG ist im Wesentlichen – mit Ausnahme der in den § 120 verlagerten Verordnungsermächtigungen – als § 118 in das SGB XII übernommen worden (BT-Drs. 15/1514, 69). Die Vorschrift ermächtigt in **Abs. 1** die Träger der Sozialhilfe, Leistungsempfänger im Wege des automatisierten Datenabgleichs daraufhin zu überprüfen, ob sie Leistungen der Bundesagentur für Arbeit oder von einem Träger der gesetzlichen Unfall- und Rentenversicherung erhalten oder erhalten haben, ob und in welchen Zeiten des Leistungsbezugs eine Versicherungspflicht oder Zeiten einer geringfügigen Beschäftigung zusammentreffen (Abs. 1 Nr. 1 und 2), sowie ob sie Kapitalerträge oder Vermögen (Abs. 1 Nr. 3

und 4) erhalten haben. Davon ausgenommen sind nur Personen, die Leistungen nach den Vierten Kapitel erhalten. **Abs.** 2 gibt den Trägern die Möglichkeit, bei allen Personen, die Leistungen nach dem SGB XII beziehen, regelmäßig durch automatisierten Datenabgleich daraufhin zu kontrollieren, ob, in welchem Umfang und für welche Zeit sie Leistungen des Gesetzes durch andere Träger der Sozialhilfe erhalten oder erhalten haben. In **Abs.** 4 wird dem Träger der Sozialhilfe die Befugnis eingeräumt, zur Vermeidung der Inanspruchnahme rechtswidriger Leistungen der Sozialhilfe Daten von Personen, die Sozialhilfeleistungen erhalten, soweit erforderlich, aber „auch regelmäßig" im Wege des automatisierten Datenabgleichs bei anderen Stellen der Verwaltung des Trägers, seinen wirtschaftlichen Unternehmen und bei Kreisen, Kreisverwaltungsbehörden und Gemeinden zu überprüfen.

## 2. Verhältnis zu § 35 SGB I und dem Recht auf „informationelle Selbstbestimmung"

Die in der Regelung vorgesehene Datenübermittlung verstößt nicht gegen die **2** Vorschrift des **§ 35 SGB I,** die das Sozialgeheimnis gewährleistet und die nach § 37 S. 2 SGB I nicht durch eine Regelung des SGB XII abgeändert werden kann. Nach § 35 Abs. 2 SGB I ist eine Erhebung, Verarbeitung und Nutzung von Sozialdaten nur unter den Voraussetzungen des 2. Kapitels des SGB X zulässig. § 67d Abs. 1 SGB X bestimmt, dass eine Übermittlung von Sozialdaten nur zulässig ist, soweit eine gesetzliche Übermittlungsbefugnis nach den §§ 68–77 SGB X oder nach einer anderen Rechtsvorschrift in diesem Gesetzbuch vorliegt. Eine derartige „andere Rechtsvorschrift" ist § 118, die damit eine **bereichsspezifische Datenschutzregelung darstellt** (*Hohm,* in: Schellhorn/Hohm/Scheider, SGB XII, § 118 Rn. 1). Daraus folgt, dass immer dann, wenn § 118 keine Regelung trifft, § 35 SGB I iVm §§ 67–85a SGB X Anwendung finden und diese Bestimmungen bei der Auslegung der Norm ergänzend heranzuziehen sind. Eine **restriktive Auslegung der Regelung** ist allerdings deshalb geboten, weil nach der Rechtsprechung des Bundesverfassungsgerichts (BVerfG 15.12.1983 – 1 BvR 209/83, Rn. 145 ff.) Einschränkungen des Rechts auf **„informationelle Selbstbestimmung"** nur zulässig sind, wenn diese den Grundsatz der Verhältnismäßigkeit beachten. Das ist hier schon deshalb nicht unproblematisch, weil in den Abs. 1, 2 und 4 (zumindest auch) eine Überprüfung im Wege eines automatisierten Datenabgleichs vorgesehen ist und eine derartige Prüfung weder voraussetzt, dass der Leistungsbezieher einen Anlass zur Überprüfung gegeben hat, noch ein (konkreter) Verdacht auf Leistungsmissbrauch bestehen muss; damit hat der Gesetzgeber den durch Art. 2 Abs. 1 und Art. 1 Abs. 1 GG gewährleisteten Schutz des Einzelnen gegen (unbegrenzte) Erhebung, Speicherung, Verwendung und Weitergabe persönlicher Daten ganz erheblich eingeschränkt, was (Begründung des Gesetzentwurfs – BT-Drs. 12/4401, 85) mit der Abwehr und Aufdeckung der missbräuchlichen Inanspruchnahme von Sozialhilfeleistungen begründet worden ist. Auch unter Berücksichtigung dieses Zwecks geht die **Regelung** jedoch **an die Grenze des datenschutzrechtlich Zulässigen** (ebenso *Hohm,* in: Schellhorn/Hohm/Scheider, SGB XII, § 118 Rn. 7; aA *Kunkel,* NVwZ 1995, 21, 22: Verstoß gegen den Grundsatz der Verhältnismäßigkeit). Zu berücksichtigen ist allerdings, dass durch die Vorschrift kein genereller Datenaustausch der in der Vorschrift genannten Stellen ermöglicht wird, sondern die Regelung nur dem Träger der Sozialhilfe die Überprüfung von Daten anderer Leistungsträger, des Bundesamtes für Finanzen und der in Abs. 4 genannten Stellen ermöglicht (BT-Drs. 12/4401, 85). Durch die aufgrund der § 117 Abs. 1 und 2 BSHG erlassene Verordnung (Sozialhilfedatenabgleichsverordnung vom 21.1.1998, BGBl. I S. 103), die durch Art. 16 des Gesetzes zur Einordnung des Sozialhilferechts in das Sozialgesetzbuch abgeändert worden ist (BGBl. 2003 I S. 3062) sowie im Übrigen nach Art. 67 des Gesetzes zur Einordnung des Sozialhilferechts in das Sozialgesetzbuch

(BGBl. 2003 I S. 3070) weiter gilt, sind genaue Regelungen über die Auswahl der Abgleichsfälle und des Abgleichszeitraums (§ 2 SozhiDAV), über die Übermittlung, das dabei zu benutzende Verfahren und die zuständigen Stellen (§§ 3–10 SozhiDAV) sowie über den Abgleich und die Überwachung sowie Löschung der Daten (§§ 11–15 SozhiDAV) getroffen worden. Danach sowie nach den Abs. 1, 2 und 4 haben allein die Träger der Sozialhilfe die Möglichkeit der Überprüfung der Daten, die ihnen die in Abs. 3 genannte Vermittlungsstelle nach § 14 SozhiDAV übermittelt. **Träger der Sozialhilfe im Sinn der Abs. 1, 2 und 4 sind** bei am Wortlaut der Norm orientierter, enger Auslegung **die in § 97 genannten örtlichen und überörtlichen Träger** der Sozialhilfe, **nicht aber die Gemeinden und Gemeindeverbände,** die der überörtliche Träger nach § 99 Abs. 2 und die die Landkreise nach § 99 Abs. 1 zur Durchführung von Aufgaben nach dem SGB XII heranziehen können (*Greiser/Coseriu,* juris-PK-SGB XII § 118 Rn. 32; *Kunkel,* NVwZ 1995, 21). Nicht als Träger der Sozialhilfe werden auch die nach §§ 10, 10a AsylbLG zuständigen Behörden tätig; sie sind jedoch nach § 9 Abs. 4 AsylbLG, in dem § 118 und die aufgrund des § 120 ergangenen Rechtsverordnungen für entsprechend anwendbar erklärt werden, zum Datenabgleich berechtigt. Zur Parallelregelung des § 52 SGB II hat das BSG (24.4.2015 – B 4 AS 39/14 R, Rn. 20 ff.) entschieden, dass der automatisierte Datenabgleich zwischen dem SGB II – Träger und dem Bundeszentralamt für Steuern verfassungsgemäß ist. Dabei hat es sowohl das Gebot der Normenklarheit (Rn. 30 ff.) als auch den Grundsatz der Verhältnismäßigkeit (Rn. 35 ff.) als gewahrt angesehen, da die Überprüfung einem Gemeinwohlbelang von erheblicher Bedeutung diene und das Mittel des automatisierten Datenabgleichs erforderlich sei, um einer ungerechtfertigten Inanspruchnahme von Sozialleistungen entgegenzuwirken und einen Missbrauch dieser Leistungen aufzudecken; auch das Gebot der Verhältnismäßigkeit im engeren Sinne sei eingehalten. Diese Einschätzungen lassen sich auf § 118 und die Vorschriften der SozhiDAV übertragen, ändern aber nichts daran, dass unter Berücksichtigung des Rechts auf „informationelle Selbstbestimmung" eine restriktive und eng am Wortlaut orientierte Auslegung der Regelung geboten ist.

## II. Der Datenabgleich nach den Abs. 1 u. 2

### 1. Betroffener Personenkreis

3     Beide Regelungen ermöglichen nur eine Überprüfung von **Personen, „die Leistungen nach diesem Gesetz beziehen".** Damit ist die Überprüfung im Wege des automatisierten Datenabgleichs nicht bei Personen möglich, die noch keine Leistungen erhalten, sondern erst um Hilfe nachsuchen oder nachgesucht haben. Ebenso scheidet eine Überprüfung von Personen aus, die selbst keine Leistungen erhalten, aber mit Leistungsberechtigten in einer Haushaltsgemeinschaft leben (ebenso *Hohm,* Schellhorn/Hohm/Scheider SGB XII, § 118 Rn. 11). Auch erlauben die Abs. 1 und 2 nicht, Personen zu überprüfen, die in der Vergangenheit Leistungen bezogen haben, nach §§ 45, 50 SGB X zur Erstattung zu Unrecht erbrachter Leistungen verpflichtet, nach §§ 103, 104 kostenersatzpflichtig, oder nur unterhaltsverpflichtet sind. Abs. 1 nimmt von der Überprüfung Personen, die Grundsicherung im Alter und bei Erwerbsminderung erhalten, aus. In Abs. 2 ist diese Ausnahme nicht enthalten; damit besteht hier die Befugnis, alle Personen, die Leistungen nach dem SGB XII beziehen, zu überprüfen. Durch Gesetz vom 17.8.2017 (BGBl. I S. 3214, 3218), das am 1.1.2019 in Kraft tritt, werden die Worte „mit Ausnahme des Vierten Kapitels" in Abs. 1 S. 1 gestrichen und ein neuer Abs. 1a eingefügt.

## 2. Inhalt und Grenzen des Abgleichs

Sowohl beim Datenabgleich nach Abs. 1 als auch nach Abs. 2 ist der Datensatz, **4** nämlich die **Daten,** die an die Auskunftsstellen (Abs. 1 S. 1 Nr. 1 und 3), an andere Träger der Sozialhilfe oder eine zentrale Vermittlungsstelle (Abs. 2 S. 2) **zur Überprüfung übermittelt werden, genau beschrieben.** Dazu gehören nach Abs. 1 S. 2, der nach Abs. 2 S. 2 auch für den Datenabgleich mit anderen Trägern der Sozialhilfe gilt, neben Namen, Geburtsdatum und Geburtsort die Nationalität, das Geschlecht, die Anschrift und die Versicherungsnummer der Personen, die Leistungen nach dem SGB XII beziehen. Diese **Aufzählung ist abschließend,** sodass eine Übersendung etwa von vollständigen Datenbändern ebenso wie die Übermittlung weiterer Angaben, etwa von Verdachtsmomenten, ausscheidet. In Abs. 1 S. 1 Nr. 1 und 3 sind weiter die **Auskunftsstellen** genannt, an die der Träger der Sozialhilfe einen Datensatz mit dem Ziel der Überprüfung übermitteln kann. Dazu gehört neben der Bundesagentur für Arbeit und den Trägern der gesetzlichen Unfall- oder Rentenversicherung das Bundesamt für Finanzen, soweit es um Kapitalerträge nach § 45d Abs. 1 Einkommensteuergesetz und darum geht, ob angesammeltes Vermögen weiterhin einer zusätzlichen Altersvorsorge im Sinne des § 10a EStG oder des Abschnitts XI des EStG dient. Ein **Datenabgleich mit anderen Sozialleistungsträgern** – wie z. B. Krankenkassen und Pflegekassen – und privaten Versicherungsunternehmen ist **nicht zulässig.** Hier kommt im Einzelfall lediglich eine Anfrage bzw. Übermittlung nach § 69 SGB X in Betracht (*Hohm,* Schellhorn/Hohm/Scheider, SGB XII, § 118 Rn. 15). Auch sind die **Träger der Sozialhilfe** nach **Abs. 2 S. 1** lediglich **befugt,** Personen daraufhin **zu überprüfen,** ob und in welcher Höhe und für welche Zeiträume von ihnen **Leistungen nach dem SGB XII durch andere Träger der Sozialhilfe bezogen** werden oder wurden. Damit ist eine Überprüfung dahingehend, ob diese Personen Leistungen der Jugendhilfe, Erziehungsgeld oder Wohngeld erhalten oder erhalten haben, im Wege des automatisierten Datenabgleichs nach dieser Vorschrift nicht möglich (*Hohm,* in: Schellhorn/ Hohm/Schneider, SGB XII, § 118 Rn. 17). Die von den anderen Trägern übermittelten Daten dürfen nach **Abs. 1 S. 5 nur zweckbestimmt** für die Überprüfung im Hinblick auf die Voraussetzungen für die Gewährung der Sozialhilfe **genutzt werden** und sind, soweit die Daten für diese Überprüfung nicht mehr erforderlich sind, **unverzüglich zurückzugeben, zu löschen oder zu vernichten** (Abs. 1 S. 4, Abs. 2 S. 3 und 4).

## III. Die Vermittlungsstelle (Abs. 3)

Abs. 3 S. 1 bestimmt die Datenstelle der Rentenversicherung in dem Verfahren **5** des automatisierten Datenabgleichs für das Bundesgebiet als Vermittlungsstelle zwischen den um Auskunft ersuchenden Trägern der Sozialhilfe, den Auskunftsstellen und den Trägern der Sozialhilfe, mit denen der automatisierte Datenabgleich nach Abs. 2 durchgeführt wird. Nach Abs. 3 S. 2 darf diese Vermittlungsstelle die übermittelten Daten nur solange speichern und nutzen, soweit dies für die Datenabgleiche erforderlich ist. Zum Datenabgleich darf sie die Stammsatzdatei nach § 150 SGB VI und die für die Prüfung von Arbeitgebern durch die Rentenversicherung eingerichtete Datei nach § 28p Abs. 8 S. 2 SGB IV nutzen. Mit der Verpflichtung nach Abs. 3 S. 3, die Daten unverzüglich nach Abschluss der Datenabgleiche zu löschen, ist klargestellt, dass keine dauerhaft bestehende Zentraldatei über Sozialleistungen bei der Vermittlungsstelle geführt werden darf (*Greiser/Coseriu,* jurisPK-SGB XII, § 118 Rn. 67; *Krahmer,* LPK-SGB XII, § 118 Rn. 15).

## IV. Der Datenabgleich nach Abs. 4

### 1. Betroffener Personenkreis

6   Die Vorschrift ermöglicht dem Träger der Sozialhilfe, bei anderen als den in Abs. 1 und Abs. 2 genannten Stellen Daten zu überprüfen. Wie in den Abs. 1 und 2 geht es dabei um **Daten von Personen, „die Leistungen nach diesem Buch beziehen".** Dazu zählen nicht Personen, die Leistungen nachfragen oder begehren, aber noch keine Leistungen der Sozialhilfe erhalten. Die Wendung in Abs. 4 S. 1 „zur Vermeidung rechtswidriger Inanspruchnahme von Sozialhilfe" soll nur klarstellen, dass es bei diesem Datenabgleich um sozialhilferelevante Daten geht (*Krahmer*, LPK-SGB XII, § 118 Rn. 16); mit dieser Formulierung und der Regelung in Abs. 3 S. 3, wonach die Überprüfung „auch regelmäßig im Wege des automatisierten Datenabgleichs" durchgeführt werden kann, wird zugleich deutlich gemacht, dass Abs. 3 – ebenso wie Abs. 1 und 2 – eine **anlassunabhängige Überprüfung** ermöglicht (*Krahmer*, ZFSH/SGB 1993, 524, 526; aA *Kunkel,* NVwZ 1995, 21, 22).

### 2. Die Überprüfung bei anderen Stellen

7   Durch Abs. 4 S. 1 sind die Träger der Sozialhilfe ermächtigt, Daten von Leistungsempfängern bei anderen Stellen ihrer Verwaltung, also auch z. B. vom Jugendamt, der Wohngeldstelle oder dem Straßenverkehrsamt und bei Kreisen, deren Behörden sowie Gemeinden zu überprüfen, soweit dies für die Vermeidung rechtswidriger Inanspruchnahme von Sozialhilfe erforderlich ist. Diese Stellen sind ebenso wie die wirtschaftlichen Unternehmen des Trägers der Sozialhilfe, also ihre Regie- oder Eigenbetriebe, sowie die rechtlich selbstständigen, im Alleineigentum des Trägers der Sozialhilfe stehenden Betriebe, nach Satz 5 verpflichtet, die Daten, die in Satz 4 genannt werden, zu übermitteln.

### 3. Inhalt und Grenzen des Abgleichs

8   Für die **Überprüfung** darf der **Träger der Sozialhilfe diesen Stellen nur** die in **Abs. 1 S. 2 genannten Daten übermitteln.** Welche **Daten überprüft** werden **dürfen,** ist in **Abs. 4 S. 4 abschließend aufgezählt.** Soweit dort die „Eigenschaft als **Kraftfahrzeughalter"** – Abs. 4 S. 4 Nr. 6 – genannt ist, ergibt sich daraus keine Befugnis, mitzuteilen, welches Kraftfahrzeug oder welche Kraftfahrzeuge der Hilfesuchende besitzt, wie alt das bzw. die Fahrzeuge sind und welche und wie viele Voreigentümer des bzw. der Fahrzeuge registriert sind (ebenso *Greiser/Coseriu,* jurisPK-SGB XII, § 118 Rn. 62; *Höfer/Krahmer,* LPK-SGB XII, § 118 Rn. 18). In **Satz 6** ist weiter bestimmt, dass die in Satz 1 genannten Stellen die im Rahmen der Überprüfung übermittelten Daten nach Vorlage der von ihnen gemachten Mitteilung **unverzüglich zu löschen haben.** Schließlich enthält **Satz 7** eine Regelung über eine **Übermittlungssperre,** die dann eingreift, wenn die um Überprüfung ersuchten Stellen **besondere gesetzliche Verwertungsschranken** wie z. B. §§ 64 Abs. 2, 65 SGB VIII, bestehen.

### 4. Der Erforderlichkeitsgrundsatz

9   Von besonderer Bedeutung ist im Hinblick auf die dem Träger der Sozialhilfe zur Verfügung stehenden vielfältigen Überprüfungsmöglichkeiten der Grundsatz der Erforderlichkeit, der in Abs. 4 S. 1 letzter Halbsatz zum Ausdruck kommt. Dies verpflichtet den Träger der Sozialhilfe, nicht gleichsam „vorsorglich" an alle in Betracht kommenden Stellen wegen einer Überprüfung von Daten eines Leistungsberechtigten heranzutreten, sondern im Rahmen des ihm eingeräumten Ermessens zu entscheiden, ob überhaupt von der Überprüfung nach Abs. 4 Gebrauch gemacht wird, ob und in

welchem Umfang ein Datenabgleich erfolgt, und ob und bei welchen Fallgruppen ein automatisierter Abgleich erforderlich erscheint. Weiter hat der Träger den Kreis der Auskunftsstellen und der zu überprüfenden Daten einzuschränken, damit nur die Daten überprüft werden, die nach den Umständen von Bedeutung für den Zweck der Überprüfung sein können (*Hohm,* in: Schellhorn/Hohm/Scheider, SGB XII § 118 Rn. 22; *Höfer/Krahmer,* LPK-SGB XII, § 118 Rn. 16).

**§ 119 Wissenschaftliche Forschung im Auftrag des Bundes**

[1]**Der Träger der Sozialhilfe darf einer wissenschaftlichen Einrichtung, die im Auftrag des Bundesministeriums für Arbeit und Soziales ein Forschungsvorhaben durchführt, das dem Zweck dient, die Erreichung der Ziele von Gesetzen über soziale Leistungen zu überprüfen oder zu verbessern, Sozialdaten übermitteln, soweit**
1. **dies zur Durchführung des Forschungsvorhabens erforderlich ist, insbesondere das Vorhaben mit anonymisierten oder pseudoanonymisierten Daten nicht durchgeführt werden kann, und**
2. **das öffentliche Interesse an dem Forschungsvorhaben das schutzwürdige Interesse der Betroffenen an einem Ausschluss der Übermittlung erheblich überwiegt.**
[2]**Vor der Übermittlung sind die Betroffenen über die beabsichtigte Übermittlung, den Zweck des Forschungsvorhabens sowie ihr Widerspruchsrecht nach Satz 3 schriftlich zu unterrichten.** [3]**Sie können der Übermittlung innerhalb eines Monats nach der Unterrichtung widersprechen.** [4]**Im Übrigen bleibt das Zweite Kapitel des Zehnten Buches unberührt.**

*Änderung der Vorschrift: Satz 1 geänd. durch VO v. 31.10.2006 (BGBl. I S. 2407).*

Schrifttum: *Hirschboeck,* Ausbau automatisierter Datenabgleiche im Bereich der Sozialhilfe, ZfSH/SGB 2004, 590; *Welke,* Zur Zulässigkeit der Übermittlung von Sozialdaten durch Sozialleistungsträger im Rahmen von Ermittlungsverfahren gegen Verantwortliche von Pflegediensten wegen Abrechnungsbetrugs, DÖV 2010, 175.

# I. Bedeutung der Norm

Die Vorschrift entspricht bis auf geringe sprachliche Veränderungen dem § 118 **1** BSHG. In § 55 SGB II ist eine Vorschrift über die Wirkungsforschung bezüglich der Leistungen der Grundsicherung für Arbeitsuchende enthalten.

Die Vorgänger-Vorschrift des § 118 BSHG war durch das Gesetz zur Verlängerung **2** von Übergangsregelungen im Bundessozialhilfegesetz vom 27.4.2002 (BGBl. I S. 1462) in das BSHG gelangt und hat den seit 1981 aufgehobenen früheren § 118 ersetzt (zur Gesetzesbegründung s. BT-Drs. 14/8531, S. 18). Die Vorschrift stand im Zusammenhang mit verschiedenen Modellvorhaben (§ 18a, § 101a BSHG) und Überlegungen zur Reform des Sozialhilferechts (s. dazu BT-Drs. 14/7293), die eine wissenschaftliche Evaluation erfordern. Zu diesem Zweck müssen die entsprechenden wissenschaftlichen Einrichtungen auch weiterhin Sozialhilfedaten erlangen können. Die Daten der Bundessozialhilfestatistik (§§ 121 bis 129) sind insoweit nicht ausreichend.

# II. Inhalt der Norm

Die Vorschrift ist eine Spezialregelung zu § 75 SGB X. Im Übrigen bleibt das **3** Zweite Kapitel des Zehnten Buches Sozialgesetzbuch unberührt (S. 4). Die Datenübermittlung ist nur für die genannten Forschungszwecke und nur dann zulässig, wenn das öffentliche Interesse an dem Forschungsvorhaben das schutzwürdige Interesse der leistungsberechtigten Person erheblich überwiegt. Selbst wenn diese Voraussetzungen gegeben sind, kann der Betroffene der Übermittlung seiner Daten widersprechen (S. 3). Dann ist eine Übermittlung unzulässig. Auf sein Widerspruchsrecht ist er vor einer Datenübermittlung schriftlich zu unterrichten. Damit ist dem Schutz der Sozialhilfedaten hinreichend Rechnung getragen.

## § 120 Verordnungsermächtigung

**Das Bundesministerium für Arbeit und Soziales wird ermächtigt, durch Rechtsverordnung mit Zustimmung des Bundesrates**
1. **das Nähere über die Verfahren des automatisierten Datenabgleichs nach § 118 Abs. 1 und die Kosten des Verfahrens zu regeln; dabei ist vorzusehen, dass die Zuleitung an die Auskunftsstellen durch eine zentrale Vermittlungsstelle (Kopfstelle) zu erfolgen hat, deren Zuständigkeitsbereich zumindest das Gebiet eines Bundeslandes umfasst, und**
2. **das Nähere über die Verfahren nach § 118 Absatz 1a und 2 zu regeln.**

*Änderungen der Vorschrift: § 120 geänd. durch VO v. 31.10.2006 (BGBl. I S. 2407), Nr. 2 geänd. mWv 1.1.2018 durch G v. 17.8.2017 (BGBl. I S. 3214).*

**Schrifttum:** *Marschner,* Datenabgleich in der Sozialhilfe und erweiterte Auskunftspflichten der Sozialhilfeträger gegenüber Strafverfolgungsbehörden, NJW 1998, 3627; *ders.,* Änderung der Sozialhilfeabgleichsverordnung zur Verhinderung von Leistungsmissbrauch, NJW 2002, 737.

## I. Bedeutung der Norm

1    Eine entsprechende Verordnungsermächtigung war **in § 117 Abs. 1 und 2 BSHG** enthalten. Im **SGB II** finden sich ebenfalls Vorschriften zum automatisierten Datenabgleich (§ 52) und zur Datenübermittlung (§ 50; s. die Grundsicherungs-Datenabgleichungsverordnung v. 27.7.2005 i. d. F. von Art. 14 G v. 20.7.2006, BGBl. I S. 1706). Der Datenabgleich dient der Verhinderung von Leistungsmissbrauch.

## II. Verordnungsermächtigung

2    Von der Verordnungsermächtigung hat zunächst der Gesetzgeber mit **Art. 16** des Gesetzes zur Einordnung des Sozialhilferechts in das Sozialgesetzbuch Gebrauch gemacht, indem er die **Sozialhilfedatenabgleichsverordnung** vom 21.1.1998 (BGBl. I S. 103, geändert durch Art. 22 Abs. 9 Gesetz v. 11.11.2016, BGBl. I S. 2500) den neuen Vorschriften des SGB XII angepasst hat. Inhaltlich hat sich im Übrigen nichts an der Verordnung geändert.

## III. Sozialhilfeabgleichsverordnung

3    Die Verordnung muss sich im Rahmen der gesetzlichen Ermächtigung halten. Danach sind nur Regelungen zulässig, die sich auf § 118 Abs. 1 und 2 beziehen. Im Übrigen ist § 118 auch ohne Ausführungsbestimmungen durch die Verordnung zu vollziehen, soweit § 118 eigenständige Regelungen enthält (s. die Kommentierung dort). Die Regelung in § 2 der Verordnung, wonach der Abgleich routinemäßig vierteljährlich zu erfolgen hat, ohne dass ein Anlass besteht, dürfte verfassungswidrig und damit nichtig sein (vgl. *Greiser,* in: jurisPK-SGB XII, § 120 Rn. 6).

# Fünfzehntes Kapitel. Statistik

## Vorbemerkung zu §§ 121 bis 129

Das fünfzehnte Kapitel, das spezielle Vorschriften über die Statistik in Sozialhilfe- **1**
sachen enthält, übernimmt im Wesentlichen die Regelungen der §§ 127 bis 134
BSHG. Die Regelungen in §§ 53 ff. SGB II folgen einem anderen Muster.

Die früheren Bestimmungen über Statistik nach dem BSHG sind durch das Gesetz **2**
zur Umsetzung des Föderalen Konsolidierungsprogramms (FKPG) vom 23.6.1993
(BGBl. I S. 944) in das Gesetz gelangt. Die zuvor geltenden Vorschriften über statistische Erhebungen im Bereich der Sozialhilfe (Gesetz über die Durchführung von
Statistiken auf dem Gebiet der Sozialhilfe, der Kriegsopferfürsorge und der Jugendhilfe vom 15.1.1963, BGBl. I S. 49) entsprachen nicht mehr den Anforderungen an
ein modernes Statistikgesetz (vgl. die Gesetzesbegründung BT-Drs. 12/4401
S. 85 ff.; ferner *Beck/Seewald*, NDV 1994, 27; *Seewald*, NDV 1997, 251). Bei der
Schaffung der neuen Vorschriften war die Entscheidung des BVerfG zum Volkszäh-
lungsgesetz zu beachten (BVerfG 15.12.1983 – 1 BvR 209/83 u.a., BVerfGE 65,
1).

Bundesstatistikgesetze gibt es für zahlreiche Sachbereiche (s. die Aufzählung in: **3**
Das Deutsche Bundesrecht, VIII Z). Für das Jugendhilferecht sind entsprechende
Regelungen in den §§ 98 ff. SGB VIII enthalten (s. die Kommentierung von *Schil-
ling*, GK-SGB VIII, Vor § 98). Das Bundesstatistikgesetz (BStatG) v. 22.1.1987
(BGBl. I S. 462, 565) regelt die grundlegenden Kriterien für rechtsstaatliche statistische Erhebungen (s. zum BStatG, *Poppenhäger*, Das Deutsche Bundesrecht, VIII Z 10
S. 15 ff.). In § 9 BStatG sind die allgemeinen Anforderungen an ein Statistikgesetz
normiert, die auch von den bereichsspezifischen Statistikgesetzen beachtet werden
müssen. Danach sind Erhebungsmerkmale, Hilfsmerkmale, Art und Erhebung,
Berichtszeitraum, Berichtszeitpunkt, Periodizität und Kreis der befragenden gesetzlich zu regeln. Die Vorschriften der §§ 121 ff. halten sich an diese Systematik.

Zweck der statistischen Erhebung ist es, die notwendigen Grundlagen zur Beur- **4**
teilung der Auswirkungen des SGB XII und zu seiner Fortentwicklung zu schaffen
(§ 121). Auch für Reformvorhaben im Bereich der Sozialhilfe sind gesicherte statistische Daten von großer Bedeutung. Dies galt etwa für die Modellvorhaben zur
Pauschalierung der Sozialhilfe nach § 101a BSHG, die nach Beendigung der Experi-
mentierphase einer Auswertung bedürfen. Aber auch für eine Sozialhilfeplanung
und -steuerung sind statistische Daten notwendig. Benchmarking kann nur aufgrund
einheitlicher statistischer Erhebungsmethoden überhaupt aussagekräftig sein (s. dazu
*Hartmann*, ZfF 2001, 124; *Spindler*, ZfF 2001, 145). Die Bundesregierung, die zu
einem regelmäßigen Armuts- und Reichtumsbericht verpflichtet ist (s. *Kuck-Schnee-
melcher/Semrau*, NDV 2003, 81), benötigt für die Erfüllung dieser Aufgaben ebenfalls
gesicherte statistische Grundlagen.

In den Vorschriften sind vor allem die Erhebungsmerkmale nach § 122 den verän- **5**
derten rechtlichen Rahmenbedingungen angepasst worden, die durch das SGB II
bedingt waren. Denn zahlreiche frühere Bezieher von Sozialhilfeleistungen fallen
jetzt in das Leistungssystem des SGB II. Zu den Änderungen der Erhebungsmerkmale s. BR-Drs. 559/03 zu § 117, S. 218 ff. Der § 122 ist aufgrund des Regelbedarfs-
ermittlungsgesetzes den neuen Regelungen angepasst worden.

Die Vorschriften der §§ 121 ff. sind durch das Gesetz vom 2.12.2006 dem Sprach- **6**
gebrauch des SGB XII angepasst worden und enthalten darüber hinaus einige notwendig gewordene Folgeänderungen (BT-Drs. 16/2711). Durch das Gesetz zur
Änderung des Zwölften Buches Sozialgesetzbuch vom 20.12.2012 (BGBl. I S. 2783)

ist der gesamte Abschnitt über die Statistik (§§ 121 ff.) völlig neu gefasst worden. Die Änderungen traten zum 1.1.2015 in Kraft (Art. 3 Abs. 2 des Gesetzes). Die Vorschriften zur Statistik sind erneut geändert worden. Das Gesetz zur Änderung des Zwölften Buches Sozialgesetzbuch und weiterer Vorschriften v. 21.12.2015, BGBl. I S. 2557, hat die §§ 122, 123, 124, 125, 126 und 128c geändert, wobei die Änderungen zu unterschiedlichen Zeitpunkten in Kraft traten (s. Art. 10 Abs. 1 bis 3 des Gesetzes). Durch Art. 3a Nr. 14 Regelbedarfsermittlungsgesetz v. 22.12.2016 (BGBl. I S. 3159) ist § 18c Nr. 9 geändert worden. Durch das PSG III v. 23.12.2016 (BGBl. I S. 3191) ist § 122 geändert worden (Art. 2 Nr. 12a). Zum 1.1.2020 werden die Vorschriften den Änderungen angepasst, die durch das Bundesteilhabegesetz v. 23.12.2016 (BGBl. I S. 3234) bewirkt worden sind (Art. 13 Nr. 36 ff. des Gesetzes).

# Erster Abschnitt. Bundesstatistik für das Dritte und Fünfte bis Neunte Kapitel

**§ 121** Bundesstatistik für das Dritte und Fünfte bis Neunte Kapitel

Zur Beurteilung der Auswirkungen des Dritten und Fünften bis Neunten Kapitels und zu deren Fortentwicklung werden Erhebungen über
1. die Leistungsberechtigten, denen
   a) Hilfe zum Lebensunterhalt nach dem Dritten Kapitel (§§ 27 bis 40),
   b) Hilfen zur Gesundheit nach dem Fünften Kapitel (§§ 47 bis 52),
   c) Eingliederungshilfe für behinderte Menschen nach dem Sechsten Kapitel (§§ 53 bis 60),
   d) Hilfe zur Pflege nach dem Siebten Kapitel (§§ 61 bis 66),
   e) Hilfe zur Überwindung besonderer sozialer Schwierigkeiten nach dem Achten Kapitel (§§ 67 bis 69) und
   f) Hilfe in anderen Lebenslagen nach dem Neunten Kapitel (§§ 70 bis 74)
   geleistet wird,
2. die Einnahmen und Ausgaben der Träger der Sozialhilfe nach dem Dritten und Fünften bis Neunten Kapitel
als Bundesstatistik durchgeführt.

**§ 122** Erhebungsmerkmale

(1) Erhebungsmerkmale bei der Erhebung nach § 121 Nummer 1 Buchstabe a sind:
1. für Leistungsberechtigte, denen Leistungen nach dem Dritten Kapitel für mindestens einen Monat erbracht werden:
   a) Geschlecht, Geburtsmonat und -jahr, Staatsangehörigkeit, Migrationshintergrund, bei Ausländern auch aufenthaltsrechtlicher Status, Regelbedarfsstufe, Art der geleisteten Mehrbedarfe,
   b) für Leistungsberechtigte, die das 15. Lebensjahr vollendet, die Altersgrenze nach § 41 Abs. 2 aber noch nicht erreicht haben, zusätzlich zu den unter Buchstabe a genannten Merkmalen: Beschäftigung, Einschränkung der Leistung,
   c) für Leistungsberechtigte in Personengemeinschaften, für die eine gemeinsame Bedarfsberechnung erfolgt, und für einzelne Leistungsberechtigte: Wohngemeinde und Gemeindeteil, Art des Trägers, Leistungen in und außerhalb von Einrichtungen, Beginn der Leistung nach Monat und Jahr, Beginn der ununterbrochenen Leistungser-

bringung für mindestens ein Mitglied der Personengemeinschaft nach Monat und Jahr, die in den § 27a Absatz 3, §§ 27b, 30 bis 33, §§ 35 bis 38 und 133a genannten Bedarfe je Monat, Nettobedarf je Monat, Art und jeweilige Höhe der angerechneten oder in Anspruch genommenen Einkommen und übergegangenen Ansprüche, Zahl aller Haushaltsmitglieder, Zahl aller Leistungsberechtigten im Haushalt,

d) bei Änderung der Zusammensetzung der Personengemeinschaft und bei Beendigung der Leistungserbringung zusätzlich zu den unter den Buchstaben a bis c genannten Merkmalen: Monat und Jahr der Änderung der Zusammensetzung oder der Beendigung der Leistung, bei Ende der Leistung auch Grund der Einstellung der Leistungen,

e) für Leistungsberechtigte mit Bedarfen für Bildung und Teilhabe nach § 34 Absatz 2 bis 7:

aa) Geschlecht, Geburtsmonat und -jahr, Wohngemeinde und Gemeindeteil, Staatsangehörigkeit, bei Ausländern auch aufenthaltsrechtlicher Status,

bb) die in § 34 Absatz 2 bis 7 genannten Bedarfe je Monat getrennt nach Schulausflügen, mehrtägigen Klassenfahrten, Ausstattung mit persönlichem Schulbedarf, Schülerbeförderung, Lernförderung, Teilnahme an einer gemeinsamen Mittagsverpflegung sowie Teilhabe am sozialen und kulturellen Leben in der Gemeinschaft und

2. für Leistungsberechtigte, die nicht zu dem Personenkreis der Nummer 1 zählen: Geschlecht, Altersgruppe, Staatsangehörigkeit, Vorhandensein eigenen Wohnraums, Art des Trägers.

(2) *(aufgehoben)*

(3) Erhebungsmerkmale bei den Erhebungen nach § 121 Nummer 1 Buchstabe b bis f sind für jeden Leistungsberechtigten:

1. Geschlecht, Geburtsmonat und -jahr, Wohngemeinde und Gemeindeteil, Staatsangehörigkeit, bei Ausländern auch aufenthaltsrechtlicher Status, Art des Trägers, erbrachte Leistung im Laufe und am Ende des Berichtsjahres sowie in und außerhalb von Einrichtungen nach Art der Leistung nach § 8, am Jahresende erbrachte Leistungen nach dem Dritten und Vierten Kapitel jeweils getrennt nach in und außerhalb von Einrichtungen,

2. bei Leistungsberechtigten nach dem Sechsten und Siebten Kapitel auch die einzelne Art der Leistungen und die Ausgaben je Fall, Beginn und Ende der Leistungserbringung nach Monat und Jahr sowie Art der Unterbringung, Leistung durch ein Persönliches Budget,

3. bei Leistungsberechtigten nach dem Sechsten Kapitel zusätzlich

a) die Beschäftigten, denen der Übergang auf den allgemeinen Arbeitsmarkt gelingt,

b) der Bezug von Leistungen nach § 43a des Elften Buches,

4. bei Leistungsberechtigten nach dem Siebten Kapitel zusätzlich

a) das Bestehen einer Pflegeversicherung,

b) die Erbringung oder Gründe der Nichterbringung von Pflegeleistungen von Sozialversicherungsträgern und einer privaten Pflegeversicherung,

c) die Höhe des anzurechnenden Einkommens.

(4) Erhebungsmerkmale bei der Erhebung nach § 121 Nummer 2 sind:
Art des Trägers, Ausgaben für Leistungen in und außerhalb von Einrichtungen nach § 8, Einnahmen in und außerhalb von Einrichtungen nach Einnahmearten und Leistungen nach § 8.

**§ 123** Hilfsmerkmale

(1) Hilfsmerkmale für Erhebungen nach § 121 sind
1. Name und Anschrift des Auskunftspflichtigen,
2. für die Erhebung nach § 122 Absatz 1 Nummer 1 und Absatz 3. die Kennnummern der Leistungsberechtigten,
3. Name und Telefonnummer der für eventuelle Rückfragen zur Verfügung stehenden Person.

(2) [1]Die Kennnummern nach Absatz 1 Nummer 2 dienen der Prüfung der Richtigkeit der Statistik und der Fortschreibung der jeweils letzten Bestandserhebung. [2]Sie enthalten keine Angaben über persönliche und sachliche Verhältnisse der Leistungsberechtigten und sind zum frühestmöglichen Zeitpunkt spätestens nach Abschluss der wiederkehrenden Bestandserhebung zu löschen.

**§ 124** Periodizität, Berichtszeitraum und Berichtszeitpunkte

(1) [1]Die Erhebungen nach § 122 Absatz 1 Nummer 1 Buchstabe a bis c werden als Bestandserhebungen jährlich zum 31. Dezember durchgeführt. [2]Die Angaben sind darüber hinaus bei Beginn und Ende der Leistungserbringung sowie bei Änderung der Zusammensetzung der Personengemeinschaft nach § 122 Absatz 1 Nummer 1 Buchstabe c zu erteilen. [3]Die Angaben zu § 122 Absatz 1 Nummer 1 Buchstabe d sind ebenfalls zum Zeitpunkt der Beendigung der Leistungserbringung und der Änderung der Zusammensetzung der Personengemeinschaft zu erteilen.

(2) [1]Die Erhebung nach § 122 Absatz 1 Nummer 1 Buchstabe e wird für jedes abgelaufene Quartal eines Kalenderjahres durchgeführt. [2]Dabei sind die Merkmale für jeden Monat eines Quartals zu erheben.

(3) Die Erhebung nach § 122 Absatz 1 Nummer 2 wird als Bestandserhebung vierteljährlich zum Quartalsende durchgeführt.

(4) Die Erhebungen nach § 122 Absatz 3 und 4 erfolgen jährlich für das abgelaufene Kalenderjahr.

**§ 125** Auskunftspflicht

(1) [1]Für die Erhebungen nach § 121 besteht Auskunftspflicht. [2]Die Angaben nach § 123 Absatz 1 Nummer 3 sowie die Angaben zum Gemeindeteil nach § 122 Absatz 1 Nummer 1 Buchstabe c und e sowie Absatz 3 Nummer 1 sind freiwillig.

(2) Auskunftspflichtig sind die zuständigen örtlichen und überörtlichen Träger der Sozialhilfe sowie die kreisangehörigen Gemeinden und Gemeindeverbände, soweit sie Aufgaben dieses Buches wahrnehmen.

**§ 126** Übermittlung, Veröffentlichung

(1) [1]An die fachlich zuständigen obersten Bundes- oder Landesbehörden dürfen für die Verwendung gegenüber den gesetzgebenden Körperschaften und für Zwecke der Planung, jedoch nicht für die Regelung von Einzelfällen, vom Statistischen Bundesamt und den statistischen Ämtern der Länder Tabellen mit statistischen Ergebnissen nach § 121 übermittelt werden, auch soweit Tabellenfelder nur einen einzigen Fall ausweisen. [2]Tabellen, deren Tabellenfelder nur einen einzigen Fall ausweisen, dürfen nur dann übermit-

telt werden, wenn sie nicht differenzierter als auf Regierungsbezirksebene, bei Stadtstaaten auf Bezirksebene, aufbereitet sind.

(2) Die statistischen Ämter der Länder stellen dem Statistischen Bundesamt zu den Erhebungen nach § 121 für Zusatzaufbereitungen des Bundes jährlich unverzüglich nach Aufbereitung der Bestandserhebung und der Erhebung im Laufe des Berichtsjahres Einzelangaben aus einer Zufallsstichprobe mit einem Auswahlsatz von 25 vom Hundert der Leistungsberechtigten zur Verfügung.

(3) Die Ergebnisse der Sozialhilfestatistik dürfen auf die einzelne Gemeinde bezogen veröffentlicht werden.

### § 127 Übermittlung an Kommunen

(1) Für ausschließlich statistische Zwecke dürfen den zur Durchführung statistischer Aufgaben zuständigen Stellen der Gemeinden und Gemeindeverbände für ihren Zuständigkeitsbereich Einzelangaben aus der Erhebung nach § 122 mit Ausnahme der Hilfsmerkmale übermittelt werden, soweit die Voraussetzungen nach § 16 Abs. 5 des Bundesstatistikgesetzes gegeben sind.

(2) Die Daten können auch für interkommunale Vergleichszwecke übermittelt werden, wenn die betreffenden Träger der Sozialhilfe zustimmen und sichergestellt ist, dass die Datenerhebung der Berichtsstellen nach standardisierten Erfassungs- und Melderegelungen sowie vereinheitlichter Auswertungsroutine erfolgt.

### § 128 Zusatzerhebungen

Über Leistungen und Maßnahmen nach dem Dritten und Fünften bis Neunten Kapitel, die nicht durch die Erhebungen nach § 121 Nummer 1 erfasst sind, können bei Bedarf Zusatzerhebungen als Bundesstatistiken durchgeführt werden.

## Zweiter Abschnitt Bundesstatistik für das Vierte Kapitel

### § 128a Bundesstatistik für das Vierte Kapitel

(1) [1]Zur Beurteilung der Auswirkungen des Vierten Kapitels sowie zu seiner Fortentwicklung sind Erhebungen über die Leistungsberechtigten als Bundesstatistik durchzuführen. [2]Die Erhebungen erfolgen zentral durch das Statistische Bundesamt.

(2) Die Statistik nach Absatz 1 umfasst folgende Merkmalkategorien:
1. Persönliche Merkmale,
2. Art und Höhe der Bedarfe,
3. Art und Höhe der angerechneten Einkommen.

### § 128b Persönliche Merkmale

Erhebungsmerkmale nach § 128a Absatz 2 Nummer 1 sind
1. Geschlecht, Geburtsjahr, Staatsangehörigkeit und Bundesland,
2. Geburtsmonat, Wohngemeinde und Gemeindeteil, bei Ausländern auch aufenthaltsrechtlicher Status,

3. Leistungsbezug in und außerhalb von Einrichtungen, bei Leistungsberechtigten außerhalb von Einrichtungen zusätzlich die Anzahl der im Haushalt lebenden Personen, bei Leistungsberechtigten in Einrichtungen die Art der Unterbringung,
4. Träger der Leistung,
5. Beginn der Leistungsgewährung nach Monat und Jahr sowie Ursache der Leistungsgewährung, Ende des Leistungsbezugs nach Monat und Jahr sowie Grund für die Einstellung der Leistung,
6. Dauer des Leistungsbezugs in Monaten,
7. gleichzeitiger Bezug von Leistungen nach dem Dritten und Fünften bis Neunten Kapitel.

### § 128c Art und Höhe der Bedarfe

Erhebungsmerkmale nach § 128a Absatz 2 Nummer 2 sind
1. Regelbedarfsstufe, gezahlter Regelsatz in den Regelbedarfsstufen und abweichende Regelsatzfestsetzung,
2. Mehrbedarfe nach Art und Höhe,
3. einmalige Bedarfe nach Art und Höhe,
4. Beiträge zur Kranken- und Pflegeversicherung, getrennt nach
    a) Beiträgen für eine Pflichtversicherung in der gesetzlichen Krankenversicherung,
    b) Beiträgen für eine freiwillige Versicherung in der gesetzlichen Krankenversicherung,
    c) Beiträgen, die auf Grund des Zusatzbeitragssatzes nach dem Fünften Buch gezahlt werden,
    d) Beiträgen für eine private Krankenversicherung,
    e) Beiträgen für eine soziale Pflegeversicherung,
    f) Beiträgen für eine private Pflegeversicherung,
5. Beiträge für die Vorsorge, getrennt nach
    a) Beiträgen für die Altersvorsorge,
    b) Aufwendungen für Sterbegeldversicherungen,
6. Bedarfe für Bildung und Teilhabe, getrennt nach
    a) Schulausflügen,
    b) mehrtägigen Klassenfahrten,
    c) Ausstattung mit persönlichem Schulbedarf,
    d) Schulbeförderung,
    e) Lernförderung,
    f) Teilnahme an einer gemeinschaftlichen Mittagsverpflegung,
7. Aufwendungen für Unterkunft und Heizung sowie sonstige Hilfen zur Sicherung der Unterkunft,
8. Brutto- und Nettobedarf,
9. Darlehen getrennt nach
    a) Darlehen nach § 37 Absatz 1 und
    b) Darlehen bei am Monatsende fälligen Einkünften nach § 37a.

### § 128d Art und Höhe der angerechneten Einkommen

Erhebungsmerkmale nach § 128a Absatz 2 Nummer 3 sind die jeweilige Höhe der Einkommensart, getrennt nach
1. Altersrente aus der gesetzlichen Rentenversicherung,
2. Hinterbliebenenrente aus der gesetzlichen Rentenversicherung,
3. Renten wegen Erwerbsminderung,

4. Versorgungsbezüge,
5. Renten aus betrieblicher Altersvorsorge,
6. Renten aus privater Vorsorge,
7. Vermögenseinkünfte,
8. Einkünfte nach dem Bundesversorgungsgesetz,
9. Erwerbseinkommen,
10. übersteigendes Einkommen eines im gemeinsamen Haushalt lebenden Partners,
11. öffentlich-rechtliche Leistungen für Kinder,
12. sonstige Einkünfte.

### § 128e Hilfsmerkmale

(1) Hilfsmerkmale für die Bundesstatistik nach § 128a sind
1. Name und Anschrift der nach § 128g Auskunftspflichtigen,
2. die Kennnummern des Leistungsberechtigten,
3. Name und Telefonnummer sowie Adresse für elektronische Post der für eventuelle Rückfragen zur Verfügung stehenden Person.

(2) [1]Die Kennnummern nach Absatz 1 Nummer 2 dienen der Prüfung der Richtigkeit der Statistik und der Fortschreibung der jeweils letzten Bestandserhebung. [2]Sie enthalten keine Angaben über persönliche und sachliche Verhältnisse des Leistungsberechtigten und sind zum frühestmöglichen Zeitpunkt, spätestens nach Abschluss der wiederkehrenden Bestandserhebung, zu löschen.

### § 128f Periodizität, Berichtszeitraum und Berichtszeitpunkte

(1) Die Bundesstatistik nach § 128a wird quartalsweise durchgeführt.

(2) Die Merkmale nach den §§ 128b bis 128d, ausgenommen das Merkmal nach § 128b Nummer 5, sind als Bestandserhebung zum Quartalsende zu erheben, wobei sich die Angaben zu den Bedarfen und Einkommen nach § 128c Nummer 1 bis 8 und § 128d jeweils auf den gesamten letzten Monat des Berichtsquartals beziehen.

(3) [1]Die Merkmale nach § 128b Nummer 5 sind für den gesamten Quartalszeitraum zu erheben, wobei gleichzeitig die Merkmale nach § 128b Nummer 1 und 2 zu erheben sind. [2]Bei den beendeten Leistungen ist zudem die bisherige Dauer der Leistungsgewährung nach § 128b Nummer 6 zu erheben.

(4) Die Merkmale nach § 128c Nummer 6 sind für jeden Monat eines Quartals zu erheben, wobei gleichzeitig die Merkmale nach § 128b Nummer 1 und 2 zu erheben sind.

### § 128g Auskunftspflicht

(1) [1]Für die Bundesstatistik nach § 128a besteht Auskunftspflicht. [2]Die Auskunftserteilung für die Angaben nach § 128e Nummer 3 und zum Gemeindeteil nach § 128b Nummer 2 sind freiwillig.

(2) Auskunftspflichtig sind die für die Ausführung des Gesetzes nach dem Vierten Kapitel zuständigen Träger.

**§ 128h** Datenübermittlung, Veröffentlichung

(1) ¹Die in sich schlüssigen und nach einheitlichen Standards formatierten Einzeldatensätze sind von den Auskunftspflichtigen elektronisch bis zum Ablauf von 30 Arbeitstagen nach Ende des jeweiligen Berichtsquartals nach § 128f an das Statistische Bundesamt zu übermitteln. ²Soweit die Übermittlung zwischen informationstechnischen Netzen von Bund und Ländern stattfindet, ist dafür nach § 3 des Gesetzes über die Verbindung der informationstechnischen Netze des Bundes und der Länder – Gesetz zur Ausführung von Artikel 91c Absatz 4 des Grundgesetzes – vom 10. August 2009 (BGBl. I S. 2702, 2706) das Verbindungsnetz zu nutzen. ³Die zu übermittelnden Daten sind nach dem Stand der Technik fortgeschritten zu signieren und zu verschlüsseln.

(2) Das Statistische Bundesamt übermittelt dem Bundesministerium für Arbeit und Soziales für Zwecke der Planung, jedoch nicht für die Regelung von Einzelfällen, Tabellen mit den Ergebnissen der Bundesstatistik nach § 128a, auch soweit Tabellenfelder nur einen einzigen Fall ausweisen.

(3) ¹Zur Weiterentwicklung des Systems der Grundsicherung im Alter und bei Erwerbsminderung übermittelt das Statistische Bundesamt auf Anforderung des Bundesministeriums für Arbeit und Soziales Einzelangaben aus einer Stichprobe, die vom Statistischen Bundesamt gezogen wird und nicht mehr als 10 Prozent der Grundgesamtheit der Leistungsberechtigten umfasst. ²Die zu übermittelnden Einzelangaben dienen der Entwicklung und dem Betrieb von Mikrosimulationsmodellen durch das Bundesministerium für Arbeit und Soziales und dürfen nur im hierfür erforderlichen Umfang und mittels eines sicheren Datentransfers ausschließlich an das Bundesministerium für Arbeit und Soziales übermittelt werden. ³Angaben zu den Erhebungsmerkmalen nach § 128b Nummer 2 und 4 und den Hilfsmerkmalen nach § 128e dürfen nicht übermittelt werden; Angaben zu monatlichen Durchschnittsbeträgen in den Einzelangaben werden vom Statistischen Bundesamt auf volle Euro gerundet.

(4) ¹Bei der Verarbeitung und Nutzung der Daten nach Absatz 3 ist das Statistikgeheimnis nach § 16 des Bundesstatistikgesetzes zu wahren. ²Dafür ist die Trennung von statistischen und nichtstatistischen Aufgaben durch Organisation und Verfahren zu gewährleisten. ³Die nach Absatz 3 übermittelten Daten dürfen nur für die Zwecke verwendet werden, für die sie übermittelt wurden. ⁴Eine Weitergabe von Einzelangaben aus einer Stichprobe nach Absatz 3 Satz 1 durch das Bundesministerium für Arbeit und Soziales an Dritte ist nicht zulässig. ⁵Die übermittelten Einzeldaten sind nach dem Erreichen des Zweckes zu löschen, zu dem sie übermittelt wurden.

(5) ¹Das Statistische Bundesamt übermittelt den statistischen Ämtern der Länder Tabellen mit den Ergebnissen der Bundesstatistik für die jeweiligen Länder und für die für die Ausführung des Gesetzes nach dem Vierten Kapitel zuständigen Träger. ²Das Bundesministerium für Arbeit und Soziales erhält diese Tabellen ebenfalls. ³Die statistischen Ämter der Länder erhalten zudem für ihr Land die jeweiligen Einzeldatensätze für Sonderaufbereitungen auf regionaler Ebene.

(6) Die Ergebnisse der Bundesstatistik nach diesem Abschnitt dürfen auf die einzelnen Gemeinden bezogen veröffentlicht werden.

# Dritter Abschnitt Verordnungsermächtigung

**§ 129** Verordnungsermächtigung

Das Bundesministerium für Arbeit und Soziales kann für Zusatzerhebungen nach § 128 im Einvernehmen mit dem Bundesministerium des Innern durch Rechtsverordnung mit Zustimmung des Bundesrates das Nähere regeln über
a) den Kreis der Auskunftspflichtigen nach § 125 Abs. 2,
b) die Gruppen von Leistungsberechtigten, denen Hilfen nach dem Dritten und Fünften bis Neunten Kapitel geleistet werden,
c) die Leistungsberechtigten, denen bestimmte einzelne Leistungen der Hilfen nach dem Dritten und Fünften bis Neunten Kapitel geleistet werden,
d) den Zeitpunkt der Erhebungen,
e) die erforderlichen Erhebungs- und Hilfsmerkmale im Sinne der §§ 122 und 123 und
f) die Art der Erhebung (Vollerhebung oder Zufallsstichprobe).

# Sechzehntes Kapitel. Übergangs- und Schlussbestimmungen

**§ 130** Übergangsregelung für ambulant Betreute

Für Personen, die Leistungen der Eingliederungshilfe für behinderte Menschen oder der Hilfe zur Pflege empfangen, deren Betreuung am 26. Juni 1996 durch von ihnen beschäftigte Personen oder ambulante Dienste sichergestellt wurde, gilt § 3a des Bundessozialhilfegesetzes in der am 26. Juni 1996 geltenden Fassung.

Die Vorgängervorschrift des § 143 BSHG wurde durch Art. 1 Nr. 13 des am **1** 1.8.1996 in Kraft getretenen Gesetzes zur Reform des Sozialhilferechts vom 23.7.1996 (BGBl. I S. 1088) in das BSHG eingefügt. Die bis dahin gültige Regelung des § 3a BSHG beinhaltete die Aufforderung an den Hilfeträger, darauf hinzuwirken, dass die erforderliche Hilfe soweit wie möglich außerhalb von Anstalten, Heimen oder gleichartigen Einrichtungen gewährt werden kann. Mit der Neufassung des § 3a BSHG ist die ambulante Hilfe insofern begrenzt, als keine unverhältnismäßigen Mehrkosten mit ihr verbunden sein dürfen. Die Vorschrift hatte folgenden Wortlaut: Die erforderliche Hilfe ist soweit wie möglich außerhalb von Anstalten, Heimen oder gleichartigen Einrichtungen zu gewähren. Dies gilt nicht, wenn eine geeignete stationäre Hilfe zumutbar und eine ambulante Hilfe mit unverhältnismäßigen Mehrkosten verbunden ist. Bei der Prüfung der Zumutbarkeit sind die persönlichen, familiären und örtlichen Umstände angemessen zu berücksichtigen. Eine derartige Einschränkung gab es nach der bisherigen Rechtslage nicht.

Problematisiert wird das Verhältnis von § 3a BSHG und § 9 Abs. 2 S. 3 SGB XII **2** (*Becker*, jurisPK-SGB XII, § 130 Rn. 15). Festzuhalten ist, dass es sich bei § 130 SGB XII i. V. m. § 3a BSHG um eine **Spezialvorschrift** handelt, die die Anwendung des § 9 SGB XII suspendiert, so dass es nicht zu einer Prüfung kommt, ob eine stationäre Hilfe günstiger ist.

§ 130 BSHG beinhaltete eine **Besitzstandswahrung** für Empfänger von Einglie- **3** derungshilfe und Hilfe zur Pflege. Gewährleistet wird die ambulante Betreuung als solche, es wird **kein betragsmäßiger Besitzstand** garantiert (*Schoch,* LPK-SGB XII, § 130 Rn. 2). Die zu gewährenden Beträge können deshalb nach unten und nach oben variieren. Da die Vorschrift unbefristet gilt und auch sonst keine zeitlichen Einschränkungen gemacht werden, ist sie auch nach Unterbrechungen der ambulanten Pflege z. B. wegen eines möglichen, auch längerfristigen Krankenhausaufenthaltes anzuwenden (so auch *Schoch,* LPK-BSHG, § 145 Rn. 4; *Becker,* jurisPK-SGB XII, § 130 Rn. 19).

## § 131 Übergangsregelung für die Statistik über Einnahmen und Ausgaben nach dem Vierten Kapitel

[1]Die Erhebungen nach § 121 Nummer 2 in Verbindung mit § 122 Absatz 4 in der am 31. Dezember 2014 geltenden Fassung über die Ausgaben und Einnahmen der nach Landesrecht für die Ausführung von Geldleistungen nach dem Vierten Kapitel zuständigen Träger sind dabei auch in den Berichtsjahren 2015 und 2016 durchzuführen. [2]Die §§ 124 bis 127 sind in der am 31. Dezember 2014 geltenden Fassung anzuwenden.

*Änderung der Vorschrift: § 131 neu gef. mWv 1.1.2015 durch G v. 20.12.2012 (BGBl. I S. 2783).*

**1**    Zu der Neuregelung heißt es in der BT-Drs. 17/10748, S. 22:

> *„Die Neufassung von § 131 SGB XII ersetzt den durch Zeitablauf weggefallenen Inhalt (Übergangsregelung zur Erbringung von Leistungen für Bildung und Teilhabe) von § 131 SGB XII. Mit der Neufassung wird eine Übergangsregelung für die Erhebung über Einnahmen und Ausgaben der nach Landesrecht für die Ausführung des Vierten Kapitels SGB XII zuständigen Träger ersetzt. Der Nachweis über die Höhe von Einnahmen und Ausgaben und damit auch die Ermittlung der Nettoausgaben der Träger erfolgt ab dem Kalenderjahr2013 im Rahmen der Bundeserstattung nach § 46a SGB XII (Verwendungsnachweise und Jahresnachweis). Diese Ermittlung ersetzt künftig die bisherige Einnahmen- und Ausgabenstatistik und die darauf basierende Nettoausgabenermittlung nach § 121 Nummer 2 in Verbindung mit § 122 Absatz 4 SGB XII. Durch die Übergangsregelung in § 131 SGB XII wird gewährleistet, dass für die Kalenderjahre 2013 und 2014 (die § 121 Nummer 2 und § 122 Absatz 4 SGB XII werden zum 31. Dezember 2014 aufgehoben) und zusätzlich für die Kalenderjahre 2015 und 2016 (die Übergangsregelung in § 131 SGB XII ist anzuwenden) weiterhin zusätzlich die bisherige Einnahmen- und Ausgabenstatistik erstellt wird. Damit können für eine Übergangszeit eventuell auftretende Niveauunterschiede bei der Höhe der in der bisherigen Statistik und der neuen mittels Verwendungsnachweisen erstellenden Statistik beobachtet werden."*

## § 132 Übergangsregelung zur Sozialhilfegewährung für Deutsche im Ausland

(1) Deutsche, die am 31. Dezember 2003 Leistungen nach § 147b des Bundessozialhilfegesetzes in der zu diesem Zeitpunkt geltenden Fassung bezogen haben, erhalten diese Leistungen bei fortdauernder Bedürftigkeit weiter.

(2) [1]Deutsche,

1. die in den dem 1. Januar 2004 vorangegangenen 24 Kalendermonaten ohne Unterbrechung Leistungen nach § 119 des Bundessozialhilfegesetzes in der am 31. Dezember 2003 geltenden Fassung bezogen haben und
2. in dem Aufenthaltsstaat über eine dauerhafte Aufenthaltsgenehmigung verfügen,

erhalten diese Leistungen bei fortdauernder Bedürftigkeit weiter. [2]Für Deutsche, die am 31. Dezember 2003 Leistungen nach § 119 des Bundessozialhilfegesetzes in der am 31. **Dezember 2003 geltenden Fassung bezogen haben und weder die Voraussetzungen nach Satz 1 noch die Voraussetzungen des § 24 Abs.** 1 erfüllen, enden die Leistungen bei fortdauernder Bedürftigkeit mit Ablauf des 31. März 2004.

(3) **Deutsche, die die Voraussetzungen des § 1 Abs.** 1 des Bundesentschädigungsgesetzes erfüllen und
1. **zwischen dem 30. Januar 1933 und dem 8.** Mai 1945 das Gebiet des Deutschen Reiches oder der Freien Stadt Danzig verlassen haben, um sich einer von ihnen nicht zu vertretenden und durch die politischen Verhältnisse bedingten besonderen Zwangslage zu entziehen oder aus den gleichen Gründen nicht in das Gebiet des Deutschen Reiches oder der Freien Stadt Danzig zurückkehren konnten oder
2. **nach dem 8. Mai 1945 und vor dem 1. Januar 1950** das Gebiet des Deutschen Reiches nach dem Stande vom 31. Dezember 1937 oder das Gebiet der Freien Stadt Danzig verlassen haben,
können, sofern sie in dem Aufenthaltsstaat über ein dauerhaftes Aufenthaltsrecht verfügen, in außergewöhnlichen Notlagen Leistungen erhalten, auch wenn sie nicht die Voraussetzungen nach den Absätzen 1 und 2 oder nach § 24 Abs. 1 erfüllen; § 24 Abs. 2 gilt.

**Abs.** 1 der Vorschrift enthält vor dem Hintergrund des inhaltlich geänderten und **1** verschärften § 24 eine Bestimmung zur **Besitzstandswahrung.** Danach erhalten Deutsche, die am 31.12.2003 Leistungen nach § 147b BSHG in der zu diesem Zeitpunkt geltenden Fassung bezogen haben, bei fortdauernder Bedürftigkeit weiterhin – d. h. **unbefristet** – Leistungen nach Maßgabe des § 147b BSHG. Unter die Regelung des § 147b BSHG fielen Deutsche, die
– ihren gewöhnlichen Aufenthalt im Ausland haben,
– bereits am 1.7.1992 Leistungen nach der seinerzeitigen Fassung des § 119 BSHG bezogen und
– am 26.6.1993 entweder das 60. Lebensjahr vollendet hatten oder zu diesem Zeitpunkt die Hilfe in einer Anstalt, einem Heim oder einer gleichartigen Einrichtung erhielten (ebenso *Berlit,* LPK-SGB XII, § 132 Rn. 2; demgegenüber bezieht *Schlette,* Hauck/Noftz, SGB XII, § 132 Rn. 4, das Erfordernis der Vollendung des 60. Lebensjahres auf den 1.7.1992).
Eine im Sinne des § 132 Abs. 1 fortdauernde Bedürftigkeit bedeutet, dass der Deutsche **2** seit dem 1.1.2004 **ununterbrochen** Leistungen nach Maßgabe des § 147b BSHG erhalten haben muss. Jede Unterbrechung in der Leistungsgewährung hat zur Konsequenz, dass der Deutsche Sozialhilfeleistungen im Ausland nicht beziehen kann, wenn er die Voraussetzungen des § 24 Abs. 1 S. 2 erfüllt. Ob die Unterbrechung einen Monat, eine Woche oder auch nur einen Tag angedauert hat, ist unerheblich.

**Abs.** 2 der Vorschrift beinhaltet zum einen eine **Besitzstandswahrung** (S. 1), **3** zum anderen eine **Übergangsregelung** hinsichtlich der Leistungserbringung nach bisherigem Recht (S. 2). Nach § 132 Abs. 2 S. 1 erhalten Deutsche, die in der Zeit vom 1.1.2002 bis 31.12.2003 **ohne Unterbrechung** Leistungen nach § 119 BSHG in der am 31.12.2003 geltenden Fassung bezogen haben (vgl. insoweit auch LSG Bln-Bbg 30.6.2005 – L 23 B 109/05 SO ER, Rn. 25; VG München 15.10.2004 – M 15 K 04.2701, Rn. 15) und in ihrem Aufenthaltsstaat über eine **dauerhafte** – d. h. unbefristete – Aufenthaltsgenehmigung verfügen, bei fortdauernder Bedürftigkeit auch weiterhin Leistungen gemäß § 119 BSHG. Maßgebend ist der tatsächliche Leistungsbezug, nicht ein bestehender Anspruch (*Berlit,* LPK-SGB XII, § 132 Rn. 3). Wird die Bedürftigkeit des sich im Ausland aufhaltenden Deutschen nach dem 1.1.2004 unterbrochen – sei es auch nur für einen kurzen Zeitraum –, endet die Besitzstandsregelung.

**4**     § 132 Abs. 2 S. 2 stellt klar, dass Deutsche, die am 31.12.2003 zwar Leistungen nach § 119 BSHG erhalten haben, jedoch weder die Voraussetzungen des § 132 Abs. 2 S. 1 noch die Anforderungen nach § 24 erfüllen, bei fortdauernder Bedürftigkeit nur noch für eine **Übergangszeit** von **drei Monaten** – scil. bis zum 31.3.2004 – Sozialhilfeleistungen im Ausland beziehen können; für diesen Personenkreis endet die Leistungserbringung nach § 119 BSHG auch bei fortdauernder Bedürftigkeit mit Ablauf des 31.3.2004 (LSG Bln-Bbg 30.6.2005 – L 23 B 109/05 SO ER, Rn. 25; BT-Drs. 15/1761, 7).

**5**     **Abs. 3** der Vorschrift trägt der besonderen historischen Verantwortung Deutschlands gegenüber geflohenen und ausgewanderten Verfolgten des NS-Regimes Rechnung (vgl. BT-Drs. 15/1761, 7). Die Regelung ermöglicht es, dass Opfer der nationalsozialistischen Verfolgung auch dann, wenn sie bislang keine Sozialhilfe bezogen haben bzw. die Voraussetzungen der Abs. 1 und 2 oder des § 24 Abs. 1 nicht erfüllen, in außergewöhnlichen Notlagen Sozialhilfe im Ausland erhalten können. Der Hinweis auf die Geltung des § 24 Abs. 2 stellt klar, dass auch für diesen Personenkreis Leistungen der Sozialhilfe im Ausland nur in Betracht kommen, wenn der Notlage nicht durch anderweitige Ansprüche bzw. durch den Bezug sonstiger im Aufenthaltsstaat zugänglicher Leistungen abgeholfen werden kann (vgl. BT-Drs. 15/1761, 7).

**§ 133** Übergangsregelung für besondere Hilfen an Deutsche nach Artikel 116 Abs. 1 des Grundgesetzes

(1) ¹**Deutsche, die außerhalb des Geltungsbereiches dieses Gesetzes, aber innerhalb des in Artikel 116 Abs. 1 des Grundgesetzes genannten Gebiets geboren sind und dort ihren gewöhnlichen Aufenthalt haben, können in außergewöhnlichen Notlagen besondere Hilfen erhalten, auch wenn sie nicht die Voraussetzungen des § 24 Abs. 1 erfüllen.** ²**§ 24 Abs. 2 gilt.** ³**Die Höhe dieser Leistungen bemisst sich nach den im Aufenthaltsstaat in vergleichbaren Lebensumständen üblichen Leistungen.** ⁴**Die besonderen Hilfen werden unter Übernahme der Kosten durch den Bund durch Träger der freien Wohlfahrtspflege mit Sitz im Inland geleistet.**

(2) **Die Bundesregierung wird ermächtigt, durch Rechtsverordnung mit Zustimmung des Bundesrates die persönlichen Bezugsvoraussetzungen, die Bemessung der Leistungen sowie die Trägerschaft und das Verfahren zu bestimmen.**

**1**     Die Vorschrift übernimmt in modifizierter Form die Regelung des bisherigen § 119 Abs. 7 BSHG (vgl. BT-Dr. 15/1761, S. 8). So stellt § 133 Abs. 1 S. 1 zum einen klar, dass Deutsche, die außerhalb des Geltungsbereiches dieses Gesetzes, aber innerhalb des in Art. 116 Abs. 1 GG genannten Gebiets geboren sind und dort ihren gewöhnlichen Aufenthalt haben, Sozialhilfeleistungen erhalten können. Durch den Verweis auf § 24 Abs. 1 („… wenn sie nicht die Voraussetzungen des § 24 Abs. 1 erfüllen …") wird zudem verdeutlicht, dass die Leistungserbringung **nicht** von der **Rückkehr ins Inland** abhängig ist (vgl. *Becker*, jurisPK-SGB XII, § 133 Rn. 7), diese Personen also insbesondere nicht nachzuweisen haben, dass ihnen die Rückkehr ins Inland aus einem der in § 24 Abs. 1 S. 2 Nr. 1 bis 3 aufgeführten Gründe nicht möglich ist. Zum anderen hat der Gesetzgeber durch die Vorschrift des § 133 Abs. 1 S. 1 zum Ausdruck gebracht, dass auch diese Deutschen künftig Leistungen der Sozialhilfe nur erhalten können, wenn sie sich in einer **außergewöhnlichen Notlage** (vgl. hierzu oben § 24 Rn. 18) befinden. Außerdem wird durch den Hinweis auf die Geltung des § 24 Abs. 2 klargestellt (vgl. § 133 Abs. 1 S. 2), dass auch für diesen Personenkreis Leistungen der Sozialhilfe im Ausland nur in Betracht kommen, wenn der (außergewöhnlichen) Notlage nicht durch anderweitige

Ansprüche bzw. durch den Bezug sonstiger im Aufenthaltsstaat zugänglicher Leistungen abgeholfen werden kann.

§ 133 Abs. 1 S. 1 ist zwar als Ermessensvorschrift ausgestaltet. Aus den an anderer 2 Stelle bereits dargelegten Erwägungen (vgl. § 24 Rn. 27) dürfte sich allerdings in der Regel bei Vorliegen der tatbestandlichen Voraussetzungen des § 133 Abs. 1 S. 1 als **ermessensfehlerfreie Entscheidung** allein eine **Leistungserbringung** erweisen. Die **Höhe** der Leistungen bemisst sich freilich gemäß § 133 Abs. 1 S. 3 nach den im Aufenthaltsstaat in vergleichbaren Lebensumständen üblichen Leistungen. Durch diese Regelung wird sichergestellt, dass bei der Erbringung der Leistungen nicht deutsche Maßstäbe angelegt werden. Vielmehr hat eine Beschränkung auf das allgemeine Lebensniveau im Aufenthaltsland zu erfolgen.

Die Bestimmung des § 133 Abs. 1 S. 4 sieht zum einen eine ausdrückliche **Kos-** 3 **tenübernahme** durch den **Bund** vor. Zum anderen wird mit dieser Regelung das Bestehende, besondere Verfahren der Hilfegewährung fortgeführt und auf eine gesetzliche Grundlage gestellt (vgl. BT-Dr. 15/1761, S. 8). Es entspricht nämlich schon der bisherigen Praxis, dass an Stelle der überörtlichen Träger der Sozialhilfe der **Suchdienst Hamburg** des Deutschen Roten Kreuzes als „beliehener Unternehmer" die Entscheidung über die Sozialhilfegewährung trifft.

§ 133 Abs. 2 enthält eine **Verordnungsermächtigung** der Bundesregierung, mit 4 Zustimmung des Bundesrates die persönlichen Bezugsvoraussetzungen, die Bemessung der Leistungen sowie die Trägerschaft und das Verfahren zu bestimmen. Eine Verordnung ist bislang nicht ergangen.

**§ 133a** Übergangsregelung für Hilfeempfänger in Einrichtungen

**Für Personen, die am 31. Dezember 2004 einen Anspruch auf einen zusätzlichen Barbetrag nach § 21 Abs. 3 Satz 4 des Bundessozialhilfegesetzes haben, wird diese Leistung in der für den vollen Kalendermonat Dezember 2004 festgestellten Höhe weiter erbracht.**

*Änderung der Vorschrift: § 133a eingef. durch G v. 9.12.2004 (BGBl. I S. 3305).*

Diese Vorschrift ist durch das Änderungsgesetz vom 9.12.2004 (BGBl. I S. 3305) 1 eingefügt worden. Die Besitzstandsklausel beruht auf der Beschlussempfehlung des zuständigen Ausschusses (BT-Dr. 15/3977). Die Besitzstandsregelung ist zeitlich nicht befristet, sodass es eine längere Zeit zu unterschiedlichen Leistungen für Hilfebedürftige in Einrichtungen kommen wird. Dies hat der Gesetzgeber hingenommen. Die unterschiedliche Behandlung der Personen, die nicht unter die Besitzstandsklausel fallen, ist verfassungsrechtlich nicht zu beanstanden (BSG 26.8.2008 – B 8/9b SO 10/06 R, FEVS 60, 442).

Problematisch war, ob die Besitzstandsklausel nicht mehr greift, wenn die Hilfe- 2 leistung für eine gewisse Zeit unterbrochen war und dann wieder aufgenommen wurde. Kurze Unterbrechungen (etwa analog der kurzen Dauer in § 38 Abs. 1) wurden gelegentlich als unbeachtlich angesehen. Das BSG (13.2.2014 – B 8 SO 15/12 R) hat nunmehr entschieden, dass es auf die Dauer einer Unterbrechung nicht ankommt; in jeden Fall entfällt der zusätzliche Barbetrag. Die rückwirkende Zuerkennung einer Rente führt nicht dazu, dass davon auszugehen ist, dass am Stichtag die Voraussetzungen für den zusätzlichen Barbetrag gegeben waren (BSG 17.12.2014 – B 8 SO 18/13 R).

**§ 133b** Übergangsregelung zu Bedarfen für Unterkunft und Heizung

**[1]§ 42a Absatz 3 und 4 findet keine Anwendung auf Leistungsberechtigte, bei denen vor dem 1. Juli 2017 Bedarfe für Unterkunft und Heizung nach § 35 anerkannt worden sind, die**

1. **dem Kopfteil an den Aufwendungen für Unterkunft und Heizung entsprechen, die für einen entsprechenden Mehrpersonenhaushalt als angemessen gelten, oder**
2. **nach ihrer Höhe der durchschnittlichen Warmmiete eines Einpersonenhaushaltes im örtlichen Zuständigkeitsbereich des für die Ausführung des Gesetzes nach diesem Kapitel zuständigen Trägers nicht übersteigen.** [2]**Satz 1 findet Anwendung, solange die leistungsberechtigte Person mit mehreren Personen in derselben Wohnung lebt.**

### § 134 Übergangsregelung für die Fortschreibung der Regelbedarfsstufe 6

**Abweichend von § 28a ist die Regelbedarfsstufe 6 der Anlage zu § 28 nicht mit dem sich nach der Verordnung nach § 40 ergebenden Prozentsatz fortzuschreiben, solange sich durch die entsprechende Fortschreibung des Betrages nach § 8 Absatz 1 Satz 1 Nummer 6 des Regelbedarfs-Ermittlungsgesetzes kein höherer Betrag ergeben würde.**
**Eingefügt durch G v. 22.12.2016 (BGBl. I S. 3159).**

**1**   Die Vorschrift wurde neu eingefügt durch das Gesetz zur Ermittlung von Regelbedarfen sowie zur Änderung des Zweiten und des Zwölften Buches Sozialgesetzbuch vom 22.12.2016 (BGBl. I S. 3159).

**2**   Die Vorschrift nimmt Bezug auf § 28a. In Jahren, in denen keine Neuermittlung nach § 28 erfolgt, werden die Regelbedarfsstufen jeweils zum 1. Januar mit der sich nach Absatz 2 ergebenden Veränderungsrate fortgeschrieben. Abweichend hiervon sieht § 134 eine Ausnahmeregelung für die Fortschreibung der Regelbedarfsstufe 6 vor. Es handelt sich um Kinder bis zum sechsten Lebensjahr. Abweichend von § 28a ist die Regelsatzstufe 6 nicht mit dem sich nach der Verordnung nach § 40 ergebenden Prozentsatz fortzuschreiben, solange sich durch die entsprechende Fortschreibung des Betrages nach § 8 Abs. 1 S. 1 Nr. 6 des REMG kein höherer Betrag ergeben würde. In der Sache verhindert die Vorschrift ein Ansteigen des Regelbedarfs. Ob ihr in der Praxis eine besondere Bedeutung zukommen wird, ist wegen der geringen Veränderung (236 EUR/237 EUR) fraglich (*Gutzler*, jurisPK-SGB XII, § 135 Rn. 11).

### § 135 Übergangsregelung aus Anlass des Zweiten Rechtsbereinigungsgesetzes

**(1)** [1]**Erhielten am 31. Dezember 1986 Tuberkulosekranke, von Tuberkulose Bedrohte oder von Tuberkulose Genesene laufende Leistungen nach Vorschriften, die durch das Zweite Rechtsbereinigungsgesetz außer Kraft treten, sind diese Leistungen nach den bisher maßgebenden Vorschriften weiterzugewähren, längstens jedoch bis zum 31. Dezember 1987.** [2]**Sachlich zuständig bleibt der überörtliche Träger der Sozialhilfe, soweit nicht nach Landesrecht der örtliche Träger zuständig ist.**

**(2) Die Länder können für die Verwaltung der im Rahmen der bisherigen Tuberkulosehilfe gewährten Darlehen andere Behörden bestimmen.**

**1**   Die Übergangsregelung wurde mit der Aufhebung der bisherigen Tuberkulosehilfe notwendig. Sie ist durch Zeitablauf gegenstandslos geworden. Gleichwohl sah sich der Gesetzgeber veranlasst, eine Besitzstandswahrende Regelung beizubehalten.

**2**   Für noch nicht zurückgezahlte Darlehen bleibt die Vorschrift anwendbar (*Legros/Hohm*, Schellhorn/Hohm/Scheider, § 135 Rn. 1; *Schoch*, in: LPK-SGB XII, § 135 Rn. 1).

**§ 136** Erstattung des Barbetrags durch den Bund in den Jahren 2017 bis 2019

(1) Für Leistungsberechtigte nach dem Vierten Kapitel, die zugleich Leistungen der Eingliederungshilfe nach dem Sechsten Kapitel in einer stationären Einrichtung erhalten, erstattet der Bund den Ländern in den Jahren 2017 bis 2019 für jeden Leistungsberechtigten je Kalendermonat einen Betrag, dessen Höhe sich nach einem Anteil von 14 Prozent der Regelbedarfsstufe 1 nach der Anlage zu § 28 bemisst.

(2) [1]Die Länder teilen dem Bundesministerium für Arbeit und Soziales die Zahl der Leistungsberechtigten je Kalendermonat nach Absatz 1 für jeden für die Ausführung des Gesetzes nach diesem Kapitel zuständigen Träger mit, sofern diese in einem Kalendermonat für mindestens 15 Kalendertage einen Barbetrag erhalten haben. [2]Die Meldungen nach Satz 1 erfolgen
1. bis zum Ablauf der 35. Kalenderwoche des Jahres 2017 für den Meldezeitraum Januar bis Juni 2017,
2. bis zum Ablauf der 35. Kalenderwoche des Jahres 2018 für den Meldezeitraum Juli 2017 bis Juni 2018,
3. bis zum Ablauf der 35. Kalenderwoche des Jahres 2019 für den Meldezeitraum Juli 2018 bis Juni 2019 und
4. bis zum Ablauf der 10. Kalenderwoche des Jahres 2020 für den Meldezeitraum Juli 2019 bis Dezember 2019.

(3) [1]Der Erstattungsbetrag für jeden Kalendermonat im Meldezeitraum nach Absatz 2 errechnet sich aus
1. der Anzahl der jeweils gemeldeten Leistungsberechtigten,
2. multipliziert mit dem Anteil von 14 Prozent des für jeden Kalendermonat jeweils geltenden Betrags der Regelbedarfsstufe 1 nach der Anlage zu § 28.
[2]Der Erstattungsbetrag für den jeweiligen Meldezeitraum ergibt sich aus der Summe der Erstattungsbeträge je Kalendermonat nach Satz 1.

(4) Der Erstattungsbetrag nach Absatz 3 Satz 2 ist für die Meldezeiträume nach Absatz 2 Satz 2 Nummer 1 bis 3 jeweils zum 15. Oktober der Jahre 2017 bis 2019, der Erstattungsbetrag für den Meldezeitraum nach Absatz 2 Satz 2 Nummer 4 ist zum 15. April 2020 zu zahlen.

*Änderungen der Vorschrift: § 136 neu gef. mWv 1.1.2017 durch G v. 23.12.2016 (BGBl. I S. 3234), Abs. 4 geänd. mWv 25.7.2017 durch G v.17.7.2017 (BGBl. I S. 2541).*

Die bisherige Fassung der Vorschrift war die Folge der Änderung des § 46a, der **1** die Erstattung von Leistungen regelt. Sie ist jetzt durch das BTHG angepasst worden.

In der Sache regelt die Vorschrift die technische Abwicklung der Erstattungen. **2**

**§ 137** Überleitung in Pflegegrade zum 1. Januar 2017

[1]Pflegebedürftige, deren Pflegebedürftigkeit nach den Vorschriften des Siebten Kapitels in der am 31. Dezember 2016 geltenden Fassung festgestellt worden ist und bei denen spätestens am 31. Dezember 2016 die Voraussetzungen auf Leistungen nach den Vorschriften des Siebten Kapitels vorliegen, werden ab dem 1. Januar 2017 ohne erneute Antragstellung und ohne erneute Begutachtung wie folgt in die Pflegegrade übergeleitet:
1. Pflegebedürftige mit Pflegestufe I in den Pflegegrad 2,
2. Pflegebedürftige mit Pflegestufe II in den Pflegegrad 3,

3. Pflegebedürftige mit Pflegestufe III in den Pflegegrad 4.
[2]Die Überleitung in die Pflegegrade nach § 140 des Elften Buches ist für den Träger der Sozialhilfe bindend.

*Änderung der Vorschrift: § 137 angef. mWv 1.1.2017 durch G v. 23.12.2016 (BGBl. I S. 3191).*

## I. Überleitung in Pflegegrade – Materialien zu § 137 (BT-Drs. 18/9518)

1    Zur Vermeidung von Neubegutachtungen aller Pflegebedürftigen, die am 31.12.2016 Leistungen der Hilfe zur Pflege erhalten, wurden die Pflegebedürftigen mit der Einführung des neuen Pflegebedürftigkeitsbegriffs zum 1.1.2017 von den bisherigen Pflegestufen in die neuen Pflegegrade übergeleitet. Bisherige Leistungsbezieher sollten dabei gegenüber dem geltenden Recht nicht schlechter gestellt werden. Daher erfolgte die Überleitung grundsätzlich in einen Pflegegrad, mit dem entweder gleich hohe oder höhere Leistungen als bisher verbunden sind.
2    Die Überleitungsregel ist inhaltsgleich mit der Überleitungsregel des § 140 Abs. 2 Satz 3 Nr. 1 SGB XI in der ab dem 1.1.2017 geltenden Fassung. Im Hinblick darauf, dass im Rahmen der Hilfe zur Pflege – im Unterschied zum SGB XI – keine zusätzlichen Leistungen bei einer erheblich eingeschränkten Alltagskompetenz erbracht werden, besteht keine Notwendigkeit für eine Übergangsregelung entsprechend § 140 Abs. 2 Satz 3 Nr. 2 SGB XI in der ab dem 1.1.2017 geltenden Fassung.

## II. Inhalt der Vorschrift

3    Zwischen § 137 und § 138 ist zu unterscheiden. Letztere Vorschrift betrifft die Überleitung, wohingegen § 137 die Überleitung in Pflegegrade vornimmt. Es kommt darauf an, dass bis zum 31.12.2016 die Pflegestufe festgestellt war. Dann ergibt sich eine gesetzliche Überleitung in die Pflegegrade. Es wird auf einen Antrag und eine erneute Begutachtung verzichtet. Für die Pflegestufe Null ist keine Überleitung vorgesehen, was Menschen mit dieser Pflegestufe aus dem System der Hilfe zur Pflege herausfallen lässt.
4    Nach Satz 2 ist die Überleitung in die Pflegegrade nach § 140 SGB XI bindend. Auf diese Weise werden Diskrepanzen zwischen beiden Rechtssystemen vermieden. Durch die schriftliche Mitteilung über eine Zuordnung an die Betroffenen (§ 140 SGB XI) wird ein Stück Klarheit geschaffen.

**§ 138** Übergangsregelung für Pflegebedürftige aus Anlass des Dritten Pflegestärkungsgesetzes

[1]**Einer Person, die am 31. Dezember 2016 einen Anspruch auf Leistungen nach dem Siebten Kapitel in der am 31. Dezember 2016 geltenden Fassung hat, sind die ihr am 31. Dezember 2016 zustehenden Leistungen über den 31. Dezember 2016 hinaus bis zum Abschluss des von Amts wegen zu betreibenden Verfahrens zur Ermittlung und Feststellung des Pflegegrades und des notwendigen pflegerischen Bedarfs nach § 63a in der ab dem 1. Januar 2017 geltenden Fassung weiter zu gewähren. [2]Soweit eine Person zugleich Leistungen nach dem Elften Buch in der ab dem 1. Januar 2017 geltenden Fassung erhält, sind diese anzurechnen. [3]Dies gilt nicht für die Zuschläge nach § 141 Absatz 2 des Elften Buches sowie für den Entlastungsbetrag nach § 45b des Elften Buches. [4]Ergibt das Verfahren, dass für die**

Zeit ab dem 1. Januar 2017 die Leistungen für den notwendigen pflegerischen Bedarf, die nach dem Siebten Kapitel in der ab dem 1. Januar 2017
geltenden Fassung zu gewähren sind, geringer sind als die nach Satz 1
gewährten Leistungen, so sind die nach Satz 1 gewährten höheren Leistungen nicht vom Leistungsbezieher zu erstatten; § 45 des Zehnten Buches
bleibt unberührt. [5]Ergibt das Verfahren, dass für die Zeit ab dem 1. Januar
2017 die Leistungen für den notwendigen pflegerischen Bedarf, die nach
dem Siebten Kapitel in der ab dem 1. Januar 2017 geltenden Fassung zu
gewähren sind, höher sind als die nach Satz 1 gewährten Leistungen, so
sind die Leistungen rückwirkend nach den Vorschriften des Siebten Kapitels
in der ab dem 1. Januar 2017 geltenden Fassung zu gewähren.

*Änderung der Vorschrift: § 138 angef. mWv 1.1.2017 durch G v. 23.12.2016
(BGBl. I S. 3191).*

# I. Übergangsregelungen – Materialien zu § 138
## (BT-Drs. 18/9518)

Die Träger der Sozialhilfe haben mit Inkrafttreten des neuen Pflegebedürftigkeits-  **1**
begriffs den notwendigen pflegerischen Bedarf an Leistungen nach dem Siebten
Kapitel zu ermitteln und festzustellen. Mit der Übergangsregelung wird sichergestellt, dass in den Fällen, in denen bei Inkrafttreten des neuen Pflegebedürftigkeitsbegriffs zum 1.1.2017 die Ermittlung und Feststellung des notwendigen pflegerischen
Bedarfs noch nicht erfolgt bzw. noch nicht abgeschlossen ist, die bisherigen Leistungen, die auf der Grundlage des bis zum 31.12.2016 geltenden Rechts erbracht
worden sind, vorläufig weiter gewährt werden. Mit dieser Regelung wird vermieden, dass Pflegebedürftige vorübergehend keine Leistungen erhalten. Der Anspruch
auf Weitergewährung ist bis zum Abschluss des Verfahrens zur Ermittlung und
Feststellung des notwendigen pflegerischen Bedarfs befristet. Die weitergewährten
Leistungen sind auch in den Fällen, in denen im Nachhinein ein geringerer notwendiger pflegerischer Bedarf festgestellt wird, vom Pflegebedürftigen nicht zurückzu-
fordern. Ergibt die Ermittlung und Feststellung des notwendigen pflegerischen
Bedarfs einen Anspruch auf höhere Leistungen, sind diese rückwirkend zu gewähren.

# II. Inhalt der Vorschrift

Die Vorschrift sieht eine Übergangsregelung in Form einer Besitzstandswahrung  **2**
für Pflegebedürftige vor, die einen Anspruch auf Hilfe zur Pflege nach bisherigem
Recht hatten. Diesen sind die ihnen am 31.12.2016 zustehenden Leistungen
zunächst weiter zu gewähren. Es handelt sich um solche Personen, bei denen bisher
eine Pflegestufe nicht festgestellt war. War sie bereits festgestellt, gilt § 137.

Vom Sozialhilfeträger sind von Amts wegen Ermittlungen aufzunehmen. Der  **3**
Sozialhilfeträger ermittelt den Pflegegrad nach § 62. In diesem Fall kann für den
Pflegebedürftigen eine Lücke in den Leistungen entstehen, wenn die Pflegebedürftigkeit den Pflegegrad 1 nicht erreicht. Dann ist keine Hilfe zur Pflege zu gewähren.
Es muss sodann geprüft werden, ob ein sonstiger im SGB XII bestehender Leistungsanspruch die Versorgungslücke schließen kann (vgl. zum Ganzen auch *Griep*, Sozialrecht aktuell 2017, 166).

**Angerechnet** auf die nach dem Siebenten Kapitel gewährten Leistungen werden  **4**
Pflegeleistungen nach dem SGB XI (Satz 2).

Satz 3 macht von Satz 2 eine Ausnahme für Zuschläge nach § 141 Abs. 2 SGB XI  **5**
und für den Entlastungsbetrag nach § 45b SGB XI.

**6**   Wird in dem nach Satz 1 vorgesehenen Verfahren festgestellt, dass keine Ansprüche bestehen oder diese geringer als bisher angenommen sind, sieht Satz 4 keine Rückzahlung vor. Hiervon ist wiederum eine Ausnahme zu machen. Eine Erstattung kann verlangt werden, wenn die Voraussetzungen des § 45 SGB X vorliegen.

**7**   Satz 5 sieht unter den dort aufgeführten Voraussetzungen einen rückwirkenden Anspruch vor.

### § 139 Übergangsregelung zur Erbringung von Leistungen nach dem Sechsten Kapitel für die Zeit vom 1. Januar 2018 bis zum 31. Dezember 2019

(1) ¹**Die am 31. Dezember 2017 vereinbarten oder durch die Schiedsstellen festgesetzten Vergütungen nach § 75 Absatz 3 Nummer 2 mit den Pauschalen für Unterkunft und Verpflegung (Grundpauschale) und für die Maßnahmen (Maßnahmepauschale) sowie einem Betrag für betriebsnotwendige Anlagen einschließlich ihrer Ausstattung (Investitionsbetrag) gelten, soweit sie die Erbringung von Leistungen nach dem Sechsten Kapitel zum Inhalt haben, bis zum 31. Dezember 2019 weiter. ²Werden nach dem 31. Dezember 2017 erstmals Vereinbarungen für Einrichtungen abgeschlossen, sind als Basis die Vereinbarungen des Jahres 2017 von vergleichbaren Einrichtungen zugrunde zu legen. ³Tariflich vereinbarte Vergütungen sowie entsprechende Vergütungen nach kirchlichen Arbeitsrechtsregelungen sind grundsätzlich als wirtschaftlich anzusehen. ⁴§ 77 Absatz 1 und 2 gilt entsprechend.**

(2) **Auf Verlangen einer Vertragspartei sind die Vergütungen für den Geltungszeitraum nach Absatz 1 neu zu verhandeln.**

(3) **Die am 31. Dezember 2017 geltenden Rahmenverträge im Sinne des § 79 in der am 31. Dezember 2017 geltenden Fassung bleiben, soweit sie die Erbringung von Leistungen nach dem Sechsten Kapitel zum Inhalt haben, bis zum 31. Dezember 2019 in Kraft.**

*Änderung der Vorschrift: § 139 angef. mWv 1.1.2018 durch G v. 23.12.2016 (BGBl. I S. 3234).*

## I. Zweck der Vorschrift

**1**   Während der Jahre 2018 und 2019 besteht im Leistungserbringungsrecht eine besondere Rechtslage. Das neue Vertragsrecht der §§ 123 ff. SGB IX gilt bereits, hat aber insofern keinen konkreten Anwendungsbereich, als die neue Eingliederungshilfe nach dem SGB IX erst im Jahr 2020 in Kraft tritt. Das neue Vertragsrecht soll den Vertragsparteien allerdings bereits ermöglichen, sich gleichsam auf dem „Reißbrett" mit der Rechtslage ab 2020 zu befassen. Auch können etwa im Jahr 2019 nach dem neuen Vertragsrecht bereits Vereinbarungen für 2020 geschlossen werden. Dennoch muss es daneben Regelungen geben, auf denen Vergütungen in der Übergangszeit für die „alte", noch weiterhin geltende Eingliederungshilfe vereinbart wird. Dem gilt die Vorschrift des § 139.

## II. Weitergeltung für die Übergangszeit (Abs. 1)

**2**   Abs. 1 Satz 1 der Vorschrift enthält die regelmäßig vorgesehene Rechtsfolge (Ausnahme in Abs. 2), dass die am 31. Dezember 2017 vereinbarten oder festgesetzten Vergütungen nach § 75 Abs. 3 Nr. 2 für Leistungen der Eingliederungshilfe für die gesamte Überganszeit bis Ende 2019 weiter gelten. Dies gilt folgerichtig nur für Leistungen der Eingliederungshilfe; für andere Sozialhilfeleistungen ist eine Übergangsregelung nicht notwendig, da sich insoweit bis zum Inkrafttreten der neuen §§ 75 ff. im Jahr 2020 nichts ändert.

Die Regelung in Abs. 1 Satz 1 bezieht sich im Zusammenhang mit § 75 Abs. 3 **3** Nr. 2 auf den Inhalt einer Vergütungsvereinbarung nach § 76 Abs. 2 und erwähnt deren einzelne Bestandteile. Die Regelung über die Weitergeltung einer Vergütung dürfte auch dann greifen, wenn es etwa an einer Vereinbarung über den Investitionsbetrag fehlt, weil dieser nicht vereinbart werden musste.

Die Regelung über die Weitergeltung macht es den Vertragsparteien möglich, **4** sich während der Übergangszeit ganz auf das neue Vertragsrecht zu konzentrieren, weil sie sich um Vergütungsvereinbarungen für diese Zeit nicht zu kümmern brauchen.

Satz 2 von Absatz 1 betrifft ebenfalls die Weitergeltung von Vergütungsvereinba- **5** rungen bis Ende 2019. Es handelt sich aber um Vereinbarungen, die erst nach dem 31. Dezember 2017 abgeschlossen werden. Eine solche Regelung war ersichtlich notwendig, da der Stichtag nach Satz 1 zu starr wäre. Allerdings sollen als Basis die Vereinbarungen des Jahres 2017 von vergleichbaren Einrichtungen gelten. Diese Regelung gilt nur für die Fälle, in denen erstmals eine Vereinbarung geschlossen wird, denn andernfalls kommt Satz 1 zur Anwendung. Wegen der Gleichbehandlung mit den Fällen nach Satz 1 ist hier auf die Verhältnisse aus dem Jahr 2017 (fiktiv) abzustellen.

Die Regelung über die Wirtschaftlichkeit tariflicher Vereinbarungen oder kirchli- **6** cher Arbeitsrechtregelungen beruht auf der schon bisher herrschenden Meinung und greift auf, was in § 124 Abs. 1 Satz 6 SGB IX für das neue Vertragsrecht der Eingliederungshilfe und ab 2020 in § 75 Abs. 2 Satz 12 für die Vergütungen für den verbleibenden Rest der Sozialhilfe gilt.

Der Verweis auf § 77 Satz 1 und 2 legt fest, dass die Prospektivität der Vereinbarun- **7** gen zu beachten ist und dieselben Vertragsparteien wie sonst zuständig sind. Schließlich wird noch die Bindungswirkung der Vereinbarung für alle übrigen Träger der Sozialhilfe angeordnet.

## III. Neuverhandlung (Abs. 2)

Die Regelung über die Weitergeltung von Vergütungsvereinbarungen ist nicht **8** zwingend, sondern kann nur Platz greifen, wenn beide Vertragsparteien dies wollen. Dies ergibt sich aus Absatz 2. Jede Vertragspartei kann verlangen, dass in dem Zeitraum bis Ende 2019 über die Vergütung neu verhandelt wird. Dies betrifft verschiedene Fallgestaltungen. Besteht etwa für 2017 eine Vergütungsvereinbarung, kann jede Vertragspartei von vornherein für 2018 neue Verhandlungen einleiten. Dies kann aber auch erst in der Mitte des Jahres 2018 oder in 2019 erfolgen. Die Vorschrift lässt dies offen. In diesen Fällen erinnert das Verlangen nach neuen Verhandlungen dem § 77 Abs. 3.

Die Regelung sagt nicht ausdrücklich, unter welchen Voraussetzungen dem Ver- **9** langen nach neuen Verhandlungen nachgekommen werden muss und nach welchem Vereinbarungs- bzw. Vertragsrecht die Verhandlungen zu führen sind. Da die §§ 123 ff. SGB IX für die Eingliederungshilfe bereits gelten, kommen diese Vorschriften oder die §§ 75 ff. in Betracht. In beiden Fällen könnte zudem eine Neuverhandlung nur unter der Voraussetzung unvorhergesehener wesentlicher Änderungen zulässig sein (§ 127 Abs. 3 SGB IX, § 77 Abs. 3). Das Bundesministerium für Arbeit und Soziales hat zu diesen Fragen in zwei Schreiben seine Rechtsansicht geäußert (die Schreiben sind abgedruckt in Sozialrecht aktuell 2017, Heft 3, Umschlagseite III). Danach soll in der Übergangszeit weiterhin das geltende Vereinbarungsrecht der Sozialhilfe Anwendung finden und § 77 Abs. 3 keine Voraussetzung für die Neuverhandlungen sein. Es soll sogar zulässig sein, in den Jahren 2018 und 2019 mehrmals Neuverhandlungen zu fordern.

**10**    Dieser Rechtsansicht ist zu folgen. Die §§ 123 ff. SGB IX könnten gar nicht heranzuziehen sein, da sie ein materielles Leistungsrecht voraussetzen, das noch nicht existiert. Die Vorschrift des § 77 Abs. 3 passt nicht auf die besonderen Regelungen über die Weitergeltung von Vergütungen, weil nach Absatz 1 gesetzlich unterstellt wird, dass zwei Jahre lang keine Änderungen eintreten. Davon muss aber abgewichen werden können. Bei den neuen Verhandlungen nach Absatz 2 brauchen die geltend gemachten Veränderungen also nicht wesentlich und nicht unvorhersehbar zu sein. An diesen Gesichtspunkten darf eine neue Vereinbarung also nicht scheitern. Kommt eine neue Vereinbarung nicht zustande, obwohl eine Vertragspartei den Abschluss beantragt hat, ist das Schiedsstellenverfahren nach § 77 Abs. 1 S. 3 eröffnet. Dies ist in § 139 allerdings nicht ausdrücklich erwähnt. Die Regelung nach Absatz 2 über Neuverhandlungen fügt sich aber in das gesamte Vereinbarungsrecht nach §§ 75 ff. ein.

### IV. Weitergeltung der Rahmenverträge (Abs. 3)

**11**    Rahmenverträge sind nach jetzigem Vereinbarungsrecht der Sozialhilfe und nach dem Vertragsrecht der neuen Eingliederungshilfe gleichermaßen wichtige Bausteine im jeweiligen System (§ 79 einerseits und § 131 SGB IX andererseits). Da in der Übergangszeit sowohl bei einer Weitergeltung als auch bei einer neuverhandelten Vereinbarung das Recht der Eingliederungshilfe nach §§ 53 ff. gilt, müssen auch die dazu gehörenden Rahmenverträge nach § 79 bis Ende 2019 weitergelten. Neue Rahmenverträge nach § 131 SGB IX hätten im Übrigen einen Inhalt, der nicht mit dem materiellen Leistungsrecht der Eingliederungshilfe nach dem SGB XII korrespondieren würde. In der Übergangszeit sollen allerdings keine neuen Rahmenverträge für diese Zeit geschlossen werden.

## Siebzehntes Kapitel. Regelungen zur Teilhabe am Arbeitsleben für die Zeit vom 1. Januar 2018 bis zum 31. Dezember 2019

### § 140 Teilhabe am Arbeitsleben

(1) **Leistungen zur Beschäftigung erhalten Personen nach § 53, die die Voraussetzungen nach § 58 Absatz 1 Satz 1 des Neunten Buches erfüllen.**

(2) **Leistungen zur Beschäftigung umfassen**

1. **Leistungen im Arbeitsbereich anerkannter Werkstätten für behinderte Menschen nach den §§ 58 und 62 des Neunten Buches,**
2. **Leistungen bei anderen Leistungsanbietern nach den §§ 60 und 62 des Neunten Buches sowie**
3. **Leistungen bei privaten und öffentlichen Arbeitgebern nach § 61 des Neunten Buches.**

(3) **[1]Leistungen nach Absatz 2 umfassen auch Gegenstände und Hilfsmittel, die wegen der gesundheitlichen Beeinträchtigung zur Aufnahme oder Fortsetzung der Beschäftigung erforderlich sind. [2]Voraussetzung für eine Hilfsmittelversorgung ist, dass der Leistungsberechtigte das Hilfsmittel bedienen kann. [3]Die Versorgung mit Hilfsmitteln schließt eine notwendige**

Unterweisung im Gebrauch und eine notwendige Instandhaltung oder Änderung ein. [4]Die Ersatzbeschaffung des Hilfsmittels erfolgt, wenn sie infolge der körperlichen Entwicklung der Leistungsberechtigten notwendig ist oder das Hilfsmittel aus anderen Gründen ungeeignet oder unbrauchbar geworden ist.

(4) Zu den Leistungen nach Absatz 2 Nummer 1 und 2 gehört auch das Arbeitsförderungsgeld nach § 59 des Neunten Buches.

*Änderung der Vorschrift:* § 140 angef. mWv 1.1.2018 durch G v. 23.12.2016 (BGBl. I S. 3234).

**Schrifttum:** s. bei § 53

# I. Bedeutung der Norm

Die Leistungen zur Teilhabe am Arbeitsleben im Rahmen der Eingliederungshilfe **1** werden – im Zuge der Integration des Leistungsrechts der Eingliederungshilfe in das SGB IX (→ § 53 Rn. 12) – ab dem 1.1.2020 im 2. Teil des SGB IX (dort § 111) geregelt. Da die Neuregelungen schon ab dem 1.1.2018 gelten sollen, werden sie für die **Übergangszeit** in § 140 getroffen. Zugleich verweist § 54 in der seit 1.1.2018 geltenden Fassung nicht mehr auf die §§ 33, 41 SGB IX in der bis zum 31.12.2017 geltenden Fassung bzw. die §§ 49, 58 SGB IX in der seit 1.1.2018 geltenden Fassung, die die Leistungen zur Teilhabe am Arbeitsleben und die Leistungen im Arbeitsbereich einer Werkstatt für behinderte Menschen regelten, sondern allein auf § 140. Das bedeutet, dass die Leistungen zur Teilhabe am Arbeitsleben, die im Rahmen der Eingliederungshilfe erbracht werden können, in § 140 **abschließend geregelt** sind (→ Rn. 8).

Mit dem **Bundesteilhabegesetz** (BTHG, BGBl. 2016 I S. 3234) wurden auch **2** die Leistungen zur Teilhabe am Arbeitsleben reformiert. Insbesondere wurden die Beschäftigungsangebote anerkannter Werkstätten für behinderte Menschen durch die Zulassung anderer Leistungsanbieter und die Einführung des „Budgets für Arbeit" ergänzt. Hintergrund dieser Ausdehnung ist, dass die bisherige Konzentration auf das Beschäftigungsangebot anerkannter Werkstätten für behinderte Menschen als nicht ausreichend angesehen wurde, um dem heterogenen Personenkreis der Leistungsberechtigten Rechnung zu tragen. Insbesondere Menschen mit psychischen Behinderungen fühlen sich in Werkstätten für behinderte Menschen oft fehlplatziert. Mit der Zulassung anderer Leistungsanbieter und der Einführung des „Budgets für Arbeit" sind Wahlmöglichkeiten für dauerhaft voll erwerbsgeminderte Menschen mit Behinderungen geschaffen worden (vgl. die Gesetzesbegründung, BT-Drs. 18/9522, S. 253 zu Kapitel 10).

Insgesamt dient die Regelung dazu, den aus der **UN-BRK** hergeleiteten **3** Anspruch nicht erwerbsfähiger Menschen mit Behinderung auf Teilhabe am Arbeitsleben einzulösen (vgl. die Gesetzesbegründung zum BTHG, BT-Drs. 18/9522, S. 253 zu Kapitel 10).

# II. Inhalt der Norm

## 1. Allgemeines

**Ziel** der Leistungen zur Teilhabe am Arbeitsleben ist es, die Erwerbsfähigkeit **4** behinderter oder von Behinderung bedrohter Menschen entsprechend ihrer Leistungsfähigkeit zu erhalten, zu verbessern, herzustellen oder wiederherzustellen und ihre Teilhabe am Arbeitsleben möglichst auf Dauer zu sichern. Unter Arbeitsleben ist jede erlaubte Tätigkeit als Arbeitnehmer oder als Selbstständiger sowie der beruflichen Aus- und Weiterbildung zu verstehen. Zum Arbeitsleben gehört auch die selbstständige Führung eines Haushalts.

5    Leistungen **anderer Rehabilitationsträger** haben Vorrang; andere Träger für Leistungen der beruflichen Rehabilitation können sein (§ 6 Abs. 1 SGB IX) die Bundesagentur für Arbeit, die Träger der gesetzlichen Unfallversicherung, der gesetzlichen Rentenversicherung, der Kinder- und Jugendhilfe sowie der Kriegsopferversorgung und der Kriegsopferfürsorge. Die Bundesagentur für Arbeit ist auch Rehabilitationsträger für Leistungen zur Teilhabe am Arbeitsleben nach dem SGB II (§ 6 Abs. 3 SGB IX). Da alle **erwerbsfähigen** Hilfebedürftigen in den Anwendungsbereich des SGB II fallen, erstreckt sich die Zuständigkeit des Sozialhilfeträgers nur noch auf die Menschen mit Behinderung, die weder erwerbsfähig noch vom Versicherungsschutz einer der anderen Rehabilitationsträger erfasst sind. Dementsprechend kommen als Eingliederungshilfeleistungen des Sozialhilfeträgers vor allem solche Maßnahmen in Betracht, mit denen die Erwerbsfähigkeit hergestellt oder – wenn eine vollständige Herstellung nicht möglich ist – verbessert wird (vgl. *Wehrhahn*, juris-PK SGB XII, § 54 Rn. 29; *Voelzke*, Hauck/Noftz, SGB XII, § 54 Rn. 19). Für Leistungen in Werkstätten für behinderte Menschen enthält § 63 Abs. 1 SGB IX eine besondere Zuständigkeitsregelung (dazu → Rn. 11).

## 2. Personenkreis (Abs. 1)

6    Abs. 1 regelt den Kreis der **Leistungsberechtigten.** Leistungen erhalten danach Personen, die zum Personenkreis des § 53 Abs. 1 (→ § 53 Rn. 31 ff.) gehören und zusätzlich die Voraussetzungen nach § 58 Abs. 1 S. 1 SGB IX erfüllen. Das sind solche Personen, bei denen wegen Art oder Schwere der Behinderung 1. eine Beschäftigung auf dem allgemeinen Arbeitsmarkt einschließlich einer Beschäftigung in einem Inklusionsbetrieb (§ 215 SGB IX) oder 2. eine Berufsvorbereitung, eine individuelle betriebliche Qualifizierung im Rahmen Unterstützter Beschäftigung, eine berufliche Anpassung und Weiterbildung oder eine berufliche Ausbildung (§ 49 Abs. 3 Nr. 2 bis 6 SGB IX) nicht, noch nicht oder noch nicht wieder in Betracht kommt und die in der Lage sind, wenigstens ein Mindestmaß wirtschaftlich verwertbarer Arbeitsleistung zu erbringen. Dies entspricht weitgehend dem Personenkreis, der nach dem bis zum 31.12.2017 geltenden Recht einen Anspruch auf Leistungen im Arbeitsbereich einer Werkstatt für behinderte Menschen hatte.

7    Für das Kriterium „Mindestmaß an wirtschaftlich verwertbarer Arbeitsleistung" kommt es nicht darauf an, ob die Arbeitsleistung im kaufmännischen Sinne gewinnbringend ist oder der Mensch mit Behinderung durch sie ein bestimmtes Mindesteinkommen erzielt. Vielmehr reicht es aus, wenn der Mensch mit Behinderung z.B. an der Herstellung der von den Werkstätten vertriebenen Waren und Dienstleistungen durch nützliche Arbeit beteiligt werden kann (vgl. BSG 29.6.1995 – 11 RAr 57/94, Rn. 27; 7.12.1983 – 7 RAr 73/82, Rn. 24 und 29.2.1981 – 1 RJ 12/80, Rn. 34). Maßstab für die Prüfung der **Werkstattfähigkeit** sind die Verhältnisse in der Werkstatt, in der der Leistungsberechtigte aufgenommen werden soll, dazu gehört insbesondere der dortige Personalschlüssel (BSG 29.6.1995 – 11 RAr 57/94, Rn. 27). In der Rechtsprechung ist die Werkstattfähigkeit dementsprechend verneint worden, wenn der Personalschlüssel, der nach § 9 Abs. 3 WerkstättenVO im Berufsbildungsbereich 1:6 und im Arbeitsbereich 1:12 betragen soll, nicht ausreicht, um den Betreuungsbedarf des behinderten Menschen zu decken (vgl. LSG Nds-Brem 23.9.2014 – L 7 AL 56/12; SächsLSG 3.6.2011 – L 3 AL 86/10; BayLSG 23.5.2012 – L 10 AL 8/11). Bei Vorliegen der Voraussetzungen besteht auf die Leistung ein **Rechtsanspruch.**

## 3. Leistungen (Abs. 2)

Nach der Begründung zum Gesetzesentwurf soll Abs. 1 Nr. 1 bis 3 **abschließend** **8** die Leistungen benennen, die Leistungsberechtigten zur Förderung ihrer Teilhabe am Arbeitsleben im Rahmen der Eingliederungshilfe erbracht werden können (BT-Drs. 18/9522, S. 283 zu § 111 SGB IX). Dazu gehören neben den Leistungen im Arbeitsbereich anerkannter Werkstätten für behinderte Menschen auch Leistungen bei anderen Leistungsanbietern und Leistungen bei privaten und öffentlichen Arbeitgebern im Rahmen des „Budgets für Arbeit". Die Beschäftigungsalternativen bauen dabei nicht (zwangsläufig) aufeinander auf. Ein „Budget für Arbeit" steht auch demjenigen offen, der zuvor nicht bereits in einer Werkstatt für behinderte Menschen oder bei einem anderen Leistungsanbieter erfolgreich beschäftigt war. Voraussetzung ist allerdings, dass der andere Leistungsanbieter oder bei dem „Budget für Arbeit" ein privater oder öffentlicher Arbeitgeber zuvor seine Bereitschaft zur Beschäftigung außerhalb des Zuständigkeitsbereichs einer anerkannten Werkstatt für behinderte Menschen bekundet hat (vgl. die Gesetzesbegründung zum BTHG, BT-Drs. 18/9522, S. 253 zu Kapitel 10). Den Menschen mit Behinderung im erwerbsfähigen Alter soll so auch ein Weg in Richtung allgemeiner Arbeitsmarkt eröffnet werden, ohne zuvor den Nachweis der individuellen Erwerbsfähigkeit führen zu müssen.

Abweichend vom bisherigen Recht (§ 54 Abs. 1 S. 1 in der bis zum 31.12.2017 **9** geltenden Fassung) sind die **Leistungen zur Teilhabe am Arbeitsleben nach Teil 1 des SGB IX** (§ 49 SGB IX, vormals § 33 SGB IX) **nicht mehr vom Leistungskatalog des § 140 erfasst.** Dies trägt (so die Gesetzesbegründung zum BTHG, BT-Drs. 18/9522, S. 283 zu § 111) dem Umstand Rechnung, dass sich diese Leistungen – außerhalb des Zuständigkeitsbereichs der Eingliederungshilfe – an erwerbsfähige Personen richten, für die in Bedarfsfällen in der Regel (wenn kein anderer vorrangig zuständiger Leistungsträger wie das gesetzliche Rentenversicherung oder der Leistungspflicht steht) die Bundesagentur für Arbeit zuständiger Leistungsträger ist.

Zu beachten ist jedoch für die Zeit bis zum 31.12.2019 **§ 17 EinglVO,** der die **10** Eingliederung in das Arbeitsleben regelt und u.a. auf die Kraftfahrzeughilfe verweist. Damit dürften auch im Rahmen von § 140 insbesondere **Leistungen der Kraftfahrzeughilfe** in Betracht kommen. Möglich sind Beihilfen zur Beschaffung oder behinderungsbedingten Ausstattung eines Kraftfahrzeugs, um am Arbeitsleben teilzuhaben (§ 17 Abs. 1 i. V. m. § 8 Abs. 1 EinglVO und der Kraftfahrzeughilfe-Verordnung – KfzHV). Auch Hilfe zur Erlangung einer Fahrerlaubnis kann gewährt werden (§ 10 Abs. 6 EinglVO). Voraussetzung für die Kraftfahrzeughilfe ist, dass der Leistungsberechtigte nicht nur vorübergehend auf die Benutzung eines Kfz angewiesen ist, um seinen Arbeits- oder Ausbildungsort oder den Ort einer sonstigen Leistung der beruflichen Bildung zu erreichen (§ 3 Abs. 1 KfzHV). Dafür muss eine regelmäßige, nicht nur gelegentliche Nutzung des Kfz erforderlich sein (vgl. LSG BW 14.4.2016 – L 7 SO 1119/10; BSG 12.12.2013 – B 8 SO 18/12 R; BVerwG 20.7.2000 – 5 C 43/99; BayVGH 26.7.2004 – 12 B 03.2723; zu streng SchlHLSG 27.11.2013 – L 9 SO 16/11, das eine tägliche bzw. fast tägliche Benutzung des Kfz fordert). Außerdem dürfen keine anderen Möglichkeiten zum Erreichen der Eingliederungsziele als die Benutzung des Kfz bestehen (vgl. LSG BW 19.10.2016 – L 2 SO 3968/15, Rn. 33: Die Anschaffung eines Kfz ist nicht erforderlich, wenn der Weg zum Arbeitsplatz problemlos auf anderem Wege erreicht werden kann – hier 550m, die mit dem Elektrorollstuhl zurückgelegt werden konnten). Die Kraftfahrzeughilfe ist ferner davon abhängig, dass der Leistungsberechtigte das Kfz selbst bedienen kann oder gewährleistet ist, dass ein Dritter es für ihn führt (§ 3 Abs. 1 Nr. 2 KfzHV). Wird eine Betriebskostenpauschale gewährt, sind die in gewissen Abständen anfallenden Kosten der TÜV- und Abgasuntersuchung abgegolten

(BayVGH 19.9.2002 – 12 CE 02.1802). Kraftfahrzeughilfe für die Ausübung einer **ehrenamtlichen Tätigkeit** gehört nicht zu den Leistungen der beruflichen Rehabilitation, kann aber unter bestimmten Voraussetzungen als Leistung der sozialen Rehabilitation erbracht werden (vgl. BSG 23.8.2013 – B 8 SO 24/11 R → § 54 Rn. 31).

**11**  **a) Leistungen im Arbeitsbereich anerkannter Werkstätten (Nr. 1).** In Betracht kommen zunächst Leistungen im **Arbeitsbereich anerkannter Werkstätten für behinderte Menschen** nach den §§ 58 und 62 SGB IX (Nr. 1). Näher geregelt sind diese Leistungen in **§ 58 SGB IX.** Hingegen wird auf Leistungen im Eingangsverfahren und im Berufsbildungsbereich der Werkstätten (§ 57 SGB IX) nicht Bezug genommen. Diese Leistungen fallen in die Zuständigkeit der Bundesagentur für Arbeit, soweit nicht die Träger der Unfallversicherung, Rentenversicherung oder Kriegsopferfürsorge zuständig sind, § 63 Abs. 1 SGB IX.

**12**  Neu ist die Regelung in § 58 Abs. 1 S. 3 SGB IX, die bestimmt, dass die Leistungen im Arbeitsbereich der Werkstätten längstens bis zum Ablauf des Monats erbracht werden, in dem das für die **Regelaltersrente** im Sinne des SGB VI erforderliche Lebensalter vollendet wird. Damit wird dem Umstand Rechnung getragen, dass der spezifische Zweck der Teilhabe am Arbeitsleben mit dem Erreichen der Ruhestandsgrenze entfällt. Dies entspricht der bisherigen Praxis der Träger der Eingliederungshilfe. Bei Menschen mit Behinderung, die vorzeitig eine Altersrente beziehen, ermöglichen die Träger der Eingliederungshilfe schon bisher, dass das Beschäftigungsverhältnis in der Werkstatt fortgesetzt werden kann, insbesondere wenn der Mensch mit Behinderung an den Beschäftigungsangeboten der Werkstatt noch sinnvoll teilhaben kann, längstens jedoch bis zum Erreichen der rentenversicherungsrechtlichen Regelaltersgrenze (vgl. dazu die Gesetzesbegründung zum BTHG, BT-Drs. 18/9522, S. 254 zu § 58). Dies soll auch künftig weiterhin möglich sein.

**13**  Die Leistungen nach § 58 SGB IX umfassen insbesondere auch das gemeinsame **Mittagessen** in einer Werkstatt für behinderte Menschen. Dieses ist Bestandteil der Eingliederungshilfeleistung, seine Kosten sind daher zu übernehmen (BSG 9.12.2009 – B 8/9 b 10/07 R mit zustimmender Anm. *Schulz*, RdLH 2009, 66). Der Leistungsberechtigte muss dann allerdings hinnehmen, dass der Sozialhilfeträger den monatlichen Regelsatz nach § 27a Abs. 4 um den darin enthaltenen Anteil für das Mittagessen absenkt (BSG 9.12.2009 – B 8/9 b 10/07 R). Diese Absenkungsmöglichkeit besteht auch, wenn das Mittagessen in der Werkstatt kostenlos zur Verfügung gestellt wird (BSG 11.12.2007 – B 8/9b SO 21/06 R).

**14**  Ferner gehört zu den Leistungen der **Transport** zu der Werkstatt für behinderte Menschen, wenn die Eingliederungshilfemaßnahme anders nicht durchgeführt werden kann (vgl. BSG 20.11.2008 – B 3 KN 4/07 KR R, Rn. 18). Deshalb können zB auch die Kosten für die Ausstattung eines Rollstuhls mit einem sog. Kraftknotensystem zur Sicherung während des Transportes zu übernehmen sein.

**15**  **b) Leistungen bei anderen Leistungsanbietern (Nr. 2).** Statt in einer Werkstatt für behinderte Menschen können die Leistungsberechtigten die ihnen zustehenden Leistungen auch bei anderen Leistungsanbietern in Anspruch nehmen. Die Leistungsberechtigten haben im Rahmen des § 62 SGB IX insoweit ein **Wahlrecht.** Bis zum 31.12.2017 sah § 56 die Möglichkeit vor, Leistungen in einer den anerkannten Werkstätten „vergleichbaren sonstigen Beschäftigungsstätte" zu erbringen, stellte dies aber in das Ermessen des Leistungsträgers.

**16**  Die **Anforderungen an die anderen Leistungsanbieter** sind in § 60 Abs. 2 SGB IX geregelt. Danach gelten für sie grundsätzlich dieselben Vorschriften wie für Werkstätten für behinderte Menschen. Insbesondere müssen die Ziele der Leistung denjenigen von Leistungen in anerkannten Werkstätten entsprechen, nämlich die Leistungs- oder Erwerbsfähigkeit der Menschen mit Behinderung zu erhalten, zu entwickeln, zu verbessern oder wiederherzustellen, die Persönlichkeit dieser Menschen weiterzuentwickeln und ihre Beschäftigung zu ermöglichen oder zu sichern (§ 56 SGB IX). Bestimmte, in § 60 Abs. 2 SGB IX abschließend aufgezählte Anforderungen an Werkstätten für behinderte Menschen muss ein anderer Leistungsanbieter allerdings nicht erfüllen. Dazu gehören insbesondere die förmliche Anerkennung, die Mindestplatzzahl und die Anforderungen an die räumliche und sachliche Ausstattung. Damit kommen insbesondere (so die Gesetzesbegründung zum BTHG, BT-Drs. 18/9522, S. 254 zu § 60 SGB IX) auch kleinere Leistungsanbieter in Betracht, ebenso Anbieter, die Maßnahmen der beruflichen Bildung oder eine Beschäftigung nicht in eigenen Räumlichkeiten anbieten, sondern solche Maßnahmen auf Plätzen in Betrieben des allgemeinen Arbeitsmarktes in der Form von „ausgelagerten Bildungs- und Arbeitsplätzen" durchführen.

**c) Leistungen bei privaten und öffentlichen Arbeitgebern (Nr. 3).** Neben **17** den Leistungen in anerkannten Werkstätten für behinderte Menschen und bei anderen Leistungsanbietern kommen auch Leistungen bei privaten und öffentlichen Arbeitgebern nach § 61 SGB IX in Betracht. § 61 SGB IX schafft zum 1.1.2018 eine neue Leistungsart, das sog. **„Budget für Arbeit"**, das in einigen Bundesländern bereits zuvor erprobt worden war. Private oder öffentliche Arbeitgeber, die mit einem Menschen mit Behinderung einen regulären Arbeitsvertrag (sozialversicherungspflichtig, mit tarifvertraglicher oder ortsüblicher Entlohnung) schließen, können danach einen Lohnkostenzuschuss erhalten. Zu den Leistungen im Rahmen des Budgets für Arbeit gehören daneben weitere Aufwendungen für die wegen der Behinderung erforderlichen Anleitung und Begleitung am Arbeitsplatz, zB für eine Arbeitsassistenz oder einen Job-Coach. Zu den näheren Einzelheiten, insbesondere Voraussetzungen, Umfang und Dauer der Leistung siehe § 61 SGB IX.

## 4. Gegenstände und Hilfsmittel (Abs. 3)

Abs. 3 stellt klar, dass die Leistungen, unabhängig davon, ob sie in einer Werkstatt **18** für behinderte Menschen, bei anderen Leistungsanbietern oder bei privaten und öffentlichen Arbeitgebern in Anspruch genommen werden, auch Gegenstände und Hilfsmittel umfassen, die wegen der gesundheitlichen Beeinträchtigung zur Aufnahme oder Fortsetzung der Beschäftigung erforderlich sind. Gleiches gilt für die Unterweisung im Gebrauch der Hilfsmittel sowie Instandhaltung, Änderung und notwendige Ersatzbeschaffungen.

## 5. Arbeitsförderungsgeld (Abs. 4)

Abs. 4 regelt, dass bei Vorliegen der Voraussetzungen sowohl die Beschäftigte in **19** Werkstätten für behinderte Menschen als auch die bei anderen Leistungsanbietern Beschäftigte zusätzlich zu ihrem Arbeitslohn ein Arbeitsförderungsgeld nach § 59 SGB IX beanspruchen können.

# Achtzehntes Kapitel. Regelungen für die Gesamtplanung für die Zeit vom 1. Januar 2018 bis zum 31. Dezember 2019

**§ 141** Gesamtplanverfahren

(1) **Das Gesamtplanverfahren ist nach den folgenden Maßstäben durchzuführen:**
1. **Beteiligung der Leistungsberechtigten in allen Verfahrensschritten, beginnend mit der Beratung,**

2. Dokumentation der Wünsche der Leistungsberechtigten zu Ziel und Art der Leistungen,
3. Beachtung der Kriterien
   a) transparent,
   b) trägerübergreifend,
   c) interdisziplinär,
   d) konsensorientiert,
   e) individuell,
   f) lebensweltbezogen,
   g) sozialraumorientiert und zielorientiert,
4. Ermittlung des individuellen Bedarfes,
5. Durchführung einer Gesamtplankonferenz,
6. Abstimmung der Leistungen nach Inhalt, Umfang und Dauer in einer Gesamtplankonferenz unter Beteiligung betroffener Leistungsträger.

(2) Am Gesamtplanverfahren wird auf Verlangen des Leistungsberechtigten eine Person seines Vertrauens beteiligt.

(3) ¹Bestehen im Einzelfall Anhaltspunkte für eine Pflegebedürftigkeit nach dem Elften Buch, wird die zuständige Pflegekasse mit Zustimmung des Leistungsberechtigten vom Träger der Sozialhilfe informiert und muss am Gesamtplanverfahren beratend teilnehmen, soweit dies zur Feststellung der Leistungen nach § 54 erforderlich ist. ²Bestehen im Einzelfall Anhaltspunkte, dass Leistungen der Hilfe zur Pflege nach dem Siebten Kapitel erforderlich sind, so soll der Träger dieser Leistungen mit Zustimmung der Leistungsberechtigten informiert und am Gesamtplanverfahren beteiligt werden, soweit dies zur Feststellung der Leistungen nach § 54 erforderlich ist.

(4) Bestehen im Einzelfall Anhaltspunkte für einen Bedarf an notwendigem Lebensunterhalt, soll der Träger dieser Leistungen mit Zustimmung der Leistungsberechtigten informiert und am Gesamtplanverfahren beteiligt werden, soweit dies zur Feststellung der Leistungen nach § 54 erforderlich ist.

*Änderung der Vorschrift: § 141 angef. mWv 1.1.2018 durch G v. 23.12.2016 (BGBl. I S. 3234).*

**Schrifttum: s. bei § 53:** Vergleichbare Vorschrift: § 46 BSGH, § 19 SGB IX.

# I. Bedeutung der Norm

1    In Teil 2 des SGB IX (§ 117 ff.) wird für die Zeit ab dem 1. Januar 2020 ein Gesamtplanverfahren gesetzlich geregelt. Da die Neuregelungen schon ab dem 1.1.2018 gelten sollen, werden sie für die **Übergangszeit** in §§ 141 ff. getroffen. Hierdurch wird zugleich der bisherige § 58 durch eine detailliertere und präzisere Regelung ersetzt.

2    Im Kontext personenzentrierter Leistungsgewährung und -erbringung hat die Gesamtplanung eine Schlüsselfunktion. Zur Eingliederung sind eine Vielzahl einzelner Leistungen und Maßnahmen möglich und oftmals auch erforderlich. Um die Ziele der Eingliederungshilfe zu erreichen, ist eine einzelfallbezogene Steuerung nötig. **Abstimmung und Koordination** sollen sicherstellen, dass der Leistungsberechtigte die in seiner individuellen Situation angemessenen Hilfen erhält. Dem dient die Gesamtplanung. Zugleich soll sie eine Dokumentation und Wirkungskontrolle des Teilhabeprozesses ermöglichen und insbesondere auch die Position des Leistungsberechtigten sowohl gegenüber dem Leistungsträger als auch gegenüber

dem Leistungserbringer stärken (vgl. die Begründung zum BTHG, BT-Drs. 18/ 9522, S. 287 zu Kapitel 7).

Das Gesamtplanverfahren ähnelt dem in §§ 19 ff. SGB IX neu eingeführten **Teil- 3 habeplanverfahren.** Das Teilhabeplanverfahren ist immer dann verbindlich durch-zuführen, wenn mehrere Rehabilitationsträger beteiligt sind, Leistungen unter-schiedlicher Leistungsgruppen beantragt werden (§ 19 Abs. 1 SGB IX) oder der Leistungsberechtigte die Erstellung eines Teilhabeplans wünscht (§ 19 Abs. 2 S. 3 SGB IX). Das Gesamtplanverfahren unterscheidet sich vom Teilhabeplanverfahren in zweierlei Hinsicht: Zum einen ist ein Gesamtplan immer auch dann aufzustellen, wenn weder unterschiedliche Leistungen beantragt noch mehrere Rehabilitations-träger beteiligt sind, es vielmehr nur um Einzelleistungen der Eingliederungshilfe geht. Zum anderen ermöglicht das Gesamtplanverfahren die Einbeziehung der Pfle-geleistungen und/oder der notwendigen Hilfen zum Lebensunterhalt in die Gesamt-planung (→ Rn. 8, 9).

Das Gesamtplanverfahren wird in **vier Schritten** durchgeführt: 4, 5
1. Bedarfsermittlung, ggf. inklusive Gesamtplankonferenz (§§ 142, 143)
2. Feststellung der Leistungen (§ 143a)
3. Erstellung eines Gesamtplans (§ 144) und auf dieser Grundlage Erlass des Verwal-tungsaktes
4. Abschluss einer Teilhabezielvereinbarung (§ 145).

## II. Inhalt der Norm

Abs. 1 regelt **Maßstäbe** für das Gesamtplanverfahren. Diese tragen der personen- 6 zentrierten Neuausrichtung der Eingliederungshilfe (→ § 53 Rn. 13) Rechnung und stärken die Position des Leistungsberechtigten. Dementsprechend ist geregelt, dass die Leistungsberechtigten in allen Verfahrensschritten zu beteiligen, ihre Wün-sche zu dokumentieren und der Bedarf individuell zu ermitteln ist. Abs. 1 Nr. 3 nennt konkrete Kriterien, die im Gesamtplanverfahren durchgängig zu beachten sind und die das Verfahren auf eine fachlich fundierte Basis stellen sollen. Die Mög-lichkeit der Durchführung einer Gesamtplankonferenz (Abs. 1 Nr. 4) soll die träger-übergreifende Zusammenarbeit optimieren.

Abs. 2 bestimmt, dass der Leistungsberechtigte die **Beteiligung einer Person** 7 **seines Vertrauens** am Gesamtplanverfahren verlangen kann. Damit wird die Mög-lichkeit einer trägerunabhängigen Beratung des Leistungsberechtigten gestärkt.

Die **Pflegekassen** sind nicht Rehabilitationsträger nach § 6 SGB IX und somit 8 nicht allgemein in das gemeinsame Rehabilitationsrecht einbezogen. Dennoch haben Leistungsberechtigte der Eingliederungshilfe oft auch pflegerische Bedarfe, die in Wechselwirkung zu den Teilhabebedarfen stehen. Abs. 3 stellt sicher, dass in diesen Fällen mit Zustimmung des Leistungsberechtigten die Pflegekasse am Gesamtplanverfahren beteiligt wird, soweit dies zur Feststellung der Leistungen der Eingliederungshilfe erforderlich ist. Entsprechendes gilt für die Beteiligung des hier-für zuständigen **Sozialhilfeträgers,** wenn Leistungen der Hilfe zur Pflege nach §§ 61 ff. in Betracht kommen.

Abs. 4 ermöglicht bei Bedarf eine Beteiligung des zuständigen **Trägers der Hilfe** 9 **zum Lebensunterhalt** am Gesamtplanverfahren.

## § 142 Instrumente der Bedarfsermittlung

(1) [1]**Der Träger der Sozialhilfe hat die Leistungen nach § 54 unter Berück-sichtigung der Wünsche des Leistungsberechtigten festzustellen.** [2]**Die Ermittlung des individuellen Bedarfes erfolgt durch ein Instrument, das sich an der Internationalen Klassifikation der Funktionsfähigkeit, Behinde-**

rung und Gesundheit orientiert. ³Das Instrument hat die Beschreibung einer nicht nur vorübergehenden Beeinträchtigung der Aktivität und Teilhabe in den folgenden Lebensbereichen vorzusehen:
1. Lernen und Wissensanwendung,
2. allgemeine Aufgaben und Anforderungen,
3. Kommunikation,
4. Mobilität,
5. Selbstversorgung,
6. häusliches Leben,
7. interpersonelle Interaktionen und Beziehungen,
8. bedeutende Lebensbereiche und
9. Gemeinschafts-, soziales und staatsbürgerliches Leben.

(2) Die Landesregierungen werden ermächtigt, durch Rechtsverordnung das Nähere über das Instrument zur Bedarfsermittlung zu bestimmen.

*Änderung der Vorschrift: § 142 angef. mWv 1.1.2018 durch G v. 23.12.2016 (BGBl. I S. 3234).*

1    Teil des Verfahrens der Gesamtplanung ist die Ermittlung des individuellen Bedarfs. Diese erfolgt in einem ersten Schritt mit Hilfe von Instrumenten, zweiter Schritt ist ggf. die Gesamtplankonferenz (→ § 143). Ein **Instrument** ist ein konkretes Werkzeug (zB Fragebogen, Checkliste, Leitfaden), das auf einer wissenschaftlichen Grundlage beruht (Begründung zum BTHG, BT-Drs. 19/9522, S. 287 f. zu § 118).

2    Die Vorschrift gibt kein konkretes Instrument vor, weil die Länder die Leistungen der Eingliederungshilfe als eigene Angelegenheiten ausführen. Die Norm benennt daher einerseits in Abs. 1 grundsätzliche **Anforderungen** an das einzusetzende Instrument, wobei die Orientierung an der Internationalen Klassifikation der Funktionsfähigkeit, Behinderung und Gesundheit (ICF) hervorgehoben wird. Andererseits werden in Abs. 2 die Landesregierungen ermächtigt, durch **Rechtsverordnung** Näheres zu regeln.

## § 143 Gesamtplankonferenz

(1) ¹Mit Zustimmung der Leistungsberechtigten kann der Träger der Sozialhilfe eine Gesamtplankonferenz durchführen, um die Leistungen für Leistungsberechtigte nach § 54 sicherzustellen. ²Die Leistungsberechtigten und die beteiligten Rehabilitationsträger können dem nach § 15 des Neunten Buches verantwortlichen Träger der Sozialhilfe die Durchführung einer Gesamtplankonferenz vorschlagen. ³Von dem Vorschlag auf Durchführung einer Gesamtplankonferenz kann abgewichen werden, wenn der Träger der Sozialhilfe den maßgeblichen Sachverhalt schriftlich ermitteln kann oder der Aufwand zur Durchführung nicht in einem angemessenen Verhältnis zum Umfang der beantragten Leistung steht.

(2) In einer Gesamtplankonferenz beraten der Träger der Sozialhilfe, der Leistungsberechtigte und beteiligte Leistungsträger gemeinsam auf der Grundlage des Ergebnisses der Bedarfsermittlung mit den Leistungsberechtigten insbesondere über
1. die Stellungnahmen der beteiligten Leistungsträger und der gutachterlichen Stellungnahme des Leistungserbringers bei Beendigung der Leistungen zur beruflichen Bildung nach § 57 des Neunten Buches,
2. die Wünsche der Leistungsberechtigten nach § 9,
3. den Beratungs- und Unterstützungsbedarf nach § 11,
4. die Erbringung der Leistungen.

(3) ¹Ist der Träger der Sozialhilfe Leistungsverantwortlicher nach § 15 des Neunten Buches, soll er die Gesamtplankonferenz mit einer Teilhabeplankonferenz nach § 20 des Neunten Buches verbinden. ²Ist der Träger der Eingliederungshilfe nicht Leistungsverantwortlicher nach § 15 des Neunten Buches, soll er nach § 19 Absatz 5 des Neunten Buches den Leistungsberechtigten und den Rehabilitationsträgern anbieten, mit deren Einvernehmen das Verfahren anstelle des leistenden Rehabilitationsträgers durchzuführen.

(4) ¹Beantragt eine leistungsberechtigte Mutter oder ein leistungsberechtigter Vater Leistungen zur Deckung von Bedarfen bei der Versorgung und Betreuung eines eigenen Kindes oder mehrerer eigener Kinder, so ist eine Gesamtplankonferenz mit Zustimmung des Leistungsberechtigten durchzuführen. ²Bestehen Anhaltspunkte dafür, dass diese Bedarfe durch Leistungen anderer Leistungsträger, durch das familiäre, freundschaftliche und nachbarschaftliche Umfeld oder ehrenamtlich gedeckt werden können, so informiert der Träger der Sozialhilfe mit Zustimmung der Leistungsberechtigten die als zuständig angesehenen Leistungsträger, die ehrenamtlich tätigen Stellen und Personen oder die jeweiligen Personen aus dem persönlichen Umfeld und beteiligt sie an der Gesamtplankonferenz.

*Änderung der Vorschrift: § 143 angef. mWv 1.1.2018 durch G v. 23.12.2016 (BGBl. I S. 3234).*

## I. Bedeutung der Norm

Die Vorschrift regelt die Gesamtplankonferenz, die als zweiter Schritt der Bedarfs- **1** ermittlung durchgeführt werden kann. In dieser **beraten** der Leistungsberechtigte, der Sozialhilfeträger sowie die anderen beteiligten Leistungsträger gemeinsam auf der Grundlage der Ergebnisse der Bedarfsermittlung über die Unterstützungsbedarfe und die notwendigen Leistungen.

## II. Inhalt der Norm

Eine Gesamtplankonferenz kann nur mit **Zustimmung** des Leistungsberechtig- **2** ten durchgeführt werden (Abs. 1). Sowohl der Leistungsberechtigte als auch die anderen beteiligten Leistungsträger haben ein **Initiativrecht,** sie können dem Sozialhilfeträger die Durchführung einer Gesamtplankonferenz vorschlagen. In diesem Fall kann der Sozialhilfeträger nur dann auf eine Gesamtplankonferenz verzichten, wenn er den maßgeblichen Sachverhalt schriftlich ermitteln kann oder der Aufwand für die Durchführung einer Gesamtplankonferenz nicht in einem angemessenen Verhältnis zum Umfang der beantragten Leistung steht.

Inhalt der Gesamtplankonferenz ist eine **fallbezogene Beratung,** an der der **3** Sozialhilfeträger, der Leistungsberechtigte, sowie die anderen beteiligten Leistungsträger teilnehmen (Abs. 2). Grundlage der Beratung sind die Ergebnisse der Bedarfsermittlung nach § 142. Gegenstand der Beratung sind die Unterstützungsbedarfe und die zu ihrer Deckung notwendigen Leistungen.

Eine besondere **Form** der Gesamtplankonferenz ist nicht vorgeschrieben, sie **4** kann daher – neben der Zusammenkunft aller Beteiligter an einem Ort – auch als Video- oder Internet-Konferenz durchgeführt werden (vgl. die Begründung zum BTHG, BT-Drs. 18/9522, S. 288 zu § 119). In jedem Fall ist aber sicherzustellen, dass der Leistungsberechtigte an ihr teilnehmen kann.

Ist nach § 19 SGB IX eine **Teilhabeplankonferenz** durchzuführen (was der Fall **5** ist, wenn Leistungen unterschiedliche Leistungsgruppen beantragt werden oder mehrere Rehabilitationsträger beteiligt sind oder der Leistungsberechtigte die Erstellung eines Teilhabeplans wünscht, siehe → § 141 Rn. 3), so soll diese mit der Gesamtplankonferenz verbunden werden (Abs. 3). Dies dient dazu, Mehraufwand und Reibungsverluste für alle Beteiligten zu vermeiden. Darüber hinaus soll der Sozialhilfeträger auch in von § 15 SGB IX erfassten Fällen, in denen nicht er, sondern ein anderer Rehabilitationsträger Leistungsverantwortlicher ist, anbieten, das Teilhabeplanverfahren an dessen Stelle durchzuführen, um so eine Verbindung der Teilhabeplan- mit der Gesamtplankonferenz zu ermöglichen.

6     Für **Mütter und Väter mit Behinderungen** trifft Abs. 4 eine Sonderregelung. Beantragen sie Leistungen zur Deckung von Bedarfen bei der Versorgung und Betreuung eigener Kinder, so ist – mit Zustimmung des Leistungsberechtigten – eine Gesamtplankonferenz zwingend durchzuführen. Dabei sind auch Personen aus dem familiären, freundschaftlichen oder nachbarschaftlichen Umfeld oder Ehrenamtliche zu beteiligen, wenn eine Bedarfsdeckung durch diese in Betracht kommt.

### § 143a Feststellung der Leistungen

(1) **Nach Abschluss der Gesamtplankonferenz stellen der Träger der Sozialhilfe und die beteiligten Leistungsträger ihre Leistungen nach den für sie geltenden Leistungsgesetzen innerhalb der Fristen nach den §§ 14 und 15 des Neunten Buches fest.**

(2) **[1]Der Träger der Sozialhilfe erlässt auf Grundlage des Gesamtplans nach § 145 den Verwaltungsakt über die festgestellte Leistung nach § 54. [2]Der Verwaltungsakt enthält mindestens die bewilligten Leistungen und die jeweiligen Leistungsvoraussetzungen. [3]Die Feststellungen über die Leistungen sind für den Erlass des Verwaltungsaktes bindend. [4]Ist eine Gesamtplankonferenz durchgeführt worden, sind deren Ergebnisse der Erstellung des Gesamtplans zugrunde zu legen. [5]Ist der Träger der Sozialhilfe Leistungsverantwortlicher nach § 15 des Neunten Buches, sind die Feststellungen über die Leistungen für die Entscheidung nach § 15 Absatz 3 des Neunten Buches bindend.**

(3) **Wenn nach den Vorschriften zur Koordinierung der Leistungen nach Teil 1 Kapitel 4 des Neunten Buches ein anderer Rehabilitationsträger die Leistungsverantwortung trägt, bilden die auf Grundlage der Gesamtplanung festgestellten Leistungen nach § 54 die für den Teilhabeplan erforderlichen Feststellungen nach § 15 Absatz 2 des Neunten Buches.**

(4) **In einem Eilfall erbringt der Träger der Sozialhilfe Leistungen der Eingliederungshilfe nach § 54 vor Beginn der Gesamtplankonferenz vorläufig; der Umfang der vorläufigen Gesamtleistung bestimmt sich nach pflichtgemäßem Ermessen.**

*Änderung der Vorschrift: § 143a angef. mWv 1.1.2018 durch G v. 23.12.2016 (BGBl. I S. 3234).*

## I. Bedeutung der Norm

1     § 143a regelt den Weg von der Gesamtplankonferenz (so denn eine durchgeführt wird) zur Bewilligung der konkreten Leistungen der Eingliederungshilfe. Im Anschluss an die Beratungen in der Gesamtplankonferenz werden die zu erbringenden Leistungen festgestellt, der Gesamtplan erstellt (dazu → § 144) und auf dessen Grundlage der Verwaltungsakt über die Leistungen nach § 54 erlassen.

## II. Inhalt der Norm

In der Gesamtplankonferenz beraten alle Beteiligten gemeinsam über die Bedarfe **2** und die zu ihrer Deckung notwendigen Leistungen. Die Feststellung der konkret zu erbringenden Leistungen erfolgt im Anschluss daran **durch den jeweils zuständigen Leistungsträger** nach den für ihn geltenden Gesetzen (Abs. 1). Sie haben dies innerhalb einer Frist von zwei Monaten nach Antragseingang abzuschließen, § 15 Abs. 4 S. 2 SGB IX. Nach der Leistungsfeststellung stellt der Träger der Sozialhilfe den Gesamtplan auf, § 144 Abs. 1.

Der Wortlaut des Abs. 1 sieht vor, dass die Leistungen nach Abschluss der Gesamt- **3** plankonferenz festgestellt werden. Das bedeutet jedoch nicht, dass eine **Leistungsfeststellung** nur dann erfolgt, wenn auch eine Gesamtplankonferenz durchgeführt wurde. Die Leistungsfeststellung hat vielmehr stets zu erfolgen, auch wenn die Bedarfsermittlung ohne Gesamtplankonferenz stattgefunden hat.

Ist der Gesamtplan (§ 144, der Verweis auf § 145 im Normtext ist fehlerhaft) **4** aufgestellt, so erlässt der Träger der Sozialhilfe auf dessen Grundlage den **Verwaltungsakt** (Bewilligungsbescheid) über die Leistung(en) der Eingliederungshilfe nach § 54 (Abs. 2). Dabei ist er an die Leistungsfeststellung nach Abs. 1 gebunden, ein Abweichen hiervon ist nicht zulässig. Dieser Bescheid muss neben den bewilligten Leistung mindestens die jeweiligen Leistungsvoraussetzungen enthalten (Abs. 2 S. 2).

Die Norm enthält ferner Regelungen über das **Verhältnis zu § 15 SGB IX:** **5** Sofern der Träger der Sozialhilfe Leistungsverantwortlicher nach § 15 SGB IX ist, sind die Feststellungen über die Leistungen für die Bewilligungsentscheidung nach § 15 Abs. 3 SGB IX bindend (Abs. 2 S. 5), damit wird die Einheitlichkeit der Entscheidungen sichergestellt. Ist ein anderer Rehabilitationsträger Leistungsverantwortlicher, so bilden die im Rahmen der Gesamtplanung festgestellten Leistungen der Eingliederungshilfe gem. Abs. 3 die für den Teilhabeplan erforderlichen Feststellungen nach § 15 Abs. 2 SGB IX.

Abs. 4 schließlich regelt das Vorgehen in **Eilfällen,** etwa wenn die bisherige **6** Bedarfsdeckung plötzlich entfällt (zB infolge des Tods eines Angehörigen, mit dem der Leistungsberechtigte zusammen wohnt). Ein Eilfall liegt vor, wenn eine sofortige bzw. zeitnahe Leistungserbringung erforderlich ist, die die vorherige Durchführung einer Gesamtplankonferenz nicht zulässt. In diesen Fällen erbringt der Sozialhilfeträger Leistungen der Eingliederungshilfe zunächst vorläufig, wobei der Umfang in seinem pflichtgemäßen Ermessen steht.

### § 144 Gesamtplan

(1) **Der Träger der Sozialhilfe stellt unverzüglich nach der Feststellung der Leistungen einen Gesamtplan insbesondere zur Durchführung der einzelnen Leistungen oder einer Einzelleistung auf.**

(2) [1]**Der Gesamtplan dient der Steuerung, Wirkungskontrolle und Dokumentation des Teilhabeprozesses.** [2]**Er gilt der Leistungsabsprache nach § 12 vor.** [3]**Er bedarf der Schriftform und soll regelmäßig, spätestens nach zwei Jahren, überprüft und fortgeschrieben werden.**

(3) **Bei der Aufstellung des Gesamtplanes wirkt der Träger der Sozialhilfe zusammen mit**
1. **dem Leistungsberechtigten,**
2. **einer Person ihres Vertrauens und**
3. **den im Einzelfall Beteiligten, insbesondere mit**
   a) **dem behandelnden Arzt,**
   b) **dem Gesundheitsamt,**
   c) **dem Landesarzt,**

d) dem Jugendamt und
e) den Dienststellen der Bundesagentur für Arbeit.

(4) **Der Gesamtplan enthält neben den Inhalten nach § 19 des Neunten Buches mindestens**

1. **die im Rahmen der Gesamtplanung eingesetzten Verfahren und Instrumente sowie die Maßstäbe und Kriterien der Wirkungskontrolle einschließlich des Überprüfungszeitpunkts,**
2. **die Aktivitäten der Leistungsberechtigten,**
3. **die Feststellungen über die verfügbaren und aktivierbaren Selbsthilferessourcen des Leistungsberechtigten sowie über Art, Inhalt, Umfang und Dauer der zu erbringenden Leistungen,**
4. **die Berücksichtigung des Wunsch- und Wahlrechts nach § 9 im Hinblick auf eine pauschale Geldleistung und**
5. **die Erkenntnisse aus vorliegenden sozialmedizinischen Gutachten.**

(5) **Der Träger der Sozialhilfe hat der leistungsberechtigten Person Einsicht in den Gesamtplan zu gestatten.**

*Änderung der Vorschrift: § 144 angef. mWv 1.1.2018 durch G v. 23.12.2016 (BGBl. I S. 3234).*

# I. Bedeutung der Norm

**1**   Die Vorschrift regelt **Funktion** und **inhaltliche Ausgestaltung** des Gesamtplans. Diese waren im bisherigen § 58 nicht näher dargelegt.

# II. Inhalt der Norm

**2**   Im zeitlichen Ablauf des Gesamtplanverfahrens schließt sich die Aufstellung des Gesamtplans an die Feststellungen der Leistungen an und geht dem Erlass des Verwaltungsakts über die Bewilligung der Leistungen (§ 143a Abs. 2) voraus. Aus dem Verhältnis der Vorschriften über die Aufstellung des Gesamtplans und den Erlass des Verwaltungsakts wird deutlich, dass (was schon bisher galt, vgl. hierzu OVG NRW 7.12.1972 – VIII A 414/72; VGH Mannheim, VGH BW 4.11.1996 – 6 S 440/96) der **Gesamtplan** selbst **kein Verwaltungsakt** ist. Er ist vielmehr eine verwaltungsinterne Maßnahme, die gegenüber dem Leistungsberechtigten nicht die Bewilligung der Einzelmaßnahmen ersetzt.

**3**   Der Leistungsberechtigte hat einen **Anspruch auf verfahrensfehlerfreie Aufstellung** eines Gesamtplans, nicht aber auf Aufnahme bestimmter Hilfsmaßnahmen (vgl. VGH BW 4.11.1996 – 6 S 440/96; LSG Nds-Brem 29.9.2009 – L 8 SO 177/09 B ER). Der Anspruch auf Aufstellung eines Gesamtplans ist im Wege der allgemeinen Leistungsklage geltend zu machen. Begehrt der Mensch mit Behinderung eine Leistung, die der Sozialhilfeträger nicht für notwendig erachtet, so muss er zunächst eine Verwaltungsentscheidung über die konkrete Leistung herbeiführen und ggf. hiergegen mit Widerspruch und Klage vorgehen.

**4**   **Funktion** des Gesamtplans ist die Steuerung, Wirkungskontrolle und Dokumentation des Teilhabeprozesses, Abs. 2. Damit er diese Funktion erfüllen kann, ist er schriftlich abzufassen und soll regelmäßig, spätestens nach zwei Jahren, überprüft und fortgeschrieben werden. Damit soll sichergestellt werden, dass auf veränderte Bedarfe, Wünsche und Teilhabeziele des Leistungsberechtigten zeitnah und flexibel reagiert werden kann (vgl. die Begründung zum BTHG, BT-Drs. 18/9522, S. 289 zu § 121). Als spezielleres Instrument geht er der Leistungsabsprache nach § 12 vor.

Bei der Aufstellung des Gesamtplans sind die in Abs. 3 genannten **Stellen und** 5 **Personen zu beteiligen.** Die Regelung übernimmt den bisherigen § 58 Abs. 2 mit der Ergänzung, dass explizit auch eine Person des Vertrauens des Leistungsberechtigten mitwirken kann. Neben dem behinderten Menschen und seiner Vertrauensperson werden als Mitwirkende die „im Einzelfall Beteiligten" genannt. Wer sonst im Einzelfall beteiligt ist, bestimmt sich nach den konkreten Umständen. Die in der Regelung enthaltene Aufzählung ist weder zwingend noch abschließend. Einzubeziehen sind diejenigen fachkundigen Personen und Stellen (zu denen zB auch Angehörige gehören können), deren Beteiligung sinnvoll ist. Die Regelung ist eine **Verfahrensvorschrift,** die den dort genannten Stellen kein eigenständiges Mitwirkungsrecht gibt (s. auch *Scheider,* Schellhorn/Hohm/Scheider, SGB XII, § 58 Rn. 8). Sie wendet sich an den Sozialhilfeträger, der zum Zusammenwirken verpflichtet wird. Dieses Zusammenwirken bezieht sich sowohl auf die Aufstellung des Gesamtplanes als auch auf die Durchführung der in ihm aufgeführten Maßnahmen. Für den Fall, dass eine Gesamtplankonferenz durchgeführt wird, enthält → § 143 weitere Regelungen.

Ist eine Gesamtplankonferenz durchgeführt worden, so sind deren Ergebnisse der 6 Gesamtplanerstellung zugrunde zu legen, § 143 Abs. 2 S. 4. Die **Mindestinhalte** des Gesamtplans waren bislang (in § 58) nicht geregelt. Abs. 4 verweist zum einen auf die notwendigen Inhalte eines Teilhabeplans, die in § 19 Abs. 2 S. 2 SGB IX geregelt sind. Zum anderen benennt die Vorschrift weitere Inhalte. Von besonderer Bedeutung sind die Formulierung individueller, konkreter Teilhabeziele (§ 19 Abs. 2 S. 2 Nr. 6 SGB IX) und die mit diesen in engem Zusammenhang stehenden Aufgaben bzw. zu deren Erreichung notwendigen Handlungen („Aktivitäten", Abs. 4 Nr. 2) des Leistungsberechtigten (so die Begründung zum BTHG, BT-Drs. 18/9522, S. 289 zu § 121). Auch die nach § 143a festgestellten Leistungen sind in den Gesamtplan aufzunehmen (Abs. 4 Nr. 3).

Um dem Kriterium der **Transparenz** (§ 141 Abs. 3 Nr. 1a) Rechnung zu tragen, 7 hat der Sozialhilfeträger dem Leistungsberechtigten Einsicht in den Gesamtplan zu gewähren, Abs. 4.

## § 145 Teilhabezielvereinbarung

[1]**Der Träger der Sozialhilfe kann mit dem Leistungsberechtigten eine Teilhabezielvereinbarung zur Umsetzung der Mindestinhalte des Gesamtplanes oder von Teilen der Mindestinhalte des Gesamtplanes abschließen.** [2]**Die Teilhabezielvereinbarung wird für die Dauer des Bewilligungszeitraumes der Leistungen der Eingliederungshilfe abgeschlossen, soweit sich aus ihr nichts Abweichendes ergibt.** [3]**Bestehen Anhaltspunkte dafür, dass die Vereinbarungsziele nicht oder nicht mehr erreicht werden, hat der Träger der Sozialhilfe die Teilhabezielvereinbarung anzupassen.** [4]**Die Kriterien nach § 141 Absatz 1 Nummer 3 gelten entsprechend.**

*Änderung der Vorschrift:* § 145 angef. mWv 1.1.2018 durch G v. 23.12.2016 (BGBl. I S. 3234).

Zur Umsetzung aller oder einiger Mindestinhalte des Gesamtplans kann der Sozi- 1 alhilfeträger mit dem Leistungsberechtigten eine Teilhabezielvereinbarung abschließen. Die Gesetzesbegründung stellt die Teilhabezielvereinbarung in Zusammenhang mit der Ermöglichung einer Überprüfung bewilligter Leistungen nach Zeitabläufen (BT-Drs. 18/9522, S. 289 zu § 122). Rechtsnatur und Bindungswirkung der Vereinbarung bleiben unklar.

# B. Asylbewerberleistungsgesetz (AsylbLG)

In der Fassung der Bekanntmachung vom 5. August 1997
(BGBl. I S. 2022)

zuletzt geänd. durch Art. 4, 31 Abs. 5 des Gesetzes zur Änderung des Bundesversorgungsgesetzes und anderer Vorschriften v. 17.7.2017 (BGBl. I S. 2541)

**Schrifttum:** *Brings/Oehl,* Verfassungswidrige Kürzungen und nachgeschobene Berechnungen, ZAR 2016, 22; *Deibel,* Das neue Asylbewerberleistungsgesetz, ZAR 1998, 28; *ders.,* Leistungsausschluß und Leistungseinschränkungen im Asylbewerberleistungsrecht, ZfSH/SGB 1998, 707; *ders.,* Asylbewerberleistungsgesetz 2000: Leistungen in besonderen Fällen, DVBl 2001, 866; *ders.,* Die Neuregelung des Asylbewerberleistungsrechts 2005; *ders.,* Die aufenthaltsrechtliche Stellung minderjähriger Ausländer – Überblick und aktuelle Probleme, ZAR 2013, 411; *ders.,* Die Neuregelung des Asylbewerberleistungsgesetzes durch das Asylverfahrensbeschleunigungsgesetz, ZFSH/SGB 2015, 704; *ders.,* Das neue Asylbewerberleistungsgesetz, ZFSH/SGB 2015, 113; *ders.,* Zur Diskussion: Haftpflichtversicherung für Asylbewerber, ZFSH/SGB 2017,191; *Deibel/Hohm,* AsylbLG aktuell, 2016; *Ekardt,* Würde und Existenzminimum – nur eingeschränkt für Asylbewerber, ZAR 2004, 142; *Fuchs,* Nochmals: Keine Verpflichtung der Sozialbehörden zur nachträglichen Leistungsgewährung bei verspäteter Kenntniserlangung vom Ende der Leistungsberechtigung nach § 1 III Nr. 2 AsylbLG, NVwZ 2000, 1018; Gemeinschaftskommentar zum Asylbewerberleistungsgesetz, April 2003; *Hachmann/Hohm,* Änderungen des Asylbewerberleistungsgesetzes durch das Gesetz zur Umsetzung aufenthalts- und asylrechtlicher EU-Richtlinien, NVwZ 2008, 34; *Hailbronner,* Ausländerrecht, Stand April 2000; *Hammel,* Sicherstellung und Einsatz von Vermögen der gem. § 1 Abs. 1 AsylbLG leistungsberechtigten Personen entsprechend der §§ 7 und 7a AsylbLG, ZFSH/SGB 2016, 171; *Hohm,* Asyl- und Ausländerrecht, 2006, Asylbewerberleistungsgesetz, Kommentar, 2008; *ders.,* Novellierung des Asylbewerberleistungsgesetzes, NVwZ 1997, 659; *ders.,* Zweites Gesetz zur Änderung des Asylbewerberleistungsgesetzes, NVwZ 1998, 1045; *ders.,* Keine Verpflichtung der Sozialbehörden zur nachträglichen Leistungsgewährung bei verspäteter Kenntniserlangung vom Ende der Leistungsberechtigung nach § 1 III Nr. 2 AsylbLG, NVwZ 2000, 287; *ders.,* Leistungsrechtliche Privilegierung nach § 2 AsylbLG 2005, NVwZ 2005, 388; *Horrer,* Das Asylbewerberleistungsgesetz, die Verfassung und das Existenzminimum, 2001; *Huber,* Änderungen im Ausländer- und Staatsangehörigkeitsrecht, NVwZ 2009, 201; *Huber/Rösler,* Handbuch des Ausländer- und Asylrechts, Bd. H, 2000; *Kaltenborn,* Die Neufassung des Asylbewerberleistungsgesetzes und das Recht auf Gesundheit, NZS 2015, 161; *Kingreen,* Migration und Sozialleistungen: Rechtliche Anmerkungen zu einem bayerischen Aufreger, BayVBl 2014, 289; *Kloesel/Christ/Häußer,* Deutsches Aufenthalts- und Ausländerrecht, 5. Aufl. 2007; *Kluth,* Das Asylpaket II – eine Gesetzgebung im Spannungsfeld zwischen politischem Versprechen und rechtlich-administrativer Wirklichkeit, ZAR 2015, 121; *Neumann,* Sozialstaatsprinzip und Grundrechtsdogmatik, DVBl 1997, 92; *Oppermann,* Das Asylbewerberleistungsrecht in der Fassung des Asylbeschleunigungsgesetzes, jurisPR-SozR 7/2016 und 8/2016; *Storr/Wenger/Eberle/Albrecht/Zimmermann-Kreher,* Kommentar zum Zuwanderungsgesetz, 2. Aufl. 2007; *Streit/Hübschmann,* Das Zweite Gesetz zur Änderung des Asylbewerberleistungsgesetzes, ZAR 1998, 266; *Tießler-Marenda,* Menschen mit Migrationshintergrund und Hartz IV, NDV 2007, 237; *Voigt,* Asylbewerberleistungsgesetz: feindliche Übernahme durch das Ausländerrecht, info also 2016, 99.

# Einleitung

## Übersicht

## I. Allgemeines

**1**     Das AsylbLG bestimmt seit seinem Inkrafttreten am 1.11.1993 (BGBl. I S. 1074)
abschließend Umfang und Form der Leistungen für Asylbewerber, vollziehbar zur
Ausreise verpflichtete Ausländer sowie ihre Ehegatten und minderjährigen Kinder.
Damit ist das AsylbLG systematisch eng mit dem AufenthG und dem AsylVfG
verknüpft (*Frerichs*, jurisPK–AsylbLG, § 1 Rn. 13). Schon damals bestimmte die hohe
Zahl der Flüchtlinge den sog. Asylkompromiss, aufgrund dessen Neuregelungen
für Leistungen an Asylbewerber eigenständig geregelt wurden. Nach den neueren
Änderungen des AsylbLG wird kritisch angemerkt, dass es im AsylbLG zu einer
„feindlichen Übernahme" durch das Ausländerrecht gekommen ist (*Voigt*, info also
2016, 99) und daraus die Schlussfolgerung gezogen, dass das AsylbLG nicht den
Vorgaben des BVerfG zum menschenwürdigen Leben entspricht. Diese Kritik zwar
nicht ganz von der Hand zu weisen, weil es unverkennbare Tendenzen im AsylbLG
gibt, auch migrationspolitische Ziele zu verfolgen. Im Ergebnis schießt die geäußerte
Kritik über das Ziel hinaus, weil schon vor den Entscheidungen des BVerfG Leis-
tungselemente und migrationspolitische Ziele mit dem AsylbLG verbunden waren
und im Kern nicht beanstandet worden sind.

**2**     Die Regelungen des AsylbLG sind grundsätzlich immer noch im Zusammenhang
mit dem sog. **Asylkompromiss** zu sehen, durch den Art. 16a GG an die Stelle
des Art. 16 Abs. 2 GG getreten ist und als dessen Folge das Gesetz zur Änderung
asylverfahrens-, ausländer- und staatsangehörigkeitsrechtlicher Vorschriften vom
30.6.1993 (BGBl. I S. 1062) in Kraft getreten ist. Festzuhalten ist, dass darin nach
dem Asylkompromiss eine Verfassungsentscheidung für den Ausgleich eines Indivi-
dualrechts mit Stabilitäts-und Leistungserfordernissen des demokratischen Gemeinwesens zu sehen ist (*di Fabio*, Gutachten vom 8.12.2016). Das AsylbLG stellt nicht
nur den **leistungsrechtlichen Annex** zu diesen Vorschriften dar (*Hailbronner*,
AuslR, B 12 Rn. 1), sondern auch zu denen des AufenthG. Mit den Einschränkungen des Asylgrundrechts wurden Leistungen für Asylbewerber und weitere Flücht-
lingsgruppen aus dem BSHG herausgenommen und durch das AsylbLG neu geregelt. Die ursprüngliche Fassung des Gesetzes ist bereits mehrfach geändert worden,
und zwar durch das Erste Gesetz zur Änderung des Asylbewerberleistungsgesetzes
vom 26.5.1997 (BGBl. I S. 1130) und das Zweite Gesetz zur Änderung des Asylbewerberleistungsgesetzes vom 25.8.1998 (BGBl. I S. 2505; zum Gesetzgebungsverfahren, s. *Hohm*, NVwZ 1997, 659; *ders./Deibel/Hohm*, AsylbLG aktuell, Einführung
Rn. 1 f.). Seine Fassung hat es weitgehend durch Art. 8 des Zuwanderungsgesetzes
vom 30.7.2004 (BGBl. I S. 1950) erhalten. Es ist dem AufenthG, das ab 1.1.2005 das
AusländerG ablöst, und dem Gesetz zur Umsetzung aufenthalts- und asylrechtlicher
Richtlinien der Europäischen Union vom 19.8.2007 mit Wirkung vom 28.7.2007
angepasst worden. Eine weitere Änderung erfolgte durch das Gesetz zur Neurege-
lung des Wohngeldrechts und zur Änderung des Sozialgesetzes vom 24.9.2008
(BGBl. I S. 1856), wobei es sich allerdings um eine redaktionelle Änderung handelt.
Grundlegender ist die durch die Entscheidung des BVerfG vom 18.7.2012 veranlasste

Fassung des Asylbewerberleistungsgesetzes vom 10.12.2014, das eine Anpassung an die vom BVerfG gemachten Vorgaben unternimmt, im eigentlichen Sinn jedoch **keine wirkliche Reform** darstellt. Der Adressatenkreis der Leistungsberechtigten bleibt unverändert. Das Gesetz bleibt ausgesprochen heterogen mit den sehr unterschiedlichen Biographien des Adressatenkreises und ihren Aufenthaltsperspektiven (*Wallrabenstein*, SGb Heft 12 Editorial). Auch für Ausländer gilt das Menschenrecht auf Gewährleistung eines Existenzminimums, das selbst für einen befristeten Aufenthalt nicht zu leugnen ist. Gemessen daran bleibt die „Reform" dahinter weit zurück.

Die im Laufe des Jahres 2015 wieder zunehmende Anzahl von Flüchtlingen und **3** Asylbewerbern hat der Gesetzgeber zum Anlass genommen, nicht nur Änderungen des Asylverfahrensgesetzes (jetzt AsylG), sondern auch des Asylbewerberleistungsgesetzes vorzunehmen. Nach den Materialien (BT-Drs. 18/6185) wurde mit ca. 800.000 Flüchtlingen gerechnet, wobei dieser Zahl nur ein Annäherungswert zukommt. Die zunehmende Zahl von Flüchtlingen hat finanzielle und logistische Probleme zur Folge. Für die Dauer des Asylverfahrens bedarf es der Unterbringung in Erstaufnahmeeinrichtungen und Flüchtlingsunterkünften. Um mögliche Fehlanreize zu beseitigen, die aus der Sicht des Gesetzgebers zu ungerechtfertigten Asylanträgen führen können, wird der Bargeldbedarf in Erstaufnahmeeinrichtungen so weit wie möglich durch Sachleistungen ersetzt.

In schneller Folge ist das AsylbLG allein im Jahr 2016 dreimal geändert worden, **4** durch das Gesetz zur Einführung beschleunigter Asylverfahren vom 11.3.2016, das Gesetz zur Änderung des Zweiten Buches Sozialgesetzbuch vom 26.7.2016 und das IntegrationsG vom 26.7.2016. Das IntegrationsG ist das umfassende Gesetz, in dem Änderungen des SGB III, des SGB II, des SGB XII, des AsylbLG, des AsylG und es AufenthG vorgenommen worden sind. Gerade im AsylbLG hat dieses eine starke Verzahnung erfahren, so dass schon von einer feindlichen Übernahme durch das AufenthG gesprochen wird (*Voigt*, info also, 2016, 99). Es bleibt einfach festzuhalten, dass das AsylbLG ein Teil einer komplexen politischen Materie ist, bei der immer wieder Änderungen des AufenthG, der Forderung nach schnelleren Asylverfahren und der beschleunigten Abschiebungen sowie von Rücknahmeabkommen einerseits und erste Schritte einer Integration von durch das AsylbLG betroffenen Ausländergruppen das AsylbLG andererseits die Basis einer zumindest verfassungsfesten Grundsicherung einzubeziehen ist.

Mit dem Entwurf des Dritten Gesetzes zur Änderung des AsylbLG (BT Drs. 18/ **4a** 9985), der wegen der nötigen Zustimmung der Länder bisher nicht Gesetz geworden ist, wollte die Bundesregierung maßgeblich die gesetzlichen und verfassungsrechtlichen Vorgaben zur Neuermittlung der Bedarfssätze nach § 3 umsetzen. Zudem sollten die Bedarfsstufen im AsylbLG in Anlehnung an die Vorgaben des RegelbedarfsermittlungsG neu geregelt werden. Für die Ermittlung der pauschalierten Bedarfe sollte auf die Sonderauswertung der EVS 2013 nach dem RBEG herangezogen werden.

## II. Gesetzeszweck

Zwischen dem AufenthG, dem AsylG und dem AsylbLG besteht unverkennbar **5** eine Konnexität. Jede Änderung der aufenthaltsrechtlichen Gesetze hat jedes Mal Auswirkungen auf das AsylbLG. Die zahlreichen, in schneller Folge vorgenommenen Änderungen lassen den migrationspolitischen **Lenkungscharakter** dieses Gesetzes besonders deutlich werden. Um das Problem der Migration in den Griff zu bekommen, bündelt der Gesetzgeber in diesem Gesetz **unterschiedliche Zwecke,** die in **Zweifelsfragen** eine Auslegung der Vorschriften schwierig machen. Ein **gesetzgeberisches Ziel,** das in der asylpolitischen Diskussion schon früh formuliert wurde, ist, alle Gruppen asylsuchender Ausländer zu erfassen und die Leistungsbemessung unter den Sozialhilfesatz zu senken (*DV,* NDV 1982, 246). Damit sollte die Verminderung der Sozialausgaben für Asylbewerber und vergleichbare Gruppen einhergehen (BT-Drs. 12/3686, S. 4). Als weitere Zielsetzung ist die finanzielle Entlastung der Städte und Gemeinden ins Auge gefasst worden (so schon *Hohm,* NVwZ 1997, 59; *Deibel,* ZAR 1998, 28). Gerade zu ihren Lasten geht die zögerliche Ausweisung abgelehnter Asylbewerber. Mit dem Asylverfahrensbeschleunigungsgesetz wurde ein neuer Anlauf unternommen, Abschiebungen zu beschleunigen (BT-Drs. 18/6185, S. 2). Zugleich erhoffte man sich einen Abschreckungseffekt auf einreisewillige Ausländer, was auch noch einmal in der Begründung zum Asylverfahrensbeschleunigungsgesetz deutlich wird. Diese, dem weiten Gestaltungsspielraum des Gesetzgebers überlassene Konzeption des AsylbLG war vom BVerfG in der Vergangenheit nicht beanstandet worden (vgl. Beschl. v. 11.7.2006 – 1 BvR 293/ 05; jetzt aber BVerfG – 1 BvL 10/10, 1 BvL 2/11, NJW 2012, 1031). So hat das BVerfG in seiner Entscheidung vom 11.7.2006 formuliert, dass es zwar im sozialpolitischen Ermessen des Gesetzgebers liegt, für Asylbewerber – was mit dem Asylbewerberleistungsgesetz geschehen ist – ein eigenes Konzept zur Sicherung ihres Lebensbedarfs zu entwickeln und dabei auch Regelungen über die Gewährung von Leistungen abweichend vom Recht der Sozialhilfe zu treffen. Insbesondere ist es dem Gesetzgeber nicht verwehrt, Art und Umfang von Sozialleistungen an Ausländer grundsätzlich von der voraussichtlichen Dauer ihres Aufenthalts in Deutschland abhängig zu machen (s. dazu auch BVerfG, Beschl. v. 18.7.2012 – 1 BvL 10/10, 1 BvL 2/11, NJW 2012, 1031). Es hat aber für den speziellen Fall der Anrechnung von Schmerzensgeld als Einkommen bzw. Vermögen einen Verstoß gegen den Gleichheitsgrundsatz gesehen, weil das Schmerzensgeld eine Sonderstellung hat, dem bei der Anrechnung von Einkommen und Vermögen Rechnung zu tragen ist. In seiner Entscheidung vom 12.7.2012 hat das BVerfG auf die Grenzen des gesetzgeberischen Gestaltungsspielraumes bei der Festsetzung von Leistung nach dem AsylbLG hingewiesen. Würden Menschen die zur Gewährleistung eines menschenwürdigen Daseins die notwenigen materiellen Mittel fehlen, weil sie weder aus einer Erwerbstätigkeit noch aus eigenem Vermögen noch durch Zuwendungen Dritter zu erlangen seien, sei der Staat im Rahmen seines Auftrages zum Schutz der Menschwürde und der Ausführung seines sozialstaatlichen Gestaltungsauftrages verpflichtet, dafür Sorge zu tragen, dass die materiellen Voraussetzungen dafür Hilfsbedürftigen zur Verfügung stehen würden. Als Menschenrecht stehe dieses Grundrecht deutschen und ausländischen Staatsangehörigen, die sich in der Bundesrepublik Deutschland aufhalten würden, gleichermaßen zu.

**6**    Von den Regelungen des AsylbLG fast gänzlich negiert wird immer noch der lange Aufenthalt mancher nach dem AsylbLG Berechtigter, bei denen sich unter diesen Umständen schon eine mehr oder minder faktische Integration abzeichnet. Durch die frühere Verlängerung der Frist des § 2 AsylbLG, die jetzt wieder zurückgenommen worden ist, wurde eine mögliche (wirtschaftliche) Integration in die deutsche Gesellschaft noch weiter hinausgeschoben, obwohl 1995 eine Frist von zwei Jahren als ausreichend angesehen wurde, um von einem kurzen oder nur vorübergehenden Aufenthalt zu sprechen (vgl. BT-Drs. 13/2746). Vorteile verschafft der Gesetzgeber nur den Ausländern, die Deutschlands Position im internationalen Wettbewerb stärken helfen (zum ArbeitsmigrationssteuerungsG s. näher *Huber,* NVwZ 2009, 201). Angesichts der veränderten sozialen Umstände des von § 1 AsylbLG betroffenen Personenkreises (unverhältnismäßig langer Aufenthalt in Deutschland) hätte das AsylbLG auch einer gründlichen rechtspolitischen Überprüfung bedurft, vor allem was die Leistungskürzungen anging. Denen, die faktisch nicht abgeschoben werden wie etwa die Palästinenser aus dem Libanon, von seiten des libanesischen Staates keinerlei Entgegenkommen bei der Aufnahme erwarten können, bietet das AsylbLG keinerlei Perspektive, um ein eigenständiges, selbst verantwortetes Leben zu führen. Die politischen Implikationen, die seinerzeit mit der Einführung eines eigenen Leistungsrechts verbunden waren, haben sich angesichts dieser Zahlen relativiert. Der „Makel" einer nicht vollständig transparenten Ableitung der festgesetzten Leistungen behaftete das AsylbLG. Ein besonderer Kritikpunkt war, dass die Leistungen 15 Jahren lang nicht angehoben worden waren, was nur dann nachvollziehbar gewesen wäre, wenn in der Tat der Kanon der die Leistungshöhe bestimmenden Ausgaben feststehen würde, und damit die Leistungshöhe erklärbar geworden wäre.

Die Entscheidung des BVerfG (1 BvL 10/10, 1 BvL 2/11 – NJW 2012, 1031) **7** ist der Anlass einer weiteren **Neuregelung** gewesen. Nach der bereits wiedergegebenen Auffassung des BVerfG begründet Art. 1 Abs. 1 iVm Art. 20 Abs. 1 GG einen Anspruch auf Gewährleistung eines menschenwürdigen Existenzminimums als Menschenrecht. Nach ständiger Rechtsprechung (zuletzt BVerfG 23.7.2014 – 1 BvL 10/12 ua) ist ein Grundrecht auf Gewährleistung eines menschenwürdigen Existenzminimums garantiert. Der Gesetzgeber hat den Auftrag, ein menschenwürdiges Existenzminimum tatsächlich zu sichern. Das Grundrecht ist dem Grunde nach unverfügbar und muss durch einen Leistungsanspruch eingelöst werden, bedarf aber der Konkretisierung und stetigen Aktualisierung durch den Gesetzgeber, der die zu erbringenden Leistungen an dem jeweiligen Entwicklungsstand des Gemeinwesens und den bestehenden Lebensbedingungen im Hinblick auf die konkreten Bedarfe der Betroffenen auszurichten hat. Daraus folgert das BVerfG für die unter § 1 Leistungsberechtigten konsequent, dass es deutschen und ausländischen Staatsangehörigen, die sich in der Bundesrepublik aufhalten, gleichermaßen zusteht. Diese klare Aussage des Gerichts war neu. Von seinem Standpunkt aus stellt das BVerfG fest, dass die Höhe der Geldleistungen nach § 3 AsylbLG evident unzureichend war, und verpflichtete den Gesetzgeber zur Neuregelung. Die Bundesregierung hatte daraufhin einen Entwurf vorgelegt, in dem die Eckpunkte folgendermaßen umschrieben worden sind: Berücksichtigung einer transparenten, realitäts- und bedarfsgerechten Bemessung der Geldleistungen im AsylbLG, die Absenkung der Wartefristen, die Neuregelung des Übergangs in das SGB XII, die Einschränkung des Anwendungsbereiches des AsylbLG, die sich nur kurzfristig in der Bundesrepublik aufhalten (zur Kritik s. die Stellungnahme der Bundesarbeitsgemeinschaft der Freien Wohlfahrtspflege v. 1.7.2013 und des Flüchtlingsrates Berlin v. 11.7.2014). Neugeordnet wurde das AsylbLG mit dem Änderungsgesetz vom 10.12.2014 (BGBl. I S. 2187), in dem der Referentenentwurf umgesetzt worden ist. Das Gesetz ist am 1.3.2015 in Kraft getreten, die Änderungen des § 12 AsylbLG gelten ab 1.1.2016. Wegen der Einzelheiten vgl. die Kommentierung in den jeweiligen Vorschriften. Dem Änderungsgesetz wird vorausgesagt, dass es die Vorgaben des BVerfG nicht ausreichend umsetzt und die Bedarfsmessung erneut dem BVerfG zur Überprüfung vorgelegt wird. Die Änderungen haben sich auf die Herausnahme bestimmter Gruppen von Ausländern aus dem Kreis der Leistungsberechtigten, die Aufgabe der akzessorischen Leistungsbeschränkung bei Familienangehörigen im Rahmen des § 1a, die Änderung der Fristen bei Bezug von Analogleistungen, die Neuermittlung der Leistungssätze und die Regelung zur Bildung und Teilhabe bezogen (vgl. auch *Hohm*, Deibel/Hohm, AsylbLG aktuell, Einführung Rn. 9).

Durch das **Gesetz zur Verbesserung der Rechtsstellung der asylsuchenden 8 und geduldeten Ausländer** (BGBl. I 2014 S. 2439) wurde erneut mit Wirkung vom 1.3.2015 in das Leistungsrecht eingegriffen (s. dazu BT-Drs. 18/3160 und 3144). Das Sachleistungsprinzip für den notwendigen Bedarf an Ernährung, Unterkunft, Heizung, Kleidung, Gesundheits- und Körperpflege und Gebrauchs- und Verbrauchsgütern des Haushalts wurde auf die Unterbringung in Erstaufnahmeeinrichtungen beschränkt.

Mit dem **AsylverfahrensbeschleunigungsG** vom 20.10.2015 (BGBl. I S. 1722, **9** Asylpaket I), das einen Tag später in Kraft getreten ist, versuchte der Gesetzgeber, den nach Deutschland einströmenden Menschen mit Änderungen des AsylG, des

AsylbLG, des AufenthG zu begegnen (vgl. dazu auch *Oppermann*, jurisPR-SozR 7/ 2016 Anm. 1). Es knüpfte an das auf dem „Flüchtlingsgipfel" (*Hohm*, Deibel/Hohm, AsylbLG aktuell, Einführung Rn. 12) beschlossene Maßnahmepaket an. Als Problem und Zweck des Asylbewerberbeschleunigungsgesetzes wird ausgeführt, dass Deutschland seit Monaten Ziel von Asylbewerbern ist, die Sicherheit vor Krieg, Verfolgung und Not suchen. Zur Bewältigung der damit verbundenen Herausforderungen sei es notwendig, das Asylverfahren zu beschleunigen. Die Rückführung vollziehbar Ausreisepflichtiger sollte vereinfacht und Fehlanreize, die zu einem weiteren Anstieg ungerechtfertigter Asylanträge führen können, beseitigt werden (BT-Drs. 18/6185). Um die Kapazitäten für die Bearbeitung von Asylanträgen zu priorisieren, hatte der Gesetzgeber die Einstufung von Albanien, Kosovo und Montenegro als sichere Herkunftsstaaten vorgesehen. Damit verbunden ist die Pflicht der Personen aus diesen Ländern, dass sie bis zum Ende des Asylverfahrens in Ersteinrichtungen verbleiben müssen. Der Gesetzgeber reagierte damit auch auf die öffentliche Diskussion um die Höhe der Leistungen nach dem AsylbLG. Über Leistungskürzungen wird damit das AsylbLG ein „tragendes Steuerungsinstrument im Asylpaket I" (*Oppermann*, jurisPR-SozR 7/2016, Anm. 1) und gerät auf diese Weise an die Grenze vom BVerfG im Urteil vom 18.7.2012 aufgezeigten Hinnehmbaren. Die Entkoppelung von Aufenthaltsrecht und Leistungsrecht, die durch das BVerfG mit dem Hinweis auf das Menschenwürdeprinzip vorgenommen worden ist, wird durch das AsylverfahrensbeschleunigungsG stark relativiert.

10    Für das AsylbLG hatte das Asylpaket I Änderungen des § 1a, die Ausweitung des Sachleistungsprinzips, die Neuregelung von Schutzimpfungen und die Einführung einer Gesundheitskarte, die teilweise Neuregelung der örtlichen Zuständigkeit und die Ermöglichung einer Reisebeihilfe zur Ermöglichung der Rückkehr in das Heimatland mit sich gebracht. Durch das Landesrecht sollten keine Änderungen der Beschränkung von Vorauszahlungen der Geldleistungen auf längsten einen Monat möglich sein. Mit dem Asylpaket I ist der Gesetzgeber wieder zu einer engen Verknüpfung des Leistungs- und Ausländerrechts zurückgekehrt (*Oppermann*, juris PR-SozR 8/2016 Anm.1). Auch wenn das Leistungsrecht dem Ausländerrecht nachfolgt, ist es nur ein schmaler Grat, zwischen der verfassungswidrigen Lenkung durch Leistungseinschränkung im Hinblick auf die migrationsrechtlichen Ziele.

11    In rascher Folge, wenn nicht sozusagen in hektischer Eile, ist das AsylbLG im Verbund mit Änderungen des AsylG erneut mit Wirkung vom 12.3.2016 durch das Gesetz zur Einführung beschleunigter Asylverfahren vom 11.3.2016 (BGBl. I S. 390) geändert worden. Gem. § 3 Abs. 1 S. 8 wurden die Geldleistungen für alle notwendigen persönlichen Bedarfe neu festgesetzt. § 11 erhält einen neuen Absatz 2a, in dem Leistungen nach dem AsylbLG auf die Ausstellung eines Ankunftsnachweises (§ 63a AsylG) abgestimmt werden. Der Gesetzgeber meint, dass in einer wertenden Betrachtung der besonderen Bedarfslage der Leistungsberechtigten nach dem AsylbLG Rechnung zu tragen ist (BT-Drs. 18/7538). Deswegen werden die Geldleistungen für den notwendigen persönlichen Bedarf neu festgesetzt. Um sicherzustellen, dass Asylbewerber die staatliche Entscheidung über ihren persönlichen Aufenthalt befolgen, erhalten Asylbewerber die vollen Leistungen generell erst nach Aushändigung des Ankunftsnachweises.

12    Mit dem Integrationsgesetz vom 31.7.2016 greift der Gesetzgeber erneut auch in das AsylbLG ein. Nach den Vorstellungen des Gesetzgebers (BR-Drs. 266/16) zielt das Gesetz darauf ab, Menschen, die in Deutschland Asyl beantragen, unter Berücksichtigung der jeweiligen Lebensumstände zu helfen, ihnen Schutz, Unterkunft und ein menschenwürdiges Existenzminimum zu schaffen. Menschen, die eine gute Bleibeperspektive haben, sollen möglichst zügig in die Gesellschaft und in den Arbeitsmarkt integriert werden. Der Gesetzentwurf differenziert zwischen den Menschen, die eine gute Bleibeperspektive haben, und denjenigen, die keine Perspektive haben. Sie sollen mit Blick auf eine Rückkehr in ihre Herkunftsländer

adäquat gefördert werden. Dem Gedanken von Fördern und Fordern liegt die Ansicht der Bundesregierung zugrunde, Eigeninitiative und Integrationsbereitschaft des Einzelnen mit staatlichen Angeboten und Anreizen zu verbinden. Ziel müsse es sein, die unterschiedlichen Voraussetzungen und Perspektiven der Schutzsuchenden zu berücksichtigen und dafür passende Maßnahmen und Leistungen anzubieten sowie im Gegenzug Integrationsbemühungen zu unterstützen und einzufordern.

So sollen für Leistungsberechtigte nach dem AsylbLG – mit Ausnahme von Asyl- **13** bewerbern aus sicheren Herkunftsstaaten sowie von vollziehbar ausreisepflichtigen Personen – zusätzliche Arbeitsgelegenheiten aus Bundesmitteln geschaffen werden. Bereits vor Abschluss des Asylverfahrens können Flüchtlinge niedrigschwellig an den deutschen Arbeitsmarkt herangeführt werden. Gleichzeitig sollen sinnvolle und gemeinnützige Beschäftigungen in und um Aufnahmeeinrichtungen geschaffen werden, ohne dass es sich um Arbeits- oder Beschäftigungsverhältnisse handelt. Im Gesetzentwurf ist auch vorgesehen, dass derjenige, der seine Pflicht zur Mitarbeit in den Integrationsmaßnahmen verletzt, mit Leistungskürzungen rechnen muss. Zukünftig sollten auch Flüchtlinge mit einfachen Sprachkenntnissen zu einem Integrationskurs verpflichtet werden können. Als einen entscheidenden Punkt des Gesetzentwurfes sieht die Bundesregierung an, dass die sog. Vorrangprüfung auf dem Arbeitsmarkt befristet für drei Jahre ausgesetzt wird, um Möglichkeiten für eine Leiharbeit zu eröffnen. Daneben sah der Gesetzentwurf Verbesserungen bei der Ausbildungsförderung, bei der schulischen und betrieblichen Ausbildung von geduldeten Ausländern sowie die Einführung einer befristeten Wohnsitzzuweisung für anerkannte Flüchtlinge vor. Tiefer eingreifend in das Selbstbestimmungsrecht der Ausländer sind die politisch umstrittenen Vorschriften zur Wohnsitzregelung (§ 12a AufenthG).

Das AsylbLG regelt als eigenständiges Gesetz die **materiellen Leistungen** des **14** in § 1 Abs. 1 AsylbLG aufgeführten Personenkreises. Es ist nicht dem **formellen Sozialrecht** zuzuordnen, weil es nicht in dessen Katalog (Art. II § 1 SGB I) aufgenommen worden ist (so auch *Birk*, LPK-SGB XII, Vorb. Rn. 13). Dies hat zur Folge, dass das VwVfG anzuwenden ist, soweit nicht durch Vorschriften wie § 6 Abs. 4 AsylbLG oder § 9 Abs. 4 AsylbLG die Vorschriften des verfahrensrechtlichen Teils des Sozialgesetzbuches (SGB X) für anwendbar erklärt werden. Ansonsten gelten die Verfahrensgesetze der Länder.

Seinem Leistungsinhalt nach gehört das AsylbLG gleichwohl noch zum **materiel- 15 len Sozial(hilfe)recht** (*Hohm*, Schellhorn/Hohm/Scheider, SGB XII, Vorb. AsylbLG Rn. 4; vgl. auch BSG 30.10.2013 – B 7 AY 2/12 R). Diese Zuordnung hatte sich schon daran gezeigt, dass auf Streitigkeiten vor den Verwaltungsgerichten § 188 VwGO, der die Gerichtskostenfreiheit regelt, auf das AsylbLG anwendbar war.

Die **verfassungsrechtlichen Bedenken,** die gegen eine Ausgliederung aus dem **16** Sozialhilferecht vorgebracht werden können, hat die Rechtsprechung nicht aufgegriffen (grundsätzlich zur Regelleistung und Art. 3 Abs. 1 iVm Art. 20 GG: BVerfG – 1 BvL 1/09, NJW 2010, 505). Aus verfassungsrechtlicher Sicht ist entscheidend, dass das Grundgesetz Umfang und Art der Leistungsgewährung, wie bei anderen Sozialhilfeleistungen auch, nicht determiniert. Dem Gesetzgeber steht bei der Gestaltung von Leistungsvorschriften ein weiter Spielraum zu (BVerfG – 1 BvL 10/10, 1 BvL 2/11, NVwZ 2012, 1024), der lediglich durch das Existenzminimum im Sinne einer unabweisbaren Hilfe begrenzt wird (*Neumann*, DVBl. 1997, 94). Das BVerfG akzeptiert, dass der Gesetzgeber bei der Festlegung des menschenwürdigen Existenzminimums die Besonderheiten bestimmter Personengruppen berücksichtigen kann, eine Differenzierung nur insofern möglich, als deren Bedarf von dem anderen Bedürftigen signifikant abweicht.

Verständlich wird diese Rechtsprechung vor dem Grundsatz, dass selbst nach dem **17 Völkerrecht** Ausländer im Hinblick auf Einreise und Aufenthalt anders behandelt werden dürfen als die eigenen Staatsbürger (*Frerichs*, jurisPK-SGB XII, § 1 AsylbLG, Rn. 51; *Kloesel/Christ/Häußer*, Einf. Rn. 28). Nach allgemeinem Völkerrecht liegt die Entscheidung über Einreise und Aufenthalt von Ausländern in der freien, ungebundenen Entscheidungsbefugnis von Staaten (*Hailbronner*, AuslR Rn. 62). Dahinter steht die Territorialhoheit eines Staates. Einschränkungen ergeben sich lediglich durch gewohnheitsrechtliche oder völkerrechtliche Bestimmungen wie etwa die Genfer Flüchtlingskonvention sowie aus dem Übereinkommen über die Rechtstellung von Staatenlosen vom 28.9.1954. Angehörige bestimmter Staaten erhalten Vergünstigungen aufgrund multi- und bilateraler Vereinbarungen, die sich auch auf das soziale Leistungsrecht auswirken. Leistungseinschränkungen im Vergleich mit Deutschen oder EU-Bürgern verstoßen nicht gegen das Völkerrecht (vgl. BVerfG 18.7.2012 – 1 BvL 10/00, NVwZ 2012, 234; vgl. auch *Frerichs*, jurisPK SGB XII, § 1 AsylbLG Rn. 51). Im Übrigen ist der Gesetzgeber den weiteren Vorgaben verpflichtet, die sich aus dem Recht der Europäischen Union und aus völkerrechtlichen Verpflichtungen ergeben. Die bisherige normativ geführte Argumentation, die in § 1 AsylbLG aufgeführten Personen hätten kein verfestigtes Aufenthaltsrecht und deshalb fehle bei ihnen der Integrationsbedarf, so dass dies Auswirkungen auf die Leistungshöhe hat, ist nach der Entscheidung des BVerfG vom 18.7.2012 nicht mehr haltbar, weil sie einer hinreichend verlässlichen Grundlage entbehrt.

18    Die **Europäische Menschenrechtskonvention** enthält grundsätzlich keine Bestimmungen über den Aufenthalt und die Einreise von Ausländern (EGMR, Entscheidung v. 6.12.2007, Nr. 69735/01). Bei aufenthaltsbeendenden Maßnahmen ist allerdings Art. 8 EMRK in den Blick zu nehmen und jeweils zu prüfen, welche Einwirkungen sich auf die Achtung des Privat- und Familienlebens ergeben.

19    Das **Europäische Fürsorgeabkommen** setzt voraus, dass ein Staatsangehöriger eines Vertragsstaates sich erlaubt in der Bundesrepublik aufhält. Unter diesen Voraussetzungen haben sie einen gleichen Zugang zur sozialen und Gesundheitsfürsorge. Sie müssen über eine Niederlassungserlaubnis nach § 9 AufenthG verfügen. Eine Aufenthaltsgestattung nach § 55 AsylG oder eine Duldung berechtigt nicht zur Gleichstellung mit Inländern.

## III. Klagegegenstand

20    Ob ein Klageverfahren eine zukunftsoffene Leistung beinhaltet, hängt im Wesentlichen davon ab, welche Entscheidung die Behörde getroffen hat. Es bleibt ihr unbenommen, über einen kurzen Zeitraum zu entscheiden, weil sie von der Vorstellung ausgeht, dass es sich auch bei den Leistungen nach dem AsylbLG um eine Hilfe in einer besonderen Notsituation handelt. Sie kann den Leistungszeitraum auch zukunftsoffen gestalten („bis auf Weiteres"). Entscheidend ist daher stets der **Inhalt des angefochtenen Verwaltungsaktes**, wie er aus der Sicht des Adressaten zu verstehen ist (BSG 8.2.2007 – B 9b AY 1/06 R –, SozR 4-3520 § 2 Nr. 1 = FEVS 58, 337; LSG NRW 2.3.2007 – L 20 B 68/06 AY ER; LSG LSA 18.12.2006 – L 8 B 24/06 AY ER). Nach der Rspr des BSG 17.6.2008 – B 8 AY 11/07 R – werden ausdrückliche bzw. konkludente Bewilligungsbescheide, die Folgezeiträume betreffen, jedenfalls für die Zeit bis zum Erlass des Widerspruchsbescheides – in analoger Anwendung des § 86 SGG Gegenstand des Widerspruchsverfahrens (zustimmend *Frerichs*, jurisPK-SGB XII, § 3 AsylbLG Rn. 154; kritisch *Becker*, Roos/Wahrendorf, SGG, § 86 Rn. 10). Zur Auslegung des Bescheides bei der Berechnung der Beschwerdesumme: LSG NRW 18.12.2014 – L 20 AY 76/14. Bei einer rechtsmissbräuchlichen Aufenthaltsdauer wird darüber gestritten, ob die Behörde grundlegend vorab entscheiden und dadurch den Regelungsgehalt nachfolgender **Zeitabschnittsbewilligungen** ausgliedern kann (LSG BW 22.11.2007 – L 7 AY 4504/06; differenzierter BSG 17.6.2008 – B 8 AY 8/07 R und B 8 AY 13/

07 R). Die Entscheidung hängt von der jeweiligen Fallkonstellation ab. Der Auffassung des BSG ist dann zuzustimmen, wenn der Leistungsträger nicht nur über gewisse Elemente eines zukünftigen Anspruchs oder Rechtsverhältnisses schon vor ihrer Entstehung entscheidet, sondern Leistungsgewährungen einbezieht. Nur im Rahmen einer umfassenden Prüfung der Leistungsgewährung wird dann inzidenter und nicht isoliert die Frage des Missbrauchs mit geprüft.

Verbindet der Leistungsträger die Ablehnung von z. B. Leistungen nach § 2 **21** AsylbLG zugleich mit der Bewilligung von Leistungen nach § 3 AsylbLG, muss diese Entscheidung mit einer kombinierten **Anfechtungs-** und **Leistungsklage** angegriffen werden. Ergehen in der Folgezeit den Ausgangsbescheid ändernde Bescheide, so sind diese nach § 86 oder § 96 SGG in das Verfahren einzubeziehen (s. Rn. 9).

Sofern über Leistungen in Form eines **Dauerverwaltungsaktes** entschieden **22** worden ist, können Einstellungen oder Aufhebungen nur unter Beachtung der Vorschriften der §§ 45 und 48 SGB X erfolgen (BSG 17.6.2008 – B 8 AY 8/07 R und B 8 AY 13/07 R; LSG LSA 18.12.2006 – L 8 B 24/06 AY ER). Sind Bescheide mit dem Zusatz versehen „Werden aufgrund gleich gebliebener Verhältnisse Leistungen für zukünftige Zeiträume durch Überweisung bewilligt und entsprechen die Berechnungen und Einzelansprüche denen des vorliegenden Bescheides", wie in der Praxis häufig formuliert wird, ist der objektive Regelungsgehalt eines solchen Zusatzes so zu verstehen, dass die jeweiligen weiteren Überweisungen konkludent als Bewilligung auszulegen sind (BSG 17.6.2008 – B 8/9 b AY 1/07 R).

Maßgeblich für die Beurteilung des Gerichts ist der **Zeitpunkt der letzten 23 mündlichen Verhandlung** (BSG 17.6.2008 – B 8/9 b AY 1/07 R), es sei denn, der Bescheid beschränkt sich auf einen bestimmten Zeitraum. Dann sind auch Folgebescheide nicht nach § 96 SGG in das gerichtliche Verfahren einzubeziehen. Damit wird in der sozialgerichtlichen Praxis die bis dahin vom BVerwG (Buchholz 436.0 § 120 Nr. 17) vertretene Auffassung, dass die gerichtliche Entscheidung nicht über die Widerspruchsentscheidung hinausgeht, nicht fortgesetzt.

Zu den in der Rspr. umstrittenen Fragen gehört, ob in **Eilverfahren** der Anord- **24** nungsgrund ausgeschlossen ist, wenn Leistungen nach dem AsylbLG gewährt werden, Leistungen nach dem SGB XII erstritten werden sollen (den Anordnungsgrund bejahend: LSG RhPf 27.3.2006 – L 3 ER 37/06 AY; a. A. BayLSG 28.6.2005 – L 11 B 212/05 AY ER, FEVS 57, 106; LSG NRW 21.12.2005 – L 20 (9) B 37/05 SO ER). Zutreffend dürfte sein, dass mit dem geltend gemachten Anordnungsanspruch z. B. auf die Gewährung von Analog-Leistungen der Anordnungsgrund nicht mit dem Hinweis ausgeschlossen werden kann, dass Leistungen nach § 3 AsylbLG gewährt werden. Eine solche Betrachtungsweise lässt sich nicht mit dem Hinweis, dass im einstweiligen Rechtsschutzverfahren die Hauptsache nicht vorweggenommen werden soll, rechtfertigen. Daran durch den funktionalen Zusammenhang von Anordnungsanspruch und Anordnungsgrund wäre es bei überwiegender Erfolgsaussicht nicht gerechtfertigt, nur eingeschränkte Leistungen zuzusprechen (vgl. dazu LSG NRW 29.6.2007 – L 20 B 12/07 AY ER; HessLSG 11.7.2006 – L 7 SO 19/06 ER). Hat hingegen ein Dritter zugesichert, den Lebensunterhalt eines Antragstellers vorläufig sicher zu stellen, ist der Anordnungsgrund nicht glaubhaft gemacht (LSG NRW 2.8.2007 – L 20 B 42/07 AY ER).

Für das einstweilige Rechtsschutzverfahren ergeben sich Änderungen in § 11 **25** Abs. 4, wonach in bestimmten Fällen Widerspruch und Anfechtungsklage keine aufschiebende Wirkung haben.

Bei einem der Bewilligung von **Prozesskostenhilfe** für Leistungen nach dem **26** AsylbLG einfordernden Verfahren kann es Probleme geben, wenn über das Asylrecht oder einen Titel nach dem AufenthG gleichzeitig vor dem Verwaltungsgericht gestritten wird. Zwar hat das BSG mit Beschl. v. 7.10.1991 (4 Reg 12/91) für einen im Revisionsverfahren gestellten Antrag auf Gewährung von Prozesskostenhilfe ent-

schieden, der Rechtsstreit in der Hauptsache und die Entscheidung über das Prozess-
kostenhilfebegehren seien bis zur bindenden Klärung der Asylberechtigung vor den
Verwaltungsgerichten auszusetzen; denn für eine asylrechtliche Beurteilung fehle
den Sozialgerichten die Prüfungskompetenz. Dem BSG ist dahin Recht zu geben,
dass den Sozialgerichten für das Asylrecht und das AufenthG die Prüfungskompetenz
fehlt. Zu bedenken ist aber, dass der von einer die Leistung versagenden Entscheidung Betroffene klagen muss, um die Versagung nicht bestandskräftig werden zu
lassen. Schon das damit eingegangene Prozesskostenrisiko bei einer anwaltlichen
Vertretung verlangt eine zügige Entscheidung des Prozesskostenhilfegesuches ohne
eine Aussetzung.

## § 1 Leistungsberechtigte

(1) **Leistungsberechtigt nach diesem Gesetz sind Ausländer, die sich tatsächlich im Bundesgebiet aufhalten und die**
1. **eine Aufenthaltsgestattung nach dem Asylgesetz besitzen,**
2. **über einen Flughafen einreisen wollen und denen die Einreise nicht oder
noch nicht gestattet ist,**
3. **eine Aufenthaltserlaubnis besitzen**
   a) **wegen des Krieges in ihrem Heimatland nach § 23 Absatz 1 oder § 24
   des Aufenthaltsgesetzes,**
   b) **nach § 25 Absatz 4 Satz 1 des Aufenthaltsgesetzes oder**
   c) **nach § 25 Absatz 5 des Aufenthaltsgesetzes, sofern die Entscheidung
   über die Aussetzung ihrer Abschiebung noch nicht 18 Monate
   zurückliegt,**
4. **eine Duldung nach § 60a des Aufenthaltsgesetzes besitzen,**
5. **vollziehbar ausreisepflichtig sind, auch wenn eine Abschiebungsandrohung noch nicht oder nicht mehr vollziehbar ist,**
6. **Ehegatten, Lebenspartner oder minderjährige Kinder der in den Nummern 1 bis 5 genannten Personen sind, ohne daß sie selbst die dort
genannten Voraussetzungen erfüllen, oder**
7. **einen Folgeantrag nach § 71 des Asylgesetzes oder einen Zweitantrag
nach § 71a des Asylgesetzes stellen.**

(2) **Die in Absatz 1 bezeichneten Ausländer sind für die Zeit, für die ihnen
ein anderer Aufenthaltstitel als die in Absatz 1 Nr. 3 bezeichnete Aufenthaltserlaubnis mit einer Gesamtgeltungsdauer von mehr als sechs Monaten
erteilt worden ist, nicht nach diesem Gesetz leistungsberechtigt.**

(3) [1]**Die Leistungsberechtigung endet mit der Ausreise oder mit Ablauf
des Monats, in dem**
1. **die Leistungsvoraussetzung entfällt oder**
2. **das Bundesamt für Migration und Flüchtlinge den Ausländer als Asylberechtigten anerkannt oder ein Gericht das Bundesamt zur Anerkennung
verpflichtet hat, auch wenn die Entscheidung noch nicht unanfechtbar
ist.**
[2]**Für minderjährige Kinder, die eine Aufenthaltserlaubnis nach § 25
Absatz 5 des Aufenthaltsgesetzes besitzen und die mit ihren Eltern in einer
Haushaltsgemeinschaft leben, endet die Leistungsberechtigung auch dann,
wenn die Leistungsberechtigung eines Elternteils, der eine Aufenthaltserlaubnis nach § 25 Absatz 5 des Aufenthaltsgesetzes besitzt, entfallen ist.**

*Änderungen der Vorschrift: Abs. 1 Nr. 6 geänd. mWv 1.1.2005 durch G v.
27.12.2003 (BGBl. I S. 3022), Abs. 1 Nr. 3 neu gef., Nrn. 4 bis 6 geänd., Nr. 7 angef.,
Abs. 2, Abs. 3 Nr. 2 geänd. mWv 1.1.2005 durch G v. 30.7.2007 (BGBl. I S. 1950),*

*Abs. 1 Nr. 3 neu gef. durch G v. 14.3.2005 (BGBl. I S. 721) und durch G v. 19.8.2007 (BGBl. I S. 1970), Abs. 1 Nr. 3 geänd. durch G v. 22.11.2011 (BGBl. I S. 2258), Abs. 1 Nr. 3 neu gef. mWv 1.3.2015 durch G v. 10.12.2014 (BGBl. I S. 2187), Abs. 1 Nr. 1 und Nr. 7 geänd., Abs. 3 S. 2 angef. mWv 24.10.2015 durch G v. 20.10.2015 (BGBl. I S. 1722).*

### Übersicht

## I. Bedeutung der Norm

Die Vorschrift hat ihre jetzige Fassung weitgehend durch das Gesetz zur Umset- **1** zung aufenthalts- und asylrechtlicher EU-Richtlinien (BGBl. I 2007 S. 1970) erhalten. Die Änderungen sind seit dem 28.8.2007 in Kraft. Eine weitere gesetzliche Änderung betraf Inhaber einer Aufenthaltserlaubnis nach § 25 Abs. 4b AufenthG. Im Zuge des Gesetzes zur Umsetzung der Richtlinie 2011/95/EU vom 28.8.2013 (BGBl. I S. 3474) sind zwar auch Vorschriften des AufenthG neu gefasst worden, sie sind für die Anwendung des § 1 AsylbLG aber nicht bedeutsam. Eine weitere Änderung ist durch das Gesetz zur Änderung des Asylbewerberleistungsgesetzes und des Sozialgerichtsgesetzes erfolgt. Ab dem 1.3.2015 sind Inhaber einer Aufenthaltserlaubnis nach § 25 Abs. 5 AufenthG, sofern die Entscheidung über die Aussetzung der Abschiebung 18 Monate zurückliegt, nach dem SGB XII leistungsberechtigt. Diesen Personen, die aus rechtlichen oder tatsächlichen Gründen absehbar nicht abgeschoben werden können, ist eine Aufenthaltserlaubnis zu erteilen. Die Ziffer 3 der Vorschrift ist neugefasst worden. Als Konsequenz der Entscheidung des BVerfG vom 18.7.2012 werden Ausländer, die im Besitz einer Aufenthaltserlaubnis nach § 25 Abs. 4a und 4b AufenthG sind, aus dem Adressatenkreis der Leistungsberechtigten herausgenommen. In beiden Fällen handelt es sich um Menschen, die Opfer bestimmter gegenüber Ausländern begangener Straftaten geworden sind und deren Aufenthalt im öffentlichen Interesse der Durchführung von Strafverfahren dient, sodass der Grundgedanke des AsylbLG nicht zutrifft, den Rechtsmissbrauch der Inanspruchnahme von Leistungen oder des Grundrechts auf Asyl zu bekämpfen (BR-Drs. 392/14; *Deibel*, ZFSH/SGB 2015, 113). Die bisher letzte Änderung ist auf das Asylverfahrensbeschleunigungsgesetz zurückzuführen und betrifft § 1 Abs. 3.

§ 1 Abs. 1 bestimmt den **Personenkreis** der Leistungsberechtigten, die einen **2** Anspruch auf Leistungen nach dem AsylbLG haben. Die Zuordnung zum AsylbLG ist rein **formal**. § 9 Abs. 1 AsylbLG und § 23 Abs. 2 SGB XII verdeutlichen, dass der eigentliche Rechtsgrund für die zu gewährenden Leistungen nicht originär im Sozialhilferecht zu sehen ist (vgl. dazu auch *Hohm*, GK-AsylbLG, § 1 Rn. 12; Einf.

Rn. 3). Es handelt sich um eine **eigenständige leistungsberechtigte Grundlage mit materiell-sozialhilferechtlichem Bezug** für einen bestimmten Personenkreis, der von den Leistungen des SGB II oder des SGB XII ausgenommen ist und der nach einem **formalen Aufenthaltsstatus** bestimmt wird (vgl. auch *Frerichs*, jurisPK-SGB XII, § 1 AsylbLG Rn. 13). Abs. 1 beschreibt den aufenthalts- oder asylrechtlichen Status, aufgrund dessen die Leistungsberechtigung nach diesem Gesetz eintritt. Überwiegend handelt es sich um Titel, bei denen sich für keine der dort aufgeführten Personengruppen das Bleiberecht verfestigt hat.

3     Bei der **verfassungsrechtlichen Bewertung** des § 1 Abs. 1 ist nicht nur zu berücksichtigen, dass der Gesetzgeber zwischen den verschiedenen Leistungsempfängern differenzieren darf, sondern auch, dass er dabei gleichwohl bestimmte **verfassungsrechtliche Anforderungen** einhalten muss. Das BVerfG (18.7.2012 – 1 BvL 10/01) hat diese folgendermaßen beschrieben: Falls der Gesetzgeber bei der Festlegung des menschenwürdigen Existenzminimums die Besonderheiten bestimmter Personengruppen berücksichtigen will, darf er bei der konkreten Ausgestaltung existenzsichernder Leistungen nicht pauschal nach dem Aufenthaltsstatus differenzieren. Eine Differenzierung ist nur möglich, sofern deren Bedarf an existenznotwendigen Leistungen von dem anderer Bedürftiger signifikant abweicht und dies folgerichtig in einem inhaltlich **transparenten Verfahren** anhand des tatsächlichen Bedarfs gerade dieser Gruppe belegt werden kann. Ob und in welchem Umfang der Bedarf an existenznotwendigen Leistungen für Menschen mit nur vorübergehendem Aufenthaltsrecht in Deutschland gesetzlich abweichend von dem gesetzlich bestimmten Bedarf anderer Hilfebedürftiger bestimmt werden kann, hängt allein davon ab, ob wegen eines nur kurzfristigen Aufenthalts konkrete Minderbedarfe gegenüber Hilfempfängern mit Daueraufenthaltsrecht nachvollziehbar festgestellt und bemessen werden können. Hierbei ist auch zu berücksichtigen, ob durch die Kürze des Aufenthalts Minderbedarfe durch Mehrbedarfe kompensiert werden, die typischerweise gerade unter den Bedingungen eines nur vorübergehenden Aufenthalts anfallen. Auch hier kommt dem Gesetzgeber ein Gestaltungsspielraum zu, der die Beurteilung der tatsächlichen Verhältnisse dieser Personengruppe wie auch die wertende Einschätzung ihres notwendigen Bedarfs umfasst, aber nicht davon entbindet, das Existenzminimum hinsichtlich der konkreten Bedarfe zeit- und realitätsgerecht zu bestimmen.

4     Entgegen der klaren Ansagen des BVerfG wird das Gesetz trotz gegenteiliger in der Gesetzesbegründung erklärter Absichtserklärung (BT-Drs. 18/2592) dem nicht gerecht. Im Grundverständnis bleibt es bei der Neuregelung immer noch bei der Vorstellung, dass das AsylbLG angekoppelt ist an die als idealtypisch vorgestellte kurze Aufenthaltsdauer eines Asylverfahrens (vgl. dazu *DV*, Stellungnahme zum Referentenentwurf), was so bei dem heterogenen, von § 1 erfassten Personenkreis nicht der Fall und in der Leistungsbestimmung nach § 3 nicht berücksichtigt ist. Gerade bei den Tatbeständen des AufenthG, aus denen sich eine klare Daueraufenthaltsperspektive ergibt, ist die Norm verfassungswidrig. Lediglich bei § 25 Abs. 5 AufenthG zieht das Änderungsgesetz teilweise die notwendigen Konsequenzen.

5     Nach Abs. 2 zählen diejenigen Ausländer nicht zu den Berechtigten nach dem Asylbewerberleistungsgesetz, für deren Aufenthalt keine zeitbezogenen Gründe mehr ausschlaggebend sind.

6     Abs. 3 legt das Ende der Leistungsberechtigung fest und trifft Regelungen für Kinder, die eine Aufenthaltserlaubnis nach § 25 Abs. 5 AufenthG besitzen und mit ihren Eltern in einer Haushaltsgemeinschaft leben.

7     Die über die Leistung entscheidende Sozialbehörde ist an die **Festlegung der durch die Ausländerbehörde verfügten Titel** gebunden (ebenso *Frerichs*, jurisPK-SGB XII, § 1 AsylbLG Rn. 66; BVerwG 28.9.2011 – 5 B 94/00, FEVS 53, 111; BSG 2.12.2014 – B 14 AS 8/13 R; LSG NRW 7.3.2016 – L 19 AS 1356/15), weil die Entscheidung der Ausländerbehörde statusbegründende Wirkung hat

und das AsylbLG an den aufenthaltsrechtlichen Status gekoppelt ist. Die Leistungsbehörde kann nicht in eine eigene, aufenthaltsrechtliche Prüfung eintreten, weil Derartiges gegen die verwaltungsmäßige Kompetenzordnung verstoßen würde. In § 6 AsylG in der Fassung des Gesetzes vom 28.8.2013 (BGBl. I S. 3474) wird nun ausdrücklich die Verbindlichkeit asylrechtlicher Entscheidungen klargestellt. Eine ganz andere Frage ist, welche Schlussfolgerungen aus den Aufenthaltstiteln für die Annahme etwa des Rechtsmissbrauchs zu ziehen sind.

Die Vorschrift des § 81 Abs. 4 AufenthG stellt eine Weiche für die Anwendung  **8** des AsylbLG rsp. SGB XII dar. Hält sich jemand zunächst rechtmäßig im Bundesgebiet auf, weil ihm z. B. ein Visum erteilt worden ist, besteht die Rechtmäßigkeit des Aufenthalts nach § 81 Abs. 4 AufenthG solange fort, bis der ablehnende ausländerrechtliche Bescheid ergangen ist (HessLSG 11.7.2006 – L 7 SO 19/06 ER). Das ist z. B. entschieden für einen Ausländer, der mit einem Touristenvisum eingereist ist und der eine Aufenthaltserlaubnis nach § 25 Abs. 4 S. 2 AufenthG beantragt hat. Aufgrund der Fiktionswirkung des § 81 Abs. 4 AufenthG ist zu erwägen, ob Leistungen nach § 23 SGB XII in Betracht zu ziehen sind (s. auch *Frerichs*, jurisPK-SGB XII, § 1 AsylbLG Rn. 118). Die Fiktionswirkung der Vorschrift ist stärker als das Argument, darin könne keine Aufenthaltserlaubnis gesehen werden (a. A. *Herbst,* Mergler/Zink, § 1 Rn. 31). Ein unrechtmäßiger Aufenthalt jedoch löst die Fiktionswirkung nicht aus (BayVGH 21.6.2013 – 10 CS 13.1002).

Die in § 1 aufgeführte Personengruppe ist gemäß § 7 Abs. 1 S. 2 Hs. 2 SGB II  **9** vom Bezug jenes Gesetzes ausgeschlossen. Auch durch die Inanspruchnahme von Analogleistungen nach § 2 AsylbLG wird der Leistungsberechtigte nicht zum Sozialhilfeempfänger mit der Folge, dass er als Arbeitsfähiger keinen Zugang zum SGB II findet (s. dazu auch *Spellbrink/G. Becker,* Eicher, SGB II, 3. Aufl., § 7 Rn. 44). Die formale Zugehörigkeit zum AsylbLG verschließt das SGB II.

Unbefriedigend gelöst sind die Fälle, in denen ein zum Personenkreis des § 1  **10** AsylbLG zugehöriger Ausländer einen Anspruch auf Arbeitslosengeld nach dem SGB III erworben hat, nach dem Auslaufen der Anspruchsberechtigung auf das Leistungsniveau des AsylbLG verwiesen wird. Vom Wortlaut der Vorschrift des § 7 Abs. 1 S. 2 Hs. 2 SGB II lässt sich eine derartige Rechtsfolge nicht vermeiden.

Das Verhältnis zu anderen Vorschriften ist noch einmal ausdrücklich in § 9 gere  **11** gelt. Die nach § 1 Leistungsberechtigten haben keinen Anspruch auf Leistungen nach dem SGB XII, es sei denn die Wartezeit von 15 Monaten ist erfüllt, weil dann § 2 Abs. 1 unter den dort genannten weiteren Voraussetzungen eingreift.

Soweit nicht das AsylbLG eingreift, sind Leistungen an Ausländer nach § 23  **12** SGB XII zu gewähren.

Das **primäre Unionsrecht** ist auf den Personenkreis des § 1 nicht anwendbar (s.  **13** auch *Frerichs*, jurisPK-AsylbLG § 1 Rn. 43). Umgekehrt gilt das AsylbLG nicht für EU-Ausländer, weil sie leistungsrechtlich mit Inländern gleichgestellt sind (*Decker*, Oestreicher, SGB II/SGB XII, § 1 AsylbLG Rn. 11; vgl. auch *Frerichs*, jurisPK-AsylbLG § 1 Rn. 43).

Der deutsche Gesetzgeber hat **sekundäres Unionsrecht** (EGRL 2004/83) in  **14** nationales Recht umgewandelt. So sind Inhaber einer Aufenthaltserlaubnis nach § 25 Abs. 1 AufenthG nicht mehr Geduldete nach § 55 Abs. 2 AufenthG. Sie erhalten nicht mehr Leistungen nach dem AsylbLG, sondern nach dem SGB II oder dem SGB XII. Das BSG (28.5.2015 – B 7 AY 4/12 R) hat am Beispiel der Richtlinie 2011/95/EU, die sich auf Personen mit internationalem Schutz bezieht, infrage gestellt, ob aus sekundärem Unionsrecht ein sozialhilferechtlicher Leistungsanspruch abzuleiten ist. Zu prüfen ist in jedem Einzelfall, ob tatsächlich internationaler Schutz zuerkannt worden ist oder ob nicht familiäre Umstände zu einem Bleiberecht geführt haben, was nicht unter die RL fällt. Im Gegensatz zur Entscheidung des BSG bleibt mit der Vorinstanz zu fragen, ob § 7 SGB II nicht richtlinienkonform auszulegen ist, und Leistungsansprüche nach dem SGB II zu gewähren sind (anders wohl *Frerichs*, jurisPK- SGB XII, § 1 AsylbLG Rn. 46.1).

## II. Inhalt der Norm

### 1. Tatsächlicher Aufenthalt

15    Die Leistungsberechtigung knüpft an den **tatsächlichen Aufenthalt** im Bundesgebiet an. Dies bedeutet physische Anwesenheit (*Herbst,* Mergler/Zink, § 1 Rn. 7; *Hohm,* GK-AsylbLG § 1 Rn. 15), nicht die Begründung eines Lebensmittelpunktes oder einer Wohnsitznahme. Tatsächlich hält sich auch der in der Bundesrepublik illegal verweilende Ausländer auf, etwa wenn seine Duldung abgelaufen ist (HessLSG 23.8.2016 – L 4 AY 4/16 B ER). Ein **flüchtiger oder besuchsweiser Aufenthalt** im Bundesgebiet reicht nicht aus. Es handelt sich hierbei in der Regel um Ausländer, denen gemäß § 6 Abs. 1 AufenthG entweder ein Schengenvisum zur Durchreise oder für Aufenthalte bis zu drei Monaten gewährt worden ist. Bei diesem Typ von Visum handelt es sich um einen transnationalen Verwaltungsakt (*Wenger,* Storr/ Wenger/Eberle/Albrecht/Harms, § 6 Rn. 4), das von nationalen Behörden für Personen aus Staaten, die nicht der EU angehören, mit Wirkung für alle Staaten, in denen das Schengener Durchführungsübereinkommen (BGBl. II 1993, 1013 i. V. m. dem Schengener Grenzkodex – VO EG Nr. 562/2006, ABl. L Nr. 105, S. 1) gilt, ausgestellt wird. Daneben wird für längere Aufenthalte grundsätzlich ein nationales Visum erteilt (§ 6 Abs. 4 AufenthG). Zum Begriff des tatsächlichen Aufenthalts vgl. auch § 98 SGB XII.

16    Aus dem Rückschluss mit Abs. 1 Nr. 2 der Vorschrift folgt, dass sich auch diejenigen Ausländer im Bundesgebiet aufhalten, die sich noch in der Transitzone eines deutschen Flughafens befinden, um von dort einreisen zu wollen, deren Einreise aber noch nicht gestattet ist. Auch der illegale oder unter einem fremden Namen eingereiste Ausländer kann sich tatsächlich in der Bundesrepublik aufhalten. Ob er unter diesen Umständen der Einreise Leistungen erhält, entscheidet sich nach § 1a (vgl. auch *Frerichs,* jurisPK-SGB XII, § 1 AsylbLG Rn. 69).

17    Nach der früheren Rechtslage kam es auf den tatsächlichen Aufenthalt an, eine Einschränkung der Leistungen, wie sie in § 23 Abs. 3 SGB XII immer schon vorgesehen war, gab es bis zur Neuregelung des § 1a nicht. Bei einer missbräuchlichen Einreise können die Leistungen nach dem AsylbLG bis zum unabweisbar Gebotenen eingeschränkt werden. Rechtsmissbräuchliches Verhalten schließt einen tatsächlichen Aufenthalt in Deutschland nicht aus.

### 2. Personenkreis

18    Nach dem Regelungskonzept des AsylbLG sind vom Gesetz Gruppen von Personen eingeschlossen, denen kein verfestigtes Bleiberecht zukommt und damit sind nicht nur Asylbewerber gemeint, wie der Wortlaut des Gesetzes es zunächst nahezu legen scheint. Ausländer sind Personen, die nicht Deutsche i. S. des Art. 116 Abs. 1 GG sind. Keine Ausländer sind Mehrfachstaatler, die die deutsche Staatsangehörigkeit besitzen (*Adolph,* Linhart/Adolph, § 1 Rn. 9).

19    Der leistungsberechtigte Personenkreis wird, weil nicht jeder, der Ausländer ist, vom AsylbLG eingeschlossen werden soll, durch Gruppen bzw. durch bestimmte Typisierungen festgelegt, die an ausländerrechtliche und asylverfahrensrechtliche Vorschriften anknüpfen, woraus sich eine Tatbestandswirkung an die aufgrund dieser Vorschriften ergangenen Bescheide ergibt (vgl. auch BayLSG, 7.8.2003 – L 10 AL 239/02; *Adolph,* Linhart/Adolph, § 1 Rn. 16; BVerwG 28.9.2001 – 5 B 94/00; BSG 2.12.2014 – B 14 AS 8/13 R; 28.5.2015 – B 7 AY 4/12 R). Wer Ausländer ist bestimmt sich nach § 2 AufenthG in Verbindung mit der in § 1 AsylbLG vorgenom-

menen näheren Bestimmung der Leistungsberechtigten. Nach der Legaldefinition des § 2 Abs. 1 AufenthG ist das jeder, der nicht Deutscher im Sinne des Art. 116 Abs. 1 des Grundgesetzes ist. Die Sozialbehörde hat rechtswirksame, den Ausländer betreffende Entscheidungen zu beachten, und ist gehindert, in eine eigene ausländerrechtliche Sachprüfung einzusteigen. Die von der Typologie nicht erfassten Ausländer erhalten Leistungen nach dem SGB II und dem SGB XII, s. § 7 Abs. 1 S. 2, § 8 Abs. 2 SGB II und § 23 SGB XII.

Das Gesetz zur Änderung des AsylbLG vom 10.12.2014 (BGBl. I S. 2187) hat den **20** heterogenen Personenkreis, der schon lange nicht mehr nur Asylbewerber umfasst, beibehalten. Es sind Personengruppen mit einem mehr oder minder unverfestigten Aufenthaltsstatus zusammengefasst (*Rothkegel*, ZAR 2012, 361). Das Asyl-Urteil des BVerfG vom 18.7.2012 – 1 BvL 10/10 lässt zwar eine Differenzierung bei der Bedarfsbemessung für Menschen mit einem vorübergehenden Aufenthaltsrecht zu (vgl. auch Rn. 1). Einschränkend mahnt das BVerfG aber, dass die Ausgestaltung der Leistungen nach dem jeweiligen Aufenthaltsstatus zu differenzieren ist. Damit kann der unverfestigte Aufenthaltsstatus verfassungsrechtlich als Sonderregelung hingenommen werden, wenn sich der Aufenthalt auf einen kurzfristigen, nicht auf Dauer angelegten Aufenthalt bezieht und sich infolge der Einbindung in die tatsächlichen Verhältnisse ein etwaiger Minderbedarf aus einem transparenten Verfahren anhand des tatsächlichen Bedarfs anhand dieser Personengruppe belegen lässt (*Rothkegel*, ZAR 2012, 362; *DV,* NDV 2013, 98; Pro Asyl, Stellungnahme, S. 3).

**a) Aufenthaltsgestattung.** Von § 1 Abs. 1 Nr. 1 AsylbLG betroffen sind alle **21** Asylbewerber, die eine Aufenthaltsgestattung haben. Einem Ausländer, der um Asyl nachsucht, ist zur Durchführung des Asylverfahrens der Aufenthalt im Bundesgebiet gestattet (Aufenthaltsgestattung). Er hat keinen Anspruch darauf, sich in einem bestimmten Land oder an einem bestimmten Ort aufzuhalten. Im Falle der unerlaubten Einreise aus einem sicheren Drittstaat (§ 26a AsylG) erwirbt der Ausländer die Aufenthaltsgestattung mit der Stellung eines Asylantrags (§ 55 Abs. 1 AsylG), sein Anspruch auf Asyl ist jedoch ausgeschlossen (vgl. auch *Frerichs*, jurisPK, § 1 AsylbLG Rn. 73). Bei dieser Vorschrift handelt es sich um ein asylspezifisches Verfahrensrecht (vgl. auch *Decker,* Oestreicher, SGB II/XII, § 1 Rn. 15). Nur wenn der Asylsuchende über eine Aufenthaltsgestattung verfügt, kann sein grundrechtlich verbürgtes Recht auf Asyl effektiv werden. Das Asylgrundrecht mit seinem verfassungsrechtlich garantierten Schutz verlangt, den unmittelbar aus einem Verfolgerstaat Einreisenden den Aufenthalt zum Zweck der Klärung seines Asylgrundrechts nicht zu verwehren (BVerwG 15.5.1984 – 1 C 59/81). Die Aufenthaltsgestattung (§ 55 Abs. 1 AufenthG) knüpft deswegen an das Geltendmachen des asylrechtlichen Schutzbegehrens an. Entscheidend ist hierfür, dass der Wunsch, Asyl zu beantragen, hinreichend deutlich zum Ausdruck kommt. Es muss nicht ein förmlicher Asylantrag (§ 14 AsylG) gestellt worden sein, es reicht auch die irgendwie geartete verlautbarte Äußerung eines Asylgesuchs (§ 13 AsylG) aus (vgl. auch *Hohm,* GK-AsylbLG, § 1 Rn. 19). Bestehen Zweifel an einer Asylantragstellung, hat der Asylsuchende eine asylverfahrensrechtliche Bescheinigung (§ 63 AsylG) vorzulegen (OVG Münster 24.11.1994 – 8 B 2675/94), die sich allerdings in einer deklaratorischen Bedeutung erschöpft (BVerwG 29.4.1988 – 9 C 54/875). Aus alledem folgt, dass die Aufenthaltsgestattung nur ein zweckgebundenes Aufenthaltsrecht vermittelt (*Marx,* AsylG, § 55 Rn. 14). Verzögert sich die Annahme des Asylantrages durch das BAMF, besteht die Leistungsberechtigung schon vor der Stellung eines förmlichen Asylantrages (*Frerichs*, jurisPK-SGB XII, § 1 AsylbLG Rn. 72.1). Die Aufenthaltsgestattung des § 55 Abs. 1 AufenthG ist bereits dann zu verneinen, wenn vom Asyl nachgesucht wird. In den Fällen, in denen ein Asylgesuch geäußert worden ist, aber noch kein Ankunftsnachweis ausgestellt worden ist, ergibt sich eine leistungsrechtliche Lücke, die durch § 1 Abs. 1a des Dritten Gesetzes zur Änderung des AsylbLG (BT-Drs. 18/9985) geschlossen werden sollte. Nach der gegenwärtigen Rechtslage muss wegen der weiterbestehenden gesetzlichen Lücke § 1 Abs. 1 Nr. 1 analog angewendet werden. Ein sog. Kirchenasyl vermittelt keine Aufenthaltsgestattung.

22 Strittig war bisher, ob die Asylbewerber eingeschlossen sind, die ein Folgeverfahren (§ 71 AsylG) betreiben (vgl. *Deibel,* NWVBl. 1993, 442; zum Meinungstand *Hohm,* AsylbLG, § 1 Rn. 95 f.). Die Gruppe der Folgeantragsteller ist nach der bisher überwiegenden Auffassung wie der Personenkreis der abgelehnten, nicht abgeschobenen Asylantragsteller zu behandeln (vgl. auch SächsLSG, 5.9.2006 – L 3 B 128/ 06 AS-ER; *Decker,* Oestreicher, SGB II/XII, § 1 Rn. 17). Beide Gruppen verfügen nicht über ein gesichertes Bleiberecht und sind auch nicht über § 55 AsylG privilegiert. Asylsuchenden, die aus einem sicheren Drittstaat kommen, ist mit der Stellung des Asylantrages der Aufenthalt gestattet. Die Streitfrage ist durch die jetzt eingefügte Ziffer 7 vom Gesetzgeber dahingehend entschieden worden, dass auch Folgeantragsteller unter den Anwendungsbereich des AsylbLG fallen.

23 **b) Flughafenverfahren.** § 1 Abs. 1 Nr. 2 AsylbLG betrifft die Ausländer, die ein sog. Flughafenverfahren nach § 18a AsylG betreiben. Sie unterliegen nicht der Nr. 1, weil für dieses Verfahren keine Gestattung i. S. v. § 55 AsylG erteilt wird (*Goldmann,* ZfF 1997, 242). Mit der Ziffer 2 hat der Gesetzgeber eine Regelungslücke geschlossen (*Frerichs,* jurisPK-AsylbLG, § 1 Rn. 75).

24 **c) Aufenthaltserlaubnisse.** Abs. 1 Nr. 3 ist durch das Gesetz zur Änderung des Asylbewerberleistungsgesetzes und des Sozialgerichtsgesetzes vom 10.12.2014 (BGBl. I S. 2187) neu gefasst worden.

25 Die Vorschrift des § 25 Abs. 4a, Abs. 4b AufenthG ist nicht mehr aufgeführt. Dem ist zuzustimmen, weil es sich in beiden Fällen um Menschen handelt, die Opfer bestimmter ihnen gegenüber begangener Straftaten geworden sind und deren Aufenthalt im öffentlichen Interesse der Durchführung von Strafverfahren dient. Auf diese Personen trifft einer der Grundgedanken des AsylbLG, den Rechtsmissbrauch steuerfinanzierter Leistungen zu bekämpfen, nicht zu (*Deibel,* ZFSH/SGB 2015, 113). Es ist insofern konsequent, diese Personen aus der Anwendung des AsylbLG herauszunehmen. Geblieben ist, dass sich die Vorschrift auf § 25 Abs. 5 AufenthG bezieht.

26 Leistungsberechtigt sind diejenigen Ausländer, denen bestimmte, näher im Gesetz aufgeführte Aufenthaltserlaubnisse zugestanden worden sind (zur Entstehung der Regelung vgl. BT-Drs. 15/420, 15/3984, S. 4 und BT-Drs. 15/4870, S. 2; BT-Drs. 18/2592, S. 18). Für geduldete Ausländer ändert sich in der Sache nichts. Sie sind leistungsberechtigt nach § 1 Abs. 1 Nr. 4 AsylbLG. Allen in der Vorschrift genannten Aufenthaltserlaubnissen ist gemeinsam, dass sie keinen endgültigen und gesicherten Status verleihen. Da die ausländerrechtliche Aufenthaltserlaubnis nicht im Rechtsgrund für den erteilten Titel enthält, kann eine sachgerechte Entscheidung im Leistungsrecht nicht ohne Beziehung der Ausländerakten erfolgen (vgl. auch *Herbst,* Mergler/Zink, SGB XII, § 1 Rn. 17).

27 Neu gefasst, aber inhaltlich unverändert regelt nun **Ziffer 3a** die Leistungsberechtigung für die Aufenthaltserlaubnis nach § 23 Abs. 1 und § 24 AufenthG.

28 Gemäß § 23 AufenthG kann die oberste Landesbehörde aus völkerrechtlichen oder humanitären Gründen oder zur Wahrung der politischen Interessen der Bundesrepublik Deutschland anordnen, dass Ausländern aus bestimmten Staaten oder in sonstiger Weise bestimmten Ausländergruppen eine Aufenthaltserlaubnis erteilt wird. Davon begünstigt sind Menschen aus Syrien. Aufgrund der dortigen Kriegssituation haben alle Bundesländer bis auf Bayern Anordnungen zur Aufnahme von Flüchtlingen erlassen. Für diese Gruppe von Flüchtlingen kann eine Aufenthaltserlaubnis nach § 23 Abs. 1 AufenthG erteilt werden (s. *Frerichs,* jurisPK-SGB XII, § 1 AsylbLG Rn. 90.2). Haben Verwandte oder andere Personen eine nach § 68 Abs. 1 AufenthG mögliche Erklärung abgegeben, ist der Lebensunterhalt gesichert und es

sind keine Leistungen nach dem AsylbLG zu bewilligen, wenn der Bedarf tatsächlich gedeckt ist. Für die im Rahmen des Bundesprogramms aufgenommenen Flüchtlinge ist nach § 23 Abs. 2, Abs. 3 AufenthG eine Aufenthaltserlaubnis zu erteilen, so dass Leistungen nach dem SGB XII zu gewähren sind.

Die vorausgesetzten Begriffe „völkerrechtliche oder humanitäre Gründe" sind **29** politische Leitentscheidungen, die einer gerichtlichen Kontrolle entzogen sind (vgl. zum Ganzen *Hailbronner,* AuslR, Rn. 150; *Dienelt,* Renner/Bergmann/Dienelt, Ausländerrecht, § 23 Rn. 4 f. sowie die Bleiberechtsregelungen Rn. 13; BVerwG 19.9.2000 – 1 C 19/99). § 23 Abs. 4 AufenthG sieht vor, dass das Bundesministerium des Innern im Rahmen der Neuansiedlung von Schutzsuchenden im Benehmen mit den obersten Landesbehörden anordnen kann, dass das Bundesamt für Migration und Flüchtlinge bestimmten, für eine Neuansiedlung ausgewählten Schutzsuchenden (Resettlement-Flüchtlinge) eine Aufnahmezusage erteilt. Zurzeit profitieren vor allem Bürgerkriegsflüchtlinge aus Syrien von dieser Regelung. In der sozialrechtlichen Rechtsprechung und Literatur besteht Einigkeit (LSG BW 18.7.2013 – L 7 AY 1259/11; s. auch *Frerichs,* jurisPK-SGB XII, § 1 AsylbLG Rn. 77), dass die Vorschrift nur Kriegs- und Bürgerkriegsflüchtlinge erfasst, die über eine Aufenthaltserlaubnis nach den §§ 23 Abs. 1, 24 AufenthG verfügen. Dagegen werden Begünstigte einer auf Länderebene erlassenen Altfall- oder Bleiberechtsregelung nicht vom Anwendungsbereich des AsylbLG erfasst (Beispiel: Flüchtlinge aus Bosnien-Herzegowina). Der Gesetzgeber hätte die Möglichkeit gehabt, mit der Änderung im Jahr 2005 Begünstigte einer Altfall- oder Bleiberechtsregelung zu erfassen, was nicht geschehen ist. Damit richtet sich die Leistungsberechtigung etwa von Bosniern, die aufgrund einer Länderregelung ein Bleiberecht hatten, nicht nach § 1 Abs. 1 Nr. 3 AsylbLG.

Ob die Regelung der Ziffer 3a den Grundsätzen des Urteils des BVerfG v. **30** 18.7.2012 – 1 BvL 10/10 genügt, erscheint mehr als fraglich (ähnlich *Frerichs,* jurisPK, § 1 AsylbLG Rn. 90.1), weil den Personen des § 23 Abs. 1 AufenthG eine Aufenthaltserlaubnis erteilt wird, die anders als eine asylverfahrensrechtliche Duldung einen gefestigten aufenthaltsrechtlichen Status verleiht, so dass eine leistungsberechtigte Gleichbehandlung mit den anderen in § 1 aufgeführten Personengruppen nicht gerechtfertigt ist. Allenfalls Art. 4 der MassenzustromRL mit einem auf drei Jahren festgelegtem Aufenthalt kann die Aufnahme dieser Personen in das AsylbLG sachlich rechtfertigen. Dass Menschen, auf die § 1 Nr. 3a zutrifft, nur ein befristetes Aufenthaltsrecht haben, ist schon im Vergleich mit einer aufenthaltsrechtlichen Duldung nicht anzunehmen. Zwar könnte eingewandt werden, dass Krieg und Bürgerkrieg nur vorübergehende Ereignisse sind (s. dazu LSG BW 18.7.2013 – L 7 AY 1259/11; *Frerichs,* jurisPK-SGB XII, § 1 Rn. 89) und deswegen in den Tatbestand des § 1 Nr. 3a die Einschränkung wegen des Krieges in ihrem Heimatland aufgenommen worden ist. In der Realität, nicht in der gesetzlichen angenommenen Typik, bleiben diese Menschen jahrelang in der Bundesrepublik, weil die Kriegsereignisse in den Heimatländern keineswegs nur vorübergehend sind. Ihr Bedarf an existenznotwendigen Leistungen müsste signifikant vergleichbar sein mit den Leistungen der Personen, denen aufenthaltsrechtlich von vornherein lediglich ein befristetes Bleiberecht in Form einer Duldung zugestanden wird. Der aufenthaltsrechtlichen Besonderheit dieser Menschen, die über eine Aufenthaltserlaubnis nach § 23 Abs. 1 und 4 AufenthG verfügen, wird die undifferenzierte Zuordnung zu den anderen Ausländern des § 1 Abs. 1 nicht gerecht. Nur Personen aus dem AsylbLG herauszunehmen, die ein Bleiberecht nach § 25 Abs. 5 AufenthG haben (Nr. 3c), reicht nicht aus, um den vom BVerfG gestellten Anforderungen zur Leistungsberechtigung gerecht zu werden.

Die Bleiberechtsanordnung kann von der Abgabe einer Verpflichtungserklärung **31** nach § 68 AufenthG – neu gefasst durch das IntegrationsG – abhängig gemacht werden. In der aufenthaltsrechtlichen Literatur wird diese Regelung kritisiert (vgl.

z. B. *Storr,* Storr/Wenger/Eberle/Albrecht/Harms, AufenthG, § 23 Rn. 7). Es sei
nicht vorstellbar, dass ein Verpflichtungsgeber für eine ganze Gruppe eine derartige
Erklärung abgibt. Sollte eine solche existieren, kommt es darauf an, ob dem Betroffenen auch tatsächlich die zugesagten Mittel zur Verfügung stehen (Tatsächlichkeits-
grundsatz). Müssten sie erst z. B. klageweise eingefordert werden, können Zweifel
daran bestehen, ob existenzsichernde Leistungen bereitstehen. Die Abgabe einer
Verpflichtungserklärung muss sich immer auf konkrete Personen beziehen.

32      Bei einer allgemein verfügten Anordnung zur Aufnahme nach § 23 AufenthG ist
von einer Leistungsberechtigung auszugehen, ohne dass im Einzelfall geprüft werden
muss, ob die Betroffenen gerade wegen des Bürgerkrieges eine Aufenthaltsbefugnis
erhalten haben (*Dienelt,* Renner/Bergmann/Dienelt, AuslR, § 23 Rn. 8; *Hailbronner,*
AuslR, B 12 Rn. 30; a. A. *Deibel,* ZAR 1998, 29). Wird die Aufenthaltsbefugnis
aus anderen Gründen erteilt (Altfallregelung, Traumatisierung), ist der Unterschied
zu den Bürgerkriegsflüchtlingen so wesentlich, dass der Hilfesuchende nicht mehr
dem AsylbLG unterfällt, sondern wie bisher Leistungen nach dem SGB XII erhalten
soll. Zu den aufenthaltsrechtlichen Problemen der neuen Bleiberegelung des § 23
AufenthG, s. *Deibel,* NWVBl. 2010, 125; LSG BW 18.7.2013 – L AY 1259/11.

33      § 24 AufenthG sieht eine Aufenthaltsgewährung zum vorübergehenden Schutz
vor (maximal drei Jahre). Die Vorschrift setzt die Richtlinie 2001/55/EG um. Sie
gewährt einen vorübergehenden Schutz auf der Grundlage einer Entscheidung des
Rates der Europäischen Union. Sie dient vor allem der europaeinheitlichen Aufnahme von Kriegs- und Bürgerkriegsflüchtlingen. Insofern fügt sich die neue Regelung des § 24 AufenthG in das Verständnis vom Sinn und Zweck des AsylbLG
ein, der in der eingeschränkten Sicherung des Lebensunterhaltes auf Grund eines
ungesicherten Aufenthaltsstatus besteht.

34      In der Formulierung **„wegen des Krieges in ihrem Heimatland"** soll zum
Ausdruck kommen, dass sich die Aufenthaltserlaubnis sowohl auf § 23 Abs. 1 als
auch auf § 24 AufenthG bezieht (BT-Drs. 16/5065, S. 232; s. auch *Hachmann/Hohm,*
NVwZ 2008, 33). Zu den Rechtsfolgen eines Bleiberechts auf Probe, SG Hildes-
heim 11.5.2011 – S 42 AY 21/11 ER. Damit profitieren die Menschen nicht, die
Opfer von Menschenrechtsverletzungen in ihrem Heimatland werden, die nicht auf
einen bewaffneten Konflikt zurückzuführen sind (*Decker,* Oestreicher, SGB XII, § 1
AsylbLG Rn. 23).

35      Einem Ausländer, dem auf Grund eines Beschlusses des Rates der Europäischen
Union gemäß der Richtlinie 2001/55/EG vorübergehender Schutz gewährt wird
und der seine Bereitschaft erklärt hat, im Bundesgebiet aufgenommen zu werden,
wird für die nach den Art. 4 und 6 der Richtlinie bemessene Dauer des vorübergehenden Schutzes eine Aufenthaltserlaubnis erteilt.

36      **§ 1 Nr. 3b** betrifft nunmehr die Aufenthaltserlaubnis nach **§ 25 Abs. 4 S. 1
AufenthG.** Eine Aufenthaltserlaubnis nach § 25 Abs. 4 S. 1 AufenthG kann einem
nicht vollziehbar ausreisepflichtigen Ausländer für einen vorübergehenden Aufenthalt erteilt werden, solange dringende **humanitäre** oder **persönliche Gründe** oder
erhebliche öffentliche Interessen seine vorübergehende weitere Anwesenheit im
Bundesgebiet erfordern (OVG NRW 17.4.2007 – 17 B 2087/05). Dazu werden
die Durchführung einer medizinischen Operation, der Abschluss einer ärztlichen
Behandlung, die im Herkunftsland nicht oder nicht ausreichend gewährleistet ist, die
vorübergehende Pflege eines erkrankten Familienmitglieds und die Eheschließung
gerechnet (*Dienelt,* Bergmann/Dienelt, AuslR, § 25 Rn. 64) oder besondere Verhältnisse im Heimatland, wozu schwierige Lebensverhältnisse allein nicht ausreichen
(*Frerichs,* jurisPK-SGB XII, § 1 AsylbLG Rn. 95). Da ein Daueraufenthalt mit dieser
Vorschrift nicht beabsichtigt ist, passt sie in das Leistungsprogramm des AsylbLG.
Durch die Beschränkung auf Satz 1 kann geschlossen werden, dass das AsylbLG auf
die Personen nicht anwendbar ist, deren Bleiberecht nach Satz 2 verlängert wird.
Eine Verlängerung ist unter der Voraussetzung möglich, dass auf Grund besonderer

Umstände des Einzelfalles das Verlassen des Bundesgebiets für den Ausländer eine außergewöhnliche Härte bedeuten würde. Die Beschränkung auf S. 1 bei der Leistungsgewährung ist nicht ganz nachzuvollziehen.

In der Praxis wird eine derartige Aufenthaltserlaubnis auch zur Beendigung eines **37** Schulbesuchs erteilt, was in der Regel aber bedeutet, dass sich der Betreffende länger in Deutschland aufhält (s. dazu *Pro Asyl,* Stellungnahme v. 7.1.2013, S. 3). Eine Iranerin wiederum, die vorträgt, sie könne aufgrund einer Erkrankung nicht mehr in den Iran zurückkehren, hat keinen Anspruch auf Erteilung einer Aufenthaltserlaubnis nach § 25 Abs. 4 S. 1 AufenthG (eingehend dazu HessLSG 4.9.2006 – L 20 B 73/06 SO ER, Breith 2007, 157). Die Vorschrift betrifft Personen, die sich bereits im Bundesgebiet befinden und die im Zeitpunkt der Antragstellung über einen gültigen Aufenthaltstitel, sei es in Form eines Visums, sei es in Form einer Aufenthaltserlaubnis, verfügen oder die vom Erfordernis einer Aufenthaltsgenehmigung (visumfreie Einreise) befreit sind. Auf vollziehbar Ausreisepflichtige ist die Vorschrift nicht anwendbar (*Hailbronner,* AuslR Rn. 185). Das ergibt sich aus den Spezialvorschriften der §§ 25 Abs. 5 und 23a AufenthG, die ausdrücklich von ausreisepflichtigen Ausländern sprechen (*Storr,* Storr/Wenger/Eberle/Albrecht/Harms, AufenthG § 25 Rn. 16). Bis zur Entscheidung der Ausländerbehörde gilt die Aufenthaltserlaubnis als fortbestehend (§ 81 Abs. 4 AufenthG). Allerdings kann die Fiktion keine andere Rechtsstellung einräumen als der Titel selbst (*Adolph,* Linhart/Adolph, AsylbLG § 1 Rn. 30b).

Als dringende persönliche Gründe werden angesehen: Eine Operation, die im **38** Herkunftsland nicht gewährleistet ist; eine unmittelbar bevorstehende Eheschließung (vgl. VG München 6.9.2007 – M 12 E 07.3633; BayVGH 22.10.2008 – 19 CE 08/ 2354) mit einem/einer Deutschen oder einem Ausländer, der einen Aufenthaltstitel besitzt; die vorübergehende Pflege eines schwerkranken Familienangehörigen oder der Abschluss einer Berufs- oder Schulausbildung (vgl. zum Ganzen *Storr,* Storr/ Wenger/Eberle/Albrecht/Harms, AufenthG § 25 Rn. 17; *Hohm* GK-AsylbLG, § 1 Rn. 54).

Im Gegensatz zu § 25 Abs. 4 S. 1 AufenthG ermöglicht Abs. 4 S. 2 als eigenständi- **39** ger Tatbestand Ausländern, die sich rechtmäßig in der Bundesrepublik aufhalten, die Verlängerung einer vorübergehenden Aufenthaltserlaubnis, in Ausnahmefällen auch auf Dauer (vgl. OVG LSA 21.2.2006 – 2 M 217/05). Allerdings ist diese Vorschrift im AsylbLG nicht genannt, was systematische Gründe hat. Denn diese Vorschrift des AufenthG ist unabhängig von Satz 1 zu sehen. Ausländer, die mit einem Touristenvisum rechtmäßig in die Bundesrepublik eingereist sind, und deren Aufenthalt vorübergehend aus humanitären, persönlichen Gründen oder wegen erheblichem öffentlichen Interesse erforderlich ist und deren Aufenthalt nach dieser Vorschrift verlängert wird, fallen demgemäß nicht unter das AsylbLG (vgl. HessLSG 4.9.2006 – L 20 B 73/06 SO ER, Breith 2007, 157; *Hohm,* Schellhorn/Schellhorn/ Hohm, SGB XII § 1 AsylbLG Rn. 12). Das trifft z. B. auf Ausländer zu, die nach einem rechtmäßigen Aufenthalt krank werden und deshalb vorerst nicht in ihr Heimatland zurückkehren können.

**§ 25 Abs. 4a AufenthG** ist aus der jetzt geltenden Fassung herausgenommen **40** worden. Diese Vorschrift begünstigt Ausländer, die Opfer einer Straftat nach den §§ 232, 233, 233a StGB geworden sind und die abweichend von § 11 Abs. 1 AufenthG vorübergehend in Deutschland bleiben sollen. Damit wird die sog. Opferschutzrichtlinie 2004/81/EG vom 29.4.2004 in nationales Recht umgesetzt (vgl. auch *Hachmann/Hohm,* NVwZ 2008, 33). Kennzeichnend für diesen Aufenthaltstatbestand ist, dass ein vorübergehendes Bleiberecht auch dann gewährt werden kann, wenn der Betreffende illegal eingereist ist (*Hachmann/Hohm,* NVwZ 2008, 34). Aufenthaltsrechtlich begünstigt werden auf diese Weise beispielsweise Frauen, die illegal eingereist und zur Prostitution gezwungen worden sind. Nicht mehr aufgeführt ist § 25 Abs. 4b AufenthG.

**41**    In **Nr. 3c** haben sich ebenfalls Änderungen ergeben. § 25 Abs. 5 AufenthG betrifft
Ausländer, die vollziehbar ausreisepflichtig sind, die aber dennoch unverschuldet aus
rechtlichen oder tatsächlichen Gründen nicht in ihr Heimatland abgeschoben werden können (s. auch BVerwG 27.6.2006 – 1 C 14/05; zur Kritik an dieser Vorschrift
*Frerichs,* jurisPK-SGB XII, § 1 AsylbLG Rn. 110 f.).

**42**    Der **Begriff** der **Ausreise** umfasst sowohl die freiwillige Ausreise als auch die
Abschiebung (*Hailbronner,* Rn. 188). Diese aufenthaltsrechtliche Vorschrift wurde
eingeführt, um die Kettenduldungen abzuschaffen (BT-Drs. 15/420 S. 80). Auch
diese Vorschrift bleibt fraglich, weil tatsächlich viele Menschen sich mit dieser Duldung in Deutschland eingerichtet haben und hoffen können, nach sieben Jahren
eine Niederlassungserlaubnis zu erhalten (§ 26 Abs. 4 AufenthG). Die bisherige
Regelung war verfassungsrechtlich höchst problematisch (vgl. auch *Frerichs,* jurisPK-
SGB XII, § 1 AsylbLG Rn. 110). Aus dem Asylurteil des BVerfG vom 18.7.2012
hat der Gesetzgeber Konsequenzen gezogen. Die Vorschrift schränkt die Anwendung des AsylbLG auf Ausländer ein, die nach § 25 Abs. 5 AufenthG eine Aufenthaltserlaubnis besitzen, sofern die Entscheidung über die Aussetzung ihrer Abschiebung noch nicht **18 Monate** zurückliegt. In der Gesetzesbegründung (BR-
Drs. 392/14 kommt zum Ausdruck, dass sich die bisherige Fassung der Vorschrift
verfassungsrechtlich nicht mehr rechtfertigen lässt. Es wird endlich darauf abgestellt,
dass dieser Personenkreis tatsächlich nicht nur vorübergehend in der Bundesrepublik
verbleibt, weil nicht damit zu rechnen ist, dass die tatsächlichen und rechtlichen
Hindernisse in absehbarer Zeit wegfallen. Damit trägt der Gesetzgeber der Situation
der **faktischen Inländer** Rechnung, die aufgrund ihres Bleibeberechts in der deutschen Gesellschaft verwurzelt sind (*Frerichs,* jurisPK-SGB XII, § 1 AsylbLG
Rn. 111). Mit der Neufassung ist die Entscheidung des BSG 16.12.2008 – B 4
AS 40/07 R überholt. Das BSG hatte gegenüber § 1 Abs. 3 AsylbLG a. F. keine
verfassungsrechtlichen Bedenken erhoben.

**43**    Zu Recht wird bemängelt, dass die Entscheidung über eine Abschiebung
18 Monate zurückliegen muss (*Frerichs,* jurisPK-SGB XII, § 1 AsylbLG Rn. 103.3).
Erst nach Ablauf der 18-Monatsfrist erhält ein davon betroffener Ausländer Leistungen des Grundsicherungsrechts. Ein gewichtiges Argument ist, dass die Vorschrift
des § 25 Abs. 5 S. 1 AufenthG bereits tatbestandlich voraussetzt, dass mit dem Wegfall
der Abschiebungshindernisse in absehbarer Zeit nicht zu rechnen ist. Damit wird die
Vorschrift des Leistungsrechts verfassungswidrig, weil die Vorgaben des BVerfG
(18.7.2012 – 1 BvL 10/10) nicht konsequent beachtet (ebenso *Frerichs,* jurisPK
SGB XII, § 1 AsylbLG Rn. 103.3). Denn wenn sich in einer von der Ausländerbehörde geforderten Prognoseentscheidung abzeichnet, dass der Aufenthalt von Dauer
ist, muss der Betreffende allgemeine Grundleistungen erhalten.

**44**    Eine Ausreise ist unmöglich, wenn der Heimatstaat den Staatsangehörigen nicht
aufnimmt oder weil die Begleitung der Abschiebung durch Sicherheitsbeamte nicht
durchführbar ist, der Ausländer aber freiwillig ausreisen könnte (BT-Drs. 15/420,
S. 80). Aus rechtlichen Gründen kommen insbesondere inlandsbezogene Ausreisehindernisse in Betracht (*Hailbronner,* AuslR, Rn. 190). Die Unmöglichkeit aus tatsächlichen Gründen betrifft die Fälle der Reiseunfähigkeit (z. B. Schwangerschaft,
zu psychischen Gründen LSG Nds-Brem 13.1.2011 – L 11 AY 84/06 ER; zu
familiären Bindungen s. näher BVerfG 1.8.1996 – 2 BvR 1119/96, NVwZ 1997,
479), Passlosigkeit und unterbrochene Verkehrsverbindungen (zur Möglichkeit der
Ausreise eines Palästinensers nach Jordanien oder in die Autonomiegebiete: BayVGH
11.3.2008 – 19 ZB 08/217). Eine Aufenthaltserlaubnis darf nur erteilt werden, wenn
der Ausländer unverschuldet an der Ausreise gehindert ist (§ 25 Abs. 3, 4 AufenthG).
Zu vertreten hat ein Ausländer alle Handlungen, mit denen eine freiwillige oder
erzwungene Ausreise erschwert oder unmöglich gemacht wird (*Hailbronner,*
Rn. 192; zum Rechtsmissbrauch s. BSG 8.2.2007 – B 9 AY 1/06 R; zur Einzelfallprüfung vgl. BVerwG 15.6.2006 – 1 B 54/06). Hierbei kommt den Mitwirkungs-

und Initiativpflichten des Ausländers eine besondere Bedeutung zu (*Storr,* Storr/ Wenger/Eberle/Albrecht/Harms, AufenthG, § 25 Rn. 36; s. auch OVG NRW 14.3.2006 – 18 E 924/04). Mitwirkungspflichten werden verletzt, wenn der Pass vernichtet wird oder der Leistungsberechtigte zumutbare Handlungen unterlässt, um sich einen neuen Pass seines Heimatlandes ausstellen zu lassen. Typisierend werden die Fallgruppen fehlender Mitwirkung in Satz 4 genannt: Falsche Angaben, Täuschung über die Identität oder Staatsangehörigkeit oder zumutbare Anforderungen an die Beseitigung der Ausreisehindernisse wie z. B. Kontaktaufnahme mit im Heimatland lebenden Verwandten zur Beschaffung von Papieren für einen Identitätsnachweis.

**45** Problematisch war diese Regelung für minderjährige Kinder, die mit ihren Eltern in Haushaltsgemeinschaft leben. Ihnen wurde bisher das Verschulden ihrer Eltern zugerechnet (zur Zurechnung des Verschuldens der Eltern im Aufenthaltsrecht OVG NRW 14.7.2005, 18 B 963/05). Damit es nicht zu einem gespaltenen Leistungsrecht kommt, weil z.b. die 18-Monatsfrist bei den Kindern noch nicht abgelaufen ist, würden die Kinder länger im Leistungsbezug nach dem AsylbLG bleiben. Unsystematisch, aber in der Sache richtig ist deshalb in Abs. 3 S. 2 aufgenommen worden, dass für minderjährige Kinder, die eine Aufenthaltserlaubnis nach § 25 Abs. 5 AufenthG besitzen und die mit ihren Eltern in einer Haushaltsgemeinschaft leben, die Leistungsberechtigung auch dann endet, wenn die Leistungsberechtigung eines Elternteils, der eine Aufenthaltserlaubnis nach § 25 Abs. 5 AufenthG besitzt, entfallen ist.

**46** § 25 Abs. 5 S. 2 AufenthG enthält eine Sollbestimmung für den Fall, dass 18 Monate seit der Aussetzung der Abschiebung verstrichen sind. Mit der Aufnahme des gesamten Absatzes 5 des § 25 AufenthG hat der Gesetzgeber im Verhältnis zur früheren Fassung den Kreis der nach dem AsylbLG Berechtigten erweitert, weil nach bisherigem Ausländerrecht und AsylbLG diejenigen Ausländer privilegiert wurden, die vollziehbar ausreisepflichtig waren, deren Abschiebung aus rechtlichen oder tatsächlichen Gründen unmöglich und denen eine Aufenthaltsbewilligung von länger als sechs Monate bewilligt worden war (§ 30 Abs. 3, 4 AuslG).

**47** § 25 Abs. 5 S. 2 AufenthG kann Bedeutung für diejenigen Ausländer haben, für die das Verlassen der Bundesrepublik eine außergewöhnliche Härte bedeutet. Davon betroffen könnten Personen sein, die sich schon jahrelang in der Bundesrepublik aufhalten (bosnische Bürgerkriegsflüchtlinge), für die § 104a AufenthG (sog. Altfälle, bei denen es sich um geduldete, wirtschaftlich und sozial integrierte Ausländer handelt) keine Regelung bereithält. Zentral ist hier Art. 8 EMRK (s. *Dienelt/Bergmann,* Ausländerrecht, § 25 AufenthG Rn. 111). Sie erhalten eine Aufenthaltserlaubnis und sind somit vom AsylbLG ausgenommen. Im Verfahren auf Erteilung dieser Aufenthaltserlaubnis ist ihnen eine Duldung zu erteilen (OVG Nds 11.8.2008 – 13 ME 128/08; s. auch *Deibel,* NWVBl. 2010, 125).

**48** In der Literatur ist aus Gründen des Gleichheitssatzes der Versuch unternommen worden, im Wege der teleologischen Reduktion oder durch eine analoge Anwendung des § 23 Abs. 1 S. 4 SGB XII in Fällen eines voraussichtlichen Daueraufenthalts die Leistungsberechtigung der Betroffenen zu verbessern (so z. B. *Frerichs,* jurisPK-SGB XII, § 1 AsylbLG Rn. 106 f.). Diesem Lösungsansatz ist zu entgegnen, dass das AsylbLG an die Vorentscheidung der Ausländerbehörde anknüpft und das Leistungsrecht eine Möglichkeit bietet, einen aufenthaltsrechtlich unbefriedigenden Status zu korrigieren.

**49** **d) Duldungsberechtigte.** Ausländer, denen eine Duldung nach § 60a Abs. 2 AufenthG (§ 55 AuslG a. F.), der sich nun auch auf Personen bezieht, deren vorübergehende Anwesenheit in Deutschland für bestimmte Strafverfahren erforderlich ist, erteilt worden ist, zählen gemäß § 1 Abs. 1 Nr. 4 AsylbLG ebenfalls zum leistungsberechtigten Personenkreis des AsylbLG. Nach dem AusländerG wurden diese Duldungen in der Praxis als „Quasi-Aufenthaltsrecht" genutzt (vgl. *Hailbronner*, AuslR, Rn. 410). Der Besitz einer Duldung ist Voraussetzung für die Zuordnung zu dem in dieser Vorschrift genannten Personenkreis. Eine stillschweigende Duldung darf es nicht geben, weil § 25 Abs. 4 AufenthG über die Aussetzung der Abschiebung eine Bescheinigung erfordert. Die Duldung selbst ist die Aussetzung der Vollstreckung in Form der Abschiebung. Aufenthaltsrechtlich bleibt das Hiersein unrechtmäßig (vgl. auch *Decker*, Oestreicher, SGB II/XII § 1 Rn. 32).

50      Durch die uneingeschränkte Bezugnahme auf § 60a AufenthG macht es keinen Unterschied, ob der Ausländer einen Anspruch auf eine Duldung hat oder sie ihm auf Grund einer Ermessensentscheidung erteilt worden ist. Die von der Vorschrift betroffenen Personen können aus tatsächlichen oder rechtlichen Gründen nicht abgeschoben werden. Zu denken ist an eine vorübergehende Reiseunfähigkeit, Vorwirkungen im Fall der Eheschließung (vgl. auch BayVGH 22.10.2008 – 19 CE 08/2354 unter Hinweis auf die Wertentscheidung des Art. 6 GG und Art. 8 EMRK; zum Fall des Suizids VGH BW, InfAuslR 2003, 423, bei Suizidgefahr; vgl. *Bauer*, Bergmann/Dienelt, AuslR, § 60a Rn. 28).

51      Eingeteilt werden die **Abschiebungshindernisse** in **inlandsbezogene** und **zielstaatsbezogene**. Zu den Ersteren zählen insbesondere die Wahrung des Ehe- und Familienlebens in Deutschland. Krankheitsbedingte Gefahren können inlandsbezogen sein (Krankheiten, die durch die vorgesehene Abschiebung auftreten), zielstaatsbezogen sind sie, wenn es um die spezifische Behandlung von Krankheiten im Heimatstaat geht.

52      Eine Leistungsverkürzung steht allerdings dann in Diskrepanz zur Duldungsentscheidung, wenn die Abschiebung auf Dauer tatsächlich nicht beendet werden kann. Davon kann bei Abschiebungshindernissen gemäß § 60a Abs. 2 AufenthG ausgegangen werden (vgl. zum früheren Recht *Streit/Hübschmann*, ZAR 1998, 269). Sie gehören in jedem Fall dem § 1 Abs. 1 Nr. 4 AsylbLG an (*Hohm*, GK-AsylbLG, § 1 Rn. 68). Personen, die erfolglos einen Asylantrag gestellt haben und im Anschluss daran ein Petitionsverfahren betreiben, steht keine ausländerrechtliche Duldung zu. Sie sind dem Personenkreis des § 1 Abs. 1 Nr. 5 AsylbLG zuzuordnen.

53      **e) Vollziehbar Ausreisepflichtige.** § 1 Abs. 1 Nr. 5 AsylbLG meint die vollziehbar zur Ausreise Verpflichteten (§ 50 AufenthG). Dies sind Ausländer, die keinen Asylantrag gestellt haben oder nicht im Besitz eines erforderlichen Aufenthaltstitels sind und für die ein Aufenthaltsrecht nach dem Assoziationsabkommen EWG/Türkei nicht oder nicht mehr besteht, sodass ihre Ausreise vollziehbar ist. Seinem Sinn und Zweck nach handelt es sich um einen Auffangtatbestand. Ist ein Asylantrag abgelehnt worden und erlischt damit die Aufenthaltsgestattung zur Durchführung eines Asylverfahrens (§ 55 Abs. 1 AsylG), und ist der Betreffende noch nicht ausgereist oder abgeschoben worden, gehört er ebenfalls zum leistungsberechtigten Personenkreis der Nr. 5. Darauf deutet die Formulierung hin, dass die Abschiebungsandrohung noch nicht oder nicht mehr vollziehbar ist. Gleiches gilt im Fall der Rücknahme eines Asylantrages. In diesem Fall erlischt die Aufenthaltsgestattung nach § 67 Abs. 1 Nr. 3 AsylG.

54      Aus § 1 Abs. 1 Nr. 5 AsylbLG lässt sich nicht entnehmen, dass ausreisepflichtigen, sich **illegal in Deutschland aufhaltenden Ausländern** nur ein Anspruch auf Aushändigung einer Fahrkarte zusteht. Das AsylbLG ist als Leistungsgesetz kein Instrument, auf die freiwillige Ausreise durch Leistungskürzung hinzuwirken (HmbOVG 28.12.1993 – BS IV 222/93, InfAuslR 1995, 241; zustimmend *Hailbronner*, AuslR, B 12 Rn. 36).

55      Personen, die in Abschiebehaft sitzen, sind vollziehbar zur Ausreise verpflichtet und unterliegen dem AsylbLG (GK-AsylbLG, § 1 Rn. 111). Dass Abschiebehäftlinge zum Personenkreis der nach dem AsylbLG Berechtigten gehören, wird anhand der Vorschrift des § 3 Abs. 1 S. 5 AsylbLG hinreichend deutlich. Denn in dieser Vor-

schrift ist festgelegt, dass der Geldbetrag für Abschiebehäftlinge bei 70 % der in § 3 AsylbLG vorgesehenen Leistungen liegt.

**f) Familienangehörige. § 1 Abs. 1 Nr. 6** stellt ein **akzessorisches Verhältnis** 56 zum Ehegatten oder Elternteil her, auf den § 2 Abs. 1 AufenthG anzuwenden ist. Die Personen müssen in Haushaltsgemeinschaft leben. Bei einer unabhängigen Einreise von minderjährigen Kindern ist maßgeblich die Leistungsberechtigung des Haushaltsvorstandes, weil dies ein sozialrechtlich sachgerechter Anknüpfungspunkt ist. Der Tatbestand bezieht sich nur auf Ausländer. Lebt ein solcher mit einem deutschen Ehepartner zusammen, hat dieser einen unmittelbaren Anspruch nach dem SGB II oder SGB XII (s. auch *Frerichs,* jurisPK-SGB XII, § 1 AsylbLG Rn. 135).

Nicht geregelt sind Fälle der **gemischten Bedarfs- oder Einstandsgemein-** 57 **schaft,** in denen Ausländer mit einem Aufenthaltsrecht und einer Leistungsberechtigung nach dem SGB II oder SGB XII, mit den in Nr. 6 genannten Personen in einer Haushaltsgemeinschaft leben. Ehegatten, Lebenspartner oder minderjährige Kinder der in den Nrn. 1 bis 5 genannten Personen werden grundsätzlich privilegiert, ohne dass sie selbst die dort genannten Voraussetzungen erfüllen. Der von Nr. 6 erfasste Personenkreis, der in Haushaltsgemeinschaft mit einem Leistungsbezieher nach dem SGB XII oder SGB II lebt, ist nach dem Wortlaut nicht erfasst. In der Rspr. (LSG NRW 15.3.2014 – L 19 AS 73/14 B ER) und Literatur (*Frerichs,* jurisPK-SGB XII, § 1 AsylbLG Rn. 133) wird die Auffassung vertreten, dass die leistungsrechtlich privilegierte Person den eigentlich nach dem AsylbLG Berechtigten in das Leistungsrecht des SGB II oder SGB XII hinüberzieht. Eine solche Rechtsfolge lässt sich aus dem Wortlaut der Vorschrift nicht ableiten, weil sie lediglich eine asylbewerberleistungsrechtliche Gleichstellung anstrebt und keinen Vorteil aus einem verfestigten Bleiberecht einer Person ziehen soll. Ein familieneinheitlicher Leistungsanspruch existiert nicht (BVerwG 28.9.2001 – 5 B 94/00; BSG 21.12.2009 – 14 AS 66/08 R).

Durch Art. 20 des Gesetzes über die Einordnung des Sozialhilferechts in das 58 Sozialgesetzbuch bezieht sich die Vorschrift nunmehr auch auf Lebenspartner. Insofern vollzieht das Gesetz die Vorgaben aus dem LPartG nach.

Von der Vorschrift nicht geregelt sind die Fälle, in denen der allein in die Bundes- 59 republik eingereiste Minderjährige die Voraussetzungen des § 25 Abs. 5 AufenthG mit der 18-monatigen Frist erfüllt und damit in den Anwendungsbereich des SGB II oder SGB XII wechselt, die Eltern diese Voraussetzungen nicht erfüllen. Hier besteht eine gesetzliche Lücke, die um der gleichmäßigen Leistungsbewilligung in einer Haushaltsgemeinschaft willen dahingehend geschlossen werden muss, dass auch die Eltern privilegiert werden. Umgekehrt privilegiert ein Wechsel der Eltern in das SGB II oder SGB XII den Minderjährigen auch dann, wenn er noch über keine über einen Zeitraum von 18 Monaten dauernde Duldung verfügt. Auf diese Weise wird ein gespaltenes Leistungsrecht vermieden, s. jetzt Abs. 3.

**g) Folgeantragsteller.** Das AsylbLG ist auf Folgeantragsteller (§ 71 AsylG) und 60 Zweitantragsteller (§ 71a AsylG) anzuwenden (zur Kritik s. *Deibel,* ZAR 2004, 523).

## III. Ausnahmen (Abs. 2)

§ 1 Abs. 2 AsylbLG nimmt diejenigen vom Leistungsrecht für die Zeit aus, für 61 die ihnen ein anderer Aufenthaltstitel als in Abs. 1 Nr. 3 bezeichnet mit einer Gesamtgeltungsdauer von mehr als sechs Monaten erteilt worden ist. Im Gegenschluss ist zu folgern, dass Ausländer, denen ein Aufenthaltstitel bis zu 6 Monaten erteilt wird, auch dann noch Leistungen nach dem AsylbLG erhalten, selbst wenn sie nicht mehr dem Personenkreis des § 1 Abs. 1 AsylbLG angehören. Dieser Personenkreis hat einen Sozialhilfeanspruch nach § 23 SGB XII oder nach dem SGB II (s. BayLSG 12.1.2006 – L 11 B 598/05 AS ER; *Adolph,* Linhart/Adolph, § 1 AsylbLG Rn. 30; *Decker,* Oestreicher, SGB II/XII § 1 AsylbLG, § 1 Rn. 47). Es handelt sich um diejenigen, die bereits Leistungen nach dem AsylbLG bezogen haben. Nach der Legalisierung ihres Aufenthalts beziehen sie noch sechs weitere Monate verminderte Leistungen. Erst danach hat sich durch die Erteilung der Aufenthaltsgenehmigung ihr Bleiberecht so verdichtet, dass Leistungen nach dem SGB XII gerechtfertigt sind. Hierbei hat sich der Gesetzgeber von der Vorstellung leiten lassen, dass der Aufenthalt dieses Personenkreises nicht (mehr) durch asylverfahrensrechtliche Gründe bestimmt wird (BT-Drs. 12/4451, S. 5).

**62**    Als Aufenthaltstitel kommen nach dieser Vorschrift die des § 4 Abs. 1 S. 2 AufenthG in Betracht (vgl. *Hohm,* GK-AsylbLG, § 1 Rn. 115).

## IV. Ende der Leistungsberechtigung (Abs. 3)

**63**    Gemäß § 1 Abs. 3 Nr. 1 AsylbLG endet die Leistungsberechtigung mit dem Ende des tatsächlichen Aufenthaltes in Deutschland, also mit der Ausreise. Insofern korrespondiert dieser Absatz mit Abs. 1, in dem der Beginn der Leistungsberechtigung auf den tatsächlichen Aufenthalt festgelegt wird. § 1 Abs. 3 Nr. 2 AsylbLG sieht eine Leistungsumstellung vor, wenn der Ausländer vom Bundesamt anerkannt wird oder eine entsprechende Entscheidung eines Verwaltungsgerichts vorliegt (vgl. dazu *Deibel,* ZFSH – SGB 2016, 415).

**64**    Umstritten ist mangels ausdrücklicher gesetzlicher Regelungen, ob die Sozialhilfebehörde dem Ausländer, der nicht mehr zum leistungsberechtigten Personenkreis des AsylbLG gehört, nachträglich Sozialhilfeleistungen zu gewähren hat, wenn sie erst später vom Ende der Leistungsberechtigung nach § 1 Abs. 3 Nr. 2 AsylbLG erfährt. Da die Hilfebedürftigkeit der Sozialhilfebehörde weiter bekannt ist und lediglich ein gesetzlicher Leistungswechsel umzusetzen ist, steht einer nachträglichen Leistungsgewährung nach dem SGB XII die Vorschrift des § 18 Abs. 1 SGB XII nicht entgegen (*Fuchs,* NVwZ 2000, 1018; a. A. *Hohm,* NVwZ 2000, 287).

**65**    Satz 2 des Absatzes zielt darauf ab, dass innerhalb einer Familie, die mit minderjährigen Kindern in Haushaltsgemeinschaft leben, es zu einer einheitlichen und nicht mehr gespaltenen Leistungsberechtigung kommt. Davon profitieren im Inland geborene oder auf der Flucht von ihren Eltern getrennte Kinder (BT-Drs. 18/6185). Dem Gesetzgeber war es ein Anliegen, ein gespaltenes Leistungsrecht zu vermeiden.

## § 1a Anspruchseinschränkung

(1) **Leistungsberechtigte nach § 1 Absatz 1 Nummer 4 und 5 und Leistungsberechtigte nach § 1 Absatz 1 Nummer 6, soweit es sich um Familienangehörige der in § 1 Absatz 1 Nummer 4 und 5 genannten Personen handelt, die sich in den Geltungsbereich dieses Gesetzes begeben haben, um Leistungen nach diesem Gesetz zu erlangen, erhalten Leistungen nach diesem Gesetz nur, soweit dies im Einzelfall nach den Umständen unabweisbar geboten ist.**

(2) **[1]Leistungsberechtigte nach § 1 Absatz 1 Nummer 5, für die ein Ausreisetermin und eine Ausreisemöglichkeit feststehen, haben ab dem auf den Ausreisetermin folgenden Tag keinen Anspruch auf Leistungen nach den §§ 2, 3 und 6, es sei denn, die Ausreise konnte aus Gründen, die sie nicht zu vertreten haben, nicht durchgeführt werden. [2]Ihnen werden bis zu ihrer Ausreise oder der Durchführung ihrer Abschiebung nur noch Leistungen zur Deckung ihres Bedarfs an Ernährung und Unterkunft einschließlich Heizung sowie Körper- und Gesundheitspflege gewährt. [3]Nur soweit im**

Einzelfall besondere Umstände vorliegen, können ihnen auch andere Leistungen im Sinne von § 3 Absatz 1 Satz 1 gewährt werden. [4]Die Leistungen sollen als Sachleistungen erbracht werden.

(3) [1]Absatz 2 gilt entsprechend für Leistungsberechtigte nach § 1 Absatz 1 Nummer 4 und 5, bei denen aus von ihnen selbst zu vertretenden Gründen aufenthaltsbeendende Maßnahmen nicht vollzogen werden können. [2]Für sie endet der Anspruch auf Leistungen nach den §§ 2, 3 und 6 mit dem auf die Vollziehbarkeit einer Abschiebungsandrohung oder Vollziehbarkeit einer Abschiebungsanordnung folgenden Tag. [3]Für Leistungsberechtigte nach § 1 Absatz 1 Nummer 6, soweit es sich um Familienangehörige der in Satz 1 genannten Personen handelt, gilt Absatz 1 entsprechend.

(4) [1]Leistungsberechtigte nach § 1 Absatz 1 Nummer 1 oder 5, für die in Abweichung von der Regelzuständigkeit nach der Verordnung (EU) Nr. 604/2013 des Europäischen Parlaments und des Rates vom 26. Juni 2013 zur Festlegung der Kriterien und Verfahren zur Bestimmung des Mitgliedstaats, der für die Prüfung eines von einem Drittstaatsangehörigen oder Staatenlosen in einem Mitgliedstaat gestellten Antrags auf internationalen Schutz zuständig ist (ABl. L 180 vom 29.6.2013, S. 31) nach einer Verteilung durch die Europäische Union ein anderer Mitgliedstaat oder ein am Verteilmechanismus teilnehmender Drittstaat, der die Verordnung (EU) Nr. 604/2013 anwendet, zuständig ist, erhalten ebenfalls nur Leistungen nach Absatz 2. [2]Satz 1 gilt entsprechend für Leistungsberechtigte nach § 1 Absatz 1 Nummer 1 oder 5, denen bereits von einem anderen Mitgliedstaat der Europäischen Union oder einem am Verteilmechanismus teilnehmenden Drittstaat im Sinne von Satz 1 internationaler Schutz oder aus anderen Gründen ein Aufenthaltsrecht gewährt worden ist, wenn der internationale Schutz oder das aus anderen Gründen gewährte Aufenthaltsrecht fortbesteht.

(5) [1]Leistungsberechtigte nach § 1 Absatz 1 Nummer 1 oder 7 erhalten nur Leistungen entsprechend Absatz 2 Satz 2 bis 4, wenn sie
1. ihrer Mitwirkungspflicht nach § 15 Absatz 2 Nummer 4 des Asylgesetzes nicht nachkommen,
2. ihre Mitwirkungspflicht nach § 15 Absatz 2 Nummer 5 des Asylgesetzes verletzen, indem sie erforderliche Unterlagen zu ihrer Identitätsklärung, die in ihrem Besitz sind, nicht vorlegen, aushändigen oder überlassen,
3. den gewährten Termin zur förmlichen Antragstellung bei der zuständigen Außenstelle des Bundesamtes für Migration und Flüchtlinge oder dem Bundesamt für Migration und Flüchtlinge nicht wahrgenommen haben oder
4. den Tatbestand nach § 30 Absatz 3 Nummer 2 zweite Alternative des Asylgesetzes verwirklichen, indem sie Angaben über ihre Identität oder Staatsangehörigkeit verweigern,
es sei denn, sie haben die Verletzung der Mitwirkungspflichten oder die Nichtwahrnehmung des Termins nicht zu vertreten oder ihnen war die Einhaltung der Mitwirkungspflichten oder die Wahrnehmung des Termins aus wichtigen Gründen nicht möglich. [2]Die Anspruchseinschränkung nach Satz 1 endet, sobald sie die fehlende Mitwirkungshandlung erbracht oder den Termin zur förmlichen Antragstellung wahrgenommen haben.

*Änderungen der Vorschrift: § 1a eingef. durch G v. 25.8.1998 (BGBl. I S. 2505), neu gef. mWv 1.3.2015 durch G v. 10.12.2014 (BGBl. I S. 2187) und neu gef. mWv 24.10.2015 durch G v. 20.10.2015 (BGBl. I S. 1722), Abs. 4 Satz 2 und Abs. 5 angef. mWv 6.8.2016 durch G v. 31.7.2016 (BGBl. I S. 1939).*

# I. Neuregelung

**1**    Die Neuregelung des § 1a durch die Gesetze vom 10.12.2014 und 20.10.2015
ging über redaktionelle Änderungen weit hinaus. Die Fassung bis zum 1.3.2015
(Gesetz zur Änderung des Asylbewerberleistungsgesetzes und des Sozialgerichtsgesetzes, BGBl. I S. 2187) lautete ausschließlich:

> *„Leistungsberechtigte nach § 1 Abs. 1 Nr. 4 und 5 und Leistungsberechtigte nach § 1*
> *Abs. 1 Nr. 6, soweit es sich um Familienangehörige der in § 1 Abs. 1 Nr. 4 und 5 genannten*
> *Personen handelt, 1. die sich in den Geltungsbereich dieses Gesetzes begeben haben, um*
> *Leistungen nach diesem Gesetz zu erlangen, oder*
> > *2. bei denen aus von ihnen selbst zu vertretenden Gründen aufenthaltsbeendende Maßnah-*
> *men nicht vollzogen werden können,*
> > *erhalten Leistungen nach diesem Gesetz nur, soweit dies im Einzelfall nach den Umständen*
> *unabweisbar geboten ist.“*

§ 1a wurde um die Absätze 2 bis 4 ergänzt (zum Zustandekommen der Vorschrift **2**
s. *Deibel*, ZFSH/SGB 2015/708), wodurch weitere Leistungseinschränkungen möglich sind.

Das BVerfG hatte in seiner Entscheidung vom 18.7.2012 (1 BvL 10/10) die **3**
Vorschrift des § 1a nicht beanstandet. Gleichwohl steht die Neufassung des § 1a
durch das Gesetz zur Änderung des Asylbewerberleistungsgesetzes und des Sozialgerichtsgesetzes im Zusammenhang mit der Entscheidung des BVerfG (*Oppermann*,
jurisPK-SGB XII, § 1a AsylbLG Rn. 3), weil der Gesetzgeber versucht, dem vom
BVerfG aufgestellten Grundsatz der **bedarfsgerechten Verwirklichung** des **individuellen Leistungsanspruchs** gerecht zu werden. Deswegen wird in der Gesetzesbegründung (BT-Drs. 18/2592) auch darauf hingewiesen, dass die Regelung dem
Grundsatz der individuellen Anspruchsberechtigung Rechnung trägt, indem sie klarstellt, dass zukünftig keine akzessorische Anspruchseinschränkung bei Familienangehörigen i. S. d. § 1 Abs. 1 Nr. 6 aufgrund des Verhaltens anderer Familienangehöriger mehr möglich ist. Zugleich mache die Regelung deutlich, dass zukünftig ein
**persönliches Fehlverhalten** des Leistungsberechtigten erforderlich ist. Zu Unrecht
wird deshalb § 1a Abs. 3 als Form der Sippenhaft eingestuft (so etwa *Voigt*, info also
2016,104).

Durch die Änderungen im Asylverfahrensbeschleunigungsgesetz vom 20.10.2015 **4**
(BGBl. I S. 1722) haben sich Neuregelungen für die Absätze 2 bis 4 ergeben.

Durch das Integrationsgesetz vom 31.7.2016 hat sich der Gesetzgeber erneut **5**
veranlasst gesehen, § 1a in Teilen zu ändern. Neben den Änderungen enthält das
Integrationsgesetz Änderungen zum AufenthG und Sonderregelungen zur Ausbildungsförderung. Auch wenn der Wunsch zur Integration politisch akzeptiert wird,
wird das Integrationsgesetz selbst teilweise als kontraproduktiv angesehen (so z.B.
Stellungnahme *Pro Asyl* vom 19.5.2016; *Awo*, Ausschussdrucksache 18 (11) 681,
S. 15) und findet nicht ungeteilte Zustimmung. Missverständlich wird das IntegrationsG politisch als eine ganzheitliche Regelung für das Integrationsgeschehen gesehen (vgl. *Thym*, Ausschussdrucksache 18 (11) 681, S. 119). Das Gesetz ist hingegen
nicht homogen. Es enthält sektorelle Teilregelungen (*Thym*, Ausschussdrucksache
18 (11), S. 119), die dem Sozialleistungsrecht mit einem eher aktivierenden Ansatz
und dem Aufenthaltsrecht und dem Asylrecht zuzuordnen sind. § 1a Abs. 4 und
Abs. 5 bringen weitere Einschränkungen mit sich.

Zur Begründung der durch das IntegrationsG vorgenommenen Änderungen hat **6**
die Bundesregierung angeführt:

*§ 1a Absatz 4 AsylbLG regelt bislang nur die Leistungseinschränkung bei Zuständigkeit
eines anderen EU-Mitgliedstaates oder an dem sogenannten Dublin-Verfahren teilnehmendem
Drittstaates für die Durchführung des Asylverfahrens. Diese Regelung wird nunmehr vervoll-
ständigt um die Fälle des bereits gewährten internationalen Schutzes oder Aufenthaltsrechts
aus einem anderen Grund durch einen anderen EU-Mitgliedstaat oder am Dublin-Verfahren
teilnehmenden Drittstaat.*

*Die Neuregelung in Absatz 5 sieht für bestimmte Fallkonstellationen eine weitergehende
Anspruchseinschränkung für Asylbewerberinnen und Asylbewerber sowie Asylfolgeantragstelle-
rinnen und Asylfolgeantragsteller vor. Diese betreffen sowohl die Mitwirkungspflicht nach § 15
Absatz 2 Nummer 4 (Nichtvorlage des Passes), die Mitwirkungspflicht nach § 15 Absatz 2
Nummer 5 (Nichtvorlage von Urkunden oder sonstigen Unterlagen, die der Klärung der
Identität der oder des Leistungsberechtigten dienen) als auch die Nichtwahrnehmung des
Termins zur förmlichen Antragstellung beim BAMF sowie die Weigerung Angaben über ihre
Identität oder Staatsangehörigkeit zu machen. Insofern ist die Verwirklichung des Tatbestands
des § 30 Absatz 3 Nummer 2 AsylG zu prüfen. Bei dem Unterlassen dieser Mitwirkungs-
handlungen liegen unter leistungsrechtlichen Gesichtspunkten besonders gravierende Pflichtverletzungen im Verfahren beim BAMF vor, die im Regelfall dazu führen, dass eine Leistungsbe-*

*rechtigte oder ein Leistungsberechtigter seinen Aufenthalt im Bundesgebiet rechtswidrig verlängert hat und dadurch auch länger im Leistungsbezug steht. Auch bei diesem Verhalten soll zukünftig das Leistungsniveau nach § 1a Absatz 2 Satz 2 bis 4 AsylbLG greifen. Die Leistungsbehörde bestimmt dabei jeweils für den Einzelfall, objektiv und unparteiisch und begründet, welche Leistungen zu gewähren sind, da die besonderen Umstände des Einzelfalls bei der Festlegung der Leistungseinschränkung und ihrer Höhe zu berücksichtigen sind. Die Entscheidungen werden auf Grund der besonderen Situation der betreffenden Personen, insbesondere im Hinblick auf die in Artikel 21 der Richtlinie 2013/33/EU des Europäischen Parlaments und des Rates vom 26. Juni 2013 zur Festlegung von Normen für die Aufnahme von Personen, die internationalen Schutz beantragen (Aufnahmerichtlinie) genannten Personen, unter Berücksichtigung des Verhältnismäßigkeitsprinzips getroffen. Eine Leistungseinschränkung ist ausgeschlossen, wenn die Leistungsberechtigten die Verletzung der Mitwirkungspflichten oder die Nichtwahrnehmung des Termins nicht zu vertreten haben oder ihnen die Einhaltung der Mitwirkungspflichten oder die Wahrnehmung des Termins aus wichtigen Gründen nicht möglich war. Dies ist insbesondere der Fall, wenn aus tatsächlichen Gründen (zum Beispiel schwere Krankheit) eine Mitwirkung nicht möglich ist. Die Leistungseinschränkung endet, sobald die Mitwirkungshandlung nachgeholt wird. Um entsprechende Leistungseinschränkungen vornehmen zu können, benötigen die Träger des AsylbLG substantiierte Informationen und Belege über die Verletzung der Mitwirkungspflichten; diese werden ihnen vom BAMF nach § 8 Absatz 2a AsylG übermittelt, da es sich um im Asylverfahren zu prüfende Pflichtverletzungen handelt. Insofern reicht beispielsweise die Tatsache, dass im konkreten Fall auf einer Bescheinigung über die Aufenthaltsgestattung das Feld angekreuzt ist: „Die Angaben zur Person beruhen auf den eigenen Angaben des Inhabers. Ein Identifikationsnachweis durch Originaldokumente wurde nicht erbracht", nicht aus, um die Verletzung der Mitwirkungs- und Auskunftspflichten zu begründen.*

**7** Die federführenden Ausschüsse hatten folgende Empfehlung abgegeben (BR-Drs. 266/1/16: Zu Art. 4 Nr. 1 (§ 1a Abs. 4 Satz 2, Abs. 5 AsylbLG):

*Artikel 4 Nummer 1 ist zu streichen.*
*Begründung:*
*Ohne nähere Begründung werden in Artikel 4 Nummer 1 Buchstabe a Leistungseinschränkungen bei Asylbewerbern auf das Existenzminimum auf die Fälle des bereits gewährten internationalen Schutzes oder Aufenthaltsrechts aus einem anderen Grund durch einen anderen EU-Mitgliedstaat oder am Dublin-Verfahren teilnehmenden Drittstaat ausgeweitet. Gegen die Leistungseinschränkung als solche bestehen bereits erhebliche verfassungsrechtliche Bedenken. Durch die Leistungseinschränkung werden Asylsuchenden lediglich Mittel für Ernährung und Unterkunft einschließlich Heizung sowie Körper-und Gesundheitspflege gewährt. Dies widerspricht der Entscheidung des Bundesverfassungsgerichts vom 18. Juli 2012 (BVerfGE 132, 134–179). In Leitsatz 2 dieses Urteils hatte das Bundesverfassungsgericht festgestellt, dass sich aus Artikel 1 Absatz 1 GG in Verbindung mit dem Sozialstaatsprinzip des Artikel 20 Absatz 1 GG ein Grundrecht auf Gewährleistung eines menschenwürdigen Existenzminimums ergibt. Dieser Anspruch umfasse sowohl die physische Existenz des Menschen als auch die Sicherung der Möglichkeit zur Pflege zwischenmenschlicher Beziehungen und ein Mindestmaß an Teilhabe am gesellschaftlichen, kulturellen und politischen Leben. Es führte weiter aus, dass dieses Grundrecht deutschen und ausländischen Staatsangehörigen, die sich in der Bundesrepublik aufhalten, gleichermaßen zustehe. Gegen die in Artikel 4 Nummer 1 Buchstabe a vorgesehene Ausweitung der Leistungseinschränkung spricht neben den generellen Bedenken auch, dass im Rahmen des Dublin-Systems zunächst eine Prüfung durch den zuständigen Mitgliedstaat durchzuführen ist. Während der Dauer der Prüfung ist eine Leistungskürzung allerdings nicht angezeigt. Schließlich ist zu bedenken, dass die Rückführung in bestimmte EU-Mitgliedstaaten nach aktueller Rechtsprechung als bedenklich erachtet wird.*

*In Artikel 4 Nummer 1 Buchstabe b werden weitere vier Tatbestände eingeführt, die eine Leistungseinschränkung bei Asylbewerbern beziehungsweise Asylbewerberinnen oder Asylfolgeantragstellern beziehungsweise Asylfolgeantragstellerinnen auf das Existenzminimum ermöglichen. Diese betreffen die Nichtvorlage des Passes (§ 1a Absatz 5 Nummer 1 AsylbLG-E) oder von Urkunden oder sonstigen Unterlagen, die der Klärung der Identität der oder des Leistungsberechtigten dienen (§ 1a Absatz 5 Nummer 2 AsylbLG-E), die Nichtwahrnehmung des Termins zur förmlichen Antragstellung beim Bundesamt für Migration und Flüchtlinge (§ 1a Absatz 5 Nummer 3 AsylbLG-E) sowie die Weigerung, Angaben über die Identität oder Staatsangehörigkeit zu machen (§ 1a Absatz 5 Nummer 4 AsylbLG-E). Diese Fallgruppen haben insbesondere bei § 1a Absatz 5 Nummer 1 und 2 AsylbLG-E zur Folge, dass Leistungsberechtigte von Leistungskürzungen betroffen sein können aufgrund von Umständen, die sie selber nicht beeinflussen können und nicht zu vertreten haben. Die Möglichkeit, die der Gesetzentwurf vorsieht, namentlich den Nachweis zu erbringen, dass sie die Verletzung der Mitwirkungspflichten nicht zu vertreten haben, hilft ihnen hier nicht. Denn regelmäßig wird ihnen der Beweis nicht gelingen, dass sie ihre Mitwirkungsmöglichkeiten nicht zu vertreten haben (wie zum Beispiel die Vorlage des Passes). Die Ausweitung der Leistungseinschränkung wird darüber hinaus insbesondere bei § 1a Absatz 5 Nummer 3 AsylbLG-E im Hinblick auf Artikel 20 der EU-Aufnahmerichtlinie kritisch gesehen. Im Übrigen haben die oben genannten Fallgruppen nichts mit den eingangs im Gesetzentwurf genannten Zielen zu tun, dass Asylbewerbern die Leistungen gekürzt werden, wenn sie Flüchtlingsintegrationsmaßnahmen pflichtwidrig ablehnen. Es handelt sich um Verschärfungen, die in keinem Sachzusammenhang mit dem Thema Integration – auch nicht unter dem Leitspruch „Fördern und Fordern" – stehen. Aus diesem Grunde sollten sie nicht im Integrationsgesetz verankert werden.*

## II. Inhalt der Norm

**Inhaltlich** werden die Leistungen nach dem AsylbLG in Abs. 1 für einen **8** bestimmten Personenkreis und ihre Familienangehörigen auf das **unabweisbar Gebotene** eingeschränkt, die sich in den Geltungsbereich dieses Gesetzes begeben haben, um Leistungen nach diesem Gesetz zu erlangen (s. BVerfG 19.9.2017 – 1 BvR 1719/17, BeckRS 2017, 128139). Parallelen zu § 23 SGB XII sind unverkennbar. Absatz 2 bestimmt, dass vollziehbar Ausreisepflichtige, die nicht ausgereist sind, obwohl sie unverzüglich zur Ausreise verpflichtet waren oder ihre Ausreisefrist (Ausreisedatum) abgelaufen ist, keinen Anspruch mehr auf Leistungen nach den §§ 2, 3 und 6 haben. Diese Leistungseinschränkung ist nur ausgeschlossen, wenn die Leistungsberechtigten unverschuldet an der Ausreise gehindert waren. Abs. 3 bestimmt, dass die Leistungseinschränkung des Abs. 2 entsprechend für Leistungen nach § 1 Abs. 1 Nr. 4 und 5 gilt, bei denen aus von ihnen selbst zu vertretenden Gründen aufenthaltsbeendende Maßnahmen nicht vollzogen werden können. Die Neuregelung in Absatz 4 soll gewährleisten, dass unter § 1 Nr. 1 oder 5 AsylbLG fallende Leistungsberechtigte, deren Umsiedlung in Abweichung von der Regelzuständigkeit nach der Dublin III Verordnung (Verordnung (EU) 604/2013 der Europäischen Union) in einen anderen Mitgliedstaat zugestimmt wurde (im Rahmen einer sog. Umsiedlung bzw. „relocation" durch Beschluss des Rates, vergleichbar Beschluss (EU) 2015/1523 des Rates vom 14.9.2015 sowie Beschluss (EU) 2015/0209 (NLE) vom 22.9.2015 zur Einführung von vorläufigen Maßnahmen im Bereich des internationalen Schutzes zugunsten von Italien und Griechenland) ebenfalls anstelle von Leistungen nach den §§ 2, 3 und 6 nur Leistungen im Sinne von Absatz 2 erhalten (Begründung des Gesetzentwurfs, BT-Drs. 18/6185). Der neu eingeführte Abs. 5 verbindet die Leistungseinschränkung bei Verletzung bestimmter Mitwirkungspflichten.

## III. Bedeutung der Norm

**9**     Absatz 1 der Vorschrift ist dem § 120 Abs. 3 BSHG nachgebildet, dem jetzt § 23
Abs. 3 SGB XII entspricht. Im Unterschied zu der sozialhilferechtlichen Regelung,
die als Rechtsfolge einen Anspruchsausschluss vorsieht, sollen lediglich **Einschränkungen** des Leistungsanspruchs für die Gruppen der geduldeten und vollziehbar
ausreisepflichtigen Ausländer vorgenommen werden (s. dazu *Deibel,* ZAR 2004,
326). Einschränkungen sind ein Weniger im Vergleich zum Ausschluss von Leistungen. Mit der Regelung ist der Streit darüber, ob der Ausschlusstatbestand des § 120
Abs. 3 BSHG (jetzt § 23 Abs. 3 SGB XII) auf Leistungsberechtigte nach dem
AsylbLG anzuwenden ist, gegenstandslos geworden.

**10**    Die Vorschrift dient **zwei Zielen,** eine Privilegierung von Leistungsberechtigen
nach dem AsylbLG im Vergleich zu deutschen Sozialhilfeempfängern und legal in
Deutschland lebenden Ausländern zu beseitigen und zu verhindern, dass Leistungen
nach dem AsylbLG **rechtsmissbräuchlich** in Anspruch genommen werden (zum
früheren Recht schon *Hohm,* NVwZ 1998, 1046; zur Kritik aus rechtspolitischer
Sicht *Decker,* ZfSH/SGB 1999, 399 f.) und **migrationspolitisch Einfluss** auf eine
missbräuchliche Zuwanderung zu nehmen (kritisch dazu *Voigt,* info also 2016, 102).
Wäre Letzteres das einzige Ziel, wäre die Vorschrift eindeutig verfassungswidrig,
weil das BVerfG in seiner Entscheidung vom 18.7.2012 aufenthaltsrechtliche Zielsetzungen als mit dem Leistungsrecht nicht miteinander vereinbar angesehen hat (aA
*Brings/Oehl,* ZAR 2016, 25).

**11**    Ursprünglich war eine Änderung des § 1a AsylbLG nicht vorgesehen. In den
Stellungnahmen zum damaligen Referentenentwurf (4.6.2014) wurde das Beibehalten dieser Vorschrift als „höchst problematisch" (*Pro Asyl,* Stellungnahme vom
7.1.2013, S. 6) angesehen, weil migrationsrechtliche Überlegungen, die Leistungen von Asylbewerbern niedrig zu halten, um Anreize zur Einreise zu vermeiden,
verfassungsrechtlich nicht gerechtfertigt seien (s. dazu Rn. 5). Die Gesetzesänderung hat den verfassungsrechtlichen Bedenken nicht Rechnung getragen. In der
bis zum 23.10.2015 gültigen Fassung (BGBl. I S. 2187) war klargestellt worden
(§ 1a S. 1 Nr. 2), dass Leistungseinschränkungen nur aus den „von ihnen selbst
zu vertretenden Gründen" möglich sein sollen. In der Gesetzesbegründung (BT-
Drs. 18/2592) heißt es dazu: Familienangehörige i. S. d. § 1 Abs. 1 Nr. 6 können
nach der Neuregelung in § 1a zukünftig nur noch dann Adressaten einer
Anspruchseinschränkung sein, wenn sie „selbst" die Voraussetzungen des § 1a
Nr. 1 – Einreiseabsicht zum Sozialhilfebezug – oder Nr. 2 – Verhinderung aufenthaltsbeendender Maßnahmen – verwirklicht haben. Diese Fassung trug dem
Grundsatz der individuellen Anspruchsberechtigung Rechnung, indem sie klar-
stellte, dass zukünftig keine akzessorische Anspruchseinschränkung bei Familienangehörigen i. S. d. § 1 Abs. 1 Nr. 6 aufgrund des Verhaltens anderer Familienangehöriger mehr möglich ist (s. auch BR–Drs. 392/14). Dies entsprach der Wertung
der BVerfG-Entscheidung vom 18.7.2012, die die bedarfsgerechte Verwirklichung
des individuellen Leistungsanspruchs nach dem AsylbLG in den Mittelpunkt stellt
(BVerfG 18.7.2012, Rn. 89, 91). Die jetzige Fassung lässt diesen Grundsatz der
individuellen Vorwerfbarkeit außer Betracht (s. dazu auch *Deibel,* ZFSH/SGB
2015, 708). Die Regelung ist nur zu „retten", wenn sie contra legem verfassungsgemäß so verstanden wird, wie sie in § 1a S. Nr. 2 a. F. formuliert war. Damit ist
allerdings das Problem gesetzlich nicht gelöst, ob bei minderjährigen Kindern eine
Zurechnung der Sorgeberechtigten nur dann nicht erfolgen darf, wenn diese Kinder
aufgrund ihres Alters und ihrer geistigen Reife einen eigenen Willen entwickeln
können (*Deibel,* ZFSH/SGB 2015, 125).

**12**    In der Rechtsprechung wird auch in Auseinandersetzung mit dem Asylurteil des
BVerfG vom 18.7.2012 zu Recht darauf hingewiesen, dass § 1a AsylbLG den Cha-

rakter einer Einzelregelung hat und migrationsrechtliche Gesichtspunkte nicht im Vordergrund stehen (LSG LSA 19.8.2013 – L 8 AY 3/13 B ER, das zutreffend auch darauf hinweist, dass das BVerfG § 1a nicht für verfassungswidrig erklärt hat; s. auch BSG 12.5.2017 – B 7 AY 1/16 R, BeckRS 2017, 124261; LSG Nds-Brem 8.4.2014 – L 8 AY 57/13 B ER; BayLSG 24.1.2013 – L 8 AY 2/12 B ER und 21.12.2016 – L 8 AY 31/16 B ER; s. dazu *Wahrendorf*, jurisPR-SozR 15/2013 Anm. 2; BayLSG 13.9.2016 – L 8 AY 21/16 B ER; ThürLSG 17.1.2013 – L 8 AY 1801/12 B ER; LSG Nds-Brem 20.3.2013 – L 8 AY 59/12 B ER; *Oppermann*, jurisPK-SGB XII, § 1a AsylbLG Rn. 79 ff.; *Deibel*, Sozialrecht aktuell, 2013, 108; a. A. LSG Bln-Bbg 6.2.2013 – L 3 AY 2/13 B ER; LSG RhPf 27.3.2013 – L 3 AY 2/13 B ER; *Hohm*, Schellhorn/Hohm/Scheider, § 1a AsylbLG Rn. 4 f.; s. auch SG Osnabrück 25.9.2017 – S 44 AY 13/17 ER, BeckRS 2017, 126491). Wird § 1a allein schon wegen der Einschränkung von Leistungen aufgrund eines Missbrauchs für verfassungswidrig gehalten, müssten auch die vergleichbaren, bisher aus verfassungsrechtlicher Sicht nicht beanstandeten Tatbestände im SGB II und SGB XII ebenfalls verfassungswidrig sein. Die Einschränkung bei einem selbst zu vertretenden Leistungsmissbrauch ist noch verfassungskonform, wenn sie sich am äußersten Leistungsminimum bewegt. Denn grundsätzlich schließt auch das Grundrecht auf ein menschenwürdiges Leben Sanktionen nicht aus (so auch BSG 12.5.2017 – B 7 AY 1/16 R, BeckRS 2017, 124261; *Oppermann*, jurisPK-SGB XII, § 1a AsylbLG Rn. 80; aA *Brings/Oehl*, ZAR 2016, 24, die allerdings die Entscheidung des BVerfG allzu dezionistisch anwenden). Das BSG hat mit Urteil vom 12.5.2017 – B 7 AY 1/16 R, die Sanktionsnorm des § 1a Nr. 2 AsylbLG a. F. im Hinblick auf die Gewährung eines menschenwürdigen Existenzminimums für **verfassungsrechtlich unbedenklich** gehalten (Art. 1 Abs. 1 i. V. m. Art. 20 Abs. 1 GG). Diese Entscheidung lässt sich ohne Bedenken auch auf die Neufassung übertragen. Die Leistungen in dem entschiedenen Fall wurden auf das unabweisbar Gebotene reduziert, unter dauerhaftem Ausschluss jeglicher Bargeldleistungen. Als unbedenklich hat das BSG auch die durch den Leistungsberechtigten herbeigeführte jahrzehntelange Dauerleistungsabsenkung unter das Leistungsniveau des soziokulturellen Leistungsminimums angesehen, weil der Betroffene es selbst in der Hand habe, sein pflichtwidriges Verhalten abzustellen (s. auch LSG BW 27.4.2017 – L 7 AY 4898/15; *Oppermann*, jurisPK-SGB XII, § 1a AsylbLG Rn. 135.1).

Ob man den vom BVerfG im Zusammenhang mit § 3 AsylbLG aufgestellten **13** Prüfmaßstab ohne Weiteres auf § 1a AsylbLG übertragen kann, ist nicht so eindeutig, wie die klare Absage an migrationspolitische Belange zunächst nahezulegen scheint. Während § 3 AsylbLG uneingeschränkt und unabhängig vom eigenen Zutun alle von § 1 AsylbLG erfassten Personen betrifft, ist die Sachlage bei § 1a eine andere. Die Vorschrift knüpft an ein missbräuchliches Verhalten sowie Pflichtverletzungen, nämlich die fehlende Mitwirkung des Leistungsberechtigten, an und sanktioniert diese Pflichtverletzung mit Leistungseinschränkungen und nicht mit einem Leistungsausschluss. Mit der in § 1a geregelten Rechtsfolge hat die Vorschrift eine unmittelbare sozialrechtliche Qualität, sodass die general- und spezialpräventiven Zwecke, Migrationsbewegungen einzudämmen, nicht ausschließlich die gegen die Menschenwürde verstoßende Instrumentalisierung des Leistungsrechts bestimmen.

Dass schuldhafte Verstöße gegen Mitwirkungspflichten sozialhilferechtlich sanktio- **14** niert werden können und verfassungsrechtlich nicht sakrosankt sind, ist rechtlich möglich (zum Ganzen *Wahrendorf*, jurisPR-SozR 15/2013 Anm. 2). Auch wenn durch die Vorschrift Anspruchseinschränkungen erneut ausgeweitet werden, stellen sie kein unmittelbares, vom Prinzip der Menschenwürde nicht zu billigendes Beugemittel dar. Leistungsrechtlich muss es möglich sein, die missbräuchliche Inanspruchnahme von Leistungen einzudämmen (zur Nichtannahme des Vorlagebeschlusses zu §§ 31 f. SGB II, BVerfG 6.5.2016 – 1 BvL 7/15), auch gerade dann, wenn die Einreise auf nicht asylrechtsrelevanten Motiven beruht. Ein gerechtfertigter Grund

ist, die wirtschaftlichen Anreize für eine missbräuchliche Zuwanderung in das Sozialsystem zu verringern.

15    Die Vorschrift verstößt nicht gegen Art. 3 GG, weil sachgerechte Gründe eine
Leistungseinschränkung (nicht Leistungsversagung) rechtfertigen (s. auch Rn. 31;
*Hohm,* GK-AsylbLG, § 1a Rn. 13; zustimmend LSG Bln-Bbg 23.7.2013 – L 23
AY 10/13 B ER; LSG LSA 19.6.2014 – L 8 AY 15/13 B ER; *Fasselt,* Fichtner/
Wenzel, AsylbLG § 1a Rn. 2). Aus dem Grundrecht auf ein menschenwürdiges
Existenzminimum ergibt sich kein von Mitwirkungsobliegenheiten und Eigenakti-
vitäten unabhängiger Anspruch. Wer rechtsmissbräuchlich Leistungen bean-
sprucht, muss sich Einschränkungen gefallen lassen und wird nicht diskriminiert,
auch schon deshalb nicht, weil der Personenkreis des § 1 letztlich kein verfestigtes
Bleiberecht hat.

16    Das **Sozialstaatsprinzip** ist gewahrt, weil die Leistungen eingeschränkt, nicht
aber vollends versagt werden. Die Einschränkungen sind nicht als „Sanktion" oder
als ein Eingriff in das Grundrecht auf Gewährung eines menschenwürdigen Lebens
aufzufassen (*Neumann,* Vorgänge 2010, 103), weil ein Leistungsberechtigter durch
sein Verhalten Abstriche an das Leistungsrecht hinnehmen muss.

17    Auf der Rechtsfolgenseite ist mit Rücksicht auf das Sozialstaatsprinzip der **Verhältnismäßigkeitsgrundsatz,** der auf diese Weise eine Rationalisierungskontrolle
möglich macht, strikt anzuwenden (s. auch LSG LSA 28.9.2007 – L 8 B 11/06b
AY ER; BayLSG 13.9.2016 – L 8 AY 21/16 B ER). Deswegen bleibt der Behörde
kein allzu großer Spielraum bei ihrer Entscheidung auf Einschränkung der Leistungen (so auch *Adolph,* Linhart/Adolph, AsylbLG, § 1a Rn. 11).

18    Trotz der Verwendung einer Reihe von unbestimmten Rechtsbegriffen wird § 1a
AsylbLG als mit dem rechtsstaatlichen Grundsatz der **Normenklarheit** vereinbar
angesehen (*Hohm,* GK-AsylbLG, § 1a Rn. 16).

19    Weil die Vorschrift in ihren Rechtsfolgen den Leistungsanspruch des Berechtigten
einschränkt, hat die Behörde im Fall des non-liquet die **Beweislast** zu tragen (LSG
Bln-Bbg 19.12.2005 – L 23 B 1000/05 AY ER; *Oppermann,* jurisPK-SGB XII, § 1a
AsylbLG Rn. 37; *Adolph,* Linhart/Adolph, AsylbLG § 1a Rn. 15), es sei denn, es
handelte sich um Tatsachen, die ausschließlich in das Wissen des Anspruchstellers
gestellt sind. Sie müssen von ihm substantiiert und widerspruchsfrei vorgetragen
werden. Im Ergebnis läuft es auf dasselbe hinaus, ob in diesem Fall von einer Umkehr
der Beweislast ausgegangen wird oder die unzureichenden Angaben von Tatsachen
im Rahmen der Subsumtion unter § 1a zu prüfen ist (so etwa *Oppermann,* jurisPK-
SGB XII, § 1a AsylbLG Rn. 38).

20    Auf die im Bundesgebiet geborenen Kinder von Ausländern ist § 1a Abs. 1 schon
nach der textlichen Aussage nicht anwendbar.

21    Der **Missbrauchsbegriff** des § 1a AsylbLG, der in den Absätzen unterschiedliche
Ausprägungen gefunden hat, ist nicht ansatzweise identisch mit dem des § 2 AsylbLG,
aber dennoch nicht deckungsgleich. Beide Vorschriften unterscheiden sich dadurch,
dass der Personenkreis, an den sich § 1a AsylbLG wendet, enger als bei § 2 AsylbLG
gefasst ist. Zum einen betrifft § 1a diejenigen Personen, die sich in den Geltungsbereich des AsylbLG begeben haben, um Leistungen zu erlangen, eine Regelung, die
sich so in § 2 AsylbLG nicht findet, und diejenigen, bei denen aus von ihnen zu
vertretenden Gründen aufenthaltsrechtliche Maßnahmen nicht vollzogen werden
können. Für die letztgenannte Alternative ist kennzeichnend, dass die Person durch
die Beendigung seines **rechtsmissbräuchlichen Verhaltens** die Leistungseinschränkung des § 1a AsylbLG **beenden** kann, während § 2 AsylbLG eher eine **dauerhafte Sanktion** ausspricht (*Oppermann,* jurisPK-SGB XII, § 1a AsylbLG Rn. 7).
Kennzeichnend für die in § 1a zusammengefassten Missbrauchstatbestände ist im
Gegensatz zu § 2 die **konkrete Kausalität** (*Oppermann,* jurisPK-SGB XII, § 1a
AsylbLG Rn. 7) im Verhalten des Ausländers, während das Verhalten in § 2 als
abstrakte Kausalität beschrieben wird.

## IV. Einreise zur Leistungserlangung (Abs. 1)

### 1. Adressaten der Regelung

**a) Personenkreis des § 1 Abs. 1 Nr. 4 AsylbLG.** Nicht alle der in § 1 aufge- 22
führten Personengruppen werden von der Vorschrift erfasst. Bei § 1 Abs. 1 Nr. 4
sind es Personen, denen im Leistungszeitraum eine **Duldung** nach § 60a AufenthG
(vgl. dazu § 1) erteilt worden ist. Daraus folgt die **Identität von Duldungs- und
Leistungszeitraum** (vgl. *Deibel*, ZfSH/SGB 1998, 711; *Hohm*, AsylbLG, § 1a
Rn. 25; *Oppermann*, jurisPK-SGB XII, § 1a AsylbLG Rn. 16).

Asylbewerber sind nicht betroffen, weil sie über eine Aufenthaltsgestattung 23
nach § 55 AsylG verfügen. Vom Tatbestand der Regelung des § 1a Abs. 1 können
auch Bürgerkriegsflüchtlinge erfasst werden, die lediglich über eine Duldung
und nicht über eine Aufenthaltsbefugnis verfügen. Einem Ausländer kann zwar
nach § 22 Satz 1 AufenthG für die Aufnahme aus dem Ausland aus völkerrechtlichen oder dringenden humanitären Gründen eine Aufenthaltserlaubnis erteilt
werden. Nach Satz 2 ist eine Aufenthaltserlaubnis zu erteilen, wenn das Bundesministerium des Innern oder die von ihm bestimmte Stelle zur Wahrung politischer Interessen der Bundesrepublik Deutschland die Aufnahme erklärt hat. Aber
nicht bei jedem Bürgerkriegsflüchtling liegen dringende humanitäre Gründe
vor.

Für das Vorliegen einer Duldung ist die **Behörde beweispflichtig**, da sie einen 24
die Leistungen einschränkenden Tatbestand anwenden will (aA *Deibel*, ZFSH/SGB
1998, 712). Eine **Beweislastumkehr**, die bei der Zielsetzung der Vorschrift, Missbrauch zu bekämpfen, denkbar gewesen wäre, hätte in der Vorschrift einen deutlichen Ausdruck finden müssen. Der Nachweis wird in der Regel mit der Vorlage
der Ausländerakte zu erbringen sein bzw. nach § 60a Abs. 4 AufenthG ist über
die Aussetzung der Abschiebung eine Bescheinigung auszustellen. Der betroffene
Ausländer seinerseits hat **Mitwirkungspflichten** nach § 60 SGB I. So kann er zur
Klärung seines aufenthaltsrechtlichen Status an die Ausländerbehörde verwiesen werden (*Hohm*, GK-AsylbLG, § 1a Rn. 29).

**b) Personenkreis des § 1 Abs. 1 Nr. 5 AsylbLG.** Es sind Personen, die voll- 25
ziehbar ausreisepflichtig sind, auch wenn eine Abschiebungsandrohung noch nicht
oder nicht mehr vollziehbar ist. Zu den vollziehbar ausreisepflichtigen Ausländern
gehören die Ausländer, die keinen Asylantrag gestellt haben und nicht im Besitz
eines Aufenthaltstitels sind, ferner die Ausländer, deren Asylantrag unanfechtbar
abgelehnt worden ist oder die den Asylantrag zurückgenommen haben. Anwendung
findet die Vorschrift nicht auf Asylfolgeantragsteller und Zweitantragsteller, sofern sie
wieder über eine asylverfahrensrechtliche Gestattung verfügen (*Hohm*, GK-AsylbLG,
§ 1a Rn. 37; *Decker*, ZfSH/SGB 1999, 399). Hier gilt die Regelung des § 1 Abs. 1
Nr. 7 AsylbLG (s. dazu *Deibel*, ZAR 2004, 326) mit der Folge, dass Asylfolgeantragsteller nach 15 Monaten Leistungen aufgrund des SGB XII beziehen. Sie scheiden
damit aus.

Entscheidend für die Anwendung der Vorschrift ist die **Ausreisepflicht** des 26
Betreffenden. Die Ausreisepflicht wird grundsätzlich durch das Verlassen der Bundesrepublik Deutschland erfüllt. Eine (noch oder noch nicht) bestehende Abschiebungsandrohung, die eine spezielle Form der Vollstreckung im AufenthG beinhaltet,
ist nicht erforderlich.

Als **Ausnahmevorschrift** ist § 1a **restriktiv auszulegen**. Eine analoge Anwen- 27
dung über den enumerativ aufgeführten Personenkreis ist nicht möglich (ebenso
*Oppermann*, juris PK-SGB XII, § 1a AsylbLG Rn. 20; BayLSG 13.9.2016 – L 8 AY
21/16 B ER).

## 2. Einreise zur Erlangung von Leistungen

28     **a) Finaler Grund.** Die Einreise, um Sozialleistungen zu erlangen, ist einer der in § 1a aufgeführten Missbrauchstatbestände. Im Zeitpunkt der Einreise oder Wiedereinreise muss das **prägende Motiv** des Hilfesuchenden gewesen sein, Leistungen nach dem AsylbLG in Anspruch zu nehmen. Demzufolge muss der Zweck der Inanspruchnahme von Leistungen neben anderen Gründen **der bestimmende oder von prägender Bedeutung** gewesen sein (so auch *Hohm,* Schellhorn/Hohm/Scheider SGB XII, § 1a AsylbLG Rn. 13; *Decker,* Oestreicher, § 1a Rn. 13; *Oppermann,* jurisPK-SGB XII, § 1a AsylbLG Rn. 28; LSG NRW 12.1.2009 – L 20 B 58/08 AY) oder von finaler Bedeutung (*Herbst,* Mergler/Zink, § 1a Rn. 8) sein. Bei der Auslegung der Vorschrift kann auf die zu § 23 Abs. 3 SGB XII dargelegten Grundsätze zurückgegriffen werden (so auch *Adolph,* Linhart/Adolph, AsylbLG, § 1a Rn. 13).

29     Zur Ermittlung der Einreisemotivation ist eine Beiziehung der Ausländer- oder Asylakte (so auch *Decker,* Oestreicher, SGB II/XII § 1a Rn. 14) und eine durch einen Dolmetscher vermittelte Befragung erforderlich. Die erforderliche Einzelfallprüfung setzt eine **vollständige Sachverhaltsermittlung** voraus. Insbesondere, wenn es um die Glaubhaftigkeit einzelner Angaben und die Glaubwürdigkeit der betroffenen Ausländer geht, ist eine durch den Dolmetscher vermittelte Befragung durch die Behörde oder im Fall des Klageverfahrens durch das Gericht zwingend erforderlich. Eigentlich wäre die Hinzuziehung eines Dolmetschers bereits im Verwaltungsverfahren notwendig. Die Praxis zeigt, dass eine qualifizierte Sachverhaltsermittlung häufig erst im gerichtlichen Verfahren stattfindet.

30     Bei der Sachverhaltsermittlung ist zu beachten, dass die Befragung durch Asyl- und Ausländerbehörden primär asyl- und aufenthaltsrechtliche Fragen im Blick hat. Eine persönliche Befragung der Asylbewerber auch bezüglich der Frage, welche Vorstellungen sie sich hinsichtlich der Sicherung ihres Lebensunterhaltes gemacht haben, erscheint im Einzelfall geboten (vgl. zum Ganzen LSG NRW 12.1.2009 – L 20 B 58/08 AY; sich anschließend *Oppermann,* jurisPK-SGB XIII, § 1a AsylbLG Rn. 40). Dem Umstand, dass der einreisende Ausländer einen Asylantrag gestellt hat, ist dann keine Bedeutung beizumessen, wenn dieser erfolglos geblieben ist.

31     Maßgebender Beurteilungszeitpunkt ist die Einreise (*Hohm,* GK-AsylbLG, § 1a Rn. 46; *Adolph,* Linhart/Adolph, AsylbLG, § 1a Rn. 12). Dieser Zeitpunkt ergibt sich eindeutig aus dem Wortlaut der Vorschrift. Systematisch wird er durch den Umstand fixiert, dass Anknüpfungspunkt für die Vorschrift die aktuelle Notlage ist, die nach der Einreise entsteht (vgl. auch BVerwG 4.6.1992 – 5 C 22/87).

32     **b) Familienangehörige.** Seit der Neuregelung vom 1.3.2015 wird allgemein angenommen, dass Familienangehörige den Missbrauchstatbestand selbst erfüllen müssen. In § 1a Abs. 1 Nr. 2 a. F. wurde dies durch die Einfügung des Wortes „selbst" plausibel. Zu Nr. 1 heißt es in der Begründung zum Gesetzentwurf (BT-Drs. 18/2592), Familienangehörige i. S. d. § 1 Absatz 1 Nr. 6 können nach der Neuregelung in § 1a zukünftig nur noch dann Adressaten einer Anspruchseinschränkung sein, wenn sie „selbst" die Voraussetzungen des § 1a Nr. 1 (Einreiseabsicht zum Sozialhilfebezug) oder Nr. 2 (Verhinderung aufenthaltsbeendender Maßnahmen) verwirklicht haben. Diese Neuregelung trägt dem Grundsatz der individuellen Anspruchsberechtigung Rechnung, indem sie klarstellt, dass zukünftig keine akzessorische Anspruchseinschränkung bei Familienangehörigen i. S. d. § 1 Abs. 1 Nr. 6 aufgrund des Verhaltens anderer Familienangehöriger mehr möglich ist. Dies entspreche der Wertung des BVerfG vom 18.7.2012. Es kommt auf das **persönliche Fehlverhalten** an. Durch die Neufassung des § 1a Abs. 1 S. 1 ist keine inhaltliche Änderung vorgenommen worden. Abs. 1 soll nach der Gesetzesbegründung der bisherigen Regelung entsprechen (BT-Drs. 18/6386).

**c) Einzelprobleme.** Aus der **rechtskräftigen Ablehnung** eines Asylantrages 33 kann nicht ohne Weiteres auf eine prägende Missbrauchsabsicht geschlossen werden (BVerwG 4.6.1992 – 5 C 22/87; *Hohm,* Schellhorn/Hohm/Scheider, SGB XII, § 1a AsylbLG Rn. 16; *Adolph,* Linhart/Adolph, AsylbLG, § 1a Rn. 14; *Oppermann,* jurisPK-SGB XII, § 1a AsylbLG Rn. 33). Anders hingegen, wenn nach rechtskräftigem Abschluss des Asylverfahrens die Überzeugung gewonnen wird, dass ein solches nur vorgeschoben war (*Deibel,* Deibel/Hohm, AsylbLG aktuell, § 1a Rn. 5: offensichtlich vorgeschoben). Die Sozialhilfebehörde ist nach dem rechtskräftigen Abschluss eines erfolglosen Asylverfahrens berechtigt, die Einreisemotivation zu ermitteln. Eine Einreise aus Furcht vor politischer Verfolgung und in Kenntnis begrenzter finanzieller Mittel legt nicht ohne Weiteres nah, dass die Einreise erfolgte, um Leistungen nach dem AsylbLG zu beziehen. Bei einer Ablehnung des Asylantrages als offensichtlich unbegründet spricht vieles für einen Missbrauch (so auch *Oppermann,* jurisPK-SGB XII, § 1a AsylbLG Rn. 33). Ein sich immer wieder verlängerndes, erfolgloses **Folgeverfahren** kann einen Missbrauch nahelegen.

Aus der Einreise über einen **sicheren Drittstaat** lässt sich nicht zwingend schlie- 34 ßen, dass die Einreise erfolgte, um Sozialleistungen in Anspruch zu nehmen (so aber *Deibel,* ZfSH/SGB, 1998, 713; wie hier LSG NRW 12.1.2009 – L 20 B 58/08 AY; *Oppermann,* jurisPK-SGB XII, § 1a AsylbLG Rn. 36). Es bedarf dazu der Ermittlung weiterer Indizien, um davon ausgehen zu können, dass die Einreise durch den Entschluss zur Inanspruchnahme von Sozialhilfemitteln geprägt war (wie hier auch *Oppermann,* jurisPK-SGB XII, § 1a AsylbLG Rn. 33). Der längerfristige Aufenthalt in einem sicheren Drittstaat oder geringe bzw. fehlende Eigenmittel können allerdings im Einzelfall die Absicht zum Leistungsmissbrauch nahelegen (s. auch *Decker,* Oestreicher, § 1a Rn. 15). Bei einer Überstellung nach dem Schengener Abkommen kann wegen der zwangsweise erfolgten „Wiedereinreise" allein noch nicht der Tatbestand der Nr. 1 angenommen werden (offengelassen LSG NRW 16.1.2009 – L 20 B 59/08 AY).

Eine **angestrebte Erwerbstätigkeit ohne Erfolgsaussicht** (keine Sprachkennt- 35 nisse, keine Ausbildung) im Anschluss an die Einreise erfüllt zweifellos den Missbrauchstatbestand (ebenso *Deibel,* ZfSH/SGB 1998, 712). Das gilt besonders dann, wenn der Einreisende nicht über eine qualifizierte Berufsausbildung verfügt (*Hohm,* GK-AsylbLG, § 1a Rn. 85).

**Schutz vor kriegerischen Auseinandersetzungen** im Heimatland spricht 36 gegen eine missbräuchliche Inanspruchnahme (HessVGH 18.1.1993 – 9 TG 2709/92, NVwZ 1993, 502; *Hohm,* AsylbLG, § 1a Rn. 94; *Oppermann,* jurisPK-SGB XII, § 1a AsylbLG Rn. 31). Diese Einreisemotivation kann für die Einreise eines Bürgerkriegsflüchtlings eine prägende Rolle gespielt haben, sie muss aber überzeugend dargelegt werden (LSG Nds-Brem 15.12.2008 – L 11 AY 92/08 ER). Entschließt sich jemand erst nach einem längeren Aufenthalt, der durch andere Gründe als die Erlangung von Leistungen bestimmt war, in Deutschland zu bleiben, kann von einer Einreise, um Leistungen nach dem AsylbLG zu erhalten, schon nach dem unmissverständlichen Wortlaut des Gesetzes keine Rede sein. Die Furcht vor einem Bürgerkrieg oder der Wunsch, mit Familienangehörigen zusammenzuwohnen (LSG BW 21.9.2006 – L 7 AY 4940/05) schließt eine Missbrauchsabsicht ohne Hinzutreten weiterer Indizien aus. Hier spielt der grundrechtliche Schutz nach Art. 6 GG eine bestimmende Rolle. Diskriminierungen im Heimatland, die sich gegen eine ganze Volksgruppe richten, müssen kein prägendes Motiv für eine Einreise sein (*Hohm,* GK-AsylbLG, § 2 Rn. 81).

Bisher konnte bei widersprüchlichen Angaben zur **Identität** in diesem Verhalten 37 ein Indiz für einen Rechtsmissbrauch gesehen werden (ebenso *Adolph,* Linhart/Adolph, AsylbLG § 1a Rn. 20; *Hohm,* AsylbLG, § 1a Rn. 70; *Herbst,* Mergler/Zink, § 1a Rn. 18). Der Gesetzgeber hat mit dem Integrationsgesetz nunmehr die Nichtklärung der Identität als Verletzung der Mitwirkungspflicht mit der Folge der Einschränkung von Leistungen in einem eigenen Tatbestand (§ 1a Abs. 5 Nr. 2) geregelt.

38    Auch eine **(mehrfache) Wiedereinreise** nach einer freiwilligen oder unfreiwilligen Einreise erfüllt den Tatbestand der Vorschrift. Da der Ausländer mit den Verhältnissen in Deutschland vertraut ist, spricht aufgrund eines einige Tage nach Wiedereinreise gestellten Leistungsantrages zunächst alles dafür, dass die Einschränkungsvoraussetzungen des § 1a Nr. 1 AsylbLG erfüllt sind (s. zurückhaltend *Hohm*, GK-AsylbLG, § 1a Rn. 78; zur Wiedereinreise nach einem 19-monatigen Aufenthalt in Mazedonien LSG Nds-Brem 18.12.2007 – L 11 AY 60/05).

39    Die Einreise mit fehlenden oder **geringen Eigenmitteln** wird als Indiz für eine leistungsmissbräuchliche Einreiseabsicht angesehen (so auch *Hohm*, GK-AsylbLG, § 1a Rn. 65), wobei kein Unterschied gemacht wird, ob der Betreffende die Mittel vor seinem Eintritt in das Bundesgebiet oder kurz nach der Einreise vollständig verbraucht hat. Gleiches gilt, wenn die Einreise zu selbst hilfebedürftigen Personen erfolgt.

40    Die **Beweislast** trifft zwar die Behörde (*Hohm*, Schellhorn/Hohm/Scheider, SGB XII § 1a AsylbLG Rn. 15; *Oppermann*, jurisPK-SGB XII, § 1a AsylbLG Rn. 42; aA *Deibel*, ZFSH/SGB 1998, 712), der Antragsteller muss jedoch die in sein Wissen gestellten Tatsachen darlegen. Ein substantiiertes, widersprüchliches Vorbringen im Laufe des Asyl- oder des Leistungsverfahrens kann zu Lasten des die Leistung Nachfragenden gewertet werden, sodass sich die Frage des non-liquet nicht stellt (vgl. *Deibel*, ZfSH/SGB 1998, 712; *Adolph*, Linhart/Adolph, AsylbLG § 1a Rn. 17). Klarheit über die eigentliche Einreisemotivation verschaffen auch die einschlägigen Asyl- und Ausländerakten, die beizuziehen sind. Die Frage nach der Umkehr der Darlegungs- und Beweislast stellt sich im Hinblick auf die Neuregelung des Abs. 5 nicht mehr. Eine fehlende Mitwirkung des Leistungsberechtigten geht dann zu seinen Lasten.

41    Die Vorschrift des § 1a Nr. 2 AsylbLG geht einer Einstellung von Leistungen nach §§ 60, 66 SGB I vor (SG Hildesheim 6.12.2012 – S 42 AY 152/12 ER).

## 3. Rechtsfolge

42    Liegen die Tatbestandsvoraussetzungen eines Missbrauchstatbestandes vor, erhalten die Leistungsberechtigten nach § 1 Abs. 1 Nr. 4 und 5 AsylbLG Leistungen nach dem AsylbLG nur, soweit dies im Einzelfall nach den Umständen **unabweisbar** geboten ist. Die Rechtsfolge der Norm ist **anspruchseinschränkend,** nicht anspruchsausschließend (*Hohm*, GK-AsylbLG, § 1a Rn. 140; s. auch Rn. 1; *Herbst*, Mergler/Zink, § 1a Rn. 24; *Birk*, LPK-SGB XII, § 1a Rn. 5; LSG LSA 28.9.2007 – L 8 B 11/06 AY ER). Deshalb darf die Behörde die Leistungen nicht vollständig versagen.

43    Die Entscheidung des Leistungsträgers ist zwingend. Ein **Ermessen** ist ihm nicht eingeräumt. Eine vorherige **Belehrung** über die Rechtsfolgen, nicht über die Mitwirkungsobliegenheit, ist im Gesetz nicht vorgesehen, so dass allein deswegen ein Bescheid nicht aufzuheben ist (so aber LSG NRW 23.9.2005 – L 9 B 8/05 AY ER; LSG LSA 6.4.2006 – L 8 B 2/06 AY ER; wie hier LSG BW 25.8.2005 – L 7 AY 3115/05 ER).

44    Der Umfang und die Form der Leistung sind im Einzelfall auf das **nach den Umständen unabweisbar Gebotene beschränkt.** Der unbestimmte Rechtsbegriff des unabweisbar Gebotenen ist anhand der **konkreten Umstände** des Einzelfalles zu bestimmen (vgl. auch BSG 12.5.2017 – B 7 AY 1/16 R, BeckRS 2017, 124261; *Oppermann*, jurisPK-SGB XII, § 1a AsylbLG Rn. 100). Aus dem Gebot der Einzelfallregelung folgt, dass keine pauschalen Kürzungen vorgenommen werden dürfen, wie sie etwa in § 39a Abs. 1 SGB XII gesetzlich vorgeschrieben sind (im Ergebnis auch *Hohm*, GK-AsylbLG, § 1a Rn. 155; zur Kürzungsmöglichkeit des

§ 39a SGB XII: s. *Streichsbier*, Grube/Wahrendorf, SGB XII, § 39a Rn. 5 f.). Abzulehnen ist deswegen die in der Literatur vertretene Auffassung, dass § 31a SGB II und § 39a SGB XII herangezogen werden können (so aber *Deibel*, Sozialrecht aktuell 2013, 109). Die Einschränkung bleibt eine **differenzierende Entscheidung**, bei der unter Berücksichtigung des Einzelfalles die zur Sicherung der Existenz des Ausländers unverzichtbaren Leistungen zu gewähren sind. Keinesfalls ist mit den unverzichtbaren Leistungen ausschließlich der Bargeldbetrag des § 3 gemeint. Hätte dies in der Absicht des Gesetzgebers gelegen, hätte er mit der Neufassung des § 1a die Gelegenheit gehabt, einen entsprechenden Verweis vorzunehmen. Richtig ist, dass die Frage der Beurteilung der Leistungseinschränkung nach dem Urteil des BVerfG vom 18.7.2012 neu gestellt werden muss (so *Oppermann*, jurisPK-SGB XII, § 1a AsylbLG Rn. 104; anders *Brings/Oehl*, ZAR 2016, 25). Mit dem Grundrecht auf ein menschenwürdiges Existenzminimum ist es nicht zu vereinbaren, Einschränkungen unter das physische oder soziokulturelle Existenzminimum vorzunehmen. Dass dieses nicht mit den in § 3 zu gewährenden Leistungen gleichzustellen ist, ergibt sich schon aus dem unterschiedlichen sachlichen Inhalt der beiden Vorschriften. Der Gesetzgeber überlässt es der Leistungsbehörde und der Rechtsprechung die unbestimmten Rechtsbegriffe auszufüllen, wobei immer die „Ausstrahlungswirkung" der Entscheidung des BVerfG vom 18.7.2012 (1 BvL 10/10; *Oppermann*, jurisPK-SGB XII, § 1a AsylbLG Rn. 106) zu beachten ist.

**45** Bei der Einfallregelung muss ein längerer Aufenthalt bei der Festsetzung der Leistungseinschränkung ins Gewicht fallen (vier Jahre: HessLSG 18.12.2013 – L 4 AY 16713 B ER).

**46** Über die **Dauer** der Einschränkung sagt die Vorschrift nichts aus. Der Zweck der Vorschrift ist, auf den Ausländer einzuwirken, das von ihm zu vertretende Handeln zu beenden. Auch unter Berücksichtigung, dass ihnen grundsätzlich ein Menschenrecht auf Grundsicherung zusteht, schließt dieses Recht eine Einschränkung von Leistungen aufgrund verschuldeten Verhaltens nicht aus. Mit dem neu geregelten § 14 Abs. 1 ist nun gesetzlich festgelegt, dass die Einschränkung zunächst für sechs Monate festzusetzen ist. Wegen der weiteren Einzelheiten s. § 14. Über den Umfang der Einschränkung trifft auch diese Vorschrift keine Regelung.

**47** Nach der Entscheidung des BVerfG vom 18.7.2012 hat sich die Rechtsprechung hauptsächlich im Eilverfahren mit der Frage beschäftigt, ob die **Absenkung** der Grundleistungen des § 3 bis zur Neufassung der Vorschrift verfassungsrechtlich möglich ist (s. z.B. BayLSG 24.1.2013 – L 8 AY 2/12 B ER; LSG NRW 24.4.2013 – L 20 AY 153/12 B ER). Vor der gesetzlichen Neuordnung haben Sozialgerichte teilweise an der Verfassungsgemäßheit der Vorschrift keine Bedenken geäußert (vgl. z.B. LSG Hmb 29.8.2013 – L 4 AY 5713 ER; LSG Nds-Brem 18.2.2014 – L 8 AY 70/13 B ER). Maßgeblich für ein verfassungskonformes Verständnis ist, dass verhaltensbedingte Kürzungen im Leistungsrecht der Sozialhilfe zulässig sind (LSG Nds-Brem 8.4.2014 – L 8 AY 57/10 B ER, offen gelassen für § 1a Nr. 1).

**48** Bei der Bestimmung des Leistungsumfanges sind die Dauer des noch verbleibenden Aufenthaltes in der Bundesrepublik sowie die objektiv vorhandene Möglichkeit einer Rückreise in das Heimatland zu berücksichtigen. Anhalt für die Bestimmung des Leistungsumfangs gibt Abs. 2 S. 2. Ein ungeschriebenes Tatbestandsmerkmal derart, dass der Umfang der Leistung auch durch den Umstand einer möglichen freiwilligen Ausreise mitbestimmt werden kann, ist der Vorschrift nicht zu entnehmen (*Hauck*, ZfSH/SGB 1998, 707 f.). Ist noch ein längerer Aufenthalt in der Bundesrepublik erforderlich, ist der Bedarf des Ausländers durch Grundleistungen in erster Linie durch Sachleistungen nach § 3 Abs. 1 S. 1 mit einem eingeschränkten Barbetrag sicherzustellen und der Unterkunftsbedarf durch eine Unterbringung in einer Gemeinschaftsunterkunft zu decken (*Hohm*, GK-AsylbLG, § 1a Rn. 182, 202 f.). Zu den Leistungen bei Krankheit gehören die Behandlung einer akuten Erkrankung sowie die erforderliche Versorgung mit Arzneien und Verbandmitteln.

Insofern impliziert § 1a AsylbLG nicht den Wegfall der Leistungen des § 4 AsylbLG. Eine medizinische Akutversorgung ist ein Gebot sozialstaatlicher Sorge und kann nicht mit der Sanktionierung durch die Gewährung abgesenkter Leistungen verdrängt werden. Bei der Entscheidung über beantragte Leistungen kann dem vorübergehenden Aufenthalt Rechnung getragen werden. Bei einer Zahnbehandlung scheidet deswegen eine prothetische Versorgung aus. Bei der Gewährung von Bekleidungsbeihilfen oder Einrichtungs- und Gebrauchsgegenständen ist die noch verbleibende Verweildauer in der Bundesrepublik von ganz besonderer Bedeutung. Es ist lediglich die Hilfe in Form von Sach- oder Geldleistungen zu gewähren, die unbedingt für die verbleibende Verweildauer zwingend notwendig ist. Die Anmietung oder das Verbleiben in einer privat angemieteten Wohnung ist nicht möglich. Eine Unterbringung in einer Gemeinschaftsunterkunft ist rechtlich zumutbar.

## V. Nichtvollziehbarkeit aufenthaltsbeendender Maßnahmen (Abs. 2)

### 1. Aufenthaltsbeendende Maßnahmen; Nichtvollziehbarkeit

**49**   **a) Personenkreis.** Ausländer, die über keinen Aufenthaltstitel oder über einen solchen nicht mehr verfügen, sind aufgrund der Gesetzesregelung des § 50 Abs. 1 AufenthG ohne Weiteres ausreisepflichtig. Die Ausreise hat, soweit keine Fristen eingeräumt sind, unverzüglich zu erfolgen. Einen rechtmäßigen Aufenthalt ohne Aufenthaltstitel kennt das AufenthG mit Ausnahmen der Fiktionswirkung nach § 81 Abs. 3 und 4 AufenthG nicht. Für das AsylbLG ist entscheidend, dass die aufenthaltsbeendenden Maßnahmen nicht vollziehbar sind. Gemeint sind damit die rechtlichen und tatsächlichen Handlungen, die notwendig sind, um eine Ausreise des Ausländers herbeizuführen.

**50**   Die Vorschrift des Abs. 2 nimmt für die Gruppe des § 1 Abs. 1 Nr. 5 eine weitere Differenzierung vor. Es sind die Personen betroffen, für die ein Ausreisetermin und eine Ausreisemöglichkeit feststehen. Hinzuweisen ist, dass der Termin einer Abschiebung nicht mehr angekündigt werden muss (§ 59 Abs. 1 S. 8 AufenthG), um ein Untertauchen zu verhindern. Die Gründe, die dazu führen, dass der Aufenthalt des Ausländers nicht beendet werden kann, dürfen von ihm nicht zu vertreten sein. Die an der Vorschrift geäußerte Kritik (*Voigt*, info also, 2016,103) zielt darauf ab, dass aus rechtssystematischen Gründen jede dem Ausländeramt bekannte vollziehbar ausreisepflichtige Person gem. § 60a Abs. 2 i. V. m. Abs. 4 AufenthG eine Duldung erhalten muss, solange eine Abschiebung aus rechtlichen oder tatsächlichen Gründen nicht möglich ist. Jedoch ist demgegenüber zu berücksichtigen, dass die durch eine Bescheinigung ausgesprochene Duldung die weiterhin bestehende Ausreisepflicht überlagert, solange die Bescheinigung ausgestellt oder ihre Frist noch nicht abgelaufen ist mit der Folge, dass § 1a Abs. 2 nicht anzuwenden ist. Diese Bescheinigung ist auszustellen, wenn der Ausreise rechtliche oder tatsächliche Gründe für einen längeren Zeitraum entgegenstehen; Verzögerungen bei der Vorbereitung der Ausreise fallen nicht darunter.

**51**   Die Schwelle, nach der die Leistungen eingeschränkt werden dürfen, ist in § 1a AsylbLG eine andere als der in § 2 AsylbLG geregelte Missbrauchstatbestand, der den Zugang zu den Leistungen des SGB XII sperrt (vgl. dazu auch BayLSG 28.6.2005 – L 11 B 212/05 AY ER, das allerdings offenlässt, wo es den wesentlichen Unterschied zwischen beiden Normen sieht). Der maßgebliche Unterschied besteht darin, dass der Leistungsberechtigte im Fall des § 1a den Zustand selbst beenden kann (vgl. dazu jetzt BSG 12.5.2017 – B 7 AY 1/16 R). Die Behörde hat den Leistungsberechtigten darauf hinzuweisen, welche Schritte zur Ermöglichung der Ausreise von ihm erwartet werden (a. A. *Linhart/Adolph*, AsylbLG, § 1a Rn. 26).

Das Unterlassen von ausreisenotwendigen Schritten entschuldigt den Leistungsberechtigten nicht (zum Ganzen LSG Bln-Bbg 23.7.2013 – L 23 AY 10/13 B ER).

Aufenthaltsbeendende Maßnahmen sind die Ausweisung (Ist-Ausweisung § 53 **52** AufenthG; Regel-Ausweisung, § 54 AufenthG; Kann-Ausweisung, § 55 AufenthG), der Widerruf eines Aufenthaltstitels (§ 52 AufenthG), die Rücknahme eines Aufenthaltstitels (§ 48 VwVfG) und die Bekanntgabe einer Abschiebungsanordnung (§ 58a AufenthG). Neben den aufenthaltsbeendenden Verwaltungsakten beenden gesetzliche Erlöschensgründe die Rechtmäßigkeit des Aufenthalts, Ablauf der Geltungsdauer des Aufenthaltstitels (§ 51 Nr. 1 AufenthG), Eintritt einer auflösenden Bedingung (§ 51 Nr. 2 AufenthG), Ausreise aus seiner Natur nach nicht vorübergehendem Grund (§ 51 Nr. 6 AufenthG), Ausreise ohne Wiedereinreise innerhalb von 6 Monaten oder einer von der Ausländerbehörde bestimmten längeren Frist (§ 51 Nr. 7 AufenthG). Davon zu unterscheiden ist aufenthaltsrechtlich die Durchsetzung der Ausreisepflicht (zum systematischen Überblick *Hailbronner*, Ausländerrecht, Rn. 583 f.): die Abschiebung (§ 58 AufenthG) und die Zurückschiebung (§ 57 AufenthG). Voraussetzung für die Abschiebung ist eine vollziehbare Ausreisepflicht und ein Abschiebungsgrund, d. h. die freiwillige Erfüllung der Ausreise ist nicht gesichert und die Ausreise muss überwacht werden. Ferner muss eine vollziehbare Abschiebungsandrohung (§ 59 AufenthG) erlassen worden sein, die Ausreise ist innerhalb der Ausreisepflicht nicht erfolgt und es dürfen keine Abschiebungsverbote nach § 60 AufenthG entgegenstehen, was von der Ausländerbehörde festzustellen ist. Weil es nach dem Wortlaut der Vorschrift auf die von der Behörde veranlasste Abschiebung ankommt, reicht die bloße Möglichkeit (freiwillige Ausreise), dass der Ausländer ausreisen könnte, nicht aus (ebenso *Hohm*, GK-AsylbLG, § 1 Rn. 157).

Von einer Nichtvollziehbarkeit kann keine Rede sein, wenn es der Ausländerbe **53** hörde an dem notwendigen Vollstreckungswillen mangelt (LSG BW 21.9.206 – L 7 AY 4940/05; *Streit/Hübschmann*, ZAR 1998, 269). Die Ausländerbehörde muss deshalb laufend darum bemüht sein, den Aufenthalt des Ausländers tatsächlich zu beenden. Zum Nachweis dieser Bemühungen sind entsprechende Aktenvermerke erforderlich.

**b) Familienangehörige.** Abs. 2 enthält keine Regelung für Familienangehörige. **54** Im Rückschluss kann nicht daraus gefolgert werden, dass damit die frühere Akzessorietät wiederhergestellt sein sollte. Bei jedem Familienmitglied müssen die Tatbestandsvoraussetzungen vorliegen. Ansonsten würde die gesetzgeberische Absicht, dem Individualanspruch Rechnung zu tragen, nicht verwirklicht werden und sich erhebliche Unterschiede zwischen Abs. 1 und Abs. 2 ergeben.

**c) Ausreisetermin und Ausreisemöglichkeit.** Bei den vollziehbar Ausreise- **55** pflichtigen muss der Ausreisetermin oder die Ausreisemöglichkeit feststehen. Nach § 59 Abs. 1 AufenthG ist die Androhung der Abschiebung mit einer Frist zu versehen. Die Frist selbst steht im Ermessen der Behörde, sie beträgt zwischen sieben und dreißig Tagen nach Bestandskraft oder bei einer Anordnung der sofortigen Vollziehung entsprechend nach Zustellung des Bescheides (vgl. *Bauer*, Bergmann/ Dienelt, AuslR, § 59 AufenthG Rn. 16).

**d) Zu vertreten.** Sie sind vom Leistungsberechtigtem zu vertreten, wenn sie **56** ihre ausschließliche **Ursache** in **seinem Verantwortungsbereich** haben und ihm vorgeworfen werden kann, durch sein Verhalten die Ausreise verhindert oder verzögert zu haben (vgl., allerdings zu § 2 AsylbLG Vorsatz, BSG 8.2.2007 – B 9 b AY 2/06 R; anders BSG 17.6.2008 – B 8/9b AY 1/07 R; wie hier *Hohm*, GK-AsylbLG, § 1a Rn. 101). Sein Verhalten muss geeignet im Sinn sein, die Vollziehung aufenthaltsbeendender Maßnahmen zu verhindern (*Hohm*, GK-AsylbLG, § 1a Rn. 266). Hiervon ist auszugehen, wenn der Ausländer durch ein in seinem freien Willen stehendes Verhalten die gegen ihn gerichteten aufenthaltsrechtlichen Maßnahmen verhindert oder verzögert (SächsLSG 30.6.2011 – L 7 AY 8/10 B ER; *Hohm*, GK-AsylbLG, § 1a Rn. 273). Da anders als im Gesetzentwurf (BT-Drs. 18/6185) das Merkmal „unverschuldet" nicht mehr aufgeführt ist, setzt die Vorschrift kein eigenes Verschulden im Sinn von Fahrlässigkeit und Vorsatz voraus (*Oppermann*, juris-PK, SGB XII, § 1a AsylbLG Rn. 67). Es kommt darauf an, dass die Nichtausreise auf ein Verhalten zurückgeht, das im Verantwortungsbereich des Betreffenden liegt. In Abs. 3 wird auf die selbst zu vertretenden Gründe abgestellt.

57    Damit sind dem Ausländer jene Gründe nicht anzulasten, die nicht seinem Verantwortungsbereich (**objektive Gründe**) zuzurechnen sind. Als Beispiele können hierzu genannt werden, dass der Herkunftsstaat den abzuschiebenden Ausländer nicht aufnehmen will oder sich weigert, Personalpapiere auszustellen. Einschränkend ist hinzuzufügen, dass der Ausländer zumindest Anstrengungen unternommen haben muss, sich bei dem Konsulat oder der Botschaft seines Heimatstaates um Personalpapiere zu bemühen (konkrete, erfüllbare Mitwirkungshandlung SächsLSG 30.6.2011 – L 7 AY 8/10 B ER). Zwischen der hier angesprochenen Mitwirkungspflicht und der Mitwirkungspflicht des Abs. 5 ist unterscheiden. Abs. 5 regelt spezielle Tatbestände, die bei einer Nachholung der verlangten Mitwirkung zur Beendigung der Leistungseinschränkung führen. Außerdem richtet sich der Tatbestand des Abs. 5 nur an bestimmte Leistungsberechtigte. Von der erforderlichen Mitwirkungspflicht des Abs. 2 ist eine Ausnahme zu machen, wenn der Behörde bekannt ist, dass die genannten Institutionen keine Ersatzpapiere ausstellen (grundsätzlich dazu *Hohm*, GK-AsylbLG, § 1a Rn. 107). Auch wenn die in der Begründung des Gesetzes (BT-Drs. 13/10, S. 155) formulierten Beispiele nahezulegen scheinen, dass gezielte Maßnahmen wie die Passvernichtung vor dem Ausländer zu vertreten sind, kann dieser Begriff nach dem Sinn und Zweck, Rechtsmissbrauch zu verhindern, nicht derartig eng verstanden werden. Erforderlich ist eine umfassende Einzelfallprüfung (vgl. zu weiteren Einzelheiten *Hohm*, AsylbLG, § 1a Rn. 280 f.). So muss bei der Passvernichtung differenziert werden, ob ein Schlepper dem Betreffenden vor der Einreise den Pass abgenommen hat oder ob die Vernichtung nach der Einreise erfolgt (s. dazu auch *Oppermann*, jurisPK-SGB XII, § 1a AsylbLG Rn. 72). In diesen Fällen bleibt es häufig zweifelhaft, ob dem Vortrag zu glauben ist, der gefälschte Pass sei an den Schlepper zurückgegeben worden (so auch *Decker*, Oestreicher, SGB II/XII § 1a Rn. 23). Nur im zuerst geschilderten Fall kann die Vorschrift des § 1a AsylbLG einschlägig sein. In der ersten Alternative erfolgt die Vernichtung des Passes nicht, um den Aufenthalt in der Bundesrepublik zu verlängern (vgl. dazu LSG NRW 8.5.2006 – L 20 B 14/06 AY ER; LSG LSA 7.3.2006 – 8 B 13/05 AY ER).

58    Der **Regelfall** der Vorschrift sind Gründe, die aus rechtlichen oder tatsächlichen Umständen eine Ausreise verhindern. Reiseunfähigkeit kann ein Grund sein. Häufigste Gründe sind faktisch fehlende Rückreisemöglichkeiten.

59    Nach § 60 Abs. 7 S. 2 AufenthG liegen gesundheitliche Gründe nur bei lebensbedrohlichen und schwerwiegenden Erkrankungen vor, die sich durch die Abschiebung wesentlich verschlechtern würden. Weitere Einschränkungen für Leistungsberechtigte ergeben sich zudem aus der Neufassung des § 60a Abs. 2c AufenthG. Die Vorschrift dreht die Beweislast um, indem vermutet wird, dass einer Abschiebung gesundheitliche Gründe nicht entgegenstehen. Der Ausländer muss seine Erkrankung, die die Abschiebung beeinträchtigen kann, durch eine qualifizierte ärztliche Bescheinigung glaubhaft machen. Diese ärztliche Bescheinigung soll insbesondere die tatsächlichen Umstände, auf deren Grundlage eine fachliche Beurteilung erfolgt ist, die Methode der Tatsachenerhebung, die fachlich-medizinische Beurteilung des Krankheitsbildes, den Schweregrad der Erkrankung sowie die Folgen, die sich nach der ärztlichen Beurteilung aus der krankheitsbedingten Situation voraussichtlich ergeben, enthalten.

60    Verfassungsrechtliche Implikationen sind bei der Bewertung, ob jemand zu vertreten hat, dass aufenthaltsbeendende Maßnahmen nicht vollzogen werden können, zu

beachten. Würde die Ausreise bzw. Abschiebung eines ehemaligen Asylbewerbers zur Trennung von seinem minderjährigen Kind führen, für das ihm die gemeinsame elterliche Sorge gemäß § 1626a BGB zusteht, wird der Missbrauchstatbestand nicht erfüllt, weil durch eine erzwungene Ausreise in das in Art. 6 Abs. 1 GG geschützte Elternrecht eingegriffen würde (LSG BW 21.9.2006 – L 7 AY 4940/05).

Das Vertretenmüssen beschränkt sich darauf, dass die Gründe in den Verantwor- **61** tungsbereich des Ausländers fallen, was ursächlich die Nichtvollziehbarkeit der aufenthaltsbeendenden Maßnahmen zur Folge hat (*Hohm*, Schellhorn/Hohm/ Scheider, § 1a AsylbLG Rn. 21; *Oppermann*, jurisPK-SGB XII, § 1a AsylbLG Rn. 67). Dazu gehört, dass Maßnahmen der Aufenthaltsbeendigung verhindert oder erheblich verzögert werden. Als Anwendungsbeispiele können genannt werden: die Vernichtung der für die Ausreise erforderlichen Dokumente, insbesondere von Identitätspapieren, Widerstandshandlungen gegen eine Abschiebung, zeitweiliges Untertauchen, die Inanspruchnahme von Kirchenasyl (zweifelnd *Oppermann*, jurisPK-SGB XII, § 1a AsylbLG Rn. 70; eingehend *Deibel* ZFSH-SGB 2017, 583) oder der offensichtliche Missbrauch von Petitionsrechten. Die Wahrnehmung verfahrensrechtlicher Möglichkeiten, um die Abschiebung zu verhindern, entspricht rechtsstaatlichen Grundsätzen und ist deshalb kein Missbrauch. Die faktische Duldung des Kirchenasyls hat das BayLSG (11.11.2016 – L 8 AY 28/16 B ER) als faktischen Abschiebungsschutz eingestuft und damit den Missbrauchstatbestand ausgeschlossen.

Eine von der zuständigen Ausländerbehörde im Rahmen ihrer Zuständigkeit vor- **62** genommene Prüfung des Vertretenmüssens entfaltet keine Tatbestandswirkung für das AsylbLG. Die erforderliche gesetzliche Grundlage dafür fehlt. Vermerke auf den Duldungen wie „hat Abschiebungshindernisse selbst zu vertreten" (s. dazu *Hohm*, GK-AsylbLG, § 1a Rn. 108) kann die Leistungsbehörde ihrer eigenen Entscheidung nicht ohne eigene Prüfung zugrunde legen (vgl. VGH BW 22.11.1995 – 6 S 1347/95).

Eine wesentliche Rolle bei der Beurteilung des Vertretenmüssens spielen die **63** Mitwirkungspflichten des Ausländers (zu den Mitwirkungspflichten im Aufenthaltsrecht, vgl. z. B. OVG NRW 5.6.2007 – 18 E 413/07). Hier dürfen zum einen von vornherein erkennbar aussichtslose Handlungen nicht abverlangt werden (BVerwG 15.6.2006 – 1 B 54/06). Die Behörde ihrerseits muss keine Möglichkeit haben, an die zur Abschiebung nötigen Informationen selbst heranzukommen. Es sind verfahrensrechtliche Standards einzuhalten wie der der Anhörung. Zum anderen kann von einem Ausländer erwartet werden, dass er in geeigneter und ihm zumutbarer Weise die Handlungen einleitet oder vornimmt, die der Durchsetzung seiner Ausreisepflicht dienen. Für die Einhaltung von Mitwirkungshandlungen sind ihm Fristen zu setzen (*Hohm*, GK-AsylbLG, § 1a Rn. 107). Beispiele: Verweigerung der Vorsprache in der Botschaft oder im Konsulat zur Beschaffung von Passersatzdokumenten, Nichtbeschaffung von Geburtsurkunden zur Passbeantragung, Nichtabgabe sog. Freiwilligkeitserklärungen, die in manchen Staaten zur Erlangung von Pässen erforderlich sind und die nicht mit dem Wunsch, in der Bundesrepublik zu bleiben, verweigert werden kann (zu Mali LSG LSA 28.9.2007 – L 8 B 11/06 AY ER, aufgehoben durch BSG 30.10.2013 – B 7 AY 7/12 R mit kritischer Anm. *Berlit*, jurisPR-SozR 22/2014 Anm. 3; LSG NRW 2.2.2007 – L 20 B 65/06 AY ER; 29.7.2007 – L 20 B 69/06 AY ER für Iran; LSG BW, 24.11.2008 – L 7 AY 5149/08 ER; SächsLSG 30.6.2011 – 27 AY 8/10 B ER), Untertauchen zur Verhinderung der Abschiebung oder freiwillige Aufgabe der Staatsbürgerschaft. Andererseits darf die Behörde nicht nachlassen, die Identität zu klären. Unterlässt sie weitere an einen Ausländer gerichtete Aufforderungen, kann die Einschränkung der Leistung nicht auf einen misslungenen Versuch gestützt werden (LSG BW 21.9.2006 – L 7 AY 4940/05). Die Abgabe einer sog. Ehrenerklärung (BSG 30.10.2013 – B 7 AY 7/12 R) kann von einem Ausländer nicht verlangt werden und berechtigt den Leistungsträger nicht zu einer Einschränkung der Leistungen. Das BSG begründet seine Entscheidung damit, die gesetzliche Mitwirkungspflicht stehe unter dem ausdrücklichen Vorbehalt, dass die geforderte Erklärung mit dem deutschen Recht in Einklang stehe. Dies sei nicht der Fall, weil von der Klägerin ein Verhalten verlangt wird, das die Intimsphäre als unantastbaren Kernbereich des Persönlichkeitsrechts nach Art. 2 iVm Art. 1 GG berühre. Entscheidender ist, dass die Abgabe einer „Freiwilligkeitserklärung" weder rechtlich erzwungen noch gegen den Willen des Ausländers durchgesetzt werden kann und an die verweigerte Abgabe daher auch keine strafrechtlichen Sanktionen geknüpft werden können, leistungsrechtliche Kürzungen aber nicht ausgeschlossen sind (*Berlit*, jurisPR-SozR 22/2014 Anm. 3; *Oppermann*, jurisPK-SGB XII, § 1a AsylbLG Rn. 81). Kann ein Unterlassen nicht als Obliegenheitsverletzung aufgefasst werden, fehlt es am Vertretenmüssen.

64      Zu den eindeutigen Fällen des Vertretenmüssens gehören auch die, in denen Angaben zur Identität und Nationalität gezielt gefälscht werden, um eine Abschiebung zu verhindern. Die Vorlage gefälschter Pässe wäre ein solches Beispiel (vgl. auch OVG Münster 22.6.1999 – 24 B 1088/99). Mit dem Abs. 5 sind diese Fallkonstellationen nunmehr gesetzlich geregelt. Gleiches gilt, wenn das Bemühen einer Rückkehrreinrichtung durch widersprüchliches Verhalten vor den jeweiligen Botschaften unterlaufen wird.

65      Ausländer, die aus Syrien oder dem Libanon stammen, wird zugemutet, sich Geburtsurkunden, Personenstandsauszüge oder Registerauszüge zu beschaffen (*Oppermann*, jurisPK-SGB XII, § 1a AsylbLG Rn. 62). Zu vertreten haben Iraner, dass sie keine Freiwilligkeitserklärung abgegeben haben (*Oppermann*, jurisPK-SGB XII, § 1a AsylbLG Rn. 64).

## 2. Anspruchseinschränkung

66      Die Rechtsfolge der in Abs. 2 aufgeführten Missbrauchstatbestände ist, dass Leistungsberechtigten bis zu ihrer Ausreise oder der Durchführung ihrer Abschiebung nur noch Leistungen zur Deckung ihres Bedarfs an Ernährung und Unterkunft einschließlich Heizung sowie Körper- und Gesundheitspflege gewährt wird. Damit steht den Betroffenen nur noch ein neu festgelegtes Leistungsminimum (*Oppermann*, jurisPK-SGB XII, § 1a AsylbLG Rn. 98) zur Verfügung.

67      Auch diese Anspruchseinschränkung berührt verfassungsrechtliche Grundfragen. Der unmittelbar verfassungsrechtliche Leistungsanspruch auf Gewährleistung eines menschenwürdigen Existenzminimums erstreckt sich in der Regel auf diejenigen Mittel, die zur Aufrechterhaltung eines menschenwürdigen Daseins unbedingt erforderlich sind. Er gewährleistet das gesamte Existenzminimum durch eine einheitliche grundrechtliche Garantie, die sowohl die physische Existenz des Menschen, also Nahrung, Kleidung, Hausrat, Unterkunft, Heizung, Hygiene und Gesundheit, als auch die Sicherung der Möglichkeit zur Pflege zwischenmenschlicher Beziehungen und zu einem Mindestmaß an Teilhabe am gesellschaftlichen, kulturellen und politischen Leben umfasst, denn der Mensch als Person existiert notwendig in sozialen Bezügen (BVerfG 18.7.2012 – 1 BvL 10/10 ua). Im Hinblick auf die feststehende Ausreise ist es verfassungsrechtlich hinnehmbar, die grundsätzlich zu gewährenden Mittel auf die physische Existenz einzuschränken. Tatsächlich spezifische Minderbedarfe bei einem nur kurzfristigen, nicht mehr auf Dauer angelegten Aufenthalt rechtfertigen die Einschränkungen von Leistungen (aA *Brings/Oehl*, ZAR 2016, 33). Zur Dauer der Einschränkung, s. § 14 Abs. 1.

## 3. Ausnahmeregelung

68      Nach den Gesetzesmaterialien (BT-Drs. 18/6185) soll dies insbesondere der Fall sein, wenn aus rechtlichen oder tatsächlichen Gründen eine Ausreise bzw. aufent-

haltsbeendende Maßnahmen ausgeschlossen sind (z.b. Reiseunfähigkeit oder faktisch keine Reisemöglichkeit). Vertretenmüssen beschränkt sich nicht nur auf Vorsatz oder grobe Fahrlässigkeit, sondern auch darauf, dass die Gründe in den Verantwortungsbereich des Ausländers fallen, was ursächlich die Nichtvollziehbarkeit der aufenthaltsbeendenden Maßnahmen zur Folge hat. Das bedeutet, dass der Leistungsberechtigte alles in seiner Macht Stehende und ihm Zumutbare zu unternehmen hat, um die Ausreiseverpflichtung oder die festgesetzte Ausreisepflicht einzuhalten.

Die **Rechtsfolge** ist **zwingend**. Den Leistungsberechtigten werden bis zur Aus- **69** reise oder der Durchführung ihrer Abschiebung nur noch Leistungen zur Durchführung ihres Bedarfs an Ernährung und Unterkunft einschließlich Heizung sowie Körper- und Gesundheitspflege gewährt. Anders als in Abs. 1 sind die Leistungen durch die Ausreise befristet. Damit wird diesen Personen weniger als der notwendige Bedarf nach § 1a Abs. 1 bewilligt.

Die Ausnahme von der Ausnahme ist in S. 3 formuliert. Nur soweit besondere **70** Umstände im Einzelfall vorliegen, können auch andere Leistungen im Sinne von § 3 Abs. 1 S. 1 gewährt werden. Es bleibt offen, welche besonderen Umstände damit gemeint sein können. Nur so viel lässt sich festhalten, dass es auf eine Würdigung des Einzelfalles ankommt. Vergleicht man die Sätze 1 und 3 miteinander, so werden Gründe, die die Leistungsberechtigten nicht zu vertreten haben, bereits von S. 1 erfasst. In S. 3 muss also ein Mehr hinzutreten, was sich sprachlich auch in der Formulierung der besonderen Umstände des Einzelfalles ausdrückt. Diese „Öffnungsklausel" ist geboten, um das Minimum verfassungsrechtlicher Gewährleistung zu ermöglichen.

## 4. Rechtsfolge

Die Rechtsfolge des Abs. 2 ist eine andere als die des Abs. 1. Während bei der **71** Bestimmung des Unabweisbaren auf den Einzelfall geschaut werden muss, legt Abs. 2 die Rechtsfolge fest, indem ein eingeschränktes Leistungsspektrum des notwendigen Bedarfs herausgegriffen wird und bis zur Ausreise zur Verfügung gestellt wird. Damit wird der schon in § 1a Abs. 1 eingeschränkte notwendige Bedarf noch einmal unterschritten. Damit gerät die Rechtsfolge des Abs. 2 an die Grenze des verfassungsrechtlich noch Vertretbaren. Als fragwürdig wird hingestellt, ob sich der Gesetzgeber der sozialen Verantwortung gegenüber den Menschen, die er weitgehend unkontrolliert ins Land gelassen hat, dadurch entziehen kann, indem er durch Streichung der Sozialleistung ein Steuerungsinstrument benutzt, um Menschen zur Ausreise zu veranlassen (*Oppermann*, jurisPK-SGB XII, § 1a AsylbLG Rn. 155). Dieses Argument würde durchschlagen, wenn der Gesetzgeber nur dieses Leistungsinstrument benutzen würde, um aufenthaltsrechtliche Ziele durchzusetzen. Sowohl die Regelung des Abs. 1 als auch die des Abs. 2 sind jedoch in asylrechtliche und aufenthaltsrechtliche Regelungen eingebunden, so dass sie auch unter Beachtung der Ausstrahlungswirkung des Urteils vom 18.7.2012 (1 BvL 10/10) gerade verfassungsrechtlich hinnehmbar sind. Flüchtlingsschutz ist zwar Menschenschutz, aber der Betreffende ist nicht von seiner Verantwortung freigestellt.

## VI. Leistungseinschränkung und aufenthaltsbeendende Maßnahmen (Abs. 3)

Abs. 3 ist durch den Beschlussvorschlag des Innenausschusses in das AsylbLG **72** aufgenommen worden (BT-Drs.18/6386). Die Regelung richtet sich an geduldete und vollziehbar Ausreisepflichtige. In der Vorschrift geht es um die Personen, bei denen aus von ihnen zu vertretenden Gründen aufenthaltsbeendende Maßnahmen nicht vollzogen werden können. Das betrifft die nicht mögliche Vollziehbarkeit einer Abschiebungsandrohung oder die Vollziehbarkeit der Abschiebungsanordnung. In der Rechtsfolge wird auf Abs. 2 und nicht auf Abs. 1 verwiesen.

73    Nach der bisherigen Fassung der Vorschrift hatte die Rechtsprechung das Tatbestandsmerkmal „aus nicht zu vertretenden Gründen" konkretisiert. Der Gesetzgeber hat sich im Integrationsgesetz veranlasst gesehen, in Abs. 5 eine Reihe von Mitwirkungspflichten zu benennen, bei deren Verletzung Leistungsberechtigte nach § 1 Abs. 1 Nr. 1 oder 7 entsprechend Leistungen nach Abs. 2 beziehen sollen.

74    Im Übrigen bleibt es bei den Fallgruppen, bei denen, teilweise auch kontrovers, von einem Vertreten ausgegangen wird. Zu vertreten sind Widerstandshandlungen zur Vereitelung der Abschiebung (s. dazu auch *Oppermann,* jurisPK-SGB XII, § 1a AsylbLG Rn. 83) und Kirchenasyl (aA *Oppermann,* jurisPK-SGB XII, § 1a AsylbLG Rn. 86). Beim Kirchenasyl kommt es nicht darauf an, dass es nicht nur die Entscheidung des Leistungsberechtigten, sondern auch die von kirchlichen Institutionen ist. Der Entschluss vom Kirchenasyl Gebrauch zu machen, bleibt in der Verantwortung des Leistungsberechtigten.

75    Redaktionell misslungen ist in Satz 3 der Verweis für Familienangehörige auf Abs. 1. Denn es ist wenig plausibel, dass es auf das Fehlverhalten des Abs. 1 ankommen soll (*Oppermann,* jurisPK-SGB XII, § 1a AsylbLG Rn. 89).

# VII. Dublin III VO (Abs. 4)

76    Die Neuregelung in Abs. 4 gewährleistet, dass unter § 1 Nr. 1 oder 5 AsylbLG fallende Leistungsberechtigte, deren Umsiedlung in Abweichung von der Regelzuständigkeit nach der Dublin-III-Verordnung (Verordnung (EU) 604/2013 der Europäischen Union) in einen anderen Mitgliedstaat zugestimmt wurde (im Rahmen einer sog. Umsiedlung bzw. „relocation" durch Beschluss des Rates, vergleichbar Beschluss (EU) 2015/1523 des Rates vom 14.9.2015 sowie Beschluss (EU) 2015/0209 (NLE) vom 22.9.2015 zur Einführung von vorläufigen Maßnahmen im Bereich des internationalen Schutzes zugunsten von Italien und Griechenland) ebenfalls anstelle von Leistungen nach den §§ 2, 3 und 6 nur Leistungen im Sinne von Abs. 2 erhalten (BT-Drs.18/6185). Umsiedlungen i. S. d. Vorschrift hat die EU durch die genannten Beschlüsse zur Entlastung von Italien und Griechenland getroffen, die an sich bei einem Antrag auf internationalen Schutz zuständig gewesen wären (wohl zu Recht zweifelnd an der Verfassungsmäßigkeit der Vorschrift *Oppermann,* jurisPK-SGB XII, § 1a AsylbLG Rn. 97). Denn ein wirkliches Fehlverhalten, was kennzeichnend für die Vorschrift des § 1a ist, liegt bei diesen Personen nicht vor. Es kommt maßgeblich darauf an, ob eine abweichende Zuständigkeit nach Dublin III bestanden hätte. So hat das LSG Bln-Bbg (28.4.2016 – L 15 AY5/16 B ER) dies in einem Fall verneint, in dem russische Staatsangehörige über Polen nach Deutschland eingereist sind. Vertretbar wird die neue Vorschrift allenfalls dadurch, dass die von Abs. 4 betroffenen Personen anderen EU-Staaten zugeordnet werden und daher nur eine geringe Bindung zum Bundesgebiet haben (*Thym,* Ausschussdrucksache 18 (11) 681, S. 120). Die Regelung kann nur greifen, wenn der Leistungsberechtigte aufgrund der Relokationsbeschlüsse einem anderen Mitgliedstaat zugewiesen worden ist.

77    Der Absatz ist um einen weiteren Satz erweitert worden. Die Regelung soll nach der Gesetzesbegründung die Vorschrift vervollständigen um die Fälle des bereits gewährten internationalen Schutzes oder Aufenthalts aus einem anderen Grund durch einen anderen EU-Mitgliedstaat oder einen am Dublin-Verfahren teilnehmenden Drittstaat. Hingegen haben die Ausschüsse auf Bedenken hingewiesen (BR-Drs. 266/1/16). Es wird auf die fehlende Begründung für die Regelung und auf die verfassungsrechtlichen Bedenken hingewiesen. Als überzeugendes Argument wird angeführt, dass im Rahmen des Dublin-Systems zunächst eine Prüfung durch

den zuständigen Mitgliedstaat vorgenommen werden sollte. Zu halten ist die Vorschrift mit dem Argument, dass leistungsrechtliche Konsequenzen zu ziehen sind, wenn der Leistungsberechtigte in einem anderen EU-Staat anerkannt ist oder eine Aufenthaltserlaubnis erhalten hat.

## VIII. Kürzung bei Verletzung von Mitwirkungspflichten (Abs. 5)

Durch das Integrationsgesetz werden vier Gruppen von Tatbeständen einge- **78** führt, die alle im Wesentlichen auf der Verletzung von Mitwirkungspflichten beruhen. Nicht unter die Mitwirkungspflicht fällt der Tatbestand der Nichtwahrnehmung von Terminen beim BAMF. Der Gesetzgeber sieht in den Tatbeständen gravierende Pflichtverletzungen, die den Aufenthalt des Leistungsberechtigten rechtswidrig verlängern und zu einem längeren Leistungsbezug führen (BR-Drs. 266/16). Auch wird der lenkende Charakter einer Leistungseinschränkung deutlich, aber nicht in dem Sinn, dass aufenthaltsrechtlich auf den Leistungsberechtigten primär eingewirkt wird. Für das Verhältnis zu §2 wirft die gesetzliche Sanktionierung von Mitwirkungspflichten Fragen auf. Bisher wurde die Verletzung von Mitwirkungspflichten durch §2 „sanktioniert". Nunmehr findet sich in §3 Abs. 5 eine spezielle Regelung, die einerseits in der Rechtsfolge mit den Leistungseinschränkungen tiefer eingreift als §2, der Personen von Analogleistungen ausschließt. Weil §1a Abs. 5 keinen Dauerausschluss vorsieht und bei einer nachgeholten Mitwirkung den „normalen" Leistungsanspruch vorsieht, bedeutet die Neuregelung, dass eine fehlende Mitwirkung einen Missbrauch nach §2 ausschließt. Damit wird auch das bisher in §2 ungelöste Problem geregelt, ob eine Person auf Dauer von Analogleistungen bei der Nachholung von Mitwirkungshandlungen ausgeschlossen ist.

Der federführende Ausschuss hat zu recht bemängelt, dass die Verletzung von **79** Mitwirkungspflichten in das Integrationsgesetz aufgenommen worden ist, weil „fördern und fordern" andere Zielrichtungen verfolgt. Allerdings ist gegen diese Kritik einzuwenden, dass es sich bei dem IntegrationsG trotz seines mehr versprechenden Wortlauts nur um eine sektorale Regelung handelt.

Um entsprechende Leistungseinschränkungen vornehmen zu können, benötigen **80** die Träger des AsylbLG **substantiierte Informationen** und Belege über die Verletzung der Mitwirkungspflichten; diese werden ihnen vom BAMF nach §8 Abs. 2a AsylG übermittelt, da es sich um im Asylverfahren zu prüfende Pflichtverletzungen handelt. Dass mit der Übermittlung Schwierigkeiten verbunden sind, ergibt sich bereits aus dem in der Gesetzesbegründung angeführten Beispiel. In der Begründung heißt es: „Insofern reicht beispielsweise die Tatsache, dass im konkreten Fall auf einer Bescheinigung über die Aufenthaltsgestattung das Feld angekreuzt ist: ‚Die Angaben zur Person beruhen auf den eigenen Angaben des Inhabers. Ein Identifikationsnachweis durch Originaldokumente wurde nicht erbracht', nicht aus, um die Verletzung der Mitwirkungs- und Auskunftspflichten zu begründen". Das bedeutet, dass die Leistungsbehörde selbst die Ermittlungen anstellen muss, aus denen sie auf eine fehlende Mitwirkungspflicht schließt. Lediglich bei Meldeversäumnissen geben die Akten des BAMF hinreichende Tatsacheninformationen.

## 1. Personenkreis

Abs. 5 bezieht sich auf Ausländer, die über eine Aufenthaltsgestattung nach dem **81** AsylG verfügen und solche Ausländer, die einen Folgeantrag oder einen Zweitantrag gestellt haben.

## 2. Mitwirkungspflicht nach § 15 Abs. 2 Nr. 4 AsylG

**82**     Nach dieser Vorschrift ist der asylsuchende Ausländer verpflichtet, bei der Aufklärung des Sachverhaltes mitzuwirken (§ 15 Abs. 1 S. 1 AsylG). Er ist insbesondere
verpflichtet (Abs. 2 Nr. 4), einen Pass oder Passersatz den mit der Ausführung des
AsylG betrauten Behörden vorzulegen, auszuhändigen und zu überlassen. Erforderliche Urkunden und sonstige Unterlagen nach Abs. 2 Nr. 5 sind insbesondere alle
Urkunden und Unterlagen, die neben dem Pass oder Passersatz für die Feststellung
der Identität und Staatsangehörigkeit von Bedeutung sein können. Dies können von
anderen Staaten erteilte Visa, Aufenthaltstitel und sonstige Grenzübertrittspapiere,
Flugscheine und sonstige Fahrausweise, Unterlagen über den Reiseweg vom Herkunftsland in das Bundesgebiet, die benutzten Beförderungsmittel, über den Aufenthalt in anderen Staaten nach der Ausreise aus dem Herkunftsland und vor der
Einreise in das Bundesgebiet sowie alle sonstigen Urkunden und Unterlagen sein,
auf die der Ausländer sich beruft oder die für die zu treffenden asyl- und ausländerrechtlichen Entscheidungen und Maßnahmen einschließlich der Feststellung und
Geltendmachung einer Rückführungsmöglichkeit in einen anderen Staat von
Bedeutung sind. Die Verpflichtung zur Mitwirkung bei der Sachverhaltsaufklärung
bei der Durchsetzung des Asylanspruchs liegt primär im Interesse des asylsuchenden
Ausländers selbst (*Bergmann*, Bergmann/Dienelt, AuslR, § 15 AsylG Rn. 5). Sekun-
där schlägt die Pflicht des asylsuchenden Ausländers in eine Leistungskürzung um,
was sich verfassungsrechtlich nur halten lässt, weil die Feststellung der Identität
dazu dient, Leistungsmissbrauch durch die Inanspruchnahme von Leistungen mit
verschiedenen Identitäten zu verhindern.

## 3. Mitwirkungspflicht nach § 15 Abs. 2 Nr. 5 AsylG

**83**     Den asylsuchenden Ausländer trifft die Pflicht, alle erforderlichen Urkunden und
sonstigen Unterlagen, die in seinem Besitz sind, den mit der Ausführung des AsylG
betrauten Behörden vorzulegen. Die Unterlagen beziehen sich nicht nur auf für
das Asylverfahren relevante Tatsachen, sondern auch auf Rückführungsmaßnahmen
(*Bergmann*, Bergmann/Dienelt, AuslR, § 15 AsylG Rn. 10).

## 4. Nichtwahrnehmung des Termins

**84**     Die Vorschrift ist angesichts des Umstandes, dass das Bundesamt für Migration
und Flüchtlinge nicht in der Lage ist, einen Termin zur förmlichen Antragstellung
zu gewähren, mehr als fraglich. Nun sind ansonsten die Leistungseinschränkungen
bei Meldeversäumnissen nicht ungewöhnlich, wie § 31 Abs. 2 SGB II zeigt. Nun
kann die Einschränkung im SGB II noch als Hilfenorm verstanden werden, um den
Leistungsberechtigten an den Arbeitsprozess heranzuführen. Bei Abs. 5 Nr. 3 fehlt es
an einem solchen sozialrechtlich zu akzeptierenden, übergeordneten Zweck. Damit
verstößt die Vorschrift gegen Verfassungsrecht.

## 5. Verweigerung der Angaben zur Identität

**85**     Nach § 30 Abs. 3 Nr. 2 AsylG bestimmt in der zweiten vom AsylbLG so bezeichneten Alternative, dass ein Asylantrag als offensichtlich unbegründet abzulehnen ist,
wenn über die Staatsangehörigkeit getäuscht wird. Da die Vorschrift des § 30 Abs. 3
Nr. 2 AsylG drei Möglichkeiten und nicht zwei Alternativen aufweist, ist die sprachliche Fassung des § 1a Abs. 5 Nr. 4 schon einmal missglückt. Die Folge eines offensichtlich unbegründeten Asylantrages ist die kurze Ausreisefrist von einer Woche
(§ 36 Abs. 1 AsylG). Strikt am Wortlaut orientiert greift die Leistungseinschränkung
wohl nur ein, wenn die zweite Möglichkeit des § 30 Abs. 3 Nr. 2 AsylG gemeint
ist, also über die Staatsangehörigkeit getäuscht wird.

## 6. Grenzen der Leistungseinschränkung

Leistungen werden nicht eingeschränkt, wenn Satz 1 2. Hs erfüllt ist. Leistungsbe- **86** rechtigte haben die Verletzung der Mitwirkungsobliegenheiten nicht zu vertreten oder die Einhaltung der Mitwirkungspflichten oder Wahrnehmung des Termins ist aus wichtigen Gründen nicht möglich. Nicht zu vertreten bedeutet, dass die Verletzung der Mitwirkungspflicht nicht zwingend Verschulden voraussetzt. Es kommt darauf an, dass die Ursache nicht im Verantwortungsbereich des Leistungsberechtigten liegt. Wichtige Gründe sind solche objektiver Natur, wie etwa Krankheit. Kommt der Leistungsberechtigte seinen Mitwirkungspflichten nach oder ist der wichtige Grund weggefallen, sind die Leistungen wiederaufzunehmen. Die Kontrolle über die Wiederaufnahme der Leistungen ist dem Leistungsträger zuzuordnen. Erfährt die Behörde erst nachträglich, dass die Voraussetzungen für eine Einschränkung nicht mehr vorhanden sind, sind gleichwohl Leistungen mit dem Wegfall des Einschränkungsgrundes zu gewähren. Dafür spricht der Wortlaut der Vorschrift, in der es heißt, dass die „Anspruchseinschränkung endet", sobald die fehlende Mitwirkungshandlung erbracht oder der Termin zur förmlichen Antragstellung wahrgenommen worden ist.

## § 2 Leistungen in besonderen Fällen

(1) **Abweichend von den §§ 3 und 4 sowie 6 bis 7 ist das Zwölfte Buch Sozialgesetzbuch auf diejenigen Leistungsberechtigten entsprechend anzuwenden, die sich seit 15 Monaten ohne wesentliche Unterbrechung im Bundesgebiet aufhalten und die Dauer des Aufenthalts nicht rechtsmissbräuchlich selbst beeinflusst haben.**

(2) **Bei der Unterbringung von Leistungsberechtigten nach Absatz 1 in einer Gemeinschaftsunterkunft bestimmt die zuständige Behörde die Form der Leistung auf Grund der örtlichen Umstände.**

(3) **Minderjährige Kinder, die mit ihren Eltern oder einem Elternteil in einer Haushaltsgemeinschaft leben, erhalten Leistungen nach Absatz 1 auch dann, wenn mindestens ein Elternteil in der Haushaltsgemeinschaft Leistungen nach Absatz 1 erhält.**

*Änderungen der Vorschrift: Abs. 1 neu gef. mWv 1.1.2005 durch G v. 30.7.2004 (BGBl. I S. 1950), Abs. 1 geänd. mWv 28.8.2007 durch G v. 19.8.2007 (BGBl. I S. 1970), Abs. 1 und 3 geänd. mWv 1.3.2015 durch G v. 10.12.2014 (BGBl. I S. 2187), Abs. 1 geänd. mWv 6.8.2016 durch G v. 31.7.2016 (BGBl. I S. 1939).*

### Übersicht

# I. Bedeutung der Norm

**1**  Mit der Vorschrift wurde eine **Sonderregelung** für einzelne Gruppen von Leistungsberechtigten geschaffen, bei denen auf Grund ihres längeren Aufenthalts eine stärkere Angleichung an die Lebensverhältnisse in Deutschland erforderlich ist (BT-Drs. 12/5008, S. 15). Durch die entsprechende Heranziehung des SGB XII kommt es bei ihnen zu einer leistungsrechtlichen Privilegierung. Aus dem Kontext mit § 23 Abs. 2 SGB XII wird deutlich, dass es sich bei den nach § 2 AsylbLG zu gewährenden Leistungen nicht um solche des Sozialhilferechts handelt (so auch *Hohm,* Schellhorn/Hohm/Scheider, SGB XII, § 2 AsylbLG Rn. 7; *Oppermann,* juris-PK-SGB XII, § 2 AsylbLG Rn. 31). Denn diese sind für den in § 1 AsylbLG aufgeführten Personenkreis, zu denen weiterhin auch die Untergruppe der durch § 2 AsylbLG Privilegierten gehört, aus dem SGB XII herausgenommen worden.

**2**  Die Vorschrift wurde durch das ZuwanderungsG vom 30.7.2004 (BGBl. I S. 1950) geändert und hat zum 1.1.2005 in Absatz 1 weitgehend die jetzige Gestalt erhalten. Eine Verschärfung hatte sie dadurch erfahren, dass statt einer Frist von 36 Monaten eine solche von 48 Monate galt (Gesetz v. 19.8.2007). Der Gesetzgeber wollte auf diese Art und Weise einen Zusammenhang mit § 104a AufenthG und der Änderung des § 10 BeschäftigungsVO erreichen (BT-Drs. 16/5065, S. 232; vgl. auch *Hohm,* GK-AsylbLG, § 2 Rn. 2; *Oppermann,* jurisPK-SGB XII, § 2 AsylbLG Rn. 8). Nach der Neufassung sind die 48 Monate auf 15 Monate reduziert worden.

**3**  Im Referentenentwurf eines Dritten Gesetzes zur Änderung des Asylbewerberleistungsgesetzes war vorgesehen, dass die Wörter „über die Dauer von insgesamt 48 Monaten Leistungen nach § 3 erhalten haben" durch die Wörter „seit 24 Monaten ununterbrochen im Bundesgebiet aufhalten" ersetzt werden sollen. Damit wird die Vorbezugszeit durch eine tatsächliche Wartezeit (vgl. zu Wartezeit/Vorbezugszeit auch BSG 26.6.2013 – B 7 AY 6/11 R, ZAR 2014, 92) ersetzt. Zum jetzigen Gesetz heißt es in der Begründung (BT-Drs. 18/2592): 15 Monaten sind für die Annahme eines vorläufigen Aufenthaltes angemessen. Für die Leistungsberechtigten nach dem AsylbLG besteht eine abweichende Bedarfssituation mindestens für die ersten 15 Monate ihres Aufenthalts in Deutschland. In dieser Zeit haben die Leistungsberechtigten noch keine Perspektive auf einen Daueraufenthalt, sondern müssen von einem nur vorläufigen Aufenthalt in Deutschland ausgehen. Denn die durchschnittliche Dauer eines behördlichen Asylverfahrens in Deutschland betrug in den Jahren 2011, 2012 und 2013 etwa ein halbes Jahr, bis zu einer rechts- bzw. bestandskräftigen Entscheidung inklusive Gerichtsverfahren verging gut ein Jahr (vgl. BT-Drs. 17/8577, S. 6; BT-Drs. 17/9465, S. 6; BT-Drs. 12/234, S. 8; BT-Drs. 17/3636, S. 9; BT-Drs. 18/705, S. 12, 13; BT-Drs. 18/1394, S. 13). Da die Mehrzahl der Anträge nicht erfolgreich ist, ist zusätzlich noch die Dauer der sich anschließenden aufenthaltsbeendenden Maßnahmen zu berücksichtigen, so dass ein Zeitraum von 15 Monaten für die Annahme eines vorläufigen Aufenthaltes angemessen erscheint. Ob diese Gründe noch weiterhin gültig sein können, ist angesichts der Vielzahl der Flüchtlinge und der schleppenden Bearbeitung der Asylanträge fraglich geworden. Der Gesetzgeber hat sich nicht veranlasst gesehen, die Wartefrist zu ändern. Die Neufassung nimmt Leistungsberechtigte, die nach 15 Monaten im Bundesgebiet Analogleistungen erhalten, bisher von der Regelung zu Arbeitsgelegenheiten in § 5 AsylbLG aus. Ihnen war bisher der Zugang zu den in dieser Vorschrift geregelten Arbeitsgelegenheiten versperrt (BR-Drs. 266/16). Durch die Änderung des § 2 Abs. 1 wird die Gruppe der Analogberechtigten zukünftig in den Anwendungsbereich des § 5 einbezogen. Die Anregung des BR (BR-Drs. 266/16 – Beschluss), Satz 1 nicht für Leistungsberechtigte gelten zu lassen, die eine nach dem BAföG dem Grunde nach förderfähige Ausbildung absolvieren und denen die Förderung nach dem BAföG allein auf Grund des noch nicht abgeschlossenen Asylverfahrens versagt wird, der auszubildende Leistungsberechtigte die Dauer des Verfahrens aber nicht selbst rechtsmissbräuchlich beeinflusst hat, hat der Bundestag nicht aufgegriffen. Der BR hat Finanzierungslücken darin gesehen, wenn der Studierende mit Fluchthintergrund auch nach 15 Monaten keinen Asylbescheid wegen andauernder Asylverfahren erhalten hat. Besonders betroffen sollen Personen sein, die mit ihrem späteren Asylbescheid einen Anspruch auf Ausbildungsförderung nach dem BAföG erhalten werden und faktisch gezwungen werden könnten, das Studium wegen des andauernden Asylverfahrens und mangels anderweitiger Finanzierungsmöglichkeiten zu unterbrechen.

Verfassungsrechtliche Bedenken auch gegenüber der nun verkürzten Wartezeit **4** sind anzumelden, soweit die nach § 1 Leistungsberechtigten tatsächlich schon aufgrund ihres Bleiberechts auf Dauer in Deutschland bleiben können. Das BVerfG hat in seinem Asylurteil vom 18.7.2012 (1 BvL 10/10, NVwZ 2012, 1031) ausgeführt: „Lassen sich tatsächlich spezifische Minderbedarfe bei einem nur kurzfristigen, nicht auf Dauer angelegten Aufenthalt feststellen, und will der Gesetzgeber die existenznotwendigen Leistungen für eine Personengruppe deshalb gesondert bestimmen, muss er sicherstellen, dass die gesetzliche Umschreibung dieser Gruppe hinreichend zuverlässig und tatsächlich nur diejenigen erfasst, die sich regelmäßig nur kurzfristig in Deutschland aufhalten. Dies lässt sich zu Beginn des Aufenthalts nur anhand einer Prognose beurteilen. Diese bemisst sich zwar nicht allein, aber auch am jeweiligen Aufenthaltsstatus. Dabei ist stets dessen Einbindung in die tatsächlichen Verhältnisse zu berücksichtigen." Grundsätzlich hat das BVerfG damit anerkannt, dass der Gesetzgeber bei einem unsicheren Aufenthaltsstatus und fehlendem sozialen Integrationsbedarf Leistungen einschränken darf. Verfassungsrechtlich fraglich bleibt, dass § 2 auf die inhomogene Gruppe der in § 1 Genannten anzuwenden ist, ohne dass der Gesetzgeber jeweils ein schlüssiges Konzept vorgelegt hat.

Gegen rechtsstaatliche Prinzipien, etwa das Verbot der Rückwirkung, hatte die **5** Anhebung auf 48 Monate nicht verstoßen, weil sie nicht nachträglich in abgeschlossene Sachverhalte eingegriffen hatte (BSG 17.6.2008 – B 8/9b AY 1/07 R, NVwZ-RR 2009, 243; Näheres s. Rn. 12 f.; *Oppermann,* jurisPK-SGB XII, § 2 AsylbLG Rn. 16). Die aufgeworfenen verfassungsrechtlichen Fragen zur Altfassung haben sich erledigt, weil die Wartezeit auf 15 Monate reduziert worden ist und mangels einer anderslautenden Übergangsregelung die kürzere Wartezeit jedem Leistungsberechtigten zugutekommt. Zeiträume vor dem Inkrafttreten der Regelung werden mitgerechnet, weil es dem Sinn und Zweck des Gesetzes entspricht, die Situation der Leistungsberechtigten mit der Dauer des Aufenthalts zu verbessern (*Deibel,* Deibel/Hohm, AsylbLG aktuell, § 2 Rn. 4).

Der Leistungsträger hat die Tatsachen für den **Leistungsmissbrauch zu ermit-** **6** **teln.** Die notwendige Information kann er sich von der Ausländerbehörde oder dem BAMF verschaffen. Hierzu gibt ihm § 90 Abs. 3 AufenthG die Möglichkeit (*Herbst*, Mergler/Zink, SGB XII, § 2 Rn. 24).

7    Der Verordnungsgeber hat auf die steigende Zahl der Asylsuchenden und Flüchtlinge mit psychotherapeutischen und psychiatrischen Maßnahmen zur ambulanten Versorgung reagiert und **§ 31 Abs. 1 Ärzte-ZV** ergänzt. Ärzte mit einer für die Behandlung erforderlichen abgeschlossenen Weiterbildung sowie psychosoziale Einrichtungen mit einer fachlich-medizinischen ständigen ärztlichen Leitung sind vom Zulassungsausschuss auf Antrag zur ambulanten psychotherapeutischen und psychiatrischen Versorgung von Empfängern laufender Leistungen nach § 2 AsylbLG, die Folter, Vergewaltigung oder sonstige Formen psychischer, physischer oder sexueller Gewalt erlitten haben, zu ermächtigen.

## II. Anspruchsberechtigung

### 1. Wartezeitraum

8    Die Vorbezugs- oder jetzige Wartefrist hat sich immer wieder geändert. Da in der Neufassung die Formulierung „über eine Dauer von 48 Monaten Leistungen nach § 3 erhalten haben" durch die Wörter „sich seit 15 Monaten ohne wesentliche Unterbrechung im Bundesgebiet aufhalten" ersetzt wurde, verknüpft die Vorschrift den Leistungsbezug nicht mehr mit Leistungen nach § 3. Das hat den Vorteil, dass Menschen, aus welchem Grund auch immer, die keinen Leistungsbezug nach § 3 nachweisen konnten, von der Anwendung der Vorschrift profitieren. Sonstige Sozialleistungen oder Arbeitseinkommen unterbrechen die Wartezeit nicht mehr (anders noch BSG 17.6.2008 – B 8/9b AY 1/07 R, NVwZ-RR 2009, 243; s. jetzt BSG 28.5.2015 – B 7 AY 4/12 R, BeckRS 2015, 72729; *Oppermann*, jurisPK-SGB XII, § 2 AsylbLG Rn. 46.1; s. auch OVG Brem 18.12.2013 – S 3 A 205/12).

9    Es bleibt gleichwohl festzuhalten, dass, solange keine empirischen Daten der Migrationsforschung vorliegen, auch das jetzige Konzept verfassungsrechtlich mehr als fraglich erscheint. Der Gesetzgeber hat auch bei der Neufassung die vom BVerfG geforderten realitätsgerechten Grundlagen nicht geliefert (vgl. auch *Oppermann*, jurisPK-SGB XII, § 2 AsylbLG Rn. 19 f.)

10    Nach dem gesetzlichen Neufassung muss sich der Ausländer **ohne wesentliche Unterbrechung** in der Bundesrepublik aufhalten. Damit ist in die Vorschrift ein unbestimmter Rechtsbegriff eingefügt worden, der in der Rechtsanwendung Mühe machen wird und letztlich durch die Rechtsprechung konkretisiert werden wird. Verlässt der Berechtigte die Bundesrepublik und hält sich im Ausland **besuchsweise** auf, unterbricht er den Aufenthalt in Deutschland nicht wesentlich. Wesentlich wird die Unterbrechung auf jeden Fall sein, wenn sie mehr als **6 Monate** andauert. Nach dem Sinn der Vorschrift muss eine wesentliche Unterbrechung auch dann angenommen werden, wenn sie **weniger als 6 Monate** beträgt, aber das Verlassen der Bundesrepublik durch den Willen geprägt war, zunächst nicht in den Geltungsbereich des AsylbLG zurückzukehren. Keine Unterbrechung ist die Verbüßung einer **Haftstrafe** in der Bundesrepublik (s. auch altem Recht noch LSG NRW 15.4.2013 – L 20 AY 68/12; s. auch BayLSG 19.4.2015 – L 8 AY 6/15 B ER) oder Zeiten des **Kirchenasyls** (zum alten Recht s. noch *Oppermann*, jurisPK-SGB XII, § 2 AsylbLG Rn. 43 ff.). Wer untertaucht, unterbricht die Frist nicht (*Oppermann*, jurisPK XII, § 2 AsylbLG Rn. 42).

11    Eine **Wiedereinreise** nach einer endgültigen Ausreise setzt allerdings die Frist neu in Gang und der Antrag auf Gewährung von Leistungen nach dem AsylbLG ist als neuer Leistungsfall zu behandeln (*Oppermann*, jurisPK-SGB XII, § 2 AsylbLG Rn. 39). Die bis dahin vorhandenen angerechneten Zeiten „verfallen", andernfalls wird man dem Zweck der Vorschrift, die dem Integrationsgedanken Rechnung

tragen soll, nicht gerecht (im Ergebnis ebenso *Hohm,* Schellhorn/Hohm/Scheider, SGB XII § 2 AsylbLG Rn. 15; *Decker,* Oestreicher, SGB II/XII § 2 Rn. 10).

**Wechsel in der örtlichen Zuständigkeit** haben keinen Einfluss auf das Zusam- **12** menzählen der 15-Monatsfrist (*Hohm,* GK-AsylbLG, § 2 Rn. 42).

Die bisherigen, teils kontrovers diskutierten Fragen, ob die Vorschrift eine Warte- **13** frist regelt oder nicht (BSG. 26.6.2013 – B 7 AY 6/11 R), haben sich durch die Neufassung erledigt.

Mit dem Zweck des AsylbLG ist es nicht zu vereinbaren, in einem **Asylfolgever-** **14** **fahren** die Zeiten des ersten Verfahrens einzubeziehen, auch wenn es sich unmittelbar an das Erstverfahren anschließt.

Der Verzicht auf Übergangsregelungen in den früheren Fassungen ist nicht als **15** Verstoß gegen verfassungsrechtliche Grundsätze anzusehen. Bei einem bestandskräftigen Bescheid, der vor dem 28.2.2015 erlassen worden ist, bleibt es bei der bisherigen Regelung; s. auch Rn. 3.

Gemäß § 9 Abs. 3 AsylbLG i. V. m. § 44 SGB X können auch im AsylbLG **16** bestandskräftige, aber rechtwidrige Leitungsbescheide überprüft werden. Eine solche Situation stellt sich vor allem dann, wenn zu Unrecht statt Analogleistungen die eingeschränkten Leistungen des § 3 AsylbLG gewährt worden sind (zu dieser Problematik *Wahrendorf,* ZfSH/SGB 2011, 260 f.; LSG NRW 23.5.2011 – L 20 AY 139/10, und 28.1.2011 – L 20 AY 85/10 B; BSG 30.10.2013 – B 7 AY 7/12). Weder der Gedanke, dass es keine (Sozialhilfe)Leistungen für die Vergangenheit geben kann (dazu schon BSG 17.8.2008 – B 8 AY 5/07 R), noch Sinn und Zweck des AsylbLG stehen einer nachträglichen Gewährung von Leistungen nach dem AsylbLG entgegen (a. A. LSG Bln-Bbg 16.9.2009 – L 23 AY 3/09 B). Es muss aber weiterhin die Bedürftigkeit des Leistungsberechtigten bestehen (BSG 26.6.2013 – B 7 AY 3/12 R).

## 2. Persönlicher Anwendungsbereich

Der Anwendungsbereich der Vorschrift gilt für alle in § 1 Nr. 1–7 AsylbLG **17** genannten Gruppen (*Hohm,* NVwZ 2005, 388). Damit gehören zu den Analogberechtigten auch die Gruppe der nach § 60a AufenthG geduldeten Ausländer (BSG 8.2.2007 – B 9 b AY 1/06 R mit Anm. *Luthe,* jurisPK-SozR 10/2007 Anm. 3), Asylfolgeantragsteller und Zweitantragsteller. Der nach § 60a AufenthG geduldete Ausländer ist weiterhin zur Ausreise verpflichtet (§ 60a Abs. 3 AufenthG), was auch dadurch zum Ausdruck kommt, dass er lediglich eine Bescheinigung über seine Duldung erhält (§ 60a Abs. 4 AufenthG).

Die **Einschränkung** der an sich durch den erfassten Personenkreis weit gezoge- **18** nen Norm erfolgt durch das Merkmal des **Rechtsmissbrauchs.** Vom Grundverständnis des § 60a AufenthG, wonach Ausländern eine Duldung erteilt wird, kann nicht von vornherein auf einen nicht schützenswerten Missbrauch geschlossen werden. Denn ansonsten wäre diese Form der Duldung per se mit einem Rechtsmissbrauch gleichzusetzen. Solange eine Duldung besteht, kann der Betreffende auch nicht auf die Möglichkeit einer freiwilligen Ausreise verwiesen werden (aus der ausländerrechtlichen Rspr. BVerwG 1 C 3/97 – 25.9.1997).

## 3. Rechtsmissbrauch

Mit dem Tatbestandsmerkmal des Rechtsmissbrauchs wird ein Bezug zu Art. 16 **19** der Richtlinie 2003/9 EG vom 27.1.2003 hergestellt (*Oppermann,* jurisPK-SGB XII, § 2 AsylbLG Rn. 49). In dieser Vorschrift ist eine Reihe von Tatbeständen dargestellt, die die nationalen Behörden berechtigen, Leistungen einzuschränken. Entscheidungen über die Einschränkung der gewährten Vorteile sollen jeweils für den Einzelfall objektiv und unparteiisch getroffen und begründet werden. Nach der

Entscheidung des BVerfG v. 18.7.2012 zu § 3 AsylbLG (NVwZ 2012, 1024) sollte die bisherige Auslegung des Rechtsmissbrauchs überdacht werden, weil das BVerfG darauf hingewiesen hat, dass migrationsrechtliche Erwägungen die durch Art. 1 GG geschützte Menschenwürde nicht relativieren dürfen (so z. B. *Oppermann,* jurisPK-SGB XII, § 2 AsylbLG Rn. 54). Sowohl das SGB II und das SGB XII kennen aber derartige Sanktionsregelungen, die auf dem Verhalten des Leistungsberechtigten beruhen. Migrationsrechtliche Zwecke spielen keine unmittelbare Rolle, weil die Vorschrift an das Verhalten des Ausländers anknüpft und die Rechtsordnung grundsätzlich ein gegen Treu und Glauben gerichtetes Verhalten sanktioniert, was das BSG 17.6.2008 (B 8/9b AY 1/07 R, NVwZ-RR 2009, 243) auch mit dem Begriff unredlich umschrieben hat.

20 **a) Vorwerfbares Verhalten.** Aus der Formulierung, dass die Dauer des Aufenthalts selbst beeinflusst wird, ist auf das Erfordernis der **persönlichen Verantwortung** zu schließen. Das BSG (8.2.2007 – B 9 b AY 1/06 R, BeckRS 2007, 42263, mit Anm. *Luthe,* jurisPR-SozR 10/2007 Anm. 3) hatte rechtsmissbräuchlich als eine Selbstbeeinflussung der Aufenthaltsdauer definiert, die von der Rechtsordnung missbilligt wird, und die sich als eine subjektiv vorwerfbare und zur Aufenthaltsverlängerung führende Nutzung der Rechtsposition, die ihm in Form der Duldung nur eine vorübergehenden Aussetzung der Abschiebung vermittelt (s. auch LSG NRW – 3.8.2007 – L 20 B 45/07 AY; LSG Nds-Brem 11.7.2007 – L 11 B 3/06 AY). Die Rechtsordnung verlange von Ausländern für die Einreise und den Aufenthalt in der Bundesrepublik einen Aufenthaltstitel. Wer darüber nicht oder nicht mehr verfüge, solle unverzüglich oder bis zum Ablauf einer bestimmten Frist zur Ausreise verpflichtet sein (§ 50 AufenthG). Er mache funktionswidrig von seiner Duldung Gebrauch. Vorwerfbar sei ein Verhalten regelmäßig, wenn der Ausländer nicht ausreise, obwohl ihm das zumutbar wäre.

21 Unzumutbar sei eine Ausreise nach Auffassung des BSG nicht erst bei zielstaatsbezogenen Gefahren für Freiheit, Leib und Leben. Auch weniger gewichtige Gründe, wie etwa ein jahrelanger Aufenthalt und das Ausmaß gesellschaftlicher Integration, seien zu berücksichtigen. Damit lenkte das BSG den Anwendungsbereich der Vorschrift auf Umstände, die eine leistungsgerechte Privilegierung zulassen, ohne das schon die Schwelle der Gefahr für Leib und Leben in den Zielstaaten erreicht sein musste. Damit hatte es sich den Vorwurf gefallen zu lassen, in eine „mit haltlosen Subjektivismen befrachtete Billigkeitsbetrachtung abzugleiten" (*Luthe,* jurisPR-SozR 10/2007 Anm. 3). Das Neue in der Rspr. des 9 b. Senats war, dass er die Vorschrift aus der aufenthaltsrechtlichen Konnexität gelöst hatte.

22 Diese Rspr. ist damit durch den dann zuständig gewordenen 8/9 b. Senat wieder aufgegeben worden (17.6.2008 – B 8/9b AY 1/07 R, NVwZ-RR 2009, 243). Danach setzt ein beachtenswerter Rechtsmissbrauch ein **unredliches und von der Rechtsordnung missbilligtes Verhalten** voraus (s. dazu auch *Deibel,* ZfSH/SGB 2011, 443). Der eigentlich Analogberechtigte soll von diesen Leistungen ausgeschlossen sein, wenn die von § 2 AsylbLG vorgesehene Vergünstigung auf gesetzwidrige oder sittenwidrige Weise erworben wird. Dabei soll nicht jedes zu missbilligende Verhalten angesichts des Sanktionscharakters der Vorschrift Analogleistungen ausschließen. Es müsse der **Verhältnismäßigkeitsgrundsatz** beachtet werden. Daher führt nur ein Verhalten, das unter jeweiliger Berücksichtigung des Einzelfalls, der besonderen Situation des Ausländers in der Bundesrepublik und der besonderen Eigenheiten des AsylbLG unentschuldbar ist (Sozialwidrigkeit), zum Ausschluss der Analogleistungen, wenn es generell geeignet ist, die Aufenthaltsdauer zu beeinflussen. Damit lehnt das BSG mit der Verwendung des Begriffs sozialwidrig das AsylbLG an das SGB XII an. Der Kostenersatz bei schuldhaftem Verhalten (§ 103 SGB XII) findet seine Rechtfertigung als „Sanktionsnorm" ebenfalls in einem sozialwidrigen Verhalten.

Aus dem Begriff des Missbrauchs folgt, dass der Ausländer mit **Vorsatz** handeln 23
muss, fahrlässiges Verhalten reicht nicht aus. Für im Strafrecht entwickelte Rechtfer-
tigungsgründe ist schon aus systematischen Gründen kein Platz (a.a. *Oppermann,*
jurisPK-SGB XII, § 2 AsylbLG Rn. 106).

Für die Gruppe des § 1 Abs. 1 Nr. 5, für die ein Ausreisetermin und eine Ausreise- 24
möglichkeit feststeht, ergeben sich als Sondervorschrift die Einschränkungen aus
§ 1a Abs. 2.

**b) Ursächlichkeit.** Mit den Worten „selbst" und „beeinflusst haben" wird ein 25
Ursachenzusammenhang zwischen dem Verhalten des Ausländers und seinem Aufenthalt hergestellt (vgl. auch *Hohm,* NVwZ 2005, 389). Deswegen können Analogleistungen nicht versagt werden, wenn die Ausländerbehörde aufenthaltsbeendende
Maßnahmen trotz der tatsächlich und rechtlich bestehenden Möglichkeiten nicht
ergriffen hat. Aus diesem Grund ist es jeweils ratsam, anhand der Ausländerakte
derartige Aktivitäten der Ausländerbehörde nachzuvollziehen. Unter der Geltung
des AuslG ist es vielfach zur „faktischen Duldung" gekommen, bei der die Ausländerbehörden aus den verschiedenen Motiven aufenthaltsbeendende Maßnahmen
einfach nicht ergriffen haben. Weitere Gründe, die einem Fehlverhalten des Ausländers entgegenstehen, sind die Weigerung der Heimatbehörde, den Betreffenden
einreisen zu lassen, oder ein Luftembargo.

Die Kausalität ist in einer **generell–abstrakten Betrachtungsweise** zu bewerten 26
(BSG 17.8.2008 – B 8/9b AY 1/07 R, NVwZ-RR 2009, 243). Diese Auffassung
entspricht der h. M. (so auch *Oppermann,* jurisPK-SGB XII, § 2 AsylbLG Rn. 84;
*Hohm,* Schellhorn/Hohm/Scheider, SGB XII, § 2 AsylbLG Rn. 18), weil der Gesetzeswortlaut eine derartige Sichtweise nahelegt (Beeinflussung). Deshalb ist nicht
zu prüfen, ob eine frühere Ausreise möglich gewesen wäre. Die generell-abstrakte
Betrachtungsweise beinhaltet eine Handlungstypik, die darauf abstellt, dass die
Handlungsweise generell geeignet war, die Aufenthaltsdauer zu verlängern. Ein
hypothetischer Kausalverlauf ist nicht in Erwägung zu ziehen. Umgekehrt ist die
Kausalität zu verneinen, wenn der Ausländer zu keinem Zeitpunkt in sein Heimatland zurückkehren konnte.

Da es auf eine Einzelfallbewertung ankommt, bei der der **Grundsatz der Ver-** 27
**hältnismäßigkeit** zu beachten ist, kann die Kausalität bei einem nur kurzen, unbedeutenden rechtsmissbräuchlichen Verhalten verneint werden (s. dazu auch Art. 16
Abs. 4 Richtlinie 2003/9 EG). Zu denken ist dabei an den Fall, dass der Ausländer
nach kurzer Zeit seine falschen Angaben korrigiert (ebenso *Herbst,* Mergler/Zink,
SGB XII, § 2 Rn. 23).

**c) Dauer des Aufenthalts.** Der Wortlaut des Gesetzes legt nahe, dass sich der 28
Rechtsmissbrauch auf den gesamten Zeitraum der Anwesenheit des Ausländers in
der Bundesrepublik bezieht, nicht nur auf den Wartezeitraum (s. BSG 17.8.2008 –
B 8/9b AY 1/07 R, NVwZ-RR 2009, 243; ThürLSG 11.7.2005 – L8 AY 379/
05 ER). Dass die Aufenthaltsdauer im Laufe des Aufenthalts rechtsmissbräuchlich
verlängert worden ist, schließt in jedem Fall eine Gleichstellung mit Ausländern,
die unverschuldet nicht ausreisen konnten, aus. Denn die Intention des Gesetzgebers
ist es, zwischen diesen beiden Gruppen von Ausländern zu unterscheiden (s. dazu
auch BayLSG 8.4.2005 – L 11 B 103/05 AY ER). Demzufolge beginnt die Berechnung der Wartefrist auch nicht, wenn der rechtsmissbräuchlich gesetzte Grund (der
Ausländer offenbart z. B. seine wahre Identität und es kann ein Pass beschafft werden)
weggefallen ist. Im Einzelfall kann der Grundsatz der Verhältnismäßigkeit oder
Grundrechte eine andere Entscheidung erforderlich machen (vgl. *Hohm,* Schell-
horn/Hohm/Scheider, SGB XII, § 2 AsylbLG Rn. 20).

Als exemplarische Anwendungsfälle der Vorschrift, die dadurch gekennzeichnet 29
sind, dass sie in den Verantwortungsbereich des Betreffenden fallen, werden angesehen (vgl. zum Ganzen *Hohm,* NVwZ 2005, 390; *Deibel,* ZfSH/SGB 2011, 443): eine

leistungsmissbräuchliche Einreiseabsicht, die Einreise aus einem sicheren Drittstaat, jegliche Verhinderung aufenthaltsbeendender Maßnahmen (Ausnahme Schwangerschaft, VG Berlin 22.3.2004 – 8 A 453.03), eine rechtskräftige Ablehnung des Asylantrages als offensichtlich unbegründet, ein längeres Untertauchen, mehrere Asylfolgeverfahren mit einem sich steigernden, widersprüchlichen Vorbringen (BayLSG 28.6.2005 – L 11 B 212/05 AY ER), nach bisheriger Rspr. das Nichtvorhandensein von Pässen oder Identitätspapieren, die der Schlepper bei der Einreise abgenommen hat (LSG NRW 2.2.2007 – L 20 B 65/06 AY ER; OVG Brem 16.5.2013 – S 3 A 197/12; *Deibel*, ZfSH/SGB 2011, 445; vgl. auch *Hohm*, Schellhorn/Hohm/Scheider, SGB XII, § 2 AsylbLG Rn. 22f). Auch dieser Sachverhalt dürfte nun prinzipiell über die Leistungseinschränkung des § 1a Abs. 5 zu regeln sein.

30     Weitere Anhaltspunkte ließen sich bisher dem Katalog des § 15 Abs. 2 AsylG entnehmen. Im Einzelnen verlangt diese Vorschrift: Der Asylbewerber ist insbesondere verpflichtet, den mit der Ausführung dieses Gesetzes betrauten Behörden die erforderlichen Angaben mündlich und nach Aufforderung auch schriftlich zu machen (Nr. 1); das Bundesamt unverzüglich zu unterrichten, wenn ihm ein Aufenthaltstitel erteilt worden ist (Nr. 2); den gesetzlichen und behördlichen Anordnungen, sich bei bestimmten Behörden oder Einrichtungen zu melden oder dort persönlich zu erscheinen, Folge zu leisten (Nr. 3); seinen Pass oder Passersatz den mit der Ausführung dieses Gesetzes betrauten Behörden vorzulegen, auszuhändigen und zu überlassen (Nr. 4); alle erforderlichen Urkunden und sonstigen Unterlagen, die in seinem Besitz sind, den mit der Ausführung dieses Gesetzes betrauten Behörden vorzulegen, auszuhändigen und zu überlassen (Nr. 5); im Falle des Nichtbesitzes eines gültigen Passes oder Passersatzes an der Beschaffung eines Identitätspapiers mitzuwirken (Nr. 6) (LSG Hmb 21.6.2012 – L 4 AY 5/11); die vorgeschriebenen erkennungsdienstlichen Maßnahmen zu dulden (Nr. 7). Die unterlassenen Mitwirkungspflichten des § 15 Abs. 2 Nr. 4 und 5 haben mit der Neuregelung des § 1a Abs. 5 eine eigene Regelung mit einer eigenen Rechtsfolge gefunden. Verzögert sich die Dauer des Aufenthalts durch die Verletzung der in § 1a Abs. 5 aufgeführten Mitwirkungsobliegenheiten erheblich, hat sich der betroffene Personenkreis des § 1 Abs. 1 nicht gesetzeskonform verhalten. Dann bleibt doch noch als Rechtsfolge, ihm Analogleistungen zu versagen. Von einer doppelten Sanktionierung kann man nicht sprechen, weil der Leistungskatalog des § 3 weiter als der des § 1a Abs. 4 iVm Abs 2 S. 2 bis 4 ist.

31     Erforderliche Urkunden und sonstige Unterlagen nach § 15 Abs. 2 Nr. 5 AsylG sind insbesondere alle Urkunden und Unterlagen, die neben dem Pass oder Passersatz für die Feststellung der Identität und Staatsangehörigkeit von Bedeutung sein können, von anderen Staaten erteilte Visa, Aufenthaltstitel und sonstige Grenzübertrittspapiere, Flugscheine und sonstige Fahrausweise, Unterlagen über den Reiseweg vom Herkunftsland in das Bundesgebiet, die benutzten Beförderungsmittel und über den Aufenthalt in anderen Staaten nach der Ausreise aus dem Herkunftsland und vor der Einreise in das Bundesgebiet sowie alle sonstigen Urkunden und Unterlagen, auf die der Ausländer sich beruft oder die für die zu treffenden asyl- und ausländerrechtlichen Entscheidungen und Maßnahmen einschließlich der Feststellung und Geltendmachung einer Rückführungsmöglichkeit in einen anderen Staat von Bedeutung sind.

32     Aus der asylverfahrensrechtlichen Verpflichtung des § 16 AsylG hat die leistungsrechtliche Rechtsprechung den Schluss gezogen, dass Sanktionsfolgen bei Angaben über die falsche Identität verhängt werden können (so z. B. LSG Bln-Bbg 16.9.2009 – L 23 AY 8/09 B PKH; OVG Brem 16.5.2013 – S 3 A 197/13; *Oppermann*, jurisPK-SGB XII, § 2 AsylbLG Rn. 69). Die Angabe einer falschen Identität wird bei der Beantragung von Asyl von der Rechtsordnung missbilligt (BSG 17.6.2008 – B 8/9b AY 1/07 R, NVwZ-RR 2009, 243; LSG Bln-Bbg 16.9.2009 – L 23 AY 8/09 B). Der Gesetzgeber hat den Asylbewerber im Rahmen seiner Mitwirkungspflichten verpflichtet, seine Identität, d. h. die wahre Identität, anzugeben. Zu den falschen Angaben der Volkszugehörigkeit LSG Nds-Brem 15.6.2009 – L 11 AY

27/09 B ER; s. auch *Oppermann,* jurisPK-SGB XII, § 2 AsylbLG Rn. 69. Mit der Beantragung von Asyl ist dem Ausländer bis zur Entscheidung über den Antrag der Aufenthalt in Deutschland gestattet (§ 55 AsylG), sodass aufenthaltsbeendende Maßnahmen bis zur Rechtskraft einer ablehnenden Entscheidung nicht veranlasst werden können. Daraus folgt, dass mit falschen Angaben zur Identität bei der Beantragung von Asyl bereits die Dauer des Aufenthaltes in Deutschland über die Dauer des Asylverfahrens beeinflusst wird, denn nach § 3 AsylG ist ein unbegründeter Asylantrag als offensichtlich unbegründet abzulehnen, wenn der Ausländer im Asylverfahren über seine Identität oder Staatsangehörigkeit täuscht. Vergleichbar ist auch die Täuschung über die Volkszugehörigkeit zu den Ethnien im Kosovo (hier: Albaner/Roma LSG Nds-Brem 15.6.2009 – L 11 AY 27/09 B ER). Diese Fragen werden in Zukunft für das Leistungsrecht keine besondere Rolle mehr spielen, weil das Kosovo wie Albanien, Bosnien und Herzegowina, Ghana, Mazedonien, Montenegro, Senegal und Serbien nach Anlage II zu § 29a AsylVfG seit dem Asylverfahrensbeschleunigungsgesetz v. 20.10.2015 (BGBl. I S. 1722) zu sicheren Drittstaaten erklärt worden ist.

Der Leistungsberechtigte bleibt grundsätzlich dauerhaft von den Analogleistungen **33** ausgeschlossen (ebenso LSG Nds-Brem 20.12.2005 – L 7 AY 40/05). Diese anzunehmende Rechtsfolge hängt mit dem grundsätzlichen Verständnis der Vorschrift von einer typisierend, generell abstrakten Betrachtungsweise zusammen (s. BSG 17.6.2008 – B 8/9b AY 1/07, NVwZ-RR 2009, 243). Dagegen gab es aufgrund der Entscheidung des BVerfG vom 18.7.2012 berechtigte Zweifel (vgl. auch *Oppermann,* jurisPK-SGB XII, § 2 AsylbLG Rn. 88). Es liegt in der Konsequenz des § 1, dass faktisch in Deutschland auf Dauer geduldete Ausländer lebenslang von höheren Leistungen ausgeschlossen sein können. Dass § 14 Abs. 1 für § 2 nicht einschlägig ist (s. die Kommentierung zu § 14), hilft nicht weiter. Es ist möglich, dass in einigen Fällen die Entscheidung korrigiert werden kann, wenn nachträglich die Identität offenbart wird und das missbräuchliche Verhalten keine Bedeutung mehr haben kann (vgl. dazu auch *Oppermann,* jurisPK-SGB XII, § 2 AsylbLG Rn. 86). Ansonsten bleibt es weiterhin der Einzelfallentscheidung überlassen, ob der Ausländer weiterhin von Analogleistungen ausgeschlossen werden soll. Bei dieser Entscheidung kann allenfalls auf den Grundsatz der Verhältnismäßigkeit zurückgegriffen werden.

Bei den nach § 60a AufenthG geduldeten Ausländern darf der Leistungsträger **34** wegen der Konkordanz von Aufenthaltsrecht und AsylbLG nicht von den Bewertungen der Ausländerbehörde abweichen. § 60a AufenthG garantiert kein faktisches, dauerhaftes Bleiberecht, sodass der Betreffende ohne Ausnahme nach § 2 AsylbLG nicht zu privilegieren ist. Zu staatenlosen Kurden aus Syrien s. *Oppermann,* jurisPK-SGB XII, § 2 AsylbLG Rn. 90.

Dass nur nachhaltige, jahrelange Pflichtverletzungen als missbräuchliches Verhal- **35** ten angesehen werden sollen, engt grundsätzlich den Anwendungsbereich der Vorschrift zu sehr ein und ist mit dem Verhältnismäßigkeitsgrundsatz nicht zu begründen. Für die Fälle des § 1a Abs. 5 s. allerdings Rn. 77 f.

§ 27 Abs. 1a AufenthG hat auch Bedeutung für die Annahme eines rechtsmiss- **36** bräuchlichen Verhaltens. Ein Familiennachzug wird nicht zugelassen, wenn 1.) feststeht, dass die Ehe oder das Verwandtschaftsverhältnis ausschließlich zu dem Zweck geschlossen oder begründet wurde, dem Nachziehenden die Einreise in das und den Aufenthalt im Bundesgebiet zu ermöglichen, oder 2.) tatsächliche Anhaltspunkte die Annahme begründen, dass einer der Ehegatten zur Eingehung der Ehe genötigt wurde.

Kein Rechtsmissbrauch liegt vor: bei einer überlangen, durch die Verwaltungsbe- **37** hörde oder einem Gericht verantworteten Dauer des Asylverfahrens, bei nicht nur zur bloßen Aufenthaltsverlängerung eingelegten Rechtsbehelfen einschließlich von Petitionen, das Unterlassen einer freiwilligen Ausreise (s. VG Bremen 16.9.2005 – 2 K 1128/04).

**38**     Zur Sachverhaltsermittlung sind die Antragsteller ggfs. mit Hilfe eines Dolmetschers zu befragen. Weitere Erkenntnisse ergeben sich aus der Ausländer- oder
Asylakte, die beizuziehen ist. Um den Einreisegrund nachvollziehen zu können,
kann es hilfreich sein, auf in den Asylverfahren verwendete Auskünfte des Auswärtigen Amtes oder privater Organisationen wie z. B. ai zurückzugreifen.
**39**     Die **Beweislast** liegt bei der Behörde. Für die subjektive Komponente ist das
regelmäßig mit Schwierigkeiten verbunden. Aus typischem Fehlverhalten kann
jedoch auf das Vorliegen der dem Missbrauch innewohnenden subjektiven Komponente geschlossen werden (*Oppermann,* jurisPK-SGB XII, § 2 AsylbLG Rn. 109).
Dem Ausländer obliegt die Darlegungslast, die nur in sein Wissen gestellten
Umstände der Einreise zu offenbaren.

# III. Rechtsfolgen

**40**     Ist die Wartezeit von 15 Monaten erfüllt, ist das SGB XII auf die Leistungsberechtigten entsprechend anzuwenden. Für einen Anspruch nach § 2 reicht es aus, dass
über eine Dauer von 15 Monaten Sozialleistungen bezogen worden sind, nicht
entscheidend ist, dass Leistungen nach § 3 AsylbLG gewährt worden sind (so schon
für das alte Recht: HessLSG 21.3.2007 – L 7 Ay 14/06 ER). Zuständig bleibt der
nach §§ 10 und 10a bestimmte Leistungsträger, die die Vorschriften über die örtliche
und sachliche Zuständigkeit des SGB XII verdrängen.
**41**     Überwiegend wird die in § 2 Abs. 1 AsylbLG ausgesprochene Rechtsfolge als
**Rechtsfolgenverweisung** und nicht als Rechtsgrundverweisung angesehen (*Deibel,*
NWVBl. 1993, 441; *Hauck,* NVwZ 1994, 769; *Goldmann,* ZfF 2000, 122; *Deibel,*
AsylbLG, § 2 Rn. 169; *Hailbronner,* AuslR, B 12 Rn. 92). Der leistungsberechtigte
Personenkreis wird deshalb nicht zum Empfänger von Sozialhilfeleistungen. Zutreffend weist *Hohm* (GK-AsylbLG, § 2 Rn. 102 f.) darauf hin, dass mit dieser dogmatischen Zuordnung für die Lösung praktischer Probleme nichts gewonnen ist und es
darauf ankommt, die entsprechende Anwendung des SGB XII zu klären. Ungeachtet
dessen ist aus dogmatischen Gründen zu beachten, dass auch die dem § 2 Abs. 1
AsylbLG unterfallende Leistungsgruppe von Ausländern immer noch kein verfestigtes Bleiberecht hat, sodass bei der entsprechenden, nicht unmittelbaren Anwendung
des SGB XII auf diesen Umstand Rücksicht zu nehmen ist. Es darf nicht zu einer
undifferenzierten Übertragung und damit Gleichsetzung von sozialhilfeberechtigten
Ausländern und die nach dem AsylbLG Berechtigten kommen. Sie ist erkennbar
nicht gewollt. Andernfalls hätte der Gesetzgeber die nach § 2 AsylbLG Berechtigten
den Sozialhilfeempfängern gleichstellen können. Nur durch die Beachtung der
gesetzlichen Differenzierungen beider Leistungsbereiche ist gesichert, dass die zu
gewährenden Leistungen nach § 2 Abs. 1 AsylbLG sich dem Sozialhilferecht leistungsmäßig annähern, vor allem in den Fällen, in denen sich wie bei De-facto-
Flüchtlingen der tatsächliche Aufenthalt von seiner Dauer her nur noch schwerlich
als vorläufig bezeichnen lässt, aber nicht deckungsgleich mit den sozialhilferechtlichen Leistungen werden können. Gesetzessystematisch hat der Gesetzgeber sich hier
der Rechtsfigur der dynamischen Verweisung bedient.

# IV. Einzelfragen

## 1. Nachranggrundsatz

**42**     Als prägender Grundsatz des Sozialhilferechts (§ 2 SGB XII) bestimmt der Nach-
ranggrundsatz auch die Leistungsgewährung nach dem AsylbLG. Dritthilfe schließt
Leistungen nach diesem Gesetz aus (*Oppermann,* jurisPK-SGB XII, § 1 AsylbLG
Rn. 121). Dass der Grundsatz der Subsidiarität dem AsylbLG nicht fremd ist, zeigt

§ 7 AsylbLG. Denn in dieser Vorschrift wird darauf hingewiesen, dass Einkommen und Vermögen, über das der Leistungsberechtigte und seine Familienangehörigen verfügen, vor Eintritt der Leistungen einzusetzen ist.

## 2. Einsetzen der Sozialhilfe

Die Prüfung erfolgt von Amts wegen. Beschränkt ein Ausländer seinen Antrag auf **43** Hilfegewährung auf Analogleistungen, kommen aber solche nach § 3 AsylbLG in Betracht, hat der Leistungsträger nach dem Günstigkeitsprinzip auch etwaige Leistungen nach dem AsylbLG in seine Prüfung einzubeziehen. Der neu eingefügte § 6b, der zur Bestimmung des Einsetzens der Leistungen der §§ 3, 4 und 6 auf § 18 SGB XII verweist, könnte seinem Wortlaut dahin missverstanden werden, dass für Analogleistungen § 18 SGB XII nicht gilt. Den Materialien der Neufassung des § 6b ist zu entnehmen, dass durch den Verweis auf § 18 SGB XII in § 6b AsylbLG ein Gleichlauf des Leistungsbeginns für Bezieher von Grundleistungen nach den §§ 3 ff. und für Bezieher von Leistungen entsprechend dem SGB XII (sogenannte **Analogleistungen**) nach § 2 sichergestellt werden soll, weil Gründe, die eine Ungleichbehandlung von Grundleistungsbeziehern hinsichtlich des Einsetzens ihrer Leistungen rechtfertigen, nicht ersichtlich sind (BT-Drs. 18/2592; *Coseriu*, jurisPK-SGB XII, § 18 Rn. 4.2; *Oppermann*, jurisPK-SGB XII, § 2 AsylbLG Rn. 125). Zur förderungsfähigen Ausbildung SchlHLSG 24.11.2017 – L 9 AY 156/17 B ER, BeckRS 2017, 137941.

## 3. Familiengerechte Hilfe

§ 16 SGB XII ist ohne Weiteres im AsylbLG anzuwenden, weil § 2 Abs. 3 **44** AsylbLG den familienrechtlichen Bezug hervorhebt (ebenso *Hohm,* AsylbLG, § 2 Rn. 122; *Hest*, Mergler/Zink, § 2 Rn. 42). Die Vorschrift enthält einen Programmsatz, der sich auf das AsylbLG ausstrahlt. Die Vorschrift bezweckt, zum Zusammenhalt der Familie beizutragen und die Familie zur Selbsthilfe anzuregen (s. § 16 SGB XII). Familie ist in einem weiten Sinn zu verstehen. Dazu zählen die Mitglieder einer Kleinfamilie ebenso wie weitere Familienangehörige (Großeltern, Verwandte, Verschwägerte, Verlobte, Lebenspartner). Zu weiteren Einzelheiten s. § 16 SGB XII.

## 4. Notwendiger Lebensunterhalt

Der notwendige Lebensunterhalt des Ausländers, auf den § 2 AsylbLG zutrifft, **45** bestimmt sich nach sozialhilferechtlichen Regelsätzen, abzüglich des Bedarfs an Kosten für die Unterkunft und die Heizung, wenn der Leistungsberechtigte noch in einer Gemeinschaftsunterkunft untergebracht ist. Die laufende Hilfe ist grundsätzlich in Geld zu gewähren (so auch BayVGH 11.4.1994 – 12 CE 94.707). Aus der gesetzlichen Forderung einer entsprechenden Anwendung des SGB XII kann nicht der Schluss gezogen werden, dass der Hilfeträger im Ermessenswege darüber entscheidet, ob er den notwendigen Lebensunterhalt in Form von Sach- oder Geldleistungen sicherstellen wolle. Auch § 2 lässt sich kein erkennbarer Wille ablesen, den Leistungsberechtigten Sachleistungen zu gewähren. (s. auch *Deibel*, AsylbLG § 2 Rn. 223 f.). Grundsätzlich sind laufende Leistungen gemäß § 28 Abs. 1 S. 1 SGB XII nach Regelsätzen, also in Form von Geldleistungen, zu gewähren. Lediglich für die Unterbringung in Anstalten, Heimen oder gleichartigen Einrichtungen ergibt sich eine Ausnahme. Dieser Gedanke ist jedoch auf das AsylbLG nicht generell zu übertragen, weil sich Ausländer nicht in derartigen Einrichtungen aufhalten (BayVGH 11.4.1994 – 12 CE 94.707). Das BSG 23.5.2013 (B 4 AS 79/12 R) hat entschieden, dass die erstmalige Ausstattung eines Kleinkinds mit einem Jugendbett – anstelle eines Kinderbetts – eine dem Grunde nach angemessene Erstausstattung für Wohnung ist. Begründet wird dies mit der sachlichen Zielsetzung der Vorschrift des § 23

SGB II, die ihre Parallele in § 31 SGB XII hat. Diese Entscheidung geht weit über den Wortlaut (Erstausstattung) hinaus und muss deshalb auf Bedenken stoßen.

**46**     Grundsätzlich kann auch der Analogberechtigte gehalten sein, in einer Gemein-schaftsunterkunft zu bleiben (s. auch LSG NRW 16.10.2007 – L 20 B 68/07 AY ER; LSG Nds-Brem 11.10.2006 – L 7 AY 10/06 ER). Ansprüche auf Bewilligung von Mietkosten für eine privat angemietete Wohnung bestehen nur dann, wenn eine solche aus gesundheitlichen Gründen erforderlich ist oder der Leistungsberech-tigte aus Kostengründen in der Nähe seines Arbeitsplatzes eine Wohnung anmietet (vgl. dazu LSG NRW 6.11.2006 – L 20 B 51/06 AY ER, str.; s. auch HessVGH 21.3.1995 – 9 TG 333/95). Die Belange des Einzelnen gehen vor, § 53 Abs. 1 S. 2 AsylG (vgl. auch *Hohm,* AsylbLG, § 2 Rn. 129). Die Kosten der Unterkunft müssen angemessen sein. Angemessenheit muss sich im AsylbLG nicht nach den Maßstäben des sozialen Wohnungsbaus richten. Denn Leistungsberechtigte nach dem AsylbLG haben kein gesichertes Aufenthaltsrecht, sodass sie sich mit einer behelfsmäßigen Unterbringung zur Vermeidung von Obdachlosigkeit zufriedengeben müssen. In der Regel jedoch sind die Grundsätze des Sozialhilferechts, nach denen die Ange-messenheit einer Wohnung beurteilt wird, entsprechend heranzuziehen (*Hohm,* AsylbLG, § 2 Rn. 129: Maßstab soll das WoGG sein).

## 5. Hilfe zur Arbeit

**47**     Es besteht nach § 11 SGB XII eine grundsätzliche Verpflichtung, sich um Arbeit zu bemühen. In der Neuregelung ist § 5 nicht von der Anwendung ausgeschlossen, so dass jetzt die Sonderregelungen der §§ 5, 5a und 5b für Analogberechtigte gelten.

## 6. Hilfe nach § 8 Nr. 3–5 SGB XII

**48**     Bei dieser Leistungsgruppe ist zu differenzieren. Soweit es sich bei der Hilfe um Leistungen handelt, die Ausländern grundsätzlich verschlossen sind (arg. § 23 Abs. 1 S. 3 SGB XII), kommt keine Übertragbarkeit in Betracht. Anders bei der Hilfe für werdende Mütter und Wöchnerinnen und die Hilfe zur Pflege.

## 7. Einkommen und Vermögen

**49**     Dass die §§ 82 bis 90 SGB XII übertragbar sind, ergibt sich aus der Wortfassung des § 2 Abs. 1 AsylbLG. Da von § 7 AsylbLG abgewichen werden soll, muss zwin-gend auf §§ 82 ff. SGB XII zurückgegriffen werden (*Hohm,* GK-AsylbLG, § 2 Rn. 143). § 7 enthält eine spezielle Regelung für Leistungsberechtigte, die nicht die Wartezeit erfüllen.

## 8. Anwendung des § 23 Abs. 1 SGB XII

**50**     Ob diese Vorschrift, die nach Ist- (Abs. 1 S. 1) und Kann- (Abs. 1 S. 2) Leistungen unterscheidet, auch auf den Personenkreis des § 2 Abs. 1 AsylbLG angewendet wer-den kann, ist von praktischer Bedeutung. Denn nach § 23 Abs. 1 S. 3 SGB XII könnte der Leistungsträger über die in S. 1 der Vorschrift genannten Leistungsberei-che hinausgehend gehalten sein, Leistungen zu gewähren, im Übrigen eine auf den Einzelfall abgestimmte Ermessensentscheidung zu treffen. Weder der Wortlaut des § 23, der in seinem Abs. 2 lediglich auf § 1 AsylbLG Bezug nimmt, noch der Rege-lungszusammenhang von AsylbLG und SGB XII schließen eine Übertragbarkeit der Vorschrift aus (*Deibel,* AsylbLG, § 2 Rn. 193 f.; *Oppermann,* jurisPK-SGB XII, § 2 AsylbLG Rn. 128). Damit gelten die Vorschriften der Hilfe bei Krankheit sowie die Hilfe zur Pflege auch für Analogberechtigte.

**51**     Bei Übertragbarkeit des Ausschlustatbestandes des § 23 Abs. 3 SGB XII, soweit dieser überhaupt auf bestimmte Gruppen von Ausländern anwendbar ist, sind nach

Inkrafttreten des 2. ÄndG zum AsylbLG verschiedene Gesichtspunkte zu berücksichtigen.

Für den in § 1a AsylbLG genannten Personenkreis sind Leistungen von vornherein **52** auf das Unabweisbare beschränkt. Allein die längere Verweildauer, durch die die Voraussetzungen des § 2 Abs. 1 AsylbLG erfüllt werden, kann nicht dazu führen, dass der nun dem § 2 Abs. 1 AsylbLG zuzurechnende Personenkreis durch seinen Aufenthalt privilegiert wird. Gegen eine Bevorzugung dieser Personen spricht auch, dass mit der früheren zu § 1a AsylbLG getroffenen Feststellung, die Einreise sei erfolgt, um Leistungen zu erlangen, eine Grundentscheidung gefallen ist, die sich allein aus zeitlichen Gründen nicht erledigen kann (im Ergebnis ebenso *Fichtner/ Fasselt*, BSHG, § 120 Rn. 10).

Für die sonstige Gruppe der Ausländer, auf die § 2 AsylbLG anzuwenden ist, gilt **53** § 23 Abs. 3 SGB XII (vgl. auch *Oppermann*, jurisPK-SGB XII, § 2 AsylbLG Rn. 128). Nach dem Wortlaut des § 2 AsylbLG gibt es keine Anhaltspunkte dafür, dass § 23 Abs. 3 SGB XII nicht gelten soll. Dafür spricht auch der mit der Einfügung des § 1a AsylbLG verfolgte Zweck. Anlass für diese Regelung war, gesetzgeberisch einem augenfälligen Missstand zu begegnen. Er wurde darin gesehen, dass die Vorschrift des § 120 Abs. 3 BSHG (jetzt § 23 Abs. 3 SGB XII) nicht unmittelbar für AsylbLG galt (BT-Drs. 13/10, S. 155). Einer ausdrücklichen Aufnahme des § 120 Abs. 3 bzw. § 23 Abs. 3 SGB XII in die Vorschrift des § 2 AsylbLG bedurfte es nicht, weil auf den von der Regelung erfassten Personenkreis schon immer das SGB XII zu übertragen war und die bisherigen Regelungen nur den außerhalb des § 2 AsylbLG stehenden Personenkreis privilegierte (vgl. auch *Hohm*, GK-AsylbLG, § 2 Rn. 155 f.). Zur Auslegung der Einreise zum Zweck der Inanspruchnahme von Leistungen, s. § 23 SGB XII. Bei Ausschluss der Leistungsberechtigung hat die zuständige Behörde zu prüfen, ob und in welchem Umfang dem Betreffenden gleichwohl Hilfe zu gewähren ist. Bei der Ermessensentscheidung spielt der Individualisierungsgrundsatz eine besondere Rolle.

## 9. Grundsicherung im Alter

Der Verweis auf die Vorschriften des SGB XII beinhaltet auch die Leistungsge- **54** währung nach §§ 41 ff. SGB XII (BSG 26.6.2013 – B 7 AY 6/11 R).

Die Vorschriften über den Einsatz von Einkommen und Vermögen sind auf Ana- **55** logberechtigte anzuwenden. § 7 findet auf Leistungsprivilegierte keine Anwendung (*Oppermann*, jurisPK-SGB XII, § 2 AsylbLG Rn. 144).

## 10. Bildung

Die Leistungen der Bildung und Teilhabe gelten auch für Kinder, Jugendliche **56** und junge Erwachsene, die zu den Analogberechtigten gehören. Durch die Neufassung des § 3 Abs. 3 ist sichergestellt, dass alle Kinder und Jugendliche sowie junge Erwachsene an den Leistungen der §§ 34, 34a und 34b SGB XII teilhaben.

## V. Gemeinschaftsunterkunft (Abs. 2)

Die zuständige Behörde ist berechtigt, nach pflichtgemäßem Ermessen die Form **57** der Leistungen in Gemeinschaftsunterkünften festzulegen. Die Vorschrift beendet die bisherige Kontroverse über die Form der Hilfegewährung von Ausländern, auf die § 2 Abs. 1 AsylbLG zutrifft, in Gemeinschaftsunterkünften unterzubringen. Die Regelung des § 2 Abs. 2 AsylbLG beschränkt sich auf die Ermächtigung der Behörde, im Einzelfall unter Berücksichtigung der örtlichen Verhältnisse für die in einer Gemeinschaftsunterkunft Wohnenden einheitlich zu regeln. Generelle Bindungen durch Erlasse der Landesregierung können sich, sofern dem Leistungsträger nach überwiegender Ansicht (vgl. z. B. *Decker,* Oestreicher, § 2 Rn. 26) ein Ermessen eingeräumt wird, als Ermessensfehlgebrauch darstellen (OVG Bautzen 11.9.2002 – 4 BS 228/02, FEVS 54, 207, 211). Mit der Vorschrift wird allerdings der Vorrang von Geldleistungen für Analogberechtigte vor Sachleistungen angenommen (*Hohm,* Schellhorn/Hohm/Scheider, SGB XII, § 2 AsylbLG Rn. 32). Durch den Verweis auf das SGB XII ist dessen § 10 Abs. 3 zu beachten. Nach Satz 1 haben zwar grundsätzlich Geldleistungen vor Sachleistungen den Vorrang, allerdings mit der Einschränkung, soweit dieses Buch (was als AsylbLG gelesen werden muss) nicht etwas Anderes bestimmt. Die andere Bestimmung liegt bei der Vorschrift des § 2 Abs. 2 AsylbLG darin, dass der Leistungsträger die örtlichen Umstände berücksichtigen darf. Damit kann der Leistungsträger unter erleichterten Voraussetzungen über die Form der Leistung entscheiden (vgl. auch *Decker,* Oestreicher, SGB II/XII, § 2 Rn. 24). Grund für die Einführung einer derartigen Regelung war die Überlegung, dass unter den in einer Gemeinschaftsunterkunft Lebenden keine Spannungen auftreten, weil ein Teil Geldleistungen und ein anderer Teil Sachleistungen erhält (vgl. dazu *Decker,* Oestreicher, SGB II/XII, § 2 Rn. 24).

58　　Nach bisherigem Verständnis wird die Regelung als Ermessensvorschrift verstanden, weil man dem Leistungsträger eine gewisse Entscheidungsfreiheit an die Hand geben will (vgl. auch *Deibel,* AsylbLG, § 2 Rn. 243). Dem kann so nicht zugestimmt werden. Einen sprachlichen Hinweis auf eine Ermessensentscheidung enthält § 2 Abs. 2 AsylbLG nicht. Die örtlichen Umstände sind ein unbestimmter Rechtsbegriff, keine Ermessensentscheidung. Auch bei einem unbestimmten Rechtsbegriff bleibt der Behörde ein flexibler Entscheidungsspielraum, auf Grund der Kenntnisse vor Ort statt Geldleistungen Sachleistungen zu gewähren. Nimmt der Betreffende die Sachleistungen an, kann er im Wege der Feststellungsklage als geeigneter Klageform die Entscheidung des Leistungsträgers überprüfen lassen.

# VI. Minderjährige (Abs. 3)

59　　Zweck des Absatzes 3 ist es, die Ansprüche innerhalb einer Familie einheitlich zu behandeln (*Hohm,* Schellhorn/Hohm/Scheider, § 2 AsylbLG Rn. 40 f.). Die Änderung ist am 1.3.2015 wirksam geworden. Im Verhältnis Kinder/Eltern bedeutet die Vorschrift eine Leistungsakzessorietät für die minderjährigen Kinder, wenn mindestens ein Elternteil die Wartezeit erfüllt und Kinder und Eltern in einer Haushaltsgemeinschaft leben. Dann brauchen die Kinder die Wartezeit nicht zu erfüllen und erhalten die privilegierten Leistungen des § 2.

60　　Die minderjährigen Kinder müssen mit ihren Eltern und zumindest einem Elternteil in einer **Haushaltsgemeinschaft** leben. Zusammenleben bedeutet eine einräumliche Nähe. Es wird darauf ankommen, dass die Personen Räume zusammen nutzen und hauswirtschaftliche Dinge zusammen erledigen. Zu den Eltern werden auch Adoptiveltern gerechnet (so z. B. *Hohm,* Schellhorn/Hohm/Scheider, § 2 AsylbLG Rn. 43), wogegen nach dem Wortlaut der Vorschrift nichts einzuwenden ist. Mit dem Begriff der Haushaltsgemeinschaft wird an eine Formulierung angeknüpft, die sich in § 16 BSHG gefunden hat und die auch in § 39 SGB XII verwendet wird. Allerdings ist in den erwähnten Vorschriften die Vermutung verbunden, dass bei einer bestehenden Haushaltsgemeinschaft gemeinsam gewirtschaftet wird und Einkommen und Vermögen, soweit dies erwartet werden kann, zur Bedarfsdeckung eingesetzt werden. Kennzeichnend für eine Haushaltsgemeinschaft i. S. d. Vorschrift ist das gemeinsame Wohnen und Wirtschaften, was hier nichts Anderes bedeutet, als dass die Eltern (oder ein Elternteil) im Rahmen familienrechtlicher Pflichten für das minderjährige Kind sorgen.

61　　Reisen Minderjährige (**unbegleitete Kinder und Jugendliche**) allein in die Bundesrepublik ein, kommt es allein darauf an, ob sie die Wartezeit erfüllen. Das hängt damit zusammen, dass das AsylbLG als Individualanspruch konzipiert ist (s. auch *Oppermann*, jurisPK-SGB XII, § 2 AsylbLG Rn. 16). Art. 21 der Richtlinie 2013/337EU steht dem nicht entgegen, obwohl dieser Personenkreis zu den schutzbedürftigen Personen gehört. Ein besonderes Schutzbedürfnis erfordert nicht, dass die 15-monatige Wartefrist nicht einzuhalten ist (*Deibel*, Deibel/Hohm, AsylbLG aktuell, § 2 Rn. 39).

Erfüllen die Eltern des Minderjährigen die Wartezeit nicht, aber der Minderjäh-  62
rige, besteht dessen Anspruch auf Analogleistungen, die Eltern hingegen sind nicht privilegiert (*Hohm*, Schellhorn/Hohm/Scheider, SGB XII, § 2 AsylbLG Rn. 44). Auch die Gesetzesbegründung (BT-Drs. 13/2746, S. 15) spricht letztlich für die hier vertretene Auffassung. Dort ist zwar angeführt, dass es die gesetzgeberische Absicht sei, dass innerhalb derselben Familie nicht unterschiedliche Leistungen gewährt werden sollen. Aus dem Kontext der Begründung wird jedoch deutlich, dass die jetzige Fassung darauf ausgerichtet ist zu verhindern, dass Eltern über ihre minderjährigen Kinder Analogleistungen ableiten können.

**Systematisch** ist die Vorschrift keine von Abs. 1 losgelöste Anspruchsnorm. Viel-  63
mehr müssen die Voraussetzungen des Abs. 3 neben denen des Abs. 1 erfüllt sein (LSG NRW 10.3.2008 – L 20 AY 9/07; *Fasselt,* Fichtner/Wenzel, § 2 AsylbLG Rn. 14; OVG Nds 31.5.1999 – 4 L 1884/99). Strittig ist, ob in dem Fall, in dem allein der Minderjährige die Wartezeit erfüllt, dieser selbst rechtsmissbräuchlich handeln kann (*Deibel*, Deibel/Hohm, AsylbLG aktuell, § 2 Rn. 30). Sofern auf die Einsichtsfähigkeit des Minderjährigen abgestellt wird (so *Oppermann*, jurisPK-SGB XII, § 2 AsylbLG Rn. 174; BSG, 17.6.2008 – B 8/9b 1/07 R, NVwZ-RR 2009, 243), müssen die privilegierten Leistungen bei einem missbräuchlichen Verhalten des Minderjährigen ausgeschlossen werden (a.A. *Deibel*, Deibel/Hohm, AsylbLG aktuell, § 2 Rn. 30).

**Minderjährigkeit** bedeutet, dass die Personen nicht volljährig sein dürfen, also  64
das 18. Lebensjahr nicht vollendet haben dürfen.

Ein Verstoß gegen Art. 3 Abs. 1 GG liegt nicht vor, weil die Vorschrift nicht  65
hinsichtlich des Alters differenziert und von jedem Kind unterschiedslos den Ablauf der Wartefrist verlangt.

## VII. Prozessuale Aspekte

Uneinheitlich ist der Umgang der Gerichte mit dem Anordnungsgrund im einst-  66
weiligen Rechtsschutzverfahren (§ 86b Abs. 2 SGG), wenn der Antragsteller weiterhin Leitungen nach § 3 AsylbLG beziehen kann (vgl. zu diesem Problem BayLSG 28.6.2005 – L 11 B 212/05 AY ER). Der Anordnungsgrund wird verneint, weil mit der nach § 3 gewährten Leistung das zum Leben Unerlässliche vorläufig gesichert ist. Die hauptsächlich in der Rechtsprechung vertretene Gegenmeinung (LSG Nds-Brem 22.2.2011 – L 8 AY 62/10 B ER; LSG NRW 31.3.2010 – L 20 B 3/09 AY ER; *Oppermann*, jurisPK-SGB XII, § 2 AsylbLG Rn. 192) stellt zutreffend darauf ab, dass bei einem glaubhaft gemachten Anordnungsanspruch auch der Anordnungsgrund zu bejahen ist.

Sind bisher Leistungen nach § 3 AsylbLG gewährt worden, haben die Sozialge-  67
richte den Umfang der nach dieser Vorschrift gewährten Leistungen zu ermitteln und sie von den nach § 2 AsylbLG zustehenden Leistungen abzuziehen. Unschädlich soll nach der Rechtsprechung des BSG (BSG 17.6.2008 – B 8/9b AY 1/07 R, NVwZ-RR 2009, 243) sein, dass nach § 3 AsylbLG Einmalleistungen erbracht worden sind, die nach dem SGB XII durch Pauschalen z. B. in Form der Regelleistung abgegolten sind. Bei den noch zu bewilligenden Leistungen werden die Sozialgerichte jeweils zu prüfen haben, ob auf Grund des Aktualitätsgrundsatzes Bedarfe noch bestehen, die mit Hilfe des § 2 AsylbLG zu decken sind. Der vom BSG in

seiner Entscheidung vom 17.6.2008 gebrauchten Formulierung ist zustimmen, dass bei einem Rechtsstreit, in dem Analogleistungen zuzusprechen sind, „höheren Leistungen nur gerechtfertigt (sind), wenn die einem Ausländer nach §§ 3 ff. AsylbLG gewährten Leistungen in der Summe niedriger sind als die Leistungen, die ihm in entsprechender Anwendung des SGB XII zugestanden hätten. Bei dem erforderlichen Vergleich ist ohne Bedeutung, ob nach den §§ 3 ff. AsylbLG Einmalleistungen gewährt wurden, die bei entsprechender Anwendung des SGB XII als Pauschalleistungen abgegolten würden". Bei einer Elementenklage, bei der es um die Regelleistungen nach § 2 AsylbLG geht, können die bisher nach § 3 AsylbLG gewährten Leistungen in ihrer Höhe Abzugsposten werden, im Rahmen einer solchen Klage können einmalige Leistungen nicht miteinbezogen sein. Anders sieht es aus, wenn ein Überprüfungsantrag nach §§ 9, 44 SGB X gestellt worden ist.

68    Die Erhebung von Benutzungsgebühren gemäß § 22 DVAsyl ist keine Angelegenheit des AsylbLG i. S. v. § 51 Abs. 1 Nr. 6a SGG, sodass hierfür der Verwaltungsrechtsweg eröffnet ist (BayVGH 27.12.2005 – 12 C 05.3139, FEVS 58, 30).

69    Die Festlegung des **Streitgegenstandes** wirft einige praktische Fragen auf. Leistungen gemäß § 2 AsylbLG können in einem Verwaltungsakt mit Dauerwirkung bewilligt werden (vgl. dazu auch *Oppermann*, jurisPK SGB XII, § 2 AsylbLG Rn. 187). Ansonsten bleibt es bei einem kürzeren Zeitraum, der durch Auslegung des Bewilligungsbescheides zu ermitteln ist. Der Widerspruch gegen einen derartigen Bescheid, mit dem die Bewilligung von Leistungen gemäß § 2 AsylbLG aufgehoben wird, entfaltet gemäß § 86a Abs. 1 S. 1 SGG aufschiebende Wirkung (so zutreffend SächsLSG 3.9.2009 – L 3 AY 1/09 B ER). Wenn zwischen den Beteiligten zweifelhaft ist, ob die aufschiebende Wirkung eines Widerspruches oder einer Anfechtungsklage eingetreten ist (faktischer Vollzug), kann in entsprechender Anwendung des § 86b Abs. 1 SGG durch deklaratorischen Beschluss die aufschiebende Wirkung festgestellt werden.

70    Für die Statthaftigkeit der Beschwerde ist bei der Bestimmung der Beschwer in Höhe von 750 Euro wichtig, dass § 172 Abs. 1 Nr. 3 SGG den Bezug zu einer (ggfs. fiktiven) Hauptsache herstellt. Liegt ein Fall vor, in dem Leistungen zukunftsoffen abgelehnt worden sind, mit dem Ergebnis, dass Gegenstand des gerichtlichen Hauptsacheverfahrens Leistungen seit Antragstellung bis zum Monat der Entscheidung durch das Gericht sein könnten (vgl. LSG NRW 1.4.2009 – L 9 B 13/09 SO ER), wird der Beschwerdewert in der Regel erreicht.

71    Die Neureglungen des § 2 gelten für alle noch nicht bestandskräftig abgeschlossene Verfahren.

## § 3 Grundleistungen

(1) [1]**Bei einer Unterbringung in Aufnahmeeinrichtungen im Sinne von § 44 Absatz 1 des Asylgesetzes erhalten Leistungsberechtigte nach § 1 Leistungen zur Deckung des Bedarfs an Ernährung, Unterkunft, Heizung, Kleidung, Gesundheitspflege und Gebrauchs- und Verbrauchsgütern des Haushalts (notwendiger Bedarf).** [2]**Der notwendige Bedarf wird durch Sachleistungen gedeckt.** [3]**Kann Kleidung nicht geleistet werden, so kann sie in Form von Wertgutscheinen oder anderen vergleichbaren unbaren Abrechnungen gewährt werden.** [4]**Gebrauchsgüter des Haushalts können leihweise zur Verfügung gestellt werden.** [5]**Zusätzlich werden ihnen Leistungen zur Deckung persönlicher Bedürfnisse des täglichen Lebens gewährt (notwendiger persönlicher Bedarf).** [6]**Soweit mit vertretbarem Verwaltungsaufwand möglich, sollen diese durch Sachleistungen gedeckt werden.** [7]**Soweit Sachleistungen nicht mit vertretbarem Verwaltungsaufwand möglich sind, können auch Leistungen in Form von Wertgutscheinen, von anderen vergleichbaren unbaren Abrechnungen oder von Geldleistungen gewährt**

werden. [8]Werden alle notwendigen persönlichen Bedarfe durch Geldleistungen gedeckt, so beträgt der Geldbetrag zur Deckung aller notwendigen persönlichen Bedarfe monatlich für

1. alleinstehende Leistungsberechtigte 135 Euro,
2. zwei erwachsene Leistungsberechtigte, die als Partner einen gemeinsamen Haushalt führen, je 122 Euro,
3. weitere erwachsene Leistungsberechtigte ohne eigenen Haushalt 108 Euro,
4. sonstige jugendliche Leistungsberechtigte vom Beginn des 15. und bis zur Vollendung des 18. Lebensjahres 76 Euro,
5. leistungsberechtigte Kinder vom Beginn des siebten bis zur Vollendung des 14. Lebensjahres 83 Euro,
6. leistungsberechtigte Kinder bis zur Vollendung des sechsten Lebensjahres 79 Euro.

[9]Der individuelle Geldbetrag zur Deckung des notwendigen persönlichen Bedarfs für in Abschiebungs- oder Untersuchungshaft genommene Leistungsberechtigte wird durch die zuständige Behörde festgelegt, wenn der Bedarf ganz oder teilweise anderweitig gedeckt ist.

(2) [1]Bei einer Unterbringung außerhalb von Aufnahmeeinrichtungen im Sinne des § 44 Absatz 1 des Asylgesetzes sind vorbehaltlich des Satzes 4 vorrangig Geldleistungen zur Deckung des notwendigen Bedarfs nach Absatz 1 Satz 1 zu gewähren. [2]Der notwendige Bedarf beträgt monatlich für

1. alleinstehende Leistungsberechtigte 216 Euro,
2. zwei erwachsene Leistungsberechtigte, die als Partner einen gemeinsamen Haushalt führen, je 194 Euro,
3. weitere erwachsene Leistungsberechtigte ohne eigenen Haushalt 174 Euro,
4. sonstige jugendliche Leistungsberechtigte vom Beginn des 15. und bis zur Vollendung des 18. Lebensjahres 198 Euro,
5. leistungsberechtigte Kinder vom Beginn des siebten bis zur Vollendung des 14. Lebensjahres 157 Euro,
6. leistungsberechtigte Kinder bis zur Vollendung des sechsten Lebensjahres 133 Euro.

[3]Anstelle der Geldleistungen können, soweit es nach den Umständen erforderlich ist, zur Deckung des notwendigen Bedarfs Leistungen in Form von unbaren Abrechnungen, von Wertgutscheinen oder von Sachleistungen gewährt werden. [4]Der Bedarf für Unterkunft, Heizung und Hausrat wird gesondert als Geld- oder Sachleistung erbracht. [5]Absatz 1 Satz 4, 5, 8 und 9 ist mit der Maßgabe entsprechend anzuwenden, dass der notwendige persönliche Bedarf als Geldleistung zu erbringen ist. [6]In Gemeinschaftsunterkünften im Sinne von § 53 des Asylgesetzes kann der notwendige persönliche Bedarf soweit wie möglich auch durch Sachleistungen gedeckt werden.

(3) Bedarfe für Bildung und Teilhabe am sozialen und kulturellen Leben in der Gemeinschaft werden bei Kindern, Jugendlichen und jungen Erwachsenen neben den Leistungen nach Absatz 1 oder Absatz 2 entsprechend den §§ 34, 34a und 34b des Zwölften Buches Sozialgesetzbuch gesondert berücksichtigt.

(4) [1]Der Geldbetrag für alle notwendigen persönlichen Bedarfe nach Absatz 1 Satz 8 sowie der notwendige Bedarf nach Absatz 2 Satz 2 werden jeweils zum 1. Januar eines Jahres entsprechend der Veränderungsrate nach § 28a des Zwölften Buches Sozialgesetzbuch in Verbindung mit der Verord-

nung nach § 40 Satz 1 Nummer 1 des Zwölften Buches Sozialgesetzbuch fortgeschrieben. ²Die sich dabei ergebenden Beträge sind jeweils bis unter 0,50 Euro abzurunden sowie von 0,50 Euro an aufzurunden. ³Das Bundesministerium für Arbeit und Soziales gibt jeweils spätestens bis zum 1. November eines Kalenderjahres die Höhe der Bedarfe, die für das folgende Kalenderjahr maßgebend sind, im Bundesgesetzblatt bekannt.

(5) Liegen die Ergebnisse einer bundesweiten neuen Einkommens- und Verbrauchsstichprobe vor, werden die Höhe des Geldbetrags für alle notwendigen persönlichen Bedarfe und die Höhe des notwendigen Bedarfs neu festgesetzt.

(6) ¹Leistungen in Geld oder Geldeswert sollen dem Leistungsberechtigten oder einem volljährigen berechtigten Mitglied des Haushalts persönlich ausgehändigt werden. ²Stehen die Leistungen nicht für einen vollen Monat zu, wird die Leistung anteilig erbracht; dabei wird der Monat mit 30 Tagen berechnet. ³Geldleistungen dürfen längstens einen Monat im Voraus erbracht werden. ⁴Von Satz 3 kann nicht durch Landesrecht abgewichen werden.

*Änderungen der Vorschrift: Abs. 1 Satz 5 neu gef. mWv 1.9.1998 durch G v. 25.8.1998 (BGBl. I S. 2505), Abs. 3 Satz 1 geänd. mWv 7.11.2001 durch VO v. 29.10.2001 (BGBl. I S. 2785), mWv 28.11.2003 durch VO v. 25.11.2003 (BGBl. I S. 2304) und mWv 8.11.2006 durch VO v. 31.10.2006 (BGBl. I S. 2407); aufgehoben durch BVerfG, Urt. v. 18.7.2012; Abs. 1 Satz 1 geänd., Satz 4 neu gef., Satz 5 eingef., bish. Satz 5 wird Satz 6 und neu gef., Abs. 2 Satz 1 geänd., Satz 2 und 3 neu gef., Satz 4 angef., Abs. 3 neu gef., Abs. 4 und 5 eingef., bish. Abs. 4 wird Abs. 6 mWv 1.3.2015 durch G v. 10.12.2014 (BGBl. I S. 2187), Abs. 1 Satz 1 geänd., Abs. 2 Satz 1 neu gef., Satz 2 geänd., Satz 3 neu gef., Satz 4 eingef., bish. Satz 4 wird Satz 5 mWv 1.3.2015 durch G v. 23.12.2014 (BGBl. I S. 2439), Abs. 1 und 2 neu gef., Abs. 3 Satz 1 und Abs. 5 geänd., Abs. 6 Sätze 2, 3 und 4 angef. mWv 24.10.2015 durch G v. 20.10.2015 (BGBl. I S. 1722), Abs. 1 Satz 8 neu gef. mWv 17.3.2016 durch G v. 11.3.2016 (BGBl. I S. 390).*

*Gesetzesmaterialien:* BT-Drs. 18/2592 (Auszug)

*Entwurf eines Gesetzes zur Änderung des Asylbewerberleistungsgesetzes und des Sozialgerichtsgesetzes*

*A. Problem und Ziel*

*Der Entwurf setzt die Vorgaben des Bundesverfassungsgerichts (BVerfG) im Urteil vom 18. Juli 2012 (1 BvL 10/10, 1 BvL 2/11) um. In dieser Entscheidung hat das BVerfG die Höhe der Geldleistungen im Asylbewerberleistungsgesetz (AsylbLG) für unvereinbar mit dem Grundrecht auf Gewährleistung eines menschenwürdigen Existenzminimums erklärt. Zugleich hat es dem Gesetzgeber aufgegeben, die Leistungssätze zukünftig transparent, realitätsgerecht und bedarfsgerecht zu bemessen und sie regelmäßig zu aktualisieren.*

*In einer Übergangsregelung hat das BVerfG den Ländern außerdem aufgegeben, bis zum Erlass der neuen Regelungen höhere Leistungen zu gewähren. Diese Übergangsregelung wurde von den Ländern umgesetzt, so dass den Beziehern von Grundleistungen nach dem AsylbLG bereits heute Leistungssätze knapp unterhalb des Niveaus des Zweiten bzw. Zwölften Buches Sozialgesetzbuch (SGB II und SGB XII) gewährt werden.*

*Der BVerfG-Entscheidung lassen sich zudem u. a. folgende weitere Vorgaben für die Neuregelung des AsylbLG entnehmen: Die Wartefrist, die regelt, ab wann Leistungsberechtigte nach dem AsylbLG an Stelle von Grundleistungen nach dem AsylbLG Leistungen entsprechend dem SGB XII beziehen können, ist angemessen abzusenken. Der Übergang zu den Leistungen entsprechend dem SGB XII ist zukünftig an den tatsächlichen Aufenthalt*

*im Bundesgebiet und nicht mehr an die Vorbezugszeit von Grundleistungen anzuknüpfen.
Existenznotwendige Leistungen können auch im AsylbLG nur dann gesondert bestimmt
werden, wenn der Bedarf der betreffenden Personengruppe an existenzsichernden Leistungen
von dem anderer Bedürftiger belegbar und signifikant abweicht (BVerfG, a. a. O., Absatz-
Nummer 99) und sichergestellt werden kann, dass von einer solchen Regelung hinreichend
zuverlässig tatsächlich nur diejenigen erfasst werden, die sich nach einer ex-ante Prognose
unter Berücksichtigung von Aufenthaltsstatus und tatsächlichen Verhältnissen regelmäßig kurzfristig im Bundesgebiet aufhalten (BVerfG, a. a. O., Absatz-Nummer 101).*

*(...)*
*Neben diesen Vorgaben des BVerfG berücksichtigt der Gesetzentwurf praktische Erfahrun-
gen seit Einführung des AsylbLG und nimmt zudem aktuelle BSG-Entscheidungen zum
Anlass für Neuregelungen.*

*(...)*
*Die neuen Leistungssätze im AsylbLG wurden – wie im Zweiten und Zwölften Buch
Sozialgesetzbuch – auf Grundlage des Statistikmodells der Einkommens- und Verbrauchsstichprobe (EVS) neu ermittelt und gegenüber den alten Leistungssätzen nach dem AsylbLG
deutlich angehoben. Eine geringfügige Abweichung zu den bislang von den Ländern im
Rahmen einer Übergangsregelung gewährten Leistungen ergibt sich lediglich insoweit, als darin
einzelne Bedarfe berücksichtigt wurden, die bei den Leistungsberechtigten nach dem AsylbLG
entweder nicht anfallen oder anderweitig gedeckt werden. Die Leistungssätze werden entsprechend den Vorgaben des BVerfG zukünftig – ebenfalls wie im SGB II und SGB XII –
regelmäßig nach einem Mischindex fortgeschrieben.*

*(...)*
*Die Dauer des Bezugs von Grundleistungen nach den §§ 3, 4 und 6 wird von derzeit
48 Monaten auf 15 Monate verkürzt. Leistungsberechtigte nach dem AsylbLG können
zukünftig bereits nach einer Wartefrist von 15 Monaten Leistungen entsprechend dem
SGB XII beziehen. Zugleich wird die Wartefrist zukünftig an die Dauer des tatsächlichen
Aufenthalts gekoppelt und nicht mehr – wie bisher – an die Vorbezugszeit.*

*Die Inhaber eines humanitären Aufenthaltstitels nach § 25 Absatz 5 des Aufenthaltsgeset-
zes (AufenthG) werden als Personengruppe aus dem personalen Anwendungsbereich des
AsylbLG herausgenommen, sofern die Entscheidung über die Aussetzung ihrer Abschiebung
18 Monate zurückliegt. Die Inhaber eines Titels nach § 25 Absatz 4a und 4b AufenthG
werden ebenfalls als Personengruppe herausgenommen. Soweit diese Personen hilfebedürftig
sind, erhalten sie zukünftig Leistungen nach dem SGB II oder dem SGB XII.*

*BT-Drs. 18/2592 Änderung durch das Gesetz zur Änderung des AsylbLG und des
SGG*
*Zu Nummer 3*
*Zu Buchstabe a*
*Die Neuregelung in Absatz 1 sieht für die Zeit des Aufenthalts in einer Erstaufnahmeein-
richtung vor, dass der notwendige persönliche Bedarf zukünftig durch Sachleistungen gedeckt
werden soll. Denn in Erstaufnahmeeinrichtungen können die für den notwendigen persönlichen
Bedarf gebotenen Mittel zeitnah und unbürokratisch durch Sachleistungen sichergestellt werden.
An ihrer Stelle können, wenn nach den Umständen erforderlich, aber auch Leistungen in
Form von Wertgutscheinen, von anderen vergleichbaren unbaren Abrechnungen oder von
Geldleistungen gewährt werden. Im Übrigen ist im Gesetzestext die Höhe der Regelsätze
zur Deckung des persönlichen Bedarfs an die derzeit geltende Höhe angepasst worden.*

*Die Neufassung des gesamten Absatzes 2 beruht auf der erforderlichen Anpassung des
Gesetzestextes in Satz 1 an die derzeit geltende Höhe der Regelsätze. Neu angefügt sind
nur die beiden letzten Sätze in Absatz 2: Nach der Erstaufnahmezeit wird der notwendige
persönliche Bedarf grundsätzlich über Geldleistungen gedeckt. Damit wird dem Selbstbestim-*

*mungsrecht der Leistungsberechtigten und ihrer dezentralen Unterbringung Rechnung getragen.
Eine Ausnahme ist für die Leistungsberechtigten vorgesehen, die im Anschluss an ihren
Aufenthalt in einer Erstaufnahmeeinrichtung in Gemeinschaftsunterkünften im Sinne von
§ 53 des Asylgesetzes untergebracht sind. Hier steht es im Ermessen der Leistungsbehörde,
ob sie den Leistungsberechtigten den notwendigen persönlichen Bedarf in Sachleistungen
gewährt, soweit es nach den Umständen möglich ist
(…)*

*Zu Buchstabe d*
*Mit dem in Absatz 6 angefügten Satz 2 wird die Erbringung der Leistungen in Geld und
Geldeswert näher bestimmt. Insbesondere wird in Satz 3 klarstellend geregelt, dass Leistungen
nicht länger als einen Monat im Voraus erbracht werden dürfen.*

*Die Neuregelung soll vor dem Hintergrund, dass in der Praxis vereinzelt Geldleistungen
für mehrere Monate ausgezahlt worden sind, Überzahlungen verhindern und zukünftig eine
einheitliche Verwaltungspraxis gewährleisten. Die Vorauszahlung für längstens einen Monat
ist nach Satz 4 zwingend; von ihr kann auch nicht durch Landesrecht abgewichen werden.
Zugleich wird damit den Leistungsbehörden der Spielraum belassen, im Einzelfall eine Vorauszahlung für einen kürzeren Zeitraum (zum Beispiel wöchentlich oder für eine bestimmte
Anzahl von Tagen) vorzunehmen.*

### Übersicht

## I. Bedeutung der Norm

**1**    Die Vorschrift regelt Inhalt, Umfang und Form der Grundleistungen, die der
Personengruppe des § 1 AsylbLG zu gewähren ist. Zu Recht kann sie deshalb als
**materielle Grundnorm** bezeichnet werden (*Hohm*, GK-AsylbLG, § 3 Rn. 1). Die
in der Vorschrift aufgeführten Leistungen sollten den Grundbedarf desjenigen
decken, von dem der Gesetzgeber ausgegangen ist, dass er sich nur vorübergehend
im Gebiet der Bundesrepublik aufhält, was zumindest für die sich seit Jahren Geduldeten eine Fehlannahme ist. Es wurden Leistungen pauschaliert, wobei zwar die
Höhe der Leistungen von den Regelleistungen des SGB XII abgeleitet wird, aber
die Leistungen auf ein niedriges Niveau gesenkt worden sind. Weder im AsylbLG
noch im SGB XII wird letztlich auf den Individualisierungsgrundsatz Rücksicht
genommen (*Hohm*, GK-AsylbLG, § 3 Rn. 2). Sinn und Zweck der Vorschrift sollten

die migrationsrechtlichen Erwägungen sein, **keinen materiellen Anreiz** zu schaffen, aus wirtschaftlichen Gründen nach Deutschland zu kommen (s. dazu auch *Hohm,* ZfSH/SGB 2010, 273). Barmittel sollen nach Möglichkeit nicht in die Hände der Leistungsberechtigten gelangen, auch um das Schlepperunwesen auszutrocknen (vgl. dazu BT-Drs. 12/5008, S. 14). In diesen in der Gesetzesbegründung formulierten Zielen wurde der vom Gesetzgeber beabsichtigte Lenkungscharakter deutlich. An dieser, die Leistungen erheblich einschränkenden Zielsetzung entzündete sich neben einer sozialpolitischen auch die verfassungsrechtliche Diskussion. In den Fokus rückt, ob die abgesenkten Leistungen verfassungsgemäß sind (vgl. dazu schon → Einl. Rn. 16).

Ausgelöst durch das **Grundsatzurteil** des BVerfG 9.2.2010 (1 BvL 1/09 ua, **2** NZS 2010, 270) ist die politische und rechtliche Diskussion um die Leistungen des AsylbLG und speziell um die abgesenkten Leistungen des § 3 neu angefacht worden (zur Aufhebung des AsylbLG BT-Drs. 17/1428; 17/4424; s. dazu *Deutscher Verein,* NDV 2011, 145). Mit dem Hinweis auf Art. 1 GG wird die politische Diskussion auf ein Sehnsuchts- oder Wunschrecht gelenkt. Die bisherige Rechtsprechung hatte mit Rücksicht auf die voraussichtlich beschränkte Dauer des Aufenthalts die in § 3 AsylbLG zugestandene Mindestsicherung nicht beanstandet (vgl. etwa BSG 17.6.2008 – B 8/9b AY 1/07 R, NVwZ-RR 2009, 243), wobei die Höhe der Mindestsicherung nicht zwingend mit der Höhe der Regelleistung des BSHG bzw. SGB XII gleichgesetzt wurde.

In den beiden Vorlagebeschlüssen hat das LSG NRW (Vorlagebeschl. v. 26.7.2010 – **3** L 20 AY 13/09; Vorlagebeschl. v. 22.11.2010 – L 20 AY 1/09) die Vereinbarkeit des § 3 AsylbLG als mit Art. 1 i. V. m. Art. 20 GG infrage gestellt (anders SächsLSG 14.1.2011 – L 7 AY 8/09). Das BVerfG hat diesen Bedenken in seiner Entscheidung vom 18.7.2012 – 1 BvL 10/10 ua, NJW 2012, 1031 Rechnung getragen.

Die Gewährleistung eines menschenwürdigen Existenzminimums ist als allgemeines **4** Menschenrecht zu verstehen, das auch den Personen des § 1 AsylbLG zukommt. Bei der Festlegung des physischen Existenzminimums, das auch ein Mindestmaß an der Teilhabe des gesellschaftlichen, kulturellen und politischen Lebens einschließt, wird dem Gesetzgeber ein Gestaltungsspielraum eingeräumt. Dabei kommt den vom BVerfG aufgestellten verfahrensrechtlichen Anforderungen eine besondere Bedeutung zu. Gemessen daran fehlte es den in § 3 AsylbLG a. F. festgelegten Beträgen an der nötigen Transparenz des Bedarfsbemessungssystems. Sie werden damit nicht nachvollziehbar und verstoßen damit gegen Art. 1 i. V. m. Art. 20 GG. Ausweislich der Begründung des damaligen Gesetzentwurfs vom 2.3.1993 (BT-Drs. 12/4451) ist der in § 3 festzusetzende Leistungsbetrag nicht im Einzelnen festgeschrieben, sondern durch den Begriff des notwendigen Bedarfs abstrakt bestimmt (s. auch *Wahrendorf,* Sozialrecht aktuell, 2010, 92; *Hohm,* ZfSH/SGB 2010, 274 f.). Diese defizitäre im Sinn einer nachvollziehbaren Festsetzung der Leistungen des § 3 wurde auch deutlich an den abgesenkten Leistungen für Kinder (§ 3 Abs. 1 S. 2 AsylbLG a. F.) und die nicht weiter durch valides Zahlenmaterial belegte festgesetzten Regelleistungen für Kinder bis zur Vollendung des 7. Lebensjahres (§ 3 Abs. 2 S. 2 Nr. 2 AsylbLG a. F.). Schon gar nicht waren die altersspezifischen Bedarfe von Kindern fundiert und empirisch belegt. Damit blieb die Regelung die verfahrensgerechte Bestimmung des Existenzminimums für in Deutschland geborene Kinder, aber auch für alle in Deutschland lange Zeit lebenden Asylbewerberleistungsberechtigten schuldig. Es kann zur Festlegung der Leistungshöhe nicht darauf verwiesen werden, dass der niedrigere Lebensstandard im Herkunftsland ein sachliches Differenzierungskriterium ist, weil es auf die Lebensverhältnisse in Deutschland ankommt (*Janda/Wilksch,* SGb 2010, 570). Auch das Argument, den Migrationsanreiz zu mindern und einen Leistungsmissbrauch zu verhindern, entbindet nicht von den prozeduralen Anforderungen, die Festsetzungen transparent abzuleiten; vgl. auch *DV,* NDV 2011, 145.

**5**     Eine verfassungskonforme Auslegung können diese im System angelegten Defizite mit Hilfe der Vorschrift des § 6 AsylbLG nicht überwinden. Diese Vorschrift ergänzt die auf den typischen Regelfall abstellenden Vorschriften über die Grundleistungen und die Leistungen bei Krankheit, Schwangerschaft und Geburt in Form einer Auffangregelung (*Hohm,* ZfSH/SGB 2010, 277). Sie stellt keine allgemeine Auffangvorschrift dar, um unzureichend festgesetzte Leistungen zu ergänzen.

**6**     Das BVerfG hat den in der Literatur gegen eine Verfassungsgemäßheit des § 3 AsylbLG a. F. vorgetragenen Bedenken Rechnung getragen. Es hat in seinem Urteil vom 18.7.2012 entschieden, dass § 3 Abs. 2 S. 2 Nr. 1 und § 3 Abs. 2 S. 3 i. V. m. Abs. 1 S. 4 Nr. 2 AsylbLG sowie § 3 Abs. 2 S. 2 Nr. 2 und Nr. 3 und § 3 Abs. 2 S. 3 i. V. m. Abs. 1 S. 4 Nr. 1 AsylbLG mit dem Grundrecht auf Gewährleistung eines menschenwürdigen Existenzminimums aus Art. 1 Abs. 1 GG i. V. m. dem Sozialstaatsprinzip des Art. 20 Abs. 1 GG unvereinbar sind. Für Leistungszeiträume bis zum 31. Dezember 2010 sind die Vorschriften weiterhin anwendbar. Der Gesetzgeber war verpflichtet worden, unverzüglich für den Anwendungsbereich des Asylbewerberleistungsgesetzes eine Neuregelung zur Sicherung des menschenwürdigen Existenzminimums zu treffen.

**7**     Mit dem Gesetz zur Änderung des AsylbLG und des SGG (BGBl. I 2014 S. 2187), in Kraft getreten am 3.1.2015, ist der Gesetzgeber vermeintlich seiner vom BVerfG auferlegten Verpflichtung zur Neugestaltung des Asylbewerberleistungsrechts nachgekommen (zur Entstehungsgeschichte s. *Deibel,* ZFSH/SGB 2015, 118). Mit diesem Gesetz war **kein großer Wurf** gelungen (zu den Bedenken s. auch *Frerichs,* jurisPK-SGB XII, § 3 AsylbLG Rn. 47). Die Bedarfssätze sind gegenüber dem alten Recht erhöht worden. Gemessen an den verfassungsrechtlichen Anforderungen fehlt der Festlegung der Bedarfssätze eine eigenständige, auf den Adressatenkreis des AsylbLG abgestimmte Datenbasis, was das Gesetz aus verfassungsrechtlicher Sicht zumindest angreifbar macht. Gleichwohl ist der Gesetzgeber der Überzeugung, in § 3 die Vorgaben des BVerfG an eine transparente und nachvollziehbare Berechnung der notwendigen in Geld messbare Bedarfe umzusetzen (BT-Drs.18/2592, 20). Er betont, dass der Vorrang der **Sachleistungsgewährung** (strenges Sachleistungsprinzip) unangetastet bleibt. Das BVerfG habe konkretisiert, dass Sachleistungen neben Geldleistungen einen einheitlichen existenznotwendigen Bedarf sicherstellen können. Methodisch werde zur Ermittlung des Bargeldbedarfs und der notwendigen Bedarfe für die Leistungsberechtigten nach dem AsylbLG zukünftig auf die nach § 28 SGB XII vorgenommene Sonderauswertung der EVS zurückgegriffen. Mit der EVS werde für Leistungsberechtigte nach dem AsylbLG und nach dem SGB XII und SGB II grundsätzlich dieselbe Datengrundlage verwandt. Die aus dem Urteil des BVerfG vom 18.7.2012 abgeleiteten Bedenken versucht der Gesetzgeber damit aus dem Weg zu räumen, dass der Rückgriff auf die EVS die Grundlage für eine nachvollziehbare Ermittlung des Bargeldbedarfs (früher Taschengeldbedarf) und der notwendigen Bedarfe schaffe. Die eigene Erhebung der Verbrauchsausgaben von Leistungsberechtigten nach dem AsylbLG hätte unmittelbar zu Zirkelschlüssen geführt und habe daher aus methodischen Gründen ebenso unterbleiben müssen wie die Einführung einer speziellen Statistik (Hausbudgeterhebung) nur von Ausländern. Zuzugeben ist, dass die methodischen Kriterien (Führung eines Haushaltsbuches, Validierung der Eintragungen) bei dem hier infrage kommenden Personenkreis auf praktische Schwierigkeiten stoßen. Mit dem Rückgriff auf die EVS liefert der Gesetzgeber das bis dahin fehlende Bemessungsverfahren, lässt aber die Forderung des BVerfG nach einem realitätsgerechtem Verfahren unbeantwortet. Es bleibt der Nachweis gruppenspezifischer Minderbedarfe für bestimmte Personengruppen offen.

**8**     Mit der Neufassung vom 20.10.2015 (zur Entstehungsgeschichte: *Deibel,* ZFSH/SGB 2015, 704) hat sich der Gesetzgeber unter dem Eindruck des Zuflusses von Schutzsuchenden erneut veranlasst gesehen, begleitend zu den Änderungen des

Asylverfahrensgesetzes in das Leistungsrecht des AsylbLG einzugreifen. Die Neuregelung verfolgt politisch taktische Ziele, dauerhaft strategische Ziele kommen darin nicht zum Ausdruck. Aufgenommen in die Vorschrift ist der notwendige persönliche Bedarf, wohingegen an den anderen Leistungen nichts geändert worden ist. Wie bisher hängen die Leistungen davon ab, ob der Leistungsberechtigte sich in einer Aufnahmeeinrichtung des § 44 AsylG befindet (vgl. *Deibel*, ZFSH/SGB 2015, 704). Durch die Neufassung des § 47 Abs. 1 S. 1 AsylG sind die leistungsberechtigten Personen nunmehr gehalten, statt drei Monate in einer Erstaufnahmeeinrichtung zu bleiben. Ausländer aus einem sicheren Herkunftsland sind darüber hinaus verpflichtet, bis zur Entscheidung über den Asylantrag in der Aufnahmeeinrichtung zu bleiben. Dies gilt auch bei der Ablehnung des Asylantrages als offensichtlich unbegründet oder bis zum Vollzug der Abschiebungsandrohung- oder -anordnung. Eine asylrechtliche Verschärfung der Rechtsposition des Asylsuchenden ist nun in § 20 Abs. 1 und § 22 Abs. 3 AsylG vorgesehen. Kommt ein Ausländer seiner Pflicht nicht nach, sich in die zugewiesene Aufnahmeeinrichtung zu begeben, gilt der Asylantrag als zurückgenommen, er verliert die Aufenthaltsgestattung und ist ausreisepflichtig, Leistungen können nach § 1a eingeschränkt werden.

Nach den Vorstellungen des Gesetzgebers (BT-Drs. 18/6185) sieht die Neuregelung in Absatz 1 für die Zeit des Aufenthalts in einer Erstaufnahmeeinrichtung vor, dass der notwendige persönliche Bedarf zukünftig durch **Sachleistungen** gedeckt werden soll (kritisch *Voigt*, info also 2016, 101). Denn in Erstaufnahmeeinrichtungen können die für den notwendigen persönlichen Bedarf gebotenen Mittel zeitnah und unbürokratisch durch Sachleistungen sichergestellt werden. An ihrer Stelle können, wenn nach den Umständen erforderlich, aber auch Leistungen in Form von Wertgutscheinen, von anderen vergleichbaren unbaren Abrechnungen oder von Geldleistungen gewährt werden. Im Übrigen ist im Gesetzestext die Höhe der Leistungen geregelt. **9**

Abs. 2 bestimmt die **Leistungshöhe** für Personen, die **außerhalb** einer **Aufnahmeeinrichtung** leben. In dieser Vorschrift wird für Personen, die sich außerhalb einer Erstaufnahmeeinrichtung befinden, das **Geldleistungsprinzip** eingeführt. Für sie sind vorrangig mit der Ausnahme des Satzes 4 Geldleistungen vorgesehen. Damit gilt auch im AsylbLG wie im Sozialhilferecht (§ 10 SGB XII) der Vorrang der Geldleistung vor der Sachleistung. **10**

Abs. 3 sieht Leistungen für **Bildung** und Teilhabe vor und trägt damit den Forderungen des BVerfG Rechnung. **11**

Abs. 4 betrifft die Fortschreibung der Leistungen für die notwendigen persönlichen Bedarfe nach Abs. 1 S. 8. Angeknüpft wird an die Veränderungsrate des § 28a SGB XII. **12**

Abs. 5 sieht vor, dass es bei Vorliegen der Ergebnisse einer bundesweiten Einkommens- und Verbrauchsstichprobe zu einer Neufestsetzung der Leistungen kommt. **13**

In Abs. 6 wird verfahrensrechtlich die Art der Aushändigung von Geld- und Sachleistungen geregelt. **14**

Mit dem Gesetz zur Einführung beschleunigter Asylverfahren (Asylpaket II) sah sich der Gesetzgeber erneut zum Handeln veranlasst. In der Begründung (BT-Drs. 18/7538) heißt es, dass sich die Bundesrepublik Deutschland der seit ihrem Bestehen bei weitem größten Zahl von Menschen gegenübersieht, die hier Asyl nachsuchen. Täglich seien es mehrere Tausend, allein im Oktober 2015 seien 180.000 Asylsuchende registriert worden. Daraus hat der Gesetzgeber sich veranlasst gesehen, das AsylG, das AufenthG sowie das AsylbLG zu ändern. Das AsylbLG ist noch einmal mit seinem § 3 umgestaltet worden. Die Neufassung des § 3 Abs. 1 S. 8 senkt die dort geregelten Geldleistungen für den notwendigen persönlichen Bedarf ab. Mit dem Dritten Gesetz zur Änderung des AsylbLG waren wesentliche Änderungen der Vorschrift beabsichtigt (BT-Drs. 18/9985). Gegen diesen Entwurf legte der **15**

Bundesrat Einspruch ein, die Beratungen des Vermittlungsausschusses sind vor Ablauf der achtzehnten Legislaturperiode nicht abgeschlossen worden.

## II. Notwendiger Bedarf innerhalb einer Aufnahmeeinrichtung

### 1. Aufnahmeeinrichtung

16    Die Leistungen werden danach unterschieden, ob sich der Leistungsberechtigte in einer Aufnahmeeinrichtung befindet oder nicht. Im Vordergrund der Regelung steht die **Leistungsversorgung in Aufnahmeeinrichtungen.** § 44 Abs. 1 AsylG regelt die Verpflichtung der Länder, Aufnahmeeinrichtungen zu schaffen. Weder über die Beschaffenheit noch über die Art und Weise, wie eine Aufnahmeeinrichtung zu betreiben ist, enthält die Vorschrift genaue Regelungen (vgl. auch *Bergmann*, Bergmann/Dienelt, Ausländerrecht, § 44 AsylG Rn. 3). In den Abs. 1 und 2 der Vorschrift wird nicht danach differenziert, ob der Leistungsberechtigte über einen Haushalt verfügt, was auf die Höhe der Leistung Einfluss haben könnte. Auch bei einer Unterbringung in einer Aufnahmeeinrichtung mit einem eigenen Haushalt bleibt es bei der Anwendung des Abs. 1.

17    Bei einer Unterbringung in einer Aufnahmeeinrichtung der Länder wird der notwendige Bedarf an Ernährung, Unterkunft, Heizung, Kleidung, Gesundheitspflege und Gebrauchs- und Verbrauchsgütern des Haushalts durch Sachleistungen gedeckt. Von den Zwölf Abteilungen des EVS hat der Gesetzgeber für das AsylbLG neun dieser Abteilungen ungekürzt übernommen. Abstriche sind gemacht worden, soweit die Bedarfe aufgrund der Sondersituation typischerweise nicht anfallen. Übernommen sind die Verbrauchausgaben der Abteilungen 1 bis 4 und 6. Herausgenommen sind solche der Abteilung 5 (Hausrat), weil dieser Bedarf gesondert gedeckt wird. Kosten für die Anschaffung oder Reparaturen oder Ersatzbeschaffung sind nicht enthalten. Die Verbrauchsausgaben der Abteilung 6 (Gesundheitspflege) sind teilweise unberücksichtigt geblieben, weil diese in anderer Weise berücksichtigt werden. Bei den Waren und Dienstleistungen (Abteilung 12) sind die Kosten für den Personalausweis gestrichen worden, weil diese Kosten nicht anfallen.

18    Der **Sachleistungszwang** betrifft die nach § 1 AsylbLG Anspruchsberechtigten. Die Länder sind verpflichtet, für die Unterbringung Asylbegehrender die dazu erforderlichen Aufnahmeeinrichtungen zu schaffen und zu unterhalten sowie entsprechend ihrer Aufnahmequote die im Hinblick auf den monatlichen Zugang Asylbegehrender in den Aufnahmeeinrichtungen notwendige Zahl von Unterbringungsplätzen bereitzustellen, die in einer Aufnahmeeinrichtung untergebracht werden sollen (§ 44 AsylG). Bei einer **Aufnahmeeinrichtung** handelt es sich um eine solche, die die Länder für Asylsuchende zu errichten und zu unterhalten haben.

19    Es kommt nicht darauf an, dass ein Asylbewerber verpflichtet ist, sich in einer solchen Einrichtung aufzuhalten, sondern ob er sich tatsächlich dort aufhält (vgl. dazu auch *Deibel*, ZFSH/SGB 2015, 115). Durch § 59a Abs. 1 S. 1 AsylG und § 61 Abs. 1b AufenthG ist nach drei Monaten unter den dort genannten Voraussetzungen die **Residenzpflicht** weggefallen, sofern sie nicht nach § 59a Abs. 1 S. 2 AsylG fortbesteht.

20    Trotz einer bis zum Ablauf der drei Monate bestehenden Residenzpflicht hat der Gesetzgeber mangels der Möglichkeit qualifizierter Ermittlungen keine Veranlassung gesehen, die Ausgaben für Verkehr zu reduzieren (BR-Drs. 392/12, S. 18 f.), so dass es nach dem Wegfall der Residenzpflicht auch zu keiner Erhöhung des Barbetrages kommt.

21    Nach erfolglosem Asylverfahren wird der Leistungsberechtigte nach § 60a AufenthG geduldet. Diese Duldung wird in der Regel mit einer Wohnsitzauflage

versehen (§ 61 AufenthG). Nach der Aufnahmeeinrichtung hat sich der Asylbewerber nach § 60 AsylG mit einer Wohnsitzauflage dort aufzuhalten, wohin er verteilt worden ist. Im sog. beschleunigten Verfahren (§ 30a iVm § 5 Abs. 5 AsylG) sind die dort aufgeführten Personen ebenfalls gehalten, in einer Aufnahmeeinrichtung zu leben. Allerdings sprechen die in der Vorschrift aufgeführten Tatbestände eher dafür, dass Leistungen nach § 1a eingeschränkt werden.

## 2. Sachleistungszwang

In § 3 Abs. 1 S. 1 wird der notwendige Bedarf definiert, was nach der bisherigen **22** Rechtslage so nicht erfolgt war. Bei einer Unterbringung in einer Aufnahmeeinrichtung wird der **notwendige Bedarf** an Ernährung, Unterkunft, Heizung und Kleidung, Gesundheits- und Körperpflege sowie Gebrauchs- und Verbrauchsgütern des Haushalts nach Abs. 1 S. 2 durch Sachleistungen **(modifiziertes Sachleistungsprinzip)** gedeckt (s. auch *Decker,* Oestreicher, SGB II/XII § 3 Rn. 8; *Frerichs,* jurisPK-SGB XII, § 3 AsylbLG Rn. 68; *Deibel,* ZFSH/SGB 2015, 119). Die Vorschrift weicht von § 10 Abs. 1 SGB XII ab, der Dienst-, Sach- und Geldleistung als gleichwertig und ohne Vorrang ansieht. Sachleistungen sollen Ausländer daran hindern, dass sie aus wirtschaftlichen Gründen in die Bundesrepublik einreisen. Die materiellen Anreize einer illegalen Einreise sollen entfallen. Das Sachleistungsprinzip ist die unmittelbare Form der Bedarfsdeckung.

Durch die Verwendung des Begriffs des **notwendigen Bedarfs** legt das Gesetz **23** lediglich einen abstrakten Rahmen für den Leistungsbereich der Grundleistungen fest (s. auch BVerwG 4.9.1993 – 5 C 27/91 und Rn. 1 f.), in dem er ausdrücklich die zu berücksichtigenden Bedarfspositionen benennt. Sie bilden das physische Existenzminimum (BVerfG 18.7.2012 – 1 BvL 10/10 ua). Die zuständige Behörde hat unter Berücksichtigung der Umstände vor Ort den näheren Leistungsumfang zu bestimmen. Besteht zum Beispiel nicht die Möglichkeit einer Teilnahme an der Gemeinschaftsverpflegung, können Lebensmittel zur Verfügung gestellt werden. Das Referenzsystem für die Höhe der Sachleistungen sind die in § 3 Abs. 2 S. 2 AsylbLG festgesetzten Geldwerte. Es verstieße gegen den Gleichheitsgrundsatz, wenn die Sachwerte hinter den Geldleistungen zurückblieben, die nicht in einer Gemeinschaftsunterkunft Untergebrachten erhalten (vgl. *Hohm,* AsylbLG, § 3 Rn. 22).

Durch die Gewährung von Sachleistungen erfolgt eine **unmittelbare Bedarfs- 24 deckung,** bei der dem Leistungsberechtigten keine Dispositionsfreiheit zugestanden wird (*Frerichs,* jurisPK-SGB XII, § 3 AsylbLG Rn. 71).

Die Geltung des Sachleistungsprinzips in Erstaufnahmeeinrichtungen entfaltet **25** seine ganze Tragweite, wenn der Bezug zum Asylrecht hergestellt wird (*Oppermann,* jurisPR-SozR 7/2016 Anm. 1). Die Aufenthaltsdauer in einer Aufnahmeeinrichtung ist in § 47 Abs. 1 S. 1 AsylG von drei auf sechs Monate verlängert worden. Der Gesetzgeber verspricht sich dadurch eine schnellere Bearbeitung der Asylverfahren. Damit verbunden ist eine Residenzpflicht des Ausländers (§ 59a Abs. 1 S. 2 AsylG). Für Ausländer aus sicheren Herkunftsstaaten (§ 29a AsylG) besteht die Wohnverpflichtung bis zum Abschluss des Verfahrens und im Fall der Ablehnung des Asylantrages bis zur Ausreise (§ 47 Abs. 1a AsylG). Diese Regelung dient der raschen Beendigung des Aufenthalts (*Oppermann,* jurisPR-SozR 7/2016 Anm. 1).

**a) Ernährung.** Wie der Bedarf für Ernährung durch Sachleistung gedeckt wird, **26** bleibt der Organisation des Leistungsträgers überlassen. Die Gewährung von Sachleistungen nimmt dem Leistungsberechtigten die **Dispositionsfreiheit** (*Frerichs,* jurisPK-SGB XII, § 3 AsylbLG Rn. 72). Die im Gesetz abstrakt formulierte Sachleistung kann als Kantinenessen oder Gemeinschaftsverpflegung oder in anderen Formen des Caterings erbracht werden. Dabei sind die ernährungsphysiologischen Erfordernisse einzuhalten (so schon BT-Drs. 12/4451, S. 8). Religiöse Gepflogenheiten sind zu beachten (so auch *Hohm,* Schellhorn/Hohm/Scheider, SGB XII, § 3

AsylbLG Rn. 19). Auf besondere Ernährungsbedarfe für Babys, Kleinkinder oder Kranke ist Rücksicht zu nehmen.

27    Ob Nebenleistungen wie die Lagerung in **Kühlschränken** mit umfasst sind, lässt sich aus dem Wortlaut der Vorschrift nicht ablesen. Zumindest impliziert die Vorschrift, dass der Leistungsträger verpflichtet ist, Kühlmöglichkeiten zur Lagerung von Lebensmitteln bereit zu stellen, ein Anspruch auf Anschaffung eines Kühlschrankes besteht nicht.

28    Bei Aufenthalten außerhalb der Einrichtung, wenn es sich nicht um den Schulbesuch oder um Arbeitstätigkeit handelt, sind die Leistungen entsprechend den Abwesenheitstagen zu kürzen.

29    **b) Unterkunft.** Stellt die Behörde eine Unterkunft zur Verfügung, hat der Hilfe Nachfragende kein Recht, sich privat eine Wohnung anzumieten (*Hohm,* GK-AsylbLG, § 31 f.; LSG NRW 14.2.2011 − L 20 AY 46/08; zum Anspruch auf eine Mietkaution zu Recht verneinend SG Hamburg 17.11.2005 − S 62 AY 37/05 ER). Das gilt umso mehr, als er nach den länderrechtlichen Aufnahmegesetzen (vgl. dazu z. B. VG München − 16.7.2008, M 24 K 08/1395) verpflichtet ist, in einer Gemeinschaftsunterkunft oder nach § 47 AsylG in einer Aufnahmeeinrichtung zu leben. Ausländer, die den Asylantrag bei einer Außenstelle des Bundesamtes zu stellen haben, sind verpflichtet, bis zu sechs Wochen, längstens jedoch bis zu drei Monaten, in der für ihre Aufnahme zuständigen Aufnahmeeinrichtung zu wohnen. Sind Eltern eines minderjährigen ledigen Kindes verpflichtet, in einer Aufnahmeeinrichtung zu wohnen, so kann auch das Kind in der Aufnahmeeinrichtung wohnen, auch wenn es keinen Asylantrag gestellt hat. Nach § 48 AsylG endet die Verpflichtung, in einer Aufnahmeeinrichtung zu wohnen, vor Ablauf von drei Monaten, wenn der Ausländer verpflichtet ist, an einem anderen Ort oder in einer anderen Unterkunft Wohnung zu nehmen, unanfechtbar als Asylberechtigter anerkannt ist oder ihm unanfechtbar die Flüchtlingseigenschaft zuerkannt wurde oder nach der Antragstellung durch Eheschließung im Bundesgebiet die Voraussetzungen für einen Rechtsanspruch auf Erteilung eines Aufenthaltstitels nach dem Aufenthaltsgesetz erfüllt. Gemäß § 49 AsylG ist die Verpflichtung, in der Aufnahmeeinrichtung zu wohnen, zu beenden, wenn eine Abschiebungsandrohung vollziehbar und die Abschiebung kurzfristig nicht möglich ist, oder wenn dem Ausländer eine Aufenthaltserlaubnis nach § 24 AufenthG erteilt werden soll. Die Verpflichtung kann auch aus Gründen der öffentlichen Gesundheitsvorsorge sowie aus sonstigen Gründen der öffentlichen Sicherheit oder Ordnung oder aus anderen zwingenden Gründen beendet werden. Die im AsylG normierten Ausnahmen zeigen auch für das AsylbLG die Grenzen für Sachleistungen bei der Unterkunft auf, sofern nicht eine Zuweisungsverfügung existent ist.

30    Das Gesetz regelt anders als im SGB XII und SGB II nicht, welche Mindestanforderungen an eine Unterkunft zu stellen sind (LSG NRW 14.2.2011 − L 20 AY 46/08). Es gelten weder die Wohnflächengrenzen der landesrechtlichen Wohnraumförderungsbestimmungen noch die Verordnung von Heimen (*Frerichs,* jurisPK-SGB XII, § 3 AsylbLG Rn. 139). Einzuhalten sind gewisse Standards, die ein die Gesundheit nicht beeinträchtigendes Wohnen gewährleisten und die auf die Anzahl der unterzubringenden Familienangehörigen Rücksicht nehmen müssen (s. *Frerichs,* jurisPK-SGB XII, § 3 Rn. 140). Räumliche Enge ist in einer Gemeinschaftsunterkunft nicht zu vermeiden. Zur Unterbringung in einem Einzelzimmer OVG NRW 24.4.1998 − 24 B 515/98). Die Unterbringung in einem Wohncontainer kann den notwendigen Bedarf an Unterkunft für eine fünfköpfige Flüchtlingsfamilie vorübergehend decken (LSG Nds-Brem 2.10.2015 − L 8 AY 40/15 B ER). Das LSG weist darauf hin, dass bei der von der Behörde zu treffenden Ermessensentscheidung über die Art der Unterbringung durch Gewährung einer Leistung zu berücksichtigen ist, dass die Unterbringung einer Familie mit schulpflichtigen Kindern in beengten

Verhältnissen in einem Wohncontainer insbesondere wegen der eingeschränkten Intimsphäre und der begrenzten Rückzugsmöglichkeiten (auch für Schularbeiten) nicht für längere Zeit erfolgen darf.

**c) Kleidung.** Bei Kleidung darf die Behörde auf Kleiderkammern verweisen **31** (*Frerichs*, jurisPK-SGB XII, § 3 AsylbLG Rn. 76). S. 3 ermächtigt die Behörde, dem Hilfesuchenden Kleidung auch in Form von Wertgutscheinen und anderen vergleichbaren unbaren Abrechnungen zur Verfügung zu stellen (so jetzt S. 3). Satz 3 ist eine Sonderregel zu den Sätzen 1 und 2. Diese Sonderregel ist mit der Neufassung der Vorschrift zum 24.10.2015 (BGBl. I S. 1722) eingefügt worden. Zu den wettbewerbsrechtlichen Fragen bei der Ausgabe von Wertgutscheinen BGH, 24.2.2002 – KZR 34/01, NVwZ 2003, 504. Für besondere Bedarfslagen, s. § 6.

Nach den Vorstellungen des Gesetzgebers ist gebrauchte Kleidung zu akzeptieren **32** (vgl. BT-Drs. 12/5008, S. 16; s. auch *Decker*, Oestreicher, SGB II/XII § 3 Rn. 11; *Frerichs*, jurisPK-SGB XII, § 3 Rn. 76). Anders ist jedoch bei Intimwäsche zu verfahren. Hier muss sich der Betreffende nicht auf gebrauchte Kleidung verweisen lassen.

**d) Gebrauchsgüter.** Dazu gehört die Grundausstattung wie Bett, Schrank, **33** Stühle, Tisch. S. 4 berechtigt dazu, Gebrauchsgüter des Haushaltes auch leihweise zukommen zu lassen. Die beiden Sätze dieses Absatzes zeigen, dass die Vorschrift nicht nur die Ansprüche des Hilfesuchenden festlegt, sondern auch Ermächtigungen an die Behörden zur näheren Ausgestaltung des Leistungsumfanges ausspricht. In der Gesetzesbegründung (BT-Drs. 18/2592) wird darauf hingewiesen, dass das AsylbLG mit diesem Konzept den Besonderheiten der Situation der Leistungsberechtigten Rechnung trägt, die sich von der der Leistungsberechtigten nach dem SGB II und XII wesentlich unterscheidet. „Leistungsberechtigte nach dem AsylbLG kommen häufig, unabhängig davon, ob sie ein Asylverfahren durchlaufen, ohne Hab und Gut in das Bundesgebiet und haben im Gegensatz zu Hilfeempfängern nach dem SGB II und XII daher in der weit überwiegenden Anzahl der Fälle weder einen Hausstand noch ausreichend Kleidung. Auch fehlen ihnen in der Anfangszeit Kenntnisse darüber, wo sie sich preisgünstig mit Lebensmitteln oder Gütern des täglichen Lebens versorgen können".

**e) Notwendiger persönlicher Bedarf.** Leistungsberechtigte erhalten nach **34** Satz 5 einen Geldbetrag zur Deckung des persönlichen Bedürfnisse des täglichen Lebens. Zusätzlich werden Leistungen zur Deckung persönlicher Bedürfnisse (früher Bargeldbetrag) zur Verfügung gestellt. Der notwendige persönliche Bedarf soll dem Leistungsberechtigten die Möglichkeit geben, persönliche Bedürfnisse des täglichen Lebens zu decken. Der bisherige Barbetrag war für eine Übergangsregelung durch das BVerfG ersetzt worden.

Der Bargeldbetrag ist durch die Bekanntmachung vom 16.1.2015 über die Höhe **35** der Leistungssätze nach § 14 AsylbLG a. F. für die Zeit ab 1.3.2015 (BGBl. I S. 1793) festgesetzt und für die Zeit ab 1.1.2016 neu bekanntgemacht worden (BGBl. I S. 1793). Nach den Vorstellungen des Gesetzgebers (BT-Drs. 18/2592, S. 22 f.) musste das im bisherigen Recht geregelte Taschengeld als Folge der Anknüpfung der Bedarfsmessung im AsylbLG an die ESV 2008 neu geregelt werden. Dabei hat der Gesetzgeber folgerichtig diejenigen regelbedarfsrelevanten Bedarfspositionen nicht berücksichtigt, die bereits nach § 3 Abs. 1 S. 1 als Sachleistungsanspruch ausgestaltet sind. Dies betrifft Bedarfe für Ernährung, Unterkunft, Heizung, Kleidung, Gesundheitspflege sowie für Gebrauchs- und Verbrauchsgüter des Haushalts.

Auch der **persönliche Bedarf** soll durch Sachleistungen gewährt werden (Satz 6). **36** Das Gesetz enthält die Einschränkung (Satz 7), dass diese Art der Sachleistung unter dem Vorbehalt des vertretbaren Verwaltungsaufwandes steht, was auf eine pragmatische Lösung hinweist. Angesichts der Vielzahl von Schutzsuchenden ist es in der Praxis nicht möglich, die entsprechenden Sachleistungen zur Verfügung zu stellen.

Denn wollte man diese Sachleistung genauer bestimmen, könnte dies nur durch einen Abgleich mit der EVS geschehen. Bei der Formulierung des **vertretbaren Aufwandes** handelt es sich einen unbestimmten Rechtsbegriff. Die Verhältnismäßigkeit des Verwaltungsaufwandes wird bestimmt einerseits durch den Bedarf und andererseits durch die für die zu erbringenden Sachleistungen notwendigen organisatorischen, sachlichen und personellen Ressourcen (*Hohm*, Deibel/Hohm AsylbLG aktuell, § 3 Rn. 41). Dem Wortlaut nach kann auch dann von Sachleistungen zu Geldleistungen gewechselt werden, wenn keine Atypik vorliegt.

37    Aus Satz 8 folgt, dass Geldleistungen zur Deckung des persönlichen Bedarfs nicht ausgeschlossen werden (*Hohm*, Deibel/Hohm, AsylbLG aktuell, § 3 Rn. 43).

38    Nach Satz 7 kann die Behörde die Leistungen auch in Form von **Wertgutscheinen** erbringen. Nach den Vorstellungen des Gesetzgebers (BT-Drs. 18/6185) soll die Ausgabe von Wertgutscheinen eine weitere Möglichkeit sein, ungerechtfertigte Asylanträge zu verhindern. Schon im Ansatz ist damit ein hoher Verwaltungsaufwand verbunden, weil neben der Ausgabe der Wertgutscheine auch die Abrechnung verwaltungsmäßig überprüft werden muss. Möglich ist, dass für einzelne Bedarfe Wertgutscheine ausgegeben werden (*Deibel*, ZFSH/SGB 2015/705).

39    Der Gesetzgeber hat bei der Bemessung des persönlichen Bedarfs als Geldbetrag die Abteilung 5 (Hausrat) außenvorgelassen. Die Ausgaben für Gesundheitspflege (Abteilung 6) sind nur zum Teil einbezogen worden. Schließlich wurde die Abteilung 12 (andere Waren und Dienstleistungen) um die Kosten für einen Personalausweis gekürzt, weil diese Kosten für Asylleistungsberechtigte nicht anfallen. Die Kosten für die Ausstellung eines ausländischen Nationalpasses sind nach § 6 zu übernehmen. Von einer Erhöhung der bedarfsrelevanten Ausgaben für Nachrichtenübermittlung (Abteilung 8) ist abgesehen worden (vgl. dazu *Deibel*, ZFSH/SGB 2015, 115).

40    Die Evidenz der zu gewährenden Leistungen hängt davon ab, dass die auf der Grundlage der Sonderauswertung EVS 2008 ermittelten Werte nachvollziehbar ermittelt sind. Der im Gesetzgebungsverfahren eingebrachte Vorschlag die Leistungen unter a) auf Alleinerziehende zu erweitern, ist nicht Gesetz geworden. Näheres zu den Regelbedarfsstufen unter III (Rn. 47 ff.). Als monatliche Beträge nach § 3 Abs. 1 S. 5 waren seit dem 1.3.2015 anerkannt:
a) für alleinstehende Leistungsberechtigte (§ 3 Abs. 1 S. 5 Nr. 1) 143 Euro,
b) für zwei erwachsene Leistungsberechtigte, die als Partner einen gemeinsamen Haushalt führen (§ 3 Abs. 1 S. 5 Nr. 2) je 129 Euro,
c) für weitere erwachsene Leistungsberechtigte ohne eigenen Haushalt (§ 3 Abs. 1 S. 5 Nr. 3) je 113 Euro,
d) für sonstige jugendliche Leistungsberechtigte vom Beginn des 15. und bis zur Vollendung des 18. Lebensjahres (§ 3 Abs. 1 S. 5 Nr. 4) 85 Euro,
e) für leistungsberechtigte Kinder vom Beginn des siebten bis zur Vollendung des 14. Lebensjahres (§ 3 Abs. 1 S. 5 Nr. 5) 92 Euro,
f) für leistungsberechtigte Kinder bis zur Vollendung des sechsten Lebensjahres (§ 3 Abs. 1 Nr. 6) 84 Euro.

41    Bei der Bemessung des Bargeldbetrages sind diejenigen Bedarfspositionen nicht zu berücksichtigen, die nach § 3 Abs. 1 S. 1 als Sachleistungsanspruch ausgewiesen sind (vgl. BT-Drs. 18/2592, S. 22). Nachvollziehbar ist die Differenzierung nach dem Alter und der Haushaltskonstellation. Methodisch wird an das RBEG angeknüpft, dem die Sonderauswertung EVS 2008 zugrunde liegt. Fraglich wird, ob eine abweichende Sonderauswertung der EVS nicht möglich war (so aber BT-Drs. 18/2592, 22). Einzuräumen ist lediglich, dass verlässliche Daten zur Ermittlung eines abweichenden Verbrauchsverhaltens bei Personen mit unsicherer Aufenthaltsperspektive nicht vorliegen und nicht ermittelbar sind. Dass diese Daten nicht ermittelbar sind, liegt an dem heteronomen Personenkreis, der nach § 1 leistungsberechtigt ist und der Menschen betrifft mit unsicherem und längeren Aufenthalt. Zu hinterfragen ist,

ob es methodisch richtig ist, bei Paarhaushalten Abstriche zu machen, obwohl der Bargeldbetrag für die persönlichen Bedarfe des täglichen Lebens vorgesehen ist. Trotz der den Leistungsberechtigten treffenden Residenzpflicht hat der Gesetzgeber davon abgesehen, die Ausgabeposition für Verkehrsdienstleistungen zu kürzen. Ein eventueller Mehrbedarf für Fahrten zu Anwälten kann eventuell nach § 6 bewilligt werden. Telekommunikationsausgaben sollen nicht ermittelbar sein (BT-Drs. 18/2592, S. 23). Auch in diesem Fall sollen Mehrausgaben über § 6 bewilligt werden.

Mit Wirkung zum 1.1.2016 sind die folgende monatliche Beträge nach § 3 Abs. 1 **42** S. 8 ausgewiesen worden (BGBl. I 2015 S. 1793).

a) für alleinstehende Leistungsberechtigte 145 Euro (§ 3 Abs. 1 S. 8 Nr. 1)

b) für zwei erwachsenen Leistungsberechtigte, die als Partner einen gemeinsamen Haushalt führen, je 131 Euro (§ 3 Abs. 1 S. 8 Nr. 2)

c) für weitere erwachsene Leistungsberechtigte ohne eigenen Haushalt 114 Euro (§ 3 Abs. 1 S. 8 Nr. 3)

d) für sonstige jugendliche Leistungsberechtigte vom Beginn des 15. und bis zur Vollendung des 18. Lebensjahres 86 Euro (§ 3 Abs. 1 S. 8 Nr. 5)

e) für leistungsberechtigte Kinder bis zur Vollendung des sechsten Lebensjahres 85 Euro (§ 3 Abs. 1 S. 8 Nr. 6).

Ab 17.3.2016 (BGBl. I 2016 S. 390) haben sich die persönlichen Bedarfe erneut **43** geändert (§ 3 Abs. 1 S. 8).

1. alleinstehende Leistungsberechtigte 135 Euro,

2. zwei erwachsene Leistungsberechtigte, die als Partner einen gemeinsamen Haushalt führen, je 122 Euro,

3. weitere erwachsene Leistungsberechtigte ohne eigenen Haushalt 108 Euro,

4. sonstige jugendliche Leistungsberechtigte vom Beginn des 15. bis zur Vollendung des 18. Lebensjahres 76 Euro,

5. leistungsberechtigte Kinder vom Beginn des siebten bis zur Vollendung des 14. Lebensjahres 83 Euro,

6. leistungsberechtigte Kinder bis zur Vollendung des sechsten Lebensjahres 79 Euro.

Zur Neufestsetzung wird in der Begründung des Gesetzentwurfs (BT-Drs. 18/7538) **44** angeführt:

*Der Änderung der Leistungssätze liegt eine Neubemessung der notwendigen persönlichen Bedarfe zugrunde. Deren Zusammensetzung und Höhe bestimmt sich auch weiterhin auf Grundlage der regelbedarfsrelevanten Verbrauchsausgaben für die Abteilungen 7 bis 12 der Sonderauswertungen der Einkommens-und Verbrauchsstichprobe (EVS) 2008. Die Neubemessung setzt dabei methodisch auf der Novellierung der Leistungssätze für den Bargeldbedarf, die der Gesetzgeber mit Gesetz vom 10. Dezember 2012 (Gesetz zur Änderung des Asylbewerberleistungsgesetzes und des Sozialgerichtsgesetzes BGBl. I S. 2187) mit Wirkung zum 1. März 2015 vorgenommen hat. Dort festgestellte Unterschiede bei den persönlichen Bedarfen zwischen den Beziehern von Leistungen nach dem Zwölften Buch Sozialgesetzbuch (SGB XII) und dem AsylbLG werden auch weiterhin berücksichtigt; konkret betrifft dies die in Abteilung 12 der EVS 2008 (andere Waren und Dienstleistungen) vorgenommene Nichtberücksichtigung eines geringfügigen Betrags für die Beschaffung eines Personalausweises. Zu den Erwägungen, die dieser Herausnahme zu Grunde liegen, wird auf die Gesetzesbegründung vom 10. Dezember 2014 Bezug genommen (Bundestagsdrucksache 18/2592, S. 22).*

*Zusätzlich zu dieser Nichtberücksichtigung in Abteilung 12, die bereits den geltenden Leistungssätzen zu Grunde liegt, wurden im Rahmen der Neubemessung weitere regelbedarfsrelevante Verbrauchsausgaben der EVS 2008 identifiziert, die zukünftig nicht mehr als notwendige (persönliche) Bedarfe im Sinne des Asylbewerberleistungsgesetzes anerkannt werden und deshalb bei der Bemessung der Geldbeträge nach § 3 Absatz 1 Satz 8 unberücksichtigt bleiben. Dies betrifft die folgenden EVS-Abteilungen bzw. Ausgabepositionen: Die Abteilung 10 (Bildungswesen) bleibt hinsichtlich der dort erfassten Ausgaben für Gebühren und*

*Kurse u.Ä. (Regelbedarfsstufe 1 laufende Nummer 71, Bundestagsdrucksache 17/3404) vollständig außen vor. Die Verbrauchsausgaben in Abteilung 9 (Freizeit, Unterhaltung und Kultur) bleiben hinsichtlich der Bedarfe für folgende Gütergruppen (Regelbedarfsstufe 1 laufende Nummern 53, 54, 56, 69, 70, Bundestagsdrucksache 17/3404) unberücksichtigt:*

- *Fernseh-und Videogeräte, TV-Antennen;*
- *Datenverarbeitungsgeräte und Software;*
- *langlebige Gebrauchsgüter und Ausrüstung für Kultur, Sport, Camping und Erholung;*
- *Reparaturen und Installation von langlebigen Gebrauchsgütern und Ausrüstung für Kultur, Sport, Camping und Erholung;*
- *außerschulischer Unterricht und Hobbykurse.*

*Die Herausnahme der genannten Positionen knüpft dabei in allen Fällen an die mangelnde Aufenthaltsverfestigung in den ersten 15 Monaten an. Die Einstufung als nicht bedarfsrelevant fußt auf der wertenden Einschätzung des Gesetzgebers, dass die betreffenden Ausgaben nicht als existenznotwendiger Grundbedarf anzuerkennen sind, solange die Bleibeperspektive der Leistungsberechtigten ungesichert und deshalb von einem nur kurzfristigen Aufenthalt auszugehen ist. Erst mit einer längeren Verweildauer im Inland, die mit einer entsprechenden „Integrationstiefe" bzw. einer Einbindung in die Gesellschaft einhergeht, sollen diese Ausgaben – wie bei den Beziehern von Leistungen nach dem Zweiten und Zwölften Buch Sozialgesetzbuch (SGB II und SGB XII) – als bedarfsrelevant anerkannt werden. Erst dann ist davon auszugehen, dass die mit den Regelbedarfen verbundene Budget-und Ansparfunktion ihre volle Wirkung entfalten kann. Hiervon ist frühestens nach Ablauf der „Wartefrist" nach § 2 Absatz 1 AsylbLG und dem damit verbundenen Übergang zu Leistungen nach dem SGB XII auszugehen.*

**45**     Der Gesetzgeber nutzt mit der Reduzierung des persönlichen Bedarfs seinen auch vom BVerfG akzeptierten Gestaltungsspielraum intensiv aus. Hinzu kommt, dass sein Gestaltungsspielraum weiter ist, wenn es um die soziale Teilhabe geht.

**46**     Als **Sonderregel** sieht **Satz 9** vor, dass der individuelle Geldbetrag für in **Abschiebung**- oder **Untersuchungshaft** genommene Leistungsberechtigte durch die Verwaltungsbehörde festgelegt wird, wenn der Bedarf ganz oder anderweitig gedeckt ist. Im Gegensatz zur bisherigen Fassung ist die pauschale Kürzung auf 70 % weggefallen. Die Regelung ist angelehnt an § 27a Abs. 4 SGB XII, wonach ein Bedarf ganz oder teilweise anderweitig gedeckt ist oder unabweisbar seiner Höhe nach von einem durchschnittlichen Bedarf abweicht. Der Gesetzgeber nimmt an dieser Stelle die Rechtsprechung zur Bestimmung des Taschengeldes (LSG NRW 7.5.2012 – L 20 SO 55/12) auf. Nachvollziehbar ist, dass die individuelle abweichende Bedarfsfestlegung durch die unterschiedlichen Haftbedingungen der einzelnen Bundesländer bestimmt wird (BT-Drs. 18/2592).

## III. Notwendiger Bedarf außerhalb von Aufnahmeeinrichtungen (Abs. 2)

**47**     Das Sachleistungsprinzip wird durch die Regelung des Abs. 2 ab 1.3.2015 außer Kraft gesetzt. Denn die Gewährung von Sachleistungen lässt sich nicht bei allen Arten von Unterbringung der Leistungsberechtigten verwirklichen. Werden diese Personen außerhalb von Einrichtungen i. S. v. § 44 AsylG untergebracht, gelten statt der an erster Priorität zu gewährenden Sachleistungen die in diesem Absatz aufgeführten Ersatzformen. Vorrangig sind nach der Neufassung der Vorschrift Geldleistungen zu gewähren. Ein Vorbehalt wird lediglich für die in S. 4 aufgeführten Leistungen gemacht. Für sie kann der Bedarf durch Geld- oder Sachleistungen gedeckt werden. Die bisherige Diskussion über das Verhältnis der einzelnen Leistungsarten (*Deibel,* ZAR 1998, 30) hat sich durch die jetzige Gesetzesfassung erledigt.

Mit dem AsylverfahrensbeschleunigungsG vom 23.10.2015 (BGBl. I S. 1722) sind **48** die Bedarfssätze neu festgesetzt worden. Sie werden normativ definiert. Als notwendiger monatlicher Bedarf wird

a) für alleinstehende Leistungsberechtigte (§ 3 Abs. 2 S. 2 Nr. 1) ein Betrag von 216 Euro festgesetzt,

b) für zwei erwachsenen Leistungsberechtigte, die als Partner einen gemeinsamen Haushalt führen (§ 3 Abs. 2 S. 2 Nr. 2) auf je 194 Euro,

c) für weitere erwachsene Leistungsberechtigte ohne eigenen Haushalt (§ 3 Abs. 2 S. 2 Nr. 3) auf je 174 Euro,

d) für sonstige jugendliche Leistungsberechtigte vom Beginn des 15. bis zur Vollendung des 18. Lebensjahres (§ 3 Abs. 2 S. 2 Nr. 4) auf 198 Euro,

e) für leistungsberechtigte Kinder vom Beginn des siebten bis zur Vollendung des 14. Lebensjahres (§ 3 Abs. 2 S. 2 Nr. 5) auf 157 Euro,

f) für leistungsberechtigte Kinder bis zur Vollendung des sechsten Lebensjahres (§ 3 Abs. 2 S. 2 Nr. 6) auf 133 Euro erkannt.

Zum 1.1.2016 sind diese Sätze angehoben worden (BGBl. I 2015 S. 1793). Es wurde **49**

a) für alleinstehende Leistungsberechtigte (§ 3 Abs. 2 S. 2 Nr. 1) ein Betrag von 219 Euro festgesetzt,

b) für zwei erwachsene Leistungsberechtigte, die als Partner einen gemeinsamen Haushalt führen (§ 3 Abs. 2 S. 2 Nr. 2) je 196 Euro,

c) für weitere erwachsene Leistungsberechtigte ohne eigenen Haushalt (§ 3 Abs. 2 S. 2 Nr. 3) je 176 Euro,

d) für sonstige jugendliche Leistungsberechtigte vom Beginn des 15. bis zur Vollendung des 18. Lebensjahres (§ 3 Abs. 2 S. 2 Nr. 4) 200 Euro,

e) für leistungsberechtigte Kinder vom Beginn des siebten bis zur Vollendung des 14. Lebensjahres (§ 3 Abs. 2 S. 2 Nr. 5) 159 Euro,

f) für leistungsberechtigte Kinder bis zur Vollendung des sechsten Lebensjahres (§ 3 Abs. 2 S. 2 Nr. 6) 135 Euro festgelegt.

Zur **Plausibilität** der für Leistungsberechtigte nach dem AsylbLG festgesetzten **50** Bedarfe ist in den Gesetzesmaterialien (BT-Drs. 18/2592, S. 24) ausgeführt, dass der notwendige Bedarf für die einzelnen Bedarfsstufen auf der Basis der Sonderauswertung der EVS 2008 nach Abzug bestimmter Ausgabepositionen errechnet und entsprechend dem in § 7 RBEG und den §§ 28, 28a und 138 SGB XII geregelten Fortschreibungsmechanismus mit den jährlichen Anpassungen angepasst und gerundet worden sei.

Für die Verfassungskonformität der durch das AsylbLG festgesetzten Leistungen **51** (s. dazu auch *Deibel,* ZFSH/SGB 2015, 706) wird von entscheidender Bedeutung sein, ob trotz der fehlenden gesonderten Erhebungen für den Kreis der Leistungsberechtigten und eines damit verbundenen methodischen Mankos für die Sicherung der für eine menschenwürdige Existenz relevante Bedarfsarten übersehen worden sind und damit die Festlegung evident verfassungswidrig ist (vgl. dazu BVerfG 23.7.2014 – 1 BvL 10/12 ua). Bei dieser Prüfung wird die Rechtsprechung zu beachten haben, dass die Evidenzkontrolle allein auf die offenkundige Unterschreitung der insgesamt notwendigen Höhe existenzsichernder Leistungen und nicht auf einzelne Positionen der Berechnung abzielt.

Abs. 2 S. 3 ermöglicht, dass Leistungen auch in Form von unbaren Abrechnungen **52** von **Wertgutscheinen** oder von Sachleistungen gewährt werden. Es kommt darauf an, dass die Form der Leistung nach den Umständen **erforderlich** ist, was immer eine Einzelfallprüfung beinhaltet. Damit wird der Behörde ein Ermessensspielraum eingeräumt, der allerdings mit dem unbestimmten Rechtsbegriff „erforderlich" verbunden ist, sodass Auslegungsschwierigkeiten vorausgesagt werden (*Deibel,* ZFSH/ SGB 2015, 706).

**53**    Neben den Regelleistungen werden zusätzlich die notwendigen Kosten der **Unterkunft, für Heizung und Hausrat** übernommen (Satz 4). Es handelt sich um gesonderte Leistungen. Die Leistungen eröffnen der Behörde eine **Ermessensentscheidung.** Bei diesem Ermessen handelt es sich nicht um ein Entschließungsermessen, weil der Bedarf an Unterkunft und Hausrat gedeckt werden muss (*Deibel*, ZFSH/SGB 2015, 120). Das Ermessen besteht lediglich zwischen Sachleistung und Geldleistung. Es bleibt damit dem Leistungsträger unbenommen, Unterkunft und Hausrat bereit zu stellen, um nicht zur Geldleistung verpflichtet zu sein. Als Sachleistung der Unterkunft kommt eine Unterbringung in einem Wohnheim, einer Ausreiseeinrichtung oder städtischen Unterkunft in Betracht (vgl. auch *Frerichs*, jurisPK-SGB XII, § 3 AsylbLG Rn. 136).

**54**    Da es bei den **Geldleistungen** für die **Unterkunft** in der Regel um die Anmietung privaten Wohnraums geht, stellen sich mehrere Fragen. Soweit der Wunsch nach der Anmietung einer privaten Wohnung mit aufenthaltsrechtlichen oder asylverfahrensrechtlichen Auflagen nicht zu vereinbaren ist, ist es auch leistungsrechtlich nicht hinzunehmen, dass die Kosten der Unterkunft nach dem AsylbLG übernommen werden (s. *Frerichs,* jurisPK-SGB XII, § 3 Rn. 139 f.). Die Kosten der Unterkunft sind nicht zu übernehmen, weil ansonsten der aufenthaltsrechtlich oder asylverfahrensrechtlich gesetzwidrige Zustand weiter Bestand haben könnte.

**55**    Bestehen keine anderslautenden Auflagen, können ausnahmsweise durch den Einzelfall begründete Umstände vorliegen, die ein Abweichen von der Unterbringung in einer ansonsten vorhandenen Sammelunterkunft möglich erscheinen lassen. Zu den atypischen Fällen zählen vor allem nachweisbare gesundheitliche Beeinträchtigungen (LSG Nds-Brem 11.10.2006 – L 7 AY 10/06 ER) oder die lange und absehbar nicht zu beendende Aufenthaltsdauer. Sehr weitgehend ist die Annahme (so z. B. *Frerichs,* jurisPK-SGB XII, § 3 Rn. 140), bei einem schulpflichtigen Kind könne eine private Anmietung erlaubt werden, weil die Rückzugsmöglichkeiten für Schularbeiten in einer Sammelunterkunft nicht gewahrt wird. Soziale oder religiöse Spannungen können Grund für eine private Anmietung sein (vgl. auch *Frerichs*, jurisPK-SGB XII, § 3 AsylbLG Rn. 140). Ob soziale Spannungen in einer Gemeinschaftsunterkunft schon die Anmietung einer Wohnung rechtfertigen können, ist fraglich. Gemeinschaftsunterkünfte sind durch das Zusammenleben verschiedener Ethnien und Religionszugehörigkeiten geprägt, so dass allenfalls bei schwersten, ein Zusammenleben nicht mehr rechtfertigenden Spannungen (Schlägereien, Zusammenleben von Aleviten und Sunniten) eine Umsiedlung in eine andere Gemeinschaftsunterkunft oder die Anmietung von Wohnraum ermessensgerecht ist. Aus der Vorschrift kann sich kein Anspruch auf eine bestimmte Unterkunft ergeben (*Frerichs*, jurisPK-SGB XII, § 3 AsylbLG Rn. 135.1).

**56**    Soweit der Leistungsträger der Auffassung ist, die Kosten der privat angemieteten Wohnung seien nicht notwendig, steuert er die Leistungsgewährung nicht durch die Aufforderung zum Umzug in eine andere angemessene Wohnung, die nur notwendige Kosten verursacht, sondern durch die Möglichkeit, die Leistungsberechtigten in einer Gemeinschaftsunterkunft unterzubringen (vgl. dazu LSG NRW 14.2.2011 – L 20 AY 46/08). Bei der Bestimmung des notwendigen Bedarfs für eine Unterkunft können die Maßstäbe des SGB II und SGB XII schon deshalb nicht zugrunde gelegt werden, weil die Tatbestände zwischen § 35 SGB XII und Abs. 2 unterschiedlich sind. Das im SGB XII oder SGB II geregelte formelle Verfahren ist mangels Entsprechung im AsylbLG nicht einzuhalten. Kann der Leistungsträger seiner Pflicht, eine Gemeinschaftsunterkunft bereit zu stellen, nicht nachkommen oder kann er keine aus seiner Sicht dem § 3 AsylbLG genügende Unterkunft nachweisen, bleibt es zunächst bei der tatsächlich zu zahlenden Miete.

**57**    **Umzugskosten, Mietkaution** oder **Maklerprovisionen** sind keine Kosten der Unterkunft und können deshalb nach dem AsylbLG nicht übernommen werden.

Ausnahmen müssen über § 6 geregelt werden (*Frerichs*, jurisPK-SGB XII, § 3 AsylbLG Rn. 144).

Bei der von der Behörde zu treffenden **Ermessensentscheidung** spielt die bishe- 58 rige oder zukünftige Aufenthaltsdauer eine wesentliche Rolle. Drohender Obdachlosigkeit ist mit polizei- oder ordnungsrechtlichen Mitteln zu begegnen, weil eine Gefahr für die öffentliche Sicherheit und Ordnung vorliegt.

Leben **gemischte Bedarfsgemeinschaften** (Leistungsberechtigte nach dem 59 SGB II oder XII und Leistungsberechtigte nach dem AsylbLG) gemeinsam in einer Wohnung, entfällt die Sachleistungsgewährung des § 3, weil Art. 6 GG oder die sozialen Rechte aus Art. 1 GG, § 1 SGB XII, § 1 SGB II eine Schlechterstellung des privilegierten Leistungsberechtigten nicht zulassen (LSG NRW 8.7.2008 – L 20 B 49/08 SO ER; s. *Frerichs*, jurisPK-SGB XII, § 3 Rn. 156).

Nach § 35 Abs. 4 SGB XII erhalten Sozialhilfeempfänger Leistungen für Heizung 60 in tatsächlicher Höhe. Das AsylbLG spricht lediglich von **„Heizung".** Daraus kann keineswegs die Schlussfolgerung gezogen werden, dass es asylbewerberleistungsrechtlich Besonderheiten für die Festlegung des Heizungsbedarfs gibt. Wie für Sozialhilfeempfänger müssen die Kosten übernommen werden, die für das Wohnen als angemessen angesehen werden. Sind Leistungsberechtigte in einer schlecht isolierten Wohnung untergebracht, beeinflussen diese Umstände auch die Höhe der Heizkosten.

Der Begriff **Hausrat** erfasst vornehmlich die Anschaffung von Haushaltsgegen- 61 ständen mit größerem Anschaffungswert (*Frerichs*, jurisPK-SGB XII, § 3 AsylbLG Rn. 161). Nach der Gesetzesbegründung (BT-Drs. 18/2592) wird auf die EVS Bezug genommen, so dass Hausrat i. S. d. Abteilung 5 zu verstehen ist (*Frerichs*, jurisPK-SGB XII, § 3 Rn. 162).

**Satz 5** verweist auf Abs. 1 S. 4, 5, 8 und 9. Damit hat der Leistungsträger die 62 Möglichkeit, Gebrauchsgüter des Haushalts leihweise zur Verfügung zu stellen, was im Gegenschluss aber nicht ausschließt, dass Direktzahlungen erfolgen können (BT-Drs. 18/2592). Wie der Bedarf gedeckt wird, ist der Ermessensentscheidung des Leistungsträgers überlassen. Bei absehbar kurzen Aufenthalten bietet sich eher an, Gebrauchsgüter leihweise zur Verfügung zu stellen.

In Gemeinschaftsunterkünften im Sinne des § 43 AsylG kann der notwendige 63 persönliche Bedarf soweit wie möglich durch Sachleistungen erbracht werden **(Satz 6).** Die Vorschrift ermöglicht Mischformen der Leistungserbringung. Das Tatbestandsmerkmal „soweit wie möglich" dürfte in der Praxis größere Schwierigkeit bereiten, weil die Einzelbeträge der Abteilungen in der EVS nicht einzeln ausgewiesen sind. Die Festsetzung von Geldbeträgen läuft auf eine Schätzung hinaus.

## IV. Leistungen für Bildung und Teilhabe (Abs. 3)

Absatz 3 ist durch die Vorgabe des BVerfG eingefügt worden und regelt die Leis- 64 tungen des sog. **Bildungspaketes.** Nach den Vorstellungen des Gesetzgebers sollen alle vom AsylbLG erfassten Kinder, Jugendlichen und jungen Erwachsenen von Anfang ihres Aufenthalts an Anspruch auf Bildungs- und Teilhabeleistungen entsprechend dem SGB XII haben. Dahinter steht die wohlmeinende Absicht, diesen Kreis der Leistungsberechtigten nicht auszugrenzen. Der Anspruch besteht unabhängig von der Unterbringung (*Hohm*, Schellhorn/Hohm/Scheider, SGB XII, § 3 AsylbLG Rn. 53).

Ein weiteres vom Gesetzgeber beabsichtigtes Ziel ist, grundlegende Bildungs- 65 und Teilhabechancen rechtzeitig zu eröffnen. Ein verbessertes Bildungsangebot soll helfen, späteren Integrationsproblemen vorzubeugen. Das ist sicherlich ein anerkennenswertes Ziel, das jedoch in einem fundamentalen Gegensatz zu § 1 steht, dem immer noch die Überzeugung zugrunde liegt, die dort erfassten Personen würden sich überwiegend nur zeitweilig in Deutschland aufhalten.

66    Mit der Einführung von Bildungs- und Teilhabeleistungen kommt der Gesetzgeber einer Forderung des BVerfG nach, das das Fehlen entsprechender Leistungen nach § 34 SGB XII aufgezeigt hatte (zur Kritik an diesen Feststellungen: *Deibel*, ZFSH/SGB 2015, 121). Zweifellos steht Kindern, Jugendlichen und jungen Erwachsenen ein aus Art. 20 und Art. 1 GG abzuleitendes Recht auf Bildung zu, das systematisch richtig in § 3 Abs. 3 eingefügt worden ist. Aus systematischen Gründen kann es nicht in § 6 verortet werden. Dieser Vorschrift kommt ausschließlich die Funktion einer Auffangvorschrift zu. § 3 Abs. 3 erweitert § 34 SGB XII, in dem junge Erwachsene nicht erwähnt werden. Die Einteilung in Kind, Jugendlicher und junger Erwachsener ist auf § 7 SGB VIII zurückzuführen. Junge Erwachsene sind 18 Jahre alt, aber nicht älter als 27. Durch die Bezugnahme auf § 34a SGB XII handelt es sich um Antragsleistungen. Die Leistungen werden nach § 34 Abs. 1 S. 2 SGB XII auch dann gewährt, wenn keine anderen Leistungen nach dem AsylbLG erbracht werden. Zwar sollen §§ 34, 34a und 34b SGB XII entsprechend herangezogen werden. Aus dem klaren Verweis auf das SGB XII lässt sich kein spezifisches, auf Asylbewerber abgestimmtes Minus ableiten (ebenso *Frerichs*, jurisPK-SGB XII, § 3 Rn. 173).

## V. Festsetzung der notwendigen persönlichen Bedarfe (Abs. 4)

67    Der Absatz der Vorschrift ist neu gefasst worden. Der Geldbetrag für die notwendigen, persönlichen Bedarfe sowie der notwendige Bedarf werden jeweils zum 1. eines Jahres fortgeschrieben. Damit endet das jahrelange statistische Festhalten an nicht mehr realitätsgerechten Festsetzungen. In die Fortschreibung der Regelbedarfe ist durch die Neuregelung eine den Leistungsberechtigten zugutekommende Dynamik gekommen. Für die **Anpassung zum 1.1.2015** und **1.1.2016** sind die wegen der Neufassung des § 3 geltenden Leistungssätze entsprechend der Veränderungsrate nach §§ 28a, 40 SGB XII i. V. m. § 1 der Verordnung zur Bestimmung des für die Fortschreibung der Regelbedarfsstufen maßgeblichen Vomhundertsatzes sowie zur Ergänzung der Anlage zu § 28 SGB XII für die Jahre 2015 und 2016 angepasst worden.

## VI. EVS (Abs. 5)

68    Dieser Absatz knüpft an Ergebnisse einer neuen EVS an. Der Gesetzgeber ist verpflichtet, die Regelbedarfsberechnungen immer auf dem neuesten Stand zu halten. Liegen aktuelle Ergebnisse der EVS auf der Basis der Neuberechnung des Regelbedarfs nach § 28 SGB XII vor, werden die Geldbeträge auch im AsylbLG angepasst. Damit können auch Sonderauswertungen des EVS genutzt werden. Zu den geplanten Änderungen durch das Dritte Gesetz zur Änderung des AsylbLG s. Referentenentwurf des BMAS.

## VII. Auszahlungsmodus (Abs. 6)

69    In der Regel werden Geldleistungen unbar ausgezahlt. Davon macht die Vorschrift eine Ausnahme. Leistungen sollen in Geld oder Geldeswert ausgezahlt werden. Durch die Vorschrift soll auch verhindert werden, dass Wertgutscheine oder andere Berechtigungen in die falschen Hände geraten. Berechtigt zur Entgegennahme ist der Leistungsberechtigte oder ein volljähriges Mitglied des Haushalts persönlich.

Bemerkenswert ist, dass die Vorschrift weder den Begriff der Bedarfs- noch der Einstandsgemeinschaft verwendet, sondern von einem Mitglied des Haushalts spricht. Aus den Materialien (BT-Drs. 12/4451) lässt sich kein Hinweis dazu entnehmen, welche Gründe den Gesetzgeber bewogen haben, nur den Begriff des Haushalts in die Vorschrift aufzunehmen.

Wegen des Wortes „sollen" handelt es sich bei der Entscheidung des Leistungsträgers um eine gebundene Ermessensentscheidung.    **70**

Die Sätze 2 und 3 enthalten Vorgaben, wie Geldleistungen zu erbringen sind.    **71**
Satz 2 regelt die Leistungen für einen Teil des Monats.

Die Aushändigung der Leistungen ist der Regelfall. Nähere Angaben über den    **72**
Ort der Aushändigung macht die Vorschrift nicht. Der Behörde steht eine Organisationshoheit zu. Das bedeutet, dass die Geldleistungen am Ort der Unterkunft in den Räumen der Behörde ausgehändigt werden können.

Trotz des entgegenstehenden Gesetzestextes ist – schon aus praktisch organisatori-    **73**
schen Gründen – die Überweisung auf ein Konto möglich. Für Ausländer kann die Eröffnung eines Kontos auf Schwierigkeiten stoßen, weil nach § 3 des Zahlungskontengesetzes dieses Gesetz nur für Verbraucher mit einem rechtmäßigen Aufenthalt gilt.

Strittig ist, ob durch Satz 3 die Bewilligung von Leistungen mit einem Dauerver-    **74**
waltungsakt für einen längeren Zeitraum ausgeschlossen ist (so *Deibel*, ZFSH/SGB 2015, 704; aA *Frerichs*, jurisPK-SGB XII, § 3 Rn. 182.2). Die sprachliche Fassung „erbracht werden" und nicht „bewilligt werden" spricht eher dafür, dass mit der jetzigen Fassung die Bewilligung von Leistungen nicht ausgeschlossen werden sollte (vgl. dazu auch BT-Drs. 18/6185).

## VIII. Verfahrensrechtliche Fragen

Grundsätzlich ist ein Antrag auf Erlass einer einstweiligen Anordnung unter der    **75**
Voraussetzung zulässig, dass sich der Antragsteller vor der Inanspruchnahme gerichtlichen Eilrechtsschutzes mit seinem Anliegen an den Leistungsträger gewandt hat. Wehrt sich ein Leistungsempfänger gegen ihm nach § 1a AsylbLG gewährte Leistungen, so sind allgemein in seinem Begehren auf höhere Leistungen nicht nur eventuell geltend gemachte Leistungen nach § 2 AsylbLG, sondern auch nach § 3 AsylbLG enthalten (vgl. SächsLSG 23.3.2007 – L 8 B 32/06 AY ER).

Längere Abwesenheit außerhalb der Einrichtung kann zum Anlass genommen    **76**
werden, an der Bedürftigkeit zu zweifeln (so *Hohm,* GK-AsylbLG, § 3 Rn. 27).

Rechtswegfragen werfen die Unterkunftskosten auf. Hierbei ist zu differenzieren.    **77**
Ist dem Antrag zu entnehmen, dass der Ausländer die Aufnahmeeinrichtung oder Gemeinschaftsunterkunft verlassen will und geht es ihm um die Aufhebung der entsprechenden Zuweisungsverfügung, ist der Verwaltungsrechtsweg eröffnet. Will er lediglich den Umzug von einer Gemeinschaftsunterkunft in eine andere verhindern, ist der Sozialrechtsweg eröffnet (LSG NRW 27.8.2015 – L 20 AY 50/15 B; BSG B 7 SF 1/15 R). Denn maßgeblich sind nicht ordnungsrechtliche Normen, sondern wie ihm Sachleistungen zur Verfügung gestellt werden. Kommt in seinem Begehren zum Ausdruck, dass er eine Unterbringung in einer Gemeinschaftsunterkunft als Sachleistung ablehnt und stattdessen eine private Unterkunft anmieten will, ist sein Begehren nach § 3 AsylbLG zu beurteilen und der Weg zu den Sozialgerichten eröffnet (vgl. VG Aachen 28.11.2005 – 6 L 823/05).

### § 4 Leistungen bei Krankheit, Schwangerschaft und Geburt

(1) ¹**Zur Behandlung akuter Erkrankungen und Schmerzzustände sind die erforderliche ärztliche und zahnärztliche Behandlung einschließlich der**

Versorgung mit Arznei- und Verbandmitteln sowie sonstiger zur Genesung, zur Besserung oder zur Linderung von Krankheiten oder Krankheitsfolgen erforderlichen Leistungen zu gewähren. [2]Zur Verhütung und Früherkennung von Krankheiten werden Schutzimpfungen entsprechend den §§ 47, 52 Absatz 1 Satz 1 des Zwölften Buches Sozialgesetzbuch und die medizinisch gebotenen Vorsorgeuntersuchungen erbracht. [3]Eine Versorgung mit Zahnersatz erfolgt nur, soweit dies im Einzelfall aus medizinischen Gründen unaufschiebbar ist.

(2) Werdenden Müttern und Wöchnerinnen sind ärztliche und pflegerische Hilfe und Betreuung, Hebammenhilfe, Arznei-, Verband- und Heilmittel zu gewähren.

(3) [1]Die zuständige Behörde stellt die Versorgung mit den Leistungen nach den Absätzen 1 und 2 sicher. [2]Sie stellt auch sicher, dass den Leistungsberechtigten frühzeitig eine Vervollständigung ihres Impfschutzes angeboten wird. [3]Soweit die Leistungen durch niedergelassene Ärzte oder Zahnärzte erfolgen, richtet sich die Vergütung nach den am Ort der Niederlassung des Arztes oder Zahnarztes geltenden Verträgen nach § 72 Absatz 2 und § 132e Absatz 1 des Fünften Buches Sozialgesetzbuch. [4]Die zuständige Behörde bestimmt, welcher Vertrag Anwendung findet.

*Änderungen der Vorschrift: Abs. 1 Satz 2 eingef., bish. Satz 2 wird Satz 3, Abs. 3 neu gef. mWv 24.10.2015 durch G v. 20.10.2015 (BGBl. I S. 1722).*

Schrifttum: *Burmeister,* Medizinische Versorgung der leistungsberechtigten nach §§ 4 und 6 AsylbLG über eine Krankenkasse, NDV 2015, 109; *Kaltenborn,* Die Neufassung des Asylbewerberleistungsgesetzes und das Recht auf Gesundheit, NZS 2015, 161.

*Gesetzesmaterialien: BT-Drs. 18/6185*

*Zu Buchstabe b*

*Amtlich empfohlene Schutzimpfungen und medizinisch notwendige Vorsorgeuntersuchungen werden bislang als Bestandteil des Sicherstellungsauftrags der Leistungsträger in Absatz 3 aufgeführt. Damit ist bereits nach geltendem Recht ein subjektiv-rechtlicher Anspruch der Leistungsberechtigten auf Versorgung mit den dort genannten Schutzimpfungen verbunden. Die Einfügung von Satz 2 stellt ferner klar, dass der Anspruch auf Krankenhilfe nach Absatz 1 auch die Versorgung mit den genannten vorbeugenden Gesundheitsleistungen umfasst.*

*Der Umfang der Leistungen für Schutzimpfungen wird neu bestimmt. Die bisherige Regelung in Absatz 3 nahm auf die öffentlichen Empfehlungen für Schutzimpfungen oder andere Maßnahmen der spezifischen Prophylaxe der obersten Landesgesundheitsbehörden nach § 20 Absatz 3 des Infektionsschutzgesetzes Bezug. Dies ist unpassend, da die öffentlichen Empfehlungen eine spezielle Funktion im Impfschadensrecht nach § 60 Absatz 1 Satz 1 Nummer 1 des Infektionsschutzgesetzes haben und nicht für leistungsrechtliche Zwecke bestimmt sind. Die öffentlichen Empfehlungen der Länder sind ihrem infektionsschutzrechtlichen Zweck entsprechend sehr weit gefasst, so dass sie teilweise über die Empfehlungen der Ständigen Impfkommission beim Robert Koch-Institut – und damit auch über die Leistungen der gesetzlichen Krankenversicherung – hinausgehen.*

*Der Umfang der Leistungen für Schutzimpfungen bestimmt sich nun – wie in § 2 Absatz 1 AsylbLG i. V. m. § 52 Absatz 1 Satz 1 (analog) des Zwölften Buches Sozialgesetzbuch (SGB XII) – nach den entsprechenden Leistungen der gesetzlichen Krankenversicherung. Damit wird im Unterschied zur bisherigen Rechtslage ein bundeseinheitlicher Leistungsanspruch festgelegt, bei dem zugleich sichergestellt ist, dass er den Leistungsumfang der gesetzlichen Krankenversicherung nicht überschreitet. Die Regelung gewährleistet darüber hinaus, dass während des gesamten Leistungsbezugs nach diesem Gesetz ein konti-*

*nuierlicher Leistungsanspruch auf Schutzimpfungen besteht. Der bundeseinheitliche und kontinuierliche Leistungsanspruch nach bekannten Maßstäben der gesetzlichen Krankenversicherung vermindert Prüf- und Bürokratieaufwand bei der Leistungserbringung insbesondere in Fällen, in denen gemäß § 4 Absatz 3 Satz 3 (neu) niedergelassene Ärzte tätig werden.*

*Zu Buchstabe b:*
*Bei Satz 1 handelt es sich um eine Folgeänderung zu der Änderung des § 4 Absatz 1.*

*Satz 2 soll im Interesse der öffentlichen Gesundheit sicherstellen, dass die Gruppe der Asylsuchenden frühzeitig einen der Gesamtbevölkerung vergleichbaren Impfschutz aufweist. Asylsuchende sind eine zentrale und bedeutsame Zielgruppe, wenn es darum geht, Impflücken in der Bevölkerung zu schließen. Allerdings ist die tatsächliche Durchführung von Schutzimpfungen bei Asylsuchenden in den Bundesländern unterschiedlich ausgeprägt. Infolge von fehlendem Impfschutz und unter den Bedingungen einer Unterbringung ist es bereits zu Ausbrüchen von impfpräventablen Krankheiten wie z.B. Masern gekommen, die unter Asylsuchenden ihren Ausgang nahmen und die auch zu vorübergehenden Schließungen von Erstaufnahmeeinrichtungen führten. Satz 2 regelt daher, dass den Leistungsberechtigten frühzeitig, regelhaft und aktiv Schutzimpfungsleistungen anzubieten sind, damit der notwendige Impfschutz auch in Anspruch genommen wird. Es sollten aus fachlicher Sicht die Standardimpfungen gegen hochkontagiöse oder schwer verlaufende Krankheiten angeboten werden. Unter den Leistungsberechtigten ist mit einer hohen Akzeptanz von Schutzimpfungen zu rechnen. Eine geeignete Gelegenheit für entsprechende Impfangebote bietet insbesondere die Gesundheitsuntersuchung nach § 62 Absatz 1 des Asylgesetzes. Durch das frühzeitige und konsequente Vorgehen, etwa durch Reihenimpfungen, kann die gesamte Zielgruppe gut erreicht werden. Das Vorgehen ist effektiver und ressourcensparender als Maßnahmen zur Schließung von Impflücken, die erst zu einem späteren Zeitpunkt einsetzen und nicht flächendeckend sind. Im Hinblick auf die Erbringung von Schutzimpfungsleistungen ist wegen der Vergütung zusätzlich auf die Verträge nach § 132e Absatz 1 des Fünften Sozialgesetzbuch (SGB V) Bezug zu nehmen, da die Erbringung von Schutzimpfungsleistungen dort und nicht in den Verträgen nach § 72 Absatz 2 SGB V geregelt ist.*

## Übersicht

## I. Bedeutung der Norm

**1**    Die Vorschrift enthält eine eigenständige Regelung über den Umfang der Leistungen bei Krankheit, Schwangerschaft und Geburt (*Hohm*, Schellhorn/Hohm/Scheider, SGB XII, § 4 AsylbLG Rn. 1). § 4 Abs. 1 S. 2 und Abs. 3 sind geändert worden. Nach dem erklärten Willen des Gesetzgebers sind die Leistungen der Gesundheitsvorsorge für Leistungsberechtigte nach § 1 eingeschränkt, weil davon ausgegangen wird, dass sich die Leistungsberechtigten voraussichtlich nur für kurze Dauer in der Bundesrepublik aufhalten (BT-Drs. 12/4451). Wie schon bei § 2 AsylbLG unterliegt der Gesetzgeber einer Einschätzung, die mit der sozialen Wirklichkeit inzwischen wenig gemein hat. Mag zu Beginn der Einführung des AsylbLG der Gedanke, dass die Einschränkung von Leistungen Menschen davon abhalten könnte, in die Bundesrepublik einzureisen bestanden haben, hat sich die Situation inzwischen durch die Vielzahl der geduldeten und faktisch nicht abschiebbaren Ausländer grundlegend geändert (s. auch *Frerichs*, jurisPK-SGB XII, § 4 AsylbLG Rn. 22). Damit stößt die Vorschrift an die Grenze des noch verfassungsrechtlich Vertretbaren (im Ergebnis ebenso *Hohm,* Schellhorn/Hohm/Scheider, SGB XII, § 4 AsylbLG Rn. 1). Normzweck ist die deutliche Schlechterstellung in der medizinischen Versorgung im Verhältnis zu den nach dem SGB XII Leistungsberechtigten. Damit greift die Vorschrift in das Menschenrecht auf Grundsicherung ein und verlangt in der Einzelentscheidung eine an diesem Grundrecht orientierte verfassungskonforme Auslegung, was in der Praxis nicht immer geschieht. Auch wenn es kein Grundrecht auf Gesundheit gibt, sind die gewünschten Leistungen am Grundrecht der Menschenwürde zu messen und zu beurteilen (*Frerichs,* jurisPK-SGB XII, § 4 AsylbLG Rn. 21). Die Differenzierung zwischen akuten und chronischen Erkrankungen, die getroffen wird, lässt sich unter verfassungsrechtlichen Gesichtspunkten nur damit erklären, dass der Gesetzgeber in § 1 immer noch meint, es handele sich durchgängig um einen Personenkreis, der sich nur vorläufig in Deutschland aufhält, so dass sich die Regelung noch im Rahmen des gesetzgeberischen Ermessens hält (kritischer *Frerichs*, jurisPK-SGB XII, § 4 AsylbLG Rn. 22). Strukturelle Defizite können allenfalls durch § 6 ausgeglichen werden (*Frerichs*, jurisPK-SGB XII, § 4 AsylbLG Rn. 24). Außerdem muss die Vorschrift richtlinienkonform (Richtlinie 2013/33/EU, die bisher noch nicht in deutsches Recht umgesetzt worden ist) ausgelegt werden. Sie betrifft Asylbewerber mit besonderen Bedürfnissen. Dazu zählen unbegleitete Minderjährige, Opfer des Menschenhandels, Menschen mit psychischen Störungen, Folteropfer etc.

**2**    Auch unter Berücksichtigung des Art. 3 Abs. 1 GG, der es nahelegen könnte, Sozialhilfeempfänger und Leistungsberechtigte nach dem AsylbLG gleich zu behandeln (*Kaltenborn*, NZS 2015, 163), bleibt die Vorschrift noch im Rahmen des verfassungsrechtlich Vertretbaren, weil es sachliche Unterschiede zwischen den beiden Leistungsgruppen gibt. In diesem Zusammenhang ist auch Art. 12 des Internationalen Paktes für soziale, wirtschaftliche und kulturelle Rechte zu beachten, der vorschreibt, dass es ein Recht auf den höchsten erreichbaren Gesundheitszustand gibt (a. A. *Kaltenborn*, NZS 2015, 164).

**3**    Mit dem massenhaften Zustrom von Flüchtlingen haben sich neue Herausforderungen ergeben. Auf diese hat der Gesetzgeber mit Änderungen des Abs. 1 und 3 reagiert. Amtlich empfohlene Schutzimpfungen und medizinisch notwendige Vorsorgeuntersuchungen waren bislang als Bestandteil des Sicherstellungsauftrags der Leistungsträger in Abs. 3 aufgeführt. Damit ist bereits nach geltendem Recht ein subjektiv-rechtlicher Anspruch der Leistungsberechtigten auf Versorgung mit den dort genannten Schutzimpfungen verbunden. Die Einfügung von Satz 2 stellt ferner klar, dass der Anspruch auf Krankenhilfe nach Absatz 1 auch die Versorgung mit den genannten vorbeugenden Gesundheitsleistungen umfasst (BT-Drs. 18/6185).

§ 4 Abs. 3, der neu gefasst worden ist, hat den Zweck, die **freie Arztwahl** auszu- 4
schließen (*Frerichs,* jurisPK-SGB XII, § 4 Rn. 64; *Hohm,* Schellhorn/Hohm/Schei-
der, SGB XII, § 4 AsylbLG Rn. 35).

Mit der Entscheidung des BVerfG vom 18.7.2012 ist die Vorschrift einer kriti- 5
schen Prüfung zu unterziehen (so auch *Frerichs,* jurisPK-SGB XII, § 4 AsylbLG
Rn. 21; *Birk,* LPK-SGB XII, § 4 AsylbLG Rn. 1). Ohne Zweifel ist aus verfassungsrechtlicher Sicht nichts dagegen einzuwenden, dass Leistungen bei Krankheit für
die Leistungsberechtigten, deren Aufenthalt aufenthaltsrechtlich nur kurz bemessen
ist, eine medizinische Grundversorgung erhalten und eine solche längerer Natur,
auch weil sie während des Aufenthalts in Deutschland nicht abgeschlossen werden
kann, für Leistungsberechtigte auszuschließen sind (vgl. auch *Frerichs,* jurisPK-
SGB XII, § 4 AsylbLG Rn. 22). Der Gesetzgeber hat sich, weil die Vorschrift des
§ 4 nicht der Prüfung des BVerfG unterlag, nicht zu grundlegenden Änderungen
oder Ermittlungen veranlasst gesehen (s. auch *Kaltenborn,* NZS 2015, 163).

Bei längerer Verweildauer wird kritisiert, dass die Festlegung der Gesundheitsleis- 6
tungen nicht die von der Rechtsprechung des BVerfG eingeforderte prozedurale
Vorgehensweise beachtet hat (*Eichenhofer,* ZAR 2013, 174). Angesichts der vielfältigen Krankheitsverläufe mit ihrer unterschiedlichen Intensität muss gefragt werden,
ob eine derartige Datenerhebung überhaupt möglich ist.

Mit der Übernahme der Kosten für eine Vorsorgeuntersuchung werden die Perso- 7
nen bessergestellt, auf die § 2 nicht anzuwenden ist. Im Gegensatz zu den leistungsberechtigten Personen des § 2 iVm § 23 Abs. 1 S. 3 SGB XII besteht ein Rechtsanspruch auf Vorsorgeuntersuchungen (*Deibel,* ZFSH/SGB 2015, 707). Durch § 264
Abs. 1 bis 7 SGB V wird den Bundesländern ermöglicht, dass die gesetzlichen Krankenkassen die Kosten der Krankenbehandlung übernehmen (zur Kritik: *Deibel,*
ZFSH/SGB 2015, 708).

Die Zuständigkeit für die medizinische Versorgung von Flüchtlingen und Asylsu- 8
chenden ist unübersichtlich und kompliziert. Alle **einreisenden Flüchtlinge** und
**Asylsuchenden** müssen sich einer Eingangsuntersuchung stellen (§ 62 AsylG). In
der Regel ist die Aufnahmeeinrichtung zuständig, sofern es nicht landesrechtliche
Besonderheiten gibt. Die Notfallbehandlung erfolgt nach § 6a.

**Personen nach § 1** erhalten vom kommunalen Leistungsträger Leistungen nach 9
§ 4. Das geschieht durch einen Behandlungsschein oder teilweise durch eine Gesundheitskarte.

**Leistungsberechtigte nach § 2** erhalten nach § 264 Abs. 2 SGB V eine Gesund- 10
heitskarte. Zuständig wird dann die Krankenkasse. Hierin ist eine Verbesserung ihrer
gesundheitlichen Betreuung zu sehen.

**Unbegleitete Minderjährige und Jugendliche** werden nach § 40 SGB VIII 11
versorgt, allerdings ist auch Art. 19 der Richtlinie 2013/33/EU zu berücksichtigen.

Behandelt ein Krankenhaus oder ein Arzt einen Leistungsberechtigten, der weder 12
Mitglied einer inländischen oder ausländischen gesetzlichen oder privaten Krankenversicherung ist, bleibt als Anspruchsgrundlage die **Nothilfe** nach § 6a.

## II. Inhalt der Vorschrift

Die Vorschrift regelt den Umfang der **Leistungen bei Krankheit, Schwanger-** 13
**schaft und Geburt** (s. dazu auch Art. 15 Richtlinie 2003/9/EG, jetzt Art. 13 und
17 Richtlinie 2013/33/EU und für unbegleitete Minderjährige Art. 24 Richtlinie
2013/32 EU). Nach Art. 13 können die Mitgliedstaaten die medizinische Untersuchung aus Gründen der öffentlichen Gesundheit anordnen. Nach Art. 17 tragen die
Mitgliedstaaten dafür Sorge, dass Antragsteller ab Stellung des Antrages auf internationalen Schutz im Rahmen der Aufnahme materielle Leistungen in Anspruch nehmen können, wozu auch eine medizinische Versorgung gehört. Art. 19 der Qualifi-

kationsrichtlinie garantiert lediglich eine Notversorgung, aber auch die unbedingt erforderliche Behandlung von Krankheiten und schweren psychischen Störungen. Dazu wird in der Literatur die Auffassung vertreten, dass die Behandlung psychischer Störungen über § 6 gesichert ist, sodass gegenüber dem Europarecht kein Vollzugsdefizit besteht (*Frerichs,* jurisPK-SGB XII, § 4 AsylbLG Rn. 26). Damit steht die Vorschrift des § 4 mit Europäischem Recht in Einklang (*Frerichs,* jurisPK-SGB XII, § 4 Rn. 25 f.; kritisch *Birk,* LPK-SGB XII, § 4 AsylbLG Rn. 2).

14   § 4 korrespondiert mit der Vorschrift des § 5 Abs. 8a S. 2 SGB V. Ausdrücklich ist dort bestimmt, dass Empfänger von Leistungen nach § 2 von der Krankenversicherungspflicht nach § 5 Abs. 1 Nr. 13 SGB V ausgeschlossen sind (vgl. auch *Gerlach,* Hauck/Noftz, SGB V, § 5 Rn. 478a; SG Frankfurt 30.7.2007 – S 18 KR 416/07 ER; a. A. SG Speyer 23.4.2007 – S 7 ER 162/07 KR). Leistungsberechtigte nach § 1 sind ansonsten grundsätzlich von Leistungen nach dem SGB V ausgeschlossen. Sie erfüllen die Voraussetzungen der Sonderregel des § 5 Abs. 11 SGB V nicht (vgl. BSG 3.7.2013 – B 12 KR 2/11 R). Dem im Gesetzgebungsverfahren eingebrachten Vorschlag des Bundesrates, das 5. Kapitel des SGB XII für entsprechend anwendbar zu erklären, um nach § 264 SGB V die Gesundheitsversorgung durch die Krankenkassen sicher zu stellen, hat die Bundesregierung zurückgewiesen (*Deibel,* ZFSH/SGB 2015, 122; vgl. zur Entwicklung auch *Burmester,* NDV 2015, 109 f.). Geprüft wird, ob eine Gesundheitskarte (Bremer Modell, näher dazu *Burmester,* NDV 2015, 111 f.) eingeführt werden kann, um auch den Verwaltungsaufwand zu verringern (*Deibel,* ZFSH/SGB XII 2015, 122). Zu den Schwierigkeiten bei der Einführung einer Gesundheitskarte, s. Zeit online 15.5.2016.

15   Die Leistungen werden als Sachleistungen (§ 3 Abs. 1), Geldleistungen oder in Form einer Kostenzusage erteilt. Sachleistungen i. S. d. AsylbLG sind nicht solche des SGB V. Deshalb kommt es nicht darauf an, dass z. B. eine eine posttraumatische Belastungsstörung behandelnde Psychotherapeutin im Sachleistungsprinzip der GKV zugelassen ist (LSG Hmb 18.4.2014 – L 1 KR 52/14 B ER). Dem AsylbLG liegt zwar das Prinzip zugrunde, dass Leistungen grundsätzlich als Sachleistungen zu erbringen sind. Das bedeutet aber eben nur, dass die Berechtigten grundsätzlich kein Geld erhalten. Davon zu unterscheiden ist das spezielle Sachleistungssystem der GKV mit seinem leistungssteuernden Zulassungsprinzip hinsichtlich der einzelnen Leistungserbringer.

16   Vorbild für den Inhalt der Vorschrift war die frühere Regelung des § 37 BSHG. Mit § 48 SGB XII lässt sie sich weniger vergleichen, weil § 48 S. 2 SGB XII den Verweis auf § 264 SGB V enthält, der für den hier angesprochenen Personenkreis nicht gilt.

17   § 4 AsylbLG begründet lediglich ein **Leistungsverhältnis** zwischen dem **Leistungsberechtigten** und dem **Leistungsträger** (*Frerichs,* jurisPK-SGB XII, § 4 Rn. 30). Auch durch § 4 Abs. 3 S. 2 erwirbt der behandelnde Arzt gegenüber dem Leistungsträger **keinen unmittelbaren Anspruch.** Nur wenn der Leistungsträger gegenüber dem Arzt eine eindeutige Kostenzusage abgegeben hat, kann dieser sich mit eigenen Ansprüchen an den Leistungsträger wenden. Zu beachten ist, dass dieser Anspruch sich akzessorisch zu § 4 AsylbLG verhält, falls keine besonderen Vereinbarungen getroffen worden sind. Der Anspruch des behandelnden Arztes kann nicht über den dem Leistungsberechtigten zustehenden Anspruch auf Krankenhilfe hinausgehen.

18   Ausländer, die in einer Aufnahmeeinrichtung oder Gemeinschaftsunterkunft zu wohnen haben, sind verpflichtet, eine ärztliche Untersuchung auf übertragbare Krankheiten einschließlich einer Röntgenaufnahme der Atmungsorgane zu dulden. Die oberste Landesgesundheitsbehörde oder die von ihr bestimmte Stelle bestimmt den Umfang der Untersuchung und den Arzt, der die Untersuchung durchführt (§ 62 AsylG). Die Kostenübernahme muss mit der zuständigen Behörde vereinbart werden.

Zur Entstehungsgeschichte ist erwähnenswert, dass durch das 1. Änderungsgesetz **19** zum AsylbLG Abs. 3 S. 2 durch zwei neue Sätze ersetzt wurde, um den zuständigen Behörden, die nach Satz 1 die ärztliche und zahnärztliche Versorgung einschließlich der Schutzimpfungen sicherzustellen haben, die Möglichkeit zu eröffnen, eine örtliche und für sie günstigere Vereinbarung auszuwählen.

## III. Leistungen bei Krankheit

### 1. Personenkreis

Erfasst von der Vorschrift werden die Personen des §1 Abs. 1 AsylbLG. Es handelt **20** sich um eine Muss-Leistung. Ausgenommen sind die sog. analogberechtigten Leistungsempfänger nach §2 AsylbLG, weil für sie die Vorschriften der §§3 bis 7 AsylbLG keine Anwendung finden (s. auch BSG 9.11.2011 – B 8 AY 1/10 R).

Als ärztliche Behandlung gelten alle auf medizinisch-wissenschaftlicher Grundlage **21** durchgeführten Tätigkeiten eines approbierten Arztes oder Zahnarztes einschließlich der Krankenhausbehandlung (*Hohm*, Schellhorn/Hohm/Scheider, SGB XII, §4 AsylbLG Rn. 8).

### 2. Leistungsvoraussetzungen

**a) Kenntnis.** Zu den ungeklärten Fragen der Leistungsvoraussetzung gehört, ob **22** der Berechtigte vor der Inanspruchnahme von medizinischen Leistungen zuvor die Genehmigung des Leistungsträgers einholen muss (teils wird auch von einer erforderlichen Vorsprache gesprochen, *Herbst*, Mergler/Zink, §4 Rn. 24). Die Vorschrift selbst gibt dazu keine Auskunft, so dass es naheliegen könnte, auf ein derartiges Erfordernis zu verzichten.

Allerdings wurde bisher die Vorschrift des §5 BSHG bzw. des §18 SGB XII **23** angeführt, wonach die Kenntnis des Leistungsträgers vom Hilfefall maßgeblich ist. Daraus wurde die Genehmigung als notwendige Leistungsvoraussetzung abgeleitet (zu diesem Problem vgl. auch *Hohm*, GK-AsylbLG, §4 Rn. 15; *Herbst*, Mergler/ Zink, SGB XII §4 Rn. 25; *Fasselt*, Fichtner/Wenzel, SGB XII §4 Rn. 1; so LSG LSA 9.3.2015 – L 8 SO 23/14 B ER: zeitnahe Information; eingehend VG Oldenburg 5.4.2000 – 3 A 2274/98; s. auch LSG NRW 6.5.2013 – L 20 AY 145/11). Nach der Änderung des AsylbLG muss nun auf §6b verwiesen werden, wonach §18 SGB XII entsprechend anzuwenden ist. Daraus ergibt sich zumindest die Verpflichtung des Leistungsberechtigten, den Leistungsträger in Kenntnis zu setzen, damit dieser die Notwendigkeit einer ärztlichen Behandlung prüfen kann. Andernfalls besteht die Gefahr, dass der Leistungsberechtigte die Kosten der Krankenbehandlung selbst zu tragen bzw. der behandelnde Arzt auf seinen Kosten sitzen bleibt, sofern kein Notfall nach §6a vorliegt (überholt: BSG 30.10.2013 – B 7 AY 2/12 R).

Die Praxis sieht zumeist anders aus. Es entspricht einer weitverbreiteten Übung, **24** an Leistungsberechtigte sog. Arztscheine oder „Krankenscheine" auszugeben (vgl. dazu auch *Burmester*, NDV 2015, 111 f.), die deutlich machen, dass der Leistungsträger nicht für jede ärztliche Behandlung eine Vorsprache erwartet, was für den Betreffenden das Risiko ausschließt, dass sich im Nachhinein ein Anspruch auf Krankenbehandlung als nicht gerechtfertigt herausstellen kann.

Für Krankenhäuser, die eine Notfallversorgung vornehmen, ist nicht mehr §25 **25** SGB XII analog, sondern §6a heranzuziehen. Die kritisch zu bewertende Entscheidung des BSG (30.10.2013 – B 7 AY 2/12 R), die sich gegen eine Analogie des §25 SGB XII im AsylbLG ausgesprochen hatte, ist damit überholt.

**b) Akute Erkrankung.** Leistungen bei **Krankheit** sind bei akuten Erkrankun- **26** gen und Schmerzzuständen zu gewähren. Das Merkmal akut bezieht sich nach seiner

Wortstellung ausschließlich auf Krankheiten. Akut wird definiert als ein unvermutet auftretender, schnell und heftig verlaufender regelwidriger Körper- oder Geisteszustand, der aus medizinischen Gründen der ärztlichen oder zahnärztlichen Behandlung bedarf (vgl. *Langer,* AsylbLG, § 4 Rn. 34; *Herbst,* Mergler/Zink, SGB XII, § 4 Rn. 5; *Frerichs,* jurisPK-SGB XII, § 4 Rn. 38; *Kaltenborn,* NZS 2015, 162). Die Behandlung einer leichten fiebrigen Erkrankung löst deshalb keinen Hilfeanspruch aus, anders jedoch hohes Fieber. Eine akute Erkrankung ist vom ThürLSG 22.8.2005 – L 8 AY 383/05 ER auch bei einer ambulant/stationären psychotherapeutischen Behandlung im Fall einer leichten chronifizierten Depression (posttraumatische Belastungsstörung) abgelehnt worden. Zur Behandlung einer posttraumatischen Belastungsstörung *Deibel,* ZAR 2004, 324; undifferenziert *Herbst,* Mergler/ Zink, § 4 Rn. 9. Zumeist liegen die Schwierigkeiten für ine Abgrenzung zwischen leicht und erheblich darin, ob es sich bei vorgelegten ärztlichen Gutachten um Gefälligkeiten handelt, was letztlich nur über ein qualifiziertes Sachverständigengutachten herauszufinden ist. Hierbei spielt auch die Glaubwürdigkeit des Hilfesuchenden eine Rolle, die überdenkenswert ist, wenn über traumatischen Ereignisse erst nach Jahren und unter dem Eindruck eingeleiteter aufenthaltsrechtlichen Maßnahmen geredet wird, es sei denn, es lässt sich verifizieren, dass das bisherige Schweigen eine Ursache im Trauma findet.

27    Das Adjektiv „akut" schließt **chronische Erkrankungen** aus. Langfristige Behandlungen, die wegen des eingeschränkten Aufenthaltes nicht abgeschlossen werden können, scheiden aus (LSG BW 11.1.2007 – L 7 Ay 6025/06 PKH-B; s. auch *Herbst,* Mergler/Zink, SGB XII, § 4 Rn. 12). Auch bei chronischen Erkrankungen kann ein akuter, zusätzlicher Krankheitszustand auftreten (akute Lungenentzündung eines AIDS-Kranken). Grundsätzlich ist die Implantation eines neuen Hüftgelenks auf eine chronische Erkrankung zurückzuführen. Ein Anspruch auf Übernahme der Kosten besteht nur zur akuten Schmerzbehandlung. Unaufschiebbare Behandlungsmaßnahmen chronisch Kranker sind ausgeschlossen, was durch das Gesetzgebungsverfahren belegt wird. Ein in diese Richtung zielender Änderungsantrag der SPD-Fraktion ist nicht Gesetz geworden ist (BT-Drs. 12/5008, S. 14). Ein Schmerzzustand umfasst sowohl akute als auch chronische Schmerzen (VGH BW 4.5.1998 – 7 S 920/98, orthopädische Schuhe).

28    Durch den Ausschluss chronischer Erkrankungen sind Leistungen bei einem akuten unaufschiebbaren Behandlungsbedarf (Lebertransplantation) nicht möglich (ebenso *Hohm,* GK-AsylbLG, § 4 Rn. 20). Zur Abwägung zwischen einer Nierentransplantation und einer Dialysebehandlung OVG Greifswald, 28.1.2004 – 1 O 5/ 04. Ist eine Dialysebehandlung möglich, besteht kein Anspruch auf eine Nierentransplantation (*Huster/Ströttchen,* MedR 2016, 416). Ein Anspruch auf eine Kostenübernahme für Transplantationen ist nur bei lebensbedrohlichen Situationen möglich (*Huster/Ströttchen,* MedR 2016, 416). Zum Anspruch auf Aufnahme in die Warteliste nach § 10 TPG, *Huster/Ströttchen,* MedR 2016, 416.

29    **c) Schmerzzustände.** Darunter versteht man einen mit einer aktuellen oder potenziellen Gewebeschädigung verknüpften unangenehmen Sinnes- und Gefühlszustand, der aus medizinischen Gründen der ärztlichen oder zahnärztlichen Behandlung bedarf. Wegen des Bezugs von akut auf Erkrankungen sind Leistungen bei Schmerzzuständen zu erbringen, die auch auf chronische Zustände zurückzuführen sind. Auch ein depressiver Leidenszustand ist wegen seiner quälenden Natur ebenso beeinträchtigend wie ein erheblicher körperlicher Schmerz (NdsOVG 22.9.1999 – 4 M 3551/99).

## 3. Inhalt der Leistung

30    Die Vorschrift setzt einen konkreten Hilfebedarf voraus. Es sind nur die **erforderlichen** ärztlichen, zahnärztlichen Behandlungsleistungen, die Versorgung mit Arz-

nei- und Verbandmitteln sowie die sonstige Versorgung zur Genesung, zur Besserung oder zur Linderung von Krankheiten und Krankheitsfolgen zu gewähren. Zwischen den Adjektiven akut und erforderlich besteht eine Wechselbeziehung (*Hohm,* GK-AsylbLG, § 4 Rn. 44 spricht von einem Bindeglied). Nur die ärztliche Leistung, die erforderlich ist, um die Folgen einer akuten Krankheit zu lindern oder zu beseitigen, kann bewilligt werden. Damit wird der nach dem AsylbLG Berechtigte von den ärztlichen oder zahnärztlichen Leistungen ausgeschlossen, die dem Patienten eine optimale und bestmögliche Versorgung ermöglichen. Deshalb sind auch diejenigen Behandlungsformen ausgenommen, die der Prophylaxe im weitesten Sinn zuzurechnen sind.

Ob eine Leistung erforderlich ist, muss notfalls unter Zuhilfenahme der Sach- **31** kompetenz eines Arztes oder Zahnarztes geklärt werden. In die Beurteilung der Erforderlichkeit dürfen wesensfremde Erwägungen wie eine Erfolgsaussicht des Asylverfahrens nicht einfließen. Das fachliche Urteil ist entscheidend, gleich ob es von dem behandelnden Arzt oder einem Arzt des öffentlichen Gesundheitswesens abgegeben wird. Keinem fachlichen Urteil kann, wenn es fundiert ist, eine Priorität eingeräumt werden. Dabei ist die Formulierung von der Bindungswirkung der ärztlichen Stellungnahme (so z. B. *Hohm,* Schellhorn/Hohm/Scheider, SGB XII, § 4 AsylbLG Rn. 13) für das eigentliche Verständnis eher hinderlich. Dem Leistungsträger bleibt es im Rahmen seiner Amtsermittlungspflicht vorbehalten, jede ärztliche Stellungnahme auf ihre Schlüssigkeit und Nachvollziehbarkeit zu überprüfen.

Zu den sonstigen Leistungen werden Fahrtkosten gerechnet, soweit sie in einem **32** funktionalen Zusammenhang mit der Krankheit stehen. Das ist sicher nicht der Fall, wenn die Person den behandelnden Arzt ohne weitere Fahrtkosten erreichen kann und dies der akute Krankheitszustand noch zulässt. Eher ablehnend ist dem Wunsch gegenüberzustehen, durch einen muttersprachlichen Arzt behandelt zu werden, wenn dadurch zusätzliche Fahrtkosten verursacht werden. Nur in Ausnahmefällen können derartige Fahrtkosten übernommen werden. Die Kostenübernahme der Fahrtkosten eines Rettungswagens ist möglich, sofern keine andere Transportmöglichkeit angezeigt war. Zu den Kosten eines Hubschraubertransportes bei akuten Brandverletzungen, *Hohm,* GK-AsylbLG, § 4 Rn. 69.

Die Übernahme von Fahrtkosten zur Behandlung in einem auswärtig gelegenen **33** Zentrum für Folteropfer setzt grundsätzlich voraus, dass es sich um die Behandlung einer akuten Erkrankung handelt. Zur Übernahme von Transportkosten: LSG LSA 9.3.2015 – L 8 SO 23/14 B ER.

Bei allen Entscheidungen über die Gewährung von Fahrtkosten sind diese um den **34** in den Leistungen des AsylbLG sowieso schon enthaltenen Betrag für die Nutzung öffentlicher Verkehrsmittel zu kürzen. In der Rechtsprechung ist dafür bisher ein Betrag von 12,5 % des nach § 3 AsylbLG zu gewährenden Barbetrages als angemessen angesehen worden (vgl. z. B. VG Braunschweig 13.4.2000 – 3 B 67/00).

Als sonstige Leistungen kommen auch solche der Gewährung von häuslicher **35** Krankenpflege in Betracht. Diese Leistungen stehen unter dem Vorbehalt, dass die häusliche Krankenpflege nicht von den Personen geleistet werden kann, mit denen der Kranke zusammenlebt. Das sind in der Regel Verwandte oder Freunde.

Bei Heil- und Genesungskuren muss ihr Einsatz erforderlich sein, um aus ärztli- **36** cher Sicht als Nachsorge einer akuten Erkrankung in Betracht zu kommen.

Einzelfälle: Eine Nierentransplantation ist abgelehnt worden, wenn eine Dialyse **37** für eine Grundversorgung ausreichend ist, OVG MV 28.1.2004 – 1 O 5/04, FEVS 56, 162.

Bekräftigt wird durch die Rechtsprechung immer wieder, dass § 4 AsylbLG keinen **38** Anspruch auf eine optimale medizinische Versorgung sichert, LSG BW 11.1.2007 – L 7 AY 6025/06 PKH-B.

**39**     Anerkannt worden ist, dass die Kosten für Krankengymnastik und Wärmetherapie zur Linderung von Schmerzen zu bewilligen sind, SG Gießen 10.8.2006 – S 18 AY 6/06.

**40**     Die Inanspruchnahme von Sprachmittlerdiensten oder die Kostenübernahme dafür ist nicht möglich (*Hohm,* Schellhorn/Hohm/Scheider, SGB XII, § 4 AsylbLG Rn. 15), da sie keinen engen funktionalen Bezug zur akuten Erkrankung haben.

**41**     Gesundheitsfördernde Wohnbedingungen in Form eines Einzelzimmers innerhalb einer Asylbewerberunterkunft lassen sich bei Akuterkrankungen vertreten. Gleiches gilt, wenn der akuten Erkrankung nur durch die Anmietung einer Wohnung außerhalb einer Asylbewerberunterkunft begegnet werden kann.

**42**     Auch bei den Hilfsmitteln ist der Zusammenhang zur Akutversorgung und der Schmerzlinderung zu sehen. So sind die Kosten für eine Brillenverordnung abgelehnt worden (VG Meiningen 1.6.2006 – 8 K 560/04). Für die nach dem AsylbLG Berechtigten tut sich hierbei eine gesetzliche Lücke auf, weil eine Vielzahl von Hilfsmitteln über die Eingliederungshilfe gewährt werden kann, dieser Leistungsbereich dem Personenkreis des AsylbLG verschlossen ist, was unterstreicht, dass die Gewährung von Heil- und Hilfsmitteln auf die Akuterkrankung und Schmerzzustände beschränkt bleibt (vgl. auch *Hohm,* Schellhorn/Hohm/Scheider, SGB XII, § 4 AsylbLG Rn. 15).

## IV. Versorgung mit Zahnersatz (Abs. 1)

**43**     Beim Zahnersatz erfährt der Begriff der Erforderlichkeit eine weitere Einschränkung durch S. 2. Eine Versorgung mit Zahnersatz erfolgt nur, wenn dies im Einzelfall aus medizinischen Gründen **unaufschiebbar** ist. Es ist darauf aufmerksam zu machen, dass es die medizinischen und nicht die zahnmedizinischen Gründe sind, die die Unaufschiebbarkeit begründen. Unaufschiebbar kann eine Versorgung sein, wenn Zähne fehlen und das Verdauungssystem beeinträchtigen. Unaufschiebbar heißt ohne schuldhaftes Zögern. Hier spielen das Zeitmoment und der Einzelfall eine bestimmende Rolle. Es bedeutet aber auch, dass bei einer unmittelbar bevorstehenden Abschiebung oder Ausreise nur die nötigsten Maßnahmen ergriffen werden müssen.

## V. Schutzimpfungen und Vorsorgeuntersuchungen (Abs. 1 S. 2)

**44**     Folgende Gründe haben den Gesetzgeber bewogen, eine Regelung zu den Schutzimpfungen und Vorsorgeuntersuchungen aufzunehmen: Die amtlich empfohlenen Schutzimpfungen seien bisher in Abs. 3 geregelt gewesen. Die Einfügung von Satz 2 soll klarstellen, dass der Anspruch auf Krankenhilfe nach Abs. 1 auch die Versorgung mit den genannten vorbeugenden Gesundheitsleistungen umfasst. Der Umfang der Leistungen für Schutzimpfungen wird neu bestimmt. Es wird Abstand genommen vom Infektionsschutzgesetz. Der Umfang bestimmt sich nun nach § 52 Abs. 1 S. 1 SGB XII analog. Diese Schutzimpfungen dienen der Verhütung und Früherkennung von Krankheiten. Sie flankieren die Verpflichtung des Leistungsberechtigten, der sich in einer Erstaufnahmeeinrichtung befindet, zur medizinischen Untersuchung (§ 62 AsylG).

**45**     Mit der zum 24.10.2015 in Kraft getretenen Neufassung hat der Leistungsberechtigte einen subjektiven Anspruch auf Schutzimpfungen und medizinisch gebotene Vorsorgeuntersuchungen. Vorsorgeuntersuchungen sind in §§ 25, 26 SGB V geregelt.

## VI. Hilfe für Mütter (Abs. 2)

Die Vorschrift stellt eine von den Einschränkungen des Abs. 1 abweichende Son- **46** derregel dar. Sie bezieht sich auf einen Leistungszeitraum, der mit der Schwangerschaft beginnt und nach der Geburt endet. Begünstigt werden weibliche Ausländer, die zum Personenkreis des § 1 Abs. 1 AsylbLG gehören, unabhängig, ob sie volljährig oder minderjährig sind. Vom engen, im Gesetz aufgezählten Leistungskatalog sind Familienplanung und Eingliederungshilfe für das Neugeborene nicht eingeschlossen. Ansonsten ist eine möglichst umfassende Hilfe bei der Schwangerschaft, bei der Geburt und nach der Geburt zu ermöglichen.

Im Einzelnen umfasst die Vorschrift die Maßnahmen der Feststellung einer **47** Schwangerschaft, Untersuchungen zur Schwangerschaftsvorsorge, Hilfen während der Schwangerschaft.

Ausgenommen sind Hilfen bei Schwangerschaftsabbrüchen sowie Hilfen zur **48** Familienplanung, was sich angesichts des häufig längeren Aufenthalts von Frauen als ein sozialpolitisches Defizit erweist.

## VII. Organisation der ärztlichen und zahnärztlichen Versorgung (Abs. 3)

### 1. Sicherungspflicht (Satz 1)

Satz 1 ist neu eingeführt durch das Asylverfahrensbeschleunigungsgesetz vom **49** 20.10.2015 (BGBl. I S. 1727). Mit dieser Vorschrift wird eine objektiv-rechtliche **Sicherungspflicht** (*Hohm,* Schellhorn/Hohm/Scheider, SGB XII, § 4 AsylbLG Rn. 31) normiert, die die Behörde zu veranlassen hat, die organisatorischen und verfahrensrechtlichen Vorkehrungen zu treffen, um ihre gesetzlichen Aufgaben zu erfüllen. Die Vorschrift unterstreicht den Leistungsanspruch ("stellt sicher"). Das schließt auch den Impfschutz ein. Wie die Behörde ihrer Sicherungspflicht nachkommt, ist nicht näher geregelt. Die organisatorischen Schritte bleiben ihr vorbehalten. Soweit die Behörde ihre Sicherungspflicht zur ärztlichen Versorgung dadurch sicherstellt, dass sie durch von ihr beauftragte Ärzte oder Zahnärzte gewährleistet wird, ist die freie Arztwahl ausgeschlossen. Sie wird nur ermöglicht, wenn die Behörden Behandlungsscheine zur Verfügung stellen.

In der Literatur wird darüber gestritten, ob die Vorschrift die freie Arztwahl **50** einschränkt (bejahend *Deibel,* ZAR 1995, 62; differenzierend *Langer,* AsylbLG, § 4 Rn. 173). Der Wortlaut lässt keine eindeutigen Ableitungen zu. Als eine objektiv formulierte, an die Leistungsträger gerichtete Pflicht kann sie nur so verstanden werden, dass die Leistungsberechtigten sich an die Ärzte des öffentlichen Gesundheitsdienstes zu wenden haben, wenn der Leistungsträger Hilfe zu Verfügung stellt. In der Praxis wird die ärztliche und zahnärztliche Versorgung schon aus Gründen mangelnder Kapazitäten so gehandhabt, dass sog. Krankenscheine ausgegeben werden, so dass der Berechtigte den Arzt seiner Wahl aufsuchen kann. Gegen eine derartige Praxis spricht jedenfalls die Regelung des Abs. 3 S. 1 nicht.

### 2. Schutzimpfungen (Satz 2)

Die zuständige Behörde stellt auch sicher, dass den Leistungsberechtigten frühzei- **51** tig eine Vervollständigung ihres Impfschutzes angeboten wird. Diese Verpflichtung zu erfüllen ist dringend erforderlich, weil Gruppen von Flüchtlingen nicht über den nötigen Impfschutz verfügen und in den Gemeinschaftsunterkünften die Gefahr besteht, dass ansteckende Krankheiten wie Masern ausbrechen können (vgl. auch *Langer,* GK-AsylbLG § 4 Rn. 175).

## 3. Vergütungsregelung (Satz 3)

**52**     Erfolgen die Leistungen durch niedergelassene Ärzte oder Zahnärzte, trifft die
Vorschrift eine Regelung über die Vergütung, wobei offen bleibt, in welchem
Umfang die Krankenkassen die Kosten zu übernehmen haben (*Langer*, AsylbLG § 4
Rn. 176). Verwiesen wird auf § 72 Abs. 2 und § 132e SGB V.

## 4. Bestimmungsrecht (Satz 4)

**53**     Die Vorschrift gibt den zuständigen Behörden ein Bestimmungsrecht über den die
Vergütungsbemessung anzuwendenden Vertrag. Sie regelt keine irgendwie geartete
Vertragsbeziehung zwischen der KV und einem Leistungsträger (SG Marburg
29.3.2006 – S 12 KA 638/05). Es gelten die örtlichen Versorgungsverträge (§ 72
SGB V).

**54**     § 264 Abs. 1 SGB V gibt den Ländern die Möglichkeit, die Krankenkassen zu
verpflichten, die Gesundheitsversorgung nach dem AsylbLG durchzuführen. Das
setzt entsprechende Rahmenvereinbarungen auf der Ebene der Landkreise und
Kreisfreien Städten voraus (BT-Drs. 18/6185).

## § 5 Arbeitsgelegenheiten

(1) [1]In Aufnahmeeinrichtungen im Sinne des § 44 des Asylgesetzes und
in vergleichbaren Einrichtungen sollen Arbeitsgelegenheiten insbesondere
zur Aufrechterhaltung und Betreibung der Einrichtung zur Verfügung
gestellt werden; von der Bereitstellung dieser Arbeitsgelegenheiten unberührt bleibt die Verpflichtung der Leistungsberechtigten, Tätigkeiten der
Selbstversorgung zu erledigen. [2]Im übrigen sollen soweit wie möglich
Arbeitsgelegenheiten bei staatlichen, bei kommunalen und bei gemeinnützigen Trägern zur Verfügung gestellt werden, sofern die zu leistende Arbeit
sonst nicht, nicht in diesem Umfang oder nicht zu diesem Zeitpunkt verrichtet werden würde.

(2) Für die zu leistende Arbeit nach Absatz 1 Satz 1 erster Halbsatz und
Absatz 1 Satz 2 wird eine Aufwandsentschädigung von 80 Cent je Stunde
ausgezahlt, soweit der Leistungsberechtigte nicht im Einzelfall höhere notwendige Aufwendungen nachweist, die ihm durch die Wahrnehmung der
Arbeitsgelegenheit entstehen.

(3) [1]Die Arbeitsgelegenheit ist zeitlich und räumlich so auszugestalten,
daß sie auf zumutbare Weise und zumindest stundenweise ausgeübt werden
kann. [2]§ 11 Absatz 4 des Zwölften Buches Sozialgesetzbuch gilt entsprechend. [3]Ein sonstiger wichtiger Grund im Sinne von § 11 Absatz 4 Satz 1
Nummer 3 des Zwölften Buches Sozialgesetzbuch kann insbesondere auch
dann vorliegen, wenn die oder der Leistungsberechtigte eine Beschäftigung
auf dem allgemeinen Arbeitsmarkt, eine Berufsausbildung oder ein Studium aufnimmt oder aufgenommen hat.

(4) [1]Arbeitsfähige, nicht erwerbstätige Leistungsberechtigte, die nicht
mehr im schulpflichtigen Alter sind, sind zur Wahrnehmung einer zur Verfügung gestellten Arbeitsgelegenheit verpflichtet. [2]Bei unbegründeter
Ablehnung einer solchen Tätigkeit besteht kein Anspruch auf Leistungen
nach den §§ 2, 3 und 6; § 1a Absatz 2 Satz 2 bis 4 ist entsprechend anzuwenden. [3]Der Leistungsberechtigte ist vorher entsprechend zu belehren.

(5) [1]Ein Arbeitsverhältnis im Sinne des Arbeitsrechts und ein Beschäftigungsverhältnis im Sinne der gesetzlichen Kranken- und Rentenversicherung werden nicht begründet. [2]§ 61 Abs. 1 des Asylgesetzes sowie asyl- und

ausländerrechtliche Auflagen über das Verbot und die Beschränkung einer Erwerbstätigkeit stehen einer Tätigkeit nach den Absätzen 1 bis 4 nicht entgegen. [3]Die Vorschriften über den Arbeitsschutz sowie die Grundsätze der Beschränkung der Arbeitnehmerhaftung finden entsprechende Anwendung.

*Änderungen der Vorschrift: Abs. 4 Satz 2 neu gef., Satz 3 angef. mWv 1.9.1998 durch G v. 25.8.1998 (BGBl. I S. 2505), Abs. 2 geänd. mWv 1.1.2005 durch G v. 30.7.2004 (BGBl. I S. 1950), Abs. 1 Satz 1, Abs. 5 Satz 2 geänd. mWv. 24.10.2015 durch G v. 20.10.2015 (BGBl. I S. 1722), Abs. 2 neu gef., Abs. 3 Satz 2 und 3 angef., Abs. 4 Satz 2 geänd. mWv 6.8.2016 durch G v. 31.7.2016 (BGBl. I S. 1939).*

*Gesetzesmaterialien: BR-Drs. 266/16*

*§ 5 Absatz 2 AsylbLG wird neu gefasst. Der darin festgelegte Betrag der – pauschal zu gewährenden – Aufwandsentschädigung wird dabei von derzeit 1,05 Euro je Stunde auf 80 Cent je Stunde abgesenkt. Diese Leistung dient der Abgeltung der zusätzlichen Aufwendungen, die durch den erhöhten arbeitsbedingten Bedarf entstehen (BT-Drs. 12/4451, S. 9). Ihre Absenkung erfolgt, um den tatsächlich verursachten Mehraufwand realistischer abzubilden. Denn die Bereitstellung von Arbeitsgelegenheiten durch die zuständigen Leistungsbehörden erfolgt mehrheitlich in Aufnahmeeinrichtungen im Sinne des § 44 des Asylgesetzes oder in vergleichbaren Einrichtungen (nach Absatz 1 Satz 1 erster Halbsatz). Dies bestätigt eine vom Bundesministerium für Arbeit und Soziales durchgeführte, nicht repräsentative Länderumfrage zu Anzahl und Art der im Zeitraum August 2015 bis Januar 2016 zur Verfügung gestellten Arbeitsgelegenheiten. Speziell durch die in Einrichtungen angebotenen Tätigkeiten wie etwa die Reinigung der Gemeinschaftsflächen oder die Mithilfe bei der Essensausgabe entstehen den Leistungsberechtigten regelhaft nur geringe Mehraufwendungen, da die erforderlichen Arbeitsmittel, zum Beispiel Arbeitskleidung oder -geräte, von den Trägern der Einrichtungen gestellt werden und Fahrtkosten oder Kosten für auswärtige Verpflegung nicht anfallen. Vor diesem Hintergrund ist es gerechtfertigt, den Betrag der – pauschal gewährten – Aufwandsentschädigung nach Absatz 2 auf 80 Cent je Stunde abzusenken. Zugleich wird klarstellend geregelt, dass ein höherer Betrag auszuzahlen ist, wenn die oder der arbeitsfähige Leistungsberechtigte im Einzelnen nachweist, dass ihr oder ihm durch die Tätigkeit im Einzelfall tatsächlich höhere zusätzliche Aufwendungen entstanden sind. Dies kann – speziell bei Arbeitsgelegenheiten außerhalb der Unterkunft – der Fall sein bei einem hohen Bedarf an spezieller Arbeitskleidung, wenn diese nicht vom Maßnahmeträger bereitgestellt wird, oder bei hohen Fahrtkosten aufgrund einer sehr großen Entfernung zur Einsatzstelle. Sofern ein solcher anerkennungsfähiger erhöhter Bedarf vorliegt, kann sich die zuständige Behörde auf eine pauschale Abgeltung des Mehraufwands nicht berufen. Denn die Mehraufwandsentschädigung muss so bemessen sein, dass die zusätzlichen Aufwendungen mit dem gewährten Betrag auch tatsächlich gedeckt werden können. Eine höhere Entschädigung kann aber in jedem Fall nur für solche Aufwendungen beansprucht werden, die als notwendig anzusehen sind und unmittelbar durch die Arbeitsgelegenheit veranlasst sind; überflüssige, überhöhte oder für eine Hilfebezieherin oder einen Hilfebezieher unangemessene Aufwendungen müssen demnach nicht erstattet werden.*

### Übersicht

## I. Inhalt der Vorschrift

**1**    Die Vorschrift ist redaktionell durch das Asylverfahrensbeschleunigungsgesetz v. 20.10.2015 angepasst worden. Eingehendere Änderungen sind in Abs. 2 und 3 durch das IntegrationsG erfolgt. Mit dem IntegrationsG ist eine vorsichtige Änderung im Hinblick auf eine niedrigschwellige Annäherung an den deutschen Arbeitsmarkt eingeleitet (s. BR-Drs. 266/16). Während das SGB XII durch die Hilfe zur Arbeit den Hilfesuchenden in seinem Selbsthilfestreben stärken will, beschränkt sich die Regelung des AsylbLG darauf, Arbeitsgelegenheiten bereitzustellen. Perspektiven der Selbsthilfe sollen durch die Bereitstellung von Arbeit nicht eröffnet werden, weil das Gesetz von der Annahme ausgeht, dass der Hilfe suchende Ausländer sich nur zeitweilig in der Bundesrepublik aufhält. Von der Bereitstellung von Arbeitsgelegenheiten unberührt bleibt die Verpflichtung des Ausländers zur Selbstversorgung. Insofern mag die Vorschrift auch bedingter Ausdruck des allgemeinen Gedankens vom Nachrang steuerfinanzierter Leistungen sein. Die Vorschrift hatte bisher praktisch keine große Bedeutung, weil der damit verbundene bürokratische Aufwand den meisten Leistungsträgern zu groß ist. Der Gesetzgeber hingegen hat ihr große Bedeutung beigemessen (vgl. auch *Decker,* Oestreicher, SGB II/XII, § 5 Rn. 1).

**2**    Mit den Änderungen in Abs. 2 und 3 verfolgt der Gesetzgeber das Ziel, für Leistungsberechtigte nach dem Asylbewerberleistungsgesetz – mit Ausnahme von solchen aus sicheren Herkunftsstaaten sowie von vollziehbar ausreisepflichtigen Personen – **zusätzliche Arbeitsgelegenheiten** aus Bundesmitteln zu schaffen. Diese Maßnahmen des Arbeitsmarktprogrammes Flüchtlingsintegrationsmaßnahmen sollen nach der Vorstellung des Gesetzgebers dabei eine **doppelte Funktion** erfüllen: bereits vor Abschluss des Asylverfahrens können Flüchtlinge damit niedrigschwellig an den deutschen Arbeitsmarkt herangeführt werden und erste Erfahrungen sammeln. Gleichzeitig sollen dabei sinnvolle und gemeinnützige Beschäftigungen in und um Aufnahmeeinrichtungen geschaffen werden, ohne dass es sich um ein Arbeits- oder Beschäftigungsverhältnis handelt (zum Ganzen BR-Drs. 266/16).

**3**    Die Heranziehung zur Arbeit verstößt nicht gegen das Übereinkommen Nr. 29 der Internationalen Arbeitsorganisation über Zwangs- und Pflichtarbeit vom 1.6.1956, was schon für die Hinzuziehung zur gemeinnützigen Arbeit nach § 25 BSHG anerkannt war (OVG Münster 14.7.2000 – 16 B 605/00; *Hohm,* Schellhorn/ Hohm/Scheider, SGB XII, § 5 AsylbLG Rn. 1). Nach dem eindeutigen Wortlaut des § 2 AsylbLG ist die Vorschrift auf Analogberechtigte nicht anzuwenden (*Frerichs,* jurisPK-SGB XII, § 5 Rn. 7). Für diese Gruppe gilt die Vorschrift des § 39a SGB XII.

**4**    Wie undifferenziert die mit der Vorschrift verbundene Vorstellung ist, dass sich der leistungsberechtigte Personenkreis des § 1 nur zeitweilig in Deutschland aufhält, und welcher Konzeptfundamentalismus mit der Vorschrift verfolgt wird, zeigt, dass Berechtigte nach § 1 Abs. 1 Nr. 3 auch ohne Zustimmung der Bundesagentur für Arbeit eine Tätigkeit aufnehmen können (§ 39 Abs. 1, § 42 AufenthG iVm § 31 Beschäftigungsverordnung), sofern sie über eine Aufenthaltserlaubnis verfügen. Ausländerinnen und Ausländern, die eine Duldung besitzen, kann eine Zustimmung zur Ausübung einer Beschäftigung erteilt werden, wenn sie sich seit drei Monaten erlaubt, geduldet oder mit einer Aufenthaltsgestattung im Bundesgebiet aufhalten (§ 32 Abs. 1 und Abs. 4 Beschäftigungsverordnung). Von dieser Vorschrift können geduldete Leistungsberechtigte seit Inkrafttreten am 11.11.2014 profitieren. Gerade wenn man in der Menschenwürde auch die Verwirklichung durch Arbeit sieht, ist es an der Zeit, über die Abschaffung dieser einschränkenden Regelung nachzudenken. Abs. 2 befasst sich mit der Aufwandentschädigung, und Abs. 4 mit der Verpflich- 5 tung der Leistungsberechtigten zur Wahrnehmung von Arbeitsgelegenheiten. Durch die Neufassung des Abs. 3 und den Verweis auf § 11 Abs. 4 SGB XII enthält die Zumutbarkeit schärfere gesetzliche Konturen. Abs. 5 nimmt Abgrenzungen zu thematisch einschlägigen, sonstigen Vorschriften vor.

## II. Arbeitsgelegenheit (Abs. 1 S. 1 und 2)

### 1. Personenkreis

Die Vorschrift richtet sich an **Ausländer,** die in **Aufnahmeeinrichtungen** oder 6 in **vergleichbaren Einrichtungen** leben.

Zur Schaffung von **Aufnahmeeinrichtungen** sind die Länder verpflichtet (§ 44 7 AsylG). Ausländer, die einen Asylantrag stellen, sind nach § 47 AsylG verpflichtet, bis zu 6 Wochen, längstens jedoch bis zu 6 Monaten, in der für sie zuständigen Aufnahmeeinrichtung zu wohnen.

Als **vergleichbare Einrichtungen** sind andere Einrichtungen, in den Grundleis- 8 tungen nach § 3 erbracht werden. Dass wie früher Sachleistungen (§ 3 Abs. 2 Nr. 2 AsylG a. F.) für den Charakter als vergleichbare Einrichtung bestimmend waren (vgl. dazu *Frerichs*, jurisPK-SGB XII, § 5 AsylbLG Rn. 25), lässt sich angesichts der Neufassung des § 3 nicht mehr halten. Diese hat die strikte Einteilung in Sach- und Geldleistungen teilweise aufgegeben. Gemeint sein können deshalb Außenstellen von Aufnahmeeinrichtungen sowie Gemeinschaftsunterkünfte.

Verpflichteter Personenkreis sind nicht nur die Empfänger von Grundleistungen, 9 sondern auch Analogberechtigte. Diese sind durch die Neufassung des § 2 Abs. 1 in den Anwendungsbereich der Vorschrift einbezogen, weil die Angabe §§ 3 bis 7 durch die Wörter §§ 3 und 4 sowie 6 bis 7 ersetzt worden ist. Nach bisherigem Recht fand § 5 AsylbLG auf Analogberechtigte keine Anwendung. Diese Personen unterlagen bisher keinen Leistungskürzungen, wenn sie ihrer Pflicht zur Wahrnehmung der in § 5 genannten Tätigkeiten nicht nachgekommen sind (vgl. zum bisherigen Meinungsstand *Frerichs*, jurisPK-SGB XII, § 5 AsylbLG Rn. 44). Zur Beschäftigung auf dem Arbeitsmarkt dieser Personen, vgl. § 39a SGB XII i. V. m. § 2 AsylbLG. Inwieweit die praktische Relevanz für Analogberechtigte geht, scheint fraglich, weil Ausländer nach § 47 AsylG längstens 6 Monate verpflichtet sind, in einer Aufnahmeeinrichtung zu wohnen. Nach § 48 AsylG endet die Verpflichtung in einer Aufnahmeeinrichtung zu wohnen, vor Ablauf von 6 Monaten, wenn der Ausländer verpflichtet ist, an einem anderen Ort oder in einer anderen Unterkunft Wohnung zu nehmen, oder als Asylberechtigter anerkannt ist bzw. ihm internationaler Schutz gewährt worden ist, oder er durch Eheschließung einen Anspruch auf Erteilung einer Aufenthaltserlaubnis hat. Ansonsten wird gemäß § 49 AsylG durch Bescheid festgestellt, dass die Verpflichtung zur Wohnsitznahme in einer Aufnahmeeinrichtung beendet ist (vgl. zum Ganzen *Bergmann*, Ausländerrecht, § 49 AsylG Rn. 3).

### 2. Arbeitsgelegenheit

Ausländern wird nur die **Möglichkeit eingeräumt,** sich zu betätigen und ihre 10 finanzielle Situation zu verbessern. Die Pflicht, Arbeitsgelegenheiten zur Verfügung

zu stellen, bezieht sich in erster Linie auf die Aufnahmeeinrichtungen. Insofern
unterscheidet sich die Regelung von dem Grundgedanken des SGB XII, dass die
Nutzung von Arbeitsgelegenheiten auch der Selbsthilfe dient (vgl. dazu auch *Frerichs,*
jurisPK-SGB XII, § 5 Rn. 9 f.). Sie dient damit der **Selbstorganisation** einer Einrichtung. In zweiter Linie (Satz 2) sollen die staatlichen, kommunalen und gemeinnützigen Träger Arbeitsgelegenheiten bereitstellen. Ungeklärt ist, wie sich der
zuständige Leistungsträger zu entscheiden hat, wenn mehrere gemeinnützige Träger
beim Angebot von Arbeitsgelegenheiten miteinander konkurrieren. Da die staatlichen, kommunalen und gemeinnützigen Träger nach der Gesetzesfassung bereitstellen, kommen kommerzielle Träger nicht in Betracht.

**11**     Die Arbeiten in den Aufnahmeeinrichtungen müssen **einrichtungsbezogen**
sein. Die staatlichen und kommunalen Träger sollen zusätzliche Arbeiten vermitteln.
Ein Leistungsanspruch des Berechtigten besteht nicht (*Herbst,* Mergler/Zink,
SGB XII, § 5 Rn. 3). Als Tätigkeiten in einer Einrichtung kommen leichte Haus-
meisteraufgaben oder die Reinigung der Gemeinschaftseinrichtung in Betracht
(*Herbst,* Mergler/Zink, SGB XII, § 5 Rn. 6; *Frerichs,* jurisPK-SGB XII, § 5 AsylbLG
Rn. 24).

**12**     Das Merkmal **„zusätzliche Arbeitsgelegenheiten"** (Satz 2) hatte sein Vorbild
in § 19 BSHG. Es muss sich um Arbeiten bei staatlichen, kommunalen oder gemeinnützigen Trägern handeln, die sonst nicht oder nicht in dem Umfang vorgenommen
würden (vgl. auch *Decker,* Oestreicher, § 5 Rn. 7: der Begriff ist weit zu fassen;
*Herbst,* Mergler/Zink, SGB XII, § 5 Rn. 8). Die Schaffung von Arbeitsgelegenheiten
ist nur zulässig, soweit die zu leistende Arbeit sonst nicht, nicht in diesem Umfang
oder nicht zu diesem Zeitpunkt verrichtet würde (*Frerichs,* jurisPK-SGB XII, § 5
AsylbLG Rn. 27). Es kann sich deshalb nicht um Pflichtaufgaben oder Arbeiten
handeln, die normalerweise mit Planstellen besetzt sind. Darunter fallen die Reinigung von Wegen, Plätzen, Grün- und Sportanlagen, sofern hierfür keine regulären
Kräfte zur Verfügung stehen (vgl. auch *Frerichs,* jurisPK-SGB XII, § 5 AsylbLG
Rn. 29).

## III. Aufwandsentschädigung

**13**     Die Aufwandsentschädigung (Abs. 2) dient dazu, zusätzliche Aufwendungen des
Berechtigten auszugleichen. Es handelt sich demgemäß nicht um anrechenbares
Einkommen i. S. v. § 7 AsylbLG (*Herbst,* Mergler/Zink, SGB XII, § 5 Rn. 12). Zur
angesparten Aufwandsentschädigung, die einzusetzen ist, vgl. auch OVG Saarland
3.5.2005 – 3 Q 3/05.

**14**     Die Aufwandsentschädigung ist durch das IntegrationsG von 1,05 Euro auf 80
Cent abgesenkt worden. Begründet wird diese Absenkung mit der Erwägung, dass
die Absenkung erfolgt, um den tatsächlich verursachten Mehraufwand realistischer
abzubilden. Hierzu beruft sich der Gesetzgeber auf eine vom Bundesministerium
für Arbeit und Soziales durchgeführte, nicht repräsentative Länderumfrage zu Anzahl
und Art der im Zeitraum August 2015 bis Januar 2016 zur Verfügung gestellten
Arbeitsgelegenheiten. Speziell durch die in Einrichtungen angebotenen Tätigkeiten
wie etwa die Reinigung der Gemeinschaftsflächen oder die Mithilfe bei der Essensausgabe entstehen den Leistungsberechtigten regelhaft nur geringe Mehraufwendungen, da die erforderlichen Arbeitsmittel, zum Beispiel Arbeitskleidung oder -geräte,
von den Trägern der Einrichtungen gestellt werden und Fahrtkosten oder Kosten für
auswärtige Verpflegung nicht anfallen. Die in der Gesetzesbegründung angeführten
Beispiele sind plausibel, so dass gegen die Absenkung der Aufwandsentschädigung
rechtlich nichts einzuwenden ist.

**15**     Kann der Leistungsberechtigte höhere Aufwendungen nachweisen, ist die Aufwandsentschädigung zu erhöhen.

## IV. Zumutbarkeit (Abs. 3)

### 1. Inhalt

Die Arbeitsgelegenheit ist **zeitlich** und **räumlich** so auszugestalten, dass sie auf **16** zumutbare Weise und zumindest **stundenweise** ausgeübt werden kann. In diesem Satz liegt eine Doppelung. Zum einen wird in der Formulierung deutlich, dass eine Arbeitsgelegenheit nicht von einer Arbeit auf dem „normalen" Arbeitsmarkt abzugrenzen ist, zum anderen verdeutlicht sie den dem Leistungsberechtigten gegenüber zu erbringenden Schutz.

Ungeklärt ist, wie viele Stunden einem Berechtigten zugemutet werden können **17** (25 Wochenstunden: *Herbst,* Mergler/Zink, § 5 AsylbLG Rn. 14). Ein Rahmen von 20 (*Frerichs,* jurisPK-SGB XII, § 5 AsylbLG Rn. 37) bis 25 Stunden wöchentlich sollte eingehalten werden. Unabhängig von einer im Gesetz nicht festgelegten Stundenzahl kommt es darauf an, dass die Arbeitsgelegenheit keinen vollschichtigen Umfang annimmt.

### 2. Zumutbarkeit

**Neu eingefügt** ist der Verweis auf § 11 Abs. 4 SGB XII. § 11 SGB XII ist als **18** Hilfenorm angelegt. Vorbild ist § 18 BSHG gewesen. Davon soll lediglich Abs. 4 entsprechend herangezogen werden. Neben bestimmten Grundsätzen zur Zumutbarkeit führt die Vorschrift Beispiele auf, die eine Tätigkeit ausschließen. Danach darf Leistungsberechtigten eine Tätigkeit nicht zugemutet werden, wenn sie wegen Erwerbsminderung, Krankheit, Behinderung oder Pflegebedürftigkeit nicht in der Lage sind (Nr. 1), wenn sie ein der Regelaltersgrenze der gesetzlichen Rentenversicherung (§ 35 SGB VI) entsprechendes Lebensalter erreicht oder überschritten haben (Nr. 2) oder der Tätigkeit ein sonstiger wichtiger Grund entgegensteht (Nr. 3). Ihnen darf insbesondere eine Tätigkeit nicht zugemutet werden, soweit dadurch eine geordnete Erziehung eines Kindes gefährdet würde. Die geordnete Erziehung eines Kindes, das das dritte Lebensjahr vollendet hat, ist in der Regel nicht gefährdet, soweit unter Berücksichtigung der besonderen Verhältnisse in der Familie der Leistungsberechtigten die Betreuung in einer Tageseinrichtung oder Tagespflege im Sinn der Vorschriften des SGB VIII sichergestellt ist. Die Träger der Sozialhilfe sollen darauf hinwirken, dass Alleinerziehenden vorrangig ein Platz zur Tagesbetreuung ihres Kindes angeboten wird. Auch sonst sind die Pflichten zu berücksichtigen, die den Leistungsberechtigten durch die Führung eines Haushaltes oder die Pflege eines Angehörigen entstehen.

Schon nach bisherigem Verständnis sollten Leistungsberechtigte nicht mit Arbei- **19** ten beschäftigt werden, die ihre körperlichen und geistigen Kräfte überfordern **(mangelnde Leistungsfähigkeit),** oder wenn sie wegen der **Kinderbetreuung** unabkömmlich sind (so auch *Decker,* Oestreicher, SGB II/XII § 5 Rn. 10; *Frerichs,* jurisPK-SGB XII, § 5 AsylbLG Rn. 33; s. auch § 11 SGB XII). Leistungsberechtigten, die einen Säugling oder ein Kleinkind bis zu 3 Jahren zu betreuen haben, ist eine Arbeit nicht zumutbar (ebenso *Frerichs,* jurisPK-SGB XII, § 5 AsylbLG Rn. 31).

Durch den Verweis auf § 11 Abs. 4 SGB XII gibt es nun in § 5 Anhaltspunkte **20** dafür, wann aus Gründen der Kindererziehung eine Arbeitsgelegenheit nicht genutzt werden muss. Die Erziehung ist nicht gefährdet, soweit sie durch die Verhältnisse in einer Familie oder in einer Tageseinrichtung möglich ist.

Dass **soziokulturelle Gründe** für die Kinderbetreuung maßgeblich sein sollen **21** (Männer können keine Kinder betreuen, so aber OVG Hmb 1.7.2002 – 4 Bs 190/ 02 – NJW 2003, 3723), kann nicht akzeptiert werden, weil diese Haltung einem Grundverständnis unserer Gesellschaftsordnung widersprechen würde und die familienrechtliche Verpflichtung zum Betreuungsunterhalt gilt (s. auch HessLSG

29.9.2006 – L 9 AS 179/06 ER). Auch die Pflege von nahen Angehörigen kann gegen die Übernahme von Tätigkeiten sprechen.

**22** Die mangelnde Leistungsfähigkeit ist von der Behörde zu ermitteln. Hierzu sind Krankenunterlagen oder ärztliche Atteste hinzuziehen. Den Leistungsberechtigten treffen die Mitwirkungspflichten der §§ 60 ff. SGB I. Krankheiten müssen im Zweifelsfall durch amtsärztliches Attest nachgewiesen werden.

**23** Eine Tätigkeit kann aus einem **wichtigen Grund** verweigert werden. Er muss vergleichbar mit den im Gesetz angeführten Beispielen sein und in Relation zu der angebotenen Arbeitsgelegenheit gesehen werden. Es ist auf den jeweiligen Einzelfall abzustellen und eine Gesamtwürdigung unter Berücksichtigung der in § 5 beabsichtigten Zielsetzung vorzunehmen.

## V. Verpflichtung zur Wahrnehmung von Arbeitsgelegenheiten (Abs. 4)

### 1. Verpflichtung

**24** Die Leistungsverpflichtung (Abs. 4 S. 1) setzt voraus, dass der Leistungsberechtigte nicht im schulpflichtigen Alter und arbeitsfähig ist. Arbeitsfähigkeit ist ein körperlicher und geistiger Zustand, auf Grund dessen der Leistungsberechtigte die zur Verfügung gestellte Arbeitsgelegenheit nicht oder nur unter der in absehbarer Zeit zu erwartenden Gefahr der Verschlimmerung dieses Zustandes ausüben kann (*Hohm*, GK-AsylbLG, § 5 Rn. 41; *Frerichs*, jurisPK-SGB XII, § 5 AsylbLG Rn. 45). Nicht arbeitsfähig ist der Arbeitsunfähige. Zum Nachweis kann eine ärztliche Arbeitsunfähigkeitsbescheinigung vorgelegt werden. Arbeitsfähigkeit i. S. d. AsylbLG ist nicht mit dem Begriff der Arbeitsfähigkeit des § 8 SGB II gleichzusetzen (so auch *Frerichs*, jurisPK-SGB XII, § 5 AsylbLG Rn. 46). Diese Vorschrift grenzt zwischen dem SGB XII und dem SGB II ab und kann deshalb von seiner ganzen Zweckrichtung her nicht auf das AsylbLG übertragen werden.

### 2. Rechtsfolge bei Verweigerung

**25** Bevor es zur Einschränkung von Leistungen kommt, muss der Leistungsberechtigte **belehrt** worden sein (S. 3). Er ist auf die Folgen einer unberechtigten Weigerung hinzuweisen. Unterbleibt ein solcher Hinweis, ist die Einschränkung von Leistungen rechtswidrig (*Hohm*, Schellhorn/Hohm/Scheider, SGB XII, § 5 AsylbLG Rn. 28). In der Literatur wird zudem die Auffassung vertreten, dass die Behörde eine **Haftpflichtversicherung** abschließen muss, bevor sie den Leistungsberechtigten verpflichten kann, Arbeitsgelegenheiten auszuüben (*Deibel*, ZFSH/SGB 2017, 192 f.). Übernimmt der Leistungsberechtigte freiwillig eine Arbeitsgelegenheit, soll er selbst eine Haftpflichtversicherung abschließen. Fraglich bleibt, ob die gesetzlichen Vorschriften es hergeben, dass eine Verpflichtung, Arbeitsgelegenheiten wahrzunehmen, von dem Abschluss einer Haftpflichtversicherung durch den Leistungsträger abhängig gemacht werden kann. Festzuhalten ist lediglich, dass es hier eine überdenkenswerte gesetzliche Lücke gibt. Allenfalls mit einer weit hergeholten Analogie des § 618 BGB kann man den Leistungsträger als verpflchtet ansehen, eine Haftpflichtversicherung abzuschließen.

**26** Sofern die Betreffende gemäß § 5 Abs. 4 S. 3 AsylbLG belehrt worden ist, sieht das Gesetz als Rechtsfolge den Leistungsausschluss vor (§ 5 Abs. 4 S. 3 AsylbLG). Der Leistungsberechtigte ist vor Erlass des Einstellungsbescheides zu einer bestimmten Arbeitsgelegenheit aufzufordern. Das heißt, Ort, Zeit und die näheren Umstände sind genau zu umschreiben und verständlich darzustellen. Hierzu reichen typische Bezeichnungen aus, wie zB Essensausgabe oder Hofsäuberung in einer bestimmten

Aufnahmeeinrichtung. Übertrieben wäre die Forderung nach einer weiteren Binnendifferenzierung der geforderten Arbeitsgelegenheit. Fraglich bleibt, ob die Belehrung muttersprachlich zu erfolgen hat, was angesichts der unterschiedlichen Herkunft der Leistungsberechtigten und der damit verbundenen Sprachenvielfalt von der Behörde nicht zu leisten ist. Unter diesen Umständen muss es ausreichen, dass dem Betreffenden die an ihn gerichtete Belehrung sinngemäß vermittelt wird (vgl. auch *Frerichs*, jurisPK-SGB XII, § 5 AsylbLG Rn. 56). Dem Leistungsberechtigten ist ferner die sich aus einer unberechtigten Arbeitsverweigerung ergebende rechtliche Konsequenz der Leistungskürzung bzw. der Leistungseinstellung aufzuzeigen.

Die auszusprechende Rechtsfolge ist nach der gesetzlichen Formulierung rigoros. **27** Es besteht kein Anspruch auf die in der Vorschrift aufgeführten Leistungen. Vom Wortlaut der Vorschrift ist der Behörde bei der Leistungskürzung kein Ermessen eingeräumt (a. A. *Frerichs*, jurisPK-SGB XII, § 5 Rn. 64; *Hohm*, Schellhorn/Schellhorn/Hohm SGB XII, 1. Aufl., § 5 Rn. 19).

Beim richtigen Verständnis der Vorschrift kommt es auf ihren Sinn und Zweck **28** an, wie er sich in der Entstehungsgeschichte äußert. Im Gesetzeswortlaut kommt die Absicht des Gesetzgebers, eine der Vorschrift des § 25 BSHG a. F. vergleichbare Regelung zu schaffen, nur unzureichend zum Ausdruck. Die Gesetzesmaterialien hingegen verdeutlichen diesen Willen. Aus ihnen ergibt sich, dass für die Neufassung der Vorschrift § 25 BSHG Vorbild war (BT-Drs. 13/10055), so dass die Behörde bei ihrer Entscheidung zu einer gestuften Vorgehensweise bis zur Reduzierung auf das nach den Umständen Unabweisbare **(Verhältnismäßigkeitsgrundsatz)** verpflichtet ist (ebenso *Hohm,* GK-AsylbLG, § 5 Rn. 58; *Frerichs*, jurisPK-SGB XII, § 5 AsylbLG Rn. 65; *Birk*, LPK SGB XII, § 5 AsylbLG Rn. 6). Kommt der Leistungsberechtigte diesen Arbeitsaufforderungen nicht nach und legt er keine Gründe dar, die einer Arbeitsaufnahme entgegenstehen könnten, sind die Leistungen unter Beachtung des Grundsatzes der Verhältnismäßigkeit zu kürzen. Insofern ergeben sich auch zu der Auffassung, die von einer Ermessensentscheidung ausgeht, im Ergebnis keine grundlegenden anderen Ergebnisse. Eine rechtliche stufenweise Absenkung auf Null ist bisher als rechtlich vertretbar angesehen worden. Unter Einbeziehung des verfassungsgerichtlichen Urteils vom 18.7.2012 – 1 BvL 10/10, ist zu berücksichtigen, dass Personen des § 1 AsylbLG ein begründeter Anspruch auf das Existenzminimum sichernde Leistungen zusteht. Damit sind strengere Anforderungen an die Einschränkung oder den Wegfall von Leistungen zu stellen (*Deibel*, Sozialrecht aktuell, 2013, 110). Rechtsfehlerhaft wird eine völlige Leistungseinstellung dann, wenn sie für eine unbegrenzte Zeit verfügt wird. Der Ausschluss von Leistungen auf unbestimmte Zeit hätte eine Schlechterstellung gegenüber anderen Empfängern von Transferleistungen zur Folge, weil diese eher in der Lage sind, ihren Lebensunterhalt durch Arbeitsaufnahme zu sichern. Akzeptabel und mit verfassungsrechtlichen Grundsätzen ist vereinbar, dass die Leistungen um nicht mehr als 30 % gekürzt werden dürfen (BSG 29.4.2015 – B 14 AS 19/14 R), wobei dies schon an der Grenze des verfassungsrechtlich Zulässigen liegt, da bereits die Leistungen nach § 3 reduziert sind (vgl. auch *Frerichs*, jurisPK-SGB XII, § 5 AsylbLG Rn. 65.5).

## 3. Verfahrensrechtliche Fragen

Die Aufforderung zur Ableistung einer entgeltlichen Tätigkeit nach der Vorschrift **29** des § 11 SGB XII wird als Verwaltungsakt angesehen (*Streichsbier*, Grube/Wahrendorf, SGB XII, § 11 Rn. 7). Eine vergleichbare Einstufung wird von der Rspr. bei der einseitigen Festlegung einer Eingliederungsvereinbarung vorgenommen (BSG 13.4.2011 – B 14 AS 101/10 R). Das gilt auch für eine Aufforderung an den erwerbsfähigen Hilfebedürftigen zur Verrichtung einer bestimmten Arbeitsgelegenheit. Auch die Ableistung von Arbeiten i. S. d. § 31 SGB X ist als Verwaltungsakt anzusehen. Hiergegen sind Widerspruch und Anfechtungsklage möglich.

30    Die Einschränkung oder Versagung von Leistungen ist ebenfalls als Verwaltungsakt zu qualifizieren. Widerspruch und Anfechtungsklage haben keine aufschiebende Wirkung. § 11 Abs. 4 Nr. 2 sieht vor, dass die aufschiebende Wirkung von Widerspruch und Anfechtungsklage bei Einschränkungen des Leistungsanspruchs entfallen, wenn Einschränkungen nach § 1a oder § 11 Abs. 2a festgestellt werden. Durch den Verweis auf § 1a gilt die Regelung des § 11 Abs. 4 auch bei auf § 5 Abs. 4 gestützten Bescheiden. Dieser Absatz nimmt auf § 1a Abs. 2 S. 2 bis 4 Bezug.

# VI. Klarstellungen (Abs. 5)

31    In diesem Absatz sind einige Klarstellungen zusammengefasst. Nach Satz 1 werden kein Arbeitsverhältnis und kein Beschäftigungsverhältnis im Sinne der gesetzlichen Kranken- und Rentenversicherung begründet. Diese Regelung versteht sich von selbst, weil der nach dem AsylbLG Berechtigte einen besonderen Status hat, der ein Eintreten in Solidargemeinschaften von vornherein ausschließt.

32    Satz 2 stellt die Konkordanz zu den asyl- und ausländerrechtlichen Vorschriften her. Nach § 61 Abs. 1 AsylG darf der Ausländer für die Dauer der Pflicht, in einer Aufnahmeeinrichtung zu wohnen, keine Erwerbstätigkeit ausüben. Die Vorschrift stellt ein absolutes Verbot auf (*Bergmann*, Ausländerrecht, § 61 AsylG Rn. 3). Auch die sonstigen asyl- oder ausländerrechtlichen Vorschriften zur Erwerbstätigkeit stehen den asylbewerberleistungsrechtlichen Vorschriften zur Aufnahme von Arbeitsgelegenheiten nicht entgegen.

33    Nach Satz 3 finden die Vorschriften über den Arbeitsschutz sowie die Grundsätze der Beschränkung der Arbeitnehmerhaftung entsprechend Anwendung. Schutzkleidung oder Schutzhelme sind den Leistungsberechtigten zur Verfügung zu stellen. Der Leistungsträger hat die anfallenden Kosten zu tragen (*Frerichs*, jurisPK-SGB XII, § 5 AsylbLG Rn. 67). Der Leistungsberechtigte haftet für Vorsatz und grobe Fahrlässigkeit (§ 619a BGB).

**§ 5a Arbeitsgelegenheiten auf der Grundlage des Arbeitsmarktpro-
gramms Flüchtlingsintegrationsmaßnahmen**

(1) [1]**Arbeitsfähige, nicht erwerbstätige Leistungsberechtigte, die das
18. Lebensjahr vollendet haben und nicht der Vollzeitschulpflicht unterliegen, können von den nach diesem Gesetz zuständigen Behörden zu ihrer
Aktivierung in Arbeitsgelegenheiten zugewiesen werden, die im Rahmen
des von der Bundesagentur für Arbeit (Bundesagentur) durchgeführten
Arbeitsmarktprogramms Flüchtlingsintegrationsmaßnahmen gegen Mehraufwandsentschädigung bereitgestellt werden (Flüchtlingsintegrationsmaßnahme). [2]Satz 1 findet keine Anwendung auf Leistungsberechtigte nach § 1
Absatz 1 Nummer 1, die aus einem sicheren Herkunftsstaat nach § 29a des
Asylgesetzes stammen, sowie auf Leistungsberechtigte nach § 1 Absatz 1
Nummer 4und 5.**

(2) [1]**Leistungsberechtigte nach Absatz 1 Satz 1 sind zur Wahrnehmung
einer für sie zumutbaren Flüchtlingsintegrationsmaßnahme, der sie nach
Absatz 1 zugewiesen wurden, verpflichtet; § 11 Absatz 4 des Zwölften
Buches Sozialgesetzbuch gilt für die Beurteilung der Zumutbarkeit entsprechend. [2]Ein sonstiger wichtiger Grund im Sinne von § 11 Absatz 4
Satz 1 Nummer 3 des Zwölften Buches Sozialgesetzbuch kann insbesondere auch dann vorliegen, wenn die leistungsberechtigte Person eine**

Beschäftigung auf dem allgemeinen Arbeitsmarkt, eine Berufsausbildung oder ein Studium aufnimmt oder aufgenommen hat.

(3) [1]Leistungsberechtigte, die sich entgegen ihrer Verpflichtung nach Absatz 2 trotz schriftlicher Belehrung über die Rechtsfolgen weigern, eine für sie zumutbare Flüchtlingsintegrationsmaßnahme aufzunehmen oder fortzuführen oder die deren Anbahnung durch ihr Verhalten verhindern, haben keinen Anspruch auf Leistungen nach den §§ 2, 3 und 6. [2]§ 1a Absatz 2 Satz 2 bis 4 ist entsprechend anzuwenden. [3]Die Rechtsfolge nach den Sätzen 1 und 2 tritt nicht ein, wenn die leistungsberechtigte Person einen wichtigen Grund für ihr Verhalten darlegt und nachweist.

(4) [1]Die Auswahl geeigneter Teilnehmerinnen und Teilnehmer soll vor einer Entscheidung über die Zuweisung nach Absatz 1 Satz 1 mit den Trägern der Flüchtlingsintegrationsmaßnahme (Maßnahmeträgern) abgestimmt werden. [2]Hierzu übermitteln die nach diesem Gesetz zuständigen Behörden den Maßnahmeträgern auf deren Ersuchen hin die erforderlichen Daten über Leistungsberechtigte, die für die Teilnahme an einer Flüchtlingsintegrationsmaßnahme in Betracht kommen.

(5) [1]Die nach diesem Gesetz zuständigen Behörden dürfen die für die Erfüllung ihrer Aufgaben nach den Absätzen 1, 3 und 4 erforderlichen personenbezogenen Daten von Leistungsberechtigten erheben, einschließlich Angaben
1. zum Bildungsstand, zur beruflichen Qualifikation und zum Vorliegen einer Beschäftigung,
2. zu Sprachkenntnissen und
3. zur Durchführung eines Integrationskurses nach § 43 des Aufenthaltsgesetzes oder einer Maßnahme der berufsbezogenen Deutschsprachförderung nach § 45a des Aufenthaltsgesetzes.
[2]Die nach diesem Gesetz zuständigen Behörden dürfen den Maßnahmeträgern die in Satz 1 genannten Daten übermitteln, soweit dies für die Erfüllung ihrer Aufgaben nach den Absätzen 1, 3 und 4 erforderlich ist.

(6) [1]Maßnahmeträger dürfen den nach diesem Gesetz zuständigen Behörden die in Absatz 5 Satz 1 genannten Daten übermitteln, soweit dies für die Auswahl der Teilnehmerinnen und Teilnehmer, die Erteilung einer Zuweisung in die Maßnahme, die Feststellung der ordnungsgemäßen Teilnahme oder die Bescheinigung der erfolgreichen Teilnahme erforderlich ist. [2]Maßnahmeträger haben den nach diesem Gesetz zuständigen Behörden unverzüglich Auskünfte über Tatsachen zu erteilen, die Anlass für eine Leistungsabsenkung nach Absatz 3 geben könnten und die deshalb für die Leistungen nach diesem Gesetz erheblich sind.

*Änderung der Vorschrift: § 5a eingef. mWv 6.8.2016 durch G v. 31.7.2016 (BGBl. I S. 1939). Die Richtlinie für das Arbeitsmarktprogramm tritt am 31.12.2020 außer Kraft.*

*Gesetzesmaterial: BR-Drs. 266/16*

*Zu Absatz 1*

*Die Bundesregierung wird der Bundesagentur für Arbeit (Bundesagentur) mit Verwaltungsvereinbarung nach § 368 Absatz 3 Satz 2 SGB III die Durchführung des befristeten Arbeitsmarktprogramms „Flüchtlingsintegrationsmaßnahmen" übertragen. Durch dieses Programm werden zusätzliche Arbeitsgelegenheiten für Leistungsberechtigte nach dem Asylbewerberleistungsgesetz aus Bundesmitteln geschaffen. Die Bundesagentur genehmigt auf entsprechenden Antrag von staatlichen, kommunalen oder gemeinnützigen Trägern die Einsatzorte und die konkreten Beschäftigungsmöglichkeiten für Flüchtlingsintegrationsmaßnahmen. Ihr obliegt auch die Erstattung der Maßnahmekosten an die Träger einschließlich der Kosten für die von ihnen an die Leistungsberechtigten ausgezahlte Mehraufwandsentschädigung. Die Erbringung und Durchführung der Flüchtlingsintegrationsmaßnahmen liegt hingegen in der Verantwortung der Träger dieser Maßnahmen (Maßnahmeträger).*

*§ 5a Absatz 1 Satz 1 AsylbLG sieht vor, dass die Leistungsbehörden Leistungsberechtigte in die in ihrem Bereich bereitgestellten und verfügbaren Flüchtlingsintegrationsmaßnahmen zuweisen können. Die verpflichtende Heranziehung zu der Maßnahme wird über einen Zuweisungsbescheid vorgenommen. Die Sätze 1 und 2 legen zugleich den Kreis der Leistungsberechtigten näher fest, die für eine solche verpflichtende Heranziehung in Frage kommen. Ausgenommen sind Asylbewerberinnen und Asylbewerber, die aus einem sicheren Herkunftsland nach § 29a AsylG stammen, sowie geduldete und vollziehbar ausreisepflichtige Leistungsberechtigte; diese Personengruppen haben keinen Zugang zu den Flüchtlingsintegrationsmaßnahmen.*

*Zu Absatz 2*
*Absatz 2, erster Halbsatz regelt die Verpflichtung der in Absatz 1 genannten Leistungsberechtigten, eine ihnen angebotene, zumutbare Flüchtlingsintegrationsmaßnahme anzunehmen. Die Regelung entspricht weitgehend der Regelung in § 5 Absatz 4 Satz 1 AsylbLG*
*Zur Konkretisierung der Zumutbarkeitskriterien wird im zweiten Halbsatz – entsprechend der Neuregelung in § 5 Absatz 3 Satz 2 AsylbLG – auf § 11 Absatz 4 SGB XII verwiesen. Insoweit wird auf die Begründung zu § 5 Absatz 3 Satz 2 AsylbLG (neu) Bezug genommen; das dort Gesagte gilt für die Zumutbarkeit einer Flüchtlingsintegrationsmaßnahme entsprechend.*

*Ein wichtiger Grund, der einer Arbeitsgelegenheit entgegensteht, kann insbesondere dann vorliegen, wenn die oder der Leistungsberechtigte eine Beschäftigung auf dem allgemeinen Arbeitsmarkt, eine Berufsausbildung oder ein Studium aufnimmt. Die Formulierung „insbesondere" macht deutlich, dass die Aufzählung im neuen Satz 2 nicht abschließend ist. Ein wichtiger Grund, der der Heranziehung zu einer Arbeitsgelegenheit entgegensteht, kann auch dann vorliegen, wenn die oder der Leistungsberechtigte ansonsten trotz Berechtigung nicht an einem Integrationskurs oder an berufsbezogener Deutschsprachförderung teilnehmen oder eine Maßnahme der aktiven Arbeitsförderung nach dem SGB III nicht antreten könnte oder diese gar abbrechen müsste. Entsprechendes gilt für Maßnahmen, die die Leistungsberechtigten auf die Aufnahme einer beruflichen Ausbildung oder eines Studiums (zum Beispiel Studienkollegs, studienvorbereitende Sprachkurse an Hochschulen) vorbereiten sollen. Umfasst sind darüber hinaus auch Bildungsmaßnahmen, die Inhaberinnen und Inhabern ausländischer Berufsqualifikationen den Berufszugang oder die Feststellung der Gleichwertigkeit dieser Qualifikationen ermöglichen (zum Beispiel Anpassungslehrgänge, berufsbezogene Weiterbildungsangebote, Vorbereitungskurse auf Kenntnis- oder Eignungsprüfungen und berufsbezogene Sprachkurse).*

*Zu Absatz 3*
*Absatz 3 regelt die Rechtsfolge einer Verletzung der Teilnahmepflicht nach Absatz 2. Die Regelung entspricht der Regelung zu einer unbegründeten Ablehnung einer Arbeitsgelegenheit nach § 5 Absatz 4 Satz 2 AsylbLG Der Tatbestand wird in Anlehnung an § 31 Absatz 1 Satz 1 Nummer 2 SGB II näher konkretisiert. Hinsichtlich der an das pflichtwidrige Verhalten anknüpfenden Leistungsabsenkung wird auf die Begründung zu § 5 Absatz 4 Satz 2 AsylbLG (neu) Bezug genommen. Satz 3 regelt, dass die Leistungsabsenkung nicht eintritt, wenn die oder der Leistungsberechtigte einen wichtigen Grund für ihr oder sein Verhalten darlegen und beweisen kann. Dabei ist von der zuständigen Leistungsbehörde zu prüfen, ob der oder dem Betroffenen die geforderte Verhaltensweise unter Berücksichtigung der Gesamtumstände im Einzelfall zugemutet werden kann. Da die Teilnahmepflicht nach Absatz 2 die Zumutbarkeit der Flüchtlingsintegrationsmaßnahme bereits tatbestandlich voraussetzt, hat der wichtige Grund Bedeutung insbesondere in Fällen, in denen die Maßnahme zwar an sich*

*Wahrendorf*

*zumutbar ist, ihre Wahrnehmung oder Fortsetzung aber dennoch aufgrund persönlicher Belange der Leistungsberechtigten oder aufgrund nachträglicher Veränderungen im Einzelfall nicht verlangt werden kann. Satz 1 regelt, dass die Belehrung über die Rechtsfolgen schriftlich zu erfolgen hat.*

*Zu Absatz 4*
*Der Zuweisung nach Absatz 1 Satz 1 geht die Auswahl der Teilnehmerinnen und Teilnehmer voraus, die ebenfalls den zuständigen Leistungsbehörden obliegt. Im Sinne einer zweckentsprechenden und erfolgreichen Durchführung der Maßnahme sollen die Leistungsbehörden ihre Auswahlentscheidung in enger Abstimmung mit den Maßnahmeträgern treffen. Dabei sollen Vorkenntnisse und Qualifikationen berücksichtigt werden. Dazu übermitteln die Leistungsbehörden den Maßnahmeträgern auf deren Ersuchen hin die erforderlichen Daten zu den Leistungsberechtigten, die für die Teilnahme an einer Flüchtlingsintegrationsmaßnahme in Betracht kommen. Die Entscheidung, ob der betreffende Leistungsberechtigte zum Kreis der Pflichtigen gehört und ob ihm die konkrete Maßnahme zugemutet werden kann, obliegt dabei nicht der Abstimmung mit den Maßnahmeträgern; diese bleibt allein den zuständigen Leistungsbehörden vorbehalten.*

*Zu Absatz 5*
*Satz 1 regelt eine Ermächtigung der Leistungsbehörden zur Erhebung von teilnehmerbezogenen Daten, die zur Wahrnehmung ihrer Aufgaben im Zusammenhang mit den Flüchtlingsintegrationsmaßnahmen erforderlich sind. Dies betrifft zum einen die Aufgaben der Auswahl und der Zuweisung der Teilnehmerinnen und Teilnehmer; zum anderen betrifft dies die Feststellung einer Pflichtverletzung und der hieran anknüpfenden Rechtsfolgen nach Absatz 3. Die Regelung stellt klar, dass zu den erforderlichen Daten auch solche gehören, die eine geeignete Teilnehmerauswahl ermöglichen, auch wenn die Schaffung der Maßnahme selbst nicht zu den Aufgaben der Leistungsbehörden gehört. Dies schließt im Bedarfsfall auch Angaben zum Bildungsstand, zur Berufserfahrung oder zu Sprachkenntnissen und absolvierten Sprachkursen ein, um die Eignung der oder des Leistungsberechtigten für die konkrete Arbeitsgelegenheit oder das Vorliegen entsprechender Qualifikationserfordernissen beurteilen zu können. Weiterhin umfasst die Ermächtigung insbesondere solche Daten, die für die Feststellung der ordnungsgemäßen Teilnahme an der Maßnahme erforderlich sind.*

*Zu Absatz 6*
*Absatz 6 regelt in Satz 1 eine Datenübermittlungsbefugnis der Maßnahmeträger, die ebenfalls darauf zielt, den Leistungsbehörden die Erfüllung ihrer Aufgaben nach den Absätzen 1, 3 und 4 zu ermöglichen und zu erleichtern. Der Übermittlung durch die Maßnahmeträger unterliegen zum einen Daten, die erforderlich sind, damit die Leistungsbehörde eine Auswahl der Teilnehmerinnen und Teilnehmer treffen kann. Die Maßnahmeträger sind hiernach befugt, der Leistungsbehörde den Namen und ggf. weitere zweckdienliche Daten zu Leistungsberechtigten mitzuteilen, die sie aufgrund der Vorauswahl der Leistungsbehörde als besonders geeignet für die Maßnahme ansehen und deshalb für eine Zuweisung vorschlagen würden. Ebenso erlaubt die Regelung den Maßnahmeträgern, der Leistungsbehörde mitzuteilen, ob Leistungsberechtigte fristgerecht bei ihr vorstellig geworden sind und ob sie ihre Tätigkeit bei ihnen aufgenommen haben.*
*Satz 2 regelt darüber hinaus Auskunftspflichten des Trägers einer Flüchtlingsintegrationsmaßnahme gegenüber den Leistungsbehörden nach dem AsylbLG bei der Durchführung dieser Maßnahmen. Hierdurch sollen den Leistungsbehörden nach dem AsylbLG Informationen verschafft werden, die Anlass für Sanktionen nach § 5a Absatz 3 AsylbLG sein können.*
*Der Maßnahmeträger hat Auskünfte über solche Tatsachen zu erteilen, die für die Leistungen nach dem AsylbLG erheblich sind. Die Auskunftspflicht erstreckt sich damit auf alle Tatsachen, die für die Beurteilung maßgeblich sind, ob die oder der Leistungsberechtigte ihre*

*oder seine Pflicht nach § 5a Absatz 2 AsylbLG verletzt hat und hieran anknüpfend eine Leistungskürzung nach § 5a Absatz 3 AsylbLG auszusprechen ist. Dies sind zum Beispiel Fehlzeiten von Maßnahmeteilnehmerinnen und Maßnahmeteilnehmern, ferner ein Abbruch der Teilnahme oder eine unzureichende Mitwirkung der Teilnehmerin oder des Teilnehmers.*

## Übersicht

## I. Inhalt der Norm

**1**     Nach den politischen Vorstellungen der Bundesregierung zielt auch der neu eingefügte § 5a darauf ab, Menschen, die in Deutschland Asyl beantragen, unter Berücksichtigung der jeweiligen Umstände zu helfen, ihnen Schutz, Unterkunft und ein menschenwürdiges Existenzminimum zu sichern. Menschen, die eine gute Bleibeperspektive haben, sollen deshalb möglichst zügig in die Gesellschaft und in den Arbeitsmarkt integriert werden (BR-Drs. 266/16). Es besteht die Absicht, eine niedrigschwellige Heranführung an den deutschen Arbeitsmarkt sowie eine sinnvolle und gemeinnützige Betätigung während des Asylverfahrens zu erreichen. Diese von der Bundesregierung erklärten Ziele stehen im Widerspruch zu § 1, bei dem immer noch nach den Vorstellungen des Gesetzgebers teilweise davon ausgegangen wird, dass das AsylbLG für Menschen gedacht ist, die keine längere Bleibeperspektive in Deutschland haben oder haben sollen. § 1 wendet sich immer noch an Gruppen mit ganz unterschiedlicher Bleibeperspektive. Insofern bleibt das IntegrationsG nur eine punktuelle Teilregelung (*Thym*, Ausschussdrucksache 18 (11) 680, S. 118). Die Vorschrift des § 5a sieht für Leistungsberechtigte nach dem AsylbLG vor, zusätzliche Arbeitsgelegenheiten aus Bundesmitteln zu schaffen. Ausgenommen von dieser im Gesetz vorgesehenen Maßnahme sind Asylbewerber aus sicheren Herkunftsstaaten und vollziehbar ausreisepflichtige Personen, weil es bei diesen Personengruppen keinen Sinn macht, sie an den deutschen Arbeitsmarkt heranzuführen.

**2**     In der Vorschrift vereinigen sich ganz unterschiedliche Maßnahmen. In Abs. 1 geht es um die Aktivierung von Arbeitsgelegenheiten. Abs. 2 betrifft die Verpflichtung zur Wahrnehmung einer zumutbaren Arbeitsgelegenheit. Abs. 3 enthält eine Sanktion in Form von Leistungseinschränkungen nach der Weigerung, sich an Flüchtlingsintegrationsmaßnahmen zu beteiligen. Abs. 4 betrifft die Abstimmung bei der Auswahl und Zuweisung zu den Flüchtlingsintegrationsmaßnahmen. Abs. 5 und 6 betrifft die Erhebung und Übermittlung von Daten.

**3**     Die Geltung der Vorschrift hängt von der Flüchtlingsintegrationsmaßnahme ab (Art. 8 Abs. 4 des IntegrationsG vom 31.7.2016). Sie wird außer Kraft gesetzt, wenn das BMAS dies im BGBl. anzeigt. Den erwarteten entscheidenden Impuls hat die Flüchtlingsintegrationsmaßnahme nicht gehabt. Ursprünglich war beabsichtigt, 100.000 Leistungsberechtigte zu fördern. Im Bundesanzeiger vom 20.4.2017 ist die Richtlinie ab 21.4.2017 geändert worden. In Nr. 1 Abs. 3 S. 1 wurde die Angabe von jährlich 100.000 gestrichen.

Obwohl § 5 auch Arbeitsgelegenheiten vorsieht, handelt es sich nicht um eine **4** wirkliche Parallelvorschrift zu § 5a (vgl. *Lange*, jurisPK-SGB XII, § 5a AsylbLG Rn. 3). Die zuerst genannte Vorschrift zielt eindeutig auf Arbeitsgelegenheiten ab, die einer Aufnahmeeinrichtung zugutekommen sollen.

Aus der Sozialhilfe ist das sozialrechtliche Leistungsverhältnis bekannt, in dem **5** der Leistungsberechtigte mit dem Leistungsträger und der Leistungsträger mit dem Maßnahmeträger verbunden ist, der wiederum gegenüber dem Leistungsberechtigten die Leistung erbringt. In der Literatur (*Lange*, SGb 2016, 556) wird dieses Dreiecksverhältnis zu einem Vierecksverhältnis modifiziert, es besteht aus dem Leistungsberechtigten, der zuständigen Behörde, dem Maßnahmeträger und der Bundesagentur für Arbeit, der die Durchführung des befristeten Arbeitsmarktprogramms Flüchtlingsintegrationsmaßnahme übertragen worden ist und die mit ihm die notwendigen Verträge schließt. Wie die einzelnen Verbindungen des Vierecksverhältnisses rechtlich einzuordnen sind, ist noch nicht abschließend geklärt. Auch die rechtliche Zuordnung der beantragenden Kommune oder der gemeinnützigen Träger zur Bundesagentur für Arbeit lässt sich nur schwer dogmatisch fassen. In den Materialien heißt es dazu, dass die Bundesagentur den zu stellenden Antrag genehmigt. Zunächst einmal bedeutet es, dass die Bundesagentur die Mittel für die Integrationsmaßnahme bereitstellt. Weil sie über die Mittel verfügt, kann sie die von den Kommunen oder den gemeinnützigen Trägern ins Auge gefassten Maßnahmen ablehnen, was in Form eines Veraltungsaktes geschieht, weil es mehr als ein konsensuales Verhalten ist.

## II. Flüchtlingsintegrationsmaßnahme (Abs. 1)

### 1. Arbeitsfähigkeit

Die Vorschrift richtet sich an **arbeitsfähige,** nicht **erwerbstätige** Leistungsbe- **6** rechtigte, die das 18. Lebensjahr vollendet haben und nicht der Vollzeitschulpflicht unterliegen. Die Frage der Zumutbarkeit ist der Prüfung des Abs. 2 vorenthalten (s. auch *Lange,* jurisPK-SGB XII, § 5a AsylbLG Rn. 51).

Der Begriff der Arbeitsfähigkeit dient anders als zwischen dem SGB II und dem **7** SGB XII (§ 8 SGB II und § 21 SGB XII) nicht zur Systemabgrenzung. Sie meint die Fähigkeit, sich durch den Einsatz der eigenen Arbeitskraft den spezifischen Bedingungen einer Flüchtlingsintegrationsmaßnahme gegen eine Mehraufwandentschädigung zu stellen. Vgl. auch *Lange,* jurisPK-SGB XII § 5a AsylbLG Rn. 51.

### 2. Ausgeschlossener Personenkreis

S. 2 nimmt Leistungsberechtigte nach § 1 Abs. 1 Nr. 1, die aus einem sicheren **8** Herkunftsstaat nach § 29a AsylG stammen, sowie Leistungsberechtigte nach § 1 Abs. 1 Nr. 4 und 5 aus. Bei § 1 Nr. 1 handelt es sich um Personen, die eine Aufenthaltsgestattung besitzen, die aus einem sicheren Herkunftsstaat stammen und deren Asylantrag als offensichtlich unbegründet abzulehnen ist. Die in § 29a AsylG bestehende Vermutung kann erschüttert werden. Gelingt dies, geht der Asylantrag in ein reguläres Verfahren über (*Bergmann,* Ausländerrecht, § 29a AsylG Rn. 16). In diesem Fall greift der Ausschlussgrund des Satzes 2 Alt. 1 nicht ein (ebenso *Lange,* jurisPK-SGB XII, § 5a AsylbLG Rn. 56). Für den Leistungsträger und die Sozialgerichte bedeutet die mögliche **Widerlegung** der **Vermutung,** im sicheren Herkunftsland nicht verfolgt zu sein, nicht, dass sie in eine asylrechtliche Prüfung einzutreten haben, was zu unterschiedlichen Entscheidungen zwischen den Verwaltungen und den Sozial- und Verwaltungsgerichten führen kann. Solange asylrechtlich nicht feststeht, dass die Vermutungsregelung erschüttert ist, haben die Leistungsbehörden vom Ausschluss des Leistungsberechtigten auszugehen.

9   Die andere Alternative der Ausschlussregelung ist der Verweis auf Leistungsberechtigte nach § 1 Abs. 1 Nr. 4 und 5. Es sind jene Personen, die eine Duldung nach § 60a AufenthG besitzen oder die vollziehbar ausreisepflichtig sind, auch wenn die Abschiebungsandrohung noch nicht oder nicht mehr vollziehbar ist. Das muss vom Leistungsträger durch die Beiziehung der Asyl- oder Ausländerakte geklärt werden.

## 3. Zuweisung

10   Die Zuweisungsentscheidung treffen die Leistungsträger, wobei die Maßnahme nach Abs. 4 S. 1 mit dem Maßnahmeträger **abgestimmt** werden soll. Rechtlich ist die Zuweisungsentscheidung schwierig einzuordnen, weil sie janusköpfig ist. Sie betrifft einerseits den Leistungsberechtigten, andererseits den Maßnahmeträger, der bereits in dieser Phase in die Zuweisungsentscheidung einbezogen ist. Das Abstimmungserfordernis dient nach der Gesetzesbegründung einer zweckentsprechenden und erfolgreichen Durchführung der Maßnahme. Dadurch, dass in Abs. 1 die Zuweisungsentscheidung geregelt ist und erst in Abs. 2 die Zumutbarkeit geprüft wird, ist das Vorgehen des Leistungsträgers gesetzessystematisch als **Zweierschritt** angelegt. In der praktischen Handhabung ist jedoch nicht auszuschließen, dass bereits auf der ersten Stufe die Zumutbarkeit „mitgedacht" wird (ähnlich *Lange,* juris-PK-SGB XII, § 5a AsylbLG Rn. 48). Die **Entscheidungsbefugnis** liegt **allein** beim Leistungsträger (*Lange,* jurisPK-SGB XII, § 5a AsylbLG Rn. 47). Daraus folgt, dass die BA an die Zuweisungsentscheidung des Leistungsträgers gebunden ist.

## 4. Flüchtlingsintegrationsmaßnahme

11   Die Flüchtlingsintegrationsmaßnahme (FIM) wird im Gesetz nicht näher definiert. In der Gesetzesbegründung heißt es dazu, dass die Bundesregierung der Bundesagentur für Arbeit mit Verwaltungsvereinbarung nach § 368 Abs. 3 S. 2 SGB III die Durchführung der Flüchtlingsintegrationsmaßnahme übertragen wird. Hierbei wird zwischen **internen** und **externen Maßnahmen** unterschieden. Die internen Maßnahmen sind nach der Richtlinie des Bundesministeriums für Arbeit und Soziales solche, die in der wesentlichen Verantwortung den Maßnahmeträgern wie den Trägern der Aufnahmeeinrichtung oder vergleichbaren Einrichtungen obliegen. Externe Maßnahmen nach § 5a sind solche, die von staatlichen kommunalen oder gemeinnützigen Trägern zur Verfügung gestellt werden, sofern die zu leistende Arbeit sonst nicht, nicht in diesem Umfang oder zu diesem Zeitpunkt verrichtet werden würde (*Lange,* jurisPK-SGB XII, § 5a AsylbLG Rn. 59). Bei den internen Maßnahmen ist darauf zu achten, dass sie nicht dem Inhalt einer Maßnahme nach § 5 entsprechen.

12   Im IntegrationsG ist mit der Einfügung des § 5a auch § 421a SGB III geändert worden. Arbeiten in Maßnahmen, die durch das Arbeitsmarktprogramm Flüchtlingsintegrationsmaßnahme bereitgestellt werden, begründen **kein Arbeitsverhältnis** i. S. d. Arbeitsrechts und kein **Beschäftigungsverhältnis** i. S. d. SGB IV. Arbeitsrechtliche **Schutzvorschriften** werden auf Leistungsberechtigte übertragen. Vorschriften des Arbeitsschutzes und des Bundesurlaubsgesetzes mit Ausnahme der Regelungen über das Urlaubsentgelt sind entsprechend anzuwenden. Für Schäden haften die Teilnehmerinnen und Teilnehmer an den Maßnahmen wie Arbeitnehmerinnen und Arbeitnehmer. Zur Diskussion um eine Haftpflichtversicherung für Asylbewerber, *Deibel*, ZFSH/SGB 2017, 185 f.

13   Die Bundesregierung wird der Bundesagentur für Arbeit die Durchführung des befristeten Arbeitsmarktprogramms „Flüchtlingsintegrationsmaßnahmen" nach

§ 368 Abs. 3 S. 2 SGB III übertragen, in dessen Rahmen Arbeitsgelegenheiten für Leistungsberechtigte nach dem AsylbLG geschaffen werden sollen. Hier stellt sich die Frage, ob es durch die Überantwortung eines durch die Bundesagentur für Arbeit durchgeführten Flüchtlingsintegrationsprogrammes zu einer unzulässigen Vermischung von Zuständigkeiten kommt. Letztlich greifen die geäußerten Zweifel nicht durch, weil die Bundesagentur nicht darüber entscheidet, welche Ausländer durch die Flüchtlingsintegrationsmaßnahme aktiviert werden sollen. Darüber bestimmen die Leistungsbehörden. Zur staatlichen Verantwortung der Leistungsbehörden gehört, Ausländern die Möglichkeit zur Aktivierung zu geben, ohne dass damit eine, wie kritisch bemerkt werden muss, verfassungsrechtlich bedenkliche Fremdbestimmung einhergeht. Auch der Leistungsberechtigte ist verfassungsrechtlich gesehen zur Kooperation angehalten.

## III. Verpflichtung zur Aktivierung (Abs. 2)

Die Vorschrift beinhaltet eine **Verpflichtung** in Form eines zu erlassenden **Ver-** **14** **waltungsaktes** zur Teilnahme an einer Integrationsmaßnahme (so wohl auch *Lange, SGb* 2016, 561). Die Regelung entspricht weitgehend der Regelung in § 5 Abs. 4 S. 1 AsylbLG. Einschränkungen dieser Verpflichtung ergeben sich durch das Merkmal der Zumutbarkeit, den Verweis auf § 11 Abs. 4 und dessen entsprechende Anwendung und dem Vorliegen eines wichtigen Grundes. Der Verwaltungsakt richtet sich gegen den Leistungsberechtigten und füllt damit eine Seite des Viereckverhältnisses aus.

Strukturell lehnt sich die Vorschrift an § 5 Abs. 4 an, der ebenfalls einen Verweis **15** auf § 11 Abs. 4 SGB XII enthält. Diese Vorschrift des SGB XII ist eine Hilfenorm, von der nur Abs. 4 entsprechend heranzuziehen ist. Neben bestimmten **Grundsätzen zur Zumutbarkeit** führt die Vorschrift Beispiele auf, die eine Tätigkeit ausschließen. Danach darf Leistungsberechtigten eine Tätigkeit nicht zugemutet werden, wenn sie wegen Erwerbsminderung, Krankheit, Behinderung oder Pflegebedürftigkeit nicht in der Lage sind (Nr. 1), wenn sie ein der Regelaltersgrenze der gesetzlichen Rentenversicherung (§ 35 SGB VI) entsprechendes Lebensalter erreicht oder überschritten haben (Nr. 2) oder der Tätigkeit ein sonstiger wichtiger Grund entgegensteht (Nr. 3). Leistungsberechtigten darf insbesondere eine Tätigkeit nicht zugemutet werden, soweit dadurch eine geordnete Erziehung eines Kindes gefährdet würde. Die geordnete Erziehung eines Kindes, das das dritte Lebensjahr vollendet hat, ist in der Regel nicht gefährdet, soweit unter Berücksichtigung der besonderen Verhältnis in der Familie der Leistungsberechtigten die Betreuung in einer Tageseinrichtung oder Tagespflege im Sinn der Vorschriften des SGB VIII sichergestellt ist. Die Träger der Sozialhilfe sollen darauf hinwirken, dass Alleinerziehenden vorrangig ein Platz zur Tagesbetreuung des Kindes angeboten wird. Auch sonst sind die Pflichten zu berücksichtigen, die den Leistungsberechtigten durch die Führung eines Haushaltes oder die Pflege eines Angehörigen entstehen. Faktisch sind wohl die Unterbringung in Tageseinrichtungen oder die Tagesbetreuung für Flüchtlinge weniger relevant, weil bereits bei Deutschen, EU-Ausländern und Ausländern mit einem Aufenthaltsstatus Schwierigkeiten bestehen, überhaupt Kinder in einer Tageseinrichtung unterbringen zu können. Die Vorschrift geht an dieser Stelle an den realen Lebensverhältnissen vorbei.

Neben den Regelbeispielen der Zumutbarkeit, wie sie in § 11 Abs. 4 SGB XII **16** aufgeführt sind, wird in Satz 2 hervorgehoben, dass **insbesondere ein wichtiger Grund** vorliegen kann, wenn die leistungsberechtigte Person eine Beschäftigung auf dem allgemeinen Arbeitsmarkt, eine Berufsausbildung oder ein Studium aufnimmt oder aufgenommen hat. Die Formulierung „insbesondere" macht – so die

Gesetzesbegründung (BR-Drs. 266/16) – deutlich, dass die Aufzählung im neuen Satz 2 nicht abschließend ist. Ein wichtiger Grund, der der Heranziehung zu einer Arbeitsgelegenheit entgegensteht, kann auch dann vorliegen, wenn die oder der Leistungsberechtigte ansonsten trotz Berechtigung nicht an einem Integrationskurs oder an einer berufsbezogenen Deutschsprachförderung teilnehmen oder eine Maßnahme der aktiven Arbeitsförderung nach dem SGB III nicht antreten könnte oder diese gar abbrechen müsste. Entsprechendes gilt für Maßnahmen, die die Leistungsberechtigten auf die Aufnahme einer beruflichen Ausbildung oder eines Studiums (zum Beispiel Studienkollegs, studienvorbereitende Sprachkurse an Hochschulen) vorbereiten sollen. Umfasst sind darüber hinaus auch Bildungsmaßnahmen, die Inhaberinnen und Inhabern ausländischer Berufsqualifikationen den Berufszugang oder die Feststellung der Gleichwertigkeit dieser Qualifikationen ermöglichen (zum Beispiel Anpassungslehrgänge, berufsbezogene Weiterbildungsangebote, Vorbereitungskurse auf Kenntnis- oder Eignungsprüfungen und berufsbezogene Sprachkurse).

## IV. Sanktionierung (Abs. 3)

17   Dieser Absatz sanktioniert wie viele andere Vorschriften des AsylbLG, was in der Summe verfassungsrechtlich bedenklich ist, die mangelnde Kooperationsbereitschaft. Wer zur Aufnahme einer zumutbaren Flüchtlingsintegrationsmaßnahme verpflichtet ist und sich weigert, eine Maßnahme aufzunehmen oder fortzuführen oder schon durch sein Verhalten die Anbahnung verhindert, wird auf Leistungen nach § 1a Abs. 2 S. 2 bis 4 festgelegt. Verfassungsrechtlich mag diese Sanktion eher legitimiert sein als bei § 1a selbst (s. dazu die Kritik bei *Voigt,* info also 2016, 102; *Brings/Oehl,* ZAR 2016, 25 f.), weil eine migrationspolitische Steuerung nicht der Hauptgrund der Leistungseinschränkung ist.

18   Verwiesen wird als Rechtsfolge auf § 11 Abs. 2 S. 2 bis 4. Es handelt sich nicht um eine Rechtsgrundverweisung, sondern um eine **Rechtsfolgenverweisung,** weil die sachlichen Voraussetzungen in der spezifischen Verweigerung der Flüchtlingsintegrationsmaßnahme bestehen (ebenso *Lange,* jurisPK-SGB XII, § 5a AsylbLG Rn. 77).

19   Der Leistungsberechtigte muss **vorsätzlich** oder zumindest **fahrlässig** seine Obliegenheiten aus der zugewiesenen Arbeitsgelegenheit verletzt haben, um sein Verhalten zu sanktionieren.

20   Satz 2 macht von der Leistungseinschränkung eine Ausnahme bei einem **wichtigen Grund.** Der Leistungsberechtigte muss diesen Grund darlegen und beweisen. Damit liegt die **Darlegungs- und Beweislast** eindeutig bei ihm. Dabei ist zu unterscheiden zwischen dem wichtigen Grund, der dazu führt, dass der Leistungsberechtigte nicht verpflichtet ist, eine Flüchtlingsintegrationsmaßnahme aufzunehmen, und dem wichtigen Grund, eine Flüchtlingsintegrationsmaßnahme fortzuführen. Trotz einer zumutbaren Pflicht zur Teilnahme an einer Flüchtlingsintegrationsmaßnahme kann es wichtige Gründe geben, diese Maßnahme zu unterbrechen oder zu beenden. Das können nach den Gesetzesmaterialien (BR-Drs. 266/16) Gründe sein, bei denen die Maßnahme zwar an sich zumutbar ist, ihre Wahrnehmung oder Fortsetzung aber dennoch aufgrund persönlicher Belange der Leistungsberechtigten oder aufgrund nachträglicher Veränderungen im Einzelfall nicht verlangt werden kann.

21   Satz 1 schreibt als Verfahrensvoraussetzung eine **schriftliche Belehrung** vor. Die Belehrung muss klar und bestimmt sein. Sie muss für den Ausländer verständlich sein, damit sie ihre Warnfunktion erfüllen kann. Das heißt nicht, dass sie in der Muttersprache des Ausländers verfasst sein muss. Ihr Inhalt muss mit Hilfe eines Dolmetschers oder Sprachkundigen dem Ausländer vermittelt werden.

Die Entscheidung über die Teilnahme selbst ist wie bei § 5 ein **Verwaltungsakt** 22 (ebenso *Lange*, jurisPK-SGB XII, § 5a AsylbLG Rn. 101).

## V. Auswahl der Teilnehmer (Abs. 4)

Der schmale verfassungsrechtliche Grat, auf dem sich § 5a bewegt, zeigt sich 23 auch in diesem Absatz. Um die Verwaltungsverantwortung organisatorisch beim Leistungsträger zu belassen, soll dieser sich vor einer Zuweisung mit dem Maßnahmeträger abstimmen. Die verfassungsrechtliche Problematik einer unzulässigen Mischverwaltung scheint dem Gesetzgeber bewusst gewesen zu sein, wenn in der Gesetzesbegründung (BR-Drs. 266/16) formuliert wird: Die Entscheidung, ob der betreffende Leistungsberechtigte zum Kreis der Pflichtigen gehört und ob ihm die konkrete Maßnahme zugemutet werden kann, obliegt dabei nicht der Abstimmung mit den Maßnahmeträgern; diese bleibt allein den zuständigen Leistungsbehörden vorbehalten.

Verwaltungstechnisch macht die Abstimmung Sinn, um wirklich geeignete Leis- 24 tungsberechtigte für die Flüchtlingsintegrationsmaßnahme in die Maßnahme zu bringen. Die Maßnahme muss, soll sie erfolgreich sein, zu dem Auszuwählenden „passen". Dazu berechtigt Satz 2 des Absatzes zur Datenübermittlung.

## VI. Datenerhebung (Abs. 5)

Satz 1 regelt eine Ermächtigung der Leistungsbehörden zur Erhebung von teil- 25 nehmerbezogenen Daten, die zur Wahrnehmung ihrer Aufgaben im Zusammenhang mit den Flüchtlingsintegrationsmaßnahmen erforderlich sind. Diese Daten sind für die Auswahl der Leistungsberechtigten (→ Abs. 4) und für die Entscheidung zur Teilnahme erheblich. Deswegen beziehen sie sich auf den Bildungsstand zur beruflichen Qualifikation und zum Vorliegen einer Beschäftigung (Nr. 1), zu Sprachkenntnissen (Nr. 2) und zur Durchführung eines Integrationskurses nach § 43 AufenthG oder einer Maßnahme der berufsbezogenen Deutschsprachenförderung nach § 4a AufenthG. Die Übermittlung erlaubt Satz 2.

## VII. Übermittlungsrecht des Maßnahmeträgers (Abs. 4 S. 2)

Als Folge des Absatzes 4 ist der Maßnahmeträger berechtigt, die in Abs. 5 genann- 26 ten Daten an den zuständigen Leistungsträger zu übermitteln, soweit dies für die Auswahl der Teilnehmer, die Erteilung einer Zuweisung in die Maßnahme, die Feststellung der ordnungsgemäßen Teilnahme oder der Bescheinigung der erfolgreichen Teilnahme erforderlich ist. Die Maßnahmeträger sind hiernach befugt, der Leistungsbehörde den Namen und ggf. weitere zweckdienliche Daten zu Leistungsberechtigten mitzuteilen, die sie aufgrund der Vorauswahl der Leistungsbehörde als besonders geeignet für die Maßnahme ansehen und deshalb für eine Zuweisung vorschlagen würden. Ebenso erlaubt die Regelung den Maßnahmeträgern, der Leistungsbehörde mitzuteilen, ob Leistungsberechtigte fristgerecht bei ihr vorstellig geworden sind und ob sie ihre Tätigkeit bei ihnen aufgenommen haben. Der Leistungsberechtigte ist damit in ein äußerst engmaschiges Netz der Überwachung eingebunden, was mehr den Schwerpunkt im Fordern hat. Dazu gehört auch, dass der Maßnahmeträger den zuständigen Behörden unverzüglich Auskünfte über Tatsachen zu erteilen hat, die Anlass für eine Leistungsabsenkung nach Abs. 3 geben könnten und die deshalb nach diesem Gesetz erheblich sind.

# VIII. Datenerhebung (Abs. 5)

27    Abs. 5 berechtigt den Leistungsträger, bestimmte, für die Durchführung einer Flüchtlingsintegrationsmaßnahme erforderliche Daten zu erheben. Dazu gehören Angaben zum Bildungsstand, zur beruflichen Qualifikation und zum Vorliegen einer Beschäftigung (Nr. 1). Für den Einsatz des Leistungsberechtigten sind das Wissen über Sprachkenntnisse (Nr. 2) und Angaben zur Durchführung eines Integrationskurses nach § 43 AufenthG oder einer Maßnahme der berufsbezogenen Deutschsprachenförderung nach § 45a AufenthG erforderlich. Die enumerative Aufzählung ist nicht abschließend. Um zu prüfen, ob eine Maßnahme zumutbar ist, können auch Daten über den Gesundheitszustand oder andere Daten, die einen Abbruch der Maßnahme rechtfertigen, erhoben werden (*Lange*, jurisPK-SGB XIII, § 5a AsylbLG Rn. 111).

28    Abs. 5 S. 2 sieht eine großzügige Weitergabe der Daten an den Maßnahmeträger vor. Aus Gründen des Datenschutzes kann diese Ermächtigung zur Weitergabe von Daten an den Maßnahmeträger nur eingeschränkt angewendet werden. Da die Flüchtlingsintegrationsmaßnahme mit dem Maßnahmeträger abgestimmt wird (Abs. 4), können auch nur Daten übermittelt werden, die für diese Abstimmung zwingend erforderlich sind.

# IX. Datenübermittlung des Maßnahmeträgers (Abs. 6)

29    Die Vorschrift zielt, wie es in der Gesetzesbegründung heißt, darauf ab, den Landesbehörden die Erfüllung ihrer Aufgaben nach den Abs. 1, 3 und 4 zu erleichtern. Die Datenübermittlung betrifft vor der Zuweisung des Leistungsberechtigten in eine Maßnahme zunächst einmal die Daten, die für die Zuweisung des in Frage kommenden Leistungsberechtigten erforderlich sind, um anhand seiner in Abs. 5 genannten biographischen Daten eine Auswahl treffen zu können. Die Daten dürfen übermittelt werden, die für die Erteilung der Zuweisung relevant sind, ferner die Daten zur Feststellung einer ordnungsgemäßen Teilnahme sowie die erforderlichen Daten zur Feststellung einer ordnungsgemäßen Teilnahme an der Flüchtlingsintegrationsmaßnahme.

30    Eine **Verarbeitung** der Daten durch den Maßnahmeträger darf nach dem eindeutigen Wortlaut der Vorschrift nicht erfolgen (ebenso *Lange*, jurisPK-SGB XII, § 5a AsylbLG Rn. 115).

31    Nach Abs. 6 S. 6 haben die Maßnahmeträger dem Leistungsträger unverzüglich die Daten zu übermitteln, die Anlass für eine Leistungsabsenkung sein können.

32    Die Verletzung datenschutzrechtlicher Vorschriften hat keine Auswirkung auf die Rechtmäßigkeit des Zuweisungsbescheides, sie löst allenfalls Auskunftsrechte, Ansprüche auf Sperrung oder Löschung oder Schadensersatzansprüche nach den datenschutzrechtlichen Vorschriften des Landes aus. Der Leistungsträger hat seinen Zuweisungsbescheid oder Absenkungsbescheid dann daraufhin zu überprüfen, ob aufgrund der fehlerhaften und rechtswidrigen Erhebung der Daten seine Entscheidung fortbestehen kann (vgl. *Lange*, jurisPK-SGB XII, § 5a AsylbLG Rn. 120 f.).

# X. Prozessuale Fragestellungen

33    Gegen eine nicht gewollte **Zuweisung** in eine Flüchtlingsintegrationsmaßnahme kann der Leistungsberechtigte Widerspruch und Klage erheben. Durch die Einfügung des § 11 Abs. 4 Nr. 2 muss gefragt werden, ob auch Widerspruch und Anfechtungsklage gegen **Leistungsabsenkungen** nach dieser Vorschrift aufschiebende Wirkung haben (s. auch *Lange*, jurisPK-SGB XII, § 5a AsylbLG Rn. 105). Da die

Leistungsabsenkung hier als Rechtsfolgenverweisung verstanden wird, in § 11 Abs. 4 Nr. 2 der materielle Anspruch des § 1a gemeint ist, bleibt es bei der gesetzlichen Folge des § 86a Abs. 1 SGG, so dass Widerspruch und Anfechtungsklage aufschiebende Wirkung haben. Klagebefugt gegen die Zuweisung ist der Leistungsberechtigte, nicht klagebefugt sind die BA und der Maßnahmeträger (wie *Lange,* jurisPK-SGB XII, § 5a AsylbLG Rn. 97 f.), weil sie als Dritte nicht in eigenen Rechten verletzt sind.

## § 5b Sonstige Maßnahmen zur Integration

(1) **Die nach diesem Gesetz zuständige Behörde kann arbeitsfähige, nicht erwerbstätige Leistungsberechtigte, die das 18. Lebensjahr vollendet haben und der Vollzeitschulpflicht nicht mehr unterliegen und zu dem in § 44 Absatz 4 Satz 2 Nummer 1 bis 3 des Aufenthaltsgesetzes genannten Personenkreis gehören, schriftlich verpflichten, an einem Integrationskurs nach § 43 des Aufenthaltsgesetzes teilzunehmen.**

(2) **[1]Leistungsberechtigte nach Absatz 1 haben keinen Anspruch auf Leistungen nach den §§ 2, 3 und 6, wenn sie sich trotz schriftlicher Belehrung über die Rechtsfolgen weigern, einen für sie zumutbaren Integrationskurs aus von ihnen zu vertretenen Gründen aufzunehmen oder ordnungsgemäß am Integrationskurs teilzunehmen. [2]§ 1a Absatz 2 Satz 2 bis 4 ist entsprechend anzuwenden. [3]§ 11 Absatz 4 des Zwölften Buches Sozialgesetzbuch gilt für die Beurteilung der Zumutbarkeit entsprechend. [4]Ein sonstiger wichtiger Grund im Sinne von § 11 Absatz 4 Satz 1 Nummer 3 des Zwölften Buches Sozialgesetzbuch kann insbesondere auch dann vorliegen, wenn die leistungsberechtigte Person eine Beschäftigung auf dem allgemeinen Arbeitsmarkt, eine Berufsausbildung oder ein Studium aufnimmt oder aufgenommen hat. [5]Die Rechtsfolge nach den Sätzen 1 und 2 tritt nicht ein, wenn die leistungsberechtigte Person einen wichtigen Grund für ihr Verhalten darlegt und nachweist.**

(3) **Die nach diesem Gesetz zuständige Behörde darf die für die Erfüllung ihrer Aufgaben nach den Absätzen 1 und 2 erforderlichen personenbezogenen Daten von Leistungsberechtigten erheben, einschließlich Angaben**
1. **zu Sprachkenntnissen und**
2. **zur Durchführung eines Integrationskurses nach § 43 des Aufenthaltsgesetzes oder einer Maßnahme der berufsbezogenen Deutschsprachförderung nach § 45a des Aufenthaltsgesetzes.**

*Änderung der Vorschrift: § 5b eingef. mWv 1.1.2017 durch G v. 31.7.2016 (BGBl. I S. 1939).*

*Gesetzesmaterialien: BR-Drs. 266/16*

*Der neue § 5b AsylbLG führt für bestimmte Leistungsberechtigte eine – sanktionsbewehrte Verpflichtung zur Teilnahme an Integrationskursen nach § 43 AufenthG ein, die vom BAMF durchgeführt werden. Integration kann nur als wechselseitiger Prozess gelingen. Mit dem vom Staat unterbreiteten Angebot zur Integration soll deshalb eine Verpflichtung zur eigenen Anstrengung verbunden werden, an die im Falle ihrer Verletzung Leistungseinschränkungen geknüpft werden.*

*Zu Absatz 1*
*§ 5b Absatz 1 AsylbLG sieht vor, dass die zuständigen Leistungsbehörden bestimmte Leistungsberechtigte zur Wahrnehmung eines Integrationskurses verpflichten können. Dies betrifft Leistungsberechtigte, die nach § 44 Absatz 4 Satz 2 Nummer 1 bis 3 AufenthG*

*Zugang zu den Integrationskursen des BAMF haben und die weiteren persönlichen Voraussetzungen nach Satz 1 erfüllen. Aufgrund des neu eingeführten § 44a Absatz 1 Satz 2 Nummer 4 AufenthG löst die Aufforderung durch die zuständige Leistungsbehörde für den genannten Personenkreis zugleich die aufenthaltsrechtliche Verpflichtung zur Kursteilnahme aus. Aus dieser gesetzlichen Verpflichtung folgt aufgrund der in der Verordnung zum Integrationsgesetz vorgesehenen Änderung in § 4 Absatz 1 Nummer 5 der Integrationskursverordnung zugleich eine Teilnahmeberechtigung für die betroffenen Leistungsberechtigten.*

*Die zuständige Behörde entscheidet über die Verpflichtung zur Kursteilnahme nach pflichtgemäßem Ermessen („kann"). Hieraus folgt zunächst, dass für die Leistungsberechtigte oder den Leistungsberechtigten kein subjektiver Anspruch besteht, durch eine Aufforderung nach Absatz 1 zur Teilnahme berechtigt zu werden. Die Leistungsbehörde hat die Ausübung ihres Ermessens an den in § 43 AufenthG beschriebenen Zielen des Integrationskurses auszurichten. Von Bedeutung ist somit insbesondere, ob eine Verpflichtung zur Kursteilnahme unter Beachtung des individuellen Sprachniveaus der betroffenen Person geeignet und erforderlich ist, ihre Integration in das wirtschaftliche, kulturelle und gesellschaftliche Leben in Deutschland zu befördern. Daran kann es etwa fehlen, wenn der oder die Betroffene die deutsche Sprache bereits so gut beherrscht, dass eine Teilnahme nicht zweckmäßig erscheint. Für eine Verpflichtung kann dagegen sprechen, wenn im möglichst frühzeitiger Spracherwerb im konkreten Fall die Chancen auf eine rasche Eingliederung in Arbeit oder Ausbildung erhöht oder aus anderen Gründen von einer besonderen Integrationsbedürftigkeit auszugehen ist. Zu berücksichtigen ist weiterhin, ob Kursplätze in ausreichender Zahl verfügbar sind und ob der Kursbesuch für die oder den Leistungsberechtigten zumutbar ist, da andernfalls eine Verpflichtung hierzu nicht sinnvoll wäre.*

*Im Hinblick auf die hieran gegebenenfalls anknüpfende Leistungseinschränkung muss die Verpflichtung die für die Sicherstellung einer ordnungsgemäßen Kursteilnahme erforderlichen Schritte, zum Beispiel die fristgerechte Anmeldung, festlegen und die Maßnahme konkret – das heißt inhaltlich und zeitlich – bezeichnen. Aus Gründen der Rechtssicherheit regelt Satz 3 ein Schriftformerfordernis für die Verpflichtung.*

*Zu Absatz 2*

*Zu den Sätzen 1 und 2*

*Absatz 2 regelt in den Sätzen 1 und 2 die Rechtsfolge einer Verletzung der mit der Verpflichtung nach Absatz 1 begründeten Teilnahmepflicht durch die Leistungsberechtigte oder den Leistungsberechtigten. Der Tatbestand wird dabei – in Anlehnung an § 31 Absatz 1 Satz 1 Nummer 2 SGB II – näher konkretisiert. Dieser wird erfüllt, wenn die oder der Leistungsberechtigte einen für sie oder ihn zumutbaren Integrationskurs pflichtwidrig nicht aufnimmt oder nicht ordnungsgemäß daran teilnimmt, diesen also insbesondere vorzeitig abbricht. Die Aufnahme des Kurses kann dabei auch dadurch verweigert werden, dass bereits die Anbahnung der Kursteilnahme pflichtwidrig vereitelt wird; dies ist etwa der Fall, wenn die oder der Leistungsberechtigte es nach Verpflichtung zur Kursteilnahme schuldhaft unterlässt, sich fristgerecht bei einem Kursträger anzumelden und ihre oder seine Teilnahmeberechtigung verfallen lässt. Voraussetzung ist aber stets, dass die oder der Leistungsberechtigte, die die Pflichtverletzung zu vertreten hat, insbesondere dass sie oder er zur Kursteilnahme auch tatsächlich berechtigt ist und ihr oder ihm die Teilnahme objektiv möglich ist; hieran fehlt es, wenn ihr oder ihm – trotz – fristgerechter Anmeldung eine Kursteilnahme innerhalb des für die Gültigkeit der Teilnahmeberechtigung bestimmten Frist nicht möglich ist, da kein freier Kursplatz verfügbar ist.*

*Die an das pflichtwidrige Verhalten anknüpfende Leistungsabsenkung entspricht der in den § 5 Absatz 4 Satz 2 AsylbLG (neu) und § 5a Absatz 3 AsylbLG (neu) geregelten Rechtsfolge. Auf die Begründung zu diesen Vorschriften wird Bezug genommen.*

*Die Belehrung über die Rechtsfolgen hat schriftlich zu erfolgen.*

*Zu den Sätzen 3 und 4*
*Zur Konkretisierung der Zumutbarkeitskriterien wird in Satz 3 – entsprechend der Neurege-*
*lung in § 5 Absatz 3 Satz 2 AsylbLG – auf § 11 Absatz 4 SGB XII verwiesen. Insoweit*
*wird auf die Begründung zu § 5 Absatz 3 Satz 2 AsylbLG (neu) Bezug genommen; das*
*dort Gesagte gilt für die Zumutbarkeit der Teilnahme an einem Integrationskurs entsprechend.*
*Ein wichtiger Grund, der einer Kursteilnahme entgegensteht, kann insbesondere dann*
*vorliegen, wenn die oder der Leistungsberechtigte eine Beschäftigung auf dem allgemeinen*
*Arbeitsmarkt, eine Berufsausbildung oder ein Studium aufnimmt. Die Formulierung „insbe-*
*sondere" macht deutlich, dass die Aufzählung im neuen Satz 2 nicht abschließend ist.*

*Zu Satz 5*
*Hinsichtlich der an das pflichtwidrige Verhalten anknüpfenden Leistungsabsenkung wird*
*auf die Begründung zu § 5 Absatz 4 Satz 2 AsylbLG (neu) Bezug genommen. Satz 3*
*regelt, dass die Leistungsabsenkung nicht eintritt, wenn die oder der Leistungsberechtigte einen*
*wichtigen Grund für ihr oder sein Verhalten darlegen und beweisen kann. Dabei ist von*
*der zuständigen Leistungsbehörde zu prüfen, ob der oder dem Betroffenen die geforderte*
*Verhaltensweise unter Berücksichtigung der Gesamtumstände im Einzelfall zugemutet werden*
*kann. Da von einer Teilnahmeobliegenheit nur ausgegangen werden kann, wenn der Kurs*
*selbst für die oder den Leistungsberechtigten zumutbar ist, hat der wichtige Grund Bedeutung*
*insbesondere in Fällen, in denen zwar der Kurs an sich zumutbar ist, ihre oder seine Aufnahme*
*oder Fortsetzung aber dennoch aufgrund persönlicher Belange der Leistungsberechtigten oder*
*aufgrund nachträglicher Veränderungen im Einzelfall nicht verlangt werden kann.*

*Zu Absatz 3*
*Absatz 3 regelt eine Ermächtigung der Leistungsbehörden zur Erhebung von teilnehmerbe-*
*zogenen Daten, die zur Wahrnehmung ihrer Aufgaben im Zusammenhang mit den Integrati-*
*onskursen erforderlich sind. Dies betrifft zum einen die Aufgaben der Auswahl und der*
*Verpflichtung der Teilnehmerinnen und Teilnehmer zur Kursteilnahme; zum anderen betrifft*
*dies die Feststellung einer Pflichtverletzung und der hieran anknüpfenden Rechtsfolgen nach*
*Absatz 2. Die Regelung stellt klar, dass zu den erforderlichen Daten auch solche gehören,*
*die eine geeignete Teilnehmerauswahl ermöglichen, auch wenn die Bereitstellung der Integrati-*
*onskurse selbst nicht zu den Aufgaben der Leistungsbehörden gehört. Dies schließt im Bedarfs-*
*fall auch Angaben zu Sprachkenntnissen und zu gegebenenfalls bereits absolvierten Sprachkur-*
*sen ein, um die Eignung und die Erforderlichkeit einer Verpflichtung nach Absatz 1 beurteilen*
*zu können. Weiterhin umfasst die Ermächtigung insbesondere solche Daten, die für die*
*Feststellung der ordnungsgemäßen Teilnahme an dem Integrationskurs erforderlich sind.*
*Mit Satz 2 wird eine spezifische Datenübermittlungsbefugnis der Leistungsbehörden nach*
*dem AsylbLG an das Bundesamt eingeführt. Damit soll der Leistungsbehörde im Zusammen-*
*hang mit § 18a des Gesetzes über das Ausländerzentralregister ein Datenabgleich ermöglicht*
*werden, um festzustellen, ob Leistungsberechtigte eine Teilnahmeberechtigung besitzen bzw.*
*ob sie gegebenenfalls bereits an einem Kurs teilnehmen. Dieser Datenabgleich soll der Leis-*
*tungsbehörde die Erfüllung ihrer Aufgaben nach den Absätzen 1 und 4 ermöglichen, insbeson-*
*dere die Prüfung, ob die oder der Leistungsberechtigte mittels Zuweisungsbescheid zur Teil-*
*nahme an dem Integrationskurs verpflichtet werden soll bzw. ob ihr oder sein Verhalten*
*gegebenenfalls Anlass für eine Leistungseinschränkung nach Absatz 4 gibt.*

# I. Inhalt der Norm

Strukturell ähnelt die Vorschrift der Regelung des § 5a Abs. 1. Sie spricht die **1**
Verpflichtung zur Teilnahme an einem Integrationskurs aus. Wie in § 5a Abs. 3 wird
in Abs. 2 durch Leistungseinschränkung sanktioniert, wenn der Leistungsberechtigte

nicht an einem Integrationskurs teilnimmt und keine Gründe vortragen kann, die eine Teilnahme berechtigt ausschließen. Abs. 3 sieht die Möglichkeit zur Erhebung bestimmter personenbezogener Daten vor.

## II. Verpflichtung zur Teilnahme an einem Integrationskurs

2    Die nach dem AsylbLG zuständige Behörde kann Ausländer zur Teilnahme an einem Integrationskurs verpflichten.

3    Davon betroffen sind arbeitsfähige **Personen.** Wie bei § 5a Abs. 1 dient die Arbeitsfähigkeit nicht zur Systemabgrenzung zum SGB II. Arbeitsfähig sind deshalb die Personen, die nicht krank sind und sich einem Integrationskurs unterziehen können. Sie dürfen nicht erwerbstätig sein, das 18. Lebensjahr vollendet haben und nicht mehr der Vollzeitschulpflicht unterliegen.

4    **Eingeschränkt** wird der Personenkreis, weil dieser Zugang nach § 44 Abs. 4 S. 2 Nr. 1 bis 3 AufenthG haben muss. Ziel eines Integrationskurses ist es, die Integration von rechtmäßig, auf Dauer im Bundesgebiet lebenden Ausländern in das wirtschaftliche, kulturelle und gesellschaftliche Leben der Bundesrepublik zu fördern und zu fordern (§ 43 Abs. 1 AufenthG). Darin steckt die Erkenntnis, dass Deutschland ein Einwanderungsland geworden ist (*Sußmann*, Bergmann/Dienelt, Ausländerrecht, § 43 AufenthG Rn. 2), was den Widerspruch zu einem AsylbLG und den damit verfolgten Zwecken einer für kurze Zeit zu erfolgenden Sicherstellung des Existenzminimums noch erkennbarer macht. § 44 AufenthG legt den Personenkreis fest, für den ein Anspruch auf Teilnahme an einem Integrationskurs besteht. Eingeschränkt ist der Personenkreis durch den Bezug auf § 11 Abs. 4 S. 2 Nr. 1 bis 3 AufenthG. Es handelt sich um Ausländer, die eine Aufenthaltsgestattung haben und bei denen ein rechtmäßiger und dauerhafter Aufenthalt zu erwarten ist (Nr. 1), die eine Duldung nach § 60a Abs. 2 S. 3 oder eine Aufenthaltserlaubnis nach § 25 Abs. 5 besitzen.

## III. Sanktionierung

5    Da der Ausländer gefordert ist, an einem Integrationskurs teilzunehmen, kann die unterlassene Teilnahme mit Leistungseinschränkungen sanktioniert werden. Hier überschreitet das Gesetz die Vorgaben, die das BVerfG in seiner Entscheidung vom 18.7.2012 – 1 BvL 10/10 gemacht hat, dass selbst eine kurze Bleibeperspektive den Anspruch auf Gewährleistung eines menschenwürdigen Existenzminimums nicht auf die Sicherung des physischen Existenzminimums beschränken kann. Umso weniger gilt diese Überlegung für die Personen, die auf Dauer eine Bleibeperspektive haben.

6    Die Rechtsfolge ist die Leistungseinschränkung in entsprechender Anwendung des § 1a Abs. 2 S. 2 bis 4 (S. 2). Auch hier handelt es sich wie in der Vorschrift des § 5a Abs. 3 um eine Rechtsfolgenverweisung. § 11 Abs. 4 Nr. 2 kommt ebenfalls nicht zur Anwendung.

7    Der Leistungsberechtigte muss schriftlich belehrt werden. Formal muss die Belehrung in Deutsch erfolgen. Sie sollte, um ihre Warnfunktion zu erfüllen, auch in einer dem Betroffenen verständlichen Sprache abgefasst sein oder die in Deutsch abgefasste Belehrung muss dem Betreffenden durch einen Dolmetscher oder in anderer Weise verständlich gemacht werden. Eine Verpflichtung, einen Sprachmittler heranzuziehen, wie in § 17 AsylG vorgeschrieben ist, kennt das AsylbLG nicht.

8    Ausnahmen werden wie in § 5a durch den Bezug zu § 11 Abs. 4 SGB XII geregelt. Auf das dort Gesagte kann verwiesen werden. Weitere Ausnahme sind eine Beschäftigung auf dem allgemeinen Arbeitsmarkt, eine Berufsausbildung oder die Aufnahme eines Studiums.

Als generalartige Ausnahme wird noch ein **wichtiger Grund** genannt. Nach den 9
Vorstellungen des Gesetzgebers (BR-Drs. 266/16) ist von der zuständigen Leistungsbehörde zu prüfen, ob der oder dem Betroffenen die geforderte Verhaltensweise
unter Berücksichtigung der Gesamtumstände im Einzelfall zugemutet werden kann.
Der wichtige Grund hat Bedeutung insbesondere in Fällen, in denen zwar der Kurs
an sich zumutbar ist, seine Aufnahme oder Fortsetzung aber dennoch aufgrund
persönlicher Belange der Leistungsberechtigten oder aufgrund nachträglicher Veränderungen im Einzelfall nicht verlangt werden kann.

## IV. Datenerhebung

Der Absatz erlaubt der zuständigen Behörde die Datenerhebung zur Durchfüh- 10
rung eines Integrationskurses oder einer Maßnahme der berufsbezogenen Deutschsprachförderung.

## § 6 Sonstige Leistungen

(1) ¹**Sonstige Leistungen können insbesondere gewährt werden, wenn sie
im Einzelfall zur Sicherung des Lebensunterhalts oder der Gesundheit uner-
läßlich, zur Deckung besonderer Bedürfnisse von Kindern geboten oder
zur Erfüllung einer verwaltungsrechtlichen Mitwirkungspflicht erforderlich
sind.** ²**Die Leistungen sind als Sachleistungen, bei Vorliegen besonderer
Umstände als Geldleistung zu gewähren.**

(2) **Personen, die eine Aufenthaltserlaubnis gemäß § 24 Abs. 1 des Aufenthaltsgesetzes besitzen und die besondere Bedürfnisse haben, wie beispielsweise unbegleitete Minderjährige oder Personen, die Folter, Vergewaltigung oder sonstige schwere Formen psychischer, physischer oder sexueller
Gewalt erlitten haben, wird die erforderliche medizinische oder sonstige
Hilfe gewährt.**

*Änderung der Vorschrift: Abs. 2 angef., bish. Wortlaut wird Abs. 1 mWv 18.3.2005
durch G v. 14.3.2005 (BGBl. I S. 721).*

## Übersicht

# I. Bedeutung der Norm

1    Die Norm stellt eine leistungsrechtliche **Auffangvorschrift** dar, die durch die pauschalierten und abgesenkten Leistungen des § 3 AsylbLG auch nach der Anhebung der dort ausgewiesenen Leistungen immer noch erforderlich ist (zum alten Recht: *Hohm,* GK-AsylbLG, § 6 Rn. 6; *Frerichs,* jurisPK-SGB XII, § 6 Rn. 10). Ihre Einfügung in das AsylbLG sollte zum einen dazu dienen, den vielgestaltigen Lebensverhältnissen gerecht zu werden und den verfassungsrechtlichen Bedenken (vgl. dazu Einl. Rn. 3 ff.) Rechnung zu tragen (*Deibel,* ZAR 1995, 62). Über die Funktion einer Auffangklausel hinaus kommt der Vorschrift die Bedeutung einer **Öffnungsklausel** zu, um zur Einzelfallgerechtigkeit beizutragen (BT-Drs. 12/2746, S. 16; zur Bedeutung von Öffnungsklauseln: BVerfG 9.2.2010 – 1 BvL 1/09 ua). Dies ist umso mehr erforderlich, als das AsylbLG nicht darauf angelegt ist, dem Individualisierungsgrundsatz Rechnung zu tragen, sondern überwiegend pauschalierende Regelungen vorsieht. Hierin liegt die besondere Funktion der Norm (vgl. *Fasselt,* Fichtner/Wenzel, SGB XII, § 6 Rn. 1).

2    Als **beliebige Öffnungsklausel** kann die Vorschrift nicht benutzt werden, die an sich beschränkten Grundleistungen des § 3 AsylbLG auszuweiten oder sie den Leistungen nach dem SGB XII anzunähern (BVerfG 18.7.2012 – 1BvL 10/10 ua; LSG BW 11.1.2007 – L 7 AY 6025/06 PKH-B: unverzichtbare Leistungen). So ist die Gewährung eines pauschalierten Pflegegeldes zutreffend abgelehnt worden (BSG 20.12.2012 – B 7 AY 1/11 R), ein Mehrbedarf für Alleinerziehende (LSG Nds-Brem 27.11.2014 – L 8 AY 57/14 B ER) oder ein Deutschkurs (LSG NRW 19.5.2014 – L 20 AY 90/13). Die systematische Trennung von Leistungen nach § 3 AsylbLG einerseits und solchen nach § 2 AsylbLG muss auf jeden Fall beibehalten werden (s. auch BVerfG 9.2.2010 – 1 BvL 1/09). Für die Anwendung des § 6 AsylbLG bedeutet dies, dass die Vorschrift restriktiv ausgelegt werden muss (vgl. auch *Gregarek,* Jahn, SGB II/SGB XII § 6 AsylbLG Rn. 3). Gleichwohl sind Leistungsentscheidungen zu ermöglichen, die die Menschenwürde eines sich in Deutschland aufhaltenden, nach § 1 AsylbLG Berechtigten maßgeblich beeinträchtigen würden.

3    Kritisiert wird, dass der Gesetzgeber der Auffassung ist, die Richtlinie RL 2003/9/EG bzw. Art. 21 f. RL 2013/33/EU ausreichend umgesetzt zu haben (vgl. dazu *Frerichs,* jurisPK-SGB XII, § 6 AsylbLG Rn. 27 f.; LSG NRW 27.2.2012 – L 20 AY 48/08, NJOZ 2012, 1234). Sie betrifft Personen, die um Asyl oder internationalen Schutz nachsuchen. Es handelt sich um Personen mit besonderen Bedürfnissen (Art. 17 RL 2003/9/EG). Dazu gehören Minderjährige, unbegleitete Minderjährige, Behinderte, ältere Menschen, Schwangere, Alleinerziehende mit minderjährigen Kindern und Opfer von Folter, Vergewaltigung oder sonstigen schweren Formen psychischer, physischer oder sexueller Gewalt (s. dazu jetzt aber § 31 Ärzte-ZV). Neu gefasst ist die Richtlinie durch RL 2013/33/EU, die bis zum 20.7.2015 umzusetzen war. Art. 22 und Art. 24 RL 2013/33/EU sehen zur Ermittlung der Personen mit besonderen Bedürfnissen ein Screeningverfahren vor.

# II. Inhalt der Vorschrift

4    Satz 1 des Abs. 1 benennt **vier Fallgruppen,** bei deren Vorliegen sonstige Leistungen erbracht werden können. Durch die Formulierung „insbesondere" zeigt die Vorschrift an, dass die genannten vier Fallgruppen nicht abschließend sind (*Frerichs,* jurisPK-SGB XII, § 6 AsylbLG Rn. 16). In Abs. 1 Satz 2 wird der Sachleistungsanspruch betont. Geldleistungen werden nur subsidiär geleistet (vgl. zu einem Fall der Hilfe zur Pflege BVerwG 20.7.2001 – 5 B 50/01; zur Erbringung von Pflegeleistungen s. BSG 20.12.2012 – B 7 AY 1/11 R).

Absatz 2 der Vorschrift wendet sich an zwei besondere Gruppen, die unbegleiteten **5** Minderjährigen und Personen, die Folter, Vergewaltigung oder sonstige schwere Formen psychischer, physischer oder sexueller Gewalt erfahren haben. Kritisch wird hierzu angemerkt, dass der Gesetzgeber damit nur eine minimale Umsetzung europarechtlicher Vorgaben, die sich auf Asylbewerber mit besonderen Bedürfnissen beziehen (Art. 13 Abs. 4 RL 2001/55/EG; Art. 15, 17, 18–20 RL 2003/9/EG, Art. 7, 9 RL 2004/81/EG a. F., jetzt: RL 2013/33/EU), vorgenommen hat (*Fasselt,* Fichtner/Wenzel, SGB XII, § 6 Rn. 8; ebenso *Frerichs,* jurisPK-SGB XII, § 6 Rn. 24; s. auch BT-Drs. 16/9018, S. 28). Strittig ist, ob § 6 Abs. 1 richtlinienkonform ausgelegt werden muss oder ob z.B. Art. 19 Abs. 2 der Richtlinie n. F. einen unmittelbaren Anspruch gibt. Danach gewähren die Mitgliedstaaten den Antragstellern mit besonderen Bedürfnissen bei der Aufnahme die erforderliche medizinische oder sonstige Hilfe, einschließlich erforderlichenfalls eine geeignete psychologische Betreuung (zum Problem der transgeschlechtlichen Flüchtlinge, *Kanale,* VSSR 2016,188 f.; s. auch *Frerichs,* jurisPK-SGB XII, § 6 AsylbLG Rn. 25 f.).

## III. Sonstige Leistungen (Abs. 1)

### 1. Personenkreis

Zum betroffenen Personenkreis gehören ausschließlich die in § 1 AsylbLG **6** Genannten und nach § 3 AsylbLG Berechtigten. Ausgeschlossen sind Leistungsempfänger nach § 2 AsylbLG.

### 2. Einzelfall

Das Merkmal Einzelfall unterstreicht noch einmal den Unterschied zu den pau- **7** schalen Leistungen und stellt den Sonderbedarf der zu bewilligenden Leistung heraus. Beim Sonderbedarf unterscheidet S. 1 der Vorschrift zwischen den sog. vier Pflichtleistungsarten und den weitergehenden Ermessensleistungen, was durch das Wort „insbesondere" zum Ausdruck kommt.

**a) Sicherung des Lebensunterhalts.** Die Vorschrift knüpft zum einen an die **8** in § 3 AsylbLG näher beschriebenen Leistungsbereiche an, so dass zunächst festzustellen ist, ob die begehrte Leistung nicht zum asylbewerberleistungsrechtlichen Lebensunterhalt gehört. Sodann ist zu entscheiden, ob sie unerlässlich ist. Bei der restriktiven Handhabung der Vorschrift ist die grundlegende Entscheidung des Gesetzgebers zu berücksichtigen, durch die Grundleistungen etwa des § 3 einen geringeren Leistungsstandard zu gewährleisten (*Frerichs,* jurisPK-SGB XII, § 6 AsylbLG Rn. 37). Es kann nur an das im Verhältnis zum SGB XII reduzierte, deutlich abgesenkte Lebensniveau angeknüpft werden (*Deibel,* AsylbLG, § 6 Rn. 14). Liegt die begehrte Leistung darüber, ist § 6 AsylbLG nicht einschlägig.

Der Auffassung, dass nach der Entscheidung des BVerfG (18.7.2012 – 1 BvL **9** 10710) eine restriktive Auslegung der Vorschrift nicht beibehalten werden könne (zB *Frerichs,* jurisPK-SGB XII, § 6 AsylbLG Rn. 38), kann so nicht zugestimmt werden. Denn nach der Auffassung des BVerfG soll die Vorschrift keinen Ausgleich struktureller Art bewirken.

Bei der **Unerlässlichkeit** ist auf den **Einzelfall** (konkreter Sonderbedarf) abzu- **10** stellen. Das unerlässliche Existenzminimum darf ohne die beantragte Leistung nicht unterschritten werden. Es sind die Unterbringungssituation ebenso wie die voraussichtliche Dauer des weiteren Aufenthalts zu berücksichtigen. Werden in einer Gemeinschaftsunterkunft Gegenstände regelmäßig vorgehalten, die ansonsten ein unerlässliches Existenzminimum ausmachen, ist ein Sonderbedarf zu verneinen (*Gregarek,* Jahn, SGB II/SGB XII, § 6 AsylbLG Rn. 14). Der Antragsteller muss seinen Sonderbedarf nachweisen (*Deibel,* AsylbLG, § 6 Rn. 62).

**11**     Zutreffend hat das LSG NRW (19.5.2014 – L 20 AY 90/1) einem nach § 60a AufenthG geduldeten Ausländer, der seine Ausreise aus Deutschland bisher vereitelt hatte, die Übernahme von Kosten für einen Deutschkurs versagt (kritisch dazu *Rogge*, jurisPR–SozR 7/2015 Anm. 5). Die Entscheidung ist in den Kontext des § 43 AufenthG zu stellen, wonach die Integration von rechtmäßig auf Dauer im Bundesgebiet lebenden Ausländern in das wirtschaftliche, kulturelle und gesellschaftliche Leben gefördert und gefordert wird. Dazu zählt auch ein Sprachkurs. Diese Förderung setzt aber einen rechtmäßigen Aufenthalt voraus, der im vom LSG NRW entschiedenen Fall nicht vorlag.

**12**     Das AsylbLG sieht keinen pauschalen Mehrbedarf für Alleinerziehende vor. Entsprechend eingeforderte Leistungen können deshalb auch nicht nach § 6 AsylbLG gewährt werden (*Frerichs*, jurisPK-SGB XII, § 6 AsylbLG Rn. 47.1; LSG Nds-Brem 21.11.2014 – L 8 Ay 57/14 B ER).

**13**     Der Hilfeträger hat eine **Ermessensentscheidung** zu treffen. Am Wortlaut der Vorschrift, die davon spricht, dass Leistungen gewährt werden können, geht zunächst kein Weg vorbei (a. A. *Gregarek*, Jahn, SGB II/SGB XII § 6 AsylbLG Rn. 12; *Deibel*, AsylbLG, § 6 Rn. 14). Allerdings ist sein Entschließungsermessen bei den im Gesetz genannten Pflichtleistungen eingeschränkt, weil für die im Gesetz genannten Fallgruppen eine Koppelung zwischen unbestimmten Rechtsbegriffen wie unerlässlich, geboten oder erforderlich vorgenommen wird, so dass bei Vorliegen dieser Begriffe kein wirklicher Spielraum für eine weite Ermessensentscheidung der Behörde bleibt. Beim Auswahlermessen ist der Ermessensspielraum weiter, in der Praxis allerdings wird dieses Ermessen zumeist nicht begründet. Bei der Festlegung des Sonderbedarfs ist darauf Bedacht zu nehmen, dass eine Bedarfsfeststellung konkret und individuell erforderlich sein muss.

**14**     Durch die Verwendung unbestimmter Rechtsbegriffe und der Rückbeziehung auf den Einzelfall ist die Festlegung der Sonderbedarfe mit Unsicherheiten behaftet. Vieles bleibt einer Einzelrechtsprechung vorbehalten, ohne dass in den veröffentlichten Entscheidungen eine systematische Typologie erkennbar wird.

**15**     Einige grundsätzliche Anhaltspunkte ergeben sich aus der Grundrechtsrelevanz, der voraussichtlichen Dauer des Aufenthalts oder der zeitnah eintretenden Leistungsprivilegierung (vgl. zu allem *Frerichs*, jurisPK-SGB XII, § 6 AsylbLG Rn. 41).

**16**     Ein Sonderbedarf wird anerkannt für Kosten, die durch Ausübung des Umgangsrechts (Fahrten eines geschiedenen Elternteils zum Kind und angemessene Fahrtkosten des Kindes zu einem Elternteil; LSG LSA, FEVS 58, 19) entstehen (*Deibel*, AsylbLG, § 6 Rn. 64), für ernährungsbedingten Mehrbedarf (*Deibel*, AsylbLG, § 6 Rn. 73; *Deibel*, ZAR 1995, 62), Erstlingsausstattung, Hilfen zur Religionsausübung (Kosten einer Beschneidung, *Deibel*, AsylbLG, § 6 Rn. 73, nicht aber die Kosten einer Beschneidungsfeier), Ausstattung für die Teilnahme an einer Kommunion- oder Konfirmationsfeier, Weihnachtsbeihilfe (*Deibel*, NWVBl. 1998, 423; a. A. VG Lüneburg, GK-AsylbLG, Bd. 2, VII zu § 6 (VG-Nr. 1) und für Umzugskosten bei Wechsel der Gemeinschaftsunterkunft (*Deibel*, AsylbLG, § 6 Rn. 95). Leistungen nach § 6 Abs. 1 sind zu gewähren, wenn sich ein atypischer Sachverhalt durch Übergrößen ergibt (*Frerichs*, jurisPK-SGB XII, § 6 AsylbLG Rn. 46).

**17**     Die bisher umstrittenen Leistungen für Bildung und Teilhabe für Kinder, Jugendliche und junge Erwachsene werden jetzt nach § 3 Abs. 3 gewährt, so dass es keines „Umweges" über § 6 Abs. 1 bedarf.

**18**     **b) Sicherung der Gesundheit.** Der Anwendungsbereich auch dieser Leistung ist von den Grundleistungen des § 4 AsylbLG abzugrenzen. Unerlässlich ist eine der Sicherung der Gesundheit dienende Leistung dann, wenn sie aus medizinischer Sicht unbedingt erforderlich ist und eine gleich geeignete, möglicherweise auch kostengünstigere Möglichkeit nicht zur Verfügung steht.

Als Sonderbedarf waren bisher die Kosten für Hörhilfen oder Brillen anerkannt **19** (*Frerichs*, jurisPK-SGB XII, § 6 Rn. 68; a. A. *Deibel*, ZAR 1995, 63). Ob sich diese Auffassung angesichts der Einschränkungen, die Leistungsberechtigte nach dem SGB XII erfahren haben, halten lässt, ist eher zweifelhaft. Wie bei Sozialhilfeempfängern ist § 33 SGB V einzuhalten. Es ist nicht möglich, dass Leistungsberechtigte nach dem AsylbLG bessergestellt werden. Zur Behandlung einer posttraumatischen Belastungsstörung, s. *Deibel*, ZAR 2004, 324 f. Verneint hat das LSG NRW (6.5.2013 – L 20 AY 145/11) die Übernahme eines chirurgischen Eingriffs während eines beschwerdefreien Intervalls. Die Akutbehandlung nach § 4 kann mit der Vorschrift des § 6 nicht überspielt werden.

Eine kostenaufwändige Ernährung ist von dem Bedarf an Ernährung nach § 3 **20** Abs. 1 nicht erfasst. Im SGB XII wird ein Mehrbedarf nach § 30 Abs. 5 SGB XII gewährt. Der betreffende Personenkreis muss wegen einer vorhandenen, drohenden oder noch nachgehend zu berücksichtigenden Funktionsbeeinträchtigung einer Ernährung benötigen, die kostenaufwändiger ist. Die Kosten müssen höher sein als für die Ernährung in § 3 vorgesehen ist (s. *Grube*, Grube/Wahrendorf, SGB XII, § 30 Rn. 45). Die Kausalität zwischen der Funktionsbeeinträchtigung und der Notwendigkeit einer bestimmten kostenaufwändigeren Ernährung muss durch ein ärztliches Attest nachgewiesen werden (BSG 14.2.2013 – B 14 As 48/12 R). Auch im AsylbLG kann auf die Empfehlungen des Deutschen Vereins zurückgegriffen werden, die auf einer fachwissenschaftlichen Beratung beruhen.

Abweichend von der Systematik des § 64 SGB XII sieht das AsylbLG jedoch kein **21** pauschaliertes Pflegegeld vor. Ein pauschaliertes Pflegegeld wäre – ausgehend vom Sachleistungsprinzip des AsylbLG und speziell des § 6 Abs. 1 S. 1 – auch systemfremd. § 6 Abs. 1 S. 2 formuliert deshalb folgerichtig, dass Leistungen als Sachleistungen und nur bei Vorliegen besonderer Umstände als Geldleistung zu gewähren sind. Damit tritt die Geldleistung lediglich an die Stelle der eigentlich zu erbringenden Sachleistung. Daraus folgt zwingend, dass ein Anspruch auf Geldleistungen nur bestehen kann, wenn der Leistungsberechtigte tatsächlich Aufwendungen hat, und dass Geldleistungen nur in Höhe der tatsächlichen Aufwendungen zu erbringen sind. Aufwendungen wegen der Pflege setzen andererseits eine – wie auch immer geartete – finanzielle Verpflichtung gegenüber einem Dritten voraus (so BSG 12.2.2012 – B 7 AY 1/11 R).

**c) Besondere Bedürfnisse von Kindern.** Abzugrenzen ist dieser Leistungs- **22** komplex von den speziellen Leistungen der Jugendhilfe. Der tatbestandliche Zusatz des Gebotenseins erfordert eine Prüfung, ob die beantragte Leistung zur Erfüllung des geltend gemachten besonderen Bedürfnisses unbedingt geboten ist.

Im Rahmen des § 6 ist der UN-Kinderrechtskonvention (UNKRK) vom **23** 20.11.1989 (BGBl. II 1992 S. 121) besondere Beachtung zu schenken (*Frerichs*, jurisPK-SGB XII, § 6 AsylbLG Rn. 77).

Zum anerkennungswürdigen Sonderbedarf nach § 6 gehörten bisher: Kosten, die **24** bei der Einschulung entstehen (*Hohm*, GK-AsylbLG, § 6 Rn. 197), laufender Schulbedarf (*Hohm*, GK-AsylbLG, § 6 Rn. 207); bei Klassenfahrten kommt es auf die Dauer der Klassenfahrt und die Kostenhöhe an (str., vgl. zu den Einzelheiten *Hohm*, GK-AsylbLG, § 6 Rn. 200 f.; *Gregarek*, Jahn, SGB II/SGB XII, § 6 Rn. 28; s. jetzt BVerfG, NJW 2010, 505).

Mit der in § 3 Abs. 3 nunmehr geregelten entsprechenden Anwendung der §§ 34, **25** 34a und 34b SGB XII hat der Gesetzgeber die vom BVerfG in seiner Entscheidung vom 18.7.2012 aus verfassungsrechtlichen Gründen (Art. 1 Abs. 1 GG i. V. m. Art. 20 Abs. 1 GG) erhobene Forderung umgesetzt, auch im AsylbLG die Bedarfe von Kindern und Jugendlichen für Bildung und Teilhabe am sozialen und kulturellen Leben in der Gemeinschaft durch einen Anspruch zu sichern.

**26**    Eingliederungsmaßnahmen können, sofern nicht nach § 9 Abs. 1 Leistungen der Jugendhilfe vorgehen, nach § 6 gewährt werden (vgl. BayLSG 21.1.2015 – L 8 SO 316/14 B ER: autistisches Kind).

**27**    **d) Verwaltungsrechtliche Mitwirkungspflichten.** Hierzu zählen sowohl die Mitwirkungspflichten, die im Zusammenhang mit den Leistungspflichten (§§ 4, 7 Abs. 4, 8a AsylbLG) stehen als auch solche, die der Vorbereitung und Durchführung des Asylverfahrens oder der Ausreise dienen (AsylG und AufenthG). Fraglich erscheint, ob die Mitwirkungspflichten in einem unmittelbaren Zusammenhang mit der Existenzsicherung im Fall des (weiteren) Aufenthalts stehen müssen (so *Hohm,* Schellhorn/Hohm/Scheider, SGB XII, § 6 AsylbLG Rn. 23). Damit würde der Anwendungsbereich der Vorschrift erheblich eingeschränkt (zu Passkosten VGH Bay 3.4.2006 – 12 C 06.526). Das LSG NRW (10.3.2008 – L 20 AY 16/07) hat darauf verwiesen, dass Passbeschaffungskosten einschließlich der erforderlichen Fahrtkosten zum Konsulat in voller Höhe zur Erfüllung einer verwaltungsrechtlichen Mitwirkungspflicht nach § 6 AsylbLG zu übernehmen sind, weil Asylbewerber Pässe benötigen, um in den Genuss der Altfallregelung des § 104a AufenthG zu kommen. Aber auch in anderen Fällen, in denen ein Pass von rechtlicher Bedeutung (Feststellung der Identität usw.) ist, sind die Kosten für die Beschaffung eines solchen zu übernehmen. Das Ermessen der Behörde ist in den Fällen der notwendigen Passbeschaffung auf Null reduziert (zu den Kosten der Passbeschaffung von Analogberechtigten s. SG Berlin 26.11.2008 – S 51 AY 46/06: § 73 SGB XII; richtig dürfte es sein, ein Darlehen nach § 37 SGB XII zu gewähren, weil Passkosten grundsätzlich vom Regelsatz umfasst sind und § 73 SGB XII daher aus systematischen Gründen nicht passt). Bisher nicht geklärt ist, ob in Fällen der Atypik auf jeden Fall ein Darlehen zu gewähren ist. Dies könnte davon abhängen, ob derartig hohe Passkosten gefordert werden, die auf keinen Fall mehr durch die Regelleistung als abgegolten angesehen werden können.

**27a**    Der Sonderbedarf muss auch im Übrigen von dem Leistungsberechtigten dargelegt werden. Der oder die Leistungsberechtigte kann nicht auf eine Spontanbetreuung warten, wenn er oder sie zur Prüfung keinen Anlass gegeben hat (LSG NRW 29.8.2016 – L 20 AY 54/16 B ER). Insoweit ergeben sich Grenzen des Amtsermittlungsgrundsatzes.

### 3. Ermessensleistungen

**28**    Bei den vom Gesetz nicht ausdrücklich genannten Leistungen verbleibt der Behörde ein Entschließungsermessen. Hierbei hat die Verwaltung zum einen in den Blick zu nehmen, dass die Auffangvorschrift des § 6 AsylbLG der Einzelfallgerechtigkeit zu dienen hat, aber auch, dass in Folge ihres Ausnahmecharakters nur außergewöhnliche Umstände die Bewilligung von Leistungen rechtfertigen. Gewährt werden können Bestattungskosten (*Deibel,* AsylbLG, § 6 Rn. 217) und besonderer Hygienebedarf (*Deibel,* AsylbLG, § 6 Rn. 280).

### 4. Form der Leistungsgewährung

**29**    S. 2 der Vorschrift bestimmt, dass die Leistungen als Sachleistungen und nur bei Vorliegen besonderer Umstände in Form von Geldleistungen zu gewähren sind. Was unter besonderen Umständen zu verstehen ist, wird im AsylbLG selbst nicht ausdrücklich definiert. Dieser unbestimmte Rechtsbegriff ist aus der Zwecksetzung des Gesetzes zu entwickeln. Aus dem Regel-/Ausnahme-Verhältnis von Sach- und Geldleistungen im AsylbLG ist abzuleiten, dass eine Geldleistung nur atypische Fälle erfassen kann. Im Fall der unerlässlichen Pflege im häuslichen Bereich durch Familienangehörige besteht deshalb kein Anspruch auf Gewährung eines Pflegegeldes.

## IV. Sonderregelung (Abs. 2)

Die Vorschrift sieht eine Sonderregelung für Ausländer mit einer nach § 24 Abs. 1   **30** AufenthG gewährten Aufenthaltserlaubnis zum vorübergehenden Schutz vor. Sie privilegiert diese Gruppe der Ausländer. Einem Ausländer, dem auf Grund eines Beschlusses des Rates der Europäischen Union gemäß der RL 2001/55/EG vorübergehender Schutz gewährt wird und der seine Bereitschaft erklärt hat, im Bundesgebiet aufgenommen zu werden, wird für die nach den Art. 4 und 6 der RL bemessene Dauer des vorübergehenden Schutzes eine Aufenthaltserlaubnis erteilt. Die Vorschrift wiederholt im Wortlaut die RL 2001/55/EG (*Frerichs,* jurisPK–SGB XII, § 6 AsylbLG Rn. 107).

Art. 13 der RL 2001/55/EG umschreibt das Leistungsspektrum folgendermaßen:   **31** Die Mitgliedstaaten tragen dafür Sorge, dass Personen, die vorübergehenden Schutz genießen, angemessen untergebracht werden oder gegebenenfalls Mittel für eine Unterkunft erhalten. Die Mitgliedstaaten sehen vor, dass die Personen, die vorübergehenden Schutz genießen, die notwendige Hilfe in Form von Sozialleistungen und Leistungen zur Sicherung des Lebensunterhalts sowie im Hinblick auf die medizinische Versorgung erhalten, sofern sie nicht selbst über ausreichende Mittel verfügen. Die notwendige Hilfe im Hinblick auf die medizinische Versorgung umfasst mindestens die Notversorgung und die unbedingt erforderliche Behandlung von Krankheiten. Die Mitgliedstaaten gewähren Personen, die vorübergehenden Schutz genießen und besondere Bedürfnisse haben, beispielsweise unbegleitete Minderjährige oder Personen, die Opfer von Folter, Vergewaltigung oder sonstigen schwerwiegenden Formen psychischer, körperlicher oder sexueller Gewalt geworden sind, die erforderliche medizinische oder sonstige Hilfe.

Folteropfer und die anderen in § 6 Abs. 2 AsylbLG genannten Personen, die nicht   **32** über eine Aufenthaltserlaubnis gemäß § 24 Abs. 1 AufenthG verfügen, erhalten die notwendige Hilfe nach § 4 und § 6 Abs. 1 AsylbLG (vgl. dazu BT-Drs. 16/9018, S. 28).

## V. Prozessuale Fragen

Wendet sich der Betreffende gegen die Versagung von Leistungen im Wege des   **33** Eilrechtsschutzes, scheitert ein solcher Antrag bereits dann, wenn ein Anordnungsgrund nicht glaubhaft gemacht worden ist. Das kann der Fall sein, wenn Dritte die zusätzlich beanspruchten Mittel vorläufig bereitgestellt haben (vgl. z. B. LSG NRW 25.1.2008 – L 20 B 72/07 AY). Zum Erfordernis eines zuvor an die Behörde gestellten Antrages vor der Inanspruchnahme eilgerichtlichen Rechtsschutzes vgl. LSG LSA 3.1.2006 (L 8 B 11/05 AY ER).

## § 6a Erstattung von Aufwendungen anderer

**[1]Hat jemand in einem Eilfall einem anderen Leistungen erbracht, die bei rechtzeitigem Einsetzen von Leistungen nach den §§ 3, 4 und 6 nicht zu erbringen gewesen wären, sind ihm die Aufwendungen in gebotenem Umfang zu erstatten, wenn er sie nicht auf Grund rechtlicher oder sittlicher Pflicht selbst zu tragen hat. [2]Dies gilt nur, wenn die Erstattung innerhalb angemessener Frist beim zuständigen Träger des Asylbewerberleistungsgesetzes beantragt wird.**

*Änderung der Vorschrift: § 6a eingef. mWv 1.3.2015 durch G v. 10.12.2014 (BGBl. I S. 2187).*

*Gesetzesmaterialien: BT-Drs. 18/2592*

Mit der Regelung im neuen § 6a soll – nach dem Vorbild des § 25 SGB XII – eine
Erstattungsgrundlage für die Aufwendungen Dritter geschaffen werden, die in einer akuten
Notlage tätig werden und Leistungsberechtigten nach dem AsylbLG (Not-)Hilfe gewähren.
Hauptanwendungsfall der Nothilfe ist die (zahn-)ärztliche Notfallbehandlung bzw. die Krankenhausbehandlung in medizinischen Eilfällen. Auf der Grundlage von § 6a (neu) i. V. m.
§§ 4, 6 können niedergelassene Ärzte und Zahnärzte sowie Krankenhausträger – unter den
Voraussetzungen und in den Grenzen dieser Anspruchsnorm – den Ersatz der ihnen durch
die Notversorgung des Hilfebedürftigen entstandenen Aufwendungen unmittelbar gegenüber
dem Leistungsträger nach dem AsylbLG geltend machen. Damit wird die Rechtslage wiederhergestellt, die bisher auf der analogen Anwendung von § 25 SGB XII basiert hat. Diese
analoge Anwendung des § 25 SGB XII im Bereich des AsylbLG ist nach der aktuellen
Rechtsprechung des BSG (Urteil vom 30. Oktober 2013, B 7 AY 2/12 R) nicht mehr
möglich. Mit der Einführung von § 6a wird insbesondere den berechtigten Interessen von
Ärzten, Zahnärzten und Krankenhäusern Rechnung getragen, die in medizinischen Eilfällen
Nothilfe an Leistungsberechtigte nach dem AsylbLG geleistet haben und nach der neuen
Rechtsprechung in der Regel keine unmittelbaren Aufwendungsersatzansprüche gegen den
Leistungsträger mehr gelten machen können. Gleichzeitig wird die angemessene medizinische
Versorgung von Leistungsberechtigten nach dem AsylbLG auch in Eilfällen sichergestellt.

Der Tatbestand des § 6a ist dem des § 25 SGB XII nachgebildet. Die in der Rechtsprechung zum sozialhilferechtlichen Nothelferanspruch herausgearbeiteten Anspruchsvoraussetzungen und Grundsätze gelten somit für den Anspruch nach § 6a AsylbLG entsprechend.
§ 6a geht dabei – wie § 25 SGB XII – davon aus, dass sich der Nothelferanspruch und der
originäre Hilfeanspruch nach den §§ 3 ff. gegenseitig ausschließen. Um eine Anspruchshäu-
fung (und damit eine Besserstellung gegenüber der Rechtslage im SGB XII) zu vermeiden,
wird daher zugleich auch die Anwendung des Kenntnisnahmegrundsatzes im AsylbLG festgeschrieben. Hierzu wird der neue § 6b eingeführt, der auf § 18 SGB XII verweist. Die
Kenntniserlangung des Leistungsträgers vom Hilfefall begrenzt damit den Nothelferanspruch
nach § 6a und markiert zugleich das Einsetzen der Leistungspflicht des Leistungsträgers nach
dem AsylbLG

## Übersicht

# I. Bedeutung der Norm

**1**    Mit der Regelung des neuen § 6a soll nach dem Vorbild des § 25 SGB XII eine
Erstattungsgrundlage für die Aufwendungen Dritter geschaffen werden, die in einer
akuten Notlage tätig werden und Leistungsberechtigten nach dem AsylbLG
**(Not-)Hilfe** gewähren (BT-Drs. 18/2592). Anlass für diese Neuregelung ist die

Entscheidung des BSG 30.10.2013 – B 7 AY 2/12 R, das sich gegen die h. M. ausgesprochen hatte und eine Analogie zu § 25 SGB XII nicht ziehen wollte. Mit der Einführung der Vorschrift wird den berechtigten Interessen von Ärzten, Zahnärzten und Krankenhäusern Rechnung getragen, die in medizinischen Eilfällen Nothilfe geleistet und nach der Rechtsprechung des BSG gegen den Leistungsträger keinen unmittelbaren Aufwendungsersatzanspruch haben.

Als Folge des neu in das AsylbLG aufgenommenen § 6a musste mit § 6b auch **2** eine Regelung geschaffen werden, damit sich wie in § 25 SGB XII der Aufwendungsanspruch des Dritten und der originäre Anspruch nach § 3 ausschließen. Andernfalls würde es zu einer Kumulierung der Ansprüche kommen (vgl. auch *Hohm*, Schellhorn/Hohm/Scheider, § 6a Rn. 1; *Waldhorst-Kahnau*, jurisPK-SGB XII, § 6a AsylbLG Rn. 18).

Wie § 25 SGB XII regelt § 6a eine spezielle und damit öffentlich-rechtliche Form **3** der **Geschäftsführung ohne Auftrag.** Als Sondervorschrift schließt sie einen Rückgriff auf die allgemeinen Grundsätze der öffentlich-rechtlichen GoA aus (so auch *Hohm*, Deibel/Hohm, AsylbLG aktuell, § 6a Rn. 6).

In systematischer Sicht enthält § 6a wie § 25 eine **Ausnahmeregelung** von dem **4** nun für das AsylbLG in § 6b geregelten **Kenntnisgrundsatz.**

Der Aufwendungsersatzanspruch setzt voraus, dass alle Tatbestandsmerkmale **5** **kumulativ** erfüllt sind.

## II. Anspruchsvoraussetzungen

### 1. Anspruchsberechtigte

Als „**jemand**" kommt jede natürliche oder juristische Person in Betracht. Nicht **6** anspruchsberechtigt ist die hilfebedürftige Person selbst. Sie hat auf diese Weise keinen Anspruch darauf, dass Schulden übernommen werden. Nothelfer kann ebenfalls nicht ein nach dem AsylbLG berufener anderer Leistungsträger sein. Deren Ansprüche beurteilen sich z.B. nach § 10a Abs. 2 oder es gelten die Erstattungsansprüche der §§ 102 bis 114 SGB X. Daraus folgt, dass nicht zuständige Leistungsträger nach dem AsylbLG oder dem SGB nicht Dritte in diesem Sinn sein können.

Als Nothelfer kommen natürliche und juristische Personen des Privatrechts oder **7** des öffentlichen Rechts infrage. Hier ist an Krankenhäuser zu denken, die als GmbH oder als Anstalt betrieben werden (*Hohm*, Deibel/Hohm, AsylbLG aktuell, § 6a Rn. 10).

Der Nothelfer muss aktiv Hilfe leisten (*Bieback*, Grube/Wahrendorf, SGB XII, **8** § 25 Rn. 7). Deshalb hat das Pharmaunternehmen, dessen Medikament der Arzt verabreicht, keinen Erstattungsanspruch.

**Abtreten** kann der Leistungsberechtigte die Ansprüche nicht, weil es sich um **9** besondere auf den Leistungsberechtigten zugeschnittene Leistungen handelt, die als höchstpersönliche Ansprüche nicht abtretungsfähig sind (BSG 30.10.2013 – B 7 AY 2/12 R; sich anschließend *Waldhorst-Kahnau*, jurisPK-SGB XII, § 6a AsylbLG Rn. 22.1). Eine Ausnahme im Fall einer Vorfinanzierung (so aber *Waldhorst-Kahnau*, jurisPK-SGB XII, § 6a AsylbLG Rn. 21.2) ist nicht in Betracht zu ziehen. Wird dies angenommen, so müsste der Anspruch des Leistungsberechtigten bereits feststehen, weil ansonsten die Höchstpersönlichkeit des Anspruchs nach dem AsylbLG verloren gehen würde (BSG 30.10.2013 – B 7 AY 2/12 R).

### 2. Eilfall

Der Aufwendungsersatz setzt einen Eilfall voraus. Es handelt sich um eine **plötz-** **10** **lich aufgetretene Notlage,** in der sofort gehandelt werden muss und nach Lage der Dinge die rechtzeitige Leistung des Leistungsträgers nicht zu erlangen ist (vgl.

§ 25 SGB XII). Grundsätzlich abzustellen ist auf den **Zeitpunkt** der Notlage, in der der Leistungsträger hätte handeln müssen. Sie ist **objektiv** aus der Sicht eines verständigen Dritten zu beurteilen.

11   Häufigster Anwendungsfall der Vorschrift sind die medizinischen Notfälle. Als solche können angesehen werden: Zustand nach einer lebensbedrohlichen Infektion, Zustand nach einem Herzinfarkt, eine akute Blinddarmentzündung, eine Knochenfraktur oder ein hilfloser Zustand infolge von Alkoholgenuss oder Heroinintoxikation (vgl. zu den Beispielen *Waldhorst-Kahnau*, jurisPK–SGB XII, § 25 Rn. 22, Rn. 11; *Bieback*, Grube/Wahrendorf, SGB XII, § 25 Rn. 11). Andere Beispielsfälle sind eine unmittelbar bevorstehende Geburt oder die Verlegung eines neugeborenen Kindes in eine Spezialklinik. Dazu kommt die Versorgung von Verletzten nach Unfällen.

12   Keinen Eilfall stellen alle **planbaren Maßnahmen** dar. Das gilt vor allem für Operationen, deren sofortige Durchführung aus medizinischer Sicht nicht indiziert ist (vgl. § 25 SGB XII).

13   Zum Eilfall gehört mehr als die Notwendigkeit sofortiger Hilfeleistung. Ein Notfall ist ausgeschlossen, wenn es dem Leistungsberechtigten oder dem Nothelfer möglich ist, den Leistungsträger von der Hilfesituation zu unterrichten (s. § 25 Rn. 14; *Waldhorst-Kahnau*, jurisPK–SGB XII, § 25 Rn. 26). Diese Einschränkung folgt aus der Systematik, die dem Kenntnisgrundsatz innewohnt. Hat der Leistungsträger Kenntnis von einem Hilfefall, ist er zur Prüfung und zur eventuellen Leistung verpflichtet (zu diesem sozialhilferechtlichen Moment BSG 12.12.2013 – B 8 SO 13/12 R). Missverständlich formuliert das BSG: Das sozialhilferechtliche Moment eines Eilfalls kann zwar auch vorliegen, wenn der Sozialhilfeträger erreichbar ist und unterrichtet werden könnte, jedoch die Umstände des Einzelfalls seine Einschaltung aus Sicht des Nothelfers nicht nahelegen, weil nach dem Kenntnisstand des Nothelfers die Leistungspflicht einer gesetzlichen Krankenkasse besteht. Darauf abzustellen ist, dass der Nothelfer bei einem angeblich Krankenversicherten nicht gehalten ist, den Leistungsträger zu unterrichten, weil er nach den Umständen nicht von einer Nothelfersituation ausgehen musste. Es stellt sich vielmehr die andere Frage, dass er, nachdem er erkannt hatte, dass ein Fall der Nothilfe vorgelegen hat, rechtzeitig seine eigentlich berechtigten Ansprüche gegenüber dem Leistungsträger anmeldet (vgl. auch *Hohm,* Deibel/Hohm, AsylbLG aktuell, § 6a Rn. 12).

14   Für den Nothelfer dürfte schwierig zu erkennen sein, ob die Person über ausreichendes Einkommen und Vermögen verfügt, das sie einsetzen muss. Es kommt darauf an, ob der Nothelfer dieses asylbewerberleistungsrechtliche Moment erkennen konnte. Die Unsicherheit, ob die Person selbst oder ein Dritter die Kosten der Nothilfe selbst zu tragen hat, bleibt für den Nothelfer bestehen und geht zu seinen Lasten.

### 3. Hypothetische Leistungsplicht des Leistungsträgers

15   Aus dem Wesen einer Geschäftsführung ohne Auftrag folgt, dass der eigentlich Verpflichtete örtlich und sachlich zuständig und nach der Kenntnis des Hilfefalles zur Leistung verpflichtet gewesen wäre. Damit wird eine **hypothetische Akzessorietät** der Leistung postuliert (s. § 25 SGB XII). In Krankheitsfällen ist die Vorgabe des § 4 vom Krankenhaus oder einem Arzt zu beachten, eventuell ist eine Leistung nach § 6 in Erwägung zu ziehen.

16   Für den Nothelfer schwer zu durchschauen ist der berechtigte Personenkreis des § 1, mit dem § 6a korrespondiert. Für bestimmte Fallgruppen ist nach § 1a der Anspruch auf die Gesundheitspflege eingeschränkt. Vor allem für Krankenhäuser in der Notfallambulanz ist der Status des Hilfesuchenden kaum zu erkennen. Im Zweifel kann es bei einem ausländischen Patienten so sein, dass zumindest ein Anspruch nach § 25 i. V. m. § 23 SGB XII gegeben sein kann.

## 4. Keine Kenntnis des Leistungsträgers

Um eine Kumulierung von Ansprüchen zu vermeiden, war in den Wortlaut des **17** § 121 BSHG aufgenommen worden „einem anderen Hilfe gewährt, die der Träger der Sozialhilfe bei rechtzeitiger Kenntnis nach diesem Gesetz gewährt haben würde". Sowohl in § 25 SGB XII als auch in § 6a fehlt diese Klarstellung, gleichwohl besteht kein Zweifel, dass bei Kenntnis des Hilfefalles beim Leistungsträger ein Erstattungsanspruch ausgeschlossen ist.

## 5. Ausschluss des Anspruchs

Rechtliche oder sittliche Pflichten schließen den Anspruch des Nothelfers aus. **18** Hierin ist ein Ausdruck des Nachrangs der Leistungen nach dem AsylbLG zu sehen. Der Anwendungsbereich dürfte anders als bei § 25 SGB XII im AsylbLG eher gering sein. Keine gesetzliche Pflicht folgt aus den Krankenhausgesetzen der Länder, wonach Krankenhäuser verpflichtet sind, Patienten unabhängig von ihrer finanziellen Lage aufzunehmen, wenn sie Hilfe nach der Art ihrer Erkrankung bedürfen (s. § 25, LSG NRW 12.12.2011 – L 20 AY 4/11).

Eine rechtliche Verpflichtung kann aus Unterhaltsvorschriften oder aus vertragli- **19** chen Verpflichtungen Dritter entstehen. Dazu können insbesondere Verpflichtungen nach § 68 AufenthG gehören, der durch das IntegrationsG geändert worden ist. Danach hat ein Dritter für einen Zeitraum von fünf Jahren auch die Kosten für eine Krankenbehandlung zu tragen, wenn er gegenüber der Ausländerbehörde oder einer Auslandsvertretung eine entsprechende Verpflichtungserklärung abgeben hat.

## 6. Beweislast

Der Nothelfer trägt die materielle Beweislast dafür, dass ein Eilfall vorgelegen hat **20** und dass der Leistungsträger bei rechtzeitiger Kenntnis die erforderliche Hilfe gewährt hätte (BSG 23.8.2013 – B 8 SO 19/12 R). Das ist für den Nothelfer, insbesondere für ein Krankenhaus, eine schwierige Situation, weil es nur begrenzte Ermittlungsmöglichkeiten hat und später in einem möglichen Klageverfahren der im Krankenhaus Versorgte nicht mehr als Zeuge zur Verfügung steht, weil er untergetaucht oder abgeschoben worden ist. Der Leistungsträger wird jedenfalls nicht als Ausfallbürge angesehen (BGH 10.2.2005 – III ZR 330/04). Der Leistungsträger hat im Rahmen seiner Pflicht zur Amtsermittlung zur Aufklärung des Sachverhaltes beizutragen (s. *Waldhorst-Kahnau*, jurisPK-SGB XII, § 25 Rn. 66).

# III. Erstattungsverfahren (Satz 2)

Wie § 25 SGB XII sieht auch das AsylbLG ein bestimmtes, zeitlich enges Erstat- **21** tungsverfahren vor. Die Erstattung ist **antragsabhängig.** Der Antrag muss beim **zuständigen Leistungsträger** gestellt werden.

Schwierig zu beantworten ist, ob § 16 SGB I auch im AsylbLG gilt. Nach dieser **22** Vorschrift ist die Antragstellung bei einem unzuständigen Leistungsträger unschädlich. Dieser hat die Pflicht zur Weiterleitung an den zuständigen Leistungsträger. Wünschenswert ist die Anwendung des § 16 SGB I. Dem stehen jedoch systematische Bedenken gegenüber. Das AsylbLG steht nicht im Kanon im Ersten Abschnitt des SGB I. § 9 ordnet lediglich an, dass die §§ 60 bis 67 SGB I im AsylbLG entsprechend anwendbar sind. Daraus ist der Rückschluss zu ziehen, dass § 16 SGB I im AsylbLG nicht anzuwenden ist.

Der Antrag muss innerhalb **angemessener Frist** gestellt werden. Die Frist ist **23** nicht starr zu fixieren, auch schon deshalb nicht, weil es keine gesetzlichen Vorgaben gibt. Wie bei § 25 SGB XII ist eine Anwendung des § 121 BGB abzulehnen. Es ist ein angemessener Ausgleich zu finden, zwischen den Interessen des Nothelfers an einer Erstattung und den Belangen des Leistungsträgers (LSG Nds–Brem 26.11.2009 – L 8 SO 172/07; LSG NRW 25.2.2008 – L 20 SO 63/07). Es ist darauf Rücksicht zu nehmen, dass der Nothelfer zunächst einmal versuchen wird, vorrangige Ansprüche zu realisieren und der Leistungsträger an einer zügigen Abwicklung interessiert ist.

24   Von der Rechtsprechung (LSG NRW 25.2.2008 – L 20 SO 63/07) wird akzeptiert, dass ein Anspruch **vorsorglich** angemeldet wird, allerdings reicht es nicht aus, wenn der Nothelfer erst 18 Monate nach der vorsorglichen Anmeldung den Anspruch endgültig geltend machen will (vgl. § 25 SGB XII). Das BSG (23.8.2013 – B SO 19/12 R) hält eine Frist von einem Monat für angemessen.

25   Dem Nothelfer muss eingeräumt werden, dass er seinen Anspruch anmeldet, nachdem er davon Kenntnis erlangt hat, dass die Krankenkasse nicht eintreten wird. Dies ist als Fristbeginn anzusehen (*Bieback,* Grube/Wahrendorf, SGB XII, § 25 Rn. 35; anders wohl *Waldhorst-Kahnau*, juris PK-SGB XII, § 25 Rn. 56).

## IV. Umfang des Erstattungsanspruchs

26   Die Aufwendungen sind in gebotenem Umfang zu erstatten. Es handelt sich um einen unbestimmten Rechtsbegriff, der vom Sozialgericht voll zu überprüfen ist. In der Regel handelt es sich um die notwendigen tatsächlichen Kosten. Maßstab ist, welche Leistung der Leistungsträger bei rechtzeitiger Kenntnis selbst hätte erbringen müssen. Für eine Behandlung im Krankenhaus bedeutet dies, dass nach Fallpauschalen abgerechnet wird. Bei den Fahrkosten kommt es darauf an, ob sie erforderlich waren. Bei einem Unfall kann der Transport mit einem Hubschrauber erforderlich sein mit der Folge erhöhter Kosten.

27   Aus der Vorgabe der Erstattung in gebotenem Umfang ist zu schließen, dass für eine Krankenhausbehandlung nur eine tagesbezogene anteilige Vergütung nach der maßgeblichen Fallpauschale zu erstatten ist (BSG 14.10.2014 – B 1 KR 18/13 R; 23.8.2013 – B 8 SO 9/13 R).

## § 6b Einsetzen der Leistungen

**Zur Bestimmung des Zeitpunkts des Einsetzens der Leistungen nach den §§ 3, 4 und 6 ist § 18 des Zwölften Buches Sozialgesetzbuch entsprechend anzuwenden.**

*Änderung der Vorschrift: § 6b eingef. mWv 1.3.2015 durch G v. 10.12.2014 (BGBl. I S. 2187).*

## I. Bedeutung der Vorschrift

1   Mit Wirkung vom 1.3.2015 wurde die Vorschrift neu in das AsylbLG aufgenommen. Die Vorschrift ist für die genannten Normen erforderlich, weil § 18 SGB XII lediglich für die Analogberechtigten des § 2, der in das SGB XII verweist, gilt. Für das AsylbLG wird damit auf ein Antragserfordernis verzichtet. Ein Antrag ist weiterhin bei Leistungen der Bildung und Teilhabe (§ 3 Abs. 3) erforderlich (*Deibel*, ZFSH/ SGB 2015, 121), weil die Vorschrift auf §§ 34 ff. SGB XII verweist, die einen Antrag voraussetzen. Mit der Kenntnis wird ein Leistungsverhältnis begründet (*Coseriu*, jurisPK-SGB XII, § 6b AsylbLG Rn. 7).

2   Die Einführung des **Kenntnisgrundsatzes** ist eine zwingende Folge bzw. notwendige Ergänzung des in § 6a geregelten Nothelferanspruchs (BT-Drs. 18/2592).

Der zweite Grund für die Aufnahme des Kenntnisgrundsatzes in das AsylblLG ist der Gleichlauf des Leistungsbeginns für Bezieher von Grundleistungen nach §§ 3 ff. und von Analogberechtigten.

Strukturell nicht notwendig war die Ergänzung des AsylblLG durch § 6b bei Asyl- 3 bewerbern (a.A. wohl *Coseriu*, jurisPK-SGB XII, § 6b AsylbLG Rn. 8). Nur bei dieser Personengruppe ergibt sich bereits ein Eingreifen von Amts wegen, weil diese nach §§ 18 und 19 AsylG in eine Aufnahmeeinrichtung weitergeleitet werden. Mit der Aufnahme in einer Aufnahmeeinrichtung setzen die Leistungen nach dem AsylblLG in Form von Sachleistungen ein (vgl. *Coseriu*, jurisPK-SGB XII, § 6b AsylbLG Rn. 8).

## II. Inhalt der Vorschrift

§ 18 SGB XII ist entsprechend anwendbar. Damit ist eine funktionsdifferenzierte 4 Auslegung nicht möglich (*Coseriu*, jurisPK-SGB XII, § 6b AsylbLG Rn. 13). Durch den Verweis auf § 18 Abs. 2 SGB XII gilt der Kenntnisgrundsatz auch für die Fälle, in denen die unzuständige Behörde Kenntnis von dem Hilfefall erworben hat.

Nach der Gesetzesbegründung setzt die Vorschrift einen „Bedarfsfall" voraus. Die 5 Kenntnis vom Bedarfsfall ist unterschiedlich auszulegen. Bei der Weiterleitung in eine Aufnahmeeinrichtung ergibt sich die Kenntnis aus der Aufnahmesituation. In den anderen Fällen des § 1 ist die Kenntnis von der Leistungsberechtigung entscheidend (*Coseriu*, jurisPK-SGB XII, § 6b AsylbLG Rn. 15). Das bedeutet nicht, dass damit Kenntnis von allen denkbaren Leistungen besteht. Die Kenntnis ist situationsbedingt.

In welcher Höhe die Leistung zu gewähren ist, ist nicht vom Kenntnisgrundsatz 6 abhängig. Die Höhe der Leistung ist von der detailgenauen Berechnung abhängig.

Bei Analogleistungen gilt die Vorschrift nicht, weil über § 2 in die Prüfung der 7 Leistungsgewährung § 18 SGB XII einbezogen ist. Der nicht zu rechtfertigende Unterschied zwischen den Analogberechtigten und den sonstigen Leistungsberechtigten ist mit der Einführung der Vorschrift aufgegeben worden (vgl. auch *Hohm*, AsylblLG aktuell, § 6b Rn. 3).

## III. Einsetzen der Leistung

### 1. Einsetzen der Hilfe

Während im SGB XII die Vorschrift des § 18 für alle Leistungen gilt, ist die 8 entsprechende Anwendung auf die §§ 3, 4 und 6 beschränkt. Aus der Formulierung „Einsetzen" wird deutlich, dass die Ansprüche auf Leistungen nach dem AsylblLG wie die Ansprüche nach dem SGB XII **von Amts wegen** erfüllt werden (§ 18 Rn. 15). Einsetzen bedeutet den Beginn der Leistung, nicht das Entstehen.

### 2. Kenntniserlangung

Die Kenntniserlangung trennt die Notlagen, die vorher entstanden sind und sol- 9 che, die bei Kenntnis bestanden haben. Der Zeitpunkt der Kenntniserlangung ist deshalb von entscheidender Bedeutung für die Leistungsgewährung. Die Notlage, die vor der Kenntnis entstanden ist, ist grundsätzlich nicht durch den Leistungsträger zu beseitigen. Es muss eine **gegenwärtige Leistungsberechtigung** vorliegen. Denn die Leistungsberechtigung ist auch an § 1 geknüpft (vgl. auch *Coseriu*, jurisPK-SGB XII, § 6b AsylbLG Rn. 15). Wie im SGB XII gilt im AsylblLG der Grundsatz, dass Schulden nicht zu übernehmen sind.

**10**   Die Kenntnis von einer Notlage wird nicht beliebig perpetuiert. Sie kann durch Zeitablauf oder durch eine nicht von einem Leistungsträger betriebene Bedarfsdeckung beendet sein und zu einem anderen Zeitpunkt neu entstehen, etwa bei einer andersartigen Erkrankung. Dann muss der Leistungsträger erneut Kenntnis erlangen. Auch ein Untertauchen beendet den Leistungsfall.

### 3. Kenntnis

**11**   Kenntnis bedeutet positives Wissen und nicht das Wissenmüssen. Notwendig ist, dass eine Person, die für eine Behörde oder Körperschaft zu handeln befugt ist, positive Kenntnis hat. Ausreichend ist nach dem Grundsatz der Einheit der Verwaltung, dass diese Kenntnis irgendwo in der Verwaltung besteht (vgl. *Grube*, Grube/ Wahrendorf, SGB XII, § 18 Rn. 22). Spezifisch für das AsylbLG ist für die Kenntnis das Wissen um die Leistungsberechtigung nach § 1 entscheidend (s. Rn. 4). Kennt eine Behörde die tatsächlichen Umstände des Leistungsfalles, zieht jedoch fehlerhafte rechtliche Schlüsse, ändert dies an der Kenntnis nichts (*Coseriu*, jurisPK-SGB XII, § 6b AsylbLG Rn. 21).

### § 7 Einkommen und Vermögen

(1) ¹Einkommen und Vermögen, über das verfügt werden kann, sind von dem Leistungsberechtigten und seinen Familienangehörigen, die im selben Haushalt leben, vor Eintritt von Leistungen nach diesem Gesetz aufzubrauchen. ²§ 20 des Zwölften Buches Sozialgesetzbuch findet entsprechende Anwendung. ³Bei der Unterbringung in einer Einrichtung, in der Sachleistungen gewährt werden, haben Leistungsberechtigte, soweit Einkommen und Vermögen im Sinne des Satzes 1 vorhanden sind, für erhaltene Leistungen dem Kostenträger für sich und ihre Familienangehörigen die Kosten in entsprechender Höhe der in § 3 Abs. 2 Satz 2 genannten Leistungen sowie die Kosten der Unterkunft und Heizung zu erstatten; für die Kosten der Unterkunft und Heizung können die Länder Pauschalbeträge festsetzen oder die zuständige Behörde dazu ermächtigen.

(2) Nicht als Einkommen nach Absatz 1 zu berücksichtigen sind:
1. Leistungen nach diesem Gesetz,
2. eine Grundrente nach dem Bundesversorgungsgesetz und nach den Gesetzen, die eine entsprechende Anwendung des Bundesversorgungsgesetzes vorsehen,
3. eine Rente oder Beihilfe nach dem Bundesentschädigungsgesetz für Schaden an Leben sowie an Körper oder Gesundheit bis zur Höhe der vergleichbaren Grundrente nach dem Bundesversorgungsgesetz,
4. eine Entschädigung, die wegen eines Schadens, der nicht Vermögensschaden ist, nach § 253 Absatz 2 des Bürgerlichen Gesetzbuchs geleistet wird,
5. eine Aufwandsentschädigung nach § 5 Absatz 2,
6. eine Mehraufwandsentschädigung, die Leistungsberechtigten im Rahmen einer Flüchtlingsintegrationsmaßnahme im Sinne von § 5a ausgezahlt wird und
7. ein Fahrtkostenzuschuss, der den Leistungsberechtigten von dem Bundesamt für Migration und Flüchtlinge zur Sicherstellung ihrer Teilnahme an einem Integrationskurs nach § 43 des Aufenthaltsgesetzes oder an der berufsbezogenen Deutschsprachförderung nach § 45a des Aufenthaltsgesetzes gewährt wird.

(3) ¹Einkommen aus Erwerbstätigkeit bleiben bei Anwendung des Absatzes 1 in Höhe von 25 vom Hundert außer Betracht, höchstens jedoch in

Höhe von 50 vom Hundert der maßgeblichen Bedarfsstufe des Geldbetrags zur Deckung aller notwendigen persönlichen Bedarfe nach § 3 Absatz 1 und des notwendigen Bedarfs nach § 3 Absatz 2, jeweils in Verbindung mit § 3 Absatz 4. [2]Von den Einkommen nach Absatz 1 Satz 1 sind ferner abzusetzen

1. auf das Einkommen entrichtete Steuern,
2. Pflichtbeiträge zur Sozialversicherung einschließlich der Beiträge zur Arbeitsförderung,
3. Beiträge zu öffentlichen oder privaten Versicherungen oder ähnlichen Einrichtungen, soweit diese Beiträge gesetzlich vorgeschrieben sind, und
4. die mit der Erzielung des Einkommens verbundenen notwendigen Ausgaben.

(4) Hat ein Leistungsberechtigter einen Anspruch gegen einen anderen, so kann die zuständige Behörde den Anspruch in entsprechender Anwendung des § 93 des Zwölften Buches Sozialgesetzbuch auf sich überleiten.

(5) [1]Von dem Vermögen nach Absatz 1 Satz 1 ist für den Leistungsberechtigten und seine Familienangehörigen, die im selben Haushalt leben, jeweils ein Freibetrag in Höhe von 200 Euro abzusetzen. [2]Bei der Anwendung von Absatz 1 bleiben ferner Vermögensgegenstände außer Betracht, die zur Aufnahme oder Fortsetzung der Berufsausbildung oder der Erwerbstätigkeit unentbehrlich sind.

*Änderungen der Vorschrift:* *Abs. 1 Satz 2 eingef., bish. Satz 2 wird Satz 3 mWv 1.9.1998 durch G v. 25.8.1998 (BGBl. I S. 2505), Abs. 1 Satz 2, Abs. 3 geänd. mWv 1.1.2005 durch G v. 27.12.2003 (BGBl. I S. 3022), Abs. 5 angef. mWv 28.8.2007 durch G v. 19.8.2007 (BGBl. I S. 1970), Abs. 2–5 neu gef. mWv 1.3.2015 durch G v. 10.12.2014 (BGBl. I S. 2187), Abs. 3 Satz 1 geänd. mWv 24.10.2015 durch G v. 20.10.2015 (BGBl. I S. 1722), Abs. 2 Nr. 4 und 5 geänd., Nr. 6 und 7 angef. mWv 6.8.2016 durch G v. 31.7.2016 (BGBl. I S. 1939).*

*Gemäß der Entscheidungsformel des BVerfG v. 11.7.2006 – 1 BvR 293/05 – ist Satz 1 mit Art. 3 Abs. 1 GG unvereinbar. Abs. 2 bis 5 neu gef. durch G v. 10.12.2014, Abs. 3 S. 1; geänd. mWv 24.10.2015 durch AsylverfahrensbeschleunigungsG v. 20.10.2015 (BGBl. I S. 1722), Abs. 2 Nr. 4 und 5 geänd., Nr. 6 und 7 angef. mWv 6.8.2016 geänd. durch IntegrationsG v. 31.7.2016 (BGBl. I S. 1939).*

*Gesetzesmaterialien:* *BT-Drs. 18/2592*

*(§ 7 Absatz 3)*
*Der neu gefasste Absatz 3 Satz 1 entspricht im Wesentlichen dem bisherigen Absatz 2. Die Höchstgrenze des vom Bruttoerwerbseinkommen abzusetzenden Einkommensfreibetrags wird zukünftig auf der Grundlage der jeweils maßgeblichen Bedarfsstufe des erwerbstätigen Leistungsberechtigten auf der Grundlage der fortgeschriebenen Leistungssätze des AsylbLG bestimmt. Die maßgebliche Bedarfsstufe setzt sich zusammen aus der Bargeldbedarfsstufe nach § 3 Absatz 1 und der notwendigen Bedarfsstufe nach § 3 Absatz 2. Die Einkommensfreibetragsgrenze, die bislang 60 vom Hundert des maßgeblichen Betrags nach § 3 Absatz 1 und 2 (a. F.) betragen hat, wird auf 50 vom Hundert der maßgeblichen Bedarfsstufe festgelegt. Hierdurch wird vermieden, dass Grundleistungsbezieher gegenüber Beziehern von Leistungen entsprechend dem SGB XII bzw. gegenüber Beziehern von Sozialhilfe bei der Anrechnung von Erwerbseinkommen besser gestellt werden. Denn für den Bereich der Sozialhilfe begrenzt § 82 Absatz 3 Satz 1 SGB XII den Erwerbstätigenfreibetrag auf 50 vom Hundert der Regelbedarfsstufe 1 nach der Anlage zu § 28 SGB XII. Für Bezieher von Analogleistungen gilt dies gemäß § 2 Absatz 1 entsprechend. Würde die 60%-Grenze in § 7 Absatz 3 Satz 1 beibehalten, so läge der sich daraus ergebende Freibetrag oberhalb des Freibetrags nach dem SGB XII, ohne dass Gründe für diese Besserstellung ersichtlich wären.*

*Mit Ausnahme des Erwerbstätigenfreibetrags enthält § 7 bislang keine Regelungen über eine Bereinigung des Einkommens, etwa hinsichtlich der Abzugsfähigkeit von Sozialversicherungsbeiträgen oder Werbungskosten. Durch den neu eingefügten Absatz 3 Satz 2 wird nunmehr eine neue Regelung zur Einkommensbereinigung eingeführt. Diese überträgt im Wesentlichen inhaltsgleich die Regelung zu den Absetzbeträgen in § 82 Absatz 2 SGB XII, soweit nicht die Besonderheiten des Leistungssystems nach dem AsylbLG eine abweichende Regelung vorgeben.*

*Die Einführung weiterer Abzugsmöglichkeiten trägt der politischen Zielsetzung Rechnung, die Erwerbstätigkeit von Asylbewerbern und Geduldeten zu fördern. Diese Zielsetzung kommt auch im Koalitionsvertrag der 18. Legislaturperiode (S. 110) zum Ausdruck, wonach Asylbewerbern und Geduldeten zukünftig bereits nach einer Aufenthaltsdauer von 3 Monaten ein (nachrangiger) Zugang zum Arbeitsmarkt eröffnet werden soll. In Absatz 3 Satz 2 wird deshalb nunmehr ausdrücklich klargestellt, dass das Bruttoeinkommen um die unvermeidbaren Abzüge für Steuern und Sozialversicherungsbeiträge zu bereinigen ist (Nummer 1 und 2). Auch Beiträge zu öffentlichen oder privaten Versicherungen sind zukünftig unter den in Nummer 3 genannten Voraussetzungen abzugsfähig, sofern sie – insbesondere im Zusammenhang mit der Erzielung von Erwerbseinkommen – gesetzlich vorgeschrieben sind. Gleiches gilt zukünftig für sonstige, mit der Erzielung des Einkommens zusammenhängende Aufwendungen (Nummer 4). Hiermit soll gewährleistet werden, dass der Höchstfreibetrag nach Satz 1 nicht bereits durch hohe Werbungskosten (z. B. Fahrtkosten) aufgezehrt wird; zugleich soll der Anreiz zur Aufnahme einer Beschäftigung verstärkt werden.*

*(§ 7 Absatz 4)*

*Es handelt sich um eine redaktionelle Folgeänderung. Die bislang in § 7 Absatz 4 enthaltenen Regelungen wurden in § 9 Absatz 3 und 4 systematisch neu verortet; § 7 Absatz 4 konnte daher aufgehoben werden. Eine inhaltliche Änderung ist mit der Änderung des Regelungsstandorts der Verweisungsnormen nicht verbunden.*

*(§ 7 Absatz 5)*

*Durch den neuen § 7 Absatz 5 Satz 1 wird ein kleiner Vermögensfreibetrag für notwendige Anschaffungen eingeführt. Dieser Vermögensfreibetrag korrespondiert mit der neuen Konzeption der Leistungssätze nach dem AsylbLG, die zukünftig – entsprechend den Regelsätzen im SGB II und SGB XII – grundsätzlich alle pauschalierbaren Leistungen im Rahmen der von der Regelleistung zu deckenden Bedarfe umfassen. Das auf der Grundlage des Statistikmodells nach § 28 Absatz 3 SGB XII ermittelte Leistungsbudget berücksichtigt dabei auch monatliche Durchschnittswerte für größere und nur in längeren Abständen anfallende Bedarfe. Damit verbunden ist die Erwartung, dass der Leistungsberechtigte für solche größeren Anschaffungen (z. B. Wintermantel) Teile seines Budgets zurücklegt. Diese Ansparungen müssen konsequenterweise bei der Vermögensanrechnung nach § 7 Absatz 1 unberücksichtigt bleiben. Bei der Ausgestaltung einer entsprechenden Vermögensschongrenze kommt dem Gesetzgeber allerdings ein weites sozialpolitisches Ermessen zu. Der in Absatz 5 Satz 1 festgesetzte Aufstockungsbetrag orientiert sich an den im Regelfall zu erwartenden Ansparungen während des Grundleistungsbezugs nach dem AsylbLG Dabei wurde berücksichtigt, dass im Bereich des AsylbLG – anders als im Regelsatzsystem des SGB II und SGB XII – keine Rücklagen für die Anschaffung von Hausratsgegenständen gebildet werden müssen. Denn Hausrat wird entweder als Sachleistung (nach § 3 Absatz 1) oder gesondert (§ 3 Absatz 2 Satz 3) erbracht, weshalb er auch bei der Bedarfsbemessung nach § 3 Absatz 2 Satz 2 unberücksichtigt geblieben ist. Der Anschaffungsfreibetrag nach Absatz 5 Satz 1 soll somit in erster Linie Ansparungen für Bekleidung (z. B. Wintermantel, Wäsche, Schuhe) ermöglichen. Ein Betrag von 200,00 Euro, der etwa dem Sechsfachen der gemäß § 5 RBEG als regelbedarfsrelevant zu berücksichtigenden Verbrauchsausgaben der Abteilung 3 (Bekleidung, Schuhe) entspricht, ist hierfür angemessen. Hierfür spricht auch, dass das BSG einen nur geringfügig höheren Betrag als ausreichend angesehen hat, um hiervon eine vollständige Bekleidungserstausstattung zu beschaffen (BSG, Urt. v. 13.4.2011 – B 14 AS 53/10 R –, Rn. 27f. (zitiert nach juris). Der Anschaffungsfreibetrag von 200,00 Euro bietet dem Leistungsberechtigten eine ausreichende Schwankungsreserve, um unregelmäßig auftretende Bedarfe angemessen abzufedern.*

*In Absatz 5 Satz 2 wird außerdem eine Freistellung von Vermögenswerten eingeführt, die zur Aufnahme oder Fortführung der Berufsausbildung oder der Erwerbstätigkeit unentbehrlich sind. Dies entspricht der politischen Zielsetzung, Asylbewerbern und Geduldeten die Aufnahme einer Beschäftigung zu erleichtern. Zugleich entspricht die Regelung dem – auch im AsylbLG geltenden – Nachranggrundsatz; denn die geschützten Gegenstände sollen dazu beitragen, dass die betroffenen Leistungsberechtigten ihren Bedarf zukünftig aus ihrem Erwerbseinkommen decken können und auf Grundleistungen nach dem AsylbLG nicht oder nur mehr in geringerem Umfang angewiesen sind.*

*(§ 7 Abs. 2 Nr. 6)*
*Der neue § 7 Absatz 2 Nummer 6 AsylbLG regelt, dass die für eine Flüchtlingsintegrationsmaßnahme geleistete Mehraufwandsentschädigung kein berücksichtigungsfähiges Einkommen der Teilnehmerinnen und Teilnehmer darstellt. Diese Regelung ist auch deshalb erforderlich, da es sich bei dieser Mehraufwandsentschädigung nicht um eine Leistung nach dem Asylbewerberleistungsgesetz handelt. Für die Bezieherinnen und Bezieher von Analogleistungen folgt die Freilassung der im Rahmen einer Flüchtlingsintegrationsmaßnahme bezogenen Aufwandsentschädigung bereits aus dem geltenden § 83 Absatz 1 SGB XII, der über § 2 Absatz 1 AsylbLG ebenfalls entsprechende Anwendung findet.*

*(§ 7 Abs. 2 Nr. 7)*
*Die Regelung stellt klar, dass der Fahrtkostenzuschuss, der Leistungsberechtigten nach § 4a Absatz 1 der Integrationskursverordnung für die Teilnahme an einem Integrationskurs oder nach § 10 Absatz 1 der Verordnung über die berufsbezogene Deutschsprachförderung für die Teilnahme an der berufsbezogenen Deutschsprachförderung gewährt wird, kein berücksichtigungsfähiges Einkommen darstellt und somit nicht auf die Grundleistungen nach den §§ 3 ff. AsylbLG angerechnet wird. Für die Bezieherinnen und Bezieher von Analogleistungen gilt das zu Nummer 6 (neu) Gesagte entsprechend.*

## Übersicht

## I. Inhalt der Norm

Die Vorschrift hat durch G v. 10.12.2014 mit Wirkung zum 1.3.2015 eine umfas- **1** sende **Neugestaltung** erfahren. Neben einigen redaktionellen Anpassungen, wie die systematische Verortung des bisherigen § 7 Abs. 4 in § 9 Abs. 3 und 4, enthält die die Vorschrift Abzugsmöglichkeiten vom Einkommen, um den politischen Zielsetzung Rechnung zu tragen, die Erwerbstätigkeit von Asylbewerbern und Geduldeten zu fördern (BT-Drs. 18/2592, S. 27). Daneben beinhaltet die Regelung weiterhin den Kostenersatz bei einer Unterbringung in einer Aufnahmeeinrichtung und sieht die Möglichkeit einer Überleitung bei Ansprüchen des Leistungsberechtigten gegen einen anderen vor.

2   Durch das IntegrationsG vom 31.7.2016 wurden Änderungen in Abs. 2 vorgenommen. Der neue § 7 Abs. 2 Nr. 6 betrifft die für eine Flüchtlingsintegrationsmaßnahme geleistete Mehraufwandsentschädigung und Abs. 2 Nr. 7 den Fahrtkostenzuschuss für die Teilnahme an einem Integrationskurs. Insofern handelt es sich bei diesen Änderungen um Folgeänderungen.

3   Kennzeichnend für die Vorschrift ist, dass auch im Asylbewerberleistungsrecht das **Nachrangprinzip** gilt (vgl. auch *Hohm*, Schellhorn/Hohm/Scheider, § 7 AsylbLG Rn. 1; *Schmidt*, jurisPK-SGB XII, § 7 Rn. 13). Es wird sowohl der Einsatz von Einkommen als auch von Vermögen zur Bedarfsdeckung verlangt. Damit wird das AsylbLG auch durch diese Vorschrift ein Stück in die Nähe des materiellen Sozialhilferechts gerückt, allerdings mit den Abweichungen, dass den Betreffenden nicht die umfassenden Freibeträge verbleiben, die im SGB XII den Leistungsempfängern beim Einsatz von Einkommen und Vermögen zugutekommen. Zugleich kommt in der Vorschrift der Gedanke des Vorrangs der Selbst- und Dritthilfe zum Ausdruck (vgl. *Hohm*, Schellhorn/Hohm/Scheider, SGB XII § 7 AsylbLG Rn. 1; *Gregarek*, Jahn, SGB II/SGB XII, § 7 Rn. 3).

4   Im **Eilrechtsschutz** ist ein Anordnungsgrund zu verneinen, falls ein Dritter zugesichert hat, einstweilen den Lebensunterhalt eines Antragstellers sicher zu stellen (LSG NRW 2.8.2007 – L 20 B 42/07 AY ER).

5   Von der Systematik her ist die Vorschrift nicht überzeugend, weil die Anrechnung von Einkommen und Vermögen sowie Freibeträgen eine Erstattungsregelung und die Überleitung Regelungsgegenstände sind. Sie kann deshalb als eine Mischnorm bezeichnet werden (*Schmidt*, jurisPK-SGB XII, § 7 AsylbLG Rn. 15).

## II. Einkommen und Vermögen

### 1. Personenkreis

6   Die Abhängigkeit der Leistungen vom Einkommen und Vermögen (§ 7 Abs. 1 S. 1) begründet eine Einsatzpflicht des Leistungsberechtigten und seiner Familienangehörigen, die im selben Haushalt leben. Nicht bedürftig ist, wer seinen Bedarf durch den Einsatz seines Einkommens und Vermögens oder das seiner Familienangehörigen decken kann. Es besteht eine **vorrangige Einsatzpflicht** von Einkommen und Vermögen (*Hohm*, Schellhorn/Hohm/Scheider, § 7 AsylbLG Rn. 7).

7   Die Vorschrift richtet sich in erste Linie an Ehegatten, Lebenspartner und Kinder der in § 1 Genannten. Maßgeblich ist für die Bestimmung der familiären Beziehung das deutsche Recht (Art. 13, 14, 17b, 19, 20 EGBGB).

8   Die Vorschrift gilt nicht für Bezieher von Analogleistungen des § 2 AsylbLG. Der Wortlaut des § 2 nimmt die Vorschrift von einer Anwendung auf Analogberechtigte aus. Für diese Berechtigten gelten die Vorschriften zum Einkommen und Vermögen der §§ 82 und 90 SGB XII.

### 2. Verfügbares Einkommen und Vermögen

9   Einkommen und Vermögen werden an keiner Stelle des Gesetzes definiert. Was unter Einkommen und Vermögen zu verstehen ist, wird unter Rückgriff auf die Bestimmungen des § 82 und § 90 SGB XII zu bestimmen sein (BT-Drs. 18/2592,

S. 26; BSG 24.5.2012 – B 9 V 2/11R; BSG 26.6.2013 – B 7 AY 6/11 R; *Deibel*, ZFSH/SGB 2015, 127). Es kommt zur Abgrenzung auf den **tatsächlichen Zufluss** in Geld oder Geldeswert im Bedarfszeitraum an (LSG NRW 17.12.2012 – L 20 AY 14/12; vgl. auch *Hohm*, Schellhorn/Hohm/Scheider, SGB XII, § 7 AsylbLG Rn. 8). § 3 Abs. 6 spricht dafür, dass der Zufluss von Einkommen und Vermögen monatsbezogen ist (*Schmidt*, jurisPK-SGB XII, § 7 AsylbLG Rn. 36). Vermögen ist das bereits Vorhandene. Eine Zuwendung zu einem bestimmten Zweck (Erwerb eines Führerscheins, so *Hohm*, AsylbLG, § 7 Rn. 19) schließt nach dem eindeutigen Wortlaut der Vorschrift eine Anrechnung als Einkommen nicht aus.

**Kindergeld** ist als Einkommen anzusehen (FG Münster 1.7.2004 – 6 K 2517/ **10** 03 AO). § 8 BEEG regelt als Spezialvorschrift, dass entsprechende Geldleistungen nicht angerechnet werden (str., s. auch *Gregarek*, Jahn, SGB II/SGB XII, § 6 Rn. 11). Die Neufassung der Vorschrift bestätigt die Anrechnung des Kindergeldes als Einkommen. In § 7 Abs. 2 sind die Leistungen aufgeführt, die nicht als Einkommen berücksichtigt werden. Darunter ist das Kindergeld nicht genannt. Wegen des Motivationscharakters, das von der Gewährung von Pflegegeld ausgehen soll, ist es ebenfalls nicht anzurechnen (LSG NRW 2.8.2007 – L 20 B 42/07 AY ER). Beim **Elterngeld** bleibt ein Sockelbetrag von 300 Euro frei, weil das AsylbLG in § 10 Abs. 5 BEEG nicht aufgeführt ist (s. auch *Schmidt*, jurisPK-SGB XII, § 7 AsylbLG Rn. 39).

In der Praxis bereitet die Ermittlung, ob der Leistungsberechtigte tatsächlich über **11** Einkommen und Vermögen verfügt, große Schwierigkeiten. Sie beruhen zumeist darauf, dass die Leistungsbehörde bloße Vermutungen oder Behauptungen über vermeintlich verfügbares Einkommen und Vermögen aufstellt, dessen Nichtvorhandensein durch die Leistungsberechtigten schwierig zu beweisen ist. Grundsätzlich gilt zwar, dass der Leistungsempfänger seine Bedürftigkeit darzulegen und zu beweisen hat (*Hohm*, Schellhorn/Hohm/Scheider, SGB XII, § 7 AsylbLG Rn. 11). Er muss aber nachvollziehbar darlegen, wie er in der Vergangenheit seinen Lebensunterhalt bestritten hat. Dabei ist zu seinen Gunsten zu berücksichtigen, dass ein längerer Leistungsbezug für seine Bedürftigkeit spricht. Ohne nähere Anhaltspunkte kann nicht davon ausgegangen werden, dass in der Vergangenheit festgestellte unklare Einkommens- und Vermögensverhältnisse sich gleichsam zwingend auf die Gegenwart auswirken. Zweifel an der Bedürftigkeit können jedoch aufkommen, wenn aufwändige Hochzeiten mit teuren Geschenken gefeiert werden oder teure Einrichtungsgegenstände während des Leistungsbezuges angeschafft werden (s. auch *Hohm*, GK-AsylbLG, § 7 Rn. 42). Wird behauptet, dass Vermögensgegenstände im Eigentum eines Dritten stehen, sind die Einkommensverhältnisse mit Hilfe der Berechtigten oder durch Vernehmung des Dritten, im gerichtlichen Verfahren als Zeugen, sorgfältig zu klären. Berechtigt sind Zweifel an der Bedürftigkeit auch, wenn sich ein Leistungsberechtigter vom Bezug der Leistungen abmeldet und dann nach einiger Zeit erneut Leistungen geltend macht (vgl. LSG Hmb 1.9.2016 – L 4 AY 1715).

Weder die in § 82 Abs. 1 SGB XII enthaltenen Ausnahmen des Einkommensbe- **12** griffs noch die in §§ 83 bis 89 SGB XII für Leistungsbezieher nach dem SGB XII geregelten Einkommensgrenzen gelten für Berechtigte nach dem AsylbLG (so auch *Hohm*, GK-AsylbLG, § 7 Rn. 21; *Decker*, Oestreicher, SGB II/XII, § 7 Rn. 8). Das hängt damit zusammen, dass das AsylbLG im Verhältnis zum SGB XII Sonderregelungen enthält. Freibeträge sehen nunmehr der seit dem 1.3.2015 gültige Abs. 5 und weitere Freibeträge der seit dem 6.8.2016 anzuwendende Abs. 2 Nr. 6 und 7 vor.

Die unterschiedliche Behandlung von Einkommen und Vermögen nach dem **13** SGB XII und dem AsylbLG muss der Prüfung des Art. 3 Abs. 1 GG standhalten. Ungleichbehandlungen müssen durch sachliche Gründe gerechtfertigt sein. Der sachliche Grund für eine Ungleichbehandlung zwischen Leistungsbeziehern nach dem SGB XII und dem AsylbLG ist grundsätzlich darin zu sehen, dass Ausländer, zumal mit einem ungesicherten Bleiberecht, die vollen Vorteile von Transferleistungen beanspruchen können und bei vorhandenem Einkommen und Vermögen für ihren eigenen Lebensunterhalt zu sorgen haben. Der in § 7 Abs. 1 zum Ausdruck kommende Nachranggrundsatz beinhaltet den durch Abs. 3 und Abs. 5 begrenzten Einsatz von vorhandenem Einkommen und Vermögen. Ausländer und Inländer sind grundsätzlich nicht gleich zu behandeln, so dass dem Gesetzgeber ein Gestaltungsspielraum eingeräumt ist. Die ungleiche Behandlung von Analogberechtigten des § 2 AsylbLG und solchen Berechtigten nach § 3 AsylbLG erschließt sich schon schwerer und kann nur mit dem Hinweis des zeitlich längeren Aufenthalts als einem sachlichen und damit mit Art. 3 Abs. 1 GG genügenden sachlichen Grund einigermaßen akzeptiert werden. § 7 Abs. 1 S. 1 ist verfassungsgemäß (SchlHLSG 27.11.2013 – L 9 AY 1/11; aA *Hohm*, GK-AsylbLG, § 7 Rn. 34).

14    Das Einkommen und Vermögen muss **verfügbar** sein (zustimmend *Hohm*, Schellhorn/Hohm/Scheider, § 7 AsylbLG Rn. 10). Wie im SGB XII muss es dem Hilfe Nachfragenden tatsächlich zur Verfügung stehen, was bedeutet, dass weder tatsächliche noch rechtliche Hindernisse einem Einsatz entgegenstehen dürfen (vgl. auch *Hohm*, GK-AsylbLG, § 7 Rn. 36 f.; *Schmidt*, jurisPK-SGB XII, § 7 Rn. 26).

15    Anrechnungsfrei, jedenfalls zum Teil, bleiben durch die Regelung des § 7 Abs. 2 AsylbLG bei Erwerbseinkommen die in der Vorschrift ausgewiesenen Leistungen. Sie sind beim Einkommen nicht zu berücksichtigen. Eine Aufwandsentschädigung nach § 5 Abs. 2 AsylbLG bleibt insgesamt frei, nicht jedoch das aus der Aufwandsentschädigung angesparte Vermögen. Nicht zum Einkommen gerechnet (§ 7 Abs. 2 Nr. 3) wird eine Beschädigungsrente nach dem Opferentschädigungsgesetz (vgl. schon BSG 24.5.2012 – B 9 V 2/11 R; BT-Drs. 18/2592, S. 26).

16    Gegen die bisher fehlenden Schongrenzen beim Vermögenseinsatz wurden verfassungsrechtliche Bedenken erhoben. Es würde gegen die Eigentumsgarantie (Art. 14 GG), den Gleichheitsgrundsatz (Art. 3 GG) und das sozialstaatliche Übermaßverbot verstoßen (vgl. *Hohm*, GK-AsylbLG, § 7 Rn. 36). Durch § 7 Abs. 5 sind nunmehr Schongrenzen für freizubleibendes Vermögen eingeführt worden, was die verfassungsrechtlichen Bedenken relativiert. Geschont wird weiterhin nicht der Einsatz von Familien- und Erbstücken. Härteregelungen greifen nicht Platz. Diesen Einwänden ist entgegenzuhalten, dass dem Gesetzgeber bei der Umsetzung des Sozialstaatsprinzips ein weiter Gestaltungsspielraum zuzubilligen ist (*Neumann*, DVBl. 1997, 92). Aus dem Sozialstaatsprinzip kann deshalb keine Gleichstellung mit Sozialhilfeempfängern oder Berechtigten i. S. v. § 2 AsylbLG abgeleitet werden, weil sich die Bedarfstypisierungen wesentlich unterscheiden (s. auch Rn. 9). Der Bedarf der auf Dauer in der Bundesrepublik lebenden Menschen stellt sich typischerweise anders dar als der für die im AsylbLG bezeichneten Personen, deren Aufenthaltsrecht noch nicht feststeht. Daher sind sie mit Sozialhilfeempfängern oder den Ausländern, auf die gemäß § 2 AsylbLG das SGB XII entsprechend anzuwenden ist, nicht gleichzustellen. Hierin liegt der sachliche Grund für eine unterschiedliche Behandlung. Gegen Art. 14 GG verstößt die Pflicht zum vollständigen Vermögenseinsatz nicht, weil der eigenen Existenzsicherung dient (so auch *Fasselt*, Fichtner/Wenzel, SGB XII, § 7 Rn. 2).

### 3. Zusammenleben im selben Haushalt

17    Weil das AsylbLG weder den Begriff der Bedarfsgemeinschaft des SGB II noch das der Haushaltsgemeinschaft übernommen hat, kann sich die Auslegung des Begriffs auch nicht an diesen Vorbildern orientieren. Der Begriff bleibt indifferent (BSG 26.6.2013 – B 7 AY 6/11 R) und hat durch die Neufassung der Vorschrift keine Klarheit erfahren. Damit ist weder auf die Kriterien des Wirtschaftens aus einem gemeinsamen Topf abzustellen noch ist das Zusammenleben in einer gemeinsamen Wohnung oder Haus gemeint. Letzteres kann schon deswegen nicht sein,

weil die Leistungsberechtigten in Gemeinschaftsunterkünften untergebracht sein können und unter Umständen gar nicht in einem gemeinsamen Raum oder Wohnung leben. Richtig dürfte ein räumlich, funktionales Beieinandersein (so auch *Hohm,* GK-AsylbLG, § 7 Rn. 66; *Gregarek,* Jahn, SGB II/SGB XII, § 7 Rn. 23), wie es sich in einer Haushaltsgemeinschaft ausdrückt (BSG 26.6.2013 – B 7 AY 6/11 R), sein. Der Versuch des BSG (26.6.2013 – B 7 AY 6/11 R), den Begriff des Zusammenlebens im selben Haushalt aus der Entstehungsgeschichte von § 120 BSHG zum AsylbLG zu erklären, hilft nicht weiter, weil ein Zusammenleben nicht nur in einer angemieteten Wohnung, sondern auch in Gemeinschaftsunterkünften stattfindet. Nur so viel lässt sich festhalten, dass eine Haushaltsgemeinschaft nicht anders als im SGB XII zu behandeln ist, wobei das AsylbLG eine dem § 39 SGB XII vergleichbare Vermutung der Bedarfsdeckung nicht kennt. Von einem Zusammenleben kann sicher dann gesprochen werden, wenn Eltern mit ihren Kindern zusammenleben, wobei es keinen Unterschied macht, ob diese minderjährig sind oder nicht. Die gemeinsame Nutzung von Wohnräumen oder die raumübergreifende Funktionseinheit von verschiedenen Räumen in einer Einrichtung macht ein Zusammenleben aus. Damit wird für das Zusammenleben weniger verlangt als für das Zusammenleben in einer Wohngemeinschaft (a.A. *Schmidt,* jurisPK-SGB XII, § 7 AsylbLG Rn. 22).

Über den Begriff der **Familienangehörigen** herrscht Uneinigkeit. Nach einem **18** engen Verständnis sind Familienangehörige Ehegatten, Lebenspartner und minderjährige Kinder (zur Herausnahme volljähriger Kinder LSG Nds-Brem 19.6.2007 – L 11 AY 80/06; LSG NRW 21.9.2010 – L 20 B 50/09 AY ER, aufgehoben durch BSG 26.6.2013 – B 7 AY 6/11 R), nach anderer Auffassung generell Verwandte und Verschwägerte der Leistungsberechtigten (so vor allem OVG NRW 1.3.2004 – 12 A 3543/01; HessVGH 7.9.2004 – 10 UE 600/04). Das OVG NRW führt sowohl den Wortlaut der Vorschrift als auch die Entstehungsgeschichte an, die keinen Hinweis auf ein enges Verständnis gäben. Allerdings ist zu bedenken, dass der Begriff des Familienangehörigen sich auch nach seinem Wortverständnis nicht zwingend auf eine Großfamilie bezieht und es verfassungsrechtliche Komplikationen gibt, wenn der Begriff der Familie über den der Bedarfs- oder Einstandsgemeinschaft ausgelegt würde (s. auch *Hohm,* GK-AsylbLG, § 7 Rn. 50 f.; a. A. *Fasselt,* Fichtner/ Wenzel, SGB XII, § 7 Rn. 6; *Schmidt,* jurisPK-SGB XII, § 7 Rn. 21; vgl. auch BSG 26.6.2013 – B 7 AY 6/11 R). Unter Familienangehörigen sind deshalb Ehegatten, Lebenspartner und Kinder zu verstehen. Richtig ist, dass bei Analogleistungen des § 2 AsylbLG die Ausnahmeregelung des § 43 SGB XII zu beachten ist, weil eine Rechtsgrundverweisung vorliegt und Analogberechtigte Sozialhilfeempfängern gleichgestellt sein sollen.

Ungeklärt ist die rechtliche Zuordnung von Einkommen und Vermögen bei **19** **gemischten Bedarfsgemeinschaften** (Bezieher nach dem AsylbLG und solche nach dem SGB II oder SGB XII). Für die Leistungsbezieher, die dem SGB II oder dem SGB XII zuzuordnen sind, ist der Bedarf und das einzusetzende Einkommen aus den Gründen des Art. 3 GG nach diesen Leistungsgesetzen zu beurteilen und der überschießende Betrag ist dann nach dem AsylbLG weiter anzurechnen. Eine leistungsrechtliche Schlechterstellung des in der gemischten Bedarfsgemeinschaft Privilegierten lässt sich nicht vertreten (s. auch *Schmidt,* jurisPK-SGB XII, § 7 AsylbLG Rn. 33).

## III. Eheähnliche und partnerschaftsähnliche Lebensgemeinschaft (Abs. 1 S. 2)

Durch den Verweis auf die Vorschrift des § 20 SGB XII wird auch im AsylbLG **20** anders als in § 7 SGB II die eheähnliche oder partnerschaftsähnliche Lebensgemeinschaft als soziales Phänomen vorausgesetzt. Zum Verständnis einer eheähnlichen Lebensgemeinschaft gehört, dass sie sich als Verantwortungs- und Einstehensgemeinschaft versteht (s. auch BVerfG 17.11.1992 – 1 BvL 8/87; BSG 22.8.2012 – B 4 AS 34/12 R; LSG NRW 12.4.2016 – L 7 AS 258/16 B ER; *Grube,* Grube/Wahrendorf, SGB XII, § 20 Rn. 10). Konkrete Indizien für eine eheähnliche Lebensgemeinschaft sind ein längeres Zusammenleben, die gemeinsame Aufnahme eines Darlehens, eine gewisse Ausschließlichkeit der Beziehung etc. Wohngemeinschaften oder Untermietverhältnisse gehören als andere Lebensgemeinschaften nicht dazu.

21    Wie im SGB XII liegt die materielle Beweislast für das Vorliegen einer eheähnlichen oder partnerschaftsähnlichen Lebensgemeinschaft bei der Behörde, für die Bedürftigkeit bei dem Hilfesuchenden. Bleibt die Bedürftigkeit unaufgeklärt, hat die Behörde die Leistungen abzulehnen (*Hohm,* GK-AsylbLG, § 7 Rn. 86). Bei der Würdigung der getroffenen Feststellungen kommt es häufig auf innere Tatsachen an. Sie zu erfragen ist auch schon im Verwaltungsverfahren ohne die Hinzuziehung eines qualifizierten Dolmetschers nur schwer möglich.

22    Die schon in § 20 S. 2 SGB XII überflüssige Verweisung auf § 39 SGB XII, der eine Vermutung der Bedarfsdeckung durch Mitglieder der Haushaltsgemeinschaft aufstellt (s. auch BSG 26.6.2013 – B 7 AY 6/11 R), stellt keine Rechtsgrundverweisung in dem Sinn dar, dass über diese Kettenverweisung Verwandte, die in häuslicher Gemeinschaft mit dem Asylbewerberleistungsberechtigten leben, mit ihrem Einkommen und Vermögen unter den dort genannten Voraussetzungen einzustehen haben (missverständlich *Gregarek,* Jahn, SGB II/SGB XII, § 7 Rn. 28; *Hohm,* Schellhorn/Hohm/Scheider, SGB XII, § 7 AsylbLG Rn. 18). Sie sind schon nach § 7 Abs. 1 mit ihrem Einkommen und Vermögen bei der Bedarfsdeckung zu beteiligen.

## IV. Erstattungspflicht (Abs. 1 S. 3)

23    Die Erstattungspflicht wendet sich an den **Leistungsberechtigten,** der nicht zu den Analogberechtigten zählt. Denn die Vorschrift des § 7 ist ausdrücklich in § 2 ausgenommen. Wegen dieser Privilegierung erscheint es fraglich, ob auch derjenige zum Ersatz verpflichtet ist, der unter die Regelung des § 2 fällt (a. A. *Hohm,* GK-AsylbLG, § 7 Rn. 93). Die Vorschrift gilt (arg. § 7 Abs. 1 S. 2) auch für eheähnliche oder partnerschaftsähnliche Lebensgemeinschaften (a. A. *Hohm,* Schellhorn/Hohm/Scheider, SGB XII, § 7 AsylbLG Rn. 19). Zur Bestimmtheit eines Kostenerstattungsbescheides LSG BW 8.12.2011 – L 7 AY 3353/09. Der Erstattungsanspruch ist durch einen Verwaltungsakt festzusetzen.

24    Die Erstattungspflicht richtet sich nicht nur an den Leistungsberechtigten selbst, sondern auch an seine Familienangehörigen.

25    **Erstattungsberechtigt** ist der Leistungsträger; vgl. hierzu die auf Grund des § 10 AsylbLG ergangenen Ausführungsgesetze.

26    Die Erstattungspflicht besteht nur bei der Unterbringung in Einrichtungen, in denen Sachleistungen gewährt werden. Das sind Aufnahmeeinrichtungen nach § 44 AsylG als vergleichbare Einrichtungen. Deshalb zählen einzelne, von der Sozialbehörde angemietete Wohnungen nicht dazu.

27    Verfügt eine Person erst nach dem Verlassen der Einrichtung über Einkommen und Vermögen, ist die Vorschrift nicht anzuwenden (*Hohm,* Schellhorn/Hohm/Scheider, SGB XII, § 7 AsylbLG Rn. 20). Anders ist allerdings zu entscheiden, wenn erst im Nachhinein festgestellt wird, dass während der Unterbringung in einer Einrichtung einsetzbares Einkommen oder Vermögen vorhanden war.

28    Die Erstattungspflicht bezieht sich ausdrücklich auf **Sachleistungen** und die tatsächlich geleisteten Kosten der Unterkunft. Hierzu können die Länder und die dazu berechtigten Behörden Pauschalen festsetzen.

## V. Nicht zu berücksichtigendes Einkommen (Abs. 2)

Mit Wirkung vom 1.3.2015 sind bestimmte Leistungen aufgeführt, die vom Ein- **29** kommenseinsatz ausgenommen sind. Durch das IntegrationsG sind weitere Freibe- träge als Folge des § 5a und der Übernahme von Fahrtkosten für einen Integrations- kurs nach § 43 AufenthG hinzugekommen.

Nicht als Einkommen zu berücksichtigen sind Leistungen nach dem AsylbLG **30** (Nr. 1). Damit wird eine Selbstverständlichkeit positiv geregelt. Nr. 2 nimmt die Grundrenten nach dem BVG und nach Gesetzen aus, die eine entsprechende Anwendung des BVG vorsehen. Nr. 3 bezieht sich auf Renten oder Beihilfen nach dem Bundesentschädigungsgesetz für Schäden an Leben, Körper oder Gesundheit bis zur Höhe der vergleichbaren Grundrente nach dem BVG. Damit vollzieht die Vorschrift Regelungen des § 82 Abs. 1 SGB XII für das AsylbLG.

Nr. 4 nimmt die bisherige Regelung des Abs. 5 auf. Die Vorschrift folgt einer **31** dem Gesetzgeber durch das BVerfG (NVwZ 2007, 436) auferlegten Verpflichtung (s. auch *Hohm*, NVwZ 2007, 417; *Brinktrine*, JZ 2007, 837). Weil das BVerfG in seiner Entscheidung lediglich das Einkommen angesprochen hat, nicht aber das Vermögen, würde weiter eine Ungleichbehandlung zu den Analogberechtigten oder den Empfängern von SGB-XII-Leistungen bestehen. Denn deren aus Schmerzens- geld entstandenes Vermögen ist nach dieser gesetzlichen Regelung nicht geschützt, weil im AsylbLG kein der Vorschrift des § 90 Abs. 3 SGB XII vergleichbarer Schutz gewährt werden kann. Bei der Neuregelung ist dieser Vermögensschutz wiederum ausgenommen. Insofern muss die Vorschrift auch nach der Neuordnung in verfas- sungskonformer Weise auch auf Vermögen, das sich aus einem Schmerzensgeldan- spruch aufgebaut hat, angewendet werden (zustimmend *Gregarek*, Jahn, SGB II/ SGB XII, § 7 Rn. 48).

Neu hinzugekommen (Nr. 5, 6 und 7) sind die Aufwandsentschädigung nach § 5 **32** Abs. 2, die Mehraufwandsentschädigung und der Fahrtkostenzuschuss. Würde die Aufwandsentschädigung nicht frei bleiben, wäre dies kontraproduktiv. Der Anreiz zur Selbsthilfe würde entfallen.

Die Herausnahme der Mehraufwandsentschädigung ist erforderlich, weil sie als **33** nicht nach dem AsylbLG gewährte Leistung als Einkommen angerechnet werden müsste. § 7 Abs. 2 Nr. 1 ist auf sie nicht anzuwenden (vgl. dazu BR-Drs. 266/16).

Die Regelung stellt klar, dass der Fahrtkostenzuschuss, der Leistungsberechtigten **34** nach § 4a Abs. 1 der Integrationskursverordnung für die Teilnahme an einem Integ- rationskurs oder nach § 10 Abs. 1 der Verordnung über die berufsbezogene Deutsch- sprachförderung für die Teilnahme an der berufsbezogenen Deutschsprachförderung gewährt wird, kein berücksichtigungsfähiges Einkommen darstellt. Er wird somit nicht auf die Grundleistungen nach den §§ 3 ff. angerechnet (BR-Drs. 266/16).

## VI. Bereinigung des Einkommens (Abs. 3)

Der neu gefasste Abs. 3 Satz 1 entspricht im Wesentlichen dem früheren Abs. 2. **35** Die Höchstgrenze des vom Bruttoerwerbseinkommen abzusetzenden Einkommens- freibetrages wird auf der Grundlage der jeweiligen maßgeblichen Bedarfsstufe des erwerbstätigen Leistungsberechtigten auf der Grundlage der fortgeschriebenen Leis- tungsgrundsätze des AsylbLG bestimmt (BT-Drs. 18/2592, S. 26). Die bisherige Einkommensfreibetragsgrenze von 60 % wird auf 50 % gesenkt, um die Leistungsbe- rechtigten nach dem AsylbLG gegenüber den Sozialhilfeempfängern oder Analog- berechtigten nicht besser zu stellen (BT-Drs. 18/2592, S. 26).

Der Freibetrag ist mit 25 % in Betracht zu ziehen. Die Höchstbeträge in Höhe **36** von 50 % werden mit der maßgeblichen Bedarfsstufe des Bargeldbetrages nach § 3

Abs. 1 und des notwendigen Bedarfs nach § 3 Abs. 2, jeweils in Verbindung mit § 3 Abs. 4, verknüpft.

**37**     Aus der Formulierung „Einkommen aus Erwerbstätigkeit" ist zu schließen, dass die Freibeträge von den Leistungen derjenigen abgezogen werden können, die das Einkommen erzielen (*Hohm*, Schellhorn/Hohm/Scheider, SGB XII, § 7 AsylbLG Rn. 37; *Schmidt*, jurisPK-SGB XII, § 7 AsylbLG Rn. 51). Wird von mehreren Leistungsberechtigten Einkommen erzielt, sind mehrere Freibeträge anzusetzen. Ein die Leistungen übersteigender Freibetrag kann nicht auf die Leistungen der im selben Haushalt lebenden Familienangehörigen angerechnet werden (*Hohm*, Schellhorn/Hohm/Scheider, § 7 AsylbLG Rn. 37). Wird Einkommen über mehrere Monate ausgezahlt, ist der Freibetrag nur einmal zu gewähren (*Schmidt*, jurisPK-SGB XII, § 7 AsylbLG Rn. 52).

**38**     Abgesetzt werden die auf das Einkommen entrichteten Steuern (Nr. 1). In der Regel wird es sich um Geldeinkünfte aus unselbständiger Arbeit handeln. Mangels anderer Anhaltspunkte ist § 3 der Verordnung zur Durchführung des § 82 SGB XII entsprechend heranzuziehen, soweit die Besonderheiten des AsylbLG nicht entgegenstehen.

**39**     Das erzielte Einkommen wird um die Pflichtbeiträge zur Sozialversicherung einschließlich der Beiträge zur Arbeitsförderung bereinigt (Nr. 2).

**40**     Wie bei der entsprechenden Vorschrift des § 82 SGB XII sollen dem Leistungsberechtigten ausreichende Mittel für allgemein übliche Beiträge zu öffentlichen und privaten Versicherungen zur Verfügung stehen. Sie müssen gesetzlich vorgeschrieben und nicht unangemessen hoch sein. Bei der Angemessenheit handelt es sich um einen unbestimmten Rechtsbegriff, der sowohl den Grund und die Höhe der Versicherung bestimmt (BSG 10.5.2011 – B 4 AS 139/10). Bei Vorsorgeversicherungen kommt es darauf an, dass die zu den Ausländern des § 1 zählen, nicht dauerhaft in Deutschland bleiben.

**41**     Die Absetzung der mit der Erzielung des Einkommens verbundenen notwendigen Ausgaben ist kein steuerrechtlicher Begriff, sondern folgt den Zwecken des AsylbLG. Es können Kosten sein, die für Arbeitsmittel und für Fahrten zwischen der Wohnung und der Arbeitsstätte entstehen. Dazu können wie im SGB XII Beiträge für Berufsverbände gehören.

# VII. Überleitung (Abs. 4)

**42**     Nicht mehr Abs. 3, sondern Abs. 4 ermöglicht der Behörde die Überleitung von Ansprüchen, die der Leistungsberechtigte gegenüber Dritten hat. § 93 SGB XII ist entsprechend heranzuziehen. Hervorzuheben ist, dass die Einschränkungen des § 94 SGB XII nicht gelten.

**43**     Unter Anspruch zu verstehen sind nicht solche gegen öffentlich-rechtliche Träger. Damit gilt § 9 Abs. 3 Nr. 4 für Erstattungsansprüche der Leistungsträger untereinander, der den Überleitungsanspruch verdrängt (*Schmidt*, jurisPK-SGB XII, § 7 AsylbLG Rn. 65). Der Anspruch muss **überleitungsfähig** sein und es muss eine **kausale Verknüpfung** zwischen Hilfegewährung und Drittforderung bestehen. Es ist **fiktiv** zu prüfen, was geschehen wäre, wenn der Drittanspruch rechtzeitig realisiert hätte werden können. Sollte es um Drittansprüche gehen, die zum geschützten Einkommen oder Vermögen gehören, entspricht es sowohl asylbewerberleistungsrechtlichen als auch sozialhilferechtlichen Wertungen, diese Ansprüche nicht überzuleiten. Außerdem muss das Prinzip der **Gleichzeitigkeit** eingehalten werden. Überzuleitender Anspruch und Hilfegewährung müssen zeitlich aufeinander bezogen sein.

**44**     Wie bei § 93 SGB XII gilt auch bei der Überleitung im AsylbLG die sog. **Negativevidenz.** Es ist lediglich zu prüfen, ob der überzuleitende Anspruch offensichtlich nicht bestehen kann. Einwendungen und Einreden hindern die Überleitung nicht. Es muss ferner eine zeitliche Konnexität bestehen (wegen der Einzelheiten s. § 93 SGB XII).

Die Überleitung geschieht durch einen **Verwaltungsakt,** der ausreichend **45** bestimmt sein muss und bei dessen Erlass nach Anhörung des Dritten und des Leistungsberechtigten Ermessen ausgeübt werden muss (BSG 2.2.2010 – B 8 SO 17/08 R).

Wegen des Verweises auf § 93 SGB XII haben Widerspruch und Anfechtungsklage **46** **keine aufschiebende Wirkung.**

Bei der Überleitungsentscheidung, die als Verwaltungsakt ergeht, ist eine Ermes- **47** sensentscheidung zu treffen. Es muss zum Ausdruck gebracht werden, dass private Interessen des Drittschuldners hinter den öffentlichen Interessen auf Wiederherstellung des Nachranges zurückstehen müssen.

## VIII. Vermögensfreibetrag (Abs. 5)

Mit der Regelung des Abs. 5 wurden Vermögensfreibeträge eingeführt. Nach **48** der Absicht des Gesetzgebers dient der kleine Vermögensfreibetrag notwendigen Anschaffungen (BT-Drs. 18/2592, S. 27). Das auf der Grundlage des Statistikmodells ermittelte Leistungsbudget berücksichtigt dabei auch monatliche Durchschnittswerte für größere und in längeren Abständen anfallende Bedarfe. Der Gesetzgeber verbindet mit der Regelung die Erwartung, dass der Leistungsberechtigte für größere Anschaffungen – hier wird als Beispiel ein Wintermantel genannt – Teile des Budgets zurücklegt. Diese Ansparungen sollen konsequent bei der Vermögensanrechnung unberücksichtigt bleiben.

Nach Satz 2 bleiben bei der Anwendung von Abs. 1 Vermögensgegenstände frei, **49** die zur Aufnahme und Fortsetzung der Berufsbildung oder der Erwerbstätigkeit unentbehrlich sind.

## § 7a Sicherheitsleistung

[1]Von Leistungsberechtigten kann wegen der ihnen und ihren Familienangehörigen zu gewährenden Leistungen nach diesem Gesetz Sicherheit verlangt werden, soweit Vermögen im Sinne von § 7 Abs. 1 Satz 1 vorhanden ist. [2]Die Anordnung der Sicherheitsleistung kann ohne vorherige Vollstreckungsandrohung im Wege des unmittelbaren Zwangs erfolgen.

*Änderung der Vorschrift: § 7a eingef. mWv 1.9.1998 durch G v. 25.8.1998 (BGBl. I S. 2505).*

**Schrifttum:** *Hammel,* Sicherstellung und Einsatz von Vermögen der gem. § 1 Abs. 1 AsylbLG leistungsberechtigten Personen entsprechend den §§ 7 und 7a AsylbLG, ZFSH/SGB 2016, 171.

## I. Inhalt der Vorschrift

Vorbild der Regelung war § 82 Abs. 5 AuslG, der durch § 66 Abs. 5 AufenthG **1** ersetzt, aber inhaltlich gleichgeblieben ist. Neben der Berechtigung des Hilfeträgers, von den Leistungsberechtigten Sicherheiten zu verlangen, enthält die Vorschrift in Satz 2 einzelne Vollstreckungsregelungen. Das Verlangen nach Sicherheitsleistung bezweckt, der rechtsmissbräuchlichen Inanspruchnahme von Leistungen nach dem AsylbLG entgegen zu wirken und eventuelle Erstattungsansprüche zu sichern (*Hohm,* Schellhorn/Hohm/Scheider, § 7a AsylbLG Rn. 1).

**2**    Es soll auf das bei der Einreise **vorhandene Vermögen** zurückgegriffen werden (BT-Drs. 13/10 155, S. 6). Die Vorschrift dürfte auch auf **während des Leistungsbezuges** erworbenes Vermögen anwendbar sein (s. dazu auch LSG Bln-Bbg 21.4.2016 – L 15 AY 2/12). Der Gesetztext steht einer solchen Auslegung nicht entgegen. Der Gesetzgeber verbindet mit der Regelung die Erwartung, dass auf diese Weise die vorhandenen, beschränkten Geldmittel den wirklich Bedürftigen zugutekommen. Ob die Vorschrift der Praxis gerecht wird, muss bezweifelt werden, da sie einen erheblichen Verwaltungsaufwand an Ermittlungstätigkeit voraussetzt. Verfassungsrechtliche Bedenken gegen die Vorschrift werden im Schrifttum nicht vorgebracht (s. z. B. *Deibel*, ZfSH/SGB 1998, 715). Ein weiterer Zweck ist die Wiederherstellung des **Nachranggrundsatzes** (*Groth*, jurisPK-SGB XII, § 7a AsylbLG Rn. 8).

**3**    Aus rechtssystematischen Gründen ist die Vorschrift wenig sachgerecht. Schon nach § 7 Abs. 1 AsylbLG sind die Hilfesuchenden bereits verpflichtet, ihr Einkommen und Vermögen vollständig einzusetzen, sodass die Regelung des § 7a ins Leere geht (vgl. auch *Decker*, ZfSH/SGB 1999, 404; *Gregarek*, Jahn, SGB II/SGB XII, § 7a Rn. 5; zustimmend *Hammel*, ZFSH/SGB 2016, 172). Ein übergeordnetes Regelungsanliegen wird der Vorschrift dadurch zugeordnet, dass sie gewährleisten soll, vorhandenes Vermögen vor einer Inanspruchnahme von Leistungen aufzubrauchen (so *Hohm*, GK-AsylbLG, § 7a Rn. 7).

## II. Sicherheitsleistung

**4**    **Berechtigt** ist die sachlich (§ 10) und örtlich (§ 10 und 11 Abs. 2) für die Leistungen nach dem AsylbLG zuständige Behörde (Sicherungsberechtigter), weil sie ein berechtigtes Interesse an einer Sicherstellung hat.

**5**    **Leistungsverpflichtete** sind sowohl die nach § 1 AsylbLG Berechtigten als auch die Analogberechtigten (wie hier *Hohm*, Schellhorn/Schellhorn, SGB XII, § 7a AsylbLG Rn. 4; a. A. *Groth*, jurisPK-SGB XII, § 7a AsylbLG Rn. 12). Der klare Gesetzeswortlaut spricht für die hier vertretene Auffassung. Die Argumentation eines zur Begründung der gegenteiligen Auffassung behaupteten Redaktionsversehens bleibt fragwürdig, weil der Sicherungszweck in gleicher Weise für die Berechtigten nach § 1 AsylbLG wie auch für die Analogberechtigten besteht.

**6**    Gesichert werden die Leistungen an den Leistungsberechtigten und seine Familienangehörigen, also Ehegatten und minderjährige Kinder (arg. § 1 Abs. 1 Nr. 6). Insofern kann der Familienbegriff nicht anders ausgelegt werden als in § 7.

**7**    **Sicherungsgegenstand** sind die Leistungen nach dem AsylbLG. Der Formulierung „zu gewährende Leistungen" ist zu entnehmen, dass keine Sicherheit für in der Vergangenheit erbrachte Leistungen verlangt werden kann (vgl. auch *Herbst*, Mergler/Zink, § 7a Rn. 3; a. A. *Groth*, jurisPK-SGB XII, § 7a Rn. 18; kritisch *Hammel*, ZFSH/SGB 2016, 174; LSG Bln-Bbg 21.4.2016 – L 15 AY 2/12).

**8**    Wenig aufeinander abgestimmt ist die Vorschrift mit § 7 Abs. 1 S. 3 (vgl. hierzu auch *Hohm*, GK-AsylbLG, § 7a Rn. 22 f.). Dort ist ein Erstattungsanspruch bei vorhandenem Vermögen und der Unterbringung in einer Einrichtung mit Sachleistungen vorgesehen. Eine Konkordanz zwischen beiden Vorschriften ist nur dadurch herzustellen, dass der Erstattungsanspruch der Behörde nach § 7 Abs. 1 S. 3 gesichert wird. Daraus folgt zugleich, dass die zu gewährenden Leistungen rechtmäßig sein müssen, was den Anwendungsbereich der Vorschrift erheblich einschränkt (*Groth*, jurisPK-SGB XII, § 7a Rn. 16).

**9**    Von § 7a erfasst wird das Vermögen, wozu Bargeld, Fernsehgeräte, Familienschmuck etc. gehören (*Groth*, jurisPK-SGB XII, § 7a Rn. 20; a.A. zum Familienschmuck *Hammel*, ZFSH-SGB 2016, 173). Übertrieben ist das Verlangen nach dem Einsatz eines Handys, VG Düsseldorf 8.11.2002 – 13 K 5829/99. Zwischen der

Leistung und dem sichergestellten Vermögen muss ein Äquivalenzverhältnis bestehen. Spätestens mit der Berechtigung nach dem AsylbLG endet auch das Recht des Leistungserbringers, Sicherheiten zu verlangen.

Umstritten ist, ob unter vorhandenem Vermögen nur das verfügbare Vermögen **10** zu verstehen ist (zum Streitstand s. *Hohm,* Schellhorn/Hohm/Scheider, SGB XII, § 7a AsylbLG Rn. 6) oder ob bei einem nicht verfügbaren Vermögen eine Sicherheitsleistung nicht angeordnet werden kann. Einzuräumen ist, dass zur Verhinderung eines Leistungsmissbrauchs ein weites Verständnis von Vorhandensein angezeigt wäre. Wäre es tatsächlich verfügbar, würde an sich schon die Vorschrift des § 7 greifen, so dass aus gesetzessystematischen Gründen der Anwendungsbereich des § 7a in einem weiten Sinn verstanden werden muss. Letztlich spricht auch der Wortlaut dafür, dass Vermögen vorhanden und nicht verfügbar sein muss (*Groth,* jurisPK-SGB XII, § 7a AsylbLG Rn. 2).

Das Verlangen einer Sicherheitsleistung ist eine Ermessensentscheidung. Die **11** Ermessensgründe müssen in der Entscheidung zum Ausdruck kommen.

Durch Verwaltungsakt wird die Sicherheitsleistung konkretisiert, der dem **12** Bestimmtheitsgebot des § 37 VwVfG genügen muss. Zuständig ist die Leistungsbehörde, nicht die Polizei (vgl. *Zeitler,* VBlBW 2001, 297). Angeraten ist, die sofortige Vollziehung anzuordnen (so auch *Hohm,* Schellhorn/Hohm/Scheider, SGB XII, § 7a AsylbLG Rn. 8). Denn anders als unter der Geltung der VwGO, die die Möglichkeit einräumte, dass Landesgesetze die aufschiebende Wirkung von Widerspruch und Anfechtungsklage suspendieren können, gibt es im Sozialgerichtsgesetz keine vergleichbaren „Öffnungsklauseln". Dem Wortlaut nach ist § 11 Abs. 4 nicht anzuwenden. Zu den formellen Voraussetzungen gehört, dass die Anordnung der sofortigen Vollziehung ausdrücklich zu erfolgen hat und gesondert schriftlich begründet wird. Als Gründe können angeführt werden, dass das Vermögen dem Zugriff der Behörde entzogen werden könnte oder dass ein betrügerisches Verhalten an den Tag gelegt worden ist (vgl. zum Ganzen *Wahrendorf,* Roos/Wahrendorf, SGG, § 86a Rn. 64 ff.).

## III. Vollstreckung

S. 2 der Vorschrift enthält eine **vollstreckungsrechtliche Sonderregelung.** **13** Durch den Verzicht auf eine Vollstreckungsandrohung steht der Behörde ein verkürztes Verfahren zur Verfügung. Mit der Formulierung, dass die Anordnung der Sicherheitsleistung ohne vorherige Vollstreckungsandrohung im Wege des unmittelbaren Zwanges erfolgen kann, setzt sich das Gesetz über den im Verwaltungsvollstreckungsrecht üblichen Sprachgebrauch hinweg. Normalerweise versteht man unter Anordnung der Sicherheitsleistung gerade nicht die Anwendung von Verwaltungszwang, sondern dessen Voraussetzung, den Verwaltungsakt als Vollstreckungstitel. Gemeint ist mit der Regelung, dass die Sicherheitsleistung vollstreckt werden kann, ohne dass die Vollstreckungsanordnung ihrerseits zuvor durch einen Verwaltungsakt festgesetzt wird (vgl. zum Ganzen *Zeitler,* VBlBW 2001, 297). Das verkürzte Verfahren darf nicht dahin missverstanden werden, dass die Sicherheitsleistung zunächst per Verwaltungsakt festgesetzt worden sein muss. Auch gerade im Hinblick auf die vollstreckungsrechtliche Sonderregelung des § 7a sollte immer geprüft werden, ob die Festsetzung der Sicherheitsleistung mit der Anordnung der sofortigen Vollziehung verbunden wird.

Weil es sich nicht um eine Ermessensentscheidung handelt, muss auch keine **14** Überlegung dazu angestellt werden, ob ein weniger einschneidendes Zwangsmittel zur Verfügung steht (*Linhart/Adolph,* ZfSH/SGB 2005, 403). Als ungeschriebenes Tatbestandsmerkmal soll die Vorschrift voraussetzen, dass Tatsachen für die Annahme sprechen, dass ohne die angeordnete Sicherstellung die Verwirklichung der angeordneten Sicherheitsleistung gefährdet wird (*Hohm,* Schellhorn/Hohm/Scheider, SGB XII, § 7a AsylbLG Rn. 12).

## IV. Prozessuale Fragestellungen

**15**     Richtige Klageart gegen die Sicherstellung ist die Anfechtungsklage. Hierbei ist der Rechtsweg zu den Sozialgerichten eröffnet. Das gilt auch bei Klagen Dritter gegen die Anordnung der Sicherheitsleistung, sofern sie in eigenen Rechten (z.B. Eigentumsrecht) betroffen sind. In einem Prozess des Leistungsberechtigten sind sie beizuladen.

**16**     Eine Klage auf Rückzahlung kann mit der Leistungsklage verfolgt werden, es sei denn, die Behörde weigert sich in einem Ablehnungsbescheid, das sichergestellte Vermögen herauszugeben. Dann ist richtige Klageart die kombinierte Anfechtungs- und Leistungsklage.

**17**     Nur derjenige kann eine Herausgabeklage erheben, dem eine Klagebefugnis zusteht. Das ist die Person, der das sichergestellte Vermögen gehört. Geht ein Dritter mit der Behauptung vor, ihm stehe das Eigentum an dem sichergestellten Vermögen zu, macht er der Sache nach einen Abwehranspruch geltend (VGH BW 2.5.2001 – 4 S 667/01).

**18**     Während der Sicherstellung befindet sich die Sache in einem öffentlich-rechtlichen Sonderverhältnis, keineswegs wird ein Pfandrecht begründet. Ein verwaltungsrechtliches Verwahrungsverhältnis scheidet aus, weil kein entsprechender Zweck, die Sache zu verwahren, vorliegen wird. Damit bleibt ungeklärt, wie, wenn nicht über Art. 34 GG, § 839 BGB, Schadens- oder Ersatzansprüche realisiert werden sollen. Hier ist das AsylbLG absolut lückenhaft geregelt.

**19**     Ist der Leistungsanspruch erloschen, liegen die Voraussetzungen für eine Sicherheitsleistung nicht mehr vor. Der Verwaltungsakt, mit dem die Sicherheitsleistung verfügt worden ist, hat sich dann erledigt und die noch im Besitz der Behörde befindliche Sicherheitsleistung ist herauszugeben (*Herbst,* Mergler/Zink, SGB XII, § 7a Rn. 5).

## § 7b *Erstattung*

[1]*Abweichend von § 50 des Zehnten Buches Sozialgesetzbuch sind 56 vom Hundert der bei der Leistung nach den §§ 2 und 3 berücksichtigten Kosten für Unterkunft, mit Ausnahme der Kosten für Heizungs- und Warmwasserversorgung, nicht zu erstatten.* [2]*Satz 1 gilt nicht im Fall des § 45 Abs. 2 Satz 3 des Zehnten Buches Sozialgesetzbuch oder wenn neben der Leistung nach den §§ 2 und 3 gleichzeitig Wohngeld nach dem Wohngeldgesetz geleistet worden ist oder wenn kein Wohnraum im Sinne des § 2 des Wohngeldgesetzes bewohnt wird.*

*Änderungen der Vorschrift:* § 7b eingef. mWv 1.1.2005 durch G v. 24.12.2003 (BGBl. I S. 2954), Satz 2 geänd. mWv 1.1.2009 durch G v. 24.9.2008 (BGBl. I S. 1856); § 7b aufgeh. mWv 1.1.2017 durch G v. 26.7.2016 (BGBl. I S. 1824).

**1**     Die Vorschrift ist durch das Neunte zur Änderung des Zweiten Buches Sozialgesetzbuch – Rechtsvereinfachung – sowie zur vorübergehenden Aussetzung der Insolvenzantragspflicht vom 26.7.2016 gem. Art. 4 Abs. 2 des Gesetzes **mit Wirkung vom 1.1.2017 aufgehoben** worden. Damit reagiert der Gesetzgeber auf die Änderung des inhaltsgleichen § 40 SGB II (BT-Drs. 18/8041).

**2**     Die Vorschrift geht im Wesentlichen auf das Vierte Gesetz für moderne Dienstleistungen am Arbeitsmarkt vom 24.12.2003 (BGBl. I S. 2954) zurück. Sie wurde zum 1.1.2009 an die Neuregelung des Wohngeldgesetzes redaktionell angepasst. Im Vergleich mit den Wohngeldempfängern bezweckt sie eine partielle Gleichbehandlung von Leistungsberechtigten nach § 1 (*Groth*, jurisPK-SGB XII, § 7b AsylbLG Rn. 6). Die Vorschrift ergänzt § 7 Abs. 1 S. 3. Gleichzeitig stellt sie eine Sonderregelung **3** zu § 50 SGB X dar. Denn abweichend von § 50 SGB X sind lediglich 56 v. H. der bei der Leistung nach § 3 Abs. 1 S. 1 berücksichtigten Kosten für die Unterkunft nicht zu erstatten. Von dieser Regelung nicht betroffen sind die Kosten für Heizung und Warmwasserversorgung. Weitere Ausnahmen werden im Fall des § 45 Abs. 2 S. 3 SGB X oder für den Fall der gleichzeitigen Gewährung von Kosten für die Unterkunft und Wohngeld nach dem Wohngeldgesetz gemacht. Der Bezug auf § 45 Abs. 2 S. 3 SGB X lässt sich damit erklären, dass der dolose Leistungsberechtigte die Vergünstigung dieser Vorschrift nicht in Anspruch nehmen soll. Ansonsten gilt die Vorschrift nur für die Erstattung, nicht jedoch für den Aufhebungsbescheid.

Soweit es um einen Erstattungsanspruch nach § 7 Abs. 1 geht, ist § 7b nicht **4** heranzuziehen, weil er als Sonderregelung eine Ergänzung des § 50 SGB X ist (SG Augsburg 11.3.10 – S 15 AY 3/09).

Der Wortlaut der Vorschrift legt nahe, dass es nicht um den Aufhebungsbescheid, **5** sondern um die Erstattung und ihre Höhe geht.

Satz 2 formuliert die Gegenausnahmen, die sich auf § 45 Abs. 2 S. 3 SGB X bezie- **6** hen. Gleiches gilt, wenn neben der Leistung nach den §§ 2 und 3 gleichzeitig Wohngeld nach dem Wohngeldgesetz geleistet worden ist oder wenn kein Wohnraum im Sinne des § 2 des Wohngeldgesetzes bewohnt wird.

## § 8 Leistungen bei Verpflichtung Dritter

(1) [1]**Leistungen nach diesem Gesetz werden nicht gewährt, soweit der erforderliche Lebensunterhalt anderweitig, insbesondere auf Grund einer Verpflichtung nach § 68 Abs. 1 Satz 1 des Aufenthaltsgesetzes gedeckt wird.** [2]**Besteht eine Verpflichtung nach § 68 Abs. 1 Satz 1 des Aufenthaltsgesetzes, übernimmt die zuständige Behörde die Kosten für Leistungen im Krankheitsfall, bei Behinderung und bei Pflegebedürftigkeit, soweit dies durch Landesrecht vorgesehen ist.**

(2) **Personen, die sechs Monate oder länger eine Verpflichtung nach § 68 Abs. 1 Satz 1 des Aufenthaltsgesetzes gegenüber einer in § 1 Abs. 1 genannten Person erfüllt haben, kann ein monatlicher Zuschuß bis zum Doppelten des Betrages nach § 3 Absatz 1 Satz 8 gewährt werden, wenn außergewöhnliche Umstände in der Person des Verpflichteten den Einsatz öffentlicher Mittel rechtfertigen.**

*Änderungen der Vorschrift: Abs. 1 Sätze 1 und 2 und Abs. 2 geänd. mWv 1.1.2005 durch G v. 30.7.2004 (BGBl. I S. 1950), Abs. 2 geänd. mWv 24.10.2015 durch G v. 20.10.2015 (BGBl. I S. 1722).*

## I. Inhalt der Vorschrift

Durch das AsylverfahrensbeschleunigungsG sind in Abs. 3 redaktionelle Änderun- **1** gen vorgenommen worden. Die Vorschrift betont den **Nachranggrundsatz** des AsylbLG gegenüber Verpflichtungen Dritter. Insofern überlagert und ergänzt sie die Vorschrift des § 7 AsylbLG. Sie verweist auch auf § 68 AufenthG und hebt diese Vorschrift als **besonderen Fall der Subsidiarität** des AsylbLG heraus. Darüber hinaus schränkt sie die Leistungspflicht der Personen, die eine Kostenübernahmeerklärung abgegeben haben, unter bestimmten Umständen ein.

Zwar ist die Vorschrift durch das IntegrationsG nicht geändert worden. Wesentli- **2** che Änderungen haben sich jedoch bei der in Bezug genommenen Vorschrift des

§ 68 AufenthG ergeben. Der Erstattungsanspruch des § 68 Abs. 1 AufenthG ist auf einen Zeitraum von fünf Jahren beschränkt. Der Gesetzgeber (BR-Drs. 266/16) hat sich hierbei davon leiten lassen, den Verpflichtungsgeber vor unabsehbaren finanziellen Belastungen zu schützen. Die Verpflichtungserklärung erlischt vor Ablauf des Zeitraumes von fünf Jahren ab Einreise des Ausländers, nicht durch die Erteilung eines Aufenthaltstitels. Für Altfälle sieht § 68a AufenthG vor, dass § 68 Abs. 1 S. 1 bis 3 AufenthG auch für vor dem 6.8.2016 abgegebene Verpflichtungserklärungen gilt, jedoch mit der Maßgabe, dass an die Stelle des Zeitraums von fünf Jahren ein Zeitraum von drei Jahren tritt. Sofern die Frist am 6.8.2016 bereits abgelaufen ist, endet die Verpflichtung zur Erstattung öffentlicher Mittel mit Ablauf des 31.8.2016.

## II. Verpflichtung Dritter

**3**     Die Vorschrift verwendet den Begriff des **erforderlichen Lebensunterhalts.** Die Verwendung eines derartig weiten Begriffs ist erforderlich, weil nicht nur die notwendigen Leistungen des § 3 AsylbLG, sondern auch die nach §§ 4 bis 6 AsylbLG in den Leistungskanon einbezogenen Regelungen mitumfasst sein sollen (so auch *Hohm,* Schellhorn/Hohm/Scheider, § 8 AsylbLG Rn. 8). Damit ist die Auslegung zweckbezogen. Der erforderliche Lebensunterhalt ist nicht identisch mit dem notwendigen Lebensunterhalt des § 27 SGB XII (*Groth,* jurisPK-SGB XII, § 8 AsylbLG Rn. 14).

**4**     Der Dritte muss nach seinem Einkommen und Vermögen in der Lage sein, seinen Verpflichtungen gegenüber dem Leistungsberechtigten nachzukommen. Zu den Verpflichtungen Dritter gehören Unterhaltsansprüche oder andere Sozialleistungen. Der Hilfesuchende ist verpflichtet, diese Ansprüche zu realisieren. Unterlässt er dies, sind die Leistungen nach dem AsylbLG um die zu realisierbare Leistung zu kürzen. Ansonsten treten die Leistungen nach dem AsylbLG nur zurück, wenn sie dem Hilfebedürftigen tatsächlich zur Verfügung stehen (vgl. auch *Herbst,* Mergler/Zink, SGB XII, § 8 Rn. 5; *Gregarek,* Jahn, SGB II/SGB XII, § 8 Rn. 5; *Hohm,* GK-AsylbLG, § 8 Rn. 17). Zum Grundsatz der Subsidiarität vgl. auch § 2 SGB XII. Reichen die Drittleistungen nicht aus, besteht zumindest ein Anspruch auf ergänzende Leistungen.

**5**     Praktische Probleme treten immer wieder bei einem vorhandenen Kraftfahrzeug auf, das von einem Dritten unentgeltlich zur Verfügung gestellt wird (instruktiv SG Hildesheim, 22.7.2011 – S 42 AY 41/11 ER). Der Leistungsberechtigte hat das Nichtvorhandensein von Einkommen und Vermögen, die vorrangig zur Sicherung seines Lebensunterhalts einzusetzen sind, nachzuweisen. Denn das Nichtvorhandensein eigener Mittel ist gesetzliches Tatbestandsmerkmal für einen Leistungsanspruch nach den Bestimmungen des AsylbLG. Ob ein PKW nur leihweise von einem Dritten zur Verfügung gestellt worden ist, muss auch im Eilverfahren ggf. durch Zeugenbeweis geklärt werden. Dass möglicherweise in der Vergangenheit Mittel vorhanden waren, die die Anschaffung eines PKWs wirtschaftlich ermöglichten, lässt grundsätzlich nicht den Rückschluss auf weiterhin vorhandene verschwiegene Einkünfte zu.

**6**     Durch die nach § 68 AufenthG eingegangene Verpflichtung bindet sich der **Dritte** gegenüber der Verwaltung (ebenso *Groth,* jurisPK-SGB XII, § 8 AsylbLG Rn. 17). Es handelt sich um eine einseitige, schriftlich (§ 68 Abs. 2 AufenthG) abzufassende Willenserklärung, die auslegungsfähig und eventuell auslegungsbedürftig ist. Sie bezieht sich auf den Lebensunterhalt und die Kosten der Unterkunft. Sie endet, wenn sie befristet ist, andernfalls bei Beendigung des Aufenthaltszweckes (BayLSG 12.11.2008 – L 11 B 845/08 AY ER). Sie begründet keinen Anspruch des Hilfesuchenden gegenüber dem Dritten. Deswegen sind die Leistungen nach dem AsylbLG auch in diesem Fall nur nachrangig, wenn sie dem Hilfesuchenden tatsächlich zur

Verfügung stehen. Die **Beweislast** liegt beim Hilfesuchenden (*Hohm*, GK-AsylbLG, § 8 Rn. 25). Insoweit kann auf die Rechtsprechung zum inhaltsgleichen § 84 AuslG verwiesen werden. Aus der Gewährung von Kirchenasyl lässt sich keine Verpflichtung der Kirche zur Bestreitung des Lebensunterhalts ableiten (BayLSG 11.11.2016 – L 8 AY 28/16 B ER).

Die verwaltungsgerichtliche Rechtsprechung (z. B. BVerwG 13.2.2014 – 1 C 4/ **7** 13; zustimmend *Berlit*, jurisPR-BVerwG 11/2014; VGH BW 21.3.2013 – 12 S 1188/12, VBlBW 2013, 348) versteht die Verpflichtung nach § 68 AufenthG gerade im Hinblick auf § 8 AsylbLG in einem sehr weiten Sinn. Eine Verpflichtungserklärung bezieht sich, selbst wenn dies nicht ausdrücklich erwähnt wird, inhaltlich auf alle möglichen Leistungen des SGB XII. Damit ist die Abgabe einer Verpflichtungserklärung mit erheblichen Risiken für den Verpflichtenden verbunden (*Hohm*, Schellhorn/Hohm/Scheider, SGB XII, § 8 AsylbLG Rn. 7.1). Die Verpflichtung entfällt auch dann nicht, wenn dem Hilfesuchenden nachträglich die Flüchtlingseigenschaft zuerkannt wird.

Nach dem BVerwG (24.11.1998 – 1 C 33/97, NVwZ 1999, 779) reicht zur **8** Begründung des Anspruchs eine einseitige, von dem Verpflichtungsgeber zu unterzeichnende Willenserklärung, die gegenüber der Ausländerbehörde oder einer Auslandsvertretung abgegeben wird, aus. Sie muss weder befristet sein noch sich auf einen bestimmten Aufenthaltstitel beziehen. Die Erstattungspflicht kann allerdings nur bei rechtmäßigen Leistungen entstehen (s. auch *Groth*, jurisPK-SGB XII, § 8 AsylbLG Rn. 17.1). Satz 2 sieht eine Pflicht des Leistungsträgers zur Übernahme der Kosten für Leistungen im Krankheitsfall, bei Behinderung und bei Pflegebedürftigkeit vor. Damit ist nach dem AsylbLG im Gegensatz zu den Anwendungsmöglichkeiten des § 68 und § 23 Abs. 1 AufenthG der Umfang der eingegangenen Verpflichtung sachgerecht eingeschränkt. Sie nimmt im Gegensatz zum Aufenthaltsrecht dem Verpflichteten einen erheblichen Teil seines finanziellen Risikos. Denn nach dem AufenthG kann sich die Haftung auch auf die Versorgung im Krankheitsfall und bei Behinderung beziehen. Nach dem AufenthG sind besonders syrische Flüchtlinge betroffen, wenn nach § 23 Abs. 1 AufenthG für ihre Aufnahme eine Verpflichtungserklärung nach § 68 AufenthG verlangt wird (*Bauer*, Bergmann/Dienelt, AuslR, § 68 AufenthG Rn. 5).

## III. Einschränkungen

Abs. 2 der Vorschrift grenzt die durch die Übernahmeerklärung eingegangene **9** Verpflichtung wieder ein, um die private Hilfsbereitschaft zu fördern. Es handelt sich um eine atypische Vorschrift, weil sie dem Dritten einen Anspruch auf Leistungen in dem vom Gesetz vorgesehenen Umfang gibt. Er ist an eine Mindestfrist von sechs Monaten gebunden. Die Einschränkung der Kostenübernahmeerklärung ist ferner von besonderen Umständen abhängig. Sie liegen vor, wenn ausnahmsweise der Einsatz öffentlicher Mittel gerechtfertigt ist (*Birk*, LPK-SGB XII, § 8 AsylbLG Rn. 6; *Herbst*, Mergler/Zink, SGB XII, § 8 Rn. 12; *Adolph*, Linhart/Adolph, § 8 Rn. 27). Beispiel ist eine grundlegende Änderung der Einkommens- und Vermögensverhältnisse des Dritten. Hingegen ist § 8 Abs. 2 keine Auffangvorschrift dafür, dass der Leistungsumfang einen so nicht vorausgesehenen Umfang annimmt (*Groth*, jurisPK-SGB XIII, § 8 AsylbLG Rn. 30).

## IV. Verfahrensrechtliches

Der Erstattungsanspruch nach § 68 AufenthG erwächst aus einem funktionalen **10** Zusammenhang mit der Gewährung eines Aufenthaltstitels. Aus diesem Grund ist eine Streitigkeit über die Erstattung nicht den Sozialgerichten, sondern den Verwaltungsgerichten zugewiesen, wenn die Behörde aus der Verpflichtungserklärung gegen den Verpflichtungsschuldner vorgeht (BSG 26.10.2010 – B 8 AY 1/09 R; s. auch *Hohm*, Schellhorn/Hohm/Scheider, SGB XII, § 8 AsylbLG Rn. 15 f.). Streitigkeiten hingegen, die die Versagung von Leistungen nach dem AsylbLG zum Gegenstand haben, weil sich die Behörde auf § 8 bezieht, werden von den Sozialgerichten entschieden.

## § 8a Meldepflicht

**Leistungsberechtigte, die eine unselbständige oder selbständige Erwerbstätigkeit aufnehmen, haben dies spätestens am dritten Tag nach Aufnahme der Erwerbstätigkeit der zuständigen Behörde zu melden.**

## I. Inhalt der Vorschrift

1    Die Meldepflicht ist eine ausdrückliche Konkretisierung der Mitwirkungsverpflichtung, die jeden trifft, der um öffentliche Leistungen nachsucht. Sie ist eine der vielen Regelungen, die das AsylbLG enthält, um die missbräuchliche Inanspruchnahme von Leistungen zu verhindern. Die Vorgängervorschrift des § 8 AsylbLG enthielt noch eine Meldepflicht des Arbeitgebers. Diese ist weggefallen.

## II. Meldepflicht

2    Die Vorschrift richtet sich an den nach dem AsylbLG Berechtigten, also auch an den Analogberechtigten. Adressat der Meldung ist die zuständige Behörde. Ihrem Zweck nach soll sie die möglichst zeitnahe Berücksichtigung von Einkommen sicherstellen (*Groth*, jurisPK-SGB XII, § 8a AsylbLG Rn. 6). Insofern sind § 8a und § 7 aufeinander bezogen.

3    Die Meldung kann formlos erfolgen, da gesetzliche Formvorschriften nicht vorgeschrieben sind. Zur Definition der Erwerbstätigkeit, die im AsylbLG nicht umschrieben ist, wird auf die DVAuslG zurückgegriffen.

4    Nicht hierzu zählen nach dieser Definition die Arbeitsgelegenheiten i. S. v. § 5 Abs. 1 und 5 AsylbLG.

5    Die Meldepflicht beginnt mit dem Tag der Aufnahme der Erwerbstätigkeit, sie endet mit dem Leistungsbezug. Die Meldefrist beträgt längstens drei Tage. Die Fristberechnung beginnt mit dem ersten Tag der Arbeitsaufnahme.

## § 9 Verhältnis zu anderen Vorschriften

(1) **Leistungsberechtigte erhalten keine Leistungen nach dem Zwölften Buch Sozialgesetzbuch oder vergleichbaren Landesgesetzen.**

(2) **Leistungen anderer, besonders Unterhaltspflichtiger, der Träger von Sozialleistungen oder der Länder im Rahmen ihrer Pflicht nach § 44 Abs. 1 des Asylgesetzes werden durch dieses Gesetz nicht berührt.**

(3) **Die §§ 60 bis 67 des Ersten Buches Sozialgesetzbuch über die Mitwirkung des Leistungsberechtigten sind entsprechend anzuwenden. Als Mitwirkung im Sinn des § 60 Absatz 1 des Ersten Buches Sozialgesetzbuch gilt auch, dass Personen, die Leistungen nach diesem Gesetz als Leistungsberechtigte nach § 1 Absatz 1 Nummer 1, 2, 4, 5 oder 7 beantragen oder beziehen, auf Verlangen der zuständigen Leistungsbehörde die Abnahme**

ihrer Fingerabdrücke zu dulden haben, wenn dies nach § 11 Absatz 3a zur Prüfung ihrer Identität erforderlich ist.

(4) ¹Folgende Bestimmungen des Zehnten Buches Sozialgesetzbuch sind entsprechend anzuwenden:
1. die §§ 44 bis 50 über die Rücknahme, den Widerruf und die Aufhebung eines Verwaltungsakts sowie über die Erstattung zu Unrecht erbrachter Leistungen,
2. der § 99 über die Auskunftspflicht von Angehörigen, Unterhaltspflichtigen oder sonstigen Personen und
3. die §§ 102 bis 114 über Erstattungsansprüche der Leistungsträger untereinander.
²§ 44 des Zehnten Buches Sozialgesetzbuch gilt jedoch nur mit der Maßgabe, dass
1. rechtswidrige nicht begünstigende Verwaltungsakte nach den Absätzen 1 und 2 nicht später als vier Jahre nach Ablauf des Jahres, in dem der Verwaltungsakt bekanntgegeben wurde, zurückzunehmen sind; ausreichend ist, wenn die Rücknahme innerhalb dieses Zeitraums beantragt wird,
2. anstelle des Zeitraums von vier Jahren nach Absatz 4 Satz 1 ein Zeitraum von einem Jahr tritt.

(5) Die §§ 117 und 118 des Zwölften Buches Sozialgesetzbuch sowie die auf Grund des § 120 Abs. 1 des Zwölften Buches Sozialgesetzbuch oder des § 117 des Bundessozialhilfegesetzes erlassenen Rechtsverordnungen sind entsprechend anzuwenden.

*Änderungen der Vorschrift: Abs. 1 geänd., Abs. 4 neu gef. mWv 1.1.2005 durch G v. 27.12.2003 (BGBl. I S. 3022), Abs. 3 eingef., bish. Abs. 3 wird Abs. 4 und neu gef., bish. Abs. 4 wird Abs. 5 mWv 1.3.2015 durch G v. 10.12.2014 (BGBl. I S. 2187), Abs. 2 geänd. mWv 24.10.2015 durch G v. 20.10.2015 (BGBl. I S. 1722), Abs. 4 Satz 2 neu gef. mWv 1.8.2016 durch G v. 26.7.2016 (BGBl. I S. 1824), Abs. 5 geänd. durch G v. 31.7.2016 (BGBl. I S. 1939).*

## Übersicht

# I. Sozialhilfeleistungen (Abs. 1)

## 1. Textgeschichte

Seit ihrem Inkrafttreten ist die Vorschrift mehrfach geändert worden. Mit Gesetz **1** zur Änderung des Asylbewerberleistungsgesetzes und des Sozialgerichtsgesetzes vom 10.12.2014 (BGBl. I S. 2187) ist § 9 um verfahrensrechtliche Bestimmungen ergänzt worden. In Abs. 3 ist die entsprechende Anwendung der §§ 60 bis 67 SGB I über die Mitwirkung des Leistungsberechtigten aufgenommen worden. Abs. 4 betrifft die Rücknahme, den Widerruf und die Aufhebung eines Leistungsbescheides und die daraus folgende Erstattung zu Unrecht bezogener Leistungen. Abs. 4 Nr. 2 betrifft Auskunftspflichten von Angehörigen, Unterhaltspflichtigen oder sonstigen Personen, Nr. 3 die Erstattungsansprüche nach §§ 102 bis 114.

2    Die Regelung hatte durch das AsylverfahrensbeschleunigungsG vom 20.10.2015 lediglich eine redaktionelle Angleichung erfahren. Gleiches lässt sich auch für das IntegrationsG sagen. Die redaktionelle Angleichung im AsylverfahrensbeschleunigungsG korrespondiert mit § 23 Abs. 2 SGB XII und hebt die Selbstverständlichkeit hervor, dass Leistungen nach dem AsylbLG keine solchen des SGB XII sind.

2a   Die letzte Änderung des Gesetzes ist durch G vom 17.7.2017 vorgenommen worden. Gem. Art. 31 Abs. 5 tritt die Änderung des AsylbLG an dem Tag in Kraft, an dem das Bundesministerium für Arbeit und Soziales im Bundesgesetzblatt bekannt gibt, dass nach entsprechender Feststellung des Bundesministeriums des Innern die technischen Voraussetzungen der Ausstattung für die nach § 10 des Asylbewerberleistungsgesetzes zuständigen Behörden mit Geräten zur Überprüfung der Identität mittels Fingerabdruckdaten geschaffen sind.

## 2. Inhalt der Norm

3    Die Ziele des AsylbLG und des SGB XII sind nur ansatzweise vergleichbar. Die gemeinsame Basis ist zwar die Hilfe durch staatliche **Transferleistungen,** der Unterschied ergibt sich aber in den abgesenkten Leistungen des § 1a und der „Regelleistung" des § 3. Die Vorschrift macht auch deutlich, dass das AsylbLG ein **in sich geschlossenes Leistungssystem** ist (*Groth,* jurisPK-SGB XII, § 9 AsylbLG Rn. 13). Nur in den Analogleistungen gibt es eine Vergleichbarkeit zwischen den Regelleistungen des SGB XII und des AsylbLG.

4    § 9 Abs. 1 schließt Leistungen nach dem SGB XII aus und korrespondiert mit § 23 Abs. 2 SGB XII. Sozialhilfe umfasst die Hilfe zum Lebensunterhalt, die Leistungen der Grundsicherung im Alter und bei Erwerbsminderung, die Hilfe zur Gesundheit, die Eingliederungshilfe, die Hilfe zur Pflege und die Hilfe in anderen Lebenslagen.

5    Leistungsberechtigte sind die in § 1 genannten Personen. Deshalb gehören auch die Analogberechtigten dazu. Auf sie ist das SGB XII entsprechend anzuwenden, was aber nicht bedeutet, dass die bezogenen Leistungen ihren asylbewerberleistungsrechtlichen Grund verlieren (*Groth,* jurisPK-SGB XII, § 9 AsylbLG Rn. 17).

6    **Landesgesetze** sind solche, die nach ihrer Zweckrichtung dem SGB XII ähneln (*Groth,* jurisPK-SGB XII, § 9 AsylbLG Rn. 20). Angenommen wird dies auch für die Landesblindengesetze und die Landespflegegesetze, obwohl ein über das SGB XII hinausgehender Leistungsanspruch besteht (*Hohm,* Schellhorn/Hohm/Scheider, § 9 AsylbLG Rn. 5.1; *Groth,* jurisPK-SGB XII, § 9 AsylbLG Rn. 21.1).

## II. Leistungen anderer (Abs. 2)

7    Der Absatz regelt die Gesetzeskonkurrenz zu vorrangigen Leistungen, von denen einige enumerativ aufgezählt werden. Die angeführten Beispiele lassen darüber hinaus den Schluss zu, dass sie beispielhaft und nicht abschließend benannt sind. Zum Vorrang der Leistungen des SGB VIII für unbegleitet einreisende, minderjährige Asylsuchende, vgl. OVG NRW 27.8.1998 – 16 A 3477/97; BayLSG 21.5.2015 – L 8 SO 316/14 B ER: kein Ausschluss von Leistungen nach dem SGB VIII). Reichen die vorrangigen Leistungen nicht aus, muss durch die Leistungen des AsylbLG aufgestockt werden. Vorrangige Leistungen können auch Leistungen der gesetzlichen Unfallversicherung sowie andere Sozialversicherungsleistungen sein (*Groth,* jurisPK-SGB XII, § 9 AsylbLG Rn. 29).

Die Bezugnahme auf § 44 AsylG hat den Sinn, dass die Verpflichtung der Länder 8
zur Unterbringung von Asylbewerbern nicht dadurch unterlaufen wird, dass auf
Leistungen nach dem AsylbLG verwiesen wird.

Zu den Leistungen Unterhaltspflichtiger gehören die Unterhaltsplicht von Ehe- 9
gatten oder eingetragenen Lebenspartnern, die von Verwandten in gerader Linie
und gegenüber nichtehelichen Kindern.

## III. Entsprechende Anwendung von Vorschriften des SGB I (Abs. 3)

Die Regelungen der §§ 60 ff. SGB I sollen eine Lücke schließen, um einen Leis- 10
tungsmissbrauch zu verhindern. Die entstandene Lücke lässt sich nur mit der Entstehungsgeschichte des Gesetzes erklären. Mit der Ausgliederung des AsylbLG aus
dem BSHG waren die Vorschriften des SGB I und SGB X nicht mehr unmittelbar
anwendbar. Es bedarf aber einer gesetzlichen Regelung, um die Verletzung von
Mitwirkungsobliegenheiten sanktionieren zu können. Bei der Vorschrift handelt es
sich um eine **dynamische Verweisung**, die die **Amtsermittlung** der zuständigen
Leistungsbehörde ergänzend unterstützt. Kommt derjenige, der Leistungen nach
dem AsylbLG beantragt, seinen Mitwirkungspflichten nicht nach und wird hierdurch die Aufklärung des Sachverhalts erheblich erschwert, kann ihm der Leistungsträger ohne weitere Ermittlungen die Leistung bis zur Nachholung der Mitwirkung
ganz oder teilweise entziehen (§ 66 Abs. 1 SGB I). Die Vorschrift fordert eine Ermessensentscheidung und dass die Aufklärung des Sachverhalts erheblich erschwert wird.
Nicht erheblich erschwert ist die Ermittlung eines Sachverhalts, die ohne Mehraufwand von dem Leistungsträger selbst geleistet werden kann. Erschwert ist die Sachverhaltsermittlung, wenn nur der Leistungsberechtigte zur Aufklärung in der Lage
ist oder der Behörde ein beträchtlichen Mehraufwand entsteht.

Mit der Neufassung der Vorschrift durch das Gesetz zur Änderung des Asylbewer- 11
berleistungsgesetzes und des Sozialgerichtsgesetzes vom 10.12.2014 hat der Gesetzgeber die verfehlte Verortung in § 7 Abs. 4 aufgegeben und formal neu geregelt.
Durch den Verweis auf die §§ 60 bis 67 SGB I werden die Mitwirkungspflichten in
die Vorschrift des § 9 integriert (BT-Drs. 18/2592). In der Sache sind im Verhältnis
zum bisherigen Recht damit keine inhaltlichen Veränderungen verbunden. Nach
dem Willen des Gesetzgebers wird lediglich klargestellt, dass die Regelungen über
die Mitwirkung nach dem SGB I für das gesamte AsylbLG Anwendung finden,
wobei die Obliegenheit zur Mitwirkung alle für die Ermittlung des Leistungsanspruchs maßgeblichen Umstände betrifft.

Zutreffend wird darauf hingewiesen, dass §§ 60, 66 SGB I auf die Voraussetzung 12
der Leistungsgewährung wie Bedarf oder Einkommen zu beschränken ist (vgl.
*Hohm*, AsylbLG, § 7 Rn. 137), nicht jedoch, ob der Betreffende unter einem richtigen oder einem Aliasnamen Leistungen beantragt. Damit ist der Anwendungsbereich
der §§ 60 ff. SGB I erheblich eingeschränkt. Die Täuschung über die Identität hat
durch das IntegrationsG eine Regelung in § 1a Abs. 5 Nr. 4 erfahren. Weitere Mitwirkungspflichten sind in Abs. 5 Nr. 1 bis 3 aufgeführt. Systematisch handelt es sich
um Sondervorschriften, die die fehlende Mitwirkung z.B. bei der Beschaffung von
Unterlagen zur Identitätsklärung mit Leistungseinschränkungen sanktionieren. Die
Mitwirkungspflichten der §§ 60 ff. SGB I gelten bei einer fehlenden Initiative zur
Ausreise oder zur Passbeschaffung nicht (*Schmidt*, jurisPK-SGB X, § 7 AsylbLG
Rn. 63). Beides löst schon nach § 1a Einschränkungen der Leistungen aus. Sie stellen
materielle Leistungseinschränkungen dar und betreffen keine Mitwirkungsobliegen-
heiten i. S. d. §§ 60 ff. SGB I. Der Leistungsberechtigte kann also mit Hilfe des § 60
SGB I nicht zur Passbeschaffung oder Ausreise angehalten werden.

**13**  Von der Vorschrift des § 66 SGB I kann erst dann Gebrauch gemacht werden, wenn der Leistungsberechtigte auf die Folgen der fehlenden Mitwirkung hingewiesen worden ist (LSG BW 25.8.2005 – L 7 AY 3 115 /05 ER-B). Die Belehrung muss nach der Rechtslage nicht in einer fremden Sprache abgefasst sein, dem Leistungsberechtigten muss aber deutlich gemacht werden, welche Mitwirkung, die immer konkret bezeichnet sein muss, von ihm verlangt wird. In der Praxis bleibt deswegen nur die Möglichkeit, die Belehrung nicht nur in Deutsch, sondern auch in der fremden Muttersprache zu verfassen. Ansonsten wird es in einem gerichtlichen Verfahren schwierig zu verdeutlichen, dass an die leistungsberechtigte Person eine für sie verständliche Belehrung erfolgt ist.

**14**  Die Mitwirkungsobliegenheiten treffen alle Leistungsberechtigten. Dazu gehören auch alle Familienangehörigen (vgl. § 7). Sie alle haben an der Ermittlung der leistungserheblichen Tatsachen mitzuwirken.

**15**  Die in der Praxis häufig auftretenden Defizite bei der Identitätsfeststellung oder -täuschung versucht der Gesetzgeber mit dem in Abs. 3 angefügten Satz 2 zu beheben. Dort wird der Begriff der Mitwirkung, wie er normalerweise in § 60 SGB I verstanden wird, durch eine gesetzliche Definition erweitert. Mit der Änderung des AsylbLG soll der Koalitionsbeschluss zur Einführung eines Fingerabdruck-Scans zur Aufdeckung von Sozialleistungsbetrug umgesetzt werden (BT-Drs.18/61211, S. 2). Auf diese Weise soll Sozialbetrug unterbunden werden (BT-Drs. 18/12611, S. 72). Systematisch ist Abs. 3 S. 2 eine Folgeänderung des § 11 Abs. 3a und hätte dorthin gehört.

**16**  Die Mitwirkung bei der Identitätsfeststellung richtet sich an Leistungsberechtigte nach § 1 Abs. 1 Nr. 1, 2, 4, 5 und 7. Darunter fallen die Asylantragsteller, die eine Aufenthaltsgestattung nach dem AsylG besitzen (Nr. 1), die über einen Flughafen eingereisten Personen (Nr. 2), diejenigen, denen eine Duldung nach § 60a AufenthG erteilt worden ist (Nr. 4) oder Personen, die vollziehbar ausreisepflichtig sind (Nr. 5), und diejenigen, die einen Asylfolgeantrag oder einen Zweitantrag gestellt haben (Nr. 7).

**17**  Die Vorschrift ist in einen größeren Bezug zum AufenthG zu stellen. Nach § 49 AufenthG dürfen die mit dem Vollzug des AufenthG betrauten Behörden unter den Voraussetzungen des § 48 Abs. 1 AufenthG die auf dem elektronischen Speicher- und Verarbeitungsmedium eines Dokuments nach § 48 Abs. 1 Nr. 1 und 2 AufenthG gespeicherten biometrischen und sonstigen Daten auslesen, die benötigten biometrischen Daten beim Inhaber des Dokuments erheben und die biometrischen Daten miteinander vergleichen. Darüber hinaus sind auch alle anderen Behörden, an die Daten aus dem Ausländerzentralregister nach den §§ 15 bis 20 des AZR-Gesetzes übermittelt werden, und die Meldebehörden befugt, Maßnahmen nach Satz 1 zu treffen, soweit sie die Echtheit des Dokuments oder die Identität des Inhabers überprüfen dürfen. Biometrische Daten nach Satz 1 sind nur die Fingerabdrücke und das Lichtbild.

## IV. Verweis auf das SGB X (Abs. 4)

**18**  Nr. 1 regelt nunmehr die entsprechende Anwendung der §§ 44 bis 50 SGB X. Die ausdrückliche Aufnahme dieser Vorschriften in das AsylbLG verdeutlicht, dass dieses Gesetz nicht zum formellen Sozialrecht gehört. Es ist nicht im Katalog der Leistungsarten des SGB I aufgeführt. Da es aber materielles Sozialrecht ist, erklärt der Gesetzgeber bestimmte Normen des Sozialverfahrensrechts für entsprechend anwendbar. Auch bei der Kostenentscheidung im Vorverfahren zeigt sich, dass das SGB I und das SGB X nicht generell anwendbar sind. Die Kostenentscheidung wird nach § 80 VwVfG und nicht nach § 63 SGB X getroffen (LSG NRW 14.2014 – L 20 AY 70/13 B).

Mit der in das AsylbLG aufgenommenen Regelung des § 44 SGB X existiert **19** schon vom Wortlaut her ein nicht zu widerlegendes Argument, dass auch für die Vergangenheit Leistungen zu gewähren sind, soweit die Voraussetzungen des § 44 SGB X erfüllt sind (BSG 17.6.2008 – B 8 AY 5/07 R mit Anm. *Schaer,* jurisPR-SozR 26/2006 Anm. 6; zum SGB XII s. jetzt BSG 29.9.2009 – B 8 SO 16/08 R; LSG Hmb 1.9.2016 – L 4 AY 1/15; *Groth,* jurisPK-SGB XII, § 9 Rn. 33 eher restriktiv für Analogleistungen; LSG Bln-Bbg 16.9.2009 – L 23 AY 8/09 B PKH; vgl. zum Ganzen auch *Wahrendorf,* Festschrift für Schnapp, S. 581). Bei der praktischen Anwendung des § 44 SGB X stellt sich weniger die Frage, ob Analogberechtigte oder nach § 3 AsylbLG Berechtigte für die Vergangenheit Leistungen erhalten können. Mit der Bezugnahme im AsylbLG auf die Regelung des § 44 SGB X ist normativ geklärt, dass es auch Leistungen für die Vergangenheit geben kann. Das eigentliche Problem liegt eher in der Bestimmung, welche Leistungen der Asylbewerberleistungsberechtigte erhalten kann. Grundsätzlich ist zu berücksichtigen, dass die Leistungen nach dem AsylbLG ebenso wie die Sozialhilfe nur der Behebung einer gegenwärtigen Notlage dienen. Infolgedessen sind sie für zurückliegende Zeiten nur dann zu erbringen, wenn die Leistungen ihren Zweck noch erfüllen könnten, was nur der Fall ist, wenn die Bedürftigkeit ununterbrochen fortbesteht. Maßgeblicher Zeitpunkt für die Prüfung der ununterbrochen fortbestehenden Bedürftigkeit ist derjenige der letzten mündlichen Verhandlung in der Tatsacheninstanz. Gleichzeitig sind aber auch die Besonderheiten des Leistungsanspruchs zu beachten.

In der Praxis hat sich die Übung herausgebildet, die aus den Regelleistungen nur **20** die Bedarfe berücksichtigen will, die noch aktualitätsbezogen sind. Dem kann so nicht gefolgt werden. Können Einmalleistungen nicht mehr nachgeholt werden oder haben sich die Wohnverhältnisse inzwischen geändert, kann die Leistung nach dem AsylbLG ihren Zweck im Nachhinein nicht mehr erfüllen und eine Bewilligung kann nicht mehr erfolgen (vgl. BSG 29.9.2009 – B 8 SO 16/08 R, NVwZ-RR 2010, 362). Ansonsten hat der Gesetzgeber mit den pauschalierten Regelsätzen den Bedarf normativ festgesetzt, der nur dann entfallen sein kann, wenn er durch Leistungen Dritter in Form von Geschenken substituiert ist und damit eine Bedarfsdeckung eingetreten ist, oder der Bedarf durch inzwischen erworbenes Einkommen oder Vermögen selbst gedeckt werden kann.

Das LSG Nds-Brem (4.9.2014 – L 8 AY 70/12) argumentiert, dass § 44 SGB X **21** nur der materiellen Gerechtigkeit zu Gunsten der leistungsberechtigten Person auf Kosten der Bindungswirkung von zu ihren Ungunsten ergangenen Verwaltungsakten dient. Das Gebot der materiellen Gerechtigkeit verlange unter sozialhilferechtlichen Aspekten gerade nicht, einer früher einmal hilfebedürftigen Person eine Leistung zu gewähren, die sie nicht mehr benötigt. Hierin sieht *Groth* (jurisPK-SGB XII, § 9 AsylbLG Rn. 38.2) eine Distanzierungstendenz zur höchstrichterlichen Rechtsprechung. In dieser Rspr. taucht vielmehr der frühere, von den Verwaltungsgerichten vertretende Grundsatz „Keine Sozialhilfe für die Vergangenheit" in einem neuen Gewand wieder auf.

In seiner Entscheidung zu § 3 AsylbLG hat das BVerfG (18.7.2012 – 1 BvL 10/ **22** 10 ua, NVwZ 2012, 1024) aus Art. 1 GG und Art. 20 GG Übergangsregelungen abgeleitet. Eine Rückwirkung der Übergangsregelung ist danach hinsichtlich nicht bestandskräftiger Bescheide für Leistungszeiträume ab dem 1.1.2011 vertretbar. Mit Geltung ab diesem Datum liegt mit dem Regelbedarfs-Ermittlungsgesetz eine durch den Gesetzgeber vorgenommene und wertende Bestimmung der Höhe von Leistungen zur Sicherung des menschenwürdigen Existenzminimums vor. Für Leistungszeiträume vor 2011 können Hilfebedürftige demgegenüber nicht deshalb höhere Leistungen erhalten, weil die gesetzlichen Vorschriften über die Höhe der Grundleistungen mit dem Grundgesetz unvereinbar sind. Die nach § 9 Abs. 4 grundsätzlich vorgegebene entsprechende Anwendung des § 44 SGB X hat das BVerfG für Zeiträume bis Ende Juli 2012 ausgeschlossen. Sind jedoch Bescheide über Grundleistungen wegen der Verfassungswidrigkeit des § 3 für einen Zeitraum ab dem 1.1.2011 noch nicht bestandskräftig geworden, haben die Betroffenen Anspruch auf nach der Übergangsregelung berechnete Leistungen. Im Überprüfungsverfahren sind die nach § 3 erhaltenen Leistungen mit den Analogleistungen zu vergleichen und der Differenzbetrag auszugleichen. Das BSG (26.6.2013 – B 7 AY 3/12 R, BeckRS 2013, 72505) hat keinen Anlass gesehen, für den Zeitraum vor 2011 Leistungen auszugleichen, die nach der Entscheidung des BVerfG rechtswidrig vorenthalten worden sind, wenn die Bedürftigkeit weggefallen war.

23 Für Analogleistungsberechtigte, die Leistungen nach § 3 bezogen haben, ist ein Vergleich mit den Leistungen, die bei rechtmäßiger Gewährung zu bewilligen gewesen wären, und den tatsächlich gewährten Leistungen anzustellen. Die nach § 3 gewährten Einmalleistungen sind auf den gesamten Bewilligungszeitraum zu verteilen (BSG 9.6.2011 – B 8 AY 1/10 R, NVwZ-RR 2012, 204), wobei hier wohl hauptsächlich praktische Gründe für eine solche Handhabung sprechen.

24 Wie im Referentenentwurf vorgesehen wurde dem § 9 Abs. 4 folgender Satz 2 Nr. 2 angefügt: „§ 44 Abs. 4 S. 1 SGB X gilt mit der Maßgabe, dass anstelle des Zeitraums von vier Jahren ein Zeitraum von einem Jahr tritt." Die Rechtsprechung des BSG (26.6.2013 – B 7 AY 6/12 R) hatte sich bisher mit der analogen Heranziehung des § 116a SGB XII, in dem bereits eine Jahresfrist geregelt ist, geholfen. Mit der jetzigen Fassung sollen rückwirkend geltend zu machende Ansprüche begrenzt und auf eine klare gesetzliche, nicht durch Richterrecht festgelegte Grundlage gestellt werden.

25 § 9 Abs. 4 S. 1 Nr. 2 betrifft nunmehr die Auskunftspflicht von Angehörigen, Unterhaltspflichtigen oder sonstigen Personen (§ 99 SGB X). Die Vorschrift ist erforderlich, weil die steuerfinanzierten Leistungen des AsylbLG einkommens- und vermögensabhängig sind. Zu den Unterhaltsansprüchen gehören die gesetzlichen oder vertraglichen Ansprüche.

26 Der Verhinderung des Leistungsmissbrauchs dient der Verweis auf die Vorschrift des § 99 SGB X. Zur Auskunft verpflichtet sind danach Angehörige, Unterhaltspflichtige und sonstige Personen. Grenzen ergeben sich, wenn für die auskunftspflichtige Person die Gefahr besteht, wegen einer Straftat oder Ordnungswidrigkeit bestraft zu werden.

27 Für entsprechend anwendbar erklärt (§ 9 Abs. 4 S. 1 Nr. 3) sind die Vorschriften der §§ 102 bis 114 SGB X, die im Einzelnen **Erstattungsansprüche** regeln. Bedeutung haben die Vorschriften vor allem im Fall des § 11 Abs. 2. Erbringt der an sich unzuständige Leistungsträger nach § 11 Abs. 2 eine Reisebeihilfe zum Ort, an dem sich der Leistungsberechtigte aufhalten müsste, kann er gegen den eigentlichen Leistungsträger keinen Erstattungsanspruch geltend machen, weil es sich um endgültige und nicht um vorläufige Leistungen handelt.

28 Ist bei der Berechnung von Leistungen nach dem AsylbLG steuerrechtliches Kindergeld als Einkommen angerechnet worden und wird die Bewilligung von Kindergeld später rückwirkend aufgehoben und das Kindergeld zurückgefordert, so kann der Leistungsberechtigte vom Leistungsträger nach dem AsylbLG keine Freistellung von dieser Rückforderung verlangen, weil die Erstattungsvorschriften weder direkt noch analog anzuwenden sind. Zu diesem Ergebnis gelangt die Rspr. für zu Unrecht bezogenes Kindergeld, das der Leistungsträger seiner Berechnung zugrunde gelegt hatte (LSG NRW 17.12.2012 – L 20 AY 14/12).

29 Einem Erstattungsanspruch kann nach der Rechtsprechung des OVG NRW (5.12.2001 – 12 A 3537/99) der Grundsatz von Treu und Glauben entgegenstehen, wenn ein Leistungsträger leistet, obwohl er seine Unzuständigkeit zum Ausdruck gebracht hat.

30 Wird ein Erstattungsanspruch geltend gemacht, ist die Vorschrift des § 111 SGB X zu beachten. Danach ist ein Erstattungsanspruch ausgeschlossen, wenn er nicht spä-

testens zwölf Monate nach Ablauf des letzten Tages, für den die Leistung erbracht worden ist, geltend gemacht wird. Dabei ist unter „Geltendmachen" nicht die vorsorgliche Anmeldung zu verstehen, sondern das Erstattungsbegehren muss derart deutlich zum Ausdruck gebracht werden, dass der Adressat des Ansinnens ohne weitere Ermittlungen beurteilen kann, ob die erhobene Forderung ausgeschlossen ist (SG Düsseldorf 8.5.2007 – S 23 AY 8/06). In ihren Folgen nicht akzeptabel ist die Rechtsprechung des BSG (28.2.2008 – B 1 KR 13/07 R, BeckRS 2009, 50883) für Leistungsträger. Das BSG verlangt, dass der um Erstattung ersuchte Leistungsträger die Leistung noch erbringen könnte (entschieden für eine Unterbringung im Krankenhaus).

## V. Auskunftsanspruch und Datenabgleich (Abs. 5)

Mit der Inbezugnahme auf § 117 SGB XII soll den Trägern der Leistungen nach **31** dem AsylbLG durch die dortigen Auskunftspflichten die Prüfung der Voraussetzungen für die Gewährung von Leistungen nach diesem Gesetz, insbesondere die Prüfung der Hilfebedürftigkeit, erleichtert werden. Die Verschleierung von einzusetzendem Einkommen und Vermögen durch die Leistungsberechtigten soll mit den neu eingeführten Auskunftspflichten und den daraus gewonnenen Informationen zugleich erschwert werden (BR-Drs. 266/16). Der neu eingefügte Satz 2 in § 9 Abs. 3 verfolgt ausschließlich das Ziel einer Identitätsfeststellung.

Bei § 117 SGB XII handelt es sich um eine eigenständige Sonderregelung, die **32** den §§ 60 ff. SGB I, auf die Abs. 3 ebenfalls Bezug nimmt, vorgeht, weil der Leistungsberechtigte nicht Adressat der Regelung ist. Überschneidungen gibt es insofern, als beide darauf abzielen, unberechtigte Leistungen zu verhindern. § 117 SGB XII spricht aber Dritte an, die nach § 60 SGB I nicht zur Auskunft verpflichtet sind. Die Regelung hilft dem Leistungsträger auch bei der Erfüllung seiner Pflicht zur Amtsermittlung (*Wahrendorf*, Grube/Wahrendorf, SGB XII, § 117 Rn. 1).

Verfahrensrechtlich bildet § 117 SGB XII auch die Vorstufe zur Verwirklichung **33** von Rückgriffsregelungen. Wie im SGB XII konkurriert die Vorschrift mit dem bürgerlich-rechtlichen Auskunftsanspruch gegen den Unterhaltspflichtigen.

Der Auskunftsanspruch steht unter dem Vorbehalt, dass die in das Wissen des **34** Dritten gestellten Tatsachen für die Leistungsgewährung erheblich sind. Die Vorschrift ermächtigte den Leistungsträger, die Auskunft durch Verwaltungsakt durchzusetzen mit den Möglichkeiten der Vollstreckung. Es kommt dabei auf die Bestimmtheit des Auskunftsverlangens an. Der Leistungsträger hat dem Auskunftspflichtigen einen genauen Fragenkatalog vorzulegen.

Auskunftpflichtig sind die in § 117 SGB XII Genannten. Im Fall der Unterhalts- **35** pflicht kommt es wie bei der Überleitung nicht darauf an, ob die Unterhaltspflicht tatsächlich besteht, sondern es reicht schon aus, dass eine Unterhaltspflicht nicht auszuschließen ist (Negativevidenz).

Der pauschale Bezug auf § 117 SGB XII betrifft auch die Regelung des § 39 **36** SGB XII. Lebt eine nachfragende Person mit anderen Person in einer Wohnung oder in einer entsprechenden anderen Unterkunft, so wird vermutet, dass sie gemeinsam wirtschaften (Haushaltsgemeinschaft). Das AsylbLG kennt die Haushaltsgemeinschaft nicht, der Einsatz von Einkommen und Vermögen, über das verfügt wird, wird auch von den Familienangehörigen, mit denen die Leistungsberechtigte im selben Haushalt lebt, erwartet (§ 7 Abs. 1). Insofern ist der Verweis auf § 39 SGB XII für das AsylbLG obsolet.

Durch den Verweis auf § 118 SGB XII kann der Leistungsträger Personen, die **37** Leistungen nach dem AsylbLG beziehen, auch regelmäßig im Wege des automatisierten Datenabgleichs überprüfen. Es kann überprüft werden, ob und in welcher Höhe und für welche Zeiträume Leistungen von der Bundesagentur für Arbeit bezogen werden oder wurden, ob sich Zeiten des Leistungsbezuges mit Zeiten einer Versicherungspflicht oder Zeiten einer geringfügigen Beschäftigung überschneiden und ob Daten an das Bundeszentralamt übermittelt worden sind. § 117 Abs. 1 Nr. 4 SGB XII hat im AsylbLG wohl eher keine Bedeutung. Da § 117 SGB XII noch mit dem informationellen Selbstbestimmungsrecht vereinbar sein soll (*Streichsbier*, Grube/Wahrendorf, SGB XII, § 117 Rn. 2), bleibt nur die Hoffnung auf eine möglichst restriktive Handhabung der Norm. Zur anzuwendenden Rechtsverordnung s. BGBl. 2003 I S. 3022.

## § 10 Bestimmungen durch Landesregierungen

¹**Die Landesregierungen oder die von ihnen beauftragten obersten Landesbehörden bestimmen die für die Durchführung dieses Gesetzes zuständigen Behörden und Kostenträger und können Näheres zum Verfahren festlegen, soweit dies nicht durch Landesgesetz geregelt ist.** ²**Die bestimmten zuständigen Behörden und Kostenträger können auf Grund näherer Bestimmung gemäß Satz 1 Aufgaben und Kostenträgerschaft auf andere Behörden übertragen.**

1    S. 1 der Vorschrift ermächtigt zur Delegation. Hierbei wird dem Gesetzgeber ein weiter Gestaltungsspielraum eingeräumt. Die Vorschrift ermächtigt zur Bestimmung der für die Durchführung des AsylbLG zuständigen Behörden und zu Verfahrensregelungen. S. 2 der Vorschrift stellt eine Subdelegation in das Ermessen des Erstdelegators.

## § 10a Örtliche Zuständigkeit

(1) ¹**Für die Leistungen nach diesem Gesetz örtlich zuständig ist die nach § 10 bestimmte Behörde, in deren Bereich der Leistungsberechtigte nach dem Asylgesetz oder Aufenthaltsgesetz verteilt oder zugewiesen worden ist oder für deren Bereich für den Leistungsberechtigten eine Wohnsitzauflage besteht.** ²**Ist der Leistungsberechtigte von einer Vereinbarung nach § 45 Absatz 2 des Asylgesetzes betroffen, so ist die Behörde zuständig, in deren Bereich die nach § 46 Absatz 2a des Asylgesetzes für seine Aufnahme zuständige Aufnahmeeinrichtung liegt.** ³**Im übrigen ist die Behörde zuständig, in deren Bereich sich der Leistungsberechtigte tatsächlich aufhält.** ⁴**Diese Zuständigkeit bleibt bis zur Beendigung der Leistung auch dann bestehen, wenn die Leistung von der zuständigen Behörde außerhalb ihres Bereichs sichergestellt wird.**

(2) ¹**Für die Leistungen in Einrichtungen, die der Krankenbehandlung oder anderen Maßnahmen nach diesem Gesetz dienen, ist die Behörde örtlich zuständig, in deren Bereich der Leistungsberechtigte seinen gewöhnlichen Aufenthalt im Zeitpunkt der Aufnahme hat oder in den zwei Monaten vor der Aufnahme zuletzt gehabt hat.** ²**War bei Einsetzen der Leistung der Leistungsberechtigte aus einer Einrichtung im Sinne des Satzes 1 in eine andere Einrichtung oder von dort in weitere Einrichtungen übergetreten oder tritt nach Leistungsbeginn ein solcher Fall ein, ist der gewöhnliche Aufenthalt, der für die erste Einrichtung maßgebend war, entscheidend.** ³**Steht nicht spätestens innerhalb von vier Wochen fest, ob und wo der gewöhnliche Aufenthalt nach den Sätzen 1 und 2 begründet worden ist, oder liegt ein Eilfall vor, hat die nach Absatz 1 zuständige Behörde über die Leistung unverzüglich zu entscheiden und vorläufig einzutreten.** ⁴**Die Sätze 1 bis 3 gelten auch für Leistungen an Personen, die**

sich in Einrichtungen zum Vollzug richterlich angeordneter Freiheitsentziehung aufhalten oder aufgehalten haben.

(3) [1]Als gewöhnlicher Aufenthalt im Sinne dieses Gesetzes gilt der Ort,
an dem sich jemand unter Umständen aufhält, die erkennen lassen, daß er
an diesem Ort oder in diesem Gebiet nicht nur vorübergehend verweilt.
[2]Als gewöhnlicher Aufenthalt ist auch von Beginn an ein zeitlich zusam-
menhängender Aufenthalt von mindestens sechs Monaten Dauer anzusehen; kurzfristige Unterbrechungen bleiben unberücksichtigt. [3]Satz 2 gilt
nicht, wenn der Aufenthalt ausschließlich zum Zweck des Besuchs, der
Erholung, der Kur oder ähnlichen privaten Zwecken erfolgt und nicht länger als ein Jahr dauert. [4]Ist jemand nach Absatz 1 Satz 1 nach dem Asylgesetz oder nach dem Aufenthaltsgesetz verteilt oder zugewiesen worden oder
besteht für ihn eine Wohnsitzauflage für einen bestimmten Bereich, so gilt
dieser Bereich als sein gewöhnlicher Aufenthalt. [5]Wurde eine Vereinbarung
nach § 45 Absatz 2 des Asylgesetzes getroffen, so gilt der Bereich als
gewöhnlicher Aufenthalt des Leistungsberechtigten, in dem die nach § 46
Absatz 2a des Asylgesetzes für seine Aufnahme zuständige Aufnahmeeinrichtung liegt. [6]Für ein neugeborenes Kind ist der gewöhnliche Aufenthalt
der Mutter maßgeblich.

*Änderungen der Vorschrift: Abs. 1 Satz 1 neu gef., Satz 2 eingef., bish. Sätze 2 und
3 werden Sätze 3 und 4, Abs. 3 Satz 4 neu gef., Satz 5 eingef., bish. Satz 5 wird Satz 6
mWv 24.10.2015 durch G v. 20.10.2015 (BGBl. I S. 1722).*

*Gesetzesmaterialien: BT-Drs. 18/6185*

*Gemäß § 10a Absatz 1 Satz 1 Halbsatz 1 ist für die Leistungen nach diesem Gesetz
zukünftig die nach § 10 bestimmte Behörde örtlich zuständig, in deren Bereich der Leistungsberechtigte verteilt oder zugewiesen wurde oder für deren Bereich für ihn eine Wohnsitzauflage
besteht.*

*Die Neuregelung berücksichtigt die Regelungsänderungen durch das Gesetz zur Verbesse-
rung der Rechtsstellung von asylsuchenden und geduldeten Ausländern (Artikel 2 des Gesetzes
vom 23.12.2014, BGBl. I S. 2439) im AsylG und AufenthG, die zum 1. Januar 2015
in Kraft getreten sind. Danach wird der gewöhnliche Aufenthaltsort eines Ausländers im
AsylG und im AufenthG zukünftig durch das Instrument der Verteilungs- und Zuweisungsentscheidung sowie durch das Instrument der Wohnsitzauflage im AsylG und AufenthG
festgelegt, um eine gerechte Verteilung der Sozialkosten innerhalb des Bundesgebiets zu
gewährleisten. Entsprechend muss auch die Regelung der örtlichen Zuständigkeit für die
Leistungen nach dem AsylbLG zukünftig an diese asyl- und ausländerrechtlichen Regelungen
anknüpfen.*

*Im AsylG bestimmt eine vom Bundesministerium des Innern bestimmte zentrale Vertei-
lungsstelle die für Asylbewerber zuständige Erstaufnahmeeinrichtung (§ 46 AsylG). Wenn
ein Asylbewerber nicht mehr verpflichtet ist, in einer Erstaufnahmeeinrichtung eines Bundeslandes zu wohnen, wird er einer Ausländerbehörde dieses Bundeslands zugewiesen, in der er
Wohnsitz zu nehmen hat (§ 50 Absatz 4 AsylG). Wird einem Asylbewerber eine Wohnsitzauflage erteilt, wird diese in der Regel mit der Zuweisungsentscheidung verbunden und steht
daher mit dieser im Einklang (§ 50 Absatz 4 AsylG).*

*Für Ausländer, die nicht dem AsylG unterfallen, bestimmt sich die örtliche Zuständigkeit
entweder nach einer Verteilungsentscheidung (§ 15a AufenthG) oder, wenn der Lebensunterhalt nicht gesichert ist, nach der Wohnsitzauflage (§ 61 Absatz 1d AufenthG). Gemäß
§ 61 Absatz 1d AufenthG ist Ort der Wohnsitzauflage, soweit die Ausländerbehörde nichts
Anderes angeordnet hat, der Wohnort, an dem der Ausländer zum Zeitpunkt der Entscheidung
über die vorübergehende Aussetzung der Abschiebung gewohnt hat.*

*§ 10a Absatz 1 Satz 2 ist eine Folgeregelung zu der in § 45 Absatz 2 des Asylgesetzes neugeschaffenen Möglichkeit, Asylbegehrende auf der Basis von Vereinbarungen abweichend von der in § 45 Absatz 1 des Asylgesetzes geregelten Aufnahmequote außerhalb der jeweiligen Landesgrenzen unterzubringen. Bei Vorliegen einer solchen Vereinbarung richtet sich die örtliche Zuständigkeit nach dem Sitz der nach § 46 Absatz 2a des Asylgesetzes zuständigen Aufnahmeeinrichtung. Da deren Zuständigkeit erst mit der tatsächlichen Aufnahme des betroffenen Ausländers entsteht, gilt dies auch für die örtliche Zuständigkeit der Behörde nach § 10, in deren Bereich die Aufnahmeeinrichtung liegt. Bis zur Aufnahme des Ausländers in die in der Vereinbarung bestimmte Aufnahmeeinrichtung bestimmt sich die örtliche Zuständigkeit weiterhin nach der Verteilentscheidung der vom Bundesministerium des Innern bestimmten zentralen Verteilstelle (§ 10a Absatz 1 Satz 1 Halbsatz 1).*

*Die Neuregelung in § 10a Absatz 3 Satz 4 trägt der Neubestimmung des gewöhnlichen Aufenthaltsorts im Asylgesetz (§ 60 AsylG) und Aufenthaltsgesetz (§ 61 Absatz 1d AufenthG) Rechnung. Die Neuregelung in § 10a Absatz 3 Satz 5 ist eine Folgeregelung zu dem neu geschaffenen § 10a Absatz 1 Satz 2 und stellt klar, dass der Sitz der nach § 46 Absatz 2a des Asylgesetzes zuständigen Aufnahmeeinrichtung auch für die Bestimmung des gewöhnlichen Aufenthalts des betroffenen Ausländers maßgeblich sein soll.*

## Übersicht

## I. Inhalt der Norm

**1**    Die Vorschrift ist § 97 BSHG nachgebildet (*Scheider*, Schellhorn/Hohm/Scheider, SGB XII, § 10a AsylbLG Rn. 1). Sie regelt die örtliche Zuständigkeit, auch für die Analogberechtigten (so auch *Herbst*, Mergler/Zink, SGB XII, § 10a Rn. 2; *Scheider*, Schellhorn/Hohm/Scheider, SGB XII, § 10a AsylbLG Rn. 1). In der Praxis der Leistungsgewährung hatte sich erwiesen, dass in den Fällen, in denen der Leistungsberechtigte sich im Zuständigkeitsbereich einer anderen Behörde aufhielt, Unklarheiten bei der Bestimmung der örtlichen Zuständigkeit auftraten. Es stellte sich immer wieder die Frage, welche Behörde zur Leistung verpflichtet war. Mit der Vorschrift ist eine **bundeseinheitliche Regelung** getroffen worden. Sie wird durch §§ 10, 10b und 11 Abs. 2 ergänzt. Mit der Neuregelung reagiert der Gesetzgeber auf die Änderungen des Gesetzes zur Verbesserung der Rechtstellung von asylsuchenden und geduldeten Ausländern vom 23.12.2014 (BGBl. I S. 2439). In Abs. 1 S. 1 wird die örtliche Zuständigkeit für die Leistungsberechtigten bestimmt, die dem Verteilungs- oder Zuweisungsverfahren unterliegen, Abs. 1 S. 3 ist eine Auffangvorschrift und Abs. 2 bestimmt die örtlich Zuständigkeit bei einem Aufenthalt in Einrichtungen. Abs. 3 definiert den gewöhnlichen Aufenthalt.

## II. Örtliche Zuständigkeit (Abs. 1 S. 1)

### 1. Verteilung

Die Regelung ist ein wichtiges Instrument, um eine **unkontrollierte Wohnsitz-** 2
**nahme** oder einen tatsächlichen Aufenthalt zu steuern. Der Gesetzgeber hat sich
von folgenden Erwägungen leiten lassen (BT-Drs. 18/6185): Es wird auf die Änderungen des AufenthG und des AsylG reagiert. Gemäß § 10a Abs. 1 S. 1 Hs. 1 ist für
die Leistungen zukünftig die nach § 10 bestimmte Behörde örtlich zuständig, in
deren Bereich der Leistungsberechtigte verteilt oder zugewiesen wurde oder für
deren Bereich für ihn eine Wohnsitzauflage besteht. Nach dem AufenthG und dem
AsylG wird der gewöhnliche Aufenthaltsort eines Ausländers im AsylG und im
AufenthG zukünftig durch das Instrument der Verteilungs- und Zuweisungsentscheidung sowie durch das Instrument der Wohnsitzauflage im AsylG und AufenthG
festgelegt, um eine gerechte Verteilung der Sozialkosten innerhalb des Bundesgebiets
zu gewährleisten (s. Abs. 3).

Die Vorschrift unterscheidet bei der Bestimmung der örtlichen Zuständigkeit 3
zwischen den Ausländern, für die ein Verteilungsverfahren (§§ 46, 22 AsylG, § 15a
AufenthG), ein landesweites Zuweisungsverfahren (§ 50 AsylG) oder eine Wohnsitzauflage existiert (Satz 1) und Ausländern, die von einer Vereinbarung nach § 45
Abs. 2 AsylG betroffen sind (Satz 2).

§ 46 Abs. 1 AsylG bestimmt, dass für die Aufnahme eines Ausländers, bei dem 4
die Voraussetzungen des § 30a Abs. 1 AsylG vorliegen, die besondere Aufnahmeeinrichtung (§ 5 AsylG) zuständig ist, die über einen freien Unterbringungsplatz im
Rahmen der Quote nach § 45 AsylG verfügt und bei der die ihr zugeordnete Außenstelle des Bundesamtes Asylanträge aus dem Herkunftsland dieses Ausländers bearbeitet. Im Übrigen ist die Aufnahmeeinrichtung zuständig, bei der der Ausländer sich
gemeldet hat, wenn sie über einen freien Unterbringungsplatz im Rahmen der
Verteilquote verfügt und die ihr zugeordnete Außenstelle des Bundesamtes Asylanträge aus dem Herkunftsland bearbeitet. Liegen diese Voraussetzungen nicht vor, ist
die nach § 46 Abs. 2 AsylG bestimmte Aufnahmeeinrichtung für die Aufnahme des
Ausländers zuständig. Ein Ausländer, der bei einer Außenstelle des Bundesamtes
einen Asylantrag zu stellen hat, hat sich in einer Aufnahmeeinrichtung persönlich
zu melden. Diese nimmt ihn auf und leitet ihn an die für die Aufnahme zuständige
Aufnahmeeinrichtung weiter (§ 22 AsylG). § 15a AufenthG betrifft die Verteilung
unerlaubt eingereister Ausländer.

Für die Ausländer des Verteilungsverfahrens ist die Behörde, für deren Bereich 5
sie zugewiesen worden sind, örtlich zuständig (S. 1). Von einer Verteilung betroffen
sind Asylsuchende, aber auch zugewiesene Kriegs- und Bürgerkriegsflüchtlinge (§ 24
AufenthG).

Die Bestimmung der **örtlichen Zuständigkeit** ist nach dem eindeutigen Wort- 6
laut von einer Entscheidung der **Verteilungsbehörde** abhängig. Die Verteilungsentscheidung ist ein VA. Für Asylbewerber geschieht dies durch die Weiterleitungs-
verfügung nach § 22 Abs. 1 AsylG und die landesinterne Zuweisungsentscheidung
nach § 50 AsylG

Die Vorschrift des § 10a Abs. 1 S. 1 legt den wirksamen, selbst noch nicht unan- 7
fechtbar gewordenen **Verteilungsentscheidungen** Tatbestandswirkung zu (ebenso
*Groth*, jurisPK-SGB XII, § 10a AsylbLG Rn. 18; LSG NRW 12.1.2006 – L 20 B
11/05 ER, BeckRS 2006, 42363). Der Leistungsträger hat die Entscheidung der
nach dem AsylG oder dem AufenthG sachlich zuständigen Behörden ohne eigene
Prüfung zu übernehmen. Die Zuweisungsentscheidung wird mit ihrer **Bekannt-**
**gabe** für den Betroffenen und die Behörden **wirksam.** Hierbei sind die verschärften
Zustellungsvorschriften des § 10 Abs. 4 AsylG zu beachten. Der Ausländer hat während der Dauer des Asylverfahrens vorzusorgen, dass ihn Mitteilungen des Bundes-

amtes, der zuständigen Ausländerbehörde und der angerufenen Gerichte stets erreichen können; insbesondere hat er jeden Wechsel seiner Anschrift den genannten
Stellen unverzüglich anzuzeigen. Der Ausländer muss Zustellungen und formlose
Mitteilungen unter der letzten Anschrift, die der jeweiligen Stelle aufgrund seines
Asylantrags oder seiner Mitteilung bekannt ist, gegen sich gelten lassen, wenn er für
das Verfahren weder einen Bevollmächtigten bestellt noch einen Empfangsberechtig-
ten benannt hat oder an diese nicht zugestellt werden kann. Das Gleiche gilt, wenn
die letzte bekannte Anschrift, unter der der Ausländer wohnt oder zu wohnen
verpflichtet ist, durch eine öffentliche Stelle mitgeteilt worden ist. Der Ausländer
muss Zustellungen und formlose Mitteilungen anderer als der in Abs. 1 bezeichneten
öffentlichen Stellen unter der Anschrift gegen sich gelten lassen, unter der er nach
den Sätzen 1 und 2 Zustellungen und formlose Mitteilungen des Bundesamtes gegen
sich gelten lassen muss. Kann die Sendung dem Ausländer nicht zugestellt werden,
so gilt die Zustellung mit der Aufgabe zur Post als bewirkt, selbst wenn die Sendung
als unzustellbar zurückkommt. In einer Aufnahmeeinrichtung muss diese die Zustellungen und formlosen Mitteilungen an die Ausländer, die nach Maßgabe des Abs. 2
Zustellungen und formlose Mitteilungen unter der Anschrift der Aufnahmeeinrichtung gegen sich gelten lassen müssen, vornehmen. Postausgabe- und Postverteilungs-
zeiten sind für jeden Werktag durch Aushang bekannt zu machen. Der Ausländer
hat sicherzustellen, dass ihm Posteingänge während der Postausgabe- und Postverte-
lungszeiten in der Aufnahmeeinrichtung ausgehändigt werden können. Zustellungen und formlose Mitteilungen sind mit der Aushändigung an den Ausländer
bewirkt; im Übrigen gelten sie am dritten Tag nach Übergabe an die Aufnahmeeinrichtung als bewirkt. Ohne Beiziehen der asylverfahrensrechtlichen Akte lässt sich
in der Regel die Wirksamkeit der Bekanntgabe kaum feststellen.

**8**     Mit der Zuweisungs- oder Verteilungsentscheidung ist die örtliche Zuständigkeit
nach § 10a Abs. 1 S. 1 begründet. Keine Verteilungsentscheidung ist die gesetzliche
Zuständigkeit nach § 46 Abs. 1 AsylG. Dann bestimmt sich die örtliche Zuständigkeit nach § 10a Abs. 1 S. 3 oder § 10a Abs. 3 (s. dazu auch BSG 20.12.2012 – B 7
AY 5/11 R, BeckRS 2013, 66505).

**9**     Da die örtliche Zuständigkeit nach dem AsylbLG von der Wirksamkeit der Verteilungsentscheidung abhängt, endet die örtliche Zuständigkeit, wenn die Verteilungsentscheidung aufgehoben oder widerrufen ist oder sich in anderer Weise erledigt
(vgl. auch LSG BW 1.8.2006 – L 7 AY 3106/06 ER–B, BeckRS 2009, 62916; LSG
NRW 30.1.2006 – L 20 (1) B 2/05 AY ER; *Groth*, jurisPK-SGB XII, § 10a AsylbLG
Rn. 20). Die Erledigung kann sich aus dem Unterbringungsbescheid selbst ergeben,
wenn erkennbar wird, dass die Verteilungsentscheidung mit der Erteilung einer
beschränkt erteilten Duldung erlöschen soll.

**10**     In **anderer Weise erledigen** kann sich die Verteilungsentscheidung bei Beendigung des Aufenthaltes in der Bundesrepublik oder durch Änderung des die Anwendung des AsylbLG ausschließenden Aufenthaltsstatus. Wann jedoch eine Erledigung
eingetreten ist, ist umstritten (vgl. *Groth*, jurisPK-SGB XII, § 10a AsylbLG Rn. 21;
s. auch *Scheider*, Schellhorn/Hohm/Scheider, SGB XII, § 10a AsylbLG Rn. 8.1).

**11**     Eine Erledigung ist anzunehmen, wenn das Asylverfahren oder das Asylfolgeverfahren rechtskräftig abgeschlossen worden ist und dem Betreffenden ein asylverfahrensrechtlich unabhängiger Aufenthaltstitel erteilt wird (LSG NRW 12.1.2006 – L
20 B 11/05 AY ER; zustimmend *Adolph*, Linhart/Adolph, SGB XII, § 10a AsylbLG
Rn. 12; *Gregarek*, Jahn, SGB II/SGB XII, § 10a AsylbLG Rn. 9; a. A. *Groth*,
jurisPK-SGB XII, § 10a AsylbLG Rn. 21; LSG Bln-Bbg 12.5.2010 – L 15 AY 4/
12 B ER unter Hinweis auf § 56 Abs. 3 AsylG aF). Werden Ausländer nach Abschluss
des Asylverfahrens geduldet, richtet sich die Zuständigkeit nicht nach S. 1, sondern
nach S. 3 (s. auch SG Hildesheim 3.9.2012 – S 42 AY 13/09; s. auch Rn. 9).

**12**     Für weitere Verfahren ist zwischen einem **Zweitantrag** und einem oder weiteren
**Folgeanträgen** zu unterscheiden. Wenn nach einem abgelehnten Erstantrag ein

oder mehrere Folgeanträge gestellt werden, und noch keine neue Aufenthaltsgestaltung erfolgt ist, bleibt es bei der durch die erste Verteilungs- und Zuweisungsentscheidung begründete Zuständigkeit (*Herbst*, Mergler/Zink, SGB XII, § 10a AsylbLG Rn. 11).

Bei einem Zweitantrag finden gemäß § 71a AsylG die Verteilungs- und Zuweisungsvorschriften Anwendung, sodass es bei der Regelung des Satzes 1 bleibt (so **13** auch *Herbst*, Mergler/Zink, SGB XII, § 10a AsylbLG Rn. 10).

Bei einem abgelehnten, ausreisepflichtigen Asylbewerber ist die Zuweisungsent- **14** scheidung noch wirksam. Sein Aufenthalt ist räumlich auf das Gebiet des Landes beschränkt (§ 61 Abs. 1 S. 1 AufenthG). Die räumliche Beschränkung erlischt gem. § 61b AufenthG, wenn sich der Ausländer seit drei Monaten erlaubt, geduldet oder gestattet im Bundesgebiet aufhält.

Ob abgelehnte Asylbewerber, die geduldet werden, noch strikt an die asylverfah- **15** rensrechtliche Zuweisungsentscheidung gebunden sind und sich die örtliche Zuständigkeit weiterhin nach § 10a Abs. 1 S. 1 richtet, wird unterschiedlich beurteilt. Die gleiche Frage stellt sich, wenn sich Leistungsberechtigte unerlaubt außerhalb des Bereichs ihrer Zuweisung aufhalten. Die Beantwortung hängt davon ab, ob unter tatsächlichem Aufenthalt nur der erlaubte zu verstehen ist. Während der HessVGH (24.2.2000 – 1 TG 651/00) die Auffassung vertritt, § 10a Abs. 1 S. 1 komme nicht mehr zur Anwendung, wird in der Literatur (*Deibel*, ZAR 1998, 35) darauf hingewiesen, dass die erteilte Duldung die Wirksamkeit der Zuweisungs- oder Verteilungsentscheidung nicht beende. Der in der Literatur vertretenen Auffassung kann nicht gefolgt werden. Durch die Erteilung einer ausländerrechtlichen Duldung wird die asylverfahrensrechtliche Zuweisungsentscheidung gegenstandslos, sodass S. 1 nicht mehr die örtliche Zuständigkeit bestimmen kann (vgl. BVerwG 31.3.1992 – 9 C 155/90, NVwZ 1993, 276; OVG NRW 18.4.1989 – 19 B 585/89, NVwZ-RR 1990, 330; LSG NRW 12.1.2006 – L 20 B 11/05 AY ER; LSG BW 1.8.2006 – L 7 AY 3106/06 ER-B). Mit der Erteilung der Duldung wird dem Ausländer ein asylverfahrensrechtlich unabhängiger Aufenthalt ermöglicht. Deshalb ist es gerechtfertigt, die Zuweisungsentscheidung in den Fällen, in denen der Ausländer sich nach der Beendigung des Asylverfahrens rechtmäßig weiter in der Bundesrepublik aufhalten darf, auf das Asylverfahren zu beschränken. Und auch in dem Fall, in dem die Ausländerbehörde mit Billigung der zuständigen Ausländerbehörde sich an einem bestimmten Ort aufhält, bestimmt sich die Zuständigkeit nach dem tatsächlichen Aufenthaltsort.

## 2. Wohnsitzauflage

Neben der Verteilung und Zuweisung nach dem AsylbLG oder dem AufenthG **16** hängt die örtliche Zuständigkeit von der Wohnsitzauflage des § 60 Abs. 1 S. 1 AsylG bzw. § 61 Abs. 1d AufenthG ab. Wohnsitzauflagen sind nach § 61 Abs. 1d AufenthG und § 60 Abs. 1 AsylG möglich.

Ein vollziehbar ausreisepflichtiger Ausländer, dessen Lebensunterhalt nicht gesi- **17** chert ist, ist verpflichtet, an einem bestimmten Ort seinen gewöhnlichen Aufenthalt zu nehmen – Wohnsitzauflage – (§ 61 Abs. 1d AufenthG). Vergleichbar bestimmt § 60 Abs. 1 AsylG, dass ein Ausländer, der nicht oder nicht mehr verpflichtet ist, in einer Aufnahmeeinrichtung zu wohnen, und dessen Lebensunterhalt nicht gesichert ist (§ 2 Abs. 3 AufenthG), verpflichtet wird, an dem in der Verteilungsentscheidung nach § 50 Abs. 4 AsylG genannten Ort seinen gewöhnlichen Aufenthalt zu nehmen. Auf diese Weise soll eine gerechte Verteilung der Sozialkosten erreicht werden (*Bergmann*, Bergmann/Dienelt, AuslR, § 60 AsylG Rn. 2). Nach § 2 Abs. 3 AufenthG gilt der Lebensunterhalt eines Ausländers als gesichert, wenn er ihn einschließlich des Krankenversicherungsschutzes ohne Inanspruchnahme öffentlicher Mittel bestreiten kann. Der Lebensunterhalt ist bereits dann nicht gesichert, wenn aufstockende öffentliche Leistungen in Anspruch genommen werden (*Dienelt*, Berg-mann/Dienelt, AuslR, § 2 AufenthG Rn. 22).

## 3. Vereinbarung

**18**    Bei einer den Leistungsberechtigten betreffenden Vereinbarung nach § 45 Abs. 2 AsylG bestimmt sich die örtliche Zuständigkeit für die zu erbringenden Leistungen nach dem Ort der Aufnahmeeinrichtung.

## III. Zuständigkeit nach Abs. 1 S. 3

**19**    Satz 3 bildet eine Auffangzuständigkeit. Es kommt dabei auf den tatsächlichen Aufenthaltsort an. Das kann z.b. dann der Fall sein, wenn noch keine Verteilungsent-scheidung stattgefunden hat.

**20**    Auslegungsschwierigkeiten ergeben sich auch daraus, dass die örtliche Zuständig-keit in § 10a Abs. 1 S. 2 vom tatsächlichen Aufenthaltsort des Leistungsberechtigten ebenso abhängt wie in § 11 Abs. 2. Bei einem unerlaubten Aufenthalt außerhalb des Zuweisungsbereiches muss eine Konkordanz beider Vorschriften gefunden werden (s. auch *Deibel*, Deibel/Hohm, AsylbLG aktuell, § 10a Rn. 9). Viel spricht für die Lösung des LSG NRW (23.3.2012 – L 20 AY 7/12 B ER, BeckRS 2012, 68257), wonach die örtliche Zuständigkeit nach § 10a Abs. 1 S. 1 ruht, bis der Leistungsbe-rechtigte in den ihm zugewiesenen Bereich zurückkehrt (a. A. LSG Nds-Brem 20.2.2014 – L 8 AY 98/13 B ER, BeckRS 2014, 67758). Im Ergebnis dürften sich die Meinungsverschiedenheiten nicht entscheidend auswirken. Unzweifelhaft hat die Behörde, in dessen Zuständigkeitsbereich sich ein Leistungsberechtigter rechts-widrig aufhält, die Pflicht, diesem die nach den Umständen unabweisbare Hilfe zu gewähren. Auch wenn in § 11 Abs. 2 nur der Umfang der Leistungen geregelt sein sollte, setzt sie denknotwendig die Zuständigkeit der Behörde des Aufenthaltsortes voraus. Wegen der Sonderstellung des § 11 Abs. 2 ist es nicht erforderlich, die örtli-che Zuständigkeit aus § 11 Abs. 1 S. 2 abzuleiten. Solange sich ein Leistungsberech-tigter rechtswidrig nicht im Zuständigkeitsbereich der an sich leistungsberechtigten Behörde aufhält – dafür spricht auch S. 4 –, hat diese auch die sonstigen Leistungen zu erbringen, weil sie grundsätzlich zuständig geblieben ist. Ansonsten würde die Vorschrift des § 11 Abs. 2 konterkariert.

**21**    S. 3 der Vorschrift erfasst die sonstigen Leistungsberechtigten, für die das Prinzip des tatsächlichen Aufenthaltsortes gilt (zu diesem Begriff s. § 98 SGB XII). Es reicht die körperliche Anwesenheit aus. Die Anwendung auf diese Personengruppe setzt keinen asyl- oder ausländerrechtlich erlaubten Aufenthalt voraus (ebenso *Groth*, jurisPK-SGB XII, § 10a AsylbLG Rn. 24). Ansonsten könnte die Vorschrift ihre Funktion als Auffangtatbestand nicht erfüllen (a. A. *Deibel*, ZAR 1998, 35). Sie trifft auf den leistungsberechtigten Personenkreis der Flughafenregelung, auf die Personen, die im Besitz einer Aufenthaltserlaubnis nach § 23 AufenthG oder im Besitz einer Duldung nach § 60a AufenthG sind, zu. Für in Deutschland geborene Ausländer gilt die Vorschrift des Satzes 3 ebenfalls.

## IV. Fortdauer (Abs. 1 S. 4)

**22**    S. 4 trifft Regelungen über die Fortdauer der durch die S. 1 und 2 begründeten örtlichen Zuständigkeit. Die Zuständigkeit bleibt bis zur Beendigung der Leistung auch dann bestehen, wenn die Leistung von der zuständigen Behörde außerhalb ihres Bereiches sichergestellt wird. Ein solcher Fall kann eintreten, wenn der Asylsu-chende den räumlichen Geltungsbereich seiner Aufenthaltsgestattung erlaubt verlas-sen darf.

## V. Sonderregelungen für Leistungen in Einrichtungen (Abs. 2)

Die Vorschrift knüpft an den Begriff der **Einrichtung** an (s. § 13 SGB XII). **23** Nicht darunter fallen Gemeinschaftsunterkünfte, weil sie lediglich zu Wohnzwecken bereitgestellt worden sind. Der in diesem Absatz S. 3 bestimmte vorläufige Leistungseintritt ist seiner systematischen Stellung nach allein auf die Leistungen in Einrichtungen bezogen und kann nicht verallgemeinert werden.

Vom Wortsinn des Satzes 1 her scheiden ambulante Behandlungen in einem Kran- **24** kenhaus aus (*Herbst*, Mergler/Zink, SGB XII, § 10a AsylbLG Rn. 37). Es bleibt bei der Zuständigkeitsregelung des Abs. 1. Mit der stationären Aufnahme (Zeitpunkt der Aufnahme) konkretisiert sich die örtliche Zuständigkeit. Maßgeblich ist die faktische Aufnahme.

Mit dem Merkmal „Einrichtung, die anderen Maßnahmen nach dem AsylbLG **25** dienen" findet sich ein auslegungsbedürftiger Begriff in Abs. 2, der nicht näher definiert ist. Darunter sind stationäre Hilfen zur Pflege nach § 6 oder solche nach § 4 Abs. 2 zu verstehen. Entscheidend ist immer, ob eine Leistung nach dem AsylbLG gewährt wird (zustimmend *Groth*, jurisPK-SGB XII, § 10a AsylbLG Rn. 31). Bei der Aufnahme in ein Frauenhaus kann Hilfe nach § 6 zu erbringen sein. Die Unterbringung in einem Frauenhaus ist damit eine solche in einer Einrichtung. Denn diese dienen – anders als Gemeinschaftsunterkünfte nach § 53 AsylbLG – nicht nur der Gewährung einer Unterkunft zu gemeinschaftlichen Wohnzwecken. Sie bieten den von häuslicher und sexueller Gewalt betroffenen Frauen und ihren Kindern anonymen Schutz vor weiteren Angriffen und Gefährdungen und leisten zudem Betreuung und Beratung der dort aufgenommenen Personen (vgl. *Scheider* Schellhorn/Hohm/Scheider, SGB XII, § 10a AsylbLG Rn. 10.1; LSG NRW 23.6.2016 – L 20 AY 38/16 B ER, BeckRS 2016, 69998). Grundsätzlich geht es hier **nicht** um eine **Auffangvorschrift**, die sämtliche, einem Berechtigten möglicherweise zugutekommende Leistungen abdecken will.

Bei einem **Übertritt** in eine andere oder weitere Einrichtung ist Satz 3 heranzu- **26** ziehen. Es soll der für die erste Einrichtung maßgebliche gewöhnliche Aufenthalt für die Festlegung der örtlichen Zuständigkeit bestimmend sein. Wie bei § 98 SGB XII muss der nahtlose Übergang von einer Einrichtung in die andere die Kriterien erfüllen, dass kein wesentlicher Zwischenaufenthalt zwischen den Wechseln liegt, der Wechsel bewusst und gewollt vorgenommen wird und die Einrichtungen gleichartig sind (so auch *Herbst*, Mergler/Zink, SGB XII, § 10a AsylbLG Rn. 42; *Scheider*, Schellhorn/Hohm/Scheider, SGB XII, § 10a AsylbLG Rn. 12).

Die Eilfallregelung des Satzes 3 ist für die Fälle vorgesehen, in denen objektiv ein **27** weiteres Zuwarten nicht möglich ist, weil ein konkreter, zu deckender Bedarf zu befriedigen ist und weil die örtliche Zuständigkeit nicht geklärt ist. Dem Sinn und Zweck der Vorschrift folgend gelte die Vierwochenfrist vor.

Liegen die beiden Tatbestandsalternativen in der einen oder anderen Weise vor, **28** ist die nach § 10a Abs. 1 AsylbLG zuständige Behörde zur unverzüglichen Leistung verpflichtet.

Satz 4 gilt uneingeschränkt für alle Einrichtungen zum Vollzug richterlich ange- **29** ordneter Freiheitsentziehung, wie z. B. Untersuchungs- und Strafhaft, Abschiebungshaft, Vollzug von Maßregeln zur Besserung und Sicherung oder die Unterbringung psychisch Kranker und Suchtkranker.

## VI. Legaldefinition des gewöhnlichen Aufenthaltsortes (Abs. 3)

Der gewöhnliche Aufenthaltsort ist im Gesetz legal definiert. Die in der Vorschrift **30** genannten Kriterien müssen objektiv vorliegen. Im Gesetzestext kommt dies in der

Formulierung „von den Umständen, die erkennen lassen, dass sich der Ausländer nicht nur vorübergehend an einem Ort aufhält", zum Ausdruck. Satz 4 der Vorschrift ergänzt die Bestimmung der örtlichen Zuständigkeit nach S. 1 des ersten Absatzes. Es wird fingiert, dass der gewöhnliche Aufenthalt eines verteilten oder zugewiesenen Ausländers der Ort der Verteilung oder Zuweisung ist. Damit ist der Anwendungsbereich des Satzes 1 der Vorschrift eingeschränkt. Einen gewöhnlichen Aufenthalt nach Satz 1 können nur die Ausländer haben, die keinen Asylantrag gestellt haben.

**31**     Dieser Personenkreis darf sich nicht nur vorübergehend an einem bestimmten Ort aufhalten. Daraus folgt, dass der Aufenthalt auf eine gewisse Dauer angelegt sein muss. Missverstanden wäre Satz 2 der Vorschrift, wenn daraus auf einen Mindestaufenthalt von sechs Monaten geschlossen würde.

**32**     Kurzfristige Unterbrechungen bleiben unberücksichtigt. Davon kann ausgegangen werden, wenn der Gesamteindruck eines zusammenhängenden Aufenthalts bestehen bleibt, also bei stundenweiser Abwesenheit und auch noch bei nur wenigen Tagen (*Groth*, jurisPK–SGB XII, § 10a AsylbLG Rn. 59). Besuchs- oder Krankenhausaufenthalte schließen die Begründung eines gewöhnlichen Aufenthalts nicht aus (*Adolph,* Linhart/Adolph, AsylbLG, § 10a Rn. 58).

## VII. Prozessuale Fragen

**33**     Nach dem zum 1.8.2006 in Kraft getretenen Gesetz zur Fortentwicklung der Grundsicherung für Arbeitsuchende vom 20.7.2006 (BGBl. I S. 1706), wonach gemäß § 75 Abs. 2 SGG auch ein Träger der Sozialhilfe beigeladen und gemäß § 75 Abs. 5 SGG verurteilt werden kann, ist diese Vorschrift nach der jetzigen Gesetzesfassung auf Träger nach dem AsylbLG anzuwenden.

**§ 10b Kostenerstattung zwischen den Leistungsträgern**

(1) **Die nach § 10a Abs. 2 Satz 1 zuständige Behörde hat der Behörde, die nach § 10a Abs. 2 Satz 3 die Leistung zu erbringen hat, die aufgewendeten Kosten zu erstatten.**

(2) **Verläßt in den Fällen des § 10a Abs. 2 der Leistungsberechtigte die Einrichtung und bedarf er im Bereich der Behörde, in dem die Einrichtung liegt, innerhalb von einem Monat danach einer Leistung nach diesem Gesetz, sind dieser Behörde die aufgewendeten Kosten von der Behörde zu erstatten, in deren Bereich der Leistungsberechtigte seinen gewöhnlichen Aufenthalt im Sinne des § 10a Abs. 2 Satz 1 hatte.**

*Änderung der Vorschrift: Abs. 3 aufgeh. mWv 1.7.2005 durch G v. 21.6.2005 (BGBl. I S. 1666).*

## I. Bedeutung der Norm

**1**     Die Vorschrift hat ihre Vorbilder in den Regelungen der § 103 und § 107 BSHG = § 106 und § 110 SGB XII. Sie gilt für alle nach dem AsylbLG zu erbringenden Leistungen, auch für den Personenkreis des § 2. Sie regelt die Erstattungspflicht unter Leistungsträgern. Nicht von der Vorschrift erfasst werden Kostenerstattungsregelungen gegen den Hilfeempfänger selbst, wie sie in § 103 SGB XII (vgl. *Scheider,* Schellhorn/Hohm/Scheider, SGB XII, § 10b AsylbLG Rn. 8) vorgesehen sind, oder von Dritten gegen den Leistungsträger (z. B. § 6a).

## II. Kostenerstattungspflicht bei vorläufiger Leistung (Abs. 1)

Die Vorschrift bezieht sich auf den vorläufigen Leistungseintritt des § 10a Abs. **2**
S. 3. Es scheiden die Fälle aus, in denen ein gewöhnlicher Aufenthalt nicht zu
ermitteln oder nicht vorhanden ist. Eine analoge Anwendung schied mit Blick auf
§§ 103 und 107 BSHG aus, denen § 10b Abs. 1 nachgebildet ist (*Scheider*, Schellhorn/
Hohm/Scheider, SGB XII, § 10b AsylbLG Rn. 18; *Groth*, jurisPK-SGB XII, § 10b
AsylbLG Rn. 11).

Auch bei der Auslegung des Begriffs der aufgewendeten Kosten spielten die §§ 103 **3**
(jetzt § 106 SGB XII) und 107 (jetzt § 109 SGB XII) BSHG eine wesentliche Rolle.
Wie bei diesen Vorschriften können auch im AsylbLG nur die rechtmäßig erbrachten
Kosten erstattet werden. Dazu gehören alle aufgewendeten Sachkosten.

Auslagen sind nur im Rahmen des § 109 Satz 3 SGB X möglich. **4**

Die Kosten sind geltend zu machen (§ 9 Abs. 3 AsylbLG i. V. m. § 111 SGB X). **5**
Es muss hinreichend deutlich werden, dass Kostenersatz verlangt wird. Gleiches gilt
für zukünftige Ansprüche, die im Zeitpunkt der Anmeldung noch ungewiss sind
(*Hohm*, GK-AsylbLG, § 10b Rn. 31). Sie verjähren in vier Jahren nach Ablauf des
Kalenderjahres, in dem sie entstanden sind (§ 9 Abs. 3 AsylbLG i. V. m. § 113
SGB X). Die kostenerstattungspflichtige Behörde entscheidet durch Anerkenntnis
(*Scheider*, Schellhorn/Hohm/Scheider, SGB XII, § 10b AsylbLG Rn. 39).

## III. Kostenerstattung nach Verlassen einer Einrichtung (Abs. 2)

Hat sich der Hilfesuchende in einer Einrichtung i. S. v. § 10a Abs. 2 aufgehalten **6**
und verlässt er sie, verlängert sich die Leistungspflicht des Aufenthaltsortes. Das
BSG hat entschieden, dass ein Verziehen i. S. d. § 10b Abs. 3 S. 1 auch bei der
(Erst-)Zuweisung eines Asylbewerbers von einer zentralen Unterbringungseinrich-
tung des Landes in eine Kommune vorliegen kann. Ein Verziehen ist nämlich immer
dann zu bejahen, wenn eine Person von einem Ort in einen anderen in der Absicht
wechselt, an einen bisherigen Aufenthaltsort (vorerst) nicht zurückzukehren, wenn
also der Lebensmittelpunkt unter Aufgabe des gewöhnlichen Aufenthalts am bisherigen Aufenthaltsort durch Begründung eines neuen gewöhnlichen Aufenthalts am
Zuzugsort wechselt (BSG 20.12.2012 – B 7 AY 5/11 R, BeckRS 2013, 66505).
Eine Differenzierung nach rechtmäßigem oder rechtswidrigem Aufenthalt enthält
die Vorschrift nicht. Der Hilfebedarf muss innerhalb einer Frist von einem Monat
danach entstehen. Die Frist beginnt also einen Tag nach Verlassen der Einrichtung.
Erstattungsberechtigter ist der Hilfeträger, in dem die vom Hilfesuchenden verlassene
Einrichtung liegt.

## § 11 Ergänzende Bestimmungen

(1) **Im Rahmen von Leistungen nach diesem Gesetz ist auf die Leistungen
bestehender Rückführungs- und Weiterwanderungsprogramme, die Leistungsberechtigten gewährt werden können, hinzuweisen; in geeigneten Fällen ist eine Inanspruchnahme solcher Programme hinzuwirken.**

(2) **¹Leistungsberechtigten darf in den Teilen der Bundesrepublik
Deutschland, in denen sie sich einer asyl- oder ausländerrechtlichen räumlichen Beschränkung zuwider aufhalten, von der für den tatsächlichen Aufenthaltsort zuständigen Behörde regelmäßig nur eine Reisebeihilfe zur
Deckung des unabweisbaren Bedarfs für die Reise zu ihrem rechtmäßigen**

Aufenthaltsort gewährt werden. [2]Die Leistungen können als Sach- oder Geldleistung erbracht werden.

(2a) [1]Leistungsberechtigte nach § 1 Absatz 1 Nummer 1 erhalten bis zur Ausstellung eines Ankunftsnachweises nach § 63a des Asylgesetzes anstelle der Leistungen nach den §§ 3 und 6 Leistungen entsprechend § 1a Absatz 2 Satz 2 bis 4. [2]An die Stelle der Leistungen nach Satz 1 treten die Leistungen nach den §§ 3 bis 6, auch wenn dem Leistungsberechtigten ein Ankunftsnachweis nach § 63a Absatz 1 Satz 1 des Asylgesetzes noch nicht ausgestellt wurde, sofern

1. die in § 63a des Asylgesetzes vorausgesetzte erkennungsdienstliche Behandlung erfolgt ist,
2. der Leistungsberechtigte von der Aufnahmeeinrichtung, auf die er verteilt worden ist, aufgenommen worden ist, und
3. der Leistungsberechtigte die fehlende Ausstellung des Ankunftsnachweises nicht zu vertreten hat.

[3]Der Leistungsberechtigte hat die fehlende Ausstellung des Ankunftsnachweises insbesondere dann nicht zu vertreten, wenn in der für die Ausstellung seines Ankunftsnachweises zuständigen Stelle die technischen Voraussetzungen für die Ausstellung von Ankunftsnachweisen noch nicht vorliegen. [4]Der Leistungsberechtigte hat die fehlende Ausstellung des Ankunftsnachweises zu vertreten, wenn er seine Mitwirkungspflichten nach § 15 Absatz 2 Nummer 1, 3, 4, 5 oder 7 des Asylgesetzes verletzt hat. [5]Die Sätze 1 bis 4 gelten auch

1. für Leistungsberechtigte nach § 1 Absatz 1 Nummer 5, die aus einem sicheren Drittstaat (§ 26a des Asylgesetzes) unerlaubt eingereist sind und als Asylsuchende nach den Vorschriften des Asylgesetzes oder des Aufenthaltsgesetzes erkennungsdienstlich zu behandeln sind, und
2. für Leistungsberechtigte nach § 1 Absatz 1 Nummer 7, die einer Wohnverpflichtung nach § 71 Absatz 2 Satz 2 oder § 71a Absatz 2 Satz 1 des Asylgesetzes in Verbindung mit den §§ 47 bis 50 des Asylgesetzes unterliegen.

(3) [1]Die zuständige Behörde überprüft die Personen, die Leistungen nach diesem Gesetz beziehen, auf Übereinstimmung der ihr vorliegenden Daten mit den der Ausländerbehörde über diese Personen vorliegenden Daten. [2]Sie darf für die Überprüfung nach Satz 1 Name, Vorname (Rufname), Geburtsdatum, Geburtsort, Staatsangehörigkeiten, Geschlecht, Familienstand, Anschrift, Aufenthaltsstatus und Aufenthaltszeiten dieser Personen sowie die für diese Personen eingegangenen Verpflichtungen nach § 68 des Aufenthaltsgesetzes der zuständigen Ausländerbehörde übermitteln. [3]Die Ausländerbehörde führt den Abgleich mit den nach Satz 2 übermittelten Daten durch und übermittelt der zuständigen Behörde die Ergebnisse des Abgleichs. [4]Die Ausländerbehörde übermittelt der zuständigen Behörde ferner Änderungen der in Satz 2 genannten Daten. [5]Die Überprüfungen können auch regelmäßig im Wege des automatisierten Datenabgleichs durchgeführt werden.

(3a) *Soweit nach einem Datenabruf aus dem Ausländerzentralregister Zweifel an der Identität einer Person, die Leistungen nach diesem Gesetz als Leistungsberechtigter nach § 1 Absatz 1 Nummer 1, 2, 4, 5 oder 7 beantragt oder bezieht, fortbestehen, erhebt die zuständige Behörde zur weiteren Überprüfung der Identität Fingerabdrücke der Person und nimmt eine Überprüfung mittels der Fingerabdruckdaten durch Abfrage des Ausländerzentralregisters vor. Die Befugnis nach Satz 1 setzt keinen vorherigen Datenabgleich mit der Ausländerbehörde nach Absatz 3 voraus. Von den Regelungen des Verwaltungsverfahrens in den Sätzen 1 und 2 kann durch Landesrecht nicht abgewichen werden.*

(4) Keine aufschiebende Wirkung haben Widerspruch und Anfechtungsklage gegen einen Verwaltungsakt, mit dem

1. eine Leistung nach diesem Gesetz ganz oder teilweise entzogen oder die Leistungsbewilligung aufgehoben wird oder

2. eine Einschränkung des Leistungsanspruchs nach § 1a oder § 11 Absatz 2a festgestellt wird.

*Änderungen der Vorschrift: Abs. 3 angef. mWv 1.9.1998 durch G v. 25.8.1998 (BGBl. I S. 2505), Abs. 3 Satz 2 geänd. mWv 1.1.2005 durch G v. 30.7.2004 (BGBl. I S. 1950), Abs. 2 neu gef. mWv 24.10.2015 durch G v. 20.10.2015 (BGBl. I S. 1722), Abs. 2a eingef. mWv 17.3.2016 durch G v. 11.3.2016 (BGBl. I S. 390), Abs. 4 angef. mWv 6.8.2016 durch G v. 31.7.2016 (BGBl. I S. 1939), Abs. 3a eingef. mit unbestimmten Inkrafttreten durch G v. 17.7.2017 (BGBl. I S. 2541).*

*Gesetzesmaterialien: BT-Drs. 18/7538*

*Asylsuchende sind nach dem Asylgesetz (AsylG) verpflichtet, sich registrieren zu lassen und sich zu der ihnen im Rahmen der Verteilentscheidung (§ 46 AsylG) zugewiesenen Aufnahmeeinrichtung zu begeben. Das gilt entsprechend für Zweitantragsteller und für Folgeantragsteller, soweit sie nach § 71 Absatz 2 Satz 2 beziehungsweise nach § 71a Absatz 2 Satz 1, jeweils in Verbindung mit §§ 47 bis 50 AsylG, verpflichtet sind, in einer Aufnahmeeinrichtung zu wohnen, und für vollziehbar Ausreisepflichtige, die über einen sicheren Drittstaat (§ 26a AsylG) eingereist und zum Zwecke der Durchführung eines Asylverfahrens erkennungsdienstlich zu behandeln sind. Eine schnelle und rechtssichere Verteilung der Asylsuchenden auf die ihnen zugewiesenen Aufnahmeeinrichtungen dient einer ordnungsgemäßen und zügigen Bearbeitung der Asylanträge in der der zuständigen Aufnahmeeinrichtung zugeordneten Außenstelle des Bundesamtes für Migration und Flüchtlinge. Sie ist zudem erforderlich, um die bestehenden Aufnahmekapazitäten effektiv ausnutzen sowie Planungssicherheit und eine gerechte Lastenverteilung für die mit der Aufnahme und der Leistungserbringung betrauten Stellen sicherstellen zu können. Voraussetzung dafür ist zum einen eine frühzeitige, sichere und für alle zuständigen Stellen nachvollziehbare Registrierung der Asylsuchenden möglichst im Vorfeld ihrer Verteilung. Zum anderen ist es erforderlich, dass die Asylsuchenden der behördlichen Verteilentscheidung folgen. In der Praxis kommt es jedoch zu Fällen, in denen Asylsuchende sich nicht zur zugewiesenen Aufnahmeeinrichtung begeben oder diese vor erfolgter Registrierung wieder verlassen, da sie zum Beispiel die Aufnahme in einer Aufnahmeeinrichtung in der Nähe von im Inland lebenden Verwandten anstreben oder in einen anderen Aufnahmestaat weiterreisen möchten.*

*Um eine frühzeitige Registrierung und ein frühzeitiges Aufsuchen der zuständigen Aufnahmeeinrichtung sicherzustellen, macht der neu eingefügte § 11 Absatz 2a den Beginn der Gewährung der vollen Leistungen nach dem Asylbewerberleistungsgesetz (AsylbLG) von der vorherigen Registrierung, der Aufnahme in der zuständigen Aufnahmeeinrichtung und generell auch von der Ausstellung des Ankunftsnachweises abhängig. Dieser wird nur am Ort der für den Asylsuchenden nach seiner Verteilung zuständigen Aufnahmeeinrichtung ausgehändigt, vergleiche § 63a AsylG in der Fassung des Datenaustauschverbesserungsgesetzes.*

*Die Übergangsphase zwischen Äußerung des Asylgesuchs bis zur Ausstellung des Ankunftsnachweises nach § 63a AsylG wird regelmäßig sehr kurz sein; primäres Ziel der zuständigen Behörden ist die zügige Registrierung und Verteilung der Asylsuchenden auf die für sie zuständigen Aufnahmeeinrichtungen. Für einen dabei nach den Umständen möglicherweise entstehenden Übergangszeitraum ist die Gewährung lediglich eines Über-*

*brückungsbedarfs gerechtfertigt. Für die zügige Registrierung und Verteilung der Asylsu-*
*chenden ist deren fortwährende Mitwirkungsbereitschaft, zu der die Gewährung des Über-*
*brückungsbedarfs beiträgt, unabdingbar. Zudem erscheint in dieser Phase noch nicht*
*gesichert, dass das Asylgesuch im Inland tatsächlich weiterverfolgt beziehungsweise ein*
*Eintritt in das vorgesehene Asylverfahren tatsächlich angestrebt wird, so dass auch die*
*Bleibeperspektive erheblich ungesichert erscheint. Insofern berücksichtigt die Regelung*
*zugleich den Gedanken der BVerfG – Rechtsprechung vom 18. Juli 2012 betreffend die*
*Annahme einer reduzierten Bedarfslage bei prognostisch nur kurzfristigem Aufenthalt. In*
*diesem Übergangszeitraum werden Leistungen zur Deckung des Bedarfs an Nahrung,*
*Unterkunft einschließlich Heizung, Körper- und Gesundheitspflege sowie eine ggf. erfor-*
*derliche ärztliche Akutversorgung gewährt. Art und Umfang der Leistungen entsprechen*
*damit dem in § 1a Absatz 2 Satz 2 bis 4 und in § 4 bestimmten Maß. § 11 Absatz 2a*
*geht von einer zügigen Registrierung nach Einreise durch die zuständigen Behörden und*
*einer zügigen Verteilung und Weiterleitung an die zugewiesene Aufnahmeeinrichtung aus.*
*Mit Blick auf die überschaubaren Entfernungen innerhalb Deutschlands und die behörd-*
*liche Unterstützung bei der Verteilung auf die zuständige Aufnahmeeinrichtung sollte diese*
*regelmäßig kurzfristig erreicht sein. Verzögert sich die Ausstellung des Ankunftsnachwei-*
*ses, weil in der für die Ausstellung des Ankunftsnachweises jeweils zuständigen Stelle*
*die technischen Voraussetzungen für die Ausstellung von Ankunftsnachweisen noch nicht*
*geschaffen worden sind, besteht nach der Registrierung, Verteilung und tatsächlichen Auf-*
*nahme in der zugewiesenen Aufnahmeeinrichtung unabhängig von der Aushändigung des*
*Ankunftsnachweises Anspruch auf die vollen Leistungen nach dem AsylbLG Dies wird*
*durch § 11 Absatz 2a Satz 3 ausdrücklich klargestellt, der insoweit eine Übergangsrege-*
*lung enthält, bis in allen für die Ausstellung von Ankunftsnachweisen zuständigen Ein-*
*richtungen die technischen Voraussetzungen für die Ausstellung des Ankunftsnachweises*
*gegeben sind. Gleiches gilt bei zeitweiligen Verzögerungen wegen starken Andrangs oder*
*aus anderen insbesondere organisatorischen Gründen z.B. bei Registrierung, Verteilung*
*oder Ausstellung des Ankunftsnachweises, die vom Asylsuchenden nicht zu vertreten sind.*
*Verletzt ein Asylsuchender dagegen die ihm im Rahmen des § 15 Absatz 2 Nummer 1,*
*3, 4, 5 oder 7 AsylG obliegenden Mitwirkungspflichten, muss er sich die eintretende*
*Verzögerung zurechnen lassen und erhält weiterhin nur reduzierte Leistungen, bis er seine*
*Mitwirkungspflichten erfüllt und ihm der Ankunftsnachweis in der für ihn zuständigen*
*Aufnahmeeinrichtung ausgehändigt werden kann.*

## Übersicht

## I. Inhalt der Norm

**1**     In der Vorschrift vereinigen sich unterschiedliche, **systematisch zusammen-
hanglose Regelungen.** Die in Abs. 1 enthaltene Hinweispflicht dient dem
Zweck, durch finanzielle Hilfen die Rück- und Weiterwanderung von Asylbewerbern und Flüchtlingen zu fördern. Wie § 23 Abs. 5 SGB XII soll Abs. 2 die uner-

wünschte Binnenwanderung verhindern. Gesetzgeberisches Ziel der Neuregelung ist es, besser als bisher sicherzustellen, dass die Verteilung der Asylbewerber auch im Leistungsrecht eingehalten und nicht eigenmächtig unterlaufen wird. Abs. 2a macht die vollen Leistungen des AsylbLG von der vorherigen Registrierung, der Aufnahme in der zuständigen Aufnahmeeinrichtung und generell auch von der Ausstellung des Ankunftsnachweises abhängig (*Groth*, jurisPK-SGB XII, § 11 AsylbLG Rn. 4.2). Abs. 3 erleichtert die Durchführung des Asylbewerberleistungsgesetzes durch Vermeidung von Doppelermittlungen. Der neu eingefügte Abs. 3a ergänzt die Vorschrift des § 9 Abs. 3 S. 2. Wie § 9 Abs. 3 S. 2 hängt das Inkrafttreten der Vorschrift von der im Bundesgesetzblatt zu veröffentlichenden Feststellung des Bundesministeriums des Innern ab, dass die technischen Voraussetzungen zur Überprüfung der Identität mittels Fingerabdruckverfahren vorhanden sind. Abs. 4 führt verfahrensrechtliche Neuerungen bei dem Entzug, der Aufhebung von Leistungsbewilligungen und der Einschränkung des Leistungsumfangs nach §§ 1a und 11 Abs. 2a ein.

## II. Hinweis- und Hinwirkungspflicht (Abs. 1)

Die Vorschrift normiert eine Hinwirkungs- und Hinweispflicht, die sich an sämtliche dem AsylbLG unterliegende Personengruppen richtet. Ein Anspruch auf eine Aufnahme in ein Rückführungsprogramm ergibt sich daraus nicht (*Groth*, jurisPK-SGB XII, § 11 AsylbLG Rn. 19). Die Hinweise auf Rückführungs- und Weiterwanderungsprogramme müssen, sollen sie wirksam sein, zielgerichtet sein. Der Verpflichtung zum Hinweis genügt die Behörde dadurch, dass sie dem Leistungsberechtigten von den entsprechenden Programmen Kenntnis verschafft (vgl. *Groth*, jurisPK-SGB XII, § 11 AsylbLG Rn. 20). Genauere Vorschriften, wie diese Hinweise zu erfolgen haben, enthält das Gesetz nicht. **2**

## III. Unerlaubter Aufenthalt (Abs. 2)

Dieser Absatz ist wesentlicher Kern des § 11. Er hängt mit der Vorschrift des § 10a und der Abhängigkeit der örtlichen Zuständigkeit durch die Verteilungsentscheidung zusammen. Die Vorschrift ist durch das AsylverfahrensbeschleunigungsG neu gefasst worden. In ihr kommt der gesetzgeberische Wille zum Ausdruck, mithilfe eines Leistungsgesetzes, asylverfahrens- und ausländerrechtlich **nicht gewollte Binnenwanderungen** zu unterbinden. Sie richtet sich an den Kreis derjenigen, die räumlichen Beschränkungen unterworfen sind (§§ 56 bis 60 AsylG oder § 61 AufenthG). In der Praxis heißt dies, dass von der Vorschrift diejenigen betroffen sind, die ihren nach § 50 AsylG zugewiesenen Aufenthaltsbereich unerlaubt verlassen oder gegen eine räumliche Beschränkung i. S. v. § 61 AufenthG (Wohnsitzauflage) verstoßen. Sie betrifft Ausländer, die gem. § 47 AufenthG verpflichtet sind, bis zu 6 Wochen, längsten jedoch bis zu 6 Monaten, nach Stellung eines Asylantrages bei einer Außenstelle in der für ihre Aufnahme zuständigen Aufnahmeeinrichtung zu wohnen. **3**

Mit dem tatsächlichen Aufenthaltsort knüpft die Vorschrift an § 10a Abs. 1 S. 2 an. Sie ist deshalb auch keine eigenständige Zuständigkeitsregelung (*Hohm*, Schellhorn/Hohm/Scheider, SGB XII, § 11 AsylbLG Rn. 7), sondern bestimmt lediglich bei einem unerlaubten Aufenthalt den Leistungsumfang. **4**

Nach der bisherigen Fassung der Rechtsfolge war die nach den Umständen gebotene Hilfe zu gewähren. Nach den Vorstellungen des Gesetzgebers soll die geänderte Regelung besser als bisher sicherstellen, dass die Verteilung der Asylbewerber auch im Leistungsrecht eingehalten und nicht eigenmächtig unterlaufen wird, was vor **5** allem in den Fällen große praktische Bedeutung hat, in denen auf Deutschland unterschiedlich verteilte Großfamilien eigenmächtig den Zuteilungsort verlassen. Möglicherweise trägt der Gesetzgeber auch dem Umstand Rechnung, dass das BSG (B 7 AY 1/14 R; zu den verfassungsrechtlichen Bedenken: LSG NRW 9.5.2014 – L 20 AY 91/13, BeckRS 2014, 69171) zu § 1a Nr. 2 AsylbLG a. F., der dieselbe Fassung wie § 11 enthielt, die Revision zugelassen hatte (vgl. *Deibel*, Deibel/Hohm, AsylbLG aktuell § 11 Rn. 1). Vom Wortlaut und vom Inhalt her gibt die Vorschrift keine Handhabe, gegen ausländische Extremisten vorzugehen und Leistungen einzuschränken (vgl. auch *Kepert*, ZAR 2013, 19).

6      Wegen der grundsätzlichen Möglichkeit, innerhalb eines Tages von jedem Ort im Bundesgebiet zu jedem anderen zu gelangen, reicht im Regelfall die Versorgung mit einer **Reisebeihilfe,** bestehend aus einer Fahrkarte und einem Reiseproviant als Unterstützungsleistungen zur Sicherung des Existenzminimums durch die für den Betreffenden grundsätzlich unzuständige Leistungsbehörde am tatsächlichen Aufenthaltsort aus. Damit vollzieht der Gesetzgeber, was bisher auch schon Gegenstand der sozialgerichtlichen Rechtsprechung war.

7      § 11 Abs. 2 AsylbLG verpflichtet die Behörde des unerlaubten tatsächlichen Aufenthaltes nur zur Gewährung einer Reisebeihilfe, die in der Regel nur solche Leistungen umfasst, die zur umgehenden Rückkehr des Betroffenen an den erlaubten Aufenthaltsort unabweisbar sind. Sie soll als Sach- oder Geldleistung erbracht werden (Satz 2). In der Regel ist das eine Rückfahrkarte und Reiseproviant (s. dazu auch *Groth*, jurisPK-SGB XII, § 11 AsylbLG Rn. 33). Nur im Ausnahmefall können darüberhinausgehende Leistungen bis hin zur vollen Sachleistung erbracht werden, wenn dies wegen (vorübergehender) Unzumutbarkeit der Rückkehr an den erlaubten Aufenthaltsort zwingend geboten ist (so schon für das alte Recht: LSG NRW 2.4.2012 – L 20 AY 24/12 B ER, BeckRS 2012, 68709). Es sind solche Leistungen zu gewähren, die notwendig sind, den asylverfahrens- oder ausländerrechtlichen Aufenthaltsstatus wiederherzustellen. Entstehen dem Leistungsberechtigten keine Kosten bei der Rückreise, hat er auch keinen Anspruch auf Reisebeihilfe.

8      Ausnahmen können bei **atypischen Sachverhalten** gemacht werden, wobei ein **strenger Maßstab** gilt (*Deibel*, Deibel/Hohm, AsylbLG aktuell, § 11 Rn. 3). Ein solcher Sachverhalt ist bei Reiseunfähigkeit, auch eines Familienmitgliedes, anzunehmen. Zur unaufschiebbaren Krankenhilfe LSG Nds-Brem, 20.6.2008, L 11 AY 47/08 ER, BeckRS 2009, 67288; s. jetzt auch BT-Drs. 18/6185 und auch *Groth*, jurisPK-SGB XII, § 11 AsylbLG Rn. 35 f.

9      Nach der Neufassung der Vorschrift entscheidet die für den tatsächlichen Aufenthaltsort zuständige Behörde nach pflichtgemäßem Ermessen über die Reisebeihilfe und darüber, ob Geld- oder Sachleistungen bewilligt werden.

10     Auch nach der Neufassung ist ungeklärt, welche Behörde in den atypischen Fällen für Leistungsgewährung zuständig ist (s. zum alten Recht LSG NRW 23.3.2012 – L 20 AY 7/12 ER, BeckRS 2012, 68257, tatsächlicher Aufenthaltsort; a.A. *Deibel*, Deibel/Hohm, AsylbLG aktuell, § 11 Rn. 8). Für die Auffassung, dass zuständig für die Leistungen der Leistungsträger des Ortes der Zuweisung bleibt, spricht der Wortlaut des § 11 Abs. 2 und § 10a Abs. 1, der maßgeblich auf den Ort der Verteilung oder Zuweisung abstellt.

## IV. Einschränkung von Leistungen nach Abs. 2a

11     Der neu eingefügte Abs. 2a S. 1 macht die vollen Leistungen von der vorherigen Registrierung, der Aufnahme in der zuständigen Aufnahmeeinrichtung und generell auch von der Ausstellung des Ankunftsnachweises abhängig (s. dazu auch § 1). Der Gesetzgeber verfolgt auf diese Weise die Sicherstellung einer ordnungsgemäßen und zügigen Bearbeitung der Asylanträge in der der zuständigen Aufnahmeeinrichtung

zugeordneten Außenstelle des Bundesamtes für Migration und Flüchtlinge (BT-Drs. 18/7578). Über diese Regelung will der Gesetzgeber auch erreichen, dass die bestehenden Aufnahmekapazitäten effektiv ausgenutzt sowie Planungssicherheit und eine gerechte Lastenverteilung für die mit der Aufnahme und der Leistungserbringung betrauten Stellen hergestellt werden. Werden wie hier Leistungen durch verwaltungstechnische Effizienzziele beeinflusst, bewegt sich der Gesetzgeber am Rande des noch verfassungsrechtlich Hinnehmbaren. In der Entscheidung vom 18.7.2012 (1 BvL 10/10) hat das BVerfG migrationspolitischen Erwägungen, die Leistungen an Asylbewerber und Flüchtlinge niedrig zu halten, um Anreize für Wanderungsbewegungen durch ein im internationalen Vergleich eventuell hohes Leistungsniveau zu vermeiden, eine Absage erteilt. Ein Absenken des Leistungsstandards unter das physische und soziokulturelle Existenzminimum lässt sich nicht rechtfertigen. Nun geht es in § 11 Abs. 2a nicht um die Verhinderung von Migrationsbewegungen, sondern um eine zügige Registrierung mit allen daran hängenden Folgen für den Leistungsberechtigten und die beteiligten Organisationen. Noch hinnehmbar ist die Regelung, weil der Ausländer sie durch Mitwirkungshandlungen ohne weiteres beenden kann. Er muss lediglich seinen Obliegenheiten nachkommen (vgl. auch BT-Drs. 18/7538).

Als **Rechtsfolge** werden Leistungen nach § 1a Abs. 2 S. 2 bis 4 gewährt. **12**

Die Regelung des Satzes 1 sieht in Satz 2 zahlreiche Ausnahmen vor. An die **13** Stelle der Leistungen nach Satz 1 treten die Leistungen nach den §§ 3 bis 6, auch wenn dem Leistungsberechtigten ein Ankunftsnachweis nach § 63a Abs. 1 S. 1 AsylG noch nicht ausgestellt wurde, sofern die in § 63a AsylG vorausgesetzte erkennungsdienstliche Behandlung erfolgt ist, der Leistungsberechtigte von der Aufnahmeeinrichtung, auf die er verteilt worden ist, aufgenommen worden ist, und der Leistungsberechtigte die fehlende Ausstellung des Ankunftsnachweises nicht zu vertreten hat.

Als Beispiel führt Satz 3 an, wann ein **Nichtvertreten** (nicht Verschulden) vor- **14** liegt. Der Leistungsberechtigte hat die fehlende Ausstellung des Ankunftsnachweises insbesondere dann nicht zu vertreten, wenn in der für die Ausstellung seines Ankunftsnachweises zuständigen Stelle die technischen Voraussetzungen für die Ausstellung von Ankunftsnachweisen noch nicht vorliegen.

Satz 4 wiederum führt einen Fall des Vertretens an. Der Leistungsberechtigte **15** hat die fehlende Ausstellung des Ankunftsnachweises zu vertreten, wenn er seine Mitwirkungspflichten nach § 15 Abs. 2 Nr. 1, 3, 4, 5 oder 7 AsylG verletzt hat. Der Erfüllung der genannten Mitwirkungspflichten misst der Gesetzgeber besondere Bedeutung bei. Er hat den mit der Durchführung des AsylG betrauten Behörden mündlich und nach Aufforderung schriftlich die erforderlichen Angaben zu machen (Nr. 1), den gesetzlichen und behördlichen Anordnungen, sich bei bestimmten Behörden oder Einrichtungen zu melden oder persönlich zu erscheinen, Folge zu leisten (Nr. 3), einen Pass oder Passersatz den mit der Ausführung dieses Gesetzes betrauten Behörden vorzulegen, auszuhändigen und zu überlassen (Nr. 4), die erforderlichen Unterlagen vorzulegen, auszuhändigen oder zu überlassen (Nr. 5) und die erforderlichen erkennungsdienstlichen Maßnahmen zu dulden (Nr. 7). Schon in einem frühen Stadium des leistungsrechtlichen Verhältnisses und nicht erst nach § 1a Abs. 5 können Leistungen abgesenkt werden.

## V. Datenabgleich (Abs. 3)

Die Vollzugsprobleme haben den im Gesetz vorgesehenen Datenabgleich erfor- **16** derlich gemacht. Die Bestimmungen schränken das **Recht auf informationelle Selbstbestimmung** ein. Es besteht jedoch ein hochrangiges öffentliches Interesse an der Verhinderung des Leistungsmissbrauchs (*Decker*, ZfSH/SGB 1999, 406; *Holm,*

NVwZ 1998, 1047; *Groth*, jurisPK-SGB XII, § 11 AsylbLG Rn. 38). Deshalb ist die fehlende Löschungsverpflichtung verfassungsrechtlich hinnehmbar.

## VI. Datenabruf (Abs. 3a)

**17**  Dieser Absatz ist im Zusammenhang mit § 9 Abs. 3 S. 2 zu sehen. Übersichtlich und systematisch besser wäre es gewesen, § 11 Abs. 3a und § 9 Abs. 3 S. 2 in einer Vorschrift zusammenzufassen. Grundsätzlich ist die Regelung eine besondere Ausgestaltung des Amtsermittlungsgrundsatzes für den speziellen Fall, dass Zweifel an der Identität des Leistungsberechtigten zutage treten. Die zuständige Leistungsbehörde ist berechtigt, die Identität der nachfragenden Person zu überprüfen, um einen ungerechtfertigten Bezug von Leistungen auszuschließen (BT-Drs. 18/12611, S. 72).

**18**  Soweit die Leistungsbehörde nach einem Datenabruf aus dem Ausländerzentralregister an der Identität der Person Zweifel hat, erhebt die zuständige Leistungsbehörde zur weiteren Identität **Fingerabdrücke.** Nicht Abs. 3 berechtigt die Leistungsbehörde zur Abnahme von Fingerabdrücken, die Ermächtigung dazu findet sich in § 9 Ab. 3 S. 2. Aufgrund dieser Vorschrift hat der Leistungsberechtigte die Abnahme von Fingerabdrücken zu dulden.

**19**  **Zweifel** bedeutet nicht sicheres Wissen, aber setzt mehr als eine Ahnung oder einen bloßen Verdacht voraus. Routinemäßige Datenerhebungen und Überprüfungen sind unzulässig. Zweifel über eine Person oder ihr Alter bestehen, wenn diese nicht eindeutig bekannt sind. Zweifel können auch aufkommen, wenn die Leistungsbehörde die Personen nach Abs. 3 der Vorschrift überprüft. Zunächst ist jedoch eine Abfrage beim Ausländerzentralregister (AZR) und ein Abgleich mit den dort zu der (behaupteten) Person abrufbaren Daten vorzunehmen.

**20**  Mit der Formulierung des Zweifels hat der Gesetzgeber der Vorschrift einen weiten Anwendungsspielraum gegeben, der enger gewesen wäre, wenn dem Wort „Zweifel" noch das Adjektiv „berechtigt" hinzugefügt worden wäre. Es bedarf schon gewisser tatsächlicher Anhaltspunkte, um von einem Zweifel ausgehen zu können. Angesichts des weitreichenden Eingriffs ist bei jeder Überprüfung anhand von Fingerabdrücken das Recht auf informationelle Selbstbestimmung besonders zu beachten, was angesichts des Netzes von Eingriffen im Asylrecht, dem Aufenthaltsrecht und dem AsylbLG verfassungsrechtlich erforderlich ist. Mit Blick auf das Übermaßverbot sind strenge Anforderungen an eine Überprüfung zu stellen. Zweifel an der Identität ergeben sich bei der Vorlage gefälschter Personalpapiere oder anderer Dokumente. Im Asylrecht wird gem. § 16 AsylG die Identität des Asylbewerbers gesichert, im AufenthG durch § 49.

**21**  Der Personenkreis ist mit dem in § 11 Abs. 3 S. 2 identisch. Es sind die Leistungsberechtigten nach § 1 Abs. 1 Nr. 1, 2, 4, 5 und 7.

**22**  Verfahrensrechtlich ist die Leistungsbehörde berechtigt, ohne dass sie zuvor mit der Ausländerbehörde einen Datenabgleich nach Abs. 3 vornimmt (Abs. 3a S. 2). Diese Vorgehensweise macht Sinn, weil in der Regel aus der Überprüfung, wie sie in Abs. 3 vorgesehen ist, Zweifel an der Identität aufkommen können und die Wiedereinschaltung der Ausländerbehörde nicht zielführend ist.

**23**  Satz 3 der Vorschrift verwehrt den Ländern, abweichende Regelungen zu erlassen.

**24**  Rechtsschutz wird durch eine Anfechtungsklage erreicht. Denn die Anordnung zur Abnahme von Fingerabdrücken ist als Verwaltungsakt und nicht nur als bloße tatsächliche Handlung zu bewerten.

## VII. Verfahrensrechtliche Regelungen (Abs. 4)

**25**  Grundsätzlich haben Widerspruch und Anfechtungsklage aufschiebende Wirkung (§ 86a Abs. 1 SGG). Die aufschiebende Wirkung entfällt, wenn ein Bundesgesetz dies vorschreibt (§ 86a Abs. 2 Nr. 4 SGG). Rechtsschutz wird durch § 86b Abs. 1 Nr. 2 SGG gewährt. Das Gericht der Hauptsache kann in einem Eilverfahren die aufschiebende Wirkung wiederherstellen.

Die **aufschiebende Wirkung** von Widerspruch und Anfechtungsklage ist aufge- 26 hoben, wenn Leistungen nach dem AsylbLG ganz oder teilweise entzogen oder die Leistungsbewilligung aufgehoben wird oder die Einschränkung des Leistungsanspruchs nach § 1a oder § 11 Abs. 2a festgestellt wird. Gegen diese Regelung sind Bedenken des Bundesrates geltend gemacht worden (BR-Drs. 266/1/16), weil damit die Gefahr einer weiteren Belastung der Sozialgerichtbarkeit verbunden ist. Diesen Bedenken hat der Bundestag jedoch nicht Rechnung getragen. Die Vorschrift verschafft der Verwaltung eine vorteilhafte Position, weil die Anordnung der sofortigen Vollziehung (§ 86a Abs. 2 Nr. 5 SGG) entfällt und der Leistungsberechtigte in die Position des sich Verteidigenden gedrängt wird.

Der Gesetzgeber verwendet den Begriff des **Entzugs,** bei dem es nur um den 27 Entzug einer Rechtsstellung gehen kann, und den der **Aufhebung** (Nr. 1). Mit letzterem wird an die Terminologie des § 50 SGB X angeknüpft. Darin enthalten ist die Rücknahme eines Leistungsbescheides oder sein Widerruf.

Nach Nr. 2 haben Widerspruch und Anfechtungsklage gegen die **Feststellung** 28 einer Einschränkung des Leistungsanspruchs nach § 1a oder § 11 Abs. 2a ebenfalls keine aufschiebende Wirkung.

Aus dem Gesetz selbst lässt sich ein Entscheidungsmaßstab des Gerichts nicht 29 ablesen. Mit der gesetzlichen Aufhebung des Suspensiveffekts von Widerspruch und Anfechtungsklage hat der Gesetzgeber die Regelung der Suspendierung auf den Kopf gestellt (*Wahrendorf*, Roos/Wahrendorf, SGG, § 86a Rn. 104). Diese Wertung hat das Sozialgericht zu berücksichtigen. Die Wiederherstellung der aufschiebenden Wirkung muss die Ausnahme bleiben. Es bedarf gewichtiger Gründe, die bei einer Interessenabwägung für eine Entscheidung zu Gunsten des Antragtellers sprechen. Das ist der Fall, wenn der angefochtene Bescheid erkennbar rechtswidrig ist.

## § 12 Asylbewerberleistungsstatistik

(1) **Zur Beurteilung der Auswirkungen dieses Gesetzes und zu seiner Fortentwicklung werden Erhebungen über**
1. **die Empfänger**
   a) **von Leistungen in besonderen Fällen (§ 2),**
   b) **von Grundleistungen (§ 3),**
   c) **von ausschließlich anderen Leistungen (§§ 4 bis 6),**
2. **die Ausgaben und Einnahmen nach diesem Gesetz**
**als Bundesstatistik durchgeführt.**

(2) **Erhebungsmerkmale sind**
1. **bei den Erhebungen nach Absatz 1 Nr. 1 Buchstabe a und b**
   a) **für jeden Leistungsempfänger:**
     **Geschlecht; Geburtsmonat und -jahr; Staatsangehörigkeit; aufenthaltsrechtlicher Status;**
   b) **für Leistungsempfänger nach § 2 zusätzlich:**
     **Art und Form der Leistungen sowie die Regelbedarfsstufe;**
   c) **für Leistungsempfänger nach § 3 zusätzlich:**
     **Form der Grundleistung sowie Leistungsempfänger differenziert nach § 3 Absatz 2 Satz 8 Nummer 1 bis 6;**
   d) **für Haushalte und für einzelne Leistungsempfänger:**
     **Wohngemeinde und Gemeindeteil; Art des Trägers; Art der Unterbringung; Beginn der Leistungsgewährung nach Monat und Jahr; Art und Höhe des eingesetzten Einkommens und Vermögens;**

e) für Empfänger von Leistungen für Bildung und Teilhabe nach den §§ 2 und 3 Absatz 3 in Verbindung mit den §§ 34 bis 34b des Zwölften Buches Sozialgesetzbuch die Höhe dieser Leistungen unterteilt nach

aa) Schulausflügen von Schülerinnen und Schülern sowie Kindern, die eine Kindertageseinrichtung besuchen,

bb) mehrtägigen Klassenfahrten von Schülerinnen und Schülern sowie Kindern, die eine Kindertageseinrichtung besuchen,

cc) Ausstattung mit persönlichem Schulbedarf,

dd) Schülerbeförderung,

ee) Lernförderung,

ff) Mehraufwendungen für die Teilnahme an einer gemeinschaftlichen Mittagsverpflegung von Schülerinnen und Schülern in schulischer Verantwortung sowie von Kindern in einer Kindertageseinrichtung und in der Kindertagespflege,

gg) Teilhabe am sozialen und kulturellen Leben in der Gemeinschaft;

f) (aufgehoben)

g) bei Erhebungen zum Jahresende zusätzlich zu den unter den Buchstaben a bis d genannten Merkmalen:
Art und Form anderer Leistungen nach diesem Gesetz im Laufe und am Ende des Berichtsjahres; Beteiligung am Erwerbsleben;

2. bei den Erhebungen nach Absatz 1 Nr. 1 Buchstabe c für jeden Leistungsempfänger:
Geschlecht; Geburtsmonat und -jahr; Staatsangehörigkeit; aufenthaltsrechtlicher Status; Art und Form der Leistung im Laufe und am Ende des Berichtsjahres; Typ des Leistungsempfängers nach § 3 Absatz 1 Satz 8 Nummer 1 bis 6; Wohngemeinde und Gemeindeteil; Art des Trägers; Art der Unterbringung;

2a. (aufgehoben)

3. bei der Erhebung nach Absatz 1 Nr. 2:
Art des Trägers; Ausgaben nach Art und Form der Leistungen sowie Unterbringungsform; Einnahmen nach Einnahmearten und Unterbringungsform.

(3) [1]Hilfsmerkmale sind

1. Name und Anschrift des Auskunftspflichtigen,

2. für die Erhebungen nach Absatz 2 Nr. 1 die Kenn-Nummern der Leistungsempfänger,

3. Name und Telefonnummer der für eventuelle Rückfragen zur Verfügung stehenden Person.
[2]Die Kenn-Nummern nach Satz 1 Nr. 2 dienen der Prüfung der Richtigkeit der Statistik und der Fortschreibung der jeweils letzten Bestandserhebung. [3]Sie enthalten keine Angaben über persönliche und sachliche Verhältnisse der Leistungsempfänger und sind zum frühestmöglichen Zeitpunkt, spätestens nach Abschluß der wiederkehrenden Bestandserhebung zu löschen.

(4) [1]Die Erhebungen nach Absatz 2 Nummer 1 Buchstabe a bis d und g sowie nach Absatz 2 Nummer 2 und 3 sind jährlich durchzuführen. [2]Die Angaben für die Erhebung

a) nach Absatz 2 Nr. 1 Buchstabe a bis d und g (Bestandserhebung) sind zum 31. Dezember,

b) (aufgehoben)

c) (aufgehoben)

d) nach Absatz 2 Nr. 2 und 3 sind für das abgelaufene Kalenderjahr zu erteilen.

(5) ¹Die Erhebungen nach Absatz 2 Nummer 1 Buchstabe e sind quartalsweise durchzuführen, wobei gleichzeitig Geschlecht, Geburtsmonat und -jahr, Wohngemeinde und Gemeindeteil, Staatsangehörigkeit sowie aufenthaltsrechtlicher Status zu erheben sind. ²Dabei ist die Angabe zur Höhe der einzelnen Leistungen für jeden Monat eines Quartals gesondert zu erheben.

(6) ¹Für die Erhebungen besteht Auskunftspflicht. ²Die Angaben nach Absatz 3 Satz 1 Nr. 3 sowie zum Gemeindeteil nach Absatz 2 Nr. 1 Buchstabe d und Absatz 2 Nr. 2 sowie nach Absatz 3 sind freiwillig. ³Auskunftspflichtig sind die für die Durchführung dieses Gesetzes zuständigen Stellen.

(7) Die Ergebnisse der Asylbewerberleistungsstatistik dürfen auf die einzelne Gemeinde bezogen veröffentlicht werden.

*Änderungen der Vorschrift: Abs. 2 Nr. 1 Buchst. e und f, Abs. 4 Satz 2 Buchst. b und c, Satz 3 aufgeh. mWv 1.1.2005 durch G v. 27.12.2003 (BGBl. I S. 3022), Abs. 1 Nr. 1 neu gef., Abs. 2 Nr. 2a aufgeh. mWv 1.1.2005 durch G v. 30.7.2004 (BGBl. I S. 1950), Abs. 2 Nr. 1 Buchst. a–c geänd., Nr. 3 neu gef., Nr. 2 geänd., Abs. 4 Satz 1 neu gef., Satz 2 Buchst. a geänd., Abs. 5 eingef., bish. Abs. 5 wird Abs. 6 und Satz 2 geänd., bish. Abs. 6 wird Abs. 7 mWv 1.1.2016 durch G v. 10.12.2014 (BGBl. I S. 2187), Abs. 2 Nr. 1 Buchst. c und Nr. 2 geänd. mWv 1.1.2016 durch G v. 20.10.2015 (BGBl. I S. 1722).*

Die Regelung hat zuletzt redaktionelle Anpassungen erfahren, ohne inhaltlich **1** geändert worden zu sein. Sie orientiert sich weitgehend an der Sozialhilfestatistik, wie in sie in §§ 121 bis 129 SGB XII vorgegeben ist. Die Asylbewerberleistungsstatistik hat eine eigene Regelung erfahren, nachdem Leistungen für Asylbewerber aus dem Sozialhilferecht herausgenommen worden sind. Die Daten dienen zur Beurteilung der Auswirkungen des AsylbLG und zu seiner Fortentwicklung.

Vor allem Abs. 2 Nr. 1e ist neu gefasst worden. **2**

## § 13 Bußgeldvorschrift

(1) Ordnungswidrig handelt, wer vorsätzlich oder fahrlässig entgegen § 8a eine Meldung nicht, nicht richtig, nicht vollständig oder nicht rechtzeitig erstattet.

(2) Die Ordnungswidrigkeit kann mit einer Geldbuße bis zu fünftausend Euro geahndet werden.

*Änderung der Vorschrift: Abs. 2 geänd. mWv 1.1.2005 durch G v. 30.7.2004 (BGBl. I S. 1950).*

Die Norm ist im Zusammenhang mit § 8a zu sehen. Kommt ein Leistungsberech- **1** tigter der in § 8a normierten Meldepflicht nicht nach, kann gegen ihn ein Bußgeld verhängt werden. Die Vorschrift sanktioniert die Verletzung der Meldepflicht.

Die Bußgeldvorschrift richtet sich an alle Leistungsberechtigten des AsylbLG. Sie **2** umfasst vier Tatbestandsmöglichkeiten, die nicht erfolgte Meldung, die nicht richtige, die unvollständige und die nicht rechtzeitige Meldung. Bei der nicht vollständigen Mitteilung ist der Tatbestand nur dann erfüllt, wenn die Behörde den Leistungsberechtigten vom Umfang der Meldepflicht hinreichend in Kenntnis gesetzt hat. Eine solche restriktive Auslegung gebietet das Bestimmtheitsgebot des Art. 103 Abs. 1 GG (*Hohm*, GK-AsylbLG, § 13 Rn. 9).

Das Bußgeld wird entweder durch Unterlassen oder durch Handeln ausgelöst (s. **3** auch *Groth*, jurisPK-SGB XII, § 13 AsylbLG Rn. 10). In subjektiver Hinsicht muss der Leistungsberechtigte fahrlässig oder vorsätzlich handeln (*Hohm*, Schellhorn/

Hohm/Scheider, SGB XII, § 13 AsylbLG Rn. 7). Dabei muss dem Leistungsberechtigten der Inhalt der Meldepflicht bewusst sein, was dadurch erreicht wird, dass der Leistungsberechtigte vom Inhalt der Meldepflicht durch die Behörde in Kenntnis gesetzt worden ist (vgl. Rn. 2).

## § 14 Dauer der Anspruchseinschränkung

(1) **Die Anspruchseinschränkungen nach diesem Gesetz sind auf sechs Monate zu befristen.**

(2) **Im Anschluss ist die Anspruchseinschränkung bei fortbestehender Pflichtverletzung fortzusetzen, sofern die gesetzlichen Voraussetzungen der Anspruchseinschränkung weiterhin erfüllt werden.**

*Änderungen der Vorschrift: § 14 eingef. mWv 1.3.2015 durch G v. 10.12.2014 (BGBl. I S. 2187) und neu gef. mWv 24.10.2015 durch G v. 20.10.2015 (BGBl. I S. 1722).*

## I. Befristung der Einschränkung

1   Die Regelung befasste sich bisher mit Übergangsvorschriften für die einmalige Fortschreibung von Geldleistungen (G v. 10.12.2014, BGBl. I S. 2187). Sie geht auf das Asylpaket I zurück. Der geänderte § 14 Abs. 1 sieht im Gegensatz zum bisherigen Recht vor, dass **Anspruchseinschränkungen** nach dem AsylbLG zunächst auf einen Zeitraum von **sechs Monaten** zu **begrenzen** sind. Die bisherige Vorschrift war lediglich vom 1.3.2015 bis zum 24.10.2015 gültig, weil sie durch das AsylverfahrensbeschleunigungsG vom 20.10.2015 (BGBl. I S. 1722) eine andere Fassung erhalten hat.

2   Der klare **Wortlaut** der Vorschrift, in der es um die Anspruchseinschränkungen geht, legt nahe, dass sich diese nur auf solche des § 1a beziehen, nicht jedoch auf Leistungskürzungen, wie sie in § 2 Abs. 1 oder § 11 Abs. 2 vorgesehen sind (ebenso *Deibel*, Deibel/Hohm, AsylbLG aktuell, § 14 Rn. 1; *Oppermann*, jurisPK-SGBXII, § 14 AsylbLG Rn. 5). Die Gesetzesmaterialien lassen ebenfalls keine andere Auslegung zu. Insofern kann festgehalten werden, dass ein systematischer Zusammenhang mit § 1a besteht (*Oppermann*, jurisPK-SGB XII, § 14 AsylbLG Rn. 5).

3   Bisher hatten die Missbrauchsregelungen des § 1a für Einschränkungen ausdrücklich keine Befristung vorgesehen. Sofern der Missbrauch nicht abgestellt worden war, wurden dauerhafte Einschränkungen angenommen, was im Hinblick auf die Rechtsprechung des BVerfG (18.7.2012 – 1 BvR 10/10 u.a.) zur Verfassungsgemäßheit des § 3 Bedenken hervorrufen muss. In dieser Entscheidung hat das BVerfG bekanntlich auf die Sicherung des Existenzminimums als Menschenrecht hingewiesen. Bisher konnte man mangels einer ausdrücklichen Regelung nur auf den Verhältnismäßigkeitsgrundsatz zurückgreifen, um Leistungen verfassungskonform sicherzustellen. Dieser hat nun in der jetzigen Fassung des § 14 seinen Ausdruck in der Befristung der Leistungseinschränkung gefunden.

4   In der Sache handelt es sich um eine **materielle Norm,** weil sie den Leistungsanspruch einschränkt (*Oppermann*, jurisPK-SGB XII, § 14 AsylbLG Rn. 7).

5   Auch wenn die Fassung der Regelung nahe zu legen scheint, dass der Bescheid zwingend (so *Deibel*, Deibel/Hohm, AsylbLG aktuell, § 14 Rn. 3) auf sechs Monate zu befristen ist, muss er auch innerhalb dieser Frist aufgehoben werden, wenn der Leistungsberechtigte sein missbräuchliches Verhalten aufgegeben hat. Das legt die Konkordanz mit § 1a Abs. 5 nahe. Nach § 1a Abs. 5 S. 2 sind die Einschränkungen aufzuheben, sobald die fehlende Mitwirkungshandlung erbracht oder der Termin zur förmlichen Antragstellung wahrgenommen worden ist. Ähnliche Vorschriften

gibt es in § 66 SGB I und es ist nicht einzusehen, dass es hier keine Konkordanzen in der Einschränkung von Leistungen geben soll. Schon der Grundsatz der Verhältnismäßigkeit ließe eine kürzere Festsetzung der Frist zu. Eine solche ist angezeigt, wenn prospektiv zu erkennen ist, dass die Gründe für die Leistungseinschränkungen innerhalb dieser Frist wegfallen.

Die Einschränkung ergeht mit dem Leistungsbescheid, nicht in einem eigenstän- **6** digen Bescheid (*Deibel*, ZFSH/SGB 2015, 712). Mit dem Ablauf der Frist erledigt sich der Bescheid. Für den weiteren Fortgang des Verfahrens ist Abs. 2 einschlägig.

## II. Fortbestehende Pflichtverletzung

Nach Ablauf der sechs Monate bedarf es der Überprüfung, ob die Anspruchsein- **7** schränkung aufrechterhalten bleiben kann (BT-Drs. 18/6185). Sie ist fortzusetzen, wenn die Pflichtverletzung fortbesteht und die gesetzlichen Voraussetzungen der Anspruchseinschränkung weiterhin vorliegen. Dazu ist ein neuer Bescheid zu erlassen.

Die Dauer der Einschränkung ist nach dem Wortlaut der Regelung völlig offen, **8** so dass man nicht davon ausgehen kann, dass die Frist erneut auf sechs Monate festzusetzen ist (so aber *Deibel*, Deibel/Hohm, AsylbLG aktuell § 14 Rn. 7). Maßgeblich ist der grundrechtlich verbürgte Verhältnismäßigkeitsgrundsatz, der eine Abwägung des Individualinteresses (Sicherung des Existenzminimums) und des öffentlichen Interesses (Verhinderung von Missbrauch) erfordert. Die Gesetzesmaterialien (BT-Drs. 18/6185) nennen dazu zwei Beispiele: ein nicht mehr änderbares, zurückliegendes Fehlverhalten und ein bereits korrigiertes Fehlverhalten. Ist ein solches bereits in den ersten sechs Monaten abgestellt worden, ist bereits der erste, die Einschränkung aussprechende Bescheid aufzuheben. Ist das Fehlverhalten erst nach den sechs Monaten korrigiert worden, ist kein weiterer Bescheid nach § 14 Abs. 2 zu erlassen (s. dazu auch BayLSG – L 8 AY 31/16 B ER, BeckRS 2016, 114368). Was mit dem nicht mehr änderbaren, zurückliegenden Fehlverhalten gemeint sein kann, ist unklar. Die leistungsmissbräuchliche Einreiseabsicht ist nicht mehr abänderbar und nicht mehr zu korrigieren und sie ist der Grund für eine Leistungseinschränkung nach § 1a. Nimmt man den Gesetzgeber in dem von ihm gebildeten Beispiel beim Wort, so dürfte in diesem Fall schon gar keine weitere Leistungseinschränkung nach § 1a vorgenommen werden. Damit ist in diesem Fall lediglich eine einmalige Leistungseinschränkung von 6 Monaten möglich. Gegen Kettenanspruchseinschränkungen *Oppermann*, jurisPK-SGB XII, § 14 AsylbLG Rn. 14.

# Sachverzeichnis

Die fett gedruckten Zahlen bezeichnen die Paragrafen, die mager gedruckten Zahlen beziehen sich auf die Randnummern. Die Vorschriften des Asylbewerberleistungsgesetzes sind jeweils durch ein vorangestelltes A gekennzeichnet.

# Sachverzeichnis

# Sachverzeichnis

# Sachverzeichnis

# Sachverzeichnis

# Sachverzeichnis

# Sachverzeichnis